山西交通运输年鉴

（2021）

SHANXI JIAOTONG YUNSHU NIANJIAN 2021

山西省交通运输厅 编

方志出版社
Publishing House of Local Records

图书在版编目(CIP)数据

山西交通运输年鉴. 2021 / 山西省交通运输厅编.—北京 : 方志出版社, 2021.12

ISBN 978-7-5144-5231-0

Ⅰ. ①山… Ⅱ. ①山… Ⅲ. ①交通运输业—山西—2021—年鉴 Ⅳ. ①F512.725-54

中国版本图书馆CIP数据核字(2021)第270742号

责任编辑:齐　笑
责任校对:刘玉霞
责任印制:梅中英
出 版 者:方志出版社
地　　址:北京市朝阳区潘家园东里9号(国家方志馆4层)
邮　　编:100021
网　　址:http://www.zgfzcb.cn
发　　行:方志出版社图书营销中心(010-67110500)
印　　刷:太原市今天西马彩色印刷有限公司
开　　本:889毫米×1194毫米　1/16
印　　张:61.5
字　　数:1753千字
版　　次:2021年12月第1版
印　　次:2021年12月第1次印刷
定　　价:180.00元

《山西交通运输年鉴(2021)》
编审委员会

《山西交通运输年鉴(2021)》
编纂人员

主　　编　王　晋

执行主编　胡旭东

副 主 编　侯金铃　白彦萍

特约编审　师国梁

编　　辑　陈瑞丽　王晴红　李文瑾

特约编辑　郝丽欣　薛东梅　杨金成　胡　敏　杨　婷　刘海檄
　　　　　　高　青　王建国　侯　兴　王开瑞　赵　勇　田光铭
　　　　　　陶建强　张一飞　常晋美　马　可　郭晋波　董　芳
　　　　　　庞燕东　朱振东　柴苏坡　王兴宇　程才锋　周应华
　　　　　　郭　静　张　芮

图片提供　王　璐　刘文柱　邢益彰

2月25日下午，全省交通运输系统做好疫情防控加快复工复产电视电话会议召开

为贯彻落实交通运输部关于做好新型冠状病毒感染肺炎疫情防控工作重要决策部署，为打赢新型冠状病毒感染肺炎疫情阻击战应急物资运输提供坚强保障，山西省交通运输厅组建12支运输保障车队，全力做好疫情防控和交通运输保障工作，确保人民的生活生产出行需要

相关链接

疫情防控取得重大成果。1月份疫情突如其来，全省交通运输行业1.6万余人投入疫情防控一线，坚守疫情防控“交通阵地”，在全省共73个高速公路入省口、环京出省口及普通国省干线出入省口设置了联合防疫点，全力做好卫生检疫、隔离、留验和转运等疫情防控工作，确保没有1例新冠肺炎患者通过公路进京、入晋；坚持做到“一断三不断”，开启公路运输“绿色通道”，实行“三不一优先”，累计发放通行证1万余张；坚持做好入境外籍人员的运输服务保障，国际航班经停太原后第一时间将“密接”旅客转运至隔离点；积极助力企业复工复产，开展“点对点”直达运输，帮助农民工及时返岗，累计组织运送农民工近7万人；建立重点企业派驻联络员制度、实行“一企一策”精准帮扶等方式，共协调减免出租汽车服务管理费1000余万元、车辆承租费2.2亿元。

2

4月29日，阳城至蟒河高速公路举行通车试运营仪式，标志着山西又一重要高速公路出省口顺利开通

临汾市永和县黄河一号旅游公路南庄—阁底段荣获交通运输部举办的全国2020年度“十大最美农村路”

相关链接

全省综合交通运输网络加快构建。高速公路方面，牢固树立“项目为王”的鲜明导向，新开工2个项目、续建11个项目，阳蟒高速公路、太原东二环高速公路通车，规划的33个出省口已建成27个，高速公路通车总里程达到5744公里；普通国省干线方面，迎接“十三五”全国干线公路养护管理评价工作圆满完成，重点实施的2200公里路面改造工程和1637公里安全防护工程全部完工，普通国省干线路况水平和安全保障能力进一步提升；“四好农村路”和旅游公路方面，2018年至2020年规划实施的新改建农村公路5.5万公里目标任务全面超额完成；三个一号旅游公路建成3469公里，其中黄河一号1550公里、长城一号789公里、太行一号1130公里，串联沿线66个A级以上景区、覆盖130余处非A级景点，旅游交通骨架网络基本形成。

3

9月18日至20日，交通运输部专家组对太原市公交都市建设示范工程创建工作进行了全面验收

10月23日10时28分，随着一声鸣笛，一列重载列车从万流铁路专用线缓缓驶向枣林站，标志着三晋开发公司承建的万流铁路专用线正式开通运营。该专用线的开通为山西北部既有的运输线路拓宽了通道，为促进“公转铁”运输上量，对控制运输扬尘污染，环境整治起到巨大的作用，同时也为打赢蓝天保卫战奠定坚实的基础

相关链接

供给侧结构性改革不断深入。坚持以供给侧结构性改革为主线，统筹推进调结构、降成本、强服务、增动能，供给质量和效率明显提升。调整优化运输产业结构，紧盯“公转铁”目标任务，主动克服疫情带来的不利影响，持续推动物流业降本增效，进一步加大差异化收费优惠力度和范围，实现了优惠范围覆盖全部运营路段，高速公路差异化收费优惠通行费12.9亿元；加快推进城乡区域交通运输一体化，贯彻落实公交优先发展战略，深入开展公交都市创建，太原市完成了交通运输部公交都市建设示范工程验收与考评；积极促进大同等五市政府与山西航产集团、省厅签订《机场委托运营管理协议》，全省民航机场迈入一体化运营管理新阶段。

4

“四好农村路”蜿蜒乡村间

平顺县西沟乡李家后村定制班车开通仪式

相关链接

交通脱贫攻坚成效明显。围绕交通扶贫年度目标任务，坚持结果导向，不断加大“四好农村路”建设和村通客车攻坚力度，全省贫困地区完成“四好农村路”建设1.1万公里，圆满完成年度目标任务。针对全省剩余的具备条件建制村未通客车问题，采取“一县一方案、一村一策”办法，省市县合力推动村通客车工作。5月底，全省26186个具备通客车条件的建制村100%通客车，提前4个月完成任务。

4月17日，在山西省运城市纯电动出租车交车仪式上，比亚迪200台e5升级版新能源出租车正式完成交付，为市民提供更环保、更舒适的乘车体验

自12月3日零时起，太原绕城高速东环、南环和西环对过境货车实施分流管控

相关链接

污染防治全面加强。加快推进国三及以下排放标准营运柴油货车淘汰工作，超额完成国家下达全省的淘汰53550辆目标任务；大力推广新能源汽车，全省11个设区市城市建成区出租车、公交车已全部更换为新能源或清洁能源车辆；研究制定了《太原环城高速公路功能调整工作方案》，圆满完成太原环城高速公路过境货车“整体分流管控”阶段性任务，有效缓解了省会城市环保压力；推进科技治污，开展“散装物料运输车辆扬尘抛撒防治”“交通运输生态环境保护智慧管理”等研究，以科技创新提升污染防治能力；推广应用节能新技术，打造国家级绿色公路示范项目，对行业绿色发展起到了引领带动作用；大力开展节能宣传活动，积极开展节能宣传周、“低碳日”、绿色出行月等宣传活动，广泛营造绿色低碳浓厚氛围。

8月9日至12日，交通运输部重点桥梁监测项目组对龙门黄河特大桥进行现场检查

10月21日，“十三五”全国干线公路养护管理治理能力评价工作山西汇报会在太原召开

相关链接

安全生产形势稳中向好。扎实开展安全生产专项整治三年行动，深入推进重点领域专项治理，开展公路桥梁防护设施、连续长陡下坡路段和隧道提质升级专项行动，累计排查公路桥梁14076座、连续长陡下坡路段62处共计447公里，完成高速公路151道隧道、普通国省干线公路88道隧道照明、通风和交安设施的改造完善；推进公交车驾驶区域安装安全防护设施、全省“两客一危”重点营运车辆智能视频监控报警系统安装工作，全面加强道路运输安全监管；全系统入选交通运输部“平安交通”创新案例14项，其中4项被评为“重点推荐”案例，10项被评为“优秀案例”。

4月16日，省政府新闻办举行新闻发布会。省交通运输厅党组成员、副厅长李贵顺介绍省厅全省公路重点工程建设推进有关情况并回答记者问题

5月14日，省交通运输厅党组召开扩大会议，传达学习习近平总书记视察山西重要讲话重要指示

相关链接

交通强国建设高起点开局。紧抓交通强国建设试点的重要历史机遇，坚持规划引领、政策先行，全力推动我省交通强国建设顺利起步、强势开局；加强组织领导，成立了推进交通强国建设领导组；《交通强国建设山西试点实施方案》获交通运输部正式批复，印发《中共山西省委、省人民政府关于贯彻落实〈交通强国建设纲要〉的实施意见》和《山西省推进交通强国建设行动计划(2021—2022年)》。

8

1月5日 省交通运输厅厅长闫晨曦赴杨家峪收费站，就取消省界收费站系统调试运行情况进行现场调研指导

全省高速公路、普通国省干线公路限速标志整改工作全面完成

相关链接

行业现代化治理体系加快形成。坚持构建系统完备、科学规范、运行有效的交通运输制度体系，着力把制度优势更好转化为行业治理效能，加快推进行业治理体系和治理能力现代化；规范全省干线公路速度管理工作深入推进，全省高速公路和普通国省干线公路的限速标志调整工作全部完成，整体路网运行速度和运行效率有了较大提升，人民群众反应强烈的公路限速值变化频繁、“隐蔽式”“断崖式”不合理限速等问题得到有效解决；省界收费站撤站工作高质量完成，利用疫情防控期间高速公路免费通行的窗口期，完成了收费系统升级完善、实车测试、收费标准复核和优化客户服务等各项工作，全省收费系统运行稳定、高速路网畅通、舆情平稳可控。

4月17日，省交通运输厅副厅长王晋赴交科集团，就科技创新与标准化工作进行调研

11月7日，山西路桥集团承办的“数字建造·智慧交通”2020第六届全国BIM学术会议在太原成功召开

相关链接

科技创新成果丰硕。聚焦国家和山西省重大战略内容开展科技研发，组织编制完成了《山西省交通运输科技“十四五”发展规划》，组织开展了“固体废弃物在现浇泡沫轻质土技术中的应用研究”等13项新立科研项目，取得了“重载公路特殊路段下安全耐久铺面技术研究”等34项科技成果；省交通运输厅提名的科技项目获得7项山西省科学技术奖，其中“RAP高掺量温再生沥青路面关键技术及工程示范”“基于光纤光栅传感技术的桥梁健康监控系统研究与应用”等科技成果得到了广泛应用，取得了良好的经济社会效益；组织编制完成了《山西省交通运输标准化“十四五”发展规划》，组织开展了19项山西省地方标准制修订项目，并已发布6项标准，其中工业固废应用系列标准为工业固废在全省公路工程中的规模化、资源化、常态化应用掀开新篇章。

10

11月5日，省交通运输厅党组书记、厅长闫晨曦赴厅发展研究中心宣讲党的十九届五中全会精神

12月2日，省交通运输厅在省交通干部学校举办2020年基层党组织书记培训班

相关链接

高质量党建引领高质量发展。坚持把政治建设摆在首位，持续改进和加强党的领导，充分发挥思想建设的引领作用，全面加强基层组织建设，持续抓好干部队伍建设，广大干部职工不断增强“四个意识”、坚定“四个自信”、做到“两个维护”。不断深化党风廉政建设，全面履行党风廉政建设“两个责任”，坚持党的建设与业务工作同部署、同落实、同考核，在全系统开展第八次“党风廉政宣传教育月”活动，进行党规党纪学习和警示教育，全系统风清气正的政治生态进一步巩固和加强。

把党旗插在抗“疫”最前线，充分发挥基层党组织战斗堡垒作用和党员先锋模范作用

晋城高速牛匠收费站李爱霞荣获第七届“最美中国路姐”称号，成为山西首位获此殊荣的公路人

相关链接

行业文明创建不断深化。全面提升行业软实力，开展庆祝中国共产党成立99周年系列活动、抗击疫情和复工复产公益广告宣传，坚持抓好文明单位创建工作。11月20日，全国精神文明建设表彰大会举行，全省交通运输行业4个单位：朔州市交通运输局、省公路局朔州分局、长晋高速公路有限责任公司、孝义公路管理段荣获第六届“全国文明单位”称号。12月14日，全国交通运输行业精神文明建设工作电视电话会议上，命名了2018—2019年度全国交通运输行业精神文明建设先进集体，全省6个单位被授予“全国交通运输行业文明单位”称号，4个单位被授予“全国交通运输行业文明示范窗口”称号。

12

6月5日，山西省民航机场一体化委托运营管理签约仪式在太原举行

省交通运输厅（省民航机场管理局）、大同、忻州、吕梁、临汾、运城五市政府与山西航空产业集团共同签署机场一体化委托运营管理三方协议，标志着山西省民航机场一体化运营正式启航

相关链接

推进山西省机场一体化运营管理，既是民航改革发展的方向，也是贯彻落实省委"四为四高两同步"总体思路和要求、加快推进山西省民航机场高质量发展的重大举措，对做大做强山西民航产业、打造内陆地区对外开放新高地具有重大意义。协议签订后，山西航产集团将充分发挥管理优势，尽快建立完善机场一体化管理体系，大力提升经营管理水平，确保全省机场持续、稳定、可预期发展；各市政府会充分结合地方经济社会发展需要，持续加大政策支持力度；山西省交通运输厅充分发挥行业监管职能，加快组建全省民航机场一体化运营管理工作领导小组，协调督促各项约定全部落到实处。协议三方坚持优势互补、形成发展合力，扎实推动民航机场一体化运营管理工作不断取得新成效，有力促进山西省民航事业发展迈上新台阶。

12月26日中午12时，山西省首条地铁线路——太原地铁2号线一期正式开通运营，省委书记楼阳生讲话并宣布地铁开通

太原地铁2号线大北门站一角

相关链接

山西省进入“地铁时代”。太原地铁2号线一期工程于2016年3月全面开工建设，2020年12月26日正式运营通车，是山西省建成的首条地铁线路，也是太原市贯通南北的交通主动脉，对有效缓解交通压力、优化城市空间布局、促进经济社会发展具有重要意义。全线南起小店西桥站，北至尖草坪站，全长23.65公里，沿途经过大型居民区、高科技园区、繁华商业区，是一条极具特色的交通干线，全线采用全自动运行、城轨云平台、云计算、互联网支付等新技术，充分保证运营的效率、安全和智能，最高速度80公里/小时。目前，太原地铁1号线已全面开工，3号线正加紧前期准备。3条线全部建成后，将构建起太原城市轨道交通“中”字形骨架线网，推动太原都市区进入立体交通时代。

14

1月9日，省交通运输厅召开全省交通运输局局长座谈会，听取11个市交通运输局2019年重点工作完成情况汇报，分析当前形势，研究2020年工作打算

6月8日，省交通运输厅召开全省交通建设项目前期工作暨新基建政策解读视频会

相关链接

省交通运输厅抢抓国家重点支持“两新一重”建设政策机遇，积极推动全省交通建设项目前期工作，突破制约因素，加强项目储备，强力推进交通基础设施重大项目谋划落地，确保完成年度交通基础设施建设目标任务，为“十四五”规划发展提供好项目支撑。按照加快推进在建项目、开工和力争开工一批新建项目、谋划一批储备项目的思路，扎实推进续建项目建设进度；聚焦重点领域，谋划一批“新基建”项目，抢占行业发展制高点和全省高质量发展“新坐标”；积极谋划储备一批使用地方政府专项债券的项目，牢牢把握国家增发地方政府收费公路专项债券政策机遇，加快项目土地预审、立项报批等工作，加快推进项目落地。

1月1日零时，全国29个联网省份的487个省界收费站全部取消，省委常委、副省长胡玉亭，厅领导闫晨曦、李贵顺、王晋、郭贵堂，交控集团领导袁清茂等在山西分会场参加切换仪式

1月1日零时，京昆高速郝家庄省界收费站撤站并网切换准时进行

相关链接

2019年12月31日晚，取消高速公路省界收费站工程并网切换如期进行，深化收费公路制度改革取消高速公路省界收费站工作领导小组组长、交通运输部部长李小鹏指挥切换并宣布，取消高速公路省界收费站工程并网切换圆满成功。从2020年1月1日零时起，全国29个联网省份的487个省界收费站全部取消，提前完成2019年《政府工作报告》提出的“两年内基本取消高速公路省界收费站”的目标任务，向党和人民交出了一份满意答卷。

深化收费公路制度改革取消高速公路省界收费站，是党中央、国务院决策部署的重大任务，是关系人民群众切实利益的民生工程，具有巨大的经济社会效益。在党中央、国务院的正确领导下，在各省(区、市)党委、政府的有力推动下，各地交通运输部门会同相关部门协同联动、顽强奋战，优质高效地实现了世界上规模最大的一体化运营的高速公路网，推动了交通运输治理体系和治理能力迈向现代化。取消高速公路省界收费站以后，全国高速公路一张网将有效提高综合交通运输体系运转效率，缓解拥堵、改善人民群众出行体验，助力节能减排，降本增效。

16

1月29日，省交通运输厅发放第一张新型冠病毒感染的肺炎疫情防控应急物资及人员运输车辆通行证(001号)，为民企山西快成物流运送山西到湖北的医用物资援助开通“绿色通道”。2月1日凌晨，满载援助物资的车辆抵达武汉金银潭医院

相关链接

省交通运输厅统筹做好疫情防控和交通运输保障工作，在高速公路、普通国省干线和民航机场全面开启“绿色通道”，对防疫物资运输、医护人员和疫情人员转运等应急车辆，按照“三不一优先”(不停车、不检查、不收费，应急车辆免费优先通行)原则，统一印发通行证，保障应急车辆免费优先通行，为山西支援湖北防疫工作提供运输保障。

1月29日，民企山西快成物流携手吕梁市柳林县向杰车队成立的应急小组接到第一批援助物资运输任务，省交通运输厅在最短时间内审批发放疫情防控应急物资及人员运输车辆通行证。1月30日，车牌号为晋J36152的第一辆车运载着援助物资日夜兼程送往目的地武汉金银潭医院。

5月15日，山西交控集团旗下实业集团打造的全省首家高速公路提档升级改造示范服务区——盂县服务区全新亮相

相关链接

高速公路服务区提档升级改造是依据交通运输部有关要求，着眼于当前供给侧结构性改革要求，着力推动高速公路服务区业态、形态转型升级的重要举措。省交通运输厅厅长闫晨曦强调：要深刻认识开展高速公路服务区提档升级的重要意义，进一步增强工作的主动性和责任感，把打造优质响亮的“山西高速”服务品牌作为使命担当，切实把这件关乎民生的实事办好、办扎实；要充分发挥试点示范作用，形成全省可复制可推广的提档升级模式，认真总结提炼盂县服务区经验，统筹规划布局、提升服务品质、加强绿色服务区建设、强化安全保障，全面推进高速公路服务区提档升级；要以服务区提档升级为牵引，全面提升高速公路管理服务水平，进一步加强公路养护、强化高速公路的安全保障、持续巩固撤站成果、提升管理水平，乘势而上、再接再厉，奋力谱写交通强国山西篇章。

18

9月23日，黄河、长城、太行三个一号旅游公路“零公里”标志文化驿站启用仪式举行。省委书记楼阳生讲话并宣布文化驿站正式启用

黄河一号旅游公路“零公里”标志景观石

相关链接

黄河、长城、太行三个一号旅游公路是山西省“四好农村路”建设的重要组成部分和打造三大旅游板块、推进乡村振兴的战略性基础性工程。三个“零公里”标志文化驿站项目，是依托黄河、长城、太行三个一号旅游公路和乾坤湾、老牛湾、王莽岭三个景区，按照“一站一主题、一站一特色”原则，打造的集观赏、体验、景点推介和休闲服务等功能为一体的主题文化公园，是三个一号旅游公路的画龙点睛之作。楼阳生在讲话中指出，黄河、长城、太行三大板块，作为国家级品牌、中华民族的符号，是山西得天独厚的文化旅游资源和优势。要以启用仪式为新起点，进一步推动全省旅游公路建设，推进三大板块文旅品牌和核心景区品质提升。他强调，要深入学习贯彻习近平总书记视察山西重要讲话重要指示，推动文化旅游深度融合，高质量建设黄河、长城、太行三个一号旅游公路，高水平运营三个“零公里”标志文化驿站，提升三大板块文化旅游产品竞争力带动力，加快打造国际知名文化旅游目的地。

19

10月26日10时30分，山西路桥集团投资建设的太原二环高速公路凌井店至龙白段（以下简称太原东二环高速）在平头收费站外广场举行通车活动

太原东二环高速通车运营

相关链接

太原东二环高速是山西省高速公路网“三纵十二横十二环”规划中太原二环的重要组成部分，全长33.199公里，概算投资39.098亿元，连续3年列入省级重点工程，是省政府2020年唯一计划建成通车的高速公路。山西路桥集团采用BOT模式历时三年建成，在省高速公路建设领域率先开启“品质工程”示范创建，率先推广全建设周期BIM技术应用，率先引入全寿命周期绿色施工理念，为提升省公路投资建设水平发挥了示范引领作用，在省推动“转型出雏形”的起步之年交出路桥答卷。太原东二环高速公路作为太原市东拓西进、南联北上的重要战略通道，对于太原市实施南移东进战略，拓展太原城市发展空间，提升太原都市区综合承载力，加快推进建设具有国际影响力的国家区域中心城市具有十分重要的意义。

20

6月22日，太原东山旅游公路正式通车，与2019年6月建成、全程136公里的太原西山旅游公路“握手”连接，太原东西山旅游公路全线贯通

相关链接

太原东山旅游公路由主线和连接线两个部分组成。主线长93.5公里，其中新建路段6.31公里，其余都是在原有的道路上进行升级改造；连接线共有3.48公里，包括玉泉山改造路段和青龙古镇的连接线。全线含二级公路5.584公里，三级公路25.339公里，四级公路55.248公里，市政道路7.325公里，路基宽度7.5米，设计时速30公里。

遵循“城通景、景通景、路通景”的设计理念，全长229.5公里的太原东西山旅游公路将太原市整个东山、北山、西山串联起来，全路段共设8个景观段，其中西山段2个（晋阳古韵、禅林隐游），东山段6个（傅山奇境、沟壑探奇、古色民香、红色记忆、远眺龙城、台骀治水），实现了路在景中、景在路上。这条串起沿线68处县级以上人文景观、4处国家级传统村落，以及6处市级农业旅游点和17个城郊森林公园，辐射周边100余处观光景点的文旅交通黄金线，将成为融合绿色生态、承载人文历史、传承三晋文化的景观长廊，也成为市民体验“快旅慢游”新模式的网红打卡地，为太原市文旅融合拓展了新思路、提供了新实践。

太原东山旅游公路上的网红“发卡弯”

5月14日，省交通运输厅召开全省交通运输行业“三零”企业、单位创建工作推进会

5月20日，省交通运输执法局召开“三零”单位创建暨“两会”期间安保维稳工作部署推进会

相关链接

开展“三零”单位创建工作，是省委立足省情民意、聚焦治晋兴晋强晋战略目标，在全省作出的一项重大决策部署。厅党组书记、厅长闫晨曦强调，创建“三零”单位的核心是做好基础性、源头性工作，关键是防范在先、发现在早、处置在小，健全治理方式，提升治理效能；各级各部门要全面加强组织保障，突出抓好责任落实，牢固树立结果导向，广泛宣传形成良好舆论氛围，压实责任链条，强化工作保障，确保“三零”单位创建工作取得实实在在的成效；要深刻理解开展“三零”单位创建的重大意义，在深入化解矛盾纠纷、排查整治风险隐患中，切实增强服务意识、提高发展本领、改进作风形象，以“三零”为标尺，坚决筑牢安全稳定底线红线，为全省实现高质量发展、高水平崛起、高标准保护、高品质生活提供坚强的交通运输保障。

22

3月19日10时50分，搭载着首批130名支援湖北医疗队的包机平稳降落在太原机场，山西航产集团用民航界最隆重的“过水门”仪式，迎接战“疫”英雄回家

3月19日至31日山西航产集团保障山西支援湖北抗疫医疗队1516名队员全部平安回归

相关链接

疫情发生以来，山西航产集团协助省疫情防控工作领导小组运送10批山西支援湖北医疗队员，随着疫情防控形势逐步转好，完成救助任务的医疗队陆续归来。去时无畏，归时无恙，从3月19日至31日，山西航产集团保障山西支援湖北抗疫医疗队1516名队员全部平安回归。面对这场中华民族走向复兴征途时未曾料到的“压力测试”，太原机场党委用绝对忠诚度和最强执行力向祖国交上了一份合格的答卷，全体太原机场人在危难时刻，紧急关头，迎难而上，主动加入抗疫队伍，奔赴一线背水一战，党员们用行动、汗水甚至生命让党旗在疫情防控一线高高飘扬，凝聚起了抗击疫情的强大合力。太原机场党委荣获“全国抗击新冠肺炎疫情先进集体”和“全国先进基层党组织”两项最高集体荣誉。

1月31日6时，满载95箱口罩和呼吸机、200余箱专用药品等医疗应急物资的邮车，从太原邮区中心局驶出，驰援武汉。这是中国邮政集团公司山西省分公司发往湖北的第二批防疫物资

相关链接

疫情就是命令，防控就是责任！自新冠肺炎疫情发生以来，山西邮政紧紧围绕"邮政服务不间断，救援服务免费办"的服务宗旨，开通了医疗物资运送的绿色通道，免费承担山西省与湖北省之间的物资运送工作。不仅履行了行业"国家队"的使命和担当，也充分彰显了中国邮政关键时刻听指挥、拉得出，危急关头冲得上、打得赢的"国家队"的责任与形象。

山西邮政按照党中央、国务院关于疫情防控的决策部署以及中国邮政集团有限公司的相关要求，各岗位人员在坚守岗位、做好疫情防控的基础上，更是不畏疫情、迎难而上，在营业网点、投递现场做好向武汉等地区捐赠、收寄、运输医疗物资等服务，真正履行着人民邮政为人民的初心和使命，与社会各界一道，同舟共济，为全力打赢这场疫情防控阻击战做出应有贡献。

9月29日，2020尧城（太原）国际通用航空飞行大会在清徐尧城机场举行。省委书记楼阳生宣布开幕

尧城飞行大会期间尧城通航机场所展示的主要通航飞机类型

相关链接

通用航空产业作为重要的战略新兴产业，在推动经济高质量发展，完善综合交通运输体系，提升应急抢险救灾能力，促进消费升级都发挥着重要作用。山西是中国通用航空的发源地，发展通航产业历史悠久，区位条件优越，产业基础扎实。近年来，省委、省政府认真贯彻落实习近平总书记视察山西重要讲话重要指示，坚定扛起国家通用航空业发展示范省的重大使命，把通航产业作为重点打造的14个战略性新兴产业集群之一，高点谋划、高位推动，在基础设施建设、体制机制创新、市场主体培育、多功能业态开发、航展经济发展等方面不断取得突破，通用航空业呈现“飞起来、热起来、强起来”的良好态势。

2019年10月11日至13日，太原尧城机场举办首届国际通用航空飞行大会，包括山西通航发展高峰论坛、特技飞行表演、航空体育表演、静态展示、航空文化科普展、山西特色航空展等11项活动，静态展览共计展出数十架航空器真机/模型，机型包括初教CJ6、海燕650、大金牛滑翔机、歼J10、歼J15、歼J31、武直WZ10、枭龙JF17等。

2020年9月29日至10月2日，太原尧城机场举办“2020尧城（太原）国际通用航空飞行大会”，这是疫情后中国举办的规模最大的综合性航空会展。大会围绕实现“南有珠海、北有尧城”航展格局目标，共设置静态展示、飞行表演、通航赛事、航空论坛、公益互动和山西特色六大板块，共计13个主题活动。

编辑说明

一、《山西交通运输年鉴(2021)》为本年鉴系列第二十八卷,由山西省交通运输厅发展研究中心组织编纂,收载文稿涵盖全省交通运输系统各单位、各部门建设、改革与发展情况,时限为2020年1月1日至12月31日。

二、《山西交通运输年鉴(2021)》以马克思列宁主义、毛泽东思想、邓小平理论、“三个代表”重要思想、科学发展观、习近平新时代中国特色社会主义思想为指导,坚持辩证唯物主义和历史唯物主义的立场、观点和方法,全面、完整地记述和反映全省交通运输系统各单位工作情况,突出展示全省交通运输系统各条战线、各行各业的骄人业绩,重点突出、结构合理,体例得当、层次清楚,内容丰富、表述准确,是一部资料翔实、开卷有益的工具书。

三、本年鉴承接上年体例,设类目、分目、条目三个层次。其中,类目分为特载、专题、大事记、组织机构、综合管理、公路建管、水路运输、交通执法、邮政管理、民用航空、区域发展、统计资料、先进典型、领导名录14个。

四、为积极适应交通运输改革发展要求,贯彻落实2021年全省交通运输工作会议精神,扎实做好《山西交通运输年鉴(2021)》编纂出版工作,根据交通运输部、省委宣传部和省委党史研究院(省地方志研究院)要求,参照《中国交通运输年鉴》《中共山西年鉴》《山西年鉴》《山西经济年鉴》及兄弟省份交通年鉴等的栏目设置,省厅决定,自2021年起,对《山西交通运输年鉴》载录内容进行调整和充实,由市级交通运输局延伸到县(市、区)交通运输局;增设省邮政管理局、局直各单位及各市级邮政管理局;增设山西交通控股集团有限公司及下属各公司;增设山西航空产业集团有限公司及下属单位。

五、本年鉴所载资料均由各单位专人撰写,领导审核后上报。文中有些地区性、部门性数据,由于统计数据的来源、口径、方式、时间不同,与有关统计部门公布的可能不完全一致,请读者在查阅和引用时注意。

六、《山西交通运输年鉴(2021)》在编纂过程中,得到全省交通运输系统、邮政管理系统、山西交控集团、山西航产集团各级领导和有关编写人员的大力支持与热忱帮助,及时提供许多有价值的资料和稿件;为确保全书质量起到重要作用,为全书顺利出版提供便利和支持。

目 录

专题

大事记

组织机构

内设机构及职责

各市邮政管理局

综合管理

公路建管

高速公路

普通干线公路

农村公路

水路运输

交通执法

邮政管理

民用航空

区域发展

太原市

大同市

朔州市

忻州市

阳泉市

吕梁市

晋中市

长治市

晋城市

临汾市

运城市

统计资料

先进典型

领导名录

山西交通运输

2021 年鉴

特载

乘势而上 勇攀高峰 奋力开创"十四五"交通运输发展新局面

——在2021年全省交通运输工作会议上的讲话

山西省交通运输厅党组书记、厅长 闫晨曦

同志们：

今年的全省交通运输工作会议，是在开启全面建设社会主义现代化国家新征程的历史关头，山西省转型出雏形的关键阶段，"十四五"开局起步的重要时刻召开的。会议的主要任务是：坚持以习近平新时代中国特色社会主义思想为指导，全面贯彻中共十九大，十九届二中、三中、四中、五中全会精神和习近平总书记视察山西重要讲话重要指示以及习近平总书记关于交通运输领域的系列重要论述，深入贯彻落实省委十一届十一次全会暨省委经济工作会议、省两会和全国交通运输工作会议精神，总结2020年及"十三五"交通运输工作，分析形势，部署2021年工作，动员全系统广大干部职工乘势而上、勇攀高峰，奋力开创"十四五"交通运输发展新局面。

下面，我讲4个方面内容：

一、2020年工作回顾

2020年是全省交通运输事业发展史上极不平凡的一年。一年来，面对突如其来的新冠肺炎疫情和艰巨繁重的改革发展稳定任务，全系统上下凝心聚力、众志成城，顽强拼搏、共克时艰，统筹推进各方面工作，固定资产投资实现逆势增长、运输服务水平持续提升、三大攻坚战成果显著、交通强国建设高起点开局、行业治理迈上新台阶，为山西高质量转型发展提供有力支撑，向省委、省政府和全省人民交出优秀的"交通答卷"。

（一）坚持"外防输入、内防反弹"，坚决打好交通运输疫情防控阻击战

自突如其来的新冠疫情发生以来，全省交通运输系统冲锋在前、勇挑重担，1.6万余名干部职工投身疫情防控一线，坚守疫情防控"交通阵地"，确保疫情不通过交通运输途径传播。全方位部署防控工作。疫情发生后，第一时间成立由厅主要领导任组长的疫情防控领导组和12个专项工作组，先后22次召开会议，及时分析研判形势，针对性做好部署。各级交通运输部门在全省设置73个出入省口联合防疫点，全力配合卫健部门做好卫生检疫、隔离、留验、转运等工作，坚决阻断病毒传播渠道；同时，暂停省际旅游客运，督促指导有关企业严格落实客运场站和交通工具疫情防控措施，确保运输领域不发生疫情燃点。全力保障应急运输。坚决落实保通保畅职责，做到公路交通网络不断、应急运输绿色通道不断、必要的群众生产生活物资运输通道不断、应急车辆免费优先通行，累计发放通行证1.01万张。坚持做好国际航班经停太原服务保障工作，共保障分流国际航班42班次，转运人员7302人次。为复工复产当好先行。坚持分区分级恢复道路客运和城市客运服务，采取"点对点"运输方式保障近7万名农民工及时返岗。通过"一企一策"精准帮扶等措施，全力帮助交通运输企业纾困解难，累计减免出租汽车服务管理费1000余万元、车辆承租费2.2亿元。慎终如始推进常态化疫情防控工作。持续做好道路客运和城市公交场站、冷链物流、交通运输工具、高速公路服务区和收费站、民航机场、水路客运船舶和渡口码头、公路水运工程建设项目等领域的防控工作，坚决克服麻痹思想、厌战情绪、侥幸心理、松劲心态，牢牢守住交通运输领域防输入、防反弹、防复燃底线。

（二）树牢“项目为王”理念，强力推进交通基础设施建设

紧抓国家重点支持“两新一重”建设的政策机遇，统筹推进公路、民航、水运、枢纽发展，以实际行动坚决落实省委、省政府“项目为王”的鲜明要求。固定资产投资再创新高。据交通运输部统计显示，全年公路水路交通固定资产投资累计完成636.6亿元，增长16.8%，保持了继2018年以来固定资产投资高速增长的强劲态势，为全省全社会固定资产投资实现10.6%的增长速度，做出积极贡献，创“十三五”以来年度投资最高纪录。综合交通基础设施网络更加完善。高速公路方面，新开工2个项目、续建11个项目，太原东二环高速公路顺利建成，规划的33个出省口已建成27个。普通国省干线方面，重点实施的2214公里路面改造工程和1637公里生命安全防护工程全面完工，普通国省干线路况水平和安全保障能力进一步提升。“四好农村路”和旅游公路方面，大力推进农村公路提质改造工程，全省“四好农村路”新改建1.82万公里，2018年至2020年规划实施的新改建农村公路6万公里目标任务全面超额完成；黄河、长城、太行三个一号旅游公路新开工1501公里，完工1481公里，3个“零公里”标志文化驿站建成并正式投入使用，极大地提升山西全域旅游的关注度、美誉度，成为广大游客的“网红打卡地”。民航机场方面，重点推进运城、长治机场改扩建和芮城通用机场建设，有序推进太原、大同、临汾机场改扩建及朔州机场建设等项目前期工作。水运工程方面，完工偏关老牛湾客运码头主体工程和东寨等18个渡口码头改造工程。综合交通枢纽方面，阳泉综合客运枢纽竣工投运，大同、长治综合客运枢纽站场项目前期工作加快推进。统筹抓好项目谋划。为深入贯彻落实省委、省政府关于“三个一批”的要求、抓好交通建设项目成批次滚动实施，厅领导深入全省11个市分别与市政府主要领导进行了项目对接，一方面力争有条件的“十四五”项目提前至“十三五”开工，增加当年投资，另一方面加大项目谋划力度，累计储备项目166个、匡算投资6046亿元，为“十四五”开局起步打下坚实基础。切实保障工程质量。推进“工程质量安全红线”专项行动、工程建设领域安全专项整治三年行动，6个在建项目案例被交通运输部评为“平安交通”优秀案例，在11月召开的全省公路平安百年品质工程建设推进会上，相关质量管理办法和技术得到行业专家高度肯定。

（三）强化军令状、交总账意识，全力打好交通运输领域三大攻坚战

围绕全面建成小康社会战略部署，坚持抓重点、补短板、强弱项，三大攻坚战交通战役取得重大成果。债务风险总体可控。针对普通收费公路因疫情影响导致通行费收入大幅下降、还贷资金压力剧增的严峻形势，省厅积极争取省财政部门和相关金融机构支持，通过安排预算资金、延后支付贷款本息、努力增收节支等方式，做到贷款展期后本息按期偿还，有效避免债务风险。交通扶贫成效显著。坚持对扶贫项目优先安排、工作优先对接、措施优先落实、资金优先保障，全年安排贫困地区农村公路建设资金28亿元，占全省补助资金的70%；完成农村公路窄路基路面改造2320公里；完成县乡道安防2546公里、危桥改造39座，村道安防2040公里；新开工4个县级客运站和17个乡镇综合服务站。采取“一县一方案、一村一策”办法全力推动村通客车工作，26186个具备条件的建制村100%通客车，提前4个月完成国家下达的目标任务。“交通+产业”“交通+旅游”等扶贫模式实现快速发展。交通运输污染防治全面加强。中央生态环境保护督查5项整改任务全部销号清零，省政府“打赢蓝天保卫战”三年行动交通运输领域相关任务如期交账。推动建立机动车排放检测与强制维护制度（I/M制度），组织建设两批196家符合条件的M站，经M站维修治理后车辆复检合格率超过90%，I/M制度实施效果初显。持续加大攻坚力度，全年淘汰国三及以下排放标准营运柴油货车68710台，完成年度任务的128%。顺利完成太原环城高速公路过境货车

"整体分流管控"阶段性工作，有力助推全省环境空气质量明显好转。

（四）坚持以供给侧结构性改革为主线，持续提升运输服务水平

统筹推进调结构、降成本、强服务、增动能，运输供给质效明显提升。大力推进运输结构调整。紧盯"公转铁"目标任务，主动克服疫情带来的不利影响，成立推进运输结构调整攻坚行动指挥部，逐级压实责任、形成攻坚态势，全年实现铁路货运量9.42亿吨，圆满完成9部委下达的三年运输结构调整目标任务。持续推动物流业降本增效。进一步扩大差异化收费优惠类型和范围，基本实现优惠政策全覆盖，累计优惠货车通行费11.5亿元，加上2月17日至5月5日共免收各类车辆公路通行费51亿元，降低物流成本的力度为历年最大。加快推进城乡区域公共交通一体化发展。深入实施公交优先发展战略，全省11个设区市城市建成区新增更新公交车1622辆，全部为新能源汽车。指导太原市完成公交都市建设示范城市考评与验收工作，指导平顺县、平定县开展城乡交通运输一体化示范县创建和验收工作。加快发展城际公交、旅游公交，晋城市着力打造"城际、城市、城乡、镇村、旅游"5级公交体系，并成为全国首个实现"1元公交"市域全覆盖的城市，开创性满足了人民群众多样化出行需求。民航机场管理迈上新台阶。积极协调运城、临汾等5市政府与山西航产集团签订了《机场委托运营管理协议》，顺利实现全省民航机场一体化运营管理，有力促进了全省民航产业转型升级、做大做强。持续推进航班加密工作，太原至上海、天津等重点航班实现"公交化"运营。省界收费站撤站工作高质量完成。充分利用疫情防控期间高速公路免费通行的窗口期，深入开展收费系统升级完善等各项工作，5月份恢复收费后全省收费系统运行稳定、高速路网畅通、舆情平稳可控。

（五）坚持优化协同高效，坚定不移深化行业改革

始终把改革作为破解发展难题、推动高质量发展的关键举措，依靠深化改革积极应对变局、开拓新局。深入推进事业单位改革。6个新组建事业单位完成班子任命、党组织设置，各项工作全面步入正轨；1所职业院校整合划转省教育厅管理；公路系统改革与所属事业单位转企改制、所办企业脱钩改革同步推进，改革后将彻底实现政事分开、事企分开。深入推进综合行政执法改革。根据中央编办批复及省委编委"三定"规定，省高速公路综合行政执法总队资产清查、执法人员划转、主要领导任命和机构挂牌等工作相继完成，组织建设等后续工作加快推进。深入推进出租汽车行业改革。针对我省出租汽车行业经营权配置管理不规范等问题，明确从改革经营权管理制度等7个方面进行重点改革，主动对标先进地区经验，高标准制订《山西省深化出租车汽车行业改革试点工作方案》，已经省政府审议通过，并已报送省委审定。全面深化"放管服效"改革。再次下放行政审批事项2项；11万件省级行政审批事项全部按时办结，全程网办率94.7%；超限运输许可等43项审批事项实现"一网通办"，"不见面审批"取得明显成效。

（六）进一步加强法治建设，深入推进行业治理

积极构建系统完备、科学规范、运行有效的交通运输制度体系，着力把制度优势更好转化为治理效能。法治政府部门建设不断深化。全年共办理行政复议31件、应诉案件9件，完成规范性文件合法性审核26件、公平审查3件、重大行政决策和合同等审查33件，重大行政决策程序、规范性文件制定、依法行政复议和应诉更加规范化、制度化。《山西省旅游公路管理办法》《山西省高速公路非公路标志设置管理办法》分别以省政府第280号、第282号令颁布实施，同步协调推进5部交通运输地方性法规和1部政府规章修订工作。社会治安综合治理得到加强。统筹推进"零上访、零事故、零案件"单位创建工作，深入排查化解不稳定因素，定期向省政法委报送防化成果。积极开展维护国家安全、扫黑除恶、反恐维稳、"扫黄打非"、禁毒等工作，持续构建横向到边、纵向到底、全面覆盖的综治工作责任体系。规范全省干线公路速度管理工作圆满完成。对全省高速公路和普通国省干线公路限速标志进行全面调整和规范，整体路网运行速度和运行效率实现较大提升，人民群众反映强烈的公路限速值变化频繁、“隐蔽式”“断崖式”不合理限速等问题得到有效解决。公路限高限宽设施和检查卡点专项整治行动扎实开展。全省共拆除取缔非法限高限宽设施和检查卡点131处，整改完善限高限宽设施1556处。

（七）精准对接国家战略，高起点布局交通强国建设

主动对接“一带一路”、京津冀协同发展等战略，紧抓国家推进交通强国建设的重要历史机遇，坚持规划引领、政策先行，全力推动我省交通强国建设顺利起步、强势开局。加强顶层设计。成立推进交通强国建设领导组，建立工作专班，专门聘请曾参与《交通强国建设纲要》起草工作的交通运输部科研院为省厅提供智力支持，高质量编制全省《关于贯彻落实〈交通强国建设纲要〉的实施意见》和《推进交通强国建设行动计划（2021—2022年）》，并以省委、省政府名义印发实施。坚持规划引领。统筹推进“十四五”现代综合交通运输体系发展规划和各专项规划编制工作，我省交通运输“十四五”发展规划、综合立体交通网规划纲要、交通基础设施国土空间规划3项龙头规划已形成初稿，省道网规划（2021—2035年）已报省政府审批，交通新基建等其他专项规划全部形成了征求意见稿，“十四五”期间乃至今后15年的规划体系架构基本形成。深入研究试点方案。按照交通运输部要求，围绕交通强国建设整体布局，结合山西实际，认真研究制定全省《试点实施方案》，最终明确开展交旅融合、城市交通治理、车路协同、智能物流、重载公路等5个方面的试点任务，11月份获得交通运输部正式批准。

（八）切实践行安全发展理念，努力建设更高水平的平安交通

切实把安全生产工作摆在头等重要位置抓紧抓实，牢牢守住底线红线。扎实开展安全生产专项整治三年行动。制定印发安全生产专项整治三年行动方案，梳理形成任务清单，146项整治任务全部细化分解到具体部门，安全生产责任进一步夯实。聘请行业专家对139家企业（项目、单位）开展安全生产督导检查，对发现的问题逐一推动整改落实，真正做到防范在早、化解在小。深入推进重点领域专项治理。以公路桥梁、连续长陡下坡路段、隧道等为重点开展安全能力提升专项行动，累计完成163座公路桥梁护栏、62段连续长陡下坡路段安全隐患整治，改造完善高速公路、普通国省干线公路共829道隧道照明、通风和交安设施，增设农村公路平交路口减速带6666个，安全生产基础进一步加强。持续提升道路运输安全能力。安装“雾区引导防撞系统”5处14公里、“能见度检测仪”252处1260公里，继续推进公交车驾驶区域安装安全防护设施，安装率85.4%。全面完成“两客一危”重点营运车辆智能视频监控报警系统安装工作，在全国率先出台了营运高速公路服务区危化品运输车辆停放管理办法，并在全省64对服务区设置危化品车辆停放专区，选派专人24小时值守，主动安全性进一步提升。全面加强应急保障工作。修订完善省厅“1+6”应急预案体系，巩固加强多部门应急联动机制，圆满完成“春运”、全国“两会”等重点时段和重大活动期间的应急值守与保障任务。通过努力，全省交通运输安全生产形势总体保持稳定，未发生重特大事故，重点监管领域共发生安全生产事故7起、死亡7人，分别下降46.2%、75%。在2020年度全省安全生产和消防工作考核中省厅被评为优秀等次，排省直单位第4名。

（九）全面加强党的建设，切实以“第一责任”领导保障“第一要务”

坚持以党的政治建设为统领，持续改进和加强党的领导，扎实推动各级领导班子和干部队伍以过硬的党性践行忠诚、担当使命、履职尽责。坚持把政治建设摆在首位。教育引导广大干部职工不断增强“四个意识”、坚定“四个自信”、做到“两个维护”，不折不扣贯彻执行中央大政方针和省委、省政府决策部署。全年开展党组理论中心组集体学习17次、专题交流研讨7次；举办全系统领导干部党性修养、履职能力研修班暨交通基础设施建设高质量发展业务能力提升培训班以及基层党组织书记培训班，采取线上线下多种形式宣讲党的理论政策，着力提升党员领导干部政治素养。严格落实意识形态工作责任制，定期开展分析研判并按时报告情况。坚决落实省委专项巡视整改任务，累计完成119条整改举措，整改结果全部上报省委巡视办。全面加强基层组织建设。在推进事业单位改革中同步推进新组建单位党组织建设工作，及时印发《关于厅属事业单位改革期间建立健全党组织的实施方案》，从顶层设计上为涉改单位提供基本遵循和指引，新组建单位党组织全部完成换届选举。持续抓好干部队伍建设。坚持党管干部原则，树立良好用人导向，全年共提任处级干部2名、平级调整干部18名、推荐交流干部14名；积极落实省委“墩苗”行动，推荐4名干部到地方任职，有效激励党员干部干事创业、担当作为。持之以恒正风肃纪。严格落实中央八项规定精神，驰而不息整治“四风”。加大违纪违法案件查处力度，处置问题线索92件，给予党纪政务处分5人、提醒谈话31人、批评教育11人、诫勉谈话6人，全系统风清气正的政治生态进一步巩固和加强。探索建立纪检监察组与审计处联动协作机制，充分发挥审计监督作用，通过领导干部经济责任审计发现并督促整改8个方面相关问题近百个。着力提升行业软实力。弘扬新时代交通精神，深入推进工青妇等群团组织建设以及交通战备、史志宣传、离退休人员管理、后勤服务等工作。强化精神文明建设，一批先进典型荣获文明单位称号，行业凝聚力和向心力不断增强。

2020年是“十三五”规划的收官之年。回看这五年，全系统紧紧抓住交通基础设施发展、服务水平提高和转型发展的黄金时期，充分发挥交通运输“先行官”职能，为山西全面建成小康社会贡献交通力量。

五年来，现代综合交通网络加快形成。连接东西、畅通南北的综合运输通道基本贯通，全省公路通车里程达到14.4万公里，公路密度达到92公里/百平方公里，公路总体规模实现较大提升。“三纵十二横”的高速公路网基本形成，95.7%的县实现高速公路覆盖，72%的乡镇实现普通国省道连通，路网结构不断完善。“一干六支”的运输机场布局全面建成，累计开通国内航线287条、国际航线36条，通航国内68个中心城市，通达10个国家和地区，航空服务能力进一步增强。航道里程达到1557公里，黄河老牛湾等19个渡口码头完成改造，水运事业取得长足发展。

五年来，交通运输服务保障能力大幅提升。全省公路旅客年周转量最高达到159.64亿人公里，公路货物周转量达到2784.96亿吨公里；民航旅客年吞吐量最高达到2037万人次，货邮吞吐量达到6.7万吨。全省城市公共交通、农村交通快速发展，城乡客运服务能力进一步增强。全国多式联运示范工程、国家“无车承运人”试点、甩挂运输试点在我省相继落地，先进运输组织方式实现从无到有的重大突破。煤炭等大宗货物“公转铁”进程有力推进，货物运输结构持续优化。在全国率先推行货车差异化收费优惠政策，五年累计减免货车通行费57.5亿元，惠及货车18847万辆次，工作成果受到国务院和省政府通报表扬。

五年来，行业治理体系更加科学高效。累计取消下放行政审批事项28项，进驻省政务服务大厅的审批事项可网办率达100%，交通运输营商环境进一步优化。省级行政机构改革顺利完成，厅属处级以上事业单位精简率50%以上，机构瘦身健身成果显著。全面承接民航机场管理局职责，公路、水路、民航运输实现一体化管理；整合组建山西交控集团，成功实现化解政府性债务、推进政企分开、培育强劲市场主体“一石三鸟”的预期目标。交通运输综合行政执法改革有力推进，行政执法“四基四化”建设深入开展，以“双随机、一公开”监管为基本手段、以重点监管为补充、以信用监管为基础的新型监管机制加快建立。积极探索公路治超非现场执法模式，不断加强路警联合执法，全省非法超限率始终控制在0.2%以内，保持全国领先地位。

五年来，交通运输新技术新业态蓬勃发展。关键技术攻关成效显著，重点开展的144项科研项目中，获得国家级、省部级科学技术奖56项，获省科研奖数量在全省省直部门中排名第3。全省公交一卡通与全国303个城市实现一卡通用，省内80个道路运输客运站实现联网售票，高速公路ETC站点覆盖率100%，现代信息技术在交通运输领域应用更加广泛。公路建设智慧监管平台上线运行，普通干线公路重载交通关键技术研究成果达到国际领先水平，运宝黄河大桥开创国内全桥裸用耐候钢的先河，智慧交通建设取得新的成效。网络货运模式创新发展，定制公交、网约车、共享单车、分时租赁等新业态全面兴起，国家通航发展示范省建设加快推进，行业发展动能不断增强。

五年来，人民满意交通持续推进。高质量编制全国第一个全省域旅游公路专项规划，创新性提出“快进慢游深体验”“交旅融合”等现代旅游交通理念，累计建成黄河、长城、太行三个一号旅游公路3469公里、“城景通、景景通”示范段1211公里，串联了沿线66个A级以上景区、覆盖130余处非A级景点，充分带动乡村旅游产业发展，为贫困地区群众打开脱贫致富大门，让农民群众真正吃上“旅游饭”。提前实现所有具备条件的建制村通硬化路、通客车目标，交通脱贫攻坚取得重大成果，农村群众“出门水泥路、抬脚上客车”的梦想变成现实，圆满兑现“小康路上绝不让任何一个地方因交通而掉队”的庄严承诺。

同志们，回顾过往，成绩来之不易，这是习近平新时代中国特色社会主义思想科学指引、生动实践的结果，是省委、省政府和交通运输部坚强领导的结果，是各有关部门单位、各市县党委政府大力支持的结果，更是全行业广大干部职工团结奋斗、拼搏进取的结果。在此，我代表厅党组，向全省奋战在交通运输战线的广大干部职工致以崇高敬意和衷心感谢！

二、深刻认识当前和今后一个时期的交通运输发展形势，推进“十四五”交通运输高质量发展

中共十九届五中全会深入分析全国发展环境面临的深刻复杂变化，认为当前和今后一个时期，全国发展仍处于战略机遇期，但机遇和挑战都有新的发展变化。全会提出到2035年基本实现社会主义现代化远景目标和“十四五”时期经济社会发展的指导思想、基本原则与主要目标。并鲜明提出“立足新发展阶段、贯彻新发展理念、构建新发展格局”的总要求。在1月11日“省部级主要领导干部学习贯彻中共十九届五中全会精神专题研讨班”开班式上，习近平总书记围绕三个“新”的五中全会逻辑主线发表重要讲话，从理论和实际、历史和现实、国内和国际相结合的高度，分析进入新发展阶段的理论依据、历史依据、现实依据，阐述深入贯彻新发展理念的新要求，阐明加快构建新发展格局的主攻方向，是指导全党全国人民统一思想、提高站位、开阔视野，全面推进“十四五”及今后长远发展的根本遵循。把握好三个“新”的总要求，是谋划和推动新时代交通运输发展的基石。省委十一届十一次全会深入分析全省“十四五”时期经济社会发展面临的形势，认为全省正处于资源型经济从成熟期到衰退期的演变阶段，未来5—10年正是转型发展的窗口期、关键期。进入新发展阶段，全省发展面临的结构性、体制性、素质性问题仍然存在，发展不充分、不平衡、不协调问题特征明显，解决“三性”问题仍然需要抓住“三不”重点突破。全会提出，面对各省竞相发展、百舸争流的竞争性态势，山西不进则退，慢进亦退，不创新必退。全省各级党员领导干部要胸怀“两个大局”，准确识变、科学应变、主动求变，抢抓新发展格局机遇，深入实施系统性深层次改革，奋力推动高质量高速度发展，以坚定坚实、追赶超越之姿创造辉煌成绩，擂响山西奋斗新时代的催征战鼓。全会还明确全省“十四五”时期经济社会发展的8个战略定位，是交通运输服务山西高质量转型发展的基本遵循。中央经济工作会议、省委经济工作会议、省“两会”都对明年交通运输工作提出了明确要求，中央经济工作会议提出“加快建设交通强国”“建设现代物流体系”；省委经济工作会议提出“加快打造国家综合交通枢纽和现代综合交通运输体系”“交通运输业增长10%”“加快建设国家通用航空业发展示范省”“重点打造现代旅游综合交通体系”；省政府工作报告提出“发展智慧物

流，降低物流成本”“全力做好国际航班经停太原入境防控工作”“拓展国际直航航线”“三个一号旅游公路再建成2000公里”以及高速公路、机场等项目建设和推进“公转铁”等污染防治工作，十分具体。这些工作要求，我们必须认真贯彻落实，特别是年度工作的硬任务必须保质保量完成。全国交通运输工作会议深刻分析当前和今后一个时期交通运输发展形势，指出共有“六个有利条件”、“六个风险挑战”以及五方面的具体问题。会议明确提出，在新发展阶段，交通运输作为基础性、先导性、战略性、服务性行业的地位没有变，在经济社会发展中“先行官”的职责和使命没有变，交通运输“适度超前”发展的特征和要求没有变。在新发展阶段，交通运输还要当好现代产业体系协调发展的坚实支撑，当好内外经济循环相互促进的重要纽带，当好产业链供应链安全稳定的保障基石，当好改善人民生活品质促进共同富裕的开路先锋。会议强调交通运输服务构建新发展格局，必须实现“三个转变”，抓好“六个着力”，并部署了12个方面的重点工作。这些都为我们做好今后工作厘清思路、明晰方向。

善弈者谋势，善谋者致远。我们一定要把思想和行动统一到中央、省委、省政府和交通运输部对发展形势及各项工作的决策部署上来，做到胸怀大局、站位高远、时势了然。同时，我们一定要结合自身实际，认清山西交通运输工作的优势劣势、短板不足，坚持问题导向、目标导向，做到趋利避害、改进提高。

（一）准确把握有利条件，抢抓发展机遇

从国家层面、省级层面、专业层面三个维度认清形势、抢抓机遇、加快发展。

*一是加快建设交通强国为行业发展带来新的战略机遇。*建设交通强国是以习近平同志为核心的党中央立足国情、着眼全局、面向未来作出的重大战略决策，对新时代交通运输发展指明了方向。中共中央、国务院印发《交通强国建设纲要》，明确了“1234593”的总体发展布局。省委、省政府作出了“抓住机遇，推动交通强省”的批示，并出台了《关于贯彻落实〈交通强国建设纲要〉的实施意见》和《山西省推进交通强国建设行动计划（2021—2022年）》，同时山西省被列入交通强国建设第二批试点单位，交通运输部已正式批准山西省《试点实施方案》。我们要深刻认识到，加快建设交通强国是建设社会主义现代化国家的内在要求，是顺应世界交通发展大势的客观需要，也是推动交通运输高质量发展的内在需要，是我们最大的发展机遇。

*二是构建新发展格局、建设现代流通体系提升交通运输的战略地位。*构建新发展格局，是与时俱进推动全国经济现代化的路径选择。构建新发展格局的主攻方向之一，就是坚持扩大内需这个战略基点，建设现代流通体系。建设现代流通体系，势必要求加快建设现代综合运输体系和现代物流体系，从畅通循环角度提升交通运输的战略地位。山西是衔接全国东部沿海与西部内陆、南方地区与塞北区域的十字要冲，面对新时期强大国内市场需要，对全省加快建设多向畅通的综合运输大通道，建设国家级、区域性综合交通枢纽和物流网络提供良好机遇。

三是全省重大战略实施为交通运输先行发展赋予了新的使命。“十四五”时期山西发展的八个战略定位是：“国家资源型经济转型综改试验区”“京津冀一体化重要成员”“新兴产业未来产业研发制造基地”“特色优势有机旱作农业科研和功能食品生产基地”“国际知名文化旅游目的地”“内陆地区对外开放新高地”“华北地区重要绿色生态屏障”“拱卫首都安全‘护城河’”。这八个战略定位，其中三个和交通运输有直接关联，打造“京津冀一体化重要成员”和构建“内陆地区对外开放新高地”方面，省委、省政府明确要求“建设现代综合交通运输体系”，打造“国际知名文化旅游目的地”方面，明确要求“建好三个一号旅游公路”；两个有间接任务，如新兴产业方面有通航产业的发展要求，绿色生态屏障方面有绿色交通的建设内容，其他三个也都有共性的工作要求。同时，贯彻落实省委“四为四高两同步”总体思路和要求，交通运输领域要坚决完成好重大项目、保持较大规模和较快增速的投资，每年省委、省政府都要听取交通重大项目的谋划汇

报，省领导对交通运输工作多次作出重要批示指示。所以说，交通运输既是这些战略的重要组成部分，也是这些战略实施的开路先锋。

四是新一代科技革命为交通运输创新发展提供了新的动能。习近平总书记视察山西提出要“大力加强科技创新，在新基建、新技术、新材料、新装备、新产品、新业态上不断取得突破”。以5G、人工智能、大数据等为代表的新一代科技革命和信息技术为全省提供改变落后现状、在新经济领域竞争、从新角度解决区域发展问题的新路径。“六新”和交通运输密切相关，在新基建方面，交通是重要领域；在公路建养、客运服务方面，新技术、新材料、新装备、新产品发挥着重要作用；同时，交通运输涌现出无车承运、智能物联、网约车、通航+旅游等新业态。因此，充分应用新一代科技革命成果、推进信息技术与交通产业融合发展成为时代要求，也为交通运输产业赋能增效提供原动力。

（二）正确认识差距不足，补齐短板弱项

对标目标任务要求、人民群众需求和发达省份先进经验，全省交通运输尚存在4个方面明显不足：

一是综合立体交通网络尚未形成。快速网互联互通方面，高速公路出省口不足、仍然存在断头路、尚未实现县县通高速；干线网衔接高效方面，目前干线公路是全省公路网的短板，次等路、差等路占到10%左右，安全、环保问题突出；基础网广泛覆盖方面，通过近三年的集中攻坚，新改建农村公路6万公里，已基本适应发展需求，下一步主要是向纵深延展、提档升级。立体交通网方面，公路、铁路、轨道交通、邮政、民航、枢纽等各种运输方式尚各自为政，缺乏有效衔接。“十四五”时期，成网、联通、提质、增效仍是全省交通运输发展的主攻方向。

二是物流业降本增效差距较大。运输结构有待优化，各种运输方式融合发展不够，运输比较优势和组合效率尚未充分发挥。占据主导地位的公路运输在市场集约化、组织化方面程度总体偏弱，民航在综合运输体系中的比重较低，货物多式联运、旅客联程运输等先进运输组织模式发展不足。货运物流业中传统货运比重较大、现代物流发展缓慢，物流成本居高不下，社会物流总成本在GDP中的比重较全国平均水平高出3个百分点左右。

三是信息化建设严重滞后。信息化建设缺乏统一规划与顶层设计，管理机构不健全，专业人才短缺，工作基础薄弱，资源分割与信息孤岛同在，建设滞后与资源浪费并存，现有资源难以实现有效共享。创新在交通现代化建设全局中的核心地位尚未树立，科技自立自强能力较弱，行业高级专业技术人才储备整体低于全国平均水平。智慧交通建设相对滞后，行业技术标准规范体系尚未形成。面对新基建、大数据、物联网、云计算等新一代技术革命要求，全省与全国先进省份的差距越来越大，严重制约现代交通运输业的发展。

四是客运服务水平仍需提高。传统道路客运亟待转型升级，城市公交发展缓慢，多数设区市机动化出行分担率偏低；农村客运经营不稳定，城乡客运一体化水平有待加强。

除上述4个方面不足外，全省同样还面临着土地、资源、资金等要素制约的共性困难，存在信访量居高不下、历史遗留问题多等改革稳定问题，存在安全、廉政方面的风险考验，这些都需要在“十四五”时期高度重视、认真加以解决。

（三）以推进交通强国建设为统领，加快构建现代化综合交通运输体系

“十四五”时期，我们要立足山西在全国发展中的战略定位和交通运输“先行官”定位，在交通强国建设中抢点布局，从山西省情特点出发，久久为功、持续发力，加快建设现代化综合交通运输体系。争取到2025年实现以下5个目标：

一是综合立体交通网初见雏形。国家高速公路网基本建成，普通国省道网进一步完善，“快进慢游深体验”的全域旅游交通网基本形成，“四好农村路”建设取得重大进展，中部盆地城市群综合立体交通网基本形成，水运基础设施得到完善，“一干八支”民用运输机场基本建成，通用机场网络基本形成，寄递服务网络深入城乡、通达全球，实现市市通民用航空、县县通高速公路、景区联网通畅、省际多路通达，基本实现乡镇通三级公路、自然村通硬化路。

二是交通出行服务品质进一步提升。一体化、便捷化客运出行加快发展,设区的市公共交通机动化出行分担率力争达到20%,城乡客运基本公共服务均等化进一步发展,基本形成“3223出行交通圈”,即设区的市30分钟通勤,省会到设区的市2小时通达,设区的市到县2小时通达,省会到国内主要城市3小时通达。

三是货运物流服务水平进一步提升。现代物流产业初具规模,城市配送和农村物流服务体系初步建立,社会物流总费用占GDP比重进一步下降,基本形成“123快货物流圈”,即省内1日送达城市、2日送达农村,省外3日送达。

四是智慧平安绿色交通体系初步形成。交通运输领域新型基础设施建设试点有效推进,泛在感知设施、先进传输网络、北斗时空信息服务得到推广应用,科技创新支撑能力显著提升,重特大事故得到有效遏制,安全监管和应急保障能力明显提高,资源节约集约利用和节能减排降碳成效显著,交通运输污染治理水平进一步提升。

五是行业治理现代化水平进一步提高。“放管服效”改革持续深化,“一网”“一门”“一次”政务服务机制基本建立,交通建设项目审批程序更加优化高效,交通运输市场化法治化国际化营商环境基本形成,人才机制活力和政策吸引力大幅提升,交通管理体制改革进一步深化。

三、2021年工作安排

2021年是建党100周年,是我国现代化建设进程中具有特殊重要性的一年;是全省广大干部群众沿着习近平总书记指引的金光大道奋勇前进、推进转型出雏形的开局之年;也是我们交通运输系统立足新发展阶段、贯彻新发展理念,紧抓构建新发展格局机遇,全面加快建设交通强国的紧要之年。面对新形势、新任务,厅党组确定,2021年全省交通运输工作总体要求是:以习近平新时代中国特色社会主义思想为指导,全面贯彻落实中共十九大和十九届二中、三中、四中、五中全会精神,深入贯彻习近平总书记视察山西重要讲话重要指示,坚决贯彻党的基本理论、基本路线、基本方略,增强“四个意识”、坚定“四个自信”、做到“两个维护”,按照省委十一届十一次全会暨省委经济工作会议、省“两会”和全国交通运输工作会议部署,坚持系统观念,坚持稳中求进工作总基调,坚持“四为四高两同步”总体思路和要求,以推动全省交通运输高质量高速度发展为主题,以深化供给侧结构性改革为主线,以改革创新为根本动力,以满足人民日益增长的美好生活需要为根本目的,慎终如始打好交通运输领域疫情防控阻击战,全面开启交通强国建设新征程,围绕优化综合立体交通网,降低交通物流成本,提升服务供给质量,深化交通运输领域改革,守牢安全生产底线,巩固“山清水秀”政治生态,持续发力、久久为功,确保“十四五”开好局起好步,以优异成绩庆祝建党100周年。

主要预期指标是:全省公路、机场和枢纽建设完成投资700亿元以上,增长10%以上。新增高速公路通车里程93公里、再打通1个出省口;完成普通国省干线公路新改建工程150公里;完成“四好农村路”和三个一号旅游公路新改建工程4300公里;新开工运输机场主体工程项目2个。完成高速公路服务区提档升级工程15对。高速公路优等路率、普通国省道优良路率、农村公路优良中等路率分别保持在96%、82%、89%以上,较2020年分别提升0.5个、2个和1个百分点;非法超限率控制在0.2%以内。信息化建设取得突破性进展,全面完成3个部省共建项目。巩固发展安全生产形势,坚决防止重大及以上责任事故。

重点做好以下11个方面的工作:

(一)围绕“人民至上、生命至上”原则,坚决打好常态化疫情防控阻击战

进一步健全工作机制。绷紧常态化疫情防控这根弦,提高疫情防控责任感紧迫感,坚决防止思想麻痹、工作松懈。加强对防控形势的分析研判,及时传达贯彻落实中央、省委、省政府关于疫情防控的最新指示要求。坚持“平战结合”、“人物”同查、抓早抓小,因时因势动态调整和完善疫情防控的指挥体系、政策体系、预案体系、力量体系、物资保障体系。

保持“双防”工作力度不减。进一步压紧压实属地、部门、单位、个人“四方责任”，落严落细各项防控要求和措施。做好“外防输入”各项工作，始终确保没有1例新冠肺炎患者通过公路进京、入晋；加强国际航班经停太原入境人员精准防控，做好“点对点”“一站式”转运工作，形成严格闭环；加大冷链运输环节疫情防控力度。做好“内防反弹”各项工作，按照分区分级防控指南，严格落实交通运输工具及场站通风消毒、人员防护、乘客测温和信息登记等措施；加强值班值守，强化属地领导责任，做好单位内部防控，抓好春运防控。

统筹推进疫情防控和复工复产。在严格疫情防控的同时，进一步发挥交通运输保通保畅保运作用，坚持做到“一断三不断”，为经济社会发展提供交通运输保障。大力推进交通建设重点项目开复工，加强对全省重点公路项目的调度，对各项目人员、设备、物资准备和疫情防控、征地拆迁进展等情况进行统筹和摸底。加强调查研究力度，重点督促各项目单位加快土地手续办理，协调有关地市政府加大征地拆迁工作力度，保障重点工程建设用地需求，同时加快施工图设计审批。确保3月底前全省高速公路、普通国省干线公路续建项目全部开复工，实现首季“开门红”。

（二）围绕开启交通强国建设新征程，落实好各项试点任务

推动建立组织领导机制。尽快提请省委、省政府成立推进交通强国建设领导小组，将交通强省建设工作纳入全省高质量发展综合绩效评价体系，并适时召开全省动员大会，凝聚各方力量扎实推进建设交通强省。

扎实推进5项试点任务。一是推进交通运输与旅游融合发展试点。推进集交通体验、文化旅游、生态景观、信息服务等功能于一体的旅游公路建设。积极推动重点景区通用机场（起降点）建设。二是推进高密度中等城市交通拥堵治理与绿色出行试点。开工建设阳泉市“空中巴士”快速公交主干系统。完善市区充电设施，推进公交车、出租车、环卫车、配送车电动化、清洁化。三是推进智能网联重载货运车路协同发展试点。启动全长19公里的智能网联重载货运车路协同测试示范路建设。攻克车路协同关键核心技术，完善配套基础设施和通信设施，积极开展车路协同测试。四是推进绿色高效物流服务体系建设试点。优化调整运输结构，创新运输组织模式，结合年度指标任务，持续推进大宗货物“公转铁”；推动块煤、焦煤等适箱货物集装箱运输。深入实施多式联运物流园区示范工程。推进网络货运等“互联网+”高效物流新业态发展。五是推进普通公路重载运输建设试点。开展重载交通技术研究，完成2条试验路段的铺筑。开展重载交通公路网规划编制。研究编制重载交通建设技术标准。

做好建设保障工作。强化过程管理，开展《试点实施方案》任务分解工作，科学设置各试点任务阶段性目标和推进举措。加强跟踪指导，研究制定试点工作指标体系和评估验收办法，确保实施质量和效果。

（三）围绕构建新发展格局，加快建设布局合理、集约高效的综合立体交通网

加快完善规划体系。做好“十四五”拟出台规划与国家、省部上位规划的衔接，加强综合性规划和专项规划的对接，进一步提升编制质量，明确发展目标、优化指标体系，增强各类规划的系统性、可行性、前瞻性。上半年出台《山西省省道网规划（2021年至2035年）》、交通运输“十四五”发展规划和各项专项规划。会同省发改委、省财政厅、省自然资源厅等部门，开展大交通量高速公路扩容升级、高速公路服务区布局规划与提档升级、高速公路新增互通出入口等政策研究。

加快建设内联外通、立体高效的快速交通网。精准对接京津冀协同发展、黄河流域生态保护和高质量发展、中部地区崛起等国家战略，紧紧围绕“一主三副六市域中心”城镇化新格局，强化多向连通、高速度、专业化对外对内骨干通道建设。高速公路方面，完成投资320亿元以上，重点抓好“出省路”

"断头路""县县通"项目的建设。大力推进太原西北二环、黎城至霍州、昔阳至榆次等11个续建项目建设;建成闻垣高速古城联络线和静乐至兴县项目静乐至蔡家崖段;打通晋豫省界古城出省口,启动部分新规划出省口项目前期工作;开工建设临汾至浮山、汾阳至石楼等2个"县县通"项目,确保"十四五"期间建成通车;增强省会太原东向辐射能力,力争年内开工建设青银二广高速太原至寿阳联络线;加快推进各项目前期工作,保持各在建项目投资强度,重点协调解决汾石高速项目有关问题,确保5月底前开工,并协调解决好祁离高速项目投资主体问题。民航机场方面,完成投资27亿元以上,开工建设太原武宿机场三期改扩建主体工程、朔州机场新建工程,继续推进运城机场改扩建工程,完成长治机场改扩建工程。推动机场一体化运营管理步入正轨。

加快建设能力充分、保障有力的干线交通网。顺应新型城镇化发展趋势,进一步优化干线交通网布局,提升现有通道服务能力。普通国省干线公路完成投资170亿元以上,有序推进重要国道、大交通量路段、城市过境路段升级改造。实施国道208线清徐常家庄至晋中长治界一级公路新建工程、国道209线吕梁新城区段公路改线工程等新改建项目22个、542公里,完工8个项目150公里。

加快建设覆盖广泛、安全便捷的基础交通网。落实旅游强省战略,推进脱贫攻坚成果与乡村振兴有效衔接,进一步提升农村公路、通用机场和水运设施的基础支撑能力。农村公路方面,完成投资190亿元以上,持续推动"四好农村路"高质量发展。新改建撤并保留的较大人口规模自然村通硬化路、乡镇通三级及以上路和建制村通双车道等2300公里;打造现代旅游综合交通体系,全力抓好黄河、长城、太行三个一号旅游公路建设提速工程,确保再建成2000公里以上,同步完善驿站、房车营地、旅游绿道、观景台等服务设施;提请省政府召开三个一号旅游公路建设动员大会,做好相关准备工作。加快通用机场建设,鼓励运输机场完善通航机坪、机库等基础设施,积极配合省发改委和市、县政府推进芮城、万荣等通用机场和重点景区直升机起降点项目建设。加强水运基础设施建设,力争开工建设黄河老牛湾—龙口、老鸦石—三门峡库区航运工程,实施一批内河湖(库)区便民绿色码头工程。

(四)围绕提升公路运营服务水平,大力加强公路养护管理

实施高速公路服务提质工程。研究制定高速公路养护管理和服务质量监管制度以及考核办法,逐步提升路况水平和服务质量,争取进入全国先进行列。深入开展服务区提档升级专项行动,对标一流,高质量高标准完成15对车流、人流较大的高速公路服务区提档升级改造工程,出台《山西省高速公路服务区管理办法》,继续深化"厕所革命",切实提高服务区规范化、标准化管理水平和服务能力。优化完善高速公路联网收费系统网络安全、技术保障、投诉处理、保通保畅管理等机制。重点解决100公里以上路段无加油站问题,再开通10个加油站。开展ETC服务专项提升行动,进一步提高设备稳定性,着力提升客车ETC使用率。

推进普通公路养护转型。围绕"畅通、安全、平整、干净"原则,全面加强日常养护工作,及时消除坑槽裂缝等轻微病害。大力加强预防性养护,精准开展修复性养护,逐步减少次差路,延长使用寿命。深入开展普通国省干线公路养护市场化改革、培育市场主体,完善运行机制,推动养护工作进入良性循环。研究制定普通国省干线公路管养体制改革后的养护工作监管办法,出台《山西省普通国省道路面改造工程PPP项目养护监督管理办法》。深化农村公路管理养护体制改革,落实国务院办公厅《关于深化农村公路管理养护体制改革的意见》和全省实施意见提出的各项任务,做到"有路必养、养必到位"。指导太原市晋源区等6个县区开展国家农村公路养护体制改革试点。建立农村公路管理养护长效机制和绩效管理考核机制。全面实施县、乡、村三级"路长制"。

提升路政管理水平。做好《山西省高速公路非公路标志管理办法》宣传实施工作,编制《山西省高速公路非公路标志设置规划》。指导各级路政管理部门依法严厉打击、查处各类破坏、损坏公路等违法行为。认真开展“路政宣传月”活动，营造社会共治良好氛围。

转变超限超载治理方式。依靠科技创新转变治超执法方式，实施治超联网管理信息系统升级改造工程。深入推进交通运输、公安部门治超联合执法常态化制度化。巩固治超成果，总结治超非现场执法试点经验，扩大试点范围。

（五）围绕人民群众高品质出行需求，加快构建便捷舒适、一体多元的交通出行体系

推进多层级综合客运枢纽建设。适应大都市、城市群的城市化发展大势，在多元、衔接、高效上发力，着力打造国家级区域性综合交通枢纽，重点建成大同、太原综合客运枢纽。

着力打造山西对内对外开放空中走廊。视疫情情况适时开通太原至日韩直航航线，争取开通太原至欧盟直航航线。积极推进太原至广州、上海等重点城市航班“公交化”运营，加密连通长三角、环渤海等发达地区航线航班。拓展支线航空发展。继续争取民航华北第二区管中心早日落户太原。加快开发国际货运航线，争取实现“0到1的突破”。推进基地航空公司落地建设。围绕文旅部门推出的低空飞行旅游等深度体验性出行服务产品，大力发展通航运输。

加快推进道路客运转型升级。推动长途公路客运转型升级，发展公、铁、空联运精品班线、机场快线、城际快线、商务快客、旅游客运等特色客运业务。实施公交优先战略，加快推进太原、临汾国家公交都市建设示范城市创建工作。指导太原、临汾、大同、晋城、阳泉等地做好绿色出行城市创建工作。深入推进城乡客运一体化发展，鼓励城市公交向农村延伸，继续开展示范县创建活动。巩固拓展具备条件的乡镇和建制村通客车成果，继续扩大农村客运公交化覆盖面，防止“通返不通”现象。积极发展定制客运服务。

（六）围绕构建现代流通体系，加快构建结构优化、经济高效的现代物流体系

全面启动货运枢纽（物流园区）建设。加快完成《山西省“十四五”货运枢纽（物流园区）建设规划》编制工作。依托高速公路网、干线公路网，布局一批跨市域物流园区项目，年内启动太原、大同2个综合货运物流园区项目；依托城乡公路网，布局一批跨县域货运物流园区，年内启动3～5个项目。

大力推进物流业降本增效。着力打造立体联网、内外联通“两纵四横一环”综合运输通道，建设多式联运、有机接驳“一主三副多级”综合运输枢纽格局。积极支持太原国家物流枢纽和晋中国家骨干冷链物流基地建设。支持太铁中鼎物流园区、大同国际陆港等枢纽建设。加快发展先进运输组织方式，研究制定鼓励发展公铁联运、空铁联运和集装箱多式联运的政策措施。巩固运输结构调整3年行动计划成果，完善以铁路为主的大宗货物中长距离运输格局。大力发展城市绿色货运配送方式，实施太原、大同城市绿色货运配送示范创建工程。完善农村物流网络节点体系，建设一批区域邮政处理中心、物流仓储工程、快递分拨中心和末端网点项目。推进现代物流、智慧物流，继续执行高速公路货车收费标准动态调整机制，有效降低物流综合成本。

（七）围绕加快“六新”突破的战略要求，打造一批智慧交通、绿色交通、平安交通示范（基础）工程

打造一批“智慧交通”示范工程。加快“数字交通”建设，力促山西“数字政府”建设在交通行业率先落实，出台《山西省数字交通建设规划（2021—2023年）》。初步建成“基础数据一门进出、行业治理一体协同、政务服务一网通办”的综合交通运输信息平台。全面完成治超联网管理信息系统升级改造工程、山西省危险货物道路运输安全监管系统、山西省国省干线公路交通情况调查系统工程3个部省共建项目。实施“智慧公路”示范工程，选择2至3个高速公路、普通国省干线公路新改建项目，同步规划建设感知、传输设施和数据中心。实施网络货运示范工程，鼓励平台企业发挥网络优势，整合配置运输资源，实现货运车辆、货运信息的精准对接和运输全过程实时控制。探索普通收费公路“自由流”收费新制式，有效解决车辆绕行逃费问题。适时推进智慧民航、智慧邮政、智慧枢纽等示范工程。支持智能网联新能源汽车、先进轨道交通等新兴产业发展。推进阳泉市ETC智慧停车城市建设全国试点工作。探索培育一批由省厅命名的重点领域创新中心，推动行业关键技术协同攻关，促进科研成果转化，加强地方标准制定等工作。

打造一批“绿色交通”示范工程。实施“绿色公路”示范工程，推进临猗黄河大桥和离石至隰县、隰县至吉县、黎城至霍州、昔阳至榆次绿色高速公路示范工程项目建设。城市公交、出租等新增和更新车辆全部采用新能源车，形成以清洁能源车辆为主的运力结构。进一步完善公路沿线服务区充电、加气等设施，建成20座充电站、6座加气站。继续推进能源革命综合改革试点交通运输领域重点任务落实。实施绿色交通行动计划，继续打好污染防治攻坚战，围绕实现碳达峰、碳中和中长期目标，着力推进节能减排；建立公路扬尘污染治理长效机制；加大国三及以下排放标准营运柴油货车淘汰力度，提前半年全面完成国家下达的2年淘汰76500辆任务。

建设一批“平安交通”基础工程。健全完善安全风险防控和隐患排查治理双重预防机制，全面推进平安百年品质工程。继续实施公路安全生命防护工程、危桥改造工程、隧道提质升级改造工程等专项行动。完善桥梁、隧道等重大设施运营实时监控系统，推进综合交通运输运行协调和应急指挥、危险货物道路运输安全监管、高速公路雾区引导防撞等系统的研发应用。加强对“两客一危”重点营运车辆的动态监管，依托交通运输行业大数据，利用GIS、卫星定位等技术，推进太佳东高速公司“重点营运车辆动态信息监管系统”试点建设，并逐步在全省推广。探索研究服务区危化品车辆分类、分区停放管理办法。推进新增公交车辆安装视频监控和驾驶区防护隔离设施。加强水上搜救应急救援物资储备，提升水上搜救应急保障水平。继续实施农村公路平交道口“一灯一带”工程，提高主动安全性。

（八）围绕转变政府职能，不断深化交通运输改革

做好机构改革“后半篇文章”。适应事业单位改革新要求，以制度建设为抓手，完善各涉改单位职责清单、业务范围清单，明确工作重心，找准工作切入点，创新和调整工作方式，预防和解决厅机关与厅直事业单位之间、各厅直事业单位之间存在的工作结合部权责不清问题，彻底理顺相关工作机制，构建运行顺畅、充满活力的新型政事关系。

推进重点领域改革。深化省公路局事业单位改革、所办企业脱钩改革和普通国省干线公路养护市场化改革，2月底前完成改革方案报批工作，6月底前全面完成相关改革任务，实现瘦身强体、事企分开、企业挂牌运营。深化交通运输综合行政执法改革，完成各级机构的挂牌组建、班子任命和党组织换届选举，加快完善改革配套制度，健全运行机制，谋划执法队伍建设长效机制。按照省直机关事务管理局统一部署，按时完成厅后勤中心和省公路局生活服务中心改革任务。深化交通投融资体制改革和交通事权改革，破解交通建设资金短缺难题；激发民间投资活力，做好“十四五”国高网项目等的招商引资工作，对省高网项目和授权市县实施的普通收费公路项目在投资人招标等方面加大指导监督力度；规范有序开展更多PPP建设项目，研究制定公路PPP项目投资协议和合同示范文本。深化出租汽车行业改革，出台《山西省深化出租车汽车行业改革试点工作方案》，在太原、晋中、临汾先行开展试点，为全省提供可复制、可推广的经验。

深化“放管服效”改革。按照“应放尽放、能放尽放”原则，依法取消、下放一批交通运输行政审批事项。积极推动交通投资、建设、养护项目简化行政审批程序、提高审批效率。推动“证照分离”改革提速扩容。深化行政审批事项“一网通办”，提高全程网办率。规范实施政务服务“好差评”制度。

（九）围绕实现行业治理现代化，推进交通运输依法治理、共治共享

深化法治政府部门建设。推动《山西省公路条例》等地方性法规、政府规章的制修订工作。建立重大行政决策公众参与、社会听证、风险评估、合法性审查、后评估办法和重大政策公平竞争审查办法。加强行政执法监督，开展行政执法案卷评查工作。适时启动行政执法自由裁量权基准修订工作。

深化行政执法“四基四化”建设，实施执法队伍素质能力提升3年行动。组织实施“八五”普法工作，进一步营造学法遵法用法守法的浓厚氛围。

*持续加强市场监管。*加快建立以“双随机、一公开”监管为基本手段、以信用监管为基础、以重点监管为补充的新型监管机制。加强事中事后监管，推动“双随机、一公开”监管、“互联网+监管”全覆盖、常态化、制度化。深化信用交通省创建工作，健全信用承诺、守信激励、失信惩戒、信用修复等制度，建立从业单位和从业人员信用信息归集公示平台。

*提升行业治安综合治理水平。*深入贯彻总体国家安全观，深化“三零”单位创建工作，常态化开展扫黑除恶专项斗争、禁毒和“扫黄打非”等工作，有效防范化解各类涉稳风险隐患。

*建立共建共治共享治理体系。*充分发挥政府、社会、市场作用，完善共建、共治、共享交通治理体系，推动交通治理由“分散治理”向“系统治理”转变。建立常态化公众参与机制，搭建信息沟通、意见表达、决策参与、监督评价、舆情分析与引导为一体的公众参与平台。研究建立重大战略政策及综合规划等项目公众听证制度。发挥智库、专家作用，建立健全第三方评估机制。

(十)围绕确保交通运输“本质安全”，坚决守住行业安全发展底线

*扣紧压实各环节安全生产责任链条。*牢固树立“安全第一”理念，推进治本攻坚，建立风险分级管控、隐患排查治理双重预防性工作机制，把风险控制在隐患之前，把隐患消灭在事故之前。认真贯彻落实“管行业必须管安全、管业务必须管安全、管生产经营必须管安全”的“三管三必须”原则，全面抓好本行业本领域安全生产监督、检查、执法和事故防范各项具体工作。坚持“党政同责、一岗双责、齐抓共管、失职追责”，进一步从严落实组织领导责任、企业主体责任、行业监管责任，构建责任到人、不留死角的安全生产责任体系，做到守土有责、守土担责、守土尽责。

*抓好重点领域隐患排查治理。*深化开展安全生产专项整治三年专项行动，量化任务、细化措施、定期调度，确保收到预期成效。紧盯危货运输、道路运营、工程建设、水路客运安全等领域，解决一批突出问题、曝光一批典型案件，持续提升监管水平。今年重点对危货运输进行集中整治，着力解决运输企业主体责任和基层交通运输部门监管责任落实不到位、车辆异地经营、高速公路服务区夜间集中停放等焦点难点问题。

*不断强化安全生产制度建设。*建立尽职免责工作机制，解决安全生产领域工作“管好管坏一个样”和不想管、不会管、不敢管等问题，明确免责或减责情形，旗帜鲜明为敢于担当的干部撑腰鼓劲。健全风险评估机制，引入第三方专业机构强化行业监管力量，定期开展安全风险评估。完善制度体系，研究出台安全生产监督检查指导手册、交通运输风险判定标准和重大隐患分级分类标准等。认真贯彻《山西省铁路安全管理办法》，落实铁路安全联席会议制度，加快建立完善铁路沿线安全环境治理工作长效机制，依法履行全省地方铁路运营安全监管职能。

(十一)围绕坚持党的全面领导，切实加强交通运输系统党的建设

*始终把党的政治建设摆在首位。*深刻认识“两个维护”的政治内涵，坚决维护党中央定于一尊、一锤定音的绝对权威，切实增强“两个维护”的思想自觉和行动自觉。强化政治机关意识教育，认真贯彻落实新时代党的建设总要求，全面贯彻党委(党组)落实全面从严治党主体责任各项规定，不断压实各级党组织政治责任。严明党的政治纪律和政治规矩，认真开展政治巡察。强化政治监督，坚决把党中央、省委、省政府的各项决策部署抓实抓细抓落地。

*全面提高党建工作质量和水平。*统筹“两个第一”，坚持以管党治党“第一责任”领导和保障转型发展“第一要务”，围绕发展抓党建、抓好党建促发展，在“牵引”“融合”“转化”上靶向发力，切实把党建活力转化为发展活力、党建优势转化为发展优势。隆重纪念中国共产党成立100周年，开展“两优一先”评选表彰、主题征文等系列宣传教育活动。夯实基层组织，扎实推进厅直机关党委、纪委换届

选举，配齐、配强两委班子，全面推进党支部标准化规范化建设。实施党务干部能力提升工程，举办党组织书记、党务干部专题培训。按照省委部署，巩固深化“不忘初心，牢记使命”主题教育，认真开展“一句誓言、一生作答”实践活动。大力开展精神文明建设，宣传践行社会主义核心价值观，指导支持基层开展文明单位创建工作。积极支持工会、妇联发挥作用，凝聚起全系统改革发展向心力。

深入推进党风廉政建设和反腐败斗争。坚决贯彻落实中纪委十九届五次全会和省纪委十一届七次全会精神，深入贯彻全面从严治党方针，坚持系统施治、标本兼治，一体推进不敢腐不能腐不想腐，不断取得党风廉政建设和反腐败斗争新成效。一要保持惩治高压，强化“不敢腐”。坚持无禁区、全覆盖、零容忍，坚持重遏制、强高压、长震慑，紧盯关键节点、关键领域、关键岗位，聚焦政策支持力度大、投资密集、资源集中的领域和环节，对基础设施建设和项目审批等方面强化监督检查，对发现问题严肃处理。二要提升治理效能，强化“不能腐”。加强与驻厅纪检监察组协同联动，进一步织密扎紧制度笼子，提高监督质效，增强制度刚性，确保制度严格落实，管好关键人、管到关键处、管住关键事、管在关键时，实现监督从有形覆盖到有效覆盖，促进党内监督与其他各类监督协调贯通、同向发力。加强审计监督，全面落实领导干部经济责任审计整改主体责任和监督责任，将重点问题整改纳入省厅“13710”督查体系。三要坚定党性立场，强化“不想腐”。牢记革命理想高于天，加强党史学习教育，继续开展好“党风廉政宣传教育月”活动，创新活动载体，广泛开展廉政教育、纪律教育、警示教育。遵守党章党规党纪，始终做到理想信念立得住、纪法底线守得住、家属子女管得住、前车之鉴记得住，筑牢拒腐蚀、永不沾的思想防线。

努力建设高素质专业化干部队伍。坚持党管干部原则，突出政治标准，坚持正确选人用人导向。对照落实党中央、省委、省政府重大决策部署和推进交通运输事业改革发展的成效，综合衡量领导干部能力水平，培养全面型、复合型干部人才队伍。谋划创新省厅年度目标责任考核、厅管单位领导班子和领导干部等综合考核机制，坚持正向激励与惩处问责并举，完善容错纠错机制，推进干部“能上能下”。加强公务员分类管理，发挥职务与职级并行制度激励作用。坚持以人为本，切实关心干部职工工作生活。继续做好离退休干部工作。

四、聚精会神抓落实，高质量完成工作任务

大道至简，实干为要。关于抓落实，习近平总书记强调“真抓才能攻坚克难，实干才能梦想成真；如果不沉下心来抓落实，再好的目标，再好的蓝图，也只是镜中花、水中月”。省委十一届十一次全会暨省委经济工作会议上，楼阳生书记就抓落实专门提出了各项具体要求，指出“抓落实的关键是要有解决方案”，强调“不干，半点马克思主义都没有”。下面，我就抓落实工作提几点要求，与大家共勉。

（一）聚焦习近平总书记重要指示批示精神，以奋发有为的干劲抓落实

党的十八大以来，我们党之所以取得举世瞩目的成就，谱写“两大奇迹”新篇章，根本在于有习近平总书记掌舵领航、总揽全局，在于以习近平同志为核心的党中央的坚强领导，在于习近平新时代中国特色社会主义思想的科学指引。提升抓落实的效果，一要在政治上提高站位，始终将“两个维护”作为鲜明的政治准则和根本的政治要求，思考问题、谋划工作、推动落实，首先向习近平总书记看齐，向党中央看齐。二要在思想上高度认同，始终把学习贯彻习近平新时代中国特色社会主义思想作为首要政治任务，深刻领会这一科学理论的重大意义、科学体系、丰富内涵，努力掌握贯穿其中的马克思主义立场观点方法，不断汲取其中蕴含的真理力量、实践力量、创新力量，从而提升抓落实的水平。三要在行动上坚决有力，更加自觉地对表习近平总书记视察山西重要讲话重要指示和习近平总书记对交通运输工作的重要论述，把职责摆进去，把工作摆进去，找准结合点和着力点。要准确“吃透”中央精神、省委、省政府决策部署和本地本部门“实

际”，及时把习近平总书记、党中央和上级部门关于交通运输的最新决策部署，作为厅党组会、厅长办公会及各级党组织相关会议的第一议题，研究部署、跟踪问效，不折不扣落到实处。要强化“号令意识”，做到政令畅通、雷厉风行，坚决打击推诿扯皮、拈轻怕重和不担当不负责等行为，在这一点上，各级领导干部要发挥表率作用。

（二）聚焦山西转型跨越发展的大局，以只争朝夕的拼劲抓落实

近年来，省委胸怀“两个大局”把方向，坚定转型为纲蹚新路，省政府以上率下、干字当头，实施一批变革性、牵引性、标志性举措，取得一批突破性、战略性、历史性成果，交出“三份优秀答卷”，使山西工作在新起点上实现新发展、开创新局面。作为省直部门，一定要胸怀大局，按照省委、省政府要求，以坚定坚实、追赶超越之姿抓落实。一要坚定必胜信心，2021年是全面开启现代化建设新征程的第一年，开局关系全局，起步决定后势，做好全年工作至关重要。只要我们紧紧围绕省委“四为四高两同步”的总体思路和要求，将“转型发展蹚新路”作为工作指南、逻辑起点，牢固树立结果导向，并以之作为工作理念、工作方法、工作制度，锲而不舍、勠力同心干，就一定能战胜各种风险挑战。二要增强忧患意识，当前，全国疫情防控形势呈零星散发和局部聚集性疫情交织态势，对一季度重点交通建设项目的开复工可能造成不利影响，后续工作也存在诸多不稳定不确定因素，我们一定要把困难和问题分析得再深刻一些，把形势估计得更严峻复杂一些，未雨绸缪、提前做好预案，打好有准备之仗。三要坚持辩证思维，结合全省发展大局和工作实际，做好明年和未来工作，要按照楼阳生书记强调的“抓总、抓重、抓要”来进行，既要“稳”字当头，纲举目张，推动各项事业全面进步，又要突出重点，以点带面，确保每年干成几件大事，积跬步至千里，积小胜为大胜。

（三）聚焦转变工作作风，以久久为功的韧劲抓落实

习近平总书记系统论述抓落实的科学方法：在抓落实的主体上，强调“一把手”是关键，领导干部特别是一把手要亲自抓、亲自管，确保贯彻落实不走偏、不走样；在抓落实态度上，强调对需要长期抓落实的项目和任务，要以抓铁有痕、踏石留印的劲头，坚持不懈抓下去，要聚焦、聚神、聚力抓落实，做到紧之又紧、细之又细、实之又实；在抓落实方式上，强调要有时间表，要加强调查研究，把制定目标和狠抓落实结合起来，由易到难、由近及远，以点带线、由线到面，一项一项抓落实。我们改进和提升抓落实的水平，要坚决贯彻落实总书记的教导。一要亲力亲为率先垂范，各级领导干部就是抓落实的“关键少数”，在座的各位负责人，包括厅班子成员，必须在当好分管领域工作指挥员的同时，扑下身子，真抓实干，当好战斗员，时时处处带好头，该决策时果断决策，该拍板时大胆拍板，决不能把矛盾上交、责任下推、难题后拖，真正树牢“等不起”的紧迫感、“坐不住”的责任感、“慢不得”的危机感，一级做给一级看，一级带着一级干。二要不断改进和强化调查研究，坚持多渠道、多方位、多层次调研，多到困难大、矛盾多，情况复杂、群众意见多、工作基础差的地方去，同基层干部群众面对面交流，心与心沟通，真正吃透上情、摸透下情、把握内情、了解外情。要加大研究分析力度，对调研所得材料去粗取精、去伪存真、由此及彼、由表及里地思考、分析和综合，透过现象看本质，防止偏听偏信、防止只调查不研究。要加强结果转化，重视做好“调研后”工作，不断深化细化实化各项工作的具体举措。三要练好善斗本领，抓落实的过程，就是破解难题、化解矛盾的过程。要破解难题、化解矛盾，就必须敢于斗争、善于斗争。大家要务必坚定斗争意志，防止和消除不愿斗争的“软骨病”、不敢斗争的“恐惧症”；务必增强斗争本领，瞄准推动交通运输改革发展中的“硬骨头”开刀，增强解决急难险重问题的能力和水平。四要创新工作机制。要落实省委、省政府关于重点工作实行方案化、清单化、项目化管理的要求，着手建立健全清单管理和及时办结机制。一方面，将工作任务清单化，明确目标要求、责任主体、监督主体、具体时间节点，确保按时间节点抓一项成一项、实施一项见效一项。另一方面，对清单实行销号管理,对每一个错时环节实行“亮红灯”管理,以目标倒逼责任、以时限倒逼进度。同时,完善惩戒激励机制,对推动工作力度大、效果好,完成年度任务成绩突出的,要加大表彰奖励力度;对敷衍塞责、造成不良影响的,要严肃追责,真正让决策变成实践、将目标变为现实。

一年之计在于春,扬帆起航正当时。让我们高举习近平新时代中国特色社会主义思想伟大旗帜,在省委、省政府的坚强领导下,不忘初心,牢记使命,锲而不舍,一以贯之,以更加务实的工作作风、更加奋发的精神状态、更加有为的责任担当,加快建设交通强国,确保“十四五”开好局、起好步,为全省转型出雏形贡献交通力量,以优异成绩迎接建党100周年!

坚决落实全面从严治党主体责任
引领保障交通运输“十四五”开好局起好步

——在2021年全省交通运输系统党建暨党风廉政建设工作会议上的讲话

山西省交通运输厅党组书记、厅长 闫晨曦

同志们:

今年,全系统党风廉政建设工作会议的主要任务是:坚持以习近平新时代中国特色社会主义思想为指导,认真学习贯彻习近平总书记在中纪委十九届五次全会上的讲话和全会精神,按照楼阳生书记在省纪委十一届七次全会上的讲话和全会部署,总结回顾2020年全面从严治党工作,分析形势和任务,部署今年党的建设各项工作。

下面,我讲三个方面的内容。

一、2020年全系统党的建设工作回顾

2020年,厅党组坚持以习近平新时代中国特色社会主义思想为指导,深入学习贯彻党的十九大和十九届二中、三中、四中、五中全会精神,贯彻落实省委十一届十次全会精神和“四为四高两同步”总体思路和要求,牢牢扛起全面从严治党主体责任,扎实推进党的建设各项工作,为交通运输改革发展稳定各项工作提供坚强保障。

(一)充分发挥政治建设统领作用,引领保障“第一要务”

一是自觉做到“两个维护”,确保中央、省委重大决策部署贯彻落实。厅党组把学习贯彻习近平总书记重要指示批示作为首要政治任务,以实际行动践行“两个维护”。坚决贯彻落实习近平总书记关于疫情防控和复工复产的重要指示批示,全面落实省疫情防控领导小组工作部署和要求,确保交通运输领域不发生疫情燃点;积极助力企业复工复产,帮助交通运输企业解决困难和问题,顺利实现首季开门红。坚决贯彻落实习近平总书记关于“四好农村路”的指示精神,围绕交通扶贫年度目标任务,打好交通扶贫攻坚战,提前实现具备条件的建制村全部通硬化路、通客车。坚决贯彻习近平总书记视察山西重要讲话重要指示精神,按照省委十一届十次全会部署要求,扎实推进“六新”建设,落实“六稳”“六保”任务,圆满完成年度工作目标。

二是自觉接受政治监督,不断以整治整改为契机,推动各项工作全面进步。厅党组发扬“钉钉子”精神,聚焦省委专项巡视反馈的问题,持续推进整改。根据省委专项巡视一组反馈我厅的12条意见,我们制定121条整改举措,已经完成整改119条,完成率达98.3%。自觉接受省纪委政治监督专项检查,就贯彻落实习近平总书记重要指示批示精神、

党的十九届五中全会精神、省委十一届十次全会精神等，向专项监督检查组作汇报，并进一步查摆依然存在的问题，切实深入具体的推进整改。

三是自觉压实政治责任，有效保障交通运输改革期间大局稳定。厅党组把党建工作与业务工作同谋划、同部署、同推进，坚持问题导向，突出工作重点，制定厅党组全面从严治党责任清单和党风廉政建设责任清单，引导督促各级党组织不断压实全面从严治党政治责任。坚决支持驻厅纪检监察组履行监督责任，严格落实厅党组会议议题前置审查制度，落实各项联动机制，确保主体责任与监督责任同向发力、同频共振、形成合力。认真落实意识形态工作责任制，坚持定期开展意识形态领域形势分析研判，妥善处置不坚定执行改革决定、不遵守改革纪律的有关案件，既保障干部职工合理诉求，又有效维护改革期间的团结稳定大局，凝聚起广大干部职工支持改革、拥护改革、参与改革的向心力。

（二）加强思想建设，推动习近平新时代中国特色社会主义思想入脑入心

一是充分发挥各级理论学习中心组领学促学作用。厅党组始终把中心组学习作为班子和领导干部加强思想建设、提高政治素养的重要形式，全年累计开展集体学习17次，重点对习近平总书记视察山西重要讲话重要指示、《习近平谈治国理政》（第三卷）、党的十九届五中全会精神和党内法规等内容进行学习；同时，围绕“重温三篇光辉文献”等专题开展7次专题交流研讨，实现班子成员研讨发言全覆盖，对全系统理论学习起到示范引领作用。完善中心组学习制度，根据省委和省直工委部署，制定并印发《山西省交通运输系统党组（党委）理论学习中心组学习制度》，进一步规范党组和厅直党委的理论学习中心组学习。

二是大力开展制止餐饮浪费行为主题宣传教育活动。坚决贯彻落实习近平总书记关于制止餐饮浪费行为的重要指示精神，组织全系统各级党组织和广大党员干部开展“厉行勤俭节约 杜绝餐饮浪费”主题党日活动。同时，以讲一个故事、做一份承诺、少点一个菜、多打一个包“四个一”为重点，组织广大党员干部撰写反对浪费公开承诺书，推动广大党员干部在厉行节约、反对浪费特别是餐饮浪费上走在前、作表率。活动期间，全系统党员亲手抄写《党员公开承诺书》4000余份，共同营造出勤俭节约的良好氛围。

三是抓好基层党员学习教育。全系统各级党组织认真落实主题党日制度，广泛开展“众志成城，抗击疫情，向山西省优秀共产党员张志明、杨双宝同志学习”和“不忘初心·重温我的入党志愿书”等主题党日活动，进一步引导广大党员干部坚定理想信念。依托山西“山西交通在线”学习平台，完成党规党纪、《中华人民共和国民法典》、中共十九届五中全会精神以及抗疫宣传片等专题学习。强化对支部学习的管理，对机关支部集体学习情况开展集中检查督导，对发现的问题，督促有关支部进行整改，严防机关支部学习“灯下黑”。

（三）夯实基层组织，打造坚强有力的战斗堡垒

一是扎实推进党组织设置和换届工作。认真做好新组建单位党组织设置工作，根据事业单位改革进展情况，提前谋划、严密组织，在落实事业单位改革试点任务中同步推进完成5家涉改单位党组织的设置工作，选优配强党组织班子和负责人。指导任期届满党组织开展换届选举工作，先后督促交通干部学校党委和厅后勤服务中心党总支召开换届选举大会。

二是充分发挥好基层党组织政治功能。组织全系统党组织开展“党旗飘在一线、党徽亮在一线、党员顶在一线”活动，激励引导广大党员干部在疫情防控中充分发挥先锋模范作用。疫情防控期间，全系统各级党组织共组建党员突击队、先锋队等工作队447支，组织4541名党员干部深入村（社区）协助排查监测，有力推进全系统抗击疫情复工复产工作，彰显党建工作的引领作用。实施党组织书记能力提升工程，对101名党组织书记进行集中培训，进一步提升各级党组织的战斗力。

三是广泛开展纪念建党99周年系列活动。组织全系统党组织开展专题学习研讨、“一句誓言，一生作答”系列主题党日、党组织书记讲党课和深入联系点走访慰问、工作调研等活动。召开纪念中国共产党成立99周年暨“两优一先”表彰大会，对厅直系统涌现出的45名优秀共产党员、25名优秀党务工作者和13个先进基层党组织进行表彰，有效激发各级党组织和广大党员干部干事创业的活力。

（四）坚持正风肃纪，持续抓好纪律作风建设

一是强化党风廉政教育。组织开展第八次“党风廉政宣传教育月”活动，通过党规党纪学习、开展警示教育、加强日常监督等举措，进一步筑牢党员干部不想腐的思想自觉。大力开展官僚主义、形式主义整治，制定下发《深入贯彻落实中央八项规定精神，深化拓展“基层减负年”工作措施》，切实为基层松绑、减负。紧盯关键节点，在元旦、春节、“五一”、端午、中秋、国庆等关键时间节点，向厅机关全体人员发送廉政短信1200余条，对党员干部严格落实中央八项规定精神、自觉抵制“四风”侵蚀起到教育督促作用。

二是从严狠抓执纪问责。厅党组对系统干部漏报瞒报个人事项的情况进行严肃处理；查处晋城交通运输执法局违规发放奖金问题，对相关责任人进行严肃处理，并在全系统进行通报，实现政治效果、纪法效果、社会效果相统一。2020年，驻厅纪检监察组共处置问题线索143件，依纪依规给予党内严重警告处分2人，党内警告处分2人，政务处分1人；对31人进行提醒谈话，11人批评教育，6人诫勉谈话。此外，厅直机关纪委共收到效能举报案件14个，已全部依规进行处理。

三是全面完善监督机制。厅党组全力支持驻厅纪检监察组履行监督职责，与驻厅纪检监察组联合印发《山西省交通运输厅所属单位纪律检查工作“两为主一报告一把关”实施办法（试行）》《省纪委监委驻交通运输厅纪检监察组与省交通运输厅党组联动机制》《省纪委监委驻省交通运输厅纪检监察组与厅审计处构建联动协作机制的实施意见》，权力运行机制和管理监督体系进一步完善，不能腐的笼子进一步扎牢。

一年来，厅党组坚持全面从严治党，以党的建设统领改革发展稳定大局，圆满完成各项工作任务，向省委、省政府和全省人民交出一份工作业绩和政治生态双良好的答卷。

二、深刻认识全系统党风廉政建设方面存在的问题

习近平总书记在中纪委十九届五次全会上指出，“党风廉政建设永远在路上，反腐败斗争永远在路上。我们党作为百年大党，要永葆先进性和纯洁性、永葆生机活力，必须一刻不停推进党风廉政建设和反腐败斗争”。党的十八大以来，厅党组扎实推进全系统党风廉政建设，彻底肃清腐败流毒影响，巩固反腐败斗争压倒性态势取得明显成效，风清气正的政治生态正在形成并不断巩固。但是也要看到，近年来全系统违纪违规的问题还有发生，存量尚未清底，增量仍然存在，各级党组织必须把党风廉政建设和反腐败工作作为一项长期任务，紧抓不懈、持续推进。

省委书记楼阳生在省纪委十一届七次全会上以案说纪、以案说法、以案说理，指出：“腐败这一侵蚀党在山西的执政根基、影响山西政治生态的最大风险仍然存在，全省反腐败斗争形势依然严峻复杂。”楼书记所列的典型案件虽然没有发生在我们系统，但案件反映出的问题仍需全系统各级党组织高度警惕。就近年来全系统查办的案件看，当前在纪律作风建设方面，依然存在着以下6个方面的问题。

一是政治意识、大局意识不强的问题依然存在。个别单位和党员政治意识、大局意识缺失，置各项改革纪律要求于不顾，擅自突击发放奖金、集体上访妨碍机关正常工作秩序、借改革之机私自涂改人事档案，造成不良影响。此外，在违规入股企业专项清理工作中，一些党员领导干部不珍惜组织给予的机会，存在漏报、瞒报有关事项的情况。这些问题凸显出一些基层党组织政治功能发挥不充分，在教育党员、管理党员、监督党员等方面做的还不到位；部分党员的政治意识、大局意识不强，对组织的思想认同、政治依靠、工作服从、感情信赖等方面还存在一定的差距。

二是工程建设招投标领域廉政风险依然存在。近些年，通过加强制度建设，织紧织密权力约束的笼子，工程招投标领域的廉政建设状况有所好转，但一些问题仍不容忽视。2020年，驻厅纪检监察组共对261个公路工程招标项目开展监督，涉及411个标段，成交金额173.77亿元，对发现异常的75家投标单位的35个项目，根据相关规定采取处置措施。这些情况的出现，凸显在工程建设招投标领域制度机制依然存在漏洞，廉政风险尚未彻底清除。

三是不收手、不收敛的问题依然存在。交通运输领域资金密集、项目密集，廉政风险点多。一些市县交通运输部门领导干部先后被纪委监委立案审查并移送检察机关，这些均是不收手、不收敛的典型案件。此外，基层“微腐败”问题也不同程度存在，去年8月份，晋中公路分局榆社公路段工作人员，公然吃拿卡要被网络曝光，造成恶劣的社会影响。这些问题凸显出交通运输领域的党风廉政建设形势依然严峻，个别党员领导干部对党的纪律规矩依然缺乏敬畏之心。

四是管理松散、纪律松弛的现象依然存在。近年来，系统内发生多起工作人员涉黑、非法吸收公众存款、吸食毒品、盗掘古墓、醉驾、失联等事件，这些违法犯罪案件暴露出来的管理缺失、纪律松弛问题触目惊心，凸显个别基层单位干部队伍管理隐患风险较多，治理能力、管理水平存在较大短板。

五是责任压得不紧不实的问题依然存在。2020年4月份，由于超限运输审批不严，发生一起大件运输车违法超限运输事件，被全国治超办通报，相关人员被依规依纪处理。这一问题的产生，凸显个别党员领导干部履行“一岗双责”的意识不够强，对工作人员管理不严，对纪律执行抓得不紧，既影响工作，也影响自己，教训极其深刻。

六是违反中央八项规定精神的问题依然存在。2020年，个别党员领导干部因公车私用受到党内严重警告处分，这一案件是典型的违反中央八项规定精神问题，而且是在党的十九大之后，是在中央、省委、厅党组三令五申之下发生的，影响非常恶劣。这些问题凸显出个别党员领导干部纪律规矩意识淡漠，纪律观念和底线观念还尚未内化于心、外化于行。

这些纪律作风方面存在的问题，反映出全系统在提高政治站位、层层压实管党治党责任、形成有力震慑等方面还存在一定的差距，必须引起高度重视。各级党组织要自觉对照中央、省委部署要求，紧盯纪律作风方面存在的问题和隐患，以长期坚持、一以贯之的态度压紧压实全面从严治党责任，以系统施治、标本兼治的理念正风肃纪反腐，进一步巩固好压倒性态势，构建起风清气正的良好政治生态。

三、2021年度党的建设工作重点

习近平总书记在中纪委十九届五次全会上的讲话，深刻阐述全面从严治党新形势新任务，强调全面从严治党首先要从政治上看，不断提高政治判断力、政治领悟力、政治执行力，一刻不停推进党风廉政建设和反腐败斗争，以强有力政治监督，确保“十四五”时期目标任务落到实处。讲话提出5个方面重大任务，一是以强有力的政治监督，确保党中央重大决策部署贯彻落实到位；二是坚定不移推进反腐败斗争，不断实现不敢腐、不能腐、不想腐一体推进战略目标；三是毫不松懈纠治“四风”，坚决防止形式主义、官僚主义滋生蔓延；四是持续整治群众身边腐败和作风问题，让群众在反腐“拍蝇”中增强获得感；五是完善党和国家监督体系，使监督融入“十四五”建设之中。

省委书记楼阳生在省纪委十一届七次全会上强调，要深入贯彻全面从严治党方针，坚持系统施治、标本兼治，统筹推进不敢腐不能腐不想腐，不断取得党风廉政建设和反腐败斗争新成效；要紧紧围绕开好局、起好步的目标要求，突出“两个维护”、创优“两个生态”（风清气正的政治生态和活力迸发的创新生态）、压实“两个责任”（党委主体责任和纪委监督责任）、统筹“两个第一”（管党治党第一责任领导和保障转型发展第一要务）、收获“两个成果”（转型出雏形的成果和干部健康成长的成果），以管党有方、治党有力、建党有效的实际成果，确保“十四五”转型出雏形迈好第一步、见到新气象。

全系统各级党组织要把思想和行动统一到习近平总书记在中纪委十九届五次全体会议上的重要讲话精神上来，按照楼阳生书记在省纪委十一届七次全会上的重要讲话各项部署要求，扎实做好今年党的建设工作。总体要求是：以习近平新时代中国特色社会主义思想为指导，深入贯彻党的十九大和十九届二中、三中、四中、五中全会精神，深入贯彻习近平总书记在十九届中央纪委五次全会上的重要讲话及全会精神，按照楼阳生书记在省纪委十一届七次全会上的重要讲话及全会精神，坚持以党的政治建设为统领，强化政治监督、压实政治责任，把党史学习教育贯穿全年，坚持不懈强化理论武装，夯实组织基础，整肃行业作风，一体推进“三不”建设，以全面从严治党新成效引领保障交通运输“十四五”转型出雏形开好局起好步，以优异成绩迎接建党100周年。

重点抓好以下6个方面的工作。

（一）强化政治建设统领作用，以有力的政治监督进一步压实管党治党政治责任

一是突出做到“两个维护”。全系统各级党组织要认真贯彻落实习近平新时代中国特色社会主义思想和习近平总书记重要指示批示精神，旗帜鲜明讲政治，不断提高政治判断力、政治领悟力、政治执行力。要强化“两个维护”的政治、思想和行动自觉，忠诚担当、守土尽责，围绕贯彻习近平总书记重要指示批示精神、中央国务院和省委、省政府重大决策部署，强化过程管理和督办考核，确保落地见效。要牢记“蹚出一条新路来”的殷殷嘱托，立足新发展阶段，贯彻新发展理念，构建新发展格局，团结带领广大干部职工完成好年度目标任务，确保交通运输“十四五”转型出雏形开好局起好步。

二是全面推进政治巡察。落实政治监督主体责任，按照省委《关于省直单位党组（党委）开展巡察工作的指导意见（试行）》要求，结合交通运输工作实际，全面推进政治巡察。要建立巡察工作制度，健全工作流程、明确职责定位，确保巡察工作规范有序开展。要抽调政治过硬、能力突出的干部，组建巡察工作队伍，深入开展业务培训，为巡察工作顺利开展提供坚强的人才支撑。要牢牢把握政治巡察的职能定位，重点围绕贯彻落实党的十九届五中全会精神和“十四五”开好局、起好步的各项部署，聚焦常态化疫情防控、开启交通强国建设新征程、构建综合交通运输体系、提升公路运输服务水平、加快“六新”突破等重大工作任务，监督检查贯彻落实党的路线方针政策和党中央、省委、省政府重大决策部署情况，确保全系统政令畅通、令行禁止，确保交通运输工作始终沿着正确的方向前进。要落实好省委巡视办政治巡察任务，实现厅直单位巡察全覆盖。

三是层层压实管党治党政治责任。严格落实《党委（党组）落实全面从严治党主体责任规定》，强化全面从严治党主体责任意识，每半年召开一次专题会议，分析研判形势、解决突出问题、明确工作任务。坚持党的建设与业务工作同谋划、同部署、同落实、同考核，厅直单位党组织书记要在上半年向分管厅领导报告全面从严治党“第一责任人”职责落实情况，在年终述职中向厅党组报告全面从严治党工作情况。各级党员领导干部要坚持把管党治党政治责任扛在肩上，既管业务又管思想、管作风、管纪律，推动形成党组织落实主责“不松手”、书记履行首责“不甩手”、班子成员尽责“不缩手”的管党治党工作格局，坚决防止因责任落实不到位出现纪律作风方面的问题。各级纪检部门要强化专责监督，突出领导干部这个监督重点，紧盯履责尽责情况，加强监督执纪问责，发挥好监督保障执行、促进完善发展作用。

（二）深入开展党史学习教育，做到学史明理、学史增信、学史崇德、学史力行

2021年是中国共产党成立100周年，开展党史学习教育，是党的政治生活中的一件大事。厅党组按照中央、省委部署，先后印发《初步安排》和《实施方案》，对这项工作作部署。大家要高度重视，按照要求高标准高质量完成好各项任务。在这里，对这项工作，再重点提三点要求。

一是提高思想站位。在全党开展党史学习教

育，是党中央立足党的百年历史新起点、统筹中华民族伟大复兴战略全局和世界百年未有之大变局、为动员全党全国满怀信心投身全面建设社会主义现代化国家而作出的重大决策。各级党组织必须认真学习贯彻习近平总书记在动员大会上的重要讲话精神，深入细致学、原原本本学、反复不断学，从中深刻领会开展党史学习教育的重大意义，把握各项工作重点和目标要求，进而更系统、更全面、更精准地推进学习教育。要把开展党史学习教育作为贯穿全年的重大政治任务，落实到学习新时代党的创新理论的具体行动中，落实到做到“两个维护”的具体实践中，落实到建设人民满意交通的具体工作中，落实到解决突出问题的具体措施中，落实到弘扬共产党人优良作风的具体表现中，确保取得实效。

二是立足工作实际。各级党组织要结合本单位本部门的实际工作，谋划好、部署好、落实好厅党组《实施方案》的各项工作要求，定好学习计划、明确学习方式、把握学习层次、注重学习质量，坚决避免形式主义、官僚主义。要立足岗位为群众办实事解难题，通过调查研究、征求意见等形式掌握了解群众关切，办真正的实事，解决真正的难题，坚决防止“作秀”“走过场”。要注重方式方法，坚持集中学习与自主学习相结合，线上教育和宣讲培训相结合，实地参观和座谈交流相结合，增强学习教育的感染力，不断增强针对性和实效性。督促指导要注意区分不同单位、不同部门的实际工作情况，避免过分强调痕迹管理，坚决防止层层加码，切实为基层减负。

三是高标准严要求。此次学习教育，厅党组要全面加强对党组织关系在地方的厅属单位的领导，支持各单位开展专题培训、“我为群众办实事”实践活动等工作。这些单位的党组织要做好与上级党组织的沟通协调工作，确保各项工作有序衔接。同时，党史学习教育的开展情况是今年政治巡察的重点内容之一，各单位务必高度重视。基层党支部要充分发挥好教育党员、管理党员、监督党员的作用，及时了解每一名党员的学习情况，对学习不认真、不细致的要敢于批评指正。

（三）持续深化创新理论武装，不断提升学用结合的能力

一是坚持学懂弄通做实党的创新理论。要继续深入学习习近平新时代中国特色社会主义思想，掌握运用其中蕴含的马克思主义立场、观点、方法，不断提高理论素养、政治素养、精神境界、解决实际问题的能力。深入学习习近平总书记视察山西重要讲话重要指示，切实增强蹚新路的自觉，提升对聚焦“六新”突破的认识。认真学习习近平总书记关于交通运输工作的重要指示，准确把握先行官的职责使命、“黄金时期”的发展定位、建设人民满意交通的发展目的、建设交通强国的战略目标。认真学习习近平《论党的宣传思想工作》，切实深化对宣传思想工作规律性的认识，不断加强交通运输行业文化建设。认真学习习近平法治思想，切实提高法治思维，推进法治部门建设。

二是不断健全完善理论学习制度。要推进厅党组和基层党委中心组学习制度的深入实施，强化学习的管理和考核，切实发挥好各级中心组学习的领学促学作用。要逐步规范基层支部的集体学习，建立完善支部学习有关制度机制，强化督促指导，不断提高支部集体学习的水平。要落实好主题党日制度，鼓励党支部结合实际创新活动方式，不断增强主题党日活动的感染力。要用好“山西交通干部在线”平台，不断丰富学习内容，拓展学习形式。

（四）夯实组织基础，发挥堡垒作用，不断增强基层党组织凝聚力

一是开展好庆祝建党100周年系列活动。各级党组织要通过纪念建党100周年，引导党员、干部从党的非凡历程中读懂强党之路、复兴之路，加强党性锻炼、党性修养，继承发扬共产党人艰苦奋斗、不懈奋斗、永远奋斗的优秀品格，尽职尽责开展好各项工作。厅党组大力开展“两优一先”选树表彰工作，注重政治表现，把好质量关口，号召广大党员向先进典型学习，营造争先创优良好氛围。要重走红色足迹，重温入党誓词，讲好专题党课，引导和教育广大党员做到对党忠诚。要走访慰问老党员、困难党员，送上组织温暖，增强组织感召力。

二是扎实做好基层党组织设置和换届工作。认真落实新时代党的建设总要求，严格贯彻执行《中国共产党党和国家机关基层组织工作条例》，组织召开中共山西省交通运输厅直属机关党员代表大会，严肃认真推进厅直机关党委换届选举工作，选优配强第三届党委、纪委班子及其负责人，确保更好履行职责。根据改革实际，组建交通运输综合行政执法总队党委，优化总队机关党支部的设置，有序理顺基层单位党组织关系。要重点指导新成立的党组织认真落实全面从严治党主体责任，督促党员领导干部主动担责履责，确保把"严"的主基调长期坚持下去。

三是进一步提高基层党组织建设水平。全系统各级党组织要始终把党建和业务工作有机融合作为重要抓手，围绕发展抓党建、抓好党建促发展，在"牵引""融合""转化"上靶向发力，切实把党建活力转化为发展活力、党建优势转化为发展优势。要充分发挥战斗堡垒作用，提升组织力，团结广大干部职工拥护改革、支持改革、参与改革，确保改革期间全系统大局稳定。要大力推进基层党支部规范化建设，完善有关制度机制，建好标准化党员活动室。继续实施党组织书记和党务干部能力提升工程，开展高质量、高水平，更专业、更有效的教育培训，切实提高各级党务工作人员的理论素养、专业能力和工作水平。

（五）强化监督管理，开展专项整治，推动构建风清气正良好政治生态

一是聚焦隐患风险加大整治力度。要进一步加强中央八项规定精神及其实施细则的学习，教育引导广大党员把纪律要求铭记于心，增强坚定执行的思想和行动自觉。坚持对全年各节点"四风"问题的监督，每逢重要节点及时教育、提醒、检查，对违反中央八项规定精神问题一律严肃处理，对典型的问题一律在全系统通报曝光。厅机关要带头整治形式主义、官僚主义，精简会议发文、监督指导等工作，坚决防止乱加码、乱作为，切实为基层松绑减负。要坚决防止享乐主义、奢靡之风反弹回潮，加强对餐饮浪费行为的监督检查，推动形成崇尚节约的良好氛围。严肃查处公款吃喝、公车私用、私车公养、收送红包、吃拿卡要等问题，大力倡导"亲""清"政商关系、"简""减"同志关系，不断建设风清气正的政治生态。要加强对基层单位及干部职工的管理和监督，经常性开展明察暗访，重点整治纪律涣散、慵懒慢拖等问题，进一步严肃工作纪律。

二是重点推进党员领导干部违规入股企业专项清理。清理工作从2020年12月至今已经开展3个多月。在厅党组多次教育提醒下，主动上报入股企业的党员领导干部从4个增长到255个，清理工作取得一定成效。但从厅党组掌握的情况看，依然有少数干部不珍惜组织给予的机会，不明白厅党组的良苦用心，对纪律规矩缺乏敬畏，不忠诚、不老实，故意隐瞒不报；也有少数干部心存侥幸，少报、漏报有关事项。各级党组织要把专项清理工作的主体责任牢牢抓在手上，进一步教育督促个别党员领导干部如实填报。同时，坚持敢管敢严，对故意瞒报、漏报的问题要下狠手、出重拳，严格问责处理。要稳妥细致地推进清理退出阶段的工作，既要严格执行党纪党规，又要维护好干部职工合法权益。要注重在清理整治中总结经验，逐步建立完善各项制度，彻底解决违规入股企业的问题。

（六）坚持严格执纪，加强综合治理，不断筑牢廉政防线

一是一体推进"三不"建设。要坚持无禁区、全覆盖、零容忍，坚持重遏制、强高压、长震慑，紧盯隐性腐败、新型腐败行为，紧盯重点环节、重点领域，坚持"老虎""苍蝇"一起打，保持高压态势，形成"不敢腐"的震慑。要围绕审批监管、综合执法、工程招投标、公共财政支出等重点领域，通过制度建设堵塞权力漏洞，提升治理效能，管好关键人、管到关键处、管住关键事、管在关键时，形成"不能腐"的约束。要贯彻落实《山西省廉政文化建设行动计划》，继续组织开展"党风廉政宣传教育月"活动，不断深化理想信念教育，常态化开展党章党规党纪教育，拓展警示教育，牢牢守住防腐拒变思想防线，推动形成"不想腐"的自觉。

二是进一步完善党内监督体系。厅党组将严格落实全面监督责任，积极支持驻厅纪检监察组履行专责监督责任，督促各级基层党组织履行好日常监督责任，不断健全完善监督责任落实机制。要坚持敢管敢严，与驻厅纪检监察组同向发力、同频共振，形成惩治腐败、严明纪律的强大合力。各级纪检部门要用好执纪监督“四种形态”，坚持以案明纪、以案说法，对苗头性、倾向性问题早发现、早提醒、早处理。要加强机关纪委和基层纪检部门的建设，统筹做好纪检监察干部培训选拔任用工作，选优配强专兼职纪检干部，提高履行监督责任的能力。

同志们，我们要更加紧密地团结在以习近平同志为核心的党中央周围，坚决贯彻中央决策部署，全面落实省委、省政府部署要求，不忘初心、牢记使命，勇于担当、积极作为，不断开创全面从严治党新局面，引领保障交通运输“十四五”开好局起好步，以优异成绩迎接建党100周年。

以高质量监督全力保障
山西交通强国建设率先蹚出新路

——在2021年全省交通运输系统党风廉政建设工作会议上的讲话

山西省交通运输厅党组成员、驻厅纪检监察组组长　王建业

同志们：

今天召开全省交通运输系统党风廉政建设工作会议。这次会议的主要任务是：以习近平新时代中国特色社会主义思想为指导，深入贯彻中共十九大和十九届二中、三中、四中、五中全会精神，深入贯彻习近平总书记在十九届中央纪委五次全会上的重要讲话、习近平总书记视察山西重要讲话重要指示和关于交通运输重要论述，深入贯彻十九届中央纪委五次全会及省委十一届十次、十一次全会、省纪委十一届七次全会部署要求，总结2020年全省交通运输系统纪检监察工作，部署2021年党风廉政建设和反腐败斗争工作，以高质量监督全力保障山西交通强国建设率先蹚出新路。

下面我首先简要传达学习十九届中央纪委五次全会、省纪委十一届七次全会主要精神。

今年1月22日至24日，十九届中央纪委五次全会在北京召开，习近平总书记发表重要讲话，讲话充分肯定过去一年全面从严治党取得新的重大成果，深刻阐述全面从严治党新形势新任务，强调全面从严治党首先要从政治上看，不断提高政治判断力、政治领悟力、政治执行力，一刻不停推进党风廉政建设和反腐败斗争，充分发挥全面从严治党的引领保障作用，以强有力的政治监督，确保“十四五”时期目标任务落到实处。讲话高屋建瓴、思想深邃、内涵丰富，充分彰显以习近平同志为核心的党中央高瞻远瞩的战略眼光、始终如一的历史担当、为民无我的崇高境界、兴党强国的使命情怀，具有很强的政治性、思想性、指导性，是推进全面从严治党向纵深发展的重要遵循，是新时代纪检监察工作高质量发展的行动指南。中纪委书记赵乐际作题为《推动新时代纪检监察工作高质量发展，以优异成绩庆祝中国共产党成立100周年》工作报告，围绕8个方面部署2021年主要工作，重点突出、任务明确、要求具体，具有很强的指导性和针对性，为推动新时代纪检监察工作高质量发展提供重要遵循。

2月4日，省纪委十一届七次全会在太原召开，省委书记楼阳生作重要讲话，强调要深入贯彻习近平总书记在十九届中央纪委五次全会上的重要讲话精神及全会精神，坚定政治方向，保持政治定力，充分发挥全面从严治党引领保障作用，运用“三不”一

体推进方略持续深化党风廉政建设和反腐败斗争，做到态度不变、决心不减、尺度不松，为奋力夺取“十四五”转型出雏形开局新胜利提供坚强保障。省纪委书记王拥军作题为《推动纪检监察工作高质量发展 全力保障在转型发展上率先蹚出一条新路》工作报告，主题鲜明、求真务实，具有很强的指导性和操作性，对推动新时代山西纪检监察工作高质量发展提出任务要求，明确方法路径，提供主要遵循，为山西转型发展率先蹚出一条新路提供坚强保障。

省纪委十一届七次全会强调，推动纪检监察工作高质量发展，是深入贯彻中共十九届五中全会精神的必然要求。要深刻领会高质量发展内涵要义，增强思想自觉、政治自觉、行动自觉，把“十个牢牢把握”作为做好今后工作的基本原则，不断推动全面从严治党向纵深发展。一是牢牢把握纪检监察工作高质量发展的正确方向。坚持不懈学懂弄通做实习近平新时代中国特色社会主义思想，不断提高政治判断力、政治领悟力、政治执行力。二是牢牢把握纪检监察工作高质量发展的根本目的。紧紧抓住党的领导这个“纲”和“魂”，实现党对反腐败工作领导的全方位、全过程、全覆盖。三是牢牢把握纪检监察工作高质量发展的使命责任。突出“两个维护”根本政治责任，确保党中央重大决策部署在山西全面正确有效贯彻落实。四是牢牢把握纪检监察工作高质量发展的价值取向。坚持人民至上根本立场，夯实最广泛最深厚的群众基础。五是牢牢把握纪检监察工作高质量发展的基本任务。深刻认识监督是国家制度和治理体系有效运转的重要支撑，充分发挥监督保障执行、促进完善发展作用。六是牢牢把握纪检监察工作高质量发展的方针方略。坚持严的主基调不动摇，坚持“三不”一体推进。七是牢牢把握纪检监察工作高质量发展的理念原则。坚持实事求是、稳中求进、坚定稳妥，坚持依规依纪依法、纪法情理融合，坚持严管厚爱结合、激励约束并重，坚持改革和法治相协调，坚持系统施治、标本兼治。八是牢牢把握纪检监察工作高质量发展的实践路径。以“八严八新”政治生态建设新路服务保障转型发展蹚新路。九是牢牢把握纪检监察工作高质量发展的前进动力。在更深层次更高水平上统筹推进“三项改革”、一体深化“三转”，推动监督体系更好地融入治理体系，转化为监督治理效能。十是牢牢把握纪检监察工作高质量发展的主体支撑。突出“五个过硬”总要求，全力打造让党中央放心、让人民满意的纪律部队和模范机关。

大家要深入学习贯彻习近平总书记重要讲话精神、中共十九届中央纪委五次全会精神和省纪委十一届七次全会精神，自觉把思想和行动统一到党中央决策部署上来，旗帜鲜明讲政治，知责于心、担责于身、履责于行，坚决把全会部署的各项任务落实到位。

刚才，厅党组书记、厅长闫晨曦结合全省交通运输系统全面从严治党工作实际，对党风廉政建设工作进行全面部署，全系统各级党组织和纪检部门要认真学习领会，坚决贯彻落实。

一、2020年主要工作回顾

2020年，在省纪委监委坚强领导下，在厅党组支持配合下，全系统纪检监察部门不断增强“四个意识”、坚定“四个自信”、做到“两个维护”，认真贯彻纪检监察体制改革要求，忠实履行监督执纪问责和监督调查处置职责，紧盯交通运输领域权力运行风险点，坚持稳中求进总基调和严的主基调，有效发挥监督保障执行、促进完善发展作用，为山西交通高质量发展提供坚强政治和纪律保证。一年来，驻厅纪检监察组与厅党组有效协同，形成强大监督合力，全系统各级党组织认真履行主体责任，厅直机关纪委、厅属各单位纪检部门积极履行全面从严治党监督责任，认真贯彻落实纪律检查工作高质量发展的理念思路、目标措施和方式方法，党风廉政建设和反腐败斗争工作取得显著成效，为年度工作落实起到积极的推动促进和保证作用。

（一）突出政治监督，“两个维护”能力不断提升

坚持不懈学用习近平新时代中国特色社会主义思想，在监督实践中提高政治站位、履职本领，努

力做到学思践悟，知行合一，“两个维护”的能力不断增强。聚焦政治监督，围绕交通强国、疫情防控、复工复产、全面建设小康、“三大攻坚战”、能源革命、建设“四好农村路”等开展监督检查，全力保障党中央、省委、省政府重大决策部署安排落地见效。坚持主动出击发现问题，盯着问题管，聚焦问题治，扭住问题改，并建立重点问题清单。疫情期间，与厅党组共同研究制定应对措施，建立协调机制，并专门制定新冠疫情督导检查工作方案，对全省交通运输系统疫情防控和复工复产情况进行4次监督检查，针对发现的17个问题下达监察建议书，督促驻在单位认真履行疫情防控主体责任。建立与厅党组的联动机制，协助厅党组健全完善全面从严治党制度，与厅属单位建立联系制度。会同厅党组召开全面从严治党专题会商会，厅领导带头填写违规插手干预重大事项自查报告表，厅属单位涉及重要岗位的317名党员领导干部开展自查，并将自查情况报告表存入个人廉政档案。制定开展党政领导干部违规入股企业问题专项清理工作方案和监督方案，会同厅党组召开全系统党政领导干部违规入股企业专项清理工作推进会，进行再动员再部署再推进。全年对厅党组35个议题进行会前政治和纪律把关，及时提出把关意见92条；参加驻在单位的会议101次，现场提出监督意见及建议51条，暂缓和否决4项议题。对驻在单位提拔使用、评先评优等干部共79人进行党风廉政意见回复。36家厅属单位党委负责人书面报告2020年履行全面从严治党主体责任和第一责任人责任情况。

（二）加强体制机制建设，“三不”行动自觉不断增强

严格落实新时代全面从严治党的政治要求，坚持一体推进“三不”体制机制建设。一是加大查办案件力度。科学研判与处置问题线索，突出惩治遏制，强化“不敢腐”震慑威慑。2020年全系统共收到信访举报306件，处置问题线索199件次，同比增长31.79%，所有厅属单位纪检部门发现问题线索和按照“四种方式”处置问题线索实现“双破零”。其中，谈话函询71件次，初步核实40件，立案9件，结案9件，同比增长80%；给予6人党内严重警告处分，10人党内警告处分，13人行政记过处分；给予27人诫勉谈话，46人批评教育，147人提醒谈话，下达纪律检查建议书2份，监察建议书1份。特别是对3名正处级领导干部的立案审查，进一步释放出越往后越严的强烈信号。二是强化对权力运行的制约和监督。全面深化纪检监察工作规范化法治化建设，进一步健全制度、完善机制、规范流程。全年共制定出台《党组会议工作规则》等12项制度办法，以制度管人管事，扎紧“不能腐”制度笼子。三是做好案件查办后半篇文章。严格执行《山西省纪委监委机关党纪政务处分决定执行工作规程》，重点开好“三个会”（宣布处分决定会、专题民主生活会和警示教育大会），用身边的事教育身边人。在全系统15个单位开展警示教育巡回授课，受教育人数1558人。选取全系统案件57个，编撰成《党的十八大以来查处的山西省交通运输系统违规违纪违法典型案件警示录》，印发604个支部。与厅党组联合开展学好用好《警示录》扎实推进警示教育活动，8000余名党员干部受到警示教育，进一步筑牢“不想腐”思想防线。

（三）突出问题导向，日常监督不断加强

把加强日常监督作为落实监督职责的有效方法，创新方式方法，有效运用“四种形态”，进一步做深做实日常监督。对32名干部进行任前廉政谈话。疫情期间，对8名相关处室负责人进行提醒谈话，将“咬耳扯袖”寓于日常工作中。对交通脱贫攻坚政治责任落实情况开展监督检查，发现存在4个方面的问题，提出整改意见，并对后续整改情况进行跟踪问效。充分发挥“互联网+监管”优势，督促上线运行招投标电子监督平台，对公路工程建设项目招投标电子交易进行全流程电子监督，为“不见面、零次跑”的远程异地分散开评标提供纪律保障，工程领域招投标专项监督工作走在全省前列。全年共监督261个公路工程招标项目、411个标段，成交金额173.77亿元，对发现异常的75家投标单位涉及35个项目根据相关规定进行处置。

（四）持续深化“三转”，监督质量不断提高

按照省纪委书记王拥军对厅纪检监察组作出

"'三转'是长期工作，要持续往深里抓，往实里抓"重要批示精神，结全省交通运输系统纪检监察工作实际，在持续对标对表深化"三转"方面做大量有效工作。全系统各级纪检监察机构锐意进取、积极探索，与厅纪检监察组共同努力，立整立改，总结形成"七抓"工作法(一是抓理论学习，深化思想认识；二是抓组织领导，强化工作保障；三是抓党组(党委)，促进同向发力；四是抓制度建设，构建长效机制；五是抓责任落地，确保政令畅通；六是抓交流培训，提升能力素质；七是抓监督检查，推动落地见效)，得到省纪委书记王拥军和省纪委监委的充分肯定。省纪委办公厅向全省纪检监察系统转发厅纪检监察组《深化"三转"不停步 聚焦主业勇担当》经验做法，深化"三转"工作取得阶段性成果。全系统纪检监察机构职责定位进一步聚焦，思路举措与新时代纪检监察工作高质量发展进一步适应，自身建设与职责使命进一步匹配。

(五)夯实队伍建设，履职本领不断强化

严格落实省纪检监察干部行为48字规范和"五个过硬"要求，认真执行省纪委监委重要情况报告制度和"周报告、零报告、月通报"制度，在工作实践中锻造忠诚干净担当的纪检监察铁军。采取小课堂、干部领学、以会代训、组内人员授课等多种方式加强培训，不断提升纪检监察干部履职能力。全年参加各类业务培训17批114人次。召开两次厅属单位纪检工作推进会，传达文件精神，总结安排工作，观看警示教育片，发放《更深层次更高水平"三转"学习资料汇编》《警示录》1700余册，10个单位进行交流发言，将业务培训、动员部署、警示教育与工作推进相结合，运用"三线"工作法(纪检工作在全系统处于后进的单位完成年度目标任务的底线，居中水平的单位超越平均水平的标线，好的单位领跑当好排头兵的高线)，取得明显成效。全系统纪检监察工作进入省纪委监委派驻机构第一方阵。

一年来，全省交通运输系统纪检监察工作扎实有效，亮点突出，广大纪检监察干部忠诚履职、担当作为，经受锻炼和考验，坚定信心和决心。实践使我们深刻认识到，必须坚持把政治监督作为工作的重中之重，坚决做到党中央、省委、省政府决策部署到哪里、监督检查就跟进到哪里，才能促进广大党员干部不断增强"两个维护"的政治自觉。必须坚持"两责"协同，有效推动党组(党委)主体责任、书记第一责任人责任和纪检监察部门监督责任贯通联动、一体落实，才能真正做到与党组(党委)同向发力、同频共振，形成合力。必须持续深化"三转"，聚焦主责主业，厘清职能定位，创新方式方法，改进工作作风，不断提升监督工作实效，才能推动纪检监察工作高质量发展。必须坚持一体推进"三不"，严格落实新时代全面从严治党要求，将严的主基调长期坚持下去，强化对权力运行的制约和监督，才能不断筑牢拒腐防变思想防线。必须发扬斗争精神、增强斗争本领，坚持打铁还须自身硬，全面提高政治素质和履职能力，敢于坚持原则，敢于较真碰硬，才能在实践中锻造新时期纪检监察铁军。

在取得成绩的同时，我们也要清醒地看到，全系统"四风"问题仍未根治，交通建设工程领域招投标等环节违规问题依然存在，对交通工程领域监督制约体系还不够完善，不担当不作为问题仍有发生，不如实申报个人事项的问题屡有发生等。还要清醒看到，全系统纪检监察工作和干部队伍建设仍有差距，有的履职能力不强，法治素养和执纪执法本领有待提高，有的斗争精神不足，对"一把手"和同级监督意识不强，办法不多等。为此，我们必须引起高度重视，在今后工作中认真加以解决。

二、2021年主要工作

今年是"十四五"规划开局之年，是开启全面建设社会主义现代化国家新征程的发轫之年，也是山西交通强国建设蹚新路的奋进之年。做好全年纪检监察工作的总体要求是：以习近平新时代中国特色社会主义思想为指导，深入贯彻中共十九大和十九届二中、三中、四中、五中全会精神，深入贯彻习近平总书记在中共十九届中央纪委五次全会上的重要讲话精神、习近平总书记视察山西重要讲话重要指示和关于交通运输重要论述，全面落实中央纪委五次全会和省委十一届十次、十一次全会、省纪委十一届七次全会部署要求，增强“四个意识”、坚定“四个自信”、做到“两个维护”，坚定不移全面从严治党，忠实履行党章和宪法赋予的职责，推动中央和省委决策部署有效落实，围绕现代化建设大局发挥监督保障执行、促进完善发展作用，一体推进不敢腐、不能腐、不想腐，坚持不懈抓好政治生态建设，持续深化规范化法治化建设和干部队伍建设，为山西交通强国建设率先蹚出新路提供坚强保障，以优异成绩庆祝建党100周年。

（一）自觉践行“两个维护”，以强有力政治监督保障“十四五”交通运输事业开好局、起好步

要把政治监督摆在更加突出位置，以强有力政治监督促进全系统做到“两个维护”、推动党中央及省委、省政府重大决策部署贯彻落实到位。

一是突出思想引领，坚持用党的创新理论武装头脑、指导实践、推动工作。深刻领会习近平总书记“全面从严治党首先要从政治上看”的重大要求，提高政治判断力、政治领悟力、政治执行力，同习近平总书记重要指示批示和党中央决策部署对一对，看是否忠实于决策部署的初衷，能不能实现决策部署制定时的目标，有没有取得决策部署应有的实效，切实把贯彻党中央精神体现到谋划工作、制定政策、部署任务、推进落实的实践中，始终同党中央保持高度一致。结合庆祝建党100周年，各级党组织和党员干部要巩固深化“不忘初心、牢记使命”主题教育成果，深入开展党史学习教育，引导党员干部永葆初心、勇担使命，做到“一句誓言、一生作答”。

二是突出政治监督，做到“两个维护”。政治监督是纪检监察部门第一职责、基本职责，是开展一切工作的基础。要找准靶心、抓准要害、精准发力，以做到“两个维护”为牵引，推动政治监督深入深化。要前移监督关口，充分利用参加会议、调查研究、随机走访、个别谈话等方式，聚焦具体人、具体事，全面开展“政治扫描”。要对苗头性倾向性政治问题及时跟进纠治，充分利用约谈提醒、谈话函询、下发纪检监察建议等方式，抓早抓小、防患未然。坚持政治监督和专项检查相结合，健全贯彻落实重大决策部署督查问责机制，建立台账、动态管理、跟踪问效。定期分析研判党组（党委）的政治生态，动态更新领导干部廉政档案，有针对性地开展监督，切实把监督挺在前面。

三是强化服务观念，推动形成想干事、肯干事、能干成事的良好环境。推进纪检监察工作制度创新、实践创新，常态化运用实践证明管用有效的方式方法，切实增强服务保障的能力和水平。加强对优化营商环境政策和深化“放管服效”改革的监督检查，督促严格落实行政审批和政务服务具体措施，为打造市场化法治化营商环境提供纪法保障。严格落实“三个区分开来”具体办法，精准减责免责、容错纠错，旗帜鲜明保护和激励担当作为的干部。严厉打击诬告陷害行为，为受到诬告陷害的干部及时澄清正名，推动形成扬正气、刹歪风的良好环境。2021年是各级党委领导班子换届之年，要严把政治关、廉洁关、形象关，严明换届纪律，加强监督执纪，切实把搞腐败、不作为的干部淘汰掉，让干净的人有更多干事的机会，让干事的人有更干净的环境，让那些既干净又干事的人能够心无旁骛施展才华、脱颖而出。

（二）一刻不停深化反腐败斗争，不断实现“三不”一体推进战略目标

党风廉政建设永远在路上，反腐败斗争永远在路上。要不断提高监督能力，通过监督发现问题和问题线索，通过监督加强执纪执法，通过监督增强治理效能。

一是突出精准处置，抓好办案工作。“纪检不办案，好比农民不种地，工人不做工”。要坚持震慑和遏制一体发力，始终牢记“查办案件是最有力、最严格、最有效的监督”，真正让监督“长牙”“带电”。要拓宽发现问题的渠道，注重在监督检查、执纪执法中发现疑点、顺藤摸瓜。要紧盯政治上的“两面人”以及政治问题和经济问题交织的腐败案件，紧盯举报线索较多、问题反映集中、涉腐可能性大的“一把手”和“关键少数”，及时核查、一查到底、绝不姑息。聚焦投资密集、资源集中的单位和部门，盯住日常工作中的重点关键，聚焦权力运行关键环节和重点部门，坚决查处公路工程建设、项目规划审批、事业单位改革等方面的腐败问题。要严格执行审查调查工作制度，从严把好事实、证据、定性、量纪、手续、程序等关口，深化运用“四种形态”，依规依纪依法作出处置，全面实施“铁案工程”。

二是突出标本兼治，抓好制度落实。深化以案促改、以案促建、以案促治，在办案过程中同步剖析制度缺失、管理漏洞，提出有针对性、切实可行的纪检监察建议并监督办理，推动办案、整改、治理一体落实，管好关键人、管到关键处、管住关键事、管在关键时。进一步健全完善制度执行监督办法，解决制度规定空转、权力监督缺位等突出问题，织密交通工程领域廉政风险防控网，扎紧制度笼子，让交通工程在阳光下运行。加强对民主集中制、重大事项请示报告、“三重一大”等制度执行情况的监督检查，推动形成决策科学、执行坚决、监督有力的权力运行机制。严格落实与厅党组的联动机制，完善与各厅属单位联系制度，贯通落实“两个责任”，不断凝聚监督合力。严格执行省纪委政治监督谈话常态化制度，每半年我要同各单位领导班子成员、其他省管干部、处级单位“一把手”进行一次政治监督谈话，全面解掌握单位的政治生态状况。建立上级纪委同下级党委班子成员集体谈话、上一级纪委书记定期与下一级党委书记谈话、开展述责述廉评议等监督机制，强化对同级党委和下级党组织的监督，使监督和被监督成为自觉。要建立与被监督单位机关纪委、下属单位内设纪检部门的信息沟通机制、工作指导机制，进一步扎紧制度笼子。

三是突出以案促教，抓好警示教育。坚持办案和警示一体贯通，将严惩腐败和严格要求、严肃教育紧密结合起来，在党员干部中深入开展理想信念、党纪国法教育和案例警示教育，教育引导党员干部提高拒腐防变的能力。在深入开展“党风廉政宣传教育月”基础上，运用典型案例和反面教材进行警示教育，进一步用好《警示录》扎实开展警示教育活动，并纳入全系统干部培训的重要内容。要进一步创新警示教育的内容、方式和载体，每一起案件都要开好“三个会”，每一类案件都要深入剖析、认真总结，形成警示教育教材，务求做到以案明纪、以案释法、以案警世。加强舆论引导、强化思想道德教育，推动警示教育常态化制度化，推进廉洁文化建设，引导党员干部明法纪、知敬畏、存戒惧、守底线。

（三）深入贯彻落实中央八项规定精神，毫不松懈纠治“四风”

作风问题关系人心向背，关系党的执政基础。要紧盯贯彻落实党中央和省委决策部署情况，看有没有忠实于政策初衷、有没有实现政策制定时的目标、有没有取得应有的实效。

一是盯住不放整治形式主义官僚主义。从领导机关和领导干部抓起，重点整治随意发号施令、只找问题不给指导帮助等“主观主义”“长官意志”和责任下推、功劳自捞突出问题，上下贯通、一体整治。深入整治做选择、搞变通、打折扣以及“包装式”“洒水式”“标签式”“割据式”“套路式”“文字式”“一刀切式”贯彻落实等突出问题，坚决防止滋长蔓延、成风成势。深入整治文山会海、督查检查考核过多过频、工作过度留痕和不顾实际乱加码、乱作为等问题，持续为基层减负。把整治形式主义官僚主义作为领导干部述责述廉、民主生活会党性分析重要内容，形成鲜明工作导向。

二是持续深入治理享乐奢靡之风。严格落实节日提醒、值班、报告和督办制度，对节日期间顶风违纪行为严查快处，坚决防反弹回潮、防隐形变异、防疲劳厌战。深化治理违规配备公务用车、大操大办婚丧喜庆事宜、公款吃喝旅游等问题，严肃查处违规收送礼品礼金、居民小区“隐蔽吃喝”、不吃公款吃老板、干部出游企业买单、公车私用、私车公养、滥发津贴补贴、超标使用办公用房、“一桌餐”“天价茶”“天价烟”“高档酒”等问题。持续监督推动节约粮食、制止餐饮浪费，坚决遏制公款消费中的违规违纪违法现象，养成过紧日子的习惯。

三是健全完善纠治“四风”长效机制。根据交通运输系统违反中央八项规定精神问题的规律，加大对反复性、普遍性问题纠治力度，严格制度执行情况的监督检查。注重从群众反映、信访举报、案件查办、媒体报道中发现端倪、掌握线索，畅通“四风”举报渠道，增强“四风”监督效力。加大通报曝光力度，提升教育警示影响力。坚持纠“四风”与树新风并举，教育引导党员干部正确处理公与私、亲与清、情与法，坚决反对特权思想和特权行为，严格家风家教，不断营造风清气正的良好环境。

（四）坚持不懈开展专项整治，聚焦突出问题深入进行监督

紧密结合交通运输工作实际，从践行“两个维护”的高度，紧盯权力运行中容易滋生腐败的关键环节和重点部位，聚焦突出问题，精准开展专项监督。

一是深化监督落实交通领域脱贫攻坚政治责任，保障脱贫攻坚成果同乡村振兴有效衔接。要深入践行党的群众路线，严肃认真对待群众反映强烈的问题，坚决纠正损害群众利益的行为，继续整治扶贫领域腐败和作风问题，防止松劲懈怠、精力转移和脱贫攻坚中形式主义、官僚主义问题，对贪污侵占、雁过拔毛、优亲厚友等问题从严查处。

二是持续开展交通领域招投标专项整治。紧盯交通系统工程建设招投标领域存在的围标串标、违法转包分包及公路建设等问题，在上线运行招投标电子监督平台的基础上，进一步把信息技术系统融入监督工作实践，进一步对公路工程建设领域党员干部、公职人员、评审专家、代理机构人员等进行严格监督管理，加强招标投标全过程监管，严肃查处腐败问题，促进交通运输建设市场健康有序发展。

三是深入推进党政领导干部违规入股企业专项清理工作。在专项清理工作取得阶段性成效的基础上，加强组织领导，强化专题学习和逐级谈话。严格按照省委在全省开展党政领导干部违规入股企业问题专项清理工作方案要求，运用“智慧监督”数据严筛细查，逐项推进，确保专项清理工作取得实效。

四是加强对交通运输改革的监督。交通运输综合行政执法改革已进入尾声，省公路局事业单位改革正处在攻坚克难时期。要进一步压紧压实涉改单位及部门主体责任和党政主要负责人第一责任人责任，严格执行在资产处置、人员安置、安全生产等方面制度规定，着力发现并严肃查处改革过程中发生的违规违纪问题，为改革顺利完成保驾护航。

（五）突出落实“两个”责任，发挥政治巡察利剑作用

巡察是巡视的延伸，是政治监督向基层延伸的有效举措。2021年厅纪检监察组将会同党组（党委）开展政治巡察，强化责任落实，重在发现问题，打通全系统全面从严治党最后一公里。

一是狠抓主体责任落实。党组（党委）要切实担起政治监督和全面从严治党主体责任，书记要履行好第一责任人责任，班子成员履行好“一岗双责”。要认真深入细致地研究政治监督和全面从严治党工作，科学制定年度任务安排，根据新形势新任务要求，及时调整完善责任清单，明确具体措施，加强监督落实，把真管真严、敢管敢严、长管长严贯穿于全面从严治党全过程，落实到党的建设各方面。要建立完善压力传导机制，解决“上热中温下凉”的问题。纪检监察组是专责监督，担负着政治监督“再监督”职责，督促党组（党委）及其主要负责人切实担负起主体责任、第一责任。要聚焦落实党的路线方针政策、党中央重大决策部署和习近平总书记重要指示批示精神，聚焦党组（党委）履行职能职责特别是领导责任，聚焦山西交通强国建设和“十四五”现代综合运输体系构建，聚焦“三大攻坚战”、常态化疫情防控、“四好农村路”、三个一号旅游公路等重大决策部署落实情况开展政治巡察和政治监督。

二是强化监督责任落实。结合交通运输系统实际，督促党组开展政治巡察工作，建立纪检监察监督与巡察监督的统筹衔接机制，与人事、审计、财会、群众等监督的协作配合渠道，实现力量联动、工作协同。巡察重在发现和解决干部职工反映最强烈、矛盾最突出的问题，维护干部职工利益。各级纪检部门要认真履行整改监督责任，压紧压实本单位党委整改主体责任，建立健全巡察整改“三清单”制度、整改情况报告审核报送制度，确保反馈问题全部整改到位。注重巡察成果运用，分类处置，优先办理巡察移交的问题线索，切实做到事事有回音、件件有着落，推进制度创新、堵塞制度漏洞、扎紧制度篱笆，构建基层良好政治生态。

（六）从严从实加强自身建设，始终做党和人民的忠诚卫士

习近平总书记明确要求，努力建设一支政治素质高、忠诚干净担当、专业化能力强、敢于善于斗争的纪检监察铁军。

一是做到绝对忠诚。各级纪检部门要切实抓好党史学习教育，坚决按照党中央指明的政治方向忠诚履行纪检监察职能职责，坚决沿着党中央确定的前进路线推进党风廉政建设和反腐败斗争，在更深层次更高水平上统筹推进一体深化“三转”，经常对标对表、及时校准偏差，强化责任担当、确保落实到位，做到党中央提倡的坚决响应，党中央决定的坚决执行，党中央禁止的坚决不做。

二是提升专业本领。坚持边学习、边调研、边总结、边工作，进一步用好“三线”工作法，通过召开纪检工作推进会持续深化业务培训，强化实战练兵，着力提高精准监督能力、调查研究能力、运用“四种形态”能力、统筹协调能力等。同时还要加强交通运输专业知识的学习，找准廉政风险防控点，更加精准有效实施监督。要坚定斗争意志，把准斗争方向，明确斗争任务，掌握斗争规律，讲求斗争方法，敢于监督、善于监督，切实把监督责任扛牢扛实。

三是加强教育培养。十九届中央纪委五次全会强调，今年垂直管理单位和部分以上级管理为主单位纪检监察体制改革仍在试点。待试点工作完成后，我们要对标对表抓好贯彻落实。加强对基层纪检干部队伍建设的指导，把严管厚爱落实到日常教育管理监督工作中，激励干部担当作为，培育依规依纪依法办事的优良传统和行动自觉，以铁一般的纪律作风锻造铁一般的干部队伍。全系统各级党组织要关心关爱纪检监察干部，严格落实省纪委监委对纪检监察干部选任培养要求，加强纪检监察干部考核考评工作，加大对纪检干部的提拔使用和轮岗交流力度，为其工作提供平台，成长创造空间。

同时，希望大家监督我们驻厅纪检监察组。

同志们，新思想引领新征程，新使命呼唤新作为，让我们更加紧密地团结在以习近平同志为核心的党中央周围，在省委、省纪委监委的坚强领导下，乘势而上、再接再厉，奋力推动交通运输系统纪检监察工作高质量发展，为开创“十四五”交通运输发展新局面，做出新的更大贡献！

积极贯彻落实省委、省政府决策
加快推进交通旅游融合发展

——在黄河、长城、太行三个一号旅游公路“零公里”标志文化驿站建设工作协调会上的讲话

山西省交通运输厅党组书记、厅长 闫晨曦

同志们：

这次会议是落实省委书记楼阳生关于建设三个一号旅游公路“零公里”标志文化驿站重要指示精神，按照省委常委、副省长胡玉亭要求召开的。省委书记楼阳生就设置“零公里”标志相关工作多次听取汇报并作出重要指示，副省长胡玉亭多次研究建设方案、工作措施，明确要求组织召开专题会议就建设“零公里”标志文化驿站建设工作进行动员部署。今天会议的主要任务，就是贯彻落实省委、省政府“锻造黄河、长城、太行三大旅游板块，打造国家全域旅游示范区”重大决策，按照省委书记楼阳生和副省长胡玉亭的指示要求，明确任务、细

化分工、压实责任，立即全面启动三个一号旅游公路“零公里”标志文化驿站建设，加快推进交通旅游融合发展。刚才，省交通厅王四小介绍了《三个一号旅游公路“零公里”标志文化驿站建设方案》；文旅集团郭凯介绍了文化驿站建设前期工作安排；临汾、忻州、晋城三市交通运输局主要负责人和永和、偏关、陵川三县政府主要负责人作了很好的表态发言；省发改委李详、文旅集团文保分别就推进“零公里”标志文化驿站项目建设具体工作进行安排部署。下面，我简要讲三方面意见：

一、充分认识建设“零公里”标志文化驿站的重要意义

省委书记楼阳生指出：发展新产业，培育新动能，是山西高质量转型发展的希望和出路所在。近些年来，围绕把文化旅游业打造成为全省战略性支柱产业，打造黄河、长城、太行三大旅游板块，建设高质量旅游公路，省委、省政府作出一系列部署，取得积极成效。自2018年以来，三个一号旅游公路已累计开工建设3040公里，建成1981公里。2019年在沁水召开的现场会上，省委书记楼阳生作出“进度快于预期、质量优于预期、效果好于预期”的高度评价，并从做强做大黄河、长城、太行三大旅游品牌的战略高度，提出在永和乾坤湾、偏关老牛湾、陵川王莽岭分别设置黄河、长城、太行三个一号旅游公路“零公里”标志文化驿站的工作要求。

建设三个一号旅游公路“零公里”标志文化驿站，一是打响黄河、长城、太行三大旅游品牌的点睛之作。省委、省政府将2020年确定为“三大品牌建设年”。省委经济工作会议、省政府工作报告对围绕“三大板块”，紧扣“安顺诚特需愉”六字要诀，构建“快进慢游深体验”旅游路网，进行专门部署。设置建设“零公里”标志文化驿站，不仅能有效识别三个一号旅游公路，而且对打响全省三大旅游品牌、提升山西文化旅游美誉度和影响力具有直接作用。二是加快推进交通强国建设试点工作的紧迫任务。2019年底，山西省被列为全国第二批交通强国试点省份，全省计划开展的试点任务有五项，第一项就是交通运输与旅游融合发展试点，这是基于山西省旅游资源十分丰富、交通运输发展基础良好、全省高度重视交旅融合发展的现实和政策条件作出的战略考虑，也得到交通运输部的大力支持，我们一定要按照交通强国建设试点要求，力争用1至2年时间取得阶段性成果，用3至5年时间取得较为完善的系统性成果，设置“零公里”标志文化驿站，就是全省在交旅融合方面的先行先试，是为全国提供可复制、可推广典型经验的亮点探索。三是贯彻“四为四高两同步”总体思路和要求的实际举措。省委、省政府明确提出“转型为纲、项目为王、改革为要、创新为上”的要求，设置“零公里”标志文化驿站是交通基础设施项目建设的创新之举。为此，各级各部门、各相关单位一定要提高站位、高度重视。切实把“零公里”标志文化驿站建设作为当前工作的重中之重，抓紧、抓实、抓好，主要负责人要亲自挂帅、靠前指挥，及时跟踪项目建设进展，推动“零公里”标志文化驿站建设落地落实。

二、进一步优化设计方案，确保打造精品工程

黄河、长城、太行三个一号旅游公路具有公路和旅游两大功能，不仅包括主体系统，还包括慢行系统、景观系统、服务系统和信息系统，“零公里”标志文化驿站就是服务系统的重要内容之一。2020年年初，省交通运输厅按照省委书记楼阳生、副省长胡玉亭的指示要求，坚持打造“设施完善、功能完备”精品旅游公路的工作思路，迅速组织技术人员赴实地开展现场勘察、方案设计、专家论证等前期工作，主动与相关市县和文旅集团进行沟通对接，经认真研究、反复讨论，共同制定《“零公里”标志文化驿站建设方案》，提出主题标志景观、游客服务中心、观景台、文化主题园、停车场、休息区等设施的设置原则、建设规模等。为了保证文化驿站的深刻内涵和强烈冲击力，下一步，交通和文旅部门要树立“设计是基础、设计是灵魂”的建设理念，加大实

地调研力度，深挖历史文化、旅游资源的内涵特点，广泛征求市县政府意见建议，对设计方案进一步优化、细化，为打造精品工程奠定坚实基础，具体要做到“两突出一实现”：一是要突出黄河、长城、太行历史文化底蕴和元素；二是要突出与自然环境和谐共处，建筑形态、环境营造设计等要坚持因地制宜，贴近自然、融入自然；三是要实现基本服务功能，从服务旅游角度出发，建设标识景观、文化体验、旅游服务、功能配套等设施，满足游客多样化服务需求，全面提升服务水平。

三、压实责任、严密组织、倒排工期，全力推进项目建设

2月4日，省委书记楼阳生主持召开会议，专门听取黄河、长城、太行三个一号旅游公路建设计划及“零公里”标志文化驿站设置方案有关情况的汇报，并要求立即开展项目准备，争取四月初开工。省政府已经明确指出：山西文旅集团为三个一号旅游公路“零公里”标志文化驿站工程建设、运营管理实施主体。临汾、忻州、晋城三市及相关县要主动对接、密切配合、全力推进，确保4月份全面开工建设，9月底前全面建成，“十一”黄金周正式投入使用。为此，一是要强化要素保障。根据设计方案，三个一号旅游公路“零公里”文化驿站各占地15～20亩，相关市县要加大支持力度，按照省政府印发的三大板块旅游公路规划纲要，以旅游公路服务系统来对“零公里”文化驿站建设项目进行立项，同时做好项目建设用地、选址意见和立项审批等工作，为项目开工建设创造良好的外部环境。二是要落实建设资金。三个“零公里”文化驿站总投资约6000万元，建设资金将按照“四好农村路”和三大板块旅游公路建设资金管理办法予以落实。其中，省交通运输厅承担3480万元(6000万元×58%)，剩余资金由山西文旅集团筹集。省交通运输厅承担部分已商省财政厅同意，通过省财政转移支付方式分别下拨到永和、偏关、陵川县，以上三县要及时将资金拨付山西文旅集团，确保工程建设顺利推进。三是要建立协同工作机制。相关市县政府要统筹协调本地区发改、财政、自然资源、交通、文旅等部门，明确职责分工、细化责任落实，切实做好相关工作。各部门要加强沟通、密切配合，形成“上下联动、部门协同”的工作机制，及时研究解决项目建设过程中存在的问题，确保按时高质量完成文化驿站建设 任务。

总之，希望各责任主体、各相关单位会后立即抓好组织落实，既要按时完成建设任务，又要打造精品工程。

谢谢大家！

强化政治机关意识　带头做到“三个表率”
努力夺取疫情防控和推动交通运输发展双胜利

——在纪念建党99周年大会上的讲话

山西省交通运输厅党组书记、厅长　闫晨曦

同志们：

今天，召开此次会议的主要任务是：隆重纪念中国共产党诞辰99周年，表彰先进基层党组织和优秀共产党员、优秀党务工作者，并由我按照省委要求为全系统广大党员讲党课。

新时代是奋斗者的时代。刚才，厅党组成员、副厅长王晋宣读厅党组表彰决定。受到表彰的先进基层党组织和优秀党员、优秀党务工作者，都是全系统努力拼搏、成绩优异的代表,为全系统广大基层党组织和党员树起标杆。全系统各级党组织和广大党员都要向先进典型看齐,在建设交通强国山西篇章的征程中做出新的更大的贡献。在此,我代表厅党组向受到表彰的先进集体和先进个人表示热烈祝贺,向辛勤工作在山西交通运输战线上的广大党员致以节日的慰问!

下面,我根据省委确定的“强化政治机关意识,带头做到‘三个表率’”主题,为全系统广大党员讲一次党课。主要讲三个方面意见。

一、牢固树立政治机关意识,把讲政治的要求贯穿于推动交通运输发展全过程

习近平总书记在中央和国家机关党的建设工作会议上强调“中央和国家机关必须牢固树立政治机关的意识。各部门各单位职责分工不同,但都不是单纯的业务机关。”这一论述深刻阐释了党和国家机关的政治机关属性。全系统广大党员干部职工必须深刻领会政治机关的内在要求,不断强化政治机关意识,把讲政治要求贯穿于推动交通运输发展全过程。

(一)强化政治机关意识,必须自觉做到“两个维护”

习近平总书记强调,“带头做到“两个维护”,是加强中央和国家机关党的建设的首要任务”。坚持和加强党的全面领导,最重要的是坚决维护党中央权威和集中统一领导;坚决维护党中央权威和集中统一领导,最关键的是坚决维护习近平总书记党中央的核心、全党的核心地位。

2020年以来,面对新冠肺炎疫情突袭而至,以习近平同志为核心的党中央坚持把人民生命安全和身体健康放在第一位,将疫情防控作为头等大事来抓。习近平总书记亲自指挥、亲自部署,主持召开一系列重要会议、发表一系列重要讲话、作出一系列重要指示批示,为全面做好疫情防控工作提供科学指引和行动指南。在以习近平同志为核心的党中央坚强领导下,中央应对疫情工作领导小组及时研究部署,中央指导组加强指导督导,国务院联防联控机制统筹协调,各地区各部门履职尽责,社会各方面全力支持,开展疫情防控的人民战争、总体战、阻击战。党政军民学闻令而动,东西南北中整齐划一,通过一系列及时有效的应对举措,用一个多月时间初步遏制疫情蔓延的势头,用两个月左右时间将本土每日新增病例数控制在个位以内,用三个月左右时间取得武汉保卫战、湖北保卫战的决定性成果。省委、省政府坚决贯彻习近平总书记重要指示和党中央决策部署,统一领导、统一指挥、统一调度,精准精细精确施策,山西战“疫”取得重大阶段性成果,为决胜湖北、武汉保卫战做出山西贡献。

全省交通运输系统认真贯彻中央和省委关于打通“大动脉”、畅通“微循环”的部署,在确保疫情防控到位的前提下,全力确保交通畅通。严格落实“一断三不断”部署,坚决做好公路、水路、民航运输领域疫情防控,阻断病毒传播渠道,保障公路交通网络畅通、应急运输绿色通道畅通、必要的群众生产生活物资运输通道畅通。严格执行“三不一优先”政策,对应急车辆免费优先通行,全力保障人民群众“米袋子”和“菜篮子”。严格执行复工复产政策,及时撤销除进京通道外的高速公路、国省干线设置的卫生检疫点;及时组织客运企业、客运车辆恢复运营;及时推动应开工项目全部开工建设。上半年,广大干部职工坚守岗位、冲锋在前,用实际行动践行“两个维护”。全省重点公路项目实现“应复尽复,能开全开”,顺利实现“首季开门红”。

抗疫实践再次证明,坚决维护以习近平同志为核心的党中央权威和集中统一领导,是新时代推进党和国家各项事业的根本保证;是我们党能够把国家上上下下、里里外外、方方面面的力量最广泛地组织起来,进而形成战胜任何敌人和任何困难强大合力的根本保证。

各级党组织要提高政治站位,对党绝对忠诚,勇于担当作为,切实把“两个维护”体现在坚决贯彻党中央决策部署的行动上,体现在履职尽责、做好本职工作的实效上,体现在党员、干部的日常言行上。要教育引导党员干部从历史和现实、理论和实

践、国内和国际的结合上深刻认识、强化认同，不断增强拥护核心、跟随核心、捍卫核心的思想自觉政治自觉行动自觉，始终同以习近平同志为核心的党中央保持高度一致，做到党中央提倡的坚决响应、党中央决定的坚决执行、党中央禁止的坚决不做。

（二）强化政治机关意识，必须坚决贯彻党的基本理论、基本路线、基本方略

习近平总书记在中共十九大报告中指出："全党同志必须全面贯彻党的基本理论、基本路线、基本方略，更好引领党和人民事业发展。"党的基本理论、基本路线、基本方略是我们党带领人民推进改革开放的历史进程中形成的，并经过中共十九大报告和党章修正案的凝练概括与深刻阐述得到极大的升华。全系统必须深刻认识到，只有认真贯彻党的基本理论、基本路线、基本方略，才能更好引领交通运输事业发展。

中国共产党历来高度重视理论建设和理论指导，从马克思主义在中国的广泛传播和运用到开辟马克思主义中国化道路，实现指导思想上的一次又一次在一脉相承基础上的与时俱进。中共十九大将习近平新时代中国特色社会主义思想确立为我们党必须长期坚持的指导思想，为中国特色社会主义注入新的科学内涵，是全党全国人民为实现中华民族伟大复兴而奋斗的行动指南。党的基本路线是党和国家的生命线，坚持党的基本路线是我们事业能够经受风险考验、顺利实现中国梦的最可靠的保证。新时代坚持和发展中国特色社会主义的基本方略，即"十四个坚持"，是实现"两个一百年"奋斗目标的"路线图"和"方法论"，是落实习近平新时代中国特色社会主义思想的实践要求。

中共十九大以来，厅党组认真组织学习习近平新时代中国特色社会主义思想，通过学习研讨、调查研究、查摆和整改自身存在的问题，不断提升学习的深度和广度，持续锤炼党性修养。坚定不移贯彻党的基本路线和基本方略，扎实推进党的建设和交通运输改革发展稳定各项工作，进步明显、成果显著，事业单位改革和交通运输综合行政执法改革、"四好农村路"建设等多项工作取得新突破，获得省委、省政府充分肯定。

各级党组织和广大党员要坚持把准政治方向，经常站在落实党的基本理论、基本路线、基本方略的高度上审视自己的工作，不断增强贯彻落实的自觉性和坚定性，经常对标对表校正偏差，确保交通运输事业始终沿着正确的方向前进。要从大局着眼、从细处着手，站在服务全国、全省的高度上看待山西交通运输事业的发展，站在落实落细基本理论、基本路线、基本方略角度上履行好岗位职责。

（三）强化政治机关意识，必须牢固树立以人民为中心的发展思想

习近平总书记在2021年两会上参加内蒙古代表团审议时指出："坚持以人民为中心的发展思想，体现了党的理想信念、性质宗旨、初心使命，也是对党的奋斗历程和实践经验的深刻总结"，着重强调"必须坚持人民至上、紧紧依靠人民、不断造福人民、牢牢植根人民，并落实到各项决策部署和实际工作之中，落实到做好统筹疫情防控和经济社会发展工作中去"。这一论述，深刻阐明坚持以人民为中心发展思想的精神实质、丰富内涵、实践要求，体现我们党全心全意为人民服务的根本宗旨和坚持人民主体地位、坚持立党为公执政为民的执政理念，彰显人民领袖坚定人民立场、真挚为民情怀。全系统广大党员必须深刻认识到，"我们党要做到长期执政，就必须永远保持同人民群众的血肉联系，始终同人民群众想在一起、干在一起、风雨同舟、同甘共苦。"

中共十八大以来，习近平总书记身体力行、率先垂范，一次次走进车间码头、深入田间地头，访贫问苦、问政于民，始终与人民在一起。党中央一以贯之全面从严治党，坚定不移反对和惩治腐败，坚持不懈整治"四风"；大力开展党的群众路线教育实践活动、"不忘初心、牢记使命"主题教育，引导广大党员、干部始终同人民群众同呼吸、共命运、心连心；健全为人民执政、靠人民执政各项制度，以制度的逐步健全完善，不断密切党同人民群众的血肉联系。通过这些实打实工作，锤炼党纪党风，密切党群关系，集中展现新时代共产党人的政治品格、价值追求和精神气质。

特别是在新冠肺炎疫情发生之后，党中央坚持人民至上、生命至上，全力以赴加强患者救治，采取所有防控措施都首先考虑尽最大努力防止更多群众被感染，尽最大可能挽救更多患者生命。坚持紧紧依靠人民，在党中央统一领导下，全国动员、全民参与，联防联控、群防群治，构筑起最严密的防控体系，凝聚起坚不可摧的强大力量。在经济遭受疫情严重冲击情况下，党中央坚持以人民为中心的发展思想，谋民生之利，解民生之忧，全力抓好“六稳”“六保”，资金支持直达市县基层，直接惠企利民。

交通运输与国民经济发展和群众出行息息相关。全系统务必始终坚持以人民为中心的发展思想，持续深化交通运输领域供给侧结构性改革，不断满足人民日益增长的美好生活需要。要树牢宗旨意识，坚持为党分忧、为民解难，聚焦服务全国全省“六稳”“六保”任务的完成，继续大力推进交通运输基础设施投资和建设，确保应开工项目全部开工；聚焦推进交通扶贫、防范和化解重大风险等工作重点，推动交通运输转型发展成果更多惠及人民群众，为全省与全国同步建成小康社会贡献交通力量。

二、自觉做到“三个表率”，建设让党中央放心、让人民群众满意的模范机关

习近平总书记强调，“新形势下，中央和国家机关要以党的政治建设为统领，着力深化理论武装，着力夯实基层基础，着力推进正风肃纪，全面提高中央和国家机关党的建设质量，在深入学习贯彻党的思想理论上作表率，在始终同党中央保持高度一致上作表率，在坚决贯彻落实党中央各项决策部署上作表率，建设让党中央放心、让人民群众满意的模范机关。”习近平总书记重要讲话精辟论述加强和改进中央和国家机关党的建设的重大意义，深刻阐明新形势下中央和国家机关党的建设的使命任务、重点工作、关键举措，对加强和改进中央和国家机关党的建设作出全面部署。全系统各单位和广大干部职工要坚决贯彻总书记要求，切实以“三个表率”的实际行动，展现政治机关的优良风貌。

（一）在深入学习贯彻党的思想理论上作表率

新时代孕育新思想，新思想指导新实践。中共十八大以来，党和国家事业之所以取得全方位、开创性的历史成就，发生深层次、根本性的历史变革，根本在于以习近平同志为核心的中共中央的坚强领导，根本在于习近平新时代中国特色社会主义思想的科学指导。全系统各级党组织要坚持不懈深化理论武装，教育引导广大党员切实用习近平新时代中国特色社会主义思想武装头脑、指导实践、推动工作；教育引导广大党员特别是党员领导干部准确把握习近平新时代中国特色社会主义思想蕴涵的思想和工作方法，不断提高攻坚克难、化解矛盾、驾驭复杂局面的能力。

在当前，要重点认真学习习近平总书记关于统筹推进新冠肺炎疫情防控和经济社会发展工作的重要讲话精神，不断坚定打赢疫情防控阻击战和推动经济社会持续发展的信心和决心，切实把思想认识统一到中央、省委的决策部署上来。要重点认真组织学习习近平总书记三篇光辉文献这一做好山西工作的重要法宝，努力把握山西在全国发展格局中的时代方位，并对照“四为四高两同步”重大思路和要求，不断校准山西交通运输工作的方向。要重点认真组织学习习近平总书记关于交通运输工作的重要指示批示精神，准确把握先行官的职责使命、“黄金时期”的发展定位、建设人民满意交通的发展目的、建设交通强国的战略目标。要重点认真组织学习习近平总书记关于安全生产工作的重要论述，进一步树立安全发展理念，弘扬生命至上、安全第一的思想。

（二）在始终同以习近平同志为核心的党中央保持高度一致上作表率

党的力量来自党的组织。党的全面领导、党的全部工作都要靠党的坚强组织体系去实现。党中央是大脑和中枢，必须有一锤定音的权威。我们作为政治机关，是党的路线方针政策在山西交通运输领域的“第一执行者”。各级党组织必须牢固树立“四个意识”，自觉在思想上政治上行动上同以习近平

同志为核心的党中央保持高度一致，把坚持正确政治方向贯彻到谋划重大战略、制定重大政策、部署重大任务、推进重大工作的实践之中。要经常与党中央对表对标，及时校准偏差，在任何时候任何情况下都做到政治立场不移、政治方向不偏。广大党员特别是党员领导干部，要做到表里如一、知行合一，时刻铭记共产党员身份，对党绝对忠诚，旗帜鲜明地捍卫党的基本理论、基本路线、基本方略，自觉拥护和践行党中央各项重大方针政策。

同党中央保持高度一致不是空洞的而是具体的。各级党组织要紧密结合工作实际，把精力和心思用在推动转型发展、打赢“三大攻坚战”、保障和改善交通运输服务上，用在主动破解难题、敢于攻坚克难、着力解决人民群众最关心最直接最现实的利益问题上。要牢固树立大局观念和全局意识，坚决在党和国家的大局下行动，防止和克服部门本位主义，绝不搞“上有政策、下有对策”，绝不在落实党中央决策部署上打折扣、搞变通。要坚持把营造良好政治生态作为党的政治建设的基础性工作，大力推进“三不”一体建设，以永远在路上的坚定和执着把反腐败斗争进行到底。要严守党的政治纪律和政治规矩，切实增强政治警觉性和政治鉴别力，在重大政治原则问题上态度非常鲜明、立场非常坚定、行动非常自觉，做到政治上绝对忠诚、组织上坚决服从、行动上遵规守纪。

（三）在坚决贯彻落实党中央各项决策部署上作表率

党中央集中统一领导是党的领导的最高原则，从根本上关乎党和国家前途命运、关乎人民根本利益。加强和维护党中央集中统一领导是全党共同的政治责任。我们作为服务和推动党中央决策部署在山西交通运输领域贯彻落实的政治机关，必须不断强化标杆意识，坚决贯彻落实党中央各项决策部署，确保党中央各项决策部署在全系统落地见效。各级党组织要强化抓落实的政治责任，坚持把抓落实作为衡量“四个意识”强不强的重要标准，不断强化抓落实的思想自觉和行动自觉。对党中央作出的决策、部署的工作、定下的事情，要雷厉风行、紧抓快办，扭住不放、一抓到底。广大党员干部要坚持把贯彻落实党中央决策部署作为重要的政治责任和政治纪律，做到思想上自觉、政治上清醒、纪律上严明、行动上坚定，以时不我待的紧迫意识和夙夜在公的责任意识抓落实。

不断健全完善抓落实的体制机制。各级党组织和纪检监察部门要加强对贯彻新发展理念、实现高质量发展、“四好农村路”建设、交通扶贫等重大工作落地情况的监督检查，改进方法、提质增效，确保交通运输工作始终沿着正确的方向前进，确保全系统政令畅通、令行禁止。要聚焦行业监管、部门管理、“两个责任”落实等方面存在的薄弱环节，优化监督考核标准，完善监督检查机制，提升抓落实的能力和水平。要树立正确的用人导向，旗帜鲜明为敢于担当、踏实做事、不谋私利的干部撑腰鼓劲，旗帜鲜明地褒奖和重用那些想落实、谋落实、善落实的干部，激励干部勇挑重担、狠抓落实。要加强对党员干部抓落实情况的监督考核，把抓落实情况与评优评先、干部任用、责任追究等挂起钩来，激励干部务实创新、善作善成。

三、坚定发展信心，发扬斗争精神，努力夺取疫情防控和推动交通运输发展双胜利

习近平总书记在2021年两会期间，看望参加政协会议的经济界委员时强调，我国经济正处在转变发展方式、优化经济结构、转换增长动力的攻关期，经济发展前景向好，但也面临着结构性、体制性、周期性问题相互交织所带来的困难和挑战，加上新冠肺炎疫情冲击，目前我国经济运行面临较大压力。同时还指出，要科学分析形势、把握发展大势，坚持用全面、辩证、长远的眼光看待当前的困难、风险、挑战，积极引导全社会特别是各类市场主体增强信心，巩固我国经济稳中向好、长期向好的基本趋势。

6月28日至29日，省委十一届十次全会召开，

对深入学习贯彻习近平总书记视察山西重要讲话重要指示进行全面部署，审议通过《中共山西省委关于贯彻落实习近平总书记视察山西重要讲话重要指示在转型发展上率先蹚出一条新路来的实施方案》。省委书记楼阳生在讲话中，强调山西的重大历史使命，全面转型的深刻内涵，聚焦“六新”的实践要求和编制“十四五”规划、实现“转型出雏形”的总体布局。

我们要深入理解和把握习近平总书记重要讲话重要指示精神，认真学习贯彻省委十一届十次全会精神，辩证看待当前的形势，坚定发展信心，落实好中央和省委“六稳”“六保”各项决策部署，全力以赴完成全年目标任务，努力夺取疫情防控和推动交通运输发展双胜利，为全省转型发展当好先行。

（一）以政治建设为统领，坚持不懈抓好党内政治生态建设

一是要进一步坚定理想信念，深化自我革命。要深入推动用习近平新时代中国特色社会主义思想武装头脑、指导实践，特别是要继续深化对习近平总书记三篇光辉文献的学习，建立长效机制，经常交流研讨，做到常学常新。要坚持刀刃向内，深化自我革命，持续抓好主题教育各项整治整改任务落实，已经整改的要巩固成果，正在整改的要加大力度，上下联动、标本兼治，整体推动问题解决，决不允许出现“烂尾”工程。要把制度建设作为推进全面从严治党的关键举措，围绕学习贯彻习近平新时代中国特色社会主义思想、贯彻落实习近平总书记重要指示批示和党中央决策部署、为人民执政靠人民执政、巩固专项整治成果、落实全面从严治党责任等重大任务建立健全长效机制。

二是要强化党内监督，保障制度执行和重大工作的落实。厅党组主动扛起主体责任，强化全面监督，并积极支持驻厅纪检监察组履行专责监督职责。全系统各级党组织要从近年来厅党组处理的有关问题中汲取教训，真正地把全面监督、专责监督、日常监督、民主监督贯通起来，做到监督常在、形成常态。各级党组织要聚焦制度执行和重大工作的落实，经常自我检视，强化日常监督，确保各项工作始终沿着正确的方向前进，取得经得起实践、人民、历史检验的实绩。近期，厅党组对晋城交通运输执法局违规突击发放奖金问题和领导干部违反中央八项规定精神问题进行严肃处理，并在全系统进行通报。各级党组织要坚持用身边事教育身边人，把厅党组对有关问题的处理纳入警示教育，进一步严明纪律规矩，守牢纪律防线。

三是要认真贯彻落实新时代党的组织路线。厅党组带头，各级党组织要认真贯彻新时代党的组织路线，切实做好干部队伍建设工作。2020年以来，作为全省事业单位改革的试点单位，我们提高政治站位，强化担当意识，不折不扣、高质量完成好厅属事业单位改革任务，充分发挥试点单位带头作用。新组建的事业单位要以此为契机，选优配强各级班子，优化干部考核评价机制，进一步树立选人用人的正确导向；要落实《党和国家机关基层组织工作条例》，同步推进基层党组织建设，理顺党组织关系，进一步发挥基层党组织的战斗堡垒作用。

（二）强化交总账意识，努力完成年度目标任务

一是毫不放松抓紧抓实抓细常态化疫情防控工作。要认真贯彻落实中央、省委关于疫情防控的部署和措施，按照“外防输入、内防反弹”的总体防控策略，进一步完善常态化疫情防控工作机制，坚决守住来之不易的疫情防控成果。要结合行业实际、围绕防控重点，坚决落实好交通运输工具消毒、通风、司乘人员防护、乘客信息登记、客座率控制等防控措施，全力支持京津冀地区交通运输联防联控，周密、精准、高效做好国际航班分流和入境入关旅客检疫，牢牢守住交通运输领域防输入、防反弹、防进京底线。同时，要督促强化属地管理责任，严格做好工地防疫、单位防疫等工作。

二是坚定不移推进交通运输基础设施投资和建设。加快推进在建项目建设，积极谋划重大交通项目，争取国家政策项目资金措施。在确保完成高速公路项目等固定资产投资550亿元的基础上，再新开工重大公路项目15项，完成投资50亿元，力争完成年度投资600亿元以上，同比增长10%以上，切实发挥交通运输基础设施投资在“六稳”“六保”中的重要作用。

三是坚决完成脱贫攻坚兜底保障任务。实现具备条件的建制村“双通”目标是交通运输系统向党中央、国务院和人民群众作出的庄严承诺，也是脱贫攻坚必须完成的兜底性任务。2019年10月，我们已经提前实现了具备条件的建制村通硬化路任务。2020年以来，省厅加大交通扶贫工作力度，在全系统共同努力下，完成具备条件的建制村通客车任务，提前4个月实现“双通”目标。但是，由于基础条件差的问题，“双通”成果仍需进一步巩固。我们要牢固树立以人民为中心的发展思想，不仅要继续不断提高“双通”质量，还要坚决防范通返不通、畅返不畅，切实把这项惠民工程办实办好。

四是扎实推进交通强国建设试点工作。厅党组会议已经研究通过省厅代省委、省政府起草的山西试点《实施意见》和《三年行动计划》，要加快合法性审查等程序推进，尽快报请省政府常务会和省委常委会研究，提前制定省厅落实意见。同时，交通运输部批准《试点方案》后，要进一步细化任务书、时间表、路线图，于下半年全面启动交通强国试点项目建设，把试点建设目标、重点任务纳入各级考核体系，力争用1至2年时间取得阶段性成果，用3至5年时间取得较为完善的系统性成果，形成一批既相对完善又可复制推广的示范项目、标准规范、治理制度等，率先实现相关重点领域的突破，有效发挥试点的示范引领作用。

五是加快完成交通运输综合行政执法和事业单位改革工作。综合行政执法体制改革方面，要争取编办支持，尽快通过省厅提交的《三定建议方案》，研究制定《组建工作方案》，及时启动干部配备、人员转隶等各项重大具体工作。省公路局改革方面，由于涉及历史遗留问题多、体量大，要从厅党组层面全力推进，省厅正在牵头成立改革领导组，省公路局要加强政策研究，相关处室和单位要全力配合，进一步优化论证改革方案，争取尽快出台并上报省委编办审批，确保事业单位改革任务按时完成。

此外，污染防治、运输结构调整等年初确定的各项目标任务，以及2020年省领导批示指示的出租车行业改革、全省机场一体化、高速公路限速整治、农村公路养护体制改革等工作都要紧盯目标、限定时间、细化措施，确保完成。

(三)发扬斗争精神，切实改进工作作风。

一是要学优争先，强化责任担当。越是大战大考，越需要担当精神和斗争意志，越需要全系统党员干部改进工作作风，敢接最烫手山芋、碰最硬钉子、攻最难碉堡，这样才能确保中共中央决策部署和省委、省政府工作安排不折不扣得到贯彻落实，才能确保完成全年各项目标任务。各级党组织要弘扬党的优良传统，强化正面教育和典型引领，切实引导和教育广大干部职工向先进典型学习，坚定信念、振奋精神。各单位各部门和广大干部职工要通力协作、互相帮助，形成推动工作任务完成的强大合力。要把结果导向作为一种理念、一种方法、一种制度鲜明树立起来，切实以真金白银的工作实绩检验工作成效。要用好考核手段，以工作成果分出好、中、差，对表现优异、成绩显著的单位和个人，旗帜鲜明地给予表彰奖励。

二是要压减开支，真正过紧日子。2020年的《政府工作报告》中强调：“各级政府必须真正过紧日子，中央政府带头，中央本级支出安排负增长，其中非急需非刚性支出压减50%以上。”我们要严格贯彻中央和省委部署要求，大力弘扬勤俭节约的精神，做好过紧日子的准备。要持续控制“三公”经费支出，大力压减非刚性、非重点项目支出，确保2020年预算编制一般性支出、“三公”经费支出、专项转移支付进一步压减，节省下的资金优先用于保工资、保运转、保基本民生等重点领域支出需求。

三是要加强纪律建设，纠治不正之风。要继续大力加强纪律作风建设，坚决整治拈轻怕重、推诿扯皮、纪律松弛、庸懒散拖等作风突出问题。要坚决反对形式主义、官僚主义，始终坚持实事求是的优良作风，切实落实“基层减负年”要求，把广大基层干部干事创业的手脚从形式主义的束缚中解脱出来，让基层干部有更多的时间与精力去干事、放开手脚去工作。要大力纠治“四风”，对不收敛不收手、顶风违纪的发现一起、查处一起、通报一起，持续保持整治“四风”的高压态势。

同志们，2020年注定是极不寻常的一年，疫情挡不住我们发展向好势头，困难也挡不住我们事业建设步伐，山西交通运输的发展决不因疫情影响而放慢脚步。习近平总书记强调，统筹推进疫情防控和经济社会发展，既是一次大战，也是一次大考。面对这张史无前例的考卷，我们要树牢政治机关意识，做到“三个表率”，勇担重任、开拓进取，为打赢疫情防控阻击战和经济发展总体战做出交通贡献，确保全面建成小康社会和“十三五”规划圆满收官，努力向党中央、向人民群众交出一份满意答卷。

匠心铸就百年品质　同心建设交通强国
持续推进山西公路建设高质量发展

——在全省公路平安百年品质工程建设推进暨隧道施工标准化现场会上的讲话

山西省交通运输厅党组书记、厅长　闫晨曦

同志们：

平安百年品质工程建设，是全面贯彻落实党中央质量强国战略和省委、省政府质量强省决策部署的重要举措，是推动公路建设实现由量的扩张到质的跨越历史性转变的重要载体，是建设山西交通强省的必由之路。

今天，我们召开全省公路平安百年品质工程建设推进暨隧道施工标准化现场会，这是在“十三五”收官、“十四五”开局之际全省公路建设领域的一次重要会议。会议主要任务是：深入学习贯彻中共十九大和十九届二中、三中、四中、五中全会精神，全面贯彻落实习近平总书记关于交通运输工作的重要论述和视察山西重要讲话重要指示，紧紧围绕《交通强国建设纲要》战略部署，坚持省委“四为四高两同步”总体思路和要求，持续深入推进全省公路平安百年品质工程建设，为全省在转型发展上率先蹚出一条新路贡献交通力量。

上午，我们集体观摩静兴高速公路施工现场。刚才，建设、设计、施工、监理等参建单位及有关部门做了很好的交流发言，王市长围绕地方政府监管、创优投资环境提出重要建设性意见，希望大家认真贯彻落实。

下面，我强调三方面意见。

一、充分肯定品质工程创建取得的成效

省交通运输厅启动品质工程创建以来，全行业紧紧围绕建设“交通强国”“质量强国”战略部署，努力践行高质量发展理念，以提升工程耐久性和安全性为目标，在体制机制完善、现代工程管理应用、示范创建引领、科研技术创新、标准规范建设等方面多点发力，取得阶段性成果。主要体现在：

（一）注重顶层设计，夯实创建基础

坚持全省上下一盘棋，高起点推进品质工程创建工作。

一是制度体系不断完善。结合交通运输部打造公路水运品质工程的要求，省厅先后印发了《山西省公路“品质工程”示范创建活动实施方案》《公路工程质量监督管理办法》《“坚守公路水运工程质量安全红线”专项行动工作方案》《公路水运工程建设领域安全专项整治三年行动实施方案》等指导和保障品质工程创建的系列文件，为品质工程建设“保驾护航”。

二是创建机制高效有力。省厅成立了品质工

程领导组，创新建立了高速公路项目建设指挥调度机制，省公路局、交通建设中心等厅直单位与地方政府协同发力、形成合力，扎实推动品质工程建设；针对山西公路建设的实际选定项目开展“十项攻关行动”，着力弥补短板。

三是示范引领作用充分发挥。组织参建单位人员赴浙江、广东等先进省份，对典型项目予以观摩、学习，先后在长临、太原东二环召开品质工程动员会、深化创建推进会，高起点、全方位启动全省品质工程创建；2018年在运宝黄河大桥举办波形钢腹板桥梁关键技术交流会，2019年，成功承办全国“第五届绿色公路技术交流会”，明天，还将由山西路桥集团承办第六届全国BIM学术大会，山西经验唱响全国。

（二）注重理念引领，提高管理水平

全面推行现代工程管理，突出“内在质地”和“外在品位”核心要素。

一是管理手段不断创新。各建设单位积极落实主体责任，推动管理创新。隰吉高速实施“7个1”党建工作机制，太原西北二环项目积极开展三面旗帜进班组的“党旗红”活动，坚持创品质党建，做品质党员，建品质工程，突出“党建+工程”特色品牌。太原东二环项目形成7项一级指标、22项二级指标、52项三级指标体系的品质工程评价标准；搭建设计施工融合平台，建立设计施工联席会议制度，使施工单位参与施工图设计工作全过程，品质工程建设进一步走向深入。

二是硬件环境明显改善。工艺设备推陈出新，上午我们都现场观摩拱架安装台车、湿喷机械手、自动浇筑衬砌台车、自动化二衬养护台车等隧道施工先进设备，大部分项目的钢筋加工厂都引入钢筋数控加工、焊接机器人等先进装置以及具有“超市化”“订单式”功能的智能钢筋生产管理系统，梁板预制广泛采用钢筋绑扎胎模架、钢绞线智能张拉压浆等先进工艺设备，全面加快推进“机械化换人、自动化减人”进程。厂区建设面目一新，“一室两区三厂”建设标准不断提高，逐步实现高标准、专业化、规模化、集约化生产。多个项目上线OA综合信息管理平台、拌合站智能监控信息平台、视频监控系统、人员及机械设备信息管理平台等，实现“互联网+”信息化管理。隰吉高速全面落实人本理念，聚焦培养现代产业工人目标，打造集住宿餐饮、学习培训、医护洗理、文化娱乐等配套服务一应俱全的幸福小镇。

三是安全措施扎实到位。广泛开展“班组质量安全自查自纠”活动，实施日前班组交底制度及班组三级培训，使质安文化理念深入贯彻至工程一线人员。长临高速安全管理经验被交通运输部评选为“重点推荐”案例，“19+1”安全责任体系在全国交通行业内进行经验交流。离隰、隰吉、昔榆高速等项目全面推广应用“平安交通”安全管理系统，全方位构建安全生产管理“五大体系”、落实“十个一”安全举措，实现“责任落实、安全投入、基础管理、教育培训、应急管理”五到位。高速公路建设项目平安工地考核结果全部合格。

（三）注重绿色发展，树立示范标杆

绿色发展理念贯穿设计、建设全过程，一批节能环保技术得到推广应用。

一是绿色公路建设成效显著。阳蟒高速路线设计避绕了蟒河生态旅游区、一级水源地等生态环境敏感点，临时设施采取永临结合，减少占地近1200亩，利用弃方进行改地、造地950亩，隧道洞渣100%利用，成为全省乃至全国绿色公路建设典范。静兴高速积极践行“两山理论”，认真贯彻保护黄河、汾河要求，创建“四季常绿、三季有花、金秋红叶”的建设目标，加强生态建设，成功应用废弃轮胎骨架护坡、三联生态防护、活性粉末混凝土电缆沟盖板、隧道弃渣自产碎石等技术。离隰高速引进3S-OER生态防护技术进行石质边坡生态修复及黄土地质边坡绿化。省路桥集团在建项目累计使用固废量已超400万吨，每年利用量仍快速增长。各建设项目均充分依托当地固废资源，开展固废利用的试验研究，不断提高利用率和建设质量水平。

二是钢结构桥梁建设实现新突破。运宝黄河大桥采用波形钢腹板，提高预应力效率、改善结构性能、节约建筑材料、改善经济指标、降低全寿命周期成本，上部结构减少混凝土用量2500立方米，选用耐候钢减少全寿命周期成本约3000万元。临猗黄河大桥全长5431米，主桥长3816米，是大跨径钢箱组合梁在我省桥梁结构中的首次应用，也是黄河中上游用钢量最大的公路桥梁，同时还是国内耐候钢用量规模最大的公路桥梁，达到5.7万吨。很多高速公路的小半径匝道桥、跨线桥等采用了钢混叠合箱梁结构，施工快速方便，实施效能有效提高。

三是BIM技术应用逐步推进。太原东二环项目作为BIM技术应用攻关行动主攻单位，建立三级管理体系，配备专职BIM技术人员，高标准配置硬件设施，高质量完成全线三维倾斜摄影、地形地貌三维数据采集和原始地貌三维模型生成；施工现场“一室两区三厂”全部按照BIM模型规划标准建设。祁离、静兴高速BIM技术应用开发项目分别获中国公路学会交通BIM工程创新奖二等奖、三等奖。省公路局着力加强BIM技术在普通国省干线公路的应用，在部分新改建项目设计、建设中推广BIM技术，取得较好效果。

（四）注重科技创新，提供技术支撑

科技创新在公路工程建设管理过程中持续发挥重要作用，不断提供技术支撑保障。

一是创新形式不断完善。校企合作全面开展，在建项目与太原理工大学、同济大学、东南大学、长安大学、武汉理工大学等知名高校合作开展了多方面课题研究，共同申报省部级、厅级科研课题三十余项，推动公路建设科技创新工作向高质量迈进。“微创新”逐步深入基层班组，黎霍、昔榆高速积极开展“五小三微”创新活动，临猗黄河大桥开展设备微改造、工艺微改进、工法微改良的“三微改”活动，推动桥梁桩头无损凿除、桥面集中排水改进、水泥混凝土振动搅拌、隧道渐变遮光棚等技术的创新和应用。静兴高速工艺课题获中国建筑协会I类成果。

二是智慧建设扎实开展。充分发挥“山西省公路建设智慧监管指挥调度平台”智慧监管作用，在特大桥、高墩、隧道、工地试验室等关键地点、部位建立视频信息自动采集系统，实现实时上传和远程监控。离隰高速通过二维码技术，对重要材料从进场到使用实现全过程盲样管理，最大限度地确保重要材料质量满足规范和设计要求。

三是科技支撑作用逐步提升。“重载水泥混凝土铺路关键技术工程应用”获国家科学技术进步二等奖，在工程基础理论与设计方法方面取得重大技术创新突破；聚合物废胎胶粉复合改性沥青路面、废胎胶粉替代纤维SMA路面、再生沥青混凝土路面、国产环氧沥青混凝土桥面铺装、露石混凝土隧道路面等新型路面技术已应用到太原西北二环、黎霍、昔榆等项目中，有效提高公路路面寿命；装配式混凝土防撞墙、道路用相变材料延缓背阴陡坡路段路面结冰等技术的应用，提高公路建设运营质量安全水平；特长隧道通风节能技术研究不断深化，特长隧道建设、运营成本有望降低。

（五）注重标准制定，构建标准体系

不断加强标准规范建设，初步打造山西品质工程标准。

一是地方标准体系覆盖面广。编制或修订《公路工程施工安全检查评价规程》《高速公路施工驻地、场站、工地试验室建设指南》《公路工程绿色施工评价标准》《工业固废CFB灰渣注浆充填采空区施工技术指南》《山西省公路建设领域建筑信息模型（BIM）设计交付标准》及高速公路路基、路面、桥涵、隧道工程施工指南等多项地方标准，全面覆盖品质工程创建内容，初步形成一套相对完善的品质工程创建地方标准体系。

二是指导文件技术含量高。编制《绿色公路施工技术指南》《山西省绿色公路考核评价标准》等绿色公路创建指导评价体系，形成包含156项技术清单的关键技术体系；编制《山西省装配式预应力混凝土T梁通用图》，包括不同结构体系、跨径、路基宽度、角度共计17套装配式预应力混凝土T梁桥上部构造及1套公用构造，基本涵盖高速公路和一级公路的相关桥型，将进一步提高全省桥梁标准化施工水平、消除部分桥梁通病、节约工程造价；新型路面施工、湿陷性黄土处治、采空区处治等方面的设计指导意见也已编制完成。

二、凝心聚力，开启平安百年品质工程建设新征程

习近平总书记在考察北京新机场和港珠澳大桥时强调，必须全力打造精品工程、样板工程、平安工程、廉洁工程。山西省也全面开启“黄河流域生态保护和高质量发展”“资源型经济转型发展”等重大战略布局。对标对表总书记重要批示指示和交通运输部、省委、省政府工作部署，对照高质量转型发展需要，全省公路平安百年品质工程建设还面临“三个新要求”。

（一）高质量发展对平安百年品质工程建设提出新要求

中共十九大提出建设质量强国的战略部署，十九届五中全会进一步提出“十四五”时期经济社会发展要以推动高质量发展为主题，中共中央、国务院《关于开展质量提升行动的指导意见》指出，要确保重大工程建设质量，建设百年工程。在建设理念方面，要强化质量第一价值导向，树立质量法制观念，把增进人民福祉、满足人民美好生活需求作为提高公路工程建设供给质量的出发点和落脚点，遵循客观规律，优化要素投入，使质量工作驶入良性发展轨道；要强化质量诚信意识和品牌意识，完善质量诚信体系，营造公平竞争、优胜劣汰的市场环境，发展先进的质量文化。在建设管理方面，要特别强化建设单位的首要责任和设计、施工、监理等参建单位的主体责任，严格执行工程质量终身责任制；坚持以提高发展质量和效益为中心，加强全面质量管理，推广应用先进质量管理办法，提高全员、全过程、全方位质量控制水平；实施质量、创新、品牌和效益等多种因素的综合评估，推动质量变革；严格工程项目基本建设程序管理，尊重自然规律，保障合理的勘察设计周期和有效的施工工期。

（二）安全生产对平安百年品质工程建设提出新要求

习近平总书记指出，坚持最严格的安全生产制度。什么是最严格？就是要落实责任。要把安全责任落实到岗位、落实到人头。在全力推进平安百年品质工程建设过程中，要建立与新时代新形势相适应的安全生产监管模式，推动公路基础设施安全发展。一是要有健全的依法治理体系，完善安全生产法规制度，健全安全监管机制；二是要有健全的安全责任体系，压实企业安全生产主体责任，落实交通运输主管部门行业安全生产监管责任，厘清“行政、执法、技术”分离后的安全监管权责界面；三是要有健全的风险防范化解体系，不断加强重大安全风险管控，建立健全安全风险分级管控和隐患排查治理双重预防工作机制，完善事故调查和持续改进机制，完善安全应急能力保障；四是要有健全的安全生产基础保障体系，安全生产费用要足额到位并依法提取、规范使用。

（三）生态保护对平安百年品质工程建设提出新要求

习近平生态文明思想是习近平新时代中国特色社会主义思想的重要组成部分，是公路生态文明建设的根本遵循。公路建设要紧密围绕统筹推进“五位一体”总体布局和协调推进“四个全面”战略布局、黄河流域生态保护和高质量发展战略布局等展开，全面推动绿色发展。规划阶段，要加强生态保护调研，尤其是对自然保护区、风景名胜区、湿地、饮用水源保护地、地质公园等环境敏感区可能产生影响的项目，避免由于工作深度不足造成对生态环境的破坏及其他负面影响。设计阶段，要坚持把保护沿线自然环境、维护生态平衡、防止水土流失作为重要考量因素，在各专业设计中予以考虑和体现，严格执行环境影响评价制度。建设阶段，要将施工过程中对生态保护和水土保持的具体要求列入招标文件合同条款，要加强对施工过程中生态保护和水土保护工作的管理；将生态保护和水土保护相关内容纳入施工监理工作之中，严格监理；要做好施工过程中的生态保护和水土保持，采取分区、分期防治模式，创新建造方式，推广智能建造、智慧建设，推进BIM技术集成应用，采用绿色材料、

加强固废循环利用，提高绿色公路建设水平。

三、砥砺奋进，扎实推进平安百年品质工程建设

要实现公路建设高质量发展，需要做好打持久战的思想准备，保持战略定力，立足久久为功，扎实推进平安百年品质工程各项工作的落实。按照交通运输部平安百年品质工程建设推进现场会提出的“坚持三个引领、强化七个重点、加强三个保障”总体思路和要求，结合我省实际，下一步，重点要做好“五个深化、五个发展”。五个深化，就是在我们取得一定成绩的五个方面再努力、再提升；五个发展，就是围绕当前突出问题和明显短板，专项攻关、重点突破。

（一）深化体制机制建设

各级各部门要进一步健全管理机构和机制建设，明确任务分工，抓好工作落实；要围绕“放管服效”改革，以长效机制建设为核心，重点在加快审批进度、优化招投标管理、柔性现场管理、包容审慎监管等方面固化形成长效制度；将平安百年品质工程建设与“十四五”规划、交通强国试点工作机制有机衔接，确保各项工作取得成效。

（二）深化示范引领建设

太原东二环、阳蟒高速等项目在品质工程创建方面起到良好示范作用，在建的太原西北二环、隰吉高速等项目也形成较好基础。平安百年品质工程创建要继续坚持示范引领，在静兴高速隧道施工标准化的基础上，结合各项目实际情况，尽快在高速公路、普通干线公路新改建项目中再确定一批示范创建项目，并加快制定实施方案，在分项工程、分部工程、单位工程、关键节点工程以及部品部件上率先打造出平安百年品质工程亮点、特点，推进全省平安百年品质工程不断迈入新境界。

（三）深化绿色公路建设

深入实施可持续发展战略，坚持节约优先、保护优先、自然恢复为主的方针，守住自然生态安全边界，建设资源节约环境友好型公路。建设单位要全面推动绿色公路建设，将打造绿色公路纳入工程建设目标，将关键措施和要求纳入招标文件，总体谋划过程中加强项目管理和考核，推动参建单位主体责任落实；设计单位要更新设计理念，注重绿色公路的源头设计，加强生态选线选址，实施生态保护设计；要充分结合项目实际和科研成果，坚持科学规划、合理固废利用；加大BIM技术推广应用。施工单位要推广钢筋“订单式”加工配送、小型预制构件工厂化生产等工艺，推进利用隧道和石方开挖弃渣自采自产碎石、机制砂，继续深挖“固废利用”潜力，充分利用好我省固废资源充足的有利条件，全面提高资源利用效率，走出绿色施工的新路子。

（四）深化基层班组建设

习近平总书记强调，人才是第一资源。要全面贯彻落实中共中央国务院《新时期产业工人队伍建设改革方案》，弘扬劳模精神和工匠精神，推动造就知识型、技能型、创新型劳动者大军。要以劳务队伍实名制管理、信用管理、信息化管理为抓手，规范企业用工行为，抓紧建立以关键岗位自有工人为核心、稳定的专业劳务分包企业为主要用工来源、劳务派遣为临时用工补充的一线作业劳动队伍。进一步强化企业岗前培训和制度化的技能培训，强化以生产单位为基础的班组管理，广泛开展技能比武，增加一线作业工人的质量意识和操守意识；强化施工一线的人本理念、人文关怀，创优一线工人生活、学习、娱乐环境，努力培养有理想守信念、懂技术会创新、敢担当讲奉献的新时代产业工人，为平安百年品质工程创建提供人才保障。

（五）深化标准体系建设

标准体系是平安百年品质工程建设的基础性制度和技术支撑，是推行现代工程管理的主抓手，要尽快形成基本完善的品质工程创建标准体系。一是以保障工程耐久性为着力点，建立健全长寿命路面、高性能混凝土等技术标准体系；二是以提升安全生产水平为着力点，建立健全施工隐患排查、施工安全应急等标准体系；三是以资源节约、循环利用和生态保护为着力点，建立健全工程建设固废

利用、节能减排等标准体系；四是以智慧建设、智能升级为着力点，建立健全BIM应用、数据采集、无损检测、智能感知、数字化升级及其他新材料、新工艺应用的标准体系。在标准体系建设过程中，要注重标准与科技互动、与专利结合，促进科技成果向标准转化。

（六）推动勘察设计创新发展

设计是工程建设的龙头，对工程的生命周期和本质安全具有决定性作用，提升设计水平，设计单位要做好“前、中、后”三个阶段的服务保障工作。前期要将设计质量把控关口进一步前移，在初步设计阶段充分做好方案论证工作，施工图设计阶段杜绝出现涉及路线方案、工程规模、关键工程等重大调整；大胆创新、勇于尝试，特别是在采空区处治、特长隧道通风方案等设计上，拿出山西特色，树立全国标准。中期要加强现场设计服务，多创新、多试验，优化工作机制，应用BIM技术核查、检验设计与实际的符合性，在设计服务的方式方法上，注重动态设计，确保有关设计问题解决的时效性，对设计执行情况进行定期核查。后期要全面核实施工建设数据和设计数据的一致性，在交工和竣工验收阶段对设计符合性提出意见。通过试运营期的检验，发现和总结设计不足，找出短板，积极创新，杜绝设计缺陷出现在新项目中。

（七）推动公路建设智慧发展

要紧紧把握国家当前“两新一重”建设战略难得机遇，着力提高公路基础设施高级化和建设水平现代化。以“六新”为突破，促进数字技术与公路建设融合，强化智慧物联、人工智能、5G、区块链等关键新技术应用，加强智慧管理平台、智能终端改造建设，积极推动智慧发展，为公路建设增势赋能。智慧发展要以整合应用工艺监测、结构风险监测预警、隐蔽工程数据采集、质量安全等技术为支撑，以重要部位、重要环节、重大风险源管控为重点，对质量安全参数指标进行自动采集、全程监控、实时管理；要强化关键技术研发应用，依托黎霍、昔榆、临猗黄河大桥、晋阳高速改扩建等重点工程典型项目，开展山区特长隧道通风设计、黄河流域公路建设生态环境保护施工工艺、山区高速公路改扩建施工组织及质量安全管理等关键技术的研究总结。

（八）推动施工生产安全发展

2020年全省安全生产总体形势不容乐观，全省公路建设又进入新一轮高潮，安全生产的压力持续加大，公路建设领域安全生产形势越发严峻。各部门各单位要切实提高对安全生产工作极端重要性的认识，坚决贯彻落实习近平总书记关于安全生产的重要指示精神，进一步提高政治站位，坚持“生命至上，安全第一”，强化底线思维和红线意识；要压紧压实安全生产工作责任，坚持“管行业必须管安全，管业务必须管安全，管生产经营必须管安全”要求，切实做到“一岗双责，党政同责，齐抓共管，失职追责”；要统筹推进平安百年品质工程、“平安工地”、“交通运输安全生产专项整治三年行动”、“坚守公路水运工程质量安全红线”行动和“三零”项目创建活动等要求；要加快构建风险分级管控与隐患排查治理双重预防体系，完善公路工程施工安全风险评估制度，健全风险管控工作机制；要加强特殊时期、关键部位和重点环节事故防范工作，加强巡查、应急值守、信息报送、应急演练等。总之，要多措并举，切实做好公路建设安全生产工作，坚决防范和遏制各类生产安全事故发生。

（九）推动建设管理均衡发展

推行国高网省建、省高网市建模式以来，各市积极实践，但管理水平和实际效果差异较大。同一个地市区域内各项目之间的水平也不均衡，高速公路、普通国省干线公路和农村公路之间的建设管理水平差别也很大。各级各部门要进一步坚持问题导向、目标导向，调整工作目标，统筹发展方向，着力平衡不同模式、不同等级、不同单位管理的项目，研究制定科学的指标体系，将平安百年品质工程创建工作成效向普通干线公路、农村公路拓展，确保各项目安全耐久目标要求全覆盖。

（十）推动建设市场健康发展

各级各部门要加强对参建单位市场准入、建设程序、信用管理、合同履约、造价管理、设计变更管理、农民工工资支付、保证金清理和转包或违法分包情况的监督检查，要督促项目建设管理单位认真履行国家基本建设程序，严格执行国家、省有关各项法律、法规、规章、制度和规范性文件，确保项目建设依法依规进行。同时，要将平安百年品质工程建设纳入信用评价、平安工地考核等体系中，一体推进。

同志们，转型综改战鼓催征。在“交通强国”“质量强国”“两新一重”“构建新发展格局”等一系列重大战略集中实施期，高质量发展、安全发展愈显重要。我们必须持续深化“平安百年”认识，深入贯彻落实习近平总书记建设四个工程重要指示精神，严字当头、坚定扛责，迎难而上、攻坚克难，打造山西平安百年品质工程，书写山西交通强国建设新篇章！

谢谢大家。

坚定扛起历史责任　加快建设交通强国

——在领导干部党性修养、履职能力研修班暨交通基础设施建设高质量发展业务能力提升培训班开班仪式上的讲话

山西省交通运输厅党组书记、厅长　闫晨曦

同志们：

当前，全国上下正在深入学习宣传贯彻中共十九届五中全会精神，中央宣讲团已奔赴各地进行宣讲，省委、省政府对全省学习好、宣传好、贯彻好党的十九届五中全会精神进行了全面部署，要求利用线上线下学习培训平台，推动全会精神进机关、进企业、进农村、进社区、进校园，覆盖到每一个支部、每一名党员，切实把全省广大干部群众的思想和行动统一到全会精神上来，把智慧和力量凝聚到落实全会确定的各项目标任务上来。在此重要时刻，厅党组决定举办这次培训班，目的就是要从领导干部抓起，在全省交通运输系统迅速掀起学习宣贯中共十九届五中全会热潮，以中共十九届五中全会精神为指导，聚焦高素质干部队伍建设和交通运输高质量发展，全面提升领导干部党性修养、履职能力和专业水平。这次培训工作，得到省委组织部和省委党校的大力支持，不仅为培训班提供必要的经费和师资保障，而且省委党校副校长薛勇民、省委组织部干教处处长白建业专程出席开班仪式，在此，我首先代表省交通运输厅党组对省委组织部和省委党校的大力支持表示衷心的感谢！

下面，我简要讲三方面意见。

一、要深刻学习领会中共十九届五中全会精神，增强把握大局的能力

中共十九届五中全会是在全面建成小康社会、开启全面建设社会主义现代化国家新征程的关键时刻召开的一次十分重要的会议。习近平总书记的重要讲话，系统分析全国发展面临的国际国内形势，系统阐述全面把握新发展阶段、着力构建新发展格局的丰富内涵和重大要求，深刻回答了我国发展中一系列重大理论和实践问题，为全面建设社会主义现代化国家提供根本遵循。全会通过的《建议》，阐明到2035年基本实现社会主义现代化的远景目标，提出“十四五”时期经济社会发展的指导思想、遵循原则、主要目标和重大任务举措，是夺取全面建设社会主义现代化国家新胜利的纲领性文件。

当前，深入学习宣传贯彻中共十九届五中全会精神是重大政治任务，我们这次开班的第一课就是请专家解读五中全会精神。只有把根本遵循和纲领性文件学习好，才能从全局上提高党性修养和履

职能力。希望大家通过培训，全面了解掌握全会的重要意义、核心要义、精神实质和主要内容，以全会精神为指导，科学谋划交通运输未来发展。

（一）深化对“立足新发展阶段”的认识，增强对形势的把握能力

习近平总书记强调：“新发展阶段，就是全面建设社会主义现代化国家向第二个百年奋斗目标进军的阶段。这在我国发展进程中具有里程碑意义。”进入新发展阶段，世界面临百年未有之大变局，我国发展仍处于并将长期处于重要战略机遇期，这是习近平总书记对世界发展大势和中国自身发展作出的重大判断。奋进新时代、开启新征程，迫切需要我们按照习近平总书记提出的明确要求，辩证认识和把握国内外大势，胸怀两个大局，深刻认识我国社会主要矛盾变化带来的新特征新要求，深刻认识错综复杂的国际环境带来的新矛盾新挑战，增强机遇意识和风险意识，保持战略定力，认识和把握发展规律，树立底线思维，准确识变、科学应变、主动求变，善于在危机中育先机、于变局中开新局，抓住机遇，应对挑战，趋利避害，奋勇前进。

（二）深化对“贯彻新发展理念”的认识，推动交通运输高质量发展

发展理念是发展行动的先导。新时代新阶段的发展必须贯彻“创新、协调、绿色、开放、共享”的新发展理念，推动高质量发展。创新是引领发展的第一动力，面对国内外环境变化，我们要更加充分发挥科技创新的支撑引领作用，抢抓新一轮科技革命和产业革命重大机遇，加快建设数字交通、智慧交通。协调是全国经济社会发展的内生特点。“十四五”时期，全国要优先发展农业农村，全面推进乡村振兴，优化国土空间布局，推进区域协调发展和新型城镇化，目的就是要使城乡区域发展协调性明显增强。交通运输要服务乡村振兴战略，服务城镇化进程，加快城乡交通一体化，加快补齐短板，促进综合运输体系内部协调发展。绿色是今后经济社会发展的普遍形态。“十三五”期间，全国污染防治力度加大，生态环境明显改善。同时也要看到，生态环保依然任重道远。未来5年，全国要在生态文明建设方面实现新进步，就要坚持绿水青山就是金山银山理念，深入实施可持续发展战略，加快推动绿色低碳发展。交通运输要大力强化污染防治，推进基础设施生态保护，加大节能减排力度，推动建设绿色交通。开放是促进发展的必由之路。“十四五”时期，全国将在更高水平上扩大对外开放，推动贸易和投资自由化便利化，推动共建“一带一路”高质量发展，交通运输要服务国家重大战略和我省打造内陆地区对外开放新高地目标，加快推进交通基础设施互联互通和大通道建设。共享成为发展的根本目的。“十四五”时期，全国将推进民生福祉达到新水平，不断增强人民群众的获得感、幸福感、安全感。交通运输要坚持以人民为中心，提升交通运输基本公共服务均等化水平，满足人民群众多样化出行需求，建设人民满意交通。

（三）深化对“聚焦新发展格局”的认识，发挥交通基础性保障作用

中共十九届五中全会坚持把扩大内需作为战略基点，对构建以国内大循环为主体、国际国内双循环相互促进的新发展格局作出重要战略部署。畅通国民经济大循环，必须打通从生产、分配到流通、消费等诸多环节的堵点，形成需求牵引供给、供给创造需求的更高水平动态平衡。这就要求我们交通运输行业必须加快交通强国建设，深化供给侧结构性改革，充分发挥好各种运输方式的比较优势和组合效率，着力完善现代化综合交通运输体系，提高运输效率，降低物流成本，发展现代物流体系，为加快构建新发展格局当好先行、提供有力支撑。

总之，要通过对中共十九届五中全会精神的学习，增强把握大局的能力，提升系统性谋划工作的思维。

二、要带着思考、带着问题进行学习，增强学以致用的能力

我们这次培训，共有两个主题，一是提高党性修养和履职能力，二是提高推进高质量发展的业务

能力，所以既设置理论学习课程，也设置包括交通运输治理能力提升、“四好农村路”高质量发展、新基建、科技创新等专业课程。参加培训的人员规格高、覆盖面广，既有厅领导和厅机关各处室主要负责人，又有各市和部分县（市、区）交通运输局长，还有厅属单位党政主要负责人。培训过程中我们还穿插进行分组讨论、学习体会交流，并且专门召开座谈会，听取各市交通运输局长对明年和“十四五”发展思路的谋划思考。所以，大家一定要坚持问题导向、目标导向、结果导向，结合自己各自担负的职责或分管领域内的工作，坚持理论和实践相结合，针对性予以学习，确保学习能够达到解疑释惑、解决问题的效果。特别是当前正值“十三五”全面收官和“十四五”即将开局阶段，要增强战略思维，全面总结“十三五”规划实施情况，深入剖析存在的突出问题，明确“十四五”发展方向，深入思考山西交通运输“十四五”及未来科学发展蓝图，谋划好发展目标、增长指标和重点工作任务，确保“十四五”全省交通运输发展开好局、起好步。

三、要严格遵守学习纪律，培养形成主动学习、终身学习的好习惯

推进交通运输高质量发展，需要一支高素质专业化干部队伍作保证。今天这次培训，就是一次加强干部队伍素质的具体行动。希望大家珍惜机遇，认真学习。

（一）提高政治站位，端正学习态度

要把此次培训作为一项政治任务，拿出对山西交通运输事业高度负责的态度，拿出如饥似渴的求知欲望，静下心来，放下架子，甘当小学生，在学习中提升党性修养，增强战略思维，提高破解发展难题的能力，做到真学真用，学有所悟，学有所得，不白学一回。

（二）强化理论武装，促进知识更新

聚焦解决思想根子问题，读原著、学原文、悟原理，学深悟透、融会贯通，在理论学习有收获、思想政治受洗礼、干事创业敢担当、为民服务解难题、清正廉洁做表率上下功夫；聚焦解决能力不足、本领恐慌问题，认认真真听讲座、结合实际做思考、广泛交流促提高，勤奋努力、刻苦钻研，在把握中央战略部署、掌握现代交通知识、补短板强弱项上下功夫；聚焦解决工作中的实际问题，不耻下问学知识、一点一滴学方法、扎扎实实解难题，在学用结合、知行合一上下功夫。

（三）严肃纪律，从严管理

这次培训班办在省委党校，标志着这是纳入省委组织部管理的高层次培训班，必须遵守省委对干部培训的要求，将从严要求、从严管理贯穿培训全过程。学员就要有学员的样子，严格要求自己，严格遵守中央八项规定精神，决不能随心所欲、放任自流。大家从现在开始，就要从领导身份转变为学员身份，从工作状态转变到学习状态，从家庭生活转变到集体生活，按时参加课堂学习、分组讨论等，杜绝各种形式的违规违纪行为。

同志们，以中共十九届五中全会精神为指导，全面开启建设社会主义现代化国家新征程成为时代最强音，交通运输也进入全面开启交通强国建设的发展新阶段。习近平总书记指出，“我们党依靠学习创造了历史，更要依靠学习走向未来”。希望大家以此次培训为契机，进一步增强学习的主动性和自觉性，真正把学习作为一种追求、一种爱好、一种健康的生活方式，做到自觉学习、主动学习、终身学习，争当学习型干部，创建学习型组织，在学习和实践中深刻领悟习近平新时代中国特色社会主义思想的真谛，准确把握交通强国战略的内涵要义，坚定地扛起交通运输高质量发展的历史责任，为山西转型发展贡献智慧和力量。

创新投融资模式 多措并举破解农村公路建设资金瓶颈

——在全国推动完善“四好农村路”高质量发展体系现场会经验交流

山西省交通运输厅党组书记、厅长 闫晨曦

“四好农村路”是习近平总书记亲自提出亲自推动的一项民生工程、民心工程、德政工程。山西省委、省政府牢固树立以人民为中心的发展思想，深刻认识习近平总书记“四好农村路”指示批示的重大意义，将“四好农村路”建设摆上重要位置，强力加以推动。2018年以来，省政府先后审定出台“四好农村路”和作为农村公路重要组成部分的“黄河、长城、太行三大板块旅游公路”建设专项规划，提出了用三年时间完成5.5万公里农村公路、十年时间完成1.3万公里旅游公路的建设任务；并以省政府办公厅名义制定出台了“四好农村路”建设实施意见。省委书记楼阳生、省长林武连续三年出席农村公路、旅游公路建设现场会、推进会和项目建成投用仪式，极大地鼓舞地方积极性。在“四好农村路”建设过程中，有关方面都给予大力支持，省财政厅会同省交通运输厅联合出台“四好农村公路”和三大板块旅游公路建设资金管理办法，交通运输部科学研究院帮助全省配套制定旅游公路设计技术指南等系列标准和规范。与此同时，市县两级政府主要领导靠前指挥亲自协调解决困难问题，全省上下形成了“顶层推动、规划先行、上下联动、齐抓共建”的建设格局和浓厚氛围。预计到今年年底，近三年全省农村公路完成投资约800亿元，完成新改建“四好农村路”5.5万公里以上，建成投用旅游公路3500公里。

山西是一个经济欠发达省份，面对艰巨的农村公路建设任务，破解建设资金瓶颈是摆在我们面前的一个首要问题，在交通运输部有力支持和省委、省政府坚强领导下，山西省交通运输厅通过学习借鉴兄弟省市经验做法，提出了“政府补助+PPP”、“政府补助+债券+PPP”的资金筹措模式，有效地破解资金难题，归纳起来主要包括三个方面：

(一)加大政府投资力度

在“四好农村路”建设方面，省级层面通过争取中央车购税补助、申请中央预算内投资，给予项目总投资25%的补助，对10个深度贫困县补助达到40%；市级层面通过安排财政预算资金等方式，给予项目总投资10%的补助；县级层面通过财政和涉农扶贫资金整合补助25%。省、市、县三级政府补助占到项目总投资60%。在旅游公路建设方面，省政府明确2018—2022年省财政以一般公共预算资金每年补助18亿元，约占年度投资的18%；各市政府通过安排财政预算资金的形式，给予项目总投资10%的补助，省财政代市县政府连续五年每年发行一般债券40亿元，占总投资约40%，政府补助总计达到68%。近期，省委提出将上述政策延长至“十四五”末，在“十四五”期间，以每年建设2000公里速度，完成剩余近1万公里旅游公路建设任务。

(二)大力推广使用PPP模式

山西省农村公路投资约40%、旅游公路投资约32%是由县区视地方财力采取政府财政投入、PPP市场化运作等多种方式筹措。2018年以来，全省共有29个县区采用PPP模式筹措建设资金292亿元，各市、县在采用PPP模式筹措建设资金方面涌现出许多好的做法，如：晋城市采取市级平台统一组织各县区实施PPP融资项目，全市统一编制PPP项目实施方案。太原市阳曲县总投资6.1亿元、新改建313公里的农村公路全域采用PPP模式建设，建设项目全部由民营企业担任资本方，为此，2019年受到国务院表扬。

（三）强化资金绩效管理

为提升资金使用效益，相应建立了农村公路和旅游公路建设资金绩效评价机制。各市、县交通运输主管部门在编制年度建设计划的同时编制项目绩效目标，省交通运输厅审核后下达年度建设计划。建设资金做到单独建账，专款专用。省财政厅会同省交通厅负责组织开展建设资金的绩效管理工作，按照“花钱必问效，无效低效必问责”的原则，每年对建设资金使用情况进行绩效评价，评价结果与预算安排挂钩。

山西在农村公路建设方面虽然做了一些积极探索，但与兄弟省市相比差距还很大，下一步，我们将借这次全国现场会的东风，深刻领会杨传堂书记重要讲话精神，认真学习借鉴先进省份经验，不断推动山西省农村公路实现高质量发展 。

构建新发展格局　实现高质量发展　为全面建设社会主义现代化邮政强国努力奋斗

——在2021年全省邮政管理工作会议上的讲话

山西省交通运输厅党组成员、副厅长，山西省邮政管理局局长、党组书记 秦红保

同志们：

今年的全省邮政管理工作会议，是站在“两个一百年”历史交汇点，开启邮政强国建设新征程的重要时刻召开的。这次会议的主要任务是：高举习近平新时代中国特色社会主义思想伟大旗帜，全面贯彻中共十九大和十九届二中、三中、四中、五中全会精神，认真落实习近平总书记关于邮政快递业重要指示批示和视察山西重要讲话精神，深入贯彻全国邮政管理工作会议和省委经济工作会议部署，系统总结2020年工作，回顾“十三五”时期改革发展成就，科学研判发展形势，部署安排2021年重点工作。下面，我讲三方面意见。

一、2020年工作及“十三五”时期行业改革发展成效

2020年，是新中国历史上极不平凡的一年。面对严峻复杂形势，特别是新冠肺炎疫情的严重冲击，全省系统高举习近平新时代中国特色社会主义思想伟大旗帜，认真贯彻国家局党组和省委、省政府决策部署，保持极大战略定力，准确判断形势，精心谋划部署，果断采取行动，付出艰苦努力，交出一份经得起历史检验的“行业答卷”，扛起一份让人民群众满意的“行业担当”。

全年邮政业务总量和业务收入分别完成150.72亿元和107.76亿元，同比增长29.54%和21.37%。快递业务量和业务收入分别完成5.36亿件和67.09亿元，同比增长47.15%和35.76%；支撑网上零售额超802亿元。服务满意度稳中有升，行业运行平稳顺畅，绿色发展成效不断凸显，为推动山西资源型地区转型发展做出积极贡献。

（一）统筹疫情防控和复工复产，更好服务经济社会发展

全行业闻令而动、尽锐出战，迅速打响疫情防控阻击战，率先实现复工达产、率先实现转负为正、率先实现高位运行。

一是坚持旗帜引领，统筹疫情防控“一盘棋”。坚决贯彻党中央决策部署，始终让党旗高高飘扬在

抗疫斗争一线。疫情发生后，省局党组第一时间启动应急机制，迅速成立防控工作领导组，坚持统筹调度，靠前指挥，先后13次召开专题会议进行部署；11市局迅速动员，各级党员干部及时返岗，主动担当，坚决筑牢防线。省局带头开展爱心募捐工作。临汾局党员连续深入社区开展防控值守，积极践行党员先锋模范带头作用。

二是抓牢重点环节，织密疫情防控"一张网"。充分利用网站、微信公众号传播防疫知识，编制印发疫情防控期间营业网点操作规范和从业人员疫情防控指南，及时转发国家局6版操作规范，切实提升基层防控能力。指导并帮助企业加强防疫物资储备，全面推动邮（快）件、车辆、作业场所等消杀，试点推广无接触配送，持续做好快递冷链运输企业督导，慎终如始抓好秋冬疫情防控。全省行业从业人员未发生一起确诊病例，未发生一起群体聚集性感染和死亡事件。

三是畅通配送渠道，凝聚联防联控"一条心"。全力保障防疫物资和居民生活物资运递，坚决打通特殊时期循环大通道。组织邮政、顺丰、京东、百世等4家企业开通运递"绿色通道"，完成发车623辆次、航班5架次，递送防疫物资636吨，及时驰援武汉、黄冈等重灾区；积极做好省内防疫物资运送，协助山西省疫情防控工作领导小组加急运回多批滞留海外的紧急防疫物资，配合红十字先后为全省定点医疗机构配送各类物资40余吨；积极支援教育、农业农村等部门做好复课教材、春耕化肥等寄递；坚持开展特殊时期社区生活物资配送。全省快递小哥冒疫奔忙，打造了疫情期间永不中断的供给线。太原局组织企业为20余万名学生配送教材590余万册，获市委主要领导批示肯定。省快递协会响应号召，第一时间向太原市第四人民医院捐助电动三轮车支援抗疫阻击。

四是加快恢复秩序，铆足复工复产"一股劲"。聚焦常态化防控，组织编印企业复工复产防控工作指南；聚焦企业发展难题，联合交通运输厅等出台通行政策，落实减税降费近7500万元；协调工信、卫健等部门调拨口罩27万只，手套2.4万双，酒精消毒液近8吨；省疫情防控工作领导小组办公室下发《关于邮政快递企业复工保畅通的指导意见》，全力支持行业发展。到3月中旬全省行业全面实现复工复产。常务副省长胡玉亭、副省长吴伟先后点赞；行业2人获"全国交通运输系统抗击新冠肺炎疫情先进个人"称号，1人获评"全国疫情防控最美志愿者"。

（二）调整结构补足产业链条，加快推动高质量发展

2020年，全省行业顶住经济下行压力，稳住了基本盘，展示了坚韧的发展特质。

一是区域发展布局持续优化。立足"一主三副六市域中心"空间布局，深度参与物流节点城市建设，经过多年发展，太原都市圈（晋中）基本建成省内产业高地，人才、技术、品牌聚集效应明显，核心竞争力显著提高；大同、临汾、运城、长治等城市带动作用不断加强，多个区域分拨中心陆续投资兴建，服务范围辐射周边地市乃至相关省份；阳泉、吕梁、忻州、朔州、晋城等地正迎头赶上，年均业务量增长接近20%，全省行业发展更趋均衡，后劲十足。

二是产业融合催生薪新动能。深度融入"山西农谷、雁门关农牧交错带示范区、运城农产品出口平台建设"战略，积极参与"南果中粮北肉东药材西干果"品牌壮大，聚力打造"一市一品""一县一品"项目35个；坚持融入上下游做强寄递主业，与食醋、药茶、陶瓷、主食糕点等山西特色产业，形成更深层次合作，积极参与销售链培育，试点融入供应链，持续打通上下游。

三是"两进一出"筑基发展新格局。快递"进村"提前三个月完成年度目标，14828个行政村直通快递，整体覆盖率达65%；省政府和多个市政府工作报告明确予以支持；民营快递设点和直投比例不断提升，"快递流动车"、第三方平台等进村模式持续涌现，农村快递市场发展日益蓬勃。长治平顺通过政府搭台、企业唱戏，深化电商合作，到9月份实现100%进村；忻州原平快递企业坚持一体化运营，探索农村共配，有效解决了进村难题。快递"进厂"取得重要进展，联合省工信厅出台促进快递业与制造业深度融合发展意见，试点推进服务特色项目建设，涌现出以应县陶瓷、祁县玻璃器皿等轻工制造业为代表，和以山西老陈醋、晋中太谷饼等食品加工业为代表的项目典范，拉动产值超1亿元，快递业正在加速融合中实现转轨转型。快递"出海"工程稳步实施，加快推动太原国际邮件互换局扩容升级，牵头启动太原进出境邮件快件监管中心建设。年处理国际邮（快）件达245.96万件，跨境业务逐步回暖。太原局、大同局积极引导企业参与跨境电商综合试验区建设，取得阶段性进展。

*四是大力支持邮政创新发展。*邮快合作进村协议实现市级城市全覆盖，邮乐购站点达13590个；新增警邮、税邮、政邮合作网点263处，其中，县级城市警邮合作实现全覆盖，税邮、政邮合作分别达到87.18%和80.35%。晋中局推动21处警邮合作示范点增加驾驶证、机动车管理等12项业务，实现交管业务"邮政办、就近办、一次办"。传统邮政在普惠民生实践中释放出更大活力。

（三）破解瓶颈持续深化改革，加快构建综合保障体系

积极开展具有山西特色的改革实践，持续构建具有"四梁八柱"性质的改革主体框架。

*一是监管体系更加健全。*紧紧抓住新一轮事业单位机构改革契机，大力破除体制机制性障碍，继太原邮政业安全中心组建之后，省邮政业安全中心和运城、阳泉、晋城、吕梁、晋中、大同、忻州7个市级安全中心相继获批；组织召开省邮政业安全中心座谈会，加快推动机构履职。修订下发《关于全面加强全省系统县级机构管理的指导意见》，不断提升管控能力。

*二是立体支撑更加到位。*省局获评省委2019年度"促进山西经济社会发展突出贡献单位"；年内朔州、临汾、太原3个市局办公业务用房获准批复，10个市局有了"自己的家"；8个市局成功纳入地方目标考核体系。全省获财政拨款支持321.62万元。国际邮件快递服务纳入省级财政事权。常务副省长胡玉亭批示肯定"双十一"成就，并在12月亲临邮政快递企业和省局机关调研，明确支持行业发展。副省长卢东亮高度评价太原国际邮件互换局建设成果。各市党政领导均以不同方式关怀支持行业发展，晋城局被授予"促进晋城经济社会发展突出贡献奖"。

*三是政策保障更加有力。*圆满完成"十三五"收官，顺利开展邮政业发展"十四五"规划编制，积极参与交通运输、商务等规划协同；协调印发《山西省有效应对疫情促进服务业稳定增长的若干措施》《关于加快发展流通促进商业消费的实施意见》等利好政策。运城局联合6部门印发《关于推进智能快件箱建设实施方案》；长治局积极协调地方政府，为快递企业争取专项补贴资金70余万元。

（四）攻坚克难补齐发展短板，坚持打好"三大攻坚战"

充分发挥行业担当，不断拓展工作成果。

*一是聚焦安全维稳化解行业风险。*全面推进平安寄递建设，扎实推进"三零"单位创建，充分发挥寄递渠道安全管理领导小组职能，联合省禁毒委共同加强新形势下寄递渠道禁毒工作，持续做好反恐禁毒、涉枪涉爆、扫黄打非等综合治理。深入开展实名收寄专项整治行动，严厉打击快递员自寄件异常、虚假实名和替代实名等违法违规行为。组织开展企业安全生产主体责任落实专项检查；历时两周实施全省行业安全生产风险隐患排查治理行动，深入11市24县（区）37个乡镇，检查企业65个、网点83个，问题线索541条并完成整改。稳步推动"绿盾"体系建设。完成中共十九届五中全会、全国"两会"、进博会等重要节点邮路安保工作。立体推进快递末端网点专项整治行动；重点围绕快递派费调整等开展摸排，妥善化解基层网络不稳风险。山西局获2019年全省"扫黄打非"工作先进集体表彰。晋城局连续三年获评平安建设先进单位。

*二是聚焦乡村振兴打好脱贫攻坚收官战。*农产品上行通道持续贯通，"快递+运城苹果"连续三年获评全国服务现代农业金牌项目，年业务量超2200万件，拉动产值超9亿元。"邮政+"娄烦小米、大同黄花等20个扶贫项目业务量超794万件，带动农产品销售1.69亿元，深度参与21个国家级贫困县脱贫事业，帮助3965户贫困家庭增收220万元。6名

扶贫干部长期扎根一线，定点帮扶的4个贫困村稳步脱贫。吕梁局主动对接特色农产品直播带货节，助力农特产品“出山”。

三是聚焦生态文明推进绿色发展。突出减量化，大力实施升级版“9792”工程，组织召开全省绿色发展座谈会，明确年度工作要点，全面开展验收评价，组织开展“邮来已久、绿动未来”主题宣传活动；联合生态环境厅出台《关于推进邮政快递业包装绿色治理的实施意见》，积极参与全省固体废弃物污染防治专项治理，部门联合管控机制基本形成。组织开展检查847人次，约谈企业21家，立案处罚6起，绿色监管力度显著增强。到10月底，提前完成升级版“9792”工程既定目标：45毫米以下“瘦身胶带”封装比例达95%，电商快件不再二次包装率达到93%，可循环中转袋达到263.6万条，省内网络流通实现全覆盖；包装废弃物回收装置设置网点达到5211个。新能源和清洁能源车辆保有量达1066辆。朔州局研究制定《快递包装绿色治理工作台账》，依法开展专项督查，成效显著。阳泉局组织开展“绿色邮政红心向党”和“寻找绿色使者”活动，引起热烈反响。

（五）转变职能加强自身建设，不断提升行业治理效能

一是持续深化“放管服效”改革。推动快递业务经营许可和年报信息查询纳入省级政务服务平台；包容审慎推进新业态监管，核发省内首张服务站经营和智能快件箱运营许可证；新增许可企业50家，顺利完成115家企业许可延续工作。高效便民推动快递末端网点备案审批。妥善处置投诉申诉，消费者对管理部门和企业有效申诉处理满意率分别达到100%和96.9%，用户体验大幅提高。大同局持续强化“12345热线”接诉即办机制，连续8个月位列驻同单位考核前十名。

二是坚持依法治邮依法监管。全面落实行政执法“三项制度”，严格执行“双随机、一公开”要求，制定印发全省系统法律顾问和公职律师管理规定，以及邮政行政处罚自由裁量规范两个办法。3名干部获得公职律师资格。编制邮政市场执法案件案由适用速查手册，切实提升办案效率和依法行政能力。

三是强化普遍服务和特殊服务监管。“两转一覆盖”取得阶段性成果，普遍服务网点全部完成营投分离，委代办转自办率78.5%，视频监控实现全覆盖。忻州局督促邮政企业投资26万元，提前完成“两转”任务。严格落实邮政管理部门与邮政企业联席会议制度。持续开展乡镇普遍服务局所“达标”检查，“补白”局所实现全覆盖督导；省局检查组深入基层开展专项督查，移交问题线索23个，并全部完成整改。分等分级工作稳步推进，新增升级网点171个。建制村通邮打卡率稳定在99.4%以上，村邮站数量达到7494个。持续加强机要通信监督，全省连续14年未发生机要通信安全生产事故。晋中局指导邮政企业对2020年度机要用户进行全面排查，监管手段更加丰富。组织开展《众志成城 抗击疫情》《中国人民志愿军抗美援朝出国作战70周年》等重大题材邮票发行监管。稳步推进社会监督工作。持续强化执法监督，普遍服务保障水平不断提升。12月，国家局副局长戴应军深入太原、忻州、大同调研农村普遍服务保障情况，给予高度评价和认可。

四是深入推进邮政市场监管。积极参与贩卖快递盲盒、空包、刷单等专项治理工作，扎实开展城市自营网点提档升级活动，行业形象显著改善。吕梁局总结“兴县快递综合服务站”试点经验，推动全市188个网点完成标准化建设。聚焦行业自治，推动8个市完成快递行业协会组建。主动在《山西日报》公开企业申诉情况，强化舆论倒逼。全面规范集邮市场经营秩序，依法开展邮政用品用具抽检。认真做好快递业务旺季服务保障工作，阳泉局联合气象局签订合作协议，持续强化综合支撑保障。经过一年努力，全省邮政市场发展更加规范，运行更加顺畅。

五是积极开展人才队伍培养。联合省人社厅、省财政厅共同推进快递员职业技能培训，争取资金132万元，完成培训4427人；快递工程技术人员评审稳步推进，新增初中级职称113人，行业人才素质显著提升。认真做好行业评选推优，3个集体和2名个人分别获全国邮政行业先进集体和劳动模范称号。快递单元首次纳入全省职业技能大赛，长治局选派两名快递员参赛，包揽物流服务（快递方向）项目冠亚军。

*六是加强自身履职能力建设。*持续加强人才培养，连续选拔8名“80后”干部进入市局领导班子，年内完成2个市局副职增设，安排25名干部实现交流任职，太原局公务员集体获国家局嘉奖。舆论引导能力显著增强，山西新闻联播专题报道行业改革成就，各级地方媒体持续关注行业发展。全面落实“过紧日子”要求，预算执行更加科学，审批管理更加严格。组织开展全省统计交叉检查，强化统计数据分析应用，临汾局获评第四次全国经济普查先进集体。扎实做好督查、信访、保密、信息化、政务公开、提案议案处理等工作。

（六）全面从严治党向纵深推进，持续净化政治生态

严格落实新时代党的建设总要求，坚决扛起全面从严治党政治责任。

*一是坚持把学习贯彻习近平新时代中国特色社会主义思想作为首要政治任务。*深入学习《习近平谈治国理政》（第三卷），跟进学习习近平总书记视察山西重要讲话和关于邮政快递业批示指示精神；全面开展中共十九届五中全会精神宣传贯彻，对标先进典型激励岗位担当，坚持以学促知，入脑入心。

*二是持续构筑制度约束体系。*坚持完善党组工作机制，研究制定党组全面从严治党主体责任清单，修订完善省局党组会议制度及议事规则，调整补充党组议定重大事项清单，党组运行更加规范。制定印发执纪审查期间谈话安全预案、谈话室使用管理、领导干部操办婚丧嫁娶事宜若干规定等制度，研究出台关于全面加强内部监督检查工作质量的通知，制度支撑更加有力。

*三是坚持抓好基层党组织建设。*定期研讨党建工作，认真落实“三会一课”等制度，领导干部带头过好双重组织生活。扎实推进支部标准化、规范化达标建设；组织开展省局机关“红旗部门”创建活动，深入推进软弱涣散基层党组织整治。督导市局圆满完成“不忘初心、牢记使命”主题教育总结阶段各项工作。省局机关连续13年获评省级文明单位和省直文明单位标兵。指导省邮政业安全中心组建党支部。

*四是认真做好巡视整改工作。*积极配合国家局党组开展巡视，全面接受监督，并根据巡视反馈的5方面73条问题，梳理制定153项措施清单，年内整改任务已全部完成。省市局充分联动，确保巡视成效向基层延伸。

*五是严肃执纪强化问责监督。*研究出台全省系统党风廉政建设工作要点，严肃查处大同局违规违纪案件，及时召开警示教育大会，通报大同局、孝义局典型案件。组织实施违规享受政策性住房等4方面问题和违规使用财政预算资金“4+1”专项整治工作；紧盯重要节日进行廉政提醒；组织开展全省系统公职人员廉洁执法情况调查，发放调查问卷500份。

*六是非公党建取得重要进展。*5市成立非公快递行业党委，3个快递行业协会成立党支部，15家非公快递党组织陆续组建，11市非公党建阵地实现全覆盖。联合省市各级工会、共青团开展关爱快递员“暖蜂行动”和“快递从业青年服务月”活动，行业1人获评最美快递员。旺季期间，省快递协会采购5万余元慰问品，深入一线探望快递小哥；朔州局高质量打造“快递员工会之家”和“户外劳动者爱心驿站”，6个快递企业获评“市级青年文明号”。

2020年是全面建成小康社会和“十三五”规划收官之年。五年来，我们爬坡过坎，蓄势进发，砥砺前行，克服重重困难，破解很多具有开拓性的难事，启动很多具有创新性的实事，发展稳中向好。五年来，我们牢牢把握正确政治方向，坚持以新思想引领新发展，科学统筹供需两侧，要素流动更加活跃，产业融合更趋紧密，市场活力进一步迸发，行业治理体系和治理能力现代化建设加快推进。五年来，我们积极投身山西资源型地区转型发展伟大实践，根植三晋大地讲好邮政快递业“山西故事”，展示“行业担当”，写就属于全省行业的新时代篇章。

*——基础性战略性先导性作用更加凸显。*全

省行业业务总量和业务收入分别增长2.3倍和1.3倍，邮政业务收入增速超过同期国内生产总值增速的3倍以上。快递业务量和业务收入分别增长3.5倍和3.2倍，年带动经济增长超600亿元，支撑农业、制造业、电子商务等行业发展作用更加明显。

——*全面深化改革取得更大突破*。邮政管理事业改革全面发力、多点突破、蹄疾步稳、纵深推进。双重管理体制优势持续释放，县级机构、安全中心陆续组建，邮政领域财政事权和支出责任逐步落地。法治邮政建设稳步推进，"放管服效"改革持续深化，减税降费刺激效应明显，新业态监管包容审慎纳入治理体系，发展活力持续释放。

——*培育形成更优发展格局*。城乡发展更加均衡，快递电商协同更加充分，"两进一出"工程释放更多动能，邮政业务创新取得新进展。区域发展更加协调，太原龙头牵引作用持续凸显，市际发展日益均衡。智能快递柜和无接触配送等新兴服务模式不断涌现。

——*发展福祉惠及更多群众*。末端网络更加健全，基层用邮质量不断提升，产业扶贫让更多老百姓鼓起了钱袋子；快递服务产品体系更加健全，个性化、差异化产品供给不断增加；服务水平显著提升，毁损率、丢失率、延误率和有效申诉率不断降低。邮政快递业发展赢得了广泛关注和赞誉。

"十三五"时期，是人民用邮获得感最强、创新驱动成效最好、企业实力增长最快、贯通一、二、三产业最实、国际影响力最大的五年，也是山西省邮政快递业不忘初心，牢记使命，筑梦前行的五年。

过去的五年，我们坚信有信仰才能更有力量。高举习近平新时代中国特色社会主义思想伟大旗帜，毫不动摇坚持党的全面领导，坚定不移推进政治机关建设，一以贯之深化纪律作风改进，坚决走好践行"两个维护"的第一方阵。过去的五年，我们坚信有方向才能行稳致远。深入贯彻新发展理念，大力推进供给侧结构性改革，加快推进产业结构调整，不断释放新发展动能，着眼高质量、高水平，加快构建山西邮政快递业发展新格局。过去的五年，我们坚信有担当才能破冰前行。坚定不移推动全面深化改革向纵深推进，有效破解制约行业发展的体制性机制性障碍，持续深化"放管服效"改革，不断扩大区域开放水平，事业发展取得重要突破。过去的五年，我们坚信有情怀才能践行使命。始终牢记人民邮政为人民的初心宗旨，高水平强化邮政普遍服务保障，持续推动快递服务向均等化迈进，坚定不移维护市场安全稳定，不断满足人民群众日益增长的美好用邮需求。过去的五年，我们坚信有坚守才能成就非凡。坚持信仰法治崇尚法治，大力推动良法善治，坚定不移推进依法治邮，积极构建有为政府，持续提升行业治理能力和治理体系现代化水平。

历经风雨波折挑战，我们成功抵御新冠肺炎疫情的严重冲击，经受住错综复杂的国内外形势带来的严峻考验，打好"十三五"收官战，全省行业发展迈上新台阶。这些成绩的取得，是国家局党组和省委、省政府正确领导的结果，是各级党委政府和社会各界大力支持的结果，更是全省行业干部职工团结一心、顽强奋斗、实干拼搏、忠诚履职的结果。在此，我谨代表山西局，向关心支持邮政快递事业改革发展的各级领导和同志们，向全体党员干部职工和离退休老同志，致以崇高的敬意和衷心的感谢。

二、贯彻新理念服务新格局，在新征程中起好步开好局

"十四五"时期是全国全面建成小康社会、实现第一个百年奋斗目标之后，乘势而上开启全面建设社会主义现代化国家新征程、向第二个百年奋斗目标进军的第一个五年。中共十九届五中全会深入分析国际国内形势，明确2035年远景目标和"十四五"时期经济社会发展指导方针、目标任务、战略举措，为解决好中国，乃至世界的问题贡献中国智慧，也为未来五年乃至更长时期邮政快递业发展提供根本遵循。

当前，全省邮政快递业发展进入新阶段，机遇与挑战并存，但仍处于重要战略机遇期，我们要知难而进，化危为机，在危机中育新机、于变局中开新局。

一是准确识变精准把握高质量发展新挑战。发展不平衡不充分矛盾仍旧突出，劳动力成本持续加大，创新驱动明显不足，企业组织形态依旧粗放，末端网络稳定风险不断增加，安全生产形势依然严峻，绿色发展任重道远。我们要用全面、辩证、长远的眼光分析当前发展形势，抓住危机的本质，找到化解之道。

二是科学应变精准把握高质量发展新要求。构建新格局，畅通国内大循环，实现国际国内双循环，邮政体系必须发挥更大作用，更好助力生产方式转变、流通效率提升和消费潜力释放，更好支撑国内大市场建设，更好参与山西资源型地区转型发展，持续提升太原口岸能力，为拓展全省经济产业链条、提高供应链稳定性、增强市场活力提供支撑。

三是主动求变精准把握高质量发展新方略。线上生活、线上经济更加活跃，数字化转型加速，“六新”产业释放巨大发展空间；中等收入群体规模不断扩大，超大规模内需市场正在形成；全省新型工业化、信息化、城镇化、农业现代化快速发展，蕴藏着旺盛的投资需求；黄河流域生态保护和高质量发展等国家重大战略向纵深推进；“包裹化”“快递化”趋势明显，邮政快递业务需求频次、需求场景、需求领域不断扩展，发展土壤更加肥沃。

对照中共十九届五中全会要求，我们按照国家局党组研判，提出未来一段时间全省行业发展目标。到二〇三五年，建成人民满意、保障有力的邮政强省，全国排位有较大提升。实现设施设备智能化、发展方式集约化、服务供给多元化，对外开放水平进一步提高，基本实现行业治理体系和治理能力现代化。到二〇二五年，行业规模实力、基础网络、创新能力、服务水平、治理效能实现新跃升。寄递网络枢纽智能高效、干线衔接顺畅、末端稳固便捷。创新驱动发展取得明显成效，技术创新、业态创新、模式创新实现新突破，重点领域科技研发应用、寄递服务质量和安全绿色发展水平显著提升。邮政管理体系更加适应发展需要，从业人员合法权益得到更好保障。

发展永无止境，奋斗未有穷期。针对当前和今后一个时期发展形势任务和要求，国家局党组审时度势，提出“服务全领域、激活全要素，打造双高地、畅通双循环”的战略思路，围绕提升行业在畅通中的价值，聚焦高质量发展、高效能治理，深化供给侧结构性改革，加强需求侧管理，提升行业供给体系对需求的适配性、要素资源对行业供给体系的保障力，形成需求牵引供给、供给创造需求的更高水平动态平衡，更好满足人民美好生活需要。“服务全领域、激活全要素”就是要发挥连接千城百业、联系千家万户、连通线上线下的优势，加快从重点发展向全域发展转变，从被动适应需求向主动创造需求转变，提升与更多领域的关联性和协同性。吸引各类要素资源协同集聚，加快从依靠传统要素向激活全要素转变，从劳动密集型向资本技术数据密集型叠加拓展，为服务全领域提供能力保障。“打造双高地、畅通双循环”就是要充分利用双重管理制度优势，推动有效市场和有为政府更好结合，以高效能治理引领高质量发展；充分发挥一体网络优势，加快从促进流通转型向畅通国内国际双循环转变，在构建新发展格局中全方位释放邮政快递业在助力生产、促进消费、畅通循环中的重要作用。

（一）营造更优创新生态，提升全领域服务能力

坚持创新在邮政强国建设全局中的核心地位，聚焦服务创新、业态创新、技术创新，提升全领域服务水平。

一是推动供给体系创新。以支撑供给侧结构性改革为导向，做足做精行业“大数据”文章，科学反映供需活力，建立供给数据链，精准对接发展需求，刺激催生有效供给；坚持需求牵引，创新服务品种、拓展服务功能、提升服务质量，深度嵌入国民经济社会发展各领域，不断满足新生市场需求。

二是推动新型业态创新。支持一批传统快递企业实施信息化改造，加快向现代快递物流企业转型。鼓励引导更多民间投资进入快递领域，试点发展第三方配送。大力发展快递冷链运输，进一步拓展大包裹、云仓、即时递送等新服务。

三是推动科技应用创新。聚焦全网优化、安全应急、绿色环保和现代化供应链等领域，重点推进

5G、大数据、人工智能、物联网、区块链等在行业加速应用。引导企业加大人才引进,不断扩大科技创新投入比重,鼓励开展“微创新”,拓宽与科研院所合作领域,不断提高行业创新能力。

(二)壮大释放发展动能,激发全要素生产活力

深入贯彻新发展理念,持续激活全要素资源,厚植发展优势。

一是挖掘传统要素潜力。盘活土地、劳动力等要素资源,引导价值分配向基层倾斜,合理增加快递小哥报酬,维护基层网络稳定。强化全程全网特点和公共服务属性,加大城市通行、设施配套等政策要素保障力度。

二是释放新要素活力。加快数字化转型,积极推进技术革新、科技创新,充分释放知识、技术等新要素活力,引导行业向价值链高端升级。创优环境,推动更多社会资本进入市场,提升行业投融资能力,释放资本活力。

三是汇聚关联产业合力。深化产业融合,积极参与新一轮产业结构调整,助力空铁货运、车辆装备、环保包装、物流地产、货代通关、金融保险、融资租赁、检测认证、教育培训等联动发展,升级重塑产业生态圈。

(三)优化调整产业布局,助力双循环体系建设

紧紧围绕新发展格局构建,着力补齐短板,畅通循环。

一是平衡区域大布局。深度参与黄河流域生态保护和高质量发展战略,立足“一主三副六市域中心”空间布局,统筹优化寄递枢纽网络体系,持续推动快递物流园区建设,增强聚集和辐射能力。

二是打通流通主动脉。深度对接综合立体交通网,试点推进以公铁联运、空铁联运为主的多式联运,构建利用合理、衔接顺畅的干线运输网络;优化组织结构,更新技术设备,有效缩短服务时效,切实提升流通效率,做大做强寄递主业,精准参与国内流通。

三是畅通末梢微循环。强化邮政快递末端基础设施公共属性,衔接纳入国土空间规划;推动社区生活服务圈配套建设邮政快递服务场所和设施,试点推动无接触配送;推广共同分拣、共同运输、共同投递。

四是全面促进消费。持续深化电商协同,支持发展同城快递,带动线上线下消费融合发展。顺应消费升级趋势,大力发展精准安全和多样化寄递服务。推广仓配一体,支持消费新模式新业态发展。推动网络下沉农村,助力开拓乡村消费市场。

(四)坚定不移深化改革,打造双高地山西样板

坚持全面深化改革,积极参与山西省资源地区转型发展实践,不断推进高质量发展、高效能治理。

一是深化邮政企业改革。积极落实“实现邮政普遍服务业务与竞争性业务分业经营”重大改革部署,完善邮政普遍服务和特殊服务保障机制,探索开展邮政创新经营,优化普遍服务发展内涵。

二是培育壮大现代快递企业。鼓励企业对标国内国际一流,加快建立现代企业制度,重点推进市县企业管理提档升级;鼓励培育本土寄递企业成长;协调完善政策保障,解决制约企业发展的瓶颈问题。

三是打造一流营商环境。转变政府职能,深化“放管服效”改革,坚持良法善治,减轻企业负担;包容审慎推动新业态新模式监管,支持更多环节型、功能型、平台型企业发展,不断丰富市场主体形态。

(五)以“两进一出”为重点,释放行业发展新动能

着力解决行业在服务农村、服务生产、服务国际方面的短板,挖掘新动能。

一是因地制宜推进快递“进村”。分实县乡村三级寄递物流体系,建立差异化、渐进式进村标准,三年内实现建制村直接收投。加强资源共享,支持邮快、交快合作,鼓励发展驻村设点、快快、商快合作。对接特色农产品优势区建设,打造更多服务现代农业项目,助力乡村振兴。

二是分类分步推进快递“进厂”。聚焦3C、医药、汽配、服装和快消品等领域,培育一批典型示范项目。引导企业由易入难、由表及里、由产后产前至产中、由环节到系统,发展供应链综合解决方案,打造制造业“移动仓”。

三是积极稳妥推进快递“出海”。紧抓山西打造对外开放新高地战略机遇，加快推动太原国际邮件快件监管中心建设，引导企业以服务跨境贸易为契机，整合境内外、上下游资源，不断增强国际寄递网络连通性和稳定性。

推动高质量发展，必须实现高效能治理。我们要始终牢记“人民邮政为人民”的初心，坚持系统理念，构建新发展格局，实现质量、结构、规模、速度、效益、安全相统一。要强化政策目标取向，调整工作重点，从关注量的增长向更关注质的提升转变。统筹发展与安全，努力防范和化解各种风险，确保行业始终行稳致远。把加强绿色环保和提高质量效益放在更加突出位置，在实现绿色转型的同时，更加注重维护消费者和快递员合法权益。要强化顶层设计，围绕快递员权益保障、末端稳定、安全绿色、质量效益、反垄断和反不正当竞争等关键问题，加快推进政策法规体系完善。要强化制度执行刚性，严格落实企业主体责任、部门监管责任和属地管理责任，严肃查处扰乱市场秩序等违法违规行为，推动各项制度落地生根见效。要丰富评价手段，完善信用评价体系，落实“黑名单”制度，强化第三方评估和信息披露，充分发挥评价激励约束作用。

三、2021年工作安排

2021年是“十四五”规划开局之年，也是加快建设邮政强国的关键之年，做好邮政快递业改革发展各项工作，任务艰巨、意义重大。全年工作总体要求是：以习近平新时代中国特色社会主义思想为指导，全面贯彻中共十九大和十九届二中、三中、四中、五中全会精神，坚决贯彻习近平总书记关于邮政快递业指示批示和视察山西重要讲话精神，坚决落实党中央、国务院重大决策部署，深入贯彻全国邮政管理工作会议和山西省委经济工作会议精神，按照国家局党组“服务全领域、激活全要素，畅通双循环、打造双高地”战略思路，坚定不移贯彻新发展理念，坚持稳中求进工作总基调，以推动高质量发展为主题，以深化供给侧结构性改革为主线，以改革创新为根本动力，以“两进一出”工程为抓手，以满足人民群众日益增长的美好用邮需求为根本目的，着力稳态势、促改革、强基础、畅循环，统筹发展和安全两件大事，统筹事业与产业双轮驱动，不断推动山西邮政快递业实现高质量发展、高水平崛起，为更好服务常态化疫情防控和构建新发展格局做出积极贡献。

预计全年邮（快）件业务量完成13.25亿件，同比增长12%左右；全行业业务收入完成119.61亿元，同比增长11%左右。快递业务量完成6.16亿件，同比增长15%左右；业务收入完成75.14亿元，同比增长12%左右。邮政、快递服务满意度和服务质量持续提高，快递包装绿色转型取得积极成效，寄递渠道安全保障能力不断增强，基层员工权益保障取得实质性进展，业务、城乡、区域结构持续优化，发展质效进一步提升。我们将重点做好7个方面工作：

（一）持续加强党的全面集中统一领导

一是坚持深化系统党的建设。各级党组要切实扛起管党治党责任，把党的全面领导贯穿工作始终。坚守政治机关定位，树立政治机关意识，始终把政治建设放在首位，有效防范化解政治风险。坚持旗帜引领，深学笃用习近平新时代中国特色社会主义思想，不折不扣抓好习近平总书记关于邮政业批示指示和视察山西重要讲话精神落实，更深一步做好党的十九届五中全会精神宣贯，引导广大党员干部真学真懂真信，走深走心走实。认真开展庆祝建党100周年系列活动，组织开展“两先一优”（先进党支部、先进党务干部和优秀党员）评选表彰活动。持续推动非公快递企业党建工作，力争年内11市非公快递行业党委实现全覆盖，各市非公企业党组织数量明显增加。坚持党建带群建，扎实做好机关工会、行业工会和共青团协同，凝聚起全省行业奋斗“十四五”、奋进新征程的强大合力。

二是持续压实管党治党责任。坚定不移抓住管党治党的“牛鼻子”，进一步抓好党组主体责任、纪检监督责任、党组书记第一责任和班子成员“一岗双责”的整体协同。坚持巡视整改与巡察治理并重，持续做好国家局党组巡视整改“后半篇文章”，立足以改促效，着眼以改促干，确保整改工作圆满达标，并有较大改善。开展全省第二轮政治巡察，聚焦2018年以来重点工作、重点领域，以及历次巡视巡察整改情况进行巡察，坚持严字当头，刀刃向内，持续深化纪律作风建设。

三是毫不放松强化执纪监督。严格落实中央八项规定及其实施细则精神，坚持抓早抓小，抓常抓细，科学运用“四种形态”，善用廉政提醒、诫勉谈话、警示教育等方式加强监督，防止小问题演化成大问题。强化执纪问责，坚决查处顶风违纪行为，并进行通报曝光。创新监督机制，主动适应新机构组建运行特点，完善制度体系，切实加强对邮政业安全中心和县级机构的监督，有效化解风险。

四是加强行业精神文明建设。积极推动市级快递协会组建，到年底前力争实现全省覆盖。充分发挥行业自治，依托协会开展形式多样的精神文明创建活动。持续推进行业先进典型选树，积极参加各级评选表彰活动，不断扩大媒体曝光度，切实增强快递员归属感和荣誉感。深度参与太原等国家级文明城市创建工作。

（二）狠抓自身建设持续做强内部管理

一是打造高素质干部队伍。贯彻新时代党的组织路线，大力弘扬好干部标准，坚持凭实绩选人用人。切实深化各级领导班子建设，坚持抓好“关键少数”，不断增强领导干部政治能力和工作本领。加强梯队干部培养，研究建立全省后备干部库，稳妥推进年轻干部进班子工程；继续推进干部交流，严格职级晋升，完善人事制度，切实加强干部育选管用。关心关爱干部成长，认真做好“干事创业好班子”“担当作为好干部”推荐活动。

二是持续推动内控体系完善。用好“管理杯”考核指挥棒，科学调整指标设置，提升评选含金量。坚持过好“紧日子”“苦日子”，发扬艰苦奋斗精神，大力提升预算管理能力，精打细算，加强节约，严控行政经费和一般性支出，提升财政资金使用效能。继续开展制度废改立，不断优化系统内部管理。切实加强新闻宣传，抢占“一报一刊一网”宣传阵地，稳步推进地方媒体、新媒体协同。持续深化政务督查，综合运用年度考核、专项督查和“四不两直”等方式，深入基层进行督导，确保重点工作落实。

三是着力深化支撑体系建设。咬定目标，一鼓作气，加快推进邮政管理体制改革向纵深推进。阳泉、吕梁、长治要在县级机构管理上先行先试，加快摸索，总结出一套行之有效的管理经验。各市邮政业安全中心要尽快形成“三定”方案，做好配套保障，上半年力争全部组建运行。长治、朔州、临汾3个市局要积极作为，克服困难，力争到年底前取得突破。省邮政业安全中心要认真履职，强化管理，尽快推动中心机房建设并投入使用。忻州局要加快工作进度，年内解决好办公业务用房问题。到今年年底，各市局要全部纳入地方目标考核体系，为解决“同地同酬”问题打好基础。各级党组班子要充分认清当前经费紧缩、运行压力加大的严峻形势，主动作为，加强协调，争取财政事权和支出责任落地见效，获取更多经费支撑，保障正常运转和工作履职。

（三）切实巩固行业稳中向好发展态势

一是毫不放松抓好疫情常态化防控。严格贯彻国家局党组和省委、省政府防控要求，及时根据疫情变化，调整防控策略和响应等级。认真抓好快递冷链运输、国际邮件快件等重点部位防控，指导企业强化防疫物资储备，慎之又慎做好生产作业场所、快件运输车辆、邮（快）件等消杀通风，配合防疫部门做好快递员疫苗接种工作，严防聚集性感染；扎实做好冬春季节，特别是春节期间疫情防控和寄递服务保障工作，克服麻痹大意思想，守牢安全稳定底线。

二是坚持做好规划引领。力争高规格、高标准发布全省邮政业发展“十四五”规划，衔接好山西省国民经济总体规划和综合交通运输等专项规划。各市局要结合发布的“十四五”规划，立足实际选取1～2个课题进行研究，形成调研报告，有效辅助省级规划落地。认真抓好《邮政强国行动纲要》贯彻落实。进一步提升统计数据质量，强化数据分析，支撑行业发展。

三是持续优化营商环境。坚持良法善治，依法行政，审慎执法，保护企业合法权益，弘扬优秀企业家精神，吸引和鼓励更多市场主体投身行业创新创业。对于来晋置业兴业的新生企业和企业家，要大力扶持，营造宽松环境；对于深耕山西多年的企业和企业家，更要积极帮扶，促进发展。通过努力，推动行业领军企业“登峰”，中小企业“拔尖”，小微企业“强身”。持续深化“放管服效”改革，不断优化行政审批程序，探索简化许可办理环节，加快推动“无纸化、全线上、零线下、不见面”审批，真正为市场主体增便利、减负担、降门槛。统筹事前和事中事后监管，坚持“宽进严管、放管并重”，提升监管效能。包容审慎推动新业态发展。积极争取地方党委政府支持，努力出台更多惠及行业发展的利好政策，政企协同共度寒冬。

四是补齐网络设施短板。按照“城乡网络贯通、末端堵点打通、内部循环畅通”思路，大力培植服务网络。要继续推动县乡村三级寄递服务网络建设，深化巩固快递电商协同，不断扩大网络覆盖面。要严格落实国家局《末端公共服务站服务规范》和《智能快件箱服务指引》，切实加强末端服务自律。支持末端服务设施多元化发展，以老旧小区改造为契机，加快推进智能快件箱（信包箱）、快递公共服务站等建设，力争箱递率和服务站数量进一步提升。切实提高村级综合服务站（点）覆盖率，到年底新增村邮站1000个。大力推动邮快、快快合作，不断深化行业内部协同。积极打造邮政综合服务平台，力争年底前政邮、税邮县级以上城市全覆盖。

（四）全力推进“两进一出”工程升级

一是快递“进村”要有更大突破。全面落实三年行动方案，坚决压实各级管理责任，研究明确快递进村标准；持续丰富进村模式，不断提高民营快递设点和直投比例，大力提升邮快合作进村比重，协同通信、供销、交通、商务等资源渠道，实现多点开花、齐头并进。试点培养进村主力快递品牌，开辟监管“绿色通道”，强化政策扶持。聚焦“南果中粮北肉东药材西干果”格局，继续培育全省快递服务现代农业金牌项目，试点开展银牌项目评定。到年底前，快递进村覆盖率不低于80%。

二是快递“进厂”要有更新进展。要积极融入黄河流域生态文明和高质量发展等国家战略，积极投身山西资源地区转型发展实践，紧紧抓牢山西省“千亿产业”培育、开发区建设等重要战略机遇期，深度融合农产品精深加工业，精准嵌入酿品、饮品（药茶）、乳品、果品、主食糕品、肉制品、功能食品、保健品、化妆品、中医药品十大产业集群。试点推动寄递“大通道”建设，积极融入山西现代综合交通运输体系，拓展“上机”“上铁”和交邮合作业务，打通邮快件进出山西、通达城乡的“便利通道”，有效降低配送成本。到年底，每个市至少培育2个典范融合项目，全省行业力争实现服务制造业产值超3亿元。

三是快递“出海”要有更强举措。积极推动国际邮件互换局扩容升级，探索解决邮件、快件、跨境电商“三关合一”通关问题；积极对接新增外贸主体，持续融入中国（太原）跨境电子商务综合试验区，深度参与山西本土不锈钢、手机等重点产品出口，进一步贯通出海通道，拉伸发展空间。

（五）坚定不移维护安全稳定发展局面

一是扎实做好平安寄递建设。继续搭建“大寄递”综合治理体系，充分发挥寄递渠道安全管理领导小组作用，定期召开联席会议，巩固联合监管机制，坚持齐抓共管，增强监管效能。驰而不息推进“三项制度”落实，重点查处不验视、视而不验；不实名，虚假实名；不安检，过而不检等问题。切实加强实名监管信息系统应用，持续巩固实名收寄专项整治工作成效；一体推进寄递渠道禁毒、危化品、涉枪涉爆、扫黄打非、信息安全等治理。重点做好全国“两会”、庆祝建党100周年等重大活动期间邮路安保工作。

二是全面加强安全生产监管。强化落实企业主体责任，督促省级企业加强全网统一管理，深入开展安全生产专项整治三年行动，持续巩固“三零”单位创建成果。依法开展应急预案修订，稳步推进应急管理体系建设，扎实做好行业监测预警、突发事件应急处置和信息报告、维护行业稳定等工作。不断提升技防水平，加快“绿盾”投入应用。深入总结疫情防控应急物资运递经验，推动国家应急物资保障体系建设相关方案在行业内落实。充分发挥各级安全中心监管职能。继续开展邮政行业安全生产示范岗创建活动。

三是切实保障末端网络稳定。强化末端监测，对服务异常企业实行服务能力复核，并及时向社会公示。引导企业合理调整派费，不断提升工伤险、交强险覆盖率，保护一线员工合理工资待遇；联合相关部门出台更多保障快递员合法权益的利好政策，持续开展关爱快递员"暖蜂行动"和"快递从业青年服务月"活动。研究出台全省末端服务站规范指导意见，重点加强城市末端综合服务站管理。持续推进末端综合配送平台建设，有序推进智能快件箱(信包箱)规范化普及，着力解决派件难、派送服务质量不高等问题。

(六)持之以恒推动绿色邮政发展

要充分压实企业主体责任，按照"谁污染、谁治理""谁污染、谁付费""谁受益、谁补偿"的原则，督促企业抓好落实。要强化政策引领，研究出台邮政业绿色发展行动规划，持续开展行业生态环保评价，探索建立生态环保"黑名单"制度。要抓好重点区域污染防治，持续推进环京津冀周边和汾渭平原8市整治工作。强化目标考核，指导企业做好农特产品寄递包装规范化管理。稳步推进节能减排，年内新能源和清洁能源车辆新增70%。全省"绿色办公"水平明显提升。

2020年，要按照国家局"2582"工程，重点做好以下工作：重点开展重金属和特定物质超标包装袋与过度包装两个专项整治，力争年底可循环快递箱(盒)使用量达3.5万个，电商快件不再二次包装率达99%，新增900个设置标准包装废弃物回收装置的邮政快递网点。同时，积极推进"3+X"工程，即每个市至少新建3个绿色分拨中心，主要快递品牌在所有县级以上城市至少建成1个绿色快递网点。

(七)加快提升行业现代化治理效能

一是持续推动行业法制建设。继续落实行政执法"三项制度"和"双随机、一公开"要求，依法开展监管；统筹做好"两库一清单"动态管理，完善各级市场主体目录库；积极参与邮政法、快递市场管理办法等修订，以及快递电子运单、限制过度包装等绿色包装标准、邮件快件验视安检管理办法等制定工作，并抓好落实。做好新不变单价使用衔接。依法办理行政复议和行政应诉案件，严格落实行政执法自由裁量规范，及时纠正不当行政行为。严格实施行政执法案卷评审，继续开展重大执法决定法制审核。持续强化公职律师队伍管理。做好"八五"普法规划宣贯。

二是加强普遍服务和特殊服务监督。要坚持扩大"两转一覆盖"成果，6月底前，委代办网点要全部转为自办，防止营投分离网点"开倒车"，在网点视频监控全部接入的基础上，探索开展非现场监督检查。要继续巩固分等分级管理成效，持续提高一二级网点比重，服务质量有明显提升。创新监管方式，综合运用"互联网+监管"、视频巡查、企业自查、社会监督等方式，重点抓好普遍服务网点"达标""补白"局所运营、建制村通邮等监督工作。今年，国家局将出台《机要通信场所建设及设施配置规范》《机要通信服务规范》两个办法，我们要注重抓好贯彻，加强监督检查，做到"零事故、零隐患"。指导邮政企业深入开展军民融合工作。要扎实推动其他邮政业务监管，继续巩固县级城市党报当日见报水平，做好《中国共产党成立一百周年》等重大题材纪念邮票发行监督工作，从严做好高校录取通知书、巡视专用邮箱等寄递服务专项检查，稳步推进社会监督。

三是坚持强化邮政市场监管。加快推进集邮、用品用具市场主体实现入库管理。持续推进行业信用体系建设，加大企业失信信息披露力度。守好底线，把牢红线，合理安排执法检查计划，严肃查处重大违法违规行为。稳步推进快递业务经营许可证到期延续。严肃查处泄露用户信息等违法行为；继续参与刷单、贩卖快递盲盒等清理整顿。认真做好申诉处理工作，维护消费者合法权益。继续推进城市快递自营网点提档升级，坚持"管理规范化、服务标准化、发展绿色化、场地整洁化"齐头并进，不断丰富治理内涵。有序引导企业投资购置自动化分拣设备，加快设施设备迭代更新。

四是加强科技赋能和人才支撑。认真做好智

能语音申投诉系统和通用寄递地址编码项目试点应用。逐步推广应用大数据、云计算、区块链和北斗导航系统等先进技术设备。深入实施职业技能培训246工程，广泛争取地方财政支持，确保完成年度培训计划任务。大力推进快递工程技术人员职称评审工作，年内获评职称人数有较大幅度增加，逐步提高中高级职称评审比重。积极参与全国邮政行业职业技能竞赛活动、省级职业技能大赛和邮政行业科技英才、技术能手遴选。

同志们，2021年工作任务艰巨、责任重大、使命光荣。让我们紧密团结在以习近平同志为核心的党中央周围，坚持以习近平新时代中国特色社会主义思想为指引，同心同德、顽强拼搏、奋勇前行，坚决贯彻好国家局党组、省委、省政府决策部署，全力以赴抓好工作落实，不断开辟山西省邮政快递业发展新格局，谱写发展新篇章，以优异成绩献礼中国共产党成立一百周年，为加快建设社会主义现代化邮政强国贡献山西力量。

扎实推进党风廉政建设和反腐工作 为全省邮政快递业高质量发展提供坚强政治保障

——在2021年全省邮政管理系统党建暨党风廉政建设工作会议上的讲话

山西省交通运输厅党组成员、副厅长，山西省邮政管理局局长、党组书记 秦红保

同志们：

这次会议的主要任务是：以习近平新时代中国特色社会主义思想为指导，深入贯彻中共十九大和十九届二中、三中、四中、五中全会以及十九届中央纪委五次全会和省纪委十一届七次全会精神，深入落实全国邮政管理系统党风廉政建设工作会议部署要求，总结回顾2020年全省系统党建和党风廉政建设工作，分析当前形势，研究部署2021年工作任务。

下面，我讲三个方面意见。

一、2020年主要工作回顾

2020年是全面建成小康社会决胜之年、脱贫攻坚决战之年、实施“十三五”规划收官之年。面对错综复杂的国际国内形势、艰巨繁重的改革发展稳定任务，特别是新冠肺炎疫情的严重冲击，全省系统各级党组织和纪检监察部门在国家局党组和省局党组的坚强领导下，以习近平新时代中国特色社会主义思想为指导，深入贯彻落实中共十九大和十九届二中、三中、四中、五中全会以及中央纪委四次全会精神，围绕中心、服务大局，坚定不移深化全面从严治党，扎实推进党风廉政建设和反腐败工作，为新时代山西邮政快递业高质量发展提供坚强政治保障。

（一）坚持以党的政治建设为统领，坚定做到“两个维护”

强化政治引领。全省系统各级党组织和纪检监察部门坚持把学习贯彻习近平新时代中国特色社会主义思想作为首要政治任务，以党组理论学习中心组为龙头，辐射和示范带动广大党员干部学思践悟、凝心铸魂。省局修定理论学习中心组学习制度、制订年度学习计划，全年组织集中学习12次，研讨交流4次，及时跟进学习习近平总书记最新重要讲话精神29篇（次），并积极参与省直工委举办的重温习近平总书记三篇光辉文献学习征文活动，展示省局党组中心组成员理论学习成果。省局机关组织全体党员干部全文学习《习近平谈治国理政》（第三卷），举办全省系统学习贯彻中共十九届五中全

会精神专题培训班，我作为党组书记“以全会精神统领新方向 开启新征程”为题进行中共十九届五中全会精神党课宣讲，确保机关党员干部在思想上政治上行动上同以习近平同志为核心的党中央保持高度一致。各市局深入学习贯彻中共十九大、十九届历次全会精神、习近平总书记视察山西，以及对邮政快递业重要讲话重要指示批示精神，通过集中学习典型案例、观看警示教育片、参观革命圣地等多种形式，加强党史、新中国史、改革开放史教育，增强“四个意识”、坚定“四个自信”、做到“两个维护”的思想根基不断夯实。吕梁局开展学习贯彻中共十九届五中全会精神专题培训，忻州局召开中共十九届五中全会精神宣讲会，促进党员干部全面、准确、深入理解掌握全会精神。

*加强政治机关建设。*省局党组认真学习贯彻《党委（党组）落实全面从严治党主体责任规定》，根据人员调整变化情况和工作职责划分调整党建工作领导小组成员，印发党建工作领导小组2020年工作要点，定期研究党建工作，明确工作进展，梳理系统党建重点工作任务，并及时安排部署。认真贯彻落实中央和国家机关党的建设工作会议精神，制定出台《关于创建“让党中央放心让人民群众满意的模范机关”的实施方案》《关于深入开展“五型机关”创建进一步推进模范机关建设的通知》，开展红旗部门评比和劳务派遣员工“创先争优”活动，打造“高效机关、和谐团队”，深化巩固“不忘初心、牢记使命”主题教育成果，切实提高创建模范机关工作的针对性，坚持注重实效，以创促建、以创促改，推动政治机关建设取得新成效。运城局组织开展“当好‘三个表率’、建设模范机关”主题党日活动，激发党员干部干事创业热情，推动政治机关建设。

*坚决贯彻落实习近平总书记关于邮政快递业重要指示批示精神。*始终把习近平总书记关于邮政快递业重要指示批示作为统领各项工作的“纲”，着力推动“快递进村”，持续强化寄递安全监管，大力推进快递包装和智能终端治理，扎实做好快递员群体关爱服务和权益保障工作，全力打赢脱贫攻坚收官战，以坚强的决心、严明的纪律推动各项重大决策部署落地见效。省局党组通过督查督办，定期听取汇报，全程跟踪督导，压实政治责任，确保事事有回音、件件能落实。全省各级邮政管理部门加强协调对接，联合属地共青团组织深入贯彻落实习近平总书记关心关爱“快递小哥”的重要批示指示精神，启动“暖锋行动”“快递从业青年服务月”，通过冬日送暖、夏送清凉、节日关爱、心理团辅、法律咨询等，在全省行业营造浓厚的关爱快递员氛围。全省行业1人入选全国最美快递员50强。朔州局高质量打造“快递员工会之家”和“户外劳动者爱心驿站”，为快递员等户外工作者提供“冷可取暖、热可纳凉、渴可饮水、累可歇脚”等暖心服务。

*推进巡视反馈问题整改。*全力配合国家局党组第一巡视组开展巡视，根据巡视反馈意见，第一时间成立由党组书记、局长任组长、各处室负责人为成员的巡视整改工作领导小组，及时召开党组会议，研究部署整改任务。针对巡视反馈的5个方面75个问题，印发《中共山西省邮政管理局党组关于印发〈中共国家邮政局第一巡视组巡视反馈意见的整改方案〉的通知》，明确牵头负责领导、责任单位、责任领导、具体责任人和整改时限，逐级传导压力，形成一级抓一级、层层抓落实的责任链条。整改过程中省局党组对标对表，精准分类施策，对具体人、具体事、具体问题立行立改、真抓实改；对长期坚持的整改任务提出时间表，确保整改工作可跟踪、能落实。同时，坚持什么问题突出就解决什么问题，对国家局反馈的共性问题开展系统整治，对个性问题开出问题清单，全力督促落实；对巡视组移交的问题线索，集中组织力量核查，充分运用“四种形态”精准处置。省局党组纪检组定期对各单位、各部门巡视整改情况进行督导，确保按期完成整改任务，截至年底，年度整改任务全部完成。

*让党旗高高飘扬在防控疫情第一线。*深入贯彻落实习近平总书记关于“让党旗在防控疫情斗争第一线高高飘扬”重要指示和中共中央《关于加强党的领导、为打赢疫情防控阻击战提供坚强政治保证的通知》精神，印发工作方案，组织动员党员干部在防控疫情工作中建功立业。省局党组第一时间

启动应急机制，迅速成立防控工作领导组，坚持统筹调度，靠前指挥，先后13次召开专题会议进行部署。各市局迅速动员，各级党员干部及时返岗，组织企业开通运递“绿色通道”，全力保障防疫物资和居民生活物资运递，坚决打通特殊时期循环大通道，常务副省长胡玉亭、副省长吴伟先后点赞。全省行业2人获“全国交通运输系统抗击新冠肺炎疫情先进个人”称号，1人获评“全国疫情防控最美志愿者”。太原局开展“担当使命同心战疫 致敬最美劳动者”道德讲堂，通过集体学唱公益歌曲《致敬逆行者》，观看《大爱传承、携手同行》宣传片，鼓舞机关全体人员立足本职、担当作为、拼搏奉献。临汾局做好行业自身疫情防控的同时，动员号召党员干部积极参加属地疫情防控工作，并在疫情防控一线考察党员表现、锤炼干部品质，得到地方防疫部门通报表扬。

（二）加强基层党组织规范化建设，夯实基层党组织政治功能和组织力

*抓好基层党组织建设。*认真学习贯彻《中国共产党党和国家机关基层组织工作条例》《中国共产党支部工作条例（试行）》。举办全省系统党务干部培训班，对《中国共产党党和国家机关基层组织工作条例》进行深入学习，提升全省系统党务干部理论水平和业务能力。省局机关制定党支部目标管理考核办法，强化对支部的量化管理，全面、准确地评价各支部的工作成效；开展基层党支部专项整治回头看，基层党组织政治功能和组织力不断增强。各级基层党组织认真落实“三会一课”、主题党日、民主评议党员、谈心谈话等制度，提高组织生活会质量，支部标准化规范化水平不断提高。

*严格党员教育管理。*广泛开展经常性警示教育、纪法教育，认真抓好党章党规党纪特别是新形势下党内政治生活若干准则、党内监督条例、纪律处分条例等学习，全省系统党员干部纪律规矩意识进一步增强。省局机关开展庆祝中国共产党成立99周年系列纪念活动，通过重温入党志愿书主题党日、诵读红色经典、现场缴纳党费等，激励广大党员干部不忘初心、牢记使命。省局机关开展“读书月”活动，提升党员政治理论素养。长治等市局召开警示教育会，剖析系统典型案例，教育党员干部，以案为鉴，吸取教训，筑牢廉洁底线。

*非公有制党建取得重要进展。*进一步强化“抓行业必须抓党建”的责任意识，将非公有制党建工作纳入“管理杯”考核，全省非公有制快递企业党组织建设取得新进展。省委非公有制和社会组织工作委员会增补省局为委员单位，晋中等9市局也相继增补加入各市非公有制经济和社会组织工委。各市局积极主动同当地组织部门共同推进快递行业党建工作，5市成立非公有制快递行业党委，3个快递行业协会成立党支部，15家非公有制快递党组织陆续组建，11市非公党建阵地实现全覆盖。

（三）贯彻落实中央八项规定精神，不断巩固作风建设成效

*落实中央八项规定精神成果持续巩固。*认真贯彻中央八项规定及其实施细则精神，结合实际制定《关于进一步贯彻落实中央八项规定精神的实施办法》，明确具体举措。深入贯彻落实习近平总书记关于厉行节约、反对浪费重要批示精神，制作宣传版面，修订食堂管理制度，严把预算支出关，动员号召全省系统树牢节约理念、养成节俭习惯，坚决杜绝餐饮浪费行为。严格执行国家局和省局党组贯彻落实中央八项规定及其实施细则精神，坚持日常监督和“管理杯”考核相结合，减少各类文件简报，控制发文数量，不断强化贯彻执行的自觉性。省局党组成员全年围绕重点工作深入基层调研17次48天。各级领导干部带头严格执行办公用房、公车管理、公务接待等各项规定，全省系统全年公务接待、公务用车、会议费、培训费支出大幅下降，领导干部办公用房无超标使用情况，全省市局领导班子全年调研天数累计达707天。

*坚决破除形式主义、官僚主义。*认真贯彻国家局解决形式主义突出问题切实为基层减负的《实施意见》要求，从省局机关和领导干部抓起，推动解决文山会海、督查检查考核过多过频和过度留痕问题，坚决纠治不担当、不作为、乱作为、假作为等问题。对减压会议文件、改进调研督查、完善考核问

责进行明确规定，切实纠正形式主义、官僚主义。优化“管理杯”评选和领导班子考核机制，减少常规工作考核力度，适度加大班子建设和重点工作突破的得分比重，加强重点工作督办，今年市级邮政业安全中心新增6个，达到8个，3个市局解决办公业务用房，达到10个，有9个市局纳入地方目标责任制考核，考核指挥棒作用得到充分发挥。

抓早抓小强化提醒监督。在元旦、春节、“五一”、端午节、中秋节、国庆节等关键节点，印发廉洁过节通知，公布监督电话和邮箱，广泛接受群众监督。在门户网站和“山西省邮政管理局”微信公众号上发布廉洁过节信息，提醒党员干部严格遵守中央八项规定，营造过“廉洁节”的浓厚氛围。各市局党组与所有公职人员签订廉洁过节承诺书，严明纪律要求，坚决做到令行禁止；认真执行公务用车管理规定，节日期间封存所有公务用车，并对重点领域、关键岗位进行检查。按照不少于10%的比例和相关工作要求，省局对5名领导干部个人事项报告情况进行随机抽查，未发现漏报瞒报等情况。大同局开展纪律作风整顿活动，阳泉局开展“作风纪律提升月”活动，进一步“正作风、明规矩、守纪律”。晋城局在中秋、国庆前夕，开展廉政谈话提醒会，提醒教育党员干部廉洁自律。

（四）强化担当作为，督促落实管党治党政治责任

压实全面从严治党责任。召开2020年全省邮政管理系统党建暨党风廉政建设工作电视电话会议，安排部署全年重点工作。与省局机关各部门、各市局签订党风廉政建设责任书。印发《2020年党风廉政建设工作要点》，明确年度党风廉政建设工作任务和目标。举办全省邮政管理系统纪检监察干部培训班，重点围绕《中国共产党纪律处分条例》《中国共产党纪律检查机关监督执纪工作规则》等内容，全面提升全省系统纪检监察干部履职能力。党组定期听取党风廉政工作汇报，开展调查研究，及时研究解决党风廉政建设工作中存在的问题，推动全面从严治党责任落实。

进一步完善制度机制。坚持完善党组工作机制，研究制定党组全面从严治党主体责任清单，修订完善省局党组会议制度及议事规则，调整补充党组议定重大事项清单，党组运行更加规范。制定印发山西省邮政管理局执纪审查期间谈话安全预案、谈话室使用管理规定、领导干部操办婚丧嫁娶事宜若干规定，进一步完善纪检监察制度建设。制定印发《全面加强全省系统内部监督检查工作质量的通知》，全面提升系统内部监督检查能力和水平，制度支撑更加有力。

开展“4+1”专项整治。紧密结合全省工作实际，在国家局党组开展违规享受政策性住房、违规租赁使用公车及私车公养、事业单位违规招聘、职业资格证书违规挂靠四个方面问题专项整治的基础上，同步在全省邮政管理系统开展违规使用财政预算资金专项整治（简称“4+1”专项整治）。印发《关于开展违规享受政策性住房等四个方面问题专项整治和违规使用财政预算资金专项整治工作的通知》，明确“4+1”专项整治的整治范围、整治内容、时间安排和相关工作要求，通过集中整治未发现违规情况。

（五）坚定不移正风肃纪，政治生态进一步净化优化

深化运用“四种形态”。注重把握政策策略，坚持关口前移、防微杜渐，实事求是运用“四种形态”。坚持抓早抓小，着力在“第一种形态”上下功夫。针对个别领导干部履职不到位情况进行批评教育。对新提任的领导干部开展廉政谈话，教育引导党员干部以忠诚干净担当履职尽责。2020年全省系统对相关人员批评教育1人次，谈话函询3人次。

严肃执纪问责。依法依规严肃查处大同局违反中央八项规定、违反廉洁纪律、组织纪律、工作纪律等违规违纪行为，并根据地方纪委反馈孝义局违规违纪案件查处情况，对违纪案件进行通报，召开全省系统警示教育会，用身边案件警示全省系统党员干部以案为鉴，深刻汲取教训，推动全省系统营造风清气正、担当作为良好氛围。全年全省系统1人给予党内严重警告处分，1人给予党内警告处分。

开展公职人员廉洁执法调查。制定《全省邮政管理系统公职人员廉洁执法情况调查方案》，明确邮寄调查问卷方式和调查内容、调查对象比例。共下发500份公职人员廉洁执法情况调查问卷，从回收的调查问卷情况看，全省系统工作人员廉洁执法情况良好，没有收到接受企业宴请、在企业兼职等反映。

一年来，全省系统党建和党风廉政建设工作取得新成效，全面从严治党不断向纵深推进，党风政风持续向好。这些成绩的取得，离不开国家局党组和省委、省政府的坚强领导，离不开全省系统各级党组织和纪检监察部门的担当尽责，离不开广大党员干部的拼搏进取。在此，我代表省局党组，向全省邮政系统广大党员领导干部表示诚挚的问候和衷心的感谢！

二、深入学习贯彻中共十九届五中全会精神和十九届中央纪委五次全会精神，准确把握全省邮政管理系统形势任务要求，为新时代山西邮政快递业高质量发展提供坚强保证

中共十九届五中全会对“十四五”时期全国发展作出战略部署，对全面从严治党、党风廉政建设和反腐败斗争提出新的要求。在中央纪委五次全会上，习近平总书记发表重要讲话，对过去一年全面从严治党取得的成就和面临的新形势新任务新要求作出重要论述。全省邮政管理系统要深入学习中共十九届五中全会精神和十九届中央纪委五次全会精神，认真贯彻习近平总书记重要讲话精神，深刻领悟精髓要义，切实把思想和行动统一到习近平总书记重要讲话精神上来，深刻把握形势任务要求，以全面从严治党新成效推进全省邮政快递业高质量发展。

（一）在深刻领悟党中央决心意志中坚定政治自觉

习近平总书记在中央纪委五次全会上的重要讲话，对充分发挥全面从严治党引领保障作用，确保“十四五”时期目标任务落到实处提出明确要求。在战略部署上，强调要永葆先进性和纯洁性、永葆生机活力，必须一刻不停推进党风廉政建设和反腐败斗争；反腐败没有选择，必须知难而进。在战略任务上，强调要深入贯彻全面从严治党方针，充分发挥全面从严治党引领保障作用，坚定政治方向，保持政治定力，做到态度不能变、决心不能减、尺度不能松，确保“十四五”时期全国发展的目标任务落到实处。在实现途径上，强调全面从严治党首先要从政治上看，不断提高政治判断力、政治领悟力、政治执行力；要以强有力的政治监督，确保党中央重大决策部署贯彻落实到位；要不断实现不敢腐、不能腐、不想腐一体推进战略目标；要毫不松懈纠治“四风”，坚决防止形式主义、官僚主义滋生蔓延；要持续整治群众身边腐败和作风问题，让群众在反腐“拍蝇”中增强获得感。在责任落实上，强调各级领导干部特别是主要负责人必须切实担负起管党治党政治责任，始终保持“赶考”的清醒，保持对“腐蚀”“围猎”的警觉；纪检监察机关要带头加强党的政治建设，坚定维护党中央权威和党的团结统一，围绕现代化建设大局发挥监督保障执行、促进完善发展作用。这一系列重要论述，是加强全省系统党风廉政建设和反腐败工作的根本遵循。

深入学习贯彻习近平总书记重要讲话精神，是当前和今后一个时期的首要政治任务。全省系统各级党组织和纪检监察部门要深刻领会以习近平为核心的党中央对全面从严治党的政治决心、政治定力，着力强化贯彻落实党中央重大决策部署的思想自觉、政治自觉、行动自觉，不断强化自我革命引领社会革命的使命和担当，坚定不移推进全省系统党建和党风廉政建设工作。

（二）在清醒认识严峻形势中增强忧患意识

过去的一年，全省系统各级党组织和纪检监察部门坚持以党的政治建设为统领，严明政治纪律和政治规矩，巩固拓展落实中央八项规定精神成果，坚决破除形式主义官僚主义，持之以恒正风肃纪，持续开展专项整治，一些违规违纪问题和行为得到纠治，一些惯性思维和错误做法得到纠正，政治生态不断向好。同时也要看到，廉政风险隐患依然存在，违纪违规问题时有发生，“宽松软”的现象仍有表现。国家局党组书记、局长马军胜在全国邮政管

理系统工作会议上的讲话中指出的在履行政治责任、重点领域治理、政治生态建设方面的问题在全省系统内都不同程度存在,还有一些问题还比较突出:一是在担当尽责上,有的党员干部工作动力不足不想为、事不关己不愿为、担当不足不敢为、能力不足不会为,不思进取,得过且过,把工作当成"混日子";有的领导干部大局意识不强,财政资金、项目预算管理粗放;有的碰到问题绕道走,遇到矛盾就上交,甘心当"传声筒""二传手",前怕狼后怕虎,畏首畏尾、顾虑重重,缺乏攻坚克难的毅力和勇气,等等。二是在纪律意识上,一些市局党内政治生活不严不实,党内政治生活形式化、平淡化现象还比较普遍;有的不善于用法治思维和法治方式推进工作,纪律规矩这根弦绷得不紧,对党纪法规认识不到位、执行有偏差,用庸俗关系替代依规依纪教育管理监督;有的把待遇问题与执行制度对立起来,总觉得法不责众,打着集体决策和"出于公心"的幌子打折扣、搞变通;有的认为我们是"人情社会",办事协调还沿袭礼尚往来、迎来送往等。三是在正风肃纪上,个别市局财经纪律执行不严,个别干部和企业之间不能保持亲清的新型政企关系。全省系统各级党组织和党员干部一定要充分认清面临的严峻形势,坚持问题导向,勇于自我革命,增强斗争精神,积极担当作为,坚定不移把全面从严治党向纵深推进。

(三)在准确把握使命任务中强化责任担当

习近平总书记在中共十九届五中全会和中央纪委五次全会上的重要讲话,围绕全面建设社会主义现代化国家作出一系列部署,是我们推进全面从严治党,做好党建、党风廉政建设工作的根本遵循。全省系统各级党组织要紧密结合实际,准确把握重点,扎扎实实抓好贯彻落实,以高质量党建和党风廉政建设保障全省邮政快递业高质量发展。一是坚持政治引领。要坚持不懈加强政治建设,切实把准政治方向,增强政治能力,扛好政治责任,守牢政治底线,化解政治风险,永葆政治本色,坚决把讲政治的要求贯穿落实到全领域、各方面,确保全省邮政快递业在党的全面领导下乘风破浪、奋勇向前。二是坚持围绕中心。推进2021年度党建和党风廉政建设工作,必须紧紧围绕推动全省邮政快递业"十四五"规划开好局、起好步来展开,坚持党中央重大决策部署到哪里、监督检查就跟进到哪里,邮政快递业重大任务推进到哪里、全面从严治党就延伸到哪里,切实把正风肃纪反腐与邮政快递业改革发展贯通融合,以风清气正保障事业发展。三是坚持突出重点。要始终坚持目标导向和问题导向,深入分析本单位本部门政治生态现状,认真检视所属人员思想行为偏差,深刻汲取易发多发问题教训,辩证把握共性与个性、特殊与一般,聚焦难点痛点堵点,精准发力、靶向治疗,以一个个问题的彻底纠治促进政治生态整体净化优化。四是坚持狠抓关键。抓实抓细2021年度党建和党风廉政建设工作,必须加强对各级"一把手"、重要岗位人员的针对性教育、经常性管理和有力有效监督,通过牢牢抓住"一把手"这个关键主体,带动形成激浊扬清、干事创业的良好氛围。五是坚持系统推进。实现党风廉政建设高质量发展,不仅要靠各级纪检监察部门坚决履行监督专责,还要靠各级党组织切实压实主体责任,党组织书记主动当好第一责任人,党员领导干部认真履行"一岗双责",广大党员干部自觉做到廉洁自律。通过持续强化不敢腐的震慑、扎牢不能腐的笼子、增强不想腐的自觉,推动全省系统全面从严治党、党风廉政建设工作和反腐败工作不断取得更大成效。

三、2021年工作安排

2021年是我们党成立100周年,是实施"十四五"规划开局之年,也是加快建设现代化邮政强国的关键之年,实现邮政快递业高质量发展任务艰巨、意义重大,对全面从严治党、党风廉政建设和反腐败工作提出新的要求。2021年全省邮政管理系统党建和党风廉政建设工作总要求是:以习近平新时代中国特色社会主义思想为指导,深入贯彻中共十九大和十九届二中、三中、四中、五中全会以及中央纪委五次全会、省纪委十一届七次全会精神,增强“四个意识”、坚定“四个自信”、做到“两个维护”，坚持稳中求进工作总基调，立足新发展阶段，贯彻新发展理念，构建新发展格局，以推动高质量发展为主题，坚定不移全面从严治党，以确保习近平总书记重要指示批示精神和党中央重大决策部署有效落实为首要任务，以服务“十四五”规划开好局、起好步为重点，充分发挥监督保障执行、促进完善发展作用，一体推进不敢腐、不能腐、不想腐，为加快建设现代化邮政强国提供坚强保证，以优异成绩庆祝建党100周年。重点抓好7个方面工作：

（一）自觉践行“两个维护”，以强有力的政治责任保障“十四五”开好局、起好步

*强化思想引领，坚持用党的创新理论武装头脑、指导实践、推动工作。*始终把学思践悟习近平新时代中国特色社会主义思想作为首要政治任务，不断提高政治判断力、政治领悟力、政治执行力。要以庆祝建党100周年为契机，深入开展党史学习教育，教育引导全省系统党员干部学党史、悟思想、办实事、开新局，做到学史明理、学史增信、学史崇德、学史力行。同时，把学习党史、新中国史、改革开放史、社会主义发展史同学习习近平新时代中国特色社会主义思想贯通起来，同新时代进行伟大斗争、建设伟大工程、推进伟大事业、实现伟大梦想的丰富实践联系起来，进一步增强“两个维护”的自觉性坚定性。各级党组织要持续巩固深化“不忘初心、牢记使命”主题教育成果，教育引导党员干部永葆初心、勇担使命，做到“一句誓言、一生作答”。

*推动习近平总书记重要指示批示精神和党中央、国家局党组重大决策部署落地见效。*要始终把贯彻习近平总书记关于邮政快递业的重要指示批示精神作为践行“两个维护”的政治要求和实践标准，着力维护快递员群体合法权益，推进深化农村电商配送站点建设，持续强化寄递渠道安全监管，不断加强快递包装治理，不折不扣把习近平总书记重要指示批示精神落到实处。要坚决落实常态化疫情防控要求，毫不放松抓好“外防输入、内防反弹”各项工作，科学有序做好行业疫情防控工作，全力维护行业安全稳定运行。要深入贯彻中共十九届五中全会精神，推动“十四五”规划开好局，起好步，确保党中央、国家局党组、省委、省政府重大决策部署落地生根。

*引领保障全省邮政快递业高质量发展。*要自觉适应新发展阶段，贯彻新发展理念，构建新发展格局，引领全省系统落细落实“两全两双”工作思路，全方位释放邮政快递业助力生产、促进消费、畅通循环重要作用。要围绕推进邮政快递业“两进一出”工程、行业安全生产、更贴近民生七件实事、快递员群体合法权益维护、反垄断和反不正当竞争等重点任务加强监督，督促落到实处、见到实效。要牢固树立“过紧日子”思想，持续推进中央与地方财政事权和支出责任划分改革落地，着重保障重大战略、重要改革、重大政策和重点项目，为全省邮政快递业高质量发展提供有力支撑。

*坚决维护政治纪律和政治规矩。*要严格执行新形势下党内政治生活的若干准则，严格落实国家局党组关于维护党中央集中统一领导的规定、加强党的政治建设的实施意见、贯彻落实中央重大事项请示报告条例实施办法，确保政令畅通。要严防“七个有之”，严肃查处贯彻落实防控新冠肺炎疫情决策部署不力、对党不忠诚不老实、阳奉阴违等违反政治纪律和政治规矩行为。要以模范机关、红旗部门评比、管理杯考核为抓手，持续开展政治机关建设，持续纠治理想信念淡化、政治机关意识淡漠、政治敏感性不强、纪律松弛等问题，确保做到“三个表率”。

（二）突出基层党组织建设，着力提升战斗力凝聚力

*建强抓实基层党组织。*认真贯彻落实新时代党的组织路线，深入学习贯彻《中国共产党党和国家机关基层组织工作条例》《中国共产党基层组织选举工作条例》，不断强化基层党组织的政治属性和政治功能，着力提升基层党组织组织力。严肃党内政治生活，严格贯彻执行民主集中制，加强党员教育管理监督，认真落实“三会一课”、组织生活会等制度规定，进一步规范党费收缴工作。以国家局巡视整改为契机，列问题、明整改、回头看，持续抓

好整改，不断规范党建工作，强化党建队伍建设。继续以党支部建设标准化为引领，以主题教育为主要抓手，制定党建工作新的提升目标、重点任务和推进措施，进一步提高机关党建工作水平。

突出党员的教育管理。要紧密贴近党员的思想、工作、生活实际，采取多样活动，拓宽党员思想教育内容及方式，进一步推动党员思想政治教育水平再上新台阶。要教育引导党员干部积极参加党史教育活动，通过深入学习党史、新中国史、改革开放史、社会主义发展史等，进一步坚定信仰信念，牢记初心使命。要将理想信念教育贯穿教育培训工作始终，坚持不懈强化理论武装，毫不放松加强党性教育和党性锻炼，持之以恒加强道德教育、宗旨教育、法制教育和廉政教育，教育引导党员筑牢信仰之基、补足精神之钙、把稳理想之舵，解决好世界观、人生观、价值观这个“总开关”问题。要充分利用山西丰富多彩的历史文化、红色文化、警示教育基地资源，强化党性锻炼，传承红色基因，培育积极健康的党内政治文化。要组织开展纪念中国共产党成立100周年系列活动，组织开展“两优一先”评选表彰等，为确保党建引领、政令畅通提供坚实基础、坚定力量。

推进非公快递企业党建工作。严格落实《关于加强和改进非公有制企业党的建设工作的意见》，通过摸清底数、协调政策、指导督促、总结推广等，推进非公快递企业党建工作。一是开展党建调研，建立动态监测机制。针对快递行业发展变化快、用工方式灵活、员工流动性大等特点，深入基层进行摸底调查，摸清企业党员与党组织底数，及时掌握企业党建工作情况。二是立足行业特点，加强多部门联动，协同各级地方党委推动快递企业党的组织和党的工作“两个覆盖”。三是充分发挥职能优势，加大宣传动员力度，提高企业对成立党组织重要性的认识，持续增加非公快递企业党组织数量。

（三）持之以恒落实中央八项规定，持续用力纠治“四风”

坚决防止形式主义、官僚主义滋生蔓延。要严肃纠治贯彻党中央、国家局党组、省局党组决策部署做选择、搞变通、打折扣等问题，特别是搞“包装式”落实、“洒水式”落实、“一刀切式”落实等形式主义、官僚主义突出表现，坚决防止不良习气、不严不实做法滋生蔓延。要加强对“痕迹管理”和“指尖上的形式主义”的整治，持续精文简会，统筹规范督查检查考核，让广大干部有更多时间和精力心无旁骛抓落实。要把防止形式主义、官僚主义作为领导干部述责述廉、民主生活会党性分析重要内容，形成鲜明的工作导向。要发挥督查抓落实、促发展的“利器”作用，找准焦距、对准靶心，确保既定的政策措施落地兑现。

持续纠治享乐主义奢靡之风。严格落实节日提醒、监督制度，对节日期间顶风违纪行为严查快处，坚决防反弹回潮、防隐形变异、防疲劳厌战。要突出防范和查处收送电子红包、私车公养、“不吃公款吃老板”等问题，严格纠治享乐主义、奢靡之风，久久为功、化风成俗。要教育引导党员干部坚决反对特权思想和特权现象，严格管好家属子女，严格家风家教。要强化对节约粮食、坚决制止餐饮浪费行为、严格执行公务接待制度、严格落实各项节约措施等，坚决遏制公款消费中的违规违纪违法现象，督促全省各级机关养成过紧日子的习惯。

持续抓好专项整治。要切实用好专项整治这个重要抓手和管用经验，深入开展“三重一大”决策不规范、行政执法不规范等方面突出问题的专项整治。同时，对2018年以来专项整治整改不到位、不彻底的开展“回头看”，切实防止老问题重演，甚至边纠边犯。各级党组要认真履行主体责任，对专项整治中政治站位不高、态度不端正，不研究不部署，隐瞒问题、弄虚作假，敷衍应付、屡整屡犯等现象，一经发现，从严从重处理，并对主要负责人予以问责。要督促落实规范领导干部配偶、子女及其配偶经商办企业行为规定，推动以上率下、严格执行。要高度重视对巡视巡察、审计、专项督查等发现问题的整改工作，强化责任追究，确保取得实效。

（四）深入推进标本兼治，一体推进不敢腐、不能腐、不想腐

实施精准有效监督。要深化政治监督，紧紧围绕习近平总书记关于邮政快递业的重要指示批示精神和党中央、国家局党组、省局党组重大决策部署落实情况，进行跟进监督、精准监督。要强化日常监督，突出“一把手”和领导班子、关键岗位这个重点，聚焦预算支出管理、行政执法、行政审批等关键领域，改进监督方式，发现苗头性问题及时批评教育和警示提醒，督促党员干部习惯在受监督和约束的环境中工作。要加大对执法人员的监督，严惩滥用职权行为，坚决杜绝随意执法、个性执法、选择性执法等，在全省邮政系统营造公平公正执法的良好氛围。要增强监督合力，压紧压实各级党组全面监督、内设纪检机构专责监督、党的工作部门职能监督、党的基层组织日常监督、党员民主监督职责，强化巡视巡察、人事、纪检、审计、督查等部门信息共享和协调配合，推动各类监督同向发力，形成合力。

持续强化纪律建设。要加强经常性、常态化纪律教育，结合“三会一课”、主题党日活动和日常教育管理监督，深入开展党性宗旨教育、党规党纪教育、政德家风教育，引导党员干部筑牢思想防线、严守为政之本。要坚持廉政谈话制度，及时对本单位本部门晋升职务职级干部进行廉政谈话，促使其担当作为、清正廉洁。要净化部门、单位政治生态，引导党员干部正确处理公与私、亲与清、情与法，正确对待组织、对待自己、对待别人，坚决抵制蓄意抹黑、造谣生事、诬告陷害等行为，及时为受到不实举报的干部澄清正名，切实保护履职尽责、敢于担当的干部，着力营造风清气正的干事创业环境。要通过观看警示教育片、召开警示教育会、参观廉政教育基地等形式，达到以案促改、以案促建、以案促治的效果。

（五）压实全面从严治党政治责任，切实做到知责守责负责尽责

坚决扛起管党治党主体责任。全省邮政系统各级党组每半年至少召开1次党组会议专题研究全面从严治党工作，定期分析研判形势，及时研究解决存在的突出问题。党组织书记要切实履行第一责任人职责，始终保持“赶考”的清醒，抓好班子，带好队伍，平时多提醒、多过问、多扯袖、多谈心。班子成员要严格落实“一岗双责”，抓好分管领域党员干部思想教育。要严肃组织生活，从严管理关键岗位、重要环节，把全面从严治党政治责任落实到具体工作中。各级领导干部要严于律己、以身作则。要结合巡察、督查、调研等，监督检查落实全面从严治党主体责任清单情况，对履行全面从严治党政治责任不力的党组织及党员领导干部严肃处理，倒逼责任落实。

严格落实监督责任。各级党组织要以更大力度督促并支持纪检监察部门主动作为，认真履行协助职责和监督责任。各级纪检监察部门要持续深化“三转”，坚守“监督的再监督”职能定位，不能代替业务部门开展工作，聚焦主责主业，充分发挥监督保障执行、促进完善发展作用。各级党组纪检组组长要准确把握自身定位，在其位谋其政，着力提高业务能力，坚持党性原则，敢于担当作为，切实把监督执纪问责职责扛起来。省局将研究制定纪检监察部门履行监督责任相关办法，进一步传导压力、压实责任。

（六）发挥利剑作用，扎实推进全省系统政治巡察工作

进一步深化政治巡视巡察。认真学习贯彻习近平总书记关于巡视工作的重要论述和中办《关于加强巡视巡察上下联动的意见》精神，从今年开始，用两年时间在全省系统开展第二轮政治巡察工作，并同步开展选人用人专项检查。开展国家局巡视反馈问题整改情况“回头看”，确保巡视整改任务落实落细落到位。

聚焦监督重点开展巡察。聚焦“两个维护”根本任务，着力加强对中共十九届五中全会精神、“十四五”重大部署落实情况、国家局、省局年度重点工作等方面落实情况的监督检查，确保“十四五”规划开好局、起好步。聚焦党组领导班子和“关键少数”，从党组责任落实入手，进一步发现问题、形成震慑，推动改革、促进发展。

提高巡察工作质量。要强化巡察工作上下联动格局和联系群众纽带功能，深化巡察整改和成果运用，探索建立整改促进机制、评估机制。要统筹推进各类监督贯通融合，建立完善巡视巡察机构与纪检机构、组织人事、财务审计和被巡察单位党组织协作机制，推动全省系统政治巡察高质量发展。

（七）适应新时代新阶段新征程要求，从严从实加强自身建设

*加强政治建设，锤炼过硬本领。*各级党组、纪检组要坚持把政治能力建设作为根本，深入学习贯彻习近平新时代中国特色社会主义思想，锤炼忠诚干净担当政治品格，提高把握新发展阶段、贯彻新发展理念、构建新发展格局、推动高质量发展的能力。各级党建、纪检监察干部要带头坚持正确的政治方向，带头忠实践行“两个维护”，带头提高政治判断力、政治领悟力、政治执行力。要坚持边学习、边思考、边总结，在学习思考中养成战略思维、系统思维，提升专业素养和驾驭工作能力。要坚持以上率下、抓党建促业务，提升全系统党建工作水平。要督促纪检干部知敬畏、存戒惧、守底线，坚决防止“灯下黑”，切实做到自身正自身净自身硬。

*加强选任培养，激励担当奋斗。*要全面贯彻新时代党的组织路线，坚持党管干部原则，坚持新时代好干部标准，健全干部培养选拔考核评价体系，加大年轻干部培养选拔、交流轮岗力度，将优秀干部放到纪检、党务岗位上锻炼，对素质过硬、实绩突出的优秀党务、纪检干部，在同等条件下优先提拔使用，切实树立勇于担当、有为有位的鲜明导向。

*完善制度机制，加强规范化建设。*各级党组、纪检组要不断健全制度机制，完善工作流程，认真执行民主集中制，坚持集体领导，强化权力运行制约。要严格执行监督执纪工作规则，进一步规范信访举报、问题线索管理和执纪工作流程，确保依纪依规监督执纪问责。要进一步规范市局纪检组工作范畴，积极探索纪检干部统筹使用机制，不断提高全系统纪检工作规范化水平。

同志们，全面从严治党永远在路上，做好新时代党建、党风廉政工作使命光荣、责任重大。让我们更加紧密地团结在以习近平同志为核心的党中央周围，勠力同心、锐意进取，勇于担当、积极作为，推动全面从严治党、党风廉政建设和反腐败工作不断取得新成效，以优异成绩向建党100周年献礼，为加快建设现代化邮政强国贡献山西力量！

改革创新　攻坚克难　砥砺奋进
加快建设国内一流的现代文明企业

——在山西交控集团公司一届四次职代会暨2021年工作会议上的讲话

山西省交通控股集团有限公司党委书记、董事长　袁清茂

今天我们召开集团公司一届四次职代会暨2021年工作会议，主要任务是贯彻落实中共十九大和十九届二中、三中、四中、五中全会和中央经济工作会议精神、省委十一届十次全会、十一次全会暨省委经济工作会议精神，总结2020年工作，分析当前形势，部署2021年工作。刚才，我们审议通过了武艺总经理作的工作报告。希望大家按照武艺总经理工作报告的安排，认真抓好落实。

下面，我讲三个方面的意见。

一、充分肯定成绩，勇于对标追标，坚定创效益、争一流的信心和决心

2020年是集团公司成立三周年。三年来，我们

坚持以习近平新时代中国特色社会主义思想为指引，认真贯彻落实省委、省政府决策部署，紧紧围绕“一石三鸟”改革目标和建设科技型实力型智能型现代交通企业战略目标，坚持根上改、制上破、治上立，取得累累硕果。截至2020年底，考虑疫情影响，完成营业收入458.21亿元，实现利润总额5.34亿元，资产总额达到5550.89亿元，较2018年分别增长26.18%、55.46%、10.6%，综合实力稳步提升。

一是成功走出以市场化方式化解高速公路债务风险的路子。与国开行山西分行牵头的7家银行成功签约银团贷款，2607亿元债务全部置换完成，每年节约利息30亿元。国务院办公厅《关于对2018年落实有关重大政策措施真抓实干成效明显地方予以督查激励的通报》（国办发〔2019〕20号），予以通报表扬，全国30多家国开行系统、交通系统单位纷纷前来学习经验。

二是全面完成专业化重组。整合服务区、勘察设计、科研机电、金融投资等资源和业务，通过重组整合，成立物流集团、交科院集团、养护集团、监理集团、金资公司、置地公司和环保公司；通过混改，新成立实业集团、数通公司，形成12个子公司+16个高速公路管理公司资产治理架构，完成基础设施产业、金融产业、信息产业、交通关联产业“四大板块”布局，有效提升资源配置效率、行业地位和话语权。

三是资源资产化、资产资本化、资本证券化取得重大突破。完成44.7万亩高速公路土地确权入账工作，增加所有者权益657.3亿元，降低资产负债率10.55个百分点，用3个月时间办成20年没有办成的事情。重组“山西三维”，“山西路桥股份”正式亮相资本市场，开辟全省高速公路资产上市先河；通过非公开发行股份方式同步引入央企战略投资人招商公路配融，实现资本市场再融资、上市国企混改、腾笼换鸟“一箭三雕”目标。参股12.2%的山西华翔集团股份有限公司A股上市。增资控股“新三板”挂牌公司柯立沃特公司，环保公司实现向生态环保全产业链转型。

四是现代企业制度体系基本建立。制定党委会、董事会、经理层《议事规则》等190多项管理制度，实施了三项制度改革、高速公路管理模式改革、“六定”改革，形成职责清晰、精简高效、运行专业的管理体制。

五是高速公路经营服务水平实现新提升。深入实施改革增效、管理增效、服务增效、挖潜增效、技术增效、安全增效“六大增效”工程，圆满完成取消省界收费站、高速公路沿线广告牌清理工作，原生态绿色走廊建设初见成效，完成4对服务区提档升级，高速公路通行更便捷、更舒适，受到社会好评。

六是重点项目建设取得显著成效。三年来，累计完成投资653.78亿元，新建高速公路通车运营里程408.9公里，打通霍永高速永和至永和关、晋蒙黄河大桥、运宝黄河大桥、京乌高速山西段、阳蟒高速5个出省口和长临高速、神岢高速、右平高速3条连接线；太原东二环高速公路、国道108神堂堡至砂河一级公路建成通车；一批国省干线公路、三大板块旅游公路和“四好”农村路顺利推进，在全省现代综合运输体系建设中发挥主力军作用。

七是科技创新能力稳步提升。坚持创新驱动，推动从以任务导向为主的科研向以效益导向为主的科研转变，新获得国家科技进步二等奖1项、省部级科学技术奖一等奖7项，二等奖18项、三等奖14项，授权国家专利665项。先后与百度公司合作建设全国首个智能网联重载公路科技示范基地、与华为公司合作成立联合创新实验室、与招商公路合作组建数字交通科技公司，智慧交通建设迈出重要步伐。

八是党的建设全面加强。坚持把党的领导融入公司治理各环节，充分发挥党委领导作用、基层党组织战斗堡垒作用和党员先锋模范作用，为改革发展提供坚强政治保障。广大干部职工心往一处想、劲往一处使，凝聚起干事创业的浓厚氛围。

回望这三年，我们解决许多长期想解决而没有解决的难题，办成许多过去想办而没有办成的大事，交出化解高速公路债务风险、实现政企分开的“答卷”，开启高质量发展的新征程。省委、省政府对集团公司工作给予充分肯定。2020年12月，在省属国有企业负责人座谈会上，省委书记楼阳生再次指出“交控的改革是成功的”。

站在新的起点上，赢得主动、赢得优势、赢得未来，必须准确把握面临的新要求、新形势、新使命。

九是要准确把握中央、省委对国企改革的新要求。近期，党中央、省委先后印发《国企改革三年行动方案》。实施国企改革三年行动是党中央面向新发展阶段作出的重大决策部署。省委的《行动方案》从完善中国特色现代企业制度、健全市场化经营机制等8个方面，提出35条具体措施，就推动国企改革走深走实，提升改革综合成效提出明确要求，为下一步国企改革发展指明方向。特别是从2020年省国运公司的考核指标来看，今后对省属企业的考核，将重点突出考核经济效益和全国行业对标情况，新增人工成本利润率、经济增加值率、成本费用利润率、“六新”收入等一系列指标。我们要切实转变观念，勇于跳起来摘桃子，真正把工作思路、工作重点放在创效益、争一流上来。

十是要辩证把握面临的机遇挑战。从国家层面来讲，全国发展仍然处于重要战略机遇期，但机遇和挑战都有新的发展变化。从行业层面来讲，一方面，近期交通基础设施建设继续保持高强度投资，智慧交通、交通产业数字化、网络化、智能化加快发展，行业变革加快，带来新发展机遇，另一方面，各省都组建综合交通投资集团，市场竞争更加激烈。我们必须正确认识和把握新阶段中战略机遇、危机挑战，做到既能迅速把握机遇，又要善于规避风险。

十一是要坚定扛起建设国内一流企业的使命。省委书记楼阳生在集团公司成立时指出：“山西实现转型发展必须要打造出一批一流的企业集团，来支撑转型、来引领转型。建设一流企业是省委、省政府对交控集团的要求和期盼，这个目标、这个重担，交控的班子、交控的全体干部职工，大家要担当起来”。截至2020年底，通过重组整合，深化改革，“四大板块”布局基本完成，资产规模位居省级同类型企业第四，从重组整合、立柱架梁、重点向改革要效益阶段进入深耕市场、创新突破、重点向经营要效益的新阶段，已完全具备建设国内一流企业的条件。特别是省委、省政府对集团公司改革发展高度重视、非常关心。近期，按照省委书记楼阳生、省长林武安排，胡玉亭、王一新、卢东亮三位副省长分别就集团公司提出的免征高速公路土地使用税、服务区加气站手续办理、创新PPP项目征地拆迁模式专题召开会议协调解决。我们一定要牢记省委、省政府嘱托，牢记集团公司成立的初心，树立雄心壮志，坚持对标一流，主动加压奋进，勇于对标追赶，善于攻坚克难，向打造国内一流现代化交通企业的目标坚实迈进，努力干出一番无愧于组织、无愧于时代、无愧于自己的事业。

“十四五”期间，要力争通过综合交通基础设施产业、投融资产业、智能交通产业、交通关联产业四大产业协调发展，争取年营业收入达到1000亿元，利润总额达到50亿元，进入全国交通企业“第一梯队”。

二、聚集发力，精准施策，全力推动高质量高速度发展取得新突破

2020年是我国现代化建设进程中具有特殊重要性的一年，是全省“十四五”转型出雏形开局之年，也是集团公司第二个三年任期的第一年。做好全年工作，要坚持以习近平新时代中国特色社会主义思想为指导，全面贯彻中共十九大和十九届二中、三中、四中、五中全会精神，深入贯彻习近平总书记视察山西重要讲话重要指示，认真落实省委“四为四高两同步”的总体思路和要求，深入贯彻省委十一届十次全会、十一次全会暨省委经济工作会议精神，立足新发展阶段，贯彻新发展理念，紧抓构建新发展格局机遇，坚持稳中求进工作总基调，坚持高质量发展，以党建为保障，以效益为中心，以改革为动力，提站位、降成本、增效益、强管理、抓创新、防风险，努力实现高质量高速度发展，以优异成绩庆祝建党100周年。

这里，我着重讲几个重点工作。

第一，突出提升政治站位，牢牢把握正确发展方向。中共十八大以来，党中央和习近平总书记对

国资国企工作作出一系列重要部署重要指示，为做好国有企业改革发展和党的建设进一步指明方向、提供根本遵循。要坚持把深入学习贯彻习近平总书记关于国有企业改革发展和党的建设的重要论述作为首要任务，在学懂弄通做实上下功夫，进一步领会核心要义，掌握实践要求，推动改革发展。要深入学习贯彻习近平总书记视察山西重要讲话重要指示，深刻把握省委对转型发展蹚新路前瞻性思考、全局性谋划、战略性布局、整体性推进的各项要求，不折不扣把习总书记重要讲话重要指示、省委各项决策部署落到实处。要全面贯彻新发展理念，从过去更多地看“有没有”转向看“好不好”，看投资回报、看企业利润、看创新能力、看运行机制、看员工收入，实现高质量发展。

第二，突出降低成本，进一步提升资产和资本经营水平。要全方位开展行业对标，对标先进控成本，找差距，找原因，明确成本压控重点、改进目标、改善措施，强化全员、全要素、全过程成本管控，打好降本增效攻坚战。要坚持改革开路，坚决解痛点、疏堵点、破除中阻梗，更加注重改革的相互协同，形成体制机制优势。

*一是要降低财务成本。*要充分发挥专业化重组后的规模优势，充分发挥银团作用，进一步降低银团贷款利率。要加大资产证券化力度，用好“山西路桥”上市公司平台，加快政府还贷高速公路转性和资产注入步伐。要加快组建集团财务公司，推进集团金融业务融入其他业务，合理使用创新金融工具，进一步降低综合融资成本，提升投资回报水平。

*二是要降低养护成本。*借鉴学习江苏交控养护模式，从养护理念、技术运用、养护模式等方面进行重塑性变革。通过建好用好养护智能决策系统，加大预防性养护、集中养护比例，全面推广使用新技术、新材料、新工艺、新设备“四新”技术；加强大宗物资集中采购，养护机械“以租代购”、定额管理等措施，实现养护成本大幅降低、养护水平质的飞跃，努力打造全国养护品牌。

*三是要降低人力成本。*要加大人力资源全集团统筹力度，把新业态开发、新路段开通、产业结构优化、经营效率提高与职工流动结合起来，通过转新业态岗位、新开通路段人员内部调配、职工技能培训等措施，逐步使一部分职工实现转岗发展，提升人工成本利润率。特别需要强调的是，我们讲降低人力成本，决不能把任何一个职工推向社会，决不能让任何一个职工丢掉饭碗，而是为了让职工人尽其用，有更多的获得感、幸福感，企业做强做优。施工单位要优化项目管理层级，推行扁平化管理，培育有实力、讲诚信的工程分包和协作单位，只养核心人员，实现瘦身健体。

第三，突出提升效益，不断提升综合实力。做企业，必须要拿“真金白银”说话，没有效益的事坚决不能干。要始终坚持以效益为中心，紧紧围绕效益定目标、上项目、抓考核，把思维方式、工作重点切实转到效益提升上来。

*一是要开展交通关联产业发展行动。*从全国千亿级交通投资集团发展情况来看，总体上，高速公路主业板块的营收和利润贡献率不断降低，与主业相关的商贸物流、产业金融、工程施工等板块的营收和利润贡献率不断提高。集团公司要充分发挥投资在拓展发展空间、改善财务结构、提升发展效益中的积极作用，在全力推动高速公路板块收入稳步增长的同时，积极拓展交通关联业务收入。

竞争性企业要紧紧抓住构建新发展格局带来的重大机遇，加大施工、勘察设计、监理检测、环保养护、机电信息等业务省外市场拓展力度，不断提升市场占有率和竞争力。要坚持稳健投资，深度挖掘交通产业链上具有潜在价值的细分市场投资机会，加大与主业相关、风险可控、收益较高的战略性项目投资以及短期财务性投资。重大基础设施项目单位要充分利用当地资源禀赋，最大限度地创造衍生收益，实现以主业促进相关产业、以相关产业反哺主业的良性发展。要充分运用各种市场手段和金融工具，紧紧依托交通主业，积极捕获高质量、高收益项目，获取稳定市场收益。要规范投资程序，坚持“战略引领、效益优先、风险可控”的原则，进一步完善投资管理制度，充分运用投资决策模型分析，严格履行决策程序，真正做到前期论证充分、过程监督有效、效果评价科学。要探索开展管理层和员工跟投机制，提升管理层和骨干员工的积极性、主动性、创造性。

二是要开展高速公路沿线闲置资源开发行动。从行业发展来看，高速公路正从单一的社会基础设施向经济复合载体不断演变，并不断向广度和深度扩展。对高速公路需要进行深层次、多元化的经营开发，大力发展路域经济势在必行。初步统计，集团公司高速公路沿线闲置土地资源约8000亩。在当前土地资源持续偏紧的情况下，这些土地资源蕴含着巨大的发展潜力。要强化路域经济理念，坚持因地制宜、分类开发、效益最大化的原则，积极开发省界收费站、收费站服务区周边、互通区内的闲置土地、房屋等资源资产，以点带轴实现高效转化，打造高速公路经济走廊。

三是要开展止损挽损行动。认真摸排固定长期亏损项目、无收益项目、停缓建、停运项目，集中清理处置低效无效资产，堵住"出血点"和"亏损源"，实现强身健体、提质增效。这也是国有资本运营公司今年安排的重点工作之一。

第四，突出精细化管理，全面提升企业管理能力和水平。加强管理是企业发展永恒的主题。没有一流的管理就不会有一流的企业。要扎实开展企业质量管理年活动和对标一流提升行动，健全工作制度，完善运行机制，优化管理流程，推进企业发展方式、运营机制、盈利模式向高质量迈进。

一是要强化向管理要效益理念。从集团成立以来对标一流的情况来看，我们不仅在营业收入、利润等硬实力方面存在差距，在管理等软实力方面差距更大。要实现国内一流的目标，就要把更多精力放在加强管理、不断提升管理的科学化、现代化水平上来。要坚持问题导向、目标导向，从总部管控、基础管理两个方面，把存在的短板和弱项细化、具体化，逐项明确提升目标、具体措施，确保措施可操作、效果可量化。

集团总部各部室要加强对所属企业的支持、指导和服务，聚焦党建统领、战略管控、投资决策、资源统筹、绩效评价、风险监控职能，最大限度下放管理职能，充分调动所属企业创效益、争一流的积极性、创造性。所属企业要积极主动对接，不断提高业务能力和管理水平，确保下放权力能够"接得住、用得好"。

二是要强化专项管理提升。加强战略管理，切实强化战略规划的刚性约束和有效落实。要强化投资管理，完善投资决策、项目实施、考核评价紧密衔接的管理体系，提高投资的科学性和有效性。要加强组织管理，巩固"六定"改革成果，进一步精简审批事项，优化工作流程，加大授权放权，切实解决总部管得过多过细、管理链条过长的问题。要加强人力资源管理，坚持人力资源与企业战略、业务发展同步谋划，加强人才引进和培养，持续优化人才队伍结构，提升人才队伍素质。要加强数智化管理，用好集团公司大数据综合管控平台，打破业务之间、企业之间信息壁垒、实现各类数据互联互通，实现精确分析、精准管控、精细管理。

三是要强化基础管理提升。要健全高速公路全寿命周期运营管理体系，进一步完善覆盖养护管理、机电运维、服务保障、路产维护、环保水保等全要素的成本管控机制，打造高速公路经营管理的核心竞争力。要采取分区域、分时段、分路段、分车型等优惠方式，精准用好差异化收费政策，实现良好的经济效益和社会效益。要建立健全项目建设现场管理、定额管理、合同管理、采购管理、机械管理等制度，加强品质工程建设，提升项目建设盈利能力。

四是要严考核、硬兑现。坚持"一企一策"科学确定考核指标，完善企业领导人员考核评价机制，强化考核结果运用，使奋发有为、实绩明显的干部得到褒奖和鼓励，使慢作为、不作为的干部受到警醒和惩戒。对因主观努力不够，完不成目标任务的，要坚决调整。要建立完善企业分类管理办法，根据经营业绩实行动态调整。原则上，经营效益不好的，由一类调为二类，连续亏损的要出清或并入其他企业。

第五，突出科技创新，培育差异化竞争优势。企业没有核心能力和特色优势，就始终处于危险之中。要坚持把创新摆在发展的核心位置，把先进技术和一流人才团队作为最宝贵的资源，加强技术研发、平台建设、人才引育，通过提高创新能力来培育核心竞争力。

一是要提升科技对主业发展的贡献率。加快推进与集团公司产业发展密切相关的BIM技术、路面快速养护技术及决策系统、固体废弃物综合循环利用等技术的研发应用，真正把先进技术转化为降本增效的现实生产力，用科技力量提升养护、经营水平。要加快科研成果转化，推进隧道智能检测、“北斗+”监测预警技术、新型道路材料、沥青路面就地热再生技术等成熟技术的规模化应用，稳步提升交通科研板块产值。

二是要打造数字化发展亮点。加强工程管理数字化建设，推进“工程建设项目智慧监管平台”实质性运行，整合投资管理、进度管理、变更管理、安全管理、试验检测等方面的数据采集和监管功能，把数字化渗透到工程策划、设计、招标、采购、施工、竣工验收全过程，提升资源配置效率、降低管理成本，提升项目盈利能力。要大力培育交通数字产业，争取在智慧公路运营服务、数字技术供应方面走出一条路子，打造新的竞争优势。

三是要建设一流平台。充分发挥28个省部级创新平台的作用，与一流高校和科研单位开展多种形式的科技合作，努力打造国内交通领域最先进的平台，以一流平台吸引一流团队、一流人才，力争在引进高端领军人才、突破关键核心技术方面，取得突破性成果。

四是要完善创新机制。保证研发投入刚性增长，年增幅不低于15%。要完善激励制度，探索开展员工持股、股权分红等措施，推进重点项目攻关“揭榜挂帅”。要建立具有竞争力的薪酬待遇机制，对具有自主知识产权、掌握核心技术的高端人才、领军人才实行“一人一策、一事一议”引进方式。要高度重视青年科技人才成长，大胆给青年人才搭台子、压担子、铺路子、提待遇，让各类人才专注创新、安心创业。

第六，突出风险防控，牢牢守住不发生重大风险的底线。当前，集团公司形势总体是好的，但改革发展面临的市场环境、外部条件不断变化，不可避免会遇到一些困难和挑战，必须坚持底线思维，增强忧患意识，提高防控能力，保持集团和谐稳定的良好发展局面。

一是要做好疫情防控工作。要认真落实疫情防控主体责任，严格落实“发现在早、处置在小”原则，严格落实一线人员健康监测和定期检测制度，配足防疫物资，强化员工自身防护。要加强服务区和收费站疫情防控，严格“四区分”“三测温”和“四不上岗”要求，加强通行介质消毒处理，精准落实防控措施，保障公众通行安全。

二是要严防经营风险。严格执行《投资管理办法》，发挥董事会投资决策委员会作用，建立外部专家库，提高投资决策科学性。规范投资项目审查程序，在投前、投中、投后对投资项目进行风险识别、分析和控制，做到投资项目全过程闭环管理。要扎实推进依法治企，加强法制宣传教育，加强对重要制度、重大决策、重点项目的合规性审核把关。要加强审计工作，狠抓问题整改和追责问责。

三是要严防安全生产风险。健全全员安全生产责任制，完善安全生产岗位责任清单和履责规范，真正形成“层层负责、人人有责、各负其责”的安全责任网络。要持续开展安全隐患排查治理，及时有效整治问题隐患，切实把风险消除在萌芽状态。要新建改建一批危化品车辆停车区，提升本质安全水平。要深入推进“三零”创建工作，精心做好信访维稳工作，真正把问题解决在萌芽状态。

三、巩固提升，深度融合，以高质量党建引领高质量发展

坚持党的领导、全面从严治党，是实现集团高质量发展的关键和根本。要深入贯彻全面从严治党方针，充分发挥全面从严治党引领保障作用，以更坚决的态度、更坚定的决心、更严格的要求，持续推进党建工作提质增效，为高质量发展领航聚力。

一是要深化党的政治建设。强化创新理论武装，把学习贯彻习近平新时代中国特色社会主义思

想作为第一议题，把旗帜鲜明讲政治贯穿到改革发展和党的建设各方面、全过程。要坚持用党的创新理论武装干部职工，持续推动学习宣传贯彻工作进企业、进班组、进一线，并采取集中培训、专题讲座、在线学习等多种方式，教育干部职工领会核心要义，掌握实践要求，确保上下贯通、全面覆盖、学以致用，努力把学习成果转化为推动企业高质量发展的生动实践。

二是要深化干部队伍建设。鲜明树立重实干重实绩的用人导向，让想干事、能干事、干成事的干部脱颖而出。坚持"事业为上、人岗相适、人事相宜"原则，真正把有能力、有本领、有担当的好干部选出来、用起来。要大力强化正向激励，加强人文关怀，旗帜鲜明为敢于担当、踏实做事、不谋私利的干部撑腰鼓劲，使锐意改革、创新发展成为集团公司的良好风尚。要围绕经营工作需要，加强干部专业化培训，切实提升干部专业化能力。

三是要深化基层组织建设。推动党的领导和完善公司治理深度融合，分类别、分层级制定前置研究讨论事项清单，把党领导经济工作的制度优势转化为公司治理效能。要坚持抓基层打基础，推进基层党建理念创新、机制创新、手段创新，不断提升基层党组织规范化标准化建设水平。要通过党员责任区、党员示范岗、党员突击队、党员服务队等有效的党建工作手段，引导党员创先争优、攻坚克难，争当生产经营的能手、创业创新的模范、提高效益的标兵、服务群众的先锋。要加强思想政治工作，以庆祝建党100周年为契机，引导党员干部加强党性锻炼、党性修养，坚定理想信念。要充分发挥群团组织桥梁纽带作用，组织动员广大职工群众、团员青年围绕改革发展和生产经营建功立业。

四是要深化党风廉政建设。要清醒认识腐蚀和反腐蚀斗争的严峻性、复杂性，认识反腐败斗争的长期性、艰巨性，把"严"的主基调坚持下去，以系统施治、标本兼治的理念正风肃纪反腐。要全面落实从严治党主体责任，党委书记作为第一责任人要敢抓真管，推动党委主体责任、纪委监督责任贯通联动、一体落实，从基础制度严起、从日常规范抓起，把负责、守责、尽责体现在每个党组织、每个岗位上。要强化政治监督，加强专项监督检查，推动党中央、省委决策部署，集团公司降成本、增效益、强管理、抓创新、防风险等工作举措的落实落细，确保高质量发展扎实推进。要坚持不敢腐不能腐不想腐一体推进，用好"四种形态"，综合发挥惩治震慑、惩戒挽救、教育警醒的功效；要将正风肃纪反腐与深化改革、完善制度、促进治理贯通起来，有针对性地补齐制度短板。要毫不松懈纠治"四风"，对公款吃喝等歪风陋习露头就打，不断营造风清气正的良好政治生态。

同志们，新征程扬帆起航，新使命重任在肩。让我们更加紧密团结在以习近平同志为核心的党中央周围，在省委、省政府的坚强领导下，攻坚克难、改革创新、砥砺奋进，扎实推动"十四五"开好局、起好步，加快建设国内一流的现代交通企业，为书写全面建设社会主义现代化山西篇章做出积极贡献，以优异成绩庆祝建党100周年！

强化责任担当 全面提升质量
为建设国内一流现代化交通企业提供坚强保障

——在2021年山西交控集团党建暨党风廉政建设工作会议上的讲话

山西省交通控股集团有限公司党委书记、董事长 袁清茂

这次党的建设和党风廉政建设工作会议，是在集团公司从重组整合、立柱架梁、重点向改革要效益阶段进入深耕市场、创新突破、重点向经营要效益新阶段召开的一次重要会议。会议的主要任务是，以习近平新时代中国特色社会主义思想为指导，全面贯彻中共十九大和十九届二中、三中、四中、五中全会精神，认真落实省委“四为四高两同步”总体思路和要求，深入贯彻省委十一届十次全会、十一次全会暨省委经济工作会议精神、省纪委十一届七次全会精神，回顾总结去年工作，安排部署2021年工作，动员集团公司各级党组织和广大党员干部提高政治站位，强化责任担当，全面提升党建工作质量，为建设国内一流科技型实力型智能型现代化交通企业提供坚强保障。一会儿焦军书记还要就党风廉政建设工作进行安排部署，希望大家认真抓好贯彻落实。

下面，我先讲三点意见。

一、持续精准发力，集团公司党的建设不断向纵深发展

2020年，是集团公司发展极不平凡的一年。面对繁重改革发展稳定任务，特别是新冠肺炎疫情影响，集团公司党委坚持以党建引领改革发展，牢牢把握正确发展方向，持续用力抓班子带队伍，为推进改革发展提供了坚强保障。

一是党的政治建设得到新加强。集团公司党委充分发挥领导作用，持续推动学习贯彻习总书记视察山西重要讲话重要指示走深走实，制定《集团公司关于贯彻落实习近平总书记视察山西重要讲话重要指示在转型发展上率先蹚出一条新路来的具体措施》，提出6方面30项101条具体措施，明确任务书、时间表和路线图，保证重要讲话重要指示落地落实。坚持把党委会研究讨论作为董事会、经理层决策重大问题的前置程序，召开党委会21次，研究210个议题，其中前置研究讨论重大事项83项，保证上级部署要求在集团公司有效贯彻落实。科学制定“十四五”规划，明确推进基础设施产业、金融产业、信息产业、交通关联产业“四大板块”协调发展，到“十四五”末，年营业收入达到1000亿元，利润总额达到50亿元，进入全国交通企业“第一梯队”的总体目标。认真贯彻落实习近平总书记关于坚决打赢疫情防控阻击战的一系列重要指示和重要讲话精神，配合在全省收费站和服务区设置了316个卫生检疫站，直接减免通行费约45.56亿元，筑起了高速公路“防输入、防扩散、防输出”的屏障，为全省打赢疫情防控阻击战做出积极贡献。

二是基层组织建设得到新提升。党委会研究全面从严治党议题111个，经常性研判形势任务，持续部署推动。制定《党委及其成员落实全面从严治党责任清单及2020年任务安排》等10余项党建工作制度，进一步完善抓学习、抓制度、抓队伍、抓考核、抓融合的主体责任落实机制，推动全面从严治党主体责任闭环管理、落实落细。制定《关于提升基层党组织组织力的实施意见》，明确5方面17项具体工作举措。制定《党委书记和班子成员党支部工作联系点制度》，加强对基层党建工作的指导。对6个设立不规范的党支部，进行调整优化。编制

发展党员、党组织换届、党支部工作、党费收缴等4个《工作手册》，扎实推进基层党组织规范化建设。制订《基层党务干部能力提升培训计划》《党务干部岗前及岗位任职能力评估办法》，对1000余名党务干部和党支部书记进行培训，提升党务干部专业能力。推动党建工作与生产经营深度融合，深入开展1235党建项目化管理工作，从2019年立项的713个项目中评选出24个优秀党建项目化管理成果，基层党组织和党员作用发挥有了更加明确的“着力点”。

三是干部队伍建设取得新进展。实施“六定”改革，推行扁平化、“大部制”管理模式，优化管理人员配备，控制管理人员职数，集团总部机构数量减少4个，减少22%，中层管理人员职数减少19个，减少35%；所属二级企业机关中层职数减少78个，减少13%。坚持事业为上，人岗相适、以事择人，提拔了64名干部，所属企业的班子结构进一步优化。注重年轻干部培养选拔，分层分类建立年轻干部后备库，年轻干部数量占比较2018年提高4.6个百分点，完成三年行动工作目标。合理用好容错免责机制，激发担当作为动能，按照“三个区分开来”的要求，对2名干部采取约谈提醒等方式予以合理宽容。强化人才引育工作，认真落实省委人才新政“12条”，召开了人才工作座谈会，建立《实施人才强企战略提升高质量发展动能的若干举措》等人才工作制度，设立5000万元的人才工作专项资金，加强人才引进。

四是宣传思想工作取得新成效。加强对基层理论学习指导，开展中心组理论学习专项督查，建立中心组理论学习巡听机制、学习点题机制，完成旁听企业12家、向下点题学习9次，推动理论学习提质增效。组织开展宣讲3750余次，受众人数8.7万人次，确保上级决策部署及时得到学习贯彻落实。集团公司党委理论学习中心组被省委宣传部评选为全省党委（党组）理论中心组学习联系示范点、全省“学习强国”模范学习组织。认真落实意识形态工作责任制，召开4次意识形态领域形势分析研判会议、开展意识形态工作责任制落实情况专项督查，向16家企业发放意识形态提醒提示卡，集团公司意识形态领域平稳可控。坚持党建带群建，深化共青团改革，深入组织开展“号岗队手”青年岗位建功活动、劳动竞赛活动，集团公司团委被评为全省“五四红旗团委”，工会被评为山西省“模范职工之家”。

五是党风廉政建设取得新进步。制定《关于加强政治监督的实施细则》，明确6方面重点任务，推进政治监督具体化规范化常态化。组织对14户所属企业进行巡察，充分发挥巡察利剑作用。强化日常监督，聚焦重点领域和关键环节，下发《加强重点工程廉洁建设指导意见》《关于对重点工程项目廉洁建设开展监督检查的通知》，对工程建设领域进行常态化、近距离、可视化监督。下发《关于对基层站区管理盲点开展专项检查的通知》，全面排查基层站区日常管理存在的漏洞。加强源头治理，印发《督促落实企务公开探索创新监督方式的通知》，从源头上预防腐败问题发生。驰而不息纠治“四风”，持续精文减会，减轻基层负担。2020年集团总部文件数量同比减少15%，大型会议同比减少19%。严格落实中央八项规定精神，开展3轮明察暗访，下发整改通知书19份，督促所属企业党组织限期整改问题71件。

通过一年的工作，集团公司党建引领改革发展的带动效应更加显现，形成抓党建、促发展的良好态势，资产证券化、降本增效、项目建设等工作高效推进，发展活力明显增强，在省属国有企业负责人座谈会上，省委书记楼阳生给予充分肯定。集团公司先后荣获山西转型综合改革示范区模范单位、“腾笼换鸟”先进单位、全省干部驻村帮扶工作模范单位、全省消费扶贫示范单位等称号。

集团公司党的建设工作取得的成绩，根本在于习近平新时代中国特色社会主义思想的科学指引，关键在于省委、省国资委党委的坚强领导，在于公司各级党组织、广大党员干部和党务工作者的履职尽责、担当奉献。在此，我代表集团公司党委，向广大党员干部表示衷心感谢和诚挚问候！

在看到成绩的同时，我们也清醒地认识到工作中还存在一些差距和不足，主要是：党建工作进展不平衡，有的企业党建工作抓得还不够紧，党建引领发展的成效还不明显；基层党组织规范化建设水平还需进一步提升，有的党务干部专业化能力还不强；干部和人才队伍建设还存在薄弱环节，一些干部的经营意识还不强，对落实集团公司决策部署打折扣，行业领军人才、高端拔尖人才相对短缺；反腐败斗争形势依然严峻复杂，不收敛不收手问题仍较突出，等等，需要在下一步工作中持续用力解决。

二、把握特点规律，切实增强提高党的建设质量的责任感和使命感

提高党的建设质量，是中共十九大总结实践经验、顺应新时代党的建设总要求提出的重大课题，这是习近平总书记着眼于永葆党的先进性和纯洁性提出来的，是新时代党的建设必须努力达到的要求。坚持党的领导、加强党的建设，是国有企业的“根”和“魂”，解决好党建中存在的“重形式轻内容、重过程轻结果、重数量轻质量，看起来热热闹闹，实际效果却不佳”的问题，必须继续在提高党的建设质量上下功夫。

只有高质量抓好党的思想政治建设，持续推进学习贯彻习近平新时代中国特色社会主义思想往深里走、实里走、心里走，才能找到破解企业改革发展难题的答案、钥匙和方法。

只有高质量抓好党的组织建设，充分发挥党组织领导作用，不断增强党组织的政治功能和组织功能，才能充分发挥党员的先锋模范作用、党员干部的骨干中坚作用和专业人才的战略支撑作用，凝聚起攻坚克难的强大力量。

只有高质量抓好党的纪律建设和反腐败斗争，持之以恒正风肃纪、坚定不移反腐惩贪，以抓铁有痕、踏石留印的坚韧和执着，打好这场攻坚战、持久战，才能为建设国内一流现代化交通企业营造风清气正的环境。

集团公司改革发展和党的建设三年来的实践也在不断证明：党建工作做实就是生产力、做强就是战斗力、做细就是凝聚力。我们要坚持围绕发展抓党建、抓好党建促发展，坚持把提高企业效益、增强企业竞争实力、实现国有资产保值增值作为党建工作的出发点和落脚点，不断增强提升党建质量、引领保障高质量发展的思想自觉和行动自觉。

三、找准着力点结合点，为推进高质量发展提供坚强保证

今年是中国共产党成立100周年，是全省“十四五”转型出雏形开局之年，也是集团公司第二个三年任期第一年。做好全年党建工作，要以习近平新时代中国特色社会主义思想为指导，全面贯彻中共十九大和十九届二中、三中、四中、五中全会精神，全面贯彻新时代党的建设总要求和党的组织路线，认真落实省委“四为四高两同步”的总体思路和要求，深入贯彻省委十一届十次全会、十一次全会暨省委经济工作会议精神、省纪委十一届七次全会精神，扎实开展“党建质量提升年”，以党的政治建设为统领，着力深化理论武装，着力夯实基层基础，着力建强干部队伍，着力推进正风肃纪，在抓重点、补短板、提质量、强效果上下功夫，全面提高党建质量和党建引领发展水平，为建设国内一流的科技型实力型智能型现代化交通企业提供坚强保障。

重点要抓好以下5方面工作：

第一，着力提升党的政治建设质量，为改革发展提供政治保障

党的政治建设是党的建设的“灵魂”和“根基”，对党的其他建设起到纲举目张的作用。改革发展必须坚持正确政治方向，党员干部要善于从政治上观察和处理问题，使讲政治从外部要求转化为内在主动。

*一是要深化理论武装。*坚持把学习贯彻习近平新时代中国特色社会主义思想作为第一议题，做到习总书记重要论述和讲话精神在第一时间学习领会、第一时间研究讨论、第一时间贯彻落实。要巩固深化“不忘初心、牢记使命”主题教育成果，推动初心使命教育制度落实落地，强化一句誓言、一生作答的思想和行动自觉。党员干部要坚持读原著、

学原文、悟原理,把自己摆进去、把职责摆进去、把工作摆进去,在强读强记、常学常新中加强理论修养、筑牢理论基础。要深化学以致用,学思用贯通,知信行统一,切实提高运用党的创新理论指导实践、推动改革、破解难题的能力。

二是要提升政治能力。党员领导干部要坚持用党中央精神分析形势、推动工作,加强战略性、系统性、前瞻性研究谋划,牢牢把握正确发展方向。要经常同党中央精神对表对标,切实做到党中央提倡的坚决响应,党中央决定的坚决执行,党中央禁止的坚决不做。要把坚持底线思维、坚持问题导向贯穿工作始终,做到见微知著、防患于未然。要强化责任意识,知责于心、担责于身、履责于行,不折不扣把上级决策部署落实落细。

三是要深入推动党的领导融入公司治理。认真贯彻落实习近平总书记"两个一以贯之"重要论述,坚持党的领导和公司治理有机统一,厘清党委"把方向、管大局、保落实",董事会"定战略、作决策、防风险",经理层"谋经营、抓落实、强管理"的权责,完善各司其职、各负其责、协调运转、有效制衡的公司治理机制。要结合不同层级、不同类型企业实际,制定党委前置研究讨论重大经营事项清单,确保党委有效发挥领导作用,党组织意图在企业重大决策中得到充分体现。

第二,着力提升干部队伍建设质量,打造担当作为的干部队伍

企业发展得好不好、能不能盈利,是走上坡路,还是下坡路,关键在领导班子这个"关键少数",党委书记、董事长和班子成员要始终掂量肩上担负的重大责任。

一是要大力选拔使用担当作为的干部。坚持树立正确选人用人导向,考察使用干部,要更加注重政治标准,看忠诚、看干净、看担当。要坚持"事业为上、人岗相适、人事相宜"原则,树立注重基层和实践的导向,优先选拔使用立足本职岗位埋头苦干、扛重活打硬仗、勇挑急难险重任务的干部,大力选拔敢于负责、勇于担当、善于作为、实绩突出的干部。要围绕企业改革发展和核心主业,"一企一策"合理搭配领导班子,大力选用善于经营、善于改革、善于创新的优秀骨干。要做好年轻干部培养选拔工作,完善日常发现、动态管理、持续培养、及时使用的工作机制,对经过扎实历练、表现突出的要及时提拔使用。要加强人才工作,推进市场化选聘,大力引进高端人才和专业管理团队。

二是要建设担当作为的领导班子。越是在发展关键时期,越是考验和检验各级领导班子的创造力凝聚力战斗力。这几年,集团公司加大调整配备领导班子力度,所属企业领导班子结构不断优化,工作作风和精神状态明显提升。但也要清醒地看到,与建设一流企业要求相比,一些班子和干部在思想观念、工作作风、领导水平等方面还有不小差距:有同船不同向,划桨不合力,拈轻怕重,整体合力不够;有学习新知识、接受新事物意识不强,对新形势、新领域、新问题接受慢、转变慢、跟进慢,专业能力不足,发展能力不够;有安于现状、因循守旧,存在畏难情绪、松懈情绪和消极依赖思想,工作缺乏高定位、高标准、高追求,缺乏开拓创新锐气和魄力等。针对这些问题,要专题开展领导班子建设活动,认真剖析查找问题,从严从实抓整改,努力通过建设"讲政治、讲担当、讲实干、讲实效、讲廉洁"的领导班子,推动改革发展取得新突破。

三是要严格问责倒逼干部担当作为。近期,省委对落实改革不力的企业和单位,果断采取组织措施,进行严肃问责,发出不落实、就问责的鲜明信号。我们要引以为戒,举一反三,严肃纪律和规矩,对不担当不作为,遇到困难"躲着走",不积极协调沟通、不主动解决问题,落实上级决策部署和集团公司改革措施推进缓慢、打折扣,经营不善、企业亏损、完不成经营目标的干部,要坚决予以调整,实现能者上,庸者下。

第三,着力提升基层组织建设质量,建强基层战斗堡垒

基层党组织是集团公司全部工作和战斗力的基础,所有决策部署都要在基层去落实。要始终坚持聚焦基层抓党建、抓好党建强基层,建强基层促发展。

一是要持续提升组织力。要从有利于发挥政治功能的角度出发，进一步优化组织设置，理顺隶属关系，确保党组织设置始终和企业改革发展、生产经营活动、组织管理幅度相适应，不断提升基层组织覆盖能力和覆盖水平。要重视建强党小组，发挥党小组作用。要严格落实《国有企业基层组织工作条例》《基层组织选举工作条例》，做好到期党组织换届工作，做到应换尽换。要严把党员发展“入口关”，坚持把政治标准放在首位，发挥群团组织推荐作用，实现党员发展数量50%以上向基层一线倾斜，逐步消除空白班组。坚持义务和权利相统一，确保党员正确行使权利。要加强党支部标准化规范化建设，充分发挥示范党支部引领带动作用，推动基层党支部整体提升、全面进步、全面过硬。

二是要强化政治功能。紧密结合企业生产经营开展党组织活动，通过设立党员责任区、党员示范岗、党员突击队、党员服务队和带头开展“立项攻关”活动等形式，引导党员创先争优、攻坚克难，争当生产经营的能手、创新创业的模范、提高效益的标兵、服务群众的先锋。要深入推进党建与生产经营深度融合，深化1235党建工作项目化管理工作，努力再打造一批党员职工认可、特色鲜明、引领改革发展成效明显的党建项目。要强化典型引领作用，选树一批先进党支部、优秀共产党员和优秀党务工作者，发挥示范引领效应，激励干部职工建功立业。

三是要加强基本队伍建设。认真落实“把党支部书记岗位作为培养选拔企业领导人员重要平台、把党务工作岗位作为培养企业复合型人才重要平台”的要求，结合实际拿出具体制度措施。要以近年来全面从严治党的重要讲话、重要要求、重要制度为内容，加强党务干部培训，提升党务工作者政治能力和业务水平。要发挥支部管到人头的特点，抓实党员干部经常性教育管理，坚持教育、管理、监督、服务相结合，不断强化党员意识，切实发挥好先锋模范作用。要注重运用网络信息化手段和新媒体平台，增强党组织活动和党员教育管理工作的吸引力和实效性。

第四，着力提升宣传思想工作质量，凝聚发展强大合力

宣传思想工作是国有企业传家宝。要认真学习贯彻《中国共产党宣传工作条例》，牢牢把握“举旗帜、聚民心、育新人、兴文化、展形象”的使命任务，找准路径，守正创新，更好地坚定主心骨、汇聚正能量、振奋精气神。

一是要强化思想引领。坚持用党的创新理论武装党员干部职工，持续推动干部职工在“学懂弄通做实”上下功夫，将党的创新理论转化为坚定的理想信念、科学的思维方式、有效的工作举措、显著的工作成效。要认真落实意识形态工作责任制，加强舆情监测和应对，牢牢掌握工作主动权。要按照上级安排，组织开展好庆祝中国共产党成立100周年宣传教育工作。要深入宣传党中央、省委、省政府的决策部署，及时宣传集团公司改革发展的工作安排、工作动态和涌现出来的先进典型，讲好交控故事，凝聚人心、鼓舞士气，塑造良好企业形象。

二是要加强企业文化建设。坚持以社会主义核心价值观引领企业文化建设，引领员工树立正确的价值取向，让员工爱国守法，明礼诚信，热爱本职工作，热爱企业，热爱国家。要积极开展企业文化评比工作，形成更多凝聚价值共识的案例成果。要深化文明单位创建，细化创建目标任务，提升员工参与度、认可度，形成建功新时代、争创新业绩的浓厚氛围。

三是要加强群团和统战工作。要完善职代会、工代会等企业民主管理制度，深化和谐劳动关系创建。要大力弘扬劳模精神、工匠精神，深入开展“工人先锋号”等劳动竞赛活动、文化体育活动，激发职工的劳动热情。要及时帮助职工群众解决实际困难，对长期异地工作生活，家庭确实困难、表现突出的职工，要尽可能地予以帮助解决。要认真落实集团公司《共青团改革实施细则》，加强基层团组织建设，深入开展“号岗队手”创建活动，充分发挥团员青年的突击队和生力军作用。要做好统战工作，加强党外代表人士队伍建设。

第五，着力提升党风廉政建设质量，营造风清气正的发展环境

集团公司项目密集、资金密集、社会关注度高，时刻面临着廉政风险的考验。在省纪委十一届七次全会上，省委书记楼阳生强调，对重点领域腐败要重拳出击，一抓到底，要继续关注煤炭、扶贫、金融、国企、司法、交通等我省腐败易发多发的领域，深挖彻查腐败案件。我们要清醒认识腐蚀和反腐蚀斗争的严峻性、复杂性，一刻不停推进党风廉政建设和反腐败斗争。要始终保持“赶考”的清醒，保持对“围猎”的警觉，把严的主基调长期坚持下去，以系统施治、标本兼治的理念，正风肃纪反腐。

一是要强化政治监督。认真落实集团公司《政治监督实施细则》，严明政治纪律和规矩，督促集团公司各级党组织增强“四个意识”、坚定“四个自信”、做到“两个维护”。要推动集团公司各级党组织深入学习贯彻习近平新时代中国特色社会主义思想和关于全面从严治党的一系列重要论述，确保跟进学习和坚决贯彻习总书记最新重要讲话精神。要加强专项监督检查，切实推进集团公司降成本、增效益、强管理、抓创新、防风险各项工作举措的落实，确保高质量发展扎实推进。要推动形成以结果论英雄鲜明导向，把“抓落实的关键是要有解决方案”的要求落到实处，推动各项工作往实里抓、向目标靠。要做好巡察工作，把握政治巡察内涵，发挥政治监督作用。

二是要保持惩治高压态势，强化“不敢腐”。坚持无禁区、全覆盖、零容忍，坚持重遏制、强高压、长震慑，紧盯严重违反企业“三重一大”和工程承接、项目建设、产权变更交易、材料供应等经营管理重点领域和关键环节，严肃查处各种以权谋私、滥用职权、设租寻租的腐败问题。要锲而不舍落实中央八项规定精神，坚决查处和防范请客吃饭、年节送礼、托人说情、私车公养、大操大办婚丧喜庆等问题，让心存侥幸、跃跃欲试者望而生畏。

三是要加强监督制约，强化“不能腐”。要在实践中检验制度的科学性、可行性、实效性，常态化查找分析问题、检视完善制度，切实解决制度“虚化”“失灵”“空转”等问题。要将防腐措施与改革举措同谋划、同部署、同落实，针对性地补齐重点领域制度短板，做实扎紧制度笼子。要加强对制度执行的监督，不管是谁，不管职务多高，只要不执行制度、打折扣、搞选择、搞变通，都要依规依纪严肃处理。要加强日常监督，坚持挺纪在前、严格执纪，综合运用咬耳扯袖、谈话提醒、约谈函询等方式，实现监督前移。要进一步推动纪律监督、监察监督、派驻监督、巡察监督、审计监督的统筹衔接，继续抓好部门联动监督，强化监督合力。要把反腐败和数智化管理结合起来，运用“制度+科技”手段，用好公路建设智慧监管指挥调度平台，实现监督水平和管控水平一体提升。

四是要筑牢思想防线，强化“不想腐”。要以庆祝建党100周年为契机，引导党员干部从党的非凡历程中读懂强党之路、复兴之路，真学真懂、真信真用习近平新时代中国特色社会主义思想，更好地锤炼党性、砥砺品格，消除贪婪心和侥幸心，炼就“金刚不坏之身”。要牢牢守住纪法底线，管好家属子女，不属于自己的东西一律不要，一定不要做自己回不了头的事，不要做组织想帮却帮不了的事。

五是要坚决扛牢“两个责任”。所属企业党委书记要坚定扛起第一责任人责任，推动党委主体责任与纪委监督责任一体贯通、一体落实，坚持重要工作亲自部署、重大问题亲自过问、重点环节亲自协调、重点案件亲自督办。领导班子成员要履行好“一岗双责”，既管业务又管思想、管作风、管纪律，推动形成党委落实主责、书记履行首责、班子成员尽责的党建工作格局。企业纪委既要履行协助职责，通过重大事项请示报告、提出意见建议、监督推动党委决策部署贯彻落实等方式，协助同级党委落实主体责任，又要强化监督专责，紧盯不落实的人，聚焦不落实的事，加强监督执纪问责，解决中梗阻的问题，发挥好监督保障执行、促进完善发展作用。要深入推进纪检监察体制改革后续工作，加强规范化法制化建设，加强纪检监察队伍建设，提升监察治理效能。

同志们，春节将至，改革发展、安全稳定各项工作十分繁重。各企业各部室要按照会议部署的要求，切实把每项重点工作都抓在手上，落到实处。这里强调5件事：

一是要深入学习贯彻省委十一届十一次全会暨省委经济工作会议精神、省"两会"精神、省纪委十一届七次全会精神，深入学习贯彻集团一届四次职代会暨工作会议精神、党的建设和党风廉政建设工作会议精神。要强化"抓落实的关键是要有解决方案"的理念，综合部门要科学分解工作任务，实行台账式管理；各企业、各部室要细化目标任务、工作举措，确保各项部署落到实处。

二是要抓好常态化疫情防控，减少"两节"期间人员流动和聚集，做好高速公路收费站、服务区疫情防控工作，严格措施、严密防范，持续巩固疫情防控战略成果。

三是要加强经济运行分析调度，做好重点改革推进、重点项目谋划和建设工作，努力实现首季开门红，为全年开好局起好步奠定扎实基础。

四是要做好节假日高速公路通行保障工作，切实关心困难职工的生产生活，做好走访慰问、帮扶救助工作。做好农民工工资发放工作。

五是要严格执行领导干部在岗带班，做好应急值守、安全生产、维护稳定等工作，确保过一个安定祥和的节日。

同志们，让我们更加紧密地团结在以习近平同志为核心的党中央周围，锐意进取、真抓实干，奋力谱写集团公司全面从严治党、党风廉政建设和反腐败斗争的新篇章，为加快建设国内一流现代化交通企业提供坚强保障，以优异成绩迎接建党100周年！

同心同德 真抓实干 砥砺前进 奋力谱写高质量发展新篇章

——山西交控集团一届四次职代会暨2021年工作会议上的报告

山西省交通控股集团有限公司党委副书记、副董事长、总经理 武 艺

各位代表，同志们：

现在，我代表集团公司向大会报告工作，请予审议。

一、高质量发展迈出坚实步伐

刚刚过去的2020年，是集团公司改革发展极不平凡的一年。集团公司上下坚持以习近平新时代中国特色社会主义思想为指引，坚决贯彻习近平总书记视察山西重要讲话重要指示，认真落实省委"四为四高两同步"总体思路和要求，努力克服新冠肺炎疫情影响，统筹推进经营管理、项目建设、资产证券化、科技创新、风险防控、党的建设等各项工作，形成了推动高质量发展的强劲态势。

全年完成营业收入458.21亿元，同比增长17.38%；利润总额5.34亿元，同比增长17.62%；圆满完成省国资运营公司下达的各项目标任务。

一是资本运作取得新突破。路桥股份通过非公开发行股份方式同步引入央企战略投资人招商公路配融4.8亿元，实现资产证券化、市场化再融资、上市国企"一石三鸟"目标，集团公司被授予2020年度省属企业"腾笼换鸟"工作先进集体。环保公司增资控股"新三板"企业，推动混改后的交控生态股份公司向水、气、声、固废利用等生态环保全领域拓展，环境治理"全科医生"雏形初显。参股12.2%的山西华翔集团股份有限公司实现IPO，成为

山西省2015年6月之后首家成功登陆A股市场的企业。金资管理公司有效整合资本管理、融资租赁、商业保理、基金管理等金融业务，实现利润1.07亿元，成为新的利润增长点。

二是高速公路经营管理跃上新台阶。全面实施差异化收费政策，5月6日恢复收费以来，通行量、通行费较上年同比增长9.3%和11.3%。加强联网收费稽核工作，全年追缴通行费438万元。大力推广应用养护新材料、新工艺、新技术和养护设备以租代购等新模式，政府还贷高速公路全年降低养护成本2.3亿元。完成2.1万亩总值61.5亿元土地资产的划转确权，集团公司资产负债率降低1个多百分点。补植乔灌木4.6万余株，高速公路原生态绿色走廊建设初见成效。深化与壳牌（中国）的合作，引入中化石油有限公司，实现双品牌合作。完成太谷、盂县等4对服务区的提档升级改造，新开通15对服务区、28座加油站，服务区能源业务实现营业收入7亿元，同比增长53.4%，服务区品牌形象得到新提升。高速公路服务平台网页版、微信小程序和“畅行通”App上线运行，服务智能化水平显著提高。

三是项目建设跑出新速度。全年签订合同额522亿元，其中省外项目合同额5.9亿元，超额完成年度指标；完成项目投资282亿元，同比增长50.8%；完成工程营业收入279亿元，同比增长41.9%。阳蟒、东二环高速公路和全省首个BOT一级公路国道108线神堂堡至砂河段等10个投资项目建成通车。黎霍、朔神等5个高速公路和国道241朔城区至平鲁段等2个一级公路项目开工建设。21个在建项目有力有序实施，特别是路桥集团京雄高速SG3项目部创造了日均施工产值突破1000万元的集团公司单项最高纪录。完成忻保、太古、长邯改扩建等6个高速公路项目竣工验收。扎实推进品质工程建设，隰吉、离隰高速公路成功入选“黄河流域交通运输生态环境保护与高质量发展”交通强国建设山西试点项目。黎霍高速公路项目超额完成全年投资目标和省领导包联项目各项任务，受到省交通运输厅通报表扬。积极推进固废资源规模化应用，累计应用各类固废1013万吨，节约工程施工成本约1.6亿元。

四是科技创新水平得到新提升。着力推进科创平台建设，获批“山西省智慧交通工程研究中心”等4个省部级研发平台，获省部级科学技术奖29项，制定各类行业、地方标准37项。深化产学研联合创新，成立山西交科—华为联合创新实验室，与清华大学共建基础设施智能化联合研究中心。大力推进科技成果转化应用，优选沥青路面就地热再生等18项实用性成果加速转化，自主研发的JYJ-Z1型粘钢胶等系列产品填补市场空白，实现利润500万元。加快智能交通建设，在五盂高速公路开展“智能网联重载货运车路协同”交通强国试点项目建设，太原东二环高速公路成为全省首条应用全寿命周期BIM技术的数字公路。集团公司数据中心交通专有云平台有力保障集团公司及所属企业29个系统的平稳高效运行。

五是风险防控能力得到新加强。疫情发生以来，积极配合地方政府设置卫生检疫站316个，“点对点”包车运输4万余名农民工及时返岗，严格落实疫情防控各项措施，保证高速公路安全畅通、工程项目建设有序复工、干部职工“零感染”。持续推进安全生产管理“五大体系”建设，开展全集团全覆盖全方位隐患排查治理，挂牌督办的太古隧道、八盘山隧道2项重大安全隐患治理完成验收销号，安装14公里雾区引导防撞系统和1271公里能见度检测仪，实现了团雾多发路段全覆盖监测预警，各类安全生产事故起数和伤亡人数较2019年大幅下降。深入推进“三零”单位创建工作，保持和谐稳定的良好局面。信访维稳工作受到省驻京信访工作组和省国资委表扬。法律合规工作与经营管理深度融合，法律风险防范机制不断健全，三项法律审核100%，以法治方式破解发展难题的能力不断提高，调处历史遗留案件挽回直接经济损失近亿元，推动以高水平的依法治企促改革、保发展。完成网络安全等级保护系统备案10个，集团公司本部软件正版化率100%，坚决守住网络安全底线。首家完成省属国资国企在线监管系统试点自建工作，形成集团公司内控机制与服务国资国企监管效能提升的联动效应,受到省国资委通报表扬。

六是党建引领发展取得新成效。持续推动学习贯彻习近平新时代中国特色社会主义思想往深里走、往心里走、往实里走,广大党员干部的政治理论水平得到进一步提升。强化意识形态领域形势分析研判,集团公司意识形态领域平稳可控。对14户所属企业开展政治巡察,完成三年巡察全覆盖目标,切实发挥巡察利剑作用。优选形成24个党建项目化成果,助力破解改革发展难题。群团组织桥梁纽带作用充分发挥,思想政治工作合力进一步凝聚。审计风控、精准扶贫、文秘信息、督查督办、机要保密、后勤保障等工作均取得新成绩。

各位代表,同志们:

过去一年取得的成绩殊为不易,成之惟艰。这得益于习近平新时代中国特色社会主义思想的科学指引,得益于省委、省政府和省国资委、省国资运营公司的坚强领导,更得益于全体交控人团结一心、拼搏奋斗。在此,我谨代表集团公司,向所有关心支持交控发展的各级领导、各界朋友,向辛勤付出、勇于奉献的广大干部员工,表示崇高敬意和衷心感谢!

在肯定成绩的同时,我们也清醒看到:与全国同类型一流企业相比,集团公司发展质量和效益还有差距;发展不充分不平衡不协调的问题仍比较突出;运营变经营的理念还未得到根本转变;科技创新生态建设激发创新创造活力还需持续用力;安全生产责任还需进一步压紧压实;抓落实的能力和本领还需进一步提升,等等。

我们要坚持问题导向、目标导向、结果导向,采取有效措施,切实加以解决。

二、再创高质量高速度发展新业绩

2021年是全国现代化建设进程中具有特殊重要性的一年,是全省"十四五"转型出雏形开局之年,也是集团公司第二个三年任期的第一年。做好全年工作,要坚持以习近平新时代中国特色社会主义思想为指导,全面贯彻中共十九大和十九届二中、三中、四中、五中全会精神,深入贯彻习近平总书记视察山西重要讲话重要指示,认真落实省委"四为四高两同步"的总体思路和要求,深入贯彻省委十一届十次全会、十一届十一次全会暨省委经济工作会议精神,立足新发展阶段,贯彻新发展理念,紧抓构建新发展格局机遇,坚持稳中求进工作总基调,坚持高质量发展,以党建为保障,以效益为中心,以改革为动力,提站位、降成本、增效益、强管理、抓创新、防风险,努力实现高质量高速度发展,以优异成绩庆祝建党100周年。

2021年主要预期指标为:通行费收入220亿元,力争230亿元;成本费用利润率提升0.5%;管理费用同比下降2%;同口径资产负债率下降2个百分点;避免存贷双高现象,力争综合融资成本下降0.5%;人工成本利润率同比提高10%;全员劳动生产率提高8%;利润总额同口径同比增长60%;国有资产保值增值率保持101%以上;经济增加值、营业收入利润率等指标对标国内同行业先进企业实现明显提升;压减管理层级至四级;全面完成省属企业各项经营业绩考核指标。

限制约束指标为:坚决杜绝各类重特大生产安全事故和环境保护事件。

2021年,要在全面完成各项任务基础上,重点抓好以下工作:

(一)坚持项目为王、效益优先,着力提升建设管理水平

推进项目投资建设提速。统筹用好省内省外两个市场、两种资源,有序推进"建成一批、建设一批、开工一批、储备一批"工程项目工作格局,完成项目投资270亿元,工程业务营业收入240亿元。高速公路方面,继续推进黎城—霍州、榆次—昔阳、隰县—吉县、离石—隰县、朔州—神池、晋城—阳城高速公路改扩建6个省内高速公路投资项目,扎实推进河北延崇、新疆省道21阿乌等3个省外高速公路施工项目。国省干线方面,建设国道209吕梁新城、国道241阳朔段和国道336朔平段、国道207左涉段、国道241和省道岚马线改线工程、国道322浙江景宁段、浙江松阳段6个投资项目,年内建成国道

207左涉段一级公路。三大板块旅游公路和“四好农村路”方面，建设沁源交通建设一期工程、武乡“四好农村路”等10个投资项目，年内建成晋城“太行一号”、偏关老牛湾、临汾沿黄、太谷南山旅游公路等6个项目。大力开展劳动竞赛活动，促进项目提质提速。

推进品质工程创建。坚持品质为天，全面推行项目施工标准化管理，实施“三集中”管理、“四新”应用、“五化”建设、“六个百分百”环保作业，提升项目“含金量”“含新量”“含绿量”。强化全员、全过程、全方位质量管理，着重在工程设计、质量通病治理、现场工艺控制、班组行为规范等方面下功夫，打造一批“优质耐久、安全舒适、经济环保、社会认可”的品质示范工程。强化“绿色施工”理念，着重在施工扬尘防治、弃土弃渣整治、资源循环利用、环保技术创新等方面下功夫，形成一批“绿色+品质”双创成果。深化BIM技术在交通基础设施设计、建造、养护、管理全过程应用，推动项目建设数字化、网络化、智能化转型升级。深度挖掘BIM+GIS技术应用，将黎霍、昔榆高速公路建设成为山西交通智慧建造和BIM应用示范项目。继续抓好隰吉、离隰高速公路“黄河流域交通运输生态环境保护与高质量发展”交通强国山西试点项目建设，打造交控“平安、品质、绿色、智慧”建设品牌。开工建设山西交通研创商务基地项目。认真落实生态环保新思路、新理念，加强交通基础设施建设、运营、养护全周期生态保护，提升生态文明建设水平。

加强项目二次经营。全面推行项目策划，提高大宗材料集采率，有效节约施工成本。优化项目成本管理，培育有实力、讲诚信的工程分包协作单位，人均施工产值达到288万元。夯实进度控制、成本控制、质量控制、安全控制，信息管理、合同管理、采购管理、资金管理“四控四管”基础，强化全过程精细化管理。落实落细工程设计优化、技术措施革新、四新技术应用、固废利用、班组建设、融资管理等降本措施，提升项目经营效益。用好工程建设项目智慧监管平台，拓展应用到工程策划、设计、招标、采购、施工、竣工验收全过程，实现对重点项目的实时全流程监控。

（二）坚持开源节流、降本增效，着力提升经营管理水平

扎实推进“六大增效”工程。认真落实省属企业管理提升年各项要求，扎实开展“降本增效、减员增效、提效增效”专项行动，政府还贷高速公路运营总支出（除人力成本、安全费用外）控制在26亿元以内。提升高速公路保畅能力，加强路警沟通协同，减少封路次数和时间，减少通行费损失。用好差异化优惠政策，加大营销促销力度。持续抓好“一张网”运行新格局下的收费稽核工作，全力开展打击偷逃通行费专项行动，确保高速公路通行费应收尽收。全面落实通行费增收奖励、追缴返还和自主经营收益分成等政策，充分激发管理公司的积极性、主动性、创造性。制定集团公司养护定额，加强养护单元标准化管理，提升高速公路养护标准化水平。树立养护全寿命周期理念，加大预防性养护力度，重点对5年左右路龄的路面实施预防性养护，大力推广应用超薄罩面、水泥砼路面成套技术等“四新”技术运用，全年预防性养护实施里程比例不少于12%。扎实开展隧道提质升级、公路独柱墩桥梁安全运行能力提升、公路桥梁安全防护能力提升等专项行动。按照降本不降标准的要求，加大隧道节能照明改造。大力开展废旧路面、沥青等材料的循环利用。推进交通装备迭代升级，推广应用智能化养护设备。全面推广应用路网路段两级路面养护科学决策系统，进一步提升科学精准决策水平。加强机电人员技能培训，创新机电管理体制机制，保障系统高效运行和收费站畅通。实施高速公路服务提质工程，不断提升路况水平和服务质量。协调上级有关单位推进清障救援服务收费标准调整，理顺清障体制机制，提高清障效率。加强路域环境整治，继续实施高速公路主骨架原生态绿色走廊建设。加大对沥青、钢材、水泥、融雪剂、减水剂等大宗物资的直采直供，减少流通环节，降低采购成本。

全面推进服务区提档升级。完成龙城、鹿泉驿站2个全国一流服务区建设和大营、襄汾、康庄、晋中4对服务区提档升级。探索市场化方式推进服务区提档升级。新设8个扶贫专区，建设20座充电站、6座加气站，新开通10座加油站，引入国内知名的餐饮、小吃、休闲品牌，丰富经营业态，实现服务区营业收入不低于11亿元，利润不低于2300万元。研究制定超过100公里路段范围未开通服务区的经营对策，确保加油站、加气站、充电设施先行开通运营。深化“厕所革命”，开展服务区文明创建。对标服务区管理先进省份，制定并实施服务区星级考核评定管理办法，持续提升服务水平，打造更多具有山西特色的“管理规范、服务优质、品质高端、特色鲜明”的现代化服务区。

*积极推进多元产业协调发展。*高速集团要重点做好政府还贷高速公路变性注入上市公司和拓展服务区经营及新能源业务。养护集团要加快大同怀仁、晋城、晋中和顺北3个养护生产基地建设，推进政府还贷高速公路较大型路面施工养护设备管理权移交养护分公司，实施统一经营管理，大力提升专业资质，推动产业链延伸、专业化发展。物流集团要积极培育第三方快速清障救援主体、物资集采供应、机械设备对外租赁和存量资产盘活业务，加快推动企业转型发展。实业集团要全力推进通信管廊业务融入“新基建”发展，加强服务区餐饮、商超、油品、充电、加气等业务与优秀企业联手，加快形成品牌化经营、专业化服务、多元化发展格局，实现营业额与利润率同步提升。按照《山西省高速公路非公路标志管理办法》，推进高速公路沿线广告业务发展。勘察设计、监理咨询、环保等企业要巩固品牌优势，积极拓展集团公司外部市场，实现新业务收入的大幅增长。交控置地公司要抓好盘活集团公司内部土地资源业务。数字交通公司要加快智慧交通产业开发，建设集团公司全产业链数据平台，完成智慧收费系统研发，打造高质量发展新优势。拓展ETC场景应用，深度开发加油、维修、停车、消费等增值服务，加速布局、抢占市场，增强ETC用户使用黏性。大力发展高速公路光伏电站新业态。

*有效盘活存量资产。*加快落实《高速公路沿线资产盘活利用指导意见》，通过创新、灵活的方式，有效盘活集团公司闲置的土地、机械设备、房产等资源，提高高速公路沿线资产收益占比。优先盘活产权完善、交通便利、区位优势明显的存量土地资产，先行开发一批提高资产利用率的示范点，打造集团公司效益增长“新引擎”。落实好资产收益的60%由各高速公路分公司自主支配的政策，激发企业经营开发积极性。

（三）坚持创新引领、科技赋能，着力提升创新驱动发展水平

*加速科技成果转化落地。*集中重点实验室和工程技术中心优势资源，对接集团公司关键产业领域和优势基础性前瞻领域发展需求，推进科研自主创新，解决“卡脖子”问题，取得一批原创性成果，为生产、为主业服务。加强科技创新规划，以服务生产需求为导向，研究制定、发布集团公司科研立项清单，采取“揭榜挂帅”制等新的科技项目组织模式，完善科研成果转化机制，有效把科研成果转化为实实在在的效益。建好“山西交科—华为联合创新实验室”，依托集团公司市场规模、产业链完整的优势，以我为主深化产学研合作，加速科研与产业融合发展。围绕高速公路建养需求，引入外部科研机构，强化协同创新，开展耐久延寿、绿色建造、智慧维养等新技术、新工艺、新材料、新设备的研发，以市场化方式推进相关产业发展。

*加快实现“六新”突破。*以“六新”为牵引，推进一批科技含量高、市场潜力大、降本作用好的项目，提升项目建设、运营、养护等主营业务竞争力。新基建方面，继续开展无人驾驶与车路协同、北斗+监测预警、5G在交通领域的应用等前瞻性技术研究，占领智慧交通发展制高点。新技术方面，加快推进BIM技术、路面快速养护及决策系统、交通基础设施快速监测及预警技术、“互联网+交通”深度融合等研发和应用。新材料方面，深入推进固废资源利用，拓展固废材料规模化应用。新装备方面，做好桥梁、隧道、路面智能化检测设备的研发和应用。新产品方面，加大对自主研发的JYJ-Z1型粘钢胶、植筋胶、封缝胶、灌封胶等系列产品应用。新业态方面，围绕产业数字化、数字产业化，拓展产业发展

新空间。

优化创新生态环境。持续深化科研体制改革，建立和完善与企业发展相适应的科研体系。制定出台科技项目管理办法，健全完善科技创新激励机制和科技评价机制。在绩效考核中给科技创新先进单位特别加分，科技投入视同利润。持续推动国家基金项目、省部级科技项目及相关科研平台开放基金项目的组织申报。大力开展QC等群众性、实用性技术革新和管理创新，提炼推广临汾南、晋中、晋城公司等企业“五小”创新提质增效的亮点和经验。加大与行业科研机构、高校的合作力度，打通集团公司科技创新内外循环，培育良好创新生态。强化专业人才支撑保障，不断完善专业人才库建设，加强各类急需紧缺人才的引进、培养和优化配置。落实“人人持证、技能社会”要求，充分挖掘集团公司凤凰山等内部资源，建设集教学、实训、实验等多功能于一体的员工技能提升基地，培养造就大批满足企业需求的实用型人才，打造企业核心竞争力。

（四）坚持对标一流、战略管控，着力提升管理能力现代化水平

加强经济运行分析。建立健全季度、年度定期经济运行分析和不定期专项经济运行分析制度，完善分析方法，突出分析重点，用翔实情况和具体数据，对企业经营成果、财务状况、运行质量、经营风险等进行深入分析，分析清楚各种主客观因素以及内外部因素影响，及时总结经济运行特点，查找存在问题，研究制定应对措施。重点把资产负债率作为经济运行控制红线，突出项目后评价，建立预警机制，扎实开展企业止损挽损行动，多措并举，疏堵企业的主要“出血点”和“亏损源”，整合各类资源，提升整体资产质量和盈利水平。

强化财务管理水平。持续推进“腾笼换鸟”，加大存量资产市场化盘整变现力度。加快向上市公司注入优质资产，力争全年完成200亿元资产证券化目标。组建集团财务公司，推进集团公司金融业务和其他业务融合发展，服务主责主业，提升投资回报水平。发挥山西交控金资管理有限公司交控资本类金融平台优势，围绕集团公司主业开展业务，助力集团公司盘活存量资产、挖掘增量潜力，实现产业经营和资本经营的良性互动。建设集团公司资金集中管理平台，与银行合作应用财资云系统，提高资金集中使用效率，降低财务成本。深化集团公司一体化财务管理，面向全集团所有企业，建立“一套账”核算平台，构建统一的预算管理平台和税务风险防控平台，增强财务管控能力。开展财务管理大检查，规范财务行为。建立预算执行定期报告、考评机制，提升预算管理水平。加强经营成本预算审核，压缩不必要的开支，集团公司总部全年管理费用预算除人力成本外，同比下降10%。制定存货管理办法，强化资产管理，降低经营成本，保障国有资产保值增值。

深入推进管理提升行动。高质量落实《山西省国企改革三年行动实施方案（2020—2022年）》。细化分解集团公司“十四五”规划指标，保障战略规划的有效落实。高标准推进集团公司《对标世界一流管理提升行动实施方案》及《对标提升工作清单》落实落细，围绕8个重点领域，抓准管理短板，把握对标方法，加强内部市场项目建设、运营情况与国内同行业一流企业对标，强化利润、全员劳动生产率和单位成本等指标管控，缩小与行业一流企业的差距。开展企业管理咨询活动，深入调研所属企业及行业一流企业，持续对标行业一流企业变革实践，完善绩效管理和目标考核体系，有效应用先进管理理念、技术和方法，向管理要效益。加快推进法治国企建设，将法治建设纳入企业发展规划和年度工作计划，与改革发展重点任务同部署、同落实、同考核。逐步建立与行业发展、经营业务、管控模式相适应的长效合规管理体系，持续推进法治体系、法治能力和法治文化一体化建设，确保企业行稳致远。

加强现代企业标准化建设。建立以管理标准、工作标准、技术标准为内涵，以模块化、数字化为载体的标准体系，实现标准体系全面覆盖。全面推进集团公司业务管理系统数字化、网络化、智能化建设，推进流程再造、资源配置优化，加快形成上下联动、协调运转的标准化体系。深入开展“质量月”活动，在项目建设、养护、收费、机电、信息监控、服务区经营等领域开展精细化管理试点，对标一流，提升各类工作流程、工程作业的标准化、规范化、制度化水平，推动降本增效、提质增效。以降低单位成本为导向，推进各业务流程的标准化管理，降低单公里建设、单公里养护、单车道机电维护、单个服务区运营等单位成本。启动并通过集团公司ISO9001质量体系、ISO14001环境管理体系和ISO18001职业健康与安全体系认证。

（五）坚持生命至上、安全至上，着力提升安全监管水平

坚决打好常态化疫情防控持久战。建立常态化疫情防控工作机制，密切关注疫情形势，因时因势动态调整、细化和完善防控措施。毫不放松抓好“外防输入”各项工作，把好高速公路收费站“绿色通道”、服务区等对外防疫“关口”。全力做好常态化疫情防控下春运工作。提前谋划、主动应对，多措并举对冲疫情影响，确保3月底前续建高速公路、国省干线公路等项目全部复工，实现首季“开门红”。

全力抓好安全生产工作。严格落实企业安全生产主体责任，构建“党政同责、一岗双责、齐抓共管、失职追责”的安全生产责任体系，落实主要负责人安全生产责任制实施办法、安全生产履职尽责承诺制度。深入推进安全生产专项整治三年行动和“零事故”单位创建，突出抓好公路工程建设、高速公路运营人员密集场所等重点领域集中攻坚。强化安全生产监督检查，通过召开警示教育会、经验交流会等措施，推动安全隐患清零。强化科技支撑，继续推进高速公路雾区引导防撞系统和能见度检测仪安装，推广应用安全应急智慧管理系统、高速公路隧道突发事件监测和危化品车辆跟踪警示系统。继续完善高速公路服务区危化品车辆停车区管理，新建、改建3个危化品车辆停车区，加大消防器材、安全设施等投入，提升安全风险防控能力。制定出台安全技能培训基地建设方案和三年实施计划，加强安全技能培训工作。

提升路警协同能力。加强与交警部门合作，持续提升高速公路安全管理水平。协同开展桥隧、长大纵坡、急弯陡坡、团雾多发、易发事故、易拥堵路段的隐患检查和深度治理，确保将各类安全隐患消除在萌芽状态。协同做好交通秩序管控和恶劣天气应对，全力保障高速公路畅通。协同打击违规违法行为，有效处置恶意占用车道、破坏路产逃逸、闯卡倒卡逃费等行为。协同做好应急救援处置，建立完善快反快处工作和清障机制，确保交通快速恢复。协同做好路网运行监测，做好高速公路人流车流变化情况的监测和信息发布。协同做好夏汾、汾离、离军高速平安示范路试点工作，打造安全管理样板。

（六）坚持政治统领、党建引领，着力提升自身建设水平

强化理论武装。深入学习贯彻习近平新时代中国特色社会主义思想、习近平总书记视察山西重要讲话重要指示和三篇光辉文献，自觉运用党的创新理论武装头脑，指导实践、推动工作，不断增强“四个意识”、坚定“四个自信”、做到“两个维护”。

推进廉政建设。贯彻落实中央八项规定精神、省委实施细则和集团公司实施细则，坚决反对形式主义、官僚主义。树牢过“紧日子”的思想，严格压缩一般性支出，减少不必要的开支，做勤俭节约的表率。

狠抓工作落实。围绕改革发展难点、重点问题，深入开展调研，广泛听取职工意见建议，提出解决方案。建立健全督查督办机制，以钉钉子精神抓好工作落实，确保上级和集团党委的各项决策部署落地见效。进一步树立以结果论英雄的鲜明导向，合理设置考核指标，坚持考用结合，将考核结果与干部能上能下和一、二类企业能升能降等挂钩起来，切实解决干与不干、干多干少、干好干坏一个样的问题。用好正向激励和容错纠错机制，激励广大干部勇于担当、奋力作为。

各位代表，同志们：

实干书写精彩答卷，奋斗开创美好未来。让我们紧密团结在以习近平同志为核心的党中央周围，坚决贯彻落实党中央、省委、省政府和省国资委、省国资运营公司决策部署，以坚如磐石的信心、只争朝夕的劲头、坚韧不拔的毅力，同心同德、砥砺前进，奋力谱写集团公司高质量发展新篇章，为全省“十四五”转型出雏形开好局做出新的更大的贡献！

勇于担当　善作善战　齐心协力　拼搏奋进
为“十四五”开新局谱新篇提供坚强纪律保障

——在山西交控集团2021年党建暨党风廉政建设工作会议上的讲话

山西省交通控股集团有限公司党委委员、纪委书记　焦　军

今天召开集团公司2021年党的建设和党风廉政建设工作会议，主要是贯彻落实中共十九届中央纪委五次全会、省纪委十一届七次全会精神，回顾总结集团公司2020年纪检监察工作，安排部署2021年工作任务。刚才，袁清茂书记就集团公司加强党的建设，坚定不移深入推进全面从严治党，以高质量党建引领高质量发展作了重要讲话。我们要认真领会、坚决贯彻落实。下面，我讲三点意见。

一、回顾2020年工作，切实提升推动新时代纪检监察工作高质量发展的积极性和主动性

2020年，在省纪委监委和集团公司党委坚强领导下，集团公司纪委切实增强“四个意识”、坚定“四个自信”、做到“两个维护”，忠实履行党章和宪法赋予的职责，一体推进不敢腐、不能腐、不想腐，持续深化党风廉政建设和反腐败工作，各项工作取得新的成效。

（一）强化政治监督，践行“两个维护”的自觉性和坚定性不断增强

始终把政治监督放在首位，制定了《关于落实监督责任实施办法》，明确政治监督的重点任务、重点对象，努力找准政治监督的切入点。聚焦上级重大决策部署，及时跟进监督，重点做好疫情防控、制止餐饮浪费、贯彻中共十九届五中全会精神等监督工作。聚焦省委巡视整改，制定了督促整改工作方案，组建了2个督查组跟踪督查，确保巡视反馈问题全面整改到位。聚焦政治生态，组织开展了两轮对14个所属企业党委的巡察，对发现的169项问题进行督促整改；严把选人用人和评先评优政治关、廉洁关，累计回复党风廉政意见1255人次；印发《支持企业领导人员干事创业担当作为实施办法》，树立激励干事创业的政治生态风向标。利用App小程序开展“政治生态和党风廉政建设满意度调查”，7837名干部职工参与，满意度达98.41%。

（二）坚持协同发展，纪检监察体制改革工作不断深入

协助党委落实主体责任，积极传达上级纪委有关要求，提出有关党风廉政建设方面意见建议，党委书记及时批阅相关纪检监察工作，累计25次对案件查办工作作出重要批示。认真履行监督责任，成立党风廉政建设和反腐败工作协调小组，搞好部门协同联动，抓好任务落实。深化纪检监察规范化法治化建设，优化制度体系和运行机制，梳理出集团公司纪委层面各项制度机制41项，制定《所属企业纪委书记（派驻纪检组长）履职专项考核暂行办法》，规范所属企业纪检工作，进一步推动纪检监察体制改革。

（三）做实日常监督，对权力运行的制约和监督不断强化

紧盯“关键少数”，制定《加强重点工程廉洁建

设指导意见》,督促推动排查风险隐患,堵塞制度漏洞。聚焦"小微权力",下发《关于对基层站区管理盲点开展专项检查的通知》,织密基层"微腐败"风险防护网。重拳"源头治理",印发《督促落实企务公开探索创新监督方式的通知》,使监督从"有形覆盖"向"有效覆盖"转化。打造"监督平台",建立包含"企业领导人员""监察对象""纪检监察干部"三大模块的"廉洁管理平台",努力用信息化管理提升监督质效。织牢"思想防线",组织了党风廉政宣传教育月活动,参加省纪委原创微电影征集活动,17部作品受邀参加开幕式,2部作品分别获"入围作品奖""优秀作品奖",集团公司纪委获"优秀组织奖"。

(四)推进标本兼治,惩治腐败高压态势不断巩固

精准运用"四种形态"批评教育帮助和处理128件,其中第一种形态占75.8%,第二种形态占19.5%,第三、第四种形态分别占2.3%。组织开展3轮明察暗访,督促19个所属企业党组织限期整改问题71件。针对查办案件中的突出问题,3次下发典型案件通报,加大以案促改力度,提升治理腐败整体效能。

(五)加强自身建设,干部队伍的能力和本领不断提升

组织召开警示教育纪检业务提升会,开展《公职人员政务处分法》专题辅导,发放《监督执纪工作规则》等书籍,通过参加培训集中学习、支部专题学习、个人自学和微信公众号推送学习,有针对性地补短板、强弱项。制定《纪委书记(派驻纪检组长)任职试用期暂行规定》,对新提任的进行试用期一年。强化以干代训,补充纪检监察工作人才库,累计38人次借调上级纪委帮助工作,不断提升纪检监察干部的本领和担当能力。

2020年,集团公司纪委和广大纪检监察干部围绕集团中心工作,克服新冠肺炎疫情影响,努力推动党风廉政建设和反腐败斗争,认真总结集团公司成立以来的纪检监察工作,总体感觉:党委领导坚强有力、纪委工作扎实推动、两个责任不断夯实、政治生态持续净化、改革成效日益显现,达到预期效果。可以说,过去的三年,是集团公司纪委夯基垒台、立柱架梁的三年,也是循序渐进、积厚成势的三年,更是攻坚克难、砥砺奋进的三年。

在肯定成绩的同时,我们也要清醒地认识到,党风廉政建设和反腐败斗争形势依然严峻复杂,中纪委五次全会和省纪委十一届七次全会明确提出要"持续整治国有企业腐败问题",坚决搬掉妨碍企业改革的"绊脚石",坚决清除靠企吃企的"寄生虫",坚决打击违规盲目投资造成国有资产重大损失的"败家子"。这是我们国有企业反腐败工作必须要面对的重大任务。从2020年查办的案件来看,集团系统内不收敛、不收手、顶风违纪问题仍时有发生,个别企业党委尤其是三级企业"主体责任"落实上仍有差距、选人用人不正之风仍然存在,"四风"隐形变异还在发生,重点领域腐败存量仍不少、增量还在发生,纪检监察工作和纪检干部队伍建设还有不少不足,主要表现在:个别企业纪委工作站位还不准、工作着力点有偏差、深化"三转"不到位;政治监督不够聚焦,日常监督不够得法,一体推进"三不"协同性还不够高。有的纪检干部思想理论水平还跟不上形势发展变化、能力素质还存在短板弱项,尤其对"一把手"和领导班子成员监督意识不强、办法不多,执行制度不全面、工作方式方法简单,等等。这些问题,必须引起高度重视,切实加以解决,认真全面整改。

二、深刻领会高质量发展要义,切实提升推动新时代纪检监察工作高质量发展的科学性和缜密性

推动纪检监察工作高质量发展,是以习近平同志为核心的党中央交给纪检监察机关的重大政治任务,是深入贯彻中共十九届五中全会精神的必然要求。我们要深刻领会高质量发展的内涵要义,坚持以严谨科学的履职尽责,督促推动和服务保障集团公司高质量发展。

一是深刻领会高质量发展的正确方向。坚持不懈学懂弄通做实习近平新时代中国特色社会主义思想,在全面系统、及时跟进学习上走在前、作表率,提高政治站位,树牢信念之基,以党的政治建设

为统领，不断提高推动高质量发展的政治能力、战略眼光、专业水平，更加精准有效地履行纪检监察职能。

二是深刻领会高质量发展的基本任务。要以强有力的政治监督，督促自觉做到“两个维护”，保障党中央、省委决策部署到哪里、集团公司党委要求到哪里，政治监督检查就跟进到哪里，确保高质量发展的正确方向，充分发挥监督保障执行、促进完善发展作用。

三是深刻领会高质量发展的方针方略。坚持“三不”一体推进、统筹联动，以震慑遏制强化“不敢”、以监督制约强化“不能”、以思想引导强化“不想”，努力使广大党员干部职工从害怕被查处的“不敢”，走向敬畏党纪国法的“不敢”，进而体现在制度机制约束和严格执纪执法的“不能”上，体现在坚定理想信念、砥砺党性心性、强化自我约束的“不想”上。

四是深刻领会高质量发展的理念原则。坚持稳中求进的工作总基调，坚持实事求是坚定稳妥，坚持依规依纪依法、纪法情理融合，坚持严管厚爱结合、激励约束并重，加强前瞻性思考、全局性谋篇，发挥系统优势，激发党员干部新活力，以良好政治生态，服务保障集团公司高质量发展。

五是深刻领会高质量发展的主体支撑。更深层次更高水平一体深化“三转”，只有固根本、扬优势、补短板、强弱项，才能推动监督体系更好的融入治理体系，转化为监督治理效能。坚持“五个过硬”总要求，以规范化法治化建设为抓手，推动集团公司纪检监察工作质量的整体提升。

三、围绕2021年工作重点，切实提升推动新时代纪检监察工作高质量发展的针对性和实效性

2021年是实施“十四五”规划、开启全面建设社会主义现代化国家新征程的第一年，习近平总书记在十九届中央纪委五次全会上强调，所有工作都要围绕开好局、起好步来展开，要深入贯彻全面从严治党方针，充分发挥全面从严治党引领保障作用，坚定政治方向，保持政治定力，做到态度不能变、决心不能减、尺度不能松，确保“十四五”时期我国发展的目标任务落到实处。

集团公司纪检监察工作要紧紧围绕高质量发展，按照2021年“规范化法治化建设年”、2022年“巩固深化促进年”、2023年“高质量发展提升年”目标，聚焦主责主业、完善制度机制、深化体制改革、提升工作质效，推动集团公司“十四五”战略规划开好局、起好步。

2021年纪检监察工作的总体要求是：以习近平新时代中国特色社会主义思想为指导，认真学习中共十九大和十九届二中、三中、四中、五中全会精神，深入贯彻习近平总书记在中央纪委五次全会上的重要讲话和视察山西重要讲话重要指示精神，全面落实中央纪委五次全会和省纪委十一届七次全会部署要求，增强“四个意识”、坚定“四个自信”、做到“两个维护”，坚持高质量发展主题主线，紧扣集团公司改革发展大局，发挥监督保障执行、促进完善发展作用，一体推进不敢腐、不能腐、不想腐，为集团公司谱写高质量发展新篇章提供坚强纪律保障，以优异成绩向中国共产党成立一百周年献礼。

主要抓好八项工作：

（一）加强政治监督，切实把初心使命植根思想融入实践

强化政治建设。坚持把学用习近平新时代中国特色社会主义思想作为首要政治任务，与学习贯彻中央纪委五次全会、省纪委十一届七次全会精神贯通起来，与学习贯彻习近平总书记视察山西重要讲话重要指示结合起来，树牢“四个意识”，坚定“四个自信”，践行“两个维护”。自觉用党的创新理论武装头脑、指导实践、推动工作，善于用政治眼光观察和分析企业发展问题，不断提高政治判断力、政治领悟力、政治执行力。

强化政治监督。紧紧围绕贯彻中共十九届五中全会精神、《国企三年行动方案》和集团公司“十四五”战略规划，聚焦贯彻新发展理念、推动高质量发展、构建新发展格局，跟进监督、精准监督、

做实监督。坚持做好常态化疫情防控监督，督促落实防控措施，切实增强防控意识。加强政治监督，列出政治监督正负面清单，适时开展专项检查，确保落实到位。围绕重大事项的决策权、执行权、监督权，加强对所属企业领导人员履职情况的监督，推动形成自觉对标对表、认真履职尽责的良好氛围。

强化服务观念。加强集团公司顶层设计，推动企业基层创新，研究制定纪检监察工作服务保障企业高质量转型发展的具体措施，增强服务保障的能力和水平。严格执行党员权利保障条例，既用监督加压又用信任加力，做好“三个区分开来”，激发党员干部干事创业内生动力。严厉打击诬告陷害行为，加大信访举报排查筛选、甄别判断力度，开展典型案例通报曝光，推动形成扬正气、刹歪风的良好发展环境。严把选人用人政治关、廉洁关、形象关，精准回复党风廉政建议，营造选人用人良好氛围。

（二）履行协助职责，推动全面从严治党主体责任落实

严格落实主体责任。协助党委进一步完善党领导反腐败的工作体制、决策机制和实施举措，督促党委书记落实书记第一责任人责任，建立健全向同级党委请示报告、提出意见建议的常态化机制。用好党风廉政建设和反腐败协调小组机制，强化与各部门的沟通协商，定期召开联席会议，整合各类监督力量，持续推动构建党委全面监督、纪委专责监督以及职能部门业务监督贯通融合、协调协同的大监督格局。

层层压实“一岗双责”。协助党委及时纠正落实主体责任中存在的温差、落差、偏差问题，重点解决企业领导班子成员因为认识不清，导致抓落实“缺位”等问题，对工作推进中存在不落实、慢作为的问题进行严肃追责问责，通过问责倒逼履职尽责。拧紧责任链条，重点压实三级企业领导班子成员“一岗双责”的落实力度，督促加强对分管部门、单位人员的日常教育、监督和管理，对苗头性、倾向性问题及时约谈提醒，压紧压实“一岗双责”。

找准协助职责定位。注重全方位、系统性、整体性，把“协助”体现到企业党委管党治党各领域、各环节、各层面。围绕党委作出的全面从严治党安排部署，协助进行责任分解，细化量化工作目标，压实各企业党委政治责任。明确职责定位，扛牢监督责任，协助不包揽、推动不代替、到位不越位，为党委主体作用发挥当好参谋助手。突出考核导向、结果导向，把履行协助职责情况作为各企业纪委（派驻纪检组）年度考核重要指标。

（三）持续深化改革，推进纪检监察工作规范化法治化建设

全面对标对表。认真学习习近平总书记关于全面从严治党、党风廉政建设和反腐败斗争的重要论述，及时跟进中央纪委国家监委对纪检监察工作最新要求，严格落实省纪委监委规范化法治化要求，真正掌握核心要义，切实优化制度、机制、流程，形成程序严密、配套完备、高效廉洁的制度体系和运行机制，全面提升集团公司纪检监察工作规范化法治化水平。

强化对下指导。围绕纪检监察体制改革后新的执纪执法要求、工作规则和业务流程，以应知应会基础知识为重点，对全体纪检监察干部，尤其是处在监督检查、审查调查的一线干部，分级分类开展全员培训，提高监督执纪执法的能力。坚持把调查研究作为重要工作抓手，加大工作指导力度，推动规范化法治化建设在集团公司一贯到底，打牢纪检监察工作高质量发展的基础。

提升信息化水平。用好“廉洁管理平台”，在集团公司及所属企业全面推行干部廉洁档案电子化管理，实现对企业领导人员、监察对象和纪检监察干部信息化监督的全覆盖，及时更新信息，以信息化为抓手，进行全方位、多角度精准“画像”，持续推动纪检监察监督规范化发展，提升日常监督工作信息化水平。

（四）深化作风整治，锲而不舍落实中央八项规定精神

整治形式主义官僚主义。围绕贯彻落实党中央、省委决策和集团公司党委部署情况，深入整治贯彻落实过程中做选择、搞变通、打折扣的突出问题。从企业领导人员和机关作风抓起，重点整治随意发号施令、只找问题不给指导帮助等突出问题，努力推动集团公司总部不讲“官僚主义”，基层单位不搞“形式主义”。坚持问题导向、目标导向、结果导向相统一，把整治形式主义官僚主义作为企业年度政治生态建设考核的重要内容，作为领导干部述职述廉、民主生活会党性分析重要内容，形成鲜明导向。

深入治理享乐奢靡之风。深化治理违规配备公务用车、大操大办婚丧喜庆、公款吃喝、公款旅游等问题，严肃查处违规收送礼品礼金电子红包、不吃公款吃老板、干部出游企业买单、私车公养、“一桌餐”、滥发津补贴等问题。严格落实节日提醒、值班报告，对节日期间顶风违纪行为严查快处，坚决防止反弹回潮、防止隐形变异、防止疲劳厌战。坚持把监督节约粮食、制止餐饮浪费行为作为重要任务，督促集团公司广大党员干部职工带头树立文明新风，做治理享乐奢靡之风的践行者、推动者。

完善纠治“四风”常抓不懈。注重从群众反映、信访举报、案件查办、媒体报道中发现端倪、掌握线索，健全通报曝光工作机制，加大通报曝光力度，发挥集团公司网站、“清廉交控”微信公众号平台作用，提升警示教育影响力。坚持纠“四风”与树新风并举，教育督促党员干部加强党性修养、发扬优良传统，自觉反对特权思想和特权行为，严格家教家风，培育新风正气。

（五）同向同时发力，切实增强“三不”一体推进综合效果

突出政治属性，严谨规范稳慎抓好办案工作。坚持无禁区、全覆盖、零容忍，重遏制、强高压、长震慑，把握力度节奏，确保惩治力度不减、高压态势不变。坚持从政治上审视把握，着重从践行“两个维护”、贯彻党的路线方针政策、履行全面从严治党政治责任等方面深挖彻查。坚持惩前毖后、治病救人，综合考虑事实证据、思想态度、纪法标准，精准运用政策策略。坚持“没有安全就没有办案”的理念，突出抓好“走读式”谈话安全，牢牢守住安全底线。

突出关口前移，把思想政治工作贯穿监督执纪审查全过程。自觉把思想政治工作融入日常监督、谈话函询、案件查办、宣传教育等各环节，让党员干部自发端正思想、提高政治觉悟。通过思想政治工作营造氛围、形成震慑，坚持以批评教育、咬耳扯袖、红脸出汗等思想政治工作手段，将党规党纪内化于心、外化于行，增强纪律规矩意识。推动理想信念、党纪国法和案例警示教育常态化，制定贯彻落实《山西廉政文化建设行动计划》的具体措施，强化与组织、宣传部门的联动协作，引导集团公司广大党员干部职工培育现代文明人格。

突出治理效能，构建“三不”一体推进工作格局。创新“三不”贯通协同、融为一体的体制机制。聚焦重点工程项目建设，督促建立工程项目建设领域正负面清单；聚焦招投标采购，出台《采购业务监督管理办法》；聚焦高速公路养护资金密集，重点整治日常养护、养护专项工程违规违纪违法问题。通过精准聚焦关键重点，紧盯权力运行各个环节，压减权力设租寻租空间，切实把监督机制成果转化为治理腐败效能。

（六）完善监督体系，全面提升监督治理效能

聚焦权力制约，健全监督机制。加强对民主集中制、重大事项请示报告、企务公开等制度执行情况的监督检查，推动形成决策科学、执行坚决、监督有力的权力运行机制。加强对同级党委和下级党组织的监督，督促规范领导干部树立纪律规矩意识，强化对公权力运行的制约和监督，着力破解对“一把手”监督和同级监督难题，推动以上率下、严格执行。持续巩固基层站区管理盲点专项整治成效，探索建立行使公权力关键岗位人员权力清单化管理模式，推动“小微权力”不被滥用。

聚焦抓细抓常，强化日常监督。定期分析研判企业政治生态，加强对信访举报梳理分析，有针对性地开展专项监督、分类监督、跟踪监督、对账监督，综合运用调研、督查等方式开展下沉监督。精准运用“四种形态”开展批评教育和处理处分，科学运用谈话函询处置问题线索，切实把监督执纪挺在前面，抓早抓小、防患未然。常态化做好被问责和受处分干部跟踪回访工作，鼓励实现从“有错”到“有为”的转变。

聚焦贯通融合，完善监督体系。建立健全监督与办案的联动机制，注重在办案中发现管理工作薄弱环节，为开展日常监督提供“靶向”，推动监督检查和审查调查贯通融合。加强纪律监督、监察监督、派驻监督、巡察监督统筹衔接，探索构建“权力运行监督管理平台”，利用信息化优势，与财务、审计、建设、运营等部门建立信息共享，实现监督力量再整合、监督效果再提升。

（七）构建联动机制，充分发挥党委巡察利剑作用

一体贯通政治巡察和政治监督。认真总结集团公司党委巡察经验，加强信息沟通，健全巡察与监督贯通融合机制，理顺协调配合工作流程，发挥巡察制度优势和纽带作用，贯通政治巡察与政治监督合力。聚焦落实党的路线方针政策、党中央重大决策部署和习近平总书记重要指示批示精神，聚焦党委履行职能职责特别是领导责任，聚焦领导班子和“关键少数”，围绕集团公司“十四五”战略规划落实政治巡察、政治监督工作要求。完成对交投集团、高速集团、物流集团等企业的巡察任务，适时启动新一轮巡察，着力发现问题、形成震慑、推动改革、促进发展。

一体推动纵向联动与横向协作。发挥党委巡察权威性、整合性、深入性的特点优势，贯通纪律、监察、巡察、审计监督，形成协同高效的监督格局。充分发挥巡察工作领导小组作用，完善党委巡察与部门联动监督的统筹衔接机制，拓展巡察与审计、法务、财务等监督的相互协同途径，构建信息共享、力量联动的协作配合机制。

一体推进发现问题与整改问题。压紧压实党委主体责任，认真履行纪委监督责任。研究制定成果运用具体办法，在常规巡察的基础上，以涉及面广、难度较大的共性问题为着力点，结合所属企业职能性质，尝试开展机动巡察和专项巡察，加强和改进巡察反馈，健全完善巡察整改“三清单”、巡察整改过程监督、巡察整改评估制度，确保巡察成果落到实处。

（八）适应新时代新阶段新征程要求，切实加强纪检监察干部队伍能力素质建设

切实加强政治建设。按照纪检监察体制改革要求，不断加强集团公司纪委班子建设，坚持以上率下，带头旗帜鲜明讲政治，带头提高政治判断力、政治领悟力、政治执行力，强化纪法意识、纪法思维、纪法素养，切实提高政治能力和过硬本领。加强调查研究，坚持边学习、边调研、边总结、边工作，在调查研究中养成战略思维、系统思维，增强机遇意识、风险意识，提升政治建设水平。

切实加强教育培训。不断加强纪检监察干部理想信念教育、执纪执法教育、廉洁从业教育，深化作风建设，严守政治纪律和政治规矩。在分级分类开展全员培训的基础上，灵活运用线上培训、以会代训、专题培训、实战演练、案例复盘、在工作中“点训”等方式，增强纪检监察干部纪法双施双守的本领和担当，以高素质的队伍助力集团公司纪检监察工作高质量发展。

切实加强监督管理。围绕纪检监察规范化法治化要求，强化日常监督管理，督促做到公私分明、亲清有界、行为有度。严格执行打听、干预监督检查审查调查工作和请托违规办事报备等规定，培育依规依纪依法办事的优良传统和行动自觉。制定《加强纪检监察干部监督管理实施办法》，优化纪委书记（派驻纪检组长）履职考核办法，落实纪检监察监督主体责任，加强对办案人员管理，严肃查处执纪违纪等行为，以更严的监督约束防治“灯下黑”，以铁一般的纪律作风锻造铁一般的干部队伍。

同志们，百年奋进初心如磐，雄关漫道使命在肩。让我们紧密团结在以习近平同志为核心的党中央周围，在省纪委监委和集团公司党委的坚强领导下，勇于担当，善作善成，为集团公司“十四五”开新局谋新篇提供坚强的纪律保障，以更优异的成绩庆祝中国共产党成立100周年！

锚定新目标 启航新征程 为蹚出转型发展新路不懈奋斗

——山西航空产业集团2021年工作报告

一、“十三五”时期发展回顾

“十三五”时期是集团公司发展极富挑战、极为重要的五年。面对复杂多变的国际形势，面对艰巨繁重的改革发展稳定任务，特别是面对新冠肺炎疫情和严峻安全形势的双重挑战，集团公司党委带领全体干部职工，坚持以习近平新时代中国特色社会主义思想为指导，坚持贯彻新发展理念，坚持稳中求进工作总基调，坚持全面深化改革，全力以赴强党建、转机制、拓产业、稳经营、防风险、保安全，克服重重困难，取得斐然成绩，“十三五”圆满收官。认真回顾总结“十三五”期间工作，主要体现在六个方面：

（一）凝心聚力、强根固魂，管党治党开辟新境界

集团公司党委坚持以“1822党建工程”为核心，以“党建40项”重点任务为抓手，以引领集团公司高质量发展为目标，不断加强党的建设、锤炼过硬队伍、规范党内政治生活。坚持将政治建设融入重大决策的部署和落实，坚持将加强党的领导融入公司各环节，坚持深化习近平新时代中国特色社会主义思想和三篇光辉文献精神教育，深入开展中共十九大、十九届二中、三中、四中、五中全会精神学习，党委班子成员带头开展理论宣讲，构建良好政治生态；坚持和完善“双向进入、交叉任职”领导体制，配齐配强党建、纪检力量，坚持以“担当作为、干事创业”为选人用人导向，以“政治过硬、德才兼备”为选人用人标准，全面加强队伍建设；严格落实中央八项规定精神，持之以恒推进作风建设，严防“四风”问题反弹；坚决落实精准扶贫要求，圆满完成娄烦、吉县等5个村的脱贫帮扶任务，所有建档立卡贫困村全部脱贫摘帽、所有建档立卡贫困户全部清零。

（二）“100-1=0”理念内化于心、外化于行，安全发展取得新成绩

始终把安全作为高质量发展的基石，将“没有安全、一切归零”的理念践行到底、深入人心，不断深化安全管理体系建设，推进规章制度和标准落地，强化安全运行管理和安全检查考核，努力提升安全管理水平。截至2020年年底，未发生机场责任造成的劫、炸机（含未遂）事件、航空地面事故征候以上不安全事件，未发生安全检查差错事件，未发生服务质量事故，确保全省机场持续安全平稳运行。集团公司连续12年获省级“安全生产先进单位”，连续13年保持“全国‘安康杯’竞赛优胜单位”称号；太原机场创造第49个航空安全年和第28个空防安全年安全记录。

（三）锐意改革、大步向前，转机建制获得新突破

在通过机构调整、资产重组，进一步理顺管理机制同时，集团公司党委积极践行国资国企改革要求，深入推进民航体制改革。2017年，“山西省民航机场集团公司（管理局）”更名为“山西航空产业集团有限公司”，由全民所有制企业改制为国有独资企业，实现政企分开，成为全民航首家以机场建设和运营管理为核心主业，以航空相关上下游产业、通用航空、临空经济为关联业务的航空产业投资管理集团，集团公司改革发展谱写新篇章。改制以来，着力建章立制，不断完善现代企业法人治理结构；落地"六定"改革，推进瘦身健体；优化薪酬体系，围绕"一企一策"改革考核制度；探索混合所有制改革，深入接触股权多元化的合作伙伴，试水运营混改企业；深入推进全省机场"一体化"，实现"一干六支"集团化管理布局。"十三五"末，初步建立起涵盖集团总部、机场、通航、临空四个板块现代企业法人治理结构。疫情之前，集团公司营业收入、利润总额保持增长，2018年实现扭亏为盈，2019年完成营收8.05亿元、利润3667万元。

（四）聚焦主业、攻坚克难，运输生产迈上新台阶

集团公司累计开通的国内航线从166条增长到242条，增幅达到45.78%；国际（地区）航线累计开通32条，包括欧、美、澳3条洲际航线，通航航点累计达到86个，运营航司43家。实现了除石家庄、郑州以外所有省会城市、全国主要城市及重点城市的全覆盖，初步形成连接全国、辐射国际的航空网络运输格局，旅客吞吐量、货邮吞吐量、起降架次三项指标均实现稳定增长。"十三五"期间，在受疫情影响之前，全省旅客吞吐量年均增长率达17.8%，高于全国民航年均10%的发展速度，太原机场2017年成功跻身千万级机场行列，2019年旅客吞吐量突破1400万人次。五年中，首次开放支线航空口岸、首次开通洲际航线、首次运营全货机业务、首次启用异地城市航站楼……开拓市场的砥砺恒心，推动机场主业稳步增长，为全省打造对外开放新高地奠定坚实基础。

（五）立足转型、积蓄动能，产业格局实现新跨越

按照省委、省政府关于建设通用航空强省的战略部署，集团公司与中航国际建投公司合资组建山西通航集团，明确目标、完善机制、整合资源，围绕"黄河、长城、太行"三大旅游板块，结合航空旅游、短途运输、应急救援、飞行营地，加快推进通航机场和景区起降点选址建设。2019年4月30日，全省通航实现首飞，截至2020年底，共开通7条省域短途运输航线和1条跨省短途运输航线，在三大旅游板块及晋阳湖、绵山等景点运营低空旅游项目，累计短途运输起降3117架次、运输旅客17330人次，低空旅游起降955架次、载客2505人次，实现山西通航短途运输常态化运营。成功主办2019尧城（太原）国际通用航空飞行大会和"通航看山西"平遥摄影展，持续推进通航基础设施建设、着力培育文化品牌、积极完善航空应急救援体系，全面起飞的通航业务，扎实推进全省通航产业示范省建设，为拓展山西转型发展新局面注入新动力。

（六）科学谋划、统筹推进，基础建设打开新局面

集团公司坚持补短板、抓弱项，从强基础、谋长远、保安全出发，千方百计筹集资金完善基础设施、改善保障条件。"十三五"期间，集团公司基础建设累计完成投资约10亿元，推动太原机场三期改扩建项目启动前期工作，顺利实施省内支线机场改扩建工程，为全省民航事业强劲发展提供有力支撑。

刚刚过去的2020年，困难比预料多，挑战比预想大，但成效比预期好。面对新冠肺炎疫情考验，集团公司坚决贯彻落实习近平总书记视察山西重要讲话重要指示，以及党中央、国务院、省委、省政府决策部署，在集团党委坚强领导下，众志成城、共克时艰，以坚定信心和非凡勇气，攻坚疫情防控战，展示出集团公司"能打硬仗、能打胜仗"的铁军精神；同时，集团公司聚焦主责主业，确保发展不停摆，按照既定的工作思路，以战略视野、创新思维、非常之举抢抓机遇，在激流险滩中奋勇前行，在危机变局中闯关夺隘，安全形势稳中趋好，深化改革持续发力，产业动能集聚壮大，规划建设换挡提速，交出一份抗疫和发展双胜利的优秀答卷。

二、2020年指标完成情况

（一）基本指标

2020年，集团公司实现营业总收入11.36亿元，完成年计划数（8.58亿元）132.4%，同比增长41.2%。其中，主营业务收入实现5.4亿元（航空业务收入3.12亿元、非航空业务收入2.28亿元，分别占比57.8%和42.2%），其他业务收入5.96亿元。营业总成本13.72亿元，成本费用占营业收入比重120.8%。营业外收支净额-301.6万元。2020年全年实现利润-1.9亿元。总资产报酬率为-5.2%。

(二)辅助指标

1.研发费用:115万元。

2.旅客、货邮吞吐量

2020年,全省机场共完成运输起降12.65万架次,旅客吞吐量1298.65万人次,货邮吞吐量5.85万吨,同比分别增长-25.88%、-36.25%、-13.21%。其中,太原机场完成运输起降7.87万架次,旅客吞吐量901.32万人次,货邮吞吐量5.08万吨,同比分别增长-26.98%、-35.63%、-11.87%,累计开通客运航线168条,货运航线2条,通航城市86个;长治机场完成运输起降0.50万架次,旅客吞吐量41.82万人次,货邮吞吐量0.03万吨,同比分别增长-45.35%、-51.53%、-74.66%,通航航线18条,通航城市17个;大同机场完成运输起降0.93万架次,旅客吞吐量74.54万人次,货邮吞吐量0.16万吨,同比分别增长-24.57%、-42.98%、-14.98%,通航航线21条,通航城市29个;吕梁机场完成运输起降0.49万架次,旅客吞吐量32.69万人次,货邮吞吐量0.02万吨,同比分别增长2.54%、-28.71%、-5.78%,通航航线14条,通航城市18个;五台山机场完成运输起降0.41万架次,旅客吞吐量27.40万人次,货邮吞吐量0.01万吨,同比分别增长-30.29%、-43.77%、6.78%,通航航线21条,通航城市24个;运城机场完成运输起降1.82万架次,旅客吞吐量163.81万人次,货邮吞吐量0.54万吨,同比增长-19.15%、-34.07%、-11.60%,通航航线30条,通航城市35个;临汾机场完成运输起降0.63万架次,旅客吞吐量57.08万人次,货邮吞吐量0.01万吨,同比增长-23.58%、-25.70%、-68.59%,通航航线25条,通航城市29个。

(三)重点工作任务指标

1.完成太原机场三期改扩建预可研。

2.厂办大集体改革总体方案、实施方案及职工安置方案均已审批通过。

3.完成航服公司改革脱困:推进山西龙腾空港航空服务有限公司"处僵治困"工作,公司员工已妥善安置,业务由太原机场承接,印发对该公司进行清算的决定。

(四)约束性指标

1.未发生重特大安全生产责任事故。

2.未发生重大环保责任事故。

(五)转型发展指标

2020年集团公司工业增加值4.16亿元,完成全年任务(4.2亿元)的99%。

三、2020年工作重点

回顾总结2020年工作,主要呈现六大亮点:

(一)在坚持党的领导和加强党的建设方面,体现把党的政治优势和组织优势转化为制胜优势

聚焦习近平新时代中国特色社会主义思想引领。把学习习近平总书记关于加强和改进国有企业党的建设、推进国资国企改革、促进民航安全发展等重要指示批示精神以及视察山西重要讲话重要指示、三篇光辉文献精神,与学习贯彻习近平新时代中国特色社会主义思想以及中共十九大、十九届二中、三中、四中、五中全会精神紧密结合起来,把学习成果转化为推动集团公司高质量发展的强大动力。集团公司获"全省'学习强国'模范学习组织""山西省党的创新理论实践基地培育单位"称号。

压实党风廉政建设"两个责任"。坚持将党风廉政建设与各项工作同研究、同部署,建立不敢腐不能腐不想腐机制,出台全面从严治党责任落实清单,抓实"严格落实中央八项规定精神持续深化作风建设"等重点工作,使全面从严治党工作不断向纵深发展。

聚力攻坚五项重点任务。一是完成集团党委、纪委换届。在谋大局、促发展等工作中充分发挥党委的政治领导力、思想引领力、群众组织力和改革号召力,有效发挥纪委的监督威慑力和纪律约束力。二是圆满完成扶贫任务。加大扶贫投入、创新扶贫方式,实现全部帮扶贫困户脱贫摘帽。三是通过政治"体检",开展政治"自检"。"体检"方面,完成十一届省委巡视问题的整改情况"回头看",配合省纪委监委第十四检查组完成政治监督专项检查;

“自检”方面，完成以太原、长治、大同机场党委和直属党委为对象的第二轮内部巡察。通过一系列政治检查，实现严肃党内政治生活、涵养良好政治生态的目标，两级党委从严治党能力不断提升。四是继续发力打造“1822”党建品牌。围绕党建工作质量提升目标，抓规范、建制度，抓基础、强基层，抓重点、铸亮点，推动党建工作与中心工作深度融合。五是着力加强统战群团工作，共促企业和谐稳定发展。职工活动中心正式启用，进一步提升广大职工的获得感、幸福感和凝聚力；积极发挥统战群团的桥梁纽带和服务平台、组织平台作用，广大职工干事创业、创先争优的氛围不断增强，相继获得全国劳动模范、全国民航技术能手、省级文明单位、省属企业道德模范、全国民航青年文明号、青年安全生产示范岗等多项称号。

（二）在贯彻落实党中央、国务院、省委、省政府决策部署方面，体现国有企业应有的政治站位和政治责任

*勇当保卫首都坚强前哨。*坚决贯彻落实习总书记关于新冠肺炎疫情防控重要指示批示精神和省委、省政府“外防输入、内防输出”的决策部署，上下同心打响疫情防控的人民战争、总体战、阻击战。顺利完成42架次国际航班经停太原入境的保障工作。圆满保障14批共1452名山西省援鄂医疗队员、12033吨防疫物资的运送任务。太原机场公司党委获“全国抗击新冠肺炎疫情先进集体”和“全国先进基层党组织”称号。

*深入推进“三零”企业创建工作。*作为全省“三零”创建重点单位之一，集团公司高度重视、积极响应，建立起“1+3+N”组织架构和4级163人“网格员”队伍，建立起“1+5+N”工作机制和“5表3清单”工作台账，将“三零”创建与维护信访稳定、确保行业安全紧密结合，实现全员、全域、全程全覆盖摸底排查，有效遏制各类矛盾纠纷隐患和安全生产事故的发生，12个创建主体的创建达标率均为100%。

（三）在统筹推进疫情防控和经济社会发展方面，体现了精准施策和积极担当

*精准实施疫情防控。*牢牢守住山西空中门户，畅通人员物资运输生命通道，筑起保障员工安全牢固屏障。第一时间成立防控领导小组，制定工作方案、落实防控举措，3次调整应急响应等级；在所辖机场设置测温点27个，率先在全省实现旅客、员工体温监测全覆盖；全年累计完成9.7万架次，880.2万名进出港旅客的体温筛查工作；共转运高风险旅客2065名；先后投入597.27万元为员工完善防护措施。疫情防控管理有力有序，切实做到国内防疫“零差错”、涉外防疫“零失误”、员工防疫“零感染”。

*积极助力复工复产。*落实省委要求，开拓北京、天津、上海航线市场，开通“并沪公交快线”；最大限度恢复航线航班，新增、加密各重点城市、京津冀、珠三角、长三角等复工复产需求迫切相关城市的航线25条；协调多家航空公司提供包机定制服务，共保障4架复工复产客运包机；积极落实帮扶政策，支持成员企业以及相关联的中小企业共渡难关，共减免房租、特许经营费、停场起降费等共计2897万元。

（四）在促进强基固本和提质增效方面，体现坚守底线和主动作为

*坚守安全红线底线。*深入开展“抓作风、强三基、守底线”行业安全整顿、“安全生产月”、“平安民航”、“民航服务质量品牌建设”等活动，强化各项安全保障措施，提升安全管理能力和水平；深刻汲取“8·29”襄汾房屋重大坍塌、“10·1”太原台骀山重大火灾等事故教训，从严从实开展危险品运输、空中交通管理、房屋安全、消防安全等隐患排查，对隐患采取清单制管理，确保隐患有人查、整改有人盯、复查有人核。全年未发现重大隐患，共排查一般隐患436条，已整改428条，未整改8条，隐患整改率98.2%，未整改完成项已制定整改措施。

*进一步健全现代企业制度。*完善党委会、董事会、总办会议事规则，全面落实议事程序。按照“集团抓总、实体主战、班组主建”的改革原则，进一步明晰事权划分；加强顶层设计，集团公司战略规划和“十四五”规划已进入征求意见阶段；出台《2020年度经营绩效指标与绩效管理办法》，建立年终考核奖励与经营业绩联动机制，坚持责任担当、多劳

多得的正向激励原则，通过考核最大限度地凝聚改革共识，促进干部职工思想转型；强化制度体系建设，制定、修订各类制度共计100余项，并狠抓各项制度和监督制约机制的落实，促进经营管理水平的提高；完成“六定”改革，基本完成厂办大集体改革、企业办社会职能分离移交、“三供一业”改造移交以及市政职能移交，平稳有序推进“处僵治困”工作，推动集团提质增效。

全面推进法治建设。编制集团公司主要负责人履行推进法治建设第一责任人职责工作清单；全面总结验收“七五”普法工作；强化组织领导，成立法治建设领导小组，明确工作职责、加强部门联动、形成工作合力，促进集团公司合规经营管理纵深发展。同时开展法治宣传工作，增强全员法治意识，有效提升依法治企水平。

推动三项制度改革。完善和改进干部竞聘程序，出台干部能上能下实施细则、干部轮岗交流办法、劳动用工管理规定；开展阳光招聘，引导各法人单位采取多元用工体制，规范劳务派遣用工管理；建立集团一体化薪酬体系，打通管理、专业技术和操作技能三个岗位序列，以及不同序列之间的横向交流、纵向贯通机制。

（五）在谋划发展和提升产业格局方面，体现新发展理念和高质量要求

实现省内机场一体化运营。同朔州市政府签订一体化管理战略协议；与大同、忻州、吕梁、临汾、运城5市政府签署机场一体化委托运营管理三方协议、补充协议；推进专业化管理平台一体化建设，以机务工程技术分公司为试点，基本实现全省机场机务人员和资产的统一管理及调配。

加快通航示范平台建设。进一步整合省内通航机场，托管太原尧城机场、成立山西通用机场管理有限公司，合资成立无人机公司；启动山西通航运控中心二期规划建设，推进左云、右玉、沁源等地通用机场建设，与河曲县政府签订通用机场规划建设运营一体化协议；升级改造太原尧城机场，完成1.2万平方米机库建设；推进省内支线航班“公交化”，新开3条省内短途运输环飞航线及晋阳湖、绵山2个低空旅游项目；推动第三届中国通用航空创新创业大赛正式落户山西；与中国民航报社在太原成功举办“第二届民航通航发展大会”；集中签约141部航校、通航飞机制造、中大型无人机研发制造、公务机运营维修基地、通航航材基地等7个重点项目。

谋划临空产业实施路径。依托太原机场三期改扩建规划，谋划太原机场商业体系的布局和完善；与中北大学共建“航空产业研究院”，引入产学研联动创新优势；积极推动成员企业混合所有制改革，物流、配餐和科技公司，同行业内优质企业广东薛航、六味斋、中航信、云时代等商洽混合所有制改革事宜，其中，物流公司混改已完成可研、转让、人员安置方案，即将进入产权交易中心挂牌。

（六）在推进重大项目建设和破解重点问题方面，体现了高标准和高效率

不遗余力、逐项攻关、压缩工作周期，太原机场总规已获民航局批复，总规从上报到获批只用半年时间；工程预可研报告已取得民航局行业意见；航站区规划及航站楼设计方案已确定，方案深化设计正在推进。太原机场飞行区西区滑行道改扩建工程于12月25日正式开工。长治机场改扩建工程、大同机场机坪扩建工程，以及朔州机场、晋城机场前期工作等基础建设都在稳步推进中。

同志们，“十三五”的五年，是我们深入学习贯彻习近平新时代中国特色社会主义思想，并将其转化为集团公司改革发展生动实践的五年；是我们从容应对挑战、锤炼斗争勇气、增强斗争本领的五年；是我们实现从单一的机场业务到多元的产业体系转型，开启高质量发展新阶段的五年。这五年，历程充满艰辛，奋斗令人难忘，这些成绩的取得，是省委、省政府和民航上级主管部门亲切关怀、大力支持的结果，是集团公司干部职工凝心聚力、砥砺奋进的结果。在此，向全体干部职工表示衷心感谢！

五年的成绩令人鼓舞，经验弥足珍贵。五年的丰富实践，让我们有5点深刻体会：一是任何时候都必须旗帜鲜明讲政治，增强“四个意识”、坚定“四个自信”、做到“两个维护”，以习近平新时代中国特色社会主义思想指导集团发展实践，推动省委、省政府决策部署落地生根。二是任何时候都必须凝心聚力抓发展，坚持新发展理念，大力推进改革转型、产业升级，最大限度发挥优势、补齐短板、突破瓶颈。任何时候都必须真抓实干强担当，以踏石留印、抓铁有痕的作风和钉钉子精神，一张蓝图绘到底，一以贯之抓落实，推动各项工作干在实处、走在前列。三是任何时候都必须坚持以人民为中心的发展思想，把为企业谋发展、为员工谋幸福作为一切工作的出发点和落脚点。

在看到成绩的同时，必须清醒地认识到，集团公司在发展中仍然存在一些问题和不足，甚至同一些省属企业相比还存在着差距。人员思想观念有待进一步解放和转变；发展质效有待提升；深化改革有待大力度推进；创新生态建设有待增强；产业格局有待拓展完善；新动能培育还需持久发力；安全生产、风险防控存在薄弱环节；依法治理能力和狠抓落实能力还需不断提高；由于疫情造成的影响且全球疫情尚未得到有效控制，航空市场的恢复及发展还面临诸多不确定因素。对此，必须坚持问题导向、目标导向、结果导向，把短板补起来，把核心竞争力提起来。必须深刻认识到，百年未有之大变局既带来一系列新机遇，也带来一系列新挑战，可谓危机并存、危中有机、危可转机。必须辩证认识和把握危与机，准确识变、科学应变、主动求变，勇于开顶风船，善于转危为机，以奋发有为、开拓创新之姿追赶超越。

四、2021年主要工作任务

2021年是建党100周年，是山西转型出雏形的关键阶段，是“十四五”开局之年，是集团公司积极应对外部环境变化和自身改革实践双重考验的重要战略机遇期，因此，必须增强机遇意识和风险意识，紧紧抓住有利条件、有效应对风险挑战，实现“十四五”良好开局。

集团公司2021年的总体要求是：以习近平新时代中国特色社会主义思想为指导，全面贯彻中共十九大和十九届历次全会精神，深入学习贯彻习近平总书记重要讲话重要指示，按照省委“四为四高两同步”和民航“一二三三四”总体思路及要求，以及省委十一届十一次全会暨省委经济工作会议部署，立足新发展阶段、贯彻新发展理念、构建新发展格局，围绕“一四六八”发展框架，坚持一体化统筹、板块化经营、市场化运作、法治化管理，以改革赋能助转型为主题，以精益管理增效益为主线，以科技创新促发展为抓手，推动山西航空产业在转型发展上蹚出一条新路，为全省“十四五”转型出雏形开好局起好步提供有力支撑，以优异成绩向建党100周年献礼。

2021年，集团公司要以“6个强化、6个着力”为目标，坚持同心同向，依靠党建引领切实增强政治自觉；坚持安全发展，依靠改革创新为“十四五”谋篇布局；坚持精管细控，依靠产业优化践行企业担当。

（一）持续强化党建引领，着力巩固良好政治生态

坚持以习近平新时代中国特色社会主义思想为指引，坚决贯彻落实党中央、省委、省政府和省国资系统重要决策部署，不断在党建与生产经营深度融合上发力，切实发挥好党的政治引领作用。

*加强政治建设，提升引领力。*牢固树立正确政治方向，将学习习近平新时代中国特色社会主义思想和中共十九大、十九届历次全会精神作为长期坚持的首要政治任务，坚持学习教育常态化、制度化。组织开展建党100周年系列活动，把加强党的领导和完善公司治理统一起来，实现高位谋划、高效决策目标。完善“大党建”工作体系，实现党政工作同频共振、党群部门高效协同、上下组织步调一致。

*加强思想建设，提升向心力。*加强学习型党组织建设，纵深推进党风廉政建设，创新教育载体，全面提升党员领导干部政策理论水平和工作能力；紧密联系集团公司“十四五”发展战略，把学习成果内化为觉悟、转化为方法、细化为举措、落地为指标。抓牢意识形态，科学做好舆情预警和处置工作。差异化打造集团精神文明建设特色品牌，形成“一企一品”，实现企业文化全面落地，全面提升企业竞争

力和生命力。

加强组织建设，提升战斗力。牢固树立大抓基层鲜明导向，切实把党建工作责任抓实抓细抓到位。从严落实组织生活制度，深化开展党支部标准化、规范化建设，不断优化党员教育管理体系，鲜明树立重实干重实绩的用人导向。完善干部考核评价机制，改进考核方式方法，强化考核结果分析运用，落实干部能上能下和容错纠错机制。强化能力培训和实践锻炼，制定实施人才储备计划，开展校企产学研平台建设，不断积累专业技能和高端管理人才。

加强作风建设，提升感召力。落实两级党委（党总支）作风建设主体责任和两级纪委作风建设监督责任，坚持将深化改革发展与加强作风建设同步推进，确保以优良的工作作风促进各项工作取得扎实成效，完善优化纪检监察工作制度，常态抓好廉政教育，抓住领导干部“关键少数”，形成严肃执纪问责的文化氛围。

加强群团建设，提升凝聚力。按照党建带动群团组织建设的要求，努力增强群团组织的活力。引导广大职工增强主人翁意识，打造健康文明、昂扬向上的职工文化；引导青年职工把社会主义核心价值观的根扎牢植正；引导女职工弘扬传统美德和自尊自信自立自强精神。深入开展劳动竞赛、技能比武、“五小六化”提质行动、“安康杯”竞赛、“工人先锋号”等品牌争创以及思想引领、团建强基、青字创建、人才培育、青年文化5项工程。完善统战工作机制，激发党外人士、民主党派等同志参与集团发展改革热情。做好扶贫工作向乡村振兴工作过渡。

（二）持续强化风险防范，着力守牢安全底线

确保常态化疫情防控不放松的前提下，牢牢守住航空安全发展前提，持续完善风险防控和隐患排查双重防控机制，切实提升安保运行管理水平。

狠抓疫情防控不厌战。严格落实疫情防控要求，持续做好“外防输入、内防反弹”工作，全力做好国际航班经停太原入境防控工作；根据疫情变化及时完善工作方案，强化“人物同防”，更加科学、精准、高效地开展常态化疫情防控工作；结合冬春季节特点，强化细化重点场所、部位、人员的防控措施，同时抓好旅客外部疫情阻断和员工内部防控，以“万无一失、一失万无”的心态守好疫情防线。

常抓体系建设不松劲。梳理集团、机场、部门、岗位四个层级各类安全手册，查缺补漏，充分发挥手册在安全管理工作中的指导作用；加强机坪、塔台、通导等人员培训，强化重点岗位人员资质管理，提升人员技能和水平；搭建安全管理平台系统，推进安全管理信息化建设，推动集团安全绩效指标体系落地，规范法定自查工作，实现闭环管理。

稳抓应急管理不侥幸。整合应急资源，成立集团公司应急委，建立健全应急联动机制，形成上下协同、左右互动的应急协调联动机制，对外与省交通运输厅建立协调联动机制，协调省直相关部门及时处置超出机场能力范围的突发事件，对内与机场驻场单位建立应急处置联动机制，确保一旦发生险情事故，快速响应、有效处置，切实提升突发事件防范与处置能力。

实抓“三零”创建不疏漏。持续提高政治站位，细化创建工作机制，压实法人单位创建责任，增强“三零”单位创建的自觉性主动性；将“三零”创建与企业考核结果挂钩，与“平安民航”“平安机场”深度融合，把原则和规定落地为程序和举措，着力做好各类风险隐患排查治理。

（三）持续强化市场开拓，着力优化产品结构

统筹全省航空资源，做好全省航线网络规划。积极融入以国内大循环为主体，国际国内相互促进的新发展格局，努力新增国内通航航点，激发市场内生发展动力，依托“一带一路”政策引领，巩固国际市场优势，提升口岸开放水平。

坚守国内市场阵地。进一步增加全省机场网络通达性；打造连接国内主要枢纽机场间的空中快线，推进并沪快线服务功能有效提升；全力协调局方，推进太原机场容量评估工作，打破时刻瓶颈，积极引导运力投放；盘活基地航市场份额，适时引进第四家基地航；借助高铁力量，谋划空铁联运合作，完善中转联程服务功能；积极挖掘市场潜力，推出“航空+旅游”相关产品。

把握国际市场旋律。抓住"一带一路"建设和全省打造内陆开放新高地等战略叠加机遇,进一步完善航空口岸功能,力争大同、运城航空口岸年内完成验收并正式运营;推进各口岸机场国际及地区航线复航,拓展国际直航航线,新增或加密山西省至日韩、东南亚、东北亚以及直飞欧洲申根国家的航线航班,提高国际市场的辐射能力。

拓展货运市场渠道。充分借鉴航空物流综合保障能力第一批试点机场先进经验,大胆创新、积极争取,找差距补短板,走出去请进来,寻求解决关键性问题与瓶颈的新举措,适时引进国际货运航线,实现我省国际货运航线从零到一的突破。

(四)持续强化资本运营,着力深化管控改革

以《国企改革三年行动方案》为牵引,加快健全现代企业制度,继续完善公司法人治理结构,以市场化、法治化方式管资本,以创新化、专业化举措谋改革,以"目标清晰、主责明确、多维评价"的考核制度,推动工作机制细化实化,将制度优势转化为治理效能。

强化资本管控。组建财务共享中心,逐步打造"1"个体系、"1"个中心、"3"大平台为基础的"113"财务管理体系,实现会计核算标准化、全面预算约束化、资源配置合理化、资金管理集中化、收益水平提高化;围绕太原机场三期改扩建、通用航空产业发展、临空产业发展、机场保障能力建设等重点项目,提高资产使用效率和效果,完善投资项目绩效评价制度和责任追究制度,加强资本运作能力。

提升经营效能。全力做好集团公司"十四五"发展规划与国家、省部上位规划的衔接,进一步提升编制质量,明确发展目标,细化责任分解,确保规划的系统性、可行性、前瞻性。通过标杆管理以及行业内、外对标,找准适合集团公司发展的改革着力点,不断深化企业改革工作;持续推进物流公司、科技公司、中航兰田装备公司改革事宜;继续探索配餐公司和停车场公司改革方向;加快推进各分子公司现代企业制度建设,努力完善规范、高效的董事会、经理层、监事会和委托运营管理模式;开展止损挽损专项行动,加快处置低效、无效资产,切实提升运营效率和盈利能力;稳步推进全员绩效考核,分类分级制定绩效考核标准,逐步建立以业绩定岗位、以业绩定待遇、以业绩定去留的绩效管理体系;积极探索培训业务市场化模式,推进培训体制改革,深化培训结果与薪酬待遇、职业发展衔接运用。

明晰责权划分。加强授权放权管理,合理确定事权,明确分子公司权责边界,形成清晰管理边界和差异化管控模式,激发企业活力。对分公司、全资子公司和控股子公司采用战略管控,发挥经营自主权;对参股子公司采用财务管控,追求收益最大化。健全风险管控体系,加强内外部审计,强化审计成果运用,有效防范经营风险;落实"腾笼换鸟"工作要求,加强投资决策监管,确保新旧动能稳妥转换。

(五)持续强化板块布局,着力激发产业潜能

以机场建设和运营管理为核心主业,充分发挥省级通用航空发展及央地合作优势,壮大通航发展主体,强化通航产业深层次、专业化能力建设,实现通航集团实力提升和业务突破,积极培育临空经济关联业务。

发挥优势,做大通航三大平台。充分发挥短途运输、低空旅游优势,以省内环飞与省际航线为重心,开拓汾河公园、云竹湖、五台山、晋城等新业务,深化市场化、商业化程度,推动通用机场管理公司、三晋通航与无人机公司核心业务能力建设,夯实运营业务平台;推进通航机场建设和重点景区直升机起降点建设,完成运控二期、河曲通用机场场址审批立项,开展山西省航空护林站建设,强化投资能力,夯实基础设施平台;重点推动飞龙辅助训练基地及141航校、航空文化教育长期经营项目,探索航空产业园创新合作模式,夯实产业发展平台。

深挖潜力,做强通航四个示范。引入飞机总装、飞机维修、无人机试飞研发、航空航电等重大项目,积极参与股权合作、产业投资,实现产业深层次发展示范;建立民航通航共建共管体制,实现军民航空管系统信息互联,打造通航运控和低空服务发展山西样板,实现飞行运控服务示范。积极配合太原、大同、长治申报国家级通航示范工程,推动清徐通航产业园进入法定规划体系，积极参与航空展览馆等配套设施建设，实现工程建设示范。推动三晋通航135部资质的获取，探索本土121、145部航空运营专业化，加强通用机场管理公司深层次改革，参与专业航空护林站论证与建设。以三晋通航独立运行为突破口，建立独立运行的通航公司，通过自行建设通航起降点，完善航点布局，实现专业化示范。

寻求突破，积极培育临空经济增长点。结合太原机场三期改扩建工程，布局完善太原机场临空商业体系。以货运物流中心的建设为契机，积极推动临空物流产业发展。尝试引入物流合作企业，设计开发货运物流产品，为临空经济发展注入新动力。以省内货源为抓手，努力扩大周边市场份额，服务全省产业转型需要，扩大临空产业覆盖范围。

（六）持续强化基础建设，着力提升保障能力

项目提速，壮大干线机场实力。加快实施太原机场三期改扩建，高标准推进现场施工安全管理，全年完成投资22.33亿元。尽早完成市政道路、水暖电气等外围配套落地，推进净空拆降、管线迁改、外围配套工程等进度，实现红线内外的项目同步推进。有序推进太原机场飞行区西区滑行道工程建设，完成不停航施工方案审批、海关围界拆除等工作。

统筹推进，提升支线机场潜力。以太原机场三期改扩建全面开工，带动太原机场排水改造、远机位功能改造、货运物流基地建设。完成长治机场航站区改扩建新建航站楼及附属配套设施的建设，完成工艺设备、弱电系统等设备设施的安装调试，以及竣工验收和行业验收工作。大同机场机坪扩建项目争取在上半年投入使用，三期改扩建项目完成可研评审立项，导航设施设备更新项目完工，飞行区排洪渠改造项目开工建设。吕梁机场新建通用站坪，8个B类机位、垂直联络道、通用机库等，完成飞行区道面病害治理、污水站改扩建、配载客运系统升级改造项目，引入“一站式”通关服务，继续做好航空口岸改造、机坪扩建、跑道延长等项目前期相关准备工作。积极推进五台山机场口岸建设、运城机场改扩建工程，协助朔州、晋城机场建设。加强沟通，统一标准，推进构建起协同指挥、联合行动工作机制，提升军民同场飞行协调指挥能力。

科技增效，激发创新发展活力。充分结合基础设施建设升级，完善科技创新机制、落实科技创新激励及成果转化双驱动发展模式，加大科研投入，全面提升机场主业服务保障能力。启动信息一体化平台项目，探索推进人力、财务、机务、航务、运控、市场六个专业化管理平台，实现数据共享平台上线，推进调度指挥中心建设；科学谋划“四型”机场发展思路：联合中航信、云时代等公司组建合资公司，统一规划机场信息化建设，启动“智慧机场”建设；持续推进蓝天保卫战项目建设，加强科技创新，推动太原机场远机位APU替代及智慧能源管理系统建设，深化“绿色机场”建设实施；推进集团公司运控管理中心建设，实施空管基础保障设施设备建设及更新改造，引接空管CDM信号，推进ADS-B新技术应用，为空管保障服务品质提升提供必要的技术支持，建立系统性网络信息安全管理体系，推进“平安机场”建设；以毫米波安检设施设备使用，促进提升机场安全保障能力，积极跟进机场旅客行李全流程跟踪系统建设，推进“人文机场”建设。发挥好航空产业研究院“产学研用”平台作用，依托中北大学在多学科融合、人才资源和基础研究方面的优势，开展大数据建设、办公信息化、通航产业研究、飞行器设计制造、电子信息技术等科研应用，推进“智慧企业”建设。

同志们，蓝图绘就，正当扬帆破浪；重任在肩，更须策马扬鞭。让我们在习近平新时代中国特色社会主义思想的指引下，在省委、省政府的坚强领导下，锚定新目标、启航新征程，扎实推动“十四五”开好局、起好步，为山西航空产业蹚出转型发展新路不懈奋斗，以优异成绩庆祝中国共产党成立100周年！

廉字当头 实字为本
以崇廉尚实政治环境护航高质量发展

——山西航空产业集团2021年党建暨党风廉政建设工作报告

一、2020年工作回顾

2020年，集团公司党委严格落实管党治党政治责任，紧紧围绕党中央、省委、省国资委党委党风廉政建设和反腐败工作部署，一体推进不敢腐、不能腐、不想腐机制，持续涵养风清气正的政治生态，有力推动集团公司改革发展各项工作。回顾总结2020年工作，主要体现在5个方面：

（一）聚焦“两个维护”，持续从严政治建设

始终坚持以习近平新时代中国特色社会主义思想为指导，坚持将“不忘初心、牢记使命”作为加强党的建设的永恒课题和全体党员、干部的终身课题，坚定理想信念，筑牢思想根基。严格落实《党委（党组）落实全面从严治党主体责任规定》和党委会“第一议题”制度，制定《贯彻落实习近平总书记视察山西重要讲话重要指示及省委十一届十次全会精神工作方案》，跟进督办重大决策部署的“两台账一清单”，推动贯彻落实工作引深走实。扎实推进党纪国法教育和依法治国依规治党教育，结合党委中心组学习、“三会一课”、专题讲座等形式，进一步涵养集团公司清正廉洁、崇尚法治的政治生态。完成十一届省委巡视整改情况“回头看”工作，切实做好巡视整改“后半篇文章”；配合省纪委监委第十四检查组完成集团公司政治监督专项检查；组织修订集团公司党委《巡察工作办法》，对4个二级党委开展内部巡察，推动集团公司两级党委全面从严治党向纵深发展。

（二）立足教育管理，持续从严队伍建设

加强党员干部教育监督管理，坚持抓早抓小、防微杜渐，做到长管长严、敢管敢严，组织召开廉政警示教育大会，及时传达省委、省纪委党风廉政建设和反腐败工作要求，引导教育党员干部以案为鉴、警钟长鸣，深刻汲取教训，筑牢拒腐防变的思想防线。开展新任职干部任前谈话、集体廉政谈话并签订《廉洁从业承诺书》，进一步强化廉洁意识。组织中层干部、党支部书记和党务工作者参加专题培训，认真感受、践行“不忘初心、久久为功”的右玉精神。开展巡察业务专项培训，强化政治巡察能力提升，确保集团公司内部巡察工作扎实有序、规范高效开展。

（三）突出持之以恒，持续从严作风建设

严格落实中央八项规定精神，坚持对“四风”隐形变异新动向时刻防范，切实以优良的工作作风促进各项工作取得实效。制定《严格落实中央八项规定精神持续深化作风建设实施方案》，按照学习部署、问题排查、整改提升三个阶段，深入推进作风建设。紧盯元旦春节等重要节点，严明廉洁自律要求，督促绷紧纪律之弦，引导广大党员干部不断增强落实中央八项规定精神的自觉性、坚定性。制定《建立健全“不敢腐、不能腐、不想腐”机制的实施意见》，强化不敢腐的震慑，扎牢不能腐的笼子，增强不想腐的自觉，保持惩治腐败高压态势，不断释放全面从严治党强烈信号。

（四）增强执行力度，持续从严制度建设

构建依法治企管理体系，编制《制度汇编》和《政策法规汇编》，将法治建设与合规经营管理有效结合。建立健全风险防控制度体系，制定《违规经营投资与重大决策终身责任追究实施办法》，进一步完善国有资产监督管理制度，落实国有资产保值增值责任，有效防止国有资产流失；制定《内部审计规定》《内管干部经济责任内部审计办法》，加强对领导干部行使权力的制约和监督；强化重大投资项目监管，规范工程谈判及招标管理，引进专业审计人员全程介入太原机场改扩建等重点项目，从源头抓实党风廉政建设和反腐败工作。

（五）抓好工作统筹，持续从严责任落实

按照“一班子一清单”“一人一清单”要求，制定《集团公司党委及其班子成员落实全面从严治党主体责任清单》，持续推动集团公司党委班子建设，推动党风廉政建设党委书记“第一责任人”职责、班子成员“一岗双责”的严格落实。制定《集团公司党委向省国资委党委请示报告重大事项清单》《领导工作协作制度》《督办工作管理办法》，印发《关于进一步规范和加强重大事项请示报告工作的通知》，进一步推动形成两级党委监督合力，全局执行能力和工作效率有效提升，各项决策有力落地。坚持向各两级党委颁发落实全面从严治党主体责任目标责任书，严格开展党建工作责任制考核，促进各级党组织党风廉政建设主体责任扎实落实。

同志们，党风廉政建设工作事关人心向背，事关发展生存。“党的百年历史，是我们党不断保持党的先进性和纯洁性、不断防范被瓦解、被腐化的危险的历史。”只有党风好，行风、民风才会好，我们的工作才能得到广大职工的拥护和支持，集团公司的改革发展才能在正确的道路上起步提速、行稳致远。

习近平总书记在十九届中央纪委五次全会上强调，“党风廉政建设永远在路上，反腐败斗争永远在路上。我们党作为百年大党，要永葆先进性和纯洁性、永葆生机活力，必须一刻不停推进党风廉政建设和反腐败斗争。各级领导干部特别是主要负责人必须切实担负起管党治党政治责任，始终保持‘赶考’的清醒，保持对‘腐蚀’、‘围猎’的警觉，把严的主基调长期坚持下去，以系统施治、标本兼治的理念正风肃纪反腐，不断增强党自我净化、自我完善、自我革新、自我提高能力”。

省委书记楼阳生在省纪委十一届七次全会上指出，要深入贯彻全面从严治党方针，要紧紧围绕开好局、起好步的目标要求，坚持和加强党的全面领导，以管党有方、治党有力、建党有效的实际成果，确保“十四五”转型出雏形迈好第一步、见到新气象。要强化政治监督，严明政治纪律，推动党委主体责任与纪委监督责任一体贯通、一体落实，围绕发展抓党建、抓好党建促发展，把党建优势转化为发展优势。

当前反腐败斗争形势依然严峻复杂，我们要深入学习贯彻落实中共十九届中央纪委五次全会、省纪委十一届七次全会精神，始终坚持“严”的主基调，自觉把思想和行动统一到党中央、省委各项决策部署上来，往深、向实地持续推进党风廉政建设和反腐败工作，以强有力的政治监督，营造崇廉尚实的政治环境，护航集团公司高质量发展。

二、2021年工作重点

2021年，集团公司党委党风廉政建设和反腐败工作的总体要求是：坚持以习近平新时代中国特色社会主义思想为指导，全面贯彻落实中共十九大和十九届二中、三中、四中、五中全会精神，深入贯彻落实习近平总书记视察山西重要讲话重要指示，全面落实十九届中央纪委五次全会和省纪委十一届七次全会部署要求，以廉字当头，以实字为本，充分发挥全面从严治党引领保障作用，一体推进不敢腐、不能腐、不想腐机制，努力营造崇廉尚实政治环境，全力护航集团公司高质量发展，以优异成绩迎接建党100周年。

（一）坚持突出“两个维护”，把稳集团公司发展“方向盘”

*持续发力政治建设。*将讲政治摆在各项工作首位，把坚定“两个维护”作为政治建设的首要任务，将政治要求、政治标准贯穿集团公司党的建设和改革发展工作始终，制定落实全面从严治党主体责任年度任务安排，落实党委书记“第一责任人”、班子成员“一岗双责”要求，进一步加大党风廉政建设在党建责任制考核和干部考核评议中的比重，对

于党风廉政建设不过关的单位、干部实行一票否决。严格贯彻执行民主集中制和“三重一大”决策制度，加强和规范党内政治生活，扎实抓好党内法规贯彻执行，进一步严明政治纪律和政治规矩。

持续强化思想武装。树牢政治意识，将学习贯彻习近平新时代中国特色社会主义思想作为政治必修课常抓不懈。严格落实第一议题制度，对党中央、省委、省国资委党委重大决策部署第一时间贯彻落实，统一思想，统一行动。在党员专题教育、“三会一课”、主题党日、读书会等教育中将提升政治判断力、政治领悟力、政治执行力作为重点内容，不断学思践悟。高质量开展党史学习教育，学史明理、学史增信、学史崇德、学史力行，引导广大党员干部做党的光荣传统和优良作风的忠实传人。

持续开展政治监督。坚决扛起政治监督主体责任，坚持贯彻“发现问题、形成震慑，推动改革、促进发展”的巡察工作方针，聚焦监督落实党的路线方针政策和中央重大决策部署情况、落实全面从严治党战略部署情况、落实新时代党的组织路线情况，落实审计、主题教育发现问题的整改情况，以强化整改为抓手，不断促进作风转变，完成集团公司第二轮政治巡察问题整改“回头看”工作，开展第三轮政治巡察。积极构建以党内监督为主导的大监督格局，把党内监督与集团公司“三重一大”决策监督和重点经营环节监督紧密结合，持续推动巡察监督、审计监督、组织监督、群众监督有机贯通、形成合力，确保党中央、省委和省国资委党委各项决策部署的贯彻落实到位。

（二）坚持锤炼过硬作风，筑牢集团公司发展“压舱石”

深入贯彻中央八项规定精神，驰而不息整治“四风”。锲而不舍落实中央八项规定及全省实施细则，坚决防止“四风”问题隐形变异反弹回潮，持续纠治形式主义、官僚主义，持续深化基层减负，推动形成求真务实、清正廉洁的新风正气。坚持将深化改革发展与加强作风建设同步推进，结合集团公司“十四五”转型发展任务，持续提高各级领导班子摸情况、解难题能力和效率，确保以优良的工作作风促进各项工作取得扎实成效。

充分发挥“关键少数”示范带动作用。对“关键少数”高标准、严要求，坚持做到以身作则、以上率下，带动“绝大多数”。严守党的政治纪律和政治规矩，严格执行廉洁自律准则、党内政治生活若干准则、重大事项请示报告制度等，知敬畏、存戒惧、守底线。注意家庭家教家风建设，保持高尚品格和廉洁操守。坚持对新任职党员干部及时开展廉政谈话。常态化开展警示教育，以案明纪、以案为戒、以案促改。

加强调查研究破解重点难点问题。把调查研究贯穿工作谋划、决策和执行全过程，贯穿密切党群干群关系全过程，落实直接联系党员、党建联系点、党支部联系点等深入基层工作机制，聚焦贯彻落实党中央、省委决策部署和集团公司党的建设、改革发展重点任务的实际问题，提出解决措施。结合党史学习教育“我为群众办实事”实践活动，用好党员先锋岗、党员承诺、党员志愿服务等一系列载体，激励创先争优，激励工作提升，积极回应基层和职工群众关切。

（三）坚持强化法治思维，拧紧集团公司发展“安全阀”

持续学法开展法治宣传教育。围绕集团公司重点工作，扎实推进板块式普法格局，充分发挥职能部门业务优势，有针对性地开展好普法学习教育活动。继续将法治建设和集团公司发展有机融合，加强管理提升、法律风险防控及普法等方面工作，努力构建集团公司诚信经营、合法依规的法治文化，用法治文化引导职工的价值取向和行为方式。

持续守法加强规章制度建设。持续跟进完善现有制度，优化制度体系建设，建立健全高效的制度执行机制。逐步推进集团公司与各成员企业建成决策层为主导、员工为主体、总法律顾问和法律事务机构为主力的法律事务管理体系。加强法律、内控、风险管理的有效协同，构建集团公司多维度合规管理体系。落实重要经营决策、规章制度、合同法律审核率100%。完善董事会专门委员会建设，出台专门委员会议事规则，强化董事会科学决策能力。

持续用法完善法人治理体系。坚持加强党的领导和完善公司治理相统一，严格落实党委研究讨论是董事会、经理层决策重大问题的前置程序，坚持和完善“双向进入、交叉任职”领导体制，切实把党的领导融入公司治理各环节。加强董事会建设，落实董事会职权，完善公司治理主体运行机制，不断夯实现代企业制度建设基础。

（四）坚持一体推进“三不”，打造集团公司发展“助推器”

强化不敢腐震慑。坚持无禁区、全覆盖、零容忍，坚持重遏制、强高压、长震慑。始终把严明党的政治纪律和政治规矩摆在首位，不断加强对关键岗位、重点领域，特别是一把手的监督管理，紧紧围绕服务中心工作，充分发挥纪委在党风廉政建设中组织协调作用、示范带头作用、督促推动作用；紧紧围绕工程项目招投标、物资采购、设备引进、选人用人、干部考察等关键领域、重点环节开展监督，针对问题易发、矛盾集中、涉及职工群众切身利益和引起重点关注事项，以制度规范为指引，从源头上遏制腐败，从行动上强化监督。

扎紧不能腐笼子。深刻认识腐败的本质是权力滥用，反腐败必须强化对权力运行的制约和监督。持续推进不敢腐不能腐不想腐体制机制建立健全工作，涵养集团公司风清气正、遵纪守法的良好政治生态。探索创新监督方式方法，增强纪检监察制度执行力，坚持不懈对公务接待、业务支出、差旅费、公车使用等情况开展监督检查，发现问题及时查处通报，形成严肃执纪问责氛围。

增强不想腐自觉。常态抓好廉政警示教育，持续推进党纪国法教育和依法治国依规治党教育，引导党员干部坚守初心牢记使命、坚持理想信念宗旨，明法纪、知敬畏、存戒惧、守底线，切实筑牢拒腐防变的思想堤坝。深入推进廉政文化建设，在严肃规范的党内政治生活中锤炼党性、改进作风，践行忠诚老实、公道正派、艰苦奋斗、清正廉洁等价值观，为推动党风廉政建设和反腐败斗争不断引向深入提供坚强的思想保证。

（五）坚持压实“两个责任”，把牢集团公司发展“定盘星”

坚持“严”主基调毫不动摇。压紧压实党委主体责任和纪委监督责任，扎实推动集团公司两级党委书记严格履行“第一责任人”职责，领导班子成员履行“一岗双责”，切实把党风廉政建设和反腐败工作与生产经营和改革发展同谋划、同部署。既要紧盯“关键少数”，又要管住“绝大多数”，综合运用监督执纪“四种形态”，对苗头性、倾向性问题过筛扫描，严守纪律底线。

推动形成监督合力。党委要切实担负统一领导、直接主抓、全面落实的责任，不断完善管思想、管工作、管作风、管纪律的从严管理体系，全力支持纪委履职，定期听取党风廉政建设情况汇报，分析研判反腐形势。党委书记抓党风廉政建设是本职，抓不好是失职，要对党风廉政建设重要工作亲自部署、重要问题亲自过问、重要环节亲自协调、重要案件亲自督办、重大情况亲自报告。两级纪委要在党委统一领导下，切实担负起监督责任，加大惩治腐败力度，强化内部监督管理，加强纪检监察干部队伍建设，不断提升监督执纪能力。

强化日常行政监督和风险防控。完善集团公司“13710”督办工作制度，配套建设网上督办平台，全面提升工作效能和强化主动作为意识。持续推进“三零”单位创建，有效防范重大风险。

同志们，党风廉政建设重在久久为功，重在真抓实干，让我们以习近平新时代中国特色社会主义思想为指导，坚持严的总基调不动摇，永葆坚定信念、奋斗精神、为民情怀和担当本色，知责于心、担责于身、履责于行，不断开创党风廉政建设工作新局面，护航集团公司高质量发展！

山西交通运输2021年鉴

专题

党风廉政

【抓好政治监督】 2020年，省交通运输厅突出抓好政治监督，“两个维护”能力和效果不断增强。驻厅纪检监察组坚持不懈学用习近平新时代中国特色社会主义思想，聚焦政治监督，围绕疫情防控、“三大攻坚战”、能源革命等开展监督检查，全力保障党中央、省委、省政府重大决策部署及厅党组工作安排落实见效。一是认真学习贯彻习近平新时代中国特色社会主义思想，不断增强“两个维护”的能力和效果。驻厅纪检监察组采用领学、自学等多种方式先后组织学习习近平总书记三篇光辉文献，《习近平关于交通运输论述摘编》、习近平总书记视察山西重要讲话重要指示精神，习近平总书记在十九届中央纪委四次全会上的重要讲话精神、十九届中央委员会第五次全会上的讲话精神、十九届中央纪委第四次全体会议公报及省委、省纪委监委有关要求精神。2020年，山西纪委监察信息刊载5篇，95篇新闻稿件被省纪委监委网站主页登载。通过学习，在反腐实践中提高派驻纪检监察干部理论素养、政治站位、境界情怀、履职本领，努力做到学思践悟，知行合一，加强培训与实战演练，“两个维护”的能力不断增强。二是围绕中央、省委、厅党组重大决策部署开展监督检查，督促工作落实见效。围绕疫情防控及时跟进全程监督。2020年年初，面对突如其来的疫情，驻厅纪检监察组坚决贯彻落实党中央和中纪委、省纪委监委决策部署安排，与厅党组共同研究制定应对措施，建立与厅疫情防控部门信息互通、联动协调机制，对疫情防控进行日常提醒和“四不两直”监督检查，督促厅属各单位党委落实主体责任，加强对厅属单位24小时值班带班制度，疫情日报、零报告制度，应急值守、组织领导等运行情况的监督。特别是为促进复工复产，开创性地对全省首个公路养护工程项目远程异地分散评标工作进行了现场监督，为“不见面、零次跑”的远程异地分散开评标提供纪律保障，在全省工程招投标管理中走在前列。首先是紧盯交通扶贫领域精准监督。制定出台《交通扶贫领域监督工作方案》，为决战决胜脱贫攻坚提供坚强纪律保障。其次是对餐饮浪费行为开展监督。习近平总书记对关于制止餐饮浪费行为作出重要指示，中央纪委国家监委，省纪委监委分别下发通知，要求贯彻落实习近平总书记重要批示精神，加强监督执纪坚决制止餐饮浪费行为。驻厅纪检监察组及时转发传达通知精神，研究落实方案，开展明察暗访，切实传导压力，要求系统内各级纪检部门把监督节约粮食、坚决制止餐饮浪费作为纠四风的重要方面，坚决制止餐饮浪费行为。再次是对领导干部违规插手干预重大事项开展监督。驻厅纪检监察组始终坚持利剑高悬，做到主动发现问题，盯着问题管，聚焦问题治，扭住问题改，充分发挥监督治理效能，使监督带电长牙，取得监督实效。三是督促落实全面从严治党主体责任。驻厅纪检监察组立足职责定位，建立与厅党组的联动机制，把监督责任和协助责任统一起来，协助厅党组健全全面从严治党制度，与厅党组共同研究提出全面从严治党重点任务、工作举措等，与各厅属单位建立联系制度，安排专人参加厅属单位的重要会议，及时跟进发现厅属单位党委落实从严治党主体责任情况。上半年对驻在单位监督会议累计参加81次，对可即整即改决策事项现场提出监督意见，暂缓和否决4项议题，通过会议监督督促厅属单位党委抓好管党治党工作，有效推动党委主体责任、书记第一责任人责任和纪检监察机关监督责任贯通联动、一体落实。紧盯问题，做好巡视和政治监督反馈意见整改情况的监督工作。

【强化日常监督】 2020年，省交通运输厅突出问题导向，扎实做好日常监督。驻厅纪检监察组把加强日常监督作为落实监督职责的有效方法，创新方式方法，致力于早提醒、勤警示、有效运用“四种形态”，加大线索处置和案件查处，进一步做深做实了日常监督。一是坚持早提醒，突出“常”和“长”。年初，对厅机关所有处长进行日常廉政提醒谈话。平时在和厅机关各处室及厅属单位领导干部的交谈中，注意发现存在问题，时时提醒廉政风险，将“红脸出汗”寓于日常工作中；对联系单位纪律处分决定执行情况开展监督检查,按照《山西省纪委监委机关党纪政务处分决定执行工作规程》的要求,对一名厅属单位主要负责人进行严肃规范纪律处分宣布执行工作,通过宣布处分决定,开好“三个会”,起到良好警示教育效果。对驻在单位提拔使用、评先评优等干部共79人进行了廉政审核把关,取得监督实效。二是坚持勤警示,突出“专”和“准”。结合厅属单位业务工作特点及廉政风险易发高发情况,充分发挥“互联网+”监管优势,正式上线运行电子监督平台,对公路工程建设项目招投标电子交易进行全流程监督,实现平台技术创新和监管体制机制创新有机融合,在全省工程招投标管理中走在前列,为全省工程招投标监督管理带好头。按照省纪委监委关于招投标领域专项治理的要求,驻厅纪检监察组与驻省行政审批局纪检监察组构建协同监督机制,完善智能化手段,对公路工程建设领域党员干部、公职人员、评审专家、代理机构人员等进行严格监督,加强招标投标全过程监管,严肃查处围标串标、违法分包、转包及公路建设背后存在的腐败问题,营造统一开放、竞争有序公开透明的招投标市场环境。三是准确把握“四种形态”,始终保持惩治腐败的高压态势。严管就是厚爱,驻厅纪检监察组准确把握“四种形态”,科学研判与处置问题线索,做好信访举报受理和审查调查工作。

【规范化建设】 2020年,省交通运输厅不断提升监督检查工作质量。一是认真贯彻落实中央纪委、省纪委关于深入推进党的纪律检查体制改革,推动党的纪律检查工作双重领导体制具体化、程序化、制度化要求,会同厅党组制定出台《山西省交通运输厅所属单位纪律检查工作“两为主一报告一把关”实施办法(试行)》,对厅属单位纪检部门落实双重领导、履行监督执纪问责职责、季度报告等事项进行规范。二是做实做细本组工作,制定出台《2020年工作实施办法》,明确组内具体分工和职责权限,建立扁平化、网格化管理机制,细化工作流程,形成分工明确、协同高效的工作机制。三是制定出台《落实〈中国共产党纪律检查机关监督执纪工作规则〉实施办法》,为厅属单位纪检部门进一步强化监督执纪问责提供更加科学的遵循,具有极强针对性和可操作性。四是与厅党组联合出台《省纪委监委驻省交通运输厅纪检监察组与省交通运输厅党组联动机制》《省纪委监委驻省交通运输厅纪检监察组与厅审计处构建联动协作机制的实施意见》,实现同向发力,同频共振,形成合力。

【干部队伍建设】 不断强化自身建设,锻造纪检监察铁军。一是建强支部,充分发挥战斗堡垒作用。突出抓好政治建设这个根本,进一步落实党建工作责任制和党支部规范化建设意见,强化政治功能,夯实基础。坚持“三会一课”制度和全组集中学习讨论制度。4月30日,驻省交通运输厅纪检监察组党支部组织全体党员召开支部党员大会选出新一届支部委员会。2020年以来,驻省交通运输厅纪检监察组党支部召开各类会议共计45次,其中支部委员会12次、主题党日活动12次、其他会议23次,切实发挥党支部战斗堡垒作用和党员先锋模范作用,全力推动支部工作再上一个新台阶。二是持续对标对表深化“三转”。按照省纪委书记王拥军对驻省交通运输厅纪检监察组作出的“‘三转’是长期的工作,要持续往深里抓,往实里抓”重要批示精神,结合全省交通运输系统纪检监察工作实际,在持续对标对表深化“三转”方面做了大量工作,受到王拥军书记和省纪委监委的充分肯定。6月30日,王拥军书记再次做出“驻省交通运输厅纪检监察组持续深化‘三转’的做法可予总结推广”的批示;10月12日,中共山西省纪委办公厅以晋纪阅〔2020〕17号面向全省纪检监察系统转发驻省交通运输厅纪检监察组持续深化“三转”工作经验,驻厅纪检监察组持续深化“三转”工作取得阶段性成果。三是加强培训,着力提升能力素质。驻厅纪检监察组将提升能力素质作为履行好监督职责的基础,采取小课堂、干部领学、以会代训、组内人员授课等多种方式加强培训,不断提升纪检监察干部履职能力。参加省纪委监委组织的培训共9批19人次,组内开展小课堂1次参训17人,业务培训2次参训69人,参加心里减压培训2人次。四是召开纪检工作推进会,工作成效稳步提升。一年来,驻厅纪检监察组分别在

4月29日、11月5日先后两次召开厅属单位纪检工作推进会。会上传达省纪委监委相关文件精神，总结前一阶段纪检监察工作，安排下一步工作重点，10个单位进行交流发言，观看警示教育片《镜鉴》，下发文件15份和《更深层次更高水平"三转"学习资料汇编》《党的十八大以来查处的山西省交通运输系统违规违纪违法典型案件警示录》，取得成效明显。凝聚思想共识，增强工作信心，为厅属单位纪检干部鼓劲、加油、充电；强化培训质效，提升能力素质。工作推进会也是业务培训会、总结讲评会、警示教育会，四会合一；聚焦工作重点，狠抓落地见效。把圆满完成年度目标任务和实现更深层次、更高水平"三转"作为全年工作重中之重，再检点、再发力、再提升、再加速、再突破，形成团结奋斗、共同努力的强大合力，高质量推进全系统纪检监察工作再上一个新台阶。

【深化"三转"成果】 2020年以来，驻省交通运输厅纪检监察组持续对标对表深化"三转"，取得阶段性成效。驻厅纪检监察组探索形成"七抓"工作法，即抓理论学习，深化思想认识；抓组织领导，强化工作保障；抓党组（党委），促进同向发力；抓制度建设，构建长效机制；抓责任落地，确保政令畅通；抓交流培训，提升能力素质；抓监督检查，推动落地见效。

【构建"三不"体系】 "三不"一体推进既是反腐败斗争的基本方针，也是新时代全面从严治党的重要方略。一是加大查办案件力度，突出震慑、遏制，惩治这一手任何时候都不能松、不能软，达到"不敢腐"的效果。二是织密制度笼子。2020年以来，共制定出台《党组会议工作规则》《驻厅纪检监察组与厅党组联动机制》《山西省交通运输厅所属单位纪律检查工作"两为主一报告一把关"实施办法》《〈中国共产党纪律检查机关监督执纪工作规则〉实施办法》等11项制度，以制度管人管事，着力强化对权力运行的制约和监督，提升监督实效，解决"不能腐"的问题。三是做好案件查办后半篇文章。把加强理想信念教育，培养现代文明人格、促进人的全面发展作为治理腐败的根本。2020年以来，共在全系统6个单位开展警示教育，受教育人数1000余人。同时，选取中共十八大以来全省交通运输系统查处的违规违纪违法案件57个，编撰成《党的十八大以来查处的山西省交通运输系统违规违纪违法案件汇编》，印发全系统604个支部，用身边的案例教育身边人。规范处分决定执行，在全系统对1名省管干部、1名正处级干部的处分决定宣布工作做认真准备，重点开好宣布处分决定会、专题民主生活会和警示教育大会"三个会"，做好查办案件后半篇文章，努力实现"不想腐"的效果。

【深化专项整治】 围绕党中央重大决策部署开展政治监督，主动发现问题。驻厅纪检监察组坚决贯彻落实"党中央决策部署到哪里，监督检查就跟进到哪里"的要求，2020年以来，重点在扶贫领域和专项整治漠视侵害群众利益方面加大监督检查力度，主动出击发现问题。通过监督发现省交通运输厅驻村工作队存在扶贫资金项目使用管理不够精准、对村情民意扶贫政策了解掌握不深不透、扶贫产业与贫困户利益链接不够紧密的问题。发现省交通运输厅存在落实省纪委监委《关于专项整治漠视侵害群众利益问题实施方案》中关于"解决农村客运重建轻运、重建轻管，完善客运站点网络建设，提高服务质量"方面，全年计划新建农村客运候车亭牌2000个，目前仅完成350个，农村客运候车亭牌建设滞后等问题，及时向厅党组下达《纪律检查建议书》，责成于今年年底前整改完成，并跟踪监督事后整改落实情况，明确对敷衍塞责、弄虚作假、搞形式走过场的行为将严肃追责。

【天镇县调研】 5月27日，驻省交通运输厅纪检监察组组长王建业赴天镇县玉泉镇李家庄村、唐八里村和石家庄村调研省厅驻村帮扶工作。要求深入贯彻落实习近平总书记关于脱贫攻坚工作的重要指示精神，思想上要进一步重视，行动上要进一步强化落实，措施上要进一步注重实效，细化实化工作举措，精准攻坚，坚决打赢打好脱贫攻坚这场硬仗。

发展产业是实现脱贫的根本之策。为强化产业扶贫动力，王建业走到田间地头，调研李家庄村现代农业试验园、黄花种植基地、唐八里村雁同府黄酒厂扶贫车间以及石家庄村果树种植园等产业项目，实地考察农作物产业发展情况以及现代化技术运用、贫困群众的参与情况。他对省厅驻村扶贫工作队千方百计帮助贫困户脱贫致富给予充分肯定，要求驻村工作队进一步打破传统思维，充分调动贫困群众自主脱贫的积极性和主动性，激发内生动力。要围绕“一村一品”一主体，因地制宜，以市场需求为导向，培育壮大特色优势产业，发展农村集体经济，切实将产业发展与贫困户的利益紧密结合起来，努力使贫困户实现持续增收、稳定脱贫。

王建业十分关心贫困群众的生产生活，沿途看望慰问贫困户夏安、石润根，与他们促膝交谈，从家庭收入、子女情况、就医保障等方面详细询问他们的生产生活状况，了解其致贫原因，认真听取他们对脱贫致富的期盼和诉求，鼓励他们坚定信念，振作精神，战胜困难，力争早日脱贫致富。同时特别叮嘱驻村工作队员要多关注贫困户的生产生活情况，立足政策、因人而异、因户施策，积极帮助他们解决现实需求和实际困难。

在石家庄村同驻村干部座谈时，听取包村工作队长和驻石家庄村第一书记有关2020年工作计划。要求全体驻村干部要进一步增强脱贫攻坚的使命感、责任感和紧迫感，提高交总账意识，深入开展“十个清零”行动，坚持问题导向，锁定目标任务，对标对表，对账销号，精准施策，凝心聚力，加快问题整改，转“输血”为“造血”，把扶贫资金用到刀刃上，抓好各项帮扶举措的落实，切实提高贫困群众的满意度、认可度和幸福感，确保实现高质量脱贫，坚决打赢打好脱贫攻坚战，不辜负党和人民的重托。驻厅纪检监察组任玉胜、李栋然参加调研。

【省行政审批局调研】 为深入贯彻落实省纪委十一届六次全会精神，3月24日，驻省交通运输厅纪检监察组组长王建业带领驻厅纪检监察组、厅建管处及省公路局相关负责人一行赴省行政审批局调研电子招投标工作，与省行政审批局纪检监察组组长李峰及相关部门负责人进行座谈会商。双方就对交通系统工程建设招投标领域存在的围标串标、违法分包、转包及公路建设等问题，如何专项监督，如何同向发力、协同监督，进一步维护公路建设市场秩序，落实廉政监督和风险防控措施，促进交通运输建设市场健康有序发展，进行深入探讨。

交通运输肩负保障经济平稳运行的重要任务，交通系统工程建设招投标是社会关注的重点。扎实开展交通系统工程建设招投标专项整治，严肃查处围标串标、违法分包、转包及公路建设背后存在的腐败问题，从程序上完善、从制度上防范围标串标、弄虚作假问题，发挥“互联网+”监管优势，实现了平台技术创新和监管体制机制创新有机融合，切实做到用制度管人管事，以专项治理促进标本兼治，打造全省交通运输领域风清气正。

王建业听取省交通运输厅建管处新开发的招投标电子监督平台的汇报，详细询问招标投标电子交易平台与监督平台的建设运行情况，认真了解疫情防控期间招标投标工作进展及复工复产。要求驻厅纪检监察组要与驻省行政审批局纪检组密切配合，协同监督，形成监督合力，让制度“长牙”，让纪律“带电”，不断完善智能化手段，让监督插上科技的翅膀，科学高效加强招标投标全过程监管，提升招标投标治理能力，营造统一开放、竞争有序的招标投标市场环境。

李峰表示，促进公共资源交易监督与交通运输专项监督深化融合，协同监督，共同推动交通运输工程建设招投标工作高质量发展，更好地服务群众、服务社会，是我们共同的责任。下一步，将在思想沟通交流中、监管制度对接中、人员力量使用上等方面全方位协同监督，真正实现交通运输招投标领域的海晏河清。

当日，全省首个公路安全防护工程项目远程异地分散评标顺利完成。此举标志着全省率先实现交通运输领域交易“不见面、零次跑”的远程异地分散开评标，打通招投标交易全流程电子化的最后一公里”，有力促进疫情期间复工复产。

（驻厅纪检监察组）

机构改革

【综述】 2018年以来，在省交通运输厅党组坚强领导下,厅人事处认真贯彻落实中共十九大和十九届二中、三中、四中、五中全会精神,按照全省组织部长会议、全省人力资源和社会保障工作会议、全省交通运输工作会议的安排部署,努力为全省交通事业发展提供组织和人才保证。

【厅机关改革】 省交通运输厅为省政府组成部门,正厅级建制,主要 负责全省公路、水路、民航机场行业管理和铁路安全监管,指导城乡客运及有关设施规划与管理及出租汽车、城市地 铁、轨道交通运营、邮政管理等工作。直属参公事业单位1个(省公路运输工会),其他事业单位31个。截至2020年底,厅机关有行政编制127名,现有公务员117名。核定厅级领导职数1正5副,其中厅长1名、副厅长4名、省交战办专职副主任1名,实配厅长1名、副厅长5名(1名副厅长由省邮政管理局局长兼任,不占厅编制和职数),省交战办专职副主任空缺;核定一级巡视员职 数1名,实配3名,核定二级巡视员职数5名,实配3名。核定总工程师、总会计师、安全总监职数各1名,均为正处级领导职务,实配总工程师1名,总会计师、安全总监空缺。厅机关内设机构23个,分别是:办公室、人事处、政策法规处(执法监督处)、综合规划处、财务收费管理处、建设管理处、公路运输管理处、安全监督处、科技处、公安处(路政管理处)、治超处、审计处、行政审批管理 处、民航综合协调处、民航建设运行处、路网运行管理处、农村公路管理处、水运管理处、城市客运管理处、机关党委、离退休人员工作处、铁路安全综合协调和监督管理处、省国防动员委员会交通战备办公室。内设机构核定处级领导职数23正28副,实配22正26副;核定一级和二级调研员职数27名,实配一级调研员2名、二级调研员15名;核定三级和四级调研员职数27名,实配三级调研员1名、四级调研员6名;一级主 任科员以下职数不限,现有34名。省公路运输工会为厅直属参照公务员法管理的事业单位,正处级建制,编制13名,实有10人,核定处级领导职数1正2副,实配1正2副。按照厅机关内设处室管理。

【厅属事业单位改革】 截至2020年年底,有总编制8545名(正式编制5048名、临时编制3497名),实有在编人员8017人。一是厅直属事业单位9个。其中,有副厅级事业单位2个,即:省公路局、省高速公路 综合行政执法总队(省交通运输综合行政执法局),均为公益一类。省公路局实行省、市、县三级垂直管理体制,在各市设公路分局,在各县(市)设养护段,正在进行深化改革,编制、职数等将重新核定。省高速公路综合行政执法总队(省交通运输综合行政执法局)为综合执法改革中新组建的省级交通运输综合行政执法机构,实行总 队、支队两级垂直管理体制,主要承担高速公路综合行政执法职责。其中,有正处级事业单位6个,即:省运输事业发展中(省城市客运服务中心)、省交通运输运行监测与应急处置中心(省交通运输厅新闻中心)、省交通建设中心、厅发展研究中心、厅联网收费结算与会计核算中心、省交通干部学校。这6个单位均为事业单位改革中新整合组建,省交通干部学校为公益二类,其他5个事业单位为公益一类。其中,暂由省厅管理的正处级事业单位1个,即:省邮政业安全中心,该单位组建时为省厅所属、省邮政管理局管理,公益一类,编制16名,处级领导职数1正2副。省委编委于2019年8月下发通知,将该单位调整为省邮政管理局所属,待相关财政保障政策明确后落实。因其经费仍由省厅保障,仍按原有体制管理,其班子成员由省邮政管理局提名、厅党组考察和任命。二是省公路局所属事业单位11个。省公路局正在进行深化改革,下设11个分局,共核定编制6802名(正式编制3400名、临时编制3322名),实有在编人员6420人。三是省高速公路综合行政执法总队(省交通运输综合行政执法局)所属事业单位11个。总队按市级行政区域下设11个支队,均为正处级建 制,总队系统共锁定编制1382名,实有在编人员1293人;共核定副厅级领导职数1名,处级领导职数27正55副;支队按路段共下设68个大队,为支队内设机构。

【近三年开展的主要工作】 省厅是省委确定的省直事业单位机构改革试点,涉及县处级事业单位70多个、1万余人,难度很大。近三年来,厅人事处聚焦机构改革这个核心要务，主动作为、攻坚克难，统筹抓好全系统干部队伍建设、人事劳资、驻村帮扶、技术职称评审、职业技能鉴定、人才队伍建设等工作，圆满完成各项任务。机构改革工作在全省起到了试点示范作用，受到省委充分肯定，在全省做了典型发言；交通综合行政执法改革在全国第一个出台改革实施意见，交通运输部在山西省召开华北东北片区改革交流会；省厅连续三年被评为“全省干部驻村帮扶工作模范单位”，驻村工作队获“全国脱贫攻坚先进集体”称号；在厅机关处室目标责任考核中，人事处连续两年排名第一。一是机构改革。首先，积极推进大部门制改革和综合运输体系改革。2012年省委编委明确由省市交通运输部门协助做好邮政管理相关工作、统筹协调本地邮政行业规划与交通运输规划的衔接。2017年省委编委将省民航机场管理局及其主要职责划转省交通运输厅。2020年10月，省政府第276号令公布《山西省铁路安全管理办法》，明确由县级以上交通运输部门负责落实铁路安全联席会议制度，依法履行铁路安全监督管理职责，将交通运输大部门制改革和综合运输体系改革又推进一大步，初步形成全省公、铁、水、空、邮由交通运输部门统一管理的格局。其次，积极推进事业单位重塑性改革和交通运输综合行政执法改革。紧密结合厅属事业单位实际，以推进交通运输治理体系和治理能力现代化为导向，坚持加强党的领导、优化协同高效、瘦身健身统一、稳妥有序推进，整合17个厅直事业单位和部分厅属事业单位，组建或调整设置9个厅直属公益类事业单位；整合路政、运政、海事等多个门类的执法队伍，组建省高速公路综合行政执法总队和11个支队；调整优化职业教育资源，将山西交通技师学院并入山西交通职业技术学院，将职业院校移交省教育厅管理；按照“先划转、后转制”的要求，将厅后勤服务中心和省公路局生活服务中心整体移交省直属机关事务管理局管理。截至2020年年底，除11个高速公路综合行政执法支队尚未挂牌和任命班子成员、省公路局所属4个生产经营类事业单位正在随深化省公路局改革进行转企改制外，事业单位改革和综合行政执法改革工作已圆满完成。最后，推进事企分开和管养分离，深化省公路局改革。针对长期以来普通国省干线公路管养不分、事企不分等问题和事业单位办企业脱钩改革等要求，起草《深化省公路局改革实施方案》及《省公路局深化事业单位改革方案》《山西省公路事业发展集团组建方案》等配套方案，拟整合公路系统事业单位所办企业、经营实体、转企改制事业单位和编制外人员，组建省公路事业发展集团并划转山西交控集团，承担普通国省干线公路养护、建设等业务，彻底实现事企分开和管养分离。已三次向省委、省政府主要领导和分管副省长作了汇报，得到充分肯定，按照省领导批示精神，在进一步征求相关部门意见基础上，再次对改革方案进行修改完善，拟再次向省领导汇报。二是干部工作。首先，坚持干部选用标准，树立正确用人导向。坚持党管干部原则，落实新时代党的组织路线，大力选拔政治上靠得住、作风上过得硬、工作上有本领，想干事、能干事、干成事的好干部。近三年共选拔任用处级干部79名，切实营造锐意进取、担当作为的良好用人风气，努力锻造一支忠诚干净担当的高素质专业化干部队伍。其次，落实职务与职级并行制度，充分调动干部积极性。按照《山西省公务员职务和职级并行制度实施方案》相关规定，完成厅机关非领导职务人员职级套转工作，2019年以来共晋升二级巡视员3名、一级调研员5名、二级调研员1名、三级调研员3名、四级调研员10名、科级以下若干，最大限度释放公务员职务与职级并行政策红利，有效激励机关公务员干事创业、担当作为。再次，加强干部交流锻炼，激发干部队伍活力。对厅机关部分处室负责人进行轮岗调换，推荐1名处长任市交通局局长，1名二级调研员挂职晋中交通局副局长，选派2名年轻干部到基层“墩苗”任职，接收1名市直单位副处级干部、1名乡镇党委书记到厅机关任职。将选派1名副处级女干部到区县担任党政副职，接收1名街道党工委书记到厅机关任职。最后，拓宽人才引进渠道，优化干部队伍结构。通过招录、遴选、选调、军队转业安置、调任、转任等多种方式，为干部队伍不断补充新鲜血液。近三年共招录公务员11名，遴选公务员4名，接收选调生4名、军转干部9名，从企事业单位调任5名，从其他单位转任2名。三是驻村帮扶。省厅对口帮扶天镇县玉泉镇6个贫困村，共选派驻村工作队员22名，其中包村工作队队长1名，第一书记兼驻村工作队队长6名，其他队员15名。帮扶五年来，省厅尽锐出战、精准务实，坚持"规划引领、精准施策、有序推进"的总体工作思路，实行真帮真扶，成效显著。首先，坚持规划引领。突出交通扶贫特色，科学谋划产业规划，制定《天镇县玉泉镇6个贫困村发展规划》《天镇县道路改造实施方案》，确保帮扶项目落地见效，保障了扶贫效果可持续和扶贫经验可复制。其次，加强队伍管理。坚持严管厚爱，组织制定《驻村干部管理办法》《厅驻村工作队例会制度》《帮扶工作考勤制度》等一系列管理制度，不断加强帮扶队伍管理。投入专项资金，对驻村工作队办公、住宿、就餐等设施进行修缮，持续改善工作和生活条件，带头落实驻村补贴发放、意外伤害保险办理、定期健康体检、重大节假日走访慰问等制度，让大家安心工作。对工作成绩突出、能力素质过硬的驻村干部，同等条件下优先提拔使用，让队员们感受到厅党组的关心和关爱。再次，确保帮扶效果。每年持续投入帮扶资金，紧盯贫困户脱贫需求，精准实施帮扶项目；实行厅领导、厅机关和厅直单位包村帮扶，党员干部结对帮扶，工作队员驻村帮扶三管齐下，取得良好成效。截至2020年年底，6个贫困村人均收入达到1.3万元，建档立卡贫困户由654户 1511人降为0，贫困发生率由14.52%降为0，顺利完成国家脱贫攻坚成效考核。省厅连续三年被评为全省干部驻村 帮扶工作模范单位，2人先后获全省脱贫攻坚奖，1人记大功，1人被授予"五一劳动奖章"，多人被评为"模范第一书记""模范驻村工作队员"，在2021年2月份召开的全国脱贫攻坚总结表彰大会上，省厅驻村工作队获"全国脱贫攻坚先进集体"称号。

【公益类事业单位改革】 2020年，省交通运输厅整合重构厅直公益类事业单位。根据省委编委《关于印发省交通运输厅所属事业单位改革实施意见的通知》，整合重构7个公益类事业单位。已完成机构挂牌、班子任命、人员划转、建立健全党组织、资产清查处置、档案交接、工资和社会保险关系的转移接续等工作任务。

【高速公路综合行政执法机构改革】 2020年，省交通运输厅整合组建高速公路综合行政执法队伍。根据省委编委《关于组建省高速公路综合行政执法队伍的意见》精神，积极配合省委编办，主动加强与中央编办和交通运输部的沟通协调，推动中央编办于5月中旬批复全省组建省高速公路综合行政执法总队。组织起草《山西省高速公路综合行政执法总队三定规定》建议稿，经多次与省委编办沟通协调，于11月5日经省委编委会议审议通过并正式印发。截至2020年底，已完成总队主要领导任命、执法人员划转和资产清查等工作，正积极筹备开展挂牌、任命班子成员等后续工作。

【省公路局改革】 2020年，省交通运输厅深化省公路局改革。将公路系统事业单位及企业脱钩改革和从事生产经营活动事业单位改革纳入省公路局深化改革。在组织省内外专题调研、充分论证的基础上，起草《省公路局深化改革工作方案》，与相关部门进行反复沟通和会商后，向省委编办报送《山西省公路局三定规定》建议稿。9月27日，与山西交控集团联合印发《关于推进国省干线公路养护市场化改革的会议纪要》，修改完善省公路局深化改革方案和山西省公路事业发展集团有限公司筹组方案，经厅改革领导小组研究同意后上报省政府。

【职业院校划转移交】 2020年，省交通运输厅划转移交职业院校。根据省委编办《关于省交通运输厅所属事业单位机构编制调整的通知》有关要求，山西交通技师学院并入山西交通职业技术学院，山西交通职业技术学院划转至省教育厅管理。与省教育厅签订《山西交通技术职业学院划转省教育厅备忘录》，并印发《山西交通技师学院并入山西交通职业技术学院划转省教育厅工作方案》，完成人员清点、资产清查移交等工作。9月30日，省教育厅召开"山西交通职业技术学院划转省教育厅对接会"，办理单位转隶有关手续，正式将山西交通职业技术学院移交至省教育厅管理。

【后勤机构改革】 2020年，省交通运输厅积极推进后勤机构改革。贯彻落实省直机关后勤机构改革动员部署会议精神，周密安排部署省厅后勤机构改革工作，制定《厅直属后勤机构改革工作方案》，成立工作专班，明确任务分工和完成时限，对编制、人员、资产等情况进行调查统计，启动资产清查和转企改制工作方案的起草工作。派出专项工作组，与厅后勤服务中心全体干部职工进行一对一谈话，逐个宣讲解读改革政策，听取意见建议，并根据全体干部职工的诉求，多次到省机关事务管理局沟通协调后勤改革相关工作事宜，确保改革总体平稳。

（厅人事处）

【稳步推进多项改革】 2020年，省运输事业发展中心按照党中央、省委关于事业单位机构改革的统一部署，在厅党组的领导下，中心新班子组建后，稳步推进事业单位改革各项工作，完成省地方海事局、省运管局以及局直事业单位等6个单位的整合。中心共划转在职人员110人，离退休人员59人；整合30个科室，66名科级干部，完成15个内设部室设置及39个科级干部的任命；成立10个党支部；调整办公用房72间；完成16个银行账户的撤销、变更和开立。积极推进制度建设，先后制定印发《党委会议工作规则》《行政办公会议工作规则》等27项规章制度。此外，在厅属涉改事业单位中，率先完成事业单位法人证书的变更和预算经费划转工作及中心银行账户变更（开立）、人员工资、保险全部理顺等工作。

（省运输事业发展中心）

【努力实现观念机制管理转型】 2020年，省交通运输厅围绕转型发展，谋划运行机制。参考国内相关省份经验，借鉴梳理总结交通运输部路网中心及国内其他省份联网收费结算中心组建的做法，推动中心观念转型、机制转型和管理转型。联网收费方面：分析典型省份在联网收费结算管理领域的机构设置及管理模式，对照中心实际，从职责任务、机构设置、职责边界、管理运行模式等方面，提出中心的联网收费运行机制改革方案。会计核算方面：积极开展会计集中核算模式的研究工作，在资金权利主体、预算管理主体、法律责任主体、财务管理主体不变的原则下；在梳理现有职能和人员的基础上，进行业务流程设计、工作方案拟定和运行机制方案研究。新中心领导班子从4月29日宣布以来，围绕全省联网收费结算和会计核算工作的实际，扎实推进各项筹组工作。中心根据省厅事业单位改革统一要求，已完成人员划转、内设部门中层干部聘任、部门人员调整交接等工作。完成各部门《岗位设置及职责分工》和现有人员岗位设置，明确现有人员岗位职责；相关业务流程正在优化设置中。

（厅收费核算中心）

【主动作为平稳过渡】 2020年，省交通建设中心主动担当作为，事业单位改革顺利完成。中心严格按照事业单位改革要求，认真落实省厅改革动员会精神，压实责任，靠前指挥，领导班子成员密切配合，积极沟通，按照厅党组的“时间表”和“路线图”高效推进改革各项工作，实现了各项工作的平稳过渡。

（省交通建设中心）

【全力以赴深化改革】 2020年，省交通运行监测中心领导班子带头旗帜鲜明讲政治，以高度的政治自觉践行“两个维护”，强化“四个意识”，把思想政治工作贯穿于事业单位改革全过程，在全体干部职工中讲好改革带来的好处及发展前景，让全体干部职工在思想上形成拥护改革、支持改革的共识。中心严格落实《中共山西省交通运输厅党组关于做好事业单位改革实施工作有关事项的通知》要求，按照时间节点和任务节点，圆满完成改革工作方案和草案的编制、事业单位法人登记和公章刻制、工作人员和离退休人员划转、档案资料的整理归档、办公场所搬迁、资产清算、预算资金划转、账户和法人登记的变更注销等工作，待审计报告、清算报告出具后，将完成最后环节工作。内部管理规范有序。制定出台中心党委会议、主任办公会议、专题会议工作规则，以及党委理论学习中心组学习制度，进一步规范中心重大会议议事程序，进一步提高理论学习中心组学习制度化、规范化水平。制定出台工作人员考勤管理办法、合同管理办法、公务用车管理办法等一系列规章制度，严格工作纪律，营造守纪律、讲规矩的工作氛围。同时，加强与交通运输部公路科学研究院的沟通协调，多次组织会议研究讨论中心内设机构细化职责，多次召开会议，逐条梳理各部室职责，进一步厘清职责边界，防止部室之间互相“踢皮球”，推诿责任。截至年底，已制定出台中心内设机构细化职责（试行），正在协调部公路科学研究院加紧制定岗位职责与工作流程。

（省交通运行监测中心）

疫情防控

【积极做好牵头协调】 2020年，省交通运输厅疫情防控工作领导组办公室设在安监处，负责疫情防控工作领导组日常工作。一是抓组织领导。疫情发生后，第一时间成立由厅主要领导任组长的疫情防控领导组，下设12个专项工作组，明确各组工作职责，各组工作进展实行日报送和清单式管理。先后16次召开会议，及时传达贯彻上级有关指示精神，分析研判防控形势，安排部署全省交通运输行业疫情防控工作，确保“一断三不断”“三不一优先”。组织两轮针对全系统疫情防控工作的督导检查，对督导中存在的问题进行通报，提出明确整改要求，得到了省疫情防控领导组办公室的肯定。二是抓常态化防控。新冠肺炎疫情形势较为平稳后，厅安监处对全省交通运输领域常态化疫情防控进行安排部署，增强全行业防护意识，落实防护措施，持续做好民航机场、道路客运和城市交通场站、交通运输工具、高速公路服务区和收费站、水路客运船舶和渡口码头、公路水运工程建设项目等重点领域的防控工作，未发生1例通过交通运输环节传播、输出的病例。三是抓秋冬季节防控。面对秋冬季疫情有可能反弹高发的风险，9月4日召开第三次安委会部署全系统秋冬季节疫情防控准备工作，要求各级各部门充分认清当前形势，坚决克服麻痹思想、厌战情绪、侥幸心理、松劲心态，按照党中央国务院、省委、省政府疫情防控各项部署，切实履行疫情防控责任，扎实做好疫情防控各项工作，坚决守牢防输入、防反弹、防复燃底线。10月2日召开第四次安委会，对做好秋冬季节疫情防控工作进行再动员、再安排，要求各级各部门必须毫不放松、慎终如始抓好常态化疫情防控，巩固好来之不易的疫情防控成果。11月20日召开第五次安委会，对进一步做好冷链物流渠道疫情防控和加强国际航班经停太原疫情防控工作作再强调、再部署。

（厅安全监督处）

【夯实各项保障措施】 2020年，新冠肺炎疫情突袭而至，省交通运输厅按照中央、交通部及全省疫情防控统一决策和部署，积极从国际航班经停太原入境防控工作和疫情防控保障做好疫情防控工作。国际航班经停太原入境防控工作方面：根据中央统一部署，按照国家民航局、外交部、国家卫健委、海关总署、国家移民局《关于目的地为北京的国际航班从指定第一入境点入境的公告（第1号）（第2号）》的要求，太原作为部分目的地为北京的国际航班第一入境点。厅民航综合协调处积极完成国际航班经停太原入境赴京工作指挥部相关分工任务，参与制定《国际航班经停太原入境赴京防控工作方案（试行）》，协调太原机场积极做好相关准备工作。按照省交通运输厅疫情防控领导组职责分工协调相关单位做好全省民航机场疫情防护物资的保障，同时与道路运输疫情防控组联动，协调运力，解决好需经陆路转运旅客的交通运输服务保障。截至1月16日，省交通运输厅共保障分流国际航班47班次，协调转运车辆558台次，转运人员8297人次，其中转运外交人员参与车辆28台次，转运人员62人。疫情防控保障工作方面：协调督促各机场加强对候机楼等重点区域重点环节的保障工作，指导各机场建立应急处置人员、药品、器械、物资及有关标本优先紧急运输的“绿色通道”，加大应急物资运输保障力度，优先保障疫情防控物资和人员的运输，先后向武汉、乌鲁木齐、哈尔滨、长沙、深圳等地运送多批抗疫防护物资，各机场先后保障多批次医疗援助任务的顺利完成，其中太原机场共保障完成13批共1515名援鄂医疗队人员的往返任务。为全省机场采购人体温度快速筛查设备120余个、口罩4300个、护目镜300余副、消杀药水12吨，同时协调调拨其他疫情防护物资，积极做好疫情防控宣传工作。

（厅民航综合协调处）

【严格要求实现"零感染"】 2020年，新冠肺炎疫情发生以来，全省水路运输领域严格落实疫情精准防控要求，狠抓"常态化"防控部署，实现疫情防控"零感染"。一是强化疫情防控。疫情之初，及时下发《加强新型冠状病毒感染的肺炎疫情防控工作的实施方案》《关于做好水路交通领域新型冠状病毒感染的肺炎疫情防控工作的通知》，指导各地及时在各运营渡口、码头设置体温监测点、留验站，严格旅客实名制乘船，保持船舶通风，劝导旅客戴口罩，做好发热旅客登记移送、消毒防疫和自身防护等工作。运城、阳泉、长治、晋城等交通运输主部门主动加强与卫健、公安等部门密切协作，研究制定并严格执行码头、船舶消毒、区域、卫生间消毒、船舶准乘限流、乘船须知、垃圾桶上张贴废弃口罩回收标识等防护措施，阻断水路运输疫情传播渠道。二是启动应急响应。提出必要时对水路运输省域出入口实施停航管控措施的指导性意见。参加水路春运的6家水运企业、两个渡口在当地疫情防控指挥部统一领导下，下达关闭停航公告，及时关闭了所有渡口、码头，并对运营的船舶和渡船实施停航管控。各地严格落实属地管理责任，不断加强巡查检查，坚决杜绝违反停航要求擅自航行。三是推进复工复产。疫情得到控制后，按照先排查、后复工的原则，指导水运企业严格按照分区分级、精准防控的要求组织复工。四是加强常态防控。及时通报上海"中昌融盛"散货船3名感染人员和忻州代县1名吉林省舒兰市与确诊病例密切接触者入晋两起案例，坚持举一反三，压实属地、企业、法人防控责任。将部海事局4版《港口及其一线人员新冠肺炎疫情防控指南》转发各水运企业，严格落实实名制乘船、戴口罩乘船、持健康码乘船、从业人员和旅客体温监测、船舶码头定时消毒、手卫生和"一米线"等疫情防控要求。持续173天不间断报送每日水路客运数据，为春运水路运输保障和判断疫情对水路客运的影响提供数据支撑。

（厅水运管理处）

【认真做好常态化防控工作】 2020年，厅城市客运管理处。认真做好常态化防控工作，一是督促指导全省城市客运领域按照交通运输部《客运场站和交通运输工具新冠肺炎疫情分区分级防控指南》有关规定，严格落实清洁、通风、消毒、佩戴口罩和测量体温等有关要求，彻底阻断病毒传播途径；充分利用信息化技术手段，推广应用"筋斗云""美团"等手机App，有效提高疫情防控期间乘客信息可查询、可追溯水平，7个设区市（太原、大同、朔州、晋中、阳泉、临汾、晋城）市区公共交通和9个设区市（太原、大同、朔州、忻州、吕梁、晋中、阳泉、长治、临汾）市区出租汽车客运始终未中断运营服务，保证了疫情期间广大人民群众基本出行需求和城市的正常运转。在"两会""五一""十一"等重要会议和节假日期间，采取"明察暗访""四不两直"等方式抽查地市城市客运疫情防控工作；全省未发生通过城市客运交通工具传播疫情情况。二是全力做好城市客运复工复产工作。指导各市制定疫情期间城市客运应急服务保障预案，组建了包含722辆公交车、3408辆巡游出租车在内的应急保障车队，为应对突发情况打下坚实基础。针对抗击疫情形势变化，第一时间安排调度跨市区运营线路和暂停城市公交、出租汽车服务的县（市区）恢复运营，自3月15日起，全省受疫情影响暂停城市客运服务的县市已全部正常运营；通过开通便民超市公交、定制公交、社区公交，为全社会复工复产复学提供了强有力的支撑。鼓励出租汽车经营者通过减免卫星定位服务费、公司管理费、承租费等方式，减轻驾驶员的经营压力，据不完全统计，全省共减免服务管理费1000余万元，车辆承租费2.2亿元。

（厅城市客运管理处）

【多措并举做好老干部防控工作】 2020年，省交通运输厅多措并举做好老干部疫情防控，在疫情防控常态化中充分发挥老干部工作组织作用新冠肺炎疫情暴发后，面对严峻的新冠肺炎疫情，厅离退休人员工作处认真贯彻落实厅党组关于疫情防控的安排部署，全面贯彻落实"五严五防"措施，把疫情防控工作作为压倒一切的政治任务抓牢抓好，团结动员全体离退休干部积极参与疫情防控，针对老干部年龄偏大身体较弱这一特点，加强做实老干部疫情防控，有力有序开展离退休干部防疫服务；及时将关心关爱传递给老干部干部，积极组织引导老干部坚定必胜信心，受到老干部们一致称赞，为打赢疫情防控阻击战贡献应有力量。第一时间召开支部书记视频会议传达厅党组关于疫情防控工作安排和部署，对老干部疫情防控工作进行研究和安排，及时分析研判，连续调度安排，指定各支部书记专门负责各支部疫情防控工作，及时向广大老同志传达有关指示和精神，站在讲政治讲大局的高度、站在全力保护老干部生命安全和身体健康的高度、站在维护社会和谐稳定的高度，全力推动疫情防控工作落实落地。坚持“防字当头”，全面摸排老干部健康状况，打造联防联控群防群控工作体系。强化宣传引导，通过微信群发布、张贴公告等形式，及时向老干部公告疫情防控情况、普及疫情防控知识，团结动员老干部主动参与、科学参与、有序参与疫情防控工作，营造人人科学防疫良好氛围。对老干部居住较为集中的机关宿舍小区实行24小时封闭式管理、24小时值班看守及定期消杀，对到访人员和车辆严格筛查，并进行详细询问、体温监测及信息登记，确保不漏一人。及时为老干部们采购一次性医用口罩、红外测温仪、医用酒精、次氨硝酸消毒液、84消毒液、抑菌洗手液、消毒喷雾等防疫物资，确保防疫物资储备充足并发放到位。

（厅离退休人员工作处）

【充分发挥工会组织作用】 2020年，新冠肺炎疫情暴发后，省公路运输工会认真贯彻落实习近平总书记关于疫情防控的一系列重要指示批示精神，全面贯彻落实省委“五严五防”措施，把疫情防控工作作为压倒一切的政治任务抓牢抓好，团结动员全体职工积极参与疫情防控工作，为打赢疫情防控阻击战贡献工会力量。第一时间转发《山西省总工会关于充分发挥工会组织作用团结动员全省职工坚决打赢新型冠状病毒感染肺炎疫情防控阻击战的通知》，对所属单位工会组织和工会干部提出明确要求。坚持“防字当头”，全面摸排职工健康状况，打造联防联控群防群控工作体系。省公路运输工会在厅党组领导下，团结动员各级工会职工主动参与、科学参与、有序参与疫情防控工作，强化宣传引导，营造人人科学防疫的良好氛围。转发《中华全国总工会办公厅关于加强新型冠状病毒感染肺炎防控工作专项资金使用管理的通知》，要求全系统各级工会组织结合本级工会经费结余和年度工会经费收入情况，充分考虑疫情防控工作的需求，适当安排防控专项资金，纳入2020年度收支预算管理，全系统共安排防控专项资金19万元。各基层工会积极配合单位为所有一线防疫抗疫人员配备防护装备，对参与防疫抗疫工作的基层职工和相关人员进行慰问。

（省公路运输工会）

【全力打赢“阻击战”】 2020年，新冠肺炎疫情发生后，省运输发展中心全体职工，勇于担当，积极作为，全力做好疫情防控各项工作。一是坚决阻断疫情传播。中心及时启动应急响应，成立领导组，制定印发《加强新型冠状病毒感染的肺炎疫情防控工作的实施方案》等工作方案，全年召开18次疫情防控领导组会议，研究部署全省道路水路运输行业疫情防控工作。严格落实国家和省有关疫情防控部署，指导全省道路运输水路行业，结合实际，在疫情防控中及时采取客车停运、水运停航、驾校停训、公交出租调整运力、货运严格防控等分类措施有效防止疫情输入，当好阻断疫情传播的排头兵。二是全力保障应急运输和复工复产。严格落实“一断三不断”“三不一优先”政策，制定应急运输保障调度方案，及时完善防控策略和应对举措，协助省厅组建省级应急道路运输保障车队。组织完成交通运输部、工信部、省政府下达的紧急运输任务113次，勇当疫情防控的逆行者。按照“防运并举、分类指导、一车一方案”的原则，开展“点对点”直达运输，全力做好返岗复工人员运输服务保障，争当复工复产先行官。三是切实做好常态化疫情防控工作。指导运输企业、运输站场始终保持定力，时刻绷紧疫情防控这根弦，切实履行“外防输入、内防反弹”疫情防控职责，确保疫情防控和运输发展两不误。在疫情防控中，全省道路水路运输行业、中心机关和两宿舍区人员未发生一例疫情感染病例。

（省运输事业发展中心）

【立足岗位主动作为】 2020年，厅收费核算中心狠抓疫情防控，确保中心防控常态化。中心支部高度重视疫情防控，成立以支部书记为组长的疫情防控工作组，制定疫情防控工作的实施方案，先后多次召开疫情防控专题会议传达学习上级疫情防控工作的决策部署。1月20日，中心职工家属感染疫情后，立即启动预案，进入紧急状态，及时全面进行办公区域消毒和管控；并通过微信、电话沟通安抚隔离职工，及时传达上级有关疫情防控精神和举措；同时逐人排查、逐项核实、汇总日常体温监测结果和人员轨迹，确保不漏一人；中心没有发生一例疫情感染和二次传播。疫情期间党员领导干部率先垂范，全体党员立足岗位实际，主动作为、积极行动。充分发挥党员先锋模范作用，取得疫情阻击战、应急运输保障、复工复产和疫情常态化防控重大成果。

（厅收费核算中心）

【加强统筹坚持“两手抓”】 2020年，省交通建设中心加强统筹协调，扎实做好疫情防控和复工复产服务工作。中心不断加强工作领导、明确职责分工，构建横向到边、纵向到底的疫情防控责任落实体系，坚决守住疫情防控底线。做好常态化疫情防控工作。第一时间成立疫情防控领导小组，建立联防联控机制，做好防疫物资配备和办公场所的卫生、消毒工作，做好干部群众的疫情登记及中高风险地区经历的排查报备工作，代厅起草《公路水运建设领域防控预案》，中心全年无疫情病例。推进建设项目复工复产服务工作。督促全省11个续建项目尽快实现复工复产，协助省厅完成《关于做好疫情防控期间交通在建工程复工指导意见》《山西省交通运输厅关于新冠肺炎疫情防控期间公路工程调整的指导意见》等文件的发布执行工作。

（省交通建设中心）

“四好农村路”

【综述】 2020年，全省建设任务为1.2万公里，完成投资69.3亿元。截至12月底，全省开工17916公里，完工18131公里，完成安全生命防护工程4598公里，实施危桥改造40座，隧道提质升级改造17座，完成投资105.9亿元，超额完成全年建设任务和投资目标。全省1196个乡镇、具备条件的26420个建制村提前全部实现通硬化路、通客车，基本形成广泛覆盖县、乡、村组的农村公路交通网络，农村交通面貌呈现“一年一变样，三年上台阶，五年大跨越”的发展态势，为农村特别是贫困地区带去人气、财气，也为党在基层凝聚民心。

【全省“四好农村路”建设】 “四好农村路”是 习近平总书记亲自提出亲自推动的一项民生工程、民心工程、德政工程。省交通运输厅深入贯彻 习近平总书记关于“四好农村路”重要指示精神和视察山西重要讲话重要指示，确立总体思路，从决战脱贫攻坚、服务乡村振兴和全省经济转型发展的大局出发，着力打造山西农村公路“升级版”，全力推进“四好农村路”和三个一号旅游公路建设。

“十三五”以来，省政府规划用五年时间完成“四好农村路”6.4万公里，总投资1069亿元，结合全省脱贫攻坚任务2019年实现具备条件的建制村通硬化路，2020年建设任务为1. 2万公里，完成投资69.3亿元；以省政府办公厅名义先后出台《“四好农村路”建设实施意见》《关于深化农村公路管理养护体制改革 实施意见》《关于在全省全面推行农村公路“路长制”的通知》。推进建设中，省厅牵头会同财政厅等多个部门印发《“四好农村路” 和三大板块旅游公路建设资金管理办法》《关于加强“四好农村 路”建设质量管理的意见》《农村公路建设管理办法》等多个法规性文件，并连续将“四好农村路”年度目标任务、具备条件建制村通硬化路率，通客车率以及“路长制”实施情况等作为全省实施乡村振兴战略实绩考核任务，省政府绩效考核任务以及13710重点台账，积极构建“顶层推动、规划先行、上下联动、齐抓共建”的工作机制，全力推动“四好农村路”高质量发展。截至2020年11月底，全省“四好农村路”新开工17916公里，完工18131公里，完工里程占目标里程的151.1%；完成安全生命防护工程4598公里，实施危桥改造40座，隧道提质升级改造17座；完成投资105.9亿元，占目标投资的152.8%；“十三五”期间，“累计完成7. 48万公里，完工里程占规划里程的116. 9%；完成投资684亿元，完成投资占规划投资的64%；全省1196个乡镇、具备条件的26420个建制村提前全部实现通硬化路、通客车，广泛覆盖县、乡、村组的农村公路交通网络基本形成。同时，全省新改建7万多公里的“四好农村路”充分发挥“修好一条路、富一方百姓”的带动效应，有力改善农村生产生活条件，全力打通城乡连通“最后一公里”，积极盘活农村地区资源，有效增强贫困地区“造血”功能，“四好农村路”成为“脱贫路”“致富路”“幸福路”。

山西是一个经济欠发达省份，面对艰巨的农村公路建设任务，省交通运输厅学习借鉴兄弟省市经验做法，提出“政府补助+PPP”“政府补助+债券+PPP”的资金筹措模式，有效地破解资金难题。2020年10月21日，山西在全国推动完善“四好农村路”高质量发展体系现场会上作典型经验交流发言。会后，全国政协副主席、交通运输部党组书记杨传堂和李小鹏部长联名给省委、省政府致信，充分肯定山西多措并举破解决建设资金瓶颈、探索欠发达地区推进农村公路建设的新路子，“四好农村路”发展取得显著成效。

【全省农村公路管理养护体制改革】 2019年9月，国务院办公厅印发《关于深化农村公路管理体制改革的意见》，要求各省级人民政府要加强统筹和指导，制定本辖区改革实施方案，副省长胡玉亭批示“请交通厅牵头办理”。省交通运输厅组织专人深入调研全省农村公路管理养护实际，多次组织相关部门进行研究讨论，重点就全省农村公路养护资金需求、省市县三级公共财政承受能力、省级公共财政投入比例等关键问题与省财政厅进行多次沟通对接，共同研究测算出基本符合全省实际情况的养护标准和投入比例，同时借鉴其他省份经验做法起草《山西省深化农村公路管理养护体制改革实施方案》。2020年7月8日，向副省长卢东亮作专题汇报。为持续巩固“十三五”期间“四好农村路”建成7万多公里的成绩，实现由建设为主向建管养运协调发展完全转变，全面助力乡村振兴和省经济社会转型发展，2020年3月20日，省政府办公厅印发《关于在全省全面推行农村公路“路长制”的通知》，明确以县级人民政府为责任主体，按照“县道县管、乡村道乡村管”的原则，全面推行县、乡、村三级“路长制”，积极构建职责明确、齐抓共管、高效运转的工作机制，保证农村公路处于良好的运行服务状态。截至2020年底，全省117个县级“路长制”组织机构已实现全覆盖，乡、村级“路长制”组织机构覆盖率85%以上。2020年8月18日，省政府办公厅印发《关于深化农村公路管理养护体制改革实施意见》，从省级层面明确日常养护标准（县道每年每公里10000元、乡道每年每公里6000元、村道每年每公里4000元），其中乡、村道每年每公里较国家规定最低标准均提高1000元资金标准，为全面推进全省农村公路高质量发 展提供了有力制度保障。与此同时，遴选推荐太原市晋源区、长子县等6个县区担负交通运输部改革试点任务，2020年9月部批准试点后，指导试点单位积极展开试点、抓好过程监督、注重总结经验。

【全省“四好农村路”建设经验】 10月21日至22日，交通运输部在贵州省黔南布依族苗族自治州长顺县组织召开全国推动完善“四好农村路”高质量发展体系现场会。交通运输部、中央和国家有关机关、部分全国人大代表和政协委员以及31个省、自治区、直辖市交通运输系统的100余位代表参加本次会议。山西省和贵州省、陕西省西安市、江西省婺源县等6个省交通运输部门和市县地方政府分别作交流发言。厅党组书记、厅长闫晨曦代表山西省以“创新投融资模式，多措并举破解资金难题”为主题作了典型经验发言。全省在“四好农村路”建设中蹚新路破解资金难题和取得的成效受到与会代表的高度评价。交通运输部党组书记杨传堂、部长李小鹏批示指出，取得显著成效，提供有益借鉴。

杨传堂、李小鹏在批示中指出，近年来，在省委、省政府的坚强领导下，山西省交通运输系统认真贯彻落实习近平总书记关于“四好农村路”的重要指示精神，多措并举破解建设资金瓶颈，探索经济欠发达地区推进农村公路建设的新路子，“四好农村路”发展取得显著成效。在2020年全国推动完善“四好农村路”高质量发展体系现场会上，山西省交通运输厅围绕创新农村公路投融资模式作了经验交流，为推进“四好农村路”高质量发展提供有益借鉴。希望在下一步工作中，部省合力、砥砺奋进，加快健全完善“四好农村路”高质量发展体系，奋力在脱贫攻坚与乡村振兴有效衔接中当好先行。

近年来，省委、省政府牢固树立以人民为中心的发展思想，深刻认识习近平总书记“四好农村路”指示批示的重大意义，将“四好农村路”建设摆上重要位置，强力加以推动。2018年以来，省政府先后审定出台“四好农村路”和作为农村公路重要组成部分的“黄河、长城、太行三大板块旅游公路”建设专项规划，提出用三年时间完成5.5万公里农村公路、十年时间完成1.3万公里旅游公路的建设任务；并以省政府办公厅名义制定出台“四好农村路”建设实施意见。省财政厅会同省交通运输厅联合出台“四好农村公路”和三大板块旅游公路建设资金管理办法，交通运输部科学研究院帮助山西省配套制定旅游公路设计技术指南等系列标准和规范。与此同时，市、县两级政府主要领导靠前指挥亲自协调解决困难问题，全省上下形成“顶层推动、规划先行、上下联动、齐抓共建”的建设格局和浓厚氛围。预计到2020年年底，近三年全省农村公路完成投资约800亿元，完成新改建“四好农村路”5.5万公里以上，建成投用旅游公路3500公里。

（厅农村公路管理处）

三个一号旅游公路

【综述】 2020年，按照省委、省政府部署的“2020年计划复（开）工2000公里，建成1100公里，完成投资100亿元”目标任务，统一设计咨询，配套资金政策，坚持压茬推进，截至12月底，新开工1501公里，建成1488公里，完成投资113亿元，串联沿线66个A级以上景区、130个非A级景点，涉及沿线490个村庄83.58万人口、农林文旅康示范村38个，积极构建主线串联、支线循环、连接线成网的全域旅游公路体系。研究制定旅游公路主体、慢行、景观、信息、服务五大系统设计技术指南，形成涉及工程质量的队伍准入、材料使用、生态环保等12个方面的制度体系；建立省级专家设计审核机制，实行全过程监督指导，2020年完成咨询项目91个，解决各类问题和缺陷，节约建设资金12.8亿元。为保障旅游公路专用性，2021年1月8日，省交通运输起草的《山西省旅游公路管理办法》，经省长林武签署正式颁布，此办法属于创制性立法，标志着全省旅游公路管理进入法制化转道。

【“零公里”标志文化驿站建设】 一是“黄河一号”零公里标志文化驿站。黄河项目位于临汾市永和县乾坤湾，项目位于“黄河一号”与“太行一号”旅游公路交会处，紧邻乾坤湾景区，该项目用地12亩，建筑面积1500平方米，总投资约2000万元。项目以黄河乾坤湾为原型提炼出“蛇曲”艺术形态，将黄河冲刷峭壁岩层形成的曲折之势作为造型元素，整体呈现出大型“立体沙盘”的空间感。项目以“零公里”标志景观石为中心，黄河文化体验园、黄河之子主题雕塑、枣林湾、黄河步道、观景台等各功能区块自然流畅串联其中，使游客尽享黄河文化之魅力。二是“长城一号”零公里标志文化驿站。项目位于忻州市偏关县老牛湾，“长城一号”与“黄河一号”交会处，向北2公里到达老牛湾景区。总用地面积18亩，总建筑面积1500平方米，总投资约2000万元。配套包括长城文化园、“长城一号”旅游公路标识、休闲观景长廊、旅游服务中心等设施以及房车露营、直升机低空旅游、数字景点等为主的旅游服务项目，在设计上以“万里烽火尽沧桑，钢铁长城永不倒”为主题，运用影视半景西等方式，立体展示千百年来狼烟四起。金戈铁马的“长城故事”。三是“太行一号”零公里标志文化驿站。项目位于晋城市陵川县王莽岭，“太行一号”与“黄河一号”交会处，总用地面积20亩，总建筑面积1500平方米，总投资约2000万元。距王莽岭景区9.5公里。建设内容包括“零公里”标志、游客中心、太行文化体验馆、文化长廊等。整个项目以“云海山峰”景象为主题，以“零公里”标志景观石为中心，将三大太行精神凝练为户外主题文化公园，打造融“山水太行、数字太行、红色太行、四季太行”为一体的太行文化驿站。

全省着力做强黄河、长城、太行三大品牌，打造国家全域旅游示范区，建设黄河、长城、太行三个一号旅游公路“零公里”标志文化驿站，这是省委、省政府2020年打造黄河、长城、太行三大旅游品牌的具体举措，是三个一号旅游公路的画龙点睛之作。

2019年年底，省委书记楼阳生作出建设“零公里”标志文化驿站的指示后，省交通运输厅迅速成立专班，积极与省财政厅、山西文旅集团沟通对接，按照国内一流标准，遵循“一站一主题、一站一特色”原则，科学规划、精心设计，经报请省委、省政府同意，确定在临汾市永和县乾坤湾、忻州市偏关县老牛湾、晋城市陵川县王莽岭分别设置“黄河一号”、长城一号、“太行一号”旅游公路“零公里”标志文化驿站。其中，三个“零公里”标志文化驿站，总占地51亩，总建筑面积约4600平方米，总投资约6000万元；三个文化驿站集文化宣传、深度体验、创意景观为一体，以“零公里”标志景观石为中心，结合周边环境，挖掘文化元素，建设旅游标识文化驿站；植入房车营地、直升机低空旅游、3D数字体验、主题雕塑等现代时尚旅游业态，让游客在此能够停车歇脚，打卡留念，深入了解黄河、长城、太行三个一号旅游公路及山西全域旅游资源，让旅游公路和公路旅游融合起来，成为游客体验山西自然风光和历史文化的大厅。

2020年3月2日，省委书记楼阳生作出“尽快启动实施”的批示后，省交通运输厅努力克服新冠肺炎疫情不利影响，制定明确的时间表、路线图，倒排工期，挂图作战，积极调度，与山西文旅集团互相协作、全力推进，实现“4月初全部开工建设、9月底建成、十一黄金周投入使用”目标，把三个一号“零公里”文化驿站建成为全省交通与文化、旅游高度融合的精品示范工程，2020年9月23日，全省三个一号旅游公路“零公里”标志文化驿站启动仪式举行，楼阳生在充分肯定旅游公路建设基础上，作出“在确保质量的前提下加快建设进度，确保每年投运2000公里以上，确保在”十四五“期末完成建设任务”决策部署。会后，副省长卢东亮在关于“零公里”文化驿站任务上批示给予“点赞”。

黄河、长城、太行三个一号旅游公路“零公里”标志文化驿站的建成启用，极大地提升山西全域旅游关注度、美誉度、吸引力和影响力，成为山西广大游客网红打卡地和对外展示山西文化旅游的重要窗口，也标志着全省旅游公路建设进入高质量发展阶段。

【创建“城景通、景景通”示范段】 为决战脱贫攻坚、实施乡村振兴战略、推动山西转型发展提供有力交通支撑，2018年以来，省交通运输厅坚决贯彻落实习近平总书记视察山西重要讲话重要指示精神，按照省委、省政府“锻造黄河、长城、太行三大旅游板块，打造国家全域旅游示范区，把文化旅游业打造成为全省战略性支柱产业”的重大决策部署，支撑全省建成国内一流、国际知名的全域旅游目的地，在各级地方党委、政府主动作为、人民群众积极参与和社会各界广泛支持下，举全行业之力推进黄河、长城、太行三个一号旅游公路建设，促进全省公路交通与旅游、生态、文化融合发展，取得显著成效。

2020年，全省三个一号旅游公路计划复（开）工2000公里，建成1100公里，完成投资100亿元。截至2020年11月底，新开工107个项目1501公里，建成1488公里，完成投资113亿元，完工里程、完成投资分别占年度目标任务的135%、113%；全省累计开工建设309项4540公里（主线2547公里），累计完成投资316亿元，建成3469公里（主线1759公里），串联沿线66个A级以上景区、130个非A级景点，涉及沿线490个村庄83.58万人口、农林文旅康示范村38个。已初步搭建起主线贯通、支线串点、连接线成网的旅游公路网架构，圆满完成省委、省政府设立三个一号旅游公路“零公里”标志文化驿站的建设任务，特别是在推动旅游公路高质量发展中，为确保2020年底各市都建成一批集专用性、安全性、智慧型和环境友好型为一体的精品旅游公路，从2019年起在全省范围内大力实施“城景通、景景通”示范段工作，继2019年建成9个三个一号旅游公路示范段之后，2020年又建成以太原市东西山旅游公路、永和县乾坤湾路段、陵川县王莽岭路段等为代表的设施齐全、功能完善、各具特色的示范段13个，黄河、长城、太行三个一号旅游公路成为助力锻造山西全域旅游的新品牌，展示服务地方转型发展、促进交旅融合的新名片，有效带动沿线农民群众脱贫致富和乡村振兴，以农村公路为主体的全省旅游交通面貌呈现“一年一变样，三年上台阶，五年大跨越”的发展态势，成为老百姓获得感最多的行业之一。

（厅农村公路管理处）

交通强国

【精准对接全力推进】 2020年，省交通运输厅主动对接“一带一路”、京津冀协同发展等战略，紧抓国家推进交通强国建设的重要历史机遇，坚持规划引领、政策先行，全力推动全省交通强国建设顺利起步、强势开局。一是加强顶层设计。成立推进交通强国建设领导组，建立工作专班，专门聘请曾参与《交通强国建设纲要》起草工作的交通运输部科研院为省厅提供智力支持，高质量编制全省《关于贯彻落实〈交通强国建设纲要〉的实施意见》和《推进交通强国建设行动计划（2021—2022年）》，并以省委、省政府名义印发实施。二是坚持规划引领。统筹推进“十四五”现代综合交通运输体系发展规划和各专项规划编制工作，全省交通运输“十四五”发展规划、综合立体交通网规划纲要、交通基础设施国土空间规划3项龙头规划已形成初稿，省道网规划（2021—2035年）已报省政府审批，交通新基建等其他专项规划全部形成了征求意见稿，“十四五”期间至今后15年的规划体系架构基本形成。三是深入研究试点方案。按照交通运输部要求，围绕交通强国建设整体布局，结合山西实际，认真研究制定全省《试点实施方案》，最终明确开展交旅融合、城市交通治理、车路协同、智能物流、重载公路等5个方面的试点任务，11月份获得交通运输部正式批准。

（厅办公室、厅强国办）

【组织召开专家论证会】 2020年5月8日，省交通运输厅召开《中共山西省委、省人民政府关于贯彻落实〈交通强国建设纲要〉的实施意见》（以下简称《实施意见》）和《山西交通强国建设三年行动计划》（以下简称《三年行动计划》）专家论证会，来自交通运输部和省内多名专家参加论证。厅党组书记、厅长闫晨曦出席会议。厅党组成员、副厅长王四小主持会议。

会上，王四小就《实施意见》和《三年行动计划》的起草、制定、征求意见等情况作了介绍。课题组汇报实施意见对标对表、起草背景及主要内容。与会专家围绕《实施意见》和《三年行动计划》的体系架构、目标设定、实施举措以及与山西实际的衔接等方面进行充分论证，一致认为课题组提交的两项成果贯彻了习近平总书记对交通运输工作、对山西工作的重要指示精神，落实了《交通强国建设纲要》的总体要求，体现山西特色，符合山西推进交通强国建设客观需求，具有较强系统性、前瞻性和可操作性。

闫晨曦在讲话中，对各位专家长期以来对山西交通运输工作的关心支持表示感谢，并请大家发挥专长，抓好修改完善工作。一是进一步深化对交通强国建设重大意义的理解认识，抓住这一难得的历史机遇，坚持问题导向，瞄准短板差距，深入研究提出富有实际意义的举措，为山西建设“示范区”、打造“排头兵”、构建“新高地”三大目标定位，提供强有力的交通运输保障。二是进一步实行《三年行动计划》，坚持“项目为王”，实施为要，把各项工作举措落到具体项目上，把土地、资金等实施要素进一步明确细化，确保《三年行动计划》能够顺利实现。三是全力以赴加快工作进度，加大工作力度，倒排工期，集中精力抓好《实施意见》和《三年行动计划》修改完善工作，力争5月中旬前拿出高质量、高水平、可操作性的成果上报省委、省政府，为下一步工作奠定坚实基础。

【举办全省交通强国建设专题讲座】 10月20日，省交通运输厅举办全省交通强国建设专题讲座，厅党组成员、副厅长王四小主持。

本次培训特邀交通运输部科研院院长石宝林、交通运输部科研院发展研究中心副主任李晓峰分别从我国交通发展历程、交通强国建设的重大使命和推进交通强国建设重点工作，省委、省政府《贯彻落实〈交通强国建设纲要〉的实施意见》和全省推进交通强国建设重点任务等方面进行了讲解。讲座内容翔实、案例生动、政策性强，为下一步推动全省交通运输事业高质量发展明确方向。

（厅强国办）

山西交通运输

2021

年鉴

大事记

1月

1月1日 零时起，全国29个联网省份的487个省界收费站全部取消。全省23个省界收费站与全国同步撤销。交通运输部党组书记杨传堂出席并网切换仪式并讲话。深化收费公路制度改革取消高速公路省界收费站工作领导小组组长、部长李小鹏指挥切换并宣布取消高速公路省界收费站工程并网切换圆满成功。省委常委、副省长胡玉亭，厅领导闫晨曦、李贵顺、王晋、郭贵堂，交控集团领导袁清茂等在山西分会场参加切换仪式。

并网切换后，厅领导闫晨曦、李贵顺、王晋、郭贵堂、交控集团领导袁清茂等分别连夜深入交通运行监测与应急处置中心等部门，专题调研并现场解决路网运行问题，确保全省高速公路平稳运行。

同日 省交通运输厅、省委宣传部、省直属机关事务管理局、省发展和改革委员会、省工业和信息化厅、省公安厅、省财政厅、省生态环境厅、省住房和城乡建设厅、省市场监督管理局、省总工会、中国铁路太原局集团有限公司晋交运管〔2020〕13号文联合印发《关于印发绿色出行行动实施方案（2019—2022年）的通知》。

1月6日 省交通运输厅召开公路转型项目年度调度暨安全生产会，副厅长李贵顺出席会议并讲话，要求全系统要认真贯彻习近平总书记关于安全生产、生态保护、高质量发展系列重要讲话以及三篇光辉文献精神，全面贯彻落实省委、省政府重大决策部署，扎实推动2020年转型项目建设。会议传达学习习近平总书记关于安全生产工作和高质量发展重要讲话以及全国交通运输工作会议精神，总结2019年“深化转型项目年”工作落实情况，通报当前安全生产、质量管理形势，重点分析“12·30”晋城“太行一号”析城山隧道事故，安排2020年全省公路转型项目推进和安全生产工作，部署开展“冬季攻坚”专项行动，全力确保“首季开门红”目标。

1月8日 省交通运输厅党组成员、副厅长段新源一行赴王繁高速进行督导检查。对王繁高速取消省界收费站工程并网切换工作及春运工作给予肯定，要求高度重视，精心组织，统筹安排，全力攻坚，保障系统顺利切换、稳定运营。

同日 省交通运输厅一级巡视员雷天才深入吕梁南高速公路分公司，督导调研取消高速公路省界收费站联网收费、除雪保畅和备战春运工作。要求切实采取有力措施，多想办法，主动作为，确保高速公路安全通畅。

1月9日 省交通运输厅、省发展和改革委员会、省财政厅、省自然资源厅、省农业农村厅、省文化和旅游厅、省扶贫开发办公室、省邮政管理局、省供销合作联合社晋交农路发〔2020〕9号文联合印发《关于推进“四好农村路”高质量发展的实施意见》。

同日 省交通运输厅召开全省交通运输局长座谈会，听取11个地市交通运输局2019年重点工作完成情况，分析当前形势，研究2020年工作打算。厅党组书记、厅长闫晨曦主持会议并讲话，要求全省交通运输工作要坚持问题导向、目标导向、结果导向，突出工作重点，注重务实、高效，科学谋划，齐心协力，共同努力，全力做好全年各项工作，向省委、省政府交一份满意的成绩单。

同日 省交通运输厅召开全省“四好农村路”和三个一号旅游公路建设工作推进会，认真分析、准确把握当前面临的形势，安排部署2020年工作任务，确保圆满完成各项任务目标。厅党组成员、副厅长王四小出席会议并讲话，要求各级交通运输部门要认清形势，明确目标，坚决打赢“四好农村路”建设决胜战，抓住省厅成功申报交通强国第二批试点单位这一历史性发展机遇，攻坚克难，扎实推进，奋力谱写交通强国山西农村交通新篇章。

同日 省交通运输厅召开厅属事业单位机构改革档案处置工作推进会。厅党组成员、副厅长王晋出席会议并讲话，要求提高思想认识，切实增强责任感和使命感，加强组织领导，全力确保涉改单位档案处置工作顺利完成。

1月9日至10日 省交通运输厅副厅长级干部郭贵堂赴临汾、运城督导取消高速公路省界收费站切换过渡期保通保畅工作。要求认真履职尽责，细化应急预案,加强业务培训,加大宣传力度,努力做到不堵车、不漏费、无舆情,为人民群众提供良好出行环境。

1月10日 2020年春运正式开启,省交通运输厅党组书记、厅长闫晨曦深入太原汽车客运总站、太原武宿机场检查春运工作。厅党组成员、副厅长、省民航机场管理局局长段新源一同检查。要求各相关部门要进一步提高政治站位,增强责任意识,强化安全监管,实化服务举措,全力以赴做好春运交通运输服务保障工作,确保人民群众安全便捷出行。

1月14日 省交通运输厅晋交运管发〔2020〕15号文印发《关于进一步做好网络平台道路货物运输经营管理工作的通知》。

同日 《新华每日电讯》点赞山西省治超工作,连续12年强力治超不松懈,打破"不超载不挣钱"恶性循环。

同日 省交通运输厅党组成员、副厅长王晋深入天镇县玉泉镇葛家屯村、石家庄村进行实地调研,实地查看村委会建设、爱心超市等帮扶项目,与玉泉镇干部、贫困村"两委"干部和驻村工作队进行座谈。要求全体驻村干部不可松懈、掉以轻心,必须以更加昂扬精神状态、更加扎实工作作风,坚决夺取脱贫攻坚战全面胜利,确保实现中央省委提出的决战完胜的战略目标。

同日 省交通运输厅党组成员、副厅长李贵顺赴吕梁市交通运输系统走访慰问离退休干部、困难职工,深入吕梁市汽车站检查了解春运情况,到杏花村高速公路服务区检查危化品运输车辆的安全管理工作。要求强化安全责任,抓好"两客一危"安全生产工作;强化安全监督,防范农村客运事故发生。

同日 省交通运输厅副厅长级干部郭贵堂深入朔州公路分局检查春运安全专项行动部署情况,慰问分局离退休老干部和困难职工家属。实地查看分局前寨应急保障服务中心应急保障、机械设备、物资储备以及朔城区公路管理段清雪除冰作业现场。要求提高思想认识,强化组织领导,确保安全无事故;加强监督检查,强化问题整改,确保稳定无隐患。

1月15日 省交通运输厅党组成员、副厅长段新源带队赴长治市深入市客运中心、长治王村机场等现场检查春运期间各项安全保障措施落实情况,并走访慰问困难职工和离退休老干部。要求提高政治站位,强化应急管理,保障路网畅通,提升服务品质,确保人民群众度过一个安全祥和的春节。

1月15日至17日 省交通运输厅二级巡视员郭全英带队赴运城市督查2020年春运工作,对部分困难职工进行走访慰问。要求强化组织领导,夯实安全基础,加强运力保障,实化服务举措,打造平安、便捷、温馨、诚信、绿色春运。

1月16日 省交通运输厅晋交人发〔2020〕19号文印发《关于成立厅推进交通强国建设领导小组的通知》。

同日 省交通运输厅一级巡视员雷天才赴阳泉检查春运安全保障工作。要求提高政治站位,认真履职尽责,全力做好春运安全和保通保畅。雷天才还看望慰问阳泉交通运输系统困难职工和离退休老干部,为他们送上慰问金和慰问品,并代表厅党组向他们致以新春问候。

1月17日 省交通运输厅晋交运管发〔2020〕20号文印发《关于开展第二批机动车排放污染维修治理站建设工作的通知》。

同日 省交通运输厅晋交运管发〔2020〕23号文印发《关于进一步做好2020年春运工作的通知》。

1月21日 省交通运输厅晋交安监发〔2020〕26号文印发《做好新型冠状病毒感染的肺炎疫情防控工作的实施方案》的紧急通知。

1月22日 中午12点,山西航产集团第一时间成立防控领导小组,对新型冠状病毒感染的肺炎防控工作进行专题部署。要求确保职责明确、决策果断、程序清晰、信息畅通、处置迅速。

同日 省交通运输厅晋交财发〔2020〕29号文印发《事业单位改革经费划转和预算管理工作方案》和《事业单位改革国有资产清查工作方案》。

同日 省交通运输厅、省财政厅、省人力资源和社会保障厅、省人民政府国有资产监督管理委员会晋交人发〔2020〕31号文联合下发《山西省交通运输厅关于印发山西省取消高速公路省界收费站人员安置工作实施方案的通知》。

同日 省交通运输厅晋交规划发〔2020〕28号文印发《关于上报交通强国建设山西省试点实施方案的请示》。

1月23日 省交通运输厅晋交安监发〔2020〕41号文印发《加强新型冠状病毒感染的肺炎疫情防控工作的实施方案》的紧急通知。

同日 山西航产集团公司下发《新型冠状病毒感染的肺炎疫情防控工作方案》《关于进一步做好新型冠状病毒感染的肺炎疫情防控工作提示》，进一步明确具体防控措施。

突如其来的新冠肺炎疫情发生以来，集团党委先后下发7个红头文件和6个部门文件，召开5次专题会议，制定3项工作方案明确11方面23项工作措施，2次调整应急响应等级。在肺炎疫情领导组的微信工作群里，主要领导下达60余条工作指令，要求全体干部职工坚决落实最严格的主体责任和工作责任，进入“战时状态”，坚决防止疫情通过航空运输环节传播。

1月25日 农历正月初一，省交通运输厅党组书记、厅长闫晨曦带领厅机关有关处室负责人赴清徐南高速公路收费站等地慰问春节期间仍然坚守岗位的一线干部职工，检查春运安全保障服务工作和新型冠状病毒感染的肺炎疫情防控工作，代表厅党组向全省交通系统干部职工致以节日问候和祝福。要求要做好应急处置预案，细化疫情监测防控措施，强化值班值守与信息报送，确保广大人民群众安全便捷出行。

1月27日 下午，省交通运输厅召开全省交通运输系统新型冠状病毒感染的肺炎疫情联防联控工作会议，就扎实做好全省交通运输系统新型冠状病毒感染肺炎疫情防控工作进行再研究、再部署、再动员。厅党组书记、厅长闫晨曦出席会议并讲话，要求全省交通运输系统要自觉扛起重大政治责任，要有打攻坚战的决心、歼灭战的信心、持久战的准备，严防死守、不留死角、不出纰漏，坚决有力打好疫情防控这场硬仗。厅党组成员、副厅长王晋主持会议，厅领导段新源、王四小、王建业、郭贵堂、雷天才、郭全英出席会议。厅机关有关处室、省公路局、省执法局、省运管局、省高管局、省海事局、航产集团、交控集团、汽运集团负责人参加会议。各市交通运输局、公路分局、执法局、高速公路运营单位在分会场参加会议。

1月29日 省交通运输厅在高速公路、国省干线和民航机场全面开启“绿色通道”，对防疫物资运输、医护人员和疫情人员转运等应急车辆，按照“三不一优先”（不停车、不检查、不收费，应急车辆免费优先通行）原则，统一印发通行证，保障应急车辆免费优先通行。截至2月2日，共发放通行证65张。

1月30日 省交通运输厅下发通知，全省公路水运建设项目原则上不早于2月9日（正月十六）24时复（开）工或组织已返乡的农民工返回施工现场。

2月

2月2日 省交通运输厅疫情防控领导组、省交通运输厅下发《紧急通知》，要求进一步简化《新型冠状病毒感染的肺炎疫情防控物资及人员运输车辆通行证》（以下简称《通行证》）办理流程等有关事宜。

《紧急通知》要求，各单位要按照“属地负责、特事特办、部省联动”原则，第一时间协调解决通过公开电话所反映应急运输车辆通行问题。省内应急物资运输车辆通行问题，属于高速公路的，由省高管局进行协调；属于普通国省干线公路的，由省公路局进行协调；属于普通县乡公路的，由各市交通运输局进行协调；省内跨行业、跨部门以及跨省应急物资运输车辆通行问题，由省厅进行协调，解决不了的向部物流保障办公室报告。严禁各单位无故推诿、搪塞、拖延不解决问题，造成不良后果的，省厅在调查核实后追究相关负责人责任。

2月3日 省交通运输厅下发《通知》，要求各市交通运输局、省运管局、山西汽运集团提前做好道路客运班线及旅游包车恢复运营准备工作。

2月4日 省委书记楼阳生主持召开专题会议，研究汾河流域生态景观规划和“黄河”、长城、“太行”一号旅游公路建设工作。会议明确指出，山西文旅集团为三个一号旅游公路“零公里”标志文化驿站工程建设、运营管理的实施主体。临汾、忻州、晋城三市及相关县要主动对接、密切配合、全力推进，确保4月份全面开工建设，9月底前全面建成，“十一”黄金周正式投入使用。

同日 省交通运输厅副厅长级干部郭贵堂带领省厅疫情防控第四督导组一行3人赴临汾、运城两市，对新冠肺炎疫情防控工作落实情况进行督导检查。要求思想上重视到位、行动上排查到位、措施上防控到位，充分发挥基层党组织战斗堡垒作用和党员先锋模范作用，继续发扬不怕苦、不怕累的工作作风，坚决打赢这场疫情防控阻击战。

2月4日至7日 省交通运输厅一级巡视员雷天才带领省厅疫情防控第五督导组赴忻州、吕梁督导检查高速公路和普通国省干线公路的疫情防控工作。要求提高政治站位，加强组织领导，坚定信心，科学防治、精准施策，坚决打赢疫情防控阻击战。

2月5日 上午，省交通运输厅党组成员、副厅长王晋带领省厅疫情防控第三督导组到槐树铺超限检测站设立的“旧关卫生检疫站”进行督导检查疫情防控工工作。要求不遗余力将防控工作做细做实，构筑联防联控严密防线，密切关注外来车辆及人员动态，坚决打赢疫情防控阻击战。

同日 山西航空产业集团党委组织召开第五次专题会议，研究部署下一步新冠肺炎疫情防控工作。要求党员干部要做到坚守岗位、靠前指挥，守土有责、守土尽责、守土担责，认真抓好“双返”“双防”工作，继续把防输入作为重要环节，严防死守，坚决打赢疫情防控阻击战。截至12时，航产集团下辖5个机场设置温度监测点27个，对3568个航班的旅客进行体温监测，共计187229人次，投入工作人员27375人次，移交发热旅客18人。向昆明、南昌、乌鲁木齐、哈尔滨、深圳等地优先紧急运输处置突发公共卫生事件所需药品、设备、器械等防疫物资3705公斤，协助省疫情防控工作领导小组运送两批共268名山西省援鄂医疗队员。

2月5日至7日 省交通运输厅二级巡视员郭全英带队分别赴朔州、大同督导检查疫情防控工作。

2月7日 省政府新闻办举行新闻发布会。省交通运输厅与省卫健委、省工信厅、省教育厅、省公安厅介绍全省近期的疫情情况和假期后、上班后、复工后、开学后“四后”以及“双返”防控相关工作有关情况并回答记者提问。省委宣传部副部长骞进主持，厅党组成员、副厅长、新闻发言人王晋代表省交通运输厅介绍全省交通运输行业“四后”防控和保通保畅工作并回答记者提问。

疫情发生以来，省交通运输厅按照省委、省政府和交通运输部的部署要求，采取一系列措施，统筹做好疫情防控和交通运输保通保畅两方面工作，全系统1.6万余名工作人员奋战在防疫一线。针对春运返程高峰的“四后”防控任务，进行全方位部署，确保做到“一断三不断”，即坚决阻断病毒传播渠道，保障公路交通网络不断，保障应急运输绿色通道不断，保障必要的群众生产生活物资的运输通道不断。在全省高速公路、普通国省干线公路省界出入口设置联合防疫站点73个，在高速公路收费站的出入口或连接线上设置联合防疫点234个，在普通国省干线公路上设置联合防疫点342个，与公安交警和卫健部门全方位做好卫生检疫检查、隔离、留验和转运等防控措施落实。与此同时，各级交通运输部门积极做好应急运力储备，全省共建立44支应急运输保障车队，全力做好运输组织保障和运力保障，全省各级交通运输部门已研究制定恢复道路客运班线及旅游包车运营服务实施方案，1.1万余辆营运客车、113个汽车客运站严阵以待，一旦地方政府下达恢复运营指令，将第一时间恢复运营服务。

下一步，省交通运输厅要按照省疫情防控工作领导组部署和要求，进一步把各项措施落实落细，确保疫情防控和保畅保通双到位。《人民日报》、新华社、《山西日报》、山西广播电视台等中央及省内30余家新闻媒体参加发布会。

2月8日 省交通运输厅下发《关于统筹做好春节返程疫情防控和恢复道路旅客运输的紧急通

知》，要求有力有序有效做好春节返程疫情防控和运输保障各项工作。

2月9日 省交通运输厅召开疫情防控工作视频调度会。厅党组成员、副厅长段新源主持会议并对太原、运城、大同3市交通运输局疫情防控工作进行视频调度。要求按照各地党委政府部署，干净彻底切断交通运输领域传播渠道，做到防输入、防扩散、防输出，同时要完成好运输服务保障，坚决守住山西疫情防控"交通运输阵地"，让省委、省政府放心，让全省人民满意。

厅公路运输管理处、水运管理处、城市客运管理处、省运管局相关负责人在主会场参加疫情防控工作调度会。

2月12日 省交通运输厅党组成员、副厅长段新源带领省厅疫情防控第二督导组赴长治、晋城两市对新型冠状病毒感染的肺炎疫情防控工作落实情况进行督导检查。要求严防死守，把好第一道关口，全力守住"双返"高峰、"双防"警戒线，坚决打赢这场疫情防控阻击战。

2月13日 省交通运输厅晋交建管发〔2020〕49号文印发《关于做好疫情防控期间高速公路和普通国省干线公路工程建设项目招标投标工作的通知》。

2月14日 省交通运输厅召开转型项目视频调度会，部署公路转型项目复开工准备工作。厅党组成员、副厅长李贵顺及省厅有关处室负责人在主会场参加会议，有关地市交通运输局、省公路局、厅重点办、转型项目实施机构、有关投资企业、项目公司等单位负责人以视频连线方式参加会议。

李贵顺在讲话中要求强化政治担当，提高抗击疫情和复开工重要性认识；坚定信心，确保首季"开门红"和全年投资任务目标不动摇；科学组织、统筹谋划，保证防控和建设"两手抓、两不误"。

同日 省交通运输厅、省发展和改革委员会、省财政厅晋交财发〔2020〕50号文联合印发《关于通过差异化收费方式优化完善全省高速公路货车计费方式的意见》的通知。

2月16日 省交通运输厅印发《新冠肺炎疫情防控期间免收收费公路车辆通行费工作方案》，要求各市交通运输局、省公路局、省高管局、山西交控集团及各收费公路经营管理单位认真贯彻执行。

2月17日 按照省委、省政府有关复工复产要求，即日起，全省各市和县（市）城市公交、出租汽车，在疫情防控期间做好群众基本出行保障工作的基础上，结合当地实际，采取灵活调度措施，按照客流量大小，实时加密车距，提供充足运力，陆续恢复运营。

2月18日 全国春运结束，全省圆满完成道路春运任务。春运共计40天，受疫情影响，全省道路客运1月29日全部停运，实际运行19天。春运期间，全省道路客运共投入客车130513台次（其中班车121074台次，包车9439台次）。班车共运行167155趟次，包车共运行9439趟次，累计完成发送旅客327.07万人次，同比下降69.7%。

全省城市公交共投入公交运力264043辆次、289668.4标台次，完成客运量6639.69万人次，日均运送乘客165.99万人次，同比下降58.75%。全省城市出租共投入出租运力42877辆，完成客运总量4360万人次，日均运送旅客109万人次，同比下降63%。全省道路运输春运没有发生一例疫情感染，没有发生安全责任事故。

2月23日 省交通运输厅晋交路网发〔2020〕62号文印发《关于做好恢复交通秩序保通保畅保运工作的通知》，要求各市交通运输局、厅直各单位、厅机关各处室，山西交控集团要在做好疫情防控工作的前提下，加快交通运输复工复产，支撑经济平稳运行。

2月24日至25日 省交通运输厅一级巡视员雷天才赴忻州、吕梁督导检查片区交通运输部门疫情防控和复工复产开展情况。要求加强组织领导，全力保障路网畅通和客运服务，努力为企业复工复产创造条件、排忧解难，确保疫情防控与促进经济社会发展工作"两手抓、两不误"。

2月24日至26日 省交通运输厅副厅长级领导干部郭贵堂赴临汾、运城督导检查交通运输主管部门、交通企业疫情防控及复工复产情况。要求要深入基层,帮助解决实际困难,切实关心一线职工生活,全力保障路网畅通,有序推动企业复工复产,为打赢疫情防控阻击战体现交通担当,贡献交通力量。

2月25日 下午,全省交通运输系统统筹做好疫情防控加快交通运输复工复产支撑经济平稳运行电视电话会议召开。会议主要任务是,深入贯彻落实习近平总书记统筹推进新冠肺炎疫情防控和经济社会发展重要讲话精神,落实全省与交通运输部相关会议精神,进一步做好疫情防控工作,加快交通运输复工复产,支撑经济平稳运行,努力实现年度目标任务,推动交通运输高质量发展。厅党组书记、厅长闫晨曦出席会议并讲话,厅党组成员、副厅长李贵顺主持会议。

闫晨曦在讲话中,要求全省交通运输系统要认真学习、深刻领会、坚决贯彻、扎实落实习近平总书记关于统筹推进新冠肺炎疫情防护和经济社会发展工作部署的重要讲话精神,增强“四个意识”、坚定“四个自信”、做到“两个维护”,坚决把思想和行动统一到总书记的重要讲话和重要批示指示精神上来,统一到党中央、国务院决策部署和交通运输部、省委、省政府具体部署上来,深刻领会,深入贯彻,深化落实,按照楼阳生书记的要求,胸怀大局抓落实,精准科学抓落实,抢抓机遇抓落实,通盘统筹抓落实,勇挑重担,积极作为,不辱使命,切实当好先行官,为经济社会发展提供有力的交通运输支撑。

省公路局、省运管局、山西交控集团、太原市交通运输局、晋中市交通运输局、吕梁市交通运输局负责人作交流发言。

同日 省交通运输厅党组成员、副厅长王晋带队对晋中、阳泉统筹做好疫情防控加快交通运输复工复产工作进行督导检查。要求根据“分级分区”原则,加快解决公路堵点,恢复路网正常运行;在当地人民政府统一领导下,有序推进长途客运、城市客运服务;提升服务意识和服务品质,切实做好服务区基本服务保障工作。

同日 省交通运输厅党组成员、副厅长段新源深入长治、晋城督导检查交通运输重点领域疫情防控和复工复产工作。要求抓紧抓细抓实各项疫情防控工作,积极有序推进道路客运和城市公交恢复运营,全力做好农民工返岗运输服务保障,切实保障应急物资和重点生产生活物资运输通畅。

同日 上午9:30,随着一声火车汽笛响起,X8436次图定中欧班列(中鼎—明斯克)缓缓驶出中鼎物流园,这标志着,山西省受新型冠状肺炎疫情影响以来,中欧班列正式恢复常态化开行。为助力山西省进出口企业尽快复工复产,促进外贸健康平稳发展做出新贡献。

2月27日 省交通运输厅党组书记、厅长闫晨曦赴太原市大南门地铁站、下元公交停保场、太原汽车客运西站督导检查交通运输疫情防控和复工复产工作。要求结合实际,进一步抓好“统筹疫情防控、统筹经济社会发展”两个统筹工作,正确处理好疫情防控和经济发展的关系,真正做到一手抓防疫,一手抓经济,确保疫情防控与经济发展两促进,双胜利。要进一步做好复工复产后疫情防控工作,努力实现年度目标任务,有力推动全省交通运输高质量发展。

2月28日 省交通运输厅党组成员、副厅长李贵顺赴省公路局调研指导工作。要求做实做细项目复工预案,坚决做到“两手抓、两不误”;总结完善近年来公路部门建设项目、地方政府承建项目和PPP项目不同类型和特点,针对性健全完善相关制度和办法,进一步规范和加强干线公路建养项目管理。

3月

3月2日 省委常委、太原市委书记罗清宇深入太原东二环高速项目施工现场开展包联帮扶工作,要求深入贯彻习近平总书记关于统筹推进疫情防控和经济社会发展工作重要讲话和重要指示批示精神,认真落实省委专题会议安排部署,落实包联责任,落细帮扶举措,坚决夺取抗击疫情和复工复产工作双胜利,努力完成2020年项目建设任务。省交通运输厅党组成员、副厅长李贵顺参加。

同日 省交通运输厅晋交财发〔2020〕66号文

印发《关于明确改革过渡期内省级联网收费运营和服务管理工作有关事项的通知》，要求省高管局、山西交控集团、汾平公司、龙城公司、阳五公司、中交翼侯公司认真做好过渡期内省级联网收费运营和服务管理工作。

3月4日 省交通运输厅安委会第一次全体（扩大）会议暨全省交通运输安全生产工作电视电话会议召开。厅党组书记、厅长闫晨曦出席会议并讲话，要求坚决贯彻落实党中央、国务院和省委、省政府的决策部署，以更加坚定的决心、更加有力的举措、更加务实的作风，扎实做好安全生产各项工作，为全省高质量转型发展、交通强国建设和全面建成小康社会创造安全稳定的交通运输环境。厅党组成员、副厅长李贵顺主持会议，厅党组成员、副厅长段新源传达省政府安委会第一次全体（扩大）会议暨全省安全生产工作电视电话会议精神，厅二级巡视员郭全英通报2019年全省交通运输系统生产安全事故情况。

会上，晋城市交通运输局、省公路局、省运管局、厅重点办、山西交控集团、山西汽运集团对近期安全生产工作开展情况和下一步打算作了汇报。

3月4日 省政府新闻办召开交通运输专场新闻发布会。省交通运输厅与省邮政管理局、中国铁路太原局集团有限公司、山西航产集团等介绍全省交通运输行业助力社会复产复工有关情况并回答记者提问。省委宣传部副部长张羽主持。厅党组成员、副厅长、新闻发言人王晋代表省交通运输厅介绍交通运输系统助力社会复产复工情况并回答记者提问。

省邮政管理局副局长高日勇、中国铁路太原局集团有限公司副总经理刘枫、山西航产集团副董事长邓保平分别介绍各自领域助力社会复产复工情况，并回答记者提问。《人民日报》、新华社、《山西日报》、山西广播电视台等中央及省内30余家新闻媒体参加发布会。

3月6日 省交通运输厅晋交运管发〔2020〕72号文印发《关于做好2020年运输结构调整工作的通知》，要求各市交通运输局做好相关工作。

同日 2020年全省交通运输工作会暨党风廉政建设和反腐败工作电视电话会议召开，传达学习省委常委、副省长胡玉亭重要批示精神，总结工作，分析形势，部署2020年全省交通运输工作暨党风廉政建设和反腐败工作。厅党组书记、厅长闫晨曦作工作报告并强调，要以习近平新时代中国特色社会主义思想为指导，全面贯彻落实中共十九大和十九届二中、三中、四中全会及中央经济工作会议精神，贯彻落实省委经济工作会议、省两会和全国交通运输工作会议精神，动员全系统广大干部职工乘势而上、砥砺前行，开启交通强国建设山西篇章新征程。

厅党组成员、驻厅纪检监察组组长王建业在讲话中对新一年全系统纪检监察工作提出要求。厅党组成员、副厅长秦红保宣读省交通运输厅《关于表彰2019年度完成目标任务优秀单位的决定》。厅党组成员、副厅长李贵顺主持会议。厅领导王晋、段新源、郭贵堂、雷天才、刘玉柱、郭全英，驻厅纪检监察组副组长，厅机关有关处室、山西航产集团、山西交控集团、山西汽运集团主要负责人在主会场参加会议，各市交通运输局、厅直各单位领导班子成员，各公路分局、各市交通运输执法局党政主要负责人和纪委书记在分会场参加会议。

3月10日 中共山西省交通运输厅党组晋交党发〔2020〕11号文印发《山西省交通运输厅所属单位纪律检查工作"两为主一报告一把关"实施办法（试行）》的通知。

同日 中共山西省交通运输厅党组晋交党发〔2020〕12号文印发《巩固"不忘初心、牢记使命"主题教育成效 开展纪律作风专项整治实施方案》的通知。

同日 省交通运输厅召开黄河、长城、太行三个一号旅游公路"零公里"标志文化驿站建设工作协调会，厅党组书记、厅长闫晨曦出席会议并讲话，要求坚决贯彻落实省委、省政府关于建设三个一号旅游公路"零公里"标志文化驿站部署要求，明确任务、细化分工、压实责任，立即全面启动三个一号旅游公路"零公里"标志文化驿站建设，加快推进交通旅游融合发展。山西文旅集团董事长王文保在主会场参加会议。

会上，厅党组成员、副厅长王四小主持会议并介绍《三个一号旅游公路"零公里"标志文化驿站建设方案》，山西文旅集团副总经理郭凯介绍文化驿站建设前期工作安排，省发改委副厅长级干部李祥就推进"零公里"标志文化驿站项目建设具体工作进行安排部署。

临汾、忻州、晋城市交通运输局负责人和永和、偏关、陵川县政府负责人在分会场作了表态发言。

同日 省交通运输厅晋交安监发〔2020〕1号文印发《关于做好2020年安全生产工作的通知》。

3月11日 省交通运输厅2020年第一季度全省交通运输疫情防控复工复产工作视频调度会议召开，总结全省交通运输第一季度疫情防控和重点领域复工复产工作情况，分析当前形势，安排部署下一步工作，动员全系统广大干部职工同心协力、共克时艰、奋勇前行，统筹有序推进疫情防控和复工复产工作，全力以赴完成全省交通运输各项目标任务。厅党组书记、厅长闫晨曦出席会议并讲话。要求坚决杜绝麻痹思想、厌战情绪、侥幸心理、松劲心态，始终保持应对突发事件的警惕性、敏锐性，聚焦重点工作，全力做好疫情防控和交通运输服务保障。即全力守好入京通道防线，保障首都安全；全力保障交通网络畅通高效，确保"货畅其流"；全力保障客运服务，确保"人畅其行"；全面有序推广"健康码"，确保健康出行。

厅党组成员、副厅长李贵顺主持会议，厅领导段新源、王四小在主会场参加会议。会上，各分管厅领导结合分管工作，通报有关情况，对做好下一步工作做出具体安排。山西航产集团、山西交控集团、山西汽运集团和各市交通运输局先后对各单位疫情防控、复工复产和公共交通服务恢复运营等工作进行汇报，并就工作中存在问题提出解决建议。

同日 省交通运输厅统筹做好疫情防控坚决打赢交通扶贫脱贫攻坚战电视电话会议召开，厅党组书记、厅长闫晨曦出席会议并讲话，要求深入学习贯彻习近平总书记重要讲话和指示批示精神，坚决落实党中央、国务院和省委、省政府决策部署，坚决克服新冠肺炎疫情影响，坚决夺取交通扶贫脱贫攻坚战全面胜利，确保如期高质量完成交通扶贫各项目标任务，为全省全面建成小康社会、决战完胜脱贫攻坚提供先行支撑。

会上，传达全省决战完胜脱贫攻坚推进会和交通运输部统筹做好疫情防控坚决打赢交通扶贫脱贫攻坚战会议精神，大同、忻州、吕梁、长治、临汾市交通运输局作表态发言。

厅党组成员、副厅长王四小主持会议，厅领导段新源、王建业，驻厅纪检监察组、厅机关相关处室主要负责人在主会场参加会议。

3月13日 省交通运输厅、省发展和改革委员会、省财政厅晋交财发〔2020〕83号文联合印发《关于规范城市周边高速公路起始路段收费工作有关事项的通知》，要求省高管局、山西交控集团做好相关工作。

3月14日 省交通运输厅晋交城客发〔2020〕82号文印发《关于立即恢复城市客运服务的通知》。要求全省已全部调整为低风险地区的117个县（市、区）完成。

3月17日 省交通运输厅晋交科技发〔2020〕89号文印发《关于进一步加强全省公路扬尘污染治理工作的通知》。要求各市交通运输局、省公路局、省高管局、省运管局、山西交控集团做好相关工作。

3月18日 省交通运输厅晋交水运发〔2020〕87号文印发《水路运输市场信用信息管理实施细则（试行）》的通知，要求各市交通运输局，省地方海事局结合实际，认真贯彻执行。

同日 省交通运输厅晋交办发〔2020〕92号文印发《关于印发2020年工作要点的通知》，要求各市交通运输局，厅直各单位，厅机关各处室结合实际认真抓好贯彻落实。

3月20日 省交通运输厅晋交安监发〔2020〕95号文印发《公路水路行业安全生产信用管理实施细则（试行）》的通知，要求省市交通运输局，厅直各单位，山西交控集团、山西汽运集团结合实际认真贯彻执行。

同日 全省公路工作会议在太原召开。会议深入贯彻落实省委经济工作会议和全国、全省交通运输工作会议精神，总结2019年工作，部署2020年工作。省交通运输厅党组成员、驻厅纪检监察组组长王建业，驻厅纪检监察组副组长聂洪、一级调研员刘杰涛出席会议。省公路局党委书记尹新平及领导班子成员在主会场参加会议。局长胡钢成作题为《把握历史机遇，保持战略定力，奋力书写不负时代不负使命的公路篇章》的工作报告。

同日 山西省公路局党的建设工作会议召开。会议认真回顾总结2019年党建工作，客观分析研判面临形势，指出目前存在的差距和不足，着重从五个方面对2020年党建工作进行安排部署。省交通运输厅党组成员、驻厅纪检监察组组长王建业，驻厅纪检监察组副组长聂洪、一级调研员刘杰涛出席会议。省公路局党委领导班子成员在主会场参加会议。省局党委书记尹新平代表省局党委作题为《践行初心使命，以党建工作新成效推进新时代公路行业治理能力和治理水平全面提升》工作报告。

3月23日 省交通运输厅晋交农路发〔2020〕101号文印发《关于全省交通运输行业大力吸纳当地劳动力就业助推脱贫攻坚的通知》，要求各市交通运输局、省公路局、省邮政管理局、山西航产集团、山西交通集团结合实际吸纳当地劳动力（尤其是贫困户劳动力）就业，助推脱贫攻坚工作。

同日 省交通运输厅晋交路发〔2020〕102号文印发《关于农村公路"十四五"发展规划编制的指导意见》，为指导市、县（市、区）科学编制农村公路"十四五"发展规划，符合中央"三农"工作要求和全省实际的农村公路网布局、发展目标、重点任务，推动农村公路高质量发展，有效支撑农村经济社会发展和乡村振兴，提出指导意见。

同日 太原市公交和出租汽车全部恢复正常运营。太原市解除巡游出租汽车、网约出租汽车单双号运营管控措施，巡游出租汽车企业继续免除服务费，巡游出租汽车经营者仍按照不高于50元/日的标准收取承租费。要求各巡游出租汽车企业、网约出租汽车企业进一步做好疫情防控工作，严格落实驾驶员佩戴口罩上岗、车辆每日消毒、开窗通风、乘客佩戴口罩、出示健康码、实名登记、后排就座乘车等疫情防控措施。同时积极做好政策宣传解释工作，密切关注运营动态，主动协调解决车主及驾驶员面临的困难，全力维护行业稳定。

3月24日 省交通运输厅晋交办发〔2020〕103号文印发《关于认真做好2020年版〈山西交通年鉴〉〈山西交通大事记〉资料报送工作的通知》，要求各市交通运输局、厅直各单位、厅机关各处室做好组稿工作。

同日 为深入贯彻落实省纪委十一届六次全会精神，驻厅纪检监察组组长王建业带领驻厅纪检监察组、厅建管处及省公路局相关负责人一行赴省行政审批局调研电子招投标工作，与省行政审批局纪检监察组组长李峰及相关部门负责人进行座谈会商。双方就对交通系统工程建设招投标领域存在的围标串标、违法分包、转包及公路建设等问题，如何专项监督，如何同向发力、协同监督，进一步维护公路建设市场秩序，落实廉政监督和风险防控措施，促进交通运输建设市场健康有序发展进行深入探讨。

3月25日 省交通运输厅晋交科技发〔2020〕104号文印发《山西省交通运输生态环境保护2020年行动方案》通知，要求各市交通运输局、厅直各单位、厅机关各处室，山西交控集团、山西航产集团认真贯彻执行。

3月26日 上午，省政府新闻办举行系列新闻发布会。省交通运输厅与太原市政府、省公安厅等四部门介绍当前全省严防境外疫情输入工作有关情况并回答记者提问。省委宣传部副部长、省政府新闻办主任张羽主持，厅党组成员、副厅长、省民航机场管理局局长段新源介绍当前省厅严防境外疫情输入工作有关情况并回答记者提问。全省交通运输部门坚决贯彻落实"外防输入、内防反弹"总体防控策略，将"防境外输入"作为疫情防控工作重中之重来抓，重点做好民航机场、道路运输领域返晋人员防控工作。

3月27日 省交通运输厅晋交路网发〔2020〕105号文印发《关于推进全省取消高速公路省界收

费站第十战役重点工作的通知》,要求省高管局,山西交控集团做好相关工作。

3月30日 位于永和县阁底乡的"黄河一号"旅游公路"零公里"标志文化驿站开工。省交通运输厅党组成员、副厅长王四小出席开工仪式,临汾市副市长潘海燕致辞。

3月31日 省交通运输厅晋交建管发〔2020〕109号文印发《关于进一步加强高速公路和普通国省干线公路施工监理招标投标管理工作的通知》,要求各市交通运输局,省公路局,省交通建设中心遵照执行。

4月

4月8日 与省道36广源高速相连的河北省京石高速公路蔚县支线(京蔚西段)全面贯通。路线全长30.083公里,与省道3701太行山高速京蔚段相接,和张石高速丁字交叉。项目建成通车将大大缩短山西境内广灵、浑源等地到达河北、北京的行车时间,并对两地经济发展起到积极影响。

4月9日 省交通运输厅晋交运管发〔2020〕116号文印发《关于全力推进乡镇和建制村通客车工作确保完成交通运输脱贫攻坚兜底任务的通知》。要求各市交通运输局,省运管局做好相关工作。

同日 省交通运输厅晋交人发〔2020〕118号文印发《驻村帮扶工作2020年工作要点》的通知,要求厅直各单位、厅机关各处室、厅包村工作队结合实际,认真抓好落实。

4月10日 交通运输部2020年第二次部安委会全体会议暨交通运输安全生产视频会召开,传达学习习近平总书记等中央领导重要指示和全国安全生产电视电话会议精神,部署当前及下一阶段安全生产重点工作。交通运输部部长李小鹏出席会议并讲话,要求深入贯彻落实习近平总书记重要指示精神,坚决落实党中央、国务院决策部署,以更加强烈责任担当、更加有力务实举措,有效防范化解重大安全风险,坚决遏制重特大事故,统筹做好疫情防控和复工复产期间交通运输安全生产工作,为全面打赢疫情防控人民战争、总体战、阻击战,有力保障企业复工复产、顺利实现经济社会发展目标提供可靠的交通运输安全保障。

厅党组书记、厅长闫晨曦,厅党组成员、副厅长李贵顺以及厅机关有关处室、厅直有关单位负责人,山西交控集团、山西汽运集团等交通运输企业分管领导及相关部门负责人在山西分会场参加会议。

同日 省交通运输厅晋交政法发〔2020〕120号文印发《2020年交通运输信用体系建设工作要点》,要求各市交通运输局、厅直各单位、厅机关各处室遵照执行。

同日 省交通运输厅晋交运管发〔2020〕121号文印发《关于开展交通运输系统爱国卫生和健康中国·山西行动有关活动的通知》,要求各市交通运输局,省公路局、省运管局,航产集团,临汾、运城机场做好相关工作。

4月13日 省交通运输厅晋交科技发〔2020〕122号文印发《2020年全省交通运输科技创新和标准化工作要点》,要求各市交通运输局、厅直各单位结合工作实际,抓好贯彻落实。

4月13日至26日 省交通运输厅审计处派出专人赴临汾、运城、忻州、阳泉、太原等地,配合省审计厅开展农村公路建设补助资金延伸审计工作。

4月15日 省交通运输厅晋交公安发〔2020〕130号文印发《关于开展"零上访、零事故、零案件"企业、单位创建工作的实施方案》的通知,要求各市交通运输局、厅直各单位结合工作实际,认真组织实施。

同日 省交通运输厅事业单位改革经费划转和资产清查推进会召开,对事业单位改革经费划转、资产清查、加强改革期间国有资产和资金管理进行安排部署。

4月17日 为加快推进撤站第十战役及收费准备工作,省交通运输厅召开调度会议,研究部署有关工作。厅党组书记、厅长闫晨曦参加并实地调研太原高速迎西收费站实车测试工作,厅党组成员、副厅长李贵顺主持并对下一步恢复收费工作进行安排部署。

会上，山西交控集团、省高管局汇报撤站第十战役各项重点工作的进展和恢复收费的准备情况，梳理下一步工作思路。厅路网运行管理处传达《山西省取消高速公路省界收费站“第十战役”推进及恢复收费准备工作方案》。

闫晨曦在讲话中，要求统一思想，坚定信心，勇于担当，坚决打赢第十战役，做好恢复收费后的各项运营服务工作，确保启动收费后，系统稳定可靠运行，各项工作有序开展。为公众提供高效率、高品质的公路交通服务，向党和人民交上一份满意的答卷。

4月20日 交通运输部电视电话会议召开，深入分析当前交通运输疫情防控、复工复产面临的形势和一季度交通运输经济运行态势。交通运输部党组书记杨传堂、部长李小鹏出席会议并讲话，要求认真贯彻落实习近平总书记重要讲话精神、中央政治局和中央政治局常委会会议精神，切实增强紧迫感，统一思想、坚定信心、迎难而上、化危为机，统筹做好常态化疫情防控和经济社会发展交通运输工作，努力完成全年目标任务，为确保完成决战决胜脱贫攻坚目标任务、全面建成小康社会当好先行。

省交通运输厅领导闫晨曦、李贵顺、王晋、段新源、王四小、王建业、郭贵堂、雷天才以及厅机关相关处室负责人，省公路局、省高速公路综合执法总队、省运输事业发展中心、省交通运输运行监控与应急处置中心、省交通建设中心、厅发展研究中心等相关部门负责人在山西分会场参加会议。

同日 省交通运输厅重点项目车购税资金管理座谈会召开。

4月21日 省交通运输厅晋交运管发〔2020〕132号文印发《关于打击非法客运经营行为的通知》，要求各市交通运输局，省运管局（省运输事业发展中心），省交通执法局（省交通运输综合行政执法局）做好相关工作。

4月21日至23日 省交通运输厅党组成员、副厅长李贵顺带队赴吕梁调研重点公路建设情况。要求在新冠肺炎疫情对全省经济产生重大影响的紧要关头，公路建设领域要挺身而出、积极担当，坚决克服疫情影响，大力推进达产达效，全力争取增产增效，努力扩大有效投资，为全省经济平稳运行做出积极贡献。

4月22日 省公路运输工会第三届委员会第四次全体会议以网络会议形式召开，会议总结省公路运输工会2019年工作，部署2020年工作任务，审议通过省公路运输工会第三届委员会常委会2019年度工作报告。副厅长级干部郭贵堂出席会议并讲话。要求深化工会改革、增强组织活力，加强自身建设、打造过硬队伍，主动服务大局、展现工会作为，为推动全省交通运输事业发展做出更大贡献。

4月23日 霍永高速西段永和乾坤湾景区收费站正式通车运营。

4月24日 省交通运输厅“零上访”工作安排部署会议召开。厅党组成员、副厅长王晋主持会议并讲话。

会议传达学习省委“三零”单位创建工作动员会精神和2020年全省信访工作电视电话会议精神，听取省公路局、省运管局、厅后勤中心等厅直有关单位“零上访”工作情况汇报，并对下一阶段工作进行安排部署。

王晋在讲话中，要求提高政治站位，深化思想认识；全面排查化解，努力从源头上预防和减少信访问题发生；加强组织领导，强化责任担当；健全完善机制，提高工作本领。

同日 上午，省自然资源厅党组成员、副厅长武耀文带领有关处室负责人深入省交通运输厅调研全省公路建设用地情况，并召开专题座谈会。厅党组成员、副厅长李贵顺主持会议，厅有关处室及省公路局、省交控集团具体负责人参加座谈会。

李贵顺在讲话中，希望省自然资源厅继续给予公路建设关心和支持，借鉴学习外省好的经验做法，共同推进制约公路建设用地问题的解决，促进公路建设，为全省经济平稳健康发展做出应有贡献。

同日 省交通运输厅晋交建管发〔2020〕135号文印发《关于发布〈山西省普通国省干线公路养护工程预算定额及编制实施细则（试行）〉的通知》，自

2020年6月1日起施行。要求全省境内普通国省干线公路养护工程预算、最高投标限价的编制应遵照该定额及编制实施细则执行。

同日 中共山西省交通运输厅党组晋交党发〔2020〕20号文印发《关于加强督查工作的实施意见(试行)》的通知。

4月25日 省交通运输厅晋交政法发〔2020〕134号文印发《关于印发“双随机、一公开”抽查工作细则的通知》,要求厅直各单位、厅机关各处室做好相关工作。

4月27日 中共山西省交通运输厅党组晋交党发〔2020〕30号文印发《关于厅属事业单位改革期间建立健全党组织的实施方案》的通知。

同日 省交通运输厅晋交规划发〔2020〕140号文《关于印发〈2019年交通脱贫攻坚考核反馈问题整改工作方案〉的通知》。要求各市交通运输局、厅脱贫攻坚领导组各成员单位遵照执行,切实抓好整改工作,务求整改实效。

4月27日至29日 省交通运输厅一级巡视员雷天才率厅调研组先后赴吕梁、朔州、晋中三市开展实地调研。要求下大力气推进营商环境持续优化;全面推进交通运输综合执法改革,统筹做好疫情防控和复工复产工作,全力保障运输畅通。

4月28日 省交通运输厅晋交路政发〔2020〕144号文印发《2020年全省“路政宣传月”活动实施方案》的通知。要求各市交通运输局、厅直有关单位结合工作实际,认真贯彻执行。

同日 省交通运输厅、省财政厅、省发展和改革委员会晋交财发〔2020〕145号文联合印发《关于国道108线神堂堡至砂河段一级公路设置收费公路收费站及相关事宜的通知》。要求省公路局、山西路桥集团做好相关工作。

同日 省公安厅、省交通运输厅、省文旅厅、交控集团联合召开“五一”假期全省旅游客运交通安全管理工作部署视频会,分析研判“五一”假期旅游客运交通安全形势,安排部署“五一”假期旅游客运交通安全管理工作。厅党组成员、副厅长段新源出席会议并讲话。要求切实提升思想和行动自觉,要正确审视和准确把握严峻复杂形势,及时调整工作重心,注重远近结合,坚持在常态化疫情防控中,统筹研究影响行业长远发展的深层次问题,统筹处理好安全与发展的关系,促进行业健康稳定发展,千方百计把疫情造成的损失降到最低限度。

4月29日 上午10时38分,阳蟒高速公路举行通车试运营仪式。省交通运输厅副厅长级干部郭贵堂出席。该项目由山西路桥集团以BOT模式投资建设,总投资概算56.85亿元,全长40.093公里,桥隧比例高达56%。起点位于西河枢纽接阳翼高速公路,终点在省界十里河大桥处接河南省济源高速公路。

项目贯通山西南部与河南中西部,形成又一条全省通往中部省份和沪、浙、苏等东部发达地区的经济通道,有效连接青兰、荷宝、连霍等国家高速公路,对于加强全省与经济发达地区交流、促进区域经济发展、改善投资环境、带动旅游产业发展具有重要意义。

同日 省纪委监委驻省交通运输厅纪检监察组召开厅属单位纪检工作推进会,34个厅属单位共计46人参加会议。省纪委监委第六监督检查室副主任禾永盛应邀参加,厅党组成员、驻厅纪检监察组组长王建业主持会议并讲话。会议要求认真学习领会省纪委监委有关会议和文件精神,把实现更深层次、更高水平“三转”作为全年工作的重中之重,坚决迅速地把省纪委监委的安排部署转化为实际行动,再动员、再警示、再培训、再推进、再落实,形成上下同心、团结拼搏的强大合力,高质量推进全系统纪检监察工作。

4月30日 省交通运输厅晋交建管发〔2020〕147号文印发《关于开展高速公路和普通国省干线公路工程项目招标投标领域专项整治行动的通知》。要求省公路局、省高管局、厅重点办,各有关单位认真组织实施。

同日 省交通运输厅召开山西省高速公路恢复收费新闻通气会。会议介绍山西省收费公路恢复收费时间、收费标准的确定、有关减免车辆通行费优惠政策,明确新冠肺炎疫情防控应急物资运输车辆将继续享受“三不一优先”政策。针对取消省界收费站初期ETC系统的故障问题，省厅已进行全面调整和改善，收费系统保持稳定。下一步，省厅将积极发挥行业监管指导作用，不断完善收费系统、不断优化客户服务、切实增强公众出行体验，更好地为社会群众提供高品质服务。

5月

5月1日 省交通运输厅党组书记、厅长闫晨曦带领厅机关相关处室负责人采取“四不两直”方式，对“五一”假日期间公共交通运力保障和疫情防控工作进行检查，并向坚守一线工作岗位的广大干部职工致以节日问候。

闫晨曦在讲话中，要求认真贯彻落实好省委、省政府部署，做好应急处置预案，细化疫情监测防控措施；结合实际，科学规划公交线路，根据群众出行需求合理增加公交车数量，让公共交通更加便利，确保乘客通行顺畅、公交安全运行。

5月2日至3日 全国高速公路即将恢复收费的关键时刻，省交通运输厅党组书记、厅长闫晨曦放弃休息、轻车简从，深入山西高速公路不停车收费运营服务中心、太原滨河西路南收费站调研收费公路恢复收费前各项准备工作。要求全力确保数据信息的精确性、及时性，确保恢复收费后广大人民群众便捷出行，努力树立山西交通良好形象。

5月3日 太原机场开启2020年夏航季。受新冠肺炎疫情影响，民航传统换季时间由3月29日延期至5月3日。此次航班换季以国内航线航班调整为主，国际及地区航班编排仍由国家统一调控。本航季太原机场共有25家航空公司，运营国内客运航线80条，通航国内城市56个。

5月6日 零时起，全国收费公路恢复收费，“五一”假期期间，全省运营高速公路全力以赴“迎大考”。“五一”假期期间，全省运营高速公路各公司科学部署，统筹谋划，多措并举，全力保障高速公路联网收费工作平稳实施，确保在关键时刻展现交通担当，树立交通良好形象，向党和人民交上一份满意答卷。

5月7日 省公路局召开赶超进位迎国检攻坚战调度会。会议听取各分局迎国检工作准备、路面改造PPP项目、公路安全生命防护工程推进情况，查找存在问题，对深入贯彻厅党组迎国检决策部署及闫晨曦厅长指示精神作进一步安排。

5月8日 省交通运输厅召开《中共山西省委、省人民政府关于贯彻落实〈交通强国建设纲要〉的实施意见》（以下简称《实施意见》）和《山西交通强国建设三年行动计划》（以下简称《三年行动计划》）专家论证会，来自交通运输部和省内多名专家参加论证。厅党组书记、厅长闫晨曦出席会议。厅党组成员、副厅长王四小主持会议。

闫晨曦在讲话中，对各位专家长期以来对山西交通运输工作的关心支持表示感谢，并请大家发挥专长，抓好修改完善工作，切实发挥《实施意见》和《三年行动计划》对山西交通强国建设总纲作用。

同日 省交通运输厅召开全省交通运输生态环境保护工作电视电话会议。会议以习近平生态文明思想为指导，传达贯彻全省决战决胜蓝天保卫战电视电话会议精神，总结2019年交通运输生态环境保护工作，分析研判当前面临的形势，安排部署2020年重点工作任务。厅党组成员、副厅长王晋主持会议并讲话。要求各级各部门要加强组织领导，细化工作任务，坚持“党政同责、一岗双责”，压紧压实责任，强化考核指导，努力实现高水平保护和高质量发展的双赢目标，为全省生态环境保护和高质量转型发展做出交通运输应有贡献。

5月9日 省交通运输厅晋交安监发〔2020〕156号文印发《关于在全国“两会”期间开展安全生产专项检查的通知》，要求各市交通运输局、厅直各单位、山西交控集团、山西汽运集团做好相关工作。

5月10日 上午，山西路桥集团投资建设的国道108线神堂堡至砂河段一级公路通车运营。项目是全省第一个以BOT模式投资建设的一级公路，投资概算14.8亿元，全长53.402公里。全线采用双向四车道标准，横跨大清河水系，沿五台山脉而建，是由晋入冀、入京和晋煤外运的重要经济通道，也是自东向西进入五台山景区的主要旅游通道。项目建成通车后，对提升国道108全线通行能力和服务水平，促进全省交通运输事业发展起着重要作用。

5月12日至13日 省交通运输厅党组成员、副厅长李贵顺赴临汾开展公路建设、运营情况调研及安全生产督查。要求全面贯彻绿色公路理念，以工程质量为前提，以安全生产为底线，兼顾工程经济性，因地制宜，在全寿命周期内最大限度节约资源、减少污染，为沿线人民提供畅通、高效、舒适的出行服务。

5月13日 省交通运输厅党组成员、副厅长王四小到阳泉综合交通客运枢纽施工现场进行实地调研。要求各级各部门精心组织、统筹配合，为项目顺利完工提供坚实保障。施工单位要抓紧施工，加快工程扫尾，同时做好防汛、安全、环保降尘、配套设施建设等工作，确保综合交通客运枢纽如期高质量建成投运。

5月14日 省交通运输厅党组召开扩大会议，传达学习习近平总书记视察山西重要讲话重要指示和省委常委会扩大会议学习贯彻有关要求，对全省交通运输系统兴起学习热潮、抓好贯彻落实进行安排部署。厅党组书记、厅长闫晨曦主持会议并讲话。要求全省交通运输系统各级党组织和广大干部职工要把学习宣传、贯彻落实习近平总书记视察山西重要讲话重要指示作为当前和今后一个时期首要政治任务，切实增强贯彻落实的自觉性和坚定性，不断开创山西交通运输各项工作发展新局面，为谱写山西转型发展新篇章当好先行、提供支撑。

厅领导、厅直各单位负责人、厅机关有关处室负责人参加会议。

同日 省交通运输厅召开全省交通运输行业“三零”企业、单位创建工作推进会。厅党组书记、厅长闫晨曦强调，要深入贯彻落实习近平总书记关于社会治理的重要论述和中共十九届四中全会精神，认真落实全省“三零”单位创建工作动员部署会议精神，深入开展“三零”单位创建工作，以“三零”为标尺，坚决筑牢安全稳定底线红线，为全省实现高质量发展、高水平崛起、高标准保护、高品质生活提供坚强的交通运输保障。厅领导李贵顺、王晋、雷天才参加会议，厅党组成员、副厅长王四小主持会议。

会上，省公路局、省运输发展中心、山西交控集团作了表态发言。厅机关各处室负责人，厅直各单位负责人，山西交控集团、山西航产集团、省汽运集团负责人参加会议。

5月15日 全省高速公路服务区提档升级观摩推进会在盂县服务区召开。厅党组书记、厅长闫晨曦，山西交控集团公司总经理郝玉柱出席推进会并讲话。

5月17日 由中铁十局承建的太（原）至焦（作）高铁太谷隧道安全顺利贯通，标志着太焦高铁全线隧道正式贯通，为2020年底建成通车奠定坚实基础。

5月18日 省交通运输厅2020年全国两会期间维稳安保工作会议召开。厅党组书记、厅长闫晨曦出席会议并讲话，要求迅速行动起来，以认真负责工作态度和务实高效工作作风推进各项工作任务落实落地，全力确保两会期间全省交通运输行业安全稳定。厅党组成员、副厅长段新源出席会议，厅党组成员、副厅长王四小主持会议。

会上，省公路局、省运输发展中心、省交通建设中心、山西交控集团作表态发言。

同日 省交通运输厅晋交治超发〔2020〕177号文印发《关于高速公路省界公路超限检测站启动检测工作的通知》，要求山西交控集团、各高速运营公司做好相关工作。

同日 省交通运输厅党组成员、副厅长王晋深入山西交通职业技术学院和山西交通技师学院两所厅属院校督导检查全面开学复学工作。要求两所院校在思想上高度重视，在细节上严密把控，在工作中坚持属地管理原则，积极与属地疫情防控部门密切沟通，以严密举措确保不出现疫情。

5月19日 省交通运输厅、省财政厅、省发展和改革委员会晋交财发〔2020〕166号文联合印发《关于太原至长治高速公路和晋城至焦作高速公路设置入口收费站及相关事宜的通知》，要求太长高速公路公司、晋焦高速公路公司做好相关工作。

同日 省交通运输厅晋交路网发〔2020〕167号文印发《迎接"十三五"全国干线公路养护管理评价工作方案》的通知，要求厅直有关单位，山西交控集团，厅机关各处室认真贯彻实施，确保做好"十三五"全国干线公路养护管理评价的各项迎检准备工作。

5月19日至22日 省交通运输厅党组成员、副厅长段新源采取"四不两直"方式，对忻州、阳泉两市全国两会期间道路、城市客运、水路运输安全生产和建制村通客车工作进行检查督导。要求毫不放松抓好常态化疫情防控，继续严格落实客运场站和交通运输工具防疫措施，全力抓好两会期间安全稳定工作。

5月20日 省交通运输厅、省生态环境厅晋交运管发〔2020〕170号文联合印发《关于全省I/M指导实施情况的通报》，要求各市交通运输局、生态环境局、省运输发展中心加快推进I/M制度贯彻落实，认真实施机动车排放检测和维修治理的闭环管理工作。

同日 省交通运输厅党组书记、厅长闫晨曦赴省公路局就公路系统改革工作进行调研指导。厅党组成员、副厅长李贵顺，厅党组成员、副厅长王晋，省委编办省直事业处处长王家富参加调研。省公路局党委书记尹新平、局长胡钢成分别就公路系统改革整体进展情况、存在的困难和问题、改革的主要思路等作了汇报。

闫晨曦在讲话中，要求加强顶层设计，解决发展瓶颈，推进公路系统整体性、重塑性改革；加强组织领导，组建工作专班，细化工作方案，确定时间表、任务书、路线图，确保改革顺利推进。

5月21日 省交通运输厅党组成员、副厅长王晋深入天镇县玉泉镇石家庄村、李家庄村、葛家屯村实地调研黄花种植基地、现代农业实验园等扶贫项目，慰问贫困户，并与镇、村"两委"干部和驻村工作队进行座谈。要求全体驻村干部必须以更加昂扬精神状态、更加扎实工作作风，坚决夺取脱贫攻坚战全面胜利。

同日 省交通运输厅一级巡视员雷天才赴长治市进行国防交通建设调研指导。要求加大国防交通项目建设推进力度，加强与部队沟通联系，及时解决国防公路建设中发现的问题。谋划好"十四五"国防交通建设规划，充分满足国防交通建设要求。

5月22日 省交通运输厅晋交治超发〔2020〕173号文印发《关于对高速公路省界公路超限检测站建设有关事项的通知》，要求厅机关有关处室，山西交控集团贯彻落实。

同日 省交通运输厅召开迎接"十三五"全国干线公路养护管理评价工作动员会议，对全省做好迎国检工作进行安排部署。厅党组书记、厅长闫晨曦出席会议并作动员讲话。要求以迎国检为契机，坚持目标导向、问题导向、结果导向，凝心聚力、全力以赴、攻坚克难、担当作为，全面提升全省干线公路养护管理水平，以实际行动落实好习近平总书记重要讲话重要指示，推进全省公路事业高质量发展，建设人民满意交通。

厅党组成员、副厅长李贵顺主持会议，副厅长级干部郭贵堂宣读省厅《迎接"十三五"全国干线公路养护管理检查评价工作方案》。会议通报2019年度全省高速公路、普通国省干线公路路况检测情况，省公路局、山西交控集团就迎检工作准备情况作了汇报。

5月25日 省交通运输厅、省公安厅联合下发晋交路网发〔2020〕176号文《关于印发〈规范全省国省干线公路速度管理工作方案〉的通知》，要求各市公安局、交通运输局，山西省公路局，山西交控集团等高速公路运营公司遵照执行。

同日 省交通运输厅、省生态环境厅、省财政厅、省商务厅、省公安厅晋交运管发〔2020〕178号文联合印发《关于加快推进国三及以下排放标准营运柴油货车淘汰工作的通知》，要求各市交通运输局、生态环境局、财政局、商务局、公安局做好相关工作。

同日 省交通运输厅党组成员、副厅长李贵顺赴山西路桥集团开展公路建设质量安全调研和入企服务。要求深入贯彻省委"四为四高两同步"总体思路和要求，对标对表，全面推动企业高质量发展；时刻绷紧疫情防控这根弦，做好常态化疫情防控工作。

5月27日 省交通运输厅党组成员、驻厅纪检监察组组长王建业赴天镇县玉泉镇李家庄村、唐八里村和石家庄村调研省厅驻村帮扶工作。要求全体驻村干部提高交总账意识，深入开展“十个清零”行动，坚持问题导向，锁定目标任务，抓好各项帮扶举措落实，确保实现高质量脱贫，打赢打好脱贫攻坚战。

同日 省交通运输厅晋交安监发〔2020〕186号文印发《山西省交通运输安全生产专项整治三年行动方案》的通知，要求各市交通运输局、厅直各单位山西交控集团、山西汽运集团结合实际贯彻落实。

同日 在省交通运输厅帮助协调下，晋中市交通运输局与太原市交通运输局、山西航产集团多次对接达成共识，开通晋中至武宿机场机场专线。线路全长22公里，弥补了多年来晋中市城区到太原武宿国际机场无直达专线短板，实现晋中市城区公路客运与航空交通无缝衔接，对于加快晋中市综合立体化交通运输体系建设、加快龙城区域实质性建设服务全市“四个百里”工程建设具有重大意义。

5月28日至29日 省交通运输厅党组成员、驻厅纪检监察组组长王建业赴大同、朔州、忻州三地，就贯彻落实全省交通运输系统党风廉政建设和反腐败工作会议精神、厅属单位纪检工作推进会精神、推进深化“三转”工作、做好交通扶贫领域及省厅扶贫点监督工作情况进行专题调研。要求心存敬畏，手握戒尺，筑牢拒腐防变思想防线，正确对待监督，强化自我监督，自觉主动接受监督，全力营造风清气正政治生态和干事创业良好环境。

同日 省交通运输厅党组成员、副厅长李贵顺赴运城开展省领导包联重点工程项目工作小组第二季度调研。要求抓住疫情期间国家政策调整“窗口期”，加快各项前期手续办理，结合建设项目实际，倒排工期，确保2020年度投资任务目标顺利实现。

5月29日 省交通运输厅晋交公安发〔2020〕191号文件印发《“零上访、零事故、零案件”单位（企业）创建工作指南》的通知，要求厅直各单位、厅机关有关处室遵照执行。

同日 中共山西省交通运输厅党组晋交党发〔2020〕34号文印发《关于事业单位改革期间建立健全工会组织有关工作的通知》。

同日 省交通运输厅晋交农路发〔2020〕183号文印发《关于黄河、长城、太行三个一号旅游公路“城景通、景景通”示范段创建实施方案》的通知，要求各市交通运输局高度重视，按照本实施方案要求，加强领导，强化目标落实，制定推动措施，层层压实责任，确保高质量如期完成示范段创建工作。

同日 省交通运输厅晋交路网发〔2020〕184号文印发《山西省运营国省干线公路限速方案调整实施指导意见》的通知，要求省公路局，山西交控集团遵照执行。

6月

6月1日 省交通运输厅召开会议，传达贯彻习近平总书记在全国“两会”期间重要讲话精神、全国“两会”精神、刘鹤副总理参加山西代表团审议时讲话精神，对全省交通运输系统抓好贯彻落实进行安排部署。厅党组书记、厅长闫晨曦主持会议并讲话，要求各级各部门要把深入学习贯彻全国“两会”精神作为当前和今后一个时期重要政治任务，与学习贯彻习近平总书记视察山西重要讲话重要指示、习近平总书记三篇光辉文献有机结合起来，领会精神实质，把握核心要义。充分运用信息、报刊、网络、新媒体等平台开辟学习宣传新阵地，发挥党支部植根基层、贴近群众优势，教育引导党员干部在深学深悟上先行一步，推动“两会”精神在全系统落地生根。

厅领导李贵顺、王晋、段新源、王四小、王建业、郭贵堂、雷天才出席会议，厅机关有关处室负责人和厅直有关单位负责人参加会议。

6月2日 省交通运输厅安委会第二次全体（扩大）会议暨全省交通运输安全生产专项整治三

年行动动员部署视频会召开。厅党组书记、厅长闫晨曦出席会议并讲话，要求各部门各单位切实把交通运输领域部门监管责任和企业主体责任落到实处，全力抓实抓细抓好安全生产工作，坚决防止重特大安全事故发生，确保行业安全生产形势持续向好。

会议还就做好全行业疫情常态化防控工作、汛期安全生产工作、高标准开展好"安全生产月"活动提出要求，传达省政府安委会第二次会议精神。太原市交通运输局、山西交控集团、山西汽运集团分别作交流发言。厅党组成员、副厅长李贵顺主持会议，厅党组成员、副厅长段新源出席会议。

6月2日至4日 省交通运输厅党组成员、驻厅纪检监察组组长王建业深入太原交通运输执法局、吕梁公路分局调研指导工作。要求强化守纪律、讲规矩、重名节、保廉洁思想自觉，不断增强政治定力、纪律定力、道德定力和拒腐定力。

6月4日 省交通运输厅第二季度重点公路工程调度暨安全生产会议召开。厅党组成员、副厅长李贵顺出席会议并讲话，要求各单位各部门要统一思想，坚定信心，坚决贯彻落实党中央、国务院和省委、省政府决策部署，提高政治站位，强化责任担当，迎难而上、开拓进取，充分认识公路建设行业达产增效在"六稳""六保"中重要作用。

6月5日 省交通运输厅召开全省"四好农村路"和三个一号旅游公路建设工作推进会。厅党组成员、副厅长王四小出席会议并讲话。要求以交通强国建设为总抓手，在政策制度学习、创新资金筹措方式、过程督导上下功夫，全力确保各项任务目标圆满完成，为决胜脱贫攻坚、全面建成小康社会提供坚实交通支撑。

6月7日 省交通运输厅晋交规划发〔2020〕195号文印发《关于下达2019年和2020年农村公路平交路口"一灯一带"示范工程建设补助计划的通知》，要求各市交通运输局按要求执行。

6月8日 省交通运输厅党组成员、副厅长王晋主持召开省厅驻村帮扶工作座谈会，听取各包村单位分管领导和承办部门负责人、厅包村工作队长、各贫困村第一书记兼驻村工作队长全年驻村帮扶工作情况汇报。要求做到"五个强化"，即强化对帮扶工作的认识，强化驻村帮扶工作责任，强化驻村工作队的目标任务，强化对驻村干部的关心，强化帮扶工作总结宣传。

同日 省交通运输厅召开全省交通建设项目前期工作专题视频会，厅党组书记、厅长闫晨曦主持会议并讲话，要求抢抓国家重点支持"两新一重"建设政策机遇，加快推进交通建设项目前期工作，突破制约因素，加强项目储备，确保完成年度交通基础设施建设目标任务，为推进"十四五"发展提供好项目支撑。

会上，厅党组成员、副厅长王四小就抓好项目谋划和提升前期工作质量作动员部署，省发改委、省自然资源厅有关处室分别就项目立项审批和用地指标、土地预审作指导，省公路局、省交通建设中心、晋城和临汾市交通运输局作表态发言。

会后，还邀请交通运输部科学研究院发展研究中心研究员、副主任李晓峰作关于"新基建"政策解读方面报告。

6月11日 省交通运输厅晋交治超发〔2020〕206号文印发《关于进一步做好高速公路治超工作的通知》，要求山西交控集团，各高速公司经营管理单位做好此项工作。

6月12日 交通运输部、人力资源和社会保障部举行全国交通运输系统先进集体劳动模范和先进工作者表彰大会，省交通运输厅领导闫晨曦、段新源、雷天才在山西分会场参加会议，全省交通运输系统4个集体12名个人受表彰。

同日 省交通运输厅晋交科技发〔2020〕205号文印发《关于进一步加强厅属院校学生安全教育管理工作的紧急通知》，要求省交通职业学院、省交通技师学院做好相关工作。

6月14日 为深刻汲取浙江温岭槽罐车爆炸事故教训，举一反三，省交通运输厅迅速下发《关于切实做好危化品道路运输安全生产工作的紧急通知》，部署加强行业安全生产工作，全面开展危化品道路运输安全隐患排查整治行动，防范类似事故在本省发生。

6月16日 省交通运输厅、省财政厅、省发展和改革委员会联合发文晋交财发〔2020〕210号文印发《关于调整运城至风陵渡高速公路收费期限的通知》,要求山西交控集团执行。

同日 省交通运输厅晋交公安发〔2020〕212号文印发《建立健全“三零”单位(企业)创建工作机制》的通知,要求各市交通运输局、厅直各单位、厅机关有关处室结合工作实际,认真抓好贯彻落实。

同日 下午,全省首家高速公路VR安全体验馆在平遥服务区正式开馆。此举是山西交控集团贯彻落实2020年全省“安全生产月”活动一项重要内容,旨在高速公路服务区长期向广大过往司乘人员提供特殊“安全体验课堂”,将交通安全知识直观深刻体现出来,以强化宣传教育功能,进一步培养安全出行自觉性。省交通运输厅党组成员、副厅长李贵顺,山西交控集团总经郝玉柱出席开馆仪式。随后,李贵顺一行赴太原东服务区现场检查安全生产工作。

同日 省交通运输厅党组书记、厅长闫晨曦会见大同市市长武宏文一行,双方就进一步推动大同市重点交通设施项目建设进行深入交流。厅党组成员、副厅长王四小出席座谈会。

闫晨曦在讲话中,希望省、市相关部门共同协调,做好项目对接,加快推进“四好农村路”和旅游公路建设,确保年内目标任务按期完成。要充分发挥交通运输先行作用,在创新资金筹措方式上下功夫,加快构建现代综合交通运输体系,以综合交通优势带动大同市社会经济发展,共同为大同市交通运输建设做出应有贡献。

6月17日至18日 省交通运输厅党组成员、副厅长李贵顺带队赴长治开展公路工程综合调研。要求认真落实省委“四为四高两同步”总体思路和要求,突出“项目为王”,提高政治站位,强化责任担当,全面推动公路建设提质增速。

6月18日 由省交通运输厅党组成员、副厅长段新源带队省政府安委会第二督查组就朔州市危货运输安全风险隐患排查专项行动进行督查。要求深刻汲取事故教训,举一反三,迅速行动,全面开展危货运输环节安全风险隐患排查专项行动,全面压实责任,强化监督检查,为道路运输形势平稳有序奠定基础。

同日 省交通运输厅扫黑除恶专项斗争领导组第九次会议暨“三零”创建第二次推进会召开。厅党组成员、副厅长王四小出席会议并讲话,要求扎实做好“六稳”工作,全面落实“六保”任务,不断推动治理重心向基层下移,推动全省交通运输系统扫黑除恶专项斗争取得全面胜利。

6月21日 省交通运输厅党组书记、厅长闫晨曦分别会见晋中市市长常书铭、太原市副市长张齐山,双方就进一步推动高速公路建设、普通国省干线公路建设及重点交通设施项目规划进行深入交流。厅党组成员、副厅长王四小出席座谈会。

闫晨曦在讲话中,希望省市相关部门加强协调,加快推进前期工作,创新资金筹措方式,推动项目尽快落地见效,充分发挥交通运输先行作用,以综合交通优势带动两市社会经济发展,共同为交通运输事业发展做出应有贡献。

6月23日 省交通运输厅党组书记、厅长闫晨曦赴天镇县玉泉镇调研交通扶贫工作,并代表厅党组看望慰问工作在一线的扶贫队员。要求积极探索产业扶贫新路子,将扶贫资金用在刀刃上,实现脱贫攻坚与乡村振兴有机衔接,为坚决打赢脱贫攻坚战、全面建成小康社会做出交通人应有贡献。

厅党组成员、副厅长王四小一同调研。

同日 山西路桥集团围绕“品质工程”和“安全生产”两大主题,在隰吉高速公路项目现场开展公路施工标准化观摩暨隧道综合应急演练。由省交通运输厅、临汾市政府、山西交控集团、山西路桥集团、隰县政府等相关单位、部门组成观摩团共100余人参加活动。

6月24日 省交通运输厅党组书记、厅长闫晨曦带队到朔州调研交通项目建设工作要求立足朔州高质量转型发展,方便人民群众出行,规划建设交通项目。对已经确定的项目,要明确时间节点、细化责任分工,抢抓施工黄金期加快推进,确保早日建成通车。厅党组成员、副厅长王四小一同调研。

6月26日 在第33个“国际禁毒日”到来之际，省交通运输厅在太原汽车客运西站举办“健康人生、绿色无毒”为主题的全省交通运输行业全民禁毒集中宣传活动。厅党组成员、副厅长王四小参加活动。

6月28日 山西省交通运输安全应急保障技术中心在山西交科集团揭牌运营。省交通运输厅党组成员、副厅长李贵顺，山西交控集团副总经理武艺揭牌并讲话。

李贵顺在讲话中，要求中心要充分发挥平台作用，加强科技创新，走“产学研用”一体化路径，力争用三到五年的时间，把中心打造成国内领军型交通运输应急保障技术中心。

同日 中共山西省交通运输厅党组晋交党发〔2020〕37号文印发《关于表彰2020年厅直优秀共产党员、优秀党务工作者和先进基层党组织的决定》。

6月29日 省交通运输厅晋交水运发〔2020〕221号文印发《关于做好〈国内水路运输管理规定〉实施有关工作的通知》，要求各市交通运输、行政审批服务管理局，省运输事业发展中心按要求做好相关工作。

6月29日至30日 省交通运输厅党组书记、厅长闫晨曦分别会见临汾市市长李云峰一行、晋城市市长王震一行、运城市市长储祥好一行、吕梁市市长王立伟一行，双方就加快推进重点交通基础建设项目落地见效进行座谈。厅党组成员、副厅长王四小参加座谈。

会上，省厅与各地市对每个重点交通基础建设项目逐一厘清重点推进事项，对土地指标和资金落实、采取建设模式，以及前期工作完成时间等进行认真研究，与各市初步形成2020年再开工一批、2021年计划开工一批和“十四五”实施一批重点项目任务清单，双方还表示要建立协调机制，明确时间节点，按职责分头并举、共同推进。

同日 省交通运输厅组织山西交控集团、山西交投集团、项目建设单位、设计单位、咨询审查单位、特邀专家和地方政府代表对晋阳高速公路改扩建工程初步设计进行外业验收。厅党组成员、副厅长李贵顺参加。要求各方充分认识其紧迫性和重要性，严格落实各项节点工期任务，加快推进项目前期工作。

6月30日 中共山西省交通运输厅党组、山西省纪委监委驻省交通运输厅纪检监察组晋交党发〔2020〕38号文印发《省纪委监委驻交通运输厅纪检监察组与省交通运输厅党组联动机制》的通知。

7月

7月1日 省交通运输厅召开纪念建党99周年暨“两优一先”表彰大会，表彰厅直系统优秀共产党员、优秀党务工作者和先进基层党组织。厅党组书记、厅长闫晨曦出席会议并讲授主题为“强化政治机关意识，带头做到‘三个表率’”专题党课。

会上，厅党组成员、副厅长王晋宣读厅党组《关于表彰2020年厅直系统优秀共产党员、优秀党务工作者和先进基层党组织的决定》，与会厅领导向受表彰的党组织和个人代表颁发证书。闫晨曦代表厅党组向受到表彰的先进个人和先进集体表示热烈祝贺，向辛勤工作在山西交通运输战线的广大共产党员致以节日问候。

在党课中，闫晨曦带领大家重温习近平总书记关于全面从严治党重要论述，要求牢固树立政治机关意识，把讲政治贯穿于推动交通运输发展全过程。各级党组织要提高政治站位，把准政治方向，必须自觉做到“两个维护”，必须坚决贯彻党的基本理论、基本路线、基本方略，必须始终坚持以人民为中心的发展思想，持续深化交通运输领域供给侧结构性改革，推动交通运输转型发展成果更多惠及人民群众，为全省与全国同步建成小康社会贡献交通力量。要在深入学习贯彻党的思想理论上、在始终同以习近平同志为核心的党中央保持高度一致上、在坚决贯彻落实党中央各项决策部署上作表率，建设让党中央放心、让人民群众满意的模范机关。

厅一级巡视员雷天才主持会议。厅领导段新源、王四小、郭贵堂、郭全英，厅机关各处室负责人，厅直各单位党政主要负责人参加会议。

同日 省交通运输厅晋交治超发〔2020〕224号文印发《关于认真贯彻落实〈交通运输部关于进一步加强全国治理车辆超限超载工作的通知〉做好全省治超工作的通知》，要求各市交通运输局、省公路局、山西交控集团、各高速公司经营管理单位做好相关工作。

同日 省交通运输厅党组召开扩大会议，学习传达贯彻省委十一届十次全会精神，对全省交通运输系统兴起学习热潮、抓好贯彻落实进行安排部署。厅党组书记、厅长闫晨曦主持会议并讲话，要求不断锤炼政治能力，提高工作本领，增强学习能力，优化知识结构，着力提高把握全局、统揽工作、驾驭复杂局面、分析和解决问题的能力，推动交通运输在山西转型发展的征程中建功立业。

厅领导王晋、段新源、王四小、郭贵堂、雷天才、郭全英，厅机关有关处室以及厅直有关单位负责人参加会议。

7月3日 省交通运输厅党组书记、厅长闫晨曦深入隰吉高速公路建设一线调研项目建设情况。要求项目各方要各司其职、各负其责、积极配合，抓落实促成效，形成攻坚克难合力，全力加快项目建设步伐，确保完成年度投资目标。

同日 省交通运输厅防汛工作会议召开，传达贯彻全省防汛工作电视电话会议精神，对做好当前全省交通运输行业防汛工作进行安排部署。厅党组成员、副厅长李贵顺主持会议并讲话。要求各单位各部门要清醒认识防汛工作面临的形势，立足防大汛、抗大洪、抢大险、救大灾，抓紧抓细抓实各项工作，确保全省交通运输行业汛期安全稳定。

7月8日 副省长卢东亮深入省厅就全省交通运输工作情况进行调研并召开座谈会。省政府办公厅副主任张红良主持座谈会。厅党组书记、厅长闫晨曦作汇报。

卢东亮在讲话中充分肯定全省交通运输工作，指出全省交通运输各项工作正在全面稳步推进，疫情防控、交通基础设施建设、运输服务水平提升、事业单位改革、交通强国试点建设、安全生产和全面从严治党等各方面工作都取得明显成效。当前，全省各行各业都按照省委"四为四高两同步"思路和要求，把转型发展作为山西根本出路，紧紧围绕转型发展谋篇布局，一切工作围绕转型，一切工作服务转型。交通运输作为基础性、先导性产业，全系统要以高度责任感、使命感、紧迫感，把工作放到省委、省政府转型发展战略大局上谋划，在蹚新路征程中做好先行，走在前列。

闫晨曦从全省交通运输2020年上半年重点工作推进情况、当前面临的形势、困难和问题以及下半年工作打算等方面作汇报，重点汇报省委、省政府主要领导指示批示事项落实情况。厅领导秦红保、李贵顺、王晋、段新源、王四小、郭贵堂、雷天才、郭全英，厅机关各处室和厅直单位负责人参加会议。

座谈会后，卢东亮还专题听取关于《山西省深化农村公路管理养护体制改革实施方案》的汇报。

7月10日 全国"八纵八横"高速铁路网规划中呼南通道（呼和浩特至南宁）的重要组成部分，太原至焦作高铁山西段全线铺轨完成，为年底按期开通运营奠定重要基础。

太原至焦作高铁北起山西省太原，南至河南省焦作，全长约358.8公里，山西段约325.4公里，设计时速250公里。全线于2016年10月开工，计划2020年年底建成。

7月13日 省委常委、太原市委书记罗清宇，省政协副主席、太原市委副书记、市长李晓波带队专程赴省交通运输厅对接太原市重点交通基础设施建设项目工作，厅党组书记、厅长闫晨曦主持召开座谈会，双方就进一步加快推进太原市重点交通基础设施建设项目落地见效进行深入交流。厅领导李贵顺、王四小、郭贵堂参加座谈。

罗清宇在讲话中，要求太原市和省交通运输厅按照省委"四为四高两同步"总体思路和要求，紧抓项目建设；强化沟通协调，突破制约因素，优化路网结构，打通连接要道；明确时间节点，强化项目储备，为转型发展蓄势赋能，助推脱贫攻坚和乡村振兴，实现"十四五"良好开局。双方切实把学习贯彻省委十一届十次全会精神成效转化为具体行动和硬核举措，进一步凝聚共识，加强沟通交流，深化合作层次，共同谋划好“十四五”交通运输工作，有效引领全省经济社会实现高质量转型发展。

闫晨曦表示，支持、推动太原交通率先发展是省厅义不容辞的责任，一定会全力以赴，不遗余力和太原市一道，进一步加强沟通协作，建立健全工作机制，完善梳理对接项目，坚持方案化、项目化、清单化管理，加紧推动各项工作任务落实，统筹各方资源形成合力，共同推进太原市交通运输事业高质量发展。他希望，太原市委市政府一如既往大力支持交通运输工作，除推动好项目建设外，在出租车行业改革、交通强国试点、货运枢纽及物流园区建设等创新工作方面继续走在全省前列，为全省提供可复制、可推广的经验。

7月13日至14日 由省交通运输厅党组成员、副厅长、省民航机场管理局局长段新源带队的省厅调研组赴临汾、晋中就深化出租汽车行业改革开展调研。要求规范网约车企业运营，加快出台和完善相应配套政策、措施，切实维护出租车行业稳定，促使出租车行业健康有序发展。

7月14日 省交通运输厅晋交规划发〔2020〕296号文印发《关于调整2020年普通国省道日常养护资金计划和下达2020年普通国省道安全生命防护工程资金计划的通知》，要求省公路局做好相关工作。

7月15日 山西省交通运输标准化技术委员会成立（以下简称交标委）。厅党组成员、副厅长王晋主持会议并讲话。省市场监督管理局副局长李志强出席并作了标准化建设专题讲座。

会议介绍交标委筹建过程，宣读交标委成立批复，为交标委、交标委秘书处授牌并颁发交标委委员证书。省公路局、山西路桥集团、山西交科集团就标准化工作开展情况进行交流发言。

7月16日 省交通运输厅晋交路网发〔2020〕244号文印发《国省干线公路长大桥隧养护管理和安全运行实施细则》的通知，要求省公路局，山西交控集团，各高速公路运营公司认真贯彻执行。

7月20日 省交通运输厅、省教育厅晋交水运发〔2020〕300号文印发《关于加强中小学生水上交通安全教育工作的通知》，要求各市交通运输局、教育局，省运输事业发展中心做好相关工作。

7月20日至21日 省厅专项督查工作组赴武乡县对交通脱贫问题整改和“十三五”农村公路建管养运情况进行督查指导。要求武乡县交通运输部门全力做好农村公路建管养运各项工作，主动扛起脱贫攻坚主体责任，加强与各级党委、政府沟通，争取政策和资金支持，严格按照脱贫攻坚验收标准，精准施策，久久为功，确保交通脱贫攻坚任务如期圆满完成，实现“四好农村路”高质量发展。

7月21日 省交通运输厅晋交运管发〔2020〕252号文印发《关于加强道路运输安全的通知》，要求各市交通运输局，省运输发展中心做好相关工作。

同日 省交通运输厅晋交规划发〔2020〕253号文印发《公路建设项目可行性研究报告编制单位信用评价规则（试行）》的通知，要求各市交通运输局，厅直各单位，厅机关有关处室遵照执行。

同日 省交通运输厅晋交规划发〔2020〕253号文印发《公路建设项目可行性研究报告技术咨询审查细则（试行）》的通知，要求各市交通运输局，厅直各单位，厅机关有关处室遵照执行。

7月21日至22日 由省交通运输厅党组成员、副厅长李贵顺带队的省厅督导组先后赴阳泉公路分局就路面改造工程PPP项目、安全生命防护工程建设情况进行督导，赴阳泉市交通运输局就安全生产责任落实情况进行调研，并召开座谈会。要求时刻绷紧疫情防控这根弦，慎终如始抓紧抓细抓实疫情防控工作，严格落实场站、客运、公交、出租等防控措施，坚决守住交通运输疫情防控防线。

7月22日 省交通运输厅晋交水运发〔2020〕255号文印发《关于进一步加强水上交通安全管理工作的通知》，要求各市交通运输局，省运输事业发展中心做好相关工作。

同日 省交通运输厅晋交政法发〔2020〕245号文印发《2020年全省交通运输法制工作要点》的通

知，要求各市交通运输局、厅直各单位、厅机关各处室认真贯彻落实。

7月23日 省交通运输厅晋交路网发〔2020〕258号文印发《国省干线公路养护工程管理办法（试行）》的通知，要求省公路局，山西交控集团遵照执行。

7月24日 省交通运输厅晋交路网发〔2020〕265号文印发《关于做好公路养护工程招标投标工作进一步推动优化营商环境政策落实的通知》，要求各市交通运输局，省公路局，山西交控集团做好相关工作。

同日 省交通运输厅晋交路网发〔2020〕266号文印发《公路交通阻断信息报送工作实施细则（试行）》的通知，要求省公路局，省交通运行监测中心，山西交控集团认真贯彻执行。

同日 山西省邮政管理局召开省邮政业安全中心座谈会。会议回顾邮政发展历史和邮政交通历次改革，阐述邮政管理体制改革意义和进程，并对中心工作提出要求。坚定信心、攻坚克难，认真履职、发挥作用，为行业安全监管做好支撑服务。

7月26日 中共山西省交通运输厅党组晋交党函〔2020〕8号文印发《山西交通技师学院并入山西交通职业技术学院划转省教育厅工作方案的通知》。

7月28日 省交通运输厅晋交路网发〔2020〕272号文《关于印发国省干线公路长大桥隧目录的通知》，要求省公路局，山西交控集团及各高速公路运营公司根据交通运输部和全省有关工作要求，健全养护管理体系，完善相关制度办法，切实做好养护和运行管理工作，确保达到良好技术状况和安全保障水平。

7月29日 省交通运输厅晋交政法发〔2020〕273号文印发《山西省交通运输信用信息目录（2020年版）》的通知，要求各市交通运输局、厅直有关单位、厅机关有关处室按照目录做好信息归集共享工作。

同日 昔阳（晋冀界）至榆次高速公路开工仪式在晋中市昔阳县举行。昔榆高速建成后，与河北境内拟建高速公路相接，全省将新增一条出省主通道。路线全长125.42公里。项目批复概算209.86亿元，是目前为止省内单公里造价最高、投资最大的在建高速公路项目。

7月30日 省扫黑除恶专项斗争第四督导组深入省交通运输厅督导检查扫黑除恶专项斗争工作进展情况。厅党组成员、副厅长王四小出席会议并作汇报。督导组通过听取汇报、查阅台账、实地调研等形式，对省厅扫黑除恶专项斗争在压实责任、行业清源、宣传发动、长效长治等方面进行深入细致督导调研，充分肯定省厅在扫黑除恶专项斗争中取得阶段性成效，并对做好下一阶段工作提出要求。

王四小表示，省厅将坚决贯彻落实省扫黑除恶专项斗争领导小组安排部署，以此次督导为契机，深入推进全省交通运输系统专项斗争各项工作，保持高压震慑态势，确保除恶务尽，为夺取全省扫黑除恶专项斗争全面胜利做出应有贡献。

8月

8月3日 省政府召开全省运输结构调整工作攻坚视频会，深入贯彻落实全国运输结构调整工作电视电话会议精神，总结前期工作，研判形势，安排部署今后一个时期全省运输结构调整工作。副省长卢东亮出席会议并讲话。要求进一步提高政治站位，切实增强运输结构调整工作的责任感、紧迫感，加大工作力度，增强工作合力，全面完成全省运输结构调整三年行动计划目标任务。

会上，厅党组书记、厅长闫晨曦通报全省运输结构调整工作进展情况，分析面临的形势，提出下一步工作意见。省发改委、省工信厅结合各自职责提出要求，太原铁路局及太原、大同、晋城、临汾市政府分别作表态发言。厅党组成员、副厅长段新源参加会议。

为全面完成全省运输结构调整三年行动计划目标任务，省政府决定成立推进运输结构调整攻坚行动指挥部，实行月调度、旬例会和工作专报制度，加强指挥调度，组织交通、发改、工信、公安、财政、自然资源、生态环境、铁路等8部门合力攻坚，并将运输结构调整列入“13710”督办事项进行重点督办。

同日 省交通运输厅晋交政法发〔2020〕301号文印发《关于开展交通运输领域信用承诺有关工作的通知》，要求各市交通运输局，厅机关有关处室结合全省信用交通工作实际，做好相关工作。

8月4日 省交通运输厅党组书记、厅长闫晨曦深入太原西北二环项目骆驼山隧道工地一线开展“进工地、送清凉、解难题”活动，向奋战在一线的广大职工送去防暑慰问品，并致以亲切问候，要求坚持目标导向，根据工程进度目标倒排工期，扎实推进工程建设，确保完成本年度固定资产投资目标任务。

8月4日至5日 省交通运输厅党组成员、副厅长李贵顺带领厅督导组赴晋中开展公路建设检查暨“送清凉”慰问活动。要求时刻绷紧疫情防控这根弦，慎终如始抓好常态化疫情防控工作，坚决守牢防输入、防反弹、防复燃底线，巩固已有的疫情防控战果。

8月5日、8月11日 省交通运输厅党组成员、副厅长王四小，副厅长级干部郭贵堂分别深入太原东西山旅游公路项目、“黄河一号”旅游公路永和段阁底至大宁界项目施工现场，开展“夏送清凉”慰问活动，向奋战一线的建设者送去诚挚问候，并发放防暑降温慰问品。

他们勉励建设者继续发扬交通人吃苦耐劳精神，抢抓工期，保证质量，以高昂激情投入建设中去，确保工程任务顺利完成，为夺取疫情防控和经济社会发展“双胜利”做出贡献。

王四小、郭贵堂还对工程项目建设进行实地调研。

8月10日 省交通运输厅晋交运管发〔2020〕309号文印发《关于打击非法客运经营行为的通报》，要求各市交通运输局，省运输事业发展中心、省交通运输综合行政执法局做好相关工作。

8月11日 中共山西省交通运输厅党组晋交党发〔2020〕52号文印发《关于深入开展“五型机关”创建推进模范机关建设的实施方案》的通知。

8月11日至12日 省交通运输厅党组成员、副厅长李贵顺带队赴忻州境内忻五线PPP路面改造和生命安全防护工程、万瓦线PPP路面改造工程、国道337线限速标志工程等项目施工现场，调研质量、安全和疫情防控等工作。要求慎终如始抓好常态化疫情防控，未雨绸缪做好秋冬季防控准备；重视安全生产，加大各项投入，保证按期完工。

8月13日 省交通运输厅晋交城客发〔2020〕311号文件印发《关于贯彻落实〈山西省人民政府办公厅关于加快发展流通促进商业消费的实施意见〉的通知》，要求各市交通运输局，省运输发展中心做好相关工作。

同日 省交通运输厅一级巡视员雷天才深入天镇县玉泉镇李家庄村进行实地调研，并为李家庄村干部村民和省厅全体驻村工作队员宣讲学习贯彻习近平总书记视察山西重要讲话重要指示、《习近平谈治国理政》（第三卷）和《中国制度面对面》。要求全体驻村干部以更加昂扬精神状态、更加扎实工作作风，坚决夺取脱贫攻坚战全面胜利。

8月14日 省交通运输厅党组成员、副厅长王晋深入省交通干部学校，对校班子建设和干部培训工作进行专题调研，并与学校领导和中层干部进行座谈。要求有针对性地制定培训方案，充分发挥干部职工教育培训主阵地作用。扎实做好人才服务和职业技能鉴定两项新职能工作，为全省交通运输高质量发展作出新的更大贡献。

8月17日 省交通运输厅晋交建管发〔2020〕316号文印发《山西省公路水运工程建设领域保障农民工工资支付的实施意见》的通知，要求各市交通运输局，省公路局、省交通建设中心认真遵照执行。

同日 为贯彻落实习近平总书记关于制止餐饮浪费行为的重要指示精神，厅直机关党委下发《通知》要求，从当日起，全系统各级党组织和广大党员干部开展“厉行勤俭节约、杜绝餐饮浪费”主题党日活动，推动广大党员干部在厉行节约、反对浪费特别是餐饮浪费上走在前、作表率。

同日 经省市场监督管理局批准，由山西路桥集团主编的《工业固废CFB灰渣注浆充填采空区施工技术指南》《工业固废煤气化炉渣路面基层施工技术指南》两项省级地方标准正式发布。这是全省首次出台公路建设领域固废利用技术标准，为工业固废在全省公路工程中规模化、资源化、常态化应用掀开崭新篇章。

8月18日 运城市委书记丁小强主持召开全市道路交通规划专题汇报会。要求认真谋划，进一步完善路网规划；做实前期工作，确保项目有序推进、高标准建设；多措筹资，全力做好资金保障；加强组织领导，创优项目建设环境。

同日 省交通运输厅召开“十三五”公路养护管理评价工作调度会议。厅党组书记、厅长闫晨曦出席会议并讲话，厅党组成员、副厅长李贵顺主持会议。山西交控集团、厅直有关单位和厅机关有关处室负责人参加会议。会议听取省公路局、山西交控集团和厅路网处关于“十三五”迎检工作情况汇报，要求建立落实良好迎检机制。强化部门协同，实行清单管理和销号管理，加强督导考核，确保各项工作推进有序、按期优质完成。

8月19日 省交通运输厅晋交城客发〔2020〕278号文印发《关于2019年度山西省出租汽车服务质量信誉考核工作有关事项的通知》，要求各市交通运输局，省运输发展中心做好相关工作。

同日 省公路运输工会召开第三届委员会第五次全体会议，传达学习省总工会十三届九次全委（扩大）会议精神，选举第三届委员会主席、副主席、常委、经费审查委员会主任。副厅长级干部郭贵堂出席会议并讲话。要求围绕中心服务大局，履行好工会职能，发挥好工会作用。坚持“维护核心、服务中心、凝聚人心”，牢牢肩负起工会组织责任和使命，切实做好工会各项工作。

8月20日 省交通运输厅第三季度重点公路建设调度暨安全生产会议召开。厅党组成员、副厅长李贵顺出席会议并讲话。会议听取省公路局和各高速公路建设单位工作汇报，通报近期安全生产形势、典型事故案例和重点项目质量安全监督、工程投资进度、前期工作进展等情况，讨论分析制约项目进展问题，安排部署下阶段工作。要求咬定目标，确保完成年度投资和建设任务；补齐短板，高效推动前期工作；加强管控，实现高质量发展；守住红线，确保工程安全；严防严控，做好秋冬季疫情防控工作。

同日 省交通运输厅厅属事业单位经济责任审计工作部署会召开。厅党组成员、副厅长王晋出席会议并讲话。要求提高认识，高度重视此次审计工作；构建合力，积极配合有序组织审计工作；落实整改，确保经责审计取得实效。

8月21日 省政府新闻办举行新闻发布会，解读《山西省人民政府关于禁止生产、经营、储存、运输和燃放烟花爆竹的通告》。厅党组成员、副厅长李贵顺代表省厅介绍有关情况并回答记者提问。

省交通运输厅负责全省范围内危险货物道路运输管理工作。按照《危险货物道路运输规则》关于危险化学品的分类规定，烟花爆竹属于第1类第4项。截至8月15日，全省可承运烟花爆竹的道路危货运输企业共计8家，可从事烟花爆竹运输的危货车辆69台，可从事烟花爆竹运输的驾驶员1017人、押运员2471人。

省厅表示，将坚决贯彻落实省政府部署，不折不扣把《通告》落实落细落到位，重点做好宣传教育和强化道路运输环节监督执法两项工作。

8月23日至28日 交通运输部第七督查组组长、运输服务司副司长李华强带领部督查组一行，深入阳泉、长治、晋城、晋中、太原等五市重点对全省“四好农村路”、旅游公路、高速公路、国道等重点工程建设以及“公转铁”、交通扶贫、城乡交通运输一体化等2020年交通运输重点工作进行督查指导并召开座谈会。厅党组书记、厅长闫晨曦介绍山西基本情况及上半年交通运输重点工作情况，厅党组成员、副厅长王晋汇报全省交通运输重点工作进展情况，厅党组成员、副厅长段新源出席座谈会。

闫晨曦代表厅党组对部督查组来晋督查指导工作表示感谢。并表示，省厅坚决贯彻落实好此次部综合督查工作要求，作为改进和提升工作水平契机，全面完成好各项重点工作，高质量推进山西交通运输发展。

8月24日 省交通运输厅，省人力资源和社会保障厅联合印发文《关于开展2020年度全省交通运输专业高级工程师评审工作的通知》。

8月26日 省公路运输工会举办理论宣讲活动，副厅长级干部郭贵堂为全体干部宣讲习近平总书记视察山西重要讲话重要指示和《习近平谈治国理政》（第三卷）、《中国制度面对面》部分内容。郭贵堂传达习近平总书记对山西工作提出总体要求，阐述六项重点任务。

8月27日 省交通运输厅晋交财发〔2020〕288号文印发《公路系统事业单位及所办企业资产清查（清产核算）工作方案》的通知，要求省公路局认真贯彻执行。

8月28日 省交通运输厅晋交建管发〔2020〕318号文印发《关于深刻汲取近期施工安全生产事故教训进一步加强公路水运工程安全管理工作的通知》，要求各市交通运输局，山西交控集团，省公路局，省交通建设中心，各项目建设单位深刻汲取事故教训，举一反三，切实做好公路水运建设工程安全生产工作，坚决防范和遏制安全生产事故发生。

同日 省交通运输厅晋交运管发〔2020〕290号文印发《关于开展山西省道路运输电子证照项目推进工作的通知》，要求省运输发展中心具体负责。

同日 中共山西省交通运输厅党组晋交党发〔2020〕54号文印发《关于建立厅党组书记和班子成员党支部工作联系点的通知》。

同日 省交通运输厅与运城市政府召开高速公路风陵渡黄河大桥及连接线项目研讨会，邀请中交第一公路勘察设计院、黄河水利科学研究院及晋陕豫三省有关专家，就该项目技术方案进行研讨论证。厅党组成员、副厅长王四小，运城市委常委、常务副市长陈杰出席。

王四小在讲话中，要求充分吸纳专家及各相关部门意见和建议，对项目的可行性进行深入研究，进一步开展好调研工作，同步进行现有方案研究，从技术、经济和可行性等方面拿出更优更科学的方案，尽快确定项目建设方案，确保项目尽快落地见效。

8月29日 省交通运输厅晋交运管发〔2020〕294号文印发《关于做好公路运输恢复性增长的通知》，要求各市交通运输局，省公路局、省运输发展中心，山西交控集团做好相关工作。

8月30日 随着16趟试验动车组安全驶过太原南站，历时635分钟的太焦高铁引入太原枢纽施工改造顺利完成，标志着线路主体施工全部完成。从此，太焦高铁经太原枢纽，与大西高铁、石太客专实现衔接，汇入全国高铁网。

9月

9月1日 太原地铁2号线是全省第一条地铁线，随着工程验收顺利通过，地铁2号线正式进入空载试运行阶段，时间不少于3个月，按照信号级别由低到高，上线列车由少到多，列车跑图时间由短到长，行车间隔由长到短，运营水平逐步提高。2号线正式开通后，贯穿太原市南北，加快主城区与新城区快速联系，为太原市民绿色环保出行增添动力。

同日 山西省运输结构调整攻坚行动指挥部第二次旬例会召开，省运输结构调整攻坚行动指挥部办公室副主任、省交通运输厅党组成员、副厅长段新源出席并讲话，要求进一步提高重视程度，加快铁路专用线建设，以高度负责态度做好协调解决工作，确保全省运输结构调整总体目标任务顺利完成。

9月2日 中共山西省交通运输厅党组晋交党发〔2020〕57号文印发《省纪委监委驻省交通运输厅纪检监察组与厅审计处构建联动协作机制的实施意见》的通知。

9月3日 省交通运输厅晋交办发〔2020〕337号文下发《关于印发2020年度目标责任考核指标的通知》，要求各厅直单位认真抓好组织实施，确保各项任务圆满完成。

9月4日 省政协常委、省政协经济委员会主任孙跃进带队深入省交通运输厅开展交通运输“十四五”发展规划编制工作调研。厅党组书记、厅长闫晨曦介绍近两年来全省交通运输重点工作开展情况，厅党组成员、副厅长王四小汇报全省交通运输“十四五”发展规划编制情况，厅二级巡视员柴洪江出席座谈会。

孙跃进对全省交通运输工作给予充分肯定并提出相关建议。要求切实加强前瞻性思考、全局性谋划、战略性布局，高标准高质量做好“十四五”规划编制工作，为全省转型发展率先蹚出一条新路打好坚实基础。

闫晨曦代表厅党组对省政协调研组来省厅调研指导工作表示感谢，将以此次调研座谈为契机，全力做好交通运输“十四五”规划编制工作，持续推动山西交通运输高质量发展。

会上，调研组听取厅综合规划处、公路运输管理处、民航建设运行处等相关处室专项规划编制情况汇报，围绕编制工作互动交流，积极建言，提出具有针对性意见和建议。

同日 省交通运输厅安委会第三次全体会议暨做好秋冬季疫情防控工作视频会议召开，分析全省交通运输安全生产形势，部署下一步安全生产和秋冬季疫情防控工作。厅党组书记、厅长闫晨曦出席会议并讲话。要求提高政治站位，坚决把思想和行动统一到习近平总书记关于安全生产重要论述精神上来，坚持人民至上、生命至上，坚持党政同责、一岗双责、齐抓共管、失职追责，坚持管行业必须管安全、管业务必须管安全、管生产经营必须管安全，坚持预防为主、关口前移，坚持最严格的安全生产制度，坚持最严肃的责任追究，切实强化源头管理，及时消除安全隐患，加强安全基础保障。

会议还对继续做好防汛防洪防地质灾害工作提出要求，传达交通运输部安全生产创新发展暨大型企业交流座谈会精神。

厅党组成员、副厅长李贵顺主持会议，厅党组成员、副厅长段新源出席会议。

9月7日 由交通运输部主办、中国交通报社承办的2020年“小康路·交通情”交通扶贫重大主题宣传活动在山西大同正式启动。

本次重大主题宣传活动为期一周，由人民日报社、新华社、中央广播电视总台、《经济日报》、《农民日报》、新华网、澎湃新闻、第一财经、中国交通报社等20余家媒体记者组成采访团。

交通运输部政策研究室二级巡视员李占川主持召开山西省交通扶贫采访座谈会，厅党组成员、副厅长王晋，大同市副市长郝献民分别介绍省市开展交通扶贫工作情况。

“十三五”以来，山西省以实现“两通”目标、建好“四好农村路”和三大板块旅游公路为重点，持续推动交通基础设施建设向“进村入户”倾斜，奋力蹚出一条山西交通脱贫攻坚新路子。

活动启动当天，采访团前往长城一号旅游公路沿线，采访阳高县镇边堡村，天镇县李二口村、李家庄村以及万亩黄花扶贫基地。所到之处，以交通为抓手，因地制宜抓好精准扶贫、精准脱贫典型措施和“交通+扶贫”“交通+旅游”“交通+特色产业”取得成效，给采访团留下深刻印象。

同日 省交通运输厅晋交建管发〔2020〕327号文印发《关于开展公路养护市场信用评价工作的通知》，要求省公路局、山西交控集团、各有关公路运营养护单位做好相关工作。

同日 省交通运输厅晋交安监发〔2020〕330号文印发《关于调整厅安全生产委员会（应急领导组）及其工作机构成员与职责的通知》，要求各市交通运输局、厅直有关单位应依照省厅建立健全安委会（应急领导组）机构及相应工作制度，并依据人员变动、机构调整等实际情况，及时进行调整，切实加强安全生产和应急工作的领导和管理。

同日 《太原武宿国际机场总体规划（2020年版）》获中国民航局正式批复。太原武宿国际机场定位为区域枢纽机场、北京首都国际机场和北京大兴国际机场的备降机场。总体规划正式获批，不仅为太原机场三期改扩建工程奠定基础条件，更开启工程加速建设发展新阶段。

9月8日 全国抗击新冠肺炎疫情表彰大会在

北京召开。太原国际机场有限责任公司党委受到表彰,被授予“全国抗击新冠肺炎疫情先进集体”和“全国先进基层党组织”称号。

同日 省交通运输厅晋交城客发〔2020〕331号文印发《关于开展2020年绿色出行宣传月和公交出行宣传周活动的通知》,要求各市交通运输局、省运输事业发展中心做好相关工作。

同日 省交通运输厅晋交水运发〔2020〕332号文《关于印发长期逃避海事监管船舶专项整治行动方案的通知》,要求各市交通运输局,省运输事业发展中心认真贯彻落实。

9月10日 省交通运输厅晋交建管发〔2020〕336号文印发《关于开展2020年度公路建设市场综合督查的通知》,要求省交通建设中心,各有关公路建设管理单位做好相关工作。

同日 省交通运输厅晋交建管发〔2020〕338号文印发《关于开展高速公路工程智慧建设的通知》,要求省交通建设中心,各高速公路建设单位做好相关工作。

9月13日 由省交通运输厅、省直属机关事务管理局、省公安厅、省总工会联合举办的山西省2020年绿色出行宣传月和公交出行宣传周活动在太原市启动。厅一级巡视员雷天才出席启动仪式并宣布活动启动。要求精心组织实施,进一步加大宣传力度,扩大覆盖面和影响力,广泛动员社会公众积极参与到绿色出行行动中,大力营造“文明交通、绿色出行”良好氛围。

太原市交通运输局介绍太原绿色出行发展情况,志愿者代表宣读《绿色出行倡议书》。仪式结束,与会领导参观太原市公交优先发展成果展示,乘坐新能源公交车体验绿色出行;职工和群众代表共计200人参加公共自行车、共享单车骑行活动。

9月14日 省交通运输厅晋交运管发〔2020〕341号文印发《关于做好〈道路旅客运输及客运站管理规定〉实施工作的通知》,要求各市交通运输局,省运输事业发展中心做好相关工作。

同日 中共山西省交通运输厅党组晋交党发〔2020〕60号文印发《山西省交通运输系统党组(党委)理论学习中心组学习制度》的通知。

9月15日 阳泉市委书记姜四清深入平定县、郊区,专题调研国道307、国道207线阳泉市绕城改线工程,现场办公研究解决问题。要求有关县区和市直部门进一步提高政治站位,坚决贯彻落实市委市政府关于项目建设部署和要求,强化主动服务意识,健全协调联席机制,对标问题清单,细化落实责任,明确时间节点,切实解决问题,为工程顺利推进创造最优环境。

9月15日至17日 省交通运输厅党组成员、副厅长李贵顺带队赴运城开展省领导包联重点工程项目工作小组第三季度调研暨“两节”安全生产督查。要求紧咬年度任务目标,高度重视安全生产,不断加强质量控制,严格落实生态环保,持续做好农民工工资支付工作。

9月16日 省交通运输厅晋交规划发〔2020〕345号文印发《关于调整2020年农村公路建设中央车购税补助资金计划的通知》,要求朔州、晋中、长治市交通运输局做好相关工作。

同日 省交通运输厅邀请山西大学法学院副院长、教授、博士生导师周子良作《中华人民共和国民法典》专题讲座。厅领导王晋、段新源、王建业及厅机关干部职工参加培训,厅一级巡视员雷天才主持。

同日 山西省运输结构调整攻坚行动指挥部第一次月调度会议在省政府召开,副省长卢东亮出席会议并讲话。对各市、各单位一个多月来工作和成效给予肯定,要求要勇于担当、迎难而上、攻坚克难,大战一百天,以苦干凝聚合力、以实干求得实效,坚持目标导向、问题导向、结果导向,创新工作方式方法,细化问题分解,落实责任部门,发挥好政府引导、市场调节作用,保证圆满完成全年目标任务,让企业获得实惠。

会上,省运输结构调整攻坚行动指挥部办公室主任、省交通运输厅党组书记、厅长闫晨曦对运输结构调整主要任务指标完成及工作开展情况、存在问题及建议进行通报;太原铁路局就铁路运量完成、运输结构调整工作落实情况及需要解决的问题进行汇报；长治、朔州、忻州市政府作经验交流，吕梁、运城、晋城市政府作表态发言。

9月17日 省交通运输厅党组成员、副厅长王四小带队赴永和县就“黄河一号”旅游公路建设工作进行督导调研。

王四小一行实地查看“黄河一号”旅游公路永和段主线工程和“零公里”标志文化驿站建设情况，认真听取山西路桥集团等参建单位负责人汇报，详细了解目前工程进度和下步施工计划。

王四小对“黄河一号”旅游公路永和段建设情况给予充分肯定。要求交通运输部门认真贯彻落实习近平总书记关于“四好农村路”建设重要指示精神和省委、省政府以及省厅的决策部署，全力打造高质量、有特色的旅游公路；山西路桥集团要科学管理、严把质量、倒排工期，继续抓好工程项目建设，确保黄河旅游公路建设目标任务按期保质完成；各参建单位要围绕“城景通、景景通”，统筹推进“五大系统”建设，突出旅游公路功能，加快推进项目的绿化、观景台、驿站等附属设施建设，为迎接全省三大板块旅游公路“零公里”标志文化驿站开通和“十一”黄金周积极备战。

同日 运城市委书记丁小强深入河津市和万荣县调研黄河流域（运城段）生态保护和高质量发展工作期间，专程对“黄河一号”旅游公路建设进行实地查看调研。要求进一步提高政治站位，把“黄河一号”旅游公路建设与生态保护、乡村振兴紧密结合起来，加大沿线景区改造提升力度，真正打造一条生态之路、景观之路、富民之路。做好黄河文化保护工作，深入挖掘黄河文化资源，促进文化产业发展与沿黄乡村振兴统筹联动，讲好运城“黄河故事”。

9月18日 由省交通运输厅、省发展和改革委员会晋交城客发〔2020〕348号文联合印发《关于组织开展绿色出行创建行动的通知》，要求各市交通运输局、发展和改革委员会，省运输发展中心做好相关工作。

9月18日至20日 交通运输部专家组对太原市公交都市建设示范工程创建工作进行全面验收。省委常委、市委书记罗清宇，省政协副主席、市委副书记、市长李晓波，省交通运输厅党组书记、厅长闫晨曦分别会见专家组一行。厅党组成员、副厅长王晋、段新源，太原市副市长张齐山出席相关活动并陪同检查。

专家组对太原市公交都市示范工程创建工作给予充分肯定，一致认为山西省交通运输厅、太原市委市政府高度重视、统筹推进创建工作，坚持以人民为中心和公交优先的城市发展理念，积极落实太原市创建公交都市示范工程实施方案，完善顶层设计，健全协同共建机制，逐步形成以公共交通为骨干、绿色出行为主导，多种公共交通发展融合发展的城市交通运行体系，有效提升公共交通服务能力和发展水平，公共交通体系建设取得显著成效。太原市提交的相关文件及资料齐全，总体上符合公交都市建设示范工作验收工作要求。

9月23日 零时起，经过近四年时间建设和5个月试运营，由山西路桥集团投资建设的省道65安阳高速阳城至蟒河段正式通车运营。阳城到济源车程由原来2个多小时缩短为40分钟，山西南部又一条出省通道顺利打通。该项目通车运营，对于加强全省与经济发达地区交流、促进区域经济发展、带动旅游产业发展具有重要意义。路线全长40.093公里，桥隧比例56%，总投资概算56.85亿元。

同日 黄河、长城、太行三个一号旅游公路“零公里”标志文化驿站启用仪式举行。省委书记楼阳生讲话并宣布文化驿站正式启用。要求深入学习贯彻习近平总书记视察山西重要讲话重要指示，推动文化旅游深度融合，高质量建设黄河、长城、太行三个一号旅游公路，高水平运营三个“零公里”标志文化驿站，提升三大板块文化旅游产品竞争力、带动力，加快打造国际知名文化旅游目的地。省委常委、省委秘书长廉毅敏出席，省委常委、常务副省长胡玉亭主持启用仪式。

三个“零公里”标志文化驿站项目，是依托黄河、长城、太行三个一号旅游公路和乾坤湾、老牛湾、王莽岭三个景区，按照“一站一主题、一站一特色”原则，打造集观赏、体验、景点推介和休闲服务等功能为一体的主题文化公园，是三个一号旅游公路画龙点睛之作。

启用仪式采用视频方式举行，主会场与三个一号旅游公路"零公里"标志文化驿站现场连线。省交通运输厅、山西文旅集团、临汾市、忻州市、晋城市主要负责人，分别汇报公路建设进展、"零公里"标志文化驿站建设情况。

省直有关部门、省属有关企业负责人在主会场参加。各相关市县负责人，建设施工单位代表在各活动现场参加。

9月27日 省交通运输厅晋交建管发〔2020〕359号文印发《关于进一步加强公路水运工程施工生态环境保护工作的通知》，要求各市交通运输局，省公路局，省交通建设中心，各项目建设单位做好相关工作。

9月29日 省交通运输厅、省财政厅、省发展和改革委员会晋交财发〔2020〕361号文联合印发《关于阳城至济源高速公路阳城至蟒河段设置收费公路收费站等相关事宜的通知》，要求山西交控集团、山西路桥集团阳蟒高速公路有限责任公司做好相关工作。

同日 省交通运输厅晋交办发〔2020〕366号文印发《关于做好2020年国庆节、中秋节期间有关工作的通知》，要求各市交通运输局、厅直各单位做好相关工作。

同日 省交通运输厅晋交安监发〔2020〕369号文印发《关于交通移动应急通信指挥平台管理规定》的通知，要求省交通运行监测中心遵照执行。

同日 临汾至晋城城际公交正式开通，由临汾城西客运站至晋城客运东站双向互开，全程230公里，运行时间约3小时。线路实行公交票价运营，票价由原客运班线78元，调整为26元公交票价。日发来回12个班次，发车间隔约40分钟一趟。预计年客运量增加约7万余人次。

临汾至晋城城际公交的开通，进一步拉近晋临两市间距离，打通黄河、太行两大旅游板块，增强两市互联互通能力，加强区域经济、旅游、民生等各方面交流合作。

9月30日 省交通运输厅晋交安监发〔2020〕364号文印发《关于全面加强道路危险货物运输安全生产工作的实施意见》，要求各市交通运输局，厅直有关单位，山西交控集团、山西汽运集团高度重视，做好相关工作。

同日 在中秋、国庆佳节来临之际，省交通运输厅党组成员、副厅长王晋走访慰问参加过抗美援朝的志愿军老战士刘治源和赵联璧，并与老干部及家属亲切攀谈，鼓励老干部保重身体，继续为全省交通事业发光、发热。厅人事处、离退休人员工作处相关人员陪同慰问。

10月

10月2日 省交通运输厅第四次安委会暨2020年国庆期间安全生产大检查部署视频会议召开。会议传达全国安全防范工作紧急视频会议、全省安全生产工作视频会议精神，决定成立11个督导组在全省范围内立即开展交通运输行业国庆期间安全生产大检查。厅党组书记、厅长闫晨曦主持会议并讲话。要求提高站位，切实增强责任感。紧密结合当前形势，坚决有力抓细抓实秋冬季节安全生产工作。要抓好安全责任落实和人员出行安全，强化应急值守，在统筹做好常态化疫情防控同时，全力以赴加强道路运输安全监管，坚决遏制重特大事故发生，确保道路运输安全平稳有序。

厅党组成员、副厅长段新源安排部署2020年国庆期间安全生产督导检查工作，厅党组成员、副厅长王四小，厅一级巡视员雷天才参加会议。

10月5日 省交通运输厅党组书记、厅长闫晨曦深入太原高速公司杨家峪收费站、太旧高速公路晋中服务区、太原汽车客运西站，对"两节"期间安全生产工作进行专项督查。要求深入学习习近平总书记关于安全生产重要论述，认真贯彻国务院领导和省委、省政府主要领导关于全省"10·01"事故批示指示精神，严格履行行业安全监管职责，以防范化解安全风险为重点，紧盯安全生产责任落实，深入排查治理事故隐患，坚决杜绝重特大事故发生，确保人民群众生命财产安全。

10月6日 下午，省交通运输厅党组书记、厅长闫晨曦以"四不两直"方式深入山西汽运集团督导检查安全生产工作。厅党组成员、副厅长段新源一同检查。要求切实认清全省交通运输安全生产面临的严峻形势，清醒看到企业内部依然存在的安全隐患、安全漏洞、薄弱环节，采取更有效措施、坚持更严格标准、实施更严肃问责，确保安全生产各项工作落实落地，不断提升交通运输行业本质安全水平。

10月10日 省交通运输厅晋交运管发〔2020〕377号文印发《关于正式启用危险货物道路运输电子运单管理系统的通知》，要求各市交通运输局，省运输发展中心做好相关工作。

10月11日 2019年"最美公交司机"先进事迹报告会在湖南长沙隆重举行，会议正式发布全国100名"最美公交司机"及"十大最美公交司机"名单。其中，大同公交冯冰、临汾公交乔志霞、长治公交柴晓军获"最美公交司机"称号。"最美公交司机"推选宣传活动由交通运输部、中华全国总工会联合主办，自2019年8月启动。

10月11日至16日 交通运输部办公厅副主任王华春带领交通运输部安全生产检查组一行，对山西省交通运输安全生产工作进行督导检查，16日在太原召开检查情况反馈会。厅党组书记、厅长闫晨曦在反馈会上作表态发言，厅领导李贵顺、段新源参加会议。

王华春指出，近年来，山西省交通运输厅深入学习贯彻习近平总书记重要指示精神，始终坚持政治站位第一、责任落实为先、安全监管高压态势为基、常规和专项整治为本，切实落实好党中央国务院决策部署和部、省安全生产、反恐防范和扫黑除恶工作要求，层层压实安全生产责任，扎实推进安全生产各项工作，不断提升交通运输安全水平，交通运输安全生产取得扎实成效。

闫晨曦代表省厅衷心感谢交通运输部检查组对山西交通运输工作的指导支持。他表示，检查组反馈的意见诚恳接受，照单全收，认真梳理，逐项落实，全力推动山西交通运输安全工作再上新台阶。

10月12日至14日 为贯彻落实交通运输部《关于深化改革推进船舶检验高质量发展的指导意见》，省厅举办2020年度在职验船师业务培训班，全省47名船检人员参加培训。厅党组成员、副厅长段新源出席培训动员会。

10月13日 省交通运输厅晋交科技发〔2020〕383号印发《关于下达2020年科技项目计划的通知》，要求各有关单位、厅机关有关处室做好相关工作。

同日 省交通运输厅与太原市政府、省公安厅交管局和山西交通控股集团有限公司就太原环城高速公路功能调整进行协调座谈。厅党组书记、厅长闫晨曦主持会议。厅党组成员、副厅长郭丙福，太原市副市长张齐山，省公安厅交管局局长李安林，山西交控集团副总经理武艺，晋中龙城高速公路有限责任公司总经理陈振权以及各相关单位和部门负责人参加座谈。

为打赢蓝天保卫战，进一步拓展太原市城市发展空间，现有太原环城高速公路将被调整为城市快速路。通过新建西北二环，利用西北二环、南二环已建路段，以及东二环在建路段，形成新的太原市绕城高速公路。

10月16日 全省交通运输秋冬季大气污染综合治理攻坚电视电话会议召开。厅党组书记、厅长闫晨曦出席会议并讲话。要求各级各部门认清紧迫形势，提振精气神，紧盯重点任务，高挂"作战图"，吹响"冲锋号"，扎实推动蓝天保卫战各项任务全面完成。

厅党组成员、副厅长王晋主持会议并传达全省秋冬季大气污染综合治理攻坚行动推进会议精神，厅党组成员、副厅长段新源通报全省交通运输大气污染防治工作完成情况。

10月19日 省公路运输工会举办"时代新人说——决胜小康、奋斗有我，山西职工在行动"职工演讲比赛。

10月20日 省交通运输厅党组书记、厅长闫晨曦与交通运输部科学研究院院长石宝林一行就加强深度合作交流举行工作会谈。厅党组成员、副厅长王四小出席并主持座谈会。

闫晨曦代表省厅对石宝林一行表示欢迎，希望部科研院一如既往支持山西交通运输工作，进一步加强沟通交流，在更深层次、更广领域深化务实合作，实现互利共赢，在新发展格局中共同推动山西交通运输事业高质量转型发展和交通强国建设在晋深入落地落实。

同日 省交通运输厅举办全省交通强国建设专题讲座，厅党组成员、副厅长王四小主持。本次培训特邀交通运输部科研院院长石宝林、交通运输部科研院发展研究中心副主任李晓峰分别从全国交通发展历程、交通强国建设重大使命和推进交通强国建设重点工作，省委、省政府《贯彻落实〈交通强国建设纲要〉的实施意见》和全省推进交通强国建设重点任务等方面进行讲解。讲座内容翔实、案例生动、政策性强，为下一步推动全省交通运输事业高质量发展明确方向。

10月21日 山西省交通运输厅机关工会第二次会员代表大会召开。会上，37名会员代表以无记名投票方式，选举产生厅机关工会第二届委员会、第二届经费审查委员会和第二届女职工委员会。副厅长级干部郭贵堂出席会议并讲话。

会议要求树牢“四个意识”，把准政治方向。主动服务大局，展现工会作为；维护职工权益，增强凝聚力量；加强作风建设，树立良好形象。

厅机关工会召开二届一次全委会、二届一次经费审查委员会和二届一次女职工委员会，选举产生第二届委员会主席、副主席，第二届经费审查委员会主任，第二届女职工委员会主任。

同日 省政府新闻办举行新闻发布会。省交通运输厅党组成员、副厅长王晋代表省厅介绍贯彻落实全省秋冬季大气污染综合治理攻坚行动推进会议精神，决战决胜蓝天保卫战有关情况并回答记者提问。

10月21日至22日 交通运输部在贵州省黔南布依族苗族自治州长顺县组织召开全国推动完善“四好农村路”高质量发展体系现场会。交通运输部、中央和国家有关机关、部分全国人大代表和政协委员及31个省、自治区、直辖市交通运输系统100余位代表参加会议。山西省和贵州省、陕西省西安市、江西省婺源县等6个省交通运输部门和市县地方政府分别作交流发言。厅党组书记、厅长闫晨曦代表山西省以“创新投融资模式，多措并举破解资金难题”为主题作典型经验发言。全省在“四好农村路”建设中蹚新路破解资金难题和取得的成效受到与会代表高度评价。交通运输部党组书记杨传堂、部长李小鹏批示。批示指出，近年来，在省委、省政府坚强领导下，山西省交通运输系统认真贯彻落实习近平总书记关于“四好农村路”重要指示精神，多措并举破解建设资金瓶颈，探索经济欠发达地区推进农村公路建设新路子，“四好农村路”发展取得显著成效。在2020年全国推动完善“四好农村路”高质量发展体系现场会上，山西省交通运输厅围绕创新农村公路投融资模式作经验交流，为推进“四好农村路”高质量发展提供了有益借鉴。希望在下一步工作中，部省合力、砥砺奋进，加快健全完善“四好农村路”高质量发展体系，奋力在脱贫攻坚与乡村振兴有效衔接中当好先行。

10月21日至27日 交通运输部评价组对全省“十三五”全国干线公路养护管理治理能力进行现场核查和评价，10月21日，“十三五”全国干线公路养护管理治理能力评价工作山西汇报会在太原召开。海南省交通运输厅党组成员、总工程师刘闯为组长的交通运输部评价组全体成员出席会议。厅党组成员、副厅长李贵顺主持会议并致辞。省公路局局长胡钢成全面汇报全省“十三五”以来干线公路养护管理基本情况及取得的主要成效。

刘闯高度评价山西省“十三五”干线公路养护管理工作，传达“十三五”全国干线公路养护管理治理能力评价工作相关要求，对下一步评价工作进行安排部署。

10月22日 8时，静兴高速全线控制性工程汾河大桥实现半幅贯通，同时也标志着静兴高速静乐县境内全线实现单幅贯通。

10月23日 省交通运输厅、省财政厅、省发展和改革委员会晋交财发〔2020〕396号文联合印发《关于太原二环高速公路凌井店至龙白段(东二环)设置收费公路收费站等相关事宜的通知》,要求山西交控集团,山西路桥东二环高速公路有限公司做好相关工作。

10月25日 2020年冬春航季第一天,太原机场开通"并沪公交快线"。这是山西开通的首条公交化运营航班路线。

"并沪公交快线"往返票价最低800元起,每日6时30分至21时30分期间均有航班执行,达11个班次。"并沪公交快线"航班多调整为整点或半点出发,基本满足乘客即走即定需求,在方便乘客记忆同时,也为误机或有改签航班需求乘客提供更多选择。

10月26日 上午,山西路桥集团投资建设的太原二环高速公路凌井店至龙白段在平头收费站外广场举行通车活动。省交通运输厅党组书记、厅长闫晨曦讲话并宣布通车。太原市委副书记、代市长张新伟,副市长张齐山,晋中市委常委、常务副市长王建忠出席。山西交控集团党委书记、董事长袁清茂主持通车活动,山西路桥集团党委书记、董事长杨志贵介绍项目建设情况。

项目是全省高速公路网"三纵十二横十二环"规划中太原二环高速公路的重要组成部分,全长33.199公里,概算投资39.098亿元,山西路桥集团采用BOT模式历时三年建成。项目是太原市东拓西进、南联北上的重要战略通道。对于太原市实施南移东进战略,拓展太原城市发展空间,提升太原都市区综合承载力,加快推进建设具有国际影响力的国家区域中心城市具有十分重要意义。

同日 省交通运输厅党组书记、厅长闫晨曦深入太原西北二环项目凌井店枢纽G匝道检查指导工作,太原市委副书记、代市长张新伟,副市长张齐山,晋中市委常委、常务副市长王建忠一同检查指导。要求项目部要在保证安全、质量前提下,组织最强力量抢工期、抓进度、保目标、树形象,加强沟通配合,加快推进工程建设。

10月29日 省交通运输厅晋交农路发〔2020〕403号文印发《关于全国推动完善"四好农村路"高质量发展体系现场会有关情况的报告》,上报省人民政府。

10月30日 全省"四好农村路"和三个一号旅游公路建设工作推进会召开。厅党组成员、副厅长王四小出席会议并讲话。要求各相关单位和部门要有"军令状"和"交总账"意识,全面盘点任务,认真梳理建设项目,压紧压实责任,在深学精研政策制度上使长劲,在多方并举筹措资金上出新招,在紧盯全领域责任落实上下真功,细化措施,全力推进,确保2020年既定任务圆满收官,2021年各项任务顺利起步。全省2017年至2020年新改建农村公路任务为6万公里,实际完成7.51万公里。

11月

11月2日 省交通运输厅晋交规划发〔2020〕407号文下发关于印发《交通扶贫收官交总账工作方案》的通知,要求各市交通运输局,厅直各单位,厅机关有关处室认真贯彻执行。

同日 省交通运输厅晋交财发〔2020〕405号文印发《关于进一步规范收费公路收费站公示工作的通知》,要求各市交通运输局,厅直有关单位,各高速公路经营管理单位做好相关工作。

11月4日 省交通运输厅党组召开扩大会议暨中心组学习会议,传达学习中共十九届五中全会精神,并对全省交通运输系统掀起学习热潮、抓好贯彻落实进行安排部署。厅党组书记、厅长闫晨曦主持会议并讲话。要求不断增强贯彻中央决策部署的自觉性和坚定性,切实把全会部署贯彻落实到交通运输工作各领域、各方面。

厅领导李贵顺、王四小、郭丙福、王建业、郭贵堂、雷天才参加学习。

同日 省交通运输厅扫黑除恶专项斗争领导组第十次会议暨"三零"创建第三次推进会召开。会议传达全国扫黑除恶专项斗争第3次推进会、省扫黑除恶专项斗争领导小组第19次会议和全省"三零"单位创建工作推进会精神,通报2020年以来省厅扫黑除恶专项斗争工作开展情况，并对坚决推进“行业清源”、夺取专项斗争全面胜利、谋划常态化开展扫黑除恶和推进深化“三零”单位创建工作进行安排部署。厅党组成员、副厅长王四小出席会议并讲话。要求坚决把思想和行动统一到党中央、省委决策部署上来，认真学习领会郭声琨书记、商黎光书记讲话精神，坚决夺取全省交通运输系统扫黑除恶专项斗争全面胜利。

11月5日 省交通运输厅党组书记、厅长闫晨曦赴厅发展研究中心宣讲习近平总书记视察山西重要讲话重要指示和中共十九届五中全会精神。要求自觉增强“四个意识”、坚定“四个自信”、做到“两个维护”，切实把思想和行动统一到全会精神上来，切实把全会部署要求贯彻落实到交通运输发展研究具体工作上来，同心协力，同向发力，完成好中心各项工作任务，为确保脱贫攻坚决战完胜、全面建成小康社会、乘势而上书写山西践行新时代中国特色社会主义新篇章做出应有贡献。

同日 省交通运输厅召开决战完胜交通扶贫脱贫攻坚视频会，传达习近平总书记近期关于脱贫攻坚重要指示精神和全国、全省脱贫攻坚表彰大会精神，对决战完胜交通扶贫脱贫攻坚战进行部署。厅党组书记、厅长闫晨曦出席会议并讲话，要求对标对表交通脱贫攻坚决战完胜目标，细化部署，压实责任，查漏补缺，补短强弱，确保交通脱贫攻坚决战完胜、兑现军令状，向党和人民群众交上合格答卷。厅党组成员、副厅长王四小主持会议。省扶贫办党组成员、副主任张玉宏围绕做好脱贫攻坚收官交账工作作专题讲座。

11月6日 省公路平安百年品质工程建设推进暨隧道施工标准化现场会在静兴高速召开。省交通运输厅党组书记、厅长闫晨曦出席会议并讲话。

会前，与会代表集体观摩静兴高速静乐互通及汾河大桥、轮胎骨架护坡样板段和大万山隧道施工现场，听取静兴高速项目总体概况和品质工程创建、隧道施工标准化建设情况介绍，实地查看隧道施工成套设备以及BIM平台、人员定位系统、施工监控系统等信息化手段应用展示。

闫晨曦在讲话中，要求深入贯彻落实习近平总书记建设“精品工程、样板工程、平安工程、廉洁工程”重要指示精神，深刻认识全省公路平安百年品质工程建设新形势新要求，严字当头、坚定扛责，迎难而上、攻坚克难，持续推进全省公路平安百年品质工程建设，为全省在转型发展上率先蹚出一条新路贡献交通力量。

厅一级巡视员李贵顺主持会议。吕梁市市长王立伟，交通运输部安全与质量监督管理司公路处处长李洪斌、公路局工程管理处正高级工程师卢建，中铁晋鲁豫区域总部（中铁发展）总经理舒畅，副总经理、山西总部指挥长王兴出席会议。

同日 省交通运输厅党组成员、副厅长郭丙福赴天镇县玉泉镇调研交通扶贫工作，并看望慰问一线扶贫队员。要求全体驻村干部进一步提高政治站位，切实增强思想和行动自觉，从基层党组织建设、基础设施完善、产业发展利益链接等方面下功夫，努力打造一支本领过硬工作队，为夺取全面建成小康社会伟大胜利做出交通人应有贡献。

11月7日至8日 由中国图学学会指导、山西路桥集团承办的“数字建造·智慧交通”第六届全国BIM学术会议在太原召开，来自全国相关行业的专家学者、高校师生和BIM科技人员共500余人参加会议。厅党组书记、厅长闫晨曦出席会议并致辞。表示全省交通运输行业进一步打造一流交通运输创新生态，高起点、高质量开展“数字交通”建设研究，大力推动公路BIM技术继续向纵深发展，充分挖掘和发挥BIM技术价值，助推山西数字公路建设，助推交通运输企业增强核心竞争力，切实凝聚起山西交通运输创新发展的磅礴力量，全面开启交通强国建设山西篇章新征程。

11月9日 省交通运输厅晋交水运发〔2020〕418号文印发《关于印发〈加强水上搜救工作实施方案〉的通知》，要求各市交通运输局，省交通运输综合行政执法局、省运输事业发展中心、省交通运输运行监测与应急处置中心，厅机关有关处室结合实际，认真抓好贯彻落实。

同日 D555602次动车组列车从高平市穿城而过，驶向太原方向，标志着太焦高铁联调联试工作结束，正式进入试运行阶段。

11月10日 省交通运输厅晋交安监发〔2020〕419号文印发《关于进一步加强新冠肺炎疫情防控工作的通知》，要求各市交通运输局，厅直各单位，山西交控集团、山西航产集团做好相关工作。

同日 山西省高速公路综合行政执法人员资格培训在忻州开班，厅一级巡视员雷天才出席开班仪式并作动员讲话。要求全体学员端正态度，把课程内容弄通吃透，踏实掌握高速公路综合行政执法基本技能，把抽象理论知识转化为具体的实践操作，为高速公路综合行政执法开局起步奠定坚实基础。

11月11日 省交通运输厅举办领导干部党性修养、履职能力研修班暨交通基础设施建设高质量发展业务能力提升培训班开班仪式。各市和部分县（市、区）交通运输局长，厅机关各处室主要负责人、厅属单位党政主要负责人及相关人员共100余人参加培训。厅党组书记、厅长闫晨曦出席开班仪式并作动员讲话。要求深刻学习领会党十九届五中全会精神，全面了解掌握全会的重要意义、核心要义、精神实质和主要内容，深化对"立足新发展阶段""贯彻新发展理念""聚焦新发展格局"认识，增强把握大局能力，提升系统性谋划工作思维，在学习和实践中深刻领悟习近平新时代中国特色社会主义思想真谛，准确把握交通强国战略内涵要义，坚定扛起交通运输高质量发展历史责任，为山西转型发展贡献智慧和力量。

本次培训为期4天，邀请具有深厚专业理论知识和丰富实践经验的专家授课。培训采取课堂学习、分组讨论、座谈会等形式，设置理论学习课程，以及交通运输治理能力提升、"四好农村路"高质量发展、新基建、科技创新等专业课程。

11月14日 为期4天的交通运输系统领导干部党性修养、履职能力研修班暨交通基础设施建设高质量发展业务能力提升培训班圆满完成所有课程并举行结业仪式。省交通运输厅党组成员、副厅长王晋主持结业仪式并讲话。要求全体学员在今后工作中勤于学习、精益求精，勇于担当、善于作为，以优良学风进一步增强学习主动性与自觉性，以优良作风进一步促进工作高效率和高质量，把各项工作放在心上、扛在肩上、落到实处、抓出成效，为开启交通强国建设山西新征程体现新担当、展现新作为、做出新贡献。

结业仪式上，厅农村公路管理处处长姬鸽，省公路局朔州分局党委书记、局长任永，省厅驻天镇县玉泉镇石家庄村扶贫工作队第一书记兼工作队长孟九文，长子县交通运输局局长王鹏飞分别从不同岗位、角度作交流发言。

11月12日 由省交通运输厅主办，山西交控集团吕梁南公司承办的国道20青银高速汾离段山体滑坡突发事件综合应急演练取得成功。来自省交通运输厅、山西交控集团、山西交通养护集团应急保障区队、高速交警以及吕梁市、汾阳市应急管理、生态环境、消防救援、医院等部门和单位共150余人参加本次演练活动。厅一级巡视员雷天才亲临现场指导，要求加强应急救援队伍和应急处置指挥能力建设，不断提高应急应变指挥能力和复杂情况处置能力；牢固树立生命至上、安全第一理念，守住安全生产底线和红线，把人民生命财产安全放在首位。

11月14日至15日 省交通运输厅联合省交通建设中心举办全省公路建设质量安全管理培训班。省公路局、省交通建设中心、各公路分局以及全省在建高速公路、普通国省干线项目建设单位等相关质量安全负责人90人参加。厅一级巡视员李贵顺出席培训动员会，并对全省公路建设质量安全监管工作提出明确要求和具体目标。

11月15日 全省首家普通公路"司机驿站"在省道314西殿超限站建成并启动。

"司机驿站"内干净整洁，洗脸池、热水器24小时开水供应，手机充电器、图书、药品、雨伞、电视等各种"家庭式"设备一应俱全，并设有供司乘人员小憩的休息区。"司机驿站"向公路养护保洁人员、沿线村民等有需要的群体免费开放。

11月16日 省交通运输厅晋交人发〔2020〕

421号文印发《关于同意山西省公路构件厂等6户企业国有股(产)权划转的批复》,要求省公路局督促相关企业依法履行相关程序,尽快办理变更登记等手续,结合深化改革,彻底完成处置工作。

11月17日 省交通运输厅晋交科技发〔2020〕424号文印发《关于进一步加强秋冬季大气污染综合治理攻坚工作的通知》,要求各市交通运输局,省公路局、省交通执法局、省运输发展中心、省交通建设中心,厅机关有关处室,山西交控集团做好相关工作。

11月18日 省交通运输厅晋交路网发〔2020〕426号文关于印发《山西省自然灾害综合风险公路承灾体普查工作实施方案》的通知,要求各市交通运输局,省公路局,山西交控集团,京大、汾平、龙城、阳五、翼侯高速公司,厅机关各处室认真贯彻落实。

11月19日 省交通运输厅党组书记、厅长闫晨曦赴天镇县调研交通扶贫工作,并代表厅党组看望慰问一线驻村工作队员。

座谈会上,闫晨曦对全体驻村工作队员付出的艰苦努力、取得的工作成效给予充分肯定。他指出,脱贫攻坚已经到了决战完胜的收官阶段,任务艰巨、使命光荣,要继续用真心做好帮扶工作,切实解决贫困群众的实际需求,不断提高贫困群众的满意度和认可度,凝心聚力、苦干实干,坚决打赢脱贫攻坚收官战,确保脱贫成果经得起历史、人民和实践的检验。

11月20日 省交通运输厅党组书记、厅长闫晨曦与河南省交通运输厅厅长李卫东一行就晋豫两省加强省际通道项目建设对接进行座谈并签署合作联动工作机制,双方在省际公路互通项目建设、路网运行协同管理等方面达成共识。

闫晨曦代表省厅对李卫东一行表示欢迎,对河南省交通运输厅长期以来对山西交通运输工作的关注和支持表示感谢,并介绍全省交通运输重点工作情况。希望河南省交通运输厅一如既往对省厅工作给予大力支持,在今后工作中双方继续加强沟通交流,携手共同为晋豫两省高质量协同发展提供更加有力的交通运输支撑,为双方实现优势互补、共建共赢、共同发展奠定坚实基础。

厅党组成员、副厅长段新源出席座谈会,厅党组成员、副厅长王四小介绍省厅对接情况。

同日 省交通运输厅安委会第五次全体会议召开,传达国务院安委办对山西安全生产专项督查反馈意见和省疫情防控领导小组关于进一步严格新冠肺炎疫情防控措施的通知精神,并对近期全省交通运输安全生产工作及新冠肺炎疫情防控工作进行部署。厅党组成员、副厅长王晋主持会议并讲话。要求抓牢抓实安全生产工作,认真组织专家开展安全生产大检查,进一步加大监管和处罚力度,切实抓好当前安全生产重点工作,确保全省交通运输安全生产形势持续稳定向好;进一步严格新冠肺炎疫情防控措施,持续从严做好常态化疫情防控,加强国际航班经停太原入境疫情防控闭环管理,着力抓好冷链物流疫情防控工作,切实加强疫情防控知识宣传,坚决守牢防输入、防反弹、防复燃底线。

同日 中共山西省交通运输厅党组、山西省纪委监委驻交通运输厅纪检监察组晋交党发〔2020〕68号文印发《关于在全系统认真组织开展用好〈警示录〉扎实推进警示教育活动的通知》。

11月23日 省交通运输厅一级巡视员李贵顺带领省厅调研组赴朔神高速公路调研工程建设及质量安全情况。要求各单位积极落实冬季施工技术、安全保障措施,抓好在建工点的冬季施工管理,确保工程进度质量安全。

11月25日 省交通运输厅、省公安厅、省生态环境厅、省住房和城乡建设厅晋交路网发〔2020〕431号文联合印发《山西省道路限高限宽设施和检查卡点专项整治行动实施方案》的通知,要求各市交通运输局、公安局、生态环境局、住房和城乡建设局,省公路局、省交通运行监测中心,山西交控集团认真贯彻落实,做好相关工作。

11月26日 省交通运输厅党组成员、副厅长郭丙福带领厅有关处室人员赴省运输事业发展中心调研。要求提高政治站位,统一思想认识,强化创新意识,积极主动作为,与厅机关相关处室通力合作,合力攻坚,特别要全力完成好运输结构调整任务、“国三”及以下柴油货车淘汰等重点工作,确保圆满完成省政府下达的目标任务。

11月27日 省交通运输厅晋交政法发〔2020〕434号文印发《关于印发〈山西交通运输厅2020年“12·4”国家宪法日宣传周系列活动实施方案〉的通知》,要求各市交通运输局,厅直各单位、驻厅纪检监察组、厅机关各处室结合各自实际,认真贯彻落实。

11月30日 省政府召开全省机场一体化管理工作领导组第一次会议,副省长卢东亮出席会议并讲话,省政府办公厅副主任张红良主持会议。厅党组书记、厅长闫晨曦,厅党组成员、副厅长、省民航机场管理局局长段新源参加会议。

卢东亮在讲话中,要求各相关地市和部门要进一步明确职责、齐抓共管、部门联动、群策群力、勠力同心,讲大局、讲契约,积极对标一流,抓实航空传统业务发展和新业态培育,力促通航产业发展、航空货运物流枢纽建设、国内重点城市航班公交化、国际直航航线开通等重点任务取得突破性进展,切实深入推进各项工作,奋力拼搏开启全省民航事业发展新征程。

会议以视频形式召开,太原、大同、朔州、忻州、吕梁、长治、晋城、临汾、运城9市相关负责人在分会场参会。省交通运输厅、省发改委、省财政厅、省人社厅、民航山西空管分局、省国运公司、山西航产集团等省直成员单位在主会场参会。

同日 中共山西省交通运输厅党组晋交党发〔2020〕72号文印发《关于调整厅领导工作分工的通知》。

同日 省交通运输厅一级巡视员李贵顺带队赴运城开展省领导包联重点工程项目第四季度调研暨安全生产督查。要求各参建单位要严格落实冬季施工保障措施,强化冬季施工管理,确保工程质量安全。

11月30日至12月1日 省交通运输厅举办新进人员培训班,对近3年公开招录、部队转业安置、选调优秀生共33人进行集中培训。厅党组成员、副厅长王晋作动员讲话。殷切希望新进人员进一步提高政治素质和业务素养,领会掌握机关工作的要求、特点、程序和方法,尽快实现角色转换,掌握工作标准,熟悉程序流程,适应岗位要求,打牢理论功底,培养务实作风,善于协调关系,勇于严于律己,做一名合格的公务员,为全省交通运输事业发展添砖加瓦。

12月

12月1日 省交通运输厅一级巡视员、厅直机关党委书记雷天才赴山西诚达公路勘察设计有限公司宣讲中共十九届五中全会精神。

要求把全会精神转化为积极应对新使命、新任务的强大动力,紧紧抓住改革发展机遇,既当改革促进派,又当改革实干家,以奋进者姿态披荆斩棘,不断开创新局面。

12月2日 省交通运输厅晋交办发〔2020〕441号文印发《关于调整〈山西交通年鉴〉编辑委员会、〈山西交通大事〉编辑委员会的通知》。

12月2日至4日 省交通运输厅在省交通干部学校举办2020年基层党组织书记培训班,100余人参加培训。厅一级巡视员、厅直机关党委书记雷天才出席开班仪式并作动员讲话。省直工委副书记余国琦出席并作专题讲座。

雷天才代表厅党组对省直工委多年来大力支持表示衷心感谢。要求充分认识培训意义,不断增强做好新形势下基层党组织书记工作的责任感和使命感;要注重结合实际,切实把这次培训过程当作提升自我、推进工作的过程;要坚持理论与实际、学习与运用、言论与行动相统一,真正做到学以致用、用有所成。

12月3日 零时,太原绕城高速公路过境货运车辆实行分流管控。

《太原市人民政府关于绕城高速公路过境货运车辆分流管控通告》明确,除绕城高速北环段阳曲枢纽至西塥枢纽和古交方向过境货车外,将对太原东环绕城高速全线(阳曲枢纽至武宿枢纽)、南环绕城高速全线(武宿枢纽至罗城枢纽)、西环绕城高速全线(罗城枢纽至西墕枢纽)过境的重中型货车(危化品运输车辆除外)、工程运输车辆、各类重中型专项作业车辆实施24小时禁止通行。

12月4日至6日 来自北京、天津、沈阳、石家庄、常州、太原等地的12位专家及太原市各相关行政主管部门代表共同参与,设置综合、土建、机电装修、系统4个专业验收组,通过听取参建单位汇报、查阅工程建设资料、查验工程实地质量、测试系统功能等方式,对车站、区间、轨道、供电、信号、车辆段、停车场、控制中心及系统工程等进行严格验收和评审。经过为期3天的严格评审,验收委员会一致认为,该工程符合设计及相关质量验收规范要求,同意通过工程竣工验收。

太原地铁2号线的建成运营对进一步提升太原公共交通质量和效率,缓解城市交通压力,优化城市空间布局,拉动经济增长有极大促进作用。

12月6日 太原市轨道交通2号线一期工程顺利通过竣工验收,为初期运营获得又一张"通行证",标志着地铁2号线工程建设完美收官,月底进入试运营阶段。

同日 省交通运输厅党组书记、厅长闫晨曦对太原绕城高速公路过境货车分流管控情况进行调研。

闫晨曦先后赴龙白枢纽、龙湖收费站,详细了解货车分流管控工作落实情况,询问车流量增长及过境货车分流情况,并对货车分流引导提示设施设备安装情况进行实地查看。

闫晨曦在讲话中,要求提升政治站位,坚持底线思维,密切关注车流量增长,加强分流管控车辆秩序管理,切实做好分流管控工作,保障道路安全畅通。

12月7日 省交通运输厅晋交政法发〔2020〕445号文印发《关于做好2019年度全省道路运输相关业务经营企业质量信誉考核工作的通知》,要求各市交通运输局、省运输发展中心做好相关工作。

12月7日至8日 省交通运输厅在省交通干部学校举办平安建设业务培训班,各市交通运输局、厅直各单位、山西交控集团分管领导和部门负责人共90余人参加培训。厅党组成员、副厅长郭丙福作动员讲话。要求提高政治站位,严肃培训纪律,把平安建设作为提升行业治理能力和治理体系的重要抓手,不断增强工作本领,全力推进各项工作,夯实行业安全稳定根基。

12月8日 省交通运输厅晋交水运发〔2020〕446号文印发《关于贯彻落实〈400总吨以下内河船舶水污染防治管理办法〉的通知》,要求各市交通运输局、省交通运输综合行政执法局、省运输事业发展中心结合实际贯彻落实。

12月8日至10日 省交通运输厅党组成员、副厅长郭丙福赴朔州就国三及以下排放标准中重型柴油货车淘汰工作进行督导。要求朔州各级各部门要提高政治站位,加大力度,加快进度,确保在规定时间内完成淘汰任务,交出满意答卷。

12月9日 省交通运输厅一级巡视员李贵顺深入省交通建设中心宣讲中共十九届五中全会精神,并对全省重点公路土地报批和概预算审核工作进行调研。要求积极转变理念,提高造价管控意识,进一步完善审查程序、改进审查模式、加快审查进度,保证造价文件编制和审查质量。

12月10日 省交通运输厅一级巡视员、厅直机关党委书记雷天才赴太原交通运输执法局宣讲中共十九届五中全会精神,并对党建、"三零"单位创建等工作开展调研指导。要求结合交通运输综合行政执法改革形势和任务要求,深入思考、谋篇布局、制定计划,使全会精神落到实处,为开启交通强国建设山西新征程做贡献。

同日 省交通运输厅举办全国交通运输系统抗击新冠肺炎疫情先进个人先进集体奖章、奖牌、证书现场授予活动。厅党组成员、副厅长王晋宣读《交通运输部关于表彰全国交通运输系统抗击新冠肺炎疫情先进个人和先进集体的决定》,并为先进个人、先进集体颁发奖章、证书和奖牌。

王晋号召广大干部职工深入学习贯彻习近平总书记在全国抗击新冠肺炎疫情表彰大会上重要讲话精神,学习先进、崇尚先进、争当先进,让伟大抗疫精神在全行业落地生根、蔚然成风，为奋力谱写新时代交通强国建设山西新篇章做出新的更大贡献。

同日 省交通运输厅召开专题会议，通报全省高速公路服务区检查情况，对发现有关问题提出整改要求。厅党组成员、副厅长王晋出席并讲话。

省厅于11月16日至25日组织对全省129对高速公路服务区的标志标线、车辆停放、环境卫生、经营服务、连续服务等内容进行专项检查，发现部分服务区存在或这样或那样的问题，与人民群众出行需求有一定差距，一定程度上影响全省高速公路形象。

王晋在讲话中，要求高度重视高速公路服务区管理，坚持以人民为中心和高质量发展理念，在兼顾经济效益的情况下，保障社会效益和公益属性。

12月11日 省交通运输厅晋交科技发〔2020〕451号文印发《关于开展全市交通运输生态环境保护监督帮扶工作的通知》，要求各市交通运输局，省公路局、省运输发展中心，厅机关有关处室做好相关工作。

12月12日 郑州至太原高速铁路太原至焦作段(以下简称郑太高铁太焦段)开通运营，郑太高铁太焦段实现全线贯通，太原至郑州最快2小时36分可达。

郑州至太原高速铁路是首条纵贯太行山的高铁，线路北起太原市，途经晋中市、长治市、晋城市，河南省焦作市，南至河南省会郑州市，线路全长432公里，其中郑州至焦作段已于2015年6月26日开通运营。此次开通的太原至焦作段长372公里，设太原南、晋中、太谷东、榆社西、武乡、襄垣东、长治东、长治南、高平东、晋城东、焦作西、焦作12座车站。

郑太高铁太焦段全线通车，进一步完善区域路网布局，大大缩短晋东南、蒙西等地与中东部地区时空距离，极大便利沿线群众出行，对促进沿线经济社会发展，助力中部崛起发展战略实施具有重要意义。

12月14日 全国交通运输行业精神文明建设工作电视电话会议举行，传达学习习近平总书记在全国劳动模范和先进工作者表彰大会上重要讲话精神以及全国精神文明建设表彰大会精神，命名2018—2019年度全国交通运输行业精神文明建设先进集体。

根据交通运输部决定，山西省交通运输执法局、山西省运输事业发展中心、临汾市交通运输局、山西交控集团太旧高速公路管理有限公司、山西中交翼侯高速公路有限公司、太原国际机场有限责任公司6个单位被授予“全国交通运输行业文明单位”称号；山西交控集团运城南公司运城东收费站、山西交控集团大同北公司大同东收费站、长治市道路运输管理处、长治市汽车客运东站有限公司4个单位被授予“全国交通运输行业文明示范窗口”称号。

12月15日 省交通运输厅、省财政厅、省发展和改革委员会晋交财发〔2020〕459号文联合印发《关于调整新原高速等5条政府还贷高速公路收费期限的通知》，要求山西交控集团做好相关工作。

同日 山西交控集团召开联网收费稽核工作推进会，进一步加大逃漏费分析和追缴力度，全力确保通行费应收尽收。此次会议标志着“一张网”收费模式下全省高速公路收费稽核追缴工作全面启动。取消高速公路省界收费站后，车辆跨省通行单次缴费额增加，面对偷逃通行费带来的非法利益诱惑，大车小标、屏蔽通行卡、倒换通行卡等新型逃漏费行为时有发生，造成通行费流失。面对新形势、新情况，山西交控集团多措并举，全面织就一张密网，抓治逃、堵漏洞、促增收。

12月17日 省交通运输厅党组成员、副厅长王晋深入阳泉公路分局调研智慧公路建设工作。要求进一步整合现有智慧公路智慧平台信息数据，应用最新信息技术手段，构建形成全面感知、深度融合、科学决策、快速反应的综合智慧公路应用平台，更好地为阳泉国省道干线公路路网建设和人民便捷出行服务。

12月17日至18日 省交通运输厅党组成员、副厅长王晋，厅党组成员、副厅长段新源带领省厅第一、第二监督帮扶组分赴阳泉、运城、临汾开展交通运输生态环境保护监督帮扶工作。要求各单位各部门根据职能和任务分工，对照各项整改任务和完成时限，细化工作流程，从严做好整改问题检查验收工作；大力推广新能源和清洁能源车辆，构建绿色运输体系；抓好柴油货车、扬尘污染等专项整治，确保问题按期“清零”，坚决打赢污染防治攻坚战。

12月18日 省交通运输厅安委会第六次全体视频会议召开，贯彻落实习近平总书记关于安全生产的重要指示精神和中共十九届五中全会精神，分析研判当前安全生产形势，部署元旦春节、省两会等重点时段的安全生产工作。厅党组书记、厅长闫晨曦出席会议并讲话。要求认真分析本行业领域存在的突出问题和关键症结，进一步完善责任体系，健全工作机制，提高风险防范水平，使全系统安全生产工作基础更扎实、成效更明显，为全年圆满收官和明年良好起步履职尽责，全力以赴确保全省交通运输安全生产形势持续稳定向好。

厅党组成员、副厅长王晋主持会议。晋中市交通运输局、阳泉市交通运输局、省公路局作交流发言。各市交通运输局、各公路分局、各市交通执法局负责人和安全部门负责人在各市分会场参加会议。

同日 省交通运输厅党组成员、副厅长王四小带队赴长治市开展交通运输生态环境监督帮扶工作。要求思想上高度重视，行动上加快脚步，层层分解任务，压紧压实责任，切实把淘汰国三及以下排放标准柴油货车工作抓紧、抓实、抓出成效，确保如期完成各项目标任务。

同日 省交通运输厅党组成员、副厅长郭丙福赴太原冷链物流运输企业调研督导冷链运输疫情防控工作。要求加强从业人员防护，配备必要防护、消毒用品和装备，防止感染风险。市交通运输主管部门要准确掌握冷链运输企业、车辆、人员信息，冷链物流企业要严格落实信息登记制度，形成闭环管理。

12月18日至21日 省交通运输厅一级巡视员雷天才带领第五监督帮扶组深入忻州、吕梁两市开展交通运输生态环境保护监督帮扶工作。要求进一步提高思想认识，认真贯彻落实省委、省政府以及省厅各项生态环境保护工作部署，加大工作力度，不折不扣完成各项目标任务，交出一份让人民群众满意的答卷。

12月21日 省运输结构调整攻坚行动指挥部办公室第三次月调度视频会召开。厅党组成员、副厅长郭丙福出席会议并讲话。要求紧盯目标任务，增强信心、狠抓落实；对标先进一流，补齐短板、赶超进度；坚持结果导向，完成指标、交好答卷。

12月22日 省交通运输厅晋交运管发〔2020〕462号文印发《关于公布2020年“司机之家”验收结果的通知》，要求山西交控集团做好相关工作。

同日 省交通运输厅晋交人发〔2020〕464号文印发《关于山西省交通运输厅后勤服务中心公司制改制有关事项的批复》，要求中心履行批复。

12月23日 省交通运输厅、省发展和改革委员会、省财政厅晋交财发〔2020〕465号文联合印发《关于延长高速公路货车收费标准动态调整机制和货车桥梁收费标准暂缓执行的通知》，要求各高速公路经营管理单位做好相关工作。

同日 省交通运输厅机关开展职工计算机技能比赛活动。厅党组成员、副厅长段新源出席活动并为获奖者颁奖。

12月25日 省交通运输厅直机关党委2020年度基层党组织书记抓基层党建工作述职评议考核会议召开。厅一级巡视员、厅直机关党委书记雷天才主持会议并讲话。要求深入贯彻落实习近平总书记关于全面从严治党的重要指示精神，坚决落实好中共十九届五中全会精神，增强“四个意识”、坚定“四个自信”、做到“两个维护”，团结带领广大党员干部乘势而上、砥砺前行，为走好交通强国建设山西新征程贡献力量，以优异成绩迎接建党一百周年。

同日 省交通运输厅召开全系统党政领导干部违规入股企业专项清理推进会，厅党组书记、厅长闫晨曦出席会议并讲话，要求各级党组织进一步严筛细查，摸清问题底数，对本单位在此次清理范围内的人员进行一一核实，实行清单化管理，确保清理工作不留死角、不落一人。对违规入股企业背后的腐败问题，发现一起查处一起。同时要加大通报曝光力度，用身边事教育身边人，强化震慑作用。

会上，厅党组成员、驻厅纪检监察组组长王建业传达全省党政领导干部违规入股企业专项清理推进会精神，并对做好专项清理工作提出明确要求。厅一级巡视员雷天才主持会议。厅直各单位、厅机关各处室负责人，厅直单位负责专项清理工作的部门负责人参加会议。

12月26日 中午12时，山西省首条地铁线路——太原地铁2号线一期正式开通运营。

该项目2016年3月全面开工建设，是全省建成的首条地铁线路，也是太原市贯通南北的交通主动脉，对有效缓解交通压力、优化城市空间布局、促进经济社会发展具有重要意义。全线南起小店西桥站，北至尖草坪站，连接中心城区和山西转型综改示范区，全长23.65公里，设23座车站，总投资208.64亿元。线路采用全自动运行，最高速度80公里/小时。

同日 作为山西交控集团深化混合所有制改革的又一成果，山西交控数字交通科技有限公司正式揭牌成立。

数字交通公司由山西交通控股集团有限公司、山西千方交通科技有限公司、招商新智科技有限公司及山西四和创想交通工程有限公司共同出资组建。交控集团占股51%，山西千方占股20%，招商新智占股15%，山西四和创想占股14%。随着新的混改公司落地，集团公司将联手混改战略投资者，进一步实现资源互补、业务协同，在科技创新、拓展市场等方面开展更深入更广泛合作。

12月28日 省交通运输厅晋交运管发〔2020〕471号文印发《转发交通运输部办公厅关于进一步做好总质量4500千克及以下普通货运车辆"放管服"改革有关工作的通知》，要求各市交通运输局，省交通执法局、省运输发展中心做好相关工作。

同日 省交通运输厅、省财政厅、省发展和改革委员会晋交财发〔2020〕472号文联合印发《关于落实国家免费通行支持保障政策对太原东山国境高速公路先行延期补偿的通知》，要求山西交控集团做好相关工作。

同日 省交通运输厅晋交审批发〔2020〕476号文《关于印发繁峙至大营高速公路竣工验收鉴定书的通知》，要求山西交通控股集团有限公司按照鉴定书要求，尽快将工程遗留问题处理完毕，确保项目运营安全。

同日 省交通运输厅建设管理处与省交通建设中心联合举办全省重点公路施工质量安全技术规范和标准培训班。13个重点公路在建项目的150多名骨干从业人员参加培训。厅一级巡视员李贵顺出席开班仪式并讲话。要求聚焦行业发展需求，学好规范、用好规范，为全省公路建设持续推进高质量发展、走好山西推进交通强国建设开篇之路奠定基础。

同日 省交通运输厅晋交审批发〔2020〕478号文《关于印发黎城（冀晋界）至长治高速公路改扩建工程竣工验收鉴定书的通知》，要求山西交通控股集团有限公司按照鉴定书要求，尽快将工程遗留问题处理完毕，确保项目运营安全。

同日 省交通运输厅晋交审批发〔2020〕479号文《关于印发太原至古交高速公路竣工验收鉴定书的通知》，要求山西交通控股集团有限公司按照鉴定书要求，尽快将工程遗留问题处理完毕，确保项目运营安全。

12月30日 省交通运输厅晋交办发〔2020〕482号文印发《关于调整厅征文公开工作领导组组成人员的通知》。

12月31日 省交通运输厅晋交审批发〔2020〕483号文《关于印发霍州至永和关高速公路东段竣工验收鉴定书的通知》，要求山西交控集团按照鉴定书要求，尽快将工程遗留问题处理完毕，确保项目运营安全。

（厅发展研究中心）

山西交通运输 2021 年鉴

组织机构

山西省交通运输厅

山西省交通运输厅为省政府组成部门,正厅级建制,主要负责全省公路、水路、民航机场行业管理和铁路安全监管,指导城乡客运及有关设施规划与管理及出租汽车、城市地铁、轨道交通运营、邮政管理等工作。

截至2020年年底,主要职责有12项:一是贯彻执行国家关于交通运输的法律法规和方针政策。研究制定扶持全省国内外航线和航空运输市场开拓的相关政策。拟定全省交通运输行业地方性法规规章和发展战略建议并监督执行。制定交通运输综合行政执法工作的政策标准。二是承担涉及全省综合交通运输体系的规划协调工作,会同有关部门组织编制全省综合交通运输体系规划。指导全省交通运输枢纽规划和管理。统筹协调全省邮政行业规划与交通运输规划的衔接,促进邮政与交通运输资源的融合。协调航线网络规划和重要航线开辟。承担与上级民航、空域管理部门的沟通、协调工作,负责全省重大航空任务协调保障工作。三是组织拟订并监督实施全省公路、水路行业和民航机场规划、政策和标准。参与拟订全省物流业发展战略和规划,拟订有关政策和标准并监督实施。提出全省民航业发展战略和中长期规划、综合交通运输体系相关专项规划建议。指导全省公路、水路行业和民航机场管理有关体制改革工作。四是承担全省公路、水路、民航运输市场监管责任。组织制定全省道路、水路、民航运输有关政策、准入制度、技术标准和运营规范并监督实施。负责交通运输行政执法行为的监督管理;指导城乡客运及有关设施规划与管理工作,指导出租汽车和汽车租赁行业管理工作;指导城市地铁和轨道交通的运营管理:承担省内水路运输及航道管理工作;根据省人民政府要求,协助做好邮政管理有关工作;承担交通运输综合行政执法工作的监督指导、重大案件查处和跨区域执法的组织协调工作。五是承担水上交通安全监管责任。负责水上交通管制、船舶含渔船及相关水上设施检验、登记和防止污染、水上消防、航行保障、应急救助、通信导航、船舶与渡口设施保安及危险品运输监督管理等工作。负责船员管理的有关工作。负责全省水上交通安全事故、船舶及相关水上设施污染事故的应急处理。指导市、县水上交通安全监管工作。六是负责提出全省公路、水路、民航机场固定资产投资规模和方向、国家及省级财政性资金安排意见,按国务院及省人民政府规定权限审批、核准规划内和年度计划内固定资产投资项目;拟订公路、水路有关规费政策并监督实施,提出有关财政、土地、价格等政策建议。七是承担公路、水路建设市场监管责任。拟订全省公路、水路工程建设相关政策、制度和技术标准并监督实施;组织实施公路、水路重点工程建设和工程质量、安全生产监督管理工作。指导和组织全省交通运输基础设施管理和维护,承担有关重要设施的管理和维护。按规定负责渡口规划和岸线使用管理工作。负责国省道和高速公路等重点交通运输基础设施建设、维护、运营、路政、监控、收费、治超等管理工作。八是负责全省通用航空事务的统筹、管理、指导和协调等工作,研究制定促进通用航空业发展的相关政策措施。协调省内机场与所在地政府关系,协调机场净空、电磁环境、控制用地保护及配套基础设施规划建设。九是指导全省公路、水路、民航机场行业安全生产和应急管理工作。按规定组织协调重点物资和紧急客货运输；负责全省高速公路及干线公路网运行监测和协调；承担国防动员交通战备有关工作；协调有关部门调查处理民航机场重特大安全生产事故；负责全省民用航空机场运营的属地安全监管；负责全省民航专业工程建设项目的属地安全监管；贯彻落实山西省处置民用航空器飞行事故应急指挥部的调度指令和工作部署，并负责其日常工作；指导交通运输行业公安保卫工作。十是指导全省交通运输信息化建设、监测分析运行情况，开展相关统计工作，发布有关信息。组织和指导全省公路、水路行业科技开发、环境保护和节能减排等工作。十一是指导交通运输行业职工队伍建设。负责交通运输行业涉外工作和引进外资工作，开展国际、省际合作与交流。十二是承办省人民政府交办的其他事项。

截至2020年年底，厅机关内设机构23个，分别是：办公室、人事处、政策法规处（执法监督处）、综合规划处、财务收费管理处、建设管理处、公路运输管理处、安全监督处（应急办公室）、科技处、公安处（路政管理处）、治超处、审计处、行政审批管理处、民航综合协调处、民航建设运行处、路网运行管理处、农村公路管理处、水运管理处、城市客运管理处、机关党委、离退休人员工作处、铁路安全综合协调和监督管理处、省国防动员委员会交通战备办公室，行政编制127名。直属参公事业单位1个（省公路运输工会），其他事业单位31个。厅直属事业单位9个，其中，副厅级事业单位2个：省公路局、省高速公路综合行政执法总队（省交通运输综合行政执法局）；正处级事业单位6个：省运输事业发展中心（省城市客运服务中心）、省交通运输运行监测与应急处置中心（省交通运输厅新闻中心）、省交通建设中心、厅发展研究中心、厅联网收费结算与会计核算中心、省交通干部学校。暂由省厅管理的正处级事业单位1个：省邮政业安全中心。

内设处室及职责

【办公室】 组织拟订文书档案、会议管理、政务公开、信访维稳等工作相关政策、制度并监督实施；负责厅机关文秘、政务信息、政务督查、机要保密、新闻宣传、信访维稳、文书档案、政务公开、交通史志等工作；负责组织协调厅机关日常工作和重要会议、重大活动、年度目标考核、建议提案办理、后勤保障等工作；承担厅机关综合性文件（材料）起草、文稿审核、机要交换、政务值班、财务管理、资产管理、公务接待和厅党组会议、厅长办公会议的记录、纪要整理等工作；负责提出信息化建设、维护投资建议并监督实施；承担厅领导交办的其他工作。

【人事处】 组织拟订干部人事、机构编制、人才队伍建设、干部教育培训等方面的政策、制度并监督实施；负责厅机关和厅属单位机构编制、人事劳资、干部教育培训等管理工作；负责厅管领导班子和厅管干部的管理工作；负责行业职业资格制度建设、技术职称评审、职业技能鉴定及其他人才评价工作的组织实施；承担对外劳务合作和智力引进工作；负责外事、双拥、干部驻村帮扶和业务主管社团相关事务等工作；负责相关行政审批事项的业务审核工作；负责编制行业人才队伍建设等专项规划并监督实施；参与人事业务信息化的规划建设并监督实施；承担厅领导交办的其他工作。

【政策法规处（执法监督处）】 组织拟订交通运输综合行政执法工作相关政策、标准、制度并监督实施；负责组织起草行业地方性法规规章草案；负责研究提出交通运输行业发展政策、体制改革与结构调整方案并组织实施；负责交通运输行政执法监督工作；负责行业执法人员培训、执法资格审查、执法证件核发，执法文书、执法车辆及服装的监管工作；负责厅重大行政决策事项、重要合同和规范性文件的合法性、公平性竞争的审核工作；负责重大执法案件查处和跨区域执法的组织协调工作；承担交通运输领域信用体系建设、“双随机、一公开”的监管等工作；承办行政复议、行政应诉和行政赔偿工作；负责法制建设和法制宣传教育工作；承担立法规划和立法协调工作；参与政策法规业务信息化的规划建设并监督实施；承担厅领导交办的其他工作。

【综合规划处（招商引资处）】 组织拟定交通运输规

划、计划、统计、招商引资相关政策、制度并监督实施；承担综合交通运输中长期规划编制、发展战略研究和有关组织协调工作；参与公路运输、水路运输、公路建养、场站枢纽、公路物流等专项规划的编制工作；负责综合规划与专项规划的统筹衔接工作；负责提出交通运输固定资产投资规模和方向并监督实施；负责提出年度投资计划建议的组织协调工作；负责行业统计及数据信息和经济运行情况的分析工作；负责交通基础设施项目可行性研究报告初审（行业审查）的组织协调工作；承担重点项目可研、土地预审、选址意见书、环评、水保等前期工作的组织协调工作；负责厅招商引资和交通扶贫工作；参与综合规划业务信息化建设并监督实施；承担相关业务的环境保护、节能减排工作；承担厅领导交办的其他工作。

【财务收费管理处】 组织拟订全省交通运输行业财务会计、国有资产和专项资金管理制度并监督实施；负责交通运输发展资金的筹集、管理和使用；负责部门预算的组织编报和执行监管及专项资金、财务决算、政府采购、外汇、信贷等有关业务工作；负责提出交通运输固定资产财政性资金安排建议并监督实施；负责收费公路相关事项的监管和收费公路权益转让管理工作；负责厅机关及厅属单位国有资产的监管工作；承办相关行政审批事项的业务审核工作；参与财务收费业务信息化的规划建设并监督实施；指导全省交通行业的财务会计工作；承担厅领导交办的其他工作。

【建设管理处】 组织拟订交通基础设施建设相关政策、制度并监督实施；承担公路水路建设市场、质量和安全的监管工作，负责公路、水路建设市场的竞争秩序维护工作；负责国省公路（含高速公路）和水路新改建工程项目设计审核、地质灾害评价、施工许可审核、工程造价审核、竣工验收、项目监管等工作；负责公路工程试验检测监管工作；负责国省公路（含高速公路）新改建工程、安保工程、干扰工程、抢修恢复等项目的监管工作；负责厅属单位房建、机电、信息化等项目的监管工作；负责工程项目用地手续办理和工程建设领域农民工工资治欠保支等工作的组织协调；承担相关行政审批事项的业务审核工作；承担相关业务的环境保护、节能减排工作；参与国省公路（含高速公路）和水路建设的相关专项规划；参与提出国省公路（含高速公路）和水路建设年度投资计划建议并监督实施；参与工程建设管理业务信息化的规划建设并监督实施；参与公路水路工程质量安全事故调查工作；承担厅领导交办的其他工作。

【公路运输管理处】 组织拟订公路运输、场站枢纽、公路物流等业务相关政策、制度和标准并监督实施；参与拟订全省综合运输体系发展战略和规划，承担综合运输体系建设与发展的协调工作；承担全省公路运输市场监管工作，指导全省公路运政管理和安全生产工作；负责提出客运场站、货运枢纽等公路运输建设项目的年度投资计划建议并监督实施；负责中级营运客车类型划分及等级评定管理工作；承担交通枢纽、运输场站初步设计审核（行业审查）、建设和运营管理的组织协调工作；负责公路运输（运输结构）、场站枢纽（物流）等专项规划的编制工作；承担物流市场有关管理工作；承担厅综合运输的组织协调工作；承担相关行政审批事项的业务审核工作；承担相关业务的环境保护、节能减排工作；参与公路运输事故调查工作；参与公路运输业务信息化的规划建设并监督实施；承担道路运输车辆社会化平台服务商备案管理工作；承担厅领导交办的其他工作。

【安全监督处（应急办公室）】 组织拟订公路运输、场站枢纽、公路物流等业务相关政策、制度和标准并监督实施；参与拟订全省综合运输体系发展战略和规划，承担综合运输体系建设与发展的协调工作；承担全省公路运输市场监管工作，指导全省公路运政管理和安全生产工作；负责提出客运场站、货运枢纽等公路运输建设项目的年度投资计划建议并监督实施；负责中级营运客车类型划分及等级评定管理工作；承担交通枢纽、运输场站初步设计审核（行业审查）、建设和运营管理的组织协调工作；负责公路运输（运输结构）、场站枢纽（物流）等专项规划的编制工作；承担物流市场有关管理工作；承担厅综合运输的组织协调工作；承担相关行政审批事项的业务审核工作；承担相关业务的环境保护、节能减排工作；参与公路运输事故调查工作；参与公路运输业务信息化的规划建设并监督实施；承担道路运输车辆社会化平台服务商备案管理工作；承担厅领导交办的其他工作。

【科技处】 组织拟订交通科技、教育、环境保护、节能减排、技术规范、质量标准等政策、制度并监督实施；负责编制交通运输行业科技、行业标准、行业质量、技术改造、技术培训等专项规划和年度计划建议；负责交通运输职业教育管理和交通行业技术培训工作；负责提出交通科研项目、地方标准及厅属院校年度投资计划建议并监督实施；负责厅属职业院校的业务指导工作；承担交通运输环境保护、节能减排的组织协调工作；承担交通运输行业标准、质量和计量的指导工作；承担交通科技开发、成果推广、对外技术合作和交流等工作；参与科技业务信息化的规划建设并监督实施；承担涉及综合运输体系的标准协调工作；承担厅领导交办的其他工作。

【公安处(路政管理处)】 组织拟订公安保卫、路政管理、综合治理及矛盾排查等工作相关政策、制度并监督实施；负责厅机关、厅直单位社会治安综合治理工作；承担相关行政审批事项的业务审核工作；指导全省路政管理和交通公安工作；承担厅领导交办的其他工作。

【治超处】 组织拟定行业治超工作相关政策、制度和标准并监督实施；负责提出治超工作投资计划建议并监督实施；负责超限检测站点的布局规划、建设和管理工作；负责治超信息管理系统的建设和运行管理；负责组织相关执法人员开展路面治超、源头治超等工作；参与治超业务信息化的规划建设并监督实施；承担厅领导交办的其他工作。

【审计处】 组织拟订交通运输内审工作规章、制度并监督实施；负责厅党组重大政策措施落实情况的审计监督；负责厅重大经济决策事项风险揭示及执行情况的监督；负责厅机关、厅属单位计划执行、财务收支、交通费征收、项目资金使用、效益管理、内部控制和风险管理等经济活动的内部审计工作；负责厅管领导干部任期经济责任审计工作；负责审计发现问题整改工作的督导协调；负责外部审计的协调和审计结果的应用工作；承担审计队伍的建设管理工作；参与审计业务信息化的规划建设并监督实施；指导全省交通运输行业内部审计工作；承担厅领导交办的其他工作。

【行政审批管理处】 组织拟订交通运输行政审批相关政策、制度并监督实施；负责厅交通运输行政审批制度改革及相关工作；负责交通运输政务服务管理工作；负责厅承担的行政审批事项的集中受理、办理工作；负责组织协调和督办行政审批事项的业务审核工作；参与行政审批业务信息化的规划建设并监督实施；指导市、县交通运输部门行政审批制度改革和相关业务工作；承担厅领导交办的其他工作。

【民航综合协调处】 组织拟定民航机场管理相关政策、制度并监督实施；负责民航相关专项规划工作；负责省内民航行业综合协调工作；负责全省重大航空任务协调保障工作；负责协调开展机场净空、电磁环境和控制用地等保护工作；负责协调航线规划和重要航线的开辟工作；承担与上级民航、空域管理部门及其他相关管理机构的协调衔接；参与民航综合协调业务信息化的规划建设并监督实施；承担厅领导交办的其他工作。

【民航建设运行处】 组织拟订民航机场建设相关政策、制度并监督实施；负责民用机场建设项目审核工作；负责推进机场项目建设、验收及信息统计、分析等工作；负责通用航空事务统筹、管理和指导工作；负责督导民航机场落实建设运行安全生产主体责任；负责民航中长期发展规划和年度建设计划的拟定工作；参与民航建设运行业务信息化的规划建设并监督实施；承担相关业务的环境保护、节能减排工作；承担厅领导交办的其他工作。

【路网运行管理处】 组织拟订国省公路(含高速公路)路网运行、管理、维护等政策、制度、规范、标准并监督实施；负责国省公路(含高速公路)路网运行专项规划的编制工作；负责提出国省公路(含高速公路)养护年度投资计划建议并监督实施；负责国省公路(含高速公路)养护工程项目竣工验收、项目监督等工作；负责国省公路（含高速公路）路网运行安全、路况及服务设施的监管工作；负责国省公路（含高速公路）路网运行监测、调度和协调工作；负责国省公路（含高速公路）路况及相关设施维护、标志标线和服务区运行的监督管理工作；承担相关行政审批事项的业务审核工作；参与路网运行业务信息化的规划建设并监督实施；承担业务相关领域环境保护、节能减排有关工作；承担厅领导交办的其他工作。

【农村公路管理处】 组织拟订全省农村公路发展相关政策、标准、规范、制度并组织实施；负责提出全省农村公路建设、维护年度计划和水毁灾害处置资金使用建议并监督实施；负责厅承担的农业农村涉及农村公路建设相关工作；指导编制农村公路专项规划；承担对农村公路建设、管理、维护、运营、质量、安全等业务的指导、监督和考核工作；参与农村公路业务信息化的规划建设并监督实施；承担业务相关领域环境保护、节能减排有关工作；承担厅领导交办的其他工作。

【水运管理处】 组织拟订水路运输相关政策、标准、制度并监督实施；负责海事行政、水路运政、港口行政和航道行政管理工作；负责水路运输专项规划的编制工作；负责通航水域和封闭水域水路运输市场管理工作；负责水上交通安全和船员培训机构的监督管理工作；指导航道、港口、渡口、码头的维护和船舶登记、船员管理、水上交通管制、应急救助等工作；承担船舶污染、水上交通安全事故调查处置和指导工作；承担全省港航监督、船舶（含渔船）及水上浮动设施检验和监督管理工作；承担相关行政审批事项的业务审核工作；指导全省地方海事和水路运政业务工作；参与水运管理业务信息化的规划建设并监督实施；承担业务相关领域环境保护、节能减排有关工作；承担厅领导交办的其他工作。

【城市客运管理处】 组织拟订全省城市客运、轨道交通管理运营和汽车租赁相关政策、规范、制度并监督实施；负责提出城市公交场站建设年度投资计划建议并监督实施；负责全省城市客运、城市地铁、轨道交通运营和汽车租赁的行业指导工作；负责指导网约车、共享单车等新业态运输方式的监督管理工作；指导城市客运、轨道交通专项规划的编制工作；参与城市客运安全监管的指导工作；参与城市客运业务信息化的规划建设并监督实施；承担业务相关领域环境保护、节能减排有关工作；承担厅领导交办的其他工作。

【厅直机关党委】 组织拟订党群工作相关制度并监督实施；负责厅机关及直属单位的党建工作、群团工作和直属机关纪委工作；负责按照有关规定协调管理邮政管理部门党务工作；参与党建业务信息化的规划建设并监督实施；承担厅领导交办的其他工作。

【离退休人员工作处】 组织拟订离退休人员服务管理相关制度并监督实施；承担厅机关离退休人员服务管理工作；指导厅属单位离退休人员服务管理工作；承担厅领导交办的其他工作。

【铁路安全综合协调和监督管理处】 组织拟订全省铁路安全监督管理方面的政策、标准并监督实施。负责落实铁路安全联席会议制度，组织、指导、协调有关部门和单位落实会议议定事项，做好保障铁路安全相关工作。协调处理铁路运输企业报告的铁路沿线的安全隐患。负责铁路运输企业、铁路建设单位、专用铁路管理单位提交的有关事项的备案工作。

【省纪委、监委驻厅纪检监察组】 为派驻机构，按晋办发〔2005〕17号文件执行（行政编制5名已划转省纪检委统一管理）。

【省国防动员委员会交通战备办公室（简称省交通战备办）】 为挂靠机构，承担省国防动员委员会交通战备的日常工作，负责组织、管理、指导全省交通战备工作。

【山西省公路运输工会】 为参照公务员法管理的事业单位，是省交通运输厅党组和省总工会领导下的全省组织机构交通运输行业工人阶级的群众组织。根据省总工会有关文件及省编办机构批复通知，其主要职责有12项：一是认真贯彻党的路线、方针、政策，根据厅党组及上级工会确定的工作目标及任务，根据《中华人民共和国工会法》和全总、省总的指导方针，组织开展全系统工会工作；二是督促检查对厅党组和上级工会关于工作的决策、决定、指示的贯彻落实；三是突出工会维护职能，加强工会组织建设，指导各级工会广泛深入开展建设职工之家活动，增强基层工会活力；四是全面推进工会宣传，加强职工教育，努力提高全系统职工队伍素质，搞好职工文化工作，开展职工体育活动，总结推广典型经验，帮助下级和基层解决疑难问题；五是组织发动交通系统广大职工开展社会主义劳动竞赛，充分调动和发挥职工的积极性和创造性，为交通率先发展建功立业；六是掌握和了解困难职工生活状况、意愿及需求，实施送温暖工程；组织职工开展互助互济活动，千方百计为困难职工做好事，办好事，解难事；七是加强基层民主政治建设，负责指导工会组织职工参与企事业单位民主管理、民主决策、民主监督工作，扎实推进全系统各基层单位开好职工代表大会；八是组织和指导工会劳动法律监督工作，推进平等协商劳动工资和鉴定劳动合同工作，为职工和下级工会提供法律援助和法律服务，会同有关部门查处侵犯职工和工会组织合法权益的重大案件；九是负责和指导下级工会经费收缴、会计核算、财务管理，负责办理本级工会经费的收支预算、决算、会计核算和管理，负责监督检查和审查同级和下级工会经费使用情况，强化对下级工会财务工作的经审力度；十是围绕工会的中心工作和工作中的热点、难点开展调查研究，为领导科学决策提供必要的服务保障；十一是加强对重点工程、重点项目工会的指导和建会工作，突出体现为农民工和进城务工人员的服务职能，帮助他们维护好自身的合法权益，做好工会系统的信访工作；十二是完成厅党组和省总工会交办的其他工作。

厅直属事业单位

【山西省公路局】 成立于1954年，1986年升格为二级局。根据省政府办公厅《省公路局职能配置内设机构和人员编制方案的通知》（晋政办发〔1995〕87号），山西省公路局为山西省委、省政府设置的部门管理机构，是山西省公路事业的主管部门，是省交通运输厅管理的副厅级事业单位，对全省干线公路事业单位实行垂直管理；对全省县乡公路建设、养护实行业务管理。

截至2020年年底，省公路局主要职责有18项：一是贯彻执行国家、省有关公路工作的各项方针、政策和法规，并负责组织实施；二是负责全省公路养护管理工作；三是负责制定公路养护有关技术规章、标准、办法并组织实施；四是对全省干线公路事业单位实行垂直管理；五是对全省县乡公路建设、养护实行业务管理；六是按照全省公路事业发展规划、中长期计划，编制全省公路养、建生产及所属企业生产年度计划，经上级批准后，下达组织实施并检查监督；七是负责全省干线公路新改建工作、大中修工程、铁路干扰工程和抢修恢复工程项目的工程测量、设计方案、技术设计文件、预算及其变更的审批，并组织检查和验收；八是负责全省公路财务管理和会计核算，对资金使用实行全面监督和审计；九是管理全省公路系统国有资产；十是负责对全省商品公路（桥梁、隧道）实施管理，并进行审计监督；十一是负责全省公路科技进步工作，进行新技术、新工艺、新结构、新材料的推广运用和开发研究；十二是指导公路企业转换经营机制，提高效益；十三是协调、引导所属施工企业积极参与市场竞争；十四是负责组织全省公路系统的统计信息与服务工作；十五是负责制订、实施全省公路系统职工培训计划；十六指导公路系统的精神文明建设；十七是负责公路安全工作，协助行政主管部门管理全省路政工作；十八是承办省政府和省交通厅交办的其他工作。

内设机构有14个：办公室、党工部、人事处、计划统计处、养路处、建设处、技术处、财务征费处、政策法规处、公安路政处、地方公路处、审计处、工会及离退休人员管理处。

下设11个公路分局，属事业编制，省局对各分局实行垂直管理，均为正处级。11公路分局分别是：太原公路分局、大同公路分局、朔州公路分局、忻州公路分局、阳泉公路分局、吕梁公路分局、晋中公路分局、长治公路分局、晋城市公路分局、临汾公路分局、运城公路分局。各公路分局主要负责所辖区域国、省干线公路的建设管理、养护管理、路政管理，履行公路建设、管理和保护职责。公路管理段112个（含1个养护中心），超限检测站109个，收费站8个。直属事业单位4个：省公路局物资供应站［省公路物资供应总公司（副处）］；省公路工程质量检测中心［省公路工程监理技术咨询公司（正处）］；省公路局多种经营管理中心［山西富路工贸公司、山西省公路局劳动服务公司（正处）］；平遥沥青总库（正科）。局属企业8个：山西省公路工程监理技术咨询公司（省公路工程质量检测中心）；山西省公路物资供应总公司（省公路局物资供应站）；山西省公路构件厂；山西省筑路机械厂；山西省晋路投资开发有限公司；山西诚达公路勘察设计有限公司；山西富路工贸公司（山西省公路局劳动服务公司）（省公路局多种经营管理中心）；山西省离石汽车修配厂。撤销和划转事业单位，撤销3个事业单位，根据省委编办《关于山西省交通运输厅所属事业单位机构编制调整的通知》（晋编办字〔2020〕19号）精神，撤销三门峡黄河大桥山西管理处（正处）、霍侯路征费管理处（正处）、省公路局信息中心（正处）3个事业单位。划转2个事业单位，根据省委办公厅、省政府办公厅《关于印发〈省直机关后勤机构改革实施方案〉的通知》（厅字〔2020〕59号）精神，将省公路局幼儿园（正科）、省公路局生活服务中心（副处）划转至省直属机关事务管理局。

【山西省公路局太原分局（以下简称太原分局）】 成立于1961年1月，最初名称为“太原市交通运输管理局太原公路管理段”，隶属于太原市交通局。1962年5月，划归省公路局统一管理。1962年12月，单位更名为“山西省太原公路管理段”，隶属关系又变为市交通局和省交通厅公路局双重管理。1969年9月，隶属关系又归属太原市交通局。1979年1月，单位名称又变更为“山西省太原公路管理总段”。1987年3月，经省交通厅批准，单位名称又变更为“山西省公路局太原分局”，隶属关系由市交通局移交省公路局管理，一直延续到现在。太原分局是省编办核定的正处级自收自支事业单位，太原分局在人、财、物方面实行省公路局垂直管理体制。截至2020年年底，太原分局有科级机构31个，内设科室14个：办公室、党工部、养路科、人劳科、财务科、计划科、公安路政科、工程科、纪委监察室、审计科、技术科、安全资产科、工会、离退休人员管理科。下设机构17个：6个公路段：南郊公路管理段、北郊公路管理段、古交公路管理段、娄烦公路管理段、清徐公路管理段、阳曲公路管理段；8个超限检测站：油房堡公路超限检测站、小店公路超限检测站、司徒洼公路超限检测站、邢家社公路超限检测站、西殿公路超限检测站、西会公路超限检测站、张花公路超限检测站、镇城底公路超限检测站；3个直属单位：路源公司、设计所、印刷厂。截至2020年11月10日，太原分局有在职职工917人，其中，事业身份人员349人，编外用工437人，劳务派遣131人。退休职工402人。

太原分局担负着太原地区11条国省道干线公路496.869公里的养建管任务，其中国道5条（G108线、G208线、G241线、G307线、G339线），省道6条（太小线、太高线、宁白线、岚马线、岚古线、双阳线），其中一级公路96公里，二级公路351公里，三级、四级公路50公里，二级以上公路占总养护里程90%。

太原分局主要职能有3项：一是养护职能。主要负责太原境内496公里国省干线公路的日常养护和大中修改造，使国省干线公路经常处于完好状态，保持路况质量，为老百姓出行和太原市经济社会建设提供优良的道路通行服务。二是建设职能。主要担负太原地区国省干线公路的路网规划、新建和改建等任务。三是超限治理。依靠超限检测站固定监测设备开展超限运输车辆的检测，确保干线公路安全畅通。

太原分局从2011年以来连续四年被省公路局评为目标考核“优秀单位”和“先进单位”，2012年被交通运输部授予“全国交通运输行业文明单位”称号，连续17年保持省级文明和谐单位及标兵，连续16年获“太原市五一劳动奖状”。

【山西省公路局大同分局（以下简称大同分局）】 为正处级自收自支事业单位，隶属山西省公路局。内设14个科室：办公室、党工部、纪检监察室、人事科、财务科、计划科、技术科、工会、国有资产管理科、养路科、审计科、工程科、老干部科、公安路政科(山西省公路路政管理总队大同支队)。下设9个公路管理段:大同县公路管理段、阳高公路管理段、天镇公路管理段、浑源公路管理段、灵丘公路管理段、广灵公路管理段、左云公路管理段、新荣公路管理段、大同市公路管理段;6个直属单位:大同公路分局勘察设计所、大同公路分局工程质量检测中心、大同公路分局物资储备站、大同公路分局后勤生活中心、大同公路分局信息中心、大同富恒交通建设有限责任公司;1个中外合作公司:山西同云华公路公司;1个收费站:国道208线一级公路西韩岭收费站;13个公路超限检测站:神泉堡公路超限检测站、李佩沟公路超限检测站、马头关公路超限检测站、古店公路超限检测站、沙圪坨公路超限检测站、花园屯公路超限检测站、四十里铺公路超限检测站、武灵公路超限检测站、西坊城公路超限检测站、东肖河公路超限检测站、千佛岭公路超限检测站、固定桥公路超限检测站、宜兴公路超限检测站。

【山西省公路局朔州分局(以下简称朔州分局)】 成立于1994年6月,承担4条国道、6条省道共830公里干线公路的“养、建、管及行业文明建设”六大任务,截至2020年底,有干部职工1036人,下设6个公路管理段、6个直属单位、8个公路超限检测站。朔州分局二级以上公路达到803公里,占到总养护里程97%;文明路里程达到500公里,占总养护里程61%。

朔州分局先后被评为全国交通系统“先进集体”,连续21年保持省级“文明单位”称号,被山西省劳竞委授予“山西省重点工程建设功臣单位”,被山西省劳动竞赛委员会授予“五一劳动奖章”,被省交通运输厅评为“行业文明单位”“全国公路普查先进单位”,被省公路局授予“标兵单位”“先进单位”,朔州分局工会被省局评为先进职工之家,被省总工会授予“山西省模范职工之家”,并被评为“五星级工会”。被朔州市授予“五一劳动奖状”、朔州市2017度、2018年度“突出贡献奖”称号等。朔州分局党委被山西省委评为山西省“先进基层党组织”,被朔州市委授予先进(红旗)基层党组织。2020年获“全国文明单位”称号。

【山西省公路局忻州分局(以下简称忻州分局)】 始建于1950年,是忻州地区国省干线公路主管部门,主要承担忻州境内国省干线公路的公路养护、道路建设、路政管理、固定治超等工作职责。境内的主要干线公路是由太原公路管理段所属的忻县和东冶两个公路交通管理站管养。忻县站管辖太原至忻县的路段,东冶站管辖忻县至东冶的路段。五十年代,各县先后成立了公路管理站。1971年吕梁专区设立后,兴县和岚县两个公路管理站划归吕梁公路段管辖,忻县公路段从此管辖14个县的公路站。1978年中共十一届三中全会后,全省公路管养体制进行了重大改革,忻县地区公路段易名为公路管理总段,各县公路交通管理站更名为“公路养护段”,归忻县地区公路总段管辖领导。1986年国务院批准忻县改名为忻州市,忻县公路管理总段也随之改为“忻州公路管理总段”。1987年根据山西省政府文件和省交通厅的部署,全省干线公路再次进行分级管理,忻州境内的五台、定襄、河曲三个公路段移交给地区交通局管理,将原忻州地区公路管理总段改组为“山西省公路局忻州分局”,并新组建了五台山公路管理段。1996年,山西省交通厅决定撤销一般干线,将原移交给地区交通局管理的五台、定襄、河曲三个公路段,及所管养的三条干线公路和机具财产、人员,收归忻州公路分局管辖。

忻州分局内设13个科室:办公室、党委工作部、养路科、工程技术科、人事劳资科、财务资产科、计划统计科、纪检监察室、安全设备科、审计科、工会、离退休干部科、公安路政科;下辖15个公路管理段:忻州公路管理段、定襄公路管理段、五台公路管理段、五台山公路管理段、原平公路管理段、繁峙公路管理段、代县公路管理段、静乐公路管理段、宁武公路管理段、神池公路管理段、五寨公路管理段、岢岚公路管理段、河曲公路管理段、保德公路管理段、偏关公路管理段;11个公路超限运输检测站:石家庄公路超限运输检测站、南庄公路超限运输检测站、五台公路超限运输检测站、安头公路超限运输检测站、元宝山公路超限运输检测站、崞阳公路超限运输检测站、阳方口公路超限运输检测站、三岔公路超限运输检测站、刘家塔公路超限运输检测站、川口公路超限运输检测站、保德公路超限运输检测站；管养国道8条、省道11条共1798公里的国省干线公路，管养里程位居全省第一。

经过几代忻州公路人的共同努力和甘于奉献，忻州公路交通发生翻天覆地的变化，国省干线公路建设取得辉煌成就，为忻州地区经济社会的快速发展提供坚强有力的公路支撑。忻州分局获“全国文明单位”称号，被山西省委、省政府授予“山西省模范单位”称号。

【山西省公路局阳泉分局(以下简称阳泉分局)】 为正处级自收自支事业单位，隶属山西省公路局。主要担负着辖区范围内国、省道干线公路的建设、养护、路政治超和公路勘测、设计、试验、物资供应等任务，为区域经济社会发展和人民群众安全便捷出行提供强有力的公路交通支撑和服务。管养着G207、G239、G307、G338四条国道和S216(盂榆线)、S314(双阳线)、S315(娘阳线)、S352(杨河线)四条省道，共计466.337公里，其中：一级路73.88公里，二级路370.795公里，三级路17.844公里，四级路3.818公里，全部为高级路面(其中水泥路面20.06公里)。共有桥梁201座11925.36延米，其中大桥23座5104.1延米，中桥68座4227.44延米，小桥110座2593.82延米。隧道11座6369延米。截至2020年年底，分局有在职人员906人，下设平定、郊区、盂县、盂县东4个公路管理段，西郊、白泉、交口、沙井、梁家寨、上社、槐树铺、东梁8个超限检测站以及旧关隧道管理站、物资供应站、勘测设计所、试验室、后勤服务中心共计17个基层单位。阳泉分局机关内设总工办、局长办公室、党委工作部、人事劳资科、老干科、财务科、核算中心、计划统计科、养路科、工程技术科、安全资产科、路政支队(公安路政科)、审计科、工团部、纪检监察室15个业务科室。是阳泉市干线公路主要养护管理单位。

【山西省公路局吕梁分局(以下简称吕梁分局)】 组建于1971年5月，是集公路管理、养护、建设和服务于一体的事业单位。担负着吕梁境内18条国、省道干线公路1605公里的管养建任务，其中国道6条909.469公里，省道12条680.078公里，其他14.94公里。隧道8902延米/20道、桥梁24917.3延米/541座，一级公路273.525公里，二级公路1155.964公里，三级、四级公路174.998公里。截至2020年年底，吕梁分局有正式职工870人，有副处以上干部7人，编外用工847人，退休职工757人。共有党支部35个，党员629人，预备党员5人。吕梁分局机关内设13个职能科室；下辖14个公路养护单位；8个直属实体单位：路政支队、后勤中心、应急中心、开发公司、汾州公司、监理公司、测设所、沥青库、试验室；8个超限检测站点。

吕梁分局职能有7项：一是依照有关法律法规对辖区内国省道干线公路的建养实施全面监督和管理；二是对辖区内公路建设养护施工过程及公路质量进行监督检查和指导，协调处理公路建养质量技术方面的问题；三是负责干线公路大中修及小修保养工程的组织实施和监督管理；四是代表行业进行干线公路交通统计调查，公路基础资料整理上报，做好交通公路决策的基础性工作；五是依据《中华人民共和国公路法》和《中华人民共和国路政管理规定》，对辖区内路产路权实施路政管理，治理车辆超载超限，遏止公路“三乱”，维护路产路权；六是负责辖区干线公路的通行费征收工作。七是承办省厅省局和市委市政府交办的其他工作。

【山西省公路局晋中分局(以下简称晋中分局)】 为正处级自收自支事业单位，隶属山西省公路局。承担着8条国道、10条省道1335公里国、省干线公路管养任务，其中：按行政等级划分，国道845.5公里，省道489.5公里；按公路技术等级划分，一级公路338.3公里，里程居全省之首；二级以上公路里程1216.567公里，占养护总里程的91.1%。截至2020年年底，晋中分局有编制内干部职工940人，固定资产7.6亿元，机关内设13个科室，下辖11个公路管理段、9个直属单位、2个一级公路收费站、12个公路超限检测站。

近年来，在晋中市委、市政府、省交通运输厅、省公路局坚强领导下，晋中分局先后获“全国文明单位”“山西省模范单位”“省级文明单位标兵”“全国交通运输系统先进集体”“省级社会主义核心价值观建设示范点”等一系列称号，连续19年被评为“全省公路系统标兵单位”，连续7年在晋中市目标责任考核中被评为“优秀单位”，被省总工会推荐参加全国“五一劳动奖状”评选。

【山西省公路局长治分局(以下简称长治分局)】 为正处级自收自支事业单位，隶属山西省公路局。担负着长治市境内6条国道、11条省道共计1230公里干线公路的养护、建设和管理任务。其中：国道678公里、省道552公里；一级公路95公里、二级公路945公里、三级公路153公里、四级公路37公里；管养桥梁335座，隧道7处。机关内设15个科室和1个中心：办公室、党委工作部、养路科、计划统计科、工程技术科、人事劳资科、财务科、审计科、纪委监察室、公会、路政支队、资产安全科、离退休人员管理科、公安科、监管办以及后勤中心。下属单位中，12个公路段保持不变：沁源公路段、沁县公路段、武乡公路段、长治市公路段、壶关公路段、襄垣公路段、黎城公路段、潞城公路段、长子公路段、平顺公路段、长治公路段、屯留公路段。3个直属单位：勘察设计院、试验室、路达公司，其中勘测设计院更名为长治公路分局勘察设计所。收费站根据上级相关文件于2009年5月31日全部取消。公路超限检测站增加至8个：停河铺超限检测站、东井岭超限检测站、石城超限检测站、下黄超限检测站、发鸠山超限检测站、司马超限检测站、麻坪公路超限检测站、马堡超限检测站。

【山西省公路局晋城分局(以下简称晋城分局)】 为正处级自收自支事业单位，隶属山西省公路局。晋城分局内设科室13个：办公室、人事劳资科、财务科、养路科、计划统计科、工程技术科、资产设备科、审计科、工会、公安路政科、团委、离退休干部管理科、九方公司。

晋城分局下辖晋城北段、晋城南段、阳城段、沁水段、高平段、陵川段6个公路段，路政支队、通行费征收管理处、晋通监理公司、公路规划勘察设计院、晋城公路物资公司、后勤服务中心6个直属单位。晋城分局干线公路通车里程达734.615公里(含复线38.399公里)。其中：国道3条398.193公里；省道8条336.422公里；管养桥梁251座、隧道33座。

【山西省公路局临汾分局(以下简称临汾分局)】 是隶属于山西省公路局的正县级事业单位。1950年12月14日，临汾公路管理段成立；1951年8月27日，更名为临运公路管理段；1953年2月6日，更名为晋南公路管理段；1969年7月，更名为晋南公路管理段革命委员会；1970年3月，晋南地区行政分家，变为临汾地区公路段；1972年，更名为临汾地区公路管理段革委会；1979年1月，改称临汾行署公路管理总段；1987年3月，改称山西省公路局临汾分局。截至2020年年底，有干部职工1697人(其中，编内659人、编外1038人)，主要承担着临汾市境内8条国道和15条省道，共1570.3公里干线公路的建养管征职能。截至“十三五”末，全局共有“省级文明单位”3家，“市级文明标兵”1家，“市级文明单位”17家，省级“青年文明号”4家，市级“青年文明号”7家，精神文明创建实现全覆盖。

临汾分局机关内设12个科室：办公室、党委工作部、人事劳资科、财务科、养路科、工程技术科、工会、资产设备科、纪检监察室、审计科、公安路政科、计划统计科。直属单位5个：勘察设计院、公路工程质量检测中心、公路开发有限公司、公路设施公司、材料总库。下辖17个公路管理段：临汾公路管理段、洪洞段公路管理段、霍州公路管理段、汾西公路管理段、古县公路管理段、安泽公路管理段、浮山公路管理段、翼城公路管理段、襄汾公路管理段、曲沃公路管理段、侯马公路管理段、乡宁公路管理段、大宁公路管理段、吉县公路管理段、隰县公路管理段、永和公路管理段、蒲县公路管理段。下设9个超限检测站：京安超限检测站、一平垣超限检测站、小榆超限检测站、壶口超限检测站、良马超限检测站、秦岗超限检测站、退沙超限检测站、驿桥超限检测站、西坡超限检测站。1个收费站：西涧北收费站。

临汾分局主要职责有7项：一是临汾市境内国省道公路养护；二是临汾市境内国省道公路建设；三是临汾市境内国省道超限运输检测；四是临汾市

境内国省道一级公路通行费征收；五是公路、桥梁、隧道勘察设计；六是公路工程试验与质量检测；七是公路交通设施制作、修理、公路广告。

【山西省公路局运城分局(以下简称运城分局)】 为正处级自收自支事业单位，隶属山西省公路局。承担运城市境内7条国道、9条省道，共计1133.08公里的建设、养护、管理和通行费征收等业务。其中，一级公路234.179公里、二级公路702.542公里。运城分局内设12个科室：办公室、党委工作部、人事劳资科、财务资产科、计划统计科、养路科、工程技术科、纪检监察室、工会、审计科、离退休干部科、公安路政科；下辖13个县(市)公路管理段：万荣公路管理段、垣曲公路管理段、运城公路管理段、河津公路管理段、绛县公路管理段、闻喜公路管理段、永济公路管理段、平陆公路管理段、稷山公路管理段、夏县公路管理段、新绛公路管理段、临猗公路管理段、芮城公路管理段；3个直属公司：勘测设计院、监理中心、物资供应站；2个收费站：国道209线北景收费站和国道209线通化收费站；8个超限检测站：通化超限检测站、杜家坡超限检测站、禹门口超限检测站、杨赵超限检测站、东镇超限检测站、南樊超限检测站、横水超限检测站、长直公路超限检测站。总计26个分局直属单位。

【山西省公路工程质量检测中心(以下简称中心)】 前身为山西省公路局试验室，成立于1958年，是省公路局机关一个科室，1988年经山西省编制委员会(88)晋编字84号《关于省交通厅直属事业单位机构编制整顿报告的批复》文件批准，为机关所属事业单位，当时规格为科级，编制15名，经费来源为自收自支；1992年，根据山西省编制委员会晋编字〔1992〕123号文件，试验室人员编制定为55名。1996年，经山西省编制委员会晋编办字〔1996〕96号文件批准，由山西省公路局试验室更名为山西省公路工程质量检测中心，为县(处)级建制事业单位；2012年根据晋编字〔1994〕48号文件"编制自定"要求，经省人社厅〔2012〕12号文件核准，中心编制总数定为90名。

【山西省公路工程监理技术咨询公司(以下简称公司)】 于1993年由山西省公路局出资，经省局〔1993〕晋公人字第〔254〕号文批准成立。单位性质为全民所有制，注册资金419万元，经营范围为工程咨询、建设工程(施工、设计、监理)、公路工程监理、房屋建筑、市政道路工程监理、试验检测和道路检测，具有交通运输部公路工程监理甲级、特殊独立大桥监理专项资质、特殊独立隧道监理专项资质、住建部房屋建筑工程监理甲级、公路工程监理甲级资质、市政公用工程监理乙级资质，为中国交通建设监理协会常务理事单位，山西省建设监理协会常务理事单位。公司于2012年成立山西路泽鑫桥隧加固有限公司，具有公路养护工程施工一类、二类(甲级)、二类(乙级)资质。

公司内设职能部门13个：综合办公室、经营管理部、人力资源部、工程管理部、检测试验室、资产财务部、安全管理部、认证办公室、车辆设备部、商品经销部、第一监理分公司、第二监理分公司、房建监理分公司；下设2个子公司：山西晋泽通道路桥梁有限公司、山西路泽鑫桥隧加固有限公司。投资山西交控集团忻州职工顿村培训有限责任公司100万元，股比0.73%。

【山西诚达公路勘察设计有限公司(以下简称公司)】 成立于2002年2月，是以山西省公路局为主体，联合11个地市分局测设所组建而成，是山西省公路局的直属企业。公司注册资金850万元。2005年，公司开始正式运作，5月取得了甲级勘察、设计资质。

公司工商注册信息中，山西省公路局出资230万元，占比27.06%；太原、长治、晋城分局勘测设计所各出资68万元，各占比8%；临汾、运城、忻州、大同分局勘测设计所各出资60万元，各占比7.06%；晋中分局勘测设计所出资50万元，占比5.88%；吕梁、朔州、阳泉分局勘测设计所各出资42万元，各占比4.94%。实际注册资本850万元全部由山西省公路局出资，各分局设计所没有注册资本。

公司下辖太原、晋中、阳泉、朔州、忻州、新疆6个分公司；1个全资子公司——路华通公司；2个参股公司——新疆晋昌公路工程勘察设计研究院有限公司(占股45%)和德力公路工程技术咨询公司(占股47%)。公司设有办公室、生产经营部、总工办、财务部和党工人事部5个部门,1个直属公司,直属公司下设路线组、路基路面组、桥涵组、工经组、交安组5个项目组。

公司持有公路行业(公路)专业设计甲级;公路行业(交通工程)专业乙级。工程勘察专业类(工程测量)甲级、工程咨询(公路)甲级资质、试验检测综合丙级资质,具备独立进行公路勘察设计、工程咨询资格,主要业务范围为等级公路、桥涵、隧道、交通工程设计,及公路工程可行性研究、旧桥加固改造、工程测绘、工程技术咨询和试验检测等业务。

截至2020年年底,公司有在职员工121人(退休1人),班子成员4人,中层正职8人,中层副职3人。现有外聘专家4人,正高级工程师2人、高级工程师17人、中级工程师30人,技术人员占到员工总数的81%。

【山西省公路构件厂】 成立于1971年,是适应全省国防战备公路和公路建养所需,省公路局出资1005.80万元、注册资本1005.80万元、股比结构100%,隶属省公路局直属的中型一类国有水泥企业。厂区位于太原市万柏林区上庄街石渣巷5号,占地130余亩。西邻玉泉山城郊森林公园,东邻太古高速东社高速口、西外环、西中环,南邻上庄北街,北邻上庄北路。道路四通八达,交通十分快捷便利。

企业关停前,主要生产"道桥牌"32.5矿渣硅酸盐水泥和32.5、42.5普通硅酸盐水泥,年生产规模达50万吨。曾获山西省建材工业协会水泥质量优秀企业,山西省人民政府优秀企业,省、市、区模范纳税大户等100余项称号。为国家上缴各种税费6773万元,依托水泥产业就业1000余名员工,在这里生活生存,同时拉动周边数十个农村及相关单位经济发展,享誉市场的"道桥牌"水泥为山西公路交通事业和城市基础设施建设做出积极贡献。

2020年11月26日,按照省公路局要求如期完成企业脱钩改革工作。根据省厅、省公路局深化公路系统事企脱钩改革工作总体安排,按照明确的时间节点和具体要求,完成改革前期各项准备摸底统计工作。构件厂的国有股(产)权已全部划转至山西晋路新能源有限公司,在太原市工商局已办理变更登记手续,现正在按照省公路局的要求积极稳妥地推进事企脱钩改革工作。

工厂内设14个机关处室、公司、部:厂级、厂综合办公室、财务处、人劳处、计划统计处、监察室、汽车租赁部、筑路机械公司、工程管理处、山西昌晟和物业管理有限责任公司等。

截至2020年12月31日,企业有在册职工303名(其中男职工221名,女职工82名),其中不包括10名"两不找"人员,平均年龄47岁,中专以上学历129名,具有中级以上技术职称16名。距法定退休年龄不足5年的:男职工有33名,女职工有41名(其中有24名干部)。退休职工244名。

【山西省公路局生活服务中心(以下简称中心)】 属省编办批准成立的副处级事业单位,内部实行企业化管理。前身为山西省公路局行政处。1993年与省公路局分离,沿袭行政处管理服务职能。主要工作是为省公路局机关和职工住宅小区提供后勤保障服务工作。为省公路局机关职工和住宅区住户提供水、电、暖日常公共维修的保障,卫生、绿化保洁养护,基建及房地产管理,职工食堂服务、卫生保健服务、车辆管理,公共机构节能、固定资产管理以及省公路局机关小财务等工作。

根据山西省委编制委员会晋编办字〔2020〕19号文件,中心编制47人,实有在职44人(副处级2人、正科2人、科员4人、专业技术人员8人、工勤岗28人)。退休78人。中心党员49人(退休党员24人),总支下设2个支部。

中心内设科室8个:综合办公室、财务科、人事劳资科、物业管理科、固定资产管理科、机关事务科、开发经营部、医务室。

【山西省交通运输执法局】 2009年1月1日,成品油价格和税费改革正式实施。2009年9月30日,山西省编委印发《关于组建山西省交通运输执法机构的通知》(晋编字〔2009〕35号),确定改革转型的目标,同意在省交通征费稽查系统已有机构框架(省交通征费稽查局、市交通征费稽查分局、县交通征费稽查所)的基础上,整体转变职能,组建山西省交通运输执法机构省、市、县相应机构的名称分别为“山西省交通运输执法局”“山西省××交通运输执法局”“山西省××交通运输执法局××分局”，在交通运输厅授权和委托范围内组织实施交通运输行政执法、规范和监督管理执法活动及通行费征收管理等工作，逐步向综合执法过渡。省交通运输执法局为山西省交通运输厅直属事业单位，实行省、市、县三级垂直管理体制。2009年12月25日，山西省交通运输执法局挂牌成立。2011年3月，全省119个县(市、区)交通运输执法分局全部挂牌成立，至此，省交通运输执法机构组建工作全部完成。

截至2020年11月18日，山西省交通运输执法局内设机构有14个：办公室、人事处(挂离退休人员工作处牌子)、党务工作部、工会、纪检监察室、政策法规处、综合行政执法处、计划财务处、审计处、执法监督处、安全生产监督处、收费公路管理监督处、资产装备管理监督处、票证票据管理处。

主要职责有7项：一是贯彻执行国家和省关于交通运输行政执法的法律法规、方针政策及决策部署，拟订全省交通运输综合行政执法制度、标准和规范；二是承担高速公路路政(含治超)、运政和建设、养护工程质量安全监督行政执法职责；承担全省收费公路管理和省级层面负责的交通建设市场监管等交通运输领域综合行政执法职责；三是指导全省交通运输综合行政执法工作；四是承担全省交通运输执法重大案件查处和跨区域执法的组织协调的具体工作，承担全省交通运输行政执法力量指挥调度的具体工作；五是承担高速公路涉路施工和超限运输许可事项的现场勘验、核查等工作；监督指导高速公路超限检测工作；六是协助开展交通运输领域安全生产监督和节能减排相关工作；七是承担省交通运输厅交办的其他工作。

【山西省太原交通运输执法局】 前身为山西省交通征费稽查局太原分局，自2009年1月1日国家施行成品油税费改革后，根据山西省机构编制委员会《关于组建山西省交通运输执法机构的通知》和《关于山西省交通运输执法局职能配置机构设置和人员编制的通知》，整体转换职能，于2010年11月23日改建为山西省太原交通运输执法局，为正处级建制。内设11个职能科室：办公室、人事科、党群部、纪检监察室、政策法规科、执法科、计划财务科、审计科、执法监督科、安全生产监督科、离退休人员管理科，下辖10个交通运输执法分局：小店区分局、迎泽区分局、杏花岭区分局、尖草坪区分局、晋源区分局、万柏林区分局、古交市分局、阳曲县分局、清徐县分局、娄烦县分局，1个督查支队，市局党委下设机关党支部2个：离退休人员党支部1个和基层支部12个。截至2020年12月31日，全局有正式职工173人(含党员252人)，离退休人员174人(其中含党员107人)。具体负责太原市交通运输系统的行政执法监督工作，依法履行公路路政、道路运政(包括城市客运管理)、水路运政和地方海事执法监督、收费公路管理监督、安全生产监督、治超监督、审计监督等工作。

【山西省大同交通运输执法局】 前身是山西省交通征费稽查局大同分局，2010年底，根据省编办和省交通运输厅的有关规定，体制转轨、职能转换，成立至今。机关内设办公室、党群部、纪检监察室、人事科、财务科、审计科、执法科、执法监督科、安全生产监督科、政策法规科、工会11个科室；市局下辖城区交通运输执法分局、矿区分局、南郊分局、新荣分局、大同县分局、天镇县分局、灵丘县分局、阳高县分局、左云县分局、广灵县分局、浑源县分局11个交通运输执法分局和1个督查支队，市局党委下辖12个基层党支部和市局机关支部、退休人员管理党支部共14个基层支部。截至2020年年底，全局有干部职工112人，其中大专以上学历104人，具有专业技术职称45人，党员99人。先后被山西省总工会授予“职工职业道德建设标兵单位”；被山西省劳动竞赛委员会授予“五一劳动奖状”；被山西省精神文明建设指导委员会授予“文明和谐单位”、省级“文明单位标兵”称号。

【山西省朔州交通运输执法局】 前身为山西省交通征费稽查局朔州征费稽查处。2009年1月1日，根据税费改革相关要求停征养路费。2010年，根据山西省机构编制委员会办公室晋编办字〔2010〕43号文件精神，组建为山西省朔州交通运输执法局。2010年11月正式挂牌成立，下设朔城区分局、平鲁区分局、山阴县分局、右玉分局、应县分局、怀仁市分局6个基层交通运输执法分局和1个督查支队，实有编制108名，截至2020年年底，实有干部职工56名，内设10个职能科室。主要职能是受省厅委托或授权依据有关法律、法规和规章，对辖区内交通运输行业执法单位和执法人员的行政执法行为开展监督，逐步向综合执法过渡。

【山西省忻州交通运输执法局】 前身为山西省交通征费稽查局忻州征费稽查处。根据2009年9月30日省编委下发的《关于组建山西省交通运输执法机构的通知》，在山西省交通征费稽查局忻州分局的基础上组建而成，2010年11月16日正式挂牌。正处级建制，为省交通运输厅直属事业单位。机关内设办公室、人事科、党群部、纪检监察室、计划财务科、审计科、执法监督科、执法科、安全生产科、政策法规科10个职能科室。下辖忻府区分局、定襄县分局、五台县分局、繁峙县分局、代县分局、原平市分局、宁武县分局、神池县分局、岢岚县分局、五寨县分局、保德县分局、河曲县分局、偏关县分局、静乐县分局14个基层交通运输执法分局和1个督查支队，全部为独立核算事业单位。编制人数190人。主要职责是对公路路政、道路运政、水路运政、地方海事执法、收费公路、治超工作实施监督，承办省交通运输厅属企事业单位财务收支、预算资金、固定资产投资项目等的内部审计，以及重大交通基础设施建设项目的跟踪审计，承办省交通运输厅交办的其他事项。2019年至今，按照省局工作安排部署，加强业务知识学习，成立业务学习及考试长效机制，为改革后的执法工作打下坚实理论基础。

【山西省阳泉交通运输执法局】 于2011年1月正式挂牌成立，隶属于山西省交通运输执法局，正处级建制。实行行政首长负责制，处级领导编制为2正3副。下设城区分局、矿区分局、郊区分局、平定县分局、盂县分局5个基层交通运输执法分局和1个督查支队共6个基层单位，均为正科级建制；全局人员编制107名，截至2020年年底，实有在职编制内人员63名，编制外人员38名，在岗共计101名。退休人员31人。机关内设10个科室，处级干部3名（正处1名，副处2名），科级干部44名（正科21名、副科23名）。1个党委、7个党支部，93名党员（在岗党员70名，退休党员23名）。在职人员学历有：研究生1人、大学本科42人、大学专科19人、高中1人。基层各交通运输执法分局和督查支队长平均年龄52.57岁，机关科长平均年龄48.13岁，全局平均年龄47.59岁。全局获省级文明单位标兵1个、省级文明单位2个、市级文明单位标兵2个、市级文明单位2个，实现文明单位满堂红。

【山西省吕梁交通运输执法局】 前身为山西省吕梁交通征费稽查处（副处级建制），下设13个县交通征费稽查所（正科级建制）。1996年更名为山西省交通征费稽查局吕梁分局（正处级建制），下设13个县（市）交通征费稽查所（正科级建制）。2010年整体转变职能成立山西省吕梁交通运输执法局（正处级建制）。机关内设10个职能科室：办公室、人事科、党群部、计划财务科、纪检监察室、政策法规科、执法科、执法监督科、安全生产监督科、审计科，另设有机关党支部1个，工会1个。下设离石区分局、孝义市分局、汾阳市分局、文水县分局、中阳县分局、兴县分局、临县分局、方山县分局、柳林县分局、岚县分局、交口县分局、交城县分局、石楼县分局13个县（市、区）交通运输执法分局和1个督查支队（正科级建制）。主要职责是在省交通运输厅授权和委托范围内，组织实施交通运输行政执法，规范和监督管理执法活动及通行费管理等工作，逐步向综合执法过渡。现阶段处于改革过渡期，省交通运输厅授权承担五项监督职能，主要包括执法监督、治超监督、收费监督、安全生产监督和审计监督。工作性质为交通运输系统内部监督，监督对象涵盖吕梁市内所有交通运输行业各级执法单位和部门。

【山西省晋中交通运输执法局】 成立于2010年11月，是在原全省交通征费稽查系统机构框架基础上，组建的市级交通运输执法机构，正处级建制，人、财、物及业务实行垂直领导、分级管理。内设10个职能科室，下设榆次区分局、介休市分局、昔阳县分局、灵石县分局、祁县分局、左权县分局、寿阳县分局、太谷县分局、和顺县分局、平遥县分局、榆社县分局11个县(市、区)交通运输执法分局和1个直属督查支队。全局人员核定编制193名,截至2020年年底,实有编制内人员104名,平均年龄47岁。另有编外人员58名、退休人员71名,共计233名。在职处级干部4名(正处1名、副处3名),科级干部64名(正科30名、副科34名)。局机关设立党委、纪委,建立党支部15个,有党员163名、工会会员104名。省编办明确主要职责是在省交通运输厅授权和委托范围内,组织实施交通运输行政执法,规范和监督管理执法活动及通行费管理等工作,逐步向综合执法过渡。现阶段处于改革过渡期,省交通运输厅授权承担五项监督职能,主要包括执法监督、治超监督、收费监督、安全生产监督和审计监督。工作性质为交通运输系统内部监督,监督对象涵盖晋中市内所有交通运输行业各级执法单位和部门。

【山西省长治交通运输执法局】 前身为山西省交通征费稽查局长治分局,国家实施燃油税改革后,经山西省编制委员会批准更名为山西省长治交通运输执法局,正处级建制,隶属于山西省交通运输厅。市局机关内设10个职能科室,下设城区分局、郊区分局、潞城市分局、长治县分局、长子县分局、平顺县分局、襄垣县分局、沁源县分局、屯留县分局、黎城县分局、武乡分局、沁县分局、壶关县分局13个县、区交通运输执法分局和1个局属督查支队。根据山西省编委文件、《山西省公路条例》、《山西省高速公路管理条例》和山西省交通运输厅授权、委托,主要担负长治市辖区公路路政、道路运政、治超管理、城市客运管理、海事管理、收费公路、安全生产等交通运输相关部门的执法监督工作。同时,按照省交通运输厅和省交通运输执法局的安排部署,负责治理公路"三乱"和查处交通运输行业的投诉举报案件,承担交通运输领域公路工程建设项目的审计监督职能。连续多年被评为完成目标责任制先进单位和优秀单位。市局机关连续保持山西省文明单位荣誉,各基层交通运输执法分局全部进入县、市级文明单位行列。

【山西省晋城交通运输执法局】 前身为山西省晋城交通征费稽查处。1997年2月1日,更名为山西省交通运输执法局晋城分局。2010年11月17日,根据省编办晋编字〔2009〕35号文件,挂牌成立山西省晋城交通运输执法局,为正处级建制的自收自支性质事业单位。市局领导班子成员核定编制2正3副,因人事调整实有2正2副。局机关内设10个职能科室:办公室、人事科、党群部、纪检监察室、政策法规科、执法科、计划财务科、审计科、执法监督科、安全生产监督科。下辖城区分局、泽州县分局、高平市分局、阳城县分局、陵川县分局、沁水县分局6个基层交通运输执法分局和1个督查支队,均为正科级建制。省编办配置单位职能是在省交通运输厅授权和委托范围内组织实施交通运输行政执法,规范和监督管理执法活动及通行费征收管理等工作,逐步向综合执法过渡。省交通厅过渡期间授权和委托配置职能:一是对公路路政、道路运政(包括城市客运管理)、水路运政和地方海事执法实施监督;二是对交通运输行业治超工作政策、制度和标准执行情况及路面治超、道路货物运输源头治超实施监督;三是对收费公路的收费实施监督,做好全省通行费收费站(点)的设置审批、撤销和收费许可证年检等工作。负责所辖收费站(点)的收费管理工作;四是对交通运输安全生产执法行为实施监督,参与安全生产突发事件应急处置工作;五是负责交通运输行政执法、治超工作和安全生产执法等相关投诉案件的调查,并经调查核实后提出处理建议;六是承办省交通运输厅属企事业单位财务收支、预算资金、固定资产投资项目等的内部审计,以及重大交通基础设施建设项目的跟踪审计;七是研究指导全省交通运输综合执法改革工作,推进交通运输行政执法体制创新;八是承办省交通运输厅交办的其他事项。

【山西省临汾交通运输执法局】 组建于2010年11月,是在原山西省交通征费稽查局临汾分局机构框架基础上,整体转变职能组建成立。省交通运输厅直属的自收自支事业单位,正处级建制。截至2020年年底,有正式职干120人,其中:干部49人,聘干

53人，工人18人；处级干部5人，科级职务72人（正科28人，副科44人），一般人员43人；大专及以上学历101人，人员平均年龄47岁。离退休人员99人（离休1人，退休98人）。涉改及其他人员98人。局机关内设办公室、党群部、人事科、纪检监察室、计划财务科、政策法规科、执法科、安全生产监督科、执法监督科、审计科10个科室。下设尧都区分局、洪洞县分局、侯马市分局、霍州市分局、汾西县分局、古县分局、安泽县分局、翼城县分局、浮山县分局、乡宁县分局、蒲县分局、吉县分局、大宁县分局、永和县分局、曲沃县分局、襄汾县分局、隰县分局17个交通执法分局和1个督查支队，均为正科级建制。全局共有党支部21个，17个交通执法分局和1个督查支队各1个党支部，市局机关3个党支部。党员185人。主要负责交通运输行政执法、规范和监督管理执法活动及通行费征收管理等工作，逐步向综合执法过渡。省交通运输厅赋予交通运输执法机构过渡期间八项职能，主要包括交通执法监督、公路收费监督、治理超限超载监督和安全生产监督，监督对象基本涵盖全省交通运输系统各级执法单位，并实际承担审计职能、执法案件调查职能和所辖收费站的通行费监管职能。

【山西省运城交通运输执法局】 前身为山西省交通征费稽查局运城分局，2009年9月山西省机构编制委员会批准组建，2010年11月11日挂牌成立。2010年12月13日至19日，14个基层单位全部挂牌成立。内设10个科室：办公室、审计科、财务科，党群部、纪检监察室、人事科、政策法规科、安全生产监督科、执法科、执法监督科。下设基层交通运输执法机构13个分局和1督查支队，即：盐湖区分局、河津市分局、永济市分局、新绛县分局、闻喜县分局、平陆县分局、垣曲县分局、绛县分局、稷山县分局、芮城县分局、夏县分局、万荣县分局、临猗县分局、督查支队。局领导班子共有4名，其中党委书记1名，党委副书记、纪检书记1名，副局长兼工会主席1名和副局长1名。根据《关于组建山西省交通运输执法机构的通知》文件精神（晋编字〔2009〕35号）文件精神，其主要职责为在省交通运输厅授权和委托范围内组织实施交通运输行政执法，规范和监督管理执法活动及通行费征收管理等工作，逐步向综合执法过渡。

【山西省高速公路路政总队】 于2007年1月正式组建，是全省高速公路的路政管理机构，为省高速公路管理局直属事业单位。正处级建制，核定事业编制15名，处级领导职数1正2副。主要职责是承担全省高速公路路政管理及超限超载治理工作；承担高速公路两侧建筑控制区管理，管理养护作业现场秩序；承办全省高速公路路政管理违法行为的处置工作。2011年，省机构编制委员会办公室晋编办 字〔2011〕87号《关于山西省交通运输厅所属事业单位清理规范意见的通知》，核定山西省高速公路路政总队编制18名。核定处级领导职数1正2副，内设4个科，科级领导职数4正4副。下设直属支队4个，均为副处级建制，编制均为5名，共20名。4个支队下设大队19个，均为正科级建制，编制均为3名，共57名。共核定事业编制95名。下设路政直属支队4个：山西省高速公路路政一支队（太原）、山西省高速公路路政二支队（大同）、山西省高速公路路政三支队（侯马）、山西省高速公路路政四支队（长治），均为副处级建制事业单位，副处级领导职数各1名。各支队共下设19个大队：太旧路政一大队、太旧路政二大队、原太路政大队、太原路政一大队、太原路政二大队、吕梁路政大队、京大路政大队、大新路政大队、新原路政大队、祁临路政一大队、祁临路政二大队、临侯路政大队、运城路政一大队、运城路政二大队、运城路政三大队、长邯路政大队、晋阳路政大队、晋焦路政大队、长晋路政大队。支队事业编制20名，各大队事业编制57名，总队、支队、大队共核计编制93名。

【山西省运政稽查总队（以下简称总队）】 是原省道路运输管理局直属的县处级事业单位。核定编制25名，截至2020年年底，实有干部职工23名，中共党员21名；总队领导职数4名（2正2副），其中总队长和政委为正处级，副总队长为副处级；总队内设5个正科级科室。主要职能有4项：一是贯彻执行国家、省道路运输管理的法律、法规、规章，依照事业单位核准登记的业务范围，督导市、县（区）道路运输管理机构，依法组织实施道路运输市场监督检查，维护道路运输市场秩序；二是适时制定全省道路运输市场专项监督检查活动方案，督导各级道路运输管理机构组织开展实施；三是依法对全省道路运输机构执法活动进行监督，督导查处道路运输管理机构执法人员违法违规情形和公路"三乱"行为；四是承办上级交办的其他事项。

【山西省道路运输管理局治超办公室】 为省编办核定的正处级自收自支事业单位，隶属山西省交通运输厅、山西省道路运输管理局管理，成立于2008年9月。原名山西省交通运输管理局治超办公室，2011年更名为山西省道路运输管理局治超办公室。核定人员编制总数为28人，军转干部2名，办领导班子职数按照3名管理，一正两副。治超办内设7个正科级科室：综合管理科、政策法规科、纪检监察科、案件管理科、巡查一科、巡查二科、巡查三科。主要职能有6项：一是贯彻落实省政府、省交通运输厅关于道路货物运输源头治超工作的法律法规、规章以及相关政策规定；二是按照省治超办、省交通运输厅安排部署，指导全省道路货物运输源头治超的业务工作；三是承担全省道路货物运输源头超限超载重大违法案件的调查取证处置工作；四是对全省道路货物运输源头治超工作进行监督检查、考核；五是负责对全省运管系统道路货物运输源头治超机构履行源头治超职责情况实施监督；六是承担省道路运输管理局交办的其他事项。

【山西省交通运输执法资讯中心】 前身为山西省交通征费稽查资讯交流中心，成立于2007年9月，正处级建制事业单位，核定编制10名，处级领导职数1正1副，主要负责国家和山西省有关交通规费征收政策、法律法规和规章的宣传，收集、整理、发布和交流省内外征稽信息，编辑出版征费稽查相关资料，为领导决策提供服务，同时，负责全国《公路执法》杂志的编辑出版工作。2010年3月25日更名为山西省交通运输执法资讯中心，正处级建制，核定自收自支事业编制10名，处级领导职数1正1副。内设2个科，科级领导职数2正2副。主要负责交通运输执法相关信息的收集、整理和对外交流，负责政策法规及相关工作对外宣传的组织协调工作。2011年9月，《公路执法》创刊发行，2018年1月更名为《交通执法》。截至2020年年底，《公路执法》《交通执法》共编辑出版发行56期，刊登稿件4000余篇、照片近万幅，编校文字600多万字。完成《山西交通征稽志（2006—2009）》、《山西交通运输执法志（2009—2013）》以及2014—2019年6本《山西交通执法年鉴》的编辑出版工作。

【山西省交通运输执法监督总队】 是根据省编委晋编办字〔2010〕43号文件《关于山西省交通运输执法局职能配置机构设置和人员编制的通知》成立山西省交通运输执法督查总队，副处级建制，核定自收自支事业编制16名，副处级领导职数2名，实有人员11名，内设3个科室：综合办公室、督查科、稽查科，党员9人，为独立的支部。主要职责是负责交通运输行政执法法律法规执行情况的监督检查；负责交通行政执法车辆及服装使用的监督工作；负责重大执法活动的组织实施和现场监督检查；负责全省交通运输非法超限超载车辆的监督检查工作；负责交通运输执法人员的风纪纠察。在省厅、省局的正确领导下，近年来总队切实加强业务建设，努力提高交通运输执法督查行为，强化监督检查，不断增强开展执法监督业务的能力，有力保障各项监督工作计划顺利实施，促进全系统正确积极地履行职责，推动交通运输执法事业健康发展。

【山西省交通运输执法监控中心】 成立于2010年，由原山西省交通征费稽查局信息中心更名为山西省交通运输执法网络监控中心，副处级建制，核定自收自支事业编制16名。截至2020年12月31日，中心内设3个职能科室：办公室、技术科、网络管理科。在职人员13人，其中：副处级1名，正科级2名，副科级5名，科员5人；其中中共党员11人，含预备党员1人；职工学历本科及以上占50%。主要职责是负责对交通运输执法信息化建设和网络管理监督、维护；负责对全省交通运输执法信息化建设进行指导与监督。主要工作任务是：制定本单位信息化的建设、发展规划和年度工作计划，并落实和执行；组织对本系统单位计算机及网络和软件的维护和管理，确保系统正常运行；加强技术人员的技术培训，努力提高技术水平；了解业务需求，负责项目可行性研究、开发、管理、系统设计等；组织、参与针对具体技术难点的技术攻关和研究；负责全系统科研、科技型项目的申报、研究、技术洽谈和总体方案的编制及项目的成果提交工作，进行新技术发展研究、引进、转化、培训工作；负责交通运输执法监督网络的建设与维护；对信息化建设所需软、硬件设备的购置、报废提出技术要求、进行技术认定。

【山西省运输事业发展中心（山西省城市客运服务中心）】 根据2019年12月17日省委编委会议精神和《中共山西省机构编制委员会关于印发山西省交通运输厅所属事业单位改革的实施意见的通知》（晋编字〔2019〕18号）、《中共山西省机构编制委员会办公室关于山西省交通运输厅所属事业单位机构编制调整的通知》（晋编办字〔2020〕19号）文件精神，山西省运输事业发展中心由省运管局、省地方海事局以及省运管局所属的省城市客运办、省驾驶员培训学校管理中心、省运政培训中心、省运管局后勤中心6个单位整合组建而成。正处级建制，公益一类事业单位，核定事业编制70名、临时编制57名；处级领导职数1正3副；内设15个部室：办公室、党群工作部、人力资源部、财务审计部、事业发展部、客运部、货运物流部、车辆维修部、驾驶员培训与从业资格部、地方海事部、水路运输部、船舶检验技术部、城市公共交通部、出租汽车部、安全应急与信息服务部，科级领导职数15正24副。

主要职责：承担全省公路水路运输、城市客运、机动车维修、机动车驾驶员培训行业管理的服务工作；承担全省航道航标设置与维护、航道通航条件影响评价审核技术保障、通信导航等航务的服务保障工作；承担全省船舶检验、登记以及新建船舶图纸审核技术性服务保障工作；承担全省船员培训机构资质评价的技术支持和船员技术培训的服务保障工作。

【山西省交通运输运行监测与应急处置中心（山西省交通运输厅新闻中心）】 根据2019年12月17日省委编委会议精神和《中共山西省机构编制委员会关于印发山西省交通运输厅所属事业单位改革的实施意见的通知》（晋编字〔2019〕18号）、《中共山西省机构编制委员会办公室关于山西省交通运输厅所属事业单位机构编制调整的通知》（晋编办字〔2020〕19号）文件精神，山西省交通运输运行监测与应急处置中心由山西省高速公路信息监控中心、山西省战略物资道路运输应急保障指挥调度中心、山西省交通运输厅新闻宣传中心3个事业单位整合组建而成。正处级建制，公益一类事业单位。核定自收自支事业编制40名、临时编制13名，其中管理人员编制12名，专业技术人员编制28名；处级领导职数1正2副；科级领导职数9正11副。下设9个部室：综合办公室、党群工作部、运行监测部、出行服务部（新闻通联部）、应急预警部、技术保障部、信息服务部、新闻采编部、新媒体部。

主要职责：承担全省公路、水路、民航、轨道交通等多种交通运输方式的运行监测、重大突发事件的预测预警、路况信息发布、应急抢修保通有关协调工作；承担全省战略物资、紧急指令计划物资、抢险救灾物资以及生产生活必需物资道路运输应急保障的服务工作；承担省交通运输厅新闻宣传的相关工作。

【山西省交通建设中心】 根据2019年12月17日省委编委会议精神和《中共山西省机构编制委员会关于印发山西省交通运输厅所属事业单位改革的实施意见的通知》（晋编字〔2019〕18号）、《中共山西省机构编制委员会办公室关于山西省交通运输厅所属事业单位机构编制调整的通知》（晋编办字〔2020〕19号）文件精神，由山西省交通建设质量安全监督局、山西省交通运输厅交通工程定额站、山西省交通运输厅重点公路建设办公室（省重点公路工程建设领导组办公室）3个厅属事业单位整合组建而成。2019年12月31日挂牌，2020年4月27日宣布任命领导班子。正处级建制，公益一类事业单位，核定自收自支事业编制40名、临时编制25名，其中管理人员编制12名，专业技术人员编制28名；处级领导职数1正2副，科级领导职数9正13副。

下设9个部室：办公室、党群服务部、项目建设服务部、工程质量服务部、工程安全服务部、市场服务部、民航枢纽服务部、工程造价服务部、技术服务部。

主要职责：承担公路、水路、民航机场及综合运输枢纽等重点工程建设的质量检测鉴定、定额造价、安全评价等的技术支撑保障工作。

【山西省交通运输厅发展研究中心】 根据2019年12月17日省委编委会议精神和《中共山西省机构编制委员会关于印发山西省交通运输厅所属事业单位改革的实施意见的通知》(晋编字〔2019〕18号)、《中共山西省机构编制委员会办公室关于山西省交通运输厅所属事业单位机构编制调整的通知》(晋编办字〔2020〕19号)文件精神，山西省交通运输厅发展研究中心由山西省交通运输厅发展规划研究中心、山西省交通运输厅资料信息中心、山西省交通运输厅信息化管理中心、山西省公路局信息中心4个事业单位整合组建而成。正处级建制，公益一类事业单位。核定自收自支事业编制17名，其中管理人员编制5名，专业技术人员编制12名；处级领导职数1正2副；科级领导职数3正3副。下设3个部门：综合办公室、战略研究所、综合规划所。

主要职责：开展综合交通运输发展战略、产业政策、经济运行分析等重大课题研究；为编制全省综合交通运输规划及专项规划提供技术支持；参与全省交通运输信息化发展规划编制、交通信息化建设及资源整合、数据采集与处理等工作；承担交通运输重大事项及有关文献和资料信息的收集、记载、利用及史志编纂有关工作。

【山西省交通运输厅联网收费结算与会计核算中心】 根据2019年12月17日省委编委会议精神和《中共山西省机构编制委员会关于印发山西省交通运输厅所属事业单位改革的实施意见的通知》(晋编字〔2019〕18号)、《中共山西省机构编制委员会办公室关于山西省交通运输厅所属事业单位机构编制调整的通知》(晋编办字〔2020〕19号)文件精神，山西省交通运输厅联网收费结算与会计核算中心由山西省交通运输厅会计核算中心、山西省交通运输厅审计中心、山西省高速公路收费管理结算中心3个事业单位整合组建而成。正处级建制，公益一类事业单位。核定自收自支事业编制30名，其中管理人员编制9名，专业技术人员编制21名；处级领导职数1正2副；科级领导职数5正5副。下设5个部门：综合部、技术保障部、收费稽核部、会计核算部、资金审核部。

主要职责：负责高速公路联网收费和不停车收费的拆分核算、信息处理、数据统计分析等技术支持和服务工作；协助拟定高速公路联网收费方面的规章规定和标准规范；承担省交通运输厅机关和有关事业单位的会计核算工作。

【山西省交通干部学校】 (以下简称学校)成立于1984年，原称山西省交通职工中等专业学校(山西省交通干部教育培训学校)。根据省编办《关于山西省交通运输厅所属事业单位机构编制调整的通知》(晋编办字〔2020〕19号)文件精神，调整设置为山西省交通干部学校。学校为正处级建制，公益二类事业单位。核定自收自支事业编制53名，处级领导职数1正3副。截至2020年年底，学校现有教职工50名，校领导1正3副，1名副处级干部。学校设管理岗13个，专业技术岗39个，工勤岗1个。离退休人员45人。学校设党委，有5个支部77名党员。

学校占地面积6242.8平方米，约9亩，建筑面积近15000平方米。学校综合教学楼设有微机室2个，大中小会议室4个，教室6个，乒乓球室1个，健身房1个，学生公寓60余间。学生公寓楼6400多平方米，经公开招投标，整体委托格林东方经营，能够满足150个学员的食宿。

学校秉持“开放融合、特色立校”办学理念，始终坚持“立足交通、面向社会”办学宗旨，坚持校际合作，紧密结合行业需求开展培训，突出交通特色，注重办学质量，实现线上线下培训教育相结合的灵活办学局面。努力创建“以干部培训为核心，学历继续教育和“山西交通在线”平台为主体，专技人才培养和职业技能鉴定为两翼，具有行业特色的一流学校。

学校是“交通运输行业干部教育培训工作先进单位”“全国交通行政执法人员岗位培训先进单位”

"全国交通职业教育研究会干部教育分会理事长单位"。亦是"全国交通远程教育先进办学单位""先进函授站""先进教学点"。与此同时,还是获"省直文明单位标兵"、山西省交通运输系统"先进基层党组织"、"山西省交通运输厅2019、2020年度完成工作目标任务优秀单位"。

内设机构10个:办公室、党群工作部、人力资源部、财务审计部、培训部、成人教育部、网教信息部、专技人才服务部、职业资格服务部、综合保障部。

主要职责:承担交通运输系统干部教育培训,交通运输专业技术人才和技能人才服务,高层次人才培养选拔,交通运输行业职业资格和职业技能培训、鉴定、咨询等服务工作。

【山西省交通运输厅后勤服务中心】 根据2019年12月17日省委编委会议精神和《中共山西省机构编制委员会关于印发山西省交通运输厅所属事业单位改革的实施意见的通知》(晋编字〔2019〕18号)、《中共山西省机构编制委员会办公室关于山西省交通运输厅所属事业单位机构编制调整的通知》(晋编办字〔2020〕19号)文件精神,收回自收自支事业编制36名,调整后核定自收自支事业编制40名。其他暂维持不变,纳入下一步深化事业单位改革统筹考虑。

山西省邮政管理局

山西省邮政管理局组建于2006年9月,是按照国务院邮政体制改革要求实行政企分开设立的邮政监管机构,负责全省邮政行业管理工作,履行政府监管职能,行政编制17人。2012年,根据《国务院办公厅关于完善省级以下邮政监管体制的通知》要求,全省11个市级邮政管理局先后组建,编制为8~13人,共计112人。同时,省、市邮政管理局由垂直管理调整为中央和地方双重管理、以中央为主的管理体制,主要负责人兼任同级交通运输部门副职领导(省局局长兼任省交通运输厅党组成员、副厅长,市局局长兼任市交通运输局党组成员、副局长)。2014年,国家邮政局推动邮政管理体系向县级延伸,全省先后组建了阳泉盂县、长治黎城、吕梁汾阳和孝义、运城临猗、太原古交和娄烦等7个县级邮政管理机构。2020年组建省邮政业安全中心,正处级编制,核定编制16人,为公益一类事业单位。截至2021年3月,全省11个市级邮政业安全中心已经全部获批。

截至2020年底,主要职责有4项:一是贯彻执行国家关于邮政业管理的法律法规、方针政策和邮政服务标准;二是监督管理所在地区邮政市场;三是组织协调所在地区邮政普遍服务以及机要通信、义务兵通信、党报党刊发行、盲人读物寄递等特殊服务的实施;四是办理国家邮政局交办的其他事项。

内设机及职责

【办公室(党建办公室、纪检办公室)】 负责机关文电、会务、机要、档案等机关日常运转工作以及政务信息、安全保密、新闻发布、政务公开、政府网站、系统财务和资产管理等工作;承担系统纪检监察、政治巡察、信访工作,落实省局党组党风廉政建设和反腐败工作部署;负责机关后勤保障工作。

【政策法规处】 组织研究、协调落实本地区邮政业发展战略、规划、标准和政策;组织推进地方性邮政行业法规、规章的制订和修改工作;组织研究本地区涉及邮政业法规、规章、规范性文件草案并提出意见,对系统内重大决策、合同文本及有关规范性文件进行合法性审查；负责行政执法监督和涉及行政复议、行政应诉的工作；负责本地区邮政业标准的组织编制和管理工作；负责组织办理地方人大代表和政协委员的建议和提案；负责全省邮政系统行政执法证件管理；负责本地区邮政业统计工作。

【普遍服务处(机要通信处)】 贯彻普遍服务标准，建立和完善邮政普遍服务和特殊服务的质量监测体系;制定和落实邮政普遍服务和特殊服务的属地保障政策;组织开展普遍服务和机要通信、义务兵通信、党报党刊发行、盲人读物寄递等特殊服务的监督检查；组织对邮政企业贯彻执行邮政服务价格政策情况的监督检查；负责处理邮政普遍服务和特殊服务质量投诉、举报等有关事务;依法处理涉及邮票管理的有关工作;依法负责邮政配套设施建设、使用情况的监督检查;制定本省机要通信监管工作制度并组织实施，维护机要通信安全;负责全省邮政企业安全生产监督管理工作；依法查处伪造、冒用或擅自使用邮政专用标志的行为。

【市场监管处】 掌握本地区邮政市场基本情况，维护信件寄递业务的专营权；依法监管集邮市场和邮政用品用具生产企业；依法实施快递等邮政业务的市场准入与监管；负责全省快递企业安全生产监督管理工作，承担邮政行业应急管理工作，组织或参与邮政行业重大突发事件的统筹调度、协调疏导、调查处置工作；依法查处侵犯用户合法权益的违法行为。

【人事处】 拟定机关人事、教育、培训、劳动工资管理制度并组织实施，指导邮政行业人才队伍建设，承办全省邮政管理系统机构、人员编制和干部管理工作。

【机关党委】 承担省局机关党建日常工作，督促指导系统党建工作；承担党员发展、教育、管理、监督和服务工作；负责系统思想政治和意识形态工作，指导推动全省系统和行业精神文明建设有关工作；指导推动全省行业党建工作；承担省局党组理论学习中心组各项日常服务工作。

【山西省邮政业安全中心】 负责全省邮政行业安全监管信息平台的建设和运行维护等工作；承担邮政业运行安全监测、预警及信息统计分析等工作；为全省邮政业安全应急处置提供技术支持；配合做好全省邮政业重大突发事件的统筹调度、协调疏导、调查处置等工作，保障省级应急指挥终端的畅通安全；承担全省邮政业禁毒、反恐、扫黄打非等专项工作的技术支持；配合做好邮政业安全教育、培训和宣传推广等工作；承担省局机关信息网络建设、运维、升级改造等工作;负责山西省邮政快递业消费者申诉中心的管理等工作。

各市邮政管理局

【太原市邮政管理局】 内设机构：办公室、普遍服务科(机要通信科)和市场监管科。

主要职责：一是贯彻执行国家关于邮政快递业管理的法律法规、方针政策和邮政服务标准；二是研究拟订本地区邮政快递行业发展规划；三是监督管理本地区邮政快递市场以及邮政普遍服务和机要通信等特殊服务的实施；四是负责邮政快递行业安全生产监管、统计等工作；五是保障邮政通信与信息安全；六是承办省邮政管理局及市人民政府交办的其他事项。

【大同市邮政管理局】 内设机构：办公室、普遍服务科(机要通信科)和市场监管科。

主要职责：一是贯彻执行国家邮政法律法规、方针政策和邮政服务标准；二是研究拟订本地区邮政发展规划；三是监督管理本地区邮政市场以及邮政普遍服务和机要通信等特殊服务的实施；四是负责全市邮政行业安全生产监管、统计等工作；五是保障邮政通信与信息安全；六是承办山西省邮政管理局和大同市人民政府交办的其他事项。

【吕梁市邮政管理局】 内设机构：办公室、普遍服务科(机要通信科)和市场监管科。

主要职责：一是贯彻执行国家邮政法律法规、方针政策和邮政服务标准；二是研究拟订本地区邮政发展规划；三是监督管理本地区邮政市场以及邮政普遍服务和机要通信等特殊服务的实施；四是负责全市邮政行业安全生产监管、统计等工作；五是保障邮政通信与信息安全;六是承办山西省邮政管理局和吕梁市人民政府交办的其他事项。

【运城市邮政管理局】 内设机构:综合办公室、普遍服务科和市场监管科。

主要职责:一是贯彻执行国家邮政法律法规、方针政策和邮政服务标准;二是研究拟订本地区邮政发展规划;三是监督管理本地区邮政市场以及邮政普遍服务和机要通信等特殊服务的实施;四是负责行业安全生产监管、统计等工作;五是保障邮政通信与信息安全;六是承办山西省邮政管理局及临汾市人民政府交办的其他事项。

【临汾市邮政管理局】 内设机构:办公室、普遍服务科(机要通信科)和市场监管科。

主要职责:一是贯彻执行国家邮政法律法规、方针政策和邮政服务标准;二是研究拟订本地区邮政发展规划;三是监督管理本地区邮政市场以及邮政普遍服务和机要通信等特殊服务的实施;四是负责行业安全生产监管、统计等工作;五是保障邮政通信与信息安全;六是承办山西省邮政管理局及临汾市人民政府交办的其他事项。

【晋中市邮政管理局】 内设机构:办公室、普遍服务科和市场监管科。

主要职责:一是贯彻执行国家邮政法律法规、方针政策和邮政服务标准;二是研究拟订本地区邮政发展规划;三是监督管理本地区邮政市场以及邮政普遍服务和机要通信等特殊服务的实施;四是负责行业安全生产监管、统计等工作;五是保障邮政通信与信息安全;六是承办山西省邮政管理局及晋中市人民政府交办的其他事项。

【忻州市邮政管理局】 内设机构:办公室、普遍服务科(机要通信科)和市场监管科。

主要职责:一是贯彻执行国家邮政法律法规、方针政策和邮政服务标准;二是研究拟订本地区邮政发展规划;三是监督管理本地区邮政市场以及邮政普遍服务和机要通信等特殊服务的实施;四是负责行业安全生产监管、统计等工作;五是保障邮政通信与信息安全;六是承办省邮政管理局及市人民政府交办的其他事项。

【晋城市邮政管理局】 内设机构:办公室和行业管理科。

主要职责:一是贯彻执行国家邮政法律法规、方针政策和邮政服务标准;二、研究拟订本地区邮政发展规划;三是监督管理本地区邮政市场以及邮政普遍服务和机要通信等特殊服务的实施;四是负责行业安全生产监管、统计等工作;五是保障邮政通信与信息安全;六是承办省邮政管理局及市人民政府交办的其他事项。

【长治市邮政管理局】 内设机构:办公室、普遍服务科、市场监管科。

主要职责:一是贯彻执行国家邮政法律法规、方针政策和邮政服务标准;二是研究拟订本地区邮政发展规划;三是监督管理本地区邮政市场以及邮政普遍服务和机要通信等特殊服务的实施;四是负责行业安全生产监管、统计等工作;五是保障邮政通信与信息安全;六是承办上级邮政管理部门和市人民政府交办的其他事项。

【阳泉市邮政管理局】 内设机构:办公室、行业监管科。

主要职责:一是贯彻执行国家邮政法律法规、方针政策和邮政服务标准;二是研究拟订本地区邮政发展规划;三是监督管理本地区邮政市场以及邮政普遍服务和机要通信等特殊服务的实施;四是负责行业安全生产监管、统计等工作;五是保障邮政通信与信息安全;六是承办上级邮政管理部门和市人民政府交办的其他事项。

【朔州市邮政管理局】 内设机构:办公室、行业管理科、市场监管科。

主要职责:一是贯彻执行国家邮政法律法规、方针政策和邮政服务标准;二是研究拟订本地区邮政发展规划;三是监督管理本地区邮政市场以及邮政普遍服务和机要通信等特殊服务的实施;四是负责行业安全生产监管、统计等工作;五是保障邮政通信与信息安全;六是承办省邮政管理局及市人民政府交办的其他事项。

山西交通控股集团

【山西交通控股集团有限公司(以下简称山西交控集团)】 2017年11月24日挂牌成立,是省委、省政府着眼化解政府债务、理顺管理体制、打造旗舰劲旅三大目标,整合省国资委管理的路桥集团、交投集团、高速集团,省交通运输厅管理的62条政府还贷高速公路、省交通科研院、设计院、物流中心,省高管局管理的开发公司、物资公司、信通公司组建而成的国有独资公司,现集团注册地点为山西省示范区太原学府园区南中环街529号B座24~25层。山西交控集团发展定位为:承担省内交通运输基础设施的投融资、建设和运营管理;提供交通基础设施公共服务;通过投资控股、产业培育、资本运作等方式,推动交通运输产业集聚发展和转型升级;在市场机制不能有效发挥作用的领域,承担省政府赋予的重大交通基础设施项目的建设任务。山西交控集团经营高速公路5460公里,占全省高速公路总里程的96%,是一个集投融资、勘察设计、施工监理、经营管理、交通科研和资本运作于一体的交通全产业链集团。主要业务范围为:交通基础设施和智慧交通领域的投资、建设、经营和管理,交通工程管理服务与综合资源开发经营,房地产开发经营,金融投资管理等。集团有1家上市公司为山西路桥股份有限公司。山西交控集团下设11家全资公司、1家控股公司和16家高速公路管理公司,另有三级公司124家、四级公司52家、五级公司2家。山西交控集团在岗职工45651人,本部人员209人。

山西交控集团总部下设纪委、监察专员办公室、党委办公室(办公室、党委巡察办、机关党委)、董事会办公室、党委组织部(人力资源部、团委)、党委宣传部(党委统战部)、战略发展与投资管理部、财务部(上市与资本管理部)、企业管理部(科技创新部)、运营管理部、建设管理部、安全环保部、审计风控部、法律合规部、工会14个部室和后勤中心、人力资源中心、政策(党建)研究中心、财务结算中心(政府还贷高速公路核算中心)、招投标采购中心、路网应急指挥中心、网络技术中心7个共享事务中心,所属路桥集团、交投集团、高速集团、交科集团、养护集团、物流集团、实业集团、监理集团、环保公司、金资公司、置地公司、路桥股份、数通公司、大同北公司、大同南公司、朔州公司、忻州北公司、忻州南公司、吕梁北公司、吕梁南公司、太原公司、晋中公司、太旧公司、临汾北公司、临汾南公司、运城北公司、运城南公司、长治公司、晋城公司29家企业。集团股东为省财政厅和省国资运营公司,分别占股10%、90%。2020年年末,山西交控集团资产总额5550.89亿元,资产负债率78.54%。考虑疫情影响,2020年交控集团完成营业收入458.21亿元,实现利润总额5.34亿元。

【山西路桥建设集团有限公司(以下简称路桥集团)】 组建于2001年5月,是山西省人民政府批准设立的大型国有企业。注册资本72.15亿元,资产总额1000亿元,年施工产值能力300亿元。主要从事交通基础设施的投资、建设、施工、运营和房地产开发,以及与之密切相关的咨询、设计、检测、机电、绿化、交安、交通物流、智慧交通、再生资源利用等上下游关联产业。

路桥集团拥有1块国家公路工程施工总承包特级资质、1块公路行业设计甲级资质、9块公路工程施工总承包一级资质、1块市政公用工程施工总承包一级资质;2块融资租赁牌照,1块商业保理牌照;以及公路机电、检测、养护、交安、园林绿化、环保、地基、钢结构、消防设施、特种工程、房地产开发等

30余项专业资质，同时具有对外经营权。在山西交控集团坚强领导下，路桥集团全力推进“交通基础设施投资、建设、施工、运营”的一体化经营、协同化发展，成功实施多项BOT/PPP/TOT/BT项目，累计投资交通基础设施1557亿元、承建高速公路和国、省干线公路6000余公里、运营管理（含委托）公路项目594公里，成为山西交通项目投融资主体和建设施工主力军，逐步蹚出现代交通企业做强做优新路。

【山西省交通开发投资集团有限公司（以下简称交投集团）】 是以公路投资运营为主导产业的国有企业。交投集团注册资本41.6亿元，前身为成立于1993年的山西省交通建设开发总公司。2010年9月，经山西省人民政府批复同意，改制组建为山西省交通开发投资集团有限公司；2015年1月1日起，省国资委对交投集团直接监管；2017年11月24日起，隶属于山西交通控股集团有限公司。

截至2020年年底，交投集团运营高速公路里程548公里（不含太原东山过境高速公路24公里），其中：全资运营220公里（忻州至阜平高速公路125公里、忻州环城高速公路32公里、高平至新乡高速公路63公里）；控股运营203公里（太原至长治高速公路）；参股运营125公里（长治至晋城高速公路93公里、晋城至焦作高速公路32公里）。在建高速公路196公里，包括：投资建设黎城至霍州高速公路153公里，承建晋阳高速公路改扩建项目43公里。公路附属产业主要包括：山西诺信和山西诺通“一南一北”两个片区养护专业公司以及龙城和晋城两个服务区公司；非路产业主要包括凤凰山和龙湖两个绿色生态产业园以及通建融创房地产、交投综改园区等。

截至2020年12月，交投集团资产总额431.17亿元，净资产180.93亿元。拥有二级企业24家，其中分公司2家、全资公司12家、控股公司4家、参股公司6家。内设13个部室、2个中心，即：办公室（董事会办公室）、党委工作部（机关党委）、党委组织部（人力资源部、团委）、党委宣传部（党委统战部）、纪检、财务管理部、投资规划部、经营管理部、工程管理部、资产管理部、安全环保部、审计法务部、工会、党建研究中心、信息科技中心。

【山西省高速公路集团有限责任公司（以下简称高速集团）】 是由山西省人民政府批准成立，省国资委行使出资人权力，以受让政府还贷高速公路权益和相关债务并承担新建高速公路投融资和建设任务及运营管理为主业的国有独资大型企业集团。高速集团成立于2012年3月，2014年12月重组，2015年11月正式运行。2017年11月24日，山西交控集团挂牌成立后，高速集团整体划转山西交控集团。

高速集团注册资金64.17亿元，经营范围为：建设工程：从事高速公路工程等交通运输基础设施的建设、工程监理、项目管理及代建、建设工程施工、机电工程施工、公路养护、结构补强；资产经营、设计、科研等；招标代理、造价咨询、工程咨询；机械设备租赁、建筑材料批发（木材除外）；道路货物运输：现代物流、仓储服务（除危险品）；广告、房地产开发经营等业务。

高速集团内设纪委、党委工作部、综合办公室、党委组织部、财务部、战略发展与投资管理部、经营管理部、安全生产监督部、工程技术部、企业管理部、审计风控部、法律事务部及工会13个部室与1个后勤中心；下设山西平榆高速公路集团有限责任公司、山西吕梁环城高速公路管理有限责任公司、山西交通运输投融资集团有限责任公司、山西省高速公路集团太原有限责任公司、山西高速集团朔神有限责任公司、山西高速集团房地产开发有限责任公司、山西高速集团建设投资有限责任公司、山西高速集团潞安有限责任公司8个子公司；委托代管山西大成高速公路有限公司；参股晋商信用增进投资股份有限公司、宁波保税区三晋国投股权基金企业合伙（有限合伙）、山西交控智能创新股权投资合伙企业（有限合伙）3个公司。

【山西交通科学研究院集团有限公司（以下简称交科集团）】 是山西交通控股集团有限公司的科技型全资子公司，集勘察设计、科技研发、智慧交通、新技术四大产业和试验检测业务为一体的国内领先综合型交通科技企业集团，2019年1月29日成立，注册资本10亿元。业务涉及公路、市政、建筑、城市轨道、电力等行业，提供投资决策、规划咨询、科技研发、勘察设计、项目管理、工程监测检测、运营养护、新材料研发、特种施工等领域产业链服务。

交科集团拥有高层次的科技创新平台。有国家、省部级各类科技创新、人才创新平台25个，其中院士工作站1个、博士后科研工作站1个、交通运输部重点创新团队1个、省重点创新团队2个；国家地方联合工程实验室1个、行业重点实验室1个、行业协同创新平台2个、交通运输部长期性能观测基地1个、省重点实验室3个、省工程技术研究中心4个、省工程研究中心1个，省产业技术创新战略联盟1个、省科学设备(数据)共享服务平台3个、省国际合作基地1个、其他平台(中心)2个。共有3000余台(套)价值超过2亿元的国内领先科研仪器设备。

截至2020年年底，交科集团硕士、博士学历人员占比35.9%，正高级工程师、高级工程师占比39.5%；一级注册建筑师、一级注册结构工程师、注册岩土工程师、注册电气工程师等各类注册人员占比41.2%。拥有国家级尖端人才11人，交通运输部第一层次中青年专家、山西省学术技术带头人、山西省青年拔尖人才等省部级高层次人才48人、三晋英才120人。交科集团拥有高质量的科技创新成果。“十三五”期间，获得国家、省部级科学技术奖58项，其中国家科技进步二等奖1项，省部级科学技术一等奖8项，二等奖27项，三等奖22项；获得山西省专利奖2项，其中二等奖1项，三等奖1项；获得山西省首届标准贡献奖三等奖2项。

截至2020年年底，交科集团有工程勘察综合类甲级、测绘(工程测量)甲级、公路行业设计甲级、工程设计市政行业(道路工程、桥梁工程)专业甲级、工程设计建筑行业(建筑工程)甲级、工程咨询单位(公路、岩土工程、水文地质、工程项目管理、PPP)甲级、地质灾害治理勘察/设计/施工甲级、公路交通工程(公路安全设施、公路机电设施)专业承包一级、建筑业企业“建筑防水、结构补强”专业承包等咨询、勘察、设计、检测、节能环保、地质环境、信息技术、特种施工、新型材料、加工制造等各类资质84项，位居全国同行业前列。

【山西交通养护集团有限公司(以下简称养护集团)】 2019年4月29日注册成立，7月5日挂牌运营，是为适应现代养护事业发展需求，山西交通控股集团有限公司整合旗下优质养护资源，在原山西省高速公路开发有限公司基础上，改名组建的专业化养护集团。养护集团为山西交通控股集团有限公司旗下一类全资子公司，注册资本14.68亿元。养护集团主营业务：各等级公路的日常养护、预防性养护、修复养护(大修、中修、小修)、专项养护、应急养护；桥梁伸缩缝生产安装与桥梁隧道加固、维修；建设工程质量检测，桥梁桩基检测、隧道施工监控量测和地质超前预报；公路材料和交安设施的研发生产、加工销售，养护新技术、新材料、新工艺的研发及应用。

养护集团内设党委工作部(工会、团委)、综合办公室(董办、办公室)、党委组织部(人力资源部)、财务部、工程管理部、技术安全部、资产设备部、市场经营部、审计风控部、法律合规部10个职能部室和1个纪检机构，下辖7个子公司、9个分公司。7个子公司：山西晋北高速公路养护有限公司、山西晋宇路桥工程有限责任公司、山西高速公路工程检测有限公司、太旧博特道路养护工程有限公司、长治市协成公路养护工程有限公司、山西交物路桥建设有限公司、山西鑫安驿高速公路开发有限责任公司，子公司根据各自职能承担不同类型的业务。9个分公司：山西交通养护集团介休分公司、榆次分公司、汾阳分公司、临县分公司、原平分公司、侯马分公司，其中，大同、朔州、晋城3个分公司正在筹建中，届时，养护集团将实现山西省高速公路养护基地的全覆盖。

【山西交通物流集团有限公司(以下简称物流集团)】 2018年8月3日经省国资委批准成立，同年8月30日完成省级工商注册登记、税务登记，是山西交通控股集团有限公司旗下一类全资子公司，注册资本10亿元，承载着山西交通控股集团有限公司的现代物流新业务板块。物流集团以发展路产物流为基本定位，以核心枢纽为战略平台，以物流园区开发经营为主要支柱，以物资集采、招标代理等为配套产业，依托山西交通控股集团有限公司所辖全省高速公路及沿线可开发利用土地资源，为物资和机械设备供应商提供包括数字化管理、供应链管理和商品仓储、展销、专线运输等增值服务，是集物流产业投融资、经营，物资集采和供应、招投标、信息咨询一体化的综合型现代物流企业。

物流集团总部内设职能部室9个，事务中心2个，直属企业3家，员工165人。即：纪检机构设综合室及监督室、党委办公室、党委组织部、工会、行政安全部、企业管理部、财务管理部、建设管理部、审计法务部；园区管理中心、信息网络中心；山西省交通物资供应有限公司、山西龙城现代交通物流发展有限公司、山西大运物流发展有限公司。

【山西交通实业发展集团有限公司（以下简称实业集团）】 由山西交通控股集团有限公司、招商局公路网络科技控股股份有限公司、苏汽集团有限公司共同出资组建，2018年8月10日注册成立，注册资本10亿元，主要负责对山西交通控股集团所属高速公路沿线通信管廊、广告业务以及政府还贷高速公路服务区等经营性资产实行专业化、集约化、规模化经营。主要经营范围包括：高速公路服务区管理、成品油批发零售、物业管理、餐饮服务、酒店管理、新能源充电设施的建设与管理、互联网信息服务、通信工程、通用仓储等。

实业集团按照现代企业制度要求，建立完善的法人治理结构，设立党委会、股东会、董事会、监事会、经理层。实行扁平化管理，公司总部设置党委办公室、党委组织部（人力资源部、团委）、纪检机构、工会、战略发展部、审计部、综合办公室、财务部、企业管理部、安全与工程部、公共服务管理部11个职能部室，能源商超中心、后勤管理中心、财务共享中心、建设管理中心4个直属中心；下设大同、朔州、忻州、太原、晋中、吕梁、长治、晋城、临汾、运城10个区域分公司和高速能源销售分公司，物业、信息技术、综合开发3个全资子公司，高速国新、高速源通、高速泰化3个LNG加气站合资公司，经营管理105对服务区（停车区）。

【山西交通建设监理咨询集团有限公司（以下简称监理集团）】 为山西交通控股集团有限公司全资子公司，注册资本4亿元。前身为山西省交通建设工程监理总公司，成立于1993年5月5日；2016年完成公司制改制，更名为山西省交通建设工程监理有限责任公司；2019年整合5个监理咨询企业成立集团公司。改革后按照职责清晰、精简高效、运行专业的原则，总部设10个机构：党委工作部、综合办公室（董事会办公室）、党委组织部（团委）、企业管理部（人力资源部）、经营管理部、工会、纪检室、财务计划部、工程咨询部、审计部。下设2个中心：试验中心、后勤服务中心；5个子公司：山西交科公路工程咨询监理有限责任公司、山西振兴公路监理有限公司、山西兴路交通工程监理技术咨询有限公司、山西道合公路工程监理咨询有限责任公司、山西省太佳项目管理咨询有限公司；4个分公司：一分公司、二分公司、三分公司、四分公司。监理集团经营范围包括公路工程监理：公路工程、桥梁工程、隧道工程、机电工程的监理；建设工程质量检测：工程质量检测；工程咨询；建设工程：房屋建筑工程监理、市政公用工程监理；以自有资金对公路、航道、港口和交通运输客货站场开发建设进行投资。

【山西省交通环境保护中心站（有限公司）（以下简称环保公司）】 由山西省交通运输厅原直属正处级建制事业单位山西省交通环境保护中心站改制设立，成立于2005年5月，注册资本2亿元。2018年事转企整体转隶山西交通控股集团，是山西交控集团唯一从事生态环保领域业务的全资子公司，山西交控集团完全竞争类企业和重点打造的混改上市企业。是全国十佳优秀环评机构和国家高新技术企业，控股子公司1家（山西交控生态环境股份有限公司，山西新三板环保第一股）。环保公司设有9个职能部门4个业务部门。即：党委办公室（董事会办公室）、办公室、纪检室、党委组织部（人力资源部、团委）、战投发展与投资管理部（法律事务与审计部）、财务部、工会、项目管理中心（安全委员会办公室）、经营开发部、工程技术中心（环境科学研究院）、环保咨询中心、环境监测检测中心、生态科技中心。下设环保咨询、生态修复、污染治理、综合检测、协同创新5大业务集群，拥有1个省级工程技术研究中心、1个省级环境监测中心、1个省级环境监测网络信息平台（交通环境数据中心）。是中国环境保护产业协会常务委员单位、中国环境科学学会理事单位、中国公路学会和中国交通运输协会常务理事单位、山西省公路学会环保与可持续发展委员会挂靠单位。

环保公司现有环保类国家注册工程师近50人，硕、博士研究生占比约50%、高级专业技术人员占比35%、80后占比90%，获得"三晋英才"等省级以上荣誉称号者14人。已基本形成知识结构科学合理、专业学科门类齐全、极具创新精神的金字塔型人才梯队。公司是一站式生态环境综合治理服务商，业务涉及公路、铁路、航空、轨道交通、水运、市政、能源、水利、农林等行业，提供规划、咨询、设计、工程、检测、研发、投资于一体的生态环保全产业链服务，业务遍及山西、广东、广西、江西、重庆、内蒙古、新疆、甘肃、陕西等10余省（直辖市、自治区）。交控集团外业务占比约50%，省外业务占比约30%，非交通业务占比约20%。

【山西交控置地有限公司（以下简称置地公司）】 2019年12月24日注册成立，2020年6月23日股东变更为山西交通控股集团有限公司，是交控集团出资设立的直属子公司，注册资本为人民币1亿元。置地公司经营范围为以自有资金对房地产、基础设施项目的投资，房地产开发、经营、销售，自有房屋租赁，房地产中介服务，物业服务，基础设施的开发及运营管理。根据置地公司发展战略和管理职能的需要和山西交控集团批复的"六定"方案，置地公司总部设置9个职能部室：党委办公室、党委组织部、纪检室、财务资金部、审计法务部、战略发展与投资管理部、市场运营部、建设管理部、工会；2个直属中心：成本核算中心、后勤服务中心；3家子公司。

【山西交控金资管理有限公司（以下简称金资公司）】 系山西交通控股集团有限公司全资子公司，注册资本40000万元，实缴3000万元，总计管理资金规模36亿元。业务主要涉及资本管理、基金管理、商业保理等业务。

金资公司是为科学搭建山西交控集团金融业务板块架构，整合金融产业资源，增强金融创新能力，助力山西交控集团国有资产"进退流转保"，全面提升金融业务板块实力而成立的金融资产管理公司。金资公司致力于打造交控集团产融结合的主阵地、资本运作的主战场、应对新业态布局的调节器，助力交控集团盘活存量资产，降低融资成本，丰富融资渠道，实现产融结合、产融互动。内设部门6个：党委办公室、纪检室、规划投资部、资本运营部、股权管理部、风控法务部。金资公司下设控股子公司4个：山西交控资本管理有限公司51%股权，山西交控股权投资管理有限公司51%股权，山西交控资本管理（香港）有限公司100%股权，晋交金资商业保理有限公司100%股权。管理4家基金：山西交控智能创新股权投资合伙企业（有限合伙）、山西交通产业基金合伙企业（有限合伙）、珠海晋交控保资新基建股权投资合伙企业（有限合伙）、中金科创（山西）私募股权投资基金合伙企业（有限合伙）。

【山西路桥股份有限公司（以下简称路桥股份）】 前身为1997年6月在深圳证券交易所A股上市的山西三维集团股份有限公司。2018年经山西路桥建设集团有限公司重组，成为山西省第一个高速公路上市公司。证券简称：山西路桥，证券代码：000755，公司注册资本4.69亿元。主要业务经营范围：高等级公路、桥梁、隧道基础设施的养护、咨询服务及批准的收费；公路养护工程；救援、清障；仓储服务（不含危险化学品）；室内外装饰装修；建筑材料的销售；公路信息网络服务；汽车清洗；以自有资金对高等级公路、桥梁、隧道基础设施项目的投资；以自有资金对港口、公路、水路运输项目的投资。

2020年路桥股份4.69亿总股本中：山西路桥建设集团有限公司持有1.3亿股，占比27.79%；山西省经济建设投资集团有限公司持有1241.65万股，占比2.65%；山西省国新能源发展集团有限公司持有1226.84万股，占比2.61%；山西省旅游投资控股集团有限公司持有600万股，占比1.28%；其他社会公众股东持有3.08亿股，占比65.67%。

路桥股份本部设9个职能部门：党委工作部、党委组织部、纪检室、综合管理部、规划发展部、财务管理部、证券管理部、运营管理部、审计内控(法律事务)部。路桥股份直接控股1个全资子公司——山西路桥集团榆和高速公路有限公司,间接控股1个全资子公司——山西榆和交通工程有限公司。路桥股份现运营高速公路里程79公里。截至2020年年底,路桥股份在册职工399人,其中本部管理人员32人,下属榆和公司管理、经营和生产人员367人。

【山西交控数字交通科技有限公司(以下简称数通公司)】 是山西交通控股集团有限公司联合山西千方交通科技有限公司、招商新智科技有限公司及山西四和创想交通工程有限公司共同出资组建的混合所有制企业,2020年12月1日注册成立,注册资金1亿元。山西交控集团占股51%,山西千方占股20%,招商新智占股15%,山西四和创想占股14%。数通公司依托山西交控集团交通领域全产业链优势,立足"智能交通"板块,积极引进吸收股东方先进技术、先进理念和先进团队,牵头组织实施山西交控集团内部软件研发和技术服务项目,全面开展软件咨询、规划、设计、开发和维护业务。打造全省智慧交通领域的旗舰企业,助力山西交控集团数字化转型升级。

【大同北高速公路管理有限公司(以下简称大同北公司)】 2017年12月,山西交通控股集团有限公司将大同高速公路有限责任公司、天镇至大同高速公路建设管理处、大呼高速公路建设管理处整合为大同北高速公路分公司。2020年4月,成立大同北高速公路管理有限公司,注册资本500万元。主要从事高速公路的经营和管理、不动产租赁和机械设备租赁。管辖路段为得大高速公路、大同绕城高速公路、大同至呼和浩特(大同至右卫段)、天镇至大同高速公路、北京至乌鲁木齐高速公路(山西段),总里程292公里。所辖高速公路均位于大同市区周边,沿途连接经济、文化及旅游资源丰富的地区,是大同市周边高速路网不可或缺的重要组成部分。

大同北公司按照现代企业制度要求设立董事会及经营班子。设党工部(董办)、综合办公室、党委组织部(人力资源部、团委)、纪检室、计划财务部、收费治超部、路产维护部、安全环保部、工会9个职能部室。下设机构43个,分别是信息监控中心、物业管理中心、数控中心、路政大队和19个收费站、7个路产维护站、3个隧道管理站、3个省界超限检测站、7个路政中队。

成立以来,大同北公司运营管理不断强化市场意识、服务意识、经营意识、创新意识,在养护、安全、优质服务等方面均取得成效。2018年御西收费站被省人力资源和社会保障厅、省妇女联合会授予山西省"三八"红旗集体;反映公司王强"传承优良家风,涵养时代新风"先进事迹微电影《家风》,被省总工会女工委员会评为微电影类二等奖;天镇收费站"妈咪小屋"被山西省总工会、山西省卫生健康委员会联合授予"山西省妈咪小屋"称号;大同北公司获山西省省属企业文明单位标兵称号;大同东收费站获山西交控集团公司党委"1235工作法"推进党建工作项目化管理成果一等奖和全国交通运输行业文明示范窗口;右卫收费站获年度山西省文明单位称号;右玉路产维护站获朔州市精神文明创建先进单位称号;大同东"云中微笑"服务品牌带头人白洁获第六届"最美中国路姐",向全国展示同北高速服务品牌新风采乃至交控集团文明服务形象,推动管理服务水平更上新层次。

【大同南高速公路管理有限公司(以下简称大同南公司)】 2017年12月30日,山西交控集团重组设立大同南高速公路分公司,承担高速公路等重大交通基础设施的建设、经营和管理;2020年3月25日,山西交控集团以委托管理方式,出资组建大同南高速公路管理公司(以下简称"大同南公司"),对分公司各项经营、管理业务进行委托管理,承担所辖区域内高速公路的经营和管理(不含施工)、不动产租赁、机械设备租赁。大同南公司2020年4月2日正式成立,担负着灵丘至山阴、广灵至浑源、大同至浑源等路段的运营管理任务,管养里程共计276.85公里。内设党委工作部、综合办公室(董事会办公室)、纪检室、党委组织部、计划财务部、收费机电部、路产维护部安全应急部、工会9部室及后勤中心、信息监控中心、路政大队。设灵丘、王庄堡等10个收费站,驿马岭隧道管理站、抢风岭隧道管理站、灵丘路产维护站等12个养护单元及6个路政中队。

大同南公司是山西交控集团出资组建的专业化管理公司，是交控集团发挥存量资产集合优势、改革政府还贷高速公路经营体制的积极探索和优化国有资本配置、创新管理模式的有益实践，为交控集团公益性资产的受托管理企业。

【朔州高速公路管理有限公司（以下简称朔州公司）】 在原山西省朔州高速公路有限责任公司基础上经过整合、改制，2020年4月正式挂牌成立，经营范围为所辖区域内高速公路的经营和管理（不含施工）；不动产租赁，机械设备租赁。（依法须批准的项目，经相关部门批准后方可开展经营活动），注册资本金500万元，内设党委办公室、党委组织部、党委宣传部、纪检室、计划财务部、收费机电部、路产维护部、安全应急部、工会共9个职能部室与后勤中心、信息监控中心和路政大队，下设收费站16个、路政中队7个、路产维护站7个、隧道管理站3个。共有干部职工1158人。担负着国道55二广高速大同至新广武段、省道5512元朔高速、省道5901朔州环城高速、国道18荣乌高速山阴至平鲁段、国道59呼北高速右玉至平鲁、平鲁至朔州段等路段的运营管理任务，管养里程共计367.077公里。

【忻州北高速公路管理有限公司（以下简称忻州北公司）】 是山西交控集团出资组建的专业化管理公司，是发挥存量资产集合优势、改革政府还贷高速公路经营体制的积极探索和优化国有资本配置、创新管理模式的有益实践，为公益性资产的受托管理企业。

忻州北公司2020年4月1日正式成立，共设有9个部室，23个基层单位，担负着原神、神河、晋蒙黄河桥等路段的运营管理任务，管养里程共计168.78公里。

【忻州南高速公路管理有限公司（以下简称忻州南公司）】 于2020年4月1日注册成立，是山西交控集团的全资子公司。经营范围包括所辖区域内高速公路的经营和管理；不动产租赁；机械设备租赁。受山西交控集团委托，负责管理山西交通控集团忻州南高速公路分公司（以下简称忻州南分公司）所辖高速公路管理有关事项。

忻州南分公司于2018年1月5日注册成立，担负着新广武至原平、原平至太原、忻州至保德、神池至岢岚，累计407.061公里高速公路的经营管理任务。忻州南公司机关设党委工作部、综合办公室（董办）、党委组织部（人力资源部、团委）、纪检室、计划财务部、收费机电部、路产维护部、安全应急部、工会9个部室，下设后勤中心、信息监控中心、路政大队、22个收费站，8个路产维护站，4个隧道管理站，1个省界超限检测站，7个路政中队，共45个基层单位。

【吕梁北高速公路管理有限公司（以下简称吕梁北公司）】 所辖太佳西、临离、岢临高速三个路段，全程318公里，总投资301.7亿元。核定职工员额1166人。共设48个机构，其中，吕梁北公司机关设党委工作部、综合办公室（董办）、党委组织部（人力资源部、团委）、工会、纪检室、财务核算部、收费稽查部、路产维护部、安全应急部9个部门。下设2个直属中心：经营服务中心、路网监测及运维中心；1个直属大队：路政大队；3个监测及运维分中心：太佳西监测及运维分中心、岢临监测及运维分中心、临离监测及运维分中心；12个收费站：梁家庄收费站、方山收费站、临县北收费站、兔坂收费站、阳坪收费站、兴县东收费站、兴县南收费站、白文收费站、临县南收费站、三交收费站、枣林收费站、坪头收费站；6个路产维护站：方山路产维护站、临县西路产维护站、兴县北路产维护站、兴县南路产维护站、临县路产维护站、枣林路产维护站；8个隧道管理站：岚县隧道管理站、兔坂隧道管理站、岢岚隧道管理站、兴县隧道管理站、兴县南隧道管理站、临县南隧道管理站、坪头隧道管理站、枣林隧道管理站；6个路政中队：方山路政中队、临县西路政中队、兴县北路政中队、兴县南路政中队、临县路政中队、枣林路政中队；1个省界超限检测站：庞家庄超限检测站。共计39个基层单位。

【吕梁南高速公路管理有限公司（以下简称吕梁南公司）】 前身为吕梁高速公路有限公司，于1998年8月28日经省交通厅批复成立。2000年10月28日，吕梁境内第一条高速公路夏家营至汾阳高速公路建成通车，2005年10月28日汾阳至离石高速公路建成通车，2007年12月18日离石至军渡段高速公路建成通车，至此，青岛至银川高速公路主干线山西段全面贯通。吕梁南高速公路分公司于2017年12月30日经山西交控集团批复设立，吕梁高速公路有限公司高速公路经营管理业务随之划转，2018年1月8日在吕梁市工商行政管理局登记注册。2020年3月25日，吕梁南高速公路管理公司经山西交控集团批复组建，委托管理吕梁南分公司各项经营、管理业务，2020年4月1日在汾阳市行政审批服务管理局登记注册，注册资本500万元。现承担国道20青岛至银川国道主干线夏家营至汾阳、汾阳至离石、离石至军渡段170.297公里高速公路道路养护、收费经营、路政治超、安全管理等工作任务。

吕梁南公司机关内设综合办公室、党委工作部、纪检室、人力资源部、计划财务部、收费机电部、路产维护部、安全应急部、工会9个职能部门，设路政大队、信息监控中心和后勤中心3个另设机构，下设交城、开栅、文水、杏花、汾阳、汾阳西、吴城、离石东、离石西、柳林东、柳林西11个收费站，夏汾、汾离、离军3个路产维护站，汾离、柳林2个隧道管理站、夏汾、汾离、离军3个路政中队和1个军渡超限检测站(省界)。有干部职工1026人。

【晋中高速公路管理有限公司(以下简称晋中公司)】 成立于2020年3月，注册资金500万元，是交控集团深入推进全省高速公路管理体制改革，实现高速公路管理区域化、专业化、集约化，组建的子公司之一。晋中公司主要负责委托管理晋中高速公路分公司各项经营任务。管理的高速公路共有三段，分别为祁县至临汾、阳泉至左权、左权至黎城，三段高速公路里程共计306.198公里。设9部室、34个基层单位。晋中公司先后被评为省级“安全文化示范企业”、省属企业“文明单位标兵”、山西交控集团首批“文明单位标兵”；晋中公司所属四个班组获国家级“安全管理标准化示范班组”。内设综合办公室、党委工作部(董事会办公室)、党委组织部(人力资源部、团委)、纪检室、计划财务部、收费机电部、路产维护部、安全应急部、工会、后勤中心、路网运行监测中心、路政大队、收费站、路产维护站、隧道管理站、路政中队16个部门。

【太原高速公路管理有限公司(以下简称太原公司)】 是由山西交通控股集团有限公司出资设立的法人独资公司，成立于2020年3月，注册资本500万元，主要受山西交控集团委托管理分公司各项经营管理业务，主要经营范围为所辖区域内高速公路的经营和管理(不含施工)；不动产租赁；机械设备租赁。(依法须经批准的项目，经相关部门批准后方可开展经营活动)，具体负责太原南环、西北环、太祁、太古四条高速公路的运营管理任务，以及代管太原东山过境高速公路。2020年管养里程共计212.5公里，其中包含西山特长隧道15公里。太原公司内设10个职能部室，38个基层单位，共有职工2039名，其中高级管理人员14名，中层管理人员157名，普通员工1868名。

1999年6月18日，山西省太祁高速公路有限公司成立，负责大运高速公路太原至祁县段的建设与运营管理工作。2002年10月，山西省太祁高速公路有限公司成立太原西北环项目部，主要负责太原绕城高速公路西北环段建设与运营管理工作。2000年12月28日，山西省高速公路管理局太原管理处成立，负责太原东山过境、南过境两条高速公路的收费和养护工作。2005年10月19日，由太祁高速公路有限公司、太祁高速公路有限公司西北环项目部、太原管理处三家单位整合为山西省太原高速公路有限公司。2008年12月，太古高速公路建设管理处成立，负责太原至古交高速公路建设与运营管理工作。2017年12月，山西省太原高速公路有限公司与太古高速公路建设管理处整合为太原高速公路公司，2018年1月，太原高速公路公司更名为山西交通控股集团太原高速公路分公司。2020年3月，在太原高速公路分公司基础上组建成立太原高速公路管理有限公司。

【太旧高速公路管理(太原)有限公司(以下简称太旧公司)】 组建于2020年4月，受山西交控集团委托太旧高速公路分公司所管辖的太旧、平阳、阳泉西环和五盂共计365公里高速公路的经营管理事项。所辖高速公路为政府还贷性收费公路，辐射太原、晋中、阳泉、忻州4市8县(区)。

太旧公司内设党委工作部(团委)、综合办公室(董事会办公室)、党委组织部(人力资源部)、纪检室、计划财务部、收费机电部、路产维护部、安全应急部、工会9个部室和后勤中心、路网监测中心、机电运营维护中心、路政大队;下设榆次、寿阳、平定、阳曲、盂县、郊区、五盂7个路产维护站,武宿、旧关、晋中北、寿阳、阳泉、平定、东黄水、东梁、盂县南、河底、岔口、南娄、旧街、上社、梁家寨、陈家庄16个收费站,北茹、阳曲、大南山、西南巽、秋林、南娄、藏山、佛岭8个隧道管理站,太旧一、二、三中队和平阳一、二、三中队、五盂7个路政中队,旧关、郝家庄2个省界公路超限检测站。

【临汾北高速公路管理有限公司(以下简称临汾北公司)】 山西交控集团出资组建的专业化管理公司,是山西交控集团发挥存量资产集合优势、改革政府还贷高速公路经营体制的积极探索和优化国有资本配置、创新管理模式的有益实践,为山西交控集团公益性资产的受托管理企业。临汾北公司2020年4月2日正式成立,担负着临汾至侯马段、霍永高速公路东段、霍永高速公路西段、霍永西二期、临汾环城等路段的运营管理任务,管养里程共计239.292公里。

临汾北公司机关内设9个机构:党工部、综合办公室、党委组织部、纪检室、计划财务部、收费机电部、路产维护部、安全应急部、工会;下设32个基层单位,即:后勤中心、信息监控中心、临汾路政大队、路政一中队、路政四中队、路政五中队、路政六中队、路政七中队、乾坤湾公路超限检测站、五龙节隧道管理站、隰县隧道管理站、永和隧道管理站、襄汾路产维护站、环城路产维护站、汾西路产维护站、隰县路产维护站、永和路产维护站、洪洞收费站、土门收费站、襄汾收费站、北柴收费站、临汾收费站、广胜寺景区收费站、临汾北收费站、洪洞西收费站、永和收费站、隰县收费站、佃坪收费站、霍州西收费站、汾西收费站、永和乾坤湾景区收费站、隰县东收费站(未开通)。

【临汾南高速公路管理有限公司(以下简称临汾南公司)】 管辖临汾至吉县(G22)、吉县至河津(G59)、长治至临汾(G22)3条路段,共计279.5公里高速公路的经营管理任务。主线共有桥梁359座,隧道28座,其中特大桥6座,特长隧道4座,临吉、吉河路段桥隧比近50%,地形地貌变化大,地质条件复杂。

临汾南公司内设9个部室:党工部、综合办公室、党委组织部、纪检室、计划财务部、收费稽查部、路产维护部、安全应急部、工会,4个直属单位:后勤中心、信息监控中心、机电维护中心、路政大队。下设30个基层单位,其中有14个收费站:南辛店收费站、光华收费站、乡宁收费站、吉县收费站、壶口景区收费站、乡宁西收费站、西交口收费站、河津北收费站、临汾南收费站、临汾东收费站、曲亭收费站、古县收费站、安泽收费站、黄花岭收费站,5个路产维护站:光华路产维护站、吉县路产维护站、乡宁路产维护站、古县路产维护站、黄花岭路产维护站,6个隧道管理站:松卜岭隧道管理站、乡宁隧道管理站、吉县隧道管理站、乡宁西隧道管理站、西交口隧道管理站、黄花岭隧道管理站,5个路政中队:路政一中队、路政二中队、路政三中队、路政四中队、路政五中队。现有班子成员4名,外部董事2名;现有员工940人(核定人员编制1038人),其中35岁以下员工780人占83%,大学本科以上学历498人占53%,是一支朝气蓬勃、充满活力、勇于拼搏的队伍。

【长治高速公路管理有限公司(以下简称长治公司)】 山西交控集团出资组建的专业化管理公司,是山西交控集团发挥存量资产集合优势、改革政府还贷高速公路经营体制的积极探索和优化国有资本配置、创新管理模式的有益实践,为山西交控集团公益性资产的受托管理企业。长治公司成立于2020年4月,受山西交控集团委托,负责开展受托路段长治高速公路分公司所辖区域政府还贷高速公路的管理工作。具体负责长邯高速、长平高速、长治绕城高速、左黎高速(长治段)和长临高速(长治段)五条路的运营管理工作。现管理路段里程231.894公里,其中,长邯高速公路(山西段)全长53.526公里,2002年9月建成通车,于2014年7月开始进行长邯高速拓宽改造工程,经过三年多的工程建设,2017年12月长邯高速公路(山西段)全线恢复通车;长平高速公路全长42.4公里，2013年5月全线建成通车；长治绕城高速公路全长58.485公里，2011年3月建成通车；左黎高速（长治段）38.451公里，2016年7月建成通车；长临高速（长治段）39.032公里，2019年2月建成通车。

长治公司内设综合办公室、党委工作部、纪检监察室、人力资源部、计划财务部、收费机电部、路产维护部、安全应急部、工会9个职能部室；基层单位32个，分别为1个后勤中心、1个片区信息监控中心、1个路政大队、14个收费站、5个路政中队、5个路产维护站、2个省界超限运输检测站、5个隧道管理站。

【晋城高速公路管理有限公司（以下简称晋城公司）】 晋城高速公司分公司于2018年1月注册成立，负责晋阳、晋济、晋城环城、高沁、阳翼五条路段累计230公里高速公路的运营管理工作。2020年4月1日，注册成立，是由山西交控集团成立的全资子公司、专业化管理公司，受山西交控集团委托管理晋城高速公路分公司的经营管理工作。有干部职工1319人。

晋城公司内设9个部室：党委办公室、综合办公室（董事会办公室）、党委组织部（人力资源部、团委）、工会、纪检室、计划财务部、收费部、路产维护部、安全环保部。下设45个基层单位：1个后勤中心，1个路网运行监测中心，1个路政大队，1个机电维护中心，1个清障服务中心，1个天水岭省界超限检测站。20个收费站：牛匠收费站、天井关收费站、周村收费站、北留收费站、润城收费站、阳城收费站、晋城西收费站、南村收费站、泽州北收费站、巴公收费站、润城北收费站、阳城北收费站、芹池收费站、沁水东收费站、沁水西收费站、高平南收费站、马村收费站、胡底收费站、端氏收费站、郑庄收费站，7个隧道管理站：天井关隧道管理站、月湖泉隧道管理站、牛王山隧道管理站、官道岭隧道管理站、黄龙隧道管理站、云台山隧道管理站、端氏隧道管理站，6个路产维护站：晋济路产维护站、晋阳路产维护站、环城路产维护站、高平路产维护站、沁水路产维护站、阳城路产维护站，6个路政中队：晋济路政中队、晋阳路政中队、环城路政中队、高平路政中队、沁水路政中队、阳城路政中队。

【运城北高速公路管理有限公司（以下简称运城北公司）】 运城北高速公路分公司成立于2017年12月30日，负责侯运、侯禹、闻垣、闻合等路段共计322.771公里高速公路的经营管理工作。为山西交控集团根据运营管理需要依法设立的经营主体，由闻垣高速公路建设管理处、闻合高速公路建设管理处、运城高速公路有限责任公司的部分机构整合组建，机关内设综合办公室、党委工作部、纪检监察室、人力资源部、计划财务部、收费机电部、路产维护部、安全应急部、工会9个部室，下设后勤中心、信息监控中心、路政大队3个直属单位，19个收费站，7个路产维护站，7个路政中队，1个隧道管理站，职工1300余人。

为进一步健全现代企业制度，完善法人治理结构，变运营为经营，充分发挥资产集合优势，实现提质增效，山西交控集团于2020年3月26日成立运城北高速公路管理有限公司，对运城北高速公路分公司所辖高速公路进行优化管理，委托管理城北高速公路分公司各项经营、管理业务。

【运城南高速公路管理有限公司（以下简称运城南公司）】 成立于2017年12月29日。按照山西交控集团全面推行高速公路分公司管理体制改革精神，运城南高速公路管理有限公司2020年3月26日挂牌组建，4月3日注册成立。是山西交控集团的全资子公司，受山西交控集团委托，全面负责运城南高速公路分公司范围内高速公路经营管理事项。

运城南公司负责运城市境内运三高速、运风高速、运城绕城高速、运宝高速、河运高速5条共285公里运营高速的经营管理工作。机关设党工部、综合办公室、党委组织部、纪检室、计划财务部、收费机电部、路产维护部、安全应急部、工会9个部室，另设后勤中心、信息监控中心、路政大队3个直属单位，基层设22个收费站、6个路产维护站、6个路政中队、2个省界超限检测站：柳湾超限检测站暂停检测和1个隧道管理站，现有干部职工1255人。

山西航空产业集团

【山西航空产业集团有限公司(以下简称山西航产集团)】 由原山西省民航机场集团公司改制而成,由全民所有制企业成为受省国资委监管的国有独资企业,2017年12月27日正式挂牌成立。注册资本20亿人民币。改制后,由单一的机场运营管理集团转变到以机场建设和运营管理为核心主业,以航空相关上下游产业、通用航空、临空经济为关联业务的航空产业投资管理集团。山西省把通航产业作为14个战略性新兴产业之一,加快建设通航示范省,作为产业主力军的航产集团立足山西民航的区位优势和发展需要,进一步完善机场网络布局、发展通航产业、完善航空物流体系,逐步构建以机场为核心的高空经济、以通航为内容的低空经济、以机场周边经济带为主的临空经济格局,并持续扩大对外合作力度,吸引各种战略投资者,利用多种方式,引导有效投资,全力开创山西航空产业新局面。

山西航产集团在册职工3246名,其中太原地区2361人,长治地区286人,大同地区303人,吕梁地区154人,五台山地区142人。组织架构主要包括集团总部、机场板块、通航板块和非航业务板块四个组成部分。

山西航产集团总部内设:党委办公室(董事会办公室、党委巡察办公室)、组织人事部、宣传统战部(新闻中心)、纪委、总经理办公室(政策研究室、总工办)、战略规划部、资本运营部、健康安全环保部(机务航务部、调度指挥中心)、法律事务部(审计部)、市场营销部、工会、直属党委12个部室。

【太原武宿国际机场三期改扩建工程现场指挥部】 太原武宿国际机场三期改扩建工程系国家"十三五"规划重点机场建设项目,是山西省推动经济社会发展的重要民生工程,是山西省打造内陆地区对外开放新高地的重要举措。

按照中国民航局批复的《太原武宿国际机场总体规划(2020年版)》,太原武宿国际机场定位为区域枢纽机场、北京首都国际机场和北京大兴国际机场的备降机场。根据中国民航局对预可研报告的行业审查意见,本期建设规模为:飞行区、航站区土建工程按照满足机场终端年旅客吞吐量4000万人次、飞机起降28.4万架次的需求设计,货运和其他可分期实施项目及设施设备按照满足年旅客吞吐量3000万人次、货邮吞吐量15万吨、飞机起降22.6万架次的需求设计。飞行区等级指标4F。

主要建设内容包括:在现跑道南侧490米处新建长3600米、宽45米的第二跑道及相应滑行道系统,跑道主降方向设置Ⅲ类精密进近系统,次降方向设置I类精密进近系统;新建40万平方米的航站楼和127个机位的站坪、5万平方米的综合交通中心、13万平方米的停车楼以及货运、航食、机务维修、辅助生产用房等,配套建设供电、给排水、暖通等生产生活辅助设施。除以上机场工程外,配套建设空管、供油、东航基地、海航基地等工程。

按照中国民航局对预可研报告的行业审查意见,项目总投资为257.92亿元,其中机场工程221.24亿元、空管工程9.79亿元、东航基地工程17.87亿元、海航基地工程4.84亿元、供油工程4.18亿元。项目总新征用地10696亩,其中机场工程新征用地10198.3亩,空管用地282.7亩,航油用地155亩,海航用地60亩。

【太原国际机场有限责任公司(以下简称太原机场)】 2014年由山西航空产业集团有限公司全资注册成立,注册资本人民币7.15亿元,资产总额9.78亿元,在册职工1400人,党员504人。

太原机场为国内省会级干线机场，是山西省最大的国际航空口岸，飞行区等级指标4E级，可起降B747机型，同时满足F类A380备降需要。现有航站楼2座（1号航站楼面积2.58万平方米，2号航站楼面积5.5万平方米）；跑道1条（长3600米，含道肩宽75米）；机位60个；值机柜台66个（国内52个，国际14个）；安检通道30条（国内26条，国际4条）；基地航空公司3家（东航山西分公司、山西航空有限责任公司、昆明航空有限公司）。

太原机场机关内设部室8个，有办公室、计划财务部、人力资源部、安全质量部、航空市场部、党委工作部、纪委办公室、工会办公室，生产单位8个，有飞行区管理部、现场指挥中心、旅客服务部、地面保障部、候机楼管理部、安全检查站、安全护卫部、应急管理中心，代管山西龙腾顺达航空物流有限公司。

太原机场主要承担太原机场相应生产运输、服务保障、经营管理、空防安全等职能。

【长治机场有限责任公司（以下简称长治机场）】 属于山西航产集团全额注资子公司，是国有企业（正处级），2020年在职职工298人，退休49人。长治王村机场位于长治市北郊王村西南、小辛庄东侧，海拔923米，距市中心7.5公里，是山西省7个民航机场之一，属于军民合用机场。飞行区等级为4C级，跑道全长2440米，其中1400米产权属于民航，1040米产权属于军方，宽45米，厚度为32厘米，PCN50/R/B/X/T，单向I类精密进近跑道，可供B737、A320以下机型飞机起降。

长治机场内设办公室、人力资源部、计划财务部、安全质量部、党群工作部、航行保障部、公安分局、地面服务保障部、综合保障部、安检护卫部、市场营销部、非航开发部、飞行区保障部13个部门。

【大同机场有限责任公司（以下简称大同机场）】 地处大同市云州区倍加造镇，类型为其他有限责任公司，经营范围：民航机场建设民航运输服务、道路旅客运输、旅行社业务：航空旅游；餐饮配餐、食品生产、食品经营（以上项目凭有效许可证经营）；保证和促进民航事业发展的相关业务、其他广告服务、机动车维修（依法须经批准的项目，经相关部门批准后方可开展经营活动）。

大同机场于2005年成立，注册资金1.2亿元，有大同市城市建设经营投资有限责任公司、大同煤矿集团有限责任公司、山西省煤炭运销总公司大同分公司及大同市国资委4家股东单位，公司实行董事会领导下的总经理负责制。公司内设党群工作部（团委）、办公室（工会）、人力资源部、计划财务部、安全质量部等5部1室，下设航行保障部、安检护卫部、地勤服务部、综合保障部、车辆保障部、机务保障部、贵宾服务部、航空市场部等8个部门。其中，贵宾服务部于2017年9月委托山西空港贵宾服务有限公司管理，成立山西空港贵宾服务有限公司大同事业部；机务保障部于2020年11月由山西航空产业集团有限公司机务工程技术分公司一体化管理。还有大同机场公安分局1个派驻机构及中航油大同供应站1个驻场单位。

大同机场自2006年1月通航以来，2013年1月完成二期改扩建工程，2013年7月至2017年8月分两次对原T1航站楼进行国际航站楼改造。2020年，机场飞行区等级为民用4C级，跑道长3000米，宽60米，可起降空客A321（含）、波音737-800（含）以下机型，仪表着陆系统为I类精密进近，并建有单向盲降系统。现有T1国际（6328.2平方米）和T2国内（10854平方米）两座航站楼，总面积17182.2平方米；停机坪面积40550平方米，可同时停放7架（6C、1B）飞机。

【吕梁机场有限责任公司（以下简称吕梁机场）】 成立于2013年9月4日，由吕梁市政府委托山西航空产业集团有限公司（原山西省民航机场集团公司）管理。于2014年1月26日正式通航。

吕梁机场是国家“十一五”规划建设的重要支线机场，是省、市重点项目，位于方山县大武镇西北（位于大武镇木格塔墕村附近的黄土梁上，距吕梁市区约20.5公里，距城市规划边缘约9公里。机场基准点坐标为北纬37°40′54.5″，东经111°08′34.9″，磁差4°06′，地面标高1167.4米，占地面积2672亩。机场地处典型的湿陷性黄土地区，是目前国内施工难度最大、土方量最大、填方最多的支线机场。机场建设中，共搬12座山，填22条沟，累计挖填方

6000多万立方米。吕梁机场飞行区等级为4C级，能起降CRJ-200、波音737-800、空中客车A319、空中客车A320等系列飞机；航站楼面积13259.3平方米，规划设计至2020年旅客年吞吐量20万人次，货运吞吐量900吨。

吕梁机场机构设置为职能部室4个：党群工作部、办公室、计划财务部、安全质量部，内设机构1个：共青团吕梁机场有限责任公司委员会设在党群工作部，基层（一线）机构6个：航行保障部、安全检查站、地勤服务部、机务保障部（消防大队）、综合保障部、航空市场部。

【五台山机场有限责任公司（以下简称五台山机场）】依据忻州市人民政府办公厅忻政办函〔2013〕181号文件《关于成立忻州市五台山机场有限责任公司的通知》创建于2014年1月17日，注册资本1000万元，其中忻州市人民政府国有资产监督管理委员会出资1000万元，占注册资本总额的100%。2015年7月16日，忻州市人民政府正式与山西航产集团签订《忻州五台山机场委托经营管理协议》将五台山机场托管于山西航产集团。2020年，为贯彻落实省政府高水平实施"大航空"战略的重大举措，推进实施机场一体化运营管理。忻州市政府、省交通运输厅、山西航产集团高度重视并积极推进，2020年9月29日完成忻州机场委托运营管理补充协议的正式签署。

五台山机场位于山西省忻州市定襄县宏道镇，是山西省内第一座旅游支线机场，主要依托中国佛教四大名山之首五台山而发展建设，于2015年12月25日正式通航，目前通航上海浦东、哈尔滨、宁波、广州、贵阳、沈阳、重庆、南京、杭州、包头、厦门、成都、天津、南宁、长沙15个重点城市。五台山机场的建成为忻州文化旅游搭建了高层次平台，对推进山西省内及忻州市旅游经济在更高领域的发展具有跨时代、里程碑的意义。

五台山机场跑道长度2600米，可满足波音737系列和空客A320系列客机起降，航站楼建筑面积20000余平方米，站坪5个机位（含1个除冰机位），4个登机廊桥，停车场3000平方米，126个社会停车位（含大巴车位），商业面积约800余平方米，配套建设助航灯光、通信、气象、消防救援等设施。

2015年12月25日，五台山机场正式通航；2016年五台山机场旅客吞吐量111585人次，航班起降1728架次。2017年旅客吞吐量261146人次。2018年旅客吞吐量327784人次。2019年旅客吞吐量487202人次，2020年旅客吞吐量27.3968万人次，货邮吞吐量125.975吨，截止到2021年3月20日，旅客吞吐量58970人次，货邮吞吐量16.026吨。

五台山机场周边旅游景点资源丰富，且距离适中，东界国家AAAAA级风景名胜区、国家级地质公园、国家自然与文化双重产地、中国佛教四大名山之首五台山景区71公里；西连国家AAAA级旅游景区、国家级自然保护区芦芽山景区90公里，内有300万年前的国家地质公园万年冰洞，有中国华北地区罕见的水平联同型栈道，是世界罕见的生态基因库；南临国家级森林公园、华北第一溶洞禹王洞35公里，内设禹王洞景区、聚宝盆景区、苍龙山景区和岩山景区等110个景点；北倚国家AAAA级旅游区，中国最佳文化吞旅游观光目的地，全国重点文物保护单位，距有"九塞尊崇第一关"之称的雁门关67公里；同时机场周边还有徐向前故居、白求恩纪念馆、西河头地道战纪念馆、阎锡山旧居、定襄凤凰山温泉度假村等知名景点。

五台山机场所在地距国道1812沧榆高速10公里，国道55二广高速20公里，东连京津，西带黄河，南界石岭，北倚长城，是贯通东西，纵横南北的能源、物流走图、交通便捷、境内资源富集。2020年，忻州市规划建设保忻高铁专线，途经五台山机场，连通京津冀三省市，通车后形成空地联运的立体交通枢纽。

五台山机场航站楼面积为20000平方米，以五台山"五台隆起"高低错落的五峰相结合为构思，以"佛从莲生"中的"莲花"外形为基本构架，以汉藏佛教大融为主题，整体动感造型似"鲲鹏展翅"寓意五台山机场将带动忻州市经济的腾飞，航站楼内配有贵宾厅、商业区和餐饮区，同时机场航站区绿化环境优美，植被覆盖面积广阔，背靠漆郎山，南通机场大道,东有卍字广场,西接如意景观湖,配有3000平方米停车场,旨在为旅客提供方便,舒适、使捷的出行条件。

【太原空港配餐有限公司(以下简称配餐公司)】 是由山西航产集团有限公司全资投资的子公司,成立于2010年11月,2012年1月起正式独立运营。是集航空餐食生产配送、餐具洗消、地面食品销售等业务为一体的食品生产配送企业。配餐公司严格遵循“以质量开拓市场、以服务赢得客户、以人才创造未来”的企业宗旨,弘扬“争创服务品牌,加强与国际接轨;积极开拓市场,走质量效益道路”的经营理念。通过不断的努力,配餐公司连续多年被集团公司评为“先进集体”;被海航、南航、山东航等各航空公司评为“优秀供应单位”。

配餐公司共由综合业务室、安全管理监察部、生产保障部、航机保障部、经营业务部5个部门组成。截至2020年12月底,公司有员工144人。

【山西空港贵宾服务有限公司(以下简称贵宾公司)】 成立于2015年5月19日,是山西航产集团与首都空港贵宾服务管理有限公司共同组建的合资公司,注册资本为600万元。主营业务是为政务要客、两舱旅客及金/银卡旅客、中高端商务旅客等抵离机场提供贵宾服务。

贵宾公司有部门11个,其中职能部门4个,分别为办公室、党群工作部、财务部、安全质量部;业务部门5个,分别为市场营销部、贵宾服务部、嘉宾服务部、车辆保障部、生产运行部;异地事业部2个,分别为运城事业部、大同事业部。

【太原空港停车场管理有限公司(以下简称停车场公司)】 成立于2010年12月,是山西航空产业集团有限公司全资子公司。主要业务包括停车场服务,场地租赁,机场巴士运行(主要是接送乘机旅客服务、不正常航班旅客运送),新能源汽车充电设施的建设管理,停车场设备安装等。

停车场公司有职工83人,其中党员38名。内设5个部门和1个三级全资子公司,其中职能部室3个,分别为综合业务室,财务管理部、安全监管室。一线生产部门2个,分别为收费部和机场巴士运行部。下设三级公司为忻州市五台山空港快线运输有限公司(以下简称空港快线公司)。

停车场公司业务包括:一是停车服务。主要经营、管理太原武宿国际机场停车场,综合楼停车场,市区内受航产集团委托管理南中环车场。太原武宿国际机场停车场占地面积达11万平方米,设置有33个停车区,1397个车位。公司针对不同需求的旅客提供超越期望的服务,运用互联网+停车服务,提高停车场科技含量,努力打造方便、快捷的停车服务。二是机场巴士旅客运输服务。机场巴士共有20辆营运车,现运营线路为机场—广场。负责武宿国际机场不正常航班保障,集团行政用车保障。机场巴士取得了市际包车客运、市际定线旅游客运、县际定线旅游客运资质,可承接省内旅游客运、机场接送、城市候机楼、包租车等业务。

【山西民航机场空港联合传媒有限公司(以下简称传媒公司)】 成立于2011年5月16日,是山西航空产业集团有限公司与北京首都机场广告有限公司共同出资组建的专业化广告媒体运营公司。

传媒公司独家授权经营太原武宿国际机场所有区域媒体广告及山西省所辖支线机场媒体资源。经营媒体有太原、运城、长治、大同、吕梁、五台山机场灯箱、LED显示屏、高立柱、航显、电视系统、实物展示、手推车、安检筐、玻璃贴等各类媒体。传媒公司借助北京首都机场广告有限公司的统一营销体系和先进管理经验,以专业化经营、精细化管理、品质化发展、打造国内一流机场媒体资源、创造更高经济效益和社会效益为宗旨。始终致力于依托机场、服务机场,为客户铸就品牌、创造财富,实现合作共赢。下设4个部门:综合管理部、市场营销部、媒体管理部、财务管理部。

【山西龙腾中天科技有限公司(以下简称科技公司)】 成立于2012年12月,是山西航空产业集团有限公司的全资子公司,人员28人,中共党员17人,中级以上计算机类工程师6人,高级工程师1人。公司获得ISO9000认证,安防从业单位资质,诸多系列计算机软件著作权等。

科技公司自成立以来,一方面做好集团公司及兄弟企业的信息网络运行维护工作,办公自动化等信息系统安全工作。另一方面积极开拓市场、发展经营业务,稳中求进完成集团公司年度经营任务。

科技公司下设5个部门:综合办公室、工程项目部、运行维修部、客户服务部、市场开发部。

【山西通用航空集团有限公司(以下简称通航集团)】 是为顺应通用航空业发展大势,贯彻落实山西省委、省政府山西通航强省建设目标,由山西航空产业集团有限公司与中国航空国际建设投资有限公司共同出资成立的集团公司。山西通航集团注册资本1亿元,于2018年12月3日在山西转型综改示范区注册成立。

通航集团本部下设5部1中心,即:综合管理部、党群人事部、战略规划部、安全质量部、财务管理部及运行控制中心。综合管理部的主要职责有政策研究、股东事务、会议活动、对外协调、体制改革、印章管理、招标采购、资产物资、后勤管理、证照管理、法务管理、内部审计、合同管理、档案管理、企业形象、信访管理等工作;党群人事部的主要职责有党建工作、纪律检查、工会、团委、新闻宣传、统战、党总支事务、保密管理、人事管理、培训管理、绩效考核、职称管理等工作;战略规划部的主要职责有经济政策研究、战略规划、战略合作、市场开发、投资管理、经营管理、经营考核、项目管理、统计分析等工作;财务管理部的主要职责有会计核算、财务管理、税务管理、配合外部审计事项、资本运作、投融资管理、资金管理、账务资产管理、内部控制及财务风险管控等工作;安全质量部的主要职责有质量体系、环境体系、职业健康体系、安全质量管理、服务质量管理、应急管理、治安保卫、合约方安全管理、投诉管理、满意度调查等工作;运行控制中心的主要职责有运行控制中心运营管理、运行控制中心系统开发建设运营、通航飞行业务空域协调、通航企业飞行业务服务管理、省内通航飞行空域监视工作。通航集团下辖全资子公司山西三晋通用航空有限责任公司和控股子公司山西通用航空无人机有限公司,受托管理山西通用机场管理有限公司,管理太原尧城机场。

2019年4月30日,山西通航实现首飞以来,截至2020年12月31日,共开通7条省域短途运输航线和1条跨省短途运输航线,在三大旅游板块及晋阳湖、绵山等景点运营低空旅游项目,累计短途运输起降短途运输3095架次、运输旅客17332人次,低空旅游起降879架次、载客2365人次。

各市交通运输局

【太原市交通运输局】 是太原市人民政府职能部门,主要职责是承担全市综合交通运输体系规划编制和协调工作,负责全市交通运输枢纽规划和管理。承担城乡公交营运路线、客运出租路网规划、场站点设置规划等特许经营权资源市场配置工作。负责农村道路技术规划、安全设施规划和管理工作等。承担城市客运及出租车行业管理职责,承担全市道路水路运输市场及安全监管等工作。局机关内设办公室、人事科、政策法规科等13个职能科室。行政编制54名,工勤编制5名。局领导10名,其中局长1名,副局长4名(含市邮政管理局局长),驻局纪检监察组组长、市国防动员委员会交通战备办公室主任和原市汽车客运管理办公室党委书记、主任各1名,调研员2名。

2020年事业单位改革完成后,太原市交通运输局由局机关及所属太原市交通运输发展中心(太原市轨道交通运营中心)、太原市交通运输综合行政执法队2个公益一类事业单位组成。市属企业有太原市公共交通控股(集团)有限公司,局属企业有太原市通达交通运输投资有限公司。

太原市交通运输局内设科室及职能有:

办公室(党组办公室):负责政务工作的综合协调。组织召开相关会议。负责文电、会务、机要、信息、保密、督办、档案、接待、内部资产管理、办公自动化、保卫、新闻发布、目标考核等工作。负责后勤保障工作。负责综合协调及综合性文稿起草工作。组织办理人大建议、政协提案。负责党组与市委的党务联系,承办党组日常工作。

人事科:负责机关及直属单位的组织人事、机构编制、劳动工资、教育培训、技术职称申报评聘等工作。指导系统内人才队伍建设。

财务科(内审科):拟订全市交通运输行业财务会计、国有资产和专项资金管理制度并组织实施。负责交通运输发展资金筹集、管理和使用,负责专项资金、决算、政府采购、信贷、外资利用、收费公路管理、交通国有资产投融资监督管理。承担局属企事业单位财务收支、预算内外资金、局管领导干部任期经济责任、固定资产投资项目、交通基础设施建设资金使用等行业内部审计工作,协调配合外部审计工作。组织编报和监督管理部门预算。

政策法规科(执法监督科):研究提出全市交通运输行业发展政策并监督实施。组织开展交通运输系统法治建设和依法行政工作。组织起草有关地方性法规、规章草案和规范性文件。承担有关规范性文件的合法性审查和清理工作。负责交通运输系统行政执法协调监督工作,承担行政复议、行政应诉、行政赔偿、行政执法听证等法律事务工作。开展法制教育、普法宣传以及政策法规教育培训、咨询服务工作。负责重大执法决定法制审核工作。承担交通运输综合行政执法工作的政策标准制定、监督指导、重大案件查处和跨区域执法的组织协调工作。指导交通运输行业协会、学会工作。

综合规划科:组织编制全市综合运输体系规划和发展战略。组织起草公路水路行业规划、中长期发展规划和专项规划,参与拟订全市物流业发展战略规划,提出有关政策标准。提出全市交通运输有关专项资金投资政策、资金安排建议和预算并监督实施。指导全市交通行业统计、信息工作。负责交通运输枢纽和场站规划,农村道路技术规划,安全设施规划和管理工作。提出全市交通运输固定资产投资规模和方向并监督实施。

建设管理科(农村公路管理科):组织拟订全市交通基础设施建设维护政策、制度并监督实施。承担全市公路水路建设市场监管。维护公路水路建设市场平等竞争秩序。承担重点公路水路工程建设项目相关管理工作。指导公路水路交通安全设施建设,参与公路水路年度计划和中长期发展规划拟订、质量安全事故调查。组织拟订全市农村公路发展政策、标准、规范、制度并组织贯彻实施。提出全市农村公路建设、维护年度计划和水毁灾害处置资金使用建议并监督实施。承担全市农村公路建设规划实施和工程项目的监督管理工作。负责全市农村公路交通运输基础设施建设、维护、运营、路政、治超等监督管理工作。指导全市农村公路建设工作。

综合运输管理科:参与拟订全市综合运输体系发展战略规划,承担全市综合运输体系建设协调、道路和水路运输市场监管,指导监督全市道路水路运政管理。承担交通枢纽及运输场站运营管理工作。承担通航水域水上交通安全监督管理工作。承担船舶污染、水上交通安全事故调查处置和指导工作。参与道路水路运输事故调查。负责城乡客运及市场秩序监督管理,承担全市港航监督、船舶技术检验管理工作。负责全市渔船检验和监督管理工作。承担市国防动员委员会交通战备日常工作,组织、管理、指导全市交通战备工作。

城市客运管理科:拟订全市城市客运管理相关政策、规范、标准并组织贯彻实施。承担本市跨县(市、区)客运管理工作。指导全市城市客运管理工作。承担全市城市公共汽车客运、出租汽车客运、汽车租赁等行业管理工作。

轨道交通管理科:拟订全市城市地铁和轨道交通相关政策、规范、标准并组织贯彻实施,负责对城市地铁和轨道交通线网布局和规模、换乘枢纽规划、建设时序、线网综合应急指挥系统建设、线路功能定位、线路制式、交通接驳、系统设计运输能力、行车组织、运营管理、运营服务、运营安全等提出意见。负责组织初期运营前安全评估。负责全市城市地铁和轨道交通运营监督管理工作。

安全监督和治超管理科:拟订全市公路水路安全生产有关办法和应急预案并监督实施。指导全市交通运输行业安全生产和应急处置体系建设。承担交通基础设施建设和公路水路运输企业安全生产和危险化学品道路水路运输安全监督管理工作。依法组织或参与事故调查处理,按规定组织协调国家重点物资运输和紧急客货运输。指导全市交通防汛、防疫、防震和消防安全等工作。协调全市突发公共事件交通运输保障,负责全市公路治超监督管理工作。依照有关法律、法规的规定,承担职责范围内有关行业、领域的安全生产监督管理工作,指导督促企事业单位加强安全管理。

科技信息科:承担全市交通科技和交通信息化建设工作,组织拟订全市交通行业科学技术、教育、信息化、环境保护、节能减排政策和交通基础设施建设维护技术规范及规程并监督实施。编制交通运输行业科技、技术改造、技术培训中长期发展规划和年度计划。负责交通行业技术培训工作。开展交通科技开发、成果推广、对外技术合作交流工作。承担涉及综合运输体系的标准协调工作。

机关党委:负责机关和所属单位党群工作。

离退休人员工作科:负责机关离退休人员管理工作,指导所属单位离退休人员管理工作。

【小店区交通运输局】 根据《中共太原市小店区委办公室、太原市小店区人民政府办公室关于印发〈太原市小店区机构改革实施方案〉的通知》(小店委办〔2019〕4号)文件规定,小店区交通运输局是区人民政府工作部门,为正科级。

主要职责有11项:一是贯彻执行国家、省、市关于交通运输的法律法规和方针政策,负责全区交通运输行业行政管理。二是根据本区经济发展总体布局,组织或参与编制交通基础设施建设计划,制订道路、水路运输发展规划,全区综合运输网以及交通行业的发展计划,并组织、管理、监督实施。负责辖区内交通行业统计工作和信息引导。三是负责对全区从事道路运输经营以及道路运输相关业务和水路运输市场的管理,包括道路旅客运输经营、道路货物运输经营、公路物流、道路运输站场经营、机动车维修经营、机动车综合性能检测、机动车驾驶员培训等。实施全区道路运输及相关业务的服务质量监督管理、服务质量信誉考核。四是承担全区水上交通安全监管责任,负责水上交通管制、船舶及相关水上设施检验登记和污染防控、水上消防、航行保障、应急救助、通信导航、船舶与渡口设施保安及危险品运输监督管理等工作,负责船员管理的有关工作;负责全区水上交通安全事故、船舶及相关水上设施污染事故应急处理;负责全区渔船检验和监督管理工作。五是负责对辖区内公示货物装载的站场、集散地等货物运输源头单位实施治理非法超限超载监督管理。六是负责对所属单位国有资产的管理、监督。七是承担全区公路水路建设市场监管责任;按照省市公路水路工程建设相关政策、制度和技术标准监督实施;组织实施公路水路重点工程建设和工程质量、安全生产监督管理工作;指导和组织全区交通运输基础设施管理和维护,承担有关重要设施的管理和维护;按规定负责渡口规划和岸线使用管理工作;负责全区农村公路交通运输基础设施建设、维护、运营、路政、治超等监督管理工作。八是依照有关法律、法规的规定,承担职责范围内有关行业、领域的安全生产监督管理工作,指导督促企事业单位加强安全管理;按规定组织协调重点物资和紧急客货运输;承担国防动员交通战备有关工作。九是指导全区交通信息化建设、监测、统计信息发布和公路水路行业科技开发、环境保护和节能减排等工作。十是承担全区交通运输领域行政监督、行政许可、行政裁决等行政职能工作。十一是完成区委、区人民政府交办的其他任务。《实施方案》要求区交通运输局要减少微观管理事务,从制度安排上激发市场主体的活力,促进交通运输系统职能转变,加强综合运输体系建设组织协调,推进交通运输体制改革。与有关部门节能降耗减排职责的分工。区发展和改革局负责全区节能综合协调工作，具体负责第一产业和第三产业（不含房地产业）节能工作，负责全区节能降耗工作；区工业和信息化局具体负责工业和信息化领域节能工作；区住房和城乡建设局具体负责建筑节能工作；区城乡管理局具体负责城镇生活减排有关工作；区交通运输局具体负责交通运输节能工作。

【迎泽区交通运输局】 主要职责有12项，一是贯彻执行国家和省、市关于交通运输的法律法规和方针政策，负责全区综合交通运输发展的研究和信息指导工作。二是研究起草本区域相关规范性文件并组织实施，拟定全区交通运输发展战略建议。三是承担全区农村道路规划、建设标准和管理工作。四是承担全区道路水路运输市场监管责任，组织监督实施道路水路运输有关政策、准入制度、技术标准和运营规范工作。五是按照职责权限，参与区域内水上交通安全监管工作，主要包括水上交通管制、船舶及相关水上设施检验登记和污染防控、水上消防、航行保障、应急救助、通信导航、船舶与渡口设施保安及危险品运输监督管理及船员管理、水上交通安全事故和船舶及相关水上设施污染事故应急处理工作；负责全区渔船检验和监督管理工作。六是提出全区公路固定资产投资规模和方向及有关各类地方财政性资金安排建议，核准规划内和年度计划内固定资产投资项目。七是负责全区农村公路交通运输基础设施建设、维护、运营等管理工作。八是负责辖区路政管理工作，负责辖区内县乡公路路产、路权的监督和治超工作；负责公路工程质量监督，组织公路工程的建设工作。九是承担本区交通运输行业的安全生产监管责任，指导督促企事业单位加强安全管理，依照有关法律、法规的规定履行安全生产监督管理职责，开展监管执法工作；按规定组织协调重点物资和紧急客货运输；承担国防动员交通战备有关工作。十是负责全区交通运输信息化建设、监测分析运行情况，开展相关统计工作，发布有关信息。开展公路行业科技开发、环境保护和节能减排等工作。十一是承担全区交通运输领域行政监督、行政许可、行政裁决等行政职能工作。负责辖区内道路运输经营许可（货物运输经营）、道路运输相关业务经营许可（驾驶员培训）；道路运输各相关企业包括物流运输、客运企业、汽车维修市场、驾驶员培训机构等日常监管、安全生产监管；负责网约车驾驶员备案；负责辖区货运源头企业治超工作；负责辖区运政稽查工作。十二是完成区委、区人民政府交办的其他任务。内设机构有2个股（室）：办公室、综合业务股。

【杏花岭区交通运输局】 主要职责有13项，一是贯彻执行国家和省、市关于交通运输的法律法规、方针政策、相关地方性法规、规章草案和规范性文件并组织实施，研究拟订全区交通运输发展战略建议。组织实施交通基础设施建设、道路运输市场建设。参与拟订全区综合运输网及交通行业中长期发展规划及年度计划，并组织实施。二是承担全区综合交通运输体系规划编制和协调工作，负责全区交通运输枢纽规划和管理。按照规定权限负责城乡公交营运路线、客运出租路网规划、场站点设置规划等特许经营权资源市场配置方面的相关工作。负责农村道路技术规划、安全设施规划和管理工作。三是组织实施公路水路行业规划、政策和标准。参与拟订全区物流业发展战略和规划，按照规定权限拟定有关政策和标准并监督实施。指导全区公路水路行业有关体制改革工作。四是承担全区道路水路运输市场监管责任，负责监督实施道路水路运输有关政策、准入制度、技术标准和运营规范。负责城乡客运及有关设施规划与监督管理工作。按照规定权限负责出租汽车行业管理和城市地铁、轨道交通运营管理方面的相关工作。承担区内水路运输管理工作。按照规定权限负责承担区内航道管理方面的相关工作。五是承担全区水上交通安全监管责任，负责水上交通管制、船舶及相关水上设施检验登记和污染防控、水上消防、航行保障、应急救助、通信导航、船舶与渡口设施保安及危险品运输监督管理等工作，负责船员管理的有关工作。负责全区水上交通安全事故、船舶及相关水上设施污染事故应急处理。负责全区渔船检验和监督管理工作。指导水上安全监管工作。六是提出全区公路水路固定资产投资规模和方向、各类地方财政性资金安排意见，按照规定权限审批、核准规划内和年度计划内固定资产投资项目。落实公路水路有关规费政策并监督实施，提出有关财政、土地、价格等政策建议。负责全区交通国有资产投融资和监督管理工作。七是承担全区公路水路建设市场监管责任。负责监督实施公路水路工程建设相关政策、制度和技术标准。组织实施公路水路重点工程建设和工程质量、安全生产监督管理工作。指导和组织全区交通运输基础设施管理和维护，承担公路建设和养护及有关重要设施的管理和维护。按照规定权限负责渡口规划和岸线使用管理方面的相关工作。加强和完善全区农村公路技术规划、安全设施规划，负责全区农村公路交通运输基础设施建设、维护、运营、路政、治超等指导监督管理工作。八是依照有关法律、法规的规定，承担职责范围内有关行业、领域的安全生产监督管理工作，指导督促企事业单位加强安全管理。按规定组织协调重点物资和紧急客货运输。承担国防动员交通战备有关工作。九是指导全区交通运输信息化建设、监测分析运行情况，开展相关统计工作，发布有关信息。组织和指导全区公路水路行业科技开发、环境保护和节能减排等工作。十是承担全区交通运输领域行政监督、行政许可、行政裁决等行政职能工作。十一是落实交通运输综合执法工作的政策标准，按照规定权限负责全区交通运输综合执法工作的监督指导、重大案件查处和跨区域执法的组织协调工作。十二是会同有关部门建立综合交通运输体系协调配合机制，编制综合运输体系规划。承担涉及综合交通运输体系规划有关协调工作。按照规定权限指导交通运输行业协会、学会工作。十三是完成区委、区政府交办的其他任务。内设机构5个：办公室、财务人事管理股、建设管理股、养护管理股、交通战备办公室。

【尖草坪区交通运输局】 是区政府管理全区交通运输的职能部门，主要职责是负责全区交通基础设施建设的中长期发展规划；负责全区县公路建设、养护、管理，同时指导、督察各乡镇街办完成各自辖区内的乡村公路的建设、养护、管理；负责配合完成区域内省市重点公路工程的建设工作；负责全区交通战备工作；负责全区道路运输经营以及道路运输相关业务和水路运输市场的管理工作；负责指导全区城市客运及出租车行业管理。局机关内设机构4个：办公室、财务室、工程科、战备办。有下属事业单位7个：尖草坪区交通运输局公路工程养护所、尖草坪区道路运输管理所（尖草坪区交通运输稽查大队）、尖草坪区交通运输局汽车维修行业管理所、尖草坪区地方海事处、尖草坪区交通运输局路政管理所、尖草坪区汽车客运管理办公室、尖草坪区货运出租管理所。

【万柏林区交通运输局】 主要职能有12项，一是研究起草相关规范性文件并组织实施，拟定全区交通运输发展战略建议。二是承担全区综合交通运输体系规划编制和协调工作，负责全区交通运输枢纽规划和管理；负责全区农村道路技术规划、安全设施规划和管理工作。三是组织拟订并监督实施全区公路水路行业规划、政策和标准；参与拟订全区物流业发展战略，按规定权限拟订有关政策和标准并监督实施；指导全区公路水路行业有关体制改革工作。四是承担全区道路水路运输市场及车辆维修和驾驶员培训学校日常监管责任，组织制定全区道路水路运输有关政策、准入制度、技术标准和运营规范并监督实施；承担城乡客运有关设施规划及监督管理工作；承担区域内水路运输及航道管理工作。五是承担全区水上交通安全监管责任，负责水上交通管制、船舶及相关水上设施检验登记和污染防控、水上消防、航行保障、应急救助、通信导航、船舶与渡口设施保安及危险品运输监督管理等工作，负责船员管理的有关工作；负责全区水上交通安全事故、船舶及相关水上设施污染事故应急处理；负责全区渔船检验和监督管理工作。六是提出全区公路水路固定资产投资规模、方向和地方财政性资金安排意见，按规定权限审批、核准规划内和年度计划内固定资产投资项目；落实公路水路有关规费政策并监督实施，提出有关财政、土地、价格等政策建议；负责全区交通国有资产投融资和监督管理工作。七是承担全区公路水路建设市场监管责任；拟订全区公路水路工程建设相关政策、制度和技术标准并监督实施；组织实施公路水路重点工程建设和工程质量、安全生产监督管理工作；指导和组织全区交通运输基础设施管理和维护，承担有关重要设施的管理和维护；负责全区农村公路交通运输基础设施建设、维护、运营、路政等管理工作。八是承担全区交通运输行业的安全生产监管责任，指导督促企事业单位加强安全管理，依照有关法律、法规的规定履行安全生产监督管理职责，按规定组织协调重点物资和紧急客货运输及国防交通运输保障工作。九是指导全区交通运输信息化建设、监测分析运行情况，开展相关统计工作，发布有关信息。组织和指导全区公路水路行业科技开发、环境保护和节能减排等工作。十是承担全区交通运输领域行政监督、行政许可、行政裁决等行政职能工作。十一是承担区国防动员委员会交通战备日常工作，组织、管理、指导全区交通战备工作。十二是完成区委、区政府交办的其他任务事项。另外，要求区交通运输局牵头，会同有关部门建立综合交通运输体系协调配合机制，编制综合运输体系规划；承担全区国防建设领域涉及综合交通运输体系规划、潜力调查等有关协调工作。内设机构有11个科室：办公室、党工委办公室、财务科、安全监督科、行政审批科、政策法规科、机关后勤中心、建设规划管理科、科技信息管理科、综合运输管理科、“四好农村路”创建办公室。

【清徐县交通运输局】 是县人民政府职能部门，正科级。主要职责是指导全县交通运输信息化建设、监测分析运行情况，开展相关统计工作，发布有关信息。组织和指导全县公路水路行业科技开发、环境保护和节能减排等工作。承担全县交通运输领域行政监督、行政许可、行政裁决等行政职能工作。负责全县交通运输综合执法工作的监督指导、重大案件查处和跨区域执法的组织协调工作。完成县委、县政府交办的其他任务。内设机构7个：办公室、执法监督和治超股、行政审批和政策法规股、财务室、综合规划和建设管理股、综合运输安全室、党务室。

【阳曲县交通运输局】 是县人民政府职能部门，为正科级。主要职责有12项：一是 拟订全县交通运输发展战略建议。二是承担全县综合交通运输体系规划编制和协调工作，负责全县交通运输枢纽规划和管理。三是组织拟订并监督实施全县公路水路行业规划、政策和标准。四是承担全县道路水路运输市场监督责任，组织制定全县道路水路运输有关政策、准入制度、技术标准和运营规范并监督实施。五是承担全县水上交通安全监督责任，负责水上交通管制、船舶及相关水上设施检验登记和污染防控、水上消防等工作。六是提出全县公路水路固定资产投资规模和方向、各类地方财政性资金安排意见。七是承担全县公路水路建设市场监管责任。八是依照有关法律、法规的规定，承担责任范围内有关行业、领域的安全生产监督管理工作，指导督促企事业单位加强安全管理。九是指导全县交通运输信息化建设、监测分析运行情况，开展相关统计工作，发布有关信息。十是承担全县交通运输领域行政监督、行政许可、行政裁决等行政职能工作。十一是承担全县交通运输综合执法工作的政策标准制度监督指导、重大案件查处和跨区域执法的组织协调工作。十二是完成县委、县政府交办的其他任务。阳曲县交通运输局综合设置工作岗位，承担工作职责。机关行政编制6名，现有在职公务员5名、行政离退休人员13名。直属单位有2个：阳曲县交通运输综合行政执法队、阳曲县交通运输发展中心。

【古交市交通运输局】 主要职责有13项，一是研究起草相关规范性文件并组织实施，拟订全市交通运输发展战略建议。二是承担全市综合交通运输体系规划编制和协调工作，负责全市交通运输枢纽规划和管理；承担城乡公交营运路线、客运出租路网规划、场站点设置规划等特许经营权资源市场配置工作；负责农村道路技术规划、安全设施规划和管理工作。三是组织拟订并监督实施全市公路水路行业规划、政策和标准；参与拟订全市物流行业发展规划，按规定权限拟订有关政策和标准并监督实施；指导全市公路水路行业有关体制改革工作。四是承担全市道路水路运输市场监管责任，组织制定全市道路水路运输有关政策、准入制度、技术标准和运营规范并监督实施；负责城乡客运及有关设施规划与监督管理工作；负责出租汽车行业管理；承担市内水路运输及航道管理工作。五是承担全市水上交通安全监管责任，负责水上交通管制、船舶及相关水上设施检验登记和污染防控、水上消防、航行保障、应急救助、通信导航、船舶与渡口设施保安及危险品运输监督管理等工作，负责船员管理的有关工作；负责全市水上交通安全事故、船舶及相关水上设施污染事故应急处理；负责全市渔船检验和监督管理工作。六是提出全市公路水路固定资产投资规模和方向、各类地方财政性资金安排意见，按规定权限审批、核准规划内和年度计划内固定资产投资项目；落实公路水路有关规费政策并监督实施，提出有关财政、土地、价格等政策建议；负责全市交通国有资产投融资和监督管理工作。七是承担全市公路水路建设市场监管责任；拟订全市公路水路工程建设相关政策、制度和技术标准并监督实施；组织实施公路水路重点工程建设和工程质量、安全生产监督管理工作；指导和组织全市交通运输基础设施管理和维护，承担有关重要设施的管理和维护；按规定负责渡口规划和岸线使用管理工作；负责全市农村公路交通运输基础设施建设、维护、运营、路政、治超等管理工作。八是依照有关法律、法规的规定，承担职责范围内有关行业、领域的安全生产监督管理工作，指导督促企事业单位加强安全管理；按规定组织协调重点物资和紧急客货运输；承担国防动员交通战备有关工作。九是指导全市交通运输信息化建设、监测分析运行情况，开展相关统计工作，发布有关信息。组织和指导全市公路水路行业科技开发、环境保护和节能减排等工作。十是承担全市交通运输领域行政监督、行政许可、行政裁决等行政职能工作。十一是负责全市交通运输综合执法工作的政策标准制定、监督实施以及重大案件查处工作。十二是指导交通行业协会、学会工作。十三是完成市委、市政府交办的其他工作。内设3个股(室)：办公室、规划和建设管理股、安全应急和综合运输管理股。

【大同市交通运输局】 主要职责有7项：一是贯彻执行国家关于交通运输的法律法规和方针政策，拟定全市交通运输行业的地方性法规规章和发展战略建议。二是承担涉及全市综合交通运输体系的规划协调工作，会同有关部门组织编制全市综合交通运输体系规划。指导全市交通运输枢纽规划和管理。三是组织拟订并监督实施全市公路、水路行业规划、政策和标准。参与拟订全市物流业发展战略和规划，拟订有关政策和标准并监督实施。指导全市公路、水路行业有关体制改革工作。四是承担全市道路、水路运输市场监管责任。组织制定全市道路、水路运输有关政策、准入制度、技术标准和运营规范并监督实施。负责交通运输行政执法行为的监督管理；指导城乡客运及有关设施规划与管理工作，指导出租汽车行业管理工作；指导城市轨道交通的运营管理；承担市内水路运输及航道管理工作。五是承担水上交通安全监管责任。负责水上交通管制、船舶及相关水上设施检验、登记和防止污染、水上消防、航行保障、应急救助、通信导航、船舶与渡口设施保安及危险品运输监督管理等工作。负责船员管理的有关工作。负责全市水上交通安全事故、船舶及相关水上设施污染事故的应急处理。指导县(区)水上安全监管工作。六是负责提出全市公路、水路固定资产投资规模和方向国家、省级及市级财政性资金安排意见，按市人民政府规定权限审批、核准规划内和年度计划内固定资产投资项目；拟订公路、水路有关规费政策并监督实施，提出有关财政、土地、价格等政策建议。七是承担公路、水路建设市场监管责任。拟订全市公路水路工程建设相关政策、制度和技术标准并监督实施；组织实施公路、水路重点工程建设和工程质量、安全生产监督管理工作。指导和组织全市交通运输基础设施管理和维护，承担有关重要设施的管理和维护。按规定负责渡口规划和岸线使用管理工作。负责重点交通运输基础设施建设、维护、运营、路政、监控、收费、治超等管理工作。

根据《中共大同市委办公室、大同市人民政府办公室关于调整大同市交通运输局机构编制的通知》,同办字〔2019〕56号,大同市交通运输局内设机构调整情况如下:一是撤销离退休人员工作科。将离退休人员工作科相应职能划入编制人事教育科。二是政策法规科增挂执法监督科牌子,增加监督指导交通运输综合行政执法工作;组织协调重大案件查处和跨区域执法工作。三是综合规划科(招商引资科)增加提出我市交通运输固定资产投资规模和方向并监督实施的职责。四是财务审计科。增加提出全市交通运输固定资产投资财政性资金安排建议并监督实施、组织编报和监督管理部门预算的职责。五是运输管理科。增加负责全市渔船检验和监督管理工作的职责。六是城市客运管理科。将运输管理科承担的指导汽车租赁管理工作职责划入城市客运管理科。七是行政审批服务办公室更名为行政审批管理科。将市交通运输局机关及其所属事业单位承担的行政审批事项受理和办理的职责划入行政审批管理科。职责调整为:负责本部门行政审批制度改革相关工作;负责本部门政务服务管理工作;负责本部门具有审批性质行政职权事项的受理、办理或牵头组织联审联办工作;指导本系统行政审批制度改革工作。八是市交通战备办仍挂靠市交通运输局。局属单位有5个:大同市运输事业发展中心(大同市城市客运服务中心)(原大同市道路运输管理处、大同市城市客运管理处合并);大同市交通综合行政执法支队(原大同市交通综合行政执法支队、大同市地方海事局合并);大同市交通运输运行监测与应急处置中心(原大同市路政管理处);大同市交通运输局劳动服务公司;大同市公路发展中心(原大同市公路管理处、大同市公路建设办公室、大同市交通建设工程质量监督站合并)。

【新荣区交通运输局】 主要职责有11项，一是贯彻执行国家关于交通运输的法律法规和方针政策，提出发展战略建议。二是承担涉及全区综合交通运输体系规划协调工作,会同有关部门组织编制全区综合交通运输体系规划。指导全区交通运输枢纽规划和管理。三是组织拟订并监督实施全区公路、水路行业规划、政策。参与拟订全区物流业发展战略和规划。指导全区公路、水路行业有关体制改革工作。四是承担全区道路、水路运输市场监管责任。监督全区道路、水路运输有关政策的落实。承担道路、城市客运从业人员资格认定。指导交通运输综合行政执法工作；指导城乡客运及有关设施规划与管理工作,指导出租汽车行业管理工作；指导城市公共交通管理工作；指导水路运输及航道管理工作。五是承担水上交通安全监管责任。负责水上交通管制、机动船和电瓶船检验、防止污染、水上消防、航行保障、应急救助、通信导航、船舶与渡口设施保安等工作。负责船员管理的有关工作。负责全区水上交通安全事故、船舶及相关水上设施污染事故的应急处理和责任认定。负责全区渔船检验和监督管理。六是负责提出全区农村公路、水路固定资产投资规模和方向,国家、省级、市级财政性资金安排意见,按区人民政府规定权限审批、核准规划内和年度计划内固定资产投资项目；监督公路、水路、城市客运有关规费政策的落实,提出有关财政、土地、价格等政策建议。七是按规定权限承担公路、水路建设市场监管责任。监督全区公路、水路工程建设相关政策、制度的落实；按规定权限组织实施公路、水路工程建设和工程质量、安全生产监督管理工作。负责公路工程交竣工质量鉴定。按规定权限指导和组织全区交通运输基础设施建设、维护、运营、路政、监控、收费、治超等管理工作。八是指导全区公路、水路行业安全生产和应急管理工作。按规定组织协调重点物资和紧急客货运输；监督实施公路、水路安全生产政策和应急预案；指导全区交通运输行业应急处置体系建设；指导交通基础设施建设和公路、水路运输安全生产的监督管理工作；依法组织或参与有关事故调查处理工作；指导全区交通防汛、防疫、防震、消防等工作；协调全区突发公共事件交通运输保障工作；承担国防动员交通战备有关工作。九是指导全区交通运输信息化建设、监测分析运行情况，开展相关统计工作，发布有关信息。组织和指导全区公路、水路行业科技开发、环境保护和节能减排等工作。十是指导交通运输行业职工队伍建设。负责交通运输行业涉外工作和引进外资工作。十一是完成区委、区政府交办的其他任务。内设机构有4个:综合办公室、建设规划办公室、行政审批和政策法规办公室。局机关行政编制7名。设局长1名,副局长2名。大同市新荣区交通运输局所属事业单位的设置、职责和编制事项另行规定。

【平城区交通运输局】 主要职责有11项,一是贯彻执行国家关于交通运输的法律法规和方针政策,组织协调地方性法规规划工作和提出发展战略建议,并组织实施。二是承担涉及全区综合交通运输体系的规划协调工作,会同有关部门组织编制全区综合交通运输体系规划。三是组织拟订并监督实施全区公路、水路行业规划、政策。参与拟订全区物流业发展战略和规划。指导全区公路、水路行业有关体制改革工作。四是承担全区道路、水路运输市场监管责任。组织制定全区道路、水路运输有关政策并监督实施。承担道路、城市客运从业人员资格认定。监督、指导交通运输综合行政执法工作;指导城乡客运及有关设施规划与管理工作,指导出租汽车行业管理工作;指导城市公共交通管理工作;指导水路运输、海事等管理工作。五是承担水上交通安全监管责任。负责水上交通管制、机动船和电瓶船检验、防止污染、水上消防、航行保障、应急救助、通信导航、船舶与渡口设施保安等工作。负责船员管理的有关工作。负责全区水上交通安全事故、船舶及相关水上设施污染事故的应急处理和责任认定。负责渔船检验和监督管理。六是按规定权限承担公路、水路建设市场监管责任。拟订公路、水路工程建设相关政策、制度并监督实施;按规定权限组织实施公路、水路工程建设和工程质量、安全生产监督管理工作。按规定权限负责公路工程交竣工质量鉴定。按规定权限指导全区交通运输基础设施建设、维护、运营、路政、监控、收费等管理工作。七是指导全区公路、水路行业安全生产和应急管理工作。按规定组织协调重点物资和紧急客货运输;承担国防动员交通战备有关工作。八是指导全区交通运输信息化建设、监测分析运行情况,开展相关统计工作,发布有关信息。组织和指导全区公路、水路行业科技开发、环境保护和节能减排等工作。九是指导交通运输行业职工队伍建设。负责交通运输行业涉外工作和引进外资工作。十是统筹协调和指导监督交通运输综合行政执法队伍建设和交通运输综合行政执法工作。加强交通运输综合行政执法队伍管理,负责日常执法检查、违法案件查处等工作。十一是完成区委、区政府交办的其他任务。此外,区交通运输局要减少微观管理事务,从制度安排上激发市场主体的活力。将公路收费权转让由审批改为备案。促进交通运输系统职能转变。加强综合运输体系建设组织协调,推进交通运输体制改革。区发展和改革局负责全区节能减排综合协调工作。区能源局负责全区节能降耗工作。市生态环境局平城分局负责全区污染减排工作。区发展和改革局具体负责第一产业、第三产业(不含房地产业)节能工作。区工业和信息化局具体负责工业和信息化领域节能工作。区住房和城乡建设局具体负责建筑节能工作和城镇生活减排有关工作。区交通运输局具体负责交通运输节能工作。区委办公室具体负责公共机构节能工作。内设机构有3个:综合办公室、综合规划建设管理股、平城区国防动员委员会交通战备办公室。

【云冈区交通运输局】 主要职责有11项,一是贯彻执行国家关于交通运输的法律、法规和方针、政策,拟定全区交通运输行业的地方性法规、规章和发展战略建议。二是承担涉及全区综合交通运输体系规划,指导全区交通运输枢纽规划和管理。三是组织拟订并监督全区公路行业规划、政策和标准。参与拟订全区物流业发展战略和规划,拟订有关政策和标准并监督实施。指导全区公路行业有关体制改革工作。四是承担全区道路运输市场监管责任。组织制定全区道路运输有关政策、准入制度、技术标准和运营规范并监督实施。负责交通运输行政执法行为的监督管理;指导城乡客运及有关设施规划与管理工作,指导出租车行业管理工作。五是负责提出全区公路固定资产投资规模和方向,国家、省、市及区级财政性资金安排意见,按区人民政府规定权限审批。六是承担公路建设市场监管责任。

拟订全区公路工程建设相关政策、制度和技术标准并监督实施;组织实施公路重点工程建设和工程质量、安全生产监督管理工作。指导和组织全区交通运输基础设施管理和维护,承担有关重要设施的管理和维护。负责重点交通运输基础设施建设、维护、运管、路政、监控、收费、治超等管理工作。七是指导全区公路行业安全生产和应急管理工作。按规定组织协调重点物质和紧急客货运输;承担国防动员交通战备有关工作。八是指导全区交通运输信息化建设、监测分析运行情况,开展相关统计工作,发布有关信息。组织和指导全区公路行业科技开发、环境保护和节能减排等工作。九是负责交通运输行业职工队伍建设。负责交通运输行业涉外工作和引进外资工作。十是承担渔船检验和监督管理职能。十一是承办区人民政府交办的其他事项。内设机构有9个:党政办公室、人事劳资科、财务科、法制办、战备办、建养科、路政科、安全科、运管科。

【云州区交通运输局】 主要职责有11项,一是贯彻执行国家关于交通运输的法律法规和方针政策,拟定全区运输行业的规章制度和提出发展战略建议。二是承担涉及全区综合交通运输体系的规划协调工作,会同有关部门组织编制全区综合交通运输体系规划。负责全区交通运输枢纽规划和管理。三是组织拟订并监督实施全区公路、水路行业规划、政策。参与拟订全区物流业发展战略和规划。指导全区公路、水路行业有关体制改革工作。四是承担全区道路、水路运输市场监管责任。组织制定全区道路、水路运输有关政策并监督实施。承担道路、城市客运从业人员资格认定。指导交通运输综合行政执法工作;指导城乡客运及有关设施规划与管理工作,指导出租汽车行业管理工作;指导城市公共交通管理工作;指导水路运输及航道管理工作。五是承担水上交通安全监管责任。负责水上交通管制、机动船和电瓶船舶检验、防止污染、水上消防、航行保障、应急救助、通信导航、船舶与渡口设施保安等工作。负责船员管理的有关工作。负责全区水上交通安全事故、船舶及相关水上设施污染事故的应急处理和责任认定。负责全区渔船检验和监督管理。六是负责提出全区公路、水路固定资产投资规模和方向,国家、省级、市级财政性资金安排意见,按省、市人民政府规定权限审批、核准规划内和年度计划内固定资产投资项目;执行公路、水路、城市客运有关规费政策并监督实施,提出有关财政、土地、价格等政策建议。七是按规定权限承担公路、水路建设市场监管责任。拟订全区公路、水路工程建设相关政策、制度并监督实施;按规定权限组织实施公路、水路工程建设和工程质量、安全生产监督管理工作。负责公路工程交竣工质量鉴定。按规定权限指导全区交通运输基础设施建设、维护、运营、路政、监控、治超等管理工作。八是指导全区公路、水路行业安全生产和应急管理工作。按规定组织协调重点物资和紧急客货运输;承担国防动员交通战备有关工作。九是指导全区交通运输信息化建设、监测分析运行情况,开展相关统计工作,发布有关信息。组织和指导全区公路、水路行业科技开发、环境保护和节能减排等工作。十是指导交通运输行业职工队伍建设。十一是完成区委、区政府交办的其他任务。内设机构4个:综合办公室、建设和养护办公室、运输管理办公室。

【阳高县交通运输局】 主要职责有11项,一是贯彻执行国家关于交通运输的法律法规和方针政策,组织协调地方性法规立法规划工作和提出发展战略建议。二是承担涉及全县综合交通运输体系的规划协调工作,会同有关部门组织编制全县综合交通运输体系规划。指导全县交通运输枢纽规划和管理。三是组织拟订并监督实施全县公路、水路行业规划、政策。参与拟订全县物流业发展战略和规划。指导全县公路、水路行业有关体制改革工作。四是承担全县道路、水路运输市场监管责任。组织制定全县道路、水路运输有关政策并监督实施。承担道路、城市客运从业人员资格认定。指导交通运输综合行政执法工作;指导城乡客运及有关设施规划与管理工作,指导出租汽车行业管理工作;指导城市公共交通管理工作;指导水路运输及航道管理工作。五是承担水上交通安全监管责任。负责水上交通管制、机动船和电瓶船检验、防止污染、水上消防、航行保障、应急救助、通信导航、船舶与渡口设施保安等工作。负责船员管理的有关工作。负责全县水上交通安全事故、船舶及相关水上设施污染事故的应急处理和责任认定。负责全县渔船检验和监督管理。六是负责提出全县公路、水路固定资产投资规模和方向,国家、省级、市级财政性资金安排意见,按县人民政府规定权限审批、核准规划内和年度计划内固定资产投资项目;拟订公路、水路、城市客运有关规费政策并监督实施,提出有关财政、土地、价格等政策建议。七是按规定权限承担公路、水路建设市场监管责任。拟订全县公路、水路工程建设相关政策、制度并监督实施;按规定权限组织实施公路、水路工程建设和工程质量、安全生产监督管理工作。负责公路工程交竣工质量鉴定。按规定权限指导和组织全县交通运输基础设施建设、维护、运营、路政、监控、收费、治超等管理工作。八是指导全县公路、水路行业安全生产和应急管理工作。按规定组织协调重点物资和紧急客货运输;拟订并监督实施公路、水路安全生产政策和应急预案;指导全县交通运输行业应急处置体系建设;指导交通基础设施建设和公路、水路运输安全生产的监督管理工作;依法组织或参与有关事故调查处理工作;指导全县交通防汛、防疫、防震、消防等工作;协调全县突发公共事件交通运输保障工作;承担国防动员交通战备有关工作。九是指导全县交通运输信息化建设、监测分析运行情况,开展相关统计工作,发布有关信息。组织和指导全县公路、水路行业科技开发、环境保护和节能减排等工作。十是指导交通运输行业职工队伍建设。负责交通运输行业涉外工作和引进外资工作。十一是完成县委、县人民政府交办的其他事项。内设机构有3个:综合办公室、建设规划股、行政审批和政策法规股。

【天镇县交通运输局】 主要职责有11项,一是贯彻执行国家关于交通运输的法律法规和方针政策,组织协调地方性法规立法规划工作和提出发展战略建议。二是承担涉及全县综合交通运输体系的规划协调工作,会同有关部门组织编制全县综合交通运输体系规划。指导全县交通运输枢纽规划和管理。三是组织拟订并监督实施全县公路、水路行业规划、政策。参与拟订全县物流业发展战略和规划。指导全县公路、水路行业有关体制改革工作。四是承担全县道路、水路运输市场监管责任。组织制定全县道路、水路运输有关政策并监督实施。承担道路、城市客运从业人员资格认定。指导交通运输综合行政执法工作;指导城乡客运及有关设施规划与管理工作,指导出租汽车行业管理工作;指导城市公共交通管理工作;指导水路运输及航道管理工作。五是承担水上交通安全监管责任。负责水上交通管制、机动船和电瓶船检验、防止污染、水上消防、航行保障、应急救助、通信导航、船舶与渡口设施保安等工作。负责船员管理的有关工作。负责全县水上交通安全事故、船舶及相关水上设施污染事故的应急处理和责任认定。负责全县渔船检验和监督管理。六是负责提出全县公路、水路固定资产投资规模和方向,国家、省级、市级财政性资金安排意见,按县人民政府规定权限审批、核准规划内和年度计划内固定资产投资项目;拟订公路、水路、城市客运有关规费政策并监督实施,提出有关财政、土地、价格等政策建议。七是按规定权限承担公路、水路建设市场监管责任。拟订全县公路、水路工程建设相关政策、制度并监督实施;按规定权限组织实施公路、水路工程建设和工程质量、安全生产监督管理工作。负责公路工程交竣工质量鉴定。按规定权限指导和组织全县交通运输基础设施建设、维护、运营、路政、监控、收费、治超等管理工作。八是指导全县公路、水路行业安全生产和应急管理工作。按规定组织协调重点物资和紧急客货运输;拟订并监督实施公路、水路安全生产政策和应急预案;指导全县交通运输行业应急处置体系建设;指导交通基础设施建设和公路、水路运输安全生产的监督管理工作;依法组织或参与有关事故调查处理工作;指导全县交通防汛、防疫、防震、消防等工作;协调全县突发公共事件交通运输保障工作;承担国防动员交通战备有关工作。九是指导全县交通运输信息化建设、监测分析运行情况，开展相关统计工作，发布有关信息。组织和指导全县公路、水路行业科技开发、环境保护和节能减排等工作。十是指导交通运输行业职工队伍建设。负责交通运输行业涉外工作和引进外资工作。十一是完成县委、县人民政府交办的其他事项。内设3个股室：综合办公室、建设规划股、行政审批和政策法规股。

【广灵县交通运输局】 根据《中共广灵县委、广灵县人民政府关于印发〈广灵县机构改革方案〉的通知》（广字〔2019〕4号），广灵县交通运输局县政府的职能部门，为正科级。主要职责有11项，一是贯彻执行国家关于交通运输的法律法规和方针政策，提出本县交通运输工作的发展战略建议。二是承担涉及全县综合交通运输体系的规划工作，会同有关部门组织编制全县综合交通运输体系规划。管理全县交通运输枢纽规划。三是组织拟订并实施全县农村公路、水路行业规划。参与拟订全县物流业发展战略和规划。负责全县农村公路、水路行业有关体制改革工作。四是承担全县道路、水路运输市场监管责任。监督落实全县道路、水路运输有关政策。承担道路、城市客运从业人员注册登记工作管理。指导交通运输综合行政执法工作；指导城乡客运及有关设施规划与管理工作，指导出租汽车行业管理工作；指导城市公共交通管理工作；指导城市公共自行车运营工作；指导水路运输及航道管理工作。五是承担水上交通安全监管责任。负责水上交通管制、机动船和电瓶船检验、防止污染、水上消防、航行保障、应急救助、通信导航、船舶与渡口设施保安等工作。负责船员管理的有关工作。负责全县水上交通安全事故、船舶及相关水上设施污染事故的应急处理；负责全县渔船检验和监督管理；组织落实全县水上安全监管工作。六是负责提出全县农村公路、水路固定资产投资规模和方向，国家、省级、市级、县级财政性资金安排意见，按省、市、县人民政府规定权限审批、核准规划内和年度计划内固定资产投资项目；组织落实农村公路、水路、城市客运有关规费政策并监督实施，提出有关财政、土地、价格等政策建议。七是按规定权限承担公路、水路建设市场监管责任。组织落实全县农村公路、水路工程建设相关政策、制度并监督实施；按规定权限组织实施公路、水路工程建设和工程质量、安全生产监督管理工作。负责公路工程交竣工验收工作。按规定权限指导全县交通运输基础设施建设、维护、运营、路政、监控、收费、治超等管理工作。八是指导全县农村公路、水路行业安全生产和应急管理工作。按规定组织协调重点物资和紧急客货运输；承担国防动员交通战备有关工作。九是指导全县交通运输信息化建设、监测分析运行情况，开展相关统计工作，发布有关信息。组织和指导全县农村公路、水路行业科技开发、环境保护和节能减排等工作。十是指导交通运输行业职工队伍建设。负责交通运输行业涉外工作和引进外资工作。十一是完成县委、县政府交办的其他任务。此外，促进交通运输系统职能转变。加强综合运输体系建设组织协调，推进交通运输体制改革。内设机构有4个：办公室、财务人事股、规划建设管理股、监督管理股。保留挂靠机构：广灵县国防动员委员会交通战备办公室。承担县国防动员委员会交通战备的日常工作，挂靠县交通运输局。负责组织、管理、指导全县交通战备工作。现有行政编制7名，局长1名，副局长2名。广灵县交通运输局所属事业单位的设置、职责和编制事项另行规定。

【浑源县交通运输局】 主要职责有11项，一是贯彻执行国家、省、市关于交通运输的法律法规和方针政策，拟定县交通运输行业发展战略建议。二是承担涉及全县综合交通运输体系的规划协调工作，会同有关部门组织编制全县综合交通运输体系规划。指导全县交通运输枢纽规划和管理。三是组织拟订并监督实施全县公路、水路行业发展规划；参与拟订并监督实施全县物流业发展战略和规划；指导全县公路行业有关体制改革工作。四是承担全县道路、运输市场监管责任。组织制定全县道路、运输有关政策、准入制度、技术标准和运营规范并监督实施。负责交通运输行政执法行为的监督管理；指导城乡客运及有关设施规划与管理工作，指导出租汽车行业管理工作。五是承担水上交通安全监管责任，负责全县水上交通安全事故、船舶及相关水上设施污染事故的应急处理。六是负责提出全县公路固定资产投资规模和方向以及国家、省、市、县级财政性资金安排意见，按县人民政府规定权限审批、核准规划内和年度计划内固定资产投资项目；拟订公路有关规费政策并监督实施，提出有关财政、土地、价格等政策建议。七是承担公路建设市场监管责任。拟订全县公路工程建设相关政策、制度和技术标准并监督实施；组织实施公路重点工程建设和工程质量、安全生产监督管理工作。指导和组织全县交通运输基础设施管理和维护，承担有关重要设施的管理和维护。负责重点交通运输基础设施建设、维护、运营、路政、监控、收费、治超等管理工作。八是指导全县公路行业安全生产和应急管理工作。按规定组织协调重点物资和紧急客货运输；承担国防动员交通战备有关工作。九是指导全县交通运输信息化建设、监测分析运行情况，开展相关统计工作，发布有关信息。组织和指导全县公路行业科技开发、环境保护和节能减排等工作。十是负责交通运输行业职工队伍建设。负责交通运输行业涉外工作和引进外资工作。十一是承办县人民政府交办的其他事项。

【灵丘县交通运输局】 主要职责有11项，一是贯彻执行国家关于交通运输的法律法规和方针政策，组织协调地方性法规规划工作和提出发展战略建议，并组织实施。二是承担涉及全县综合交通运输体系的规划协调工作，会同有关部门组织编制全县综合交通运输体系规划。三是组织拟订并监督实施全县公路、水路行业规划、政策。参与拟订全县物流业发展战略和规划。指导全县公路、水路行业有关体制改革工作。四是承担全县道路、水路运输市场监管责任。组织制定全县道路、水路运输有关政策并监督实施。承担道路、城市客运从业人员资格认定。监督、指导交通运输综合行政执法工作；指导城乡客运及有关设施规划与管理工作，指导出租汽车行业管理工作；指导城市公共交通管理工作；指导水路运输、海事等管理工作。五是承担水上交通安全监管责任。负责水上交通管制、机动船和电瓶船检验、防止污染、水上消防、航行保障、应急救助、通信导航、船舶与渡口设施保安等工作。负责船员管理的有关工作。负责全县水上交通安全事故、船舶及相关水上设施污染事故的应急处理和责任认定。负责渔船检验和监督管理。六是按规定权限承担公路、水路建设市场监管责任。拟订公路、水路工程建设相关政策、制度并监督实施；按规定权限组织实施公路、水路工程建设和工程质量、安全生产监督管理工作。按规定权限负责公路工程交竣工质量鉴定。按规定权限指导全县交通运输基础设施建设、维护、运营、路政、监控、收费、治超等管理工作。七是指导全县公路、水路行业安全生产和应急管理工作。按规定组织协调重点物资和紧急客货运输；承担国防动员交通战备有关工作。八是指导全县交通运输信息化建设、监测分析运行情况，开展相关统计工作，发布有关信息。组织和指导全县公路、水路行业科技开发、环境保护和节能减排等工作。九是指导交通运输行业职工队伍建设。负责交通运输行业涉外工作和引进外资工作。十是统筹协调和指导监督交通运输综合行政执法队伍建设和交通运输综合行政执法工作。加强交通运输综合行政执法队伍管理，负责日常执法检查、违法案件查处等工作。十一是完成县委、县人民政府交办的其他任务。内设机构17个：行政办公室、党务办公室、运输管理科、工程建设管理科、养护中心、工程质量检测监督科、安全应急战备办、规划设计科、信息中心、政策法规科、财务审计科、行政审批科、档案室、信访室、铁路沿线安全环境治理联席办、统计科、工会(妇联、共青团)。下属单位3个：灵丘县交通运输事业发展中心、灵丘县公路发展中心、灵丘县交通运输综合行政执法队。

【左云县交通运输局】 主要职责有11项，一是贯彻执行国家关于交通运输的法律法规和方针政策，拟定全县运输行业的规章制度和提出发展战略建议。二是承担涉及全县综合交通运输体系的规划协调工作，会同有关部门组织编制全县综合交通运输体系规划。负责全县交通运输枢纽规划和管理。三是组织拟订并监督实施全县公路、水路行业规划、政策。参与拟订全县物流业发展战略和规划。指导全县公路、水路行业有关体制改革工作。四是承担全县道路、水路运输市场监管责任。组织制定全县道路、水路运输有关政策并监督实施。承担道路、城市客运从业人员资格认定。指导交通运输综合行政执法工作;指导城乡客运及有关设施规划与管理工作,指导出租汽车行业管理工作;指导城市公共交通管理工作;指导水路运输及航道管理工作。五是承担水上交通安全监管责任。负责水上交通管制、机动船和电瓶船检验、防止污染、水上消防、航行保障、应急救助、通信导航、船舶与渡口设施保安等工作。负责船员管理的有关工作。负责全县水上交通安全事故、船舶及相关水上设施污染事故的应急处理和责任认定。负责全县渔船检验和监督管理。六是负责提出全县公路、水路固定资产投资规模和方向,国家、省级、市级财政性资金安排意见,按省、市人民政府规定权限审批、核准规划内和年度计划内固定资产投资项目;拟订公路、水路、城市客运有关规费政策并监督实施,提出有关财政、土地、价格等政策建议。七是按规定权限承担公路、水路建设市场监管责任。拟订全县公路、水路工程建设相关政策、制度并监督实施;按规定权限组织实施公路、水路工程建设和工程质量、安全生产监督管理工作。负责公路工程交竣工质量鉴定。按规定权限指导全县交通运输基础设施建设、维护、运营、路政、监控、治超等管理工作。八是指导全县公路、水路行业安全生产和应急管理工作。按规定组织协调重点物资和紧急客货运输;承担国防动员交通战备有关工作。九是指导全县交通运输信息化建设、监测分析运行情况,开展相关统计工作,发布有关信息。组织和指导全县公路、水路行业科技开发、环境保护和节能减排等工作。十是指导交通运输行业职工队伍建设。十一是完成县委、县政府交办的其他任务。内设机构2个:办公室、综合管理科。

【朔州市交通运输局】 朔州市交通局成立于1993年3月,2010年更名为朔州市交通运输局。2019年3月15日,根据朔办发〔2019〕24号文件关于调整部门"三定"规定的通知,将市交通局科室和职能重新调整。截至2020年底,市交通运输局有5个内设机构:办公室、综合规划科、建设管理科、运输管理科(执法监督科、行政审批管理科)、应急安全科(交通战备办公室)。行政编制人员13名,设局长1名、副局长2名,科级领导职数6名(含总工程师1名)。局机关实有人员14名(不含驻局纪检监察组2名):副处级以上7名(局长1名、副局长3名、二级调研员1名、副处级干部1名、四级调研员1名),科级以下干部7名。下设1个正处级事业单位:朔州市重大交通基础设施建设服务中心,2020年12月10日挂牌、1个副处级事业单位:朔州市交通运输综合行政执法队,2019年3月31日挂牌、1个科级事业单位:朔州市运输事业发展中心(朔州市交通战备服务中心),2020年12月10日挂牌,共有事业编制151名,实有人员152名;专业技术职务人员34名,其中高级职称7名,中级职称27名。行业监管朔州市公共汽车交通公司1家企业。党的基层组织设有1个机关党委、7个党支部,共有党员109名。

主要职责:承担行业规划编制实施、道路运输行业监管、城市公共交通行业监管、农村公路建设养护监管、交通运输综合行政执法、公路工程质量安全监管、国防动员交通战备、交通运输安全生产等8个方面的监督管理工作。

【朔城区交通运输局】 主要职责有12项,一是贯彻执行国家关于交通运输的法律法规和方针政策,拟订全区交通运输行业的规范性文件和发展规划建议。二是承担涉及全区综合交通运输体系的规划协调工作,会同有关部门组织编制全区综合交通运输体系规划,指导全区交通运输枢纽规划和管理。三是组织拟订并监督实施全区公路,水路行业规划、政策和标准。参与拟订全区物流业发展战略和规划,拟订有关政策和标准并监督实施。指导全区公路、水路行业有关体制改革工作。四是承担交通运输综合行政执法责任。负责交通运输综合执法工作的政策制订、监督指导、重大案件查处等工作。五是承担全区道路、水路运输市场监管责任。监督实施全区道路、水路运输有关政策、准入制度、技术标准和运营规范。负责交通运输行政执法行为的监督管理,指导城乡客运及有关设施规划与管理工作,指导出租汽车行业管理工作,承担区内水路运输及航道管理工作。六是承担水上交通安全监管责任。负责水上交通管制、船舶及相关水上设施检验、登记和防止污染、水上消防、航行保障、应急救助、通信导航、船舶与渡口设施、保安及危险品运输监督管理等工作;负责船员管理有关工作;负责全区水上交通安全事故、船舶及相关水上设施污染事故的应急处理。七是负责提出全区公路、水路固定资产投资规模和方向,按国务院和省、市、区人民政府规定权限审批、核准规划内和年度计划内固定资产投资项目;监督实施公路、水路有关规费政策,提出有关财政、土地、价格等政策建议。八是承担公路、水路建设市场监管责任。监督实施全区公路、水路工程建设相关政策、制度和技术标准;组织实施农村公路、水路建设、管理、运营工作,承担公路工程质量、安全生产监督管理工作;按规定负责渡口规划和岸线使用管理工作;实施公路路政、治理超限超载管理工作;九是指导全区公路、水路行业安全生产。按规定组织协调重点物资和紧急客货运输;承担国防动员交通战备有关工作;指导交通运输行业公安保卫工作。十是指导全区交通运输信息化建设、监测分析运行情况,开展相关统计工作,发布有关信息;对交通行政行为信息进行收集管理。组织和指导全区公路、水路行业科技开发、环境保护和节能减排等工作。十一是指导交通运输行业职工队伍建设。负责交通运输行业涉外工作和引进外资工作,开展国际、省际和市际的合作与交流。十二是完成区委、区政府交办的其他任务。此外,将区水利局承担的渔船检验和监督管理职责划入区交通运输局。与区发展和改革局有关职责分工。由区交通运输局牵头,会同区发展和改革局等部门建立综合交通运输体系协调配合机制。区交通运输局会同有关部门组织编制综合运输体系规划,承担涉及综合交通运输体系规划有关重大问题的协调工作。区发展和改革局负责综合运输体系规划与国民经济和社会发展规划的衔接平衡。与区水利局有关职责分工。河道采砂管理按《山西省河道管理条例》和《山西省矿业权公开出让暂行规定》的规定执行。由区水利局牵头,会同区自然资源局、区交通运输局等部门,负责河道采砂监督管理工作,统一编制全区河道采砂规划和计划。朔城区交通战备办仍挂靠区交通运输局。

【平鲁区交通运输局】 承担全区的农村公路“建、管、养、运”四大职能,共有147人,公务员7名,事业人员109名,科级干部11人(公务员5人,事业6人),其他合同制人员31人。按照“建好班子、带好队伍、修好公路、办好公交”的工作思路,以推进“四好农村路”建设为重点,大力实施农村公路建设,加大农村公路管理力度,创新农村公路养护管理模式,强化运输行业监管,路网结构有了明显改善,农村公路养护水平得到明显提升,治超、路政管理工作上了新的台阶,客货运输服务质量有了较大提高,各项工作推进顺利。内设7个股室:办公室、财务股、道路股、客运办、综合办、路政队、治超办。下属单位2个:朔州市平鲁区交通运输事务服务中心、朔州市平鲁区交通运输执法队。在职职工27人,其中公务员7人,事业编制20人。

【山阴县交通运输局】 县政府职能部门,宗旨为指导、协调、服务于全县道路交通运输事业的发展。2020年改革后,将县水利局承担的渔船检验和监督管理职责划入县交通运输局。将县道路运输管理所、县城市出租客运管理办公室、县交通运输局建设工程质量监督站、县交通运输局路政所、县交通运输局公路超限监察所等单位的行政监督、行政许可、行政裁决等行政职能划归县交通运输局。贯彻落实交通运输综合行政执法工作的政策标准、监督指导、重大案件查处和跨区域执法的组织协调工作。职能转变。县交通运输局要减少微观管理事务,从制度安排上激发市场主体的活力。促进交通运输系统职能转变,加强综合运输体系建设组织协调,推进交通运输体制改革。内设机构有5个:办公室、综合规划股、建设管理股、运输管理股(行政审批管理股)、应急安全股(交通战备办公室)。

【应县交通运输局】 主要负责对县乡村道路建设、养护和管理，以及运营客货车辆管理。除局机关外，下设县乡道路养护中心、交通运输综合行政执法队（原道路运输管理所）、金城镇治超站、村级道路管理站。县乡道路养护中心为科级全额事业单位，其余3个为股级自收自支事业单位。截至2020年底，应县交通运输局有干部职工292人，其中在职干部职工252人，退休干部职工40人。在职人员中：局机关70人（国干13人，自收自支正式2人，乡镇道路管理员和临时人员55人）；县乡道路养护中心19人；交通运输局综合行政执法队144人（干部19人、聘干10人、工人42人、临时工73人）；金城镇治超站13人；村级道路管理站6人。

县交通运输局设置党组，局长为党组书记，两名副局长和总工程师为党组成员。局设党总支，党总支下设8个党支部，分别是局机关党支部、老干支部、运管所党支部、养护中心党支部、金城镇治超站党支部、汽车站党支部、公路段党支部、执法分局党支部，党总支共有党员78名（预备党员1名），其中在职党员62名，离退休党员16名（老干支部15名，运管所支部1名）。局机关党支部有党员18名，其中4名是村级道路管理站职工，局机关和村级道路管理站合并为一个党支部。

【右玉县交通运输局】 是县人民政府管理地方交通的职能部门，主要负责道路建养、交通行政执法、交通战备等工作。全局有3个事业单位：交通运输综合行政执法队、运输服务中心、治超监测中心。机关内部设有4个股（室）：办公室（交通战备办公室）、综合规划股、建设管理股、运输管理股。

【怀仁市交通运输局】 前身为怀仁县交通局，2009年12月更名为怀仁县交通运输局，2018年怀仁撤县设市，更名为怀仁市交通运输局，同时加挂交通战备办公室牌子，战备办主任由局长兼任。根据主要工作职责，市交通运输局内设办公室、综合规划股、建设管理股、运输管理股、应急安全股（交战办）5个股（室）；辖交通运输综合行政执法队、县乡公路养护中心、测量设计室和怀左煤炭专用公路收费站4个事业单位。

【忻州市交通运输局】 是忻州市人民政府交通行政主管部门。前身为忻县行署交通科，始建于1950年2月。2002年6月，忻州撤地建市，更名为忻州市交通局。2009年12月，经忻州市机构改革，更名为忻州市交通运输局。忻州市交通运输局共有11名局领导（局党组成员、驻局纪检监察组组长和市邮政管理局局长兼市交通运输局副局长不占实际职数），实际局领导职数9名，全局有行政编制21个，实有行政人员21人；有事业编制147个，实有事业人员188人。

2019年3月，中共忻州市委办公室、忻州市人民政府办公室印发《忻州市交通运输局职能配置、内设机构和人员编制规定》的通知，明确忻州市交通运输局是忻州市人民政府工作部门，为正处级。设内设机构10个，分别为办公室（党组办公室）、人事科（机关党委）、行政审批管理科（政策法规科）、综合规划科、财务科（内审科）、建设管理科、公路管理科、运输管理科、安全监督科、交通战备科（市国防动员委员会交通战备办公室）。

2020年12月，忻州市深化事业单位改革，市交通局所属事业单位共保留5个。其中，副处级事业单位2个，分别是忻州市交通运输综合行政执法队、忻州市运输事业发展中心（忻州市城市客运服务中心）；正科级事业单位3个，均为公益一类事业单位，分别是忻州市交通建设中心、忻州市邮政业安全中心（忻州市交通运输数据中心）、忻州市交通运输运行监测与应急处置中心。

主要职责：拟定全市交通运输行业地方性发展战略建议、组织编制全市综合交通运输体系规划并监督实施；负责全市公路、水路建设市场监管，组织实施全市公路、水路重点工程建设和工程质量、安全生产的监管；指导和组织全市农村公路建设、维护、路政、监控、治超等管理工作；负责交通运输综合行政执法工作；指导城乡客运及有关设施的规划与管理，负责市区客运管理，指导全市城市公共汽车、出租汽车行业管理工作；指导全市公路、水路行业安全生产和应急管理工作；指导全市交通运输信息化建设，监测分析运行情况，指导市邮政管理局有关工作等等。

【忻府区交通运输局】 区政府职能部门。内设6个职能股(室):办公室(党组办公室、行政审批管理股)、公路股(公路建设管理股、农村公路管理股)、运输安全股、规划财务股(内审股)、机关党委、国防动员委员会交通战备办公室。下属单位有6个:交通运输执法监督所、交通建设工程质量监督站、道路运输管理所、公路建设服务中心(原公路管理站)、公路工程公司、国盛汽车检修有限公司。

【定襄县交通运输局】 是县人民政府职能部门,正科级。机构改革后,内设办公室、公路建设管理股、安全监督股3个职能科室。下属事业单位有6个:定襄县城市汽车客运服务中心、定襄县交通运输局后勤服务中心、定襄县公路服务站、定襄县道路运输服务中心、定襄县交通运输综合行政执法队、定襄县交通运输局王晋公路服务中心。

【五台县交通运输局】 是县政府职能部门,正科级,局机关行政编制9名(实有8名),设局长1名,副局长2名,下设办公室、计划财务股、综合股3个股(室)。下设5个事业单位:县交通运输综合行政执法队;县道路运输服务中心;县城市汽车客运服务中心;五台县县乡公路养护站;县交通建设工程质量服务站。

【代县交通运输局】 952年县政府农林水利建设局(农建局)正式设有专人分管交通工作,1954年县设交通科,1958年繁峙、代县合并,成立繁峙县工业交通局,1961年繁代分县后,成立代县工业交通局,1969年成立代县交通运输局,1973年更名为代县交通局,2010年更名为代县交通运输局。局机关核定行政编制6名,全额事业编制22名,自收自支事业编制31名,共59名。实有工作人员52名,其中:公务员7名,事业副科2人,行政工人1名,全额事业干部1名,全额事业工人2名,自收自支事业干部6名,自收自支事业工人33名。现有内设机构3个:办公室、综合规划股、建设管理股;有下属事业单位6个:道路运输管理所、综合行政执法队、客运办、公路站、质监站、路政大队;战备办公室为挂靠单位。

【繁峙县交通运输局】 1943年3月设交通局,也称战时邮局;1949年9月交通局(战时邮局)改称为邮政局。1956年3月改设交通科;1958年7月改名交通局;1963年8月交通局与工业局合并,更名为工交局;1966年5月改设工交委员会;1975年8月恢复工交局;1977年9月将工交局分设为工业局和交通局;2010年机构改革时根据《繁峙县交通运输局主要职责、内设机构和人员编制规定》(繁政办发〔2010〕14号),与县运输公司合并,设立繁峙县交通运输局,正科级建制,内设3个机构:办公室、综合办和交通战备办公室。同时将县建设局指导城市客运的职责整体划入,增设城市客运办;内设办公室、综合业务股,挂靠的战备办日常工作由综合业务股承担。2020年原城市客运办改称城市客运服务中心,直属单位道路运输管理所改称繁峙县道路运输服务中心,同年成立交通运输综合行政执法队,为局直属单位。截至2020年年底,内设2个股(室):办公室、综合业务股。行政编制6名,设局长1名、副局长2名、总工程师(股级)1名、内设机构人员2名。全局干部职工总人数171人,其中公务员5名,全额事业人员44名,自收自支人员122名。下属副科级单位2个,编制共87名。其中:繁峙县道路运输服务中心编制49名,繁峙县交通运输综合行政执法队编制38名。下属股级事业单位4个,编制37名。其中:繁峙县城市汽车客运中心编制10名,繁峙县路政服务中心编制8名,繁峙县农村公路工程质量服务中心编制3名,繁峙县公路服务中心编制16名。

【宁武县交通运输局】 1956年县人民政府设立交通科,主管公路整修及交通运输。1958年9月12日,交通科改为交通局。1962年7月1日,交通局与工业局合并为工业交通局。1973年12月19日,工业交通局分设为工业局和交通局。此后交通局体制和称谓一直延续。2010年1月8日,宁武县交通局正式更名为宁武县交通运输局。

2019年3月24日,根据《中共宁武县委、宁武县人民政府关于印发〈宁武县机构改革方案〉的通知》(宁发〔2019〕5号)精神,宁武县交通运输局是县人民政府工作部门,正科级。主要职责有12项,一是贯彻执行国家和省、市、县关于交通运输的法律、法规、规章和政策，拟定全县交通运输行业的地方性发展规划和建议。二是负责全县综合交通运输体系的规划协调工作，会同有关部门组织编制全县综合交通运输体系规划，组织拟定并监督实施全县公路水路行业规划和标准，参与拟定全县物流发展规划和标准并监督实施。三是负责全县公路、水路建设市场监督管理工作，组织实施全县公路、水路重点工程建设和工程质量、安全生产的监督管理。指导和组织全县地方交通运输基础设施管理和维护，负责有关重要交通设施的管理、维护和运营。指导和组织全县农村公路建设、维护、路政、行业治超等管理工作。四是负责全县道路、水路运输市场的监督和管理；负责交通运输综合行政执法工作；指导城乡客运及有关设施的规划和管理工作；负责城乡客运管理，指导全县公共汽车、出租车行业管理工作。五是指导全县公路、水路行业安全生产和应急管理工作，按规定组织协调重点物资、紧急客货运输和公路、水路紧急抢修抢险工作。承担全县水上交通安全、水上交通管制、船舶（含渔船）及水上设施检验、登记和防止污染、水上消防、航行保障、应急救助、危险品运输等监督管理工作。负责船员管理的有关工作。负责全县水上交通安全事故、船舶（含渔船）及相关水上设施污染事故的应急处理。六是提出全县公路、水路交通基础设施建设投资规模和方向，提出国家、省、市、县四级财政性资金和省市交通运输主管部门专项资金的安排意见。按规定权限审批、核准规划内和年度计划内固定资产投资项目。提出有关财政、土地、价格等政策建议。七是负责交通运输系统优化营商环境和“放管服”改革及行政审批工作。八是指导全县交通运输信息建设，监测分析运行情况；开展相关统计工作，发布有关信息，组织指导全县公路水路行业科技开发、环境保护和节能减排等工作。九是指导县邮政管理有关工作。十是拟定全县治超工作规章制度和实施细则。组织协调、监督检查全县治超工作。组织协调全县治超大型活动和突发事件的应急行动。十一是承担县委、县政府交办的其他任务。十二是职能转变。县交通运输局减少微观管理事务，从制度安排上激发市场主体的活力。加强综合运输体系建设组织协调，推进交通运输体制改革；将县水利局的渔船检验和监督管理职责划入县交通运输局。内设机构3个：办公室、综合规划股、安全法规股。县国防动员委员会交通战备办公室。挂靠县交通运输局，承担县国防动员委员会交通战备的日常工作，负责组织、管理、指导全县交通战备工作。行政编制6名。设局长1名，副局长2名，股级职数3名。宁武县交通运输局所属事业单位的设置、职责和编制事项另行规定。

【静乐县交通运输局】 1970年正式成立。2010年5月原静乐县交通局变更为静乐县交通运输局。内设综合办公室（党组办公室）、县国防动员委员会交通战备办公室。下属5个事业单位：静乐县交通运输综合行政执法队、静乐县交通战备服务中心、静乐县城市公共客运服务中心、静乐县交通建设工程质量服务站、静乐县道路运输服务中心。

【神池县交通运输局】 前身是工业交通局，1979年工业、交通分设，1980年正式定编为行政机构，成立神池县交通局，同年，干线公路与县乡公路实行分级管理，干线公路由地区公路总段及所辖养护段管理养护，县乡公路归地区交通局管辖，由各县（市）交通局负责管理养护。交通局负责县乡公路建设与养护，路政管理、运输管理、拖拉机养路费征收，民工、车工建勤费的征收与交通战备等工作。下设办公室、财务股、公路股、安全运输股。2010年机构改革，神池县交通局更名为神池县交通运输局，负责全县县乡公路、农村公路建设养护、路政管理、城市客运等工作任务。县交通运输局是主管全县交通运输行业的县政府职能部门，担负着全县公路工程建设、公路养护、交通运输行政执法、道路运输市场监管和交通运输业服务等职责。下属事业单位5个：交通运输综合行政执法大队、公路养护站、道路运输服务中心、城市汽车客运服务中心、工程质量监督服务中心。

【五寨县交通运输局】 成立于1957年，原名为交通科，后更名为交通局、工交办公室、公路委员会，1976年更名为五寨县交通局，2009年11月政府机构改革，五寨县交通局更名为五寨县交通运输局。正科级建制，核定行政编制7人，实有行政人员7人(其中公务员5人、工勤人员2人)。内设机构2个：办公室和规划建设运输管理股。直属单位4个：五寨县交通运输行政综合执法队、五寨县县乡公路养护管理站、五寨县道路运输管理所、五寨县城市公共客运管理办公室。

【岢岚县交通运输局】 2010年1月，撤销交通局，设立交通运输局至今，是岢岚县人民政府职能部门，为正科级。2019年开始进行机构改革，改革后交通运输局内设机构有综合办公室和业务股2个。下设事业单位8个：岢岚县道路运输服务中心，编制人数28人，实有人数26人；岢岚县交通运输综合行政执法队，编制人数16人，实有人数13人；岢岚县城市汽车客运服务中心，编制人数3人，实有人数3人；岢岚县交通战备服务中心，编制人数6人，实有人数4人；岢岚县交通建设工程质量服务中心，编制人数4人，实有人数4人；岢岚县交通运输局公路工程建设服务中心，编制人数5人，实有人数5人；岢岚县交通运输局路政大队，编制人数12人，实有人数12人；岢岚县交通运输公路养护站，编制人数21人，实有人数20人。

【河曲县城乡建设和交通运输局】 1956年前，县政府在建设科内设两名交通员，兼办公路整修和交通运输。1956年，县政府设立交通科，设科长、科员。其任务是整修公路和组织联合运输。1958年，县政府将交通科改为河曲县交通局，时有局长1人，副局长2人。1959年，河曲、保德、偏关3县合并称为河曲县，设交通局。3县分治后，恢复河曲县交通局，内设办公室、业务股、财务股，负责公路整修和组织社会运输。1962年，交通局和工业局合并为河曲县工业交通局，内设交通组，负责公路整修和路政管理。“文化大革命”期间，县工业交通局一度被撤销，由工业交通委员会取代，后又恢复“工交局”。1975年3月，工交(交通局和工业局)分设，称河曲县交通局，时有职工18名，内设办公室、公路股、财务股。1983年以后，局内增设收费站、港监站、航运站、运输管理站。至1989年全局职工增至56名。2009年12月，县交通局更名为交通运输局，内设行政办公室(机关党总支)、建设和管理股、财务股、路政法规股(治超管理办公室)、运输管理股、安全管理股(应急办公室)6个股室。增设行政审批服务办公室。下设事业单位9个，其中股级事业单位8个：河曲县交通服务中心、河曲县路政管理大队、河曲县地方海事处、河曲县公路养护管理站、河曲县公路工程质量监督站、河曲县公路工程技术管理站、河曲县城市公共客运管理办公室、河曲县交通运输执法监督所，科级事业单位1个：河曲县道路运输管理所。

2020年12月，按照全省人口小县机构改革安排部署，河曲县整合县住房和城乡建设管理局、县交通运输局，组建河曲县城乡建设和交通运输局。新组建的城建交通局是县政府工作部门，正科级。内设股(室)8个：办公室、财务股、村镇建设管理股、建设工程和节能科技管理股、人民防空管理股、城市管理和住房保障股、交通运输管理股、安全监管股。机关行政编制14名。设局长1名，副局长3名。按照市县事业单位改革方案，整合原住建局和原交通局隶属的16个事业单位形成河曲县城乡建设综合服务中心、河曲县交通运输事业发展中心2个事业单位。河曲县城乡建设和交通运输局履行住房和城乡建设局、城市管理局、交通运输局、人民防空办公室4个职能部门的全部工作。

【保德县交通运输局】 1949年至1965年，交通工作由县人民政府农林科监管。1956年10月，县人民委员会设立交通科。1958年9月改为交通局，同年12月，保德、河曲、偏关3县合并称河曲县，原保德交通局随之并入河曲县交通局。1959年3县分设，恢复原建制重新成立保德县交通局。1962年8月，因精简机构，交通局与工业局合并为工业交通局。1967年4月“文化大革命”期间，县革委建立“工业交通委员会”取代交通局。1979年11月撤销工交委员会，工交工作由县革委生产组分管，设由“工业交通办公室”。1971年4月，工交分设，保德县交通局成立。1983年局内增设办公室、安全股、建养股，1985年撤销安全股，设立征费所。1988年增设“港航监督站”，负责水运安全工作。2010年将原县建设局指导的城市客运职责整合划入交通局，成立保德县交通运输局。截至2020年年底，局内设有办公室、财务股、工会、农管办、监察股、安全股、规划股、质监站、监理中心、设计室、战备办、综运股、档案室13个股（室）。局属单位有7个：保德县忻保高速连接线服务中心，保德县交通运输综合行政执法队，保德县道路运输服务中心，保德县公路服务站、保德县地方海事服务中心、保德县黄河航运服务中心、保德县汽车客运服务中心。

【偏关县交通运输局】 是县人民政府主管、承担全县综合交通运输、公路、水路建设管理、养护管理的交通行政职能部门，正科级建制。截至2020年年底，有人员46人（不包含运输管理所人员），其中公务员5人、全额拨款事业人员19人、自收自支事业人员22人。下设综合办公室和县交通战备办2个内设机构，6个事业单位：偏关县公路建设服务中心、偏关县交通运输综合行政执法队（副科建制）、偏关县道路运输服务中心（副科建制）、偏关县地方海事中心、偏关县交通工程质量服务中心、偏关县城市汽车客运服务中心。

【原平市交通运输局】 原平县交通局成立于1959年5月，1962年6月交通局与工业局合并成县工业交通局，1967年6月撤销县工业交通局，成立工业交通筹备委员会，1970年2月改成县工业交通办公室，1973年9月恢复县工业交通局，1975年9月恢复县交通局，1993年6月改为市交通局，2010年更名为原平市交通运输局，是原平市交通行政管理部门。主要职责是贯彻执行国家和省、市关于交通运输行业的地方性发展战略建议和政策规定，承担涉及全市综合交通运输体系规划协调工作，会同有关部门组织编制全市综合交通运输体系规划。承担公路建设市场监管责任。指导和组织全市农村公路建设、维护、路政治超等管理工作，承担全市道路运输市场监管责任。指导公交出租车行业管理工作。提出全市公路交通基础设施建设投资规模和方向，提出国家、省、市三级财政资金和省交通运输厅专项资金的安排意见。局机关设2个职能股（室）：办公室、综合股；下设5个事业单位：原平市道路运输服务中心、原平市城市汽车客运服务中心、原平市公路建设服务中心、原平市交通运输综合行政执法队、原平市交通建设工程质量工作站；3个企业：山西省原平汽车修配厂、原平汽车运输中心、原平市搬运中心。

【五台山风景名胜区旅游发展局】 根据市编委《关于印发五台山风景名胜区管理委员会主要职责内设机构和人员编制规定的通知》（忻编发〔2016〕27号）文件精神，设立五台山风景名胜区旅游发展局，正科级建制，为五台山管委会内设行政工作机构。局有行政编制8名，实有6名，行政工勤1名。领导职数2名：副局长2名。内设5个职能股（室）：办公室、发改统计规划股、外事侨务与旅游促进股、交通与行管股、人事教育股。局设立党支部，共有20名党员。局机关及所属中心共聘用15名劳务派遣人员。在编人员平均年龄45岁，学历程度，本科19名，专科19名，高中4名。交通服务中心38名养护人员，养护113公里旅游公路，聘用37名临时人员管理14个停车场。

【阳泉市交通运输局】 是阳泉市人民政府主管交通运输的职能部门，正县级。主要负责全市交通运输行业管理，组织编制全市交通运输行业发展规划并组织实施和检查监督，负责全市公路、水路重点工程建设和工程质量、安全生产监督管理工作，监督指导全市农村公路、水路建设和交通运输基础设施建设、维护和管理。监督指导地方公路路政、治超工作，负责交通运输行政执法行为的监督管理。承担全市城市公交客运、出租汽车客运、汽车租赁等行业管理工作。

1955年3月，阳泉市人民政府成立交通科；1957年10月1日，阳泉运输公司与阳泉中心站合并，成立山西省交通厅阳泉运输局；1958年10月23日，“山西省交通厅阳泉运输局”易名为“阳泉市交通局”。1967年12月1日，阳泉市交通局革命委员会成立。1981年3月2日，复称阳泉市交通局。2019年3月22日，中共阳泉市委办公室，阳办字〔2019〕9号文印发通知，明确市交通这输局职能配置、内设机构和人员编制。

主要职责有15项:一是贯彻执行国家和省关于交通运输的法律法规和方针政策,研究拟定全市交通运输行业的实施办法和有关规定,并负责监督实施。二是承担涉及全市综合交通运输体系的规划协调工作,会同有关部门组织编制全市综合交通运输体系规划。指导全市交通运输枢纽规划和管理。三是组织拟定全市公路、水路、民航运输行业规划并监督实施。组织拟定全市物流业发展规划。四是承担全市公路、水路建设市场监管责任。贯彻执行公路、水路工程建设相关政策、制度和技术标准。负责全市公路、水路重点工程建设和工程质置、安全生产监督管理工作。监督指导全市农村公路、水路建设和交通运输基础设施建设、维护和管理。监督指导地方公路路政、治超工作。五是承担全市遒路、水路运输市场监管责任。负责交通运输行政执法行为的监智管理。负责城乡客运及有关设施规划与管理工作。承担全市城市公交客运、出租汽车客运、汽车租赁等行业管理工作。承担全市水路运输及航道管理工作。六是承担水上交通安全监管责任。负责水上交通管制及相关水上设施和渔船检验、登记和防止污染、应急救助、渡口设施保安危险品运输监督管理等工作。负责船员管理工作。负责全市水上交通安全事故及相关水上设施污染事故的应急处理。指导县(区)水上运输安全监管工作。七是承担全市民航运输监管职责。贯彻落实国家、省、市民航发展的方针政策和法律法规,协调推进机场项目建设、验收等工作。负责全市通用航空事务的统筹、管理、指导、协调等工作。八是负责提出全市公路固定资产投资规摸和方向及国家、省、市级财政性资金安排蒽见,按国务院及省、市规定权限,核准规划内和年度计划内固定资产投资项目。贯彻公路有关规费政策,提出有关财政、土地、价格等政策建议。九是指导全市交通运输行业安全生产和应急管理。按规定组织协调重点物资和紧急客货运输。承担国防动员交通战备有关工作。十是指导全市交通运输信息化建设、监测分析运输情况,开展相关统计工作,发布有关信息。组织和指导全市交通运输行业科技开发、环境保护和节能减排等工作。十一是指导全市交通运输行业职工队伍建设。十二是指导全市交通运输行业有关体制改革工作。十三是协助做好邮政管理相关工作,统筹协调本地邮政行业和交通运输规划的衔接。十四是完成市委、市政府交办的其他任务。十五是职能转变。市交通运输局要减少微观管理事务,从制度安排上激发市场主体的活力。加强综合运输体系建设组织协调工作,推进交通运输体制改革。

市交通运输局下设机构规格均为正科级。即:办公室(党组办公室、机关党委办公室)、人事教育科、财务管理科、政策法规科(执法监督科)、综合规划科、安全监督科、公路管理科(市国防动员委员会交通战备办公室)、综合运输科、行政审批管理科。根据党政机构改革有关精神,将所属5个事业单位相应调整规范:一是整合组建的事业单位。在阳泉市交通路政管理处、阳泉市出租汽车管理处、阳泉市道路运输管理处、阳泉市道路管理处(阳泉市交通建设工程质量监督站)的基础上,整合组建“一队、两中心”;阳泉市交通运输综合行政执法队,阳泉市综合运输服务中心、阳泉市公路服务中心;二是不变的事业单位。阳泉市公路客运中心,公益二类;阳泉市公路开发中心,公益二类,其他不变。

【郊区交通运输局】 成立于1984年4月,正科级单位,是由阳泉市郊区政府主管交通运输的职能部门,负责全区运输行业管理、交通规费征收和公路建设、养护、管理工作。下设:办公室、财务股、生产运务股、安全技术股、社会运输管理站、公路管理站。2009年12月组建郊区交通运输局,将区交通局职责和区建设局承担的城市客运及出租车行业管理的职责进行整合,划入区交通运输局。机构设置为:办公室,财务科。下属单位:郊区道路运输管理所、郊区交通运输局路政管理所、郊区公路管理站、阳泉市郊区地方海事处,郊区交通规费征收稽查所随机构改革撤销。

2019年8月机构改革,撤销局属事业单位阳泉市郊区道路运输管理所和阳泉市郊区公路管理站,组建阳泉市郊区交通运输综合行政执法队和阳泉市郊区农村公路服务中心(阳泉市郊区交通运输中心）。内设5个股(室)：办公室、安教法规股(行政审批管理股)和财务管理股、公路建养管理股(区国防动员委员会交通战备办公室)、道路运输管理股(地方海事处)。下属单位2个：郊区交通运输综合行政执法队和阳泉市郊区农村公路服务中心(阳泉市郊区交通运输中心)。全局共有编制人数72人，其中局机关行政编制人数8人，事业编制64人。

【平定县交通运输局】 是县政府职能部门之一，承担全县县、乡、村公路建设、养护和管理，道路运输行业管理等职能。下辖“一队三中心”，即：平定县交通运输综合行政执法队、平定县综合运输服务中心、平定县公路服务中心，平定县客运服务中心。共有职工246人。全局设一个党总支，7个党支部，共有党员113人。局机关驻地本县冠山镇平阳路128号。2019年，按照机构改革有关指示精神，将平定县交通运输局下属单位整合组建为“一队三中心”，即：平定县交通运输综合行政执法队、平定县综合运输服务中心、平定县公路服务中心，平定县客运服务中心。

【盂县交通运输局】 2009年11月，根据中共盂县县委、盂县人民政府盂发〔2009〕30号文《关于印发盂县人民政府机构改革方案的通知》，组建盂县交通运输局，将盂县交通局的职责和建设局承担的指导城市客运及出租车行业管理的职责进行整合，划入县交通运输局。内设6个股(室)：办公室(交通战备办公室、人事教育股)、财务审计股、综合规划股、法制股(路政治超股)、运输管理股(出租汽车行业指导办公室、企业股)、公路管理股(工程股、养护股)。机关行政编制12名。其中：局长1名，副局长3名，纪检组长1名，总工程师1名。下属单位10个：道路运输管理所、交通路政管理所、交通局公路站工程队、交通规费征收稽查所(待转岗)、城市客运办公室、交通实业有限公司(已宣告破产)、晋龙实业有限公司、汽车检测修配厂、交通局地方公路养护中心、交通局后勤服务中心。2019年2月12日，根据盂县县委关于印发《盂县机构改革方案的通知》文件，盂县交通运输局属政府职能部门。2019年3月22日，将县交通运输系统内公路路政、道路运政、城市客运管理、交通工程质量和安全监督管理、水路交通管理、民航机场管理等执法门类的行政处罚以及与之相关的行政检查、行政强制等行政执法职责和盂县交通运输局路政管理所、盂县道路运输管理所、盂县城市客运交通管理办公室、盂县出租汽车服务中心的行政执法职责及队伍整合，组建盂县交通运输综合行政执法队，隶属盂县交通运输局。盂县交通局地方公路管理站，行政职能划归县交通运输局，更名为盂县交通局地方公路服务中心。盂县农村公路养护管理所，行政职能划归县交通运输局，更名为盂县农村公路养护中心。

【吕梁市交通运输局】 是市人民政府主管全市交通运输工作的职能部门。主要职能有12项：一是贯彻执行国家关于交通运输的法律法规和方针政策，拟定全市交通运输行业的地方性规章和发展战略建议。二是承担涉及全市综合交通运输体系的规划协调工作，会同有关部门组织编制全市综合交通运输体系规划。指导全市交通运输枢纽规划和管理。三是组织拟订并监督实施全市公路、水路行业规划、政策和标准。参与拟订全市物流业发展战略和规划，拟订有关政策和标准并监督实施。指导全市公路、水路行业有关体制改革工作。四是承担全市道路、水路运输市场监管责任。组织制定全市道路、水路运输有关政策、准入制度、技术标准和运营规范并监督实施。负责交通运输行政执法行为的监督管理；指导城乡客运及有关设施规划与管理工作，指导出租汽车行业管理工作；承担市内水路运输及航道管理工作。五是承担水上交通安全监管责任。负责水上交通管制、船舶及相关水上设施检验、登记和防止污染、水上消防、航行保障、应急救助、通信导航、船舶与渡口设施保安及危险品运输监督管理等工作。负责船员管理的有关工作。负责全市水上交通安全事故、船舶及相关水上设施污染事故的应急处理。指导市、县水上安全监管工作。六是负责提出全市公路、水路固定资产投资规模和方向、国家及省、市级财政性资金安排意见，按国务院及省、市人民政府规定权限审批、核准规划内和年度计划内固定资产投资项目；拟订公路、水路有关规费政策并监督实施，提出有关财政、土地、价格等政策建议。七是承担公路、水路建设市场监管责任。拟订全市公路、水路工程建设相关政策、制度和技术标准并监督实施；组织实施公路、水路重点工程建设和工程质量、安全生产监督管理工作。指导和组织全市交通运输基础设施管理和维护，承担有关重要设施的管理和维护。按规定负责渡口规划和岸线使用管理工作。负责交通运输基础设施建设、维护、运营、路政、监控、收费、治超等管理工作。八是指导全市公路、水路行业安全生产和应急管理工作。按规定组织协调重点物资和紧急客货运输；承担国防动员交通战备有关工作。九是指导全市交通运输信息化建设、监测分析运行情况，开展相关统计工作，发布有关信息。组织和指导全市公路、水路行业科技开发、环境保护和节能减排等工作。十是指导交通运输行业职工队伍建设。主管全市交通运输系统职工教育培训工作；指导交通运输系统的精神文明建设；负责交通运输行业涉外工作和引进外资工作，开展国际、省际、市际合作与交流。十一是承办局机关和局属单位的人事劳资、机构编制管理工作；按规定管理局属科级单位的领导干部；管理交通运输系统生产安全和治安保卫工作。十二是承担市人民政府交办的其他事项。

内设机构8个：办公室、人事科、政策法规科、综合规划科、财务审计科、建设管理科、综合运输科、安全监督科（铁路安全综合协调和监督管理科）。

截至2020年年底，吕梁市交通运输局有行政编制19名（2019年核定20名，后调审批局1人，核减为19名），实有人员17名；事业编制155名（其中全额财政34、自收自支121），实有人员248名。全局共有在册在岗职工265人，其中公务员17人，事业人员248人。公务员中：县处级领导5人，科级干部6人（包括四级调研员2人、科长1人和四级以上主任科员3人），科员6人。事业人员中：县处级领导2人，正科级干部18人，副科级干部13人；高级职称11人（另有2020年度取得高级工程师3人，待聘）、中级职称59人、初级职称62人；技师3人、高级工15人、初级工29人。有离退休职工69人。

局属单位7个：交通运输综合行政执法队、运输事业发展中心、城市公共客运发展中心、农村公路发展中心、交通运输运行监测与应急处置中心、邮政业服务中心、治理非法超限超载车辆工作中心。

【离石区交通运输局】 是离石区政府下设的交通行政主管部门，正科级建制。机关内设5个职能股室：综合办公室、综合规划股、财务股、建设管理股、安全综合股；原下设5个自收自支事业单位：道路运输管理所（现在册职工57人）、交通建设工程质量监督站（现在册职工3人）、农村公路养护中心（现在册职工14人）、地方海事服务中心（现在册职工1人）、交通路政大队（现在册职工2人），除运管所外，其余4个单位涉及20人工资全部纳入财政预算管理。2020年，按照事业单位改革有关要求，整合区局原道路运输管理所、交通建设工程质量监督站、农村公路养护中心、地方海事服务中心4个事业单位，合并组建离石区交通运输事业发展中心，副科级建制，核准财政拨款事业编制14名；将区治理非法超限超载车辆工作服务中心划入交通运输局，股级建制，核定财政拨款事业编制10名。截至2020年年底，事业单位改革按程序推进，区局拟定交通运输事业发展中心“三定方案”，已上报区编办进行审核。在涉及人员转隶过程中，区编办提出因运管所执法改革未完成，暂不考虑人员转隶。

【文水县交通运输局】 是文水县政府下设的交通行政主管部门，正科级建制。内设7个职能股（室）：党建办公室、办公室、人事政策法规股、安全综合运输股、综合规划股、建设管理股、行政审批股。文水县交通运输综合行政执法队隶属于县交通运输局，为公益一类事业单位，实行“局队合一”体制。文水县国防动员委员会交通战备办公室（以下简称交通战备办）承担县国防动员委员会交通战备的日常工作，在县交通运输局挂牌，负责组织、管理、指导全县交通战备工作。此外，县交通运输还设后勤中心、公路养护管理所。

文水县交通运输局所属事业单位2个：一是文水县运输事业发展中心，是县交通运输局管理的股级事业单位，为公益一类，核定财政拨款事业编制10名。二是文水县治理非法超限超载车辆工作中心，是县交通运输局管理的副科级事业单位，为公益一类，核定财政拨款事业编制10名，设副科级领导职数1名。

【交城县交通运输局】 是交城县政府下设的交通行政主管部门，正科级建制。内设机构3个：综合股、公路建养管理股、综合运输管理股。局行政定编6名，实有公务员10名。下设“一队一中心”2个副科级事业单位，一是交城县交通运输综合行政执法队。2019年3月挂牌成立，实行局队合一，队长由县交通运输局局长兼任，整合原道路运输管理所承担的运政、路政执法大队承担的路政、地方海事处承担的船政、交通工程质量监督管理站承担的质监、局路政股承担的道路建管等行政执法项目。内设办公室、法规安全股、普货中队、危货中队、客运中队、驾培维修综检中队、源头管理中队、路政中队、交通工程质量安全监督执法中队、山区路政执法中队。综合行政执法队伍设队长1名，副队长2名。划转人员29名（干部身份17名，聘干身份7名，工人身份5名）。二是交城县交通运输事业发展中心（加挂交城县治理非法超限超载车辆工作综合中心），副科级建制。核定财政拨款事业编制10名，副科级领导职数1名。整合县政府直属事业单位县治理非法超限超载车辆工作综合中心，县交通运输局所属县西社道路运输管理站、县地方海事服务中心、县农村公路发展服务中心、县城市公共客运发展中心。拟设办公室、综合事业服务办、治理非法超限超载服务办。截至2021年4月，县编办对该中心的《三定方案》正在审核批转之中。

【兴县交通运输局】 是兴县政府下设的交通行政主管部门，正科级建制。内设12个职能机构：综合办公室、县农村公路养护中心、道路规划股、县公路工程安全质量监督站、县地方海事局、客运办、货运办、公路路政执法中队、城市客运管理执法中队、道路运政执法中队、流动稽查股、案件管理股。

【临县交通运输局】 是临县政府下设的交通行政主管部门，正科级建制。内设7个股（室）：办公室、规划统计股、公路股、人事劳资股、安全监督股、财务审计股、运管股。下属事业单位5个：临县交通运输综合行政执法队（机构规格未定）、临县交通运输非法超限超载车治理服务中心（副科级）、临县交通运输事业发展中心（副科级）、临县农村公路养护服务中心（股级）、临县公路工程建设发展中心（股级）。

【柳林县交通运输局】 成立于1971年5月，为柳林县人民政府正科级职能部门。2019年3月24日，中共柳林县委办公室以柳办发〔2019〕49号重新核发《柳林县交通运输局职能配置、内设机构和人员编制规定》，县交通运输局内设6个股（室）：办公室（党建办公室）、公路管理股、综合规划股、综合运输管理股、行政审批股、交通战备办公室。局行政定编9名，实有公务员10名。其中，局领导4名，公务员6名。

柳林县交通运输局下设“一队两中心”3个副科级事业单位。一是柳林县交通运输综合行政执法队。2019年5月挂牌成立。实行局队合一，队长由县交通运输局局长兼任，整合原道路运输管理所承担的运政、路政执法大队承担的路政、地方海事处承担的船政、交通工程质量监督管理站承担的质监、局公路管理股承担的道路建管等行政执法项目。核定财政拨款事业编制16名。批准内设机构7个：办公室（法制股）、道路客运执法分队、道路与水路运政执法分队、公路路政执法分队、交通工程质量安全管理分队（人员从原路政大队和运管所两个事业单位中划转）。二是柳林县交通运输事业发展中心。全额事业编制20名，设副科级主任1名副主任2名（股级），内设机构领导职数4名（股级）。内设机构4个：综合办公室、公路（水路）养护技术服务股、综合运输服务股、综合业务服务股（人员从原道路运输服务中心、公路养护中心、交通征费站、地方海事服务中心、交通工程质监中心五个事业单位中划转）。三是柳林县治理非法超限超载车辆工作中心。前身为县政府和县纪委监委双重管理的柳林县治理非法超限超载车辆工作领导组办公室。

【石楼县交通运输局】 成立于1956年，是石楼县政府下设的交通行政主管部门，正科级建制。2019年3月20日，中共石楼县委办公室以石办发〔2019〕2

号文件重新核发《石楼县交通运输局职能配置、内设机构和人员编制规定》,内设3个股(室):综合办公室、综合规划股、公路建设与运输管理股。下设“一队一中心”2个副科级事业单位。一是石楼县交通运输综合行政执法队。2019年3月15日挂牌成立。实行局队合一,队长由县交通运输局局长兼任,整合了原道路运输管理所承担的运政、路政执法大队承担的路政、地方海事处承担的船政、交通工程质量监督管理站承担的质监、局公路管理股承担的道路建管等行政执法项目。核定财政拨款事业编制10名。二是石楼县交通运输事业发展中心。

【岚县交通运输局】 是主管全县交通运输行业行政管理部门,正科级建制。按照岚县县委《关于县交通运输局职能配置、内设机构和人员编制规定》(岚办发〔2019〕23号),县交通运输局内设机构2个,即:办公室(行政审批股)、交通运输管理股,行政编制6名,实有公务员7名。局下设“一队两中心”3个副科级事业单位。一是岚县交通运输综合行政执法队。2019年挂牌成立。实行局队合一,队长由县交通运输局局长兼任。按照岚县县委《关于印发岚县交通运输综合行政执法队职能配置、内设机构和人员编制规定》(岚办发〔2021〕38号),内设机构5个:综合股、城乡客运执法分队、道路运政执法分队、公路路政执法分队、交通工程质量安全监督执法分队。二是岚县交通运输事业发展中心。按照《岚县深化事业单位改革实施方案》,组建县交通运输事业发展中心,隶属于县交通运输局,副科级建制。将县道路运输服务中心、县交通事业所、县交通局乡镇路管站并入县交通运输事业发展中心,初步拟定全额事业编制10名。三是岚县治理非法超限超载车辆工作中心。

【方山县交通运输局】 是方山县人民政府下设的交通行政主管部门,正科级建制。加挂方山县国防动员委员会交通战备办公室牌子。内设机构8个:办公室、人事科、政策法规科(挂执法监督科)、综合规划科、财务审计科、建设管理科、综合运输科、安全监督科;局下属事业单位7个:市交通运输综合行政执法队(副县级)、市运输事业发展中心(副县级)、市城市公共客运发展中心、市农村公路发展中心、市交通运输运行监测与应急处置中心、市邮政业服务中心、市治理非法超限超载车辆工作中心。县交通运输局行政编制6名。设局长1名,副局长2名。

【中阳县交通运输局】 是主管全县交通运输行业行政管理部门,正科级建制。内设3个机构:综合办公室、执法监督股、综合管理股。下属1个事业副科单位中阳县运输事业发展中心。在职人员46人,中共党员17名。全局有中、高级公路工程技术人员8人。

【交口县交通运输局】 是主管全县交通运输行业的行政职能机构。前身为交通办公室,交通局,2010年9月改为交通运输局。有内设机构3个:党政综合办公室(政策法规股)、建设管理规划股、安全综合运输股。下属事业单位3个:交通运输综合行政执法队(整合原路政大队、运管所行政执法职能,副科建制)、县交通运输事业发展中心(整合原治超办职能,副科建制)、县道路管护服务中心(整合原运管所、客运办、质监站、养护所职能,股级建制)。下属企业4个:交口县四好路建设开发有限公司、交口县运输公司(停业)、交口客运站、双池客运站。

截至2020年年底,县交通运输局有在职正式职工65人(共有党员56人),其中:财政统发人员11人(公务员6人,事业人员5人),财政经费补助人员54人(副科3人,事业人员51人)。退休职工52人,离休1人。整合运管所职能后,全局共有临时人员48人。事业单位改革后,县治超办划转交通运输局管理,涉及治超人员138人。县交通运输局党总支下设2个党支部,即:机关党支部、老干部党支部。共有党员56人,其中:机关党支部32人,老干部党支部24人。

【孝义市交通运输局】 是孝义市政府的职能部门,为正科级建制。内设13个股(室):办公室、总支办、人事科、法治科、财务科、规划科、安全监督科、交通战备办(市国防动员委员会交通战备办公室)、道路科、档案室、市乡公路养护管理中心、市城市汽车客运管理办公室、市交通建设工程质量监督站、综合运输科。下属2个副科级事业单位:孝义市交通运输综合行政执法队和运输事业发展中心。

【汾阳市交通运输局】 是汾阳市人民政府主管交通运输行业的行政管理部门。有行政编制8名。设局长1名,副局长2名。下设2个副科级事业单位。一是汾阳市交通运输综合行政执法队,全额事业编制16名。设队长1名(由市交通运输局局长兼任),副队长2名(副科级)。二是汾阳市运输事业发展中心。内设13个职能股(室):办公室、财务股、农村公路建设服务股、农村公路养护服务股、邮政业发展股、治超股、运输管理执法分队、道路运政执法分队、治理超限超载车辆执法队、交办的其他工作、客运执法分队、公路路政执法分队、交通建设工程质量安全监督执法分队、安全办。

【晋中市交通运输局】 是主管全市交通运输的政府工作部门,主要职责有13项:一是贯彻执行国家、省关于交通运输的法律法规和方针政策,研究拟定全市综合交通工作的规范性文件,并监督实施。二是负责涉及全市综合交通运输体系的规划协调工作,会同有关部门组织编制全市综合交通运输体系规划。指导全市交通运输枢纽规划和管理。三是组织拟定并监督实施全市公路、水路行业规划。参与拟定全市物流业发展战略和规划,拟定有关政策措施并监督实施。指导全市公路、水路行业有关体制改革工作。四是承担全市道路、水路运输市场监管责任。组织制定全市道路、水路运输有关政策措施、准入制度和运营规范并监督实施。指导城乡客运及有关设施规划与管理工作,指导出租汽车行业管理工作;承担市内水路运输及航道管理工作。五是承担水上交通安全监管责任。负责全市水上交通安全事故、船舶及相关水上设施污染事故的应急处理。指导县(区、市)水上安全监督工作。六是负责提出全市公路、水路固定资产投资规模和方向、国家及省、市级财政性资金安排意见,按省、市人民政府规定权限审批、核准规划内和年度计划内固定资产投资项目;提出有关财政、土地、价格等政策建议。七是承担公路、水路建设市场监管责任。拟定全市公路、水路工程建设相关政策措施、制度并监督实施,组织实施公路、水路重点工程建设和工程质量、安全生产监督管理工作。指导和组织全市交通运输基础设施管理和维护,承担有关重要设施的管理和维护。负责地方道路交通运输基础设施建设、维护、运营、路政、监控、收费、治超等管理工作。八是负责交通运输领域综合行政执法改革工作;负责市城区范围内交通运输综合行政执法以及全市重大案件、跨区域案件和县级无管辖权限案件的协调管理;指导、监督县级综合行政执法工作。九是负责交通运输行业安全生产监督管理;负责监督指导全市县乡村公路及桥梁养护运行安全管理及养护作业过程安全监管;负责渡口(码头)、航道、水路运输安全管理;对船舶(含渔船)检验和浮动设施实施安全监督管理。按规定组织协调重点物资和紧急客货运输。十是指导全市交通运输信息化建设,监测分析运行情况,开展相关统计工作,发布有关信息。组织和指导全市公路、水路行业科技开发、环境保护和节能减排等工作。负责交通运输行业涉外工作,开展对外合作与交流。十一是负责全市交通系统职工教育、培训工作;指导交通运输行业职工队伍建设。十二是承担市国防动员委员会交通战备有关工作。十三是完成市委、市人民政府交办的其他任务。

内设机构有8个:办公室(党委办公室)、人事教育科、规划财务科(内审科)、安全监督科、综合运输科、公路管理科、行政审批科(政策法规科)、交通战备科。下属单位有2个:晋中市交通运输服务中心、晋中市交通运输综合行政执法队。

【榆次区交通运输局】 是榆次区人民政府职能部门,正科级建制。负责涉及全区综合交通运输体系的规划协调工作,承担全区县乡公路水路的建设、养护、交通运输行业安全监管、铁路安全监管、治理超限超载、道路水路运输市场监管等工作,同时承担区政府急难险重建设任务和防汛、防火抢险等工作。内设办公室(党委办公室、榆次区国防动员委员会交通战备办公室)、财务股(内审股)、安全应急股、综合运输股、公路规划管理股(交通建设工程质量监督站)、政策法规股6个股(室)。下属单位:榆次区交通运输服务中心(公益一类事业单位)。

【太谷区交通运输局】 是太谷区交通行政主管部

门，主要负责全区农村公路建养、道路运输、水路运输、城市客运等行业监管职责。机关内设6个股（室）：办公室、安全股、法治股、财务审计股、公路管理股、综合运输股。下属9个企事业单位：道路运输服务中心、公路管理所、交通综合行政执法队、交通建设工程质量监督站、城市汽车客运管理所、地方海事服务中心、道路机械服务队、汽车维修服务站、交通战备办公室属于挂靠单位。

【榆社县交通运输局】 为县人民政府的正科级职能部门，核定机关行政编制6名，在编局长1名，副局长2名。内设5个股（室）：办公室、财务股、法制监察室、规划管理股、安全监督室。7个下属单位：县交通战备服务中心（股级3名）；县地方海事服务中心（副科级5名）；县道路运输服务中心（副科级自收自支25名）；县交通运输建养服务中心（股级建制自收自支40名）；榆社县城市汽车客运管理所（股级建制10名）；榆社县交通建设工程质量监督站（编制6名）；榆社县交通运输综合行政执法队（副科级建制自收自支32名）。

【左权县交通运输局】 左权县人民政府组成部门，正科级建制。具体承担着全县境内公路建设、道路养护、运输管理、城市客运和交通综合执法、国防交通战备、水域交通服务等工作。内设综合办公室、公路管理股、综合运输股、安全监督股4个股（室），下设交通战备服务中心、地方海事服务中心、城市客运管理所、道路运输服务中心、公路管理所5个事业单位。

【和顺县交通运输局】 主管全县交通运输工作的政府职能部门，主要承担综合交通运输体系规划，农村公路建设、养护管理，交通运输行政执法、道路运输行业监管，城市汽车客运管理等职责。内设9个股（室）：办公室、党建办公室、财务审计股、安全应急股、法制办公室、纪检监察室、公路管理股、工程建设股、重点工程办公室。加挂交通战备办公室牌子。下属单位6个：交通运输综合行政执法队、道路运输服务中心、农村公路管理所、交通工程质量监督检查站、三奇超限检测站、城市汽车客运管理所。

【昔阳县交通运输局】 是县人民政府的职能部门，正科级建制。昔阳县交通运输局贯彻落实党中央、省委、市委、县委关于交通运输工作的方针政策和决策部署，在履行职责过程中坚持和加强党对交通运输工作的集中统一领导。内设机构6个股（室）：办公室（法制办）、财务股（内审股）、公路股、综合运输股、安全监督股、行政审批股；下属单位有2个：昔阳县交通运输服务中心、昔阳县交通运输综合行政执法队。

【寿阳县交通运输局】 主要负责全县农村公路建设、管理和养护，贯彻执行省、市、县有关交通运输行业方针政策的落实，编制全县交通运输体系规划，承担全县道路运输市场监管，城市公共交通行业管理，水路运输管理，交通建设工程审批、质量监管、交通运输行业的行政执法以及对全县交通运输行业的安全监管等工作。内设机构有办公室、专项办、治超办、安全办、法制办、战备办、财务股、公路股、质监站、监察室、事务室、保卫科12个股（室）。下属单位有运管所、综合行政执法大队、农村公路管理所、汽车驾驶员培训学校、城市汽车客运管理所、地方海事局、汽车站、路路通拌和厂8个企事业单位。有行政编制8人，事业编制4人，年末实有人数为14人。退休人员26人，离休人员1人。

【祁县交通运输局】 主管全县交通运输工作的政府职能部门，正科级建制。内设机构11个股（室）：党办、综合办、纪检监察室、人事股、财务股、综合运输管理股（行政审批股）、重点项目办、祁县交通建设工程质量监督站、环保办、治超办、交通战备股。下属单位6个：祁县道路运输服务中心、祁县交通运输综合行政执法队、祁县城市汽车客运管理所、祁县交通运输局机械队、祁县交通运输局公路管理段、祁县农村公路管理所。

【平遥县交通运输局】 根据《中共平遥县委、平遥县人民政府关于印发〈平遥县人民政府机构改革方案〉的通知》（平发〔2010〕2号）精神，设立平遥县交通运输局，正科级建制，是平遥县人民政府主管交通运输工作的职能部门。内设17个股（室）：办公室、财务股、纪检监察室、公路股、建设工程质量安全监督站、交通运输局公路养护中心、农村公路管理所、道路运输服务中心、汽车站、综合行政执法队、客运管理处、统计规划股、法制室、安全股、审计中心、行政审批股、工会。局下属单位6个：农村公路管理所、农村公路养护中心、道路运输服务中心、综合行政执法队、城市客运管理处、汽车站。

【灵石县交通运输局】 主管全县交通运输工作的政府职能部门，正科级建制。主要职能9项：一是负责交通运输领域综合行政执法改革工作；负责全县范围内交通运输综合行政执法以及全县重大案件、跨区域案件的协调管理。二是负责交通运输行业安全生产监督管理；负责全县乡村公路及桥梁养护运行安全管理及养护作业过程安全监管；负责渡口（码头）、航道、水路运输安全管理；对船舶（含渔船）检验和浮动设施实施安全监督管理。三是按规定组织协调重点物资和紧急客货运输。四是指导全县交通运输信息化建设，监测分析运行情况，开展相关统计工作，发布有关信息。五是组织和指导全县公路、水路行业科技开发、环境保护和节能减排等工作。六是负责交通运输行业涉外工作，开展对外合作与交流。七是负责全县交通系统职工教育、培训工作；指导交通运输行业职工队伍建设。八是承担县国防动员委员会交通战备有关工作。九是完成县委、县政府交办的其他任务。内设3个股（室）：综合办公室（党委办公室）、安全监督股、综合业务股（行政审批服务股）；下属单位5个：灵石县交通运输综合行政执法队、灵石县交通运输服务中心、火山公路超限检测站、堡子塘公路超限检测站、隧道管理站。

【介休市交通运输局】 主管全市交通运输工作的政府职能部门，主要承担综合交通运输体系规划，农村公路建设、养护管理，道（水）路运输行业监管，城市汽车客运管理等职责。内设13个股（室）：办公室、财务股、安全股、党建办、内审股、质监站、农村公路管理所、行政审批股、战备办、治超办、交通建设中心、法制股、人教股。下属单位3个：介休市交通行政综合执法大队、介休市道路运输管理所、介休市城市汽车客运管理所。

【长治市交通运输局】 主要职责有11项：一是贯彻执行国家及省关于交通运输的法律法规和方针政策。二是承担涉及全市综合交通运输体系的规划协调工作，会同有关部门组织编制全市综合交通运输体系规划。指导全市交通运输规划和管理；三是组织拟定并监督实施全市公路、水路行业规划、政策和标准。参与拟定全市物流业发展战略和规划，拟定有关政策措施和标准并监督实施。指导全市县乡公路、水路行业有关体制改革工作；四是承担全市道路、水路运输市场监管责任。组织实施全市县乡道路、水路运输有关政策、准入制度、技术标准和运营规范并监督监管。负责交通运输行政执法行为的监督管理；负责全市城乡客运及有关设施规划与管理工作。负责全市出租车行业管理工作；承担全市水路运输及航道管理工作。五是承担水上交通安全监管责任。负责水上交通管制、船舶及相关水上设施检验、登记和防止污染、水上消防、航行保障、应急救助、通信导航、船舶与渡口设施保安及危险品运输监督管理等工作。负责船员管理的有关工作。负责全市水上交通安全事故、船舶及相关水上设施污染事故的应急处理。指导县（市、区）、乡水上安全监管工作。六是提出全市县乡公路、水路固定资产投资规模和方向及国家、省、市级财政性资金安排意见，按省、市人民政府规定权限审批、核准规划内和年度计划内固定资产投资项目；执行公路、水路有关规费政策并监督实施，提出有关财政、土地、价格等政策建议。七是承担公路、水路建设市场监管责任。执行公路、水路工程建设相关制度和技术标准并监督实施；组织实施公路、水路重点工程建设和工程质量、安全生产监督管理工作。指导和组织全市交通运输基础设施管理和维护，承担有关重要设施的管理和维护。按规定负责渡口规划和岸线使用管理工作。负责县乡道路和重点交通运输基础设施建设、维护、运营、路政、监控、收费、治超等管理工作。八是指导全市公路、水路行业安全生产和应急管理工作。按规定组织协调重点物资和紧急客货运输；承担国防动员交通战备有关工作；指导交通运输行业公安保卫工作。九是指导全市交通运输信息化建设、检测分析运行情况，开展相关统计工作，发布有关信息。组织和指导全市公路、水路行业科技开发、环境保护和节能减排等工作。十是指导交通运输行业职工队伍建设。负责交通运输行业涉外工作和引进外资工作，开展合作与交流。十一是承办市人民政府交办的其他事项。内设10个科室：办公室、编制人事科、法规科、综合规划科、财务科、建设管理科、综合运输管理科、安全监督科、公路管理科、科技科。

下属单位2个。一是长治市交通运输综合行政执法队。负责贯彻执行党中央、国务院有关交通运输的法律法规、方针政策和省委、省政府及市委、市政府的决策部署。负责市辖区内公路路政（含普通国省干线）、道路运政、城市客运管理、交通工程质量和安全监督管理、地方海事行政、水路交通管理、民航机场管理等方面的行政执法。负责监督指导全市交通运输综合行政执法体系建设和交通运输执法工作。承担全市交通运输综合行政执法队伍的业务培训工作。负责组织查处市辖区、跨区域和具有全市影响的重大复杂案件。负责组织开展行业专项治理、行业安全生产和超限超载治理等执法监督工作。负责交通运输领域相关法律、法规的宣传工作。负责市辖区内交通运输行业投诉举报案件的受理、办理工作。承办上级交办的其他任务。二是长治市交通运输发展中心。负责承担全市公路水路运输、城市客运、机动车维修、机动车驾驶员培训、道路客货运输驾驶员从业资格评价的服务保障工作。协助市邮政管理局承担全市各级邮寄企业的安全管理及一线具体工作。

【潞州区交通运输局】 始建于1987年8月，正科级建制，截至2020年年底，有编制人员136人，实有在职人员136人。2010年6月按照国家机构改革方案更名为郊区交通运输局，2019年1月22日根据长治市部分行政区调划的要求更名为潞州区交通运输局。区交通运输局党总支下设4个党支部，即：机关党支部、运管所党支部、综合执法大队党支部、道路科党支部。局党总支共有党员75名，在职53名，退休22名。截至2020年年底，区交通运输局下设科室18个：道路运输管理所、道路科、质监站、道路养护中心、客运办、地方海事处、行政审批科、综合执法大队、办公室、党办、安监科、财务科、督查室、法制科、工会、妇联、团委。行政编制6名。设局长1名，副局长2名。事业编制单位7个：道路运输管理所，实有25人；道路管理站，实有24人；地方海事处，实有4人；原城区交管中心，实有4人；拖拉机征费站，实有53人；路政管理所，实有15人；公路养护中心，实有5人。

【上党区交通运输局】 区人民政府主管公路交通工作的行政职能部门。主要工作职责是负责县乡公路规划、建设和管理养护；道路运输和城市客运管理；治理车辆超限超载。2019年3月25日，长治市上党区交通运输局挂牌。区交通运输局党委于2019年3月撤销，设立党组，局党组班子成员7人。局领导班子成员3人。中共长治市上党区交通运输局总支委员2019年5月批复成立，党总支书记1名，副书记1名，党总支委员5名，下属4个党支部，共有党员55名。内设7个股（室）综合办公室、公路建设管理股、财务科、安全监督科、公路养护管理中心、质监站、战备办。下属4个自收自支事业单位：上党区道路运输管理所、上党区城市客运管理办公室、上党区路政管理所、东苗公路超限检测站。截至2020年年底，局机关在职人员10名。其中：公务员6名，工勤人员4名。局属4个自收自支事业单位在职人员共有81名。其中：拖拉机征费站在职在编人员23名；运管所在职在编人员38名；城市客运办在职在编人员12名；路政管理所在职在编人员8名。

【屯留区交通运输局】 区人民政府主管交通运输工作的职能部门，正科级建制。共有行政人员7人（行政工勤人员1人）退休人员1人。截至2020年年底，屯留区交通运输局有股（室）、站、所、队、中心共14个：办公室、财务股、人教股、安监股、监察室、法制综治办、地方海事处、综合运输股、质监站、公路股、信息中心、路政大队（309超限站）、养护中心、客运中心、运管所。

局属事业单位共6个，共115人，其中全额拨款事业单位3个，43人；自收自支事业单位3个，72人。一是屯留区交通建设工程质量监督站，正股级全额拨款事业单位。二是屯留区交通运输局路政大队，正股级全额拨款事业单位。三是屯留区客运服务中心，正股级全额拨款事业单位。四是屯留区农村公路养护中心。五是309国道高店公路超限检测站，正股级自收自支事业单位。六是屯留区道路运输服务中心，正股级自收自支事业单位。

【潞城区交通运输局】 1954年，潞城、长治县合并为潞安县，始设专管公路交通的交通科。1958年10月潞安县建制撤销，潞城县归长治市管辖。1961年市、县分辖，恢复潞城县建制，潞城县交通局成立。1969年政企分设，交通局改为交通组。1972年恢复交通局建制。1994年潞城县改制为潞城市（县级市），潞城县交通局易称潞城市交通局。2010年1月潞城市以潞政办发〔2010〕27号文件印发交通运输局主要职责、内设机构和人员编制，为正科建制，内设机构为：办公室、财务股、综合业务室、治超办、交通战备办，2010年3月因机构改革更名为“潞城市交通运输局”，城市客运管理办公室划归交通运输局。2019年3月撤市设区，潞城区委区政府以室字〔2019〕28号文件印发交通运输局主要职责、内设机构和人员编制，为正科建制，长治市潞城区交通运输局设办公室、财务股、综合运输股、公路股、交通战备办，更名为“长治市潞城区交通运输局”。为区人民政府主管交通运输工作的职能部门，正科级建制，有行政编制10人，事业编制人员50人；截至2020年年底，实有人数：行政人员10人，事业人员32人，临时人员20人，共62人。车辆编制数2辆。内设机构12个股（室），即：办公室、财务股、公路股、质监站、路政大队、综治办、法制办、战备办、安全办、工会；下属事业单位3个：路政大队、道路运输管理所（财务独立）、城市客运管理办公室（财务独立）。

【襄垣县交通运输局】 属县人民政府组成部门之一，主要担负着全县农村公路规划、建设、管养、城乡客运、货物运输、出租汽车等道路运输市场管理及路政治超工作。内设办公室、公路规划建设管理股、法规综治股、安全管理监督股、路政治超股、财务统计股、公路养管中心、工程质量监督站、项目办、总工办、纪检监察室、人教股12个职能股（室）。截至2020年年底，有干部职工132名，正式在职在编职工65人，公益性岗位19人，劳务派遣48人。

【平顺县交通运输局】 是县人民政府主管公路交通工作的行政职能部门，正科级单位。主要工作职责是贯彻执行国家、省、市关于交通运输的法律法规和方针政策；承担涉及全县综合交通运输体系的规划协调工作，会同有关部门组织编制全县综合交通运输体系规划，指导全县交通运输规划和管理；组织拟订并监督实施全县公路、水路行业规划、政策和标准，指导全县县乡公路、水路行业有关体制改革工作；承担全县道路、水路运输市场监管责任。组织实施全县道路、水路运输有关政策、准入制度、技术标准和运营规范并监督监管；承担公路、水路建设市场监管责任，执行公路、水路工程建设相关制度和技术标准并监督实施;指导全县公路、水路行业安全生产和应急管理工作；按规定组织协调重点物资和紧急客货运输；承担国防动员交通战备有关工作；组织和指导全县公路、水路行业科技开发、环境保护和节能减排工作；承办县人民政府交办的其他事项。内设8个科室：综合办公室、公路科、财务科、规划设计科、法制安全科、监察室、总工办、综运科。局下属有5个事业单位，其中全额事业单位2个：平顺县交通运输综合行政执法队（路政大队）、城乡公共客运管理中心，自收自支事业单位3个：道路运输管理所、质监站、公路管理建养中心。

【黎城县交通运输局】 1940年10月，黎城县抗日政府成立交通局，负责《新华日报》的发行。1949年10月1日，中华人民共委国成立之后，公路交通业务由农业科办理，干事郎树恒负责交通工作。1958年10，黎城县交通科升设为交通局。局设2股1室即运输股、养路股、办公室。1962年9月，县人民委员会撤销交通局、工业局，成立工业交通科。1963年5月13日更名为工业交通局。1964年6月24日，撤销工业交通局，分设县经委、县交通局。1967年2月，黎城县革命委员会撤销交通局，成立黎城县工业交通委员会。1972年4月，交通局重新组建。2011年12月16日，成立交通事业发展中心，为正科级事业单位，归经贸局管理，保留交通局牌子。2009年12

月，中共黎城县委文件黎发〔2009〕14号、黎发〔2009〕15号通知，组建县交通运输局，县改革后县政府设置22个工作部门其中之一，为正科级。县交通事业发展中心名称规范为“县交通运输服务中心”，隶属于县交通运输局管理，机构性质规格、人员编制不变。2019年4月9日，黎城县交通运输综合行政执法队挂牌成立。根据《中共黎城县委办公室、黎城县人民政府办公室关于印发〈黎城县机构改革方案〉的通知》（黎办发〔2019〕9号），规定黎城县交通运输局是县人民政府的职能部门，正科级。内设机构有4个股（室）：行政审批股、综合运输安全管理股、公路规划建养管理股、办公室（党委办）。下属单位：黎城县交通运输服务中心。

【壶关县交通运输局】 是县人民政府主要职能部门之一，主管全县公路、水路交通行业。中华人民共和国成立之初，壶关县没有设立专门机构负责交通工作，在1956年5月壶关县人民委员会设立交通科，负责壶关县公路交通建设和运输管理。在此之前的三年中（1953—1956年），交通工作由农业科代管。1958年11月至1959年7月，壶关、平顺两县合并，县政府设立交通局，局址置于平顺城关镇。1959年7月至1961年2月，壶平两县又进行分设，壶关县人民委员会重新设立交通局。1962年5月交通局并入经委。同年12月，兼管交通的经委改名为工业交通局，1965年6月又改为交通局。从1966年至1974年间，交通机构几易其名，1965年至1969年名为工交委员会，1969年2月至1972年2月改名为联运办，1972年3月至1974年4月又改名为工交局，1974年4月后又重设交通局，至此交通局作为县政府的一个独立职能部门沿置至今。壶关县交通运输局成立于1982年，有“交通运输综合行政执法队”、“壶关县运输事业服务中心”和“壶关县城市客运服务中心”3个事业单位。内设有办公室、财务股、人事股、路政大队、法制股、安全股、地方海事处、公路股、质量监督站、公路工程股、行政审批股、战备办公室11个股（室）。截至2020年年底，有行政编制9名，实有在编行政人员6名（1正2副、1名退职人员、2名科员）。下辖3个事业单位：交通运输综合行政执法队、运输事业服务中心、城市客运服务中心。以上3个事业单位均属自收自支事业单位，共有编制89名，在编人员81名。

【长子县交通运输局】 1943年县抗日政府成立后，成立县交通局，后由于忙于抗战不得不中断其工作。中华人民共和国成立后，1955年4月县政府设立公路交通专职管理机构，先后由县农业科、农林科、政府办公室代管交通职能，后县政府才设立交通科。专管公路、交通、运输等方面工作。1958年8月，屯留、长子合并为屯长县，成立屯长县交通科。1961年4月，屯留、长子两县分设，恢复长子县建制，同时又设立了长子县交通科。同年底，交通科改称交通局。1965年12月，长子县工业局与交通局合并，称工业交通局。1966年5月，工业交通局分设。1967年长子县政府成立工业交通委员会，撤销原交通局建制，在工业交通委员会内设交通组，行使交通管理职能。1975年12月，长子县重设交通局，至今恢复交通局建制。2010年2月长子县以长政办发(2010)26号文件印发了长子县交通运输局主要职责、内设机构和人员编制规定的通知，名称为长子县交通运输局，正科级建制，为县人民政府工作部门。2010年8月，县城市交通客运管理办公室规划为县交通运输局。

截至2020年年底，县交通运输局有领导班子成员6名（局长1名，副局长3名，总工程师1名，党组成员1名）。下设有办公室、财务股、公路股、质监站、路政治超大队、安全监督股、法制监察室、养护中心、规划股、战备办、综治办11个股（室），下辖拖拉机征费站、运管所、客运办3个事业单位。全局在职员工133人，其中局机关12人、拖拉机征费站73人，运管所36人，客运办12人。全局共有党员70人，其中在职党员44人，离退休党员26人。

【武乡县交通运输局】 县公路交通行政主管部门，正科级。中华人民共和国成立之初，武乡县没有独立的公路交通管理机构。有关公路交通的行政和业务工作，由农林科办理。1954年，公路交通行政业务工作，由原来的农林科移交县政府办公室办理。1958年11月，榆社县并入武乡县，成立武乡县交通局。1963年下半年,交通局与工交办合并为工交局,同年从工交局分出交通局。1969年7月,成立“工交服务站”,办理交通运输行政业务。1970年,工交服务站同公路交通管理站合并,成立了公路管理站。1975年1月,武乡县将公路管理站恢复交通局行政机构。1981年,“六五”时期开始,交通局作为本县公路交通管理部门一直延续下来。2001年12月,在县乡机构改革中,根据长治市编制委员会批复的武乡县机构改革方案,武乡县交通局改为武乡县交通发展中心。2008年7月,为适应日益发展的公路建设,规范本县交通发展体制,武乡县交通发展中心变更为武乡县交通局,2009年12月25日根据武发〔2009〕38号文件精神,武乡县交通局改为武乡县交通运输局。武乡县交通运输局位于武乡县迎宾街151号,占地面积约1500平方米,共有干部职工38人。局内设13个股(室):办公室、人事股、财务股、安全股、法制股、路政大队、养护股、质监站、规划股、工程股、综运股、工会和战备办。下属事业单位5个:道路运输管理所(地方海事处)、城市客运管理办公室、征费稽查所、路政管理所、公路管理所。

【沁县交通运输局】 是沁县人民政府组成部门之一,具有行政管理,业务管理、行政执法多重职能。2011年5月10日,沁县机构编制委员会办公室下发《关于沁县交通运输局所属事业单位清理规范意见的通知》,撤销沁县国防动员委员会交通战备办公室,在县交通运输局加挂“沁县国防动员委员会交通战备办公室”牌子。更名的事业单位有“沁县乡村养护大队”更名为“沁县农村公路养护管理中心”。保留的事业单位有沁县农村公路养护管理中心、沁县路政所、沁县道路运输管理所、沁县地方海事处、沁县交通建设工程质量监督站、沁县拖拉机征费站。内设股(室)4个:综合办公室、财务股、公路股、安全监督股。下属单位6个:沁县交通运输局路政大队、沁县道路运输管理所、沁县农村公路养护管理中心、沁县地方海事处、沁县交通建设工程质量监督站、208国道新店治超站。

【沁源县交通运输局】 县人民政府组成部门、行政执法单位,承担着全县农村公路的建设、养护、路政管理、道路运输和城市客运、交通运输安全和交通运输法律、法规宣传等任务。按照《关于印发〈沁源县交通运输局职能配置、内设机构和人员编制规定〉的通知》(办字〔2019〕27号)文件规定,沁源县交通运输局内设综合办公室、综合业务室2个股(室),行政编制6名实有8名(包含1名工勤);下设交通运输综合行政执法队、道路运输所、交通建设工程质量监督站、公路养护中心、城市客运所、拖拉机征费站6个事业单位,事业编制78名实有55名(其中道路运输所编制20名,实有19人);劳务派遣工作人员52人。人员经费除公务员外,全部由上级下拨成品燃油税解决,不足部分申请县财政补贴。

【晋城市交通运输局】 市人民政府主管全市交通运输工作的职能部门。主要职责有14项:一是贯彻执行国家、省关于交通运输的法律法规和方针政策。二是承担涉及全市综合交通运输体系的规划协调工作。会同有关部门组织编制全市综合交通运输体系规划。指导全市交通运输规划和管理。三是组织拟定并监督实施全市公路、水路行业规划,参与拟定全市物流业发展规划,并监督实施。指导全市农村公路、水路行业有关体制改革工作。四是承担全市道路、水路运输市场监管责任。贯彻执行道路、水路运输有关政策、准入制度、技术标准和运营规范并监督实施。指导城乡客运及有关设施规划与管理工作;指导全市城市客运管理运营工作;承担全市城市公共汽车客运、出租汽车客运、汽车租赁等行业指导工作;承担全市水路运输及航道管理工作。五是承担水上交通安全监管责任。负责水上交通管制、船舶、渔船及相关水上设施检验、登记和防止污染、水上消防、航行保障、应急救助、通信导航、船舶、渔船与渡口设施保安及危险品运输监督管理等工作。负责船员管理的有关工作。负责全市水上交通安全事故、船舶及相关水上设施污染事故的应急处理。指导各县(市、区)水上安全监管工作。六是负责提出全市农村公路、水路固定资产投资规模和方向,以及国家、省、市级财政性资金安排意见,按省政府和市政府规定权限审批、核准规划内和年度计划内固定资产投资项目；执行公路、水路有关规费政策并监督实施。七是承担公路、水路建设市场监管责任。拟定全市公路、水路工程建设相关制度并监督实施；组织实施公路、水路重点工程建设和工程质量、安全生产监督管理工作。指导和组织全市交通运输基础设施管理和维护，承担有关重要设施的管理和维护。按规定负责渡口规划和岸线使用管理工作。负责农村公路和重点交通运输基础设施建设、维护、运营、路政、监控、收费、治超等管理工作。八是按规定组织协调重点物资和紧急客货运输；参与全市高速公路及干线公路网运行监测和协调工作；承担国防动员交通战备有关工作。九是指导全市交通运输信息化建设、监测分析运行情况，开展相关统计工作，发布有关信息。组织和指导全市公路、水路行业科技开发、环境保护和节能减排等工作。十是承担交通运输综合行政执法工作监督管理、重大案件查处和跨区域执法的组织协调工作。十一是指导交通运输行业职工队伍建设。负责交通运输行业涉外工作和引进外资工作，开展合作与交流。十二是承担本部门职责范围内的应急管理和安全生产监督管理职责。十三是将所属事业单位承担的道路运输、水路运输、城市客运的监督管理等行政职能划归局机关。十四是完成市委、市政府交办的其他任务。

内设9个行政科室：办公室、人事教育科、政策法规和执法监督科、规划科、财务科、公路管理科、综合运输管理科（行政审批科）、安全监督科、市国防动员委员会交通战备办公室。根据《关于市交通运输局所属事业单位机构编制事项的通知》（晋市编字〔2020〕51号）文件精神，原13个事业单位整合为4个：交通运输事业发展中心、交通建设中心、局发展研究中心及交通运输综合行政执法队。

2020年，晋城市交通运输局获得“三洗六见”大整治红旗单位；“洞头旅游路”“太行一号旅游公路”两个项目被市委、市政府授予“工程建设先进集体”；张海芳、苏文、宋萍3人分别市委、市政府授予“美丽晋城改革创新‘先进个人’”“文明创建改革创新‘先进个人’”称号。晋城市区28路公交线路被交通运输部评为“新能源公交高品质线路”，11月19日，晋城市作为全国5个城市代表之一在北京作经验交流，且是唯一地级市。

【城区交通运输局】 是区人民政府下设的交通行政主管部门，正科级建制。主要职责是贯彻执行国家、省、市关于交通运输的法律法规和方针政策，拟定全区交通运输行业的发展战略建议；承担涉及全区综合交通运输体系的规划协调工作，会同有关部门组织编制全区综合交通运输体系规划；组织拟定并监督实施全区公路、水路行业规划、政策和标准；承担水上交通安全监管责任；负责提出全区公路、水路固定资产投资规模和方向、国家、省、市及区财政性资金安排意见，按国务院及省、市、区人民政府和上级交通部门有关规定权限审批、核准规划内和年度计划内固定资产投资项目；承担公路、水路建设市场监管责任；指导全区公路、水路行业安全生产和应急管理工作；承担国防动员交通战备有关工作；指导交通运输行业安全保卫工作；指导全区交通运输信息化建设、检测分析运行情况，开展相关统计工作，发布有关信息；指导交通运输行业职工队伍建设；承担区人民政府交办的其他事项。

内设科室12个：办公室、党办、财务科、公路科、安委办、执法办、行政审批科、总务科、道路办（临时机构）、西城事务管理办、扫黑办（临时机构）、环境治理办。下属3个股级事业单位：城区道路运输管理所、城区地方海事处、城区交通运输局路政管理所。

【沁水县交通运输局】 是县人民政府主管交通运输工作的职能部门，主要负责全县道路交通的规划、建设和管理。全局内设5个股（室）：办公室、财务室、总支办、公路股、工程股。下属单位2个：道路运输管理局和地方海事处。全局共有干部职工46人，其中行政人员7人，自收自支人员39人，在职党员17人。局党组由3人组成，一正两副。

【阳城县交通运输局】 县人民政府职能部门，正科级行政事业单位。主要负责公（水）路建设和道路运输。全局共设22个股、室、站所，即：办公室、财务股、公路股、规划股、综合运输管理股、战备办、海事处、设计室、运管所、农管中心、党建办、工会、督察室、政工股、安全办、法制办、治超办、行政审批股、综合行政执法队、工程技术股、质监站、上孔治超站。按编制管理事业单位8个:阳城县交通战备服务中心为副科级全额事业单位,阳城县地方海事处为股级全额事业单位,阳城县道路交通运输服务所为副科级自收自支事业单位,阳城县农村公路管护中心为股级自收自支事业单位,阳城县公路工程设计室为股级自收自支事业单位,阳城县拖拉机征稽所为股级自收自支事业单位,阳城县商品路服务所为股级自收自支事业单位,阳城县机运服务所为股级自收自支事业单位。下属企业4个:工程公司、试验中心、检测中心、县运。

全局在职干部职工225人(其中,科级干部6人,党员69人),其中:行政人员编制9人,实有人数9名;全额事业编制8人,实有人员6名;自收自支事业人员编制145人,实有人员100名(7人在下属企业工作);临聘人员99名,公益性岗位11名。离退休人员共72名。

【陵川县交通运输局】 是县政府下设的交通行政主管部门,正科级建制。核定行政编制数7人,实有人员6人。局机关其他人员全部是自收自支事业人员,原先编制全部属于公路管理所。2019年机构改革后,干部身份人员编制进入执法队(实有11名);工勤人员编制进入公路养护中心(实有28人)。内设11个股(室):办公室、财务股、党建办、工程技术股、公路股、质监股、规划股、农路办、路政股、养护股、战备办。

下属自收自支事业单位2个:陵川县交通运输事业发展中心,是由原道路运输管理局更名,现有人员22人(其中:有4名干部身份编制进入执法队)。207国道夺火超限检测站,是由交通商品公路有限公司更名,核定编制7人,实有40人。下属企业1个,陵川县汽车运输公司,在册职工总数约95人。

【泽州县交通运输局】 是县人民政府组成部门,正科级建制。内设1室(办公室)、4股(计划财务股、审计监察股、公路管理股、政策法规股),下设4所(道路运输管理所、公路勘察设计质检所、路政管理所、公路管理所)、1处(地方海事处)。有干部职工230余人。

【高平市交通运输局】 是市人民政府职能部门,正科级建制。内设5个股(室):办公室、规划股、财务审计股、公路管理股、安全监督股。下属事业单位4个:市乡公路所、城市客运处、交通运输事业发展中心、治理车辆超限超载事务中心。下属企业1个:公路工程质量监督站。有干部职工90余人。

【临汾市交通运输局】 主要职责有13项:一是贯彻执行综合交通运输发展战略,牵头推进交通强市建设。组织拟定全市综合交通运输发展规划,指导全市综合交通运输枢纽规划和管理,促进各种交通运输方式融合衔接。二是组织拟订并监督实施全市公路、水路等专项规划。参与拟定全市物流发展战略和规划,落实有关制度并监督实施。三是负责全市道路、水路运输市场监管。指导城乡客运及有关设施规划与管理工作,指导城市公交客运的运营管理,指导出租汽车行业管理工作,指导全市水路运输管理工作。四是负责全市通航水域水上交通安全及防止船舶(含渔船)污染监督管理工作。承担渡口渡船安全监管工作。承担全市通航水域的认定工作。负责船舶(含渔船)登记、船员管理工作。承担全市船舶(含渔船)及水上浮动设施法定检验的管理工作。负责危险化学品船舶的监督管理工作。负责水上交通安全事故调查和指导工作。组织实施全市水上搜救工作。五是负责提出全市公路、水路固定资产投资规模和方向、国家及省市级财政性资金安排意见,按市政府和省交通运输厅确定的公路、水路等基础设施发展目标,科学安排规划内和年度计划内固定资产投资项目。六是负责公路、水路建设市场监管。贯彻落实全市公路、水路工程建设相关制度,监督实施行业技术标准。组织实施公路、水路重点工程建设和工程质量、安全生产监督管理工作。指导全市交通运输基础设施管理和维护,承担有关重要设施的管理和维护。按规定负责渡口规划和通航水域岸线使用管理工作。七是指导监督全市农村公路建设、管理和维护工作。对全市农村公路建设重要工程项目实施质量监督。八是指导全市公路、水路行业安全生产和应急管理工作。按规定组织协调重点物资和紧急客货运输。指导全市交通运输行业安全保卫工作。指导国防交通和交通领域军民融合相关工作。九是指导全市交通运输信息化建设、监测分析运行情况。开展相关统计工作,发布有关信息。落实交通运输行业生态环境保护要求,指导全市公路、水路行业科技开发、节能减排和污染防治等工作。十是指导全市交通运输行业职工队伍建设。负责交通运输行业涉外工作和引进外资工作,开展省际、市际合作与交流。十一是指导全市交通运输行政审批工作,负责市本级交通运输行业行政审批事项的受理和督促办理等工作。十二是指导监督全市交通运输综合行政执法工作。负责交通运输行业复杂案件查处和跨区域执法的组织协调工作。指导全市交通运输信用体系建设工作。十三是完成市委、市人民政府交办的其他任务。

内设机构11个:办公室、人事科、政策法规科(执法监督科)、规划投资科、建设管理科、机关党委、综合运输科、安全监督科(应急办公室)、市国防动员委员会交通战备办公室(简称市交通战备办)、铁路安全综合协调和监督管理科(临汾市铁路安全监督管理局)。

直属单位6个:临汾市道路运输事业发展中心、临汾市公路事业发展中心、临汾市民航机场服务中心、临汾市交通运输综合行政执法队、临汾市邮政业安全中心、临汾市地方海事局。

【尧都区交通运输局】 区人民政府职能部门,正科级建制。全系统共有在编在岗干部职工299人,其中:财政开支29人,自收自支270人 。内设6个股(室):办公室(行政审批股)、规划投资和建设管理股、综合运输行安全监督股、铁路安全监督管理股(区铁路安全监督管理局)、机关党组织办公室、区国防动员委员会交通战备办公室。下属事业单位6个:尧都区乡村道路维护中心、尧都区农村道路建设养护中心、尧都区交通建设质量站、尧都区公路事业发展中心、尧都区地方海事处、尧都区交通路政大队。

【曲沃县交通运输局】 为县人民政府职能部门,正科级建制。实有干部职工145人,其中班子成员4名(局长1名,副局长2名,交通运输综合行政执法队副队长1名)。局机关内设4个股(室):办公室、规划建设股、综合运输和法制安全股。下属3个事业单位:曲沃县交通运输综合行政执法队、曲沃县交通道路运输事业发展中心、曲沃县公路事业发展中心;下属3个企业单位:一运公司、二运公司和配件公司,3个企业已停产停业多年。

【翼城县交通运输局】 县人民政府职能部门,正科级建制。全局共有干部职工317人(其中:局机关164人、道路运输服务143人)。共有行政编制6人,事业编制2人。退休人员98人,党员136人。内设4个股(室):综合办公室、综合管理股、法制安全股和交通战备办公室;下属事业单位5个:公路建养服务中心、交通运输综合行政执法队、道路运输服务中心、城市客运交通服务中心、交通道路运输事业发展中心。

【襄汾县交通运输局】 县人民政府职能部门,正科级建制。全局共有干部职工211人。其中:行政9人、工勤2人、事业173人(其中事业财政19人,事业自支154人)。就业帮扶27人(其中退伍军人21人,公益岗位6人)。局领导班子成员8人,副股级以上干部41人。内设8个股(室):办公室、道路股、资产管理股、财务股、综合运输管理股、出租汽车行业指导办公室、安全监督股、地方海事处。局属事业单位有4个:道路运输管理所、综合执法队(路政大队)、公路建设养护管理站、汽车客运站。

【洪洞县交通运输局】 县人民政府职能部门,正科级建制。全局共有职工873人,其中:财政开支108人,自收自支765人。有行政编制13人,副科级以上干部18人(包括事业副科)。其中:党组班子8人,由党组书记、局长1人、党组副书记1人、党组成员、副局长2人、党组成员、总工程师1人、党组成员、综合行政执法队副队长1人、党组成员2人组成;道路运输事业发展中心主任1人、党委副书记1人、主任科员5人、工会主席1人、综合行政执法队副队长1人、副科级干部1人。内设6个股(室):办公室、规划建设管理股、行政审批股(执法监督股)、综合运输股、安全监督股(应急办公室)、县国防动员委员会交通战备办公室(简称县交通战备办)。下设4个事业单位:交通运输综合行政执法队、交通道路运输事业发展中心、洪洞县公路事业发展中心、农村公路养护中心。2个企业单位:洪洞县汽车运输公司、洪洞县公交公司。

【古县交通运输局】 县人民政府职能部门,正科级建制。根据工作需要,内设办公室、人事股、财务股、工程股、道路股、安全办、质监站、治超办、党办、城客办、路通公司11个股(室)。下设县农村公路养护中心、县交通路政大队、县交通运输工程管理所、县道路运输管理所、县交通建设质量监督站等5个自收自支正股级事业单位。全局共有干部职工188人,其中:在职干部职工143人(财政供养27人,自收自支116人);退休人员45人。副科级以上干部10人,在职10人。其中:党组班子4人,由局长、党支部书记、2名副局长组成;纪检委员、2名主任科员、三级主任科员、运管所所长(副科级)、治超办主任(正科级)。

改革后,县交通运输局有行政编制7名,设局长1名,副局长2名。内设4个股室:办公室、政策法规股、综合运输股、建设管理股,下设事业单位2个,古县交通运输综合行政执法队,正科级(公益一类)事业单位,财政拨款事业编制12人,古县交通事业发展服务中心,副科级(公益一类)事业单位,财政拨款事业编制10人。

【安泽县交通运输局】 县人民政府职能部门,正科级建制。全局共有干部职工149人,在岗109人,离退休40人。在岗人员:财政人员23人(公务员7人),事业人员(自收自支)66人,临时人员20人。(其中,下属道路运输管理所40人,退休6人。在职34人,正式人员32人,临时人员2人)。局领导4人:党组书记、局长1人;党支组副书记1人;副局长2人。局机关内设17个股(室):综合办、党建办、道路股、养护中心、道路质检股、治超股、工程股、安全股、法制股、水运股、财务股、人事股、路政大队、稽查队、工会、路长办、重点办。下属3个事业单位:安泽县交通运输综合行政执法队(正科级事业单位),安泽县治理非法超限超载车辆办公室(正科级事业单位),安泽县道路运输管理所(股级单位)。

【浮山县城乡建设和交通运输局】 是县人民政府职能部门,正科级建制。2020年12月26日,正式挂牌成立。有局领导班子4人,设局长1名,副局长3名。共有干部职工248名。下辖企、事业单位12个:城管大队、房地产交易所、振兴安装有限公司、房地产开发公司、自来水公司、污水处理厂、道路运输服务中心、县城客运站、养护中心、交通工程服务中心、交通运输事业发展中心、交通运输综合执法队,对城市集中供热、集中供气、垃圾处理及城市公交企业运营进行监管。改革后,内设业务股(室)5个,主要负责全县城乡建设、房地产管理、城市管理及交通运输等业务工作。

【吉县交通运输局】 是县人民政府职能部门,正科级建制。内设3个职能股(室):办公室(行政审批股)、综合股、安全监督科(应急办公室)。下属2个事业单位:吉县道路运输事业发展中心、吉县交通运输综合行政执法队。局机关在职人员22人,退休人员17人。

【乡宁县交通运输局】 是县人民政府职能部门,为正科级建制。内设5个股(室):办公室、规划建设股、安全监督股(应急办公室)、综合运输股、法规审批股;下属6个事业单位:乡宁县交通运输综合行政执法队、乡宁县交通道路运输事业发展中心、乡宁县公路事业发展中心、乡宁县道路测设施工队、乡宁县地方海事服务中心、乡宁县交通建设服务中心。有副科级以上干部15名,全额财政人员22人、非财政人员216人、公益性岗位人员10人、临时人员87人。

【大宁县交通运输局】 是县人民政府组成职能部门,正科级建制。内设办公室、综合股、应急办3个股(室);下属行政(全额事业或自收自支事业)单位6个:大宁县地方海事处、大宁县城市客运交通服务中心、大宁县公路事业发展中心、大宁县养护中心、大宁县质量监督站、大宁县综合行政执法队。人员编制86人,其中:行政编制6人,全额事业编制15人,差额事业编制0人,自收自支事业编制65人(综合行政执法队编制未定)。实有101人,其中:行政人员6人,事业人员80人,离退人员15人。

【隰县交通运输局】 是县人民政府职能部门,正科级建制。全局共有干部职工119人,其中:财政全额拨款人员23人,自收自支人员96人。内设机构有办公室、计划投资股、质监站、工会、政策法规股、公路科技股、治超股、安全监督股、战备办、路政大队、养护管理中心、城市公交客运办12个股(室)。机构改革完成后,局内设机构4个股(室):综合办公室(行政审批股)、规划投资股、公路科技股、安全监督股(应急办公室),人员编制为行政编制8名,设局长1名,副局长2名,科员1名,股级领导职数4名。

【永和县交通运输局】 是县人民政府职能部门,正科级建制。全局共有干部职工58人(其中:干部6人,事业编制财政拨款人员10人,自收自支42人),男性干部职工47人,女性干部职工11人。其中:局班子8人,党组书记、局长1名,副局长2名,综合执法大队副队长1名,党组成员3名(1名正科级,2名股级),副科级领导干部1名。行政编制6名,设局长1名,副局长2名,内设3个股(室):综合办公室、规划投资与法规审批股、建养管理股。下设事业单位2个:永和县交通运输综合行政执法队,正科级(公益一类)事业单位,核定财政拨款事业编制10名,科级领导职数1正1副,其中队长由局长兼任;永和县交通运输事业发展中心,核定财政拨款事业编制5名,自收自支事业编制5名,设主任1名(副科级)。

【蒲县交通运输局】 是县人民政府职能部门,正科级建制。内设2室4股1办1中心,即:综合办公室、规划投资股、建设管理股、综合运输股、应急管理股、党群办、农村公路养护中心、设计室。县交通运输局与交通运输综合行政执法队实行"局队合一"管理,综合行政执法队下设"六队二站一办",包括交通运输综合执法中队5个、交通运输综合执法流动稽查队、交通质量工作站、公路超限检测站、交通运输综合执法队办公室。下设3个全额拨款事业单位:蒲县交通道路运输事业发展中心、蒲县城市客运及出租车行业服务中心、蒲县交通质量工作站;2个自收自支事业单位:蒲县公路事业发展中心、蒲县交通运输路政大队。

【侯马市交通运输局】 是侯马市人民政府主管公路交通的职能部门,全局共有人员756人(不含退休人员),其中:财政供养人员17人,自收自支事业人员469人,公交公司人员270人。市编办核定的行政编制为10人,其中:局长1名,副局长2名,工勤编制1人;事业编制共219人,其中:全额财政事业8人,自收自支事业211人。全局设党组书记、局长1名,副局长2名。实有科级干部7名,其中:正科级干部5名,副科级干部2名。局总支委员会,隶属工信系统党委管理。党总支下设机关、运管所、客运办、路政大队、道路工程队、高铁广场管理处、公交公司7个基层党支部。局机关内设"一室五股",即:办公室(机关党组织办公室、人事股)、规划投资股(审计股)、政策法规股(执法监督办)、行政审批股、建设管理股(交通战备办)、安全监管股;下属单位10个:市道路运输服务中心、市城市客运交通服务中心、市高铁广场服务中心、市公路客运服务中心、市农村公路养护中心、市交通广告服务中心、市道路工程队、市交通道路运输事业发展中心、市公共交通有限公司、金水桥物业管理有限公司;市交通运输综合行政执法队,"三定方案"未出台。共有人员75名,其中:原路政大队人员42名,临时抽调道路运输服务中心人员20名、城市客运交通服务中心人员12名,侯马公路段划转人员1名。

【霍州市交通运输局】 是霍州市人民政府主管公路交通的职能部门,现有干部职工106人,其中公务员7人,参公人员1人,财政开支9人,自收自支89人。内设办公室、政策法规和安全监督股、规划投资股、建设管理股、综合运输股5个行政股(室)。下设交通路政大队、道路建养中心、财务结算中心、物业租赁管理中心、交通建设工程质量监督站、城市出租客运管理办公室和道路运输管理局7个事业单位。下属企业有交通服务有限公司和搬运公司。市国防动员委员会交通战备办公室挂靠合署办公。运管局作为交通运输局下属事业单位,共有干部职工162人,是霍州市道路运输市场的行业管理部门,担负着规范、调控、培育和发展运输市场,合理配置市场资源、促进道路运输经济持续健康发展的职责。

【运城市交通运输局】 主要职责有12项:一是贯彻执行国家、省关于交通运输的法律法规和方针政策;拟定交通运输行业地方性政策及发展战略建议。二是承担涉及全市综合运输体系的规划协调工作,会同有关部门组织编制全市综合交通运输体系规划,指导全市交通运输枢纽规划和管理。三是组织拟定并监督实施全市交通运输行业规划、政策及标准;参与拟定全市物流业发展战略和规划,拟定有关政策和标准并监督实施;组织指导全市交通运输行业有关体制改革工作。四是承担全市交通运输行业运输市场监管责任。组织制定全市交通运输行业有关政策、准入制度和运营规范并监督实施;负责、指导交通运输(含民航机场)领域的综合执法工作;指导城乡客运及有关设施规划和管理工作;指导出租汽车行业管理工作;承担全市水路运输及航道管理工作。五是承担水上交通安全监管责任。负责、指导水上交通管制、船舶(含渔船)及相关水上设施检验、登记和防止污染、水上消防、航行保障、应急救助、通信导航、船舶(含渔船)与渡口设施安保及危险品运输监督管理等工作;负责船员管理的有关工作;负责、指导全市水上交通安全事故、船舶(含渔船)及相关水上设施污染事故的应急处理;指导全市水上安全监管工作。六是负责提出全市交通运输行业固定资产投资规划、财政性资金安排建议并做好监督管理工作。七是承担全市交通运输行业建设市场监管责任。拟定全市交通运输行业工程建设相关政策和制度并监督实施;组织实施全市交通运输领域重点工程建设和工程质量、安全生产监督管理工作;指导和组织全市交通运输基础设施管理和维护,承担有关重要设施的管理和维护;按规定负责渡口规划和岸线使用管理工作。八是指导全市交通运输行业安全生产和应急管理工作。按规定组织协调重点物资和紧急客货运输;承担国防动员交通战备有关工作。九是指导全市交通运输信息化建设、检测分析运行情况,开展相关统计工作,发布有关信息;组织和指导全市交通运输行业智慧交通建设、科技发展、环境保护和节能减排等工作。十是负责市级交通运输行业行政审批和监督管理工作;指导本系统行政审批制度改革工作。十一是负责全市交通运输行业涉外工作和引进外资工作,开展省际、市际合作与交流。十二是完成市委、市政府交办的其他任务。

根据《中共运城市委 运城市人民政府关于印发运城市开展相对集中行政许可权改革的实施方案》(运发〔2019〕19号)和《中共运城市委办公室运城市人民政府办公室关于印发首批划转市行政审批服务管理局行政审批及关联事项清单目录的通知》(运办发〔2019〕32号)及中共运城市委机构编制委员会办公室《关于运城市交通运输局职责调整有关事项的通知》(运编办发〔2019〕426号)精神,市交通运输局承担的行政许可职责及相关联的其他行政权力职责统一划入市行政审批服务管理局。从2019年12月31日起,市交通运输局承担的行政许可职责及相关联的其他行政权力职责由市行政审批服务管理局行使。

内设办公室、法规安全科、规划财务科、公路管理科、水路管理科、综合运输科、机关党委、运城市公路事业发展中心(加挂运城市交通战备中心)、运城市邮政业安全中心9个部门;运城市交通运输综合行政执法队、运城市运输事业发展中心、运城市民航机场建设中心3个下属单位。

市交通运输局机关行政编制为23名。其中:局长1名,副局长3名,纪检组长1名,总工程师和总设计师各1名;科级职数10名。工勤人员使用事业编制,编制4名。

【盐湖区交通运输局】 是区人民政府职能部门,正科级建制。内设6个股(室):办公室、政工股、道路股、生产股(安全监督股)、行政审批办公室、农村公路养护管理股。下属单位5个:运城市盐湖区道路运输管理所、运城市盐湖区交通综合执法大队、运城市盐湖区交通战备办、运城市盐湖区交通征费稽查站、运城市盐湖区筑路工程公司。

【临猗县交通运输局】 是县人民政府职能部门,正科级建制。内设办公室、规划财股、内部审计股、人事股、政策法规股、安全办、节能减排办、服务中心、党建办、重点办、综合运输股、质监站、工会共13个部门。下属机构有临猗县交通运输综合行政执法队、临猗县道路运输服务中心、临猗县城市客运服务中心、临猗县交通运输路政服务中心、临猗县地方海事事务中心、临猗县道路建设服务中心、临猗县道路养护中心共7个下属单位。

【万荣县交通运输局】 隶属于万荣县人民政府，正科级建制。主要负责提出全县公路、水路固定资产投资规模和方向，国家及省、市级财政性资金安排意见，按照国务院、省、市人民政府规定的权限审批、核准规划内和年度计划内固定资产投资项目；承担全县道路、水路运输市场监管责任；组织制定全县道路、水路有关政策、准入制度、技术标准和运营规范并监督实施；负责交通运输行政执法行为的监督管理；指导城乡客运及有关设施规划和管理工作，指导出租汽车行业管理工作；承担县内水路运输及航道管理工作。在编人数28人，其中：行政编制28人；离休人员1人；享受遗属补助人员4人。内设科室有办公室、人事股、计财股、法规股、党办、技术股、质监站、安全股、内审股9个股(室)。

【闻喜县交通运输局】 隶属于闻喜县人民政府，正科级建制。截至2020年年底，有干部职工160人，其中局领导班子成员8人，包括局长1名、副局长2名、主任科员2名、党组成员3名。下属事业单位3个：闻喜县交通运输综合行政执法队，编制40人；闻喜县城市客运站，编制6人，为全额事业单位。闻喜县道路运输服务所，编制54人，为自收自支事业单位。内设机构4个：综合办，综合运输股，乡村公路养护站，战备办。局机关设党总支，下设4个党支部，共有党员68人。

【稷山县交通运输局】 是县人民政府职能部门，正科级建制。下设2个全额事业部门：稷山县交通战备中心、稷山县地方海事处；4个自收自支事业单位：稷山县交通运输综合行政执法队、稷山县道路服务中心、稷山县城市客运服务中心、稷山县道路建养服务中心。机关内设7个股(室)：办公室、党办、监察室、安全法制股、业务股、财务股、人事股。

【新绛县交通运输局】 是县人民政府职能部门，正科级建制。成立于2009年，依据新政办发〔2010〕12号文件设立，2019年3月，中共新绛县委办公室、新绛县人民政府办公室印发《新绛县交通运输局职能配置、内设机构和人员编制规定》(新办发〔2019〕34号)。局机关内设4个股(室)：办公室、规划财务股、行政审批股(综合运输股、法规安全股)、公路水路管理股(交通管理股)，下属单位6个：交通战备办公室(全额事业单位)、城市客运站(公益一类全额事业)、道路建养服务中心(公益一类自收自支单位)、道路运输服务中心(公益一类自收自支单位)、交通运输综合行政执法队(自收自支)、汽车站(原属局自收自支单位，现正在进行改企工作)。

【绛县交通运输局】 是全县交通运输行政主管部门，主要职能是公路和公路货运运站点等交通基础设施的建设、养护与管理；公路客货运输、汽车维修、驾驶培训的行业管理；全县交通运输行业安全生产监督管理。截至2020年年底，全局共有干部职工182人(道路运输服务中心40人)。下设3个股(室)：办公室、综合运输股(公路管理股)、行政审批股(法规安全股)。局下属单位6个：道路运输服务中心、交通运输综合行政执法队、出租汽车客运服务中心、道路养护中心、公路工程质量技术站、交通战备服务中心。

【垣曲县交通运输局】 是垣曲县人民政府职能组成部门，正科级建制，成立于2010年，局机关核定编制198名，其中：行政人员10名(含工勤1名)，全额事业23名、自收自支人员165名(其中道路运输服务中心112名、交通运输综合行政执法队44名、道路建养服务中心9名)。内设综合办公室、规划财务股、公路水路建管股、法规安全股、综合运输股5个科室。下辖全额事业单位4个：交通战备中心、地方海事服务中心、道路运输服务中心(道路运输服务中心财务独立核算)、内审中心。自收自支事业单位2个：交通运输综合行政执法队、道路建养服务中心。全民所有制企业1个；垣曲县晋垣道路养护中心。

【夏县交通运输局】 是夏县人民政府职能组成部门，正科级建制，截至2020年年底，共有在职人员155人，其中：行政人员8人，事业人员22人，经费自理人员125人,共有车辆数1辆。主要职责有5项:一是贯彻执行国家、省关于交通运输的法律、法规、方针、政策,拟定全县交通运输行业的发展战略建设、法规、规章,并组织实施。二是承担涉及全县的综合运输体系的规划协调工作,会同有关部门组织编制全县综合交通运输体系规划,指导全县交通运输枢纽规划和管理。三是承担全县道路、水路运输市场监管责任;组织制定全县道路、水路有关政策、准入制度、技术标准和运营规范并监督实施;负责交通运输行政执法行为的监督管理;指导城乡客运及有关设施规划和管理工作,指导出租汽车行业管理工作;承担县内水路运输及航道管理工作。四是承担水上交通安全监管责任。负责水上交通管制、船舶及相关水上设施检验、船舶与渡口设施保障及危险品运输监督管理等工作。五是承担公路、水路建设市场监管责任。拟定全县公路、水路工程建设相关政策、制度和技术标准并监督实施;组织实施公路、水路重点工程和工程质量、安全生产监督管理工作;指导和组织全县交通运输基础设施管理和维护,承担有关重要设施的管理和维护。内设机构有:办公室、公路水路管理段。

【平陆县交通运输局】 是平陆县人民政府职能组成部门,正科级建制。成立于1959年,2010年更名为平陆县交通运输局。内设股(室)10个:工会、党办、办公室、财务股、安全执法办、综合运输股、工程技术股、应急办、项目办、治超办;下属事业单位7个:交通运输综合行政执法队、道路养护总站、交通工程质量安全服务中心、地方海事处、道路运输服务中心、城市客运中心、交通战备中心;所属国有企业2个:航运公司、汽运公司;物资储备仓库1个:GF交通水上应急物资储备平陆仓库。现有人员160人,其中在编人员139人,临时人员21人。

【芮城县交通运输局】 是县政府职能部门,内设股(室)3个:办公室、行政审批股(规划财务股)、法规安全股(公路水路管理股、综合运输股)。下属事业单位8个,其中全额事业单位2个:芮城县交通战备办公室、芮城县道路技术质量监督管理站;自收自支事业单位6个:芮城县道路管理站、芮城县乡村道路管理总站、芮城县地方海事处、芮城县交通综合执法大队、芮城县城市交通客运办公室、芮城县道路运输管理所。领导班子成员设局长1人,副局长2人,总工程师1人,副主任科员1人。全局在职人员153人,其中公务员8人,工勤人员1人,全额事业编制13人,自收自支事业编制131人。

【永济市交通运输局】 是市政府职能组成部门,内设机构4个:办公室(党建办、规划财务股)、法规安全股、公路水路管理股、综合运输股;下属单位3个:公路事业发展中心(交通战备中心)、运输事业发展中心、交通运输综合行政执法队。全局共有干部职工337人。党总支支部6个:局机关支部、道路建设服务中心党支部、道路运输服务中心党支部、交通综合行政执法队党支部、城市客运站党支部、筑路工程队党支部,共有正式党员89人,预备党员2人。

【河津市交通运输局】 是全市交通运输行政主管部门。负责贯彻执行国家、省关于交通运输的法律法规和方针政策;拟订交通运输行业地方性政策及发展战略建议。有12项职能:一是贯彻执行国家、省关于交通运输的法律法规和方针政策;拟订交通运输行业地方性政策及发展战略建议。二是承担涉及全市综合交通运输体系的规划协调工作,会同有关部门组织编制全市综合交通运输体系规划,指导全市交通运输枢纽规划和管理。三是组织拟订并监督实施全市交通运输行业规划、政策及标准;参与拟订全市物流业发展战略和规划,拟订有关政策和标准并监督实施;组织实施全市交通运输行业有关体制改革工作。四是承担全市交通运输行业运输市场监管责任。组织制定全市交通运输行业有关政策、准入制度和运营规范并监督实施;负责、指导交通运输领域的综合执法工作;指导城乡客运及有关设施规划和管理工作;指导出租汽车行业管理工作;承担全市水路运输及航道管理工作。五是承担水上交通安全监管责任。负责水上交通管制、船舶(含渔船)及相关水上设施检验、登记和防止污染、水上消防、航行保障、应急救助、通信导航、船舶(含渔船)与渡口设施安保及危险品运输监督管理等工作;负责船员管理的有关工作;负责全市水上交通安全事故、船舶(含渔船)及相关水上设施污染事故的应急处理;指导全市水上安全监管工作。六是负责提出全市交通运输行业固定资产投资规划、财政性资金安排建议并做好监督管理工作。七是承担全市交通运输行业建设市场监管责任。拟订全市交通运输行业工程建设相关政策和制度并监督实施;组织实施全市交通领域重点工程建设和工程质量、安全生产监督管理工作;指导和组织全市交通运输基础设施管理和维护,承担有关重要设施的管理和维护;按规定负责渡口规划和岸线使用管理工作。八是指导全市交通运输行业安全生产和应急管理工作。按规定组织协调重点物资和紧急客货运输;承担国防动员交通战备有关工作。九是指导全市交通运输信息化建设、检测分析运行情况,开展相关统计工作,发布有关信息;组织和指导全市交通运输行业智慧交通建设、科技发展、环境保护和节能减排等工作。十是负责市级交通运输行业行政审批和监督管理工作;指导本系统行政审批制度改革工作。十一是负责全市交通运输行业涉外工作和引进外资工作,开展省际、市际合作与交流。十二是完成市委、市政府交办的其他任务。

截至2020年年底,河津市交通运输局在编人数143人,退休人员50人。内设科室4个:办公室、公路水路股、法规安全股、综合运输股。

山西交通运输 2021 年鉴

综合管理

政务管理

【信访维稳】 2020年,省交通运输厅深入贯彻落实省委、省政府关于开展"零上访、零事故、零案件"单位创建工作和信访问题控新治旧十项行动的决策部署,紧盯"两会"、两节等关键时间节点,聚焦涉改、涉疫、涉法、涉诉等重点领域,大力开展矛盾纠纷排查、零上访单位创建、信访积案化解等各项工作,确保不发生大规模集体进京上访、极端信访行为和因信访问题引发负面舆情。坚持多措并举、合力攻坚,有效化解一批"钉子案""骨头案",信访工作取得新突破。全年共接待信访事项456件,其中群众来访40余起793人次、网络来信416件,信访总量同比下降32%,其中集体访批次同比下降65%、个人访批次同比下降64%、网络来信访同比下降25%,信访形势明显好转,进一步巩固全系统和谐稳定的大好局面。

【机要保密】 2020年,省交通运输厅立足精细化管理,以"规范、高效、主动、周密"为目标,扎实做好公文收发交换、管理、传阅、机要保密和印鉴管理等各项工作,全面推动机要工作向规范化、制度化方向发展。全年共接收非涉密公文5533件,办结率接近70%;发文1173件,较上年度减少近12%。积极建立健全保密工作制度,将保密管理纳入厅年度目标责任考核体系,全面完成厅机关涉密电脑终端国产化替代,进一步夯实保密工作基础;认真做好涉密文件接收、传阅和办理等日常性工作,全年共接收办理涉密文件超过1000件,未发生失泄密事件。

【档案管理】 2020年,省交通运输厅全力提升档案管理水平。坚持把政治性作为档案工作的第一属性,始终牢记"档案工作姓党",牢牢把握正确的政治方向。研究制定《山西省交通运输厅档案工作2021—2025年发展规划》,积极建立完善全系统档案管理工作网络,基本形成省厅牵头、分级负责、上下联动、齐抓共管的工作格局。全年共接收并归档各类文件材料6000余件,按要求向省档案馆移交1985年之前全部纸质档案及电子档案。完成1981年至1989年永久档案657卷8345件、2015年至2018年11525件档案数字化工作,数字化率达33.75%。依托政务内网,扎实推进数字档案室建设,档案信息化管理水平不断提升。

【重大活动】 2020年,省交通运输厅围绕民航机场一体化签约、运输结构调整攻坚、太原环城高速功能调整、三个一号旅游公路"零公里"标志文化驿站启用等重大活动,全方位做好服务保障工作,确保各项活动如期顺利举行、取得良好成效。

【以文辅政】 2020年,省交通运输厅办公室深入贯彻中央和省、部重大决策部署,准确把握领导意图和决策思路,充分发挥"智囊团"作用,精心起草、认真核改、严格把关,按时高效完成全省交通运输工作报告、赴省部重要汇报、全国"四好农村路"现场会经验交流、分管省领导调研座谈会发言等各类文字材料,为厅领导提供高质量讲话文稿,得到上级和行业有关部门充分肯定。

【议事决策】 2020年,省交通运输厅进一步修订完善省厅议事决策会议规则,充分发扬会议程序的科学性、民主性,坚持做到"三重一大"等重要议题应上必上。全年共组织召开厅党组会21次、厅党组专题会10次,厅长办公会12次、厅长专题会3次,在议题收集签报、材料印刷、会场布置、纪要签发等各个环节都严格把关,以形式规范助推决策规范,确保省厅重大决策经得起历史和群众检验。

【文风会风整治】 2020年,省交通运输厅深入贯彻落实习近平总书记关于力戒形式主义、官僚主义的重要指示精神,深化拓展"基层减负年"工作成果,严格控制文件会议数量,最大限度地为基层减轻负担。全年统计口径内文件、会议数量分别为34件、10次,完成省委"整治形式主义为基层减负"专项工作机制办公室制定的工作目标。

【督办管理】 2020年,省交通运输厅深化运用台账式工作法。充分结合厅机关工作实际,进一步完善以台账为主的督查体系,将省委、省政府和交通运输部重点任务、省领导重要批示、厅党组重大部署共62项工作纳入台账管理,扭住不放、一抓到底,按周压茬推进,大幅提升各承办人工作主动性,确保各项重点工作全面、及时、高效落实，工作机制得到分管省领导充分肯定。严格执行“13710”工作制度。根据省委省政府部署，以提升事项反馈质量、规范时间节点管控、优化系统平台设计为重点，深入推“13710”事项分阶段、分步骤、高质量完成，全年共办理“13710”事项182件，办结132件。

【年度目标责任考核】 2020年，省交通运输厅扎实做好年度目标责任考核工作。始终把创先争优作为全年考核工作的总要求，突出结果导向，简化日常考核，对进度不达预期的指标及时预警，加大推进力度，确保年终各项考核任务圆满完成。

（厅办公室）

【信息服务】 2020年，省交通运输厅持续完善厅政务工作平台功能，深入开展政务信息资源整合，加快推进政务信息系统迁移上云工作，助推机关整体效能不断提升。扎实做好厅机关信息系统运维保障工作，完成山西省治超联网管理信息系统升级改造工程基础建设信息调研、项目监理招采、招采文件初稿编制工作；完成交通运输部针对联网收费系统网络安全的攻防演练，并得到部路网中心的特别表扬；继续做好全国高速公路信息通信系统联网工程（山西段）、13710督办系统、1166交通通信专网运行维护工作，确保系统完好率达98%以上。

（厅办公室、省交通运行监测中心）

【后勤保障】 2020年，厅后勤服务中心面对厅机关办公区及楼宇老旧破损、跑冒滴漏等困难与问题，全年坚持“5+2”“白加黑”工作模式，以“随叫随到、优质高效”为目标，千方百计，精心做好机关物业管理工作。首先，在圆满完成日常管理、维修、服务等工作基础上，重点组织实施多项修缮及改造工作，使机关办公环境持续改善。主要包括：对机关办公区外墙进行粉刷修缮；聘请专业维修人员对厅机关门窗进行日常维修；集中两次清理机关大院的化粪池、污水井、管网等；聘请专业人员对机关各处室的空调进行维修保养；在机关一层大厅安装电热风幕机1台、室内加热器1台；对厅机关大院公共部位的设施设备进行维修；对门卫室、厅机关办公室、南楼热力站等部位进行室内粉刷及维修。全年共上门进行零星维修800余次。中心下属物业管理处常年坚持每天24小时值班，为机关和广大干部职工创造一流的工作和生活环境，物业管理工作全年无安全事故发生；全力做好日常保洁、绿化、医疗、收费等工作。与此同时，一是把日常保洁列为服务机关的重点工作来抓，坚持全天值守、责任到人、定期巡查、绩效挂钩，较好地完成工作目标；二是严格执行绿化养护考核细则，加强绿化养护管理不松懈；三是组织厅机关、中心职工及离退休人员253人进行年度体检；四是积极做好各项费用的收缴工作。全年共向宿舍区住户收取水、暖等费用约43.2万元。其次，狠抓机关服务工作不松懈。通过加强内部管理、严把“五道”关口、针对疫情防控等工作实际，坚持定时定点消杀通风，并克服人手短缺、物资紧缺等困难和问题，保质保量为干部职工提供可口饭菜。同时，做好厅机关及交通运输系统各单位疫情防控期间的口罩、消毒液等防护物品的采购、发放工作；进一步加强厅机关办公用品、通讯员和会议室服务员的日常管理，确保为厅机关提供优质服务。再次，交通小区物业管理工作有序推进。通过积极化解、排除小区年久失修及经费短缺等重重困难与问题，使小区环境面貌进一步改善，物业管理工作取得显著成效。一是在做好保安、保洁、维修、绿化等日常工作的基础上，配合热力公司及时检查供热管网，主动抢修供暖管道破损5次，有效解决150户业主供暖问题；二是费用收缴工作成效显著，全年供暖费用收取率达95%以上，物业费收取率90%以上；三是积极排查安全隐患，多次集中清理废旧物品，仅清理楼道、消防通道垃圾就13立方米；四是认真抓好新型冠状病毒肺炎疫情防控，对小区实行封闭式管理，配合街道办社区进行外来人员隔离工作，隔离外来人员400余人、隔离境外回国人员7人，严格管控境外回国人员的活动范围，定时查访等一系列相关防控措施；五是积极推进老旧小区改造工程，小店区投入6000万元的20余项改造项目基本完工；六是动用维修资金约20万元，有效解决部分业主房顶漏雨问题。最后，注重与完善保障手段，着力加强安全管理工作，社会治安综合治理工作有序推进。中心始终以“群防群治、预防为主”为出发点，以营造“和谐机关、平安后勤”为目标，不断强化厅机关、宿舍“两区”、交通小区及服务区的安全保卫、文明和谐单位创建工作。严格执行安全生产工作目标责任制和追究制，按照省厅一号文件要求，对安全生产工作进行安排部署。努力完善突发事件预防协调机制，层层签订安全生产责任书，定期开展安全生产大检查。严格落实社会治安综合治理工作责任制，与老军营街道办事处签订《安全生产工作目标责任书》，与太原市迎泽区签订《反恐怖工作安全防范责任书》；扎实做好“扫黑除恶专项斗争”线索排查、“三零”工作等台账整理及上报工作；积极配合厅机关处理群众上访事件。2020年共配合厅信访办接待上访40余起、793人次。同时，全力做好中心原职工姜胜斌的信访申诉及厅劳动服务公司护栏护网厂负责人任夕俊非法集资所引发的群体性上访事项，有力维护厅机关和谐有序的良好局面。

（厅后勤服务中心）

队伍建设

【任用管理】 2020年，省交通运输厅对标新时代干部队伍建设的要求和好干部标准，全年共提任处级干部2名，平级调整干部18名，推荐交流干部14名，组织晋升公务员职级27名，任命6家新组建厅直单位领导干部。坚持干部选用标准，树立鲜明用人导向。通过加强交流锻炼，按照省委“墩苗”行动，结合省厅干部队伍实际，选派1名副处长、1名四级主任科员到市县“墩苗”，选任1名优秀乡镇党委书记、调任1名市直机关优秀处级干部到省厅任职；推荐厅机关1名处长到大同市交通运输局任局长、推荐选派系统5名优秀干部到村担任党组织书记、推荐1名厅直事业单位优秀处级干部到省级金融企业实践锻炼。通过以上多种方式，畅通干部“引进来”和“走出去”渠道；积极开展交流轮岗，对厅机关9名处室负责人进行轮岗调换，引导干部在不同环境、不同岗位经受锻炼，激发干事创业热情；结合年度考核强化职级晋升激励，按照“年度考核结果为优秀等次，任职年限可缩短半年”规定，激励厅机关公务员干事创业；推荐全系统担当作为干部12名，进一步推动树立讲担当、重担当的鲜明导向。

【制度建设】 2020年，省交通运输厅从制度机制入手，落实新时代组织路线。全面强化制度建设，坚持党管干部、党管人才原则，使干部队伍建设有规可依、有章可循。起草制定《中共山西省交通运输厅党组关于开展巡察工作的实施意见（试行）》和《山西省交通运输厅关于加强督查工作的实施意见（试行）》，从制度层面促进工作落实和作风转变。起草了《山西省交通运输厅关于规范人员流动管理的意见（试行）》，规范全系统人员流动工作，现已完成征求意见。

【监督管理】 2020年，省交通运输厅强化干部监督，做好个人有关事项报告工作。一是深入开展领导干部个人有关事项专项整治工作，认真落实省委组织部和厅党组安排部署，结合实际，制定印发专项整治工作方案，全面梳理总结省厅2019年以来领导干部个人有关事项报告查核处理过程中存在的问题，建立整治台账，逐条列出整改措施，认真开展复审复核等各项工作。二是做好日常查核处理工作。2020年委托查核4批次69人的个人有关事项报告况，其中重点查核3批48人，随机抽查1批21人。经比对核实，如实报告率有显著提升，65人如实报告或与填报情况基本一致，个人事项如实报告率为94.2%，较2019年提升12.38个百分点，比2020年全省平均水平高出1.98个百分点。

（厅人事处）

教育培训

【素质提升】 2020年，省交通运输厅抓好教育管理，提升干部队伍整体素质。一是举办“全省领导干部党性修养、履职能力研修班暨交通基础设施建设高质量发展业务能力提升培训班”，组织交通系统110名领导干部参加。二是举办厅机关新进人员专题培训，组织34名新进人员参训，提升参训人员工作水平，增进对交通运输工作宏观政策的了解。三是积极组织多项网络培训，组织各层次600余名领导干部分别参加“中共十九届四中全会精神”“习近平总书记在中央政治局第二十一次集体学习时的重要讲话精神”等网络专题培训，有效提升参训人员政治修养和专业素质。

（厅人事处）

【干部培训实现新突破】 2020年，疫情防控常态化后，仅仅4个月的时间，省交通干部学校（以下简称学校）共举办各级各类培训班93期，培训7427人次。学校迈出“走出校门”办培训、合作办培训的新步伐，首次实现一个培训班培训300人的新突破，开创了在同一天，校内校外同时开办5个培训班，1000多人参加培训学习的先河。

【合作办学成效凸显】 2020年，学校坚持开放办学，响应合作院校教学改革，变线下教学为线上教学。加强对第三方教育培训的管理监督，广泛运用新媒体开展招生宣传，与第三方合作招生办学的效果显现。全年学校招生2081人，在册生4760人，创历史新高。培养毕业生266人。国家开放大学首次招生，太原理工大学在中断5年后又有新生入校，华东交大同等学历硕士招生也有新突破。荣获长沙理工大学先进函授站称号。

【“山西交通在线”平台实现双轨并行】 2020年，“山西交通在线”平台现注册人员4.3万人，陆续推出31个学习专题，总学时数达484万个。继“山西交通在线”平台建立后，针对交通运输系统安全生产教育培训需求，学校创新发展思路，行动有力迅速，在现有平台基础上，再建“山西交通在线”平台，注册1.5万人。平台因其线上学习培训的便捷高效和规模优势，荣获全国2020博奥“优秀平台开发奖”。平台为省交通运输厅人事干部管理、系统干部职工、交控集团人员素质能力提升以及职业技能鉴定人员在线培训发挥积极作用。主要体现在：一是全员建立干部职工能力提升学习档案。二是全力推进平台在线课程的建设开发与更新。第一时间上线17门疫情防控专题课程，采用手机方式开展疫情防控知识PK竞赛，推出战疫公益专题片，让疫情防控观念深入人心。每月推送时政和职工素养提升专题，2020年推送十九届四中全会、交通强国建设、党风廉政建设、安全生产月、全面依法治国、民法典等课程。圆满完成交控集团全员通用能力提升培训及测评，对集团下属172个组织机构信息管理员进行实操培训。举办“深化收费公路制度改革，取消高速公路省界收费站”在线培训及测评，聘请一线专家组织录制专业课程41门。圆满完成交控集团党务干部在线培训及测评，开设6个专题95门课程，合计105个学时；创建2000余题的分类题库。平台助力公路养护技术培训常态化，根据有关要求推出了“常态化养护技术培训专题”，每月开展一至两次线上技术交流，按季度开展在线培训考核。上线人才工作者培训专题上线。三是平台功能深化。结合全省实际情况搭建的“山西交通在线”平台，为促进交通运输企业提高安全教育培训的主动性和灵活性，确保培训有计划、人员参训有记录、台账资料可溯源，实现培训规范化、制度化、常态化发挥积极作用。

【职业技能鉴定和专技人才培养】 2020年，学校顺利成为全省首批技能等级认定评价机构之一，具备公路收费与监控员、公路养护工、工程测量员、快递员4个工种的初、中、高三个层次技能等级认定资质，学校22人获考评员资质，5人获督导员资质。同时学校还获批为全省住建系统培训教育基地暨职业技能鉴定站，配合省厅完成职称评审工作。

（省交通干部学校）

法治交通

【法治建设】 2020年，省交通运输厅党组认真学习贯彻习近平法治思想，在立法、执法、普法学法等环节加快推进法治交通建设。认真贯彻厅党组对法治工作的各项要求，按照厅党组意见修改完善省厅起草的地方性法规、规章等。省交通运输厅积极组织开展旅游公路管理和高速公路非公路标志治理立法调研工作，组织起草《山西省旅游公路管理办法（草案）》《山西省高速公路非公路标志管理办法（草案）》，坚持以立法引领保障好全省交通运输事业发展成果。结合交通运输上位法修订、贯彻《中华人民共和国民法典》、交通运输综合行政执法改革等情况，组织开展《山西省公路条例》《山西省高速公路管理条例》《山西省道路运输条例》等地方性法规修订的前期工作，梳理《道路货物运输源头治理超限超载办法》等5部省政府规章，提出修改意见报送省司法厅。

【制度建设】 2020年，省交通运输厅为推动党政主要负责人切实履行推进法治建设第一责任人职责，根据省委依法治省办《关于推动党政主要负责人更好履行推进法治建设第一责任人职责的通知》要求，经厅党组研究审议，制定《山西省交通运输厅党政主要负责人履行推进法治建设第一责任人职责年终述职工作细则》和《厅党政主要负责人履行推进法治建设第一责任人职责工作清单》等“四个工作清单”。《工作细则》分为四项内容，包括工作依据及目标、述职主体、述职内容、述职程序。“四个工作清单”分别是《厅党政主要负责人履行推进法治建设第一责任人职责工作清单》《其他厅领导履行推进法治建设职责工作清单》《机关处室主要负责人推进法治建设职责工作清单》《事业单位主要负责人推进法治建设职责工作清单》。2020年底，厅领导、厅机关各处室和厅直事业单位主要负责人以身作则、以上率下，对照工作清单，积极开展法治建设第一责任人职责年终述职工作，形成述职报告，不断将法治工作要求落到实处，为推进全省交通运输事业发展营造良好的法治环境。积极落实领导班子和领导干部带头学法用法制度，厅党组成员结合分管工作制定年度学法清单，组织集体学习《中华人民共和国民法典》、中央全面依法治国工作会议精神等内容。

【交通运输执法规范化】 2020年，省交通运输厅印发《山西省交通运输厅关于规范疫情期间交通运输行政执法服务转型综改工作的通知》，明确8条执法指导意见，统筹做好交通运输执法与疫情防控。开展规范行政执法优化营商环境调研活动印发《交通运输行政执法文书式样（试行）》《交通运输行政执法用语指引（试行）》，编制《执法手册》《执法制度》，为规范交通运输行政执法行为奠定制度保障。2020年，省交通运输厅为进一步巩固行政执法“三项制度”取得的成果，健全完善行政执法“三项制度”配套制度，积极组织编制《山西省交通运输厅交通运输执法手册》和《山西省交通运输厅交通运输执法制度汇编》，内容涵盖《行政执法随机抽查清单》《行政执法音像记录清单》《行政执法流程图》等制度。同时，印发《山西省交通运输厅关于印发〈交通运输行政执法文书式样〉和〈交通运输行政执法用语指引〉的通知》，其中《交通运输行政执法文书式样》包括35种文书，《交通运输行政执法用语指引》共23条，基本涵盖所有执法环节和执法类型。通过建立健全执法制度，进一步规范执法行为。此外，积极开展“三项制度”全系统专题培训，召集各市交通运输系统法制部门、厅直有关单位负责人、业务骨干，开展专题培训，一一解读“三项制度”文件，同时督促市、县交通运输部门做好全面推行“三项制度”相关工作，为推进交通运输行政综合执法改革各项要求奠定坚实基础。行政执法“三项制度”推行以来，交通运输行政执法行为更加规范，成为2020年法治惠民的重要载体，让人民群众在交通运输行政执法中有更多的“获得感”。

【信用交通建设】 2020年，省交通运输厅积极推进信用体系建设工作，制定出台《山西省交通运输2020年信用工作要点》《山西省交通运输厅关于开展交通运输领域信用承诺有关工作的通知》《2020年“信用交通宣传月”活动实施方案》等文件，部署厅直单位、各市交通运输局开展信用宣传、信用承诺工作。加强信用交通山西网站建设，及时审核发布全省信用交通工作动态、政策法规、信用等级评价信息等。制定《山西省交通运输厅“双随机、一公开”工作实施细则》，修订本部门随机抽查事项清单，完善随机抽查对象名录库和执法检查人员名录库，同时对两个“名录库”实行动态管理。积极对接省行政审批局，组织执法处室开展“互联网+监管”数据填报工作，明确监管主体、对象、措施、设定依据、处理方式等，动态更新监管行为存量数据。

【法治宣传教育】 2020年，省交通运输厅在交通干部在线网开设依法治国新理念新思想新战略、《中华人民共和国民法典》等法治学习专题课堂，组织开展信用交通、行政执法三项制度、《中华人民共和国民法典》等培训，不断提高干部职工依法履职素养能力。落实“谁执法谁普法”责任制，积极组织全省交通运输执法机构开展“疫情防控宣传”“民法典宣传”“信用交通宣传月”“宪法宣传周”等活动。在“宪法宣传周”活动中，开展“抖音普法”活动、《中华人民共和国民法典》学习宣传活动、领导干部集中旁听庭审活动、“七五”普法成就展、宪法进机关活动、国家工作人员宪法宣誓仪式6个系列活动。积极开展以案释法工作，选取有代表性的执法案例整理汇编，有效提升普法生动性。

【依法行政与监督】 2020年，省交通运输厅扎实开展合法性、公平性审查工作，完成规范性文件合法性审核26件，公平审查3件，重大行政决策和合同等审查33件。对2018年11月1日至2020年5月31日制定的规范性文件进行清理，共梳理出10件规范性文件，逐件整理备案。组织开展全省交通运输执法人员考试和执法案卷评查，进一步提升执法规范化水平。依法开展行政复议与应诉工作，全年共办理行政复议31件，收到交通运输部和省政府行政复议通知书2件，均已按有关规定答复。收到涉及工程建设、劳动用工、行政赔偿等方面的应诉案件9件，已审结7件，省厅均获胜诉。

（厅政策法规处）

交通规划

【规划编制】 2020年，省交通运输厅在规划编制工作中，把新发展阶段、新发展理念、新发展格局、高质量发展的重大要求贯彻落实到规划编制中，把对接国家重大战略、服务全省转型发展、交通强省建设、支撑城镇化新格局、巩固拓展交通脱贫攻坚与乡村振兴有效衔接等重大需求体现在项目谋划上，确保规划目标高远务实，任务部署指向明确，建设安排稳妥有序。一是强化编制管理，提高规划质量水平。聘请交通运输部科研院专业研究机构等外脑智囊强化宏观布局，吃透上情，了解外情，确保规划能对标国际、领先国内。发挥省内研究团队和专业处室等自身优势，确保谋划布局项目能落地、可实施，政策符合省情，符合转型发展要求。坚持高标准、严要求，修订完善规划编制管理办法，强化规划编制质量绩效考核；建立规划编制进度月通报制度，逐月调度推进各项规划编制。二是加强组织领导，推动高质量完成编制任务。成立规划编制领导组和工作组，由厅长担任领导组组长，分管副厅长具体抓落实，厅规划处牵头抓总、定期研究、统筹推进，保证编制工作有序推进。牢牢把握上位规划要求，全年多次与交通运输部有关司局衔接对接规划编制工作，及时进行修订完善，大力争取部委支持。截至年底，《山西省省道网规划（2021—2035年）》已报省政府待批，《山西省交通运输“十四五”发展规划》《综合立体交通网规划纲要》《交通基础设施国土空间规划》3项龙头规划已形成初稿，15项“十四五”专项规划均已进入专家评审阶段。交通运输未来5年乃至30年中长期规划体系基本形成，为全省加快交通强省建设提供有力规划先行支撑。

（厅综合规划处）

【法治规划】 2020年，为加快推进交通运输法治政府部门建设，省交通运输厅按照《山西省“十四五”综合交通运输发展规划编制细化工作方案》，积极组织编制山西省交通运输法治政府部门建设“十四五”发展规划。规划包括发展基础、形势要求、指导思想和发展目标、主要任务、重点工程五个方面，提出开展完善交通运输法规制度体系、提升交通运输综合行政执法效能、深化交通运输“放管服效”改革、推进行政决策科学化民主化法治化、强化交通运输行政权力运行监督、加强法治交通文化建设六大重要任务，开展综合交通运输法规制度体系完善工程、综合执法队伍素质能力提升工程、交通运输执法“四基四化”建设工程、交通运输法治工作机构及队伍建设工程、交通运输营商环境优化示范工程、交通运输文化品牌创建工程六大重点工程。到2025年，服务交通强国山西篇章的交通运输法治体系建立并持续完善，交通运输法治建设成效显著，全行业法治观念显著增强，使山西省法治交通建设水平走在全国前列。《山西省交通运输法治政府部门建设"十四五"发展规划》为今后法治工作指明前进方向，明确具体工作任务，对山西省交通运输法治事业建设具有重大意义，受到省外专家一致高度评价。截至年底，山西省交通运输法治政府部门建设"十四五"发展规划编制工作走在全国交通运输系统和省直单位前列。

（厅政策法规处）

【机场规划】 2020年，《山西省民航机场"十四五"发展规划》（以下简称《规划》）于2020年5月完成招标采购工作，同济大学中国交通研究院作为中标编制单位，于2020年8月完成《规划》工作大纲并通过评审。通过与编制单位采取文献研究、典型调研、案例分析和专家咨询等方法，前往省发改委、民航山西监管局、民航山西空管分局、山西航产集团、运城机场、临汾机场等相关单位开展实地调研工作，将理论与实践相结合，在收集大量资料和实地考察基础上，2020年11月形成《规划》征求意见稿，在征求省厅内部各相关处室、省直有关部门、全省各地市和各机场意见的基础上，经过多轮讨论、修改与集中工作，形成《规划》送审稿。2020年12月7日，组织《规划》专家评审工作，专家认为《规划》成果具有较强的前瞻性、指导性和可操作性，对于指导"十四五"期山西民航行业科学发展，加快推进"四型机场"建设，更好地服务国家及山西省发展战略，满足人民美好生活需求的客观需要，具有重要的现实意义，可以为山西民航管理部门统筹安排各年度民航发展重点和重大项目建设进度提供重要参考，并一致同意《规划》通过评审。与此同时，省交通建设中心积极协助省厅推进机场项目建设和交通枢纽建设的服务保障工作。协助省厅完成《关于实施机场一体化运营管理指导意见》及全省《通用航空业务发展基金管理办法》《山西省"十四五"综合客运枢纽发展研究规划》的编制工作。

（厅民航建设运行处、省交通建设中心）

【水路规划】 2020年，省交通运输厅认真做好《山西省水路交通"十四五"发展规划》和《山西水路交通与旅游开发融合发展研究》编制工作。规划坚持贯彻落实黄河流域生态保护和高质量发展、交通强国等国家战略部署，围绕内河航运发展纲要、综合立体交通网建设有关任务要求，对接黄河、长城、太行三大旅游板块，分析全省水运发展形势，提出"十四五"主要发展指标和任务（提升航道等级200公里、整治养护航道1400公里、新改扩建渡口码头100个）。截至年底已收到部综合规划司《水运"十四五"发展规划》（征求意见稿），山西省7个水运建设项目列入部重点建设项目库，涉及资金9.6亿元，是"十三五"期入库项目资金3倍，预计申请部补资金5亿元。规划的实施将为全面提升水运基础设施服务保障能力打下坚实基础。

（厅水运管理处）

【发展研究】 2020年是"十四五"规划谋篇布局之年，厅发展研究中心紧紧围绕厅党组决策部署，充分发挥参谋助手作用，积极开展规划编制和基础课题研究工作。一是聚智赋能谋划未来发展蓝图。邀请省内外、行业内外科研单位、院校和企业知名专家、学者召开座谈会议，紧紧围绕交通运输部最新政策、规划和全省新型战略产业规划对交通运输发展的影响展开研讨，借用"外脑"赋能高质量发展，谋划中心未来发展方向，明确发展定位，为做好交通运输发展战略研究和规划技术支撑工作打下良好基础。二是深度参与省厅"十四五"规划编制工作。积极参与《山西省交通运输"十四五"发展规划》《山西省省道网规划》《山西省交通运输信息化"十四五"发展规划》等规划的研究编制工作，为各项规划编制提供技术支持；配合完成《山西"十四五"期交通运输高质量发展对策研究》《山西省数字交通发展战略研究》等十几项"十四五"规划系列基础课题的编制与审核，认真研究提出修改意见和建议。

（厅发展研究中心）

【课题研究】 2020年，厅发展研究中心积极开展交通运输基础课题研究。紧紧围绕当前全省交通运输发展面临的形势要求，加强战略对策和基础课题研究，积极为省厅提供决策参考。启动《山西交通运输基本公共服务均等化研究》《山西省交通物流若干重大问题与发展战略研究》两项课题,完成大纲评审;深入推进《山西发展多式联运推进运输结构调整的对策和实施路径研究》《山西能源革命交通先行研究》《交通强国山西篇章指标体系研究》等三项课题研究工作,完成结题任务。

(厅发展研究中心)

【计划管理】 2020年,省交通运输厅按照省委"切蛋糕、进规划"要求,为交通运输领域争取国家更多项目资金政策支持,综合规划处重点在研究国家投资政策方向、与交通运输部沟通对接、谋划储备重大项目等方面开展工作。经过全力争取,2020年国家安排山西省中央车购税资金84亿元,同比增长83%,达到历史性高位,并争取到提前下达2021年中央车购税资金80亿元,在中部六省排第1位,全国排第11位,迈入全国第一方阵,全年到位资金突破100亿元,再创历史新高。一是加强规划衔接,争取更多项目纳入国家规划。抓住国家编制综合立体交通网规划的机遇,争取交通运输部同意将山西省4条省级高速公路、6条普通省道纳入国家公路网规划,增加里程769公里,该项工作成绩被省政府通报表扬。抓住交通运输领域应对疫情冲击扩大有效投资的时机,谋划一批符合国家重大战略和"十四五"规划方向的建设项目,争取5个国高、23个普通国、省道和1个水运项目列为交通运输部重点推进项目,提前纳入国家"十四五"规划,优先享受中央资金支持。2020年上述项目已争取到位资金15亿元。抓住国家公路"十四五"发展规划编制的重要窗口期,从推进快速网贯通联网、干线网高效衔接、基础网广泛覆盖,加快推进交通强省建设出发,谋划重大公路项目和农村公路建设,其中高速公路项目15个、普通国道项目147个、普通省道和农村公路建设规模2.2万公里,预计"十四五"期将争取到位中央资金将超过400亿元,比"十三五"翻一番。加快项目前期,争取更多项目具备申请中央资金条件。先后制定出台项目可行性研究报告和编制单位信用评价规则等前期工作管理制度,进一步规范项目前期工作程序,提高项目工可编制质量和前期工作深度,以高质量的前期工作储备更多项目。全年2个高速公路项目、7个普通国省道项目和一批安防工程、危桥改造项目完成立项批复,项目报批立项效率进一步提升,形成"开工一批、研究一批、储备一批"的良性格局,为及时申请中央资金支持打下了良好基础。二是交通固定资产投资超额完成。 2020年,省交通运输厅迎难而上,奋力前行,全力推进交通脱贫攻坚,新开工建设一批重大公路项目和交通"新基建"项目,交通固定资产投资逆势增长,为做好"六稳"工作、落实"六保"任务发挥了重要作用。首先是全力推动交通运输高质量发展。坚持"项目为王",稳在建、促新开,统筹做好疫情防控和扩大交通建设有效投资工作。全省交通固定资产投资完成636亿元,为目标任务的127%,同比增长16.7%,创"十三五"以来年度投资最高纪录。年度投资中高速公路完成210亿元,普通国省道193亿元,农村公路226亿元,运输站场等8亿元,高速公路等重大项目比重显著提高,投资结构进一步优化。晋阳高速等开工建设,投资潜力进一步释放。太原东二环高速正式通车运营,闻垣高速古城联络线基本建成,高速公路通车总里程达到5744公里,交通基础设施网络加快完善。贫困地区完成农村公路新改建里程1.1万公里、实施安防工程3500公里,分别为省脱贫攻坚领导小组下达任务的2.2倍、3.5倍,全省具备条件的建制村"双通"目标全面实现,"交通+产业""交通+旅游"等模式蓬勃发展,交通扶贫完满收官。厅综合规划处荣获全省脱贫攻坚组织创新奖和全省"工人先锋号"等荣誉称号。其次是调度地方积极性,深挖项目投资潜力。报请省政府出台进一步推进全省普通国省道建设的意见,授权市县组织国省道项目建设,构建省市共建、多元筹资、多点支撑的普通国省道建设新格局。授权6个市政府组织14个普通国省道项目建设,并协调财政等部门为地方实施的收费公路项目发行政府专项债券22.37亿元,有力保障新开工项目资金需求。

【专项工作】 2020年,省交通运输厅加快推进太原环城高速公路功能调整,高标准完成太原环城高速公路过境货车分流管控工作,坚决打赢污染防治攻坚战，是以实际行动践行习近平总书记加强生态文明建设重要指示批示精神的具体体现，也是贯彻落实中央和省委省政府决策部署、支持太原市实现率先发展的重要举措和具体行动。在厅党组书记、厅长闫晨曦和厅党组成员、副厅长郭丙福领导下，抽调骨干人员组成工作专班，制定推进方案，确定路线图和任务书，明确责任分工和完成时限，挂图作战。委托专业机构编制《太原环城高速公路功能调整方案研究报告》。组织有关单位和专家反复现场踏勘，并多次组织召开协调座谈会，制定太原环城高速公路功能调整技术方案。积极对接交通运输部，批复同意太原二环高速建成后，将现有环城高速调整为城市快速路。协调太原市、公安交管、山西交控集团等建立联合工作机制和工作日报制度，统筹各方按照职责分工开展工作，形成工作合力。在各方的共同努力下，奋战50天，完成分流绕行管控、2处枢纽节点改造、交通标志标线升级改造、宣传引导等主要工作。12月3日起，“对目前环城高速东环、南环段过境货车实行交通管制”第一阶段目标顺利完成，货车分流绕行路段交通运行平稳，过境货车流量、流向变化明显，为实现第二阶段“环城高速全线过境货车分流管控”目标奠定基础。

（厅综合规划处）

财务管理

【预决算管理】 2020年，为坚决贯彻落实习近平总书记“党政机关要坚持过紧日子”的重要指示精神，按照省委省政府、厅党组的决策部署和疫情防控要求，根据省政府办公厅《关于进一步落实过紧日子要求严格财政管理的通知》（晋政办发电〔2020〕46号），省交通运输厅认真落实过紧日子要求，优化资金结构，大力压减一般性支出，坚持开源节流，盘活存量，全面加强预算管理。把预算管理作为过紧日子的重要抓手，不断完善规范透明、标准科学、约束有力的预算制度，预算管理工作取得新成效。一是进一步提高预算编制科学性、加强预算约束刚性、增强预算执行绩效性。首次实现按照省财政厅要求的时间节点，在9月底前预算分配率达到99%，上年结转资金全部执行完毕；截至12月25日，全系统财政性资金预算执行率93%，完成审计中关于预算执行率低的整改要求；12月底及时对厅机关等单位的预算资金2093.99万元进行调整，用于急需的工程建设项目，避免资金的浪费，提高资金使用效益。二是创新资金管理模式，盘活存量资金。通过请示省政府、协调省财政厅，盘活存量资金（贷款结余资金和养老保险清算资金）1.8亿元，增加可用财力，并全部用于保障重点交通生产建设项目。三是统筹兼顾，量力而行，有保有压。在保基本的基础上编制2021年预算，严控一般性支出，累计压缩各单位一般性支出1.65亿元。四是积极解决全省“三大板块旅游公路”债券资金不足的问题。为确保政府债券资金足额到位按时下达，积极协调省财政厅，得到省财政厅大力支持，7月24日，下达专题通知，对2020年政府债券资金40亿元进行明确，同时补充下达2019年政府债券资金244693万元资金缺口，解决各市、县建设的燃眉之急，有力支持交通脱贫攻坚战。四是完成预算经费划转，确保新组建单位资金保障。

与此同时，省交通运输厅积极落实财政部门要求，不断完善交通部门预算绩效管理体系。为加快建成全方位、全过程、全覆盖的预算绩效管理体系，根据省政府《关于全面推进山省预算绩效管理的指导意见》、省财政厅《山西省预算绩效评价管理办法》，以及《省级项目支出绩效评价管理办法》等制度规定，在厅预算绩效评价工作领导组领导下，建立健全以注重结果导向、强调成本效益、硬化责任约束的全方位、全过程、全覆盖的预算绩效管理体系，进一步加快预算和绩效管理一体化的进程，提高财政资源配置效率和使用效益。一是进一步完善预算绩效管理工作制度。2020年，在实地调研基础上，起草《山西省交通运输部门预算绩效管理办法（征求意见稿）》和《山西省交通运输厅财政支出事前绩效评估实施细则（征求意见稿）》。二是健全预算绩效管理工作机制。建立厅财务处牵头，各处室、各单位密切配合的预算绩效管理工作机制。各处室、各单位按照职责分工,完成绩效管理各环节工作,促进省厅绩效管理工作相互配合、协调有序进行。三是优化工作流程,规范开展绩效管理工作。在预算管理中融入绩效理念,初步建立预算绩效管理工作考核、事前绩效评估实施细则、项目支出绩效评价共性指标体系、部门(单位)整体支出绩效评价共性指标体系,将事前绩效评估、绩效目标设定、绩效跟踪、绩效评价及结果运用纳入预算编制、执行、监督全过程,不断优化预算绩效管理工作程序。省厅在2020年省财政厅组织的绩效管理工作考核中名列省直厅局第一,得到省财政厅通报表扬。

在全力以赴抓好上述两项工作基础上,省交通运输厅部门决算和政府部门财务报告工作再创佳绩。一是根据省财政厅部门决算工作安排,要求各单位认真做好新旧会计制度转换衔接,扎实做好资产清查和往来清理等基础性工作,及时组织各预算单位加班加点编报决算数据,特别是因新冠肺炎疫情的发生,不能进行集中会审,及时通过居家办公、网络办公等多种方式,对各单位决算进行初审,并报省财政厅复审,高标准按时完成报送工作。2020年,在省财政厅通报表扬全省45个部门决算工作突出的省直部门和单位中,省厅排名第三,得到省财政厅充分肯定。二是按照省财政厅《2019年度全省政府财务报告编制工作方案》,积极组织厅属各单位开展编报工作,要求严格按照省财政厅要求进行编报。及时对厅直各预算单位提交的各类报表和财务报告进行初审,就有关问题反复与相关单位进行沟通、核实、修改,并报省财政厅审核。2020年,省财政厅通报表扬全省15个政府部门财务报告编制工作成绩突出的省级部门(单位),省厅位列其中。2020年,省交通运输厅还圆满完成交通运输领域财政事权和支出责任划分改革任务。为做好此项工作,会同省财政厅经济建设一处共同完成全省交通运输领域财政事权和支出责任划分改革任务,截至年底,方案已经省政府批准,初步建立与山西省财力相适应、事权相匹配的划分模式。

【资产清查】 2020年,省交通运输厅全力做好事业单位资产清查工作。为贯彻落实省委、省政府关于事业单位改革和省级事业单位办企业脱钩改革有关精神,切实做好厅属事业单位改革、公路系统改革工作与所属事业单位转企改制、所办企业脱钩改革等工作,分批开展事业单位资产清查工作,确保摸清各单位家底,保障改革顺利进行。一是制定方案,确保工作有序开展。先后制定《事业单位改革国有资产清查工作方案》《公路系统事业单位及所办企业资产清查(清产核资)工作方案》,并按照方案有序开展各项工作。二是加强配置,实时把控工作进度。针对涉改单位多,资产量大,历史遗留问题突出等问题,先后分三批投入专项审计资金652万元,公平公开聘用20家会计师事务所,600余名审计人员参与,对286家事业单位及企业开展资产清查。要求各事务所采用周汇报、旬小结制度,对工作进度实时把控。三是提高效率,严格控制清查质量。要求各涉改单位积极协调配合,要求事务所统一资产清查报告模板并采用三级质量复核,对确保协调问题不过夜,技术问题当下解决。划转的2个学校资产清查工作已完成,且结果已经省财政厅批复。47家厅属事业单位资产清查工作完成并报省财政厅批复。240家公路系统事业单位及所办企业的资产清查(清查核资)工作也进入收尾阶段。资产清查发现的问题线索要求各单位立即整改,全面查清问题原因,依法依规履行资产管理程序。此次资产清查为后续事业单位改革夯实基础,进一步规范和加强事业单位资产管理。

【风险防范】 2020年,省交通运输厅防范债务风险不放松。中共十九大提出,要打好防范化解重大风险、精准脱贫、污染防治三大攻坚战。省厅抢抓政策机遇,积极防范化解政府隐性债务风险即普通收费公路存量债务风险,多方筹集资金,风险防控工作取得新突破。疫情暴发以来,国家出台通行费免费政策,全省一级收费公路通行费收入大幅减少,全年还贷压力倍增。根据中央收费公路疫情免通支持补偿政策,组织省公路局和部分相关债权银行就落实好支持保障政策召开专题会议,展期缓付贷款本息约9500万元,向省财政厅争取还贷资金4000万元,避免发生债务风险,牢牢守住不发生债务风险的底线。

【资金监管】 2020年，省交通运输厅优化中央车购税资金监管模式，通过对18个重点车购税建设项目预算使用情况深入调研，积极与财政部门沟通，提出优化中央车购税资金的拨付和监管模式，由事前监督变为事中事后监管，简化资金拨付审核程序和申请资料要求。经厅党组会研究同意，2020年累计拨付车购税资金约40亿元到项目建设单位，并且将3.5亿元资金的预算级次调整至县级，提高预算资金执行率，有效推动政府投资的撬动作用，达到补短板、惠民生、促内需的社会效应。

（厅财务收费管理处）

【联网收费】 2020年，厅收费核算中心强化政策执行，提升服务保障。全省高速公路累计通行费184.19亿元，其中：政府还贷路段134.62亿元、交控管辖经营性路段40.34亿元、其他经营性路段9.23亿元。疫情防控期间（2月17日0时至5月5日24时），按照疫情防控应急预案，强化窗口服务能力，加大交通保畅工作，切实保障公众安全出行和应急物质的运输保障工作，全省高速公路减免通行费47.84亿元、4888.62万辆。严格执行重大节假日7座以下小客车减免政策：春节期间（1月24日0时至2月8日24时），全省高速公路小客车减免通行费9515.59万元、260.48万辆；国庆、中秋节假期间，全省高速公路小客车减免通行费2.6亿元、7505.0万辆。严格执行“绿通车辆”减免政策：全省高速公路共减免绿通车辆通行费3.54亿元、131.53万辆。

【货车收费】 2020年，省交通运输厅配合厅财务处、各运营单位落实货车高速公路通行费收费督导通知书收费标准优化调整工作。根据三部委测算要求，叠加已经执行的16个路段优惠政策及优惠金额，模拟2020年货车通行费收入较上年综合平均增幅1.01%。依据《山西省人民政府关于同意调整全省高速公路车辆通行费收费标准的批复》（晋政函〔2019〕126号）相关规定，继续扩大优惠范围和优惠力度。经综合测算，优惠政策实施后，模拟收入较上年综合平均降幅0.9%。其中，一类至六类货车分别下降15.46%、5.62%、5.11%、0.42%、4.58%、0.02%，各类货车均满足“在相同有效交通量条件下，每类货车模拟收入均不大于有效收入”总体要求，符合本地区每类货车都“不增加货车通行费总体负担”原则。

【会计核算】 2020年，厅收费核算中心强化财务管控，提升监管水平。积极配合省审计厅做好2019年度预算执行审计工作；配合省财政厅进行财政预算管理一体化系统对接测试工作；配合厅财务处开展厅系统财务账务往来清理工作。一是规范银行账户管理。为进一步强化厅系统财务资金监管，维护资金安全，提高资金使用效益，持续开展厅系统财务账户清理工作。累计撤销相关银行账户41个，2020年累计撤销账户11个，现留存银行账户9个，其中农行晋阳支行、交行文源巷支行2个账户正在沟通撤销中。二是加强PPP项目车购税预算资金监管。根据省厅《关于规范重点项目车辆购置税预算资金拨付管理工作的通知》（晋交财发〔2019〕405号）相关要求，为加强和规范系统车购税预算资金PPP项目的资金使用管理，在厅财务处授权下，中心对PPP项目车购税预算资金银行专户实行动态监管，确保车购税预算资金专款专用。截至2020年年底，已纳入监管的单位包括：隰吉高速、离隰高速、济广高速临猗黄河大桥段、朔神高速。三是开展财务人员培训。为提升系统财务人员的业务技能，中心和厅财务处在忻州顿村联通培训中心共同举办厅属单位财务人员综合业务能力提升培训，邀请中国财政科学研究院、长春市政府、山西省财政厅、东北财经大学、长安大学等单位的专家、学者，从行政事业单位资产管理、预算绩效管理、内控管理、交通基础设施投融资、PPP项目运作等方面，对厅机关有关处室工作人员、厅属单位财务分管领导、财务部门负责人和业务骨干等100余人进行专题培训，全面提升系统财务人员业务能力。

（厅收费核算中心）

【专项工作】 2020年，全省高速公路差异化收费优惠政策取得新进展。省交通运输厅是全国高速公路差异化收费优惠政策的试点和先进单位，全省2020年度优惠政策已于2019年底报经省政府批准执行。根据省政府批准的“建立灵活的差异化收费优惠政策调整机制”政策，10月，首次启动高速公路经营企业自主实施差异化政策，自2020年12月起，各高速公路经营管理单位在原优惠基础上进一步加大差异化优惠力度，实现优惠范围覆盖全部运营路段。其中：龙城高速公路给予双向优惠9%；阳五、翼侯、京大、汾平高速公路双向优惠8%；山西交控集团管辖的东二环高速公路双向优惠13%，祁临高速针对部分货车车型优惠25%、长邯高速优惠20%等，分路段、分时段、分车型、分方向全面落实差异化收费政策。截至12月底，全省累计优惠通行费12.9亿元，有效发挥价格杠杆调节作用，路网通行效率进一步提高，物流业降本增效政策效果显著。

2020年，取消省界收费站“第十战役”工作，围绕部“第十战役”明确的重点工作，坚持问题导向、逐项梳理、明确任务，优化升级收费系统存在问题，确保全网收费系统总体运行平稳，收费、清分、结算等业务的有序开展。

（厅财务收费管理处、厅收费核算中心）

建设管理

【公路建设】 2020年，省交通运输厅坚持“两手抓，两不误”，确保疫情防控和投资目标任务“双胜利”。一是科学管控，统筹推进疫情防控与复工复产。疫情发生后，第一时间科学指导疫情防控、制定下发专项应急预案、压紧压实防控责任体系，以最快速度筑牢公路建设领域疫情防控防线。代省政府拟定并下发《关于统筹做好疫情防控加快交通基础设施项目复工的通知》，确定“分区分级分类推动”的复工复产总思路，争分夺秒复工复产。至3月底，重点公路项目实现“应复尽复，能开全开”，一季度，重点公路项目累计完成投资16.4亿元，同比增长68%，顺利达成“首季开门红”。慎终如始、毫不放松绷紧疫情防控弦，对秋冬季疫情防控严峻形势再强调、再部署，巩固公路建设领域“工地无疫情、人员零感染”重大战略成果。二是精准调度，全面落实“项目为王”鲜明要求。坚持目标导向，紧盯省政府工作报告“加快高速公路‘出省口’建设，打通‘断头路’，建成太原东二环，推进静兴、黎霍、太原西北二环等在建项目”和“推进普通国省干线公路升级改造，完成新改建110公里”两项重点任务目标不松劲，紧咬230亿元投资目标不松口，锚定目标，坚定信心，聚力攻坚。坚持问题导向，聚焦耕地占补平衡、征地拆迁、压覆矿产等一批工程建设的“拦路虎”，以系统意识、全局观念、责任担当去破题解难。创新建立高速公路项目建设调度机制，设立项目特派员、专职联络员制度，挂图作战，专项推动。坚持“一线工作法”，先后赴省路桥集团等企业及所有在建高速公路项目现场调研20余次，对存在的问题摸清底数、找准对策。严格落实省领导包联重点工程工作要求，主动向省政府专项请示黎霍高速穿越霍山省级自然保护区相关事宜，分别致函自然资源、林草、人社等相关单位专题协调，积极会同吕梁、运城等地方政府进行座谈，高质量组织全省重点公路季度调度会，上下联动，紧密协作，用足疫情防控期间国家宏观政策调整窗口期的有利环境，加快工程建设进度。坚持结果导向，对标对表，确保各项工作任务全面完成。太原东二环高速建成通车，对拉大省城城市框架、拓展发展空间、促进和带动区域经济社会发展意义重大；闻垣古城联络线项目基本建成，“古城”出省口即将打通，全省对外开放、互联互通水平进一步提升；重点公路项目全年累计完成投资334.9亿元，完成年度目标任务145.6%，同比增长51.3%，协调解决各项目征地拆迁协议签订、黎霍高速穿越霍山自然保护区、隰吉高速压覆煤层气等7项省级挂牌推进重大项目问题，工程建设稳步推进；运三连接线参评全省转型项目建设特别贡献奖；普通国省干线公路完成新改建123.6公里，完成目标任务112.4%，长治国道环线改扩建、108国道禹门口黄河大桥山西侧等4个项目建成通车。

（厅建设管理处）

【保障服务】 2020年，省交通建设中心一是坚持靠前服务，切实做好项目建设保障工作。针对项目建设实际情况，主动跟进，积极协调，全力以赴做好服务保障。圆满完成省厅下达的投资任务。截至12

月底，11个在建项目本年度累计完成投资199亿元，超额完成高速公路建设投资160亿元的工作任务，完成比例124%。认真编制“十四五”高速公路土地规划工作。完成“十四五”山西省国土空间规划高速公路项目土地规划指标填报工作，保障在建和新开工项目土地规划指标。加快用地审批等前期工作。积极协调有关部门，加快静兴、黎霍等14个高速公路项目用地手续审批等前期工作。加强农民工工资管理工作。督促高速公路项目单位认真贯彻执行国家、省有关农民工工资管理支付等规定，未发生拖欠农民工工资情况。二是强化行业服务，建设市场规范有序。省交通建设中心持续加强公路建设市场监管，推动行业整体水平上台阶。加强制度建设，规范服务标准。结合实际制定《公路工程试验检测机构评定工作流程》等6项服务标准。用好信用评价平台，做好信用评价工作。评价省内外监理单位共28家，评价结果AA级4家，A级22家，B级2家。评价60家等级检测机构（综甲2家，综乙49家，综丙9家），评价结果AA级8家，A级48家，B级4家。认真做好行业服务工作。年内完成监理工程师从业登记175人次，从业注销19人次，业绩登记97人次，业绩截至41人次；完成试验检测人员登记注册167人，注销84人；接受省厅批办，对12家检测机构进行资质评定，完成15家检测机构变更事项审核。组织开展从业机构能力验证活动。9月份组织全省69家检测机构进行能力比对试验。比对结果为59家机构为满意，占比85.5%，基本满意为7家，占比10.1%，不满意为3家，占比4.4%。通过活动，进一步提升试验检测机构技术水平。开展招投标及试验检测专项检查活动。9月下旬对闻垣古城联络线等7个建设项目进行了实地检查，形成问题清单195条，11—12月对10家检测机构进行“双随机”检查，发现53条问题，已全部整改完成。三是积极做好工程造价、民航枢纽技术服务保障工作。工程造价方面，年内共完成106个项次的工可、概算、预算、招标限价审查任务，审查总金额1115.36亿元，调整不合理费用27.81亿元，调整率2.49%，其中核增3.48亿元，核减24.33亿元，总核减21.06亿元，核减比例1.9%。技术服务方面，完成《山西公路工程造价信息》全年共六期工程材料单价审核、出版工作。包含金属制品、基础能源、绿化、化工、机电、交安、电线电缆等共计3450项次。同步开展定额测定、干线养护定额地标申报工作。

（省交通建设中心）

【质量推进】 2020年，省交通运输厅锚定百年目标，对标品质一流，在静兴高速组织召开全省公路平安百年品质工程建设推进暨隧道施工标准化现场会，根据厅党组书记、厅长闫晨曦在会上作出的“五个深化、五个发展”重要工作部署，全面开启全省公路建设高质量发展新篇章。一是坚持科技创新支撑。建立运行“公路建设智慧监管指挥平台”，部分在建高速公路项目主要工点、控制性工程逐步纳入监控范围，实现实时指挥调度。开展高速公路工程智慧建设，选定临猗黄河大桥、黎霍高速等5个试点项目，对标交通强国建设，聚焦人、机、料、法、环等施工现场环节组织，加快实现数字化、精细化、绿色化和智慧化的施工管理，推动“新基建”内涵落地与延伸。依托太原西北二环项目，开展“智慧高速”探索研究，努力形成具有山西特色的“智慧高速”实施方案。二是持续提升质量安全监管水平。统筹开展“坚守公路水运工程质量安全红线”、公路水运工程建设领域安全专项整治三年行动、“三零”项目创建等专项行动，先后印发《山西省交通运输厅“坚守公路水运工程质量安全红线”专项行动工作方案》《公路水运工程建设领域安全专项整治三年行动实施方案》《关于公路水运工程建设领域深入开展“三零”项目创建工作的实施意见》等，着力完善制度建设。重点公路工程建设项目质量安全监督检查全覆盖，在节假日、汛期、发生生产安全事故等特殊时期部署开展专项检查，坚决防范和遏制生产安全事故发生。公路工程质量指标共抽检13214点（组），合格12348点（组），平均合格率93.4%；排查安全隐患共322条、质量安全红线问题11项，均已逐项整改到位。重点公路项目平安工地考核全部合格，高速公路建设保持“零”亡人良好势头，霍永高速西段获评中国施工企业管理协会国家优质工程奖，太原东二环公司、隰吉、左涉一级路等6项公路建设案例入选交通运输部2020年“平安交通”创新成功案例，全省公路建设质量安全水平不断提升。三是深入推动绿色发展。推动临猗黄河大桥、离隰等项目成功纳入省级交通强国建设试点项目，不断优化完善临猗黄河大桥主桥上部钢结构设计方案，深化离隰、隰吉等环境脆弱地区绿色公路建设方案，确保符合黄河流域生态环保和高质量发展要求。持续推进BIM技术纵深研究，以“GIS+BIM”技术为主题的第六届全国BIM学术会议在山西省顺利召开，向全国介绍山西交通BIM经验。积极推动聚合物废胎胶粉复合改性沥青路面、废胎胶粉替代纤维SMA路面、再生沥青混凝土路面等新型路面技术应用，组织编制《山西省装配式预应力混凝土T梁通用图》以及湿陷性黄土地基处理、采空区处治等设计指导意见，进一步从源头提升绿色公路创建水平；印发《关于进一步加强公路水运工程施工生态环境保护工作的通知》，严防工程施工引发的生态破坏和环境污染事件。

【市场监管】 2020年，省交通运输厅聚焦公路建设市场健康有序高质量发展新要求，加快补齐公路建设市场监管短板弱项。一是招投标监管取得新突破。率先在全省实现不见面全流程电子化智能监管，上线运行招标投标电子监督平台，实现了全流程电子监督、远程动态跟踪交易全过程、记录交易行为的永久追溯痕迹、科学高效分析交易行为等功能，全年共发现异常投标单位75家，涉及35个项目。率先在全国交通系统实现远程异地分散评标，科学指导疫情期间工程价款调整，创新取消了无行贿犯罪查询记录证明，主要人员离岗证明试行承诺制，简化社保缴费、验资报告、股东出资等证明文件获取方式，着力推广使用电子保函缴纳保证金，全力创优招投标市场营商环境，在疫情期间高效完成9个工程项目远程线上评标。取得4个“一批”重大成果，查处一批电子投标文件记录MAC地址、硬盘序列号等硬件信息相同的涉嫌规避招标、虚假招标、围标串标等违法违规行为，累计废除标书次数169次，涉及标书金额200.61亿元；解决一批长期存在、社会广泛关注的重难点问题，进一步规范监理招标投标工作、推动投标保函制度的落实落地；曝光一批违法违规招标投标主体单位，通报9个公路工程建设项目招标主体；出台一批制度，建立完善长效机制，深入一体推进不敢腐、不能腐、不想腐体制机制建设。二是深入开展市场督查。对市场准入、建设程序、招标投标、合同履约、信用管理、造价管理、设计变更管理、农民工工资支付、保证金清理等开展专项市场督查，共发现问题869条，督促各单位进行全面整改，切实维护公路建设市场秩序和规则。制定印发《山西省公路水运工程建设领域保障农民工工资支付的实施意见》，对公路水运建设项目保障农民工工资支付行为进行全面规范，扎实开展根治欠薪冬季专项行动，确保“双清零”目标的实现。三是稳步推进信用体系建设。完成2019年度企业信用评价工作，涉及设计企业、21家，施工企业46家，监理企业28家、试验检测企业58家。高效开展厅管资质管理，完成监理、公路养护、试验检测等单位资质新申请、延续、定检及变更审查共计138家。优化省级市场管理平台信用信息数据收集与运用功能，与相关信用信息部门实现互联互通、数据共享，信息审核工作完成电子文档无纸化转换，在省级市场平台审核发布信息共2000余条，部市场信用系统审核发布信息1000余条。四是基本建设程序管理成效显著。组织完成大营至神池、忻州至保德等5个高速公路项目竣工验收，超期试运营项目存量进一步降低，全省仅剩4个超期试运营项目。督促全部试运营项目积极加快竣工验收准备工作，推动高速公路的依法运营、安全运行，力争不再出现超期试运营现象。

（厅建设管理处）

【质量管控】 2020年，省交通建设中心不断深化“品质工程”“绿色工程”创建活动，推动公路建设高质量发展。一是深入开展在建高速公路项目“质量月”活动、质量安全红线专项行动，认真组织质量检查，在建高速公路质量总体合格率94.7%，比2019年提高0.4%。及时开展交工和竣工质量检测鉴定，完成11个项目交工质量检测、忻保等9个项目的竣工鉴定、专项验收工作。二是开展交通产品和原材料抽检工作，抽检合格率98.1%。组织开展2次公路施工技术标准和规范培训班，配合省厅在静兴高速公路召开“平安百年品质工程推进现场会”，受到部安质司高度评价。三是充分利用冬季停工期间，组织各级参建人员开展标准规范学习活动，完成12个在建高速公路项目施工及监理人员在线考试平台的考核工作。

（省交通建设中心）

公路运输

【建制村通客车】 2020年，省交通运输厅完成建制村通客车任务。1196个乡镇100%通客车，26421个建制村已通客车26420个，通客车率99.9%，具备条件的建制村100%通客车，提前四个月完成国家下达任务，两个全国城乡交通运输一体化示范县通过交通运输部验收，为实现国务院向人民的承诺做出山西贡献。一是明确目标，提前部署。坚持疫情防控和重点工作两手抓，在疫情防控得到遏制后，立即印发《关于加快推进建制村通客车工作的通知》，指导各地按照当地实际情况分类开展工作：已完成通客车任务的地方要巩固已有成果，全面提高，定期跟踪通客车运营情况，未建立政府补贴长效机制的积极争取当地政府建立并完善相关财政补贴扶持政策，防止“通返不通”现象发生，同时确保已开通的农村客运安全稳定运行；未完成通客车任务的地市要提高政治站位，明确工作目标，提前谋划，提前布局，确保如期完成脱贫攻坚目标任务。二是摸清底数，制定方案。就通客车任务向各地发函，进一步建立台账、摸清底数，实行挂账销号制度。向未完成通车任务的四个市下发《关于制定建制村通客车方案的通知》，要求四个市有针对性地制定通客车方案，四个市已根据本地实际，采取一线一方案、一村一策的办法，通过线路延伸、预约响应等方式，有针对性和可操作性地制定具体村通客车工作方案。三是细化标准，确保质量。为坚决杜绝“数字通车”“虚假通车”，确保高质量完成通客车任务，印发《关于全力推进乡镇和建制村通客车工作确保完成交通运输脱贫攻坚兜底任务的通知》，要求各地因地制宜优化农村客运运营模式，切实提升农村客运安全运营水平，完善农村客运发展扶持政策，下发《预约响应式农村客运服务参考标准》，对预约响应式农村客运的经营管理、车辆要求、经营服务标准进行规范。印发《山西省交通运输厅农村客运管理暂行办法》，进一步规范农村客运市场及服务质量，提高公共服务能力和质量，促进农村客运协调、可持续发展。四是层层传导，压实责任。由分管厅领导主持召开建制村通客车工作视频调度会，并提出具体工作要求，会后赴具备条件仍未通车的地市调研督导，要求当地对照目标任务，排除干扰、积极作为，在当地政府的领导下，全力以赴完成村通客车任务。印发《关于开展建制村通客车督查工作的通知》，创新性地与驻厅纪检监察组联合成立督查组，对建制村通客车情况进行督查，重点对边远乡村开展暗访检查，实地查看农村客运运营情况，听取基层群众的意见和建议。督查情况以晋交运管发(2020)248号予以通报，进一步强化任务落实。

【结构调整】 2020年，省交通运输厅完成运输结构调整任务。2020年全省累计完成铁路货运量9.42亿吨，超额完成全年任务。一是积极争取，强化组织领导。针对疫情影响导致的经济下滑和铁路运输需求运量、增量双下降的情况，审时度势，主动向省政府报告，争取省领导支持，以省政府名义召开全省运输结构调整攻坚行动视频会，成立全省运输结构调整攻坚行动指挥部，指挥部办公室设在省厅，九部门共同参与，集全力作战，聚锐力攻坚，全力保障运输结构调整工作顺利实施。各市也相应成立组织机构并组建工作专班，各市还对所有工矿企业实行企业包联制，实行定点包联、精准包企、责任到人、落实到岗的工作责任制，定期召开攻坚工作推进会、行动会、部署会，制定并全面落实会议制度、信息报道制度、联席工作制度。二是完善机制，保障畅通高效。为加强指挥调度，提高工作效率，指挥部建立旬例会、月调度会工作机制，合力保障运输结构调整工作，累计召开月调度会3次，旬例会4次，专题调度会2次。指挥部办公室还根据工作进展和指标完成情况，及时向各市及铁路企业分阶段下达工作任务，列出清单，明确工作要求，同时根据工作进展，不定期与相关单位召开专题座谈会，及时了解工作进度，实时解决问题矛盾，不断提高工作效率。将运输结构调整工作列入“13710”督办事项，进行重点推进和督查督办。进入攻坚最后阶段后，指挥部办公室施行日调度机制，每日跟进铁路货运量完成情况，有问题及时协调解决，对铁路运输量的增加起到明显保障作用。三是化解矛盾，服务任务大局。指挥部办公室对旬例会、月调度会以及日常收集到的影响运输结构调整工作的问题和矛盾进行梳理汇总、细化分类，建立问题清单库，明确主办部门和协办部门，以清单形式实时下发各单位，同时对问题库实行动态增减，实时更新，并及时跟踪了解进展情况，涉及多部门的由指挥部统筹协调解决，全力服务运输结构调整工作，累计协调解决各类问题108件，各市建立矛盾问题协调解决机制，对运输企业反映与投诉的问题，建立交办、主办、督查、回访工作流程，实现“闭环”运行，并进行“回头看”，对问题整改落实情况进行全程跟踪督查，征询企业对问题整改情况的满意度，确保问题落实、解决到位。四是强化督促，落实主体责任。针对工作中的短板、弱项和难点、堵点，全面压实各市政府的地方工作主体责任、铁路部门的运输保障主体责任和省直部门的组织衔接主体责任。各市政府结合当地实际，在摸清底数基础上对辖区内大型企业进行逐户调查，对照省政府下达增量任务，建立“一企一策”工作台账，制定月度计划，将目标任务分解落实到相关企业。铁路企业积极对接地方，将指标拆分到企业、区县和铁路货运车站，对企业产量、运量、公铁占比、运输能力进行综合研判，建立增量企业名单，实现铁路运量稳步增长。省直各成员单位认真落实全省实施方案，针对全省目标任务和行业管理实际，积极做好衔接联系和组织落实工作。

【货车淘汰】 2020年，省交通运输厅全年淘汰货车68710台，完成年度任务53550台的128.3%，取得阶段性成果。一是积极履职，认真安排部署。积极争取省政府支持，由省长亲自就淘汰工作专题给11个市长写信督促，同时将国三柴油货车淘汰纳入运输结构调整，实行旬例会、月调度工作制度，并以省政府名义召开全省国三以下排放标准营运柴油货车淘汰工作视频调度会，卢东亮副省长对全省柴油货车淘汰工作提出明确要求。在摸清情况底数基础上，相继印发《关于加快推进国三及以下排放标准营运柴油货车淘汰工作的通知》《国三及以下排放标准营运柴油货车淘汰工作实施方案》，指导各地不等不靠，确保任务如期完成。二是多措并举，加强督导检查。抽调相关厅局工作人员组成督导组对各市淘汰工作进行两轮专项督导。厅党组书记、厅长闫晨曦主持召开专项督导工作汇报会，对全省下一阶段淘汰工作进行安排部署，并结合各市淘汰工作情况，给各市主要领导打电话，加快推进。厅党组成员、副厅长郭丙福主持召开全省运输结构调整工作月调度会议，进一步明确时间节点、压实工作责任，推进各地提高效率、创新方法。为加快淘汰工作进度，及时掌握各市工作情况，向各市每天通报进展情况，进一步提高淘汰工作效率。三是把握重点，落实主体责任。各市政府贯彻部、省工作要求，认真落实主体责任，把淘汰工作纳入到重要议事日程，形成政府“一把手”亲自安排部署、分管市长亲自督导、县（乡、村）人民政府落实、部门协调联动的工作体制机制，采取有效措施，协调解决难点堵点问题；结合工作实际，加强督导检查，及时纠正思想认识不到位、工作推进不得力、工作进展滞后等问题；建立任务台账，定期通报考核，对工作落实不力、推进迟缓、效果较差的，及时督促整改；依法依规对存在三年无运行轨迹的僵尸车辆、自然灭失车辆等提出淘汰处置意见，加大注销、报废力度，确保年度淘汰任务目标完成；加强调查研究，强化数据分析，分解和包片走访，找准工作难点，精准开展淘汰；充分发挥新闻媒体舆论引导作用，广泛宣传，使广大车主了解政策，营造良好社会氛围，确保行业和地区稳定。

（厅公路运输管理处）

【协助推进】 2020年，省运输事业发展中心全力协助推进运输结构调整。中心抽调业务骨干参加省厅运输结构调整工作专班，全力协助省指挥部办公室开展各项工作，通过上下共同努力，2020年全省共完成铁路货运量9.42亿吨，圆满完成省政府确定的年度目标。全力推进全省国三及以下排放标准营运中型和重型柴油货车淘汰工作。协助省厅制定印发《山西省国三及以下排放标准营运柴油货车淘汰工作实施方案》，抽调专人成立专班，与省生态环境厅、省商务厅、省交警总队等部门协调合作，全力推进此项工作。2020年全省完成淘汰国三及以下营运货车68710台，完成目标任务的128.31%。与此同时，深入开展网络平台道路货物运输工作。2020年，中心全面规范网络平台道路货物运输经营，维护道路货运市场秩序，进一步促进物流业降本增效。截至年底，全省24家企业正式接入平台，26家企业正在联调测试阶段。在全省范围内实行异地网上年审，2019年底实现全国范围内异地年审，惠及48.8万辆普通货运车辆。此外，中心着力提升为民服务能力。完成山西省全国互联网道路运输便民政务服务系统软件开发和联网调试，2019年12月31日上线试运行，2020年4月顺利通过专家验收。

（省运输事业发展中心）

【监督电话】 2020年，"12328"交通运输服务监督电话共计呼入电话234万余条，形成工单204万余条，业务量和年终考核全省均位列全国第三位。

（省交通运行监测中心）

安全监督

【安排部署】 2020年，省交通运输厅先后组织召开6次厅安委会全体会议，传达贯彻上级关于安全生产的决策部署，分析研判当前交通运输安全生产形势，安排部署下一步工作。制定印发安全生产专项整治三年行动总方案和5个专项方案，成立工作领导组，下设工作专班，梳理任务清单146项，逐条逐项落实到各业务部门。

【重点推进】 2020年，省交通运输厅采取4项措施认真抓好安全生产工作。一是制定出台《关于全面加强道路危险货物运输安全生产工作的实施意见》，提出13项具体措施。二是提升车辆主动预防能力，累计18497台"两客一危"重点营运车辆加装智能视频监控报警系统，安装比例达100%。三是针对贵州安顺"7·7"公交车坠入水库事件、临汾襄汾"8·29"饭店坍塌重大事故、太原迎泽区台骀山景区"10·01"重大火灾事故等，在全系统开展警示教育，举一反三，推动交通运输安全生产工作。四是开展平安交通创新活动，省厅入选交通运输部创新案例14个，入选数量为全国第二名，"产业工人幸福小镇"等项目被评价"为行业从业人员素质提升工程提供新思路、新借鉴"。

【监督检查】 2020年，省交通运输厅全力抓好安全监察工作。一是积极开展综合检查。聘请第三方评价机构和行业专家对全省交通运输安全生产进行综合检查，共检查89家企业（项目、单位），发现问题隐患267项。二是突出重点时段检查。"五一"假期、全国"两会"、国庆、中秋假期期间，派出督查组，采取"四不两直"明察暗访等方式，对行业重点领域进行督导检查（"五一"、全国"两会"期间派出6个督导组，检查企业59户，发现问题隐患78项；国庆中秋假期派出11个督查组，检查企业116户，发现问题隐患132项）。三是强化专项检查。11月23日至30日，从省执法局、省运输事业发展中心、基层运管所、交通运输企业抽调道路危货运输专家13名，组成4个检查组，以"四不两直"、明察暗访方式在全省开展危险货物道路运输安全生产专项检查，共抽查交通运输主管部门21家，危货运输企业41家，高速公路服务区11个，发现问题隐患263项。对上述检查发现的问题隐患，都进行通报并建立台账，确保整改落实到位。

【培训教育】 2020年，省交通运输厅强化培训教育。通过"山西交通在线"平台开展安全生产线上教育培训，设置习近平总书记关于安全生产重要论述、事故警示教育、安全法律法规等共计13门课程，累计学习2612学时。组织安全生产线上答题活动，累计参加人数30732人，通过人数30304人，通过率为98.6%。深入太原、忻州、长治、运城等地进行安全宣讲,12月初举办安全应急培训班,全系统90余人参加。

【应急管理】 2020年,省交通运输厅从5个方面积极做好应急管理工作。一是修订完善应急预案。组织对《山西省水上搜救应急预案》和《山西省民用航空飞行器事故应急预案》进行修订,完善省厅"1+6"应急预案体系(1个总体预案和6个专项预案)。二是开展应急演练。全系统全年累计开展各类应急演练1928次。其中,市县交通运输局组织演练441次、省公路局系统组织演练141次、山西交控集团组织演练1346次;涵盖道路运输、消防应急、防汛抢险、道路抢通、桥隧运营等交通运输各类突发事件。省厅11月12日在青银高速组织山体滑坡突发事件综合应急演练。三是强化应急值守。严格24小时值班制度,每月进行一次视频连线调度,每季度对应急值班情况和行业主要突发事件进行通报,对各单位脱岗漏岗、信息迟报漏报情况在年底安全考核中予以扣分。四是强化应急联动。不断强化与公安交警、应急管理、气象等部门以及周边省份交通运输部门的应急联动,及时会商协办有关情况,持续巩固联防联控工作格局。四是发挥专家的智力支持和技术支撑作用。制定出台《山西省交通运输厅安全应急专家管理办法》,开展专家征集聘用工作,在公路工程建设、公路运营养护、道路运输、水上交通等4个领域确定安全应急专家22名、安全应急人才库77名。五是强化应急队伍建设。建立完善山西省普通国省干线应急保通大队、山西省高速公路应急保通大队、山西省重点公路工程应急救援大队、山西省道路运输应急保障大队、4支省级应急救援队伍、64支高速公路隧道应急小分队、11支战略物资保障车队、11支道路旅客运输应急保障车队、1支危险货物运输车队。

(厅安全监督处)

【提升水平】 2020年,省交通运输事业发展中心着力提升运输本质安全水平。一是全力推进"两客一危"车辆加装智能视频监控报警系统工作。督导各市推进加装工作,全省"两客一危"安装智能视频车辆数为18113辆,安装比率已达到100%。二是持续强化重点营运车辆动态监管。充分利用"全省重点营运车辆联网联控系统"加大对"两客一危"车辆的动态监管和超速整治,严格动态监控月考核、月通报制度。全省重点营运车辆入网率超过99.39%,疑似超速数据总量大幅下降,车辆月平均超速次数由2017年12月的58条下降到2020年12月的2.48条,下降95.7%,超速驾驶行为得到有效遏制,企业本质安全水平大幅提升。三是开展安全生产专项整治行动。组织开展"春运""五一"期间安全生产督查检查、全省道路运输行业安全生产专项检查、道路水路运输安全生产专项整治三年行动、危货运输环节安全风险隐患专项排查行动等整治活动。

(省运输事业发展中心)

【服务保障】 2020年,省交通运行监测中心协助省厅起草《山西省交通运输厅交通移动应急通信指挥平台管理规定》,并组织交通应急通信车参加省厅主办的国道20青银高速汾离段山体滑坡突发事件综合应急演练。"12122" 高速公路紧急救援热线监控并发布交通事件2.37万件,共实施紧急救援654次。

(省交通运行监测中心)

交通科技

【综述】 2020年,省交通运输厅准确把握国际国内科技创新发展大势,认真贯彻"六新"要求,着力打造一流创新生态,深化科技创新制度改革,优化科研项目评审流程,进一步推动产学研用深度融合和科技成果在交通运输行业的快速转化,加强成果管理工作,稳步提升成果转化和应用水平,多项科研成果获得省级科学进步奖。积极推动标准化改革试点建设,组建山西省交通运输标准化技术委员会,探索构建交通运输标准化体系,持续加强重点领域标准有效供给,支撑行业高质量发展,为行业发展提供有力的标准保障。积极推进行业生态文明建设、节能减排及大气、水、土壤、噪声污染综合治理,对各项重点工作实行台账化、清单制、闭环式管理,中央生态环境保护督察整改任务销号清盘、打赢蓝天保卫战如期交账、柴油货车和散装物料运输车污染治理持续深化、能源革命综合改革试点取得突破、环境保护约束性指标全面达成。指导厅属院校加强日常管理，统筹抓好常态化疫情防控与日常教学工作，配合推动院校平稳有序完成划转工作。

【科技创新】 2020年，省交通运输厅深入学习贯彻全省科学技术大会会议精神和省委书记楼阳生讲话精神，牢固树立"创新为上"的发展理念，深刻践行科技是第一生产力、创新是第一动力、人才是第一资源的观念，把交通运输科技创新工作统一到省委、省政府的决策部署上来。一是打造一流创新生态。印发《2020年全省交通运输科技创新和标准化工作要点》，进一步推动产学研用深度融合和科技成果在交通运输行业的快速转化，加快技术迭代、产业升级，在全行业营造崇尚科学、崇尚创新、崇尚人才的浓厚氛围，努力打造一流创新生态。二是开展重点攻关研发。以目标导向、问题导向和结果导向为原则，紧贴"六新"要求，进一步创新和优化科研项目评审流程，完善赋分规则，针对全省交通运输行业急需解决的重点难点问题，确定13项新立科研项目，具有较好的研究和推广价值。创新验收形式，邀请国内知名专家通过视频会议同步参加科技项目验收评审，完成"重载公路特殊路段下安全耐久铺面技术研究"等34个科技项目的验收。三是推动成果转化应用。积极推荐优秀科技成果申报科技奖项，提名的科技项目在2020年全省科学技术大会上获得山西省科学技术奖7项，另有9项科技项目通过中国公路学会科学技术奖公示。其中，"RAP高掺量温再生沥青路面关键技术及工程示范"获得山西省技术进步一等奖。进一步加强优秀科技成果的转移转化和推广应用，对"公路隧道检测机器人系统研究与装备制造"等21个项目进行省科技厅2019年度科技成果登记。组织开展交通运输部2020年度交通运输重大科技创新成果库入库工作，推荐20项专利、论文、专著成果入库。推荐"一种装配式T形梁的体外预应力加固结构"等4项专利申报第二届山西省专利奖。

【标准化建设】 2020年，省交通运输厅积极投身山西省国家标准化综合改革试点建设工作，将标准化改革总体要求与山西交通运输实际、与交通强国建设紧密结合，研究制定《山西省交通运输厅标准化管理办法》，进一步规范全省交通运输标准化管理工作，不断提升工程、产品和服务质量和标准化治理能力。一是组建山西省交通运输标准化技术委员会。完成山西省交通运输标准化技术委员会的组建工作，配套设置交标委专家库，开展或参与全省交通运输地方标准的立项论证、起草、技术性审查、实施效果评估、复审、宣贯、培训、咨询等工作，以标准化引领支撑全省交通运输高质量转型发展。同时，为进一步加强和改进交通运输标准化工作，结合省厅"十四五"总体规划，开展《山西省交通运输标准化"十四五"发展规划》编制工作。二是持续加强交通重点领域标准有效供给。紧密结合省情，推动制定更切合全省实际的交通运输地方标准，对现有国家标准、行业标准进行有效的细化和补充。组织开展2020年度山西省地方标准制修订项目计划的申报，向省市场监督管理局推荐申报20项拟推荐项目。加大对在编地方标准的指导督促力度，截至年底已发布《工业固废CFB灰渣注浆充填采空区施工技术指南》等6项地方标准，为行业发展提供有力的标准支撑。三是不断强化产品质量行业监督管理工作。积极参与交通运输部2020年交通运输产品质量行业监督抽查，按照工作要求，明确抽查任务、检测机构、抽查产品等，并进行相应布置，严格督促承检机构有序开展2020年全省交通运输产品质量监督抽查工作。

【专项工作】 2020年，省交通运输厅始终坚持以习近平生态文明思想为指导，牢固树立绿水青山就是金山银山的理念，认真落实各级安排部署，与相关省直部门建立沟通渠道，与厅生态环境保护工作领导组各成员单位积极协调，统筹推进交通运输生态文明建设和生态环境保护工作。一是健全机制，加强交通运输污染长效常态治理。及时调整厅生态环境保护工作领导组组成人员，进一步加强对生态环境保护的组织领导。每半年召开专题会议，厅主要领导亲自安排部署工作、分析研判工作形势，研究解决重点问题，督促推进任务落实。实行月、季、年工作计划，按月份调度进展情况、按季度通报工作排名、每年开展监督帮扶，对相关单位推进情况摸底建档，动态跟踪工作进展，针对性开展指导督促工作，确保了任务落实、落细、落地。探索建立暗访工作机制，组织相关人员，行程4000余公里，对交通运输污染情况进行暗访，将发现问题在全系统进行通报，下发整改清单，限期整改落实。印发《关于开展全省交通运输生态环境保护监督帮扶工作的通知》（晋交科技发〔2020〕451号），由厅领导带队积极开展监督帮扶，实现省域全覆盖，有力促进交通运输污染长效化常态化治理。二是压实责任，推进中央环保督察整改销号清盘。制定《关于印发贯彻落实中央生态环境保护督察“回头看”及大气污染防治专项督察反馈意见整改方案》（晋交科技发〔2020〕171号），细化整改落实措施16条，逐一明确责任单位、责任人员和整改时限，强化领导领办，实行台账管理、挂牌督办、整改销号等制度，开展“清零”行动。中央环保督察组向山西省反馈“回头看”意见中，涉及交通运输部门问题5个，分别为：“政治站位不够高、未出台运输结构调整方案、柴油货车污染路检路查流于形式、道路扬尘严重以及307.232部分路段积尘严重”。按照时序要求，各项整改任务于2020年底前全部完成销号验收工作，按期完成率为100%。三是挂图作战，打赢污染防治攻坚战役成效显著。下发《关于印发山西省交通运输生态环境保护2020年行动方案的通知》（晋交科技发〔2020〕104号）《关于进一步加强全省公路扬尘污染治理的通知》（晋交科技发〔2020〕89号）等一系列文件，细化重点任务、明确时序要求及任务分工，协调各单位、各处室一体推进交通运输大气、水、土壤污染防治，挂图作战，实行台账化、闭环式、清单制管理，每月调度进展情况，并根据时序进度，及时向厅主要领导报告进展情况，针对性提出推动落实的意见建议。会同生态环境厅建立机动车排放检测与强制维护（I/M）制度，维修治理后车辆复检合格率91.82%（任务指标为90%）。加快推进国三及以下排放标准营运柴油货车淘汰。铁路货运增量持续增长，完成了国家下达的指标任务。新能源和清洁能源汽车推广成效显著，截至2020年年底，全省城市建成区共有公交车10095辆、出租车25051辆，新能源或清洁能源比例达100%。通过各单位、各处室的共同努力，全省交通运输领域为打赢污染防治攻坚战交上“合格答卷”。

（厅科技处）

【绿色发展】 2020年，省运输事业发展中心进一步推进I/M制度实施，全省联网运行的共196家，覆盖全省11个地级市及79个县（市、区），全部实现对超标排放车辆的闭环管理。2020年，通过M站维修治理的车辆4.38万辆，维修后复检合格率达到96.93%。全力协助推进运输结构调整，2020年全省共完成铁路货运量9.42亿吨，完成目标任务的100.22%。全力推进全省国三及以下排放标准营运中型和重型柴油货车淘汰工作，有序推进新能源或清洁能源汽车应用。全省设区市建成区共有公交运营车辆中新能源汽车和清洁能源汽车占比98.1%；全省设区市建成区共有出租汽车已全部为新能源或清洁能源汽车。

（省运输事业发展中心）

平安交通

【统筹部署】 2020年，省交通运输厅压紧压实工作责任。成立平安建设领导小组，建立多部门参与的平安建设工作协调机制。根据交通运输部和山西省委统一安排，年初印发《平安建设工作要点》，与各市交通运输局、厅直各单位签订目标责任书，将平安建设纳入省厅目标责任考核范畴。适时召开厅综治工作例会传达学习交通运输部、省政法委等上级部门关于“三零”单位创建、扫黑除恶专项斗争、反恐维稳、“扫黄打非”、禁毒等文件和会议精神，研判行业平安建设形势，并对相关工作作出安排。

【反恐防范】 2020年，省交通运输厅认真贯彻《反恐怖主义法》，时刻紧绷防范之弦，结合全系统打击整治枪爆违法犯罪专项行动，督促指导全系统认真落实反恐防范措施，持续强化对客货运场（站）、码头、长大桥隧、高速公路服务区、交通运输工具等交通基础设施和要害部位的巡查管控力度，严格落实旅客实名购票和汽车租赁、运输货物客户身份查验登记等各项制度，不断强化应急力量配备，完善应急预案，有针对性地开展反恐怖防范应急演练，切实提升反恐怖防范水平。在春运、全国"两会"、国庆等重大活动、节点前夕，及时印发文件或召开会议部署反恐防范工作。2020年，全系统未发生一起涉恐事件。

【"三零"单位创建】 2020年，省交通运输厅认真贯彻落实省委关于开展"三零"单位创建决策部署，4月30日、7月11日两次向厅党组汇报工作情况，分析研判形势，部署推进行业创建工作。先后组织召开三次推进会，制定印发创建实施方案、工作指南和工作机制，明确创建思路、创建标准、任务清单，建立健全滚动摸排等七项工作制度。建立工作台账，认真梳理行业内创建主体和各领域所监管(服务)的单位(企业)，逐月汇总创建工作进展情况和行业内发生的信访矛盾纠纷、安全生产风险和社会治安隐患，并定期向省政法委报送。经过8次摸底排查，全省交通运输行业共有创建主体360个，其中汽车站359个，已覆盖全省全部等级车站；院校1所(原来的山西交通职业技术学院、山西交通技师学院2所院校已正式划归省教育厅，仅剩省交通干部学校)。为深化创建工作，在完成规定摸排创建主体的基础上，梳理排查出行业领域监管(服务)的单位(企业)共计3089家，基本覆盖全省交通运输行业。根据每月统计情况，及时编发工作简报，推动经验交流，激励先进、鞭策后进，全年编发工作简报10期。

【扫黑除恶】 2020年，省交通运输厅高度重视，齐抓共管，把扫黑除恶专项斗争不断引向深入。一是加强组织领导。制定印发2020年专项斗争工作要点，对全年重点工作进行安排部署。3月19日、7月11日先后向厅党组汇报工作进展情况，6月18日、11月4日分别召开厅扫黑除恶专项斗争领导组第九、第十次会议，部署推进专项整治、行业清源、机制建设等重点工作。二是推进"两法"衔接。持续推进行业涉黑涉恶违法犯罪线索摸排，重点排查系统内部利益输送和"保护伞"等问题，进一步完善与驻厅纪检组"双通报"机制。加强与政法机关的信息共享、工作联动，推动行政执法和刑事司法有效衔接。2020年向省委政法委移送涉黑涉恶线索4条(专项斗争开展以来移送204条)。认真梳理全系统各级收到的"三书一函"整改落实情况，督促全系统根据交通运输部反馈的涉及全省交通运输领域的90份"三书一函"意见建议，强化工作措施，明确治理时限，逐条逐项推进，认真抓好整改落实，并将整改情况按时向交通运输部进行报送。三是开展专项整治和"行业清源"行动。紧紧围绕交通运输重点行业领域存在的粗放管理、非法垄断、藏污纳垢、野蛮生长等问题，印发《对全省交通运输行业扫黑除恶专项斗争突出问题开展专项整治的实施方案》，要求全系统全面摸排本行业领域突出问题，查找根源和工作短板，坚持标本兼治、齐抓共管，形成强大治理合力。四是迎接督导检查。7月30日，省扫黑除恶专项斗争第四督导组到省交通运输厅督导专项斗争工作情况。10月12日至16日，交通运输部到山西督导检查行业综合安全工作情况，扫黑除恶专项斗争是其中一项重要内容。省、部督导组前往省厅扫黑除恶工作专班，通过听取汇报、查阅台账、实地调研等形式，对压实责任、专项整治、行业清源、长效长治等方面进行深入细致督导调研，充分肯定省厅在扫黑除恶专项斗争中取得的阶段性成效，特别是工作专班给予高度评价。五是加大宣传力度。在过去两年宣传工作的基础上，进一步宣传行业治理成效。认真落实省扫黑办"五个一工程"，面向全系统广泛收集专项斗争展览作品，不断增补完善反映省厅专项斗争阶段性成果的宣传片和宣传画册，拍摄反映行业突出问题治理成果的治超动漫剧和非法营运情景剧，其中治超动漫剧被交通运输部选为优秀宣传作品上报至中央政法委，为夺取专项斗争的全面胜利营造良好舆论氛围。全省交通运输系统专项斗争推进有力，山西电视台、《山西日报》报道省厅开展扫黑除恶专项斗争取得的成效，2018年、2019年连续两年，厅公安处被省扫黑除恶专项斗争领导小组评为全省扫黑除恶专项斗争先进单位。

【国家安全】 2020年，根据省委国安委统一安排，省交通运输厅成立国家安全工作领导小组及其办公室，统一协调、指导推进全系统国家安全工作。制定印发工作指南，加强防范化解安全敏感问题工作指导。4月15日前后在全省交通运输系统扎实开展了全民国家安全教育日宣传教育活动，7月1日前后集中开展国家安全法宣传教育活动，普及常识、强化共识，营造维护国家安全的强大舆论声势，进一步筑牢人民防线。

【禁毒工作】 2020年，省交通运输厅坚持从严从紧监管，年初印发《整治突出毒品问题的工作方案》，督促指导各相关单位全面加强运输环节对涉毒物品的查堵管控工作，积极配合公安机关打击整治贩运毒品活动，推动建立山西省交通运输经营单位驾驶人员吸毒筛查制度，坚决杜绝交通运输涉毒违法行为。积极推动禁毒宣传教育常态化、制度化，6月，省厅以“健康人生、绿色无毒”为主题，在《山西交通报》广泛开展禁毒知识答题活动。“6·26”国际禁毒日在太原西客站组织司乘人员开展集中宣誓和禁毒签名活动，使禁毒观念深入人心。

【“扫黄打非”】 2020年，根据交通运输部和省扫黄办工作安排，省交通运输厅扎实开展“正道、清风”集中行动和“清源、固边、秋风、净网和护苗”专项行动，督促指导全系统严厉打击各类非法有害出版物，特别是政治性有害出版物通过公路、水路运输渠道的传播活动。加强对系统内部刊物、印刷企业和门户网站的监管，规范管理内部刊物，严肃查处各类违法违规行为。多种形式、多条渠道强化宣传措施，广泛动员系统内广干部职工积极参与，为“扫黄打非”工作顺利开展、深入推进营造浓厚舆论氛围。

【督导调研】 2020年，根据省交通运输厅“三零”单位创建第三次推进会部署要求，11月5日至23日，省厅安排督导组前往各市交通运输局、部分汽车站及监管企业开展督导调研，覆盖全省11个地市。督导组通过查阅资料、座谈问询、实地走访等形式，对各单位反恐防范、扫黑除恶专项斗争、“三零”单位创建等工作进行深入细致督导调研，督促各相关单位进一步压实责任链条，重点聚焦信访维稳、安全生产、治安防控三方面工作，靶向发力、精准施策，强化问题整改，确保平安建设各项工作取得实实在在的成效。

【路政管理】 2020年，省交通运输厅从六个方面抓好路政管理工作。一是强化路政执法。督促指导全省各级路政管理部门结合工作实际，认真履行职责，在当地人民政府统一领导下，加强组织领导，强化队伍建设，完善规章制度，依法打击和查处各类破坏、损坏全省高速公路、普通国省干线公路、“四好农村路”和三大板块旅游公路的违法行为，有效保护路产、维护路权。二是推进公路建筑控制区范围划定工作。督促指导各级公路管理部门参照和学习已完成公路建筑控制区范围划定工作市、县的做法，积极协调地方人民政府及相关部门，进一步采取有力措施，全面推进公路建筑控制区范围划定工作。三是强化路域环境整治。在巩固历年来整治效果基础上，督促指导各级公路管理部门与沿线各县市区政府相关部门密切配合，继续加大对公路路域环境的整治力度，对沿线违章建筑、占道经营、乱堆乱放、私搭乱建、加水洗车等行为开展治理工作，规范沿线加油站及平交道口的管理，清除公路沿线脏、乱、差现象，努力实现公路用地范围内“八个无”要求。三是积极推进《山西省高速公路非公路标志管理办法》制定出台。2019年9月至12月，省厅牵头开展全省高速公路沿线广告设施清理规范专项行动并取得圆满成功。2020年1月12日，省委书记楼阳生在省厅《关于报送全省高速公路沿线广告设施清理规范专项行动工作总结的报告》上批示“很好，应予以表扬。下步省政府应出台政府规章以巩固清理成果。同意下步工作安排”。2020年《山西日报》头版和《中国交通报》分别对山西省高速公路优美的路域环境进行专门报道。为认真贯彻落实楼阳生批示精神，按照“从严控制、合理布局、安全美观”的原则，起草《山西省高速公路非公路标志管理办法（试行）》（以下简称《管理办法》）。在合法性审查过程中，省厅与省司法厅多次沟通协商，达成以政府规章形式出台《管理办法》的一致意见。6月30日，将《管理办法》正式上报省政府，提请列入2020年省政府规章立法计划。2021年1月15日，省政府常务会议审议通过《管理办法》，1月18日，省长林武签署第282号省人民政府令，发布《山西省高速公路非公路标志管理办法》，自2021年3月1日起实施。五是开展“路政宣传月”活动。印发活动《实施方案》，成立全省“路政宣传月”活动领导组。全省各级公路管理部门按照省厅部署，坚持宣传与整治一起抓，教育与纠正同步走，不断丰富“路政宣传月”活动的内容和方式，充分展示交通运输部门服务疫情防控和经济社会发展大局、保护人民群众生命财产和公路基础设施安全等工作成果，营造社会共治的良好氛围。“路政宣传月”活动期间，全省交通运输系统共悬挂、张贴横幅标语2195条，制作展板1426块，利用电子情报板发布宣传标语3064余条，出动宣传车3654次，宣传活动成效显著。六是迎接“十三五”国检。2020年，省交通运输厅在统筹做好路政管理日常工作的同时，切实把迎检工作作为当前重中之重的任务。对照检查内容与职责分工，认真总结梳理“十三五”期间全省路政管理工作成果，明确时间表、路线图，加强协作配合，全力以赴共同推进，确保各项任务按期优质完成。根据迎检工作安排，积极配合完成路政管理资料的查阅评价工作。

（厅公安路政处）

治超工作

【综述】 2020年，全省治超工作继续保持高压态势，年度各项治超目标完成良好，取得显著成效。截至12月底，全省累计投入执法人员161.47万人次，检测车辆7565.5万辆，共查处违法超限超载车辆10236辆，卸载货物28.45万吨，罚款1018.9万元，记分43148分，超限超载率始终控制在0.2%以内，继续保持在全国最低水平。高速公路杜绝非法超限超载车辆，干线公路杜绝非法超限超载车辆，全年没有出现一例因超限超载引起的死亡事故，没有出现一座因超载导致的危桥。对政府公示的货运源头单位进行全面监督检查，督促源头单位全面履行源头治超义务，切实防止违法超限超载运输车辆出厂（站、矿）上路。共取缔非法储售煤场109个，处罚源头企业266家，拆解改装车辆126辆。

【大案要案查处】 2020年，省交通运输厅保持全省治超高压态势。全省治超工作始终坚持把查办大案要案作为中心工作来抓，以点带面，形成治超高压态势。4月9日，省治超办接全国治超办电话通报，车号为黑BY9625大件运输车辆被河南省交通执法部门扣留在二广高速南召收费站。经过磅检测，该车车货总重398.85吨，而随车携带超限运输通行证标注为160吨，车证严重不符，属于严重非法超限运输行为。经询问司机得知，该车由山西省太原高速公司东社入口驶入。与驻交通运输厅纪检监察组成立联合调查组，于4月15日至5月9日，采取现场勘验、多方走访、调阅资料、谈话问询、测试验证等方式，对该非法超限运输案件进行调查核实。经调查，这是一起由生产企业和运输企业虚报瞒报货物真实重量，审批大厅审核不严、太原高速公司东社收费站疫情期间存在严重管理漏洞等多种因素造成的重大安全隐患案件。最终，太原市交通局按源头治超有关规定，对生产企业阳煤化机集团私放非法超限车辆行为进行处罚；驻交通运输厅纪检监察组对政务大厅超限许可环节存在的问题进行了核实处理；山西交控集团按照《山西省治理车辆非法超限超载工作责任追究办法》（山西省人民政府224号令），对太原高速公司相关责任人进行处罚。此次重大安全隐患案件的查处，对规范货运源头企业运输行为、行政审批部门优化大件运输许可流程起到积极作用，为下一步深化“放管服”改革，改进和完善工作方式，实现“不见面审批（服务）”提供有力保障。

【源头治超】 2020年，省交通运输厅突出路面源头齐抓共管，全力打击非法超载超限。为进一步加强山西省高速公路治超工作，保障高速公路安全、完好、畅通，降低物流成本，优化营商环境，7月下旬，组织11个督导检查组，通过明察暗访、现场检查的方式对全省范围内允许货车通行的317处高速公路匝道入、出口治超站点的日常管理、机电设备、联合执法等13项重点工作进行专项检查，并召集交控集团相关部门负责人就检查中发现的问题进行通报，责令其按要求整改。为确保整改落实情况，8月下旬，组织高速公路治超工作专项检查“回头看”，及时堵塞高速公路治超工作管理漏洞、消除安全隐患。针对国省干线易出现超载情况的重点路段，组织各地开展专项打击。3月10日，保德县治超办在境内省道249线118公里处一举查扣由内蒙古驶入山西省的18辆严重超载车辆。3月27日晚，平鲁区治超办在国道109二道梁段开展夜查，查获6辆严重超载车辆，最重的94吨。对部分源头企业为货运车辆超标准装载行为严厉打击。截至12月底，共组织稽查29次，累计稽查天数175天，出动稽查人员121人次，查处各类案件41起，查获非法超标准装载源头企业44个。已处罚源头企业15个，处罚金额68.03万元，取缔非法源头企业1家；因路面管控和源头监管治超不力接受不同程度处罚的治超工作人员12名，约谈县区政府2个。

【非现场执法】 2020年，省交通运输厅突出科技引领，全面完成治超非现场执法试点工作。按照《交通强国建设纲要》中要大力发展智慧交通、建成交通强国的要求，为进一步适应新形势下治理车辆超限超载工作的要求，全力推进治超非现场执法系统建设工作。年初，省厅将晋中市祁县确定为项目试点县。经过前期调研，实地考察，对外省的运行情况进行综合研判后，对全省的治超非现场执法系统优化顶层设计，特别是针对如何提高处罚率做了深入研究。祁县治超办利用8个月时间，投资1210万元，完成108国道雅安点、208国道牛家堡点、省道祁方线胡兰桥点和东厦线韩家庄点4个非现场执法数据采集点的施工和软件研发工作，并于8月17日正式投入使用。该系统利用高科技动态检测技术监控设备，对途经检测点的货运车辆实施动态检测，依据电子数据对违法车辆和驾驶员实行处罚。全国很多省份已经启动这项工作，但是，效果不是都很理想，其中，最主要的就是处罚率的问题。山西省治超非现场执法系统区别于其他兄弟省份主要在于功能全面、处罚到位。除去治超功能外还实现车辆不按规定车道行驶、不按规定使用卫星移动终端系统（北斗系统）、遮挡号牌、拉运散装物料车未苫盖篷布、大件车违规运输等6大功能。通过互联网+N的模式，整合共享大量数据库（如全国道路货运车辆公共监管与服务数据库、全省大件运输审批数据库、全省道路运政数据库、交警车辆数据库），接入八大部门的25类数据，与4部门共享11类数据。对途经站点的每一辆货运车辆进行监控，违规货车车籍在本地的车辆，交通、交警部门直接进行处罚；违规货车车籍为外地的车辆，利用北斗系统在本行政区域边缘设置电子围栏，对违规车辆再次入境实时预警，流动稽查队联合上路查扣，解决了处罚率底的问题。2020年，共抓拍到涉嫌违法证据6200余件，结案1581起。其中，北斗不在线结案1411件，超限超载案件结案166件，不遮盖篷布4件，共计罚款134.4万元。祁县货运车载卫星终端在线率由原来的75%上升到99.9%以上，途径4个站点违法超限超载车辆由原来的120辆左右下降到个位数，超限率下降90%以上，极大地维护路产路权，保护人民群众生命财产安全。

【科技治超】 2020年，省交通运输厅突出目标导向，完成山西省治超非现场执法系统和公路超限检测站布局顶层设计研究。随着近年来路网结构变化及货运源头企业分布调整，为弥补当前治超执法监管覆盖盲区，加快构建更完善、更科学、更高效的路面治超监控网络，根据构建“科技治超、智慧治超”监管体系的工作需求，秉持“以科技换人”的思路，改变传统的工作方法，不断将科技手段融入治超工作。结合当前山西省治理车辆超限超载成效和下一步工作重点，积极开展公路超限检测站和治超非现场检测系统布局研究。聘请交通运输部科学研究院的专业人员，自2020年5月起，通过确定研究思路完成项目立项及研究大纲、调研完成山西省公路治超非现场执法系统和公路超限检测站现状研究、结合前期调研成果形成项目研究报告初稿、对初稿进行细化完善，于12月通过专家评审会的评审。课题坚持“立足省情、因地制宜”的原则，科学定位和规划山西省治超非现场执法系统和公路超限检测站的布局，充分体现站点网络的整体性、系统性和协调性，形成由公路超限检测站和治超非现场执法系统织成的严密治超网络，覆盖面广、结构优良、控制严密、执法规范、运转协调、点优效高，为"十四五"更好地服务经济社会发展和人民群众出行需要打下坚实基础。

（厅治超处）

审计监督

【经济责任审计】 2020年，省交通运输厅对涉及改革的24家厅属事业单位主要领导干部进行经济责任审计。做到谋划科学、推进扎实、亮点突出、成效显著。主要呈现三个特点：一是覆盖面全。此次经济责任审计是历年规模最大、涉及单位最多、情况也最复杂的一次，不仅覆盖涉及机构改革的厅管领导干部，而且对公路分局、执法分局任职三年以上的领导干部进行任中经济责任审计。二是审计问题台账化。首次将各单位发现问题建立审计整改工作台账，对照问题清单，确定责任清单，实行动态跟踪管理和对账销号。三是审计成果共享化。按照驻厅纪检监察组与厅审计处联动协作机制要求，本次经济责任审计成果与驻厅纪检监察组、厅人事处、厅财务共享。充分运用经济责任审计结果，将审计结果作为干部选拔任用、表彰奖励、目标考核、监督管理等的重要依据，发挥好经济责任审计在干部监督管理中的作用。经审计，共发现各单位22类、267个问题，涉及金额55741万元，并有针对性地提出审计意见。对增强领导干部经济责任意识，提高机构改革后成立新单位的管理水平都起到积极作用。

2020年，省交通运输厅在对国省干线公路新改建项目进行审前摸底调查基础上，选定三个项目进行工程结算审核，并纳入厅重点工作台账。省道盂榆线南上社至寿阳界公路改建工程审减726.69万元，占建安投资比例9.89%；省道桃临线木瓜沟至马务桥项目审减2539.51万元，占施工结算金额7%；国道207新房洼至省界瓶颈路段改造工程审减3930.85万元，占施工结算金额7.69%。对国道208线金家湾至秀女河段进行专项审计，审减金额1992.17万元，概算投资结余11809.79万元。

【项目审计】 2020年，省交通运输厅开展公路建设开工前资金落实情况审核。贯彻中央"六保""六稳"总体部署，落实省委"四为四高两同步"总体思路和要求，寓监督于服务，在服务中监督，促进公路建设项目尽早开工。四是配合进行高速公路竣工决算审计。截至年底，已通车的高速公路项目已有45个完成竣工决算审计，2020年又增加4个项目进行竣工决算审计。同时，完成长邯改扩建、五盂、平榆3个高速公路项目竣工决算审计移送问题的整改工作。

【跟踪审计】 2020年，省交通运输厅协调开展重大政策跟踪审计。加强和审计署太原特派办有关处室沟通，积极协调相关处室和特派办进行对接。及时向审计署太原办报送有关情况，审计署主管的《中国审计报》对省厅开展疫情防控审计监督工作进行报道。

【协调配合】 2020年，省交通运输厅加强协调配合，常规工作打开新局面。一是配合开展2019年预算执行及农村公路建设补助资金审计。省审计厅2019年度预算执行情况及农村公路建设补助资金审计提出7个方面26个具体问题，其中省政府办公厅移送的6个问题已整改完成。其余20个问题中有8个问题已有效整改。

【成果运用】 全省交通运输系统审计成果运用进入新阶段。一是与驻厅纪检组构建起联动协作机制。2020年9月，厅党组和驻厅纪检监察组联合印发《省纪委监委驻省交通运输厅纪检监察组与厅审计处构建联动协作机制的实施意见》（晋交党发〔2020〕57号），首次实现与驻厅纪检监察组在移送问题线索和查办违纪违法案件中的协作配合，审计与纪检两种监督方式相结合，形成事半功倍监督合力。二是审计整改质量大幅提升。2020年4月印发《关于进一步加强审计整改工作的通知》（晋交审计函〔2020〕157号），全面落实审计整改主体责任和监督责任，建立整改工作台账，整改工作责任到人、对账销号；将审计整改纳入省厅"13710"督查体系，不断强化审计整改跟踪问效，全过程动态掌握和分析整改情况；完善审计成果运用，将问题整改与建章立制结合起来，有效堵塞管理漏洞，将问题整改与推进单位内部治理结合起来，健全长效机制，不断提升治理能力。2020年以来，对交通运输部、审计署、审计厅发现的83个问题，完成整改68个，审计整改率达到82%。三是率先贯彻省政府"点办理、批处理"工作制度。省政府2019年12月印发"点办理、批处理"工作制度，厅审计处率先在建设项目审计中进行推广实施。对在专项审计中发现的工程设计不合理，施工结算不严谨，过程管理不规范等问题；在项目审计中发现的成本控制不力、未及时完成工程竣工价款结算和竣工财务决算编制等问题，要求省公路局对所有建设项目进行摸底调查，统一作出"批处理"部署，点面结合整改类似问题，收到事半功倍效果。

【教育培训】 2020年，省交通运输厅聚焦能力提升，开展审计业务培训。根据年度审计工作要点，举办为期2天的全省交通运输系统审计人员业务教育培训班，来自各市交通运输局、厅直相关单位审计工作人员40多人参加。通过培训，进一步学习了解国家最新的关于审计的政策文件，深化对交通审计工作特点和规律的认识，提高审计人员依法审计能力，优化审计人员的知识结构，推进审计职业化建设，保障交通审计事业健康持续发展。

【专项工作】 2020年，省交通运输厅按照厅党组要求，以人民为中心，不断加大对交通涉及民生领域的审计监督力度，先后开展对农村客运候车亭、"两客一危"车辆智能视频监控报警系统专项审计调查，发现滞留资金、拨付资金滞后，擅自变更投资计划，按规定履行政府采购方式和程序等方面的问题。开展普通国道命名编号调整工程的专项审计调查，发现超范围列支费用，采购程序不规范，进度款支付不严谨，部分距离牌指示距离与实际不符等问题。连续开展"回头看"，突破扶贫审计整改顽疾。围绕精准扶贫、精准脱贫基本方略，对照交通脱贫攻坚任务目标，在全省交通扶贫资金自查和专项审计调查的基础上，连续开展交通扶贫资金专项审计调查"回头看"，重点做好问题整改。一是提前谋划。制定《交通扶贫资金专项审计调查"回头看"工作方案》，明确审计"回头看"的目的、对象、范围、内容和要求。二是统筹推进。全省审计扶贫建设项目3600多项，建设项目多、投资体量大、实施地点分散。工作中统筹审计项目和审计资源，采取各县全面自查、各市专项调查、省厅重点检查结合，单位审计、计划、财务、建管、运管等协同推进。2020年采取书面核查方式组织相关检查，部分单位对重点项目进行了实地核查。三是持续整改。2020年8月，进一步督促未完全整改问题，再次开展"回头看"。通过督促市县加大融资力度和施工进度，督促各项目及时进行竣工决算，通过积极争取配套资金、采取补救措施、进行账务调整、强化追责问责等方式强化整改。交通部检查组赴忻州市神池县、岢岚县进行实地检查，检查组对全省交通扶贫资金专项审计调查和整改工作给予充分肯定。通过多次开展"回头看"，截至2020年8月底，所有审计发现问题已全部整改，推动各级交通运输部门完善内部管理制度100多项，有效提升交通扶贫资金的使用效率和管理水平。

（厅审计处）

行政审批

【综述】 2020年，省交通运输厅助力企业复工复产，促进社会经济发展为深入学习贯彻习近平总书记在统筹推进新冠肺炎疫情防控和经济社会发展工作部署会议上的重要讲话精神，认真落实国务院办公厅《关于进一步精简审批优化服务精准稳妥推进企业复工复产的通知》，落实省委省政府和交通运输部关于做好疫情防控和企事业单位复工复产工作的各项安排部署，省交通运输厅结合工作实际，采取有效措施，为企业和群众提供行政审批便利服务，助力企业复工复产。一是加快工程建设类许可事项审批。针对疫情防控下企业发展需要，厅行政审批处对工程建设项目类包括建设项目设计文件、质量安全监督、施工许可、交竣工质量鉴定和工程竣工验收等审批事项，从窗口受理、协调相关处室和单位进行审查、现场勘验等各个环节，加快推进办理速度，让企业不会因审批而耽搁开工建设。二是加快涉路施工许可事项审批。涉路施工许可事项关乎社会各个行业发展需求，包括电力系统、天然气系统、供水系统和铁路系统等，具体有输电线路跨越公路、天然气管道和供水管道穿越公路或占用挖掘公路用地、铁路上跨国省和高速公路跨线桥梁建设，凡是涉及企业复工复产、群众生活密切相关的涉路施工许可事项，对于主要要件齐全，次要要件缺失或因疫情影响，材料提交有困难的，申请人书面承诺在规定时限内补交的，先行受理办理，避免企业和群众来回跑、反复跑，并积极协调相关处室和单位优先安排，先行组织施工设计和施工方案的可行性和安全性审查，同步补齐相关申请材料，在规定期限内完成审核、审批工作。三是加快大件运输许可事项办理。根据疫情防控工作要求，各地对车辆通行实施严格管控措施，为确保企业复工复产，特别是针对风电重点项目、重点工程所需的叶片、风筒、法兰、小车架、钢梁、化工设备大件运输车辆，其总重或超过100吨，或长度超过28米，或车货高度超过4.5米，或总宽度超过3.75米的三类大件，审批窗口人员主动对接申请人，积极协调途经省份审批部门，全程跟踪指导服务。对于超过180吨以上的大件运输，主动联系相关单位做桥梁验算评估，确保许可不延误。全年办理三类大件17692件，其中车货总重超过180吨的104件。同时对受疫情影响大件运输车辆临时牌照到期的，按要求正常给予办理许可。四是快速办理海事许可事项及各类资质认定、平台备案等事项。1—10月，受理各类船舶与水上设施法定检验事项共44件，受理资质类事项70项（其中公路水运工程试验检测机构等级认定及信息变更31项，公路养护工程从业资质认定及信息变更36项，公路工程丙级监理企业资质认定及信息变更3项），受理道路运输车辆社会化服务商平台备案及信息变更事项8项，应申请人的要求，全部给予快速办理。

【政务服务】 2020年，省交通运输厅政务服务事项办理下放行政审批事项2项（“省级普通货船运输经营许可”和“跨市水路旅客、危险品运输经营许可”下放至市级负责交通运输行政审批的部门）。精简申办材料的事项1项（“公路水运工程检测机构等级认定”申办材料由4项调整为2项）；对照国家基本目录清单，按照不同审批层级的同一审批事项名称要一致的原则，认真梳理，梳理编制省厅行政审批事项“四级四同”，并指导市县级交通运输部门与交通运输部事项同步，全面做到数据同源；根据全省年内建立全省统一的“12345”政务服务热线的工作部署，按照省政务服务中心《关于做好“12345”政务服务知识库建设的通知》要求，建立和完善交通运输政务服务知识库；同时配合省行政审批服务管理局办理热线工单业务，工单按时办结率及反映人满意率较高。

2020年1月1日至12月31日，省交通运输厅共办理业务112249件。其中超限运输许可共办理111696件，省内件57996件，跨省件53700件（由山西省起运并发证9992件，作为途经省审批通过的43708件），其他综合业务办理553件。全程网上办理106319件，网办率达94.7%。

【“一网通办”】 2020年，省交通运输厅全面推进政务服务“一网通办”。根据省长林武调研省行政审批服务管理局时提出的全面推进政务服务“一网通办”的要求，按照省行政审批服务管理局关于全面推进政务服务“一网通办”工作统一安排，厅行政审批处牵头认真落实并积极推进全厅“一网通办”工作。一是完成省级行政审批事项“一网通办”工作。按照9月底前省级行政审批事项全程网办率达到60%、12月底前全程网办率达到90%的目标，进一步明确重点，排出进度，全面梳理行政审批事项，逐个事项逐个申请要件梳理分析，进一步精简材料，优化办理流程，10月底，省厅43项省级行政审批事项已全部实现全程网办，完成预期目标。二是完成省厅自建系统与省一体化在线政务服务平台对接。按照全面推进政务服务“一网通办”要求，省厅5个自建系统与省一体化在线政务服务平台要全部实现对接。其中山西省交通运输厅行政审批和监察平台、山西省公路水运市场监管平台与省一体化在线政务服务平台已顺利完成对接。按照工作进度，省运输发展中心积极将山西省运政管理系统、山西省道路运输从业人员综合管理信息系统、山西城市客运管理系统等3个系统与省一体化在线政务服务平台对接，12月底前省厅5个自建系统已完成与省行政审批局用户统一身份认证对接。三是全面推行“不见面审批”。为做好新冠肺炎疫情防控工作，尽可能减少人员接触，省交通运输政务服务窗口全面推行“不见面审批”，积极引导企业和群众通过省一体化在线政务服务平台，查询相关事项办事指南，准备相关申报材料，采取网上申报，通过邮政邮寄报送申报材料的方式办理业务，办理结果可网上自行打印获取，或通过快递送达及扫描许可文件发送邮箱送达申请人的方式，为办事企业和群众提供快捷网上服务。

【“证照分离”改革】 根据《山西省人民政府关于开展“证照分离”改革全覆盖试点工作的通知》(晋政发〔2020〕7号)和山西省商事制度改革领导小组办公室《关于进一步明确“证照分离”改革事项清单有关事宜的通知》要求，对照国发〔2019〕25号文件明确的《“证照分离”改革全覆盖试点事项清单》(中央层面设定)，结合交通运输工作实际，梳理形成全省交通运输“证照分离”改革全覆盖试点事项清单(共涉及试点事项25项，其中部级5项，省级9项，市县级11项)，对具体改革举措、加强事中事后监管措施等内容进一步细化调整，并在今后改革实施中对事项清单实行动态管理。印发《山西省交通运输厅“证照分离”改革全覆盖试点工作实施方案》《山西省交通运输厅“证照分离”改革全覆盖试点工作实施细则》，全省交通运输行业纳入试点范围的行政审批事项共19项，其中实行告知承诺事项9项、优化审批服务事项14项。

【“好差评”制度建立】 根据交通运输部办公厅《关于做好跨省大件运输并联许可“好差评”工作的通知》(交公路明电〔2020〕267号)，积极组织技术支持单位，实施跨省大件运输并联许可“好差评”系统部省共建工作。11月底完成全省系统建设，经过联网测试对接部级系统，正式上线运行。通过1个月运行，切实形成评价、反馈、整改、监督全流程衔接，企业广泛评价提出建议，大件运输审批部门不断改进，进一步提升跨省大件运输并联许可服务水平。同时根据省行政审批管理局关于全省一体化在线政务服务平台建立“好差评”系统的安排，按照对接标准要求，省厅自建行政审批和监察平台，已完成与一体化在线政务服务平台对接。

(厅行政审批管理处)

民航综合协调

【机场一体化运营管理】 2020年，省交通运输厅统筹资源、优势互补，实现全省机场一体化运营管理。全省机场一体化管理工作是省委、省政府多年来一直在推动的工作。根据省领导指示批示精神和省政府统一部署安排，厅民航综合协调处经过四个阶段，积极协调，如期完成全省民航机场一体化委托运营管理阶段性工作，得到省领导认可和肯定。第一阶段，充分调研，精心做好顶层设计。4月，按照省长林武指示，与省政府办公厅、研究室人员前往三市进行调研，并向省领导呈报《关于全省推进民航机场一体化管理(托管)情况的调研报告》，省长林武、副省长胡玉亭均作出批示。根据省领导批示精神，省厅于5月份呈报《关于实施机场一体化运营管理的指导意见(送审稿)》，经省长办公会议(〔2020〕14次)研究通过后，省政府办公厅于6月2日印发《关于实施机场一体化运营管理的意见》(晋政办发〔2020〕49号)。第二阶段，搭好平台，协调推动，各方完成协议及补充协议签署。6月5日，省厅牵头举行全省民航机场一体化委托运营管理签约仪式，大同、忻州、吕梁、临汾、运城5市政府与山西航产集团、省厅(省民航机场管理局)共同签署机场一体化委托运营管理框架协议，副省长卢东亮出席活动并讲话，框架协议的签订标志着全省民航机场一体化运营管理正式进入实质阶段。9月下旬，五市政府与省厅及航产集团又相继完成委托运营管理补充协议的签订。第三阶段，持续推进，保障各项措施落实，一体化进入实质阶段。10月15日，省政府以视频会议形式召开全省机场一体化管理工作推进会，会议系统总结全省机场一体化管理工作前期所做的各项工作，谋划下一步继续推进一体化工作的思路。会后，各方加紧对意见及协议要求进行落实，11月底，基本完成班子配备、各市机场一体化运营管理领导小组组建等基础工作。第四阶段，赴各市开展督导工作，为2021年机场运行打下良好基础。12月赴各市开展机场一体化管理督导工作，听取各市对2020年的总结及2021年工作目标的规划，协调各方积极做好2021年全省机场运营管理工作。

【城市航线“公交化”】 2020年，省交通运输厅加密重点航线，成功实现重点城市“公交化”。7月6日省委传达《楼阳生书记7月6日安排的重点工作》批示，按照省领导指示，厅重点民航重点任务专项领导组制订工作方案，厅民航综合协调处通过周汇报、月小结、季例会等形式，加强对重点工作的指导、协调、督促，持续跟进京津沪航班“公交化”进展情况，提供支持。多次与航产集团、东航山西分公司等单位召开月度重点工作推进会，沟通推进重点工作。副省长卢东亮多次批示肯定全处工作。经过不懈努力，太原至天津航线由0.5班/天(每2天1班)增加为3班/天。太原至上海航线，在航线数量和航线服务品质两方面进行提升。一是数量方面，7月6日重点工作安排后，从8月中旬起，上海航线每天航班总数由13班增加至15班，12月起，每天航班总数由上年同期10班/天增加至12班/天；二是服务品质方面，协调航产集团、东航山西分公司出台服务品质提升工作方案。如航班整点、半点化调整更方便旅客记忆；加大航班正点率保障更方便旅客乘机；安检、行李托运、客票签转、登机口服务等方面进一步优化，确保各环节衔接顺畅，提升旅客乘机体验。“公交化”工作得到副省长卢东亮认可，批示“已经很好了”。

【专项工作】 省交通运输厅从三个方面持续推进日常工作，协调各项业务有序开展。一是净空保护工作常态化、流程化。依托山西省净空和电磁环境保护联席会议机制，加强全省机场净空和电磁环境安全保障，以确保全省机场净空和电磁环境符合民航行业运行标准。同时，根据民航行业法律法规和既定的净空审核管理流程，与全省各机场运行安全保障部门和民航山西安全监督管理局以及地方政府规划部门保持工作联系，做好全省民用运输机场净空和电磁环境保护区内新建建(构)筑物项目净空审核工作。二是借助科技手段提高工作效率、简化工作流程。为切实方便群众办事、提高工作效率、理顺业务流程，在山西省民用机场净空申报管理平台基础上开发全省民航机场生产数据统计系统，该系统有效简化全省各民用运输机场生产数据统计、比对和分析工作流程，减少人为核对数据时有可能产生的差错，为全省民航机场生产情况分析、决策工作提供有力支撑。三是聘请民航专业第三方机构提供专业业务咨询。随着全省民航机场管理工作向着更加专业化、常态化、规范化发展。为不断提升民航机场业务管理水平，聘请民航专业第三方机构作为咨询单位协助开展相关专业工作，参与民航机场管理业务工作。主要承担对全省民航机场净空管理、机场电磁环境保护、监测、全省民航机场航线和航空运输市场调研、民用无人驾驶航空领域等方面的咨询工作。2020年主要完成《太原机场净空障碍物限制面图集》的绘制和《太原武宿机场货运枢纽建设研究》的编撰工作。

（厅民航综合协调处）

民航建设运行

【设立通用航空业发展基金】 2020年，按照9月15日省长林武专题会交办的“设立全省通用航空产业发展基金”要求，厅民航建设运行处第一时间与省金融办、山西太行基金公司进行沟通对接，明确设立全省通航产业发展基金所需的相关要求及主要流程。根据对接情况，以及省政府第86次常务会议审议通过的《山西省政府投资基金管理办法》(以下简称《管理办法》)最新规定，主要开展4项工作。一是组织拟定“山西省通用航空业发展基金设立方案”。通过与省地方金融监管局、山西金控集团、山西太行基金管理公司多次对接、沟通和修改，对基金规模、投资范围、投资形式等进行认真研究，形成《山西省通用航空业发展基金设立方案》（征求意见稿）。二是梳理统计全省通航业规划项目情况。10月12日至26日，向省直相关部门、各地市政府、通航企业行文，就各领域通航业发展现状、发展规模、项目储备、基金需求等进行摸底调查，收回23家反馈内容，整理形成“山西省通用航空业重大项目储备库”。三是开展“设立全省通用航空业发展基金”可行性调研工作。10月26日至11月23日，通过函询、致电、实地考察、专家咨询等多种方式，先后赴山西通航集团、山西成功通航、山西迪奥普无人机公司、山西通航运行控制中心等企业考察交流，就全省通航业发展现状、存在问题、发展前景以及通航基金投资运作模式等进行充分商讨，起草完成《山西省通用航空业发展基金可行性调研报告》。四是充分征求意见。12月8日，就《山西省通用航空业发展基金设立方案》，第一次征求省发展改革委、省财政厅、省金融办、省市场监管局、山西证监局、山西金控集团等相关部门意见，修改完善后，于12月22日，第二次征求《基金设立方案》意见以及首次征求《山西省通用航空业发展基金可行性调研报告》意见。累计收回反馈意见15条，采纳14条，暂未采纳1条(需要进一步研究)，经修改完善形成《山西省通用航空业发展基金设立方案》（送审稿）。12月14日，在省委召开的省属国有企业负责人座谈会上，山西航产集团提出的“建议设立山西省通航产业基金”，根据省委安排，该事项责任单位为省发改委。12月24日，形成“关于对‘探索完善通航市场化运营模式’及‘设立全省通用航空产业发展基金’的汇报”报告呈报副省长卢东亮，得到省长林武、常务副省长胡玉亭及副省长卢东亮的批示和圈阅。下一步，厅民航建设运行处将继续贯彻落实省委省政府及厅领导安排部署，配合省发改委做好通航产业基金设立相关工作。

【市场化运营】 2020年，按照9月15日省长林武专题会交办的“探索完善通航市场化运营模式”要求，厅民航建设运行处高度重视，建立工作台账，抓紧推进落实，取得阶段性成果。在已开展的《山西省通用航空业发展对策研究》等课题基础上，进一步梳理工作思路，确立调研方案。通过函询、致电、实地考察、座谈等方式，就全省通航市场发展现状、存在问题、发展前景以及市场化运营模式等，对本省通航运营企业、通航机场、通航制造企业、行业专家、省直相关部门、各市县政府、民航相关单位等开展调研，并借鉴发达国家经验，提出相关对策和发展建议。12月24日，形成《关于对〈探索完善通航市场化运营模式〉及〈设立全省通用航空产业发展基金〉的汇报》报告呈报副省长卢东亮。2021年1月12日，在副省长卢东亮主持召开的交通运输领域专题工作会上，对“探索完善通航市场化运营模式工作”进行汇报。

【专项工作】 2020年，根据全省交通运输充分需求，省交通运输厅从7个方面抓好相关工作。一是拓展航空新业态。完成省委书记楼阳生交办的“省内支线航班要实现‘公交化’，包括通用航空。”重点任务，“拓展通用航空新业态”。2020年，在已开通尧城至大同、运城、吕梁、长治4条省内短途运输航线和尧城至栾城1条省际航线的基础上，新开通吕梁至大同、临汾2条航线；并将吕梁至大同航线也加密班期至每日2班；近期将继续开通长治至大同航线。二是东航飞机维修业务。完成省委书记楼阳生交办的“东航的飞机维修业务在山西落地”重点任务。接到任务后，厅民航建设运行处与东航技术总公司，就东航飞机维修业务全国布局及规划、山西东航飞机维修业务发展定位及存在问题等进行详细沟通。东航技术总公司结合太原机场改扩建工程，择期扩大维修业务规模，新建大修机库、喷漆机库、航材库等机务维修设施，新规划建设3万平方米厂房等。三是机场改扩建。按照省长林武9月15日专题会议指示精神，厅民航建设运行处积极与国家民航部门沟通对接，争取“华北区域第二空管中心项目”早日落地山西。9月份以来，先后3次陪同副省长卢东亮、厅长闫晨曦、副厅长段新源等拜会中国民用航空局、中国民航华北空管局，就华北区域第二空管中心项目落地太原、通航示范省建设等工作进行沟通交流，取得显著成效。中国民用航空局已计划将“华北区域第二空管中心项目”即太原区域管制中心列入民航“十四五”空管发展专项规划中建设实施。四是省政府第52次常务会上交办，省发改、交通部门抓紧与国家发改委、国家民航总局对接，争取对太原武宿国际机场改扩建工程的最大支持。《省政府工作报告》和晋交办发〔2020〕161号重点工作任务“力争武宿机场改扩建年内开工”作为“13710”督办项目，第一，积极推进总规修编工作，总规（2020年报批稿）获国家民航局批复。第二，加强军地协调，按照常务副省长胡玉亭指示，梳理民航机场改扩建工程涉及军方审核办理的相关事项和程序，起草《关于帮助协调太原机场三期改扩建涉及军方有关事宜的函》致函省军区，就《关于请省军区帮助协调太原机场三期改扩建工程有关事宜的请示》请示省领导，按照省领导和省军区批示，与省军区共同推进需要军方审核办理的有关事宜，经过协商沟通，于8月14日召开空域规划军民航协调会议。第三，推进预可研工作，7月完成预可研评审，9月民航局向国家发展改革委报送对预可研的行业意见。12月25日太原机场飞行区西区滑行道改扩建工程开工。五是加快推进运城、大同、长治机场改扩建和芮城通用机场建设；新开工临汾机场改扩建、朔州机场和阳城、灵丘通用机场项目；推进晋城机场和阳高、万荣、永和、乡宁等通用机场前期工作。运城机场改扩建，航站区改扩建已基本完工，飞行区改扩建可研、初设已批复，总投资32.43亿元，累计已完成投资12.231亿元。大同机场改扩建，已完成总规修编（2020版）并获得民航华北地区管理局批复（民航华北函〔2020〕130号）。长治机场改扩建，新建航站楼、外线工程、货运库工程等建设工作进展顺利，总投资3.68亿元，2020年完成投资0.24亿元，累计完成投资1.65亿元。临汾机场改扩建，已完成特车库、航管楼改建的设计、预算、财政评审，2020年完成规划许可证办理。朔州机场建设，取得可研、总规、初设批复，即将开工。晋城机场建设，2020年5月民航局出具预可研行业审查意见（民航函〔2020〕297号），正在跟踪民航“十四五”规划，协调推进签订军地协议。积极配合省发改委推进通用机场建设工作。芮城通用机场建设，总投资3.5亿元，累计完成建设投资1.15亿元。阳城通用机场，已取得军方意见，正在推进可研批复、土地勘探等工作。灵丘通用机场，已完成可研报告评估。阳高通用机场，正在协调土地征用事宜，项目用地范围内坟地已开始移迁。万荣、永和、乡宁等通用机场场址报告评审后，正在推进前期工作。六是成功申报“通航+旅游”列入交通强国试点任务，积极“拓展通用航空新业态”。紧紧抓住全省获批通航示范省和全域旅游示范区的重大契机，成功将“通航+旅游”申报列入交通强国第二批试点任务交旅融合部分，并积极对接省文旅厅，按照“一场多点”模式，探索研究通用机场和直升机起降点布局规划，发展低空旅游通航新业态，促进通航示范和全域旅游的协同发展。七是加强规范化管理。针对航产集团自行进行项目审批使用民航发展基金留成的问题，厅民航建设运行处积极协调，依法理顺使用民航发展基金留成的项目申报程序，规范运输机场年度计划申报工作。

（厅民航建设运行处）

路网运行

【取消高速公路省界收费站】 2020年，省交通运输厅开展“第十战役”。1月1日，全省高速公路按期完成收费系统切换并网运行。为全面按时、优质完成撤站各项工作任务，确保启动收费后，系统稳定可靠运行各项工作有序开展，按照交通运输部工作安排，针对系统转换磨合期出现的各类问题，厅路网运行处利用疫情防控期间高速公路免费通行窗口期，积极推进“第十战役”，起草印发《取消高速公路省界收费站第十战役重点工作实施方案》《山西省取消高速公路省界收费站“第十战役”推进及恢复收费准备工作方案》，组织山西交控集团等高速公路运营公司开展撤站“第十战役”，通过完善升级系统、开展实车测试、复核收费标准、优化客户服务等工作，全面彻底解决撤站并网切换后，全省收费系统转换磨合期出现的各类问题，顺利通过交通运输部全网复检，巩固取消高速公路省界收费站工作成果，为进一步深化收费公路制度改革创造良好条件。5月6日0时，山西与全国同步启动恢复收费工作。恢复收费以来，全省高速公路收费系统运行稳定，高速路网安全畅通，舆情保持平稳可控，客户服务能力不断增强。公众出行体验明显提升。

【强化ETC运营管理】 2020年，省交通运输厅为提升全省客车ETC使用率，服务好高速公路联网收费"最后一公里"，起草印发《关于加快提升高速公路ETC使用率的通知》，从ETC发行、设备保障、客户服务、ETC专用车道配置、ETC优惠政策、ETC拓展应用、目标考核等方面分析全省ETC发展应用工作中存在的问题和不足，要求相关单位提出优化完善措施。截至年底，山西省高速公路门架连通合格率常态化100%、数据上传及时率99.9%以上，收费车道数据上传及时率99.42%以上，收费网络完好率99.75%，各项指标处于全国领先水平；截至2021年1月10日，全省高速公路ETC综合使用率得到稳步提高，达到65.56%，全国排名由第26名上升到第18名，其中货车使用率达到73.27%，稳居全国第一。

【智慧停车城市试点】 为深入贯彻落实《国务院办公厅关于印发深化收费公路制度改革取消高速公路省界收费站实施方案的通知》（国办发〔2019〕23号），加快拓展ETC服务功能，推动ETC停车场景应用，更好地便利公众出行，在厅路网运行处积极争取下，阳泉市被交通运输部选定为27个全国试点城市之一，试点主题为以便利用户为导向，通过线上、线下两种渠道，拓展ETC+智慧停车、ETC+智慧充电、ETC+智慧景区等相结合的ETC多场景服务，助力智慧交通、智慧城市发展。

【危化品车辆停放】 2020年，为加强全省运营高速公路服务区危险化学品运输车辆（以下简称"危化品车辆"）停放管理，保障人民群众生命财产安全，根据省领导安排，省交通运输厅起草印发《山西省运营高速公路服务区危险化学品运输车辆停放管理办法》（晋交路网发〔2020〕458号）。根据省领导、厅领导的批示精神以及《山西省全面加强危险化学品安全生产工作实施方案》相关要求，厅路网运行处于2020年初着手起草《办法》，多次与厅相关处室、省公安厅、省生态环境厅、省住建厅、省应急厅、省消防总队、省市场监督管理局和山西交控集团等单位进行会商，广泛听取并合理采纳各方意见，有关意见均达成一致并修改完善。经过厅政策法规处和省司法厅合法性审查，厅长办公会议审议通过，联合省公安厅、省生态环境厅、省住房和城乡建设厅、省应急管理厅、山西省市场监督管理局、山西省消防救援总队于12月16日印发实施。有效解决危化品车辆在高速公路服务区停放的管理短板，建立多部门联合工作机制，填补国内空白，弥补法规制度存在的缺项。

【规范全省干线公路速度】 2020年，省交通运输厅为深入践行以人民为中心的发展思想，着力解决群众反映强烈的限速不科学、标志不明显、"隐蔽式"、"断崖式"测速等问题，进一步提高全省公路通行效率和安全运行水平，努力增强人民群众获得感、幸福感、安全感，按照省政府办公厅《规范速度管理专题会议纪要》精神，5月，开展全省干线公路速度管理工作，积极组织推动各项工作有序开展，省公路局、山西交控集团等各参与方齐心协力，连续作战，全面完成全省干线公路速度管理工作。一是印发《山西省运营国省干线公路限速方案调整实施指导意见》，指导省公路局和山西交控集团深入开展全省高速公路和普通国省干线公路限速管理。二是完成限速方案论证。会同省公安厅交管局组织召开高速公路和普通国省干线公路示范路段技术方案论证，组织公安交管、公路机构、设计科研等单位部门，形成示范路段技术方案和专家咨询意见，为全省国省干线公路速度管理提供基本遵循。三是完成高速公路及普通国省干线一级公路的技术方案论证和施工图评审。在完成示范路段调整，总结评估基础上，扎实开展全省高速公路和普通国省干线一级公路限速标志调整的技术论证和施工图评审。四是完成高速公路和普通国省干线一级、二级公路限速标志调整。截至2020年年底，全省5711

公里高速公路、1781公里普通国省干线一级公路及3178公里二级公路的限速标志调整已全部完成,全省高速公路和普通国省干线一级公路提速路段共计1749公里,占总里程23%,其中,高速公路提速里程为1436公里,普通国省干线一级公路提速里程为313公里,整体路网运行速度运行效率有了明显提升。五是开展后期评估工作。针对青银高速吕梁段和国道342运城段两个示范路段开展现场调研工作,核查限速方案调整后的运营情况和限速标志设置情况,对全线进行连续的运行速度测试和典型断面分车型运行速度观测,并在服务区开展驾驶员问卷调查。11月26日,省交通运输厅会同省公安厅交管局,组织省公路局、山西交控集团及公安交管、交通安全专家召开《山西省高速公路和普通国省干线公路代表性路段限速调整的后评估报告》评审会,部公路院根据评审意见进行修改完善,以此为模板,指导下阶段全省高速公路和普通国省干线速度管理后评估工作。

【制度建设】 2020年,省交通运输厅顺利完成迎接交通运输部“十三五”全国干线公路养护管理评价工作;强化国省干线公路运行管理制度建设,印发《国省干线公路养护工程管理办法》《国省干线公路长大桥隧养护管理和安全运行实施细则》《公路交通阻断信息报送工作实施细则》《山西省运营高速公路服务区危险化学品运输车辆停放管理办法》等;扎实做好新冠肺炎疫情防控期间保通保畅工作;加强公路养护和路域环境治理;实施公路安全生命防护和危桥改造工程;全面完成普通国省干线公路路面改造工程PPP项目;持续推进高速公路视频联网工作;积极开展“厕所革命”等。

（厅路网运行管理处）

【路网监测】 2020年,省交通运行监测中心完成2019年度年报编写,对2019年度全年的值班信息数据进行汇总分析;完成春运期间数据汇总报送工作,对春运期间的车辆信息数据进行汇总分析,对分析高速公路节假日的车流信息提供数据支持;完成元旦、春节、清明、“五一”、端午、国庆、中秋的值班信息发布工作;完成两会期间的信息服务保障工作;完成2020年1月1日省界撤站系统切换和5月6日恢复收费期间的路网运行监测及事件分析、整理、发布的各项工作;完成音视频协同保障系统畅行通App的日常巡检、上线率监督和实时调度任务,并配合完成交通运输部云视频联网相关基础数据的调研工作。

【信息服务】 在山西高速微信公众号的基础上,拓展厅门户网站、山西交通微博、高德地图等高速公路路况信息发布渠道。完成新版行车指南(2019高速公路地图)13万份的印刷、发放工作。

（省交通运行监测中心）

农村公路

【精品示范工程】 2020年,省交通运输厅按照“两性两型”建设原则,督促各市县同步推进旅游公路主体、慢行、景观、信息、服务五大系统建设,建成以太原市东西山旅游公路、永和县乾坤湾路段、陵川县王莽岭路段等为代表的“城景通、景景通”示范段13条共计1221公里,有效解决旅游公路“建什么、怎么建”的问题。省委、省政府部署建设“零公里”标志文化驿站任务后,按照国内一流标准,牵头多部门联合发力,同步推进规划设计、手续审批、施工建设,仅用6个月就建成运营,现已成为全省交旅融合的样板工程,仅国庆期间接待游客4.2万人次,成为“网红打卡地”。9月23日,省委书记楼阳生在驿站启动仪式上,充分肯定旅游公路建设,作出“在确保质量的前提下加快建设进度”的决策部署。会后,副省长卢东亮在关于“零公里”文化驿站任务上批示给予“点赞”。截至年底,正在组织各市县开展“百乡千村万里美丽农村路”评价示范活动,计划评选示范乡镇100个、示范村1000个、美丽农村路10000公里。

【养护体制改革】 2020年,省交通运输厅深入贯彻落实《国务院办公厅关于深化农村公路管理体制改革的意见》,广泛开展调研、论证和测算,以省政府办公厅名义出台《关于在全省全面推行农村公路“路长制”的通知》《山西省农村公路管理养护体制改革实施意见》，全面推动农村公路管理养护体制改革内容落实落地。截至年底，全省117个县级“路长制”组织机构已实现全覆盖，乡、村级“路长制”组织机构覆盖率85%以上，并从省级层面予以明确农村公路的日常养护标准（县道每年每公里10000元、乡道每年每公里6000元、村道每年每公里4000元），为农村公路管养工作高质量发展提供重要支撑。遴选推荐太原市晋源区、长子县、沁水县、右玉县、晋中市榆次区、蒲县6个县（区）担负交通运输部改革试点任务，2020年9月部批准试点后，指导试点单位积极展开试点、抓好过程监督、注重总结经验。

【管理机制创新】 2020年，省交通运输厅积极构建高效推进工作机制，针对山西是欠发达地区，建设任务重，投融资难度大的实际，制订“政府补助+PPP”“政府补助+债券+PPP”资金筹措模式，确保每年完成农村公路新改建在2万公里以上。10月21日，山西在全国推动完善“四好农村路”高质量发展体系现场会上专题作了经验发言。会后，交通运输部部长、党组书记亲自给省委、省政府致信，充分肯定山西多措并举破解决建设资金瓶颈、探索欠发达地区推进农村公路建设的新路子的做法。同时，推动“四好农村路”、旅游公路年度目标任务和“路长制”实施情况等任务纳入省政府绩效考核、13710台账等范畴，建立厅领导分片包市督导工作机制，每季召开重点工作推进会，采取“一月一排队，一月一通报”方式推进工程建设，并依托各市公路分局成立市县专项督导组常态化进行巡查，确保农村公路各项工作任务高效推进、圆满完成。

【质量安全管理】 2020年，省交通运输厅及各市县交通运输局坚持从设计源头抓质量，对“四好农村路”和旅游公路建设项目实行全寿命周期设计理念，严格督促按照技术指南开展勘察设计，合理确定建设规模和建设标准。健全质量监管责任体系，严格“政府监督、行业指导、社会监理、企业自检”之责，加强项目建设全过程质量管控，严把市场准入、材料进场、过程监理、交竣工验收等关口，确保工程质量和施工安全。始终紧绷安全弦不放松，严格落实安全准入制度和安全生产强制性规定，加强施工现场监管，对任何工程、任何环节均按照“零死亡率”标准严格要求，确保工程安全、工地安全。自2019年起，持续推进农村公路平交道口“千灯万带”示范工程，全省新增设减速带6666个，不断提升安全通行水平。

【技术指导和业务培训】 2020年，厅领导率厅农村公路管理处、“四好办”人员多次深入吕梁、临汾、忻州、晋城等市县进行授课辅导，现场指导“0公里”标志文化驿站、示范段建设，实现“面对面”帮扶、“手把手”指导；全年邀请部、省交科院专家和江苏中设等专家，围绕旅游公路五大设计技术指南、基于成功案例的服务设施设计规划、农村公路综合信息服务云平台等内容进行4个批次系统培训，确保全省农村公路管理人员业务培训全覆盖。

（厅农村公路管理处）

城市客运

【优先发展战略】 2020年，太原市已基本建成结构合理、优质多元、经济舒适、绿色低碳、安全高效的城市公共交通体系，经交通运输部公交都市建设示范工程验收专家组实地验收考评，太原市已达到创建标准，验收结果待交通运输部公示后确定；指导临汾市加快推进公交都市建设工作，力争2021年通过验收。与省发改委联合印发《关于组织开展绿色出行创建行动的通知》（晋交城客发〔2020〕348号），积极推动太原、大同、临汾、阳泉等符合条件的市开展绿色出行城市创建工作。2020年11月，新能源公交高品质线路经验交流会在北京举行，省厅获得交通运输部“我的公交我的城”重大主题宣传活动组委会授予的“突出贡献单位”称号。冯冰、乔志霞、柴晓军3名公交司机获全国“2019年最美公交司机”称号并赴湖南长沙领奖，全行业广泛开展先进事迹学习宣传活动，公交车驾驶员职业荣誉感、使命感、责任感得到进一步提升。全省统筹安排成品油消费税2880万元，用于支持太原、长治、晋城共计8个城市公交场站建设。

【公交智能化】 2020年，全省11个设区市中心城区已全部实现公交智能化系统应用;推进"互联网+公共交通"深度融合应用,努力打造综合、高效、准确、可靠的城市公共交通信息服务体系,10个市(除忻州外)已实现通过手机App、微信公众号等信息化手段为公众提供公交车辆运行信息实时查询服务,6个市设立电子站牌813个,公交智能化服务水平显著提升。

【网约车合规化】 2020年,省交通运输厅联合网信、通信、公安、人民银行、税务、市场监管等相关部门持续推动建立网约车协同监管省际联席会议制度,建立完善网约车事中事后联合监管工作机制。对优易信网络预约出租汽车经营者线上服务能力进行认定,服务区域为全国。截至2020年底,全省除大同、阳泉外均有网约车投入运营,全省共有网约车平台企业180家,网约车13966辆,网约车驾驶员21337人,全省网约车合规化进程不断加快。

【安全工作】 2020年,省交通运输厅指导各市堵塞安全隐患漏洞,健全安全管理制度,提升防范事故能力。在敏感阶段、重要时期及节假日,及时下发通知,督促各市交通运输局抓好城市客运领域安全生产工作,做到警钟长鸣。针对"人员""车辆""环境"等三方面危险因素,不定期进行明察暗访,及时反馈检查结果,不断提升全行业安全治理水平;结合"7·7"贵州安顺和"9·27"北京事件,及时开展关心关爱公交车司机活动,并将部分人员调离驾驶员岗位。开展《山西省城市公共汽电车突发事件应急预案》《山西省城市轨道交通运营突发事件应急预案》编制工作。

【新能源公交车、出租车更新】 2020年,指导各市完成2019年度节能与新能源公交车推广应用数据审计和资料报送工作,配合财政部山西监管局在认真做好疫情防控工作的基础上,通过调取原始资料、电话核实、视频抽查等方式,完成太原、晋中、阳泉市重点审核工作。2019年全省共新增及更换公交车1877辆,通过工信部门车型认定的新能源汽车为1877辆,占比为100%,达到更换比例超过80%的要求。截至2019年年底,全省新能源公交车占比为67.6%,全国排名第5;新能源巡游出租车占比26.9%,比全国平均水平高出21个百分点(全国为5.6%)。2020年以来,厅城市客运管理处按照"能源革命综合改革试点任务"和"打赢蓝天保卫战三年行动计划"任务要求,在日常工作中通过微信、电话调度各市新能源公交车、出租车更换进度。2020年3月,针对运城市出租车主牛文君反映的"运城出租车行业有关问题线索"组成核查组,先后深入巡游出租车公司、网约车运营企业了解情况,为研究提出切实可行的解决方案,核查组奔赴晋城、大同、忻州等地进行实地调研,最终形成《关于运城市出租车车主牛文君反映问题线索核查情况的报告》并报省政府督查室。2020年10月,召开全省城市客运工作推进会;12月,配合厅科技处开展交通运输生态环境监督帮扶工作,加大督导检查力度,新能源公交车、出租车推广应用工作稳步推进。2020年11个设区市建成区新增、更新新能源公交车1610辆、新能源巡游出租车6255辆;11个设区市城市建成区淘汰燃油公交车345辆,朔州、忻州、吕梁、晋中、长治、晋城、临汾等7个市的城市公交车,以及太原、忻州、吕梁、阳泉、临汾、运城6个市的巡游出租车已全部实现新能源化。

【出租汽车行业改革】 2020年,受疫情影响,出租汽车客流量锐减、营运收入大幅度减少,应对疫情过程中,进一步暴露出出租汽车管理体制机制等方面的问题。省委、省政府高度重视,省委书记楼阳生多次作出批示,要求从制度机制层面提出解决办法,厅党组高度重视,立即组成以厅主要负责人为组长的工作专班。厅城市客运管理处会同省运输发展中心在开展省内书面调研的基础上,组织行业有关企业、专家、管理部门等相关人员进行座谈,认真排查梳理出租汽车行业存在的主要问题,召开20余次不同类型的座谈会、论证会及专题会议;与试点市交通运输主管部门深入研究行业实际,在对标一流的基础上,根据《国务院办公厅关于深化改革推进出租汽车行业健康发展的指导意见》(国办发〔2016〕58号)等文件要求,组织起草《山西省深化出租汽车行业改革试点工作方案(征求意见稿)》,并选取能够涵盖全省出租汽车行业典型特点的太原市、临汾市、晋中市作为试点城市。

7月至8月期间，工作专班广泛征求试点市、省直有关部门、行业专家的意见建议并进行修改完善。9月27日《试点工作方案》通过省司法厅合法性审查。10月31日，省政府常务会议原则同意《山西省深化出租汽车行业改革试点工作方案》，截至2020年底，已按照会议精神修改完善，并按程序报省委审定。

【"一卡通"推进】 2020年，省交通运输厅持续扩大交通一卡通覆盖和应用范围。为更好地满足人民群众便捷出行需求，与省人社厅联合印发《关于推动社会保障卡加载交通一卡通功能加快实现"一卡多用、互联互通"的通知》(晋人社厅函〔2020〕777号)，推动全省第三代社会保障卡加载交通一卡通功能，截至年底，已完成技术对接和实体卡测试，具备发卡条件，待与太原地铁2号线一期工程完成清分系统对接后，推动实现跨区(市)域、跨领域的"一卡多用、互联互通"。厅城市客运处多次印发文件、组织座谈，督促太原市交通运输局和相关单位加快工作进度，尽快实现交通一卡通在地铁2号线一期线路上的场景应用，力争在2021年实现全省发卡，成为全国第一个实现刷社保卡乘坐公共交通工具的省份。印发《进一步推动"交通一卡通"全国通用与便捷应用工作方案》(晋交城客发〔2020〕218号)，在吕梁市巡游出租车试点安装具备交通一卡通结算功能的计价设备，进一步拓展交通一卡通在轨道交通、公共自行车等交通运输领域的应用，提升便捷支付与创新应用能力。截至2020年年底，全省新发行互联互通卡(含移动支付虚拟卡)108万张，新增6个县推广使用交通一卡通。

(厅城市客运管理处)

【绿色发展】 2020年，省运输事业发展中心持续推进运输事业绿色发展，一是着力推进"公交都市"创建。全面总结太原市"公交都市"创建的先进经验做法，加大对临汾市创建工作的支持力度，指导临汾市做好创建工作。二是积极开展绿色货运示范工程。对太原、大同2个创建城市开展情况展开督导检查，推进示范工程顺利推进并取得实效，有效推动新能源物流车辆的推广应用，促进城市配送车辆便利通行。三是进一步推进I/M制度实施。开展第2批M站申报汇总和抽查复核，协调生态环境部门进行I/M信息系统联网测试。全省联网运行企业达196家，覆盖全省11个地级市及79个县(市、区)，实现了对超标排放车辆的闭环管理。2020年，通过M站维修治理的车辆4.38万辆，维修后复检合格率达到96.93%。组织完成全省道路运输千家企业年度节能目标责任评价考核。通过招标方式选定第三方考核机构，对全省17家参加考核的企业进行现场考核，完成2019年度千家企业考核报告。

【创新发展】 2020年，省运输事业发展中心协助省厅推动全省出租汽车试点改革工作。起草了《关于深化全省出租汽车行业改革的试点工作方案》(以下简称试点工作方案)。《试点工作方案》已经省政府第88次常务会审议通过，待上报省委深改委研定。继续深入开展网络平台道路货物运输工作。全面规范网络平台道路货物运输经营，全省已有24家企业正式接入平台，26家企业正在联调测试阶段。并于2019年底实现全国范围内异地年审，惠及48.8万辆普通货运车辆。

【着力提升为民服务能力】 2020年，省运输事业发展中心以推进社保卡加载"一卡通"功能为重点，统筹实体卡与虚拟卡发放。山西省成为全国第一家实现社保卡加载交通一卡通功能的省份，全省累计新增发放约108万张，完成年度目标的135%。

(省运输事业发展中心)

廉政建设

【压实主体责任】 2020年，根据《党委(党组)落实全面从严治党主体责任规定》，省交通运输厅直机关党委协助厅党组落实全面从严治党主体责任。坚持党建工作与业务工作同谋划同部署，协助党组召开交通运输工作会暨党风廉政建设和反腐败工作会，起草党风廉政形势分析研判报告和厅领导有关讲话；召开全面从严治党专题会议，对上半年责任落实情况进行专题研究；督促厅直单位党组织就全面从严治党责任落实情况向分管领导进行报告。坚持定期开展意识形态领域形势分析研判，组织起草厅党组《关于意识形态领域情况的分析研判报告》，并督促基层党组织落实好意识形态工作责任制。

【反馈问题整改】 2020年，省交通运输厅党组认真接受政治监督并积极推进问题整改，印发《关于对省纪委监委专项监督检查反馈问题进行整改的通知》，组织全系统对照省纪委第五监督检查组2019年政治监督发现的问题进行整改；11月，组织迎接省纪委政治监督专项检查，就重大政治任务落实情况和2019年反馈问题整改情况向检查组做了报告。扎实推进省委专项巡视整改，组织全系统开展巡视整改回头看工作，对省委专项巡视一组巡视全厅反馈问题的整改情况进行认真梳理汇总，并向省委巡视办及时上报整改成果。同时，组织省公路局、省交通执法局也按照要求上报整改情况。

【党风廉政建设】 2020年，厅直机关党委起草厅党组党风廉政建设责任清单，督促各级党组织进一步压实党风廉政建设主体责任。在全系统开展第八次“党风廉政宣传教育月”活动。通过党规党纪学习、开展警示教育、加强日常监督等举措，进一步增强党员干部“不想腐”的思想自觉。严格监督执纪，严肃查处晋城交通运输执法局违规发放奖金和该局局长张慧锋违规使用公车问题，并向全系统进行通报，起到很好震慑效果。协助抓好基层党组织政治功能的发挥。按照中央省委部署安排，组织全系统党组织开展“党旗飘在一线、党徽亮在一线、党员顶在一线”活动，激励引导广大党员干部带头坚守岗位、带头恪尽职守、带头英勇奋战，在疫情防控中充分发挥党支部的战斗堡垒和党员的先锋模范作用。疫情防控期间，全系统各级党组织共组建党员突击队、先锋队等工作队447支，组织4541名党员干部深入村（社区）协助排查监测，有力推进全系统抗击疫情复工复产工作，彰显党建工作引领作用。

（厅直机关党委）

党建工作

【政治建设】 2020年，省交通运输厅组织全系统认真学习贯彻习近平总书记视察山西重要讲话重要指示，学习贯彻中共十九届五中全会和省委十一届十次全会精神，切实增强“四个意识”，做到“两个维护”。全年组织召开党委会议7次，对党员发展和培训、基层组织建设、党员处分等事项进行研究，并就党员发展、表彰、处分等工作情况，按照党内法规规定，及时上报厅党组研究。完成基层党组织书记抓党建工作述职评议考核工作。

【思想建设】 2020年，省交通运输厅直机关党委认真服务厅党组理论学习中心组学习，全年累计开展集体学习17次，交流研讨7次，对习近平总书记“三篇光辉文献”、《习近平谈治国理政》（第三卷）和党内法规等内容进行学习。强化正面引领，开展“众志成城，抗击疫情，向山西省优秀共产党员张志明、杨双宝学习”“不忘初心·重温我的入党志愿书”等主题党日活动。加强学习管理，对机关支部学习情况进行检查，严防“灯下黑”。

【组织建设】 2020年，厅直机关党委做好新组建单位党组织设置工作；指导任期届满的省交通干部学校党委和厅后勤服务中心党总支召开换届选举大会，选举产生新一届党委（党总支）委员会和书记。切实抓紧抓好党员发展工作。2020年共计发展党员89人，其中，职工发展党员37人，学生发展党员52人。扎实开展党组织书记能力提升工程，举办2020年度基层党组织书记集中培训班，对党组织关系隶属省厅的101名党组织书记进行集中培训。开展纪念中国共产党成立99周年系列活动。

【作风建设】 2020年，省交通运输厅党组针对落实习近平总书记对制止餐饮浪费行为的重要指示精神和改革期间人员在岗在位情况，开展明察暗访。紧盯关键节点，在元旦、春节、“五一”、端午、中秋、国庆等重要时间节点，向厅机关全体人员发送廉政短信1000余条，对党员干部严格落实中央八项规定精神起到很好督促作用。全年共收到问题线索4件，效能举报13件，已全部依规依纪进行处理。根据省委部署，开展领导干部违规入股企业问题专项清理工作。

【制度建设】 2020年，厅直机关党委组织起草《党组(党委)理论学习中心组学习制度》，进一步规范党组和厅直党委理论学习中心组学习。制定出台《关于建立厅党组书记和班子成员党支部工作联系点的通知》《关于建立党委书记和班子成员党支部联系点制度的通知》，努力把每个基层党组织都建成坚强战斗堡垒。

【精神文明建设】 2020年，省交通运输厅党组大力开展“社会主义核心价值观宣传教育月”活动，在上年制作30幅公益广告基础上，制作抗击疫情和复工复产宣传广告2幅，并组织全行业广泛宣传。组织全行业积极创建文明单位，配合省直文明委对部分单位进行验收考核。全系统共有省直文明单位标兵16个、省直文明单位14个，2家单位获第六届全国文明单位称号，9家单位获交通运输行业文明单位(窗口)荣誉称号。积极参加第二届交通运输行业公路公益大赛《扶贫让交通带着温度前行》作品获业余创作平面类“银奖”称号，《交通强国》作品获“铜奖”称号。

【专项检查】 2020年，省纪委政治监督专项检查是近年来逐步建立完善起来的督促党组推进政治建设的有力抓手。此项工作连续性强、时间跨度长、重点任务涵盖范围广，厅直机关党委作为承办部门，积极抓好各项工作。一是常抓不懈，切实推进问题整改。针对2019年度省纪委专项检查反馈的问题，厅直机关党委拉清单、明任务、定责任，牵头有关部门认真进行整改，反馈的12条问题，整改完成10条，剩余2条为长期性事项，待下一步改革中解决。二是组织迎接2020年度的专项检查。起草好厅党组《关于开展政治监督专项检查自查自纠工作情况的回报》，梳理汇总厅党组关于习近平总书记视察山西重要讲话重要指示和对交通运输工作、安全生产工作的指示批示落实情况，省委十一届十次全会的落实情况，统筹推进疫情防控和复工复产情况，以及落实中纪委十九届四次全会精神情况。做好印证材料的准备工作和有关会务工作，确保不漏项、不缺项，充分反映厅党组自觉接受监督的良好态度。专项检查工作结束后，检查组对省厅工作和表现的优良作风给予高度肯定。

【新组建事业单位党组织设置】 2020年，厅直机关党委按照厅党组有关改革方案，提前谋划，并扎实推进新组建事业单位党组织设置工作，确保涉改单位党的工作有序开展，党组织作用持续发挥。一是明确主体责任。为确保组织工作正常开展，先后多次明确改革期间由原党组织履行主体责任，持续推进党建各项工作。二是提早谋划。积极请示省直工委，并向有关厅局沟通学习，加强对涉改单位的调研，摸清党组织、党员整合情况，谋划组织设置的层级、程序等。加强与省邮政管理局沟通，明确省邮政业安全中心党组织设置工作由其负责。三是精心安排。研究并印发《关于厅属事业单位改革期间建立健全党组织的实施方案》《新组建单位成立党组织工作指引》，明确组织设置的程序、环节、要点，为工作推进提供科学遵循。四是扎实推进。督促指导各涉改单位召开党员大会，选举出第一届党委(支委)班子和负责人。厅直机关党委全程参与各单位党员大会召开，并对做好下一步工作提出要求。经过3个月努力，事业单位改革试点的涉改单位全部完成组织设置和班子选举工作，为进一步深化改革提供坚实政治保证。

【主题党日活动】 习近平总书记于上年8月就制止餐饮浪费行为作出重要指示。厅党组闻令而动，积极落实，切实推进学习宣传教育工作。一是大力组织广泛动员。先后印发《关于在全系统开展“厉行勤俭节约杜绝餐饮浪费”主题党日活动的通知》《关于进一步做好“厉行勤俭节约杜绝餐饮浪费”主题党日活动的补充通知》，向全体党员发出“争当勤俭节约观念的倡导者；争当勤俭节约行动的实践者；争当勤俭节约美德的传播者”的号召和倡议。二是严格督导，确保落实。督促各单位从食堂就餐开始，将口号变为行动；在外就餐时按需点餐，理性消费,不搞排场;家庭用餐时倡导节约抵制浪费。同时还组织了明察暗访,确保各单位落实落细。三是特色突出,成效明显。为使主题党日活动更具针对性和实效性,要求各级党组织开展讲一个故事、做一份承诺、少点一个菜、多打一个包的“四个一”活动,把制止餐饮浪费行为引向深入。全系统党员亲手抄写《党员公开承诺书》4000余份,掀起厉行节约杜绝浪费工作的新高潮,营造出勤俭节约的良好风尚。

(厅直机关党委)

离退休人员管理

【思想政治建设】 2020年,省交通运输厅为充分发挥党组织的政治核心作用,进一步加强思想政治建设,提升老干部们的政治待遇,厅离退休人员工作处高度重视离退休老干部们的政治学习,采取专题学习、微信群收集感想、电话了解、调查问卷、开展主题活动等多种形式,组织老干部们学习党的路线方针政策和重要会议精神,将离退休老干部紧密团结在以习近平同志为核心的党中央周围,老干部们纷纷表示要牢记党的嘱托,以实际行动为山西交通运输事业的发展做贡献。3月,以支部为单位组织老干部们学习省委老干部局2020年工作要点,并将文件精神及时传达给厅直各单位,要求认真贯彻落实。根据2020年全省老干部工作的总体思路和要求,建立落实离退休干部“不忘初心、牢记使命”的长效机制,组织引导老干部在常学常新中加强理论修养,在真学真信中坚定理想信念,在学思践悟中传承红色基因。4月,开展党总支学习会,传达学习省委老干部局工作通报及全省老干部工作会议精神,强化“三项建设”,进一步加强离退休干部的政治自觉性,引导老干部增强“四个意识”,坚定“四个自信”,坚决做到“两个维护”,全年各支部分别组织各类学习3次以上。按照省委老干部局统一安排部署,5月至9月,在全系统离退休老干部中深入开展“砥砺初心使命助力全面小康”学习竞赛活动,该活动通过“学习强国”“离退休干部工作”“山西老干部”微信公众号等平台,采取统一领导、分级组织、线上实施、同步展开的方式进行,100余名老干部参加活动。深入贯彻落实省委组织部《关于开展纪念中国共产党成立99周年活动的通知》精神,考虑到当时处于疫情期间的实际情况,为保障广大离退休人员的身体健康,通过“党史知识竞赛”的方式开展“七一”党日活动,让老干部们重温党史、牢记使命。9月,组织厅机关离退休老干部积极参与省委老干部局开展“砥砺初心使命、助力全面小康”学习竞赛活动,省厅获优秀组织奖。

【生活待遇保障】 长期以来,在老干部工作中坚持“四访一庆”长效机制(生病住院必访、重大节日必访、后事料理必访、重大困难必访、生日必庆贺),2020年共有7位老干部相继去世(其中:离休干部5人、退休干部2人),厅离退休人员管理处均在第一时间协助做好相关服务,厅领导带队上门慰问老干部家属,为他们送去厅党组的关心和问候,工作人员积极配合相关职能处室及时为家属申领抚恤金、报销丧葬费,家属们均表示党和政府的关心关爱让他们如沐春风。1月,为厅机关全体离退休人员发放元旦、春节“两节”慰问金,并对生活困难的家庭进行上门走访慰问,主动询问并帮助其解决生活中遇到的困难。7月,为长期患病的吴晓梅和当年三度入院的闫爱华两位老人发放困难党员补贴金,鼓励她们充满信心积极治疗定能战胜病魔,让她们感受到“娘家人”般的关心与关怀。为保健干部及时换取就诊手册,及时协调解决就诊过程中出现的问题,做到让每一位离休老干部满意。8月,严格按照“三个专人”原则(事前有专人通知、事中有专人陪同、事后有专人提取并送达体检报告)组织厅机关离退休人员共79人进行身体健康检查,老干部们均对此表示相当满意。10月,根据《中共中央关于纪念抗美援朝胜利70周年走访慰问志愿军老战士的通知》有关要求,国庆节前,走访慰问参加过抗美援朝的志愿军老战士刘治源、赵联壁2位老人,为他们送去厅党组的关心和问候,鼓励老人保重身体,继续为山西交通事业发光、发热。在重阳节前夕,组织30多名厅机关离退休人员在晋阳湖公园开展“强健体魄·欢度重阳”健步走活动,为厅机关全体离退休人员发放节日慰问金，并对离休干部进行走访慰问，了解老干部们的实际需求，宣传全省交通建设改革发展的伟大成就，引导老干部不忘初心，牢记使命，为拓展山西交通建设新篇章做出力所能及的贡献。11月，完成继续为离退休人员订阅2021年度书报相关工作，按照300元/人的标准，老同志根据个人兴趣爱好自由征订，不局限于老年报，这一做法受到离退休人员的普遍认可。逢老干部生日之际为他们送去一个蛋糕、一束鲜花、一句祝福，用看得见、摸得着的实事、好事，架起连心桥，起到暖人心、得人心、稳人心的作用。充分利用网络、媒体等新型媒介宣传上级部门关于老干部工作的新政策，深入推进信息化建设，引导离退休老干部进一步了解“山西老干部”App软件平台，用好平台，享受信息化手段带来的便利服务。通过一系列人性化服务，使老干部们更加理解厅党组的工作部署，纷纷表示要更加支持厅党组的工作，努力发挥余热，建言献策，为全省交通运输科学发展做出新贡献。10月，组织厅机关离退休人员积极参与省委老干部局组织的“健身防疫迎重阳·筑梦同行奔小康”省直离退休干部金秋健步活动，省厅获优秀组织奖。

（厅离退休人员工作处）

工会工作

【思想政治建设】 2020年，省公路运输工会组织全体干部学习习近平总书记视察山西重要指示、《习近平谈治国理政（第三卷）》和《中国制度面对面》，进一步增强学习的政治自觉和行动自觉，提高工作水平和效率。按照省总工会要求，认真组织学习中共十九届五中全会精神，印发《关于深入学习宣传贯彻中共十九届五中全会精神的通知》，召开专题学习会议，同时转发省总工会《关于建立党的创新理论工会宣传站（点）和宣传队伍的通知》，推动习近平新时代中国特色社会主义思想和中共十九大精神进基层、进企业、进班组，团结带领全系统广大职工树牢“四个意识”，坚定“四个自信”，做到“两个维护”。开展职工队伍稳定风险专线排查化解工作，进一步推动排查化解制度化常态化长效化，全力维护职工队伍稳定。组织开展“制止餐饮浪费弘扬勤俭节约”活动。积极落实省总工会《关于坚决制止餐饮浪费行为在全省职工中弘扬勤俭节约美德的通知》文件精神，向全系统转发省公路局全国劳模张建忠同志“制止餐饮浪费培养节约习惯”的倡议书，并组织各单位深入学习，以实际行动贯彻习总书记“厉行节约反对浪费”的指示精神。为深入贯彻落实《新时期产业工人队伍建设改革方案》，按照中国海员建设工会要求，在全省交通运输系统开展道路建设行业农民工向产业工人深度转型课题调研，向中国海员建设工会报送全省交通运输系统产业工人队伍建设改革状况的调研报告。

【扶贫帮困】 2020年，按照省总工会要求，全系统工会自上而下深入开展2020年元旦、春节“两节”送温暖活动，厅领导带队的慰问组分赴11个市，走访慰问全系统困难职工和离退休老干部75名，并为他们送去15万元慰问金，各级工会也都开展了慰问活动。要求基层工会对本单位全国级在档困难职工档案和2017年7月以来脱困、注销困难职工档案进行核查，做到早发现、早整改，为城市困难职工解困脱困工作成效第三方评估工作打好基础。加大对全系统困难职工的帮扶救助力度，共为全系统10名困难职工追加发放帮扶救助资金25.45万元。按照省总工会、省财政厅、中国人民银行太原中心支行《关于动员引导全省广大职工积极消费促进经济发展的通知》和《关于消费券和“云游行”旅游年卡发放使用及账务处理等问题的补充通知》文件精神，积极动员各级工会为会员购买一次性特别消费券、办理“云游行”旅游年卡，各级工会共为职工发放消费券474.41万元、发放“云游行”旅游年卡5459张（购卡金额109.18万元），引导全系统广大职工积极消费促进山西经济发展。为贯彻党中央、国务院、省委、省政府关于“开展消费扶贫行动”的部署，按照省总工会要求，各级工会积极开展帮助湖北省解决特色农产品滞销活动，省厅机关购置约1.8万元的湖北省特色农产品。响应中共山西省委办公厅、山西省人民政府办公厅关于开展“送温暖、献爱心”社会捐助活动的号召，省交通运输厅机关及各厅直单位纷纷组织开展“送温暖，献爱心”捐助活动，先后有4000余名干部职工慷慨解囊，参与捐助活动，共募得善款12.5万余元。

【选树先进典型】 2020年，按照省人社厅和省总工会的安排，在厅党组领导下，开展2020年全省五一劳动奖表彰推荐工作和山西省工会工作先进集体和先进个人评选工作，严格推荐评选程序，层层推荐、优中选优，按时上报推荐个人和单位(集体)名单及相关资料。推荐上报的3人被授予“山西省五一劳动奖章”称号，1个单位授予“山西省五一劳动奖状”，2个集体授予“山西省工人先锋号”。推荐“山西省模范职工之家”“山西省模范职工小家”“山西省优秀工会工作者”和“山西省优秀工会积极分子”各1家(名)。同时，省公路运输工会持续关注关爱劳模，为全国劳模、省劳模发放2020年春节慰问金，省劳模生活困难补助金，根据省总工会《关于申报2020年全国劳模专项补助资金的通知》要求，认真对全系统全国劳模(先进工作者)进行摸底测算，申报2020年全国劳模专项补助资金共计3.2万元，进一步营造尊重劳模、关爱劳模的良好氛围，为服务好全国劳模，激发广大职工积极奋进奠定基础。继续在全系统开展公路工程建设劳动和技能竞赛活动，印发《山西省交通运输系统2020年度“安康杯”竞赛活动方案》，采取逐级组织考核推荐，统一组织衡量考评的办法，认真组织做好“安康杯”竞赛的考核推荐工作，将全系统评选出的优胜单位1名、优胜班组1名、优秀个人1名报省总工会。7月，选送的3项“岗位创新优秀成果”在中国海员建设工会全国委员会、中华全国总工会劳动和经济工作部共同举办的首届全国交通行业职工岗位创新成果云展览中展出。2020年12月，省交通运输厅机关工会被中华全国总工会评为“全国模范职工之家”。

【组织建设】 2020年4月，省公路运输工会第三届委员会第四次全体会议召开。下发《山西省公路运输工会2020年工作要点》。5月，考虑到全省交通运输系统厅直单位机构改革内设部门变动较大的实际情况，以厅党组文件下发《关于厅直事业单位改革期间建立健全工会组织有关工作的通知》，要求各厅直单位依法依章依规开展工会组建工作，切实做好改革期间工会工作。8月，为贯彻落实省总工会十三届九次全委(扩大)会议精神和厅党组选人用人的决策部署，建立健全工会组织机构，省公路运输工会第三届委员会第五次全体会议召开，传达学习省总工会十三届九次全委(扩大)会议精神，选举第三届委员会主席、副主席、常委、经费审查委员会主任。9月，在厅机关各党支部组建工会小组，向厅机关各党支部印发《关于在山西省交通运输厅机关党支部成立工会小组的通知》，并认真按方案落实，按程序组建工会小组，选举小组长，为机关工会开展好活动提供有力抓手。10月，组织召开厅机关工会第二次会员代表大会，选举产生省交通运输厅机关工会第二届委员会、第二届经费审查委员会和第二届女职工委员会。省交控集团召开一届二次工会会员代表大会，省交通干部学校工会召开第四次会员大会，新组建厅直单位中，山西省交通运输运行监测与应急处置中心、山西省运输事业发展中心已完成工会组建工作，办理法人资格证书，其他单位工会正在筹备工作中。

【统计年报】 根据山西省总工会《2020年度全省工会统计年报调查方案》，首次采用在线直报的方式，及时准确地掌握工会组织建设及工会各项工作的发展情况，在全系统各级工会的共同努力下，完成2020年全系统工会统计年报工作，为全系统各级工会开展工作提供真实可靠的统计信息支持。

【经费管理】 2020年，省公路运输工会坚持将工会经费管理作为一项重要工作抓牢抓好，将该项工作纳入全年工会工作谋篇布局，新年初始便安排部署全系统各级工会编报2019年度工会经费收支决算及2020年度工会经费收支预算工作，3月底前，厅直各单位和交控集团工会2019年工会决算系统填报工作已顺利完成，省公路运输工会在汇总审核基础上，将本级、厅直单位和交控集团工会相关数据通过“2019年全国工会决算报告信息系统”汇总上报至省总财务部。按照省总要求，及时下拨2020年第一季度中央财政专项帮扶资金及用于保障疫情期间困难职工基本生活的2020年中央财政专项帮扶资金，共计17.28万元。按照省总经审办下发的《关于对山西省公路运输工会2017—2018年度工会经费预算执行情况的审计意见书》，对我工会经费管理中存在问题认真整改，并按时上报整改报告。

【协调群团组织】 2020年，省公路运输工会加大宣传教育力度，进一步加强残疾人无障碍出行保障工作，持续优化无障碍交通运输服务“硬设施”和“软设施”，让残疾人出行满意度和获得感不断增强。积极响应和参加红十字会组织的各项慈善活动，鼓励职工参加志愿服务和志愿救助。在全系统组织开展《中华人民共和国残疾人保障法》《山西省残疾人保障条例》执法自查和迎接执法检查的准备工作，并形成自查报告按时上报给省残工委。组织厅机关各处室及系统单位代表观看全国自强脱贫和助残扶贫先进事迹网络报告会。进一步做好妇女儿童工作。按照省政府妇女儿童工作委员会的安排部署，在推进全面开展交通强国建设山西篇章新征程中，扎实做好女职工和职工子女健康发展工作，向省妇儿工委报送《山西省交通运输厅2019年以来妇儿工作总结和下一步工作计划》。

【职工文体活动】 2020年，省公路运输工会组织开展“强健体魄·阳光生活”主题活动。9月26日在太原市森林公园组织厅机关90余名职工开展“强健体魄·阳光生活”健步走活动。通过开展活动，引导职工注重身体锻炼，舒缓工作压力，更进一步激发干部职工团结拼搏的干事创业工作热情。在全系统举办“时代新人说——决胜小康、奋斗有我，山西职工在行动”职工演讲比赛，来自4个单位的7名优秀选手参加比赛，比赛决出一、二、三等奖各1名，并推选2名选手代表省公路运输工会参加省总工会组织的决赛。获得团体铜奖和个人三等奖的成绩。组织全系统参加省总工会女职工委员会、省书法家协会、省美术家协会联合举办的“巾帼建新功·共筑中国梦”全省女职工书画展评活动。省公路运输工会共向省总工会报送书法作品20幅，美术作品4幅。其中4幅书法作品作为精品入选省总工会的书画展。

【女职工工作】 2020年，为了提高干部职工综合素质，鼓励干部职工多读书读好书，进一步营造热爱学习主动学习的良好干事氛围，进一步开展职工素质工程建设，“三八”国际妇女节前期，省公路运输工会组织开展全系统“书香三八”读书活动，许多单位工会购买并发放全总“三八”活动指定读物。持续在全系统开展“妈咪小屋”建设工作，进一步推进全系统“妈咪小屋”规范化建设，命名2019年度建成的山西交控集团长治高速公路分公司长治东收费站等10个“妈咪小屋”，为每家“妈咪小屋”配套拨付建设资金0.5万元，切实解决女职工的困难。认真组织全系统开展2020年“妈咪小屋”建设工作。年内，山西交控集团工会和省公路局工会共高质量建成20家“妈咪小屋”，其中2家受到省总工会表彰命名。

【“送清凉”活动】 2020年，按照省总工会要求，省公路运输工会继续在全系统组织开展“夏送清凉”活动，及时将党和政府的关怀送给一线劳动者。制定“夏送清凉”实施方案，报经厅党组批准，由厅领导带队分赴各重点工程建设一线进行慰问。厅党组书记、厅长闫晨曦带队前往太原西北二环高速公路第十标段工地慰问骆驼山隧道建设者，要求用人单位加强高温季节和高温作业职工劳动保护盒防暑降温工作，有效预防中暑及生产安全事故的发生，切实维护职工的职业安全与健康权益。厅党组成员、副厅长李贵顺、王四小，副厅级领导郭贵堂分别带队慰问晋中市重点工程建设或干线公路建设工地、太原东西山旅游公路(防火通道)、黄河一号旅游公路永和段阁底至大宁界项目工地，看望坚守在一线的劳动者。省公路运输工会下拨“送清凉”资金11万元。各基层工会也都根据各单位实际开展“送清凉”活动。

（省公路运输工会）

宣传舆论

【综述】 2020年，省交通运输厅及时宣传推广工作成效。牢牢把握正确的政治方向、舆论导向、新闻指向、工作取向，依托传统媒体和新媒体平台，构建形成“山西交通报、厅门户网站、山西交通官微、山西交通微博、山西交通抖音”五位一体的新闻宣传格局，着力打造行业宣传“主阵地”；全年厅门户网站共发布政府信息87862条(次)、微信公众号发布新闻信息700余条、山西交通微博发文270余篇、山西交通抖音号发布短视频40余条，新媒体平台粉丝数量及活跃度年增长达到10%以上。充分发挥政务信息联通上下、监控预警、展示形象的重要作用，有力推动信息报送工作科学化、制度化、规范化开展，全年编发《山西交通运输政务信息》24期，累计上报省委、省政府、交通运输部200余篇。通过多种渠道，及时向全社会传播“交通声音”、讲述“交通故事”。

(厅办公室)

【大交通宣传格局】 2020年，在厅党组正确领导下，中心党委高度重视，措施得力，初步形成全省交通运输大交通格局。一是按照“大交通要有大宣传”的思路，把建设交通宣传平台作为一项重要基础工作来抓，持续壮大内部主流舆论阵地，已形成“一报、一站、两微、一抖”(山西交通、厅门户网站、微信、微博、抖音)的宣传格局。《山西交通》在新冠肺炎疫情暴发期间坚持出版，并重新编排和设计报纸版面，把第四版改为文苑版，持续提升报纸的可读性。2020年，《山西交通》编辑出版54期；厅门户网站更新新闻信息1600余条；山西交通微信、山西交通微博、山西抖音共发布信息(短视频)1000余条(篇)，粉丝共计24.2万人。二是充分发挥《中国交通报》山西记者站和山西电视台驻厅记者站作用，持续为全省交通新闻宣传加力。山西电视台驻厅记者站全年在省级以上电视台播发新闻30余条，其中在中央电视台新闻联播播发新闻6条，引起社会广泛关注。《中国交通报》山西记者站在《中国交通报》发稿近30篇。三是积极加强与中央驻晋及省内主流媒体的联系沟通，召开中心组建以来的第一次新闻媒体座谈会，进一步健全完善新闻媒体常态化沟通机制，进一步提升舆论引导水平。全年在省级以上媒体共刊发全省交通运输新闻400余条。四是全面提升交通运输新闻舆论工作能力水平。持续壮大内部主流舆论阵地，已形成“一报、一站、两微、一抖”(山西交通、厅门户网站、微信、微博、抖音)的宣传格局。

(厅新闻中心)

史志年鉴

【《山西交通年鉴(2020年版)》编纂完成】 《山西交通年鉴》(2020年版)(以下简称年鉴)为年鉴系列第二十七卷，由山西省交通运输厅发展研究中心组织编纂，收载文稿涵盖全省交通运输系统各单位、各部门建设、改革与发展情况，时限为2019年1月1日至12月31日。承接上年体例，《年鉴》设栏目、类目、条目三个层次。其中，栏目分为“特载、全省旅游公路建设现场会专辑、专文、大事记、厅机关各处室工作业绩、厅直属各单位工作业绩、公路系统各单位工作业绩、交通运输执法系统各单位工作业绩、道路运输管理系统各单位工作业绩、高速公路管理系统各单位工作业绩、各市交通运输局工作业绩、各级领导调研摘记、发展成就、行业管理、文明建设、统计资料、法规辑录、文件选登、表彰奖励、表彰决定、报刊文摘、光荣榜、领导干部名录、图片资料”24个栏目，各栏目下又根据情况分若干类目和条目，全面、完整地记述和反映全省交通运输系统各单位工作情况，突出展示全省交通运输系统各条战线、各行各业的骄人业绩，重点突出，结构合理，体例得当，层次清楚，内容丰富，表述准确，是一部资料翔实、开卷有益的工具书。在编纂过程中，得到全省交通运输系统各级领导和有关编写人员的大力支持与热忱帮助，及时提供了许多有价值的资料和稿件。经厅发展研究中心编纂人员多次打磨，完善，完成全书组稿、修改、编辑、校对、审定等工作，年底送山西人民出版社终审后公开出版发行。

【《山西交通大事记(2019年版)》编纂完成】 《山西交通大事记(2019年版)》第6卷是由山西省交通运输厅发展研究中心组织编纂，载录厅属县处级以上单位2019年1月1日至12月31日期间发生的大事、要事和新事的资料性书籍。共设省交通运输厅机关大事记，驻村帮扶专辑，全省交通运输系统扎实开展“改革创新、奋发有为”大讨论纪实，全省交通运输系统深入开展“不忘初心、牢记使命”主题教育活动纪实，全省交通运输系统认真学习、宣传贯彻中共十九届四中全会精神纪实，厅直属单位、公路系统单位、交通运输执法系统单位、各市交通运输局大事记9个栏目。经厅发展研究中心全体编纂人员辛勤努力，完成全书的组稿、修改、编辑、校对、年底报人民出版社终审后公开出版。

2020年版《山西交通年鉴》《山西交通大事记》同时征集资料，修改完善，互为补充，相得益彰，两本书的编辑出版，能够更加丰富和完善全省交通运输研究史料，便于全系统各级领导和干部职工参考、借鉴，有效地发挥其资料宣传的积极作用。

【《山西高速公路工程建设志(1993—2018)》出版发行】 2020年7月，山西省交通运输厅重点公路工程建设办公室编纂的《山西高速公路工程建设志(1993—2018)》由山西出版传媒集团·山西人民出版社公开出版发行。本志为“山西交通史志系列丛书之一”，精装大16开，约40万字。志书编纂工作始于2017年4月，历时两年，2018年12月底完成初稿，2019年4月修改定稿。志书全面真实、系统地记述了全省高速公路建设的辉煌业绩，是弘扬“太旧精神”和“大运精神”的重要载体，也是山西省高速公路工程建设系统一部工程建设专业志书。

【《山西省水路交通运输志》出版发行】 2020年10月，山西省地方海事局编纂的《山西省水路交通运输志》由山西出版传媒集团·山西省人民出版社公开出版发行。本志为“山西交通史志系列丛书之五”，精装大16开，约34万字。志书编纂工作自2018年9月启动，2019年11月结束。全书分为十章，全面、真实、系统地记述全省水路交通运输事业建设、改革、发展的重要历史和辉煌业绩，是山西省第一部水路交通运输方面的专著，填补了省内空白，是对当下和未来全省水路交通运输事业发展的启迪，推动水路交通运输事业科学发展、健康发展，提供重要的历史参考和借鉴。

【业务指导】 2020年，厅发展研究中心持续跟进《山西交通志》系列丛书(以下简称《志书》)编纂工作的精准指导、加强督促和跟踪问效。根据厅领导指示，中心负责《志书》编纂的精准指导、加强督促和跟踪问效。中心领导班子高度重视，由专人负责，一是要求各承编单位严把志书编纂中政治关、保密关、史实关、体例关、文字关，确保《志书》内容真实严谨和导向正确；二是经常性地与负责编纂工作的人员联系沟通，随时了解掌握和协调解决编纂出版过程中存在的困难和问题，精确掌握工作进度。显著提高编纂进度和《志书》质量。12家《志书》厅直承编单位，其中，《山西交通运输执法志》《山西高速公路建设志》《山西省水路交通运输志》已出版，《山西省道路运输管理志》《山西高速公路管理志》《山西省交通运输厅新闻宣传中心志》《山西省交通干部学校志》《山西技师学院志》《山西交通职业技术学院志》《山西省交通运输厅后勤服务中心志》《山西公路志》《山西省交通建设质量安全监督局志》即将付印。

【年鉴供稿】 为配合做好省委、省政府、交通运输部等相关部门史志年鉴编纂工作，2020年，中心向中共山西省委办公厅报送《中共山西年鉴(2020版)》稿件1万字；向中共山西省委党史研究院(山西省地方志研究院)报送《山西年鉴(2020)》稿件3万字；向中华人民共和国交通运输部办公厅报送《中国交通运输年鉴(2020)》地方篇稿件1万字；向山西省人民政府办公厅报送《山西省志·政府志》稿件5万字；向省委宣传部、省委党史研究院报送《山西抗击新冠肺炎疫情大事记》第一批文字资料及图片；向《中国交通年鉴》社报送2020年刊《中国交通年鉴》资料3万字。

(厅发展研究中心)

山西交通运输

2021 年鉴

公路建管

高速公路

山西交通控股集团有限公司

2020年,山西交控集团全体干部职工坚持以习近平新时代中国特色社会主义思想为指引,坚决贯彻 习近平总书记视察山西重要讲话重要指示,认真落实省委"四为四高两同步"总体思路和要求,努力克服新冠肺炎疫情影响,统筹推进经营管理、项目建设、资产证券化、科技创新、风险防控、党的建设等各项工作,形成了推动高质量发展的强劲态势。全年完成营业收入458.21亿元,同比增长17.38%;利润总额5.34亿元,同比增长17.62%;圆满完成省国资运营公司下达的各项目标任务。

【资本运作取得新突破】 路桥股份通过非公开发行股份方式同步引入央企战略投资人招商公路配融4.8亿元,实现资产证券化、市场化再融资、上市国企"一石三鸟"目标,山西交控集团被授予2020年度省属企业"腾笼换鸟"工作先进集体。环保公司增资控股"新三板"企业,推动混改后的交控生态股份公司向水、气、声、固废利用等生态环保全领域拓展,环境治理"全科医生"雏形初显。参股12.2%的山西华翔集团股份有限公司实现IPO,成为全省2015年6月之后首家成功登陆A股市场的企业。金资管理公司有效整合资本管理、融资租赁、商业保理、基金管理等金融业务,实现利润1.07亿元,成为新的利润增长点。

【高速公路经营管理跃上新台阶】 全面实施差异化收费政策,5月6日恢复收费后,通行量、费较上年同比增长9.3%和11.3%。加强联网收费稽核工作,全年追缴通行费438万元。大力推广应用养护新材料、新工艺、新技术和养护设备以租代购等新模式,政府还贷高速公路全年降低养护成本2.3亿元。完成2.1万亩总值61.5亿元土地资产的划转确权,集团公司资产负债率降低1个多百分点。补植乔灌木4.6万余株,高速公路原生态绿色走廊建设初见成效。深化与壳牌(中国)的合作,引入中化石油有限公司,实现双品牌合作。完成太谷、盂县等4对服务区的提档升级改造,新开通15对服务区、28座加油站,服务区能源业务实现营业收入7亿元,同比增长53.4%,服务区品牌形象得到新提升。高速公路服务平台网页版、微信小程序和"畅行通"App上线运行,服务智能化水平显著提高。

【项目建设跑出新速度】 全年签订合同额522亿元,其中省外项目合同额5.9亿元,超额完成年度指标;完成项目投资282亿元,同比增长50.8%;完成工程营业收入279亿元,同比增长41.9%。阳蟒、东二环高速公路和全省首个BOT一级公路国道108线神堂堡至砂河段等10个投资项目建成通车。黎霍、朔神等5个高速公路和国道241朔城区至平鲁段等2个一级公路项目开工建设。21个在建项目有力有序实施,特别是路桥集团京雄高速SG3项目部创造日均施工产值突破1000万元的山西交控集团单项最高纪录。完成忻保、太古、长邯改扩建等6个高速公路项目竣工验收。扎实推进品质工程建设,隰吉、离隰高速公路成功入选"黄河流域交通运输生态环境保护与高质量发展"交通强国建设山西试点项目。黎霍高速公路项目超额完成全年投资目标和省领导包联项目各项任务,受到省交通运输厅通报表扬。积极推进固废资源规模化应用,累计应用各类固废1013万吨,节约工程施工成本约1.6亿元。

【科技创新水平得到新提升】 着力推进科创平台建设,获批"山西省智慧交通工程研究中心"等4个省部级研发平台，获省部级科学技术奖29项，制定各类行业、地方标准37项。深化产学研联合创新，成立山西交科—华为联合创新实验室，与清华大学共建基础设施智能化联合研究中心。大力推进科技成果转化应用，优选沥青路面就地热再生等18项实用性成果加速转化，自主研发的JYJ-Z1型黏钢胶等系列产品填补市场空白，实现利润500万元。加快智能交通建设，在五盂高速公路开展"智能网联重载货运车路协同"交通强国试点项目建设，太原东二环高速公路成为全省首条应用全寿命周期BIM技术的数字公路。山西交控集团数据中心交通专有云平台有力保障集团公司及所属企业29个系统的平稳高效运行。

【风险防控能力得到新加强】 疫情发生以来，积极配合地方政府设置卫生检疫站316个，"点对点"包车运输4万余名农民工及时返岗，严格落实疫情防控各项措施，保证高速公路安全畅通、工程项目建设有序复工、干部职工"零感染"。持续推进安全生产管理"五大体系"建设，开展全集团全覆盖全方位隐患排查治理，挂牌督办的太古隧道、八盘山隧道2项重大安全隐患治理完成验收销号，安装14公里雾区引导防撞系统和1271公里能见度检测仪，实现团雾多发路段全覆盖监测预警，各类安全生产事故起数和伤亡人数较2019年大幅下降。深入推进"三零"单位创建工作，保持和谐稳定的良好局面。信访维稳工作受到省驻京信访工作组和省国资委表扬。法律合规工作与经营管理深度融合，法律风险防范机制不断健全，三项法律审核达100%，以法治方式破解发展难题的能力不断提高，调处历史遗留案件挽回直接经济损失近亿元，推动以高水平依法治企促改革、保发展。完成网络安全等级保护系统备案10个，集团公司本部软件正版化率达到100%，坚决守住网络安全底线。首家完成省属国资国企在线监管系统试点自建工作，形成集团公司内控机制与服务国资国企监管效能提升联动效应，受到省国资委通报表扬。

【党建引领发展取得新成效】 持续推动学习贯彻习近平新时代中国特色社会主义思想往深里走、往心里走、往实里走，广大党员干部的政治理论水平得到进一步提升。强化意识形态领域形势分析研判，集团公司意识形态领域平稳可控。对14户所属企业开展政治巡察，完成三年巡察全覆盖目标，切实发挥巡察利剑作用。优选形成24个党建项目化成果，助力破解改革发展难题。群团组织桥梁纽带作用充分发挥，思想政治工作合力进一步凝聚。审计风控、精准扶贫、文秘信息、督查督办、机要保密、后勤保障等工作均取得新成绩。

（山西交控集团）

山西路桥建设集团有限公司

2018年至2020年，是山西交控集团组建以来，路桥集团首个三年任期。三年来，路桥集团改革创新、脱胎换骨，勇创一流、华丽转身。三年来，山西路桥实现由内而外的焕然一新，取得由量变到质变的全面提升，蹚出一条现代交通企业做强做优的新路子。

【擘画战略蓝图，企业发展谋新篇】 坚持新发展理念和高质量发展要求，按照山西交控集团"以路为基、产融结合、创新驱动、多元发展"战略指引，科学做好顶层设计。推动路桥集团向国内一流迈进。制定《新战略机遇期（2019—2022）发展规划》，确立"营收千亿、利润百亿、进入全国同行业第一阵营"目标。2020年，各项指标"跨越式"攀升，总产值300亿元，同比增长47.3%；营业收入230.51亿元，同比增长33.14%；利润总额10.9亿元，同比增长30.7%。集团资产总额由三年前的795亿元增长到1044.27亿元，增长31.3%；在岗职工人均年收入由三年前的8万元增长到11.6万元，增长45%。"管理科学、经济坚实、文化先进、职工幸福"的新路桥扬帆起航。

【坚持项目为王，工程建设创新绩】 一是高标准建成一批工程项目。勇担建设"百年大计品质工程"重任，建成世界最大跨度的波形钢腹板矮塔斜拉桥——运宝黄河大桥；建成全国"绿色公路""品质工程"双示范项目——阳蟒高速公路；建成全省深化品质工程创建典范——太原东二环高速，重塑太原城市圈格局；建成全省首个BOT一级公路项目——国道108线神堂堡至砂河段公路；建成以三个“一号工程”为代表的三大板块旅游公路1764公里，对构建山西旅游大格局起到关键作用。三年来，累计投资交通基础设施1035亿元，建设高速和国省干线公路1883公里。二是高质量建设一批重点项目。始终保持全省交通基础设施“投资建设施工”主力军位置。2020年重点实施隰吉、离隰、昔榆3个超百亿高速公路项目；深度参与全省旅游路、“四好农村路”建设。探索工程总承包、EPC总承包模式，承揽实施太原、晋中、晋城、吕梁等地市房建、市政、地质灾害处理、河道治理等项目。

路桥集团省外项目，捷报频传，打响山西路桥品牌。京雄项目按照习近平总书记“世界眼光、国际标准、中国特色、高点定位”的要求，在与央企同台竞技舞台上，全线第一家完成路基主线工程，创造日产值超千万元的“京雄速度”，展现“路桥铁军”形象，山西交控集团董事长袁清茂专门致信慰问，褒奖路桥集团“战疫一线勇担当，京雄路上创佳绩”；延崇项目多次获业主劳动竞赛第一名，为北京冬奥会交通保障贡献路桥集团力量；吉林集通项目“强管理、树品牌”，袁清茂作出批示，要求在全省交控系统推广学习。

【优化产业布局，市场经营开新局】 一是持续加大经营开发。聚焦公路主业，省内市场巩固提升，省外业绩逐年扩大。三年间，累计签约项目435个，市场经营总额1126亿元，实现三连增。其中：2020年签约项目80个，市场经营额375亿元。2018年以来，成功中标雄安新区、河北、浙江、吉林、新疆、云南等省外项目，合同额63亿元以上。二是全面优化产业布局。围绕交通基础设施“投资建设施工运营一体化经营、协同化发展”主线，构建起“投资建设、基建施工、产业链上下游、房地产、新业务”五大产业板块，实施一大批PPP/BOT/TOT/BT重点项目，形成现代交通企业“投资驱动+项目带动+产业联动”新格局。三是有效推动多元发展。树立交旅融合典范，一体推进“山西交通物流园区”“山西交通苗木培育基地”“鹿泉驿站”等交通产业项目，不断延伸产业链，形成新的经济增长点。建成全省第一个高速公路分布式光伏发电项目，累计投资建设75座光伏发电站，总装机容量18兆瓦，居全国同领域第一。

【深化企业改革，攻城拔寨蹚新路】 一是破解全省交通企业改革难题，推动路桥施工板块革命性重塑。刀刃向内，重点解决施工板块“基础薄”“资源散”“管理弱”“综合实力不强”等问题，全面完成清产核资、股权变更、资质平移、机构整合、更名挂牌等工作，将原有的20家施工企业整合为12家，彻底厘清路桥企业家底，解决多年来想解决而未能解决的历史难题和管理积弊，特别是解决拖欠的职工工资和社会保险2.06亿元，建立起“四梁八柱”（4个专业化公司、8个施工类公司）的施工企业新发展格局，实现瘦身健体和产业变革的预期目标。二是高效完成“六定”改革工作。顶住压力，破除阻力，全面实施“六定”改革，集团总部机构由17个减少到13个，减少24%；中层管理人员由57个减少到35个，减少39%；岗位数量由192个减少到155个，减少18.4%。所属二级企业机构在“三定”基础上进一步精简，中层管理人员由1233人减少到750人，减少39%。所属单位中层管理人员全部实行三年聘任制，彻底打破干部“终身制”。三是完成三维保壳，稳步实施三维转产、人员分流。提高政治站位，勇于担当作为，坚决落实省政府安排部署，完成三维保壳任务，“山西三维”更名为“山西路桥”，开创山西省高速公路资产登录A股市场先河，为山西交控集团进一步推动资产资本化、资本证券化建立直接平台，插上“资本的翅膀”。三维环保事件以来，努力克服停产影响，在维护安全稳定的基础上，通过交通工程、公路运营、工程施工、化工交通产品研发等途径进行转产，妥善分流安置职工，为三维“甩掉包袱”“腾笼换鸟”创造先决条件。四是推进三项制度改革。积极适应“市场化、法治化”国企改革形势，研究出台劳动、人事、分配制度办法31项，不断完善“企业效益为先、职工利益为重”的三项制度内涵。完善薪酬分配体系，以“业绩”为导向，以“结果”论英雄，发挥考核“指挥棒”作用，形成项目部、二级企业、集团总部“倒金字塔”绩效激励模式，让项目一线人员收入最高。

【创育路桥模式，特色管理建新章】 一是构建现代企业治理体系。制定一整套富有路桥特色、符合改革发展实际、全新的管理制度流程。2020年，建立内控体系和风险矩阵，完善管理制度279项，优化内控核心流程85项，制定追责问责底线清单883条，形成强有力的现代企业治理体系。二是持续推进降本增效。全面推行项目策划，"二次利用""三集中""班组化建设""智能化施工"密集落地，推动项目"标准化、集约化"管理。在全省交通企业中率先上线电子招标采购平台，累计节约资金9.93亿元。出台新版《施工定额》，有效控制施工成本，省内同行业竞相学习借鉴。全面优化融资结构，成功发行山西首单境外债券、疫情防控私募债。三年来，加权融资成本由6.03%降至4.8%，节约财务费用7.87亿元。三是树立本质安全理念。全面推行"红线管理"，率先实行安全管理人员专项激励、安全防护设施标准化，研发启用"危大工程视频监督系统""平安交通"管理平台，保障本质安全。

【推动科技创新，行业领域抢新机】 一是深化固废资源利用。立足资源大省省情，发挥公路主业优势，推动气化炉渣、铁尾矿、CFB灰渣等在全省公路项目规模化应用。主编"CFB灰渣利用""煤气化炉渣利用"2项省级标准，填补山西空白。自主研发的"路桥生态水泥"正式投产使用。2019年以来，累计利用固废1260万吨，节约工程成本和处治费用3亿元。二是加快科技创新步伐。以运宝黄河大桥为代表，4项科技成果达到国际领先水平，并获"中国钢结构金奖""科技进步一等奖"。2020年，重点在隰吉高速推广"桥梁防撞护栏滑模"施工工艺，属国内高速公路大规模应用先例，全年完成施工工艺标准化提升21项，取得重要科技成果121项。三年来，累计取得省部级及以上科技成果236项，路桥二公司等4户企业取得"高新技术企业"。三是推动企业数智转型。建立运行项目、财务、人力、资产、招标采购、协同办公等管理系统，研发申报32个软件著作权，全方位构建"一张网""一朵云""一平台"信息化生态系统。主动把握"六新"趋势，深化BIM全寿命周期应用，建设"山西公路智慧监管指挥调度平台"，建立"GIS+BIM数字公路管控""智慧云检管控""成本管控"等多个数字平台，在全省公路项目上推广应用。2019年，举办全国第五届绿色公路技术交流会。2020年，召开全国第六届BIM学术会议。全省第一条智慧公路东二环高速通车运营，展示山西路桥绿色发展、数智转型的崭新气象。

【围绕第一资源，人才建设出新绩】 一是坚持"人才强企"。启动"千人招录"计划，实行一线补贴，建设"人才公寓"，三年来，1000余名优秀高校毕业生、社会专业人士踊跃加入，人才结构进一步优化，全集团中层管理人员平均年龄由44岁降至39岁，本科及以上学历占比由73%提高到90%以上，中级及以上职称和执业资格持证率由65%提高到85%以上。二是完善人才管理机制。实施"三个一百"计划，完善人才工作机制，建立项目经理"白名单""黑名单"，打通项目经理、优秀年轻干部成长成才通道，大力发现培养选拔优秀年轻领导人员，74名项目经理和业务骨干走上中层管理岗位。一批专业人才、管理人才入选"三晋英才""山西省新兴产业领军人才""省属企业青年岗位能手"。三是创新培养培训模式。出台《高等院校毕业生培养实施办法》《员工激励办法》等制度，形成"新毕业大学生导师带徒""专业技能操作人员劳务派遣"等人才培养提升机制，推动优秀人才走向基层、扎根一线"墩苗"历练。三年来，共投入2459万元，培训干部职工13万人次。

【加强党的领导，党建引领启新程】 一是坚持"两个一以贯之"。健全完善"1+3+3"法人治理制度体系，构建起各司其职、各负其责、协调运转、有效制衡的治理机制。牢牢抓住重大主题教育契机，持续推进习近平新时代中国特色社会主义思想往深里走、往实里走、往心里走。严格落实党建工作责任，建立健全"党建制度、基层组织、追责问责"三大体系，管党治党政治责任有效落实。二是坚持全面从严治党。紧密结合路桥行业特点，全面推行派驻监督、委托监督，建立三级全覆盖纪检监督体系，不断强化"不敢腐"的高压震慑，扎牢"不能腐"的制度笼子，增强"不想腐"的思想自觉，营造起风清气正的政治生态。三是坚持“党建+文化”。创育一批“支部建在项目上”的党建品牌示范项目，推出一批体现路桥特色的企业文化作品，取得一批展现路桥人奋斗精神的荣誉称号，全方位塑造“创新型、引领型、价值型、生态型、学习型”卓越企业。

（路桥集团）

山西省交通投资开发集团有限公司

2020年，面对复杂严峻形势和转型升级压力，交投集团心无旁骛谋发展，集中精力抓落实，统筹推进疫情防控和生产经营、改革发展等各项工作，企业发展质量和效益均保持良好态势。全年完成营收24亿元，实现利润3亿元，国有资产保值增值率103%，资产负债率57%，圆满完成山西交控集团下达的经营目标任务。

【牢牢把准政治方向，高质量发展向纵深推进】 交投集团始终坚持以习近平新时代中国特色社会主义思想为指引，深入贯彻落实中共十九大和十九届历次全会精神，认真落实省委“四为四高两同步”总体思路和要求，坚持稳中求进工作总基调，全面践行新发展理念，落实高质量发展要求，以转型发展为主线，以“抓改革、稳增长、强管理、提效益”为核心任务，锐意进取、攻坚克难，实现建设提速、经营提效、党建提质“三个提升”，改革创新、企业治理、文化建设“三个突破”，开创交投发展新局面。特别是项目建设高效推进，全年完成投资43.59亿元，总体投资完成率100%；房地产板块业绩逆势增长，成为效益增长新亮点；投资参股的华翔股份成功A股上市，金融投资管理业务实现新跨越；依托新建高速、服务区等扩大养护、生态园区市场，产业链优势更加稳固。同时，内控体系和标准化体系建设全面完成，企业治理能力水平和高速公路运营服务质量效率进一步提升；风险防控有力有效，职工收入稳步增长，扶贫工作成效显著，政治生态持续向上向善，党的建设和党领导的各项事业全面进步，发展动能更加充沛、可持续发展基础更加稳固、高质量转型势头更加明显。

【抓项目促转型，产业升级步伐加快】 以项目建设为推动发展总抓手，全力以赴抢工期抓进度，“一主三辅一新”全面发力，形成以主业带动辅业、以辅业反哺主业的多元并进态势。一是项目建设力度加大。黎霍高速项目全线开工，特别是在受疫情等因素影响，有效工期不足5个月的情况下，圆满完成年度35亿元的投资任务，受到省交通运输厅的肯定；晋阳高速改扩建项目控制性工程于9月25日先行开工启动，LQ标段的施工招标工作全部完成。二是辅业持续做优。龙城服务区项目于8月29日开工建设，招商引资工作同步推进，“壳牌”优选加油站正式入驻，“管理一流、服务一流、业绩一流、形象一流”的交投服务区品牌逐渐叫响；中小企业产业园项目新增购置土地270亩，首期8栋标准化厂房开始建设，已与多家企业签订定制协议；通建融创地产项目销售业绩良好，年内回笼资金71亿元，实现利息7.4亿元，有效弥补其他产业受疫情影响减少的利润额。三是新业务实现新突破。投资持有4573.5万股的华翔股份于9月17日成功A股上市，截至12月31日，每股报收11.4元，持股市值涨幅达157%，这是集团金融投资管理业务取得的重大成果，对加强资本运作具有重要意义。

【抓改革求创新，发展活力加速释放】 坚持改革创新双擎驱动，以重点突破带动全局发展，向改革要红利，向创新要效率。一是深入推进“六定”改革。遵循“小总部”“大部制”原则，完成总部和所属企业机构设置、人员配备及制度修订等工作，职责清晰、精简高效、运行专业的管理机制已建立，“六定”改革全面完成并取得实效。二是着力推进瘦身健体。统筹推进亏损企业治理和压缩管理层级减少法人户数工作，完成晋煤交投煤层气公司清算注销；取得忻保公司投资资本金占用费1489万元，并启动清算注销；完成交投综改医药公司股权转让；凤凰山园林公司绿化进入注销程序，企业资产质量进一步提升。三是深挖降本增效潜力。牢固树立“过紧日子”的思想，通过资本运作，融资成本整体同比大幅下降，发行的12亿超短融资券创下2%的山西地区近十年来银行间及交易所市场同行业发行价格新低；通过加强政策研究，从税收、社保等多方面累计享受减免（补贴）资金近2900万元；通过强化成本管控，采取优化专项工程、提前备料等措施减少各类支出900多万元。四是推进创新驱动发展战略。加大技术资金投入，出台《科技成果转化管理办法》《科技创新成果推广目录（2020年）》，举办科技创新优秀成果展，与科研实力雄厚的重庆交通大学建立校企合作长效机制，有效激发科技创新活力，技术创新对企业发展的贡献率不断提升。全年技术投资1077万元；开展QC活动30余项，获各类奖项17个；获国家知识产权局"实用新型专利证书"1项。

【抓管理优治理，企业能级内涵式提升】 以筑牢现代企业制度为基础，强化管理规范，夯实管理基础，不断提升治理水平。一是健全法人治理结构。交投集团各层级全部完成党建进章程工作，"三重一大"事项全部按规定进入党委会前置研究，特别是修订《董事会议事规则》《总经理办公会议事规则》等集体决策制度，进一步理顺各治理主体的关系，法人治理结构进一步健全。二是纵深推进标准化建设。在完善本部标准化建设的同时，一流高速公路标准化运营管理体系建设落地实施，安全文化和安全生产标准化、信息网络安全标准建设协同推进，纵向上贯通交投集团与所属企业、横向上融通各业务板块的标准化体系全面建成。三是深入推进"文化交投"建设。完成企业文化建设三年规划，打造全新企业形象识别系统，出版《企业文化读本》，推进"党建+企业文化"工作，加快文化与制度建设、流程管理融合互促，交投文化软实力显著增强，企业逐步由制度管理向文化管理迈进。四是科学规划发展战略。深入分析研判经济形势、产业发展趋势和企业内部资源能力，按照"向公路要规模、向非路要效益"的思路，编制完成《交投集团发展战略规划（2020—2025）》，企业中长期发展方向及路径更加清晰。在此基础上，"十四五"规划编制工作正在有序推进中。

【抓安全筑防线，安全生产形势整体稳定向好】 坚持底线思维和红线思维，瞄准"从零开始、向零奋斗"的双零目标，打造"平安交投"。一是完善风险防控体系。编制完成内部控制《管理手册》《基本规范》《评价指引》，业务领域全覆盖、业务流程全管控的内控体系初步建成。全面落实审计全覆盖，突出抓好事前预警，积极落实审计整改，防范化解经营风险隐患。以黎霍高速项目为试点推进"阳光工程"平台建设，借助信息化手段实现项目建设全生命周期管理、全方位风险预判、全要素智能调控，"智慧交通"建设迈出实质性步伐。二是疫情防控有力有效。深入贯彻落实上级各项疫情防控决策部署，累计投入疫情防控经费712万元，交投集团实现"零疫情"；疫情防控期间，配合地方政府在收费站、服务区设置检疫站27个，开通绿色通道76条，保障1400余辆次防疫物资运输车辆平安快速通过；免费通行车辆约815.87万辆次，免收通行费5.53亿元，为打赢疫情防控攻坚战贡献交投力量。三是安全生产工作持续加强。建立健全安全生产责任清单，加强隐患排查治理，扎实开展安全生产专项整治三年行动和"三零"单位创建等专项工作，全年投入安全生产费用6700万元；排查一般事故隐患1382项，整改1373项，整改率达99%。所属高新公司获评"交通运输企业安全生产标准化建设一级达标企业"，太长公司、忻阜公司获评二级达标企业。交投集团整体安全形势持续稳定，未发生安全生产责任事故和环境污染事件。

【抓党建促融合，引领作用更加凸显】 坚持围绕中心抓党建、抓好党建促发展的工作思路，以党建"第一责任"领导和保障发展"第一要务"。一是始终把党的政治建设放在首位。常态化开展"不忘初心、牢记使命"主题教育，及时跟进学习党的创新理论，严格重大事项请示报告制度，扎实完成省委巡视发现问题整改，不断增强"两个维护"的思想根基和行动自觉。二是党建项目化管理成特色品牌。坚持靶向发力、创新突围、精准施策、做优做精，深化拓展党建项目化管理，典型经验做法多次受到山西交控集团肯定。全年立项并实施党建项目89个，编制完成《党建项目成果汇编（二）》，晋焦公司机关党支部《党建+安全"122358"党建项目打造企业安全标准》项目荣获2019年山西交控集团1235党建项目化管理成果验收一等奖。三是干部队伍建设不断强化。严格干部选拔任用程序，鲜明树立重实干重实绩的用人导向；注重优秀年轻干部选拔培养，干部队伍结构进一步优化。深入推进“学习型企业”建设，创新举办“党务干部开讲啦”内训课堂，开展职业技能培训近4000人次，干部职工的素质和能力进一步提升。四是党风廉政建设不断深化。坚持“三不”一体推进，持之以恒贯彻落实中央八项规定精神，深化纪检监察体制改革，健全完善监督体系，强化源头治理、靶向治疗，推进廉洁文化建设，营造风清气正的政治生态和干事创业良好环境。五是脱贫攻坚卓有成效。2020年是脱贫攻坚决胜之年，交投集团牢固树立“交总账”意识，投入帮扶资金120万元，积极推进产业发展和整村提升项目，持续带动帮扶村群众增收致富。交投集团对口帮扶的五台县长条坡村和塔崖沟村全部实现整村脱贫。

（交投集团）

山西省高速公路集团有限责任公司

2020年，面对突如其来的新冠肺炎疫情和持续下行的经济压力，高速集团上下深入贯彻落实习近平总书记视察山西重要讲话重要指示精神，紧紧围绕省委“四为四高两同步”总体思路，认真贯彻落实山西交控集团一届三次职代会暨2020年工作会议各项部署，以非常之力统筹疫情防控与经营发展，全年实现营业收入6.59亿元。以战略之举聚焦重点投资建设任务，全年完成投资19.77亿元，高速集团主辅映衬的产业发展格局初具雏型，发展潜力和发展动能持续增强，基本实现“十三五”良好收官，书写高速集团历史上浓墨重彩的奋斗篇章。

【以战略之举聚焦投资建设任务，建设项目稳步推进】 2020年，高速集团认真贯彻省委“项目为王”和山西交控集团“着力打造品质工程”部署，举全高速集团之力推进重点投资建设任务，为高速集团高质量发展培育新动能。朔神公司有效克服征地拆迁难题和疫情对施工进度的影响，冬季施工赶进度，强化管理保质量保安全，全年完成投资7.53亿元，完成年度投资计划的100.4%。建投公司努力克服施工时间紧、点多面广的不利条件，在5个月时间完成主体及附属工程建设任务，完成投资7.06亿元，圆满完成建设任务。房地产公司努力克服人员短缺和开发经验不足难题，围绕高标准策划，取消控规配建的1.1万平方米保障性住房，配建幼儿园计入商业面积，确保未来产品快速去化、资金及时回笼，完成规划设计报批等前期手续，为项目开发奠定坚实基础。太原公司充分发挥资质优势，先后承揽省内9条运营高速公路电力维护工程和机电消防维护维修工程，涉路电力及消防产业项目累计签订合同额6236万元，涉路电力及消防产业比重由2019年的13%上升到45%，涉路电力消防产业发展初见成效。

【坚持久久为功强运营，整体运营管理水平持续提升】 2020年，高速集团紧紧围绕“保畅通、保安全、促发展”中心工作，持续推进“六大增效”工程，在提升运营管理水平上久久为功。持续推进取消高速公路省界收费站的系统优化完善工作，全年高速集团所属各运营公司联网收费系统运行稳定有序，取得在交控集团路网运行专报中路网运营管理综合指数全省排名第三的较好成绩。以迎接“十三五”国评为契机，加强日常养护，保持路域环境，集团所属高速公路运营管理各项指标均达到行业标准要求，养护质量评定均达“优”质等级。在山西交控集团年度运营检查中，大成公司名列第六，吕环公司名列第七，平榆公司在路面清扫系统考核中取得满分，名列全省第一。认真履行托管职责，促进大成公司尽快融入高速集团管控体系，选优配齐公司领导班子并强化大成公司优秀干部交流任职，协助完成公司贷款置换，贷款利率由5.39%降为4.35%，缓解公司还本付息压力，完成繁大高速公路竣工验收，截至12月底，大成公司营业收入完成8704万元，完成年度考核任务指标的112.06%，较上年同期增加17.89%，公司经营水平、运营水平均得到较大改善和提升，为高速集团托管政府还贷高速公路积累经验。

【以果敢之力强化降本增效，资金成本综合管控能力取得新突破】 受新冠肺炎疫情冲击，2020年高速集团通行费收入大幅下降，成本维持刚性，资金链面临巨大压力。高速集团上下牢固树立“过紧日子”思想，大力推进“一企一策”成本管控，强化成本控制力度。积极主动与金融机构沟通对接，平榆公司40.5亿元贷款利率由4.9%调整为4.5%，吕环公司贷款利率由4.65%调整为4.5%，当年节省财务费用2005万元。引入竞争机制，采取比选方式确定贷款银行，朔神高速新建项目贷款利率为4.05%，PPP项目贷款利率为4.15%，努力降低融资成本。通过优化存款结构、提高资金存款利率等方式努力提高存量资金收益，2020年实现利息收入2470万元。积极争取银行授信，先后获得银行授信资金额度41.8亿元，协调发行公司债券业务，为高速集团发展提供强力后援保障。

【坚持对标一流强管理，管控能力得到持续提升】 2020年，高速集团聚焦提升体系化管控能力，围绕战略管理、组织管理、运营管理、财务管理、科技管理、风险管理、人力资源管理、信息化管理等8个重点领域强化对标管理提升，高速集团管控能力和管控体系在巩固优化提升中取得新成效。稳步推进“六定”改革，高速集团总部职能部室由15个压减为13个，明晰部室职责，激发高速集团发展内生动力，促进高速集团治理体系现代化。加大技术投入，强化科技创新，4项科技项目完成结题，取得实用新型专利3项、软件著作权1项、申报发明专利2项、发表论文9篇、论著1部、部标1部。认真审核晋商信用增进投资股份有限公司和山西省国有企业结构调整基金投资决策，依法依规行使股东及合伙人的权利义务，持续做好股权投后管理。

【全力以赴抗疫情控风险，安全态势持续保持稳定向好】 面对疫情大考，高速集团上下闻令而动、快速反应，全力投入疫情防控阻击战，打赢保通保畅和疫情防控两场“硬仗”，有效地保障集团职工的生命安全和身体健康，扎实有序推进复产复工，以非常之力实现疫情防控与经营任务的稳步推进。全面深化五大体系建设，着力推进安全绿色发展，先行先试开展高速公路运营安全风险评价，有效应用微波遥感技术对事故多发、易发路段开展全方位、全天候安全风险监测，认真开展隐患排查治理，着力提升应急救援处置能力，全年安全投入831万元，安全环保态势持续稳定向好。深入开展“三零”单位创建，把全面风险管理融入经营管理全过程，持续推进全面风险管理，切实做好信访维稳、投资债务、法律、网络等各方面的风险防范化解工作，风险防范能力有力提升。

【坚持顾大体识大局，坚决完成平榆资产证券化任务】 资产证券化是省委、省政府深化国企改革的重大部署，平榆资产证券化是省政府赋予交控集团的重大政治任务。自领受任务以来，高速集团坚持顾大体识大局，坚决贯彻落实山西交控集团决策部署，认真配合路桥股份及中介机构积极协调推进前期准备工作，按期完成各项阶段性任务。加强思想引导，确保职工队伍稳定、交接平稳过渡。积极争取交控集团支持，解决平榆资产证券化涉及的资金问题。结合“十四五”规划编制，紧紧围绕山西交控集团董事长袁清茂提出的“高速集团要做政府还贷转经营性高速公路的平台、资产注入上市公司的通道，最终实现整体上市的战略目标”三步走战略要求，思考和谋划集团未来的战略定位、发展方向、发展举措，努力为集团转型发展蹚出一条新路。

【坚持全面从严治党，以党建引领改革发展迈出新步伐】 2020年，高速集团坚持以习近平新时代中国特色社会主义思想定向领航，以政治建设为统领，体系化加强党的领导、提高党的建设质量，全面从严治党持续向纵深推进，贯彻落实党中央、上级党组织决策部署更加自觉有力。积极践行好干部标准，坚持培养与管理并重，干部队伍得到进一步充实，素质和能力得到进一步提升。持续发挥党建带工建带团建优势，通过积极组织开展劳动竞赛、技术比武活动、困难职工帮扶活动、“写好中国字”“趣味运动会”等多种活动，积极开展精神文明单位创建，被山西交控集团评为精神文明单位，并通过省国资委精神文明单位检查验收，高速集团良好发展氛围持续增厚。大力实施精准扶贫帮扶，坚决贯彻落实省委省政府和山西交控集团扶贫帮扶工作要求，围绕脱贫攻坚目标，加强组织领导，“真扶贫、扶真贫”。截至年底，共投入帮扶资金25.5万元，完成

“十个清零”行动，顺利通过全国脱贫攻坚普查工作，完成金秋农产品消费扶贫10000千克，脱贫成果和成效进一步巩固。

2020年，高速集团坚持以“开局就是决战、出发就是冲锋”的斗志，全力以赴防疫情保增长，不遗余力推进项目建设提实力，持之以恒强党建促发展，持续推进集团高质量发展，尽管受疫情冲击，加之底子薄、盘子小、产业链短，完成的指标不够靓丽，但高速集团发展动能持续增强，干事创业的发展氛围持续增厚、发展共识进一步凝聚、高速集团高质量转型发展初具雏形，各项工作均走上良性发展轨道，展现出较强的发展韧性和巨大发展潜能。

（高速集团）

山西交通科学研究院集团有限公司

2020年，交科集团董事会严格按照《公司法》《公司章程》《董事会议事规则》等法律法规、规范性文件的规定，积极履行各项职责，勤勉尽责地开展各项工作，全年召开董事会20次，不断完善治理水平及规范运作能力，推动持续健康稳定发展。

【生产经营实现新突破】 始终坚持把承揽项目、完成项目作为保基本、谋发展的根本手段，围绕交控集团下达的生产经营目标，以市场为导向、效益为核心、项目建设为第一要务，推动生产经营水平持续提升，将疫情造成的损失最大限度降低。高效推进重点项目，圆满完成撤站项目二次并网收费任务，确保全省高速公路系统稳定运行；积极组织实施隧道提质升级专项工程建设，成立项目总指挥部和七个工作组，同步推进设计、施工、检测、计量、结算等相关事宜，各项工程按照时序进度要求高效推进。

【市场发展布局持续优化】 秉持“项目为王”理念，加大对新项目、新合同的跟踪储备力度，同时加强协同渗透，加快完善市场布局，全年累计新签合同1015项，合同总额21.23亿元。立足传统公路行业，一体推进市政、建筑、软件、信息等领域的延伸发展，有效促进了多元化产业立体式发展；依托省外在建项目，多点发力布设区域经营中心，充分发挥“桥头堡”作用，扩大省外市场份额，在广西、甘肃、贵州、广东、福建、安徽、陕西、浙江等15个省份累计承揽新项目52项，金额4.89亿元，逐步建立聚焦区域、覆盖全国的市场发展布局。

【创新引领作用日益凸显】 始终坚持把创新放在改革发展全局中的核心位置，以横向聚合、纵向穿透为方法路径，不断提升创新驱动发展能力。全年承担科研项目203项，申报各类科技项目108项，授权专利142项，获得省部级奖项14项。认真落实《促进科技成果转化管理办法》，自主研发的碳纤维板材、高性能结构胶粘剂、环保型彩色防滑路面、水泥基快速修补材料等产品在多地加快落地，ETC多场景应用在太原南站成功应用。加强与一流高校、企业合作沟通，与华为公司创建“联合创新实验室”，联合研发的高速公路AI稽核收费及追缴系统已具备上线推广条件。坚持以标准化助力创新发展，全年立项标准36部，发布8部，其中参编国标1部、行标1部，主编地标5部、团标1部；2项标准获山西省首届标准创新贡献奖三等奖。省交通运输标准化技术委员会秘书处在交科集团挂牌。

【质量服务水平不断提升】 始终将提升品质作为人才、平台等优质资源转换为企业核心竞争力的重要抓手。从设计质量、施工质量、产品质量、咨询服务质量等多角度入手，加强管控、细化措施，有效强化了所属企业的质量服务意识，企业质量管理和服务水平大幅提升。陆续开展了“坚守公路水运工程质量安全红线”“加强现场文明施工和安全生产标准化管理”“提升质量意识、打造‘交科’品牌”“提升设计质量、增强服务效能”等专项行动，不断提升质量服务水平。

【安全生产形势保持平稳】 认真贯彻落实山西交控集团关于安全生产的部署要求，坚持底线思维，牢固树立安全发展理念，强化安全意识，筑牢高质量发展生命线。全年未发生安全生产责任事故、环境污染责任事故以及农民工工资投诉纠纷，安全生产形势平稳。疫情期间坚决落实疫情防控相关工作要求，健全组织机构，明确应急响应机制和防控工作要点，持续做好现场防控、人员排查、物资供应等各项常态化防控工作，确保了交科集团职工“零感染零疑似”。严格执行企业重要决策法律审核程序，将法律审核嵌入管理流程，使法律审核成为经营管理的必经环节，确保规章制度、经济合同等的法律审核率达到100%。充分发挥法律合规对公司重大项目及重要事务的法律保障作用，聚焦重点事项，做到早期介入、关口前移，切实防控法律风险。始终秉承依法治企理念，保障交科集团在新机遇和新挑战下的稳健发展。

（交科集团）

山西交通养护集团有限公司

2020年，养护集团按照山西交控集团一届三次职代会部署，以经济效益为中心，以市场拓展为主线，有力推动改革创新，着力提升管理水平，努力促进降本增效，全力保持安全稳定，努力推进企业高质量发展。在全体干部职工的团结拼搏、共同努力下，全年完成营业收入88985万元，为年度目标的158%，实现利润3858万元，为年度目标的127%，圆满完成年度经营目标。

【以市场为目标，市场拓展能力不断增强】 为确保全年经营生产目标的实现，养护集团积极发挥市场开发的龙头作用，切实把市场拓展摆在工作首要位置。一是升级办理资质。以提升资质、增加资质为抓手，不断延伸产业链条，拓宽业务范围。办理取得建筑业特种工程专业承包资质和建筑业市政工程施工总承包三级资质，协成和交物路桥办理取得公路养护工程施工全套资质，为挖掘高速公路养护产业链及增值业务提供有力保障。二是增加注册资金。为适应形势发展和市场竞争需要，积极践行山西交控集团倡导的“走出去”发展战略，广泛参与全国范围内的市场竞争，养护集团进一步优化资源整合，集中力量办大事，把主要资源向具有发展潜力和竞争力的业务集中，积极在下属企业中打造强有力的竞争实体。按照有关规定和流程，对子公司——晋北和博特进行增资，进一步提高企业实力，满足对外拓展业务的要求。三是大力拓展市场。为承揽工程业务，养护集团领导分区域走访各高速公路运营管理单位，积极解决各运营公司养护计划及山西交控集团批复情况，并对重点项目安排专人跟踪。投标人员通过“山西省招标投标网”“山西交控招采平台”“火标网”等媒介，认真筛选符合养护集团资质、业绩等条件的项目进行投标。所属养护公司依托养护基地，充分利用地缘优势，积极拓展所辐射路段业务市场，承揽隧道提质升级改造工程、服务区提档升级工程和日常养护项目，进一步延伸产业链条。在承揽系统内业务的基础上，坚持“走出去”发展战略，积极拓展系统外市场，中标京大高速路面维修处治工程、宁夏厂拌热再生养护工程等18个系统外项目，营业收入5312万元，进一步扩大养护集团在行业内的知名度。

【以发展为要务，企业发展基础不断夯实】 坚持把发展作为第一要务，切实提升养护集团发展能力。一是统筹协调组织好养护施工。科学统筹，合理安排项目施工，积极配合各运营管理公司，做好道路养护和迎国检施工。路面检测：购置普勒斯路况检测车，并进行硬件更新升级。完成全省高速公路路面破损检测和汾平等高速公路的路检；第六次受国检项目承办方委托，完成吉林和黑龙江两省的路况检测。桥梁检测：完成长临、忻州南、太原东环、忻州北和太佳等高速公路的桥梁检测。预防性养护：积极推广应用“四新”成果，不断提高养护技术水平，对太古等16个高速路段进行预防性养护。路面桥梁专项病害处治：对忻州南等高速路段进行60多个项目的路面病害维修处治；组织实施吕梁北等高速路段20个项目的桥隧病害及伸缩缝维修处治。重点工程建设：高家河、瓦窑岭隧道病害应急处治工程是山西交控集团全年实施的“隧道提质升级改造工程”重点项目，养护集团抽调专业技术团队，科学安排施工顺序，统筹调度工程机械和运输车辆，加班加点、抢抓进度，于8月底按期完工，实现临吉高速全线通行。平榆高速宝塔山隧道完成右洞（平榆方向）施工。服务区提档升级工程：积极与实业集团对接，先后完成盂县、阳曲、薛公岭路面处治项目和潞城服务区彩色标线施划项目，累计合同额

3000余万元。二是全力推进拌合站环保改造及建设工作。沥青拌合站是事关养护集团长远发展、稳定发展的关键产业，直接关系到养护施工顺利开展，关系到工程质量的好坏，关系到养护成本高低。2020年，养护集团继续积极推进沥青拌合站环保改造及新建工作。在疫情给山西交控集团的经营生产带来较大影响情况下，为力争在路面养护施工全面展开之前完成拌合站环保改造，养护集团在做好复工物资筹备、劳务人员遴选、管理制度制定等前期工作基础上，3月上旬，陆续展开拌合站改造工作。通过积极推进，汾阳、大营、协成、介休4个拌合站完成改造，取得排污许可证，并进行生产供料，有力确保工程进度和工程质量，降低工程成本。根据养护集团组建时的规划布局和养护发展需要，本着量力而行原则，养护集团积极做好新建二期拌合站的前期工作，工程可行性报告已报送山西交控集团。

【以降本增效为重点，挖潜增效不断向纵深发展】 针对市场竞争激烈、项目利润空间狭小、企业资金周转困难等现实情况，养护集团把降本增效作为贯穿工作的一条主线和一项长期推进的重要工作来抓，积极与同行业先进企业对标，查不足、找差距，全流程管控挖潜，抓住关键，加大工作力度，以科学有效管理，推动降本增效工作向纵深发展。一是积极推进全面预算管理工作。根据上一年度费用支出情况，并结合2020年实际，制定下达年度管理费用预算，严格履行申请、审核、审批、支付程序，严格控制无预算资金支出。二是紧紧抓住产生企业利润源头。大力抓好项目成本管控，要求每个项目进行成本分析、成本核算、成本控制。三是牢牢抓好原材料采购和设备租赁、材料运输等环节。对抗裂贴、贴缝带和沥青等大宗材料进行集中采购，节约费用。

【以管理为手段，企业治理能力不断提升】 下大力气在精细管理上做文章，进一步建立健全科学高效的运行机制，优化管理程序、强化管理职能，提高管控力。一是系统谋划企业发展战略。按照山西交控集团要求，有序推进“十四五”规划编制工作。抽调人员，成立以养护集团领导为组长的“十四五”规划编制组；制定《工作方案》；完成机关部室和所属各单位“十四五”规划征集；委托第三方专业机构，编制“十四五”规划初稿，系统谋划养护集团未来发展蓝图，确保建设国内一流养护企业开好局、起好步。二是建立健全管理制度。根据山西交控集团要求和养护集团实际，制定《市场开发管理办法（试行）》等一系列规章制度，建立标准规范的规章制度体系，规范工作流程，提高工作效率。三是扎实推进标准化建设。按照山西交控集团标准化建设要求，养护集团积极着手标准化建设，印发放《公路养护企业安全生产标准化评价实施细则》，安排工程部和下属有关单位，按业务类型编制《养护施工作业指导书》，完善标准化制度，逐步建立以管理标准、工作标准、技术标准为主体的标准化体系。四是完成减少企业法人户数“压减”目标。按照山西交控集团《关于加快推进所属企业压缩管理层级减少法人户数工作的通知》要求，养护集团结合发展战略规划和“1主3辅1新”的主辅业结构，逐一分析各业务板块和所属企业情况，将不属于山西交控集团主辅业的高速公路广告业务企业——山西省远方高速公路广告公司进行压减，5月27日注销登记，圆满完成山西交控集团下达的企业法人户数“压减”目标。五是积极开展对标提升行动。根据山西交控集团开展对标世界一流管理提升行动要求，结合实际，养护集团围绕8个管理领域，确定26项重点任务，制定《对标世界一流管理提升行动实施方案》和《对标世界一流管理提升行动工作清单》，并按阶段目标扎实推进活动开展。11月下旬，养护经营层管理人员对标学习考察浙江交通资源投资有限公司。

【以技术为引领，企业技术实力有效增强】 创新养护集团深入实施创新驱动战略，不断提高集团整体技术实力。一是开展科技创新活动。紧紧围绕经营生产难题和行业前沿，开展科技攻关活动。2020年3个科技项目被山西交控集团立项，并通过科研大纲评审，签订项目任务书。二是成立技术研发中心。为实施“科技兴企”战略，研发推广适合山西特点的养护新技术、新工艺，推动科研成果产业化，推进公路行业技术进步，给打造一流养护企业提供强有力技术支撑，养护集团与中公高科养护科技股份有限公司合作，成立“公路养护技术国家工程研究中心山西研发中心”。三是推广应用“四新”成果。紧盯交通产业变革趋势，围绕沥青路面再生、节能环保养护材料、路面快速养护技术等方向，推动新技术、新材料、新工艺、新装备的开发应用、不断提高工程质量，提升技术实力。加强与科研院所合作，进行再生技术的应用研究，邀请东南大学教授讲解再生养护技术。在晋中和侯马养护基地，购置安装厂拌热再生设备，建设绿色、环保的养护基地。积极与路段运营公司合作，对适合再生技术的路面进行再生养护施工，2020年，已实施“宁夏厂拌热再生养护工程和太佳高速、阳泉西环高速就地热再生施工”，积累再生技术施工经验。

【以安全生产为保障，安全发展能力不断提升】 把安全生产作为重中之重来抓，始终将安全生产工作放在心上、抓在手上、扛在肩上。以有效防范和坚决遏制安全生产事故为目标，以狠抓安全生产责任落实为核心，以安全风险管控、隐患治理为重点，全面深化安全生产“五大体系”建设。自上而下层层签订安全生产目标责任书，配备专职安全管理员，做到“机构、目标、设施、人员、经费”五落实。结合ISO9001质量管理体系建设，完善安全生产各层级各岗位工作规范及操作规程。深入开展安全生产月活动，在生产施工现场张贴宣传画、悬挂横幅；进行消防与应急救援知识培训及现场演练；开展安全生产知识竞赛；结合养护集团生产经营特点，开展“平安工地”创建活动。深入开展安全生产大检查，实现施工周期内所有施工项目安全检查的全覆盖。创建“工程管理”微信群，要求各项目负责人每日进行信息报送，早晨报告当日施工地点、出工人数、班前嘱托情况，晚上收工报平安。在2019年取得交通运输企业安全生产标准化二级达标证书基础上，2020年，按照山西交控集团施工、运营子公司必须实现安全生产标准化达标的要求，安排所属子公司对接第三方咨询机构，积极做好安全生产标准化达标工作，养护集团所属6个子公司取得养护施工企业安全生产标准化二级达标证书。开展安全生产企业文化省级示范单位创建，进行企业安全文化理念发布和企业安全文化园地建设。新冠肺炎疫情发生后，按照山西交控集团统一部署，养护集团积极响应、迅速行动，坚决将各项防控措施落实到位。成立疫情防控工作领导小组，及时印发疫情防控工作通知，制定《疫情防控应急预案》。党员干部坚守岗位、靠前指挥，班子成员7批次深入生产基地等基层单位，督导检查基层单位疫情防控责任制落实情况、人员密集场所卫生消毒情况、应急隔离场所建设情况和防疫物资储备情况等，检查指导防疫工作。对员工外出情况、与疫情重点地区人员接触情况等进行全面摸底调查和动态跟踪管理。办公场所实行封闭管理，对所有出入人员进行体温监测和登记，机关办公实行OA线上办公等防控措施。充分利用宣传栏、电子显示屏、微信等方式大力宣传防控知识，引导员工正确面对疫情。通过多措并举，加大安全管理和疫情防控力度，2020年以来，养护集团无安全生产责任事故发生，取得疫情防控“零感染、零病例”的阶段性成果，保障企业安全稳定发展。

【以党建为引领，发展合力有效凝聚】 坚持党建与业务工作“两手抓、两手硬”，以党建引领公司健康发展。一是健全企业治理结构。把党的领导融入养护集团治理体系。建立完善党委会、董事会、经理层议事规则，定位党委把方向、管大局、保落实，董事会定战略、作决策、防风险，经理层谋经营、抓落实、强管理，规范权力运行，形成稳定的治理模式。督促指导下属公司将党建工作写进公司章程，保障基层党组织的法定地位。二是突出发挥领导作用。坚持把党委会研究作为董事会、经理层决策重大问题的前置程序，全年召开党委会26次，研究议题83个，有力保证党和国家路线方针政策、上级党委各项决策的贯彻落实。三是做好意识形态工作。按照党管意识形态工作要求，加强对意识形态工作的领导，压实基层党支部意识形态工作责任。持续加强政治思想工作，认真研判山西交控集团薪酬、“六定”等改革政策落地可能诱发的不稳定因素，积极做好风险防控。四是做好群团统战工作。成立养护集团工会、精神文明建设委员会和团总支，印发《文明单位创建管理办法》，开展文明单位创建活动，申报省属企业2019年至2020年度文明企业标兵，山西省文明办已公示，下属检测和晋北公司被评为山西交控集团文明单位。五是全面加强“三基建设”。批复成立4个党支部，实现所属企业党组织应建尽建。印发《关于规范基层党组织制度建设的通知》，全面规范各党支部工作职责和制度建设工作，为基层党组织开展工作提供政策依据。重视在一线和青年职工中发展党员，年度发展党员9名。 六是加强党风廉政建设。认真履行党风廉政建设主体责任，领导并支持驻养护集团纪检组开展工作，健全纪检机构，设立综合室、监督室，并向下属企业派出3个纪检组。落实党风廉政建设责任制，与所属企业主要负责人签订党风廉政建设责任状。加强党风廉政宣传教育，注重典型案例示范警示，组织开展廉洁文化作品征集暨优秀作品展出活动。对新选任干部进行任前廉政谈话，对中层干部进行廉政提醒谈话，持续敲响严守纪律规矩的警钟，筑牢拒腐防变防线。

2020年，在山西交控集团的正确领导和有力支持下，养护集团高质量发展迈出坚实步伐。新的一年，养护集团要努力做到思想再解放，改革再深化，工作再抓实，技术再提升，实力再增强，做大做强、做精做专养护业务，积极推动现代一流养护企业建设再上新台阶。

（养护集团）

山西交通物流集团有限公司

2020年，物流集团以习近平新时代中国特色社会主义思想为指导，全面贯彻中共十九大和十九届二中、三中、四中全会精神，深入贯彻习近平总书记三篇光辉文献精神，认真落实省委“四为四高两同步”的总体思路和要求，坚持稳中求进工作总基调，坚持新发展理念，坚持高质量发展，坚持深化改革创新，强化战略引领，强化市场化经营，强化精细化管理，强化担当作为，全力抓好“163”工程，持续提升改革发展、经营管理、防范风险、管党治党四种能力，努力打造创收型支柱型产业，为助推山西交控集团成为国内一流的科技型实力型智能型现代化交通企业提供强大动力。

2020年，物流集团营业收入目标10000万元，截至12月末累计完成3976.92万元，完成比率为39.77%；投资额年度目标5000万元，截至12月末，累计完成1555.16万元，完成比率为31.10%；资产负债率年度目标值76%以内，截至12月末，资产负债率为13.68%；全员劳动生产率年度目标值3.84万元/人，截至12月末，完成值17.35万元/人；现代服务业及其他业务增加值年度目标1800万元，截至12月末，累计完成-2974.83万元。

【疫情防控取得阶段性胜利】 疫情发生以来，按照省国资委党委、山西交控集团党委关于疫情防控和复工复产、企业正常运营和新项目建设开工“两不误”的决策部署，物流集团党委坚决扛起政治责任，树立“疫情就是命令、防控就是责任”的意识，认真学习上级关于疫情防控和经济社会发展工作的相关精神，通过召开视频会议、印发文件、实地调研等方式，对疫情防控和复工复产进行安排部署和督促指导；发挥党支部战斗堡垒作用和党员模范带头作用，组建“党员奋战疫情防控一线”队伍，建立商务基地入驻企业联防联控机制，严把入口关，特别是物资公司为二营盘老旧小区提供的全面管控服务，得到所在社区党组织书面表扬；发挥物资公司在应急物资采供业务中独特优势，按照山西交控集团安监部安排，组建“交控集团防疫物资、信息交流工作群”，及时解掌握各运营公司应急物资实际情况，全力采购调配各种防控物资保障高速公路疫情防控。截至年底，物流集团未出现任何疫情输入与扩散情况。

【山西交通研创商务基地项目全力推进】 自2019年12月10日获得山西交控集团批复以来，物流集团迅速推进，作为交控系统疫情期间首批复工复产项目，2020年4月2日完成招标工作，及时组织中标单位向山西交控集团做设计方案专题汇报，8月完成项目更名与设计方案的评审工作，其间经历置地公司剥离与人员调整，物流集团迅速调集业务骨干力量，抢抓项目落地，9月初获得山西交控集团关于规划设计方案的批复，通过太原市行政审批服务管理局批准项目立项申请，取得投资项目备案证、建设用地规划许可证。文物勘探单位进场作业，完成地质勘探招标工作和项目节能审查，建设工程规划许可证已同步进入审批环节。截至年底，项目处于初步设计及概算的编制阶段。

【应急物资集采及机械设备租赁业务初见成效】 在山西交控集团大力支持下，物流集团继续推行实施应急物资、运营类物资集中采供管理和养护机械设备"以租代购"服务，在省委书记楼阳生"六新"理念指引下探索出一条"新材料、新工艺、新技术"引领的新型采供服务模式。全年已完成总体采购储备标准比重约16%的配送应急物资任务，9月18日通过组织专家评审，储备缺口总额约1.3亿元的高速公路交通安全应急物资已具备采购条件，经初步测算可直接降低集团安全应急物资综合采购成本5%左右；按照山西交控集团安监发〔2019〕277号文件要求，2020年底前完成高速公路安全应急物资储备库建设，由于安全应急物资品种杂、型号多，标准配置费用接近1.6亿元，各运营公司两年预计拨付的安全生产费用不能满足储备采购要求，物流集团将先行垫付3000万元补充足太原、太旧、吕梁南、吕梁北、忻州南、长治、晋城7个公司的物资储备，完成7个标准化安全应急物资储备库的建设。与此同时，机械设备以租代购模式全面推进。先后加快全省机械设备智慧管理平台建设，完成用户手册制定、管理员设置、账号分配、车机档案基础数据录入采集等工作，制定平台维修保养试行管理办法，根据前期实际运营情况，优化完成平台各功能板块功能。积极与高速公路各运营公司进行高速公路养护机械设备租赁业务合作沟通，截至年底，已与安全防撞车制造厂商达成安全防撞车合作意向，与吕梁南、太原、忻州南等运营公司达成租赁意向，养护机械设备租赁合作单位需求的32台机械设备已全部配置到位，租赁费530万元。

【深化改革取得重大进展】 一是"六定"改革稳步推进。围绕山西交控集团"六定"改革部署，顺利完成物流集团机关机构优化和干部选配工作，总部职能部室减少4个，减少比例30.77%，总部中层管理职数减少12个，减少比例38.71%，选拔配备中层干部15名。二是"十四五"规划编制工作全面展开。结合物流集团实际情况，制订"十四五"规划编制工作方案，面向全员征集业务发展思路，多次组织专题会议，对产业政策及行业趋势进行研判，通过对主辅业梳理、分析与定位，明确物流集团未来发展方向，即以物资设备集采集供为主业、以资产经营(盘活高速公路沿线土地资产)为辅业的业务格局。三是启动交建招标公司混合所有制改革。按照山西交控集团"以路为基、产融结合、创新驱动、多元发展"战略布局，引入有实力的战略投资方，对交建招标公司进行混合所有制改革，打造服务内容涵盖电子招投标交易、企业集采、电子保函、资产处置与监督等模块的"阳光采购平台"，混改可行性研究等相关材料已报送至山西交控集团，待山西交控集团论证审核。四是理顺大运公司股权关系。与山西太旧高速公路管理有限公司、山西省物流中心分别签署股权转让协议，先后完成国家企业信用信息更正工作，高管人员实名认证、股东名称修正、物流集团章程修改、公司高管人员任免、人事资料补充等工作和70%股权变更登记工作。五是开拓市场能力有效提升。依托全省高速公路闲置低效土地资源，与阿里集团、数梦公司达成初步合作开发意向，结合双方优势和路网优势，选址建设物资集散与装备维保基地，构建物资采购体系"采购—仓储—调拨—配送"全过程服务模式，为物流集团融入市场奠定基础。

【"三零"创建工作扎实推进】 "三零"单位创建工作是省委落实习近平总书记视察山西重要讲话重要指示和中共十九届四中全会精神的创新举措，是推动社会治理重心下移，做好和谐稳定工作的重要抓手。物流集团第一时间对创建工作进行专题研究，制定《实施方案》，成立领导组，召开"三零"单位创建工作部署推进会，对各项工作进行安排部署；进一步强化责任落实，层层分解任务，层层压实责任，强化工作保障。制定完善《安全生产检查与隐患排查治理制度(试行)》等相关安全生产管理制度、管理办法,使安全工作标准化,规范化。建立安全生产隐患排查治理台账,制定安全生产风险清单,深入开展安全隐患大排查、大治理活动,及时消除安全隐患,保障安全生产工作的顺利进行。加强信访维稳工作,强化信访问题处理,强化社会治安防控,实行创建单位台账化管理,明确责任人,加强督促指导,由上至下做到守好“点”稳住“线”控好“面”,针对二营盘宿舍区遗留问题,加强与住户的沟通联系,帮助职工住户及时解决各种问题,截至年底,无信访上访、安全事故、治安案件发生。

【党建和党风廉政建设持续深化】 以深入总结“不忘初心、牢记使命”主题教育常态化为契机,以创建党委理论学习中心组示范点为抓手,学习机制,探索开展具有物流集团特色的“4+2”学习模式,以“学”“考”“评”活动开展促进工作落实;落实全面从严治党主体责任,有效发挥把方向、管大局、保落实的领导作用,坚决落实两个“一以贯之”。严格落实民主集中制、请示报告制度、双重组织生活制度,通过推进“党建进章程”、重大事项决策程序前置,把党的领导融入公司治理各个环节,全年共召开党委会9次,研究部署党的建设、业务拓展重点工作78项;一体推进“不敢腐、不能腐、不想腐”重要方略,在健全完善制度、织密织牢笼子、强化制度执行上下功夫,在形成制度闭环、构建约束机制上做文章,逐步完善“纪律监督、监察监督、派驻监督、巡察监督、部门联动监督”五位一体监督体系,围绕企业“三重一大”、工程建设、招标投标、资金使用、物资采购等重点领域和关键环节,查找廉政风险点,制定科学严密防控举措。加强日常监督,定期开展形势分析、廉政谈话、督导检查和明察暗访,保持正风反腐高压态势,努力营造干净干事的工作氛围。

(物流集团)

山西交通实业发展集团有限公司

2020年,实业集团认真贯彻落实习近平总书记关于坚决打赢疫情防控阻击战的一系列重要指示和重要讲话精神,坚决落实习近平总书记视察山西重要指示重要讲话精神,按照山西交控集团党委“建设国内一流的科技型实力型智能型现代化交通企业”的战略部署和要求,推动实业集团高质量发展,取得显著成效。

2020年,实业集团实现营业总收入82135万元,完成任务目标(121795万元)的67.44%,同比增长41.48 %,其中:成本费用95036万元,同比增长38.03%;受疫情影响,利润总额-5065万元;国有资产保值增值率89%,资产负债率37%,全员劳动生产率10.02万元/人,人工成本利润率-38.68%,现代服务业及其他业增加值23152万元,完成任务目标(目标为21474万元)的107.81%。

截至2020年年底,实业集团管辖服务区105对,除玉龙庄、白家庄2对服务区因基础设施不完善未提供公益基础服务外,其余103对服务区全部向社会公众提供如厕、开水、停车等公益基础服务;105对服务区中,51对服务区开通加油站业务,在营加油站99座,其中自营32座,本年度新开通28座,占到在营加油站的三分之一;餐厅、超市开通服务区67对,本年度新开通5对。

2020年,实业集团围绕“135”发展思路,即坚持“创高速公路服务一流品牌企业”发展目标,抓好“公共服务上品质、经营业态创新绩、窗口工程树形象”三大重点任务,探索构建以“公共服务管理定额化、经营业态管理目标化、核心产业发展专业化、业务财务核算一体化、生产要素管控智能化”为主要内容的全价值链成本管控体系五条路径,把实现利润、全员劳动生产率和单位成本作为经营管理的基本目标、基本手段,大力实施改革增效、管理增效、技术增效、服务增效、挖潜增效、安全增效,经营管理各项工作取得新成效。

【严防严控,疫情防控万无一失】 面对新冠肺炎疫情,实业集团坚持以疫情为命令,把人民群众生命安全和身体健康放在第一位,各级党组织和广大共产党员把投身防控一线作为践行初心使命的试金石和磨刀石,成立共产党员先锋队(突击队)37支,设置共产党员先锋岗40余个，广大党员切实做到带头严格落实防控措施、带头承担急难险重任务、带头坚决服从组织安排、带头做好群众工作，配合地方疫情防控机构在17个服务区设置卫生检疫检测站，共检测车辆295520辆、人员488765名，筑起高速公路“防输入、防扩散、防输出”的屏障，发挥党组织和共产党员的战斗堡垒、先锋模范作用，为全省打赢疫情防控阻击战做出积极贡献。

【争分夺秒，复工复产跑出加速度】 在分类恢复餐超经营业态的基础上，实业集团加快恢复加油站经营业态，做好油品的供给与储备，高速能源分公司转铁路运输途径采购汽油1500吨、柴油2000吨，积极协调代县、原平、太谷三个县市的卫生防疫部门，确保油品能够顺利送抵直属（代县）油库和太谷港源油库。晋城、潞城、偏关、轩岗4个服务区的8座加油站先后获得危险化学品经营许可证，为加油站早日开通运营奠定坚实基础。4月15日，全省首家高速公路“中化石油和高速能源”双品牌加油站在晋城服务区正式营业；7月1日以后，杏花服务区北区加油站和清徐、康庄、河津等5对服务区的10座加油站也陆续恢复业态，构筑起“中国石化、中国石油、中化石油、壳牌优选、国新华储、高速能源”等油品供应圈。

【精益求精，公共服务能力全面提高】 一方面，开展“两保两提升”专项行动，加强全天候基本服务保障，落实咨询服务台专人值守，完善母婴喂养室、残障人专用通道、第三卫生间等人性化服务设施；设置“司机之家”，配备电视、洗浴室等设施，为司机朋友们营造温馨、舒适的休憩环境；设立“妈咪小屋”，内设婴儿床、饮水机、微波炉等设备，满足母婴特殊群体需求；在便民服务区内设置信息查询（路线、周边旅游景点、特色产品、食宿等）、Wi-Fi、自助充电、雨具、医疗、24小时温热饮用水、ATM银行等服务设施。另一方面，组织服务区环境卫生整治百日行动，累计发动从业人员16.3万人次，清理卫生死角1.6万余处、小广告2.9万余处，清运垃圾9700余吨，修剪绿化带10.9万平方米，服务区环境卫生质量明显提高，司乘人员对服务区固有印象明显改观。认真总结专项行动的好经验、好做法，提炼、固化为管理制度，出台《服务区环境卫生督查检查办法》等制度，建立服务区环境卫生整治长效机制。

【创新发展，经营管理效益有效提升】 在完成实业集团《战略发展规划》《“十四五”发展规划》和《高速公路服务区发展规划（2019—2030年）》编制工作的基础上，一是探索“公共服务管理定额化”。以公共服务面积、断面车流量、驶入率为主要指标，对服务区分级分类，对停车场、公厕、开水间等公益服务设施维护保养费用，以及水、电、暖等物业支出核定标准，出台《服务区公益设施配置及运行服务标准》《服务区公共物业管理办法》《服务区公益性服务管理考核办法》《服务区标准化手册》等系列制度办法，在确保公共服务设施完好的同时，科学、合理控制支出成本。二是试行“经营业态管理目标化”。坚持效益导向，对经营业态层层分解指标，实行全员目标责任制，一个目标一个目标进行分解，一件事情一件事情抓好落实，一个节点一个节点向前推进，实现项目化管理、目标化考核。三是坚持“核心产业发展专业化”。聚焦能源产业，创立“高速能源”自有品牌，通过自主经营、委托管理、双品牌运营等方式，破除“租赁经营”单一模式弊端；采取市场化方式，建立油品供应商库，获得油库经营权和成品油批发资质，打通购、储、运、销上下游产业链，实现油品经营利润最大化；采取新建站开通、双层罐改造、合资合作经营等方式，加快推进加油站投入运营，2020年新开通和恢复业态加油站38座，截至年底全省105对服务区开通加油站93座。坚持强强联合，完成与国新能源、源通能源、泰化石油的3个天然气合资公司组建，积极推进与中石化、中石油的合资公司筹组工作。升级餐超产业，创立“晋享美食”自有餐饮品牌和“晋行晋驿”商品零售品牌，引入猫屎咖啡、正新鸡排、绝味鸭脖、大娘水饺等连锁餐饮品牌，丰富经营业态，提升服务品质，更好地满足社会公众多样化、个性化、高品质出行需求。四是推进“业务财务核算一体化”。建立财务共享中心，实行预算总额控制、资金归集共享、财务集中核算，将业务流程、财务会计流程、合同管理流程有机融合，推动流程整合、数据共享，实现业务、财务一体化核算。五是强化“生产要素管控智能化”。建设综合管控系统、物业管理平台、智慧服务区管理云平台，借助信息化手段，不断提高管理效率、堵塞管理漏洞；通过推广应用钉钉系统、现场考评系统等信息化监管系统，加强工作绩效、服务质量等方面的监督、考核，切实增强考核的及时性、准确性和公信力。

【提档升级，窗口形象大为改观】 以服务区供给侧结构性改革为主线，完成盂县、阳曲、薛公岭3对服务区提档升级改造，改造后，服务区新增营业面积9431平方米，新增厕位217个，新增停车位77个，丰富经营业态30余种，公益服务设施更加完善，“标配”转“高配”、旧貌换新颜，有力地推进高速公路服务区高质量发展。智能服务进一步强化，引入车位管理、智慧厕所、安防监控、入区卡口、快速测温、综合音视频、尚高速App等系统，为顾客提供便捷的车位引导、洁净智能的如厕环境、全方位的视频安全防护、实时信息通知、疫情测温防护、远程订餐和线上商品销售等服务；收银系统、银监稽查、无线支付等系统，规范收银过程，实现资金集中管理，满足顾客多样化支付需求；建立综合管控系统，采用图像识别、传感检测、信息化技术，采集服务区的车流、客流、经营数据，实现可视化的大数据管理，为服务区的运营决策提供数据支撑，为旅客带来由基本服务向美好体验的转变。

【落实责任，安全生产常抓不懈】 坚持“安全第一、预防为主、综合治理”方针，以安全生产管理“五大体系”建设为主线，全面加强安全生产管理。一是落实安全生产责任，制定下发2020年度安全生产工作要点，对全年安全生产工作进行全面部署；落实安全生产季度例会制度，定期分析研判安全生产形势，安排部署阶段性安全生产重点工作，全年共召开4次季度安全例会；层层签订安全生产目标责任书，明确各单位主要负责人是安全生产第一责任人，层层落实责任、传导压力。二是加强安全隐患排查治理，制定印发《安全生产隐患排查指导书》，组织各单位不定期开展安全隐患排查，共排查出隐患342项，整改189项，整改率58%。三是强化专项整治，扎实开展“三零”单位创建工作，制定出台《安全生产专项整治三年行动方案》，组织开展危化品车辆停放专项整治，切实做好“两会”“两节”等特殊时期安全生产专项整治工作，不断提升本质安全度。四是加强安全生产宣传教育，认真组织“安全生产月”活动，通过开展企业负责人讲“安全生产公开课”、“平安实业知识竞赛”、安全宣传咨询日、安全警示教育等活动，普及安全生产知识，增强安全生产意识，营造人人、事事、处处讲安全的浓厚氛围。五是推进安全标准化建设，健全安全生产制度体系，2020年出台《安全风险动态监控管理制度》等10项制度；开展省级安全文化示范单位创建工作，印制《安全职工手册》《安全宣传画册》，设立安全活动室，拍摄安全文化宣传片，打造特色安全文化长廊。2020年，实业集团通过安全生产标准化建设二级评审。六是加强应急管理，修订突发事件应急预案和专项应急预案，开展多次综合应急演练，应急处置能力得到有效提升。

（实业集团）

山西交通建设监理咨询集团有限公司

2020年，在山西交控集团正确领导下，监理集团坚持以习近平新时代中国特色社会主义思想为指导，坚决贯彻习近平总书记视察山西重要讲话重要指示，认真落实省委“四为四高两同步”总体思路和要求，严格按照山西交控集团2020年工作会议部署及《关于2020年生产经营重点工作任务责任分解的通知》中提出的目标任务和工作安排，统筹推进党建引领、生产经营、降本增效、人才培养、科技创新、质量安全、品质创建等方面工作，顺利完成交控集团下达的各项任务，提升竞争力、创新力、影响力和抗风险能力，形成推动高质量发展的强大合力。

【监理主业生产经营取得新突破】 2020年，监理集团上下齐心协力，辛勤耕耘，通过集团化运作，资源共享、优势互补，形成规模效应，提升整体核心竞争力，经营格局也实现跃升。全年在监项目137项，其中省内118项、省外19项，分布在山西、北京、青海、云南、辽宁、甘肃、贵州、广东、山东、新疆10个省份。2020年中标项目76项、中标额43599万元，其中省内67项，中标额41480万元，占总额的95.1%；省外9项，合同额2119万元，占总额的4.9%。山西交控集团内43项，中标额27775万元，占总额的63.7%，交控外33项，中标额15824万元，占总额的36.3%。营业总收入19173万元，其中监理业务收入16253万元，完成山西交控集团下达目标责任15300万元的106.2%。

监理集团本部：2020年在监项目46个，其中省内34个、省外12个。2020年中标项目33项，中标额28414万元。营业收入8003万元，完成目标任务6925万元的115.6%。

交科监理公司：2020年在监项目35个，其中省内29个、省外6个。2020年中标项目17项、中标额14423.79万元，营业收入4962万元，完成目标任务4260万元的116.5%。

振兴监理公司：2020年在监项目6个，全部在省内。2020年中标项目15项、中标额222.29万元。营业收入2476万元，完成目标任务2800万元的88.4%。

兴路监理公司：2020年在监项目34个，其中省内33个、省外1个。2020年中标项目5项，中标额244.04万元。营业收入712万元，完成目标任务755万元的94.3%。

道合监理公司：2020年在监项目16个，全部在省内。2020年中标6项，中标额294.14万元。营业收入366万元，完成目标任务560万元的65.4%。

【加强监理项目管理迈上新台阶】 为加强对项目的管控，维护好企业品牌，监理集团进一步加大对各项目部检查、指导力度，多次组织由主要领导带队进行的质量、安全、廉政综合大检查和安全生产、疫情防控等专项检查，要求各项目部提升主动意识，强化责任担当、狠抓整改落实；各项目总监办能够认真履行岗位职责，严格按照监理规范对工程质量、进度、环保、合同、安全等进行监督管理，严谨细致、精益求精，监理工作质量不断提升，多次受到业主的表彰奖励。监理集团还按照高质量发展要求，主动作为，发挥优势，扎实推进品质工程创建，在青海加西项目召开以“品质创建·安全发展”为主题的品质工程现场推进会，推动品质工程创建示范活动及品质提升三年攻关行动持续深入开展，得到青海省交通运输厅各级领导和建设业主的高度评价。监理集团在2019年度全国公路监理企业综合信用评价及全国公路水运工程试验检测信用评价中均被评为“AA”级。集团监理的霍永西高速公路工程获“2020—2021年度第一批国家优质工程奖”；监理的青海省国道310线大循段公路工程获“2020—2021年度第一批青海省建设工程江河源杯奖”；监理的云南省在建最长隧道保泸高速公路老营特长隧道12月底顺利实现贯通。成绩的取得，得益于监理集团多年来沉淀的良好声誉和品牌形象，也是监理集团实力和影响力的见证，更是监理集团全体员工共同努力的结果。

【完善内控管理机制展示新作为】 积极开拓思路，完善内控机制，夯实腾飞之基。大力提升组织管理水平，完成“六定”改革，建立职责清晰、精简高效、运行专业的管理机制，为全面提升监理集团治理现代化水平提供保障；大力提升财务管理水平，推行“成本核算、过程控制、利益同享、风险共担”为原则的质量、安全、廉洁、费用目标管理模式，提高资金使用效率，促进生产经营良性循环，实现可持续发展基础；大力提升人力资源管理水平，通过健全人才激励机制，加大奖励力度，组织专业培训等方式，努力打造一支诚信经营、诚实做人的高素质监理人才队伍；大力提升标准化管理水平，顺利通过北京华夏认证中心的“三合一管理体系”运行情况的年度监督审核，实现连续22年保持“三合一管理体系”认证注册资格。大力提升规范化管理水平，制定修改完善多项管理制度，涵盖综合管理、财务管理、人力资源管理、合同管理、考核奖惩等各个方面，为顺利开展各项日常工作提供制度支撑。

【科技创新工作再结新硕果】 高度重视科技创新工作，通过出台奖励办法、增加研发投入等措施，激发职工勇于创新的积极性和主动性，2020年，监理集团创新活力竞相迸发，科技成果硕果累累。申报的《消防管道传感器植入工具及其植入方法》获得发明专利授权，《一种隧道地下风机房及变电所通风除湿系统》等4项成果获得实用新型专利授权；《隧道消防管道防漏防冻远程安全监测预警系统及安装方法》列入《2020年度山西交通控股集团有限公司科技成果推广目录》并在省内多条高速公路隧道中应用，取得很好的经济效益和社会效益；监理集团推选出的QC小组和质量信得过班组在山西省交通企业协会组织召开的“2020年全省交通运输系统QC小组成果线上交流会”上从142个QC小组和13个班组中脱颖而出，4个QC小组获得前10名、1个信得过班组获得第2名；申报的“嵌入式路面预埋车检线圈施工工法”和“隧道消防管道防漏防冻安全预警设备”两个项目在中国公路学会主办的“第三届品质工程论坛·延崇高速河北段绿色示范工程现场观摩会暨首届全国公路‘微创新’大赛表彰活动”中均获得银奖。

【防范防控风险能力得到新提升】 疫情发生以来，监理集团严格落实山西交控集团的各项决策部署，坚持24小时领导带班应急值守，确保政令畅通。复工伊始，重点强化监理项目部的返岗要求，明确规定各项目部防控措施落实到位后，方准许监理人员返岗，返岗方式采用点对点专车接送，确保监理人员“零风险”复工。疫情防控常态化下，每天定时收集、汇总所属各单位有关应对疫情防控的各类报表，准确掌握防控情况。针对部分省区疫情反弹，及时下发防控紧急通知并深入一线检查督导、安排部署，确保防控工作落实到位，保证监理项目正常运行、干部职工“零感染”。监理集团牢固树立安全发展理念，始终坚持“四铁”原则，严格落实“党政同责、一岗双责、齐抓共管、失职追责”总体要求，严格落实安全生产责任，深入开展安全生产月活动，持续强化隐患排查治理专项行动，全年安全生产形势持续向好，未发生任何安全生产责任事故。深入推进“三零”单位创建工作，坚决做好稳定隐患排查、安全重点治理、综合治安防控，保持和谐稳定的良好局面。法律合规工作不断加强，法务工作制度体系不断完善，法律风险防范机制不断健全，三项法律审核达100%，为经营管理工作提供坚实法律支持。

【保阵地拓市场呈现新亮点】 紧紧围绕年度工作目标，积极拓展省内外市场，在确保省内山西交控集团内部市场份额的基础上，积极参与交控集团以外的市场竞争，生产经营持续向好，亮点纷呈：3月成功中标新疆京新高速梧桐大泉至木垒段公路机电交安工程监理项目，迎来2020年首季开门红。7月中标黎霍高速公路和离隰高速公路施工监理项目，中标金额近2亿元，单项合同额再创新高。12月中标山西交控集团高速公路运营站区污水处理工程监理项目，实现承担EPCO环保监理项目零的突破。

2020年，试验中心完成阳曲新址建设和进驻，开展扩大规模、资质升级、对授权工地试验室的管理检查等相关工作，为实现乙级资质升甲创造条件。还承揽太原西北二环高速公路J16总监办工地试验室工作、黎霍高速公路部分标段的基桩检测任务、参与并圆满完成山西交控集团组织的2020年度高速公路路况技术检测评定和运营工作检查任务。

【党建引领发展取得新成效】 坚持把政治建设摆在首位，引导职工牢固树立“四个意识”，坚定“四个自信”，践行“两个维护”，为生产经营打下坚实思想基础。2020年，监理集团党委结合实际，持续优化组织设置，做到应建必建，成立3个基层党支部，7个期满基层党组织完成换届选举工作。监理集团党委还以综合大检查为契机，对所属各基层党组织党建工作进行检查。在“1235”工作法推进党建项目化管理成果验收中，监理集团两个项目均获三等奖。在庆祝中国共产党成立99周年以及国庆节之际，开展领导干部讲授专题党课、邀请专家讲授纪念庆祝99周年“七一”专题党课、重温入党誓词等主题活动，进一步抒发爱党爱国情怀。监理集团党委持续加强和改进意识形态工作，每季度对意识形态领域形势进行研判，对意识形态工作责任制落实情况专项督查，确保意识形态领域平稳可靠。5月18日至6月28日，按照统一安排接受山西交控集团党委政治巡察，对巡察发现的问题及时提出整改措施，并逐项明确责任领导、牵头配合部门、整改时限和目标要求，实施“台账式管理”和“销号制落实”。经过强化措施、狠抓落实，按时完成整改，并在山西交控集团官网对巡察整改情况进行通报。在企业宣传和文化建设上，山西交控集团紧紧围绕中心工作，突出重点，内强素质，外塑形象，为山西交控集团稳定、改革和发展摇旗呐喊，保驾护航。2020年共报送交控稿件110篇，被交控采纳40篇，在中国交通建设监理协会、山西建设监理协会官网、微信公众号等外部媒体上刊登39篇次。编辑出版内刊3期，其中品质工程建设专刊1期。与此同时，监理集团认真做好审计监督工作，2020年完成资产负债损益审计、国资委跟踪审计及晋蒙黄河大桥和高沁项目的竣工决算审计等多项审计工作，对防止国有资产流失，促进廉政建设起到积极作用。此外还采取以审代训、审训结合的方式，组织对监理集团本部、项目部及所属子公司2019年度的财务收支开展内部审计，覆盖率达100%。清欠工作也有所突破，从2018年8月至今，累计清收应收(预付)账款7906.92万元，占全部应收账款的65.12%。工会、团委密切联系职工、青年，真正发挥桥梁纽带作用。

（监理集团）

山西省交通环境保护中心站（有限公司）

2020年，在山西交控集团坚强领导和鼎力支持下，环保公司始终以习近平新时代中国特色社会主义思想和中共十九大精神为统领，坚持“以路为基、渠道多元，技术为本、创新引领，行业深耕、三向扩张”工作思路和重点为统领，在抓基层、打基础上出实招，在抓创新、求突破上用真功，积极应对复杂严峻的经营形势，坚持一手抓疫情防控、一手抓复工复产，在抓紧抓实抓细疫情防控各项措施落实的基础上，实现经营发展的平稳有序。

2020年，环保公司营业收入15833.16万元，完成年度目标的100.6%；利润总额3019.17万元，完成年度目标的100.8%；归母净利润2014.51万元；国有资产保值增值率116%，资产负债率22.19%；全员劳动生产率达到46.41万元/人，人工成本利润率达到157.96%；技术投入占主营业务收入比率5.5%；未发生重特大安全生产责任事故和环境污染责任事故。完成各项目标任务。

【聚力党建引领，全面深度融合发展】 环保公司党委坚持以习近平新时代中国特色社会主义思想为指导，抓紧抓实思想建设、组织建设、队伍建设、作风建设和文化建设，组织党委理论中心组学习14次，创新建立“晋交环保线上课堂”，分时段、分专题、分层次组织学贯中共十九届五中全会、习近平总书记三篇光辉文献精神，全面学习关于安全生产、疫情防控、巡视巡察等近80项内容；充分发挥党的领导在国有企业发展中“把方向、管大局、保落实”的作用，完善《党委会议事规则》《董事会议事规则》和“三会一层”决策事项清单，厘清党委和其他治理主体的责权边界，进一步规范“三会一层”议事程序，共召开党委会共19次，研究议题123个，其中前置研究讨论“三重一大”事项84个，全部议题均实现科学决策、民主决策；坚决扛起巡察整改主体责任，认真对照巡察反馈意见，对40项具体问题提出113条整改措施，先后召开6次党委会议、9次巡察整改工作领导组及整改办工作会议、2次整改问题销号初审自查会，以上率下带动全面整改。经过环保公司上下为期两个月的共同努力，巡察组反馈的40项问题现已全部整改到位。创新建立《巡察整改工作日志》，把整改工作往实处抓、向深处抓，持续发力、久久为功，以巡察整改成效促进环保公司党建和高质量转型发展。

【聚力风险管控，全面维护稳定大局】 环保公司坚持底线思维，着力防范化解重大风险等问题，把风险管控作为推动高质量发展的牢固底线。一是坚决管控债务风险。组织召开应收账款专题会议，制定《应收账款清收方案》《公务卡使用及报销管理办法》等制度，截至年底，环保公司债务规模总量控制得当，存量债务化解积极有效，债务率指标低于警戒线，债务风险总体可控。二是坚决管控安全风险。制定环保公司《2020年安全生产重点工作责任分解实施方案》和责任清单，从安全检查入手，深入施工现场，加强工程等实体排查治理安全隐患管理，通过预防事故，抓早抓小，稳步推进安全生产工作，全年未发生安全生产事故。三是坚决管控质量、进度、成本风险。制定环保公司《质量管理办法》《进度管理办法》《项目成本控制管理办法》等管理办法，成立阳光采购工作组和招标采购管理委员会，完成会务服务、造价咨询服务及战略规划咨询服务等18项采购工作。四是坚决管控法律风险。制定环保公司《企业法律风险清单》《法律风险排查管理办法》，抓好“三项”法律审查，共审查合同240份，审查规章制度30份，审查重大决策1项。

【聚力人才建设，全面提供人才保障】 把人才建设作为推动高质量发展的重要保障，深化改革攻坚，着力完善人力资源管理体系建设。一是制度建设。制定出台环保公司《人才队伍建设实施办法》《年轻干部选拔培养制度》等十余项人才相关制度，为人才成长提供制度保障。二是人才引进。围绕环保公司战略新兴产业，按照“不求所有、但求所用”的原则，采取引人与引智、引技术与引理念相结合的办法，增强人力资源的“活性”，为环保公司提供人才支撑。三是人才培养。全面实施人才三年“倍增计划”，强化轮岗交流、创新培训机制，鼓励在职员工积极参加继续教育，建立“战略人才储备库”，对入库人员实施动态管理，坚持汰弱留强、及时补充、动态更新。成立“创新工作室”，先行先试开展项目协同管控、质量技术体系建设、团队能力提升、合作机制模式探索、“小实活新”发明创造活动等工作，提供人才发展平台。四是人才激励。制定基于环保公司年度经营目标和各部门年度经营目标责任和工作计划为考核目标，以部门季度“述职评价”、员工月度“有效工时制”为考核形式的绩效考核评价制度，切实提高员工的工作积极性和创造性。

【聚力技术咨询，全面夯实主业基础】 把市场开拓作为推动高质量发展的重要引擎，聚焦环境技术咨询主业，持续关注重大基础设施建设领域，切实加大项目的对接、引进、落地，在深耕市场上下功夫。一是扎实推进环保公司资质资信体系建设。首次申报取得水文水资源调查和水资源论证评价单位水平评价乙级资质证书，完成水土保持监测资质由2星升为3星的资质升级工作，取得土壤环境监测资质、非道路移动车辆尾气检测资质。二是省内外技术咨询业务实现多项零的突破。承揽全省首个城市轨道交通项目环保验收业务，环保公司首个公路防洪评价业务，内蒙古地区公司首个公路环保水保事中事后咨询业务，新疆地区公司首个公路施工期全过程水保监测业务；完成环保公司首个综合交通枢纽规划环评项目，首个边境国防公路水保方案编制项目，首个省外公路变更水保方案编制项目。三是行业外积极开展环责险服务业务。先后与中国人保、平安保险等5家环责险承保主体签署战略合作协议，承揽太原市“两山七河一流域”专项规划、晋中市“十四五”生态环保规划、大同市云州区农业高新园区规划环评。2020年新签订合同4113.174万元，其中行业外项目335.31万元（占比8%），环保公司外业务2418.364万元（占比58.7%），省外项目1140.852万元（占比27.7%）。

【聚力环保工程，全面优化产业布局】 积极推动以资本运作助推产业发展，继2019年12月底取得山西交控集团继对环保公司并购目标企业的行为批复后，9月24日，收到中国证券登记结算公司出具的股份登记确认书，持有柯立沃特3202.39万股，拥有51.00%的股权，成为控股股东。9月26日，山西交控生态环境股份有限公司揭牌仪式顺利举行，历时21个月的混改工作成功，实现生态环保产业全产业链布局。混改后的交控生态已告别单纯以水处理为主，向水、气、声、土和固废资源利用全方位拓展，一批细分领域“单打冠军”崭露头角，环境治理“全科医生”雏形初显。2020年全力推进EPC+O环境污染综合治理模式，高质量完成环保公司大同北、太原、长治等15个分公司共298处高速公路运营站区污水治理工程现场调查、初步设计及概算编制工作。同时，充分发挥国有企业在管理、人才、技术等方面的优势，以及民营企业自身灵活的市场机制和上市公司规范的公司治理结构，在主营产业、技术力量、资本运作等方面进一步培育和发展，经营效益和品牌价值有质的飞跃，向山西交控集团交出一份满意的答卷。

【聚力环境监测，全面增强发展后劲】 一是新增非道路移动柴油机械监测类别，取得检验检测机构资质认定证书。通过合理配置资源，完成管理体系文件的修订以及设备购置调试，在提升分析水平和完善基础数据资料基础上，于2020年8月取得山西转型综合改革示范区管理委员会颁发的检验检测机构资质认定证书，新增非道路移动柴油机械监测类别，检验检测类别及参数基本覆盖交通领域内环境监测需求。二是积极拓展环境监测中心业务领域，开展污染治理设施运维服务认证准备工作。对照污染治理设施运维服务认证要点，认真梳理申报流程，积极与中环协(北京)认证中心、省环保产业协会进行调研沟通，完成配套管理体系文件编制，待设备运维与现场实操培训后进行申报。三是以优先服务内部为主，逐步恢复原有行业外项目监测。受外部政策以及内部结构变化影响，环境监测中心主要服务于咨询版块，确保重点项目按进度要求开展。同时，通过优化业务渠道，环保公司承揽到环保系统潇河水质断面监测比对项目、太重集团自行监测项目以及外部委托监测项目等，原有行业外业务逐步恢复。

【聚力生态科技，全面拓宽发展空间】 一是"大环卫"方面。对全省16家高速公路以及长晋、晋焦高速公路等管理公司的日常保洁、绿化管护和站区垃圾收运工作的管理现状进行摸底；与福建龙马、北控水务等国内一流环卫上市公司开展深入的业务洽谈，为下一步实质性合作奠定基础。二是首次承揽岢岚岚漪河河道治理项目。已经完成岚漪河(岢岚段)水环境综合治理工程可行性研究报告编制工作，实现河道治理"零"的突破，为日后的水环境综合整治设计打下坚实基础。三是产品装备方面。编制完成内蒙古集通铁路声屏障建设方案、隰吉高速公路公路声屏障、污水处理设施、桥面径流设施环保工程优化方案；与路桥集团景宁项目部签订战略合作框架协议并对项目存在的环境问题进行梳理，编制完成隧道涌水专项治理方案，并开展部分隧道涌水治理工程。四是扎实推进生态修复和原生态绿色走廊建设工作。承揽太原公司、太旧公司、吕梁南公司、忻州南公司原生态绿色走廊施工图设计。目前太原公司完成12公里试验段和3个互通方案设计；吕梁南公司已经完成施工图设计和苗木栽植；太旧公司及忻州南公司忻保高速正在开展施工图设计。五是积极筹建环保装备基地。经过与综改区多次洽谈，拟租用唐槐园区6000平方米厂房作为高端环保装备制造基地，主攻生产一体化污水治理环保设备及其附属品树脂排水沟，已经完成可研报告及风险评估报告的编制，初步预计6月份投产，年产能将达到2亿元。

【聚力创新引领，全面推动转型升级】 坚持创新引领推动产业转型升级。一是科研课题。全年共承担10余项科研课题。其中，开展的山西省交通运输生态环境保护"十四五"发展规划、山西省水路交通"十四五"发展规划进一步提升环保公司品牌影响力。二是标准制定。全年牵头和参与制定7项标准。其中，省地方标准《绿色公路评价技术标准》等三项待省厅组织征求意见稿评审会；与中交一勘院合作编制的中国建设协会团体标准《公路工程水土保持技术标准》已发布。三是高端咨询。编制完成《山西路桥集团环保管家整体解决方案》等25份调研报告；完成太原市、古交市、娄烦县、迎泽区、小店区、杏花岭区、综改区的"十四五"期间"两山七河一流域"生态保护和生态文明建设、生态经济发展规划初稿。四是成果转化。融合秸秆育苗钵、三联边坡修复、双聚固化材料等一系列生态修复技术，向省发改委积极申报"山西省寒、旱、沙化黄土地区原生态修复技术和装备工程研究中心"；多次与天津莱茵、四川正升等国内一流声屏障企业开展技术交流，力争产品技术体系以及实体工程规模落地。五是结合需求。着手在站区分散式污水深度处理净化技术、树脂混凝土成品排水设施、植物基防霾降尘剂、粉煤灰陶粒声屏障屏体板、站区餐厨垃圾就地处理资源化利用装备、路域原生态走廊景观设计、特殊地质边坡生态修复技术、大环卫技术、非氯植物基环保型融雪剂等方面开展技术和产品研发引进工作。

（环保公司）

山西交控置地有限公司

2020年,在山西交控集团正确领导下,置地公司坚持以习近平新时代中国特色社会主义思想为指导,与时俱进,改革创新,齐心协力,努力奋斗,各项工作取得显著成绩。

【积极组织土地摸排,加快项目落地工作】 积极推进龙城大街2号地块项目,先后完成山西交控康乐欣云仓智慧服务中心项目、山西轰隆隆技术有限公司项目、太古建管处项目的可行性论证及项目建议书编写;积极推进运城南公司地产项目、临汾南公司职工住宅项目、临汾市黑马教育地产项目、太原综改区股权投资项目、晋中榆次503(勾地)等14个项目的进程。一是龙城大街2号地块推进情况。土地占地面积174.27亩,现土地性质为仓储用地,置地公司积极推进本项目模拟总平面方案设计工作,已初步完成控制性详细规划修改必要性研究。为契合太原市龙城大街的整体发展规划,使该地块开发利用价值最大化,经申请,2020年6月3日市领导批示同意进行土地性质变更,变更工作正在按法定程序推进。二是高速沿线土地调研情况。为更好地推动置地公司业务发展,结合实际情况,公司成立3个项目推进组,分别为:晋北片区、太原片区和晋南片区项目推进组。各项目推进组积极对接大同北、朔州、忻州南、太原、太旧、晋中、吕梁南、临汾南、临汾北和运城南等12家高速管理公司,对高速沿线闲置和低效土地进行针对性调研摸底。在各高速管理公司大力支持下,截至年底,已完成约2061亩土地的摸底调查,其中:初步研判具有地产开发价值的土地有4块,约502亩;具有综合产业园区开发价值的土地有3块,约174亩。按山西交控集团公司要求,正积极与各高速管理公司共同探讨、研究、论证闲置和低效利用土地开发事宜。三是基础设施投资项目情况。置地公司筹备之初,积极对接洪洞、襄汾等地市县区政府,洽谈并签订基础设施投资项目战略合作框架协议,积极对接洪洞县县城新区和棚户区改造项目、阳城县基础设施项目;同时借用路桥集团在介休的市场平台,积极对接地方政府,对介休市汾秀学校建设项目和二幼建设项目的前期工作及入库事宜进行全程跟踪。四是其他合作项目情况。置地公司对标一流房地产企业标准,积极与大型房地产企业进行合作。截至年底,正在对接太原市重点发展区域山西综改示范区汾东商务圈318亩土地项目,拟通过混改模式进行股权投资,实现强强联合、快速发展。

【高效推进"六定"工作,构建完备的制度体系】 结合自身发展定位,科学配置公司管理人员,制订并按期上报"六定"改革方案,实现"人、岗、责"三者之间的合理匹配。在做好"六定"工作的基础上,确定职责和岗位说明书,各部门根据职责积极对接山西交控集团,狠抓制度建设,厘清党委会、董事会、总经理办公会权责边界,形成有章可循、有据可依、按章办事、规范高效的管理体系。2020年共召开党委会5次,研究议题61项,召开董事会3次,审议提案46项,召开总经理办公会2次,研究议题23项,现已将发布的53项管理制度汇编成册,并展开制度内部宣贯,切实提高制度的约束力和工作执行力。

【确立中期发展导向,编制公司"十四五"规划】 紧紧围绕重点任务,以推进项目落地为重点,根据山西交控集团要求,结合置地公司实际情况,提前谋篇布局,量化发展指标,编制完成置地公司"十四五"规划,确立"开拓行业内外业务,创新合作模式,实现效益最大化"的总体发展思路,提出五年发展目标,对主要经济指标、产业发展目标、管理提升目标等进行详细规划,为提升置地公司治理现代化水平、实现高质量发展提供强大内生动力。

【强化资金计划管控,搭建财务信息平台】 一是推动全面预算管理,防范经营管理风险,通过编制2020年度全面预算,积极推进月度资金计划管理,强化资金管控力度,确保资金安全,降低企业经营风险;摸索全面预算管理新方法,针对预算编制和执行偏差大的项目,逐项分解原因、总结经验,提升全面预算管理水平。二是积极建设财务信息化平台,2020年8月搭建核算系统,梳理完成置地公司科目体系,2020年11月启动搭建费用报销系统、报表管理系统,12月正式运行,当前运行稳定。

【建立健全风险防控体系,加强法治宣传教育】 一是完成对置地公司53项规章制度和48项已签订合同的合规性法律审查工作,确保制度、合同等相关法律文书合法性审查全覆盖。二是围绕"诚实守信一路畅行"主题,深入开展"信用交通宣传月"活动,提高全体员工信用交通意识,营造交通信用良好的环境。三是积极参加第十七届全国法治动漫微视频作品征集展示活动,制作"我与宪法"微视频,充分发挥领导干部带头学法用法的标杆效应。"我与宪法"微视频在山西交控集团微信公众号进行展示。

【规范招标投标采购,加强合同管理】 在招标投标采购工作方面,置地公司以《山西省省属企业阳光采购监督暂行办法》及山西交控集团有关规定为准绳,制定基本管理办法,细化合同分类,规范并加强置地公司招标(采购)和合同(协议)行为管理,使置地公司各项业务工作"规范化、制度化、科学化"。截至年底,累计完成各项招标(采购)业务70余项,组织签订合同(协议)35项,在业务办理过程中做到阳光、公开、透明,实现"平台之外无交易,合同管控零风险",对提升置地公司经营管理水平,实现降本增效,促进廉政建设,维护公司合法权益起到积极作用。

【推进信息化建设,构建现代化管理体系】 为提高综合办公效率,置地公司在筹备期间就对信息化建设进行统筹安排,完成与交控集团视频会议系统的对接,实现图像、声音的稳定传输;9月启动OA协同办公系统,搭建七类62项流程,全员OA账号与企业微信对接,实现信息共享,建立高效协同的事务处理机制,大大提高办公效率。

【狠抓安全管理工作,确保公司安全稳定】 在安全生产工作中,始终坚持"安全第一、预防为主、综合治理"的方针,完成《安全生产管理办法(试行)》《安全教育培训制度(试行)》等制度的汇编。此外积极参加山西交控集团安全生产管理人员培训和生态环境保护培训,组织召开三季度安全工作暨做好秋冬季疫情防控工作会议、传达学习省长林武讲话精神专题会议,确保置地公司安全形势持续稳定。

【做好各项服务工作,树立优质服务意识】 在人力资源服务方面。一是办理50名调动人员的入职手续、入职登记信息填报、人事档案的转接与归档工作。二是按照《劳务派遣用工管理办法(试行)》完成劳务派遣用工手续办理与保险转移等工作。三是完成养老保险、失业保险、工伤保险在省社保局开户;完成医疗保险在省医保局开户;对接太原市公积金管理中心,完成住房公积金开户工作。四是开展职工教育培训,共组织内部培训10次,540人次,参加山西交控集团组织的培训16次,34人次。在职工后勤保障服务方面,按照"保障高效、服务规范、节约成本"的工作思路,突出抓好精细化管理、规范化各项服务工作。置地公司从衣食住行四个方面全方位保障职工福利,如定制工作服装,租赁、装饰职工食堂和职工宿舍,规范职工食堂建设和管理,营造饭菜可口、服务优良、卫生整洁、管理规范的就餐环境,做好做实做细公司公务车辆的使用、维修保养、加油及ETC的管理及服务工作等。

(置地公司)

山西交控金资管理有限公司

2020年,在山西交控集团党委正确领导下,金资公司全体干部职工团结一心,奋发图强,着力从根上改、制上破、治上立,以高质量党建推进高质量发展,实现"三个突破":一是战略重组实现根本性突破。在全省国有企业中率先整合金融板块,获山西交控集团和省属国企肯定,晋能控股、焦煤集团、华远陆港集团等大型国有企业专门向我们学习经验。二是经营效益实现实质性突破。2020年五项指标超额完成山西交控集团下达的任务,特别是实现利润1.67亿元,完成全年任务目标的111.15%,且利润结构明显优化,现金收入1.17亿元,现金占比达70%。三是产融结合实现关键性突破。金资公司投资方向从内外结合,转向以山西交控集团、交通产业为主,全年新增投资的90%以上投向山西交控集团转型项目,得到山西交控集团和兄弟公司认可。

【大力夯实党建基础工作】 金资公司党委坚持把党

的建设放在首位。一是强化政治学习。2020年共组织召开学习活动14次、专题宣讲活动6次，认真学习习近平总书记视察山西重要讲话重要指示、《习近平谈治国理政》(第三卷)、中共十九届五中全会精神等内容，自觉用习近平新时代中国特色社会主义思想武装头脑、指导实践。金资公司党委宣布成立后，立即组织召开党委理论学习中心组第一次集体学习，重点学习总书记重要论述，重温山西交控集团董事长袁清茂5月13日在金资公司调研时的重要讲话，统一思想、凝聚人心。二是严格落实意识形态责任制。金资公司党委认真履行意识形态工作的主体责任，定期开展分析研判，教育引导广大党员牢固树立"四个意识"，坚定理想信念。三是严格党员档案审查工作。在组织关系转接工作中严格按照相关规定审查档案，并专门派人前往转出单位进行核验。通过开展学习及全方位的党建工作，有效地凝聚和激发干部职工干事创业热情，为各项工作奠定坚实基础。

【战略整合集团金融板块】 为全面优化金资公司资源配置，提升金融业务板块实力，金资公司认真学习贯彻袁清茂5月13日在公司调研讲话精神，以国企"六定"改革为契机，按照打造"投资中心、财务中心、利润中心、内部银行"的战略定位，提出重构金融板块方案，组建山西交控金资管理有限公司，将资本管理、融资租赁、商业保理、基金管理等金融板块纳入金资公司，实施财务、纪检、法务、后勤"四集中管理"，着力打造制度完善、运转顺畅、风险可控的金融资本运营平台。这一做法获得省属国企广泛认可，晋能控股、焦煤集团、华远陆港集团专门来金资公司学习经验。金资公司10月注册完成后，在3个月时间里高效整合资本公司、交通产业基金、股权管理公司，市场化收购德海租赁公司、组建保理公司方案已报送山西交控集团，工作得到山西交控集团领导肯定。

【迎难而上超额完成经营目标】 2020年，受新冠肺炎疫情影响，国际国内经济发展趋势下行，面对复杂多变的金融市场，在山西交控集团公司党委正确领导下，金资公司以投融资业务为中心，全力服务山西交控集团高质量发展，全年五项指标超额完成山西交控集团下达的任务，其中：实现利润1.67亿元，完成全年任务目标的111.15%；归母净利润13585万元，完成年度目标的112.76%；资产负债率5.65%，比2019年降低8.58%，远低于山西交控集团任务指标(不超过90%)；全员劳动生产率359万元/人，同比增加90万元，完成年度目标的498%；人工成本利润率达到1767%，完成年度目标的1767%；资产管理规模为36亿元，完成年度目标的60%。

【狠抓人才队伍建设】 针对人才储备不足的问题，金资公司党委着重在"选育用管聚"上下功夫。一是开展公开招聘试点。在国有企业"六定"后，主动向山西交控集团申请作为试点，通过社会化招聘方式新录用员工，配合山西交控集团组织部建立一整套人才选聘、考察方案。二是配合山西交控集团组织部举办金融人才引进与培养工作座谈会。邀请省政府金融监管局、山西证券、光大银行、财经大学专家分享人才引育先进经验，为精选优育后备人才力量、构建完善人才梯队夯实基础。三是通过组织内外部培训。要求全员参加基金业资格考试，鼓励员工强学历、提技能，2020年共组织参加各类培训45次，有效提升全员专业能力素质。

【全力做好疫情防控】 把疫情防控作为最重要的工作来抓，多措并举、响应指令、迅速行动。一是迅速动员落实，强化思想认识。在山西交控集团党委领导和安排下，及时传达上级防疫工作部署，提高政治站位，做好应急预案。二是加强正面宣传，强化舆论引导。通过各种形式宣传疫情防控知识，引导干部职工减少外出，做到不信谣不传谣，确保公司舆情形势稳定。三是全力助推复工复产。在新冠肺炎疫情初期，通过信息化手段及时了解和协调各项工作，鼓励干部职工居家学习，定期组织员工线上学习疫情防控以及金融领域专业知识。在疫情形势严峻时期，金资公司领导班子成员带头，每天有一名班子成员在岗，保证工作的连续性，确保金资公司在疫情形势平稳后，第一时间进入正常经营工作状态。

(金资公司)

山西路桥股份有限公司

2020年，山西路桥股份有限公司认真贯彻落实山西交控集团与路桥集团公司2020年工作会议精神，紧紧围绕“市场化经营，精细化管理”主题，深挖发展潜力、激发发展活力，积极推进高速公路资产证券化工作，同时以“六大提升工程”活动为载体，着力推动管理提质增效。

【资产证券化步伐提速前进】 在山西交控集团大力支持下，路桥股份积极主动与政府部门、证券监管机构、山西交控集团等各相关方对接沟通，全力加快资产证券化步伐。按照路桥股份发展战略，先行推进发行股份购买高速集团持有的平榆高速100%股权，同时向招商公路募集配套资金4.8亿元项目。截至年底，本次项目所涉审计、评估工作已完成并定稿，经济行为已取得批复，备案批准工作正在稳步推进中，待各方相关工作完成后，将召开董事会审议相关事项，并由董事会召集股东大会审议与本次重大资产重组相关的议案，待重组议案通过后，将重组材料上报中国证监会。

【经营服务能力显著增强】 一是收费营销卓有成效。榆和公司精准制定个性化营销方案，以宣传单、情报板等有效载体开展收费政策宣传；以调查问卷形式建立客户档案，实施动态对比，挖掘潜在客户；以“畅行榆和路·积分兑好礼”有奖问答互动、“听民歌 赏花戏 兑好礼”、发放服务区代金券等营销方式，吸引广大司乘积极参与。截至年底，“畅行榆和路·积分兑好礼”活动已开展4期，累计参与车辆987辆，成功吸引保定市货运企业75辆货运车队行驶本路段。二是经营业务多元拓展。全方位拓宽服务区增收渠道，完成左权服务区充电桩设施前期准备工作，4个充电桩设备预计年底投入运营；加强闲置土地利用，平整闲置土地20余亩，逐步开发药材种植实验基地，培育新的利润增长点。三是路况指数稳步提升。首先，打破常规养(维)护管理方式，采用“内部管养分离+专业队伍协助”日常养护维修模式和“独立管维+技术咨询”机电管维模式，变“被动”养护为“主动”养护，推进养(维)护及时性、主动性。其次，开展春融排查、汛前地质灾害大排查，推出红橙黄蓝地质灾害监测图，编制维修整改时限表，列出责任清单，强化养护计划执行力，达到早预防、早处置。再次，根据年初专项工程计划，严把质量关，全面完成路面病害处置工程。最后，加强日常巡查工作，成立路面坑槽修补QC专题小组，深入研究路面坑槽修补质量的关键措施和工艺，带动全线养护质量提高，路况指数较往年有较大提升。

【服务举措亮点纷呈】 一是服务区制定预防投诉“12328”工作法。通过“监管人员每天至少巡查1次、服务培训每季度不少于2次、问卷调查每年不少于3次、每位员工一年内不能发生2起有理投诉、在(餐厅、超市、住宿、汽修、加油站、公共卫生间、广场、过道)8处位置设置内部服务监督电话”等一系列举措，减少服务区有理投诉的发生，目前未发生一起有理投诉事件。二是持续开展“擦亮窗口、倡导文明”服务区环境卫生整治月和“厕所革命”，整体环境卫生得到较大改善，进一步提升司乘人员的获得感和满意度。三是和顺服务区根据客户需要增加菜品种类，对经营环境进行二次装修，经营环境明显改观，顾客满意度显著提升。

【安全责任落在实处】 一是推进危险路段整治工程实施，完成隧道限速值调整和标志整改工作，服务区施划危化品专用停车位等工作，实现本质安全。二是按时召开安全生产会议，起草下发各类安全工作方案24份。总部及榆和路桥股份全员签订岗位安全、环保责任清单，建立横向到边、纵向到底的责任体系。三是新冠肺炎疫情发生以来，路桥股份及时成立防控领导组，划分责任片区，细化防控措施，坚持24小时值班和疫情“零报告”制度。四是积极开展“全员参与安全管控·全线消除安全死角”活动，开展拉网式排查整治，为“安全生产专项整治三年行动”“零事故”单位创建工作筑牢根基。

【公司治理体系更趋完备】 一是注重“三会”规范化运作。严格按照《上市公司治理准则》等要求，规范组织召开董事会、监事会、股东大会共16次，组织董事会专门委员会议4次，审议涉及公司治理、重大资产重组、定期报告、关联交易等重大事项共48项，独立董事、监事会出具专门意见29项，确保公司重大事项和经济活动的科学决策。二是严格遵循信息披露要求。始终将信息披露作为年度重点工作，以真实、准确、完整、及时为原则，以“零差错”为标准，追求规范、专业和质量，把信息披露工作做实做细，全年发布定期报告和各类临时公告102项，未发生补充更正情形。三是畅通沟通渠道。通过投资者专线、“互动易”平台、集体接待日活动等多种渠道，正面解答回复公司愿景和规划，全年咨询回复达率95%。同时，及时关注财经新闻、研究报告及媒体信息等，实行每日舆情监测及数据分析，全年监测敏感舆情98条，形成动态报告201份，便于及时有效应对，树立了良好的企业形象。四是制度建设逐步完善。针对管理现状，及时修订各项管理制度，完善管理流程，按照管理制度、制度流程化的思路，梳理优化管理制度和业务流程，共修订及新增《绩效考核管理办法》《员工考勤管理办法》《安全费用使用及提取管理办法》等9项制度，全面提升管理规范化、标准化、精细化水平。

【其他重点工作稳步推进】 一是“十四五”规划初步构建。路桥股份主动作为，超前谋划，研习同行业上市公司资产证券化、产融结合等先进经验，初步构建以高速公路投资运营为核心，交通科技、智慧交通、类金融为支撑，各业务板块互补发展的产业布局，实现由单一运营服务型向经营服务+资本运营型转变，为打造“国内一流的大型综合交通类上市公司”奠定基础。二是“六定”改革顺利实施。根据山西交控集团公司“六定”改革动员部署会议精神，按照路桥股份发展战略规划，在总部及所属企业开展“六定”改革，制定路桥股份及所属企业“六定”改革实施方案，完善机构和岗位设置，合理控制人员编制和职数，重新制定岗位标准、员工招聘制度，建立同企业经济效益和劳动生产率挂钩的薪酬分配制度，形成职责清晰、精简高效、运行专业的管理机制。三是强化内控与审计工作。内部控制方面，开展对股份公司总部及榆和公司的内部控制评价工作，针对缺陷问题，提出整改计划，同时公开发布《2019年山西路桥股份有限公司内部控制评价报告》。审计工作方面，组织对路桥股份本部及榆和公司的2019年度货币资金管理及年度预算执行情况进行审计，并出具相关审计报告。经审计未发现重大问题，货币资金管理及预算执行情况整体较好。四是强化法律事务管理工作。因重组遗留问题较多，路桥股份一直面临较大的诉讼法律风险，积极主动与债权人沟通协调，做好案件统计分类、公告发布、审核数据、文书办理、开庭跟踪、后续办理等各项工作，并协调律师出具意见、跟进落实，争取公司利益。截至年底，路桥共发生法律纠纷案件333件，结案165件。同时基础法律事务不断加强，路桥全年合同法律审核率达到100%。

【夯实党建基层基础】 一是加强思想政治建设。持续加强对理论学习的组织领导，通过党委中心组专题研究、支部“三会一课”学习讨论等多种形式，促进全体党员干部学习质量和效果不断提升。截至年底，党委中心组理论学习15次，专题研讨5次，其中专题学习《习近平谈治国理政》(第三卷)5次，党员领导干部讲党课3次。开展意识形态领域形势分析研判，及时发现化解矛盾问题，营造良好舆情环境。二是加强制度建设。印发《2020年党委中心组和干部理论学习安排意见》《党委理论中心组学习制度》等，修订《“三重一大”决策事项清单》，健全议事决策机制，严格履行请示报告程序，充分发挥党组织把方向、管大局、保落实的重要作用。三是严格落实“三零”创建要求。为保障“三零”单位创建工作有序推进，成立工作领导组，印发《深入开展“三零”单位创建及确保“两会”期间安全稳定有关事项的通知》，统筹推进常态化疫情防控和复工复产，做到“全线无疫情、人员零感染、生产零事故”。四是深化党风廉政建设。深入推进党风廉政建设和反腐败斗争，通过中心组学习、党员日常学习、观看警示片等多种形式，引导党员干部牢固树立纪律意识、规矩意识和底线意识。开展元旦、春节等节假日监督检查，抓“四风”问题不松懈，为路桥股份公司持续发展营造风清气正的良好政治生态。

(路桥股份)

大同北高速公路管理有限公司

2020年，大同北公司紧紧围绕“保安全、保畅通、保服务、提管理、降成本、增效益”的职责定位，发挥自主经营优势，进一步做强做大主业，做优做实多元辅业，努力实现质量、效益、动力大提升，全力构建安全、便捷、高效、绿色的现代化高速公路，推动大同北公司开拓高质量改革发展新局面。

【年度经营指标执行良好】 截至年底，基本指标全部完成，辅助指标符合要求，约束性指标落到实处，山西交控集团目标责任书所下达任务和考核指标，均实现良好执行状态。在取消省界收费站、ETC改造工程等收费管理改革大势下，大同北公司正视同北高速片区交通市场及货车流量不足实际，积极保障正常通行、拓宽收费营销、延伸服务，千方百计创收增收。截至12月底，全年累计拆分后收入38299.59万元，完成本年目标任务120.82%。年度运营成本目标责任完成26819.15万元，完成率93%。路面技术状况PQI平均值90. 04，其中国道55行车道抽检路段路面技术状况PQI均值89.1，评价为良等，优等路51.87%。省道30和国道59行车道抽检路段路面技术状况PQI均值89.45，评价为良等，优等路率50.45%。省道45行车道抽检路段路面技术状况PQI均值为90.29，评价为优等，优等路率48.83%。省道5501行车道抽检路段路面技术状况PQI均值为88.54，评价为良等，优等路率42.22%；三年未检桥，一、二类桥梁占到99%。2020年度路况检测已完成，隧道定期检测已完成，全部为二类。路政查处案件108起，查处简易案件7起，一般案件67起，重大案件34起，共收取路产损坏赔偿费1345514元，案件发现率达到100%、案件恢复率达到100%、结案率100%。办理超限运输许可886件，其中高速路线许可351件、混合路线许可535件。均无非法超限超载车辆驶入高速，无公路“三乱”现象。全年没有发生重特大安全生产责任事故发生，无重特大环境污染责任事故，安全体系建设逐步完善。技术投入到位，成效明显。5个QC项目获得省部级奖励，在全省交通运输系统QC小组成果交流会上，右玉路产维护站QC小组代表王添翼发表的“提高膨胀土边坡的稳定性”课题以优异成绩获得部优秀QC小组推荐资格。

【重点工作有效落实】 2020年，面对新冠肺炎疫情、撤销省界收费站、国企改革、经营模式转变等多重压力挑战，大同北公司抓牢山西交控集团年度工作会议安排部署的各项任务，对照山西交控集团下达的年度经营业绩考核指标，突出“两手硬、两战赢”，科学部署、精准施策，抢先抓早、克难攻坚，确保疫情形势安全可控、生产经营快速恢复、重点工作有序推进，各项重要任务和工作稳中有进，主要体现在四个方面。一是迅速行动、精准防控，坚决扛稳疫情防控责任。强化组织领导，筑牢防疫“硬堡全”。新型冠状病毒感染的肺炎疫情发生以来，在大同北公司全员果断行动，坚决预防并遏制疫情蔓延，全力打好防疫阻击战。及时成立党员志愿者团队，抓实“日报告”“零报告”制度，火速采购防疫物资，筑牢安全基石。班子成员明确分工，分片扎在一线，靠前指挥；收费、路产维护、路政迅速成立抢险队，保持24小时战时状态；设立“防疫运输专用通道”，加强专用通道专人管理，坚决阻断疫情传播途径。在做好疫情防控的同时，谋划全年工作，做好全年运营工作安排部署，按时复工复产，做到“两手抓、两不误”。二是转变思路、压实责任，全面推进大同北公司治理和经营管理。2020年4月，管理公司成立以来，以二次创业姿态和思路，按照现代企业管理要求，着力建立公司治理、经营管理新的机制框架。依据《中华人民共和国公司法》和省国资委、山西交控集团有关规定、制度办法和公司章程，在完善制度基础上，明确公司治理、经营管理权限、职责范围和党委会、董事会、经理层议事规则及各部门各单位职责。依据《中华人民共和国公司法》《管理公司章程》和山西交控集团关于16家管理公司的制度设计，整章建制，及时完善法人治理结构，严格履行党委会、董事会、经理层议事规则和“三重一大”决策制度，根据公司治理和经营管理需要，从党建、干部管理、人力资源管理到运营各系统及行政办公、信息管理、后勤管理等方面，制订完善党建和公司治理、经营管理各项制度110余个，已全部经过集团公司法务审核。三是看重大局、迎难而上，强力推进改革发展。7月10日，山西交控集团“六定”改革动员部署会后，大同北公司第一时间传达学习会议精神，组织全员学习省委书记楼阳生在4月17日全省国资国企改革发展工作会议上的重要讲话精神和6月29日在省委十一届十次全会上作的关于“六定”改革重要讲话精神，广大干部员工深深明白改革势在必行。按照山西交控集团关于“六定”改革的总体部署，大同北公司将“六定”改革作为当前最重要的改革重点来抓，从实际出发，严格遵循法制化建设，依法依规精准制定改革实施方案。排出时间表，定好路线图，不折不扣高效执行，切实推动改革举措落地见效。牵住稳妥消化超编人员这个改革转型的“牛鼻子”，紧密结合大同北公司实际，学习理解山西交控集团关于通过“六个一批”消化超编人员的途径和方法的深刻意义，尤其在定职数、定员额、定机制上，凝心聚智动大脑筋、下功夫做大文章。着力拓宽管理人员安置渠道，及时修订《推进中层管理人员能上能下实施细则》，以年轻化、知识化、专业化为目标，调整中层管理人员退出年龄界限，让更多年龄偏大的人员退出中层管理岗位。千方百计创造转岗机会，在根据山西交控集团核定岗位编制和转岗不下岗要求，完成人员定岗的同时，积极为员工创造转岗机会，加大力度帮助员工技术赋能，加强员工岗位知识、技能和业务素质培训同时，帮助员工拥有更多适应社会需求、变化的技能和不断创新与创造价值的能力，为员工转岗退出创造条件。截至年底，大同北公司机关已通过公开竞聘上岗等程序完成机构及人员调整；已完成养护系统人员竞聘上岗和调配；完成物业中心人员选聘工作；正在筹措收费治超系统人员的统筹调配工作，虽然大同北公司历史遗留问题较多，还有250余人待转岗分流，但无论困难矛盾多大、多复杂，大同北公司都要按时完成改革任务，不拖集团公司改革后腿。四是细化措施，强化管理，妥善分流安置超编人员。2020年以来，大同北公司通过不断加大员工退出政策宣传力度，动员达到退出年龄界限的人员退出岗位内部退养，鼓励有创业梦想的员工三年无薪休假尝试创业，及时为达到退休年龄的人员办理退休手续等多项措施，妥善分流安置超编人员，超编总人数有所下降。首先，针对人员超编问题，建立员工能进能出优胜劣汰机制。修订《员工退出机制实施细则（试行）》，让更多员工达到退出条件。严格执行国家退休政策，及时为达到退休条件人员办理退休手续。不断加强员工多种知识、技能培训，为员工转岗退出创造条件。加大绩效考核力度，通过绩效考核淘汰部分不能胜任岗位的人员。根据山西交控集团核定岗位编制，完成人员定岗，借助物业管理中心成立，动员鼓励富余员工转岗到工勤岗工作。另外，依托山西交控集团成立人才储备转岗中心，将大同北公司定岗后的富余人员向缺编单位输送；对接养护集团做好机械化养护中心人员移交工作；配合路政执法改革，做好路政人员移交工作。其次，针对干部职数超编问题，修订完善《推进中层管理人员能上能下实施细则（试行）》，以中层管理人员年轻化、知识化、专业化为目标，降低中层管理人员退出年龄界限，让更多年龄偏大的管理人员退出中层管理岗位，从而加大对年轻管理人员的培养和使用力度。积极按照山西交控集团《综合管理职务与专业技术职务并行管理办法（试行）》文件精神，制定《专业技术人员管理暂行办法》，探索构建管理人员和专业技术人员平行互通、双轨并行的H形管理模式，使不同序列专业技术人员，对应层级可在晋升、薪酬等方面享受同等待遇，将管理人员中具有一定技术水平的部分人员转为专业技术人员。2019年年底，签订劳动合同员工1892人（包括公司领导），较整合初期减少203人。2020年退出离职9人，退休4人，三年无薪6人，累计减少19人。

【经营目标任务再上台阶】 一是强化标准落地，全力推进运营服务再提升。第一，扎实做好撤销省界收费站各项工作。针对撤销省界收费站后业务管理的变化，按照标准化管理要求，厘清联网收费管理架构，保障业务正常运行、安全畅通。增设收费站ETC服务网点7个，在满足ETC全业务办理中，准确耐心做好新条例和政策法规及相关规定的宣传、解释工作，多种形式引导ETC用户积极通行ETC车道，提高ETC车道的使用率和通行效率。第二，做好恢复收费前联网收费系统实车测试工作。利用高速公路免收通行费期间，开展岗位充电，提升和优化收费管理机制。4月29日至5月2日，开展省际实车互测工作并圆满完成，确保"一次行程、一个账单、一次扣费、一次告知"。第三，挖潜增效持续提升运营效益。制定《营销方案》，通过发放宣传彩页方式，在车流量大的收费站点、服务区、客运站等地方加大政策宣传。在微信公众号，可变情报板及电台、网站同步进行宣传差异化收费政策，对潜在客户进行上门宣传。实地调查访问，与运输车队队长、物流公司企业主进行"结对子"互补，降低运输车辆空驶率，向运输车队管理公司免费提供物流信息，多种方式加大营销宣传力度，积极争取客源。中秋节前夕，开展"中秋话团圆 车辆享优惠"联合营销宣传座谈会，邀请相关旅游景点、车辆运输、旅游接洽等单位代表，以"互利共赢""引车上路"为目的，凝聚各方共识。第四，联勤联动做好偷逃漏费补缴工作。联合大同南高速、朔州高速、高速交警二支队，开展"百日联网打逃"行动，针对"大车小标""货车客标""标签不符""ETC车道跟车逃费"等漏费车辆，采取现场布控、现场补缴、联合打逃等方式，保障通行费"依法征收、应征不漏"。第五，全力以赴做好治超工作。严肃治超工作纪律，制定《收费治超稽核管理办法(试行)》，进一步加大超限检测设备巡检力度。第六，深入推进标准化管理。致力于由"运营+服务"管理模式向"经营+服务"管理模式转变，坚持目标导向、市场导向、问题导向、结果导向，深入实施标准化收费管理，加大力度推进服务品牌建设，以微笑就是最好的礼仪、快速就是最好的服务更好地满足司乘需求。强化标准化收费站建设，推广大同东收费站以优化标准化管理为新亮点的"云中微笑"品牌建设的好做法，提升"微笑同北"服务内涵，实现从"笑姿"到"笑意"质的升华。巩固标准化管理成果，加强收费、治超一体化管理，着力推广科技治超，加强普法宣传，强化阳光执法，防止"三乱"现象发生。二是强化日常养护，奋力打造畅安舒美品质路域。第一，落实好日常性养护作业。根据季节性养护和及时预防性养护特点，在分析汇总路况排查数据的基础上，根据实际道路养护状况将日常养护工作加以量化分解。第二，全力整治和改善路域环境。结合路域环境整治及绿色走廊建设工作计划，组织各路产维护站对全路线、全范围绿化情况进行分路段、分区域的地毯式摸排，并建立绿化台账。对全线现有苗圃、树木进行修剪，及时清理主线和互通区域枯死苗木、干枯树枝及杂草，重点修剪遮挡交通标志、侵占行车道的乔灌木，做好季节性绿化养护工作，努力打造"畅通、智能、美丽、安全"的高速公路，使同北高速成为"车在路中行、人在景中走"的同北高速风景线。第三，全力以赴做好迎国检工作。2020年开发区高架特大桥列入全省十座国检备选桥梁，在规定的时间内对桥梁病害处治完成修复和整理，完成CBMS桥梁信息化管理系统、开发区特大桥梁健康监测系统的安装，确保国检及全年桥检不出现三类以上桥。第四，多方着手实现降本增效。利用多项技术措施完成路况技术指标提升工作，针对水泥砼路面病害，大同北公司与部公路院采用"四新"技术优化水泥砼路面病害处治方案，对轻微裂缝采用聚氨脂类沥青灌缝胶进行预防性灌缝处治，对错台路段采取纵向铣刨(刻纹)新工艺，通过1.7公里的试验段，效果明显大有改观，经检测路面抗滑构造深度和路面平整度均达到要求。第五，做好冬季日常养护及除雪保畅准备工作。集中开展冬季路域环境整治，主要针对匝道互通区，根据夏季树叶遮挡标志标牌的进行修剪，确保来年夏季树木茂盛时不影响行车视线。深入开展第四季度路况调查，按照路、桥、隧的检测报告结合实际调查进行数据分析，制订2021年养护专项工程计划和三年滚动计划。结合往年降雪和除雪任务，按照雪后三小时通车目标，提前做好设备维修保养，融雪剂、防滑料储备，各路段根据实际情况与当地建立应急小分队，做好2020年冬季除雪工作的安排。三是强化精细管理，努力推进成本控制再加强。严格执行全口径预算方案,积极发挥财务管理职能作用,夯实财务基础工作。第一,切实做到财务等重大信息公开透明。制定《财务等重大信息公开办法》《财务等重大信息公开实施细则》,公司财务预算、财务会计报告、生产经营管理、大额度资金运作、职工权益维护等方面得以公开透明,接受大众监督。第二,积极配合山西交控集团创新管控模式,进一步完善财务管控体系。围绕"资本集中运作、资金集中管控、会计集中核算、预算集约调控、风险集中监控"管理目标,完善财务信息管理平台,从严从细执行统一的会计核算制度和内部控制制度,加强财务管理深度和广度,提高财务工作质量和效率。加强内部审计管理。致力于公司治理现代化,积极推进审计全覆盖,抓实抓细抓严审计管理,加强审计工作统筹管理,着重强化审计整改,全面履行审计职能,促进公司提质增效,为公司高质量发展保驾护航。第三,全面开展固定资产清查盘点工作。开展固定资产全面清查盘点及评估工作,进一步摸清"家底",真实、客观反映资产现状、财务状况和经营成果,为大同北公司在政策范围内,解决历史遗留问题、理顺产权关系、高质量经营管理和加强国有资产监管,实现国有资产保值增值提供准确数据。第四,加大力度清欠民营企业账款。大同北公司原拖欠民营企业、中小企业账款合计914.04万元,积极采取有效措施,加大清欠力度,先后向相关民营企业、中小企业发函,通知对方单位办理对账付款事宜,6月份已完成全部清欠工作,累计完成清欠比例100%。四是强化安全生产"五大体系",不断提升安全应急保障能力。第一,持续做好疫情防控,做到"两手抓、两不误"。始终绷紧疫情防控这根弦,切实采取可行的措施,严防新冠肺炎疫情再次输入或复燃。切实上紧安全"发条",保障运营安全,严防安全生产事故发生,做到疫情防控与安全生产两促进。第二,夯实安全基础,构建安全生产责任体系。成立管理公司安全生产委员会,健全安全管理机构,配足配齐安全管理人员。开展《安全应急管理人员培训》,进一步强化全员安全意识和素质,推进公司安全生产形势持续稳定。重新修订《安全生产目标责任书》并进行层层签订,形成一个横向到边、纵向到底的安全管理责任网络。第三,坚守安全生产"红线",坚决杜绝重特大安全生产责任事故。越是在改革转型和重大任务、重要工作推进中,越注重坚守安全生产"红线",树牢生命至上、安全第一理念,进一步提高政治站位,全面推进安全生产专项整治三年行动、"三零"单位创建等活动,深化安全生产"五大体系"建设,坚持"党政同责、一岗双责、齐抓共管、失职追责"和"三管三必须"的原则,严格落实党政领导干部安全生产责任制。为大同北公司员工交纳了安全责任险,切实保障公司员工的人身和财产的安全。2020年以来,运营稳定,没有发生重特大安全生产责任事故发生。五是强化路政管理力度,全力维护路产路权。第一,保障辖区高速公路巡查时间全覆盖。2020年"春运"工作开展以来,组织高速交警、路产养护、路政巡查部门协调建立联勤联动错时巡查机制,在辖区路段实行错时巡查。各中队、部门建立路况信息共享渠道,联动实行无缝隙道路巡查,增强突发情况应急反应能力。第二,开展路域环境"八个无清查"工作。路政大队严格落实集团公司和公司各项工作制度,保持所辖区域建筑控制区路域环境达标。经过排查统计,路政大队所辖路段内,交通标志前后500米无非法广告、无违法非公路标志、路基路肩边坡无非法种植物、公路用地范围内无堆积物,存在的部分地面构筑物属于修路初期遗留。自2018起,无新增违法建筑。第三,提升路政巡查工作质量。建立对讲信息调度系统,各中队在巡查工作中可通过实时通信、视频回传、平台多路会话、实时位置调度、实时视频、精确定位及电子围栏等功能,实时调出巡查轨迹,对巡查工作进行有效测评,快速接收事故现场的第一手信息,根据现场情况,处理信息数据,有效提升突发信息的及时性和巡查工作管理水平,提高信息报送速度,缩短处理突发事件反应时间,提高路政业务管理水平。六是强化党建引领,推进党建与公司治理、经营管理有机融合。第二,抓理论武装,努力创建学习型党组织。2020年以来,大同北公司党委在做实“三会一课”“主题党日”等规定动作的同时，通过“学习强国”、“三晋先锋”、企业微信“党建阵地”栏目、同北智慧党建平台、同北党员学习交流微信群等学习平台和按照党支部学习计划、推进党课、“两学一做”日常学习常态化，做活“自选动作”，不断提高学习教育的多样性、趣味性和实效性。扎实推进“1234567”党建思路，即建设“一个纲领”，抓好“两支队伍”，夯实“三个基础”，建设“四个高地”，以“五优党员”打造“五强党支部”，铸造“六有铁军”，培育“六种精神”。第二，严格落实党建责任，推进党建工作任务落实落细。大同北公司党委以提升组织力为重点，完善基层党组织建设、夯实基层工作基础，健全内部管理制度，按期召开大同北公司一届三次职代会暨2020年工作会议、2020年党的建设和党风廉政建设工作会议，与支部书记签订《党建目标责任书》，增强落实基层工作自觉性，加强重点工作任务落地。按照《“1235”工作法推进党建工作项目化管理成果验收工作方案》有关要求，大同北公司对2019年各支部41个备案项目进行评审，优中选优将对5个项目成果进行表彰，大同东收费站打造“云中微笑服务体系”获山西交控集团“1235”党建项目化管理成果验收一等奖。第三，推进文化管理，提升文化软实力。着眼于交通发展大势，提炼和渗透公司文化理念，探索文化管理新模式，践行党建+企业文化理念，创建“同北智慧党建”平台，选拔公司网评员、组建通讯员队伍，不断提升文化管理水平。第四，聚焦作风建设，推动党风廉政建设和反腐败工作健康持续深入。严格落实中央八项规定精神，全面落实“主体责任”，层层压实“一岗双责”，严肃党内政治生活，切实提高党员干部的责任意识和纪律意识，为大同北公司高质量发展营造风清气正的良好环境。立足“管好关键人、管到关键处、管住关键事、管在关键时”，紧盯“四个关键”，推进“4+N”靶向监督，有效实施问题线索处置、执行“六项纪律”等重点工作，实现了监督职能 “有形覆盖”向“有效覆盖”的转化，为党委有效推进工作提供可靠的政治、制度和纪律保证。七是强化扶贫工作，坚决打赢脱贫攻坚战。2020年是脱贫攻坚全面收官年。虽然大同北公司所负责的天镇县张西河乡下营村扶贫工作已通过验收，但是，在脱贫攻坚的关键时期，还有一些实际问题需要解决好。为防止返贫，巩固成果，确保打赢脱贫攻坚战，大同北公司继续做好三项工作。为村民便于清理耕地秸秆、提升村容村貌，秸秆打捆后再创收，增加村集体经济收入，帮助村民购置一台谷子收割机；着眼优化村里产业结构，帮助苹果种植户聘请专业人员，提供相关技术支持，改良品种、提高产量，改变产业单一局面，从根本上提升农民收入；加大贫困户产业项目扶持力度，综合运用多种政策引导易地搬迁贫困人口发展，通过务工引导、技术培训、扶智教育等多种形式解决搬迁后发展问题。5月，开展“联手群众、清洁村庄”春季行动，中秋节为贫困村民送去月饼、面粉、油等慰问品，为下营村购置了一台价值75000元秸秆打捆机，开展认购代销的消费扶贫工作，向大同市云州区瓜园乡共认购黄花3588千克，收到干部员工自愿出资的黄花采购款17.94万元，大同市云州区瓜园乡李书记将一面印有“消费扶贫暖人心，脱贫攻坚情意浓”的锦旗，特别感谢公司强力包联，解决群众所盼所急。

【转换管理模式，降本增活力】 一是强化市场经营意识，完善大后勤功能，最大限度挖掘降本增效潜力。组建物业管理中心，建立高质量、高效率、高效益物业管理体系。本着“人尽其才，人岗相适”原则，在全公司动员正式签订劳动合同的员工转岗从事保安、保洁岗、厨师、电工、水暖工、园艺工等与物业工作相关的工勤岗位，拟建立自己的专业队伍，专业的人干专业的事情，人尽其才、物尽其用，逐步减少劳务派遣人员，节约人力成本和管理成本，在提供富余人员再上岗机会的同时，以大后勤服务保障为员工增加更多的获得感、幸福感。二是充分开发智能资源，提升智慧高速建设层次。2020年以来，大同北公司进一步优化机构设置，将全线的收费机电维护职能从收费部剥离出来，成立数控中心。按照山西交控集团打造国内一流的科技型实力型智能型现代化交通企业的战略目标要求，大同北公司加快实施各业务板块信息化项目建设，成立数控中心，开发“智慧同北综合管理平台”，整合公司技术资源，以机电维护为基础性工作，全力打造智慧管理平台，以信息化、智能化引领高速公路管理和经营服务水平提升，全面深化同北高速信息数据的共享和开发利用，建立健全信息共享体系，让公众更方便快速地获取到智慧出行服务，努力打造畅通、智能、美丽、安全的高速公路。片区信息监控中心则主要职能侧重于“12122”公路救援、信息管理发布、调度协调指挥。三是开展全员“竞聘上岗”，建立优质人才储备库、集聚发展动力。大同北公司成立伊始，主动适应改革，从根上改、制上破、治上立，大力开展各岗位竞争上岗，加强岗位精细化管理，进而形成能者上、庸者下、劣者汰的用人导向和工作环境，让想干事、能干事、干实事、干成事的人才脱颖而出，不断点燃“人才引擎”，助力大同北公司高质量发展。“上岗靠竞争、在位要受控、违规要连带、末位要淘汰”的理念已厚植全员之心。党委工作部率先吹响公开竞聘号角，先后分三批对机关各部室实行竞聘上岗制，为建立优质人才储备库，不断集聚发展动力开了好头。各路产维护站、隧道管理站人员竞聘上岗考试，大同北公司不断创新考核形式，采用线上答题的方式，现场公布成绩、现场签调令，真正意义上做到不拘一格选拔人才，让“相马”变“赛马”。基层单位岗位竞聘工作以路产维护站为试点逐步推广。

2020年，大同北公司强化创新驱动，积极破解难题，同心同力、创新求实，攻坚克难、锐意进取，为开创大同北管理高质量发展新局面不懈奋斗，为山西交控集团打造国内一流的科技型实力型智能型现代化交通企业做出积极贡献。

（大同北公司）

大同南高速公路管理有限公司

2020年，大同南公司带领广大干部职工高举习近平新时代中国特色社会主义思想伟大旗帜，深入贯彻山西交控集团2020年工作会议精神，全面落实“12656”发展战略，聚焦主责主业、统筹推进疫情防控、生产经营和改革发展各项工作。集全体员工智慧制定并初步实施了“品质同南”品牌战略工程，逆势前行，在党建引领、经营管理、人才培育、质效提升等方面取得了良好成绩。全面打赢了新冠疫情“阻击战”、撤站并网“突击战”、降本增效“保卫战”、打逃漏费“攻坚战”，顺应担当新潮流，抢抓奉献新机遇，稳中有进推进各项工作高质量发展。

【主要指标完成情况】 全年运营成本预算支出2.11亿元，占比96.85%，其中一般项目支出12565.37万元，占比95.1%，养护项目支出8538.26万元，占比99.53%，年度运营成本预算执行率90.56%。全年划后实际收取车辆通行费7.94亿元，环比减少189.47万元，同比减少32896.73万元，完成年计划111000万元的71.56%。2020年度全线养护质量为优，优良路率100%。全年未发生一例重大安全生产责任事故、环境污染责任事故。

【深度聚焦主责主业，充分释放经管活力，现代企业管控能力不断增强】 一是夯实基础、健全机制，现代企业法人治理体系日趋完善。紧紧围绕党的领导、公司治理、战略实施、运行机制，全面完成了“三会一层”建设工作，形成了党委前置、董事会决策、经理层执行的各司其职、各负其责、协调运转、有效制衡的现代企业法人治理结构；着力构建了以业务为中心、以“战略决策—业务发展—运营支持—控制支撑”为指引的制度体系。围绕全省国资国企改革发展工作会议安排部署，从“根上改、制上破、治上立”，按时高标准完成“六定”改革。二是创新实施、统筹推进，“数字同南”战略工程成效初显。坚持持续共享交通行业信息化、数字化升级红利，增强企业文化软实力和市场竞争力，编制实施了《“数字同南”战略工程规划纲要》，创新打造了一个综合信息管理云平台、构建了一个智慧云计算服务与大数据中心，大同南公司治理体系和治理能力现代化体制逐步完善。《实施“数字同南”战略工程的调研报告》被集团公司评为2019年度二级企业中心组成员优秀调研报告一等奖。

【切实增强政治担当，持续激活增收潜能，全力做好经营管理保障工作】 一是创新思路、激活潜能，“效益同南”战略工程有序推进。大同南公司坚持以高质量发展为主线，以发展质量和经济效益为中心，以改革创新为动力，有序推进“效益同南”品牌战略工程，全方位、高标准推动公司实现社会效益和经济效益共赢的经营目标。建立《费用公示制度》《日用品采购单价数据库》等制度，成本控制体系愈加完善。打造了峰峪、灵丘等5个生态养殖基地，各类产品初见效益，创新驱动，多元发展的经营理念逐步建立。2020年，完成通行费收入79432.67万元，其他收入9.17万元。二是上下同心、合力攻坚，重点工作任务高质推进。大同南公司连续攻克施工界面多、软件升级次数多、通信链路不稳定等技术难点，积极筹备，凝聚共识，高质量完成了ETC门架安装、ETC车道改造、省界收费站拆除以及ETC门架通电联网测试等系统联网切换工作。深入开展高速+节日营销、高速+旅游营销、高速+ETC营销，积极培育新的费收增长点。2020年ETC网点营业量为8377辆，共充值90.68万元，其中安装发行ETC车3327辆。加强“一路三方”协同联动，8月份开展了“百日拉网打逃”清费专项行动，共追缴偷逃费车辆88辆，营造了应征不漏、应缴必缴的社会氛围和打逃费追缴高压态势，取得了阶段性成果。

【奋力补齐弱项短板，努力创新工作方式，全力打造畅安舒美品质路域】 一是完善机制、补齐短板，日常养护管理精准精细开展。针对不同程度的路面破损，分别采取了不开槽热灌、开槽热灌、不开槽冷灌、现场热再生等预防性养护和修复性养护，多项举措齐抓共管，路面外观质量明显提升。尤其是沥青路面现场热再生工艺充分利用旧路面材料，节约了养护成本，降低了环境污染。路况评定指标分别为：国道18荣乌高速灵山段MQI为96.4、PQI为96；省道36广源高速公路MQI为96.6、PQI为96.6；省道45天黎高速同源段MQI为96.7，PQI为96.4；全线养护质量为优，优良路率100%。二是夯实基础、创新措施，路域环境整治持续深入推进。大同南公司始终践行打造绿色环保高速理念，以“养护标准化、工程精品化、站区园林化”为主题，根据《路域环境日常养护标准》，细化出台《标准化养护作业指导书》《标准化路段建设工作方案》，全力打造了恒山主题景观文化墙、平型关锅帽山历史文化墙等人文景观。辖区各路段行车环境“颜值更高、气质更佳、品质更优”。制定出台了《日常养护小修保养管理办法》，修订完善了《合同管理办法》《验收管理办法》，科学编制了《日常养护小修工程综合单价》。2020年，大同南公司共完成42个采购项目，成交价同比往年节支2.55%，节约153.08万元。

【奋力激活全新动能，深化质量效益融合，全力提升安全生产保障水平】 一是强化组织领导，狠抓安全生产责任落实。牢固树立安全发展理念，针对国内外疫情防控形势的阶段性变化，以及复工复产期间车辆免收通行费政策的有效实施，路段车流剧增带来的安全风险，夏季高温和汛期主防期安全生产隐患，进一步压紧压实安全生产主体责任，增强工作的前瞻性、针对性，及时研究疫情防控和安全生产中的苗头性、倾向性问题，因时因势精准施策。二是强化“五大体系”，夯实安全生产基础。以积极推进全体干部职工树立“大安全”理念为着力点，全力构建“大安全”格局。修订了《安全生产管理“五大体系”标准化手册》，并获得“安全生产标准化建设二级企业”证书。全面推进安全文化建设，通过总结、提炼编制了《安全文化建设实施方案》，创建了“关爱生命、安全发展”的核心理念，“安全第一，预防为主，综合治理”的安全生产方针，安全管理水平实现了持续升级。“安全生产月”主题宣传沙画视频取得山西交控集团“2020年安全生产月”优秀作品和省交通运输厅“二等奖”，切实达到了以活动促工作、以活动保安全的目的。2020年，共处置固体废弃物千余吨。安装光伏发电设施787千瓦，为创建美丽高速贡献了“同南”力量。

【大力实施攻坚行动，有效发挥凝聚作用，全力维护路产路权】 一是不断维护巩固路警联勤联动成果，优势互补、资源共享。坚持以问题为导向，以破解难题为目标，与高速交警加强联勤联动，组织制定了《岗位风险辨识清单》《风险评价分级管控清单》，进一步健全完善了路警协同共治、信息共享机制，在交通管控、疏堵保畅等方面取得了较好的联动成效。二是积极拓宽遗留案件费用追缴渠道，全力保护路产、维护路权。进一步优化案件处置流程，对赔偿难、执行难案件，分阶段通过电话追缴、民事诉讼追缴等方式进行路产追缴，有力提升了案件结案率。2020年，共发生路赔案94起，收取路赔款192.19万元，结案率达98.65%，未结案件已及时向法院提起诉讼。

【坚持党建引领示范，深化“双五+”创建工程，党建与经营互融互促】 一是全面实施“先锋同南”战略工程，统筹推进党建与经营深度融合，为高质量发展添能蓄势。以贯彻新时代党的建设总要求和党的组织工作路线为主线，以落实《中国共产党国有企业基层组织工作(试行)》为抓手，以“五强+”标准化党支部建设为重要载体，大同南公司全面实施“先锋同南”品牌战略工程，通过创建和培育党建品牌，将公司经营理念、管理理念、文化理念与党建工作有机结合起来，以系统化、整体性、全局性的方法抓党建工作，从根本上破解基层党建工作中存在的上热下冷、管理不够扎实等现象和问题，有效促进了党建与经营工作的深度融合。二是坚持不懈强基固本，抓紧抓实基层党组织建设，充分发挥战斗堡垒作用和先锋模范作用。以全面推广“五强+”标准化党支部及“五星+”机关、基层单位双“五+”创建为重心，重点建立健全了基层党建领导责任机制、工作运行机制和考核监督机制，不断完善并严格落实了抓基层党建工作责任清单、着力提升基层党建工作目标化、制度化、规范化。

2020年，大同南公司以接续实施“品质同南”系列品牌战略工程为总引擎，着力提升公司现代企业治理能力、核心竞争能力、可持续发展能力，不断推动全面从严治党向纵深发展，持续积蓄公司发展能级，使“增长极”的能量越蓄越足、“潜力股”的势头越来越好。这是坚持以习近平同志为核心的党中央坚强领导的结果，是山西交控集团党委、大同南公司党委正确领导的结果，更得益于全体干部职工上下团结、砥砺奋进。

【党风廉政建设情况】 2020年，在山西交控集团的正确领导和大力支持下，大同南公司以习近平新时代中国特色社会主义思想为指导，坚决贯彻落实省委十一届十次全会精神，按照省委“四为四高两同步”的总体思路和要求，紧紧围绕公司“12656”发展战略，紧盯目标不动摇，共克时艰、爬坡过坎，提速换挡，大同南公司上下以一以贯之抓落实、重整行装再出发的使命感和紧迫感，锐意进取、真抓实干，努力克服新冠肺炎疫情带来的压力和挑战，实现了现代企业管控能力不断增强、收费运营保畅工作有序进行、畅安舒美品质路域稳中有升、防范化解重大风险有力有效、党建工作示范引领全面提升，为加快建设国内一流现代化交通企业提供坚强保障。

【获奖情况】 5月，《实施“数字同南”战略工程的调研报告》被山西交控集团评为2019年度二级企业中心组成员优秀调研报告一等奖。7月9日，《消除事故隐患，筑牢安全防线》书法、《视频沙画：消除事故隐患，筑牢安全防线》和《我是安全明白人》被山西交控集团评为优秀作品。9月19日，大同南高速公司获得交通运输企业安全生产标准化建设二级证书。11月21日，大同南公司编制的《安全生产管理“五大体系”标准化方案》获交通运输部2020年“平安交通”安全创新优秀推荐案例。

（大同南公司）

朔州高速公路管理有限公司

2020年，在山西交控集团坚强领导下，朔州公司坚持以习近平新时代中国特色社会主义思想为指导，认真落实省委“四为四高两同步”的总体思路和全省国资国企改革发展工作会议部署，深入贯彻落实山西交控集团2020年工作会议要求，始终牢记为社会创财富、为企业谋发展、为职工造福祉的公司使命，秉持党建引领、创新驱动、智慧应用、提质增效的发展理念，传承忠诚担当、善谋实干、改革创新、奋勇先行的朔州高速精神，全力以赴打造最优服务、营造最好环境、塑造最美形象、创造最大效益，奋力推进高质量发展，较好地完成各项工作任务。

通行费收入稳步回升，拆分后总收入68005万元；运营成本精准管控，全年运营成本实际完成

23045.93万元，有效控制在山西交控集团下达的23103万元内；“六定”改革顺利完成，全面实现公司机关瘦身健体；安全生产形势稳定，所辖运营通车里程367.077公里，路面设施、安全标志达到行业标准优级，运营管理与工程建设均未发生安全生产责任事故；路况质量稳步提升，所管养的5条高速公路道路技术状况指数（MQI）96.2，路面使用性能指数（PQI）95.4，道路优良率100%，一、二类桥梁比例98%，三类及以上隧道比例100%，均高于山西交控集团下达的年度指标。

【抓收费，强服务，经营效益稳步提升】 一是高效实现系统切换。严密部署狠抓落实，迅速成立恢复收费工作领导小组，狠抓恢复收费前期工作落实，形成领导带头、上下联动，一级带一级、层层抓落实的工作局面。抓紧抓细实车测试。以“战时”工作状态，克服时间紧、任务重等不利因素，从正常、特情两大方面对车道进行测试，顺利实现完成收费系统优化完善工作。严格落实站口保畅。迅速升级完善收费站保畅应急预案，全力以赴防拥保畅，以高度政治责任感和紧迫感，统筹调配朔州高速全体人员深入收费一线，齐心协力，昼夜奋战，切实保障恢复收费时的站口安全畅通。二是精准把脉狠抓运维。建立“三位一体”运维机制，完善相关制度，健全“日巡查、周保养、月维护”运维体系；充分利用运营分析系统、站级门架系统等平台，对系统运行状态进行24小时监控，确保机电设备及系统参数、指标运行准确；开展设备清查行动，建立完善设备台账，建成路段备品备件库，完善使用管理流程；开展线路整理行动，规范机电设备拓扑图和线路标签，彻底清理外场区域的闲置设备和废弃线路，使得各区域设备整齐规范。三是多措并举疏堵保畅。建立“一站一时一情一策”保畅机制，分类处置各类拥堵，特别是针对易拥堵的怀仁收费站，经多次现场调研，对混合车道进行改造并增加复式岗亭，全面提升车道放行能力。同时，制定各类应急保通保畅应急预案，定期演练，全面提升特情处置能力。建立健全人员调配机制，完善一路多方联动机制，加强“畅行通”App管理，确保部省站三级应急指挥畅通。四是创新营销促引车流。全年通行费任务受疫情影响较大，面对通行费征收压力，朔州高速主动出击，深入大型货运企业、车队、物流园区等大客户进行上门营销；紧抓地方公路施工“窗口期”，促引车流行驶高速公路，大新段、朔州环线、右平段同比增长30%左右；针对朔州市富甲园工业园区风力发电大件车辆行驶高速入口称重难问题，充分利用二道梁省界收费站超宽道闲置轴组称，对朔州西收费站入口治超点计重磅进行更换，既合理利用闲置资源，又促引大件车辆快速驶入高速，累计保障5000多辆大件车辆高效通行辖区高速，节省运输时间，增加通行费收入。五是ETC服务体系逐步健全。新增设8个收费站ETC服务网点，实现ETC服务网点县域全覆盖，并在朔州市政务服务中心开辟“高速ETC窗口”，形成集发行、安装、通行、售后于一体的ETC服务体系。六是打逃堵漏整治有效。印发《ETC逃费车辆专项稽查行动实施方案》，开展专项稽查行动。并联合大同北公司、大同南公司、高速交警二支队开展“百日拉网打逃”清费专项行动，严厉打击ETC车辆逃费行为，切实保障通行费“应征不漏、颗粒归仓”，全年累计追缴通行费185355.24元，有效维护公司的合法利益。七是携手共建幸福站区。对朔州东收费站旧办公楼，收费岗亭进行改造，打造“温馨”工作环境；对朔州东、山阴、山阴北等站区食堂、宿舍进行改造，实现“温情”后勤管理；对朔州南、山阴北、应县西等收费站站容站貌特别是职工停车区进行改造，解决职工停车难问题。“旧貌换新颜”的收费站，体现朔州高速“为职工造福祉”的企业使命，全面提升职工幸福感、获得感，受到广大干部职工的一致好评。与此同时，充分盘活平朔露天矿收费站闲置资源，建立集教育培训、讲座、论坛、报告会和研讨会为一体的多功能职工技术培训中心，全年共节约住宿费、场地费20余万元，为朔州高速降低培训成本。八是文明服务效能提升。开展“岗位大练兵、技术大比武”竞赛活动，在点钞点卡、车道放行、文明礼仪展示等传统技术比武基础上，新增机电系统运维实操项目和特情处置情景剧竞赛，有效激发收费员比技能、练本领、钻业务热情以及突发事件的应急处置能力，充分营造“比、学、赶、帮、超”的良好氛围，为公司人才队伍建设、收费业务提升奠定坚实的基础。

【抓国检，强管养，路况质量持续提升】 一是扎实开展路况排查。按照年初编制的养护工作计划，对辖区高速公路开展拉网式排查，通过徒步勘察方式重点对路基、路面、桥涵构造物以及其他沿线设施进行全面调查排查，统一汇总建立病害台账，为分类施策提供翔实的数据资料。二是强化路域环境整治。集中对辖区高速公路沿线护栏、标志标牌标线、路面坑槽、桥梁隐患、建筑控制区等进行全面排查，加大路面保洁力度，对沿线两侧路肩、边坡杂草、中央分隔带及路肩排水沟的垃圾等进行清理。全年共完成人工清扫路面14万公里、机械清扫2.7万公里，累计清理中央分隔带7000公里，清理泄水孔和伸缩缝共40余次、清理涵洞1480道；对辖区高速公路进行全面调查，完善沿线缺损轮廓标、警示柱等设施设备。累计完成路面灌缝33万米、修补龟裂11万平方米、路面坑槽修补282平方米、全线共维修更换波形护栏1872米、各类立柱629根、防眩板231块，修复刺丝护网7877米等。三是全力打造标准化示范路。坚持高点定位、典型引领、全面推进的原则，在辖区高速公路打造5公里标准化示范路段，达到公路特征线形、沿线绿化、环境保护与整体景观和谐统一，形成“车在路中行、人在景中走”的高速公路风景线。四是新技术应用提质增效。在山平高速急流槽改造中采用HDPE双壁波纹管等新技术，节省费用约50万元；在日常养护过程中，针对路堑边坡冲沟防护采用草袋回填方法，既解决实际问题又保护生态环境，与重新浆砌防护相比节约成本30余万元；与太原理工大学合作完成在役水泥混凝土路面多功能薄层罩面技术应用研究，为今后水泥路面的维修处治提供一种新的方法；桥梁伸缩缝水泥混凝土新材料快速修补工艺路面、高压清洗车改造等项目的前期试验工作，取得良好效果；应用超粘磨耗层预防性养护、应用SMC海母超薄罩面预防性养护等新技术在辖区高速公路路面预防性和修复性养护中全面使用。五是精准实施专项工程。精心打造美丽朔州高速公路走廊，完成大新段、元朔段高速公路沿线绿化工作，全面推进原生态绿色景观带建设；稳步推进独柱墩桥梁提升专项行动，对辖区297座桥梁进行排查。六是隧道“提质升级”专项行动。加强隧道定期检测和设施维护，确保隧道及其附属设施功能完善、运转正常。在各隧道相继采用非晶合金干式变压器，降低供配电系统的线损及配电损失，用电费用节省约15%。对鸳鸯会隧道监控室进行改造，在消除用电隐患的同时也为站区员工创造良好办公环境。

【抓机制，强联动，服务效能全面提升】 一是高质量完成路产普查工作。通过精心部署、分工协作、责任到人，详细对辖区高速内的构造物进行认真核查、清点、拍照留存、登记造册，形成一套路产清晰、完整有序的内业资料，为高效、优质、细致做好路产管理工作打下坚实基础。二是创新路政治超服务机制。深入大件制造和运输企业，面对面解读大件运输许可办理流程和超限运输车辆行驶高速公路相关规定，签订《路企三方大件运输联动“手把手”互助帮扶机制》，高效解决辖区运输企业在大件运输过程中存在的实际困难和问题，全面提升朔州高速服务大局、服务企业、服务大众的能力和水平。三是路政工作有序推进。全年，辖区共发生各类路赔案件192起，其中简易案件4起，一般案件124起，重大案件64起，结案188起，收缴路产索赔279.96万元，路政案件发现率达100%，查处率达100%，结案率98%，路产恢复率达100%。特别是在朔州市政务服务中心开辟“朔州高速路政许可办证窗口”，更加方便广大司乘办理超限运输许可审批。全年，办结交通行政许可审批2起，行政许可办结率达100%，共办理“山西省超限运输车辆通行证”3037个。全线15个匝道治超检测点共完成检测车辆270.9万辆次，无一辆非法超限超载车辆驶入高速。

【抓安全，强落实，防范能力全面提升】 一是安全生产形势稳定。严格落实安全生产责任制和“党政同责、一岗双责、齐抓共管、失职追责”制度，形成主要领导对安全生产工作全面负责、分管领导分工负责，各基层单位具体落实安全生产主体责任的安全生产责任体系。深刻汲取省内多起重大安全事故及省外的重大道路交通事故教训，全面落实安全生产专项整治。二是疫情防控常抓不懈。自新冠肺炎疫情暴发以来，全面配合地方政府以及卫生防疫部门，在二道梁省界治超站设立防疫检测点，指挥并疏导交通，引导车辆进入防疫检测点进行防疫检测。配合检查期间，共出动人员57人次，车辆38辆次，完成6000余辆车防疫检测工作。同时，在朔州高速内部严格落实防控措施，制定《疫情防控工作实施方案》，强化物资保障，严格掌控内部员工每日健康状态，定时进行消毒，积极做好各项防疫工作。三是应急演练提效赋能。编制、完善《朔州高速公路突发事件应急预案》《朔州高速公路运营安全风险辨识手册》，在右玉南路产维护站、右玉隧道管理站、山阴北路产维护站新建应急物资库，大力开展应急演练，联合高速交警、地方消防、生态环境局、120急救中心在鸳鸯会隧道成功举办危化品车辆道路交通事故综合应急演练，进一步检验和完善《突发事件应急预案》，全面提升朔州高速与相关职能部门协同作战能力及综合应急救援能力。

【抓改革，强管控，治理能力全面提升】 一是完善法人治理结构。强化朔州高速管理模式和制度体系建设，从实际出发，制定董事会议议事规则，重新修订党委会议议事规则和经理层议事规则，厘清党委会、董事会、经理层职责边界，形成以董事会建设为重点，各负其责、协调运转、有效制衡的法人治理结构，健全以职工代表大会为基本形式的企业民主管理制度，形成"党委把方向、董事会决策、经理层执行、纪委监督"的管理模式，提高朔州高速经济效益和市场竞争能力。二是加强现代企业制度建设。紧紧围绕改革发展总体目标，逐步完善制度体系，集中编制形成205项管理制度，做到制度建设与朔州高速改革发展相配套，并依据山西交控集团法务部审核结果，强化制度执行，确保制度行得通、管得住、用得好。三是深化"六定"改革。按照山西交控集团"六定"改革总体部署，结合山西交控集团《关于〈朔州高速公路管理有限公司"六定"改革实施方案〉的批复》，全面完成公司机构设置。并且以"六定"改革为切入点，不断夯实绩效考核、薪酬管理、用工管理等各项人事工作。四是政企联手共建共享。主动争取政府政策支持，健全政企联手共建体系，积极与朔州军分区、朔州市应急管理局、体育局、图书馆、治安大队开展共建活动，从军事化训练、应急救援队伍建设、文体设施与图书配置、提升治安管理助力"三零单位创建"等方面加强合作力度，为朔州高速高质量发展搭建桥梁。

【抓思想，强政治，党建工作全面提升】 坚持以习近平新时代中国特色社会主义思想武装头脑、指导实践、推动工作，引导全体干部职工牢牢把握党的领导重大政治原则，树立"四个意识"，坚定"四个自信"，践行"两个维护"，为朔州高速改革发展奠定良好政治生态基础；强化意识形态领域形势分析研判，朔州高速意识形态领域平稳可控；坚持把加强党的领导、推进全面从严治党体现和落实到朔州高速改革发展的全过程，强化领导干部党风廉政建设"一岗双责"，观看警示教育片《叩问初心》，切实推动管党治党走向"严紧硬"；打造朔州高速企业文化品牌，增强朔州高速向心力和凝聚力。坚持党建带工团，积极为广大青年职工搭建展示才华、服务高速、奉献社会的平台，在推动群团建设上取得新作为。

（朔州公司）

忻州北高速公路管理有限公司

2020年，忻州北公司坚持以习近平新时代中国特色社会主义思想为指引，认真贯彻习近平总书记视察山西重要讲话重要指示，按照省委省政府、省国资委和山西交控集团决策部署，以"保稳定、保安全、保畅通、提管理、优服务、增效益"为工作目标，团结一心、奋力担当，各项工作呈现持续、健康、协调发展的良好局面。全年共计征收通行费4.375亿元，各项成本均控制在目标范围内，完成山西交控集团下达的各项目标任务。

【企业管理架构基本完成】 忻州北公司成立以来，以建立健全法人治理结构和现代企业管理制度为目标，制定忻州北公司党委会、董事会、经理层议事规则，厘清党委会、董事会、经理层权责边界，修订完善52项管理制度，初步形成各司其职、各负其责、协调运作、有效制衡的公司法人治理结构。扎实开展"六定"改革，按时完成方案的编制报批，设立9个职能部室、23个基层单位，建立精干高效的工作机制。

【抓好日常管养，路况质量进一步提升】 一是强化道路日常养护，道路通行能力进一步改善。科学编制作业计划，按时开展养护作业，全年累计完成路面灌缝116558.5米、路面病害处治78552平方米/93处，道路及边坡小修处治128处，桥下及涵洞出口下游防排水处治67处、清理疏通泄水孔745个、桥梁防撞墙马蹄部位破损修复39600平方米、桥面病害处治6处、清理桥梁伸缩缝垃圾462道、维修处治伸缩缝23处，道路基础情况得到有效改善。二是实施道路专项工程，道路使用性能进一步提升。加强路域环境整治，推进原生态绿色走廊建设，重点对原神段一级护面墙进行轮廓线施划，对三岔互通、偏关互通进行清理整修。稳步推进独柱墩桥梁提升专项行动，对排查出的34座独柱墩桥梁进行横向抗倾覆稳定性验算。按时完成高速公路规范速度改造工程，对全线52块标志牌进行规范调整。全力以赴迎接"十三五"国检，对路况指标相对较差的9.667公里路段进行应急处治，顺利通过国检。经检测，2020年道路总体技术状况MQI值为96.37；MQI优良路率达100%；平均路面使用性能指数PQI值为94.81。一、二类桥梁占比97.2%，三类桥梁占比2.8%，二类及以上隧道占比100%。各项指标均优于目标值。综合养护成果在山西交控集团2020年度运营工作检查中排名第五。

【强化费收管理，经营效益进一步提升】 一是坚持营销堵漏，挖潜增效取得新突破。制定《收费营销活动方案》，通过多种方式对差异化收费、ETC优惠进行宣传，深入周边企业，开展特色营销活动，引导车辆通行高速公路。全面落实山西交控集团联网收费稽核工作推进会议要求，严厉打击偷逃通行费行为，制定《关于开展追缴逃漏费车辆专项稽核的实施方案》和《收费稽查奖励办法（试行）》，成立"堵漏增收"领导组和稽核联动小组，确保通行费足额征收，累计追缴通行费28.34万元。二是优化收费措施，服务水平进一步提升。以收费站文明窗口建设为着力点，持续开展文明礼仪培训，定期总结分析、推广学习先进典型。深化便民服务工作，持续做好各类咨询，妥善处理各类投诉。开展为期10天的收费人员军训活动，并加入文明礼仪竞赛项目。加强ETC建设，忻州北公司所属9个收费站共开通ETC专用车道32条，在宁武、神池、偏关、河曲四个收费站开设ETC服务网点，截至12月底，共发行ETC卡1178张，OBU设备1190套。如期完成管理路段联网收费系统软硬件问题的排查处理，5月6日全国恢复收费后，系统正常稳定运行。

【不断强化运维管理，保通保畅能力进一步提升】 一是健全信息报送机制，信息处理准确高效。建立健全信息报送工作机制，加强对信息报送工作的考核检查力度，做到信息上报发布及时准确。全年累计接听服务电话36947次、受理紧急救援电话263次，发布路况信息5554次。增设ETC客户联络人工座席，全年共受理咨询投诉3866次，进一步提升ETC服务水平。二是强化运维基础管理，系统安全稳定运行。开展高压外供电线路隐患排查，完成隧道机电系统专项检测。建立隧道消防修缮队，对隧道消防管道进行系统性排查，发现隐患及时处理。实施隧道提质升级专项工程，完成三个隧管站监控平台改造升级和隧道电伴热线缆、紧急停车带标识牌的安装。开展隧道管理精细化标准化建设，对隧道日常记录表格进行规范统一。推进高速公路视频云联网工程，完成视频基础数据的梳理上报。取消晋蒙黄河大桥主线收费站，实现忻州北高速和内蒙古境内大龙高速的互联互通。

【狠抓安全管理，安全保障能力进一步提升】 一是不断夯实安全管理基础，安全形势平稳可控。以构建安全生产管理"五大体系"为抓手，全面落实安全生产责任制。积极开展安全生产专项整治三年行动、隐患排查等专项行动，安全生产基础不断夯实。组织实施安全标准化建设，安全标准化水平已达交通部二级标准。加强安全文化建设，忻州北公司被省政府授予2020年省级安全文化建设示范企业称号。二是严格执行防控措施，疫情防控稳扎稳打。按照疫情防控要求，严把稳控出入两道关口，严格做好定时定点消杀防护、职工日常体温监测、接触史排查等工作。配合地方防疫部门，做好高速公路出入口疫情防控服务工作。扎实做好疫情防控物资保障，全年累计发放使用一次性医用口罩35000余只、84消毒液300余升，体温枪20余把。

【抓机制强联动，执法效能进一步提升】 一是强化道路巡查，提升巡查质量。推行路、警、养联勤联动巡查，做到信息共享，资源互补。增加特殊气候巡查频次，及时发现并妥善处置各种隐患。强化涉路施工安全巡查，有效监督施工现场安全防护设施的摆放，确保施工现场的安全。二是严格路政执法，维护路产路权。全年处置路产案件88起，收回路赔146.33万元。办结交通行政许可审批4起。检测货运车辆249.34万辆次，其中非法超载车辆2735辆次，超载率为0.1%。

【扎实推进专项工作，高质量完成原神高速竣工验收和竣工审计工作】 按照目标任务要求，忻州北公司集中力量，责任到人，重点突破，于6月24日顺利通过原神高速竣工验收，原神高速被评定为优良工程，并于同期完成原神高速竣工审计。大力推进水毁处治和排水设施建设，高质量完成排水系统水毁处治和高边坡水毁的应急抢修，全线排水设施建设基本完备，水毁较往年有大幅下降。

【狠抓党组织建设，党建工作与生产经营深度融合】 忻州北公司党委始终坚持把学用习近平新时代中国特色社会主义思想作为首要政治任务，持续提升理论学习水平。进一步强化党的政治领导，将党的领导写入公司章程，明确党委会研究是董事会、经理层决策重大问题的前置程序。全年新建管理公司党建工作制度39项，形成党委书记带头抓、班子成员分工抓、支部书记具体抓的党建工作体系和格局。坚持党管干部、党管人才原则，持续推进高素质干部人才队伍建设，不断加强党员教育培养，提升基层党建工作内生力和广大干部职工干事创业的向心力。把意识形态工作作为重中之重来抓，认真分析研判意识形态领域新热点、新问题，不断提升工作主动性。严格落实党员教育管理，规范党费收缴使用管理，扎实推进党支部标准化、规范化建设。严格正风肃纪，紧盯节假日等重要时间节点，持续纠治“四风”，党风廉政建设和反腐败斗争不断向前推进。持续加大脱贫攻坚力度，从产业扶贫、基础设施提升、村党支部建设和精神扶贫等方面给予大力帮扶，巩固夯实帮扶成果，确保岭底村脱贫不返贫。

（忻州北公司）

忻州南高速公路管理有限公司

2020年，忻州南公司坚持以习近平新时代中国特色社会主义思想为指导，认真贯彻落实省国资委和集团公司决策部署，团结一致，奋力拼搏，改革创新，与时俱进，完成全年各项工作任务。全年累计征收通行费23.9769亿元（含疫情期间政策减免），完成全年任务124.17%。年度运营成本实际支出34181.25万元。未发生安全生产责任事故、未发生环境污染责任事故。

【加强内防外控，全力打赢新冠肺炎疫情防控阻击战】 忻州南公司领导高度重视，加强组织领导、靠前指挥协调、细化实施方案、完善保障措施、注重联防联控，确保疫情防控和生产经营工作扎实有序开展。一是部署安排到位。印发《新型冠状病毒感染肺炎疫情防控工作实施方案》，成立疫情防控工作领导组和疫情防控办公室，对疫情防控工作任务进行全面部署。及时发布《新型冠状病毒感染肺炎疫情防控倡议书》，编制《防控应急预案》。党委强化基层组织保障和舆情引导，印发《关于在疫情防控一线深入开展“党员先锋行”活动的通知》《关于精准复工复产相关工作安排的通知》等文件，在办公平台发布疫情防控宣传稿件20余篇，在今日头条等主流媒体宣传报道10余篇，营造良好舆论氛围。二是加强联防联控。积极配合地方政府做好疫情防控工作，先后在21个收费站布控检疫点，对8个收费站进行出入口封闭。设置46条“防疫物资运输绿色通道”，全力做好疫情期间车辆免费通行服务保障工作。三是强化职工健康防护。对所有在岗职工进行登记和分类统计，对两个站区进行封闭隔离观察。2月3日复工后，灵活组织员工到岗上班。严格实行对办公生活场所进行定期消杀，指导员工加强个人防护，认真落实体温测量、错峰就餐、行踪报备和核酸检测制度，最大限度地减少外部接触感染风险。截至年底，忻州南公司先后投入68万元购置防护物资，为各部门、单位购置并发放口罩13万个、消杀物资5250余升、红外检测仪42个，体温计200个。公司党委、工会划拨专项资金1万元用于疫情防控保障和慰问。建立全员健康零报告制度。创新工作方式，灵活统筹安排生产经营工作，远程办公与现场办公相结合，通过轮班形式尽量减少人员流动。加强环境卫生整治，减少各种集体活动，做到人员不聚集。严格实行门卫登记检查制度，严把人员进出关，严防疫情输入。五是加强督促指导。忻州南公司领导赴基层一线对疫情防控工作进行调研指导，及时解决基层困难，帮助基层单位协调解决物资紧缺等实际问题。分管领导每周两次带队深入一线就疫情防控和复工情况进行分片督导，帮助全体干部员工进一步明确工作方向，坚定战胜疫情的信心和决心。确保忻州南公司范围内安全平稳有序运行，未出现任何疫情。

【聚力攻坚破难，圆满完成恢复收费运营保障任务】 忻州南公司认真贯彻落实山西交控集团恢复收费正常运营和保畅应急视频调度会议精神，结合实际，成立以董事长为组长，分管收费领导为常务副组长，其他班子成员为副组长的恢复收费运营工作领导组。领导组下设收费管理保障、道路畅通保障、路政治超保障、设备运行及信息保障、督导检查、信通公司软硬件维护保障、舆情工作等7个工作组，具体负责对各业务范围内恢复收费期间运营工作的推进落实。成立6个包片督导工作组，明确督导时间、督导内容，每天分片包点，对各收费站恢复收费保障工作进行现场督导。制定恢复收费保畅通应急预案，联合高速交警制定恢复收费保畅通工作方案，建立路警协作机制，与地方政府、公安交警、消防、应急办、清障救援单位及时沟通对接，合理布控清障救援设备应急待命点，确保突发事件处置高效有序。建立拥堵信息报送制度，24小时监测路网运行状况，为领导应急指挥调度提供决策依据。从4月16日开始，开展实车测试工作。建立《实车测试问题清单》《实车测试问题销号清单》，明确整改责任和监督验收责任，动态管理，限期整改。建立实车测试调度会议制度，累计召开调度会议12次，忻州南公司领导现场研究解决对策，确保当天问题当天销号。组织信息中心、收费站、专业维护队伍对设备运行情况逐站逐车道进行详细排查，做到边排查、边反馈、边整改、边验证，累计发现问题316个，处理316个。组织机电维修员已完成对全线机电设备的巡检，及时修复故障。组织完成奇村、五寨、虎鼻收费站治超检测点减速带改造项目、原平收费站治超点治超秤基础及破损秤框改造工程，有效提高车牌识别率。及时修复收费站广场摄像机、自动栏杆机、费额显示器等，确保基层站区软硬件设备的配套运行。成立网络安全管理工作领导组，制定网络安全事件应急处置预案，及时做好软件升级、网络安全隐患排查等工作，确保收费网络安全稳定运行。制定舆情监测和舆情应对工作方案，加强差异化收费政策宣传、ETC便民优惠政策宣传、通行费计费标准宣传，帮助司乘人员解掌握高速公路收费政策，避免发生不必要的纠纷和投诉事件。胜利打赢5月6日恢复收费运营保障工作的政治保卫战。

【坚持改革创新，不断提升综合管理能力】 一是推进管理机制改革。注册成立忻州南高速公路管理有限公司，制定党委会、董事会、经理层议事规则，推进民主管理、企务公开，形成协调有序的运行机制。完成“六定”改革任务，设立9个机关部室、45个基层单位，建立精干高效的工作机制。二是推进运营管理标准化建设再提升。开展《业务管理标准化工作手册》的学习宣传贯彻活动，对工作绩效和工作质量持续进行优化整合。印发《关于深入开展标准化展区队建设活动的通知》，以点带面，在具备条件的收费站、路产维护站、路政中队、隧道管理站等基层单位，开展外业环境标准化、硬件设施标准化、内业资料标准化、员工队伍标准化、行为规范标准化建设活动，打造一批标准化管理站区队示范点。三是强化财务成本控制。健全完善降本增效工作长效机制，加强对财务历史数据的分析研究，制定部门经费考核计划，实施全过程、全要素成本费用控制，强化预算执行进度考核和内部审计，提升全员成本管控意识。大力推行精细化管理，全面加强成本控制、成本核算，有效降低财务成本。加强经营风险评估，健全财务风险防控机制，促进企业依法高效经营。制定《物资采购管理办法》，建立从“入口”到“出口”全生命周期的资产管理体系，盘活存量资产，优化固定资产的更新、报废程序，实现资产价值管理和实物管理的有机统一。四是树立全员创新创效意识。加强科技创新和“四新”技术应用，对抗滑性能较差路段进行抗滑复合封层铺筑处治，快速提升路面使用性能指数。建立窑洼2号大桥健康状况监测预警系统，对部分路段进行超粘磨耗层维修处治，对部分天桥单柱墩桥梁进行加固处治。加强节能减排和生态环保建设，在部分站区推进光伏发电项目。运用“EPC+O”模式，推进站区污水设施升级改造工程，杜绝环境污染责任事件发生。开展节能减排宣传活动，倡导低碳绿色的工作、生活理念，推进绿色交通建设，不断提升企业可持续发展能力。

【注重固本培元，持续提升公共服务能力】 一是收费机电。制定《撤站业务专项培训实施方案》《专业人才队伍建设方案》，加强业务培训，有效提升全员业务能力。开展货运车辆调查活动，走访货运企业7家。制定《2020年收费营销工作方案》，加大ETC宣传力度，提高ETC用户覆盖率。与地方交通部门建立沟通协作机制，加强信息互联互通，不断提升高速公路整体运营效益。继续深化“高速+文旅”的引流增效营销模式，积极与地方酒店、餐饮和景点等单位进行联络、洽谈，实行“持高速通行票优惠”的措施，实现合作互利共赢。在黄寨、代县、奇村等增设6个ETC便民服务网点，通过发放宣传册，利用微信、抖音等媒介进行广泛宣传，开展ETC发行、注销、转账和OBU更换等业务办理。完成新广武收费站改扩建工程，提高通行能力。制定《解决高速公路收费站拥堵问题整改方案》，与交警、路政、养护等部门建立多方联动机制，对特殊天气、交通事故等致堵事件进行预警预防。采取错峰放行措施，将部分收费站ETC专道改成混合车道，拆除匝道、收费车道、治超点减速带，有效缓解收费站拥堵压力。加大偷逃通行费管控力度，累计追回通行费100.82万元，有效减少费源流失。二是路产维护。加强预防性管养，制定《高速公路免费期间的道路应急养护预案》《2020年日常养护计划》。完成路面裂缝、坑槽修补等春季养护和三季度路况调查。加强养护工程管理。修订完善工程项目管理制度，进一步优化工程前期招投标、中期实施监管、后期验收结算等工作流程。合理安排调整年度预算计划，优化项目实施，共立项报备32个养护工程项目，开展忻保段(奇村—岢岚)路基边坡应急处治工程(一期)。完成忻保段路面抗滑处治工程。完成忻保高速公路建设项目工程验收。加强原生态绿色走廊建设。以原太、新原段为重点，组织专家进行评估论证，制定原生态绿色走廊建设方案，对互通绿化带、主线两侧杂草、野树进行清除，对绿化空白段进行苗木补植，创造优美舒适的通行环境。制定《“迎国检”工作方案》，召开专题会议，层层分解迎国检任务。推进治理能力评估和规范化管理工作，对杨兴河特大桥进行维修加固。完成路面灌缝处治和桥面超粘磨耗层处治。完善标志标线，补划隧道口轮廓标，补齐隔离栅，矫正护栏板，做到标线清晰、标牌醒目。按照国检评分标准对内业资料进行规范化整理，全面做好迎国检准备工作。加强防汛抢险应急保畅工作，提前储备防汛物资，修订完善《防汛应急预案》，对防排水系统、高填深挖、沿河及濒临水库的路基和挡土墙、护面墙等防护设施进行摸底排查，加强雨前、雨中、雨后巡查，及时修复并处治水毁隐患，发布防汛抢险应急预警8次，确保路段安全畅通。加强地质灾害隐患排查整治，建立地质灾害台账，向山西交控集团报备冻融期地质灾害隐患16处。修订除雪防滑应急预案，提前储备融雪剂、防滑料，提前检修除雪设备等，确保除雪应急保障到位。三是路政治超。召开安全保畅协调会，就易拥堵、事故多发、团雾路段进行分析研判，编制交通事故统计分析报告，为针对性制定管控措施和领导经营决策提供依据。发放交通事故警示案例宣传资料，提醒司乘人员注意行车安全。对忻州、原平、保德收费站顶棚广告进行全面拆除。加强涉路施工安全监管，辖区未发生任何涉路施工安全事故。开展“防疫请、守安全、保畅通、优服务”主题路政宣传月活动，深入沿线村庄、学校进行流动宣传，发放宣传单40000余份，增强公众爱路护路意识。强化治超管理，建立大件运输车辆核实检查程序及信息共享机制，依法治超、逢车必检，杜绝超限超载车辆驶入高速公路。完成省界治超检测站人员分流工作。开展治超纪律作风整顿活动，成立治超专项督导检查组，不定期对全线治超站点进行督导检查，进一步严明治超工作纪律。四是隧道管理。实行岗前提醒制度，每月对隧道内发生的突发事件进行分析讨论，研究制定针对性处置措施，提升隧道应对突发事件的能力。加大隧道现场监视力度，发现并处置各类突发事件388起。制定机电设备年度检修计划和清洁维护月计划，及时维修故障设备，确保各系统设备稳定运行。实施隧道提质升级行动，完成雁门关、云中山隧道广播系统优化升级工程，在雁门关隧道斜竖井安装监控摄像机，完成隧道消防箱与紧急电话电光标志更换和安装、雁门关隧道轴流风机风闸远程控制改造等。对忻保段21条隧道内高压钠灯进行LED灯节能改造，提高隧道照度，改善通行环境。在雁门关隧道进行应急广播系统改造试验，建立危化品车辆识别系统，试验运行效果良好。开展隧道站区环境整治活动，建设6S标准工间，站区面貌得到明显改观。五是信息监控。制定《信息发布审批表》《信息撤销更改审批表》，进一步规范公文信息发布管理，提高办公办事效率。启用公司微信公众平台，为公众提供详细的出行信息、工作信息等服务，提升信息服务品质。开展公路交通信息流、高速公路恢复收费保通保畅等业务培训，提升信息人员业务水平。加强机电设备管护，对治超秤、抓拍摄像机、工控机、交换机等运行情况进行巡检，更换部分费额显示器、站级监控工作站、治超工控机、站级收费服务器、交换机、UPS等设备，大运段收费站——忻州片区实现4M链路传输，完成高速公路联网收费系统通信传输链路故障修复工作，完成辖区主线、隧道、收费广场等监控视频故障整改工作。改造二楼多功能会议室，拓展公司视频会议功能，实现公司与山西交控集团，公司与基层视频会议的共享共联。完成奇村、五寨、虎鼻收费站治超检测点减速带改造项目，原平收费站治超点治超秤基础及破损称框改造工程，三家村、奇村、黄道川、岢岚、神舟、窑洼6个超限检测点增加治超雨棚工程。优化升级机电综合管理平台功能。完成UPS清洁维护、防雷检测、光缆检测，对全线收费站软件版本号进行检查，开展网络安全攻防演练，确保路网设备安全稳定运行。

【优化人力资源配置，激发员工担当作为动力】 制定《取消省界收费站人员分流安置方案》，对杨家湾收费站进行现场人员分流安置，共分流收费人员75人，工勤人员10人。完成退休人员社会化管理人事档案移交工作，共向忻州市、太原市、原平市、晋中市档案馆移交66人。完成9名到龄退休员工的退休审批及待遇核定；落实有关社会保险减免政策，减免社会保险总计382.7万元，申请领取失业稳岗补贴41.8万元。为186名劳动合同到期的员工陆续签订劳动合同。分类制订《员工教育培训计划》，利用各类学习平台组织员工进行培训，在线培训率达98.16%，有效提升员工综合素质。成立交通运输专业初级工程师评审委员会，建立专业技术评审专家库，评审并聘任助理工程师66名。修订完善《绩效考核办法》，建立与山西交控集团管控相匹配、与经营业绩相挂钩的薪酬绩效考核体系。组织完成上半年绩效考核工作，考核结果与个人绩效进行挂钩兑现，激发员工主动担当作为的动力。

【强化安全生产“五大体系”，提升安全保畅能力】 组织各部门、单位签订《安全生产目标责任书》，对2020年安全生产重点工作进行责任分解，层层压实安全生产责任，织牢安全生产责任网。召开安委会全体（扩大）会议4次，安全生产例会10次。制订

《年度安全生产费用使用计划》。编制印发《应急物资管理办法》,修改完善《公司突发事件应急预案》。组织各单位签订应急联动协议,统一购置各类应急物资,开展消防灭火、防汛抢险、快速放行实战应急演练98余次,提升突发事件应急处治能力。加强安全文化建设,拍摄安全文化宣传片,顺利通过国家级安全文化建设示范单位的复查验收。举行安全生产知识培训3次。先后开展"5·12"全国防灾减灾日宣传活动、安全生产月、安全生产专项整治三年行动、"零事故"单位创建等,提升全员安全生产意识。开展各类安全生产专项大检查30次。召开安全"双控"体系建设动员会,制定印发《安全风险分级管控及隐患排查治理双重预防机制建设实施方案》《安全隐患专项整治行动实施方案》,开展安全"双控"体系建设、危险路段风险管控和重大安全隐患排查治理等专项活动,在辖区路段安装9处能见度检测系统,在长大纵坡路段增设动态发光标线与动态引导标志,全力消除安全隐患,创造安全稳定的发展环境。

【加强排查防范化解,提升企业风险防控能力】 一是建立风险防控机制,加强法律风险、经营风险、投资风险、安全风险防控和处治,全面提高风险管控能力。健全完善法务工作制度,设立法务工作岗位,加强法治宣传教育,严格落实经济合同审核、重大决策审核、法律制度审核三项制度,最大限度降低经营管理过程中的法律风险,保障企业法人权益。二是建立安全隐患排查治理长效机制,及时组织开展安全风险隐患排查整治活动,加强风险评估,制定重大风险管控方案,及时消除危险源和重大风险隐患。三是建立党委会、董事会、经理层决策议事制度,不断完善财务内控制度,严格执行统一口径的财务预算管理制度,加强预算执行进度考核和内部审计监督,最大限度地降低投资风险、债务风险和经营决策风险。四是建立矛盾纠纷隐患排查机制,建立重大信访案件领导包案制度,每月进行一次矛盾纠纷隐患排查,定期召开矛盾纠纷分析研判会和调处工作会,针对重复访、苗头性矛盾纠纷及时进行思想教育疏导,制定稳控措施,从源头上积极化解,创造和谐稳定的发展环境。

【坚持党建引领,强化高质量转型发展政治保障】 一是坚持从严治党,全面推进管党治党责任落实。公司党委认真落实党建主体责任,召开党建和党风廉政建设专题会,制定党委班子成员落实党建、党风廉政建设和思想意识形态工作三清单,建立党委班子成员基层联系点制度。列出党委主体责任、纪委监督责任和班子成员廉政责任清单,与各基层党支部签订党建工作目标责任书。全面做好精准扶贫工作,派出帮扶工作人员3名,第一书记2名,及时组织17名帮扶责任人与余庄子村77户贫困户结成帮扶对子,公司主要领导定期进村入户、慰问扶贫工作人员家属。建立"十个清零"问题台账,完成社会扶贫App注册工作和贫困户信息线上线下核查工作。建立完善《"三重一大"集体决策制度实施细则》等制度,召开党委会议21次,研究事项115项。认真落实重大事项请示报告制度,制订年度理论学习计划,创新学习方式,提高学习实效。组织中心组理论学习12次,理论宣讲10次,学习研讨4次,思想意识形态分析研判会3次。优化设置云中山隧道、窑洼收费站两个党支部。培养入党积极分子15名。转出党员9名、转入党员2名。注销分公司党费专户,开通管理公司党费专户,用于疫情期间缴纳特殊党费。深入开展疫情防控党员先锋行主题活动。建立完善《落实中央八项规定精神的实施细则》,认真进行反对"四风"自纠自查。做好巡视整改工作,研究制定整改方案,形成整改清单,对规定时间节点内完成、未完成、计划完成的工作进行及时跟进验证,确保各项整改工作件件有落实,事事有回音。二是坚持党建引领,全力推进经营管理高质量发展。公司党委组织开展"干净、节约、安全"主题评比提升活动,美化站区环境,提正队伍士气,激发员工斗志,公司上下形成团结务实、乐业进取的工作氛围。加强基层党组织建设,开展"三零"单位创建活动,实施党建项目化管理,进一步压实党建主体责任。定期召开党风廉政建设分析研判会和党纪党规学习教育活动,提升干部职工廉政风险防控意识。加强明察暗访、专项监督,进一步优化发展环境。举行登山健身、健康体检、“三星”评选表彰等活动,丰富员工文化生活。三是强化监督执纪问责,不断提高纪检监察工作水平。督促党委全面履行管党治党政治责任,全面落实党建工作责任制、党风廉政建设工作责任制、意识形态工作责任制“三清单”。制定出台公司《领导干部廉洁档案管理办法(试行)》,建立中层管理人员廉洁档案。出台《企务公开工作监督实施办法(试行)》,公开聘任48名监督员。认真贯彻落实中央八项规定和纠治“四风”要求,持续强化作风建设永远在路上的态势。在重大节假日前开展专项监督检查,进一步严明工作纪律、转变工作作风。开展“基层站区管理盲点专项检查”“公务用车专项检查”等专项监督检查活动10余次。按照“双轨并行,监督跟进”的方式,对重点监督事项,及时发布监督公告,设立举报箱33个,畅通监督渠道。通过开展“学习贯彻习近平新时代中国特色社会主义思想和党的十九大精神”专题研讨会,“习近平总书记系列重要讲话精神”宣讲等活动,教育全体党员认清形势,严守党纪党规,树牢“四个意识”,坚定“四个自信”,践行“两个维护”,党员干部的政治站位和规矩意识得以全面提升。聚焦监督执纪主业,严惩违纪行为,狠抓线索管理,坚持把问题线索处置和查办案件作为主业来抓,突出加强对违规违纪和有禁不止行为的查处,保持力度节奏,以零容忍的态度下大力气减少存量,遏制增量,办理案件3起,保持反腐败高压态势。

(忻州南公司)

吕梁北高速公路管理有限公司

2020年,吕梁北公司持续强化政治建设,深入推进改革发展,全力攻坚党建“1555”行动、“一体两翼六型”发展战略和“心敬道”企业文化宣传贯彻“三大主战场”,各项经营管理工作稳步推进,企业发展迈上新征程。

截至12月31日,征收通行费5.08亿元(划拨后),累计通行量为613万车次,农产品减免量为8446辆,农产品减免费为238.59万元;2020年基本支出11314.92万元,养护支出10427.54万元,专项支出912.48万元,财务费用和营业外支出169.89万元,累计22824.83万元,占年度运营成本的97.33%;第四季度末优良路率为100%;路面综合性能指标(PQI)为92.46;全年未发生一起重特大安全责任事故和环境污染责任事故。

【稳妥推进“六定”改革】 吕梁北公司“六定”工作“以员工为中心”的理念深入人心,“双向选择”实现人尽其才。在不突破总编制前提下,组织体系全面实施,完成对重点机构的调整和加强,新成立“1+3”监测及运维中心,通过优化公司内部组织机构,理顺各部门职责,科学核定人员编制,公司运行效率、管理效能得到有效提升。130余名工勤人员全部实行劳务派遣。基本完成“六定”改革,实现吕梁北公司现代化管理和机关的“瘦身健体”。

【收费管理持续优化】 坚持“对标一流打造品牌”的工作理念,圆满完成取消省界收费站、实车测试、联网收费系统平稳切换。积极开展“堵漏征收”专项行动,加强收费数据稽核管理,加大沿线封闭设施排查整改,采取多种举措对偷逃通行费车辆筛查和严厉整治,查处偷逃通行费车辆147辆,追缴通行费共计17265.4元。联合地方政府对太佳西路段并行的太克线采取“大循环”交通限行措施,以吕梁国省干线公路改造为契机,积极与吕梁公路分局召开协调会,加强联动营销,增加通行费收入,共增收2000万元。充分利用DOS批量处理脚本技术手段实现无人智能自动化巡检功能,提升ETC门架的运行稳定性。

【养护管理不断提升】 实行全面预算管理,修订日常养护项目单价,优化养护管理模式。大力实施预防性养护,坚持以预防性养护为主,修复性养护为辅,建立“常态巡查、定期维护、专案修复”的周期性作业制度,创新养护作业管理,有效降低养护成本。围绕“迎国检、呈亮点、保畅通、上水平”的养护工作思路,大力实施路面洁化、设施亮化、环境美化工程,共计完成投资约1690余万元,受检路段路面PCI由原来的89提高到95,“十三五”国检工作取得优异成绩。坪头互通及连接线机电工程完成交工验收,已具备开通运营条件。临离段遗留问题处置进一步加快,岢临、临离段竣工验收稳步推进。集团养护挂牌督办岢临段K174+850处王家焉滑坡、姚家山大桥(二期)、临县西互通LJXLK1+180~LK1+280路基三项病害处治工程全部完成。

【智能化管理提质增效】 自筹资金2200万元对太佳西段33条隧道照明节能系统改造,由石墨烯LED灯替换原有高压钠灯,节能比高达65%以上,完工后每年可节约电费500万元以上。3家基层单位并网使用光伏发电,全年节约电费20.38万元。引入相关资质多家单位完成收费、隧道机电维护,实行单价计量支付,健全竞争机制,强化专业化机电运维队伍建设,进一步降低维护成本。

【路政治超执法文明规范】 大力推行阳光执法,全力开展路产案件追查工作,建立健全典型案例一案一总结,全年累计发生案件92起,发现率、查处率、结案率均为100%,收取路产路赔款181.69万元。共检测车辆229.9975万辆,其中非法超限超载车辆1143辆,非法超限超载率0.05%,全年无公路"三乱"。

【安全生产规范有序】 疫情防控有力有效,健全安全生产"五大体系",编制完成综合应急预案和14个专项应急预案,均通过专家评审。强化风险管控,开展临县3号隧道危化品突发事件综合应急演练,与山西高速交警一支队九大队就恶劣天气路警协同事宜召开座谈会议,在临县3号隧道推广运用"危化品车辆跟踪辨识与自动警示系统",在危险路段太佳段K203+000~K206+000处增加太阳能黄闪灯同步引导系统。

【"四新"技术提高效能】 积极推广新工艺、新技术,利用就地热再生、精表处、超粘磨耗层等技术。与同济大学合作组织轻型落锤式弯沉仪在粒料基层及砂砾垫层施工质量控制中的应用研究科技项目;与华北水利水电大学合作开展黄土地区路面结构深层病害非开挖式处治技术研究,通过技术进步促进降本增效。

【高质量党建引领新征程】 持续推进党支部标准化建设,精心打造"党旗红·高速情+党建"项目化品牌,高速公路硬路肩清吹装置和紧固式养护施工标志牌项目获两项专利。总结提炼宣贯"心敬道"企业文化,倾力打造企业文化阵地、廉政教育阵地、安全文化阵地三大"文化品牌",打造强大"软实力"。深耕"两个文明单位创建",获山西交控集团"文明单位"称号。建成涵盖企务公开、政治监督、预算执行、工程监督、工作督办五大版块的信息化监督平台,企务公开实现民主化、透明化、细致化。

(吕梁北公司)

吕梁南高速公路管理有限公司

2020年,吕梁南公司牢固树立新发展理念和高质量发展要求,紧紧围绕"保安全、保畅通、保收费、提管理、强服务"的职责定位,努力克服疫情影响,凝心聚力、攻坚克难,敢为人先、砥砺奋进,实现党的建设和经营管理同频共振、互融并进。

【各项目标任务完成较好】 全年征收通行费10.03亿元,受疫情影响79天减免通行费约3.97亿元,绿色通道减免通行费1222.7万元,春节、国庆假期减免通行费1288万元,受地方政府蓝天保卫战交通管制影响减收通行费4742万元;公路技术状况指数MQI为92,路面使用性能指数PQI为91.5,道路优良路率95.6%;一、二类桥梁比例95%,三类及以上隧道比例100%;完成军渡站区、薛公岭站区6个单位办公楼维修改造和汾阳收费站、汾离路产维护站、汾离路政中队职工生活设施用品更新等9项民生实事,职工收入稳定增长;全年未发生任何安全生产责任事故和重大环境污染责任事件。

【党建引领企业发展踩深走实】 坚持党建服务中心、服务大局的理念,以党的建设"三带领三提升"工程为牵引,集体酝酿、反复研究,提出"12355"党建工作法和"1236"基层党支部工作法,党委、基层支部广大党员干部抓基层党建工作方向更加明确、思路更加清晰。创新开展党风廉政建设联动监督,形成横向到边、纵向到底、无缝隙、全跟踪、有制约的常态化联动监督机制,促进工作风气更清、工作作风更实。党委统一领导、靠前指挥,众志成城抗击疫情,精准有序复工复产,涌现一批担当奉献、爱岗敬业的先进事迹。顺应改革形势，大力度开展“四抓四推进”专项活动，常态化抓学习、抓纪律、抓管理、抓落实，形成党委引领、支部落实、党员带头的良好格局，同以“树立正风正气，治理乱猜测、乱议论、乱造谣、乱告状”为主要内容的“一树四治”相结合，各项工作干在实处、走在前列。

【意识形态工作稳步落在实处】 认真贯彻落实宣传工作条例和意识形态工作责任制，召开4次意识形态分析研判会议，4次党委书记议稳会议，同时加强舆情应急处置，实施舆情动态管控，牢牢将意识形态工作主动权握在手中。深入开展“三零”单位创建特别是“零上访”创建，建立“五个一”信访包案工作机制，坚持思想上统一、政策上引导，精准施策、分类指导，成功化解田嵩巍、周全文、武桂林等13起“老大难”信访积案和多名职工劳资保险矛盾纠纷，多方协调完成393名职工养老保险补缴，近20年的疑难问题得以解决，创造稳定和谐的改革发展环境。深入推进宣传工作，编制宣传工作手册，摄制改革发展纪实和企业文化建设宣传片，发布各类新闻报道60余篇，山西交控集团官网等平台选登41篇，特别是疫情期间，大力开展“树典型、扬正气”宣传活动，成功创建山西交控集团文明单位标兵，凝聚起奋勇争先、拼搏进取的磅礴力量。

【全面深化改革迈出坚定步伐】 推进管理体制改革，厘清党委、董事会、经理层职责边界，权责清晰、制衡有力、运作规范的公司法人治理结构体系逐步健全完善，推进各项工作协调运转。认真落实山西交控集团党委“六定”改革决策部署，结合吕梁南公司运营管理实际，多次调查研究、反复酝酿斟酌，完成“六定”改革方案报批并按要求稳步推进；与此同时，完成81名中层管理人员人事档案“三龄两历一身份”审核认定，931名职工人事档案完成近500份梳理核实，高标准完成人事档案库房建设，管理制度同步出台，劳动合同同步理顺，20多年来人事档案不规范的问题得到彻底扭转。精心筹备、全员动员，成功承办山西交控集团高速公路经营管理推进现场会，受到山西交控集团领导充分肯定和兄弟企业高度赞扬，为深入推进改革打下坚实基础。

【收费管理实现质和量双提升】 按照取消省界收费站“第十战役”总体部署，按照既定目标任务，圆满完成省界军渡收费站撤站任务，顺利实现“全国联网”收费。建立收费系统运维保障机制，依托收费运营分析平台，对收费站路网系统进行24小时不间断监测，随时发现并解决问题；组建机电运维队伍，自主研发一体化线路集成配电柜，31套门架系统断电自动报警装置全覆盖，报警准确率100%，保障收费系统稳定运行。全面优化分档优惠精准营销引流增收方案，创新营销方式、扩大营销路径，探索“高速+商家”ETC联合推广营销机制。全面开展联网收费稽核，打击治理偷逃通行费行为，追缴逃费车辆883车次共计12.85万元。建6个收费站ETC营业网点，累计受理业务15649笔，增ETC用户5941个，累计充值金额246.6万元，ETC普及率和售后服务水平双双提升、双双向好。

【养护管理走向创新发展轨道】 不等不靠、科学规划，高标准完成夏汾段主线和交城、汾阳互通以及薛公岭隧道口绿化美化，补植各类树种苗木3.8万余株，铺种绿植1.7万多平方米，原生态高速公路绿色走廊雏形初现。探索推行“四个集中”养护模式，对全路段病害进行集中处治，完成王家池3号桥等10座大桥桥面铺装改造和山西交控集团督办的K1023处路基病害处治、离石高架桥桥面等8处整改项目，路况水平有效提升。试点沥青路面就地热再生处治技术，完成夏汾路段单幅单向59.6公里共计25.85万平方米路面处治，路面铣刨、物料加热、路面铺装一体推进、一次成型，废旧铣刨料综合利用率100%，较SMA超薄沥青面层施工处治单公里节约成本36%。推广新能源在隧道照明中的应用，完成薛公岭、八盘山等隧道8365盏LED灯具改造，年节省能耗约50%；先行在薛公岭隧道内壁应用水性瓷化涂料2.56万平方米，隧道照度提高3倍以上，涂装寿命可延长1倍以上，日常清洁效果和效率也大大提高。推行大流量交通下的日常养护集中作业，实现一次交通管制，坑槽修补、设施修复、清洁保洁等日常养护多项目集中实施，作业质量和养护效率有效提升。

【安全应急体系逐步完善成熟】 强化安全生产“五大体系”建设，实施安全基础建设工程，实施省政府督办的“13710”事故多发路段整改和风险较高路段管控，完成汾离段事故多发易发路段提升整改和桥梁防撞墙加高以及避险车道升级改造工程，完成省政府挂牌督办的八盘山隧道隐患整治，完成汾离段智慧广播系统和省厅限速管理示范路段建设，常态化开展危险路段整治和安全隐患排查治理，道路本质安全水平有效提升。持续优化晋陕界安全保畅、应急联动保畅区域建设，实施跨区域、跨部门联动保畅工程，实践形成路警、路地联动协作保畅机制，联合开展大流量交通行车秩序集中整治；反复演习、多方协作，高质量完成11月12日省交通运输厅和交通战备办公室“国道20青银高速汾离段山体滑坡突发事件综合应急演练”承办任务，受到上级领导和参演单位肯定。先后两次接受副省长卢东亮国庆期间安全专项检查和11月22日疏堵保畅专题调研，得到检查组高度认可。

【企业文化释放出推进发展强劲活力】 着力推进企业品牌文化、安全文化和廉政文化建设，提炼形成“平安高速 暖心吕南”核心理念，树立起“安暖吕南”文化品牌，积极参加全国第二届交通运输优秀文化品牌推选展示活动，“平安高速 暖心吕南”文化品牌荣获全国交通运输行业“企业类十佳文化品牌”，企业文化软实力有效增强。成功创建“山西省安全文化建设示范企业”，全面实施安全物态文化建设，打造安全文化长廊，完善安全标志标识，开展安全宣传活动，安全理念深入人心。推进廉政文化建设，打造廉政文化阵地，编制廉政书画摄影集，开展丰富多彩的廉政活动，营造出崇廉尚洁的廉政文化氛围。努力践行“安暖”文化，谱写一个又一个积极乐观、努力进取的安暖故事，激励全体干部职工在高质量发展的征程中奋勇向前。

（吕梁南公司）

晋中高速公路管理有限公司

2020年，在山西交控集团正确领导下，晋中公司以习近平新时代中国特色社会主义思想为指导，认真贯彻落实习近平总书记视察山西重要讲话重要指示，牢牢把握“稳中求进、改革创新”的总基调，按照省委“四为四高两同步”总体思路和要求，深化“根上改、制上破、治上立”，进一步理顺经营体制和管理模式，不断提升公司降本增效积极性、主动性、创造性，有效激发公司内在动力和活力。

【经营指标稳中向好，管理成果进一步显现】 一是通行费收入持续向好。划后通行费收入7.52亿元，完成年度总任务8.5亿元的88.44%；总通行量2118.94万辆，比上年同期1987.35万辆上升6.62%。二是道路状况明显改善。高速公路技术状况指数MQI：94.3；平均路面使用性能PQI：93.1；优良路率达：100%；一、二类桥梁比例：95.2%；无四五类桥梁，三类及以上隧道比例100%。三是依法治路成效显著。截至年底，共发生路赔案件316起，查处314起，赔偿310起，恢复316起，收取路产赔偿款386万余元，路政案件发现率、路产恢复率均达100%，查处率99.37%，结案率98.72%。四是安全生产形势良好。深化安全生产“五大体系”建设，推进安全文化和安全生产标准化建设，全年未发生重特大安全生产责任事故。

【大力实施改革创新，企业活力进一步增强】 坚持“聚焦主业、相关多元、整合资源、深度开发”的经营思路，积极推进管理理念和经营模式向市场化、现代化、科学化转变，形成主业与辅业相辅相成、协调发展的产业格局。一是管理理念改革创新。制定《党委会议事规则》《董事会议事规则》《总经理会议事规则》，已向山西交控集团报备并批复，厘清党委会与董事会、经理层职责边界；开展晋中公司运行机制、管控模式、制度体系建设，按照管理制度化、制度流程化的思路，梳理优化成本控制，建立健全科学规范、运行高效、执行有力的标准化管理体系；制定《2020年经费计划分解方案》《招标采购管理办法实施细则（试行）》《非招标采购评审专家库及评审专家管理办法（试行）》等制度办法，完善成本控制体系，加强工程建设各环节、各领域的成本控制，真正把相对高的成本降下来。二是经营理念改革创新。晋中公司成功举办青年职工创新创意金点子大赛，涌现一大批有创意、有内涵、有丰富想象力和创造力的成果，为晋中公司改革发展提供宝贵的经验和思路。大赛中的优秀成熟项目，晋中公司已经及时进行落地推广及跟踪服务，其中“驿家服务中心”已在平遥、介休收费站正式营业，成为晋中公司首个落地推广的经营项目，该中心具有公益和经营双属性，功能主要分为便利、便民、便行三个主要功能，便利是提供饮料速食、地方特产等经营服务，便民主要是免费为司乘人员提供热开水、医药箱、手机充电和修车工具等；便行是进行ETC的办理充值、出行资讯和路况咨询等。“驿家”的成功运营，填补晋中公司经营开发领域的空白，为晋中公司经营发展和文明服务增添一道靓丽风景线。

【深入推进重点工作，发展后劲进一步加大】 一是完成“六定”改革工作。按照山西交控集团关于开展“六定”改革的总体部署和要求，晋中公司党委高度重视，迅速成立以党委书记为组长的“六定”改革领导组，结合实际制定晋中公司《“六定”改革实施方案》，经山西交控集团批复后，及时启动晋中公司“六定”改革，下发晋中公司《机构设置、主要职责及岗位编制方案》《绩效考核管理办法》等配套运行的管理制度，在集团范围内率先完成“六定”改革工作。制定晋中公司《中层管理人员管理办法》，成立人事酝酿小组，并组派考察组严格按照程序对46人进行考察任用，同时也对山西交控集团党委巡察中提出的选人用人方面存在的问题进行彻底整改。二是多措并举开展迎国检工作。首先，开展路域环境专项整治。持续加大对道路沿线路面、边沟和碎落台等易存垃圾点集中清理整治力度，消除公路路域“脏、乱、差、堵”现象，建立健全公路路域环境综合整治长效监管机制，实现沿线环境管理清洁化、秩序化、优美化、制度化。截至年底，路面机械清扫达350班次，出动人次2万余人次，排水沟、截水沟清理900余千米。其次，精准实施路面养护工程，圆满完成迎国检任务。在路面整体水平提升工作上持续投入，主行车道重点消灭次、差路段；超车道、慢车道，重点消除安全隐患。截至年底，路面养护工程已基本完工，先后完成祁临段路面破损铣刨摊铺处治276312平方米，路面病害超粘磨耗层处治48723.6平方米，完成阳黎段路基沉降处治40处，伸缩缝应急处治3处，提高晋中公司所辖高速公路路面使用性能，消除多处安全隐患，完成2020年国检工作，同时在规定期限内(7.31)完成集团挂牌督办的K725~K726、K731~K732+548段下行行车道路面。再次，加快推进绿色走廊建设。对所辖路段的树木进行修剪、浇水管护；对枯死树木、不良攀缘植物进行清理；祁临段绿色长廊建设，截至年底，排查工作已经结束，设计工作初步完成，正在完善设计及预算，并已对接施工单位；阳左路段补植工作已完成。三是全力保障撤站系统优化及恢复收费工作。首先，全力保障系统稳定。晋中公司建立董事长为组长，交科集团巡查督导组长为总协调，片区经理、技术员、站机电维护员跟进落实的三级联动机制，确保软硬件系统问题得到及时处置，达到最佳运行状态；采用自维+外维的模式，加强机电运行监测和机电设备现场管理，配强收费站机电运维力量，协调施工单位、维护单位驻点驻站专人专点，做好软件升级和设备巡检维护；对老旧设备进行全面排查，更换4套收费服务器、6条车道高清抓拍、8条车道费显、40套收费键盘、99套读卡器、24台治超工控机。其次，全力保障站点畅通。晋中公司制定恢复收费保通保畅工作方案，实行领导包片责任制，晋中公司领导包路段、部长包站点、站长包车道，一站一策制定保畅预案的工作机制，确保站区通行顺畅有序；与属地政府、高速交警、地方公安建立应急保畅联勤联动保障机制，并充分发挥信息监控综合指挥调度职能，远程提供提醒、监测、信息传送等大数据保障，实现高速交警负责远端分流，路政养护负责主线疏导，收费站负责内外广场疏导，地方公安负责突发事件的处置的流程；针对车流量大的祁县收费站、介休收费站、明姜收费站，雇用12名专职保安人员，全天负责内外广场车辆疏导。四是稳步推进运营标准化建设。首先，推进标准化站区建设。对标朔州高速、同北高速，深入挖掘“晋商文化”“三贤故里”历史文化底蕴，将历史、人文、旅游与服务理念有机结合，着力改善祁临段站区环境，以平遥、介休收费站为示范点，以站品建设为载体，以日常工作为切入点，制定收费站运营标准化建设清单及推进表，涉及管理标准、工作标准、技术标准三大块内容。其中涉及部门管理的管理标准14项、工作标准21项、技术标准24项；涉及站级管理的管理标准107项、工作标准60项，基本实现各岗位和主要工作业务全覆盖。其次，做好标准化路段建设。制定路域环境日常养护标准化建设工作方案，规范日常养护标准，从路面、路基、桥梁、交安设施、绿化管护及内业资料各方面制定要求，各路产维护站分别选取10公里路段打造标准化示范路段。

【做优做强主责主业，经营管理进一步优化】 一是着力营造"快速放行、优质服务、窗口亮丽、方便司乘"的收费管理服务环境。第一，狠抓员工业务培训。采取集中培训+业务骨干现场学+腾讯会议在线学+在线音视频自学等多种模式，不断强化业务技能、提升文明服务，实现全员培训；开展业务培训4次，包括撤站专题视频培训、机电业务技能培训、收费业务专题培训、文明服务专题培训。第二，强化稽核管理工作。开展通行费征收专项稽核行动，狠抓后台稽核和现场管理，数据稽核发现因发行方造成的车签不符车辆1316辆次，疑似倒卡车辆11辆，现场管理排查收费站内广场、服务区通道潜在漏费点7处，封闭或加强管控2处，协调管控5处；加快推进高速公路预约通行工作，共计印制发放宣传资料40000余份，提供政策咨询6000余次，进一步提升政策知晓率、平台使用率以及车辆通行效率；截至年底，现场查处逃漏费车辆159车次，追缴通行费21541.6元。第三，提升收费营销能力。通过对所属路段及并行普通公路车流量情况OD调查，精准制定收费营销方案；积极推广"高速+旅游"合作营销模式，试点在收费站与旅游景点、餐饮住宿、汽车维修等单位签订合作意向协议书；主动走出去为沿线大型焦煤企业、运输车队、物流企业等量身制定营销方案，已走访28家企业；拓展收费营销方式，购置新能源电动清洗车，为司乘人员提供免费洗车服务，吸引车辆上路；按季度对差异化收费政策进行评估，为精准营销工作提供依据和方向。第四，建立新的机电维护模式。由原先的"外包"转变为"自维+专业维护"，通过动态掌握维修项目进展情况，实时把控维护资金使用情况，提升机电维护人员动手能力和机电维护信息化、智能化水平。总体提升管维质量，达到节约、高效目的。第五，开通"移动支付退费管理系统"平台。该平台直接关联车道流水、门架计费信息，自动抓取佐证信息，退费效率由原先平均10个工作日完全实现退费当日到账。自上线运行以来共处理移动支付退费167笔，退费金额22597元。第六，积极开展ETC安装工作。增设收费站ETC服务网点5个，截至年底，共办理新办业务ETC记账卡2267张，电子标签设备2425个；办理设备升级维护业务637套；办理注销业务旧卡474张，电子标签设备670个；办理充值业务121.7万余元。二是着力构建"决策科学、技术先进、预防为主、防治结合"的养护管理体系。首先，实行精细管理，提升养护管养水平。抓日常维修质量管理，重视处治方案及工艺创新，针对不同类型病害，制定相应处治措施、技术交底培训、展开首件工程等细节管理；抓养护工程管理，从规范工程管理入手，抓施工监理单位自身管理、施工组织、施工技术、施工质量、安全保障等环节，严把材料关、工艺关，确保养护工程有序优质完成。其次，组织路况调查、编制养护维修计划。全面开展路况调查工作，调查内容共分为6大类43小类，调查范围涵盖路基、路面、桥隧、沿线设施等，根据调查结果形成病害数据库，为本年度养护实施提供依据，并将日常养护计划及养护工程计划工作台账按时向集团进行报备。再次，加强日常养护，确保病害修复及时。认真贯彻"预防为主、防治结合"的方针，注重主动预防，做到坑槽修补不过夜，排水设施无渗漏。截至年底，晋中公司共计下发完成维修保养任务单550个，完成主要项目有：砌体修复310立方米、更换护栏板830块、护栏板立柱520根、刺网修复9公里、防眩板改造15公里、坑槽修补510处等。最后，强化责任担当，做好应急保畅工作。进一步开展高速公路隐患排查整改工作，建立隐患排查治理工作台账，全力做到“治早、治小、治了”；重点加强高速公路地质灾害及水毁隐患预防处治，对排查发现的一般隐患立即采取日常养护预防措施处治，对较大隐患按照应急养护工程项目程序进行专项治理，最大限度降低水毁等灾害损失。三是着力营造“公开透明、以人为本、文明执法、服务至上”的路政执法服务环境。首先，加强路政许可的监督管理。对路政许可事项、施工现场定期开展督查、指导，发现问题及时提出整改意见，对不按照要求施工或擅自扩大或改变许可事项、类别、内容等行为的立即制止，切实维护路产路权。截至年底，共办理完结7个涉路施工许可。其次，打造高效规范清障救援体系。大力推行“快速清障”，建立社会救援单位竞选机制，与沿线4家优质清障救援单位签署合作协议，并对每一起清障都进行电话回访，保障清障工作的及时快捷规范，提高清障救援能力。再次，完善便民服务措施。在每辆执巡查车上配备灭火器、医药箱、便民卡；办案大厅制定便民制度，如一次告知制、限时办结制、首问负责制等；动员全体执法人员积极主动为过往司乘提供优质服务（送水、送油、帮助更换轮胎等）；开通二维码支付路产赔偿费功能，消除当事人跑银行缴款的不便，将便民、为民、利民措施落到实处。最后，强化入口超限管理。全面实施入口称重检测数据和入口发卡系统联动管理，严格把控货运车辆入口检测关。截至年底，共检测车辆393万余辆，劝返非法超限车3886辆，移交非法超限车6辆，没有非法超限车辆驶入高速。四是着力构建“服务周到、反应快捷、信息及时、处置有力”的信息服务网络。提升信息保障能力，为实现科学合理分配运营资源，优化管理流程，提升管理效率，晋中公司依托OA办公系统深度开发出运营数据分析平台；提升信息服务水平，充分运用“互联网+交通”，拓展出行信息服务渠道，及时发布路况和预警信息，为公众提供全方位信息服务。截至年底，对外发布天气信息、路况信息41494余次，ETC客服系统呼入量6390次，处置交通事件1110件、处置施工691件，突发事件信息及时准确报送率100%。

【牢固树立“大安全”理念，风险防控能力进一步增强】 一是狠抓安全生产管理。第一，深化安全生产责任体系。公司与各单位签订《2020年度安全生产目标责任书》，细化安全生产责任清单，层层签订目标管理责任书、安全承诺书，形成纵向到底、横向到边的安全生产责任体系。第二，深化安全风险管控体系。编制完成公司《安全风险管控体系》，结合实际，对涉及的75类530余项风险因素进行分析、评价、制定控制措施，科学应用雾区防撞系统和能见度检测设备，有效提高风险路段安全系数。第三，深化安全隐患排查治理体系。严格落实安全生产隐患排查整改制度，加强对事故多发路段、易发地质灾害路段、桥梁、隧道及养护施工作业的隐患排查，认真开展定期安全检查和重要节点安全检查工作，截至年底，整改安全隐患105项，施工现场安全管控整改3次，从源头上杜绝事故发生。第四，深化应急救援处置体系。着力健全高速公路交通突发事件应急体系，编制《应急预案管理手册》，逐步完善应急物资、应急队伍、信息平台建设。第五，深化安全生产保障体系。充分管好用好安全生产费用，定期对安全费用提取使用情况进行专项检查，确保足额提取和规范使用，实施安全生产责任保险制度，扩大理赔范围，加快理赔进度，提升风险抵御能力。夯实从业人员安全素质提升工程，加强对一线职工的教育培训力度，采取集中授课和网络学习相结合的方式，普及安全知识，强化警示教育，培训率达100%。广泛开展形式多样的“安全生产月”“安全生产宣传咨询日”活动，以“安全生产公开课”“平安交控——主题征文”“安全生产代言人”“安全生产随手拍”“安全微视频”“安全生产志愿服务宣讲团进校园、村庄、社区、家庭”等为载体，营造良好的安全宣传氛围。第六，强化安全文化和标准化建设。顺利通过省应急管理厅验收工作，晋中公司被授予省级“安全文化示范企业”；积极开展安全管理标准化示范班组建设，在创建活动中涌现“平遥收费站至勤班”“昔阳收费站红旗班”“路政三中队习路班”“韩信岭隧道先锋班”4个示范班组，现已将申报材料提交评委会，力争2个班组通过评审。二是坚决防控财务风险。按年度目标值进行运营成本效益控制，强化大额资金管控和资金账户管理，及时足额解缴各项收入，确保资金安全率100%；加强内部审计，对机关及基层各单位的食堂支出、发电机燃修费和低值易耗品管理等进行专项审计，并及时进行整改；完成田卫川任期经济责任审计，以外部审计促内控管理。三是坚决防控法律风险。全面推进依法治企水平，积极推动公司法务和法务人才建设，严格落实“三项法律审核”，稳妥处置各类法律纠纷案件，充分发挥法制工作的服务和保障作用。四是坚决防控稳定风险。把职工思想政治工作作为深化改革的重要保障，加强对职工形势政策、法律法规和规章制度的教育。扎实开展矛盾纠纷排查化解工作，把矛盾化解在萌芽阶段。截至年底，晋中公司实现“零上访”。五是坚决防控网络安全风险。认真落实网络意识形态工作责任制和网络安全责任制。公司内部网站、微博、微信公众号、短信等信息网络平台以正确的政治导向和社会主义核心价值观占领舆论阵地，实现健康、规范、有序。收费服务器实现主机加固策略“全覆盖”，客户端实现杀毒软件、内网审计软件“全覆盖”，内网审计系统在线率98%，2020年网络安全事件成逐步下降趋势，较2019年同期大幅度减少，网络安全形势整体可控。六是坚决防控廉洁风险。持续高压正风反腐，坚持无禁区、全覆盖、零容忍态度，紧盯腐败和风险多发的重点领域和关键环节。该年度晋中公司接到2起匿名举报案件和4起山西交控集团转办匿名举报案件，经核实已结，不敢腐的“威慑力”进一步释放。七是坚决防控疫情风险。晋中公司坚决贯彻“外防输入、内防反弹”的总体防控策略，科学安排应急处置力量，落实应急协调联动机制，强化队伍培训，做好应急救援队伍、装备、物资准备工作，加强交通运输疫情防控与安全管理，防控常态化条件下积极有序加快推进复工复产。

【突出党建引领效应，企业凝聚力进一步提升】 一是突出党建引领作用。坚持把党的领导融入晋中公司治理各个环节，坚持服务生产经营不偏离，坚持党组织对国有企业选人用人的领导和把关作用，坚持加强国有企业基层党组织不放松。通过构建“五位一体”治理架构，科学合理明确党委会、董事会、经理会、监事会管理职能权限，坚持民主集中制，充分发挥党委“把方向、管大局、保落实”和“三重一大”事项前置把关的职能作用。二是加强基层组织建设。积极推进“标准化示范党支部”建设，着力形成持续长效的示范引领效应。按照集团提出的组织健全、制度完善、运行规范、活动经常、档案齐备、作用突出“六条标准”，全面建强基层党支部。针对机关党支部党员人数多、工作职能不统一、组织生活质量不高的情况，以提升组织力为重点，在强基础、补短板上下功夫，在政治理论系统性学习、组织生活开展、强化党员教育等方面进行重点推进，积极解决“灯下黑”的问题。三是保障职工合法权益。公司组织召开一届三次职工代表大会及工会一届三次会员代表大会，签订《集体合同》《工资专项集体合同》《女职工特殊权益专项保护集体合同》等。开展“两节”期间送温暖、职工大病医疗救助、金秋助学等活动；组织职工健康体检，为工会会员发放生日蛋糕卡、观影券、中秋、春节等福利；积极筹备“职工书画摄影展”及“迎新春职工联欢会”。四是狠抓纪律作风监督。深入开展规矩意识教育，加大党章党规教育力度，强化廉洁风险防控，以党员干部、关键岗位重要人员的监督为重点，把廉政风险防控措施嵌入建设管理全流程，确保压力传导到位，先后开展疫情防控和复工复产、撤站系统优化及恢复收费工作、制度执行情况的政治监督专项检查，有力促进各级管理人员工作责任落实。

（晋中公司）

太原高速公路管理有限公司

2020年，在山西交控集团正确领导下，太原公司按照“一五一十”工作布局，齐心协力、奋力拼搏，统筹推进疫情防控和改革发展，全力提升质量效益，全力加强内部管控，推进体制机制变革，各项成本均控制在目标范围之内，路面、桥梁、隧道技术状况良好，安全生产稳定有序，发展实力显著增强，呈现出蓬勃发展新气象。全年累计征收通行费9.7亿元（含东环1.36亿元），营业总收入389万元，营业总成本386万元，利润总额3万元，年度预算执行率为100%。年末资产总额20万元，负债总额17万元，所有者权益总额3万元，资产负债率85%。

【深化改革，体制机制不断优化】 太原公司成立以来，重点围绕管理机制更新、运行机制完善、核心能力提升，逐步建立完善法人治理结构，健全现代企业管理体系，厘清党委与董事会、经理层的权责边界，制订公司董事会、经理层议事规则及议事清单，建立"党委会前置、董事会决策、经理层执行"的工作流程，初步形成协调运转、有效制衡的法人治理结构。以"六定"改革为契机，本着"精干高效"的原则，稳步推进定编定岗定员工作，立足实际成立机电维护、应急清障、招投标采购3个职能中心，隧道管理站实行"5合2"，逐步形成"职责清晰、精简高效、运行专业"扁平化管理模式。完善干部职工能进能出机制，中层干部交流调整76人次，向山西交控集团推荐优秀干部3名，向养护集团、物流集团等兄弟单位输送优秀干部6名。离岗退出干部职工153名，超编状况得到有效缓解。

【夯实基础，运营质量持续提升】 积极响应山西交控集团战略部署，探索"高速+"联动营销模式，通过"一站一策"有力推动收费增收。以ETC全国联网为契机，启动"提升ETC车道通行质量"百日行动，进一步优化收费系统，提升道路通行效率。实施完成太古段桥梁病害处治及路面维修工程、5项路面恢复性养护工程。建立健全路域环境整治标准化长效机制，完成东环、南环、太祁段共99.43公里原生态绿色走廊建设，全线MQI平均值96.PQI平均值94.6，一、二类桥梁占比96.1%；二类及以上隧道比例100%，高质量完成"十三五"全国干线公路养护管理迎检任务。此外，还大力推广环境综合监测系统，ECP板声屏障等技术应用，按期完成隧道监控高清改造项目、过境货车分流匝道改造工程等。全年路政查处案件185起，治超检测车辆615万辆次，清理违法搭设通信线缆101处，全面营造"畅安舒美"的行车环境。

【突出重点，提质攻坚成果显著】 在提质增效方面，建立预算内控信息管理系统，实施预算执行、费用控制一体化管理，年度各项预算支出执行率提高至98%。成立招采办，集中统一招采，实现降本479万元，降本率4.54%。废旧护栏板网络集中拍卖，实现价溢价41%，增加收益42万元。积极拓宽企业收入渠道，小店高架桥下闲置用地已完成租赁，其他低效用地正在陆续签订用地意向。在遗留问题攻坚方面，完成西山和周家山隧道工程消防验收、太古高速公路竣工验收，督办事项顺利摘牌。姚村互通遗留工程已进行到收尾阶段。积极协调省、市两级养老保险机构，为656人补缴养老保险934余万元，妥善解决员工续缴断保问题，让职工无后顾之忧。

【全面布控，安全应急保障有力】 编制高速公路运营风险辨识及防控手册，实行"一岗一清单"管理，构建疫情防控及常态化复工复产工作机制，建立隧道应急救援队伍。搭建路况信息区域化信息联动平台，实现路网间的信息共享，确保路网运行安全可靠。开展西山特长隧道突发事件应急处置演练，组织实施安全生产集中检查6次，完成应急预案编制13项，全员疫情防控健康排查4次，积极开展公司主要领导宣讲"安全生产公开课"、"安全咨询日"、"平安交控——知识竞赛"、主题征文等活动。通过2020年交通运输企业安全生产标准化建设二级标准年度验收，完成省政府安全文化建设示范企业复审，荣获山西交控集团"平安交控"知识竞赛团体三等奖，"人人讲安全、安全微讲堂"活动团体优秀奖。

【举旗定向，党建引领释放活力】 按照太原公司"党委领导有力、部门指导有方、支部自建坚强"党建总体思路，构建"1234"党支部管理体系，扎实推动党风廉政"三不"建设，推动党建与经营工作紧密联动，把党建工作成效切实转化为发展活力。积极丰富"微信公众号"内容，开设"抖音号""视频号"，开展支部书记讲党课、"三想三做"、"驿路阳光"、"青听原声"等活动，晋中公司意识形态工作水平和职工思想政治觉悟得到显著提升。2020年参加山西交控集团党支部党建项目化成果评审，荣获成果验收二等奖2个。同时，群团组织桥梁纽带作用发挥明显，精神文明建设等各项工作也取得新成绩，特别是晋中公司《法治高速平安共享》原创音乐MV，被省国资委推荐到省政法委参加展播，为山西交控集团赢得荣誉。2020年太原公司荣获“全国交通运输安全文化建设优秀单位”“集团精神文明建设标兵”“五四红旗团委”等称号。

面对新冠肺炎疫情冲击，太原公司干部职工坚决贯彻落实中央、省委省政府、山西交控集团党委部署，配合地方政府在收费站设立卫生检疫站，广大干部职工日夜奋战在防疫第一线，全力做好联防联控，筑起高速公路“防输入、防扩散、防输出”的屏障，在阻断疫情传播通道的同时，有效保障防疫物资运输的安全畅通，为全省战胜疫情、全面建成小康社会积极贡献力量。

（太原公司）

太旧高速公路管理（太原）有限公司

2020年，太旧公司以“高速公路运营管理标准化”为主线，以实施“六大增效”工程为重点，致力建设“四个高速”，全力构建高速公路现代化管理体系，推动高速公路经营效益提质增效，较好完成全年各项目标任务。

2020年，太旧公司全年累计通行费收入20.06亿元，同比减少4.44亿元，完成年度目标（24.01亿元）的83.56%。自5月6日恢复收费至12月底，累计通行费收入18.92亿元，较上年同期增加1.78亿元，增幅10.4%。全年运营成本支出48426.9万元，完成年度预算（49440万元）的98%；其中人员支出17342万元，基本支出2256万元，养护支出13810.7万元，专项支出1878.4万元，折旧及税金13139.8万元。全年人均通行费收入及人工成本投入产出率目标值分别为135万元和1276%。2020年全年人均通行费收入119.35万元，人工成本投入产出率1139%。

太旧、平阳、阳泉西环、五盂高速第四季度公路技术状况指数（MQI）值分别达94.9、95.9、93、95.4，平均路面使用性能指数（PQI）值分别达93.8、95.1、91.6、93.9，优良路率达100%。四季度平均公路总体技术状况指数MQI值达95.22，平均路面使用性能指标PQI值达94.12，相比一季度MQI值提升2.88，PQI值提升3.6。一、二类桥梁占比达98%。无四、五类桥梁，所辖隧隧道全部在二类以上。

全年太旧公司辖区共查处路政案件317起，收回路产赔偿款464.54万元，路政案件发现率、查处率、路产恢复率达100%，结案率均达98.73%。所辖超限检测站点共检测车辆539.4万辆次，移交非法超限车辆36辆次，入口劝返非法超限车辆811辆次，车辆超限超载率控制到0.02%。

隧道供配电设施完好率99.12%、照明设施完好率99.84%、通风设施完好率95.91%、消防设施完好率99.35%、监控与通信设施完好率97.36%，总评定完好率99.24%。

全年太旧公司机电系统总体运行情况良好，通信骨干网（接入网）、监控视频系统和收费网络、公网备份链路完好率均100%，机电设备完好率、门架车道连通合格率99%以上，收费数据上传及时率95%以上。客服热线共受理咨询、求助5.58万余次，顾客咨询回复率和满意率100%。

全年太旧公司未发生任何安全生产责任事故；未发生环境污染或违法排污事件；未发生拖欠农民工工资情况。

【完善现代企业制度，理顺经营管理新机制】 认真贯彻落实山西交控集团深化改革各项决策部署，加紧建立企业经营管理运行机制，完善现代企业治理结构。进一步厘清党委会、董事会、经理层职权边界，制定下发相应议事规则，促进各主体有效履职，保证生产经营活动有序进行。积极发挥党委会“把方向、管大局、保落实”的领导核心和政治核心作用，将党的领导融入太旧公司治理的各方面、各环节；发挥党委会“把方向、管大局、保落实”的领导核心和政治核心作用，前置研究讨论重大决策事项60项。发挥董事会决策机构职能，为太旧公司发展目标和重大经营活动作出科学决策，形成董事会决议24项。发挥经理层经营管理职能，建立定期经济运行分析制度，总经理办公会研究讨论议题220项。推进运营管理标准化建设，初步完成综合管理篇、业务管理篇等8个篇目的编写。探索性地建立企务公开“14521”工作机制,承办山西交控集团企务公开调研座谈会,得到领导充分肯定。

【深化“四个高速”建设,构筑高质量发展新引擎】
一是美丽高速建设。开展“改革前行春光好,植树添绿正当时”主题植树造林活动。加快高速公路原生态绿色走廊建设,加大现有苗木修剪管护力度,增强绿化美化效果,丰富绿化景观。全年累计打草68.2万平方米,修剪苗木8.2万株,完成6个互通区绿化提升设计及坡头互通绿化提升改造。二是平安高速建设。组织“安全生产公开课”,开展知识竞赛、技术比武。组建专兼安全监督员队伍。在团雾多发区安装21套能见度检测仪。完成全路段限速标志改造。严格落实消毒、通风、测体温等防疫措施,配齐防疫物资,全面落实常态化疫情防控措施。积极开展“三零”单位创建。通过交通运输企业安全生产标准化二级达标。三是智慧高速建设。研究集收费站管理、收费数据分析等功能于一体的大数据平台。推广使用隧道消防管道防漏防冻远程检测系统,该系统获得首届全国公路“微创新”大赛银奖。在平阳高速安装两套声音激光雷达防疲劳预警系统。推进“BIM+GIS管理平台”建设。四是和谐高速建设。发挥“客服热线”功能,建成信息服务微信群34个,受众1.45万余人;开通企业微信宣传平台,上线运行ETC客服,为顾客提供高速公路信息服务。疫情期间面向所有职工组织开展在线心理健康咨询直播。

【打造运营管理品牌,厚植主营业务新优势】 继续实施“六大增效”工程,厚植主营业务新优势,着力打造高速公路运营服务品牌。一是打造收费服务品牌。增设武宿、寿阳等5个ETC网点。与大汖温泉、桃林沟景区、乌金山文化旅游景区开展联合营销。通过稽核平台追缴通行费。全年累计通行费收入20.06亿元,追缴通行费56.18万元。顺利完成旧关、郝家庄两个省界收费站156名员工分流安置。二是打造道路养护品牌。完成路面桥面踏铺处治58.02万平方米,路面预防性养护处治24.48万平方米,路基旋喷桩处治11.57千米。太旧路131公里、五盂路10公里接受“十三五”全国干线公路养护管理综合质量效益评价(外业)检查,阳曲路产维护站等6家单位代表全省高速公路系统接受全国干线公路养护管理治理能力(内业)印证检查,反馈效果良好。三是打造隧道管养品牌。分门别类制定隧道五大系统管理目标,推进公路隧道提质升级改造。认真完成隧道日常保洁、维护和检修工作,累计清理边沟71.33千米、清洁标志14.62万个。四是打造路政管理品牌。加强执法队伍管理,规范路政许可事项办理和事中、事后监管。启动郝家庄公路超限检测站检测工作。整合“主线不停车预检系统”和“货车逃避超限超载检测系统”。完成收费治超系统联调联试。辖区共查处路政案件317起,治超检测车辆539.4万辆次。五是打造机电运维品牌。推动ETC不停车收费系统升级改造,完成41条混合车道RSU天线及费显后移工程,配合交通运输部及省中心完成实车测试、系统升级调试等工作,接受恢复收费督导检查,并给予好评。组建太旧公司机电维护抢修队。研究和制定三级机电管养架构,合理配置备品备件,分级建立储备库。

【实施科技兴企,集聚创新绿色发展新动能】 落实鼓励创新创造的激励政策,加快科技成果应用转化,开展创新工作室、创新示范岗建设。推动“五小六化”提质行动,组织动员广大职工参加五小竞赛活动。在平阳高速试点安装2套声音激光雷达防疲劳预警系统。推进“太旧路道路BIM+GIS管理平台”建设。加强“四新”成果应用,路面养护工程中,规划应用上面层就地热再生1.17万平方米、基层泡沫沥青再生3.49万平方米、超黏微表处16.49万平方米、DTO高延弹超薄罩面1.62万平方米。沥青混凝土铣刨料已经在中央带封闭、水沟铺底、边坡封闭、路缘石更换等方面展开应用,已经封闭中央带1.2万平方米、边沟铺底6.2千米。加强各单位垃圾清运监管,建立管理台账。

【优化人力资源配置,为企业发展提供新支撑】 顺利完成旧关、郝家庄两个省界收费站156名员工分流安置。按照山西交控集团“六定”工作部署,落实改革任务,成立党委组织部、路网监测中心、机电运营维护中心，重新审定各部门、单位的职能分配，对各部门、单位岗位设置及人员编制进行调整。重新确定各单位、部门和员工的绩效目标，完善绩效考核实施细则。制定收费员岗位调节金发放制度，调动收费一线员工积极性。开展退休人员信息采集、档案整理、移交等工作。制定出台《人才队伍发展规划》《人才管理办法》《大力发现培养选拔优秀年轻干部工作实施方案》《员工奖惩管理办法》等多项制度。发挥报刊、职工书屋等平台作用，利用“中国职业培训在线”“山西交通在线”等学习平台开展员工培训，营造“学习强企”浓厚氛围。为270多名取得职业资格证书或职业技能等级证书的员工申报技术、技能提升补贴。

【加强企业文化建设，激发企业发展新活力】 发挥太旧建设纪念馆园区阵地教育、宣传功能，设立太旧公司宣讲基地。开展庆祝太旧高速通车24周年系列活动。精心打造“企业文化长廊”和“廉政文化园地”。开展“夏送清凉”、职工体检、困难职工帮扶等活动。太旧公司被交通运输部授予“全国交通运输行业文明单位”；被山西交控集团文明委评为“2019—2020年度山西交控集团文明单位标兵”。

（太旧公司）

临汾北高速公路管理有限公司

2020年，临汾北公司坚持以习近平新时代中国特色社会主义思想为指导，认真落实省委“四为四高两同步”的总体思路和要求、全省国资国企改革发展工作会议精神和山西交控集团决策部署，大力实施“116334”工程，完成山西交控集团下达的各项经营目标任务。

【坚持统筹兼顾，疫情防控和复工复产呈现新局面】 临汾北公司始终坚持疫情防控和复工复产“两手抓”，以科学严谨态度、精准有效举措、狠抓落实精神，在“统筹”上下功夫、在“精准”上做文章，实现疫情防控和生产经营“双赢”目标。一是万众一心，众志成城，打好“疫情防控阻击战”。严格贯彻落实习近平总书记关于坚决打赢疫情防控阻击战的重要指示和讲话精神，迅速成立疫情防控工作领导小组，多次召开专题会议部署相关工作，按照“三不一优先”“一断三不断”原则开通绿色通道，扎实做好应急物资输送和服务保障，累计筹措和发放口罩5万个、一次性餐具5000套、体温计120支、消毒液50桶、手套1.6万双。协助配合地方政府设置防疫检疫站13个，成立党员先锋队31个，青年突击队20个，市总工会4万元防疫物资经费予以支持，政府分批次为高速职工优先接种新冠肺炎疫苗，形成上下“精诚团结、防控疫情”的“战疫”氛围。疫情防控从“应急”走向“常态”后，临汾北公司始终保持慎始如终、久久为功态度，落实落细各项防控措施，坚决把疫情防控工作抓好抓实抓到底。二是统筹谋划，精准施策，打好“复工复产攻坚战”。按照山西交控集团党委《关于精准复工复产相关工作安排的通知》要求，主动提高政治站位，迅速研究部署，抓好三项工作，带头实现精准复工复产。首先，取消省界收费站第十战役圆满收官。认真贯彻落实山西交控集团会议精神，各部门协调推进，稳步落实取消省界收费站工作。4月18日，在全省率先完成省界、隰县东收费站门架双门架建设任务。在规定时间的节点之前，高效完成14个收费站、128条收费车道、112套费显的升级改造工作，确保收费系统顺利并网运行。其次，全面做好“迎国检”工作。严格对照检查标准和检查要求，制订《“十三五”全国干线公路养护管理评价工作方案》，完成各类病害的治，确保整体路况良好，为迎接国检打下坚实基础。再次，全方位做好“原生态绿色走廊”建设。制定临汾北公司《打造高速公路原生态绿色走廊实施方案》，出台临汾北公司《绿化日常养护作业指导书》，以打造成片经济林为基本思路，适度间以小型花卉灌木，全力打造具有地域特色的高速公路原生态绿色走廊。

【坚持对标提质，经营目标和发展质效凸显新形态】 坚持“聚焦主业、相关多元、整合资源、深度开发”的经营思路，立足“保安全、保畅通、保服务、提管理、降成本、增效益”的运营管理职责定位，持续推进提质增效、稳步发展。一是通行费征收任务提前完成。根据年初制订的《2020年费收营销方案》，推行以路段为单元的分路段营销模式，积极开展精准营销、主动营销、政策营销活动。主动对接公路局临汾分局共商临夏线全封闭施工及省道328赵克路升级改造封闭施工，宣传差异化收费政策，有力地促进临侯段主线、霍永段通行费持续增长，克服疫情影响提前72天完成通行费征收任务。加大打逃力度，全年累计稽查434余次，审核录像1680小时，对班报审核抽查1680次，夜间稽查40余次，纠正不规范行为169起；借助录像严格审核投诉事件100起，均为无理投诉；通过打击假鲜活、车型不符、系统切换期间漏费行为等，成功追缴通行费58万6545.77元，其中ETC车型不符、闯关车辆追缴5万6808.49元，确保"涓滴归公"。全年共征收通行费6.72亿元，同比增长31.38%，完成目标任务的134.42%。二是降本增效成果逐渐显现。首先，完善健全内控制度。重新修订《财务报销审批制度》，利用电子平台进行网上审批，大量压缩中间费用，提高工作效率。根据山西交控集团设立的分公司主体架构以及财务账套管理进度，将管理临汾北公司业务报账通过分公司账套，为及时进行账务处理奠定基础。其次，切实加强成本控制。签订年度目标责任书，对年度预算进行细化分配，根据业务开展情况，及时把控预算项目安排，同时实施全员、全系统、全方位的成本管理模式，激发全体职工控制成本的动力。全年运营成本控制在15582.12万元，占下达任务目标17033万元的91.48%。再次，积极开展内部审计。结合专项工程完成情况，委托中审亚太会计师事务所，完成34个项目的竣工审计以及《2019年度财务收支审计》，通过内部审计及整改，增强公司抗风险能力，为促进临汾北公司合法经营奠定基础。三是重点工作任务全面完成。首先，高质量完成霍永东高速公路竣工验收和蒲县连接线交工验收。先后召开3次调度会议安排部署竣工验收工作，细化目标任务，明确具体承办人，确保各项工作有序推进。完成霍永东高速公路主线路面抗滑性能提升项目，有效提升路面的舒适性及抗滑性，于12月17日完成竣工验收。完成蒲县连接线收尾工程及质量检测，于2021年1月21日，完成蒲县连接线交工验收。其次，高效率开通乾坤湾景区收费站运营。积极协调隰延公司办理相关资产移交，组织机电系统联调联试，4月23日，乾坤湾景区收费站开通运营。四是企业运营管理成绩优异。稳步实施"116334"工程，深化"六大增效工程"，重点在完善公司治理体系、推动企业降本增效、挖掘新费收增长点、做好路域环境治理、规范路政治超管理、强化路网运行管控、深化安全生产理念、提升文明服务水平等方面精准施策，公司整体运营管理呈现稳步向好的局面。第一，职责边界更加清晰。厘清机电管理、资产管理、治超管理、清障救援管理、新闻宣传和舆情监测管理边界，各业务板块权责更加明晰、运行更加顺畅。第二，收费管理更加规范。本着便民、利民工作思路，开通襄汾、临汾北、霍州西、永和4个ETC服务网点，有效促进ETC推广应用，提升用户满意度；强化门架心跳、车牌识别率等重点考核指标的检测与维护，各项指标全部达标；试点建设智能化机电运维平台，实现机电运维管理制度化、规范化、科学化。第三，养护管理更加科学。全方位做好日常养护工作，重点对影响行车安全的路面裂缝、坑槽、车辙、跳车、标志、标线等交安设施病害进行处治，确保高速公路行车安全；以迎接全国公路检查为导向，投资1058.94万元，完成霍永、临侯、环城段路面病害、水毁、涵洞下沉等病害的处治。第四，路政治超管理更加高效。狠抓路政治超队伍建设，建立快速处置突发事件、快速清障救援机制，为民服务意识明显增强。全年清障救援645次，处理路赔案件177起，收入路赔款229.06万元。涉路施工行政许可案件共办理1起。路政服务大厅共办理超限运输许可证2519次。匝道治超检测点检测车辆435.4万次，其中超限车辆3293辆次，超限率0.08%。路政案件发现率、查处率达100%，结案率均98%以上，建筑红线控制率、损坏路产恢复率均达到100%。第五，信息服务更加精准。新增ETC客服业务，与客户的联系更加紧密。全年共接听客服电话4.9万次，上报政务信息46次，填报TIMS系统事件1780次，利用可变情报板发布信息3898次，视频监控图像完好率99.66%，机电系统信息化巡检率、通信骨干网完好率、收费网络完好率均达100%。第六，隧道管理更加实效。供配电、照明、通风、消防等设施完好率均达标，有效处置隧道停电、交通事故、车辆故障等突发事件，共完成123次应急保畅任务。第七，综合管理更加合规。"六定"改革蹄疾步稳，建立业务更加融合、运转更加顺畅、职责更加分明的管理体制；依法治企工作逐步走向规范化，"三项法律审核"率达100%，全年律师审核经济合同330件、规章制度78项；加强工会组织建设，签订集体合同及专项集体合同，认真推行企务公开、民主监督制度，有效维护职工合法权益；信访维稳、督查督办、机要保密、固定资产、后勤保障各项工作都取得很好的成绩。在集团年度运营管理考核中，临汾北公司在27个运营单位中综合评分第二，成绩优异。五是安全环保工作持续向好。进一步落实安全生产主体责任，不断深化安全生产"五大体系"建设，积极开展安全文化创建，荣获2020年度"山西省安全文化建设示范企业"称号。深入开展隐患排查和专项整治，深入摸排风险隐患。全年共开展突击检查2次，季度检查4次，开展专项行动5次，各单位每月自检1次，检查中发现的一般隐患都及时进行整改。在蒲县连接线工程建设、运营管理等领域全面落实绿色发展要求，全方位、全过程做好生态保护工作，取得较好成效。

牢固树立安全发展理念，切实担负起安全生产主体责任，以更务实作风、更严厉手段、更有力措施，将一切安全隐患消灭在萌芽状态。全年未发生安全生产责任事故和环境污染责任事故。

【坚持深度融合，党的领导和党的建设实现新发展】按照山西交控集团党委关于"党建工作关系企业的政治方向、改革发展与和谐稳定，强企业必须先强党建"工作要求，统筹推进党的政治建设、思想建设、组织建设、作风建设、纪律建设，把制度建设贯穿其中，深入推进反腐败斗争，为临汾北公司改革发展提供坚强的政治保证、思想保证和组织保证。一是以提升领导力为根本，推动政治建设展现新气象。临汾北公司党委坚决扛起管党治党主体责任，统筹临汾北公司、分公司双运行模式，把党的领导和公司治理有机统一，印发党委会、董事会、经理层议事规则，明确公司党委"把方向、管大局、保落实"的领导作用，董事会"定战略、做决策、防风险"的重要作用，经理层"谋经营、抓落实、强管理"的积极作用，建立健全各司其职、各负其责、协调运转、有效制衡的公司治理机制。全年共召开党委会25次，研究讨论重大事项163项；董事会8次，决议重大事项28项；经理会11次，研究重大事项65项，保证山西交控集团党委决策部署在临汾北公司不折不扣贯彻落实。二是以提升组织力为重点，推动基础建设迈上新台阶。充分发挥党委中心组示范带动作用，共开展党委中心组学习14次，教育引导党员干部进一步增强"四个意识"、坚定"四个自信"、做到"两个维护"。通过实地调研、座谈交流、专题辅导，深层次研机析理，掌握第一手资料，有效破解"中梗阻""最后一公里"问题38项，形成调研报告14篇，进一步夯实党建基层基础。三是以提升凝聚力为核心，推动廉政建设开创新局面。进一步加大廉政建设力度，不断强化主责、首责、全责和"一岗双责"，召开3次专题会议研究部署党风廉政建设和反腐败工作，及时整改山西交控集团党委巡察立行立改问题3个。修订完善廉政风险防控手册，设置廉政监督员，实现监督常态化和全覆盖。组织实施企务、党务公开8次，增强工作透明度。综合运用监督执纪"四种形态"，一体推进不敢腐、不能腐、不想腐。受理信访举报问题线索1起，涉及中层干部1名，给予党纪处分1人。

【坚持自我完善，干事热情和"六定"改革展现新面貌】一年来，临汾北公司全体干部职工自觉把干事创业满腔热情与科学务实精神结合起来，担当尽责、务实进取，奋发有为，营造出争先创优的良好氛围。一是干事创业积极性进一步激发。始终坚持党管干部、党管人才原则，建立完善《中层人员管理办法(试行)》，选优配强基层班子成员和干部队伍。以提升职工综合素质为核心，加强"学习型"组织建设，全年共组织培训55次，累计参培2810人次。完善激励机制，强化基层调研，主动与一线干部职工座谈交流，征求发展意见建议，有效调动干部职工参与临汾北公司发展的积极性。二是"六定"改革活力进一步彰显。《"六定"改革实施方案》获批后，临汾北公司坚持科学谋划、压茬推进"六定"改革，提前完成临汾北公司机关及下设机构"定机构""定职数""定员额"工作。根据公司实际情况，修订完善《中层人员管理办法（试行）》、《绩效考核办法》，高质量完成"定机制""定任期""定薪酬"工作。按照山西交控集团关于《人事档案工作提升及专项审核"回头看"工作方案》的安排部署，对885卷干部人事档案进行逐一审核，高效完成干部人事档案审核认定工作。春运期间，临汾北公司职工用特殊坚守、真心服务、倾情奉献，让司乘春运回家路越走越暖；用全心投入、全面准备、全力服务，让春运变得更加温情，让服务变得更加优质，让出行变得更加安全，全面展示行业新形象。感人至深的事迹2月16日被中央电视台《朝闻天下》以《春节坚守，只为护航回家路》为题予以报道，在全系统、全社会引起强烈反响。

（临汾北公司）

临汾南高速公路管理有限公司

2020年，临汾南公司认真贯彻落实，省国资委、山西交控集团决策部署，紧紧围绕年度目标，统筹推进疫情防控和复工复产工作，改革创新，重点推进，各项工作取得显著成绩。

【通行费收入】 2020年，临汾南公司拆分后通行费收入为71483.41万元，完成年度征收任务62100万元的115%。通行费收入总额较2019年同期相比增长14.53%，其中：临吉段通行费收入15927.96万元，比上年同期减少21.37%；吉河段通行费收入9710.83万元，比上年同期减少13.60%；长临段通行费收入45844.62万元，比上年同期增长48.29%。其他各项收费指标均达到行业标准。

【养护管理】 2020年，临汾南公司所辖路段总里程达259.5公里，根据《2020年高速公路路面技术状况监测评定分析报告》，公司所辖临吉段MQI值为95.7，PQI值为94.41；吉河段MQI值为97.25，PQI值为97.03，长临段MQI值为97.65，PQI值为97.22，桥隧技术状况良好，一、二类桥梁比例100%，一、二类隧道比例100%。各项指标均高于行业标准。加大路域环境治理力度，全力打造原生态绿色走廊示范路，全面落实年度养护作业任务，完成路面病害处治、桥面病害维修处治、路面预防性养护及隧道砼路面改造等7项养护工程，全年养护资金投入10472余万元；按照时间节点完成"两隧一桥"挂牌督办事项，保质保量落实提速升级任务，路况质量持续改善；圆满完成国检、省检及集团运营工作检查，获得一致好评。

【路政治超】 2020年，临汾南公司路政大队共处理各类路产赔付案件199起，收回路赔款262.19万元。路政案件发现率、查处率、结案率均达98%以上。各超限检测站共检测车流量276.8万余辆，超限超载率控制在0.2%以下。有效维护路产路权，全面提高治超检测速度和放行速度。

【信息服务】 2020年，接听客服电话46490次，发布路况信息7873，救援服务519起，处置交通事故信息258起，交通管制418次，发布道路施工信息392次。日常例行信息和定期运行分析报告报送率100%，信息录入业务系统正确。车辆救援信息和服务投诉受理率100%，处置率100%。

【安全应急】 新冠肺炎疫情发生以来，临汾南公司严格落实疫情防控各项措施，累计购买发放口罩10万余只、一次性手套3万余双、酒精消毒液2000余升、体温计306支，防疫物资累计投入22.7万元。开展防疫、复工复产督导检查5次，实现疫情防控和生产经营"两手抓、两不误"。大力推进企业安全生产标准化建设和安全生产文化建设，取得安全生产标准化Ⅱ级达标证书。印发1项综合应急预案和12项专项应急预案，开展疫情防控、防汛演练82次，成功处置"8·1"吉河路段危化品车辆侧翻事故和"9·3"长临路段危化品车辆追尾事故。创作安全生产歌《安全记心间》，唱响生命至上主旋律，凝聚安全发展共识。获山西交控集团"平安交控——知识竞赛"一等奖。通过省应急厅现场验收，被评为"省级安全文化建设示范企业”。扎实开展“三零”单位创建,防范化解各类风险隐患,全力推进“平安临南”建设。

【党风廉政】 坚持党的领导,加强党的建设,是国有企业的“根”与“魂”。临汾南公司党委始终坚持把党的领导落实到改革发展全过程,以党的政治建设为统领,把党的政治优势转化为改革发展的竞争优势,实现党建和业务工作融合发展。创新成立5个党建片区,以所辖5个路产维护站为中心,辐射所辖30个基层党支部,破解基层单位的地域壁垒和条块分割问题。坚守意识形态阵地,讲好临南故事,打通微信公众平台、微博、抖音等新媒体宣传通道,累计发布报道1800余篇,其中在交通运输部、国资委、省交通运输厅及山西电视台发布稿件43篇,在山西交控集团平台发布142篇,发布抖音小视频274条。创新扶贫帮扶机制,每周轮派2人充实扶贫队伍,落实专项帮扶资金15.86万元,培育红薯种植等脱贫产业,大力开展爱心捐助和农产品义卖活动,全力巩固脱贫攻坚成果。加强精神文明创建,获“山西交控集团文明单位”称号。严格落实党风廉政建设责任,健全“一把手负总责、班子成员齐抓共管”的工作机制。积极发挥团委作用,努力创建“青”字号品牌。充分发挥工会组织“主心骨”的作用,切实为员工解难事、办好事,提升员工的幸福感和归属感。

【文化建设】 临汾南公司实施“文化立企、文化强企、文化兴企”发展战略,制定《企业文化实施方案》,编印《企业文化手册》,成功打造并提炼“怡路同行·畅美临南”企业文化品牌。在党建工作引领下,“怡路同行·畅美临南”企业文化品牌深入人心、开花结果,廉政文化、安全文化、站区文化亮点纷呈、交相辉映,引领广大干部员工团结奋进、顽强拼搏,克服一个又一个困难,取得一项又一项成绩,企业文化助推作用得到充分彰显。

【扶贫攻坚】 临汾南公司领导班子成员认真履行帮扶责任,定期赴汾西县南沟底村开展“回头看”,检验帮扶成果;每周派2名在职党员干部职工,与驻村工作队员同吃、同住、同工作,增派扶贫力量;开展爱心捐助活动,号召各党支部累计为帮扶群众捐献衣物360余件;科学合理实施精准扶贫,落实专项帮扶资金15.86万元,邀请专家进村进行红薯新品种选育和栽培技术培训,助力红薯种植走上机械化、产业化道路,开展营销扶贫,采用公司食堂内销、员工义购、电商平台营销、微信推广等手段拓宽销售渠道,销售红薯9169.25千克、蜂蜜212瓶、手工醋168壶,保证高质量完成脱贫任务。

（临汾南公司）

长治高速公路管理有限公司

2020年,在山西交控集团正确领导下,长治公司按照高质量发展要求,紧紧围绕年度目标工作任务,以建立现代企业制度为抓手,以降本增效为目标,以高度的政治责任感和历史使命感,坚持新发展理念,坚持深化改革创新,以年度生产经营任务为统领,统筹推进疫情防控和复工复产工作,重点推进高速公路管理体制改革和取消高速公路省界收费站后的稳定收费系统、维持收费秩序和“三零”单位创建等工作,运营管理各项工作有序推进,所辖道路安全畅通。

【生产经营指标如期实现】 一是通行费收入指标。2020年度通行费收入目标为9.5亿元,划差后通行费累计收入为9.0247亿元,完成目标任务95%。(综合疫情高速免费通行两个多月的因素影响,已超额完成年度通行费征收任务)。二是年度运营成本指标。2020年度运营指标25460.52万元,截至12月底,实际支出23416.19万元,其中人工成本10137.01万元,一般项目支出4219.1万元,养护项目支出9060.08万元。三是路况基本指标。长治公司四季度总体技术状况指标MQI为96.9,路面使用性能指数PQI为96.5,优良路率100%,一二类桥梁100%,一类隧道100%。四是人均通行费收入指标。截至年底,长治公司有在岗员工1002人,通行费收入累计9.0247亿元,人均通行费收入为90.07万元。五是人工成本投入产出率。长治公司人工成本10137.01万元,人工成本投入产出率890.27%(90247万元/10137.01万元×100%)。六是技术投入工作。按照集团公司下发的科技项目计划，开展基于三维形态的沥青路面裂缝评价体系与养护技术研究工作（总投入70万元，2020年投入35万元）。自主开展科技创新三项，分别是DTC道路相变调温材料应用，总投入44万元；虹梯关隧道智能型事件检测与入口阻拦系统联动改造项目，总投入524万元；信息监控中心LED大屏升级改造项目，总投入97万元；全年累计投入700万元。七是长邯高速改扩建项目竣工验收工作。12月8日至9日，由省交通运输厅牵头组织的验收委员会对山西省黎城（冀晋界）至长治公路改扩建工程项目进行工程质量竣工验收，质量等级评定为优良。八是约束性指标。报告期内未发生重特大安全生产责任事故、未发生重特大环境污染责任事故。

【运营管理指标及重点工作任务圆满完成】 一是以标准化制度建设为基础，管理水平持续提升。按照科学的制度分类和层级标准，运用标准化制度模板构建涵盖公司、各部门和各单位综合、党建及业务的制度集合。具体按照部门工作制度、岗位职责、工作标准、工作流程等方面制定公司标准化管理手册，截至年底，共制定2大类11篇160项制度，真正让健全规范的标准化制度体系为公司高质量发展提供坚实制度保障。二是以标准化运营建设为目标，业务水平稳上台阶。首先，收费管理抓好6项工作。始终坚持“对标一流，打造品牌”工作理念，加强费收精准营销，充分发挥高速公路相较地方道路道路状况好、通行速度快和运输成本低等交通优势，积极和地方国、省道等管养单位协调沟通，想方设法引导车辆行驶高速公路；通过媒体平台开展ETC政策宣传，不断提升ETC发行和使用率，设立收费站站级ETC服务网点，就近做好ETC卡的发行、售后及咨询等服务工作，建立便捷高效的ETC用户服务体系；建立机电维护专业队伍，启用“三级”机电维护模式，持续加强收费机电维护，完善机电考评体系，确保收费系统运行稳定；提高员工业务技能，强化文明服务水平，优化投诉处理规范，提高投诉核查效率，在提高车辆通行效率的基础上最大化提高司乘满意度；建立“一降三快”事故处置机制，通过不断降低道路交通事故发生率，快速发现事故、快速处置事故、快速恢复交通，最大限度减少因道路事故封闭交通造成的通行费损失；通过深挖治逃、强化收费稽核全力堵漏征收和大力探索高速公路“旅游+”营销方式等，实现多渠道增加费收。自恢复正常收费以来，通过以上措施，所辖各路段车流量持续攀升，通行费收入逐月递增，保持良好的费收增长态势，为顺利完成全年目标任务打下坚实基础。截至12月15日，划差后通行费收入共计8.78亿元，完成全年通行费征收任务的92.39 %。预计年底划差后通行费收入共计8.9亿元，完成全年通行费征收任务的94.13%。累计机电设备巡检4380次，确保通信骨干网（接入网）完好率、监控网络完好率、数据传输完整率等各项指标达标。其次，从4个方面抓好路产维护管理。持续开展路域环境常态化治理和绿色走廊建设工作。路域环境常态化治理方面，继续加大资金、设备、人员投入，把路域环境治理和日常考核相结合，通过持续开展路域环境整治，做到管辖路段路域环境卫生明显改善；绿色走廊建设方面，提前一年完成省道76长平高速公路原生态绿色走廊建设既定任务，形成省道76长平高速前、中、后景层分明，乔、灌、花疏密相间的生态廊景，在国道22青兰高速长邯段省界和省道76长平高速省界设置“地理标识”景观造型，做到美化和绿化互相映衬。桥梁养护工作方面，完成所辖23座独柱墩桥梁稳定性验算工作，对特殊结构桥梁开展监控量测，尤其是针对长邯高速浊漳河特大桥的三孔预应力混凝土钢构部分进行竣工后首次观测，建立永久性观测点；开展公路桥梁安全防护能力提升专项行动，对照交通运输部《提升公路桥梁安全防护能力专项行动技术指南》相关要求，定期开展技术状况评定，及时排查并开展桥梁防护提升，彻底扭转桥梁失修失养的状况。截至年底，长治公司管辖桥梁一、二类达100%。隧道管理方面，全年对长邯高速牛王垴隧道、五里坡隧道、左黎高速尧帝山隧道的路面，采用2厘米超薄磨耗层维修处治方法进行处治；完成虹梯关特长隧道下行路面专项养护和隧道监控事件检测系统及隧道LED轮廓标的安装，实现隧道设施设备的提质升级。截至年底，长治公司管辖所有隧道技术状况全部为一类。专项工程开展方面，根据山西交控集团批准资金规模，共安排路面恢复、路面预防、边坡防护、水毁处置、桥梁病害处置、交安设施升级修复、信息中心监控大屏更换等11项专项工程，截至年底，所有工程已全部完工，工程合格率100%。三是不断强化路政治超管理。以“保护路产、维护路权”工作为中心任务，狠抓标准化建设，先后完成长邯高速黎城天然气下穿、平顺至长治东牵引站220千伏线路跨长治绕城等共计6项涉路施工行政许可的初审工作；开展维护路产路权、净化道路通行环境专项整治行动，有效保护路产路权；结合长平高速路段桥隧多的实际，配合高速交警开展危化品车辆管控专项行动，同时联合属地政府和应急管理局、高速交警、环保医疗等多家单位开展客运车辆道路交通事故和隧道危化品应急处置联合演练；在“路政宣传月”活动中，紧跟当前主流媒体宣传形式，通过网络直播、走进政务大厅长治广播电台与广大听众互动等创新形式对高速公路法律法规进行宣传；坚持组织召开晋豫、晋冀联勤联动座谈会，共商信息共享和安全保畅机制，有效提高跨省协作能力。截至12月底，所辖路段共计查处路政案件129起，收取路赔款144.79万元；所辖12个匝道治超办公室共检测车辆307.81万辆，超限超载率严格控制在0.15%范围内；依法依规受理涉路施工许可项目6起，其中2起已获得行政许可资格。四是从4个方面做好信息监控工作。完成长治片区监控中心监控大屏升级改造，改造后的监控大屏可满足高清网络摄像机信号接入，实现高分辨率图像画面输出，结合智慧交通可视化综合管理平台的使用，建成集信息、救援、指挥、监管、监控等职能于一体的信息化监督管理中心，为安全生产及应急救援等各类应急事件处理提供信息保障和决策支持；重点做好长治公司网络安全防范工作，编制《网络使用要求》，进一步明确收费网络、办公局域网的使用要求和责任界限，全面提升干部职工的网络安全意识和网络安全防护能力，在一定程度上避免网络安全事故发生；持续提升应对和处置突发事件能力，通过开展突发事件信息报送培训、突发事件案例分析、值班记录信息报送节点自查，及时发现突发事件处理过程中遇到的难点、弱点并加以解决，卓有成效地提升信息服务能力；运行服务器状态和通信系统实时监测系统，实现长治片区监控主要设备与各收费站级设备通信链路的实时联动监测，做到通信网络故障早发现、早干预、早修复、早解决，将因网络故障造成的影响及损失降至最低，确保高速公路各系统运行稳定。五是认真抓好安全应急管理工作。全面落实“安全第一，预防为主，综合治理”的安全方针，深化构建以安全生产责任、风险管控、隐患排查、应急救援处置、安全生产保障为主要内容的五大体系管理，先后建立全员岗位安全责任清单，确保安全制度到岗、安全责任到人；自主开发“长治高速风险管控与隐患治理信息平台”，扎实开展风险管控和隐患的排查治理；印发《安全生产三年专项行动》《“零事故”创建活动》方案；完成雾区能见度检测仪安装，为科学应对雾天风险制定有效措施提供决策依据；整理汇编形成《高速公路风险辨识手册》《安全文化手册》《安全知识手册》《应急急救手册》，建成包括突发事件虚拟VR体验、虚拟灭火体验、模拟用电体验、安全知识抢答等在内的安全培训体验馆，促进本质安全的提升。与此同时，长治公司还将高速公路突发事件的应急处理列为安全生产工作重点，修订安全应急预案，确保应急准备工作有据可依，有章可循；建成长平高速综合应急储备库和长邯应急物资储备库，与高速交警、相邻省界路段及地方政府形成联勤联动机制定期研判安全风险。针对长治高速辖区路段危化品车辆较多、安全管控难度大等问题，在长治公司提议下，长治市政府于9月29日组织各县区危化品安全管理单位和领导召开全市高速公路危险品（危化品）运输车辆事故应急处置协调会议，推动多部门、多单位应急救援一体化联动响应，为高效处置突发事件提供强有力保障。六是从4个方面夯实党建工作。以习近平新时代中国特色社会主义思想为指导，深入学习贯彻中共十九大精神和十九届二中、三中、四中、五中全会精神，深入学习贯彻习近平总书记三篇光辉文献精神和习总书记视察山西讲话精神，高效开展党的建设、党风廉政建设、高速公路经营管理、疫情防控等工作。2020年，党委理论学习中心组集中学习16次，召开党委会18次，研究议题120余项。持续深化基层组织建设，按照组织健全、制度完善、运行规范、活动经常、档案齐备、作用突出“六条标准”，开展“标准化党支部”建设工作，确保党的组织设置始终和公司改革发展、生产经营相适应；按照“六有”要求，规范党群服务中心建设，规范主题党日活动、“三会一课”、谈心谈话、组织生活会、走访慰问、党费收缴、党务公开等支部活动；持续深化思想宣传工作，在公众号开展“复工复产、疫情防控”“助力省域联网、打赢第十战役”“‘三零’单位创建”“ETC科普”“纪念建党99周年”等系列专题报道，微信公众号上稿380篇，山西交控集团公众号上稿35篇，外部媒体上稿10篇；开展“文明家庭”、山西交控集团“文明单位”争创工作，向山西交控集团申报2019—2020年度精神文明先进集体和个人、山西好人、山西道德模范；制定《企业文化手册》，建设“企业安全文化馆”，精神文明建设和企业文化建设成效显著；参加山西交控集团党委组织的1235党建项目化成果验收，公司党委报备的党建管理“五个一”工程获得山西交控集团党委优秀党建项目二等奖，党支部的战斗堡垒和党员的先锋模范作用得以充分发挥。七是全面开展“三零”单位创建工作。坚决贯彻落实省交通运输厅、省国资委及集团公司创建目标任务，以提升党建引领基层治理为抓手，以解决问题为突破口，采取“三高、三抓、四结合”工作举措，推进创建工作扎实开展。坚持高规格组建领导组、高站位谋划部署和高效率组织推进的“三高”标准起步，建立健全组织机构，制定领导包片督导工作机制，明确创建职责划分；坚持隐患排查抓早、矛盾化解抓小和风险防控抓预警的“三抓”措施，加强员工异动、工伤认定、拖欠农民工工资、省界收费站拆除、经济合同纠纷等信访矛盾纠纷的排查和解决，加强交通安全、消防安全、生产安全、疫情防控等安全事故的防范和解决，加强职工触犯刑事犯罪和社会治安违法案件的查处和管控；坚持将“三零”单位创建与推动信访矛盾排查、与提升服务强化矛盾源头监管、与重点安全专项行动、与为司乘和职工办好事谋实事的“四结合”统筹推进，凝聚强大创建合力。截至年底，长治公司按月建立创建工作台账，未发现有重大矛盾纠纷、重大安全隐患和突出治安问题，真正筑牢公司高质量发展的安全稳定基石。八是全力做好新冠肺炎疫情防控工作。在抗击新冠肺炎疫情期间，长治公司广大干部职工纷纷投入抗击疫情工作之中，舍小家为大家、舍自身为社会，配合地方卫健部门在高速公路收费站入口设立临时测温筛查医疗检测站，收费、养护、路政、治超、隧管及监控人员日夜奋战在防疫第一线，在有效阻断疫情传播通道的同时有效保障防疫物资运输高速通道的安全畅通，为防疫工作做出积极贡献。

（长治公司）

晋城高速公路管理有限公司

2020年，在山西交控集团坚强领导下，晋城公司认真学习贯彻习近平新时代中国特色社会主义思想和习近平总书记三篇光辉文献、视察山西重要讲话重要指示，坚决贯彻落实集团公司工作决策部署，围绕年度目标任务，广大干部职工团结奋斗，勇于担当，积极作为，改革发展和经营管理各项工作顺利推进，成效良好。

截至12月31日，晋城公司通行费拆分后收入50458.37万元，综合疫情影响，全年共完成67410万元，完成任务67300万元的100.16%。运营成本累计支出21641万元，同比减少6525万元。完成年度目标的98%，完成年度预算目标的90%。晋城公司所辖五条高速公路路况良好，总体技术状况（MQI）平均值97.48，MQI优良路率100%；平均路面使用性能指数（PQI）为95.23。桥隧技术状况良好，一、二类桥梁比例98.5%，三类桥梁比例1.5%；二类及以上隧道比例100%。晋城公司技术投入551.37万元，完成目标任务500万元的110.27%。高沁高速桥梁、隧道专项验收以及档案验收按计划完成，竣工决算审计现场取证已完成。晋济高速原生态绿色走廊有序推进，补植绿植1.5万余株，长大隧道美化亮化效果显现，整体形象得到进一步提升。安全生产和环境治理运行平稳，未发生重大安全生产责任事故，未发生重特大环境污染责任事故。

【党建设工作成为推进发展的独特优势】 优化基层党支部设置，做到支部进基层全覆盖，晋城公司领导班子成员联系支部全覆盖和党员联系群众全覆盖。制定出台党支部会议前置研究事项清单，在支部建设、重大事项决策、廉政纪律监督、关心关爱职工等方面充分发挥作用。大力开展密切联系群众"九必谈九必访"工作，不仅起到及时掌握职工思想动态，化解情绪矛盾的作用，还成为宣讲党的理论、方针、政策，传达上级决策部署等的重要手段。"匠心工作室"党建项目化进展顺利，有技术特长的一线员工自行组建团队，开展课题攻关，取得多项实用管用的技术成果，在收费、养护、路政、信息等业务中应用推广。2020年，五项工作取得较好成果。党委理论中心组学习规范化、常态化，被确定为集团公司首批党委理论学习中心组联系示范点之一；"九必谈九必访"制度成效明显，《密切联系群众的发力点——关于"九必谈九必访"的调研报告》获得山西交控集团优秀调研报告评比二等奖；理论研究取得零突破，思想政治工作重点调研课题《运用新媒体占领职工思想高地探究》，成为全省15篇有较高含金量思想理论研究成果；思想宣传成绩突出。宣传工作在山西交控集团新闻宣传工作考核测评中排名第三。晋城高速微信公众号粉丝量突破12万人大关，成为山西交控集团公司和晋城市范围内有较大影响力的网络宣传平台；典型引领异彩纷呈，牛匠收费站站长李爱霞获第七届"最美中国路姐"，晋阳路产维护站应急班长李晋刚获"山西省五一劳动奖章"称号，润城收费站票证班长徐春团获"山西省三八红旗手"称号，晋阳隧管中心副主任王雷利获"晋城市五一劳动奖章"称号，牛匠收费站收费班长汪燕获山西交控集团"文明家庭"称号。

【打赢"两个硬仗"】 一是疫情防控仗。配合属地政府做好收费站出口设卡防疫检测，在疫情防控关键时刻，主动请缨，接管市区重要出入口晋城西、牛匠收费站疫情防控任务，并集结130名"美丽高速"志愿者，协助当地政府开展社区入户排查录入和卡口值守，在疫情防控阻击战中展现晋城高速人的责任担当。二是保通保畅仗。在收费系统优化和恢复收费期间，全体干部职工放弃休假，通力配合，如期实现所辖路段联网收费系统软硬件正常运行。通过出入口车道优化设置、ETC车道全覆盖、运用科技手段解决收费治超数据联动等措施，及时化解全省严重拥堵四个收费站中周村北、晋城西两个收费站拥堵问题的解决，得到社会公众认可。

【干好"三件大事"】 一是稳步推进体制机制改革。率先完成管理公司法人注册登记，成立相关机构、完善规章制度、发挥职能作用，保证管理体制机制有序衔接；认真贯彻落实山西交控集团压缩管理层级减少法人户数工作安排，依法依规对明太升公路养护公司"压减"注销，晋城公司管控体系得到进一步优化；扎实推进"六定"改革，按照机构、编制、职数三不突破和一企一策原则，组织架构和人员编制全部到位，"六定"工作顺利完成。二是重点工作任务高效推进。成立专项工作组强力推进晋阳高速项目选址、土地预审、工程可行性研究报告批复等前期工作，为项目开工建设奠定坚实基础。截至年底，项目已交由山西交投集团实施，晋城公司全力做好相关配合工作；高沁高速后续工作中的环境保护、水土保持、防雷装置、档案、消防等专项验收已按期完成，竣工决算审计报告已出，12月30日向省厅上报工程质量专项验收申请，按步骤尽快完成工程验收工作。由于三个煤矿压覆资源问题未解决，导致土地手续至今无法上报，严重制约后续工作的开展，还需集团公司给予大力支持。三是下大力气补齐工作短板。实行清障与收费票款分离模式（清障管拖车，出口收费站管收费），推进清障管理标准化建设，全年实现清障收入28.7万元；制作重点工作横道图，强化数据分析，以月促季、以季保年，不断提升效能建设；加大对山西交控集团党委巡察问题的整改力度，以"改"促治，倒逼综合管理提档升级。完善带班值班制度，加强带班值班监督检查，并畅通信息沟通渠道，对200多台对讲机进行技术更新，带班值班作用进一步得到发挥。制定隧道消防水位标准，自主研发水位检测装置，实现消防水位远程实时监测；在全公司开展卫生环境大整治行动，促进全域路容路貌、站容站貌的大提升。

【四项重点工作持续发力】 一是在美丽高速建设上持续发力。围绕营造“畅、安、舒、美”行车环境，不断加大养护管理力度。在2020年度运营工作检查中，晋城公司路面技术状况评定排名第三，各项硬指标均比较扎实。深入开展高速公路限高限宽设施和检查卡点专项整治行动，以“检”促治，实施重点路段病害处治工程，对市区环线路段、重要出入口、重点收费站路域环境进行再整治、再提升。实施市区环线路段28公里波形护栏板彩色翻新，重点推进晋济高速原生态走廊建设工作，补栽绿植、景观提升、隧道亮化，路域环境焕然一新。二是在安全管理上持续发力。晋城公司一级应急物资储备库主体工程已经完工，晋济路产维护站二级应急物资储备库整改提升投入运营。加强应急能力建设，在环城高速开展2020年晋城市高速公路综合应急演练，应急救援能力进一步提升。为长大纵坡路段投保第三者公众责任险9.6万元、为重大不良地质路段投保财产险34万元，为重点桥梁安装健康监测系统，安全管理工作再添一道保险屏障。水汛期间，不良地质路段发生多处水毁，共理赔财产险70万元。三是在科技创新上持续发力。加大科技投入，全年实现技术投入551.37万元，完成年度目标的110.27%。坚持科技兴企，增强科技自主创新能力，通过“匠心工作室”党建项目化手段，在科技创新、自主研发上蹚出一条新路。通过在治超车道加装栏杆机，实现治超与收费数据高效联动，货车通行效率有效提升；利用无人机巡查，制作完成二维正射影像图，为养护、路政开展高速公路管理提供更加翔实的资料；2020年晋城公司在路面铣刨材料预制路缘石项目上加大科研力度，成立匠心工作室，组建工作团队，加强设备和技术攻关，截至年底，已经实现日产140块路缘石的目标。在前期产品试验基础上，逐步完善设备、优化工艺、扩大产能，让科研成果在高速公路更多领域发挥作用。从2020年中国质量协会年会传来喜讯，晋城公司晋阳隧道管理中心“闪电”QC小组被中国质量协会、中华全国总工会联合授予“2020年全国优秀质量管理小组”称号。四是在降本增效上持续发力。将机电业务从收费部剥离，成立机电维护中心，实施专业团队管理，机电运维由“购买服务”变“自主服务”，维护成本逐步降低；实行路政养护一体化巡查，收费治超一体化管理，全年超限率控制在0.09%以下，收取路产赔（补）偿费146万元，追回路产损失32万元。同时积极与中国人民保险公司洽谈快处快赔业务，为司乘人员提供极大方便；在环城、晋阳两路段实现收费集中回控基础上，实施阳翼、晋济（接入晋阳路段）、高沁三路段收费集中回控，所辖5路段全部实现“站级监控”变“路段监控”，节约人力资源，提升工作效率；建立采购计划、物资入库、使用和储备等系统完整的物资管理体系，使物资管理成为企业成本控制的利器，从根本上解决库存积压导致的成本浪费问题；强化自主实施、自己动手在养护管理中的作用，全年节约养护经费约160万元。

【想方设法破解收费困境】 强化堵漏增收，认真落实山西交控集团联网收费稽核工作推进会议精神，制定联网收费稽核方案，召开动员会，安排部署公司“一张网”运行新格局下的收费稽核工作，全力开展打击偷逃通行费专项行动，确保通行费颗粒归仓、应征不漏；建立与国省干线公路协调协同机制，通过多方协调，经省公路局和晋城市政府批准，对国道208线晋城新房凹至河南省界段实行重中型货车分流管控，大大缓解晋济高速的费收压力。同时，晋城公司自成立以来在“如何不封路或少封路”“如何提高开通效率”上做文章，把与交警部门的联勤联动，路段之间、省际路段之间的联勤联动作为常态机制。年内与山东高速济晋公司签订省际间公路交通突发事件应急联动协议，实现突发事件信息共享，提升应急处置能力，在“快开通”上付诸实践，逐步把“通行费收入计入每一分钟”精准效益思路灌输到全体干部职工思维中，通过强化“效率”提高“效益”。

【闲置土地开发上有突破】 利用原晋城公司办公楼和该处闲置土地建设以安全生产警示教育基地为主，集法治宣传教育、党风廉政建设等为一体的综合教育基地，基地培训中心已投入运营使用，相关配套设施不断完善；结合标准化站点建设要求，在阳城路产维护站区内修建集羽毛球、篮球场、跑道等多种体育设施为一体的应急人员体能训练场，场地已投入使用；与路桥集团机电公司合作建设的晋济高速天水岭地面光伏发电站实现自发自用、余量上网"荒地变金"；晋济高速原省界收费站闲置土地开发高速驿站等思路已得到山西交控集团认可，正与高速集团进行对接；郑庄收费站东侧和匝道连接线内约55亩闲置土地，拟建设小型养羊牧场和种植基地，解决职工菜篮子问题；把事关广大职工切身利益的民生大事办好办实，加快推进职工住宅楼"玉屏家园"建设，争取2021年完成主体工程，2022年交付使用。

（晋城公司）

运城北高速公路管理有限公司

2020年，运城北公司坚持以习近平新时代中国特色社会主义思想为指引，坚决贯彻习近平总书记视察山西重要讲话重要指示，按照山西交控集团安排部署，努力克服疫情影响，有效组织复工复产，坚持稳中求进工作总基调，贯彻落实山西交控集团新发展理念，圆满完成年度任务。全年累计征收13.12亿元（含2月17日至5月5日疫情防控期间减免的2.95亿元），完成任务的103.30%。人均通行费收入70.04万元，人工成本投入产出率819.42%。所辖路段公路MQI 96.1，PQI 93.95，二类以上桥梁比例达99.7%；二类以上隧道比例达100%。全年未发生安全生产责任事故和违纪违法案件，有理投诉为零。

【内部管控明显增强】 按时高效完成运城北公司组建及产权登记，制定完善公司章程、党委会、董事会、经理层议事规则及95项规章制度，累计召开党委会30次、董事会15次及经理层各类会议24次，研究通过提案和议题95个，进一步规范权力运行制约和监督机制，封堵管理漏洞、压实工作责任。稳步推进"六定"改革，完成省界收费站134名职工的分流安置，以及896名职工的劳动合同续签，落实全员"岗位职责+工作任务"的考核制度，发挥绩效考核作用，营造干事创业氛围。

【经营活力持续释放】 实施全面预算，以结果为导向，细化事前、事中、事后的全过程监管，实现财务管控能力和降本增效双提升。坚决落实保护国有土地资产完整和增值重大任务，有效盘活45.54亩土地资源，收取闲置土地征用和青苗补偿费904.28万元。完成闻垣高速闻喜段50.94公顷土地资产评估，并取得土地资产初审意见，作价出资金额为9729.42万元。坚持加强债权债务管理，按程序核销原侯运、侯禹、闻垣、闻合四个项目24笔5年以上长期挂账欠款69.99万元，清理与兄弟单位过往账款413.9万元，均确认为公司营业收入。

【整体运营稳中向好】 一是收费保障能力。不断增强大力开展"百名员工进百企"收费营销活动，依托收费站设立10个ETC服务网点，累计发行ETC设备1.6万套。扎实开展通行费专项稽查，共计追缴通行费33.46万元。不断完善机电运维二级维护体系，门架和车道数据连通率连续5个月全省第一，其他指标合格率均达集团规定标准。二是路况路貌整体改善。坚持"预防为主、防治结合"原则，加强灌缝、补坑槽等预防性养护。开展养护工程19项，完成产值5849万元，完成山西交控集团下达的目标任务。龙门黄河特大桥作为全省唯一受检桥梁，接受交通运输部"十三五"重点桥梁监测，取得全国排名前十的好成绩，侯禹路段在路况外业检测中也获得好评。三是路政治超管理进一步规范。严格规范涉路施工管理，受理外部单位涉路施工9起，施工报备34起，开展监督检查1809次，责令整改119次，均完成整改。深入贯彻落实收费治超联网常态化工作，排查整改4大类59项问题。持续深化与高速交警的联动协作，超限率控制在0.2%以内。四是信息服务不断提升。成功打造"六位一体"的应急指挥中心，妥善处置交通事故信息326起，受理应急救援事件1067起。积极贯彻服务理念，编写《月度信息分析报告》11期，接听客服电话3.7万条，为广大司乘提供优质高效的应急指挥服务。

【风险防控能力持续提升】 全面推进安全生产“五大体系”建设，抓好疫情防控、消防、隧道、道路施工、事故易发路段等重点领域管控，设立“防疫运输专用通道”30条，防疫检测点18处，保障运城北公司疫情防控持续稳定。积极开展隧道提质升级、事故易发路段中央分隔带波形护栏改造升级、雾区引导防撞系统和能见度检测仪系统安装等，全力打造安全的运行环境，荣获省级安全文化示范企业称号。严格管控重点领域风险，“三项法律审核”均达100%，历史遗留案件取得进展，依法依规促改革保发展取得实效。深入开展“三零”单位创建工作，强化源头防控，营造和谐稳定的良好局面。

【创新驱动卓有成效】 聚焦“科技兴企”，应用“路面防凝冰相变自调温材料”和“桥梁水泥混凝土防撞墙防水防腐蚀高聚物柔性混凝土材料”，推广应用“精表处”和PLC同步顶升等技术，提升路面技术状况。积极开展课题攻关活动，3项课题获得省交通协会2019年QC优秀成果奖，5项课题获得交通部QC优秀成果奖。此外，广大职工集思广益，主动攻关入口治超抓拍率低的难题，该指标连续数月在山西交控集团排名第一；自主研发智能中分带清扫设备，实现中分带清理机械化；集中力量研发收费系统网络状态监测软件，做到快速巡检和预警；职工3项创新结果获得国家级专利。

【党建引领融合发展】 坚持发挥党委领导核心和政治核心作用，加强理论武装，党委中心组累计集中学习25次，专家授课3次，党委会前置研究讨论重大事项30次。推动党建工作与生产经营深度融合，以“1235工作法”推进党建工作项目化管理为抓手，优选报备党建项目35项，切实解决生产经营发展难题，13个党支部分别获得山西交控集团“党委先进基层党组织”公司党委“先进党支部”等称号。强化作风建设，制定出台《廉政风险防控手册》，内容涵盖76个岗位、227个廉政风险点，并聚焦重点领域和重点岗位，组织8次全覆盖监督检查，严格落实双合同制，充分发挥纪检工作监督作用。

【关爱员工凝聚发展向心力】 持续改善职工生活生产环境，累计投资400余万元，完成部分站区大门、职工篮球场、活动室及办公环境改造，新建物资库3处，科学合理调配办公设施设备260余件，最大限度满足职工生产生活需求。深入开展“制止餐饮浪费、提倡光盘行动”，下大力气提升餐厅管理水平，职工节约意识逐渐养成，餐饮满意度持续提升。强化群团工作，加强政治引导，搭建职工之家、心理宣泄室、妈咪小屋等，开展20余次文体活动、65次青年志愿服务活动、慰问职工1300余人次，广大干部职工心往一处想、劲往一处使，凝聚干事创业的浓厚氛围。

（运城北公司）

运城南高速公路管理公司

2020年，运城南公司紧紧围绕山西交控集团年初工作会议精神、年度工作目标任务，着力在体制机制改革、路网运行系统、路况技术保障和路域环境整治上下功夫，有力推动运城南公司经营管理工作的平稳有序开展。

2020年，运城南公司通行费收入3.4亿元，完成计划任务3.316亿元的102.81%；所辖运风、运三、运宝、河运、绕城5条高速公路技术状况指数MQI平均达96.8，路面性能指数PQI平均达96.5，优良路率达100%，达到行业标准；年度路政案件发现率、查处率、结案率、恢复验收率达100%；无非法超限车辆驶入高速公路；无重特大安全生产责任事故发生；无重特大环境污染责任事故发生。

【拓展收费营销，深挖ETC增值服务】 提升营销水平，探索ETC增值服务。拓宽“高速+旅游”收费营销范围，形成高速、司乘、景区三方共赢新局面。以永济收费站做试点，依托ETC服务网点与永济市旅游局联系，拓展ETC用户功能，即：一张ETC卡除通行高速外，还可享受旅游景点门票折扣服务。深度挖掘运营数据资源和客户需求，在各收费站相邻普通公路和大型物流企业，开展车流量OD调查，做好数据研判和基础资料的收集。了解客户需求，宣传、解读差异化收费政策，合理规划路线，吸引更多的货运车辆行驶高速。开展堵漏增收工作，累计追缴通行费8.99万元。积极与信通公司沟通，新增收费站ETC服务网点10个，充值275.54万元，ETC车道通行率从42%增长到62%。

【以迎战国检为契机，精细养护初见成效】 一是日常养护精细化水平持续提升。坚持以路况检评为问题导向，强化"日常巡查、经常检查、季度普查、年度检评"四级养护数据分析，优化日常养护清单化管理，健全10类38项、涵盖全部维保内容的日常养护计划成本管控体系，切实将计划落实、落细到每一公里。强化细节把控，重塑工序界面，再造业务流程，建立完善开槽灌缝、坑槽修补、路面沉陷分车道踏铺处治等日常养护工法，形成从原材料、人机配置、操作工艺、质量检验、安全生产到竣工验收的全过程控制体系，提高日常维保成效。持续加大路面保洁力度，机械清扫作业考核合格率均达100%。完成运宝黄河大桥和风陵渡黄河大桥健康监测系统与山西交科桥梁数据中心的远程融接，桥梁管养"数字孪生"已具雏形。二是养护工程精准化水平持续提升。紧扣"路面使用性能指数备国检、桥梁交安技术状况保安全"两个主题，将检评数据室内分析与实际路况外业勘查相结合，摸清吃透病害成因和发展规律，分门别类制定精准处治措施。针对河运、运宝高速路面沉陷病害，跟踪分析维修历史，探明内因，制定旋喷桩+踏铺、直接踏铺的分级处治措施。统计分布中条山隧道交通事故起数分布与事故起因，对下行水泥砼路面间隔2公里铺筑600米彩色陶瓷微表处共计3处4980平方米，通过富有节奏的行车振动和醒目颜色缓解洞内驾驶的心理压抑以及视觉疲劳，提高行车安全性和舒适度。完成5座上跨铁路桥和5处避险车道"二波变三波"护栏改造526米，以及运宝高速4组160米中分带开口护栏防护等级提升改造。推行"工、料、机、法、环"全方位、全链条质量安全管理机制，养护工程质量安全始终处于平稳可控状态。养护工程处治措施的精准化，保障和提升养护工程实效，真正做到"以最小化成本实现最优化服务"。三是全力打造路域环境精品工程。践行以路域环境创优为根本的养护理念，抓实抓细"六浇两剪一涂白"高速公路绿化管护标准化普及工作，完成5条路段共计200公里中分带绿化高标准整形修剪，对长江府枢纽、东郭枢纽等重要节点实施"地毯式"专项修剪。根据山西交控集团关于打造原生态绿色走廊实施意见，统筹融合运城市城市人居环境整治要求，对运城、万荣等通往重要旅游区、主要城市的8个高速公路出入口实施"一站一策"精品整治，协助地方政府完成连接线绿化提档升级500余亩，先后为"全国农民丰收节""关公旅游文化节"等重大活动提供优质交通运输保障。

【路产保护能力、标准化治超站点工作初见成效】 一是"路养联巡、路警联席、路地联合"工作深入开展。建立分工协作、双方兼顾的"联合巡查协作机制"，共对护网完好、护栏端头与标准不符等6类设施进行排查整治，高速公路本质安全度进一步提升。建立路警"协同共治"的工作机制，重点对"联合巡查、安全宣传、资源共享"等方面的职责进行细化和优化，平均每起事故处置时间缩短约20分钟。针对浩吉铁路中条山隧道水源利用绕城高速公路边沟排水的情况，通过与多部门多层次反复沟通，促成政府与建设单位共同优化排水方案，截至年底，主要水源已改道分流排放；依法配合城建局、万荣、芮城县当地政府开展城乡环境整治提升工作，在万荣西互通绿化过程中，依法收取路赔款（绿化苗木损失费）17万余元。二是路产保护能力逐步增强。通过规范证据采集（事故的现场照片、笔录、视频），信息采集（挂靠企业、承保保险公司）等措施，依法通过法律手段（民事诉讼方式），完成2起未结路产赔偿案件的追偿工作，成功追索路赔款10.47万元，有效破解重特大交通事故发生后路产案件索赔难的瓶颈。全年路赔案件结案率98.3%，与2019年同期相比，路赔案件结案率相比提升0.19%。与此同时，运城南公司主动联动交警部门、路产维护部门、收费部门，对易堵路段和易堵站点可能出现的拥堵情况进行超前研判并谋划施策，在"五一""十一"期间共开展疏堵保畅120余次，实施道路救援25次，帮助过往司乘人员20次。在交通事故案件处置（疏堵保畅）过程中，实施道路封闭交通管制比例仅为9.37%，与上年同期相比下降0.27%，道路保畅能力得到持续提升，实现经济效益和社会效益最大化。三是标准化治超站点建设全面推进。根据行业、部门等标准，结合所辖治超站实际，编制“四化型”标准化治超站点建设实施方案，通过人员配置科学化、设施设置标准化、日常管理精细化、科技治超智能化的建设，基本实现人员配置更加科学、设施设置更加规范、日常管理更加精细的管理目标。特别在日常管理精细化方面，初步形成“51798”工作标准，即5种特殊货车认定标准，1个检测系统操作规范，7类货车的操作流程，9类工作记录规范格式，以及8类应急突发事件的处置措施流程进行规范和细化。通过“51798”工作标准的落实，为治超站点标准化建设的深入推进奠定坚实基础。

【夯实安全基础，风险防控水平进一步提升】 一是压实安全责任，推进双重治理。坚持目标考核结果与奖惩机制相挂钩，层层分解、签订目标责任，安全承诺，推广岗位安全生产正负面责任清单、完善重点岗位、设备安全操作规程，建立岗位责任追究制度。不断开展安全文化示范企业建设，打造具有运城南高速特色的企业安全文化并形成高效的安全管理模式。不断完善风险管控由点到面。编制出台《风险辨控手册》，绘制风险防控和应急力量三色分布图，联合高速交警持续加强和完善运宝高速危货运输车辆禁止通行交通安全设施，与大秦铁路侯马北供电段建立上跨铁路公路桥防抛网安全互保协议。开展春节、复工复产期间等安全隐患整治专项行动。共排查隐患140项，130项整改完毕，10项隐患纳入专项工程计划逐步整改。二是狠抓安全培训，提高应急救援能力。与消防培训机构开展合作，累计对全公司36个站队共1200余人实施消防知识与安全警示教育培训。邀请山西交控集团安全生产责任保险单位首席负责人举办安全生产责任保险讲座。开展持续三个月的“人人讲安全，平安进岗位”为主题的“安全大讲堂”系列活动，在全公司形成浓厚的学安全、讲安全氛围。以提升应急救援效能为主旨，持续完善应急管理体系和联合管控能力建设。引进5G消防VR设备，场景式体验消防器材的使用和各类火灾场景应急处置教学。共开展桌面和实战演练74次。加强省界应急联动，与河南灵宝高速、陕西秦东收费站签订省界信息共享应急联动协议。全力打好疫情防控攻坚战，1420名职工无疫情感染病例。三是坚持道路本质安全。安装完成BIM技术结构监测系统，通过实时采集监测数据建立隧道安全评价、预警模型，从而实现对隧道结构现状评价，确保隧道安全运营。联合高速交警集中整治隧道超速、随意变道等问题，提醒司乘安全驾驶。优化风陵渡黄河大桥健康监测预警系统，实现对桥梁安全参数的全面可视化监控。完成国道59呼北高速、省道75运三高速、省道5902运城绕城高速能见度检测系统工程10处；雾区引导防撞系统工程运城南呼北高速K758+900~K761+900段，与山西交控集团“安全应急智慧管理系统”互联互通，实现对团雾区段的预警提示、安全管控，方便人民群众安全便捷出行。

【全面从严治党，党的建设全面加强】 坚持把党的政治优势和组织优势转化为改革发展的稳定优势，紧紧围绕高速公路经营管理中心工作，全面落实从严治党“两个责任”，基层党组织政治功能和组织力不断增强，党员干部干事创业、担当作为的精气神全面提振，风清气正的政治生态持续巩固。干部职工学习进入“全天候”模式，2名员工获得省委宣传部“学习强国优秀学员”，党员“一带五”项目获山西交控集团评审二等奖。运城南公司获得“全国交通运输企业文化建设卓越单位”，被山西交控集团授予“文明单位标兵”。运城东收费站被交通运输部授予“全国交通运输行业文明示范窗口”称号，闫景收费站、运城南收费站分别被评为全国交通行业“三星级”“五星级”管理现场。

（运城南公司）

普通干线公路

山西省公路局

2020年，在省委、省政府和省交通运输厅党组、省公路局党委坚强领导下，全省公路系统干部职工战疫情、迎国评，谋改革、促发展，全面打响赶超进位攻坚战，在大战大考中交出一份优秀答卷，特别是完成投资194.4亿元，比上年翻一番，创近20年来最好水平；路况水平实现赶超进位，公路养护管理治理能力水平得到交通运输部检查组好评；行业治理体系加快重构，全系统深化改革总体思路及方案得到省委、省政府和省厅充分肯定。全省公路发展全面呈现新气象、逐步迈上新台阶。

【疫情防控取得重要成果】 面对突如其来的新冠肺炎疫情，局党委始终把人民群众生命安全和身体健康放在第一位，按照"坚定信心、同舟共济、科学防治、精准施策"总要求，坚持疫情就是命令、防控就是责任，打响疫情防控人民战争、总体战、阻击战。全面加强公路养护运营管理，开启"绿色通道"，坚决落实"三不一优先""免费不免服务"，全力保障应急运输，全年累计免收车辆通行费1.9亿余元。坚持联防联控，累计投入人力1.15万人次、车辆2000余台次、资金400余万元，积极配合地方政府及有关部门设置卫生检疫站、检查点400多个，坚决阻断疫情传播。统筹抓好系统内部防控，近两万名干部职工及数万名从业者人身健康得到有力保障。坚持"两手抓、两手硬"，在疫情得到有效控制后，用力按下复工复产"快进键"，在抗疫大局中展现公路担当、做出行业贡献，以实际行动和实际成效践行人民至上、生命至上的根本要求。

【公路供给保障水平跃上新的大台阶】 以迎"国评"为契机，全面加强日常养护、预防养护，深入推进科学养护、精准养护，统筹实施各类养护工程，把迎检过程转化为提标进位过程，以最高标准、最佳状态、最好形象、最优成效迎接"国评"。全年累计完成安防工程1637公里、部挂牌督办路段整治134公里、危桥改造18座、灾害防治及应急抢修16处；创建养护管理示范路901公里；完成服务设施改造73个、服务区卫生间改造37个。清理规范调整公路限速标志4152块，努力解决好群众出行领域烦心事。持续从严治超，全年检测货运车辆4076.9万辆，查处超限车辆4653辆，超限率为0.011%，继续领跑全国。国、省道路面预防性养护工程和路面使用性能(PQI)从80.81提高至84.83，现值与增幅均达近年最好水平。路面改造工程PPP项目建设是全年养护工作的重头戏，时间紧、任务重，省局、分局从建设模式、机制、技术方面抓创新求突破，全面推行节点控制、清单管理，一旬一通报、一月一调度，自下而上成立由主要领导挂帅的工程推进专班，建立四级质量保证体系，引入专家咨询、试验检测、跟踪审计等专业机构，全程闭环管理，实现4月开工、8月完成的既定目标，开创全国首家在国省道养护工程中引入PPP运作模式、首次大规模集中应用路面材料循环再生技术"两大先河"，省委《山西信息》作专题刊发，《山西日报》等省内主流媒体作深度报道。

【公路建设取得重大突破】 加强建设市场督查，督促地方政府及建设单位规范建设程序，加强过程管控，有效把控项目进度、质量、安全、资金管理，助推年度目标任务超额完成。持续深入开展品质工程攻关行动，依托10个在建项目开展关键技术研究应用与试点攻关22项，形成一批质量耐久、安全可靠、经济环保的高品质工程。普通公路重载交通建设试点任务圆满完成，颁布和即将颁布地方标准4项，建成重载交通城市过境、山区公路典型示范路段125公里,《普通干线公路重载交通关键技术研究及应用示范》被省厅组织的评审组评审为国际领先水平。高起点启动普通公路重载运输建设试点,为加快交通强国建设提供"山西方案"。在抓好"十三五"建设收官的同时,提前谋划国省道项目117个、估算投资1105亿元,为"十四五"发展蓄势赋能。

【全面深化改革取得重要进展】 省局党委将全面深化改革作为破解发展难题、增强动力活力的"金钥匙",全程开门搞改革,致力根上改、制上破、治上立。在厅党组和厅主要领导直接领导下,事业单位改革、所办企业脱钩改革和公路养护市场化改革进一步明晰时间表、路线图、任务书,多位省领导作出重要批示,省委书记楼阳生对省公路局改革和公路养护市场化改革思路给予充分肯定。直属事业单位改革加快推进,3户职能弱化单位完成撤销整合,4户生产经营性单位转企改制,2户后勤类单位纳入全省机关事务集中统一管理改革。省高速公路管理局及相关管理处、厅重点办县际和农村路网处等划入机构基本实现"人合事合"。重点领域改革多点突破,30亿元政府专项债券建设项目开工建设,89名综合执法改革涉改人员、4个分局路政执法职能完成划转,局直企业加快走出困境,僵尸企业完成国有股权划转。

【三大攻坚战取得重要成就】 积极克服疫情冲击,坚持一手抓收费、保费额,全年收取车辆通行费3亿余元,一手要政策、求支持,争取有关部门采取延后支付借款等方式,有效化解债务风险。聚焦脱贫攻坚,实行项目优先安排、资金优先保障、措施优先落实、工作优先对接,实施脱贫攻坚公路项目164项,完成投资111.1亿元。定点帮扶的天镇县滹沱店、三里屯村实现稳定脱贫,第三方评估抽查认可度100%。牢固树立绿色发展理念,GIS+BIM、工业固废物利用等新技术、新材料、新工艺、新设备推广应用取得新突破,公路建设废旧路面材料回收率、循环利用率稳步提升。装备路面清扫设备30台,城市过境路段清扫作业基本实现快速化、常态化。高质量完成中央生态环境保护督查"回头看"及大气污染防治专项督查整改,为全省空气质量稳定向好做出积极贡献。

【行业治理水平持续提升】 加强制度体系建设。把制度建设作为基础性根本性工作,争取省厅出台公路养护工程管理办法等多项制度,省局、分局结合各自实际同步推出一批务实管用制度,全系统制度体系更加配套完善,营造认同制度、尊崇制度、严守制度的浓厚氛围。加强财务和预算管理。在债务大起底基础上,妥善处理长期形成的大额资金往来,从严管控预算执行,全面加强预算单位专用基金使用管理。加强编外用工管理。坚决按下编外人员招用"停止键",对存量用工全面清查核实数量、用工形式、用工待遇、审批手续、经费来源,纳入实名制管理。加强国有资产管理。进一步规范国有资产出租出借行为,确保国有资产不流失。加强信访源头治理。以底数清、情况明、防得住、不出事为目标,加强信息收集和形势研判,深入细致开展思想教育和政策引导工作,对突出矛盾隐患实行领导包案、挂牌督办,最大限度控新治旧防变。全年处理信访案件55件、260人次,同比下降24%、35%。加强治安综治。纵深推进扫黑除恶专项斗争,狠抓治安综合治理,织密联防联治、群防群治"安全网"。

【安全生产形势持续稳定】 深入创建"零事故"单位,坚持举一反三,引以为戒,从"8·29""10·1"重大事故中深刻汲取教训,将安全发展理念贯穿到公路工作全过程各环节,逐级落实安全生产领导责任、主体责任、监管责任,深入开展公路桥梁、隧道、连续长陡下坡路段等重点领域专项整治,全面加强风险隐患排查整治,全年共排查出各类安全隐患913项、整改907项,整改率99.3%,未发生一起安全生产责任事故。深入开展安全生产专项整治三年行动,抓细抓实各项任务。加强应急保障,修订公路突发事件等6项应急预案,完善多区域、多部门应急救援联动协作机制,严格落实节假日和重大活动应急值班制度,组建应急队伍130余支、人员4000余名,建成应急物资储备库172处,应急保障能力持续提升。

【党的建设全面加强】 一是始终把政治建设摆在首位,教育引导广大干部职工不断增强"四个意识"、坚定“四个自信”、做到“两个维护”，不折不扣贯彻执行中央大政方针和省委省政府省厅决策部署。坚持党建引领业务、业务促进党建，引深党员先锋岗、党员突击队、党员责任区创建，持续打造行业党建品牌。二是持之以恒正风肃纪。严格落实中央八项规定精神，力戒形式主义官僚主义，基层减负收到明显效果，坚决制止餐饮浪费行为。以集中开展公路招投标、领导干部违规经商办企业等专项整治为抓手，不懈推进党风廉政建设。严肃查处不担当不作为乱作为问题，累计对92人给予处理处分。拓展依法决策、审计监督广度深度，邀请法律顾问参与制定重大决策、合同审查等23次，完成审计任务231项，推动政治生态更加风清气正。三是强化行业文明创建，一批先进典型获省级抗疫先进集体和先进个人、先进基层党组织和优秀共产党员等称号，全系统整体进入省级以上文明单位行列。

【“十三五”发展胜利收官】 五年来，全省公路系统干部职工深入学习贯彻习近平新时代中国特色社会主义思想，认真贯彻省委、省政府、省厅决策部署，攻坚克难，砥砺奋进，改革发展稳定和党的建设各项工作全面呈现新气象、迈上新台阶。第一，全面践行创新发展理念，发展动能和质量显著提升。累计完成投资435.2亿元，新改建工程地方政府和社会资本投资达到62%；完成新改建和路面改造3824公里，一、二级公路比重从2015年底的86.34%提高到87.59%，优良路率从81.44%提高到85.43%。治超工作继续领跑全国。科技创新对发展的贡献率大幅提升。第二，全面践行协调发展理念，协调发展水平不断提升。市域县域之间路网发展差距总体呈现缩小态势，集中连片特困地区全部通达二级及以上公路，干线公路与高速公路、农村公路等其他交通方式互联互通、融合发展进程加快，全省区域城乡发展的“血管”更畅通、“根基”更坚实。第三，全面践行绿色发展理念，绿色发展水平明显提升。以“全寿命全要素全方位”“低消耗低排放低污染”“高效能高效率高效益”为内涵的绿色公路建设全面加快，宜林路段绿化美化水平持续提高，城市过境路段、重污染路段实现机械化清扫作业全覆盖，路域环境持续改善，公路与自然和谐共生的绿色发展模式加快形成。第四，全面践行开放发展理念，对外开放能级加快提升。优化营商环境意识明显增强，统一开放的公路建设养护市场正在加快形成。加强与周边邻省合作互动，改造提升出省口路段642公里，助推省际区域经济社会开放合作。第五，全面践行共享发展理念，人民群众获得感稳步提升。实施公路安防工程2930公里，危险桥梁、地质灾害等做到及时发现、及时处治，各类服务设施新建67个、改造升级243处，出行信息服务率100%，撤销收费站9个，公共服务均等化水平明显提高。第六，全面推进各项工作，国防动员、战备、双拥共建等工作迈出新步伐，老龄老干、工会、妇女儿童、计划生育、关心下一代等事业取得新成效，政务公开、统计、宣传、档案、年鉴、史志等工作取得新进展。“十三五”时期取得的成绩来之不易。这是习近平新时代中国特色社会主义思想科学指引的结果，是省委省政府省厅坚强领导的结果，是地方各级政府、有关部门大力支持的结果，更是全系统干部职工不辞辛劳、不惧挑战、不畏困难、不懈奋斗的结果。

（省公路局）

山西省公路局太原分局

2020年，太原分局坚决贯彻落实省交通运输厅、省公路局决策部署，科学谋划、狠抓落实，发起赶超进位攻坚战，大力创建“六个公路”，全面提升发展质量和水平，实现“十三五”目标圆满收官。

【打好疫情阻击战全面推动复工复产】 认真贯彻省局党委关于统筹疫情防控和保通保畅决策部署，全面压实法人单位防控责任，全链条抓实抓细各级办公区、家属区、施工工地的疫情防控预案和内防“10条”措施的落实，确保干部职工及家属健康安全。加强路况动态监管，做到疫情期间养护工作不放松，积极配合地方政府在太原市重要通道设置33个检查站开展防疫检疫，坚决阻断疫情传播。在此基础上，加快推进路面改造PPP项目、迎十三五“国评”

养护生产等项目4月份全面开复工，为全年目标任务完成奠定良好基础。

【精准养护圆满完成"国评"工作】 全面加强养护，巩固养护管理"八比八看"活动成果。一是抓好日常养护、预防性养护，深入推进科学养护、精准养护。投资2146万元完成6项养护工程；处治水毁54处；完成3座道班服务区改造、2座应急储备站点建设和9座桥梁护栏提升工作。截至年底，管养干线公路公路技术状况指数MQI为84.37，PQI为83.1，公路优良路率84.04%。二是切实履行路面PPP项目监管职责。成立监管领导组，出台分局《监管实施细则》等制度，建立分局、公路段两级监管体系和定期检查督导推进工作机制，紧紧围绕工程质量、进度、安全、资金四大环节，推动路面PPP项目优质高效实施。坚持管理与服务融合，协助项目公司办理交通组织设计绕行方案和施工路段交通管制审批，积极申报"战疫情稳投资补短板"项目贷款2000万元，助推太原境内项目建设开工和施工进展始终处于全省前列并按期优质高效完成。三是高质量备战迎"国评"工作。把迎检转化为提标进位的过程，以最高标准、最佳状态、最好形象、最优成效迎接"国评"，分局参评路况检测70.508公里、外业现场观摩点2处，均圆满通过评价考核。

【项目为王推动公路建设取得新进展】 进一步优化太原地区干线公路网布局，做好落地项目开工建设和规划项目前期工作。太原分局切实履行监管职责，全力推动国道241。省道岚马线汾河水库段改建工程PPP项目进入实施阶段，累计完成投资3.25亿元。规划的国道108太原绕城工程、国道307线太原南过境工程、国道339线仁义至镇城底段改线工程、省道314线双阳线东郭湫至西关口公路改建工程等储备项目已全部列入"十四五"省级国土空间规划建设项目并完成项目建议书的编制，三个项目已完成工可招标，省局已下达工可前期计划，截至年底，各项目正在有序推进中。

【三大攻坚战取得重要阶段成果】 稳步推进历史遗留问题化解。岚古线施工合同纠纷历时10年，案件历经仲裁、市中院一审、省高院发回重审多次周折，2014年5月仲裁结果为1845万元，2016年12月对方提起一审判决为4794万元，2020年12月中院重审判决认定工程造价1729万元，为太原分局避免重大经济损失；西山运煤线项目终止结算审计依法依规完成，对这个长期未完的项目有了基本认定。严格落实"第一书记"、扶贫工作队和一对一结对帮扶工作制度措施，在资金、技术等方面做好对口扶贫娄烦县赤泥泉村整村异地搬迁后脱贫巩固期各项帮扶工作。加强"四好农村路"建设督导，促进农村公路建设质量优质、安全可控，助力脱贫攻坚。牢固树立绿色发展理念，积极推广使用沥青冷再生等新技术，年内治理平交道口35处，累计出动清扫、洒水车3112台次，保洁人员2.3万人次开展路面保洁，逐步实现城市过境路段、重污染路段机械化清扫全覆盖和路域环境综合整治全覆盖，为太原市空气环境质量稳定向好做出积极贡献。

【单位治理能力持续提升】 一是"三零"单位创建全面开展。年内实施生命防护工程40公里，排查治理各类隐患35处，累计安装72套道路安全监控设备，基本覆盖管养干线公路重点路段，提升涉路灾害处治能力。高度关注省厅、省局事业单位改革、企业脱钩改革政策方向，做好改革期间职工思想稳定、敏感时段的信访维稳和公路保畅工作，认真谋划分局层面的政策衔接。二是治超工作逐步规范化。截至年底，共检测车辆303万辆，查处超限车辆501辆，超限超载率控制在0.02%以下。路政案件累计发生20起，结案率、查处率、赔偿率为100%，收赔偿费461万元。三是内部管理进一步夯实。编制上报太原分局内控报告，财务审计监督作用明显增强，资金使用、预算执行不断严格规范；坚决按下编外人员招用"停止键"，对存量用工全面清查核实数量、用工形式、用工待遇、审批手续、经费来源，纳入实名制管理规范和统一编外用工管理；严格物资采购和招投标管理，推动各层级的制度体系更加配套完善和执行制度意识不断强化。

【党的建设全面加强】 一是太原分局党委始终把政治建设摆在首位。不折不扣贯彻执行中央大政方针和省厅省局决策部署，教育引导广大干部职工不断增强“四个意识”、坚定“四个自信”、做到“两个维护”。坚持党建引领业务、业务促进党建，大力推进基层党组织规范化标准化建设，引深党员先锋岗、党员突击队、党员责任区创建，强化行业文明创建，文明单位、文明路、文明示范窗口等群众性精神文明创建活动深入开展，一批先进典型荣获市县先进个人、先进基层党组织和优秀共产党员等光荣称号，持续打造行业党建品牌。坚持党建带群建带团建，充分发挥工会、共青团、老干部等群团组织的桥梁纽带作用，积极支持工会、共青团组织围绕中心工作开展劳动竞赛、扶贫帮困送温暖等活动，增强群团组织的凝聚力和战斗力。二是持之以恒正风肃纪。严格落实中央八项规定精神，力戒形式主义官僚主义。以集中开展党建巡察、纪律作风专项整治、公路招投标、领导干部违规经商办企业等专项整治为抓手，不懈推进党风廉政建设。2020年对5起案件（线索）均按程序进行处置，引导全局党员干部守住纪律底线。拓展依法决策广度深度，邀请法律顾问参与制定重大决策、合同审查，推动政治生态更加风清气正。

“十三五”期间，太原分局深入学习贯彻习近平新时代中国特色社会主义思想，认真贯彻上级决策部署，以“创新、协调、绿色、开放、共享”五大发展理念为引领，围绕“改革攻坚、养护转型、管理升级、服务提质”四个方面精准发力，构建更畅通、更安全、更智慧、更绿色的干线公路交通网络，持续推动太原地区干线公路路况水平和综合服务水平不断提升，为全市经济社会发展提供强有力的干线公路交通支撑。

（太原分局）

山西省公路局大同分局

2020年，在上级各有关部门坚强领导下，大同分局持续推进项目建设，全力以赴备战国检，全面强化PPP项目监管，稳妥推进行业改革，着力加强党的建设，维护安全稳定大局，完成上级下达的各项工作任务。

【防控疫情】 多次召开专题会议，成立5个疫情防控工作督导组，主要领导一线巡查督导，班子成员一线分片督导。各公路段在及时处置各类隐患基础上，严查未经批准擅自封闭、阻断国省干线公路、硬隔离农村公路等行为，全力保障“一断三不断”。各超限站积极配合公安、防疫部门及时疏通引导车辆，确保疫情防控应急物资、人员运输车辆顺利通行。为疫情防控有力开展、复工复产和经济社会正常运转提供良好的交通保障。

【公路建设】 严格按照时间节点，牢固树立目标导向，全面推行任务项目化、项目清单化管理，同时积极争取地方政府和有关职能部门支持，及时化解具体问题，不断优化建设环境，推动工程建设顺利进行。分局续建项目国道239线东坊城至大磁窑段改建工程累计完成投资4.32亿元，占总投资的76.4%；大同分局监管地方实施项目国道512线天镇县城过境改线工程累计完成投资5108万元，占总投资的71.2%。

【“十四五”发展】 把交通强国建设作为今后一个时期的工作总抓手，围绕“交通强国试点任务”深入开展专题研究，有针对性、有计划地规划项目。截至年底，大同分局已完成西崖头至沙岭段改建工程土地预审及选址意见书的批复和千佛岭超限站设计批复；正在开展前期工作的项目共9项，合计里程249.1公里，估算总投资67.92亿元，在开展土地预审办理基础上，同时全力推进工程建设。

【养护管理】 按照国检标准制定迎检养护工作方案并和各养护段签订目标责任书，将迎检工作按月充分细化和分解。继续巩固国道512线、国道108线、国道336线及省道马走线、长神线路地共建成果，积极打造大同干线公路品牌。在完成省局下达任务目标基础上自筹资金530万元完成交通部挂牌督办国道109线K404+800~K410+255段路面修复工程；自筹资金130万元完成国道限速标志调整工程；投入资金1035万元（省局计划337万元，自筹资金698万元）集中处治受检路段路况较差的路面。同时抽调主要技术力量组建PPP项目督导组，加大一线的质量监督和进度把控，全年6项PPP路面改造工程完成投资46966.45万元,完工里程187.08公里。

【超限治理】 充分发挥治超电子抓拍和“四级联网”系统作用,进一步探索路警联合治超模式,全方位开展多部门联动综合治超。严格执行“一超四罚”和“黑名单”制度,持续打击短途超限运输、车辆抛洒污染和超限车辆闯站等行为。全年检测车辆3119万台次,查处超载车辆443台次;卸载货物15164.49吨;超限超载率控制在0.02%以内。西韩岭收费站累计完成通行费征收3734万元,超额完成934万元。

【安全生产】 逐层落实公路管理各环节的安全责任。按照“四不放过”原则进行逐段、逐站、逐公里排查,全年共排查一般安全隐患56处,已全部整改。在马走线老爷庙隧道安装LED限速报警显示屏和双向LED慢行提示屏,完成319座桥梁电子信息公示牌(二维码),完成3座独柱桥梁横向稳定性验算。9月24日,参加大同市政府组织的抗震救灾综合演练。全年共召开安全例会12次,专题安全会议4次;完成安全专项检查12次,全年无安全事故发生。

【履行“四好农村路”督导职责】 为实现“建好、管好、护好、运营好”的四好总目标,所属市县两级督导组按照省交通运输厅要求,按时完成上级所布置的“四好农村路”和旅游路各项服务指导任务,在施工期间到实地对在建项目进行外业现场督导,内业抽检各方资料,及时发现解决存在的问题和不足。同时根据工程实际情况按时完成各类报表、简报,有效完成服务指导工作。全年共完成投资10.37亿元,完成路基800公里,完成路面1156公里。截至2020年底,全市贫困县区全部脱贫。

【理论学习】 全年制定党委中心组学习计划24期,下发统一开展支部主题党日活动通知12期。疫情期间,利用“学习强国”视频会议开展学习,复工复产以来采取联合市党群服务中心等机构举办各类专题培训班的方式开展专题培训。为全局党员编印三篇光辉文献口袋书,采取个人自学和“学习强国”“三晋先锋”在线学相结合,不断引导党员干部职工坚定信仰信念,坚守初心使命。

【全面从严治党】 制定党委全面从严治党“三个责任”清单,与各党支部签订党风廉政目标责任书。出台《党委会议工作规则》《党委重要事项党内通报制度》,修订《“三重一大”事项集体决策制度实施办法》《财务内部控制手册》《内部控制培训及工作会议》等,会同纪委联合制定《分局纪委与党委定期会商制度》《分局纪委与党委沟通协调及时反馈有关问题的规定》等一系列制度。

【监督效能】 通过拓宽信息渠道、改进监督方式方法、优化监督管理模式等方式,深入推进监督范围由“全面撒网”向“关键少数”转变,由“求大求全”向“抓早抓小”转变,监督重点由“全体党员干部”向“重点人、重点事、重点岗位”转变,监督对象由“具体人”向“具体党组织”转变,不断增强纪检监察工作的针对性、实效性。

【文明创建】 大力践行社会主义核心价值观和“人在路上、路在心中”的行业价值理念,组织职工参加大同市健步走网络大赛,先后开展“端午节包粽子”、慰问敬老院、职工趣味运动会、职工体检等活动,激发职工活力,增强单位凝聚力和向心力。继续深入开展精神文明创建工作,共获得1个“全国文明单位”、1个“省级文明标兵单位”、4个“省级文明单位”、14个“市级文明单位”称号。

(大同分局)

山西省公路局朔州分局

2020年,在省公路局党委坚强领导下,朔州分局坚持以习近平新时代中国特色社会主义思想为指导,以深化改革发展为契机,以加强和完善现代化管理体系为抓手,精准施策、砥砺奋进,统筹推进建养管各项重点工作,坚决打赢防疫阻击战,稳步推进复工复产,全面加强公路养护,持续做好路政管理,着力深化应急保通,一以贯之从严治党及大力开展精神文明创建,圆满完成各项目标任务,为全面建成小康社会、推动转型发展蹚新路做出积极贡献。

【疫情防控有力有序】 面对突如其来的新冠肺炎疫情,把做好疫情防控和精准有序复工复产作为增强

"四个意识"、坚定"四个自信"、做到"两个维护"的重大政治检验，坚决贯彻落实省局党委、地方政府关于全力打赢疫情防控阻击战、推进复工复产安排部署，第一时间成立疫情防控领导小组，研究部署疫情防控工作，在全分局建立横向到边、纵向到底的防控体系，形成联防联控的强大合力。同时，按照当地政府安排，分局成立两个督导组，加强对右玉杀虎口、二道梁2个进出省口的一线督导，坚决防止疫情传播。在做好疫情防控的同时，努力克服疫情影响，精准有序推进复工复产，确保生命安全防护工程、路面改造PPP项目、迎国检等年内重点工作有力有序推进，如期实现复工复产。

【项目前期稳步推进】 省道宁应线铺龙湾至陈家堡段改建工程项目前期专项评估和工可审批已完成，初步设计已批复。该项目资金来源除中央车购税补助外，其余由地方政府筹措，待怀仁市政府配套资金到位后，即可开工建设。国道336线平鲁县城至口子上段改建工程项目选址意见和用地预审及环评等前期工作已完成，工可报告于年底报至省发改委，已通过评估单位初步审查。2021年3月，平鲁区政府提出投资模式由中央车购税+政府出资更改为PPP模式，且增设服务区等经营性设施，工可报告及相关专项评估重新审查已完成。工可报告已由平鲁区政府上报省发改委。国道241线右玉县城过境改线工程项目工可报告已通过省局和省厅联合评审，项目选址意见书已批复。项目资金来源除中央车购税补助外，其余由地方政府筹措。右玉县政府配套资金到位后开工建设。国道208怀仁王家堡至山阴薛圐圙段公路改扩建工程项目工可路线方案已根据山阴县政府多次提出的意见，反复修改完成。项目环评水保正同步进行中。项目土地预审正有序开展，朔州市政府正在帮助协调怀仁市、山阴县及地方政府相关部门予以解决，以便尽快完成土地预审，工可早日上报省发改委审查。

【养护管理及综合服务水平大力提升】 认真履行监管职责，推进路面改造PPP项目，完成投资41597.3万元。完成安全生命防护工程，完成投资1835万元。西朱庄危桥改造工程，完成投资700万元，2021年10月全部完工。完成停车区新建和改造6个，完成投资140万元。中修工程完成沥青路面加铺53万平方米，折合全幅路段约48公里。扎实推进小修及日常养护，完成翻浆治理1820平方米，车辙处治2.8万平方米，沥青路面贴缝带贴缝23.6万米等。此外，完成"十三五"迎检任务，推动路况水平和服务能力双提升。全年路况水平PQI值稳中有升。

【行业现代治理体系和治理能力不断加强】 持续深化超限超载治理，严厉打击超限超载运输和避检闯卡、不进站检测等行为，形成超限超载运输的高压遏制态势。全年共检测车辆231.9万辆，依法查处超限超载车辆148辆，卸载货物3192.73吨，超限率稳控在0.2%以下。以化解各类不稳定因素和风险隐患为着力点，深入开展"三零"单位创建，有效化解矛盾。持续开展安全隐患排查，对发现的隐患进行整改，切实保障群众安全出行。全年未发生安全生产事故，持续保持稳定向好局面。

【党建及行业文明建设不断加强】 全面贯彻落实新时代党的建设总要求，始终坚持最严标准、最严举措、最严作风，以党的政治建设为统领，统筹推进党的思想建设、组织建设、作风建设、纪律建设和制度建设，深入推进党风廉政建设和反腐败斗争，风清气正的政治生态得到持续巩固。积极培育和践行社会主义核心价值观，深入推进朔州分局精神文明创建活动，为高质量发展注入精神动力。2020年，分局获第六届"全国文明单位"称号，用实际行动在干线公路上点亮文明之光。此外，朔州分局多方协调，主动争取地方政府出资对家属院进行老旧小区改造施工。在改造中，依法拆除违建、拆除围墙，积存垃圾清除、道路硬化整修、外墙保温、楼顶防水处理、院内绿化、线路美化、增加便民服务设施等，极大提升职工群众的幸福感和归属感。

（朔州分局）

山西省公路局忻州分局

2020年，忻州分局坚持以习近平新时代中国特色社会主义思想为指导，深入贯彻"12266"发展战略,在常态化做好疫情防控的基础上,推动朔州分局建养管工作全面发展,着力抓好全国干线公路养护管理综合评价、路面改造PPP项目监管和国道108线改建一级公路项目前期工作,切实推动党的建设和业务工作深度融合发展,完成全年各项目标任务。

【“项目为王”,抓建设推前期成绩斐然】 牢固树立“项目为王”理念,坚持一手抓项目实施、一手抓项目前期推进,“工程建设”和“项目前期推进”取得新战果。一是工程建设再次超额完成省局下达投资任务。在抓好作为实施主体新改建项目基础上,转变角色、创新思维、积极作为,认真做好以地方政府为实施主体的新改建项目监管工作。国道338线朱东社至原平段公路改建工程和国道209线杨家营至堡子湾段改建工程顺利完成交工验收;监管国道338线原平过境改线工程完成投资1.2984亿元,国道336线偏关过境改线工程完成投资9114万元,累计完成投资2.2098亿元,超省局年度投资任务8627万元。二是项目前期推进再次取得新突破。着眼“十四五”发展,抢机遇、争主动,全力加快项目前期推进。重点推进的国道108线砂河至石岭关段改建一级公路项目(全长170公里、估算投资94亿元)工可报告于10月20日上报省发改委,12月8日省发改委组织评审。积极谋划启动国道338线西镇至阳方口段改建一级公路项目(全长69.6公里、估算投资52亿元)前期工作,工可报告已上报省公路局评审;国道241线宁武县城过境改建工程工可报告已上报省公路局。

【“赶超进位”,强养管迎国评成效显著】 坚决把思想和行动统一到省厅、省局决策部署上来,进一步加强养护项目建设和养护管理。一是按期保质保量完成忻州境内路面改造PPP项目。面对改造里程长、涉及县区多、交通流量大、交通管制难、有效工期短的困难,将路面改造PPP项目监管工作作为一项政治任务抓紧抓细抓实,成立路面改造工程PPP项目建设运营领导组,抽调精干力量组成督导组,深入工程一线对项目进展、工程质量等进行实地督导。充分发挥驻地优势,积极对接沿线政府和相关部门,协调解决各种干扰因素。忻州境内路面改造PPP项目总投资7.35亿元,改造里程297公里,于9月10日全线贯通。二是完成“十三五”全国干线公路养护管理综合评价大考。成立迎“国评”工作领导组,明确目标,细化分工。对照“创新、协调、绿色、开放、共享”五方面评价内容和标准,制定下发实施方案。根据交通运输部评价内容及安排,合理安排工作时间,坚持节点推进。忻州分局“国评”路况检测里程288公里,占全省普通国省干线检测总里程的近四分之一。9月18日至22日,“十三五”全国干线公路养护管理评价忻州境内路况检测完成,分局工作受到评价组充分肯定。三是强基固本不断满足人民群众对美好交通出行的向往。始终坚持把满足人民群众对美好交通出行的向往作为奋斗的目标,扎实抓好公路养护,深入推进“美丽公路”建设,不断提升人民群众获得感、幸福感、安全感。统筹资金2306.45万元,完成国道239线等5条干线公路路面加铺91.3公里。第一批安全生命防护工程120.627公里,预算批复总投资2308.5786万元,4月开工建设,全部完工。第二批公路安全生命防护工程50.831公里,预算批复总投资1310.6302万元,9月开工建设,全年下达计划投资970万元全部完成。黄河前大桥加固工程预算批复投资2149.5565万元,续建部分全部完工。对黄榆线五里沟等12处停车区和服务区进行新建和改造,完成投资260万元。四是积极对接市县综合执法机构保障公路安全运营。积极对接市县综合执法机构,深入开展路政治超执法“三提升一杜绝一创建”活动,加大路政案件查处力度,保持治超高压态势,保障公路安全运营。全年检测车辆547万辆,卸货吨数591.7吨,查处违法超限车辆139辆,超限率严格控制在0.01%以内。加大路政案件查处力度,收取路产赔补偿费172万元,案件发现率、查处率、赔偿率、结案率均达到100%。11个超限检测站创建市级文明单位5个、县级文明单位6个。

【“全面发展”,抓防控严管理立体推进】 一是加强疫情防控。按照省厅、省局和忻州市委、市政府有关部署要求,不断加强疫情防控工作,建立健全新冠肺炎疫情防控常态化工作机制,实现疫情防控和复工复产“两手抓、两不误”。二是加强财务审计管理。加快预算执行进度，预算执行率达到98%。严格收支两条线管理，按规定及时足额上解非税收入，无坐支、截留、挪用行为，无违规开设银行账户的情况。制定年度审计工作要点和审计工作计划，完成局属7个单位行政领导任期经济责任审计、7个单位预算执行和财务收支审计，审计覆盖率达30%；完成对局属单位内部审计和社会审计发现问题的审计整改，审计整改率100%。三是加强国有资产管理。严格落实国有资产管理办法、制度，严格按照审批流程权限进行政府集中采购。协助完成第三方进行资产清查审计。完成养护机械设备和驾操人员的年检年审工作，车辆设备完好率、红旗设备率达到规定要求。四是加强局直企业帮扶和企业脱钩工作。增强一盘棋意识，加大对局直企业的帮扶支持力度。积极推动事业单位所办企业脱钩改革工作，制定工作方案，保持脱钩改革期间企业稳定发展。

【“强化担当”，抓安全促稳定形势向好】 以开展“三零单位”创建为契机，进一步抓好安全稳定各项工作，努力为改革发展创造良好环境。一是严格落实安全生产工作责任制和安全风险分级管控、隐患排查治理双重预防措施，认真开展安全生产大检查，及时修订完善应急预案，加强应急值班管理，扎实做好重大活动和重点时段公路安全保畅。深入开展公路安全通行能力提升等专项行动，确保公路运营安全和施工安全。全年组织安全生产大检查8次，排查隐患104处、整改104处。二是坚决扛起信访稳定工作责任，牢记“守土有责”，做到“守土尽责”，努力把影响和谐稳定的苗头事端解决在基层、化解在萌芽状态；推进扫黑除恶专项斗争、防恐反恐、扫黄打非等专项行动，铲除违法犯罪滋生土壤。全年办理信访案件8批次。三是加强法治建设。认真抓好法律学习宣传教育，做好新颁布法律法规的学习宣传工作，开展“七五”普法总结验收。贯彻落实法律顾问制度，落实领导班子和领导干部学法用法述法制度，专题学法4次。开展“12·4”国家宪法年度专题宣传普法。

【“融合发展”，党的建设和党风廉政建设持续加强】 坚持党建工作与业务工作同安排、同落实、同考核，切实推动党的建设与业务工作融合发展。建立健全“不忘初心、牢记使命”长效机制，持续推动学习贯彻习近平新时代中国特色社会主义思想往深里走、往实里走，不断增强“四个意识”、坚定“四个自信”、做到“两个维护”，始终同以习近平同志为核心的党中央保持高度一致。严格落实“两个责任”，认真履行“一岗双责”，持之以恒正风肃纪，进一步巩固忻州分局“风清气正、干事创业、担当作为”的基本面。扎实开展机关纪律作风专项整治，认真落实省局党委《关于在全系统党支部推行“十个起来”的指导意见》，进一步加强三基建设和党支部标准化规范化建设，扎实开展“五好党支部”创建、党组织创星晋级活动。深入开展“支部建在项目上、党旗插在工地上、监督跟进项目中”党建品牌创建，充分发挥党组织战斗堡垒作用和党员先锋模范作用。

（忻州分局）

山西省公路局阳泉分局

2020年，阳泉分局全面落实省公路局各项决策部署，紧盯全年目标任务，以统筹做好疫情防控和加快推进复工复产为切入点，以精心做好迎“国检”、发力项目建设和聚焦“十四五”谋划为突破口，躬身实干，砥砺奋进，各项工作取得明显成效。

【坚持“项目为王”，公路建设有力有序推进】 全年完成养建投资27.4亿元。面对新春伊始新冠肺炎疫情干扰、亟待推进复工复产和20项繁重养建任务，通过挂图作战、举行标准化施工现场观摩、开展为期120天的劳动竞赛和及早谋划季节性施工计划等有效举措提神、提速、提质。特别是主动加强与地方政府和职能部门协同扫障，有力打通用地、征拆以及疫情期间工程用工和材料等难点堵点，为项目顺利实施提供保障。同时，制定《工程质量管理办法》等制度规范，严格把控工程质量，严格落实环保“六个百分百”要求，严格强化施工现场管理、过程管控，全力提升公路建设品质提档升级。

【巩固提升养管水平，迎国检高质量完成】 以赶超进位迎国检为靶心，对标对表，精心备战，通过抓组织保障、内业管理、养护工程、基础养护、路况提升等重点环节，全力提升养管水平。一是制定《迎国检实施细则》、召开赶超进位迎国检攻坚战动员调度会、推进会，为迎国检工作提供坚强组织保障。二是按交通运输部标准和省局要求，先后3次对梳理出的共7大项41小项内页资料进行检查把关，确保高标准完成。三是对迎国检涉及的PPP路面改造工程、安全生命防护等14项养护重点工程，强化质量意识，硬化管控措施，狠抓首件产品和关键工序，确保优质高效完工；四是持续推进路基标准化建设，全面抓好桥梁预防性养护，扎实做好涵洞基础养护，全面保持隧道运行良好，强化设施规范齐全标准。全年一、二类桥梁占比达99%，二类隧道占比100%，设施完好率达90%；五是全面进行路况分析，围绕重点线路，细化路面养护方案，强化刷油灌缝、病害处治等路面日常养护、预防性养护工作，全面贯彻养护作业六精流程，严把细节控制，收到良好成效。2020年年末公路优良路率80%，相比2019年提高6.2。路面使用性能指数PQI值达86.2，相比2019年提高0.8。2020年10月22日至23日，完成迎国检任务，展示阳泉干线公路新形象。

【巩固提升成果，两大攻坚战成效显著】 按照全省污染防治攻坚战和阳泉市城乡环境卫生整治工作要求，以整治路域环境乱象、加强绿化美化、强化路面保洁降尘和工地现场扬尘治理为重点，不断巩固和扩大路域环境成果，确保圆满收官；按照全省、全市脱贫攻坚有关会议精神，扎实做好定点帮扶村盂县梁家寨乡邢家庄村脱贫摘帽的巩固提升任务，以产业项目发展、实施基础设施提升工程和村党组织建设为重点，全面提升脱贫质量，持续巩固拓展成果，确保脱贫攻坚完胜。

【顺应发展大势，改革创新取得实质进展】 一是按照上级改革总体要求，原有路政执法管理职能及人员于2020年6月底已正式移交市（县）交通运输局，交通运输综合行政执法改革顺利完成。并积极稳妥推进局属两个全民所有制企业改革工作。二是进一步创新拓展公路建设新模式。盂县境内2个采取EPC总承包管理模式的省地共建项目于2020年11月7日举行开工奠基仪式，成功落地实施，不仅增添高质量发展新活力，而且集聚推动转型升级新动能。三是养护运行机制改革推进以市场为主体的规范化运营管理，进一步激活内外部两个市场。四是进一步推进公路信息化建设。推进阳泉分局智慧公路管理平台与南北应急管理中心、各业务管理系统在数据、模块和应用融合上的深化，构建形成全面感知、深度融合、科学决策、快速反应的综合智慧公路应用平台。

【加强基础管理，行业治理能力有效提升】 为加强超限治理，制定下发《治超工作例会制度》等规章制度，严格落实“联合治超”和“一超四罚”，充分利用电子高清抓拍、四级联网系统，不断推动治超工作标准化、规范化、科技化。全年累计检测车辆320万余辆，查处超限车辆461辆，超限率0.01%；加强财务管理，以实施新的政府会计准则制度为主线，以内部控制信息化建设为抓手，努力提升财务管理水平。全年完成预算执行率100%。积极做好改革过渡期预算执行和国有资产管理；扎实开展审计监督，以领导干部任中经济责任审计、离任审计和工程项目的全程跟踪审计为重点，做到应审尽审；加强编外用工管理，全面禁止新招编外人员，全部实行实名制管理，完善编外用工人员档案、聘用、考核、培训和社会保障等各项制度规范。

【开展“三零”单位创建，持续保持安稳大好局面】 以“三零”单位创建为抓手，坚持把安全生产、常态化疫情防控、改革稳定、扫黑除恶和社会治安综合治理等工作有机结合。常态化落实岗前嘱托制，认真开展安全生产三年专项整治行动、城乡建筑领域安全隐患专项排查等活动。特别是深刻吸取行业内外重大安全生产事故教训，进行全领域、全覆盖、全方位安全生产大检查，全年共计检查52次，查出的27条隐患全部销号清零。同时，组织进行防汛、消防和突发事件等应急演练10次，不断增强应急处置能力。全局保持安全发展大好局面。

【党的建设全面加强，提供发展坚强保障】 党委持续强化政治统领和党建引领，深入推进“三基建设”，以创建阳泉市第二批基层党组织标准化规范化示范点建设和市直机关工委“党建铸魂、大道为公”党建品牌为重点，充分发挥党支部战斗堡垒和党员先锋模范作用，让党旗在疫情防控阵地、养建主战场、迎国检重任和脱贫攻坚一线等急难险重前沿高高飘扬。2020年，分局被省精神文明建设指导委员会授予“省级文明单位标兵”称号。在阳泉市直机关工委“七一”表彰会上，分局党委被阳泉市北大街党工委表彰为“先进党组织”。阳泉分局纪委紧紧围绕监督执纪问责工作职责，制定《深化“三转”工作任务清单》等制度规定，明确并发挥“监督的再监督”作用。运用“五问五查”监督方法，关口前移抓“关键少数”、关键岗位、关键环节和重点时段。开展纪检委员监督工作推进会和“党政领导干部纠正违规入股企业情况承诺”等活动。持续加大对“三重一大”决策事项和重要工作任务落实情况的监督力度。全面形成纪检委员动态监督、重点工程派驻监督、多部门协同监督的良好局面。

【立足交通强国，“十四五”规划高标准完成】 充分发挥行业先导作用和公路部门专业力量办专业事的优势，高标准完成阳泉市国省干线公路以“四纵五横两循环”为主骨架的“十四五”规划编制，共计规划项目12项，建设里程327公里，匡算投资290亿元。所有项目统一打包以“阳泉市干线公路提质升级全域通达工程”列入“十四五”山西省重点工程。规划中的国道338、国道239两个EPC改线项目已于2020年11月7日正式开工建设。列入第一期重点推进实施的国道207线十八盘至巨城等三个项目和同步启动与晋中对接的国道207线西郊至昔阳界项目四个项目，都按照前期工作目标有力有序向前推进。

（阳泉分局）

山西省公路局吕梁分局

2020年，吕梁分局认真贯彻落实全省公路工作会议精神，以政治建设为统领，以改革创新为驱动，在做好疫情防控的同时，全力推进国检备战、工程项目等各项工作。

【政治建设放在首位，党建养建互促发展】 坚持把政治建设摆在首位，持续巩固“不忘初心、牢记使命”主题教育成果，扎实开展“十个起来”支部和“三表率”机关创建活动，以提升组织力为重点，完善基层组织建设、夯实基层工作基础。全面落实从严治党主体责任，扎实推进党风廉政建设工作。坚持在急难险重任务中锤炼党员队伍，疫情发生后，基层34个党支部都成立疫情防控党员干部先锋队，党员充分发挥先锋模范作用，积极开展疫情防控政策宣传、物资发放等工作，有力保障全局的复工复产和公路畅通。在党建引领下，基础管理、作风建设、扶贫攻坚等各项工作同步推进，为全面推进公路事业改革发展提供强有力的基础保障。与此同时，全力助推脱贫攻坚，完成年度扶贫专项行动计划，老百姓可支配收入有很大提高，鱼湾村成为东会乡乃至兴县变化最大的村庄，县、乡6次组织各村干部以及驻村工作人员到村里观摩学习。2020年，全局共创建全国文明单位1个，省级文明单位6个、标兵单位2个、市直文明单位7个。吕梁分局被授予“省级文明单位”称号。

【攻坚集结凝合力，赶超进位迎国检】 一是多措并举，助力国检攻坚。激发内生动力，同担共当。投资155万元，对兴县岢大线、交城古离线、石楼国道340线等路段实施路面预防性养护和同步碎石封层。以奖代补鼓励公路段，不等不靠、找米下锅，通过积极向地方政府争取支持、外揽工程结余等措施反哺养护。路面病害处治完成微表处2.16万平方米，同步碎石封层25.52万平方米，稀浆封层0.67万平方米，罩面1.56万平方米，翻浆治理0.23万平方米，沉陷处理5.95万平方米，补坑19.94万平方米，灌缝66.01万米，贴缝1.3万米，刷油0.26万平方米。2020年MQI值87.2，PQI值83.06，优良路率83.79%。二是全面落实PPP路面改造工程监管责任，倾力打造文明示范路。路面改造工程PPP项目，吕梁境内涉及279.629公里，投资77357.85万元，全部完工。分局成立国省道路面改造工程PPP项目运营领导组和建设监管小组，将相关10县区公路段段长纳入小组，具体落实运营领导组的安排部署。在项目推进过程中，提前介入，综合规划，与项目公司联创联建，同步实施文明示范路创建。充分发挥党建引领作用，通过"党员示范岗"、增设党建文化景点等，使党建与文明路创建深度融合。三是争取落实部挂牌督办路段整改，打好"十三五"收官战。2016年至2018年，全省被交通运输部挂牌督办的路段共14段，吕梁境内10段。近几年，通过绕城过境公路改造、政府垫资修建等方式，改善6处。2020年投入资金4305.7万元(自有资金696.7万元)，对国道307线汾阳境内薛公岭7.4公里次差路进行路面改造，对国道307线汾阳境内4.1公里和离石境内吴城两段6公里路段进行铣刨加铺，对国道307线柳林境内2公里进行集中挖补处置，其余路段通过局部挖补、修补坑槽和刷油灌缝等日常养护的方式加强路面养护。四是借助地方政府东风，推进路域环境综合整治。借助"吕梁市蓝天保卫战行动计划"，进一步推广国省道路面保洁纳入政府购买服务模式，加大路面清扫保洁的力度。孝义、中阳、临县、养护中心、汾阳、文水几个段已将路面清扫保洁工作不同程度地纳入当地政府购买服务。在"爱国卫生运动季"活动，中阳段争取到政府投资4300万元，交城段争取到300万元用于路域环境整治和路面病害处治。五是积极推进安全生命防护工程建设，全面提升公路安全水平。投入6426万元完成安全生命防护工程92.921公里，危桥加固工程3座，灾害治理工程3项，道班服务点建设7项，限速调整工作完成前期勘察设计技术认证，省道340线全部安装到位。

【紧盯工程建设目标，推进绿色公路建设】 2020年，省公路局下达目标任务4项18.42亿元，完成投资28.76亿元，占目标任务的156.14%。国道307线汾阳市过境改线工程利用固废材料粉煤灰和石渣代替天然砂砾填筑路基，用粉煤灰砖砌筑路基拱形骨架，累计节约投资1300余万元，环保和社会效益取得预期效果。国道209线吕梁新城区段公路改线工程将CFB灰渣、煤矸石、石质弃渣等固废材料掺入临建工程、施工便道和低标号片石砼中，实现固废材料的规模化应用。完成固废利用43万吨，完成首例CFB灰渣土台背回填试验段铺筑。设置独立小型构件预制厂，满足项目需求的同时辐射汾石高速、离隰高速等周边市场。

【提高行业治理水平，加固筑牢发展底板】 一是联动融合。积极发挥行业部门优势，与市政府及相关县市沟通对接，合作联动，较好地促进公路事业长足发展。市政府委托授权分局为汾石高速、祁离高速项目实施机构，并负责离隰高速协调工作。截至年底，各项目正按时间节点有序推进。二是路政管理。共查处路政案件161起，发现率、查处率、结案率均为100 %，收取路产赔(补)偿费1458608.50元，受理涉路许可前期资料预审勘验6起。超限检测站检测车辆3184319辆，查处超限车辆395辆，卸载4791.98吨。路政服务大厅受理办理大件超限车辆许可4090份。三是内部管理。与吕梁市财政局确认大交线路面改造吕梁市财政借款金额1582万元。将大交管理处、汾介管理处、大修项目部、超限站点建设项目部、太克一期、太克三期账务并入分局财务科。配合中强事务所完成全局2018年至2020年5月末专用基金增减变化核定工作。完成吕梁分局15个预算单位和6个实体单位资产清查自查工作。配合大华事务所完成分局15个预算单位和6个实体单位清产核资工作。严格控制国有资产对外投资、出租、出借行为，按程序对撤站后大交、汾介管理处的固定资产进行处置。 四是风险防控。按照省委"三零"单位创建工作精神和省厅、省局有关部署要求，吕梁分局始终站在讲政治、讲党性、讲大局的高度，充分认清做好"三零"工作的紧迫性和重要性，强化红线意识和底线思维，抓住主动防控这个"关键"，为安全发展稳定大局奠定较好基础。认真学习领会并努力吃准改革文件、会议精神，召集养护单位、实体单位开展专项调查研究，听取各方意见，吃透上情、摸清下情、掌握外情，紧密结合省情路情局情，实事求是提出改革思路建议，把广大干部职工的意见建议真实准确地传达给省局、省厅。在吕梁分局路桥、汽修厂脱钩改革工作中，召集相关人员数次召开专题会议研究推进。聘请法律顾问，指导沥青库、监理公司、设计院3个实体单位完成公司制改革,力求做足做实改革前各项工作,为全局改革发展稳定大局奠定较好基础。牢固树立“以人为本、生命至上”的安全发展理念,安全防范能力和应急服务水平进一步提升。办公楼项目完成招投标工作,市财政安排3000万元财政补助资金。吕梁分局3个家属小区完成节能改造。

(吕梁分局)

山西省公路局晋中分局

2020年,在省交通运输厅、省公路局、市委、市政府坚强领导下,晋中分局干部职工同心同向、奋力奋进,在抓好疫情防控的同时,着力打好迎国检、项目建设、路域环境整治“三大攻坚战”,持续开展“四个全面提升”主题活动,扎实推进“211338”工程,各项工作取得新成效,连续第19年被评为全省公路系统“标兵单位”,被省总工会推荐参加全国“五一劳动奖状”评选。

【公路养护】 全年完成养护工程27项,完成投资13007.8万元,路面使用性能指数PQI值86.3,路面优良路率87.2%,均高于省局年度下达的任务指标。一是高标准、高质量完成“迎国检”工作。集中时间、加大投入,对国道307线、国道339线50.92公里抽检路段进行高标准整治和提档升级,完成投资1027万元,高质量完成“十三五”国评任务。二是坚持精准养护,路况质量稳步提升。全年小修养护累计挖补处治翻浆、坑槽等各类病害13万平方米,完成投资1665万元;累计完成微表处14.6万平方米,同步碎石封层53.6万平方米,路面加铺7.9万平方米,完成投资1471万元。三是以“六个示范创建”活动为抓手,深化“六化”建设,着力打造晋中养护特色亮点。投资1.2亿元,建成3000型以上集沥青砼、水泥砼、水稳拌合场6个。提高日常养护精细水平。全面实施边坡紫穗槐补植和平台花卉种植,种植紫穗槐60余万株;统筹208万元桥梁养护专项资金对27座桥梁和22道涵洞进行维修处治,全局二类以上桥梁比例达99%,持续开展隧道提质升级。四是着力打造晋中特色美丽公路。扎实开展中央环保督察“回头看”整改,深化寿阳307路域环境综合整治经验。全面实施以“设施美、环境美、行风美”为内容的美丽示范公路创建。保持示范路390公里,新创建示范路423公里。五是多措并举,提升公路服务内涵。围绕“智慧+管理”示范创建,试点配置充电桩、节能灯具等,拓展服务内涵。界都道班“妈咪小屋”被省总工会、卫健委命名为省级“妈咪小屋”。广泛开展养护创新。大力开展“五小”竞赛活动,3项养护革新项目获“五小竞赛”一、二、三等奖,奖金9000元。养护工作连续23年全省第一。

【公路建设】 坚持“项目为王”的鲜明导向,科学编制“十四五”规划,精准把握政策走向,靶向施策,着力解决土地、环评、水保等制约前期工作的瓶颈问题,高质量推进项目前期,共规划建设国省干线公路新建工程20项1275.29公里,估算投资663.8亿元,申请列入“十四五”重大项目库10项314.5公里,估算投资238.5亿元。重点推进项目前期6项,其中4个项目被列为省级重点前期项目,申请到位专项债券12.37亿元,居全省之首。2020年新改建工程续建1项,新开工项目4项,全部列入省重点工程项目或前期重点工程项目。其中:国道207线左权至黎城界及南沁线左权桐峪至河北涉县界公路新建工程开工,累计完成投资28.2亿元,完成总投资的89%,年度内完成投资12.4亿元,完成年度目标任务的103%。国道208线清徐县常家庄至晋中长治界一级公路等新建工程完成投资5亿元。

【路政管理】 依法维护公路路产路权,发现、查处、结案路政案件362起,收取赔(补)偿费406万元。从严开展治超,检测车辆641万辆,查处超限超载车辆691辆,超限超载率控制在0.02%以内。

【通行费征收】 强化收费管理,完成收费站电子票据改造升级和移动支付。全年完成通行费征收1.59亿元,占到全省一级公路收费额的53%,疫情期间减免通行费4430万元。

【党建、党风廉政建设和行业文明】 一是全面加强党的政治建设。坚持把党的政治建设摆在首位,全面系统深入学习习近平总书记视察山西重要讲话、三篇光辉文献、中共十九届五中全会精神,巩固拓展“不忘初心、牢记使命”主题教育成果。二是从严落实“两个责任”。坚持履行好“一岗双责”,扎实开展“党风廉政宣传教育月”活动和纪律作风教育整顿活动。扎实开展党政领导干部违规入股企业问题专项清理工作。深化专项巡察一体推进不敢腐、不能腐、不想腐的体制机制。三是不断深化行业文明创建。积极培育和全面践行社会主义核心价值观,在人民网、《山西日报》、《中国交通报》等省级以上媒体发表各类信息11篇。完成全国文明单位复验工作,晋中分局继续保持“全国文明单位”称号,被授予“全国交通运输系统先进集体”称号、全国“安康杯”竞赛优胜单位、“全省‘学习强国’山西学习平台模范学习组织”等一系列省级、国家级荣誉。

【疫情防控】 认真贯彻“外防输入、内防反弹”工作方针,把握“面上放开、点上精准、关口内置、闭环管理”工作策略,制定出台疫情防控常态化工作方案,科学合理安排调度防控力量,落实落细“双追”“双防”“四后”等一系列防控措施。按照“一断三不断”“三不一优先”防控要求,积极配合地方政府做好47个国省道卡口和3个环京出省口卫生防疫检查,严格落实收费公路免费通行政策,确保应急物资、鲜活农产品运输通道畅通无阻,坚持疫情防控和重点工作统筹推进,确保各项措施落实到位,疫情防控工作步入新常态。

【行业管理】 全面夯实基础管理。深入推进“四个全面提升”主题活动,制定下发“四个全面提升”主题活动三年行动计划;全面优化“八个清单”,运用导向+清单工作机制,强化目标导向和重点工作的执行落实。全面加强财务审计管理。完成12个事业单位和18个企业的清产核资工作。全面加强人事管理。自上而下推行素质能力测试+业绩考核“六位一体”绩效考核办法;全面加强企业经营管理。局属企业全年完成产值2.3亿元,实现利润3115.48万元,产值和利润均创历史新高。

【安全稳定】 全面加强安全管理。全面贯彻落实习近平总书记关于安全生产的重要论述,制定出台《三管三必管》实施细则,层层压实安全生产责任。建立完善安全生产“五档七账”和30余项安全生产管理制度。建立风险防控和隐患排查治理双重预防机制,持续不断地开展隐患排查治理,共排查整治一般性隐患63项。完成19座安全防护能力为Ⅲ类的桥梁护栏改造和3处连续长陡下坡路段治理。扎实开展安全生产三年攻坚行动、道路交通安全百日专项整治行动和国道108创建国家级交通安全文明示范路活动,投资9222万元实施公路安全生命防护工程134公里,投资6092万元增设路侧砼护栏及波形护栏127公里,完成危桥改造4座和3项地质灾害治理工程。迎接全国国省道交通安全文明示范公路创建现场推进会,投入资金1300余万元,全面展示国省道良好的交通秩序和交通环境。全面加强应急管理体系建设,重新修订完善应急预案11项,应急保障能力逐步提升。与此同时,依法开展信访稳定工作。畅通信访诉求渠道,依法开展信访,积极化解信访积案,继续实施基层单位承诺每年为职工办五件实事,补交晋中分局职工社保资金1578万元,解决界都超限检测站19名职工养老保险无法交纳、事业身份得不得解决的历史遗留问题,极大提升职工群众的获得感、幸福感、安全感。

(晋中分局)

山西省公路局长治分局

2020年,长治分局认真贯彻落实习近平总书记视察山西重要讲话重要指示和省委“四为四高两同步”的总体思路要求,积极克服疫情影响,全面推进工程建设、养护管理、安全生产、党的建设等重点工作。全年完成干线公路建养工程投资34.54亿元,改造里程554公里,全市干线公路路面技术状况指数(PQI值)达到82.73,较2019年提高5.96个点;连续第3年被省公路局评为目标完成先进单位,被长治市表彰为模范单位。

【重点工程建设】 国道环线作为全省干线公路中唯一的省领导包联项目,由省政协主席李佳亲自包联指导。围绕通车目标,倒排工期计划,在3月份复工复产关键阶段,先后组织召开工程复工会和推进会,特别是针对邯长铁路跨线桥、北社大桥、上党物流园路段等几个关键节点，制定专项施工组织计划，保重点、带全面。针对影响项目推进的征地拆迁等问题，与地方政府建立沟通协商机制，及时在一线协调解决，确保项目顺利推进。11月5日，国道环线改扩建工程全线建成通车，成为全省首条采用PPP模式建成投入运营的干线公路新改建项目。在路面改造项目建设中，成立运营领导组，统筹抓好监管工作，先后组织召开推进会、现场会，推进项目建设。与此同时，组建成立工程质量和效能建设两个督导组，对工程定期进行全方位督导检查。在监管模式上借鉴国道环线项目监管办法，赋予项目所在9个县区公路段属地协调监管服务职责，充分发挥公路段属地作用创优服务，同各项目所在县区政府、相关部门和沿线乡镇进行对接沟通，统筹地方经济运行、群众出行等因素，优化施工组织计划，确保工程建设和复工复产“两不误”，为项目推进创造良好环境，285公里路面改造PPP项目全面如期完成。

【项目前期工作】 围绕“一环全面建成、一纵全面推进、一横全面启动、路地共建全面发力、薄弱路段全面提质”五个重点，抢抓“十四五”规划机遇，紧盯规划上报的窗口，与各县区就拟实施项目进行全面对接，研究项目建设模式，落实土地规划指标和资金来源，规划“十四五”项目14个，建设里程608公里，匡算投资350亿元。13个537公里干线公路新改建项目纳入省市共建重点交通基础建设项目。国道环线、国道208线改扩建工程纳入省交通强国建设2021—2022年行动计划；国道208线北段完成工可和初设批复，南段完成批复立项；国道309线改扩建工程下达前期计划；国道519线襄垣过境段、省道南沁线武乡过境段等项目积极推进，为打通大动脉、畅通内循环、融入城市群，全力推动干线公路互联互通、提质升级奠定基础，为长治市转型发展蹚新路提供坚实的路网支撑。

【公路养护】 一是着力抓好路况提升。按照“养好优良路，提升中等路，减少次差路”的原则，全力抓好日常性、预防性养护。针对不同路况特点采取差异化养护策略，统筹资金300余万元，对重点路段实施26公里同步碎石封层和120余公里的刷油灌缝等养护作业。对省道李东线、国道207线等43公里薄弱路段进行加铺。通过和长治高速公司合作，争取山西交控集团投资3600余万元，对国道309线、省道河潞线10公里薄弱路段进行大修改造。屯留段自筹资金70余万元对国道3094.3公里薄弱路段进行微表处，通过维权整治采空区3.2公里；潞城段通过与区政府共建改造国道309线5公里；襄垣段自筹资金对沁长线2.1公里中等路进行路况提升；壶关段对路况进一步细分，对48公里良等路中路面指数较低的路段进行提档增质。全局累计改善路况501公里，占总里程的41 %。二是着力抓好养管效能提升。在健全完善养护中心软硬件建设的基础上，持续在丰富养护中心功能上下功夫。潞城段养护中心逐步涵盖从浆砌边沟、电焊操作，到波形护栏维修更换、标志制作、铁篦改造、雾化吹扫等日常养护作业功能；长治段养护中心人员自行动手改装完成环保除尘雾炮机；壶关段、平顺段等单位组织开展养护技术比武，“以赛促学，以赛促练”，提高养护人员技能。养护中心在提高养护生产效率和效能上的作用得到更好发挥。三是着力抓好服务水平提升。完成新改建停车区服务设施15处，推动“服务设施+扶贫、宣传”建设，通过开设扶贫超市、行业展馆等，促进服务设施与脱贫攻坚及文化旅游的融合。强化干线公路扬尘污染治理，累计洒水1.4万余次、清扫2.5万余次，营造畅安舒美的通行环境。积极推进智慧公路建设，以屯留公路段为试点建成段一级智慧交通可视化综合管理平台，提高基层公路段路网监测水平、应急处置能力、养管工作效率和信息化服务水平。

【路政治超工作】 积极探索交通综合执法改革后路产路权维护新机制，屯留、襄垣公路段先后运用法律手段成功维护干线公路路产路权。各公路段主动融入地方工作大局，借助文明城市创建等东风，加强路地共建共管力度，对公路两侧非公路标志牌、堆放物料、占道经营、洗车加水等“脏乱差”行为进行全面清理整顿，累计清理平交303处、更换平交盖板422块、清理摆摊设点217处、违章建筑24处、非公路标志434块、乱堆乱放204处、堆积物1.96万立方米，有效巩固路域环境治理成果。持续抓好超限超载治理，司马超限站随国道环线通车同步复站检测，麻坪超限站完成设施改造开站运营，全局超限率0.06‰，远低于2‰的控制要求。

【安全生产工作】 全面提升公路安全防护水平。完成400公里安全生命防护工程，持续推进隧道提质升级、桥梁安全防护能力、长陡下坡路段安全通行能力专项行动，对5座危桥实施改造，对55座三类桥进行提档升级，实现三类桥"清零"。强化应急队伍实战能力建设，联合地方交警、消防、应急、医疗、环境等部门开展隧道交通事故应急演练、公路保畅应急救援演练，并成功化解省道长安线发鸠山路段甲醇车辆泄露等危化品车辆安全突发事件，及时应对雨雪冰冻等恶劣天气下的公路应急保畅工作。在沁源县"6·5"山火救援中，紧急调集11台挖掘机星夜驰援，连续奋战5个昼夜，打赢开辟防火通道的攻坚战，以实际行动再次展示公路部门应急响应能力、攻坚能力和保障能力。认真履行行业职责，全力投入疫情阻击，积极配合地方政府在干线公路重点路段及出入省口设立44个临时测温筛查站，坚决阻断病毒传播渠道，赢得市委、市政府高度赞扬和信任。

【党建和党风廉政建设】 坚持党建引领。连续三年开展党员领导干部履职能力提升集中培训，结合疫情防控、脱贫攻坚、公路养建和迎国检工作开展形式多样的主题党日活动。强化基层组织建设，坚持围绕养建抓党建、抓好党建促养建，将党建"十个起来"与养建"三大战役"等重点工作相结合，开展"凝心聚力迎国检、党员先锋走在前"主题活动，创新"三包三联三同"党建工作制度，党支部的中流砥柱作用和党员的先锋模范作用得到充分发挥。从严落实管党治党责任，制定廉政责任清单，签订目标责任书。长治分局纪委精准运用"四种形态"，对全局进行政治巡查、专项检查，扎实做好监督执纪"后半篇文章"，利用处分决定宣布会、专题组织生活会、警示教育会三个会，保持正风肃纪高压态势，被省局表彰为党的建设和党风廉政建设先进单位。

（长治分局）

山西省公路局晋城分局

2020年，在上级各有关部门坚强领导下，晋城分局认真贯彻落实全省交通运输工作、全省公路工作会议精神，真抓实干，奋力拼搏，深化改革，攻坚克难，圆满完成全年工作任务。

【疫情防控阻击战取得阶段性胜利】 新冠肺炎疫情发生后，全局上下行动迅速，率先在全市第一时间启动应急预案，严格落实干线公路各项防控措施，全力做好干线公路日常养护和安全保畅工作；在全市第一家实行防控"双核制"；局领导第一时间开展监督检查，确保防控工作落实到位。同时，抽调98人配合38个干线公路疫情防控检查点开展相关工作，支持地方政府联防联控，全力做到防流入、防扩散、防反弹，确保全局1137名干部职工（含编外人员）及2620名养建生产作业人员中未发生确诊或疑似病例，确保晋城分局各在建项目在全市第一家率先复工，助推地方经济快速有序恢复。

【在建项目加快推进，超额完成年度目标任务】 全年3个在建新改建项目完成公路建设投资16.3352亿元，占调整后年度目标任务13.3亿元的122.82%。一是国道342改线工程全速推进，全年完成投资14.8315亿元，占年度目标任务12亿元的123.6%。项目起点至五门互通路段（约32公里）已具备通车条件。其中，东泊南至南掩段（小循环约21.1公里）为配合市区中重型货车绕行管控，已于11月2日通车试运行。五门互通至终点段因晋阳高速改扩建项目与该项目交叉下穿，预计至2021年5月底通车。二是国道207改线互通工程加紧推进，全年完成投资9100万元，占调整后年度目标任务的121.3%。金凤路互通具备通车条件，红星东街互通路至城区方向具备通车条件。三是国道207线长治晋城界至陵川段升级改造工程有序推进，全年完成投资5937万元，占调整后年度目标任务的107.9%，完成施工便道5400米，路基挖方20万立方米，采空区钻孔35000米。

【前期项目及重载交通试点建设有序推进】 省道网

规划拟新增10条省道546.422公里，规划调整方案上报省公路局待批复。“十四五”规划重点推进的6个前期项目已列入省交通运输厅“十四五”期间重点推进项目，其中：国道208长治司马至高平刘庄段改扩建工程，项目选址意见书已办理，土地预审、省厅授权建设主体文件、工可已批复，并奠基开工。晋城市政府确定的书院街西延工程，完成外业初步调查，数据测量工作，用地范围、控制红线成果已出。重载交通试点建设的国道207线新房洼至省界瓶颈路段围绕“耐久、安全、绿色、智能”四大目标，重点开展增设隧道进出口柔性棚洞、建立远程交通信息监控系统、探索重载交通服务区建设等三项重载交通条件下普通公路重载交通安全设计和保障技术应用研究，重载交通服务区设计已上报省厅待批，此项研究达国际领先水平。

【完成国评大检，路况水平持续提升】 全年完成日常养护投资2941万元。监管国省道面改造工程（晋城境内）PPP项目建设里程119公里，总投资39784万元；实施5条国省道95.9公里公路安全生命防护工程，完成投资4429.6万元。一是完成国评大检。坚持全面养护、精准养护和动态养护等多种养护方式全面发力，年度年辖区路面PQI值为83.02，实现四年“四连升”。9月中旬以晋城分局历年来最好路况迎接了交通运输部路况检测。二是精心打造养护品质工程，“一县一路一特色一亮点”建设总体规划现雏形。坚持自然、生态、环保、节约的理念，积极引进新材料、新技术、新工艺，不断深化品质工程内涵，制定晋城分局三年规划实施方案，努力打造三季有花、四季常青、舒适养眼的干线公路美丽生态通道，进一步满足公众高品质、多样化、个性化的服务需求。全年建成主题式公路绿化美化等景点数10处，完成示范路创建37公里。三是扎实推进科技信息建设。通过建立公路养护电子沙盘、实现路况运行状况可视化、推进公路应急管理智能化、加强路网应急中心建设为公路养护和应急指挥装上“千里眼”和“顺风耳”，在智慧交通建设中迈出重要步子。其中BIM技术在道路养护上的应用、北斗和5G技术对地质灾害路段监测两项技术应用走在全国前列。

【坚持依法治路，服务地方经济】 一是持续保持治超高压态势。全年共检测货运车辆209.2万车次，非法超限超载率控制在0.01%以内；公路审批窗口办理超限运输许可证3049件，网上申报率达77%。二是持续深化“放管服”改革。在原7项涉路许可审批移交市审批局的基础上，2020年10月又将平交道口审批业务移交市审批局，实行“一枚印章管审批”管理。三是严格通行费征收管理。全年共征收车辆通行费3439.01万元，占年度目标任务的110.22%。严格落实绿色通道政策和节假日、应急疫情防控期间车辆免费通行政策，共减免车辆通行费146.86万车次/1713.27万元。

【强化综合管理，行业治理能力得到新提升】 一是强化安全生产管理。严格落实安全生产责任制，强化日常安全检查和隐患排查整治，继续推行“路长制”和“网格化”管理，制定“全员安全生产责任清单”，打通安全生产“最后一公里”，全年未发生一起安全生产责任事故，保持安全生产良好态势。全年共开展各种应急抢险演练5次，开展安全生产督导检查11次，下发检查通报9次，排查安全隐患147条，整改率100%。二是创新公路安全管理新模式。对国道208瓶颈路段实施重中型货车分流管控，降低事故率，延长公路寿命，为晋城市交通安全管理做出突出贡献，为区域交通组织流合理分流开创新模式、积累新经验，走在全省前列。三是强化应急保畅展示行业担当。春运和夏汛期间，干线公路的服务意识及安全应急措施得到社会肯定，晋城分局扫雪打冰和防汛抢险工作在中央电视台新闻频道、财经频道、中央人民广播电台中国之声等省级以上新闻频道进行报道，得到各级政府、省厅省局及社会各界的好评。四是强化国有资产依法管理。严格按照行政事业单位国有资产管理有关规定，充分利用法律途径和法律手段，高效稳妥解决分局长治地块因高铁建设长治市政府征用问题，挽回损失611.82万元，确保国有资产不流失。五是以市场理念助推局属企业发展。积极推进局属企业改制，协助局属企业开辟市场、占领市场。2020年局属勘察设计院、晋通监理公司经营收入均创历史新高。

【党建、党风廉政建设和精神文明建设取得新成绩】 一是不断强化理论武装。坚持党委中心组带头学习、基层党支部狠抓学习、广大党员自觉学习相互联动，充分利用“三会一课”和“学习强国”“三晋先锋”“山西交通在线”，把强化思想理论武装融入日常、抓在经常，夯实广大党员思想理论根基。二是深入开展党支部规范化标准化建设“十个起来”活动。以建好阵地、配强书记、健全制度为基础，以抓好日常学习教育，坚持正确政治方向为关键，以加强纪律作风建设和关心关爱广大党员相结合，营造奋发有为、进取向上的良好氛围。三是加强党建品牌创建。把“党旗领航、一路先行”党建品牌创建作为晋城公路党建树品牌、上品位、强服务、促发展的有力载体，融合公路实际、统一品牌命名、精心提炼整合、长期坚持开展，努力把党建品牌创建的过程变成改进工作作风、增强服务意识，推动党建与养建深度融合的过程，不断提升品牌知名度和影响力。四是重视和加强意识形态工作。定期开展意识形态分析研判，及时掌握干部职工思想动态，积极传递主流声音，做好正向舆论引导。五是切实加强党风廉政建设。以纪律作风专项整治为抓手，聚焦政治监督、党风廉政、纪律作风、重点工作、“三重一大”等开展督查33次，实现监督全覆盖、常态化，全局纪律作风明显好转。筹备建立了纪检监察档案室，81名科级干部建立廉政档案，精准运用“四种形态”开展监督执纪问责，全局党风廉政建设和反腐败斗争保持良好态势。六是积极推进创文工作。以晋城市创建全国文明城市、分局“全国文明单位”复查验收为目标，广泛开展各类精神文明创建活动，晋城分局连续两年获全市“‘三洗六见’大整治”红旗单位，顺利通过全国文明单位复查、全国敬老模范单位复查，新获“晋城市改革创新先进集体”。截至年底，晋城分局共有全国文明单位1个，省级文明单位标兵2个，市级文明单位标兵2个，市级文明单位3个，市直文明单位标兵2个，市直文明单位13个。

（晋城分局）

山西省公路局临汾分局

2020年，临汾分局以习近平新时代中国特色社会主义思想为指导，全面贯彻中共十九大和十九届二中、三中、四中、五中全会精神，认真落实全省交通运输、公路工作会议及市委四届九次全会暨市委经济工作会议部署要求，坚持“以人民为中心”的公路服务理念，坚持党建引领，强化责任担当，严格防控疫情，推进复工复产，加快项目建设，做好养护主业，提高发展质量，确保安全畅通，较好地完成全年目标任务。

【防控疫情，保通保畅，稳步推进复工复产】 严格落实交通运输部、省交通运输厅、市委、市政府关于做好春节假期返岗后疫情防控工作的通知、关于切实加强复工复产安全防范和安全服务的通知精神，守住守好“公路阵地”，统筹安排和扎实开展疫情防控和复工复产。强化公路管养，开辟绿色通道，畅行应急物资，做到疫情防控期间养护作业不打烊、养护力度不下降、养护成效有保障。严格落实交通运输部“三不一优先”政策，局属收费站及超限检测站对防疫运输应急车辆做到不停车、不收费、不检查、直通行。

【统筹谋划，高效推进，建设优良品质工程】 监管的2个在建项目：国道241线浮山县北王乡至县城段改线工程，总投资4.85亿元，里程5.443公里，计划投资1.6亿元，实际完成投资16030万元，占年度建设任务的100.18%，累计完成投资3.11亿元，占总投资64.14%；国道241线翼城过境公路改线工程，总投资8777万元，路线全长3.94公里，2020年开工，年内计划投资5000万元，实际完成投资2003.7万元，占年度建设任务40.07%。二是完成前期的2个运作项目：国道108线襄汾—曲沃—侯马过境公路改线工程路线，全长67.540公里，可研批复总投资为35.08亿万元；项目选址意见书于2019年7月12日通过临汾市规划和自然资源局审批；土地预审2020年3月11日通过自然资源部审批；项目工可2020年9月7

日通过省发改委审批立项，批复项目采用PPP模式实施；项目的“两评一案”临汾市政府及财政部门已出具批复意见，2020年12月3日已纳入财政部PPP项目库；国道341线古县李子坪至洪洞梗壁段一级公路改建工程，全长54.7公里，投资估算39.3亿元；施工、监理单位招标已完成，施工单位已进场。三是积极推进项目储备。制定《临汾市国省干线过境公路“十四五”建设项目规划方案》，确定项目16个（已列入国土空间控制规划项目8个），规划改线项目建设总里程383公里，总投资约208亿元。

【全力迎检，精心养护，推动路况提质焕新】 把迎检工作作为重中之重，以“路面少扣分，内业争高分”为目标，制定迎检方案，成立领导小组，召开专题会议，细化责任分工，对照迎检目录，逐条分解落实，督导检查到位，做到PPP路面改造工程高质量实施、路面日常养护高水平作业、内业资料高标准整理三管齐下，尽最大努力提升路况检测指标和内部规范管理成效，以最佳状态迎国检。

2020年，临汾分局公路评检里程为1524.247公里，公路技术状况指数MQI值为87.38，优、良路率为84%，PQI值为83.69。

认真做好养护工作。一是以路面养护为中心，扎实开展日常养护和预防性养护，持续做好路基标准化建设，确保次差等路不失养，路况指标不下滑。二是持续巩固路域环境治理成果，牵头开展临汾市“一城三区”干线公路路域环境治理和沿线广告牌非公路标志清理及“五堆”问题治理专项行动，深化路地联管，探索长效机制，形成社会效应。三是坚持高标准做好公路保洁和二次扬尘治理，实行网格化管理，常态化保持，城市过境路段、重污染路段机械化清扫实现“全覆盖”。四是不断提升桥隧管护水平，严格落实管理制度，实施桥隧提档升级，确保技术状况稳定。危桥改造任务完成后，临汾分局一、二类桥梁达342座，占养护桥梁总数（378座）的90.5%。五是打造文明示范公路。创建217公里示范路，包括178公里PPP路面改造路段、国道341汾西境内30公里、国道309吉县境内9公里示范路，实现临汾境内国省干线示范公路扩容升级。

【对标一流，规范提升，夯实事业发展根基】 一是“三零”创建。落实省委、省政府“三零”单位创建要求，牢固树立底线思维和“宁可十防九空，不能失防万一”的理念，落实安全责任，强化隐患排查，提升应急能力，坚决防止重特大事故发生。全年开展安全大检查10次，排查隐患135处，完成整改135处，整改率达100%。完成省安委会挂牌督办安全隐患路段的整改任务。对国道520线煤炭采空区地质灾害突发路段进行紧急处治，共实施抢修和处治4次，投入机械30台，资金900余万元。全年安全生产形势稳定，未发生安全责任事故，未发生影响社会稳定的群体性事件和赴省进京上访案件。二是治超收费。严格落实超限检测工作制度和通行费收费标准，努力为广大群众提供优质服务。全年共检测货运车辆295.5万辆，查处超限车辆120辆，卸载货物2020.43吨，超限率控制在0.004%，大大低于0.2%的控制上限，治理效果明显。新冠肺炎疫情期间，西涧北收费站全面落实收费公路免费通行政策，做到免费不免服务。全年共计收费6491.89万元。三是改革推进。积极推进路政执法改革，2019年已完成人员划转，2020年已与市交通运输局进行多次沟通，力争尽快完成执法职能移交。对霍侯路征费管理处涉改人员档案进行审核，人员入编工作正在推进中。积极配合省厅深化公路系统改革暨事业单位办企业脱钩改革调研，对养护用工情况、职工待遇、企业经营、现存问题、改革建议等方面向上级部门作了详细报告。

【聚焦主责，强化落实，推进全面从严治党向纵深发展】 一是坚持把主业主责作为核心，不断压实管党治党责任。坚持党建和党风廉政建设工作同中心工作一起谋划、部署、考核，以上率下、改进作风，深入调查研究，坚持层层落实，制定2020年党建工作领导小组工作要点，落实环保攻坚、安全生产、扫黑除恶等“党政同责、一岗双责”要求，牢牢掌握意识形态工作主动权，切实把管党治党的担子担起来、责任负起来，形成层层抓落实工作合力，有效推动分局党建工作有序高效开展。二是坚持把理论武装作为先导，不断提升思想建设高度。完善《党委理论学习中心组学习制度(试行)》,中心组学习每月2次不间断;坚持学习教育月月有安排,支部集中学习有制度、有记录、有考勤,把重点党建教育活动融入“三会一课”等制度,组织党员干部认真学习党内法规、习近平新时代中国特色社会主义思想、习近平总书记三篇光辉文献、习近平总书记关于统筹推进疫情防控和经济社会发展的重要论述、习近平总书记视察山西重要讲话精神重要指示等;编印学习资料,梳理应知应会,制订学习计划,充分引导党员用好“学习强国”“三晋先锋”“山西交通在线”等新媒体平台,拓宽学习教育内容;利用宣传栏、电子屏等广泛宣传党的新理论新知识,营造浓厚氛围等,广大党员干部进一步坚定“四个自信”、牢固树立“四个意识”、坚决做到“两个维护”,学习教育不断走实走深。三是坚持把固本强基作为基础,不断夯实基层组织建设。认真贯彻落实《关于党支部规范化标准化建设的“十个起来”指导意见(试行)》。第一,加强基层支部建设。深入开展基层党组织软弱涣散、党员教育管理宽松软、基层党建主体责任缺失问题专项整治工作和软弱涣散党支部整顿工作,实行清单化管理,建立工作台账,临汾分局领导对软弱涣散党支部实行分片包联调研、督促、整改;开展党内法规“学习月”活动,增强党务工作者的能力和本领,提升基层党组织建设质量。第二,加强党员队伍管理。不断优化党员结构,全年共7人转为正式党员,发展8名预备党员;对发展党员工作进行全面自查;充分发挥党组织战斗堡垒作用和广大党员先锋模范作用,扎实做好新冠肺炎疫情防控工作,第一时间到双拥社区报道,为社区购买防疫物资,广大党员为支持新冠肺炎疫情防控工作自愿捐款33050元。第三,加强党内生活落实。认真落实“三会一课”,进一步实施“三簿一册一台账”;结合纪念中国共产党成立99周年,先后开展专题学习研讨、集中学习观看《战“疫”一线党旗红》等公益专题片、“不忘初心、重温我的入党志愿书”主题党日活动、赴侯马市彭真故居开展革命传统教育活动、慰问老党员、讲授党课、在职党员到社区报到服务等活动,评选表彰优秀共产党员、优秀党务工作者和先进基层党组织。四是坚持把正风肃纪作为抓手,不断巩固良好政治生态。从严落实省纪委监委专项监督检查反馈问题整改,制定整改清单,持续抓好整改落实工作;认真落实驻厅纪检组廉政建设要求,扎实组织开展“党风廉政宣传教育月”活动,开展重点学习、深化理解、完善责任清单、培训研讨、宣传典型、警示教育、重点督查七项活动,教育党员干部时刻知敬畏、存戒惧、守底线。五是坚持党建与养建深度融合,不断创建党建品牌亮点。积极作为、主动融入,围绕项目建设中心任务,找准工作切入点、结合点,确定“组织互联、党员联动、资源联用、联创共建”四位一体机制,把党组织嵌入项目建设各环节,党建工作融入项目建设全过程,做到党建工作与项目建设“双策划、双引领、双促进、双达标”。

(临汾分局)

山西省公路局运城分局

2020年,在省交通运输厅党组、省公路局党委和市委、市政府坚强领导下,面对严峻复杂形势、艰巨繁重任务,特别是新冠肺炎疫情严重冲击,运城分局保持发展定力,坚定必胜信心,锐意进取,奋力拼搏,以“保持优良路、提升中等路、消灭次差路”为总要求,重点项目建设高质量完城,路况水平大幅提升,党的建设持续加强,行业文明硕果累累,为全市经济社会发展提供强有力的公路支撑和保障。

【疫情防控全面胜利】 坚决贯彻中央、省、市决策部署,坚持联防联控,在全市干线公路率先设立20个防控点实行划片管理,组建31支432人党群突击队,全局223名共产党员积极响应倡议,交纳特殊党费22130元,有序开展“大筛查、大包保、大管控、大督查”等活动,落实“三不一优先”“免费不免服务”,全力保障应急运输,累计免收收费公路车辆通行费360.07万元,有力遏制疫情蔓延。进入常态化阶段以来,认真落实指挥体系、工作队伍、应急预案、应急演练、物资储备、多点触发、“四方”责任、交办督办等要求,筑起坚固的“公路防疫堡垒”,促使疫情防控取得全面胜利,国道108禹门口黄河大桥山西侧接线工程在全省第一家复工复产。

【项目前期扎实开展】 一是国道209线王官黄河大桥山西连接线，工可报告已通过技术论证，正在办理“环评、土地、水保”等前置手续；二是国道342闻喜县城过境改线工程，施工图设计已批复；三是国道241绛县过境段改线工程，工可已通过评审；四是国道232线夏县水头至县城高速连接线，正在工可评审阶段。

【重点项目全面完成】 国道108线禹门口黄河大桥山西侧接线工程，路线全长2.4公里，9月11日全线通车运营，完成投资1.67亿元；国道108线、省道临陌线等13条普通国省道生命安全防护工程，路线全长86公里，完成投资2950万元；路面改造工程PPP项目194.87公里全面完成，完成投资5亿元。

【路况水平全面提升】 紧紧围绕省厅、省局迎国评工作要求，以创建“六个公路”为主线，创新转型，养护发力，共完成路面病害裂缝处治135.5万米，同步碎石封层24.5万平方米，罩面4.2万平方米，刷油27.4万平方米，微表处16.6万平方米，加铺改性沥青面层7.9万平方米，沿线设施维护3.3万处；全年提升中等路146公里；完成停车区建设3个；公路灾毁恢复179.9公里，完成投资645万元；限速标志调整270公里，完成投资270万元，年末优良路率达83.84，PQI值达85.7。

【超限治理全面加强】 全年办理超限运输许可6067件，检测货运车辆226万台次，查处超限车辆403台次，卸载超限货物12665吨，超限车辆控制率为0.018%，较好地完成治超工作阶段性目标任务。

【规费征收全面推进】 坚持按照“政治坚定、纪律严明、依法征费、管理规范”的要求，加强管理，应征不漏，全年共收取通行费1447.6万元。

【安全生产形势向好】 牢固树立安全发展理念，坚持以人民为中心，弘扬“生命至上、安全第一”的思想，不断压实安全生产主体责任，加强安全生产基础管理，狠抓公路专项整治和隐患排查整治，坚持开展“打非治违专项整治”“危险化学品道路运输安全综合治理”和“消防安全专项治理”等活动，实现全年安全生产持续向好局面。严格落实“一岗双责”，坚持抓基础、抓管理、抓落实不松懈，组建应急救援队伍26支，组织应急演练51次，安全生产监督检查12次，累计排查各类一般安全隐患105项，整改105项，整改率100%；排查重大事故隐患5项，整改5项，整改率100%。

【体制改革稳步推进】 严格落实省公路局公路体制改革要求，坚持“积极稳妥，转型改革”的原则，推进各项改革扎实开展，完成运城分局13名路政人员人事关系移交和经费划转；完成干线公路路政执法职责移交工作；3户生产经营性事业单位转企改制；三门峡黄河大桥山西管理处改革划归工作取得实质性进展，人事档案、经费划转等工作得到落实。

【党的建设全面加强】 始终坚持把政治建设摆在首位，教育引导广大干部职工不断增强“四个意识”、坚定“四个自信”、做到“两个维护”，不折不扣贯彻执行中央大政方针和省厅党组、省局党委决策部署。坚持党建引领业务、业务促进党建，引深党员先锋岗、党员突击队。持之以恒正风肃纪，严格落实中央八项规定精神，力戒形式主义官僚主义，基层减负收到明显效果，坚决制止餐饮浪费行为。

【精神文明亮点纷呈】 定点帮扶垣曲县晁家坡村稳定脱贫，运城分局获省交通运输系统“脱贫攻坚先进单位”称号，获“2020年省公路局养护管理先进单位”称号，获“省级文明单位”称号；截至年底，全局获国家文明单位1个、省级文明单位标兵3个、省级文明单位（省厅文明示范窗口或青年文明号）14个、市级文明单位（标兵）6个，行业文明创建水平持续提升。

（运城分局）

山西省公路物资供应有限公司

2020年，物资供应公司紧密结合省交通运输厅、省公路局“项目为王”要求和事业单位改企脱钩的工作重点，内抓疫情防控、事企改革，外抓复工复产、业务创新，各项工作齐头并进，取得优异经济成果。全年共代理销售沥青34400吨，服务费收入2236万元；直接销售沥青35200吨，沥青和机械设备销售收入13134万元；全年实现收入15370万元，完成合同额8500万元目标的180%，实现利润总额1100万元，超五倍完成省局200万元利润指标；国有资产保值增值率为100%。

【围绕资产保值增进经营管理】 一是齐心协力抓防控，全力以赴促生产。年初，受新冠肺炎疫情及经济停摆的影响，国际原油量价齐跌，给公司带来巨大经济和市场压力。二季度，面对严峻防控形势和“迎国检”罕见机遇，公司一手抓防控，一手抓生产，详尽制定领导层、中层率先复岗，业务部门和行政后勤职工分批次、分时段复工复产计划，迅速围绕2200公里路网改造项目展开系列公关。期间，公司党政一把手亲自挂帅带队，上寻省局领导帮扶，疏通介入渠道，下求项目主管支持，共商合作模式，努力搭建多环节交流平台；采购部、销售部同步追踪招标进度，汇总市场信息，及时会同公司财务评估价格风险，拟定投标预案。在工作中，针对年内大批路段同时开工，集中招标，扎堆供货的特殊情况，第一，加强业务公关力度，扩大项目投标范围；第二，紧急申请银行信贷，突击归拢各路资金；第三，扩展分散采购渠道，调运冬储沥青入罐；第四，组织人员蹲点催油，调配车辆协调运输，主动与占据市场主流的民营企业展开全方位、多轮次角逐。一年来，公司共参加八个大型项目13个标段的沥青招投标，斩获中标合同两份，参与各地方、各公路分局多项养护工程沥青议标活动，获得潞城公路段、平顺公路段等八家用料单位的供应任务，养护沥青合同量、实际销售量均超越过去三年的总和。子公司恒义昌以省公路局局长胡钢成“局直企业要依托路而不依赖路”的发展理念为指导，主动将主营的机械设备从传统的工程施工领域向养护环卫领域倾斜，年内共完成各类机械设备销售60套，销售额2134多万元，环卫、园林绿化、电力等公路系统外的业务成倍增长，战略转移取得初步成效。二是内外兼顾，彰显国企担当。公司充分运用财务部门事前管理职能强化内部管理，在螺旋提升资产效率，稳定资产收益基础上，主动根据业务扩张节奏，预设资金供给，依托项目管理流程，打造闭环系统，不断于循环积累中丰富融资渠道，以保障年内快速增长的资金需求；坚持贯彻习总书记“发展绝不能以牺牲安全为代价的红线意识”，夯实一把手负总责，副职领导各负其责的社会治安防控体系，竭力推升公司治理能力，完善治保、消防组织机构，狠抓综治宣传，强化生产管理，及时甄别风险，排查隐患，化解矛盾，以确保各项行政、业务工作的顺利推进；坚定落实国务院加快推动经济社会发展的部署，勇担国企社会责任，积极购买并发放一次性政府消费券，引导职工群众扩大生活消费，促进国家内需经济的循环；坚决维护授权经营、房屋租赁、场地开发等友好客户利益，维系合作单位的共赢纽带，积极响应政府号召，主动免除4家小微企业和个人30余万元的场所费用，以携手疫情期间被迫歇业的困难群体共渡难关。

【围绕创新发展推进体制改革】 首先是扩大合作范围。年内大规模路网改造蕴含商机，但也让公司全面出击的营销活动承受着巨大资金压力。因此，深挖存储、调运、沟通、结算等区域性资源优势，以高标准服务、深层次合作为基础，全方位推进代理销售应运而生。在积极引入中海沥青参与路桥集团超大沥青采购的竞标过程中，针对沥青价格大起大落，合同谈判一波三折的复杂局面，公司领导层展现出顽强工作韧劲和高超谈判技巧，频繁往返疏通，平衡分歧，努力促就三方合作共赢的运营模式。协议框架落地后，大批年轻干部被委以重任，在妥善处置定价、定量、出货、出票等繁杂事务的同时，兼顾协调认证结算、储备垫资的利益冲突，排解计划用量与实际需求的责任争议，不断在逆境下历练履职能力，矛盾里积累处置经验，实践中丰富工作阅历，客观上推动公司干部队伍梯队建设。其次是创新合作项目。年初，面对道路标准不断提升，新型材料应用市场机遇，公司班子持续加大下属力新公司与民企盈润达物资公司合作力度，联合投资250万元(力新公司出资100万元)，投产利润空间较大、发展前景较好的橡胶沥青，并将项目设在地缘优势突出、配套设施齐备、出油成本低廉的润和通盛(2019年合作投建的混营公司)。该项投资得益于合作双方在部分路段同时中标的资源优势，积极采取统一收料、加工、运输、供给的创新流程，抢占市场先手，在不到半年的时间里即完成11000吨橡胶沥青的生产任务，取得当年收回全部设备投资(176万元)并实现盈利的成绩。

【围绕生产经营加强组织建设】 一是加强党的领导，巩固党委绝对领导力。公司党委时刻谨记习总书记“坚持党对国有企业的领导是重大政治原则”的指示精神，始终把“党的领导融入到公司治理各环节”作为企业管理指南，坚决贯彻“三重一大”决策机制，建立健全党委参与企业经营管理的前置程序；坚持以学深悟透当前国内外复杂形势下习总书记系列讲话和重要指示为指引，努力通过分批培训与集中交流、个人自学相结合的形式，进一步巩固“不忘初心、牢记使命”的主题教育成果；接续坚持问题导向，始终把解决转企改制中遇到的实际问题作为打开工作局面的突破口，不断在实践中提升公司党委深化改革的控制力，创新发展的决策力，把控全局的领导力。二是加强廉政建设，保障干部队伍纯洁。持续拧紧思想“总开关”，积极创建多功能党员活动中心，扎实开展法制教育、典型教育，制作警示专栏、宣传展板，打造互动平台、模范园地；加强预防性教育活动，努力推进专项党课、影视宣教等专题廉政教育的常态化，全面提高各级干部防腐反腐的自觉性、主动性。三是加强支部建设，增强企业软实力。公司党委以强化党支部堡垒功能为支点，积极寻求省局领导帮扶指导，提升融合发展水平；努力通过“三会一课”、民主评议、谈心谈话、主题党建、主题党日等经常性督导活动，健全支部组织生活，加强党性教育；通过回顾入党志愿书、参观红色基地、讴歌抗疫英雄等多类型活动载体，丰富支部教育形式，提高党员干部的思想境界；主动扩大“学习强国”“山西交通在线”平台教育的参加主体，组织宣传宪法精神，解析民法新规，积极推进“三零”单位创建工作，坚持开展员工生日福利、定期体检、爱心捐助、主题团建等暖心爱岗活动，努力提升职工团队的归属感、凝聚力，全方位打造企业“融合共赢”的文化氛围和“诚信服务”的价值理念。

(物资供应公司)

山西省公路工程监理技术咨询有限公司

2020年，监理咨询公司面临前所未有的压力和挑战。受疫情影响，上半年计划建设项目推至下半年实施，加之相关体系运作，给投标工作带来巨大挑战。监理咨询公司党委竭尽心智，多方运筹，全年中标项目17个，签订合同额4660万元，超额完成2500万元。在全力承揽业务的同时，监理咨询公司党委强化经营管理，科学控制成本，加大回款力度，全年完成产值2700万元(其中工程监理完成2609万元，试验检测完成91万元)，超额实现2500万元经营目标，实现利润210万元，超额完成200万元目标。国有资产保值增值率为103%，成本较上年度压减2.7%。

【统筹安排，扎实推动事企改革】 按照上级部署，结合单位实际情况，监理咨询公司党委稳步推动事业单位转企改制工作和全民所有制企业公司制改革。在广泛征求干部职工改革意见及建议基础上，认真分析归纳，做好深层次梳理。属于单位范畴的问题，耐心、深入、彻底解决，涉及政策、历史或依据不全问题，及时报请省局协助解决。自改革启动以来，未出现信访、谣言、不安等现象，职工队伍稳定。截至年底，质检中心转企改制工作方案已上报，待批复后按程序办理相关事项；监理公司全民所有制企业公司制改革按要求在系统内率先完成，相关后续变更工作正在进行中。

【强化管理，各项工作有序推进】 一是疫情防控落在实处。新冠肺炎疫情发生，监理咨询公司党委高度重视，按照上级部署，迅速成立疫情防控领导组，严格细致开展工作。及时组织购回一批口罩、消毒液、体温计等防控物资，为稳定职工、开展工作以及复工复产奠定坚实基础。同时，转发、下发有关通知、要求及防控知识，落实到每位职工。坚持日报告、零报告制度，对职工情况摸清摸细。复工复产后，坚持长效机制，疫情防控工作始终处于良好受控状态。通过疫情防控工作，检验党委执政能力和组织管理能力，凝聚人心，使管理工作显著提升。

二是项目管理稳步推进。复工复产后，安排职能部室对项目部进场、开工及日常工作进行指导、监督、检查，使项目部各项工作有条不紊开展。对新中标项目严格按承诺组织进场、驻地建设和开工准备，每项工作都以诚信为本，以最快最好为目标，克服诸多困难，收到实效。运三高速公路项目带着疫情防控物资进场，边开展工作边进行驻地建设，做到两不误，提前完成业主计划，被业主赞为“具有铁军精神的监理队伍”，并在“大干120天”劳动竞赛中勇夺第一；晋中208项目部在国庆期间组织进场，短短15天时间，圆满完成驻地建设并正常开展工作，成为全线榜样，受到晋中分局高度肯定。10月份对在建项目部进行综合检查，对存在问题书面通知限时整改，有效推动项目管理的落实，受到业主好评。一年来，各项目部工作优质高效，口碑良好，为今后可持续发展奠定坚实基础。三是学习考证再创佳绩。监理咨询公司党委以人才为本，通过5年来的持续引导，大兴学习之风，全体职工谈学习，比学习，学习型单位已然形成。全年共有80名职工报考参加职业资格考试，11名监理工程师、4名一级造价师、16名试验检测师（员）通过考试，公司软实力进一步增强。四是安全生产常抓不懈。紧紧围绕《2020年安全生产工作目标责任书》，结合单位实际，从源头抓起，重点抓好幼儿园安全管理工作、项目部自身安全和工程实体施工安全、车辆安全、机关办公环境安全。国庆期间，监理咨询公司领导带队到项目部进行安全专项检查，体现对安全生产工作重要性的深刻认识和高度重视。同时加大教育培训工作，扎实推动规章制度和有关要求的贯彻落实，全年无安全生产责任事故。五是精神文明有效创建。监理咨询公司党委高度重视精神文明创建工作，把精神文明同职工幸福感紧密结合起来。通过认真调查研究，结合单位实际，对一线职工的工资待遇进行大幅度调整，监理咨询公司较前每年多投入120余万元。这一举措，切实诠释核心价值观，极大调动一线职工工作积极性，增强凝聚力。监理咨询公司党委狠抓综合治理、“三零”单位创建、学法用法等工作，强化工作纪律，认真值班值守，使单位始终保持令行禁止、积极向上、文明和谐的精神面貌，职工归属感大幅提升。

【坚守初心，全面提升党的建设】 监理咨询公司党委以党建为统领，深入学习贯彻中共十九届二中、三中、四中、五中全会精神，全面落实党的建设各项工作，取得实效。一是厚植党的理论优势，坚持每周一次的政治理论学习。党委领导和中层以上干部参加，领导带头领学，其他人分别领学，内容有“习近平总书记三篇光辉文献”、《习近平谈治国理政》（第三卷）、法治内容、安全生产内容及《日出韶山》、《英雄儿女》等影视作品，共计41次，使参加学习的人员在政治理论水平方面有较大较全面提升，从而提升中心党委的执政水平。二是厚植党性根基，充分发挥基层党组织战斗堡垒作用和共产党员的先锋模范作用。下发文件提出详细要求，党支部工作得到进一步规范，并通过党支部书记集中轮训，党支部的水平显著提升。积极倡导共产党员干在前面、冲在一线，特别是项目部的重要岗位和条件艰苦段落，都有共产党员的身影，党员的先锋模范作用得到很好发挥。“七一”期间，各党支部开展丰富多彩的主题党日活动。三是厚植党的执政基础，狠抓党风廉政建设。监理咨询公司党委把抓好廉政建设、抓好队伍的干净纯洁同经济效益、持续发展的信誉口碑紧密联系起来，不是空谈虚抓，而是同每一位职工的切身利益挂钩，从而始终保持队伍纯洁，成为市场竞争力的有力支撑。通过回访、座谈、暗访，未发现违反党风党纪的问题。

（监理咨询公司）

山西晋路投资开发有限公司

2020年，在省公路局党委坚强领导和大力支持下，晋路开发公司坚持以习近平新时代中国特色社会主义思想为指导，深入贯彻中共十九大和十九届二中、三中、四中、五中全会精神和习近平总书记视察山西重要讲话精神，围绕省局工作部署，全体干部职工认真履职尽责，扎实开展工作，确保全年任务目标顺利完成。

2020年，晋路开发公司计划完成产值15400万元，截至12月底，累计完成产值18355.25万元(不包括房地产和道生公司)，占全年计划119.19%。其中，德力咨询公司完成1628.46万元，占全年计划296.08%；科技公司完成1000.98万元，占全年计划66.73%；绿化公司完成4736.39万元，占全年计划119.91%；同创公司完成3533.11万元，占全年计划113.97%；工程公司完成2728.8万元，占全年计划101.07%；励新公司完成1607.12万元，占全年计划100.45%；新能源公司完成1844.81万元，占全年计划122.99%；资产公司完成1275.58万元，占全年计划255.12%。房地产公司路欣苑项目完成建安投资5480万元，完成销售收入7137.54万元；金潞苑项目销售3518万元，出租完成16.8万元；道生公司完成在建工程投资6422.7万元。

【加大业务承揽，不断开拓市场】 一是发挥自身优势，完成既定目标。所属各子公司按照年度目标任务，结合自身业务特点，努力开拓市场，积极承揽业务。工程公司抓住国省干线公路PPP大修项目机会，承揽朔州、阳泉、临汾、吕梁等冷再生工程；科技公司积极参与国省干线公路信息化建设，按照科技服务型企业方向承揽收费设施检修、隧道设施维修、危险路段监控等。新能源公司在完成59个超限检测站采暖运维基础上，承揽盂县清洁采暖改造以及生物质燃料供应、壶关县6853户清洁取暖改造；励新公司在继续做好7个分局超限站日常维护基础上，与中煤签订1000吨机加业务；同创公司做好代理产品的同时，承揽隧道PLC控制和收费优化改造等，以及应县、怀仁污水处理。德力咨询公司完成10项可行性研究报告；绿化公司承揽绿化工程、路桥寿阳苗木基地种植、阳曲服务区绿化以及河津农业大棚项目；资产公司投资购买1.93万平方米的金润园商务楼，并开始运营，为下一步搭建融资平台提供有力支撑；房地产公司路欣苑项目已具备交房条件。金潞苑小区不动产证书按进度有序办理。道生公司国道108太谷东服务区正式投入运营，太太路服务区正在进行规划审批，并完成项目初步设计。长治南、蒲县化乐和乔家湾服务区，前期土地手续基本完成。收购宁武欣格瑞加气站，运营情况良好；太谷工业厂区办理完成新增56亩土地手续。同时为营造良好环境，完成办公楼前10000平方米的绿化设计，并完成苗木栽植。二是积极扩展市场，加强对外合作。晋路开发公司下属同创、励新、新能源三家子公司与北京启迪中谷能源科技、北京赫宸智慧能源科技等六家公司，在山西农谷高新区共同组建山西晋谷能源环境研究院，研究院聘请多名中国工程院院士以及清华、哈工大、太原理工大的教授及博士团队加盟。与此同时，在省外市场寻找份额。把西安市作为第一站，成立西安办事处，为子公司搭建经营平台，引进人才、扩展市场，学习先进管理技术和创新经验，为将来扩展西北市场提前布局奠定基础。

【强化内部管控，推行精细管理】 一是明确发展思路，提高执行效能。为扎实推动经营发展，精准定位经营产品，晋路开发公司制定《经营工作指导意见》。各子公司在此基础上编制《三年经营发展规划》，明晰发展目标，明确主营业务和辅助业务。二是优化财务管控，建立风险防控。落实“三重一大”事项决策程序，重点从财务、债务、资产等高风险领域，强化财务评价分析能力。晋路开发公司及各子公司财务人员严格按照相关审批程序及时提供相关财务数据及资料，让财务工作起到指导经营、规范经营、监督经营的作用；同时，加大审计监督检查力度，定期对各公司财务预算执行情况及经营成本、其他费用进行审计监督；聘用第三方对各公司经营及财务进行审计，规范财务管理。三是严控预算管理，推进降本增效。在生产经营活动中，从源头上严把采购关，严把质量关，控制好有效成本；在管理过程中，提高生产效率，激发效率成本，提高经济效益。尤其是加工制造生产施工过程中提高效率，实现降本增效；通过技术创新，工序优化降本增效；加快资金周转，实现效益提升，全面推动晋路开发公司生产管理降低成本，增加竞争能力。四是深化薪酬管理，加大考核力度。完善薪酬分配体系，以按劳分配、多劳多得为主导，以生产经营特色为切入点，以激励员工为出发点，以提高效益为目标。

充分激发全员干事创业的动力和活力;强化绩效考核管理措施,指标量化、程序规范。通过日常考核、定期考核,充分运用考核机制,加强管理,调动员工的主观能动性。以监督、检查和季度考核为主,把绩效考核落实在经营过程中,确保经营目标实现。五是做好疫情防控,及时复工复产。面对年初突发的新冠肺炎疫情,晋路开发公司严格执行上级党委管控的要求,从源头掐断可能发生的传染,及时制定疫情防控方案,安排专人进行专项管理,落深、落细、落实疫情防控各项工作,确保自身防控有力有效。有序合理安排复工复产,推进晋路开发公司经营有序发展。六是落实安全责任,确保安全生产。按照年度安全生产工作要求,全面落实安全生产责任制,严格防范安全事故发生,强化安全生产基础工作,扎实开展"安全生产月"、安全生产大检查等活动。建立安全检查及隐患风险防控点台账,发现问题及时纠错整改。确保安全生产平稳运行,完成省局安全生产目标,全年未发生任何安全生产事故。

【持续加强党的建设,激发党建创新活动】 一是不断深化党建工作,促进企业文化和谐发展。晋路开发公司党委重点开展学习中共十九大系列会议精神和习近平新时代中国特色社会主义思想重要文献。围绕 习近平总书记三篇光辉文献、《习近平谈治国理政》(第三卷)和习近平视察山西重要讲话进行学习研讨。全年先后组织召开党员大会2次,领导干部讲党课6次,中心组理论学习12次、支部专题学习30次,开展主题党日活动3次,开展廉政警示教育3场次,党员培训2期100多人次。认真落实"三重一大"集体决策制度。按照各子公司董事会,经营层"三重一大"事项集体决策制度实施细则明确的审批权限,严格履行重大事项安排、重要人事调整、重点项目建设和大额资金使用审批程序,做好过程管理,提升决策的科学性和合规性,降低决策风险。按照局党委基层党组织"十个起来"试点工作要求,认真开展标准化支部建设,明确支部委员管理党员的责任、任务和开展活动的内容,做到分工明确、职责清晰。不断完善"三会一课"、民主评议党员、领导干部过双重组织生活、党员发展、党费缴纳、党员帮扶等基础工作制度,建立党员信息档案和考核评价体系。严格选人用人程序。根据《党政领导干部选拔任用工作条例》和省局有关规定,严格按照规定选人用人,优化各子公司经营班子结构,对干部选拔任用的推荐、提名、考察、酝酿、讨论决定等严格把关,为晋路开发公司公司经营发展注入新动力,提供坚强组织保证。以开展"党员先锋行""党员示范岗"等活动为载体,坚持"支部建在项目上、党旗插在工地上、监督跟进项目中"的项目党建模式,充分发挥党支部和党员先锋模范作用,创建党员品质工程。深入开展企业文化和精神文明建设。将企业精神培育和企业文化建设相结合,以开展创建精神文明单位标兵为载体,广泛开展社会主义核心价值观、道德实践和职工队伍建设等活动,不断提高企业文化建设内涵。2020年8月,晋路开发公司公司被省直文明委授予"文明单位标兵"称号。二是落实从严治党责任,扎实推进党建工作。认真履行党建主体责任。年初制定党建工作年度计划,层层签订党建目标责任书,并加强监督、检查和考核。强化党风廉政建设责任落实。坚持以上率下,层层压实从严治党主体责任,将廉政教育列入党委中心组、党支部专题学习内容。强化"一岗双责"。按班子成员分工,将党风廉政建设主体责任分解划分到每个人头上,明确班子成员为分管部门、单位第一责任人,提出问题清单、责任清单,并以文件形式下发各单位、各部门。党委每年与各单位、各部门负责人签订年度党风廉政建设目标责任书,明确承担的内容、时限和具体要求。对于兼职的各子公司董事长、董事、监事,按"谁主管、谁负责"原则,明确领导责任、次要责任、直接责任和监督责任,按季考核检查,按年兑现,压实责任。三是深化制度建设,强化制度执行。全面加强制度建设,制定出台《晋路公司基层党组织党建工作标准化规范化管理手册》。严格执行公务接待、差旅费报销、公车使用、办公用品采购等管理制度。实行预算管理,严格控制经费支出。在"五一"、中秋、国庆等关键时间节点,由晋路开发公司公司纪委发出廉政提醒通知、短信,并开展专项抽查,未发生违规现象。加强党风廉政教育。先后编印《职工廉洁从业手册》《职工廉政教育读本》下发给每名职工，教育干部职工一定要遵纪守法，按章办事，不触底线，不碰红线。组织全体职工学习《党风廉政宣传教育月专题》知识，观看《政治掮客苏洪波》《法学博士的阴谋》《镜鉴》等警示教育片，教育党员干部知敬畏、讲规矩、守底线，确保干部职工干成事不出事。做好重点领域监督。对重点领域和关键环节存在的廉政风险点进行再梳理、再排查，建立2020年廉政风险清单，明确主要风险点、防控措施和责任单位及部门。晋路开发公司公司纪委对项目开发、招投标、项目管理等重点领域重点环节进行全程监督，从源头上防范化解各类廉政风险，建立长效机制。

（晋路开发公司）

山西诚达公路勘察设计有限公司

2020年，在省交通运输厅、省公路局正确领导下，公司以全面完成经济指标为目标，以深化企业改革为驱动，统筹推进新冠肺炎疫情防控，作为全系统内最早一批全面复工复产的企业，诚达设计公司全体干部员工上下团结一心，迎难而上、奋力争先，不断创新工作思路，诚达设计发展实现新跨越，完成各项工作任务。

围绕2020年经济指标，诚达设计公司准确把握公路建设政策走向，正确定位，积极抢抓“十三五”收官之前新建项目，努力争取“十四五”规划储备项目。全年，共承接工可、咨询、勘察设计、监理业务60项，签订合同额4099.5万元，完成全年3500万元计划合同额的117%，实现产值6390万元，完成省局下达2500万元产值的255%，实现利润917.5万元。国有资产保值增值率为105%，成本较上年度压减6.5%，员工人均收入增发5%，各项指标超额完成省局下达年度目标考核任务。

【着力拓展发展空间】 2020年，诚达设计公司及时调整市场经营策略，依托省内而不依赖省内，根据市场需要，采取与同行合作、联合投资等方法，先后同贵州省院、中设集团、天津市政院等大企业合作，在省内一些技术难度大、资质要求高的项目上取得新突破，用高水平设计、高质量服务赢得发展先机，对标一流，取得新进展。

【坚持疫情防控和经济发展“两手抓”】 诚达设计公司深入学习贯彻习近平总书记关于统筹抓好疫情防控和经济社会发展工作的重要指示精神，制定多项措施，在确保安全前提下，积极做好疫情防控，有序开展工作。同时，果断扛起感恩党、回报国家的社会责任，发扬“一方有难，八方支援”的奉献精神。一方面，通过汾阳市交通局向武汉抗击疫情一线捐款2万元，奉献爱心、传递爱意。另一方面，在疫情防控物资严重不足的时期，诚达设计公司多方筹措，购买1000个一次性医用防护口罩捐赠给省公路局疫情防控工作办公室，发挥企业的担当作用。

【积极配合省局事业单位办企业脱钩改革】 按照全省国企国资改革精神和省厅、省局有关要求，诚达设计公司不断深化改革，制定《企业清理工作方案》，罗列《改革问题清单》，上报诚达设计公司从事业单位办企业脱钩改革意见，整理填报各类报表，做好固定资产盘点。同时，用改革的思路和办法解决研究诚达设计公司一直以来体制机制不健全、经营不灵活、人员人事关系不清晰等问题，积极建言献策，为谋划改革发展厘清思路。

【资质复审顺利完成】 针对人员注册不足、业绩不全面、保险证件分离的实际困难，诚达设计公司通过清单台账、专业注册人员、短期培训等办法，顺利完成诚达设计公司公路行业（公路）专业甲级资质和工程勘察专业类（工程测量）甲级资质延续，勘察综合乙级资质通过省住房和城乡建设厅评审，为今后5年开拓市场、提高综合竞争力奠定基础。在2019年度公路设计企业综合信用评价中，诚达设计公司信用等级被评为AA，社会认可度持续加大。

【科学谋划三年发展规划】 本着既结合企业自身的实际情况，又符合市场经济规律的原则，全面谋划公司今后较长一段时间内的经营理念、战略思路和改革创新等工作，编制诚达设计公司《三年发展战略规划（2021—2023年）》，为诚达设计公司高质量发展提供方向。

【高质量编制“十四五”国土空间规划】 2020年下半年，省厅组织全系统就做好“十四五”交通建设国土空间规划进行详细安排，诚达设计公司先后承接大同、朔州、忻州、太原、阳泉、晋中、临汾、吕梁地区规划项目的国土空间编制任务后，高效按时完成，为今后项目争取奠定良好基础。

【推广应用设计BIM技术】 为推进生态文明公路设计提供积极支持，配合政府相关部门推动生态文明建设，吸取国内外先进勘测手段和设计方法，诚达设计公司把BIM技术应用到公路选线、方案优化中来，在阳泉338项目中发挥积极作用，先后两次优化设计，共节约投资3.5亿元，为项目下一步实施发挥积极作用。

【创新项目管理模式，坚持一线工作法】 诚达设计公司积极推动全方位项目管理部负责制，实施项目全过程管理，充分调动和发挥项目负责人的管理职能，激发项目管理主动性。结合诚达设计公司技术人员特征，按专业划分小组、组织项目部，并对项目进行分类分级，做到既有规范原则程序，又对不同类型的项目有区别的办法，取得规范管理与效率最大化之间的平衡。同时，各项目分管领导始终坚持深入一线，按照时间节点，及时协调解决项目完成中的重点难点问题，攻坚克难，加快推进勘察设计任务，确保项目建设顺利有序向前推进。

【加强内控体系建设】 进一步规范设计质量流程，坚持“谁签字谁负责，谁主管谁监督，谁分管谁把关”的原则。将质量管控关口前移，发挥总工办的积极作用，实行全过程跟踪。制定《项目管理办法（试行）》，设置内控考核指标，量化考核指标体系，特别是对重点岗位和重点环节，优化流程控制，强化质量管控，将服务至上的理念进一步升华，有力提高竞争软实力。

【建立收入分配新格局，充分调动职工积极性】 一是深化收入分配制度改革，完善《薪酬管理办法》，进一步激发员工内在活力。二是建立《职工承接项目奖励办法》，用制度激发员工干事创业的热情，全年近2000万元合同额来自诚达设计公司（除领导班子成员）员工承接项目。根据国家现有财务和国有企业管理办法，诚达设计公司对照2019年度职工承揽项目统计实际情况兑现奖励。三是积极响应国务院和劳动保障部印发的《企业年金试行办法》和《企业年金基金管理试行办法》（劳动保障部令第20号、23号），制定实施《企业年金制度》，补充完善养老保险，最大限度调动员工积极性，让员工有更多获得感。

【建立人才培养引进机制】 加强人才梯队建设，缓解公司专业技术人员紧缺的困难，加大专业人才、高端人才引进力度。7月，诚达设计公司主动与长安大学、重庆交大、长沙理工、太原理工等高校联系，为补充短缺岗位，形成人才梯队发展打好基础。进一步明确公司“人才至上、专业至上”的用人导向，不断完善人员整体结构优化。

【强化主体责任，筑牢党支部战斗堡垒】 一是坚持在强化“四个意识”中增强维护核心的思想自觉和行动自觉。组织党员领导干部深入学习习近平新时代中国特色社会主义思想、中共十九大、十九届二中、三中、四中、五中全会精神，不断提高“四个意识”，坚定正确的政治方向。二是狠抓意识形态工作。定期召开意识形态分析研判会，发现和解决当前意识形态工作存在的问题。特别是在事业单位所办企业脱钩改革的窗口期，开启员工EAP计划，用党的科学理论武装头脑，从大局着眼，从小处着手，提高党员干部的政治觉悟。三是严格落实“三会一课”、民主生活会、组织生活会等组织生活制度。2020年，党委中心组共组织10次集体学习。四是规范基层党组织管理。完善党组织台账，加强党费收缴、管理和使用，充分利用好“学习强国”App，抓好党员的零散时间学习，2020年人均年度达到10000分。五是结合实际印发各项规章制度。健全以“三重一大”集体决策为核心的制度体系，党建工作步入制度化、规范化管理的轨道。六是丰富活动形式。先后开展“众志成诚、抗击疫情，向全省优秀共产党员张志民、杨双宝同志学习”“厉行勤俭节约杜绝餐饮浪费”“以人民为中心、加强和完善社会治理”为主题的“七一”党课等主题党日活动。6月17

日组织全体党员前往太原市图书馆参观“马克思书房”。在庄严的“马克思书房”中，重温入党誓词，聆听讲解，引导广大党员坚定入党初心，牢记党员身份，履行党员义务。

【狠抓党风廉政建设，筑牢党员干部拒腐防变思想防线】 制订廉政工作目标计划、目标要求和具体措施，明确班子成员和领导干部职责，任务分工，推动责任落实。开展2020年党风廉政宣传教育月活，组织党员干部学习习近平总书记三篇光辉文献、《中国共产党纪律处分条例》等党规党纪，集中观看反腐倡廉宣传教育片《红色通缉》等，通过这些活动提高领导干部的廉政自律意识和拒腐防变能力，在公司上下营造学廉、思廉、崇廉的良好氛围。

【抓好安全生产，建立长效管理机制】 保持安全教育、安全检查在时间上的连续性，做到年年讲、月月讲、大会讲、小会讲、天天主讲，时时唱好安全“四季歌”。推行安全生产逐级承诺制，各部室负责人、全体员工签订安全承诺书，层层落实安全责任。加大对安全隐患和危险源排查力度，建立健全安全风险预控体系，确保全年无安全事故的发生。全年累计开展专项安全检查、教育活动15次，开展消防安全应急培训演练2次。

（诚达设计公司）

山西省公路构件厂

2020年，公路构件厂按照省局党委安排部署，认真学习贯彻中共十九届二中、三中、四中、五中全会精神和习近平总书记视察山西重要讲话精神，巩固深化“不忘初心、牢记使命”主题教育成果，开拓思路，凝神聚力，共克时艰，努力克服新冠肺炎疫情带来的不利影响，加强企业内部管理，深化人事管理制度，多措并举，开源节流，鼓励职工自主创业，减轻企业和上级的压力，聚力拓展改革发展。

2020年，向省公路局借款（全年借款不得突破1900万元）未突破省局规定；通过房产土地及机械租赁和开源节流、多措并举增收节支182.2万元。

【落实全面从严治党“两个责任”】 一是厂党委履行主体责任。严守政治纪律和政治规矩。厂党委牢记使命，履职尽责，自觉遵守党章，严格按照党的组织原则和党内政治生活准则办事，严肃政治纪律，加强作风建设。坚定正确政治方向，在思想上、政治上和行动上始终与党中央保持高度一致，严守政治纪律和政治规矩。严格执行民主集中制原则，严格执行“三重一大”议事制度。坚持领导班子专题民主生活会、基层组织生活会、“三会一课”、民主评议党员等制度。党委承担党风廉政建设主体责任，落实“一岗双责”情况。厂党委切实担负起主体责任，班子成员同样承担着分管领域党风廉政建设重要职责，要求要着力抓住三个环节，即增强责任意识；明确党委书记要认真履行第一责任人职责；实行集体领导与个人分工负责相结合，各负其责，狠抓落实。按照“谁主管，谁负责”的原则，履行“一岗双责”责任，保证主体责任在分管领导层面落实。签订《全面从严治党主体、监督和“一岗双责”责任书》。坚持正确选人用人导向，突出政治标准，加强干部队伍建设。坚持正确选人用人导向，坚决匡正选人用人风气，突出政治标准，切实加强干部队伍建设。认真落实习近平总书记提出的新时期好干部标准，增强“四个意识”，树立“四个自信”；从严干部日常管理，加强经常性教育，严格干部考核制度。从严规范选人用人机制，认真贯彻执行新修订的《党政领导干部选拔任用工作条例》。二是厂纪委履行监督责任。厂纪委以监督执纪问责为抓手，把党的纪律和规矩挺在前面，认真贯彻落实习近平总书记关于“四风”问题的重要批示精神，严格执行局党委《关于进一步贯彻落实中央八项规定精神的实施细则》，持续深入整治“四风”特别是形式主义、官僚主义。强化监督检查和执纪问责，切实履行好主体责任和监督责任。加强对重点人员、重点岗位监督，注重领导干部的自查自纠，开展批评和自我批评，使其不断完善自我。加强制度建设，规范权力运行。

【全力以赴严密防控疫情】 按照省公路局联防联控工作部署要求，厂党委高度重视，把职工生命安全和身体健康放在第一位，把完成好此次疫情防控任务作为一项政治任务来抓，制定《实施方案》，成立疫情防控工作领导组，领导组下设综合协调组和厂区家属区疫情防控组。党政主要负责人为第一主要责任人，各部门一把手为第一责任人，并积极配合属地政府东社街办做好疫情期间的联防联控工作。

【如期完成企业脱钩改革工作】 根据省交通运输厅、省公路局深化公路系统事企脱钩改革工作总体安排，按照明确时间节点和具体要求，完成改革前期各项准备摸底统计工作。公路构件厂的国有股(产)权已全部划转至山西晋路新能源有限公司，在太原市工商局已办理变更登记手续，现正在按照省局要求积极稳妥地推进事企脱钩改革工作。抓好企业改革期间职工稳定问题，深入开展“三零”企业单位创建工作，着力化解群众身边因上访、事故和案件引发的不稳定因素。如因工作不力出现不稳定因素，领导干部就地免职。如在讲政策、讲规定、讲问题的前提下，职工不听劝阻影响“三零”工作者，职工扣发工资。努力做到矛盾不上交、平安不出事、服务不缺位。此外，根据省局落实省关于减免疫情期间租用国有房产租金的通知精神，在厂资金十分紧张情况下，尽企业最大能力给予厂区7家租赁户减免2020年疫情期间两个月房产租金共30万元。

【积极申办厂区土地证，为转型创造条件】 2012年8月7日，市政府关停公路构件厂后，厂里将厂区土地确权作为企业转型发展的一项重要工作，组织厂里相关部门全力以赴，积极申办厂区土地证，到太原市城建档案局查阅补充完善部分土地文书资料，并聘请山西省盛道律师事务所专业律师，把关审核厂区土地确权证明材料，从法律角度出具厂区土地使用权的法律意见书，以便依法依规解决土地历史遗留问题。

截至年底，公路构件厂多次与万柏林区政府、区国土资源局、东社街办多方协商沟通，本着尊重历史、搁置争议、平等协商的原则，与邻界的上庄村、王家庄村四至已无争议，仅剩与邻界的大岩村存在土地争议。

（公路构件厂）

山西省筑路机械厂

2020年，在省公路局党委坚强领导下，在全厂员工不懈努力下，筑路机械厂党委紧密结合企业实际，统筹推进疫情防控和省局相关工作安排部署，主动适应当前公路系统改革建设新常态，振奋精神，凝聚共识，激发内生新动力，坚持稳中求进、进中求好、补齐短板的工作基调，抓好疫情防控工作，推进稳增长、促改革、防风险各项工作，保持全厂持续稳定的良好态势。全年租赁收入408.88万元，比上年增加155.69万元；2020年，国有资产保值率126.57%，超额完成既定目标；厂区内安全生产形势良好，全年未发生安全责任事故。

【全力以赴做好疫情防控】 首先，面对突如其来的疫情，筑路机械厂党委早安排、早部署。其次，将疫情防控工作做“细”，加强对厂区和家属区的监管巡查。再次，加强健康科普知识宣传和有关政策措施解读，及时规范发布疫情信息，坚决维护厂区稳定。全厂疫情防控工作得到属地黄陵街办和农南二社区认可，被列为疫情防控工作“标兵单位”，并将疫情防控工作相关经验、做法，向周边社区推广。

【响应全面复工复产号召，推动各项工作恢复正常】 一是成立“复工复产工作组”，负责收集、审核、汇总驻厂单位的《驻厂单位情况表》《驻厂单位员工情况摸排表》《新型冠状病毒肺炎的防控方案》等相关资料，报请黄陵街道办事处疫情防控部门验收、批复。二是全厂“煤改电”设备生产项目，先后通过向银行贷款、职工集资、晋路公司及省局借款等多种方式融资，但因种种原因，资金未能落实到位，项目难以启动，被迫放弃。现该项目转变经营思路，对外租赁经营，以维持正常运转。

【巩固租赁成果，积极扩大租赁业务】 受疫情影响，晋路公司每年向筑路机械厂借款220余万元的计划未能全部执行，尚有部分资金未能落实到位。为此，筑路机械厂积极清理出剩余车间和场地，对外出租。同时，根据省委、省政府相关文件精神，并结合全厂实际情况，对符合减免条件的租户减免3个月房租。此举使得筑路机械厂在保留原租户基础上，又吸引来立方体育等多家新租户，将省政府关于支持服务业小微企业和个体工商户平稳健康发展相关政策落到实处的同时，给厂区租户提供一片安全、和谐、稳定的天地。

【加大厂区维修力度，树立企业良好形象】 一是加大对厂区修缮，美化厂区环境。首先对厂区内的道路进行修缮，改变多年来厂区内道路破损、坑洼积水状况，保障厂区道路行车安全；其次，对厂区树木进行修剪和重新栽种，消除枯枝死杈坠落带来的安全隐患，营造一片绿色舒适环境。二是家属区维保工作保持良好。对家属区除日常的修缮外，还对屋顶防水维修补漏1500余平方米，更换部分供水、供暖管道，尤其是更换家属区供电主线路，增加四套电控柜，实现线路分离，保障居民用电安全，在解决民生问题上向前迈出一大步。

【安全生产形势良好，安全工作稳步推进】 安全无小事，全厂一直将安全生产作为头等大事来抓，及时成立安全、应急、防疫等机构，制定相应实施方案，并适时做出调整，保障职工的生命和财产安全。

【突出党建引领，全面从严治党】 一是把牢政治方向，扛牢主体责任。坚持以习近平新时代中国特色社会主义思想为指引，全面落实习近平总书记三篇光辉文献精神，增强“四个意识”、坚定“四个自信”、做到“两个维护”，在知行合一中提高政治能力。二是抓好意识形态工作，保证队伍稳定。厂党委定期与班子成员、部门负责人在工作上和思想上进行交流沟通，牢牢掌握意识形态工作主动权，在新冠肺炎疫情管控工作中，及时准确把握干部职工的思想动态，把日常教育入耳入心，保证干部职工队伍思想稳定。三是突出党建引领，做好疫情防控。“病毒无情人有情”，厂党委积极响应党中央号召，组织全体党员干部为疫情防控工作捐款，半天内收到党员干部捐款4700元，尤其是退休老党员，主动将捐款送到厂里，并在厂区门口协助值班人员做好人员登记和劝解工作，用实际行动彰显筑机人担当作为形象。四是推动支部规范化建设，夯实党建基础。认真学习《中国共产党党和国家机关基层组织工作条例》，及时调整支委委员，完善组织体系；认真落实《中国共产党党支部工作条例(试行)》，以“十个起来”为抓手，持续推进基层党支部规范化标准化建设。五是强化纪律意识，严肃党内政治生活。厂党委坚决把严明政治纪律摆在首位，认真学习中共十九届中央纪委四次全会精神、省纪委十一届六次全会精神，推动厂纪检监察部门“三转”工作，更好地适应党风廉政建设和反腐败斗争的新形势新任务新要求，深入贯彻2020年全省交通运输系统党风廉政建设和反腐败工作会议精神，紧扣“坚定不移深化全面从严治党”，着力增强党员干部“不想腐”的自觉，全面筑牢思想防线”的主题，决不允许有令不行、有禁不止，绝不允许各自为政、阳奉阴违，深入推进“两学一做”学习教育常态化和制度化，把学习贯彻党章作为政治建设的必修课，作为党员干部经常性的学习内容、教育培训的必备课程和日常管理监督的根本标尺。3名班子成员均能严格执行党员领导干部个人事项报告有关要求，如实上报个人事项。同时厂党委加大对重大节假日期间的监督检查力度，在重大节假日前，召开专题会议，组织全体干部集体学习中央和纪委重要会议精神和纪律规定，进一步强化大局意识、担当意识和权责意识。2020年筑机厂全年无违法乱纪现象。

（筑路机械厂）

山西省公路局生活服务中心

2020年，在省公路局党委正确领导和相关处室支持配合下，生活服务中心坚持以习近平新时代中国特色社会主义为指导，全面贯彻中共十九大和十九届二中、三中、四中会会和习近平总书记三篇光辉文献精神，深入贯彻省委经济工作会议和全国、全省交通工作会议部署要求，真抓实干，不懈努力，千方百计做好全年各项工作，为生活服务机关提供良好后勤保障，为家属区职工生活提供较满意服务。

【加强学习，坚持把党的政治建设摆在首位】 一是政治建设。为充分发挥党的思想理论建设优势，坚持把政治建设工作放到头等重要位置来抓，中心总支制定印发《党建工作领导小组2020年工作要点》，实时跟进总支和支部学习计划。按照要点和学习计划中心领导班子、党员干部首先，深入学习贯彻习近平新时代中国特色社会主义思想，重温习近平总书记三篇光辉文献，学习宣传《习近平谈治国理政》(第三卷)、《习近平新时代中国特色社会主义思想学习问答》，及时组织传达学习习近平总书记视察山西重要讲话，中共十九届五中全会精神，努力把学习成果转化为坚定理想信念、锤炼党性、忠诚履职的思想自觉和实际行动。其次，中心理论学习中心组认真贯彻执行《中国共产党党委(党组)理论学习中心组学习规则》，充分发挥总支理论学习中心组示范引领作用，带头持续在掌握精髓要义、做到知行合一上下功夫，累计开展集中学习12次，集中学习研讨研判4次。再次，广大党员干部充分利用“三会一课”“山西交通在线”“学习强国”等学习平台，不断引深政治理论学习，强化先进理论武装，理论素养和政治自觉得到进一步提高，为不断增强“四个意识”、坚定“四个自信”、做到“两个维护”奠定坚实政治基础。二是加强廉政建设。首先，党总支制定印发《关于开展2020年度党风廉政宣传教育月活动的通知》，组织开展2020年党风廉政宣传教育月活动。通过总支扩大会议对中心党风廉政建设和反腐败工作形势进行分析研判，并就积极推进不敢腐、不能腐、不想腐建设提出努力方向，保证主体责任履行的针对性和实效性。其次，进一步深化党内法规制度学习贯彻。重点学习习近平总书记三篇光辉文献及党章党规党纪，学习习近平总书记关于交通运输工作的指示批示精神；并按省局党委要求，认真对照《中国共产党章程》《中国共产党党内监督条例》《中国共产党支部工作条例(试行)》《党委(党组)落实全面从严治党主体责任规定》等党内法规，结合工作实际列出贯彻落实清单。再次，丰富学习内容，强化警示教育，深化教育效果，增强党员干部“不想腐”的思想自觉和行动自觉。利用“山西交通在线”平台，组织党员干部开展“2020年党风廉政建设宣传月专题”网上学习，党员干部专题学习学分全部满分；对照《落实中央八项规定精神负面清单》开展自查自纠；认真落实“一岗双责”，中心总支制订印发《2020年党风廉政建设主体责任清单》，明确总支、总支书记和总支委员各自主体责任，总支书记和总支委员各自在主体责任清单上完成背书签字；中心总支与科室负责人签订《2020年党风廉政建设和反腐败工作目标责任书》。三是纪检工作方面。根据省交通运输厅、省公路局有关安排部署，中心纪检认真落实“三转”工作，将其作为首要任务来抓。通过学习《中国共产党章程》《中华人民共和国监察法》《中国共产党党内监督条例》《中国共产党纪律处分条例》，明确职责，提高觉悟，摆正位置，牢记初心使命，提高和改进工作作风。提出问题，分析原因，深化整改。针对纪检监察人员进一步规范行为、提升理念和工作思路、纪检和业务一起抓、职能职责不清问题，制定工作整改清单及具体落实措施。与此同时，坚持实战练兵、稳中求进、整体推进、实事求是，依规依法依纪解决问题，不断提升思维和工作思路。根据后勤工作特点，中心纪检认真落实中央八项精神和省纪委整治“四风”要求。首先对领导班子成员提出新要求，要求做到深入一线，改进作风，求真务实，与职工面对面交流，改变工作不扎实、不实际的行为。其次在重要节假日节点，重申中央八项规定精神要求，利用板报、公示栏、短信平台定期对党员干部作风建设进行提醒告诫。最后加强内部监督，建立并落实监督清单。对物业收费及维修、办公物资采购、食堂资金管理、房产维修等相关部门及人员进行动态监督，履职提醒谈话和针对性检查，防止问题反弹。四是加强文明建设。按照省局部署要求，中心结合工作实际，开展“社会主义核心价值观”宣传教育月活动，不断在思想上有新感悟、政治上有新升华、教育引导广大干部职工筑牢信仰之基、补足精神之钙、把稳思想之舵。通过微信群、“学习强国”、“山西交通在线”等线上学习平台，学习好中国特色社会主义理论，充分利用学习宣传教育文化阵地作用；开展疫情防控期间精神文明教育活动；开展“文明交通绿色出行”宣传教育活动。积极引导广大干部职工参与文明交通、文明旅游等行动，践行文明规范，弘扬时代新风。与学雷锋志愿服务有机结合，引导干部职工把学雷锋和志愿服务作为生活方式、生活习惯。集中开展“文明交通绿色出行”公益宣传；做好“人在路上、路在心中”公路价值理念的宣传教育；加强“两路”精神学习宣传教育。

【尽职尽责，完成各项重点工作】 一是老干处电力线路改造工作。根据晋公办函〔2020〕38号文件精神，中心制定具体实施方案，对离退休人员活动中心、医务室、物业等办公楼公建和居民的用电进行物理分离，新建一台315千伏安的环网箱变，高压进出线规模为2进4出，环网箱变带办公楼照明和公建用电，与原有的1250千伏安的箱变连接，原1250千伏安箱变带小区现有居民的用电，从而保证省局老干处等办公用电及小区居民用电的安全。截至年底，招投标工作已完成。二是新冠肺炎防疫消杀及保洁工作。自2020年2月24时零时起将全省突发公共卫生事件应急响应级别由一级调整为二级。中心始终坚持把职工和小区居民生命安全和身体健康放在第一位，组织最强工作力量、采取最有力举措、执行最严格要求，一刻不放松地积极应对疫情情况，针对机关办公楼、老干部活动中心、后勤办公楼、物业办公楼、大会议室、食堂及住宅小区每天两次全方位、大面积消毒，不遗漏任何地方，坚决做到决不留死角。在办公楼和家属院设置专门的废弃口罩收集点，并按卫生部门要求进行集中销毁。在复工复产后继续坚持对办公区域及住宅区域进行消毒，确保工作环境的安全；同时保洁工作做到每日三清扫并随时进行保洁。三是维护水电暖日常运行及处置水电暖运行突发事件，更好地为省局机关提供好后勤保障服务工作，每周对机关办公区进行例行排查，同时中心时刻保持召之即来、来者能战、战而必胜的原则，以最快的速度完成抢修任务，对跑冒滴漏、热水器维修等突发事项进行紧急处置，确保省局水、电、暖的安全运行。四是确保食堂餐食供应。在疫情高发期间取消早餐供应，午餐及晚餐预报领餐制，午餐上午10点报食堂用餐人姓名及人数；餐食采用快餐盒供应，到窗口领餐回办公室用餐，吃完饭后将餐盒统一放入食堂门口的回收箱，按卫生部门要求进行集中处理。在复工复产后，仍保持对就餐人员进行体温测量登记。同时每日做到餐厅、餐具消毒，以保证餐食正常供应。五是加强固定资产管理。根据《固定资产管理办法》规定，中心规范流程，严格程序，建立台账、定期报送固定资产报表，做到专人专管，账、物明晰，国有资产账实一致，统一负责，确保省局的固定资产不出漏洞，无擅自处置现象。六是认真做好有关工作。首先，按照省局工作安排，中心分别开展一系列安全生产工作。在以打通“生命通道”为主题的集中整治行动中，中心广泛开展宣传，营造深厚氛围，引导干部职工及住户增强保持消防车通道畅通的意识，形成保持消防车通道畅通的共识，警示大家自觉规范停放车辆，杜绝占用、堵塞消防车通道的违法行为，确保所辖区域内消防通道畅通；在安全生产专项检查和安全生产月活动中，中心积极进行宣传，同时对配电室、保安宿舍、机关楼、住宅楼、食堂等进行排查，做到有效防控安全风险，横到边、纵到底，不留死角，确保安全生产。干部职工通过“山西交通在线”平台进行“安全生产月专题”学习，使干部职工牢固树立底线思维和“宁可十防九空，不能失防万一”理念，充分认识到安全生产工作的重要性。中心全年未发生安全生产责任事故。其次，积极做好应急管理。在年初的新冠肺炎疫情防控工作中，中心领导通过形势研判，提前安排部署，办公区域和家属院的入口分别只开一个大门，大门口设立防控检测站点、封闭管理岗，公示封闭管理告知信息，安排专职人员24小时值守，对出入人员、车辆逐人逐车进行登记，刷卡进门慎防尾随。对出入人员进行体温监测，发现身体发热异常者，及时就近到定点救治医院发热门诊就诊。减少外来人员进入办公区域和家属院，对外来人员要进行说明，对不听劝阻者报告公安机关进行处置。此外，为给省局干部职工营造一个优美的工作休闲环境，后勤中心对机关花园补种花草、对树木刷白、花池贴砖，还对机关办公楼安装玻璃、楼梯进行维修，部分处室门锁维修更换。

（生活服务中心）

农村公路

全省建设成就

“十三五”以来，在交通运输部和山西省委、省政府的坚强领导下，全省交通运输部门深入贯彻习近平总书记关于“四好农村路”重要批示指示精神和视察山西重要讲话精神，紧扣省委“四为四高两同步”总体思路和要求，从决战脱贫攻坚、服务乡村振兴和全省经济转型发展的大局出发，着力打造农村公路“升级版”，扎实推进“四好农村路”和三个一号旅游公路建设，确保年度工作任务圆满完成和“十三五”农村公路建设顺利收官。

【“十三五”目标任务完成情况】 截至2019年12月，全省农村公路总里程12.6万公里，其中县道1.99万公里、乡道4.83万公里、村道5.73万公里、专用公路399公里，占全省公路通车总里程的87.35%。一是规划任务。按照交通运输部提出的“2019年实现具备条件的建制村通硬化路，2020年实现具备条件的建制村通客车”要求，全省规划2016—2020年“四好农村路”建设任务为新改建农村公路6.4万公里，总投资869亿元，明确2020年计划建设农村公路任务为1.31万公里，完成投资169.3亿元，其中以三个一号旅游公路为重点的农村公路计划建成1100公里，完成投资100亿元；“四好农村路”新改建1.2万公里，完成投资69.3亿元。二是建设进展。“十三五”其间，全省农村公路累计完成7.8万公里，完成投资1000亿元，完工里程、完成投资分别占“十三五”期间目标任务的121.9%、115.1%，超额完成五年建设任务。其中2020年“四好农村路”开工17916公里，完工18224.6公里，完工里程占目标里程的151.9%；完成投资105.9亿元，占目标投资的152.8%。累计完成7.48万公里，占规划里程的116.9%，完成投资684亿元，占规划投资的64%。2020年三个一号旅游公路新开工1501公里，建成1481公里，完成投资120亿元，完工里程、完成投资分别占年度目标任务的134.6%、120%。2018年以来累计开工建设309项4540公里，累计完成投资322亿元，建成3469公里，串联沿线66个A级以上景区、130个非A级景点。

【工作成绩和亮点】 “十三五”以来，全省坚持把农村公路建设作为助力脱贫攻坚、服务乡村振兴、促进经济转型的重要抓手，锐意进取、聚力攻坚，取得显著成绩。一是解决农村“出行难”问题。累计完成农村公路新改建项目7万多公里，全省1196个乡镇和所有具备条件的建制村提前全部实现通硬化路、通客车，广泛覆盖县、乡、村组的农村公路交通网络基本形成，贫困地区、大山深处、革命老区的人民群众实现“出门水泥路、抬脚上客车”的梦想。二是带动农村脱贫致富。发挥“修好一条路、富一方百姓”的带动效应，着力实施建制村通硬化路和推进三个一号旅游公路建设，积极改善农村生产生活条件，全力盘活农村地区资源，有效增强贫困地区“造血”功能，助力58个贫困县顺利脱贫摘帽。据统计，农村公路建设累计使用贫困地区建材77亿元，使用贫困地区工人280万人次，支付用工薪酬26亿元，惠及贫困人口156万人，惠及贫困村4117个。三是有效服务乡村振兴战略实施。实施“四好农村路”和三个一号旅游公路建设，不仅疏畅交通“微循环”，而且打通城乡连通“最后一公里”，将沿线重点景区建设、产业园建设、发展乡村旅游和特色农产品精深加工产业串接起来，加速人流、物流、信息流和各类生产要素在城乡间双向流动，乡村因路而兴、因路更美。四是广大群众获得感幸福感明显增强。五年来，全省农村交通面貌呈现出“一年一变样，三年上台阶，五年大跨越”的发展态势，“交通+”“+交通”等新业态发展迅速，助推农家乐、采摘园、乡村旅游成为新的经济增长点，基本公共服务逐步向农村纵深覆盖，农村特产、乡村旅游资源得到开发挖掘，农村公路成为老百姓获得感最多的行业之一。

2018年，全省以“四好农村路”和三个一号旅游公路为重点的交通建设工作，受到国务院督查激励，对申报的2019年交通运输建设项目，优先列入交通运输部和财政部三年滚动投资计划，优先安排中央交通建设资金，新增安排中央资金5000万元用于交通项目建设。

2019年10月15日，省政府在沁水县召开以农村公路为重点的黄河一号、长城一号、太行一号旅游公路建设现场推进会，楼阳生书记作了重要讲话，对三个一号旅游公路作出“进度快于预期、质量优于预期、效果好于预期”的高度评价。

2016年以来，临汾市尧都区、昔阳县、隰县、襄垣县、阳曲县、左权县、沁水县荣获“四好农村路”全国示范县荣誉称号，分别获得1000万元的一次性额外投资补助奖励。

2020年9月23日，省委、省政府召开三个一号旅游公路“零公里”标志文化驿站启用仪式，省委书记楼阳生亲自宣布3个标志文化驿站正式启用并投入运营，并提出高质量加快推进建设的要求。仅国庆期间，“零公里”标志文化驿站累计接待游客4.2万人次，成为“网红打卡地“和山西文化旅游亮丽的新名片。

2020年10月21日，山西省在全国推动完善“四好农村路”高质量发展体系现场会上作了以“创新投融资模式，多措并举破解农村公路建设资金瓶颈”为主题的典型经验发言，交通运输部充分肯定山西多措并举破解决建设资金瓶颈、探索欠发达地区推进农村公路建设的新路子，“四好农村路”发展取得显著成效。

2021年1月8日，省交通运输厅起草制定的《山西省旅游公路管理办法》，经省长林武签署正式颁布，标志着全省农村旅游公路管理进入法制化转道。

2021年2月9日，《山西省交通运输厅关于表彰2020年度目标责任考核优秀单位和优秀处室的决定》（晋办发〔2021〕39号），厅农村公路管理处被评定为目标责任考核“优秀”等次的处室。

【主要做法】 在扎实推进农村公路高质量发展的实践中，全省交通运输系统采取8项有力措施：

提高政治站位，全局统筹落实。坚持把 习近平总书记关于“四好农村路”重要指示作为基本遵循，将工作重点放在满足人民日益增长的美好生活需要、改善农村农民基础生产生活条件上，摆到全省脱贫攻坚和乡村振兴的大局中研究谋划，大力推进实施“四好农村路”和三个一号旅游公路建设。连续3年将“四好农村路”建设任务和具备条件建制村通硬化路率、通客车率作为全省实施乡村振兴战略实绩考核任务之一，农村公路生命安防工程和危桥改造多次被列为“交通运输民生实事”，以人民满意程度作为考核评价重要指标。将“四好农村路”年度目标任务完成情况、“路长制”实施情况等纳入省政府绩效考核、五级书记抓乡村振兴考核范畴，有效调动各级建设农村公路的内动力。

坚持规划引领，高水平谋篇布局。“十三五”期间，在开展农村公路普查基础上，坚持顶层设计，编制《山西省“四好农村路”建设推进方案（2017—2020）》《黄河、长城、太行三大板块旅游公路规划纲要（2018—2027）》，组织市县制定《县域“四好农村路”建设专项规划》，将全省农村公路建设重点、发展计划以及目标任务细化分解到具体市县、各个年度，引领“四好农村路”和三个一号旅游公路高质量建设发展。特别是推进旅游公路建设中，提出“快进慢游深体验”“交旅融合”的现代旅游交通理念，按照“两性两型”建设原则，督导市县同步推进五大系统基础设施建设，将旅游公路打造成公路旅游。截至2020年10月底，共建成太原市东西山旅游公路、永和县乾坤湾路段、陵川县王莽岭路段等为代表的“城景通、景景通”示范段22条和“零公里”标志文化驿站3个，成为宣传山西形象、展示交旅融合发展又一张新的靓丽名片。

强化政府主导，多部门合力推动。2018年以来，“四好农村路”、三个一号旅游公路以及深化农村公路管理养护体制改革、“路长制”等工作多次列入省委经济工作报告、省政府工作报告、省委全委会的重点任务，省委书记楼阳生、省长林武连续三年出席农村公路、旅游公路建设现场会、推进会和项目建成投用仪式，亲自推动部署；省交通运输厅会同省财政厅联合出台专项建设资金管理办法，部科学研究院帮助山西配套制定旅游公路设计技术指南等系列标准和规范，市县两级政府领导靠前指挥亲自协调解决困难问题，全省形成“上下联动、齐抓共建”的建设格局。2020年，以省政府办公厅名义出台《关于深化农村公路管理养护体制改革的实施意见》《关于在全省全面推行农村公路“路长制”的通知》，积极构建县、乡、村公路三级“路长制”，从省级层面明确农村公路日常养护标准（县道每年每公里10000元、乡道每年每公里6000元、村道每年每公里4000元）；多数县（市、区）主要领导将改革任务作为“一号工程”，亲自部署，全力推动，117个县（市、区）“路长制”组织机构实现100%覆盖。

健全制度体系，高标准规范实施。围绕农村公路建设、管理、养护、运营等内容，研究出台《关于推进“四好农村路”高质量发展的实施意见》《山西黄河、长城、太行三大板块旅游公路规划纲要》，构建起“5+2+1+2”制度体系（“5”是指旅游公路主体、慢行、服务、景观和信息五大系统设计技术指南；“2”是指《农村公路建设管理办法》《关于提升农村公路工程质量的实施意见》；“1”是指《“四好农村路”和三个一号旅游公路建设资金使用管理办法》；“2”是指《山西省人民政府办公厅关于在全省全面推行农村公路“路长制”的通知》《山西省深化农村公路管理养护改革实施方案》）。为保障旅游公路专用性，2021年1月8日，省政府正式颁布省交通运输厅起草的《山西省旅游公路管理办法》，此办法属于创制性立法。这些制度法规出台，对农村公路规范化建设和管理提供制度支撑。

创新投融资模式，多元化提供保障。为有效破解资金难题，制定“政府补助+PPP”“政府补助+债券+PPP”资金筹措模式，确保每年完成农村公路新改建任务在2万公里以上。加大政府投资力度。在“四好农村路”建设上，省级层面争取中央车购税补助、申请中央预算内投资，给予项目总投资25%补助，对10个深度贫困县补助达40%；市级层面通过财政预算，给予项目总投资10%补助；县级层面通过财政和涉农扶贫资金整合补助25%。省、市、县三级政府补助占到项目总投资约60%。在旅游公路建设上，省财政以一般公共预算资金每年补助18亿元，约占年度投资18%；各市政府通过财政预算资金等形式，给予项目总投资10%补助，省财政代市县政府连续五年每年发行一般债券40亿元，占总投资约40%，政府补助总计达到68%。大力推广使用PPP模式。全省“四好农村路”投资约40%、旅游公路投资约32%由县（区）视地方财力采取政府财政投入、PPP市场化运作等多种方式筹措。2018年以来，全省共有29个县（区）采用PPP模式筹措建设资金292亿元。晋城市采取市级平台统一组织各县区实施PPP融资项目，全市统一编制PPP项目实施方案。阳曲县总投资6.1亿元、新改建313公里农村公路全域采用PPP模式建设，建设项目全部由民营企业担任资本方，2019年受到国务院表扬。强化资金绩效管理。建立全省农村公路、旅游公路建设资金绩效评价机制，各市县交通运输主管部门，在编制年度建设计划的同时编制项目绩效目标，省交通运输厅审核后下达年度计划，保证资金单独建账、专款专用。按照“花钱必问效，无效低效必问责”原则，省财政厅会同省交通运输厅每年对各市县资金使用情况进行绩效评价，评价结果与预算安排挂钩。

强化质量管理，全过程锻造精品。坚持从设计源头抓质量，对旅游公路建设项目实行全寿命周期设计理念，严格督促按照技术指南开展勘察设计，合理确定建设规模和建设标准。建立省级专家设计审核机制，实行全过程监督指导，2018年以来共完成咨询项目197个，解决各类问题和缺陷，节约建设资金53.23亿元。健全质量监管责任体系，严格“政府监督、行业指导、社会监理、企业自检”之责，加强项目建设全过程质量管控，严把市场准入、材料进场、过程监理、交竣工验收等关口，确保工程质量和施工安全。交通运输部2019年对全省公路建设质量安全抽检，涉及农村公路7项主要指标中，6项指标达到100%，1项指标达到96%，受到检查组高度评价。始终紧绷安全弦不放松，严格落实安全准入制度和安全生产强制性规定，加强施工现场监管，对任何工程、任何环节均按照“零死亡率”标准严格要求，确保工程安全、工地安全。自2019年起，持续推进农村公路平交道口“千灯万带”示范工程，全省新增设减速带6666个，不断提升安全通行水平。

加强技术指导，全方位提升服务。建立厅领导分片包市督导工作机制，扎实开展“强服务、进工地、解难题”活动，采取“一月一排队，一月一通报”方式推进工程建设。依托各市公路分局成立372人市县专项督导组，与市县两级交通运输主管部门形成工作联动、密织督导网络，每月对资金落实、建设进度、工程质量、安全廉洁等进行巡查，为农村公路建设提供技术服务和全程监督。2020年，厅领导多次深入吕梁、临汾、忻州、晋城等市县进行授课辅导和现场指导；邀请部、省交科院专家和江苏中设等专家，围绕旅游公路五大设计技术指南、基于成功案例的服务设施设计规划、农村公路综合信息服务云平台等内容进行专题培训，实现“面对面”帮扶、“手把手”指导。

注重示范引领，推动高质量发展。在旅游公路方面，先后召开全省沁水现场会和“零公里”标志文化驿站启用仪式，全省共建成1876公里的设施齐全、功能完善、各具特色的精品“城景通、景景通”示范段，有效解决旅游公路“建什么、怎么建”问题。在“四好农村路”方面，围绕政策支撑、规划编制、前期设计、资金筹措、质量安全和养护运营等内容，组织遴选建设积极性高、推进措施有力、资金落实好的县区进行示范创建。2016年以来，全省共创建“四好农村路”全国示范县7个、省级示范县24个。2020年9月，交通运输部批准太原市晋源区、长子县、沁水县等6个县区为农村公路管理养护体制改革试点单位，各相关县区正在按照申报内容展开试点工作。2018年至2020年，组织各市县开展“百乡千村万里美丽农村路”评价示范活动，12月中旬共评选确定示范乡镇100个、示范村1000个、美丽农村路10000公里。

（厅农村公路管理处）

【太原市】 2020年，太原市不断加快推进“四好农村路”和“3+1”旅游公路建设。坚持“建管养运”全面发展的要求，持续加大“四好农村路”和“3+1”旅游公路建设。2020年省厅下达全市“四好农村路”建设任务为新改建574公里，完成投资1.5亿元，截至年底，已完成建设里程657公里，为目标任务的114%，完成投资5.4亿元，为目标任务的360%；“3+1”旅游公路完成建设里程150公里，完成投资8.2亿元；与此同时，深入开展“百乡千村万里美丽农村路”示范创建工作，积极推进农村公路市、县、乡、村四级“路长制”，健全农村公路管理养护体制，推动形成了路联管、路全管、路共管、路常管的农村公路发展新格局。

（太原市交通运输局）

【大同市】 2020年，在“百乡千村万里美丽农村路”创建活动中，大同市创建示范乡镇9个、示范村93个、美丽农村路928公里。深化农村公路管理养护体制改革，在全市全面推行农村公路县、乡、村三级“路长制”，实现“建好、管好、护好、运营好”农村公路的总目标。全市全年农村公路建设里程共完成1156.582公里，完成投资103769.56万元。其中“四好农村路”完成1042.344公里，完成投资33540.860万元。包括窄路基路面拓宽工程117.843公里，投资12801.9万元；养护提质工程912.271公里，投资11134.96万元；县乡道安全生命防护工程处置隐患里程160.1公里，投资4482万元；村道安全生命防护工程处置隐患里程51.7公里，投资1284万元；危桥改造完成1座，投资24万元；资源路、旅游路、产业路路基8.2公里，投资1224万元；续建工程路基12.23公里、路面12.23公里，投资2590万元。三大板块旅游路114.238公里，投资70228.7万元。

（大同市交通运输局）

【朔州市】 69个乡镇1540个建制村2019年提前实现全“双通”（建制村通硬化路、通客车）。与此同时，朔州市进一步深化农村公路管理养护体制改革，认真抓好3项重点工作：一是开展14个示范乡镇(乡镇总数的20%)、77个示范村(建制村总数的5%)、900公里美丽农村路(农村公路通车里程的10%)为主要内容的“百乡千村万里美丽农村路”创建活动。二是右玉县美丽农村路和信用机制作为农村公路管理养护体制改革全国试点已获批,正在进行设计工作。三是在“路长制”推行方面,登记造册、建档立卡工作已完成,应县、怀仁市已开始公示牌的制作和安装,位居全省前列。在“四好农村路”建设方面,2020年省定任务建设总里程860公里,完成投资3.2亿元。实际完成里程1067公里,占目标任务的124%,完成投资3.83亿元,占目标任务的120%,全省排名靠前。在长城板块旅游公路建设方面,2020年省定任务为:开工建设三大板块旅游公路10个项目113公里,完成投资4.4亿元。新开工10个项目113公里;2019年续建项目完成路面工程92公里。全年完成投资4.61亿元,占省投资目标104.8%,全省排名靠前。建成右玉县“城景通”“景景通”97公里,形成右玉县长城、杀虎口、右卫古城、苍头河景区、县城、滑雪场、小南山公园、四五道岭、松涛园循环路,进一步促进右玉生态旅游和边塞文化旅游的发展。

(朔州市交通运输局)

【忻州市】 2020年,忻州市“四好农村路”新改建完成2698公里、安防工程424公里,投资12.6亿元;三个一号旅游公路建设完成投资15.9亿元,均超额完成任务。制定印发了《深化农村公路管理养护体制改革的实施意见》,开展“百乡千村万里美丽农村路”建设工作。组织推进农村公路“路长制”工作。

(忻州市交通运输局)

【吕梁市】 2020年,吕梁市“四好农村路”建设成效显著。一是全年新改建“四好农村路”2024公里,完成目标任务的117%。实施安全生命防护工程1341公里和危桥改造,完成目标任务的136%。二是“黄河一号”旅游公路年度建成187公里,到12月底,“黄河一号”旅游公路主线228公里、支线95公里全部建成。三是推动贫困县实施19个撤并建制村通硬化路96公里,建设348公里的窄路拓宽、1156公里的养护提质、973公里的安全生命防护和11座危桥改造工程,全面完成兴县、临县等9个贫困县的交通脱贫攻坚补短板任务。全市3068个行政村实现100%通硬化路、通客车。与此同时,全市农村公路管养水平明显提升。深入贯彻落实交通运输部《农村公路养护管理办法》,市县两级制定出台《农村公路管理养护体制改革实施方案》。全面推行农村公路“路长制”,建立县、乡、村三级“路长制”,完善县、乡、村公路管理基本信息数据库,健全农村公路养护管理体制。全市农村公路日常养护全年投入9600余万元,到2020年底,全市农村公路列养率达100%,优良中等路率到85%以上。

(吕梁市交通运输局)

【阳泉市】 2020年,阳泉市“四好农村路”和三大板块旅游公路建设任务深入推进。“四好农村路”完成建设里程486.3公里,完成投资20268.6万元,分别完成省定目标任务的108%和300%;完成安防工程24公里,完成投资720万元,完成省定目标任务的100%,为消除农村发展瓶颈、决战决胜脱贫攻坚、统筹推进乡村振兴提供有力支撑。“太行一号”旅游公路新建续建274.352公里,完成省定目标任务的110.2%,“太行一号”旅游公路阳泉段“城景通、景景通”建设任务高质量完成。

(阳泉市交通运输局)

【晋中市】 2020年,晋中市农村公路系统再上台阶。一进“四好农村路”建设强势推进。聚焦服务乡村振兴、脱贫攻坚,大力推进农村公路提质改造工程,夯实前期基础,优化项目设计,跟进施工进度,确保工程质量,成立专项工作推进组点对点、手把手指导服务,投资、里程双双大幅超额完成,完成投资14.7亿,超额188.2%,完工里程1838公里,超额16.3%。2018年至2020年规划实施的新改建农村公路5800公里目标任务全面超额完成。二是养护体制改革深入开展。榆次区对标先进入选全国示范点,在全省率先出台《养护体制改革实施方案》。统筹推进市、县、乡、村四级农村公路管理养护“路长制”体系建设,努力实现“有路必养、养必优良”,农村公路列养率达到100%,中等及以上农村公路占比不低于83%,超限超载率控制在0.2%以内,机构运行经费纳入财政预算比例达100%。继续加强日常小修养护和桥梁、隧道的养护安全监管工作,进一步巩固建制村通硬化路基础。三是旅游公路体系更加完善。围绕汾河"风光美起来"目标,服务晋中国家级全域旅游示范区公路网络建设,59公里汾河廊带生态通道美景成行,项目完成固定资产投资3.8亿元,全线路基填土方、软基处理、砂砾填筑工程已全面完成,主要控制性节点昌源河大桥、东吕高速跨线桥竣工通车。紧扣全省锻造三大旅游板块战略和旅游公路"三性一型"目标,全市太行板块旅游公路完成投资3.97亿元,续建项目完成90.1公里,新开工建设270.2公里,昔阳、左权、榆社段主线实现贯通,极大地提升晋中全域旅游的关注度和影响力。

(晋中市交通运输局)

【长治市】 2020年,长治市农村公路建设完成投资32.86亿元("四好农村路"建设完成投资14.3亿元,"太行一号"旅游公路建设完成投资17.5亿元,"四好农村路"完成路面2034.6公里,占目标任务1443.5公里的140.9%;完成安全生命防护工程623.6公里,占目标任务443公里的140.8%;交通扶贫任务圆满完成。国贫县撤并建制村等较大人口规模自然村通硬化路完成50.5公里,占目标任务50.5公里的100%;窄路基路面改造完成168公里,占目标任务146公里的115.1%;资源路产业路完成40.3公里,占目标任务32.5公里的124%;养护提质完成433公里,占目标任务433公里的100%;其他项目完成43.5公里;县乡道安全生命防护工程完成477.6公里,占目标任务297公里的160.8%;村道安全生命防护工程完成110公里,占目标任务110公里的100%;危桥改造完成3座,占目标任务2座的150%;隧道提质升级改造完成9座,占目标任务6座的150%;乡镇综合客运服务站完成10座,占目标任务10座的100%。与此同时,农村公路管理养护体制改革深入推进,出台《长治市深化农村公路管理养护体制改革实施方案》,明确改革任务书、路线图和时间表。长子县作为全国"农村公路管理养护体制改革试点县",制定出台改革专项实施方案,成立以县政府领导为组长的领导组,按照既定步骤积极开展改革工作。各县区均以县政府名义出台《农村公路"路长制"实施方案》,推行三级"路长制",注册"山西省农村公路综合信息服务云平台信息"账号,建立县、乡、村公路管理基本信息数据库。年末农村公路优良中等路率82.49%。

(长治市交通运输局)

【晋城市】 2020年,晋城市旅游公路建设全省领先。计划开工建设里程262.89公里,计划投资13.8亿元,实际建设里程305公里,完成路面铺装145.242公里,完成投资14.9827亿元,分别占省厅下达目标116%和108.6%。11月24日,随着阳城小尖山隧道的掘通,"太行一号"旅游公路主线全线贯通。沿线的沁水县土沃百里画廊、陵川浙水、松庙、"零公里"文化驿站成为热门网红旅游打卡地。2020年,完成新改建农村公路666.77公里,完成安防工程159公里,完成危桥改造2座,完成投资7.6133亿元,分别占省厅下达目标的105%、100%、100%和245.6%。本年度交通扶贫任务100%完成。与此同时,全市农村公路管养体制改革进一步深化。2020年全市农村公路8506公里,经技术状况评定,2020年底农村公路优良中等路率达88.3%。《晋城市农村公路管理养护体制改革实施方案》已提交市政府常务会审议后即可出台。2020年10月,沁水县正式被交通运输部确定为农村公路管理养护体制改革试点,申报"路长制"、创新养护生产模式和美丽农村路3个试点主题。先后制定出台《沁水县全面推行农村公路"路长制"的实施方案》(沁政办发〔2020〕51号)《沁水县农村公路养护管理办法》,截至年底,沁水县正在积极制定《农村公路管理养护体制改革试点专项实施方案》。

(晋城市交通运输局)

【临汾市】 2020年,临汾市全年农村公路固定资产完成投资26.12亿元,其中:新改建"四好农村路"3239.36公里,占全年目标任务3064公里的105.72%,完成投资15.53亿元。"黄河一号"旅游公路续建44.92公里,新开工171.33公里,完成73.75公里,完成投资10.59亿元。"黄河一号"旅游公路

“零公里”标识文化驿站2020年9月20日交付使用。交通扶贫成效明显。聚焦贫困县、贫困村，加强建制村通硬化路、通客车情况的动态跟踪，开展“双通”“回头看”工作，派出专门的核查组对“双通”任务进行逐乡逐村核查，全面摸清底数，巩固贫困村提升工程成果，全市新增通客车建制村13个，具备条件2112个建制村通硬化路率、通客车率达到100%。深入实施“百乡千村万里美丽农村路”和“四好农村路”示范创建活动，完成示范乡(镇)20个、示范村151个、美丽农村路2000公里的创建任务，乡宁县、古县、翼城县3个县获得“四好农村路”市级示范县称号。全市农村公路基本建立以公共财政投入为主的资金保障机制，农村公路列养率达到100%，县乡公路年末优良中路率达到82.36%。

(临汾市交通运输局)

【运城市】 2020年，运城市“四好农村路”建设任务超额完成。市政府办公室出台《运城市深化农村公路管理养护体制改革实施方案》(运政办发〔2020〕49号)指导性文件，对推动“四好农村路”高质量发展提供重要保障。先后3次在平陆、芮城、万荣等6县(市)召开现场观摩推进会，推进公路建设提质升级。全年共完成“四好农村路”新改建工程2466.5公里，占年度任务2039公里的121%；完成投资13.6亿元，占年度任务7.5亿元的181%；完成安保工程454公里，完成率100%。开展“百乡千村万里美丽农村路”创建，完成创建示范乡镇16个、示范村151个、美丽农村路1390公里，完成率达100%。2020年末全市农村公路优良中等路率为85.26%，超省厅指标75%十个多百分点。13县(市、区)政府均出台《推行农村公路“路长制”实施方案》，完成“路长制”建档立卡。万荣县、夏县在全省先行试用“路长制”App，应用效果好，受到省交通运输厅充分肯定，已调阅经验材料。12月份，省交通运输厅向交通部推荐全省8个县(市)农村公路项目参加2020年度全国“十大最美农村路”评选，河津市位列其中。“黄河一号”旅游公路建设加快推进。坚持“黄河一号”旅游公路与产业发展、全域旅游、乡村振兴、生态环保、历史文化紧密结合，统筹推进旅游公路主体、景观、慢行、服务、信息“五大系统”建设。2020年全市开工建设35个项目383公里，开工率100%；完成投资17.81亿元，占年度任务12.7亿元的140.2%。建成中条片区永济、芮城、平陆114公里“城景通、景景通”示范段，占年度任务100公里的114%。

(运城市交通运输局)

山西交通运输年鉴 2021

水路运输

全省水路运输

【综述】 2020年，全省水路运输领域坚决贯彻落实交通运输部和省委、省政府以及厅党组各项决策部署，按照“五个坚持”重要原则和“三个转变”新要求，认真履行海事行政、水路运政、港口行政和航道行政管理职能，围绕“行业与市场、稳定与发展、基层与基础”三个重心，统筹“疫情防控与复工复产、依法行政与为民服务，抓好当前与规划长远”三方面关系，坚持目标导向、问题导向、市场导向、民生导向，深入优化行业营商环境，强力破解行业发展难题，确保交通运输综合执法改革其间各项工作持续不断，行业重点领域和关键环节各项工作取得积极成效。

【水运行业发展】 全省现有航道总里程1557公里，通航总里程1391公里，渡口、码头252个，通航的水库及封闭水域83处。企业44家，营运船舶205艘，其中，客船195艘，1702总吨、3858客位，货运船舶10艘，5875总吨。全省水路客运量108.47万人，同比下降23.71%，水路旅客周转量398.34万人公里，同比下降34.03%，货物运输量24.41万吨，同比下降2.32%，水路货物周转量580.01万吨公里，同比下降56.32%。针对水路运输受疫情影响急剧下滑的实际，积极研判行业形势，及时调整发展思路，全力做好服务、减负和惠民工作。一是做好服务市场的“加法”。以市场为导向，加强水运市场运行监测，督导各级深入企业一线加强指导，主动了解企业困难和诉求，帮扶企业帮助改善经营管理、复工复产和从业人员返岗就业，全力做好船舶登记、检验和船员管理等服务工作。截至12月底，全省新增水运企业2家、新登记船舶60艘、新注册船员14名，水运行业进一步发展壮大。运城市地方海事服务中心针对河津龙门集团想要发展水路客运的想法，主动上门帮企业想办法，积极与行政审批部门对接，帮助企业办理相关手续，2020年4月完成企业注册许可。长治市地方海事局为确保辖区新成立企业安全试运营，本着特事特办、急事急办原则，利用节假日3天休息时间，对企业的船舶状态、船检证书、船舶资料、救生设备、船员配备等进行全面指导，确保试运营全程安全。全力做好船员、验船师队伍的培训服务保障，分3个批次对299名企业船员进行了基本安全、船员适任和特殊培训，组织47名在职验船师进行专题培训，组织76名人员参加全国注册验船师和渔船检验人员适任制考试。发放农村水路客运油价补贴资金29万元，大力支持部分地区水路客运结构调整。二是做好减负基层的“减法”。进一步深化“放管服”，将省际普通货船运输经营许可和跨市水路旅客、危险品运输经营许可下放至设区的市级交通运输行政审批部门，将内河省际客船运输经营许可由省厅承接并具体实施。对未通过2020年度水路运输核查的1家企业和32艘证照过期存在运营安全隐患的老旧船舶进行核减，有效提升行业安全监管水平。利用部海事局网络学习平台，开展“网上培训”，免费为船员和从业人员提供在家学习专业知识的服务。鼓励各级交通运输主管部门利用信息化技术手段开展远程执法监督检查、召开会议以及开展调研、评审、检查、评标等“远程办公”。明文要求各地严控督查、报表、材料报送数量，切实为基层减负。三是做好惠民的“乘除法”。及时将部海事局《关于新冠肺炎疫情常态化防控形势下船员管理有关事宜的公告》《关于国内航行海船船员和内河船舶船员相关证书展期的公告》等传达到各水运企业，延长疫情防控期间国内水路运输、船舶和船员管理相关经营证书有效期，确保水运企业能够持续运营。持续发挥海事航运气象服务平台功能，将有关通航水域的水利及气象预警信息通告水运企业，防止因水库蓄放水、恶劣气候、河流行洪及流凌等险情危及渡运安全。

【涉客船舶和渡口渡船安全监管】 加强对涉客船舶和渡口渡船安全监管既是交通运输部明确的年度安全生产要点，也是省厅进一步加强水上交通安全管理的重要任务。首先，划定安全风险等级。各市结合船舶安全技术、船龄、载客人数及企业生产经营管理等状况，对全省所有船舶进行分类分级，共划定高风险船舶41艘、中等风险船舶112艘、低风险船舶128艘。对于高风险船舶，督导各地适当增加现场监督和安全检查频次，进一步加大安全监管力度。临汾市交通运输局坚持把安全巡查和督查制度作为一项长效机制严格执行，明确要求各县地方海事处每月不少于4次安全巡查，市地方海事发展服务中心每月不少于1次安全督查，全面了解和掌握辖区水域安全形势。其次，狠抓客运船舶监管。一是强化客船安全检查。针对企业开航前和暑期客运高峰期安全隐患大的实际，各地严格按照营运船舶全覆盖、缺陷整改全闭环的要求对水运企业主体责任落实、船舶适航、船员适任、应急预案、“四不乘船、八不出航”等方面进行“全身体检”，坚决杜绝带病开航。各市深入开展“救生衣、生命衣”行动，做到每次督查检查必查救生衣，切实把“不穿救生衣不登船，不穿救生衣不开航”作为守住水上交通安全的“红线”“底线”。二是强化恶劣天气预警。密切关注台风、汛情、极端气象等动向，根据恶劣天气可能影响的范围和影响程度，各地监管部门利用微信、短信等方式及时通知涉客企业，做好恶劣天气应对准备工作，严格遵守客船抗风等级要求和恶劣气象条件下禁(限)航规定，坚决杜绝冒险航行。三是强化重点时段、重点水域安全监管。着力加强对“两湖十库一线”重点水域和春运、“两会”、清明、“五一”、端午、中秋、国庆等重点时段的安全监管，严格落实重点时段领导带班和专人值守硬性要求，安排应急值班船艇、船员全时备勤值守，时刻保持通信畅通，随时做好应对和处置各类水上险情事故准备。采取“四不两直”、明察暗访等方式，对各地落实水上监管情况进行督导检查，省厅分别在“五一”“十一”对晋中市云竹湖和太原市汾河二库进行督查抽查，两家企业现场均由执法人员监管。长治市各县海事人员能够在节假日和旅游高峰期坚守企业一线和施工现场，蹲码头、查航道，强化现场看护看管。省厅选派相关人员成立督查组，加强对各地进行督导检查，下发督查通报，全面提升涉客船舶安全监管水平。再次，狠抓渡口渡船监管。全省整治三年行动现有承担渡运任务的在用渡口25道(运城市13道、吕梁市8道、忻州市4道)，渡船18艘(运城市平陆县5艘、吕梁市临县1艘、太原市汾河二库7艘、忻州偏关县2艘、保德县3艘)。针对部分渡口渡船安全监管责任不实、安全设施设备不完善等问题，采取多项措施强化渡口渡船的安全监管。一是督促乡(镇)政府落实属地责任。督导渡口渡船所在地交通运输主管部门加强与乡(镇)政府和地方村委沟通联系，督促乡(镇)政府选派或聘用专管人员加强渡运现场的监督管理和秩序维护，进一步落实属地管理责任。运城市交通运输综合行政执法队水路执法分队按照“人盯船”的要求，严格管理单位、船管员、监管负责人、渡口负责人、安全员、船员、搜救救助力量的责任落实，全面提升渡口渡船监管水平。二是加强渡运安全检查。深刻汲取“8·14”忻州籍渡船船载车辆坠河事故教训，加强对渡口渡船历年来发生事故险情的规律性分析研究，相关市县根据实际制定针对性的水上安全监管和执法监督计划，加强对渡船船检证书、救生设施设备以及船员实操能力等方面进行督查检查，坚决制止超载超员、超航区航行、承运危险化学品、违规冒险渡运等违法违规行为。

【水上交通安全专项整治】 首先，狠抓专项行动落实。一是加强采砂船监管。为加强黄河流域生态环境保护和高质量发展，根据部统一安排部署，下发《关于进一步加强采砂船监督管理工作的通知》，明确将《船舶国籍证书》《船舶检验证书簿》《船员适任证书》以及通航水域采砂《水上水下作业许可证》作为许可前置条件，从源头上控制了“三无”采砂船非法作业。沿黄市县组织水利、交通、公安、自然资源等多部门加强联合执法，将408艘“三无”和非法违法采砂船全部调离上岸，保证航道、码头等重要基础设施及通航安全。通过整治，全省109艘采砂船手续齐备，符合要求。二是严肃整治逃避海事监管船舶。以全省船舶登记数据为基础，从狠抓水路运输资质管理、船舶登记基础数据核实、船舶检验证书过期认定等重点环节入手，对截至2020年8月31日超过一年不接受现场监督、安全检查以及船舶检验证书过期但持续处于营运状态的船舶进行全面排查梳理。已完成长期逃避海事监管船舶的第一次筛查。经筛查,共发现运城市芮城县所辖的晋运芮0150趸船长期在陕西省潼关县经营餐饮、垣曲县历山旅游投资有限公司晋运垣0068客船自2018年以来一直未船检2艘船舶。针对上述问题,芮城县交通运输局派专人与陕西省潼关县地方海事处就晋运芮0150趸船的监管责任进行确认,运城市行政审批局已对垣曲晋运垣0068客船营运相关手续进行注销,全面提升水上交通安全管理水平。三是组织开展安全大检查。为实现水上交通安全监管两个100%(即:对辖区所有企业开展安全排查整治,100%全覆盖;督促辖区所有企业对所属船舶开展安全自查,100%全覆盖),根据部海事局部署,从10月22日至11月19日,按照"企业自查自整、县(市、区)全面排查、省厅重点督查"的方式,组织开展为期一个月的安全大检查。省、市、县三级分多个拨次共派出50余个检查组,对全省44家水运企业(含3家个体)共排查整改临猗县吴王浮桥渔船非法营运、平顺通天峡景区采用浮筒担负临时登岸码头等22项安全隐患,整改率100%。四是强化危险化学品安全监管。及时将交通运输部海事局《国内水路运输旅客禁止携带或托运物品目录》和《国内水路运输旅客限制携带或托运物品目录》在厅网站进行公示。督导运城、吕梁、忻州、太原对担负渡运任务的渡口、码头和渡口渡船组织开展水路运输危险化学品隐患排查专项整治,从源头上遏制不具备资质非法从事承运、夹带、储存和装卸载等违法违规行为,并督促企业划定了安全生产经营防护范围,设置警示标志,有效防范水路运输涉及危险化学品有关的事故问题。其次,建立完善"两个清单"。针对问题隐患和制度措施"两个清单"建立质量不高,问题隐患查摆不准、不全,制度措施研究不实、不细等问题,及时下发《关于进一步建立完善水上交通安全专项整治三年行动"两个清单"的通知》,指导各市对照方案明确的19项重点任务逐项分析,制定问题隐患和制度措施"两个清单"。截至2020年12月底,共梳理出一般隐患74项,制定整改措施146项,已完成整改57项,整改率为77%,其他17项隐患正在规划和限时整改。最后,强化安全警示教育。联合省教育厅印发《关于加强中小学生水上交通安全教育工作的通知》,强化中小学生水上安全防范意识,提高自救互救能力。投入2万余元,印发2000册《小学生水上交通安全教育读本》下发各市。各市深入开展水上交通安全知识"五进"活动,宣传讲解水上逃生技能、溺水救助方式、消防灭火常识、乘船注意事项、救生设备使用方法等水上交通安全知识,并结合"五一""十一""安全生产月"等重要时间节点和旅游客运高峰期,分别在渡口、码头设置咨询台、悬挂标语、发放宣传资料,全面提升强民众水上安全防护意识。组织开展安全驾驶操作、事故应急处置和典型事故警示教育97场(次),警示教育从业人员391人,在岗的872名营运船舶驾驶员全部签订安全承诺书。

【水路运输业核查】 为加强水路运输市场监督管理,全面掌握行业发展情况,组织开展2020年度水路运输业核查。经核查,全省45家水运企业(含3家个体)通过25家,未通过15家,未参加核查5家,核查通过率为55.6%,206艘营运船舶核查通过156艘,未通过核查32艘,未参加核查9艘,客船核查通过率为79.2%,货船全部未通过核查,未通过核查的主要原因是黄河调水调沙船舶不在待检状态。截至12月底,运城市10家企业、晋中市4家企业以及运城市18艘船舶、长治市7艘船舶、吕梁市3艘船舶均在规定期限内完成核查整改,整改后企业核查通过率为88.8%,船舶核查通过率为94.2%。其中,晋城市2家企业、9艘船舶及吕梁2家企业因公司改制和经营不善等原因,已办理停运手续,未参加年度核查。运城市山西历山旅游投资有限公司因连续2年未通过核查(企业有1艘船舶),企业现已注销。晋城市陵川县武家湾汇源旅游发展有限公司因运力达不到24客位(有2艘船舶)要求,企业已购买新船舶,正在整改中,整改期限为6个月。

【新冠肺炎疫情"常态化"防控部署】 新冠肺炎疫情发生以来,全省水路运输领域严格落实疫情精准防控要求,狠抓"常态化"防控部署,实现"零感染"。一是强化疫情防控。疫情之初,及时下发《加强新型冠状病毒感染的肺炎疫情防控工作的实施方案》

《关于做好水路交通领域新型冠状病毒感染的肺炎疫情防控工作的通知》，指导各地及时在各运营渡口、码头设置体温监测点、留验站，严格旅客实名制乘船，保持船舶通风，劝导旅客戴口罩，做好发热旅客登记移送、消毒防疫和自身防护等工作。运城、阳泉、长治、晋城等交通运输主部门主动加强与卫健、公安等部门密切协作，研究制定并严格执行码头、船舶消毒、区域、卫生间消毒、船舶准乘限流、乘船须知、垃圾桶上张贴废弃口罩回收标识等防护措施，阻断水路运输疫情传播渠道。二是启动应急响应。1月31日，全省启动重大突发公共卫生事件一级响应，配合拟制《做好交通运输领域新型冠状病毒感染的肺炎疫情防控一级响应工作专项应急预案》，提出必要时对水路运输省域出入口实施停航管控措施的指导性意见。参加水路春运的6家水运企业、两个渡口在当地疫情防控指挥部统一领导下，下达关闭停航公告，及时关闭了所有渡口、码头，并对运营的船舶和渡船实施停航管控。各地严格落实属地管理责任，不断加强巡查检查，坚决杜绝违反停航要求擅自航行。三是推进复工复产。疫情得到控制后，按照先排查、后复工的原则，指导水运企业严格按照分区分级、精准防控的要求组织复工，对安全基础好的企业，推动企业尽快复工复产；对安全条件一般企业，强化跟踪服务指导，有序推进复工复产；对存在重大安全风险隐患、不具备安全生产条件的企业坚决不予以复工复产。晋中市结合实际先后制定《复工复产应急预案》和《疫情防控员工须知》，督促各企业开航前配齐必需的疫情防控物资，将各项防御措施落实到具体人员和具体岗位。运城市对因疫情原因许可证件到期、未能按时船检的企业和船舶，积极协调行政审批部门帮助企业办理相关证件，确保企业尽快复工复产。四是加强常态防控。及时通报上海“中昌融盛”散货船3名感染人员和忻州代县1名吉林省舒兰市与确诊病例密切接触者入晋两起案例，坚持举一反三，压实属地、企业、法人防控责任。将部海事局4版《港口及其一线人员新冠肺炎疫情防控指南》转发各水运企业，严格落实实名制乘船、戴口罩乘船、持健康码乘船、从业人员和旅客体温监测、船舶码头定时消毒、手卫生和“一米线”等疫情防控要求。持续173天不间断报送每日水路客运数据，为春运水路运输保障和判断疫情对水路客运的影响提供了数据支撑。

【船舶检验】 一是做好年度船舶检验工作。山西省运输事业发展中心组建完成，承担省级船舶技术检验工作，全省共有运城、吕梁、临汾、忻州、晋城、太原6个船舶检验分支机构。有效承接渔船检验和监督管理职能，根据部海事局《关于加强渔船检验和加强监督管理工作的意见》要求，明确由适任制考试合格人员进行渔船检验，完成152艘渔船年度检验工作。全省共检验发证商船413艘，其中，营运检验389艘（含转籍船舶63艘），建造检验24艘。二是加强船舶检验机构建设。开展船舶检验机构建设调研，研究讨论下一步船检机构发展措施，加强商船检验分支机构建设，督促太原分支机构尽快恢复检验业务，指导未成立船检分支机构地市成立分支机构。下发《关于开展渔船检验机构业务范围核定工作的通知》，指导省运输事业发展中心、忻州、长治、临汾、晋中渔船检验机构业务范围核定，目前已将相关申请资料报送部海事局。三是加强验船师队伍建设。连续2年举办渔船检验业务培训班和在职验船师培训班，共有69人参加部海事局组织的注册验船师考试和渔船检验适任制考试，2019年有36人通过渔船检验适任制考试。针对部分地市渔船检验人员短缺的实际，2020年12月初，又组织58人参加全国渔船检验人员适任制考试，基本解决了部分地市渔船检验机构人员配置不足问题，为全面开展渔船检验奠定坚实基础。四是研究船舶检验高质量发展意见。依据交通运输部《关于深化改革推进船舶检验高质量发展的指导意见》，摸清找准全省船舶检验工作存在的弱项短板，深入研究船舶检验事权责任划分，加强省级船舶检验机构和分支机构建设，根据“四级四同”要求加强各级船检机构建设，促进商渔船检验融合发展。五是严密组织航区划定工作。根据《内河船舶法定检验技术规则》和部海事局有关航区划定工作文件精神，下发《关于做好内河航区划分工作的通知》，形成《山西省内河有关水域航区划分研究报告》，部海事局已对申报材料进行审核并提出修改意见，已修改完善，召开专家评审会后再次报部海事局。

【水运基础设施建设及养护管理】 一是推进基础设施建设。加快推进"十三五"在建和规划的水运工程建设项目，偏关老牛湾客运码头主体工程已完工，正在进行附属设施施工。东寨等22个渡口码头改造工程已完工16个，完成率73%，其中9个码头已验收完毕。垣曲东寨码头、襄垣东湖万寿岛码头年底完工。下发《关于加快推进吕梁市交城县柏叶口水库渡口码头建设工作的通知》，交城县猴儿山码头、大黄沟码头、下长斜码头施工图设计文件已批复，环评通过后启动招标工作，柏叶口码头原址因被防洪码头占用，正进行重新选址，设计方案批复后可顺利开工。内河库湖区便民交通码头项目工可报告已编制完成。加快推进黄河老牛湾至龙口段和黄河小浪底库区老鸦石至三门峡库区航运建设工程前期工作。二是做好水运工程统计。按照《水运及交通运输支持系统建设项目统计调查制度》要求，印发《关于做好水运及交通运输支持系统建设项目统计工作的通知》，督促各市做好我省在建水运工程统计工作。三是加强航道行政监管。下发了《关于开展陕北—湖北±800千伏特高压直流输电工程航道现场管理工作的通知》《关于开展新建神木至瓦塘铁路红柳林至冯家川段黄河特大桥航道现场管理工作的通知》《关于加强港口航道行政监管工作的通知》等文件，切实做好航道管理与养护、航道资源保护工作，扎实履行通航水域海事监管职责。研究起草《关于规定航道通航条件影响评价审核权限的通知》，已完成第一次征求意见作进一步修改，现正在第二次征求相关单位意见，拟以省政府名义印发。

【筹划"十四五"发展规划】 根据厅《交通运输"十四五"发展规划编制工作方案》，厅水运处牵头负责《山西省水路交通"十四五"发展规划》和《山西水路交通与旅游开发融合发展研究》编制工作，规划坚持贯彻落实黄河流域生态保护和高质量发展、交通强国等国家战略部署，围绕内河航运发展纲要、综合立体交通网建设有关任务要求，对接黄河、长城、太行三大旅游板块，分析全省水运发展形势，提出"十四五"主要发展指标和任务（提升航道等级200公里、整治养护航道1400公里、新改扩建渡口码头100个）。已收到部综合规划司《水运"十四五"发展规划》（征求意见稿），全省7个水运建设项目列入部重点建设项目库，涉及资金9.6亿元，是"十三五"期入库项目资金3倍，预计申请部补资金5亿元。规划的实施将为全面提升水运基础设施服务保障能力打下坚实基础。

【船员管理】 针对各市相对集中许可权改革实施过程中船员考试及发证工作中出现的新情况新问题，开展船员管理工作调研，积极协调交通运输部海事局为涉及到的市行政审批局申请"中国海事协同管理平台"账号密钥，在协同平台为太原、晋中、长治等6个市行政审批服务管理局添加机构，并严格船员考试和发证机构资质的授权管理，加强船员考试和发证机构建设。为加强船员考试考官和评估员队伍建设，确保改革后船员考试工作持续不断，11月13日至20日，分2个批次对22名船员考试考官和24名评估员进行了适任培训，建立覆盖全省能够满足各市船员考试需求考官和评估员队伍，全面提升船员考试和评估工作的正规化建设水平。积极与部海事局协调并取得大力支持，精心筹划2021年船员首席考官、主考官培训相关工作，全面规范和捋顺改革期间全省船员考试管理 工作。

【水上搜救安全基础】 一是贯彻落实国办通知精神。牵头起草并以省政府办公厅名义印发《关于加强水上搜救工作的通知》，全面落实预防与应对水上突发事件的属地责任，进一步建立健全组织、协调、指挥、保障体系，建立了由18家省直有关单位组成的山西省水上搜救联席会议制度。对省政府明确的重点任务进行分解，下发了《关于加强水上搜救工作实施方案》。二是加强水上搜救队伍建设。在全省通航的黄河干线、库湖区以及担负渡运任务的渡口、码头，建立了以依托水运企业为主体的44支水上应急搜救队伍，整合蓝天、天龙等社会救援力量，并将具有搜救救助功能的设施、设备以及人员进行梳理统计，明确水上搜救各方职责和责任人，有效提升全省通航水域快速反应、就近支援能力。三是强化搜救应急演练。组织带背景条件下的应急救援演练10余次，全面提升了应对突发事件的快速反应能力、处置能力和协调能力。对参与2019年水上搜救救助的10家企业和社会力量发放奖励资金14.5万元，有效激发社会力量参与水上搜救救助的积极性。2020年，全省发生2起水上交通险情后，阳泉市娘子关旅游景区和太原唯诚家信物业2家企业应急救援队伍能够及时高效处置，有效防范化解水上运输安全生产重大风险。

【专项工作】 根据交通运输部水运局《关于印发船舶污染物港口接收设施建设运行情况季度调度机制方案的函》要求，对航道沿线码头船舶污染物及生活污水接收转运设施建设运行情况开展了调度工作。全省各市结合实际，制订《码头与船舶污染物接收转运与处置设施建设方案》，各市均已完成船舶污染物设施建设任务，所有营运码头都设立垃圾箱、油污桶、垃圾站等治污设施。截至第三季度，全省共建设固定设施274个，投入接收车辆25辆，转运船舶垃圾62.05吨、船舶生活污水0.017吨、船舶含油污水1.725吨。

（厅水运管理处）

山西交通运输 2021 年鉴

交通执法

山西省高速公路综合行政执法总队（山西省交通运输综合行政执法局）

2020年，在省交通运输厅党组坚强领导下，省交通运输执法局党委以习近平新时代中国特色社会主义思想为指导，认真学习贯彻中共十九大、十九届二中、三中、四中、五中全会精神，深入贯彻落实习近平总书记视察山西重要讲话重要指示，全面落实全省交通运输工作会议和全省交通运输系统党风廉政建设和反腐败工作会议精神，围绕全省交通运输综合行政执法改革大局，坚决克服新冠肺炎疫情的负面影响，统筹抓好改革发展稳定各方面工作，完成年度各项目标任务，为深入推进全省交通运输综合行政执法改革奠定坚实基础。

【以政治建设为统领，高标准推进党建工作】 省交通运输执法局党委不断改进和加强党的领导，认真贯彻落实中央、省委和厅党组的部署要求，把习近平新时代中国特色社会主义思想作为政治引领和重要遵循，强化理论学习和教育引导，为交通运输综合行政执法改革发展提供坚强思想保证和精神动力。一是始终把党的政治建设摆在首位。对标对表习近平新时代中国特色社会主义思想，教育引导广大干部职工不断增强“四个意识”、坚定“四个自信”、做到“两个维护”，自觉加强党性锻炼，不断提高政治觉悟和政治能力，把对党忠诚、为党分忧、为党尽职、为民造福作为根本政治担当，永葆共产党人政治本色，切实以习近平新时代中国特色社会主义思想武装头脑、指导实践，推动中央、省委、省政府及厅党组重大决策部署落地见效。二是强化理论学习引领作用。省局党委全年开展集体学习12次，集体学习《习近平谈治国理政》（第三卷），重温习近平总书记三篇光辉文献，深入学习习近平总书记视察山西重要讲话重要指示和关于交通运输工作重要论述，扎实推进“两学一做”学习教育常态化制度化，巩固“不忘初心、牢记使命”主题教育成果，坚持局各支部认真落实每周二、五学习制度，把深入学习贯彻习近平新时代中国特色社会主义思想和党章党规党纪作为基本内容，印发《关于进一步加强学习的通知》，对全系统加强理论学习、业务学习等进行规范和指导，统筹集体学习和个人自学，兼顾线下教育和线上教育，推动将学习教育成果转化为改革发展实效。三是夯实基层组织建设。深入学习贯彻《中国共产党党和国家机关基层组织工作条例》和《中国共产党支部工作条例》，指导各支部全面履行两个条例规定的基本职责。以推进党支部标准化规范化建设为抓手，坚持抓在日常、严在经常，高标准发展党员，加强党员教育管理，严肃党内政治生活，常态化整治软弱涣散基层党组织，着力提升基层党组织政治功能和组织力。组织开展党费自查工作，规范党费收缴使用和管理。四是严肃整顿纪律作风。严格落实中央八项规定精神，深化形式主义、官僚主义专项整治，全年发文数量同比减少20%，严格控制全系统性会议和考核检查的数量，大幅减轻基层负担。开展纪律作风大整顿，整治以“慢作为”为核心的作风问题，解决预算编制、脱贫攻坚、基层党建等一批基层最急最忧最盼的问题。五是不断深化党风廉政建设。局党委坚决扛起全面从严治党政治责任，层层落实党建工作责任制，压紧压实党风廉政建设“两个责任”。认真贯彻落实“两为主一报告一把关”要求，积极深化“三转”工作，监督质量和执纪效能得到进一步提高。贯彻落实中央八项规定精神，在春节、国庆等重要节点加强监督检查，重点查纠公车管理、纪律作风等方面的问题，整治工作拖沓、懒散庸混等行为，防范“四风”隐形变异、反弹回潮。组织党风廉政建设形势分析研判，认真健全完善党员干部廉洁档案，深入开展党风廉政宣传教育月活动，组织观看警示教育片，用身边事教育身边人。2020年，全省交通运输执法系统党纪政务处分6人，开除公职处分2人，组织处理21人，诫勉谈话2人，谈话函询13人。深化纪检监察“三转”，制定印发《深化“三转”实施方案》，建立“三转”工作台账，梳理“三转”不到位问题39个，细化工作内容45条，制定工作措施65条。

【以服务改革为重点，统筹推动相关工作开展】 省交通运输执法局积极贯彻落实厅党组关于交通运输综合行政执法改革的各项工作部署，坚持着眼长远，立足服务改革大局，统筹推进改革发展两不误。一是加强研究谋划。按照厅党组和总队改革领导小组要求，认真起草《省高速公路综合行政执法总队组建工作方案》及相关工作建议，认真核实编制数量、人员情况、资产装备等基础核心数据，为组建方案定稿提供充实依据、奠定坚实基础。二是做好改革准备工作。开展资产清查，对全系统各单位国有资产进行核对和清理，为推进改革做好准备。进行人员划转，审查接收人事档案，准备办公场所，配备办公设施，完成相关人员划转工作。做好划入单位人员工资发放、社保及公积金缴纳工作。下发全系统改革档案处置工作要求，编制省局及直属单位档案处置方案，完成2020年之前的档案资料收集工作。三是加强财务资产管理。切实做好全系统各单位基本情况清理、账务及资金清理、财产清查、资产处置和划拨等工作，完善国有资产基础数据库，盘活存量资产，促进全系统资产合理配置，进一步规范和加强国有资产管理。四是扎实开展脱贫帮扶工作。省局结对帮扶干部全年完成扶贫任务。省局主要领导亲自主持召开座谈会，宣传结对帮扶政策，研究解决问题。2020年投入资金近80万元，帮扶李家庄发展特色产业、完善基础设施、兴学助教、建设平安乡村、开展送温暖活动等。五是做好审计工作。按照省厅安排部署，1月至4月对省局本级和局属各单位主要负责人任职以来履行经济责任情况进行摸底自查，从8月开始抽调运城、朔州执法局审计人员参加省交通运输厅组织实施的对厅属事业单位主要负责人的经济责任审计。

【以提升素质为目标，全面加强干部队伍建设】 省交通运输执法局坚持把高标准抓队伍素质建设作为首要工作来抓，努力建设一支政治合格、忠于职守、清正廉洁、纪律严明的交通运输综合行政执法队伍。一是推进法治建设。落实法治建设责任，主要领导认真履行法治建设“第一责任人”责任，重大问题听取法律顾问意见，领导班子成员带头学法用法述法，不断提高法治思维和依法办事能力。开展“12·4”国家宪法日和宪法宣传周活动，努力营造浓厚的法治宣传教育氛围。启动执法流程再造和制度修订工作，起草高速公路综合行政执法相关工作流程和工作制度。二是严格队伍管理。严肃干部人事纪律，认真完成处级干部个人有关事项报告集中申报，规范干部外出报备制度。局党委坚持教育稳控和从严管理两手抓，严格落实“一岗双责”，要求分管领导严格队伍管理，加强日常监督，定期研判队伍，排查风险隐患，将“严”的主基调贯穿队伍管理始终，实现改革过渡期间队伍“思想不乱、队伍不散、工作不断、干劲不减”的目标。三是加强学习教育。组织党委中心组专题学法，续聘法律顾问，开展《中华人民共和国民法典》学习宣传贯彻工作，开展《保障农民工工资支付条例》学习答题活动。继续实施领导干部能力提升工程，省局领导班子成员参加了省厅领导干部党性修养、履职能力研修班暨交通基础设施建设高质量发展业务能力提升培训班。同时，组织参加基层党组织书记培训、财务分管领导和部门负责人培训、财会人员继续教育培训、档案业务培训、审计业务教育培训、行政事业单位内部控制及信息化运用视频培训等，抓好“学习强国”和“山西交通在线”教育平台在线学习，干部队伍的整体素质和能力得到提升。积极做好高速公路综合执法人员培训工作，11月至12月，分3期对410名业务骨干进行培训，为全省高速公路综合行政执法开局起步奠定坚实基础。

【以安全稳定为抓手，严格疫情防控和综合治理】 省交通运输执法局始终坚持问题导向，树牢底线思维，因时因势精准施策，及时发现解决疫情防控和维护安全稳定中的苗头性、倾向性问题，确保全系统和谐稳定。一是严格落实疫情防控措施。新冠肺炎疫情发生后，省局成立疫情防控工作领导组，多次召开专题会议研究部署疫情防控工作，统筹做好疫情防控和改革发展各项工作。主要领导深入基层单位及宿舍区检查指导，强化防控责任，加强组织领导。先后印发《做好新型冠状病毒感染的肺炎疫情防控工作的实施方案》等文件，严格落实管控要求，落细落实防控措施，认真抓好机关大院及宿舍区的防疫管理和用餐管理，严格出入车辆登记管理，累计登记车辆6000余辆、人员1.6万人次。开展疫情防控知识答题活动，普及防疫知识，增强防控意识，持续做好常态化疫情防控工作。做好疫情防控监督，建立“零报告”“日报告”制度，以严明的纪律推动疫情防控工作落到实处。疫情防控期间，严格控制各类会议和集体活动，尽量采用工作群、视频会议等方式进行工作交流，降低交叉感染风险。二是全面开展“三零单位”创建。坚决贯彻落实省委、省政府和省厅安全生产工作和“三零”单位创建有关精神及要求，从强化组织领导、强化教育宣传、强化责任落实、强化排查整治、强化机制建设、强化统筹结合入手，积极开展安全生产警示教育和应急演练，组织消防安全专题讲座、安全生产宣传月、安全宣传咨询日等活动。开展安全隐患排查整治，实行“责任制”管理、“清单式”落实、“项目化”跟进，从严落实主体责任、领导责任、监管责任，加强摸排整治，加大监控力度。召开“三零”单位创建部署推进会议，开展经验交流，推进“三零”单位创建深入开展。汲取“10·1”台骀山事故教训，迅速部署专项行动，共整改安全隐患35个。举办安全与应急管理视频培训，传达学习习近平关于安全生产和防范化解重大风险的重要讲话精神，加强单位消防安全管理的系统化标准，全面提高领导干部应急管理水平和干部职工防范化解安全风险的能力。三是加强社会综合治理。推进扫黑除恶专项斗争，按时报送线索台账。研究新时代新形势下社会综合治理工作的新特点新问题，严格落实综治维稳、扫黑除恶等相关规定，全年未发生治安问题。严格落实信访工作责任，加大信访维稳考核比重，信访形势保持良好态势。围绕“迎改革、保稳定、促发展”的工作思路开展谈心谈话，掌握职工思想动态，及时化解风险隐患，引导干部职工以积极的姿态迎接改革、服从改革、参与改革。严守改革期间“六项纪律”，严格考勤、请销假、应急值守等管理制度，全系统保持良好精神状态和工作秩序，为改革发展营造平安稳定的良好环境。

【以文明创建为牵引，树立行业发展新形象】 省交通运输执法局认真落实中央、省委和厅党组精神文明建设部署，着力推动社会主义核心价值观建设，深化文明创建，培育行业文明风尚。一是凝聚强大正能量。组织省局直属7个支部全体党员开展党章、党规、党纪知识竞赛活动，并评选出一等奖、二等奖、三等奖以及优秀奖26名；组织开展“沿着总书记视察之路，牢记领袖嘱托，重温入党誓词”“厉行勤俭节约、杜绝餐饮浪费”、纪念中国人民抗日战争暨世界反法西斯战争胜利75周年等主题党日活动；组织全体党员观看《一句誓言 一生作答——中国共产党诞生纪念日特别节目》、“永远跟党走”等专题片；针对疫情防控实际，组织党员利用“学习强国”、“山西交通在线”、微信公众号等多种渠道多种方式进行学习。二是深化行业文明创建。助力太原市创建全国文明城市，开展文明创建宣传，号召广大干部职工说文明话、办文明事、做文明人，为文明城市创建添砖加瓦。省局连续15年被省直文明委表彰为“省直文明单位标兵”，同时，被交通运输部授予“全国交通运输行业文明单位”称号。截至2020年年底，全系统有省级文明单位标兵3个，省级文明单位32个；市级文明单位标兵16个，市级文明单位82个，基本实现文明单位“满堂红”，在全系统树立创先争优、文明和谐的行业新风尚，传递交通执法正能量。做好省局职工书屋建设、庆“三八”“中国梦、劳动美”、安康杯竞赛、“时代新人说——决胜小康、奋斗有我，山西职工在行动”主题演讲比赛等活动。组织开展纪念中国共产党成立99周年系列活动，选树1个先进基层党组织、4位优秀共产党员、3位优秀党务工作者。三是做好帮扶慰问。开展困难职工解困脱困“回头看、再走访”，规范10名困难职工档案，为精准帮扶打好基础。对4名患大病长期住院的困难党员进行帮扶慰问。开展“夏送清凉”和“情系福利院、关爱暖童心”志愿服务等，为1377名工会会员发放电子消费券41万元，党员干部和职工群众感受到组织温暖。

（省交通执法局）

太原交通运输执法局

2020年，在省交通运输厅党组和省交通运输执法局党委坚强领导下，太原交通运输执法局坚持以习近平新时代中国特色社会主义思想为指导，认真贯彻落实上级组织决策部署，坚持改革与日常工作两手抓、疫情防控与日常工作两不误，扎实开展全年各项工作，积极推动交通运输执法事业的改革发展稳定。

【多措并举做好疫情防控工作】 1月23日新冠肺炎疫情暴发以来，太原局认真贯彻落实上级部署要求，扎实开展疫情防控工作。一是强化组织领导。第一时间成立领导小组及四个工作组，研究部署疫情防控工作。二是确保精准施策。制定并严格实施各项防控措施，对单位出入口、办公场所、单位宿舍区、食堂就餐实施重点防控。三是加强疫情监测。1月24日起实行日报告制度，建立疫控值守、监测报告、部门联动和信息共享工作机制，全年全局未出现新冠肺炎的确诊和疑似病例。四是坚持常态化疫情防控与日常工作“两手抓”。3月30日太原局全面复工复产。一方面严格履行疫情防控职责，落实各项防控措施，教育党员干部践职履责、当好先行，坚决防止疫情反弹；另一方面扎实有序推进年度日常工作，做到“两手抓、两手硬”。五是积极贡献爱心。号召党员踊跃捐款（共计15141元），为社会打赢疫情阻击战贡献力量。

【稳扎稳打开展“三零”单位创建工作】 一是认真做好社会治安综合治理有关工作。认真实施社会治安综合治理责任制。组织开展“禁毒法制宣传暨全民禁毒宣传月”、参观防空防灾体验馆等活动，积极配合厅扫黑办开展工作，组织开展扫黑除恶专项斗争。二是扎实做好安全生产四方面工作。落实安全生产责任制，按季度召开安委会会议，定期部署安全生产工作；执行安全隐患月报告制度，按月摸排安全生产隐患问题；组织开展“安全生产月”、安全风险隐患排查整治专项行动等10余项活动，完成7个局属单位消防通道建设和市局机关电（线）路维修改造项目工程，细化完善应急细则及预案，防范化解安全生产风险；领导班子成员带头落实安全应急工作职责，全局严格执行24小时政务值班和领导干部带班制度，落实事故信息报告制度。三是认真做好信访维稳工作。落实信访工作责任，配备兼职信访工作人员，建立信访台账，开展隐患摸排，化解矛盾冲突；积极核实并妥善解决“12345”政务服务热线反映问题，维护改革发展稳定大局。全年未发现社会治安案件、安全生产责任事故、越级上访情况。

【全面提升综合管理工作水平】 一是推进依法治理。落实法治建设责任，落实领导班子和领导干部学法用法、年度述法和法律顾问制度；开展“七五”普法宣传，组织学习习近平法治思想、《中华人民共和国民法典》，开展“信用交通宣传月”“12·4”国家宪法日等活动，年度专题学法达14次。二是严格人事管理。严格执行人事管理相关政策及规定，加强职工队伍、人事档案管理，规范做好工资（值班补助）发放、“四险一金”缴纳、“三龄两历一身份”人员档案审核、退休人员刷脸认证、审批手续（退休待遇核定）等工作；安排职工参加上级培训，抓好在线学习。三是强化财务审计。严肃财经纪律，执行公务卡强制结算制度。严格预算执行进度，积极组织完成预算任务。完成年度决算、预算的编报工作。做好行政补助工会经费问题整改、经济责任审计前期自查、机关维修工程审计等工作，年内审计发现问题的整改率达100%。四是推进效能建设4项工作。积极开展宣传工作，全年宣传报道28篇，编发《内情通报》29期，推动阶段性工作有序开展；加强档案管理，组织学习档案法，做好档案处置、自查自评、文件资料归档任务；规范机要保密收发文管理，严格落实保密规定；整治美化办公环境、组织学习落实垃圾分类管理规定；组织开展“厉行勤俭节约、杜绝餐饮浪费”宣传教育活动，引导干部职工杜绝餐饮浪费、办公浪费。五是认真做好改革3项工作。落实改革任务，组织开展改革要求的固定资产核对登记、不动产清产核资、预算管理、人员划转等工作；组织干部职工参加省厅全省交通强国建设专题讲座，省局高速公路综合行政执法资格培训活动；及时收集交通运输行政执法有关法律法规、业务规定并及时印发学习，提升干部职工业务能力水平；及时传达学习贯彻省局12月17日干部大会精神，进行意识形态领域分析研判，教育引导干部职工积极拥护改革、支持改革、服从改革、参与改革。

【扎实推进全面从严治党深入发展】 一是持续强化政治建设。始终把党的政治建设摆在首位，坚持党要管党、全面从严治党，实施党建、党风廉政建设责任制度。教育引导党员干部不断增强“四个意识”、坚定“四个自信”、做到“两个维护”，在思想上政治上行动上始终与以习近平同志为核心的党中央保持高度一致。二是从三个方面持续强化思想建设。班子带头学习。全年党委中心组学习12次，班子成员积极参加党支部集体学习，做好表率示范。强化督促指导。督促各党支部执行周二、五集中学习制度，按照省局党委《关于进一步加强学习的通知》要求，组织党员干部认真学习党章党规，深入学习宣传贯彻中共十九大和十九届四中、五中全会及省委十一届十次、十一次全会精神、习近平视察山西重要讲话精神、《习近平谈治国理政》(第三卷)等，组织党支部书记参加厅直机关党委举办的集中培训，提高理论素养；班子成员深入联系党支部讲授纪念中国共产党成立99周年党课，宣讲中共十九届五中全会精神，做好示范带头作用；及时购置、编发学习教材，鼓励广大党员利用书本及在线学习平台开展自学。加强道德教育。开展“社会主义核心价值观主题实践教育月”活动，引导党员群众爱岗敬业、明礼诚信。加强干部队伍建设，组织学习10月10日习近平总书记在中央党校(国家行政学院)中青年干部培训班开班式上的重要讲话精神，激励党员干部担当作为。三是从六个方面持续强化组织建设。严格贯彻民主集中制，深化“三转”工作，对市局领导班子成员和党委成员分工进行合理调整，制定实施“三转”工作方案。落实“三重一大”事项集体决策、重大事项请示报告制度，科学决策、民主决策，全年市局领导班子召开党委会议13次，印发行政及党务文件114份；贯彻落实《关于新形势下党内政治生活的若干准则》《中国共产党党内监督条例》，严守政治纪律和政治规矩。领导干部严格执行请假报备制度，如实报告个人有关事项；建立党委书记和班子成员党支部工作联系点，加强对支部的指导、督查；领导班子成员积极参加双重组织生活。督促、要求各党支部落实“三会一课”、主题党日等制度，按时做好党费收缴管理、党务公开、民主评议党员、发展党员、公示党费收支情况等工作。全年依规发展预备党员1名；先后开展“厉行节约、杜绝浪费”等五次主题党日及纪念中国共产党成立99周年活动、特聘教授举办国防教育讲座等，要求党员干部不忘初心、恪尽职守，充分发挥先锋模范作用；及时明确市局机关第二党支部、杏花岭分局党支部书记空缺后的临时负责人，确保支部工作衔接有序。“七一”期间共有2个基层党组织、5名共产党员、2名党务工作者获得厅直机关党委表彰。四是从三个方面持续强化作风建设。集中整治文风、会风。发文数量比上年同期减少13%，会议数量比上年同期减少29%；严格落实中央八项规定及市局党委《关于进一步贯彻落实中央八项规定精神的实施细则(试行)》，带头落实领导干部下基层调研制度，及时督导检查阶段工作落实情况；多场合强调并督查工作纪律和劳动纪律，纪律作风建设不断加强。五是从九个方面持续强化纪律建设。组织党员干部学习贯彻习近平总书记在中纪委十九届四次全会上的讲话和全会精神，学习贯彻楼阳生书记在省纪委十一届六次全会上的讲话和全会精神，《落实中央八项规定负面清单》《省纪委监委“十个严禁”作风纪律规定》等，教育引导党员干部严以律己、廉洁用权；贯彻全省交通运输工作会议暨党风廉政建设和反腐败工作会议部署，制定《2020年纪检工作要点》，谋划、推进党风廉政建设工作；开展“党风廉政宣传教育月”活动，通过理论学习、警示教育、集体廉政谈话等，筑牢拒腐防变思想道德防线；制定出台《深化“三转”实施方案》，提升监督执纪问责能力；严肃查处部分违规违纪典型案件，得到驻厅纪检组肯定：依法依规对贺天珍违纪违法问题进行处理，对在“党风廉政宣传教育月”活动中履职不力的部分党支部书记谈话提醒，督促其履行“第一责任人”责任；开展正风肃纪强化纪检监督工作。通过廉政警示教育(组织观看《镜鉴》、学习《党的十八大以来查处的山西省交通运输系统违规违纪违法典型案件警示录》等)、层层签订《无违法违纪责任书》、加强监督检查等，确保政治生态风清气正；紧盯关键节点，充分运用“四种形态”，做好提醒督促、遏制违纪违法问题的发生；更新完善副科级以上领导干部《廉政档案》，实现专业管理；开展党政领导干部违规入股企业问题专项清理工作，严格落实六方面任务，教育、督促存在本人入股企业情况的四名科级干部严格按要求依规整改。六是深化文明创建工作，认真做好工会日常工作。开展“靓丽星期五”活动、积极参与太原市创城活动。积极参加上级及组织开展各类活动，做好帮扶救济、节日慰问、福利发放、退休会员座谈、会员管理等工作。结合实际需要通过“832”平台采购农副产品，助力贫困地区决战决胜脱贫攻坚。全局文明单位继续保持“满堂红”。

(太原执法局)

大同交通运输执法局

2020年，在上级部门正确领导下，大同交通运输执法局以习近平新时代中国特色社会主义思想和视察山西重要讲话重要指示为指导，以省交通运输厅、省交通运输执法局工作部署为抓手，加强学习、提高素质、稳定大局、改革发展，较好地完成全年各项工作目标和任务。

【提高认识，教育引导，不断加强全局党的建设】
2020年，大同局紧紧围绕改革稳定发展这一中心，抓住素质提升这一主线，在改革这一大背景下，以稳定为大局，以素质提升为方向，不断加强全局党的领导和党的建设，为改革提供坚强组织保障、素质保障、政治保障。一是坚持学习制度，强化思想政治工作。严格按照市局党委《2020年党建工作要点》和《2020年党委中心组和干部理论学习安排意见》要求，扎实有效推进中心组学习，持续学习《习近平治国理政》(第三卷)、重温习近平视察山西重要讲话精神和三篇光辉文献；跟进学习贯彻习近平总书记重要指示批示和关于交通运输工作的重要论述；开展中心组学习，着重学习交通综合行政执法有关法律法规，健全完善《党委中心组学习制度》；每周二、五由机关支部组织党员读原著、学原文、悟原理，深入学习领会习近平新时代中国特色社会主义思想的核心要义、基本精神、实践要求，掌握贯穿其中的马克思主义立场、观点、方法、增强政治自觉、理论自信、情感融入；学习并坚决贯彻执行机构改革期间政治纪律、组织纪律、机构编制纪律、干部人事纪律、财经纪律、保密纪律六项纪律；扎实开展“不忘初心、牢记使命”维护核心见诸行动主题教育，用理论武装干部职工头脑，用理论指导工作实践。除此之外，机关支部每季度至少上一节党课，由党委书记车红兵围绕党员普遍关注的热点、难点、疑点问题解疑释惑，组织党员进行研讨交流，认真撰写学习笔记，并组织全体党员写好心得，切实将党员教育融入日常、抓在经常。二是动员职工抗疫，开展勤俭节约活动。在疫情防控阻击战中，大同局党委积极带领全局党员，带头落实防控举措，带头宣传防控知识，带头遵守防控纪律，并根据上级有关精神，积极响应市委号召，全局173名党员主动为新冠肺炎疫情捐款16600元。三是开好党支部主题党日，严肃党内政治生活。2020年，大同局党委全面推进党支部主题党日活动。根据实际情况在每月主题党日活动期间悬挂党旗、党员佩戴党徽、面对党旗庄严肃穆行注目礼，并积极探索丰富多彩主题党日活动。5月27日，局党委组织全体党员干部到大同市党群服务中心开展主题党日活动，做好“怎样坚持‘三会一课’制度”的培训。开展政治生日活动，3名党员干部重读入党志愿书，讲述入党心路历程以及多年来对党的忠诚和感恩。随后，党员干部参观大同市党群服务中心展厅，认真聆听讲解员讲述党的六大建设、大同党史等内容。在党员宣誓室中，全体党员面向党旗，重温入党誓词。7月1日，为纪念中国共产党成立99周年，大同局组织机关、督查支队、城区分局等支部30余名党员干部，组织退休老党员两次重走习近平总书记视察大同之路，开展“走总书记视察之路 践行领袖嘱托 重温入党誓词”主题党日活动。重温习近平总书记关于脱贫攻坚、文化遗产保护等工作的指示要求。广大党员干部经受一次深刻的思想淬炼、政治历练。7月9日，在大同市古城北城墙中国雕塑博物馆参观大同市抗击疫情主题展。了解学习抗疫工作者舍小家顾大家，为更多人的安危奔赴第一线，一起筑起坚固防线，筑起希望之城的奉献精神。围绕学习《习近平谈治国理政》(第三卷)，大同局党委举办学习研讨会。交流学习心得体会和认识，进一步在全局掀起学习《习近平谈治国理政》高潮。组织干部职工观看电影《八佰》，教育引导全局干部职工铭记历史，勿忘国耻，立足本职，敬业奉献，以绵薄之力助力伟大祖国不断强盛富裕。

【对标对表，驰而不息，推动纪检监察工作高质量发展】 2020年，大同局纪委忠实履行职责，不断深化三转，积极推动纪检监察工作高质量发展，为各项工作提供坚强保障。一是深入学习，深化“三转”工作有序推进。大同局纪委积极对标对表，深入学习《监督执纪工作规则》《山西省交通运输厅所属单位纪律检查工作“两为主一报告一把关”实施办法》等内容，认真查找深化“三转”方面的问题，形成问题清单，认真制定整改清单，细化包括4条工作内容、6项工作措施的整改方案，除继续深化学习之外重点加强纪委参与会议制度以及修改完善“三重一大”决策议事规则等几项制度建设。二是明确政治监督蕴含于日常监督中，切实履行政治监督职责。大同局纪委前移监督关口，充分利用参加会议、谈话提醒、下发建议书、监督意见等方式，深化整治不履行主体责任、推诿扯皮、空泛表态以及形式主义、官僚主义等问题，确保政治监督常态化。在疫情防控监督中，紧盯主体责任不履行、空泛表态、填表防疫等形式主义问题，充分发挥监督作用，对监督中发现的有关疫情期间谎报行踪线索问题进行初核处置，为全局各项防控措施和工作要求落地见效保驾护航。三是做实做细日常监督，驰而不息正风肃纪。2020年，大同局纪委修订完善“三重一大”决策议事规则，进一步明确“三重一大”事项上会前需报纪委把政治关、纪律关，截至年底，共参与“三重一大”会议6次，涉及职工体检以及临时工门卫工资等问题。“五一”、端午、中秋、国庆期间，大同局纪委严格落实省纪委监委、驻厅纪检监察组、省局纪委各项要求，切实履行纪委监督职责，重申纪律要求，层层传导压力、压紧压实主体责任，同时强化警示教育，开展廉政提醒，加强监督检查，反馈存在问题，要求自纠整改，确保省纪委“十个严禁”执行到位。

2020年，大同局纪委处置问题线索两件，均采取初核方式处置，其中一件已经上报驻厅纪检组，尚未形成处分决定。

【严格落实，加强防控，切实维护全局安全生产稳定】 2020年，大同局按照省政府“全领域、全方位、全覆盖”和省厅、省局创建“三零”单位总体要求，深入排查安全风险隐患，扎实推进问题整改，坚决遏制重特大安全生产事故，切实维护全局安全生产稳定。一是加强疫情防控常态化，外防输入，内防反弹。自1月底武汉发生新冠肺炎疫情以来，局领导高度重视，及时成立疫情防控工作领导组，明确责任分工，出台《做好新型冠状病毒感染肺炎疫情防控工作的实施方案》，建立疫情防控微信报告群，严格落实各项防控措施，领导组先后召开四次疫情防控工作会议，把职工生命安全和身体健康放在第一位，全力打好疫情防控阻击战。在疫情初期，先后两次对单位内部全体职工、子女、近亲属是否有从武汉返同情况进行详细摸排，同时配合社区对永安里征费小区和北关征费小区所有住户进行摸排，防患于未然。在局机关和家属院悬挂防控知识标语横幅，制作多块宣传展板，组织职工参与《新冠肺炎疫情防控知识》线上答题2次。大同局和各分局严格按照疫情防控实施方案，办公场所及时消毒，严把人员和车辆防控关，进出人员必须佩戴口罩，接受体温监测。专门设置大同交通运输执法局疫情防控政务值班制度和值班表，坚持24小时带班值班制度，由于目前疫情进入常态化阶段，大同局将继续严格执行各项防控措施，坚持常抓不懈，防止扩散。二是认真开展“安全生产月”活动。根据省厅、省局安排部署，大同局开展以“消除事故隐患，筑牢安全防线”为主题的“安全生产月”活动。及时举办“安全生产月”活动启动仪式，下发《实施方案》，全局共悬挂宣传标语13条，局机关大屏幕不间断滚动宣传口号，进行安全生产“七进”活动专项知识答题和禁毒法制宣传知识竞赛活动，收回试卷70余份，通过丰富多彩、形式多样的宣传活动，扩大覆盖面和影响力，营造浓厚的安全生产氛围，安全防范意识已深入人心。三是组织开展“消除事故隐患筑牢安全防线”培训。8月5日，大同局聘请山西军安消防科技中心教官吕杰为市局机关、督查支队、城区分局全体人员进行主题为“消除事故隐患筑牢安全防线”培训，以案例分析解读消防安全的“四个能力”，即检查消除火灾隐患能力、扑救初起火灾能力、组织疏散逃生能力、消防宣传教育能力。培训结束后，进行消防设施实际操作灭火，并对各类灭火器的适用范围进行现场解读。

【上下联动，全员参与，推动精神文明创建工作深入进行】 2020年，在省、市文明委办关怀和指导下，大同局上下联动，全员参与，精神文明建设成为推动、引领各项工作深入发展的重要手段。一是以稳定为关键。珍惜单位荣誉，维护单位荣誉，推动改革发展，以文明创建为主线，加强全局两级班子和职工队伍建设，不断引深“三基建设”和“不忘初心、牢记使命”主题教育；加强行业文化建设，多形式、多内容、多举措开展各种文化、体育、学习、培训活动，不断凝聚士气，提高素质，迎接改革。大同局成为全省执法系统唯一一个被全省推荐参加国家人社部和交通运输部联合表彰的行业文明单位评选活动的单位之一，被推荐参加全省模范职工之家评选表彰活动。二是以素质为基础。适应时代要求，进一步拓展文明单位创建内容。强化日常学习，制订学习计划，确定学习内容；加强干部职工培训，每年不少于1次，每次不少于3天的集中封闭式政治业务素质提升培训；针对不同时期或者每个季度的工作需要，组织学习研讨、心得交流、观摩学习等不断提高干部职工的政治业务素质。与此同时，建立学雷锋志愿服务队伍，制定活动方案，常态化服务项目和服务活动，不断增强集体凝聚力和集体荣誉感，增强团结奋进创新动力和素质要求。三是以党的建设为根本。全面加强全局两级党组织和全体党员建设，充分发挥党组织的战斗堡垒作用，充分发挥党员的工作积极性。把“不忘初心、牢记使命”主题教育常态化制度化；建立健全党员学习教育、管理考核、民主评议等各项制度办法；采取“走出去”“请进来”的办法，对标先进、争创一流，努力提高全局广大干部职工的综合素质和工作能力 。四是以队伍为保障。不断丰富精神文明创建内涵。在创建活动中，通过加强政治思想教育和职业道德教育，使干部职工充分认识文明创建工作是学习贯彻落实中共十九大精神和十九届三中、四中全会精神的具体体现，是推进依法行政、从严治队的重要举措，是进一步提升干部队伍素质、树立良好执法形象的客观要求。以文化建设为引领，进一步丰富机关文化内涵和提升干部职工的文化自信，着力建设学习型机关、服务型机关、活力健康无烟型机关。通过开展红色主题活动，传承和发扬历史文化，在全局形成正确的社会主义核心价值观，要求干部职工文明交通、文明旅游、文明上网、文明餐桌（公勺公筷）、文明观赛等，养成良好的文明行为习惯。通过打造“道德讲堂”，弘扬传统美德，倡导爱国敬业诚信友善的道德规范，认真贯彻《公民道德建设实施纲要》，使广大干部职工牢固树立爱岗敬业、服务社会的思想，树立共同理想信念。开展移风易俗活动，在全局宣传教育倡导引领科学文明卫生的生活方式看，有效遏制大操大办、厚葬薄养、人情攀比等陈规陋习，抵制封建迷信活动，深化殡葬改革。五是以帮扶为责任。完善困难职工帮扶系统档案。上门慰问已故职工李优林家属，建立困难职工核查表和爱心帮扶联系卡，取得困难职工家属对局工会的高度信任。看望因病住院工会会员陈春林、赵景玲、景智等。特别是对城区分局职工贾朝花爱人因患败血症工会拨付5000元进行帮扶，并组织全体会员进行捐款。组织开展2020年度“安康杯”竞赛活动；按照省总工会《关于开展2020年重点课题调研、主题宣讲暨“送清凉”慰问活动的工作方案》，7月28日，大同局工会主席田占峰带领工会会员到征费小区老旧小区改造项目现场进行“送清凉”慰问活动。完成大同市总工会“数据工会”大数据平台工会会员信息录入工作；完成全国工会统计年报数据采集系统网报2020年度基层工会调查表系统的填报工作。组织开展消费扶贫工作，在云州区组织会员每人购买100元黄花，中秋节在天镇购买麻油消费帮扶。组织开展“决胜小康、奋发有我，山西职工在行动”职工演讲比赛，职工唐磊在省交通运输厅进行演讲比赛荣获第四名的好成绩。

同时，不断加大对浑源县官儿乡李家庄村帮扶力度，除节假日开展慰问活动外，在领导驻村工作队切实做好日常帮扶工作的基础上，建立健全市局领导班子成员分期分批带队入户调研帮扶制度，建立帮扶责任人入户帮扶制度。开展帮扶村疫情防控活动、农村卫生大整治活动、贫困户存在困难征询活动、消费扶贫活动、送医送药活动等等。不间断接触了解，心交心沟通交流，实打实贴心帮扶，不仅密切党群关系，也拉近全局干部职工与村民及贫困户的感情。在国家、省、市、县的历次考核检查中，均得到村民高度评价和充分认同，李家庄村被官儿乡党委、乡政府认定为“放心村”。

（大同执法局）

朔州交通运输执法局

2020年，朔州交通运输执法局全体干部职工坚持以习近平新时代中国特色社会主义思想为指导，深入学习贯彻中共十九大、十九届五中全会精神和习近平总书记系列讲话、中央纪委十九届四中全会和省纪委十一届六次全会精神，在思想上、政治上、行动上始终紧跟党的步伐，在省交通运输厅、省交通运输执法局正确领导下，把握新形势，认清新任务，适应新常态，不忘初心、牢记使命，完成各项目标任务。

【认真贯彻落实全省交通运输工作会议暨党风廉政建设和反腐败工作会议】 一是召开全体干部职工大会。传达贯彻2020年全省交通运输工作会暨党风廉政建设和反腐败工作会议精神。要求7个朔州局属各单位把学习贯彻全省交通运输工作会暨党风廉政建设和反腐败工作会议精神作为当前的一项重要政治任务，坚持问题导向、目标导向和结果导向，适应形势任务要求，强化责任担当，履职尽责，在全面建成小康社会的决胜之年，不折不扣完成好省厅、省局下达的各项工作任务。二是坚持以政治建设为统领。以主题教育为抓手，积极组织开展一系列主题鲜明、内容丰富、形式多样的主题教育活动。集中组织学习《习近平治国理政》（第三卷），习总书记视察山西重要讲话，学习三篇光辉文献，开展“清明缅怀先烈”主题党日活动，开展“厉行节约、反对浪费”主题教育活动，开展“清凉一夏”干部职工慰问活动，进一步激发全体干部职工的爱岗敬业热情。三是根据朔州局党委工作部署。切实把全局党风廉政建设和反腐败斗争引向深入。朔州纪委坚持标本兼治、综合治理、惩防并举、注重预防，以党风廉政责任制为龙头，以加强廉政教育、完善制度体系、强化监督执纪为抓手，扎实推进系统反腐倡廉各项工作，较好地保障交通运输执法事业健康发展。

【积极开展疫情防控、安全生产专项整治、“三零”单位创建活动】 一是积极做好疫情防控应对及秋冬季疫情防控。朔州局多次召开会议，要求各单位认真贯彻落实全省交通运输系统新型冠状病毒感染的肺炎疫情联防联控工作会议精神，第一时间成立疫情防控领导组，主要领导作为第一责任人，对本级本领域疫情防控工作负总责，通过电话、微信、实地走访等形式全面掌握全局干部相关情况，发现情况及时上报，以实际行动为全面打赢疫情防控攻坚战贡献应有力量。秋冬之际，为预防新冠肺炎疫情反弹风险，朔州局积极加强日常防控管理，做好公共区域、办公室、家属住宅区等场所的卫生清洁和定期通风等措施，开展个人防护知识宣传，减少不必要人员聚集，持续做好应急防护物资储备，及时采购物资，确保储备充足，确保秋冬季新冠肺炎疫情防控工作科学规范有序开展。二是积极开展安全隐患排查。全局加强单位内部安全管理，制定整改清单，明确整改时间，同时结合安全生产宣传月开展各类安全知识宣传，进一步强化责任，加强监管，及时堵塞漏洞，消除隐患，认真落实各项安全防范措施。三是积极组织推进“三零”单位创建工作；研究制定《关于开展“零上访、零事故、零案件”单位创建工作的实施方案》，确定领导责任落实，朔州局通过安排部署和组织推进、补短板强弱项、全面梳理这三个阶段，严格执行情况报告、信息反馈等制度，积极开展“三零”创建和综合治理宣传工作，总结交流工作经验，实现工作成效不断深化、长效机制健全完善。四是做好办公网络安全工作。按照省局网监中心和朔州市委网信办指导建议，结合单位工作实际，朔州局安委会从自查情况核实到管理制度落实，从网站外部安全延伸到重要内部网络安全检测，从整体网络安全评测到机房物理环境进行实地勘查，对朔州局信息安全现状进行全面了解，发现一些安全问题，及时消除一些安全隐患。

【扎实抓好驻村帮扶工作】 一是积极发掘优势，寻找致富门路。年初，为村民申请2万元资金购买种猪，帮助村民发展生猪养殖项目。同时帮助合作社与养殖场争取上级有关部门扶贫项目，进一步扩大创业路径，努力实现户户有门路、人人有活干、天天有收入。一年来，通过发动干部职工积极购买鸡蛋、土鸡、猪肉、土豆等农产品，助销帮扶金额累计5000余元。二是抓党建保脱贫攻坚。协助村党支部抓班子、带队伍，落实“三会一课”等组织生活制度，抓好党员发展、教育和管理，增强村党组织凝聚力战斗力。组织实施培训，帮助村干部提高能力素质。三是严格遵守驻村工作纪律。驻村工作队按照市扶贫办要求，每周保证驻村5天，严格执行考勤请假制度，积极填写工作日志，按要求严格驻村签到。严格遵守廉洁自律各项制度规定，不给乡里和村里增加负担，不在派驻村报销个人费用，不参与公款吃喝，不接受礼品、礼金，并公开联系方式，自觉接受群众监督。

（朔州执法局）

忻州交通运输执法局

2020年，忻州交通运输执法局深入学习贯彻习近平新时代中国特色社会主义思想和中共十九届五中全会精神，深入学习贯彻习近平总书记在统筹推进新冠肺炎疫情防控重要讲话精神和交通运输工作的重要指示精神，树牢“四个意识”，坚定“四个自信”，做到“两个维护”，全面完成各项目标任务。

【突出政治建设，党建工作再上新台阶】 一是加强思想政治建设。跟进学习党的创新理论，做到融会贯通、学深悟透、真信笃行。坚持党管意识形态，落实党委中心组理论学习制度和每周二、五集中学习制度，全员参与“三晋先锋”“山西交通在线”“学习强国”App在线学习，适时开展交流研讨，不断提高党员干部理论修养。二是严肃党内生活。认真执行“三会一课”制度，全年召开局党委会10次，在中国共产党成立99周年之际，开展“践行领袖嘱托，率先蹚出新路”主题党日活动。此外，还开展“文明城市，你我共建”“厉行勤俭节约，杜绝餐饮浪费”等主题党日活动，进一步增强干部职工责任意识和担当意识。三是抓好党员队伍管理。通过开展书记讲党课，引导党员亮不足找差距补短板，时刻发挥先锋模范作用。切实做好党费收缴工作。抓好发展党员工作，全年共发展入党积极分子7名，预备党员2名，不断优化党员队伍结构。

【践行使命担当，全力做好疫情防控工作】 在抗击新冠肺炎疫情中，忻州局党委高度重视，及早部署，深入排查，把疫情防控工作作为巩固拓展主题教育成果的实践战场。一是快速反应谋划，立刻行动部署。及时传达学习习近平总书记重要指示精神，迅速转发上级关于加强党建引领全力做好疫情防控工作、关于进一步发挥各级党组织和广大党员干部先进模范作用等重要文件，安排部署疫情防控工作，不断强化工作纪律，牢固树立疫情就是命令、防控就是责任的思想。二是加强统筹协调，形成工作合力。第一时间成立疫情防控领导组，建立健全疫情期间单位工作流程，严控办公场所进出人员及车辆，对进出人员进行体温监测登记，督促各基层单位制定防控工作方案，每天定时消毒，确保管控到位。三是加强线上动态监管。利用“问卷星”软件进行每日打卡，准确快速掌握全体工作人员及宿舍区人员动态，有效避免人群聚集，解决入户排查难、交叉感染等问题，提升工作效能。四是积极开展战疫献爱心。忻州局党委采取自觉自愿、量力而行原则，共捐款30600元，为坚决打赢疫情防控阻击战倾注拳拳真心、递送实实在在温暖。发挥基层党组织战斗堡垒作用和党员先锋模范作用。五是强化宣传引导。为做到疫情宣传全覆盖，利用微信工作群、“山西交通在线”、“学习强国”等方式引导职工学习新冠肺炎防疫知识，积极引导广大干部职工理性应对，消除恐慌心理，不造谣、不信谣、不传谣。

【细化措施，深入整治，切实把安全生产工作要求落实到位】 一是持续开展隐患排查整治工作。查漏洞、补短板、建机制，将各类苗头性、倾向性问题化解在早在小。6月25日，局领导深入保德县、岢岚县分局，实地检查安全生产工作，每到一处，详细询问“安全生产月”活动开展情况，翻阅资料，查看台账，看望奋战在扶贫一线的工作人员，并对加强安全生产防范各项措施提出要求，最后着重强调各单位要树立安全生产发展理念，加强协作配合，管理服务并举，毫不松懈从严从实从细抓好各项安全生产工作。为深刻汲取太原台骀山“10·1”火灾事故教训，扎实做好安全防范工作，有效防止和杜绝重特大事故发生，10月13日，召开安全生产隐患排查督导部署会，成立三个督导组，对全局15个基层单位安全生产风险隐患排查治理情况进行检查和督导，结合安全生产专项整治三年行动、“三零”单位创建和秋冬安全生产、疫情防控等方面，进一步加大隐患排查治理能力。二是加强消防安全教育培训。6月23日上午，市局机关邀请山西阳光众安消防科技有限公司开展“预防为主，安全第一”为专题的消防安全知识讲座，使消防安全理念深入人心。三是全力做好综治和维稳工作。认真落实《2019年度社会治安综合治理（平安交通）工作目标责任书》，全年未发生政治案件、治安案件、刑事案件、火灾等各类责任事故。依法加强信访维稳工作，全面落实重点案件、重点人员稳控措施。积极协调化解各类矛盾纠纷，从源头上预测和消除风险，完善信访工作机制，认真解决群众合理诉求。

【巩固扶贫成果，脱贫富民成绩斐然】 忻州局党委高度重视扶贫工作，局领导多次开展扶贫工作调研、召开党委会研究部署。在人员少，年龄结构老化的不利条件下，共选派12名工作队员、3名第一书记，为完成好扶贫任务提供坚实组织保障。一是认真做好建档立卡等基础性工作，做到底清数明。忻州局机关和局属单位为定点帮扶的所有贫困户制定帮扶计划，确保国家的各项惠民政策落实到位。二是夯实基础设施建设。俗话说“要想富，先修路”，面对北阳村和新舍窠村路难走的问题，积极争取上级资金支持，完成路面硬化，改造卫生室84平方米，新建文化广场1282平方米，并配备乐器、图书、医疗器械，村容村貌以及基础设施得到进一步的提升。所属代县分局驻韩家湾扶贫工作队多措并举，积极作为，协调帮扶企业先后维修完善村委办公场所，硬化文体活动广场，新建村医疗卫生室和公共厕所，并栽种1500余棵景观树，安装太阳能路灯，实现韩家湾村绿化硬化美化亮化工程，村容村貌焕然一新。三是加大产业化扶贫力度。北阳村引进光伏发电项目，收益共计53000余元，91人通过公益性岗位补助受益38000余元；通过入股分红种植小杂粮220余亩；先后投入46万元开发“黄豆园”种植项目；投资14万元新建保温羊圈。代县分局驻村工作队积极协调韩家湾贫困户与乡党委政府一起协调贫困户入股富欣袜厂，使贫困户每人每年有140元的稳定收入，积极争取上马光伏发电项目，为韩家湾早日脱贫奠定基础；多方联系劳务输出，使有能力，有技术的劳动力走出去工作；配合乡党委政府举办致富能人、技术骨干培训班，让他们学成技术充分发挥领头羊的作用，实现先富带后富，大家一起富共同富裕的目标等。四是积极开展消费扶贫。采取“以买代帮”等方式采购贫困地区产品，忻州局扶贫工作队在驻村期间购买帮扶村农产品3000余元，市局全体职工通过扶贫832平台认购价值28000余元的农副产品，以实际行动支援贫困地区脱贫致富。其他工作队争当扶贫的推销员，积极奔走为所在贫困村推销土豆、土鸡蛋、蘑菇等土特产，想方设法为贫困户增收增产，既解决贫困户资源变现难题，又密切干群关系，增进团结。五是加大入户走访力度。帮扶责任人每季度至少开展一次入户帮扶工作，对入户走访发现的问题进行梳理、分析，及时解决问题。

截至2020年12月底，忻州局机关及局属单位所帮扶的7个村233户已经全部脱贫，各项扶贫工作得到上级有关部门肯定，被忻州市授予“驻村帮扶工作优秀单位”、1人被授予忻州市“驻村帮扶工作优秀个人”、1人被授予忻州市“优秀第一书记”称号，5个局属单位获“驻村帮扶模范单位”、多人获“脱贫攻坚工作贡献奖”称号。

【全面加强精神文明建设，助力文明城市创建】 忻州局机关自2003年以来一直被授予“省级文明单位”称号；所属忻府区、原平市、定襄县、繁峙县、河曲县分局5个单位持续保持“省级文明单位”称号；其他为忻州市文明单位。工会组织干部职工积极参加省厅书画摄影竞赛等文体活动，丰富干部职工文化生活。机关支部组织党员志愿者深入社区、忻州市少年宫开展为期一个月的志愿服务工作，以实实在在行动为忻州市创建全国文明城市工作助力，充分发挥党组织和党员干部在创建全国文明城市工作中的战斗堡垒作用和先锋模范作用。

【统筹推进其他重点工作】 一是有序推进机构改革档案处置工作。落实省厅、省局档案管理工作要求，在专业人员指导下，召集机关各科室、15个基层单位主要负责人研讨机构改革档案处置工作，全面收集清点各门类档案，并对散存在个人手上的文件材料进行登记造册，做到应收尽收，确保档案及时、安全、有序移交。二是扎实做好国有资产清查工作。配合资产清查小组对全局所有资产进行盘点清查，切实做到以账对物、以物查账、见物就点、不留死角。对本单位清查中存在的问题进行分析，并提出整改建议和改进措施，通过建章立制，进一步夯实财务管理基础，提高单位国有资产管理的整体水平。三是抓好人口普查工作。根据忻州市第七次全国人口普查办要求，忻州局抽调2名工作人员参与市局自建小区的第七次全国人口普查工作，通过岗前业务培训，2名工作人员佩戴普查员证，深入住户家中开展区划图绘制、摸底调查和人口数据采集比对等普查工作。四是加强财务管理。严格预算编制、执行和资产管理，严肃财经纪律，坚决杜绝“小金库”和违反财经纪律的问题发生；强化内部审计监督，及时发现和解决财务收支不规范问题。五是积极开展“博爱一日捐”。帮扶慰问困难职工，保障职工福利，进一步增强工会保障职工合法权益职能。

【认真抓好党风廉政建设和反腐败工作情况】 忻州局深入贯彻落实全省交通运输工作会和省交通运输系统党风廉政建设和反腐败工作会议精神，以政治监督为统领，以专项监督为抓手，以日常监督为基础，以长期监督为战略，以精准监督为保障，强化对权力运行的制约和监督，锻造高素质专业化纪检监察干部队伍，实现交通综合执法改革提供坚强的政治和纪律保证。一是突出政治监督，增强践行“两个维护”的实效性。紧盯政治责任和政治担当，健全常态化监督机制，做到党中央决策部署到哪里，监督检查就跟进到哪里。二是以日常监督为基础，驰而不息正风肃纪。强化对节点问题的监督，严查享乐、奢靡问题；深化整治不担当、不作为等问题，紧盯重点人、重点单位和关键环节，持续推进形式主义、官僚主义专项整治；把工作纪律、职业道德、工作作风建设等作为监督重点，在严和实、常和长、深和细上下功夫。三是着力加强自身建设，不断增强政治纪律。党员干部要做到自身净、自身硬，要求别人做到的，自己首先做到，确保执纪执法权受监督、有约束，当好党和人民的忠诚卫士，以昂扬奋斗姿态、饱满工作热情，高质量开启高速公路综合执法工作新篇章。

（忻州执法局）

阳泉交通运输执法局

2020年，阳泉交通运输执法局深入学习贯彻习近平新时代中国特色社会主义思想，全面贯彻中共十九大，十九届二中、三中、四中、五中全会精神，贯彻落实习近平总书记视察山西重要讲话重要指示，认真贯彻省交通运输厅、省交通运输执法局各项工作部署，紧扣全年工作任务，坚持稳中求进工作总基调，坚持“四为四高两同步”总体思路和要求，有序推进疫情防控、复工复产、“三零”单位创建、交通综合执法改革等各项工作，牢牢守住安全生产底线，持续营造良好政治生态，全面开启交通强国建设山西篇章新征程。

【强化理论学习，提升政治站位，做到真学真懂真用】 2020年，阳泉局党委持续深入贯彻落实好习近平新时代中国特色社会主义思想，系统学习《习近平谈治国理政》（第三卷）、习近平总书记视察山西重要讲话精神和 三篇光辉文献、习近平总书记关于交通运输工作的指示批示精神，贯彻好中共十九届二中、三中、四中、五中全会精神。扎实开展好“三会一课”，开展好党委中心组（扩大）学习、支部一三五集体学习，组织好主题党日活动，运用好“学习强国”“三晋先锋”“山西交通在线”等学习平台加强学习，不断提升政治素养，强化责任担当。组织全体党员专题学习党章等党内法规，对照党章党规约束自己，不断强化纪律规矩意识。

【深化文明创建，抓好定点帮扶，行业文明建设推陈出新】 阳泉局党委多层面多方式发挥行业价值作用。一是坚持社会主义核心价值观引领。培育时代新人，弘扬时代新风，深入开展文明单位、文明家庭、文明职工等群众性文明创建活动，全局实现文明单位创建满堂红。二是举办富有单位特色的文体娱乐活动，抓好宣传教育。加强工会、群团组织建设，严格管理，提升服务，发挥好桥梁纽带作用，凝聚单位力量。三是认真做好精准扶贫收尾工作。自2015年8月承接扶贫任务以来，阳泉局党委认真贯彻落实好上级各项扶贫政策，加强定点帮扶工作研究，结合村实际因村施策、因户施策、因需施策，提高帮扶措施针对性，切实做到真扶贫、扶真贫。以党建助推精准扶贫工作取得实效，逐步探索出一条“党建开路，产业铺路”的新路子、“项目+企业+农户”的脱贫新模式，多次受到阳泉市委、市政府、省厅、省局、盂县县委、县政府的高度认可，连续多年被评为“阳泉市优秀帮扶单位”。定点扶贫的盂县上社镇大西外村，经省扶贫办核准已于2016年底全面脱贫，多年来持续巩固已获成果，继续抓实抓好扶贫工作，为阳泉交通执法局精准扶贫工作划上圆满的句号。

【创新管理模式，提升服务效能，扎实开展好“三个体系”建设和“争当改革发展稳定排头兵”活动】 阳泉局党委学先进、齐标杆，全力推进提升管理效能的“三个体系”（完备的制度体系、科学的运行体系、严格的监督体系）建设。带领全局干部职工系统梳理基础性工作，完善制度体系建设。编制出台“一目录三手册”，修订出台200余项制度，修订完善38项流程，开展监督检查20余次，有效规范全局的管理。阳泉局党委不断培育文化建设、行业文明建设。以严格学习磨砺人，着力培育“尚学”文化；以严谨制度规范人，着力培育“操守”文化；以典型带动引导人，着力培育“德善”文化；以高尚道德情操塑造人，着力培育“爱心”文化。不间断开展常态化志愿服务项目，建立志愿服务站点，带领全局职工积极参与志愿服务活动，深受外界好评。为能够顺利迎接改革，阳泉局持续开展好 “争当改革发展稳定排头兵”活动。明确活动内容、坚持目标原则、突出发挥职能、重点聚焦工作。采取“指挥部+督察组”模式，实现一项工作一个领导一抓到底，以开展主题实践活动为抓手，比学赶超，全面推进各项工作。活动紧紧围绕“五比五看”（比学习心得、活动开展，看能力素质强不强、信念坚定真不真；比方法做法、落实情况，看支部建设紧不紧、推行贯彻快不快；比工作进度、完成情况，看本职工作实不实、履职能力行不行；比纪律作风、行风政风，看反腐倡廉硬不硬、党风廉政牢不牢；比四个意识、执行力度，看政治建设好不好、完成质量高不高。）突出重点难点，全面推进各项工作任务落实。各单位、各科室组织开展专题学习、专题研讨、督导检查，细化量化工作任务，统筹推进、协调开展，不仅看到各自工作特色，更重要的是通过对比、分析，找准自身工作的差距和不足，对标一流，强弱项、补短板，找到改进工作的好办法。改革之际，开展争当“改革发展稳定排头兵”活动，正当其时、十分必要。

【开展专题研讨，凝聚核心能力、强化多措并举，党的建设和干部队伍建设助推行业发展】 阳泉局党委严格落实党委中心组和支部理论学习制度，原汁原味学习党的最新政治理论精神。组织宣讲小组到各支部、基层单位进行中共十九届四中、五中全会精神宣讲。认真落实“三会一课”、民主生活会、民主评议党员、主题党日、诫勉约谈等制度。开展好革命传统教育和党性教育，组织开展专题研讨等，不断夯实党的基层组织建设。认真落实“三会一课”、民主生活会、组织生活会、民主评议党员、诫勉约谈等制度。开展好革命传统教育和党性教育，各支部结合实际组织开展丰富多彩的主题党日活动。继续加强领导班子和干部职工的思想、组织、作风建设，抓好全局干部队伍建设，抓好纪律作风建设。继续加大干部队伍教育培训，严格干部管理考核，大力提高执法队伍的思想政治素质、业务工作能力、职业道德水准。

【严格落实主体责任，做好常态化疫情防控，统筹推进复工复产】 新冠肺炎疫情以来，全局党员干部坚决响应党中央和省、市委号召，压实责任、迎难而上，做大量扎实有效工作，防控工作取得阶段性成效。组建以局长范文生为组长的“疫情防控领导组”，制定《实施方案》，明确责任分工，建立“战时”工作机制和领导干部包保责任制，建立疫情防控微信报告群，坚决落实省局日报、零报工作要求，依法依规做好疫情防控工作，并层层压实防控工作责任。阳泉局党委总体把控，防控组严格按照《实施方案》《工作方案》，协调各部门，工会积极主动，后勤保障有力，支部纪检联动，全体职工参与，每日摸排、保障疫情得到控制。一年来，全局秉持“防控漏洞再排查、防控重点再加固、防控要求再落实，同步跟进整改，补齐防控短板”原则，坚持做好常态化疫情防控工作，确保“外防输入、内防反弹”常态化疫情防控责任落实落细。

【落实“两个责任”，贯彻八项规定，党风廉政建设和反腐败工作持续深入推进】 党风廉政建设永远在路上，阳泉局党委教育党员干部切实增强自身廉洁意识，筑牢防腐拒变思想防线，立足本职岗位，锤炼过硬作风，以实际行动践行党员“不忘初心、牢记使命”的庄严承诺。全局上下继续从严从实贯彻落实好“中央八项规定、六大纪律”，坚持不懈纠正“四风”，防止不正之风“反弹回潮”。一是全面贯彻落实好全省交通运输工作会议和省交通运输系统党风廉政建设和反腐败工作会议精神。全局干部职工把学习贯彻会议精神作为全年的一项重要政治任务，把思想和行动统一到厅党组的各项决策部署上来，把会议精神贯彻到全年单位的各项工作中去，紧扣全年工作目标任务，盘点工作“明细账”，做到心中有数。对重点工作清晰统筹、有序开展。进一步弘扬工匠精神，进一步明晰目标、厘清思路，确保全年各项工作再上新台阶。驰而不息抓好党风廉政建设和反腐败斗争不放松，切实履行好第一责任人和班子成员“一岗双责”责任，落实好两个责任，确保阳泉交通运输执法局政治生态风清气正。二是组织开展好“党风廉政宣传教育月”“改革期间开展正风肃纪强化纪检监督工作”专项活动。按照厅党组、省局党委关于开展“党风廉政宣传教育月”活动的《通知》要求，阳泉局党委积极安排部署活动开展工作。结合单位实际，迅速出台《2020年度“党风廉政宣传教育月”活动实施方案》，以党支部为单位，组织贯彻落实。抓好思想政治理论集中、在线、个人自学学习、组织专题知识测试、进行廉政集中谈话、观看正反教育片、签订党风廉政建设目标责任书、开展专题学习研讨、撰写心得体会、开展主题党日等一系列活动，各党支部结合单位实际组织开展丰富多彩活动，全局上下认真组织开展好各项工作，活动取得实效。按照省局党委《关于改革期间开展正风肃纪强化纪检监督工作的通知》要求，局党委、纪委高度重视，积极筹划安排部署。阳泉局纪委通过开展廉政提醒、组织警示教育、逐级签订责任书、撰写心得体会、健全廉洁档案、做好明察暗访、督查落实情况等行之有效的方式贯彻落实，充分调动全体干部职工主观能动性和工作积极性，不断筑牢遵纪守法、拒腐防变的思想道德防线，为顺利迎接交通运输综合行政执法改革夯石筑基。三是把政治建设摆在首要位置。积极发挥党支部直接教育党员、管理党员、监督党员的职责，推动全面从严治党向基层延伸、向纵深发展。四是锲而不舍落实中央八项规定实施细则。以基层单位和党员干部为重点，密切关注“四风”问题新动向新表现，持续巩固良好政治生态。五是抓好劳动纪律，加强作风建设。严格要求、严格管理，加强作风建设、严肃劳动纪律，按时上下班、严格请销假制度和值班值守，确保工作有序、队伍稳定。加大监督检查力度，严肃执纪问责。

【树牢安全发展理念，营造和谐稳定环境，确保平安顺利迎接改革】 一是提高政治站位，树牢安全发展理念。深刻汲取太原台骀山景区火灾事故教训，充分认识安全生产工作的严峻性、复杂性和长期性，牢固树立安全发展理念，做好隐患排查工作，认真组织开展好安全生产各项行动。二是消除事故隐患，筑牢安全防线。全局上下认真贯彻落实习近平总书记关于安全生产的重要指示批示精神，严格落实党中央、国务院关于安全生产工作的决策部署，按照省厅、省局指示要求，全面开展好安全生产专项整治三年行动，切实抓好安全责任落实，及时消除安全隐患，筑牢安全防线，坚决杜绝重特大事故发生，确保全局安全生产形势稳定。三是压实安全生产，严格责任追究。阳泉局高度重视安全管理和社会治安综合治理工作，坚持“以人为本，预防为主，安全第一”的工作方针，从讲政治、保稳定、促发展的高度来抓好落实。全局上下全面落实安全生产主体责任，按照“全覆盖、零容忍”的原则，采取自查、检查、督查等方式，组织开展安全生产风险隐患排查治理。针对发现的安全隐患，各单位建立详细责任清单，明确整改责任人、整改时限，并由单位第一责任人签字上报。不断完善各种应急预案，注重隐患排查和长效管理，组织开展安全生产大检查活动，对存在的事故隐患和苗头，定期排查、及时整改，确保全年单位的安全稳定发展。

【维护行业稳定，夯实基础管理、为交通强国建设山西新篇章贡献力量】 阳泉局党委坚持“抓发展、抓稳定，两手都要硬”的原则，把维护稳定作为政治任务，尽最大可能消除不稳定因素，推动事业健康发展。一是召开专项工作推进会。10月15日，阳泉局党委召开专项工作推进会传达贯彻全省干部大会精神，并就下一步工作做具体安排部署，要求全局切实做到“七个抓好、七个保持”(即:抓好党建、带好队伍，始终保持共产党员的先进性；抓好安全、确保平安，始终保持安全平安的工作局面；抓好管理、澄清家底，始终保持高效的管理能力；抓好业务、夯实基础，始终保持高素质业务水平；抓好廉政、维持稳定，始终保持廉政本色；抓好纪律、加强作风，始终保持良好工作作风；抓好扶贫，圆满完成任务，始终保持优异扶贫成效)。要求全局干部职工要主动作为，以“有为、有位”的思想迎接改革。要在省厅、省局、市委、市直机关工委正确领导下，凝心聚力、振奋精神，统筹推进全局各项工作有序高效开展，为改革顺利进行夯实基础。二是加强党务、政务、财务公开。让权力在阳光下运行，切实保障干部职工的知情权和参与权。三是组织开展好“三零”(零上访、零事故、零案件)单位创建。按照省厅、省局关于“三零”单位创建工作的部署要求，阳泉局党委召开专题会议进行安排部署，要求全局干部职工要不断深入贯彻落实好习近平总书记关于社会治理的重要论述和中共十九届四中全会精神，不断提升基础效能建设、提高基层治理能力。夯实基础管理方面，阳泉局党委认真抓好5项工作。一是组织开展资产清查工作。按照省厅、省局通知要求，阳泉局党委迅速成立资产清查工作领导组，职责明确、分工到人，全力组织配合开展好资产清查工作。全面进行人事和资产(账务、资金、财产等)盘点、清查，坚持实事求是原则，确保资产清查工作真实性、完整性和合法性。后期针对发现的问题能进行整改的立即整改，历史遗留问题无法解决的，做到心中有数。各单位切实抓好行业效能管理，人事、财务、办公室切实做好人、财、物登记造册，真正做到底数清、情况明、数字准，为改革顺利过渡夯实基础。二是强化财务预算管理。认真做好预算编制、财务监管和审批报销等工作。三是继续加强固定资产管理。对全局所有固定资产要不断更新补充，不断完善资产管理信息系统。四是继续严格人事管理特别是编制外用工管理。严格全局津贴、补贴发放，做好各项社会保险缴纳工作，完善干部人事管理档案，规范全局编制外用工管理，完善考勤制度严格管理等。五是继续加强公务用车管理，切实整治公车私用。六是继续加强档案管理。按照档案管理规定，做好资料搜集整理归档工作。

（阳泉执法局）

吕梁交通运输执法局

2020年，吕梁交通运输执法局始终高举习近平新时代中国特色社会主义思想伟大旗帜，深入贯彻中共十九届四中、五中全会精神和习近平总书记视察山西重要讲话重要指示，坚决落实全省交通运输工作会议、省交通运输系统党风廉政建设和反腐败工作会议精神，紧紧围绕改革发展稳定中心任务，坚持以教育为先、以稳定为基、以职工为本，统筹做好常态化疫情防控、全面从严管党治党、持续提升基础管理质量等各项工作，全力保稳定、促改革、谋发展，较好地完成全年各项目标任务。

【推动责任落实落细，疫情防控形势趋稳向好】 一是全力以赴打好疫情防控阻击战。面对突如其来的疫情，坚持机关、基层一盘棋，密集调度、精准施策，推动建立“阳泉局领导班子—基层单位党政负责人—防控工作具体承办人”的三级责任落实机制，构建起“点线面”网格化立体防控体系，明确防控重点区域，展开全面排查，定期进行消杀，深入开展线上督导，迅速筹集援鄂捐款，认真坚持疫情日报送和清单式管理制度，全方位、多层次推进疫情防控工作。二是认真做到疫情防控常态化。疫情形势较为平稳后，坚持常态化精准防控和局部应急处置有机结合，高度重视职工防护教育，加强所属人员管理，坚持出入测温登记，严格落实人员出区报备制度，全力保障防疫物资供应，积极查找疏堵疫情防控漏洞隐患，全年共发布涉及疫情防控文件28份，努力做到防控工作精细化、“零死角”。三是切实做好秋冬季节疫情防控。针对秋冬季节疫情形势，认真贯彻省厅第三、四次安委会精神，积极部署全局防控准备工作，全力确保“外防输入、内防反弹”，坚决守住疫情防控阵地。

【聚焦政治首位原则，思想政治建设全面加强】 一是深入推动学习教育。严格贯彻执行党委中心组每月集中学习和机关支部每周二、五集体学习制度，全年共开展中心组集中学习14次，机关支部集体学习64次，定期划定学习大纲、不间断组织授课，以严明的制度充分保障学习质量和成效。二是积极创新教育形式。按照“六个讲清楚”要求深入基层单位宣讲中共十九届五中全会精神，组织党员深入文水县刘胡兰纪念馆、岢岚县宋家沟新村、昔阳县大寨村等教育基地开展党日活动，邀请市委讲师团团长吴新元讲授学习实践习近平视察山西重要讲话重要指示专题党课，分批次选派党委成员、党支部书记和入党积极分子参加党务技能培训，教育引导党员干部提升觉悟、提高素养、提纯党性。三是逐步拓展学习内容。全面学习以中共十九届四中、五中全会精神、党章党规党纪、《习近平谈治国理政》（第三卷）、三篇光辉文献、习近平视察山西重要讲话重要指示，将《中华人民共和国宪法》《中华人民共和国民法典》、交通执法业务知识一并纳入学习教育范畴，基本实现政治理论知识和业务知识全覆盖。

【全面推进从严治党，党建和党风廉政建设持续深化】 一是党建责任认真履行。把加强党的建设与改革期间日常工作深度融合，认真落实党委成员党支部联系点制度，将深化“三转”工作任务认真落实到位，切实扛牢扛实“两个责任”。二是党内生活脱虚向实。严格落实“三会一课”等党的组织生活制度，积极部署领导干部民主生活会、党员组织生活会和民主评议党员。全年保质保量开展主题党日活动12次，认真执行重温入党誓词、党员过“政治生日”等规定动作，党内政治生活实现规范化开展。三是基层组织不断夯实。充分发挥党支部直接教育管理监督党员的职责，坚持党建任务清单式落实工作法，认真开展党组织书记抓基层党建述职评议考核工作，持续推动全面从严治党向基层延伸。按时足额收缴党费，“七一”前后深入开展中国共产党成立99周年和“不忘初心、久久为功”系列活动，严格按照党员发展流程新发展预备党员3人、按期转正2人。四是正风肃纪持续发力。强化刚性约束，进一步完善党员干部廉洁档案，发挥执纪监督的“探照灯”作用，用好“四种形态”，加强对党员干部的全方位监督。全年共通过“四不两直”方式深入基层一线监督检查52次，发现和纠正问题、线索3条，全力抓好改革期间纪检监察工作。五是警示教育深入开展。紧盯重要时间节点和领导干部这个“关键少数”，紧紧围绕《落实中央八项规定精神负面清单》、“厉行勤俭节约、杜绝餐饮浪费”和党风廉政宣传教育月等工作要求，深度结合改革发展稳定新形势下党风廉政建设新动向、新问题和新表现，紧密聚焦省市查处的典型案件尤其是党政干部违规入股企业典型案例，全年共开展警示教育8次，提醒谈话54人次，不断深化以案促改成果。六是群团工作同频共振。严格按照换届工作流程进行工会“三委”换届，充分发挥党的群团组织作用，以深入开展文明创建为牵引，认真举办“书香三八”读书活动、“诚实守信”道德讲堂等文化活动，全年筹集爱心捐款累计4580元，以丰富多彩的群团工作积极助力党的建设。

【强化巩固提升举措，基础管理水平优化提升】 一是全面深化制度机制建设。对全局党建、行政、人事、财务等规章制度进行大起底，重新修订形成基础性制度116项，初步实现各项工作有章可循、有规可依，党务政务运行更加顺畅高效。认真贯彻习近平总书记关于“坚决制止餐饮浪费行为”的重要指示精神，出台制止办公及餐饮浪费举措15项，大力推进节约型机关建设。二是切实强化固定资产管理。积极配合乙方对全局3800余万元账面资产开展全面盘点清查，在深度清查资产、支出基础上，实施对各项固定资产核对、盘点，切实做到底清数明、账实相符。按程序积极协调解决部分局属单位所属部分办公场所多年无法腾退的历史问题，努力确保改革期间国有资产不流失。由属地政府统一出资，按规定标准监督完成对机关办公楼和机关、离石区分局家属区共17530平方米楼体外墙保温改造工程，解决多年来因建筑老旧导致的冬季采暖效果差、外墙损坏严重等积弊。三是不断深化“三零”单位创建。以省厅《“零上访、零事故、零案件”单位(企业)创建工作指南》为根本遵循，持续深入开展宣传部署、摸排防控，坚持边排查边整治，积极疏堵漏洞，着力消除盲点，坚决整治各类矛盾纠纷和安全隐患。

【坚持重点领域发力，全局业务工作行稳致远】 一是深入开展高层次业务培训。组织干部职工充分利用个人自学、每周二、五集中学习等平台深入开展业务理论知识学习，分批次选派业务骨干参加省局组织的业务培训，全面提升干部职工的业务能力和综合素质，全力以赴为改革打基础、作准备。二是稳步推进扶贫攻坚任务。全力支持党委书记任晓军和负有扶贫任务的基层单位开展扶贫攻坚工作，坚决完成好脱贫攻坚任务目标。三是安全生产形势持续向好。认真贯彻落实社会治安综合治理领导责任制，坚持按季度召开安全生产工作会议，定期开展安全生产隐患排查，规范报送“扫黑除恶”专项工作台账，有序开展“扫黄打非”“信访维稳”“反恐防范”“矛盾排查”等综治工作。

（吕梁执法局）

晋中交通运输执法局

2020年，晋中局以习近平新时代中国特色社会主义思想为指导，全面贯彻中共十九大及十九届二中、三中、四中、五中全会精神，深入学习贯彻习近平总书记视察山西重要讲话重要批示指示精神，认真贯彻落实省厅和省局的决策部署，统筹推进改革期间各项工作，各方面工作取得新成效。2020年被命名为首批“市直机关示范型党组织”，被授予“2019—2020山西省文明单位”称号。

【坚持抓学习不间断】 把深化理论武装作为首要任务，全年举行中心组理论学习27次，组织交流研讨11次。坚持每月党委中心组学习不间断、每周二、五党员学习常态化，深入学习宣传贯彻中共十九届四中、五中全会精神，跟进学习习近平总书记重要讲话精神。把学习培训作为重中之重，每月下达学习计划、组织学习考试，年内选派48名干部参加上级各类学习培训，年终举办全员“履职能力提升”培训。利用信息化平台开展线上学习，“山西交通在线”参与率达97%、学时达标率达90%以上，“学习强国”注册率达98%，1名党员获晋中市“学习强国”

挑战达人十佳称号。

【坚持抓党建不放松】 晋中局党委坚决扛起全面从严治党政治责任和主体责任，充分发挥党建工作领导小组的作用，抓组织、抓部署、抓管理、抓落实，层层落实党建工作责任制，压紧压实党风廉政建设"两个责任"，持续深化基层党支部标准化规范化建设，全面启动智慧党建系统，健全完善党员信息，积极创建"四强"党支部和"六有"党员活动室，严格落实"三会一课"、主题党日、民主生活会、组织生活会、谈心谈话、民主评议党员等基本制度，组织开展"七一"讲党课、唱红歌、重温入党誓词、表彰先进、红色教育等系列活动，党组织的组织力、凝聚力和战斗力明显增强。

【坚持抓作风不停步】 坚持不懈落实中央八项规定精神、纠正"四风"问题、整治形式主义、官僚主义。运用"四种形态"经常性对党员干部提醒谈话，重大节日前召开集体廉政谈话会，重申"十个严禁"和廉政规定。深入开展党风廉政教育宣传月活动和"厉行勤俭节约、制止奢侈浪费"活动，扎实开展党政领导干部违规入股企业专项清理，全体党员签订《党风廉政建设承诺书》和《无违规违纪责任书》，科级以上干部填报《党政领导干部违规入股企业承诺书》。认真贯彻落实"两为主一报告一把关"要求，积极深化"三转"工作，着力提升监督质量和执纪效能。紧盯重要节点，盯住"关键少数"，开展明察暗访和专项整治，积极营造风清气正政治环境。

【坚持抓安全不懈怠】 认真贯彻落实省委、省政府和省厅、省局安全生产工作有关精神和要求，一体推进安全生产、专项治理三年行动、"三零"单位创建、常态化疫情防控、重大节日安全稳定等工作，举办安全生产各类专题活动，与晋中消防支队联合举办消防应急实战演练。坚持每月一排查、一整治、一报告，做实做细排查整治工作，全局共排查出风险隐患54项，截至年底，已整改落实41项，报请省局解决13项，有效预防和控制重特大事故发生。

【坚持抓扶贫不松劲】 坚决贯彻中央决战决胜脱贫攻坚座谈会议精神和省市干部驻村帮扶工作会议精神，建立包户结对帮扶机制，组织34名帮扶责任人与102户贫困户对接帮扶、精准服务，开展扶贫捐助、消费扶贫、节日慰问等活动。坚持一手抓防疫，一手抓生产，持续推进"十个清零"行动，积极做好迎检工作，全力答好收官答卷。在巩固提升帮扶成果基础上，2020年投资10万元新开发花椒种植园50亩项目，惠及村民117户，帮扶工作顺利通过省脱贫攻坚领导组第三方评估验收。

【坚持抓稳定不动摇】 坚决落实改革期间工作任务和要求，积极做好档案处置、资产清查、经费管理等改革期间准备工作。紧扣"迎改革、保稳定、促发展"的工作思路，加强思想政治、意识形态和形势政策等教育，引导干部职工讲政治、讲大局、讲担当，保持定力、坚守岗位，严格执行改革期间"六项纪律"，严格遵守签到考勤、外出报备、值班带班、应急值守等工作纪律、制度和规定，保持良好精神状态和工作秩序。

（晋中执法局）

长治交通运输执法局

2020年，长治交通运输执法局认真贯彻落实省交通执法局工作部署，紧密结合交通运输综合行政执法改革形势，统筹推进强化行政管理、疫情防控、队伍稳定、精准扶贫、党建和党风廉政建设等项工作，圆满完成各项既定任务。

【突出"三个"注重，全面强化管理，积极做好各项改革准备工作】 一是注重维护职工队伍稳定和干部职工综合素质提高。把队伍稳定作为重中之重的一项工作来抓。长治局主要领导和班子成员坚持维稳"三必讲"工作法（逢会议必讲、下乡调研必讲、谈心谈话必讲），使大家始终保持"不传谣、不信谣、不妄议中央大政方针、不非议综合执法改革"的政治定力，始终保持职工队伍稳定；根据交通综合执法改革工作需要，派出专人参加省局改革领导组法治工作组关于综合执法具体工作研讨会，参与制定山西省高速公路《综合行政执法巡查细则》《综合行政执法案件处理规范》《路产登记制度》《综合执法联动协作机制》；坚持"三零单位"创建和安全生产工作相结合，优化各项措施，市局督导组经常性深入基层单位开展督导检查，在全局范围内深入开展矛盾隐患和安全隐患大排查，积极解决各类敏感性问题和历史遗留问题，杜绝群体性事件的发生。二是注重各项日常工作的精细化管理。严格落实《统一规范县级独立核算单位财务管理暂行办法》、公务用车管理、人事管理、考勤管理、固定资产管理、安全生产管理、内部审计等各项行政管理制度。在财务管理方面，及时准确完成2019年度财务决算报表、财务报告、内控报告的编报工作，积极配合完成省局开展的资产清查工作，顺利完成2021年预算编制工作。在人事劳资管理方面，顺利完成2020年度薪级普调。核定2020年度职工社保缴费基数，理顺4位退休人员临时工资待遇，为3位死亡职工办理死亡申报手续，为8位职工办理补缴养老保险和账号转移手续。完成省厅、省局安排的人员划转申报。在加强工会工作方面，注重突出维护职能，积极开展帮贫助困"送温暖"活动，保障干部职工各项福利待遇和合法权益落实。三是注重疫情防控工作。首先，长治局成立新冠肺炎疫情防控工作领导组，结合全局实际制定疫情防控工作实施方案，明确防控责任、防控重点、防控措施，在第一时间通过办公OA系统迅速传达到14个基层单位和每一个干部职工；其次，严格落实防控措施，全面排查长治局家属院和各分局可能存在的湖北武汉返晋人员，逐户、动态掌握所负责单元、小区住户疫情防控情况，确保做到一户不漏、一个不少。同时积极做好宣传工作，教育引导广大职工、群众正确认识疫情，科学对待防控工作；第三，按照驻地党委政府安排，组织党员干部深入疫情防控一线，参与到社区、火车站等重点部位的疫情监测站点。长治局向奋战在抗击疫情一线的太东街道工作人员送去问候，捐赠价值3000元物资，全力支持疫情防控工作，展示交通执法部门勇于担当负责的良好行业形象。疫情防控工作取得明显成效，全局范围内未发生1例新冠肺炎疫情。

【坚持"一个统领"，全面贯彻从严治党要求，为改革平稳过渡提供坚强的组织保障】 长治局党委坚持以中共十九大和十九届五中全会精神为统领，认真落实从严治党新要求，全面提升新形势下基层党建工作水平，为交通综合执法改革提供坚强的组织保证。一是全面加强思想建设，提高党员干部的政治理论水平。长治局党委坚持把学习作为提高干部职工素质的重要手段，采取干部自学、集中学习、主要领导上党课、观看主题影片等开展多种方式进行学习教育。学习内容紧紧围绕中共十九大精神、《习近平谈治国理政》(第三卷)、《习近平新时代中国特色社会主义思想学习纲要》、习近平总书记三篇光辉文献，跟进学习贯彻习近平总书记视察山西重要讲话重要指示和关于交通运输行业的重要指示批示、重要论述。通过专题学习，有力提升干部职工参与政治理论学习的主动性和积极性。二是扎实推进"三基建设"，全方位提升党建管理水平。制定下发《党的工作要点》，明确党建工作任务，压实党建工作责任。首先是不断加强党委中心组学习，在学懂弄通做实上做好示范。在全局范围内深入开展"党员读书日"活动，用好"学习强国"、"山西交通在线"等学习平台，推动学习贯彻走深走心走实。先后组织开展"强素质、作表率"党员读书日、"践行社会主义核心价值观"等活动，完成党员组织关系集中排查和党员收缴专项检查等项工作，进一步规范和加强党员管理。其次，抓好基层组织和队伍建设。做实基础性工作，按规定执行党务公开制度，做好党费收缴；扎实开展"党风廉政宣传教育月"活动，坚持把廉政教育作为基础性工作，不断丰富教育形式，加强提醒预警教育，不断加强对党员干部的经常性教育。三是认真贯彻落实《公民道德建设实施纲要》，扎实开展精神文明创建工作。坚持文明创建和贯彻落实纲要相结合，扎实推进社会主义核心价值体系建设，定期组织开展"道德讲堂"，普及社会主义核心价值理念，把勇于创新、奋发向上、诚信友爱的品格融入工作与生活中。在精神文明创建工作中，不断丰富创建载体，积极参与长治市创建全国文明城市包街共建活动，丰富和促进长治局精神文明建设。为庆祝中国共产党成立99周年，深入开展迎"七一"系列活动，丰富党员组织生活，进一步坚定全局党员宗旨意识。

【做好“三项工作”,认真落实监督责任,扎实推进党风廉政建设】 长治局纪委抓住三项重点工作,大力加强党风廉政建设和反腐败工作,切实当好监督主将。在落实监督责任方面,长治局纪委认真贯彻落实省厅“两会”精神,采取四项措施:一是不断深化廉政教育,教育引导党员干部自觉学习《中国共产党廉洁自律准则》《中国共产党纪律处分条例》《中国共产党党内政治生活若干准则》《中国共产党党内监督条例》,增强贯彻党内法规的行动自觉。二是认真履行执纪监督职责。紧盯重要时间节点和关键少数,对节日期间的工作纪律、公务用车、安全排查、中央八项规定执行等情况开展监督检查,发现问题及时通报,立行立改。三是完善惩治和预防腐败体系。从权力运行入手,全面梳理岗位职责和工作内容,编制权力运行流程图和《廉政风险防控图》,全面推行廉政风险防控排查,从源头上有效遏制和减少腐败行为的发生。四是不断完善信息收集、风险预警和调查处置机制。对存在苗头性、倾向性但又不构成违规问题的单位和个人,采取警示提醒、诫勉纠偏等方式,帮助和督促党员干部及时纠正工作中的失误和偏差。在深化“三转”方面:一是从聚焦主责主业、创新工作方法、强化队伍建设三个方面提出目标要求,建立“三转”工作的组织领导机构和工作运行长效机制;二是开展深化“三转”大学习、大讨论活动,将自查情况列出问题清单,结合《实施方案》要求,完善纪检监察各项工作制度;三是做实做细各项工作,职责定位更加明确,该管的不手软,不该管的也决不包揽;纪检监察人员“主动转”的意识和主动监督的意识都有所增强,日常监督更加严格,干部职工的工作纪律和作风都有所转变。在纠正“四风”方面,长治局纪委坚持以专项监督为抓手,以日常监督为基础,以精准监督为保障,对全局工作纪律、工作质量、工作作风以及领导干部落实“两个责任”和廉洁自律等方面进行明察暗访和督导检查。长治机关各科室和基层各分局主动查摆存在的作风建设和廉洁自律方面的问题,特别是针对节日期间不正之风易发、多发的关键环节和重点领域进行严肃认真的自查自纠。全局未发现违反中央八项规定的情况。

【围绕精准施策,坚持多点发力,脱贫攻坚取得明显成效】 市局班子高度重视精准扶贫工作,在组织领导、资金支持、制度保障等各个方面给与大力支持。长治局主要领导和分管领导多次深入该村指导“十个清零”专项行动,逐户进行问题排查整改;扶贫工作队积极工作,举办第三届孝老敬亲节,动员子女缴纳赡养费共计24万元;同时还完成脱贫攻坚国家普查现场登记工作;安排预算资金8.5万元,为神后村安装太阳能路灯46盏。积极协调市、县农委争取到高标农田建设项目,为村里硬化田间道路2.5公里;协助相关部门完成通村“农村四好公路”建设项目规划、设计和征地拆迁工作,基本实现“村容村貌有改观、文化活动有场所、贫困户经济有增收、身心健康有保障”的目标,扶贫工作取得明显的成效。

(长治执法局)

晋城交通运输执法局

2020年,晋城市交通运输执法局以习近平新时代中国特色社会主义思想为指导,紧紧围绕全省交通运输工作会议和全系统党风廉政建设和反腐败工作会议精神,坚持“一轴、两翼、三基石”的总体工作思路,一轴即抓好和谐稳定迎改革这项中心工作;两翼即大力实施学习培训提升全员素质、抓好多项创建活动丰富职工生活;三基石即夯实党建、党风廉政建设和精神文明建设基础,紧跟省局党委安排部署,认真贯彻落实新时代党的建设总要求,推进全面从严治党向纵深发展,大力推进“三零”单位创建,落实安全生产责任制,继续保持创建省级文明单位标兵的良好势头,较好地完成全年工作 任务。

【深化政治担当,严格落实党建主体责任】 一是强化组织领导。成立党建工作领导小组,下发《2020年党建工作要点》和《党建责任清单》,定期研究讨论党建工作,及时传达中央、省局党委和市直工委党建工作新要求,发挥党组织把方向、抓落实的领导作用。二是层层压实责任。落实党建工作责任制,进一步完善党委负总责、党委书记为第一责任人、班子成员“一岗双责”、党群部统筹推进、各党支部具体落实的党建工作责任体系，层层把党建工作责任压紧压实。三是加强督导考核。定期分析党建形势，加强对党建工作的分类指导、观摩评比、督促检查、考核评价。组织召开专题党建会议2次，组织党建工作观摩评比1次，党建专项督导检查1次，12月25日组织各基层党支部书记进行年度述职考 核评议。

【坚持问题导向，夯实管党治党主体责任】 按照“党要管党，从严治党”的要求，强化责任分工，层层传导压力，自觉落实好管党治党主体责任。党委始终坚持把抓党风廉政建设作为应尽之责、分内之事，坚决贯彻落实上级党委关于党风廉政建设的部署要求，晋城局党委中心组专题学习全省交通运输系统党风廉政建设和反腐败工作会议精神，传达省交通运输厅纪检工作推进会议精神。3月24日、7月9日市局党委两次召开专题民主生活会，班子成员逐一进行自我批评，明确整改方向，制定整改措施，并已全部整改到位。为推进制度体系建设、构建长效机制，晋城局党委召开党委会议，专题修订完善《党委工作规则》《党委会议制度》《办公会议制度》《专题会议工作制度》等12项内部管理制度，进一步落实依规办事、依章办事。

【持续强化教育，筑牢拒腐防变的思想道德防线】 在推进党风廉政建设工作中，晋城局党委坚持教育为先、预防为主的原则，把对党员干部的思想政治教育放在首位。把党风廉政宣传教育纳入党委中心工作总体部署，扎实推进党风廉政建设宣传教育工作。一是加强理论学习，深入开展思想政治教育。深入学习习近平新时代中国特色社会主义思想、《中国共产党纪律处分条例》《中国共产党廉洁自律准则》《习近平在厦门》《习近平在宁德》、习近平总书记三篇光辉文献、宣传太行精神、“两路”精神和罗阳先进事迹、习近平总书记考察山西重要讲话指示精神和中共十九届五中全会精神；组织全体党员干部开展自学，学习2020年全省交通运输系统党风廉政建设和反腐败工作会精神、中央纪委十九届四次全会公报、《中国共产党党章》《党的十九大以来查处违纪违法党员干部案件警示录》等，教育引导党员干部树立共产主义信念，切实提高广大党员干部责任意识和纪律意识，促使全体党员干部廉洁自律。党委中心组专题学习14次，每周二、周五组织开展支部集中学习，组织开展学习贯彻习近平总书记视察山西重要讲话重要指示基层宣讲活动8次、中共十九届五中全会精神宣讲活动8次，领导班子成员讲党课4次，并邀请晋城市委党校副校长上官建红为全体干部职工讲《习近平谈治国理政》(第三卷)专题党课。二是组织开展警示教育月活动。根据晋城市委文件要求，在3月开展“强化担当落实、践行‘两个维护’”警示教育月活动。下发《关于开展“强化担当落实、践行‘两个维护’”警示教育月活动的实施方案》，全局党员干部职工自行观看廉政教育警示片《褪色的人生》，对照“五个梳理”，根据交通执法改革实际，列出加强政治理论学习、配合省局推进综合执法改革任务、做好疫情期间上班消毒等任务清单，截至年底已全部完成。组织全局党员干部职工参加全员线上专题考试，达到“以考促学、以学促干”目的，提升党员干部的政治理论水平，明晰纪律红线、法纪底线。三是组织开展党风廉政宣传教育月活动。按照厅党组和省局党委部署，4月，组织开展2020年党风廉政宣传教育月活动。召开党风廉政宣传教育月活动动员会，下发《2020年度党风廉政宣传教育月活动实施方案》。召开警示教育会，重申厅党组《关于对晋城交通运输执法局违反改革期间“六项纪律”有关问题的通报》和《关于严明事业单位改革期间工作纪律的通知》。组织观看由晋城市纪委拍摄制作完成的反腐警示教育片《背弃》。下发《关于做好2020年“五一”期间落实中央八项规定精神加强作风建设工作的通知》，到各基层单位进行督导检查，重点对党风廉政宣传教育月活动开展情况、落实厅党组党风廉政建设和反腐败斗争工作情况、公有房屋租赁情况、安全隐患排查及季度督导情况、作风纪律及人员在岗在位情况、是否存在公车私用、重大节日落实中央八项规定精神内容等进行重点监督检查，及时指出各单位存在问题，做好详细的检查工作记录，并向各单位进行反馈，要求立行立改。11月，按照省厅省局文件要求，严肃开展用好《警示录》扎实推进警示教育活动，用身边的人和事教育全体干部职工时刻绷紧廉洁从政的这根弦，重温改革期间六大纪律，切实杜绝一切违规违纪现象。

【坚持学做结合，持续推进各项工作有效落实】 一是开展“一轴两翼三基石”党建品牌创建活动。为全面提升全局党建工作规范化、品牌化、科学化水平，开展“一轴两翼三基石”党建品牌创建活动，通过开展建设学习型单位创建、党支部提升、廉洁机关建设、党建表彰、党员志愿和服务提升活动等六项活动，取得良好效果。二是抓好重点节日期间的党风廉政建设。针对春节、清明节、“五一”、端午节、中秋节等重大节日期间消极腐败现象易发、多发的特点，下发文件并采取微信工作群通知等方式，重申领导干部廉洁自律和厉行节约、制止奢侈浪费的各项规定，提醒领导干部严格执行党风廉政建设各项规定。三是狠刹“四风”加强作风建设。晋城局党委和各支部组织集中学习中央八项规定精神和省纪委《落实中央八项规定负面清单》，强化政治思想认识，严明党的政治纪律和政治规矩，改进工作作风，加强党性修养和党性锻炼。认真执行廉洁自律规定，严格规范从政行为，科级以上党员干部主动填报个人有关事项，自觉置身于党内监督、群众监督、法律监督和舆论监督之下。四是加强党支部建设。认真落实“三会一课”，按时召开民主生活会、组织生活会，班子成员参加双重组织生活会。各支部每月按期开展主题党日活动，共开展12次。5月至6月，开展进一步规范党费收缴、使用工作，督促各党支部核定党费计算基数、按月收缴党费、落实党费公示等，查找问题、及时整改，截至年底已全部整改到位。开展“支援抗击疫情一线，践行初心使命”党员自愿捐款活动，两次共捐款22530元。宋宏伟、窦涛二人被晋城市督察组抽调参与疫情防控督查，被晋城市委点名表扬，并在“学习强国”App、《太行日报》等媒体广泛宣传。五是落实意识形态责任制。认真贯彻落实中央和省、市委意识形态工作责任制，坚持党管意识形态不动摇，牢牢把握意识形态工作主导权，制定落实《党委意识形态工作责任制实施细则》，全年开展意识形态研判4次。六是积极开展法治建设。将法治建设工作纳入晋城局党委重要议事日程，完善行政机关工作人员学法用法制度、领导干部年终述法制度，每周完成不少于两小时的集中学习，内容涵盖《中华人民共和国宪法》《中华人民共和国民法典》等国家基本法律及《中华人民共和国公路法》《公路安全保护条例》《交通运输行政执法程序规定》等各类业务相关的法律法规，共完成72学时集中学习、5次法律知识及业务培训。10月，开展以“构建信用体系，促进交通发展”为主题的“信用交通主题宣传日”活动，向群众发放宣传单500余份，接受群众咨询、解答问题数十人次，主动向乘客、驾驶员宣讲信用政策知识，宣扬诚信典型、讲解失信案例，向群众普及信用交通建设相关的政策法规。开展“12·4”宪法宣传活动，结合实际印发《关于开展2020年国家宪法日法治宣传系列活动的通知》，运用单位电子显示屏滚动播出宣传标语，悬挂印有法治宣传标语的横幅，进行“重温宪法”活动，并于12月4日组织开展宪法宣誓、法律咨询等活动，形式多样化地宣传宪法知识。七是凝聚力量，从5个方面推进精神文明建设工作。第一，大力弘扬社会主义核心价值观，弘扬爱国主义精神和传统文化。春节组织“迎新春、写对联、送祝福”慰问活动；清明节组织开展“文明祭扫、从我做起”倡议活动；“五一”“五四”举办职工健步走活动；中秋、“十一”组织开展第十四届金秋登山活动。第二，落实晋城市创建全国文明城市各项工作。与东圣社区联点共建，开展创文宣传活动2次、法制教育1次、讲党课1次、志愿服务活动8次，开展整治乱停乱放、清理“小广告”活动4次，并组织全局党员干部为东圣社区捐赠图书200余册，捐赠垃圾箱30个、急救箱1个、矿泉水30箱，协助社区完善公用设施，取得良好创建效果。第三，积极开展“文明交通”活动。严格落实市文明办要求，开展“文明交通”9次，共有76人次参与该活动。第四，做好工会各项工作。困难职工评估。经过调查摸底，全局工会帮扶工作管理系统中共有困难职工7人，其中注销职工档案2人，脱困档案5人。

2017年7月以后脱困的全国级城镇困难职工1人，无其他困难职工。根据省局工作安排，精心制作，认真组织，在省委宣传部和省总联合开展的“立足岗位奋勇争先”主题劳动竞赛选树宣传活动中，获得全省职工微视频大赛“晒岗位故事 秀技能绝活”二等奖，为全系统争光。第五，持续开展“三洗六见一红旗”活动。晋城局成立领导检查组，每周五进行环境卫生大检查，全局办公环境焕然一新，并在市直工委组织的环境卫生大整治活动中获得“流动红旗”单位。

【新冠肺炎疫情防控管理常态化】 晋城局高度重视疫情防控工作，迅速传达落实习近平总书记、李克强总理关于疫情防控工作的重要讲话和重要批示指示精神。成立疫情防控工作领导组，设立疫情防控办公室，下发《做好新型冠状病毒感染的肺炎疫情防控工作的工作方案》和督导检查工作方案，积极开展疫情期间的各项防控工作。严格落实请示报告制度和外出报备制度，对全局离晋人员及本人和家人是否接触中高风险地区人员、机关工作人员及所属家属区住户外出和返程情况、对干部职工及近亲属有无出入境旅居行程史和境外接触史等进行严格排查，并对“五一”、端午、“十一”等节假日及请休假期间职工出市、出省情况进行报备。强化值班值守，严格落实领导带班及24小时值班制度，严格要求值班人员佩戴口罩；加强人员管理、办公场所和家属区防控，严格落实测体温、通风、对外来人员登记信息，减少人员聚集，督促加强个人卫生，加强日常消毒和废弃口罩等个人卫生用品回收工作。强化防控工作宣传力度。制作宣传标语11条、张贴新型冠状病毒肺炎宣传画11处、制作防控执勤袖标4个。成立党员防控先锋队，进行防控承诺，坚守一线从事防控值守任务。切实做好秋冬季节疫情防控工作，购置医用防护口罩500个、84消毒液32千克、医用酒精30瓶、红外线测温仪2支等，结合多地疫情反弹的形势，提醒职工做好个人防护，严格履行请销假和外出报备制度，如非必要不去中高风险地区，严格落实常态化防控方案，认真配合当地防控领导组和属地社区防疫工作，为做好新型冠状病毒肺炎疫情防控工作提供保障。

【围绕“三零”单位创建与安全生产工作工作，努力为改革营造稳定、安全氛围】 一是积极开展“零上访、零事故、零案件”单位创建工作。召开开展“三零”单位创建动员大会，出台《实施方案》，切实做好改革期间信访保障工作，不断增强“三零”单位创建工作实效，并进一步掌握基层各单位努力实现“零上访”“安全生产月活动”等工作的开展情况。6月8日至18日，晋城局成立专项检查组，由党政主要领导分别带队，对7个基层单位的习近平总书记视察山西重要讲话精神重要指示传达学习落实情况、晋城局印发的《关于开展“零上访、零事故、零案件”单位创建工作的实施方案》落实情况、市局转发省厅《关于努力实现“零上访”扎实做好全国“两会”期间信访工作的通知》落实情况、晋城局下发的《关于开展2020年度“安全生产月活动”的通知》落实情况和新冠肺炎疫情常态化防控工作实施情况等六个方面工作进行全方位常态化督导检查。结合驻省厅纪检监察组在晋城局检查调研时的重要指示精神，开展谈心谈话活动，了解干部职工真实诉求，征求对晋城局领导班子和班子成员的意见建议，共征求到建议类意见5条，信访隐患类意见4条，截至年底已全部整改到位。二是积极开展安全隐患排查整改活动。年初召开专题会议对全年安全隐患排查工作进行安排部署，及时传达全省交通运输安全工作会议精神，每季度最后一个月对机关及各基层单位进行逐一排查，确保不出问题。开展主题为“消除事故隐患 筑牢安全防线”的“安全生产月”活动，出台《2020年“安全生产月”活动实施方案》，电子屏幕上全天候播放“安全生产月”主题内容和宣传标语，制作“安全生产月”活动宣传版面2块，积极组织职工学习《交通运输部印发安全生产专项整治三年工作方案》和参加“山西交通在线”教育平台“安全生产月”专题学习，组织职工参加省厅举办的“安全生产月”网络知识竞赛，开展消防安全知识讲座并组织火灾应急逃生演练，使全体职工能够熟练掌握岗位安全技能和自救互救措施。全年共3次由局领导带队对基层单位安全隐患排查整改情况进行督导。“十一”期间，针对10月1日太原迎泽区小山岩村台骀山景区冰灯雪雕馆火灾事故，晋城局迅速部署各科室和基层单位认真开展安全隐患排查，重点针对电器用电安全，当天中午12点前将各基层单位隐患排查报告收集整理，并对办公场所、宿舍楼、保险公司、家属院里逐一进行安全检查，对全局节假日期间的安全情况做到抓早抓小，心中有数，确保全局节假日期间安全平稳。10月11日，开展安全隐患排查回头看，制定《安全生产风险隐患排查治理专项行动实施方案》下发机关各科室和各基层单位，成立3个督导组，分别深入基层查看资料和现场查看，真正把隐患排查治理工作落到细处，落到实处。三是积极开展综治工作。2000年以来，局党政领导始终坚持把社会治安综合治理工作摆上重要议事日程，针对综治维稳工作面临的新形势和新任务，切实提高认识、加强领导。首先，健全组织，明确责任。为全面完成社会治安综合治理职责任务，切实发挥综治机构职能作用，晋城局严格按照省局下发的《社会治安综合治理(平安建设)工作目标责任书》要求，成立社会管理综合治理工作领导组，明确各综治小组人员和职责，持续推进社会稳定风险评估工作，提升重大决策科学化、民主化、法制化水平。其次发挥职能，务求实效。积极开展综治宣传工作，采用微信群宣传等多种形式积极宣传开展综治维稳工作重要性，提高广大职工法治观念，强化其自觉维护社会稳定的法制意识。积极开展“全民国家安全教育日”宣传教育，提高广大职工维护国家安全的法律意识。最后，从三个方面建立健全综治维稳工作机制。进一步建立健全综合治理的各项规章制度。把责任切实落实到具体的人，随时掌握情况，认真开展矛盾纠纷排查，及时进行调处工作，把问题解决在萌芽状态，努力做到矛盾不上交；健全完善突出问题应急机制，坚持树立大局意识、服务意识，看齐意识，认真化解矛盾，维护单位稳定的局面；建立健全综治工作制度，把不作为或行为不当等纳入问责范围，有效地增强工作责任感，规范日常行为。

(晋城执法局)

临汾交通运输执法局

2020年，在省交通运输厅、省交通运输执法局正确领导下，临汾交通运输执法局坚持以习近平新时代中国特色社会主义思想为指导，认真学习贯彻落实中共十九大精神、十九届二中、三中、四中、五中全会精神以及习近平总书记视察山西重要讲话重要指示精神，坚决执行省厅党组和省局党委重大决策部署，狠抓从严治党主体责任落实，统筹推进党的建设、党风廉政建设、疫情防控、安全维稳及扶贫攻坚等工作，扎实组织开展2020年度软弱涣散基层党组织集中整顿、党风廉政宣传教育月活动及党内法规“学习月”活动，全局各级党组织和广大党员领导干部进一步增强“四个意识”，坚定“四个自信”，做到“两个维护”，各项工作取得显著成效。

【聚焦疫情防控，践行初心使命，让党旗在全局抗击疫情上空高高飘扬】 2020年初，局党委闻令而战、迅速行动，第一时间研究制定疫情防控工作领导组和《市局支援社区一线疫情防控工作的实施方案》，层层分解目标任务，成立疫情形势研判组、综合协调保障组、党建工作组及新闻宣传组，全面落实疫情联防联控机制运行、疫情监测防控等具体工作。各单位通过设立疫情防控点、悬挂党旗、张贴挂图，严格监测体温、填报健康信息登记表以及建立微信群发布疫情防控倡议书和宣传册等一系列硬性措施，坚决打通疫情防控“最后一公里”。各基层党支部和党员干部充分发挥两个作用，既是宣传员，又是防控员和公共秩序管理员，多次深入生活社区、加油站、养老院、扶贫点等防控一线进行消毒作业，看望慰问坚守一线的医护、交警等工作人员，送去防护口罩、消毒液、食品等物资。同时临汾局积极响应上级号召，充分发挥省级文明单位主动引领作用，组织全局党员干部为支持新冠肺炎疫情防控工作进行捐款，全局累计捐款23650元，另有19名党员在当地捐款2000元，全部及时上交市直工委组织部，用实际行动诠释对党忠诚，增强“四个意识”，真正把疫情防控作为考验党员干部党性观念、检验初心使命的试金石和磨刀石，切实做到守土有责、守土担责、守土尽责，谱写同心奋进的英雄赞歌。在疫情防控过程中，全局干部职工及其家属无一人感染确诊病例和疑似病例。

【创新活动载体，精心组织学习，狠抓基层党组织建设特色鲜明亮点纷呈】 一是多种形式助推学习活动扎实高效开展。临汾局党委深刻学习领会习近平总书记在中央和国家机关党的建设工作会议上的讲话精神，以临汾局年度工作重点任务和2020年党的工作要点为牵引，严格按照省局党委和市直工委安排部署，制定详细学习计划，每周二、五由科室负责人领读讲解。统一印制下发学习资料和笔记本，组织全局党员干部认真学习领会习近平总书记三篇光辉文献、习近平总书记视察山西重要讲话重要指示和全国"两会"等精神实质和深刻内涵，学习习近平总书记关于交通运输工作的指示批示精神和《中国共产党章程》《中国共产党党内监督条例》《中国共产党纪律处分条例》等党内法规，不断强化纪律规矩意识，认真撰写学习笔记和心得体会。局党委积极督促21个党支部全面排查9类重点整治内容，深入开展集中整治工作，建立健全整顿台账，提升党组织工作质量和水平。全局广大党员干部运用"学习强国""三晋先锋""山西交通在线"及内网信息等学习教育平台随时随地进行学习，拓宽学习广度深度，"学习强国"最高积分达到26000余分，临汾局主要领导学习积分稳居全局前10名。"三晋先锋"支部最高积分达到1585分，个人最高积分达2165分，全局本年度总积分位居市直单位第3名。全局党风廉政宣传教育月活动答题成绩位居全省执法系统第1名。"山西交通在线"最高积分达980余分，学时达850个。各支部在全体党员之间积极开展结对帮扶、线上指导，创新方式方法，激发学习热情，选树学习标兵，学习时间和学习效率得到双提升，全局营造出学习先进、争当先进的良好氛围。二是党委中心组和主题党日引领全局专题学习研讨。临汾局高度重视党委中心组学习带动作用，集中召开8次学习习近平总书记三篇光辉文献、习近平总书记视察山西重要讲话重要指示及《习近平谈治国理政》（第三卷）等主题鲜明的党委中心组专题学习研讨，班子成员主动带头逐段逐句学习原著原文，结合分管工作实际认真撰写发言材料，谈体会、谈认识，深入研讨交流，悉心体悟、深入思考，做到常学常新、常悟常进。同时，领导班子成员积极参加所在支部组织的党内法规学习活动，依托"三会一课"，开展"不忘初心，重温我的入党志愿书""贯彻总体国家安全观 学习国家安全法律""党内法规"及"厉行勤俭节约 杜绝餐饮浪费"主题党日活动和专题党课，统筹工作学习，强化问题导向，贯穿学用结合，在全局上下掀起党内法规学习高潮，对"十个必学""六个应学"重点内容进行系统深入学习交流，组织学习完成率100%，完成学习任务，全面提升全局各基层党组织建设质量，推动基层党建工作更加规范化、制度化、常态化。三是纪念中国共产党成立99周年系列活动促使政治氛围浓厚热烈。在庆祝中国共产党成立99周年时，临汾局党委严格按照上级要求，从严从实狠抓10项基本内容的落实到位。大力整顿软弱涣散党组织，及时督促2个未完成换届的党组织换届，提升党组织规范化建设。党委书记刘耀围绕"三个讲清楚"给全体党员讲授《践行领袖嘱托 率先蹚出新路》专题党课，思想灵魂受到洗礼。积极组织全局各单位和广大党员干部认真观看学习太行精神、"两路"精神和优秀共产党员先进事迹纪录片，引导党员自觉对标先进典型，自觉加强党性修养和党性锻炼。集中观看抗疫公益专题片《战"疫"一线党旗红》和革命传统教育片《红船精神》《长征精神》及《没有共产党就没有新中国》，激发爱国热情和昂扬斗志，坚定践行初心使命的信心。临汾局党委给21个党支部发放《党内法规及制度学习问答》《中华人民共和国民法典》等书籍，积极选派3名党员干部参加市直工委举办的纪念中国共产党成立99周年党内法规知识现场答题，1名党员荣获"优秀奖"。全局78名党务干部同步进行网络在线答题，达到入脑入心效果。各基层党支部通过观看教育片、重温入党誓词、走访慰问离退休老党员等活动，增强党员归属感和向心力。四是以党建考评检查督促整体党建工作上台阶。

局党委制定下发《关于开展2020年上半年基层党建工作考核的通知》和《考核标准》，于8月13日至14日成立党建工作考评检查组，采取查阅资料、现场交流、及时反馈的形式，对基层21个党支部上半年党建工作进行考评检查，及时通报考核结果，鼓励先进，鞭策后进，并召开党委会议部署落实建立党委书记和班子成员党支部联系点制度，针对党建工作薄弱落后的党支部，进一步明确责任人，积极督促跟进、查缺补漏、对标先进、整改落实，维护好全局整体党建工作水平。五是脱贫攻坚和安全维稳双轮驱动稳步提升。近年来，局党委高度重视脱贫攻坚工作，持续深入落实上级关于精准扶贫、精准脱贫决策部署，积极深入市临汾扶贫点扎实推进各项强农、惠农、富农措施，多次召开扶贫工作推进会进行研究部署，领导班子成员多次实地督导调研，多次同相关单位、村委领导班子沟通协调，反复研究推进精准帮扶工作的方式方法，在上级部门大力支持下，在全体扶贫工作队员辛勤努力下，建档立卡贫困户103户303人已于2018年底全部脱贫，临汾局连续两年被市委扶贫办评为扶贫先进单位，扶贫攻坚工作硕果累累。特别是在疫情防控期间，临汾局扶贫工作队走村入户帮助贫困村民下载软件加入全国扶贫开发“建档立卡”信息系统，全面做好建档立卡、信息完善、心理疏导、矛盾化解、困难救济等工作，市局领导班子成员围绕脱贫攻坚问题整改“十个清零行动”，主动带领全体帮扶责任人，积极配合扶贫工作队定期常态化入户，积极联系贫困户完成“建档立卡”双向注册，为贫困户讲解脱贫政策，因地制宜制定脱贫计划，增强村民脱贫意识，真正将扶贫、扶志、扶智结合起来，做到扶贫攻坚与疫情防控两手抓、两促进。同时，大力开展安全维稳督导检查和“安全生产月”系列活动，通过学习国家安全法律知识、观看“交通运输安全警示教育片”、参加国家安全知识答题测试、组织消防安全知识培训等方式，进一步增强安全责任意识，做到防微杜渐、警钟长鸣。

【落实主体责任，强化责任意识，党风廉政建设和反腐败工作扎实推进】 一是严明纪律规矩，加强组织领导。临汾局党委深入学习领会全省交通运输工作暨党风廉政建设和反腐败工作电视电话会议精神，严格按照省厅党组、省局党委和临汾市直工委安排部署，从严落实中央八项规定精神和省厅、省局《落实中央八项规定精神实施细则》，狠抓党风廉政建设“两个责任”和“一岗双责”落实。深入开展党风廉政宣传教育月活动和党内法规“学习月”活动，紧紧围绕交通运输综合执法改革工作大局，及时召开党风廉政宣传教育月活动和党内法规“学习月”活动动员会，及时成立活动领导组，制定并下发工作方案和学习计划，进一步细化工作措施，明确目标任务，教育引导全局各单位和广大党员干部全面深刻领会两项活动的重要意义，每名党员认真观看学习“山西交通在线”平台关于党风廉政宣传教育专题视频，组织学习完成率100%，圆满完成学习任务。二是坚持问题导向，强化督导检查。为层层压实责任，强化压力传导，临汾局党委于5月底成立三个明察暗访督导组对全局21个党支部活动开展情况进行督导检查，重点检查公车私用、违规收受礼品礼金等违反中央八项规定精神的问题，重点整治工作拖沓、懒散庸混，执行工作纪律、财经纪律不严格等行为。各支部都能严格按照市局党委安排部署及时召开专题会议，制订学习计划，认真撰写学习笔记和心得体会，对存在问题和不足列出问题清单，逐一进行整改。同时进一步完善《党建工作制度》《党委中心组学习制度》等规章制度，形成以制度管人、管事的长效机制，进一步扎紧践行党章党规制度篱笆。三是严格监督执纪，狠抓整改落实。根据驻厅纪检监察组的指示精神，临汾局纪委不等不靠，精心筹划，有的放矢，紧密结合市局实际情况，出台《纪委深化“三转”实施方案》《纪委工作实施办法》《纪委“走读式”谈话工作规程》等，为临汾局持续深化“三转”提供保障。“五一”前夕，临汾局纪委对照省纪委监委《落实中央八项规定精神负面清单》，通过集体谈话，对全体党员干部进行提醒，组织学习厅党组晋交党发〔2020〕19号文件，集中观看警示教育片，筑牢拒腐防变的思想道德防线。积极教育引导全局各单位和广大党员干部全面深刻领会习近平总书记在中共十九届中纪委四次全会上的重要讲话精神，确保在大力做好疫情防控工作和推动综合执法改革关键时期，进一步增强“不想腐”“不能腐”“不敢腐”的思想自觉和行动自觉，坚定以法规作“镜子”，以法规严“尺度”，以法规立“规矩”的决心和信心。

【拓展平台载体，涵养道德风尚，全局文明创建工作再上新台阶】 临汾局党委高度重视文明创建工作，紧密结合抗击新冠肺炎疫情工作，在全局上下大力弘扬雷锋精神和“奉献、友爱、互助、进步”的志愿服务精神，积极践行社会主义核心价值观，营造出向上向善、德行天下的良好风尚。选树3名在疫情防控工作中涌现出的优秀党员，撰写先进事迹材料按时上报，为全体党员树立榜样。积极响应市文明办号召，组织20余名党员深入街头迎接抗疫英雄凯旋。临汾局志愿服务队继续采取“一对一”“1+1+N”“线上线下”“无缝衔接”等多种形式，聚焦孤寡老人、留守儿童和生活困难群众等，开展送温暖志愿服务，受到一致好评。各党支部在清明节、端午节等“我们的节日”活动中，大力开展文明祭扫、诗文朗诵等活动。积极倡导使用公筷公勺，自觉引导全体干部职工养成勤洗手、排队保持“一米线”等文明行为。教育督促全体人员开展“一盔一带”宣传活动，增强交通安全意识，及时劝阻随地吐痰、乱扔垃圾等不文明行为，树立科学文明的消费观、饮食观。同时，临汾局党委紧紧围绕文明创建目标要求，及时更新完善党建、文明创建工作宣传版面，各单位及时撰写发布信息简报累计100余篇，为交通运输综合执法改革提供有力思想保证和舆论支持。

（临汾交通执法局）

运城交通运输执法局

2020年，在省交通运输厅党组、省交通运输执法局党委的正确领导下，运城交通运输执法局坚持以习近平新时代中国特色社会主义思想为指导，认真学习贯彻落实中共十九届四中、五中全会精神以及习近平总书记视察山西重要讲话指示精神，凝心聚力、攻坚克难，以认真负责的态度和求真务实的作风，努力推进各项工作，取得明显成效。

【提升政治站位，强化工作措施，坚决打赢疫情防控阻击战】 自疫情发生以来，特别是疫情发生之初，面临春节期间人流量大、形势急迫的情况，运城局不等不靠，积极主动作为，以高度政治敏感性和坚定服务意识，提前进入疫情防控战时状态，率先筹划和安排疫情期间各项工作，第一时间购买防护物资，迅速摸排人员情况，有效遏制疫情蔓延扩散。同时，坚决落实省厅、省局对疫情防控工作的决策部署。一是加强组织领导，压实工作责任。迅速成立运城局防控工作领导小组，全面负责疫情防控工作统筹协调、信息收集汇总上报以及督导检查工作。局属各单位和各科室负责人对本单位、本科室疫情防控工作负总责，及时掌握疫情信息、督导保障制度落实。二是制定和落实《新冠病毒疫情防控工作的实施方案》等方案、预案，有效应对疫情防控突发情况，做到责任明确、协调有力、运转高效。三是坚决执行“零报告、日报告”制度、外出审批报备制度和外出返回隔离制度，全局所有职工及其共同居住亲属纳入信息统计范围，坚决杜绝迟报瞒报漏报。四是市局机关和基层单位主要领导和值班人员疫情期间坚守岗位，严格落实24小时带班值守制度。五是加强对办公区域和家属区的防控管理，及时了解、详细掌握人员动态。特别是进入秋冬季节后，面临疫情高发风险，进一步增强疫情防控工作责任感使命感，坚决克服麻痹松懈思想，强化落实“属地、部门、单位、个人”四方责任，继续坚持各项防控制度、及时储备防护用品，把秋冬季防控措施落到实处，坚决防止疫情反弹。

【坚持问题导向，层层压实责任，全力抓好安全生产工作】 一是专项工作扎实推进。深入开展“三零”单位创建工作，从组织机构、内部防范等七方面制定创建工作目标任务卡，列出19项工作任务，每月15日向省局汇报“三零”单位创建进展情况。有序开展“安全生产月”活动。组织观看运城市首届“安全云课堂”系列视频，举行现场宣传活动，发放宣传材料上千份。二是强化安全警示教育。认真组织学习习近平总书记关于安全生产的重要论述、指示精神和国务院安委会、省厅、省局关于安全生产的重要文件精神。组织全员通过“山西交通在线”教育平台安全生产月专题学习和知识答题活动。开展安全警示教育和逃生应急演练，提高全员应急处置能力，效果良好。三是专题研判安全形势。坚持每季度至少召开一次安委会专题会议，及时传达落实上级安全生产工作要求，对下一阶段安全生产工作进行安排部署。坚持每月召开一次安全生产分析研判会，对存在的安全隐患进行分析研究并提出解决对策。坚持安全生产“一月两巡查”，做好巡查记录，及时发现隐患并整改到位。四是深入开展隐患排查。坚持问题导向，四次在全局上下开展拉网式全方位排查，从严从实抓好安全生产工作，特别是多年来被列为重大安全隐患、三次出现火情的市局机关用电线路老化问题在省局帮助下得到彻底解决，长期困扰的机关办公楼卫生间漏水问题也改造到位。及时处置盐湖分局办公楼外墙皮脱落、垣曲分局围墙倾倒等问题。对省局安全生产风险隐患排查治理专项行动中通报的闻喜分局、绛县分局存在的问题，采取强有力措施进行认真整改。

【狠抓队伍建设，提高人员能力，打造高素质人才队伍】 2020年，运城局把加强理论学习、提升人员素质作为全年重点工作之一，以“学习强国”“山西交通在线”“三晋先锋”平台和法律知识学习为抓手，制定学习计划，下达学习任务，加强督导检查，狠抓队伍建设，确保学习成效，营造“比学赶帮超”学习氛围。特别是疫情期间，为稳定人心，增强队伍凝聚力，坚持抓好全员学习，安排学习交通综合行政执法相关法律法规22部，并定期对学习情况进行检查通报，使全体职工疫情期间工作学习不间断，充实知识，缓解恐慌心理，实现政治理论水平和法律素质能力提升。为适应交通运输综合行政执法工作需要，高度重视年轻干部能力培养，努力创造年轻人成长环境和平台，不断提升年轻干部综合素质，在上年基础上，继续鼓励、督促符合条件的年轻干部积极参加国家统一法律职业资格考试，夏县分局赵敏顺利通过客观题、主观题考试。

【夯实基础管理，提高管理水平，为改革发展提供坚强保障】 一是切实做好迎接改革相关工作，确保改革平稳过渡。进一步加强制度建设，基本实现用制度管人、按制度办事。严格落实中央八项规定和财经纪律，量力而行，精打细算，勤俭办事。继续做好清产核资、档案管理等基础管理工作。二是充分发挥好工会的桥梁纽带作用。组织开展职工健康体检工作，积极开展“扶贫爱购”活动”，鼓励职工积极参加省总、省厅、省局举办的知识答题、书画摄影活动。三是努力发挥好审计监督职能。完成对运城局和14各基层单位经济责任审计前的调查摸底工作，按要求上报省厅省局；认真完成高前离任经济责任审计发现问题的整改工作，对存在的问题及整改情况进行通报和剖析；对厅属6家涉改单位的负责人进行经济责任审计，为推进全省交通运输事业高质量发展做贡献。

【坚持党建统领，丰富文明创建，持续推进党风廉政建设】 一是发挥各级党组织优势，确保防控工作落实到位。切实发挥党支部和党员的作用，使每名党员成为一面鲜红的旗帜，每个支部成为党旗高高飘扬的战斗堡垒。在疫情防控中，全体党员共计捐款10540元，以实际行动为打赢这场攻坚战做出贡献。二是严肃党内政治生活，推动基层党组织全面过硬。党委所含支部坚持每月组织开展一次“6+”主题党日活动，每次既按时间、按要求完成规定动作，又在此基础上创新“开展无烟机关”“合唱革命歌曲”等自选动作。同时，认真落实“三会一课”、理论学习中心组学习制度，强化党组织政治功能。三是规范基础管理，努力提升党建工作水平。5月26日，局党委对局属各支部以会议记录、主题党日资料及支部书记本人《党员组织生活纪实手册》为重点的党建资料展评，并由党群部对各支部党建工作进行点评和测评，使各支部进一步看到自身差距和不足，达到以评促学、共同提高的目的。四是坚持抓好文明创建，维护精神文明建设成果。在过渡时期，局党委一如既往抓好文明单位创建工作，不断丰富活动内容、创新活动形式、将精神文明建设成果一直传承下去。3月下旬，召开专题会议，研究部署文明创建工作，要求各单位无论何时，文明创建工作都不能滑坡，并要积极参与属地文明创建活动。五是严格监督执纪问责、持续推进党风廉政建设。每月开展一次党风廉政教育专题学习和一次勤政廉政报告活动，全局共计开展勤政廉政报告活动165次；紧盯重要节点不放松，元旦、春节等重要节日期间共发布廉政温馨提醒32次，开展疫情防控工作、重要节点监督检查各2次；强化日常监督检查，制定五类监督清单。建立完善党员领导干部和职工廉洁档案127份。以《警示录》为重点开展警示教育专题学习28次。2020年，组织处理1人，提醒谈话14人，批评教育5人，开除公职处分1人，处置移送的问题线索4件。六是认真学习宣传贯彻中共十九届五中全会精神。采取中心组专题学习、全局集中学习、支部主题学习以及领导干部讲党课等方式学习贯彻习近平总书记在中共十九届五中全会上的报告和讲话精神，并邀请市委宣讲团成员、市直工委副书记刘兆军作主题宣讲，学习贯彻《中共中央关于制定国民经济和社会发展第十四个五年规划和二〇三五年远景目标的建议》精神，确保中共十九届五中全会精神落实落细、取得实效。

（运城执法局）

山西省高速公路路政总队

2020年是山西省交通综合行政执法改革的关键之年，路政总队作为涉改单位之一，一年来，面对工作目标责任考核和改革任务的双重压力，在上级领导支持下，在全体干部职工积极配合下，总队上下不负众望，面对挑战，勇于担当，紧紧围绕高速公路路政管理中心任务，统筹推进各项工作，较好地完成全年工作目标任务。

【认清改革形势，强化理论武装，积极发挥支部战斗堡垒作用】 一是继续强化政治理论学习，不断提升机关人员素质。路政总队党支部坚持以习近平新时代中国特色社会主义思想为指导，深入贯彻中共十九大和十九届二中、三中、四中、五中全会精神，认真领会习近平总书记视察山西重要讲话精神。围绕党的中心工作，按月科学制定学习计划，利用“三会一课”、专题党课、每周二、五集中学习、自学等多种形式，积极推进“两学一做”学习教育常态化制度化。全年处级干部参加3次学习培训，机关全体党员干部积极参加“山西交通在线”学习和“学习强国”平台的学习，使党员干部理想信念中“四个意识”和“四个自信”更加坚定牢固，每个人服从大局支持改革的意愿更加积极主动，这为全省交通综合行政执法改革顺利进行，提供强大思想政治保证。二是严格履行全面从严治党主体责任，加强党风廉政建设。在交通执法综合体制改革关键时期，路政总队党支部深刻认识到全面从严治党的主体责任不能缺，持之以恒正风肃纪的力度不能松，履职监督执纪的能力不能减。充分发挥党支部战斗堡垒作用，坚持“集体领导、民主集中、个别酝酿、会议决定”原则，严格执行“三重一大”集体决策制度。持续开展党风廉政宣传教育月活动，支部书记履行党风廉政建设“一岗双责”，认真贯彻落实中央八项规定。机关全体人员建立干部廉政档案，副科以上干部填报《党政领导干部主动纠正违规入股企业情况承诺书》，对副处级以上领导干部违规插手干预重大事项进行自查。组织全体党员学习《中华人民共和国宪法》《中华人民共和国监察法》《党的十八大以来查处的山西省交通运输系统违规违纪违法典型案件警示录》《党政干部违规入股企业相关规定》等，组织观看“十八大以来山西省违规违纪案件”警示教育片，通过系列活动，不断强化党员干部廉洁意识，形成良好政治文化氛围。三是扎实开展精神文明创建、扶贫帮困工作。持之以恒做好社会主义核心价值观教育和群众性精神文明建设，将精神文明创建工作融入日常。积极参与太原市文明城市创建活动，集中学习《2019年感动交通特别致敬人物事迹材料汇编》，用身边的事教育身边的人。同时，总队高度重视扶贫帮困工作，全年三次深入单位扶贫点开展帮扶工作。7名科级以上干部人均帮扶贫困户4户以上，共帮扶33户贫困户。帮扶责任人熟悉掌握各项扶贫政策，入户深入调研，宣传讲解脱贫攻坚系列政策，搞好扶贫政策对接，摸清贫困户所急、所需、所盼，提高贫困群众对帮扶工作的满意度。2020年路政总队还多次积极参与“送温暖、献爱心”“博爱一日捐”等扶贫帮困、慈善捐助活动，营造弘扬团结友爱，扶贫帮困的道德风尚。

【多措并举、联防联控，全力打赢新型冠状病毒疫情阻击战】 2020年1月下旬，新型冠状病毒感染肺炎疫情发生以来，路政总队在第一时间成立由总队长担任组长、各科室负责人任成员的应对新型冠状病毒肺炎疫情工作领导小组，有力有序地开展总队疫情防控工作。一是要求机关全体人员要把思想和认识切实统一到习近平总书记重要讲话和重要指示精神上来。通过路政总队微信群及时宣传党中央、国务院的决策部署，及时发布权威信息、积极传播健康卫生知识、普及科学防疫知识、增强机关人员自我防护意识，消除不必要的恐慌情绪。二是落实工作责任，开展联防联控、群防群控。配合高管局后勤中心实行上岗测体温、对机关办公室、公共办公区域进行消毒，每人做到日常佩戴口罩，勤洗手，做好自我防护。三是积极组织开展“党旗飘在一线、党徽亮在一线、党员顶在一线”的活动。机关党员充分发挥党员先锋模范作用，担起责任，扎实工作，坚守岗位。同时，机关18名党员积极为遭受疫情突袭地区捐款，共计3300元。

【强化行业监督指导，勇于担当作为，确保高速公路路政管理工作稳步推进】 一是精心组织，强化协作，全力以赴迎国检。为全面做好9月21日“十三五”全国干线公路养护管理检查各项迎检准备工作，充分展示全省高速公路路政管理工作成果，路政总队及时制定《迎接“十三五”全国干线公路养护管理评价工作实施方案》。面对全省高速路政管理体制正处于改革阶段的特殊形势，在省厅支持下，总队协调山西交控集团、BOT经营性公司多次召开专题部署会议，要求全省高速路政大队对照检查评价标准表中涉及路政治超的13项检查内容及所对应的标准细则及支撑资料目录逐条明确责任部门、责任人、目标任务和完成时限，成立督导组对运营单位各项准备工作进行有效指导。通过全省高速路政管理人员共同努力，坚持内业、外业齐抓共管，不断查漏补缺，使全省高速公路路政管理工作顺利通过交通运输部检查，得到检查组的充分肯定。二是认真组织开展“路政宣传月”活动，进一步规范路政执法管理行为。为扎实做好全省高速公路路政管理相关法律法规以及政策解读工作，总队开展以“防疫情、守安全、保畅通、优服务”为主题的“路政宣传月”活动，从治超联合执法、路域环境治理、公路安全保护等方面入手，利用电子情报板、路政宣传车等现有设施以及网络媒体、微信圈等线上、线下相结合的方式，宣传贯彻《中华人民共和国公路法》《公路安全保护条例》《路政管理规定》《超限运输车辆行驶公路管理规定》等法律法规和规章，解读《交通运输部公安部关于治理车辆超限超载联合执法常态化制度化工作的实施意见（试行）》，进一步规范路政执法行为，提升执法服务水平。三是持续巩固高速公路治超工作，助力稳定运行。根据省厅撤销省界收费站工作治超检测系统存在问题整改要求，总队积极配合相关部门和高速公路运营单位制定整改措施，进一步提高治超检测系统和治超数据上传的稳定性，善始善终完成治超系统建设与运行的各项工作；联合有关单位积极推进发布《高速公路匝道入口治超检测系统建设指南（山西省地方标准）》，为高速公路匝道入口治超检测系统建设提供依据，进一步巩固高速公路治超工作常态化制度化。参加省厅治超专项调查组，对太原高速公路公司治超站点放行超限车辆启动责任倒查，经过核实还原放行超限车辆经过，相关责任人受到责任追究，对全省高速公路治超人员起到震慑作用。配合省厅开展省级治超联网信息化平台建设，为平台建设功能需求提出有效建议。四是继续做好“12328”监督事项，提高社会满意度。对“12328”监督服务事项及时进行跟踪督办和反馈检查，分门别类进行归纳汇总，深入剖析问题原因，积极组织相关单位做好相关问题的整改和反馈，保障社会监督实效。全年电话答复群众治超政策咨询40余次，协调解决治超现场通行问题20余件，有效地将问题消除在萌芽状态。五是高度重视信访工作，确保维护安全稳定。2018年山西交控集团成立后，一线高速公路路政人员思想波动大，针对人员安置问题，尤其是经营性高速公路公司路政人员安置问题，屡有上访情况发生，对此，总队领导牢固树立“稳定压倒一切”和“安全第一”的思想，从社会稳定大局高度，以三个方面认真做好信访工作。首先，积极研究对策。先后10余次到全省各个高速公路路政大队解路政人员需求，积极宣传政策，本着“超前介入、妥善处理”原则，坚持“早做一步、多做一步”，在信访维稳工作中争取主动，及时将一些风险和隐患消除在萌芽中。其次，组织专门力量，集中对在改革期间可能存在的不稳定因素集中进行摸底排查，对排查出的隐患和问题，积极采取措施，及时予以化解和解决，力争把不稳定因素消灭在萌芽状态，坚决防止酿成重大群体性事件。最后，对一些无法解决的问题，及时收集整理，主动向上级领导汇报，提出相关建议和措施。2020年，路政总队共接访路政信访人员150余人次，配合上级信访部门解决和化解信访事件10余次。根据省厅要求，针对路政人员安置工作，适时提出解决方案，有效化解信访工作中的问题，确保路政工作在改革期间，安全有效运转。六是继续强化机关日常管理工作，确保各项工作平稳过渡。首先，按照省厅《关于做好机构改革中档案处置工作的通知》精神，总队各科室责成专人按照“应收尽收，应归尽归，不得分散”的原则，将自成立以来形成的文书档案、专业档案、实物档案及电子档案与数据等进行高质量的收集、整理、打包、建立档案资料移交清单，确保总队档案的内容完整、时间连续、数据准确。截至年底，已通过验收组初步审核，做好移交准备。其次，清理、审核机关人事档案，补充完善个别人员的相关材料，并进行分类、归档，6月份根据省厅要求，单位将人事档案向省执法局人事处进行移交，无任何遗留问题。再次，4月按省交通运输厅要求，配合审计组完成涉改单位的资产清查工作，8月按省审计厅、交通运输厅要求，配合审计事务所，对路政总队、高速公路雁门关隧道管理处主要领导人进行任职期间经济责任审计，进一步规范财务管理各项工作。最后，各科室认真履行工作职责，严格落实各项制度，注重部门间的协调与沟通，使日常行政基础管理工作基本实现规范化，有效提升工作效率。

（路政总队）

山西省运管局治超办公室

2020年，省运管局治超办深入贯彻省交通运输厅和省运管局局党委关于源头治超工作的具体安排，继续加大源头治超工作力度，在源头上把关，从根本上治理，不断巩固和扩大源头治超成果，取得显著成效。

【积极做好疫情防控各项工作】 自新冠肺炎疫情发生以来，省运管局治超办高度重视，第一时间成立由治超办党支部成员组成的“疫情防控领导组”，建立治超办疫情防控工作微信群，及时传达省委省政府决策部署，认真贯彻落实省厅和省局疫情防控会议精神。在防控工作开展之初，多次组织人员对全体干部职工春节期间人员流动情况进行摸排，严格做到底数清，情况明，同时提前做好应急处置准备工作，彻底切断传播途径，坚决锁定“零感染”目标。并通过微信群向各科室下发各项文件，带头践行防控要求，号召全省源头治超执法人员在当地主管部门的直接领导下，积极投身疫情防控各项工作。

【积极配合做好交通运输综合执法改革期间各项工作】 按照省厅制定的改革时间表、路线图，省运管局治超办对资产进行全面清理、核对和查实；对预算经费划转情况建议上报省厅；将近三年文书档案进行汇总移交档案室，并将省运管局治超办处级以下人员干部档案移交省交通执法局人事处，进行人事档案资料交接。

【认真履行源头治超巡查监管工作职责，加强全省源头治超工作】 省运管局治超办加强源头监管力度，对政府公示的货运源头单位监管覆盖率达到100%。全年共对太原、阳泉、晋中、吕梁等四个市的源头治超工作和停工复产情况进行督导检查，未发现大案要案和疑难案件，源头治超工作基本平稳。截至2020年年底，全省政府公示货运源头企业6600余家，其中，驻站源头企业40家，驻站执法人员490余人次。巡查源头企业6000余家，巡查执法人员7

万余人次，对政府公示的货运源头企业监管覆盖率达100%。

【不断规范源头治理超限超载案件管理工作】 省运管局治超办不断修改完善全省源头治理超限超载案件统计表，在原表基础上，对处罚案件的类别进行细化、增减，并按月、按季度、按半年、按全年分别进行统计汇总。针对信息报送中存在的问题，利用工作交流微信群发送《源头治超违法案件报送注意事项》，积极指导各市做好案件分类、整理、报送工作。2020年，全省办理货运源头超限超载处罚案件176件，案件移送、抄告、抄报率达100%，共处罚金额264.96万元。

【建立健全黑名单管理制度，严格落实"一超四罚"】 省运管局治超办力争做好联合惩戒和"一超四罚"工作，认真夯实基础数据，依托"黑名单"管理制度，全面及时统计全省非法超限超载案件及严重违法失信超限超载运输车辆行为的相关信息。组织指导各市落实"黑名单"制度，建立"黑名单"台账，做好"黑名单"日常登记、统计工作。在治超督导检查中，一直把"黑名单"制度落实情况作为检查项目，确保违法事实清楚的车、人、企业记入"黑名单"台账，保证"一超四罚"落到实处，为"联合惩戒"工作提供数据支撑。根据交通运输部及省厅要求，不断对失信人报送表格进行更新、完善，同时设置严重违法失信超限超载运输行为汇总表，便于及时对严重违法失信超限超载运输行为（失信人）进行统计汇总。2020年，多次向省厅治超处提供失信人数据资料。截至2020年年底，全省共列入失信人名单26个。其中失信道路货物运输企业14个；失信货物运输源头企业1个；失信道路货物运输车辆8辆；失信道路运输从业驾驶人3人，及其他失信人员1人。与此同时，对全省籍车辆在外省涉及违法超限超载的转办来函进行核查处理，对于违法超限超载车辆及相关驾驶人员，省运管局治超办第一时间内起草下发正式文件，转交相关市局处进行核实处理，并定期督促地市落实"一超四罚"，向省厅上报核查和处理情况，还对档案原件进行归类整理。2020年，共收到超限超载货运车辆、驾驶人违法函件22件，其中省厅转来19件，外省直接来函3件，共涉及10个省份。

（省运管局治超办）

山西省运政稽查总队

2020年，在上级党委领导下，稽查总队始终坚持以中共十九大和十九届二中、三中、四中、五中全会精神为统领，深入学习贯彻习近平新时代中国特色社会主义思想，贯彻落实习近平总书记视察山西重要讲话精神，自觉运用习近平新时代中国特色社会主义思想武装头脑，认真贯彻落实省委、省政府和省交通运输厅、省交通运输执法局工作部署要求，完成各项年度工作任务。

【强化党建引领，提高政治站位，全面加强政治建设】 根据省交通运输发展中心党委和省执法局党委关于干部理论学习安排意见的要求，稽查总队采取学习研讨、讲党课、座谈发言等形式，对照党规党纪开展检视等活动，稽查总队党支部领导班子坚持支委带头学、支部集中学与党员个人自己学相结合，认真学习贯彻中共十九大以来中央重要文献及习近平总书记视察山西重要讲话精神，读原文、学原著、悟原理，坚持在政治立场、政治原则、政治方向、政治道路上，同以习近平同志为核心的党中央保持高度一致。认真学习习近平新时代中国特色社会主义思想，紧紧围绕学懂弄通做实习近平新时代中国特色社会主义思想，把握正确政治方向，提高政治能力，增强"四个意识"、坚定"四个自信"、做到"两个维护"；坚持和加强党的全面领导，充分发挥基层党组织的政治功能，团结带领干部职工不折不扣贯彻落实党中央决策部署；履职尽责，担当作为，防范风险，化解挑战，做好单位内部新冠肺炎疫情防控工作；学习贯彻中共十九届五中全会精神，对照党中央提出的"十四五"经济社会发展主要目标和2035年远景目标，加强科学谋划，落实全面从严治党责任，带头严守政治纪律和政治规矩，旗帜鲜明地批评和纠正违规违纪言行，锲而不舍落实中央八项规定精神，坚决反对形式主义官僚主义等，增强遵纪守法意识和依法履职能力，强化政治建设，提高政治能力。

【齐心协力，真抓实干，完成全年工作目标任务】 一是严格落实新冠肺炎疫情防控各项措施。一年来，总队严格按照省厅及省局疫情防控领导组的安排部署，始终坚持“外防输入、内防反弹”不放松，全面消除风险隐患，科学精准有效抓好疫情防控工作。按要求成立疫情防控工作领导小组，一把手任组长，领导班子、相关部门负责人为成员，全面负责防控工作组织领导和督查督办。领导组下设若干专项工作组，明确职责分工，责任到岗，任务到人。健全工作制度，严格落实值班制度、疫情报告制度、通风消毒制度等各项疫情防控工作制度。注重摸底排查，解和掌握职工假期动向，做好疫情监控报告。严格落实视频会议制度、人员聚集场所佩戴口罩等制度，引导职工养成良好生活与卫生习惯。一年来，所有职工本人及家属无确诊或疑似病例，无接触确诊病例，无中、高风险区域返回，无被采取隔离措施等情况。二是完成综合行政执法改革的相关工作。完成稽查总队23人的人员划转、资产划拨、档案资料移交、单位及主要责任人的经济责任审计等一系列工作。严守政治纪律、政治规矩，做好改革期间政策宣传解释、矛盾隐患排查化解等工作，为顺利推进改革奠定良好基础。三是强化道路运输市场监管，持续推进道路运输市场整顿。疫情期间，为进一步规范道路旅客运输市场秩序，促进道路运输市场健康发展，切实做好交通运输服务保障和市场监管，统筹推进疫情防控和经济社会发展工作，稽查总队有针对性地做好道路运输市场秩序监管工作，指导市县两级运政执法机构开展道路客货运输和旅游客运市场监督检查行动，依据省厅下发的《开展全省打击非法违法道路旅客运输经营行为专项行动实施方案》和《关于打击非法客运经营行为的通知》，全面履行道路旅客运输市场监管职责，有效落实疫情防控措施，依法维护经营者和旅客的合法权益，助力全省社会加快复工复产。专项行动期间，派出执法人员25948人次，派出执法车辆7467台次，查处案件980件，查扣违法违规车辆721辆，处罚金额245.79万元。通过此次专项行动，有效净化全省道路运输市场秩序，保障合法经营者权益和人民群众生命财产安全。四是始终把维护行业稳定作为重要工作来抓。总队认真落实省厅转办的信访案件和群众举报事项，抓好基层信访矛盾和重点不稳定因素的排查，妥善处理各类来信来访。尤其是2020年初新冠肺炎疫情防控期间，仍有群众举报有非法客运经营行为。为此，稽查总队指导相关市级执法机构有效协作，统筹好疫情防控和客运市场监管的关系，对非法营运行为及车辆进行严肃查处。近年来，累计办理“12328”批转案件及来信来访近200件。五是参与省安委办组织的对重点旅游景区、文化活动场所安全生产专项检查。12月2日至7日，按照省安委办《关于印发〈全省旅游景区、文化活动场所安全生产专项检查工作方案〉的通知》的安排部署，在省厅组织带领下，对忻州市旅游景区、文化活动场所安全生产进行专项检查，对忻府区、原平市、定襄县、五台山风景名胜4个县区的网吧、KTV、酒店、旅行社、公园、国家级文物保护单位、“三个人家”、交通运输等行业的28家单位进行检查督导，撰写督查报告，完成督查任务。六是完成全面禁止非法猎捕交易食用野生动物联合执法督导。12月28日至31日，按照五厅局《关于开展全面禁止非法猎捕交易食用野生动物联合执法督导抽查工作方案》的安排部署，为严厉打击非法猎捕交易食用野生动物，切实保障人民群众生命健康安全，由郭锋带队(第四巡查督导组)前往阳泉、长治两市四县，通过召开座谈会听汇报、查资料，随机抽取场所，到源头实地查看等形式开展为期四天的非法猎捕交易食用野生动物的专项巡查督导活动，完成联合执法督导任务。七是继续配合相关部门开展对扬尘污染治理的全面督查。严格落实散装物料运输车采取密闭措施或其他措施防止物料遗撒造成扬尘污染，并按规定线路行驶的政策。对未采取有效密闭措施造成抛洒、脱落、遗漏、扬尘等污染的散装物料运输车辆，依法依规从严处罚。及时报送相关数据信息。

【履行全面从严治党责任，强化党风廉政建设】 为全面贯彻中共十九大精神和习近平新时代中国特色社会主义思想，深入贯彻落实党中央和省委全面从严治党新部署、新使命、新要求，总队坚持以习近平新时代中国特色社会主义思想为指导，贯彻落实全系统党风廉政建设和反腐败工作会议的安排部署，进一步落实全面从严治党责任，不忘初心、牢记使命，全面增强学习本领、政治领导本领、改革创新本领、科学发展本领、依法执政本领、群众工作本领、狠抓落实本领和驾驭风险本领，坚决做到信念过硬、政治过硬、责任过硬、能力过硬、作风过硬，以永远在路上的执着把全面从严治党引向深入。对照中纪委十九届四次会议和省纪委十一届六次全会对推动全面从严治党的总体部署，认真分析研判当前党风廉政建设和反腐败斗争面临的形势，及时发现党员领导干部中存在的倾向性、苗头性问题，做到早发现、早提醒、早教育。结合稽查总队工作实际，稽查总队领导认真学习并带头遵守党章和党内准则、条例等，坚持把中央八项规定精神作为自己的言行规范，时时对照、事事遵守、处处落实。在全队开展廉政教育主题党日活动，通过观看廉政教育片、组织参观廉政教育基地等形式，让全体党员干部进一步严守党的政治纪律、组织纪律、廉洁纪律、群众纪律、工作纪律和生活纪律，进一步增强自身拒腐防变的能力，切实做到知敬畏、存戒惧、守底线，坚决做到不忘初心、牢记使命，廉洁自律，永葆共产党人政治本色。

（运政稽查总队）

山西省交通运输执法职工教育培训中心

2020年，在省交通运输执法局党委坚强领导下，培训中心领导班子坚持以习近平新时代中国特色社会主义思想为指导，深入贯彻落实中共十九大和 十九届二中、三中、四中、五中全会精神，围绕交通运输综合行政执法改革大局，统筹推进、完成疫情防控和服务保障各项工作，高质量完成全年目标任务。

【深入推进“不忘初心、牢记使命”主题教育】 培训中心积极巩固拓展主题教育成果，把“不忘初心、牢记使命”作为党员干部学习教育的终身课和必修课，持续提升党支部建设质量。一是深入学习贯彻习近平新时代中国特色社会主义思想。积极落实省局党委部署要求，严格执行党支部每周二、周五集体学习制度，认真学习中共十九大和十九届二中、三中、四中、五中全会精神、《习近平谈治国理政》（第三卷）以及习近平总书记视察山西重要讲话重要指示，深刻理解领会习近平新时代中国特色社会主义思想的最新理论成果，进一步坚定政治信仰，树牢“四个意识”，坚定“四个自信”，始终做到“两个维护”。二是充分发挥党支部战斗堡垒作用和党员干部先锋模范作用。坚持“围绕党建抓工作，抓好党建促发展”理念，把履行基层党建责任牢牢抓在手上，做到党建工作与业务工作同谋划、同部署、同推动、同落实。严格贯彻落实党支部“三会一课”制度，不断推进党支部建设标准化规范化，加强党员日常教育管理，督促党员干部加强学习，进一步提高个人政治素养，坚定理想信念，坚守初心使命。积极组织党员干部参加上级组织的各类党务及业务教育培训，倡导“学习强国”“山西交通在线”等灵活学习方式，实现业务工作与干部能力素质建设同推进、共发展。

【全力做好新冠肺炎疫情防控和安全稳定工作】 培训中心牢固树立安全发展理念，按照新冠肺炎疫情防控有关要求，积极推进“三零”单位创建工作，保障省局机关安全稳定。一是扎实做好疫情防控工作。新冠肺炎疫情发生以来，培训中心认真贯彻落实省局疫情防控领导小组部署要求，严格执行疫情防控各项举措，严把出入关口，加强体温测试，实行分批就餐，定期开展电梯、车辆及各类场所清洁消毒工作，严格执行“造册登记”和“日报”制度。累计登记进出车辆6000余辆、人员1.6万人次。为全体工作人员发放口罩、酒精、消毒液等大量防护物品，为值班人员准备便餐等工作。二是全面排查安全问题隐患。深入汲取台骀山景区重大火灾事故教训，加强安全生产教育培训，全年牵头开展消防安全应急演练等消防活动3次。每月检查机关办公区消防系统，更换消防灭火器330个、消防自救呼吸器320个。做好重点部位和系统的隐患排查，定期清洗维护空调管道、滤网、冷却塔，及时排查运行故障。严格落实电梯运行日巡检、半月检修要求。定期做好供水蓄水池消毒清洗和水质检测，及时疏通各类管道堵塞。做好各类设备器件维修更换。三是狠抓单位内部综合治理工作。时刻梳理掌握职工内部矛盾及不稳定因素，及时将矛盾和问题解决在萌芽状态。积极开展"三防三查"行动，圆满完成本年度零上访、零事故、零案件的"三零"单位创建目标。

【着力提升单位内业管理水平】 培训中心突出精细化管理，进一步创新举措，细化责任，从整体上提升内业管理效能。一是在财务和资产管理。按照省局工作要求，按时参加政府财务报告培训及填报工作，规范会计记账工作，确保每一笔科目都能反映真实工作。积极配合省局开展改革期间资产清查工作，加强固定资产实物管理。二是在队伍管理。把"以情带兵，以情留人"贯穿全过程，倡导"人人是窗口、处处是服务"的服务理念，鼓励全体职工主动参与管理，充分发挥上下"一盘棋"的团队精神，推动队伍素质实现稳中有升。三是在车辆管理。加强统一管理调度，严格落实出车登记制度，全面做好车辆年度审验和驾驶员安全教育工作，确保人员和车辆不带病工作。实现全年安全驾驶无事故的目标。

【完成各项服务保障任务】 紧紧围绕中心，做好各项服务保障工作。一是加强食堂餐饮服务工作。进一步加强食堂管理工作，把好食品入口关，做好新冠肺炎疫情期间及日常就餐服务。全年累计接待早餐11713人次、午餐25482人次、晚餐1382人次，接待各类会议用餐125人次。二是认真做好清洗保洁服务。落实区域卫生分工负责制，严格工作流程，定期逐层逐处检查，做到楼层"无积尘、无油渍、无污渍、无异味"，院内及外围路面"无落叶、无纸屑、无死角垃圾堆放"。雨季期间处理小地库积水13次、大地库积水11次，洗衣房累计清洗衣物2267件次。三是强化公务接待保障。各类大、小会议室累计接待外单位会议38次、96人次，接待本单位会议65次、1550人次，客房累计接待1105天。全年公务派车800余次，安全行驶7.3万余公里，顺利完成后勤保障和应急值班任务。

（职工教育培训中心）

山西省交通运输执法资讯中心

2020年，在省交通运输执法局党委正确领导下，在各市局、各处室大力支持下，培训中心以习近平新时代中国特色社会主义思想为指导，深入贯彻落实习近平总书记视察山西重要讲话重要指示，围绕全省交通运输综合行政执法改革大局，认真履行职责，充分发挥信息总汇和桥梁纽带作用，完成年度工作任务。

【加强政治建设，高标准推进党建工作】 始终把党的政治建设摆在首位，按照省局党建工作安排部署，认真落实每周二、周五支部学习制度，及时跟进学习习近平总书记重要讲话重要指示重要论述，深入推进"两学一做"学习教育常态化制度化，加强意识形态工作，坚决反对和抵制各种错误言论，教育引导全体干部职工不断增强"四个意识"，坚定"四个自信"，做到"两个维护"，提高政治觉悟和政治能力，切实用习近平新时代中国特色社会主义思想武装头脑、指导实践、推动工作。推进党支部标准化规范化建设，严格按照"三会一课"制度和学习计划开展学习，规范学习记录。完善党支部工作台账，推进"三基"建设。规范党费收缴，按时足额缴纳党费。积极参加省局组织的各项文明创建活动，未发生有损交通执法形象的事件。

【严格落实责任，强化党风廉政建设】 严格按照省厅党组和省局党委加强党风廉政建设和反腐败工作的部署，制定工作计划，明确职责定位，把党风廉政建设贯穿于业务工作始终。加强作风建设，深入贯彻落实中央八项规定精神，严格执行省局落实中央八项规定精神实施细则，聚焦隐形变异"四风"问题，拧住权力风险点，健全完善防控措施，积极抓好重点领域、重点岗位、重点环节的制度建设，扎紧制度的篱笆，关严制度的笼子，筑牢遵纪守法、拒腐防变的思想道德防线。严肃劳动纪律、提高工作效率，组织参加省局纪律教育和警示教育，认真组织开展“党风廉政宣传教育月”“纪律作风整顿月”等活动，坚持不懈抓好廉洁自律。

【认真履行职责，做好杂志、年鉴编校出版工作】一是尽心办好《交通执法》杂志。完善优化栏目设计、版式布局，认真做好《交通执法》的编校、出版等工作。紧密联系交通执法系统实际，积极探索交通执法体制改革，加大对全省交通执法系统工作开展情况的宣传力度，报道全省交通系统的重要动态，交流交通执法工作经验，研讨交通执法当前热点难点问题。2020年《交通执法》杂志完成编校6期，刊登稿件380余篇、照片400多幅，编校审读文字50多万字。二是认真做好史志年鉴编纂工作。先后完成《山西交通运输执法志》发行工作；对各市局、各处室提供的文字和图片资料进行分类整理，完成《山西交通执法年鉴（2019年版）》出版工作；完成《山西交通执法年鉴（2020年版）》的编辑校对等工作，共计编校文字30万字，调配图片80多幅；拍摄交通运输执法工作影像资料，并做好整理工作。

【夯实基础管理，保障工作顺利开展】 健全制度规范管理，修订完善资讯中心岗位职责和规章制度；严格落实省局疫情防控措施，严格执行“零报告”“日报告”制度，扎实做好疫情防控工作；以“三零”单位创建为抓手，严格落实社会治安综合治理（平安交通）工作目标要求，确保无政治案件、治安案件、刑事案件、火灾事故和其他责任事故发生；完成了与省局签订的《安全生产目标责任书》《消防安全责任书》下达的各项任务，强化安全责任全员化，深入开展安全稳定风险隐患大排查大整治，参加省局组织的消防安全培训和突发事件应急演练，完善应急预案和应急机制；增强干部法治思维，聘请法律顾问，认真组织开展“七五”普法相关工作；认真执行人事工资管理有关规定，严肃财经纪律，加强财务管理，严格控制“三公经费”支出，做好工资发放、社保及公积金缴纳工作；严格执行省局固定资产管理规定，做到专人负责、专人管理；严格执行党政机关厉行节约反对浪费条例等有关规定，认真抓好年度目标责任考核、信访维稳、保密等工作。

（资讯中心）

山西省交通运输执法督查总队

2020年，在省交通运输执法局正确领导下，督查总队认真学习贯彻中共十九大精神、十九届五中全会精神、全省交通运输系统工作会议精神，以习近平新时代中国特色社会主义思想为指引，教育党员干部职工切实增强“四个意识”、坚定“四个自信”、坚决做到“两个维护”，学习贯彻落实全省交通运输系统党风廉政建设和反腐败工作会议精神，扎实推进“两学一做”学习教育常态化制度化，坚持党要管党、全面从严治党，强化思想理论武装，全面加强纪律建设，深入推进党风廉政建设和反腐败斗争，为推进交通运输执法事业改革发展稳定提供坚强保障。

【注重学习提高认识，持续加强党建工作】 督查总队支部坚持集中和个人自学相结合，坚持“三会一课”，班子成员带头讲党课、搞宣传，主要有《中华人民共和国民法典》、《习近平谈治国理政》（第三卷）、“十九届五中全会精神”、《交通运输法律法规》等内容。全体干部职工坚持每周二、周五集中学习，互相交流，做好个人笔记，集中观看警示教育片，从思想上筑牢拒腐防变的防线，确保全体人员学习取得实效。学习贯彻习近平新时代中国特色社会主义思想和中共十九届五中全会精神，教育总队党员干部切实增强“四个意识”、坚定“四个自信”、做到“两个维护”，规范学习记录，推进“两学一做”学习教育常态化制度化，进一步推进“三基”建设工作；按照省局关于在全系统开展“厉行勤俭节约，杜绝餐饮浪费”主题党日活动的《通知》精神，督查总队全体干部职工提高思想认识，认真填写党员公开承诺书，自觉践行文明健康、勤俭节约生活方式，把勤俭节约、艰苦奋斗的理念内化于心、外化于行，以实际行动杜绝奢侈浪费陋习，教育引导子女亲属珍惜来之不易的粮食，以自身示范行动，带动更多人践行节俭节约新风尚；“七一”，职工参加省局党委组织的答题活动；12月，按照省局党委统一部署，总队开展党政领导干部违规入股企业问题专项清理工作，总队科级7人，处级2人，认真学习文件精神，按照省局专项清理会议要求，如实申报党政领导干部主动纠正违规入股企业情况，无违规入股企业情况。

【强化业务工作检查，确保工作取得实效】 按照省局统一安排部署，督查总队扎实有效开展疫情防控和安全生产工作。全体人员按照要求不聚集、不聚餐，佩戴口罩，勤洗手，有效防范疫情；认真落实安全生产规定，成效明显；督查总队领导班子成员参加省局开展的“结对帮扶”活动，完成有关扶贫项目；督查总队认真学习贯彻全省交通运输工作会议和交通运输系统党风廉政建设和反腐败工作会议精神，坚持稳中求进工作总基调，坚持“四为四高两同步”总体思路和要求，全面开启交通强国建设山西篇章新征程，重点做好总队改革前的各项工作；每月按时依据单位人员增减情况如实完成编制内职工医保和养老的申报和缴纳工作，按时完成省局人事处下达的各项报表、年报等工作；在完成财务各项工作基础上，又完成年中两次审计工作，分别是省局安排的资产清查和省交通运输厅年度内审工作。与此同时，督查总队注重抓职工思想政治工作，紧紧围绕省局关于“三零”单位创建各项工作安排和通知要求，制定具体方案和措施，把发现解决问题和推动工作做为出发点和落脚点，坚决杜绝搞形式，走过场，严格遵守中央八项规定精神，把开展三零单位创建工作认真扎实搞好。有力地保证职工队伍稳定，保持正常工作秩序，完成全年各项工作任务。

【严格落实党风廉政建设工作目标责任制】 督查总队严格执行中央八项规定和“两个责任”落实，按照省厅党组和省局党委加强党风廉政建设和反腐败斗争部署，建立健全党风廉政建设长效机制，贯穿于业务工作始终，将两者同部署、同落实、同考核，同奖惩，推动党组织书记切实履行第一责任人职责，行政负责人切实履行“一岗双责”，坚持服从和服务工作大局，扎实推进党的建设各项工作。与干部职工开展谈心谈话活动，扎紧制度篱笆，关严制度笼子，筑牢遵纪守法、拒腐防变的思想道德防线。坚持“三重一大”制度，在财务管理方面，强化资金管控，严肃财经纪律，强化日常监管，严肃劳动纪律，提高工作效率，严格执行请销假等各项规章制度，督促干部职工特别是领导干部严格执行《中国共产党纪律处分条例》《中国共产党准则》等廉政规定，严格执行省局党委落实中央八项规定精神实施细则。经常性开展纪律教育，及时遏制苗头性、倾向性问题，推动管党治党责任全覆盖，做到知敬畏、存戒惧、守底线，自觉保持清正廉洁政治本色，坚持不懈地抓好干部职工的廉洁自律工作，为做好各项工作提供有力保障。

（督查总队）

山西省交通运输执法网络监控中心

2020年，在省交通运输厅、省交通运输执法局坚强领导下，网络监控中心深入学习贯彻中共十九大、十九届四中、五中全会精神和习近平总书记系列重要讲话精神，紧紧围绕中心工作，服务大局，充分发挥网络监控中心技术支撑与服务的作用，持续推进交通运输执法改革工作。

【积极开展新冠肺炎疫情防控工作】 开展新冠肺炎疫情防控工作以来，网络监控中心深入贯彻落实中央、省委和太原市委防疫工作要求，充分发挥基层党组织和广大党员干部作用，狠抓思想认识，广泛宣传，织密联防联控网络，以最严措施、最严纪律、最严作风，坚决打赢疫情防控阻击战。疫情期间，进行全员摸排，夯实联防联控基础。在为单位职工准备好消毒液、口罩、洗手液等的基础上，把人员摸排作为联防联控工作重点，做到全面覆盖、全程管控、不落一人，并建立人员台账，从大年初一开始，坚持每天一查、每日一报，积极落实好疫情防控各项措施，确保万无一失。

【强化政治担当，切实履行组织领导责任】 网络监控中心始终坚持把落实全面从严治党主体责任作为一项重大政治任务，全面担负起全面从严治党主体责任领导者、执行者的推动者的职责，真正把主体责任扛在肩上、抓在手上、落在实处。单位负责人认真落实“一岗双责”，积极履职，把落实从严治党主体责任纳入网络监控中心工作总体布局上来，坚持定期研究，将全面从严治党工作与业务工作同部署、同落实、同考核。认真完成改革期间开展正风肃纪强化纪检监督工作中六个内容，开展廉政宣传教育活动。

【加强队伍建设，全面筑牢思想防线】 网络监控中心严格落实“三会一课”制度，定期召开民主生活会、组织生活会，认真开展批评与自我批评，不断强化宗旨观念，并且发展中共预备党员1名。认真开展纪念中国人民抗日战争暨世界反法西斯战争胜利75周年主题党日活动、纪念中国共产党成立99周年系列活动、“七一”主题党日活动等。严格执行组织纪律、工作纪律等各项纪律，建立健全“三重一大”事项集体研究决策机制。

【夯实业务基础，着力做好各项维护工作】 一是全省网络巡检。由于受疫情影响，全系统各市局改用自查形式对全系统全省范围内现有的网络通信传输系统、信息安全系统、软件应用系统（含省局中心机房和11个市局及所辖各分局的重要信息化设备、业务软件的运行管理等）等重要信息化系统梳理检查，全面保障各重要信息化系统的平稳、高效运行。通过开展常态化的全省信息化网络巡检，认真查找全省交通运输执法系统信息化建设发展中存在的突出问题和薄弱环节，全面排查网络信息安全隐患和漏洞，健全网络安全管理制度，完善防护措施，促进全系统信息化建设和信息化应用管理水平全面提升。二是全省网络安全。按照省厅要求，网络监控中心组织人员开展全省交通运输执法系统网络安全自查工作。通过检查，以检促管、以检促防，强化全系统信息化的应用管理和安全管理，进一步落实信息化建设运行管理责任，增强网络信息安全意识。加强信息系统和网络安全工作，根据国家信息安全等级保护工作要求，结合网络监控中心实际，进一步保障全系统安全、稳定、高效运行，有效地规避信息系统建设可能存在的法律风险。网络监控中心完成办公OA信息系统和业务学习及考试管理系统的定级备案测评工作。三是政务系统迁移上云。根据省政府《山西省及政务系统云平台建设推进实施方案》（晋政办发〔2018〕66号）、《山西省交通运输厅行业信息系统向省级政务云平台迁移推进实施方案》（晋交办发〔2018〕416号）要求，中心组织“山西省交通运输执法局办公信息网”“山西省交通运输执法局业务学习及考试管理系统”两个信息系统的开发单位与政务云运营单位山西云时代技术有限公司进行相关工作，2020年2月已将两个信息系统迁移上云。截至年底使用正常。四是政务信息系统预算编报。根据山西省财政厅山西省行政审批服务管理局《关于印发〈省直机关政务信息化系统运维项目预算编制规范和预算标准（试行）〉的通知》（晋财省直预〔2019〕60号）要求，网络监控中心分别对办公OA、业务学习及考试管理系统、全系统基础环境运行及音视频会议系统进行预算编制工作，相关编报文档上报省厅。五是办公OA信息系统培训。根据省局安排部署，网络监控中心组织相关技术人员对朔州执法局进行办公OA培训，通过培训详细讲解OA系统的各个功能，通过系统提供的模块取代手工处理方式，进而将日常工作和任务按部门和职能分解，并按实际需要的方式流程化，以电子文档的形式进行流转、传递、处理、存档、备查等，逐步减少或取代纸质文件分发、口头指示的下达、多环节的信息传递或反馈、手工模式的审批上报等形式，最大限度地提高各层面和环节上的日常管理时效性。六是应用系统维护及保障。网络监控中心完成全省交通执法系统网络与计算机日常维护工作，包括OA办公系统、内线IP电话系统和视频会议系统的管理与维护、会议保障、机房巡查等。七是硬件设备使用情况。2020年年底，全省现有安全设备、网络设备以及视频会议系统等硬件设备已使用年限较长，运行维护困难，且部分设备已损坏并超出报废年限不能正常使用，同时由于年代久远，大部分设备已经停产，难以找到可用于维护更换的合格主要零配件，很难保证整体系统的安全及稳定，从而影响执法系统网络安全的整体运行。

（网络监控中心）

山西交通运输

2021 年鉴

邮政管理

山西省邮政管理局

2020年，在省委、省政府和国家邮政局的坚强领导下，省邮政管理局以习近平新时代中国特色社会主义思想和中共十九大精神为指引，紧紧围绕省委三大发展目标，抓重点、补短板、强弱项，各项工作得到稳步推进。全年邮政业务总量和业务收入分别完成150.72亿元和107.76亿元，同比增长29.54%和21.37%。快递业务量和业务收入分别完成5.36亿件和67.09亿元，同比增长47.15%和35.76%；支撑网上零售额超802亿元。服务满意度稳中有升，行业运行平稳顺畅，绿色发展成效不断凸显，为推动山西资源型地区转型发展做出积极贡献。

【统筹疫情防控和复工复产，更好服务经济社会发展】 2020年，省邮政全行业闻令而动、尽锐出战，迅速打响疫情防控阻击战，率先实现复工达产、率先实现转负为正、率先实现高位运行。一是坚持旗帜引领，统筹疫情防控“一盘棋”。坚决贯彻党中央决策部署，始终让党旗高高飘扬在抗疫斗争一线。疫情发生后，省局党组第一时间启动应急机制，迅速成立防控工作领导组，坚持统筹调度，靠前指挥，先后13次召开专题会议进行部署；11个市局迅速动员，各级党员干部及时返岗，主动担当，坚决筑牢防线。省局带头开展爱心募捐工作。临汾局党员连续深入社区开展防控值守，积极践行党员先锋模范带头作用。二是抓牢重点环节，织密疫情防控“一张网”。充分利用网站、微信公众号传播防疫知识，编制印发疫情防控期间营业网点操作规范和从业人员疫情防控指南，及时转发国家局6版操作规范，切实提升基层防控能力。指导并帮助企业加强防疫物资储备，全面推动邮(快)件、车辆、作业场所等消杀，试点推广无接触配送，持续做好快递冷链运输企业督导，慎终如始抓好秋冬疫情防控。全省行业从业人员未发生一起确诊病例，未发生一起群体聚集性感染和死亡事件。三是畅通配送渠道，凝聚联防联控“一条心”。全力保障防疫物资和居民生活物资运递，坚决打通特殊时期循环大通道。组织邮政、顺丰、京东、百世等4家企业开通运递“绿色通道”，完成发车623辆次、航班5架次，递送防疫物资636吨，及时驰援武汉、黄冈等重灾区；积极做好省内防疫物资运送，协助山西省疫情防控工作领导小组加急运回多批滞留海外的紧急防疫物资，配合红十字会先后为全省定点医疗机构配送各类物资40余吨；积极支援教育、农业农村等部门做好复课教材、春耕化肥等寄递；坚持开展特殊时期社区生活物资配送。全省快递小哥冒疫奔忙，打造了疫情期间永不中断的供给线。太原局组织企业为20余万名学生配送教材590余万册，获市委主要领导批示肯定。省快递协会响应号召，第一时间向太原市第四人民医院捐助电动三轮车支援抗疫阻击。四是加快恢复秩序，铆足复工复产“一股劲”。聚焦常态化防控，组织编印企业复工复产防控工作指南；聚焦企业发展难题，联合省交通运输厅等出台通行政策，落实减税降费近7500万元；协调工信、卫健等部门调拨口罩27万只，手套2.4万双，酒精消毒液近8吨；省疫情防控工作领导小组办公室下发《关于邮政快递企业复工保畅通的指导意见》，全力支持行业发展。3月中旬全省行业全面实现复工复产。常务副省长胡玉亭、副省长吴伟先后点赞；行业2人获“全国交通运输系统抗击新冠肺炎疫情先进个人”称号，1人获评“全国疫情防控最美志愿者”。

【调整结构补足产业链条，加快推动高质量发展】 2020年，全省邮政行业顶住经济下行压力，稳住基本盘，展示了坚韧的发展特质。一是区域发展布局持续优化。立足“一主三副六市域中心”空间布局，深度参与物流节点城市建设，经过多年发展，太原都市圈(晋中)基本建成省内产业高地，人才、技术、品牌聚集效应明显，核心竞争力显著提高；大同、临汾、运城、长治等城市带动作用不断加强，多个区域分拨中心陆续投资兴建，服务范围辐射周边地市乃至相关省份；阳泉、吕梁、忻州、朔州、晋城等地正迎头赶上，年均业务量增长接近20%，全省行业发展更趋均衡，后劲十足。二是产业融合催生崭新动能。深度融入“山西农谷、雁门关农牧交错带示范区、运城农产品出口平台建设”战略，积极参与“南果中粮北肉东药材西干果”品牌壮大，聚力打造“一市一品”“一县一品”项目35个；坚持融入上下游做强寄递主业，与食醋、药茶、陶瓷、主食糕点等山西特色产业，形成更深层次合作，积极参与销售链培育，试点融入供应链，持续打通上下游。三是“两进一出”筑基发展新格局。快递“进村”提前三个月完成年度目标，14828个行政村直通快递，整体覆盖率达65%；省政府和多个市政府工作报告明确予以支持；民营快递设点和直投比例不断提升，“快递流动车”、第三方平台等进村模式持续涌现，农村快递市场发展日益蓬勃。长治平顺通过政府搭台、企业唱戏，深化电商合作，到9月实现100%进村；忻州原平快递企业坚持一体化运营，探索农村共配，有效解决进村难题。快递“进厂”取得重要进展，联合工信厅出台促进快递业与制造业深度融合发展意见，试点推进服务特色项目建设，涌现出以应县陶瓷、祁县玻璃器皿等轻工制造业为代表，和以山西老陈醋、晋中太谷饼等食品加工业为代表的项目典范，拉动产值超1亿元，快递业正在加速融合中实现转轨转型。快递“出海”工程稳步实施，加快推动太原国际邮件互换局扩容升级，牵头启动太原进出境邮件快件监管中心建设。年处理国际邮（快）件达245.96万件，跨境业务逐步回暖。太原局、大同局积极引导企业参与跨境电商综合试验区建设，取得阶段性进展。四是大力支持邮政创新发展。邮快合作进村协议实现市级城市全覆盖，邮乐购站点达13590个；新增警邮、税邮、政邮合作网点263处，其中，县级城市警邮合作实现全覆盖，税邮、政邮合作分别达到87.18%和80.35%。晋中局推动21处警邮合作示范点增加驾驶证、机动车管理等12项业务，实现交管业务“邮政办、就近办、一次办”。传统邮政在普惠民生实践中释放出更大活力。

【破解瓶颈持续深化改革，加快构建综合保障体系】

2020年，全省邮政行业积极开展具有山西特色的改革实践，持续构建具有“四梁八柱”性质的改革主体框架。一是监管体系更加健全。紧紧抓住新一轮事业单位机构改革契机，大力破除体制机制性障碍，继太原邮政业安全中心组建之后，省邮政业安全中心和运城、阳泉、晋城、吕梁、晋中、大同、忻州7个市级安全中心相继获批，截至2021年3月15号，全省9个市级安全中心已获批；组织召开省邮政业安全中心座谈会，加快推动机构履职。修订下发《关于全面加强全省系统县级机构管理的指导意见》，不断提升管控能力。二是立体支撑更加到位。省局获省委2019年度“促进山西经济社会发展突出贡献单位”；年内朔州、临汾、太原3个市局办公业务用房获准批复，10个市局有了“自己的家”；8个市局成功纳入地方目标考核体系。全省获财政拨款支持321.62万元。国际邮件快递服务纳入省级财政事权。常务副省长胡玉亭批示肯定“双11”成就，并在12月到邮政快递企业和省局机关调研，明确支持行业发展。副省长卢东亮高度评价太原国际邮件互换局建设成果。各市党政领导均以不同方式关怀支持行业发展，晋城局被授予“促进晋城经济社会发展突出贡献奖”。三是政策保障更加有力。完成“十三五”收官，顺利开展邮政业发展“十四五”规划编制，积极参与交通运输、商务等规划协同；协调印发《山西省有效应对疫情促进服务业稳定增长的若干措施》《关于加快发展流通促进商业消费的实施意见》等利好政策。运城局联合6部门印发《关于推进智能快件箱建设实施方案》；长治局积极协调地方政府，为快递企业争取专项补贴资金70余万元。

【攻坚克难补齐发展短板，坚持打好“三大攻坚战”】

2020年，全省邮政行业充分发挥行业担当，不断拓展工作成果。一是聚焦安全维稳化解行业风险。全面推进平安寄递建设，扎实推进“三零”单位创建，充分发挥寄递渠道安全管理领导小组职能，联合省禁毒委共同加强新形势下寄递渠道禁毒工作，持续做好反恐禁毒、涉枪涉暴、扫黄打非等综合治理。深入开展实名收寄专项整治行动，严厉打击快递员自寄件异常、虚假实名和替代实名等违法违规行为。组织开展企业安全生产主体责任落实专项检查；历时两周实施全省行业安全生产风险隐患排查治理行动，深入11市24县（区）37个乡镇，检查企业65个、网点83个，移交问题线索541条并完成整改。稳步推动“绿盾”体系建设。完成中共十九届五中全会、全国“两会”、进博会等重要节点邮路安保工作。立体推进快递末端网点专项整治行动;重点围绕快递派费调整等开展摸排,妥善化解基层网络不稳风险。山西局获2019年全省“扫黄打非”工作先进集体表彰。晋城局连续三年获评平安建设先进单位。二是聚焦乡村振兴打好脱贫攻坚收官战。农产品上行通道持续贯通,“快递+运城苹果”连续三年获评全国服务现代农业金牌项目,年业务量超2200万件,拉动产值超9亿元。“邮政+”娄烦小米、大同黄花等20个扶贫项目业务量超794万件,带动农产品销售1.69亿元,深度参与21个国家级贫困县脱贫事业,帮助3965户贫困家庭增收220万元。6名扶贫干部长期扎根一线,定点帮扶的4个贫困村稳步脱贫。吕梁局主动对接特色农产品直播带货节,助力农特产品“出山”。三是聚焦生态文明推进绿色发展。突出减量化,大力实施升级版“9792”工程,组织召开全省绿色发展座谈会,明确年度工作要点,全面开展验收评价,组织开展“邮来已久、绿动未来”主题宣传活动;联合省生态环境厅出台《关于推进邮政快递业包装绿色治理的实施意见》,积极参与全省固体废弃物污染防治专项治理,部门联合管控机制基本形成。组织开展检查847人次,约谈企业21家,立案处罚6起,绿色监管力度显著增强。10月底,提前完成升级版“9792”工程既定目标:45毫米以下“瘦身胶带”封装比例达95%,电商快件不再二次包装率达到93%,可循环中转袋达到263.6万条,省内网络流通实现全覆盖。包装废弃物回收装置设置网点达到5211个。新能源和清洁能源车辆保有量达1066辆。朔州局研究制定《快递包装绿色治理工作台账》,依法开展专项督查,成效显著。阳泉局组织开展“绿色邮政红心向党”和“寻找绿色使者”活动,引起热烈反响。

【转变职能加强自身建设,不断提升行业治理效能】 2020年,全省邮政行业与时俱进,全力跟进不断增强自我发展能力。一是持续深化“放管服效”改革。推动快递业务经营许可和年报信息查询纳入省级政务服务平台;包容审慎推进新业态监管,核发省内首张服务站经营和智能快件箱运营许可证;新增许可企业50家,顺利完成115家企业许可延续工作。高效便民推动快递末端网点备案审批。妥善处置投诉申诉,消费者对管理部门和企业有效申诉处理满意率分别达到100%和96.9%,用户体验大幅提高。大同局持续强化“12345”热线接诉即办机制,连续8个月位列驻同单位考核前十名。二是坚持依法治邮依法监管。全面落实行政执法“三项制度”,严格执行“双随机、一公开”要求,制定印发全省系统法律顾问和公职律师管理规定,以及邮政行政处罚自由裁量规范两个办法。3名干部获得公职律师资格。编制邮政市场执法案件案由适用速查手册,切实提升办案效率和依法行政能力。三是强化普遍服务和特殊服务监管。“两转一覆盖”取得阶段性成果,普遍服务网点全部完成营投分离,委代办转自办率达到78.5%,视频监控实现全覆盖。忻州局督促邮政企业投资26万元,提前完成“两转”任务。严格落实邮政管理部门与邮政企业联席会议制度。持续开展乡镇普遍服务局所“达标”检查,“补白”局所实现全覆盖督导;省局检查组深入基层开展专项督查,移交问题线索23个,并全部完成整改。分等分级工作稳步推进,新增升级网点171个。建制村通邮打卡率稳定在99.4%以上,村邮站数量达到7494个。持续加强机要通信监督,全省连续14年未发生机要通信安全生产事故。晋中局指导邮政企业对2020年度机要用户进行全面排查,监管手段更加丰富。组织开展《众志成城 抗击疫情》《中国人民志愿军抗美援朝出国作战70周年》等重大题材邮票发行监管。稳步推进社会监督工作。持续强化执法监督,普遍服务保障水平不断提升。12月,国家局副局长戴应军深入太原、忻州、大同调研农村普遍服务保障情况,给予高度评价和认可。四是深入推进邮政市场监管。积极参与贩卖快递盲盒、空包、刷单等专项治理工作,扎实开展城市自营网点提档升级活动,行业形象显著改善。吕梁局总结“兴县快递综合服务站”试点经验,推动全市188个网点完成标准化建设。聚焦行业自治,推动8个市完成快递行业协会组建。主动在《山西日报》公开企业申诉情况，强化舆论倒逼。全面规范集邮市场经营秩序，依法开展邮政用品用具抽检。认真做好快递业务旺季服务保障工作，阳泉局联合气象局签订合作协议，持续强化综合支撑保障。经过一年努力，全省邮政市场发展更加规范，运行更加顺畅。五是积极开展人才队伍培养。联合省人社厅、省财政厅共同推进快递员职业技能培训，争取资金132万元，完成培训4427人；快递工程技术人员评审稳步推进，新增初中级职称113人，行业人才素质显著提升。认真做好行业评选推优，3个集体和2个个人分别获全国邮政行业先进集体和劳动模范称号。快递单元首次纳入全省职业技能大赛，长治局选派两名快递员参赛，包揽物流服务（快递方向）项目冠亚军。六是加强自身履职能力建设。持续加强人才培养，连续选拔8名80后干部进入有关市局领导班子，年内完成2个市局副职增设，安排25名干部实现交流任职，太原局公务员集体获国家局嘉奖。舆论引导能力显著增强，山西新闻联播专题报道行业改革成就，各级地方媒体持续关注行业发展。全面落实“过紧日子”要求，预算执行更加科学，审批管理更加严格。组织开展全省统计交叉检查，强化统计数据分析应用，临汾局获评第四次全国经济普查先进集体。扎实做好督查、信访、保密、信息化、政务公开、提案议案处理等工作。

【全面从严治党向纵深推进，持续净化政治生态】 2020年，省邮政行业严格落实新时代党的建设总要求，坚决扛起全面从严治党政治责任。一是坚持把学习贯彻习近平新时代中国特色社会主义思想作为首要政治任务。深入学习《习近平谈治国理政》（第三卷），跟进学习习近平总书记视察山西重要讲话和关于邮政快递业批示指示精神；全面开展中共十九届五中全会精神宣贯，对标先进典型激励岗位担当，坚持以学促知，入脑入心。二是持续构筑制度约束体系。坚持完善党组工作机制，研究制定党组全面从严治党主体责任清单，修订完善省局党组会议制度及议事规则，调整补充党组议定重大事项清单，党组运行更加规范。制定印发执纪审查期间谈话安全预案、谈话室使用管理、领导干部操办婚丧嫁娶事宜若干规定等制度，研究出台关于全面加强内部监督检查工作质量的通知，制度支撑更加有力。三是坚持抓好基层党组织建设。定期研讨党建工作，认真落实“三会一课”等制度，领导干部带头过好双重组织生活。扎实推进支部标准化、规范化达标建设；组织开展省局机关“红旗部门”创建活动，深入推进软弱涣散基层党组织整治。督导各市局完成“不忘初心、牢记使命”主题教育总结阶段各项工作。省局机关连续13年获评省级文明单位和省直文明单位标兵。指导省邮政业安全中心组建党支部。四是认真做好巡视整改工作。积极配合国家局党组开展巡视，全面接受监督，并根据巡视反馈的5方面73条问题，梳理制定153项措施清单，年内整改任务已全部完成。省、市局充分联动，确保巡视成效向基层延伸。五是严肃执纪强化问责监督。研究出台全省系统党风廉政建设工作要点，严肃查处大同局违规违纪案件，及时召开警示教育大会，通报大同局、孝义局典型案件。组织实施违规享受政策性住房等四方面问题和违规使用财政预算资金“4+1”专项整治工作；紧盯重要节日进行廉政提醒；组织开展全省系统公职人员廉洁执法情况调查，发放调查问卷500份。六是非公有制党建取得重要进展。5市成立非公有制快递行业党委，3个快递行业协会成立党支部，15家非公有制快递党组织陆续组建，11市非公有制党建阵地实现全覆盖。联合省市各级工会、共青团开展关爱快递员“暖蜂行动”和“快递从业青年服务月”活动，行业1人获评最美快递员。旺季期间，省快递协会采购5万余元慰问品，深入一线探望快递小哥；朔州局高质量打造“快递员工会之家”和“户外劳动者爱心驿站”，6个快递企业获评“市级青年文明号”。

【从山西省情实际出发，服务“新高地”战略成效明显】 省邮政管理局积极贯彻省委、省政府打造内陆地区对外开放新高地战略部署，2018年，在省委、省政府统一领导下，牵头协调省发改委、省财政厅、省商务厅、太原海关、省邮政管理局、省航产集团等相关部门配合下，克服审批难、条件高、周期长、时间紧、任务重等困难，太原国际邮件互换局于当年11月5日正式揭牌运行，实现当年审批、当年建设、当年验收、当年运行，结束全省进出口国际邮件自中华人民共和国成立以来经外省查验放行的历史，得到省长楼阳生批示肯定。2020年，受疫情影响，全省国际业务进出口量整体下滑，太原国际邮件互换局（交换站）共处理进出口国际邮件275.67万件，同比下降36.6%。其中，出口国际邮件173.72万件，同比下降40.57%，进口国际邮件101.96万件，同比下降58.47%。为尽快扭转国际出口业务量下降的局面，省邮政公司全力以赴，多措并举，通过提升国际出口运能、吸引跨境电商回流，实现国际出口业务企稳回升。

（省邮政管理局）

太原市邮政管理局

2020年，太原市邮政管理局坚决贯彻落实习近平总书记关于疫情防控重要讲话精神，统筹做好疫情防控和复工复产，充分发挥在“打通大动脉、畅通微循环”方面的先行作用，用众志成城、坚韧不拔书写抗疫史诗，多项长期推进的体制性全局性工作开花结果，多项惠民生利长远的基础性牵引性工作顺利推进，服务满意度稳中有升，行业运行平稳顺畅。

2020年，全市邮政快递行业业务收入（不包括邮政储蓄银行直接营业收入）累计完成38.42亿元，同比增长22.29%；业务总量累计完成57.20亿元，同比增长34.58%。其中，快递业务量完成2.26亿件，同比增长58.67%。业务收入完成28.1亿元，同比增长34.74%。快件收投量6.27亿件，支撑零售交易额达到940.5亿元。行业基础性、先导性、服务性作用进一步发挥，为全市“稳增长、促改革、调结构、惠民生、防风险、保稳定”各项工作做出贡献。

【全面加强党的领导，行业政治生态持续向好】 一是坚持党的全面集中统一领导。严格执行《市局党组工作规则》《党组“三重一大”决策清单》，定期研究部署党建工作；印发《党组落实全面从严治党主体责任清单》《党组讨论和决定的重大问题清单》及《党组会议制度及议事规则》，党组工作的制度化科学化规范化水平不断提高；定期研判意识形态工作，扎实做好行业舆情监测和处置。二是严肃认真开展党内政治生活。制定《争当“三个表率”创建“模范机关”行动方案》《“三重温、学四史”学习教育实施方案》，出台《“不忘初心、牢记使命”制度》意见；严格落实“三会一课”、主题党日、双周学习例会等制度，多种形式相结合强化对党的最新理论政策、相关业务知识等的学习，共开展中心组学习13次，党员干部双周集中学习19次，主题党日12次，交流研讨4次。三是及时调整完善党建格局。太原市直工委沟通请示，申请将现行机关支部层级调整为机关党总支，成立安全中心党支部，理顺机关党建层级配置。四是全面加强廉政建设。召开党建和党风廉政建设工作会议，印发全年《党建工作要点》《纪检监察工作要点》，签订党风廉政建设责任书，切实加强对全局工作人员的纪律要求和监督；扎实开展“4+1”专项整治，全面完成国家邮政局巡视整改工作，深入全面开展谈心谈话，严格遵守中央八项规定及其实施细则精神，全面深化作风建设。

【以优化体制机制为抓手，支撑保障作用进一步发挥】 一是持续完善邮政管理体制。强化市级邮政业安全中心机构建设工作，完成制度建设、财政保障、党组织、工会组织设立等，机构实现正常运行；借市县事业单位改革契机，协调推进县级邮政管理体制改革；协调市委解决办公业务用房；推动市级快递行业党委、工会和协会组建成立。二是持续提升内部管理效能。以创建节约型机关为抓手，修订市局办公用品管理办法、档案管理办法等基础管理制度；联合市统计局开展统计检查，首次对5家企业违法违规行为进行行政处罚，全面规范统计行为；切实加强新闻宣传，稳步推进“一报一刊一网”和地方媒体协同并进，新闻宣传工作连续四个季度位列全省系统第一名；持续开展精神文明建设和双拥单位创建，荣获2019年度市级文明单位、双拥先进单位称号；纳入市委目标责任考核序列，获评先进单位。三是切实强化干部队伍建设和行业人才支撑保障。优化干部成长路径，完成机关5名干部选拔任用；获新中国成立70周年庆祝活动邮政业服务保障工作给予嘉奖的公务员集体和“全国邮政业先进集体”称号，连续两年获评全省邮政管理系统“管理杯”活动一等奖；扎实开展“快递青年服务月”“送温暖”等活动，组织行业从业者参加各级典型选树，太原邮政并州路支局获“2019年全国青年文明号”称号、太原邮政分公司员工杨志珍获“全国疫情防控最美志愿者”称号、山西中通快递太原转运中心被授予“2020年省工人先锋号”称号、太原邮区中心局驾驶员赵晋东获得“2020年省五一劳动奖章”、申通太原分公司物流服务师周浩被授予太原市第三届“晋阳工匠”荣誉称号、山西京邦达供应链科技有限公司被授予“模范单位”称号、太原邮政分公司投递员康吉维获“劳动模范”称号；参加全市广泛开展的“我为转型发展做贡献”主题征文活动，分别获得二等奖、三等奖和优秀奖；推进行业职业技能提升培训工作，联合市人社局、财政局印发《太原市快递从业人员职业技能提升培训实施细则》，已完成培训1945人次；首次召开职称评审会，10名快递从业人员获评初级工程师。

【坚持做好规划引领，不断提升行业治理效能】 一是持续优化行业发展环境。抓好太原市邮政业“十四五”规划编制，并推动将行业规划内容纳入地方相关部门专项规划和市政府整体规划；推动智能快件箱、智能信包箱和快递综合服务场所建设项目纳入太原市政府2020年度重大行政决策事项目录，制定《关于推进太原市智能快件箱项目建设的实施方案》并经市政府常务会通过；联合市发改委、市财政局等部门印发《太原市加快现代服务业发展政策意见实施细则》的通知，指导有条件的企业进行补贴申请，用好用足利好政策；落实中央与地方财政事权和支出责任划分改革精神，发挥双重管理优势，加强与地方财政沟通对接，争取地方财政对邮政行业发展支持。二是全力提升行业形象。组织开展全市快递企业营业网点提档升级工程，完成25家提档升级店建设工作，全面改善网点形象，提升网点运营效能；巩固邮政快递企业自营网点标准化建设成果，网点标准化率稳定保持在98%以上。三是综合治理行业交通文明。联合太原公安局交通警察支队成立太原市邮政快递电动三轮车管理领导小组，明确工作职责和运行机制；开展太原市邮政快递专用电动三轮车“一盔一带”安全守护专项行动启动仪式，全面推行电动三轮车驾驶员佩戴头盔上岗制度，有效提升全市快递电动三轮车骑乘人员安全防护水平；加强邮政快递专用三轮车管理工作，整理规范三轮车信息累计6453条，完成车辆年检5285辆，督导企业更换老旧车辆339辆，联合纠察违规行为420起。四是持续深化“放管服效”改革。严格企业许可、备案审批时限，按期受理企业许可、分支机构设立核查事项和末端网点备案事项，帮助企业完成大规模许可延期及新业态企业许可申领工作，配合省局完成僵尸企业注销。截至2020年年底，全市共有快递许可企业45家，分支机构385个，备案末端网点1394个。五是强化普遍服务和特殊服务监督。推进邮政普遍服务达标情况监督检查，共检查80个普服网点、6个投递场所，下发责令改正通知书22份；开展邮票发行、“巡视专用邮政信箱”、机要通信和邮政专用标识车辆监督检查；配合国家局、省局完成全国、省内和同城信件、包裹时限测试，共审核83个普服局所备案材料，4个行政审批材料；全面推进政邮、警邮、税邮合作项目，警邮合作在全市30个网点开办，税邮合作在全市111个网点开办，均覆盖6城区4县。六是“快递进村”成效显著。通过召开快递进村邮快合作项目推进会、组织太原邮政分公司与中通、顺丰等12家省级快递企业签署太原市“邮快合作”共建三级物流配送体系合作备忘录、鼓励快递企业进厂等形式，推动快递进村工作取得显著成效，全市794个建制村，顺丰已初步建成全覆盖的快递服务网络，其他主要品牌快递企业实现全市640个建制村快递投递服务覆盖，通达率达80.6%。

【坚定信心保持定力，三大攻坚战取得重要进展】 一是服务精准脱贫攻坚战成效显著。持续深入推进“一市一品”农特产品进城项目，阳曲小米线上销售额达264.72万元，带动电商快包业务量10.25万件，清徐陈醋项目实现销售收入194.79万元，带动电商快包业务量20.52万件，实现寄递收入28.97万元；全市快递企业累计收寄小米、核桃、陈醋等各类农产品达200余万件，带动农业总产值1473万元，为助力精准扶贫和乡村振兴战略贡献积极力量；建制村直接通邮率稳定保持在100%，建制村投递员每日打卡率均为99%以上。二是污染防治攻坚战持续发力。实施升级版“9792”工程，实现全市寄递企业瘦身胶带封装比例达91.22%，电商快件不再二次包装达91%，循环中转袋使用率接近91%，电子面单使用率达96.66%，标准包装废弃物回收装置覆盖率突破65%；初步建成中通万科紫台店等18家绿色网点示范店，推进全市申通快递分拨中心等3家分拨中心绿色建设工程；开展新能源电动车推广工作，太原邮区中心局网运生产车辆50%以上使用新能源车辆。三是妥善应对行业运行风险。持续加强行业动态监测和舆情分析，坚持防范化解重大风险，保持寄递网络运行稳定和从业人员队伍稳定。

【坚守安全红线，行业安全管理质量明显提升】 一是有效落实监管责任。组织召开全市寄递渠道安全管理领导小组工作会议，会同公安、国安等相关部门组织联合执法检查，保持高压态势及时查处企业违法违规行为；印发《太原市寄递渠道安全管理领导小组2020年工作要点》，深化部门间务实合作，有效防范和坚决遏制重特大事故和影响恶劣的案(事)件发生；联合市公安局、国安局印发《关于推进省城寄递渠道安全治理能力现代化建设的若干措施》，进一步完善行业安全联合监管体系。二是层层压实主体责任。制定全市邮政快递业安全生产集中教育整顿暨专项整治、持续推进全市寄递渠道安全生产集中检查强化风险隐患排查治理、邮政快递业深入开展“零上访、零事故、零案件”创建等工作方案，明确安全生产重点任务，系统压实企业主体责任。三是突出主题、精心筹划，高质量做好重大活动和业务旺季期间寄递渠道安全服务保障工作。加强对“五一”、全国“两会”、中秋、国庆、进博会、双11等重大节日、重要会议及旺季服务期间寄递渠道安全监管力度，领导班子分组带队深入快递企业一线开展监督检查，严格落实、坚持执行两会期间领导带班和24小时在岗值班。特别是台骀山事故以来，太原局开展多频次、全方位、全覆盖快递行业安全生产监管工作，切实保障全市寄递渠道安全、稳定；妥善做好行业平安建设、扫黄打非、禁毒、维稳、消费者权益保护等相关工作，为省城平安建设贡献积极力量。一年来，累计出动执法检查人员653人次，检查企业315家，排查一般安全隐患78起，下达责令改正通知书40份，行政约谈企业17家，行政处罚32家，处罚金额99.95万元。市场科2人分别获安全生产优秀个人及安全生产先进个人称号。

【统筹疫情防控，更好服务经济社会发展】 疫情发生后，太原局从1月25日(初三)连续召开党组扩大会，传达贯彻省局和市委市政府工作部署，成立疫情防控工作领导小组，建立企业复工复产每日报告制度，督促各寄递企业严格落实主体责任；主动对接税务、人社、商务及市人行，共同推进落实服务业涉及邮政快递业的优惠政策，积极协调各区县地方政府相关部门，简化对邮政快递企业复工复产审批流程，优化复工营商环境；督促企业健全疫情防控工作体系，建立物资配送“绿色通道”，全力保障疫情防控应急物品寄递服务渠道畅通；全局党员干部始终让党旗高高飘扬在邮政快递业战“疫”第一线，成立行业防控帮扶小组，解帮助企业解决复工复产存在的困难，推进行业恢复健康发展。疫情期间，全市邮政快递企业共向疫区运输7000件防疫物资，收寄防疫物资达20万票；助力“云授课”，将590余万册教材派送至20余万名学生手中。省局局长秦红保、市委书记罗清宇、副市长张齐山均对太原市邮政管理局疫情防控工作给予充分肯定。

(太原市邮政管理局)

大同市邮政管理局

2020年，大同市邮政管理局高举习近平新时代中国特色社会主义思想伟大旗帜，认真贯彻国家邮政局、省局党组和市委市政府决策部署，主动担当作为，勇于攻坚克难，大同市邮政业安全中心组建等长期推进的体制性全局性工作开花结果，快递业与制造业融合发展等制约发展的政策性制度性瓶颈得到破解，快递进村、职业技能培训等惠民生利长远的基础性牵引性工作顺利推进。全年全市邮政业务总量完成12.58亿元，同比增长34.88%；业务收入完成9.08亿元，同比增长20.91%；业务总量和业务增速分列全省第3位、第2位。其中，快递业务量完成4493.08万件，同比增长55.57%；快递业务收入完成5.27亿元，同比增长37.57%。行业基础性、先导性、服务性作用进一步发挥，为全市"稳增长、促改革、调结构、惠民生、防风险、保稳定"各项工作做出行业贡献。

【坚持党建引领，奋力开创邮政管理工作新局面】 一是坚持以党建统领行业改革发展各项工作。牢记政治机关属性，强化党组领导核心作用，牢牢把握党建工作主线，结合实际制定党建年度工作要点，定期研究推进党建工作，切实破解党建、业务工作"两张皮"问题。系统学习《习近平谈治国理政》(第三卷)及中共十九届五中全会公报等重要文献资料，重走总书记视察大同路、到大同市党群服务中心实践学习、参观抗疫主题展、集中观看爱国题材电影《夺冠》等方式，有效推动党员干部理论实践相结合，切实学懂原文、弄通原理、做实成效。党支部定期通报"学习强国""三晋先锋"线上平台积分排名，多频次开展专题研讨及知识测试，全年共组织集体学习36次，交流研讨3次，主题宣讲1次，营造比学赶超的良好氛围，推动由"要我学"向"我要学"转变，切实凝聚起干事创业的强大合力。多次对接大同市委组织部等单位争取支持，顺利推动大同市快递行业联合党委获批成立，全面加强对行业非公党建工作的支持引导。二是驰而不息深化正风肃纪。深入贯彻落实省局局长秦红保到大同调研精神，组织开展纪律作风整顿活动，强化纪律约束，比拼担当作为，提升政治意识和大局观念，进一步提高机关整体的凝聚力和战斗力。认真做好国家局党组巡视省局党组反馈问题及省局纪检检查整改落实工作，排查出5方面48个具体问题，结合实际制定100项整改措施，如期完成整改任务，并研究制定7项常态化管控措施。结合"4+1"专项整治，综合运用"四种形态"，开展"党员自我画像"活动，形成整改报告10篇，强化日常监督执纪，开展警示教育2次、谈心谈话2次，实现提醒、批评、教育常态化。三是凝心聚力，进一步凸显机关支部、工会作用。加强支部规范化、标准化建设，严格执行三会一课、主题党日等制度，规范组织生活，强化党员意识。组织诗歌诵读会、每日工间操等活动，做好节日慰问、健康体检等工作，进一步丰富机关文化，全方位、多维度关心关爱干部。设立道德讲堂、组建学雷锋志愿服务队，着力深化机关精神文明建设水平，全面增强干部归属感和认同感。

【坚持生命至上，全力打好行业疫情防控阻击战】 一是坚持让党旗高高飘扬在抗疫斗争一线。大同局机关成立抗疫服务队，深入基层企业开展指导调研和志愿服务，帮助从业人员安心稳定开展工作。行业联合党支部积极筹集防疫物资支援阳高县王官屯乡，为农村群众送去行业温暖。配合大同市卫健委完善短缺药品供应保障工作会商联动机制，保障疫情期间短缺药品及时配送。二是有效落实责任，切实强化行业抗疫管理。加强对疫情防控组织领导，成立行业疫情防控工作领导小组，结合疫情发展情况多次专题部署疫情防控工作，及时转发国家局多版疫情防控指南，有效夯实行业疫情防控基础；紧盯行业疫情防控薄弱环节，多频次开展入企检查，倒逼企业严格落实场所车辆快件通风消杀、从业人员个人防护等防控措施；全面强化从业人员岗前防疫宣传教育，动态监控企业疫情防控情况，配合相关部门做好疫苗接种工作，努力减少行业疫情流入风险。三是坚决打通特殊时期循环大通道，高效服务全市疫情防控大局。疫情发生以来，全市寄递企业迎难而上、逆势作为，开通寄递"绿色通道"，邮政企业第一时间将社会捐赠的药品等物资安全送抵湖北疫情重灾区，韵达主动承接市政府"惠民""惠企"口罩运送任务，顺丰、圆通、速递物流等企业积极配合教育、农业农村等部门做好复课教材、春耕化肥等配送工作，累计配送防疫物资、民生用品225万余件，打造了疫情期间永不中断的供给线。3月17日,大同电视台《新闻联播》首次较大篇幅专题播报全市邮政快递行业抗疫及复工复产情况,引起社会热烈反响。四是强化保障提前完成行业复工复产任务目标。聚焦企业反映的复工复产瓶颈难题,联合交通部门出台邮政快递车辆通行保障政策;协调市场监管部门调拨口罩3.2万只;会同平城区政府解决末端投递车辆进小区问题;推动相关部门落实疫情期间财税金融支持政策,全年累计减税降费近268万元;推广战疫打卡小程序,全市打卡率持续保持在90%以上,顺利实现3月上旬全行业全面复工复产,全行业未发生一起新冠肺炎感染病例。

【优化体制机制,综合支撑保障体系不断健全完善】 一是支撑体系建设取得重大突破。认真落实省局工作部署,高频次向地方党委政府负责人汇报交流,争取理解支持,成功推动大同局工作纳入全市年度目标责任考核体系,双重管理优势进一步发挥。在全市事业单位改革实施方案已批复的背景下,抢抓改革"窗口期",对标省邮政业安全中心设立标准,以交通运输事业发展中心内设机构模式组建市邮政业安全中心,成功争取地方人员编制5名。积极争取地方财政、统计、工会等部门的支持配合,顺利完成非税收入缴存账户开设、统计数据规范监管、工会换届选举等工作。二是基础管理质量稳步提升。坚持用制度管权管事管人,修订请销假、劳务派遣用工等多项制度,开展统计检查、档案数字化、固定资产盘点等专项工作,推进行政运行、公文流转和财务审批规范化、程序化,精简发文会议数量和扎实开展调查研究,大力解决形式主义突出问题,做好保密、信访、新闻宣传、网站管理等工作。干部队伍结构进一步优化,完成机关3个科室负责人轮岗,高标准推进职级套转工作,选优晋升四级主任科员1名。三是积极强化快递员权益保障。贯彻习近平总书记关于关心关爱快递小哥重要指示精神,联合团市委到6家品牌企业开展"快递从业青年服务月"暨春节"送温暖"慰问活动,向从业人员送去冬日温暖。大力弘扬对标先进、爱岗敬业、诚实劳动、创新创造的劳模精神,左云邮政公司乡邮投递员皇甫永军获评市级特级劳模称号。持续推进安全生产示范岗创建,顺丰北魏网点获评全国"青年安全生产示范岗"。召开行业退役军人座谈会,走访慰问行业退伍军人,扎实做好行业双拥工作。四是行业人才支撑成效显著。落实"246"工程要求,在全省范围内首家联合人社、财政部门出台快递从业人员职业技能提升培训实施方案,争取财政补贴6.6万元,有效保障全市行业244人顺利完成职业技能提升培训。会同人社部门制定快递专业职称评审工作办法,推动45名快递技术人员获得专业初级职称。成功争取市总工会将快递行业纳入全市首届"工匠杯"职工职业技能竞赛范畴,为行业优秀人才搭建更为广阔的发展舞台。

【补足产业链条,加快推动行业高质量发展】 一是"快递进村"顺利完成年度目标。建立现场办公机制,分别到浑源、云州、阳高等县区组织召开"邮快合作"座谈会,加速推动邮快合作下乡进村框架协议落地。在云州区、浑源县等8个乡镇开展邮快合作综合服务点为支撑的试点工作,在灵丘、广灵两县引导快递企业借助电子商务进农村示范县项目积极推动快递进村,在浑源县整合乡镇快递末端网点,高标准建设农村快递公共服务中心,紧密结合地区特点,分类探索快递进村工作落地新模式、新办法。截至年底,全市农村地区快递服务覆盖率达到81%,其中,浑源、广灵两县实现90%的建制村快递网络覆盖。二是"快递进厂"取得实质性进展。会同工信部门出台快递业与制造业深度融合发展实施方案,引导寄递企业下沉服务环节,主动进厂对接,成功打造"快递+医药"等项目6个。积极助推晋北肉类交易平台建设,努力拓展快递+肉类项目服务范围,累计寄递各类产品50余万单。三是"快递出海"稳步推进。推动邮政快递业融入地方跨境电商综合试验区建设大局,引导市邮政公司与市跨境电商创业园签订战略合作协议,建立合作伙伴关系,构筑紧密沟通渠道,实现邮政快递服务与跨境电商贸易深度融合,为打造快递出海新项目夯实基础。四是邮政服务能力不断提高。督导邮政企业投入280余万元进行乡镇局所升级改造,78处乡镇网点监控设备实现更新、1911个村邮站标识牌得以更换，提前3个月完成42个网点“营投分离”和72个网点“代改自”工作。邮政服务专席全部入驻全市六县四区政务大厅，新增税邮合作网点23个、便民电动车登记网点6处，云州区等3县30个乡镇网点布放银联自助取款机实现普惠金融功能入驻。全年累计代开税票4.4亿元，代征税款738.2万元，为8000余户电动车主办理车牌登记服务，有效满足群众的用邮需求。五是快递基础设施建设稳中有进。支持顺丰、中通、圆通、极兔四家分拨中心完成易地搬迁工作，指导邮政、京东完成场地扩容改造，邮政、顺丰、圆通、中通更新改造自动化分拣设备，全年行业新增作业场地9000平方米；推动新增智能快件柜900余格口，末端网点153家，行业转运处理能力和末端投递服务能力大幅提升。

【补齐发展短板，锐意进取坚持打好“三大攻坚战”】 一是助力巩固脱贫攻坚成效明显。深入学习贯彻习近平总书记关于做大做强黄花产业重要指示精神，按照省邮政管理局局长秦红保调研黄花种植基地讲话要求，引导寄递企业下沉服务环节，积极对接黄花生产基地和电商企业，做好寄递服务支撑，打通“寄递+黄花”外销通道，助推黄花产业做大做强。仅五至六月，中通、韵达等企业承接直播销售特色农产品配送订单逾17万单，支撑农产品网上销售额近500万元。继续发挥邮政网络优势，进一步加强“一市一品”项目建设，推动邮政企业助力配送农特产品30.4万件，支撑产值909.8万元，帮助2560个贫困户增收219万余元。二是行业生态环保工作取得实效。强化行业生态环保部门协同体系建设，联合市生态环境局出台《关于协同推进邮政快递业包装绿色治理的实施方案》，会同大同市生态环境局、发改委等部门共同开展塑料污染专项治理行动，建立邮政快递业包装绿色协同治理体系，夯实行业生态环保常态化管理基础。持续开展“邮来已久、绿动未来”宣传，发放绿色寄递宣传册和挂图5000余份，营造行业绿色发展氛围，依托顺丰分拨中心开展绿色分拨示范创建，推动主要品牌18个基层网点建成绿色示范网点。高效实施升级版“9792”工程，推动全市电子面单使用率达到99.6%，电商快件不再二次包装率达到99%，可循环快递袋和瘦身胶带使用基本实现全覆盖。协调快递协会和邮政公司购置370个废弃物回收装置，全市邮政快递企业末端网点回收装置覆盖率达到70%。三是妥善防范化解行业不稳定风险。采取入企调研、座谈交流、随机抽查等方式逐一摸排企业运营风险，动态监测企业运营情况，就派费下调、招工难可能带来的风险隐患提前进行预警分析，督导快递企业区域总部妥善应对，保障行业网络稳定运行。

【深化依法治理，行业监管效能不断提升】 一是加强普遍服务监管。按季召开政企联席会议，及时梳理问题，明确目标任务，确保重点工作按时落地。组织开展邮政普遍服务标准、“两项审批”、机要通信安全法规培训，提升邮政企业人员规范意识。坚持一线工作法，深入农村地区开展乡镇局所和建制村通邮情况实地检查，组织党政机关党报党刊当日见报和建制村通邮问卷调查，持续督导建制村打卡工作，确保打卡率保持在99.5%以上。不断深化和探索邮政普遍服务网点分级监管工作，对全市6个提质增效一级网点和30个二三级网点进行升级认定，稳步提升网点服务水平。组织开展《众志成城抗击疫情》《中国人民志愿军抗美援朝出国作战70周年》等重大题材邮票发行监管。开展全市高考录取通知书寄递专项监督检查，保障24984份录取通知书安全准时送达考生。开展巡视专用邮政信箱专项检查。不断加强和改进社会监督工作。持续强化执法监管，普遍服务保障水平不断提升。12月，国家局副局长戴应军深入广灵、灵丘调研农村普遍服务保障情况，给予高度评价和认可。二是强化快递市场监管。深化“放管服”改革，助力企业减少准入时间成本，加强对企业经营许可证集中换领的帮扶指导力度，严格控制审批流程时限，全年延期许可企业3家，备案末端网点153家，备案审批时限较上年度压缩0.3天。持续强化市场经营秩序整治，加强企业运行动态监测，组织开展末端网点专项整治，全面清理僵尸企业，累计清退注销快递网点10个，立案查处扰乱市场经营秩序行为2起。严格行业服务质量监管，持续强化“12345”接诉即办机制，安排专人跟踪和督办处理情况，累计受理各类投诉678件，投诉响应率、处理率稳定在90%以上，连续8个月位列驻同单位考核前十名。

【严守安全红线，筑牢寄递渠道安全防线】 一是压紧压实企业安全生产主体责任。严格执行安全生产管理台账定期报送制度，加大对企业日常安全生产管理情况的检查力度，倒逼企业安全生产管理责任有效落实。严格寄递企业安全基础管理，实现安全机构配置和县级企业设立专职安全员全覆盖。严格执行企业安全生产设备配置管理，引导企业不断加大安全生产投入，实现全市寄递企业安检机配置率同比提高25%。深入推进安全生产三年整治行动，全面开展安全生产隐患排查整治、危化品寄递、反三违专项整治。二是全力强化寄递安全管控。针对实名身份信息异常等情况，采取随机抽检、一一比对、逐单核实的方式督导企业强化实名收寄制度执行，实名率稳定在99.6%以上。始终保持对过机安检制度执行的高压管控态势，对中通、京东两家执行过机安检制度不到位的企业进行严肃查处。配合国家局、省局做好“绿盾”工程，顺利完成大同局安全中心硬件平台的搭建工作。三是充分发挥联合监管机制作用。协调大同市委平安建设领导小组办公室，完成大同市寄递渠道安全管理领导小组组成人员调整，召开寄递渠道安全管理领导小组年度会议，推动寄递安全属地化综合治理。落实野生动物禁寄管理要求，联合森林公安组织召开了寄递渠道野生动物禁寄警示教育培训。通过信息共享、管控联动，多维度、多方式开展禁毒、扫黄打非、打击侵权假冒等工作。四是加强应急管理。联合公安、国安开展2020年度综合应急演练，专题进行野生动物收寄、生产系统瘫痪、机械故障应急处置和重疫区邮件消杀4个科目的应急处置，提升行业突发事件应急处置能力。五是全力做好重要节点寄递渠道安全保障工作。严格落实环京“护城河”责任，会同相关部门加大联合执法力度，协商相关部门以对企业正常运行最小影响方式完成领导人到大同重大安保任务，有效保障全国两会、中共十九届五中全会等国家重大活动期间辖区行业安全稳定。全年共检查网点127个，出检376人次，下发责令改正通知书29份，立案处罚10起，停业整顿1起，罚款8.5万元。局机关和市场科分别获2019年度市安全生产先进集体和先进科室，局机关连续6年获评全市“扫黄打非”先进集体。

2020年是全面建成小康社会和“十三五”规划收官之年。五年来，全市行业政企同心，紧盯目标，同频共振，奋发进取，一年接着一年干，克服重重困难，破解很多制约发展瓶颈，办成很多立足当前着眼长远的实事。行业发展突飞猛进，基础设施大幅提升，寄递网络日益完善，安全水平稳步向好，服务地方效能不断释放，行业治理体系和治理能力现代化加快推进，发挥邮政快递业应有担当。一是行业规模逐步扩大。全市邮政快递业务总量和业务收入分别增长2.86倍和2.23倍，邮政业务收入增速超过同期全市生产总值增速的3倍。快递业务量和业务收入分别增长8.16倍和5.49倍，支撑农业、制造业、电子商务等行业发展作用更加明显。二是行业基础更加稳固。法治邮政建设稳步推进，“放管服效”改革持续深化，减税降费刺激效应明显，新业态监管包容审慎纳入治理体系，发展活力持续释放。邮政管理事业改革全面发力，市邮政业安全中心成功获批，监管保障更加有力。三是行业格局更加优化。城乡发展更加均衡，快递电商协同更加充分，“两进一出”工程释放更多动能，邮政业务创新取得新进展。智能快递柜和无接触配送等新兴服务模式不断涌现。四是行业质量高效提升。末端网络更加健全，基层用邮质量不断提升，产业扶贫让更多老百姓鼓起来了钱袋子；快递服务产品体系更加健全，个性化、差异化产品供给不断增加；服务水平显著提升，毁损率、丢失率、延误率和有效申诉率不断降低。邮政快递业发展赢得广泛关注和赞誉。

（大同市邮政管理局）

吕梁市邮政管理局

2020年，在省邮政管理局党组坚强领导和吕梁市委、市政府关心支持下，吕梁市邮政管理局坚持以 习近平新时代中国特色社会主义思想为指引，深入学习中共十九大及历次全会精神，认真贯彻落实 习近平总书记关于邮政业重要指示批示精神，围绕省局党组提出的“治理能力提升年”要求，坚持新发展理念，落实“两进一出”工程，统筹推进疫情防控和行业复工复产达产工作，坚决打赢三大攻坚战，行业治理体系和治理能力现代化水平得以提升。全年共依法作出行政处罚13起，罚款金额共计14.9万元，有力推动全市邮政快递行业的健康稳步发展。1至11月，吕梁市邮政行业业务收入累计完成6.65亿元，同比增长28.07%；业务总量累计完成9.26亿元，同比增长39.33%。其中，快递服务企业业务量累计完成3253.01万件，同比增长62.17%；业务收入累计完成3.86亿元，同比增长57.69%。

【坚持党建引领，提高政治站位，构建党建工作新格局】 一是加强理论学习，提高党性修养。坚持集体学习与个人自学相结合，坚持“三会一课”制度，积极开展批评与自我批评，创新性地开展形式多样的主题党日（健步走、深入廉政教育基地、参观党建主题公园等）活动。二是落实“一岗双责”，强化党风廉政建设。制定《党风廉政建设工作要点》，结合“4+1”专项整治、国家局第一巡视组反馈整改工作；每季度召开党组会专题研究部署党风廉政建设工作，通过发文、签订承诺书、微信公众号宣传等形式，践行廉洁节俭过节规定；全年共召开两次警示教育会，观看警示教育片，引导全局以案为鉴、以案明纪，筑牢拒腐防变思想防线。三是发挥非公党建作用，构建多元共治新格局。先后成立快递协会、快递行业工会联合会、快递行业党委，积极发挥其桥梁纽带作用，多方合力加强行业管理，提供行业高质量发展新思路，为行业非公党建工作提供坚实组织保障。以关心关爱快递小哥为宗旨，联合团市委、市总工会开展“暖蜂行动”慰问活动，冬送温暖，夏送清凉，快递从业人员幸福感得以提升。

【统筹推进疫情防控和复工复产，行业实现逆势增长】 新冠疫情发生发以来，吕梁邮政管理局适应常态化疫情防控工作形势和任务需要，第一时间成立防控疫情领导小组，主要领导靠前指挥，班子成员带头值班，党员干部恪尽职守；联合市交通运输局下发《关于确保邮政、快递寄递“绿色通道”畅通，保障抗击疫情和民生物资运输的紧急通知》，协调地方政府为全市寄递企业争取到7000只口罩；推广线上线下结合服务、定点收寄投递、预约投递、智能箱投递等服务模式，倡导无接触派送；实地深入分拨中心、投递网点，开展复工复产专项检查。全市邮政快递业全力克服疫情影响，全面有序复工复产，行业发展实现逆势增长，得到分管副市长的充分肯定。

【完善制度建设，提升干部队伍治理能力，以新作为助推行业发展】 一是规范内部管理，狠抓制度落实。将制度建设与专项整治、巡视整改相结合，仔细梳理、查缺补漏、专题研讨，制定并完善高效务实管用的管理制度，补齐制度短板；完善岗位风险防控评估制度，调整密文收发、党组会议记录等重要岗位人员配置，提高效率，防范风险；局领导带头维护制度权威，纪检组加强对制度执行的监督，党员干部切实强化制度意识，强化制度执行。二是加强队伍建设，搭建成长平台。进一步加强吕梁市局领导班子建设力度，选拔年轻干部充实领导班子队伍；坚持理论学习和加强实践相结合，加强科室之间交流指导，及时总结经验，发掘特色亮点，干部素质得到提升；通过内部轮岗、选拔任用、职级晋升等方式，促进人员流动，加速干部成长，激发干事活力。三是迎难而上，推进支撑体系建设。吕梁市邮政业服务中心由于事业单位机构改革险被撤并，经过局领导多次主动请示汇报，邮政业服务中心得以完整保留，并明确调整为由吕梁局进行管理。

【坚持依法治邮，完善服务体系，稳步提升邮政普遍服务质量】 一是以专项检查为抓手，强化底线思维。全年共检查邮政普遍服务网点54处，其中乡镇网点22处，委代办网点35处，纯普遍服务网点37处，下达责令改正通知书16份，依法作出行政处罚3起，罚款金额79000元。组织开展“两轮”机要通信常规检查，指导邮政企业结合疫情防控工作要求，加强邮票线上销售宣传，推广线上销售模式。二是下大力气，推进邮政普遍服务网点“两转”工作。督促企业制定计划和时间表，每季度召开政企联席会，及时通报“两转”工作进展情况，合力解决推进过程中遇到的困难问题。全市22处“营投合一”单人网点全部转“营投分离”，92处委代办网点已完成转“自办”工作。三是强化宗旨意识，推进邮政综合服务平台建设。积极协调县级邮政企业与驻地政务服务中心对接，签订合作协议，提升普服网点综合利用率。全市税邮、警邮合作网点实现县级城市全覆盖，政邮合作网点12个，县级城市覆盖率90%。开展“邮寄办”服务件数21.73万件，服务人次19.9万人次，寄递收入398.44万元。四是多举措巩固建制村直接通邮成果。依法吕梁对市邮政公司进行约谈，要求采取有效整改措施，依法依规做好投递打卡工作。根据吕梁市建制村撤并调整情况，及时更新系统内建制村数据，全市建制村数量由3074处调整为2963处。开展建制村直接通邮及党报党刊投递专项检查，共检查建制村32个，投递处理场所2处，走访乡政府2个，建制村直接通邮打卡率稳步提升。

【优化营商环境，提升服务效能，推进末端服务质量升级】 一是坚持问题导向，启动“调研月”，深入基层问计于民。4月，局领导班子成员带队到邮政快递企业一线，以“覆盖全面，重点突出”为指导原则，通过座谈交流、调查问卷、实地走访等形式，围绕年度重点工作任务进行集中调研。认真听取一线员工的问题反馈，及时梳理制约行业发展的堵点难点和短板弱项，逐项深入剖析原因，认真研究对策，将解决问题贯穿始终，切实抓好整改提升工作。二是精心组织部署，推进快递网点标准化建设。制定并下发《吕梁市城市自营网点标准化提档升级方案》，明确快递网点标准化建设任务，提高寄递企业的思想认识；联合快递协会深入开展网点标准化建设督导工作，指导兴县申通、中通、圆通、百世四家快递企业建成“兴县快递综合服务站”标准化网点示范点，以点带面，整体推进。截至年底，全市188个网点标准化率达到100%。三是深化落实快件实名收寄制度，加强寄递安全管理工作。开展实名收寄信息异常问题专项整治行动，深入辖区交城县、汾阳市、孝义市主要快递品牌企业进行督导检查，进一步消除实名收寄制度落实过程中存在的安全隐患。截至年底，发现企业存在自寄件和身份证异常件的问题立案4起，罚款40000元。四是加快推进快递从业人员职业技能提升，打造技能型人才队伍。专题调研全市快递人才队伍基本情况，联合市人社局、市财政局印发《吕梁市快递从业人员职业技能提升培训实施方案》，10月底在全省范围内率先组织开展第一期224名快递从业人员职业技能提升培训班，为培育技能型快递人才队伍奠定良好基础。截至年底，培训补贴已发放至市快递协会。五是加强与地方政府的沟通协调，助推行业利好政策出台。9月，市发改委与市交通运输局联合印发《吕梁市物流降本增效行动计划（2020—2021年）》，将邮政快递业基础设施建设和多项行业发展相关内容纳入其中。同时建设现代物流园区、智慧物流管理平台、构建高质量快递物流服务体系等重大项目也已纳入《吕梁市现代物流业发展“十四五”规划（初稿）》，邮政快递业发展前景广阔。

【充分发挥快递服务民生作用，聚焦高质量发展要求，坚决打赢三大攻坚战】 一是因势利导推进“两进一出工程”落地见效，助力脱贫攻坚。首先，多渠道推进“快递进村”。9月，全市建制村通达率达90%，提前实现“快递进村”年度覆盖率50%目标。关于加快邮快合作。制定《吕梁市“快递进村”三年行动方案（2020—2022年）》，调研兴县、中阳、交城等地邮政快递企业服务当地农特产品寄递销售情况，组织吕梁市邮政公司与中通、圆通、申通、百世等8家快递企业签订《邮快合作下乡进村框架协议》，协助企业与县级电子商务物流配送中心签订合作协议，推广“村邮站+快递超市+电商服务+便民服务”模式。全年共建设村级邮乐购站点1219处，邮政服务在农产品进城中的地位和作用进一步强化。关于推进“交快合作”。联合市交通运输局转发《关于深化交通运输与邮政快递融合推进农村物流高质量发展的意见的通知》，在公共交通较发达县市优先以“交快合作”模式推进快递进村。截至年底，汾阳、孝义已召开“交快合作”联席会，签订框架合作协议。关于培育“一市一品”项目。选取临县“黄河滩枣”项目、柳林碗团项目作为“一市一品”农特产品进城示范项目，积极促进粽子、汾阳白酒、核桃、小米等特色农产品与邮政快递业的深度合作，带动农特产品销售近122万件。其次，“快递进厂”取得新进展。与市工信局联合印发《关于促进快递业与制造业深度融合发展的实施方案》，推动制造业提质增效和快递业转型升级。鼓励企业积极作为，主动对接厂家，汾阳韵达快递与电商马一芳合作，进驻马一芳厂区设立网点，提供定制快递服务，年业务量达到140万件。再次，助力农特产品“出山”。主动对接并积极参与吕梁特色农产品直播带货节活动，引导快递企业与直播带货节电商签订长期合作协议，切实推动吕梁农特产品走出吕梁山。二是快递包装绿色治理工作上新台阶。首先，对照《2020年行业生态环境保护工作要点》，引导企业积极实施快递绿色包装标准，强化企业绿色管理主体责任，全面推动邮件快件包装减量化，减少二次包装。其次，利用门户网站、微信公众号、微博等平台进行绿色快递宣传，开展《邮件快件绿色包装规范》培训，组织“邮来已久 绿动未来”主题宣传活动，营造行业绿色发展浓厚氛围。最后，联合市生态环境局印发《吕梁市邮政快递业包装绿色治理方案》，成立吕梁市邮政快递业包装绿色治理领导小组，建立健全邮政快递业包装绿色治理体系，推动行业绿色发展部门共治。截至年底，全市175处邮政普遍服务网点已全部配置绿色包装回收装置，已建成吕梁顺丰绿色分拨中心，顺丰、申通已建立绿色快递网点。全市邮政快递企业电子运单使用率达99.46%，瘦身胶带使用率达99.7%以上，循环中转袋使用率达到100%，95%电商快件不再进行二次包装。

【聚焦安全生产，提升安全管理质量，防范行业重大风险】 一是以专项检查为基础，健全部门联动监管机制。首先，成立邮政快递业安全生产委员会，组织召开2020年吕梁市寄递渠道安全管理领导小组工作会议，印发《吕梁市寄递渠道安全管理领导小组2020年工作要点》，强化对企业“三项制度”执行情况、安全生产责任制落实情况、末端网点经营秩序等的督查力度，齐心协力抓好寄递渠道安全管理工作。其次，与市交警队开展“一盔一带”安全守护活动及“12·2全国交通安全日”交通安全劝导宣教活动，进一步推进快递配送车辆规范安全通行。最后，与市应急局进行充分沟通协调，启动全市应急预案修订工作。二是以智慧监管为突破，创新行业安全监管模式。4月，吕梁局与吕梁铁塔分公司签订合作协议，推进全市邮政快递业智慧安全信息化体系建设。截至年底，离石、汾阳、孝义共110个快递营业网点已安装智慧消防设施，行业消防预警技防能力得到提升。三是以联合执法为支撑，凝聚寄递渠道监管合力。与市国安局联合检查，保证全国“两会”“服贸会”期间全市寄递渠道安全稳定畅通；联合市“扫黄打非”办公室对全市邮政快递经营场所开展邮政快递业“扫黄打非”专项行动，并设立首批邮政业“扫黄打非”乡镇级联络站13个；联合市禁毒办召开2020年安全生产培训会，提升寄递企业安全生产意识。

（吕梁市邮政管理局）

运城市邮政管理局

2020年，在国家局、省邮政管理局以及运城市委、运城市政府正确领导下，运城市邮政管理局深入学习贯彻中共十九大精神，以“管理杯”考评为总抓手，围绕“五大体系”“一大能力”落实治理能力提升，狠抓工作落实，加强党风廉政建设，规范市场秩序，巩固安全基础，提升服务水平，推动行业发展，顺利完成全年各项目标任务。

【抓学习、转作风、促廉建，全面加强思想政治建设】 一是抓好政治理论教育。把党的政治建设摆在首位，学习宣贯中共十九大精神，通过每月党组中心组学习和每周集体学习，深刻领会和把握党的十九大精神。领导班子带头，坚持每月学习研讨、讲党课，深入把握科学内涵和实践要求，发挥好示范、带动和辐射作用。运城市局按周制定学习计划，采取多种形式，利用“学习强国”App、“三晋先锋”App，积极学习政治理论、党章党纪、法律法规等内容。全局共开展集中学习54次、党组中心组学习13次、党课学习9次，主题党日9次、专题研讨3次，知识测试2次、参观学习3次、观看视频2次。二是狠抓党风廉政建设。党组书记与科室负责人签订《党风廉政建设责任书》，细化任务分解，确保责任到人，形成"一把手"负总责，一级抓一级、层层抓落实的良好工作格局。在重大节日期间，组织全员签订《廉洁自律过节承诺书》，加强对"四风"问题监督检查。强化廉政警示教育，学习纪委通报身边典型案例，参观廉政警示教育基地，及时传达学习贯彻全省邮政管理系统警示教育电视电话会议精神，进一步增强遵纪守法意识，筑牢拒腐防变思想防线，全局无一起违规违纪行为。三是扎实推进党建工作。组织召开支部委员会换届选举大会，选举产生新一届支部委员会。定期召开党组会议研究党建工作，制定印发运城局党建工作领导小组工作要点。认真开展"三会一课"，采用多种形式调动全体党员学习的主动性和自觉性。每月组织开展一次主题党日活动，进一步增强党性、提升党组织的凝聚力。开展"七个一"系列活动纪念中国共产党成立99周年，教育引导党员进一步坚定理想信念、牢记初心使命。

【抓班子、带队伍、聚合力，有效提升团队效能】 一是加强班子建设，发挥班子集体领导作用。认真执行党组中心组学习制度，用马克思主义理论武装头脑，全年党组中心组共学习13次。在党组集体领导下，明确班子成员各自分工职责，对运城局内重大问题坚持集体讨论、集体决定。班子成员之间互相团结协调形成合力，正确处理集体领导和分工负责的关系，形成了顾大局、谋发展的良好工作氛围。二是坚持民主决策，提高科学决策水平。按照相关规定，凡属重大决策、重要干部任免、重大项目安排和大额度资金的使用实行集体领导、民主集中、个别酝酿、会议决定的方式。2020年以来，召开党组会议对发放未休假补贴、内设机构负责人轮岗交流以及交流干部租房等事项均进行研究、讨论和民主决策；单位大额资金的安排、使用、管理均通过班子会议研究通过，严格公务接待和公车使用管理规定。三是强化工作考评和队伍建设。把"管理杯"考评贯穿到运城局工作的全过程，每月召开工作质量考评会，结合各科室工作计划完成情况进行考评，序时查漏跟进。召开2019年度公务员考核和选人用人"一报告两评议"工作会，把考核作为评议工作、提升素质的有效手段，推动各项工作的有效开展；开展"一晋"工作和提拔正科级、副科级领导干部，强化干部选拔任用监督，提高选人用人公信度。按照相关规定对内设机构公务员进行轮岗交流，进一步加强干部培养锻炼和监督管理，增强队伍活力。与市人社局沟通对接，开展2020年运城市工程系列快递专业中、初级评审工作，截至年底，12人获得初级职称。举办全市快递从业人员职业技能提升培训班，进一步提升行业从业人员素质和能力，推进"人人持证、技能社会"工作落实。四是做好精神文明创建和群团工作。严格按照运城市精神文明委要求，努力营造"优化管理、优质服务、优良秩序、优美环境"的精神文明建设氛围。引领全市行业积极参与文明城市创建，制定《运城市邮政行业2020年创建全国文明城市工作实施方案》，并采取多种形式，广泛深入宣传创建文明城市的意义、目标和任务，动员、引导领导干部职工统一思想、振奋精神、真抓实干，先后组织开展清明"网上祭英烈"、"五四"青年座谈会、堆云洞红色革命基地党性教育培训以及文明交通劝导、"帮建共创"志愿服务等，对市局机关环境进行整修改造，为创建全国文明城市贡献力量。

【抓重点、强监管、保落实，顺利完成目标任务】 一是做好服务支撑，优化行业发展环境。积极向市委市、政府汇报工作，市委书记丁小强、市长储祥好多次肯定邮政管理工作，表示将继续支持邮政业发展。联合市税务局、市商务局、市市场监督管理局、市人社局等多部门印发出台多项利好政策，对邮政行业的相关扶持配套工作进行安排部署。联合共青团运城市委启动"快递从业青年服务月"活动，开展关爱快递员"暖蜂行动"，在市总工会的支持下建成600平方米的运城市快递行业"快递小哥之家"。二是全力做好疫情防控，抓好复工复产。在省局和市委市政府坚强领导下，多措并举指导企业从严从紧做好科学防控，严格审核企业复工条件，统筹安排企业复工复产，积极沟通地方疫情防控部门，协调解决企业复工难题，向地方政府申请邮政快递行业疫情防控专用物资，联合国税局落实行业减税降费利好政策，完成行业疫情防控和复工复产工作。分管副市长卫再学先后两次到机关和企业调研指导，对邮政快递行业的工作予以充分肯定。疫情期间邮政、快递企业发运寄递疫情防控车辆678辆，承运寄递疫情防控包裹6.68万件，承运寄递疫情防控物资31.54吨，为服务疫情防控大局、打赢疫情防控阻击战贡献行业力量。三是快递服务现代农业成果不断巩固扩大。2020年，"运城万荣苹果"项目被国家邮政局授予"2019年农特产品进城精品项目"，配送量位列全国第三。第五届山西（运城）果博会为邮政快递业设立专门展区，展示行业服务精品项目的新设备、新模式、新形象，助力第五届山西（运城）果博会成功举办。继续巩固和打造"快递+"金牌项目，通过寄递渠道销售的农特产品还包括樱桃、冬枣、甜瓜、油桃、柿子、西瓜、梨、杏等20余种，行业服务现代农业能力和水平显著增强，有效带动农产品进城，促进农民致富增收。四是末端投递服务水平进一步改善。首先，快递进村目标任务按期完成。组织邮政、主要快递企业签订邮快合作协议。印发《运城市"快递进村"三年行动方案（2020—2022年）》，全市1139个行政村实现快递站点进驻，行政村入驻率达到52.4%（总2172个）。其次，"快递入区"工程取得突破。与市商务局等6部门联合印发《关于推进智能快件箱建设实施方案》，成立由市商务、机关事务管理、教育等6部门组成的运城市智能快件箱"三进"（进机关、进社区、进校园）工程领导小组，全市快件"箱递率"超过12%，高于全国平均水平。五是城市快递网点提档升级目标超额完成。建立领导干部分区包联工作机制，市局二级主任科员以上干部每人对口帮扶两个县（市），对各县（市）快递网点标准化提档升级进度进行百分比量化，定期汇报工作进度。截至12月中旬，全市建成标准化网点412个，其中提档升级示范网点10个，超额完成省定目标，全市总体标准化率达到96%。六是"9792"行业生态环保工作指标全面完成。开展协议用户绿色包装集中治理，要求邮政、快递企业实现邮件快件包装规范化、标准化、减量化和可循环，有序推动全市行业绿色环保工作。所有许可备案企业和新增快递末端网点全部设置包装废弃物回收装置。七是邮政市场秩序保持平稳有序。首先，加强许可准入管理。强化审批时限管控，全年无超期或违规审批情况，完成辖区全部26家许可企业年度许可报告初审和上报工作。全市共有快递品牌16个，许可27家，分支机构网点430家，快递末端网点531家。其次，坚持从严执法。全年共开展邮政市场执法检查186次，立案23起，已下达行政处罚决定书22起，处罚金额15.74万元。八是普遍服务水平稳步提升。首先，开展对标、机要、邮票、投递专项检查。共检查普遍服务网点100个、投递处理场所43个，机要通信营业场所26处，纪特邮票销售场所10处，累计下发责令改正通知书11份，立案查处2起。其次，支持邮政包裹业务加快发展。依托"一市一品"示范项目。再次，巩固提升党报当日见报水平。《人民日报》《山西日报》县级以上城市党政机关实现100%当日见报。第四，加强社会监督及管理。组织召开邮政特邀监督员工作会议，加强业务和法律法规技能培训，全年共开展监督活动324次，监督网点324个，反馈报告324份，走访消费者377人次。提出建议及意见2条，反馈问题3个。第五，两转工作完成。督导邮政企业采取调配企业内部人员或岗位外包的方式，对代办网点营业人员优化调整，9月18日运城局以文件形式予以批复，全市59个代办点顺利完成委代办转自办，营投合一转分离工作。第六邮政普服网点服务进一步提升。2020年运城邮政普服网点二级升一级3处、三级升二级33处，升级后172处普遍服务网点中一级网点30处、二级网点94处、三级网点48处，服务水平显著提升。九是安全管理基础全面夯实。首先，督促企业建立安全生产管理机构和管理制度。依法推进和压实企业安全生产主体责任，市级总部和许可企业全部设置安全生产管理机构，县级企业全部设置专职安全岗，《运城市寄递企业安全生产管理台账》使用实现全覆盖。其次,严抓“三项制度”执行。督导企业严格执行《邮件快件收寄验视规定》和《禁止寄递物品管理规定》等,加强协议用户管理和收寄验视;持续开展实名收寄专项整治行动,全年实名收寄率达到99.8%以上;督促企业严格落实“应检必检”要求。再次,强化寄递安全综合治理。定期召开联席会议,重大活动期间联合公安、国安、市场监管局、网信办等部门开展专项检查,依法查处违法违规行为。运城市政法委书记邓雁平深入行业调研指导,对邮政快递业安全工作予以肯定。最后,确保重大节日和活动期间行业安全平稳运行。严格执行重大节日和重要活动期间领导带班和24小时值班制度,完成“两会”、“进博会”、第三届“农民丰收节”“双11”“双12”等重要节点寄递渠道安全保障工作。

(运城市邮政管理局)

临汾市邮政管理局

2020年,临汾市邮政管理局深入贯彻省邮政管理局党组“治理能力提升年”系列部署,坚持稳态势、提质效、优服务、惠民生、保安全,全力推进全市邮政快递业高质量发展。全年临汾市邮政行业业务总量累计完成10.77亿元,同比增长24.08%;业务收入累计完成8.71亿元,同比增长20.65%。其中快递服务企业业务量累计完成3223.26万件,同比增长36.51%;业务收入累计完成4.63亿元,同比增长38.33%。行业运行安全稳定、行业活力持续迸发、绿色发展不断延伸,为全市经济社会发展做出贡献。

【全面从严治党深入推进】 一是坚持强化党的全面领导。严格落实党建主体责任,印发党风廉政建设工作要点和全面从严治党主体责任清单,定期召开专题会议研究部署党建工作,做到党建与业务工作两手抓、两促进。深入贯彻省邮政管理局党组部署,认真执行关于维护党中央权威和集中统一领导的规定,落实民主集中制和重大事项请示报告制度。成立宣传思想和意识形态工作领导小组,进一步加强对意识形态工作的统一领导。二是坚持强化政治理论武装。以“学习强国”“三晋先锋”平台和党员干部集体学习为主抓手,采取学原文、谈体会、看视频、听讲座等方式深入学习习近平新时代中国特色社会主义思想。积极参加省邮政管理局党组和临汾市委、临汾市直工委组织的中共十九届五中全会精神宣讲班。围绕习近平总书记三篇光辉文献和视察山西重要讲话重要指示精神,开展“践行领袖嘱托、率先蹚出新路”交流研讨;先后7次集体学习《习近平谈治国理政》(第三卷),撰写心得体会10篇。三是坚持强化基层党组织建设。落实“四级四岗”责任清单和“三会一课”、主题党日制度,党组书记、支部书记带头讲党课,先后开展“党课开讲啦”“党内法规学习月”“国家安全法律学习”和《中华人民共和国民法典》知识测试等活动,集中学习抗疫英雄汪勇、“鸿雁天路”葛军团队等先进事迹。四是驰而不息加强作风建设。坚决把规矩和纪律挺在前面,结合系统内典型案例和全市违法违规案例先后开展5次警示教育,开展党政领导干部违规入股企业问题自查。严格落实中央八项规定及其实施细则精神,紧盯关键节点,开展廉洁提醒和约谈告诫,签订廉洁过节承诺书45份。力戒形式主义、官僚主义,印发《通知》持续改进会风文风。根据省邮政管理局安排部署,严肃开展“4+1”专项整治;认真开展国家邮政局党组第一巡视组巡视反馈意见整改工作,明确整改措施123条,覆盖党的建设、行政运行、干部选拔任用和财务管理等方面,制修订规章制度7个,成立专项行动方案及专项工作组17个,巡视整改任务基本完成。稳步推进机关精神文明建设,获评市直文明单位称号。五是有序推进非公快递企业党建工作。召开全市快递行业非公党建工作推进会,听取市快递协会党支部和尧都区中通联合党支部情况汇报,引导快递企业积极发展党员,为扩大行业党的组织和党的工作覆盖面提供有力支撑。联合市总工会指导快递企业组建联合工会,维护快递从业人员合法权益。

【内部管理规范化水平稳步提升】 一是注重制度建设,着力规范机关运行。认真落实省邮政管理局《管理制度汇编》和市邮政管理局制度体系,及时修订考勤管理、新闻宣传等制度办法，优化公文办理、公车管理、机关安全等内部管理流程。二是注重实干实绩，着力建设“忠专实精”干部队伍。强化人民邮政为人民初心使命，坚持在疫情防控、精准扶贫和重点工作突破等方面锤炼党员、识别干部，机关全体党员和入党积极分子利用周六、日在社区开展疫情防控224小时，并下沉一线全部到社区报到，2名党员长期驻村扶贫；坚持树立典型、对标一流，举办先进经验交流介绍会，努力培养更多邮政管理工作行家里手。三是注重多方协同，着力构建舆论宣传新格局。充分发挥行业宣传合力，临汾市电视台连续发布《快递行业复工复产 消毒派送两不误》《疫情防控下的邮政揽投员》《快递行业：小头盔大安全》等多篇视频报道，社会关注度进一步提高。

【行业政策体系进一步完善】 一是利好政策体系不断健全。积极向市委、市政府领导汇报邮政业发展和邮政管理工作，加强同有关部门沟通。年内，临汾局办公业务用房顺利解决，并于国庆节前入驻。联合市交警支队印发《邮政快递专用电动三轮车交通安全管理工作实施方案》，按照“八统一”“九不准”要求规范化管理快递配送车辆，市区车辆基本实现规范化通行。联合税务部门推动邮政快递业减税降费政策落地，全年全市行业减税降费达1100万元，运行成本有效降低；加强与市财政局沟通，推进出台《全市交通运输领域财政事权和支出责任划分改革实施方案》。二是行业人才队伍建设成效明显。落实省邮政管理局统一部署，联合市人社局、市财政局印发《临汾市快递从业人员职业技能提升培训实施方案》，年内500名快递从业人员被纳入全市企业职工职业技能培训补贴范围。同时加强与人社部门沟通，将2020—2021年度补贴范围由2292人提升到2500人。积极推动7名快递从业人员参加职称认定。三是持续推进“放管服”改革。落实省邮政管理局部署，优化许可核查流程，指导企业有序开展许可备案和许可延续工作。截至年底，全市共有快递品牌16个，快递企业及其分支机构、末端网点919个；邮政普遍服务营业场所198个，村邮站746个、邮乐购服务站606个。

【寄递服务网络持续优化】 一是不断强化寄递节点网络建设。全市县级以上仓储配送、分拨中心达到22个，日最大处理量超过百万件，8个县域建成快递共同分拣中心，2个县域实现通达系多品牌抱团入驻物流园区。指导快递企业以“快递+政务服务”模式解决电动自行车牌“最后一公里”问题，寄递电动自行车牌照15万副。二是推动优化城乡快递服务模式。建成快递综合服务站168个，其中，城市社区快递综合服务站84个、乡镇（乡镇政府所在地）快递综合服务站49个，村级（非乡镇政府所在地）快递综合服务站35个。5月，临汾顺丰与机场达成合作，发往北京、上海、杭州、武汉四个方向的快件可实现次日达。三是稳步推进“快递进村”。临汾市2359个建制村全部通快递，其中，邮政EMS、京东快递服务全覆盖，顺丰覆盖率达到96%，406个建制村实现所有快递品牌通达（17.2%）。快商合作进村95个，快递企业驻村设快递网点475个，快快合作设点89个。四是服务地方效果初显。指导寄递企业参加市政府主办的“网红直播+电商服务+助农惠农”县级领导直播带货活动和曲沃县杨谈乡首届万户大樱桃直播活动，支撑线上线下销售额达到3194.53万元。

【助力打赢“三大攻坚战”】 一是持续推进邮政快递业助力精准扶贫。积极培育“一县一品”特色项目，吉县苹果、隰县玉露香梨等“邮政快递+特色农产品”项目业务量达495.1万件，带动销售额超过1.5亿元。推动吉县苹果、隰县玉露香梨扶贫助农项目上线“学习强国”商城，助推销售3.5万余千克。扎实开展定点扶贫工作，定期听取驻村工作队工作汇报，班子成员两次开展驻村帮扶，确保如期完成工作任务。二是“9792”工程稳步推进。全市1117个邮政快递企业全部配置包装废弃物回收箱；电子面单使用率持续保持在99%以上，45毫米及以下宽度瘦身胶带使用率保持在96%以上，快递企业累计投入循环中转袋7万多个，循环中转袋使用率90%以上，新能源运输车辆保有量达1600辆。三是积极应对行业运行风险。督导圆通等企业及时处理内部纠纷，保持行业稳定。

【坚持依法全面履职】 一是推进普遍服务水平稳步提升。切实巩固建制村通邮成果，全市建制村通邮周打卡率保持在99%以上；扎实推进“两转”工作，全市26处“营投合一”网点全部实现营投分离，83处代办网点转为自办；邮政综合服务平台加速建设，截至年底，全市警邮合作网点达到26个，税邮合作网点89个，政邮合作覆盖17个县（市、区）；198处普服网点实现视频监控全覆盖。二是推动快递服务质量有效提高。大力开展社会监督，创新建立“实时监督+实时拍照+实时视频+实时报送+实时指导”监督方式，不断加强监督员管理，细化监督要求，社会监督效能大幅提升。通过企业自查、临汾局检查、视频巡查、社会监督员排查、时时通报、定期警示等方式深入开展快递末端网点违规收费专项治理行动和“三不”专项治理，所有网点公示“取件不收费”提示语和临汾局监督电话，及时处置市长热线、局长信箱19条，有效维护群众合法权益，肃清行业不正之风。

【寄递渠道安全基础进一步夯实】 一是抓行业安全生产。深刻汲取“8·29”襄汾饭店坍塌事故教训，在每月召开安全生产例会基础上，领导干部带头开展安全生产宣讲，班子成员定期深入企业开展安全风险隐患排查；发挥全市寄递渠道安全管理领导小组协同机制作用，融入地方安全大网络和平安建设治理体系，与公安、国安等部门联防联控，确保重大节庆、重要活动期间寄递渠道安全畅通。2020年，临汾局共出检335人次，检查邮政快递营业、处理场所256处，下达责令改正通知书166份，整改意见书124份。下达行政处罚决定书29份，责令2家企业停业整顿30天，累计罚款31.51万元。二是提升安全寄递能力。狠抓“三项制度”执行，在微信公众号开通行业安全生产知识云课堂，营造“人人学安全、时时学安全”的良好氛围；开展全市邮政快递业禁毒、消防安全知识专题培训，邀请禁毒和消防专家现场讲解、演示，提升行业安全管理水平。三是抓好疫情防控。上半年，号召全行业433名党员带头投入疫情防控一线，组织寄递企业先后运输防疫物资20余吨，配送春耕化肥4200吨、学生教材1.6万册。6月，副市长闫建国深入行业调研，对疫情防控工作表示肯定。进入秋季后，印发《关于切实做好邮政快递业秋冬季新冠肺炎疫情防控工作的通知》，转发省邮政管理局及地方防疫部署要求，在安全生产工作会上安排秋冬季疫情防控各项措施，要求企业每日报告快件、场地、人员消杀情况。配合卫健部门做好疫苗接种工作，抓好常态化疫情防控。

（临汾市邮政管理局）

晋中市邮政管理局

2020年，晋中市邮政管理局以习近平新时代中国特色社会主义思想为引领，认真学习习近平视察山西重要讲话精神，深入贯彻习近平总书记对邮政业的重要指示批示精神和三篇光辉文献精神，全面贯彻中共十九大和十九届二中、三中、四中、五中全会精神，贯彻落实全省邮政管理工作会议精神，积极履职尽责，主动攻坚克难，扎实推进重点任务落实。

【党的建设和党风廉政建设工作深入开展】 一是深入学习习近平视察山西重要讲话精神。始终牢记“共产党一心一意为人民谋利益”服务宗旨，全面、准确、深入把握总书记重要讲话精神实质，学深、悟透、践行总书记讲话精髓，通过采取组织专题学习、撰写心得等方式迅速掀起学习宣传、贯彻落实热潮，推动全体党员干部以功成不必在我和功成必定有我的责任担当，因势而动、乘势而上，为推动邮政业高质量发展贡献力量。严肃党内政治生活，发挥党组领导核心作用，认真执行“三会一课”、民主评议党员、组织生活会等制度，不断强化党组织政治功能，助推各项工作落实落地。二是深入贯彻落实疫情防控部署要求。认真学习领会习近平总书记对疫情防控工作的重要指示精神，学习省局和晋中市委市政府关于加强疫情防控工作有关部署精神，多次召开党组扩大会议，专题安排部署全市邮政行业疫情防控工作，切实发挥政治机关担当，自觉增强“四个意识”、坚定“四个自信”、做到“两个维护”，自觉扛起重大政治责任，把疫情防控工作作为重要的工作来抓，在关键时期鼓励全体党员干部坚定信心、勇挑重担，科学防治、精准施策，全力做好全市邮政行业疫情防控支撑保障工作，坚决打赢疫情防控阻击战。三是强化纪律绷紧弦。继续强化纪律意识，在春节、“五一”等节假日前签订廉政责任书，持续开展廉政提醒，加强警示教育。专题学习中共晋中市纪律委员会关于对五起违反中央八项规定精神问题的通报，以案为鉴，以案示警，要求所以党员始终把纪律和规矩挺在前面，保持惩治腐败高压态势。坚持问题导向，认真开展“4+1”专项整治工作，把自查自纠工作做深、做细、做实，建立完善长效机制，推动形成良好环境。

【坚持疫情防控与正常工作同步行，确保各项疫情防控工作落到实处】 一是统一部署，筑牢抗击疫情堡垒。认真贯彻落实习近平总书记和省局、市委市政府对疫情防控工作的重要指示精神，全面督导企业做好各区域、各环节、各层级的消毒防护工作并针对复工企业的消毒防护物资储备、人员身体监测、运输环节防护管控等重点内容开展检查，确保万无一失。二是精准防控，打通物资运输渠道。积极解决邮政快递企业在疫情期间的难点、痛点，协调相关部门为企业发放通行证60余张，有力保证疫情期间车辆正常通行；协调和顺县、平遥县等相关部门为企业复工复产创造有利条件；联合市卫健委等12部门共同印发《晋中市进一步做好短缺药品保供稳价工作的实施方案》，确保短缺药品及时配送得到机制保障；积极协调晋中市邮政分公司、省德邦快递受晋中市商务局和榆次区红十字会委托为平遥县紧急配送18吨左右的粮油与生鲜蔬菜；组织晋中市邮政分公司开辟专线组织专车、专人为全市45所中小学校邮寄教材24000余册，确保学生“停课不停学”。按照国家局、省局疫情防控和复工复产工作安排，晋中局还协调邮政企业对平遥县开展防疫物资捐赠运输工作，共捐赠一次性口罩19810只，N95口罩590只，消毒液500千克及其他防护用品，有效保障相关物资及时配送到位。三是明确目标，有序推动行业复工复产。自国家局启动复工复产工作以来，晋中邮政管理局梯度推进、分阶段组织开展行业复工复产工作。对于低风险地区，积极鼓励企业一手抓防疫，一手抓复工生产。对于平遥县中风险地区，严格按照当地疫情形势和疫情防控工作领导小组研判逐步有序复工。四是联防联控，建立疫情防控常态化机制。时刻绷紧疫情防控这根弦，坚决守住疫情“防输入、防反弹”底线，严防疫情“新燃点”。加强与各部门的联防联控，坚决做到守土有责、守土担责、守土尽责，指导企业长期做好防疫物资储备、日常消杀、体温监测等工作，全力做好全市邮政快递业疫情防控工作。

【推进支撑体系建设，提升综合管理水平】 一是邮政业安全中心持续推进。晋中局始终把成立邮政业安全中心工作作为首要工作目标，多次与晋中市市委书记赵建平、分管副市长郝向明以及市委组织部张志刚汇报，与市编办、市交通运输局沟通洽谈，就邮政业安全中心的单位属性、人员编制、经费预算等内容细致研究，希望借地方部门之力，推动安全中心的成立，有效开展寄递渠道安全管理工作。在局领导大力沟通协调下，7月27日，《中共晋中市委 晋中市人民政府关于印发〈晋中市深化事业单位改革实施方案〉的通知》（市发〔2020〕15号）明确组建晋中市邮政业安全中心，隶属于市交通运输局；8月20日，《关于市交通运输局所属事业单位机构编制事宜》（市编办发〔2020〕96号）明确晋中市邮政业安全中心属性、人员编制等内容。截至年底，市编办、市交通运输局正在稳步推动邮政业安全中心成立事宜，晋中局将按照要求做好晋中市邮政业安全中心后续的挂牌，办公场地、人员配备等相关工作，努力建立权责关系明确、上下运行顺畅、管理有序合规的机制，及时指导市邮政业安全中心做好邮政行业安全监管相关工作，为全市邮政快递业监管提供有力保障。二是基础管理工作不断夯实。坚持每周召开工作“通气会”，各科室反馈工作进展情况，针对重点工作、薄弱环节集思广益，加强部门通力配合，力促工作及时开展。稳妥推进公务员职务与职级并行工作，一年中共对5人进行晋升，激励保障机制更加健全。积极做好疫情期间行业统计工作，及时解掌握各寄递企业尤其是末端网点运营情况，通过数据摸清企业动态，为行业发展提供有力支撑。认真做好行业宣传工作，求真求实深入挖掘行业内的新闻素材，做好新闻宣传。三是行业基础建设不断强化。积极稳步推动全市工程系列快递专业中、初级职称评审工作，杭州百世网络技术有限公司山西分公司1名从事数据管理的专业技术人员被认定为中级工程师，晋中市工程系列快递工程专业中级职称认定实现零的突破。按照“党建带团建、团建促党建”的工作思路，将团的工作、青年活动和组织建设有机结合，引导全市行业青年快递小哥积极承担社会责任，特别是在统筹推进疫情防控和行业有序复工复产工作中，用实际行动保障人民群众基本生活需求。经共青团榆次区委组织部批准，晋中市首个快递行业团支部获批成立，受共青团榆次区委直接领导。四是邮政普遍服务水平不断规范提升。第一，合规审慎开展行政审批备案工作。下发企业《关于做好2020年“两个规定”相关工作的指导意见》，要求严格审慎开展邮政普遍服务营业网点撤销审批新增备案等工作。同时按照“总量平衡、增减同步”原则，依法受理平遥县普洞邮政所撤销申请，指导平遥县新增柳根东路邮政支局。在规范审批业务基础上，晋中局全面强化全市邮政普遍服务信息变更等备案工作，受理暂时停止办理邮政普遍服务业务和特殊服务业务等32个变更，进行网上信息变更公示及备案变更工作。第二，全面开展邮政普遍服务达标专项监督检查。开展11个县(市、区)全覆盖的邮政普遍服务达标专项检查工作。随机抽查30个邮政普服营业网点、10个邮件处理场所，所查县级城市网点全部能够办理国际及港澳台邮政业务，乡镇网点基本有序安排营业和投递，基本保证疫情期间全市邮政普遍服务水平不降低。对检查中发现的邮政普遍服务不达标、安全设备配备不规范、营业场所布局不合理等问题，晋中局下达责令改正通知书3份，开展约谈2次，严格按照有关规定进行问题处理及服务规范。第三，开展“第一轮”机要通信安全全覆盖专项检查工作。按照国家局、省局工作安排，晋中局对全市11个邮政机要通信营业、处理场所开展“全覆盖”专项监督检查，同时指导邮政企业对2020年度机要用户开展排查工作，同时对新增用户进行全面考核，对不符合寄递条件单位一律清退，截至年底，新增21个单位用户。指导邮政企业对机要业务人员开展自查，对临近离职人员开展离岗接岗工作指导，确保机要人员持证上岗、懂业务上岗、知利害上岗。第四，开展纪特邮票发行销售专项检查。上半年，共出动检查人次10人，社会监督5人，对《庚子年》《中国第一颗人造地球卫星发射成功五十周年》《众志成城抗击疫情》等特种邮票发行与销售情况开展专项监督检查。第五，巩固和提升《人民日报》当日见报水平。上半年调查乡镇17个，调查县、乡(镇)各机关、企事业单位10个，走访村落9个。巩固县级城市党政机关《人民日报》100%当日见报的基础上，进一步完善乡镇道段组划，通过压缩县处理中心内部处理时间、加密县内趟车车次、调整乡镇局所作业计划等手段，进一步提高乡镇一级《人民日报》当日见报情况。第六，巩固建制村直接通邮成果，打造高质量进村服务。按照省局相关工作要求，建立“日通报、日反馈”工作机制。每日通报前日未打卡建制村单名，企业按日反馈未打卡原因，同时对定位问题进行核实，大部分建制村间隔距离都在投递员打卡正常范围内，极少数定位错误建制村已进行要求邮政企业提高认识，制定切实有效整治方案。问题清查一周以来，全市日打卡率基本保持在97%以上。第七，指导企业打造升级版邮政综合服务平台。在警邮、税邮全覆盖基础上，进一步提升便民惠民服务水平，实现邮政综合服务平台大升级。关于示范网点开展警邮合作。指导邮政企业选择17个位置佳、基础好的网点设立警邮合作示范点，示范点单独设置不少于6平方米区域作为警邮合作窗口，配以统一合作标识，同步试点增加涉及互联网注册、驾驶证和机动车等3大类12项业务，实现交管业务“邮政办、就近办、一次办”。关于线上线下拓展税邮合作，指导邮政企业积极联络税务部门，及时升级税邮代办系统，在乡镇以上网点全线代征税款代开发票，业务覆盖全市97个网点；同时开辟线上合作渠道，开展发票寄递、涉税文书送达和税法宣传3方面业务合作。全年全市代开税票23926

笔，代开税票金额55189.6万元，营造更便捷、更集约、可信赖的税收营商环境。关于多级联动强化政邮合作。指导邮政企业积极进驻县（市/区）政务大厅，设立邮政代办窗口，对当场无法获取的证照、证件、印章等，提供资源代办代寄及“免费邮寄”服务，最大限度让群众少跑路或“最多跑一次”；对无法进驻大厅县（市），指派专人专线开展定点揽收，灵活方式让老百姓享受到便捷优质高效的政务服务，2020年实现业务收入1.25万元。五是扎实打好“三大攻坚战”。首先，“一市一品”与新媒体释放新活力。指导邮政企业结合本地实际进一步挖掘传统项目优势，太谷县太谷饼、榆次区海霖醋业及昔阳县压饼等项目，通过商家生产现场自播、明星网红吃播、封装现场包装直播等方式，增加农特产品曝光率和关注度，助力项目发展，使全市“一市一品”农特产品进城项目又多一个便利的渠道。在晋中局的大力指导下，太谷饼与榆次区海霖醋业合计业务量达22万余件，实现业务收入98.2万元，比上年同期分别增长83.3%和60.9%，全市“一市一品”农特产品进城项目取得良好发展态势。其次，“9792”邮政业绿色环保目标逐项推进。按照国家局“9792”工程要求，大力倡导企业使用“瘦身胶带”，降低电商快件二次包装率，提高循环中转袋使用率，包装废弃物回收装置向末端网点延伸。截至年底，全市寄递企业瘦身胶带使用达到1208.18万米，封装率达到93%；电商快件不再二次包装率达到88%，循环中转袋在全省本品牌网络的使用率达到88%，90%的末端网点配置包装废弃物回收装置。下一步将继续加大力度引导企业牢固树立生态环保意识，节约资源，提高包装材料回收利用率，为生态环保工作持续做出贡献。最后，积极应对行业运行风险。及时关注企业报送数据，加强行业动态监测，上半年企业运行良好，未发现网络暂停等突发事件，寄递网络运行和从业人员队伍均比较稳定。六是快递行业监管能力和依法治邮水平不断提高。首先，是网点标准化水平进一步提高。结合省局和市局年初重点工作安排，对营业网点标准化进行重点督导检查，引导企业主动加大投入，加强对营业现场的安全管理，提升网点形象。截至年底，东五县品牌企业营业网点标准化工作已完成90%。其次，继续督促企业落实主体责任。与企业签订《2020年邮政行业安全生产责任书》，明确企业主体责任，强化责任落实。要求企业建立完善企业内部监督考核机制，加大内部员工培训力度，确保全部从业人员了解安全运营注意事项及服务质量要求，提升行业形象，保障全市寄递渠道安全。再次，加快快递末端网点规范化建设。成立由局领导带队的专项检查组，结合助力快递企业复工复产，对全市2区8县快递末端网点，通过现场实地核查、调阅监控资料、随机抽查“三项制度”落实情况，重点检查快递企业末端网点备案、监控、消防等设施配备情况及实名收寄、收寄验视等制度落实情况，共检查末端网点及分支机构93家。要求各寄递企业严格落实末端网点备案制度，对营业网点中存在的“脏、乱、差”现象限期整改，推进网点环境、服务、环保等要素进一步提档升级。最后，加强安全执法检查。日常检查结合“两会”重大政治活动期间的敏感时期，按照全覆盖、零容忍、严执法、重实效的总要求，联合国安、公安对寄递企业开展一系列安全检查，力保两会期间寄递渠道安全畅通平稳，杜绝违禁物品流向北京。截至年底，共计出动执法人员235人次，检查企业和各类网点80多个，发现各类隐患30个，责令改正23个，初步立案32起，正在进一步处理中。通过高频次大力度执法检查，进一步强化企业安全规范经营意识，邮政快递业市场环境进一步好转。七是重点推进“两进一出”工程，力促电商发展。根据国家局、省局重点推进“两进一出”工程工作部署要求，晋中局指导邮政企业结合本地实际，一方面积极引导企业积极寻求合作。鼓励邮快合作、快快合作、交邮合作等多种形式的合作模式，为“快递下乡进村进厂”提供有力的寄递渠道支撑。截至年底，晋中市邮政快递企业进村设点481个，合作经营形式进村的快递代办点116个，全市597个行政村已实现快递服务网络覆盖。一方面不断拓展服务链条。鼓励企业拓展服务种类，下沉服务网络，主动提供多维度服务，积极协调生产厂家，“一对一”制定具体可行的项目合作方式，做到快递包裹“进厂、进村”，参与打包、贴标、装车等形式，融入厂家生产链条，助力特色产品外销，服务地方经济社会发展。顺丰快递已基本实现快递进村服务，除特殊偏远地区外，一般行政村的快件均可投递入户。自1月份以来，平遥县共计发往全国各地的冠云牛肉、宝聚源牛肉约2.4万件，销售额约285万元。

（晋中市邮政管理局）

忻州市邮政管理局

2020年，在省邮政管理局党组和忻州市委、市政府正确领导下，忻州市邮政管理局按照国家局党组“五大体系”战略部署和“打通上下游、拓展产业链、画大同心圆、构建生态圈”思路要求，坚持以供给侧结构性改革为主线，在全力引导全行业做好疫情防控工作的基础上，着力打好邮政业三大攻坚战，狠抓民生实事落实，提升行业治理水平，加强行业安全监管，巩固安全生产态势，推动全市邮政行业持续健康发展。

【坚持政治引领，履行治党管党责任，推进全面从严治党，切实加强和规范党建工作】 一是巩固主题教育成果，不断加强政治理论学习。忻州局以党组理论中心组学习为主阵地，紧紧围绕中共十九大精神及历届全会精神、《习近平谈治国理政》（第三卷）、习近平总书记三篇光辉文献、习近平总书记视察山西讲话精神、习近平总书记关于邮政快递业重要指示批示精神和习近平总书记关爱快递小哥重要指示精神等重点内容，开展深入广泛的学习宣贯，切实增强“四个意识”，坚定“四个自信”，切实做到“两个维护”，不断提高政治素养，努力融会贯通，为做好全年工作奠定坚实的思想基础。二是坚持全面从严治党，扎实开展党建工作。年初制定《中共忻州市邮政管理局党组落实全面从严治党主体责任清单》和全年党建工作要点，切实加强对党建工作的研究部署和落实推进。严格执行民主集中制，严格党组中心组学习制度，严肃党内政治生活，以打造“五型机关”为抓手大力推动模范机关建设，通过深入开展“三亮三比一提升”活动，强化党员教育管理，全方位推动党建工作规范开展。特别是以落实国家局巡视整改要求为契机，列问题、抓整改，不断强化政治建设，将全局党建工作推向新的高度。三是强化执纪监督，加强廉政建设。严格贯彻落实国家局、省局党组党风廉政建设工作部署，认真研究部署党风廉政建设工作，制定党风廉政建设工作要点，签订党风廉政责任书，切实把工作任务分解到位、细化到岗、责任到人。持之以恒贯彻落实中央八项规定及其实施细则精神，坚持从严监督管理干部，开展经常性谈心谈话和廉政谈话，健全和落实廉政风险防控机制。

【统筹疫情防控，加强自身建设，大力推动邮政业改革发展并取得实效】 一是统筹做好疫情防控工作，推动行业持续稳定发展。新冠肺炎疫情发生后，忻州局落实省局和市委市政府要求，第一时间成立疫情防控领导小组，制定系列工作方案，统筹部署疫情防控工作，局领导带队多次深入企业开展督导检查，全力推动企业科学有序复工复产。在常态化疫情防控阶段，督促各级企业严格落实《疫情防控期间邮政快递生产作业场所操作规范建议（第六版）》有关规定，做好疫情防控常态化工作，持续巩固行业疫情防控成果。二是紧盯重点，全力攻关，积极融入和依靠地方支持，推进支撑体系建设。首先，加强与地方政府沟通，推动事关行业发展改革重大事项的解决落实。2020年以来，忻州局积极主动向市委、市政府汇报工作，截至年底已正式纳入地方目标责任考核；忻州市邮政业安全中心已获批组建，12月31日前组建完成开始运行；办公及业务用房问题取得阶段进展正在推进过程中。其次，落实习总书记关爱快递小哥权益重要指示批示精神，推动技能培训、职称评定等工作。积极主动研究协调推动快递从业人员职业技能培训工作，截至年底，全市首批以工代训申请补贴138人次、补助资金共计41400元已公示完毕进入发放阶段，第二批132人已经于12月18日开始公示，另有205人申请资料开始审核；深入推进快递工程技术人员职称评审，组建“忻州市快递工程中级专业技术职称评审委员会”，截至年底，已完成20名助理工程师的直评工作，协调市总工会组建快递行业工会及工会联合会，截至年底，工会联合会涵盖102家企业，共组建24个工会及工会联合会，吸纳会员969人；联合团市委、红十字会开展“快递从业青年服务月”活动，有效维护快递从业人员的发展权益。最后，扎实推进精神文明建设和行业党建工作。5月，忻州局被纳入市委非公和社会组织工委委员单位后，积极对接市委非公和社会组织工委，推进非公快递企业党组织建设，年前已递交成立快递企业联合党支部的请示。同时积极号召全局党员干部发挥先锋模范作用，扎实推进精神文明建设，获山西省“2018—2019年度省级精神文明单位”称号。

【突出行业安全监管，不断提升依法治邮能力，推动全市邮政业安全健康快速发展】 一是突出政治，严格邮政普遍服务监督，促进全市邮政普遍服务水平稳步提升。首先，严格监督，坚决确保机要通信万无一失。突出机要通信工作的政治性、重要性，“一把手”亲自组织、亲自安排、亲自带队，完成对全市16个机要网点的“两轮”检查，认真开展疫情期间机要通信邮路安全保密安全专项检查，有效巩固机要“零隐患”工作成果，进一步提升全市邮政机要通信安全水平，推动全市机要通信质量37年全红目标顺利实现。其次，狠抓普服营业网点标准化建设，推动全市邮政普遍服务提档升级。以中央巡视中国邮政集团公司反馈问题整改意见为指导，对照《邮政普遍服务标准》要求，结合全市实际，督导邮政企业开展普服网点标准化建设。全年邮政公司累计投入140余万元用于空间改造、设施更新、更换铭牌、规范信箱和标注内容、制作统一公示栏和背景墙等，邮政普遍服务水平和能力明显提升。12月上旬国家邮政局副局长戴应军在忻州调研时对此给予充分肯定。再次，坚持结果导向，全面督促提前完成“两转”工作。督促邮政企业全年累计投入26万元用于实施“两转”，9处单人局所“营投合一”全部转为“营投分离”，至此包括全部补白局所在内的108处委代办局所转为自办，提前16个月完成“两转”目标。最后，积极推进邮快合作，全面提升服务“三农”通邮水平。8月下旬协调忻州市邮政分公司与12家快递企业签订合作协议，搭建起邮快合作框架。截至年底，已先后在定襄、岢岚、繁峙等开通邮路的乡镇地区开展试点，随后将在总结试点经验的基础上，逐步扩大合作范围，最终实现14个县（市、区）全覆盖。二是坚守安全生产红线，狠抓行业经营秩序，快递业发展质量不断提升。首先，驰而不息抓好行业安全，持续稳固行业良好态势。一方面，继续发挥忻州市寄递渠道安全管理领导小组会议职能，定期召开联席会议，研究推进行业安全工作，不断完善寄递安全综合治理机制，构筑起各司其职、齐抓共管、综合治理的行业安全监管格局。另一方面，在落实省局统一安排部署行动的同时，针对寄递企业易发生伤亡人事故隐患、河南鹿邑“假人安检”事件等，开展视频监控达标、交通运输、消防安全专项治理、安检机使用专项整治等一系列专项行动。全年共出动检查人员390人次，检查130家企业，下达整改通知66件，对于问题严重的立案16起，共处罚金84000元，保持全市寄递渠道总体安全平稳发展的良好态势。其次，推进快递网点标准化建设和自营网点提档升级工作，提升行业服务形象和能力。城市自营网点标准化率达到100%，设置城市自营网点样板示范点6个，并已全部通过验收。持续推进智能快递箱、末端公共服务站建设，全年新增23组智能快件箱，较上年增加95.83%；新增末端公共服务站23个，较上年增加40%。再次，从严规范市场秩序，末端网点专项治理取得实效。全年共完成79个末端网点备案，同时组织执法检查55次，发现企业开办快递末端网点未按规定备案立案6起，罚款28000元，市场秩序得到进一步规范。最后，全力实施“快递进村”工程，巩固深化农村寄递网络建设成果。以忻府区、原平、繁峙三县（市、区）为试点，分别通过邮快合作、快快合作、快商合作的方式推动快递进村。截至年底，原平市“四通一达”五家企业已实现共同持股、共同分拣、共同配送，城区内开设32家共配快递驿站，乡镇开设12个共配站；繁峙县邮政、中通已入驻电子商务进农村示范项目园区，基本实现快递进村全覆盖；宁武县借鉴繁峙模式，已实现“快商合作”进乡镇，正在进一步推动“快商合作”进农村。截至年底，全市共开办341个快递末端服务网点，2940个行政村中通过交快合作、快商合作、直投入户等方式通达建制村2588个，企业服务总体覆盖率达88%。三是坚定信心保持定力，邮政业三大攻坚战取得重要进展。首先，大力推动行业扶贫，助力脱贫攻坚。深入推进“邮政在乡”“快递下乡”工程，建设邮政快递综合服务平台，推广“寄递+电商+农特产品+农户”产业脱贫模式，鼓励企业深入开展“一县一品”农特产品进城示范项目，促进邮政快递业在脱贫攻坚中作用充分发挥。其次，强化快递业绿色发展措施贯彻落地，各项目标顺利实现。全力落实“9792”工程目标，全市行业瘦身胶带封装比例达93%，电商快件不再二次包装比例达88%，辖区内各快递企业可循环快递箱（盒）、可循环快递袋使用全覆盖，辖区内末端网点设置包装废弃物回收装置303个，覆盖比例达到53%，各项绿色环保指标均已超额完成。最后，积极应对行业运行风险。认真落实“三零”创建要求，加强动态监控和舆情分析，维护行业安全稳定有序的发展局面。

（忻州市邮政管理局）

晋城市邮政管理局

2020年，在国家局和省邮政管理局正确领导下，晋城市邮政管理局坚持以习近平新时代中国特色社会主义思想为指导，始终坚持党的领导、始终坚持以人民为中心的发展思想、始终坚持改革创新、始终坚持全面正确履职，认真学习习近平总书记视察山西重要讲话和重要指示精神，深入贯彻落实国家局党组和省局党组的各项决策部署，围绕“治理能力提升年”，以“两进一出”工程为抓手，坚持完善“五大体系”，提升“一大能力”，推进“六个升级”，坚决打赢三大攻坚战，全面推进行业复工复产，不断提升行业治理体系和治理能力，为全面建成与小康社会相适应的现代邮政业提供有力保障。2020年，全市邮政行业业务总量累计完成3.68亿元，同比上升18.61%。业务收入累计完成3.6亿元，同比上升13.33%。自4月份业务量数据恢复正增长以来，晋城市邮政快递业在疫情防控常态化形势下继续保持快速增长。安全生产“零事故”。

【行业疫情防控进入常态化】 新冠疫情发生以来，晋城市局坚决贯彻落实习近平总书记重要指示精神和党中央国务院决策部署，按照省局党组和市委的要求，局党组专题研究疫情防控工作，要求始终把人民群众生命安全和身体健康放在第一位，坚决打赢疫情防控阻击战。全行业以高度的政治责任感和担当奉献精神，服从大局，听从指挥，紧密配合，按照国家邮政局发布的《疫情防控期间营业网点操作规范（建议版）》，落实防控主体责任，通过落细落实各项行之有效的措施筑牢安全防线。在有序复工复产上，晋城市邮政管理局坚持分区分级精准施策，优化复工复产环境，着力解决服务难题。各企业制定《新型冠状病毒感染的肺炎疫情防控工作应急预案》，在加强人员防控、场所防控、邮件快件管控和物资储备防控上下功夫，逐步实现复工复产，打通寄递网络民生通道，保障居民生活物资供应。其中邮政普服网点从2月20日开始全天营业，品牌快递企业3月下旬全部有序复工复产。2月3日市邮政公司逆向而行，顺利完成到湖北省仙桃市拉取医疗防护物资抗击疫情，市慈善总会高度赞扬，并现场捐赠邮政公司1万只口罩。随着疫情防控持续向好，晋城市邮政管理局指导行业全面落实常态化疫情防控工作，切实把好“境外输入”“市外输入”“冷链输入”三个关口，时刻绷紧疫情防控这根弦，严防进口冷链食品疫情输入和传播风险，严防相关疫情影响行业安全稳定。12月，组织督导组对全市邮政、快递企业的疫情防控工作进行全面督查。

【全面加强从严治党取得新成效】 一是发挥党建引领作用，党组织凝聚力战斗力不断增强。始终把政治建设摆在首位，强化党组织的政治功能，切实增强“四个意识”，坚定“四个自信”，坚决做到“两个维护”。印发《2020年理论学习中心组学习计划》，利用“学习强国”“三晋先锋”平台，深入学习习近平新时代中国特色社会主义思想和中共十九大及历次全会精神，截至年底，已开展理论中心组学习、深入交流研讨12次，主题党日活动12次、党组成员讲党课3次。疫情期间，党员干部主动作为，深入企业指导抗疫。“七一”前夕开展“践行领袖嘱托、率先蹚出新路”主题党日系列活动和优秀党务工作者、优秀共产党员评选活动，局党支部获“先进基层党组织”称号。制定方案在全局开展为期一年的“五好一锋”党建特色品牌创建活动。深入开展巡视反馈整改工作，对标对表，坚持边查边改、立行立改。二是加强警示提醒教育，党风廉政建设不断深化。开展线上“强化担当落实、践行‘两个维护’”警示教育活动，组织开展“参观长江支队纪念林，重温入党誓词”主题党日活动，接受党史教育、红色革命传统教育。开展“作风建设谈心谈话”活动2次，组织全局党员干部观看警示教育片《背弃》，开展线上专题测试、党组书记带头讲党课等活动。多渠道宣传教育，利用微信工作群、RTX群、公众号等平台发布节假日廉政提醒，签订廉政承诺书，要求全体党员干部常思廉洁规定，筑牢拒腐防线。加强对“四风”问题监督检查，认真开展“4+1”专项整治，切实将廉洁意识内化于心、外化于行。

【行业发展环境取得新突破】 一是快递物流园区建设稳步推进。2019年，山西蓝远快递物流园区一期建成，顺丰、韵达、申通已经入驻。局领导多次深入园区现场调研指导，该项目作为晋城市2020年重点工程加快推进，年底前完工。中通快递智能科技电商快递产业园被纳入全市重点工程，截至年底项目已完成选址。二是政策支持持续加码。第一，晋城市邮政业安全事务中心正式获批设立，为正科级财政拨款事业单位，编制6人，隶属晋城局管理，承担邮政业安全生产监管、运行安全检测、预警和应急管理等相关事务性工作。目前已经调入1人，公开招聘4人，已进入考察环节。第二，晋城市委市政府发布《关于抓好“三农”领域重点工作确保如期实现全面小康的实施意见》，明确提出支持快递企业等各类经营主体延伸乡村物流网络，为实现“快递进村”提供有力保障。第三，联合税务部门宣传贯彻疫情期间邮政业减税降费政策，指导企业用足用好减税降费优惠政策，前三季度邮政业减税降费242.53万元。第四，邮政快递业塑料污染治理被纳入晋城市加强塑料污染治理实施方案。第五，晋城市“公交+旅游+快递”项目正式实施，推动公交、快递、旅游要素的高度融合，快递业作为其中重要一环，将强力助推脱贫攻坚和全域旅游。第六，晋城市邮政管理局被市委考核办破格授予“促进晋城经济社会发展突出贡献奖”，从2020年起纳入全市目标责任考核。晋城局连续三年获全市平安建设先进单位称号。

【各项重点工作取得新进展】 一是快递进村覆盖率超九成。坚持因地制宜，推进“快递进村”。在晋城局的推动下，山西汽运集团晋城公司成立快递物流仓配中心，取得快递业务经营许可，依托遍布全市各县的“城际、城市、城乡、镇村、旅游”五级公交体系，构建市、县、镇(乡)、村四级快递体系。截至年底，晋城市1553个建制村中已通快递的建制村数量为1417个，建设村级服务点数655个，建制村快递服务覆盖率为91.24%。开展快递进村以来，共配送农村快递83.3万件，累计为快递企业降低成本167万元。快递进村工作得到上级领导充分肯定，中国快递报社作了深度挖掘采访报道。二是继续打好邮政业三大攻坚战。首先，深入开展安全生产集中整治行动，夯实企业主体责任，许可、备案分支机构全部建立安全生产管理台账，狠抓寄递安全“三项制度”落实，加强寄递协议服务规范管理。联合市应急管理局等部门开展邮政快递行业安全应急演练。督促企业结合自身实际制订修订突发事件应急预案，做到“一企一案”。深入做好重要节日及重大活动期间寄递渠道安保工作。其次，积极实施就业扶贫，组织企业积极参与直播带货活动，得到市政府充分肯定，寄递企业获得奖励金共10万元。再次，开展绿色网点、绿色分拨中心创建，加大新能源和清洁能源车辆推广应用，完成“9792”任务目标。截至年底，晋城市邮政行业瘦身胶带封装比例达94.6%，电商快件不再二次包装率达99%，循环中转袋实现全覆盖，新增设置标准包装废弃物回收装置的邮政快递网点98个，新能源车辆共计45辆。三是关心关爱快递小哥力度不断加大。首先，联合团市委走访慰问春节前依然坚守岗位一线的快递小哥。联合市总工会开展为快递小哥送清凉活动。疫情期间，为奋战在一线的邮政员工和顺丰快递小哥分别送去一次性口罩、消毒液等防疫物品。顺丰快递小哥获“建好新时代美丽晋城会客厅 勇当高质量转型发展排头兵劳动模范”荣誉称号。其次，加强精神文明建设，组织企业积极参加学雷锋志愿服务主题活动、文明交通志愿服务活动，举办“喜迎国庆 欢度中秋”邮政快递业演讲比赛，丰富从业人员精神生活。联合市交警支队开展“一盔一带”安全守护行动，加强快递车辆规范化管理。晋城局获“市级文明单位”称号。再次，先后成立“晋城市快递协会”“晋城市快递行业联合工会”“共青团晋城市邮政快递行业委员会”。四是实施快递从业人员职业技能培训“246”工程。一方面，快递从业人员职业技能提升培训顺利开班。联合人社、财政部门印发《“晋城快递”职业技能提升培训实施方案》，11月25日首期培训班正式开班，120余名快递小哥参加培训。另一方面，快递专业技术人员职称评审工作持续推进。加强与人社局沟通，优化职称申报条件，印发《2020年全市工程系列快递专业初级职称评审工作安排意见》，全年17名申报人员全部通过评审。截至年底，晋城市共33人获得快递专业初级技术职称。

【行业发展质量实现新提高】 一是普遍服务水平进一步提升。邮政普遍服务营业场所实现监控100%全覆盖，县级城市党政机关《人民日报》均可当日见报，当日见报率达到100%，建制村直接通邮成果进一步巩固，警邮、税邮、政邮合作县区实现100%覆盖，平常信函和普通包裹平均传递时长均能达到《普遍服务标准》要求。二是营业网点提档升级。完成5个快递自营网点标准化提档升级，7个委代办转自办网点，完成率100%，营投合一的乡镇局所全部转为营投分离。智能快件箱箱递率达85%，较2019年提升5%。三是坚持依法行政。持续对快递末端网点、普服营业网点、机要网点等开展各类专项整治活动，开展纪特邮票监督检查11次，不断强化社会监督。全年共查处违法违规行为为17次，下达整改通知16份，下达行政处罚决定书9份，罚款金额9.2万元。

（晋城市邮政管理局）

长治市邮政管理局

2020年，在省邮政管理局正确领导下，长治市邮政管理局以习近平有中国特色的会议思想为指导，认真贯彻落实全省邮政管理工作会议推动，与时俱进，改革创新，以提升治理能力为中心，牢固树立意识，责任意识，完成全年各项目标任务。2020年，全市邮政行业业务总量累计完成85314.79万元，同比增长38.07%；业务收入累计完成64568.95万元，同比增长26.26%。其中全市快递服务企业业务量累计完成2946.49万件，同比增长65.78%；业务收入累计完成36251.42万元，同比增长48.51%。

【坚持以党建统领邮政快递业工作】 一是坚持把政治建设摆在首位。持续做好“不忘初心、牢记使命”主题教育后半篇文章。制定《中共长治市邮政管理局党组2020年党建工作要点》，修订《党组会议制度及议事规则》等10余项党建工作制度，调整了党建工作领导小组成员，细化党组成员分工，不断深化主题教育成果。深入学习贯彻习近平总书记视察山西重要讲话重要指示精神。通过开展中国共产党成立99周年系列活动、邀请长治市老干部宣讲团宣讲专题党课、召开全市快递从业人员学习宣贯会、到平顺西沟参观学习等方式，深入学习贯彻习近平总书记的重要讲话重要指示。持续建设学习型党组织。二是扎实推进行业党建和群团组织建设。成为市委非公经济组织和社会组织工委委员单位，2020年5月，中共长治市委非公有制经济组织和社会组织工作委员会印发《通知》，增补长治局为市委非公经济组织和社会组织工委委员单位，从组织上明确长治市局对行业非公党建的职责作用，结合行业监管职责，认真履行抓好全市快递行业党建的工作职责。2020年8月，长治市鑫凯越电子商务有限公司（中通）党支部在上党区鑫凯越电商物流综合产业园区举行成立揭牌仪式,成为长治市成立的首个非公快递企业党组织,为开创行业党建工作打开新局面。2020年4月,根据长治市行政审批服务管理局的要求重新规范和报审筹备快递协会社团相关审批事项和资料,理顺行业协会手续,推动快递协会正式成立,为规范快递行业行为,提高服务水平,维护会员合法权益架起桥梁和纽带。

【贯彻落实习近平总书记对邮政业重要指示精神】 一是扎实推进关心关爱快递从业人员工作。联合共青团等部门深入开展"暖蜂"行动,夏送清凉、冬送温暖,为奋战在一线的快递小哥提供多方面保障和关怀。2020年7月,协调交警部门印发《关于规范全市邮政业电动车运行管理的通知》,为快递车辆通行提供政策保障,对全市邮政快递从业人员进行交通法规和文明交通素质培训,提高快递小哥安全文明行车的意识。组织召开全市快递从业人员提升思想、看齐典型宣传贯彻会学习习近平总书记视察山西重要讲话重要指示,传达总书记对快递小哥的关心关爱,学习汪勇、葛军等先进典型的事迹。二是完善行业职业技能竞赛体系。通过向地方主要领导请示汇报,2020年长治市首次将快递业职业技能纳入全市职业技能大赛项目,其中快递职业技能首次在运输物流类中单独设置了物流服务师(快递方向)比赛项目。经过赛场比拼,长治市两名快递企业选手分获"太行技术状元""太行技术能手"称号,并获住房待遇优惠和现金奖励。2020年11月,长治市又有两名选手在全省职业技能大赛物流服务(快递方向)项目上包揽冠亚军。三是积极开展快递从业人员技能提升培训。与市人社、财政部门联合印发《关于做好快递从业人员职业技能提升培训工作的通知》,明确培训人次、批次、培训补助、取证补贴等政策。2020年12月,开办首期培训班,全市100余名快递从业人员参加培训,收到良好效果,为全市邮政快递行业实现"技能社会、人人持证"目标提供持续助力。

【疫情防控和复工复产】 一是加强组织领导,形成工作合力。成立新型冠状病毒感染肺炎疫情防控工作领导小组,形成《长治市寄递企业疫情防控及复产复工方案指南》,修订完善并启动疫情防控应急预案,通过加强宣传引导、加强运行监测、指导科学防控、协调防疫物资等措施,确保行业疫情防控工作有效开展。2020年3月底,全市15个品牌快递企业,225个营业网点全部复工,复工率达为100%。行业从业人员"零感染"。二是加强统筹协调,主动服务企业。严格落实山西省邮政管理局和长治市疫情防控领导小组要求,加强部门间协作,积极指导企业完成各种审批材料和手续。采取"加强备案管理、加强沟通协调、加强服务保障、加强监督检查"四举措,通过为企业出具各类相关证明、与相关部门积极协调等方式主动服务全市快递企业,确保疫情期间具备服务能力快递企业正常运营。三是加强监测预警,做好常态化疫情防控。为了更好地适应新冠肺炎疫情常态化防控工作形势和任务需要,及时向企业发放《疫情防控期间邮政快递生产作业场所操作规范建议》。压实企业主体责任,督促企业加强对其分支机构和基层网点开展疫情防控日常检查。组织企业在中通快递在分拨中心实地观摩突发疫情状况的应急处置推演,将理论知识与寄递业工作实际结合起来讲解疫情防护措施,将疫情防控知识点细化到分拣工作各流程,有效提高从业人员防控意识。

【脱贫攻坚】 持续进行定点扶贫工作,克服经费、人员不足等重重困难,坚持做到每周按"五天四夜"标准驻村,在全年削减20万元经费情况下,保证驻村干部驻村补贴的及时足额发放,完成脱贫攻坚普查、国检、暗访等"交总账"工作。服务三农,助力行业精准扶贫。深挖长治特色农产品小米、花椒、党参等。

【邮政普遍服务】 一是审批与备案管理。2020年,共受理邮政企业备案申请107个,其中位置变更申请2个,暂时停限办备案申请3个,营业场所名称及时间变更备案申请102个,下达普遍服务检查情况通报3份,下达检查责令整改通知书1份,对企业进行行政约谈2次,进行行政处罚1份。二是邮政普遍服务监督。2020年全市乡镇营投合一单人网点全部实现营投分离,全市73处委代办营业网点均已实现转自办,统一对网点营业铭牌进行更换并对全市营业网点基础信息建立完善新的台账,全市172个普遍网顺利完成“两转”。2020年扎实推进警邮税邮政邮合作,全市警邮、税邮覆盖已达100%,政邮合作也取得突破。三是机要通信检查。分批次对辖区内全部13个机要通信网点的安全设施系统、处理场所、专用车辆、机要通信操作各具体环节等进行了全覆盖检查,下发整改通知书2份,督促企业整改问题2个。四是建制村通邮信息化监管,确保建制村通邮时效。开展建制村直接通邮情况专项检查,完善了建制村通邮台账,全市共3384个建制村,通邮率为100%,建制村通邮信息化监管当日投递打卡率保持在99%。五是社会监督。2020年,全市共有4名邮政特邀监督员,累计监督人次合计248次,上报监管报告248份,走访用户157人,提出建议7条,监督网点248个,覆盖范围50%以上,有效完成邮政社会监督任务。

【快递市场监管】 一是行政执法检查。全年共出动执法检查363人次,检查快递企业56家,下达责令整改通知书24份,做出行政处罚19起,其中安全监管类处罚13起,有效改善寄递渠道安全环境。二是末端网点管理规范化。按照全省邮政快递业开展快递末端网点专项治理行动方案要求,围绕推进快递末端网点经营秩序、收寄安全、服务质量规范化运营三个方面开展快递末端网点专项治理行动,逐步推进末端网点秩序化、规范化、健康化发展。专项治理期间,全市末端网点数量从468个增加到738个,末端网点备案效果明显。三是“三项制度”落实。开展实名收寄专项整治,建立企业月报告、不定期抽查、定期通报的长效机制。加强一线员工培训,不断提升收寄验视实效。切实抓好过机安检指导意见的落实,提高过机安检规范化、智能化水平。严肃查处虚假实名、过机安检流于形式等“三项制度”落实不到位的违法违规行为。2020年,对涉及寄递安全问题,实行挂账销号管理,严格执法追责。对全省邮政快递业安全生产风险隐患排查治理专项行动检查情况的通报的问题线索,立案查处9起,形成警示威慑,有效解决邮政业安全方面存在的突出问题。四是行业绿色环保工程。实施升级版“9792”工程,引导企业推广使用免胶纸箱、可降解塑料、无纺布手提袋等可循环使用的产品。邮政快递业使用瘦身胶带封装比例达到98%,引导企业推广使用免胶纸箱、可降解塑料、无纺布手提袋等可循环使用的产品。推动全市主要品牌快递企业与环保包装企业达成合作意向,开启行业“胶带革命”;电商快件不再二次包装比例达到97%,引导寄递企业不再对电商产品提供二次包装,采用可降解、可重复利用的绿色包装材料和填充物,直接减少耗材70%以上。循环中转袋使用比例达到91%。推广使用循环中转袋,综合成本节省率显著提高。邮政快递网点设置标准包装废弃物回收装置累计达到450个,分支机构以上实现全覆盖。

(长治市邮政管理局)

阳泉市邮政管理局

2020年,阳泉市邮政管理局以习近平新时代中国特色社会主义思想为指导,全面贯彻中共十九大和十九届历次全会精神,习近平总书记对邮政业的重要指示批示精神和三篇光辉文献精神,市委十二届九次全会精神,全面落实全国、全省邮政管理工作会议精神,贯彻省局“治理能力提升年”总要求,以“治理能力提升”为抓手,“1451”为重点(“1”一个中心:以“治理能力提升”为中心,“4”聚焦四个主题:以“固强版、补弱版、夯基础、建团队”为主题,“5”牢固树立五个意识:“大局意识、责任意识、规矩意识、底线意识、团结意识”,“1”一个重点:组建市邮政业安全中心),稳步推进全年各项工作落实。

2020年,阳泉局贯彻省邮政管理局和市委市政府要求,疫情防控和行业发展两手抓,全市邮政快递业保持稳中向好、提质升级的良好态势,行业安全形势稳定,为做好“六稳”工作、落实“六保”任务做出积极贡献。截至年底,全市共有许可快递企业15个,备案分支机构164个,末端网点152个,邮政普遍服务网点67个,合计398个。从事邮件快件服务车辆600余辆,从业人员近2000人,网点遍布全市32个乡镇，建制村947个直接通邮率达到100%，快递进村率达到95%。已建设市县级标准化分拣中心2个，城市网点标准化率达到99%。

【坚持以党建统领全市邮政业改革发展稳定各项工作，为高质量转型发展提供坚强保障】 阳泉局党组以党建统领整体工作，牢记政治机关定位，进一步强化“四个意识”、坚定“四个自信”坚决做到“两个维护”，党建工作与业务工作“两手抓两手硬、两不误两促进”。“七一”，市局机关党员获得上级党委“先进党务工作者”“先进党员”“理论学习先进个人”等表彰。一是重视行业和非公组织党建工作。行业党建工作与行业发展紧密结合，以行业党建促行业发展。阳泉局联合市直工委和市广播电视台，在全市邮政企业举办主题为“绿色邮政红心向党”的“寻找绿色使者”活动。把全局党组成员列为市委非公组织党工委成员单位，阳泉局和市快递协会开展“组织找党员、党员找组织”活动，在全省系统中较早成立快递协会党支部。有1名快递小哥被市委授予市级劳动模范荣誉称号，行业党建行业发展双抓双促，得到市委市政府和社会肯定。二是以作风建设促治理能力提升为目标。阳泉局党组履行主体责任，落实一岗双责，建立健全体党员干部廉政档案，定期开展廉政谈话。阳泉局党组“清单责任措施”三落实扎实开展巡视反馈问题整改工作，专题研究布置巡视整改工作。阳泉局党组将巡视反馈意见细化为五个方面23个具体问题，制作巡视整改问题清单、任务清单、措施清单和责任清单，明确责任领导、责任部门、具体措施和整改时限。

【全力提升依法治邮水平】 一是加强邮政普遍服务监管，助推邮政普遍服务均等化和便捷化。阳泉局持续督导邮政企业履行公共服务主体责任，县级城市党报党刊当日见报率稳定在100%，建制村周打卡率提升至99%以上。乡镇邮政局所专项整治工作取得了显著实效，全市7个委代办局所全部转为自办网点，2个“营投合一”单人局所全面实现营投分离。二是从严监管确保邮政机要通信63年“长红”，确保机要通信安全运行。阳泉局党组高度重视机要通信监管，专题研究部署全市机要通信监管工作，全年两轮全覆盖检查市域机要网点，发现安全隐患5处并全部整改到位。确保机要通信在63年“全红”基础上持续“长红”。形成“宁肯熬红眼，不能误了点”的敬业精神、涌现出邮电部老劳模赵贵珍等先进典型。三是全面落实企业安全主体责任。阳泉局党组定期研究安全生产工作，调整充实安全生产机构，定期举办安全生产培训会，着力提高快递企业履行安全主体责任意识，筑牢底线思维。扎实开展“三项制度”“安全隐患排查专项整治”和“三零”单位创建活动，筑牢安全生产基础。根据省局季度通报内容对2020年第一、二、三季度申诉率、申诉处理满意度整体情况进行分析，对申诉率管控较好企业进行通报表扬。坚持“谁收寄、谁验视、谁负责”，全年实名收寄率保持在99%以上。进一步提升重要节点安全服务保障能力，开展安全生产应急演练，有效提高行业处理突发应急事件能力。阳泉局和市气象局签订合作协议，互将对方列为重点保障服务对象，发挥各自优势，保障汛期等极端气象邮政行业安全生产，保障气象信息和专用物资快速有效传递，推动邮政气象公共服务“最后一公里”双延伸。截至年底，依法行政12起处罚8.9万元。

【全力做好疫情防控与复工复产工作】 全行业全员全力阻击疫情，召开专题会议安排部署，制定并落实落细应急预案和防控措施。严禁收寄野生动物，严格落实寄递安全制度，坚持疫情防控每日“零报告”，确保从业人员“零感染”，场地设备邮件“零污染”。阳泉局组织引导全行业履行社会责任发挥行业特长，积极助力疫情防控，保障政务通信稳定畅通，“绿色特别通道”优先优惠优质防控医疗救助捐赠物资寄递服务，保障经济民生满足社会群众基本寄递需求。邮政快递携手互联网做好电子商务、远程医疗、远程教育等线上线下服务，让更多防控物资与基本生活必需品及时送达。阳泉邮政管理局、市交通运输局联合发文，确保邮政、快递寄递“绿色通道”畅通保障抗击阳泉物资运输。春节和疫情防控期间，邮政机要持续保障党报党刊政务公文畅通安全，疫情指挥政令通达；邮政和顺丰、京东24小时寄递服务，全力保畅通保民生保稳定。

【加强行业发展，打好邮政业“三大攻坚战”，全力服务阳泉地方经济民生】 一是坚定不移打好精准脱贫攻坚战。深入推进“邮政在乡”“快递下乡”工程，截至年底，推动邮政企业线上销售，定点扶贫工作稳步推进，组织行业多次慰问对口包扶梁家寨乡黄树岩村贫困农户，对口帮扶贫困户25家，先后为贫困户建档立卡、捐赠生活用品、帮助采摘农作物等，并为农户帮销当地特产7500余千克，获得好评。“邮交快消”四方合作助推“快递进村”取得实效。平定“邮交快消合作”纳入全国交通城乡一体化服务示范县内容，全省系统会议经验介绍。阳泉局协调交通局、邮政分公司、市供销社和快递企业四方合作，推进“邮政+交通+快递+供销社”模式，整合邮政、交通、快递、供销社资源，推动国有、民营抱团发展，带动民营快递发展。开通3条邮政带运邮件快件专线，县到乡实现每日达，日配送下行邮件3000余件，政府0.5元/件进行结算和补贴。2019年至2020年10月，邮件下行累计进口1384.58万余件，其中邮政439.07万余件、民营快递945.51万余件。二是全面落实“9571”“9792”工程目标，推进行业绿色发展。市局、阳泉生态环保局联合发文共创邮政快递生态环保，组织全市快递企业、电商企业与包装废弃物回收利用企业进行衔接，逐步实现包装材料的减量化和再循环利用；开展特定物质超标“黑色包装袋”专项整治；设绿色分拨中心和绿色网点，按照新标准建设一个绿色分拨中心，三个绿色网点；督促企业通过购置、租用等方式加大新能源和清洁能源车辆的应用力度，全年新增新能源车辆46台。持续开展“邮来已久、绿动未来”宣传活动，通过各类媒体，倡导群众绿色用邮、绿色消费。截至年底，全市电子运单使用率达到100%，全市快递包装废弃物回收装置网点达到400多个，实现邮政自营网点、快递许可企业及分支机构全覆盖。引导快递企业购置可循环中转袋5600条，使用率超过96%。三是坚决打好寄递安全风险防范化解攻坚战。强化部门联动，充分发挥各级综治考评作用，强化属地管理责任，定期组织召开寄递渠道安全管理领导小组会议，配合综治、防范办、公安、国安、新闻出版等部门开展寄递渠道安全、反恐、反邪教、禁毒、打击侵权假冒、扫黄打非等工作，寄递渠道安全管理“齐抓共管、综合治理”工作格局基本形成。两次联合市禁毒办、公安局先后开展寄递渠道涉毒大排查暨禁毒宣传活动，以及禁毒防暴安全生产专项培训。阳泉市副市长、公安局局长靳润喜调研寄递渠道安全工作，对阳泉局保障寄递渠道安全、促进地方经济社会发展给予充分肯定。全国“禁毒示范城市”验收肯定寄递渠道禁毒工作。专项推进实名收寄整治，全面推进实名收寄信息系统普及应用，坚持实时通报未实名企业，同时要求企业停用存在安全漏洞的收寄程序，实名收寄信息化率实现从数字达标向效果达标的重要转变。截至年底，查办不执行实名收寄类案件2起，行政处罚1万元。

（阳泉市邮政管理局）

朔州市邮政管理局

2020年，朔州市邮政快递行业高举习近平新时代中国特色社会主义思想伟大旗帜，认真贯彻省局党组和市委市政府决策部署，主动担当作为，勇于攻坚克难，办公用房、市邮政业安全中心组建等长期推进的体制性全局性工作开花结果，快递业与制造业融合发展等制约发展的政策性制度性瓶颈得到破解，快递进村、职业技能培训等惠民生利长远的基础性牵引性工作顺利推进。全市邮政行业业务收入累计完成3.12亿元，同比增长25.46%；业务总量累计完成3.76亿元，同比增长33.16%。业务增速分列全省第3位、第4位。其中，全市快递服务企业业务量累计完成1.07万件，同比增长54.02%；业务收入累计完成1.72亿元，同比增长42.75%。行业基础性、先导性、服务性作用进一步发挥，为全市“稳增长、促改革、调结构、惠民生、防风险、保稳定”各项工作做出行业贡献。

【全面从严治党，切实管党履责，一以贯之推进党的建设取得新成效】 一是聚焦主题，深入开展学思践悟。以党组中心组集中领学和支部讨论研学为载体，以推进习近平总书记对邮政业重要指示批示精神落地见效为目标，通过理论学习、专题研讨、专家辅导等多种形式，读原著、学原文、悟原理，深入开展习近平新时代中国特色社会主义思想和中共十九大及历次全会精神的学思践悟，全年共开展党组中心组学习12次，观看各类视频教育片6次，理论测试2次，开展党建知识竞赛一次，丰富有效的学习活动持续转化为推动各项重点工作落地的不竭动力。二是聚焦主责，强化政治建设。紧跟省局党建步骤，坚持做到步调一致。首先是严格落实党组主体责任。深化党组书记带头抓、班子成员分工抓、机关支部具体抓的党建工作体系和格局，建立了以问题查摆、述职评议、问责追责、整改落实、总结提升为体系的党建工作机制，为现代邮政业建设和高质量发展提供坚强政治保证。其次是严肃党内政治生活。班子成员以身作则执行《新形势下党内政治生活的若干准则》，模范遵守党章党规，严守党的政治纪律和政治规矩，坚持发扬民主和有效集中相统一，坚持引领规范和保护积极性相结合，形成人人奋发争先又心情舒畅的工作局面。最后是统筹做好常态化疫情防控和生产发展。新冠疫情发生以来，局领导第一时间返岗带班，坚定不移扛起政治责任，全面落实省局关于疫情防控各项安排，高擎党旗在防控疫情斗争第一线，持续下沉一线督导动员，协调物资保障防疫生产，调配运力支援医院疫区，保障人民群众生活必需品寄递，统筹疫情防控和有序复工复产，建立执行"外防输入、内防反弹"的防控常态化机制，行业在畅通小循环中实现逆势增长。三是聚焦主线，强化宣传意识形态建设。坚持党管宣传、党管意识形态原则，积极与《朔州日报》、朔州广播电视台、新闻网、"学习强国"平台等新闻媒介建立行业宣传联动机制，全年在各类媒体开展专题新闻报道、专访访谈、广播互动和新闻动态等58条，有效宣传传播行业正能量、发展新动态和工作新成效，意识形态工作得到市委网信办的高度肯定。持续开展精神文明建设，朔州局连续6年获评市级文明单位，1人获全市志愿服务先进工作者。四是聚焦基础，强化组织建设。坚持"围绕中心抓党建，抓好党建促中心"思路，充分发挥党建与业务同部署、同落实、同考核的协同作用。严格执行基层党组织工作条例，严肃党内组织生活规范、创新形式开展"三会一课"，高质量讲授党课，高标准开展组织生活会，高度重视行业党群组织建设，行业党委、行业团工委、行业协会和行业工会实现组织和工作全覆盖，联合市总工会、团市委出台快递员权益保障政策，先后开展"快递青年服务月""夏送清凉""防艾禁毒"公益活动，高质量打造"快递员工会之家"和一批"户外劳动者爱心驿站"，行业两名工作者分获"山西省五一劳动奖章"和"朔州市劳动模范"称号，6个行业组织获评"市级青年文明号"。

【保持执着韧劲，坚持目标导向，锲而不舍推动行业治理体系和治理能力实现有效提升】 一是攻坚克难补强行业治理体系，力促邮政管理事业开创新格局。首先是高标准解决办公用房这件大事。局领导班子前期紧抓利好形势积极请示汇报，确保办公场地顺利获批，中期紧跟规划设计，反复推敲最优功能分区，后期紧盯装修施工，落实进度细节，宽敞大气、功能健全、长久使用的办公环境远超预期，并于2021年1月4日起正式挂牌办公。其次是全力以赴争取市级邮政安全中心组建。始终把组建市级安全中心作为首要任务，将专题汇报争取支持和联合朔州市交通运输局协同推进相结合，多次向市委、市政府分管领导进行沟通汇报，近日在市委市政府的大力支持下，市级邮政业安全中心组建方案基本敲定。最后是更好地纳入地方工作大局。通过向市委市政府多次表明态度立场、充分汇报作用贡献，邮政管理工作顺利纳入地方目标考核责任体系，双重管理的体制优势真正得以发挥。明确地方政府的财政事权和支出责任，成功争取到地方财政划拨经费支持12万元。参与朔州市"十四五"规划编制研讨，就快递园区建设、末端设施升级和壮大治理队伍提出明确意见，获市委常委副市长张韬积极回应，写入编制建议总结。始终坚持加大与地方各部门沟通协同力度，与政法委、发改、交通、住建、环保、人社、团委、工会等部门建立更加密切的合作机制，先后就绿色治理、智能快件箱、技能培训、维权关爱联合制发文件政策8项，构建起具有朔州特色的行业治理体系的“四梁八柱”。二是鼓足干劲促转型出雏形，引导行业高质量发展迈向现代化。首先是邮政公共服务综合平台建设成效显著。积极引导邮政企业开展“政邮”“税邮”“警邮”“邮快”合作。指导邮政企业与市圆通等5家快递企业在朔城区3个乡镇70个村开展“邮快”合作，邮政企业全年代投快件1.85万件，实现业务收入1.48万元。“警邮”“政邮”6个县级城市实现全覆盖，3个县级城市实现“税邮”合作，覆盖率达50%。邮政企业全年办理“邮寄办”寄递业务量7万件，实现收入133万元，建设邮乐购站点897个。其次是行业转型发展雏形不断显现。县域快递企业集约化进程多点开花，山阴县、右玉县快递企业实现抱团取暖、统一配送。持之以恒抓“三化”建设，标准化网点数量进一步增多，标准化水平进一步提升，智能化分拨场地实现零的突破。稳步推进“两进一出”工程，1165个建制村实现直接通邮，596个实现通快递，快递进村率达到51.16%，快递服务为药茶、陶瓷和羊肉等特产提供服务支撑，已构建起覆盖城乡、支撑有力、高效运转的行业服务体系。三是坚定不移提升依法治邮能力，推动治理水平迈上新台阶。首先是末端网点专项整治工作成效显著。为推动末端专项网点整治，制定周密详细的检查方案，分阶段进行自查自纠和集中整治工作，全市快递末端网点在经营秩序、收寄安全、服务质量、安全设备配置等方面均得到有效改善，专项治理工作效果显著。全年新增备案末端网点91个，检查末端网点57个，发现未按规定备案处罚末端网点3个，均进行立案处罚。其次是扎实做好省局移交问题线索处置工作，对省局移交问题线索，局领导亲自带队到现场进行复检、取证。全年立案查处9起，下发责令改正通知书12份。领导班子坚持问题导向，精准施策，针对省局指导组指出的问题，迅速开展问题大核查行业大整改，集中解决一批影响行业安全发展和服务形象的突出问题，为全市邮政快递企业始终树立安全生产“红线”“底线”意识起到积极有效作用。最后是坚决抓好邮政机要通信保密安全。邮政企业按要求年内开展2次自查工作，朔州局开展2次全覆盖检查工作，发现安全隐患6处，责令邮政企业按要求完成整改工作，确保隐患清零。全年出动执法检查381人次，检查邮政网点80个，快递企业127家，下达责令整改通知书60份，警告1次，行政处罚53起。其中，查处不执行实名收寄类案件9起，安全设备使用不符合行业标准9起，未如实记录安全生产教育和培训情况9起，开办快递末端网点未按规定备案3起，未按规定分拣作业4起，环保治理案件6起，处罚邮政企业3起，其他案件13起，有力维护邮政快递市场秩序。四是持之以恒打好三大攻坚战，倾力为全面小康做贡献。首先是行业扶贫成效明显。积极引导快递业深度嵌入脱贫事业，主要快递企业累计培育“快递+”特色产品15种，积极培育“电商+寄递+特产+农户”扶贫项目，累计为625万件助农特产外销提供服务支撑，支撑产值达到4.16亿元，其中带动农业总产值达到6530万元。邮乐购站点助农成效明显，建成具有电商功能站点348个，全年农特产品销售额16.2万元，带动邮政包裹业务量1.42万件，收入3.6万元。其次是绿色环保治理得到强化。加快推动“9792”工程落地实施，印发2020年行业生态环境保护工作要点，制定《快递包装绿色治理工作台账》，全市寄递企业电子运单平均使用率99.83%，瘦身胶带使用率98.02%，电商快件不再二次包装率95.4%，可循环中转袋使用率90.3%，电动三轮车887辆，新能源干线车辆18辆，全市邮政快递网点包装废弃物回收装置已实现全覆盖。再次是坚决打好寄递安全风险防范化解攻坚战。强化部门联动，全面融入平安朔州建设，调整包括市委政法委、市公安局等7个单位在内的朔州市寄递渠道安全管理领导小组名单。在全国“两会”、中共十九届五中全会、上海进博会等重大活动期间，多次联合公安、国安等部门开展督导检查，扎实做好寄递渠道安保工作。最后是专项推进实名收寄专项整治。全面推进实名收寄信息系统普及应用，坚持实时通报未实名企业，全市实名收寄率持续稳定保持在99.5%以上。同时要求企业停用存在安全漏洞的收寄程序，实名收寄信息化率实现从数字达标向效果达标的重要转变。

2020年，朔州市邮政管理局成功抵御新冠肺炎疫情和经济下行压力加大的严峻考验，打好“十三五”收官战，全行业发展又迈上崭新台阶。这些成绩的取得，是省局党组和市委市政府正确领导的结果，是各级党委政府和社会各界大力支持的结果，更是全行业干部职工团结一心、顽强奋斗、实干拼搏、忠诚履职的结果。

（朔州市邮政管理局）

山西省邮政业安全中心

2020年7月组建以来，在省邮政管理局党组正确领导下，中心坚持以新时代中国特色社会主义思想为指导，深入学习贯彻中共十九大和十九届历次全会精神，全面贯彻落实新时代党的建设总要求，坚持组建工作和其他工作同步推进、党建工作和业务工作深度融合的工作思路，扎实推动机构组建、人员转隶、党的建设、工会建设、文明创建、业务发展等工作取得重要阶段性成效，谱写全省邮政业安全中心事业发展新篇章。

2020年9月，在组建工作取得重要进展、人员全部到岗、党员党组织关系划转到位后，经请示省局机关党委批复同意，9月1日召开第一次党员大会，选举产生中共山西省邮政业安全中心第一届支部委员会。党支部成立以来，重点抓好4项工作。

【严格落实党建工作责任制】 认真贯彻落实省局党组《落实全面从严治党主体责任清单》要求，全面落实基层党建工作责任。一是细化党建责任分工。严格履行党支部书记党建“第一责任人”和委员“一岗双责”责任，于9月1日召开第一届支部委员会第一次全体会议，选举产生党支部书记，明确委员职责分工。支委会累计召开4次全体会议，对机构组建工作、基层党建、制度建设、文明创建、业务工作等重大工作进行全面谋划部署。二是明确党建任务要求。根据省邮政管理局党组有关要求，制定印发《山西省邮政业安全中心党建工作领导小组2020年下半年工作要点》，扎实推进党支部规范化标准化建设，做到党建工作与业务工作同安排、同部署、同推进，真正形成抓党建促发展的良好局面。

【全面推进党的政治建设】 坚持把党的政治建设摆在首位，全面推进中央、省委、省政府、国家局及省局重大决策部署的贯彻落实。一是深入学习贯彻习近平新时代中国特色社会主义思想。深入学习贯彻中共十九大和十九届二中、三中、四中、五中全会精神，学习贯彻落实习近平总书记视察山西重要讲话重要指示，把《习近平谈治国理政》(第三卷)列为支委会理论学习中心组和支部集体学习重要内容，及时学习贯彻习近平总书记关于抗击新冠肺炎疫情、进一步改进会风文风、厉行节约、反对浪费等重要讲话、指示、批示精神，提出贯彻落实要求，始终与党中央同心同德、听从党中央指挥。二是严格落实重大事项请示报告制度。贯彻落实省邮政管理局《关于山西省邮政业安全中心管理体制有关问题的通知》要求，对于党建工作、业务工作、干部人事工作、经费保障及财务管理、资产管理等方面的重大事项或重大决定，及时行文或口头请示报告省交通运输厅和省邮政管理局，积极争取帮助支持，推动解决许多重大问题。三是严肃党内政治生态。严明党的政治纪律和政治规矩，制定印发《党员领导干部民主生活会制度》和《党员组织生活会制度》，党支部书记带头参加支部组织生活，组织党员参加省局机关党委举办的党建活动。加强党员教育管理监督，开展党员权利和党员义务宣传教育，按月收缴党费并按季度上解省局机关党委，做好批评和自我批评，构建积极健康的党内政治文化。

【持续深化党的思想建设】 深入推进“两学一做”学习教育常态化制度化，巩固深化“不忘初心、牢记使命”主题教育成果，创建学习型单位、学习型党组织。一是完善学习规划。制定出台党支部“三会一课”制度，印发《2020年支部委员会学习计划》和《双周学习制度2020年度双周学习计划》。下半年累计进行2次支委会理论学习、8次双周例会学习，重点加强政治理论知识和邮政快递业法律法规教育，督促党员干部参加“好干部在线”、“学习强国”等平台学习，自觉做好学习笔记，做到理论学习和业务学习两不误、两促进。二是强化主题教育。积极开展中国特色社会主义和中国梦理想信念教育。开展“重温入党誓词”主题党日活动。党支部书记以《抗疫斗争伟大胜利彰显中国自信》为题讲授主题党课，深入回顾中国近代史、党史、新中国史、改革开放史等，结合中国抗疫斗争经验宣讲形势政策，引导党员干部增强理论自信、道路自信、制度自信、文化自信。三是深化社会主义核心价值观宣传教育。成立精神文明建设领导小组及办公室，印发《2020年度精神文明创建工作要点》，扎实做好2020年度“省直文明单位标兵”称号的申报创建工作。开设党建文化墙、制度宣传板和习近平新时代中国特色社会主义思想、社会主义核心价值观、全面从严治党主题宣传展板，营造浓厚的文化氛围。四是严格落实意识形态工作责任制。坚决守好意识形态工作“责任田”，成立意识形态工作领导小组，支部书记坚持带头抓意识形态工作。切实发挥中心舆情监测职能，及时报告临汾市圆通快递职工薪资问题舆情事件，协助省局做好舆情处置工作。

【着力从严管好党员干部队伍】 深入贯彻落实推动全面从严治党向基层延伸、向纵深发展的要求，加强党员干部队伍建设。一是深化党风廉政建设。成立以党支部书记为组长的党风廉政建设工作领导小组，负责党风廉政建设工作，明确党风廉政建设工作要点。严格落实民主集中制要求，重大问题及时上会研究讨论。贯彻落实国家局党组巡视省局党组反馈问题整改要求，学习全国邮政管理系统25起违规违纪典型案例教训，召开“恪守党纪法规、牢记使命担当”主题教育警示会，推动形成抓党风廉政促服务发展的良好局面。二是全面加强制度设计。制定出台《支部委员会会议工作规则主任办公会议工作规则专题会议工作规则“三重一大”事项集体决策制度大额资金使用管理办法》和《各类假期及考勤管理办法办公用品管理办法公务用车使用管理办法》等共12项工作制度，全面规范议事决策、党建活动、资产管理、考勤管理、公车管理等工作，着力管控重点领域和关键环节的风险隐患。严格按照政府采购规定，购置办公电脑、扫描仪、打印机、办公桌椅等办公设备和办公家具。三是严格落实中央八项规定精神。组织学习省局《关于深入贯彻习近平总书记重要指示精神进一步改进会风文风的通知》和省局办公室《关于深入贯彻落实习近平总书记重要指示精神坚决制止机关餐饮浪费行为的通知》。积极做好中秋、国庆期间各项工作。四是做好工会工作。9月27日召开山西省邮政业安全中心工会第一次会员大会，选举产生第一届工会委员会。组织开展“博爱一日捐”和“送温暖、献爱心”活动，充分发挥好工会保障职工权益、服务职工群众的功能作用。

【加快推进寄递渠道安全监管“绿盾”工程涉省项目建设】 按照国家绿盾办和省局有关要求，抓好“绿盾”工程六大涉省项目建设和业务系统使用工作。一是加强组织领导。起草《山西省邮政管理局关于调整山西省寄递渠道安全监管“绿盾”工程建设领导小组的通知》，调整建设领导小组，将领导小组设在中心，充实职责和人员。二是加大推进力度。统计并上报全省“绿盾”工程涉省项目进展情况，掌握涉省项目的固件设备接收情况、系统使用情况等，汇总建立涉省项目固件设备接收台账。重点抓好视频联网项目、安检机联网项目和终端数据防泄漏系统项目的推进工作。截至年底，11个市局建成市级视频监控中心，共348处专用中心和重要网点接入视频联网系统，45台安检机列入联网计划，全省系统安装55套终端数据防泄露系统。三是做好省级安全监控中心建设工作。对省级安全监控中心建设场地进行实地勘察，形成设计方案，并于12月2日至3日到国家局邮政业安全中心就全省监控中心建设情况进行沟通协调，为抓好后续建设工作奠定基础。四是迎接国家局督导调研。按照国家局《关于开展“绿盾”工程涉省项目和实名问题专项整治工作督导调研的通知》要求，迎接国家局检查组督导调研，汇报“绿盾”工程建设进展情况、存在问题和下一步工作计划，积极争取国家局的支持与帮助。

【认真做好行业安全监管信息报送工作】 一是做好实名监管系统信息系统分析统计工作。8月3日起，通过国家邮政局实名监管信息系统对全省主要快递企业实名监管信息情况进行统计分析，按周编制8期《实名监管系统收派员自寄件和身份证信息异常情况通报》。二是按月报送全省邮政业安全事故（件）信息报表。自9月份以来各市局均未发现邮政业安全生产事故（件）。

【做好安全应急工作】 按照《山西省人民政府办公厅关于做好全省突发事件应急预案编制修订工作的通知》，与省应急厅联合编制全省邮政业突发事件应急预案，9月14日向省应急管理厅报送《山西省邮政业突发事件应急预案修订计划》，拟对《山西省邮政业突发事件应急预案》（2013修订版）进行全面梳理和修改完善。

【组织开展各类业务培训】 一是组织中心人员参加国家局邮政业安全中心在合肥举办的省级邮政业安全中心负责人培训班暨“绿盾”工程建设培训班、在北京举办的“绿盾”工程信息系统使用培训班。二是高效完成国家局绿盾办举办的“绿盾”工程视频联网项目视频巡查监管系统使用培训视频会议、“绿盾”工程信息系统培训（第一批）电视电话会议的全省会务组织工作。三是召开全省“绿盾”工程建设推进会暨“绿盾”工程建设应用培训会议，组织各市局“绿盾”工程相关责任人及部分市邮政业安全中心、服务中心负责人进行学习培训和座谈交流。

【积极参加省局专项行动】 参加全省邮政快递业安全生产风险隐患排查治理专项行动。于10月12日至16日派出5名工作人员参加省局5个检查组，到各市开展安全生产风险隐患排查治理专项行动；参加全省末端网点专项治理和城市自营网点提档升级检查验收工作。于10月26日至30日派出3名工作人员参加省邮政管理局检查组开展检查验收工作。

（山西省邮政业安全中心）

山西交通运输2021年鉴

民用航空

山西航空产业集团有限公司

2020年，在省国资委正确领导下，山西航空产业集团以习近平中国特色社会主义思想为指引，紧紧围绕全省经济社会发展战略，与时俱进，改革创新，真抓实干，奋力拼搏，完成全年各项目标任务。

【航空运输生产】 2020年，全省机场共完成运输起降12.65万架次，旅客吞吐量1298.65万人次，货邮吞吐量5.85万吨，同比分别增长-25.88%、-36.25%、-13.21%。其中太原机场完成运输起降7.87万架次，旅客吞吐量901.32万人次，货邮吞吐量5.08万吨，同比分别增长-26.98%、-35.63%、-11.87%，累计开通客运航线168条，货运航线2条，通航城市86个；长治机场完成运输起降0.50万架次，旅客吞吐量41.82万人次，货邮吞吐量0.03万吨，同比分别增长-45.35%、-51.53%、-74.66%，通航航线18条，通航城市17个；大同机场完成运输起降0.93万架次，旅客吞吐量74.54万人次，货邮吞吐量0.16万吨，同比分别增长-24.57%、-42.98%、-14.98%，通航航线21条，通航城市29个；吕梁机场完成运输起降0.49万架次，旅客吞吐量32.69万人次，货邮吞吐量0.02万吨，同比分别增长2.54%、-28.71%、-5.78%，通航航线14条，通航城市18个；五台山机场完成运输起降0.41万架次，旅客吞吐量27.40万人次，货邮吞吐量0.01万吨，同比分别增长-30.29%、-43.77%、6.78%，通航航线21条，通航城市24个；运城机场完成运输起降1.82万架次，旅客吞吐量163.81万人次，货邮吞吐量0.54万吨，同比增长-19.15%、-34.07%、-11.60%，通航航线30条，通航城市35个；临汾机场完成运输起降0.63万架次，旅客吞吐量57.08万人次，货邮吞吐量0.01万吨，同比增长-23.58%、-25.70%、-68.59%，通航航线25条，通航城市29个。

2020年，全省民用机场在全国240个定期航班通航机场(不含港澳台地区)旅客吞吐量排名中，太原机场排名30；运城机场排名61；大同机场排名100；临汾机场排名113；长治机场排名134；吕梁机场排名154；五台山机场排名160。山西省机场旅客吞吐量在全国31个省、市、自治区机场中排名24。

【航空安全】 2020年，山西航空产业集团深入开展“抓作风、强三基、守底线”行业安全整顿、“安全生产月”“平安民航”“民航服务质量品牌建设”等活动，强化各项安全保障措施，提升安全管理能力和水平；深刻汲取“8·29”襄汾房屋重大坍塌、“10·1”太原台骀山重大火灾等事故教训，从严从实开展危险品运输、空中交通管理、房屋安全、消防安全等隐患排查，对隐患采取清单制管理，确保隐患有人查、整改有人盯、复查有人核。全年未发现重大隐患，共排查一般隐患436条，已整改428条，未整改8条，隐患整改率98.2%，未整改完成项已制定整改措施。

【党建工作】 2020年，山西航空产业集团坚持党的领导，不断加强党的建设方面，把党的政治优势和组织优势转化为制胜优势。一是聚焦习近平新时代中国特色社会主义思想引领。把学习习近平总书记关于加强和改进国有企业党的建设、推进国资国企改革、促进民航安全发展等重要指示批示精神以及视察山西重要讲话重要指示、三篇光辉文献精神，与学习贯彻习近平新时代中国特色社会主义思想以及中共十九大及历次全会精神紧密结合起来，把学习成果转化为推动集团高质量发展的强大动力。山西航产集团获“全省‘学习强国’模范学习组织”、“山西省党的创新理论实践基地培育单位”称号。二是压实党风廉政建设“两个责任”。坚持将党风廉政建设与各项工作同研究、同部署，建立不敢腐不能腐不想腐机制，出台从严治党责任落实清单，抓实“严格落实中央八项规定精神持续深化作风建设”等重点工作，使全面从严治党工作不断向纵深发展。

【五项重点任务】 2020年，山西航空产业集团认真抓好五项重点工作。一是完成集团党委、纪委换届。在谋大局、促发展等工作中充分发挥党委的政治领导力、思想引领力、群众组织力和改革号召力，有效发挥纪委的监督威慑力和纪律约束力。二是完成扶贫任务。加大扶贫投入、创新扶贫方式，实现全部帮扶贫困户脱贫摘帽。三是通过政治“体检”，开展政治“自检”。“体检”方面，完成十一届省委巡视问题的整改情况“回头看”，配合省纪委监委第十四检查组完成政治监督专项检查；“自检”方面，完成以太原、长治、大同机场党委和直属党委为对象的第二轮内部巡察。通过系列政治检查，实现严肃党内政治生活、涵养良好政治生态的目标，两级党委从严治党能力不断提升。四是继续发力打造“1822”党建品牌。围绕党建工作质量提升目标，抓规范、建制度，抓基础、强基层，抓重点、铸亮点，推动党建工作与中心工作深度融合。五是着力加强统战群团工作，共促企业和谐稳定发展。职工活动中心正式启用，进一步提升广大职工的获得感、幸福感和凝聚力；积极发挥统战群团的桥梁纽带和服务平台、组织平台作用，广大职工干事创业、创先争优的氛围不断增强，相继获得全国劳动模范、全国民航技术能手、省级文明单位、省属企业道德模范、全国民航青年文明号、青年安全生产示范岗等多项称号。

【疫情防控】 2020年，山西航空产业集团有效统筹推进疫情防控，服务全省经济社会发展，体现精准施策和积极担当。一是精准实施疫情防控。牢牢守住山西空中门户，畅通人员物资运输的生命通道，筑起保障员工安全的牢固屏障。第一时间成立防控领导小组，制定工作方案、落实防控举措，3次调整应急响应等级；在所辖机场设置测温点27个，率先在全省实现旅客、员工体温监测全覆盖；全年累计完成9.7万架次，880.2万名进出港旅客的体温筛查工作；共转运高风险旅客2065名；先后投入597.27万元为员工完善防护措施。疫情防控管理有力有序，切实做到国内防疫“零差错”、涉外防疫“零失误”、员工防疫“零感染”。二是勇当保卫首都坚强前哨。坚决贯彻落实习近平总书记关于疫情防控重要指示批示精神，和省委省政府“外防输入、内防输出”的决策部署，上下同心打响疫情防控的人民战争、总体战、阻击战。顺利完成42架次国际航班经停太原入境的保障工作。保障14批共1452名山西省援鄂医疗队员、12033吨防疫物资的运送任务。在本次疫情防控工作中，太原机场公司党委获“全国抗击新冠肺炎疫情先进集体”和“全国先进基层党组织”两项全国集体荣誉。三是积极助力复工复产。落实省委要求，开拓北京、天津、上海航线市场，开通“并沪公交快线”；最大限度恢复航线航班，新增、加密各重点城市、京津冀、珠三角、长三角等复工复产需求迫切相关城市的航线25条；协调多家航空公司提供包机定制服务，共保障4架复工复产客运包机；积极落实帮扶政策，支持成员企业以及相关联的中小企业共渡难关，共减免房租、特许经营费、停场起降费等共计2897万元。

【三零创建】 2020年，山西航空产业集团作为全省“三零”创建重点单位之一，高度重视、积极响应，建立起“1+3+N”组织架构和4级163人“网格员”队伍，建立起“1+5+N”工作机制和“5表3清单”工作台账，将“三零”创建与维护信访稳定、确保行业安全紧密结合，实现全员、全域、全程全覆盖的摸底排查，有效遏制各类矛盾纠纷隐患和安全生产事故发生，12个创建主体的创建达标率均为100%。

【制度建设】 2020年，山西航空产业集团按照“集团抓总、实体主战、班组主建”的改革原则，进一步明晰事权划分。一是健全现代企业制度。完善党委会、董事会、总办会议事规则，全面落实议事程序；加强顶层设计，山西航产集团战略规划和“十四五”规划已进入征求意见阶段；出台《2020年度经营绩效指标与绩效管理办法》，建立年终考核奖励与经营业绩联动机制，坚持责任担当、多劳多得的正向激励原则，通过考核最大限度地凝聚改革共识，促进干部职工思想转型；强化制度体系建设，制定、修订各类制度共计100余项，并狠抓各项制度和监督制约机制的落实，促进经营管理水平的提高；完成“六定”改革，基本完成厂办大集体改革、企业办社会职能分离移交、“三供一业”改造移交以及市政职能移交，平稳有序推进“处僵治困”工作，推动集团提质增效。二是全面推进法治建设。编制山西航产集团主要负责人履行推进法治建设第一责任人职责工作清单；全面总结验收“七五”普法工作；强化组织领导，成立法治建设领导小组，明确工作职责、加强部门联动、形成工作合力，促进山西航产集团合规经营管理纵深发展。同时开展法治宣传工作,增强全员法治意识,有效提升依法治企水平。三是推动三项制度改革。完善和改进干部竞聘程序,出台干部能上能下实施细则、干部轮岗交流办法、劳动用工管理规定;开展阳光招聘,引导各法人单位采取多元用工体制,规范劳务派遣用工管理;建立集团一体化的薪酬体系,打通管理、专业技术和操作技能三个岗位序列,以及不同序列之间的横向交流、纵向贯通机制。

【转型发展】 2020年,山西航产集团在谋划发展和提升产业格局方面,体现新发展理念和高质量要求。一是实现省内机场一体化运营。与朔州市政府签订一体化管理战略协议;与大同、忻州、吕梁、临汾、运城五市政府签署机场一体化委托运营管理三方协议、补充协议;推进专业化管理平台一体化建设,以机务工程技术分公司为试点,基本实现全省机场机务人员和资产的统一管理及调配。二是加快通航示范平台建设。进一步整合省内通航机场,托管太原尧城机场、成立山西通用机场管理有限公司,合资成立无人机公司;启动山西通航运控中心二期规划建设,推进左云、右玉、沁源等地通用机场建设,与河曲县政府签订通用机场规划建设运营一体化协议;升级改造太原尧城机场,完成1.2万平方米机库建设;推进省内支线航班"公交化",新开3条省内短途运输环飞航线及晋阳湖、绵山2个低空旅游项目;推动第三届中国通用航空创新创业大赛正式落户山西;与中国民航报社在太原成功举办"第二届民航通航发展大会";集中签约141部航校、通航飞机制造、中大型无人机研发制造、公务机运营维修基地、通航航材基地等7个重点项目。三是谋划临空产业实施路径。依托太原机场三期改扩建规划,谋划太原机场商业体系的布局和完善;与中北大学共建"航空产业研究院",引入产学研联动创新优势;积极推动成员企业混合所有制改革,物流、配餐和科技公司,同行业内优质企业广东薜航、六味斋、中航信、云时代等商洽混合所有制改革事宜,其中,物流公司混改已完成可研、转让、人员安置方案,即将进入产权交易中心挂牌。

【重大项目建设】 2020年,太原机场总规划已获国家民航局批复,从上报到获批只用半年时间;工程预可研报告已取得民航局行业意见;航站区规划及航站楼设计方案已确定,方案深化设计正在推进。太原机场飞行区西区滑行道改扩建工程于12月25日正式开工。长治机场改扩建工程、大同机场机坪扩建工程,以及朔州机场、晋城机场前期工作等基础建设都在稳步推进中。

(山西航产集团)

太原武宿国际机场三期改扩建工程现场指挥部

2020年,为贯彻落实省委省政府提出的"力争年内开工"目标要求和山西航产集团党委决策部署,指挥部克服疫情时间长、协调难度大、工作任务重等不利影响,发挥牵头协调、统筹落实的职能作用,先后完成机场总规批复、预可研报批、军地协调、关联项目开工等重要工作,为实现工程的全面开工奠定扎实基础。

【强化党建引领,提供政治保障】 2020年,在山西航产集团党委坚强领导下,指挥部党委及指挥部把党委主体责任、党委书记第一责任、班子成员"一岗双责"统一联动起来,推动逐级落实、逐层负责的工作机制。制定并落实指挥部例会制度、《党委会议事规则》,严格"三重一大"事项决策程序;建立健全党组织生活制度,及时组织学习党的理论和路线、方针、政策,4月,按照组织程序正式成立扩建指挥部党支部,并选举产生党支部委员会,加强各级党组织的全面领导,增强党员领导干部的创造力、凝聚力、战斗力。

【加强纪委监督,主动防范风险】 一是开展教育提醒,明规矩、守底线。积极开展廉政制度学习宣传贯彻。在中秋、国庆等重要节假日,综合运用开展廉政教育集体谈话、发送廉政提醒信息等方式,做到早打招呼、早作提醒,将纪律要求传达到每位党员干部。全年共印发廉洁过节通知5期,组织党风廉政学习8次,开展廉政教育7次、273人次,集体提醒谈话1次、8人次。指挥部全年未发生人员违规违纪等问题。二是完善监督机制，强化过程监督。针对公示公开、招标投标等重大工作事项，通过查阅相关资料、开评标现场监督等形式跟踪监督，努力提升工作实效。制定并实施招标及谈判工作纪律和负面清单，并结合招标及谈判工作流程制作招标及谈判监督清单，对招标、谈判过程中重要节点进行监督。全年共完成10个招标采购类项目、8个谈判类项目的监督，招标及谈判过程整体效果良好。

【理顺体制机制，优化项目管理】 一是调整机构人员。3月，山西航产集团成立太原武宿国际机场三期改扩建工程现场指挥部，下设总工办、飞行区管理部等10个部室，为推进前期工作打下坚实的基础；5月，为进一步强化指挥部办公室的牵头协调和统筹管理作用，太原机场三期改扩建工程现场指挥部与建设指挥部办公室合署办公；11月，根据工程阶段性工作变化，现场指挥部再次对机构设置进行调整，由10个部室调整为12个部室，并明确负责人，为年内开工及各项工作推进，提供有力的组织保障。在人员配置方面，集团公司按照“硬抽人、抽硬人”的原则，安排9名中层干部、41名骨干和职工，组成强有力保障队伍，积极推进各项前期工作。二是逐步完善机制。指挥部积极完善机制体制，重点规范工程谈判及招标管理工作，制定《太原机场三期改扩建工程现场指挥部竞争性谈判及单一来源采购管理办法》《太原机场三期改扩建工程现场指挥部招标采购管理办法》《太原机场三期改扩建工程现场指挥部招标及谈判工作监督管理办法》等，为规范推进工作提供扎实的制度保障。三是规范项目采购。经山西航产集团授权，指挥部切实履行职责，配合工程推进需要，规范开展项目招标、谈判等工作。全年共计完成改扩建工程前期研究、总规阶段、航站楼方案征集阶段、预可研阶段、可研阶段和飞行区西区滑行道工程等33个项目的招标、谈判采购工作，其中，招标项目11个、竞争性谈判项目19个、单一来源采购项目3个，累计金额约1.3亿元。未发生责任原因的投诉事件。

【多方协调推进，加快工作进度】 2020年，面对工程审批手续复杂、协调事项琐碎等困难，指挥部提前准备、积极谋划、主动作为，认真梳理审批流程，建立有效对接机制，倒排工作计划图表，积极争取国家部委、军方、民航上级主管部门、省市各职能部门的支持，最终，将工程的前期审批手续工作在局方排位从24位上升至第7位。一是完成总规等重要手续办理工作。指挥部多次协调省政府、省级职能部门、集团领导，赴京拜会局方领导，推进净空、总规批复、预可研上报等重大事项。8月，《太原机场总体规划（2020版）》通过民航局评审，正式获得批复；9月，协调民航局完成预可研的评估，顺利取得局方行业审查意见；11月，预可研报告正式上报国家发改委。按照最新审批要求，指挥部多次协调国家发改委、联参、空参、省发改委、省军区等部门，推动联参向国家发改委出具书面意见工作，12月22日，国家发改委正式发函征询联参关于预可研报告的意见，随后，联参进入内部征询意见的工作程序。二是审慎推进重大方案比选工作。指挥部严格按照有关工作程序和标准，协调推进航站区规划及航站楼方案征集、供热制冷采购、银团贷款牵头行询比等重大工作，对接参考国内同规模机场经验，认真落实资格预审、专家评审、上报请示等工作，多方考察、比对、谈判，确保选定方案的科学性、可靠性、安全性。三是协调推进外围工程进度。积极对接、协调相关职能审批部门、产权单位，推进超高拆降、管线迁改、防洪排涝、市政配套（供排水、暖、电、气、通信、轨道交通等）衔接等工作，部分工程已确定工作方案、明确解决路径，待批复（备案）后将抓紧组织实施，为确保工程全面开工创造条件。四是完成自主项目年内开工任务。成飞行区西区滑行道工程的可研和初步设计的招标、报告编制、上报审批等工作，精心组织、科学谋划，最大限度缩短项目前期手续的办理周期。协调局方，审批同意该工程以设计+施工总承包的方式招标，完成EPC招标工作；协调综改区、空管局、太原机场，开展施工区域的地下管线排查、平整场地等工作，确保项目顺利开工。

【总结工作经验，认真完善做法】 一是制度先行，规范管理。各部室针对所辖重点工作，建立健全规章制度，为指挥部规范化开展工作提供重要保障。制定《招标采购管理办法》《竞争性谈判及单一来源采购管理办法》，从组织机构、职责分工、工作程序及基本要求等方面规范采购工作。制定《现场指挥部招标及谈判工作监督管理办法》（试行），对招标（谈判）全过程的重要环节进行监督，有效防范廉政风险。制定《档案工程管理办法》，对项目建设过程中各类资料的档案管理提出明确要求。二是分工协作，共享资源。改扩建工作任务艰巨、事务繁多。前期阶段，各部室克服人员少、任务多的实际，建立AB岗、轮岗等工作机制，确保人员互为补充备份、提高工作效能。遇有重要会议、重大活动等保障任务时，牵头部室统筹，其他部室共同参与、积极配合、团结协作，实现指挥部人力资源的共享。通过开通维护指挥部OA空间、工作资料电子化存档、视频会议等方式，初步实现工作信息的共享。三是强化交流，借鉴经验。机场改扩建工程是一项审批程序复杂、专业交叉较多、责任主体庞大的系统工程，推进工作中遇到的许多问题和困难，在山西航产集团范围内缺乏可以借鉴、拿来就用的经验和做法。指挥部学习借鉴其他机场的改扩建工作经验，注重与兄弟机场基建部门的交流沟通，组织前往上海机场建设指挥部调研参观，引入设计咨询单位作为智囊团，实现工程项目管理信息和资源的共享，避免多走弯路、提高工作效率。

（太原武宿国际机场三期改扩建工程现场指挥部）

太原国际机场有限责任公司

2020年，太原机场以习近平中国特色社会主义思想为指引，认真为党风廉政建设、疫情防控、复工复产、能量提升及各项工作，圆满完成各项考核指标，受到上级领导一致好评。

【疫情防控】 一是突出党建引领，指导新冠疫情防控。太原机场党委先后召开14次专题会议，组织完善《突发公共卫生事件应急预案》等15项防控制度，提出“硬核14条”工作要求，成立党员突击队11支，组织党员捐款4万余元，充分发挥党支部战斗堡垒作用，筑牢疫情防控“钢铁长城”。二是做好援鄂包机保障工作。新冠疫情发生后，太原机场一免”专项运输保障方案，先后保障15架次援鄂包机运输任务，运送医务人员1452人次，行李4469件，确保援鄂医护人员和物资通道畅通无阻。三是做严格太原机场内部防控。根据省卫健委及民航局疫情防控要求，先后修订8版疫情防控保障方案，确保防疫工作有章可循。充足储备和及时发放防疫物资，满足各岗位员工防护需要。建立健康管理员制度，实时掌握员工健康信息和行程轨迹。通过多渠道宣传和多形式培训，倡导员工养成健康文明的生活习惯，切实提高员工自我防护意识。四是严格旅客健康查验。全年累计完成71617架次航班、809.72万名进出港旅客的体温筛查工作，转运疑似人员28人。全年累计完成773.7555万名旅客健康码查验工作，查验红码旅客12人、黄码旅客15人，并全部按照规定要求转运和劝返。五是做细分流航班保障工作。配合省政府联防联控办公室在机场设立指挥部，全力保证指挥部实施远程精准指挥。对照民航局疫情防控工作方案，细化各项工作制度和工作程序，在确保保障人员零感染的情况下，全年共完成47架次、7982名旅客国际航班的保障工作。在全体干部职工共同努力下，太原机场党委获“全国抗击新冠肺炎疫情先进集体”和“全国先进基层党组织”称号。常宇获“山西省抗击新冠肺炎疫情三等功”表彰。

【党群工作】 一是强化思想建设，把牢政治方向。深入贯彻党中央和省委关于加强政治建设工作要求，加强和规范新形势下党内政治生活。从严落实重大事项请示报告工作责任，全面实施清单化管理。坚持将学习习近平新时代中国特色社会主义思想以及上级主管部门重要工作部署作为党委会的第一议题，确保工作有效落实。二是完善组织建设，筑牢党建基础。严格执行《省属国有企业党委重大事项决策程序前置规定》，厘清党委会、董事会以及经理办公会权责范围，充分发挥太原机场党委把方向、管大局、保落实的领导作用。增设各二级单位党群办公室，选派专职人员负责，进一步提升基层党建力量。三是推进“三基”建设，开展“三零”

创建。持续推行三基建设工作,深度融合党的建设与中心工作,完善基层组织、夯实基础工作、提升基本能力。开展“三零”企业创建,以“防范在先、发现在早、处置在小”为原则,通过隐患排查治理、信访问题处理、社会治安防控,营造安全稳定的企业发展内部环境。四是坚持正确导向,强化意识形态工作。严格落实意识形态工作责任制,贯彻执行上级党组织关于意识形态工作的决策部署,把握正确的政治方向。按季度召开意识形态分析会,切实解决职工群众合理诉求。充分利用新媒体形式,做大做强正面宣传。利用“舆情通”平台,分析相关舆情动态走势,及时应对突发舆情。五是落实从严治党,抓好党风廉政建设。严格落实从严治党主体责任,加强落实“两个责任”督导检查和考核评价,层层签订《党风廉政责任书》,持续加压,严防“四风”问题反弹回潮。加强纪检监察队伍建设,提高精准执纪能力,狠抓“三重一大”、重点岗位、重点项目的纪检监督工作,确保对太原机场各项管理决策的全流程、全方位监督。六是突出党建引领,发挥群团优势。注重发挥统战工作作用,全年征集统战人士意见建议40余条,上报统战课题2项。完成职代会换届选举,进一步发挥职工代表作用,全年收集职工代表提案8条。积极参加选先评优和技能竞赛活动,张海峰获全国劳动模范称号,安全检查站多名在民航华北地区安检职业技能竞赛中获团体及个人上佳名次,杨洋、祁岩2人获“全国民航技术能手”称号。落实《共青团改革方案实施细则》,提升团组织能力,相继开展“青字号”品牌创建、“学雷锋活动月”等活动,将团建工作融入疫情防控、安全生产等各项工作中,充分发挥桥梁纽带作用。七是推进文明创建,打造窗口形象。按照省、市文明办工作要求,对照测评标准开展自查,大力落实创建工作各项指标、任务,树立太原文明窗口形象,助力文明城市创建。印发《2020年度精神文明创建工作计划》,组织开展“社会主义核心价值观宣传月”“文明旅游宣传月”等主题活动,大力培育和践行社会主义核心价值观,充分展现干部职工团结一心、同舟共济的精神风貌。

【安全管理】 一是深入推进安全管理体系建设。组织完善《机场使用手册》,配套出台《〈机场使用手册〉动态管理规定》,确保手册持续有效。全面落实《运输机场安全管理体系建设指南》,制定太原机场《安全管理体系(SMS)建设推进方案》,围绕8个重点方面开展试点工作,每周进行专项研究、每月召开整体推进会,力求各项安全管理机制上下贯通、落地见效,截至年底,试点工作已完成第一阶段成果的发布和共享。二是扎实开展隐患排查治理工作。开展空防安全自查工作,梳理反恐应急预案25部,下发安保制度和程序文件6部,对反恐设施设备及空防重点区域进行排查整治。开展道面隐患排查专项整治和道面高标准维护工作,夯实跑道安全基础。认真吸取台骀山火灾事故教训,扎实开展消防安全自查工作,消除火灾事故隐患。通过开展“三年安全专项整治”“安全生产月”“平安民航”等专项工作,提升全员安全意识,夯实安全工作基础。三是积极开展航空安保内审工作。按照安保审计单4大领域,54项审计领域,175项审计点内容进行自查内审,发现94项问题,已完成整改92项,整改率98%。完成安保方案、安保质量控制方案、安保培训方案及安保管理体系手册的修订工作。修订完成太原机场安保事件信息管理规定、控制区通行证件管理规定、背景调查管理规定等8个程序文件。四是联动地方政府强化净空管理。积极与地方政府联动,建立净空保护区内建(构)筑物高度核查、复核工作机制,并将净空验收纳入项目验收环节。积极探索“政府参与、社会共识”的净空宣传模式,与太原市公安局共同设置《机场净空保护区禁飞警示牌》,明确净空保护区内违法行为和违法后果,并向社会公布。五是提升太原机场应急处置能力。修订完善《防汛应急预案》《航站区、飞行区突发断电应急处置预案》,完成各岗位“一单一卡”应急处置手册。修订完善应急预案管理、应急培训演练等5项应急管理制度。开展应急普法宣传,提升全员应急法治意识。先后组织大面航班延误(备降)应急处置桌面演练,候机楼地震应急疏散综合桌面演练,冰雪天气应急处置综合演练以及HUD运行演练，提升太原机场突发事件应急处置能力。

【生产运行】 一是充分发挥运管委协同联动作用。将以太原机场为主导的运行模式，改变为由太原机场和空管领导负责的“双主席制”。全年协调解决包括提高航班正常性、建立不利条件运行机制等近50项事宜。为应对不利气象条件下的机场运行，运管委启动集中会商机制，研判恶劣天气对进出港航班的影响程度，协商保障环节中可能存在的问题，并提出解决措施，最大限度保障航班正常运行。二是提升航班靠桥率。积极与航空公司沟通，在满足航后作业需求的情况下，减少机务航后飞机拖行次数，同时利用时间差将较晚始发的航班拖行至廊桥位出港，提高始发航班廊桥利用率。全年整体靠桥率为84.85%，同比上年上升4.01%。三是积极推进航班正常性工作。与民航山西空管分局建立高效沟通机制，掌握临界航班动态，及时进行有效干预，提升航班正常率。正式启用太原机场机坪塔台，持续优化完善相关工作程序，提高航空器地面运行效率。通过优化A-CDM系统功能、完善运管委运行机制、及时解掌握全国机场天气情况及限制信息等途径，优化本场运行保障资源调配，提高地面运转效率。

【市场开发】 一是积极助力复工复产复学。为响应国家复工复产政策号召，太原机场提前研判复工复产趋势，对接各航空公司协调运力，开展企业复工包机、包座业务，先后组织4架复工包机航班，保障复工旅客562人。联合航空公司针对返校复学大学生推出机票优惠产品，助力高校学子复学。二是全力打造“公交化”空中快线。根据季节变化及市场需求，优化调整航线结构，持续对北京、上海、天津等重点城市航班进行加密。并围绕太原至上海航班，打造“并沪公交快线”，并通过设置专用值机柜台、专用安检通道、专用登机口等服务措施，提升快线旅客出行便捷性。三是加大市场开发力度。通过加强时刻管理、航线改造、航线补贴等方式加速航班运力恢复。开通顺丰全货机航班，提升太原机场航空货运能力。联合太原市旅游局、文旅企业开展“航空旅游产品进商场”“航空旅游集市”等航空旅游宣传活动，扩大市场影响力，通过与三晋通航合作推出“登机牌+直升机低空游览”特色产品、筹建省内城市航站楼、升级空铁联运产品等形式，多措并举挖掘航空客源。

【优质服务】 一是完善服务管理相关工作制度。按照民航局关于提升服务质量工作相关要求，编制和修订《服务质量投诉处理实施细则》《服务提升项目储备实施细则（试行）》《旅客服务承诺》等工作制度，进一步完善太原机场服务管理规章制度体系，为持续提升服务质量奠定制度基础。二是加强服务质量考核工作。将服务质量体系建设、服务质量控制、服务提升和工作宣传纳入各二级单位年度考核范围，完成季度考核工作3次，下发服务短板通报12期。并对照民航局法定自查清单，组织开展服务质量全方位自查工作，对缺项、弱项及时进行督促整改，不断补强太原机场服务工作中存在的短板。三是扎实开展服务质量提升专项工作。按照服务质量品牌建设专项行动要求，制定专项工作方案，细化分解工作目标23项，并按月进行检查督办。按照国务院《关于切实解决老年人运用智能技术困难实施方案》，制定太原机场工作方案，从健康码查验、设立专用值机柜台、开展老年人特殊服务等方面入手，有效解决老年人在运用智能技术方面存在的困难。

【经营管理】 一是积极践行复工复产社会责任。为应对疫情对经济社会发展带来的冲击，太原机场通过减免航空公司地面服务费，积极助力航空公司恢复生产。通过减免航站楼商铺特许经营费，减轻疫情对商铺经营造成的影响，全力保障市场主体走出困境。二是开展整章建制工作。从提高规章制度规范性、有效性、可执行性出发，对太原机场规章制度进行全面梳理和修订完善，共修订、新增各项规章制度34部。编制整理《太原国际机场有限责任公司2020年制度汇编》，收录原有、修订和新增各类制度共150余部，进一步完善太原机场规章制度体系。三是积极推进“六定”改革工作。根据省国资委“六定”改革精神，制定太原机场“六定”改革方案，建立“管理运营专员化、组织结构扁平化、选人用人市场化、薪酬分配差异化、效率效能最大化、治理能力现代化”的公司治理体系。调整优化太原机场职能部室机构设置与职责划分，合理制定各职能部室人员编制。组织开展全员绩效管理专项培训，推行全员绩效管理，调动和激发员工工作积极性，释放企业发展内部动力。四是对接未来发展需要，做细做实培训工作。立足太原机场发展战略，着眼“四型机场”建设要求，精准设计培训方案和课程。与民航山西空管分局、国内民航院校开展合作，以重点岗位为龙头，通过定制培养模式加大对管制、通信、飞行情报、飞行程序等核心专业和关键领域专业人才的培养力度。五是严格财务管理工作。全面梳理财务工作流程，优化财务管理制度，对考核费用实施“戴帽”管理，设立费用红线，严格控制费用支出。加强财务内审，强化工程项目预审流程，聘请第三方对近三年经营业务进行审计，有效防范企业风险。

【重点项目】 2020年，太原机场累计完成固定资产投资1.7亿元。其中，机坪扩容、飞行区安防、道面病害综合治理、道面基础注浆、T2航站楼卫生间改造等重大项目已通过验收。A-CDM系统及配套建设项目、机坪塔台设施设备建设项目也已完成基本建设。鸟防联动项目、飞行区充电设施二期项目、远机位APU替代项目已完成前期工作。为落实局方“蓝天保卫战”工作要求，太原机场分批完成现有73辆燃油车辆的尾气改造工作，完成78辆新能源车辆配置工作，完成飞行区充电桩（一期）和桥载设备建设项目，太原机场公司获得民航局蓝天保卫战先进单位称号。

（太原机场）

长治机场有限责任公司

2020年，长治机场认真贯彻落实山西航产集团工作会议精神，团结带领全体干部职工与时俱进，改革创新，一手抓疫情防控，一手抓复工复产，精神文明、生态文明一起抓，取得显著的经济和社会效益。

【疫情防控】 面对突发的新冠肺炎疫情，长治机场积极对接长治市人民政府相关部门，迅速建立疫情防控协调联动机制；在长治机场设立三个测温筛查检测站和隔离室，全方位对进出港航班旅客进行排查、体温监测和异常情况处置；根据疫情发展态势，先后制定并下发《关于做好新型冠状病毒感染的肺炎疫情防控工作实施方案》《疫情防控防境外输入工作方案》《长治机场疫情防控常态化实施方案》《长治王村机场新冠病毒疫情防控应急预案》《疫情防控方案》（2021年第二版）等共计17部有关疫情防控工作方案及应急预案，从制度层面为疫情防控工作提供坚实基础；为确保疫情防控各项措施执行到位，先后开展长治机场级检查3次，检查内容31项；及时成立党员先锋队、发放慰问品、进行疫情防控捐款，较好地完成疫情期间运输保障工作。长治市疫情防控领导小组办公室（市卫健委）牵头组织市相关单位在长治机场开展新冠肺炎疫情防控应急处置桌面演练，进一步加强联防联控。通过各项防疫措施的有效实施，全年共测温进出港航班4965架次，测温旅客330662人次，移交发热旅客25人次；实现工作人员零感染，确诊病例零输入的目标。

【航空安全管理】 一是加强制度建设。组织对新版《运输机场安全管理体系建设指南》进行宣传贯彻培训，并成立项目组。修订完成《安全管理体系手册》（第一稿）。制定下发《长治机场危险品运输安全管理体系手册》，顺利通过民航山西监管局评审验收。制订《长治机场跑道安全手册》《飞行程序管理工作计划》和《飞行程序和运行最低标准管理制度》。修订《FOD防范工作制度》《外来物损伤航空器事件和信息报告程序》《鸟击航空器轮胎损伤判定标准和信息报送程序》和《大风天气安全运行保障程序》等规章制度，有力提升长治机场安全管理水平，保证运行工作顺畅有序。二是加强作风建设。按照民航局关于促进民航安全从业人员工作作风建设的指导意见，制定长治机场从业人员作风建设方案、负面清单、考核细则、行为规范等，有效建立安全从业人员作风建设机制。结合“抓作风、强三基、守底线”行业安全整顿活动和“三个敬畏”活动，长治机场领导和部门负责人深入一线开展宣讲；对发生的各类不安全事件从严从重问责，从多角度践行敬畏生命、敬畏规章、敬畏职责的意义和重要性，进一步提升安全从业人员的红线意识和底线思维，转变全体干部职工的工作作风。三是深入开展专项行动。长治机场全年组织开展安全生产集中整治、重点行业领域安全生产专项检查、“抓作风、强三基、守底线”行业安全整顿、“安全生产月”等专项活动和机坪刮碰、外来物防范和鸟击防范等专项治理工作。深入开展安全专项整治三年行动，制定工作方案，明确工作目标及专项整治工作重点内容，组织进行排查整治，全年共发现隐患和问题57项，完成整改56项，未完成整改1项，无重大隐患。2020年长治机场无机坪刮碰和外来物损伤航空器事件发生，鸟击事件1起，较2019年4起同比下降75%，总体安全形势平稳有序。四是加强军民融合发展。长治机场与驻场部队通过军民航防相撞教育宣传月、安全管理委员会、同场运行开飞前协调会，对实际运行中飞行调配、飞行区安全、防跑道侵入、净空管理等方面工作进行深入沟通交流，并在资源共享、联合维修、消防安全培训方面加强协作，积极推进军民融合走向纵深，共同发展。五是加强净空管理。全面落实华北局1月14日召开的长治机场净空研讨专题会议精神和要求，配合长治市人民政府制定并下发《长治王村机场净空保护工作联席会议制度(试行)》，6月29日召开长治市净空保护第一次联席会议；完成中博会汽配城整体爆破、都市名门拆降和铁塔、所有超高广告牌的拆除；完成超高障碍物障碍灯安装和验收；推进“建设项目临界限高图”制作，有效解决净空区域内超高障碍物对机场带来的影响。六是加强应急管理。做好应急管理工作，制定并先后4次修订《长治王村机场新冠病毒疫情防控应急预案》；制定《食品安全应急预案》；组织开展航空器应急救援综合演练、地震应急救援、大面积航班延误、锂电池客舱起火、候机楼疏散等单项演练11次、桌面演练4次，在积累应急实战经验的同时，检验指挥体系的调度效率和救援队伍的应急实战水平。

【民航服务质量】 2020年，长治机场联合华夏航空大力开发通程产品；从制度、行动和思想方面对全员进行教育和规范；对候机楼内各项设施设备、引导标识进行维护更新；在母婴室增设微波炉等设备；对残疾人厕位、停车位、通道进行维护保养，为旅客出行提供便利；积极聚焦旅客关心的问题，以航班正常放行率和旅客投诉处理率为抓手，坚持每月对相关数据进行统计分析，截至12月31日，机场放行正常率平均值为85.75%，较2019年同期71.26%上涨14.59%，投诉受理率为100%。

【行政管理】 2020年，长治机场践行“开源节流，降本增效”总体工作思路，进一步提升内控，出台库房管理工作制度、竞争性谈判流程、报账流程，计量管理工作等制度；加强预算管理，在全面保证安全及后勤保障的基础上，充分挖掘成本费用下降空间，对所有用户实现运维费加水电费的计量收费模式，实现用水同比下降36%，用电同比下降18%；重新签订供油协议，实现柴油每升下降1%，用油汽油同比下降9%，柴油同比下降54%；加强设备管理，提高设备使用效率，维修支出同比下降16%。紧跟山西航产集团“三项制度改革”步伐，完成山西航产集团薪酬体系的学习宣传贯彻；制定下发《检举控告办理规则》《公文处理办法》等15项制度，修订完成《新闻宣传工作管理办法》《奖惩办法》等14项制度，完善《运行手册》4部，全体干部职工的纪律约束力、制度执行力，工作效率均得到进一步提升。

【“三供一业”移交】 长治机场2017年底开始推进“三供一业”分离移交工作，涉及住户247户，改造资金882.15万元，经过三年的努力，供水、供电、供暖已全部实现职能移交，物业已全部完成改造项目，正在准备物业进驻和管理职能移交。

【退休人员移交】 2020年，长治机场退休人员社会化管理工作领导小组成立，制定并下发《退休人员社会化管理工作方案》，先后与4个社区签订移交协议，整理移交44份退休人员档案，转移退休党员党组织关系29人。12月10日，全部完成退休人员社会化管理移交工作。

【吞吐量】 2020年，结合疫情发展趋势，积极与各航空公司进行沟通协调，及时调减航线班期，其间共向航司申请调整航班函件61份，全年取消航班2876

架次。完成运输架次5000架次，同比减少45%；旅客吞吐量418246人次，同比减少52%；货邮吞吐量264.693吨，同比减少75%。

【通航城市与航线】 2020年，长治机场累计通航城市16个（北京、上海、广州、深圳、海口、重庆、天津、昆明、太原、南昌、长沙、武汉、沈阳、桂林、南京、厦门）。运营航线17条（北京大兴—长治—长沙、北京大兴—长治—南昌、北京大兴—长治、北京首都—长治、上海—长治、广州—武汉—长治、深圳—长治、太原—长治—海口、重庆—长治—太原、昆明—长治—天津、沈阳—长治—桂林、南京—长治、太原—长治、天津—长治—重庆、北京大兴—长治—深圳、厦门—长治—沈阳、天津—长治—海口）。

合作航司10家（国航、南航、中联航、吉祥航、昆明航、湖南航、华夏航、瑞丽航、东海航、山东航）。

其中，10月25日航班换季后，按照长治市政府对民航发展的指导精神，结合市场需求，对航线进行优化调整，通航城市12个（北京、上海、广州、厦门、重庆、天津、太原、南昌、武汉、沈阳、桂林、海口）；运营航线10条（北京大兴—长治—南昌、北京大兴—长治、北京首都—长治、上海—长治、广州—武汉—长治、天津—长治—重庆、沈阳—长治—桂林、太原—长治、厦门—长治—沈阳、天津—长治—海口）；合作航司7家（国航、南航、中联航、吉祥航、湖南航、华夏航、山东航）。

【机场建设】 长治机场占地1500亩，现有航站楼7500平方米，三部廊桥，停机坪九个，可同时停放8架C类飞机1架B类飞机。一是航站区改扩建工程。民航专业工程中场道工程，目视助航设施、站坪照明、供电及新建中心变电站工程，飞行区道口工程已全部完工并投入使用；非民航专业工程新建航站楼工程主体结构已完工，屋面板已安装完成，室内外装饰装修工程正在进行室外玻璃幕墙安装和室内装饰装修工作；新建公安业务用房、货运库、垃圾转运站主体结构均已完工，正在进行室内装饰装修工作；新建循环行车道路、还建职工停车场、消防水池、雨水泵站及污水泵站已完工；其他附属配套的停车场、室外管线等正在有序推进。二是其他工程。按照长治市委市政府的要求，对候机楼前的交通组织形式进行规划和设计，完成绿化带和树木的移除及循环行车道路的建设工作。应急指挥综合楼工程已交付使用，计划办理决算审计等相关工作；飞行区保障用房工程正在办理决算审计等工作。9月7日，长治王村机场（民用部分）总体规划通过民航华北局批复。

（长治机场）

大同机场有限责任公司

2020年，在山西航产集团党委正确领导下，大同机场以习近平新时代中国特色社会主义思想为指导，在做好疫情防控工作同时，努力做好复工复产，全力打造全省通用航空示范市，为推动全省经济和发展做出应有贡献。

【安全管理】 2020年，大同机场在落实民航局各项工作部署和疫情防控措施的同时，确定“安智星”App开发应用、安全服务制度建设落地、建立健全服务质量体系和危险品管理体系等11项年度安全、服务重点工作；开展“抓作风、强三基、守底线”行业安全整顿活动、安全专项整治三年行动、服务质量品牌建设等20个专项活动，压实安全管理责任，落实安全责任到人到岗。印发《安全服务制度体系建设方案》，明确责任部门、工作要求和完成时限，并制定统一制度模板，确保制度完善、适用的同时标准一致、格式规范。系统梳理汇编41个安全管理制度，188个部门级制度，推行安全服务向标准化提升。升级安全管理模式，推行“4+3”检查模式，开发启用“安智星”App应用软件，将法定自查、绩效考核闭环管理的全过程向电子化转变，进一步推进安全管理手段科技化。与市消防救援支队签订《战略合作框架协议》，建立应急联动机制，进一步提升应急救援保障能力。协调市体育局发布净空区域禁止放飞信鸽通知，持续追踪并完成9处超高铁塔拆降任务，确保净空环境安全。全年未发生机场责任原因造成的不安全事件，总体安全形势平稳。

【“安智星”App开发应用】 “安智星”App是大同机

场自行研发的一款集管理体系、安全监察、绩效考核、自愿报告、教育培训、学习答题、标准在线、新闻动态8大功能为一体的安全管理软件。实现安全管理、服务质量、危险品、航空安保、空管、应急等6大体系的绩效监测,并将法定自查、绩效考核闭环管理的全过程向电子化转变,同时方便员工随时随地查标准、学规章、解行业安全态势,充实员工知识储备,从而推进安全管理手段科技化,提升安全监管效能,提高安全从业人员岗位知识掌握能力,有效提高本场安全运行保障能力,营造良好安全文化氛围。

【新冠肺炎疫情防控】 大同机场成立领导组,制定《关于做好新型冠状病毒感染的肺炎疫情防控工作的紧急通知》《落实预防控制新型冠状病毒感染的肺炎疫情一级响应工作方案》,将应急准备、安全防护、健康巡查、宣传培训、物资保障等10方面内容、63项防控措施分解细化至各责任部门,指导各部门严格落实疫情防控工作;制定《关于新型冠状病毒疫情防控工作领导小组设置专业保障工作小组的通知》,设置综合协调、疫情防控、应急处置等8个小组,确保防控工作责任到人、有序开展。自1月22日至12月底,大同机场共召开疫情防控专题会27次,安排部署疫情防控工作225项,组织开展疫情防控措施落实情况检查共计75次。编制完成省内民航机场首版《新冠肺炎疫情防控操作手册》,并根据防控工作的不断推进,细化流程、完善措施,持续更新修订至第六版。制定《大同机场关于进出港"密切接触者"临时处置办法》《重点地区进港航班旅客查控办法》《秋冬季疫情防控工作方案》《常态化疫情监测预警方案》《秋冬季疫情防控常态化应急预案》等专项方案,实现精准防控。1月23日开始,先后配备安装测温设备10台,设置测温点8个,实现对旅客、员工等测温全覆盖。在大同市首家开展健康码查验工作,制定《大同机场查验"健康码"工作流程》,在候机楼入口处划设"健康码"办理等待区,同时在入口处循环播报提示,提高通行效率。制定《大同机场2020年疫情防控反恐防暴演练方案》,开展"谎称身患'新冠肺炎'人员强行过检"现场应急实战演练,检验紧急事件发生时应急预案的信息通报、响应措施、处置程序的适用性、有效性和可操作性。全年共测温52万人次,转运发热旅客13人次;排查出国外入境转机抵大同旅客560人次,移交转运境外入晋旅客57人次,湖北籍旅客718人次,黑龙江、吉林、辽宁、广东等中高风险地区入晋抵大同旅客共764人次,近14日内有北京、乌鲁木齐、大连、青岛、上海、天津、成都旅居史的旅客共计2812人次,无法提供健康码的回同旅客368人次。

【航空市场开发】 2020年,大同机场通过建设自媒体宣传平台,开发微信公众号、抖音、美篇等自媒体宣传渠道,并积极拓展旅游行业及其他可利用的网络平台进行宣传,使大同机场公众号粉丝上涨30%;策划"大同飞"1.0战略方案,以进出港登机牌为载体,整合全市吃、住、行、游、购、娱等优势资源,在提升机场知名度和影响力的同时,为大同市文旅产业引流、缓解疫情对全市旅游产业链带来严重影响做出积极贡献。与航司合作开发航空助学产品,组织两场返校复学、放假返乡活动,推出部分自由行产品,为未来市场销售工作做铺垫和积累。通过对单客补贴及吞吐量情况进行排名,及时提出航线减密及优化方案,并经过与沟通协调,协调各航司降低多条航线补贴款,全年节省8000余万元,减轻航线补贴压力。

【航线开通】 2020年,大同机场优化、开发新航线,夏秋季新增贵阳—大同、大同—重庆、成都—大同—哈尔滨、昆明—大同—长春、南京—大同5条航线,加密上海—大同航班;冬春季恢复天津—大同—海口航线,增加济南、银川、海口、长沙4个通航点,上海—大同航班调整为上下午各一班。同时,服务山西通航示范省建设、大同市打造全省通用航空业发展示范市要求,开通尧城、吕梁、长治等多条省内短途运输航线。全年累计与14家航司合作开通国内航线28条,通航城市31个。

【运输生产量】 2020年,大同机场共完成运输起降9277架次,旅客吞吐量74.5万人次,货邮吞吐量1635.6吨,同比分别减少24.57%、42.98%、14.98%。

【机场服务建设】 2020年,大同机场按照民航局"服务品牌建设"活动要求,以服务质量"制度、温度、速度”“三度”为抓手，提升管理水平。在服务质量体系中明确5个层面、60余项服务职责；修订投诉管理办法和服务考核细则，加强合约方管理，进一步降低投诉率，提高投诉处理的响应率、解决率和满意率。打造“花园式机场”，候机楼花卉绿植铺设率达到70%；以疫情防控和“爱国卫生季”活动为契机，持续深入开展环境卫生整治活动，并在全场更换太阳能广告分类垃圾箱，机场环境实现新提升、新变化；在候机楼入口增设“流动问询岗”，第一时间解决旅客需求，前移服务关口；制作“大同机场，真情服务”字样的手提袋，在安检通道增设“化妆品分装瓶”避免旅客办理托运导致误机。

【基础设施建设】 2020年，大同机场坚持项目为王，细化落实各项工作措施，倒排工期，积极推进重点项目。《山西大同云冈机场总体规划修编(2019年版)》经民航华北地区管理局批复同意，三期改扩建项目可研编制取得阶段性成果。机坪扩建项目道面工程基本完工，飞行区排洪渠改造项目完成可研编制，导航设施设备更新项目进入初设阶段。航空口岸做好正式开放验收前的准备工作。

【退休人员移交】 2020年，根据国有企业退休人员社会化管理相关工作方案，成立大同机场退休人员社会化管理工作领导小组，制定并下发《大同机场有限责任公司退休人员社会化管理工作方案》，先后与12个街道社区签订移交协议，移交人员28人，整理移交28份退休人员档案，转移退休党员党组织关系15人。12月30日，全部完成退休人员社会化管理移交工作。

【“助力复学”行动】 2020年，针对高校学生旅客这一特定群体，大同机场开发航空助学产品，在疫情期间共组织返校复学、放假返乡两场助学活动。通过线上线下报名，收集学生需求，通过协调各航空公司合力定制专属优惠和政策，通过提前联系对方站机场及航空公司相关人员，在购票、选座、办理登机牌、送机等环节给予优先保障，大同机场开辟专用通道实施“空地联运”，在学生接送机、体温测量、核验健康码、提取行李、乘坐大巴等环节设置专人引导“闭环”完成，实现从舱门到校门的无缝连接运输。大同机场还开通直达大同大学校区的机场巴士，选派优秀驾驶员承运，切实做到车辆趟次通风、消毒，不仅减少学生来往机场换乘各类交通工具的麻烦，更是降低途中接触性感染的风险。两次助学行动共服务学生近千人。

【“大同飞”项目】 2020年，大同机场依托现有航班资源，利用大同机场进、出港的登机牌为载体，整合全市吃、住、行、游、购、娱等优势资源，对外推介、宣传、推广大同旅游品牌，策划开发“大同飞”战略项目，启动1.0方案，多措并举开展“引客来同”，为大同市文旅产业引流，降低疫情对大同市运输业、旅游业、服务业的影响。通过初步整合大同市的著名景区、特色美食、舒适住宿、便捷交通等优势资源，协调合作航司、通航城市及通航机场的宣传平台。凡是持登机牌的旅客到“大同飞”的协议商家所产生的消费，均能享受专享优惠价。

【防汛排涝联合应急演练】 6月27日，大同机场联合云州区消防队开展防汛排涝应急实战演练。演练全程使用无人机进行拍摄。通过演练，双方熟悉防洪应急程序和职责，提高各单位由常态转入应急状态时的指挥协调、通信联络、险情处置及保障能力，尤其是市内支援力量迅速出动协助排洪，有效提升机场的处置能力，提前为夏季洪涝灾害防御做好准备，确保飞行安全。

【签订消防救援战略合作框架协议】 7月17日，大同机场与大同市消防救援支队签署战略合作框架协议。大同机场有限责任公司总经理高中元、副总经理吴显伟及机场消防、应急部门负责人，大同市消防救援支队支队长王鹏及相关负责人出席签约仪式。会上双方签署《大同机场有限责任公司 大同市消防救援支队战略合作框架协议》，并就充分发挥各自资源优势、技术优势和管理优势，建立健全信息共享、消防安全管理、联勤联训、应急联动长效机制，提升机场消防应急救援和突发事件处置能力等问题进行深度交流。签约仪式结束后，双方共同参观大同市消防救援支队指挥中心。

【保障ARJ21-700机型飞行训练】 7月2日，大同机场引进中国国际航空股份有限公司ARJ21-700

机型到本场飞行训练。该机型为全国首次按照民航规章，自行研发，具有自主知识产权中短程新型涡扇支线客机，是6月28日刚刚由中国商飞公司总装制造中心正式交付国航使用的，此次训练主要是为国航培养ARJ机型骨干飞行员和乘务员。当天共进行40个起降架次的训练。

【刘锋到大同机场调研】 8月19日，民航华北地区管理局党委书记刘锋率华北局运输处及民航山西监管局运输处负责人对大同机场航空运输工作进行调研。民航山西监管局党委副书记、纪委书记姜丽，山西航产集团党委副书记、副总经理陈阳陪同调研。会上，大同机场从基本情况、主要工作两方面详细汇报公司党建、生产、安全、服务、口岸及重点工程项目建设等工作情况，并就当前存在的困难提出建议。山西监管局运输处从危险品航空运输、航班正常、安全服务等方面汇报山西地区航空运输监管工作情况。华北管理局运输管理处对监管局及大同机场相关工作进行点评并提出具体指导意见。陈阳代表航产集团对调研组的到来表示诚挚欢迎并做表态发言。在听取各方汇报后，刘锋肯定山西航产集团和大同机场所取得的成绩，并对大同机场下一步工作提出4点要求。随后，调研组一行还前往T2航站楼、塔台进行实地调研。大同机场领导、各部门负责人陪同调研并参加座谈交流。

【扶贫工作】 2020年，大同机场继续开展精准扶贫工作，开展疫情防控宣传、义诊活动、春耕生产调研工作，解决农户在生产生活上的困难；开展"联手群众，清洁村庄"春季工作，推动清洁帮扶到户；坚持"复学路上一个不能少"，对21名大中学生捐资助学8.1万元，推荐孤儿大学毕业生在村委会工作，还组织职工开展消费扶贫活动，主动认购扶贫县、村农产品8.9余万元；开展"一户一策"帮扶，完成建档立卡信息标记工作，保持线上线下信息一致，协助完成剩余贫困人口全部脱贫。

【开展贫困学生复学助学捐资活动】 6月11日，大同机场与山西东方物华农业科技公司携手开展复学助学捐助活动在广灵县壶泉镇政府会议厅举行，捐资仪式在县民政局、镇政府、村委三级相关部门领导及工作人员，以及贫困村民、大同机场帮扶责任人等共同见证下开展。此次共捐助12名大学生、6名高中生、3名初中生8.1万元助学金。扶贫攻坚中，大同机场从"频次帮扶"到"可持续发展的帮扶"，明确"治贫先治愚"捐资助学的思路和意向，从成立"村党支部领导下的公司+农户"的白云(白家坟村)(云冈机场)农业生产合作社，到与晋北地区最大的杂粮企业——山西东方物华农业科技公司建立合作伙伴，启动教育扶贫项目，大同机场将稀缺的候机楼广告资源无偿提供给企业进行杂粮销售推广，推进建立贫困学生档案，确定按年度持续资助方式，明确捐助标准，定期开展摸底确认，为贫困村的学生助学搭建"成就未来"平台，帮助品学兼优贫困学生完成学业。

(大同机场)

吕梁机场有限责任公司

2020年，在山西航产集团正确领导下，吕梁机场认真贯彻落实全省通用航空发展战略，从吕梁实际出发，积极做好疫情防控和复工复产各项工作，为推动全省经济社会发展做出应有贡献。

2020年，吕梁机场统筹做好疫情防控和业务生产，旅客吞吐量32.68万人次，完成任务指标的105%，货邮吞吐量221.5吨，完成任务指标的136%，实现山西航产集团所属唯一完成客、货生产任务指标的机场。吞吐量补贴额551元/人次，完成任务指标110%，营业收入2123万元，完成任务指标141.50%，其中停车场、贵宾、广告、商铺租赁四项合计收入260万元，完成任务指标173%，可控费用占营业收入比重为79%，完成任务指标102%，单位旅客吞吐量成本551元/人次，完成任务指标110%。

【党建工作】 一是深入贯彻学习习近平总书记最新重要讲话和重要指示。教育引导广大干部和党员牢固树立"四个意识"，坚定"四个自信"，做到"两个维护"。党委、各支部充分利用党委中心组理论学习和"三会一课"，各部门通过部门会议、专题学习、线上培训等方式，多次组织学习习近平总书记系列讲话精神，通过加强理论学习，不断提高干部职工政治素质和理论素养，深化理想信念教育，引导员工将个人发展融入企业发展、社会经济改革发展中，强化责任意识和自觉承担发展重任的使命感，推动企业高质量发展。截至年底，中心组集中学习16次，组织党委书记、各支部书记开展宣讲44次，参加人数518人。二是严格党风廉政建设。严格制度落实，层层传导责任，加强干部日常监督和警示教育，利用讲评会向全体干部进行警示教育，全年组织学习10次，共134人次，组织纪委委员学习8次，切身做好节假日期间考勤监督、工程谈判、采购调研、重要考试选拔等工作，不断完善举报信箱制度，坚决处理一切举报事件及内部监督机制，基本完成吕梁市审计局移送问题的调查处理工作。三是注重舆论引导，维护网络意识形态安全。加强对舆情的预警防范和监测，有效防范舆情突发事件，掌握舆论引导主动权。每季度召开意识形态领域分析会，及时通过办公网，党务公开栏等公开公司党委会决策。设置舆情监测员加强网上舆情监控和引导，定期或不定期监察各大网站、论坛、贴吧、微博、微信等网络媒体涉及公司舆情信息，尤其是针对疫情期间的舆情信息加大关注度，截至年底共监测41次，未发现负面舆论。四是积极发挥工会桥梁纽带作用。工会积极组织、参与华北局举办的安检职业技能竞赛；深入开展“五小”竞赛活动；组织、督促各部门开展“安康杯”竞赛活动。积极开展各类扶贫助捐活动，组织公司干部职工参加“以购代捐”购买贫困地区农特产品。落实吕梁市委、市政府指示，在吕梁机场范围内设置扶贫专柜、专区，销售扶贫产品20万元左右。五是团委工作有序推进。设置团委专职书记一名，通过选取产生5名团委委员，坚持落实“三会两制一课”工作制度，组织开展“青年大学习”，利用学习氛围引领青年思想。通过理论学习、专题讲座、学用交流、实地调研、延伸培训等方式，引导青年强化理论武装、提高理论水平。

【安全生产】 新冠疫情发生以来，吕梁机场迅速行动，积极应对，按照省委、市委要求，采取多种措施，科学开展防控工作，在有效防控疫情的同时，确保运输生产的有序开展。一是严格落实“安全隐患零容忍”要求，牢牢把握主动权。跟进安全生产专项整治三年行动部署，推进安全专项整治工作，同时对照新版《运输机场安全管理体系(SMS)建设指南》，修订完善机场《安全管理体系》各运行要素。二是深入推动法定自查，更好发挥基站作用。按照民航局法定自查监管事项库，重新修订吕梁机场法定自查标准，组织各部门开展法定自查事项库更新，制定2020年度法定自查计划，开展吕梁机场、部门2级自查，共完成2711条自查内容，发现问题隐患33项，均已整改完成。同时以法定自查为抓手，实施工作作风纠偏专项活动，采取部门自查、公司督查相结合方式进行，构建相互检查、学习、交流平台。三是盯紧重点单位和薄弱环节，积极开展疫情防控。行业安全大检查、“平安民航”建设、工作作风整顿、危险品航空运输、三年安全生产专项活动、安全生产风险隐患排查治理活动等10项专项治理工作，共排查整改各类安全隐患140个，细化、落实安全生产专项整治各项工作要求，强化跟踪、督促，确保各项工作落实到位，通过各项整治工作，进一步强化安全主体责任落实，提高机场安全保障能力。四是深入开展“三个敬畏”为内核的专题教育。认真做好安全从业人员工作作风建设，从领导层到员工岗位均制定负面清单，共计133条，督促机场安全从业人员认真履职履责。五是强化日常监管。关注跑道安全、外来物入侵等重点风险，关注季节性鸟击、风切变等危险天气运行风险，从严从实从细管控航空安全，确保民航安全运行平稳可控，结合飞行区安全形势，有针对性地开展飞行区专项检查，共发现问题17项，已督促相关部门进行整改，确保机场飞行区运行安全。

【经营管理】 一是开展落实绩效考核。建立并不断完善吕梁机场绩效管理体系，全面深化开展绩效考核，采用员工月度考核，机关人员、中层管理人员季度考核方式，确保考核全覆盖。通过严格落实考核兑现，各部门工作效率、员工精神面貌均得到显著提升。二是建立健全内部约束机制，提升管理水平。根据吕梁机场实际情况，不断完善公司规章制度的制定、修订工作。

【基础设施】 一是候机楼供电改造工程。现机场35千伏变电站为全户内变电站，35千伏第一电源引自东相王110千伏变电站，35千伏第二电源引自机场附近的大武35千伏变电站。两台主变由于接线组别不同，10千伏侧不能并列运行，也不能实现不停电倒电源。为提高候机楼供电可靠性，主要建设内容为：完善候机楼10千伏第二电源、机场35千伏变电站通信自动化消缺、机场35千伏备自投、灯光站发电机定期独立试验，35千伏增加消谐器两套，工程总投资49.5万元。由山西亿承建设工程有限公司承建。二是吕梁机场飞行区维护工程。为满足飞行要求，保障飞行区运行安全，对飞行区跑道、机坪进行维修维护。工程主要内容为：跑道除胶、道面（肩）灌缝、标志线更新、雨水篦子更换、板块起皮修补、机坪裂缝修补等，工程总投资71.21万元。由北京佳和建设工程有限公司承建。三是吕梁机场跑道病害区改造工程。2019年5月，机场飞行区管理部门在日常维护时发现，跑道裂缝区域面层表面以下存在孔隙，对机场正常运行产生严重安全隐患。为防止裂缝病害区进一步加重，2019年10月，对跑道病害区裂缝处道面进行高聚物注浆处置，由于气温不满足沥青道面面层铣刨重铺要求，2020年5月对跑道病害区裂缝处道面进行面层铣刨重铺，工程总投资267万元。由中机空港（北京）建设有限公司承建。四是吕梁机场打赢蓝天保卫战各项工作。2020年是民航打赢蓝天保卫战收官之年，吕梁机场从多维度大力推进锅炉“煤改电”、车辆尾气改造、新能源车辆购置及充电设施建设等项目，全力以赴做好打赢蓝天保卫战工作。燃煤锅炉改造，由原来的燃煤锅炉供暖改为蓄热电锅炉+空气能电锅炉供暖，每年可减少二氧化碳排放6.48吨，并在谷电时蓄热，采用分时段错峰运行，以达到高效、节能、零排放、零污染目的。柴油车辆尾气改造，由南京依科卡特排放技术股份有限公司采用DOC（催化转化器）+CDPF（催化型微粒捕集器）技术，对场内15台国三排放柴油车辆进行尾气改造。五是新建通用站坪工作。为助力山西省建设通航示范强省，打造山西省通用航空发展基地，配合市政府相关单位新建8个B类机位、垂直联络道、通用机库及办公用房等，实现吕梁机场成为省内唯一具备完善通航保障功能的民用运输示范机场。

【服务建设】 一是特殊旅客服务水平提升。2020年，为老、弱、病、残、孕提供乘机手续优先办理，托运行李志愿者帮扶，并针对不会使用智能手机的老年旅客的逾重行李可以采用现金支付等方式，并安排专人引导安检通道、登机口等服务；针对轮椅旅客设置专用乘机手续办理区，由志愿者引导办理登机牌、行李托运、轮椅申请等工作；增加母婴室服务设施，简化申请流程，对带婴儿的旅客主动询问，切实提高服务水平。二是不正常航班保障。不正常航班保障一直是机场保障的短板，2020年与资质齐全并有大型保障经验的第三方签订不正常航班保障协议，确保不正常航班旅客的餐食、住宿、车辆及时妥善安排，大大减少不正常航班旅客等待时间，提高旅客满意度。

【航线开通】 2020年，吕梁机场共完成运输起降架次4926架次，旅客吞吐量32.6864万人次，货邮吞吐量221.5吨；累计开通北京、上海、青岛、兰州、广州、西安、重庆、天津、沈阳、海口、成都、大连、昆明、贵阳、烟台、杭州、南京、深圳、郑州、呼和浩特共20个航点；通用航空运输航线3条，吕梁—尧城、吕梁—大同、吕梁—临汾。一是航线调整情况。受疫情不利影响，与航空公司协调调减航线补贴资金，商请调减燃油成本；与华夏航商请调整5个航班免费运营；受疫情影响，航班大面积取消，为保证机场吞吐量，紧守航班客流降幅最低这条线，成为省内机场客流、起降架次降幅最低机场。二是调整营销模式。首先，面对疫情造成的影响定期梳理分析航线及市场情况，及时调整航班政策及营销方式；开通孝义、汾阳城市候机楼，旅客可以在孝义、汾阳城市候机楼享受到航空信息查询、航空售票、特殊旅客和贵宾业务咨询等服务；加大广告宣传在吕梁人民广播电台、离石区公交公司公交车等地进行航线航班宣传。引进商铺汾酒专卖，实现6.5万元收益；完成行李打包新一轮签订工作。其次，提升物流服务的安全性和时效性。在航班量增加的大背景下，保持卸机立即通知，收运提前2小时截止的快速保障。引入货代资源、吸引散货，做好货运物流市场开发工作。

（吕梁机场）

忻州五台山机场有限责任公司

2020年，五台山机场广大干部职工众志成城、顽强拼搏、共克时艰，以坚定信心和非凡勇气，攻坚疫情防控战，紧扣全年发展目标，统筹推进各项工作，在激流险滩中奋勇前行，在危机变局中闯关夺隘，终于克服重重困难，较好地完成各项工作任务。

【坚持党建引领，有力推动各项工作】 2020年，五台山机场党委坚持党建引领，全面加强党的领导和党的各项建设，全面落实从严治党主体责任，党员干部不断增强“四个意识”，坚定“四个自信”，坚决做到“两个维护”，为促进五台山机场高质量发展提供坚强的政治、思想、组织保障。一是注重学习明方向。以学习贯彻习近平新时代中国特色社会主义思想为主线，坚持党委中心组学习制度，全年组织开展党委中心组学习35次，专题研讨4次，重点学习习近平总书记视察山西重要讲话指示、习近平总书记三篇光辉文献、《习近平谈治国理政》（第三卷）、中共十九届四中、五中全会、省委十一届十次和十一次全会精神等内容，通过学习，党员干部提升理论素养，坚定理想信念，锤炼党性修养，为推动五台山机场高质量发展明确方向，提供强大精神动力。二是落实《条例》促融合。贯彻落实《中国共产党国有企业基层组织工作条例（试行）》，严格落实党委前置研究程序、落实党委在公司法人治理结构中的法定地位，将学习贯彻习近平总书记重要讲话和重要指示作为党委会第一议题，全年组织召开35次党委会，对150余项重要学习内容及“三重一大”事项进行学习部署、研究审议，确保习近平总书记和党中央指示批示、上级党委重大决策部署及时学习贯彻到位；安全运行、服务保障、市场开发、固定资产投资项目及时决策到位；重要部室干部及时调整到位，推动党建与生产经营的深度融合，充分发挥党委把方向、管大局、保落实的领导作用。三是严管干部强组织。首先，把开展干部提醒、诫勉工作作为从严管理监督干部的重要举措，根据2019年度考核情况，共开展三级干部提醒谈话4人次；其次，按照“注重疫情期间表现、注重面向基层、注重实干实绩”的用人导向，全年竞聘选拔三级干部1名，班组长7名；再次，按照山西航产集团要求，制定公司《“六定”改革实施方案》，新组建3个部门，对新组建的部室职责进行明确，调整部分中层干部和人员的工作岗位，明确下一步开展六定工作的各项措施，为五台山机场长远发展打下坚实基础。四是发展党员打基础。年底前将9名发展对象按规定程序发展为预备党员，圆满完成山西航产集团2020年度下达的党员发展计划。根据防控一线的积极表现，吸收1名在疫情期间表现突出、符合党员条件的入党积极分子为预备党员。五是强化作风抓廉政。首先，全面落实公司党委党风廉政建设、从严治党主体责任，大力支持纪委依法履职，加强调查研究、警示教育和监督检查，分析研判五台山机场党风廉政形势，严格落实中央八项规定精神、持续深化作风建设。其次，成立审计监督小组，对物资采购、工程招投标等活动进行全程监督，进一步健全内控机制，确保物资设备采购、项目招投标等方面资金运作安全、透明。再次，开展员工队伍纯洁性排查，教育和引导员工形成良好的职业操守，切实解决员工在思想、组织、作风、工作和生活中存在的突出问题，消除员工身边存在的隐患，排除解决不稳定因素，增强员工遵纪守法意识，提高五台山机场基层治理能力和水平。最后，开展“三零”单位创建，制定《五台山机场“三零”企业创建工作实施方案》，开展重点人群大排查，组织开展信访法治宣传月活动和安全生产月活动，每月按时按点报送“三零企业”创建相关台账，通过各部门的共同努力，确保机场全年“三零企业”创建圆满完成。六是意识形态抓落实。建立完善五台山机场两级党组织定期召开意识形态分析研判工作会制度、职工思想动态定期分析机制、积极落实党委委员意识形态工作责任制等，将责任和目标写入制度，进一步规范意识形态工作；健全完善意识形态形势分析研判方法，通过支部、部室汇报党员、职工思想动态情况，及时掌控意识形态领域存在问题；党委班子成员深入党建联系点调研职工群众反应的热点问题、难点问题并及时研判解决。全年解决职工群众期盼已久的上下班“通勤车”问题，得到职工群众一致好评。七是以购代捐助扶贫。5月份组织全体职工观看吉县扶贫助农直播活动，号召大家踊跃参与到脱贫攻坚行动中，为打赢脱贫攻坚战贡献一份力量。据统计，五台山机场共有160人购买吉县扶贫产品，共计人民币14770.02元，为扶贫工作做出每个人的贡献。12月份号召全体干部职工“以购代捐”采购公司定点扶贫村宁武县朱家岩村扶贫土豆2475千克，共计4950元，剩余2650千克由食堂采购，完成全年度定点扶贫任务。八是群团工作抓基础。疫情发生以来，工会聚集性活动取消，元宵节为全体职工购买免洗消毒洗手液，为保障疫情工作出一份力；积极参加集团工会“五一”“中国梦·航产人·劳动美”职工书法绘画摄影活动，“健步走”活动；协助集团公司工会完成“三晋友谊杯”乒乓球比赛的参赛保障工作；开展“冬送温暖”“夏送清凉”慰问一线各一次。

按照《集团公司落实山西省属企业共青团改革方案实施细则》要求，致力于打造“青”字招牌，凸显青年人的朝气蓬勃和昂扬斗志，五台山机场团委组织开展“7·7”助力高考志愿服务活动、九九重阳节“尊老敬老”慰问老人等活动，充分发挥团员青年生力军作用，强化对青年职工的思想政治引领，激励广大团员青年积极建功新时代，充分发挥五台山机场团组织在凝聚青年力量、开展党内监督、助推创新发展、提升企业形象发挥重要作用。

【严守“安全线”，安全生产抓严抓实】 2020年，五台山机场采取有力措施，抓好安全生产。一是严格落实安全生产责任。明确从领导到员工安全责任，并对《安全生产目标责任书》进行细化完善，将安全责任分解落实到部门、班组和具体工作人员，明确目标，将各层级的安全责任与绩效考核挂钩，逐级负责抓落实，做到任务到岗、责任到人的安全责任链条；全年组织召开周例会、月安委会、安全专题会议50余次，传达落实上级精神与要求，分析研判安全生产过程中存在的薄弱环节和风险点，并将具体工作内容纳入督办进行跟踪落实，按照安全监察计划，强化定期安全检查、日常巡检、专项检查力度。从安全运行保障、规章制度的落实情况实施定期检查，确保各项工作实现闭环管理。二是梳理完善制度体系建设。为进一步提升五台山机场运行效率，确保制度的适用性、持续性和有效性，先后召开四次制度修订专题会议，梳理修订安全、财务、行政等各类手册、制度97项。通过“制度建设”工作的有效推进，为五台山机场安全管理与规范运行打下坚实基础。三是积极开展法定自查工作。根据五台山机场运行实际制订法定自查检查计划，对5487条符合性判定标准、职责划分等内容修订完善，明确各部门全年自查要求与频次，根据局方监管事项库更新情况，进行全覆盖自查，满足局方自查要求。四是落实隐患排查治理。对隐患排查治理与安全风险管理制度进行修订完善，将风险评估的管理思路纳入安全隐患排查治理工作中，实现安全隐患的分级管控；根据双重预防机制要求，对风险源数据库及安全隐患数据库进行重新修订完善；五台山机场全年排查发现问题隐患87项，已全部完成整改，上级下发整改48项，已完成46项整改，剩余2项已明确整改措施、整改责任人、整改时限，正在整改中。五是强化培训效果，促进能力提升。每周通过周例会对五台山机场干部进行警示教育学习；每月通过录制视频的方式，开展24门课程的全员安全教育培训；开展安全生产专题培训3次。通过多种形式开展专业知识培训、典型案例分析、岗位风险识别和不安全事件的讨论与反思，不断夯实安全基础。六是顺利通过机场使用许可证符合性评价与危险品管理体系验收工作。此两项工作作为五台山机场全年重点工作，在各部门努力与协同配合下，积极开展自查整改，多次召开专题推进会，分别于9月与11月顺利通过局方的评价及验收工作，并根据局方提出的整改意见，按时完成整改并向局方递交整改反馈，确保各项整改措施的有效落实，各部门在此期间的努力辛苦值得给予肯定。七是持续做好净空保护管理工作。对五台山机场净空管理办法进行修订完善，重新更新制作公司净空障碍物限制图，严格落实日、周、月的净空巡视检查。积极联合驻场空军与季庄乡政府联合开展净空联合宣传。同时与地方政府召开净空管理专项整治会议，并由乡政府与机场周边存在的养鸽户签署安全责任书，机场净空环境良好可控。八是全面维修改进飞行区安全。全年修补围界各类破损62处，跑道联络道、机坪等位置维修打磨76处；开展五年一次飞行区道面综合评估；开展土面区填土、平整碾压，解决各类塌方、沟渠、冲沟，反坡、土面区高差等31处；捡拾FOD 50多千克；对飞行区排水设施进行修缮加固，更换排水渠水闸，对广济灌渠飞行区段进行全面清淤，对二段广济渠护坡进行彻底维修，对雷达连地势低洼区域排水明渠和重点导航设备安装区域的排水渠进行加固和增高200米，对飞行区排水渠的坍塌、冲沟，起皮、开裂、鼓胀等情况进行彻底维修。全年飞行区安全保障实有成效。九是扎实开展各项专项活动。结合"安全生产月""作风建设""安全生产法宣传周""三个敬畏"宣传教育等活动，通过线上线下多种形式，开展警示教育、知识竞赛、宣传教育、应急演练等系列活动，营造良好安全文化氛围；通过开展"三零"创建"安全生产集中整治""两会安保""机坪运行专项整治""鸟击防范专项治理""平安民航""抓作风、强三基、守底线"行业安全整顿、"食品安全"等活动，全面自查隐患排查治理，同时将安全培训教育、风险管控等工作融入班组建设，更好的落细落实"三基"建设工作要求，安全运行保障能力明显提升。十是加大安全投入，提升安全基础。推进ADS-B的安装使用，截至年底，已完成安装，提升空管运行保障能力；完成助航灯光系统单独柴油发电机安装，解决长期以来加载实验困难的问题，实现独立保障飞行区灯光系统供电；开展安检道口改造，提前达标规章要求；完成安检区域的监控加装，实现安检区域视频全覆盖。

【拓宽思路，多措并举，强化管理】 2020年，五台山机场全年共运营航线21条，开通国内城市20个、国际城市1个，完成旅客吞吐量273968人次，货邮吞吐量126吨。一是优化布局，精准拓展。积极争取五台山机场航班时刻增量，在平移既有航班的同时增加青岛、广州、海口等航班，航班增量达到62架次/周，增补航班运输起降2038架次，旅客吞吐量约124423人次，分别占已完成总量的49%、45.4%。二是积极营销，回馈亲民。开展"入乡进村体验飞"特价机票优惠活动；为解决莘莘学子疫情期间出行难的问题，推出"爱心送飞"活动；组织"致敬抗疫英雄，感恩真情回馈"特价机票进单位活动。与五台山景区、雁门关景区、忻州古城、原平市、忻州市等较多商家达成合作，推出持五台山机场登机牌的旅客来忻吃、住、行、游、购，娱享受折扣优惠。成功将市场开发工作深入忻州各县市、部队、单位、学校、景区、酒店、餐饮公司，在提升旅客吞吐量的同时，建立相关保障服务体系，加深机场与地方单位、各景区沟通联系，促进军民融合共同发展，并取得良好宣传效果及社会效应。三是转变思维，合理规划。与忻州市杂粮中心合作，在航站楼设置"中国杂粮之都"品牌杂粮扶贫展示销售专区，并开设忻州小杂粮扶贫特色超市，在以满足机场最基本的服务功能的同时，合理布局商业规划，全年成功招商12家合约商铺，主要涵盖：旅客停车场服务、便利店、特产店、奶茶店、工艺品店、烟草柜台、贵宾服务、旅游服务、租车服务、广告服务及自助银行服务等，极大地丰富航站楼商业业态。四是精细管理，降本增效。首先，加强内部管理。修订完善《财务报销管理办法》，进一步规范备用金、现金、凭证填制的管理。制定《财务预算管理办法》，为实现全面预算管理及绩效考核打好基础。制定《库存管理办法》，建立4个库房并完善出入库管理。制定《固定资产投资管理办法》，规范固定资产投资行为，提高投资效率。初步建立财务管理体系，转变传统财务管理的单一职能，以财务控制为抓手严格五台山机场内部管控。全年有效压降各类运行成本71.15万元，投资计划完成率达到98.94%。其次，全面实行预算管理，在编制财务预算时，根据收入、费用的项目特点，参照历史数据与新开展的工作项目，分别采用固定预算、弹性预算、零基预算等方法对全年的经营状况进行预测。在执行过程中结合集团考核目标及时调整，严格实行分级归口管理，本着“谁花钱，谁管理；谁预算，谁控制”的原则，对所有预算费用进行全过程监控，指导各部门按计划完成费用使用，全面掌握预算的执行情况，保证经营数据可控。全年各项财务指标预算执行偏差均小于10%，控制在合理区间内。最后，提高银行存款账户的利息收入。通过与银行多次协商与谈判，签订协定存款协议，既能保证资金流动性，又能提高存款收益。全年利息收入94.16万元，较2019年增加78.54万元，增幅502.82%。在五台山机场整体经营受到疫情冲击，航空性、非航空性收入下降情况下大幅提高五台山机场的利息收入，减少亏损。

【打赢“阻击战”，疫情防控持续发力】 2020年，新冠肺炎疫情前期，五台山机场未雨绸缪，提前准备各项防疫物资为机场储备充足的防疫物资，全年投入疫情防控资金41.65万元，共计发放医疗防护用品69428件，确保机场员工防护。建立五台山机场《疫情防控工作手册》，从组织机构、复工复产、应急处置、消毒通风、物品回收处理、舆论应对、监督检查等方面进行明确要求，确保防控措施的及时性与有效性。进入疫情防控常态化阶段后，五台山机场坚持思想不松、力度不减，根据各上级单位文件要求，结合疫情防控实际，先后7次修订完善《疫情防控工作手册》，固化疫情防控举措。在旅客出行防控方面，通过点对点“测温+健康码”核验进出站旅客在航站楼内设置卫生防疫卡点，对旅客实行“测温+亮码”的出行措施，对来忻旅客实行“健康码”和行程查询。全年成功保障航班4152架次，查验测温进出港旅客27.3968万人次，全年疫情防控较为平稳；在员工管理方面，坚持员工防控“零报告、日报告”。每日排查公司、驻场单位、合约方员工及家属体温情况及行程轨迹，每14日排查通信行程卡、健康码，全面掌握员工“休假、请假、生病、隔离”等情况，做到底数清，情况明。建立协调联动机制与应急处置。五台山机场提前与忻州市、定襄县卫健委、疾控中心对接，建立发热病人处置程序，明确转运流程，全年共启动发热病人处置程序3次，顺畅转运发热旅客7人。同时代拟《忻州市国际航班备降入忻工作预案》，并参加忻州市组织的国际航班备降入忻桌面演练，验证预案的可实施性，得到市领导一致好评。全年做到疫情防控“零差错”、涉外防疫“零失误”、员工防疫“零感染”，守住忻州空中门户，筑起防疫牢固屏障。

【打好“组合拳”，军民深度融合形成合力】 2020年，五台山机场坚决贯彻党中央决策部署和习总书记重要指示精神，坚持“军为民用、民为军备”的原则，互相补位，确保军民航双方在特殊时期、特殊条件下持续顺畅运行，再次获得军民融合达标单位称号。一是打好协调融合“直击拳”。双方直指军民融合问题所在，成立涵盖信息通报、防跑道侵入、不停航施工等12个联合保障小组。军民航双方直面协议中存在的“文文不符，文实不符”问题，联合对协议中13个全面进行梳理，累计修订、细化各类运行保障条款103条，确保协议内容符合运行实际。同时军民航双方针对实际保障中存在的困难和问题，定期开展联合培训和考核，进一步提升联合协调机制可操作性。二是打好深度融合“侧钩拳”。明确军民航联合工作中的时间节点，重点关注协议中各项工作的落实情况以及工作质量，稳步推进军民航融合工作走实走心。全年面对军方任务不断变化的安全形势，共组织军民航专题会6次，军民航业务交流会4次，签订《飞行管制协议》3份，共制定通航保障、灯光使用等10项制度；进一步落实强化军民航安全隐患风险管控，筑牢军民航运行安全生产防线。三是打好空域调配“下摆拳”。因机场空域有限，为进一步提高安全效率，全年通过召开防相撞会议、签订管制协议、飞行程序优化、新增ADS-B监控设备等措施，与军方、区调建立良好的协作关系。同时，军方为民航提供2个临时等待空域，使民航航班调配更加灵活，对航班正常率的提升起到显著作用，全年航班放行正常率达90.57%，同比2019年增长17.95%，为提高航班运行效率、航班引进优化等各方面奠定基础。四是打好联合管控“护身拳”。针对军方停航施工，五台山机场严格落实安全生产主体责任，以“三个敬畏”宣传教育为内核，紧盯施工现场重点部位，多次召开军民航停航施工协调会，共同制定停航施工方案，建立停航施工联合管控机制。通过每日检查强化对施工现场的管控力度，保障军民航停航施工期间的运行安全。下一步军民航双方将针对联合管控中存在的信息通报、防跑道侵入、施工现场联合管控等重点、难点问题进行专题研究，拿出切实举措，明确双方责任，扫除管控盲点，形成长效机制，筑牢安全管控的“铜墙铁壁”。五是打好问题整改“重击拳”。以行政执法检查、军民航联合督导检查及“12·7”事件专项检查为契机，按照相关要求，结合专项检查整改问题，有针对性地对军民双方规章制度、保障预案、各类工作计划、综合演练方案进行完善。同时成立以管制、气象、场务、消防等为主的8个专业的标准对接小组，全面梳理军民航在日常保障工作中的标准对接问题，形成具有五台山机场特色的军民航运行保障标准。通过第一阶段探索，截至年底已经形成关于道面巡视检查、道面修补材料、道面标志线等方面的标准互认，通过标准互认工作为五台山机场安全发展及军民航进一步深度融合提供有力支撑。

（五台山机场）

太原空港配餐有限公司

2020年，在山西航产集团党委正确指导和积极带领下，配餐公司党支部带领全体员工众志成城、攻坚克难、坚持不懈，奋力拼搏，全面落实疫情防控工作，确保安全生产，奋力开展经营，基本完成各项年度指标。共保障航班2.3万架次，同比2019年（3.4万架次）降低32%；餐食保障174万余份，同比2019年（333万份）降低48%；经营方面，累计完成营业收入2616万元，同比2019年（4159.9万元）降低37%；完成利润总额-419万元，同比2019年（148万元）降低383%；利润率-16%，同比2019年（3.6%）降低19.6个百分点。

【党建工作】 党支部积极发挥基层党组织的战斗堡垒作用和全体党员的先锋模范带头作用，有力促进各项工作开展。一是抓思想政治教育，全面提高党员素质。党支部以党的政治建设为统领，以深化理论武装为重点，认真贯彻落实中央、省委、国资委党委以及山西航产集团党委的相关要求，开展“两学一做”常态化学习，组织全体党员深入学习领会习近平新时代中国特色社会主义思想的科学理论体系、重温习近平总书记三篇光辉文献，学习习近平新时代中国特色社会主义思想（三十讲）、“三个敬畏”、习近平山西考察纪实等。通过强化党规党纪学习，提升党员“四个意识”，对党员干部进行警示性教育，警钟长鸣，遏制问题苗头。疫情期间，配餐公司党支部采用微信群推送、钉钉直播、自主学习、集中学习多种形式，合理利用“学习强国”“三晋先锋”的平台，提高大家的学习效率和积极性，变被动学为主动学，学有所感，学有所悟，学以致用。二是抓党建基础工作，全面促进队伍发展。在山西航产集团直属党委指导下，党支部建立修订《党支部工作责任制》《党支部党风廉政责任制》《支部党员帮扶机制》以及《党支部党员联系群众制度》等。严格按照发展党员的要求标准及流程，吸收1人为预备党员，3人由积极分子确定发展对象。按照党费收缴制度有关规定，实行专人负责，定期收缴，按时上交。落实“三会一课”制度，开展“三零”企业创建工作，采取一对一、面对面的形式，支部委员之间、党员之间、党员和群众之间普遍进行谈心谈话，邀请大家提出建议和意见，为支部发展建言献策。三是抓党员作风建设，夯实队伍廉政基础。首先，加强支部党员作风建设，制定《新冠肺炎疫情期间党员干部使用微信行为规范“十不准”》，尤其要求疫情期间党员干部带头表率，假期不休、周末轮休，开展每日一查，对防疫物资的保存、领用严格监督管理，杜绝浪费。其次，抓好关键节点廉政提示。在每个法定节假日前夕都要对党员干部进行廉政教育，并提出廉政要求，签订廉政承诺书，从思想到行为无缝隙管理。严格按照党支部廉政档案要求执行，严格落实八项规定精神负面清单。最后，把安全从业人员工作作风建设要求写进《支部党建工作责任制度》，全方位提升工作作风水平，扎实推进廉政建设工作的高效开展。四是抓群团建设工作，全面提升支部凝聚力。配餐公司党支部完善党建带团建工作，建立健全《团员团籍管理制度》、《团员发展工作制度》等，与团员青年谈话，切实掌握思想状况，切实开展“清洁家园，共创文明”群团活动，利用香思饼屋窗口向顾客发放疫情防控指南宣传册，带头进行体温监测等。利用钉钉开展全员素质提升培训外，号召青年大学习，让更多团青年认识到学习的重要性，融入共同进步的氛围，积极进取，散播正能量，做一名合格的团员，积极向党组织靠拢，争取早日成为一名优秀的共产党员。

【安全工作】 2020年，配餐公司未发生任意一起涉及消防安全、空防安全及食品安全的责任事故。一是强化体系制度，运行有章可循。关于制度修订。结合配餐公司实际，从实操性、安全性出发，新增安全管理制度5项，修订制度8项、修订应急预案16项、完善22个岗位的作业指导手册等，为各项安全工作的顺利开展提供保障，让各项工作有章可循。关于体系审核。5月，组织各部门内审员依照体系要求进行配餐公司内部审核，对体系的充分性、适宜性、符合性和有效性进行审核，对审核中发现的问题及时改进。6月，顺利通过中国质量认证中心对ISO22000食品安全管理体系转版换证审核和HACCP体系的年度监督审核。8月，完成国境口岸卫生许可证的更换。二是加强教育培训，提升员工素质。鉴于疫情期间特殊情况，配餐公司充分利用新媒体，通过微信群推送、钉钉直播，线下自学、应急演练等多种方式组织全体职工进行安全培训，以减少人员互相接触与大面积聚集，并通过月度考核来检验培训效果，确保培训计划有效实施。截至年底，共开展各类培训137次，内容包括有关法律法规、防范技能、食品安全管理体系知识、党的基础理论知识、不安全事件警示教育等。开展各类应急演练8次，包括消防逃生、地震逃生、反恐防暴应急处置、夏季汛情应急处置、防雷击应急保障、大风天气应急保障、大面积航班延误应急处置等。三是坚持平战结合，严防疫情反弹。按照国务院、民航局、省委省政府及山西航产集团对疫情防控工作的部署，配餐公司适时调整防控方式，坚持“平战结合、战平共济”的原则，持续抓紧抓细抓实常态化疫情防控工作，确保人员和餐食安全。自1月23日起，配餐公司共制定修订疫情应急预案五版、应急处置程序和防范要求五版、出入管理制度三版、岗位防控手册五版。第一，及时关注各地疫情动向，对出现疫情地区及时进行人员活动轨迹排查。截至年底，共追踪排查员工行动轨迹和中高风险区返回人员接触情况15次，未发现一例前往过中高风险区的员工及接触过中高风险区返回的人员。第二，针对员工倒班情况，配餐公司对在岗和不在岗员工进行分类要求。在岗员工管控，每日进入公司前，必须在门卫处接受公司安全人员体温监测；上下午班中各巡检一次；各部门自检2次。截至10月31日，共计测量登记体温68295人次。不在岗员工管控：前期要求每日上报体温2次，常态化防控后改为每日1次；坚持每日上报当日行动轨迹1次。第三，要求外来人员进公司需提供健康码、动态行程卡，并在进入公司由门卫人员对其进行车辆消毒、体温测量及信息登记。截至10月31日，共计对2575个外来人员进行体温测量登记。第四，对所有外购原材料进入配餐公司前必须对外包装进行酒精消毒，并做好验收记录，严防病毒的传播。同时严格海鲜产品控制。即：拒收任何活物；严格控制海鲜类产品的来源地，风险地区产品拒收；无批检合格报告的产品拒收。第五，对配餐公司所属区域进行全方位消毒，包括废弃物垃圾桶、地面、卫生间、门把手、空间、配餐车等，消毒方式有臭氧空间消毒、84消毒液擦拭消毒、酒精擦拭消毒等。四是严格流程管控，确保餐食安全。配餐公司着眼全程，把控细节，注重质量。首先，严禁私人物品进入生产区域，保持个人卫生，禁止佩戴首饰，把控异物风险。手部每间隔2小时或更换加工产品时必须消毒一次，质检人员随机抽检。截至10月31日，共计进行人员手部大肠菌群快检627人次。其次，坚持进货“四方”查验制度，认真把控三期，严查批检报告，敢于拒收。再次，严格环境清洁消毒，杜绝看不见的隐患。

每日臭氧消毒30~60分钟，并定期监测；将虫害消杀工作委托给专业公司进行，截至10月31日，共计进行虫害消杀20次；对空调出风口定期进行清洁消毒，避免灰尘隐患。最后，设施设备的安全既会影响餐食安全，也是空防安全的重要环节，配餐公司一直严格控制。做到餐车餐具标准化洗消；生产设施设备每隔两小时或者更换加工材料均进行酒精擦拭消毒；刀具管理做到日领日交，定点使用。截至10月31日，共计对餐具、台面、工器具进行大肠菌群快检449次。五是把好成品检验关，每天及时对每批次餐食进行留样观察和微生物检测。共计进行微生物实验2700余次。包括餐食菌落总数检测、餐食大肠菌群检测、生产用水微生物检测、空间菌落数检测等。共计快速检测780余次，包括水pH值、游离余氯以及消毒水有效氯检测检测等。共计进行果蔬农残检测为400余次。六是加强安全检查，及时整改隐患。安全检查是安全防范的重要措施之一。配餐公司采用日常检查和专项检查相结合，规定每周至少进行一次全面安全检查，重大节假日和重要保障活动之前必须进行安全检查。共计开展日常安全检查41次，发现隐患90项，完成整改90项，整改完成率100%。开展专项检查8次，包括消防安全专项检查2次、危险品和违禁品专项检查2次、疫情防控专项检查1次、食品安全专项检查1次，楼梯安全专项检查1次、“平安民航”专项自查1次，共计发现安全隐患6项，已全部完成整改。及时拆除2处临时建筑，封闭停止使用1处临时建筑，并已开始按照流程进行报废。六是开展专项行动，提升管理水平。共计开展各类专项行动10次，包括消费者权益日活动、国家安全教育日活动、“三个敬畏”专题教育、“三零”企业创建、“安全生产月”“专项毒检”以及“安康杯”等。既突出重点开展安全工作，又补充日常安全管理不足。

【生产经营】 截至2020年年底，配餐公司共与国内外46家航空公司（外航9家）签订配餐协议，担负太原机场保障航班中57%的餐食配送任务，日最高航班保障架次104架次，日最高生产量9000余份。全年累计完成营业收入2616万元，比2019年（4159.9万元）降低37%；完成利润总额-419万元，比2019年（148万元）降低383%；利润率-16%，比2019年（3.6%）降低19.6%。配餐公司共保障航班2.3万架次，比2019年（3.4万架次）降低32%；餐食保障174万余份，比2019年（333万份）降低48%。销售香思饼屋产品3万千克，保障贵宾厅自助餐2万余份，特殊保障累计155次。一是敢于随机应变，极力降低疫情冲击。全年疫情对航空配餐业务影响巨大，日均保障量下降90%以上，经营情况严重受阻。针对疫情配餐公司制作出航空便携式简餐，积极与客户沟通，增加餐食含金量；与太原机场签署关于地面保障的《航延协议》，针对入境经停航班，成立专职保障小组，制作保障专用餐，保障国际入境经停太原航班9架次，餐食2990份，创造收入6.7万元。配餐公司一方面确保旅客安全享用，另一方面确保旅客美味享用，从而极力挽救经营危机。二是激发团队创造力，虽于困境但逆势而上。自疫情以来，针对航空收入明显下降的趋势，香思饼屋逆势飞扬，摆脱航空资源依赖，不断开展地面销售业务。根据市场调研，及时掌握顾客需求，厨师团队不断研发、创新，共计推出比萨、小龙虾以及空港特色卤肉系列等70余款新品。员工制作美食小视频，充分利用抖音、微信朋友圈、公众号等新媒体推广产品百余次。为满足更多顾客能够品尝到比萨、麻辣拌等短保类产品并及时体验到产品最佳口感，利用“接龙小程序”不断接受顾客反馈，推出到店、电话、微信小程序3中预定方式，同时4月2日推出微商城，接受顾客网上短保类产品预定以及店内其他产品预定，并结合线上商城持续推广新品，推出多种套餐、秒杀产品，将部分爆款产品设定为线上专属产品，增加线上点击率、成交量以及会员量。正是如此，香思饼屋月均收入同比2019年增一倍有余。三是争取地面业务，虽主业受限但不受其限。为进一步应对疫情冲击，增加营业收入，配餐公司在做强现有业务基础上，多方沟通以拓展地面业务，经过与太原空港贵宾服务有限公司积极沟通、洽谈，签署T2头等休息室、国际航下午茶保障协议，5月21日开始供餐，5—10月创造收入42.5万元，全年收入60

万元。四是全方面节约，虽业务减少但争取利润。在业务下滑严峻情形下，配餐公司不忘初心，坚持完成保障任务，同时在困境中找办法，省成本。截至10月31日，配餐公司共进行市场询价20余次，及时解市场价格波动，及时掌握成本进价；与供货商开展招标谈判8次，争取到部分原材料产品降价，主要有太谷饼、榨菜、矿泉水以及标签等，共计节约原材料成本3万元；并且配餐公司号召全员贯彻“节约”指示，从各个岗位、各个环节中抠细节，致力于减少餐食损耗。截至10月底，配餐公司餐食损耗率为2.7%，同比2019年降0.8%。

【行政管理】 2020年，配餐公司不断提高自身服务意识，完善管理办法，紧紧围绕和谐、发展、提高等重点指导思想，打造团结奋进的配餐公司队伍，致力于为配餐公司持续发展夯实基础。一是注重人员思想健康。通过组织部门及员工开展思想形势分析会、问卷调查等方式，解员工家庭生活情况、工作情况以及所存在的困难等，发挥党政工团作用，在能力范围内不遗余力地帮助员工，稳定员工思想，为安全生产工作保驾护航。为应对2020年疫情形势，配餐公司以全新形式开展“每周分享”活动，利用钉钉以线上直播的形式将每周四的培训课堂坚持到底，大家一起分享日常见识、工作经验以及个人特长等积极向上的知识，潜移默化提高员工职业素养、道德素养和人文素养，稳定人员思想。二是注重人员培训教育。坚持员工培训与考核工作。为应对人员不可大范围聚集困难，配餐公司按照培训计划及临时培训任务采用微信、钉钉等App开展线上自学式培训，并采用“线上考核”模式开展月度考核工作，除将考核成绩记录在档作为年终绩效考核的依据外，配餐公司将月度考核制度进行修订，以日常表现、理论成绩和实操成绩组成考核总分，对全员范围内考核落后的员工采取当月或次月绩效的管理措施，从而营造良性竞争环境，激发员工紧迫感与上进心。三是注重防控物资到位。确保疫情防控物资及时到位，保护员工人身安全，是全年重点工作之一。面对市场供货紧张形势，配餐公司多面出击，不放过任何一个来源渠道，又加之公司性质，自身也有一定应急存货量，故而在严峻时期能够满足每位员工按要求做好防护。配餐公司还投入人脸识别仪、防护服以及防护面罩、眼罩等各类防控物资，为配餐公司安全生产、防控疫情做好后勤保障。

（配餐公司）

山西空港贵宾服务有限公司

2020年，在山西航产集团和北京总部正确领导下，贵宾公司紧紧围绕全年总体思路，在疫情防控、安全生产、服务保障、经营管理等各个方面积极开展工作，做到各项工作稳步推进，取得一定成绩。

【疫情防控实现“双零”目标】 2020年，贵宾公司提高政治站位，坚决贯彻落实上级各项防疫工作要求，第一时间成立领导小组，统筹推进常态化科学防控，做实做细各项防控举措，实现“旅客防控零失误、员工防控零感染”的“双零”目标。同时，贵宾公司主动承担社会责任，圆满完成援鄂医疗队包机任务14架次，为1516名医护人员开启“绿色通道”，累计提供行李打包服务价值共计7万余元，为全省驰援湖北以及在太原市参加抗疫的医护人员提供全年免费贵宾服务等。

【安全形势平稳可控】 全年未发生责任原因造成的安全事故和事故征候，始终保持“零事故、零违章、零差错”的安全工作目标。一是完善体系建设。推动安全绩效落地；重新制定《全面落实安全生产责任管理办法》，进一步细化职责划分；重新制定《兼职安全监察员管理办法（试行）》，选聘2名兼职安全监察员；建立“1+16”应急预案体系，强化应急响应能力。二是深化安全文化培育。扎实开展“安康杯”“安全生产月”“抓作风、强三基、守底线”安全整顿等活动，强化安全作风建设。

【“真情服务”持续引领】 2020年，贵宾公司以践行“真情服务”为核心，不断提高服务管理水平，升级服务品质，得到客户广泛认可，全年旅客满意度达99%，并受邀加入山西省礼仪协会，担任山西省礼仪协会副会长单位。一是服务管理体系不断完善。

新增服务标准89项；落地服务绩效考核细则；强化投诉处置能力，重新修订《旅客投诉管理规定》。二是服务品质不断提升。针对合约方，多次组织开展经验分享会、专业培训等，提升其服务质量；加强特殊旅客关怀，制定各类特殊旅客服务保障措施。三是持续加强品牌建设。礼仪服务亮相第二届民航通航发展大会及2020尧城（太原）国际通用航空飞行大会；礼仪培训输出72场次，收入22万元。

【经营发展负重涉远】 2020年，贵宾公司受疫情影响，在太原机场航班量长时间低位、市场环境持续低迷的情况下，贵宾公司紧紧抓住下半年复工复产契机，积极谋划、多措并举，全年完成收入4526万元，实现利润150万元，超额完成经营任务。一是积极应对，力保冠名客户零流失、两舱费用不降价；二是着力发展新业务。定制异地事业部卡类产品；推动全员营销，精心策划促销活动，累计发展新会员15000余个，增收401万元；积极发展新客户，与北京博纳润泽、德鑫文化及潼瑶达成冠名合作，全年增收118万元。三是扩大产品流动网络。与海景票代、上海机场国际旅行社等公司达成保量采购合作，合计增收80余万元。

【管理水平不断提升】 2020年，贵宾公司坚持以“全面深化改革”为引领，不断增强企业内在活力。在省直属基层工委组织的“争当最美劳动者 争创最美劳动集体”竞赛活动中，被评为优胜单位；在社会主义精神文明创建活动中，被山西省省属企业精神文明建设指导委员会授予“文明单位”称号。一是强化高位推动。重新修订《党委会议事规则》和《总办会议事规则》，进一步明确事权划分，在决策重大问题上，严格执行党委会前置程序。二是提高运行效率。持续抓工作督办，严格落实清单销号管理，全年共督办工作120余项；持续抓工作秩序，修订《公司外派人员管理规定》《考勤管理规定》《固定资产管理规定》等制度。三是树牢“过紧日子”思想。积极对接社保减免政策，实现人工成本减免约290万元；合理控制客供品及业务成本消耗，修订《采购管理规定》、全面试运行预算管理等。四是加强队伍建设。坚持党管人才原则，启动人才培养计划，选拔6名培养对象，开展第一期岗位交流锻炼。五是强化基础培训。重新修订《培训管理办法》，建立培训师积分管理机制、课程评估机制，全面更新内训课件。疫情期间，充分利用业务空档期，适度延长复训周期，组织太原本部和异地事业部培训31场。六是强化科技引领。积极推动“智慧营销”建设，开发微信小程序“晋享贵宾”，推出线上会员卡销售和服务预约等服务功能，设计后台数据监测功能，为营销分析提供权威数据支撑；持续做好两舱系统建设。完成两舱系统3项著作权的申报登记工作。“智慧机场之基于两舱业务贵宾服务系统”获得省总直属基层“五小六化”竞赛一等奖。

【全面从严治党能力持续增强】 2020年，贵宾公司下大力气抓好党建工作。一是基层党组织建设能力不断增强。机关党支部、贵宾党支部、嘉宾党支部先后获得山西航产集团“先进党支部”，贵宾党支部于7月被评为山西航产集团“基层示范党支部”。二是持续抓好意识形态建设工作。坚持意识形态领域形势分析研判会制度，全年意识形态领域平稳可控。三是制定《新闻宣传管理办法》。严格审批程序，并利用办公网、微信公众号、抖音等载体，全年对外发布新闻稿件100余篇。四是认真落实党风廉政建设要求。坚持警示教育、专项督查常态化。五是充分发挥群团作用。全年慰问生病、生育、外派干部家属及退休职工共计20余次；积极开展书画摄影展、读书分享等活动，丰富职工业余生活。

（贵宾公司）

太原空港停车场管理有限公司

2020年，在山西航产集团正确领导下，停车场公司坚持以习近平新时代中国特色社会主义思想为指导，坚持稳中求进，不断提升管理水平，积极应对新冠肺炎疫情带来的不利影响，努力拓展经营思路，增加经营效益，确保“十三五”规划圆满收官。

【安全生产工作态势平稳】 2020年，停车场公司始终坚持“安全第一、预防为主、综合治理”的工作方针，不断强化安全基础工作，提升安全生产水平。

认真落实安全生产责任，及时更新修订公司安全管理和绩效体系。将“抓作风、强三基、守底线”活动与安全从业人员作风建设活动有机融合，不断提高从业人员安全意识。深入开展安全隐患排查治理工作，杜绝安全生产事故，有效遏制人身伤亡事故发生。强化应急预案安全教育培训，提高员工应急处置能力。开展安全生产事故警示教育，提高从业人员安全意识，增强安全规章制度执行力，提高事故防范能力。组织开展安全生产大检查、安全生产月、“安康杯”竞赛活动等专项活动，以专项活动带动公司遵章守纪、技能训练、岗位职责、基层党建四个方面安全文化水平不断提高，以良好的安全文化助推安全管理水平提升。全年停车场公司安全生产态势平稳，未发生安全生产事故。

【新冠肺炎疫情防控“零感染”】 2020年，停车场公司提高政治站位，切实做好新冠肺炎疫情防控工作。制定防控预案及工作方案，制定并完善疫情防控期间的多项制度和工作流程，有效规范疫情防控期间员工健康防护、环境消杀等行为。对全员开展网格化管理，以班组为单位每天报告员工健康情况，进入工作岗位前先进行体温监测。充分利用黑板报、微信工作群宣传疫情防护知识，为员工提供口罩、手套、84消毒液、酒精等等防护、消杀用品，全力做好员工防护工作，确保员工健康安全。疫情期间全员未发生一例感染情况。疫情期间停车场的生产经营工作依旧正常开展，得益于停车场不断开展的智能化改造工作，微信、支付宝、云闪付、无感支付等多种线上支付方式的充分应用，最大可能降低现金支付带来的疫情传播风险。高清全覆盖摄像头有效地对全车场进行监控，减少巡视人员与旅客面对面接触。

【国际航班旅客转运安全有序】 2020年3月开始，停车场公司机场巴士运行部承担太原武宿国际机场国际航班旅客分流保障任务。为切实做好保障工作，确保不出现人员感染情况，停车场公司制定全面细致的《国际航班经停保障工作方案》，对驾驶员开展防疫知识学习，防护用品正确穿脱专项培训，熟悉保障流程。转运任务结束后，按照《车辆消毒指南》对保障车辆进行规范有效的消杀。在停车场内设置国际航班保障停车专区，由专人负责引导车辆的出入及停放，保障医护人员车辆及救护车正常快捷出入停车场，避免停车场其他旅客与医护人员及其车辆产生交集，防止普通旅客误入进入国际航班警戒区。在保障工作中，全体党员身先士卒，冲锋在前参与旅客转运任务，起到先锋模范作用。截至年底，共完成国际旅客转运345趟次，安全转运旅客6430人。

【克服疫情影响抓经营】 2020年，停车场公司为尽可能降低新冠肺炎疫情对生产经营的影响，在做好疫情防控的同时，停车场公司努力拓宽经营渠道做好经营增收工作。自3月1日起与北京泰祥智能交通科技有限公司签订《太原武宿国际机场网约车管理合作协议》，收取场地年租金70万元整，按季度缴纳。机场巴士加密两条线路发车频次，机场至广场发车间隔缩短至20分钟，机场至南站发车间隔缩短至10分钟，缩短旅客等待时间。实行优惠票价，吸引更多旅客选择机场巴士出行，提高上座率；与通航签订职工班车使用协议，承接第二届飞行大会、华北局安检技能比武、西藏航空机组接送等任务，增加经营收入。

【真情服务方便旅客】 2020年，停车场公司结合“民航服务质量品牌建设”专项行动，进一步提升停车场公司服务品质。在疫情防控期间，做好机场巴士车辆消杀，对所有乘车旅客均进行体温监测和实名登记，全程佩戴口罩，为旅客提供安全、放心的乘车环境；通过不断提升车场科技含量为旅客提供方便、快捷、安全停车服务。以无线传输方式，在贵宾通道出口增加400万像素全彩高清摄像头，在机场巴士售票岗亭增加监控系统，为解决服务争议提供有力保证；打造机场至太原南站快线品牌，在太原南站东广场设立机场巴士站点，以专线、快线形式运营，方便旅客往来机场与高铁站之间。

【内部管理持续提升】 2020年，停车场公司全力做好增收节支工作，根据部门业务特点，列出年度经营增收和费用控制计划。面对疫情后出现的经营困难，停车场公司在力争增加收入的同时，加强设施设备维护管理,倡导自己动手,精细核算、合理降费的原则;进一步加强水电管理,控制文件打印数量,合理使用公务用车,爱护车辆,节省燃油费和车辆维修费,实现公司节支目标。与此同时,完成停车场公司"六定"改革工作。根据山西航产集团"六定"改革工作要求,结合实际,制定停车场公司及空港快线职能部门及职能部室工作人员数量管控目标,通过定机制、定薪酬、定任期,明确停车场公司职能部门机构设置、人员配备,有利于强化停车场公司各项管理,使停车场公司各部门、各岗位职责进一步明晰,分工进一步明确,提升停车场公司各项工作效率。

【组织建设不断加强】 2020年,停车场公司在上级党委精心指导下,党支部深入学习贯彻中共十九届五中全会和习近平总书记系列重要讲话精神,以从严治党为主线,坚持不懈地抓好思想、组织、作风、制度和党风廉政建设,为停车场公司发展提供坚强的政治和组织保证。一是抓理论学习,提高党员干部党性修养。组织党员观看中共十九届五中全会实况,专题学习宣贯中共十九届四中全会、五中全会公报原文精神,深刻领会会议精神。组织开展《习近平谈治国理政》(第三卷)专题学习,使全体党员进一步提高思想认识。二是抓组织建设,提高党建工作水平。严格落实党建工作责任制,支部书记切实履行党建工作第一责任人职责,支委其他成员结合分工抓好分管部门的党建工作,业务工作和党建工作一起部署、一起检查、一起落实。严格遵守"三会一课"制度,结合主题党日活动,开展重温入党誓词、学习先烈前辈精神的专题教育。严格抓好发展党员工作。按照"成熟一个、发展一个"的原则,着重从在一线工作的优秀员工中培养发展年轻党员,切实增强党员队伍活力。新冠肺炎疫情防控期间1人表现突出,火线入党。三是抓党风廉政建设,筑牢党员干部拒腐防变思想防线。认真落实党风廉政责任机制,严格党风廉政建设"两个责任"落实,提高党员干部底线意识、红线意识。强化对权力运行的监管。坚决贯彻民主集中制,坚持重大事项集体研究决策制度,对"三重一大"的监督管理,切实形成用制度管权、管人、管事的长效机制。四是抓精神文明建设,创建精神文明单位。以创建精神文明单位活动为主线,全面提高停车场公司精神文明建设水平。在社会主义精神文明创建活动中,被山西省省属企业精神文明建设指导委员会授予"文明单位"称号。认真组织全员开展创城工作,学习"创城"应知应会手册内容,熟知熟记社会主义核心价值观,通过服务专项培训提升窗口人员的服务意识和服务水平,组织党员干部在停车场内清理烟头、垃圾,用实际行动为"创城"做贡献。

(停车场公司)

山西民航机场空港联合传媒有限公司

2020年,在董事会领导关心指导和上级各职能部门大力支持下,传媒公司积极运营太原机场及运城、长治、大同、吕梁、五台山5个支线机场媒体资源,完成全年工作目标任务。

【经营效益及品牌建设】 一是经营情况。2020年1至10月,太原机场及运城、长治、大同、吕梁、五台山5个支线机场合计实现营业收入3125.56万元,比上年同期4100.66万元减少23.78%;1月～10月利润总额为104.49万元。全年实现营业收入3821万元,全年实现利润总额120万元。太原机场全年实现营业收入3264万元,较上年同期降低24%。受疫情影响,机场人流量大幅度减少,太原机场2月至6月同比分别下降87%、76%、67%、52%、43%,受此影响机场广告资源价值大打折扣,造成广告收入减少及客户流失。新签合同共计12份,同比下降近40%,媒体价格也有所下降。部分客户提出广告费减免诉求,减免期3个月左右。部分客户因疫情影响支付广告费困难,催收广告费难度较大。为突破销售瓶颈,传媒公司启动全员营销策略,打开销售渠道,努力提升销售业绩,增加营业收入。运城机场全年实现营业收入145万元,较上年同期降低12.78%。受国内疫情及当地经济环境影响,运城机场经营情况依然不理想。疫情发生以来,受其影响加上一直以来当地客户对机场媒体接受度一直不高,传媒公司为打破销售瓶颈，新签多家代理公司以及地产客户，并积极地与当地客户、当地机场进行沟通联系，确保到期合同正常续约，努力增加运城机场的广告收入。长治机场全年实现营业收入150万元，较上年同期增加了0.1%。上半年，长治机场经营状况不理想。首先长治当地高速道路媒体拆除，许多代理公司对其客户媒体投放损失进行补偿，现金周转困难，导致前期对机场媒体有意向的部分客户流失；其次，受疫情影响，长治机场客流量骤减，上半年吞吐量只达到上年同期水平35%左右，下半年逐步回升，达到上年同期76%；最后，长治机场新航站楼正在建设，2021年上半年将投入使用，导致大部分意向客户有意延迟投放新楼媒体。公司努力拓展销售，先后续签长治海之润、内蒙古影坊、山西锦玉华成等客户，经营收入比上半年也有所增长，整体比上年同期稳中有升。大同机场全年实现营业收入160万元，较上年同期降低14.20%。受疫情和高铁广告影响，大同机场经营不容乐观。部分客户解约，对媒体销售影响很大。在保证现有客户正常续约的同时努力寻找新的销售突破口，成功与大同市飞度文化传媒有限公司合作共同开发太阳能分类广告垃圾箱展示项目，力争通过创新媒体形式，提升经营亮点。 吕梁机场全年实现营业收入85万元，较上年同期增加了119.75%。吕梁机场相对于其他支线机场，旅客吞吐量一直较少。在确保到期合同正常续签，同时针对有意向客户及时回访，下半年成功与山西天翼以及吕梁市华宇广告两家代理公司续约。吕梁机场媒体发布率为100%。五台山机场全年实现营业收入17万元，较上年同期降低39.46%。受疫情影响，五台山机场吞吐量骤减，导致客户投放意愿不高，收入提高难度较大，截至年底，传媒公司已经与五台山机场重新签订五台山机场广告特许经营合同，相对降低机场特许费。二是经营分析及应对举措。全年传媒公司经营业绩受疫情冲击巨大，广告收入减少，部分客户流失。传媒公司多次召开专题会议研究经营对策，并开展客户广告费及机场特许经营费的核减工作。7月召开客户恳谈会，与合作客户深度沟通探讨，起到摸清市场，深入沟通，服务客户，促进销售的目的。传媒公司更新经营理念，创新营销方式。以“融合、无界、科技、愉悦”为立足点，拍摄完成传媒公司线上宣传片，提升企业形象。积极加强华北大区联动营销工作，力争通过三地联动营销，推进客户资源、媒体资源共享。传媒公司拓展直客资源，优化客户结构，促进与本地企事业单位的业务合作。中标续签中国联合网络通信有限公司山西分公司太原机场玻璃贴广告合同；签约山西药茶联盟股份有限公司太原机场广告发布合同；与山西通用航空集团有限公司洽谈山西各机场广告合作事宜，已经达成合作意向；与山西晋能集团有限公司洽谈太原机场广告合作事宜；与山西文旅集团洽谈山西机场广告合作事宜。传媒公司响应总部“创新营销模式”思路，打破常规销售思维，“抓大同时不放小”销售，除拓展长期潜在客户外，积极与短期客户合作。三是多措并举，追缴欠款。全年传媒公司涉及诉讼案件14家，已结案5家，9家判决结果已下，均为公司方胜诉。四是履行社会责任，加强品牌建设。传媒公司始终秉持“立足机场、服务社会”的原则，密切政企关系，履行社会责任，加大为政府及机场的服务力度，发挥窗口媒体的作用。不断提升媒体资源的社会与商业价值，为政府、公安、机场及其他驻场单位提供各类公益宣传。全年传媒公司完成疫情防控、创建文明城市、习近平总书记考察山西、社会主义核心价值观、国家安全教育日、爱国卫生月等公益宣传共计810余项，4930平方米。其中疫情防控公益宣传达3250平方米。获得政府、机场等各方认可，获评中广协“2020抗疫公益广告宣传突出贡献奖”，传媒公司品牌得到更广泛的宣传。

【疫情防控及监督检查】 2020年，传媒公司明确“两确保，一稳定”的工作目标，即确保员工和服务商人员“零感染”，确保媒体安全运行，保持经营稳定。外防输入、内防扩散、查摆漏洞、补齐短板，做好疫情防控各项工作，实现“零失误、零感染、零投诉”的三个零目标。一是建立健全疫情防控安全运行机制。2月6日成立疫情防控工作领导小组，公司领导担任组长，各部门负责人为小组成员，并下设6个专项工作组，明确分工，落实责任，确保疫情防控工作组织有序、推进有力。制定《新冠肺炎应急处置预案》，健全落实疫情防控制度，明确应急工作流程，确保各项疫情防控工作做实做细。二是完善制度落实责任。传媒公司根据总部和山西航产集团要求，结合传媒公司岗位实际，先后修订并实施《公司新冠肺炎疫情防控工作细则》，细化到岗、落实到人，并做好相关台账记录全员签订《疫情防控责任承诺书》和《疫情防控个人承诺书》，全员及服务商坚持每日“健康打卡”制度，报告员工及同住人员健康状况，严格落实《关于对疫情防控工作落实不力严肃追责问责的意见》。组织召开钉钉视频周例会，每周开展疫情防控监督自查，常态化做好防疫物品的采购与下发。及时传达学习中央和上级有关疫情防控的文件精神，做好疫情防控知识和法律宣贯，督促传媒公司全员加强防控，科学防护。三是对服务商防控严格管理。传媒公司与服务商共同落实疫情防控责任。与服务商签订《疫情防控期间安全承诺书》和《服务商疫情防控补充协议》，签订《疫情防控责任承诺书》和《疫情防控个人承诺书》，利用钉钉视频每周进行培训和讲评，坚持每日对27名外包服务人员进行“健康打卡”，并报送其同住人员健康及行踪情况。四是积极组织参加各项疫情防控活动。开展“众志成城，战胜新冠肺炎”专题党日活动，组织全体党员宣誓、全体员工承诺并签名活动，坚决做到“六带头、六严禁”。设计制作“防控疫情48字守则”展板在办公区域上墙，引导全员谨遵守则、科学防护。按照传媒公司总部《广告公司员工防护三字诀》要求全员设置电脑桌面、屏保，手机壁纸，增强员工疫情防护意识，明确防护要点，时刻提醒做好疫情防护。参加山西航产集团“共克时艰、抢抓机遇”合理化建议及公司总部“战疫情、保收益、促发展”建言献策活动。参加民航博物馆、民航科普基金会举办的“逆风飞翔——中国民航抗击新冠肺炎疫情在行动”摄影书画作品展活动。在进入常态化疫情防控时期后，公司设计制作“常态化疫情防控三字诀”展板在办公区域上墙，并联合机场相关职能部门及时开展秋冬季疫情防控应急演练，强化应急处置意识，提升应急处置能力。五是开展疫情防控公益宣传和员工自身宣传教育。做好属地机场航站楼的公益宣传，发挥窗口媒体作用，履行社会责任。自1月27日起先后通过电子媒体和部分灯箱共发布疫情防控公益画面572幅、3250平方米。为太原机场设计制作“驰援武汉，抗击疫情”的纪念登机牌，为山西省1500余名援鄂医务人员记载光荣行程，荣获中国广告协会“2020抗疫公益广告宣传突出贡献”奖。全年利用微信、钉钉、办公区域展板、讲评会等形式，强化员工防疫知识宣传教育，共下发学习相关文件300余个。六是加强新闻报道和舆情教育。教育全体员工传播正能量，不信谣、不传谣，禁止转发和传播负面虚假信息，及时收集疫情防控及生产运行工作中的亮点，撰写新闻稿件进行报道，参加黄河奖疫情公益宣传投稿3篇。

【媒体维护及安全管理】 2020年，传媒公司严格按照公司总部和山西航产集团总体要求，加强疫情防控和媒体安全管理，细化安全考核指标，层层签订安全责任书。严格贯彻习近平总书记关于安全生产系列重要指示批示精神，严格控制区证件办理，对安全隐患零容忍，确保传媒公司所辖媒体安全无事故。传媒公司加强安全制度建设，完善安全工作台账，强化安全专项培训及安全演练，每周定期组织巡视、维保服务商召开沟通协调会，每季度召开一次季度安全培训，每季度进行一次视频媒体防插播演练，每季度报送上季度安全关键指标考核表。加强一线员工、服务商管理，将标准、要求相应的落实到合同条款、工作计划、岗位说明书中，确保工作有标准、有计划、有奖惩、有考核，形成完整的闭环管理。按照公司总部“抓作风、强三基、守底线”安全整顿活动、“三个敬畏”宣传教育工作、空防安全专项整治工作要求，山西航产集团“三零”企业创建、安全生产专项整治三年行动要求以及2020年全国“安全生产月”活动要求，传媒公司宣贯安全工作作风、制定相关工作方案、梳理工作台账记录，检查媒体安全隐患。由领导带队对太原及支线机场开展安全大检查，对发现的问题立查立改，总结经验教训。特别是“两会”重保期间,开展网络安全隐患排查,采取“一键关停”措施,确保所有视频类媒体及网络信息运行正常。媒体部细化防控措施,制定疫情防控应急预案及防控细则,并及时向服务商宣传贯彻。对一线返岗人员及其家属做好登记、隔离观察,在疫情常态化后坚持对服务商每日健康打卡和人员情况跟踪报送,传媒公司领导带队对太原及各支线机场开展防疫及安全工作检查。5月对太原机场18个内廊桥更换广告画面,10月对大同机场6块外廊桥看板更换画面。传媒公司持续提升媒体品质,媒体部对太原机场老旧光源媒体持续进行摸排,制定下一步光源改造计划,助力建设绿色、平安广告。

【行政管理及培训工作】 2020年,传媒公司面对疫情带来的巨大冲击,加紧完善各项规章制度,加强台账科学管理,形成行政助力公司安全生产及市场经营的协同力量。强化考核管理,修订绩效考核方案,有效的推进传媒公司运营效率;坚持总经理办公会议事规则,强化督办意识,行政效能得到提升,工作质量和效率提高显著。坚持各项行政工作有计划、有安排、有部署、有执行、有总结。重视全体员工的职业素养培训和职业道路规划,选贤用能,聘任补充部门负责人,强化人才梯队建设。明晰岗位职责,分工明确。在工作中引入培养和传帮带,不仅要适用其岗位要求,更要跟上数字化改革行业发展大趋势。传媒公司全员积极参加公司总部举办的每周一期“知行(直播)讲堂”活动、“荐书尚学”活动及“混沌大学”学习,统筹推进疫情防控和公司创新发展,倡导行动学习法,抓住时机“充电”“加油”,提升员工专业素质能力。同时组织全员积极参加“荐书尚学”“信访活动”“国际档案日”“三个敬畏”等各项征文活动,引导全员结合实际系统学习、深入思考,更好地探寻传媒公司未来的发展方向。

【强化党建与主题教育】 2020年,传媒公司进一步巩固“不忘初心、牢记使命”主题教育成果,加强疫情防控工作,以适应新情况、新变化,确保传媒公司全年安全稳定运营。党支部按照上级党委要求,继续深入学习贯彻中共十九大及十九届历次会议精神和习近平总书记系列重要讲话,加强党风廉政建设,坚持“三重一大”和“三会一课”制度。全面落实从严治党,落实“两个责任”,强化“三基”建设,做好支部各项工作。加强疫情防控的各项文件精神传达落实,重视疫情防控知识和法律宣贯,积极组织参加疫情防控的各项活动。丰富党日活动内容和形式,做好入党积极分子的教育、培养及发展党员工作,充分发挥基层党组织的战斗堡垒作用,确保党的路线、方针、政策的贯彻执行。截至年底,党支部书记上党课1次,召开党员大会4次,支部委员会18次,党日活动11次,群团活动30余次,新闻宣传报道31篇,按时收缴党费。为传媒公司的经营、安全及疫情防控提供坚强政治保障,较好地完成各项工作。

(传媒公司)

山西龙腾中天科技有限公司

2020年,科技公司广大干部职工克服人员少、任务重等困难,始终保持积极向上精神面貌和干事创业劲头,主动作为、勇于担当。在持续做好疫情防控同时,切实抓好复工复产经营工作,较好完成全年目标。

【抓好党建引领工作】 2020年,党支部坚持认真落实全面从严治党的主体责任,不断增强基层党组织建设能力,7月被评为山西航产集团“先进党支部”。按照服务改革、服务发展、服务民生、服务群众、服务党员要求,通过对支部不断建设,科技公司全年在意识形态领域平稳可控;全年完成各类专题教育10余次;建立岗位廉政风险防控机制,加大对重点领域和关键环节的监管力度;充分发挥群团作用,对生育、退伍军人、患病职工进行慰问;积极参与上级组织各类活动,出人、出技术,出设备,受到上级好评。

【安全工作重于泰山】 2020年,坚持将“没有安全,一切归零”的安全理念贯穿于生产全过程。确保全年各类信息传递畅通、准确、及时;杜绝民航局规定的重大信息不安全事件;杜绝责任原因发生的火灾、重特大道路交通、重大社会影响等事故的发生;

杜绝责任原因的航空严重差错、航空一般差错。从日常工作，着手落实安全基础工作。通过安全生产专项整治、工作作风和工作纪律建设、开展好“三个敬畏”、安康杯竞赛和“安全生产月”活动，将系列安全活动与安全隐患排查相结合，与换季检修、月度安全隐患排查工作结合，进一步增强员工安全意识，提高安全保障水平和安全管理水平，对全年安全生产起到积极的推动作用，确保全年安全生产目标的完成。通过不断强化应急处置工作，多次开展信息系统和通信管网故障的应急演练，与技术厂家和运营商深度合作，形成密切应急联动机制，增强信息化应急响应水平，全年信息系统的正常运行率大幅提升。协助山西航产集团相关部门开展信息安全落实工作。完成山西航产集团信息项目的上报审核把关；针对多次发生的勒索病毒及其变异病毒侵害，加大安全检查力度，及时发现及时预防，使山西航产集团网络处于安全环境。

【用科技力量助力疫情防控】 2020年，在疫情防控中，本着“业务、防疫两不误”的原则，运用科技创新、科技强企手段，科学精准打赢疫情防控阻击战。一是在国际航班保障过程中，科技公司以政治当先，做好保障服务为己任，确保国际区增设的相关信息设施设备正常运行工作。二是为各经营单位，提供通畅办公网络，并协调厂家部署VPN远程办公模式，实现在疫情隔离期间，科技公司各单位的正常自动化办公。三是积极储备信息化业务资源，结合疫情现状、放眼信息化将来，利用防疫期间业务暂缓的时机，提前做好调研和信息化储备工作，包括人工智能图像、视频识别，大数据分析和应用、云计算等技术，为山西航产集团的信息化的服务和发展提供基础依据。

【开源节流完成经营目标】 2020年，完成收入961万元，实现利润124万元，出色完成山西航产集团下达的经营目标。上半年受疫情的严重影响，科技公司实现利润不足万元，科技公司班子紧抓生产不松劲，紧抓管理不松懈，紧抓新业务发展不停滞，科技公司努力从山西航产集团走出去，从文旅集团，到省级重点工程会议现场，都能看到科技公司职工身影。在子机场信息项目、山西航产集团云桌面等新兴项目和新兴技术中不断寻找新业务，咬紧牙关加油干，用半年时间实现100多万元利润。

（科技公司）

山西通用航空集团有限公司

2020年，按照山西通用航空集团有限公司“全省域统筹、全链条发展、全方位改革、全领域开放、全要素保障”的发展要求，通航集团以通航强省建设为指引，加快推进通航全产业链各项业务，着重推进省级通航发展平台运营体制建设。

【推进省内通用机场建设】 2020年，通航集团积极对接河曲、左云、阳曲、繁峙、右玉等地政府，以咨询—建设—运营一体化服务模式承接省内通用机场建设，通航集团和中国航空国际建设投资有限公司组成联合体已中标河曲县通用机场建设项目前期咨询服务项目；完成与右玉通用机场、山西龙城飞鹰公司框架协议，合作共同推进右玉临时起降点升级为通用机场的相关工作；协助完成繁峙直升机起降点选址工作，计划通过合作开展低空旅游业务。

【配合推进省内产业园规划建设】 2020年，通航集团积极配合清徐县政府，完成清徐通航产业园整体规划及论证工作，投资1.2亿元完成机库运营区一期1.2万平方米机库、1.4万平方米机坪建设，打造园区通航运营核心能力，协助完成飞行者特色商街、广场、公交港、交通系统建设。

【大力发展通航会展服务能力】 2020年，通航集团在论坛举办、场地支持、产业促进等方面提供支持，保障全年尧城（太原）国际飞行大会的顺利召开，举办第二届民航通航发展大会；促成中国通用航空创新创业大赛落户山西，并于9月28日举行大赛发布仪式。12月启动“2020空中看山西——歌颂美好新时代，畅享美丽新山西”为主题的航空摄影大赛与摄影巡展，经为期一个月的作品征集后，在2021年1月进行专家评审工作，2021年1月至2月进行颁奖仪式。

【复兴三晋通航核心能力】 2020年，三晋通航恢复

CCAR91部运行资质，完成业务重启，通过湿租轻型直升机开展太原晋阳湖、介休绵山低空旅游项目，接管全省短途运输航线的机票销售工作，参与保障尧城机场通航短途运输，组织两次尧城机场青少年航空科普研学活动。

【推进CCAR141航校设立】 2020年，通航集团与中国飞龙通航达成CCAR141航校设立两期发展合作意向，计划首期成立中国飞龙辅助飞行训练基地，待黑龙江民航监管局进行行业审定后，完成飞行培训转场工作，并陆续开展航线运输驾驶员整体课程、私商用驾驶员课程、仪表等级课程的培训业务；计划二期成立CCAR141航校或成立包括141航校培训业务在内的通航公司。

【全面推进通航运营服务】 2020年，通航集团在2019年开通5条短途运输航线基础上，新开吕梁—大同、大同—长治、吕梁—临汾3条省内环飞航线，截至11月11日，累计实现短途运输旅客15366人次，山西成为中国单位国土面积短途运输航线密度最高的省份，进一步发挥通航交通属性，初步实现全省通航短途运输的网络化、常态化。2020年5月新开太原晋阳湖、介休绵山等低空旅游业务，2019年围绕山西三大旅游板块低空旅游布点，低空旅游布局导向从之前的"旅游目的地"向"游客集聚地"转变，进一步推动山西通航消费市场化。

【合资成立无人机公司】 山西通用航空无人机有限公司于2020年4月注册成立，已陆续开展无人机公司警航培训、无人机航拍、科普研学等生产经营业务，与中电科38所达成合作，推进航空器研发试飞、中大型无人机综合应用，并完成太原市政府委托的国家级民用无人驾驶航空试验区申报工作。

【积极牵引产业重点项目落地】 2020年，通航集团按照"转型为纲、项目为王"的要求，积极创新推进通航新兴战略产业发展，积极主动与国内大型企业对接洽谈，借助尧城机场及新建机库等基础设施，就公务机FBO维修基地、CCAR141部航校、大型无人机运营制造基地、航材基地、计量测控通航技术产业园区、恩斯特龙直升机生产线等6项通用航空产业重点项目引进达成合作共识并进行签约，并将陆续开始规划、开工、投产。

【全面提升尧城机场主运营基地保障能力】 2020年5月，通航集团协助完成尧城机场使用许可证变更及导航及助航灯光投产校验飞行，尧城机场成为国内为数不多具备夜航能力的高等级通用机场。积极与国际航空运输协会对接联系，获批尧城机场特定三字代码"TYC"，并进行大量机场基础设施的专业化维修，全面提升尧城机场运营核心能力。

【协助完成森林火灾救援】 2020年，通航集团发挥应急救援体系中通用航空的重要作用，通航集团完成紧急调机、机场保障、空中指挥、空域协调、航空消防救援五位一体的航空救援任务，成功组织实施吊桶灭火、机降灭火、火场侦察灭火作业，协助完成五台山、榆社、朔州森林火灾抢险救援。

（通航集团）

山西交通运输

2021 年鉴

区域发展

太原市

太原市交通运输局

2020年，在太原市委、市政府坚强领导下，太原市交通运输局坚持以习近平新时代中国特色社会主义思想为指导，全面贯彻落实中共十九大和十九届历次全会精神，深入贯彻落实习近平总书记视察山西重要讲话重要指示，认真贯彻落实省委十一届十次全会和市委十一届九次全会精神，坚持“四为四高两同步”工作思路和要求，扎实做好“六稳”工作，全面落实“六保”任务，聚焦“六新”突破，统筹推进疫情防控与经济社会发展，加快推进交通运输高质量转型发展，多项工作取得积极成效，走在全省前列。

【统筹做好疫情防控和复工复产工作】 面对新冠肺炎疫情发生，全市交通运输系统坚决贯彻落实习近平总书记重要批示指示精神，严格落实省委“五严五防”、“三线”作战、“四后”防控等工作要求，按照市委、市政府决策部署，紧盯公共交通、城市客运、道路运输、铁路民航等重点部位，坚持“一手抓疫情防控、一手抓保畅保通”，全系统累计投入一线防控人员33.39万人次，检查过往车辆77.01万台次，检测人员316.2万人次，以坚决态度牢牢守住疫情防控交通主阵地。在疫情防控取得重大阶段性成果的同时，坚决按照习近平总书记关于统筹做好疫情防控与经济社会发展的指示精神，着眼全市实际，制订出台《关于做好复工复产交通运输服务保障工作的若干措施》，以交通运输的率先复工复产助力全市经济社会的有序恢复。与此同时，主动对接、协调相关省市交通运输主管部门，为可口可乐、富士康、晋天峰等企业协调跨省运输服务；积极挖掘运力运能，加大货运服务保障力度，做到人畅其行、货畅其流，切实以强烈的职责使命和责任担当为疫情防控期间全市经济社会发展贡献交通力量。

【全面开启交通强国建设太原新篇章】 认真贯彻落实中共十九大作出的建设交通强国的战略决策部署，按照全省《贯彻落实〈交通强国建设纲要〉实施意见》要求，充分结合全市交通运输实际，注重发挥省城区位优势，积极组织开展全市贯彻落实《交通强国建设纲要》实施意见起草工作，截至年底，初稿已形成；与此同时，着眼全省“一主三副六市域中心”空间布局，围绕山西中部盆地城市群一体化、太原都市区发展总要求，对全市“十四五”期间交通运输发展脉络进行系统、科学梳理，初步形成太原市“十四五”交通运输规划中期成果，为全力推动全市交通运输事业高质量发展绘就蓝图、指明方向。

【坚持“项目为王”，加快推进交通基础设施建设】 太原东二环高速公路于10月26日全面通车运营，项目作为全省“三纵十二横十二环”高速公路网络的重要组成部分，为扩展城市发展空间，提升太原都市区综合承载力，助推太原都市区和中部盆地城市群一体化发展提供有力保障与支撑；太原西北二环高速公路项目进展顺利，截至12月底，项目已累计完成投资40.1亿元，项目的建设对于进一步拉大城市框架、拓展城市发展空间、优化省城路网布局，加快推进建设具有国际影响力的国家区域中心城市具有重要意义；太原市汽车客运东南站项目于2020年8月底完工后，已进行竣工验收阶段。投运后可实现高铁、长途客运、公交、地铁、出租车和社会车辆等多种交通方式的无缝衔接和高效换乘，为旅客提供“零距离换乘”的便捷出行体验。太原东西山旅游公路全线贯通。东山旅游公路于6月完工，完成建设里程93.5公里，完成投资3.89亿元，与2019年5月建成的西山旅游公路“握手”连接，实现全长229.5公里的太原环城旅游公路的全线贯通。与此同时，公交停保场建设加快推进，嘉节、胜利桥东、唐槐园、体育馆、长风东5个公交场站建设正有序推进。

【加快推进“四好农村路”和“3+1”旅游公路建设】 坚持“建管养运”全面发展的要求，持续加大“四好农村路”和“3+1”旅游公路建设。2020年省交通运输厅下达全市“四好农村路”建设任务为新改建574公里，完成投资1.5亿元。截至年底，已完成建设里程657公里，为目标任务的114%，完成投资5.4亿元，为目标任务的360%；“3+1”旅游公路完成建设里程150公里，完成投资8.2亿元；与此同时，深入开展“百乡千村万里美丽农村路”示范创建工作，积极推进农村公路市、县、乡、村四级“路长制”，健全农村公路管理养护体制，推动形成路联管、路全管、路共管、路常管的农村公路发展新格局。

【三大攻坚战取得阶段性成果】 一是交通扶贫成效显著。2020年下达贫困县“四好农村路”建设项目49个，建设里程221公里，争取省级补助资金2833万元，占全市84.9%；大力推动双通工作落实，全市52个乡镇、833个建制村于2019年底如期完成通硬化路任务，于2020年6月提前完成通客车任务；持续加大精准扶贫力度，积极拓宽农产品销售渠道，按照“五进九销”扶贫要求，在全市5个长途汽车站布设扶贫智能专柜10台，全年累计销售小米、葡萄、大葱等农产品9.6万余元。为解决村民饮水从“有没有”向“好不好”转变提升，多方协调为南留南村安装直饮水机设备1台，通过调低售价惠实村民；同时，注重扶贫与扶志相结合，开展“红心向党，决胜小康”主题党日等思想教育活动，进一步增强群众脱贫致富的信心与决心；驻村第一书记尤变清因工作成绩突出被评为全省“模范第一书记”。二是交通污染防治成效明显。淘汰国三及以下排放标准营运柴油货车5457辆；严密组织柴油货车和散装物料车联合执法行动，2020年以来，共检测柴油货车17431辆、超限超载车辆874751辆、散装物料货车41042辆，车辆劝返和绕行12161辆，处罚车辆10537辆，处罚金额169.84万元。三是持续实施城六区土路扬尘治理。完成治理改造工程116项127.09公里，完成投资2.5亿元，通过连续两年持续实施路域环境整治，有效遏制城乡接合部土路扬尘污染，为全市环境质量提升和改善贡献力量。四是全力推进太原绕城高速公路过境货车分流管控工作。为坚决打赢蓝天保卫战和秋冬季污染防控攻坚战，按照省、市决策部署，太原市会同省交通运输厅、省公安厅交管局、省交控集团等单位，全力组织实施太原绕城高速公路过境重中型货车分流管控工作，由省交通运输厅组织研究编制《太原市绕城高速公路过境货车分流管控方案》，投资3600万元，一个多月时间内完成新建两条枢纽节点专项匝道，安装远端、近端引导标识标牌199块，组织区间节点服务区改造；与此同时，为严格履行重大行政决策程序，按照市委、市政府工作安排，市交通运输局会同市委宣传部、市委政法委、市司法局、市生态环境局、市公安交警支队等相关部门参照先进城市的经验做法，依照相关规定，先后完成专家论证、公众参与、社会风险评估、合法性审查、集体讨论和公布等法定程序，为依法合规实施分流管控工作奠定扎实基础。12月3日零时，分流管控全面启动实施，为全市决战决胜蓝天保卫战奠定扎实基础。五是扎实推动“三零”单位创建。全面贯彻落实省委、市委“三零”单位创建决策部署，结合行业实际，制订《太原市交通运输局“三零”单位创建实施方案》，明确具体工作内容、标准，细化分解责任、明确分工、压实责任，积极构建组织抓、书记抓、领导抓、部门抓的强劲工作格局。

【交通运输供给侧结构性改革不断深入】 一是积极推动运输结构调整。根据省、市关于推进运输结构调整的决策部署，全力推进煤炭等大宗货物“公转铁”，全市完成铁路货运量3741万吨；全市14户大宗货物大型工矿企业已有13户拥有铁路专用线，9月26日，清徐精细化工园区晋煤铁路物流有限公司专用铁路改扩建工程开工建设，建成后全市年货运量150万吨以上的14户大宗货物大型工矿企业将全部拥有铁路专用线。二是“公交都市”创建工作完成实地验收。组织实施创建验收攻坚行动，全年新开公交线路12条、优化调整35条；公交智能化系统建设完成，实现实时到站查询、线路规划等功能，提升智能化、精细化服务水平；1057台新能源公交车采购更新工作按计划有序推进，已完成528台车辆采购任务；2020年9月通过交通运输部“公交都市”创建验收专家组实地验收。三是出租车行业改革不断深化。按照省政府要求，太原市被确定为出租车改革试点城市，截至年底，正在会同省交通运输厅组织调研论证；网络预约出租汽车合规化步伐不断加快，截至年底，全市共有网约车平台企业30家，网约车驾驶员13266人，网约车12240辆。四是轨道交通运营准备扎实推进。编制完成《太原市城市轨道交通运营突发事件应急预案》并以市政府名义正式印发，《太原市城市轨道交通运营管理办法》等配套政策文件起草完成，轨道交通2号线初期运营前安全评估工作积极推进，组织25名业内专家开展轨道2号线一期初期运营前安全评估预检查工作，切实为年底前安全运营打下坚实基础。

【突出抓好行业治理体系与治理能力提升】 一是法治部门建设不断深化。太原局党组中心组集中法治学习11次，主要领导专题领学《中华人民共和国民法典》，依托法宣在线平台开展日常学法，认真组织“12·4”宪法日宣传贯彻活动，积极健全行业法制建设，《太原市人民政府关于规范互联网租赁自行车发展的实施意见》《太原市公共自行车管理办法》两项法规通过市政府常务会审议并以市政府名义出台印发；充分发挥法律顾问作用，在做好行政复议和行政应诉工作的同时，实施重大行政决策、重点工程项目法律咨询全程覆盖，全年累计向法律顾问征询意见52项，提出意见建议70余条，出具律师合规性审查意见书21份，保证依法行政、依法履职；扎实推进交通运输领域信用体系建设，积极开展“双随机、一公开”相关工作，严格抓好事中事后监管工作落实，行业法制化建设水平不断提升。二是深入抓好文明交通综合治理。狠抓行业管理正规化规范化发展，持续开展“礼让斑马线”“让出生命线”等文明交通活动，以行业的率先垂范引领全社会文明交通蔚然成风；持续加强共享单车规范管理，陆续清理、归集违规停放的共享单车8万余辆，积极探索共享单车管理新机制，构建共享单车企业包联负责(美团包联迎泽区、万柏林区，青桔包联尖草坪区、杏花岭区，哈罗包联小店区、晋源区)的共享单车运营管理机制，乱停乱放现象得到遏制，全市交通运输文明服务和管理水平持续提升。三是严厉打击非法营运行为。会同公安交警部门建立联合打击非法营运长效机制，以火车站、机场为重点，持续开展全天候、不定时、不定点、不留死角的稽查，采取现场稽查和视频监管相结合的方式对出租车拒载、拼客、议价、甩客、故意绕行、乱停乱放等违规行为进行严厉查处，持续保持打击非法营运行为的高压态势，2020年以来，视频抽查车辆70500台次，查处违规车辆841台次，累计查处违规营运出租车2151台次，查扣非法营运车辆994台次，非法营运行为得到有效遏制。四是“平安交通”建设不断加强。持续深化“扫黑除恶”专项斗争，紧扣扫黑除恶专项斗争三年期总目标，聚焦“三打四建”工作重点，以“三书一函两办”为抓手，聚焦突出问题开展行业摸排活动，整治行业乱点乱象；与此同时，积极推进“平安交通”建设，深入开展“扫黄打非”“禁毒”活动，有效净化交通运输行业环境。

【智慧绿色交通持续开展】 一是绿色交通发展取得新成绩。积极推动网约车新能源化改造与1057台新能源公交车采购更新工作，全面助力全市打赢蓝天保卫战；积极推进绿色货运配送示范工程建设，完成《实施方案》编制，成立太原市创建城市绿色货运配送示范工程领导小组，各项创建工作有序推进。二是智慧交通加快发展。深入贯彻国家新基建战略，紧抓全省智慧交通试点市建设的有利契机，深入推动东山旅游公路建设与5G建设融合发展，截至年底，各项工作正有序推进，项目建成后将成为全省智慧旅游公路5G应用的示范标杆项目，进一步助推交通与体育、文化和旅游产业的融合发展。同时，公交智能化系统建设基本完成，公交电子站牌、公交App投入使用，极大地方便市民出行。

【持续抓好安全生产与治超工作】 深刻汲取浙江温岭“6·13”槽罐车爆炸事故、贵州安顺“7·7”公交车坠水事故、临汾市襄汾县“8·29”聚仙饭店坍塌、“10·1”台骀山冰雕馆火灾事故教训，牢固树立“安全第一、生命至上”的理念，不断强化红线意识、底线思维，坚持问题导向、目标导向、结果导向，持续抓好安全生产工作落实，2020年，全系统安全形势比较平稳，未发生一般以上交通运输安全生产责任事故。一是全面加强安全生产组织领导。一年来，累计21次召开局党组会、安全例会、安委会（扩大）会议，专题部署安全生产工作，进一步树牢安全发展理念，强化底线思维和红线意识；特别是台骀山冰雕馆火灾事故发生后，深刻汲取事故教训，在全系统深入开展“夯基础、抓管理、强队伍、保安全、促发展”教育整顿暨专项整治工作，10月1日至12月底，累计组成1172个检查小组，出动检查人员3839人次，检查汽车站、危化品运输企业、交通工程建设工地、公交场站和运营公司、出租车运营公司、汽车维修场所、轨道交通等重点项目2459个，发现隐患问题506个，已整改完成493个，13个正在整改。二是进一步夯实安全发展基础。深入开展隐患排查、安全生产集中整治等专项活动，全系统累计排查安全生产问题隐患852条，全部按时限高标准完成整改；大力推动“两客一危”车辆加装智能视频监控报警系统，截至年底，安装比例达到99.2%，初步构筑主动化、源头化、动态化的智能防控网络。三是深入开展农村公路平交路口“一灯一带”建设工作。截至年底，已全面完成632个平交路口减速带安装。四是严格落实治超工作要求。牢固树立“抓治超就是抓安全”的理念，与经政府公示的245家货运源头企业，签订无“双超”承诺书，实行100%全覆盖巡检监管，全力确保超限车辆不出场；强化路面超限超载管控，规范治超检测站点运行管理，截至年底，全系统检测站点共检测车辆51.74万台次，其中非法超限超载车辆70辆，所辖区域车辆超限超载率为0.013%，非法超限超载率始终控制在0.2%的目标要求以内。

【党的建设全面加强】 坚持以党的政治建设为统领，坚持把从严治党要求贯穿到各项工作的全过程，以党建高质量发展引领全市交通运输事业阔步前行。一是始终把政治建设摆在首位。认真贯彻落实习近平总书记视察山西重要讲话重要指示，坚持和加强党的全面领导，树牢“四个意识”，坚定“四个自信”，践行“两个维护”；扎实推进市委巡察、市纪委督查和“不忘初心、牢记使命”主题教育中的突出问题整改工作，巡察整改33个问题中32个已整改到位；始终把基层党建工作放到全局各项重点工作中谋划、推进、落实，党建引领高质量发展成效凸显。二是狠抓作风建设。深入开展“党风廉政宣传教育周”活动，积极打造廉政文化走廊，组织观看《初心泯灭的歧路》《伪装者的谢幕》《忏悔录》《镜鉴》等警示教育片，邀请法律顾问开展《公职人员政务处分法》宣传贯彻解读活动，依托“两微一端”常态化推送“廉洁提醒短信”、典型案例、廉政故事，全方位引导广大党员干部筑牢“不敢腐”“不能腐”“不想腐”的思想堤坝；严格执纪问责，实施党纪政务处分11人，对6人进行提醒谈话，对9人进行诫勉谈话，集体组织约谈3次，责成31人作出深刻检查，形成无禁区、全覆盖、零容忍的工作态势。三是抓好干部和人才队伍建设。严格选人用人程序，严肃干部人事纪律，及时对内设机构负责人进行配备任用，选配正科级领导职务干部7人，副科级领导职务干部2人，职级晋升16人次，改善干部结构，激发工作动力。四是稳步推进机构改革。根据市委编办《中共太原市委深化党政机构改革领导小组办公室印发〈关于组建太原市市场监管综合行政执法队的通知〉等5个文件的通知》（并深改办发〔2019〕13号），2019年8月，新组建成立太原市交通运输综合行政执法队，规格为副处级单位。根据市委编办《关于印发太原市交通运输局所属事业单位改革实施意见的通知》，太原市交通运输局所属5个事业单位：太原市汽车客运管理办公室、太原市道路运输管理局、太原市公路管理处、太原市交通建设工程质量安全监督站和山西省太原市地方海事局全部撤销，新组建成立太原市交通运输发展中心（太原市轨道交通运营中心），为正处级公益一类事业单位。改革后，太原市交通运输局所属单位共2个，分别是太原市交通运输发展中心（正处级）、太原市交通运输综合行政执法队（副处级）。

（太原市交通运输局）

小店区交通运输局

2020年，在小店区委、区政府正确领导下，在太原市交通运输局大力支持下，小店区交通运输局以习近平新时代中国特色社会主义思想为指导，以领导班子创建为重点，坚持新发展理念，为推动全区经济社会发展做出交通行业应有贡献。

【以领导班子创建为重点，加强党的领导】 区交通运输局党委班子按照政治素质好、尽心履职好、科学发展好、团结和谐好、廉洁从政好的标准一以贯之，扎实推进自身建设工作。一是坚持勤奋好学、做到学以致用。严格执行学习制度，局党委中心组共集中学习23次，党委研究会35次，党建专题研讨会5次，参加主题党日活动12次，基层党建调研3次。开展"三重温、学四史"学习教育活动，局班子成员认真学习《习近平谈治国理政》（第三卷）、习近平视察山西重要讲话重要指示等，邀请党建专家、党校老师、宣讲团成员进行专题辅导。二是注重班子团结、坚持大局至上。每个班子成员都自觉地增强维护工作大局的责任感和使命感，强化全局意识，坚决维护党委决定的统一性和严肃性。班子成员之间尽管在个人性格、办事能力方面存在差异，但都能够从大局出发，求同存异，做到容人、容话、容事，严于律己，宽以待人。三是加强廉洁自律，发挥模范作用。班子成员能正确对待和行使手中的权力，时时处处保持清正廉洁，做到自重、自省、自警、自励，自觉拒腐防变，用自己的模范行动影响全局干部职工。要求下面做到的事，自己首先做到，反之，坚决不做。

【坚持新发展理念，推进全区交通运输工作取得明显成效】 公路建设方面。一是完成小店区"四好农村路"建设小刘线（小北格—刘家堡）公路改造工程。该工程是2017年在省、市备案2020年计划实施的"四好农村路"建设项目，起点为小北格村，终点为刘家堡大王线，建设里程约6.5公里，总投资834万元。二是完成小店区刘家堡农植园旅游公路工程。该工程是省、市下达的2020年三大板块旅游公路建设任务，涉及刘家堡乡东里解、西里解、洛阳、南马、王吴等多个村庄，建设总里程10.313公里，总投资2500万元。三是完成小店区东山片区（五龙沟、东峰段）护林防火通道改造工程。该工程是2020年小店区东山护林防火通道建设项目。工程分为五龙沟段与东峰石咀段，路线全长2.4公里，预算总投资470万元。

公路养护。一是全面开展农村公路小修养护工作。为确保农村公路路况良好，安全通行，共完成路面养护32000余米，划设标线30000余平方米，粉刷行道树80000余棵，完成投资800余万元。二是完成小店区村外环路提档改造及土路治理项目。为改善群众出行环境，有效控制全区道路扬尘污染，全年实施村外环路提档改造及土路治理第二、三期工程。本项目共50条路线，分别位于北格镇、刘家堡乡、西温庄乡、小店街办、黄陵街办，共计里程为34公里，总投资约6000万元。三是完成国道208和国道339小店区段交通安全提升改造工程。为消除南部干线公路的交通安全隐患，确保人民群众生命财产安全，实施国道208和国道339小店区段交通安全提升改造工程，总投资640万元。

路政管理。一是维护路产路权。全年上路巡查424人次，纠正、查处各类路政违章18件，清除路障5处20平方米，立案查处1件，结案率均到达100%。依法拆除非法广告标牌等8块。二是开展秋冬防和蓝天保卫战。按照区委区政府和局的安排，从3月1日起，每天晚上对辖区内路面超限超载车辆、遮盖不严、带泥上路等违规车辆稽查。全年共出动执法人员10045人次、执法车辆2815台次，检查车辆19745台次，查扣2220台次（其中超限超载车辆31辆）；尾气检测1158台次，其中121台不合格。三是开展辖区内禁煤工作。在环保等部门配合下，设置7个固定检查点和一个流动稽查队，共计出动执法人员3600人次，执法车辆900台次，检测车辆4844台次，劝返23台，查扣16台次，卸载21吨。

运输管理。一是客运管理。每月不定期对辖区客运企业和客运车辆进行不少于一次的安全生产督导检查，共检查客运企业87次，出动检查人员273人次，共计排查隐患44条，并通过督促进行整改。2020年度审验班线客车135台，旅游客车333台，共计468台。开展“安全生产月”活动，每月召开辖区客运企业一到两次的安全例会。以太原空港停车场管理有限公司为客运企业示范点，督促客运企业开展“零上访零事故零案件”各项工作。严格按照旅游车标志牌在线申领系统审核发放旅游标志牌1689趟次，规范旅游包车发放管理。二是货运管理。每月不定期对辖区危险品运输企业进行不少于一次安全检查，共检查30余次，出动90人次，共计排查隐患49条，通过督促整改36条，剩余13条仍在整改中。疫情防控期间帮助10家物流园区复工复产。指导、帮助物流、驾培、“两客一危”50家企业开展“三零”创建工作。三是维修管理。深入企业查找困难发现原因帮扶企业有序进行复工复产。为确保打好“蓝天保卫战”，对企业进行宣传及监督检查，对发现的问题及时制止并提出整改。前后出动执法车辆60辆次，180人次检查企业154户。以安全监管为首要工作，确保安全隐患能够彻底的排除。通过努力，监管的154户备案企业未发生一起安全责任事故。四是源头治超。对16家源头企业实行巡查监管。累计出动源头执法人员948人次，出动执法车辆242辆次，检查企业车次75431，巡查企业次数242次。处罚案件2件。落实“黑名单”管理制度，加大对非法短途超限超载运输行为的打击力度。继续加大实施“科技治超”战略，截至年底，已建立县级远程监控平台。2020年评比区级无“双超”信用企业3家，申报市级无“双超”信用企业3家。安全监管。按照“党政同责、一岗双责、齐抓共管、失职追责”要求，成立交通安全生产专业委员会，切实做到职责明晰、任务明确、责任到人、工作到位。注重预防开展安全隐患大排查大整治，对重点监管领域的安全检查内容、检查频次、责任分工作进一步明确。强化道路交通执法管控，重点督查监管企业的第一责任人、责任制制订情况、工作人员持证、培训建档情况、企业自我隐患排查治理情况等。共出动执法检查组191组次、出动执法检查人员248人次、检查企业79家次。

法治工作。一是充分发挥法治宣传教育积极作用。定期组织学习、解读《中华人民共和国民法典》《中华人民共和国国家安全法》《山西省优化营商环境条例》等法律法规。充分利用户外显示屏、企业电子显示屏、单位工作群、微信朋友圈、美篇App、抖音App小店区交通运输局官方号等媒介播发法治宣传内容。二是加强和创新事中事后监管。全面推进“双随机、一公开”，加强信用信息互联共享和应用服务。向信用中国网站上传2018年以来行政许可信息1119条，成功944条；行政处罚信息上传成功18条。信息成功公示共962条。三是全面落实行政执法三项制度。制订《贯彻执行山西省行政执法公示、执法全过程记录、重大执法决定法制审核办法工作方案》。认真执行省交通运输厅2014年制订《行政处罚自由裁量基准》。落实岗位执法人员的执法责任。改善执法条件，配备执法记录仪45台。梳理制订小店区交通运输局102项《行政执法事项清单》《行政执法事项服务指南》，5项《音像记录事项清单》，两大项14子项《随机抽查事项清单》，121人《行政执法（监督）人员清单》。

【严格标准，责任到人，坚决落实区中心工作】 一是设临时党支部，打响疫情管控阻击战。年初新冠肺炎疫情发生后，按照上级部署，区交通运输局协同公安、卫体、交警部门在全区6个公路出入口设立防控卡口。为充分发挥党员先锋模范作用，经上级批准，每个防控卡口都成立临时党支部，让党员干部当好防控“排头兵”，以党建带动疫情防控工作，用实际行动诠释共产党员的初心使命，完成新冠肺炎防控点任务。据统计，全区6个防控卡口共派出执法人员2584人次，排查车辆19.78万台，人员36.36万人次。二是抓好扫黑除恶工作。深入客运、货运、维修、驾校企业向从业人员开展宣传活动，利用治超站每日向过往驾驶员发放宣传资料，更新全部的扫黑除恶标语。共发放《致全市交通运输行业从业人员的一封信》等宣传资料4700余份，出动宣传车辆610余车次，人员2500余人次，全力推进宣传摸排工作。向单位职工、企业员工广泛征集线索。持续开展交通运输领域线索摸排和行业治乱工作，排查道路运输企业145家次，查处非法超限超载车辆27辆，非法营运车辆30辆。

【抓好意识形态工作，履行全面从严治党职责】 一是抓好意识形态工作。局党委主动担当，以上率下，专门开会研究意识形态工作4次，成立意识形态工作领导小组。同时，挑选多名政治素质过硬、文化素养高、道德品质优良的年轻干部成立网络舆情小组，针对网络舆情有针对性的进行处理，进一步落实网络舆情和突发事件处置主体责任。加强社会主义核心价值观宣传教育，在单位院内及对口监管企业持续更新有关宣传条幅，引导全局干部职工和人民群众树立正确的世界观、价值观、人生观。组织开展道德讲堂活动，积极弘扬“积善、忠诚、尽孝、奉献”等主流价值观，让全局干部感受道德和传统文化的洗礼。二是抓好“两个责任”，推进全面从严治党。局班子成员带头严格执行区委、区纪委制订的党风廉政建设有关规章制度。建立工程建设、行政执法、账务审计等多项制度，规范执法行为，强化财务监督。与一线交通执法人员开展廉政谈话活动，所有一线执法人员签订廉政承诺书。坚持抓早、抓小，对苗头性问题及早处理，将多数问题消灭在萌芽状态。组建督查组，对履职不到位和违纪行为严肃追责问责。三是抓好党建日常工作。对照“四级四岗”责任清单认真落实好党建责任，规范党建管理制度。把党建与日常工作、具体工作结合起来，梳理完善30项管理制度。从阵地建设入手，对“三会一课”、主题党日、民主评议等制度都落实见效，组织党员严格按照规定开展党内政治生活。“七一”前夕，以支部为单位，开展慰问困难党员、重温入党誓词、谈心谈话等活动。

（小店区交通运输局）

迎泽区交通运输局

2020年，在迎泽区委、区政府正确领导下，在太原市交通运输局大力支持下，迎泽区交通运输局以习近平有中国特色社会主义思想为指导，联系实际，开拓创新，齐心协力，不懈追求，有力推动全区交通运输局发展取得新业绩。

2020年，全区农村公路146.36公里，计有县级公路4条，即张新线、郝小线、东郝线、牛黄线，总长32.687公里；乡公路7条：国道307至掮子、国道307至占道、王山线、小小线、柳占线、观枣线观家峪段、体育场至王家峰，总长43.602公里；专用道路2条4.003公里；村道72条66.068公里。道路运输涵盖货运、客运、汽车维修、驾驶员培训等方面，其中：普通货运企业92个、货物运营车辆1139辆、危险品货物运营企业2个、危险品运营车辆41辆、货物源头运输企业5个、客运班线企业1个、客运公路运营车辆257辆、客运旅游企业7个、客运旅游运营车辆325辆、各类汽车维修企业59个、驾驶员培训机构17个。

【“四好农村路”建设】 5条“四好农村路”建设项目总计14.461公里，完成里麻至小店界森防通道项目，松小线至杏花岭界森防通道完成土建工程，董家庄至森栖谷项目正在进行中，孟小线至水站森防通道已完工，国道307至孟小线森防通道完成主线工程。

【松小线（马庄路至观枣线）市政化改造】 全长3.8公里的松小线道排工程，在经过一年紧张施工后，于6月25日全线完工。项目分为两段，其中马庄路至东山大道（规划路）段596.516米，采用城市次干路标准，宽度为30米。东山大道（规划路）至观枣线段3216.601米，采取城市支路标准，宽度为20米。县级公路采取市政化标准高水平建设，开创全市县级公路改造的先河。

【其他道路建设及治理工程】 一是张新线、松小线旅游公路支线建设。总长11.784公里的东西山旅游公路(迎泽段)建设项目,其中张新线旅游支线已完工;松小线旅游支线因水利施工影响,延至次年实施。二是松小线地质灾害治理工程。0.24公里的松小线地质灾害治理项目已按期完工。三是开展道路综合治理工程。为解决城乡接合部道路扬尘污染,改建城乡接合部15条总长16.343公里的路段,并已全部完工。

【完成市界入口疫情防控工作】 新冠肺炎疫情发生后,1月27日,区交通运输局牵头公安、交警、卫生、应急和郝庄镇等多部门组成三个入市道路路口疫情防控组,分赴东环高速长风口、东环高速松庄口和国道307张家河口开展对入市车辆司乘人员的疫情防控工作。2月23日下午,根据上级要求,全区3个入市道路路口疫情防控检疫站停止运行,路口防控工作结束。28天,区交通运输局等部门团结协作、认真履责,克服各种困难,处置各种复杂情况,牢牢地守住省城的东大门,为打赢疫情防控阻击战做贡献。截至23日16时,累计出动工作人员1275人次,检疫车辆67204辆,检测人员178856人,完成上级交给的防控任务。

【积极推进建制村通客车工作】 辖区郝庄镇29个建制村(农村社区)已大部分通行公交车,随着全区公路建设步伐加快、标准提高,建制村道路基础设施已趋完善。4月30日,市公交公司开通331路公交车,通达郝庄镇沟北村、捐子村、柳沟村3个建制村;5月29日,市公交公司开通332路公交车,通达郝庄镇外麻地沟村、里麻地沟村、大窑塧、东祁家山村、占道村等6个建制村。至此,全区原有9个未通客运班车建制村全部通行客车,完成2020年全部通车的既定任务。随着7月13日843路公交车恢复运营,8月15日重新规划开通915路城际公交车,全区所有建制村已实现公交全覆盖。

【扎实推进道路交通领域专项整治】 一是安全妥善完成春运工作。落实"诚信春运"要求,节前对各客运企业进行安全生产检查和运营服务质量监督,在疫情发生后,认真开展防控工作,并督查企业落实到位。二是开展复工复产运输保障工作。积极动员辖区客货运企业,在做好防控工作的同时,全力投入复工复产的运输工作。全区8个客运企业先后开展多趟次返并务工人员的运输任务,均圆满完成。三是认真推进物流降本增效和行业转型升级工作。在货运企业中深化"放管服"改革,推动运营车辆升级改造,稳妥淘汰老旧车辆122辆,提升货运市场治理能力。四是维护净化道路运输秩序。严厉打击非法营运行为,特别是针对非法客运高发地段火车站、长途汽车站周边,配合市运管、市客运办等部门,加强日常巡查和专项突查,露头就打,已结案9起,行政处罚3.4万元。五是保持公路治超工作不放松。保持治理超载货车行为的高压态势,全年查处超限超载行为18起,没有发生因恶性超载行为造成的重大安全责任事故。

【强化道路运输领域安全生产工作】 一是认真落实《道路运输安全专项整治三年行动实施方案》,建立5项工作制度,制订迎泽区交通运输安全专项整治三年行动工作措施,确定道路运输"两客一危"运营企业及车辆为工作重点,健全完善防范化解安全风险责任体系。二是强化道路运输企业安全生产工作。及时将交通运输安全生产方面的精神和部署传达到位,并督促结合企业实际进行落实。严格"三个必须",强化一岗双责。明确企业相关制度及人员的职责履行是否落实到位,抓好企业运营的同时必须抓好安全生产工作,特别是运营车辆技术状况、驾驶员从业资质、运营中的动态监控等方面。三是对于运营客货车辆实施严格监控。在运营车辆准入环节严格审核,杜绝违规车辆进入运营市场。四是实施严格的从业人员管理力度。严格道路运输从业人员资质,全面查验是否合规有效。督促企业加强对从业人员安全教育培训,特别是"重大事故"后的警示教育、运营中的规范操作和突发情况的临机处置。五是不断开展交通运输领域的安全生产隐患排查工作。全年先后开展元旦、春节期间安全隐患排查工作、交通运输系统防范化解安全隐患工作(5月)、三部门"大排查大教育大整治"专项行动(5月)、危货运输环节安全风险隐患专项排查行动(6月)、道路运输企业安全生产隐患大排查活动(6月)、道路交通安全隐患排查治理(7月)、全市交通系统危险品运输安全专项检查整治工作(8月)、国庆、中秋两节交通运输安全隐患排查(9月)、全区“深刻汲取教训、排查消除隐患、夯实管理基础、落实岗位责任”为主要内容的隐患排查行动(10月)等工作,做到隐患排查、督促整改、隐患消除闭环管理。排查安全生产隐患119个(已全部完成整改)、约谈企业4次、责令2个企业停业整顿。六是深化重点道路运输车辆的安全监管。对于道路运输安全生产中的重中之重“两客一危”运营车辆管理,采取严格监管措施,全部企业均通过安全生产标准化考评,淘汰老旧客车45辆,卧铺客车全部停运。在运营车辆的动态监管上,全区重点车辆已100%安装智能视频监控系统,通过设在企业的监控平台,实时监控车辆的运营行为。督促企业建立运营车辆驾驶员违规行为纪录台账及事后追责机制。建立与市运管、公安交警等部门的信息共享机制,加强对运营车辆管理。七是完善农村公路安全防护保障。首先是通过开展“四好农村路”建设工程,不断提升农村公路路况水平,提高安全指数;其次是加强现有农村道路安全生命防护工程,全年新增临崖公路防护栏397米,弯道改造3处,增设一批减速带和公路警告标识;最后是加强灾害天气和地质灾害造成的公路安全隐患处置,及时发现及时处理,避免引发通行车辆和人员事故。八是会同公安交警、消防救援等部门开展道路运输客运、危化企业安全生产应急联合演练3次,现场模拟客车事故处理、旅客救援、危化品泄漏处置、污染物应急处理等内容,企业安全员、驾驶人员100余人参加演练。九是通过各类事故开展警示教育,采取针对性工作措施。如因疲劳驾驶引发事故而开展的行车前司机精神状况观察、因情绪不稳引发事故而开展的司机情绪观察等。十是加强交通运输安全隐患举报投诉机制。通过受理便民热线、“12328”平台、城市管理热线、网民留言、政府转办及来电反映,密切关注涉及安全生产方面的信息,第一时间处置。全年未发生任何交通运输重大责任事故。

(迎泽区交通运输局)

杏花岭区交通运输局

2020年,在杏花岭区委、区政府正确领导和上级交通部门支持下,杏花岭区交通运输局深入贯彻落实省、市、区会议精神,紧紧围绕全区总体工作部署,加快推进交通基础设施建设步伐,加强运输行业管理,有效推进交通行业文明执法,着力打造作风过硬的交通执法队伍,统筹推进交通运输各项工作,交通基础设施建设取得显著成就,交通运输行业管理水平迈上新台阶,养护管理常态化、安全管理全覆盖呈现良好态势,为全区经济社会加快发展提供坚实交通保障。

【重点项目建设】 一是“3+1”旅游公路建设项目。太原东西山旅游公路(防火通道)工程连接线(刘家河—后沟段),路线长20公里,路基宽7.5米,行车道宽6.5米。截至年底已如期完工。二是“四好农村路”建设项目。2020年省、市下达25公里“四好农村路”建设任务。其中大梁至小返,里程5.9公里,路基宽6.5米,行车道宽6米,采用四级公路标准建设;前李家山—凤凰岭,里程3.75公里,路基宽6.5米,行车道宽6米,采用四级公路标准建设;庄子上、东坪等建制村进村公路养护提质,分为5个段落,总里程5.3公里,路基宽6.5米,行车道宽6米,采用四级公路标准建设;西岭三岔口至牛驼等“四好农村路”养护提质,里程11.6公里,按照原设计标准进行改造。截至年底,已全部完工。三是城乡接合部土路及破损路面整治项目。全区城乡接合部土路及破损路面整治项目共11条,共计16.05公里,已于10月底全部完工。四是农村公路公交站点候车亭建设项目。该项目的任务目标为44个,经实地勘察,最终确定需安装41个,项目于9月初开始建设,由于道路施工,截至年底,已建成17个。剩余公交站台的建设工程将在2021年继续建设。五是建制村通客车。区交通运输局积极配合协调该项目,并于5月使具备条件的建制村100%通客车。

【公路养护管理】 一是加强农村公路隐患排查。完成双良路与东涧河村雨篦修复、王家山至下岭村道路水毁养护等8项养护工程，修复0.3万平方米。二是加大路政巡查力度。对非法侵占路权、损坏路面及公路设施行为进行严厉打击，全年出动执法人员880人次，执法车辆200辆次，及时制止和查处违规破路施工行为5起。三是积极推进“路长制”。截至年底，全区全面推行农村公路“路长制”实施方案已下发，平台信息录入工作已完成，正在进行公示牌的制作。

【平安交通建设】 为营造良好的交通运输环境，区交通运输局在非法营运车辆聚集的东客站、胜利桥东以及丈子头、杨家峪两个高速口等重点区域，不断加强执法力度，严厉打击非法营运行为。截至年底，共出动执法人员3570余人次，车辆810余辆次，纠正轻微违章车辆720余辆，查处非法客运33辆、站外拉人2辆、无包车合同3辆、未年审1辆、超限超载2辆，共处罚179500元。

【治超工作】 一是加强源头巡查监管，重点对源头企业登记记录、“无双超”承诺书签订、落实《超限运输车辆行驶公路管理规定》、严格执行“一超四罚”、开展源头企业培训工作、树立源头企业治超工作责任主体意识等方向，对公示源头企业进行监督检查。截至年底，公示企业监管率达到100%，累计出动源头执法人员1310人次，执法车辆327车次，检查车辆1612辆次，移送抄告案件0件，处罚案件0件。二是强化路面检查，特别是短途非法超限超载行为，结合开展的各项专项整治行动联合公安、交警等部门持续性的打击短途非法超限超载运输行为。全年出动执法人员240人次，车辆60辆次。

【安全生产和应急管理】 为抓好交通运输行业安全生产工作，结合全区“三零”创建工作和安全生产专项整治三年行动，区交通运输局严格落实安全生产各项管理制度，落实安全生产责任制，层层签订《安全生产目标责任书》，责任到人，并挂牌公示，覆盖率达100%，按照“谁主管、谁负责”的原则，严格落实安全责任追究制度。在元旦、春节、“五一”、国庆等节假日前开展交通运输行业道路交通、交通基础设施建设、公路畅通等安全生产大检查工作，强化冰冻雨雪天气、汛期暴雨天气等灾害天气的应急预防、值班值守工作，将安全生产巡查排查整治与日常工作事务相结合，认真履行“一岗双责”工作职责，强化安全隐患整改，确保交通运输行业安全生产形势持续稳定良好。截至年底，检查中共发现一般安全隐患问题136个，限期整改136个，整改率100%。

【保护生态环境工作】 由交通、交警、环保部门组成的联合执法队伍，开展有针对性地路检路查工作，重点检查柴油货车尾气排放、超限超载情况。对排放不达标的外地车辆进行劝返；对排放不达标的本地车辆进行处罚、监管维修；对超限超载车辆进行处罚。2020年度联合执法行动共抽检柴油货车849辆，17辆尾气不合格，环保部门下达《超标柴油车路查路检移动维修表》监督维修，查处抛洒、脱落、遗漏等散装物料货车4162辆，处罚金额416200元，劝返车辆130辆。

【国三及以下排放标准重型柴油货车淘汰任务】 2020年，区交通运输局国三车及以下排放标准营运中重型柴油货车淘汰任务49辆，截至年底，全局完成62辆，完成率126%。

（杏花岭区交通运输局）

尖草坪区交通运输局

2020年，在尖草坪区委、区政府正确领导下，在太原市交通运输局大力支持下，区交通运输局坚持以习近平有中国特色社会主义思想为指导，认真贯彻落实全市交通运输工作会议精神，真抓实干，奋力拼搏，谱写全区交通运输新篇章。

【交通发展规划】 组织编制《尖草坪区农村公路网规划、全区交通运输“十四五”发展规划》，确定到2025年，构建形成以铁路、高速公路为骨架、国省干线为支撑、县乡公路为脉络、村组公路为基础的高品质区域综合交通网络，为人民群众出行创造便捷、高效、安全、可靠的交通运输条件。

【农村公路建设】 “十三五”期间，全区完成“四好农村路”建设107条，里程达198.367公里，总投资4.358亿元。区交通运输局不断强化日常养管，维修处置小型病害，强化养护全过程管理，“十三五”期间累计投入养护资金2160余万元，全区农村道路面貌大为改观，公路通行能力显著提高。农村公路列养率达到100%，县道、乡道优、良、中等路的比例达到85%以上，村道优、良、中等路的比例达到80%以上，路面技术状况指数（PQI）逐年上升。全区共有5个乡镇、82个建制村，全部实现通硬化路、通客车。

【运输市场监管】 全区运输管理、维修市场管理逐步规范。截至2020年底，全区共有超过10辆普货车的53家货运企业、8家危货企业、1家旅游客运企业、1家水运企业，其间共新增822辆货车，较“十二五”增加50%货运企业，91%货运车辆，道路运输能力显著增强。全区非法超限超载车辆治理工作扎实推进，全区超限超载率下降到0.001%。

【安全生产工作】 区交通运输局积极构建“党政同责、一岗双责”齐抓共管的安全生产机制，强化“红线”意识，对全区63户重点企业（其中旅游企业1户、危货企业8户、水运企业1户、普户企业53户），进行细致安检工作，全系统安全生产形势稳定，未发生安全事故。

【塑造行业文明新形象】 不断加强对全局干部职工的文明意识和服务意识教育，全力投入创城攻坚各项工作中去，全局39名工作人员根据区文明办安排，对接区汇丰、光社、尖草坪三个街办20个服务点，对照创城任务整改清单，抓住重点、逐一落实、逐项整改。结对帮扶迎新街街办102社区，开展志愿服务活动，发放文明宣传资料，提高市民文明意识，营造整洁文明的生活环境。

【扎实推进依法行政、法治政府建设】 坚持把法治建设和依法行政工作紧抓在手，促成全区交通运输系统上下依法办事、按规矩办事。严格执行行政执法程序，提升行政执法能力水平，推行行政执法公示制度，促进严格规范公正文明执法。加强交通运输行业市场监管。坚持依法开展“互联网+监管”，“双随机、一公开”工作，加强事中事后监管，规范监管行为。2020年，全系统未出现行政不作为、乱作为和办事不公开、不公正、不透明现象。

（尖草坪区交通运输局）

万柏林区交通运输局

2020年，在万柏林区委、区政府和上级主管部门坚强领导下，万柏林区交通运输局深入贯彻中共十九大和十九届历次全会精神，以习近平新时代中国特色社会主义思想为指导，紧扣省委“四为四高两同步”战略部署和发展思路，以“防控疫情赢开局，抓好前期谋主动”为重点，以统筹推进交通项目建设为核心，充分发挥交通先导性、基础性、服务性作用。大力弘扬践行社会主义核心价值观，围绕交通运输行业工作重点，着力打造文明交通、安全交通、和谐交通、廉政交通，极大地调动干部职工的工作积极性、主动性和创造性，社会影响明显扩大，呈现出良性发展态势。

【筑牢疫情防控“钢铁防线”，积极推动企业复工复产】 疫情发生以来，区交通运输局把疫情防控作为最紧迫、最重要的政治任务，第一时间成立交通运输疫情防控领导组，印发《疫情防控工作方案》《疫情防控处置预案》《复工复产企业人员包车运输保障方案》一系列预防机制，积极服从服务于全区疫情防控工作，全力以赴做好行业疫情防控及服务企业复工复产职责，疫情防控取得阶段性成果，综合交通运输得到有效保障，行业企业逐步恢复正常生产经营秩序，交通运输行业经济运行总体平稳。局主要领导担任疫情防控总指挥，按照网格化管理运作机制，局属各级层干部分别带队与区公安、交警、卫健和有关乡街部门人员各自负责“交通防控检测卡口”的组织、协调、检测疫情防控工作，全局干部职工取消春节休假全员返岗坚守交通防疫一线，落实“一日一联系一提醒督促”制度，统筹做好交通领域疫情防控和交通运输保障。在全市疫情防控一级预警期间，全区4个高速卡口，2个县道口，131个村道卡口，累计投入防控检测人员25330人次，消毒和登记入境车辆163080台，测温登记338424人次，移交医疗机构处置发热人员6人，移交湖北抵并人员1名。强化防控措施，派出执法人员在全区客运站场严格落实进出站旅客体温监测，全面落实对客运车辆不按站点停靠上下客、无牌无证“黑大巴”、“黑的”等非法行为，防止因旅客体温监测不到位带来的疫情防控盲点。自境外疫情扩散蔓延后，重点抓好境外疫情输入防范工作及时调整疫情防控工作领导小组，加强对交通运输行业疫情防控统筹领导。及时召开疫情防控工作会议，积极推动行业企业复工复产。

【基础设施建设有序推进，交通供给能力显著增强】一是生态旅游公路项目强力推进。王封一线天景区位于太原西北部的万柏林区王封乡境内，是一处长约1.5公里、深约100米的峡谷自然景观。王封一线天旅游公路作为通往太原西山旅游景点一线天的重要通道，全长13.93公里，路基宽度7.5米，总投资9000多万元，2020年3月25日开工建设。这次公路建设工程是对原有道路的提档升级。起点位于王封一线天景区。改造前，道路坡高、弯急，车辆掉头难、会车难。改造后，部分路段进行路面加宽处理，陡坡也采用“回形弯”设计减少坡度，提升挡墙防撞设施，大大增强行车安全系数。此次改造，采用彩色沥青铺筑路面，并增设各类休闲广场、停车区、观景台等配套设施。二是养护提质改造工程进展有序。2019年，区交通运输局对存在问题的4条农村道路进行养护提质，主体工程于年底全部完成，因天气影响，部分路段排水沟无法实施，2020年初工程已全部完工并组织验收。2020年万柏林区养护提质改造工程对存在问题的(化河线、西官线、红寨线、杜关线)4条共18.903公里，农村道路进行养护提质。三是土路扬尘污染路段整治初见成效。经市交通运输局督导组现场核实，最后确定需整治硬化路段涉及7个街办16条共24.149公里。分别是：圪僚沟公交站至十二局基建处(0.355公里)、小西铭旧村路至采摘园(0.593公里)、大虎峪至白家庄(全长0.88公里)、赛道中南梁至晋源区交界口(0.946公里)、赛道旅游公路至官地瞭望塔(0.255公里)、赛道狼坡景区至采摘园蓄水池(1.301公里)、赛道北头至油菜花基地(0.655公里)、上庄街油库至玉门沟车站(0.92公里)、玉兰路至赛道(0.595公里)、龙泉寺至长风城郊森林公园龙泉寺(1.998公里)、桃花沟路至于沟(1.52公里)、五东街至小虎峪村护林防火通道(2.311公里)、化客头至一线天(2.731公里)、赛庄至一线天(3.732公里)、小卧龙新村至王封村(3.527公里)、西沟至尖草坪段(1.830公里)。区自建项目3条，共1.751公里，分别是：玉兰路南线(0.67公里)、龙泉寺至长风城郊森林公园南线(0.661公里)、四达沟段(0.42公里)。

【持续强化道路运输监管，交通惠民能力不断提高】一是严查交通运输违法违规行为。全年共查扣涉嫌未取得道路旅客运输经营许可擅自从事道路旅客运输经营案28件、涉嫌擅自改装营运车辆10件、涉嫌未按规定携带运输证9件、涉嫌货运中货物脱落扬洒19件、涉嫌取得道路货物运输经营许可的道路货物运输经营者使用无证车辆参加货物运输3件、未按规定对车辆进行等级评定2件、不按规定的客运站点停靠8件、未取得巡游出租汽车经营许可，擅自从事巡游出租汽车经营活动4件、无危险货物押运员从业资格证擅自从事道路危险货物运输经营6件、未持有效的包车客运标志牌进行经营1件、使用无效从业资格证驾驶道路运输经营车辆1件、无危货驾驶员从业资格证擅自从事道路危险货物运输经营1件。二是着力加强道路运输行业污染治理。作为全面建成小康社会三大战役之一的“污染防治攻坚战”，贯穿于道路运输行业各个环节，区道路运输管理所以“柴油货车尾气超标和扬尘抛洒”为重点，将行业污染治理工作常态化。三是联勤联动、形成合力、齐抓共管，治理行业污染。根据市、区“柴油货车和散装物料运输车污染治理联合执法专项行动”要求，按照区交通运输局统一部署，联合属地交警、生态环境部门开展柴油货车尾气超标和渣土车管控专项治理行动，集中查处一批违法超限超载和扬尘抛洒的违法行为，逐步形成交通运输行业污染治理“零容忍”的高压态势。化冀公路超限检测站严格执行24小时检测货运车辆的规定，截至年底，检测车辆4926台次。站点周边路面执法巡查，查扣违法超限超载货运车辆132台次，抛洒车辆28台次，查获损坏路面案件6起。

【着力强化红线意识，确保交通安全态势平稳向好】一是中秋、国庆“两节”期间安全。9月27日上午，局长芦志强组织召开国庆、中秋“两节”期间安全生产工作部署会议”，对全局“两节”期间安全生产工作进行具体部署，并对近期事故案例进行通报。为保障节日期间道路运输安全，局以西客站周边为监管重点，每日出动1个稽查队、1台执法车辆对旅客运输车辆进行安全检查，主要检查车辆及驾驶员的营运资质、车辆安全设施、是否存在超员等情况，节日期间共出动8车次，40人次，共抽查车辆82辆次，现场纠正乘客“未系安全带”4起。二是安全检查及问题隐患整改。为深入推进安全生产检查专项行动，我局设立客运、货运、维修、驾管、公路5个安全检查组，各检查组坚持以问题为导向，从部门到企业、场所，紧紧抓住安全隐患排查治理这一关键环节，认真落实《关于建立安全生产“四个清单”的通知》。共出动617车次、2296人次，检查企业、场所321家次，其中检查重点企业92家次、客货车辆2300余辆。其间，市、区领导安全督导检查4次，局组织督导检查20次，有力保障交通运输安全。

【继续深入做好扫黑除恶相关工作】 按文件要求在机关、车站、物流企业、超限站等利用多种形式进行宣传学习，按“三打四建”“三书两办”要求落实工作。各部门、各单位将专项斗争纳入年度重点工作同部署同检查同落实，并将专项斗争纳入年度工作总结中，加强扫黑除恶斗争宣传报道工作。

（万柏林区交通运输局）

晋源区交通运输局

2020年以来，在太原市交通运输局和晋源区委、晋源区政府坚强领导下，区交通运输局以习近平新时代中国特色社会主义思想为指导，深入贯彻中共十九大及十九届历次全会精神和习近平总书记视察山西重要讲话重要指示精神，增强“四个意识”、坚定“四个自信”、做到“两个维护”，认真落实中央、省、市、区会议精神，以交通强国建设为牵引，坚持“一手抓疫情防控，一手抓复工复产”，努力提升运输服务保障能力，稳步推进农村公路建设，强化行业监管，保障道路畅通安全，打好蓝天保卫战，为全区高质量转型发展贡献交通力量。

【农村公路建设稳步实施】 一是农村公路改造项目快速推进。按照习近平总书记对“四好农村路”建设作出的要“进一步深化对建设农村公路重要意义的认识，聚焦突出问题，完善政策机制，既要把农村公路建好，更要管好、护好、运营好”的重要指示精神，全的完成土路改造工程建设21条13.5公里；农村公路养护提质项目有序推进。2020年省市下达全区养护提质项目2条岗乱线、大南线共6公里，总投资330万元，已全面完工。“百乡千村万里美丽农村路”示范进入初评阶段；农村公路养护体制改革持续推进。作为全省农村公路养护体制改革试点区，围绕“路长制”、资金保障、信用评价机制等三个方面，出台制订《太原市晋源区全面推行农村公路“路长制”实施方案》，基本解决农村公路管养短板问题。二是园区建设稳步向前。首先，园区建设稳步向前。3月28日以来，区交通运输局紧扣区现代物流产业园区目标任务，坚持“工作跟着项目走、要素跟着项目走、服务跟着项目走”的要求，全力做好园区承载、项目集聚、企业引领这篇大文章，园区项目建设呈现持续加快、持续向好的态势。优化产业规划布局。立足全区物流产业基本盘、全市城乡总体规划基本面、城市货运车辆限行基本区域，提出“一园承载、多点布局”的产业空间布局。其次，加大精准招商力度。结合园区发展规划，组建招商小分队，主动出击寻求合作机遇，先后赴上海和西安考察圆通速递、韵达快运、丰树集团。提高准入门槛，按照“差异化布局、功能性互补、集约型用地、集聚性发展”要求，仔细筛选入园企业，先后对接盈石物流、春雷钢材园、顺丰速递、省市物产集团、山西华锦实业，引进了契合园区发展的一批优质企业。最后，加大服务保障力度。从精准服务、精准调度、精准定位方面着手，全力服务保障入园项目圆通速递、传化公路港二期、天和顺物流贸易园、万国仓储电商中心和新加坡丰树集团等项目在推进中遇到的困难，当好企业发展智囊团、企业建设护航队、企业办事直通车、企业落地服务员、企业安全隐患排查员。园区入园企业全部落地投产达效后，园区总占地面积1120.4亩，上缴税收3.4亿元，亩均税收约为30万/亩，可提前两年完成区委和区政府提出建设1000亩现代物流产业园区的目标任务。

【行业治理能力稳步提升】 一是法治建设不断深化。全面履行法治建设职责，层层建立职责清单，全面提升依法行政管理水平。充分发挥法律顾问作用，在重大行政决策、重点工程项目上实现法律咨询全程覆盖。不断加强执法监督管理。二是安全生产形势不断好转。全年累计排查安全问题隐患146条，已全部完成整改。"两客一危"重点营运车辆动态监控持续强化，应用"大数据"治理车辆超速行为成效明显，安全风险管控和隐患排查治理双重预防工作积极推进。三是文明交通综合治理成绩斐然。重拳整治非法营运行为。为规范全区道路客运市场，一年来共出动执法人员1825人次，执法车辆467台次，检查车辆394辆，查扣非法营运车辆11辆，罚款3.9万元。首先，强化共享单车治理。按照《太原市人民政府关于规范互联网租赁自行车发展的实施意见》(并政发〔2020〕8号)文件精神，进一步实施全区共享单车规范管理，加强对共享单车运营企业的监督和协调，2019—2020年约谈青桔、美团、摩拜单车企业负责人5次，督促企业规范乱停乱放及清理"僵尸车"200余辆。其次，加强公共交通流量调控。及时协调市公交公司，制订相关措施，提高道路通行效率。四是社会综合治理得到加强。深化平安交通建设，扎实开展公路水路安全联防工作，持续推进"扫黑除恶"工作，积极推动交通系统社会矛盾风险防范化解，争创"三零"单位。扎实开展"三清五治"工作，全力推进全国文明城市创建工作。

【污染防治成效明显】 一是加快老旧柴油车辆淘汰。2016—2020年完成126辆老旧柴油车辆淘汰，发挥主体责任和主导作用，联合生态环境、公安、财政等有关部门加强协同配合，助力全市完成淘汰国三及以下营运柴油货车6500辆的总任务。二是大力推动绿色交通体系建设。积极对接市交通运输局实现行驶路线涉及本区范围的公交车逐步全部更新为新能源车辆。三是开展成品油运输车辆整治。配合区商务局开展打击无照经营的黑加油站点和流动加油灌车专项整治行动，全年共出动执法人员192人次，严厉打击非法从事成品油运输的车辆，构成犯罪的，依法追究刑事责任。四是开展柴油货车和散装物料运输车专项整治行动。依托新晋祠路东关口和小牛线张村口两个尾气监测站点，加大联合执法力度，严查货车超标排放。五是严格落实柴油货车运输管控。联合城管、交警、环保、应急加大路面管控，在国道307小牛线路口、新晋祠路东关路口、晋阳大道化肥厂段、晋阳大道董茹段24小时实施联合检查和尾气检测，对无证拉动、不密闭运输、带泥上路、沿途扫撒、尾气超标排放的渣土车辆，依法予以查处。

【疫情防控从严管控】 常态化做好疫情防控工作，结合全区实际，依托新晋祠路东关口和小牛线张村口检查点，对进入区境内货运车辆特别是进入本区的拉运生鲜食品的冷藏车辆，进行停车检查，外来人员进行体温监测。一经发现特殊情况迅速向卫生健康及市场监管部门报告、处置。

【党的建设全面加强】 一是抓好学习活动。认真开展各类学习教育活动，巩固拓展"不忘初心、牢记使命"主题教育成果，开展"三重温、学四史"学习教育，持续推进"两学一做"学习教育常态化制度化，以"学习强国""三晋先锋""山西好干部在线学院"学习平台为载体，教育引导党员干部切实增强"四个意识"，坚定"四个自信"，做到"两个维护"。二是抓好"三基建设"。编制基础工作"一目录三手册"，全面梳理部门工作职责，细化岗位目标责任，修订并梳理汇总10项工作制度，制订3份工作流程图。三是抓好党风廉政建设。制订落实中央八项规定精神实施细则，强化执纪问责，从严整治"四风"问题，全系统干事创业的氛围更加浓厚，展现出良好精神风貌。

(晋源区交通运输局)

清徐县交通运输局

2020年,在太原市交通运输局大力支持和指导下,清徐县交通运输局以中共十九大和习近平新时代中国特色社会主义思想为指导,紧紧围绕党的建设、公路建养、行政执法、安全运输等工作重点,凝心聚力,扎实工作,完成交通运输各项工作目标任务。

【"四好农村路"稳步推进】 一是加速"建"。养护提质项目任务总里程104公里。施工图已于8月12日批复完成,9月份已完成施工招标并开工建设,2020年年底已全部完成。危桥改造1座,任务备案项目为仁武路郭家河桥。该桥已列入清徐县仁义—武家坡西边山旅游公路大中修养护工程,与道路工程于2019年度开工建设,整体项目已于7月底全部完成。旅游公路建设任务为3个项目,总里程约31公里,计划总投资约3.4亿元。其中:东清线紫林醋工业园—滨河西路旅游公路已于2019年实施完成;东清线常家庄园—紫林醋工业园清徐段旅游公路已于2019年开工建设,于2020年6月5日建成通车;清泉山庄旅游路(清泉山庄—葡峰山庄连接线),根据县政府安排,对工程项目规模进行调整。截至年底,可研调整已由县审批局重新批复,整体预计2021年底完成建设任务。二是狠抓"养"。在公路养护工作中,狠抓日常养护,严格执行巡查制度。全年县乡公路补坑槽2.5万余平方米,处理沉陷3000余平方米,平整路肩边坡169.7公里,沥青灌缝70余公里,路面清扫车共出动210台次,累计清扫路面2000余公里,清洗整修标志牌600余套。全年县道优良路率88.56%、乡道优良路率85.67%、村道优良路率80%。三是夯实"管"。加强路政管理工作,对县级主干线公路红线以内的垃圾、土堆、砂石等堆放物进行清理,加强路政案件的查处力度,做到及时发现、及时查处。截至年底,查处路政案件2起,清理公路堆积物190处,清理非法广告牌128处,清理占用公路及红线控制区摆摊设点260处,有效保护全县县乡公路路产路权的完好畅通。四是提升"运"。5月,将剩余未开通公交的12个建制村通过设置公交站点和电话预约方式,实现全县建制村"村村通"公交。同时,为满足全县精细化产工循环产业园区员工的出行,积极协调企业与经济开发区,新增开通1条县城到园区间的线路。城内8条公交线路36台县乡公交车全部实施免费乘车,让广大市民出行更加方便快捷。

【安全运输工作有序发展】 积极履行行业监管责任,对客、货、危货运输企业、客运站点进行全面排查,极大地巩固全县交通运输行业安全生产形势的稳定。深入开展"安全生产月"、安全生产专项整治三年行动、安全风险隐患排查整治专项行动,成立专项整治行动工作专班,进一步强化落实行业安全生产监管责任,开展安全风险隐患排查,消除行业安全风险隐患。其间共出动检查人员98人,排查企业67家,排查出一般安全隐患104条,到年底为止,都已整改完成。

【法治建设工作不断加强】 积极推进法治建设工作,规范执法文书,完善行政执法制度。强化执法纪律、职业道德和法律知识教育,对执法人员进行行政执法培训,组织干部职工学习行政执法相关的法律法规。开展"七五"普法、"12·4"全国法制宣传日等法律宣传活动,利用广播、电视等媒体大力宣传交通法律法规,形成普法良好氛围。

【联合执法工作持续推进】 严格按照生态环境部门检测取证、公安部门实施处罚、交通运输部门监督维修联合监管执法模式联合执法。固定遥感尾气检测设备,形成"天地车人"柴油货车全方位监管模式。对违规上路行驶的重型柴油车依法处罚,严厉打击超标排放等违法行为,截至年底,共出动执法人员1500人次,检测柴油货车1270辆、查处尾气排放超标柴油货车17辆、检查柴油用车大户27家、入户监督抽测柴油货车291辆,固定遥感检测点检测第一次不通过柴油货车5750辆。

【新冠肺炎疫情防控工作常抓不懈】 疫情发生以来,县交通运输局全力以赴做好疫情防控及企业复工复产工作。共调派136名执法人员参加新冠肺炎疫情防控工作,配合公安交警、卫生防疫、乡镇等部门负责对8个疫情防控检查点进行车辆拦截、测量体温等工作；严厉打击非法运营的出租车辆，组织人员对县城主要站点非法运营开展巡查，对涉嫌非法运营的私家汽车、电动车进行排查、劝返不符合条件的车辆和人员等工作，为打赢疫情防控阻击战贡献交通力量。在做好疫情防控的同时，做好企业复工复产，对返岗员工进行疫情防控知识培训，进行定点隔离，一人一档，确保其隔离观察14天无异常现象并经体温测量正常后方可上岗，推进企业的有序生产。

【扫黑除恶专项斗争工作全力开展】 为有效推动扫黑除恶专项斗争取得全面胜利，实现行业内"无黑无恶无乱"工作目标，县交通运输局专项整治行动重点针对辖区内交通运输行业领域容易滋生的占道经营、非法营运、非法超限超载等问题开展专项整治。其间，共出动执法车辆165辆，执法人员520余人次，以劝导和教育为主的方式，加大非法运营行为的治理力度；全力做好"三书一函"反馈问题的落实整改工作，共接收到扫黑除恶检察建议书1份，司法建议书1份，公安风险提示函1份，对于"三书一函"反馈的问题，县交通运输局及时进行全面梳理，补齐行业领域专项整治的短板，已基本整改完成。

【加强党的建设夯实基层组织】 一是加强基层组织管理。重点对支部"三会一课""三基建设"、党费收缴、党员活动日、党风廉政建设和理论学习等情况进行监督检查。坚持把加强"三基建设"与理论学习、工程建设、依法行政和安全运输结合起来，确保全局"三基建设"工作的扎实推进。二是巩固"不忘初心、牢记使命"主题教育成果。将学习教育贯穿始终，坚持党员领导先学一步、深学一层，带头开展线上线下学、交流研讨学、全体领导干部采用自学、领导讲与干部学、"走出去"与"请进来"学相结合等方式；各党支部充分利用"学习强国""三晋先锋"等信息化平台，依托"三会一课"、主题党日活动等基本制度，融入日常、抓在经常，并通过应知应会测试、书记讲党课、观看教育影片、党员微信群学习等方式，充分发挥模范表率作用，巩固来之不易的教育成果。三是积极开展结对帮扶活动。根据县委组织部《关于结对帮扶软弱涣散基层党组织的通知》精神，确定清源镇郝闫村党支部为局党委结对帮扶单位，与分管领导、包村干部、村支部书记、村委会主任，面对面交流，对当前党组织以及村内存在的问题进行实地调研。四是扎实开展软弱涣散基层党组织整顿。根据县委组织部文件精神，局党委切实把整顿软弱涣散基层党组织工作作为一项基础性工作，通过深入摸底排查，确定中共清徐县交通运输局综合服务公司党支部为整顿对象，局党委对该支部整顿情况进行综合分析研判，服务公司党支部主要问题已得到整改，基本达到验收标准。

【精神文明创建工作再上台阶】 一是有计划、有步骤地开展学习型机关创建工作，有针对性地开展学习活动。二是大力加强职工文化建设，组织开展义务劳动、"博爱一日捐""慈善一日捐"等活动，全局志愿者人数达到总人数100%。三是深入开展"讲文明、树新风"和"爱心送考"活动。高考期间出动出租车、公交车开展"免费乘车、爱心助考"活动，赢得良好社会效应。四是为全县70周岁以上老年人办理免费乘车证，累计发放7654份。

（清徐县交通运输局）

阳曲县交通运输局

2020年，是"十三五"计划收官之年，阳曲县交通运输局在阳曲县委、县政府正确领导下，在省、市交通部门大力支持下，县交通运输局坚持以习近平新时代中国特色社会主义思想为根本遵循，认真贯彻中共十九届五中全会精神，狠抓巩固拓展"四好农村路"全国、全省示范县成果，全力促进交通依法行政，一批市县重点工程及县乡村公路改造工程积极推进，全面完成，取得明显成效，受到交通运输部督查组的高度赞扬和充分肯定。

【巩固拓展全国、全省示范县持续发力，农村公路建设取得新业绩】 2020年，县交通运输局持续推进"四好农村路"建设，共完成建设任务6项，完成建设里程194.39公里，完成总投资2.4亿元。一是市县目标考核重点工程圆满完成。首先，全面推进农村公路养护提质工程，危桥改造工程和撤并建制村通硬化路工程，取得积极成效。养护提质工程涉及18条道路106.61公里，完成投资1708.6万元；危桥改造2座，完成投资298.3万元；撤并建制村通硬化路涉及4条16.4公里，实际完成17.1公里，完成投资2301万元。其次，推进“四好农村路”顺利收官，进一步巩固拓展已取得的成果。全年共完成2018年、2019年续建项目合计16条68.98公里，完成投资1.93亿元。再次，积极推进县政府指定的防火通道项目。完成建设里程1.696公里，完成投资393.4万元。最后，大力推进“百乡千村万里美丽农村路”建设。全面完成市局下达的创建目标任务，其中，美丽农村路实际完成118.287公里，超3.287公里完成市局下达115公里的目标任务。二是场站及隧道建设如期完成。属2019年续建项目的黄寨镇录古咀村的阳曲县综合服务站建设如期完成，完成投资66.85万元。三是协调对接的市两项重点工程稳步推进。切实抓好太原东西山旅游公路和太原北二环高速公路建设项目实施全方位协调服务；切实抓好征地拆迁工作。明确征拆时间节点，全面完成乡镇清点工作，为项目推进提供先期保证。

【公路养护管理不断加强，通行保障能力得到新提高】 按照市县2020年农村公路养护管理目标要求，进一步加快养护体制改革步伐，紧紧围绕农村公路实现“通、平、美、绿、安”的工作目标，取得明显成效。一是顺利完成“一灯一带”和中修工程。共安装181个路口减速带，实施排水渠抢修、补修沥青路面、安装护栏、检测桥梁及路面划标线等13项工程，累计完成投资257.2万元。二是持续完善推进“路长制”实施。县政府出台相关实施方案，对全县“路长制”公示牌全部进行更换。三是大力加强日常养护。切实加大养护力度，积极推进养护体制改革，县乡村养护管理体制更加完善，构筑起高效、顺畅爱路护路的管理体系，全县农村公路通行保障能力大幅提升。

【行业监管力度不断加大，运输保障能力得到新提升】 一是依法行政，运管力度不断加大。第一，严厉打击违法违规营运行为，并实施专项整治。截至年底，出动监督检查车辆660台次，稽查人员1680人次，查处各类违法违规行为164起，罚款36.4万元。第二，深入开展大气污染防治攻坚行动。切实加强对入境柴油载货车辆尾气排放进行抽检；加强货运源头重点用车企业和维修企业应急减排监管，对全县16家经许可的维修企业进行不间断的巡查检查，建立健全车辆维修台账。第三，狠抓源头治超，巩固治超成果，对县政府公示的50家货运源头企业监管率达100%，出动执法人员740人次，出动执法车辆320台次，巡查源头企业450次，查处违规源头企业4家。第四，狠抓行业管理，提升服务水平。切实加强行业企业安全监管，深入开展安全隐患排查，排查出隐患26起，全部整改到位。二是严明执法，路政管理不断加强。继2019年组建阳曲县交通运输综合行政执法队后，2020年1月完成对路政大队的整合，并确保机构改革期间工作不断档；有效维护路产路权，及时查处各类涉路案件。累计出动执法人员5304人次，出动执法车辆1968台次，查处涉路案件170案件；注重执法队伍建设，进一步端正行业风气。大力宣传法律法规，提高执法队伍整体素质，继续巩固县乡公路无“三乱”成果。三是重拳出击，治超工作不断强化。在加强运政源头治超、路政路面治超工作的同时，切实加大治超站点的监管力度，强化治超工作意识，取得积极成效。截至年底，西凌井公路超限检测站共出动巡查人员8760人次，检测车辆25.35万台次，处罚“双超”车辆41起，卸货1365吨，继续巩固全县治超工作的高压态势，非法超限超载车辆行为得到有效遏制，确保我县公路无非法超限超载车辆。

【安全生产机制不断完善，全局上下呈现新局面】 根据省、市、县有关开展道路运输安全生产整治工作精神，县交通运输局围绕道路安全、施工安全和公路客货运车辆交通安全，明确任务，落实责任，提出要求。即把安全生产摆上重要日程，建立健全安全工作横向到边、纵向到底的安全和维稳责任制，领导小组与局属各单位及施工企业全面实施安全生产“一岗双责”，并签订安全生产目标责任书，深入开展摸底排查活动，加大公路安保力度，全年完成公路安保投资298.3万元。安全生产取得明显成效，稳定向好局面已经形成，未发生一起安全生产重特大事故。

【疫情防控紧抓不放，管控措施步入新常态】 疫情防控工作开展以来，县交通运输局坚决贯彻和认真落实中央、省、市、县的总体部署，采取措施，全力以赴，切实抓好交通运输系统的疫情防控工作，取得良好成效。努力做到领导重视不推责，重点领域不放松，复工复产不懈怠，加强防控不间断。严格落实常态化防控各项工作机制，确保人员、设备、设施、物资、履职五到位。

【党的建设等各项工作不断深化，统筹推进见到新成效】 一是高度重视学习教育。2020年，县交通运输局在持续引深"两学一做""不忘初心、牢记使命"学习教育常态化基础上，先后组织开展重温习近平总书记三篇光辉文献、学习贯彻习近平总书记视察山西重要讲话、《习近平谈治国理政》(第三卷)和中共十九届五中全会精神等学习专题教育活动，确保全体党员干部在思想上、政治上和行动上与党中央保持高度一致。二是高度重视党风廉政建设。组织党员干部认真学习《中国共产党廉洁自律准则》《中国共产党纪律处分条例》《关于新形势下党内政治生活的若干准则》《中国共产党党内监督条例》以及省、市、县委有关反对"四风"的规定，严禁干部职工借婚丧嫁娶，借机敛财，严格控制"三公"经费，严肃财会制度。三是高度重视交通扶贫等项工作。首先，巩固交通扶贫成效明显。2020年是脱贫攻坚决战之年，按照县委、县政府工作要求，全局实施农村公路养护提质工程、撤并建制村或较大规模自然村通硬化路、危桥改造等项目，共计完成建设里程123.71公里，完成危桥改造2座，完成投资4307.9万元。驻村帮扶工作力度不断加大，为扫峪村推销土豆5万千克，慰问贫困户2万余元。其次，精神文明建设常抓不懈，努力践行社会主义核心价值观，在干部职工中传播正能量，弘扬主旋律，连续保持26年县级文明单位称号和21年市级文明标兵单位称号。创城工作、扫黑除恶、环境保护、政风行风建设等扎实推进，收效明显。

（阳曲县交通运输局）

娄烦县交通运输局

2020年，在省、市交通运输部门指导和帮助下，娄烦县交通运输局以习近平新时代中国特色社会主义思想为指导，全面贯彻落实中共十九大及十九届历次全会精神，围绕县委、县政府中心工作，一手抓新冠肺炎疫情防控，一手抓交通运输发展，积极扩大有效投资，提升运输保障能力。按照建设交通强国要求，加快构建现代化综合交通运输体系，推进行业治理体系和治理能力现代化，编制出娄烦县《"十四五"交通运输发展规划》(征求意见稿)，继续扩大"四好农村路"、旅游路、"百乡千村万里美丽农村路"建设，积极开展"三零"单位创建和省级文明城市创建工作，狠抓党风廉政建设，基本上完成一年工作任务。

【工程建设取得新进展】 一是罗马线、下寺线共15公里资源路改造项目，已完成政府备案、可行性研究报告的编制及专家评审、立项批复等前期工作，准备招标。二是塔米线10公里旅游路改造项目，已完成政府备案、施工图编制及安全评审等前期工作，准备招标。三是84公里养护提质改造工程项目，已全面完工，总投资1260万元。四是新建两座桥梁工程项目，即：米峪镇乡国练村南湾桥，天池店乡顺道村(孔雀小镇)桥，工程于2020年3月20日开工，于2020年9月底全面完工。这两座桥梁建设，对促进当地经济、社会、生态和旅游发展均具有十分重要的意义。五是客运场站设施建设项目，娄烦二级汽车站主体工程已经全部完成，计划开展二期工程(弱电系统、装修工程、亮化工程等)；马家庄综合服务站于2020年3月15日开工，10月底全面完工，投资111.2273万元。

【公路养护取得新突破】 一是推进"路长制"公路养护管理模式。按照"县道县管、乡村道乡村管"的原则，通过征求上级及各方意见，以娄烦县政府办公室名义制订并出台《娄烦县深化农村公路管理养护体制改革实施方案》，为全面改善、提升农村公路综合环境和服务能力，为充分发挥农村公路在乡村振兴中的支撑作用，将提供有效机制保障。二是推进“百乡千村万里美丽农村路”建设。制订并出台《娄烦县“百乡千村万里美丽农村路”实施方案》，明确责任领导、责任股室，准备用两年时间创建示范乡镇1个、示范村6个，建设美丽农村路71条，按照以点带面、先易后难，分别轻重缓急原则，有选择地先对县道、乡道连接的村庄道路，按美丽农村路标准打造，并以此为示范逐步推开，总结经验，推动“四好农村路”在高质量发展基础上实现新突破。三是推进“一灯一带”工程建设。积极与当地公安交警部门进行对接，联合排查梳理辖区内农村公路平交路口，并结合实际情况，设置减速带。10月，全面完成市局下达的农村公路与国省道平交路口减速带安装任务。

【运输及路政管理取得新提升】 一是强化交通行业管理。深入推进公交一体化建设，不断提升农村通客运班车通达的广度、深度和群众的满意度；加强公路路政管理许可工作，加大公路设施保护力度，坚决制止超限超载现象发生；深化法治交通建设，加快推进“放、管、服”工作，简化办事程序，推行“一站式”服务，规范行政执法工作，强化执法监督；强化执法队伍建设，加快交通综合执法改革步伐。二是推进平安交通建设。即建立健全交通运输行业安全生产责任制；推进安全生产监管信息系统建设，确保全县“两客一危”车辆智能监管平台正常运行；深化“隐患清零”行动。深刻汲取浙江温岭2020年“6·13”槽罐车爆炸事故教训，太原迎泽区台骀山景区2020年“10·1”火灾事故，扎实做好全县交通运输系统安全生产工作，按照“全覆盖、零容忍、严执法、重实效”和“以铁的担当尽责、铁的手腕治患、铁的心肠问责、铁的办法治本”工作要求，加大专项检查和监管执法力度，全面开展交通运输领域风险隐患排查整治工作，为全县经济和社会发展创造良好的交通运输安全环境。一年来，公路建设、管理、养护、运输及水运，均保持安全无事故。

【抗击新冠肺炎取得新胜利】 2020年新春，新冠肺炎疫情发生，娄烦县交通运输局按照县委、县政府工作布署，视疫情为命令，视责任为使命，抓好单位疫情防控和工程建设工作，做到“两手抓、两不误”。一方面把好疫情防控大关，出台《交通系统防控疫情工作方案》，下发《告全县交通系统同志们书》。在全县设立的10个卡口中，都有专职交通人员把守，确保疫情外不输入，内不扩散。为防人员聚集感染，适时果断停止长途客车、乡镇班车、县内小公交车以及出租车的运行。在娄烦火车站，派驻专门人员轮班值守，登记、检测进出车站人员情况，发现有体温发热人员，会同卫健局，立即派专人专车送往指定隔离地点。保证全县没有发生一例人员感染的现象。另一方面，认真落实中央、省、市、县决策布署，切实做好应对疫情各类应急物资、生活物资、重点生产物资、医护及防控人员的运输保障工作，保障应急物资运输车辆顺畅通行以及群众重要生活物资和医疗防护物资正常、安全、及时、有序送达。与此同时，随着疫情防控形势好转和成果不断扩大，着力抓好工程建设，制订并出台《娄烦县道路运输企业复工复产疫情防控工作实施方案》。对全年10大重点工程项目分批次、分情况，逐步复工复产，把疫情对经济造成的损失降到最低，保证重要指标按计划完成。

【“三零”单位创建及创城工作取得新成效】 一是提高思想认识，充分认识“三零”单位创建工作的重要意义。把思想行动统一到省委、市委、县委的安排部署上来，推动“平安交通”建设。二是紧盯目标，明确部门职责。进一步细化工作责任，把创建目标具体落实到各股室，责任到人，责任到岗。三是突出重点，抓关键环节。重点围绕安全生产、道路交通、危货运输三个关键领域，规范管理，主动化解矛盾，把问题解决在萌芽状态，解决在基层。围绕“矛盾不上交，平安不出事，服务不缺位”的总目标，关口前移，重心下沉，夯实交通运输行业稳定、安全基础。四是强化制度建设。建立重大风险问题清单，完善方法和化解风险机制，把制度优势转化为“三零”单位创建工作的实际行动。

【积极推进创建省级文明城市工作】 一是利用广告牌、电子显示屏、横幅、标语等媒介刊播创建文明城市重大意义，营造深厚的舆论氛围，让创城工作深入每个职工心中，并化作他们的自觉行动。二是对全县县乡村公路特别是主要县道两旁排水渠、边沟、边坡垃圾、杂物进行清理，对有坑坑洼洼的路面进行补修、平整、清扫，保证路面干净无杂物，排水通畅不淤塞。三是对客运班车、公交车、出租车以及维修摊点进行整治，要求车身内外保持清洁，车况良好，设施齐全，诚信经营，服务周到。四是严格禁止易燃易爆危险品上车，严厉打击非法营运，维护运输市场合法经营，公平竞争。通过开展创城工作，擦亮交通对外窗口，树立娄烦新时代新气象新面貌。

【党风廉政建设上升新水平】 娄烦县交通运输局一向把党的政治建设放在首位，始终与以习近平同志为核心的党中央保持高度一致，增强“四个意识”，坚定“四个自信”，坚决做到“两个维护”。不折不扣地执行县委、县政府的重大决策部署。按照一岗双责、党政同责要求，认真抓好交通运输系统党风廉政建设工作，加强对全体干部职工的教育、警示、监督、管理工作，以身边事教育身边人。强化规矩意识、底线意识、责任意识、担当意识，不该说的话不说，不该做的事不做，清正廉洁，爱岗敬业，为完成工作任务提供坚强的组织纪律保障。

【强化政务财务管理重塑新形象】 一年来，县交通运输局强化政务、财务管理，坚持原则，按规矩、按制度办事。交通建设工程，涉及的资金数额较大，社会关注度较高，在工程费用结算、支付上，坚持多层把关，严格审批，大笔开支集体研究决定。主要领导及分管领导不乱批条子，不乱开口子，在工程发包中，严格实行公开招投标，择优录用施工队伍，主动接受纪检监察部门和审计部门的监督检查。在制度上，进一步健全反腐倡廉机制，落实党风廉政建设目标责任制和职务犯罪预防体系，坚决杜绝贪污、受贿、挪用公款等违规违法行为的发生，树立交通运输部门良好形象。

（娄烦县交通运输局）

古交市交通运输局

2020年，在市委、市政府的正确领导下，古交市交通运输局深入学习习近平新时代中国特色社会主义思想、习近平总书记视察山西重要讲话重要指示，坚决贯彻中共十九届五中全会及省委“四为四高两同步”总体思路和要求，积极履行交通运输行业监管职责，狠抓各项工作的落实，全面团结交通系统力量，为促进交通运输事业高质量发展做出新贡献。

【多措并举，抓实抓细抓常疫情防控】 年初，在疫情防控紧要之际，由领导班子牵头迅速成立古交市新型冠状病毒感染肺炎道路交通(场站)防控工作领导组办公室，在全市重要道路设置12个防控站点卡口，并出动值守工作人员3694人次，协助公安交警、卫健部门及当地政府共检查车辆54460辆次，排查人员90517人次，劝返车辆631辆，劝返人员1623人。在疫情形势好转后，针对全市复工复产工作要求精心安排部署，在充分预判疫情的基础上，从3月1日起，有序有效逐步分批恢复城市公交客运，保障疫情在我市交通运输环节“零输入”。此外，严格执行交通运输部“一断三不断”政策，畅通运输通道，储备47台货运车辆和25辆客运车辆，确保物流运输“零障碍”。

【狠抓落实，多头推进各项重点工程】 一是全力推动项目建设。2020年，屯村—太克线二级公路新建项目、古交市汽车客运站新建项目，3月17日在复工准备工作就绪后开始施工。作为省级、市级重点项目，太原西北二环高速公路古交段建设项目在完成各项环评、土地预审手续、流程等前期准备工作后，于3月14日正式开工。黄河板块旅游公路太原市古交市古交至岔口公路改建工程是全市重点项目，完成征地拆迁摸底、招标、财审等前期准备工作后，已于10月开工建设。截至年底，4项重点工程进展顺利，屯村—太克线二级公路新建项目已基本完工，古交市汽车客运站新建项目已达到完成主体工程的目标任务，黄河板块旅游公路太原市古交市古交至岔口公路改建工程已于10月初进场施工，实现年初启动建设的目标，太原西北二环古交段建设项目已完成征拆工作的80%。二是国道339古交市绕城段、国道241古交过境改线段，已按照相关规定通过由省交通运输厅组织的《工程可行性研究报告》评审，并完成项目选址、沿线单位意见征求、水环评、防洪、环评、土地预审等程序，正在进行其他前期工作，计划完成全部前期手续后开工建设。三是积极落实由上级下达的全市“四好农村路”计划，完成养护提质改造工程107公里，县乡道安全生命防护工程55公里，县乡道危桥改造工程2座。

【真抓实干，扎实推进农村公路管养】 一是提高管养标准。不断加强日常保养力度，提高机械化清扫保洁率，进行常态化、专业化管理养护，为所列养的7条县公路、2条重要乡公路打造“畅、美、洁、安”的路域环境。二是加强道路巡查整治，认真做好防汛减灾工作，及时完成平交路口减速带163处，安设临时警示标志牌42套，治理隐患16处，桥梁桥面铺装2座，保障道路安全畅达。三是全面实施“路长制”。与各乡镇、街办及相关单位加强配合，实现道路联动管养。四是对群众多次举报的水深沟村公路和草原线超限运输的行为，加强巡查频次，查处超标准行驶车辆85辆，行政处罚13.68万元，切实维护路产路权。

【利剑出击，规范道路运输市场秩序】 一是切实抓好客运工作。全年共投入客运车辆60辆，累计发送客运班车1.6万车次，营运公交车客运量达806万人次，出租车客运量达175万人次，完成无旅客滞留站内、无服务质量投诉的总体工作任务。二是以交通机构改革为契机，市交通运输局对车辆非法超限超载运输行为“零容忍”，积极深入开展“打非治违”行动，及时出动检查，严格查处非法超限超载车辆。出动检查人数7500人次，出动检查车辆1650辆次，发现并查处非法超限超载车辆40辆次，处罚18.7万元，为全市平稳发展奠定良好态势。三是加强货运源头单位巡查。对政府公示货运源头企业进行巡查，出动执法人员625人次，执法车辆130台次，与源头企业签订“无双超”承诺书46份，查处违法违规源头企业6户，处罚24.15万元，对1户不按规定进行装载登记的企业处予1000元的罚款，逐步规范源头企业经营行为，从源头上做细做实源头企业的监管工作。四是紧紧围绕公转铁、铁路专用线等运输结构调整核心任务，积极开展运输结构调整攻坚行动，对全市大型工矿企业和相关部门下发“公转铁”任务，截至年底，共发运1373万吨。

【优化服务，提升群众出行满意度】 一是“村村通”客车。2020年，以100%建制村通客车为目标，通过对偏远地区投入5台9座纯电动微型客车，采取隔天通一次的运营方法、电话预约的乘坐方式，4月15日，实现116个建制村全部通客车。二是出租车停靠点规划。全市共计有237台出租汽车，虽然出租汽车市场已初具规模，但是对出租车停靠专用站点还没有一个具体可行的规划，为此，在全市范围内设置40余个出租车专用停车站点，已完成规划的80%，切实方便城乡居民出行。三是开通古交至太原公交线路。为发展古交至太原路段定制公交，积极与太原市公交公司进行沟通协商，科学规划公交线路，经过周密安排，群众翘首以盼的城际公交正式开通，真正让古交市民享有经济舒适、安全可靠、快速便捷的惠民出行通道。截至年底，古交至太原城际公交已正式投入营运。四是打造大型物流园区。紧紧围绕中共十九届五中全会精神，制订“十四五”期间主要目标，在雁门、邢家社等地打造大型综合物流园区，在提高大规模供应能力的同时发展电商物流服务，为全市经济转型发展谋求新机遇。抓紧督促国道339和国道241过境改线完成前期准备工作，并按时开工建设。

【联合执法，打赢蓝天保卫攻坚战】 一是根据上级安排部署，联合环保、公安等部门继续对重型柴油货车和散装物料运输车开展专项整治，严厉打击重型柴油货车、散装物料运输车抛洒遗漏、违法改装、超限、超高、尾气超标等违法行为，出动执法车辆261车次，出动人员1326人次，检测柴油货运车辆1037车次，有效控制输入性污染。二是继续开展汽车行业使用VOCs治理，深入各维修企业，加强“三废”治理和挥发性气体治理工作。联合城管部门对重点路段的临街汽修洗车业户进行集中整治，着重解决汽修洗车行占道经营、污油污水横流街面等乱象；与驾培企业签订重污染天气应对承诺书，控制道路扬尘污染，检查车辆档案24台，检查教练车15辆。三是积极推动低碳交通建设。一年来，更新更换电动公交72台，电动出租车37台，此外，加快充电桩建设，使全市实现较高清洁比率，真正体现低碳客运。

【坚守底线，安全生产形势持续稳定】 一是在思想意识方面，为有效防范和坚决遏制事故的发生，不断强化安全生产红线意识、底线思维，定期开展安全生产知识宣传、教育和培训工作，提升全员事故预防和处置能力。二是在道路、桥梁、隧道、管涵安全方面，积极处置红梁山隧道、周家山隧道和汉道岩隧道的隐患、处置河古线瓮窑沟路段的塌方落石，对临水临崖路段、急转弯路口加强增设警告标志，切实消除道路交通安全隐患。三是在交通建设方面，加强对在建工程的安全监管，要求施工单位认真落实安全规章制度，加强施工安全管理，督促施工单位严格落实各项安全施工措施，为施工工地准备应急物资。四是在道路运输方面，认真落实行业监管责任，督促企业严格落实企业的安全生产主体责任，对参加旅客运输的全体驾驶员和参运客车进行全面资格审查和车辆安全技术状况检查，审查合格率达到100%。五是成立4个检查组，由班子成员组成攻坚力量，对重点工程、公路养护、道路交通和客运等进行全年安全生产大检查，将安全隐患排查出来、整治到位，确保危险降到最低。

一年来，古交市交通运输局不折不扣贯彻执行上级决策部署，较好地完成全年工作任务，获“太原市工人先锋号”称号，交通运输事业呈现良好发展态势。

（古交市交通运输局）

大同市

大同市交通运输局

2020年，大同市交通运输局始终坚持“四为四高两同步”总体思路和要求，以建设人民满意交通为目标，以“大交通”推动大发展，挂图作战、卡表计时，持续攻坚，务实苦干，加快实施交通基础设施建设，不断提升行业管理能力和服务水平，为大同市建设好省域副中心城市、蹚出转型新路贡献交通力量。

【公路规划与建养管】 一是项目前期工作。2020年，印发《2020年交通运输领域项目建设和经济指标运行监测服务工作方案》，抓好交通运输领域重点项目建设和经济指标运行监测服务工作，积极争取“四好农村路”和三大板块旅游公路建设项目省市补助资金；各县区拓宽融资渠道，努力解决配套资金；根据全省高速公路网规划，对接大型央企和金融机构，引进建设资金，加快推进高速公路建设，完善路网结构。重点推进天大高速大同联络线、二广高速公路大同绕城陈庄至肥村段和浑源王庄堡至河北阜平高速公路大同段的前期工作；推进《大同市交通运输“十四五”发展规划》《大同市公共交通“十四五”发展规划》和《大同市农村公路“十四五”发展规划》编制工作。大同市交通智能指挥控制中心信息化建设和大同市综合客运枢纽项目稳步推进。二是农村公路建设。在“百乡千村万里美丽农村路”创建活动中，创建示范乡镇9个、示范村93个、美丽农村路928公里。深化农村公路管理养护体制改革，在全市全面推行农村公路县、乡、村三级“路长制”，实现“建好、管好、护好、运营好”农村公路的总目标。全市全年农村公路建设里程共完成1156.582公里，完成投资103769.56万元。其中“四好农村路”完成1042.344公里，完成投资33540.860万元。包括窄路基路面拓宽工程117.843公里，投资12801.9万元；养护提质工程912.271公里，投资11134.96万元；县乡道安全生命防护工程处置隐患里程160.1公里，投资4482万元；村道安全生命防护工程处置隐患里程51.7公里，投资1284万元；危桥改造完成1座，投资24万元；资源路、旅游路、产业路路基8.2公里，投资1224万元；续建工程路基12.23公里、路面12.23公里，投资2590万元。三大板块旅游路114.238公里，投资70228.7万元。三是路政管理。持续加强路政管理工作，维护路产路权。全年，市县路政管理机构共检查货运车辆727614辆次，查处违法超限运输车辆113辆次，记分5160分，罚款135100元，排除公路安全隐患8处，清理道路两侧垃圾30余立方米，拆除非公路标志6处，发现损坏公路防护栏2次，损坏限高杆3次，对擅自非法建筑和非法悬挂物下达责令整改通知书2份。

【公路运输与管理】 2020年，全年共受理行政许可2947件，新许可道路危险货物运输企业3家，新增危险货物运输车辆64辆(含挂车)，更新危险货物运输车辆24辆(含挂车)。延续省、市、县际客运班线22条，客运车辆39辆。换发道路运输经营许可证9件，补发IC卡17件，配发车辆运营证128件。完成巡游出租汽车更新591辆，出租汽车驾驶员从业资格证补换发1001件，受理出租汽车从业资格考试报名1911人。加快推进运输结构调整，建成铁路专用线两条。在大宗货物年货运量150万吨以上的17家大型企业中，有14家铁路运输量达到80%以上，仅下半年即完成铁路运输量9300万吨。为进一步加强交邮融合，推动农村客货运发展，各县区将闲置的客运站与农村物流、邮政快递、电商等相结合，由农村公路养护站统一管理，采取农村公路服务区等方式，盘活既有资源，综合利用现有资源。共出动执法人员102人次，执法车辆36辆次，联合市公安局直属二分局，针对重点时段、重点区域，采取不定时巡查与蹲点稽查相结合的方式，对机场、火车站及各景区进行专项整治，查处轻微违规行为警告并纠正9起，涉嫌进京非法营运车辆6台，罚金1.5万元。大力推进“两客一危”车辆智能视频监控报警系统的安装工作，已安装905辆，安装比例达84%。积极推进机动车排放检测与强制维护(I/M)制度的建立实施。根据市委推进全市出租汽车行业深化改革专题会议精神，全年组织全市11个出租汽车公司经理召开座谈会，了解和掌握出租汽车公司成本构成，经营利润，管理方式、管理手段和管理水平以及存在的主要问题等。为严厉打击大同南站出租车拉客、拼客、不打表和拒载等违法乱象，维护全市道路客运市场安全秩序，根据市领导批示，市交通运输局迅速行动、重拳出击，采取有效措施，共出动执法人员3万余人次，疏运旅客22万余人次，配置调度出租车辆2000趟次，查处违规出租车133辆，批评教育违规出租车司机523人次，查扣非法营运车辆11起，大同南站出租车经营秩序有了明显好转。

【疫情防控】 1月26日开始，全市客运班线车、旅游车(除接送铁路、同煤等职工的通勤车外)、农村客运和农村公交全部停运，汽车客运站全部关闭，市内公交停运8条线路并减少部分线路发车班次。为预防突发事件和政府紧急调令，储备30辆客车、50辆货车作为应急保障车队，随时做好人员和疫情物资运输的准备工作。吸取个别地市对出租车采取强制停运措施而造成出租司机聚集上访的教训，市交通运输局向出租汽车公司下发倡议书，由出租车主自主决定是否停运，同时，减免出租汽车经营者疫情防控期间两个月的管理服务费用，共计减免185万元，保证出租汽车市场稳定。根据市疫情防控工作领导组安排部署，市交通运输局制订并印发《大同市疫情防控领导组交通场站应对组疫情防控工作方案》，统筹协调全市交通场站疫情防范和处置工作，妥善实施交通场站发现相关病例、疑似病例及密切接触者的临时隔离、留验和移交转运。局党组安排市运管处、市客运处、市交通执法支队分别负责火车站、高铁南站、大同机场的疫情防控工作，督促各场站每日对站内重点部位进行消毒处理，配合卫健等相关部门，设置体温监测点，对所有进出站旅客、工作人员进行体温测量，落实早发现、早报告、早隔离、早治疗和集中救治措施，三个场站日检5000余人次，市县交通部门派驻1000余名交通执法人员在全市61个高速路口和普通国省干线公路出入口，配合公安交管、卫生健康部门做好检查、隔离、转运等工作。同时，抽调30余人，分别由局领导带队，组成七个专门督导组，对市内三大场站及全市高速公路和普通干线公路出入口联防联控工作开展情况进行督导检查。全面压实法人单位防控责任，各运输企业严格做好交通运输工具消毒、通风、司乘人员防护、乘客信息登记、客座率控制等防疫措施，全面推广应用山西“健康码”，坚决遏制疫情通过交通运输工具传播。同时做好环京出省口的“双防”工作，全力支持京津冀地区交通运输联防联控，守好山西北大门，当好首都护城河，切实抓好外防输出、内防输入的“双防”任务。根据疫情形势变化，逐步有序恢复道路客货运，及时调整公共交通运营，主动对接复工复产企业，提供返岗直通车、通勤包车、定制公交线路等服务，千方百计做好应急物资和重点生产生活物资运输保障，加大货运物流服务保障力度，加强路况动态监管、疫情风险精准监测，做到人畅其行、货畅其流。2月25日开始，全市汽车客运站、市内县际班车、县际公交全部恢复正常运营，日均发送80个班次，日均客流约700人左右。市内公共交通线路全部恢复运行，公交运力恢复到正常时段的70%以上，每日投入运营车辆约620台，日均客流约13万人次，公交乘客全部实行扫码实名登记。由山西汽运集团雁北汽车运输有限公司主动对接全市各大厂矿、企业，陆续组织农民工返岗“点对点”包车运输，累计为富士康、市内各大型厂矿企业运送返岗职工、农民工1308人。全市驾校、危货企业、中巴车公司等重点交通运输企业也全部恢复正常生产秩序。开启公路运输“绿色通道”，除应急防疫物资外，将重要生产生活物资运输全部纳入应急保障范围，确保“米袋子”“菜篮子”等民生物资和工农业生产资料及时进城入村。全市四个重点农贸市场开通14条公交线路，投入259部公交车，为市民提供极大便利。

【党的建设与机关作风建设】 2020年，大同市交通运输局坚持把政治建设摆在首位，落实新时代党的建设总要求，巩固深化“不忘初心、牢记使命”主题教育成果，以坚定态度、自觉行动、实际成效，增强“四个意识”、坚定“四个自信”、做到“两个维护”，始终同以习近平同志为核心的党中央保持高度一致。严格执行重大事项请示报告制度，落实意识形态工作责任制，为改革创新、转型发展营造健康稳定的政治环境。全面提高党建工作质量和水平。充分利用“三会一课”、党组中心组学习和“学习强国”“山西干部在线”“三晋先锋”“大同党建”在线网络平台等形式，加强全系统党员思想建设，筑牢思想根基，带动广大党员更加深刻领会习近平新时代中国特色社会主义思想、习近平三篇光辉文献精神和习近平视察山西、视察大同讲话指示精神，以及对交通运输工作重要批示指示精神，切实推动学有所获、指导实践。完善纪律制度。筑牢拒腐防变的思想防线和制度防线，完善权力运行制约和监督机制，形成有权必有责、用权必担责、滥权必追责的氛围。在抓住“关键少数”的同时，深入开展“微腐败”专项整治。大力开展深化机关作风整顿活动，着力解决思想不够解放、担当意识不强、工作标准不高等问题，努力实现“四个意识”明显增强、办事效率明显提高、重点难点明显突破、创新能力明显提升的目标。加强干部队伍建设，教育引导各级善于作为、敢于担当，对标先进、事争一流，撸起袖子加油干。

（大同市交通运输局）

新荣区交通运输局

2020年，在新荣区委、区政府坚强领导下，在上级部门有力指导下，新荣区交通运输局以习近平新时代中国特色社会主义思想为指引，认真贯彻落实中共十九大及十九届历次全会精神，认真学习贯彻习近平总书记视察山西重要讲话重要指示精神，以实现“交通强国”、建设“四好农村路”为总目标，以“三零”单位创建为抓手，深入开展疫情防控、安全隐患、复工复产等工作，全力推进各项工作开展，完成2020年度各项工作任务，为推动全区高质量转型发展创造良好交通运输环境。

【疫情防控持续开展】 疫情发生后，区交通运输局迅速进入战时状态，制订全区道路交通卡点防控方案，明确组织机构及职责，并由运输局牵头，与公安交警、应急、卫健、医院等部门共同作战。全局取消春节假期，全部到岗，领导班子带队实行24小时带班值班制度。

以“内防扩散、外防输出”工作重点，在新荣高速收费站、新荣高速南收费站(大同方向)、(右卫方向)，大同北收费站(乌兰察布方向)、(太原方向)、国道208得胜检查站、省道204李佩沟检查站等交通要道出入口关键节点设立疫情防控检查站7个，每个站点都由“交通人”任组长，逢车必查，逢人必查，对进入车辆人员进行体温监测，对外籍车辆人员实行劝返。疫情防控以来，共检查车辆42946辆，累计测温53848人次同时做好内外宣传、内部防控、信息报送以及交通工具营运中的疫情防控等工作。

【公路建设进展顺利】 一是“四好农村路”。实施“四好农村路”窄路基路面拓宽改造工程19公里，投资1900万元。其中磨复其至刘新庄线10.076公里；花园屯至镇川大桥6.169公里；甘庄至东郭家坡线2.755公里。养护提质工程20公里，投资300万元。其中孤山至镇川堡9公里；光明至外场沟7公里；外场沟至204国道4公里。二是长城一号农村旅游公路。其中，长城一号农村旅游公路续建任务。继续完成长城一号农村旅游公路新荣段101.07公里续建任务。长城一号农村旅游公路支线新建项目。2020年投资1.04亿元完成大同古城—镇川堡支线(得胜至堡子湾旅游路)14.975公里。

【安全工作常抓不懈】 持续开展“查隐患、抓整改、保安全”专项行动，深入开展安全生产专项整治三年行动和“零事故”创建工作，认真组织开展安全生产风险隐患排查治理专项行动。截至11月底，共出动检查人员55人次，检查交通运输企业6家，共发现一般安全隐患2项，已完成整治2项，隐患整改率达到100%。围绕“减量控大”八大提升工程目标，认真组织实施农村公路“一灯一带”工程建设。安装道口标58块、警示桩缺111根、减速带48处、限速标志76块、转弯标4块。持续深化道路交通安全专项整治，使道路通行条件明显改善，道路交通秩序明显好转，道路交通事故明显下降，群众安全意识明显提高，坚决杜绝重特大道路交通安全事故，切实保护人民群众生命财产安全。

【公路管养全面加强】 一是加强公路巡查。路政管理大队上半年共出动执法车辆395余辆次，执法人数1200余人次，巡查县乡公路累计5420余公里。二是开展集中整治。路政管理大队牵头、公安、交警配合组成联合执法大队开展路面执法检查，集中整治超载超限、非法违法运输等行为。共查扣超限车辆24辆，卸载货物814.95吨，按照一超四罚原则移交，交警队共罚款32400元、扣分135分，查处损坏路产案件9起。三是围绕“车、路、源头”加强路域环境全面改善。强力实施大气污染环保攻坚行动，路域环境全面改善。持续路面清扫。四是严格路面执法。落实治超新规，路政管理大队联合交警、环保部门开展联合路面执法，每月集中开展集2～3次重型柴油货车和散装物料运输车辆遗漏抛洒行为。五是全力实施国三及以下柴油车淘汰工作。按照市、区统一部署和要求，协同相关部门全力开展国三及以下排放标准的柴油货车淘汰工作，截至目前已完成497辆，剩余车辆淘汰工作正在抓紧实施。六是全面推行农村公路“路长制”。按照“统筹管理、分级负责、管养到位、考核有力”的原则，建立全区1020公里县、乡、村三级“路长制”工作体系，切实提高全区路域环境治理水平。“路长制”各项工作形成长效机 制和常态化，人民群众满意度明显提升。

（新荣区交通运输局）

平城区交通运输局

2020年，平城区交通运输局以习近平中国特色社会主义思想为指导，以“建好、管好、护好、运营好”农村公路为目标，全面推动全区交通运输工作，更好服务于全区经济社会社会发展。

【认真传达学习习近平总书记视察山西重要讲话精神】 5月18日，区交通运输局召开会议传达学习习近平总书记视察山西重要讲话重要指示精神，习总书记在讲话中强调要做好剩余贫困人口脱贫工作，做好易地扶贫搬迁后续扶持，强化返贫监测预警和动态帮扶，推动脱贫攻坚和乡村振兴有机衔接。大家表示，一定充分认识习总书记视察山西工作的重大意义，进一步增强责任感和使命感，尽心竭力建设美丽农村路，大力开展“四好农村路”示范镇、示范村创建，以点带面推动“四好农村路”建设水平再上新台阶。

【成立区交通运输局党支部】 根据《关于同意建立中共大同市平城区交通运输局支部的批复》(平城机批〔2020〕11号)文件，区交通运输局7月29日成立党支部，其中正式党员6名，在第一次支部会议上选举刘翰龙担任书记。

【加强党的思想政治建设】 认真传达学习省委十一届十次、市委十五届九次、区委一届五次全会和区纪委一届三次全会精神，深入学习《习近平谈治国理政》(第三卷)。8月20日，召开局党风廉政建设专题会议，讨论通过《党风廉政建设责任制实施办法》《谈心谈话制度》《议事制度》和《局领导班子成员“一岗双责”责任清单》，班子成员签订“一岗双责”目标责任书，提升全局干部职工对党风廉政建设的认识。与此同时，学习传达《防范和惩治统计造假、弄虚作假督察工作规定》，并结合全局工作实际，制订区交通运输局《关于防范和惩治统计造假、弄虚作假问责制实施办法》和《关于防范和惩治统计造假、弄虚作假责任制》，明确班子成员在防范和惩治统计造假、弄虚作假工作中的责任，将依法统计贯穿交通运输工作各个方面和各个环节，把防范和惩治统计造假、弄虚作假作为政治任务落到实处。

【做好新冠肺炎疫情防控工作】 一是制订工作预案。在疫情防控期间，先后制订《防治冠状病毒疫情工作预案》《节后上班疫情防控工作预案》和《假期后交通恢复疫情防控工作预案》。二是开展宣传、测温。在市内各主要干道，高速口、国省干道、乡村道路、各测温点，共制作悬挂200条防疫宣传条幅。从2月1日开始，在县、乡村道路设置测温点，统计时时报送，截至2月28日，51个测温点共测温68351人次。三是配合市交通运输局，检查公交、客运、中巴。1月30日起关闭全区范围内的客运东站和新南客运站，取消所有客运包车活动；中巴车停运；停运市公交公司古城旅游301线、快速旅游603线、605线、滑雪场专线、202路、33路以及大同站、大同南站夜间公交线，其他线路公交车在原来的基础上适当减少发车班次。3月18日市际班线全部开通。新南客运站自复工以来，截至年底已全部恢复省际班线。四是联系复工复产企业。疫情防控期间，区交通运输局对联系的17家规模企业复工复产情况、企业存在的困难进行详细了解。复工复产后，完善对17家交通行业规上企业服务，并统计上报经营状况。

【完成“四好农村路”建设任务】 一是开展2020年“四好农村路”养护提质工作。围绕市交通运输局下达20公里“四好农村路”养护提质建设任务，结合全区农村公路实际情况，区交通运输局组织相关人员下乡入村，调查农村公路，先后对小石子村、上皇庄村、下皇庄村、陈庄村、田村、金家湾村、西谷庄村、燕庄村等农村公路进行实地调查，决定对上皇庄村、下皇庄村、金家湾村及燕庄村部分农村公路进行养护提质改造，该养护提质项目委托太原市华西德工程技术咨询有限公司编制可行性研究报告.经区行政审批局组织专家组评审批准立项，由区行政审批局〔2020〕80号文件批复，项目经区财政评审最高限价，该项目于2020年10月底完工。二是开展“百乡千村万里美丽农村路”示范乡镇、示范村创建工作。计划在2020年全区创建“百乡千村万里美丽农村路”示范乡1个，示范村3个(马家小村、金家湾、小石子村)，以点带面推动“四好农村路”建设水平再上新台阶，推动“四好农村路”在高质量发展上实现新突破。三是筑起农村安全交通“防火墙”。对水泊寺乡8个行政村，安装减速带25条。

【开展“路政宣传月”活动】 联合马军营乡政府和水泊寺乡政府在各自辖区内开展“路政宣传月”活动，深入各村、社区及运输专业户开展宣传，发放印有路政知识、法律、法规的宣传资料共1600余份。

【抓好治超工作】 市治超办对平城区治超服务中心开展治理非法超限超载工作专项检查。2019年全省治超工作考核中，区治超工作考核全市排名第三，截至2020年年底，治超工作共出动执法人员1731人，检查车辆37666辆，卸载吨数5534.08吨，罚款34.39万元，记分1038分，记分192人。

【开展扫黑除恶专项斗争专项整治行动】 制订区交通运输局《开展扫黑除恶专项斗争专项整治实施方案》。配合政法机关重点整治区农村公路建设领域涉黑涉恶行为；配合政法机关重点整治控制货运源头、组织非法超限超载，组织非法超限超载运输、聚众恶意冲卡等问题；配合市交通运输局客运处、货运处、执法大队及政法机关重点整治垄断运输市场、控制货源客源、不正当竞争的问题，切实做好扫黑除恶专项斗争“深挖整治”“长效常治”工作。

(平城区交通运输局)

云冈区交通运输局

2020年，在云冈区委、区政府正确领导下，在市交通运输局大力支持下，云冈区交通运输局深入贯彻落实中共十九大精神，全局上下，共同努力，以构建和谐、稳定交通为目标，强化交通行业管理，扎实推进依法行政进程，内增素质、外树形象，完成各项工作任务，为全区经济社会发展提供强有力的交通服务保障。

【工程建设】 一是大同至桑干河风景区旅游公路改造工程，里程19.38公里，投资6521.7477万元；二是“四好农村路”养护提质改造工程，里程34公里，投资591.3333万元；三是云冈区道路改建工程，里程7.13公里，投资1868.4459万元；四是云冈区92325部队驻军基地进出口道路改造工程，里程8.878公里，投资1900.7317万元。

【疫情防控】 新型冠状病毒肺炎疫情发生后，区交通运输局协同公安、交警、卫计等部门在干线公路及环城高速公路设置7个检疫点，根据疫情情况合理部署，按照疫情防控检测程序对过往车辆进行检测，做好职责范围内的疫情防控工作。

【公路养护】 坚持管养并重、有路必养原则，进一步深入管养机制改革。首先是做好预防性养护的各项准备工作。年初对所养护12条195.831公里县公路的路基、路面、桥涵构造物进行全面细致的调查摸底，对检查出的病害，根据其分布范围及严重程度进行统计，确定路面病害出现的性质，根据实际，制订处理病害的具体措施，做到早知道、早预防、早处理，把安全隐患消除在萌芽中；其次是经常清理排水沟，疏导涵洞，确保排水畅通。全年修理标准化边沟8000米，处理搓板路3060平方米，修补坑槽1300平方米；县公路好路率达85.14%，综合值达83.17；乡公路好路率达75.34%，综合值达74.31。

【治超工作】 在治理货运车辆超限超载工作方面，采取四项措施，坚决打好治超攻坚战、持久战，有效保护公路建设成果。一是强化责任落实，完善联动机制。进一步健全治超工作组织机构，强化责任落实，深入推进“政府主导、部门联动、立足源头、标本兼治、依法严管、联防联治、规范行为、追究责任”的治超工作联动机制，建立起公路治超区域内联动、区域间联防机制，严查严治严重违法超限超载车辆。二是加强源头治理，把好货运装载关。以场矿、企业为重点，严格落实巡查制度，确保超限超载车辆不出场、不出矿、不出站。三是创新工作方法，强化路面执法。治超工作由白天向昼夜推进，由检测站向危桥、危路等重点线路推进，由常规手段向科学管理推进。合理布局治超检测网络，在车流量大的路段安装无人值守预警系统，解决盲点盲区问题。以治理车货总量超过55吨的超限超载车辆为重点，着力查处短途运输车辆非法转运、分载合载、车辆非法改装等问题，对严重超载车辆，坚决实施卸载处罚措施。四是加强队伍建设，规范执法行为。努力打造一支素质过硬、业务精通、作风优良、纪律严明的治超执法队伍是做好治超工作的根本和保证。制订《全区治超人员培训工作制度》，对执法人员开展执法和业务技能进行全面培训，有力提高执法人员的业务素质，初步形成一支素质高、作风硬、业务精的治超执法队伍。同时严格落实制度，坚持依法治超，按照“五不准”“十条禁令”的要求，确保挂牌执法、亮证执法、阳光执法，保证治超工作依法、公正、规范、高效运转。对可能出现的“公路三乱”行为，实行“零容忍”，对于违纪行为一查到底，绝不姑息。2020年，高庄、兴旺两个治超检测站共计检测车辆668156辆。

【安全工作】 建立“党政同责、一岗双责、齐抓共管”的工作机制，制定《安全生产“一岗双责”制度》，采取“严格履职尽责，增强监管能力、强化目标管理、严肃责任追究”四项举措，确保责任全面落实到位。一是强化安全认识。把安全责任大如天的理念，融入贯穿到全体职工的日常工作中，坚决防止安全事故发生。专门成立安全工作领导小组，相应制订各项安全制度。定期召开安全工作专题会议，对安全工作进行具体安排、部署，特别是在安全生产工作的考核上，严格执行“一票否决制”，确保安全工作从领导到职工，人人做到警钟长鸣。二是强化安全责任。按照“一岗双责”要求，根据安全生产责任制、安全生产主体责任人、安全生产监管责任人“三落实”规定，与各部门、施工单位等层层签订安全责任书，把安全责任进行细化、量化，落实到人。同时，加强辖区内农村公路、施工工地、桥梁、隧道等安全隐患的排查力度，制订安全巡查制度，确保安全生产工作常态化，做到安全隐患早发现，早知道、早预防。三是强化安全措施。认真做好隐患排查。发现后，本着以人为本、对人民群众生命和财产负责的态度，及时落实整改措施。四是强化安全落实。严格做到“五到位”。即：安全意识到位、安全检查到位、安全责任到位、安全整改到位、安全监管到位。

【应急管理】 一是加强组织领导，建立健全机构。为确保工作顺利开展，区交通运输局成立应急管理工作领导小组，由局长任组长，分管副局长任副组长，局相关部门负责人为成员，由安全科牵头具体开展日常工作。二是进一步完善应急预案体系。在认真落实部门预案的同时，结合交通运输行业特点，制订防汛、处置低温、雨雪冰冻灾害等应急预案，及时有效处置突发险情和事故，确保道路安全畅通，保障人民群众生命财产安全。同时注重加强应急人员教育培训，邀请区消防队、区安监局等部门相关人员进行安全培训，提高人员业务素质。三是深入开展应急知识宣传，提高应急意识和能力。结合实际，大力宣传《中华人民共和国公路法》《中华人民共和国安全生产法》《中华人民共和国道路运输条例》《中华人民共和国公路安全保护条例》及相关的法律法规，使广大群众对应急管理工作的重要性家喻户晓，人人皆知。四是培训演练。积极开展应急救援队伍专业救援等方面的业务训练工作。根据应急救援队主体救援方向配备相应训练设施，基本满足培训需要。应急救援队定期开展综合训练，专业培训演练，当遇到突发事件、洪水等自然灾害造成道路阻塞、人员滞留等问题时，专业抢险队伍和待命车辆可立即到达灾害第一现场及时救援，切实保障国家和群众生命财产安全。全年共举办安全知识讲座2次，日常巡查发现安全隐患1处，处理安全隐患1处。

【运管工作】 6月22日，市交通运输局运管处将辖区内原口泉、平旺、云冈三个运管所的部分业务移交给区交通运输局。局运管业务主要有运输车辆建档、审验、录入、注销、提档、两客一危。截至年底，运管业务有：建车辆立户档889家、车辆档案2506辆、审验7600（主、挂）辆次，迁出车辆1640辆，由于疫情免处罚车辆302辆，延期处罚车辆7辆，处罚金额21000元；4家旅游汽车发车1137车次，运送旅客45746人次；辖区内有危货运输车队4家，其中有2家停运。

【党风廉政建设】 区交通运输局把开展理想信念教育、党风党性党纪教育、警示教育和岗位廉政教育有机结合，促进机关廉政文化建设深入开展。纠正有令不行、有禁不止的突出行为，切实纠正不作为、乱作为、“吃、拿、卡、要”等损害群众利益的不正之风，营造一个执法必严、违法必究的严肃工作氛围。

【环保工作】 区交通运输局通过发动宣传，统一思想认识，教育引导广大干部职工充分认识环境保护重要性，实现环保和交通建设的同步协调发展。一是召开会议进行宣传，组织干部职工、工程施工方、收费路管理方认真学习环境保护的法律法规，政策性文件，增强大家环保意识；二是利用标语、宣传栏等多种形式进行宣传。通过形式多样的宣传发动，真正地营造起良好舆论氛围，使环境保护工作落实到实处，全局广大干部环保意识明显加强。对在建交通项目，始终紧紧围绕环境保护与工程建设同步目标，严格执行环境影响评价制度。结合工程实际要求和地形地貌基础，投入人力、物力对建设项目沿线的上下边坡的坡顶、坡脚、碎落台、材料拌和场，各死角地段进行整型和植树绿化工作，对工程沿线生态进行逐步恢复，取得良好效果。

【扫黑除恶专项斗争】 按照区委、区政府的统一部署，区交通运输局提高政治站位，切实把思想和行动统一到党中央的决策部署上，坚持“标本兼治、综合管理、疏堵结合、依法管理”的原则，以构建和谐、稳定、安全的道路运输市场为目标，积极开展打击非法超载超限和公路建设领域强揽工程、串通恶意竞标、强迫交易等专项整治活动。全年共制作宣传条幅260米，印发扫黑除恶应知应会手册200册，印制宣传单15000张，发放宣传用品18000份，发放调查问卷2000份。

【重型柴油货车和散装物料运输车污染治理】 联合执法专项行动开展以来，区交通运输局会同交警、环保、城管等部门在联合执法、优化车辆通行、柴油货车达标排放治理、抛洒扬尘治理、查处不合格油品等方面都取得显著成效，为打好污染防治攻坚战打赢蓝天保卫战提供有力支撑。一是做好联合执法。成立4个源头稽查组，对全区内的石料厂、煤场等企业进行源头管控。截至年底，已累计出动执法人员3693人次，车辆886辆次。二是优化车辆通行。制订全区绕行线路优化方案和线路图，并通过多种形式向全社会公布。三是柴油货车达标排放治理。重点围绕辖区内主要路段进行重点巡查，严厉查处国三以下(含国三)柴油货车超标排放等违法行为。四是抛洒扬尘治理。对辖区内过境公路和市政道路抛洒扬尘进行治理。每天加派机械清扫车22辆，对过境公路和城市道路进行清扫，机械清扫率65%以上。五是查处不合格油品。配合商务和质监部门对辖区内成品油市场进行大排查。

(云冈区交通运输局)

云州区交通运输局

2020年，在云州区委、区政府正确领导下，在大同市交通运输局业务指导下，云州区交通运输局以习近平新时代中国特色社会主义思想为指导，紧紧围绕区委、区政府中心工作，结合疫情防控实际，持续推进交通扶贫工作，全局上下团结一致、凝心聚力、真抓实干，各项工作顺利进行，交通运输业持续向好发展。

【公路建设平稳推进】 投资3720万元完成“四好农村路”160公里。其中：投资1541万元完成窄路基路面拓宽改造15公里；投资2179万元完成养护提质145公里；3条64.6公里长城板块旅游公路项目，截至年底，已完成1条32公里的前期工作，并开工建设，其余2条32.6公里的前期工作正在积极有序推进，2021年5月将开工建设。

【道路管理规范有序】 按照综合执法队伍总体要求，坚持公路巡查制度，在路面执法的同时，着重加强建筑控制区管理，加强对辖区内除高速公路以外的国省干线公路及农村公路的巡查管护力度，建立健全各项规章制度，使交通运输行政执法逐步走向正轨，为实现交通运输行政执法工作规范化、常态化奠定基础，有效保障路产路权、公路畅通。截至年底，在路巡中处理公路隐患9处，查处超载车辆6辆，向公路养护部门通报隐患4项，有效打击违法违规行为，确保道路畅通。

【公路养护全面覆盖】 农村公路点多、线长、面广，情况复杂、养护难度大，按照上级有关文件要求，全面落实县乡村三级“路长制”,加强日常养护和预防性养护工作,切实做到“建一条、养一条、管一条、发挥效益一条”,不断巩固农村公路养护“全覆盖”成果。在完善、配套道路安防设施、处治易发地质灾害路段的基础上,4月份组织人员对所管辖道路进行一次全面排查、全面体检,特别是对交叉路口、穿村道路、急弯陡坡、临崖临沟等重点路段进行精细排查,并分类梳理、建立台账、制订方案、科学整治,截至年底,共更换增设标志牌240块、安装减速带353米、安装道口桩691根、安装波形护栏3174米、路基拓宽86公里,全力做好安防设施等配套工程,减少道路交通安全事故的发生。

【道路运输保障有力】 年初,区交通运输局分别与3家客运企业、1家汽车客运站、2家危货企业、9家驾校签订《2020年度安全生产目标责任书》,按一岗双责要求,与各科室负责人层层签订安全管理目标责任书,将道路交通安全管理职责细化分解,完善安全管理制度。为更好地方便群众出行,根据农村客运实际,投资51万元,新增农村候车厅30个,调整优化农村客运线路17条,投放新能源纯电动车17部,同时在区委、区政府大力支持下,多次对接市交通运输局、市公交公司,经市政府批准,7月10日开通大同—云州区城市公交班线,圆全区人民公交梦。

【疫情防控内外并举】 自疫情发生以来,局疫情防控领导小组在区委、区政府、市交通运输局领导下,区交通运输局全面开展交通运输系统疫情防控工作,抽调精兵强将成立6个小组,局领导亲自带队,在云州区6个高速口设立6个检查站,从2月5日到2月23日与卫健、公安、疫控等部门坚持24小时工作制,检查过往车辆,内防输入、外防输出。同时,对客运车辆、出租车等运营车辆全面消毒,加强防控力量,细化防控措施,坚决打赢疫情防控交通阻击战。

【扫黑除恶稳步推进】 自专项行动开展以来,区交通运输局高度重视,强化领导、强力推进、完善机制,切实形成扫黑除恶整体工作合力。全年共召开10次会议对开展扫黑除恶专项斗争工作进行专题研究,对管辖的客运企业、货运企业、工程建设、道路养护、执法管理等进行扫黑除恶再部署、再排查、再宣传、再培训,主动接受社会各界投诉和举报。截至年底,共举办培训班3次,培训人员90余人次,发放宣传单2000余份。

【行业安全稳定有序】 区交通运输局始终把安全生产工作摆在重要位置,与中心工作同部署、同落实、同检查。按照安全管理“一岗双责”要求,层层签订安全责任书,明确各级安全管理职责,把安全生产管理责任层层分解,做到人人有责任,有力促进各项工作开展。为加强对全局安全生产工作组织领导,确保安全生产工作顺利进行,成立由局主要领导挂帅,各所室主要成员参加的工作领导组,负责对本局安全生产工作进行统一领导、统一安排、统一部署。

【扶贫工作持续发力】 一是交通扶贫。按照省、市下达的公路建设任务,区交通运输局继续推进交通扶贫工作,进一步优化农村公路路网结构,大力实施乡村振兴战略,不断提升交通运输服务水平。二是驻村帮扶。局机关帮扶村为聚乐乡山自造村,继续进村入户,真正做到真扶贫、扶真贫。积极开展“联手群众、清洁家园”活动,为促进产业发展,积极将产业路列入“十四五”规划,进一步巩固交通扶贫成果。三是开展扶贫消费。局机关干部职工积极开展扶贫消费,帮助贫困户推销农副产品。截至年底,扶贫消费金额达1万余元。

【党建工作从严从实】 以局党组为引领,坚持中心组学习制度,制订学习计划,明确学习内容、时间和要求,截至年底,共组织党组中心组集中学习12次,坚持民主决策制度,党组研究重要业务工作5次,研究意识形态工作2次,交通系统党的领导进一步加强;认真贯彻落实中央八项规定,驰而不息纠正“四风”,扎实有效推进思想建设、组织建设、作风建设和制度建设,全面贯彻落实党风廉政建设责任制,认真履行“一岗双责”,廉洁交通建设全面推进。以党支部为根本,切实抓好党员的日常教育管理工作,认真落实“三会一课”,及时开展“支部主题党日”活动,通过个人自学,撰写心得体会、讨论交流,党员思想政治水平进一步提高,先锋带头作用进一步发挥。党费收缴做到按时交纳、及时调整、全额上缴。以“三基建设”为抓手，健全制度机制，局机关管理进一步制度化规范化，大力开展业务学习、争先创优活动，干部职工的业务理论、工作水平进一步提高，全局上下呈现干事创业、争创一流的喜人局面。

【认真总结三项举措】 一是周密部署，领导重视。区政府高度重视农村公路建设，充分发挥政府主导作用，统筹各类资源，凝聚共识，形成合力，不遗余力推进“四好农村路”建设。区领导多次深入工程一线调研指导农村公路建设，研究解决工程建设中存在的实际问题，化解矛盾，解决纠纷，统筹谋划，认真实施，全力为“四好农村路”建设保驾护航。二是科学规划，统筹推进。区交通运输局坚持“科学规划，统筹推进”的方针，有力有序推进“四好农村路”建设，根据全区农村公路现状，在编制年度计划的同时，配套编制农村公路交通扶贫行动计划，着力打通断头路，连通产业园区路、旅游景点路、优化和完善农村公路网络，进一步扩大农村公路服务总量。与此同时，把“四好农村路”建设规划与脱贫攻坚、乡村振兴、产业发展、全域旅游结合起来；统筹推进经济发展、社会发展、城乡发展，因地制宜，量力而行，努力提升规划的科学性、严谨性和前瞻性，切实使规划起到助推和引领作用。三是强化监管，打造精品。始终把“质量第一、安全第一”作为工程的生命线，牢牢把质量和安全抓在手上，落实在施工全过程，为强化监管，成立由局长任组长的“四好农村路”建设管理领导小组，下设综合办、验收组、资料组，明确项目负责人，细化分工，责任到人，严把建设程序、严把关键环节。由局长主持每周召开一次进度、质量、安全例会，研究工程推进过程中存在的问题，共同会诊，及时解决，为参建单位排忧解难，对发现的问题及时通报，限期整改。严格落实“项目法人制，招投标制，监理制，合同制”四项制度和财务管理制度，同时，全面推行“三同时”“七公开”制度，全面实行路田分家，路宅分家，所有项目均由第三方质量检测机构进行全过程质量检测，确保程序严格，质量过硬，安全零事故，全区农村公路新改建项目一次交工验收合格率持续在100%。

（云州区交通运输局）

阳高县交通运输局

2020年，阳高县交通运输局以习近平新时代中国特色社会主义思想为指导，深入贯彻习近平总书记三篇光辉文献精神，全面贯彻中共十九大和十九届历次全会精神，紧扣全面建成小康社会目标任务，坚持稳中求进工作总基调，坚持新发展理念，坚持以供给侧结构性改革为主线，坚持“四为四高两同步”总体思路和要求，坚持“136”发展战略，不断完善和拓展“356”发展思路，继续推进“四好农村路”建设，实施乡村振兴战略，深化交通运输系统改革，坚决打赢交通运输三大攻坚战、疫情防控阻击战，牢牢守住安全生产底线，持续营造良好政治生态，为全县同步全面建成小康社会当好先行、提供支撑。

【推动“四好农村路”和长城一号旅游公路高质量建设】 一是养护提质工程。计划投资1470万元，实施农村公路养护提质工程98公里，对部分路段的路面养护，修补坑槽、沥青灌封，增设排水、防护和安全设施等。已全部完工通车。二是大同古长城一号农村旅游扶贫公路续建工程。阳高段项目建设里程全长65.032公里，项目总投资33076万元，2017年至2019年已累计完成28128万元，主体工程已完成。2020年投资1510万元，续建黄水河大桥和管家堡桥，为桥面铺装沥青混凝土，划设主线的标线，铺装路缘石。三是农村客运候车亭建设工程。计划投资183.21万元，新建农村客运候车亭132个，已全部完工。

【全面加强党的建设，压实主体责任】 坚持和加强党的领导，以政治建设为统领，推动交通运输系统党的建设不断走深走实。一是坚持把政治建设摆在首位。全面落实新时代党的建设总要求，巩固深化“不忘初心、牢记使命”主题教育成果，时刻把意识形态工作放在全面从严治党的首位，把意识形态工作纳入重要议事日程，和党的建设工作紧密结合，一同部署、一同落实、一同检查、一同考核。在思想认识上牢固树立“两个责任”的意识。局党组定期召开会议专题研究部署年度党建和党风廉政建设工作，先后制订下发《2020年党建工作计划》，并与局属各单位、各股室签订2020年党风廉政建设目标责任书，做到任务明确，责任到人，形成主要领导亲自抓，上下合力共同抓，一级抓一级，层层抓落实的工作格局。定期召开全面从严治党工作例会对全局党风廉政建设工作进行分析研判，切实落实两个责任。2020年全局召开各类党风廉政专题会议11次。二是全面提高党建工作质量和水平。发挥党组理论学习中心组表率作用，带动广大党员认真学习习近平新时代中国特色社会主义思想、习近平总书记三篇光辉文献精神和习近平总书记对交通运输工作重要批示指示精神，切实推动学有所获、指导实践。加强作风建设，突出担当作为、勤政廉洁，巩固深化主题教育整治整改成效，继续大力整治形式主义官僚主义、不担当不作为、违反中央八项规定精神等问题，确保全系统政令畅通。紧盯关键节点，聚焦交通运输项目审批、资金使用、干部调整等关键领域，保持正风反腐高压态势。全年党组中心组开展专题学习活动11次。三是持续加大干部和人才队伍建设。贯彻落实新时代党的组织路线，坚持好干部标准选人用人，严把选人用人政治关，优化领导班子和干部队伍结构，加强三基建设，全面夯实党在基层的执政基础，进一步密切与群众的血肉联系。积极推进“两学一做”学习教育常态化制度化，加强基层党组织制度建设，完善查找解决问题的长效机制，补齐基层党建短板，不断发挥基层党组织战斗堡垒和党员先锋模范作用，切实增强基层党组织的凝聚力战斗力。截至年底，已组织全局党员开展支部主题学习活动34次，开展支部主题党日8次，组织党员学习党课4次。

【全力做好新冠肺炎疫情防控和复工复产工作】 一是坚决做好国省干线公路的交通检疫工作，守好北京通道。疫情初期，根据疫情一级应急响应要求和县委、县政府要求，加强公路进出口通道的交通检疫。1月28日，启动京大、天大高速公路出口的防疫检测，2月5日又增设6个普通国道干线公路防疫检测，切实做好内防输入、外防输出。2月23日，按照党中央和省市县委部署，对低风险地区，实行保通保畅保运，逐步恢复交通秩序，为复工复产提供交通便利，全县撤销7个高速公路和国省干线公路检查站，只留下进京通道，神泉堡公安检查站，打开全县所有乡村道路的出入口，加快打通人流、物流通道，切实保障公路路网的顺畅运行。在疫情防控期间共出动检查人员4454人次，检查车辆106140辆，核查人员189044人。二是全力压实客运企业防控责任。认真落实“双返”“双防”“四后”防控机制，逐步恢复正常交通运输秩序；按照“一车方案”等原则，对城际公交开展“点对点”直达运输，做到“出发有组织、健康有监测、运输有保障、运达有交接，全程可追溯”。加强运营监测，强化客流疏导，采取灵活调度发车班次加密发车间隔等方式，降低车辆满载率，避免乘客大量聚集和滞留。暄阳汽车站和公交公司两家运输企业，在复工复产前，制订疫情防控工作方案、定时通风制度、场站及车辆消毒制度，员工日常测温制度，对160名司乘人员和工作人员进行为期14天的健康登记，每天测量体温，报告健康状况。在候车大厅设置临时留观室，举办疫情防控培训会，邀请专业人士为司机及工作人员讲解公共交通工具的疫情防控与自我保护，提高所有复工人员防控水平。在城际公交车上设置临时隔离区，张贴宣传标语。在所有车辆的进门口、公司大门口、车站的入口张贴阳高二维码，便于上车乘客扫描。在候车厅布置疫情防控宣传栏，印发宣传资料，在大门电子显示屏上滚动播出疫情防控措施，出行注意事项，努力营造良好防控氛围。共为企业筹备8000只口罩、50把测温枪、60套防护服、2吨消毒液，安装一套门式测温设备，方便旅客体温检查。三是全方位推进交通建设项目复(开)工。坚持“工地无疫情、人员零感染、项目早复工、首季开门红”工作思路，在做好疫情防控基础上，加快推进交通建设项目开复工。所有交通工程项目均按期复工复产，参建工人做到健康测检全到位，防疫防护物资全到满足，定时消毒全落实，为完成全年目标任务打下坚实基础。四是疫情未清除，防控不减力。

为贯彻落实党中央、国务院和省、市关于严防聚集性疫情做好秋冬季疫情防控工作的部署要求，时刻绷紧疫情防控这根弦，严格落实“外防输入、内防反弹”防控策略，坚决克服麻痹思想、厌战情绪、侥幸心理、松劲心态，压紧压实责任，有效遏制疫情传播和扩散，巩固持续向好疫情防控成果。县交通运输局制订出台《关于做好秋冬季新冠病毒疫情防控工作应急预案》，开展应急演练，进一步提升重点企业从业人员应急处置能力，保证在发现疑似病例时，能够第一时间拉响警报、阻断传播，切实做到“早发现、早报告、早隔离、早诊断、早治疗”，为疫情防控赢得主动。

【守住交通运输安全发展底线，交通运输行业安全形势持续稳定】 成立重大风险防范领导小组，主要负责人亲自挂帅，吸收局各单位主要负责人作为成员，高度重视各种风险矛盾防范工作。一是认真化解矛盾严防不稳定因素。非法营运的黑出租和出租车群体之间矛盾，是交通系统中容易产生群体性事件的不稳定因素。受经济利益驱动和调查取证困难，黑出租禁而难绝，因此，化解出租车司机矛盾，掌握出租车群体的舆情信息，及时处置防范群体事件，尤为重要。2020年，城市客运部门通过开展打击非法客运规范出租车市场专项行动，既保护正规营运车辆的合法利益，又治理出租行业不按计价器收费漫天要价，服务态度粗暴的不文明行为，保持出租车市场稳定。二是从严落实安全生产责任。牢固树立发展绝不能以牺牲安全为代价的红色意识，认真贯彻中央、省市县委政府关于安全生产工作的系列部署，坚持“党政同责、一岗双责、齐抓共管”和“三个必须”的要求，印发《安全生产权力和责任清单明细》《领导班子成员及所属各单位安全生产工作职责清单》《2020年度安全生产监督检查计划》《2020年交通运输安全生产工作要点》，与下属各单位分别签订《安全生产责任书》，召开10次安全生产例会，开展监督检查78次，春运期间、清明节、“五一”、中秋、国庆等重点时段，多次深入暄阳汽车客运站、城市公共交通有限公司督查安全生产工作。三是认真汲取事故教训，开展行业专项整顿。为深刻汲取“8·29”襄汾重大坍塌事故和“10·1”太原台骀山景区重大火灾事故教训，举一反三，先后制订《关于开展全系统安全生产大排查大整治的通知》《关于做好重点行业领域安全防范工作的通知》《2020年安全宣传“五进”工作实施方案》《关于立即开展交通运输领域安全生产风险防控和隐患排查治理的紧急通知》《关于开展交通运输领域房屋安全隐患排查整治行动方案》，全面排查交通运输领域安全隐患，持续开展“三年行动”和“零事故”单位创建，深入危险化学品、交通运输等重点行业领域专项整治。

【道路运输市场逐步恢复，运政城市客运执法水平稳步提升】 2020年，新冠肺炎疫情的发生严重冲击着道路运输市场，第一季度基本陷入瘫痪状态，从第二季度开始逐步回转，全年全县公路运输客运量67.77万人次，旅客周转量1686.8万人公里，货运量265万吨，货物周转量84900万吨公里。一是开展各类专项整治活动强化安全意识。开展打通疫情防控“生命通道”集中治理、新冠肺炎疫情防盲点防漏洞防无序“三防”排查整治、安全生产专项整治三年行动、“零事故”单位创建、防灾减灾宣传周、全国“两会”期间交通运输安全生产专项检查、安全生产月、“零事故”百日攻坚、安全带“大排查大教育大整治”、安全宣传“五进”、安全生产风险防控和隐患排查、建筑领域安全生产隐患排查专项治理等专项整治行动。在春运、端午、国庆等重点时段督查，开展“情满旅途”活动，协调公交公司出动5辆新能源电动车为2020年农民丰收节暨长城文化艺术节提供摆渡服务，组织10名执法人员参加安全保卫工作。二是进一步加强客运安全工作。认真汲取事故教训，强化客运车辆监管，组织1期春运安全生产培训会，对86名司乘人员进行节前再教育再提醒。三是源头治超毫不放松。执法人员依法对县政府公示的29家货运源头企业进行源头监管。全年累计出动巡查人员1236人次，出动执法车辆206辆次，累计巡查源头企业720次，收到违法超限超载抄告案件17件，退回不合规13件，查实上传违法超限超载车辆4辆。四是加强客货车辆的监管。对阳高公交公司、暄阳汽车客运站进行2019年度质量信誉考核等级，并在政府网站公示。办理普通货运经营行政许可565件，发放（换补）IC卡电子道路运输证3050张，注销老旧货运车辆109辆。依法打击违法车辆2辆次，并处罚款2000元。五是城市客运工作取得新成效。城市公共交通是城市基础设施的重要组成部分，不仅能有效缓解城市交通拥堵，也能改善城市人居环境，降低交通污染，节约土地资源、提升城市品位，提供安全便捷优质高效的公共交通服务。截至2019年年底，全县共有客运车辆173辆，其中新能源电动辆132辆，新能车占比76.3%，居市前列。为了规范巡游出租汽车经营行为，城客客运管理部门加强对巡游出租车监督，全年共出动稽查辆1029次，出动执法人员6174人次，查扣非法营运车辆2辆，收到“12345”工单46件，全部依法处置，取得满意效果。六是加强客运场站亭改造。2020年投资7.3万元，对全县44个农村客运候车亭进行维修，提升农村客运附属设施形象，投资30万元，改建暄阳汽车客运站厕所，把原来的脏乱差旱厕，改成干净卫生水厕，解决夏天苍蝇满天飞臭气熏天，冬天地面结冰乘客如厕难的问题。

【路政巡查有条不紊，文明执法稳步提升】 路政执法人员紧紧围绕依法行政、保畅保通、规范执行原则，着力维护路产路权。2020年路政一中队继续开展路域环境大整治行动。对重点路段实行重点巡查管控，加大对容易污染运送渣土车辆实施专项整治，出动执法车辆95辆次，执法人员382人次，检查过往车辆152辆次，对拉运企业下达责令整改通知书1次，开展批评集中教育1人次。开展以“规范服务，护路为民”为主题的路政宣传月活动。在暄阳街、罗文皂村、工业园区、阳西线等人员车辆密集场所天设立宣传点，向过往车辆群众发放传单2000余份，悬挂宣传标语11条，摆入宣传板4块。依法查处依规路产路权案件。依法拆除未经许可擅自在公路控制区内栽立电力线路杆23根，开展打场晒粮专项行动35次，清理非法公路晒粮40处，受理涉路案件3起，收缴路产路权补偿费4960元，下达整改通知书2份。路政二中队从4月15日接受县公路管理段移交过来的普通国省干线公路的行政处罚、行政检查、行政强制行政执法权，迅速组织人员与公路段原路政执法人员对接，实地了解国道512、国道109、省道301、省道202的起止点和公路沿线的标志标线的设置情况。截至年底，共出动执法人员567人次，出动执法车辆90辆次，清除非法悬挂广告条幅5处，清理非法路面摆摊设点6处，受理公路控制区倾倒垃圾案件1起，依法对肇事人进行批评，监督肇事人清理运送倾倒垃圾。

【继续推进交通运输行业改革，合理整合交通执法职能】 一是继续理顺综合执法改革。按照县委行政单位改革要求，推进交通运输综合执法。挂牌成立交通运输综合执法大队，4月15日正式接收县公路管理段移交的普通国省干线路政执法职责，交由路政二中队履行，开启综合执法破冰之旅。二是开展事业单位重塑性改革。按照县委组织部和编办要求，县交通运输局于8月下旬开始拟定事业单位重塑性改革建议，拟整合阳高县道路运输管理所、阳高县城市客运管理站2个单位，组建阳高县运输事业发展中心（阳高县城市客运服务中心）。拟将阳高县公路管理所更名为阳高县公路发展中心，除原有职能外，又将水运工程的建设管理工作划入。拟将阳高县路政管理大队更名为阳高县交通运输运行监测与应急处置中心。将原路政职能划归综合执法，新设定有关交通运输监测和应急处置的职能。

【积极开展“三零”单位创建工作，着力化解群众身边不稳定因素】 按照省、市、县委安排部署，区交通运输局于5月14日召开动员部署会，印发《实施方案》，梳理出来10家“三零”创建单位，其中机关事业单位5家，分别是局机关、公路管理所、路政管理大队、道路运输管理所、城客运管理站；企业5家，分别是运输公司、运输队、暄阳汽车站、城市公共交通有限公司、新阳出租车公司。组织各参加创建单位全面彻底开展一次重大矛盾排查活动、重大安全隐患排查活动、突出治安问题排查活动。

【全面推行农村公路“路长制”，构建养护体制新秩序】 按照《关于坚持农业农村优先发展做好“三农”工作的若干意见》《国务院办公厅关于深化农村公路养护体制改革的意见》和《山西省政府办公厅关于在全省全面推行农村公路“路长制”的通知》的精神，县交通运输局不断完善农村公路管理养护体制，推进全县“四好农村路”高质量发展。一是编制《阳高县推行农村公路“路长制”的实施意见》。按照“县道县管、乡道乡管、村道村管”的原则，明确各级路长日常工作机构，制订管理制度和考核办法，建立覆盖县、乡、村的路长组织体系，形成权责清晰、齐抓共管、高效运转的农村公路管理机制和财政资金主导、社会力量支持的资金保障机制，确保“四好农村路”建设取得实实在在的成效，农村公路服务能力显著提高，人民群众满意度明显提升。二是建立覆盖县、乡、村三级路长体系。县政府主要负责人担任全县行政区域农村公路总路长，分管交通运输工作副县长担任县级路长，各乡（镇）人民政府主要负责人担任乡级路长，各行政村党支部或村委会主要负责人担任村级路长。总路长对全县农村公路建设、管理、养护、运营及路域环境整治和应急管理负总责。县级路长负责全县县级公路管理、养护、运营及路域环境整治和应急管理工作。乡、村级路长负责组织领导辖区内乡、村道管理、养护、运营及路域环境整治、应急管理工作等工作。三是建立路产路权保护队伍。县设路政员，由县交通运输执法部门人员兼任。乡（镇）设监管员，由乡（镇）政府委任若干名乡村道路监管员。村设护路员，由养护单位根据养护工作实际情况聘用若干名农村公路护路员。形成县有路政员、乡（镇）有监管员、村有护路员的路产路权保护队伍。坚持“有建必养、养必优良，有桥必管，管必到位”的原则，对日常养护工作常抓不懈。全年对县道、重要乡道的路面裂缝进行养护，实施“一灯一带”工程，对146条全县农村公路与国道、省道平交路口处安装减速带，共计安装641.5米。加强对县道、重要乡道环境治理，及时清扫路面、清运垃圾，处理水毁，更换4处撞坏的波形护栏，增补丢失的8块标志牌。

【推进大气污染防治打赢蓝天保卫战，深化柴油车环境污染治理成果】 为改善全县生态环境，打击超标排放，推进道路扬尘污染，区交通运输局和环境部门、交警部门三家联合制订《落实打赢蓝天保卫战联合执法专项行动实施方案》，组建联合执法队伍，以原马家庄超限检测站为依托，开展治理柴油货车冒黑烟现象联合执法行动，由生态环境部门检测取证、公安交管部门实施处罚、交通运输部门监督维修的职责分工，开展联合执法行动8次，出动执法人员70人次，检测柴油货车148辆。加大农村公路道路扬尘治理，全年出动养护人员99人次，出动机械21台次，清扫县道181公里，清运垃圾12立方米。

（阳高县交通运输局）

天镇县交通运输局

2020年，在天镇县委、县政府坚强领导下，在省交通运输厅和大同市交通运输局指导帮助下，面对新冠肺炎疫情影响不利条件下，天镇县交通运输局全体干部职工在局党组的领导下，团结一致，锐意进取，扎实工作，圆满完成各项目标任务。

【农村公路建设】 一是改造县道宣（家塔）至贾（家屯）线小井沟至西黑石段5.38公里，建设标准为三级沥青混凝土路面，投资1471万元。工程于2020年5月开工建设，截至年底全部完工。二是实施天镇县县道南（高崖）至张（辛夭）线南高崖至左所沟段，全长2.85公里，建设标准为三级沥青混凝土路面，总投资652万元。2020年8月开工建设，截至年底全部完工。

【农村公路养护】 一是提质改造工程。按照省、市关于农村公路养护提质工程要求，全县2020年养护提质改造工程29个项目共计198公里，总投资2970万元，7月开工建设，截至年底，已全部完工。二是日常养护。全县全年养护农村公路里程1374公里，按照县道县管，乡村道乡村管，水毁工程集中修复原则，全面加强日常养护，截至年底整修路肩800公里，整修边坡200公里，补修边沟11公里，清理塌方3.5万立方米，完成投资260万元。特别是在“中秋、国庆”前，加强对县道以及重点乡村道路域环境进行整治，出动人员 2000 工日 ，机械 80台班。为确保全县农村公路 安全畅通，安排专业技术人员对全县农村公路安全设施以及隐患路段进行全面排查，排查出水毁8处、路面沉陷14处、波形护栏损坏17处、增设减速标线20处、各类标志牌643块。三是安保工程。全县在农村公路与国省干线道路平交路口56处设置减速带、震荡标线、标志牌，总投资55万元，按照公路基本建设程序，进行政府采购，6月开工建设，7月底全部完工。四是农村客运候车厅。为进一步提升农村公路运输服务水平，完善城乡客运服务网络，投资150万元在全县农村公路上安装候车厅88座，5月开工建设，截至年底已完成建设90座。五是美丽农村路创建。根据省厅和市局《实施方案》要求，结合全县实际，全县创建示范乡镇1个（逯家湾镇）、示范村12个、美丽农村路138公里。此项工作已圆满完成，并于11月10日上传云平台。六是启动实施"路长制"。9月24日，由12个县直部门和12个乡镇参加的全县"路长制"动员部署会召开，"路长制"工作全面铺开，截至年底，各乡镇已成立"路长制"领导机构，后续工作正在推进中。

【国道512线天镇县城过境段改线工程】 项目起点位于大同市天镇县谷前堡镇十里铺村东，接天大高速公路天镇互通连接线与国道512线交叉口；路线向南延伸跨南洋河，经七里墩村、东宋家厂村，向东接省道201，国道512平交路口，路线全长4.686公里。采用二级公路标准建设，设计速度采用80公里/小时，路基宽度12米。项目总投资7174万元，本项目建成后，可消除县城安全隐患，改善行车环境，拓展县城发展空间，对发展县域经济具有重要意义。截至年底，南洋河大桥全部完工，路基工程完成4.2公里，路面工程完成1.3公里，累计完成投资4800万元，占投资67%。由于征地拆迁滞后，预计2021年9月底建成通车。

【长城一号（原长城板块）旅游扶贫公路】 2020年，天镇县境内唐八里至高家店段东纵脱贫攻坚路，建设里程19.109公里，建设标准为三级沥青混凝土路面，估算投资9000万元。3月可行性研究报告批复，5月初步设计评审完成，11月完成施工图评审和施工图设计批复，预计2021年11月底建成通车。

【全面加强农村公路质量监督】 全局始终牢固树立"百年大计、质量第一""宁当恶人，不做罪人"的质量管理理念，对工程质量采取"零容忍"态度，当好工程质量监管安全卫士。根据不同施工阶段定期组织中间质量检查以及经常性随机抽查和巡查，确保工程始终处于受控状态。在工程建设过程中，严把"材料关、工艺关、验收关"三关，经常对工程建设过程中的工程质量保证体系、质量保证资料、工程重点部位实体质量和所用主要原材料质量进行检查。确保受监工程项目无重大质量、安全责任事故。

【运输管理有序开展】 一是完成春节、国庆期间道路旅客运输工作。全县农村客运班线30条，共50辆农村客运公交车（其中46辆新能源电动汽车，四辆柴油公交车）。实现172建制村全部通公交车，通车率达到100%。对市际、省际6条班线的6辆客车以及66辆电动公交车、4辆柴油公交车，171辆出租车进行年度审验，顺利完成客运站信誉质量考核。实现全县全年客运安全事故零指标。二是道路新增货物运输业户122户，新增货运车辆727辆，对辖区内2641辆货车进行年度审验。新纳入监管危货运输企业一家，包含危险品运输车辆24辆，对危货企业和车辆GPS动态进行有效监管。三是严把维修企业备案条件，全年完成二类维修企业备案4家，三类维修企业备案24家，对一家检测企业完成质量信誉考核。四是强化安全意识，保障道路运输市场安全，运管所成立安全检查组一个，多次深入"两客一危一货"企业进行安全检查，检查企业34家次，发现一般安全隐患18项，整改18项，整改率100%，全年无重大安全隐患。五是完成县里安排的保姆技能大赛、光伏现场会等重大活动的安保工作。

【路政管理和治超工作】 一是组织学习习近平总书记在山西考察时重要讲话精神。二是积极开展2020年"路政宣传月"和"安全生产月"活动。三是加强路政执法工作，保证农村公路良好路域环境。加大巡查力度，保障公路良好、安全、畅通，重点整治非法设置非公路标志，依法彻底整治公路沿线环境的"脏、乱、差"现象。严厉查处县乡两级公路扬尘污染、抛洒乱倒、工程运输车未采取封盖措施的行为，严厉打击驶入农村公路的非法限运输车辆，严格按照交通运输部、省交通运输厅相关规定严格查处，确保公路的通行安全。四是开展农村公路安全隐患排查治理专项行动。五是全面加强治超工作。实施路政巡查，严厉打击驶入农村公路的非法超限超载运输车辆，严厉查处县乡两级公路扬尘污染，工程运输车未盖苫布行为。西马坊超限超载检测站严格执行有关规定，合理配置治超执法岗位，确保治超工作有序进行，公开路政管理、治超执法，对认定的超限超载违法车辆严格按照“一超四罚”工作机制执行，确保超限治理形势安全稳定。截至年底，累计检测（双向）货运车辆948851辆，处罚超限车辆30辆，卸货297.54吨，罚款15400元，计分87分，流动稽查150辆次。

【强化疫情防控】 疫情发生以来，全局干部职工提前结束春节假期，积极投入抗击疫情中。一是成立以分管副县长为组长，交通运输局长为副组长，各职能部门负责人为成员的疫情防控领导小组。二是根据领导小组安排，加大对道路运输企业的监督管理，重点对汽车站、公交公司、通达出租公司、驾校实施源头监管。及时停运发往外地的21辆班线客车、10辆城市公交和35辆“村村通”客车。防控人员进驻通达公司，实行24小时值班制度，每天对通达出租车进行严格消毒、登记，对驾驶员每天测体温，免费发放口罩、防护口罩，确保车、人合格，出租车无病毒运营。及时关停骏驰、顺通两所驾校。三是配合县政府督导各乡镇疫情防控。四是累计出动8000人次配合公安、交警、卫健等部门在5个出省口、2个高速口、1个出县口加强疫情防控，为全县打赢疫情防控阻击战做出较大贡献。

【巩固提升脱贫攻坚成果】 认真贯彻落实中央、省、市、县有关扶贫攻坚重大决策部署，特别是贯彻落实天镇县2020年脱贫攻坚“七纵三横十清零”交总账动员会后，一是继续强化驻村帮扶力度，落实派驻力量、帮扶投入、驻村时间、管理力度“四个不减”，引深驻村帮扶“六大行动”。二是继续强化“三支队伍”管理，严格落实各驻村工作队员、第一书记考勤、请销假、工作日志、实绩考核等制度，各驻村工作队都实行“五天四夜”工作法。三是压实帮扶单位责任，一把手坚持每月到帮扶村调研1~2次，各帮扶村驻村帮扶工作扎实有效开展。

【党风廉政建设持续发力】 全年局党支部共组织党员干部学习活动八次，集中学习篇目5篇、参加学习人数达40多人。坚持集中学习与自学相结合，严肃学习纪律，严格学习考勤，对重要内容组织分组讨论，确保学习实效。通过学习，大大提高党员干部思想政治觉悟，进一步坚定社会主义理想信念，党员队伍整体素质得到明显提升。二是加强作风建设，提升党员队伍为民办事能力。持之以恒推动“不忘初心、牢记使命”主题教育，以党支部主题月活动为载体深入农户与贫困户结对帮扶，为群众办好事、办实事10件。加强民主集中制建设，做到领导班子分工明确，大事讲原则，小事讲风格，不断增强凝聚力和战斗力。建立健全工作管理制度，修订完善《党风廉政建设责任制细则》《公务用车制度》《请销假制度》《办公用品采购制度》《财务制度》等11项内部规章制度，用制度管权管事管人，同时大力抓好党员干部职工的教育、提高执行制度的自觉性，使各项工作逐步规范化、制度化。大力加强党风廉政建设。严格党员执行中央八项规定和“十条禁令”，抓严抓实重大节日期间正风肃纪工作，使党员干部做到自省、自重、自励、自警。三是党员起好模范带头作用，局党支部带领广大党员干部职工踏实履行全心全意为人民服务宗旨，积极发挥模范带头作用。特别是在面对疫情严峻形势下，党员冲锋在抗疫一线，先后涌现出先进个人3名，先锋岗2个，为武汉疫区捐款1.2万元，购买6000元抗疫消毒液。

【认真回顾总结三条基本经验】 2020年全局交通运输工作成绩，主要得益于以下4个方面：一是县委、县政府坚强领导和亲切关怀。县委、县政府主要领导多次深入到国道512改线项目、长城一号扶贫旅游路项目和县道改造项目建设工地，实地督促检查并协调处理工程建设中遇到的困难。二是上级交通部门大力支持。省交通运输厅在玉泉镇定点帮扶，省交通运输厅厅长、副厅长多次来深入帮扶点实地调研，对全县公路建设工程给予大力支持，市交通运输局领导也多次来本县进行调研，切实帮助解决实际困难。三是县交通运输局领导班子空前团结。团结产生无穷的凝聚力和战斗力，班长身先士卒，率先垂范，其他班子成员心往一块想，劲往一处使，沉下身子，靠前指挥，形成聚精会神搞建设，一心一意谋交通的良好局面，使交通工作蒸蒸日上。四是全体干部职工识大体顾大局，一切以单位利益为重，加强自身建设，提高自己的业务素质和思想道德修养，勤奋学习，努力工作，形成比学习、比工作、比奉献的良好氛围，出色地完成领导交给的各项工作。

（天镇县交通运输局）

广灵县交通运输局

2020年，在广灵县委、县政府正确领导和县人大、政协、纪委监委监督下，在上级交通运输部门大力支持下，在县相关部门积极配合下，广灵县交通运输局认真学习贯彻中共十九大、十九届二中、三中、四中、五中全会精神，以习近平新时代中国特色社会主义思想为指导，学习贯彻习近平扶贫重要论述，贯彻落实全国两会精神，紧紧围绕全县“11255”发展思路，按照交通运输工作总体要求，认真开展各项　工作。

【“四好农村路”建设】 一是长城板块旅游公路大同市广灵县大同市东纵脱贫攻坚路（二期）冯庄至南村段项目完成24公里，完成投资11444万元；二是窄路基路面拓宽改造工程完成40.57公里，完成投资3970万元；三是养护提质工程完成150公里，完成投资1522万元；四是县乡村道安全生命防护工程完成60公里，完成投资1146万元。

【农村公路养护】 一是日常养护以路面养护为重点，治理公路沿线环境，防扬尘、治污物，全年累计出动机械210个台班、人工5400工日，清理垃圾2400余立方米，完成投资66万元。全年好路率94.83%，综合值82.91。二是小修保养补坑槽、换面板、疏桥涵，清理边沟、整理路肩、修复护栏、警示柱、标志牌，粉刷沿线安防设施，完成投资98万元。三是大中修及处治水毁为重点，治理翻浆、加固桥涵洞、排水沟，浆砌挡土墙、支干连接坡改平，治理地质灾害，防止路基塌方、沉陷，交叉路口安装“一灯一带”，共完成投资123.5万元。四是建立农村公路县、乡、村三级“路长制”，路长管理组织体系全覆盖，安装公示牌，充实路政员和护路员，形成路联管、路合管、路共管、路常管的农村公路发展格局。开展“百乡千村万里农村路”创建工作，美丽示范乡1个，美丽示范村8个村，美丽农村路84.967公里。持续巩固脱贫攻坚成果，人民群众满意度明显提升。

【路政、治超综合执法】 一是加大宣传力度，提高全民爱路护路意识。以“防疫情、守安全、保畅通、优服务”为主题开展全国第六个“路政宣传月”活动。5月28日组织路政人员在街心广场、重点公路沿线、沙岭公路超限检测站开展路政宣传咨询日活动，通过散发宣传资料、利用LED显示屏滚动播放、悬挂横幅标语、制作宣传牌、超限超载警示牌等形式大张旗鼓地进行宣传，大力提升广大群众共创平安交通的意识。二是以沙岭超限检测站为重点，严格落实路警联合执法工作，坚持24小时日常检测和交接班制度，对进站货运车辆进行动态超限检测。累计检测货运车辆21.5万辆，超限超载30辆，卸载货物75吨，通过“以卸为主、卸罚并重”这些手段，使超限超载情况得到有效遏制。

【道路运输管理】 在全县道路运输企业开展行业安全隐患排查整治，召开专题会议1次，安全例会5次，召开“春运”安全警示会1次。积极开展春运、元旦、春节、“五一”、国庆等重大节假日驻站和安全生产检查，累计开展各类安全检查36次，投入人力252余人次，检查运输企业5家，抽查客运车辆35辆次，抽查从业资格证35人次，排查隐患10处，下发、转发安全生产方面文件126余次，发放春运安全出行宣传材料200余份，设置春运倒计时牌1块，全年安全指标圆满实现，未发生一起较大以上安全责任事故。开展联合执法，共计投入执法人员800人次，出动稽查车次100次，有效打击非法营运。及时对出租汽车企业100辆营运车辆和40辆城市公交进行年度检验和信誉考核，集中整治分心驾驶，推进公交数字化系统管理平台和驾驶区安装防护隔离。

全年实现客运量7.2538万人，旅客周转量704.0075万人公里，货运量162.3万吨，货物周转量17528.4万吨公里。

【驻村帮扶工作】 按期召开脱贫攻坚专题会议，召开专题民主生活会2次。坚持问题导向，大力抓整改，实现工程建设项目阳光管理。精心选派骨干力量开展驻村帮扶，派出干部严守工作纪律，认真履行工作责任，解群众在生产生活中遇到的实际困难，同时宣传脱贫攻坚、乡村振兴及惠农惠民政策。开展“双节”慰问活动，建设扶贫爱心超市和便民澡堂。大力支持村里教育文化事业，为村里修建洪水渠，改善村民生产条件，积极开展疫情宣传和防控常态化，保障人民群众生命安全。积极开展决战完胜脱贫攻坚百日冲刺，坚决打赢脱贫攻坚战。

【扫黑除恶专项斗争】 一年来，县交通运输局坚持按照“有黑扫黑、无黑除恶、无恶治乱”的总体要求，精心组织、周密部署，广泛宣传发动、深入摸排案件线索，扎实开展行业乱象整治，为保障整治工作顺利开展，制订整治方案，召开会议进行安排部署，明确责任分工，保障措施，专项整治取得阶段性成效，道路运输市场、城市客运市场、治理超限超载秩序进一步规范，人民群众的安全感、获得感、幸福感不断增强。

【新冠肺炎疫情阻击战】 为有效应对新冠肺炎疫情，县交通运输局高度重视，及时召开专题会议，成立新冠肺炎疫情防控领导小组，制订实施方案；为做好企业复工复产交通运输保障工作，实行广灵汽车站至大同新南客运站站对站运营，启用广灵汽车站应急保障车队免费运送外出务工人员1185人；在广源高速公路杜庄口、县城口、梁庄口和国道省界殷家庄检查站开展疫情防控工作；统筹做好机关单位疫情防控工作；加强应急值守，严格实施疫情日报告制度；加强舆论宣传，正确引导群众的防控意识。扎实做好疫情监测、排查、预警工作，坚决打赢疫情防控阻击战。

【部门依法执政】 开展综合执行专题培训，派人员参加省市各类交通执法培训；利用《法宣在线》常态化学习法律法规，系统学习《中华人民共和国安全生产法》《中华人民共和国宪法》《中华人民共和国职业病防治法》《中华人民共和国民法典》《中华人民共和国保守国家秘密法》等相关法律；积极做好执法“三项制度”；顺利完成“七五”普法考核；深入推进基层执法站所“三基、三化”建设；完善“双随机、一公开”机制，及时公开“权责清单”和执法信息，推进文明执法、规范执法、阳光执法。

【部门综合治理】 制订2020年度安全生产执法计划、制订全局2020年度安全生产工作计划、“两法一条例”学习计划和执行计划；组织学习安全生产法律法规，明确各单位安全生产管理职责；认真做好“两会”“两节”等重大节假日和重要会议期间安全生产大检查和领导无假日值班工作，全力维护行业稳定；开展“三项行动”专项检查，检查相关企业40余家，二次发现治理隐患32处。组织6月份安全生产月活动，展出画板1块，悬挂条幅5条，发放各种宣传资料8000余份；积极办理“12345”政府热线和网络舆情79余件，办结率100%。

【加强基层党建工作】 强化党的思想政治建设，认真学习贯彻中共十九届五中全会精神，以习近平新时代中国特色社会主义思想为指导，树牢“四个意识”、坚定“四个自信”、做到“两个维护”。认真落实每周一雷打不动的集中学习制度，强化理论学习，确保“学习强国”党员干部全覆盖，做到学习致用，以用促学，形成正确的学习导向和风气，认真执行“三会一课”制度，及时召开组织生活会和民主生活会及支部主题党日活动，召开年度党风廉政建设工作会，学习巡视工作条例，基层组织建设和纪律建设进一步夯实。

（广灵县交通运输局）

灵丘县交通运输局

2020年，灵丘县交通运输局认真学习贯彻落实习近平总书记系列重要讲话重要指示精神，学习宣传贯彻中共十九届五中全会精神，按照省、市主管部门安排部署，紧紧围绕县委、县政府工作重心，充分发挥交通先行作用，牢记初衷、践行使命，克服新冠肺炎疫情影响，瞄准巩固脱贫成果目标，推进交通建管养运协调高质量发展，为建设京西福地、大美灵丘，进而惠泽灵丘百姓奠定坚实基础。

【扛责在肩，严防死守控疫情】 新冠肺炎疫情发生以来，县交通运输局按照县委县政府的统一部署，闻令而动、扛责上肩，以最高标准、最严措施、最硬作风，全力做好全县交通运输领域新型冠状肺炎疫情防控工作。一是强化组织领导。把交通运输领域肺炎疫情防控工作作为最重、最大的事来办，第一时间研究部署。1月23日，局党组对交通领域新冠肺炎疫情防控形势作研判，制订《应急预案》，明确任务，责任到人；成立局疫情防控应急领导小组，1月26日，局里召开局务扩大会议，研究制订《实施方案》。二是强化行业防控。为加强交通运输行业内部防控，从1月24日起，每天准时向上级报告疫情。营造疫情防控氛围，悬挂宣传条幅4条，发放倡议书100余份，教育引导交通运输行业业主积极配合。为更加有效地预防疫情输入扩散，最大限度地降低传播风险，自1月26日14:00时起，灵丘县汽车客运站发行的省际、市际、县际长途客运车辆；农村客运班线、城市公共交通客车、出租车全部暂停运营，于3月10日陆续恢复运营。三是强化联防联控。落实联防联控要求，1月28日按照县疫情防控指挥部要求，抽调党员干部精兵强将60人组成联防联控工作队，分赴6个卡点和火车站汽车站及永红社区严防死守，预防疫情输入。同时储备9辆应急保障运输车辆，协调做好疫情应急处置人员、药品、器械、物资等运送工作，全系统紧密配合全县疫情防控。四是绷紧疫情防控弦。县交通运输局时刻关注国内外疫情动态，随时作好准备，一旦全县有疫情，做到有备无患。

【精心组织，推动公路建设高质量发展】 2020年，全县"四好农村路"及长城板块旅游公路建设任务共计294.72公里(不统计安防工程里程)，建设总投资33117万元。其中"四好农村路"项目包括：窄路基路面拓宽项目30公里，建设投资3000万元；"交通资源路、旅游路、产业路"项目18.5公里，建设投资5000万元；县乡道、村道安全生命工程58.8公里，建设投资1176万元；农村公路养护提质工程194公里，建设投资2910万元。长城板块旅游公路52.272公里，建设总投资21031万元。项目下达后，局领导树立项目为王理念，克服新冠肺炎疫情影响，坚持问题导向、目标导向、结果导向，实行局领导挂帅、全过程包联，加快推进项目建设。截至年底，按照市局下达投资任务，共完成农村公路改造276.272公里，完成投资28336万元。具体进展情况：一是窄路基路面拓宽项目完成30公里，完成投资3000万元；二是县乡、村道安全生命防护工程，其中乡道32.1公里、村道26.7公里，项目全部完工，完成投资1176万元；三是"交通资源路、旅游路、产业路"灵丘县石矾至桃花溶洞景区道路工程14.843公里，截至年底完成路基8.2公里，完成投资2150万元，预计2021年底全部完工；四是农村公路养护提质工程194公里全部完工，完成投资2910万元；五是长城板块旅游公路大同市灵丘县(大同市东纵脱贫攻坚路二期)，主体工程全部完工，完成投资19100万元，附属设施、绿化工程受天气影响，预计2021年5月底全部完工。

【精心养护，大力提升公路优良率】 全县共列入养护范围的农村公路318条，1423.985公里。其中县道9条274.679公里，乡道70条624.713公里，村道239条524.593公里。为了不断提升全县农村公路管养质量，县交通运输局认真落实省交通运输厅《农村公路养护管理实施细则》，遵照建养并重，养管结合，有路必管，有路必养的原则，专门成立三个养护队、五个路政管理中队，定期不定期对全县农村公路进行巡查，对发现的问题及时通报及时处理。加大力度，加强日常养护和大、中修工程。共完成清理边沟、落石46830立方米；修补坑槽1958平方米；完成沥青灌缝封闭82.6公里；修建护岸63处；安保建设完成护栏59公里，修复护栏11处248米；安装各类标志62套；排除安全隐患12处。通过不断加大对农村公路管养力度，逐步完善安保设施提高养护质量，全年县道好路率达到86.95%，综合值81.73；乡道好路率达到81.72%，综合值75.3；村道好路率达到83.57%，综合值76.42；圆满完成全年养护目标任务。

【规范路政，切实维护路产路权】 关于路政宣传。紧紧围绕“防疫情、守安全、保畅通、优服务”目标，开展形式多样的宣传活动。一是在办公楼前、主要路段及县城中心悬挂宣传条幅，发放宣传材料、宣传袋、宣传手册等；二是利用LED电子显示屏滚动播放路政宣传标语，配备语音广播宣传车深入农村公路及沿线村庄、集市进行宣传，发放宣传材料，打造流动宣传阵地；三是深入沿线厂矿企业、施工工地、学校、农户进行宣传，发放宣传材料、手册等；四是组织人员于5月26日在县城中心、沿线人流密集的集市、村镇进行集中宣传；五是邀请电视台进行跟踪报道，进一步扩大“路政宣传月”活动的社会影响力。累计悬挂宣传条幅10幅，出动宣传车辆30余辆次，人员200余人次，发放各类宣传资料3000余份，播放语音宣传广播300余分钟。活动期间，在公路入口处劝返疑似超限车辆6辆，劝阻破坏公路路基行为1次，经教育予以主动修复。通过此次宣传活动，使广大人民群众进一步了解爱护公路、安全出行的重要性，提高爱路护路意识。关于推行“路长制”。健全公路管理体制，构建责任明确、齐抓共管、高效运转的机制，确保农村公路服务能力进一步提高，人民群众满意度明显提升。关于路政执法。全年共出动执法人员2000余人次、执法车辆700余辆次，检查车辆200余辆次，未发现超限超载车辆。排查公路安全隐患6处，并予以整改，损坏安全护栏3次100余米，并按标准予以修复。超额完成省、市关于农村公路隐患排查治理工作的“千灯万带”建设57条的任务，全年共安装减速带87条、警示灯4套、标志牌92套，有效保障农村公路安全畅通。

【严格执法，提升全县治超水平】 2020年，运管所以《2020年全省治超工作要点》和《2020年全市治超工作要点》为指针，严把“进厂、装载、登记、过磅、验票”五关，全面完成安全管理、物流企业备案，将超限超载行为卡死在源头、杜绝在源头、消除在源头。一是加强货运市场安全排查，及时消除安全生产隐患，确保道路运输安全。在春运、“五一”、“十一”黄金周等期间，对货运公司进行安全排查，排查出的隐患坚持不整改不罢休，尽最大努力消除事故隐患。把货运各项安全工作重新梳理一遍，使企业各项安全措施进一步完善。二是严厉打击短途非法超限超载行为。运管所进一步加强源头监管，打击短途非法超限超载行为，巡查人员按照统一安排对职责区域范围内的所有合法货运站（场）进行有效监管，采取一日一查、一日多查、不定期巡查方式，通过明察暗访和突查、夜查等手段，加强对重点建设工程工地、砂石料场、水泥厂、搅拌站等货物集散地的监督检查，全面治理各种形式的短途非法超限超载行为，取得良好效果。三是开展治超工作宣传教育活动。充分利用媒体宣传、集中宣传等形式，以源头企业、货运驾驶人员和从业人员为重点，组织学习《山西省治理道路货物运输企业和货运驾驶人非法超限超载办法》《超限运输车辆行驶公路管理规定》《山西省治理车辆非法超限超载工作责任追究办法》《山西省交通运输厅道路货物运输货运单使用管理办法》，使广大源头企业、货运驾驶人员和从业人员深刻认识超限超载的危害性，确实做到不敢超、不能超、不愿超，为治超工作深入开展创造有利条件，推动全县治超工作再上新台阶。一年来，共出动治超执法人员1520人次，巡查源头企业1420次，车辆维修企业410次，检查货运车辆3210辆次。交通事故明显减少，运输市场步入规范有序的发展轨道，基本实现保安全、保畅通、为人民目标。

【安全为本，警钟常敲常鸣】 深入学习贯彻中共十九届四中全会关于推进社会治理现代化有关精神，始终坚持“人民至上、生命至上”的总体思想，遵循“安全第一、预防为主、综合治理”的方针，正确处理安全与效益、安全与发展的关系，健全安全生产责任制，加大宣传力度，定期检查，落实安全生产措施，提高安全生产整体水平，保证全年安全生产事故零指标。一是加强领导，及时安排。认真落实“一岗双责”工作制度，层层签订安全管理责任书。建立健全领导机构。形成安全生产工作统一领导、上下联动、齐抓共管的工作格局。及时召开各种安全工作会议，传达各级政府安全工作精神，及时制订印发各类安全专项整治工作实施方案和应急预案等。二是大力宣传，提高意识。针对道路运输点多面广、流动性强、作业线长、安全生产管理难度大的特点，运管所在春运、"五一"劳动节、安全生产月、国庆节、疫情防控期间等重点时段，通过发放道路运输安全资料、悬挂安全横幅、张贴安全标语和客运站内外电视等加大宣传力度，向过往行人宣传道路运输安全法律法规知识，进一步提高全社会的道路安全法律知识和责任意识，提高安全生产防范意识。三是安全监管，扶正祛邪。对客运企业进行安全隐患大排查，及时消除安全隐患，严肃查处营运车辆违法经营和"三超一疲劳"，检查客运车辆1020辆次，确保全县道路运输市场安全稳定性健康发展。同时制订春运、清明、"五一"、国庆假期道路安全运输措施，与客运企业签订安全责任书，严格执行"三关一监督"，落实汽车站"三不进站、六不出站"制度，确保节假日道路运输安全。在货运安全管理上，及时消除隐患，减少一般事故，控制较大事故，杜绝重特大事故，实行重特大事故一票否决制。强化危险货物运输市场的管理，落实危货运输安全责任制，落实危货企业"五不承运、五不出车"制度。运管所加强货运车辆GPS动态监管，建立社会化服务商监督平台8个。已安装货运车辆GPS定位855辆，检查货运车辆1300辆次。制订突发事件紧急救援预案，确保安全生产落到实处。对维修企业、驾培学校加强安全监管。在维修管理方面，运输管理所切实履行管理职责，集中开展机动车维修市场专项整治。严把全县机动车综合性能检测关。抓好机动车维修与检测行业从业技术人员管理。完善维修企业质量信誉考核。开展"汽车维修质量月"活动。特别在疫情防控期间，运管所共出动维修稽查人员480人次，对复工复产的维修企业进行检查，确保从业人员安全生产。严把维修和检测质量关，确保营运车辆技术状况良好。驾培管理方面：2020年以来运管所积极开展驾培市场专项整治工作。共出动检查人员42次126人、车辆42辆次。积极引导驾校工作向服务质量标准化、服务质量规范化、服务经营一体化方向发展。强化安全意识，确保安全训练。全年通祥驾校和平安驾校培训学员合格率分别达83%和90%。

【悉心服务，加快完善客运网络】 2020年，全县客运管理重点工作是扩大建制村通车范围，进一步完善城乡公交运营体系，以县城为中心，将城市公交辐射至县城周边12个乡镇，与城乡公交无缝隙衔接。解决对接盲点，扩大覆盖面，完善站点、候车棚、招呼站牌，充分考虑乘车、停靠、安全换乘为一体的服务功能，壮大公交发展事业。城乡公交一律向县城二级汽车站倾斜，形成大循环、大对接、大发展，保证全县客运走得快、走得好。与此同时，大力提倡公交公司引进新能源电动车，从2015年12月至2020年底，全县共新增新能源电动公交车38辆。截至年底，有农村客运车辆60辆，公交车38辆，出租车212辆，候车厅145个，招呼站牌70个；乡镇通车率100%，建制村通车率100%。在规范性实施方面，做好4点工作：城乡公交合理按线路运营；省市县班车全部进站；文明服务、创建优质班线活动全面开展；按照省市客运管理工作安排，全部实施到位。

【精准帮扶，狠抓交通扶贫不松劲】 县交通运输局摘帽不摘责任，继续把帮扶三个村的巩固脱贫成果作为首要政治任务、头等大事、第一民生工程和统揽交通全局工作来抓，对标一流、持续发力，全面巩固提升脱贫攻坚工作成效，推进乡村振兴深入发展。一是全局干部齐心协力，巩固脱贫成效再显身手。全局派出的7人扶贫工作队，由一名副局长带队，分赴帮扶的赵北乡白台村、上寨镇串岭村和庄沟村，他们不甩包袱、也没有歇歇脚的意识，扶贫工作方向不变、力度不减、能量不弱。局里每月召开一次专题研究布置会议，局长每周不少于两天入村帮扶，驻村工作队、第一书记继续实行"五天四夜"驻村要求，帮扶责任人每周不少于两天进行结对帮扶。准确解群众实际要求，及时发现问题、调整措施、解决困难。定期对贫困户信息进行全面核查，加强档案和信息的维护，确保数据质量"勤更新、零差错"。二是产业扶贫不松手，做强已有产业，发展新产业。一年来，在持续做大做强原有特色农业项目（小杂粮、晋薯16号、英国红小豆）基础上，大力发展壮大集体经济，白台村实施村级电站、北威生猪养殖项目，年收入13.5万元，对全村现有贫困户实现产业全覆盖，户均增收2143元。三是乡村振兴不松懈，文明新风扑面来。县交通运输局资助35000元，为白台村未脱贫2户进行危房改造，对67户搬迁户办理不动产登记；投资245.7万元为串岭井上自然村至国道108修水泥路3.9公里，维修街巷，为庄沟村修庄沟桥一座、为自然村大德庄修进村街路两条2500平方米；筹措资金11000元慰问三村老党员、特困户，向残联申请轮椅12辆、助听器15台、拐杖20根，棉被101床，31袋化肥，分别资助残疾人、特困户。为提高残疾人的就业率，对15名残疾人进行培训。同时，帮扶责任人自愿购买慰问品入户走访，竭力为贫困户解难释疑，积极参加"联手群众、清洁家园"活动。随着帮扶的扎实推进，村容村貌在蜕变，群众的精神风貌也在悄然变化，村民的出行、住房、饮水、如厕等像城里人一样方便。

【思想建党，不忘初心践使命】 一年来，局党委积极履行"党要管党""从严治党"的主体责任，认真落实党建工作责任，以"三会一课"、支部主题党日活动为抓手，以党建总揽工作全局为目标，实现全县交通运输事业健康持续发展。一是强化政治理论学习，筑牢对党忠诚根基。通过周一例会、"三会一课"、和支部主题党日活动，认真学习宣传贯彻中共十九届五中全会精神，学习习近平系列重要讲话重要指示精神，深入巩固"不忘初心、牢记使命"主题教育成果，不断提高党员自身素养。疫情防控期间，全体党员捐款支持新冠肺炎疫情防控工作，组建党员先锋队、党员志愿者服务队深入人员密集区抗击疫情，让党旗在防控疫情一线高高飘扬。二是加强支部建设，夯实党建基础。按照组织部工作安排开展党委、支部班子换届工作，选举产生新一届的党委、支部领导班子。根据县委组织部、宣传部工作部署大力推进"三晋先锋"、"学习强国"常态化使用。完善阵地建设，对各支部党员转入转出严格把关，完善各支部党建工作制度。三是严肃党内组织生活，履行党建工作责任。严格执行"三会一课"、支部主题党日等制度，按年初计划逐月落实，加强对党员的日常教育与管理。召开领导班子民主生活会，开展领导干部自查工作，树牢"四个意识"，坚定"四个自信"，坚决做到"两个维护"，提高政治站位，强化政治担当，压实整改主体责任，聚焦省委脱贫攻坚专项巡视发现的问题，全面排查脱贫攻坚中存在的问题。以专题教育为载体，深入开展党的十九届五中全会精神和习近平新时代中国特色社会主义思想的学习。宣传贯彻落实党员干部反腐倡廉教育经常化。开展廉政文化进机关活动，强化廉政监督，建立完整的廉政风险防控体系。

【廉洁从政，保持为民务实清廉】 认真落实"一岗双责"责任制，牢固树立政治意识、程序意识，不断完善自身权力运行、工作流程、监督制约等方面的制度规定，一体推进不敢腐、不能腐、不想腐，练就"金刚不坏之身"。针对县交通运输局承担县乡公路建设养护、运政管理、路政管理、交通行政管理执法等职责；近年来，农村公路建设项目多、投资额度大，资金运作频繁，极易发生权力"寻租"和权钱交易等现象，县交通运输局把党风廉政建设和反腐败工作作为全部工作的重中之重来抓。以上率下，巩固拓展落实中央八项规定精神成果，继续整治"四风"问题，坚决反对特权思想和特权现象。重点强化政治纪律、组织纪律，带动廉洁纪律、群众纪律、工作纪律和生活纪律严起来。确保各项工作质量和进度，严防腐败现象发生。

【环境保护，防治污染抓源头】 为切实打赢蓝天保卫战，全力提升交通领域环境空气质量指标，把大气污染防治工作作为重要工作来抓。一是在用机动车环保监管。县交通运输局联合交警及环保部门定期进行路检路查，全年共出动执法人员52人，出动执法车辆12辆进行路检路查，共检查车辆110辆，处罚尾气不达标车辆1辆，罚款100元。运管所配合有关部门加强运营类黄标车的淘汰工作，不予办理国三车辆的道路运输许可证，积极推进城市公共交通向节能减排、绿色低碳方向发展。积极推进县城范围内的公交车、出租车更换为新能源或清洁能源汽车的工作。截至年底，增加38辆新能源公交车，212辆出租车均为双燃料（油气混合）车，基本消除柴油车排气口冒黑烟现象。二是非道路移动机械环保监管。不定期抽查非道路移动机械排放是否达标及环保车牌的安装情况，对超标排放及未安装环保车牌的车辆予以处罚、整改。三是扬尘综合治理。局路政大队四个中队实行不定期巡查，对重点路段实行日夜执守，加强运输车辆的监管，严禁施工工地的土渣车辆带泥上路，必要时必须遮盖或洒水防止尘土污染。养护中心对农村公路实行分片管理制度，做好日常路面清扫保洁，清除农村公路路域范围内的堆积物、废弃物、遗散物、路面尘土，确保路面干净整洁无杂物，排水畅通无阻塞，保持良好的路容路貌。一年来，共清扫路面5000余平方米，清运垃圾1020立方米，清理边沟、落石2500余立方米，修补坑槽1958平方米，出动工人670人次，出动机械115台班。四是维修企业（钣金、烤漆）治理。全年对19家钣金烤漆的汽车维修企业已全部送达通知书责令停止喷漆。

【扫黑除恶，始终如一力度不减】 为明确扫黑除恶专项斗争工作收官之年取得全胜，县交通运输局扫黑除恶专项斗争领导小组组织各科室及部门认真学习贯彻中央、省、市、县扫黑除恶会议精神，研究谋划全年全县交通运输领域重点工作，全面安排进一步推进“六清”行动，并构建长效机制。一是强化领导，压实责任。局扫黑除恶专项斗争领导小组继续把此次专项整治行动摆在突出位置，作为全年扫黑除恶专项斗争的“重中之重”，召开专门会议，统筹协调，强化工作指导。主要领导严格落实第一责任人责任，亲自研究部署；分管领导靠前指挥，协调解决疑难问题，在疫情防控期间，仍然配合疫情防控人员在平型关、灵丘两个高速口收费站坚守值班，张贴海报17张，平均每天语音循环播放8小时。认真开展交通运输领域整治行动，依法查处侵害群众利益、破坏道路运输秩序的违法行为，铲除黑恶势力滋生的经济基础，推动各项任务落实。二是自查自纠，清仓线索。加大对涉黑涉恶案件、涉黑涉恶人员、嫌疑对象等信息的收集，综合分析研判，按照“清到底、清干净”要求，在12月底前，拿出“线索清仓”“逃犯清零”“案件清结”“伞网清除”“黑财清底”“行业清源”六张清单。三是整章建制，扩大“六清”成果。继续发挥局扫黑除恶领导小组牵头、指导和督促作用，以中央、省、市、县文件精神为依据，建立健全打击长效机制，形成全系统齐心合力推进扫黑除恶专项斗争的工作格局。坚持“发动群众、深入排查、联合执法、重点打击”为原则，加快梳理出行业领域存在的突出问题，针对重点问题、重点环节，建立健全行业监管防控机制、重点环节预防监督机制等各项制度，不断巩固并深化扫黑除恶专项斗争成果。

（灵丘县交通运输局）

浑源县交通运输局

2020年，在浑源县委、县政府坚强领导下，在省、市交通运输部门大力支持下，浑源县交通运输局全面贯彻中共十九大和历次全会精神，深入贯彻习近平总书记三篇光辉文献精神，从本县实际出发，紧紧围绕交通脱贫攻坚主攻方向，继续将深化农村公路建设作为助力脱贫攻坚，助推乡村振兴和转型发展的重要抓手，开拓进取，攻坚克难，扎实工作，圆满完成各项年度工作指标和任务。

2020年，县交通运输局以持续推进创建“四好农村路”示范县建设为抓手，紧紧围绕习近平总书记提出的“建好、管好、护好、运营好”农村公路的总要求，将农村公路建设发展作为助力脱贫攻坚，助推乡村振兴和转型发展的重要抓手，深入推进“四好农村路”建设，全面提升农村公路的通行能力和服务保障水平。

【“四好农村路”建设】 根据县政府财力和预估资金到位情况，按照量力而行原则，经浑源县人民政府第十七届第三十九次常务会议浑政纪字〔2020〕27号批准，2020年计划建设窄路基路面农村公路改造工程20.81公里，总投资1878.1222万元，养护提质工程115.449公里，总投资945.5138万元，县乡道安防工程141.439公里，总投资1316.6498万元，村道安防工程22.541公里，总投资504.3804万元，危桥改造工程2座，总投资168.9049万元。共计总投资

4813.5711万元。备案内未实施项目筹措资金后再行安排建设计划。截至年底共计完成建设里程10.769公里(以路面完成数量统计)。

【三大板块旅游公路建设】 2020年,三大板块旅游公路列入省、市建设计划项目共计2项,全长25.36公里,可研批复总投资24622.3779万元。分别为:长城板块旅游公路大同市浑源县神溪湿地至汤头温泉旅游专线王庄堡至西会段,全长12.274公里,设计标准三、四级,其中主线11.427公里,设计标准三级,汤头温泉支线0.847公里,设计标准四级,可研批复总投资12065.1668万元。长城板块旅游公路大同市浑源县神溪湿地至汤头温泉旅游专线火石头至抢风岭段,全长13.086公里,设计标准三、四级,可研批复总投资12557.2111万元。截至年底,上级补助资金到位财政共计554万元。按照浑源县人民政府第十七届第三十九次常务会议浑政纪字〔2020〕27号要求,"三大板块"旅游公路在资金未到位时暂时不开工,着力完善前期手续",三大板块旅游公路项目计划在上级资金全部到位后招标建设。

【着力管理好农村公路】 一是严格制度落实。严格落实省市相关公路建设、养护考核办法和细则,严把"五关"(项目储备关、设计规范关、招标公开关、项目法人关、工程验收关),严格执行农村公路建设项目"三同时""七公开"制度,主动接受社会监督,切实提升农村公路规范化管理水平。二是坚持示范引领。不断提升县域农村公路建设水平和管理质量。三是开展综合治理。针对农村公路点多、线长、面广,管理难度大的实际,坚持"政府主导、行业管理、分级负责、群众参与"的原则,继续加大农村公路管理力度,制订《浑源县关于进一步加强公路路政管理的意见》,在全县范围内开展建设"四好农村路",创建美丽宜居乡村行动,助推全县经济建设补齐交通短板。以"四好农村路"、"移民搬迁"和"农村环境综合治理"三项工程引领农村基础设施全面提档升级。坚持"四好农村路"工程施工与植被保护、设施配套、环境整治同步推进,以省道,县道、乡道、村道为整治内容,突出省道沿线的村庄和县城中心集镇、重要旅游景区景点和千人以上的村庄为治理重点,多次集中开展整治行动和联合执法,对农村公路沿线的垃圾、渣土、煤堆彻底清理,对占道经营、打场晒晾行为集中整治,出动路政宣传车38台次,印发宣传资料5000余份,法律法规宣传册2000余册,利用《北岳报》等媒体,加大对"四好农村路"管理宣传力度,形成良好管理氛围。打造精品示范,做到公路与沿线周边乡村风貌、田园风光、农业园区充分融合,全面打造"一乡一特色、一路一风景、一村一幅画"的系列旅游路、景观路、生态路、产业路、文化路,带动全县85%以上的村庄达到省定美丽宜居乡村创建标准要求。结合市、县扬尘治污实施方案,制订《扬尘治污实施方案》,继续深入推进农村公路路域环境整治工作,及时清理路面路肩杂物,大力整治占用公路用地乱堆乱放和占道经营等违法行为,强化县乡路面管控工作及危险路段的安全隐患排查工作。截至年底,共出动执法车辆260辆次,执法人员780人次,治理各类安全隐患和存在的突出问题6起;强化科技治超、严格"双超"治理。交通运输部门作为源头治超的主力军,联合交管、环保等部门联合执法,严厉打击各种非法运输车辆及营运车辆超载等违法违规行为,确保道路运输平安有序。

【全面养护好农村公路】 全县共有农村公路1357.92公里,列养率达到100%,截至年底,全县县公路优良中等路比例达81.5%,乡村公路路面完好率达73.5%。县交通运输局积极建立稳定的资金保障制度,健全养护机构。县级设立公路养护总队,编制30人,全县设立18个乡镇公路管理站,工作经费全部列入财政预算。严格执行《浑源县农村公路养护管理办法》《浑源县农村公路养护资金使用管理办法》《浑源县农村公路养护管理考核办法》等一系列农村公路养护工作的文件规定,建立健全"政府主导、行业指导、部门协作、专业委托",努力实现有路必养。

【全力运营好农村公路】 县交通运输局印发《浑源县关于城乡公交客运和电商物流服务一体化实施方案》,明确发展目标,细化工作任务,完善保障措施。制订"城乡统筹、以城带乡、城乡一体、客货并举、运邮结合”总体思路，加快完善农村公路运输服务网络。充分利用浑源县“四好农村路”建设的契机，实现建制村通客车交通脱贫目标，方便农村群众出行和农村电商物流发展。积极推进城乡公交一体化与农村电商物流一体化改革。一是落实建制村通客车全覆盖。县财政拨款293万元用以购买农村客运服务，通过直通、辐射、预约的方式解决我县偏远山区的交通出行问题。截至年底，全县共运行43条客运路线，其中3条城内公交线路，15条县乡公交线路，25条通村支线路。现有农村客运车辆77辆，城市客运车辆25辆，主要以县二级汽车站为中心，17个乡镇汽车客运站为节点，形成无死角，全覆盖的路网和运网服务体系，具备条件的建制村通客车率达到100%。3月，局将17个乡镇客运站移交浑源县佳龙城乡客运有限公司管理使用。经过整改，全县17个乡镇客运站全部正常有序运行，积极推动全县城乡公交客运一体化与农村货运和电商物流同步发展，确保农村客运“开得通、留得住、有效益”，全力保障群众出行安全便捷。二是道路运输服务提质增效。制订《道路客运班线条件联合审批规则》，建立健全政府主导、交通、公安、安监、公路等部门协调参与的审核机制，落实联席会议，对新增农村客运班线，严格对照规则进行审核，不符合通行条件的一律不得新增。三是推进公交信息化建设。加快县、乡、村物流服务网络和“多点合一”物流节点建设，将农村客运车辆停靠点、农村物流集散点、农村产5品交易点等农村重要节点，通过引导合作的方式，使农村重要节点功能进一步拓展整合，实现“多点合一”。培育汽车站依托客运车辆代运快递业务，落实快递件收送运用互联网查收制度，网络系统管理，进站客运班线车辆全部开通快递服务，实现客运班线车辆通到哪里，快递服务到达哪里，解决农村快递物流“最后一公里”的问题。

【继续深化交通运输综合执法体制改革】 积极推进综合执法体制改革，努力构建权责清晰、监管高效、运转协调的行政执法体制和运行机制。进一步加大对城市公交、城乡公交、巡游出租的管理力度，打击非法营运等违法违规行为，不断净化客运市场；深入开展“治超治污行动”，整治货运市场，确保货运市场有序竞争；做好全县汽车维修企业备案及危险废物处置检查工作，形成良好交通运输环境。

【积极推进城乡公交客运电商物流一体化改革】 制订《浑源县关于城乡公交客运和电商物流服务一体化实施方案》新建改建一批“多站合一、一站多能”乡镇综合运输服务站，坚持“城乡统筹、以城带乡、城乡一体、客货并举、运邮结合”总体思路，明确发展目标，细化工作任务，完善农村公路运输服务网络，方便农村群众出行和农村电商物流发展，构建县、乡、村物流网络体系。

【继续深化农村客运新机制】 采取政府购买农村客运服务的模式，积极探索适合全县县情农村客运新机制。县财政拨款293万元购买农村客运服务，解决边远山区、山庄窝铺、客源稀少，客运服务企业亏损的矛盾，落实建制村通客车全覆盖。

【抓好交通运输行政审批职能改革】 认真落实全省深化“放管服效”改革优化营商环境的部署要求，将县交通运输局行政审批职能划转到县行政审批服务管理局，按照“谁审批谁负责、谁主管谁监管”的原则做好相关工作的移交和衔接。

【加大扫黑除恶宣传力度】 全面贯彻落实党中央关于扫黑除恶的重要指示精神，紧扣三年为期总目标，全面梳理提炼专项斗争成熟经验做法，适时转化为制度规范，完善源头治理、系统治理、综合治理制度体系，形成打击、整治、管理、建设的长效机制，推动扫黑除恶常态化，保障专项斗争获得全面胜利。

【巩固提高脱贫攻坚成果】 根据县委县政府和上级交通部门关于打赢脱贫攻坚战的工作部署和要求，县交通运输局以巩固已取得的成效为基础，继续抓好脱贫攻坚扶贫工作。聚焦帮扶村剩余贫困人口如期脱贫，做到有计划、有针对性地开展帮扶工作。局驻吴城乡扶贫工作队帮助所在村制订2020年脱贫攻坚规划，为方便群众及时掌握政策，局每月4次组织全体干部职工深入帮扶对象家中讲解政策解贫困户动态，为有需要的贫困户制订产业脱贫规划和方案。同时，响应县委、县政府号召，开展为期一个月的“户户清”入户行动，完善帮扶资料，加大村内卫生环境整治力度。

【加强党风廉政建设和纪律规矩意识】 局党组始终将党的建设和党风廉政建设作为党建工作的第一要务，坚持不懈用习近平新时代中国特色社会主义思想武装头脑、推动工作，牢牢把握正确政治方向。以“两学一做”学习教育为载体，依托每月的“三会一课”和“主题党日”活动，认真学习贯彻习近平新时代中国特色社会主义思想，牢固树立“四个意识”、坚定“四个自信”，坚持做到“两个维护”。同时，不断完善党风廉政建设主体责任和监督责任体系，强化党风廉政建设“一岗双责”工作机制，层层任务分解压实责任，扛起主体责任。截至年底，召开2次民主生活会，一次提升工作作风专题会议，使全局党员干部时刻做到自查、自省、自警、自励，进一步加强廉洁自律意识，使全局干部职工以高标准、严要求的精神面貌投入到工作中去。

（浑源县交通运输局）

左云县交通运输局

2020年，左云县交通运输工作以习近平新时代中国特色社会主义思想为指导，全面贯彻中共十九大和十九届历次全会精神，围绕县委、县政府中心工作和全市交通运输重点工作，坚持稳中求进工作总基调，坚持新发展理念，坚持以供给侧结构性改革为主线，坚持“四为四高两同步”总体思路和要求，全面开启交通强国建设新征程，加快构建现代化综合交通运输体系，有效提升交通运输服务品质，不断深化交通运输领域改革，坚决打赢交通运输三大攻坚战、疫情防控阻击战，牢牢守住安全生产底线，持续营造良好政治生态，开拓创新，锐意进取，推动交通运输高质量发展，为建设富裕文明和谐美丽新左云提供强力支撑。

【全面加强党的建设】 2020年是交通运输系统机构改革、深入贯彻交通强国建设新左云的关键年。全局干部职工始终坚持以习近平新时代中国特色社会主义思想为指导，认真学习贯彻习近平总书记在中共十九届中央纪委四次全会上的重要讲话及全会精神，全面贯彻省纪委十一届六次全会及市纪委五次会议决策部署，深入贯彻落实县委、县纪委监委工作部署，总结回顾2019年党的建设和党风廉政建设工作，分析原因查找不足，部署2020年工作，持之以恒推进全系统全面从严治党向纵深发展，为激发交通运输发展新动能提供坚强政治和纪律保障。

【全面落实扫黑除恶工作任务】 以习近平新时代中国特色社会主义思想为指导，深入学习贯彻中共十九届四中全会精神及中央、省委、市委关于扫黑除恶专项斗争的决策部署，紧紧围绕服务和保障省委“四为四高两同步”总体思路和要求，聚焦“三打四建”工作重点，以“三书一函两办”为抓手，通过对黑恶案件反映出的突出问题进行靶向施策刨底治根，既在深挖整治上出重拳，又在长效常治上下功夫，不断完善治理体系，提高治理能力，从根本上铲除全县交通运输行业黑恶势力滋生土壤。对扫黑除恶专项斗争中问题易发的道路运输、公路运营、公路工程建设、城市客运等重点行业领域开展专项整治，力争实现重点行业领域“五个确保”的工作目标，即：确保黑恶势力扫除干净，确保乱点乱象明显减少，确保行业监管全面加强，确保政策机制健全完善，确保人民群众更加满意。

【全面推进交通运输综合行政执法改革】 按照全面依法行政，建设交通运输法治政府部门的总体要求，县交通运输局以整合执法资源，明确职责分工，综合协调配合，夯实基层基础为重点，以解决多头执法，消除重复执法为核心，坚持精简高效，积极稳妥和执法重心下移的基本原则，全面推进交通运输综合行政执法改革。根据《省委办公厅省政府办公厅〈关于深化市场监管综合行政执法改革的实施意见〉等5个实施意见的通知》晋办发〔2019〕4号文件精神，按照《关于市县综合行政执法改革机构整合和人员划转有关事项的通知》（晋深改办发〔2019〕14号）和《关于县区综合行政执法改革机构整合和人员划转有关事项的通知》同深改办发〔2019〕11号要求，县交通运输局2019年3月26日制订《左云县交通运输局深化交通运输综合行政执法改革方案》已上报县编办；2019年4月2日由分管副县长、局长、副局长、党组成员，各科室主人负责人，运政、路政执法人员举行揭牌仪式；2019年4月16日锁定综合行政执法人员名单，已上报县编办，待县委组织部、县人社局审核备案后，即可办理划转人员相关手续；2019年12月2日，左云县政府治理非法超限超载车辆工作服务中心机构、职责、编制及人员全部转隶县交通运输局；2020年4月14日，山西省左云公路管理段向县交通运输综合执法队移交国省干线公路路政执法职责。

【全面落实安全生产安排部署】 全面落实中央、省、市、县关于安全生产工作的决策部署，结合创建"零事故"单位总体要求，加强疫情防控常态化条件下安全生产和专项整治三年行动排查及"减量控大"整治工作，牢固树立安全发展理念，强化底线思维和红线意识，以从根本上消除事故隐患为目标，深入排查安全风险隐患，扎实推进问题整改，坚决遏制各类事故发生，促进安全生产形势持续稳定向好，为落实省委"四为四高两同步"总体思路和要求营造良好的交通运输安全生产环境。一是深入学习贯彻习近平总书记关于安全生产重要论述。组织开展"安全生产大讲堂"。面向重点领域、重点企业、重点环节和重点人员，深入学习宣传习近平总书记视察山西及大同市重要讲话指示精神和习近平总书记关于安全生产的重要指示精神，大力弘扬生命至上、安全发展的思想，开展事故灾害警示教育活动及交通运输安全文化理念，营造良好安全氛围。二是开展"排查整治进行时"专题活动。局属各所、站、队结合安全生产专项整治三年行动的有关部署，开展"排查整治进行时"专题活动，按照《左云县关于成立安全生产专项整治三年行动工作专班的通知》明确的工作职责，落实工作制度，广泛发动企业员工，开展"安全生产啄木鸟""企业风险扫描仪""隐患排查显微镜"等活动，推动企业对重点场所、关键环节安全风险隐患进行全面深入排查整治，从源头上防范生产安全事故，做到防患于未然。三是围绕人民群众关心和企业关注的安全生产重点、热点、难点，开展事故案例警示宣传。通过事故案例分析会、观看警示教育片等形式，剖析企业在安全生产中存在的问题，深刻吸取教训，用事故教训推动企业落实责任、完善措施，防范同类事故发生。四是开展交通安全宣传活动。按照国务院安委会办公室和应急管理部《关于推进安全宣传"五进"工作方案的通知》精神，围绕"两客一危"等重点车辆的安全驾驶、公共汽车安全乘坐、安全隐患排查治理、安全技能教育宣传等内容积极开展具有行业特色的宣传活动，弘扬交通运输安全文化理念，营造良好安全氛围。五是完善应急预案、加强汛期安全生产工作。按照上级部署要求，进一步梳理完善现有应急预案，强化预案应急体系编制，积极响应消防部门应急演练培训，实现应急预案闭环管理。切实加强公路运营、道路运输、城市公共交通、公路工程建设等重点领域防汛工作，严格落实防汛责任制，强化督导检查，加强预防预警和应急值守。

【全面推进"四好农村路"工程建设】 一是拟建项目。2020年拟建里程共计51.523公里，计划投资3613.27万元，截至年底，共完成投资460万元。二是续建项目。长城一号农村旅游扶贫公路左云段。项目2019年10月新工可（同发改政务发〔2019〕118号）批复左云段全长47.962公里，其中主线32.561公里，支线15.401公里，养护中心1处，沿线景观雕塑4处，估算投资27802.5878万元，建设工期2年。截至年底，已完成主线24.514公里，支线5条14.992公里，完成投资9600万元。三是深入实施"百乡千村万里美丽农村路"创建活动。到年底，完成省厅下达的示范乡镇、示范村、美丽农村路创建任务。四是全面推进"一灯一带"惠民工程。按照省公安厅交管局、市公安局相关会议精神，2020年下达全县建设减速带82处、1097米，震荡带1790.4米，标志牌160块，需资金62.6万元。局党组高度重视，责成党组成员董立牵头，公路管理所严格按照政府采购程序实施。截至年底建设任务已全部完成。五是全面构建三级"路长制"。2020年，全面建立农村公路县、乡、村三级"路长制"，健全农村公路管理养护体制，完善组织体系，构建职责明确、齐抓共管、高效运转的工作机制，形成路联管、路全管、路共管、路常管的农村公路发展格局。首先，建立覆盖县、乡、村三级路长体系。县级政府主要负责人担任本行政区域农村公路总路长，分管交通运输工作的副县长担任县级路长。乡（镇）政府主要负责人担任乡级路长。村党支部或村委会主要负责人担任村级路长。其次，明确路长办公室。县级路长办公室设在县交通运输局，主任由县级路长兼任，副主任由县交通运输局局长兼任，成员由县发展改革、财政、公安、自然资源、住建、水利、农业农村、生态环境、林业和应急管理等相关部门负责人组成。乡（镇）路长办公室设在乡（镇）政府，主任由乡（镇）分管交通运输的负责人兼任。最后，建立路产路权保护队伍。县设路政员，由县级交通运输执法部门人员兼任。乡（镇）设监管员，由乡（镇）政府根据辖区内农村公路等级、数量和任务轻重等实际情况，委任若干名乡村道路监管员。村设护路员，由养护单位根据养护工作实际情况聘用若干名农村公路护路员，并吸纳当地村民参与农村公路日常养护，优先向贫困户农民倾斜，提高困难群众的参与度与受益面。

【全面完成农村公路危桥、危险路段、地质灾害路段安全隐患排查】 围绕防范化解建筑施工项目坍塌等重大安全风险，在6月底前完成桥梁、涵洞等安全“体检”工作。一是对马道头至酸茨河线、树儿里至韩家洼线的路基沉陷，路面裂缝采取用砂砾填补塌陷处，设置临时标志牌，封闭交通等有效措施防止避免重大交通事故发生。二是对店王线K10~K11段长坡、连续下坡，先设置标志牌，安装减速带，增设防撞墙、波形护栏等安防设施，防范重特大交通事故。同时年内对该路段进行降坡设计，然后报请县政府批准后实施，彻底解除安全隐患。三是对雨安庄宁应线、宁应线至且坡线、铁底村至辛堡子线的路侧险要、陡坡、急弯连续下坡等危险路段安装波形护栏，设置标志牌；对全羊头至下山井线的路侧险要、陡坡、急弯、连续下坡等危险路段采取安装波形护栏，设置标志牌等有效措施防范化解重特大交通事故的发生。四是旧店线七磨河桥拱圈裂缝，桥面、基础损坏，已成危桥，采取封闭交通的有效措施防范化解重特大交通事故的发生。

【全面完成2020年治理超限超载工作任务】 按照“思想不松、政策不变、力度不减、标准不降、口子不开”要求，紧紧抓住路面治理和源头治理不放松，进一步健全管理体制、规范站点建设、强化科技手段、完善法规体系、严打短途超载、巩固和扩大治超成果，不断推进治超工作的常态化、制度化、规范化。责成道路运输管理所、路政管理大队、治超服务中心全面落实推进各项治超工作，坚持源头监管与路面执法并重，对违法超限运输车辆实施“一超四罚”，加大对重点路段、重点时段以及运输砂石料、水泥、煤炭等货物的大型运输车辆的联合治理力度。一是加强主要路段的巡查。对辖区内左鸦路、店王线、南酸线、省道210、新三线、燕台线、国道109、旅游线等主要路段进行巡查，每月不少于13天路巡，截至年底，发现4辆超限车辆，卸载120.1吨，罚款6000元，未发现公路抛洒现象。路产赔（补）偿案件共10宗，缴纳赔款59390元。二是加强过站车辆检测力度。水窑超限检测站1—12月份共监测车辆305392台次，查处超限车辆1辆，记6分，罚款1500元，卸载19.85吨。水磨湾超检测站由于省道210翻修于4月30日经省交通运输厅批复停检，11月1日起开始复检，其间共监测车辆169550台次，查处超限车辆1辆，记3分，罚款300元，卸载2.9吨。两站共监测车辆474942台次，超载率十万分之一。

【全面贯彻落实市交通运输局《脱贫攻坚问题整改方案》】 深入贯彻落实习近平总书记关于扶贫开发工作系列重要论述为指导，以问题为导向，以目标为导向，落实查摆反馈问题，列出清单，全面对标，深入分析原因。通过集中整治，逐项会诊、逐项解决、逐项销号，确保问题整改取得实效，以过硬作风、过细举措扎实巩固全县交通领域脱贫攻坚工作成效。围绕考核、巡视、审计、督导、评估检查、工程项目排查、“三保障”、专项工作、市县自查及月度通报等9个方面问题，紧盯“六个聚焦”，严格按照问题清单分类梳理建立台账、统一编号、汇总反馈。同时考虑疫情影响扶贫项目复工出现的问题，并纳入整改。

【全面打赢蓝天保卫战】 以习近平总书记生态文明

思想为指导，全面贯彻落实县政府关于《左云县打赢蓝天保卫战2020年决战计划》(左政办发〔2020〕17号)文件精神，坚持绿色交通、人文交通理念，以改善生态环境质量为导向，进一步加大监管执法力度，在交通运输行业开展联台执法，打击超标排放，推进扬尘污染的专项整治行动，依法严肃查处生态环境领域违法行为，巩固大气污染防治绿色运输示范县建设，坚决打赢污染防治攻坚战。一是绿色交通建设稳步推进。印发《全面深入推进绿色交通发展实施方案》。通过实施“结构优化、组织创新、绿色出行、资源集约、装备升级、污染防治、生态保护”等七大工程，加快打造绿色交通运输体系。二是扬尘污染综合治理效果明显。推进公路扬尘污染常态长效治理，以中央环保督察“回头看”整改为契机，通过加强散装物料源头管控力度，持续提升干线公路预防性养护和清扫保洁水平，稳步推进道路运输车辆抛撒扬尘路检路查工作，扎实开展在建项目扬尘污染防治，积极推进国省干线过境路改线，协助县政府开展路域环境整治，扬尘污染得到有效遏制。三是加大交通运输环保治理工作力度。严格落实《左云县打赢蓝天保卫战2020年决战计划》的规定，建立完善监管执法模式，加大路检路查力度。形成联合执法常态化路检路查工作机制，加大对重点路段和重点时段的检查，严厉打击超标排放等违法行为，12月底前实现在用柴油货车排气管口冒烟现象基本消除。

【强力推进交通运输“三零”单位创建各项工作】 为全面贯彻落实中共十九届四中全会“建设人人有责、人人尽责、人人享有的社会治理共同体”精神，深入推进平安左云建设，根据县委办公室、县政府办公室印发的《关于深入开展“零上访、零事故、零案件”村(社区)、企业、单位创建工作的实施方案》精神，按照将各类苗头性、倾向性问题化解在早、在小的总体要求，结合实际，以“三零”单位创建工作为切入点，紧盯重点行业、紧盯重点环节、紧盯重点部位、紧盯重大风险，在全县交通运输重点行业领域深入开展“零事故”单位创建工作。一是公路运营领域。开展提升公路桥梁安全防护设施专项检查对照标准查找隐患，及时加固处理。开展提升连续长陡下坡路段安全通行能力专项行动，按照《山西省公路危险路段排查治理管理办法》，对农村公路长下陡坡、临水临崖、桥梁等风险较高和事故多发路段，与相关部门联合开展隐患排查整改。加强公路路网监测巡查，在全县范围内开展公路风险排查和评估，分级分类进行处治。加强农村公路标志标线管理，确保标志标线合规、管养到位。继续大力实施农村公路安全生命防护工程建设、危桥改造、灾害公路治理。二是工程建设领域。深入推进“平安工地”建设，突出重点和薄弱环节，针对桥梁、高陡边坡等高危工程施工及特种设备的使用，加强监督检查，督促施工单位认真排查隐患、有效治理隐患。强化危大工程专项施工方案管理，严格施工方案的编审、交底、实施、验收等关键环节管控，防范坍塌和高空坠落事故发生。积极实施农村公路工程安全防护标准化。三是人员密集场所。在县委县政府坚强领导下，举全行业之力，周密部署、落实责任、细化措施，全力以赴打赢疫情防控阻击战。严格落实客运站章程、严格落实场站管理制度，所有班线车辆必须进站，做好安全防控措施，统一安排发车，严厉打击违规站外上客，避免未经测温人员带病上下车。同时在“三不进站、六不出站”的基础上，增加“客车不消毒不进站”和“司乘人员及乘客不戴口罩不出站，严格执行“四不进站、七不出站”制度。加强对客运场站的通风、消毒和清洁工作，落实工作人员佩戴口罩和监测体温的要求，确保客运场站运行安全有序。督促“两客一危”运输企业做好安全隐患自检自查工作，落实排查目的，完成整改要求，做到真实有效，并按规定上报主管单位。

(左云县交通运输局)

朔州市

朔州市交通运输局

2020年,在朔州市委、市政府坚强领导和省交通运输厅大力指导下,朔州市交通运输局始终坚持以习近平新时代中国特色社会主义思想为指导,认真贯彻习近平总书记关于交通运输工作的重要论述,坚持人民中心思想、绿色发展理念和"先行官"定位,围绕"党建引领、作风保障、完善路网、畅通运输、强化监管、搞好服务,建设'交通强市'"总体目标,主动作为,积极努力,较好地完成各项工作任务,交通运输水平大幅提升,被评为"全国文明单位"。

【重点工作深入推进】 全年共完成固定资产投资9.47亿元(其中农村公路建设8.44亿元,客运站1.03亿元),为投资目标任务的124.6%;完成"四好农村路"建设任务1067公里,为目标任务的124%,旅游公路113公里全部开工,完成率100%;旅游公路113公里全部开工,完成率100%;完成农村公路安全生命防护工程71公里,完成投资1098万元;完成危桥改造2座(右玉县反帝大桥、邢家口大桥),完成投资901万元;超额完成农村公路平交道口"一灯一带"120条减速带工程。全面超额完成窄路基路面工程、农村公路安防工程、农村公路危桥工程、农村公路养护提质工程、资源路旅游路产业路改造工程扶贫任务。

【平安交通全面保障】 朔州市交通运输局制订《安全生产专项整治三年行动方案》《道路运输安全专项整治三年行动实施方案》《公路水运工程建设安全专项整治三年行动实施方案》《农村公路运营安全专项整治三年行动实施方案》,建立措施清单、任务清单、问题隐患整改清单及进展情况统计表。截至年底,共发现问题隐患61条,已全部整改到位。配合朔州市应急管理局对道路运输企业主要负责人和安全管理人员共194人进行培训考核。1月8日,下发《2020年度安全生产监督检查计划》,全年开展安全生产监督检查52次。"两会""五一""十一"等重要时间节点,全部开展安全生产检查。国庆、中秋期间,省厅安全生产专项督查发现问题11个,全部整改完毕;危险货物道路运输安全生产专项检查发现问题6个,全部整改完毕。2018年统计上报"两客一危"车辆596辆车,截至2020年12月31日,全市713辆"两客一危"车辆全部安装智能视频监控报警系统,安装率达到100%。研究制订交通行业涉黑涉恶重点治乱专项行动实施方案。坚持问题导向,建立公路建设招投标制度、征拆补偿制度、危货运输监管制度、出租车营运监管制度、客运经营监管制度等5项长效防控机制。积极开展扫黑除恶专项斗争重点行业领域突出问题专项整治和"六清"行动,将"六清"工作作为当前推动扫黑除恶专项斗争工作的重要抓手,精心部署,强力推进,全面推动"六清"工作落实落地。依法查扣非法营运车辆300余辆,处罚300余万元,有效维护交通运输领域平安、健康、有序发展。

【环保工作成效显著】 制订《朔州市打赢蓝天保卫战2020年决战计划》《朔州市交通运输生态环境保护2020年行动方案》,成立主要负责人担任组长的大气污染防治领导组。同时进一步细化措施,狠抓落实,重点任务全部完成。按时上报《山西省交通运输生态环境保护2020年重点任务台账》。省厅下达朔州市2020年国三以下中重型柴油货车淘汰任务1704辆,截至2020年年底,已淘汰2328辆,完成年度任务136.6%。暂无水运码头,7个水库区周边均配备放置垃圾桶，按照建设方案要求，完成率为100%；全年新购公交车3辆，开通市区至山阴动车站直达公交；客运班线公交化改造新增车辆60辆（纯电动），实现城际公交“零”突破；公交延伸乡村增至43个；“一卡通”发卡量为66001张，其中实体卡4501张，虚拟卡61500张，覆盖近200个城市。没有发放非互联互通卡。中心城区公交车数量万人达16.3标台，大于小康社会指标万人14标台要求。坚持“政府主抓、部门联动、属地管理”治超格局，交通治超工作继续保持平稳运行良好态势，及时准确报送《交通治超战况月报表》，各项治超工作目标完成良好，超限超载率牢牢控制在0.2%以内。大气污染防治工作成效显著。

【疫情防控及时有效】 采取积极措施有效做好交通运输疫情防控工作。会同相关部门对进出市县道路进行管控。全市交通运输系统累计投入一线工作人员4万多人次。做好交通场站和运输工具消毒通风、卫生清洁工作，对道路客运、城市公交、出租汽车防疫工作进行分类指导。控制交通工具客座率，在交通工具后排区域设置集中留观区。做好乘客信息登记溯源工作。加强交通运输一线人员自身防护。扎实做好保通保畅保运工作。落实“绿色通道”政策，确保“一断三不断”“三不一优先”。组建由207辆客运、货运、公交、出租车辆组成的应急保障车队。积极协调相关部门做好封闭公路设施开通工作。分区分级恢复交通运输服务，支持企业复工复产和经济社会秩序恢复。全力做好复工复产工作。成立专班，到现场、到企业、深入到工地指导疫情防控和复工复产工作。

【行业改革深入进展】 开展14个示范乡镇（占乡镇总数的20%）、77个示范村（占建制村总数5%）、900公里美丽农村路（农村公路通车里程10%）为主要内容的“百乡千村万里美丽农村路”创建活动，接受省厅验收。右玉县美丽农村路和信用机制作为农村公路管理养护体制改革全国试点已获批，截至年底，已开始设计工作。在“路长制”推行方面，登记造册、建档立卡工作已完成，应县、怀仁市已开始公示牌的制作和安装，位居全省前列。实施《交通强国建设纲要朔州工作方案》市政府已通过。2020年1月份启动《朔州市综合立体交通网络发展规划（2020—2035年）》（含“十四五”规划）编制，截至年底，已基本完成编制任务，得到市政府肯定。

（朔州市交通运输局）

朔城区交通运输局

2020年，在朔城区委、区政府坚强领导和市交通运输局大力指导下，朔城区交通运输局党组带领全系统干部职工以习近平新时代中国特色社会主义思想为指针，紧扣服务全区打造高质量转型发展“幸福之城、守善之区”主题，在全力做好常态化防控疫情基础上，稳步推进优化治理体系、“五路”工程建设、“三零”单位创建、交通扶贫等工作，其中“五路”工程的项目数量、工程规模、完工数量、综合效益为历年之最。

【优化治理体系，提升治理能力】 局党组以习近平总书记治国理政新理念、新思想、新战略暨中共十九届四中全会精神为指针，在优化治理体系、提升治理能力上探索实践，形成一套具有地方特色治理体系。党建工作受市委表彰，被树为全区党建示范点。根据区委《关于〈党委（党组）落实全面从严治党主体责任规定〉及省市委精神贯彻落实措施》（朔区办发〔2020〕24号），结合部门实际，制订《落实全面从严治党2020年责任清单》（朔区交党发〔2020〕4号），做到方案引领、清单明责、责任公开、责任督察、责任追究、环环紧扣、落细落实。党组着重从三个方面优化治理体系。一是把“规矩”立在前头。依规依纪实行定职责、定标准、定流程、定制度、规范执法行为的“四定一规范”。对部门、机构、岗位的工作职责细化量化，形成横到边、纵到底的责任体系；以“拔高工作标杆、创造一流业绩”为导向，为部门、机构、岗位确立工作标准，激励部门、机构、岗位人员跳起身子摘桃子，把工作做到最精致；明确办公室工作流程等16项工作流程，各项工作按流程运作，步入科学化、系统化、规范化轨道；坚持“全面覆盖、全程到位、制度束权”原则，建立健全40

余项涉纪制度，把权力关进制度的笼子里；依法拟制“权力运行流程图”“行政职权事项清单”“行政职权责任清单”“一图两清单”，以涉纪制度约束权力，运用文化长廊、局域网络、交通信息、路政宣传等平台推行党务公开、局务公开和农村公路建设“七公开”。二是将育人提上高度。局党组以《关于新形势下党内政治生活的若干总则》为指针，用崇高的思想教育人，用多彩的活动陶冶人。把学习习近平新时代中国特色社会主义思想，特别是总书记三篇光辉文献，“六次重要指示”，中共十九届五中全会精神等作为长期而重大的政治任务，采取专题辅导、潜移默化、影像视频、简明问答、微信微博、案例警示等生动活泼、广接“地气”的形式加热党内政治生活这个“大熔炉”。坚持周五的“文化讲堂”制度，运用文化长廊、党建文化展示室、廉政文化展示室、综治文化展示室的文化“风景”弘扬先进文化；编发《爱“廉”说》《扫黑除恶专项斗争知识简明问答》《“改革创新、奋发有为”大讨论简明问答》《“不忘初心、牢记使命”主题教育知识一本通》《党内政治生活简明读本》文化“小词典”；利用“多媒体”“微信群”弘扬先进文化；以“刘修占等案例为镜鉴”进行案例警示；把思想政治工作寓于廉政警示、生态览胜、实地品学、书法展览、缅怀先烈等主题党日实践活动之中，寓教于乐、寓庄于谐。曾在市廉政教育基地开展廉政警示活动，在紫荆山生态旅游景区和神头风情小镇开展“畅享绿色、善待生态”主题党日实践活动，在右玉县实地品学“右玉精神”，在塞北革命纪念馆开展“缅怀先烈遗志，传承红色基因”主题党日实践活动，举办廉政书法展览等。三是让监督提领扯袖。局党组以《中国共产党党内监督条例》为准绳，以整风精神开门纳谏，着重从上级党委、政治巡察、人大政协、纪检监察、党组内部、人民群众六个方面接受监督。其中在政治巡察监督方面，区委启动第五轮政治巡察以来，局党组先后接受区委第一巡察组的政治巡察和市区统筹第一巡察组的巡察整改“回头看”。党组把做好巡察整改“后半篇文章”作为践行“两个维护”，体现对党忠诚的实际行动。对区委第一巡察组的政治巡察落实9大例27条整改措施，对市区统筹第一巡察组的巡察整改“回头看”落实5大类25条整改措施。身先垂范抓整改、凝心聚力抓整改、部门联动抓整改、突出重点抓整改、立足长效抓整改、制度规范抓整改，巡察整改落地见效，市区统筹第一巡察组在巡察整改“回头看”中给予充分肯定；人大政协监督方面，在区人大工作会议、执法检察和区政协工作视察中接受监督评议。先后接受区人大《道路交通安全法》执法检察。党组书记代表党组向人大报告“朔城区交通运输发展情况”“朔城区乡村道路建设情况”暨依法行政情况，区人大领导、人大代表对党组工作进行点评指导，对全系统工作的兴利除弊产生十分重要的作用。

【实行部门联动，加强疫情防控】 局党组以习近平总书记关于新冠病毒感染肺炎疫情防控的重要指示为指针，体现“部门联动”特色，局机关、道路运输管理所、化庄公路超限监测站、农村公路养护中心以“联合”为纽带建立“联动机制”，机构联建、宣教联手、防控联动。机构联建方面，加强领导压实责任、拟制方案科学引领“双管齐下”。由主要领导挂帅成立交通运输系统新冠病毒感染肺炎疫情防控工作领导小组及办公室，下设信息传递、督导检查、后勤保障三个工作小组，各机构各司其职和谐律动。依据全区疫情防控战略，结合交通运输部门实际情况，制订《关于做好新冠病毒感染肺炎疫情防控的工作方案》(朔区交发〔2020〕3号)等系列文件，保证全系统疫情防控的科学引领、有条不紊；宣教联手方面，微信宣教、广告宣教、资料宣教“三措并举”。用本系统“微信群”进行疫情防控宣教，特别是将区委书记《在全区新型冠状病毒感染肺炎疫情防控工作领导小组会议上的讲话》在第一时间利用“微信群”传达到位；道路运输管理所、化庄公路超限监测站、客运站场、物流企业等运用LED显示屏滚动宣传疫情防控；翻印中日友好医院编撰的《新型冠状病毒感染肺炎疫情防控“口袋书”》进行宣教；防控联动方面，留验防控、站场防控、运营防控、卡口防控、内部防控“五位一体”。配合市治超办统筹协调所有治超站点对过往车辆加强疫情防控；以化庄公路超限监测站为主进行留验防控；配合市交警队、卫健、防疫和公安等部门在朔州高速东、西、南、富甲工业园区四个收费站和省道206前寨出市口设卡留验防控；道路运输管理所协调督促朔州汽车南站、北站、乡村客运公司在进站口设立安保检查点进行乘车安保检查防控；由乡镇牵头在普通干线公路国道241呼北公路窑子头出境口、担水沟出境口，国道206大同至忻州县东榆林出境口，国道336天津至神木线下窑出境口设卡防控；在县道085广武至梵王寺线南西庄出境口，县道089朔州至只泥泉线和县道907至神池线小北岔设卡防控。区交通运输局配合区政府进行督导指导；乡村公路在全区280个行政村路口设卡876个进行留验防控，局机关和局属单位实行封闭式管理进行防控。

【推进“五路”工程，提升路网水平】 按照省委“四为四高两同步”和全市“构建现代综合立体交通体系开辟的航向，服务全区能源革命综合改革，推进贯通出境路、建靓旅游路、织密园区路、修好快捷路、加速“四好农村路”的“五路”工程。全年共完成投资3.5亿元，完成总里程345公里，较好地解决全区路网结构层次不清、交通发展不够平衡、农村公路等级偏低等交通“瓶颈”问题。出境公路建设工程主要包括朔神高速公路建设工程、国道241建设工程、朔只线改造工程和小神线改造工程4个项目。朔神高速公路是山西省“三纵十二横十二环”中西纵高速公路的重要组成部分和国道59呼北高速公路的重要路段，全长30公里，其中朔城区境内15公里。国道241由忻州市宁武县阳方口镇经朔州市朔城区到平鲁区，由二级公路改造为一级公路，全长66公里。为服务两大工程建设，区成立项目协调领导组，由交通运输局主抓地上附着物征拆等保障工作。截至年底，征拆工作正在签订协议，朔神高速公路建设工程已完成地面清表工作，国道241完成土地测绘和红线范围内的征拆评估工作，南互通立交桥建设工程已开工，民福街立交桥建设工程正准备开工，两大项目可于2021年正式开工。旅游公路建成三条，一条是朔城区段长城板块旅游公路。路线长33公里，投资2.1亿元，其城市功能和旅游功能十分明显。城市功能方面，对于全市建设雁门关农牧交错带核心示范区，打造能源绿都，拉大城市框架，减少大气污染，率先蹚出转型发展新路具有十分重要的意义。旅游功能方面，该项目将广武军事文化旅游景区、雁门关边塞文化旅游景区、紫荆山生态文化旅游景区、青钟村昭君墓、神武、王万庄明代古堡、芦芽山名胜风景旅游景区连珠成串。对于展示全区、全市乃至全省雄宏厚重的军事文化、边塞文化、生态文化、昭君文化、古堡文化、名胜风景文化具有十分重要的意义。另外两条一条是以边塞文化为主的黑坨山至儿女山至双化岭至寇庄乡村旅游线，长70公里，将黑坨山景区、穆桂英圈马场、大虫窝八路军殉难处、蟒窜道、棋盘山、小峪藏春、双化晚照、十二连城、张蔡庄古堡连为一体；另一条是以自然景观为主的福善庄乡辛村至王东庄至清河寺至马邑至神头海湿地乡村旅游线，长25公里，将马邑古城、恢河元子河“两河并流”、神头海湿地连为一体。这两条乡村旅游线对于全区打造晋陕蒙旅游集散中心，创建国家全域旅游示范区具有十分重要的意义。园区公路按照全区培育“新业态”中确立的“拉大交通运输枢纽框架，打造纵横交错四通八达的公路网络，为发展现代物流打好基础”方略，完成10公里小平易工业园区路，5公里南榆林新希望养殖园区路，3.7公里滋润大象集团养殖园区路，5公里朔南电厂工业园区4条道路的建设工程。这些工程可助推全市能源革命综合改革的“四梁八柱”中的国际现代化煤炭生产基地和中部地区新能源电力外送基地建设，特别是对于全区按照“一区三园七基地”模式高起点、高标准、高水平创建“现代农业产业示范区”，实现农业特色化、差异化、多元化、品质化发展产生很好推动作用。

快捷公路配合朔州经济开发区建设，起于市区，经迎宾大道、高铁站、飞机场至山阴县广武，全长40公里，是全市现代综合立体交通体系中的一条“黄金轴带”。项目可服务保障高铁站、飞机场建设。特别是可充分利用高铁站、飞机场建设带来的人流、物流、信息流的集聚效应，助推全区建设“一城两区四个基地”，提升在全市的首位度和全省的中心城区地位，加快高质量转型发展的“幸福之城、首善之区”建设。“四好农村路”建设突出窄路基路面加宽、路面改造、安防工程、危桥改造等重点，建设总里程145公里，涉及全区12个乡镇(街道办事处)。完成养护提质工程40条路80公里，涉及小平易、神头、下团堡、滋润等8个乡镇，完成安防工程14公里。这些工程较好地解决全区农村公路前期投入少、质量标准低、路面宽度不够、错车比较困难、路面病害严重、安全隐患较多问题。大力提高农村公路路况水平、质安水平、环境水平和群众满意度，助推乡村振兴和“精准扶贫”。

【架设惠民“金桥”，力保“三零”目标】 局党组践行以人民为中心的发展思想，直面易发生案件、事故、上访事件的薄弱环节，补“短板”、强弱项，标本兼治、综合治理。一是力保“路畅”，与群众连心。针对交通“瓶颈”问题，以“五路”工程为抓手优化路网结构，提升群众在交通出行方面的幸福感和获得感。二是力保“路安”，让群众放心。局党组以人民群众生命财产安全为天，强化安全红线意识和底线思维，按照“四铁”工作要求和“零事故”单位创建要求，深化源头治理、系统治理和综合治理，构筑安全责任、安全宣教、隐患排查、隐患整治“四道防线”。其中，在隐患整治方面直面问题精准施策。针对意识淡薄隐患。采取文化讲堂、文化长廊、路政宣传、交通信息、微信微博、影像视频、广告传媒、联合送学、调研宣教、案例警示等办法弘扬安全文化；针对安全警示隐患，在交通干线、交通枢纽、沿线村庄配置安全警示、禁令等标志标识牌460多块；针对公路排水隐患，采取疏浚或配置急流槽、排水带等办法解决排水不畅问题；针对山崖落石隐患，在山区临崖处设置围网或挡墙防止落石；针对安保设施隐患，在朔只线、朔利线等实施120公里安全生命防护工程；针对桥梁护栏隐患。采取设置波形护栏、建设防护墙等办法对桥梁进行升级改造；针对乡村客运隐患，乡村客运车辆全部进入朔州汽车南站安检，严格执行安全例检及维护保养制度，确保车辆安全技术状况良好；针对超限超载隐患，严格按照五部局“9·21”治超新规，落实严抓严教、严管严防、严查严处“三大举措”，对超限超载问题猛药治疴刮骨疗毒；针对运营市场隐患，督促未检企业进行补检或淘汰，淘汰黄标车1540余辆，与交警队联合，严厉打击酒驾、拼车、甩客、宰客等违法行为。三是力保“路美”，让群众舒心。以“修理破损路面、修复水毁路段、严禁打场晒粮、严禁违法设置、清除非法广告、清除垃圾物料”的“双修双禁双清”举措解决环境问题，根治社会矛盾。“修复破损路面”方面。重点是对朔只线、小神线进行改造。朔只线原有道路陡坡、急弯较多，严重制约贫困山区经济和社会发展。按照“快速、安全、经济、舒适”功能要求，双车道三级公路标准，30公里/小时的设计速度，投资2400万元对朔只线进行改造。不仅提高路面质量，而且提高交通应急和救助保障能力，为贫困山区经济和社会的发展提供反应迅速、机动安全的交通保障。小神线因始建时间早，建设质量差，路面出现纵向横向裂缝，局部路段出现坑槽、龟裂、网裂、推移、翻浆等病害，给群众生产生活造成较大的不便。总投资800多万元对小神线进行改造，不仅消除路面病害，而且展示儿女山的旅游文化，拉动儿女山形成一个集塞外风情、民俗文化、军事文化为一体的生态旅游景区；“修复水毁路段”方面，先后拆除应汴线陈庄段和广梵线何庄段施工桥涵2处，处理朔只线、小神线、西环路、康马公路水毁工程105处114公里；修复下西关村上跨高速公路路面水毁工程150平方米，修复滋润乡夏关城、新进疃、里磨疃水毁工程3外，完成窑子头、裕民村、梵王寺、水泉梁等桥涵水毁修复48处；严禁打场晒粮方面，与区公安分局、应急管理局、广播电视管理局联合下发《关于禁止占用公路打场晒粮的通告》，多部门联合依法对占用公路打场晒粮问题进行集中整治；严禁违法设置方面，严禁在公路及其用地范围内设置线杆、铁塔、变压器、埋设地下管道。严禁在路域范围内建立集贸市场、棚屋、摊点和其他临时性设施等；“清理非法广告”方面，对路域范围内的“牛皮癣”进行排查清理，重点是清理西环路的非法广告，攻坚克难拆除非法广告等城市顽疾50余处，为“塞上绿洲”“美丽朔州”“幸福之城、首善之区”建设增添一道靓丽风景；“清除垃圾物料”方面。对路域范围内的垃圾、粪堆、农作物秸秆、断壁残垣等常态化进行清除。

【推进“交通扶贫”，践行初心使命】 局党组以习近平总书记关于“精准扶贫”的重要指示为指针，以保障重点工程建设、加速“四好农村路”建设、开展“十个清零”活动“三项举措”强弱项、补“短板”，兑现“军令状”，圆满交总账，“交通扶贫”彰显成效。村通公路和街巷硬化方面，全区农村公路通车里程1586.81公里，其中县道191.956公里，乡道785.987公里，村道602.137公里，专用公路6.73公里。完成街巷硬化“全覆盖”2244.9公里，超计划123.9公里，实现乡(镇)通水泥(油路)和“村村通”硬化路目标；建制村通客车方面，建成沙塄河、福善庄、利民3个乡镇客运汽车站，培育双良等五所驾校，发展吉安达等五家客运公司，审批21条乡村客运线路。发展60多辆乡村客运车辆，在利民镇的21个村开展班车预约响应服务，全区280个行政村全部通客车；包点村脱贫攻坚方面，包点扶贫村沙塄河乡南坪村全村129户460口人，13名党员，建档立卡贫困户36户107口人，2400亩耕地，地理位置偏远，自然条件恶劣。局党组从改善基础条件、发展合作组织、落实社会保障三个方面加强扶贫工作。改善基础条件协调扶贫办、水利局、市邮政储蓄银行等单位投资34万元为村里新打、配套2眼机井，埋设输水管道2900米，配套变台和高低压线路，全村保浇地达到800亩。投资35万元为村里新建排水灌溉工程。既解决村南广梵线路面下来的水进村入院危害村民生命财产安全的问题，又使农田灌溉受益，促进脱贫增收；发展合作组织扶持村民成立“富民农机合作社”，为合作社购置拖拉机2台，将第一批扶贫资金85122元注入合作社作为分红股金，确保贫困户长期受益；落实社会保障用第三批扶贫资金为贫困户缴纳新型农村合作医疗保险和城乡居民养老保险22900元，大病救助22100元，建档立卡贫困户家庭成员全部参加基本医疗保险、大病保险、意外保险。经村民代表民主评议等严格的程序鉴定，南坪村贫困户人均可支配收入高于国家农村脱贫标准，“两不愁、三保障”已基本实现。

（朔城区交通运输局）

平鲁区交通运输局

2020年，平鲁区交通运输局坚持以习近平新时代中国特色社会主义思想为指导，坚决贯彻落实中央、省、市、区决策部署，围绕中心、服务大局，迎难而上、担当作为，圆满完成既定目标和各项任务，全区交通运输工作再上新台阶，为全区“转型引领、改革先行，加快率先发展”提供先行支撑和有力保障。

【党风廉政建设】 一是抓学习，固本强基。从强化队伍建设、提升整体素质入手，采取党课教育、培训教育、集中学习等方式加强“学习型”党组建设，努力营造浓厚学习氛围。二是抓落实，明责履责。认真落实党风廉政建设“两个责任”及“一岗双责、党政同责”要求，进一步明确党组书记的第一责任人责任、分管领导的分管领域第一责任人责任、股室负责人的直接责任人责任。三是抓保障，完善制度。健全完善“一把手”“五不直接分管”和末位发言表态制度、“三重一大”等党风廉政建设制度，进一步强化日常监督，紧盯关键岗位、关键人员、关键事项，对交通运输行业岗位廉政风险进行全面深入分析研判，并针对查找出的廉政风险点制订防控措施，逐步构建决策科学、执行坚决、监督有力的权力运行体系，建立有效防控工作机制。四是抓作风，提升标准。认真践行“守初心、担使命、找差距、抓落实”12字总要求，深入开展漠视侵害群众利益专项整治及“提升工作标准，创造一流业绩”为主题的作风整顿活动；对标中央要求，对照省委、市委、区委部署，始终把整改落实、补齐短板贯穿于工作全过程，认真自查，积极整改，在抓作风、促行风、提升工作标准上取得明显成效。

【“四好农村路”和长城板块旅游公路建设】 一是扎实推进“四好农村路”建设。“四好农村路”共实施窄路基扩宽改造工程5个，建设总里程11.268公里，建设总投资1090.94万元。安全生命防护工程，共涉及16条线路，建设总里程16.083公里，建设总投资

329.2318万元。养护提质工程,省计划下达132公里,建设总投资1980万元。二是全面推进长城旅游板块建设。刘家窑至金家窑段,建设里程14.058公里,建设投资3732.9802万元,已建设完成;右玉界至响水营段,建设里程12.395公里,建设投资3956.2940万元,已建设完成;2020年长城板块旅游公路建设里程共34.289公里,总投资22219.79万元,按照年度建设计划,完成进度任务。三是协助配合推进工程建设。阳方口至朔州至平鲁区改扩建工程,加快推进平朔同城化建设。四是国道336平鲁县城至口子上改建工程。前期相关手续已陆续办理到位,相关工作正在有序推进。

【法治建设】 一是加强法治学习。组织实施本年度普法计划,制订"八五"普法教育规划,完善全局干部职工学法用法制度,年内领导班子年内集体学法5次,班子成员每人讲法治课1次。二是强化行政执法监督。严格实行重大行政决策法定程序,杜绝违法决策、不当决策,进一步完善法律顾问制度,让法律顾问在推进依法行政中充分发挥积极作用。全面落实行政执法公示、全过程记录、重大执法决定法治审核三项制度,强化对行政执法活动的全过程监督。

【基础管理】 一是农村公路建设质量管理。首先,责任压实到位。建立工程质量责任体系、安全责任管理体系、廉政责任体系,从质量、安全、廉政三个方面明确区政府主体责任,交通运输部门实施主体,监督主体责任及设计单位、施工单位、监理单位相应的责任。各参建单位建立健全责任制,做到责任到人,形成一级向一级负责、一级向一级交账的责任落实保障体系。其次,监督检查到位。严格实行工程"四制",设立项目组、质量监督组,组建实验室,采取内部巡查和质量抽查相结合的方式,全面加强质量管理。关于加强内部巡查。在配合市、区两级督导组日常督查的基础上,强化内部巡查,由局综合办组织对各在建项目质量安全进行不定期巡查,局领导班子成员参与,每月巡查次数不少于2次。关于是加强质量抽查。强化实验室质监器材配置,加强内部质检力量,对所有项目按照规定次数实施抽检,积极邀请市局质检站对项目质量进行抽检。确保监督覆盖率100%,工程质量合格率100%,优良率85%以上。最后,专项整治督查。认真落实部、省要求,深入开展公路水运质量安全隐患大排查大整治专项行动,对近三年来实施的农村公路新改建项目、养护工程项目进行质量安全隐患全面排查,做到项目全覆盖、参建单位全覆盖、进场原材料全覆盖、关键部位和隐蔽工程全覆盖,有效推动质量安全登记制度、质量安全承诺制度、质量安全主体责任、质量责任终身制、过程质量安全管控落实到位。二是路政管理。加强路政管理,强化路政巡查,以风电项目涉路事宜为突破,深入调查、取证、评估,签订路损赔补偿协议,依法保护路产路权,年内收取风电路损赔补偿费1085.96万元。在巩固路政维权成果中,逐步将路损赔补范围延伸扩大,覆盖全区所有涉及路损的企业,重点是煤炭企业,加大调查取证力度,拓宽农村公路建设资金筹措渠道。三是治超管理。紧紧围绕"抓综治、保畅通、保安全、为人民"的总目标,进一步加大治超工作力度,重点是借省治超办通报朔州治超工作的东风,在强化治超管理上进行规范、整顿,取得新成效。首先,加大站点管理力度。进一步整章建制,加强队伍建设,规范内部管理,加大科技投入,严防死守,继续加大治超宣传力度和打击恶意超限超载力度,强化动态治理,不断提高规范化管理水平。其次,加大路面管控力度。认真落实部、省、市、区的治超工作精神及要求,建立路警联动工作机制,依托治超站点,进一步加大路面管控工作力度。加大日常巡查力度。组织路政、运政执法人员组建路面巡查队,加强日常巡查,特别是对重点路段加大巡查频次,有力打击绕道逃避检测行为,加大短途非法超限超载打击力度;集中力量突查。根据巡查情况及群众举报情况,由区治超办组织,区公安、公路、交通部门参加集中力量开展夜间突查。查纠行动开展以来,共进行集中行动12次,有效增强路面管控能力,取得明显工作成效;再加强内部督查。为确保专项行动扎实有效开展,加大内部督查力度,专门成立督查组,对治超工作中的作风、纪律等问题进行全面督查，并设立举报电话，鼓励社会群众参与治超监督，切实加强治超工作力度。最后，加大源头监管力度。继续落实“思想不松、要求不变、力度不减、标准不降”的要求，采取“重点进驻、一般巡查”的方式，加强对政府公示的66家源头企业的监管，要求货运源头企业、货运企业、货运驾驶员签订“无超限超载”承诺书，自觉主动配合治超工作，不断开创源头治超工作新局面。

【公路养护】 一是持续加大资金投入力度。全区1683.953公里农村公路全部列养，列养率100%，设立区道路养护中心，各乡镇设立农村公路管理站，管理养护人员全部纳入财政预算。二是持续加大养护管理力度。进一步加强和规范农村公路养护管理；推行养护监理制度、造价审核制度，建立质量综合评价体系；以加强计划管理为突破，所有任务全部量化预算，形成从日常巡查、隐患排查、制订方案、设计预算、下达计划、组织实施、质量评价、造价审核完整的流程链条，特别是推行监理制度，使农村公路养护向专业化、精细化迈进一大步。在任务实施方面，遵循“巩固、提升、发展、完善”的思路，分类实施整体推进，巩固一大批中等路，提升一大批次差路，发展一大批优良等路，农村公路路况发生明显变化，确保优良中等路率控制在85%以上。年内，先后完成整治里程825公里，实施路面保洁清扫出动机械160台次，清除路面杂物出动机械120台次，完成“一灯一带”减速带安装120.5米/30处、平交道口硬化5574平方米/22处、养护提质工程132公里。

【运输管理】 认真贯彻“安全第一、预防为主”方针，以落实“三关一监管”职能为核心，加大安全、市场、源头三大方面监管力度。一是加强安全监管，运输安全水平不断提高。以“安全生产隐患排查治理年”活动为契机，进一步严格“从业人员、场站设施、运营车辆”三方面源头监管。特别是加大“两客一危”车辆的监管力度，完善GPS动态监控设施，强化监控手段。二是加强市场监管，运输服务质量不断提高。进一步加强流动稽查，加大动态监管力度，深入开展运输车辆安全大排查、大整治专项行动。三是客货运输量稳步增长，运输服务水平明显提升。2020年，平鲁区公路客运总量达37.1万人次，旅客周转量241.2万人公里，因疫情总体上呈现客运迅猛下降的趋势。2020年，总体上客运量、货运量基本保持稳定，旅客周转量、货物资周转量实现较快增长。

【公交客运】 进一步优化公交线路，完善中心城区公交服务网络，将原1路车、11路车对发覆盖平安街、西环路、平阳街、紫河路形成的口字型公交大环线，调整为增加覆盖新城西街延伸路段的南环、北环两条公交线路，实现主、次、支线道路无死角全覆盖；进一步加大公交车投放力度，年内投放纯电动车10辆；进一步推进城乡一体化建设，完成双碾乡、白堂乡两条公交线路改造，随着农村公路改造的提升实施，不断鼓励乡村客运进行公交化改革。年内新增开通井坪至双碾乡大有坪村、井坪至下红沟村2条城乡公交线路，增加运营里程48公里，公交运营里程达到181.2公里。

【环境保护】 加大环保工作力度，深入开展城乡人居环境专项整治，持续加大道路扬尘污染治理力度。一是持续深入开展持续深入开展柴油货车和散装物料运输车辆整治。建立交通、交警、公路、环保建立联合治理工作机制，加强道路货物运输企业、货运源头企业的扬尘污染防治，强化散装物料运输车辆管控。二是加强道路保洁。区公路段积极实施省道董元线路面沉陷段治理、平朔线路面治理工程，有效改善干线公路通行质量，降低扬尘污染。区交通运输局加强县道陶平线、榆平线37公里日常养护，加大路面清扫频率，机械清扫率达到60%以上，加强道路巡查，及时清理杂物，路面洒水养护保洁，及时处置坑槽、松散、翻浆等病害。截至年底，省道平朔线、董元线平交道口硬化21个，硬化面积10655平方米；县道陶平线、榆平线公路沿线的28个平交道口全部硬化，有效避免车辆带泥上路，减小道路扬尘污染。三是加强源头管控。认真履行部门监管责任，持续深入开展“三清三治三提升”城乡人居环境整治专项行动，抽调14名富有工作经验的一线执法人员对24家重点涉煤企业开始进驻，实行日常考勤考核管理，全面履行源头单位治超治污工作职责。严格督促企业落实环保治理主体责任，要求企业实施场内硬化，车辆清洗、苫盖，杜绝运输车辆沿路抛撒滴漏等污染现象，有效抑制扬尘污染。督促施工企业加强施工现场扬尘污染治理，强化环保措施，所有施工车辆采取清洗、苫盖、自卸车辆箱板闭合等措施，将工地扬尘污染防治纳入文明施工管理范畴。

【定点扶贫】 围绕脱贫攻坚"交总账"任务要求，持续加大"双通"建设力度，深入开展巩固提升"双通"排查调研，对224个行政村的通村公路硬化和村通客运班车情况以及2016年以来实施的交通扶贫项目情况进行全覆盖摸底排查。进一步健全完善"双通"巩固提升方案。建制村通硬化路方面，全区224个行政村全部通公路硬化，国省干线路带通的47个、县道带通的54个、乡村道直接通达的123个。一年来，按照乡村道提质、县道巩固的工作思路，以80个贫困村道路通行质量提升为重点，完成132公里的养护提质计划。建制村通客运班车方面，重新规划客运线路布局，健全完善农村客运管理办法，进一步强化"公司包乡、车辆包村、线路不变、延长里程"的措施，实施"一村(乡)一策"，因地制宜采取公交、班线、区域经营、预约响应等多种形式，全力推进乡镇和建制村通客车工作，对深度偏远农村、农村客运的终端村庄居住人口少，出行需求小的情况，开通"周末班"，每周一次"预约班"，最大程度地满足群众的个性化出行需求。为切实提升农村客运运营水平，实行运营责任制和告知制，与5家客运公司签订运营任务责任书，逐村悬挂告知牌，明确通车时间、路线、车辆、司机、里程、票价等信息，为方便群众出行提供乘车信息。截至年底，4家农村客运公司、1家公交公司，共经营农村客运线路19条，经营建制村通客运车辆19辆、公交车6辆、预约客运车辆2辆，全区224个建制村，其中农村客运班线直达126个村，公交覆盖45个村，区域延伸串联53个村。定点扶贫方面，局设2个扶贫工作队，共包扶10个村庄，均为非贫村。局党组把将扶贫工作作为一项政治任务，定期研究部署脱贫攻坚巩固工作，定期组织股所以上干部进行督查；扶贫工作队围绕"两不愁、三保障"，积极协助配合其他相关包扶单位对所包村开展帮扶，认真落实单位包村责任，在近年来实施村级活动场所、加强两委阵地建设、完善公路安保设施等帮扶措施基础上，继续实施绿色帮扶，根据贫困户产前、产中、产后的需求，帮助购买耕种、化肥，帮助夏锄、秋收；认真落实区委关于消费扶贫集中采购农副产品要求，单位购买农副产品45149元，单位包户干部认真落实绿色帮扶政策，科级干部每人出资1000元，一般干部每人出资600元购买所包户的农副产品。

【综合治理】 一是持续深化扫黑除恶专项斗争。结合交通运输行业的安全生产大检查、双超治理等工作，继续加大扫黑除恶工作力度，开展新一轮黑恶线索大起底，全方位开展集中排查、滚动排查，建立日常排查、企业排查、督促检查的长效机制，结合安全生产隐患排查、"三零"单位创建隐患排查、重大风险防范隐患排查等，加强对流动人口的排查和车匪、路霸、拦工阻工等黑恶势力的线索摸排。二是扎实开展"三零"单位创建活动。加强对各监管企业、道路设施、执法检查进行隐患排查。截至年底，排查企业700余次，发现一般隐患91条，已全部整改完成；道路隐患排查420余次，发现一般隐患100条，其中：道路设施安全隐患13处，道路运输安全隐患75处，施工现场安全隐患1处，应急水毁抢修11处。已全部整改完成，做到零上访、零事故、零案件。

【安全生产】 坚持"安全第一、预防为主、综合治理"方针，加强安全监管，认真落实"两个主体"责任，大力开展"平安交通"三年攻坚行动，深入开展"安全生产月"活动、安全生产专项整治和在重点领域开展安全"体检"活动、高陡边坡隐患排查等"三个专项行动"，对客运场站设施，公交车辆、"两客一危"重点车辆及公路、桥梁、涵洞等设施方面存在的安全隐患进行全面排查和隐患治理。进一步完善道路交通安全设施，实现列养县道的标志标牌全覆盖、县道标线全覆盖、防撞护栏全覆盖、道路安保护栏全覆盖，有效促进列养公路达标提级，消除危险路段，保障交通运输安全生产形势的持续稳定好转。

【疫情防控】 认真落实省委省政府"五严五防"及交

通运输部有关要求，全面落实交通管控措施，强化交通运输服务保障。一是认真落实“一断三不断”要求。落实客运车辆、交通场站消杀工作，坚决杜绝疫情通过交通工具传播。同时严格落实乘客体温监测、佩戴口罩乘车等要求。二是进一步加强运营调度。调配足够的运力保障运输，努力做到乘车不排队、车辆不拥挤、出行不受阻，坚决做到精准调度、实时调度，切实提高服务质量、服务水平，确保居民生命财产安全有保障。三是完善应急运输保障预案。加强应急运输保障工作组工作，完善应急物资运输车队和应急旅客运输车队，确保接到应急命令后，在指定时间内迅速集结、及时运输。四是积极配合相关部门做好执法检测工作。严肃工作纪律，要求执法人员坚守工作岗位，坚决杜绝脱岗现象。同时做好内部人员防控工作，严格执行每天上班体温监测和办公区域消杀工作，保障工作环境卫生。严格值班值守，切实抓好各项防控工作。

（平鲁区交通运输局）

山阴县交通运输局

2020年，在山阴县委、县政府正确领导下，山阴县交通运输局上下听党指挥、忠诚担当、团结拼搏、甘于奉献，既积极参与疫情防控，又主动自我加压，精心谋划，在支撑和服务“打造灵秀古城、建设新韵山阴”中当好先行官。

【实施交通强县战略，夯实各项基础工作】 一是道路建设快速推进。其中，苑家辛庄至白殿沟公路改造工程，全长8.225公里，批准概算总投资2697.38万元，2019年11月29日开工建设，受新冠肺炎疫情影响，2020年5月13日复工建设，10月1日完工，10月14日举行通车仪式；农村公路安全生命防护工程、养护提质改造工程。项目共涉及农村公路80条170公里，预算总投资1893.33万元。9月18日开工建设，2020年11月18日完工；省道206至国道208连接线工程（宏达物流至李家窑），路线全长0.677公里，采用全幅式沥青混凝土路面。中标价145.81万元。9月25日开工建设，已完工；下疃东至胡峪口（代县界）沿长城旅游路建设工程，从下疃村东（应汴线）起至胡峪口村（代县线界）止，全长3.86公里，路面宽度8米，估算总投资2190万元。截至年底，已完成施工图设计并批复；与此同时，积极提前谋划项目，已有七条道路列入省级“十四五”规划，七个重点项目进入筹备实施阶段。二是养护力度不断加强。首先，养护工程投入加大。共计74.9万元，比往年有大幅度提升。其次，养护管理步入正轨。对全县所有县道11条、乡道62条，村道343条进行讫点调查，对全县所有县乡村道实行“路长制”管理，《山阴县农村公路“路长制”实施方案》扩大社会参与，创新养护模式，健全长效管护机制，落实管护主体、人员和经费。三是脱贫攻坚再上台阶。秉持“让群众满意、让政府放心”理念，全县城乡公交一体化，农村客运覆盖所有村庄。重点抓好两方面工作。首先，配套设施日趋完善。完成乡镇综合汽车客运站改造1座，完成投资40.57万元；二级客运站建设一座，完成投资1700万元；制作村通公交公示牌46块；对104个农村公路与国省干线公路平交路口安装减速带1573.25米；以广武旅游景区为依托，持续推进旅游集散中心新型客运服务。其次，运营线路更加优化。在原有扶持力度的基础上，每月新增建制村公交线路补助费用96460元。建制村公交线路由原来23条增加为35条，其中12条原有线路进行延伸。重新规划后的线路，群众享受到更加安全便捷的客运出行方式，特别是人大代表关注的贫困村、边远村的老百姓出行更有保障；为打赢交通行业脱贫攻坚巩固提升战，为乡村振兴当好先行官再添助力。四是突出安全强化监管。截至年底，全县拥有道路运输经营业户2239户，其中客运经营户3户，货运经营业户2191户，客运站6个，物流企业5个，机动车维修业户30家，驾培业户4户，道路运输从业人员总数10266人。县交通运输局坚持源头监管，加大安全排查，在节日、“两会”、汛期等重要时期，先后组织5次安全大排查，督促运输企业、施工企业落实好安全责任制和安全措施，对存在隐患及时预警并限期整改，确保交通运输领域安全平稳态势。客运市场方面，着重完善客运驾驶员的教育培训，特别是客运车辆的技术档案和管理档案；城乡公交客运车辆驾驶室全部安装隔离设施，确保车辆安全规范运行。货运管理方面，大力发展甩挂运输，制订《山阴县农村物流和城市配送试点推进方案》，积极推进物流业发展。维修管理方面，将山阴博昌4S店作为汽车配件追溯体系试点建设企业，树立维修建设工程品牌，开展二类以上汽车修理厂维修健康档案工作，规范维修管理的流程。驾培市场方面，联合交警部门开展文明交通进驾校行动，推动驾驶员培训从“应试教育”向“素质教育”转变。源头治超方面，已形成“一处超限，处处受限”的格局，3月11日，组织全体治超执法人员深入宏星混凝土搅拌站、南阳坡煤矿和槽山石料厂等企业开展源头治超有关法律法规的宣传活动。车辆年审年检方面，实行“三不准”：不准徇私送人情；不准刁难运输经营者，简化办事程序；不准乱收费。扫黑除恶方面，本着“有黑扫黑，无黑除恶，无恶治乱”的原则，打击非法营运，净化道路运输市场，出动执法车辆300余次、执法人员500余人次，查扣非法营运车辆51辆。五是节能减排绿色发展。第一，推动县城建成区实现“禁煤区”。第二，扩大新能源或清洁能源汽车覆盖面。截至年底，全县公交车共有82部，其中：72部新能源车，10部为柴油车。督促公交公司向政府申请更换10部柴油车为新能源车；出租车220辆，按照行政许可要求，2021年进行更换。第三，加快新能源汽车充电站建设。已建三处充电站：公交客运总站投资210万元、玉井乡村客运站投资30万元、金玉花园社会自筹自建一处充电站。山阴县电力公司已申报拟建5处充电站盛世锦珠、地格文赢、浦东新区、格林宾馆、政府停车场。第四，推行运输或中转煤炭企业煤炭装卸自动化、无尘化技术应用。13家生产煤矿均建设筒仓、硬化场地、建设洗车平台、购置洒水车等。24家生产洗煤厂建成全封闭煤库、硬化场地及进出厂道路，安装车辆清洗装置，购置洒水车，装卸输送全部密闭运行。第五，提升9大煤炭发运站环保设施建设，清洁化运输水平逐步提升。9家煤站均建设防风抑尘网、硬化运煤道路、建设喷淋设施、雨水收集池、购买洒水车、多功能抑尘车等、建设洗车平台。特别是中煤集团山西华昱能源有限公司洗运中心采用全封闭输煤皮带运输，做到运输、生产无尘化。部分煤站建成全封闭煤棚，在装卸时较好地控制煤尘。第六，坚持资源节约利用。加强土地资源节约利用，改造工程充分利用老路面，提升用地效率。第七，开展绿色出行行动。倡导绿色低碳出行理念，加大绿色低碳出行理念传播力度。第八，加强联合执法，国三淘汰全市领先。高度重视，组成专班，交通牵头，分工协作，“一站式”服务；通过电视台、微信朋友圈等多种形式和执法人员上门一对一政策讲解，动员车主主动到朔州回收公司办理报废手续；从2021年1月1日起，如国三车辆不主动淘汰报废，路面监控将自动报警，加大处罚；派出7个执法队加大路检路查，截至年底，已办理报废、享受政府补贴17辆，正在办理的有6辆；已强制注销营运手续的209辆；11月30日，山阴县交通运输局受到市政府通报表扬。

【落实防控措施，展示行业担当】 一是严格落实联防联控机制。首先，为有效应对疫情的传播蔓延，县交通运输局发动全系统力量投入疫情防控工作中，会同卫健、公安部门在火车站、高速出口、国省道和县道交界处设置13处卡口，实行24小时联防联控，按照“一问、二测、三查、四处置”工作流程，对过往车辆进行摸排，做好体温监测、信息登记和劝返等工作，做到“逢车必查、逢人必检”，坚决隔断传染源、切断风险源。从1月27日零时开始启动应急响应，到2月22日19时撤销检查站点，全县范围内所有高速公路收费站、国省干线公路、农村公路设置的疫情防控卡口共检查人员46686人，车辆42384辆；2月26日，根据疫情变化，城市公交、城乡客运全面恢复运营。3月15日起，逐步恢复省市县际班线运营。山阴动车站、岱岳火车站、汽车站一直由县交通员数局牵头卫生防疫人员坚守关口，防疫检测。二是全面加强农村公路交通管制。对通往全县境内的各条农村公路实施封闭，协助乡镇在每村保留一个进出口且安排专人值守检查，并在各封闭点设置交通安全警示标识牌。三是强化特别管控。

新冠肺炎疫情发生以来，县交通运输局锁定道路客运疫情防控为工作重点，督促客运公司对站场公共区域、营运车辆等人流密集场所进行每日消毒、通风，在客运中心设置体温监测筛查，确保出站人员检测“不漏一人”，确保疫情不通过交通运输渠道传播。四是积极推进复工复产。落实施工企业、运输企业复工复产备案制，开通临时特殊客运班线和直达包车客运。2月24日，按县政府调令，于25日前往朔州火车站，接全县规模以上企业复工的徐州籍工人，派出大巴车11辆，接回工人260名；2月27日，山阴顺达客运有限公司及朔州顺发旅游汽车服务有限公司还支援大同市铁军劳务有限公司，派出七辆大巴接送抢修铁路的民工到阳泉市驻地。五是做好系统内部防控。对全系统干部职工及其亲属近期外出情况、身体状况进行排查统计，同时对局机关、局属各单位等公共场所及各查控点每日集中消毒2次，有效保障工作人员健康安全。

【持续净化政治生态，打造风清气正工作格局】 坚持全面从严治党，突出“一把手”责任，重点加强交通建设领域的廉政建设。一是针对在工程建设中存在的管理漏洞，加大对项目分管负责人、现场代表等关键部位和人员的监督管理。二是签订党风廉政建设责任状，每个干部职工承诺在工作中遵纪守法，不吃、拿、卡、要，坚杜绝“门好进、脸难看、事难办”的现象。三是严格资金管理使用。农村公路建设资金采用专户存储、专户管理、专款专用的方式，建立项目财务管理制度，上级安排补助资金全额用于工程建设直接工程费，无滞留、截留等现象，资金拨付程序合法合规；建设资金使用情况公开透明。建立党组通报制度，严格按照有关标准执行报账制度。四是经常开展警示教育。始终高悬利剑，用身边人身边事教育干部职工，与干部职工算好腐败账。让党员干部时刻带上廉政“紧箍咒”，筑牢廉政思想防线。

（山阴县交通运输局）

应县交通运输局

2020年，在应县委、县政府正确领导下，在省市交通运输部门的大力支持下，应县交通运输局以习近平新时代中国特色社会主义思想为指引，深入贯彻落实中共十九大和十九届历次全会精神，有效推进年度各项工作任务完成。

【目标任务圆满完成】 一是交通建设项目。完成续建长城板块旅游公路小石口至北楼口段19.37公里，预算投资7704万元；完成续建长城板块旅游公路北楼口至罗庄段6.11公里，预算投资2154万元；完成续建长城板块旅游公路北楼口至跑马梁第一段5.43公里，预算投资2777万元。（北楼口至跑马梁第二段6.5公里，进入省级自然保护区，暂缓实施）；完成续建县道韩镇线公路改建工程16.077公里，预算投资3458万元；完成续建“四好农村路”（畅返不畅）建设工程黑土湾至安乐泉等12条农村公路39.83公里，投资3186.4万元；完成续建“四好农村路”（畅返不畅）建设工程护驾岗至白滩等12条农村公路25.38公里，投资2030.4万元。在道路建设方面，由于成绩显著，9月，朔州市“四好农村路”旅游公路建设暨交通扶贫现场观摩会在应县隆重召开。二是道路管理水平不断提高。首先，加强道路养护，努力提高通行能力。按照“四好农村路”的建设要求，把道路养护作为交通扶贫攻坚、实施乡村振兴战略的重要内容来抓，在资金紧缺情况下路面沥青灌缝70公里，处理山区路段塌方1000余立方米，增设排水急流槽16处，筑护坡1处，动用砌石80立方米，修补混凝土路面24250平方米，安装减速带71处，喷设标线20公里，县乡道路列养率达100%，优良率保持在78%以上。一个道路环境优美、路面干净整洁、行车平稳、快捷畅通的交通运输环境已经形成。其次，强化执法监督，着力维护路产路权。主要是做好三方面工作：加强路政每日必巡制度，路政大队、运管所共出动执法人员430人次，对县乡公路进行全辐式不间断的巡查，共查出安全隐患25处，消除隐患25处，消除率达100%；在公安交警积极配合下，以查处超员超载超速和违法营运拉客为重点，共检查客运班车和县城出租车辆12次，查处违规违纪行为5起，有效遏制客运市场违规违纪行为；狠抓超限超载车辆治理。源头治超加强与乡政府联系，充分发挥驻地作用，加大对源头企业监管力度，派驻企业监管人员，实现政府主管与行业兼管齐抓共管，成效显著。三是道路运输发展态势良好。首先，全力抓好春运工作。春运期间，严格执行"三不进站、六不出站"，共检查客运车辆280辆，发送旅客8000余人，保障道路运输市场安全，满足人民群众出行要求，实现春运、"五一"、国庆等重大节日期间安全无事故的目标。其次，多措并举严打"黑车"。打击黑出租、黑客运是一项长期艰巨的工作，随着信息技术的发展，打击难度越来越大。为此，县交通运输局始终保持高压态势与公安交警密切配合，多措并举，取得阶段性成效，共查扣"黑车"7辆，有效遏制"黑出租""黑客车"蔓延势头，对维护运输市场秩序和稳定发挥重要作用。最后，农村客运和城市公交改造成效显著。截至年底，全县农村客运班线公交化改造线路23条，投入公交车202辆，其中纯电动公交车139辆。而且强化定线、定车、定点、定时、定型和统一车型、统一标志、统一排班、统一调度、统一服务标准、统一票价等"五定六统一"的管理模式，票价远处由8元降为5元，近处由5元降为3元，让广大乘客得到实惠。城市客运共有54辆公交车，其中纯电动公交车20辆，2021年将34辆燃油公交车全部淘汰，更换为纯电动公交车。经过全系统上下共同努力，全县城乡客运一体化工作得到省交通运输厅肯定。四是行业安全保持良好势头。首先，全面落实"一岗双责"安全目标责任制。按照管行业必须管安全，管生产必须管安全的要求，局党组建立严格的安全管理工作制度，落实严格的安全管理措施。其次，层层签订安全生产目标责任状。全面落实安全管理"一岗双责"制，建立横向到边，纵向到底的安全责任制，明确各级安全管理职责，做到一级抓一级，一级压一级，层层传导压力，层层夯实责任，特别是在与施工单位签订施工合同的同时，一并签订安全生产合同，为保障道路施工安全提供安全保证。再次，坚持实行例会制度。由分管领导每月组织召开一次全系统安全生产例会，由局长每季度组织召开一次安全生产形势分析会，认真研究和解决安全生产存在的重大问题，真正把安全工作与业务工作同布置、同检查、同考核、同验收。最后，强化对安全生产的监督检查，局安委办经常深入客运企业、施工现场进行实地检查，发现问题及时处理，有效地铲除安全隐患。由于领导重视、措施得力、方法到位，一年来，没有发生一起交通运输人身伤亡事故。

【三条有力措施】 一是政治建设为全年目标任务完成奠定坚强组织保障。一年来，局党组始终坚持以政治建设为统领，在增强"四个意识"，坚定"四个自信"，做到"两个维护"，全面加强党的建设方面狠下功夫，进一步强化主体责任、分管领导直接责任、"一把手"第一责任、驻局纪检部门监督责任。狠抓"三基建设"，坚持"三会一课"制度，全面加强党的组织建设和党员的思想建设，为确保中央和省、市、县委各项决策部署落到实处，确保全年各项目标任务圆满完成提供坚强政治保障。二是加强理论学习，进一步激发党员干部积极担当和干事创业的工作热情。按照县委关于政治理论学习要求，局党组紧密结合交通运输工作实际，制订理论学习计划。每周二、五为集体学习日，采取集体学与自学相结合，研讨学与分散学相结合，并要求每个人都要写好读书笔记。系统地学习习近平新时代中国特色社会主义思想、习近平关于治国理政论述、中共十八大、十九大以来的文件，学习中央和省、市、县的政策和文件等，准确把握习近平新时代中国特色社会主义思想的精髓含义。通过学习，提升理论水平，增强贯彻落实党的方针、政策的自觉性、坚定性。进一步激发党员干部担当作为、改革创新热情。三是干部职工工作作风进一步转变、改革创新精神更加高涨。一年来，局党组把贯彻落实中央八项规定作为从严治党的重要内容来抓，驰而不息纠正"四风"，集中整治形式主义、官僚主义，深入贯彻

《中国共产党员领导干部廉洁从政若干准则》《中国共产党纪律处分条例》作风建设，机关办事效率大大提高。坐机关的少，走基层搞调研的多，会议文件少，为下属单位办实事多。总之，通过集中整治形式主义、官僚主义，全局无一例违反中央八项规定的案件发生，全局上下面貌焕然一新，干群关系更加融洽，保持交通运输系统风清气正和快节奏、高效工作的良好态势。

【成绩有目睹，助力经济社会发展】 一年来，应县交通运输局在道路建设、道路运输管理、安全生产等方面都取得很大成绩，特别是在道路建设方面，克服疫情带来的不利因素，其所取得的成绩有目共睹，为推动全县经济社会发展做出应有贡献。一是消除不少道路不畅死角区域。主要包括偏僻村庄、乡镇交界、县交界一些村庄，地处相对闭塞、相互交通不便的矛盾基本得到解决，方便群众生产生活出行，为脱贫攻坚提供坚实的基础条件。二是全面优化道路出行环境。全县年内撤并后保留的建制村至少有一条通畅的通村硬化路，70%以上的村庄实现村连村，消除大量道路不畅死角区域。南部山区，特别是白马石乡长彦、白滩、土巷、麻会、李子沟、葱坪等不少村庄首次硬化路通到村。在此基础上，积极推动城乡客运一体化工作。2016年、2017年两年，对原农村客运路线进行公交化改造。投资3000多万元，新增纯电动公交车126辆，新增公交线路13条，新增公交运营里程256公里，覆盖4个乡镇120多个村庄。2020年，双钱树、河蛟等8个人口稀少、较为偏远、路况较差的村暂时采取租用出租车的方式，保障村民出行。截至年底，全县共有服务城乡客运的线路43条，209辆车，农村客运站5座，招呼站牌106个，停车亭166个。全县具备条件的建制村通客车率100%，人口覆盖率达100%，基本上满足广大群众安全舒适、方便快捷的出行要求，为脱贫攻坚提供坚实基础条件。三是全面形成道路循环柜框架。清凉庄至小石口至北楼口段环长城旅游公路建成后，与市生态观光旅游路新广武至下马峪至清凉庄段相连接，形成南山脚下贯通五大峪口的县域南环线，与国道336并行，并与南北向的郝罗线（罗庄至北楼口至跑马梁）、左砂路、应汴线（县城至南河种）、应繁线（市生态观光旅游路）、康杏线、马武线南段（北湛至武家店）相连接，再加上分布其间的乡村道路、在县城南部形成环环相扣的循环网络。县城北部通过韩镇线、鳌镇线、市生态观光旅游路（县城至北张寨至怀仁），国防战备路、大石线（应县至臧寨至怀仁）南北向道路与一些东西向乡村道路相连接，贯通镇子梁、义井、臧寨三乡，形成不少循环网，进一步将山水、人文景点和美丽乡村串联起来。四通八达的道路网络，一方面为全县蔬菜、黄芪等农产品向外销售、运输提供有利条件，带动农村电商物流业的发展，吸引一些农产品加工入驻应县，加快全县现代农业的产业化进程。2020年，全县农产品加工销售收入达到67亿元。另一方面增强乡村旅游的吸引力，带动相关旅游产业发展，成功举办乡村文化旅游节暨北楼口景区推介会和首届南河种镇上甘港村文化旅游节。

道路路网的改善提高，方便全县群众生产生活出行，为发展农业农村经济、旅游产业以及脱贫攻坚创造良好条件。同时，道路路网形成，能够疏散干线公路车辆，缓解交通压力，减少交通事故，提高安全行车水平。

（应县交通运输局）

右玉县交通运输局

2020年，在右玉县委、县政府和上级交通部门正确领导和支持下，右玉县交通运输局以乡村振兴为契机，围绕“畅安舒美”交通建设目标，加大交通设施建设，推进农村公路改造，强化行业监管，县乡村公路网络通达体系基本形成，实现交通路网大提升、养护管理常态化、城乡交通一体化、安全管理全覆盖的良好态势，为全县决战脱贫提供坚实交通保障。

【党建工作再上新台阶】 2020年，县交通运输局党组认真学习贯彻中共十九大及历次全会精神和习近平新时代中国特色社会主义思想，落实中央全面从严治党战略部署，围绕全县中心工作，融合推进党建工作和业务工作，建立党组负总责、党组书记带头抓、分管领导具体抓、部门负责人“一岗双责”的党建工作机制，明确主体责任，形成一级抓一级、层层抓落实的党建工作格局。局党组重视制度建设，梳理完善综合管理、机关党建、党风廉政、政务服务、业务管理等方面工作制度，坚持周例会、考勤考核、在岗情况抽查公示制度。经常性地开展专题警示教育，坚持从严执纪问责，强化日常监督，对“三重一大”事项决策过程进行监督。定期开展重要时间节点和日常重点工作督查，发现问题，及时指出，紧盯不放，督办整改，党风廉政建设和作风建设得到加强。

【疫情防控工作取得新成果】 按照县委新冠肺炎疫情指挥部要求，县交通运输局认真履职尽责，指导全县客运场站、运营单位、客运企业按照分区分级、差异化防控策略，全面做好客运场站和交通运输工具常态化疫情防控工作。一是落实客运场站、公交场站、客运车辆、站内公共区域以及乘客接触区域每日1次消毒措施，落实客运场站和车辆每4小时1次通风措施。二是落实乘客进站测量体温、购票1米线、乘车戴口罩措施，要求乘客乘坐客运、公交车辆必须佩戴口罩，戴口罩率达到100%，落实站务及从业人员上岗前测量体温措施，确保行业从严人员的自身安全防护。三是落实任务路段排查、登记及24小时值班值守措施。四是充分利用客运场站LED屏、车载LED屏等有效载体，通过悬挂横幅、张贴标语、制作专题版面等措施，大力宣传疫情防控安全防护知识的宣传。着力营造常态化防控疫情的浓厚氛围，确保乘客和行业从业人员身体健康和生命安全。疫情防控取得阶段性成果，局党支部被组织部授予“疫情防控红旗党支部”。

【公路建设取得新成效】 2020年，实施“四好农村路”续建项目2个，总投资7720万元。其中：窄路拓宽改造工程，总里程69公里已全部完工；反帝大桥危桥改造工程，总投资820万元，已全部完工。新建项目5个，总里程243公里，总投资17679万元，目前已全部完工，完工率达100%。其中：窄路拓宽改造工程25公里，总投资2500万元；养护提质工程165公里，总投资2475万元；县乡道安防工程2公里，总投资30万元；产业路51公里，总投资11205万元；危桥改造1座，总投资188万元。2020年开工建设的长城板块旅游路，桥涵、路基工程完成投资24897万元，桥梁、涵洞和土石方工程完成投资1.4亿元，完成目标任务的56%。

【行业管理水平进一步提升】 交通运输综合行政执法队成立以来，认真贯彻交通运输综合改革的决策部署，继续加大行业监管力度，努力提升管理水平。一是加强道路运输监管，认真开展道路客货运输安全专项整治。突出抓好春运、“两会”、“五一”等期间的运输安全工作，积极开展隐患排查，确保重点时段道路运输安全。加大行政执法力度，严肃查处出租、客运、公交车辆不规范行为，使运输市场管理更加规范。二是严格落实“路长制”工作，强化执法监督，着力维护路产路权。常态化开展道路运输巡查执法和安全隐患大排查大整治。积极开展道路隐患排查整治行动，实现对辖区县、乡道公路路产路权维护全覆盖，及时消除道路交通安全隐患，构建辖区公路“畅、安、舒、美”的良好道路通行环境。三是狠抓工程建设安全。坚持“管项目必须管安全”的原则，严格落实安全生产各项规章制度和措施，规范操作程序，消除事故隐患，确保工程和施工人员的安全。

【扫黑除恶工作取得新突破】 一年来，按照县扫黑除恶办的要求，继续加大工作力度，认真开展相关工作，在工作部署上从以下三方面入手。一是加强领导，落实责任。局扫黑除恶领导组，与下属单位重新签订扫黑除恶责任状，进一步压实责任，增强责任感、使命感，确保全县交通运输行业扫黑除恶专项斗争顺利推进。二是加强宣传，营造氛围。充分利用宣传标语、横幅、电子显示屏、微信群等深入广泛宣传，全力做好“扫黑除恶”宣传工作；组织相关单位、监管企业开展“扫黑除恶”宣传活动。三是主动配合，严厉打击违法行为。按照“有黑扫黑、无黑除恶、无恶治乱”的工作总要求，配合公安等相关部门重点排查出租车运输市场组织从事“黑车”、异地营运等非法经营行为，排查货运物流企业垄断市场经营行为，多次深入重点工程项目工地调查有无黑恶犯罪，到目前，未发现黑恶犯罪线索。

【道路扬尘污染治理展示新面貌】 2020年，县交通运输局继续加大道路扬尘污染治理工作。一是开展专项整治。先后对9条县道开展路域环境专项整治，严厉打击路面泼洒、路边乱堆乱放等违法行为，优化路域通行环境。二是加强执法检查。开展以治理“四违”为重点的环境综合整治，对违法运输、违法抛洒、违法堆放行为进行大力整治。三是建立治超常态机制。联合交警、公路部门的执法人员组成联合治超组，通过源头治理和路面治超等灵活多样的方式，重拳打击辖区内超载违法违规行为。截至年底，共出动保洁车300多台次，执法人员500人次，保洁人员1400人次，打造100多公里养护示范道路，县城内农村道路扬尘污染得到较好控制。

【安全监管步入新轨道】 2020年，继续按照“党政同责、一岗双责、失职追责、齐抓共管”的要求，建立健全交通运输安全生产责任体系，层层签订《安全生产目标责任书》，认真落实企业主体责任。按照“全覆盖、零容忍、重实效”的工作部署，严查违章指挥、违规操作、违反劳动纪律的“三违行为”，严格执行安全例会和安全生产检查工作制度、督导施工单位和企业经常性开展隐患排查治理，保障交通运输行业平稳运行。加强源头监管，强化对在建工地及客货运企业车辆，危化品车辆的安全管理，定期或不定期对车站、出租、公交、施工现场、危险路段等重点位置进行安全大检查，及时发现隐患，及时进行整治。积极开展“安全生产月”活动，大力宣传《中华人民共和国安全生产法》《山西省安全生产条例》等，同时，组织安全管理人员开展安全生产咨询活动。全年共查出各类隐患21条，整改21条，安全生产继续保持良好发展态势。

【法治交通建设展现新作为】 一是持续开展法治学习教育。采取每周一集体学习会和党组中心组（扩大）理论学习等形式，学习《习近平总书记全面依法治国新理念新思想》等，并在全系统开展《山西省实施〈优化营商环境条例〉办法》等学习宣传贯彻活动。二是推行行政执法提质增效。制订右玉县交通运输局《行政执法三项制度工作方案》，着力推进规范执法、阳光执法和文明执法行为，营造更加公开透明、公平高效的法治营商环境。三是持续开展“七五”普法工作。2020年是“七五”普法收官之年，县交通运输局制定《2020年右玉县交通运输局普法责任清单》，以“谁执法，谁普法”普法责任制为抓手，加大交通运输普法宣传力度，为全县交通运输事业健康发展营造良好法治环境。

【作风建设取得新成效】 2020年，紧扣交通运输这个工作中心，以习近平新时代中国特色社会主义思想为指引，深入推进“两学一做”学习教育、“不忘初心、牢记使命”主题教育、“党员政治生日”及精准扶贫等活动，积极开展纪律作风建设整治活动，在“正党风、转作风、优行风”方面迈出新步伐，干部职工精神风貌、队伍战斗力凝聚力有明显提高，脱贫攻坚、蓝天保卫战、扫黑除恶均取得较好的成效，完成代表建议、政协委员提案的办理办结工作，无一例公路“三乱”等违法违规行为，为全县交通工作取得实效提供动力。

【廉政建设展示新气象】 局党组始终坚持一手抓党风廉政建设，一手抓交通事业发展，严格落实党风廉政建设主体责任。认真组织开展“三清单两承诺”、干部担保借贷排查、违规公务接待问题专项整治等活动，将党性要求和严明纪律贯穿于党员干部教育之中。结合“三会一课”和主题党日等形式，集中学习习近平总书记关于反腐败工作的重要论述及中央、省、市纪委全会工作部署，利用“身边事”警示教育“身边人”，以案明纪，以案释法，切实增强党员干部廉洁从政、拒腐防变的自觉性。

（右玉县交通运输局）

怀仁市交通运输局

2020年，在怀仁市委、市政府坚强领导下，在上级主管部门的帮助指导下，怀仁市交通运输深入学习贯彻落实中共十九大精神和习近平总书记系列讲话，扎实推进交通基础设施建设，狠抓交通重点项目建设，为全市脱贫攻坚、同步小康提供良好的交通运输服务保障。

【"四好农村路"】 一是王家堡至怀玉街快速通道，建设规模3.18公里，投资14910万元，截至年底，已完成铁路主跨箱梁吊装施工，完成投资1600万元；二是农村公路养护提质工程，建设规模106公里，投资2094.4万元，7月10日开工建设，截至年底，已全部完工。三是安全生命防护工程，规模10.4公里，投资236.8万元，已全部完工。

【旅游公路】 按照省交通运输厅下达的计划和朔州市发改委朔发改审办发〔2018〕38号文件批复精神，怀仁市旅游公路目标任务有：毛皂高速口至海北头25.2公里；里八庄至毛皂高速口6.8公里、黄庄至西安堡2.065公里、怀应线至王皓疃5.577公里，全长39.7公里，总投资24638万元。其中，毛皂高速口至海北头工程，2018年10月10日开工建设，2019年8月30日完工，建设规模25.2公里，完成投资11480.0904万元。按照省交通运输厅下达的计划2019年全市旅游公路建设项目有三个，一是里八庄至毛皂高速口，全长6.8公里，计划投资4813万元。二是黄庄至西安堡，全长2.065公里，计划投资656万元。三是怀应线至王皓疃，全长5.577公里，计划投资3402万元。项目已全部完成，其中里八庄至高速口完成建设规模6.946公里，完成投资4522.5548万元，怀应线至王皓疃，完成建设规模7.924公里，完成投资2001.9181万元，黄庄至西安堡，完成建设规模2.24公里，完成投资640.4876万元。

【城市客运】 一是公交车。6月1日，市公交线路重新规划调整，运营路线在市内主要街道的覆盖率达到100%。6路线由原来的收费变为免费公交，新建公交候车亭29个，新建的公交候车亭都全部安装硬隔离设施。二是出租车。出租车确权挂靠工作基本完成。按照相关规定对全市达到报废期15辆出租车进行1∶1更新。此次更新的车辆为现代伊兰特、大众捷达以及纯电动出租车。三是绿色交通。大力发展绿色交通，推进行业节能减排，倡导绿色出行理念。截至年底，全市共有城市公交车103辆，其中97辆为纯电动车，6辆为燃气车，绿色车辆使用比例为100%；出租车共有620辆，其中双燃料车600辆，纯电动车20辆，绿色车辆使用比例为100%。四是非法营运。全年共查获违章232件，其中查处非法营运186起、出租车违章46起；共受理乘客举报投诉126起，其中受理举报电话75起，"12345"政府服务热线转办51起，维护了客运市场秩序。

【超限管理】 严格联合治理力度，严格依法查处违法超限运输行为，每周开展1至3次联合行动，截至年底，鹅毛口、陈家堡公路超限检测站目前共检测车辆999979辆次，查处超限超载车辆54辆，共计卸货2149.6吨，已全部移交交管部门处理，共计罚款96200元整，扣分312分。

【运输管理】 一是旅客、货物周转工作。全年共完成营业性公路客运量266万人，旅客周转量11410万人公里；货运量605万吨，货物周转量62597万吨公里。二是做好道路运输经营车辆年度审验工作。1月上旬正式启动2020年度车辆年审工作。截至年底共审验货车1756辆、乡村班车34辆。三是优化全市客运服务体系。发放燃油补贴，化解乡村客运经营风险；加快农村客运站候车亭等基础设施建设，对全市候车厅进行维护；引导运输经营户车头向下，发展农村客运，农村客运班车通村率继续提高。初步形成以市为中心、辐射周边中心乡镇的客运模式，为全市客运一体化建设奠定了坚实的基础。四是加强客运站场管理。严格落实运管部门"三管一监督"职责。同时，要求客运站加强安全生产管理，抓好车站疫情防控工作，认真履行工作职责。全市农村客运站例行安检率达100%，全年未发生一起安全责任事故。五是积极培育货运市场。重新整理了全市货运档案资料，开展对货运企业的质量信誉考核工作；深化维修市场管理，对全市的维修企业进行日常监管并按照上级部门要求开展机动车维修市场整顿工作，严厉打击只收费不维护、卖单、非法改装等违法违规行为；加强道路运输车辆GPS监管，市"两客一危"企业GPS系统安装率达到100%。实现车辆安全管理的动态管理。

【公路养护】 立足本市实际，坚持日常养护，主要做了以下工作：除雪1226950平方米，清扫路面1620561平方米，整修路肩30000平方米，整修边坡52800平方米，警示柱1482根，标志牌358块，波形护栏160米，整修边沟520米，补修马路牙石1420米，补坑槽11550平方米，灌油缝26万米，热熔标线16200平方米，冷喷标线16000平方米，清理路肩、边坡杂草40215平方米，安装减速带480米，安装“路长制”标牌76块。

【疫情防控】 严格按照上级有关会议和文件精神，扎实推进新型冠状病毒感染的肺炎疫情防控工作。成立了局长任组长的疫情防控工作领导小组，制订了“实施方案”；及时下发“紧急通知”，从1月26日起，市汽车站暂停营业，城市公交车、农村客运班车、长途及城际客运车辆等全部暂停营运，出租车不得跨区域运营；在怀仁高速口、毛皂高速口、省道206线王家堡等9个监测点共派驻人员，在鹅毛口、陈家堡2个超限检测站重点对进站货运车辆驾驶员进行测温、登记工作；组织干部职工深入交通局家属院、江鑫小区等4个小区开展疫情防控工作，对进出小区的人员进行劝返、登记等工作。配合市卫生防疫部门开展疫情防控；坚持常态化防控，市民乘坐公交车需佩戴口罩。

【安全监管】 认真落实上级有关文件精神，进一步强化安全生产责任落实，健全安全生产责任制，不断加强风险防控和隐患排查整治，以实现“三个持续减少，一个坚决防止”的目标，确保全市道路运输安全形势持续向好。扎实开展“安全生产月”和“重点领域安全生产专项检查”等专项活动，重点抓好“三零”单位创建和“三年专项行动”，召开安全生产例会、专题会议等11次，开展交通运输安全生产宣传4次，印发安全宣传材料12000余份、安全生产专项检查验收350车次、安全隐患排查70余次、下达整改通知书66份、更换消防器材20个、出租车从业人员继续教育培训达到全覆盖，同时在街心公园等公共场合设置咨询台5处，为广大群众解决安全生产等相关疑问。

（怀仁市交通运输局）

忻州市

忻州市交通运输局

2020年，在忻州市委市政府坚强领导下，在省交通运输厅大力支持下，忻州市交通运输局以习近平有中国特色社会主义思想为指导，全面贯彻中共十九大和十九届历次全会精神，不忘初心、牢记使命，与时俱进，改革创新，为推动全市经济社会发展提供有力的交通运输体系，谱写交通强国建设忻州新篇章。

【全力抓好疫情防控，有力维护经济社会稳定】 新冠肺炎疫情发生后，忻州市交通运输局认真落实中央、省、市疫情防控工作部署和要求，第一时间动员部署，上千名干部职工奔赴一线，坚决打赢交通运输疫情防控阻击战。一是全面部署防控工作。市、县两级部门及时成立疫情防控领导组和督导组，市局先后召开20余次专题会议，对疫情防控工作进行分析研判，制订印发交通运输疫情防控实施方案、应急服务保障方案、一级响应应急预案、常态化检测预警方案和季节性、阶段性防控方案等10余个文件，统筹指导协调全行业各领域疫情防控工作。二是开展公路运输联防联控。在全国暴发疫情初期和河北暴发疫情两个关键节点，按照“外防输入、内防反弹”工作要求，联合卫健、交警部门在全市100个市界公路出入口设置防疫检查点，严密做好卫生检疫、运转等工作，累计出动人员万余名，查验旅客近百万人，有效阻断病毒传播，保障良好的交通秩序。同时，采取暂停道路客运、城市公共交通运营等措施，督导运输企业严格落实客运场站和交通工具疫情防控措施，确保运输领域不发生疫情燃点。三是时刻备战防控应急。全年不间断进行疫情防控知识宣传引导，调用600余台各类客货运车辆组建道路应急运输和城市应急服务保障车队，时刻备战、随时开展防控应急运输。四是服务企业复工复产。落实疫情防控期间外出务工包车公路免费通行政策，采取"一车一策""点对点、一站式"运输方式保障2000余名农民工及时返岗。深入开展"一业一策"入企服务，用好用足各项税收金融优惠政策，帮助企业渡过难关，全市1442户运输企业全部恢复正常运营。

【决战决胜脱贫攻坚，交通基础设施建设强力推进】 坚定贯彻"项目为王"理念，抢抓"两新一重"项目化机遇，充分运用定期调度、闭环管理手段，以抓实项目建设巩固和拓展交通运输专项扶贫成效。一是大力推进农村公路建设。全年"四好农村路"新改建完成2698公里、实施安防工程424公里，投资12.6亿元；三个一号旅游公路建设完成里程251.5公里，投资15.9亿元。制订印发《深化农村公路管理养护体制改革的实施意见》，开展"百乡千村万里美丽农村路"建设，组织推进农村公路"路长制"工作。二是协调推进高速公路建设。朔城至神池项目完成投资3.9亿元，太原西北二环项目完成投资2141万元，静乐至兴县项目累计完成投资8.45亿元，朔州至宁武至静乐项目成功列入国家高速公路网建设项目。三是加快推进干线公路升级改造。国道338线原平市过境改线工程完成投资12984万元，国道336线偏关县城过境公路改线工程完成投资2139万元；完成路面大修工程297公里，投资7.35亿元。积极推进国道108线砂河至石岭关段、国道338线原平西镇至阳方口段、国道241线东寨至石家庄段、国道241线宁武县城过境改线等项目前期工作。此外，围绕全省"中部盆地城市群一体化重大战略"部署，精心谋划推进忻定、忻原、忻太大道建设，采取"市级统筹、统一规划、分县实施"的办法，前期工作全面启动，计划2021年开工建设。

【稳步提升综合运输发展水平，服务能力不断增强】 一是民航机场及口岸发展打开新局面。在省政府统一安排部署下，市政府与山西航产集团签订五台山机场委托运营管理协议，为推动机场持续高效运营奠定良好基础。五台山机场年度完成运输起降4200架次，旅客吞吐量26.5万人次，货邮吞吐量110吨。继2019年机场航空口岸临时开放，2020年10月16日，忻州海关正式开关。二是邮政业实现稳定增长。全年全市邮政行业业务收入累计完成7.38亿元，同比增长18.8%；业务总量累计完成7.69亿元，同比增长16.9%。全市快递服务企业业务量累计完成1458万件，同比增长39.78%；业务收入累计完成3亿元，同比增长47.3%。三是着力推进运输结构调整。统筹推进调结构、降成本、强服务、增动能，截至2020年年底，全市铁路货运量完成14280万吨，比2017年铁路货运量增加3718万吨，超额完成铁路货运量增量任务。四是加快推动农村客运及物流发展。完成全市剩余42个行政村通客车任务，全市2702个行政村通客车率100%。通过交通、电商资源融合等方式，不断完善农村物流运输网络，全市累计建成12个县级中心、122个乡服务站、925个村服务点。五是推进"两客一危"车辆智能化监管。全市45家"两客一危" 企业均建立动态监控平台，车辆安装智能视频终端共计1360辆，达到100%。六是持续提高城市公交服务水平。随着忻州主城区道路扩建，公交基础设施同步建设，共设置公交候车站点732个，万人拥有23.3个，站点500米覆盖率为153.2%，城市公交(不含步行)交通分担率达到30.58%。

【加强法治部门建设，行业治理成效显著】 一是认真落实"七五"普法目标。严格落实领导干部学法制度，加大执法人员培训力度，通过线上线下学习，重点学习《中华人民共和国民法典》和"行政执法三项制度"等内容，市局71人取得山西省行政执法证件，实现持证上岗、亮证执法。通过"七五"普法任务考核验收。二是强化信用信息体系建设。健全信息公示机制，实现市信用信息共享平台和"信用忻州"网站互联互通，全年推送行政许可信息1173条，行政处罚信息87条。制订随机抽查工作细则，完善"一单两库一计划"，会同市场监管和税务部门开展联合检查。加强信用分级分类监管，对全市客货运企业进行质量信誉考核，纳入企业诚信档案。三是积极推进依法行政。成立市局法制审核领导小组，形成行政处罚事项416项、行政强制事项26项，行政检查事项17项，审核24起重大执法决定事项。市、县两级交通运输综合行政执法队严格落实行政执法三项制度，开展常态化执法检查，有力促进道路运输市场健康有序发展。全年受理“12328”交通运输服务监督电话23.5万余件，立案86起，处罚18.87万元。四是持续抓好超限治理。所属7个公路超限检测站全年检测车辆254万余辆次，查获超限车辆85辆次。公示源头单位696家，巡查企业2万余家，检查车辆16万余辆次，检查装载货物417万吨，查办案件53起，处罚66.35万元。五是不断加强行业大气污染防治工作。全面实施机动车排放检测与强制维护(I/M)制度，全市建成23户M站，基本实现市辖区全域覆盖。加强重污染天气期间柴油货车管控和道路抛洒扬尘治理，罐式运输车辆全部安装紧急切断装置和油气回收治理装置。交通运输牵头，联合财政、交警、生态环境、商务、市场监管等部门，超额完成国三及以下排放标准柴油货车年度淘汰任务。

【深入推进行业改革，发展活力动力明显增强】 一是深入推进“放管服效”改革。进一步优化交通运输领域营商环境，积极开展相对集中行政审批事项改革，移交审批事项42项，重新梳理部门事项66项，编写操作指南、优化审批流程时限、梳理证明事项清单，探索试行“首问负责、一次性告知、一窗受理、并联办理、限时办结、统一窗口出件”的审批服务新模式，全年受理并办结事项67537件。二是深入推进事业单位改革。按照《忻州市深化事业单位改革实施方案》，积极借鉴省交通运输厅事业单位试点改革经验做法，本着“职能相近、便于整合、利于工作”的原则，采取“三整合、一更名、一保持”的方式，对所属事业单位进行重新设置。整合5个单位成立忻州市运输事业发展中心(忻州市城市客运服务中心)，副处级建制，内设机构为正科级；整合4个单位成立忻州市交通建设中心，正科级建制；整合2个单位成立忻州市邮政业安全中心(忻州市交通运输数据中心)，正科级建制；保持忻州市交通运输综合行政执法队的机构、编制不变，副处级建制，内设机构升格为正科级；市公路工程处(市交通应急抢险队)更名为忻州市交通运输运行监测与应急处置中心，正科级建制。市局所属事业单位由原有的13个整合为5个，缩减62%，编制由原来的236名缩减为147名，缩减38%。三是深入推进行业监管企业改革。继2017年年底市局所属企业完成整合改制后，按照国有企业深化改革和“僵尸企业”处置工作精神，市局监管的4家企业参与组建忻州市能交建资产经营有限公司，统筹推进股东变更和公司制改制工作，大大增强交通建设企业生产经营和公益服务能力，为盘活做优、做大做强国有资产打下良好基础。

【坚持安全第一的理念，平安交通建设水平大幅提升】 一是坚持不懈抓好安全生产。组织开展第19个全国“安全生产月”宣传活动，制订印发全市交通运输安全生产专项整治三年行动方案及实施细则。全年检查交通运输类企业238家，整改隐患338项。深刻吸取浙江温岭“6·13”槽罐车爆炸事故、襄汾“8·29”重大坍塌事故和太原台骀山景区“10·1”火灾事故教训，排查整改隐患242条。完成交通运输各类应急资源、应急运力、应急队伍和应急信息化建设的摸底调研工作。二是深化平安公路创建。坚持路政日常巡查，结合路域环境整治，及时发现、处置路损路毁案件，严格管控涉路施工活动。继续推进生命安全防护工程建设，全年完成里程424公里，投资6581万元。三是启动“零上访、零事故、零案件”创建。制订印发“三零”单位创建工作实施方案、创建工作指南和做好公交出租汽车行业稳定工作方案，梳理调查市本级交通运输行业所有事业单位和99家企业，未出现破零情况。四是深入开展扫黑除恶专项斗争。持续加强宣传引导，全年累计发放宣传资料1.2万余份，张贴宣传海报2000余份，出动宣传车辆300余次。在工程建设领域和道路运输领域开展重点执法检查，走访摸排重点人员1400余人次，全年未发生涉黑涉恶案件。

【全面加强自身建设，行业发展呈现新风貌】 一是把政治建设摆在首位。忻州市局党组全年开展中心组学习13次、专题交流讨论3次，利用“学习强国”“三晋先锋”等线上平台强化学习，落实意识形态责任，引导广大干部职工不断增强“四个意识”，坚定“四个自信”，做到“两个维护”。认真落实市委巡察反馈意见整改工作，制订整改方案和“三清单”，建立台账，累计完成22项问题整改。二是坚持加强党的建设。认真履行全面从严治党主体责任，制订党组落实全面从严治党责任清单和班子成员个人清单，持续推进“四大工程”和“三基建设”，严格“三会一课”、主题党日等制度落实。在疫情防控关键时刻，党员干部积极奉献、冲锋在前，组建党员服务队、协查队等9支队伍，设置4个党员先锋岗，27名党员自告奋勇深入社区开展协查工作，选派16名党员轮流参加太原武宿机场疫情防控服务保障工作。三是深化党风廉政建设。持续正风肃纪反腐，坚持“严”的主基调，把纪律和规矩挺在前面，领导干部带头遵守八项规定，加强党员干部的监督、教育和管理，组织开展整治形式主义、官僚主义相关工作，全年未发生违规违纪事件。四是积极主动参加创文攻坚。将创建全国文明城市作为年度重要政治任务，精准发力、落细任务。开展街道常态化整治志愿服务活动，累计出动千余人次。驻站督导火车站、忻州西站、汽车客运中心、五台山机场示范点位创建工作。着力创建文明公交，打造文明特色文化车厢，深化“微笑服务、温馨交通”品牌，向社会展现交通运输行业的好形象。

（忻州市交通运输局）

忻府区交通运输局

2020年，忻府区交通运输局坚持以习近平新时代中国特色社会主义思想和交通强国战略为指导，全面贯彻中共十九大和十九届历次全会精神，紧紧围绕区委、区政府中心工作，持续突出“三个坚持”、完成“三大工程”、提升“五个能力”，为确保全区脱贫攻坚决战完胜、全区全面建成小康社会、“十三五”规划圆满收官，推进忻府经济高质量转型发展提供坚强交通运输保障。

【“三大工程”建设全面推进】 一是“三大板块”旅游公路建设。2020年，按照省、市、区安排部署，区交通运输局积极推进“三大板块”旅游公路建设。太行板块旅游公路忻州市忻府区境内杨石线项目、奇顿合PPP项目分别于2020年2月、4月开工建设。奇顿合PPP项目，总里程23.521公里，预算总投资18153.4万元，其中建安费12488.2万元。共涉及三条旅游公路建设项目。新建九原街至合索段，5.448公里，路基宽度16米，二级公路，征占用土地161.25亩，预算投资8394.5万元，其中建安费5758.7万元；改建奇合线金村至忻黑线段，11.472公里，路基宽度7.5米，三级公路，预算投资5154.4万元，其中建安费3301.9万元；改建合马线陀罗村至黄龙王沟村段，6.601公里，路基宽度7.5米，三级公路，预算投资4604.5万元，其中建安费3427.6万元。项目选用“政府补助+发行债券+PPP模式”筹资建设。其中：省级补助资金18%，地方政府债券40%，采用PPP模式融资42%（约7625万元）。项目合作期限为15年，其中：项目建设期2年，运营维护期13年。截至年底，九原街至合索段、奇合线金村至忻黑线段主体工程基本完工，正在进行桥面铺装，合马线陀罗村至黄龙王沟段完成导线点、水准点的复测工作。杨石线项目，总里程37.91公里，K0+000～K30+240段采用三级公路技术标准，路基宽度7.5米；K30+240~K37+909.646段采用四级公路技术标准，路基宽度6.5米。预算投资21083.2971万元，其中建安费18024.4358万元。项目选用“政府补助+发行债券+区政府自筹”模式筹资建设。其中：省级补助资金18%（3770万元），地方政府债券40%（8458万元），区政府自筹42%（8855万元）。项目建设工期2年。截至年底，项目已完成完成土石方42万立方米，桥梁4座，构造物10350立方米，涵洞110道，路基17.6公里，沥青面层15.6公里。二是“四好农村路”（第一批）PPP项目。项目原计划规模共34个子项目，104.466公里，静态估算投资23448.89万元，估算建设期利息为960.05万元，动态估算投资

24408.94万元。按照PPP项目实施方案要求，项目资本金共4881.79万元。其中：政府出资机构出资732.27万元，社会资本方出资4149.52万元。社会资本方共需融资23676.67万元，区财政按13年分期支付。2017年推进开始至今，因政策需要，通过政府已陆续实施完成13个子项目21.515公里，其中：县乡路1条3.134公里；旅游公路2条2.304公里；园区道路3条4.031公里；村公路已完成7条12.046公里。剩余项目共19个子项目75.298公里，其中：县乡公路3条38.65公里；旅游公路2条8.476公里；村公路13条26.754公里。截至年底，已完成社会资本方招标工作，并签订PPP项目合同，下一步将积极推进工程建设。

【公路养护管理稳步提升】 一是加强日常养护。2020年以来，公路建设服务中心加大对路料采备力度，积极进行水毁防治，利用有利时机，及时对坑槽进行填补。二是实施养护大中修。为消除道路病害，延长公路使用周期，结合全区县公路路况实际开展县公路养护大中修，全年投资213万元，对四条县公路实施大中修养护工程并全部完成。三是坚持路政常态化巡查。结合农村公路路域环境整治，重点查处擅自破坏公路设施、挖掘公路等违法行为，全面清理路域范围内非法公路标志、构筑物，依法保护路产路权。有效维护区域路段内公路的安全畅通和路产路权。

【道路运输管理不断优化】 一是强化道路运输日常监管。积极开展道路运输市场专项整治工作，严厉打击非法运输经营行为，进一步规范市场秩序。积极配合公安交警部门，加强联合执法力度，打好燃煤污染和扬尘污染攻坚战，严厉打击非法营运车辆。二是提升综合保障服务水平。为确保全区建制村通客车率100%，组织开展农村客运通达情况摸底排查，科学调配农村客运运力，畅通预约通车渠道，同时加快推动城乡客运一体化建设步伐，对奇顿合温泉康养产业沿线公交化运营完成前期摸底工作。三是打好交通污染防治攻坚战。区交通运输局积极构建交通污染治理长效机制，加强散装物料运输源头管理和路检路查力度，严格责任追究，切实落实公路抛洒扬尘治理企业主体责任和行业监管责任。全面建立完善机动车排放检测与强制维护制度（I/M制度），切实履行交通部门监督维修职责。

【公路超限超载治理成效显著】 一是路面治超。以关城、路村公路超限检测站为主控点，同步在境内其他路线积极开展流动稽查，配合加大治超辐射面，按照“一超四罚”精神，检测站实行路警联合执法机制，路政、交警各司其职，三班24小时不停车检测。二是源头治超。组织开展货运市场专项整治行动，全面加强源头监管和路面管控，开展源头治理和打击短途非法超限超载运输集中整治行动，对辖区内各类货源点、汽车改装修理厂进行排查，严打非法源头企业；加大对在建工程施工现场和运输车辆的监管力度，严禁超限超载，强化货运源尾企业监管，有力形成源头治超闭环监管，取得明显成效。

【全系统安全生产监管持续发力】 一是坚持常态化日常监管。紧抓交通运输重点领域风险防控，紧盯“人”“车”“路”，全面加强安全生产工作，以“两客一危”企业为重点，实施常态化日常监管，不断加大公路巡查力度，严厉打击安全生产违法行为，确保全区道路交通安全。二是强化隐患排查整治。2020年以来，在全行业持续开展安全稳定风险隐患大排查大整治，其中全区客运、危货、汽车客运站、驾校、一二类机动车维修企业检查率都达到100%全覆盖。三是加强安全宣传教育。深入开展“七进”活动，三年共出动人员180余人次，发放宣传单3000余份，光盘350余盘。四是提升应急处置能力。全系统进一步加强应急体系建设，督促企业结合自身实际，制订应急预案、开展应急演练、做好应急评估，持续推进应急值守规范化、应急演练常态化，有效提升行业应对安全生产事故应急处置能力和水平。

【交通运输依法行政能力不断增强】 一是全面清理规范行政审批事项。深化“放管服效”改革和行政审批制度改革，完成审批事项的承接、下放、取消、调整工作。加快推进交通运输系统政务服务“一网通办”，进一步规范行政审批办理时限、办理流程，切实提升交通运输政务服务能力。二是开展相对集中行政许可改革。按照忻府区相对集中行政许可改革划转事项的安排部署，交通运输局14项行政审批事项整体划转区行政审批服务管理局工作，未划转事项已全部进驻区政务服务中心办理。三是全面推进行政执法三项制度。完善行政执法体系和制度，为行政执法三项制度提供组织保障。

（忻府区交通运输局）

定襄县交通运输局

2020年，定襄县交通运输局全面贯彻落实中共十九大、十九届历次全会精神，以习近平新时代中国特色社会主义思想为指引，紧紧抓住“十三五”规划目标，贯彻省委“四为四高两同步”总体思路和要求。认真落实县委政府经济工作会“三产联动协调发展，四位一体全面进步”的总要求，抢抓实施城乡一体化、乡村振兴发展战略等有利发展契机，以创建省级“四好农村路”示范县为抓手，大力推进重大项目、基础设施建设、民生工程、运输管理、安全生产等各项重点工作任务完成。

【坚持不懈抓好党风廉政建设】 一是始终牢记初心使命，用习近平新时代中国特色社会主义思想武装头脑，指导实践，推动工作。认真学习贯彻习近平总书记关于交通运输工作的重要论述，全面盘点“十三五”目标任务的完成，研究解决工作出现的新问题。制订《定襄县交通运输局2020年工作计划》，将交通运输重点工程和“十三五”目标任务层层分解，细化量化，责任到人，将工作目标任务贯彻始终。二是认真落实全面管党治党主体责任。加强党的全面领导，强化领导班子建设，发挥党的领导核心作用，坚定扛起管党治党主体责任，认真履行职责使命，总揽全局，全面落实党中央及省委、市委、县委的重大决策部署。认真落实中国共产党定襄县第十四次代表大会上，县委明确提出遵守“约法三章”、牢记“五点要求”、争做“五个表率”，突出班子带头作用，营造风清气正政治生态的目标。全面加强政治建设，时刻把党的政治建设摆在首位，牢固树立“四个意识”，坚定“四个自信”，坚决做到“两个维护”。认真履行管党治党政治责任，主动扛起主责，抓好主业，当好主角，集中精力谋发展。三是深入推进党风廉政建设和反腐败斗争。持续保持高压态势，层层签订党风廉政建设责任制，持续深化“四风”纠治，着力推动党员干部培养自我革命勇气，增强自我净化能力，提高排毒杀菌政治免疫力，坚定站稳政治立场，严守政治纪律，确保党风廉政建设和反腐败斗争持续深入开展。

【交通重点工程建设高质量完成】 围绕建设“四好农村路”的总体要求，公路交通建设共实施六项重点工程。一是建制村通硬化路“畅返不畅”工程105公里，完成投资2100万元；二是县乡公路安全生命防护工程121公里，完成投资745万元；三是养护提质工程147.4公里，完成投资558万元；四是投资480万元完成窄路基路面拓宽改造工程12公里；五是投资2200万元修建白玉沟旅游公路5公里；六是加快推进忻定大道、忻原大道建设工作。与此同时，高标准实施县乡公路养护。养护工作以“平安公路”建设和“四治四建”为抓手，全县日常养护里程160公里。辖区内县公路列养160公里，其中优等路95公里，良等路65公里，优良率达到95.45%。完成定中线、瑶三线、卫定线、义定线填补坑槽，完成瑶三线、定中线路基、路肩、边坡加土工程，完成义定线、瑶三线沥青罩面，整修定中线路缘石，完成台忻线至神山线路面铺装，全县各条路段更换安全标志牌，更换里程碑，清理排水沟。

【合力助推脱贫攻坚工作】 定襄县交通运输局始终把脱贫攻坚工作作为第一政治任务，紧紧围绕责任落实、政策落实、工作落实，狠抓交通专项扶贫行动和驻村帮扶工作，全县57个贫困村通硬化路和通客车率达到100%。对岔口、西笏口两个贫困村和大营非贫困村实施驻村精准帮扶，党员干部结对帮扶47户90人脱贫，完成脱贫攻坚工作任务，被评为山西省干部驻村帮扶工作模范单位。

【全力推进行政体制改革】 一是推进交通运输执法改革。组建交通运输综合行政执法队，建立完善执法机制，规范执法程序和管理机制，促进依法行政、高效运行。二是推进行政审批改革。按照中央、省、市关于“放管服效”改革优化营商环境的要求，认真落实“两集中、两到位”政务公开，大力推行“双随机、一公开”和“互联网+监管”工作机制，简化办事程序、优化工作流程、提高工作效率。三是推进养护机制改革。按照省市主管部门安排部署，大力推行公路养护“路长制”，完善和健全养护运行模式，进一步提升养护质量。

【联防联控打赢蓝天保卫攻坚战】 认真落实《打赢蓝天保卫战三年行动计划》任务，加强机动车尾气监管能力和重型柴油车尾气检测工作常态化，联合多部门开展入户监督抽测、路检路查等执法工作，严厉打击超标排放和扬尘污染等违法行为。将责任落实到人、任务落实到位，以高度政治责任感担负起交通运输领域整改工作的重任，推动全县交通运输行业生态环境质量持续改善。

【交通运输安全生产警钟长鸣，常抓不懈】 按照“管行业必须管安全”和“5433”的工作要求，加强源头监管，把客货运输作为重点，严格职责，完善制度，加强对危险路段、危桥和运输行业排查整改，确保不发生安全事故。一是强化安全教育培训。开展交通安全生产知识培训，全面提高交通运输安全意识。二是深入开展“安全月”主题活动。利用“安全宣传月”、“交通微信群”、客运站电子屏、新闻报道等手段，加大交通安全法规和交通安全知识宣传力度。

（定襄县交通运输局）

五台县交通运输局

2020年，在县委、县政府坚强领导下，五台县交通运输局深入贯彻落实习近平总书记重要批示指示精神、坚决响应党中央国务院和省委、省政府号召，按照市委市政府、县委县政府的决策部署，积极应对新冠肺炎疫情影响，统筹推进疫情防控工作，落实交通运输行业保安全、保畅通、强服务工作，全县交通运输“建、养、管、运”各项工作扎实推进。

【疫情防控】 新冠肺炎疫情发生以来，县交通运输局把疫情防控作为最紧迫、最重要的政治任务，及时召开疫情防控工作会议，迅速传达贯彻上级决策部署，布置安排防疫工作。印发《关于新型冠状病毒感染的肺炎疫情防控应急预案》《加强新型冠状病毒感染的肺炎疫情防控工作的实施方案》，成立疫情防控工作领导组，下设3个疫情防控工作组，指导协调疫情防控有关工作。强化防控措施，派出执法人员在客运站场及8个出县、市、省执勤点严格落实疫情检测监控。

【“四好农村路”建设】 2020年计划完成窄路基路面工程11个村24.025公里，批复预算投资1355万元；计划完成撤并建制村工程4个村15公里，批复预算投资608万元。截至年底，工程已全部完成。

【县乡公路改造工程】 太行板块旅游公路忻州市五台县境内秋林坪至驼梁景区段工程，建设里程8.692公里，批复预算投资3843万元；徐向前元帅故居和纪念馆红色旅游公路，建设里程7.065公里，批复预算投资2133.4320万元；豆村至东雷国防公路改造工程，建设里程16.343公里，批复预算投资3230.1850万元。总体工程已全部完工。长城板块旅游公路忻州市五台县境内五台界至殿头段项目，建设里程7.544公里，批复预算投资6793.3276万元，进入施工阶段，2020年完成项目路基和桥涵工程，完成投资4000万元，2021年8月将全部完工。

【自建工程】 贺家庄至佛母洞防火路工程，全长3.354公里，投资516万元；环河线智家庄至石阳线工程，全长2.7公里，投资1040万元；耿军线西奔石至省界公路，全长1.1公里，投资190万元；西富至西寨公路改造提升，全长0.78公里，投资460万元。工程已全部完工。农村公路水毁工程，全长36.601公里，计划投资809.2万元，正在紧张实施中。

【公路养护】 县公路养护里程155公里，评检里程117公里，施工里程26公里，保质里程12公里，实现良等路88公里，中等路11公里，次等路18公里，好路率75.2%，评定结果70。2020年农村公路养护及养护提质工程完成24条道路207.13公里，完成投资1426.8994万元；农村公路安全生命防护工程完成47条道路208.7公里，完成投资1763.5989万元；危桥改造工程1座，总投资333万元，已完工。

【“百乡千村万里美丽农村路”建设】 经过实地查

看，确定茹村乡和陈家庄乡为示范乡，南大兴、北大兴、石岭、陈家庄、柏兰、松家庄、陡寺、东峪口、兰家庄、狮子坪、吕家庄、砂崖、明查湾13村为示范村。并确定17条115.568公里美丽农村路。13个建制村已组建养护队伍，配备办公场所，开展日常工作。

【农村公路"路长制"实施】 按照省政府办公厅《关于在全省全面推行农村公路"路长制"的通知》（晋政办发〔2020〕20号）文件要求，5月20日由五台县人民政府办公室印发《关于在全县全面推行农村公路"路长制"的通知》（五政办发〔2020〕47号），并成立五台县农村公路"路长制"组织机构。5月26日上午，县政府组织召开五台县全面推行农村公路"路长制"工作安排部署会。先后生成《"路长制"机构人员登记表》《"路长制"责任路线登记表》《乡村公路及附属设施登记表》数据，并上传"山西省农村公路综合信息服务云平台—智慧路长"。制作"路长制"公示牌，做到县有路政员，乡有监管员，村有护路员，并吸纳当地村民参与农村公路日常养护，其中贫困户占75%，户均增收3000元。截至年底，各项工作正有序推进。

【运输管理】 一是安全监管。全年共检查道路运输企业86家次，汽车客运站32次，所领导深入企业检查21次，采取明察暗访检查9次，组织检查组7组，出动检查人员150人次；深入道路运输企业、汽车站开展宣传教育"七进"活动18次，深入人员密集地开展宣传教育10次，深入机关、家庭、学校开展宣传教育20次。强化安全教育培训，重点对"两客一危"企业组织安全培训6次，组织汽车客运站培训6次，组织企业员工开展安全教育培训每月至少1次。二是源头治超。向源头企业下发治超文件30份，20期简报，通报10份，发放治超宣传资料20余份，治超传单50余份。截至年底，运管所治超执法人员对47家政府公示货运源头企业实施治超监管，共检查货运源头企业667次，检查源头出站车辆1494辆，装载货物44980.62吨，派出治超巡查人员1662人次，巡查车辆261辆。检查维修企业318次，维修检查人员953人，未发现超限超载车辆。三是客运、货运、维修、驾培管理。为做好疫情防控工作，继续加强对汽车客运站、货运企业、维修企业、驾培学校的消毒、通风工作，做好对全体人员的体温监测登记工作，并要求全体人员佩戴口罩。客运车辆要做好"四不进站、七不出站"、安全例检、车辆消毒和人员防护工作，在确保安全的情况尽量少停靠服务区，确实需要停靠的，再次发车前做好消毒工作。四是稽查管理。疫情防控期间，从1月28日开始，安排12人在陈家庄、胡峪口、门限石、耿镇、高洪口设立5个疫情防控检查点和一个流动稽查小组，严防死守，阻断疫情传播途径。严厉打击非法从事短、长途道路旅客运输行为，非法旅客运输违法违规经营行为；共规范乱停乱放车辆1400辆，安全嘱咐3000辆，提醒驾驶员谨慎驾驶1000次，出动稽查车443车次、稽查人员2625人次。

（五台县交通运输局）

代县交通运输局

2020年，在代县县委、县政府正确领导下，在上级主管部门大力支持下，代县交通运输局以习近平新时代中国特色社会主义思想为指引，以服务县域经济社会发展助力脱贫攻坚为目标，以优化营商环境和"三零"创建活动为载体，紧紧围绕年工作度目标任务，奋力拼搏，狠抓落实，努力克服新冠肺炎疫情带来的不利影响，"四好农村路"建设和交通运输行业管理等各项工作取得良好成效。

【农村公路】 一是认真落实"四好农村路"建设总体方案，实施"县摘帽"基础设施补短板村级道路提升改造工程。完成里程56.144公里，完成投资2685.6784万元，进一步改善群众出行条件；完成撤并建制村通公路13.113公里，完成投资809.3075万元。二是统筹推进农村公路安全生命防护工程及危桥改造，消除现有农村公路安全隐患，进一步提高农村公路安全服务水平。2020年实施农村公路安全生命防护工程48.537公里，彻底解决群众安全出行问题，完成投资420.1243万元；实施危桥改造1座，完成投资39.1377万元。三是以落实农村公路管理养护为手段，解决农村公路持续通畅问题。转变农村公路重建轻养观念，落实各级农村公路养护补助资金，建立健全农村公路管理养护体制，强化农村公路建设管护主体责任。制订农村道路管理的村规民约，合理划分乡、村养护任务，落实管养经费，动员广大农民群众参与农村公路建设、管理、养护，促进农村公路建、管、养、运一体化协调全面发展。全年实施农村公路养护工程111.489公里，完成投资524万元；实施养护提质184公里，完成投资690万元。四是以完善农村客运班线网络为契机，解决贫困村出行问题。截至2019年年底，全县建制村通客车率已达100%，2020年继续强化区域加预约方式通客车，新建候车亭6个、招呼站176个，完成投资22.2万元，解决群众出行“最后一公里”问题。五是加快城乡一体化建设。加大工作力度，实现全县城乡道路客运一体化目标，构建以县城为中心、乡镇为节点，辐射县域的快速客运网络。新建代县综合枢纽二级客运站及代县交通城市公共交通项目，总投资4727.78万元，截至年底，主体工程已全部完工，完成投资2900万元。六是加快建设长城一号旅游公路。代县境内国道108线至白仁岩段项目路线全长16.346公里，采用三级公路设计标准，路基宽度7.5米。批复预算总投资19307万元。6月12日开工。截至年底，已完成五个标段路基、桥涵工程，完成投资9500万元；代县境内刘家圪洞至赵杲观段项目路线全长30.407公里，采用三级公路设计标准，路基宽度7.5米，项目概算总投资36890.0986万元。已完成全部前期工作，2021年3月15日进入实施阶段；代县境内国道108至胡峪口（县界）段项目路线总长度31.771公里，按三级公路标准建设，批复概算总投资36913.4095万元；截至年底，正在进行设计施工总承包招标工作。

【客运站场建设】 交通客运综合枢纽项目包括二级客运站项目及城市公共交通项目，总投资4727.78万元，3月份完成施工许可审批，3月30日开工建设，截至年底，已经完成办公楼基础及三层主体工程，网架、屋面、维修车间、出入口门房、消防水池、化粪池、水泵房、室外地下管道、停车场及道路硬化、绿化等工程，完成投资3000万元。室内装修工程及设备购置，预计6月份竣工。

【运输管理】 一是以道路运输安全为目标，着力做好客运、货运、维修、驾驶员培训等行业管理工作，积极创建规范有序道路运输市场秩序。二是源头治超。依法对货运源头企业做好治超巡查工作，与货运源头企业签订治超责任状，在企业悬挂治超责任牌，要求维修企业做出《严禁非法改装车辆承诺书》。

【城市客运管理】 以规范市场秩序、提升服务质量、维护行业稳定为目标，全面加强客运出租车行业管。一是在春运、清明、“五一”、高考、中考、国庆期间等重要时段节点，科学合理调配运力，尽力满足城乡居民出行需求，要求出租车做到不拒载、不宰客、不甩客、不说脏话。春运期间，局客运办共出动20余人次对全县230辆出租车的年度审验、车辆技术状况、安全设备配备及从业人员持证等进行逐一检查，发现问题6车次，并现场督导整改完毕。二是持续开展打黑治违活动，查处黑车非法营运。针对重点线路组织检查，严厉打击各非法营运车辆违法行为，确保平安，未发生大的交通事故。三是开展客运市场专项整治行动。重点对出租车车辆不按规定线路行驶，出租车乱收费、宰客、服务质量低劣以及无从业资格证进行营运等行为进行严厉查处，全年共查处出租车违章违规行为8起，上缴罚款3400元，同时对所有“12328”投诉件都进行受理和逐一回复。四是加强日常工作，提高服务质量。全年客运办共注册出租车从业资格证86余人；运营证年度考核230辆；驾驶员质量信誉考核210人；召开安全例会12次；深入出租企业进行安全检查12次；下达安全隐患整改通知5份，促使经营者不断增强安全意识，积极开展文明服务。

【路政管理】 以保障道路安全畅通、维护路产路权为目标，从强化队伍建设，建立健全内部管理机制，强化内部监督入手，大力在公路沿线及各乡镇、沿线学校、企业进行《中华人民共和国公路法》《公路安全保护条例》和《路政管理规定》等法律法规宣传，全面提高人民群众爱路护路意识。针对路政管理工作具有点多、线长、面广特点，是一项经常性、反复性很强的工作，认真贯彻执行《路政巡查制度》，充分发挥人员和车辆最大效能，坚持天天上路巡查。此外，县交通运输局在党建、脱贫攻坚、疫情防控、法治、禁毒、档案管理等方面都做出显著成绩。

（代县交通运输局）

繁峙县交通运输局

2020年，繁峙县交通运输局按照忻州市交通运输局及县委县政府的年度工作部署要求，围绕目标任务，统筹布局，突出重点；全体干部职工同心同德，攻坚克难，各尽其责，完成全年各项工作任务。

【安全生产工作成效显著】 一是调整充实安全生产工作领导组。进一步明确领导组成员责任分工，完善各项安全生产规章制度，狠抓制度落实。二是实行常态化安全监督检查，做到问题早发现、早处理。不定时深入客货运企业、汽车修理店、驾驶员培训单位进行检查，重点检查各项安全制度落实情况、安全设施配置使用情况及各类安全隐患。全年累计出动安全隐患排查人员9143人次，检查企业2048家次，并及时整改发现隐患。坚持常态化公路巡查，共清理路面违章摆摊设点8处、打场晒粮10处；清理限高架5处、限宽墩1处、各种路障12处约260平方米。加大对公路建设工程领域的安全监管力度，严格监督施工企业各项安全制度责任落实，重点检查桥涵施工中易坠落、坍塌等高风险作业是否采取有效安全防护措施、施工机械设备使用过程中是否按规定要求操作，发现问题立即责令整改，切实将事故消灭在萌芽状态。三是适时开展安全生产集中整治行动。在下半年全县开展的安全生产大检查工作中，县交通运输局积极行动，成立2个安全生产大检查组，分别对工程建设领域（包括农村公路养护工程）及道路运输领域进行检查。期间，共出动检查人员994人次，检查企业592家次，发现安全隐患207个，整改207个，整改率100%。督促75家企业完成安全生产风险源辨识，整改后的隐患未发生反弹现象。在全县范围内排查人员聚集场所彩钢板房2593.24平方米，发现1处易燃可燃夹芯材料彩钢板房，责令使用者及时进行整改。

【加大执法力度 规范运输市场】 成立交通行政综合执法队，加大执法力度，全年检查企业1456家次，共依法查处违法装载货运源头企业11家；检查货车2200辆，查处非法营运车辆21辆、超限超载车辆40辆、“12328”平台举报案件18件、擅自从事机动车驾驶员培训案件2起、清除违规广告牌8处；处罚客车违规经营1起、违规经营出租汽车6辆。并对农村公路违规占道经营行为进行全面整治，全县交通运输市场规范有序。

【脱贫攻坚任务圆满完成】 在积极开展驻村结对帮扶脱贫的同时，充分发挥行业优势，全力实施交通扶贫。全年共实施完成五项公路工程项目，分别是养护提质工程、自然村通硬化路工程、生命安全防护工程、枣树台隧道提质改造工程、苏家口至泽荫泉乡公路改建工程，建设里程共计182.624公里，完成投资5548.0007万元。在脱贫攻坚过程中，县交通运输局创新帮扶方式，拓宽贫困群众收入途径。在公路建设中，要求施工单位在雇佣农民工时，优先选择建档立卡贫困群众到工地打工；在乡村道路养护中，优先吸纳公路沿线的贫困村贫困户劳动力承包或参与公路的日常养护。

【公路养护措施得力】 一是实施完成农村公路养护提质改造工程。涉及35条线路142.916公里，主要改善原有道路出现的病害及安防设施。完成投资604.7562万元。二是实施完成县乡村道路养护工程。主要工程量包括金砂线路端墙改造，石东线路端墙、路面改造，应繁线安全防护工程等，完成投资356万元。

【疫情防控工作扎实推进】 按照上级部署要求，年初在县域设置繁峙西高速卡口、五台山北高速卡口、平型关西高速卡口、神堂堡省际卡口4个防控卡点，牵头与公安、交警、卫建等部门联手，对进入繁峙境内车辆、人员逐一登记、消毒、测体温，严把第一关。与此同时，严厉打击顺风车、“黑出租”等非法营运车辆，采取流动稽查、蹲点检查方式，重点排查汽车站、火车站、高速路口及城区各街道的非法营运车辆及人员，有效防止疫情通过交通运输工具传播蔓延。进入秋冬季，按照内防反弹、外防输入要求，在强化单位内部各项防控措施的同时，在公路工程项目部设立临时防控预警检测点5个，繁峙、砂河汽车站各设立固定防控预警检测点1个。派专人每周一配合防疫部门对各客运企业人员进行核酸抽检。积极与出租车公司协调，为县疾控中心预备应急车辆10辆，以备紧急情况使用。全年未有一例病毒感染者进入辖区。

【抓党建，强班子，打造一流党员队伍】 坚持开展“双日双评”活动，通过强化党员理论学习、设岗定责、公开承诺、开展批评与自我批评等，全体党员思想政治素养进一步提高。与此同时，在全局开展党员组织关系大排查和党费收缴自查自纠工作。一是开展核查党员身份信息工作。健全完善党员档案，党员组织关系管理得到进一步加强；二是督促党员自觉履行基本义务。充分发挥党员先锋模范作用和党组织的战斗堡垒作用；三是加强党章党规学习。通过完善学习制度、党组班子成员带头学，全体党员遵守党章党规的自觉性增强，学习气氛更浓，党费收缴规范，党员队伍形成团结、奋进、严肃、活跃的良好氛围。

【组织实施旅游公路建设】 截至2020年12月10日工程停工时，长城一号完成投资13427万元，占总投资27.7%；“太行一号”完成投资6430万元，占总投资11.8%。为保质保量按时完成建设任务，一是加强领导，严格管理。制订详细严谨的项目施工组织计划，每周末按施工组织计划核实进度，并要求监理单位巡视、旁站，严密监督施工质量和工程进度；指挥部每半月召开一次工程进度促进会和前期总结会。二是强化责任，严格督查。指挥部不定期督查施工单位工程进度和质量情况。三是加强项目建设协调力度。积极与涉及乡镇、部门对接协调，及时解决项目建设中可能出现的阻工挡工等问题，扫清施工障碍。加强项目建设技术指导，工程部、质检部、安全部的技术人员深入工地一线监督检查，实现质量、安全、进度、环保“四保证”。

【超额完成淘汰柴油货车阶段性任务】 2020年，忻州市政府给全县下达372辆淘汰任务，要求年内完成总任务的70%，2021年8月底前全部完成淘汰任务。任务下达后，县交通运输局按照县政府部署要求，自12月12日起，通过各种媒体大力宣传柴油货车淘汰的同时，与各成员单位配合协作，12月14日成立“一站式窗口”，并于当天开展工作。截至12月底，累计淘汰279辆，完成75%，超额完成5%，名列全市14县区前茅，受到市领导充分肯定和良好评价。

（繁峙县交通运输局）

宁武县交通运输局

2020年，在宁武县委、县政府坚强领导下，宁武县交通运输局在坚决做好疫情防控工作的同时，紧紧围绕年度工作目标，以推进项目建设为中心，以做好运输服务为重点，以强化安全监督为保障，各项工作取得显著成效。

【公路工程建设】 一是县道石家庄至黄道川公路改造工程。批复预算投资3374万元，2019年完成投资1800万元，2020年7月完工。二是2020年撤并建制村道路建设项目。完成上级投资任务13公里，投资780万元，其中上级补助520万元。三是窄路基路面拓宽改造项目。2020年，窄路基路面改造工程13个项目，改造里程37公里，总投资3700万元。其中年度实施5个项目，西麻峪至前村1.5公里、春支线至王化沟1.72公里、石咀头至海梁上5.96公里、马家湾至张家窑1.8公里、天王塔谢家坪1.6公里，上述项目9月全部完工，剩余8个项目全县脱贫攻坚道路改造工程已实施。四是农村公路生防工程。县乡公路生命防护工程20公里，村道生命防护工程10公里，总投资375万元，已完工。五是拟将第一批计划剩余资金县财政整合用于改造宁武县北屯—李家庵乡道改造工程。共计6.3公里，估算投资2930万元，工程可行性研究报告已获批。由于企业承诺配套资金得不到落实，该项目拟于2021年组织实施。

【农村公路养护】 投资47万元处理县公路9条139公里公路日常养护。养护路线清理边沟27公里，整修路肩边坡18000平方米，清理塌方3500立方米。疏通涵洞15道，砂砾填筑坑槽7000平方米，确保养护路线安全畅通。全县养护里程县公路156公里，实际列养里程139公里。年中检查公路技术状况指标(MQI)优等路44公里,良等路75公里,中等路20公里,优良率85.6%。乡、村公路由乡(镇)政府农村公路养护站负责日常养护小修管理,交通运输局负责指导监督。确保乡村公路有路必有养,有路必管,安全畅通。乡公路420公里,年中检查公路技术状况指标(MQI)优等路35公里,良等路280公里,中等路85公里,次等路20公里,优良率75%。2020年计划养护大中修工程全部完工,共投资161万元。

【道路运输业】 全县共有客运车辆97辆(跨县班车21辆,农村客运班车42辆、旅游客车20辆、农村公交14辆)客运线路44条,其中跨县线路10条,农村客运班线20条、农村公交线路14条,全县乡镇通班车率100%,行政村通班车率100%。共有货运企业45家,物流企业9家;货运车辆1681辆。辖区内有机动车维修企业13家,其中二类维修企业5家,三类维修企业6家,综合性能监测站2家,驾驶员培训学校2家。完成客运量69万人次,旅客周转量8355万人公里;完成货运量919万吨次,货物周转量169027万吨公里。

【依法行政】 依照省、市、县相关文件精神,按照"局队合一"原则,县交通运输局成立交通综合执法队,执法大队在全县范围内开展交通运输市场打非治违专项整治工作,通过大力宣传呼吁市民自觉抵制"黑车"和"摩的",回复"12328"投诉、"12345"政务热线电话,及时处理群众合理诉求,提高群众对执法工作的满意度,进一步提高企业运输服务质量。在双休日、旅游黄金周、重大节假日期间,执法人员牺牲休息时间,奋战在工作岗位,没有发生一起较大伤亡事故,完成交通旅客运输工作任务。结合县城街道改造工程完工,积极配合公安、交警、住建等部门联动,建立联合执法长效机制。重点整治县城主要街道、汽车站门口、火车站广场车辆乱停乱放,做到车辆停放有序。截至年底,共出动执法车辆180辆次,执法人员720人次,查处违规案件4件,行政罚款1.2万元,有力震慑违法违规经营行为,使客运市场秩序得到根本改善。

【客运市场管理】 一是认真履行职责,加强稽查管理。按照城市客运管理条例规定,对全县城市公共客运经营者及其车辆进行以经营资格和安全技术性能为主的集中检查审验,先后开展以安全大检查、城市交通秩序整顿等集中整治行动,保护合法经营者的权益,受到广大经营者和社会各界好评。二是更新29辆出租车,在火车站待客区安装200米防护栏。三是强化安全隐患排查整治。组织检查组3个,深入开展安全大检查,检查企业78家,发现一般隐患21处,重大隐患3处,都已整改到位。有效地消除各类事故隐患,维护安全畅通经营秩序,净化客运市场。

【新冠肺炎疫情防控】 一是强化组织领导,建立联动机制。1月24日制订实施方案,成立领导小组。领导小组按照"应急与预防并重、常态与非常态相结合"的原则,逐步完善方案机制,落实工作责任,强化工作措施,坚决做好疫情防控工作。二是立足部门职责,开展专项行动 。全局人员提前结束春节假期,按照县委、县政府安排,1月30日组建11个国、省、县公路路口检疫点,2月8日,又增设2个检疫点,实行24小时上岗执勤;疫情防控期间,全县所有检疫点共出动检疫工作人员21670人次,检查放行车辆34943台次,检查放行人数64344人,劝返车辆631辆,劝返人员967人。三是组建应急车队、保障应急要求。由于疫情造成的运力不足,县交通运输局号召社会各界人士,组建由20辆客车21辆货车组成的应急车队,用于保障应急运输。四是加强疫情监测,形成疫情防控常态化工作机制。严格按照县委县政府"早发现、早报告、早隔离、早诊断、早治疗"的要求,扎实做好疫情监测、排查、预警等工作,紧盯重点时段、重点地区、重点领域,严密加强火车站、客运汽车站、高速公路出入口等部位防控,确保无一遗漏、无一死角。

【脱贫攻坚】 一是农村公路建设工程稳步推进。在全县366个行政村通硬化路"全覆盖"基础上,继续完善和优化农村公路基础设施。全年实施脱贫攻坚农村公路(窄路基路面拓宽改造)4条10.412公里,麻地沟至春景洼村公路改造工程2.448公里,均已完工。二是提升农村客运服务水平。为克服疫情不利影响，县交通运输局鼓励客运企业克服困难，努力提升宁武县农村客运服务水平，优化农村客运网络布局和客运班线，积极推动已通客车建制村的客车稳定持续运营，巩固农村客运“村村通”全覆盖成果，2020年对运营困难的车辆每车补贴1.8万元，特别困难的车辆每车补贴3.6万元，合计43.2万元。三是扎实做好驻村和结对帮扶工作。首先，选派优秀干部驻村帮扶。按照县委、县政府部署，县交通运输局驻村帮扶新堡乡新堡村、旧堡村、石坝沟、前雄沟4村，每村派驻驻村工作队员3名。驻村工作队严格按照5天4夜工作制度吃住在村，制作贫困户台账、明白卡，印制口袋书并分发给帮扶干部，帮助解决贫困户在发展生产、增加收入等方面的实际问题和困难，帮助贫困户继续致富，巩固脱贫成果。其次，结对帮扶。采取“股室包村、干部包户”措施，全局干部职工分别与每一位贫困户结对子，建立帮扶工作台账，制订帮扶措施，落实帮扶内容，并经常不定时与结对帮扶贫困户见面，宣传扶贫政策，与贫困户谈心、做家务、干农活，解他们的所需所想，为贫困户谋划致富门路，收到良好效果。

（宁武县交通运输局）

静乐县交通运输局

2020年，在静乐县委、县政府的正确领导下，在忻州市交通运输局及主管部门和社会各界的支持下，静乐县交通运输局围绕县委、县政府和市局工作目标，以中共十九大精神和习近平新时代中国特色社会主义思想为指导，全局上下集思广益、创新发展、团结协作、努力拼搏，较好地完成全年各项工作任务。

【公路工程建设】 一是2019年续建项目。2019年“三大板块”旅游公路共开工建设10公里/2个项目，其中杨石线至万华山显字佛崖旅游支线工程全长5.53公里，预算投资1976万元。2019年9月开工建设，当年完成投资40%，2020年已全部完工，累计完成投资1760万元；杜静线—九龙圣母庙旅游支线全长4.456公里，预算投资779万元，2019年10月开工建设，当年完成投资40%，2020年8月底全部完工，累计完成投资700万元。2019年畅返不畅整治工程共开工182.533公里/27个项目，总投资11208万元，2019年完成投资6200万元，2020年完成投资5008万元，到位资金8230万元（上级补助5910万元，财政配套2320万元），尚有2978万元缺口资金，需政府配套。二是2020年建设项目。撤并建制村及较大人口自然村建设项目。备案26.886公里/8个项目，预算投资2023万元，资金来源为中央车购税补助1075万元，需政府配套948万元，9月中旬完成投标工作，10月初开工建设，截至年底，主体工程基本完成。2020年农村道路改造工程，省市交通部门下达的2020年投资计划经县政府整合后，下达农村道路改造项目17.178公里/5个项目，预算总投资2005.56万元，投资来源为上级投资经财政整合1938万元，需政府配套67.56万元。9月中旬完成招投标工作，10月初开工建设14.062公里/3个项目，主体工程已完成50%，其余两个项目因征迁工作还未开工建设，预计2021年7月底全部完工。2020年养护提质工程。项目备案190公里/64个项目，预算投资2312万元，到位资金为财政整合资金补助825万元，上级补助315万元，需政府配套1172万元。工程于9月底完成项目招投标工作，10月中旬开工建设，截至年底，主体工程已完成50%，2021年7月底将全部完工。

【交通扶贫攻坚】 在建设上，一是紧盯“两通”目标，着力固强补弱。组织人力，对“两通”指标开展全覆盖、无死角实地核查，在县、乡、村三级进行公示。全县223个建制村通硬化路率和通客运班车率均达到100%，超过全省平均水平。在养护上，持续深化养护体制改革，建立完善县、乡、村三级责任体系。全县14个乡镇成立农村公路管理站，行使各自养护管理责权。在运营上，积极推动农村客运服务提质升级，统筹推进城乡客运一体化发展，鼓励发展城乡公交和农村客运班线等客运组织模式，深化交邮合作，推进农村物流节点建设，优化运力结构，调整加大客运班次密度，扩大农村道路客运服务覆盖面。

【安全生产】 牢固树立安全发展理念，筑牢“红线意识”，强化“底线思维”，以“平安交通”为主线，以靠实责任为着力，以强化“事前、事中、事后”为重点，切实推动安全生产各项措施落实到位。

【驻村帮扶】 增加驻村帮扶人员，强化工作力量，以完善“一户一策”精准脱贫计划为抓手，在帮扶的精准度上再下功夫，力求“一户一策”帮扶计划精准无误，帮扶措施准确可行。

【农村公路“路长制”】 县政府下发出台全县全面推进“路长制”工作的通知，召开工作推进会，各乡镇制订相应工作方案，成立县级路长和乡级路长办公室，明确县、乡、村路长及路政员、监管员和护路员，形成职权清晰，责任到人的管理体制和机制。

【交通战备】 围绕做好军事战争准备这一中心，不断加强国防交通基础设施建设，以保障有力为目标，积极做好各项应急准备工作，积极探索新时期交通战备新路子，不断加强专业保障队伍建设；以《交通战备正规化建设规定》颁发为契机，全面推进交通战备自身建设。

【“双超”与“三乱”治理】 在县政府的领导下，县交通运输局进一步强化路政管理，与相关单位认真开展车辆超载超限治理工作，特别是加强对短途运输超限超载的治理，运管部门全面开展道路货运源头超限超载治理，同时加大对公路“三乱”治理力度，积极采取措施从源头上预防和治理，杜绝“三乱”问题发生。

【运输市场和公路建设市场管理】 在认真贯彻落实《中华人民共和国道路运输条例》的基础上，加强道路旅客运输市场管理，扎实做好农村客运网络建设工作；加强货物运输管理工作，开展汽车维修优质文明竞赛活动，提高企业经营者服务质量意识。

【应急管理工作】 一年来，全局深入贯彻落实习近平新时代中国特色社会主义思想，以构建和谐社会为目标，以提高预防和处置突发公共事件能力为重点，开展消防宣讲和应急演练，健全工作机制；完善预案；强化制度，不断提高应急管理和应对各类突发事件能力，为全县安全发展提供良好交通运输环境。

（静乐县交通运输局）

神池县交通运输局

2020年，神池县交通运输局坚持以脱贫攻坚为统揽，以长城一号旅游公路建设项目、“四好农村路”建设为目标，围绕年初全市交通运输工作会议和全县经济工作会议确定的工作任务，把旅游公路、资源产业路、通村硬化路建设作为交通工作的重点，强弱项、补短板，充分发挥交通建设的职能作用，不断加强农村公路养护管理、道路安全防护、农村客运站、候车亭建设，较好完成年度工作目标任务。

【农村公路建设】 一是长城一号旅游公路建设项目。长城板块旅游公路主线（长城一号）神池县境内南场（偏关界）至大狗儿涧（神池界）段工程，10月开工新建6.86公里，总投资9000万元。续建2019年三大板块旅游公路忻州市神池县境内西口子至冰洞旅游公路建设项目，路线全长13.26公里，总投资4189.9万元，截至2020年9月底工程全部完成。二是“四好农村路”建设项目。美丽农村路建设工程，建设里程96.663公里。其中：神池县美丽农村路建设神池高速连接线—南环路面改造工程1.85公里，神池县美丽农村路建设工程县、乡道11条76.082公里，神池县美丽农村路建设工程村道10条18.731公里。项目总投资1214万元，10月底，工程已全部完成；县乡道安全生命防护工程。截至9月底完成县乡道安全生命防护工程4.488公里，完成投资102.6239万元；危桥改造工程。10月底全部完成小严备危桥改造1座，完成投资36万元；虎鼻至西毛家皂通村公路改造工程。全长15公里，总投资1650万元，10月底，工程主体工程全部完成；圪坨庄村有机旱作农业示范园区道路工程。全长12.7公里，总投资560万元，10月底已全部完成。

【农村公路养护】 2020年，为进一步提高农村道路的优良路率，特别是针对一些损坏严重道路，县交通运输局根据道路实际情况，制订维修方案，按照先急后缓，突出重点的原则实施养护工程。截至年底，完成县乡公路养护工程沥青补坑槽10963平方米，处理翻浆205平方米，更换里程碑73块，处理沉陷1064平方米，碎石补坑槽28229平方米，浆砌边沟32立方米，沥青碎石罩面16200平方米，完成村道大中修工程水泥混凝土路面修补2368平方米，沥青混凝土路面修补120平方米，处理水毁1230立方米，整修路容边沟5.1公里，浆砌挡墙68立方米，安装波形护栏68米，安装指路标志7块、警告标志214套，标线1767平方米。

【安全保障工作】 2020年，神池县交通运输局不断完善各项安全生产管理措施，落实监管力度，安全生产形势持续稳定。一是建立和完善各项安全管理制度。明确安全生产的责任主体和监管职责，所辖县道全面实行"双人包保、挂牌负责"分段管理的安全责任制。二是深入开展道路交通安全隐患大排查。对全县县乡道路安全隐患进行4轮排查，截至年底，义长线拆除危险标志2处，完成危桥改造3座。6月12日在县人民广场开展"安全生产月"宣传活动，发放宣传资料1000余份。检查道路运输企业4家，发现安全隐患6处，已整改6处，确保安全生产无事故。三是认真做好春节、"五一"、端午、中秋、国庆期间安全生产工作。排出的节假日值班表，并实行24小时领导带班制度，同时设立值班、投诉电话，为应对可能发生的紧急情况做充分的准备。四是深入开展"一灯一带"农村道路减速带治理工作。根据辖区农村公路交通流量、安全形势和建设任务，积极协同交警部门，对全县所有县道全面开展排查梳理，明确"一灯一带"建设清单，建立工作台账，层层压实责任。依据任务分工，交通部门对选定的路口制订建设实施方案，严格明确责任单位和治理时限，确保任务如期完成。截至年底，县道西长线与小郭线大严备路口设置减速带3条、提醒标志牌3个；县道小郭线与义长线郭家桥路口设置减速带2条、提醒标志牌2个；义长线与尚仁线长畛乡政府路口设置减速带3条、提醒标志牌3个；国道与专用公路看守所路口设置减速带1条，完成2020年治理工作任务。

【"三零"单位创建工作】 2020年，创建推进会召开后，县交通运输局把开展"三零"单位创建工作作为提升行业治理能力和治理体系的有利契机，靶向发力、精准施策，扎实深入推进创建工作，坚决筑牢行业安全稳定底线红线，为全县高质量转型发展提供坚强的交通运输保障。一是提高政治站位，充分认识开展"三零"单位创建重要性。教育行业领域内广大企业强化红线意识、底线意识，坚持把安全隐患消除在萌芽状态，杜绝各类安全事故。二是加大宣传教育力度。汽车客运站负责在汽车站进出口悬挂宣传标语，利用电子屏在候车厅滚动宣传安全标语；城市客运办负责利用出租车电子屏做好飘字标语宣传；养护站负责城乡重要交通干道悬挂宣传标语；各企业充分利用宣传栏、墙面、电子屏、网络、广播电视等媒体广泛宣传。三是畅通信访渠道。聚焦源头治理，深入排查化解信访矛盾，强化预测预警，确保矛盾风险不积累、不扩散、不升级。聚焦重复访、越级访、集体访等突出信访问题开展攻坚行动，严格落实领导干部接访、约访、包案等制度，压实领导责任，最大限度控"新"、治"旧"、防"变"，维护稳定大局。四是依法加强对老旧客车的重点监管。督促客运车辆司乘人员规范使用安全带，严格旅客运输全过程、全链条监管，加强部门协同配合和信息共享，依法严查严处客运车辆超速、超员、疲劳驾驶、动态监控装置应装未装、人为关闭等违法违规行为。五是对县级公路安全进行全面排查。重点整治客货车超载超限、严格落实客货企业的主体责任和客运车辆"三不进站，六不出站"、货车"一超四罚"措施，逐一制订并落实防范、应对措施。对事故多发的危险路段、桥梁，一律采取限速管理等措施消除安全隐患，把安全隐患消除在萌芽状态。六是实施县乡公路安全生命防护和危桥危隧改造工程。加强桥梁和事故多发路口路段排查治理，严格按照规范，有针对性的设置各类交通设施；对现有的交通标志标线进行全面的维护，损坏缺失的，一律清理修复，指路标志设置不合理、不清晰的，一律调整、补充和完善；对事故多发的危险路段、桥梁，一律采取限速管理等措施消除安全隐患；对临崖、存在安全隐患的，一律按规范设置警示标志、警示桩、防护栏，不断提升公路运营安全保障能力。七是认真组织辖区领域内开展安全风险隐患大宣传大教育大排查大整治专项行动。指导企业建立风险隐患排查整治台账，坚持立查立改，对排查出的安全风险和事故隐患要建立问题清单、整改清单，及时消除事故隐患，做到底数清、情况明、责任到位、化解管控到位。八是强化普法宣传，注重法治文化阵地建设。营造学法、尊法、守法、用法氛围浓厚；创新工作方式，综合运用调解、仲裁、行政裁决、行政复议等多种手段化解矛盾纠纷。完善立体化治安防控体系，加强对治安状况以及涉黑、涉毒、涉恐、涉爆等信息数据的动态监测分析预判，努力形成打防管控结合、人防物防技防结合的防控格局。九是加强对本辖区本行业事故易发、多发的企业和行业领域。要采取联合执法、突击检查等各种形式，封堵漏洞，对重大风险点采取果断措施，落实防控力量和措施，严防死守，确保安全风险隐患大宣传大教育大排查大整治专项行动和"三零"单位创建工作取得实效。

【交通战备】 2020年，按照交通战备工作的要求部署，认真贯彻《国防交通条例》。一是抓好交通战备法律法规学习宣传工作。组织工作人员和相关运输企业，学习《中华人民共和国国防法》《中华人民共和国国防教育法》《中华人民共和国国务院、中央军事委员会民间运力国防动员条例》《中华人民共和国国务院、中央军事委员会国防交通条例》《中华人民共和国国务院、中央军事委员会人民防空法》等法律法规，提高群众对国防动员工作认识，取得较好的宣传效果。二是完善各项交通战备规章制度、工作职责和工作程序。使交通战备工作按照战备规章制度、工作职责和工作程序各施其职、有序开展，真正做到上下之间和部门与行业之间的密切配合，确保应急状态下的道路畅通。

【驻村帮扶】 自2015年起，县交通运输局先后承担龙泉镇柴阳村、水辛村、温岭村的驻村帮扶任务。在推进脱贫攻坚工作中，派出3支工作队，派出结对帮扶工作人员26人，派出2名"第一书记"，分别驻龙泉镇柴阳、水辛2村，4人与龙泉镇柴阳10户27人开展结对帮扶、8人与龙泉镇水辛村37户90人开展结对帮扶；2018年3月派出非贫困村温岭村驻村工作队，县交通运输局14人与温岭村68户174人开展结对帮扶。在前期调研基础上研究制订扶贫实施计划，准确详细摸底筛选脱贫户，对帮扶村、户进行详细摸底调查，全面精准掌握包扶村情、户情，配合乡镇、村委对贫困户完成动态识别调整，彻底摸清贫困村以及贫困户的底数，积极组织开展扶贫慰问和政策宣传活动，为柴阳村、水辛村、温岭村贫困户发放米、面、油等慰问品，缓解贫困户家庭实际困难。不断完善村内基础设施建设，粉刷墙壁、清除垃圾、改善居住环境、改变村容村貌、户容户貌，同时，加强党的政策宣传，做好扶贫扶志工作，开展精神扶贫工作，转变一些群众懒、散、等、靠的思想意识，树立起勤劳致富的观念，提振起群众的精气神。

（神池县交通运输局）

五寨县交通运输局

2020年，五寨县交通运输局狠抓交通重点工程项目建设，加大"四好农村路"建设力度，巩固脱贫攻坚成果，进一步规范运输行业管理，加强交通执法队伍建设，扎实开展"不忘初心、牢记使命"主题教育活动和纪律作风整顿，整体提升交通运输工作服务质量和水平。

【交通重点工程项目建设稳步推进】 2020年，针对全县公路网建设的需求，实施李河线（李家坪至小河头）公路15.58公里改建工程、北环路至国道209线连接分流工程0.662公里、养护提质工程40条110公里、农村候车厅26个等建设任务，完成市局下达的大中修工程，补齐路网短板，提升道路通行能力。三大板块旅游公路五坝线至荷叶坪项目建设已报送至国家林草局，正在办理施工前的相关审批手续。

【道路交通运输安全生产工作平稳有序】 2020年，严格落实"党政同责、一岗双责、齐抓共管"的安全生产责任制，狠抓安全隐患排查治理工作，有效防止安全事故的发生，实现全年道路交通安全零事故。在当年的道路交通运输安全专项整顿行动中，与交警部门进行联合执法，对全县所有营运车辆的道路运输证及驾驶员的从业资格证进行核查，对无证经营、超范围经营和宰客、甩客、拒载、改装等违章违法行为进行严厉查处和打击，对货运车辆的超限超载进行查处。全年共出动执法人员378人次，有效维护全县道路运输市场秩序。

【疫情防控工作取得明显成效】 2020年，在新冠肺炎疫情防控期间，按照县疫情防控领导组的安排部署，加强对汽车站、客运站场、运营车辆及司乘人员进行消毒的督促工作，与交警、卫健部门联合在辖区的五个疫情检测点进行布控，加强值班值守，强化人员调度。做好与市局、县政府的通行联络畅通和交通运输保障工作，确保新型冠状病毒感染的肺炎疫情应急处置人员、药品、器械畅通运营。

【“路长制”工作初见成效】 2020年，全面推动“路长制”各项工作，制订实施方案，成立工作领导组，明确县、乡、村三级路长工作职责。截至年底，“路长制”机构人员登记表和“路长制”责任路线登记表已完善，县、乡、村道路长公示牌正在安装中。

【脱贫攻坚成果显著】 2020年，在脱贫攻坚中，县交通运输局承担的建制村通硬化路和建制村通客车两项任务，于2018年底全部完成。县局对全县的建制村通村公路和建制村通客车情况进行督查摸排，建立问题台账并进行整改，完善脱贫攻坚资料，确保县脱贫攻坚顺利通过国考。在驻村帮扶工作中，以巩固、保障、提升“三个一批”为抓手，做好易地扶贫移民搬迁24户后续产业就业增收；做好无劳动力、因残、因病16户社会救助、政府兜底后续帮扶政策落实落地；做好缺技术、缺资金、自身发展动力不足12户持续增效、技能持证创业致富。驻村帮扶工作得到当地政府和村民的高度赞扬。

【党风廉政建设再上台阶】 2020年，一是强化两个责任落实，严格履行一岗双责。首先，加强领导，明确责任，把党风廉政建设和反腐败工作纳入全年重点工作，统筹安排，全面推进。在落实责任上做到两个明确：局长是党风廉政第一责任人，领导班子其他成员对分管工作范围内的党风廉政建设负直接责任。其次，结合实际，制订具体的计划和措施，进一步明确责任，局党支部与支部委员和科室负责人签订《党风廉政建设目标责任书》，党风廉政建设责任到人。二是强化学习，全面提升党员思想素质。组织党员开展“不忘初心、牢记使命”主题教育活动、习近平总书记系列重要讲话重要论述精神、中共十九届五中全会精神、省委第十一届十中全会精神、市委四届九次全会精神、党章党规等一系列专题学习，大力推动“三晋先锋”“学习强国”平台学习活动，同时组织观看反腐倡廉教育视频，进一步增强党员的政治性、思想性和知识性，牢固树立“四个意识”，坚定“四个自信”。三是积极开展纪律作风整顿活动。深入查找和集中解决全局干部纪律作风方面存在的突出问题，使全体党员干部的政治素养得到进一步提升，纪律观念得到进一步增强，工作作风得到进一步改进，责任意识得到进一步强化，精神状态得到进一步提振。

【专项行动取得显著成效】 2020年，按照全县“两下两进两拆双修一提升”专项行动要求，对辖区县乡公路沿线和公交站牌陈旧破损广告牌进行清洁整治。加强对渣土车、垃圾车、混凝土车等的车辆监管，防止抛洒滴漏，专项行动取得很大成效。

【“三零”单位创建工作平稳有序】 2020年，按照全县“三零”单位创建领导组的要求，制订创建实施方案，成立领导小组，明确部门责任，全力开展“零上访、零事故、零案件”工作。全局“三零”单位创建工作开展平稳有序。

【柴油货车淘汰工作初见成效】 2020年，为做好全县国三及以下排放标准准营运柴油货车淘汰工作，县政府成立领导组并制订工作方案。通过成员单位的宣传动员，密切协作，截至12月底，国三及以下排放标准柴油货车淘汰任务319辆，已淘汰226辆，达任务总量71%，完成预期目标。

（五寨县交通运输局）

岢岚县交通运输局

2020年，在岢岚县委、县政府正确领导下，在省、市交通运输部门大力支持下，岢岚县交通运输工作紧紧围绕巩固提升大局，主动适应新形势、新要求、新任务，以建设“四好农村路”为着力点，夯实农村公路基础设施，深化农村公路养护管理体制改革，加大对路政案件的查处力度，有效维护路产路权，提高依法执政的水平，努力为百姓创建安全、便捷、有序的道路交通环境，完成全年各项目标任务。

【农村公路建设】 宁家岔至荷叶坪长城板块旅游公路，总长11.7公里，总投资4382万元，全部完工，并完成交工验收。岢岚县撤并建制村通硬化路项目，总长21.6公里，总投资1335.5万元；岢昌线国道209至大巨会公路改造工程，总长1.2公里，总投资141万元，全部完工，并完成交工验收。养护提质工程，总长133公里，总投资499万元；村公路养护工程，总长0.875公里，总投资19万元；养护大中修工程总长43.358公里，总投资187万元，全部完工，并完成交工验收。养护小修保养全年实施，总投资45万元。"百乡千村万里美丽农村公路"已经完成县级初评，已将岢岚—会里线选为美丽农村路典型。

【农村公路养护】 继续推进农村公路"路长制"，按照"一路一长"总要求，严格按照县、乡、村三级"路长制"组织体系、责任体系、管理体系、考核体系，保证农村公路处于良好的运行服务状态，人民群众满意度明显提升。

【路政管理】 实现路政巡查的常态化，坚持每月上路巡查不少于16次，不断加强农村公路路政管理，强化宣传引导，县级统一执法工作机制、镇村协助执法工作机制和乡规民约得到有效执行，县有路政员、乡（镇）有监管员、村有护路员的路产路权保护队伍已建立，"畅、安、舒、美"通行环境基本实现。坚持集中点和流动治超相结合，保证全年超载率不超2‰，做好路政和治超工作。全年共巡查道路218次，处理各种案件3宗，收取公路损毁案件赔（补）偿费12720元。

【城乡公交一体化】 实现全县99个行政村客运车辆全覆盖，实行城乡公交运营统一车型、统一发车、统一售票、统一管理，实现"车归站、人归点"。全县12个乡镇有2镇6乡实现城乡客运一体化，4个乡通农村客运班车，大幅度降低百姓乘车费用，增加班车运行密度。

【安全生产】 始终坚持"安全第一、预防为主、综合治理"的方针和科学发展、安全发展理念，全面深入开展交通行业安全生产大检查、"三零创建""安全生产月""打非治违"等专项活动，有效防范和坚决遏制较大以上生产安全事故发生，确保全县交通运输行业安全生产形势持续平稳。全年共组织开展行业安全生产大检查8次，共出动检查人数410人次，排查出一般安全隐患81宗，完成整改81宗，整改率达100%，查处各种非法经营行为20宗。

【廉政建设】 一年来，局领导班子成员认真学习习近平新时代中国特色社会主义理论，全面落实"两个责任"。局党组认真履行全面从严治党主体责任和党组书记第一责任人责任。严格履行"一岗双责"责任制，与各股室负责人签订党风廉政责任书6份；加强干部队伍思想政治建设，开展干部队伍警示教育7次；提醒谈话16人次，警告处分6人，切实保持党员干部队伍先进性和纯洁性，筑牢拒腐防变的思想道德防线，引导交通运输系统干部职工营造廉洁奉公、干净干事的工作氛围。

【法治建设】 一是推进综合执法改革，实现"一支队伍管执法"。成立交通运输综合行政执法队，整合路政、运管、客运各项行政职能。二是推动实施行政执法"三项制度"。规范执法公示，提升执法信息采集及时性和准确度，加强法制机构建设，增强法制人员配备，提升法制审核水平。三是加强综合执法队伍管理。规范执法人员信息管理，对执法人员身份信息、学历信息、岗前培训信息、在职在编情况等进行全面梳理排查，及时查漏补缺。坚持执法人员持证上岗和资格管理制度。

（岢岚县交通运输局）

河曲县交通运输局

2020年，河曲县交通运输局坚持以习近平有中国特色社会主义思想为指导，认真贯彻落实全县经济工作会议精神，大力推进交通基础设施建设，不断规范运输行业管理，全力开展脱贫攻坚完成各项工作任务目标。

【稳步推进"四好农村路"建设项目】 一是交通扶贫

资源路、旅游路、产业路改造项目两条路20公里。其中巡大线改造13公里，投资3049万元；李家沟至赵家沟乡公路改造7公里，投资1897万元，年内完成主体工程。二是撤并建制村较大人口自然村通硬化路建设项目22.4公里，实施饮马泉等三条沟域内农村公路改造。截至年底，饮马泉沟域内8.736公里全部完工，完成投资771.7万元；石偏梁沟域内8.973公里全部完工，完成投资800.6万元；投资1189.6万元实施的南石沟沟域农村公路改造项目，年内全部完成。三是县乡公路安全生命防护工程建设项目20公里，投资145万元，年内全面完成。四是村公路安全生命防护工程建设项目40公里，已全面完成，完成投资590.8万元。

【重点推进黄河板块旅游公路娘娘滩至船湾段项目建设】 项目5月28日开标，6月8日与中标施工、监理单位签订合同。总投资5.14亿元，6月中旬全面开工。南段完成投资约3500万元。南段原设计有2处需穿越长城遗址消失段，按程序上报后，根据国家文物局回函，路线不可穿越长城遗址消失段，需要调整设计方案。设计单位调整设计方案已确定，设计调整段约2公里，土地及地上附着物征迁已完成。南北两段年底完成除桥梁外全部路基工程，全部工程预计2021年7月1日前完工。

【全面推行农村公路管养"路长制"】 按照县政府(河政办发〔2020〕44号)《关于在全县推行农村公路"路长制"的通知》，县交通运输局积极推进，结合全县列入全省深化农村公路养护体制试点县改革。在创新养护模式基础上，县财政落实农村公路养护资金，推进养护体制改革，农村公路日常养护工作已全面开展，在两条重要农村公路安装限高限宽设施5处，养护大中修工程按程序陆续实施。

【助力脱贫攻坚，巩固"双通"成果】 根据脱贫攻坚"双通"工作要求，在实现全县183个建制村通公路通客车100%"全覆盖"基础上，创新"村村通"农村出行服务平台的应用，加强通村客车考核监督，确保农村客运"开得通""留得住"。

【推进"三零"单位创建，狠抓安全生产责任体系建设】 围绕县委"三零"单位创建总目标，结合三年行动方案，对照"三零"创建标准，结合交通运输工作实际，把重点放在安全生产零事故创建，着力完善安全生产责任体系建设，落实"543"安全生产工作机制，已选择5家重点企业进行零事故创建，示范引领行业所属各类企业安全生产达标。

【疫情防控扎实有效，复工复产取得实效】 一年来，根据县委、政府"防输入、防扩散、防输出"的工作安排，结合疫情防控发展态势，切实履行交通运输工作职责，全力做好新冠肺炎疫情防控工作。即：全面落实疫情防控责任制；强化措施，落实防控，有效阻断疫情传播；根据复工复产需要，县交通运输局坚持"防运并举、分类指导，突出重点、周密部署"的原则，采取措施适时恢复所有客运车辆，同时会同人社、卫健和公安等有关部门在科学研判疫情防控形势基础上，统筹研究、科学调整运输服务管控举措，密切跟进疫情发展态势，科学合理组织运力，确保交通运输复工复产取得实效。

【加强党的基层组织建设，完成党建目标任务】 围绕全县基层党建工作重点任务，加强基层组织建设工作，落实党组书记、党组成员、党支部工作联系点任务，进一步压实党风廉政建设责任。组织全体党员干部深入学习贯彻习近平新时代中国特色社会主义思想和中共十九届四中、五中全会精神，组织修订党风廉政建设工作职责工作计划。对全局的党风廉政建设工作实行层级管理，做到一级抓一级，层层抓落实，形成全局廉洁自律的良好风气。把主题党日作为落实"三会一课"制度的主要载体，落实《党支部主题党日活动工作细则》。严格执行民主集中制，凡涉及重大决策、重大项目和大额资金的安排使用等，都按照"集体领导、民主集中、个别酝酿、会议决定"和少数服从多数原则进行集体讨论，集体决定。着力建立健全监督管理各项制度，强化对权力运行的制约，健全完善议事规则、目标考核、督促检查等规章制度，制订并组织实施责任制考核、民主评议、述职述廉等案件报告等规定，通过健全制度，执行制度，进一步提高交通运输系统党员干部拒腐防变的能力。

【交通运输各项工作稳步推进】 一是进一步落实固

定资产投资入库工作。2020年,县“七个一批”项目推进工作组下达全局固定资产投资入库任务7亿元,截至年底,完成固定资产入库5.63亿元,完成固定资产投资3.5亿元。二是细抓“十项清零”助力脱贫攻坚。在全县183个行政村全部通客车基础上,通过各种方式及时解群众对农村“双通”的意见和建议,对发现的问题及时整改。对结对帮扶的社梁乡井沟、木柯桥、井峪沟、新尧、雷家峁五村的297户贫困户,严格按照县扶贫攻坚指挥部要求,组织开展问题专项整治和“十项清零”专项行动,全体帮扶责任人定期进村入户,访民情问民意,驻村干部扎根农村,对贫困户做到基本情况底清数明,有针对性地开展结对帮扶工作,受到贫困户一致好评。三是持续开展污染防治攻坚打赢蓝天保卫战。狠抓中央生态环境保护督察“回头看”及大气污染防治专项督察反馈问题的整改,着力做好道路货运扬尘污染治理和大气污染防治,督促道路货运业户严格执行散装物料密闭运输的有关规定,采取厢式运输和篷布覆盖等有效措施,严防公路货运抛撒。加快推进货运结构调整,加大多式联运、“公转铁”宣传力度。年内全面完成中央生态环境保护督察“回头看”整改消号任务。

(河曲县交通运输局)

保德县交通运输局

2020年,保德县交通运输局认真贯彻落实县委、县政府和上级交通运输主管部门下达的目标任务,在深入开展新冠肺炎疫情防控的同时,全局干部职工齐心协力,锐意改革,凝心聚力、真抓实干,各项工作有序推进,取得显著成绩。

【疫情防控工作落实落细】 疫情发生后,局党组积极响应县委、县政府统一部署,主动扛起疫情防控政治责任。县交通运输局第一时间组织成立疫情防控工作领导小组,对交通系统开展疫情防控工作迅速作出安排部署。及时划定防控责任区,采取“主要领导靠前指挥抓统筹,班子成员靠实责任抓落实”的“两靠两抓”工作机制,由三名班子成员带队包抓巡查设卡、信息宣传、协调保障等工作,确保疫情防控机制高效运转。由县交通运输局牵头,公安交警、卫健体局和各乡镇配合,在全县高速、国省干线、县道路口及汽车站设立疫情防控检测点20个进行检测、登记、消毒等防控工作,确保全县所有路网出入口不留死角,全部处于防疫管控状态,同时保障供应复产畅通。疫情防控工作共出动交通人员491人次,登记查验车辆33651辆、人员42748人。

【公路工程建设项目有序推进】 2020年,忻州市下达保德县“四好农村路”建设第一批56公里有序推进;完成三大板块旅游公路忻州市保德县境内冯家川至兴县界段全长4.224公里;完成前芦子沟至腰刘线道路改造工程全长2.728公里;产业路同德铝厂东线(大烟墩至故城)全长5.1公里,完成路基4.3公里,完成保德县场部通硬化路康家滩至飞龙山2.5公里、沙泉至保德县建设项目14.6公里;完成王家岭至韩家川扶贫公路12.7公里。

【公路养护管理水平不断提升】 一是日常养护与环境保护有机结合。2020年,保德县对市级列养县乡公路80公里进行全养护管理,县乡公路优良路率达75%。其中,日常养护完成76公里县乡公路疏挖边沟、培路肩、预防水毁、铲草等工作,清理山体落石塌方32处460立方米,恢复路基缺口54处1845立方米,清理垃圾900余立方米。养护工程:完成更换迎宾大道波形护栏108米,油路补坑槽2次450余平方米,沥青灌缝31800余米,挖淤塞边沟9600米;旹保线油路补坑槽1900余平方米,沥青灌缝15000余米,砼边沟7.5立方米;沙保线油路补坑槽370余平方米;大新线砖砌护面墙340余立方米,粉刷墙面880余平方米,疏挖淤塞涵洞2道,砼路面108平方米;桥西线砼路面补坑槽1500余平方米,砼矮墙20米,浆砌边沟60余立方米,抢修水毁3处。二是全面推行农村公路“路长制”。全面建立农村公路县、乡(镇)、村三级“路长制”,健全农村公路管理养护体制,完善组织体系,构建职责明确、齐抓共管、高效运转的工作机制,形成路联管、路全管、路共管、路常管的农村公路发展格局。全县农村公路相关数据核实完毕,明确县、乡、村三级路长责任人,并通过山西省农村公路综合信息云平台上报省厅，已经挂牌公示。

【行业安全生产形势持续平稳】 2020年，全县道路运输完成客运量76万人，旅客周转量14200万人公里，货运量205万吨，货物周转量41000万吨公里。全县道路、水路运输保持安全发展的良好势头。围绕"交通运输安全生产专项整改三年行动""安全生产月"专项行动，开展各类安全生产宣传及培训活动，应急演练由局长带队安全检查共计16次，出动检查人员75人次，检查企业15家次，排查安全隐患35项，截至年底，已全部整改完成。一是结合季节性、重点时段的安全生产工作特点，采取自查与互查、明查与暗访相结合方式，组织开展安全生产大检查。二是联合市场局对全县燃气出租车气瓶37辆进行抽检。对全县223辆出租车行驶证、营运证、驾驶证、资格证、保险、服务监督卡灭火器、防滑链、三角架等安全设施进行全面检查，对存在的不足及时进行整改。三是完成2020年度国三及以下营运柴油货车目标。

【积极开展脱贫攻坚驻村帮扶工作】 2020年，一是对交通扶贫脱贫指标"建制村通硬化路、通客运班车"进行全面自查评估。经自查：全县原有13个乡镇和341个建制村，2018年整村搬迁48个村，2019年撤并销号71个村，现有乡镇13个、建制村222个，全部实现通硬化路，路面类型为铺张路面（沥青混凝土、水泥混凝土）；并通过城市公交覆盖、县际班线带通、19座客车直通、7座新能源电动客车直通、电话预约等方式全部通客运班车。同时针对春融等自然灾害造成的落石、塌方进行全面的排查，及时进行处置，确保通村公路安全畅通，对农村客运存在的不规范运营行为进行严格查处，确保农村客运正常运营。二是深入开展驻村帮扶工作。全体驻村工作队员严格按照驻村帮扶要求，完善扶贫资料、配合乡政府进行疫情防控、森林防火、"十项清零"、国家脱贫普查等工作；在所帮扶村开展"七一"主题党日活动和"稳就业、保增收、感党恩"慰问活动；在所帮扶村开展脱贫攻坚政策宣传暨消费扶贫活动，购买贫困户农副产品共计消费4883元。

【强化党建引领夯实组织保障】 一是强化武装理论党建工作持续加强。强化政治理论学习，引导干部自觉增强"四个意识"，坚定"四个自信"，做到"两个维护"，有效激发干部职工干事创业激情动力。完成局机关支部换届工作，局属各支部和所帮扶村开展"七一"主题党日活动和"稳就业、保增收、感党恩"慰问活动。二是深入推进从严治党，党风政风持续向好。局党组严格履行主体责任，认真落实中央八项规定，经常性开展反腐倡廉警示教育，并通过"学习强国""三晋先锋"平台开展自学，通过签订目标责任书、廉政承诺书，明确目标任务，落实工作责任，强化压力传导。配合县委第二巡察组开展巡查工作，强化机关工作纪律，党风廉政建设。

（保德县交通运输局）

偏关县交通运输局

2020年，按照偏关县委、县政府和上级交通部门总体要求，偏关县交通运输局以中共十九大精神和习近平新时代中国特色社会主义思想为指导，深入贯彻落实习近平总书记视察山西重要讲话精神，紧紧围绕全县全面完成脱贫攻坚任务和高质量发展目标，坚持以交通基础设施建设和养护管理工作为重点，扎实推进交通运输基础建设，突出抓好交通运输行业科学管理、综合治理、依法行政，着力构建交通运输各项工作的全面协调发展，各项工作稳步推进。

【建制村通硬化路】 对农村公路进行提质改造，在全县150个建制村全部通硬化路的基础上完善农村公路配套设施，不断提高农村公路建设标准，进一步改善农村公路通行条件。年度实施完成农村公路窄路基路面拓宽改造工程和"畅返不畅"改造工程续建项目25条111.972公里。

【建制村通客车】 继续完善农村客运运营机制，提高已开通客运班车或公交运营化车辆的建制村运输服务水平，完善工作机制，更好地服务农村居民出行。继续探索、创新农村客运发展模式，优化运营方式，进一步扩大农村客运覆盖范围，为更多农村居民出行提供安全、便捷的交通运输服务。本年度采取区域包片定期通车方式，新增通客车村数17个，全县150个建制村通客车率达到100%。

【干线公路建设】 一是全长133.609公里的“三大板块”旅游公路一期工程。忻州市“三大板块”旅游公路偏关县境内第一期工程项目，主体已实施完成，配套设施正在推进中。项目的实施提升公路路网通行能力，优化路网结构，并与全县境内的高速公路、国道、省道、县乡公路相连接，基本形成四通八达、外通内连的旅游循环线，打通农副产品的运输通道，为全县旅游扶贫、乡村振兴战略提供有力交通运输保障。二是全长36.843公里的“三大板块”旅游公路二期工程长城板块旅游公路主线（长城一号）偏关县境内老营至南场（偏关界）段工程。截至年底，项目已完成工程可行性研究报告批复、土地预审工作和施工图设计批复工作，正在进行各类前期专项评估工作。三是全长6.496公里的国道336线偏关县过境公路改线工程。截至年底，项目已完成项目防洪评价、水资源论证、文物保护、永久性使用林地调查可研、采伐设计、地质灾害危险性评估等前期专项评估工作和工可批复、环评、水保、土地预审、施工图设计工作，10月21日完成项目施工、监理招投标工作，中标通知书已下达。

【农村公路养护】 日常养护工作有序开展，对全县农村公路的急弯、陡坡、临崖临水、事故多发路段进行重点排查和整治，对水毁严重中断的道路进行恢复，现排水、涵洞已全部疏通疏直。大中修工程：完成县道油路补坑9150平方米，硬化路肩6000平方米，新修砼边沟823米，县道修补砼路面2000平方米，新修砼防撞墙42米，村道完成砼路面1060平方米。小修保养：清理路肩杂草197公里，开挖土边沟68公里，水毁恢复完成路基填方13处9650立方米，处理塌方3460立方米，增设混凝土边沟、急流槽325米。整理乡村道路46公里，动用人工650个，清理路旁垃圾用挖机8个台班，装载机15个台班，增添警示标志31套，更换警示标志6套，更换凸面反光镜6个。

（偏关县交通运输局）

原平市交通运输局

2020年，在原平市委、市政府的坚强领导和市交通运输局大力支持下，原平市交通运输系统始终坚持以习近平新时代中国特色社会主义思想为指导，围绕中心、服务大局、迎难而上、担当作为，完成既定目标和各项任务。管党治党从严从实，新冠肺炎疫情防控有效，项目工程有效推进，投资设计提前超额完成，交通扶贫工作精准有效，依法推进法治建设，行业治理不断深化，“路长制”模式初步形成，安全生产形势稳定向好，全市交通运输工作再上新台阶，为建设大美原平提供先行支撑和有力保障。

【党建工作基础夯实】 一是提高理论认识水平。深入学习贯彻习近平新时代中国特色社会主义思想和中共十九大精神，按照学习计划，组织学习习近平总书记的三篇光辉文献、省委书记楼阳生在十一届十次全会上的讲话精神、2020年全国“两会”会议精神以及《中华人民共和国民法典》等；同时，党员干部利用“学习强国”和“三晋先锋”平台自学积极性较高。二是坚持“三会一课”党内制度。按照市委组织部《关于召开“要干就干一流、要做就做最好”专题组织生活会的通知》，市交通运输局在4月9日前召开专题组织生活会。按照市委、市政府安排部署，及时制订工作方案，召开系统“找差距、破困局、蹚新路、争一流”大讨论动员会。三是机构改革深入开展。撤销原平市交通运输执法监督所党支部，成立原平市交通运输综合行政执法队党支部；更名党支部2个。按程序召开原平市交通运输局直属机关委员会选举大会和局机关支部、执法队支部选举工作，产生新一届党组织委员。四是管党治党全面加强。2020年以来受到党内处分党员共6人，其中党内警告6人，开除党籍2人。组织两次警示教育，即“五一”、端午两节期间通报曝光典型案例警示教育、观看警示教育片《珍惜岗位远离犯罪》和公开曝光的5起形式主义官僚主义典型案例，全系统风清气正氛围基本形成，党风廉政建设进步明显。五是积极发展党员。先后发展预备党员1人，入党积极分子3人。148名党员党费按时足额全部缴纳。基层党组织和党员进社区“双报到、双服务”工作安排及时,全部到位。

【疫情防控及时到位】 一是做好各项准备。按照市疫情防控领导组的安排,及时制订防控实施方案《应急预案》,对道路运输领域、城市客运领域、公路运营领域、场站及车辆卫生、单位内部五个关键节点开展防控实施工作;局属各相关单位迅速开展办公场所、交通运输工具、运输场站日常消毒和防控,对从业人员开展公共场所、运输途中出现疫情处置办法的培训教育,迅速组建10辆应急救援中巴客车队、20辆应急货运车队、100辆应急出租车队和公路应急抢修队,应急人员、车辆、机械全体待命;多渠道购置消毒液、消毒酒精、护目镜、口罩、手套等防控物品。二是大力搞好宣传。通过微信群、短信、场站外张贴倡议书等方式,对新型冠状病毒感染的肺炎疫情防控的有关要求进行宣传,引导企业、从业人员及乘客做好运输过程中严格防范,正确、科学认识此次疫情。三是全力搞好防控。全面开展对局机关、下属单位职工及家属排查和日报,未发展异常情况;全面对局机关及所属单位办公场所严格执行消毒、通风、工作人员佩戴口罩及出入体温监测等规定动作;按照市防控领导组《紧急通知》(原疫防组发〔2020〕2号)的要求,于1月27日安排全市客运企业对133辆农村客运班车、56辆城市公交车、468辆出租车及汽车客运站全部消毒停运。并开展非法营运车辆的严厉打击工作。四是做好交通管控。1月30日紧急制作原平市战疫交通管控图,配合市防控领导工作组统筹全盘,合理布控全市10个市级交通管控点、491个乡村级交通管控点。抽调24名执法人员配合交警队开展4个高速路口的交通管控工作。按照市委书记安排,对全市501个交通管控点督导工作。五是全面推进复工复产。严格落实上级要求,准确把握形势、明确重点任务,分析复工复产面临的各类安全风险隐患,狠抓安全措施落实,有效防范化解重大安全风险。积极做好复工返岗人员服务工作,推动全市企业有序复工复产,多措并举确保疫情防控、复工复产两不误。

【重点项目顺利推进】 2020年,一是在库投资和固定资产投资保持高位运行。计划在库38000万元,实际完成在库60030万元,完成在库任务157.97%;计划完成固定资产投资25000万元,全年累计完成29527万元,完成计划118%。二是搞好农村公路建设,先后完成2019年“四好农村路”续建项目102公里。其中,扶贫路14条35公里,公路改造工程5条67公里。完成2020年第一批下达全市“四好农村路”建设项目117公里。其中,撤并建制村通硬化路3公里;养护提质改造工程106公里;窄路基路面拓宽改造工程8公里。安全生命防护工程(不计入总里程)4公里。三是原平市“四好农村路”PPP项目。(2019年至2020年)正在按照市政府、项目咨询机构和法律事务所意见,按程序进行实施方案调整。四是国道338线原平市过境改线工程。已按照PPP模式全线开工建设,已完成道路路基的50%和3座桥梁下部工程的80%。五是忻原大道建设项目。正在按照忻州市总指挥部要求,进行工可修改调整工作和其他前期手续完善工作。六是长城板块旅游公路原平市境内原平市区至天涯山风景区段工程。正在紧张施工中,预计2021年全线建成通车。七是原平市农村街巷道硬化提质工程。涉及全市18个乡镇、352个行政村以及部分居住人口较多自然村,工程可行性研究报告已编制完成并已评审,建设规模1988.38公里,估算总投资9.37亿元,截至年底,正在立项。八是完成市委、市政府交办新建任务5条13.1公里,总投资1584.8万元。

【法治建设全面加强】 一是严格规范行政权力运行。全年共办理行政许可事项55件、行政处罚970件、行政确认404件、其他事项422件,行政检查340件。开展法治宣传教育,加强执法队伍建设,全面整合运政、路政、城市客运、源头治超等执法力量,组建原平市交通运输综合执法队,建立执法全过程记录等三项制度。二是全面开展客运、货运、维修、培训以及农村公路行业管理工作。紧抓企业主体管理制度、人员培训、车辆管理等源头管理;强化违法违规营运行为执法打击力度,规范企业、人员、车辆、路面的营运行为。三是严格企业质量信誉考核工作。时刻审视企业内部各项工作情况。四是安全生产形势总体平稳。全面落实安全生产“党政同责，一岗双责，齐抓共管”有关规定，按照《2020年安全生产监督检查计划》，排查安全隐患141处，整改141处。交通运输行业正常经营行为明显规范，行业发展的整体形势稳定有序。

【精准扶贫按期收官】 按照市委要求，局统一部署，采取有力措施。一是全面打赢交通扶贫攻坚战。补齐贫困乡村交通运输发展短板，优先实施扶贫路14条17.5公里，为全市决战决胜脱贫攻坚工作提供有力支撑。二是倾全局之力帮扶脱贫。对帮扶的南白乡下西岗村、东社镇南河底村引入资金、实施“六条腿一把伞”产业，南白乡下西岗村建档立卡39户114人和东社镇南河底村建档立卡31户86人，已全部脱贫。三是顺利完成市委交办的易地搬迁任务33户。

【“路长制”管理落实到位】 各级组织机构已全部建立，基础数据已采集完成并上报省交通运输厅备案，路长公示牌按节点时间全部设置到位，农村公路主体责任、管理养护体制和运行机制，路联管、路全管、路共管、路常管的农村公路发展格局基本形成。

（原平市交通运输局）

五台山风景名胜区旅游发展局

2020年，在忻州市委、市政府和景区党工委、管委会正确领导下，旅游发展局坚持以习近平新时代中国特色社会主义思想为指导，深入贯彻党的十九大精神和习近平总书记视察山西重要讲话重要指示精神，按照省委“四为四高两同步”的总体思路，按照市委“1661”发展战略和市政府2020年度经济工作会议精神，按照景区2020年度工作会议的安排部署，积极履行部门职能，大力发展旅游事业，在项目建设、招商引资等方面不断取得新突破。

【以招商引资为抓手，扎实开展项目建设】 一是“七个一批”项目建设。截至年底，有包装项目10个，计划总投资23.77亿元；计划包装项目4个，预计总投资67.47亿元；落地项目2个，计划总投资0.3亿元；开工项目4个，年度计划总投资3.74亿元；6—8月计划开工项目8个，总投资102.02亿元；在建项目2个，计划总投资0.59亿元；计划投产项目2个，总投资0.53亿元。二是重大产业项目。进入重大产业项目库4个，即五台山风景名胜区核心景区天然气集中供热项目二期工程项目，总投资0.8亿元；智慧五台山全域信息化项目，总投资1.45亿元；太行板块旅游公路主线“太行一号”李家峪至芦家庄段工程项目，总投资1.67亿元。五台山医院暨大健康产业项目，总投资3.5亿元。三是重点工程项目。景区纳入省重点工程项目1个，智慧五台山全域信息化项目，总投资1.45亿元；纳入市重点工程前期项目1个，太行板块旅游公路“太行一号”项目，总投资1.67亿元。四是建设项目推进。重点推进项目14个，即（1）新路沟旅游小镇建设项目，总投资约20亿元；（2）景隆国际商贸物流扶贫产业园区项目，总投资30亿元；（3）五台山医院暨大健康产业项目，总投资3.5亿元；（4）五台山综合管廊项目，是2020年景区重点项目，总投资30亿元；（5）五台山佛教综合体项目，总投资5亿元；（6）五台山污水处理厂项目，为综合管廊污水管线配套工程，总投资1.5亿元；（7）旅游服务综合体项目，拟选址于金岗库乡金岗库村东部，占地面积100亩，建筑面积2.5万平方米，主要建设内容包括政务服务大厅、行政办公用房、中心广场和停车场，目前处于项目建议书批复阶段；（8）小估计沟综合治理项目，拟对金岗库乡小估计沟村及周边范围进行综合治理和优化布局、合理开发，处于项目建议书批复阶段；（9）“太行一号”旅游公路主线五台山境内（李家峪至芦家庄段）项目，总投资1.8亿元，目前进入施工招标准备阶段；（10）五台山综合性开发建设项目；（11）五台山金融服务项目；（12）五台山数字景区光影秀项目，目前正办理备案手续；（13）五台山旅游服务基地集中供热项目，新建6座锅炉房及配套燃气接入系统、热水循环系统及低压系统、水处理系统、排烟系统、供配电及土建等工程，目前该项目已备案；（14）五台山风景名胜区疾病预防控制中心实验楼项目，建筑面积2100平方米，处于规划选址阶段。五是固定资产投资。景区开展重点工程无障碍行动,为项目推进保驾护航,确保景区重点工程建设顺利推进。截至年底,固定资产在库项目12个,总投资11.5亿元。在建9个,完成投资0.86亿元。5000万元以上项目7个,即:山西省五台山广化寺复建工程项目,山西省五台山宝光寺复建工程项目,山西省五台山中台演教寺扩建工程项目,山西省五台山菩萨顶复建工程项目,五台山风景名胜区集中供热项目二期工程,山西省五台山金界寺复建工程项目,五台山风景名胜区农村公路及贫困地区道路建设项目。500万元至5000万元项目5个:五台山旅游服务基地境明日用品超级市场项目,山西省五台山方广寺复建工程项目,五台山医院暨大健康产业项目,石咀乡高端种牛改良繁殖基地建设,石咀乡莓粒五峰树莓基地建设项目。

【以疫情防控为抓手,全力保障游客安全】 年初,新冠肺炎疫情发生后,按照景区管委会《关于成立五台山风景名胜区管理委员会新型冠状病毒感染的肺炎疫情防控工作领导小组的通知》精神和《景区疫情防控领导小组成员单位主要职责》《景区疫情防控领导小组工作组组成及职责》要求,党工委委员、管委会副主任、旅游发展局局长赵如战始终坚守在疫情防控工作第一线,多次主持召开局务会议,迅速动员部署,第一时间进入战时状态,全员上岗、全时在位、全域覆盖,以最坚决态度、最坚定决心、最扎实措施,筑牢疫情防控阻击堡垒,全力助推景区"战疫"工作,疫情防控工作取得阶段性胜利。

关于行业管理。一是坚持每天对景区22家宾馆企业留守人员进行体温监测,每天汇总检测数据;二是及时上报宾馆企业、旅行社复工情况、旅游企业受损情况,同时对五省一市一县返山人员进行追踪观测;三是积极帮助景区19家旅行社企业暂退部分旅游服务质量保证金,共计242万元人民币;四是组织文旅企业负责人、旅游扶贫示范村村干部、宾馆企业负责人、旅行社法人60余人进行线上培训。关于交通服务。一是按照市交通运输局《通知》要求,2月1日在国道337黄榆线铁堡村设立国道疫情防控卡口,20人分4班轮流值守,严格执行"内防扩散、外防输入、不漏一车、不漏一人"要求,扎实有效开展此项工作。2月22日24时撤卡。二是停车场工作人员对停车场停放的外地车辆进行摸底排查、登记上报,积极配合相关单位做好可疑车辆、人员的排查工作。

关于运输管理。一是按照忻州疫情防控一级响应,配合景区公安、交警、高速交警、疾控中心从2月1日至2月22日在忻阜高速入晋第一服务区设立疫情防控监测点,严格做好道口监测,对过往车辆和人员进行体温测量及相关信息登记工作,24小时派人值班。2月22日24时撤除监测点。二是积极推进运输企业复工复产,要求客运运输企业落实疫情防控主体责任,严格执行疫情防控要求,落实司乘人员防护、体温监测及车辆卫生清洁、消毒通风等防控措施,严格执行50%客座率,由乘务员引导乘客间隔落座,并在车厢后部预留必要区域或座位,供途中留观使用。三是推动货运行业复工复运,保障防疫期间物资运输畅通,打赢疫情防控阻击战,对车内进行消毒,保持通风、换气,实施车辆"日消毒"制度和定期通风措施。

关于后勤保障。一是根据市商务局疫情防控要求,结合管委会疫情防控会议精神,保障景区生产生活必需品的正常供应,制订景区保供方案。二是疫情防控期间,生活必需品供应点分布在3个乡镇共4家,保障景区生产生活日常供应。三是强化责任意识,严格落实24小时值班和领导带班制度,确保信息联络畅通。四是加强机关工作人员管控和重点区域消毒,每天对工作人员尤其是进入办公区的人员进行体温监测,建立新冠肺炎疫情防控每日健康状况登记表。

【以驻村帮扶为抓手,扎实开展脱贫攻坚】 一是交通扶贫。全年完成柏枝岩通村公路2.08公里,马圈沟通村公路1.2公里,西线至水草滩通村公路1.1公里;2020年,五台山道路养护提质工程,投资95万元。新增3条公路、4.38公里,覆盖6个行政村。完成3条旅游公路的全年日常养护任务,做到零伤亡、零事故、零损失。完成台豆线、砂石线两处地质灾害安全隐患治理工作,挂网约5000平方米。农村公路养护提质工程已经完成。二是电商扶贫。景区已建成电商服务村级服务站点44个。其中,设立“三员”行政村24个,覆盖率达70.6%;积极推广“寄递+农村电商+农特产品+农户”的产业扶贫模式,促进邮政、快递服务现代农业,快递网点已覆盖乡镇超过120个,快递网点覆盖率95%;定期组织农村致富技术学习培训,每期200人次;组织农村电商人员培训学习,每期6人。三是旅游扶贫。充分利用五台山旅游资源优势,大力引导扶持贫困村贫困户从事餐饮、住宿、旅游纪念品零售批发、农家乐、特色种植采摘等旅游服务业,贫困户旅游就业率40%,旅游增收率45%;以景区旅游扶贫示范村(金岗库乡蛤蟆石村)带头,有劳动能力的贫困户全部安排到旅游市场摊点,每年户均增收9000元;协调景区星级酒店、旅行社、晋旅公司、索道公司等单位,跟贫困村、贫困户结对帮扶,用工招工优先录用贫困户,优先购买贫困户生产的土豆、台蘑、金莲花、牛肉,促进消费扶贫。四是产业扶贫。帮助石咀镇沟铜钱沟村民种植沙棘300亩,盛产期计每亩年收入1500元;大力发展养殖业,全村自主发展养殖97头牛,人均0.46头,帮助台怀镇东台沟村上级拨款20万元,种植金莲花18亩;给23名贫困户每户500元种植金莲花。五是教育扶贫。石咀沟铜钱沟村享受教育扶贫政策8人,其中,幼儿园1人、初中2人、高中1人、技校1人和大学3人。台怀镇东台沟村享受教育扶贫共3户3人。六是住房安全保障。对建国前老党员危房进行改造。帮助台怀镇东台沟村村民改造危房2户。

【以复工复产为抓手,稳步推进旅游经济发展】 2020年,景区有序复工宾馆15家,有序复工旅行社55家;道路运输管理部门对所有车辆进行一次全面“体检”,主要检查车辆技术状况、车辆消防安全设施设备、车辆清洁消毒的设施设备,要求道路运输企业、汽车客运站对管理人员和驾驶员进行一次全面排查,明确专人负责;全面启动“城乡公交一体化”建设,促进城乡公交资源共享、布局合理、方便快捷、畅通有序协调发展,景区26个行政村,实现“村村通”公交全覆盖。

【以宣传教育为抓手,深入开展安全生产】 一是突出重点,切实抓好行业领域安全专项整治。制订《景区道路运输行业安全生产专项检查实施方案》,采取定期检查和不定期抽查相结合的方式,以运输企业监管、客运安全管理为重点检查对象,突出重点,注重实效,切实消除安全隐患。二是以“防风险、除隐患、遏事故”为工作目标,维护景区道路安全秩序。加大道路运输违法行为整治力度,预防减少道路安全事故,保障人民群众生命财产安全。在重点区域开展执法检查,集中查处非法载客营运等违法行为,确保道路安全畅通。三是持续开展打黑治违活动,查处黑车非法营运。全年共出动执法车173台次,稽查人员991人次,检查车辆368台次,查处黑车11辆,处罚11辆,纠正其他违法行为23次。四是加强汛期安全管理。认真贯彻落实上级各部门防汛减灾、安全度汛和汛期安全生产的安排部署,完善汛期安全生产工作方案,落实汛期各项安全防范措施,保障应急通信畅通,进一步保证汛期公路畅通平安、道路运输生产安全无事故。五是强化消防安全工作。督促各企业进行消防安全检查,重点检查各企业办公住宅区域消防设施配备、安全警示标志设置及消防制度情况,对检查中发现的消防安全隐患,督促企业立即整改。六是强化宣传教育。结合“6月9日安全教育日”活动、“安全生产月”、“6月16日安全生产月咨询日”活动,通过展板展示、散发宣传单、悬挂宣传横(条)幅、张贴标语、在客运站和公交及出租车LED上滚动播出,向社会公众宣传安全生产政策法规,应急和安全科普常识、安全专业知识、防灾减灾知识、自救呼救方法等,取得良好的社会效果。七是加强旅游业务管理。通过马蜂窝等大型旅游网站、山西省107交通广播、省文旅厅、市文旅局官方网站,实时推送景区防控、开放信息;组织景区旅行社、酒店利用自媒体、小程序实时宣传景区防控、开放信息;组织景区星级酒店负责人、文旅企业负责人、旅行社经理及业务骨干69名在2020年忻州市文化旅游产业线上培训学习。八是做好人口普查工作。2020年,景区完成开展“四上”单位基本情况和主要数据核查工作、“四下”单位入库核查、统计普法宣传工作、全国第四次经济普查后续工作、全国第七次人口普查前期准备工作及普查工作的推进、名录库更新工作、农林畜牧业数据评估及核查工作、城乡居民收入调查、入户调查换户工作等，为制订经济社会发展规划提供客观准确的依据。

【其他工作常抓不息】 一是严格落实忻州市外事办公室关于境外人员来山摸排、管控、上报工作。及时了解在山居住台胞日常生活状况，与相关部门沟通帮助办理日常疑难事务，完成韩国驻华参赞、泰国驻华大使2次接待任务。二是配合景区环保部门开展宾馆企业清洁能源替换、散煤污染治理、扬尘污染治理工作。完成第七次全国人口普查工作工作。三是按照省工业和信息化厅抓紧清理拖欠民营企业中小企业账款的要求。经景区财政局和国资中心排查，共需清理民营企业欠款应为1543.4万元（含市下划公安局欠款358.05万元），截至年底，清理支付完成1168.77万元，完成率为75.7%。

（五台山风景名胜区旅游发展局）

阳泉市

阳泉市交通运输局

2020年，在阳泉市委、市政府正确领导下，在省交通运输厅大力帮助下，阳泉市交通运输局坚持以习近平有中国特色社会主义思想为指导，认真贯彻落实全省交通运输工作精神，面对突如其来的新冠肺炎疫情和艰巨繁重的改革发展稳定任务，全局上下凝心聚力、顽强拼搏，为阳泉高质量转型发展提供有力交通运输支撑。

【坚持“疫情防控”，确保一方平安】 2020年，面对疫情，全局上下牢牢守住交通运输抗疫防线。其间3次调整加强领导组，3次调整防控重心，30余次深入一线检查督导，确保防控措施有效落实。研究制订并严格执行卡点防疫检测留验、客运线路和交通工具管控、站场车辆消杀、非法运营车辆打击、乘客实名登记和追溯、应急运输保障、从业人员防护、维护行业稳定等10项措施，有效阻断疫情通过交通运输渠道传播。同时，坚持防运并举，统筹做好疫情防控和保通保畅保运、复工复产工作。慎终如始推进常态化疫情防控。持续做好道路客运和城市公交场站、冷链物流、交通运输工具、水路客运船舶和渡口码头、公路工程建设项目等领域的防控工作，坚决克服麻痹思想、厌战情绪、侥幸心理、松劲心态，牢牢守住交通运输领域防输入、防反弹、防复燃底线。

【坚持“项目为王”，推进工程建设】 2020年，强力谋划推进交通运输重点项目建设。一是交通强国建设全面启动。主动对接“一带一路”、京津冀协同发展等战略，坚持规划引领、政策先行，全力推动全市交通强国建设顺利起步、强势开局。高质量编制全市《关于贯彻落实〈交通强国建设纲要〉的实施意见》和《加快推进交通强国建设（2021—2022年）行动计划》，统筹推进“十四五”现代综合交通运输体系发展规划和各专项规划编制工作，“十四五”时期乃至今后15年的规划体系架构基本形成。二是试点工作加快推进。9月，交通运输部正式批复全省交通强国试点方案，阳泉市承担的“高密度中等城市交通拥堵治理与绿色出行”和“智能网联重载货运车路协同发展”位列其中，在全省5个项目中占到2项。绿色出行试点支撑项目新型城轨列入《山西省关于贯彻落实〈交通强国建设纲要〉的实施意见》《山西省加快推进交通强国建设（2021—2022年）行动计划》和市委十二届九次、十次全会和经济工作会议重点任务。截至年底，项目建议书及工程可行性研究报告编制工作已接近尾声。另外，市交通运输局申报的绿色出行示范城市创建、ETC智慧停车场2个全国试点，均正式获批，2021年将全面铺开。三是“四好农村路”和三大板块旅游公路建设任务深入推进。“四好农村路”完成建设里程486.3公里，完成投资20268.6万元，分别完成省定目标任务的108%和300%；完成安防工程24公里，完成投资720万元，完成省定目标任务的100%，为消除农村发展瓶颈、决战决胜脱贫攻坚、统筹推进乡村振兴提供有力支撑。“太行一号”旅游公路新建续建274.352公里，完成省定目标任务的110.2%，“太行一号”旅游公路阳泉段“城景通、景景通”建设任务高质量完成。四是综合交通客运枢纽建成投运。阳大铁路阳泉东至阳泉北段开通，客运总站新站搬迁运营，历时3年建设的综合交通客运枢纽全面竣工投运，实现高铁动车、道路客运、城市交通、物流集散等要素一体布局、无缝衔接，在全省乃至全国现代化综合交通运输枢纽建设中走在前列。五是太旧高速公路阳泉南互通项目加快推进。为进一步拉大城市框架，推进市区、平定同城化，方便广大市民便捷出行，启动南互通项目。截至年底，该项目已完成工程可行性研究报告，交通运输厅组织专家开展项目评审工作。

【坚持交通攻坚，打好各项战役】 2020年，围绕全面建成小康社会战略部署，坚持抓重点、补短板、强弱项。2019年，全市129个贫困村全部实现通硬化路。5月，全市32个乡镇、840个建制村全部实现通客车。全市全部乡镇与建制村提前实现“两通”，完成交通运输脱贫攻坚兜底性任务。定点帮扶村盂县西烟镇尚家沟村高标准完成国家、省脱贫攻坚验收。污染防治开展夏季攻坚、柴油货车污染治理、道路降尘污染治理、路域环境整治、秋冬季大气污染综合治理等专项攻坚行动，实现交通运输污染治理精准管控和常态治理。截至年底，全市共完成国三及以下排放标准营运中型和重型柴油货车淘汰任务3634辆，完成目标任务的131.8%，在全省率先超额完成任务，受到省长林武批示肯定，为全省工作推动创造“阳泉经验”。集中更新纯电动出租汽车1080辆，更新纯电动公交车30辆，实现城市建成区出租汽车、公交车100%纯电动化。

【坚持改革发展，供给质效明显】 一是坚持以供给侧结构性改革为主线，统筹推进调结构、降成本、强服务、增动能，供给质效明显提升。全市“公转铁”目标任务是2810.4万吨，全年累计完成铁路货运量4182万吨，完成率148.8%，运输结构调整工作全省排名第一，在全省作经验介绍。充电站作为重点绿色出行新基建项目有力推进。招商引入山西森康新能源充电站项目，总投资8.5亿元，被省政府列为2020年省级重点工程，一期首站——桃河特大桥充电站投入运营。二是有力推动城乡公交一体化。新增公交线路4条，调整公交线路13条，城乡公交线路达到100余条，覆盖郊区全域，通达平定，公交分担率和万人拥有公交标台数居全省前列。发行“公交一卡通”67203张，完成省定任务的134.4%。三是大力发展现代物流。充分发挥区位交通优势，统筹规划，加快物流基础设施建设，加大物流资源整合，推进物流信息化和标准化建设，传统运输业、仓储业加速向现代物流业转型，制造业物流、商贸物流、电子商务等领域专业化、社会化服务能力逐步增强，服务水平不断提升，现代物流服务体系初步建立。全市铁路货运量完成4182万吨，同比增长54%；全市邮政寄递服务业务量完成2895.72万件，同比增长7.73%。

【坚持完善机制，促进行业发展】 进一步提升行业治理能力和治理水平，积极构建系统完备、科学规范、运行有效的交通运输制度体系，着力把制度优势更好地转化为治理效能，加快推进行业治理体系和治理能力现代化。一是交通运输法治政府部门建设深入推进。以完善交通运输法规制度体系、深化交通运输综合行政执法改革、规范重大行政决策程序、建立健全事中事后监管机制为重点，厘清法定职责，加强权力监督，规范执法行为。扎实推进交通运输信用体系建设，严密组织“双公示”工作。网站公示行政许可、行政处罚信息876条，组织100家监管的运输、驾培、修洗企业进行信用承诺。二是机构改革工作顺利完成。重新拟定局属4个事业单位“三定”方案，进一步厘清职责，明晰功能定位；顺利完成法人登记、人员整合、岗位设置、财务账户设立、机构挂牌等工作。三是行业服务质量大幅提升。全力打造人民满意的“12328”服务热线，接听受理来电18.70万条，10秒接听率99.33%，工单生成率100%，整体工作全省排名第三。成立货运行业联合工会，充分发挥行业协会职能作用，建立劳资双方及多方的对接协调机制，促进行业和谐稳定。

【坚持为民办事，提升服务水平】 2020年，按照中央对交通运输行业提出的新要求，继续深化“放管服”改革，落实降成本举措，优化营商环境，进一步降低企业负担。做好“除法”，扎实推进简政放权、放管结合、优化服务改革。进一步优化交通行政许可服务办事流程，全面推行审批服务“马上办、就近办、一次办”，推进同一事项无差别受理、同标准办理；大力推行审批服务集中办理，优化提升政务服务大厅“一站式”功能，创新便民利企审批服务方式，群众办事更加便捷。做好“减法”，推动物流业降本增效。取消货运车辆二级维护强制检测，取消总质量为4.5吨以下普货车辆道路运输证和驾驶员从业资格证，取消除道路危险货物运输以外的道路货物运输驾驶员从业资格考试。普货车辆实现省内网上审验、异地检车、异地审验，鼓励鲜活农产品运输车辆安装使用ETC车载装置，降低公路通行成本。加快推动大宗货物中长距离运输“公转铁”，降低物流联运成本。做好“乘法”，发挥“互联网+监管”乘数效应。强化“双随机、一公开”监管和信用交通建设，规范交通运输运行机制，构建起合理、有序、公平的交通市场体系。依托全省“互联网+监管”系统，对相关事项进行梳理，按照“应领尽领”原则，认领、完善目录清单和检查实施清单。交通运输系统所有执法人员全部录入“互联网+监管”系统执法人员库，注册率达100%。基本建立起以“互联网+监管”为核心、以“双随机、一公开”监管为基本手段、以重点监管为补充、以信用监管为重点的新型综合监管机制。度录入监管行为56条。

【坚持安全优先，整治交通环境】 2020年，阳泉市交通运输局努力建设更高水平的平安交通，把交通运输保障国家安全摆在更加突出的战略位置抓紧抓实，开展安全生产三年专项整治行动、预防道路交通事故“减量控大”八大提升工程，党政领导、部门监管和企业主体“三大责任”得到有效落实。全年排查治理安全隐患299个，交通运输领域安全隐患得到有效整治；完成398条减速带安装工作，完成省定任务的298%，提前实现平交道口减速带全覆盖；持续推进“两客一危”车辆安装智能视频监控报警系统，591辆“两客一危”车辆全部完成安装。在2019年交通事故发生率和死亡率同比大幅下降70%的基础上，全年继续保持平稳态势，截至年底，连续55个月未发生较大以上安全生产事故。年内，社会治安综合治理得到加强。纵深推进扫黑除恶专项斗争，扎实开展“三零”单位创建和“平安交通”建设，行业运行平稳有序；深入开展行业乱象整治，对修洗车企业、非法营运黑客车、非法超限超载、损坏公路案件等开展行业清源活动，全年共整治乱点乱象292个。统筹开展“三零”单位（企业）创建，283家企事业单位达到创建标准。

【坚持党的建设，引领中心工作】 2020年，坚持把政治建设摆在首位。全系统各级党组织、全体党员不断增强“四个意识”、坚定“四个自信”、做到“两个维护”，不折不扣贯彻执行中央大政方针和市委市政府决策部署。全年开展党组中心组理论学习12次、专题交流研讨5次，先后组织基层党组织干部培训学习、党组织书记抓基层党建工作述职评议等。多方位多形式宣讲党的十九届五中全会精神，着力提升党员领导干部的政治能力和理论水平。全面加强组织建设。以党建引领中心工作，把党建工作与业务工作同谋划、同部署、同推进。积极推动局属单位各党支部完成换届工作，进一步增强基层党组织的政治功能和组织力。局机关党委被评为市直机关工委“先进基层党组织”。持续抓好干部队伍建设。坚持党管干部原则，始终把政治标准放在首位，对先进党支部、先进党小组、优秀党务工作者、优秀共产党员和理论学习先进个人进行通报表彰，激励党员干部干事创业、担当作为。持续深化党风廉政建设。认真落实党风廉政建设“两个责任”，持之以恒落实中央八项规定精神，驰而不息整治“四风”，坚决纠治形式主义、官僚主义。用好监督执纪“四种形态”，做到反腐败斗争无禁区、全覆盖，始终保持高压震慑态势，全系统风清气正的政治生态进一步巩固和加强。着力提升行业软实力。弘扬新时代交通精神，积极开展具有行业特色的文明创建活动，深入推进工青妇等群团组织建设以及交通战备、交通教育、史志年鉴编纂、行业宣传等工作，不断提升行业软实力。完成国家卫生城市创建工作任务。局机关连续多年保持省级文明单位荣誉，下属各单位均创建或晋级为省、市级文明单位，行业形象进一步提升，内在动力有效激发，行业凝聚力和向心力不断增强。

（阳泉市交通运输局）

郊区交通运输局

2020年，在郊区区委、区政府的正确领导下，郊区交通运输局认真学习中共十九大、习近平总书记的三篇光辉文献及中共十九届五中全会精神，坚决贯彻落实上级各项决策部署，围绕重点项目、业务监管、交通基础建设、行业扶贫、疫情防控等工作，科学谋划“十四五”规划，坚持高质量发展要求，主动作为、狠抓落实，各项工作稳步推进，交通服务治理水平不断提升，圆满地完成各项工作任务。

【重点工程稳步推进】 国道239改线工程按计划完成进度。国道239线阳泉郊区过境河底至荫营段改线工程作为国家级阳泉经济技术开发区中荫营工业园的主轴干线工程，向北到小沟村，对接盂县，向南通过新城大道与阳泉市区相连。项目概算总投资126861万元，建设里程全长13.667公里。设桥梁2553.6米/5座（其中特大桥2275.4米/2座，苇泊特大桥、三都特大桥，大桥278.2米/3座），设互通式立体交叉2处，河底互通、园区路互通，分离式立体交叉4处，平面交叉1处。路基宽度为25.5米，为双向四车道一级公路，设计时速80公里。该项目是全区首次采用政府和社会资本合作的PPP模式进行投资建设及运营管理，建设期2年，运营期15年。项目开工里程共计6227米，占全线长度45.6%，完成开工段设计工程量的95%，自开工累计完成投资54508万元。项目建成后将完善区域路网结构，解决原阳盂路坡陡弯急、通行能力低、服务水平差、沿线难以开发等问题。阳泉市漾泉大道一期工程（国道至207新城大道）项目设计长度2.4公里，绿化面积55483平方米，6月底已全部完工，完成投资1665万元。

【设施建设有序开展】 2020年，“太行一号”旅游公路阳泉市郊区（辛兴至后峪段）工程，完成施工图设计及批复。项目全长9.275公里，总投资13748.4491万元。阳大铁路河底站连接线一期工程（站前广场至滴苇线段）完成立项。项目全长1.278公里，总投资5049.7417万元，3月26日完成发改部门的立项批复工作。阳泉市郊区县道连大线（庙岭至义白路段）路面改造工程完工。项目全长7.697公里，总投资1877.2122万元，年内，完成投资1298.5678万元。南流至武家庄（东五线至武家庄段）乡级公路改造工程完成立项。建设里程2公里，预算投资1056万元。11月9日完成发改部门的立项批复工作。郊里至郊里林场完成立项。建设里程2公里，建设估算投资650万元。11月9日完成发改部门立项批复工作。截至年底，全区县乡村公路共486条774.507公里，其中县级公路8条69.252公里，乡级公路18条115.003公里，村级公路460条590.252公里。

【公路管养扎实有效】 2020年，郊区交通运输局加大辖区路段安全隐患排查力度，全面开展路域环境整治，加强路面巡查力度。县乡公路实现“有路必养”，对发现的安全隐患及时整改，保障车辆及群众出行安全畅通。无行政复议、行政诉讼案件和公路“三乱”行为发生。在日常养护基础上，对辖区内的部分破损公路进行修复，农村公路运行条件得到改善。年内，与13家养护队签订养护协议对辖区县级公路进行养护，每日共出动养护人员75人，车辆8辆。年内，全区农村公路优良率达86.4%，其中：县级公路79.9%，乡级公路83.8%，村级公路87.7%。全年养护提质工程全部完工。项目全长154公里，完成投资2310万元。

【服务水平不断提升】 2020年，加强区域交通运输体系建设。加强道路运输市场规范化治理,夯实源头治理管理工作。建立完善各项管理制度,明确监管职责,落实治超工作登记、统计制度,按时上报工作报表,确保源头监管工作到位。案件移送、抄告、抄报率达到100%,监管覆盖率达到100%。实行源头治超“黑名单”管理,加大超载企业、车辆及驾驶员监督检查频次。强化节能减排工作,积极推广节能型、环保型车辆,加速淘汰能耗高、排放超标的老旧车型。根据阳泉市郊区大气污染防治工作领导组通知,全区启动橙色预警,郊区交通运输局积极安排部署,对全区货运企业下达错峰运输生产和工程运输车辆停止运输的通知,向公众播报预警信息,与13家运输企业签订扬尘污染承诺书,有效预防重污染天气的出现。

【路政稽查严格高效】 2020年,郊区交通运输综合行政执法队加大巡查力度,坚决取缔公路用地范围内摆摊设点、设置非公路标志的违法行为,严格规范辖区运输车辆管理。上路巡查2930人次,巡查里程37833公里,拆除非公路标志2块、清理路边摆摊设点1处、排查辖区铁路周边安全隐患建筑物4处,深入村、重点路段打击非法营运非法网约车辆70余辆,办理许可案件3起、赔补偿案件3起、收取赔补费38953元整,结案率均达到100%,路政移交交警案件存档记录8件。按照省交通运输厅、省编办安排,郊区交通运输局接收郊区公路管理段移交的国省道干线的路政巡查和执法工作,里程为94.966公里。

【营商环境健康向上】 郊区交通运输局5月开始领办招商引资企业为合瑞源工贸有限公司。招商项目新建150万吨货运站和新建年产50万吨煤矸石免烧砖生产线项目为郊区招商引资重点项目。领办以来,区交通运输局和区商务局多次对接,并同合瑞源工贸有限公司接洽,积极推进办理项目招商落地前期手续。项目所在地和任家峪、固庄村、固庄煤矿三方的土地协调问题也已基本厘清边界分划,谈妥合作意向,合同条款也全部达成共识。截至年底,合瑞源项目进场道路已开工建设。

【交通扶贫取得实效】 2020年,郊区交通运输局承担着“贫困村通硬化路、贫困村通公交”两项行业脱贫任务和帮扶低收入村西南舁村的“两通一包”任务。年底,全区所有客运线路全部进行农村公交化改造,所有行政村实现通硬化路。郊区辖区内4乡3镇1中心共157个行政村(包括24个贫困村)通车率均达到100%。全区共开通公交客运线路53条,其中开通刘备山至上千亩坪村免费循环公交线路1条。“村村通”全覆盖不仅为荫营城区及周边地区百姓出行提供便利,带动荫营城区经济社会发展,为实施“五大战略”,打造生态宜居新城,建设现代城郊强区,奠定坚实交通基础。在省、市脱贫攻坚成效考核中,郊区是阳泉市有脱贫任务的4个县区交通行业扶贫(郊区、矿区、平定、盂县)中唯一评定为“好”的县区。

【疫情防控落实到位】 面对新冠肺炎疫情,郊区交通运输局提高政治站位,强化责任担当,按照区疫情防控指挥部安排部署,成立8个疫情防控监督检查队,参加5个高速路口的检查站防控工作,出动人员1050人次,查验过往车辆10277台次。按照区疫情防控领导组要求,将江正酒店改建为疫情留观隔离区,积极配合做好疫情防控后勤保障工作。对“双返”人员特别是“五省一县”的返岗人员,在做好信息登记和健康管理的同时按要求做好隔离等措施。在做好疫情防控工作中,根据疫情状况有序推进重点工程、局内工程和道路运输企业复工复产。

【党建工作全面深入】 以政治建设为统领,加强党风建设,推动党建工作全面开展。一是深化理论学习,营造学习氛围。扎实开展“星级党组织”创建活动,深入学习习近平总书记系列讲话和中共十九届五中全会精神等。二是有效开展“扫黑除恶”工作。结合交通工作实际情况,多次召开扫黑除恶会议,梳理局扫黑除恶专项斗争治理工作进展情况,并对专项斗争工作进行“回头看”。三是加大监管网络舆论力度。有组织、有目的地加强舆情引导,有特色地进行网络评论,完成网评任务145条。

(郊区交通运输局)

平定县交通运输局

2020年，平定县交通运输局面对新冠肺炎疫情和艰巨繁重的交通发展目标任务，全局上下凝心聚力、众志成城，顽强拼搏、共克时艰，积极推进“四好农村路”“太行一号”旅游公路和全国城乡交通运输一体化示范县建设，逐步完善以国道、省道为纽带，县乡村公路为延伸的县域公路网络，为全县高质量转型发展提供有力交通运输支撑。

2020年，平定县交通基础设施建设累计完成投资25.3999亿元，其中：国道307、国道207阳泉市绕城改线工程完成平定境内项目总投资（48亿元）的81%。完成固定资产投资16.0269亿元；“太行一号”国家观光旅游路平定段建设项目完成固定资产投资7.281亿元；开发区和独立工矿区项目全年完成固定资产投资1亿元；战备公路完成固定资产投资2000万元；广阳路、西外环绿化补植补栽工程完成固定资产投资547万元；国道307复线郊区界至娘子关公路路域环境整治绿化工程共计完成投资2263.27万元；“四好农村路”建设总里程232.524公里，总投资1.46亿元，全年完成固定资产投资6110万元。

【抓整顿、严把关，层层压实安全责任】 2020年，平定县交通运输局积极开展安全生产专项整治三年行动和“零事故”单位创建活动。按照“党政同责、一岗双责、齐抓共管、失职追责”要求，层层压实安全责任。强化对“两客一危”企业安全生产源头的风险管控；全面实施交通安全“减量控大”工程；积极推进公路生命防护工程和“平安交通”创建工作，以及“重点船舶、重点水域、重点时段”的安全监管等。全局7个专项安全生产检查督察组，共出动检查人员980余人次，对重点单位、企业、行业检查督查320余次、排查整治安全生产隐患15项，确保全县交通运输行业领域安全生产无事故。

【抓落实、严防范，强化疫情防控工作】 新冠肺炎疫情发生以来，全局干部职工投身疫情防控一线，坚守疫情防控“交通阵地”。第一阶段，累计投入疫情防控一线工作人员3000余人次。共检测车辆16万辆，检测人员25万人。取得全县疫情防控“零感染”的好成绩。第二阶段，全局抽调30多名执法人员，24小时轮流值班，配合县公安、卫体、县治超办加强环京出省口（郝家庄）的“双防”工作。第三阶段，为打赢秋冬季疫情防控的攻坚战，从9月15日至年底，投入人员300人次，确保全县疫情防控的顺利进行。

【抓机制、促发展，提升行业治理能力和治理水平】 2020年，一是机构改革工作顺利完成。根据中央机构改革有关精神和省委、省政府办公厅文件精神要求，积极探索“综合执法”新路子，拟定机构改革方案，挂牌组建平定县交通运输综合行政执法队。年底，平定县汽车客运总站和平定县安顺交通工程机械队改制为国有独资企业，名称分别为平定县捷安长途客运有限公司和平定县安顺建设工程有限责任公司。二是行业治理能力大幅提升。客运管理方面，全年班线客运量38万人/次，公交客运量17万人/次。并完成70个候车亭的整体安装任务。汽车站严格执行“四不进站、七不出站”规定，对全县150辆巡游出租车（包括更新的50辆纯电动车），做到每车每日通风、消毒，并及时发放燃油补助。货运管理方面，集中完成物流经营业户许可备案工作，开展全年度货运企业质量信誉考核，考核货运企业25户。维修管理方面，完成机动车维修备案工作企业12户。同时，深化维修市场管理，共排查企业105户，有效阻止不符合资质条件的维修企业进入市场。驾培管理方面，重点开展道路运输客货驾驶员继续教育培训51期，合格2880人；参加诚信考核的道路客货运输驾驶员累计6852人。汽车运输市场监管方面，共出动执法车辆845辆次，执法人员1665人次。没收非法出租汽车标志25块。接办高速交警和县公安局移送非法从事出租经营活动案件4件，罚款2万余元。推进国3级以下排放标准，淘汰营运中型和重型柴油货车40辆。路政、海事管理方面。路政部门共投入巡查人员1527人次，巡查公路380条次，巡查里程30万公里，清理非公路标志牌108处。完成市县交予的“一灯一带”在农村公路平交路口设置减速带127处。共拆除取缔非法限高限宽设施23处，收取路产赔偿费29万元。海事共平安运送旅客5万多人/次，开展两次水上应急演练，同时完成娘子关平阳湖码头附属设施工程建设。超限超载车辆治理方面。充分发挥源头治超治理优势，巡查源头企业累计1441户次，巡查人数累计3560人次；下达监督检查记录1100余份；签订“无双超”承诺书111份；办结县治超办责任倒查案件及各种督办案件共计143起。站点治超共出动稽查车辆715辆次，稽查人员5838人次，共检查车辆13万辆，查扣超限超载车辆83辆，卸货2242吨，移交交警罚款8.8万元，治超形势得到进一步好转。

【抓机遇、攻难点，推进城乡交通运输一体化进程】 2020年，平定县公路网总里程2251.935公里，形成“五纵七横十九连接”公路网总体构架，公路网通达深度和公路网密度全省领先。建成一级汽车客运站1个、二级汽车客运站1个、五级汽车站7个，物流枢纽站场1个，乡镇综合服务站10个，村级综合服务站220个。完成西城客运汽车站建设并投入运营，完成张庄、东回、柏井等多站合一的客运汽车站改造。城乡交通运输一体化发展水平达到AAAAA级。县域内建制村通硬化路率达到100%；县域内建制村通客车比例达到100%；城市建成区路网密度和道路面积率符合要求比例达到100%；中心城市公交站点500米覆盖率达到100%；建制村直接通邮比例达到100%；县域内所有乡镇快递服务网点覆盖率达到100%，县域内所有建制村通快递比例达到100%；11月18日至20日，平定县全国城乡交通运输一体化示范县创建工作通过交通运输部全面验收，并正式纳入全国首批城乡交通运输一体化示范县行列。

【抓措施、强后劲，坚决打好交通攻坚战】 一是污染防治成果进一步巩固。全年共出动公路环境治理2万余人次、动用车辆机械213辆(台)，倾倒公路沿线垃圾和堆积1000余吨。检查货运车辆3200余辆次，环境治理投入640多万元。在县交通运输局大力推动下，全县范围内建立覆盖县、乡、村的“路长制”管理体系。其中，县路22条、乡路51条、村路1355条，累计1428条，2068公里。保证农村公路处于良好的运行服务状态。另外，聘请太原云能科技有限公司对基础数据和电子地图进行更新，保证全县交通路网大数据精准、高效，为全县实施乡村振兴发展战略奠定良好的基础。二是交通脱贫攻坚战取得决定性胜利。根据中央、省、市、县关于认真做好脱贫攻坚决战完胜“交总账”精神，全年严格按照脱贫攻坚问题整改要求，补短板，强后劲，巩固脱贫攻坚成果，对表对标精准整改。12月13日，阳泉市委、市政府脱贫攻坚验收考核组对县交通运输局交通行业扶贫成效资料进行检查验收，给予充分肯定和好评。

【抓党建、促廉政，扛起从严治党责任】 2020年，局党组以上率下，以习近平新时代中国特色社会主义思想为指引，深入贯彻落实中共十九届二中、三中、四中、五中全会精神，牢牢扛起全面从严治党主体责任，负好主责、首责、全责。共组织召开党组会和局务会42次，组织18次中心组(扩大)集中学习，党建工作专题会议8次、协调推进会6次，做到党建工作常态化制度化。先后组织18次中心组(扩大)集中学习。全局党员干部100%参加“学习强国”和“三晋先锋”的学习，总得分均排在全县前列。通过重温党誓词、参观红色教育基地、党员志愿服务、党员先锋岗活动和宪法宣誓等主题教育，在全局营造浓厚的学习氛围和自上而下合力抓党建的浓厚氛围。与此同时，全局广大职工认真贯彻落实上级党委和纪委关于党风廉政建设责任制规定，制订党风廉政建设和反腐败工作实施方案，组织党员干部到市纪委监委廉政教育基地接受党风廉政和反腐败教育等，9次召开党风廉政建设暨反腐败工作会议、召开以案说法警示教育会，强化不敢腐的震慑，扎牢不能腐的笼子，增强不想腐的自觉。坚持集体领导和分工负责相结合、重大事项、干部任免、项目安排、大额资金使用等重大事项均由党组领导班子集体决策。严格落实民主生活会和组织生活会制度，保持全局党组织风清气正的良好态势。此外，县交通运输局在精神文明建设、文化科技、交通战备、扫黑除恶、“双创”工作、节能减排、交通信息、综合治理、消防安全以及工青妇等各项工作均取得优异成绩。年内，被阳泉市委市政府授予“阳泉市模范单位”称号。

（平定县交通运输局）

盂县交通运输局

2020年，在盂县县委、县政府正确领导和上级部门关心支持下，盂县交通运输局紧紧围绕县委、县政府工作发展大局，坚持“乡村振兴、交通先行”的发展思路，周密部署，勠力攻坚，一手抓疫情防控，一手抓事业发展，取得良好工作成效。

【突出政治建设，党建工作再提升】 2020年，大力实施“党建+”工程，以党建创新引领各项工作发展，进一步规范党建工作机制，推动规范性型党组织建设，取得良好效果。一是强化理论武装。以深化“不忘初心、牢记使命”主题教育成果为载体，强化学习型党组织建设。采取注重“自学”、倡导“领学”、分类“促学”、创新“导学”的方式，年内，共开展党组中心组理论学习26次，集中学习75次，撰写工作动态75篇。加大法律法规、业务知识、形势教育等，打牢守初心、担使命的思想根基。二是抓好党员队伍管理。对下属7个党支部开展党员相关情况调查统计工作，进一步摸清各支部党员信息底数，为今后更好地开展工作奠定基础；持续推进“亮灯领航”行动，引导党员亮身份树形象，亮不足找差距补短板，时刻发挥先锋模范作用；落实好谈心谈话制度，年内，共谈心谈话4次，进一步拉近领导干部与干部职工群众的关系；鼓励党员深入社区积极参加各类活动，党员干部参加社区志愿服务活动2次45人、参加文明劝导志愿服务40人；严格落实“三会一课”制度，加强党员教育和管理，提高党员素质，增强基层党组织的战斗力。全年接收预备党员1名，发展入党积极分子3名。全面发挥党员先锋模范作用，组织党员积极为防疫工作进行捐款，局党组7个党支部116名党员自发性捐款14900元。三是开展推进干部治理能力提升工程。围绕习近平视察山西重要讲话精神，进行专题讨论和专题辅导，撰写个人体会；围绕党的建设、脱贫攻坚政策、强国学习、扫黑除恶等进行知识测试2次，开展民主评议党员，不断提高党员的政治觉悟和工作水平；结合创卫工作，组织干部职工深入重点场所开展志愿服务活动和爱国卫生季活动；邀请法律顾问开展《中华人民共和国民法典》辅导，组织党员到警示教育基地开展以“警钟长鸣，引以为戒”为主题的廉政教育活动；按照高质量打赢脱贫攻坚战要求，局全体帮扶责任人每月入户走访，进行政策宣传，同时开展“预约式、订单式”消费扶贫活动2次，累计与贫困户对接签订小米、土豆、小杂粮等农产品协议82份，总价值1.445万元。

【创建“四好农村路”，主推交通全面发展】 2020年，通过探索交通建管养运新模式，最大限度激发交通活力，让交通成为乡村振兴和高质量发展的强大“引擎”。一是落实公路建设责任，建好县域交通网。积极创造条件，加快推进开工项目进度。2020年实施交通项目4个，完成投资32792万元。省道双阳线盂县过境(交口至西小坪)公路改建工程4月底复工建设，年底完成路基主体工程；省道盂榆线盂县绕城公路工程公路改建工程7月上旬复工建设，除涉煤段外路面工程已完工，涉煤段准备进行砂砾垫层施工，年底完工；“太行一号”旅游公路赵家岔至温泉路口段路基主体工程已完工、路面工程完成5公里，椿树底至赵家岔、车轮至西麻河驿10月中旬开工建设，正在进行桥梁基础施工；梁家寨收费口至大杀古村、大杀古村至车轮、西麻河驿至西关头、崔家庄至庄只、东庄头至盂平界79.1公里新建工程，6月底完成初步设计的编制及评审，正在编制施工图初步设计，发布招标公告和招标工作，争取2021年一季度开工建设；国道239、国道338公路改建工程招投标工作已完成，11月7日开工奠基，正在进行场地平整和项目部搭建工作，到位地方政府专项债券资金10亿元，已纳入交通运输部“十四五”规划，争取中央和地方政策性补助资金；110公里养护提质工程全面完成工程建设任务并通车。二是落实公路管理责任，管好群众出行路。首先，加大路政巡查，各巡查队每月上路巡查不少于20天；加强涉路施工活动监管，对施工程序、标志设置、安保设施等进行检查,截至年底,办理行政许可2件,结案率100%。其次,严格超限治理。对超限、绕行、污染公路等行为进行专项整治,一年来,共查处超限超载车辆162辆,卸载转运货物4909吨,罚款26万元;开展货物运输源头超载超限治理工作,累计检查车辆1200余辆,现场纠正超载货车30车次,对源头治超工作落实不到位的单位主要负责人约谈5次,确保货物运输市场安全稳定。再次,抓好科技治超。全县共有30家源头企业接入科技治超平台,在重点路段安装监控系统15处,进行实时监督,实行非现场监管。最后,着力开展路域环境整治。共清理路面堆积物560立方米,清理公路两则违法违章广告牌、标牌13块,劝告清理乱摆卖24处,营造畅、安、舒、美的路域环境。三是落实公路管养责任,推进公路养护体制改革。深入推进农村公路"路长制"工作,确保运行机制完善、工作制度健全,实现县、镇、村三级农村公路管理养护常态化、制度化。按照春夏季集中养护活动统一部署,集中力量加大养护管理力度,加大农村公路安全隐患大排查,重点排查农村公路安全隐患和公路病害,对各类问题进行集中整治,确保各项任务全面完成。年内,处治翻浆430平方米,砼水稳补强层铺筑496平方米,刨除旧油皮1840平方米,修补油面15516.12平方米,处治路面裂缝8公里,加快"一灯一带"建设,安装减速带76处704米,安装和新增标志标牌37块。围绕脱贫攻坚专项巩固提升行动,共核查确定需完成病害处置的路段为:县道3条、乡道9条、村道31条(包括贫困村村道重建路段),其中:坑槽9740平方米、沉陷9298平方米、裂缝29007米、松散13032平方米,预算投入养护资金560万元左右。至目前,59个贫困村村道和农村道路病害处治已全面整治完成。四是落实运营责任,推进城乡客运一体化发展。第一,规范公共交通运营,开通城市公交线路9条,公交票价为1元/人次,65周岁以上老年人、残疾人和现役军人免费乘坐公交;县安捷农村公交客运有限公司共新购15辆9座客车,开通农村客运班线68条(其中县市区内班线3条),全县14个乡镇和432(现277)个行政村已全部通客车,通客车率达100%,其中以城市公交车实现通达55个村,以客运班车实现通达的有280个村(通到村口2公里以内的68个),以区域经营、预约响应实现通达的有97个村。第二,亮化净化公交站牌。投资120万元,对全县公交站牌进行新增、拆除、维修,提升群众候车环境。第三,开展客运市场整治攻坚行动。稽查检查出租车、公交车近100台次,纠正违章40余台次,为广大市民提供良好的乘车环境;加大非法营运车辆查处,共查处非法营运车辆34台次,一律予以上限处理,进一步规范净化客运市场。第四,加强危货运输企业日常监管,对危货运输企业开展安全大检查8次,现场纠正消除各类安全隐患12余项。第五,做好维修驾培行业复工复产工作。从环境卫生、复工复产开业标准、诚信经营、绿色环保等六个方面挨户进行督查,累计走访维修经营业户116家,发放相关资料800余份。

【落实防控责任,严把城市入口】 一是科学设卡。经多次实地踏察,共设置检查站10个,分别是境内高速收费站6个、阳泉北站、县汽车客运站接送点和2个超限站,有效杜绝全县输入性新冠肺炎现象发生。二是严格防疫。各卡口严格按照检查流程开展工作,落实落细各项排查管控措施,做到"三查三问一识别",坚决阻断疫情输入风险,筑牢疫情防控"防火墙"。认真填写《公路交通防疫检查站外省返盂人员登记表》和《重点地区返盂人员登记表》,进一步规范完善来自重点地区人员接触史的入盂人员检查排查登记;认真落实交通检查工作流程,对所有车辆进行检查登记、消毒,人员进行询问登记、测温等,确保不漏一车一人,筑牢城市进出防线;严抓行业疫情防控,出租车制作车辆乘客实名登记台账,推行乘客实名登记测温乘车制度,做好复工复产交通的疫情防控工作。

【落实廉政责任制,持续正风肃纪】 一是切实履行党组主体责任。年初印发《2020年党风廉政建设工作要点》,并对工作任务进行分解。3月24日召开局党风廉政建设工作会,对2020年党风廉政建设工作进行安排部署。二是完善全面从严治党三个清单。做到责任清、任务清、问责清。三是局党组与各支部层层签订党风廉政建设目标管理责任书。筑牢拒腐防变意识。四是完善廉政风险点防控制度。对照职责、对照岗位重新梳理交通领域廉政风险点，将廉政预防关口前移，做到管好关键人、管到关键处、管住关键事、管在关键时，不断提高拒腐防变工作的精准度，努力构建不敢腐、不能腐、不想腐的长效机制，推动全面从严治党向纵深发展。

【加强交通综合治理，助推交通发展】 加强普法依法治理工作。一是建设法治政府单位。将法治政府建设工作纳入摆上重要议事日程，同党建工作、业务工作同部署、同安排、同检查，确保法治政府建设工作扎实有序推进。年内，会议研究法治政府建设工作2次。二是加强依法行政工作，对全系统所有到期执法证进行申领换证。三是加强“七五”普法工作，落实普法责任制，制订普法学习计划，做到每月一次法律法规学习，增强法律意识；积极做好无纸化法律学习，全系统执法人员按照时限和学习内容，通过学法，增强执法人员的知法、懂法、用法意识，为规范执法行为提供保障。四是加强矛盾纠纷排查工作。以信访转办单、“12345”平台、政民互动平台和微博投诉为主，全年共办理各类信访件20件。加强意识形态领域建设。一是完善分析研判机制，定期分析研判意识形态领域情况，维护意识形态安全，年内，排查意识形态领域问题4项；二是加强“两微一端”管理，切实对全体干部职工微信管理，做好日常干部上网管理；三是做好微博管理，及时对网友反映的问题进行回复，共答复网友问题13件；四是及时解决信访案件，年内“12328”交通运输服务监督电话共收到18件投诉和转办事项，已办结18件。

【全面开展安全检查，实现稳步发展】 一是开展安全生产专项整治。重点围绕客货运输、公路建设，多次开展安全生产大检查，每月不定期对客货运维驾培企业开展安全检查，对建设项目开展安全检查2次，水上交通安全检查2次。二是积极开展安全宣传月活动。制订《安全生产月活动实施方案》。安全生产月期间，共计发放宣传资料500余份、宣传物品100余份，接受群众咨询110余人次，为广大市民充分解交通安全知识、增强安全出行意识发挥积极的引导作用。三是启动开展“安全生产专项整治三年行动”。制订《道路运输安全专项整治三年行动实施方案》，结合“三零”单位创建活动，全面开展道路运输安全整治活动和城乡建筑领域装饰装修工程违法违规行为排查专项整治工作，年内，对全县136家道路运输企业普遍进行4～5轮安全检查，其中，货运企业72家、客运企业4家，危货企业1家，维修企业55家，驾校3家，出租企业1家；联合应急管理局检查危货企业2家，联合县市场监督局开展“双随机、一公开”检查企业20家；督导各企业深入贯彻落实安全生产专项整治三年行动部署要求，严格落实安全管理主体责任；各企业共查出存在的一般隐患17处，下发整改通知书2份，执法人员全部跟踪整改完毕；对不按照核定包车线路运营的1家客运企业予以行政处罚。

（盂县交通运输局）

吕梁市

吕梁市交通运输局

2020年，在吕梁市委、市政府和省交通运输厅正确领导下，全市交通运输系统认真贯彻落实习近平总书记关于统筹推进疫情防控和经济社会发展的重要指示精神，贯彻落实习近平视察山西重要讲话重要指示精神，贯彻落实省委“四为四高两同步”的总体思路和要求以及市委、市政府决策部署，扎实推进重点项目建设，坚决打好打赢脱贫攻坚和污染防治攻坚战，不断深化交通领域改革，交通运输工作迈上新台阶，为交通运输高质量发展奠定坚实基础。

【疫情防控】 2020年，新冠肺炎疫情发生，局党组坚决扛起疫情防控主体责任，基层党组织和广大党员干部勇于担当、尽职履责、无私奉献，用实干担当筑牢交通抗疫防线。局防控领导组25次召开会议，专题研究疫情防控工作。研究制订疫情防控方案，细化行业五大领域专项防控措施。抓住交通传播、外防输入、冷链输入等关键关口，统筹推进疫情防控。全市交通系统共投入430余人次参与疫情防控，储备应急车辆237辆，发放通行证7606张，累计处理公路受阻情况131件，筹措消毒液4000余千克、口罩万余只，优先用于公共交通和企业复工复产。3月份，交通运输部门一手抓防控，一手推进复工复产，定制包车服务，累计向省内外23个城市运送返岗复工人员1944人。3月底，全市所有的道路运输、城市客运、重点工程、农村公路建设项目全部复工复产，为经济发展贡献交通力量。

【公路建设】 一是高速公路、重点项目建设。省、市领导高度重视交通重点工程建设，市委书记李正印、市长王立伟、副市长杨巨才多次深入交通建设项目一线调研。省交通运输厅厅长闫晨曦、副厅长李贵顺多次到吕梁督导调研，有力推动重点工程建设。全年共开工4条高速、6条国省道改线工程，共完成投资112亿元，完成计划任务的112%。静兴高速公路年度完成投资31.3亿元，完成任务的129.2%，开工累计完成投资87.1亿元，完成总投资的80%；祁离高速公路完成投资9.1亿元，完成年度投资计划的41%，开工累计完成投资40.3亿元，完成总投资的32.2%。离隰高速公路累计完成投资20.3亿元。国道209改线项目年度完成投资23亿元，完成年度投资计划的113.6%，开工累计完成投资32.89亿元，完成总投资的46.2%。“黄河一号”旅游公路年度建成187公里，完成投资10.4亿元，完成年度计划的146%。2020年年底，“黄河一号”旅游公路一期主线228公里、支线95公里全部建成，二期工程柳林、石楼段95公里按计划开工，“城景通、景景通”的旅游公路网络已经初步形成。二是“四好农村路”建设。市县两级认真贯彻习近平总书记关于“四好农村路”建设的重要指示和关于脱贫攻坚的重要论述，市政府将“四好农村路”建设纳入年度考核内容，2次组织召开“四好农村路”和“黄河一号”旅游公路建设推进会议。2020年，新建改建“四好农村路”2024公里，完成目标任务的117%。实施安全生命防护工程1341公里，完成目标任务的136%。共完成投资16.1亿元。其中，完成窄路基路面拓宽改造工程491公里，撤并建制村等较大人口自然村通硬化路建设工程105公里，养护提质工程1391公里，资源路旅游路产业路改造工程30公里；危桥13座423米、隧道提质升级改造1座，乡镇客运站1个。截至2020年年底，全市公路通车里程17561公里，公路密度达到83.10公里/百平方公里，全省排名第十；二级以上高等级公路3029公里，占总通车里程17.4%；等级公路达到17098公里，占通车里程97.4%。截至2020年年底，全市共有66个乡、81个镇、17个街道办事处、3068个行政村实现通硬化路和通客车全覆盖。

【农村公路养护】 2020年，全市农村公路通车里程达15435公里，占公路通车总里程87.9%。全市农村公路列养率达100%，县、乡公路优良路率达到85%以上。严格落实县级政府养护管理主体责任，全面推行农村公路“路长制”工作，建立县、乡、村公路管理基本信息数据库，健全农村公路养护管理体制，完善组织体系，构建职责明确、齐抓共管、高效运转的工作机制，形成路联管、路全管、路共管、路常管的农村公路发展新格局。加大农村公路日常养护投入。全市有7个县（市、区）政府将农村公路养护管理经费和人员基本支出已纳入一般公共财政预算，全市农村公路日常养护全年投入9600余万元。

【运输管理】 一是运政管理。强化道路运输监管，依法对全市17家道路客运企业、12个汽车客运站、4家旅游客运企业、13家综合性能检测站等道路运输企业进行2019年度质量信誉考核工作，考核结果及时进行公示。二是路政治超。集中开展“路政宣传月”活动，开展路政执法，依法拆除公路沿线广告牌

55处、违章建筑1处，新增设公路标志（警示）牌26块，安装减速带13处49米，清理各类路障50余处。发现并查处路政案件92起，赔偿率达100%，路产恢复验收率达100%，结案率达99.8%，查处擅自超限车辆20余辆，超限超载率始终控制在0.2%以内。三是城市客运管理。截至2020年年底，全市共有城市公交企业18户，城市公交车辆1376辆，其中：吕梁市区共有城市公交企业2户，城市公交车辆465辆（全部为新能源纯电动汽车）。全市共有公交线路161条，线路总里程3072.5公里，其中吕梁市区共有公交线路25条，线路总里程380公里。全市共有巡游出租汽车企业37户，出租汽车2821辆，其中：吕梁市区共有出租汽车企业6户，出租汽车453辆（全部为新能源纯电动出租车）。全市共有8户网约车平台获得经营许可，共投放网约车190辆（交城、文水、汾阳、石楼、离石、交口、柳林）。2020年，为全面建成小康社会，打赢蓝天保卫战，全面贯彻实施新能源发展战略，全面启动新能源电动车在公共交通领域的更新工作。截至年底，吕梁市区更新、新增新能源公交车260辆，更新453辆新能源出租车，吕梁市建成区全部实现公交、出租车新能源全覆盖，每万人拥有公交车辆达到14.78标台，实现全面建成小康社会公共交通服务指标。同时，加快公共基础设施建设，全市新建公交候车亭207个，建成公交停保场1个，建设充电站5个，充电桩96个，可同时为192辆车充电。市区新增10条公交线路，运营里程达到413公里，公交出行分担率达到20%，较上年增长1倍。四是驾驶员培训管理。截至2020年年底，全市共有驾校35所；教练车1702。受疫情影响，所有驾校于2月4日起暂停培训，到5月底，有序恢复机动车驾驶员培训服务和道路运输从业人员资格培训考试。全市驾培行业管理部门狠抓培训质量，加大对驾校培训工作的监管力度，全市行业管理部门对34所驾校培训工作中出现的问题进行2次约谈、整改培训过程中出现的问题17项。五是国三及以下排放标准营运柴油货车淘汰。2020年，全面推进国三及以下排放标准营运柴油货车淘汰工作。市政府成立淘汰工作领导组，市交通运输局牵头组织协调交警、环保、财政、市场、商务等部门，简化手续，建立补贴制度，建立“一站式”服务窗口，优化服务，全力推动国三及以下排放标准营运柴油货车淘汰。截至年底，国三及以下排放标准营运柴油货车淘汰5139辆，超额完成省下达任务3677辆的140%。全省排名前列。六是运输结构调整。2020年是运输结构调整三年行动计划最后一年，市交通运输局全力推进运输结构调整，推动大宗货物运输“公转铁”，将任务分解到各县市区，落实到各铁路局、机务段。与省交通运输厅对接，3次组织召开运输结构调整专题会议，3次组织开展督导工作。截至年底，全市“公转铁”铁路货运量达到8505万吨，超额完成省下达任务的131%，全省排名前列。

【水运管理】 截至2020年底，全市经县政府批准设置的渡口码头58处，其中：黄河渡口码头31处（其中兴县8处，临县11处，柳林5渡口1码头，石楼6处）。水库、湖泊、湿地公园码头18处（方山4处、文水2处、交城5处、孝义市7处）。交城县水上漂流码头9处。

全市有注册水运企业6家（临县4家，柳林1家，石楼1家），其中正常运营的企业4家（临县3家，柳林1家）；营运船舶22艘（黄河文化开发中心及所经营的船舶7艘，总吨位25吨，客位114座，总功率446.89千瓦；山西碛口黄河旅游有限公司船舶7艘，总吨位17，客位56，总功率294千瓦；临县碛口镇水蚀浮雕旅游有限公司船舶3艘，总吨位8吨，客位25座，总功率117.6千瓦；临县黄河画廊旅游有限公司船舶5艘，总吨位10吨，客位44座，总功率264.6千瓦）。因经营状况不佳暂时停业企业2家（临县1家，石楼1家）。其中，石楼县辛关镇奇湾黄河渡运有限公司及所属的3艘船舶，总吨位4吨，客位24座，总功率102.9千瓦，临县碛口镇航运有限公司及所属的12艘船舶，总吨位12，客位61，总功率355.8千瓦。

2020年，全市水路运输客运量6.406万人、旅客周转量18.834万人公里，货运量0.0091万吨、货物周转量0.0032万吨公里。

【安全管理】 不断夯实安全管理基础工作，有效维护行业平安稳定发展。一是坚决扛起安全生产主体责任。全年局党组专题研究安全生产工作5次，召开安全生产专题会议3次，集中学习安全生产关有知识内容4次，召开安全生产工作例会12次。研究制订出台《2020年安全生产工作要点》，及时调整安全生产委员会成员，对安全生产工作进行全面部署，明确工作任务，细化安全责任，落实责任到人，全力把安全生产工作落到实处。二是持续推进安全生产工作落实。制订出台《2020年交通运输安全生产监督检查计划》《交通运输安全生产专项整治三年行动方案》《"零事故"创建工作实施方案》等部署文件，大力开展"安全生产月"活动、"零事故"单位创建，扎实开展安全生产大排查大整治专项行动和道路运输、水上交通、公路运营、公路建设等各领域的隐患排查专项整治行动，全力推动"安全生产专项整治三年行动"落地见效。认真吸取临汾"8·29"、太原"10·1"等重大安全事故教育，局领导在重要节假日、两会等时段带队6次组织开展疫情防控和安全生产监督检查。全年检查企业150余家，市级督促企业整改安全隐患122条，县级督促企业整改安全隐患874条，不断夯实企业安全主体责任，全市交通领域未发生重大以上责任事故。认真整改国庆、中秋节日期间，副省长卢东亮、省交通运输厅第九督查组在安全检查中发现的问题，先后3次召开专题会议，研究问题整改，各单位举一反三，对照问题，认真进行整改落实。汾阳市对有关责任人进行追责。三是强化安全生产教育培训。全面加强安全教育培训体系建设，全年共组织运输企业负责人及安全员考核10期，参加人员173人，提升企业主体安全意识。吸取国道209改线事故教训，在全市工程建设领域开展安全生产专项督查，3次深入静兴、国道209项目等重点工程一线督查，分析案情、举一反三，开展安全警示教育。组织吕梁公交公司、国道209吕梁改线工程分别开展实战安全应急演练，检验应急预案，提高应急处置能力，参与演练人数达470余人次。还组织开展第19个"安全生产月"和"安全宣传咨询日"活动。四是积极开展"三零"单位创建工作。出台《开展"零上访、零事故、零案件"单位创建活动的实施方案》。党组2次召开专题会议，研究工作措施，完善实施方案，进行再动员、再部署，推进工作落实。将"三零"创建工作纳入年度目标责任考核，实行"一票否决"制度。紧盯"零上访、零案件、零事故"，重点围绕安全生产、道路交通、危货运输三个关键领域，创建完善基础台账，建立和完善应急处理机制和信息快速反馈制度，确保全局进入"三零"单位行列。

【法治建设】 局党组贯彻落实中共十九届五中全会精神，高度重视法治交通建设，将法治交通建设摆在全局工作的重要位置。一是加强普法宣传教育。认真落实"谁执法，谁普法"责任制，制订法治宣传教育计划，强化法治宣传教育工作。举办法治讲座4次，邀请山西晋凯律师事务所律师对《中华人民共和国国家安全法》和《中华人民共和国民法典》进行详细解读。利用"6·14"信用记录关爱日、"12·4"宪法宣传日广泛开展信用和法治宣传，扎实开展"信用交通宣传月"活动，大力营造全民讲信用、守信用，崇法守法的良好法治氛围。二是加强行业监管工作。健全完善"双随机、一公开"监管机制，制订联合抽查计划，加强行业事中事后监管工作。积极开展互联网+监管工作，共报送监管行为77项，申领监管事项40项，完成互联网+监管工作。三是推进行政执法规范化建设。推进交通运输综合行政执法"四基四化"建设，编制完成并上报行政执法三项制度"五清单、一指南、一流程图"。认真落实《山西省交通运输厅交通运输行政执法用语指引（试行）和行政执法文书式样（试行）》，严格要求执法人员持证上岗、亮证执法、规范执法，有效提高基层行政执法水平。

【交通扶贫】 加大交通扶贫攻坚力度，不断扎实补齐贫困地区基础设施短板，制订实施《2020年交通扶贫决战完胜行动方案》，重点实施撤并建设村通硬化路26公里和348公里的窄路拓宽、1156公里的养护提质973公里的安全生命防护、11座危桥改造工程，助推贫困县全面脱贫。截至年底，全市3068个行政村实现通硬化路和通客车全覆盖。

【扫黑除恶】 认真履行行业监管职责，整治行业重点领域乱点，特别是开展客运领域行业秩序专项整治工作，不断净化行业环境，规范市场秩序，推动本系统扫黑除恶专项斗争工作向纵深发展。大力开展以行业治乱为主要内容的扫黑除恶专项斗争，联合交警等部门，分两次开展为期五个月的客运市场秩序专项整治，重点整治非法网约车和市区定点非法营运车辆，共计出动120余辆次执法车，480余人次参与客运市场专项整治行动，共查扣非法营运车辆35辆，罚款16余万元，吕梁市区客运市场秩序明显好转。

【党的建设和党风廉政建设】 深入推进全面从严治党，压实主体责任，扎实抓好党的政治建设、思想建设和组织建设，不断推动全面从严治党向纵深发展。一是压实党建主体责任。局党组坚持以习近平新时代中国特色社会主义思想为指导，把党的政治建设放在首位，认真落实管党治党主体责任，教育引导党员干部牢固树立“四个意识”，增强“四个自信”，坚决做到“两个维护”。制订落实年度机关党建责任制，将党建工作与业务工作同安排、同部署、同落实。建立局领导包联支部的制度，明确党组书记“第一责任人”责任，班子成员履行“一岗双责”。二是加强理论武装。局党组中心组15次组织集中学习，认真学习贯彻习近平新时代中国特色社会主义思想，学习贯彻习总书记三篇光辉文献、习近平总书记视察山西重要讲话重要指示和《习近平谈治国理政》(第三卷)等。原原本本学原文、读原著、悟原理，切实推动全局党员干部用习近平新思想新理论武装头脑、指导实践、推动工作。三是加强党风廉政建设。召开全市交通运输系统党风廉政建设和反腐败工作会议，党组对党风廉政建设进行全面安排部署。党组书记与班子成员，班子成员与分管科室负责人签订2020年党风廉政建设责任清单。局党组认真贯彻落实市纪委监委“三个年”活动要求，在全市交通运输系统组织开展“党风廉政教育年”活动，出台活动方案，以“五廉”(编发廉政微信、组织廉政培训、讲廉政党课、征集廉政书画、开展廉政教育)活动为抓手，努力推动党风廉政建设“进机关、进系统、进企业、进项目”。全年共组织编发廉政微信125条，发布省、市纪委监委曝光典型违纪案例26次，开展廉政警示教育8次，观看警示教育片5次，班子成员讲廉政党课5次，党组书记、班子成员与相关人员共谈话30人39次，用身边人教育身边人1次，通过身边事教育身边人，警醒党员干部以案为戒、警钟长鸣，有效提升全市交通系统干部的拒腐防变能力。组织全体党员干部赴武乡太行山干部学院和右玉干部学院进行党风廉政教育集中培训，达到业务工作与党风廉政建设工作高度融合。四是加强作风纪律整顿。组织开展为期一个月的机关作风纪律整顿，进行7次不定期查岗，通报批评不在岗人员26人次，约谈2人，主动辞职7人，极大地提振全局干部职工的精气神，全方位激发大家干事创业的激情。组织开展指尖上的形式主义整治，清理摸底互联网应用App和微信群，净化行业互联网应用。开展反对浪费厉行节约整治，有效整治舌尖上的浪费，倡导“光盘”行动，培养勤俭节约的良好风尚。

【行业文明和新闻宣传】 一是加强党的政策宣讲。通过全市城市公交车、出租车以及车站等重要场所LED显示屏积极宣传社会主义核心价值观。局领导班子进机关、进系统、进企业、进项目，积极宣讲习近平新时代中国特色社会主义思想和中共十九大，十九届四中、五中全会精神，使党的理论方针和党的扶贫惠农政策深入基层、深入群众。二是开展“讲帮树”活动。在市局帮扶的临县两个贫困村开展丰富多彩的“讲帮树”活动，为庆祝中国共产党建党99周年，局党总支组织在帮扶村临县高家山村和田家山村开展“迎‘七一’、感党恩、送温暖”活动。副局长杨志峰两次为帮扶村的党员和帮扶工作人员讲专题党课，组织全体党员重温入党誓词。元旦、“七一”等重大节日，党组专门慰问村里老党员和特殊困难户，真真切切让他们感受到党的关怀和温暖。局党组帮助村里建立起爱心超市，并捐赠12000余元的日用生活品。积极支持农业扶贫，组织广大党员干部购买两个贫困村的土特产，帮助两村贫困户销售1万余元的核桃、小米等农副产品。

三是行业精神文明建设再结硕果。6月29日，局党组召开纪念建党99周年暨“七一”表彰大会，对2个先进基层党组织、2名优秀党支部书记、5名优秀党务工作者、16名优秀共产党员和10名“学习强国”优秀学员进行表彰。按照省委部署，市局对五年来参与脱贫攻坚表现突出的13人予以嘉奖，市人社局对1人记功表彰。下属单位还举办以“廉洁守纪 从心开始”为主题的道德讲堂活动，通过“七个一”（唱首歌、省自省、看短片、讲故事、颂经典、听党课、发感悟）的形式，让每一名党员干部都接受廉洁文化道德洗礼。

（吕梁市交通运输局）

离石区交通运输局

2020年，在离石区委、区政府正确领导下，在省、市交通运输部门大力支持下，离石区交通运输局认真贯彻落实中共十九大历次全会精神，全心全意以服务宗旨，大力弘扬不屈不挠、艰苦奋斗精神，真抓实干，永不言败，在吕梁大地谱写交通运输发展新篇章。

【农村公路建设】 一是开工建设凤山区域“四好农村”循环道路。截至年底，主体工程基本完工，采煤沉陷路段经请示区政府，路面按照碎石级配全部铺装完毕，其余沥青路面已基本铺装完成。二是首条彩色沥青道路（长板塔至交城界）建成通车。全长3.54公里，路面宽6.5米，采用彩色沥青混凝土，铺设半幅红色半幅绿色路面，与沿途森林美景交相辉映，沿途设置停车点两处。该道路的开通，为市民提供健步、骑行、观光的优美环境，同时，与方山、交城两县旅游景点实现互通互联，对加快全区东片区旅游资源开发起到推动作用。三是规划完成旅游道路。虎山旅游道路、大土河现代煤化工产业园区道路、兔坪特色农产业园区道路、前马家村至御林山至霜雾都旅游道路、吴城镇下三交区域研学旅游道路，五条道路前期手续已全部办结。其中大土河现代煤化工产业园区道路成功申请政府专项债券，并已开工建设，虎山旅游道路也已开工建设。

【农村公路养护】 一是全面推进公路养护体制改革和推行农村公路“路长制”。按照省、市文件精神，研究制订全区养护体制改革实施意见和“路长制”方案，确定县、乡、村三级管护人员，明确各级工作职责，进一步明确农村公路管护责任，逐步提升农村公路综合治理能力。二是对西华镇至苍儿会道路、上三交道路、陶家庄道路、塔则沟道路、千年至西华镇道路、西华镇至交城界道路、牛塔线、南庄至坪头互通道路，八条道路进行了养护提质和完善安防设施。

【疫情防护】 根据区委、区政府《离石区防控新型冠状病毒感染的肺炎疫情工作方案的通知》文件精神，区交通运输局高度重视、严格部署，以对人民群众高度负责态度，进一步提高政治站位，强化风险意识，主动担当作为，严格落实各项防控措施，加大宣传教育力度，强化行业管控力度，确保所辖领域各项工作平稳运行，未发生疫情和疑似病例。

（离石区交通运输局）

文水县交通运输局

2020年，在文水县委、县政府正确领导下，在省市交通运输部门大力支持下，县交通运输局一班人认真贯彻落实中共十九大及历次全会精神，大力弘扬刘胡兰精神，不断提高认识，干部服务努力，一张蓝图绘到底，全县交通运输工作发展更上一层楼。

【“四好农村路”建设】 共33段，总里程76.046公里。其中公路养护提质工程共20段，路线全长54.454公里，窄路基路面拓宽改造工程共13段，路线全长21.592公里。项目涉及工程内容有路基工程、路面工程、排水工程、防护工程等。工程估算总造价2523.6128万元，其中建安费为2053.3415万元。工程建设期120天，年底全部完工。

【农村公路建设】 一是完成文水县磁窑河东堰道路工程。项目路线总长为26.224公里，路面结构采用20厘米砂砾基层+3厘米石屑磨耗层，路面宽度3.5米，路基宽度4.5米。施工图预算总投资为540万元，其中建安费467.9万元，截至年底，全部完工。

二是完成文水县贫困村养护提质工程。项目建设地点为马西村、大南峪、小南峪、曹家山,其中:马西村村东路修复工程全长0.144公里,路面宽12米;大南峪至战备路养护提质工程全长5.448公里,路面宽5米;中渠至小南峪养护提质工程全长2.800公里,路面宽3.5米;曹家山至国道养护提质工程全长6.602公里,路面宽3米。截至施工图预算总投资为549.3678万元,其中:建筑安装工程费488.6027万元。项目年底全部完工。三是完成开栅镇美丽乡村道路建设工程。项目是为加快推进美丽乡村建设,全面落实乡村振兴战略,县委、县政府选择区位条件好,经济基础强、带动作用明显的开栅镇实施:工程总长为7.826公里,工程内容为改扩建工程,设计标准为四级及四级以下公路,涉及5个村7段路分别是:(1)文倚村(主街);(2)开栅村(民兵路);(3)武陵村(主街),武陵村(东街);(4)北峪口村(主街),北峪口进村路;(5)樊家庄至方圆村。预算总金额为923.6万元,其中,建安费为797万元。截至年底全部完工。四是完成2018—2020年"四好农村路"建设任务。该PPP项目由3个子项目组成:(1)文水县建制村通硬化路、危桥改造工程。建制村通硬化路:建制村通硬化路共112条路,路线总长度204.3公里,涵盖全县所有具备条件的乡镇、村。危桥改造工程:拆除重建15座桥梁,全长为638米。其中小桥306米/9座,中桥332米/6座。(2)安全生命防护工程。项目位于开栅镇、马西乡、凤城镇等乡镇境内。总里程34.1公里,工程主要为在原先道路已有的标志标牌的基础上加设安全生命防护设施。(3)柳杜至西城改建工程。项目位于文水县西城乡、南庄镇、南安镇境内,工程主要为县道改扩建工程。公路技术标准为二级公路。标准路段路基宽度17米,过村路段路基宽度15米,路面行车道宽度为4×3.5米,设计行车速度60公里/小时。该项目总投资3.7亿元,建设工期为2年(2019年至2020年),2020年全部完工。

【国道建设】 主要是完成国道241文水境内改建工程(K469+190~K485+690)。项目建设地点为文水县开栅镇、凤城镇、西城乡,起点为文水县开栅镇(国道307与原县道450平交口),公路途经武陵村、文倚村、方圆村、武午村、大城南村、西城乡,终点位于东庄村(省道320与县道435平交处),里程共计16.5公里。设计标准为二级公路,路基宽度分别为10米、12米、18米、19米,主要建设内容有路基工程16.5公里,路面工程16.5公里,排水工程17030米,涵洞工程117米/9座。项目总投资11038万元,其中中标合同价6156.0733万元。截至年底全部完工。

(文水县交通运输局)

交城县交通运输局

2020年,在交城县委、县政府正确领导和吕梁市交通运输局的指导下,交城县交通运输局认真贯彻落实中共十九大精神,突出抓好交通行业管理,以年初制订的各项交通目标任务为中心,大力加强领导班子和干部队伍建设,加强交通基础设施建设和行业监管力度,实现交通率先转型、跨越发展,有力地推动全局工作。2020年,全县交通基础设施道路提质工程涉及15个建制村,包含19个单项工程,总长15.841公里,预算总投资1813.7563万元。截至年底,工程全部完工。

【重点工程建设情况】 一是交城山旅游大通道PPP项目。交全长约15.59公里,总投资约7.2亿元,2017年12月入选山西省第四批省级PPP示范项目库。截至2020年年底,永久性使用林地、临时林地手续正在办理中,《压覆重要矿产评估报告》已完成,待审批,土地手续未办理。项目于2020年11月21日开工。二是滨河西路交城县连接线工程。滨河西路交城县连接线工程全长约4.3公里,总投资约2亿元。正在编制项目初步设计,已发占地控制范围内禁止新、改建建筑物和栽种树木通告,并划定红线控制范围。涉及附属物拆迁部门已初步完成对接。三是米五线旅游公路建设项目。全长约8.9公里,总投资约1.25亿元,施工分为三个标段。项目2018年完成项目招投标,2019年6月开工建设,一标段路基、桥涵、砂砾垫层工程已全部完工,水稳基层、沥青路面已完成4.5公里;二标段路基、涵洞已全部完成；三标段涉及隧道共746米，计划从离石方向掘进，施工单位人员已进场。四是交城县横下线旅游公路，全长8.628公里。总投资估算为5900万元。工程分为两期：一期工程全长5.4公里，2019年6月开工建设，截至2020年年底，路基、桥涵、水泥稳定基层沥青面层已全部完工；二期工程全长3.228公里，涉及占用林地占的路段手续已上报省林草厅，施工、监理招投标已完成。五是交城县潘岔线大塔至冯家沟口路面改造工程。全长18.3公里，总投资预算为4800万元。工程分三个标段，于2019年7月开工建设，截至年底，一、二标段路基、涵洞、桥梁、水稳基层、沥青路面已全部完成；三标段路基、涵洞已全部完成。

【路政管理】 全面对县乡主干道路进行安全巡查，加大安全隐患排查力度，发现隐患，及时上报县局，由养护中心及时处理，消除安全隐患，确保群众出行安全。截至年底，查处违法行为12起，共计处罚3.1万元。加大对违章建筑、非法设立广告横幅、路边乱摆摊点、非法占用公路用地、非法破坏公路设施等违法违规行为的打击力度，使全县道路运输市场秩序进一步规范有序。按照《交城县建筑领域安全隐患排查整治专项行动方案》（交办发〔2020〕76号）责任分工，对县交通运输局管辖的县（乡）公路沿线危险广告牌、残垣断壁等存在安全隐患的建筑进行排查，未发现安全隐患。

【城市公共客运管理】 一是在城市客运行业开展文明创建活动，创建文明线路、文明驾驶员、卫生先锋号，让从业人员学有榜样、比有标杆，形成“奋发有为、事争一流”的精神风貌。二是组织以“防风险、除隐患、遏事故”为主题的“两客一危”突发事件应急演练，分两个科目进行，取得预期效果。三是完成出租车更新任务、出租车驾驶员的继续教育培训和质量信誉考核工作，完成公交、出租企业质量信誉考核工作，同时印发公交驾驶员文明服务规范并实行上岗证制度提高公交从业人员服务态度和素质，方便市民监督。四是开展城市公共交通安全提升工作，安装公交车车辆隔离护栏122套。

【公路养护】 县交通运输局对全县10条县道152.438公里和26条乡道355.923公里进行大排查，重点对闫交线、义南线、交东线、交石线、交岭路、大安线、潘岔线、夏广线、柏西线、交鲁线、玄中线及部分村道进行全线养护，通过局务扩大会议确定施工方，由专业施工队对县乡道路补坑槽、标志标牌、新建防撞墙、修建涵洞等项目进行养护。2020年，共清运垃圾200余立方米，填补坑槽约11000平方米，安装标志牌10余个，新建防撞墙共计182余米、修建涵洞1孔2米板涵8.66米长1座，清理积水6次、标线约10000平方米，桥下路面硬化共计170余米，修建挡土墙共计50余米，限高栏杆2个，限宽墩1个，新建波形护栏336余米。结合“六城同创”，出动16000余人次，洒水车500余次，清扫车600余次，对管养路段进行保洁，确保道路畅通整洁。

【道路运输管理】 一是加强运输企业监管，督促企业全面落实安全生产主体责任。建立健全安全管理制度、职责和安全生产操作规程，完善安全生产基础设施，落实车辆日检、例检、驾驶人培训、安全例会、责任追究等安全管理制度。截至年底，共审验54辆客运车。二是扎实推进交通运输安全生产专项整治三年行动和“三零”单位创建活动。局里成立领导小组，制订工作制度，召开党组会安排部署相关工作，细化分解工作任务，压实工作责任，牢固树立安全发展理念，强化底线思维和红线意识，切实提升安全生产管理能力。结合春节、清明节、“五一”、端午节等节假日客运高峰，开展安全生产大检查专项活动，集中开展安全隐患排查整治和打非治违等专项行动，发现隐患问题及时提出整改意见，督促落实整改，彻底消除各类安全生产隐患。截至年底，排查安全生产隐患82条，督办各类交通违法、隐患抄告件6件涉及7家企业。三是开展“两客一危”专项行动，督促企业落实主体责任。截至年底，通过定期安全生产例会集中宣传、警示教育、培训企业负责11次，累计220余人次，通过走访检查方式进企业宣传安全生产法律法规25次；2020年共举办“两客一危”应急演练2次，进一步增强运输企业的安全防范意识、普及应急救援知识、提高应变应对能力，对防范和处置类似事件具有很强指导意义。

【党建工作】 全面落实党建工作主体责任，深入学习贯彻《习近平谈治国理政》（第三卷）、习近平总书记视察山西重要讲话重要指示精神、全国“两会”精神、中共十九届五中全会精神，严格落实“三会一课”、组织生活会、谈心谈话、民主评议党员、“支部主题党日”、中心组学习等制度，强化党内政治生活制度的约束力和执行力。全年共召开12次主题党日活动，3次党员警示教育活动。用好“学习强国”学习平台和主题党日活动，推动党员干部牢固树立“四个意识”、坚定“四个自信”、做到“两个维护”，严守政治纪律和政治规矩，不断提高政治站位，不折不扣把中央、省、市、县决策部署落到实处。

（交城县交通运输局）

兴县交通运输局

2020年，在兴县县委、县政府正确领导下，在省市交通运输局大力支持下，兴县交通运输部门坚持以 习近平有中国特色社会之一思想为指导，大力弘扬吕梁精神、立志改变老区落后面貌，全县交通运输局实现持续，为推动全县经济社会发展做出应有贡献。

【重点工程建设】 2020年，市交通运输局下达任务，全部完成。一是农村道路提质提升项目。为巩固脱贫成果，2020年提质提升改造农村道路19.2公里，完善乡村道路安防工程23.29公里，涉及9个建制村，5月份开工建设，9月底全部完工。二是“黄河一号”旅游公路（兴县段）建设。路线全长84.85公里。2019年3月开工建设，2020年10月全部完工，具备通车条件。

【安全生产和应急管理】 一是制订安全生产专项整治三年行动工作方案、措施、任务清单并按阶段推进各项工作；二是辖区内道路运输企业主要负责任和安全管理人员全部持证上岗，并制订监督检查计划，每月进行安全生产检查；三是对专项检查发现的问题已全部整改完毕；四是“两客一危”车辆智能视频监控报警系统安装率为100%。

【建制村通客车】 全县376个建制村，共开通村通客运线路41条，营运客车81辆，开通涉及农村公交线路5条，纯电动公交车33辆。建制村通客车实现全覆盖，通客车率达到100%。

【农村公路养护体制】 为深化全县农村公路管理养护体制改革，认真落实省政府《关于深化农村公路管理养护体制改革的实施意见》（晋政办发〔2020〕64号）文件精神，一是制订出台《关于深化农村公路管理养护体制改革的实施方案》。按照全县制订出台的《关于印发兴县推行农村公路“路长制”实施方案的通知》（兴政办发〔2020〕35号），完善农村公路“路长制”建档立卡管理养护体制，推进全县“四好农村路”高质量发展；二是技术评定。全县农村公路优良中等路率达到75%以上。

【柴油货车淘汰】 工作开展以来，全县严格按照上级要求，制订出台《兴县加快推进国三及以下排放标准营运柴油货车淘汰工作实施方案》淘汰国三及以下排放标准营运柴油货车362辆，超额完成，完成比达108%。

【平安交通建设】 一是扫黑除恶。严格按照要求，年初组织各有关股室传达上级对扫黑除恶工作的动员部署会议精神。制订出台《通知》，并联合相关部门在全县交通领域开展扫黑除恶专项整治和“六清”行动。二是“三零”单位创建。为贯彻落实上级“三零”创建工作实施方案有关工作要求，全面提升交通运输行业公共安全水平，制订出台关于印发《“零事故”创建工作实施方案》（兴交安发〔2020〕8号）的通知、《关于开展“零上访、零事故、零案件”企业、单位创建工作的实施方案》。

【路政和治超】 一是通过实行责任到人。分片管理，三班巡查的方式，对政府公示的44家源头企业进行重点巡查，每家企业每月不定时、不定点抽查检查2次以上。在检查的过程中，分别对2家违法企业处以罚款2000元，把全县非法超限超载率控制在0.2%以内；二是全年共计出动执法车辆200余台次，上路执法巡查600余人次，发现危害路产路权行为54起，处罚33起，收缴公路补偿款15300元；口头教育9起；清理占道经营12起，清理路面堆积物30

余方，全年路政案件查处率到达100%；三是在规定时间内按时报送市级有关数据。

【道路运输】 一是制订出台《交通运输生态环境保护方案》，根据要求完成2020年重点任务。二是按照《山西省推进运输结构调整实施方案》（晋政办发〔2019〕30号）要求。大力推广“公转铁”，不断完善综合运输网络，推广高效运输组织方式。全县现有M站1家，为山西拓华汽车服务有限公司。三是推动交通一卡通全国通用与便捷应用。全县现有电动车33辆，全部安装全国交通卡终端系统设备，交通一卡通互联互通实现全覆盖，且停发非互联互通卡。 四是深化出租汽车行业改革。制订改革《实施意见》草案，拟订审核出台，网约车监管信息交互平台正在建成中。

（兴县交通运输局）

临县交通运输局

2020年，临县交通运输局紧紧围绕进一步巩固脱贫攻坚成果这条主线，努力克服新冠肺炎疫情带来的负面影响，全力推动2019年“四好农村路”、三大板块“黄河一号”旅游公路临县段续建工程和2020年“四好农村路”建设工程，继续狠抓农村公路养护管理，全面提高公共交通服务水平，各项工作均圆满完成既定目标，为“十三五”收好官、“十四五”开好局奠定坚实基础。

【公路建设稳步推进】 一是2020年农村公路建设项目主要包括窄路基路面拓宽100公里、建制村通硬化路项目7.004公里、县乡道安防164.069公里、村道安防75.756公里、养护提质200公里、危桥1座等项目已全部完工，完成总投资30487.2万元，按时完成上级下达的目标任务；二是“黄河一号”旅游公路临县段全线建成通车。工程“五大系统”中的主体系统（主线97.151公里）、慢行系统（生态绿道22公里）、景观系统（包括沿线景观绿化、景观石、景观小品等）、信息系统（包括道路交通标志、沿线景点信息指引、特色标识、文化解说标识等）已全部完成，并已完成工程交工验收。服务系统（包括6处驿站和1处房车营地）已开工建设碑楼驿站、马家塔驿站、杏林庄驿站和开阳房车营地。剩余3处驿站2021年开工建设。累计完成投资11.9349亿元。

【公路养护管理再上新台阶】 继续加强县道养护管理工作，全年共处理路面坑槽、下沉路段基层、油层等2.3万平方米；恢复县道水毁大型缺口20余处5000余立方米；修建挡护砌体工程20余处2500余立方米；补修边沟2000余米，拆除新建青正线穆家坪危桥1座，治理青正线1处落石安全隐患点，切实保障列养县道安全畅通。与此同时，继续加强对全县23个乡镇农村公路养护管理专业合作社的督促指导，组织多次考核检查，10月底组织进行一次全县农村公路养护管理观摩活动，进一步推动23个农村公路养护管理专业合作社的规范、专业、健康发展。为进一步推动农村公路高质量发展，根据省、市交通部门的安排部署，2020年4月底，县交通运输局制订出台《临县“百乡千村万里美丽农村路”实施方案》，结合全年开展的爱国卫生运动季活动，全面创建林家坪镇、碛口镇2个示范乡镇，32个示范行政村和250公里美丽农村路。以示范创建引领全县农村公路养护管理工作再上一个新的台阶，切实保障农村公路良好路况与通行能力。截至年底，全县农村公路优良路比率达96.24%，农村公路安全保障能力进一步提高，确保人民群众的安全、舒适、畅通出行。

【全面加强公共交通服务建设】 在2019年底全县建制“村村通”客车率达100%的基础上，针对全县出租车市场无序运营、城乡客运市场萎靡以及城区公交老旧车辆运营等现状，2020年，县交通运输局全面加强公共交通服务建设。一是启动巡游出租汽车运力投放工作，进一步促进全县巡游出租汽车行业健康发展。全县远景规划投入巡游出租汽车200辆，先期由2家巡游出租车公司投放100辆，春节前正式投入运营。二是启动城乡客运公交化运营改造工作，进一步推进城乡客运基本公共服务均等化，推动城乡交通一体化发展进程。全县规划以县城为中心的10条城乡客运公交线路和以干线公路为基础的9条城乡客运公交线路，共计19条城乡客运公交线路，投入新能源电动公交车70辆。截至年底已投入运营。三是进一步加强城区公交运营新能源化。城区公交自2011年运营以来，截至年底已开辟公交线路7条，线路里程108公里，投放车辆43台，日均运送乘客10000余人次。近年来，县交通运输局不断对老旧公交车辆进行更换，2020年更换并投入运营新能源车辆12台，至此，全县43台公交车辆中新能源车辆已达38台，占比达88.4%，2021年底前将全部实现公交运营新能源化。

【行业管理水平全面提高】 一是大力加强农村公路路政管理。完成路政执法机构改革，挂牌成立路政服务中心，进一步强化强化队伍建设，提高路政人员的综合素质；是重点项目占用损坏农村公路工作得到有效推进；加大巡查力度，严控短途非法超限车辆的发生，全年未出现严重短途超限现象。二是全面加强运政管理。重点加强对危险货物运输企业的监管，不断加大打黑查违力度，积极培育农村物流。引导扶持山西乡通物流配送有限公司与本地中通快递、韵达快递、百世快递、极兔快递、天天快递、唯品会、苏宁等快递公司开展业务合作，为快递企业实施共同配送和电子商务进农村发展乡村物流提供强力保障。截至年底，全县已建成并启用1个县级仓储物流配送中心，23个乡镇已全部建有农村物流节点，631个建制村中已有314个村覆盖农村物流服务，实现全县所有乡镇、各行政村农村物流配送站24小时内货物配送到村的目标。M站建设完成并开始运作。根据省、市关于汽车排放污染维修治理的要求，从2019年开始县交通运输局引导建设两家M站，分别负责维修营业性客货车辆和维修非营业性小型客车。自运作以来，不走过场、不搞形式、不弄虚作假，使汽车排放污染治理真正落到实处。三是全面增强客运服务。新冠肺炎疫情发生，全县暂停县际、市际、省际客运，截断疫情传播渠道，保障全县人民群众的安全。在全国疫情得到阶段性控制后，县客运站及时开通客运服务，确保人民群众的正常生活往来。上半年对县客运站停车场进行沥青铺设，增设便民设施，对车位进行规划及划分，极大地改善站容站貌。与此同时，持续开展客运市场专项整治行动。重点对客运车辆私抬票价、不按核定线路经营、擅自延伸线路、甩客宰客、服务质量低劣等行为进行严厉查处，全县客运市场持续健康发展。四是全面加强安全管理。坚持“安全第一、预防为主、综合治理”的方针，积极开展平安工地、海事航运、道路运输等行业安全生产监管工作。首先，加强安全宣传教育。通过以“生命至上、安全发展”“水上平安交通、安全伴我成长”等为主题的安全宣传教育进企业、进工地、进校园，通过发放安全常识宣传册、悬挂横幅、赠送安全教育读本等，大力提高全民安全意识。其次，深入持续开展安全生命月活动，加强对项目工地的安全检查、汛期安全排查、航前安全检查、界河联检、道路客货运输检查，实现全系统全年安全无事故，为全县交通运输发展营造良好氛围。五是全面狠抓精准帮扶。2020年，围绕脱贫攻坚交总账这一目标，县交通运输局积极配合林家坪镇、八堡乡圆满完成住房安全排查专项行动、异地扶贫搬迁拆迁复垦专项行动等。全局79名帮扶人员、2支工作队进农户、送温暖，宣传政策、沟通感情、提升满意度，帮助群众解决实际问题，圆满顺利通过脱贫攻坚普查和总验收工作。六是编制完成《临县交通运输“十四五”发展规划》。

（临县交通运输局）

柳林县交通运输局

2020年，柳林县交通运输局认真贯彻落实习近平新时代中国特色社会主义思想，紧紧围绕省委“四为四高两同步”、市委“12345”和县委“党建统领、五转一新”的战略部署，统筹推进疫情防控、扫黑除恶、法治政府、脱贫攻坚四大工作，取得良好成效。

【管党治党，交通领域党的建设全面从严】 一是深化思想建设。坚持把党员学习作为提高思想认识、提高工作效率的重要环节来抓，将每周二或周五定为党员活动日，采取集中学和自主学的方式进行学习。全年共组织集中学习38次、观看教育意义纪录片4次、主题党日活动4次。强化“学习强国”和“三晋先锋”平台学习。二是规范制度建设。健全和完善党组议事规则与决策程序,实行领导干部重大事项报告、申报制度,“三重一大”事项坚持集体商量、集体议定、集中办理,并上报上级组织和领导审核批准。重点公路工程项目严格进入网上招投标程序。免费公交公司被吕梁市文明委授予“市级文明单位”荣誉称号。个人如实向党组织报告自己的家庭和生活情况。三是强化组织建设。坚持以党的建设统揽全局,制订《党总支全年主题党建活动计划》,将全年党建工作进一步深化细化具体化。年初与班子成员、支部书记、股室中心领导签订党建、党风廉政建设和年度工作目标责任书,进一步压紧压实党建责任。在疫情防控的重要交通要道卡口和重点项目施工单位建立“临时党支部”,充分发挥党支部战斗堡垒、党员先锋模范作用。四是优化党员结构。聚焦思想教育的“软约束”和制度规范的“硬约束”,严格民主考核,全面接受群众监督评议,把评价结果作为党员干部年度考核的重要依据,着力调动党员的积极性、主动性和创造性。坚持“成熟一个、发展一个”的原则,2020年新发展预备党员2名、积极分子7名、发展对象1名。为党组织增添血液,增加力量。五是夯实作风建设。以支部为单位开展“学习全会精神、冲刺年度目标”主题党日,通过党员自评、互评、支部书记点评等方式,深刻查找思想、工作、作风等方面存在的问题,进一步明职责,找差距。积极开展作风纪律整顿,交通综合行政执法改革稳步推进,定点扶贫下乡点留誉镇曹家圪垛村实现稳定脱贫,从根本上扭转思想松懈、作风松散、纪律松弛的状况。六是强化制度纪律。严格遵守中央八项规定,召开通报典型案例和反腐败专题会议,组织观看警示教育主题片,增强理想信念,筑牢廉洁从政防线;开展“走访红色基地、缅怀革命烈士”“七一”主题党日活动,组织党员赴穆村三村委柏树山,接受传统革命教育再洗礼。进一步规范重点任务、重要目标、重点工程和大型物资采购的审批和报备制度,做到用制度堵漏。

【项目为王,全面落实县委县政府部署的各项任务】

按照县委、县政府安排部署,全局2020年共承载六项重点工作责任的发展任务。一是县级重点工程项目。小垣则至军渡沿黄旅游公路及生态绿道一期工程国庆节完工,投资2.5亿元。孟门镇小河沟驿站和孟门镇李家塔及薛村镇大风山观景台相关工程基本完成,投资226万元。军渡至三交25公里的二期工程全面铺开,完成投资1500多万元。启动三交至石楼县界8.4公里概算投资2.65亿元工程的前期工作。二是“四好农村路”PPP项目建设工程。康家沟至胶泥垄3.9公里新改建工程,已完成3.8公里。康家沟大桥新建工程,除杜家湾段20米的拆迁问题外,主桥及引道工程基本完工。下龙花垣至郝家坡8.1公里县乡公路改造工程,除龙花垣段1公里因地处采煤沉陷区和拆迁原因外,其余路段全部完工。车道沟隧道新建工程完工,11月通车试运营。贺家坡至冀家峪段县道路面改造(养护)工程已完工。三是乡镇和部门承担的“双通”工程和其他“四好农村路”PPP项目。采取乡镇为实施主体和PPP模式相结合的办法,完善“双通”工程、建设“四好农村路”。在“双通”工程建设上。全县农村公路总里程达到1410.2公里。197个建制村共开通客运班线37条,营运客车76辆,提前实现通硬化路、通客车。在“四好农村路”建设上。以乡镇实施和PPP模式联合建设,涉及的6项计划任务全部完成。即50.3公里建制村通硬化路畅返不畅整治工程;聚杨线等养护提质改造工程共226.26公里;撤并建制村等较大规模人口自然村通硬化路17.1公里;窄路基路面拓宽改造工程124.7公里;农村公路安防工程102.7公里;农村公路危桥改造3座,投资7000多万元。四是交通运输领域采煤沉陷区道路及公共服务配套设施整治工程。省市督导反馈的4项道路交通问题整治工程4.76公里,完成投资1025万元。五是县道公路养护工作。共承担10条246.4公里县道、2条19.1公里乡道和1条4.5公里村道养护任务,坚持日常养护与季节养护相结合,推行“路长制”,不断健全长效机制,全年共完成养护及工程投资2020万元,好路率年末达到90%以上,比上年提高2.3%。六是加快绿色交通发展。2020年,城建公交公司新增绿色环保新能源电动公交车20辆,兴柳及新安欣出租汽车有限公司25辆新能源纯电动出租汽车,全部投入运营。自12月上旬起,展开国三及以下排放标准营运柴油货车淘汰工作,在20天内,截至12月底,全县共淘汰745辆,占市政府下达任务652辆的114.3%,超额完成93辆,在全市名列前茅。

【强化执法,全面构建交通运输新秩序】 一是创建法治政府示范单位。完善交通运输行业矛盾纠纷化解机制,切实把矛盾解决在萌芽之中。全年办理回复吕梁市"12345"政务服务热线群众投诉50余起,有效化解安达、兴柳出租车公司矛盾纠纷。全年共处罚涉路涉车违法违章案例19起罚款33800元。全力保平安。聘用法律顾问,进一步加强对涉法涉诉和违法案件的调查处理,信访案件由年初的11件减少到3件。为执法队配备执法记录仪31台,执法车辆10辆,58名在编执法人员全部持证上岗。在2020年10月份全县组织的法治政府建设检查验收中,受到县委依法治县委员会的肯定和好评。二是推进扫黑除恶专项斗争。印发《工作要点》《工作方案》《行动计划》,进一步明确"三个紧盯",明确"三书两函"的查办,打击重点聚焦车站、治超站点和非法运营。运管、客运、路政、养护、公路、海事、质监等职能部门,根据线索摸排和执法动态举一反三,认真加强治理。三是严格客运市场管理。签订安全生产责任书,严格安全例检,严格GPS监控平台,对车辆上线率、运行轨迹、定位数据合格率、超速疲劳驾驶等环节实时动态监控,建立工作台账。严肃查处非法客运,查扣黑出租67案,罚没款1万余元,形成强大震慑。四是强化货运市场管理。督促源头企业建立和完善车辆装载登记制度,严禁未经登记核准的车辆进出厂区和上路运营。持续开展打非治违活动,严厉打击各种非法运输车辆及营运车辆超载等违法行为,全年各类罚没款14.76万元。开展道路运输车辆挂靠经营专项治理,严格市场准入制度。制订《强化驾培市场监管和整顿驾培市场秩序实施方案》,开展严厉打击"黑培训点""黑报名点"专项行动。五是加强路政管理。强化责任落实,以中队定辖区,以清河为界分南片、北片,通过人包路段加大巡查力度。开展以"防疫情、守安全、保畅通、优服务"为主题的"路政宣传月"活动,开展交警、路政联合整治短途非法超限超载运输为重点的专项行动。推进科技执法,新增设监控点4处,改造卡口1处、新增卡口1处。

(柳林县交通运输局)

石楼县交通运输局

2020年,在石楼县委、县政府正确领导下,在吕梁市交通部门关怀和大力支持下,石楼县交通运输局以高度大局意识,紧紧围绕全县重点任务,以构建和谐交通为工作主线,以脱贫攻坚为工作中心,紧密结合"不忘初心、牢记使命"主题教育,进一步加强党建和党风廉政建设。坚持不懈推进各项交通项目建设,全县交通工作不断取得新进步。

【以交通重点项目为工作中心,狠抓项目落实】 始终坚持"经济要发展,交通要先行"的工作理念,彻底解放思想,积极转变工作作风,动员全局上下切实增强责任感和使命感,重点开展六项工程建设,为全县经济发展起到良好助推作用。一是小蒜至曹家垣、龙交至马村公路改造续建工程项目。其中:小蒜至曹家垣公路改造续建工程,路线全长9.7公里,四级公路标准,于2019年6月底正式开工,截至年底完工;龙交至马村段改造续建工程,路线全长8.6公里,四级公路标准,2020年3月初复工,截至年底,已全部完工。二是孟家塔至板桥段改线工程项目。路线总长9.333公里,二级公路标准,总投资22794.3368万元,2019年6月30日完成施工、监理招标,2019年8月初开工,截至年底,项目累计完成投资约11820万元。已完成合同总额62%,仍在建设中。三是"黄河一号"旅游公路石楼县段建设项目。该项目为全省三大旅游板块开发的重点项目,是山西省重点工程。总投资估算144571.306万元,其中建安费122253.5786万元。截至年底,施工图设计已批复,进入施工招标阶段。计划工期2年,预计2022年12月可竣工。四是小山线道路路面改造工程建设项目。全长26.511公里。总投资金额为3938.1286万元,其中建安工程费3541.4150万元,2020年9月初开工,已进入扫尾阶段。五是提质工程建设项目。该项目共涉及“两乡两镇一区一桥一线”，2020年9月以来陆续开工建设，截至2021年5月工程全部完工。六是县城车站建设项目。规划总占地面积14000平方米(约21亩)，总建筑面积2841平方米。截至年底，该项目工可和设计已由省发改局批复，项目于5月7日完成招标，中标价1682.0863万元，目前正在施工。七是汾阳至石楼高速公路项目。主线全长81.846公里，3条连接线长17.576公里。总投资估算为117.67亿元。截至年底，处于初步设计阶段。

【以县乡公路为工作重心，狠抓日常道路养护管理】县交通运输局持续健全县、乡两级农村公路养护管理机构、养护机制和管理制度，推进日常养护经费纳入财政预算，建立以公共财政投入为主的资金保障机制，全年完成路基抢修5000立方米/15处，修补路面14000平方米，灾害防治60000立方米/4处，危桥改造88米/3座，涵洞140米/16道，挡墙800立方米/6道，边沟3200米，清理塌方2020立方米/40处，全县农村公路列养率达到100%，全县公路养护总里程达到831公里，全部达到市局下达的优良中等路率，实现县、乡、村全覆盖。

【以交通行政综合执法为工作核心，狠抓依法行政】2019年3月25日正式挂牌成立“石楼县交通运输综合行政执法队”，组建后2021年5月进行公章更换，顺利办理原下属各科室销户工作，其他人员划转、入编、接受等工作正在进一步梳理规范中，截至年底，正式在编的执法人员共4人。

2020年，积极开展“路政宣传月”“安全生产月”活动，发放《中华人民共和国公路法》《中华人民共和国公路安全保护条例》《山西省公路超限运输管理办法》法律法规及《水上交通安全》《客运交通安全》《道路交通安全》等宣传手册，与沿线村组签订行人禁止上路协议和护路联防协议，增强村民“爱路护路”自觉性。积极配合县环保局、交警队对重型柴油货车进行尾气检测，已出动车辆50余次，执法人员30余人次。多次与县交警队联合开展维护客运秩序专项整治活动，到截至年底，出动执法人员250人次，查扣非法营运车辆4辆，罚款1万元。8月底，全面制止非法运营车辆的运营，真正维护好客运市场的规范服务。

【以公共交通服务为工作初心，狠抓提升服务保障能力】一是大力度推进交通生命安全防护工程。全年完成乡道防护104公里，村道防护77公里，共完成县乡道安防工程181公里，改善农村公路县乡道安全防护，方便老百姓出行。二是进一步严格道路客运、货运、物流管理。共完成16辆农村客运车辆，14辆城乡公交的年度审验工作，并配合市处完成16辆市、县际客运车辆的初评工作。完成石楼县昌隆城乡客运有限责任公司质量信誉考核工作，考核等级为AA级。配合市处完成石楼汽车站质量信誉初评工作。考评等级为“三级”。在疫情防控期间，车站开通退票绿色通道，县交通运输局抽调16名工作人员与公安、卫计等部门在全县4个检查站口(罗村、辛关、裴沟、宋家沟)对过往车辆24小时开展疫情防控工作，完成155辆货运车辆审验工作，并在全国货运平台实时监控。清查全县物流企业，按照要求督促建立安全生产相关规章制度。三是进一步提高应急管理工作水平。全面落实运输企业“两个责任主体”和安全承诺活动，开展全县道路运输系统安全生产大检查、“反对违章指挥、违章作业和违反劳动纪律”专项行动、道路运输行业社会治安风险隐患大排查大整治和“安全月”活动，完成辖区内全部道路运输企业及24辆客运车辆安全生产监管责任制挂牌，GPS动态监管车辆上线率达100%。全年检查企业安全生产监督50次，检查安全隐患并整改12起。四是进一步提升创新管理建设能力。完成汽车客运站联网售票，实现道路运输信息网上查询和业务网上办理。五是进一步强化安全生产管理意识。认真开展“安全生产月”活动，以班车、公交、出租管理为重点，强化出租市场整顿工作，严厉打击黑出租非法营运。严格按照“三关一监督”的工作职责，进一步加大安全生产检查力度，全年排查安全隐患198起，下达整改通知书48份，确保无安全生产事故发生。六是进一步加大加强环境整治力度。

(石楼县交通运输局)

岚县交通运输局

2020年，在岚县县委、县政府正确领导下，岚县交通运输局认真贯彻落实省市交通运输工作会议精神，结合实际，规划蓝图，自力更生，艰苦奋斗，在吕梁大地谱写一曲胜利凯歌。

【推进农村公路建管养运全面发展】 一是按时完成街巷硬化工程项目。落实岚县2020年扶贫项目(街道硬化)工程，项目总投资1000万元，涉及10个乡镇118470平方米街道硬化项目。完成岚县2020年街巷硬化项目(二期)工程，项目总投资382.29万元，涉及4个乡镇34151.6平方米街道硬化项目。二是继续推进重点工程项目的实施。岚县新建路东延(汽车站至马家坪)工程，完成前期手续，2020年5月份开工建设。"四好农村路"PPP建设项目社会资本方因实施困难退出该项目，县交通运输局与岚县"四好农村路"PPP建设项目社会资本方签订退出协议并进行清算、审计等工作。"十三五"农村路网改造工程。剩余的第官线已全部完工、温剿线已全部完工。百乡千村万里美丽农村路，县交通运输局在刘白线、王敦线、王袁线、饮马池旅游路、茅龙山旅游路实施美丽农村路建设，新建服务区11处、混凝土景观11个、长廊9处180米。关于"一灯一带"建设，根据市公安局、吕梁市交通运输局关于《吕梁市农村公路平交路口"一灯一带"三年建设工作方案》(吕公通字〔2019〕1号)文件精神，为预防和减少农村公路平交路口交通事故，确保全县农村地区道路交通安全形势稳中向好，2020年，全局养护股对全县农村公路增设减速带68处、增设文字警示牌74块。三是加强农村公路的养护运营。2020年，继续开展农村公路路面中小修养护工程，加强路面绿化工作，确保县乡道路的整洁畅通，整治水毁路段路基、路面、边坡塌陷10000余立方米，修复排水沟150米，新建现浇混凝土路肩3.5公里，新建拦水带500米，修补公路裂缝约30公里；安排养护工坚持每日清扫路面，清理路面垃圾500立方米，路边种植花草6公里，粉刷行道树及路肩50公里。

【坚持疫情防控工作常态化】 县交通运输局坚持把疫情防控工作做为一项长期任务来抓，成立领导组，统一安排部署交通运输行业领域内的疫情防控及应急处置工作。领导组下设5个工作小组，分别负责机关办公、城乡客运、道路运输、在建项目、监管企业方面的疫情防控工作。同时积极落实上级关于公共交通、寄递物流、冷链物流等环节落实疫情防控措施。为落实全县农民工"点对点"服务保障工作，累计运送务工人员8批次共317人，送达地点包括袁家村、离石、太原、大同、榆林、青岛、安徽等地，累计提供车辆18车次，为农民工返岗复工提供有力交通支撑。

【推动法治政府建设开展新局面】 一是完善学法机制。按照上级要求召开领导干部集体学法会议，举办法治专题讲座。积极学习宪法精神以及《中华人民共和国宪法》《中华人民共和国公务员法》等依法行政相关法律法规。培养工作人员树立学法、尊法、守法、用法的法治文化理念和提高法律风险防控措施的能力，提高全体工作人员依法行政意识，不断丰富全体工作人员的法律知识，提高依法决策、依法行政水平。二是不断强化交通运输相关法律法规普法宣传。面向社会大众尤其是交通运输企业及从业人员组织开展普法，先后开展"信用交通"宣传月、"路政宣传月"、"安全生产月"宣传活动等多项普法活动扎实推进公众普法，全年共发放宣传资料5000余份，设立宣传图板6块。推进精准普法，加强对交通运输行业人员尤其是驾驶员的普法宣传。三是依法开展行政执法工作。2020年，局运管所开展行政执法109次，针对货物道路运经营行为、道路旅客运输经营行为、源头治超监管、机动车驾驶培训机构经营行为等事项进行全面监管。局城客办开展日常监管45次，对公交出租运营行为进行全面监管。局路政大队上路巡查84次，针对超限超载运输车辆、不遮挡运输车辆和其他侵犯路产路权的行为进行监管。

【保持城乡客运健康发展】 受疫情影响，1月27日，县汽车站暂时关停，长途客运、农村客运、城市公交车及旅游客运车辆暂停运营，3月15日起全面恢复。

疫情防控期间，县交通运输局驻汽车站工作人员坚持在班在岗，严把客运通道，全局成立疫情防控期间非法运营车辆巡查小组，查扣违规运营出租车11辆，有效阻断疫情通过公共交通传播的途经。2020年，县电动公交车继续发挥方便快捷优势，在高考、中考期间，组建公交车“爱心送考”车队，考生凭准考证免费乘坐。为进一步推动全县绿色环保公共交通的发展，县出租公司新更换46辆纯电动出租车，在提升城区环保、城市形象、人居环境方面发挥着重要作用。

（岚县交通运输局）

方山县交通运输局

2020年，在方山县委县政府正确领导下，在吕梁市交通运输局大力支持下，方山县交通运输局一班人紧紧围绕全县中心工作，结合实际，因地制宜，坚持改革，服务人民，谱写交通运输发展新篇章。

【公路建设】 一是圪洞至张家塔居民旅游公路。全长28.015公里，三级公路标准沥青混凝土路面。完成圪洞至通山口15.5公里路基、路面、桥涵工程等任务的85%，截至年底，累计完成投资10400万元。二是方山县北武当山景区环线公路北线工程。由于途径国有林地通过需经国家林业和草原局审批，2019年8月29日占用林地手续才获批准，森林采伐还需一定周期，所以建设工期只好申请顺延。三是国道209改线工程。吕梁市重点工程建设项目，全长42公里，需占林地、耕地2880亩，估算金额42亿元。四是农村道路提升工程。全年完成改建畅返不畅整治工程56条113.904公里，完成投资8950.9万元；完成窄路基路面改造11条26.228公里，完成投资2521万元；完成县道安防工程5条46公里，完成投资920万元；完成村道安防工程26条59.5公里，完成投资1786万元；利用中央车购税完成撤并建制村2个1.5公里，完成投资150万元。五是乡村公路桥梁工程。新建峪口镇前南村、石板梁空心板桥2座，完成投资399万元；续建2018年开工的农村公路桥梁5座（王家湾、陈家湾、刘家庄、石湾、新民村桥），完成投资290万元。

【公路养护】 农村公路完成清理路基土方7500立方米，硬化沥青路面2500平方米，砼路面3400平方米，疏通边沟3500米，增设涵洞2道70米，填补路面坑槽4300平方米，填补路基土方12000平方米，完成投资157万元，保证全县农村公路安全畅通。

【村通客车】 对全县“村村通”客车工作进行大调查、大起底、回头看，对不通车的17个村优化调整线路部局，在改造圪张线可解决6个村通客车问题的基础上，其余11个村采取出租车（售班车票）以周通（也可电话预约）的形式解决通客车问题，实现全县169个行政村全部通客车。

【道路运输】 全年发挥运政管理职能，开展各类运输安全检查36天次，下达责令整改书58份，对80辆次改装行为进行处罚，罚款20余万元，并责令恢复原状，从源头上有效制止因车辆改装原因发生安全事故的隐患，保持道路运输安全生产形势一直稳定向好。

【安全生产】 按照“管生产必须管安全”的要求，加强领导，完善安全生产管理机构和人员，认真落实安全生产责任制，落实责任，消除各类安全隐患，一是完善安全生产监管机制；二是加大宣传和检查力度；三是构建安全事故预防体系，大大减少安全事故的发生，安全生产保持良好态势，全年安全生产无事故。

【路政海事】 充分发挥路政、海事管理职能，扎实开展综合治理工作，完成治理超限超载、治理扬尘污染、宣传法律法规、保护路产路权以及扫黑除恶工作以及水上安全监管任务，发挥管理职能作用，特别是在强化公路日常巡查方面，做到坚持不断，对违规车辆依法进行查处，有效地保护公路的安全畅通和设施的完好，取得较好成绩。

【脱贫攻坚】 根据县委安排，县交通运输局负责麻地会乡胡堡和冯家庄两个村的下乡帮扶工作。一年来，坚持脱贫攻坚压倒一切的理念，选派优秀干部担任第一书记和工作队员，有两名副局长担任队长，全局干部职工包户帮扶。全局帮扶人员进村入户宣讲政策、完善资料、制订脱贫计划，落实脱贫措施,使胡堡村、冯家庄村脱贫攻坚巩固提升工作取得实效。

【党组织和精神文明建设】 全局有党员20人,其中在职党员18人。为加强党组织建设,经报县直属机关工委同意,县交通运输局改选成立党总支委员会和支部委员会,各级党组织认真履行党要管党、全面从严治党的政治责任和主体责任,努力破解机关党建难题,按照县委"增强工作责任心、提升工作能力、转变工作作风"的要求,着力解决检视和查找的整改问题16个,使党组织战斗堡垒作用得到有效发挥,凝聚力、向心力、战斗力进一步增强。与此同时,精神文明建设。各单位坚持开展精神文明建设活动。主要是结合本行业特色,利用车站的LED显示屏和公交车、出租车上的LED显示屏开展社会主义核心价值观、文明公益广告、扫黑除恶、弘扬正气等内容,建设社会主义先进文化宣传阵地。

(方山县交通运输局)

中阳县交通运输局

2020年,在中阳县委、县政府正确领导下,在上级交通运输部门大力支持下,中阳县交通运输局带领全体干部职工认真贯彻落实中共十九大历次全会精神,齐心协力,共同奋斗,攻坚克难,一路向前,取得交通运输改革发展新成绩。

【重点工程建设】 一是中汾公路改建工程。该工程已经县政府同意,纳入建设计划,分段分级进行改造,概算投资9000万元,截至年底,已完成立项,正在开展施工图设计工作。二是占地48.5亩,总投资6000万元。截至年底,正在开展可研、立项等前期工作。三是"四好农村路"提质改造工程。计划投资1000万元,对各乡镇建制村不达标的农村公路进行提质改造,涉及16个建制村50.2公里,8月26日完成招投标工作,9月初开工建设,截至年底,已基本完成。四是村道安防工程。总里程66公里,涉及3个乡镇22个村,主要包括旧路修补、增设错车道、增加波形护栏、排水设施、挡土墙等,总投资为1200万元,9月10日完成招投标工作,截至年底,建设任务基本完成。五是军山隧道照明改造工程。计划投资187万元,7月份完成招投标工作,10月份全部完工。六是配合离隰高速公路中阳段征地拆迁工作。该项工程涉及全县境内50.47公里红线范围内的土地、房屋及其他地面附着物。截至年底,坟墓迁移、林地、土地调查全部完成,房屋拆除同步推进中。

【加强农村公路养护管理】 坚持县道县养、乡道乡养、村道村养的原则,以"稳路况、美路容、保平安"为目标,以"共建美好家园、提升脱贫成效"爱国卫生季活动为内容,养护管理所制订出台县道公路环境卫生整治实施方案,组织养路队对全县8条184公里县道公路进行全面整治,修补坑槽9200余平方米,清理公路塌方约6300余立方米,疏通排水沟约150公里,修复破损排水沟300余米,修整边坡约65公里,清洗并粉刷沿线防护墩和防撞墙约9600平方米,更换标志标牌37块,更换里程碑60套,沥青罩面35000平方米,更换军山隧道照明设施910米,共计完成投资520余万元。

【推进行政执法改革工作】 县编办2019年3月25日以中编字〔2019〕3号文件对交通运输综合执法职责进行整合,实行"局队合一"体制,将县交通局承担的公路路政、交通工程质量和安全监督管理、地方海事的行政执法职能,及县道路运输管理所承担的道路运政、城市客运管理方面的行政执法予以整合,统一由县交通运输综合行政执法队承担。2019年3月25日,中阳县交通运输综合行政执法队正式挂牌。县政府以中政办发〔2019〕8号文件,任命交通局长担任综合执法队队长职务。其余执法队伍人员由于受编制、身份等因素制约划转未完成。

(中阳县交通运输局)

交口县交通运输局

2020年,在交口县委、县政府正确领导下,在上级交通运输部门大力支持下,县交通运输局坚持以习近平新时代中国特色社会主义思想为指导,认真贯彻落实省市交通运输工作会议精神,真抓实干,奋力拼搏,较好地完成全年工作目标任务。

【公路建设】 一是认真实施2020年“四好农村路”建设及养护提质改造工程项目81公里。其中:新建项目22个53.8公里,养护提质改造项目11个27.2公里。新建项目22个53.8公里,由乡镇作为建设主体负责实施,截至年底,工程已全部完工,质量检测和交工验收工作已完成;养护提质改造项目11个27.2公里,由县交通运输局和乡镇共同配合实施,已全部完工。二是完成县乡道柏下线9.4公里、关西线5.44公里、三双线3.1公里、石湿线5.4公里四条路养护提质改造工程,完成投资约170余万元。三是完善“四好农村路”排水、标志、标线等附属设施,及时拨付项目监理费、勘察设计费、工可编制费,推进交(竣)工验收工作。四是积极做好国道209线绕城改线项目资金拨付工作。配合做好离隰高速公路征地拆迁、协调服务工作。积极推动汾石高速公路建设,做好前期准备工作,计划2020年开工建设。五是根据省市公安、交通部门联合安排,积极实施“一灯一带”工程。作为交通运输部门,负责做好全县交叉路口减速带的安装工程,截至年底,已全部完工,完成1700米/74处,完成投资43.5万元。六是初步制订“十四五”农村公路发展规划。

【农村公路养护】 一是加强县道日常养护。对路基路面、排水设施进行全面清理和修补,完善公路标志、标线,排查防治地质灾害,实施危桥改造、汛期水毁处治。重点放在县道康石线、窑西线、红回线上,消除安全隐患,提高农村公路通行能力。二是制订实施方案,召开专题会议。建立工作机制,按照“百乡千村万里美丽农村路”创建目标,在全县创建桃红坡示范乡镇1个;桃红坡镇高家条村、红焰村、齐家庄村、元沟村示范村4个;美丽农村路60多公里。截至年底,已通过云平台,将相关印证材料、初评报告上传,待审核。三是在全县全面推行农村公路“路长制”。根据市局要求,交口县政府办公室出台《关于在全县全面推行农村公路“路长制”的通知》(交政办发〔2020〕49号)文件,建立覆盖县、乡、村的三级路长体系,明确路长办公室,建立路产路权保护队伍,推进农村公路管理体系规范化建设,打造“畅、安、舒、美”的出行环境。截至年底,相关信息已上传至山西省农村公路综合信息服务云平台——智慧路长。四是结合“爱国卫生运动季”安排,加大夏季、秋季农村公路养护力度。对县道康石线、红回线,西窑线进行集中养护,共完成投资70余万元;对5个项目8条路(交樊线至铁金、康石线至阳春堡、田家洼至南岭、茶坊至窑上、刘外至前村、冯家港至元沟、温泉环乡公路、响义至后庄)进行秋季养护,提质改造,完成投资47余万元;加强乡村道路养护管理,提升农村公路服务水平,县交通运输局下拨7个乡镇农村公路养护资金66万元,用于各乡镇的乡村公路养护及专项养护工作。

【运输管理及站场建设】 一是根据省政府蓝天保卫计划实施的推进及红渭平原环保总要求,大力推广应用新能源车辆。县交通运输局加强引导,鼓励到期出租车辆更新为新能源车辆。截至年底,通达出租公司已更新纯电动出租车5辆,报废到期出租车辆50辆。二是规范和促进网约车的发展,积极鼓励新能源车辆从事网络预约服务,提高平台接单率,降低车辆空驶率。截至年底,全县3家网约公司已注册登记并办理经营许可证。其中:山西华壹科技有限公司交口分公司新增纯电动车辆20辆,山西潞安太行来回网络科技有限公司交口分公司已新增新能源车辆6辆,并办理上户手续,全部进行运营。三是按照城乡客运一体化思路,采取区域经营与客运班线并存的方式,全县88行政村全部实行通客车,实现建制“村村通”客车全覆盖。四是根据市局下达关于农村候车亭任务要求,组织人员对农村候车亭进行选址和建设工作。截至年底,已新建14个农村候车亭,目标任务已完成。五是加强客运站场的管理。严格执行“三不进站、六不出站”规定,做到安全规范运营。积极引导个人在客运站周边、公路沿线投资新建充电桩,为更新新能源车辆做好准备工作。六是根据《中华人民共和国老年人权益保障法》及(吕交综运发〔2020〕364号)文件精神。县交通运输局向县政府争取到城市、城乡公交政策性补贴资金100万元。完成65周岁以上老年人、军人、残疾人免费乘坐城区公交车辆,共办理老年公交卡1067张。

【执法队伍建设及管理】 一是组建起执法队伍，强化执法培训。充实执法队领导班子，队长、副队长全部到位，利用半个月时间组建18人的执法队伍。重点组织执法人员进行交通运输执法队伍纪律作风整顿及业务知识培训。通过培训，进一步提高行政执法人员的依法行政意识能力和水平，做到执法规范、依据准确、行为文明、群众满意。二是积极开展打非治违专项行动，对偷逃税费、非法组客等非法营运车辆违法行为进行集中查处。同时，开展"路政宣传月"、出租车客运市场专项整治，加大"黑车"打击力度，从严整治出租车拒客、宰客、拼客及擅自提价等违规行为。截至现在，共查扣非法营运车辆2辆，处罚金额20000元；查处货运源头企业未履行治超义务3户，处罚金额73500元；查处违规货运车辆25辆，处罚金额89800元。三是强化散装物料运输源头监管，督促货运源头单位采取密闭或其他措施，最大程度减少道路扬尘污染。推行"阳光施工""阳光运输"，减少夜间施工和运输。依法严查渣土运输车辆未按规定时间和路线行驶、沿途抛洒、随意倾倒等行为。四是推进挥发性有机物大气污染综合治理，强化汽修、露天喷涂场所等VOCs整治。五是扎实抓好治理货运车辆超限超载工作。强化县乡公路短途治超和源头治超，全县非法超限超载率控制在0.2%以内。六是为加快对全县范围内国三及以下排放标准营运柴油货车淘汰工作进度，利用政府网、交口视听、交口通等形式开展宣传工作。张贴国三及以下排放标准营运柴油货车禁行通告，深入各乡镇、货运源头企业进行政策宣讲，真正将国三及以下排放标准营运柴油货车淘汰政策讲清、弄懂，真正让货运企业及经营户解淘汰政策。全县淘汰任务数为139辆，截至2020年12月20日，已超额完成任务。

【行业改革】 全面完成综合执法和事业单位改革，积极配合上级部门推进综合执法机构完成三定工作，完成综合执法人员划转、职能交接，确保综合执法正常高效运转。按照县委编办安排，继续推进事业单位分类改革，清晰界定职责职权，理顺行政股室与事业单位之间职责关系，建立权责清单，健全运行机制，全面完成改革。

【疫情防控】 为做好疫情常态化防控管理工作，遵照第四版《疫情防控指南》要求，坚持每月不定期对辖区内站场、企业进行疫情防控检查，查看从业人员健康档案、测温登记、车辆和办公场所消毒记录、乘客实名制登记、乘客佩戴口罩乘车等工作情况。对客运站、公交、出租企业配发医用口罩、消毒液、红外线测温仪。截至年底，县交通运输局共采购口罩25200只，体温仪14个，喷雾器17个，防护服10套，手套3副，消毒液48箱，价值6万余元。防疫物资除去发放外，尚有库存，以做应急使用。同时，结合河北等地调整为中风险地区，石家庄宣布进入战时状态，全省迅速进入紧急状态的严峻形势，全县境内道路运输企业，立即暂停发往晋中方向车辆。组织人员对全县范围内寄递物流、物流企业运输冷链食品进行检查，对从业寄递、物流全部从业人员191人进行登记上报，认真做好全县交通运输行业疫情常态化防控管理工作。

【扶贫工作】 县交通运输局认真贯彻落实驻村帮扶各项政策，积极动员全体党员干部深入开展进村入户工作，为帮扶村阳村堡村办好事、做实事、解难事。一是强化支部建设一面旗帜。加强对党员教育管理，选班子，带队伍，建立健全"一会三课""主题党日""四议两公开"等各项制度，凝聚全村党员干部的积极性、主动性，提升村党支部的凝聚力、组织力和战斗力。二是凝聚精准帮扶五支力量。统筹县、乡、村各级帮扶力量，层层签订责任状，做到人人肩上有担子，铆足一股劲，拧成一股绳。县级领导包村负责，担任脱贫攻坚总指挥，多次进村入户指导工作，牵头抓总，统筹协调；县交通运输局驻村帮扶，派出强有力的第一书记、工作队，吃住在村、工作在村，全面开展参与脱贫攻坚工作；36名机关党员干部职工全面结对帮扶贫困户，每周一次访贫问寒，办实事、解难题；乡镇包村干部和村"两委"班子充分发挥主体作用，出主意、想办法、抓落实，凝聚起脱贫攻坚合力。三是培育脱贫增收三大产业。立足扶贫村自然气候条件和传统产业优势，培育发展食用菌、生猪、湖羊三大产业，拓宽委托经营、入股分红、就业增收等多种渠道，全部实现产业就业全覆盖，户均两条增收渠道。

【安全生产】 根据市局安全生产工作安排，县交通运输局及时召开专题会议，制订《安全生产专项整治三年行动工作实施方案》《“零事故”单位创建工作实施方案》，落实各项安全生产工作措施，扎实开展“安全生产集中整治”“安全生产专项检查”“安全生产隐患大排查专项行动”“汛期安全生产工作”“安全生产月”“建筑领域安全隐患专项排查整治行动”等活动，对所涉及监管企业进行查、停、整、处，强化责任落实，加强安全监管，切实做好安全生产工作，做到组织、人员、经费、措施四落实。制订和完善安全生产应急预案及安全生产专项整治各类规章制度10项，共签订各类责任书、承诺书42份，制作图版12块，发放宣传资料1000份，排查各类安全隐患12处，整改率达100%，安全生产专项整治工作取得实效。全年未发生一起交通领域安全事故，实现平安交通建设的目标。

【扫黑除恶】 根据职责分工，严格组织部署此次专项行动。开展一系列扫黑除恶宣传活动，并进行线索摸排。一是积极开展“扫黑除恶”专项斗争工作边督边改工作。二是组织全体党员干部在“不忘初心、牢记使命”主题教育中开展专项整治的部署要求。召开扫黑除恶专项斗争对照检查工作会，出台整改方案，逐事落实到人、逐项弥补整改，不折不扣落实到位。三是召开扫黑除恶专项斗争工作研判会，强力推进扫黑除恶专项斗争工作进行。通过几个月排查，本局范围内未发现国家工作人员充当黑恶势力“保护伞”“黑后台”，未发现黑恶势力违法行为线索。

（交口县交通运输局）

孝义市交通运输局

在孝义市委、市政府正确领导下，在省、市交通运输部门大力支持下，孝义市交通运输局带领全县领导干部职工以习近平有中国特色社会主义为指导，牢记使命，不忘初心，齐心协力，真抓实干，在吕梁大地谱写一曲新的奋斗凯歌。

【以骨干项目为重点，加快推进交通基础设施建设】 2020年，安防计划11公里，总投资171.95万元，9月完成政府采购程序，严格质量要求，已经完工；阳泉曲循环线禅房头至下庄段工程，总投资680.2977万元，全长3.101公里已建成通车；园区南外环三条连接线长4.274公里，总投资2400万元，其中东线1.625公里、循环线1.44公里现已完工，西线1.264公里路基已完工；汾孝东高速连接线项目汾阳境内部分由汾阳市交通局具体组织实施，由孝义市政府出资1000万元，已多次与汾阳市交通局协商、沟通、已完成可研，正在推进前期手续。孝义市境内部分即金世嘉园休闲度假区旅游公路，已完成立项、环评、土地预审、施工图设计等前期准备工作，市财政评审中心审定招标控制价，正在加快招投标，争取2021年开工；金龙山旅游公路建设项目、北外环改扩建项目、长汾路南延项目已经完成规划、土地、立项、环评等前期手续办理，下一步将配合其他部门开展招商谈判，尽早确定合作单位，尽早开工建设；汽车站新建项目采用一级汽车站建设标准，选址在永盛路与北外环丁字路口东南桃园堡村地块内。已进行多轮评审，年内设计方案通过评审。

【以县乡公路为重点，加强农村公路管养】 2020年，孝义市交通运输局养护中心进一步严格养护标准化和规范化管理，以清理公路两侧垃圾、路容整修和维护设施为重点，保障主干公路的安全畅通为目标，出台农村公路管理养护体质改革实施方案。共修复各种隐患60余处，其中，修补坑槽22000余平方米，修砌水沟、截留槽、挡墙等3000余立方米，及时排除道路安全隐患，确保公路的安全畅通。与梧桐镇共同协调晋茂公司出资300余万元维修梧西线晋茂段路面483米，农村公路好路率达到75%以上。

【以交通扶贫为核心，助推全市脱贫攻坚进程】 深入贯彻落实中央、省、市关于脱贫攻坚的安排部署，坚持精准方略，结合全市实际情况，制订切实可行的实施方案，局领导带领全局干部职工深入一线调查，积极宣传党的方针政策，认真贯彻落实市委、市政府脱贫攻坚战略部署，真抓实干，奋力拼搏，为进一步加快全市脱贫攻坚步伐提供交通基础设施保障。

（孝义市交通运输局）

汾阳市交通运输局

2020年，在汾阳市委、市政府和上级交通运输部门正确领导与大力支持下，汾阳市交通运输局以习近平新时代中国特色社会主义思想为指导，贯彻落实习近平总书记在中央统筹推进新冠肺炎疫情防控重要讲话精神，积极开展疫情防控工作，贯彻落实市委五届八次全会暨经济工作会议精神，强化行业监管，认真履职尽责，大力推进重点公路建设项目，积极完成"四好农村路"建设，继续强化农村公路养护及路政、运政、客运管理，强化交通运输安全生产监管，提升行业文明形象，完成既定各项目标任务。

【重点公路建设】 一是国道307线汾阳市过境段公路改线工程。一级公路标准，全长27.125公里，总投资7.6亿元。截至年底，已基本完工。二是汾阳汽车客运站项目。建筑面积9291.8平方米，总投资7659万元，资金来源为本市自筹。截至年底，已全部完工。三是文湖景区旅游公路项目。主线长4.131公里，支线长2.933公里；路线全长7.063公里，估算总投资7900万元。截至年底，前期手续已完善，准备招投标。四是汾邢高速公路汾孝东互通连接线项目。截至年底，项目前期手续已完善，准备招投标。五是国道20青银高速公路杏花村互通迁移工程。全长3.778公里，估算投资3.0亿元，工可已经省交通运输厅评审通过；2020年7月初完成土地预审，并上报省发改委批准立项。六是武寨线（武家垣至小相寨即白酒园区货运公路）项目。路线全长10.697公里，其估算投资6730万元，截至年底已完成项目勘察设计招投标任务、初设批复、施工图设计。七是"四好农村路"项目。2020年上级下达全市"四好农村路"建设任务为养护提质县公路22公里。截至年底，北南线、汾向线、韩石线养护提质22公里项目已全部完工。另外，还完成下庄至李家庄至胡家社4公里通村工程，石庄至萩禾8公里通村工程。11月3日组织完成2018年开工建设的总投资9000余万元的汾阳市"四好农村路"项目95公里、2座危桥改造项目交工验收工作。八是2020年肖家庄科技工业园区道路提质改造项目。路线全长4.3公里，投资420万元，已完工。

【农村公路养护】 随着农村公路养管体制机制改革不断深化，全市1052.586公里，全部纳入养护管理范围。按照《汾阳市农村公路养护管理实施细则》规定，实行日常路面清扫、清除垃圾、清理水沟、路肩及边坡杂物清理采用政府服务采购形式进行养护，日常养护小修（路面补坑槽、标线）和安全隐患整治（水毁工程）采用政府服务采购形式进行养护。大西工程完成情况：一是完成整修标准化水沟18公里，整修路肩边坡12公里。二是排查道路安全隐患9处。其中，北南线塌方1处，汾向线塌方1处，路基水毁北南线2处，韩石线水沟冲毁1处、北南线水沟冲毁2处，垣色线路基悬空1处、杏师线涵洞坍塌1处上述隐患已全部整治完成。三是修复养护石盘山旅游公路，罩面面积60151平方米，路面标线961米。四是完成韩石线、北南线大中修改造6.8公里。五是制订地震应急准备和抗震设防方案和抗旱防汛抢险预案，确保灾害发生后道路畅通。

【路政、运政及客运管理】 立足"提高素质、规范管理、依法执法、文明服务"，全面提高路政、运政及客运执法人员行政执法水平，通过开展"交通运输管理提升年""道路客运平安年""规范路政管理年"等活动，进一步强化"以人为本"的管理理念，推动全市运输市场健康有序发展。一是加强交通法律法规学习培训和业务技能考核，全面提高执法人员综合素质。二是加强路政巡查，依法查处各类损坏、破坏、占用农村公路违法行为，保护路产路权不受侵犯。处理路产案件36起，其中下发违法通知书3份；清理和查处随意倾倒垃圾、杂物13余处；清理违章摊点1处；拆除违章建筑1处；开展大型宣传普法活动2次，散发宣传单1万余份；加强过村路段管理，严格控制建筑红线，上半年没有新增违章建筑；继续加强平交道口和非公路标志的管理；坚持日常巡路，及时排查公路隐患，及时发现违法行为，公路查处率、结案率99.8%；进一步推进和落实行政执法责任制，扎实有序地开展行政执法评议考核工作；积极开展“平安公路”建设活动，努力营造畅通、舒适美观的公路行车环境。三是强化客运管理，严格落实“三关一监督”“四不进站、七不出站”等规定。有效保证班线客车正点、安全运行和城市公交、出租车规范化、服务化运营。四是继续开展“扫黑除恶”专项行动。整治客车无证经营、超范围经营、挂靠经营等问题，极大地维护客运市场公平竞争秩序。五是加快货运业规模化、集约化进程。加强培育物流企业，大力发展货运仓储信息配送业，促进货运业从传统型向现代物流化转型，新增货运业户73户、货运车辆1628辆；六是加快维修市场规范化进程。强化监管，加强从业人员培训教育，不断规范维修技术，提高维修从业人员的综合素质。七是加强驾校基础建设。健全各项管理制度，理论教练员、驾驶操作教练员持证上岗率达100%。

【安全管理】 牢固树立红线意识和底线思维，加强生产安全管理，确保交通运输行业稳定发展。一是强化领导落实责任。对交通运输系统负责监管的所有企业实行挂牌责任负责制，签订安全生产目标责任书，层层负责，责任到人。二是利用安全生产“宣传月”“宣传日”“安全带—生命带”等活动，广泛宣传，营造氛围。三是认真落实安全生产“两个主体”责任，开展安全生产大检查大整治活动。四是通过召开会议、转发文件等形式对企业进行安全教育和培训。继续深入开展安全生产大检查、深化“打非治违”和重点领域专项整治三项工作，深化安全隐患排查、整治工作，用事故教训推进道路交通安全工作。五是联合汾阳市安监局、公安局开展“道路运输平安年”活动。重点对全市“两客一危”企业加强安全监管，督促企业认真落实安全生产主体责任，强化车辆动态监管，积极推进安全生产标准化管理，全年未发生一起安全生产责任事故。六是定期听取大检查汇报。局安全工作领导组每月30日召开专题会议，听取各单位、相关股室安全生产大检查情况汇报，研究解决大检查中的共性问题和突出问题，安排部署下一步工作。七是建立安全隐患排查体系。要求144家生产经营单位建立企业自查、上报、治理、挂牌督办、销号全过程闭环的安全隐患排查治理体系，隐患治理做到整改责任、措施、资金、期限和应急预案“五落实”。八是强化督查检查。根据工作分工，局分管领导各负其责、各把一口，对分管单位、股室、工程建设项目进行定期安全督查检查，发现问题立即整改。共排查出隐患问题124个并全部整改。

（汾阳市交通运输局）

晋中市

晋中市交通运输局

2020年，在晋中市委、市政府坚强领导下，晋中市交通运输局以习近平新时代中国特色社会主义思想为指导，深入学习贯彻习近平总书记三篇光辉文献和视察山西重要讲话重要指示精神，坚决落实省委、省政府“四为四高两同步”总体思路，和市委、市政府“33334”决策部署，统筹推进常态化疫情防控和中心业务工作，坚定勇毅担当，奋力竞进赶超，出色地完成各项目标任务，“十三五”规划目标任务全面完成，综合交通运输高质量转型发展取得新进展新成效。

【加强党的建设，切实以“第一责任”保障第一要务】 坚持以党的政治建设为统领，持续改进和加强党的领导，充分发挥领导班子总揽全局、协调各方的优势，扎实推动党员干部队伍以过硬的党性践行忠诚、担当使命、履职尽责。一是始终把政治建设摆在首位。教育引导广大干部职工不断增强“四个意识”、坚定“四个自信”、做到“两个维护”，不折不扣贯彻执行中央大政方针和省委省政府、市委市政府决策部署。全年召开党组会第一议题学习15次、开展党组中心组理论学习12次、主题宣讲3次、交流研讨4次，深入学习中共十九大和十九届二中、三中、四中、五中全会精神，及时跟进学习贯彻习近平总书记视察山西重要讲话精神和三篇光辉文献。举办全系统基层党组织书记培训班，采取线上线下多种形式，灵活利用“学习强国”、“三晋先锋”App，邀请十九大代表张玉柱开展主题宣讲，传达贯彻中共十九届五中全会精神，着力提升党员领导干部的政治能力和理论水平。二是坚决贯彻重大决策部署。坚决贯彻落实习近平总书记关于统筹疫情防控和复工复产的部署要求，局党组先后召开6次党组会议和5次专题会议研究部署，成立党员先锋队深入一线，协助做好公路防疫检测和经停太原航班检查工作。按照“一断三不断”“三不一优先”要求，全力做好客运返岗和货运物流保障工作，为疫情防控和复工复产提供有力保障，被交通运输部授予疫情防控“全国模范单位”称号。紧扣省委、省政府和市委、市政府决策部署，围绕“责任、制度、平台、机制”四个方面，全面做好道路交通安全整治工作，完成1575个农村公路平交路口减速带建设，全国交通安全文明示范路创建活动在晋中市召开。按照市委、市政府关于全面加快服务业发展要求，克服疫情影响努力推进道路运输恢复性增长，创新发展网络货运平台企业5家。三是全面加强组织队伍建设。严格执行《党委（党组）落实全面从严治党主体责任规定》，制订主体责任清单和工作流程图，从顶层设计上为全系统全面从严治党提供基本遵循和指引，进一步推动党建工作刚性落实。坚持党管干部原则，始终把政治标准放在首位，树立良好用人导向，全年共提任科级干部3名、推荐交流干部1名，激励党员干部干事创业、担当作为。四是着力提升行业软实力。弘扬新时代交通精神，以培育和践行社会主义核心价值观为主线，把文明创建贯穿于各项工作始终，强基固本提素质，正本培源创品牌，连续三届荣膺全国文明单位称号。

【砥砺奋进突破，切实加快交通强市高质量发展步伐】 按照建设交通强国要求，局领导班子突出转型发展牵引，紧紧咬定年度目标任务，改革创新，奋力攻坚，目标任务全面完成，全市交通运输高质量发展持续向好。一是重点工程项目突破性进展。树牢“项目为王”理念，强力推进重点交通项目建设。昔榆高速公路项目建设正式拉开序幕，当年完成固定资产投资31.5亿元，全线162个先行开工点已开工，工程量完成30%。围绕“四带四湖八河流”生态修复治理，按照绿化彩化财化要求，打造94公里环城旅游绿道串珠成链，项目完成固定资产投资6.5亿元，主线道路、绿化和桥梁主体工程建设全面铺开。二是“四好农村路”建设强势推进。聚焦服务乡村振兴、脱贫攻坚，大力推进农村公路提质改造工程，夯实前期基础，优化项目设计，跟进施工进度，确保工程质量，成立专项工作推进组，点对点、手把手指导服务，投资、里程双双大幅超额完成，完成投资14.7亿元、超额145%；新改建里程1838公里，超出目标任务53%。2018年至2020年规划实施的新改建农村公路5800公里目标任务全面超额完成。三是养护体制改革深入开展。深化农村公路养护体制改革，榆次区对标先进入选全国示范点，在全省率先出台《养护体制改革实施方案》。统筹推进市、县、乡、村四级农村公路管理养护“路长制”体系建设，努力实现“有路必养、养必优良”，农村公路列养率达到100%，中等及以上农村公路占比不低于83%，超限超载率控制在0.2%以内，机构运行经费纳入财政预算比例达100%。继续加强日常小修养护和桥梁、隧道养护安全监管工作，进一步巩固具备条件的建制村通硬化路基础。四是旅游公路体系更加完善。落实习近平总书记视察山西重要讲话精神，围绕汾河“风光美起来”目标，服务晋中国家级全域旅游示范区公路网络建设，59公里汾河廊带生态通道美景成行，项目完成固定资产投资3.8亿元，全线路基填土方、软基处理、砂砾填筑工程已全面完成，主要控制性节点昌源河大桥、东吕高速跨线桥竣工通车。紧扣全省锻造三大旅游板块战略和旅游公路“三性一型”目标，全市太行板块旅游公路完成投资3.97亿元，续建项目完成90.1公里，新开工建设270.2公里，昔阳、左权、榆社段主线实现贯通，极大地提升晋中全域旅游的关注度和影响力。五是三大攻坚战取得阶段性胜利。首先，坚决打赢交通脱贫攻坚战。以习近平总书记关于“四好农村路”的批示指示精神为引领，采取了市县联动、集中攻坚贫困县“四好农村路”建设的措施，全市4个贫困县和5个非贫县贫困村全部实现“双通”目标，左权、昔阳跻身全国“四好农村路”示范县之列。帮扶的和顺县15个建档立卡贫困村3036人全部脱贫摘帽。其次，强力打赢蓝天保卫战。城区更新新能源公交车辆76台，更新新能源出租车1180台，占比达到100%。加强督导合力攻坚，完成7546辆国三及以下排放阶段营运柴油货车淘汰任务。加快中部盆地城市群一体化发展步伐，开通4条太原晋中城际公交线路。最后，积极应对债务风险阻击战。针对“四好农村路”建设因地方配套资金压力大导致的债务风险，指导榆次区、寿阳县、介休市开展PPP项目融资18.1亿元，为“四好农村路”建设夯实资金基础，债务风险得到有效化解。化解政府债务风险。六是供给侧改革纵深推进。深入推进运输结构调整，切实提高综合运输效率、降低物流成本，全市完成铁路货运量7458.7万吨，完成目标任务的109.7%。按照市委、市政府关于全面加快服务业发展的要求，克服疫情影响努力做好道路运输恢复性增长，创新发展网络货运平台企业5家。扎实推进民生实事，试点开通晋中南同蒲县际旅游客运项目，成为众多游客出行首选，建成847个农村物流节点，超额完成20%，累计建成2332个，实现300人以上建制村物流节点全覆盖，更进一步提升群众的幸福感和获得感。七是行业改革坚定不移深化。把改革作为破解发展难题、推动高质量发展的关键一招。首先，深入推进事业单位改革。根据市委编委“三定”规定，新整合事业单位完成机构设置，形成“一局一队两中心”格局。其次，深入推进综合行政执法改革。持续引深综合执法改革成果，市、县综合执法机构全部挂牌运行，严格执行行政执法三项制度，为依法治交提供有力保障。着力打击违法运营行为，开展城市客运、“两客一危”、冷链物流等专项整治行动，交通运输路政、运政秩序明显好转。

【强化责任担当，切实提升发展能力水平攀升新高度】坚持“打铁还需自身硬”，着力加强领导班子和干部队伍自身建设，提升服务发展、服务群众的能力和水平，推进治理能力和治理体系现代化。一是工作作风持续转变。首先，提高决策水平。严格执行《晋中市人民政府工作规范》，认真落实《党组议事决策规则》、“三重一大”等决策制度，全年召开党组会议15次、专题会议10次，研究“四好农村路”建设、城市客运补助资金安排，交通扶贫驻村帮扶等50余项重大问题，形成权责一致、协调规范的决策运行机制。其次，强化督查落实。跟进落实省、市政府工作报告和领导交办事项21项。自觉接受人大、政协等各方监督，高质量办理人大建议18件、政协提案10件。最后，提升行政效能。落实基层减负工作要求，全年发文数量同比下降21%，会议数量同比下降25%。二是法治交通建设不断深化。切实履行法治建设第一责任，自觉运用法治思维和法治方式推动工作。完善领导干部学法用法制度，落实“谁执法谁普法”责任制，深入开展依法行政宣传月、“12·4”宪法宣传日等主题宣传。全年共办理行政复议6件，完成规范性文件合法性审核33件，重大行政决策程序、规范性文件制订、依法行政复议和应诉更加规范化、制度化。深入排查化解不稳定因素，积极开展扫黑除恶、反恐维稳等工作，持续构建横向到边、纵向到底、全面覆盖的综治工作责任体系。三是平安交通创建得到加强。锁定“三治三零”创建目标，牢固树立安全发展理念，安全生产责任进一步夯实。制订印发安全生产专项整治三年行动方案，梳理形成任务清单，146项整治任务全部细化分解到具体部门。开展公路桥梁防护设施、连续长陡下坡路段和隧道提质升级专项行动，累计排查公路桥梁700余座、连续长陡下坡路段1300公里，安全生产基础进一步加强。推进全市“两客一危”重点营运车辆智能视频监控报警系统安装工作，累计1373台“两客一危”车辆完成安装，安装率100%。进一步强化风险管控和隐患排查治理，深入客货运企业、农村公路施工现场等重点领域开展督查检查810次，排查隐患731条，已全部整改到位。全市交通运输安全生产形势总体保持稳定，全年未发生重特大安全事故。四是持之以恒正风肃纪。严格落实党风廉政建设责任制，带头遵守廉洁自律准则，严格落实中央八项规定精神；带头履行“一岗双责”，抓好职责范围内的党风廉政建设和反腐败工作；带头开展党风廉政宣传教育，采取集中学习培训、正反典型教育、组织廉政提醒谈话等方式深入开展警示教育。驰而不息整治“四风”，持续保持正风反腐高压态势。支持驻局纪检监察组执纪问责，全年共处置问题线索6件，未发生不正之风和腐败问题，全系统风清气正的政治生态进一步巩固和加强。

（晋中市交通运输局）

榆次区交通运输局

2020年，在榆次区委、区政府正确领导下，榆次区交通运输局按照年初制订的目标任务，克服疫情影响，以“四好农村路”及百里蔬果田园文化体验廊带建设为抓手，全力做好道路运输行业疫情防控和复工复产复业工作，努力提高交通运输发展质量和效益，圆满完成全年目标任务。

【公路建设】 一是“四好农村路”建设。“四好农村路”是全区推进三农建设、增进民生进步的重点项目。2020年晋中市交通运输局下达任务144公里，计划总投资4670万元。实际完成里程152.4公里，完成投资9399.2万元，达到投资任务的201%。其中：窄路基路面拓宽任务25.9公里3625万元，已全部完成；养护提质任务77项118公里1770.2万元，已全部完成；生命防护工程任务10公里200万元，已全部完成；另外，完成自建项目8.5公里，完成投资3804万元。在工程施工中，区交通运输局坚持质量先行，严格标准，加强质量管控。建立完善“政府监督、业主管理、社会监理、企业自检、第三方抽检”的管理体系，对工程质量进行全过程、全方位跟踪检测，所有工程实体的厚度宽度强度均达到100%。“四好农村路”PPP项目三年计划建设562.5公里，投资10亿元。自2018年实施以来，至2020年底累计完工549.2公里，累计完成投资9.66亿元。受到高速修建、供热施工、国省干道施工、市政道路建设等影响，13.3公里未完成。项目将在2021年完成后续施工。二是百里蔬果田园文化体验廊带建设。作为全区2020年“三农”工作的重点工程，全长53.6公里，是榆次区东南部县级主干路网，连接贯通庄子乡和北田镇两个乡镇，主要是集中优势资源要打造一条集优质果品、休闲观光、文体创意、乡村体验于一体的新型示范廊带，从而提升带动当地农业经济发展，为全区农业观光旅游产业增加新的经济增长点。体验廊带涉及5个项目总投资1.34亿元。其中：道路建设2项共23公里，投资6571万元；绿化工程1项47.3公里，投资2000万元；路域环境2项53.6公里，投资4861万元。截至年底，廊带建设各项工程已全部完工。三是承担晋中市传染病医院应急通道工程和东阳镇、修文镇、张庆乡3个垃圾转运站道路改造工程等政府会议纪要工程6项，投资146万元，现已全部完工。

【运输管理】 农村客运服务。在“村村通”客车方面，全区共开通农村公交线路23条，运行客运公交车80辆，实现208个行政村全覆盖。在农村客运硬件设施完善方面，首先，盘活利用东阳、庄子、张庆等三个乡镇汽车客运站作为农村物资应急储备库，南庄汽车站作为公交12路停靠及调度站进行综合利用。其次，新建、更新26个农村客运候车亭，全区农村客运候车亭总数达到223个。最后，与晋中市瑞达公交有限责任公司签订《榆次区农村客运候车亭建设、使用、管理及维护工作机制》，将现有农村客运候车亭和招呼站牌全部移交公司使用；按照“谁使用、谁管理、谁维护”的原则，由公交公司负责候车亭的管理、运行、维护，形成农村客运候车亭建、用、管、维工作长效机制。在农村物流体系建设方面，截至年底，全区已建成农村物流节点235个，其中区级中心1个，乡级服务站10个、村级服务点224个。实现千人以上建制村物流节点全覆盖、农村乡镇邮政局所全覆盖、建制村通邮全覆盖、“快递进村”全覆盖的工作目标。关于在治超工作开展方面，运管所、超限站相关人员配合市执法大队展开对县乡公路超限超载进行查处整治，从2020年4月15日起至年底，查处车辆总数共计2966台次，查扣车辆34台次，出动执法人员259人，巡查源头企业441家，治理效果显著。超限站严格执行24小时检测货运车辆的规定。

【统筹推进疫情防控和复工复产】 一是交通检疫防控。1月28日至2月23日，按照区疫情防控领导组安排，区交通运输局牵头联合多部门，在4个高速公路出口、5个国省道口、3个城市主干道口设立12个交通疫情防控站，对过往车辆、人员进行病毒消杀和体温监测。共设卡开展交通检疫防控工作27天，投入防控资金24万元，制作疫情防控宣传条幅30条、18平方米大型广告牌8块、体温监测提示牌12块、温馨提示牌3块、方舱立面宣传版44面，在新闻媒体发表宣传报道57次；投入设卡检疫人员13194人，发动党员爱心捐款6250元，累计查验车辆31.5万辆、人员50.5万人、劝返车辆2160辆，移交车辆1794辆，有效保障全区疫情防控入口管控工作。二是常态化疫情防控。坚持疫情不完全消失、摸排力度不减，加强行业内重点地区返回人员的深入摸排，均未发现疫情。截至年底，共出动检查215人次，督促检查企业88家次。

【交通安全监管】 按照“安全第一、预防为主、综合治理”的方针，坚持“党政同责，一岗双责”，采取健全责任制度、定期督导检查、推广标准化建设、开展应急演练等措施，切实加强道路运输和辖区内农村公路安全监管，持续开展“平安交通”创建等活动，按照“全覆盖”要求，累计检查164家次企业，接受上级检查10次，发现一般隐患6条，整改6条。再次实现全区道路交通安全生产“零事故”的目标。

【城市提档升级攻坚行动】 2020年，城市提档升级攻坚行动启动以来，区交通运输局因地制宜积极有序推进包保街巷柳东路和柳西路整治提升。在前期摸底基础上，会同新建街道办事处和城管执法队多次实地研究整治提升方案，并向沿线经营商户下发限期拆除违建和违规广告的通知书，逐店逐户进行宣传动员，耐心细致讲解提档升级的重要意义，化解群众消极情绪，引导商户主动配合，确保提档升级工作有序开展。分两个工作组，同时推进柳东、柳西两条小街巷的工作任务，全程参与违章建筑和违规广告的拆除，广告面板的测量，门头广告的安装以及工程验收工作，并做好现场协调及施工秩序维护，确保拆除、安装方式安全有序。截至年底，两条街巷商户拆除违建21处、507.72平方米；违规广告191块、2024.59平方米；门头广告安装1077.48平方米。

【配合保障高速公路建设】 昔阳(晋冀界)至榆次高速公路项目，途径榆次区3个乡镇(长凝镇、庄子乡、北田镇)、18个村庄，在榆次境内28.2公里，总占地面积2.19平方千米，其中长凝镇占地1.09平方千米，庄子乡占地0.51平方千米，北田镇占地0.6平方千米。截至12月16日，全区征地拆迁工作已完成交地2.18平方千米，占99.37%，尚有0.014平方千米亩地未交，12月底全部完成。在榆次区境内有3个施工标段，已全面展开施工，涉及乡镇干部群众主动积极配合工程建设，工程进展顺利。

(榆次区交通运输局)

太谷区交通运输局

2020年，在太谷区委、区政府及上级主管部门领导和支持下，太谷区交通运输局认真贯彻落实中共 十九大及十九届二中、三中、四中、五中全会精神和习近平总书记视察山西重要讲话重要指示精神，按照“一二三四五”战略部署，在严防疫情基础上，立好交通先行旗，加快形成“一环、七横、五纵”交通路网，进一步彰显交通区位优势，为太谷区转型发展奠定坚实交通基础支撑。

【抓好疫情防控，维护大局稳定】 新冠肺炎疫情发生后，太谷区交通运输局深入贯彻习近平总书记、李克强总理关于疫情防控工作重要批示指示精神，按照区委、区政府和市局相关要求，积极响应、迅速部署，率先吹响防控疫情“集结号”。通过层层压实疫情防控责任、及时发布防控疫情信息、采取有效措施，设卡点检测过往人员、筹备疫情防控后备物资，到后来的助推企业复工复产和常态化疫情防控，全体交通人以高度责任感、使命感投身到抗击疫情中去，以实际行动筑牢交通抗疫阵地。

【聚焦项目建设，畅通交通路网】 一是已完工项目。包括农谷大道至国道108改造工程、东庄至马定夫道路改造工程、大峪坪葡萄园区道路改造工程、省道102至先正达现代农业科技产业园区路、乐华园区路建设5个项目。二是续建项目。包括太谷县南山旅游公路建设、高速连接线至国道108公路提质改造工程2个项目；预计2021年完工。三是新建项目。包括国道108（南段）拓宽改造工程、太谷东站连接线工程、太谷县城高铁东站停车场及配套设施工程、闫村至孟高立交桥段路面大修工程、山西农谷铭贤学堂旧址至南山旅游公路工程、山西农谷胡村产业园区路提质改造工程6个项目，2021年底将完工。四是乡村振兴精品廊带道路改造工程。全长23.1公里，总投资0.15亿元，已全部完工。五是“四好农村路”工程。2020年窄路基拓宽7个项目20公里，投资0.24亿元，包拓宽路基、路面，排水及交通安全设施工程等。已完成6个项目14.3公里，未完工1个项目5.7公里。养护提质共64个项目164.78公里，投资0.26亿元，包括修复坑槽、整修路基及交通安全设施工程等，已完工。县乡公路生命安全防护工程共11.73公里，投资53万元，包括增设波形护栏、标志牌、标线，已完工。六是县乡道路日常养护。坚持建养并重，强化预防为主、防治结合理念，积极推进县乡村公路日常养护和中小修工程。截至12月末，日常养护完成投资152.9万元；养护工程（中小修）累计下达任务共计72批次，完成投资343.2118万元。

【加强执法监督，规范行业秩序】 一是严格交通执法。累计进行道路巡查约12000公里，出动执法人员约6800人次，执法车辆1700台次，有效制止非法营运、超限超载、“抛洒滴漏”、出租车不打表等违规行为。共办理处罚案件244起，通过现场批评教育并依照相关法律条款共处罚金758700元；行政赔（补）偿案件3起，赔（补）偿34298元。二是强化源头治理。运管部门加强对全区货运源头企业、客运企业、维修企业、驾培行业等日常巡查监督，下发《晋中市太谷区人民政府办公室关于对合法货运源头企业重新公示的通知》。对3家客运企业、2家危货企业、9家一二类维修企业、4家驾驶员培训机构、18家源头治超企业进行300余次的监督检查。三是多方联合治超。运管部门与源头企业签订《源头企业单位合法装载承诺书》，从源头上杜绝超限超载运输车辆出场、出站。交通综合执法部门加强上路巡查和临时设点，运用动态和静态管理相结合的方式进一步治理超限运输。孟高超限检测站对过境货运车辆进行逐一检测，共检测车辆85103辆，查处超限车辆108辆，严格按照“一超四罚”要求处理，卸货（转运）3277.13吨；移交交警部门超限车辆108辆，交警部门记分516分，罚款133600元，实现省、市确定的治超目标，超限率控制在0.02%以内。

【夯实行业基础，规范行业经营】 一是持续优化客运服务。通过社会公开招投标，引进第二家出租公司，打破行业垄断。为给乘客提供更好乘车服务，组织全区300辆出租汽车进行运营证年度审验，与驾驶员签订文明服务公约和安全责任书。同时客运工作人员在太谷东站、火车站等地加强巡查，督促客运市场规范化运营。另外，创新思维，打开太谷区网约车、共享单车市场，增加群众出行方式，人民群众生活质量显著提升。二是严把行业准入关口。2020年年底，区道路运输车辆共计3014辆，43162.45吨，其中2020年新增1530辆，19474.8吨；审验车辆2928辆，41364.9吨；注销老旧车辆449辆；新增货运业户125户；共换从业资格证3425人，诚信考核7261人，继续教育共16期，结业人数3493人。三是引进车辆智慧管理。城市客运管理所在专用计算机上安装出租车GPS监控管理平台系统，进一步完善全区公交和出租智慧监管体系。同时联合公安部门在出租车内安装视频监控系统，以更好保护乘客、司机利益（2021年1月底全部安装完成）。四是着力化解群众诉求。全年共收到“12328”“12345”群众投诉转办单共390件；网上信访、意见建议10件，人民群众的每条意见、建议，区交通运输局都派专人及时进行办理和答复，保证做到“有问必有答”，得到广大群众好评。五是加快物流节点建设。持续推进全区农村物流区、乡、村三级网络节点体系建设，截至年底，验收农村物流节点30家，实现农村购物便捷、高效、多样化。

【筑牢安全防线，严肃问责机制】 日常工作中，区交通运输始终把安全生产工作放在首要位置，树立生命至上、安全第一理念。按照“四铁”和创建“三治三零”单位要求，深化源头治理、系统治理和综合治理，扎实推进“平安交通”建设，助推平安太谷建设向纵深发展。一是落实行业安全责任。建立安全责任落实制度，与7家重点货运企业、3家客运企业、8家维修企业、3家驾驶员培训企业签订《企业信用承诺书》《企业安全生产承诺书》，全面落实全区重点行业企业主要负责人安全生产承诺践诺机制，基本建立横向到边，纵向到底，主体责任明确、监管责任到位的交通运输安全生产责任体系。二是狠抓安全教育培训。组织相关企业、人员开展“零事故”创建、安全生产知识竞赛答题、“安全生产月”宣传等活动，发放安全宣传页1000余份，同时督促企业不定期进行安全生产演练共7起，培训客运（危货）驾驶员人员200余名，使从业人员从思想上重视、从行为上约束，自觉纠正不安全行为。三是扎实开展隐患排查。按照“党政同责、一岗双责”和安全生产“三管三必管”要求，深入开展安全生产专项整治、“反三违”、电气火灾治理等行动。公路部门定期对辖区道路进行隐患排查，并加强重点道路巡查；客运运管部门坚持每月对监督企业进行不少于2次的安全巡查，节假日前后进行专项检查；运管部门不定时对客运（含危货）运营车辆安全设施设备、维护、年审等情况进行监督检查；采取人防和技防相结合的方式，对辖区（不包含三类以下班线）64辆客运（含危货）运营车辆安装智能视频监控报警装置，实现对驾驶员不安全驾驶行为的自动识别和实时报警。共排查企业500家次，出动巡查人次900余人次，排查隐患71条，已全部整改。海事部门巡查发现一般隐患4处，水运企业整改完成3处（未整改完成的一处为水运企业船舶配员证书到期因市政务大厅处于改革期间暂不能更换）。2020年，全区交通运输领域未发生交通运输责任事故，安全工作持续向好发展。

【落实重点工作，优化行业质量】 一是重视环保工作实效。首先，配合环保、交警等部门开展柴油货车尾气检测工作，养护部门加大辖区道路养护和清扫频率，保持辖区路面清洁。其次，增强交通执法力量，加大对抛洒滴漏重点路段的巡查；运管部门加强汽修行业涉VOCs喷漆、烤漆企业污染排查；道路施工工地加强扬尘治理，严格落实“六个百分百”要求。二是持续开展扫黑除恶工作。严格执行专项斗争“深挖根治”的目标要求。对工程建设、客货运输、维修等领域持续进行线索排查。本年度未发现涉黑涉恶线索。三是进行战备专业保障队伍建设。整组公路运输保障队伍和公路工程保障队伍两支国防交通专业保障队伍；整组太谷民兵运输连，保证队伍年轻化，编组合理化，并在七月下旬接受省军区点验。

【提升政治素质，强化党建工作】 一是加强党支部建设。根据上级规定，2020年任期到期的6个党支部在机关委员会监督下，严格按照《党章》和《中国共产党基层组织选举工作暂行条例》等规定进行换届选举。二是强化理论武装。按照集中人员、固定时间、规定内容的原则，逐字逐句抓好《习近平时代中国特色社会主义思想学习纲要》《摘编》《习近平谈治国理政》（第三卷）等纲领性书目的精研细读，努力做到学深悟透。同时，充分运用“学习强国”“三晋先锋”App等网络载体，督促党员干部跟进学好习近平总书记最近重要讲话，切实让学习讲话形成自觉、成为习惯。组织全体党员干部到右玉参观学习“右玉精神”，开展重温入党誓词、主题演讲等配合活动，激发党员干部传承优秀品质、弘扬光荣传统的思想自觉和行动自觉。三是增强纪律建设。组织引导党员干部认真学习《中国共产党章程》《中国共产党廉洁自律准则》《中国共产党问责条例》

《中国共产党纪律处分条例》和《中国共产党党内监督条例》等党规党纪条款，制订《进一步落实全面从严治党“两个责任”实施方案》，列出党委（党组）和班子成员责任清单，树牢党性观念、强化廉洁意识，坚决做到不踩红线、不越底线、不闯雷区。干部员工没有发生任何违规违纪问题。

【精准结对帮扶，决胜脱贫攻坚】 继续通过交通扶贫工程的建设，畅通交通运输通道，“四好农村路”窄路基路面拓宽、养护提质、安全生命防护、农村公路养护稳步推进；继续带领贫困户走以小杂粮为主导，同步苹果种植及特色养殖的致富道路。在驻村工作队带领下，小店村基础设施进一步完善，居住环境进一步改善，各项社会事业齐头并进。同时，结对帮扶人员在精神和生活上给予贫困户帮助和关怀，奋力带领小店村贫困人口脱贫奔小康。

（太谷交通运输局）

榆社县交通运输局

2020年，在榆社县委、县政府正确领导下，榆社县交通运输局紧紧围绕全面建成小康社会和“十三五”规划收官，加快推进交通强国建设和谋划“十四五”规划，坚决扛稳交通运输系统“促投资、稳增长、抓党建、推建设”基础建设主力军责任，结合县委政府提出的“三治三零”“三亮三提三促”“爱国卫生季”“廊带建设”“城景通、景景通”旅游公路示范段项目建设，在抓好疫情防控的基础上，稳步推进复工复产，努力开创榆社交通运输工作新发展格局。

【突出项目建设，不断完善交通基础设施】 一是榆社县太焦高铁动车站连接线（云竹湖出口至高铁站）改建工程。路线全长1.544公里，总投资4567.3348万元，2020年4月9日开工建设，11月20日顺利竣工通车。二是晋中市太行山旅游公路榆社境工程（牛槽沟至榆社县段）。全长18.235公里，截至2020年年底，完成投资估算2300万元。三是9.426公里总投资4830万元旅游公路续建项目和顺县界段至牛槽沟主体工程竣工通车。四是“四好农村路”安全生命防护工程。全长10公里总投资87万元、养护提质工程90公里总投资1350万元主体工程完工，完成年度目标任务计划，投资30万元完成全年任务“一灯一带”减速带140条。

【巩固提升村通硬化路脱贫攻坚建设成果，创新农村公路养护体制机制】 2020年，公路管理机构加快推进公路安全生命防护工程建设，重点围绕公路急弯陡坡、危桥、临水临坑、马路市场等重点路段，对公路标志、标线、标牌维护和易出现团雾、雨雪、大风等恶劣天气公路应急保通等情况开展集中巡查和物资储备，强化对现有公路和危桥风险排查治理或技术指标综合判定，巩固村通硬化路交通脱贫指标，副科级领导成立工作专班和分片指导组，“分工协作，科学统筹，精心指导，严管质量”，确保把“双通”工作惠民好事做实。不断提升人民群众满意度。通过副科级领导干部包联乡镇对全县271个村庄村通硬化路和开通客运班车进行核查自检，投资400万元对雨季汛期出现的35处灾毁及时进行修复。在市局和省厅检查考核验收中得到一致好评。创新农村公路养护体制机制，强力推行履责生态发展理念，结合“爱国卫生季”爱卫有我、防疫同行，推行覆盖县、乡、村三级路长体系，出台《榆社县农村公路“路长制”实施》方案，截至年底，县路政员、乡监管员、村护路员和责任路段已基本完成编制，全年对榆洪线、峡南线、东郭线、郭榆线主要县道进行清理水沟、边坡、边沟、路肩、坑槽2600余平方米。累计完成路面保洁360公里、路肩培护150公里、边沟疏通150公里、坑槽挖补6500平方米、路面标线90公里，栽种花草140公里、设置防撞护栏10公里、各类标志标牌70套、警示桩1300根，整修水沟200公里、清除杂草垃圾400公里，行道树刷白150公里、增设减速带1000米、更换路缘砖1公里。

【稳步提升交通运输服务能力，督促企业落实主体责任】 2020年，县交通运输局坚决贯彻落实省政府《关于加强道路客运企业和车辆管理实施意见》，严格落实“三不进站、六不出站”、实名制购票等制度，加强道路客运安全源头化管理。整治客车变相挂靠经营行为，推动道路客运企业全面实行公司化经营。开展了集中整治分心驾驶及驾乘人员未按规定使用安全带行动，督促企业落实主体责任，开展营运驾驶员安全文明教育培训专项行动，业务部门组织所有营运驾驶员和车主分级、分层全部接受一次职业道德、安全文明驾驶、和应急处置能力等教育培训和考核。全面巩固提升城乡客运一体化，截至年底，建成公交站点466个，客运候车亭240个，全县各乡镇、社区、建制村已设立网点物流节点158个，乡镇行政建制村公交覆盖率100%，行政建制村通客车率100%。配合县生态环境分局、交警对加快推进国三及以下牌坊阶段营运柴油货车淘汰工作，截至年底完成注销道路运输证件国三柴油货车147辆，超额完成市局下达年度任务87辆任务计划。608辆货运车辆安装北斗定位装置，实现实时在线监控，积极配合县生态环境分局开展营运类重型柴油货车安装远程在线监控，完成年度27辆柴油货车安装任务。

【构建交通运输安全生产体系，开展安全生产三年专项整治行动】 结合实际，坚持问题导向，聚焦人心不齐，纪律不严等系列问题，用好三治融合，实现无违法违纪案件。无越级上访、无安全事故发生“三治三零”创建目标。落实加强执法监督检查，企业和个人落实生产经营主体责任，分类强化培训核查，开展隐患整改，公路、运管、执法、海事四家机构建立联合执法，形成强劲的“三治三零”工作合力，确保交通运输领域企业规范经营、安全生产平稳运营。截至年底，检查企业12次，充分利用“6·19”全国安全生产日制作宣传单2800余份，制作版面8块、悬挂条幅8条，开展危化品道路运输应急演练工作、对企业从业人员进行安全培训100余人次，驾校培训学员300余人次，开展客运驾驶员考核，城市客运驾驶员安全行车50万公里或连续安全行车8年的占70%，驾驶员安全行车30万公里或连续安全行车5年的达100%；客车驾驶员综合素质统一考核合格率达100%。持续推进道路运输行业安全生产标准化建设，检查运输企业110余次，整改安全隐患12起，“两客一危”车辆和普通货运车辆定期检测率分别达到100%和98%，道路运输安全行驶总里程99万公里。组建5支50人应急抢险队伍，储备工程机械两台：1台铲车，1台推土机；客车15辆；铁锹40把，铁镐40把，镢头40把，矿泉水10吨，货车15辆，方便面1000箱，保障全年汛期公路灾损快速应急抢通工作。

【规范交通综合执法工作，持续开展交通运输领域突出问题整治】 会同公安、应急、文化旅游等部门开展旅游包车、班线客车专项整治行动，管理机构、执法机构重点加强“两客一危一货”运输领域的安全监管。疫情防控期间采取联合执法依法打击站外经营、站外揽客、超限超载、无证经营等营运车辆的违法行为；依法查处“黑车”“黑公司”“百吨王”等严重违法行为；对所辖公路、桥梁采取巡查值守、流动治超、卡点治超等措施，排查整治超限超载运输车辆，超限检测站全年检测25065台次，查扣违法超限运输11辆，由交警处罚，处罚金额共计16500元记66分。不断加大行政执法和行业监管，强化道路扬尘污染和抛洒治理，查处83起行政案件处罚1040575元，收取赔(补)偿费320708元，依法查处非法营运案件17起，罚款85000元；查处水上非法营运船舶3起，罚款3000元，查处水上非法营运船只3艘，罚款3000元，非法改装车辆14辆，处罚金额70000元。通过不断加大行政执法和行业监管，确保全县农村公路桥梁安全畅通，从根本上解决道路运输和县乡公路扬尘污染治理问题。

【全面落实常态化新冠肺炎疫情防控，打赢疫情防控阻击战】 自1月23日起，以执法队牵头在榆社县区域高速公路、国省道、县道和火车站出入口设立8个交通卡点，24小时不间断扼守关卡，排查车辆、人员、测量体温。其间，600余人次30天严格落实防指的各项指令，采取坚决果断、有力有序、科学周密的举措，核查车辆8000余台次12000余人次，成功保卫榆社这片净土。疫情防控期间，全局党员干部职工缴纳特殊党费17650元，对平遥兄弟县捐赠消毒液2500千克、口罩300只、护目镜330个、酒精90瓶、84消毒液15桶、KN90口罩200只、一次性医用口罩500只，方便面300箱、火腿肠1000根和5150元现金。全体干部职工自筹资金5520元助销社城花卉产业。复工复产后按照“面上放开、点上精准”

"关口内置、网眼织小""依法科学、分级分类""严密防范、闭环管理"等原则，因地因时因势制宜，创新实施精准化、差异化、多样化、数字化、高效率防控措施，压实"四方责任"，强化联防联控、群防群控，不断提高常态化疫情防控和综合治理水平，建立健全常态化疫情防控长效机制，为人民群众生命安全和身体健康、经济社会秩序全面恢复提供有力保障。

（榆社县交通运输局）

左权县交通运输局

2020年，在左权县委、县政府坚强领导下，在省市交通主管部门亲切关怀、人大政协监督指导和社会各界大力支持下，左权县交通运输局坚持以习近平新时代中国特色社会主义思想为指导，认真贯彻落实习近平总书记考察山西重要讲话指示精神以及关于交通运输工作重要论述精神，以大投入、大建设、大发展的奋进姿态，以"补短板、促发展、惠民生"的工作导向和"建、养、管、运并举、全面协调推进"的工作思路，紧紧围绕年度工作目标责任制，突出项目抓建设，突出养护抓示范、突出管理抓改革、突出运输抓转型，提前并超额完成各项责任指标。"内联外通、四通八达"的交通路网，"人便其行、货畅其流"的运输服务，"全域全景、景景相通"的旅游走廊，不仅提升左权左右逢源的区位优势，也为全县决战决胜脱贫攻坚和全面建成小康社会提供坚实支撑。

【省市考核指标任务全面完成】 一是"四好农村路"建设超额完成。农村公路撤并建制村路面改造工程，由县交通运输局集中组织实施，共涉及7个乡镇45个村、总里程42.36公里、190648.2平方米比较破损的通村水泥路面，截至年底，已全部完工，累计完成投资1904.9544万元，进一步提升通村水泥路面的路况质量。农村公路撤并建制村路面改造工程，由各乡镇政府分别自主择优组织实施，共涉4个乡镇4个村，总里程11.505公里，全部为重新加铺水泥混凝土面层，从7月开工以来，截至年底，已全部完工，累计完成投资957.1544万元。农村公路窄路基路面拓宽工程，由各乡镇政府分别自主择优组织实施，共涉4个乡镇6个村，总里程12.448公里，全部为路面两侧土路肩硬化，自7月开工以来，年底已全部完工，累计完成投资348.4602万元。农村公路安全生命防护工程，共涉及19条农村公路沿线的8个乡镇32个村，由县交通运输局集中组织实施，分为四个合同段，自9月开工以来，年底已全部完工，累计完成总投资351.6017万元，进一步提升农村公路的安全技术路况。完成全市"一灯一带"工程减速带安装任务140处1300米，累计完成投资14万元，有力确保农村公路平交道口的安全畅通。二是"太行一号"旅游公路建设按计划推进。续建"太行一号"旅游公路主线竹宁至阳光占段全长12.683公里，预算总投资13150.4813万元，从4月复工复产以来，截至年底，累计完成投资约3900万元。计划2021年9月底全部完工。续建"太行一号"旅游公路连接线石匣至竹宁段全长7.198公里，预算总投资为16563.7031万元，从4月份复工复产以来，截至年底，累计完成投资约3400万元，计划2021年11月底全部完工。新建左权县桐峪镇至麻田镇通村路工程，暨太行百里画廊旅游公路桐峪至麻田段支线，路线全长9.399公里，预算总投资3261万元，从7月开工以来，截至年底，主体已全部完工，完成投资约3261.1615万元。左权太行百里画廊旅游路泽城至上口支线工程，路线全长11.831公里，预算总投资2881.5195万元，自7月份开工以来，除河北沟至上口段因占用基本农田本年暂不实施外，年底剩余段8.5公里已基本建设完成，完成投资约2881.5195万元。三是公共交通节能目标已全部完成。更新新能源纯电动出租车31辆，使全县115辆出租车全部100%达到纯电动或油气两用清洁型新能源出租车辆，使县城群众公共交通绿色出行率一举实现100%。四是城乡物流站点普及按目标落实。以供社电子商务平台为基础，在2018年至2019年整合完成130个农村物流节点基础上，先后完成37个村级农村物流节点的整合升级任务，构成以1个县城左权县供销社电子商务物流中心和10个各乡镇供销社商务物流站为中转节点，辐射156个行政建制村级供销社门市部，基本实现县城至乡镇、乡镇到中心村的全覆盖城乡物流网。

【面对疫情逆行而上】 1月26日省、市、县启动突发公共卫生事件一级响应以来，县交通部门全体干部职工立即取消一切休假，不畏疫情、全员到岗，积极投入疫情防控最前沿。一是迅速建立并启动应急预案和实施方案，从防控机制上确保细化措施，压实责任，明确分工，严肃纪律，强化落实；二是牵头快速与高速、公安、交警、卫生等部门设立8个出入县境公路防控检测站，紧盯“防输入”，全部严格检测、登记、询问及排查入境车辆和乘车人员，严格做到“一断三不断”（坚决阻断病毒传播渠道，保障公路交通网络不断、应急运输绿色通道不断、必要的群众生产生活物资运输通道不断）；三是抓好复工复产，切实发挥交通运输“先行”作用，根据疫情防控形势和工作重心变化，快速调整防控政策，分区分级做好重点工程复工、公路保通保畅，有序恢复客运，通过提供测温乘车扫码、“一站式”定制服务等方式，有效保障客货运输需求；在常态化疫情防控阶段，进一步健全防控机制，印发常态化疫情防控科普手册，慎始如终常抓不懈，扎实做好城市公交、客货运输、汽车站场等各项疫情管控办法，落实落细秋冬季疫情防控各项政策措施，有力保障全县经济社会的平稳有序发展，交出一份合格答卷。

【专项督办特事特办】 一是政府重大决策。2020年，县政府下达全局重大决策部署任务27项，其中2019年结转至2020年事项3项，A类重点工程项目4项，县经济工作责任分解2项，县长办公会议定事项6项，县政府工作报告责任分解7项，县政府专题会议定事项4项，县政府主要领导批办事项4项；主要涉及工程建设、养护提质、招商引资三大业务领域，截至年底已按照计划时间节点完成办结25项，另外有A类重点工程“太行一号”旅游公路主线竹宁至阳光占段、连接线石匣至竹宁段已按建设计划结转至2021年度。二是人大政协答复。全年共受理人大第十六届五次会议和政协第九届五次会议建议提案13件，分别涉及道路建设类8件，城市公交类1件，网约客运类1件，养护管理类3件，其中：人大代表建议7件，政协委员提案6件，无重点建议或提案；全部按“三必须”要求落实到位，各代表、委员同意满意率达到100%，其中A类5件建议、4件提案已按要求完成并通过县政府公示平台公开办结结果，C类2件建议、2件提案因诸多政策限制，办理条件尚不成熟，县交通运输局积极与相关县直部门沟通规划，协助落实推进中。

【强化养护打造精品】 持续在农村公路日常预防性养护上下功夫，以打造特色精品乡村公路为重点，细化预防性养护工程实施措施，择优选择施工队伍和机械设备，已先后完成清理路肩边沟136万平方米，路面沥青灌缝148公里，修补水沟2160米，砌筑挡土墙320立方米，修补路面坑槽2186平方米，种植景点花卉3200平方米，划设标线8698平方米，清理坍塌方96处1032立方米，累计完成养护投资约468万元。同时完成县乡村公路51公里的安全生命防护工程，完成“一灯一带”工程减速带安装任务140处1300米，有力确保农村公路好路率始终保持在89%水平。

【综合执法有序推进】 坚持用制度管人管事，严管理、转作风，有效强化执法人员审慎用权、依法行政意识，着力在提升综合执法业务水平上下功夫，进一步梳理完善行政处罚类155项，行政强制类12项，行政征收类1项，其他服务类6项的行政执法权力清单和责任清单，并汇集成册，人手一本，指导工作开展。同时加强与交警等部门协作，建立常态化联合执法机制，持续开展路域环境、客运市场、超限超载、驾培维修等专项治理，截至年底，共依法立案37件，行政处罚35.9万元，行政征收7.9317万元，其中：一是依法立案查处黑网约拼车等非法运营12件，行政处罚6.2万元。二是依法立案查处未按规定检测机动车辆3件，行政处罚3000元。三是依法立案查处未按规定携带包车合同1起，行政处罚1000元。四是依法立案查处源头超载案件11起。对源头、源头负责人、磅房工作人员共计行政处罚23万元，同时对7辆超载车辆、驾驶员进行“一超四罚”的扣分处理，累计扣分140分，并全部依法录入全省运输系统“黑名单”档案。五是依法立案查处各类损坏公路案件7件。共收取赔(补)偿费79317元。六是依法立案查处各类路产路权案件3件。行政处罚6.3万元,以上全部结案率均为100%。

【科学规划绘就蓝图】 认真学习领会中共中央、国务院印发的《交通强国建设纲要》重要精神,深入贯彻落实习近平总书记对"四好农村路"重要指示精神,力争"十四五"乘势而上、再苦干五年,统筹有序完成国省干线提质、县乡道改造和交通扶贫"资源路、旅游路、产业路"建设3大类24项改造项目。其中,国省干线提质4项、拟建里程69.566公里、估算投资387941万元;县乡道改造项目8项(县道3条51.412公里,乡道5条55.331公里)、拟建里程106.743公里,估算投资50358万元;交通扶贫"资源路、旅游路、产业路"建设项目12项、拟建里程217.954公里,共计估算投资145121万元、拟建总里程394.263公里、估算总投资58.342亿元,实现更加便捷、高效、绿色、智慧、安全的路网格局,全面推动全县交通运输的高质量发展。

【安全生产专项落实】 认真贯彻落实习近平总书记关于安全生产一系列指示批示精神及省、市、县和上级交通运输主管部门的决策部署,紧紧围绕安全生产专项整治三年行动和"零事故"单位创建工作,以落实安全生产责任为基础,以开展安全生产专项整治为抓手,以遏制事故发生为目标,加强基础工作,加强责任落实,加强依法监管,把安全生产学习教育放到首位,充分利用每月安全例会,集中学习交通运输安全新知识、新精神,分析研判新动态,研究解决新问题,始终保持安全生产的高压态势,并进一步健全完善隐患排查治理,安全责任落实,安全预防控制和事故应急处置的责任体系,不断强化安全管理工作。同时将隐患排查治理形成常态化,严格按照"全覆盖、零容忍、严执法、重实效"和"整改措施、责任、资金、时间、预案"五落实的工作要求,2020年分县乡道路、在建工程、道路运输3个专项检查组,由各分管领导带队,共出动检查210人次,检查客运、货运、危险化学品、维修、驾培、检测等企业89家次,下达安全生产监督检查记录单80份,整改消除一般隐患155条;检查县、乡公路45条,排查隐患35处,整改消除35处;检查在建公路工程4个项目,检查48次,排查隐患15条,整改15条,整改率100%。

【廉政建设常抓不懈】 按照"内强素质、外树形象"的工作思路,坚持标本兼治、综合治理的方针,认真落实党风廉政建设"两个责任",深入推进党风廉政建设和反腐败工作。一是切实履行党组主体责任。层层签订责任书,建立责任清单,落实责任台账,开展好廉政约谈,坚持党组和局务会议事制度,加大对重点领域、关键岗位和重要环节的风险防控,提升预防能力,坚持民主集中制,规范领导班子决策行为,提高科学决策、民主决策水平。二是强化警示教育,使廉政意识"内化于心"。全年通过每周五集中学习教育,采取局领导登台专题辅导、上党课、观看廉政警示教育片、每日一题学习等系列措施,深化全体党员和干部职工的思想认识,利用身边的典型进行现身说法,传递正能量,进一步坚定大家理想信念和社会价值观;通过张贴悬挂廉政宣传板面和警示教育提示标语,努力在全系统营造浓厚廉政文化氛围。三是开展专项行动,使干部作风建设"外化于行"。不仅通过"六权治本"的落实和"三基"建设开展,制订完善单位服务行为规范、工作人员守则、文明用语,规范工作人员行为,还建立健全"首问负责制、全程代理制、一次性告知制、限时办结制和责任追究制"等五种制度;做到办事程序公开、办事依据公开、办事时限公开、办事结果公开;提供服务亮明身份、亮明承诺、亮明标准,极大改善服务氛围,提高工作效率。四是围绕权力防控,使监督约束"固化于制"。针对交通项目报批、交通工程招投标、大额资金安排、干部选拔作用等关键节点,通过清权确权、规范流程、排查风险、制订措施、强化监督等手段,将警示教育、制度建设、考核监督、执纪问责有机融合,逐步建立廉政建设和业务工作、内部监控与外部监督、自律与他律相结合的交通工作岗位廉政风险防控机制。

【4项亮点特色工作】 一是建设的21.23公里清漳河风景步道。太行百里画廊旅游公路支线桐峪至麻田段和泽城至上口段慢行系统,成为全市"太行一

号”旅游公路慢行步道最长、最美的太行新走廊，不仅大幅提升沿线群众出行品质，进一步加强全县境内“太行一号”旅游公路支线南部区域微循环段专用性、安全性、智慧性和环境友好型的服务支撑，还成为太行百里画廊集太行风光游、民歌海洋游、红色文化游中新的网红打卡点，让旅客可以通过骑行、车行、步行等多种形式抵达沿线各个景点、景区游览，十分方便地享受望得见水、触得到绿的生态休闲生活，实现湿地美景沿路体验、乡村形象沿河提升、休闲娱乐一路畅行的左权特色全域游。二是更换新能源纯电动出租车31辆。全县115辆出租车中新能源混合动力出租车达到31辆，新能源纯电动出租车达到84辆，全部符合国家新能源建设实施标准，与正运行的8条城市公交线路、19辆纯电动公交车，及住建部门投放的有桩+无桩公共自行车和纯电动自行车，共同构成县城“电动公交为骨架、节能出租为网络、公共自行车为延伸”的新型公共交通绿色出行新网络，率先在全市实现县城公共交通绿色出行100%全覆盖。三是结合市场有序投放的33辆网约车。率先在全市县级区域整合资源推进网约车新业态发展，本着规范经营和包容审慎原则，先后配合县审批局完成山西华壹科技有限公司左权分公司“城际奔奔”、捎点宝技术有限公司左权分公司“捎点宝”和山西潞安太行来回网络科技有限公司左权分公司“来回”等三家网约车公司，全部投入7座型商务客车，其空间宽敞、乘坐舒适、保险齐全、安全保障的高速直达往返、提前网上订单、点对点贴心服务的方式，日订单量平均达到280余个，满足群众“说走就走”的个性化出行需求。4月29日，随着左权县环城驾校60名学员在自己“家门口”驾校有序顺利完成科目三机动车驾驶人道路驾驶技能考试，标志着县里有了全科目驾考中心，以往左权学员“天蒙蒙亮闻鸡起舞赴市赶考，全天风餐露宿苦苦排队候考，晚上披星戴月集中乘车回家”的艰辛驾考历程一去不返，使全县驾培市场又迈入一个新的时代，不出远门就能考试拿证，新设备、新考场、新环境，带给每位学员新的惊喜，既节约时间，又节省费用，通过信息化评判，避免人工误判风险，提高驾考时效性与公平性。

（左权县交通运输局）

和顺县交通运输局

2020年，和顺县交通运输局以习近平总书记视察山西重要讲话精神为指引，坚决贯彻落实中央、省、市、县的各项工作部署，紧紧围绕和顺县委、县政府“脱贫攻坚交总账、转型综改开新局”的总体目标，全力打赢疫情防控阻击战，认真落实以“六保”促“六稳”各项工作措施，交通运输各项工作圆满完成。

【坚决打赢新冠肺炎疫情防控阻击战】 1月22日，局党组召开扩大会议，传达学习县委、县政府主要领导的批示精神，制订《关于新型冠状病毒感染肺炎疫情防控工作方案》，成立疫情防控领导小组，全系统立即行动，全力防控。一是闻令而动、紧急备战。下发《关于暂停公交客运等公共交通营运工作的紧急通知》，1月26日向社会发布公告，暂停全县长途客运、农村客运、城市公交、旅游客车、出租车营运，全局工作人员取消休假，成立3个临时党支部，全局89名党员全部冲击在抗疫第一线。组建45人的应急队伍，货运应急车30辆、客运应急车14辆、出租车15辆、大型机具7台，随时接受应急命令。二是逆向而上、勇挑重担。疫情就是命令，防控就是责任，1月27日接到县委、县政府的命令，局里立即派出6名执法队员，奔赴横岭临时检查站，担负疫情检测重任；随后又抽调55名精兵强将充实到全县11个检查站，担负消毒、登记等任务，共检测车辆16900辆次。三是多措并举、保畅保通。县疫情防控办下发《关于节后必须返岗人流车流实行交通管控的临时通知》，县交通运输局按照“一断三不断”总体要求，对运输群众生产生活必需品、应急物资等车辆发放“车辆运输临时通行证”，共发放通行证5800余份，疫情防控期间货物周转量达831万吨公里，同比增长0.03%，有效保障群众正常的生产生活必备物资，为全县打赢疫情防控阻击战提供交通运输保障。

【交通运输各项工作任务圆满完成】 2020年，和顺县交通运输局在做好疫情防控的同时，积极落实交通民生建设任务，按照《2020年政府工作报告重点工作目标任务责任分解》要求，详细制订工作方案，积极落实各项工作措施，目标任务全部按期完成。一是推动重点项目落地。全年交通运输重点项目2项，分别是阳左高速公路和顺互通项目和省道318董榆线寒湖岭隧道工程。首先，完成阳左高速和顺互通工程立项审批。5月20日通过省级专家论证，批复预算投资3.76亿元，6月15日省发展和改革委员会下发《关于阳左高速和顺互通工程项目可行性研究报告（代项目建议书）的批复》，截至年底，正在筹备建设前期工作，编制工程初步设计，筹集建设资金，预计2021年4月中旬开工建设。其次，省道318董榆线隧道工程开工建设。2019年6月完成立项审批，前期程序全部落实，7月已完成初步设计评审，8月份开展施工招标，项目于11月24日开工建设。最后，规划昔榆高速和顺连接线项目。昔榆高速和顺连接线项目正在积极推进，估算投资6.1亿元，建设规模32公里，截至年底，已完成野生动物保护区迁移工作，项目规划、设计等前期工作已列入程序。二是深入推进农村公路“路长制”。根据《山西省人民政府办公厅关于在全省全面推行农村公路“路长制”的通知》文件要求，县交通运输局作为全县农村公路管理机构，起草《和顺县农村公路“路长制”实施方案》。其间，征求12个相关部门和10个乡镇意见建议，7月4日提交县政府常务会议通过。《和顺县农村公路“路长制”实施方案》明确全县14条县道、68条乡道、139条村道路长职责，全县221条公路将实现县乡村三级领导担任的“一路一长”100%全覆盖。三是超额完成农村公路养护提质任务。农村公路养护提质工程是落实县委、县政府关于实施乡村振兴战略和“百里廊带”建设的重要举措，全年下达养护提质工程42公里，截至年底，已完成高坪线绿化美化工程16.98公里、松店线绿化美化工程9.6公里、牛温线绿化美化工程7.4公里、山团线中小修工程40公里、界李线安防工程和路面维修11公里、安和线安防工程和路面维修13公里、北外环安防和路面沉陷治理0.6公里、南阔线路面中修1公里，共计完成99.58公里，是计划任务的237%，超计划任务57.58公里。四是加快农村公路建设。太行板块旅游公路（阳光占至榆社界）8公里项目，于9月底全部完成，完成投资1996万元，10月初完工交付使用；乡村振兴“百里廊带”农村公路提质共85项，在9月底全部够高标准高质量完成。五是完成政府承诺“十件实事”。县政府把开通3条城市免费公交线路列为承诺为民办十件实事的内容之一，是县政府执政为民、关注民生的具体体现，也是充分发挥公交在城市交通中的主体地位，引导广大市民绿色出行，打赢“蓝天保卫战”的重要举措。为了落实好这项惠民政策，县交通运输局多次召开现场会议落实，对原来的3条免费公交线路进行优化，新增银镁化工厂、青少年活动中心、康阜家园等3条环形免费公交线路，新增公交站台67个，投入纯电动公交车16辆，7月1日起试运行，实现县城免费公交全覆盖的承诺。在试运行期间，县交通运输局充分听取社会各界和广大群众的合理意见与建议，不断完善和优化线路运行，将实事办好、办实、办出成效。六是切实维护道路运输市场秩序。县交通运输综合行政执法队认真履职、严格执法，2020年累计查道路运输处违法案件330起，上缴财政罚没款350.9万元。其中，行政处罚案件264起，上缴罚没款184.68万元，收取路产路权赔补偿费用166.22万元。根据《晋中市网络预约出租车经营服务管理类实施细则》（市政办发〔2017〕108号）文件要求，协助办理4家网络预约出租车平台企业，新增网约车14辆，满足群众舒适化出行的愿望。七是交通运输结构调整稳步推进。根据县政府办公室《关于调整交通运输结构调整工作实施方案》和《加快推进国三及以下排放阶段柴油货车淘汰工作实施方案》的要求，推进大宗货物“公转铁”运输方式，铁路货运量较上年增加88万吨，全年完成货运量456万吨；为切实遏制大气排放污染，确保全县空气质量不断好转，加快重型柴油货车整治工作，淘汰国三及以下排放阶段柴油货车，12月25日，全部完成376辆国三及以下排放阶段柴油货车工作任务。

（和顺县交通运输局）

昔阳县交通运输局

2020年,昔阳县交通运输局坚持以习近平总书记关于疫情防控、复工复产重要讲话和重要指示精神为指引,坚持贯彻落实昔阳县委、县政府和市交通运输局决策部署,统筹推进疫情防控和交通运输保通保畅工作、加快交通基础设施项目复工,以超前部署、超常举措和超强力度,全面完成目标任务。

【精准施策,统筹抓好疫情防控和全县交通运输工作】 一是周密部署,强化防控。根据行业特点和上级具体要求,县交通运输局制订《道路客运企业复工运营疫情防控与运输保障工作预案》《货运物流企业复工复产疫情防控与运输保障工作预案》《企业复工复产疫情防控工作预案》《春节上班后新型冠状病毒感染的肺炎疫情防控工作预案》《公路建设领域新冠肺炎疫情防控专项应急预案》《关于有序恢复道路客运运营做好疫情防控工作的实施方案》《昔阳县"四好农村路"、旅游公路项目工地在新型冠状病毒感染的肺炎疫情防控期间开工(复)工实施方案》,认真履行交通运输部门职责,全面贯彻落实"一断三不断""三不一优先"要求,全力做好县乡公路严防严控保畅通工作。二是联防联控,保障畅通。充分发挥职能部门职责,建立联防联控工作机制,在疫情防控检查站严格执行"拦、消、测、登、查、录、劝、送"八项工作流程,做到无缝对接。加强交通疏导,确保快速检测,快速登记,快速通行。按照县政府安排,派出执法人员参与马岭关、水深等出境卡口的联防联控工作,严密防控,强化"外防输入、内防反弹"常态化策略,保卫好全县门户,守住疫情防控净土,取得决定性成果。按照省市县要求,截至2月24日零时,疫情检疫站撤销。三是精准施策,有序推进企业复工复产。首先,促进公路建设项目复工。配合驻地政府部门,积极落实企业法人主体责任,工地实行封闭式集中管理,严格管控人员出入工地,"一人一档"建立员工健康档案,坚持每天核查健康状况,并向县卫健部门进行报备,严格落实返岗人员隔离观察制度,加强施工人员管理,尽量减少人员聚集,做好环境通风,发放了口罩等防护用品,加强宣传、教育、督导、引导生产与生活,戴口罩,勤洗手,坚决防止疫情在工地传播。其次,落实道路运输企业复工。2月24日,发布通告,有序恢复城市公交、出租汽车、农村客运、长途客运运营。开通城市免费公交运营线路,开通120辆巡游出租汽车运营;4月底农村客运班线已恢复运营;长途客运实行"点对点""站对站"运营,严格落实疫情防控要求,汽车站积极与太原、榆次、阳泉、石家庄、北京等长途客运终到站对接协调,密切沟通,昔阳至榆次、太原、阳泉、长治、寿阳、石家庄、北京长途客运班线于3月1日至5月8日相继开始运营。再次,保障公路路网畅通。县农村公路管理所加强公路养护管理,加大路况巡查检查力度,及时发现处治公路病害和危险隐患,保证路网安全畅通,对冰冻路段除雪打冰养护人员进行严格管理,养护人员扎实开展春季养护和夏季防洪路况检测管理;综合执法队强化公路巡查监管,维护路产路权,确保公路安全畅通。第四,强化运输服务保障。在做好疫情防控保障前提下,全面推进城市公交、出租汽车、农村客运、长途客运复工复产。积极落实出租汽车、农村客运班线车辆、新能源车辆的燃油补贴,帮扶客运车辆正常运营。采取措施加快物流体系建设,打通城乡物流配送"最先一公里"和"最后一公里",优先确保疫情防控和社会安全稳定。为保障运输车辆安全畅通,县交通运输综合执法部门拆除设置在县乡公路上的限高架14处,以促进运输车辆的便捷运行。

【瞄准目标,再掀"四好农村路"建设新高潮】 一是公路建设再发力。继续围绕乡村振兴和脱贫攻坚战略部署,以"建设好"为前提,实施"太行一号"旅游路工程和"四好农村路"建设工程,成为全县复工最早、防疫最好、效果最佳工程之一。实施"太行一号"旅游路主线工程51.467公里,总投资34423.38万元。5个项目组成,其中:(1)续建工程瓮山旅游路工程,建设里程20.243公里,投资22078.5万元,2019年12月开工,2020年2月17日复工,计划2021年6月完工。(2)平定界至里峪掌段公路改建工程,建设里程4.293公里，投资3492.42万元，7月6日开工，计划2021年7月完工。(3)里峪掌至东冶头段公路改造工程，建设里程8.033公里，投资3370.07万元，7月6日开工，计划2021年7月完工。(4)东冶头至河下段公路改造工程，建设里程10.998公里，投资3231.19万元，6月开工，10月28日完工。(5)皋落至库城段公路改造工程，建设里程7.9公里，投资2251.2万元，6月开工，10月10日完工。实施太行板块旅游公路出省道工程14.078公里，总投资8156.02万元。共3项，其中：(1)昔阳县王寨至河北井陉界公路改造工程，全长3.3公里，投资796.36万元。7月6日开工，10月10日完工。(2)昔阳县寨背至河北省内丘界公路改造工程，全长6.889公里，概算投资5689.26万元。计划2021年1月开工，2021年12月完工。(3)昔阳县丁里线里沙瑶至赞皇界段路面改造工程，全长3.889公里，概算投资1670.4万元。计划2021年7月完工。实施太行板块旅游公路连接线工程19.389公里，总投资10593.9953万元。工程共2项，其中：(1)孔家沟至南垴、闫庄窝至虹桥关公路改造工程，里程为4.417公里；支线2.472公里，项目总里程6.889公里，预算投资1260.27万元。主线7月6日开工，10月10日完工；支线计划2021年6月完工。(2)瓮山景区至黄庵垴景区公路改造工程，建设里程12.51公里，计划2021年2月开工，2021年12月完工。实施太行板块旅游公路支线工程1项5.453公里，投资349.26万元。实施“四好农村路”建设工程130公里，总投资2272万元，11月完工。二是公路管理再落实。克服疫情带来的不利影响，积极落实农村公路“路长制”，结合省厅“百乡千村万里美丽农村路”、市局“百里乡村振兴示范廊带内农村公路提质升级实施方案”，以及“路政宣传周”活动，坚持依法治路，狠抓路域环境整治，保障全县农村公路畅、洁、绿、美、安。全年查处路政案件30起，收取赔偿费285196.03元，路政案件发现率、查处率和结案率均达100%。同时加强治超源头监管，共监管政府公示源头企业80户，落实巡查监管。对驶出驶进运输车辆实行路查和科技称重监测办法进行管理。由石龛公路超限检测站实行站点布控，全年共检测车辆113866辆，始终保持治超严抓细管的高压态势，全局治超工作超限超载率保持在0.02%以下。与此同时，持续开展县乡公路路域环境整治工作。以国道207、国道339、高速引线、阳涉铁路相邻和交叉的县乡公路沿线环境整治为重点，加大对污染路面和超限车辆整治力度，检查散装物料运输车辆1980辆，处罚违规车辆26辆。三是农村公路养护再提升。认真落实市县道路运输疫情防控保通保畅工作措施，以及“一断三不断”的工作要求，加大预防性养护和中小修工程实施力度，科学确定和实施养护计划，努力提高养护质量和资金使用效益，确保所有农村公路全部保障正常畅通安全运营。2020年完成大、中修工程289公里，县乡公路路面标线划新182.5公里，整修路基、修补路面、维修排水沟、维修防护安全设施等项目共128公里。巩固和发展“四好农村路”建设成果，创建美丽农村路164公里，示范村15个。按照市局标准，打造农村公路示范样板，为全县乡村振兴稳步推进提供基础保障。四是公路运营稳推进。坚持“城乡统筹、以城带乡、城乡一体、客货并举、运邮结合”总体思路，进一步巩固建制村通客车率100%的成果。落实“政府扶持、行业约束、企业管理、车辆服务”的客运工作机制，使农村客运班车开得通、留得住。与此同时，提高农村物流服务覆盖率和服务品质，积极培育龙头骨干物流企业，推广先进运营模式和信息技术，构建资源共享、服务同网、信息互通、便利高效的农村物流发展新格局。2020年，市局下达农村物流节点建设任务101个，完成102个，超额完成目标任务，达到县级2个，乡级15个，村级318个农村物流节点。全县行政村全部实现农村物流网络全覆盖。

【精准施策，完成脱贫攻坚收官工作任务】 作为县交通扶贫专项行动小组牵头单位，深入贯彻落实习近平总书记关于扶贫开发农村发展及视察山西的重要指示精神，坚持精准扶贫、精准脱贫的基本方略，持续巩固全县建制村100%通硬化路、通客车成果，使全县农村公路更畅通，老百姓出行更便捷，发挥交通运输在决战决胜脱贫攻坚、引领乡村振兴的先行作用。一是“村村通”硬化路通达顺畅。全县302个建制村，国道207和国道339带通41个，县道带通105个，乡村道通达156个。8月，交通运输部综合督导检查给予高度评价和充分肯定。11月，市交通运输局2020年交通脱贫攻坚成效专项评价被评为“好”等次。二是“村村通”客运班车安全便捷。全县302个建制村，农村班线和城市公交延伸通达287个，小型车辆特许、定期预约15个。经省交通运输厅公路运输管理处与驻厅纪检组联合进行督查，全县建制村通客运班车率达100%。

【尽心尽职，履行部门职责】 一是坚持全面从严治党，促进党建工作上台阶。局党总支下设6个党支部，共有党员143名，在县委、县政府的正确领导下，局属各级党支部全面贯彻中共十九大精神，以习近平新时代中国特色社会主义思想为指导，以“两学一做”常态化、制度化教育活动为动力，以党建引领交通运输各项工作为目标，团结带领全局干部职工，使基层党组织的凝聚力、战斗力作用得到了进一步加强，党员的模范带头作用进一步发挥。二是落实县域治理现代化，扎实开展“三治三零”创建活动。认真贯彻落实县委、县政府和县政法委工作要求，切实做好县域社会治理现代化和“三治三零”创建工作，县交通运输局以加强立体化行业治理体系为核心，以落实社会治安综合治理各项措施为主线，以自治、德治、法治“三治融合”为引擎，以“零上访、零事故、零案件”为目标，全面落实交通运输部门创建工作责任制，努力建设共建共治共享的行业治理新格局。三是落实安全生产监管责任，促进行业安全生产形势稳定。按照县委、县政府和市交通运输局工作部署，以落实《山西省安全生产专项整治三年行动计划的通知》和《昔阳县贯彻落实〈地方党政领导干部安全生产责任制规定〉实施措施》为前提，坚持以人为本，把安全生产作为交通运输系统的首要任务来抓，局与各行业监管单位，各行业监管单位与企业层层签订了安全生产责任书，严格落实“三监管”、“三必管”，以及“党政同责、一岗双责、齐抓共管、失责追责”的要求，落实安全生产企业主体责任，行业监管单位的监管责任，夯实安全生产基础，形成横向到边、纵向到底的安全生产网格化监管体系。四是强化政治担当，落实行业扫黑除恶专项斗争任务。坚持“打防管控挖”一体推进，以“三打四建”为重点，配合执法机关严厉打击行业内一切违法犯罪，持续保持高压震慑，确保整体工作持续高位推进，持续在深挖根治、长效常治上下功夫、见成效，努力实现“无黑无恶无乱”的工作目标。五是强化生态文明建设，落实大气污染防治任务。按照县政府大气污染防治工作的目标任务，局成立防治工作领导组，召开专题会议，部署防治工作，明确工作目标，细化工作要求，强化防治措施，落实防治责任，确保防治工作取得实效。全年完成67辆大型货车、381辆小型车排放污染维修治理工作。2020年淘汰国三及以下车辆533辆，完成市下达计划460辆的115.8%。全年新增城市公交新能源汽车5辆，达到43辆，新增能源公交车占比100%。与此同时，认真落实散装物料运输抛洒治理，共查处超限超载和不合规车辆64辆；全年共出动执法人员5320人次，执法车辆2470辆次，依法处理非法营运、私改车辆及未遮盖苫布车辆97辆。六是强化依法行政，不断提升行政执法工作水平。七是蹚路创新，科学编制“十四五”规划。“十四五”期，将基本建成布局合理、连接城乡、安全畅通，建立建管养运可持续发展的长效机制，构建安全、便捷、高效、绿色、经济的现代化综合交通体系，形成基础设施布局更加完善，区域交通协调发展新格局。

（昔阳县交通运输局）

寿阳县交通运输局

2020年，在寿阳县委、县政府的正确领导下，在上级主管部门关心支持下，寿阳县交通运输局深入学习贯彻习近平新时代中国特色社会主义思想和视察山西重要讲话重要指示精神、全面贯彻落实中共 十九大精神、习近平总书记关于“四好农村路”建设重要指示批示精神，落实省委“四为四高两同步”重要内容，结合2020年县政府的重点工作任务，狠抓责任落实，奋力夺取疫情防控和交通发展的“双战双胜”，促进交通运输各项工作扎实推进。

【交通建设工程项目取得新成效】 一是“四好农村路”建设。成立寿阳县“四好农村路”建设项目网格化攻坚推进组，加强项目建设、加大工作力度，全年完成2018年至2020年“四好农村路”62项224公里，完成总投资2.35亿元；养护提质完成30项160公里，完成投资2400万元；生命防护工程7项10公里，完成投资119万元，完成公路里程和固定资产投资名列市局考核指标前茅。二是专项扶贫公路建设。实施交通扶贫项目10个，建设里程17.988公里，总投资1070.17万元。针对工期紧、任务重的实际情况，施工单位克服重重困难，倒排工期，加班加点赶超进度，截至年底已全部完工。三是农村公路养护获得新突破。农村公路养护既是一项常规工作，也是一项涉及面广群众关注度高难度工作，按照基层治理能力提升、“四治四零”创建要求，进一步完善养护管养协议，细化养护验收标准，由于措施到位，监督有力，日常养护质量显著提高。首先，进一步提升管养水平。结合乡村振兴战略对全县290公里县道和重点乡道进行标线施划，增设标志标牌116套，乡村道路汇入交通主干线平交路口安装减速带（丘）165处，长度1400米，提示牌128套；修复破损路面病害处理、翻浆坑槽18216平方米，排除道路安全隐患92处，道路通行能力大大改善。其次，进一步明确管养责任。按照省、市安排，县政府出台全县“路长制”实施方案，随着方案实施，将构建农村公路长效管理机制，打造权责明确、建养并重、安全畅通、环境优美、服务优良的农村公路新格局，实现“建好、管好、护好、运营好”农村公路总目标。最后，进一步助力乡村振兴战略实施。按照乡村振兴战略考核方案和廊带内农村公路建设标准，对2020年百里乡村振兴示范廊带建设的14个村，建设投入资金约315万元，参照“四好农村路”标准建设，对乡村振兴示范线道路进行全面整治，经过一个月精心打造，共处理道路病害45处、挖补坑槽4000余平方米、处理路基翻浆520平方米，增设和更换标志标牌48套、油漆粉刷道路沿线公路附属和防护设施，对道路进行标线，其中郭峪线由于车流量大进行三次高标准道路标线作业，取得阶段性成效。迎接省市领导检查和全国农业现场会圆满召开。截至年底，14个村的通村道路路况完好，继续保持精品示范路标准。四是协调推进省、市、县重点工程项目。主要包括：协调推进榆昔高速引线工程现已开工建设；国道307改线项目寿阳县境内63公里，已完成可行性研究报告；协调推进二广高速寿阳联络线和西互通项目，项目建议书已获得省发改委批复；加快协调推进平舒铁路专用线项目建设。该项目已进入实施阶段，预计年发送运量近期（2025）1000万吨，远期（2035）1300万吨，建成后主要满足阳煤集团平舒煤业、七元煤业及周边散装汽运煤炭的外运需求；五是协调推进公转铁——010铁路改线。2019年9月25日，太原铁路局审查通过010铁路项目预可研方案，同意进入正式可行性研究。2020年5月，编制可行性研究报告及初测，先后进行可研审查、修改，取得社会稳定风险分析评估意见，取得用地预审意见后进行开工建设。

【用新思维、高科技引领物流产业高质量发展】 8月22日，首届“创新·合作·转型”寿阳论坛之2020山西·寿阳现代物流产业发展论坛隆重举行。论坛由中共寿阳县委、寿阳县人民政府主办，寿阳县交通运输局、晋能快成物流科技有限公司和山西路桥集团物流有限公司共同承办，论坛上午部分以主题演讲形式，下午部分以论坛形式展开。来自全国物流产业领域的顶级专家学者及业内知名人士、企业家代表等围绕物流产业未来发展格局和寿阳物流产业发展路径，共论创新之策，共话发展愿景，为进一步加快推进寿阳现代服务业和交通大物流建设凝聚智慧力量。在立足寿阳交通区位优势，物流管理领域的优秀学者、专家、物流协会负责人、知名物流企业代表对现代物流产业发展、构建县域大宗商品数字物流生态圈、打造现代交通新业态等课题进行专题研讨，为寿阳乃至全省物流产业高质量发展指引方向、开拓新局。

【道路运输和客运工作开启新征程】 加强道路运输市场管理。运政服务大厅进一步规范工作流程，为服务对象提供高效优质的服务，实现业务办理“零差错、零上访、零投诉”。科技治超，应用科技治超手段，把超限超载运输现象消灭在源头。对政府公示的货运源头企业进行严格监管，按照“一超四罚”规定，整治超限，全年共处理县治超办移送的从业人员资格证扣分376起。利用科技治超软件为县政府代征石料行业税金1890.96万元(10家石料企业)。

【交通执法和路政管理开创新格局】 改革后的交通综合行政执法大队，执法工作涉及交通行业的各个领域，针对人员素质低、年龄老化等问题，一方面加大执法任务培训力度，另一方面客运所与执法队合署办公、资源共享、人员互补，开创工作新格局。全年共处理行政处罚案件77起，处罚金额共计159.17万元，其中客运案件39起，收取罚款13.9万元；运管案件30起，收取罚款143.55万元；路政案件8起，收取罚款1.7万元；赔补偿案件27起，赔偿金额共计1188.46万元。合计1347.6万元。宗艾超限站截至年底共检测货运车辆15万辆，对疑似超限超载车辆进行复检90次，打击非法超限超载车辆74车次，卸载货物3708.34吨。道路运输秩序良好，保证生产生活物资正常运输，为构建平安交通、法治交通、和谐交通营造良好氛围。

【周密部署有效落实安全生产工作】 一年来，县交通运输局深入贯彻习近平总书记关于安全生产重要指示批示精神，认真落实国家、省、市、县安全生产系列部署要求，结合交通运输实际，坚持疫情常态化防控不放松的同时，深入开展“四治四零”创建，“安全生产月”宣传，交通运输安全生产整治三年专项行动，道路交通安全隐患排查治理等活动。对所属客运、货运、危货、维修、驾培、施工、水上交通、县乡公路等企业以及在建工程项目，开展全方位大排查大整治工作，签订2020年度安全生产责任书，并开展安全风险分级管控双重预防机制建设。一是加强对道路客运的安全监管。以长途客运、旅游客运、班线客运等为重点，加大道路客运企业安全源头防范力度，长途客运坚决落实实名购票制度，强化客运站场的安全检查，严格执行“四不进站、七不出站”的规定，重点把好驾驶员上岗审查关、乘客行包检查关、车辆运营前例检关、车辆出站时载客情况审核关、车辆行驶途中卫星定位动态监控关，及时提醒和纠正驾驶员超速和疲劳驾驶等交通违法违规行为，消除安全隐患，严防重特大事故发生。二是加强对道路货物运输的安全监管。加大对危险货物道路运输企业、运输车辆、从业人员、站场的安全监管，确保从事危险货物运输的企业、驾驶人员、押运人员和装卸管理人员的资质有效。危货运输车辆安全技术状况以及有关安全警示标识符合国家标准规范要求。三是加强对公交正常运行的安全监管。加大对公交运输企业的监督检查，督促公交运输企业加强内部管理和驾驶员身心健康管理，共走访调查驾驶员360人次，并健全驾驶员日常教育培训制度，以应对处置乘客干扰行车为重点，开展心理和行为干预培训演练，规范驾驶员安全驾驶行为，切实提高驾驶员安全应对处置突发情况的技能素质。四是加强对农村公路和施工工地的安全监管。加大对10条县道、83条乡道的农村公路桥梁、隧道急弯陡坡，临崖临水、易滑坡落石，事故多发等路段的安全隐患排查力度，对农村公路事故多发路段和风险较高路段完善警示标识标牌、防撞墙等安全防护设施，确保汛期道路交通安全畅通，坚决防范和遏制较大以上道路交通事故发生。截至年底，对全县256公里县道和重点乡道进行了标线施划，增设标志标牌116套，乡村道路汇入交通主干线平交路口安装减速带(丘)165处，长度1400米，提示牌128套；修复破损路面病害处理、翻浆坑槽18216平方米，排除道路安全隐患92处，已经完成整改92处。五是加强对非法违法行为的安全监管。严厉打击非营运车船非法载客和非法违法载运危险品的行为，严厉打击车船超载、超员、超速和疲劳驾驶等行为，严厉打击非法从事渡船渡运旅客、车辆的行为，开展道路综合治理及超限超载综合治理，加强对过往货运大车相关资质证件、公路抛撒污染等现象的检查力度，严厉打击非法违法施工作业和违反施工操作程序的行为，将安全生产整治三年专项行动向纵深推进。截至年底，成立12个检查组，发现问题隐患276条，已完成整改276条，督导发现问题20条，市县两级反馈问题6条，已全部整改完毕。

【做好疫情防控提高安全营运意识】 按照县委政府关于新型肺炎疫情防控工作会议安排，县交通运输局高度重视，开展一系列疫情防控工作。成立疫情防控工作领导小组，下设办公室、应急保障组、道路客运组、城市客运组、交通执法组、道路抢险组、工程管控组、机关后勤组、督导检查组等工作组，严格按客运站场和交通运输工作新冠肺炎疫情相关规定，切实落实防控措施。一是设立临时发热人员留观室。配备疫情防控健康管理员，做好早期症状检测上报工作，积极与卫健局协调，现场及时处置不适症状者。二是设立进站旅客和返程旅客出站口2个疫情防控检测点。采取每天两班倒的方式，对所有营运车辆实施每天2次以上的通风消毒措施，逐一对旅客进行测量体温、扫健康绿码、身份信息核实登记等工作。对遇有来自重点疫区省份的旅客，要求提供核酸和血清抗体检测阴性证明和登录国务院客户端“通信大数据行踪卡”，证实14天内的活动轨迹。三是协助配合相关部门做好冷链食品运输车辆消毒检查工作。储备足够防疫防控物资，以满足疫情防控工作需求。在疫情防控期间除了行业安全外，还组建卡口、快递、物流、汽修、客运、出租、冷链运输等28个工作组，全年共检查各类企业3806次，出动车辆1.3辆次，出动检查人员4500余人次，消毒各类车辆45726台次，卡口劝返中高风险地区到寿阳370人，摸排货运企业52名中高风险地区返寿人员，并要求全部进行核酸检查向所在社区报备居家隔离。

【主要经济指标运行平稳】 一是营收指标完成。寿阳县运通源物流配送有限公司，2020年完成营业收入1.48亿元，2019年全年完成营业收入2.08亿元，同期对比下降39 %，全年计划完成营业收入 1.48亿元，对比上年下降39%。寿阳县德福运输有限公司2020年完成营业收入5476万元，2019年全年营业收入6742万元，全年对比下降39%。寿阳县聚泰达地方铁路营运有限公司2020年完成营业收入7199万元，2019年全年完成营业收入4629万元，同比增长39.33%。中国物资储运寿阳有限公司2020年完成营业收入8721万元，2019年全年营业收入2.19亿元，同比下降57.38%。中央储备粮寿阳直属库有限公司2020年完成营业收入8372.1万元，同期对比增幅75.78%，轮换量远远大于上年同期轮换量。全年交通运输服务业指标呈下滑趋势，营业收入下降28%，通过分析研判2021年第一季度交通运输服务业指标数将比上年增长30%左右。二是“双通”工程全覆盖。截至2020年8月底，163个建制村客运业务已经由县佳园公交客运有限公司和罕阳宝通城乡客运有限公司承运，26辆农村班线客车和128辆城市公交客车实现具备条件建制村通公交车全覆盖。三是按规定更新新能源车辆。(电动)巡游出租汽车120辆(其中纯电动汽车85辆)、新增纯电动公交车20辆。截至年底，全县120辆巡游出租汽车、128辆公交汽车已全部更新为新能源汽车。公共交通服务指数达到112%，公共交通占机动化出行比例16.8%，500米公交站点覆盖面积26.3平方公里，建成区面积28.6平方公里，公交站点数量为134个，500米公交站点覆盖率92%。四是在城市公交首末站装配充电桩。积极推进县城市客运行业公共充电设施的推进，助力节能减排。截至年底，20台充电桩箱变已完成安装，正在调试运营。五是农村物流节点工作建设。农村物流节点2017年、2018年完成83个，2019年完成80个，2020年完成上级下达指标任务24个，截至年底，已完成52个，超额完成28个，累计完成215个，达到全部行政村覆盖。六是汽车站全年发送旅客12.98余万人次，票款收入265.0380万元，实现营收37.2万元。七是宗艾超限站全年共检测货运车辆15万辆。对疑似超限超载车辆进行复检90次，打击非法超限超载车辆74车次，卸载货物3708.34吨。

【重污染天气大气污染综合治理效果明显】 一是加大源头管控。运管所将源头治超和治污相结合，重污染预警天气，共责令19家具备烤漆功能的维修企业停止生产作业，51家货运企业国四排放车辆全部停运，国五、国六车辆严格执行错峰运输的规定，落实减排措施的停产19家，限产19家，国三车辆淘汰558辆，截至年底已全部完成淘汰任务。二是加大路面巡查。交通运输综合行政执法队联合交警队在朝温公路入口、省道216索马段设立重污染天气大气污染综合治理流动检测点2个，对途经大型货车进行管控分流，其中阳泉方向车辆绕行朝温公路至省道216至盂上线；太原榆次方向车辆实行单向通行，同时，对马太线、秋郭线、东太线等县道实施重点管控，严禁不苫盖篷布和超限超载抛洒车辆上路行驶。共出动执法人员210人次，出动执法车辆100台次，共分流车辆70000余辆次，检查车辆2100余辆次。三是加大清扫养护。养护所对全县境内县乡公路加大日常清洁管养力度，全年共填补坑槽13430平方米，清扫路面12万余平方米，保证公路干净整洁，减轻扬尘污染。

【编制完成两项专项规划】 一是编制完成《寿阳县公路网中长期发展规划》(2021—2035年)。立足寿阳社会经济的长期发展，为寿阳经济腾飞构建良好公路服务网，以外联内通、高速入口、干线出入境口、县城和14个乡镇等主要交通公路节点构建通达顺畅的公路交通网，中长期路网规划为：四纵六横一循环八支线和东西互通连接线。(2021—2025年)五年具体规划任务：计划实施农村公路建设项目58项237.895公里，总投资4.61亿元。(已上报省厅)。二是编制完成物流产业规划。根据全县的发展战略需求，结合县域物流产业发展实际，县交通运输局招聘北交大对全县发展现状、发展前程、发展路径进行实地调研和精准规划，收集物流业发展规划的相关文件、图片、数据、现状等资料，与相关部门、国内知名企业、专家、学者积极研讨，助推《寿阳县物流产业综合发展规划(2019—2035年)》编制工作，结合2020年8月22日现代物流论坛开展，已完成最后的全方位意见征求。专家修正评审工作形成正本，为提高现代物流企业经营管理和服务水平奠定坚实基础。依托国家南北大通道枢纽节点城市太原，完善物流基础设施，主动承接太原市物流仓储产业，结合太原东二环高速贯通以及将来东山隧道建设，主动对接太原城区、榆次城区转移的物流产业(仓储、集贸)，吸引到平头物流园区。

【全面落实党建工作责任制】 一是转作风、提效能。紧紧以县交通运输局开展的“三抓三治三提高”活动为契机，开展机关纪律作风整顿，坚持重在行动，突出实效理念，带头从班子抓起，以党员干部为重点，从健全理论中心组学习制度着手，带头坚持学习调研活动，用学习成果破解制约发展的“瓶颈”和难题，推动交通运输工作科学发展，下属各部门股室并结合交通运输工作实际，通过活动创新来推动各项工作，使班长成员领导干部达到思想统一，观念转变，作风改善，效能提高，各项工作得到实效。二是加强学习，强化理论武装。在学习上把贯彻学习中共十九大精神和习近平新时代中国特色思想作为全年重点任务来抓。在学习内容上精挑细选，党组给党员全部配发《中国共产党党章》《中国共产党廉洁自律准则》《中国共产党纪律处分条例》《习近平谈治国理政》(第三卷)及中共山西省委书记楼阳生在省委常务会议上关于疫情防控专题会议讲话精神等学习材料。在学习方式上，将集中学习与个人自学结合起来，通过中心组集中学习、专题研讨、书记讲党课、手机App“学习强国”“三晋先锋”等形式开展学习，每周不少于一到两次学习，在学习中每次理论学习不低于2个小时，并要求撰写学习心得体会学习笔记等，及时跟进学习最新重要讲话精神，全年共开展学习72余次，贯彻落实习近平总书记重要指示批示工作机制和定期“回头看”制度，推动党员干部增强“四个意识”、坚定“四个自信”做到“两个维护”，为全系统全面落实从严治党夯实了基础。三是坚持把党的建设摆在首位。县交通运输局分别于2020年7月29日、11月25日、2021年1月29日分别召开脱贫攻坚专题、关于肃清郝鹏鸿严重违纪违法问题影响专题、2020年度民主生活会等三次民主生活会，通过聚焦几次民主生活会的主题教育检视出来的问题，班子成员们进一步提高政治能力，增强“四个意识”、坚定“四个自信”，从而提升工作能力和水平，保质保量完成各项交通运输工作任务，重塑交通运输形象。四是加强对全体党员干部职工的教育和管理。有计划地开展各类教育学习活动；严格组织生活制度，坚持“三会一课”制度。2020年，县交通运输局组织各项主题党日活动，开展“众志成城抗疫情、逆行者在行动”“植树造林、党员先行”“整治卫生环境共建美好家园”“交通运输安全宣传‘五进’活动”“博爱一日捐”等，为庆祝中国共产党建党99周年开展《一句誓言、一生作答》书记讲党课系列活动，组织全系统党员和退休老干部重温入党誓词、参观红色基地，激发广大党员干部热情，加强党性锻炼。开展学习贯彻中共十九届五中全会精神主题党日活动，并邀请县委党校老师王玉萍宣讲，从学习中共十九届五中全会精神，同时交流学习体会；各支部书记以中共十九届五中全会精神到党建联系点进行宣讲，充分发挥基层党组织战斗堡垒作用和党员先锋模范作用。在党建促扶贫方面，县交通运输局带领扶贫工作队、帮扶责任人到包联村羊头崖昌村、中心坪、南赛开展到户到人清零行动。了解脱贫不稳定户、因病致贫户，掌握“两不愁、三保障”以及生产、生活情况，完成对饮水安全、2户危房改造、中心坪入村道路隐患整治等任务。局属各支部开展“绿色出行宣传月和公交出行宣传周”“提高安全水平，加强安全宣传”为主题的“五进”主题党日活动。在公共场合和农村还有县乡公路开展安全宣传、疫情防控，通过发放宣传单、宣传册及现场知识讲解等方式，向来往群众居民发放宣传单页300余份，有力提升广大群众安全素质和应急处置能力，全体党员的党性意识得到加强，党支部战斗力得到更好发挥。

（寿阳县交通运输局）

祁县交通运输局

2020年，在祁县县委、县政府正确领导下，祁县交通运输局认真贯彻落实习近平总书记视察山西重要批示指示精神，牢牢把握“四好农村路”建设和山西中部盆地城市群交通一体化发展的战略机遇，紧紧围绕全县“43221”工程建设，狠抓交通重点项目建设，加大“四好农村路”建设力度，规范交通运输行业管理，强化交通执法队伍建设，提升行业安全治理能力，完成既定目标。

【坚持稳中求进，基础设施建设取得新进展】 一是重点项目高效推进。龙城高速公路祁县连接线工程昌源河至国道108段（贾丰线）工程长2.34公里，总投资8454万元，7月底建成通车。二是“四好农村路”稳步实施。围绕年度目标，层层压实责任，打造精品工程。三是养护水平显著提升。加强道路及桥梁的养护巡查，及时修补路面坑槽、处治山体滑坡、整修喷涂标线、绿化路肩边坡，路容路貌有了显著变化。日常养护工程完成投资150万元。四是质量监督规范标准。坚持以质量管理为中心，认真履行职责、严把质量关，对2018年已完工的26个续建项目、2019年2个续建项目实体进行交工质量核验工作，并完成祁县玻璃公园道路连接线工程项目的第三方检测工作，工程质量抽检合格率达到96%以上。

【以人民为中心，综合运输服务有了新提升】 一是货运市场发展强劲。持续引导货运经营户向公司化、规模化、集约化发展，创新发展多式联运、甩挂运输等先进运输组织。截至年底，全县拥有大型运输货车30709辆，其中运输公司359户，有大型货运车辆25067辆，占全县车辆总数的81.6%；个体经营户2631户，有大型货运车辆5645辆，占全县车辆总数的18.4%。从事煤炭运输的占到总运力的85%，其他运输占到总运力的15%，带动就业5万余人。二是客运服务不断提升。主要体现在8个方面，即：积极推动公共交通绿色发展，优先在县域内推广公交车电动化，逐步引导出租车电动化；巩固农村客运村通工作，确保“开得通、有收益、留得住”；新建农村客运候车厅20处，方便群众出行；严厉打击非法营运车辆，查处非法营运违法行为69起；对所辖94辆公交车。122辆出租车进行车辆年审并换发运营证副本；对2家出租企业2019年度质量信誉考核进行公示；累计检查企业52次，排查整改安全隐患16条；组织企业开展应急演练，提高安全意识和责任意识，确保车辆安全运行和群众的出行安全。三是维修驾培管理规范。即：加强对机动车驾驶员机构的监督管理和质量信誉考核工作；完成2417本从业资格证的换发工作；完成4709人道路运输驾驶员诚信考核工作；对11户维修企业安装催化氧化废气处理设备。

【严格依法行政，行业治理能力得到新加强】 一是行政执法有序高效。严格执行“三项制度”,加大巡查查处力度。上半年,执法队巡查里程达5万余公里,查处违法车辆270起,处罚金额1599700元;办理损坏路产案件5起,收取赔(补)偿费40978元;查处客运企业、货运企业、道路施工企业违法违规行为7起,处罚76000元。二是超限超载治理保持高压。深化路警联合执法,严格落实“一超四罚”。依托贾令超限检测站、古县治超点检测车辆总数为53754辆,查处超载车辆27辆,卸载货物538.98吨,移交交警超载车27辆。车辆超限超载率稳控在0.05%以内。

【落实安全监管,行业安全持续稳定向好】 严格按照“管行业必须管安全、管业务必须管安全、管生产经营必须管安全”工作原则,强化“红线”意识和“底线”思维,采取有效措施,推动安全生产落实落细。一是印发《交通运输重点行业领域开展安全生产专项检查的实施方案》《祁县交通运输领域安全生产专项整治三年行动工作方案》等文件。明确任务、措施,使专项整治工作落到实处。二是制订汛期工作方案。落实抢险队伍和车辆,确保遇险能及时、有效处置。三是完成安全生命防护工程3公里;四是在农村公路与国省干线平交道口以及事故多发路段安装减速带160处。五是认真落实“三治三零”工作部署。制订交通运输行业“零上访、零事故、零案件”单位创建实施方案,明确标准、任务、措施。上半年共排查行业企业300余家次,组织安全检查15余次,出动检查人员70余人次,排查整改一般隐患20处,整改率100%,交通运输行业安全生产形势持续稳定。

【闻令而动,全力以赴阻击新冠肺炎疫情】 新型冠状肺炎疫情发生以来,县交通运输局认真执行中央、省、市,县委、县政府安排部署,强化疫情领导、落实防控措施、保障交通畅通。一是配合卫健委、公安等部门在祁县境内设立5个检查点。全天候对所有入境、过境车辆、人员进行疫情检测。共出动执法车辆220台次、执法人员550人次,检测人员188771人次,车辆消毒43722台次,“外防输入、内防输出”的措施落到实处。二是复工复产后,按照交通运输部“一断三不断”的总体要求。严格落实监管责任,督促企业落实主体责任,加强客货运输车辆的消毒、通风、清洁、司乘人员体温监测、证件出示、扫“健康码”。利用北斗卫星监控平台对全县途经或前往重点疫区的货运车辆进行监控,交通运输系统实现“零疫情”。三是全县班线客运、农村客运、城市公交、出租汽车已全部恢复运营。

【强化党的领导,系统自身建设呈现新风气】 一是政治建设有力有效。全面深入学习中共十九大精神,贯彻落实习总书记视察山西重要批示指示,继续深入开展“不忘初心、牢记使命”主题教育,局党组中心组开展理论学习6次、专题研讨3次、各类学习10余次,党内政治生活更加严肃。二是管党治党全面从严。严格执行“三重一大”制度,扎实推进党风廉政建设,层层签订责任书、开展约谈。全力支持纪检监察组工作,对8位犯错误的人,给予开除党籍、免职、行政警告等处分,系统政治生态更加健康。三是支部建设更加有力。按时召开党小组会、支委会和党员大会,党组成员带头讲党课,加强学习交流。不断补充党员队伍新鲜血液,推荐两人为发展对象。疫情防控期间缴纳9600元特殊党费,战斗堡垒作用更加明显。四是作风建设态势良好。认真贯彻落实中央八项规定,坚持反对形式主义、官僚主义,持续推进正风肃纪和漠视群众利益专项整治,营造干事创业的良好环境。

【加大工作力度,脱贫攻坚和环境保护工作取得新进展】 一是精准帮扶。南左村贫困户共168户358人。截至年底,已完成脱贫167户356人,未脱贫1户2人。上半年办理农村低保3户、办理小额信贷30户(托种托养28户、自用项目2户)、办理学生雨露计划申报18人;产业项目验收49户,其中种植大田辣椒19户70.65亩、养殖母羊30户283只,精准帮扶成效明显。二是环境保护。主要包括4项内容,即针对重污染天气,要求10辆以上运输企业制订错峰运输实施方案;对18家已建成V0Cs处理设施严格管控;大力推广新能源车辆,构建绿色交通体系;加强路域环境综合整治,降低道路扬尘污染,为全县打赢蓝天保卫战提供交通支撑。

(祁县交通运输局)

平遥县交通运输局

2020年，在平遥县县委、县政府正确领导下，在人大、政协监督下，在省交通运输厅、市交通运输局有力指导下，平遥县交通运输局上下紧紧围绕党风廉政建设、“四好农村路”建设、专项工作整治，同心做工作，同向去努力，抓教育、促规范，抓班子、带队伍，抓建设、保重点，继续推进交通运输事业健康发展。

【注重思想引领，筑起意识形态坚实防线】 一是强化理论武装。组织干部职工系统学习领会中共十九大、五中全会和习近平总书记视察山西重要讲话精神以及《中国共产党纪律处分条例》等重要内容，切实推动习近平新时代中国特色社会主义思想落地生根，加大法律法规、业务知识、形势教育力度，打牢守初心、担使命的思想根基。二是认真落实市委四个“二十五条”等政治建设系列文件。通过签订责任书、述职述廉等持续传递压力，从严管党治党，修订完善《平遥县交通运输局党风廉政建设和反腐倡廉工作任务责任分解意见》，领导班子带头扛好首责主责全责。修订完善责任制度30项。认真开展“严控三公经费，规范津补贴，清理吃空饷”“党员领导干部办公用房自查自纠”等工作，持续巩固和深化漠视侵害群众利益专项整治，从严开展纪律作风整顿。三是加强基层党组织建设。召开民主生活会，进行支部讲党课，组织党员干部前往红色教育基地六合村、东游驾开展主题党日活动，全局党员干部职工在听取党性教育的同时提高党性修养，做到感知初心、坚守初心、践行初心、认清使命、扛起使命、不辱使命，增强在自己工作岗位上发扬党员履职尽责、开拓创新、奋发有为精神。四是抓好党员队伍管理。召开全局党风廉政、反腐败工作会议和全局工作纪律作风整顿大会，建立领导班子、班子成员主体责任等“四个台账”，做到责任明确化、内容具体化、履职明晰化、责任追究规范化。每年坚持领导班子成员之间、分管领导和中层、中层和基层干部职工分层进行谈心谈话200余人次，做到扯袖咬耳、防微杜渐。五是加强对权力的监督制约。按照廉政风险防控要求，认真执行“三重一大”事项集体决策制度，凡属重大决策、重要人事任免、重大项目安排、大额度资金使用，均由党组会集体研究决策。特别是在工程建设领域，对可研、立项、设计、招标进行了进一步规范，严格按有关政策要求、规矩办理。通过统一部署、分类督导、完善制度等各种形式和措施，推动党风廉政建设主体责任落实，为全局全面完成各项工作任务提供强有力的组织纪律和政治纪律保证。

【创建“四好农村路”，交通全面发展】 一是落实公路建设责任、建好县域交通网。深入了解县乡村道路现状，充分掌握群众对交通出行的所思、所想、所求，早动手、早谋划，为全年公路路网建设奠定基础。在工程建设过程中，面对各项困难，县交通运输局统筹安排抓进度，精细管理抓质量，坚持不懈抓安全，健全工程质量保证体系，完善工程质量目标保障机制，制订工程质量管理制度，严格按照工程技术标准要求施工单位，并落实监理工作责任制；严把工程质量关，对在建工程实行严把“四关”即严把项目开工关，严把原材料进场关，严把工艺关，严把验收关。全年完成洪汪线改造、农村公路养护提质、生命防护等建设项目7大类20项（县交通运输局承担法人进行建设的项目有10项，各乡镇承担法人进行建设的项目10项），全长175公里（县级公路81公里，乡级公路48公里，村级公路46公里），涉及建制村66个，完成投资约1.3亿元。完成近两年16个项目、60公里以及3座桥梁的外业交工检测验收。协助晋中市交通运输局做好汾河廊带生态旅游通道项目建设平遥县境内土地使用及征拆补偿筹措等工作，拆迁养鸡场、养猪场、饭店等建筑8处1.12万平方米，迁坟134座，砍伐树木2.5万余棵；完成通信、广电电杆及设施移改21处，完成电力电杆及设施移改13处。二是落实公路管养责任，管好群众出行路。坚持“标准化、规范化、科学化、精细化”的养护管理制度，安排清扫车4辆、养路工68人、巡查人员13人逐条道路清扫；对车流量大、污染严重的平南线、平泰线等路段坚持日洒水2至4车；挖补坑槽3000余平方米；修补挡墙1071平方米；清理路肩49公里；喷涂挡墙2.5万平方米；更换窨井盖70余套；完成减速带安装140条；划设减速带提醒标线20条；增补减速带提醒标志35套；投资80余万元完成水毁修复8处；建立和完善乡有监管员、村有护路员的责任体系，实行"路长制"工作机制。国道108创建交通安全文明示范公路整治，投资10万元对东游驾口铺筑沥青路面700余平方米；投资7.5万元完成国道两侧农村公路平交路口减速带设置任务34处，安装警示标志34套，喷涂减速让行标线20处250余平方米；投资25万元完成4处"坡改平"治理工程；投资400万元在国道108平遥县城区段两侧完成宽度为5米的4700多米绿化隔离池建设；对国道沿线两侧1公里、经政府公示的矿山、钢铁、水泥、砂石"四类企业"和铁路货场、大型物流园区、大宗物品集散地"三类场站"企业实行动态管理。三是落实公路管理责任、狠抓执法求规范。县交通运输局重拳出击，积极组织运管所、城市客运管理处、综合行政执法队紧紧围绕国家、省、市、县各项重点工作，继续夯实管理基础，创新管理方式，促进道路运输市场健康、有序发展。其一，规范货运管理秩序。对55户机动车维修企业进行质量信誉考核，考核结果为：AA级4户、A级51户。截至年底，全县有维修企业共69户，其中一类1户，二类19户，三类49户。配合市局完成对三个综检站质量信誉考核工作。新建农村物流节点105个。截至年底，共建成物流节点262个，其中县节点1个，乡镇节点14个，农村节点247个。淘汰国三及以下柴油营运货车1167辆。其二，规范长途、农村客运管理秩序。安全发送长途客运0.9万余车次，运输旅客3.3万余人次，检查行包5万余件，查出违禁品18件（刀具）。完成农村客运公交的新能源车辆更换，实现270个行政村通公交100%全覆盖；24个农村客运候车亭已全部安装到位。四是规范城市公共客运管理秩序。首先，从严资质审验。审验客运企业运营资质4家；审验游览电瓶车、巡游出租汽车、公交车623辆；杜绝不合格运营资质车辆2辆、客运驾驶员15人次。其次，维护旅游秩序。强化古城内外、高铁站客运秩序专项治理。查扣黑三轮3辆，巡游出租车10辆，停运公交车3台次，游览电瓶车20台次，批评教育客运驾驶员78人次。最后，突出矛盾调处。协调解决巡游出租车驾驶员企业管理矛盾信访及出租燃油补贴发放矛盾。五是治理超限超载成效显著。检查货运源头205家次；对县治超办移交的2起倒查案件进行责任倒查；对属地驾驶员资格证扣分45人次，并将车辆和驾驶员列入黑名单；查处超限车辆7辆，卸载转运货物228.82吨。在道路运输专项整治。查处客运出租违法营运车28辆次，处罚0.83万元；查处非法客运出租31辆次，处罚17万元；查处网约非法营运出租4辆次，处罚4万元；查处旅游客运11辆次，处罚1.45万元；查处货运车辆121辆次，处罚15.64万元。

【多管齐下，倾尽全力共整治】 一是扶贫。继续结对精准帮扶雷家庄，联系中石油免费运送平价柴油6吨，解决雷家庄老百姓打柴油难问题；建设联通信号发射塔1座，实现雷家庄村信号全覆盖；组织调运沁源优质土豆种子2000余千克，改良种植品种；完成兴旺组人畜吃水管网改造，解决其管网老化漏水问题；新建挡墙300余米，喷绘墙体2000余平方米。二是安全。组织企业安全检查共计158家次，整改企业一般隐患55起，排查道路安全隐患57起；在车站、景区加大客运市场的整治，检查1580余辆营运车，查处195辆违法违规车辆；深入推进安全生产宣传活动，发放宣传资料600余份，宣传日设立安全生产咨询台；组织两客一危及普货企业部分驾驶员安全教育培训3620人次。三是环保。首先维修企业整顿。杜绝汽车维修企业露天喷涂作业，要求所有喷漆作业的企业必须在安装VOCs装置的烤漆房内开启方可作业；对于露天喷涂或未安装VOCs装置进行作业的企业进行摸排，共巡查企业109户，对93户不具备经营资质的企业由综合执法队处置。在建工程扬尘防治方面，围绕建筑工地扬尘防治要求和标准，排查建筑工地80余次。其次道路扬尘污染治理。查处遗漏抛洒污染车辆54辆，收取赔补偿费2.07万元，行政处罚1.6万元；劝返42辆冒黑烟车辆。四是创卫。完成春蕾路广告牌匾提质整治任务233处。五是疫情防控。值守9个疫情防控卡口，其中包含宁固镇左家堡桥和香乐乡西两个重点检疫站，出动执法车辆743辆次，出动执法人员3354人次，劝返879辆次，消毒车1.3366万辆次；接待登记过往咨询人员1.1083万人次，劝返人员1008人次，为过往人员发放矿泉水934瓶次，发放宣传资料2422份次；检查出涉疫人员28人次，均已移交卫生防疫部门处置；深入企业督导检查8次。

【落实廉政责任、持续正风肃纪】 落实廉政责任、持续正风肃纪。带领局领导班子成员和全局干部职工树立正确法治意识，严格遵循八项规定和规章纪律要求，自觉接受党内外监督，坚持从眼前做起，从小事小节抓起，主动落实全面从严治党新部署新要求，定期向上级报告纪律审查情况，为上级准确把握基层情况和全面净化政治生态提供有力支撑，积极贯彻新思想、新理念，确保组织的各项任务部署能顺利落地生根、取得实效；严格执行廉政要求，以实事求是的态度深入查找自身存在的突出问题和不足。坚持认真贯彻执行民主集中制原则，识大体，顾大局，坚决服从组织安排，自觉维护班子团结；高度重视思想建设，自觉强化理论武装。充分认识到学习的重要性，在真学真信中拓展知识范围，优化知识结构，不断提高科学决策与驾驭工作的能力；深刻领会各项理论知识的精神奥义，用理论武装头脑，保证思想与行动始终处于正确轨道，积极学习新技能，打造新时代新形势急需的过硬本领，将学习成果及时印刻于头脑中，充分贯彻在实践上。

【坚持依法行政、增强法治意识】 购置26部新型行政执法记录仪，严格执行执法全过程记录制度；组织符合条件的干部参加2020年省政府行政执法证考试、换领工作；公示行政权力事项清单，其中：行政处罚149项，行政强制措施8项，行政监督检查9项，行政征收事项1项，其他内部规范行政执法制度33项，接受群众和社会的监督；办理行政处罚案件211宗，上缴罚款40.82万元；严格执行重点行政执法决定法制审核制度，充分发挥法律顾问的作用，依法做好重大行政决策、重大合同、行政规范性文件草案、依申请公开政府信息答复等事项合法性审查工作。

（平遥县交通运输局）

灵石县交通运输局

2020年，灵石县交通运输局按照省交通运输厅、市交通运输局工作安排及围绕县委、县政府发展思路，进一步推进“四好农村路”建设，以逐步消除制约农村发展的交通瓶颈，为广大农民脱贫致富、奔小康提供更好保障，全面实现2020年全省“建好、管好、护好、运营好”农村公路总目标。

【基础设施建设】 一是灵石县静升古镇旅游大道工程。全长4.15公里，总估算价为4300万元，11月建成通车。二是“四好农村路”建设项目。根据省、市交通部门文件精神以及核销交通部在库项目，全县“四好农村路”包括四方面建设内容：撤并建制村及较大规模村通硬化路，共涉及4个项目11公里，总投资1051万元，所有工程11月完工；窄路基路面拓宽改造项目，共涉及10个项目21公里，总投资2611万元，11月份完工；养护提质工程项目，建设总里程154公里，共计16个项目，计划投资2310万元，分别从路基、路面、桥涵构造物、标志标线、绿化、安防工程六个方面改善路况及路域环境。此项工程分成四个标段予以实施，截至10月中旬，所有工程已完工；生命安防工程。建设总里程10公里，主要建设内容为波形护栏安装、钢筋混凝土防撞护栏、标识标牌等项目。计划总投资319万元，上级配套80万元，县财政配套239万元，工程于9月底完工。三是灵石县圪台工业园区道路改造工程。路线全长1.861公里，总投资1500万元，10月初已完工通车。四是灵石县交通综合枢纽站工程。建设标准为三级站，功能包含城乡公交站、城市公交首末站和出租车接驳站，建成后可实现旅客乘车“零换乘”，设计年度日旅客发送量为5000人次。项目于2019年10月开工，2020年10月底完工。总投资为3500万元，总建筑面积4401 .63平方米，其中枢纽站候车楼3991.8平方米，配套附属用房409.83平方米。主要建设内容包括枢纽站候车楼、例检车间、配套附属用房，室外工程为用地范围内的给排水管网、供热管网、消防水池、化粪池、停车场硬化、广场铺装、景观绿化、新能源车辆充电桩30台、电力电缆敷设及照明工程、弱电工程等建设工程。工程10月底全部完成。项目建成后，有效缓解县城车辆拥堵压力，极大改善周边群众出行，提升城市公共交通服务质量和智能化水平，营造了良好的公共交通运输环境。

【道路养护】 对全县11条县公路实行常态化养护，基本做到各条道路无堆积物、内外边坡稳定，路面病害处理规范及时，路面整洁，标志醒目。同时，坚持预防性养护和路面巡查相结合，汛期前对所有桥梁、涵洞及排水进行清淤，对县乡公路、桥梁和急弯陡坡特殊路段进行巡查，及时处理安全隐患和路面病害，全年共实施水毁应急抢修工程78项，确保道路畅通。根据农村公路管理养护《质量评定和考核办法》，每月对各养护单位所辖路段进行质量评定考核，截至年底，全县农村公路列养率达100%，公路好路率达到80%以上。

【运输管理】 全面完成客运周转任务。规范驾驶员培训，共培训驾驶员816人，开展3期继续教育培训556人，换发道路运输从业人员资格证413本，满足全县初学驾驶员和道路运输从业人员的培训需求。认真落实《晋中市道路交通安全专项整治百日行动方案》，对重点企业、重点车辆进行重点整治，对存在的隐患问题督促企业加大整治力度，切实消除安全隐患。指导3户机动车维修企业申报M站，帮助企业实施I/M信息网联工作。

【交通执法】 2020年，源头治超共检查货运企业320家，检查出站车辆422136辆次，处理违法超载案件3起，均按照“一超四罚”的原则进行处罚。超限检测站点共检测车辆90万余台/次，发现超限超载车辆44辆，已上报治超办并移交公安交警处理完毕。交通综合行政执法共受理行政处罚案件3起，罚款21200元，路损赔补偿案件13起，收取路损赔补偿费219040元。

【安全生产】 以贯彻落实新《中华人民共和国安全生产法》《山西省安全生产条例》为主线，牢固树立安全生产“红线”意识，始终坚持“安全第一、预防为主、综合治理”的工作原则，重点监管企业36家，均严格按照“管行业必须管安全、管业务必须管安全、管生产经营必须管安全”要求进行安全监管、巡查并落实安全生产挂牌责任制；全年安全生产大检查共组织实施安全检查527余次，发现企业一般问题隐患74条，均细化整改措施、明确整改完成时限、责任单位、责任人，整改完成率100%。查处非法违法行为9起，行政处罚9.41万元，确保交通运输系统安全生产工作平稳有序。

【精准扶贫】 县交通运输局把脱贫攻坚作为重大政治任务，抽调党员干部职工积极开展干部帮扶和驻村联络工作，局属各单位与帮扶村支部村委广泛开展结对共建活动，帮助他们强化组织阵地建设，发展村级经济。帮扶队员联系企业出资购买农机具，帮助贫困户发展农业生产。针对土特产品滞销问题，帮助贫困户运输销售农产品，建立起农土特产物流交易平台，畅通农产品销售渠道。同时，交通工程重点向扶贫领域倾斜，按照县政府安排，2020年度交通脱贫攻坚任务涉及6个乡镇10个行政村，10个项目，总里程17.1公里，总投资589万元。项目内容分三个方面，即：包村通道路维修硬化、扶贫基地道路硬化以及街巷硬化。工程施工图设计于3月初全部完成，4月完成工程招投标手续，4月30日全部开工，5月30日全部完工。交通脱贫攻坚工程项目的实施，改善了当地农村基础设施和面貌，为贫困户解决生活出行方面的问题，拓展致富门路，增强贫困户脱贫致富的信心和希望。

（灵石县交通运输局）

介休市交通运输局

2020年，在介休市委、市政府坚强领导下，在上级主管部门指导支持下，介休市交通运输工作紧紧围绕年初市委全委会、经济工作会和《政府工作报告》确定的各项目标任务和市委、市政府各项安排部署，统筹疫情防控和经济社会发展，全力推进交通基础设施、民生实事、运输市场管理、交通行政执法、行业安全监管等重点工作，交通运输事业保持较好发展态势。

【打好新冠肺炎疫情阻击战】 新冠肺炎疫情发生

后，县交通运输局认真落实交通运输“一断三不断”工作要求，做好疫情管控工作。组织各类疫情防控应急保障车辆47辆，供市物资保障组随时调用；抽调120名交通人员参与高速公路、城市入口、无物业小区共17个检疫卡口执勤守卡任务；加强交通各领域防控工作，明确各项疫情防控保障措施，着重加强对公共交通防控管理，应用科技手段，通过一车一码、一人一信息的方式，进行实名登记乘车、消毒，确保乘客信息的可溯；积极应对疫情形势新变化，精准发力保障复工复产，有序恢复道路客运服务，按计划及时调整城市公交、农村公交、出租车等公共交通运营；主动对接复工复产企业，提供返点对点包车等服务。截至年底，全市公交、出租车消毒87300车次，出租车运送旅客30828车次，公交车运送旅客344860人次，无重点地区人员进出汽车客运站情况；在建工程项目没有外来人员，未发现有关一例疑似情况。同时，在全系统发出助力新冠肺炎防控捐款倡仪书，196名职工捐款32440元，其中党员全覆盖，151名党员捐款26190元。

【强力推动运管所后进支部转化工作】 运管所党支部被市委组织部列为“软弱涣散”党支部。面对这种被动局面，县交通运输局党组高度重视，进行专题研究，成立以党组书记董耀宙为组长的整后工作组，在工作组指导下，运管所党支部高点定位，把整改工作做为一项政治任务来抓，通过深剖细析，真正找准党建短板和突出问题，扭住关键，多措并举推动运管所党建快速提升。一是以思想建设为先导，全面提升党建引领的内在动力。二是以组织建设为抓手，全面提升支部核心的堡垒带动功能。三是以制度建设为保障，全面提升党建工作综合效应。四是以阵地建设为依托，全面提升党建工作深厚氛围。运管所党支部以此次整改为契机，筑牢支部党建根基，提升党建水平，同时将党建与中心工作、疫情防控、品牌创建等工作有机结合，各项业务工作开创新局面，充分发挥党建引领作用。

【聚焦建设道路基础设施】 公路建设围绕“主干公路、工业园区、旅游资源、百姓出行”四个方面，完成建设里程21.7公里，完成投资1.017亿元。主要实施三大项目：一是积极推进项目PPP模式。根据市委、市政府安排，全年交通重点项目按PPP模式实施，为保证项目顺利入库，年前即展开项目前期工作，积极推进立项、设计、招标等工作，现有13个计100.41公里、总投资5.5亿元的交通重点项目列入PPP项目计划，等待最后入库。二是加快实施县乡公路改建项目。新开工8个计27.421公里，计划投资1.402亿元，现已完工4个计17.05公里，在建4个10.371公里，截至11月30日，8个项目完成投资7971万元。完成续建项目孙家寨汾河大桥1座，11月16日建成通车，续建投资200万元。三是全面展开“四好农村路”窄路基路面改造项目。共24个计31.169公里，总投资4289万元，2020年开工的项目完成投资2000万元。

【继续加大农村公路养管力度】 公路养护以“保障安全畅通、提升服务品质”为主题，结合“四好农村路”建设总目标，继续落实“管好、护好”目标任务，全市县公路平均好路率达90%以上，重点乡村公路路面完好率达到79%以上，全年完成养护项目投资2115万元，重点完成9项工作任务：投资650万元完成省厅下达的115公里公路养护提质计划；投资260万元完成车购税项目农村公路生命防护工程26公里；投资260万元完成国道108、张壁绵山旅游公路的65处平交道口硬化及沿线道路环境综合整治工程；完成日常养护投资320万元，对道路进行循环整治，推进实施机械化保洁作业，对农村公路路面进行修补坑槽、处理翻浆等小修保养；投资65万元完成国道108安全示范路“一灯一带”建设任务98处，完成重点县乡道路震荡标线施工2800平方米；投资70万元对南桥头、洪湘、北辛武、北盐场和石虹桥五座大中桥进行支座更换、伸缩缝更换、箱体裂缝修复等维修保养；投资170万元完成西河底、礼世村两座危桥改造工程；投资320万元完成12处水毁恢复抢通项目；完成路长App平台的信息录入，出台介休市“路长制”实施方案，启动“路长制”实施工作。

【全力提升综合管理服务水平】 一是加强综合行政执法工作。一年来，县交通运输局深化交通运输综合行政执法改革，整合执法队伍，理顺职能职责，提高执法效能，构建路警联合执法机制，切实推动道路交通治理体系和治理能力现代化，保障全市道路交通安全稳定。年初，综合行政执法队层层签订《行政执法责任书》《治理公路三乱责任书》《治理车辆超限超载工作责任书》，责任落实到人，规范执法行为，提升服务水平，杜绝公路“三乱”行为；以“保护路产路权，保通保畅保安全”为公路重心，加强治理道路沿线乱挖乱放，占道经营，打场晒粮等问题；加强扬尘污染防治工作。加大县乡公路运输车辆抛洒滴漏问题的巡查力度，严查因未加盖篷布或装载不规范造成的道路污染现象；加强非法超限超载治理工作，充分利用超限检测站不停车检测系统，依法完善治超持久常态化工作机制。全年共发现标志牌倾斜、路面翻浆、塌方、桥板严重损坏等安全隐患27处，得到有效处理；共发现查处各类损坏公路一般案件9起，公路损害案件发现率95%以上，处理和结案率为100%；检测站检测车辆276235辆，查处外廓尺寸超限案件106起，查处擅自改装已取得车辆营运证的车辆125起，查处安装卫星定位终端设备未与健康平台实施连通并监控案件21起，无道路运输证10起，收缴行政处罚罚款958000元，公路赔(补)偿费126396.6元，私改、未年审罚款1297500元。二是提高城市客运服务能力。严格按照监管职责，加强全市城市客运行业管理，提升城市客运行业人员素质，对全市700名出租车驾驶员进行背景审查；加强安全监管，落实安全措施，在136个公交站厅中安装防撞桩，139辆客运车辆安装防护隔离设施，有效阻止乘客乘坐公交车和在站厅候车时的安全隐患；响应燃油补贴政策，按照2019年介休市城市公交车成品油价格补助资金分配方案及时准确发放燃油补贴；开展介休东站“迎国庆、保安全、畅交通”专项整治行动，以“整治乱象、畅通交通”为重点，严厉打击了东站广场喊站、拦客行为，维护东站广场交通秩序，确保车辆运行安全畅通，规范出租车驾驶排队经营、服务态度、语言文明等行为；大力打击非法营运，维护城市客运行业稳定，以严厉打击和排查事故隐患为主，坚决遏制非法经营活动，维护安全畅通的经营秩序，共查获各类违法案件266起，罚款226.4万元。三是强化运输市场管服水平。认真开展道路旅客运输企业质量信誉考核和客运车辆年度审验工作；积极推进10个农村候车亭建设工作；督促重点货运企业自建车辆监控平台，对自有营运车辆进行严格管理和监控；继续推进农村物流建设，实现本市范围内300人以上的行政村达到全覆盖；引导个体经营户和中小型普通货物运输企业进入网络货运平台承运人端，促进货运企业向集约化、规模化、现代化发展；有序推进多式联运和绿色运输开展，山西贵恩博信息科技有限公司平台累计结算运费突破30亿元；依托本市已许可的网络货物运输平台企业，拓展“互联网+货运物流”经营发展模式；鼓励大宗物资公转铁运输，年运输能力为1000万吨的“日照港中铁集介休无水港”建设项目正式启动；源头治超常态化，加强对货运源头的监管和巡查，并与政府公示的货运源头共196家全部签订治超承诺书，落实治超主体责任，运政稽查队出动执法车1900余台次，稽查人员4016余人次，共检查源头车辆7920辆余次。源头治超案件29起，罚款48.4万元；其他各类处罚案件178起，罚款24.4万元。

【坚守安全生产红线】 认真贯彻落实上级文件精神，精心安排部署，定期组织研判安全生产形势，加强安全生产督查检查，制订全年安全生产执法计划和各项应急预案。分解全市道路运输安全生产三年专项行动任务；建立415家交通运输企业“三零”创建主体台账；建立生产经营单位分类台账并纳入年度执法计划，其中26家一类生产经营单位每月100%覆盖执法检查，388家二类生产经营单位全年100%覆盖执法检查；开展全市交通运输领域安全生产专项检查和安全生产大排查大整治行动，重点对企业主体责任落实情况和企业自查自改情况进行督查检查，尤其是“两客一危”、道路运输企业和汽车客运站场复工复产疫情防控措施的督查检查；制订汛期安全生产实施方案，建立交通抢险队伍，做到责任、指挥、人员、物资、措施“五到位”，保障全市农村公路交通运输畅通。全年共出动执法人员2991人次，检查企业997家次，检查发现一般安全隐患96条，整改隐患96条，针对未按规定检测营运车辆、未经许可擅自从事机动车驾驶员培训等违法行为，共计处罚53.4万元。

（介休县交通运输局）

长治市

长治市交通运输局

2020年，在长治市委、市政府坚强领导和省交通运输厅的大力支持下，长治市交通运输系统全体干部职工，不忘初心、牢记使命，攻坚克难、共克时艰，交通运输工作实现高质量快速发展。全市公路建设完成投资73.3亿元，公路通车里程达到12169.437公里，公路密度达到87.2公里/百平方公里。全市2439个行政村通油路、通客车率达100%，农村街巷硬化实现全覆盖。全市共有客运班线382条（其中：农村班线151条），营运客车979辆（其中：农村客车195辆），客运站点4610个，营运货车30875辆，公交汽车1564辆，出租汽车3292辆，水运企业10家，码头42个，船舶774艘（其中：营运船舶50艘）。

2020年，长治市交通运输局被人社部和交通部联合表彰为“全国交通运输系统先进集体”，被省精神文明建设指导委员会评为“山西省文明单位”，被省交通运输厅表彰为“优秀等次单位”名列第一。长治市道路运输管理处和市客运东站被授予“全国交通运输行业文明示范窗口”称号。

【交通基础设施建设成果丰硕】 一是高速公路建设稳步推进。黎霍高速公路控制性工程全面开工建设，长治境内完成投资30.29亿元。黎城经平顺、壶关至陵川夺火（晋豫界）、平遥经沁源至安泽2条高速公路列入全省高速公路网调整规划，正式启动工程可行性研究报告编制工作。二是国省干线公路改造加快实施。新改建里程28.5公里，完成投资20.5亿元。国道环线公路改扩建工程完工并试通车运行。省道汾屯线沁源松罗至上滩段改建工程已全部完工。9条285公里干线公路PPP路面改造工程全部完工。三是农村公路建设深入推进。“四好农村路”完成路面2034.6公里，完成投资14.3亿元，完成安全生命防护工程623.6公里、危桥改造4座、隧道提质升级改造9座。“太行一号”旅游公路开工建设304公里，完成路面167.5公里，完成投资17.5亿元。全市2439个建制村100%实现通硬化路、通客车。四是机场、高铁建设加快发展。王村机场改扩建工程进展顺利，武乡县、沁源县通用航空机场稳步推进。太原至长治至郑州高铁于12月12日通车运营。

【道路运输服务不断提升】 一是城乡客运公交一体化发展成效显著。新开通32路、36路、48路、49路、50路等5条公交线路。“一城四区”和平顺县实现公交化运营。潞州区、潞城区、上党区、屯留区、襄垣县、平顺县、壶关县、武乡县、长子县9个县、区，实现城乡客运公交一体化运营。全市城乡客运公交一体化现场推进会在平顺县顺利召开，平顺县城乡交通运输服务一体化顺利通过交通运输部验收并取得优异成绩。二是“放管服”改革不断深化。全面推进机动车维修行业“放管服”改革，建立机动车维修经营备案制度，办理维修经营备案24家。将道路运输从业人员诚信考核业务下放至县区，进一步提升工作效能。持续推进山西省运政服务平台行政许可网上办理，共受理572件。“12328”交通运输服务监督电话共接听电话178689个，即时答复率99.99%，抽查回访满意率98%。三是网络货运平台先试先行。积极推行网络货运平台，鼓励潞城潞泰通物流有限公司、一讯安防等网络货运平台企业探索创新运营管理模式。上党经济开发区冷链物流基地被省发改委确定为省级冷链物流基地。四是农村物流发展扎实推进。持续推进农村物流节点建设，为脱贫攻坚、乡村振兴、农村全面小康建设提供强交通支撑。建成县级物流中心12个，乡镇物流站142个，村级农村服务点2855个，县、乡两级农村物流网络实现全覆盖。五是事中事后监管不断强化。完善抽查事项清单、执法人员库、监管对象库，完成危货运输监管、运输车辆达标两项“双随机、一公开”抽查工作任务。开展全市道路运输企业年度质量信誉考核工作并已公示。开展“信用交通宣传月”活动，共制作宣传展板18块、宣传条幅40幅、宣传资料13000余份。

【交通扶贫任务圆满完成】 长治市交通运输局成立交通扶贫工作领导组，制订下发《关于成立交通扶贫工作指挥部的通知》，对退出贫困村优先安排通硬化路建设项目，积极争取上级退坡资金的支持用于农村客运补贴，同时指导各县区交通部门将农村客运补贴列入地方财政预算，确保建制村通客车开得通、留得住。国贫县农村公路完成投资15.7亿元，完成撤并建制村等较大人口规模自然村通硬化路50.5公里，窄路基路面改造168公里，资源路产业路40.3公里，养护提质433公里，其他项目完成43.5公里。完成县乡村道安全生命防护工程587.6公里，危桥改造3座，隧道提质升级改造9座，乡镇综合客运服务站10座。933个贫困村通硬化路率及通客车率均实现100%。市局结对帮扶的平顺县龙溪镇底河、北坡等5个行政村所有贫困户全部脱贫。

【交通污染防治成效显著】 一是公转铁推进顺利。全市23家150万吨以上的大型工矿企业铁路接入比例达到91.3%，超额完成省定80%目标。铁路运输任务完成7113.5万吨，占总目标6412万吨的110.9%。初步谋划长信集团等6家公司铁路专用线项目。二是国三及以下柴油货车淘汰不断加强。成立领导组，制订实施方案，淘汰国三及以下营运中重型柴油货车3586辆，占省政府下达任务3016辆的118.9%。开展第二批机动车排污维修治理站建设申报工作。2家维修企业通过省交通运输厅复核。三是公路扬尘污染治理力度加大。对政府公示的488家货运源头企业行业监管率达到100%，巡查源头企业7100家次，查处违规装载案件51起，处罚源头企业27家。对发现有抛洒行为的车辆和企业记入年度质量信誉考核档案。开展主城区柴油货车和散装物料运输车污染治理联合执法专项行动，处罚扬撒案件31起。四是绿色交通建设全面推进。新增新能源公交车162辆，全市共有新能源公交车1513辆，占总数1565辆的97%。主城区2020年到期的901辆巡游出租车全部更换为新能源车。大力开展“绿色出行”宣传活动，全面启动建设自行车友好城市规划工作。制订污染物接受、转运、处置联单制度和联合监管制度，全市14个码头全部建立船舶污染物接受、转运、处置设施。

【疫情防控阻击战有力有序】 面对的新冠肺炎疫情发生，第一时间暂停所有进出长治市的道路客运班线、包车服务和城市公交，在市区设置9个消毒点对出租车集中消毒并免费向出租车司机发放口罩，牵头设立卫生检疫站95个，制订完善应急保障方案，组建应急保障车队，全力做好交通运输保畅通工作。疫情防控形势好转后，迅速恢复开通全市公交、客运、出租车运营，所有公路建设项目全面复工复产。包车138趟次点对点接送返岗复工人员2795名，接送援鄂医护人员98人，在太原武宿机场安全转运境外返长人员55人。在疫情防控期间，全市交通运输系统涌现出许多先进模范。其中，市交通运输局孔德强被中共山西省委、山西省人民政府表彰为抗击新冠肺炎工作先进个人。

【安全生产工作常抓不懈】 一是落实行业监管责任。调整充实长治市交通运输局安委会，印发安全生产职责清单和权力清单。认真开展安全生产专项整治三年行动，印发《实施方案》和任务清单，2020年的28项任务全面完成。全市重点营运车辆入网率达到100%，平台连通率为100%，“两客一危”车辆智能视频监控安装率100%。对19128名道路运输从业人员进行毒检，未发现吸毒人员。对全市

10家水运企业的管理制度、运力规模等方面资质进行复核。二是落实企业主体责任。全面落实企业双重预防机制、全员安全生产责任制、全过程安全责任追溯制度，以长治市交通运输局第1号文件出台《关于在全市开展交通运输安全专项整治方案》，建立“二三六”分级分类监管制度，将运输企业安全情况分成三类进行动态化差异管理。严把“三品检查”关，共查获“三品”187件，违禁品739件。全市153家零担物流企业全部落实企业和员工“2个100%制度承诺书”。三是多措并举抓好“三零”创建。成立创建工作领导组，制订工作指南、工作制度。道路(水路)运输、城市客运、人员密集场所3个行业领域，车站、道路(水路)运输企业、驾培学校、城市客运企业4类创建主体，80家企业(单位)均建立主体台账、“零上访”“零事故”和“零案件”台账。城市客运行管部门每月定期召开“三零”创建工作会议。运政部门强化监管，督促企业落实主体责任。路政部门与各县区签订《“平安公路”建设目标责任书》。工程质监部门共排查建设项目39个，排查里程567公里，排查建设单位11个，施工单位39个，监理单位39个，发现、整改安全隐患18处。四是做好道路运输安全及应急演练工作。10月27日，长治市道路运输突发事件应急救援演练在上党区成功举行，6个道路运输事件应急救援处置科目全部圆满完成。春运、“两会”、“五一”、中秋、国庆和中共十九届五中全会等重点时段的交通运输安全保障工作圆满完成。

【行业治理能力显著增强】 一是综合行政执法改革稳步推进。长治市交通运输综合行政执法队挂牌成立，任命机构负责人，印发《三定方案》，核定编制410名。市交通运输发展中心已挂牌成立，事业单位改革基本完成。二是依法行政能力不断提高。坚持依法行政、依法管理，依法办事、按规矩办事。全面贯彻落实行政执法“三项制度”，深入开展“双随机、一公开”监督检查。认真开展普法工作，组织开展宪法宣誓和法律法规培训，学习《中华人民共和国宪法》《中华人民共和国行政复议法》等基本法律法规和《中共中央、国务院交通强国建设纲要》《中华人民共和国公路法》等行业法律法规。三是出租车运营进一步规范。开展“规范出租汽车经营行为提升服务质量”专项整治行动、周边县区出租车违法违规异地经营行为专项整治行动、交通运输联合执法行动、交通运输秩序联合专项治理行动等。四是路政管理进一步加强。规范农村公路路政管理考核工作，制订督办卡，共处理投诉8起，查处各类路政案件521起。制订《百乡千村万里美丽农村路创建方案》，开展路域环境治理，共查处损坏路面路肩、护栏、护墩30处，损坏标牌10处，清理乱堆乱放240处4992平方米，查处违法建筑、抛洒污染公路等241处。创建“平安公路”10条、150.6公里。开展“路政宣传月”集中宣传活动，印制应知应会手册9000册、法律法规宣传册3000册。五是公路治超执法进一步规范。全市14个超限检测站完成治超信息化平台建设工作。成立两支治超路警联合稽查队，常态化、制度化实行路警联合执法，共检测货运车辆36万辆，查处非法超限超载车辆411辆，未发生一起因治超引发的公路“三乱”，超限超载率始终控制在0.2%以内。

【党的建设和党风廉政建设全面加强】 一是强化政治建设，筑牢理想信念根基。组织党员干部认真学习习近平新时代中国特色社会主义思想、习近平总书记三篇光辉文献，跟进学习中央及省、市委重要会议精神。利用好“两微一端”平台，督促党员干部用好“学习强国”、好干部在线等学习平台，采取“微课堂”、网上学习等形式开展学习。开展“主动缴纳党费”主题党日活动和党员读书日活动等，选树出3个“党员先锋号”、5个“党员先锋岗”。开展纪念中国共产党成立99周年系列活动，对老党员、生活困难党员进行精准走访慰问；组织党员观看《战“疫”一线党旗红》等公益专题片；组织10名预备党员进行集体入党宣誓；举办庆祝中国共产党成立99周年书画展。二是强化组织建设，发挥战斗堡垒作用。明确一名党组成员专职抓党建工作，进一步完善党组领导、机关党委负责、基层党支部抓落实的党建工作领导体制。狠抓“五型机关”创建，提升党建工作规范化水平。组织基层党支部书记参加市直工委举办的机关基层党组织书记培训班；发展9名预备党员，新吸收20名入党积极分子；组织开展抗击新冠肺炎捐款28000元。参加全市工间操比赛并获得二等奖。评选出“十大最美交通人”和“十大最美交通人提名奖”，成功举办第二届最美交通人先进事迹报告会。加强精神文明建设，积极参与创建全国文明城市，为市蝉联第六届全国文明城市做出交通贡献。三是强化作风建设，坚决落实全面从严治党主体责任。制订《2020年党风廉政建设目标责任制分解意见》《党组及其成员落实全面从严治党责任清单》，认真落实全面从严治党党组主体责任、党组书记第一责任人责任和党组成员“一岗双责”。坚定不移落实中央八项规定精神，对违规违纪坚持“零容忍”，共处置问题线索10件，组织处理2人，提醒谈话6人，给予党政纪处分5人次。聚焦巡察整改，制订下发《整改方案》和整改通知，并加大督导力度，反馈的5个问题按照规定的时间节点如期完成。召开“警示教育”专题民主生活会和专题组织生活会，开展案例警示教育，以案为鉴，警钟长鸣。

（长治市交通运输局）

潞州区交通运输局

2020年，在潞州区委、区政府坚强领导下，在上级部门有力指导下，潞州区交通运输局以习近平新时代中国特色社会主义思想为指引，认真贯彻落实中共十九大及十九届三中、四中、五中全会精神，认真学习贯彻习近平总书记视察山西重要讲话重要指示精神，以实现“交通强国”、建设“四好农村路”为总目标，紧紧围绕区委“八项目标”工作部署，以“三零”单位创建为抓手，深入开展疫情防控、禁毒攻坚、安全隐患、信访稳定、复工复产等工作，以“攻坚克难、狠抓落实，守住底线、勇争一流”为目标，全力推进各项工作开展，完成2020年度各项工作任务，为推动全区高质量转型发展创造良好交通运输环境。

【公路建设进展顺利】 一是农村旅游公路建设全面建成通车。太行湖水利风景区旅游路线路全长4.4公里，起点（长北干线）至漳泽电厂厂区段1.6公里按城市道路设计，路基宽度28米。2019年完成1.6公里，完成投资2600万元，2020年完成漳泽电厂厂区至淹村段2.8公里路面稀浆封层，完成投资568万元，累计完成投资3168万元。二是“四好农村路”建设工作成效显著。2020年，按照区委、区政府及上级部门部署和要求，结合文明城市创建，大力实施“提质工程”“民生工程”，共完成“四好农村路”项目3.596公里，完成投资234万元，公路环境得到改善，工作得到群众认可。其中，翟张线养护提质工程，路线长0.327公里，完成投资24.4087万元；金口至东外环线路面改造工程，路线长0.557公里，完成投资33.0872万元；朝河线金口村段、紫坊菜市场、西白兔至曹安线、翟张线4条道路路面改造工程1.67公里，完成投资74.9684万元；化家庄至威远门路线路面改造工程，路线长0.549米，完成投资42.5354万元；药王庙至东外环线养护大中修工程，路线长0.493米，完成投资59.0437万元。

【公路管养全面加强】 一是狠抓公路养护保畅通。以县乡农村公路为重点，按照年度公路养护工作计划，结合季度公路养护特点，狠抓公路日常养护。确保公路安全畅通。截至10月底，共出动养护人工1500工日，养护机械230台班。首先，全力做好冰雪天气应对保畅通。共清除路面冰雪20公里，撒防滑料60立方米、融雪盐10吨。其次，及时抢修消除隐患保安全。增设标志牌20块，维修标志牌4块，维修受损波形护栏3000米。抢修路面塌陷1处，处理边坡崩塌1处、道路落石1处，维护煤矿采空塌陷公路3公里。再次，加强公路日常养护水平上台阶。全区农村公路“路长制”实施方案已制订出台，正在有序推进；上级下达1个乡、8个村、33公里“百乡千村万里美丽路”创建任务全面完成。截至10月底，完成养护提质工程10余公里，共投入养护资金300余万元。共清理路边杂草130公里，路面贴缝、灌缝30000米，挖补坑槽9500平方米。二是狠抓路政管理显成效。首先，加强公路巡查。局综合执法大队上半年共出动执法车辆500余辆次，执法人数1200余人次，巡查县乡公路累计7800余公里。其次，开展集中整治。局综合执法大队配合区治超办、市直交警部门每周3次开展路面执法检查，集中整治超载超限、非法违法运输等行为。截至10月底，共检查疑似超限车辆16037辆，卸载超载货物280吨，对违法违规驾驶员记分共计450分；检查客运车辆470余辆；共查处路政案件4起、运政案件9起、违法源头企业10家，共查处违法违规车辆26辆，处罚金额累计146100元。最后，加强路政宣传。扎实开展路政宣传月活动，爱路护路氛围加强。共出动路政宣传车20余台次，路政执法人员200余人次，发放宣传资料5000余份。三是路域环境全面改善。围绕“车、路、源头”，强力实施大气污染环保攻坚行动，路域环境全面改善。首先，持续路面清扫。其次，严格路面执法。落实治超新规，局综合执法大队会同区治超办和交警部门开展联合路面执法，每周3次集中开展散装物料运输车辆遗漏抛洒和超限超载行为专项治理。最后，加强源头监管。对区政府公示的61家货运源头企业定期巡查。车辆抛洒扬尘行为得到有效遏制，确保了超限超载率控制在2‰以内。

【安全工作常抓不懈】 持续开展“查隐患、抓整改、保安全”专项行动，深入开展安全生产专项整治三年行动和“零事故”创建工作，认真组织开展安全生产风险隐患排查治理专项行动。围绕“减量控大”八大提升工程目标，认真组织实施农村公路“一灯一带”工程建设。共完成安装警示灯83个路口，安装减速带242个路口共2052米，全面完成市交安委下达任务目标。全区交通运输领域未发生一起一次安全生产责任事故，全区交通运输安全生产形势持续稳定。

【环保攻坚成效显现】 深入开展环保攻坚行动和秋冬季大气污染防治集中行动。一是大力扶持全区运输企业推广应用新能源车辆。辖区内营运LNG新能源车辆900余辆，长治市潞州区宏鑫元出租汽车公司原来的100辆燃油汽车全部更换为纯电动车工作正在有序开展。二是完成环保攻坚行动项目2个1.386公里，完成投资103.4万元。完成迎宾路至北寨人工湿地路面改造工程，路线长0.477米，投资42.7万元；完成市区环线道路两侧20各裸地路口硬化，路线长0.909米，投资60.7万元。三是全力实施柴油车淘汰工作。按照市、区统一部署和要求，协同相关部门全力开展国三及以下排放标准的柴油货车淘汰工作，已完成1615辆，剩余车辆淘汰工作正在抓紧实施。

【道路运营稳步发展】 一是实现城乡公交“一体化”。依托“城市公交+农村客运”方式，积极推进城乡客运一体化服务，基本实现城乡公交全覆盖。二是构建覆盖全区物流网。采用“区级物流中心+乡镇(街道、中心)物流站+村级物流点”模式，着力打造覆盖全区的现代物流网络。截至年底，已完成县级农村物流服务中心1个，乡镇农村物流服务站9个，村级农村物流服务节点100个。三是强化“两客一危”信息化建设管理。对“两客一危”客运车辆、12T以上载货车及半挂车全部按要求安装车辆行驶记录仪，车辆在线监管率达到100%。四是开展交通秩序治理整顿。严厉打击非法营运，站外揽客、甩客，出租车不打表、乱收费、拒载等现象得到有效遏制。

【市属重点公路工程协调工作进展顺利】 根据市环线指挥部要求，全面完成国道207、国道208环线工程、长南高速路口改造工程等重点公路工程协调拆迁任务，确保各项重点工程顺利进展。

【党风廉政建设常抓不懈】 一是抓教育，提升党员干部廉政意识。坚持每周局中心组理论学习、党支部周一集中学习、党员自学，补足精神之钙。定期开展廉政警示教育，提升党员干部廉政意识。二是抓制度，织密制度篱笆。严格执行“三重一大”议事、“三会一课”“谈心谈话”等制度，规范和完善《财务管理制度》《请销假制度》等制度，形成一套用制度管权、按制度办事、靠制度管人的有效机制。三是抓落实，激发干部职工活力。成立督查室，配备专职工作人员3名，对制度执行情况严格督查，配合纪监组及时开展廉政谈心谈话，确保各项制度执行到位不走样。

【扫黑除恶与禁毒攻坚】 全区交通运输行业禁毒攻坚行动工作高效有序开展，区交通运输局人人签订禁毒承诺书，并配合相关单位进行尿检。深入公路、工程施工现场、道路运输企业、危货运输企业、驾校、车站和码头等公共场所和所包村，广泛开展禁毒宣传教育工作，协助公安部门全力做好禁毒排查各项工作。

【全力以赴做好卡口疫情防控工作】 1月27日起，由区交通运输局牵头，抽调48名工作人员，奔赴到长治南、长治北两个高速口、长北火车站、长治火车站、长治机场、东客站、西客站7个进出潞州区重点卡口，会同公安、交警、卫健部门设立临时测温筛查医疗检测站，全力开展疫情防控工作。截至年底，累计排查车辆（航班、车次）199071辆（班、车）次，累计测温筛查人员2298082人，累计体温异常移交和劝返人员共113人，排查境外、喀什、青岛籍等重点地区人员4075人，有效防止疫情输入和扩散。

（潞州区交通运输局）

上党区交通运输局

2020年，上党区交通运输局以习近平新时代中国特色社会主义思想为指引，增强“四个意识”，坚定“四个自信”，做到“两个维护”，在区委、区政府正确领导下，重点围绕区委、区政府统做好“三规划”，推进“四项改革”，打造“两园两地”新业态的总体部署，统筹疫情防控和交通建设工作，全力推进全区交通建设项目，合理调配全区运力保障，抢时间、抓进度，最大限度降低疫情对交通的影响，团结奋进、提速创优，努力完成2020年交通建设和管理各项目标任务，为推进“一城四区”总体规划，建设宜商、宜居、宜学、宜养新上党贡献交通力量。

【闻令而动打好新冠肺炎疫情阻击战】 一是全力以赴阻击新冠肺炎疫情。认真落实交通运输“一断三不断”工作要求，全面加强交通卫生检疫，阻断通过运输渠道传播疫情。1月24日上午，召集运管、城市客运、汽车客运站、公交上党区分公司、吉通安公交公司、交通出租中心、鑫源出租中心召开应对新型冠状病毒感染的肺炎防控紧急会议，对当前防控工作进行安排部署，并向运输企业发放防控应急物品。从1月26日零时起，本区域内城市公交、城乡公交以及长途客运暂停运营，暂时关闭汽车客运站，阻断疫情进入及扩散，有力保障全区阻击疫情工作顺利进行。与此同时，根据区委、区政府统一部署，交通部门迅速行动，牵头组建由交通、公安、交警、卫健等部门联合组成的临时测温筛查队伍，全体干部职工主动放弃节假日，为筑牢疫情防控的“上党阵地”做出积极贡献。在抗击疫情防控期间，投入人力200余人严控疫情，排查车辆共40859辆，其中出境17388辆，入境23471辆；排查人员共计58595人，其中出境24974人，入境333721人，筑起一条疫情防控线，有效阻击疫情进一步蔓延，有力保障全区阻击疫情工作。实现“无输入、无扩散、无感染”的“三无”目标。二是精准发力保障复工复产。积极应对疫情形势新变化，统筹推进在疫情防控复杂形势下，做好经济社会发展工作，建立与疫情防控相适应的经济社会运行秩序，有序推动交通运输行业复工复产，为复工复产当好“先行官”。第一，在疫情防控期间，为保障疫情防控重点物资、群众生活物资等运输，办理运输车辆通行证2745辆，有力保障疫情防控期间民生应急物资运输。第二，根据疫情防控情况和相关工作要求，确保疫情防控措施到位的前提下，逐步有序恢复城市公交、城乡公交运营、道路客运服务，截至4月底，上党区城市公共交通服务4条线路城乡公交18条线路、长途客运班线全部恢复正常运营。第三，对接复工复产企业，提供返岗直通车、通勤包车、定制公交线路等服务。第四，为保障疫情防控期间企业生产正常运行，开通日盛达通勤专用车。第五，提供“专人、专车、专厂、专线”的运输服务，开展“点对点、一站式”包车服务，提供“点对点”运送专车13辆，优先组织重点建设项目、贫困劳动力返程返岗和外出务工，帮助306人返岗复工，确保劳动力始发地和目的地无缝对接，使企业员工安全返岗复工。第六，在确保疫情可控提下，按照“分类、有序、逐步”的原则，下一线指导复工复产工作，优先做好53家重点运输企业复工及“四好农村路”项目、重点民生工程等复工复产，为全区经济社会复苏奠定坚实交通基础。

三是统筹推进疫情防控常态化。为贯彻“外防输入、内防反弹”的疫情防控策略，以交通枢纽、道路运输为重点，切实加强“人防”“物防”工作。首先，组织专班做好重点疫情防控地区入境旅客、境外旅居史人员、发热人员密切接触者以及国外回国人员等返回上党区乘车人员的登记和排查工作；其次，要求运输企业严格落实疫情防控常态化期间正常运营的疫情防控主体责任；最后，加大对冷冻、冷藏、海鲜等运输车辆在运输环节中对新冠病毒感染的防控工作管控和检查力度。

【聚焦建设高品质基础设施】 一是“四好农村路”建设加快推进。着力优化农村公路路网结构，推动“四好农村路”建设向高质量发展，助推乡村振兴发展。2020年，完成“四好农村路”建设任务50公里，其中：重点县、乡道路段改建15.661公里，乡、村道翻新改建35.250公里。截至年底，全区“四好农村路”达到291.6公里，打造一大批旅游观光路、休闲产业路、美丽致富路，发挥交通对脱贫攻坚、乡村振兴的支撑作用。二是养护提质工程扎实推进。进一步促进农村路网的升级上档，强化农村公路建设质量管理，提升道路交通内畅外联能力。2020年，完成县乡公路养护提质工程项目6项26公里，其中县道养护提质工程10.645公里，乡道15.355公里。三是县乡道路改造优化推进。全年完成县道壶郝线（壶关界至贾掌段）、八慈线（西八至长子界）、横杨线（横河至西火段），乡道南白线（东呈至北呈段）路面改造工程，投资约8000万元。四是农村公路生命安全防护工程全力推进。抓好农村公路生命防护工程进度，加大隐患处置力度，2020年农村公路生命安全防护工程5公里，完工率100%。五是黎岭街西延上跨长晋高速大桥稳步推进。黎岭街西延上跨长晋高速桥梁工程，主体结构和路面铺装已完成，完成投资3300万元。六是生态环线工程持续推进。西环（国道208上党区主城区过境段西移），于2020年12月完成立项审批，力争2021年开工建设；东环（省道长陵线主城区过境段改东移）已报送省交通运输厅，力争列入“十四五”省重点项目规划。

【提升农村公路管理养护水平】 一是深化农村公路管护体制改革。在日常养护方面，加快建立政府与市场合理分工的养护机制，以美化路容优化路况为前提，对疏通边沟、培护路肩、清除杂草以及路面保洁、排除路面积水、除雪防滑、公路绿化美化等公路专业性不强的工作，采取“政府购买服务”模式，引进山东康洁科技集团有限公司，走市场化道路养护、保洁的模式，承担全区10条县道，20条乡道，236.814公里县乡公路的日常养护管理，建立道路养护、保洁“作业专业化、经营企业化、服务社会化、管理规范化”的作业和管理长效机制，解决道路养护、道路保洁设施设备、人力等投入不足，资金短缺等问题，彻底改善路域环境脏乱差的问题，使得县乡公路路况水平稳步提升，路域环境迈上新台阶。全年开展日常路况巡检700余次；清扫路面200多公里；清理水沟50余公里；清运垃圾20余车；及早动手为冬季雪天行人及车辆行车安全提供有力保障，储备冬季融雪剂10吨。在养护工程方面，对中小修养护工程、处理路面灌缝和坑槽等病害、桥梁涵洞隧道养护等交通专业性强的工作，通过招投标方式选择具备相应资质的公路专业化队伍进行，解决农村公路养护工程专业人才缺乏、施工机械设备不足、施工队伍能力不强等问题。全年完成县道长长线（韩店至长子）挖补坑槽中小修5公里；完成县道南沙线（南庄至沙峪）水毁路面中小修1公里。二是深化农村公路“路长制”。深入推进农村公路“路长制”工作，印发《长治市上党区农村公路“路长制”实施方案》，成立“路长制”工作机构，明确上党区农村公路“路长制”县乡村三级路长机构人员和责任路线信息，并录入山西省农村公路综合信息服务云平台，确保运行机制完善、工作制度健全，实现区、乡（镇）、村三级农村公路管理养护常态化、制度化。在县乡公路各路段显著位置公告路长职责、人员信息、监督电话等内容，设置“路长制”公示牌70块，广泛接受社会监督，构建职责明确、齐抓共管、高效运转的工作机制，形成路联管、路全管、路共管、路常管的农村公路发展格局，人民群众满意度明显提升。三是深化路域环境整治行动。以“规范执法护路为民”为宗旨，以“爱路护路、助乡村振兴”为目标，坚持依法行政、依法治路、文明执法，强化路政管理，积极开展公路法律法规宣传活动和路域环境整治行动，路域环境焕然一新。特别是开展以“防疫情、守安全、保畅通、优服务”为主题的第六个“路政宣传月”活动。活动期间，在公路沿线各个乡镇、重点路段悬挂宣传横幅20余条；走进企业、深入源头、进入施工工地宣传爱路护路理念90余次，广大群众的爱路护路的认知度明显提高。四是创建“百乡千村万里美丽农村路”。为了进一步推动乡村振兴战略实施和“四好农村路”高质量发展，根据《山西省交通运输厅“百乡千村万里美丽农村路”实施方案》的要求，逐乡（镇）、逐村、逐路段开展“回头看”，详细进行摸底筛选。截至年底，通过自评上报示范乡(村)14个，打造美丽农村路60公里。

【行业监管能力显著增强】 安全管理措施强力有效。全年交通行业无较大及以上责任安全事故，安全生产保持平稳态势。一是结合“三零”创建和“三年专项整治行动”督促指导辖区内“两客一危”、重点普通货物运输17家交通运输企业开展安全生产风险辨识，制订企业各自的安全风险辨识。二是开展安全隐患排查治理，全行业累计开展安全检查260余次，发现并整改隐患31个，整改隐患31个，整改率100%。三是进一步提高道路运输应急救援能力和水平，开展道路运输突发事件应急演练。10月27日，由长治市交通运输局、上党区人民政府主办，市道路运输管理处、区交通运输局、区道路运输管理所承办的2020年长治市道路运输突发事件演练在上党区成功举办。四是严格道路运输从业人员源头管控，在全区道路运输企业推行禁毒、安全、治超“三承诺”制度，通过许可、年审、诚信考核等环节全员签发禁毒承诺书。2020年，协同配合公安机关，对辖区内60家道路运输企业，390余名工作人员进行排查，排查企业数达到90%；在营运驾驶员从业资格诚信考核环节排查驾驶员5300余人。五是对从业人员安全行车意识、职业道德和服务意识开展学习培训，培训道路货物运输企业安全管理人员150余人次；培训公交车、出租车驾驶员350余人次。六是严把“三关一监督”管理，加强重点时段节点监管，在春运、清明、“五一”、国庆、中秋等重要时段节点，全区日均投入运营车辆110辆，日均运送旅客1.2万余人次，实行“人盯人、人盯车”，严防死守，实现连续多年无道路运输安全责任事故，无旅客伤亡事故的工作目标。

路政管理能力明显提升。加大对重点公路沿线的非法建筑、非公路标志巡查力度，保证每周巡查不少于4次，及时发现、制止、查处危害公路安全畅通的行为。定期组织实施对公路打场晒粮、乱堆乱放、摆摊设点等影响公路安全和环境行为的专项治理，确保公路标志完整、标线清晰，路容路貌整洁，行车环境良好。公路建设质量严格把控。加强“四好农村路”改造工程项目的施工单位、监理单位资质及证件审核，对路基、路面、桥梁、交通安全设施等影响工程结构安全、耐久性和使用功能的重要指标加大抽检力度。全年开展质量监督项目12项49.407公里，共抽检1900余点（组），总体合格率95%以上，逐月抽检合格率稳中有升，工程质量状况保持稳定，工程质量明显提高，实体质量抽检合格率稳步提升。

持续强化道路运输市场监管。首先是以站场为源头、企业为主体，大力开展以打击非法营运、规范经营行为、提升维修质量为重点的市场专项整治活动。其次，建立健全道路运输市场打非治违长效机制，针对运输市场存在的突出问题，建立联动稽查、投诉举报、评比考核和监督查处机制，形成“疏堵结合，监管一体”的运输市场监管体系。最后，针对城市客运行业存在无序竞争、经营行为不规范、非法营运车辆较多等问题，开展打击非法运营行动，维护安全畅通的经营秩序。全年和交警等相关部门联合执法，加强对客运市场的打击监督，共出动执法人员700人次，检查出租车辆1600余辆次，纠正违规行为50多余次。

超限超载治理持续向好。截至年底，共检测货运车辆355353辆，立案查处非法超限车辆48超，卸载货物789.39吨，罚没款40600元，记204分；货运源头企业巡查3000余次，出动执法人员4500余人次；超限案件查处率达100%，结案率达100%，行政处罚正确率达100%,短途超限超载行为得到有效遏制,车辆超限超载控制在0.2%以内。

【交通惠民能力显著提升】 一是依法行政能力不断提升。首先,落实行政执法"三项制度",加速构建以信用为基础的新型监管机制。其次,推进交通运输行政执法"四基四化"建设,改善东苗超限站站容站貌,完善各项规章制度,规范站所管理,提高执法水平,做到严格规范公正文明执法。再次,提升交通运输行业诚信意识,围绕"诚实守信,一路畅行"主题,开展"信用交通"宣传月活动构建信用交通,引导交通运输从业人员和广大群众增强诚信意识、守信意识。最后,积极倡导"文明出行、绿色出行",深入社区、学校、车站、公交车站点开展"文明出行、绿色出行"宣传月活动,倡导"135"出行方式。活动期间发放宣传传单5000余份,宣传画册2000余份,广大群众绿色出行意识明显增强。二是政务服务能力明显提升。首先,深化交通行政审批"最多跑一次"改革,划转行政审批局行政许可、行政确认事项11项进驻民生大厦,实行一枚印章管理,推进群众"最多跑一次"承诺的落实。其次,进一步落实"12345"热线、"13710"工作制度、"12328"服务监督机制,认真办理投诉意见,做到不拖延、不推诿、件件有回音、条条有答复。2020年,办理各类反馈意见回复34件。再次,稳步推进"互联网+监管"工作,强化"双随机、一公开"规范事中事后监管。最后,办理人大代表建议、政协提案共计11件。三是城乡一体化向纵深发展。首先,已开通上党城乡公交93台18条客运线路;贾掌镇曹家堰、镇里两村因高铁施工,公交线路暂时无法延伸到以外,具备条件的建制村通客车率达到100%,城乡公交覆盖率达到99%,上党区老百姓真正得到实惠。其次,积极配合全区"四好农村路"建设,严格落实"三同时"制度,科学规划建设成标准适宜、经济实用的农村客运候车亭23个,设置农村公交招呼站(牌)173处,维修改造农村客运候车亭30个,建设充电桩37个。四是运输行业发展取得新突破。截至年底,全区共有公示的货运源头企业63家;道路货物运输企业60家,新增道路运输企业20家,质量信誉考核26家;培训初学驾驶员1300余人,培训营运驾驶员从业资格证1200余人,营运驾驶员从业资格诚信考核5300余人;全区在册营运车辆5728辆;建成乡镇物流站12家,村级物流网点201家。全年交通运输经济运行质量呈持续增长态势,运输效率和运输服务保障能力明显提升。五是倡导尊医重教社会风尚。为充分体现区委、区政府对教师和医护工作者的保护、关心、爱护,实行全区教师和医护工作人员凭有效证件免费乘坐城乡公交政策。办理全区医院、乡镇卫生院、村卫生所医护工作者城乡公交免费乘车卡1493张;办理全区126所中、小学及幼儿园教师城乡公交免费乘车卡3013张,在9月10日第36个教师节当天,将"教师免费公交卡"发放到全区3013名教师及教育工作者手中。六是爱心送考活动如期开启。7月7日、8日高考期间出动公交车33辆,参与活动的志愿者20余人,接送考生600余人次。上党区交通运输局自2011年开始已连续10年组织开展"助力高考、成就未来"爱心送考活动,10年间参与爱心送考活动的出租车、公交车、社会车辆共计900余辆,免费接送考生2万余人次,"爱心送考"自愿服务活动已成为上党区一张靓丽的城市名片。

【打赢交通扶贫攻坚战】 一是积极开展扶贫帮扶。首先,以"四好农村路"建设和城乡客运一体化发展为主抓手,有力助推全区脱贫攻坚工作,修建扶贫路8.976公里,完成投资848万元,贫困村城乡公交开通率达到100%。其次,春节、中秋开展节日慰问,送去面粉食用油;春耕季节为贫困户赠送农用高产玉米种子,入户宣讲政策,及时了解贫困家庭情况,帮助解决实际困难,让他们感受到党和政府的关怀。再次,积极开展消费助推脱贫,购买扶贫户农产品达6600元。二是满足群众出行需求。认真落实市交通运输局脱贫攻坚专项巡视反馈问题整改专题会精神,站在方便群众出行、助力脱贫攻坚高度,对贾掌、苏店、荫城、南宋四个农村客运站进行整修和功能恢复,共计投入专项资金40余万元,力争通过安装充电桩、发展农村物流、建成服务中心等方式,把农村客运站的功能真正发挥出来,应用尽用,切实服务人民群众便捷出行。

【全面加强党风和作风建设】 一是落实全面从严治党责任。局党组及每个班子成员制订落实全面从严治党责任清单，明确履行全面从严治党责任内容，落实措施及进度安排。制订全面从严治党责任清单7份，从严治党责任内容共92条。二是落实党风廉政主体责任。明确局党组和局属各单位党组织是全系统和本单位党风廉政建设和反腐败工作的责任主体，坚持“一把手负总责，分管领导各负其责，班子成员齐抓共管”的工作机制。局党组与各科室及下属单位负责人签订了《2020年度党风廉政建设责任书》，形成一级抓一级、层层抓落实的工作格局，及时把党风廉政建设责任项目逐一落实到每位班子成员，逐项明确牵头科室和具体措施，确保党风廉政建设工作开展有抓手。三是强化对权利运行的制约和监督。结合工作实际，制订“三重一大”决策事项清单。严格执行民主集中制，局党组在重要项目建设、人事任免、大额资金使用等涉及“三重一大”问题上，坚持按照民主集中制原则，严格执行局班子集体讨论决定，局党组书记实行末位表态，减少和遏制交通工程项目违纪违法问题发生。四是抗“疫”一线践行初心。疫情防控战“疫”打响以来，基层党支部和广大党员干部充分发挥战斗堡垒作用和党员先锋模范作用。2月7日，经区直工委批复成立4个临时党支部，实行党员带班，设立党员先锋岗，成立党员突击队，在站点悬挂党旗和国旗，党员佩戴党徽和党员突击队袖标上岗执勤。疫情发生以来，全系统55名党员及预备党员自愿捐款7400元支援防疫工作，55名在职党员及预备党员全部战斗在抗击疫情一线和参与协助社区做好疫情排查工作。成立党员突击队4个，设立党员先锋岗4个。全局3人在疫情面前写下入党志愿书，2人被接受为中共预备党员，为党组织注入新鲜血液。五是新时代交通文明风尚开新花。积极投身争创“全国文明城”热潮，联合区公交公司、吉通安公交公司开展“文明城市、交通共建”党日活动、交通志愿服务等多种形式的创建活动，助力“全国文明城市”创建工作，提升人民群众满意度和认可度，为建设“四宜”新上党贡献一份力量。六是强化党员责任意识。首先是通过为党员过好政治生日，切实增强党员荣誉感和归属感，强化党员身份意识、责任意识，让党员时刻不忘记自己的“第一身份”，发挥好党员先锋模范作用，用行动践行誓言。为51名党员集体过“政治生日”，并都收到党组织赠送的“生日礼物”。其次是巩固深化“不忘初心、牢记使命”主题教育成果，把深入学习贯彻习近平新时代中国特色社会主义思想作为党员的终身课程，不断增强“四个意识”、坚定“四个自信”、做到“两个维护”。1月8日举办“立足本职守初心、主动作为担使命”知识竞赛活动，进一步推动全局干部职工学习新思想、践行新理念、展现新作为，立足本职，勇挑重担，以专业、务实、高效、严谨的工作实效助推新时代交通运输工作高质量发展。

（上党区交通运输局）

屯留区交通运输局

2020年，屯留区交通运输局深入贯彻中共十九大和十九届历次全会精神，认真落实区委一届二次全会、全区经济工作会和全市交通运输工作会议精神，紧扣全面决胜小康社会目标任务和交通运输高质量发展根本要求，全力推进交通基础设施建设，不断加强农村公路养护管理，统筹推进城乡公交一体化建设，积极推行行业安全监管标准化建设，全面加强交通运输体制改革，持续推进党的建设和党风廉政建设，不忘初心、牢记使命，攻坚克难、狠抓落实，全面拓展交通运输事业新局面，奋力谱写交通强国建设新篇章，为全区经济社会发展提供强有力的交通运输支撑。

【聚焦公路建设，不断推进交通基础设施建设】 全面贯彻交通强国战略，以“建好、管好、护好、运营好”农村公路为目标，以服务乡村振兴、服务脱贫攻坚为重点，大力推进交通基础设施建设。一是全力抓好“四好农村路”项目建设。进一步改善农村人居出行环境，共完成“四好农村路”项目建设87.118公里，其中：投资6799万元，续建2019年“四好农村路”29条56公里，涉及9个乡镇36个村，3月中旬开工建设，截至年底，已完成53.17公里；7月新开工建设“四好农村路”43.618公里，总投资4293万元，共涉及35条路，13个乡镇（区）37个村，截至年底已完成33.948公里。二是全面完成县城至老爷山至屯绛水库农村旅游公路项目建设。全长45.263公里，总投资3.6亿元。自2017年5月开工以来，在建设资金不到位情况下，克服重重困难，高压推进，2019年底主体工程全部完工。经多方努力，2019年该项目列入太行山旅游板块，争取省级补助、地方政府债券资金1.6亿元，有效缓解建设资金压力。7月，全线建成通车，彻底打通西部山区路网联通内循环，有效改善农村群众出行条件，有力助推乡村振兴战略发展。三是全力推进古城煤矿运煤专线道路工程建设。全长2.289公里，总投资4653万元，由古城煤矿全额出资，由屯留区通途交通设施有限公司具体实施。2019年开工建设，2020年3月复工以来，在疫情影响下，坚持复工生产和疫情防控“两手抓”，铆足干劲，攻坚克难，于10月中旬全面建成通车，有效改善区域道路通行环境，保障人民群众安全便捷出行和重点物资运输高效畅通，为推动区域经济社会发展营造一流营商环境。

【聚焦公路管养，全面加强农村公路养护管理】 紧紧围绕农村公路养护管理工作目标，严格执行“常态化巡查、定期清扫维护、专案修复”的周期性作业制度，实现全区农村公路精细化管理、规范化养护，农村公路路网服务功能全面提升。全区在养农村公路总里程834.936公里，其中县公路7条111.278公里，乡公路35条332.445公里，村公路391.213公里，列养率100%，实现农村公路管养“全覆盖”。一是全面推行农村公路“路长制”。以区政府办文件印发《长治市屯留区关于在全区全面推行农村公路“路长制”的通知》（屯政办发〔2020〕32号），建立农村公路县、乡、村三级“路长制”，完善组织体系，健全管养体制，构建职责明确、齐抓共管、高效运转的工作机制，形成路联管、路全管、路共管、路常管的农村公路管养新格局。二是大力实施农村公路平交路口“千灯万带”建设。对需要增设减速带的平交路口安装减速带59条465米，进一步夯实农村公路交通设施基础，全面提升平交路口安全水平。三是认真落实年度养护计划。常态化坚持路肩整修、路面保洁、边坡、水沟清理等日常养护作业，县道完成修补沥青混凝土坑槽7000平方米，清理水沟6000米，新修排水沟1处210米，更换水沟盖板200块，维修水沟500米，维修涵洞1处，浆砌片石挡墙700立方米，油漆安全墩40个，油漆路缘石16000米，安装道口桩200根，喷刷标线32000平方米；乡道浆砌片石挡墙16处1300立方米，砌筑拦水带2处170米，处理砼路面5处1100平方米，安装护栏端头30个，安装护栏30米，道口桩50根；村道处理塌陷3处，浆砌片石挡墙1处200立方米。完成4条县乡公路完善提质工程，完成县道屯东线平交路口隐患治理工程。

【聚焦交通运输，持续推进道路运输服务提质】 落实公交优先发展战略，全力推进城乡公交一体化建设，有序推进国资国企改革，持续加强道路运输行业管理服务，推动道路运输服务提质。一是推进城乡公交一体化建设。全区已开通公交线路32条，其中城市公交线路3条、城区公交线路5条、城乡公交线路5条、乡村公交线路19条，实现公交运营全覆盖，全面实现城乡公交一体化目标。大力实施候车亭（牌）建设，全区新建公交候车亭40个，的士亭12个，设置公益广告830.1平方米，硬化候车亭站台548.7平方米，投入资金94.6万元。二是有序推进国资国企改革。积极支持区长恒公交公司转变经营模式，完成长恒公交公司从市公交总公司剥离，并变更为独立法人，通过法律程序将长恒公交公司变更为公交枢纽站项目的建设法人，加快协调项目用地报批手续，稳步推进公交枢纽站项目建设进程。以创建全国文明城市为契机，历时一个月，在东盛物流园新建驰兴公交客运站1处，全钢架结构，占地312平方米，停发车场地2500平方米，总投资170万元。三是持续推进道路运输行业管理服务。强化客、货、维、驾和运输服务业监管，完成13个重点货运企业质量信誉考核，建立健全物流企业台账，完成县级农村物流服务中心1家，乡镇农村物流服务站14家，乡村服务店237家。强化货运市场监管，对全区货物运输经营户进行全面摸底，共排查经营户1240户，营运车辆1558辆，新增货运车辆89辆。一年来，共审验货运车辆1152辆，处罚案件47起，罚款6.6万元。加强维修市场管理，继续开展维修业户备案管理工作，严格按照行业规范对3家二类维修业户实施质量信誉考核管理，对现有的20家三类维修业户落实备案管理，二类维修企业汽车维修电子档案系统覆盖率和数据上传率均达到100%。四是积极做好巡游出租汽车更新工作。对吉达汽车出租公司2020年6月底经营权到期的13辆出租汽车进行更新，截至年底，已完成更新投入运营10辆，全部为纯电动汽车，另外3辆正在办理相关手续。

【聚焦法制建设，不断推进行业治理能力提升】 牢固树立法治理念，强化法治学习宣传教育培训，坚持依法行政，规范执法行为，积极做好公路路产路权保护工作，集中开展农村公路路域环境整治，深入推进车辆治超联合执法常态化、制度化，加强道路客运、城市客运和公交出租经营秩序监管，依法打击非法营运。一是大力整顿营运市场秩序。深入公交公司、出租汽车企业开展监督检查110余次，出租汽车安全检查180余辆次，查处电动三轮、四轮车违法载客80辆次。二是深入开展治超工作。一年来，国道309高店公路超限检测站共检测车辆101316辆，出动流动稽查180辆次，接受并处理高速移交车辆17辆，查处非法超限车辆33辆，卸载货物725.95吨，转载货物266.74吨，全部按规定移交交警处罚，共记分165分，罚没款35800元。三是切实强化源头治超监管。对全区货运源头企业进行重新公示，由原来的38家增加到45家，一年来共巡查源头企业280余次，出动执法车辆240辆次，执法人员600人次，对企业治超工作人员现场培训50人次，查处案件2起，罚款2.1万元。四是深入开展路域环境专项治理。清理公路用地范围内堆放物料15处196平方米，清理占道经营2处，清理非公路标志牌2处共12块，推动路域环境持续改善。五是全面开展“三零”创建。深入推进“零上访、零案件、零事故”单位创建工作，建立健全“三零”创建工作台账，积极化解信访积案，一年来共办理网上信访10件，已全部化解。坚决打赢扫黑除恶专项斗争，每月按要求报送扫黑除恶“两个台账”、“三书两办”报表、治乱报表及扫黑除恶简报。把禁毒工作作为一项重要任务列入重要议事日程，组织全局干部职工150余人进行了尿检，深入开展禁毒宣传，营造了良好的发展环境。

【聚焦安全生产，行业安全管理全面加强】 坚持以人民为中心的发展思想，牢固树立“安全第一、生命至上”的安全发展理念，大力实施安全发展战略，认真落实“党政同责、一岗双责、齐抓共管、失职追责”和“管行业必须管安全、管业务必须管安全、管生产经营必须管安全”的要求，牢牢守住交通运输安全底线，进一步压实安全生产责任，全面落实企业主体责任、部门监管责任和属地管理责任，强化责任追究，把安全责任真正落到实处。一是压实安全生产责任。一年来，全局共召开各类安全会议12次，对全局安全生产目标进行细化分解，向14家交通运输企业和6个局属部门下达2020年度安全生产目标管理责任书和各类事故控制指标。二是加强安全生产监督检查。大力实施交通运输领域安全生产专项整治三年行动，组织对辖区内交通运输企业、危货企业、交通建设工程施工现场、农村公路危险路段开展安全检查督查110余次，排查各类安全隐患36处，整改36处，整改率达100%。三是强化安全生产宣传教育。认真开展“安全生产月”活动，围绕“消除事故隐患，筑牢安全防线”为主题，组织开展“五进”活动，发放安全生产知识宣传资料1000余份，现场接受交通安全方面咨询40余人次，展出展板2块，悬挂安全宣传条幅2条，营造了“生命至上、安全发展”浓厚氛围。

【聚焦党的建设，全面提升党建工作水平】 以党建工作为统领，严格落实党建责任制，全面加强党的基层组织建设，进一步增强党的基层组织和全体党员干部的创造力、凝聚力和战斗力，更好地发挥党的基层组织的战斗堡垒作用。一是切实加强思想政治建设。认真贯彻全面从严治党要求，常态化开展党员学习教育，全年组织集中学习40余次，全体党员干部深入学习中共十九大精神及十九届五中全会精神、《习近平谈治国理政》(第三卷)、习近平总书记视察山西重要讲话精神和中央领导同志关于交通运输工作的批示指示精神，坚持用习近平新时代中国特色社会主义思想武装头脑、指导实践、推动工作。二是扎实推进“三基建设”。坚决贯彻“三型党建”工作理念，深化交通运输行业“三寻三问三创”活动，结合交通运输机构改革，及时调整优化基层党组织设置，健全组织体系，完善组织制度，强化政治功能，严格党内政治生活，夯实基础工作，推进基层党组织建设，充分发挥党建引领带动作用，做好“三个表率”，争创“模范机关”。全局共召开支部委员会12次，开展主题党日活动12次，领导干部讲党课2次，聘请区委党校教授讲党课1次，发展新党员1名，培养入党积极分子3名。三是充分发挥党员先锋模范作用。在年初的抗击新冠肺炎疫情阻击战中，党员干部冲锋在前，干部职工上下一心，在全区各重要交通通道设置临时测温筛查检测站8处，全部设置党员先锋岗并悬挂党旗，成立临时党支部，广大党员干部放弃春节休假、主动返岗工作，全力以赴做好疫情防控工作，有力阻断疫情扩散蔓延，得到社会各界的认可和赞扬。四是深入推进党风廉政建设。坚决贯彻习近平总书记关于进一步纠正“四风”、加强作风建设的重要批示精神，持之以恒整治“四风”问题，聚焦监督执纪问责，有效运用“四种形态”，推动落实中央八项规定常态化、长效化，进一步创新思路、创先发展，对标一流、创优服务，以新姿态树立新形象，新担当展现新作为。五是以党建工作引领脱贫攻坚。加强精准扶贫工作的组织领导、科学规划和精准设计，扎实推进干部驻村精准帮扶，全局5个帮扶工作组，驻村工作队员12人，帮扶工作责任人49人，多次进村入户宣讲扶贫政策，完善帮扶档案，落实增收措施，进一步巩固了脱贫攻坚成效，确保所有帮扶村脱贫户不返贫。

【聚焦行业文明，全力推进文明城市创建】 立足行业实际，建设文明交通，全力做好全国文明城市创建工作，高标准、高质量完成各项创建任务，塑造交通运输行业文明新形象。一是大力开展创建宣传发动。深入客运公司、汽车站、出租汽车公司开展创城宣传100余次，在人员密集场所设置宣传板6块、发放宣传资料1000份，出租车LED滚动发布日常安全提示等宣传内容5000余次，播发电视公益广告90余次。二是深入开展志愿服务活动。全局共出动志愿服务人员500余人次，文明交通志愿服务岗30人次，引导群众遵守交规、文明出行，营造了浓厚的创建工作氛围。三是加强局机关及家属院小区环境卫生整治。墙面白化4500平方米，绿化290平方米，栽植双排6.5米，冬青移植木本花卉3870株、草本花卉683株，旱厕改造3处，张贴公益广告182处，实施车棚及办公区网线改造，投入资金552300元。四是实施单位包小区共建。帮助曙光街12号楼沥青硬化铺设1000平方米，墙面白化1580平方米，维修改造车棚车库200平方米、清理垃圾30车，投入资金156860元。五是加强省级文明村交通基础设施建设。根据区创城指挥部要求，对峪里、市泽、常珍、后庄、东洼、顾车、东李高、西李高9个省级文明村铺设沥青混凝土路面23100平方米，投入资金3420000元。六是全面加强行业文明建设。加强干部队伍建设，大力弘扬敢于担当、勇于负责、改革创新、争创一流的时代精神，深入开展“文明诚信窗口”活动，组织开展公交“文明站、文明线、文明车”评比和“文明出租车、亲情伴你行”等主题活动，努力塑造交通运输行业文明新形象。

（屯留区交通运输局）

潞城区交通运输局

2020年，在潞城区区委、区政府正确领导下，在省交通运输厅、长治市交通运输局大力支持下，潞城区交通运输局坚持以习近平新时代中国特色社会主义思想指导，认真贯彻落实全市交通运输工作会议和全区经济工作会议精神，强基固本创品牌，正本清源提素质，为推动全区经济社会发展做出交通应有贡献。

【公路建设养护】 一是公路建设。全年完成“四好农村路”共计84条，130.832公里，总投资19000万元；养护提质项目10条，60公里，总投资900万元；

窄路面改造工程项目5条，全长8公里，项目总投资576万元。全年完成“太行一号”旅游公路项目共3条40余公里，其中八路军总部北村旧址旅游公路（共6.973公里）总投资2852万元，高山流水旅游公路（共13.44公里）总投资6500万元，石潞线旅游公路（共20.832公里）总投资9900万元。完成交通PPP项目，旅游慢行绿道项目卢医山和微子镇两个片区，全长45公里，总投资15402万元；潞宝（省道102）至长襄连接线项目，全长0.84公里，总投资874.1万元；国道309（垂阳）至省道太长线（王里堡）连接线道路工程，全长6.195公里，总投资4078.92万元。完成专用公路，铁垂线公路改造工程10.012公里，总投资4193万元；店周线公路改造工程6.366公里，总投资2450.04万元。二是公路养护。完成养护小修工程，主要包括挖补坑槽14043.38平方米、沥青罩面37500平方米、沥青灌缝7800米、维修及更换标志牌；路基维修4155.5立方米、路面维修33445平方米、防护工程1600立方米、清理塌方4300立方米、维修涵洞2道、杂项工程等，完成投资400余万元，农村公路好路率达到76%以上。完成水毁修复工程，主要包括挖除路基下土方（挖淤泥）800余立方米，挖补沉陷面900余平方米，铣刨路面329.8立方米，5厘米沥青面层6596.55平方米，清理塌方500立方米，回填石渣55立方米，维修排水沟50米，完成投资60万元。

【路政管理】 2020年，处理85起路政案件，路政案件发现率达到100%，查处率和结案率均达到100%。全年共出动执法人员6409人次，执法车辆400台次，检测车辆6000余辆，对源头企业进行巡查1469户次，检查登记出厂车辆599634辆次。联合执法共查处超载车辆36辆，对3家未认真履行源头治超职责的源头企业实施行政处罚196500元。对8名违规驾驶员从业资格证记分80分，邮寄抄告通知书（函）9份。区政府办公室下发实施方案和《关于明确农村公路“路长制”组织机构的通知》，建立区、乡、村三级农村公路“路长制”组织机构，有力推进“路长制”工作真正落实到位。

【道路运输行业】 一是城乡客运一体化建设。全区客运公交覆盖率100%，区级农村物流服务中心1个，乡镇（街道）办事处物流服务站15个，村级农村物流服务网点139个。按照直线内插法计算，乡镇（街道）农村物流服务覆盖率为100%，村级农村物流服务覆盖率为72.77%。二是运输企业管理。全区新增许可货运经营户85户，新增货运车辆1132台，注销493台运输车辆道路运输证。按时对全区许可的16户维修企业进行每月不少于一次的行业安全检查，严格落实隐患排查治理制度。认真开展“四危”（有毒、易燃、易爆、易腐蚀），五废（废机油、废包装、废配件、废电池、废轮胎）的督查整治，并对并督促其全部落实上传汽车维修电子档案。截至年底，共有驾培机构4个，教练车134台，在岗教练员132名；受理学员5080名，顺利结业2417名；共考核从业人员3100余人。三是运输市场综合整治。累计出动稽查人员560人次，出动车辆155车次，检查车辆1000多辆次，查扣非法营运车辆22辆，取缔违规驾培点2处，查扣非法驾培车辆9辆、警告违规教练车5辆，教育相关人员16人次，对27辆违法车辆实施了行政处罚。累计罚款共计12万元。

【安全生产】 全年累计出动执法车辆400余台次，出动执法人员900余人次，检查客货运输车辆2150多台次，教育从业人员和非法营运车辆驾驶人累计130余人次，查扣违章违规和非法营运车辆50余台。出动人员车辆200余台人次，排查处置各类安全隐患30余处，整改率100%。

【柴油货车及大气污染治理】 全年完成老旧柴油货车淘汰394辆。污染治理联合执法共计出动人员1000余人次，累计对53起违法行为实施了行政处罚，罚款总计7.6万余元。

（潞城区交通运输局）

襄垣县交通运输局

2020年，在襄垣县委、县政府正确领导下，在上级交通运输部门大鼎力支持下，全县交通运输系统干部职工以习近平新时代中国特色社会主义思想为指导，与时俱进，改革创新，齐心协力，不懈追求，完成年度任务目标，谱写交通强县新篇章。

【公路养护】 完成养护投资1800余万元，挖补路面3500平方米，处理水毁10多处，砌筑护面墙5100立方米，修建水渠6000米、完成各类应急处置10余起，喷画标线5万多米、喷刷档墙8000多平方米，县乡公路列养率100%，好路率达到85%以上。

【路网建设】 一是高铁站前广场工程。占地总面积132479.45平方米（合198.72亩）。太郑高铁站前广场土方工程及附属设施广场基本完成，12月12日通车运营。二是滨河路南延旅游路工程。全长5.011公里，路基宽21米，总投资24350万元。截至2020年10月底，项目路基填土部分基本完成。路基完成4.8公里，油面铺装4.8公里，进行铁路下穿200米路段施工。三是新建仙堂山旅游公路工程。全长32.607公里王村至仙堂山段，改建25.694公里，仙堂山至王家峪段6.913公里，工程总投资48548万元（其中建安费32614.8万元）。2020年10月底，路基工程已完成31公里，路面工程铺装水稳26公里、油面铺装26公里；10座桥梁箱全部完成。

【专项整治】 县委"不忘初心、牢记使命"主题教育领导小组、县纪委及县监察委员会《关于专项整治漠视侵害群众利益问题的实施方案》中涉及县交通运输局整治任务2项3个：一是30个行政村54.2公里存在路面破损、安防设施短缺、排水不畅等问题。此项工作任务既是"不忘初心、牢记使命"主题教育，县纪委及县监委督办事项，也是该县列入交通运输部"畅返不畅"建设库整治任务。截至年底，整治任务已全部完成。二是"双通"服务短板。需加快新建站建设进度，合理选用车型，新增公交线路，解决群众出行难问题。全县11个乡镇、323个行政村（1个贫困村），624个自然村。所有行政村通硬化路实现100%，畅返不畅任务11月份全部完成；547个自然村通了硬化路，覆盖率达88%；11个乡镇通公交车、实际通车的建制村达204个，实际通车率仅为63%，尚有119个村不通公交。乡镇汽车站启动后，投入40辆农村公交，可新增109个村通车，剩余不具备通车条件的10个村拟选用小型车、预约方式通车，届时可实现建制村通公交车100%全覆盖。三是完善补充招呼站牌。安装候车亭30个，新安装招呼牌210块。

【交通改革】 深化城乡公交管理体制改革。襄垣县出台《公交成本规制管理办法》，加强管理，降低运营成本，继续推行公交全免费。在3100万元费用不增加情况下，229个行政村由152个行政村增加到206个，新增通公交行政村54个；运营里程由6136783公里增加到7768595公里，新增运营里程1631812公里，新增城市公交2条，分别是车站至政务大厅、车站到高铁站前广场，新增镇村公交线路27条。全面推进县乡村三级"路长制"。县政府召开专题会议进行全面部署，出台《襄垣县推行农村公路"路长制"工作方案》，细化工作目标，建立县、乡两级路长办，明确县、乡、村三级"路长制"责任；成立路政员、监管员、护路员"三员"队伍，完善县、乡、村三级"路长制"信息档案，安装"路长制"公示牌，三级"路长制"工作在全县全面展开。

（襄垣县交通运输局）

平顺县交通运输局

2020年，在平顺县委、县政府坚强领导下，平顺县交通运输局深入贯彻落实习近平总书记系列重要讲话精神，积极应对新冠肺炎疫情影响，统筹推进疫情防控和经济社会发展工作，坚持以脱贫攻坚为统领，提升县乡公路通行能力，完善安全通行保障设施的总体思路，全力夯实交通基础设施，提升运输服务能力，完成年度交通建设和管理各项目标任务，为落实"交通强国战略"、扎实推进"一地两区"、"三宜"美丽平顺建设提供有力交通运输支撑。

【闻令而动打好新冠肺炎疫情阻击战】 一是全力以赴阻击新冠肺炎疫情。为做好新型冠状病毒肺炎防控工作，按照县新冠肺炎疫情防控领导组安排部署，认真落实交通运输"一断三不断"工作要求，全面加强交通卫生检疫，阻断通过运输渠道传播疫情，交通部门迅速行动，做好疫情管控工作。1月24日早上，召集运管、城市客运、汽车客运站、出租公司、青羊安公交公司、迪坤汽运公司召开应对新型冠状病毒感染的肺炎防控紧急会议，对当前防控工作进行安排部署。从2020年1月26日零时起，本区域内城市公交、城乡公交以及长途客运暂停运营，暂时关闭汽车客运站，阻断疫情进入及扩散，有力地保障了全县的阻击疫情工作。根据县委、县政府的统一部署，交通部门迅速行动，牵头组建由交通、公安、交警、卫健等部门联合组成的卡口检查队伍，全体干部职工主动放弃节假日，为筑牢疫情防控做出积极贡献。在抗击疫情防控期间，投入人力150余人严控疫情，排查车辆共35786辆，其中出境13257辆，入境22529辆；排查人员共计60341人，其中出境12365人，入境47976人，筑起一条疫情防控线，有效阻击疫情进一步蔓延，有力保障全县阻击疫情工作。实现“无输入、无扩散、无感染”的“三无”目标。二是精准发力保障复工复产。积极应对疫情形势新变化，统筹推进在疫情防控的复杂形势下，做好经济社会发展工作，建立与疫情防控相适应的经济社会运行秩序，有序推动交通运输行业复工复产，使人流、物流、资金流有序转动起来，为复工复产当好“先行官”。在疫情防控期间，根据疫情防控情况和相关工作要求，确保疫情防控措施到位的前提下，逐步有序恢复城市公交、城乡公交运营、道路客运服务；与此同时，主动对接复工复产企业，提供返岗直通车、通勤包车、定制公交线路等服务。为保障疫情防控期间企业生产正常运行，开通同兴苑至太子龙通勤专用车；优先组织国道341、旅游公路等重点建设项目劳动力返程返岗和贫困劳动力人员外出务工，提供“专人、专车、专厂、专线”的运输服务，开展“点对点、一站式”包车服务，确保劳动力始发地和目的地无缝对接，使企业员工安全返岗复工，提供“点对点”运送专车22车次，帮助402人返岗复工。在确保疫情可控的前提下，按照“分类、有序、逐步”的原则，下一线指导复工复产工作，优先做好与产业复工相适应的2家重点运输运企业复工及“四好农村路”项目、重点民生工程等复工复产。经努力，全县2家道路运输企业、交通在建工程均在规定时间内完成复工复产各项任务，为全县经济发展奠定坚实交通基础。三是统筹推进疫情防控常态化。为贯彻“外防输入、内防反弹”的疫情防控策略，以交通枢纽、道路运输为重点，切实加强“人防”“物防”工作，组织专班做好重点疫情防控地区入境旅客以及返平乘车人员的登记和排查工作，要求运输企业严格落实疫情防控常态化期间正常运营的疫情防控主体责任，加大对冷冻、冷藏等运输车辆在运输环节中队新冠病毒感染的防控工作管控和检查力度。

【聚焦建设高品质基础设施】 一是干线公路建设强力推进。国道341建设工程项目全线项目施工9个标段全线开工建设，按照工程建设进度，全年累计完成投资10.06亿元。二是“太行一号”旅游公路顺利推进。“太行一号”旅游公路（平顺段）共涉及六个项目，全长129.007公里。其中：后壁至虹梯关、虹梯关至东寺头、西湾至三岔口、三岔口至庄和旅游公路属于“太行一号”旅游公路主线，四条路全长53.505公里。神龙湾和通天峡旅游公路为“太行一号”旅游公路支线，两条公路全长75.502公里。截至年底，累计完成里程87.3公里，其中主线完成37.2公里，支线完成50.1公里。累计完成投资79680万元，其中主线完成投资47300万元，支线完成投资32380万元。三是“四好农村路”建设加快推进。着力优化农村公路路网结构，推动“四好农村路”建设向高质量发展，助推乡村振兴发展。2020年全县实施“四好农村路”347.5公里，其中:实施撤并建制村硬化路改造工程25公里、窄路基路面拓宽改造工程81公里、旅游资源路12.5公里、养护提质改造工程229公里。安防工程建设任务203公里，其中县乡道生命安防工程153公里；村道生命安防工程50公里。全县“四好农村路”主体工程完工率100%，11月底前全部工程完工。打造一大批旅游观光路、休闲产业路、美丽致富路，发挥了交通对脱贫攻坚、乡村振兴的支撑作用。

【提升农村公路管理养护水平】 一是深化农村公路管护体制改革。在日常养护方面，加快建立政府与市场合理分工的养护机制，以美化路容优化路况为前提，对疏通边沟、培护路肩、清除杂草以及路面保洁、排除路面积水、除雪防滑、公路绿化美化等公路专业性不强的工作，走市场化道路养护、保洁的模式，认真抓好全县9条县道、主要乡道的日常养护管理，建立道路养护、保洁“作业专业化，经营企业化，服务社会化，管理规范化”的作业和管理长效机制，解决道路养护、道路保洁设施设备、人力等投入不足，资金短缺等问题，彻底解决路域环境脏乱差的问题，确保辖区道路安全畅通，道路干净整洁，使得县乡公路路况水平稳步提升，路域环境迈上新台阶。2020年，开展日常路况巡检700余次；清扫路面200多公里；清理水沟50余公里；清运垃圾200余车；及早动手为冬季雪天行人及车辆行车安全提供有力保障，储备冬季融雪剂10吨。在养护工程方面，对中小修养护工程、处理路面灌缝和坑槽等病害、桥梁涵洞隧道养护等交通专业性强的工作，通过招投标的方式选择具备相应资质的公路专业化队伍进行，解决农村公路养护工程专业人才缺乏、施工机械设备不足、施工队伍能力不强等问题。2020年，完成县道平龙线、成小线、花壶线、硼西线、王东线挖补坑槽中小修8654平方米；完成县乡道平龙线、成小线、南三线、天羊线、核张线水毁路基1179立方米、路面3549平方米、护岸5166立方米/137处、塌方3908立方米/139处。二是深化农村公路“路长制”。深入推进农村公路“路长制”工作，印发《平顺县农村公路“路长制”实施方案》，成立“路长制”工作机构，明确了农村公路“路长制”县、乡、村三级路长机构人员和责任路线信息，并录入山西省农村公路综合信息服务云平台，确保运行机制完善、工作制度健全，实现县、乡（镇）、村三级农村公路管理养护常态化、制度化。在县乡公路各路段显著位置设置“路长制”公示牌54块，公告人员信息、路长职责、监督电话等内容，广泛接受社会监督，构建职责明确、齐抓共管、高效运转的工作机制，形成路联管、路全管、路共管、路常管的农村公路发展格局，人民群众满意度明显提升。三是深化路域环境整治行动。以“规范执法护路为民”为宗旨，以“爱路护路、助乡村振兴”为目标，坚持依法行政、依法治路、文明执法，强化路政管理，积极开展公路法律法规宣传活动和路域环境整治行动，路域环境焕然一新。2020年开展了以“防疫情、守安全、保畅通、优服务”为主题的第六个“路政宣传月”活动。活动期间，在公路沿线各个乡镇、重点路段悬挂宣传横幅20余条；走进企业、深入源头、进入施工工地宣传爱路护路理念90余次，广大群众的爱路护路的认知度意识明显提高。四是创建“百乡千村万里美丽农村路”。为了进一步推动乡村振兴战略实施和“四好农村路”高质量发展，根据《山西省交通运输厅“百乡千村万里美丽农村路”实施方案》的要求，逐乡（镇）、逐村、逐路段开展“回头看”，详细进行摸底筛选。通过自评上报示范乡（镇）2个，打造美丽农村路60公里。

【行业监管能力显著增强】 一是安全管理措施强力有效。全年交通行业无较大及以上责任安全事故，安全生产保持平稳态势。结合“三零”创建和“三年专项整治行动”督促指导辖区内5家交通运输企业开展安全生产风险辨识，制订企业各自的安全风险辨识。开展安全隐患排查治理，全行业累计开展安全检查82余次，发现并整改隐患15个，隐患整改率100%。进一步提高道路运输应急救援能力和水平，开展道路运输突发事件应急演练。严格道路运输从业人员源头管控，在全县道路运输企业推行禁毒、安全、治超“三承诺”制度，通过许可、年审、诚信考核等环节全员签发了禁毒承诺书。协同配合公安机关，对辖区内道路运输运输企业逐一进行排查，排查企业数100%，在营运驾驶员从业资格诚信考核环节排查驾驶员1165余人。对从业人员安全行车意识、职业道德和服务意识开展学习培训，培训道路货物运输企业安全管理人员150余人次；培训公交车、出租车驾驶员80余人次。严把“三关一监督”管理，加强重点时段节点监管，在春运、清明、“五一”、国庆、中秋等重要时段节点，全县日均投入运营车辆110辆，日均运送旅客1.2万余人次，实行“人盯人、人盯车”，严防死守，实现连续多年无道路运输安全责任事故，无旅客伤亡事故的工作目标。二是路政管理能力明显提升。加大对重点公路沿线的非法建筑、非公路标志巡查力度，保证每周巡查不少于4次，及时发现、制止、查处危害公路安全畅通的行为。定期组织实施对公路打场晒粮、乱堆乱放、摆摊设点等影响公路安全和环境行为的专项治理，确保公路标志完整、标线清晰，路容路貌整洁，行车环境良好。三是公路建设质量严格把控。加强"四好农村路"改造工程项目的施工单位、监理单位、资质审核、证件审核，对路基、路面、桥梁、交通安全设施等影响工程结构安全、耐久性和使用功能的重要指标加大抽检力度。2020年开展质量监督项目13个191.11公里，监督抽检数据共1860点（组），总体合格率95%以上，逐月抽检合格率稳中有升，工程质量状况保持稳定，工程质量明显提高，实体质量抽检合格率稳步提升。四是持续强化道路运输市场监管。以站场为源头、企业为主体，大力开展以打击非法营运、规范经营行为、提升维修质量为重点的市场专项整治活动。建立健全道路运输市场打非治违长效机制，针对运输市场存在的突出问题，建立联动稽查、投诉举报、评比考核和监督查处机制，形成"疏堵结合，监管一体"的运输市场监管体系。针对城市客运行业存在无序竞争、经营行为不规范、非法营运车辆较多等问题，开展打击非法运营行动，维护安全畅通的经营秩序。2020年和交警等相关部门联合执法，加强对客运市场的打击监督，共出动执法人员100人次，检查出租车辆160余辆次，纠正违规行为15次。五是超限超载治理持续向好。截至年底，货运源头企业巡查210余次，出动执法人员542人次；超限案件查处率100%，结案率100%，行政处罚正确率100%，短途超限超载行为得到有效遏制，车辆超限超载控制在0.2%以内。

【交通惠民能力显著提升】 一是依法行政能力不断提升。落实行政执法"三项制度"，加速构建以信用为基础的新型监管机制；提升交通运输行业诚信意识，围绕"诚实守信，一路畅行"主题，开展"信用交通"宣传月活动构建信用交通，引导交通运输从业人员和广大群众增强诚信意识、守信意识；积极倡导"文明出行、绿色出行"，深入社区、学校、车站、公交车站点开展"文明出行、绿色出行"宣传月活动，活动期间发放宣传传单1000余份，宣传画册200余份，广大群众绿色出行意识明显增强；政务服务能力明显提升。二是深化交通行政审批"最多跑一次"改革。划转行政审批局行政许可、行政确认事项进驻政务大厅，实行一枚印章管理，推进群众"最多跑一次"承诺的落实；进一步落实"12345"热线、"13710"工作制度、"12328"服务监督机制，认真办理投诉意见，做到不拖延、不推诿、件件有回音、条条有答复。2020年，办理各类反馈意见回复6件；是稳步推进"互联网+监管"工作，强化"双随机、一公开"规范事中事后监管。全年共办理人大代表建议、政协提案共计19件。三是城乡一体化向纵深发展。具备条件的建制村通客车率达到100%，老百姓真正得到实惠。积极配合全县"四好农村路"建设，严格落实"三同时"制度，科学规划建设成标准适宜、经济实用的农村客运候车亭268个，维修改造农村客运候车亭23个。四是运输行业发展取得新突破。截至年底，全县共有公示的货运源头企业19家；营运驾驶员从业资格诚信考核1165余人；全区在册营运车辆250余辆；建成乡镇物流站12家，村级物流网点262家。全年交通运输经济运行质量呈持续增长态势，运输效率和运输服务保障能力明显提升。五是倡导尊师重教社会风尚。为切实提高教师待遇，体现县委、县政府对教师的关心、爱护，努力营造尊师重教的浓厚气氛，以实际行动支持、爱护人民教师，为全县医护工作者提供最大的交通支持和保障，实行全县教师可凭有效证件免费乘坐城市公交政策。

【打赢交通扶贫攻坚战】 一是以"四好农村路"建设和城乡客运一体化发展为主抓手，有力助推全县脱贫攻坚工作，建制村通硬化路和通客车率达到100%。二是春节、中秋开展节日慰问。为帮扶村送去面粉、食用油，春耕季节为帮扶村赠送农用高产玉米种子，并入户宣讲政策，及时了解贫困家庭情况，帮助解决实际困难，让他们感受到党和政府的关怀。三是积极开展消费助推脱贫，购买扶贫户农产品达8600元。

【全面加强党风和作风建设】 ·是落实全面从严治党责任。为全面加强党的建设，深入贯彻落实全面从严治党要求，严格履行党要管党、从严治党政治责任,局党组及每个班子成员制订了落实全面从严治党责任清单,明确履行全面从严治党责任内容,落实措施及进度安排。二是落实党风廉政主体责任。明确局党组和局属各单位党组织是全系统和本单位党风廉政建设和反腐败工作的责任主体,坚持"一把手负总责,分管领导各负其责,班子成员齐抓共管"。局党组与各科室及下属单位负责人签订《2020年度党风廉政建设责任书》,形成一级抓一级、层层抓落实的工作格局,及时把党风廉政建设责任项目逐一落实到每位班子成员,逐项明确牵头科室和具体措施,确保党风廉政建设工作开展有抓手。三是强化对权利运行的制约和监督。为进一步加强和规范重大决策、重要人事任免、重大项目安排、大额资金使用事项决策和监督管理,防范风险,推动交通运输工作高质量发展,结合工作实际,制订"三重一大"决策事项清单。严格执行民主集中制,局党组在重要项目建设、人事任免、大额资金使用等涉及"三重一大"问题上,坚持按照民主集中制原则,严格执行局班子集体讨论决定,局党组书记实行末位表态,减少和遏制交通工程项目违纪违法问题发生。

(平顺县交通运输局)

黎城县交通运输局

2020年,黎城县交通运输局全力推进"四好农村路""太行一号"旅游公路、黄崖洞红色旅游路等项目建设和紧紧以"转型为纲、项目为王"为工作中心,以"创优环境、全优全创"为工作抓手,以县委下发的年度任务书和签字决战榜工作目标为主攻重点,瞄准节点、把握重点,突破难点,创新亮点,努力为全县人民交上一份满意的年度答卷。与此同时,全面建立农村公路县、乡、村三级"路长制"健全农村公路管理养护体制,完善组织体系,构建职责明确、齐抓共管、高效运转的工作机制,形成县域内县乡村三级道路"路路有人护、段段有人管、条条有人养",分工明确、责任到人的良性日常养护和巡查机制。

【"四好农村路"建设】 2020年,省、市交通主管部门向黎城下达任务为90公里,截至年底已全部完工。

【"太行一号"旅游公路建设】 2020年,黎城县的"太行一号"旅游公路建设项目包括5个子项目,建设里程68.19公里,概算总投资3.32亿元,其中上级补助金额2.26亿元,县级需配套金额1.06亿元。一是龙洞景区旅游公路(杨家庄至龙洞)段(支线)。建设里程12.2公里,截至年底工程主体已完工,累计完成投资0.34亿元。二是白岩寺旅游公路工程(主线)。建设里程6.46公里,截至年底工程主体已完工,累计完成投资0.29亿元。三是太行板块旅游公路长治市黎城县北泉寨至后家滩段工程。建设规模18.25公里,概算总投资8228万元。截至年底,路基工程全面完成;预计2021年7月建成通车。四是太行板块旅游公路(县道西东线西井至板山段)工程。建设规模20.69公里,计划总投资0.7亿元。截至年底已完成招标工作,施工单位已进场进行路基施工。五是太行板块旅游公路黎城县杨岐旅游公路(清泉至杨岐山)工程。该项目省交通运输厅已提出初步设计意见,初步设计现正按意见进行修改。

【黎城县黄崖洞景区红色旅游公路】 路线全长30公里,概算投资1.9826亿元。该项目分为两期工程。一期工程分为两个标段。2020年12月底,第一标段完成国道207至黄崖洞景区3.3公里沥青混凝土面层铺装任务,第二标段完成方向至漆树段的10.44公里沥青混凝土面层铺装任务,完成全年目标任务。

【黎霍高速公司地协推进】 青兰国家高速公路长治至延安联络线(国道2211)山西境黎城至霍州段是国家公路网规划第六横的重要组成部分,也是全省规划"三纵十二横十二环高速公路网"中第九横的重要组成部分。路线全长152.660公里(考虑断链全长为153.356公里)。黎霍高速公路黎城段全长8.9公里,项目设计互通枢纽1个,隧道2座,桥梁4座。该工程地方拆迁协调工作从3月份开展以来,已完成第一次对沿线地面附着物的坟墓、林木、土地的调查和房屋的评估,红线范围内的坟墓搬迁工作、林木统计工作、土地调查工作已基本完成。7月17日上午"风洞山隧道"项目已开工建设,标志着黎霍高速黎城段正式破土动工。

【继续推进国三车淘汰工作】 2020年，市政府把淘汰范围局限在中重型国三及以下老旧柴油货车，市交管部门下达本县的淘汰任务为153辆，截至2020年12月底，共回收、淘汰114辆，其中交警系统核销车辆110辆，累计回收车辆4辆，完成总任务的74.50%，在全市各县区排名第三。

【农村公路“路长制”推进】 县政府出台《黎城县全面推行农村公路“路长制”实施方案》及《黎城县农村公路养护管理办法》，将“路长制”工作运行经费、农村公路养护经费、“三员”工作经费、路长办公室建设经费等资金列入县财政预算，并建立与养护成本变化等因素相关联的动态调整机制。同时，完成全县范围内的全部农村公路调查核实工作，确定各级路长责任范围，安装“路长制”公示牌、对每条道路和每座桥隧都登记造册建档，10个乡镇（中心）的机构组建、制度措施及人员配备都落实到位，初步建立“一路一档”“一桥一档”“一路一员”的县、乡、村三级公路管理养护基本信息数据库和日常运行机制。

【城乡客运公交一体化稳步推进】 按照交通运输部和省市各级政府关于积极推进城乡客运一体化的部署，在2019年村通客车“全覆盖”的基础上，2021年全县公交化运营的广度和深度更进一步。一是通过对周边县区城乡客运一体化建设观摩学习，结合全县实际制订《城乡客运一体化客运资源整合方案》；二是聘请有资质的第三方对全县城乡客运一体化进行科学规划和运营测算；三是制订全县城乡客运一体化经营主体招投标方案和并对运营补贴标准测算等，全力推进全县城乡客运一体化建设。

【实现疫情防控和经济社会发展“两个统筹”】 1月26日疫情暴发后，成立疫情防控领导组及办公室，下发《防控实施方案》，全局组建道路管控保障小组、车辆应急保障小组、信息互通协调小组、物资运输保障小组、突发事件应急小组等5个小组和迅速抽调58名工作人员在5条农村公路的省际入境通道，对疫情进行联防联控。2月23日，认真学习全国统筹推进新冠肺炎疫情防控和经济社会发展工作部署会议精神，一手抓疫情防控，一手抓复工复产，发挥疫情防控主力军、经济运行先行官作用。积极回复生产，制订《黎城县道路运输行业企业复工复产防疫指南》《黎城县县城公交疫情防控期间乘车须知》《疫情当前，卡车司机注意事项！》等指南，使全县当年投资总额近3亿元的27个交通建设项目、52家道路运输企业和办理经营许可的93户个体运输户、24辆客运班线48辆客车、2条免费公交线路、70辆出租车在3月15日前实现100%复工复产。

【完成黎城汽车客运新站的搬迁运营】 黎城汽车客运新站于2009年3月动工兴建，至2014年7月主体全部完工。占地面积39.53亩，建筑面积2516.28平方米，设计概算投资1262万元，实际投资约2400万元；但由于占地审批等多种原因，该项目被搁置不前。2020年，全局认真践行县委“创优环境、全优全创”的工作理念，积极配合山西汽运集团长治汽车运输有限公司，完善各项审批手续，加快站前广场建设，为新汽车客运完善和报批各项续，具备搬迁、运营条件，8月15日正式开始运营。该站是集道路旅客运输服务、农村物流配送、电子商务、旅游集散、公交场站等多站合一功能的现代化汽车站。

（黎城县交通运输局）

壶关县交通运输局

2020年，在壶关县委、县政府坚强领导下，壶关县交通运输局认真履行宪法、法律、法规规定，坚决执行县委县政府决策部署，围绕服务全县经济建设，攻坚克难、努力推进，完成年度目标任务。

【脱贫攻坚工作】 一是行业扶贫“双通”工作实现全覆盖。2020年承担的贫困村通村道路建设任务全部完成，全县所有贫困村实现油路水泥路通达，全面提升贫困村通村路、产业路、资源路的通行能力。二是结对帮扶工作有序推进。县交通局共承担着1个贫困村、4个非贫困村的结对帮扶工作，派驻1名第一书记。帮扶期间共完成3条进村路、1条产业路、1座桥梁、2个桥涵的新建和维修工作，积极开展村容村貌、街巷硬化等的提质升级改造，帮扶工作取得明显成效。

【重点项目建设推进】 2020年，列入全县重点项目的12项重点工程，总投资6.3亿元，这些项目涵盖脱贫攻坚成果巩固、"四好农村路"持续建设、国家全域旅游示范区和全国旅游标准化示范县创建等各个方面，是县域社会经济发展的交通基础支撑。为此，县交通运输局精心组织、科学规划、重点推进，强化质量监督和安全措施，有效保证工程进度。一是六项重点工程顺利完工。城市公共自行车项目、长平线至卷席沟（新一中）道路改造工程、太行山大峡谷旅游专用公路安全生命防护工程、县城至长治南高铁站快速连接线壶关段项目、撤并建制村和人口较大自然村道路建设工程、县乡公路改造工程科学运筹，推进有序，均在当年顺利完工，满足全县人民安全、快捷、舒适出行，成为直接惠及百姓的重点工程。二是六项跨年重点建设项目进展顺利。"太行一号"旅游公路主线（下石坡至福头段）建设工程、"太行一号"旅游公路主线（平顺界至下石坡段）绿化附属工程、"太行一号"旅游路支线（东柏坡-黑龙潭段）工程、黄崖底村至辉县界道路改造工程、城北公交客运站建设工程以及"太行一号"旅游路支线项目全面铺开，有序推进，改线部位的路基工程基本完成，拓建部位如火如荼，进展顺利。

【"四好农村路"管理养护工作】 一是加大"路长制"实施力度。制订《壶关县农村公路"路长制"实施方案》，安装"路长制"标牌420块，明确乡村路长和护路员，优化农村公路管养体制，提升农村公路管理水平。二是加强公路养护管理。严格执行法律条例，精心开展县乡公路日常养护。整修路肩、边坡，疏通边沟、排水沟、涵洞，挖补坑槽，检查桥梁与清运路障堆积物以及日常路查季节性养护措施适时、适情、及时到位，有力保障管养路段安全畅通。同时以政府购买服务的方式完成198公里县乡道路的公司化、专业化养护。组织质监人员和第三方检测机构分批次完成2016年至2019年完工项目的交（竣）工验收工作，及时与市局和县发改局等部门沟通，初步完成"十四五"公路建设规划编制。三是扎实开展源头治超。以《道路运输条例》为依据，狠抓源头治超工作，通过出动巡查人员、政府公示货运源头企业等方式，巡查覆盖率达到100%。

【客运服务惠及城乡网络建设】 一是积极推进站场建设。在建城北客运站项目，投资2600万元，占地23066平方米，建筑面积5336平方米，6月开工，11月主体全部完工，2021年10月投入使用。该客运站场的建成不但有利于全县旅游业旅客集散，而且又增添一个展示壶关形象的窗口。二是大力发展城市公交。增购新能源公交客车154辆，新增城市、城乡营运线路49条，全县新能源公交车总数达到236辆，日运营里程达到36000公里。仅县吉通安公司采用政府补贴与公司出资相结合的方法，投资3300万元购置新能源电动公交90辆，小型客车8辆，辅以原有11辆班线车，开通城乡营运线路40余条，通过直通、辐射、电话预约等方式，全县387个建制村实现客车通达全覆盖。使全县乡村居民实现乘车出行"零换乘"，真正享受到城乡居民同等的出行待遇。三是整治规范客运服务市场。根据上级安排，集中利用8个月的时间开展驾培市场经营秩序清理整顿，查处"黑陪练点"3处，查扣"黑教练车"4辆。四是推进交通运输节能减排。全县146辆城市公交、90辆城乡公交，112辆出租汽车全部更新为纯电动和燃气动力车型，实现客运车辆零排放。加强大气污染治理稽查、汽车维修企业涉及大气污染治理挥发性作业的网络化监控，淘汰国三及以下排放老旧柴油货车淘汰和"秋冬防"工作，受到市政府、市局充分肯定。

【交通运输安全生产态势平稳】 一是新冠肺炎疫情防控工作科学规范。疫情初期，及时叫停全县道路客运、城市城乡公交、出租客运车辆的营运，派出人员积极参与全县交通要道的路防工作，防控工作取得成效后，统筹加速推进全行业复工复产，为全县社会经济恢复常态化运转提供重要支撑。二是行业安全生产持续稳定。全局切实履行《中华人民共和国安全生产法》，认真做好重大节假日安全监管工作，深入开展"平安交通""安全生产月"等专项宣传活动。制订各类安全应急预案，储备充足的应急物资、车辆；与消防、公安等部门共同组织安全应急演练，提升了应对突发安全事故能力。全局安全生产责任明确，全行业安全生产形势平稳，本年未发生安全生产事故。

【交通行政执法能力不断提高】 一是以公路相关法律法规为依据，开展“平安公路”创建、“路政宣传月”活动和超限超载运输治理等工作。加大路查频次，清理公路路障、处置公路损害赔（补）偿、查处非法超限超载、治理抛洒污染，开展铁路沿线地质灾害排查治理和铁路运输安全专项整治，顺利接管国道207，省道325和省道327共76.927公里的路政执法权，按规定开展路政执法巡查工作。二是联合交警、城建等部门组成联合执法组，对禁行区域内的三、四轮电动车进行有效整治。三是持续开展扫黑除恶专项斗争。深挖行业保护伞，严厉打击行业黑恶势力；对全局在职人员、23家企业从业人员、包联小区进行集中尿检，营造氛围，净化行风。四是认真执行“双随机、一公开”工作要求。健全执法人员库、监管企业库，完成监管事项、检查内容和法律依据等信息输入；积极配合行政审批局推进“互联网+监管”系统建设，有序完成四级入统信息和政务服务事项动态管理系统录入工作，积极配合完成交通许可事项的划转工作。五是坚持政务公开透明，扎实开展行政执法“三项制度”改革。结合“三零”单位创建，稳步推进综合行政执法改革工作。六是加强廉政建设，严格执法行为，坚决杜绝交通执法人员“吃、拿、卡、要”现象发生。多年来，未发生违反规定执法问题，无行政复议和行政诉讼案件的发生。

（壶关县交通运输局）

长子县交通运输局

2020年，长子县交通运输局坚持以习近平新时代中国特色社会主义思想为指导，在疫情防控工作中，恪尽职守，对全县各卡口24小时不间断值守，阻断疫情传播渠道，又积极捐物捐资，做出突出贡献。同时，立足“十三五”交通建设，积极谋划“十四五”交通规划，完成综合交通建设投资6.63亿元，全力推进“四好农村路”、发鸠山林场道路、金山银山风景道路（二）、长子县仙翁山风景区停车场、长临高速长子连接线、省道227至省道228连接线、城乡公交一体化改造项目建设，逐步在全域打造形成“五环、两系统、十二出境通道”的公路路网结构，真正为群众出行提供便利，为全县经济社会高质量发展奠定坚实的交通运输基础。

【疫情防控】 2020年1月以来，全县5家单位组成以交通运输局牵头的9个疫情临时防疫检查点，为阻断病毒传播，筑起了一道道钢铁长城。在为期27天的点位检测中，800余名执法人员坚持“24小时不间断、逢车必检、逢人必测”工作制度，累计排查车辆19684台次，劝返外地车辆142台次，人员体温测量48965人次，确保全县未出现一起公共安全事件。2月25日起，全面恢复经长子县城乡客运班线17条线路、10辆城内免费公交车、150辆出租车运营，次序恢复601公交车和县域外客运车辆。汽车客运站出站检查人员在执行“三不进站、六不出站”规定时，增加“客车不消毒不进站、司乘人员及乘客不戴口罩不出站”，即“四不进站、七不出站”。全体干部职工在抗疫募捐行动中，共捐款16600元，其中包括退休党员捐助的3100元，用实际行动为抗击疫情贡献力量，用坚定决心诠释交通人的初心和使命。

【“四好农村”路建设】 2020年，县交通运输局完成上级计划项目71个，总里程234公里，计划总投资8328万元，实际完成投资8100万元。其中：撤并建制村通硬化路项目9个，里程为15公里；窄路基路面拓宽改造工程项目26个，里程为30公里；养护提质工程项目36个，里程189公里；改造危桥3座。除丹河桥的桥面工程未完工外，其余项目已全部完成。

【重点工程建设】 一是发鸠山林场道路建设。路线全长15公里，总投资4693万元。2020年4月开工建设，10月完成沥青油面铺装，完成投资4600万元。二是金山银山风景道路（二）建设。2020年，县交通运输局共新建4条总计26.922公里的旅游公路，总投资1.21亿元。崇瓦张至张村农村旅游公路、西堡头至庞庄农村旅游公路、东沟至东峪树化石景区内循环路均已全部完工。庞庄至李家庄农村旅游公路受朗晴风电项目施工影响，完成路基、护坡等土石方工程，路面铺设未施工，共完成投资1.05亿元。三是长子县仙翁山风景区停车场建设。位于南陈乡阳鲁村，占地面积100097平方米，总投资0.472亿元，停车场设计停泊大小车辆2000辆，如举行大型活动，可容纳40万人。截至2020年年底，景区停车场的土石方工程、排水防护设施等土建部分工程已全部完成，因土地规划未调整，地面硬化铺设未施工，投资2460万元。四是长临高速长子连接线项目。全长11.62公里，总投资3.71亿元。2018年9月份开工建设，2019年10月29日初步通车。2020年主要进行沥青路面铺装、绿化工程、护栏安装、路灯底座浇筑、标志标牌和警示牌安装，完成投资2.4亿元。五是省道227至省道228连接线建设。路线全长5公里，总投资0.8亿元，2019年11月施工单位进场平整地形，2020年10月份完成沥青路面铺设，完成投资7640万元。

【城乡公交一体化改造】 主要包括城乡客运车辆全部更新为纯电动公交车辆，新建一座公交场站以及完善配套设施建设，总投资1.9亿元，2020年完成投资9000万元。截至2020年12月，新购置的89辆纯电动公交车已全部到位，2个乡镇客运站（鲍店站、色头站）已恢复运营使用。新建的公交场站完成选址，位于县城西河北村（占地50亩），正在进行场地平整工作。已通过批复线路10条，开通运营3条公交线路，共投入运营公交车14辆。

【养护工作】 2020年10月，长子县被交通运输部、财政部确定为全国农村公路管理养护体制改革试点县，山西省被评为试点的共6个县区，长子县是长治市唯一上榜县区。县交通运输局积极制订《农村公路养护体制改革试点实施方案》，全面建立农村公路县乡村三级"路长制"，健全农村公路治理体系，提升农村公路治理能力，推动农村公路发展由建设为主向建好、管好、护好、运营好转变，实现全县"条条都是林荫路、处处都是风景道"目标。

【安全生产】 2020年，县交通运输局以"三零单位"创建为抓手，组织开展安全生产月、安全生产大排查大整治专项行动、交通执法专项检查行动等重点工作。强化日常监督管理，共出动巡查人员968余人，执法巡查654余次，张贴宣传标语56余条，召开安全会议13次，发放宣传资料2000余份，交通运输安全宣传4次，回复社会群众咨询60余条，开展安全生产主题教育培训2次，举办联合应急演练1次。检查车辆650余辆次，纠正、查处各类路政违章案件44起、清理乱堆乱放9处、拆除广告牌4块；说服教育三轮、四轮电动车违法载客85余辆次，有效净化全县客运市场；强化路面执法和源头治理，对全县39家货运源头企业实行监管"全覆盖"，在巡查过程中发现非法超限超载运输行为企业10起。农村公路安全隐患排查120余次，排查出安全隐患17处，现全部治理完成。

【创建全国文明城市工作】 2020年，县交通运输局把重点放在提升公交服务能力上，持续推进城乡公交一体化建设。投资300余万元升级改造长子汽车站，新增农村客运候车亭95座，全力推动公交服务上档升级。设置公益广告标语100余条，设置公交站点、路牌公益广告90余处，设置出租车车载LED媒体播放150辆，提高公益广告宣传覆盖面，有效提升群众参与率、知晓率和满意度。加大集中检查、专项整治，对公交车、出租车的车容车貌进行大力度治理，严厉查处车容车貌不规范、拒绝、绕道等违章行为，全面推行服务承诺、服务公约、服务规范等制度，优化便民服务措施，改进服务方式，展示良好的交通运输形象。

【综治工作】 2020年，县交通运输局全面开展综合治理，对全体干部职工进行尿检大排查，签订禁毒承诺书；将禁毒工作纳入道路运输从业人员诚信考核范围，已对1800余名从业人员进行检测，未发现涉毒人员；积极开展禁毒宣传，在客运站场张贴禁毒宣传画报、播放禁毒宣传视频，发放宣传资料3000余份，有效宣传禁毒知识。同时，在行业内积极开展扫黑除恶专项斗争共召开专题会议3次；制作局机关24小时滚动LED电子显示屏宣传标语2个，固定宣传展板2块，汽车站场、公交车辆上张贴扫黑宣传标语260条，对扫黑除恶专项斗争行动工作进行广泛宣传。全方位、全覆盖摸排，突出客货运输、项目招投标、工程建设等领域，做到心中有数、目标清晰，如发现线索，经过核查后，按程序上报到县扫黑办，全力打造风清气正的良好环境。

（长子县交通运输局）

武乡县交通局

2020年，在武乡县委、县政府正确领导和省市交通运输厅(局)大力支持下，武乡县交通运输局以习近平新时代中国特色社会主义思想为指引，聚焦“六稳”“六保”“六新”，围绕省、市、县提出的工作目标任务，一手抓疫情防控，一手抓发展经济，强化路政、运管、安全生产管理和脱贫攻坚工作，狠抓党风廉政建设和扫黑除恶、“三零”创建工作，认真履行交通运输职责，全年工作取得辉煌业绩。

【公路建设快速发展】 一是“四好农村路”建设。全县2018年至2020年项目共计120条公路，总里程517.62公里，2020年集中采用PPP模式建设。截至年底，已开工建设103条，完工77条，完工率74%。二是“太行一号”旅游公路主线工程。红色旅游路一期(北社至王家峪至砖壁段)试运营期结束，质量缺陷修复完成，并通过竣工验收；红色旅游路二期(县城至北社段)扫尾工程已经全部完成，10月组织交工验收，正式进入试运营期；红色旅游路三期(砖壁至太行龙洞至板山段)与“四好农村路”一起打包，统一采用PPP模式建设。4月全面开工，截至年底，路基工程挖方、填方分别完成90.02%、83.44%，桥梁工程桩基全部完成。红色旅游路四期(县道西东线西井至窑湾段改造工程)全长12.76公里，截至年底，工程可行性研究报告与初步设计已经完成并批复。三是县道史家咀至上北漳改建工程。路线全长18.474公里。6月该项目前期工作全面完成。经县政府研究同意将项目分段实施，10月份招投标工作完成，截至年底，正在进行征地拆迁工作，监理、施工企业正在进行驻地建设。四是“太行一号”旅游公路支线项目(县道砖蟠线砖壁至柳沟段道路改造工程)。建设里程5.726公里。7月开工建设，截至年底，4座小桥已完成工程量80%，路基填方完成总工程量的75%。五是“太行一号”旅游公路支线项目(县道王南线王家峪至县界段路面改造工程)。路线全长2.52公里。截至年底，工可、初设、设施、预算等前期手续已经完成。

【公路养护水平稳步提升】 按照国家、省、市有关文件精神，全县实行农村公路“路长制”，取得显著成绩。一是实施精细化养护。集中对县道169公里的路肩、边坡、排水沟进行整治。共整修路肩14500米，整修边坡80公里，清理排水沟85000米。二是全面排查安全隐患。定时不定时对全县农村公路高陡边坡公路桥梁和隧道等安全隐患进行排查，发现隐患5处，并进行排除。三是完成杨家岭、韩北隧道提质升级前期工作。四是根据《山西省人民办公厅关于在全省全面推行农村公路“路长制”的通知》文件精神，对全县“路长制”进行了编制。经政府常务会议通过进行全面推行实施。五是对在役隧道(斗翻坡一隧、二隧、宋家庄隧道)实施提质升级改造。六是对危桥改造项目前期工作全面落实。七是对县道路面坑槽进行调查。八是完成“一灯一带”工作任务消除安全隐患。对红色旅游路一期、马权线、史上线、西石线、南沁线、西东线、榆连线进行禁令标志、限速标志、交叉标志、道口标志及减速带安装，共安装标志牌220块，安装减速带520米，安装道口标志540根。九是实施养护扶贫措施。全县农村道路290条，1045.96公里，实行贫困群众参与养护就业。

【行业管理能力进一步提高】 一是路政管理效果明显。为有效维护农村公路路产路权，县交通运输局开展路域环境整治活动，以“防疫情、守安全、保畅通、优服务”为主题，进学校、进村镇、进企业、进社区等各种形式进行宣传活动，收到良好的宣传效果。同时深入开展依法治路活动。全年共处理路损案件1起，路政处罚案件2起，结案率100%，共查处超限超载车辆11辆。清理非公路标志15处，保障了公路安全畅通。二是安全生产形势平稳。认真开展三年安全专项整治行动和“零事故”创建工作，制订安全生产“零事故”实施方案，与各单位签订《安全生产目标责任书》，实行“谁主管、谁负责、谁担责”责任制，安全工作取得实效。特别是深入开展三个专项行动、“零事故”创建工作、安全生产专项整治三年行动，认真组织实施道路交通事故预防“减量控大”八大提升工程，持续强化交通运输领域安全风险隐患排查治理工作。并对所发现的隐患进行跟踪落实整改，隐患治理率达到100%。三是运输管理成绩突出。第一，新建乡镇综合运输服务站平台，补齐农村物流网络节点建设短板。运用PPP筹资运营方式，在全县13个乡镇新建综合运输服务站，截至年底，洪水综合运输服务站已开工建设，其余12个乡镇运输服务站将相继开工建设，为乡村振兴战略脱贫攻坚战全面建成小康社会提供坚实的运输服务保障。第二，充分利用驾驶员诚信考核，集中对道路运输从业人员涉毒检测。按照禁毒攻坚行动安排，协同县公安局禁毒大队和丰州派出所每月对辖区内诚信考核周期届满的驾驶员进行集中涉毒现场检测，有效杜绝“毒驾”违法行为和因“毒驾”引发的交通事故。第三，打击客运行业“拼车”“黑车”等违规行为，净化道路运输市场。一年来主管部门与城市客运管理部门开展联合执法，依法依规处理，先后在高速口、县城主要路口和洪水、马牧口设卡检查非法营运的“拼车”和“黑车”，累计出动执法车辆123次，出动执法人员326人次，检查过往车辆864辆，查获非法营运车辆（拼车）2辆，处罚10000元。第四，取缔异地驾培机构私设摊点，维护当地驾培市场平稳有序运营。不断加大驾培市场治理管理力度，规范运营秩序，重点对驾培报名、陪练点等私设摊点进行整治，查处了太原广通驾培公司和山西晋府驾培公司切实存在异地培训的违规行为，按照规定对太原广通驾培公司作出3000元、山西晋府驾培公司6000元的行政处罚，取缔驾培点，维护市场运营秩序。第五，加大源头治超巡查力度，严厉打击超限超载行为。把治理超限超载工作作为第一要务，严格按照力度不减、标准不降要求，与县治超办建立联合巡查机制，强化路面监管，深入企业检查，共出动巡查346人次，共检查企业185家次，纠正违章23次。共处罚2家源头企业13.8万元。

【脱贫攻坚成效显著】 一是公路养护扶贫。全县14个乡镇328个行政村290条农村公路，全部优先聘用贫困户参与养护就业，有效防止贫困户返贫。二是公路建设项目扶贫。在实施的“四好农村路”120个项目建设中，利用施工建设优先聘用贫困户参与建设，全年解决贫困户劳动力1500余名，有效解决贫困户就业难问题。三是运输发展带动扶贫。抓住全国电子商务进农村综合示范县创建契机，实施运输物流助力脱贫工程，精心打造“公交+物流”服务品牌。吸纳贫困群众30余人就业。四是客货维驾务工扶贫。运输企业和维修企业以及驾校用工，聘用部分贫困户，提供贫困户长期就业，从根本上增加了贫困户收入。

【疫情防控取得阶段性成效】 年初，新冠肺炎疫情发生后，县交通运输局按照县委县政府部署，成立疫情防控领导组，制订疫情防控实施方案、疫情防控分级应对预案、交通站场检测防控工作标准，牵头组建12个检测卡口防控队伍，相继在交通检测卡口成立临时党支部，交通、交警、卫健等部门161名人员开展疫情防控工作，全体防控人员团结奋战，勇于奉献，严防死守阻击疫情，疫情防控取得阶段性成效。

【党建党风廉政建设得到加强】 党组高度重视党建和党风廉政建设工作，全年深入开展强学、强法、强建、强廉、强责党建工作，认真落实党建目标责任。在学习机制、形式、内容上创新求实，把学习习近平新时代中国特色社会主义思想作为每次学习必学内容，认真学习中共十九大精神，掀起中共十九大五中全会精神学习热潮。一是以“主题党日活动”为载体，开展支部与支部“结对共建”“我为项目做什么”活动和深入帮扶村讲党课等活动。二是加强廉政建设，严格实行领导干部“一岗双责”制度，落实“两个责任”，执行各项管理制度。三是实行正风肃纪常态化。深入开展警示教育，持之以恒落实中央八项规定精神，紧盯“四风”隐形变异问题，促进机关作风转变。四是组织武乡县“四好农村路”建设管理有限公司成立党支部，以党建引领公路建设工作。

【“三零”创建、扫黑除恶工作深入开展】 一是“三零”创建工作取得显著效果。按照“三零”创建工作方案要求，强化领导工作责任，形成创建浓厚氛围。二是持续深入开展法治建设工作。强化行业监管推进基层创建工作，实现交通行业矛盾不上交，平安不出事，服务不缺位，实现生产零事故，深入开展人防物防技防心防平安交通建设，确保单位创建工作有效开展。三是及时、到位扫黑除恶工作。特别对工程建设、客货运输、超限治理等易发生黑恶势力的重点领域进行专项治理，堵塞漏洞，防止黑恶案件发生，进一步建立完善长效机制，有效推动扫黑除恶常态化。

（武乡县交通运输局）

沁县交通运输局

2020年，在沁县县委、县政府正确领导下，在省、市交通运输主管部门大力支持下，全县交通运输工作以习近平新时代中国特色社会主义思想为指导，全面贯彻中共十九大精神，落实全国和全省交通运输工作会议精神，围绕市、县实施乡村振兴战略总体部署，始终坚持“乡村振兴、交通先行”的发展思路，巩固深化“四好农村路”建设成果，提升农村公路管理养护水平，推进城乡交通基本公共服务一体化，为县域经济高质量发展提供坚实的交通基础保障。

2020年，沁县交通运输局一班人按照全县工作总体要求，结合交通运输实际，认真确定年度重点工作和目标任务，及时研究谋划工作思路，精心部署各项工作，并认真组织实施，确保各项目标任务按期完成。

【交通重点项目建设顺利推进】 一是沁县环湖旅游公路项目。截至年底，环湖1.738公里试验段一期工程，主体工程已经完成并投入使用，完成投资9500余万元，剩余工程正在加紧完成。二是国道208至南涅水石刻馆景区旅游公路项目。建设里程4.86公里，总投资1.33亿元。该项目经市交通运输局质监站和县直各相关单位完成联合交工验收，已经于10月正式通车使用。三是“四好农村路”建设项目。按照市局下达全县2020年重点任务要求，沁县“四好农村路”任务为撤并建制村等较大人口规模自然村通硬化路24.8公里，截至年底已经全面完工。“畅返不畅”整治工程101.7公里，计划实施的已全面完成主体工程，正在完善后续施工。农村公路养护提质102公里及安全生命防护工程15公里前期工作已经完成，但下拨资金被县财政整合，项目无法实施。四是沁县松村至迎春公路（太焦高铁连接线）建设项目。路线全长17.409公里，总投资7.09亿元，截至年底，基本实现主线通车，完成投资约3.5亿元。

【城乡客运一体化工作扎实推进】 按照市政府工作要求，借鉴先进市县经验，县交通运输局积极推进城乡客运一体化改造工作。截至年底，投资100万元，改造完成县城城乡客运公交总站一座，已经投入使用；企业投资近1000万元，购置新能源公交客运车辆16辆，12月12日，太郑高铁开通后，101路公交车也投入运营，为全县群众乘坐高铁出行带来便利，剩余一体化改造线路也交付使用；投资260万元，修缮农村客运综合服务站点7个，投资132万元，修建98个城乡客运候车厅，城乡客运一体化基础设施基本完善。

【农村公路管理养护水平日益提升】 按照省、市要求，深入推进农村公路“路长制”工作，确保运行机制完善、工作制度健全，实现县、乡镇、村三级农村公路管理养护常态化、制度化。投资120万元，对全县所有县、乡、村公路实施日常养护，调集人员和机械进行全县县乡路肩、边坡培土，整治路容路貌。加大巡查力度，确保农村公路安全畅通。投资60余万元，对全县农村公路栋三线、段宜线、新漫线等进行挖补罩面5000余平方米。着力创建“畅、安、舒、美”公路，为全县经济发展提供有力的支持与保障。

【路政和治超管理水平稳步提高】 一是开展以“防疫情、守安全、保畅通、优服务”为主题，以法律、法规及规章的相关规定为基点的“路政宣传月活动”，提高全民爱路护路意识。其间，出动宣传车进行巡回宣传《中华人民共和国公路法》《公路安全保护条例》等相关的法律法规300余次，在交通要道悬挂横幅标语3条，在尽量减少人员聚集的情况下发放宣传资料2000余份。此次宣传扩大社会影响，为路政管理工作顺利开展营造良好社会氛围。二是开展路域环境整治活动。清理非标地块1块，清理堆积物3处、210平方米，公路用地范围内乱停乱放车辆3起3辆次，清理路面抛洒污染1起80平方米。三是加大公路日常巡查力度。确保每月三分之二时间上路巡查，县乡公路巡查每月不少于16次，努力做到"早发现、早处理"，把侵犯、损坏公路路产等违法行为消灭在萌芽状态，确保公路完好、安全、畅通。四是围绕治理超限超载的工作目标和重点任务，严格管理，强化执法。超限超载检测治理工作取得明显成效，规范运输、守法运输局面持续稳定向好。截至年底，共出动治超执法人员3094人次，出勤治超执法车辆364车次，检测车辆304232余辆，卸载和处罚车辆6辆，卸载及载转货物计重40.46余吨。站所路段车辆超限超载率明显下降，超限超载车辆查处率0.002%，结案率100 %。

【运输管理水平再上台阶】 一是加强客运管理。强化对汽车站、市际县际客运车辆监管，特别是长治方向28辆客车，针对疫情影响，引导经营户坚持提高运营密度和缩短出站时间，通过提高服务质量提升经营效益，确保行业稳定。二是加强货运行业动态监控管理。依据《国务院打赢蓝天保卫战三年行动计划》《柴油货车污染治理攻坚战行动计划》《山西省打赢蓝天保卫战三年行动计划的通知》文件要求，督促货运企业推进新能源车辆更新工作，截至年底，许可货运企业3家，共有营运重型车辆189辆，其中燃气车183辆，2020年新增32辆燃气车，新能源燃气车占96%。推进农村物流网络建设工作，截至年底，全县已成立县级物流中心1个，乡镇物流服务站13个，村级物流服务点216个。三是引导维修行业提高维修质量。通过督维修企业车辆维修电子档案实时上传。完成车辆安检3359辆次，环检3344辆次和定级年检248辆次。四是加强驾校日常监管。督促规范经营，提高培训学员质量，把好道路运输安全初始关，不断提高服务水平。五是积极配合治超办治超稽查。开展打击非法营运行动，截至年底，累计查处非法营运车辆4辆次，处罚1.6万元，货运中货物脱落、扬撒案4起，处罚8000元。六是开展道路从业人员禁毒排查和预防。协调公安局禁毒大队在运管所展开禁毒尿检排查，截至年底，已组织12次统一排查，累计排查两千余人次。

【狠抓交通运输安全生产监管】 开展安全生产隐患排查专项整治，切实解决影响交通运输行业安全生产的突出问题和薄弱环节，按照"日督导、月抽查、季全查"的督查计划，对客运、货运、危货、驾培、客运站等企业和交通建设项目开展严格的安全生产专项监督检查;对农村公路、桥涵、路基、排水设施、防护工程等重点部位及急弯陡坡、视距不良路段和事故多发路段隐患排查力度，健全完善公路病害台账，对破损的公路设施、标志标牌等进行维修、更换、刷新，共组织开展行业安全生产大检查15次，共出动检查人数165人次，排查出一般安全隐患4宗，完成整改4宗，整改率达100%；召开安全生产专题会议4次，参加人数达240人次；发放宣传资料1000多份，悬挂宣传横幅20条。全县交通运输部门扫黑除恶、廉政建设等各项工作扎实推进，海事管理、财务管理、工程质量管理、组织建设、惩治和预防腐败、廉政建设、政务公开、计划生育、扫黑除恶、社会治安综合治理、工会、共青团、保密等工作扎实开展，得到上级好评。

（沁县交通运输局）

沁源县交通运输局

2020年，按照沁源县委、县政府总体部署，沁源县交通运输局持续走好"修路"路径，紧紧扭住重点交通建设项目"牛鼻子"，坚决打赢打胜四场硬仗，稳步推进重点交通运输工作取得新进展。

【坚决打好项目建设阵地战，实现交通投资增长加速度】 一是"四好农村路"建设进展顺利。第一批共铺开"四好农村路"建设16条144公里，总投资2.6亿元。其中续建项目4条28.4公里，新开工项目6条36.6公里，养护提质6条79公里。续建项目中，口头至平遥界口子路、城南至乌木循环路、黑峪至仁道循环路、郭道桥及其连接线工程全部完工；新开工项目中，猫尾川至霍州界口子路、红窑上至王家湾循环路、河底至池上产业路、五龙川至关家山产业路全部完工，有义至支角防火隔离带路基贯通，南环桥至闫寨路基填筑基本完成；沁柏线、景西线、西下线等79公里养护提质工程全部完工。第二批“四好农村路”共10条54公里，桑凹至庶纪、贤友至桑则沟、汝家庄防火隔离带通道硬化工程路基基本完成，西阳城至上舍、水峪至伏贵、胡汉坪至松罗、西下口至羊场、吉庆至沁县界、王家湾至沁河源、马森至马森岭进场施工。“四好农村路”建设持续发力、有序推进。二是黄土坡隧道顺利贯通。8月9日，黄土坡隧道安全顺利贯通，8月18日成功举行贯通仪式，标志着隧道工程取得重要阶段性成果。截至12月底，黄土坡隧道及其连接线共完成工程总量95%。三是黎霍高速公路开局良好。2019年12月27日举行开工仪式后，县委、县政府高度重视，立即组织成立项目协调领导组和办公室，着手开展项目征地拆迁补偿和地方协调工作，县委书记、县长经常到一线去督导指导，县委常委会开在黎霍高速的项目部，现场协调解决占地、弃渣等问题。4月10日前418座坟墓迁移完毕。全县境内37公里红线范围166.6公顷土地丈量确认核查评估工作完成，保证项目建设顺利推进。承建全县境内的山西路桥、中铁一局等5个标段施工单位全部进场施工。县政府把废弃的旧工业地收购回来无偿用于项目部、厂站建设，公安派出所进驻黎霍高速项目部，随时解决阻工挠工现象。丁家湾1号和2号隧道、田家岭隧道、盘家山隧道、沁河高架桥、狼尾河高架桥、信义高架桥、马泉高架桥等控制性工程进展顺利，整个工程建设起步良好，黎霍高速沁源段是整个建设过程中征迁最顺利、开工点最多、推进速度最快的路段。四是“太岳一号”旅游公路初步形成。把西北部的绿色生态、森林康养和东南部的红色文化、特色产业、田园嘉禾等融合规划建设，形成“花坡天路”“灵空圣道”“谷远野径”等农村公路红绿辉映走廊带。五是公路建设投融资改革取得突破。沁源县与山西路桥合作推进交通项目建设动作迅速，第一期PPP项目7月中旬开展以来，8月中旬完成“两评一案”和可行性报告的批复，8月底经省财政厅审核通过，9月底已财政部审核通过并予以公示。该项目包括交口至友义、友仁至管家沟、管家沟至马泉、上兴居至灵空山、庄儿上至乔龙沟等公路建设，总投资5.5亿元。建设期2年，运营期20年。12月24日与社会资本方省路桥集团签订PPP项目合同，12月31日县第十六届人大常委会第三十四次会议表决通过将此项重点工程支出责任纳入县财政预算管理。一年来，县交通运输局开足马力抢进度、盯牢看紧控质量、防范当先保安全、强化服务搞协调，全县交通建设项目完成固定资产投资2.5亿元，较上年同期增长了6%。

【坚决打好交通扶贫收官战，扎实完成两通帮扶硬任务】 一是强化“两通”目标完成工作。紧紧围绕建制村通硬化路和通客车两大脱贫考核指标，认真开展自查核查整改工作。全县行政村通硬化路率达100%，自然村通硬化路率达75%。全县254个村通过班车直达、电话预约、小客车运营等方式开通客运班线，38个村安装候车亭，209个村安装招呼牌，制作客车公示牌54块，发放告知书两百余份，确保交通扶贫政策家喻户晓，极大方便群众出行。二是扎实开展进村结对帮扶工作。坚持扶贫“三核准”，紧盯“两不愁、三保障”，做到全面、准确、真实。为王和镇太山沟、岩进石两个定点扶贫村修建两条进村路、投资8万元帮助新建村级组织活动场所，投资10万元办起两座光伏电站；以清洁村庄为主题，以解决环境问题为核心，组织党员干部开展生活垃圾治理、生产废弃物清理、农户庭院清理（残垣拆除）等活动，村容村貌、户容户貌得到明显改善。三是认真贯彻省委第二巡视组脱贫攻坚专项巡察反馈沁源县“四好农村路”建设方面的问题。积极督促施工单位完善验收资料，2017年和2018年项目全部完成验收工作。

【坚决打好管养改革攻坚战，补齐公路管养大短板】 制订出台《沁源县全面推行农村公路“路长制”实施方案》《沁源县农村公路养护体制改革实施方案》，建立健全县、乡、村三级路长机构体系和管养职责；确定县道和重要乡道日常养护采取政府购买服务模式委托沁源县通达路桥设备有限公司在全县设置7个养护工区，实行专业化集中养护，一般乡道和村道由乡村两级采取灵活多样的模式，与当地保洁、护林、护河等岗位结合，实行群众分散养护，优先吸收贫困户参与承包；确定农村公路日常养护经费、养护工程费用和抢险保通资金来源和渠道。县、乡、村三级“路长制”和管养长效机制基本健全，切实解决农村公路建设中管好、护好的短板问题。同时，县交通运输局制订《沁源县百村千乡万里美丽农村路建设实施方案》，确定示范乡镇、示范村和创建路段，推进农村公路与特色产业、乡村旅游等多元融合，努力打造畅、洁、绿、美、安的农村公路环境。

【坚决打好运输管理持久战，推进交通运输公共服务均等化】 按照“城乡统筹、以城带乡、城乡一体”总体思路，合理优化调整公交运营线路，草拟城乡客运一体化改革方案，完善农村客运公交配套设施，拓宽农村客运公交覆盖面，打通服务群众出行“最后一公里”，提升群众幸福指数和获得感。以源头严管、路面严查、站点严控为抓手，开展道路运输非法运营治理联合执法，严厉打击超限超载、非法运营等行为，道路交通运输秩序明显改善。加快智慧交通建设，推进“互联网+交通运输”，强化“两客一危”、科技治超、智能监测、联网售票等动态监管，交通运输服务能力和水平明显提升。

【坚持政治统领，党建、党风廉政建设和干部队伍建设取得新成效】 一是深入开展学习教育，政治理论水平得到提高。面对绿色立县、交通强县之重任，坚持以习近平新时代中国特色社会主义思想为指导，深入学习贯彻中共十九届五中全会精神和习近平总书记视察山西重要讲话精神，时刻保持对习近平新时代中国特色社会主义思想的政治认同、思想认同、理论认同、情感认同，深刻把握中央、省、市、县对经济发展基本趋势的重大判断，学好用好党的先进思想科学体系和创新理论成果，不断提高全体干部职工的思想理论水平和实际工作能力，进一步树牢“四个意识”、坚定“四个自信”、提升“两个维护”的定力和能力，进一步统一思想、凝聚力量、形成合力、指导实践，党员干部的理论学习更加系统、理想信念更加坚定、使命担当更加自觉、为民服务更加务实、廉洁自律更加严格，为做好交通工作奠定坚实政治理论基础。二是层层压实主体责任，基层基础得到夯实。坚持以党建为引领，聚焦主责主业，从严落实党建责任，把党建工作融入交通运输工作全过程，与交通工作同时研究部署，同时组织实施，同时检查考核，做到围绕交通抓党建，做好党建促交通。首先，周密制订党建工作计划，明确目标和任务，层层分解，细化量化，责任到人，严格考核，形成上下同心、齐抓共管的运行机制。其次，丰富党的组织生活，坚持边学习、边讨论、边落实，把学习作为改进工作、解决问题的重要抓手，充分利用“三会一课”、民主生活会、组织生活会、警示教育等制度，积极开展形式多样、喜闻乐见的主题党日活动，调动了全局党员工作的积极性、主动性和创造性。最后，在基层、基础、基本功上下真功夫，高标准打造党建活动阵地和廉政警示教育基地，开展“三基建设”自查评估，认真落实“13710”督办制度，健全民主监督机制，推动了基层组织、基础工作、基本能力的全面提升。三是坚决推进正风肃纪，努力实现风清气正。严格落实“两个责任”，自觉履行“一岗双责”，把党风廉政建设任务分解到每个班子成员头上，制订考核指标和办法，层层签订党风廉政建设责任书，全体干部职工作出廉政承诺，形成“一把手”亲自抓负总责，班子成员各负其责、齐抓共管的工作机制和一级抓一级的工作格局。认真贯彻中央八项规定，深入开展机关作风整顿，持之以恒整风肃纪，发扬钉钉子精神，坚决纠正“四风”突出问题，重点整治形式主义、官僚主义新表现，坚决杜绝懒政、怠政、推诿扯皮等行为，坚决防止享乐主义和奢靡之风卷土重来、隐形变异，切实加强对党员干部职工的监督与管理。

（沁源县交通运输局）

晋城市

晋城市交通运输局

2020年，晋城市交通运输局紧紧围绕市委、市政府“五个三”战略布局，秉承“晋城大发展，交通要先行”理念，认真贯彻落实《交通强国建设纲要》，解放思想、凝聚共识、齐心协力，先行先试，完成年度各项目标任务。

【提高政治站位，坚决贯彻落实上级决策部署】 一是注重统筹安排，抓好学习贯彻。把学习贯彻习近平新时代中国特色社会主义思想、中共十九届五中全会和习近平总书记视察山西重要讲话精神作为首要政治任务。将《交通强国建设纲要》、省委十一届十次全会和市委七届九次全会精神作为推进落实新时代交通运输发展的行动指南。坚持第一时间传达贯彻，第一时间研究部署，第一时间抓紧落实。二是注重学懂弄通，深刻领会要义。召开党组会、中心组学习会、专题研讨会以及专家辅导会，深刻领会中共十九届五中全会精神和省、市全会精神，特别是把贯彻落实全会确定的战略举措与市委市政府提出的“补齐交通短板”要求结合起来，加紧编制《“十四五”综合交通运输规划》和《现代综合交通运输网助推晋城市再现腾飞战略研究》。截至年底，初稿已经完成并经专家评审通过。三是注重贯彻执行，确保抓紧抓实。把贯彻落实党中央、省委、市委各项决策部署体现在实际行动中，用实干谋发展、以实绩论英雄。领导班子成员严格落实市委“深入一线抓落实工作周”要求，围绕重要工作、重点工程、重大项目，深入工地厂房、田间地头，查安全、抓协调、解难题。全年12名局班子成员深入一线741次，解决问题729个，形成高质量调研报告11篇。

【聚焦工作落实，奋力完成全年各项目标任务】 一是旅游公路建设全省领先。“太行一号”旅游公路全长478公里，总投资59.4亿元。2020年计划完成投资11亿元，实际完成投资19.6亿元，占目标178%。11月24日，随着阳城小尖山隧道掘通，“太行一号”旅游公路主线全线贯通。沿线的沁水县土沃百里画廊、陵川浙水、松庙、0公里文化驿站成为热门网红旅游打卡地，有力助推全市“百村百院”工程和农林文旅康产业融合发展。省委书记楼阳生给予全市“太行一号”旅游公路高度评价：“建设进度快于预期、质量优于预期、效果好于预期，公路犹如一道美丽的风景线，观之层林尽染，令人赏心悦目。”二是农村公路建设完成。完成新改建农村公路635公里，完成安防工程159公里，完成危桥改造17座，完成投资3.12亿元，占年计划的100%。沁水、泽州两县分别被评为“四好农村路”全国、全省示范县。三是公共交通发展全国领先。五级公交体系基本建成，城市公共交通出行分担率达到30.83%，位列全省第一方阵。在全国率先实现“1元公交”市域全覆盖，对现役军人、教师、疫情防控一线人员、65岁以上老人、残疾人以及重污染天气实行免费，提前半年实现主城区新能源公交车全覆盖。市区28路公交线路被交通运输部评为“新能源公交高品质线路”，11月19日，晋城市作为全国5个城市代表之一在北京作经验交流，且是唯一地级市。高铁开通后，全市相继开通4条城市公交、3条城际公交，直通高铁东站，方便百姓出行。四是重点工程项目扎实推进。晋城东南过境高速公路项目，工可编制已完成，用地指标已落实，土地预审组件基础性工作已完成，省交通运输厅于12月1日将规划上报省政府，等待批复；晋阳高速公路改扩建项目，控制性工程施工便道9月25日开工，全线勘测定界和征地拆迁正在积极推进中；机场大道、玉屏路2个项目，方案已编制完成，项目选址已通过专家评审，正进行初步设计；湘峪三都古城至皇城相府旅游公路项目，前期工作已全面完成，正征地拆迁和招标，预计2021年3月底前正式开工建设。五是"云锦太行画中游"项目顺利实施。创新实施"公交+旅游·快递"运营模式。2020年5月，适时启动"交通强国进行时，晋善·晋美·晋城，云锦太行画中游"项目，立足于"整合一个平台、建设两个中心、实现六项功能"，将"大美太行晋城游"App与"游山西"App整合为"云锦太行画中游"全域旅游智慧平台，建设旅游集散和快递分流两个中心。初步建成市县乡村四级快递配送体系，日均发单量达4200件、报纸投递量3.1万份，累计组织游客4.3万人次，有效激活人流物流，推动旅游产业发展。六是依法治交工作积极推进。首先，推进法治政府建设。把法治建设纳入全局工作统筹谋划，坚持与中心工作同部署、同推进、同督促，深入研究法治建设年度工作任务。完善学法制度，严格落实法律顾问以及重大决策、规范性文件审查、政务公开等制度。其次，加强执法队伍建设。组建市交通运输综合行政执法队，将全系统475项行政执法事项全部统一划转。深化法治教育，以领导干部、窗口工作人员和行政执法人员为学法重点，不断加强法律法规知识培训，努力提升全体人员法律素养和依法行政能力。最后，不断优化营商环境。持续深化"放管服效"改革，将剩余23项审批事项全部移交至行政审批管理局，制订下发《交通运输以数字政府建设为牵引优化营商环境工作实施方案》，全面落实行政执法"三项制度"。依托市级"互联网+监管"平台，创新开展"双随机、一公开"监管，提高监管的时效性、规范性、精准性。七是"三大攻坚战"决战决胜。首先，完成脱贫攻坚任务。全市具备通路、通车条件的1552个建制村全部实现"双通"，即：通硬化路、通公交车。定点扶贫马圈村2018年提前实现整村脱贫，贫困群众人均年收入由2014年的不足3000元增长至2020年8807元。其次，打好污染防治攻坚战。启动国三及以下排放标准营运老旧柴油车辆淘汰工作，下达任务1768辆，实际完成2654辆，占目标150%，排名全省第一。出台《重中型货车道路通行优化方案》，实现主城区新能源公交车和全市清洁能源出租车"两个全覆盖"，为打赢蓝天保卫战提供有力支撑。最后，主动防范化解重大风险。扎实开展"三零"创建、扫黑除恶专项斗争和安全风险隐患排查整治，重点对工程建设、"两客一危"、出租车营运、市运企业改革等开展"大排查、大接访、大调解、大防控"工作，全市交通系统安全形势总体平稳。八是精神文明建设全面加强。积极开展文明单位创建，机关面貌焕然一新。2018年、2019年连续两年获得年度目标责任考核优秀单位；2019年获得市直精神文明标兵单位；市劳动竞赛委员会记集体一等功1次，2020年获得"三洗六见"大整治红旗单位。在创建全国文明城市期间，公交和出租车行业展示出良好精神风貌，成为城市靓丽的"文明风景线"，全力以赴助力"创文"成功。

【立足时代要求，全面提升党建工作质量水平】 一是加强组织领导，层层压实责任。市委书记张志川调研时指出：要按照市委党建"四句话"要求，进一步做好党的建设工作，坚持用党建"第一责任"领导和保障发展"第一要务"，全面提高交通系统整体工作水平。市交通运输局先后组织召开13次党组会议、12次机关党委会议研究部署党建工作，推动全面从严治党贯穿工作全过程。制订下发《党的建设和党风廉政建设工作要点》《落实党风廉政建设主体责任清单》，将责任细化为4个方面21项具体工作。党组书记每季度召开党建工作分析研判会，局班子成员严格落实"一岗双责"，机关党委委员落实分管责任，各级党组织书记认真履行第一责任人责任，基本形成上下联动、齐抓共管的党建工作格局。坚持把意识形态工作摆在党建工作的突出位置，通过强化领导班子政治担当，强化思想教育阵地建设，强化领导班子主体责任落实，凝聚起推进意识形态的强大合力，有力推进意识形态工作落实见实效。将意识形态工作纳入党建工作目标责任制，作为年终考核的重要内容，与中心工作同安排、同部署、同落实，全面提升干部职工对意识形态工作重要性的认识，强化意识形态工作责任。二是加强政治建设，净化政治生态。强化创新理论武装，树牢“四个意识”、坚定“四个自信”、坚决做到“两个维护”，以求真务实作风坚决把党中央决策部署落到实处。严肃党内政治生活，加强党内监督制度、民主集中制度、组织生活制度的贯彻落实，不断提升党内政治生活的质量。广大党员干部特别是领导干部坚持以身作则、以上率下，严于律己，树立标杆，全局上下风清气正。三是坚持思想建党，抓好理论武装。把意识形态工作列入党组重要议事日程，定期对意识形态工作专题研究研判，牢牢掌握意识形态的领导权。大力弘扬正能量，建设主阵地，唱响主旋律，营造良好思想舆论氛围。充分利用中心组学习、集中学习、“三会一课”以及“学习强国”“三晋先锋”App平台，学习习近平新时代中国特色社会主义思想、《习近平谈治国理政》(第三卷)、习近平总书记三篇光辉文献以及党章党规党纪，班子成员带头学、科级干部跟进学、党员干部全员学，统一思想，凝神聚力，提高认识，积极作为。四是选好用好干部，抓好日常管理。坚持公平公正透明的选人用人导向，从严从实强化干部日常教育管理监督，努力打造高素质专业化干部队伍。调整配优科级干部31名、三级调研员1名，招录2名选调生、1名公务员，选派1名干部到村委任职。组织145名干部职工参加“山西干部在线”、交通运输部网络班等网络培训，组织4人参加县处班和中青班培训，队伍能力建设得到加强。修订完善请销假、岗位交流、能上能下、专技职称聘用、竞聘上岗等制度，引导广大干部把精力放在工作上，把心思用在实干上。五是强化纪律意识，锤炼过硬作风。建立科级干部廉洁档案，开展经常性提醒谈话93次，排查重点岗位廉政风险，提升运用“四种形态”的能力，持续构建“不敢腐、不能腐、不想腐”的长效机制。及时通报中央纪委、省纪委和市纪委公开曝光的违反中央八项规定精神问题，进一步教育引导党员干部讲规矩、知敬畏、守底线。持续深化整治形式主义、官僚主义，制订下发《整治形式主义深化拓展基层减负若干措施》，巩固拓展作风建设成效，推动化风成俗、成为习惯。六是织密制度笼子，严肃执纪问责。修订完善请示报告、会议纪要以及重大决策、重要文件及重大合同征求法律顾问意见3项工作制度，出台工程项目招标代理机构及承办单位两个产生办法，重新梳理议事决策、机关管理、廉洁从政、学习教育、档案管理5方面31项制度。加强对制度执行的督促检查，推动制度刚性约束效力得到最大程度发挥，基本形成用制度管党治党的工作体系。七是坚持问题导向，积极整改落实。2019年11月至12月期间，市委第九轮专项巡察组对市交通运输局涉及城市建筑垃圾管理履职情况进行专项巡察，收到反馈的关于行业管理水平低下、乱象丛生，依法依规治理能力差的巡察意见后，局党组照单认领，不回避、不敷衍，立即就整改工作进行全面安排部署，截至年底，已全部整改到位。首先，加大散装物料运输车辆监管力度。将建筑垃圾清运企业纳入重点监管企业，严把散装物料运输车辆、驾驶员准入制度；加强散装物料运输车辆年度审验工作，加大老旧车辆淘汰力度；严格执行驾驶员培训。其次，加强源头监管，落实企业主体责任。全市公示的342家货运源头企业全部签订货运源头企业无扬尘抛洒承诺书。最后，加强道路抛洒扬尘治理。推动联合执法常态化。下一步，要继续认真贯彻落实习近平总书记生态文明思想及视察山西讲话精神，不断加强思想政治建设，深入推进全面从严治党，巩固整改成果，确保反馈意见落实到位。

(晋城市交通运输局)

城区交通运输局

2020年，在城区区委、区政府正确领导下，在晋城市交通运输部门大力支持下，城区交通运输局一班人坚持以习近平新时代中国特色社会思想为指导，紧紧围绕全市交通运输战略，强基固本，正本清廉，拼搏奋进，使全区交通运输局工作再上新台阶。

【以党组织建设为支撑，为党建引领发展筑牢基石】 一是夯实基层基础。严格按照山西省机关(事业单位）基层党组织规范化建设标准，紧密结合全局党建工作的实际，积极推动基层组织全面进步全面过硬，树立一切工作到支部的鲜明导向。通过进一步夯实党支部“三会一课”制度，进一步加强党员教育管理，开展以“创人民满意交通”为主题，以“8+X”主题党日为抓手，通过“三必三强六有”党支部主题党日工作法，全力打造内涵深、特色明、实效好的交通党建品牌形象。二是强化政治机关属性。积极推进“不忘初心、牢记使命”主题教育常态化，持续深入推进主题教育中形成的“一学一唱四对照五报告”好做法，切实抓好坚定维护党中央权威和集中统一领导的各项制度落实，严格党内政治生活，坚持民主集中制，坚持“三重一大”事项必须由党组或局务会（扩大）研究决定，加强和规范交通运输行政执法，推进法治政府部门建设，增强交通运输领域治理体系和治理能力现代化。三是狠抓创新理论学习。着力健全学习贯彻习近平新时代中国特色社会主义思想、贯彻落实习近平总书记重要指示批示精神的长效机制，坚持每月至少开展一次党组集体学习，提高党组及班子成员贯彻各项方针政策的能力，同时有效利用周一例会、党员大会和警示教育月活动，组织党员干部开展政治理论学习，全面提升党的建设质量。

【以全力干好“重点工程”和民生工程为抓手，扎实开展项目攻坚行动】 工程建设复工以来，按照市区重点工程项目建设工作安排，区交通运输局在做好疫情防控工作的同时，根据实际情况，倒排工期，多措并举，加大推进各项重点工程和民生工程工作力度，同时要求施工单位不断加大人员和机械投入，全力以赴加紧东西大街、景西南路重点道路工程及民生工程项目建设。一是东西大街道路建设工程。该工程位于老城区，是晋城市老城更新与保护工程的重点项目之一。道路长约2260米，红线宽度为30米。分两个标段施工，截至年底，均已基本具备通车条件，共计完成投资9300万元。二是景西南路道路工程。市级重点工程建设项目，道路全长2416米，红线宽度为60米，分两个标段进行施工，一标段（风台街至赵树理街），2018年5月具备验收条件，实际完成产值6913.35万元，支付工程款4831.03万元；二标段（赵树理街至中原街）已全部完工，具备验收条件。中原街至白水街路段以及白水街至二标段南延路段除沥青上面层、行道树、路灯杆外全部完成，共计完成产值7120.83万元，支付工程款3200万元。三是道西路道路工程。是市、区重点工程，是西北片区的主要道路之一，道路全长2474米，红线宽30米，总投资12531万元，国有工矿棚户区改造和保障性安居工程配套基础建设中央基建投资资金7700万元已全部拨付，其他费用拨付2306万元。该工程2014年10月开工建设，2018年5月道路基本完工并具备通车条件。剩余工程于2020年5月已全部完工，并完成工程初步验收。四是吴王山科健养老院道路及护坡工程。全长690米、宽8米，预算投资252万元。其作为南村更好地融入区委区政府统筹协调城市发展的重点工程，区交通运输局始终秉承“惠及民生、便利群众、服务社会、促进经济”的行业服务理念，努力克服时间紧、任务重、难度大等实际困难，坚持高标准、高质量、严要求，带领队伍加班加点干工作，工期由预计60天缩减至45天，大幅度降低疫情对工程项目造成的影响，为确保高标准筹备康养大会做出贡献，为挖掘全市丰富康养旅游资源，推进康养旅游业态发展，打造“康养晋城”旅游品牌奠定坚实交通基础。五是创文路域整治及环保整治和破损道路修复工程。据该项目总投资260余万元，主要涉及路域环保整治及修复和硬化道路共计7个工程。六是东西大街沿线环境整治。为迎接全省城市建设大会的胜利召开，区交通运输局先后出动工程机械120台次、人工180人次、清运垃圾渣土3500余立方米、素土回填覆盖5000余立方米、硬化场地3000余平方米。完成绿化草坪及格桑花、草皮移植等23000余平方米，风貌改造1000余平方米，栽植黄杨球等树木及冠状植物200余棵，彻底美化绿化了东西大街红线以外拆迁遗留的残垣断壁及建筑垃圾，为全省城市建设大会增光添彩。

【以“守土有责、守土尽责”为导向，统筹落实疫情防控和复工复产两不误】 自新冠肺炎疫情发生以来，区交通运输局深入贯彻落实习近平总书记对疫情防控的重要指示和中央、省、市、区各级疫情防控的工作要求，高度重视，周密部署，采取有力措施，全力推进各项工作有效开展。一是加强组织领导。根据省、市、区对疫情防控工作的要求，局从1月22起在全区交通运输系统开展新型冠状病毒感染肺炎疫情防控工作，成立以党组书记、局长杨爱国担任组长的疫情防控工作领导组，制订下发加强新型冠状病毒感染的肺炎疫情防控工作的实施方案》，分综合协调组、运输疫情防控组、交通设施设备组、后勤保障组四个小组全面落实我区交通运输行业的疫情防控工作。二是落实防控措施。组建党员先锋队、运政突击队、路政突击队，深入辖区公路、客运站、旅游公司、危化品运输企业，开展对县、乡公路、车辆及人员的检测、登记、排查防控工作，指导汽车客运站设置体温监测点，重点加强对乘坐客车进入市区人员的体温监测登记，认真落实疫情防控要求。同时配合卫生健康等部门做好进市旅客体温监测，严厉打击违法站外上客。指导客运站、道路客运经营都做好站场、车辆卫生清洁和通风、消毒工作。三是落实应急保障车队。自疫情发生开始，区交通运输局紧急联系辖区内相关企业负责人，落实运盛公司20台货车和省运公司20台客车做为全区应急物资及人员转运保障车队，要求企业随时做好应急准备，确保有令能战、有战必胜。截至年底，2支应急保障队伍共派出4车次运输应急保障物资及人员。四是积极开展卡口疫情联防联控工作。2月2日开始区交通运输局采取与办事处、公安、交警、卫生健康等多部门联合管控的方式，牢牢把握“车、路、场、站”重点交通运输环节，在辖区内高速公路出入口、火车站卡口、县乡干道出入境口、客运站场等重要交通部位设卡检测，对过往车辆、人员实施检测，全力以赴坚决打赢疫情传播阻击战。2月20日24时，结束晋城东收费站、晋城西收费站和牛匠收费站三个卡口的疫情防控工作，移交给晋城高速公路公司。从疫情开始算起，共计派出工作人员2800余人次参与疫情防控工作。五是统筹做好疫情防控和交通保畅工作。认真落实省交通运输厅疫情防控领导组《关于统筹做好春节返程疫情防控和恢复道路旅客运输的紧急通知》等相关要求，坚持每日对辖区内的客运企业进行监督检查，督促客运企业按照省、市、区关于做好道路客运班线及旅游包车恢复运营工作的有关要求，积极协助客运企业制订“点对点”运输方案、办理通行证等事宜。对汽车客运站实行驻站监管，对全区交通运输企业及工作人员2月15日以来境（海）外人员返晋情况进行排查，截至年底，汽车客运站无异常情况，全区交通运输行业从业人员、工作人员及家属无境（海）外返晋人员。同时，落实“一断三不断”要求，坚持每日对辖区内连南路、牛匠—申匠路段、冶底—张村路段、南高路、洞头旅游公路、小白水公路等辖区内县、乡道进行巡查，确保各个路段畅通，保障应急车辆能够通行。六是稳妥推进交通运输行业企业复工复产。明确责任，织好企业防控网。明确企业严格落实主体责任和复工防控工作要求，督促企业落实疫情应急防控机制、复工复产防控内部管理制度、员工健康信息收集等制度、台账。为解决疫情防控期间市民出行难问题，城区交通运输局根据地理位置、车流量等关键因素，科学分布，在市区范围内选取五家汽车维修店，开设维修便民点，并派执法人员与维修点人员对接，为维修点配足防疫物资，同时做足充分的防控措施，严格对维修车辆进行消毒。为有序推进企业复工复产，城区交通运输局下发交通运输行业导则，要求企业按规定制订疫情防控措施，根据复工复产情况，及时对新上岗人员进行安全教育培训，并做好人员排查工作。为了有效解决交通货物运输的供需矛盾和复工企业在外人员的交通运输保障工作，城区交通运输局为复工企业提供“点对点”复工人员输入服务，并提供疫情防控期间复工企业用车服务24小时热线，实现“一站式”包车服务，保障复工企业人员出行需求，向宁波、雅安、常州等地运送返岗工人58人。积极协调安排具备疫情管控期间运输能力的货运服务企业复工复产，对货物运输企业人员快速排查、核实、登记、严格督导企业疫情工作方案及落实，对煤化工、供电、供暖等物质保障的运输车辆优先运营。监督指导驾培企业制订复工复产和疫情防控工作预案，现场检查驾培机构疫情防控机制、从业人员健康排查、防护物资准备、场所及车辆消毒清洁和相关宣传教育等情况，确保各项防控工作落实到位，引导驾培机构安全有序复工复产。

【规范农村公路养护管理，积极营造“畅、洁、美”的公路交通环境】 一是全面推行农村公路“路长制”。为深入贯彻落实《关于坚持农业农村优先发展做好“三农”工作的若干意见》《国务院办公厅关于深化农村公路管理养护体制改革的意见》(国办发〔2019〕45号)和《山西省人民政府办公厅关于在全省全面推行农村公路“路长制”的通知》精神，完善农村公路管理养护体制，进一步加快推进全区公路建设、管理、养护和运营工作常态化，积极营造安全畅通、整洁美观的公路交通环境，遵照省、市关于全面推行农村公路“路长制”工作要求，结合实际，制订《晋城市城区农村公路“路长制”实施方案》及责任路线、机构人员登记表，9月22日经区政府常务会审议通过并下发施行。二是加强和规范农村公路养护管理。为加强和规范农村公路养护管理，保障公路的完好、安全和畅通，通过实行政府购买服务方式，引入竞争机制，择优选取责任心强、技术过硬、有实际经验的清扫保洁公司承保，逐步建立低成本、高质量的运作机制，进一步提升县、乡公路环境卫生，积极营造“畅、洁、美”的公路交通环境。全年共完成养护投资110余万元，其主要指标完成情况为：对牛浪路、连南路等道路进行路面挖补坑槽及局部整修3000余平方米、完成灌缝3000延米、清理边沟10公里、维修加固安全防护设施5处、清理边沟淤泥500米、南高线划交通标志线9.4公里、连南路安装6处振荡减速带及水毁修复1处。县公路好路率达到82%，养护综合值达到81。三是及时治理公路病害和安全隐患。持续加大公路巡查力度，做好巡查记录，对发现的公路病害及安全隐患，及时上报并予以整治。截至年底，先后安全隐患等问题6起，均已全部予以解决。日常工作中、及时对路面的垃圾、杂物进行清理，对道路两侧的水沟定期进行清理和除草，确保排水畅通并保持路面干净整洁。四是积极开展“四洗六见一红旗”活动。按时认真对道路防撞护栏、标志牌等设施进行清洗，塑造良好公路形象。及时对路面垃圾、杂物清理，对道路两侧水沟定期进行清理和除草，确保排水畅通并保持路面干净整洁进一步推动城区城乡环境卫生整洁行动的深入开展，营造人人讲卫生、爱清洁、讲文明的良好社会氛围，组织开展2次志愿服务小组活动。遵照方案要求，结合实际情况，以示范道路及示范区间道路为重点，组织对洞头路和连南路、南高线、牛浪路等4条道路进行清洗，沿线清洗树目1000余棵、清洗路牌标志150个；加固重点路段两侧护坡、护墙200平方米，新增、更换防撞墙、防护墩、限高限宽、警示标志标牌等装置30个，进一步为实现城乡容貌大改善、环境卫生大提升、打造整洁的市容环境、增强居民群众获得感、幸福感，助推新时代美丽城区高质量转型发展夯实基础。

【突出行业管理重点，确保交通运输领域稳定发展】 一是全面加强道路运输管理。根据中共晋城市委、晋城市人民政府《印发关于整建制托管城区、泽州县部分乡镇的实施方案的通知》(晋市发〔2019〕17号)文件精神，自2020年1月1日起，城区交通运输局正式对南村镇道路运输企业进行管理。截至年底，全区共有道路运输经营业户875家，其中：普通货物运输经营业户733家；维修经营业户131家；驾驶员培训学校10家；客运站1家；共有经营性普通货物运输车辆6342辆，共计128530.599吨；属地监管道路运输企业11家，其中两客(班线客运、旅游包车客运)企业4家，危货企业4家，汽车租赁企业3家。客运管理方面；2020年春运于1月10日至2月18日，为期40天，因受新冠肺炎疫情影响，道路旅客运输企业于1月28日暂停所有旅游客运业务，城区交通运输局于1月28日开始对全区4家客运企业、256辆营运客车进行每日巡查，坚决遏制通过客车传播疫情，春运期间(1月10日至28日)全区共投入旅游包车199辆次，运送旅客9927人，截至年底，全区旅客运输企业共投入旅游包车6405趟次，发送旅客20.5398万人，未发生一起安全事故和旅客投诉事件。同时，按照市交通运输事业发展中心统一部署,9月完成对4家属地监管企业及1家客运站的2019年质量信誉考核初审工作。货运管理方面;会同环保部门对辖区内大型运输企业混凝土搅拌企业、建筑垃圾渣土运输企业的车辆开展入企检测工作,共检查企业60余家,车辆500余辆。9月完成对18家大中型普货企业2019年度质量信誉考核工作。截至年底,全区共新增普通货物运输业户54家,车辆568辆,共计9111.235吨。11月以来,根据省交通运输厅等五厅和市政府关于国三及以下老旧营运柴油货车淘汰工作的精神,对全区1317辆老旧营运柴油货车开展淘汰工作。维修管理方面;疫情防控期间,由于大多数企业不能复工复产,区交通运输局多方联系,在市区设立4个便民服务点,为市民提供车辆维修保养、充气补胎等服务,为市民出行提供方便。同时,全面打好2020年蓝天保卫战任务,完成中央环保督查组2019年环保督查"回头看"及2020年夏季督查共17起整改案件。对所有未完成催化燃烧装置设备的维修企业一律停止喷漆作业,截至年底,完成整改企业5家,拆除烤漆房27家,关停24家。推进全区机动车排放检测与强制维护制度(I/M制度)的建设实施,全区共有M站6家,可对所有小型汽车进行治理,其中3家可对大型柴油货车进行治理。同时,按照市交通运输事业发展中心统一部署,9月完成63家机动车维修企业质量信誉考核工作。驾校管理方面;5月20日对全区驾驶员培训市场进行执法检查,通过开展驾培行业大检查,推动道路交通事故预防"减量控大"工作任务落实,严把驾驶人培训关、考试关,此次行动共出动执法车辆20辆次,执法人员380人次,取缔非法练车场2处。截至年底,全区普通机动车驾驶员培训共结业7583人,道路运输驾驶员共结业934人;辖区内10家驾驶员培训学校2019年度质量信誉考核工作也全面完成。驾驶员继续再教育方面;对备案的四个继续教育培训质量进行严格监管,利用网络后台对参加网络培训学员的培训情况进行检查,未发现培训弄虚作假的行为,同时对辖区内的3570名道路运输驾驶员进行诚信考核,对1427名违章从业驾驶员计分处罚,合计处罚2458分。货物运输源头治超管理方面;全区公示货运源头企业共计69家,其中:重点货运源头企业17家,非重点货运源头企业51家;正常生产企业58家,停产或阶段生产企业11家。区交通运输局与69家政府公示源头企业签订2020年治理超限超载工作目标责任书、无扬尘抛洒承诺书等,并要求企业统一规范治超管理规章制度、上墙公示制度。同时加大巡查监管,共计出动巡查人数700余人次,巡查车辆280余车次。截至年底,共报送违法运输车辆1辆次。二是全面提升水上交通安全监管水平。聚焦企业主体责任落实,推动水运企业由被动接受监管向主动加强管理转变,切实落实企业安全生产主体责任,提升水上交通从业人员整体安全意识和水平。进一步推进安全信用管理,建立完善分类分级管理制度,实施水上企业差异化管理,加快构建水上交通安全诚信管理体系。聚焦重点领域隐患治理,加强"四类重点船舶"和"六区一线"重点水域安全监管。加大隐患排查治理力度,按照"应查尽查、应治尽治"的原则,做到"底数清、情况明、措施实",严格实施重大隐患挂牌督办、整改销号,开展重大隐患清零攻坚行动,强化隐患排查治理的全过程"闭环"管理。聚焦重大风险预防预控,以防范化解水上交通重大风险为抓手,按照水路客运安全生产重大风险,采用网格化、定量化和分类分级的评估方式,对重大风险进行逐项评估,进行分级管理、动态管控,积极落实好重大风险预防预控措施。推进将水上交通重大风险纳入属地政府重大风险防范化解工作,切实做到重大风险可防可控。全区水上交通运输安全态势平稳。三是全面强化路政宣传。宣传月期间,大力在公路沿线及各乡镇、沿线学校、企业进行《中华人民共和国公路法》《公路安全保护条例》《超限运输车辆行驶公路管理规定》《路政管理规定》等法律法规的宣传,为确保宣传活动顺利开展,通过广播、固定标语等形式,深入广泛宣传,共印发宣传材料1000份,悬挂条幅30余幅,做到家喻户晓,加强广大群众爱路、护路意识,维护公路路产路权。

【强化行业安全监管,确保交通运输安全生产形势总体稳定】 一是统筹谋划重要节点旅客运输工作。二是重拳整治非法营运。"创文"期间，为规范运输市场秩序，对金太阳、大十字、火车站等地点值班值守，共出动执法车90车次，执法人员360人次，同时，加大对非法营运车辆的打击力度，截至年底查扣非法营运车辆5辆。接办市交通局"12328"转办及群众投诉举报案件45件，已全部处理完毕并电话回复当事人，办结率为100%，群众满意率100%；办理运政违章案件10件，罚款17000元；办理"一超四罚"抄告案件20件，办结11件，未办结9件（已电话通知当事人）。三是扎实开展专项整治。为认真贯彻落实习近平总书记关于安全生产重要论述，特别是近期作出的"从根本消除事故隐患"的重要指示精神，全面加强全区交通运输安全生产管理水平，防范和化解重大安全风险，坚决遏制各类生产经营安全事故和疫情防控期间企业复产复工后的安全生产工作，坚决遏制各类事故发生，确保全区安全生产形势平稳发展。按照上级安排部署，结合实际，分别开展安全生产"反三违"专项整治、安全生产专项整治三年行动计划及全区交通运输行业"零事故"创建工作，以"两客一危"为重点，围绕企业疫情防控工作，安全生产制度建设、应急保障等方面开展监督检查，同时严格落实治超"一超四罚"措施，深化"百吨王"专项整治；巩固提升县乡公路安全隐患治理效果，加快临水临崖、连续长陡下坡、急弯陡坡等隐患路段整治，提升公路桥梁安全防护专项行动；结合安全生产专项整治三年行动计划，对安全风险进行全面排查和管控，突出整治重大风险隐患，强化整治措施，做好交通运输安全、消防安全等工作，完善应急处置机制，加强从业人员安全培训教育，扎实推动全区交通运输行业"零事故"创建工作。截至年底，共派出76个检查组，出动检查人员830人次，巡查辖区内农村公路近千公里，排查交通运输企业186家（次），发现隐患70项，整改完成65项，有5项正在整改中。四是压实责任集中整治违法违规彩钢板建筑。按照区委、区政府的安排部署和整治专项行动要求，积极参与到各镇（办）排查和整治行动中，同时积极开展交通运输行业专项整治，做到底子清、任务明、措施实，有效消除彩钢板建筑安全隐患，确保全区安全形势持续稳定。

【狠抓党风廉政建设，永葆清正廉洁政治本色】 一是压紧压实党风廉政建设"两个责任"。团结带领全局党员干部全面贯彻新时代党的建设总要求，始终把党组主体责任、书记第一责任和领导班子成员"一岗双责"牢牢抓在手上、扛在肩上，切实做到明责知责、履责尽责。梳理制订区交通运输局党组2020年度落实党风廉政建设主体责任清单，完善党建工作责任制，形成一级抓一级、层层抓落实的工作格局。针对交通运输行业"点多、线长、面广"以及"人、财、物"密集，权力运行风险点多、基层队伍庞大、监管难度高等特点，局党组认真落实党风廉政建设主体责任，坚持把党风廉政建设工作同交通运输各项工作同部署、同落实、同检查、同考核，严格落实组织生活制度，督促各支部开展好"三会一课""8+X"主题党日活动，加强党员教育管理，不断锤炼党员干部的政治品质，让广大党员干部树牢"四个意识"，坚定"四个自信"，坚决做到"两个维护"，持续增强基层党组织凝聚力、战斗力。二是切实加强作风建设。不折不扣落实中央、省、市、区关于作风建设的各项规定，扎实推进作风建设规范化常态化长效化，加强日常监督管理和教育引导，通过会议要求、谈心谈话等方式加强对干部职工的提醒教育和监督，及时掌握和了解干部职工思想动态，推动政治监督具体化。共开展集体廉政谈话6次，开展提醒谈话50余次，接受谈话人数300余人次。三是扎实推进廉政教育。始终如一地落实集体学习、"三会一课"、谈心谈话等制度，坚持抓早抓小，强化干部日常廉政教育。对涉及工程招投标、资金管理、工程质量等重点环节开展有效防控，最大限度防范腐败的发生。与此同时，举全局之力，积极投身文明城市创建工作，加强对交通运输企业事中事后监管；切实加强交通系统扫黑除恶专项斗争和意识形态工作；规范办结交办区交通运输局的人大建议及政协提案办理工作；积极对接传统媒体和开拓新媒体，围绕市区重点工程、扫黑除恶、环保、党建、安全生产等重点工作，在城区网、城区报、政务信息、微信公众号等媒体发表行业动态100余篇，宣传工作新动态，弘扬行业正能量，充分展示城区交通人"勇担当、敢作为"行业形象。

（城区交通运输局）

沁水县交通运输局

2020年，在沁水县委、县政府正确领导下，沁水县交通运输局紧紧围绕"一个统领、三五支撑"总思路和县政府"1+8+10"工作举措，全局干部职工团结务实、拼搏进取、争创一流，取得骄人成绩。

【党建引领作用进一步发挥】 一是政治引领作用凸显。坚持党的政治路线，增强"四个意识"，坚定"四个自信"，在政治立场、政治方向、政治原则、政治道路上始终同县委保持高度一致；狠抓学习教育，坚持每半月一次党组学习、每周一次集中学习，全局干部职工政治理论水平进一步提高；严格执行民主集中制，落实"三重一大"及"五个不直接分管"规定，做到按程序决策、按规矩办事；持续抓好党风廉政教育，围绕"强化担当落实、践行'两个维护'"主题开展警示教育月活动，将党风廉政建设工作融入各项交通运输工作之中，全体党员干部理想信念坚定，廉洁自律意识和拒腐防变能力进一步增强。二是党建责任不断压实。制订《党总支2020年党建工作要点》，对全年党建工作作出详细安排。局党总支坚持每季度召开1次专题会议研究部署党建、党风廉政建设工作，定期听取所属各党支部书记工作汇报，及时发现问题并加以改进，确保全局党的建设工作整体推进。三是党员教育成效显著。开展以常规学习、专题学习和专家授课相结合、股室讲堂和实地参观相结合等方式为主的政治理论教育与廉政教育、开展警示教育月及"践行领袖嘱托，率先蹚出新路"主题党日活动，真正提升广大党员干部思路觉悟，全面提升党员队伍的整体素质。四是意识形态总体向好。不断完善分析研判、舆情监测、情况通报等10项制度，意识形态工作体制机制进一步健全；坚持每季度召开1次分析研判会议，对交通运输领域重要社情民意中的苗头性、倾向性问题进行纠正引导；开展政治生态分析研判，制订《开展政治生态分析研判工作方案》，确保政治生态状况底清数明；坚持循循善诱，注重教育引导，牢牢把握意识形态主动权和话语权，全局干部职工人心思齐、人心思干、人心思进，为出色完成各项交通任务提供有利思想政治保证。

【重点工程建设任务圆满完成年度任务】 一是沁樊公路杨河桥至里必段工程。全长8.66公里，总投资3.99亿元。截至12月底，杨河桥至里必煤矿段6公里主体工程完工，具备通车条件。二是太行板块旅游公路尧都至东坞岭段建设工程。全长13.109公里，预算总投资16887万元。2019年10月开工建设，截至2020年12月底，完成80%的路基、排水、防护工程以及全部桥涵工程，完成投资8300万元。三是"四好农村路"建设工程。全长206.6公里，2020年完成养护提质改造136公里，窄路基路面拓宽改造34.37公里，安全生命防护25公里，危桥改造15座，20条公路的平交道口整治，断头路打通17.63公里及道路损毁改造18.6公里。四是"太行一号"洪谷片区五大系统建设工程。全长88公里。2020年5月15日开工建设，截至12月底，完成慢行系统、服务系统主体工程，完成投资3500万元。五是示范牧场循环旅游公路建设工程。全长32.5公里，总投资1.97亿元。2020年6月开工建设，截至年底，完成50%的路基工程。

【认真做好新冠肺炎疫情防控】 在疫情防控工作中，县交通运输局牵头负责、扎实开展交通场站应对及交通保障工作。一是重防范，抓好场站灭疫环节。疫情发生后，在县域公交未停运期间，县交通运输局在沁水汽车站和端氏汽车站均设立体温监测点，按时对车站候车亭、公交车进行消毒，并安排专人随车对乘车人员进行实名登记和体温测量，保证交通场站疫情可防可控。二是筑堤坝，阻断疫情输入关口。全面停发公共交通，禁止疫情防控期间客运包车，禁止长途客运班车进站。抽调交通、卫体、公安、交警、应急以及所属乡镇干部职工700余人，设立6个交通枢纽卫生检疫站，通过"一测二登三告知四劝返"工作流程，有效运用信息化管理手段，把严道路交通输入关口。三是优服务，保障企业复工复产。实行保供车辆通行证管理，推行通行证的电子化办理，减少取证环节，提高服务水平。

【行业管理水平再上台阶】 一是公路养护。根据《沁水县农村公路管理养护办法》和《县乡公路日常养护工作考核办法》，采用平时抽查与月检查、季度考评相结合的办法，对所有列养路段进行实地考评。投资112万元实施大中小修养护工程3项，共挖除破损路面356立方米、C20混凝土基层1430平方米、混凝土路缘石39立方米、沥青混凝土面层4755平方米，铺装混凝土路面2577平方米，对18座大中小桥护栏刷漆3300平方米，施划普通标线17.5公里。积极开展路域环境卫生整治，累计清理水沟、路肩、杂草14万延米，恢复损坏波形护栏600米。二是路政管理。开展路政宣传活动，悬挂标语4条，发放宣传资料5000余份，进村入企150次；持续加强路域环境整治，清除公路用地范围内堆积物15处，打场晒粮12处，清理路障25处1200余平方米，制止非法安装非公路标志(广告牌)4起，清除小广告46处；加大路政、治超巡查力度，共劝返超限车辆76台次，发现路政各种违法行为15起，查处15起，发现率100%，查处率100%，规范平交道口30余处，办理公路路产赔偿案件8起，发现率、查处率和结案率均为100%，下达责令整改通知6份，下发路政强制告诫书4份，收缴公路赔(补)偿费23.8098万元。三是运输管理。2020年，全县五级公交体系初步形成，公交一元化开始实行，人流、车流集聚的特点更加突出，全年客运、公交、出租总客运量约380万人次，未发生一起人员伤亡事故。组织投入客车6台、公交车199台、出租车70台，完成春运道路旅客运输工作，春运总量达41万余人次；对3家汽车运输企业进行质量信誉考核；对辖区内客运企业进行57次安全生产监督检查，出动检查人次176人次；新增公交车4台，新增公交停靠点302处，进一步提升公交站点覆盖率；根据疫情防控要求，抓好常态化疫情防控工作，全面做好疫情防控查验关，严格做好场站从业人员、司乘人员防护，乘客登记、体温监测、对进站乘客实行“一码一人”通行，严格落实“四不进站七不出站”规定，严格落实站场消毒工作，全年未发现一例中高危险地区返沁人员。四是脱贫攻坚。首先，全面实施交通脱贫。实施“四好农村路”建设206公里，完成投资12159万元，实施太行板块旅游公路建设13.167公里，年底完成投资7500万元。各类公路项目完善交通基础设施建设，为脱贫攻坚打下坚实基础。其次，全面开展驻村帮扶。积极开展新冠肺炎疫情防控工作。1月开始，驻村工作队采取电话沟通、进村入户督导检查的方式帮助曲寨村开展防疫工作，共支援防护口罩80只，消毒粉5桶，消毒酒精2桶，保障防控物资急需。扎实开展入户走访。累计走访100余户，排查饮水、住房、就业等5个方面问题，截至年底，已全部解决，达到“两不愁、三保障”要求。全面开展“十个清零”行动。义务教育方面，全村18个义务教育阶段的孩子均正常在校。基本医疗保障方面，累计住院13人次，4人办理慢病证。住房安全方面，外墙立面改造14户全部完成。产业扶贫方面，村级光伏发电年均收入3.5万元，有4户贫困户办理小额贷款。保障就业方面，贫困户中33名劳动力，31名已就业。饮水安全、易地搬迁、兜底保障、账实不符方面不存在问题。大力开展交通基础设施建设。积极申请扶贫资金500万元，对村中半沟至东山、曲寨至节山两段农村公路进行拓宽改造，截至年底工程已全部完工。五是海事工作。首先，采取日常巡查和重点时段巡查相结合方式，加大安全检查力度，从严排查安全隐患，截至年底，共出动执法车辆40台次，执法人员40批108人次。“五一”、端午小长假期间，派出执法人员深入水库沿线进行安全巡查，杜绝农业生产生活用船私自拉客。其次，开展安全宣传“进企业”“进农村”“进社区”“进学校”“进家庭”等“五进”活动，宣传贯穿《山西省水上交通安全条例》，宣传防溺水知识和水上交通安全知识，普及防溺水知识和意外落水处理方法，发放资料2650余份，切实增强学生及广大群众水上安全意识。最后，严格安全监管，全年水上交通安全无事故。六是安全生产。全年召开安全工作例会和安全工作会议11次，分析研究安全生产工作。先后印发《反三违专项行动》《关于开展2020年“安全生产月”活动的通知》

《全县交通运输行业"零事故"创建工作实施方案》《安全生产专项整治三年行动计划》等文件，开展活动。开展"春运""安全生产月"安全生产宣传教育活动2次，向来往行人散发有关安全知识的宣传料2000余份。组织消防安全宣传培训1次，提高广大干部职工消防安全意识。全年对生产经营建设单位排查276家次，共排查安全隐患91个，整改86个，未整改5个，未整改隐患要求各单位督促企业及时整改落实，并回查、销号。七是文明创建。首先，扎实做好创建文明城市公益广告宣传工作，截至年底共有48个公交站台，80个站牌，80个公交候车棚全部按要求完成公益广告设置，全县40台城市公交车内全部增设疫情相关宣传知识。其次，抓好环境卫生，营造创城良好环境，完善市政公用设施，构建以公共交通为主体的城市机动车出行系统。再次，严格执法，文明服务，切实提高公共服务质量，对公交、出租行业从业人员教育培训，提升行业综合文明素养，在县城主要路段开展文明劝导活动，协助取缔县城电动三轮车非法营运行动，联合沁水县公安交警大队开展县城交通秩序大整治，严厉打击电动三(四)轮车非法载客运营行为，规范全县公共交通秩序。最后，积极开展志愿服务活动，共开展文明交通志愿服务活动12批次48人次，共开展进社区活动2次，组织开展捐款活动2次共15900元。举办健康教育讲座1次，每周对办公场所的室内外进行卫生清洁，完善办公楼亮化设施，重新粉刷局机关墙体，积极推进"善行义举榜"建设，宣扬好人好事，展示义行善举，分别推选"爱德""诚德""孝德"和"仁德"各1人，大力弘扬和践行社会主义核心价值观，全系统文明程度显著提升。同时，机构改革、综合治理、财务审计、行政审批、信访维稳、督查督办等各项工作均有序推进，并取得良好成效。

"十三五"期间，在县委、县政府的正确领导下，在省、市交通部门大力支持下，县交通运输局坚持建养并重、管养结合、统筹协调原则，全面实施"交通强县"战略，投资12.48亿元实施公路建设项目8个618.9公里，投资4498万元实施养护提质工程366公里，投资5964万元实施安全生命防护工程204公里，按照"城景通、景景通"目标要求，投资7200万元实施旅游公路提升改造工程88公里，成功举办三个一号旅游公路首批建成路段启用现场推进会，完成"五位一体"县域公交一体化改造，率先在全市完成村通公路和通客车两大脱贫任务，全县交通运输建设取得显著成效，沁水县也相继被命名为"四好农村路"省级示范县和全国示范县。2020年5月，县交通运输局被人力资源和社会保障部、交通运输部授予"全国交通运输系统先进集体"称号。同时，深入推进农村公路养护管理，根据省、市主管部门意见全面推进"路长制"管理，理顺"路长制"管理体制，起草制订《沁水县农村公路管理养护实施办法》《沁水县旅游公路管理养护实施办法》，使公路管养模式向专业化和细致化发展。2020年10月，沁水县被交通运输部、财政部确定为深化农村公路管理养护体制改革试点(县级)。

(沁水县交通运输局)

阳城县交通运输局

2020年，在阳城县委、县政府正确领导下，在各有关单位、乡镇积极配合下，全县交通运输工作以习近平新时代中国特色社会主义思想为指导，坚持党的全面领导，坚持新发展理念，坚持高质量发展，对标一流，鼓足干劲，敢干干成，新冠肺炎疫情防控、重点工程建设、农村公路管养、交通行业管理、法治交通、脱贫攻坚、党的建设等各方面工作均取得较好成绩。被县委、县政府授予"突出贡献先进集体""六大圆梦计划项目建设先进集体""招商引资先进集体""全域旅游示范区创建先进单位"等称号。

【疫情防控扎实有效】 面对新冠肺炎疫情，在县防控指挥部统一领导下，县交通运输局切实承担起交通场站应对组防控责任，调动全局干部职工成立"一办六组"工作机构，对县域46个出(入)境卡口、客货市场、客(水)运站场严防严控，有效阻断疫情传播，为全县打赢疫情防控阻击战贡献交通力量。领导组办公室及时传达上级400余份文件、指令和会议精神，协调各方筹备防护物资和速食产品，给全局疫情防控工作开展提供了强有力的组织、后勤保障。高速卡口管控组闻令而动，克服天寒地冻、防护用品不足等困难，坚决执行市县指挥部号令，与乡镇、卫健、防疫、畜设，精准锁定工作靶向，科学细化工作举措，做到了“两手抓、两不误”。

【重点工程稳步推进】 2020年，县委经济工作会议、县政府工作报告涉及交通重点工程（重要工作）27项，县交通运输局坚持项目在一线推动、责任在一线落实、问题在一线破解、成效在一线检验，19项重点工程中建成投入使用7项、按既定目标推进3项、开展项目前期9项，8项重要工作也都取得突破性进展。

一是19项重点工程建成投入使用7项。阳蟒高速公路长40公里，投资56.85亿元。4月30日至8月31日开放交通免费试运营，实行区域小循环；9月23日正式通车运营，打通了阳城人民南下中原的高速通道。阳西互通立交工程（含周边道路改造）立交桥长8.3公里，改造析城大街4公里，总投资3.5亿元。7月1日竣工通车，是全省县级城市中屈指可数的全互通式立交。客运中心站（城市公交站）项目占地60亩，投资1.34亿元。8月1日建成运营。是全省规模最大、功能最全、设施最完善的二级客运站。“四好农村路”建设项目共68项199公里，总投资8000万元，由14个乡镇负责实施。工程于5月份陆续开工建设，11月底完成建设任务。环县城公路改造项目（一期）共6段16.2公里，总投资牧、公安、交警等部门形成联防联控的铜墙铁壁，24小时逐车、逐人登记检查、测量体温、车辆消毒，切实阻断疫情传输，截至2月23日撤销出入境卡口，全县未出现一例输入性病例。局执法队赵海胜被县委宣传部、县文明办授予“新冠肺炎疫情防控优秀志愿者”；段军锋被组织部门批准火线入党。运输市场管控组不间断对公交、出租运营情况进行巡查督查，有效遏制疫情通过交通工具传播。办理保供运输车辆通行证3300余份，保证各类防疫物资和蔬菜、副食产品及时运达。抽调车辆完成医疗防控物资和医护人员驰援湖北武汉运送任务。车站防控组有序停运、恢复五级公交和长途客运，严格执行“实名制”乘车制度，对所有进出站人员进行逐一测温、登记，仔细核查进出站人员身份信息，建立专项健康档案，严控“进、出”关口。实行“点对点、一站式”直达运输助力复工复产，保证返工返岗人员安全、顺畅、便捷通行。监督检查组、综合应对组、宣传报道组各司其职、各负其责，严格履行防控责任，按要求收集、整理、上报疫情防控工作情况，适时报道疫情防控工作动态及涌现出的先进事迹、人物、典型做法，相关报道文章先后在《中国雷锋》杂志网、《山西日报》等媒体和交通运输部、阳城融媒、获泽红叶等公众号刊登，传导正能量，激活精气神。一年来，全局干部职工守望相助、精诚团结，牢牢扛起疫情防控和经济社会发展责任，一手抓疫情防控，一手抓工程建7912万元。在完善2019年已实施5段15.8公里基础上，完成阳蟒高速南互通连接线至阳杨线400米连接匝道建设，完成投资754万元。“一环三连”环县城路网的“一环”已建成，“大车不进城”目标基本实现。

阳东线岳庄至寨岭段改造项目长11.4公里（阳东线改造8.8公里，维修淇纳至前贯沟路面2.6公里），投资2317万元。12月中旬建成通车。广汇汽车检测中心占地18亩，投资1200余万元。8月1日建成投入运营。

19项重点工程中，“太行一号”国家风景道阳城段工程长94.8公里，总投资19.24亿元。桥梁18座完成17座，隧道10座全部贯通，路面完成66公里，完成投资17亿元。月院至对桥段43.5公里、口河至沁水段9.3公里实现通车。阳高泉至张峰道路工程长9公里，投资概算11.5亿元，按PPP模式实施。完成PPP项目咨询、施工图设计、监理招投标等前期工作，12月22日与山西四建集团签订PPP项目合同，即将开工建设。高速收费站灯光亮化工程，投资340万元对阳城南、阳城北高速收费站及迎宾大道进行亮化。19项重点工程中，积极开展项目前期9项，晋阳高速公路改扩建工程长43公里，总投资62亿元。阳城境内长16.5公里，投资26.5亿元。施工图设计已批复，县正确负责境内征迁工作，已完成红线范围内附着物的清点。阳运高速公路长148公里，投资估算190亿元。阳城境内49公里，投资估算70亿元。项目列入国家高速路网规划，拟定“十四五”期间启动实施。晋阳高速公路阳城南联络线长13公里，投资估算20亿元。省厅已将该项目作为阳运高速的一段列入高速网规划。晋阳一级路工程长54公里，投资估算33.2亿元。阳城境内26公里，投资估算16亿元。列入市政府重点工程项目，正在确定建设模式。湘峪三都古城至皇城相府旅游公路长5.4公里，预算投资7713万元。阳城境内长3.6公里，预算投资4842万元。市、县签订共建协议，已对地面附着物进行清点。八芹线道路改造工程长25公里，投资概算1.32亿元。完成初设批复、施工图评审等前期工作。嘉阳线青林沟至汉上段道路改造工程长3公里，投资预算856万元，完成施工图设计，预算待批。晋城至侯马城际铁路长169公里，投资估算228亿元。阳城境内长40公里，投资估算55亿元。已列入山西省推进交通强国建设（2021—2022年）行动计划。阳城通用机场项目A1类通用机场，投资估算4.7亿元。完成民航和军方机场场址批复，工可、土地预审等正在推进。

二是重要工作类（8项），优化五级公交线路布局。规划调整后的“城际、城市、城乡、乡村、旅游”五级公交133条线路235台车有序运营。城市公交新能源使用率达100%。按市委、市政府要求，自6月20日起全面执行“1元”惠民票价。同时，按照“车进站、人归点”客运要求，完成565个公交招呼牌和110个公交候车厅的建设。城际旅游公交。确定阳城至洛阳、阳城至济源城际公交开通方案，与洛阳市、济源市交通部门达成初步合作意向。新能源电动出租车更新。全县109台巡游出租汽车，已报废94台，更新80台。进入出租市场的车辆全部实现新能源。“互联网+高效物流”示范工作。大富运和鸿丰物流公司完成“互联网+高效物流”平台建设，10月份运营，企业效益比往年同期增长40%以上。公路建设材料探索利用工作。已委托技术咨询单位进行相关试验检测并拿出技术经济方案。拓展共享电动车市场工作。通过市场调研，先后与骑电、美团、青桔、哈啰、柠檬5家运营商进行沟通洽谈，完成实施方案编制。国资国企改革。积极配合国资委开展县商品路开发公司和县运输公司改制工作。“十四五”交通运输规划编制工作。委托中介机构进行规划编制，已完成规划初稿。

【公路管养不断加强】 一是县乡村三级公路管理。推行“路长制”，建立县级路政员、乡级监管员、村级护路员“三员”保障体系，农村公路管理水平不断提高。开展“百乡千村万里美丽农村路”创建活动，创建示范乡（镇）2个，示范村21个，美丽农村路209公里。督促乡（镇）村制订爱路护路乡规民约、村规民约，覆盖率达80%以上。推广“县级执法、乡（村）协助”工作制，查处道路损坏案件13起，清理占用路面打场晒粮、洗车加水等违法行为200余处，取缔4处擎天柱广告牌和600余处非公路标志（牌）。二是农村公路养护。对16条县乡主干公路进行路况病害、地质灾害隐患排查，加强八芹线、芹张线、嘉阳线、阳店线等路面病害处置，完成西蟒路水毁恢复及洪水至九里沟2公里道路建设，建设养护类投资2200余万元。督促乡（镇）管护站开展农村路容路貌整治，完成小修养护投资536万元。三是环境综合整治。压紧压实网格化环境监管责任，推行交通建筑工地绿色施工，落实“十个百分之百”要求；狠抓车辆管控，严格错峰运输和重污染天气应急减排措施，检查源头企业200余家次，运输车辆4000余台次，查处违反错峰运输企业1家，扬尘抛洒污染行为34起。

【行业管理规范有序】 一是道（水）路运输管理。客运方面，在原有94条城乡、乡村线路基础上，增设22条线路，建制村通公交全覆盖，实现城乡、乡村公交“零换乘”。公交、出租开展“爱心送考”，开通夏季晚间公园通勤车。全年发放补贴3000余万元。货运方面，严格车辆营运证、从业人员资格证、车辆押运证等相关证件核查，杜绝违法运输行为的发生。维修驾培方面，推动维修企业M站建设工作，县城建成区11家维修企业烤漆房完成升级改造。规范驾培企业管理，实现驾驶培训稳步发展。水上运输方面，加强重点水域、码头、渡口和水上游船的巡航监管，纠正违法违章运输经营行为，水路交通旅客周转量108万人公里，实现“零事故”。二是超限超载治理。坚持“源头、路面、站点”同步管控。源头治超，加强对政府公示83家源头企业的巡（核）查监管，严格执行抄告、移送、报告和“黑名单”制度，查处案件8起，将7台货车和30名驾驶员计入“黑名单”。路面治超，建立路警联合执法机制，加强重点路段、重点区域巡查，对“黑名单”企业、车辆、驾驶员实行跟踪监管，全年查处短途超限超载运输车辆300余台，移交公安交警部门处理5台，受理上级督办和群众电话举报治超案件77起。上孔超限站，严格执行24小时检测制，全年检测货运车辆42万台，移交公安交警处罚超限超载车辆27台，责令卸载货物200余吨，超限率控制在0.1%以下。三是安全生产工作。按照“全覆盖、零容忍、严执法、重实效”总要求，层层签订安全生产责任状，建立纵向到底、横向到边的安全责任网络。深刻汲取“12·30”析城山隧道事故教训，重点加强道路运输、水上运输、公路运营、公路水运工程安全生产风险隐患动态管理，加强人员密集场所消防安全管理，切实消除隐患，全年共检查单位211家次，查出安全事故隐患419项，整改408项，整改率98%；打非治违23起。强化恶劣环境和复杂地质条件下的施工安全管理，“平安交通”创建效果明显。四是“三零”单位创建。围绕信访、安全和社会治安风险，通过“查漏洞、补短板、强弱项、扬优势、建机制”，做到矛盾不上交、平安不出事、服务不缺位；纵深推进扫黑除恶专项斗争，做到有黑扫黑、有恶除恶、有乱治乱，优化交通发展环境。五是道路工程质量监管。严格监管程序，强化“事前、事中、事后”监督，开展质量安全督查70余次，下达《公路工程质量安全监督现场指令》18份、《工程质量监督管理通知》12份，完成在建工程弯沉检测34公里，桥梁桩基检测13项、箱梁强度检测90组，水稳基层、水泥路面、沥青路面取芯111个，路面宽度抽检525处，平整度检测45处，水泥路面抗压强度检测145组，交通标志检测123套，标线检测87处，波形梁护栏检测45处，交通工程质量合格率达95.3%。

【法治交通成效显著】 围绕“依法治交”新要求，以构建“和谐、高效、便民”执法环境为目标，不断完善制度建设，加强内部管理，推进交通行业依法行政水平。行政审批方面，按照“三对”“六最”要求，精简办事流程，对标一流优化服务，继续推行岗位责任制、首问负责制、办事公开制、服务承诺制、限时办结制等五项制度，深化“最多跑一次”“只进一扇门”便民服务，不断规范政务行为，提升服务水平。全年办结交通行政许可事项539件，受理相关业务12000件。对疫情防控期间到期的道路运输经营许可证、驾驶员从业资格证、车辆综合性能检测等，延长有效期至一级响应结束后45天；对62台未开展技术等级评定、车辆年审逾期的道路运输车辆免予行政处罚；对300余名未按规定时间参加继续教育培训及签注诚信考核等级的道路运输驾驶员免予计分处理，营造宽松的营商环境；加大国三及以下柴油营运货车的清理工作，注销营运许可证936份，完成省市下达的淘汰任务。综合执法方面，通过提升执法人员业务能力和执法素养，提高执法管理水平，共出动执法车辆1100余台次，派出执法人员5400人次，行程达10万余公里，对公路路产路权进行依法维护，对客货运、出租、维修、驾培市场巡察监管，对柴油货车及散装物料运输车辆全面管控，对货物抛洒扬尘污染、超限超载运输车辆严厉打击，查处违法经营行为500余起，交通运输违法违规现象较往年明显下降。

【脱贫攻坚胜利收官】 一是交通扶贫。围绕贫困群众“行路难”“乘车难”两方面，不断巩固交通脱贫成果。首先，针对19个预约班通客车行政村，优化城乡、乡村公交线路，合理安排运力，行政村实现通公交“全覆盖”。其次，完成阳东线岳庄至寨岭段改造扶贫项目和“四好农村路”建设，行政村实现通水泥（油）路“全覆盖”。全县335个行政村实现“路车双通”目标。二是驻村帮扶。按照“四个不减”要求，落实帮扶政策，坚持扶贫和扶志、扶智结合，鼓励贫困户发展优质红苗谷产业、旅游产业，全面完成精准帮扶、精准脱贫任务。帮助红色教育基地驾岭乡暖辿村销售红苗谷小米4220斤，解决农村道路建设资金8万元。

【党的建设常抓常新】 建设学习型、服务型、创新型党组织，以党建引领发展，把党建融入发展，用党建推动发展,靠发展检验党建。一是制订《2020年党建工作要点》和《2020年党风廉政建设和反腐败工作要点》。层层签订目标责任书,明确工作职责,细化工作任务,加强基层组织、基础工作和基本能力建设,提升党建工作水平。二是坚持加强学习。学习贯彻习近平新时代中国特色社会主义思想、中共十九大及十九届二中、三中、四中、五中全会精神和省、市、县委全会精神,不断用新视野看待新事物,用新观念研究新问题,用新思路谋划新发展。全年组织党组中心组学习24次,全局干部职工学习26次,开展专题研讨3次。三是把意识形态工作中。责任制落实到加强党的建设各项工作中,始终坚持党管意识形态的原则,定期开展意识形态领域工作分析研判,有针对性地做好思想政治工作,及时了解掌握党员干部思想动态和行为活动,坚决种好责任田、守好主阵地、汇聚正能量。四是组织党员、入党积极分子以及副股以上人员进行两次疫情防控募捐活动。募集资金24750元。五是开展"强化担当落实、践行'两个维护'"警示教育月活动。六是认真开展"三会一课"。全年召开总支委员会议15次,总支党员大会8次,讲党课3次,"党员活动日"10次,严肃活泼、优质高效的党内政治生活局面基本形成。七是按照发展党员工作"五步法"和全程纪实制度。确定入党积极分子1人,发展新党员2人,接转党组织关系20人。八是对个人重大事项实行常态化监督。开展廉政提醒谈话4次500余人次,营造"清正廉洁、干净做事"的工作氛围。九是开展帮扶帮建工作。结对润城楼泉村开展文明创建;帮助董封临涧村充实村民图书阅览室,送上各类书籍300余册,为两村解决道路建设资金5万元。十是指导嘉润机动车检测有限公司开展"三会一课"、主题党日、组织生活,推动党建工作与企业生产经营有效融合。

与此同时,全县交通战备、财务审计、政工人事、文明创建、提议案办理、节能减排、文书档案、工青妇团等工作稳步推进。

(阳城县交通运输局)

陵川县交通运输局

2020年,在陵川县委、县政府正确领导和上级交通部门大力支持下,陵川县交通运输局紧扣全面建成小康社会目标任务,扎实推进交通基础设施建设,不断加大公路管养力度,规范运输行业管理,有效地提升交通综合服务水平,为全县经济发展做出积极贡献。

【加强协调,稳步推进重点工程建设】 一年来,全局上下齐心协力,强化管理,落实责任,各项重点工程建设稳步推进。一是"太行一号"国家风景道古郊至夺火段。全长约80公里,总投资21.1亿元。2019年1月开工建设,年底前可通车。二是协调推进"太行一号"旅游公路"零公里"标志文化驿站项目建设。该项目位于古郊乡,实施主体为山西文旅集团下属子公司山西茂翔盛房地产开发有限公司。项目总用地面积20亩,建筑面积约1800平方米,建设内容包括:"零公里"标志景观石、游客服务中心、太行文化体验馆、文化长廊、停车场、直升机停机坪。项目投资概算2000万元。9月23日完工并投入运营。三是"四好农村路"建设项目。2020年,县"四好农村路"工程总计安排5个项目42.1公里,总投资4210万元,截至年底,所有项目全部完工。

【精心组织,全力开展疫情防控工作】 自新冠肺炎疫情发生以来,按照县疫情防控领导小组安排,结合自己工作职责,县交通运输局全力开展疫情防控工作。一是加强组织领导。及时成立应急领导小组,加强对疫情防控工作的组织领导。出台《防控应急预案》,明确相关单位和人员工作职责;多次召开紧急会议,研究落实县防控领导小组的工作安排。二是强化行业监管。客运方面,城际公交、农村班线客运25日起(农历正月初一)全部停运,县城公交车1月29日起全部停运,出租汽车2月1日起停运。公共客运全部停运后,车辆时刻处于待命状态,全力保障疫情应急需要。来往人员检查方面,在省运公司和县运公司设置两个疫情检查点,与县疾控中心人员共同参与对来往乘客进行检测。车辆消毒方面，重点对候车室每天早晚进行消毒，对运营车辆每天消毒一次。同时，由运管人员对出租车的消毒进行监督。三是完成交通卡口数据统计上报。根据疫情防控需要，及时研究拟定《交通卫生检疫卡口设置方案》，根据防控领导组要求，重点设置9个外出通道检疫卡点，分别是：高速路口、平城后河口、六泉东双脑口、六泉浙水口、马圪当武家湾口、夺火箭眼山口、杨村西火口、平城北召口、西河底西河口。在防疫期间，9个交通卡点总计排查车辆6740辆，排查人数12606人，劝返车辆524辆。四是加快绿色通道审批。按照县防控领导小组安排，自2月3日下午，承担对全县群众生活必需物资运输车辆审批工作，实行由主管部门和交通运输局同时审批的政策，保障群众生产生活物资的顺畅通行。总计审批签发绿色通道审批单1149份，为保障群众生产生活需要全力服务。

【积极推进，努力实现县域公交一体化】 按照县委县政府“关注民生、服务民生，改善民生”的重大举措，积极推进公交体制改革，全力改善公共交通运行条件。一是适时调整城市公交线路。根据县城建设面积不断扩大现状，适时调整城市公交运行线路，增设为第4条公交线路，实现县城区域公交线路全覆盖。二是实行一元惠民票价。按照市政府要求，自6月20日起，全县城际、城市、城乡公交均实施1元票价制度，进一步提升人民生活品质，使百姓群众有更多的获得感和幸福感。三是全面实现公交化运行。针对县运公司运行的客运班车，制订临时性公交化运行方案，同时拟定经营到期后的公交改制问题，计划由汇民公交公司接替，完善县到市、县到镇、镇到村的公交化网络，落实“村村通”客车目标。

【强化组织建设，党建基础工作全面加强】 始终以党建工作统揽全局，扎实开展一系列活动，加强党组织的凝聚力和战斗力，促进党建工作迈上新台阶。夯实党建基础性工作。一是落实工作责任。局党组书记与各分管领导签订党建工作目标责任和党风廉政建设两个责任书，明确党建工作和党风廉政建设工作目标和任务，层层抓落实。其次是坚持日常学习。按照学习与讨论相结合、个人自学和集体学习相结合的原则，坚持以中共十九届四中全会、“两会”精神、习近平总书记考察山西重要批示精神等为重点学习内容，由主要领导带头，及时传达学习领会党建工作精神实质和内涵，让全体党员干部“四个意识”更加牢固、“四个自信”更加彰显。二是抓紧抓实“学习强国”、“三晋先锋”的常态化学习任务，确保所有职工在思想上、政治上、行动上始终同党中央和省市县委保持高度一致。再次是规范基础资料。对全年党建工作资料进行归档，完善了党支部年度工作计划、教育培训计划、党风廉政建设计划，整理了“三会一课”、组织生活会、谈心谈话、廉政教育、党费收缴、党组织活动、基础资料等内容。严肃党内组织生活。一是坚持民主集中制。在工作中，特别是在重大决策上，不搞“一言堂”，凡属重大决策、重要建设项目和大额资金的使用等，必须经过会议集体讨论，科学做出决策。其次是规范组织生活，“三会一课”、主题党日、民主评议党员、谈心谈话、民主生活会和组织生活会等全部按照规范的程序认真组织，把组织生活和实际工作相结合、相促进。二是严肃开展批评和自我批评。各班子成员及党员结合自己的工作，带头开展批评和自我批评，既充分肯定成绩，又开诚布公、实事求是地找出不足与问题，互相交流意见，理出共性问题，总结经验教训。三是开展多项组织活动。为进一步激励全体党员继承和发扬党的优良传统和作风，“七一”前夕，在局机关三楼会议室，局党组书记、局长宋志刚带领全体党员身戴党徽，面向党旗，高举右手，庄严宣誓，重温入党誓词，重新感受申请入党时的思想激情和奋斗追求，为党员们上了一堂《中国“战役”精神》的专题党课。会后，来到退休老党员、生活困难党员及其家属家中，进行走访慰问活动，进一步了解他们的身体状况、子女工作、家庭生活等情况，感谢他们过去为党的事业做出的贡献，希望他们健康幸福、安享晚年，并为他们送上“七一”慰问和党组织的关心和关怀，深切感受组织的温暖。

【转变作风，不断加强党风廉政建设】 坚持一手抓交通运输工作，一手抓党风廉政建设工作。按照

"标本兼治，综合治理，惩防并重，注重预防"要求，主要做好三方面工作：一是落实党风廉政建设责任制。局党组把党风廉政建设列入重要议程，多次召开党风廉政建设会议，建立完善"一把手总负责、分管领导各负其责、班子成员齐抓共管"的领导机制。按照党风廉政建设"一岗双责"分工要求，局党组书记与领导班子成员签订《2020年党风廉政建设工作目标责任书》，做到任务落实，责任到人。二是加强反腐倡廉警示教育。及时传达县纪委在春节、"五一"、"十一"等重要节日期间廉洁自律的各项规定，要求党员、干部牢固树立廉洁从政意识，以身作则、严于律己，自觉抵制各种不良风气。坚持廉政谈话机制。将廉政谈话作为践行"第一种形态"的重要举措，全年共开展"一对一"廉政谈话3次，让规章制度牢记党员干部心上。三是组织好人警示教育月活动。第一，网上学习，大家通过各级官方网站、微信公众号、微博、新闻媒体客户端、"学习强国"App、"山西干部在线学院"、山西组工网等，重点学习习近平总书记三篇光辉文献和中共十九届二中、三中、四中全会精神以及中央、省、市、县纪委相关会议精神等内容。第二，观看专题警示片《背弃》。通过身边人的典型违法案件，增强干部职工心中法制观念和纪律意识，增强拒腐防变和求真务实自觉性。第三，制订"三个清单"。通过梳理需要贯彻落实的党的路线方针政策、习近平总书记重要指示批示，以及省、市、县委涉及到本部门的重大决策部署，制订县交通运输局政治监督清单、廉政风险防控清单、重点工作清单，并将任务分解到岗、把责任细化到人。第四，撰写剖析材料。在深入学习的基础上，全体党员干部紧紧围绕"强化担当落实、践行'两个维护'"主题，结合自身承担的工作职责，认真反思剖析个人在担当作为、狠抓落实方面的差距和不足，制订整改措施。第五，进行一次线上专题考试。根据县委活动安排，组织全体干部职工统一参加警示教育月线上专题测试，严格按照标准答题、交卷、统计分数、上报成绩，有效地促进全局人员学习的积极性和主动性。

【多措并举，进一步提升农村公路管养水平】 以创建"四好公路"为目标，完善体制机制，创新管理方法，不断提升全县农村公路管养水平。一是强化日常巡查。及时掌握公路现状，及时做出维修解决方案，消除各种安全隐患，保证道路畅通。全年共出动巡查车次400余次，出动人员1400余人次，行程30000多公里；整治公路环境，清理枯枝、树叶、白色垃圾600余立方米，公路边坡割草370000平方米。公路小修方面，陵礼线、夺柳线维修油面4008平方米，清理边沟240000米，恢复边坡5处300余立方米，清理塌方50000立方米，增设涵洞1处80米，边坡维护2000米。增设安保设施，陵修线、赵马线维修恢复安全防护栏402米，陵修线增设标志30套，赵马线增设广角镜15套，陵修线、陵礼线、赵马线施画标线43公里，陵礼线粉刷防护墙、防护墩1700平方米，陵修线、夺柳线、石马线、礼夺线、横杨线安装警示灯21处，冬季备防滑料80立方米。二是加强路政执法，维护路产路权。坚持源头治理、路面巡查和站点治理相结合的治超工作体制，及时制止和查处各种违法行为，维护路产路权，确保公路设施完好、道路交通安全。全年累计出动宣传车辆16次，发放宣传单2000余份，悬挂条幅8幅，墙体标语4条；发现路政案件2起，查处2起，收公路路产赔补偿款4420元；清除道路两侧堆积物41处；清理违法搭建、乱堆乱放10起，清理10起；拆除非公路标志5处5块；制止在公路上打场晒粮、乱堆乱放行为9处，有效地维护了路产路权。

【落实责任，安全基础工作进一步夯实】 2020年，县交通运输局以深入开展安全生产各项活动为载体，积极落实安全生产责任制，强化安全生产宣传教育，深化安全生产隐患排查治理，极大地提高交通安全管理水平。一是落实安全责任。全局更新安全生产党政同责、一岗双责安全生产工作制度，成立以局长为组长，局党组领导班子成员为副组长，局属各股室及下属单位主要负责人为成员的安全生产领导组。领导组负责全系统安全生产工作的组织协调，定期分析安全生产形势，研究工作措施，落实工作任务。同时，全面落实安全生产责任制，继续按照"一岗双责"安全生产责任制要求，局长与各股室、下属单位签订安全目标管理责任状，各分管领导与分管各股室、下属单位签订安全目标管理责任状，明确各自目标任务，把安全任务落实到人，安全责任细化到岗。二是加强安全宣传。首先，利用春运、“国家安全宣传教育日”、“五一”“防震减灾日”、汛期、“十一”等重要时期，认真组织、周密计划、加大宣传力度，采取拉横幅、出动宣传车、现场咨询、散发传单、制作宣传版面等多种宣传形式。一年来共开展5次宣传活动，出动宣传车4车次，发放宣传传单2000份，悬挂宣传标语12条，制作宣传版面1块。其次，在安全生产月期间，组织全局干部职工和企业人员开展法制宣传一日活动、安全生产知识竞赛活动，参与人数达500人次，极大地提高全局干部职工和企业人员的安全知识能力。再次，组织全局干部职工观看《命脉》典型事故案例警示教育片，深刻剖析，分析原因、总结教训、探索规律，预防同类事故再次发生。最后，开展安全生产宣传进企业活动，通过检查带宣传，共检查企业8家，发放宣传资料50份。三是开展各项专项整治活动。深入开展春运安全大检查，反三违专项整治，“查隐患、除风险、保安全、促生产”安全生产服务月活动，三年安全生产专项行动，“零事故”创建工作，重点领域大排查大整治，安全生产风险隐患排查专项行动等多项隐患排查活动，共排查道路、水上运输企业42家次，排查一般安全隐患110项，整改110项。

【全力以赴、圆满完成交通扶贫指标任务】 一是交通扶贫指标完成。交通扶贫主要任务是“双通”，其一，建制村通硬化路。全县除古郊乡抱犊村不通公路外，其余建制村全部通水泥路。其二，具备条件的建制村通客运班车。全县265个建制村除抱犊村外，其余全部通客车。二是驻村帮扶成绩显著。首先，按要求及时调整驻村工作队，由党办主任赵晋明任驻村第一书记，配备郝碧海、朱慧栋作为队员，使得队伍结构最优化。其次，改善基础条件。结合行业特点，尽力改善柏崖村基础条件。其中：2017年投资60万元帮助柏崖村对柏崖至岭东出村道路安装波形梁钢护栏，为村民安全出行提供保障；2018年投资20万元完成柏崖至牛腰坡全长1.5公里的路面拓宽工程；2020年又投资3.5万元，为村内塌方路面增设挡土墙。累计拨付柏崖村帮扶资金8万元，用于改善村集体办公设施，村内环境整治。再次，扶持产业发展。根据柏崖村实际情况，局把中蜂养殖作为驻村帮扶工作的突破口，2016年投资4万余元购置蜂箱220余个，分发到每个贫困户，2017年又投资12500余元购置25箱蜂种分配到贫困户，按测算，每个蜂箱年纯收入可达到500元。此外，县交通运输局积极向扶贫办、发改局协调，为柏崖申请光伏发电项目。最后，积极开展走访慰问活动，在春节、端午、中秋等重要节日及时向全体村民发放面粉和食用油等慰问品，为村民送上关怀和温暖。并积极开展消费扶贫，帮助贫困户销售农产品，总计购买贫困户核桃、蜂蜜等农副产品等共计8000余元。

（陵川县交通运输局）

泽州县交通运输局

2020年，在泽州县委、县政府正确领导下，泽州县交通运输局高举习近平新时代中国特色社会主义思想伟大旗帜，认真贯彻落实中共十九大和十九届历次全会精神，团结带领广大党员干部职工紧紧围绕县委县政府年度工作目标，不忘初心、勇担使命、真抓实干、攻坚克难，奋力开启新时代交通强国建设泽州新征程，完成各项工作任务。

【攻坚克难，全力打赢重点工程建设大会战】 一是“太行一号”国家风景道泽州段主支线。该项目受省级猕猴自然保护区影响，原定方案无法实施。为不影响全市旅游通道如期通车，2020年4月，省交通运输厅党组成员、副厅长王四小带队对全县太行板块旅游公路进行实地调研后敲定《实施方案》，5月至7月办理工程建设相关法规程序，8月6日完成设计施工总承包招投标确定实施单位后，即日进入工地进行紧张施工。面对建设工期紧、任务重、资金不到位等不利因素，全局党员干部职工心往一处想、劲往一处使，呕心沥血、尽心尽力，冲锋陷阵，勇往直前，截至年底，主线建设任务主体工程已经全部贯通。二是太行板块旅游公路山里泉旅游公路。全长约21公里，投资约3.4亿元。2019年已完成项目前期工作，包括（建议书编制，可研报告编制，初设文件，施工图文件，施工招投标，生物多样性和环评报告）。2020年9月18日省林草局批复山里泉旅游路窑河至山里泉景区段的自然保护区可以施工。按照省交通运输厅"四好办"及专家对山里泉旅游路设计咨询会的意见和建议，正在重新对（K0至K3+200）段（原路基宽12米变更为8.5米）进行变更设计。三是太行板块旅游公路大阳古镇旅游公路。全长10.6公里，分两期实施，其中第一期工程9.86公里，第二期工程0.74公里，项目投资18905万元。一期工程于2019年7月开工建设，截至年底，除起点与马巴线两处平交道口正在实施外，其余工程全部完成；二期涉铁工程正在紧张施工中。累计完成投资约12800万元。四是太行板块旅游公路柳树口至东上庄段（神南至珏山口段）改造工程项目。全长7.462公里，截至年底，该项目已全部完工，完成投资约6000万元。五是西岭街东段道路工程。全长1176米，红线宽30米，为城市次干道。截至年底主体工程已全部完成，完成投资约6500万元。六是川底（东沟辛壁）—南畔路面改造工程。路线全长10.295公里（其中川底乡境内7.718公里，城区2.577公里）。截至年底，路面铺装基本完成。完成总投资约3000万元。七是北焦庄至高都道路工程。全长2.571公里。截至年底，已基本完工，完成总投资约3762万元。八是高都古镇旅游公路。总里程11公里，分两段建设，已完工，完成总投资2600万元。九是大阳镇陡坡至二分街道路工程。全长2.865公里。截至年底，路基已经全部完成，完成总投资约3280万元。十是巴公垃圾焚烧厂道路项目。全长约1.8公里，其中已完成工程设计，正进行有关审批手续办理。

【奉献担当，坚决打赢疫情防控卡点阻击战】 大年初一，面对突如其来的新冠肺炎疫情，按照县防控领导组统一安排部署，县交通运输局作为交通场站应对新冠肺炎疫情联防联控牵头单位，立即执行县防控小组命令，连夜召集局中层以上人员召开专题会议安排部署。全局党员干部职工主动舍小家为大家，接到指令后，火速集结到各高速、国省道卡口以及客运场站值班值守，当好"守门人"。面对任务重（全县高速公路、国省道出入口以及客运场站共设置15处21个联防联控检查登记点）、后勤保障跟不上（大年初一晚上至大年初二上午，大家坚守在寒冷的室外，没吃一口饭、没喝一口水；大年初一至正月十五，防疫物资紧缺，一线人员口罩一戴数天）等诸多不利条件，全县交通人吃苦不言苦，自大年初一起，坚守在各个卡口白昼复白昼，自觉成立各卡点临时党支部，冲锋在疫情防控第一线毫不退缩，每天约出动42辆车（次）、出动206人（次），按照"逢车必查、逢人必查"的原则，24小时不间断对出入境车辆和人员实行登记、消毒、测体温，用坚定的逆行筑起捍卫全县人民群众生命健康的铜墙铁壁。

【多措并举，全力打赢环境保护治理攻坚战】 一是深入推进全县公路扬尘和运输车辆尾气排放污染防治工作。认真贯彻落实全县秋冬季大气污染综合治理会议精神，制订《关于秋冬季大气污染治理管控实施方案》《泽州县公路扬尘和运输车辆尾气排放污染防治工作实施细则》等。在公路建设工地扬尘治理上，从施工场地、围挡、拌合站、废弃物等各环节出发，从严控制；在道路运输扬尘治理上，联合交警、环保等部门，进一步加强道路运输扬尘整治，落实公路货运防扬尘抛洒措施，并联合建立监督检查的长效机制；在运输车辆尾气排放治理上，加强营运类客货运输车辆尾气排放污染治理，强化营运类柴油车的监督执法。二是认真开展交通运输能源革命。提升营运车辆清洁能源使用比例，新增765辆中重型柴油车辆均按规定安装尿素装置。加大公共交通工具的投放力度，提高公共交通出行比例，减少运输车辆尾气排放。严格推进老旧营运车辆的淘汰，完成国三及以下营运车辆淘汰工作。三是逐步推进"公转铁"工作。成立县运输结构调整工作领导小组，制订《实施方案》，定期召开协调会，与有关部门共同努力，挖掘既有铁路运能，鼓励企业由公路运输为主向铁路转变，完成公转铁任务1531.4万吨，超额完成23万吨，有力推进运输结构调整。

【从严从紧，合力打赢安全生产稳定保卫战】 认真落实上级关于安全工作的部署，结合交通运输行业的特点，以强化安全责任为出发点，以预防事故为主攻方向，以规范管理为重要保障，加强基层和基础工作，加强责任落实，加强依法监管，有效预防重特大事故发生。一是加大道路运输安全监管力度。突出重点，认真排查，召开专项会议，组织危货、客运等相关人员对全县运输企业及客运车辆进行摸底排查。严厉打击各类非法从事危险品运输的单位和个人，整改事故隐患。截至年底，全年累计出动执法人员4500余人次，检查客运、危货、维修等企业共500家次。二是加大公路建养安全监管力度。同各施工单位签订安全生产责任书，组织人员到工地督促检查安全生产情况，对所有管养线路和施工场地无一例外地进行排查，对排查出的安全隐患进行造册登记、汇总，并及时对存在安全隐患的公路加大资金投入进行抢修。截至年底，更新286块破损缺失的交通标志，处理26处平交道口安全隐患，安装45处减速带，修补路面坑槽27750平方米、挡土墙650立方米，施画热熔标线425平方米、震荡减速标线476平方米，割草132.3公里，大大提高县乡道路安全通行能力。三是加大水上运输安全监管。组织人员对各水上运输企业进行巡查，防止违章作业。对相关人员进行安全教育培训，全面排查内部安全事故隐患，出动执法人员50人次，排查整治隐患20处，全部整改完毕，确保辖区水上运输秩序情况良好。四是深入推进"打非治违"。严格贯彻落实上级有关"打非治违"要求，打击各项违规案件75起，结案75起。超限检测站共检测车辆131195台、查处超限车辆65台。通过以上措施，确保全县交通运输行业生产平稳有序。

【精准施策，确保如期打赢脱贫攻坚收官战】 一年来，县交通运输局坚持以习近平总书记脱贫攻坚系列重要论述以及视察山西重要讲话重要指示精神为指导，认真贯彻中央、省、市、县委县政府关于脱贫攻坚的安排部署，紧紧围绕县委县政府脱贫攻坚会议精神以及八大工程二十个专项行动，结合交通运输行业特色，不断加大交通扶贫工作力度，大力提升全县各贫困村交通运输基础设施水平，取得显著成效。在行业扶贫方面，以省委第二巡视组脱贫攻坚专项巡视反馈问题以及各级各部门排查反馈问题的整改为抓手，大力开展贫困村通村道路的排查和整改工作，确保了各类问题按照整改要求落实到位，有效提升贫困村的交通运输环境。同时，进一步优化、完善包括24个贫困村在内。

2020年，县交通运输局上下一心，众志成城，交通战备、精神文明建设、平安创建(扫黑除恶)、营商环境、意识形态、行政审批、节能环保、统战、工青团妇、机关管理等其他各项工作都取得较好成绩。尤其是"一元公交"亮点工作。自开启"一元公交"模式到"一元公交"全覆盖，大大降低百姓出行成本，真正让利于民，大幅提升百姓的获得感和幸福感。2020年以来，区交通运输局主动对标一流，不断优化和完善公交线路，全面加快全县公共交通事业发展，提升"一元公交"惠民优质服务和提高公交资源利用率，切实解决好人民群众出行难、出行贵。不断拓展服务，通过"旅游+公交+快递"模式，进一步激活人流、物流、信息流，拉动全县物流运输、文化旅游、"三农"等领域快速发展。截至年底，汇安公交分公司拥有公交车辆210台，优化后拥有线路90条，其中城乡公交13条，镇村公交66条，旅游公交10条，定制专线1条，泽州县全县419个行政村(含社区)实现全覆盖，覆盖率达100%。全部实行一元惠民票价，全县65周岁以上老人及1.2米以下儿童以及残疾人、军人全部免费乘坐。另外，县交通运输局积极争取资金，率先在高都、北义城两个试点乡镇安装候车亭共计76个，进一步改善候车环境。特别值得一提的是，全县"一元公交"先后在"学习强国"、《农民日报》、《农民日报内参》、《太行日报》、山西卫视等媒体进行深度报道，称赞"一元公交"是深化城乡公交改革的新样本。与此同时，"一元公交"的全县所有行政村的道路和公交班车，使贫困村的广大人民群众享受到"一元公交"带来的方便实惠农村客运服务。在驻村帮扶工作方面，不断地将交通运输行业的政策和资金向各带扶村倾斜，拨付每村1.5万元养护资金，用于支持各帮扶村的道路维护。消费扶贫工作方面，端午、中秋福利发放时机，在“832”平台上采购部分中秋节职工福利物品，共计11万元。发动全局广大干部职工，积极购买相关帮扶村农产品共计15万余元，不仅解决帮扶村农副产品销售问题，同时提高贫困户收入，有力支持扶贫产业，提升贫困户依靠自身劳动脱贫致富的内生动力，从而稳定了脱贫成效。

【健全体系，不断打赢美丽交通廊道持久战】 为进一步健全农村公路治理体系，提升农村公路治理能力，推动农村公路发展由建设为主向建好、管好、护好、运营好转变，县政府一是出台《关于在全县全面推行农村公路“路长制”的通知》文件。全面建立农村公路县、乡、村三级“路长制”，构建职责明确、齐抓共管、高效运转的工作机制，形成路联管、路全管、路共管、路常管的农村公路发展格局。按照县政府《关于全面推进通道绿化、净化、美化，助力乡村振兴的实施意见》要求，区交通运输局结合“路长制”实施方案，牵头做好全县“通道三化”工作，督促各乡镇积极采取措施，多种渠道筹措资金，全力推进全县道路净化、绿化、美化各项工作，不断打造全县美丽交通廊道，有效改善农村人居环境，助推乡村振兴，助力全县经济高质量发展。开会、学习、生活等方方面面严明纪律，打造交通铁军。二是强化财务管理，严格资金拨付。在工程建设上，一分钱的事也要经过有县交通运输局中层以上人员、监理单位、设计单位和施工单位等参加的联合体会议集体研究决定，大家做出一致决定后才给予资金拨付，当有人有疑义时，暂不拨付，直到给予解释形成一致意见后方能拨付；坚决贯彻《关于加强“三重一大”事项决策和监管的意见》，修改完善财务管理制度等相关制度，确保各项支出有章可依，规范科学；实行党政正职“四个不直接分管”制度，推行副职领导主管财务负责签字报销、正职领导进行监管的双向监督制度。通过这些举措，使资金管理更加科学有效。三是严格各个环节，打造廉洁交通。经过和审计、纪检等部门的沟通协调，县交通运输局还聘而请具有相当资质的工程建设咨询公司，对工程建设资金的拨付进行全程咨询和管理；所有工程建设项目按照相关规定、规范进行招投标、建设、管理和验收；机关干部职工全员参与公路工程建设，使公路建设的每个环节都置于阳光下，不但最大程度地避免行业腐败，还提高全局干部职工的业务能力和服务水平，使大家干干净净干事，清清白白做人。

【持续推动，从严治党向纵深发展】 一是夯实党建基础，提供政治支撑。局党组坚持以党的政治建设为统领，以调动全局党员积极性、主动性和创造性为着力点，以“不忘初心、牢记使命”主题教育常态化制度化建设为契机，把制度建设贯穿于党建工作始终，积极推进党组织规范化建设，深入推进党的政治建设、思想建设、组织建设、作风建设、纪律建设和党风廉政建设，不断加强领导班子和干部人才队伍建设，充分发挥各支部的战斗堡垒和党员的先锋模范作用。二是认真办理议案，强化人大意识。自觉主动接受人大和社会的监督，主动向县人大汇报工作，认真办理人大代表建议。2020年共收到人大代表建设意见31件。针对代表所提及的问题，组成办理小组，深入基层认真调查研究，在调研基础上反复讨论，形成初步答复意见，并邀请人大代表召开见面会，就意见、建议的办理情况一一做了说明解释，得到代表们的理解和肯定，意见、建议面商率100%，满意率100%。三是坚持挺纪在前，严明工作纪律。把纪律放在最前面，通过制度建设来推进党建工作深入开展，打造廉洁交通。进一步完善《工作制度》《考勤制度》等各项制度并严格落实，各小组，不怕苦、不怕累，扎到乡村，盯在一线，极大地感染和带动施工单位工作热情。无论是在疫情防控前沿，还是在交通执法一线，无论在公路扬尘治理现场，还是在安全检查路上，全局党员干部职工共同努力、团结一心、拼搏进取，保质保量如期完成各项既定目标任务。

（泽州县交通运输局）

高平市交通运输局

2020年，在高平市委、市政府坚强领导下，认真贯彻学习习近平新时代中国特色社会主义思想、中共十九届五中全会精神、习近平总书记视察山西重要指示，紧紧围绕全市“两件大事、两个率先”发展战略和“六创赶考、三年答卷”发展思路，主动担当，攻坚克难，确保各项工作胜利完成。

【攻坚克难、勇挑重担，重点工程圆满完成年度目标】 一年来，在广大干部职工艰苦努力下，全局重点工程建设取得骄人成绩，“太行一号”国家风景道(高平段)建设提前一年在晋城市第一家完成任务；米山至北诗快速路比预定工期提前六个月建设完成。完成62公里“四好农村路”、高平市炎帝陵至神农互通快速通道、坪曲线市区至米山段绿道建设工程。建设总里程达129公里，完成投资11.2亿元，是全市20年来公路建设里程和完成投资的总和，受到市委市政府高度评价，市四大班子领导分别于5月20日、5月27日一个月两次参加米山至北诗快速路烧石岭隧道贯通仪式和炎帝陵至神农互通快速通道竣工通车仪式。9月28日，市四大班子领导全体检阅“太行一号”国家风景道和米北快速路贯通工程。市委书记胡晓刚在全市干部大会上明确提出，“2020年国庆哪里去，就到‘太行一号’国家风景道和米北快速路”。市人大全体常委视察北部旅游大通道和米北快速路建设时，对县交通运输局干部的精神风貌，所取得的成果表示感慨；市政协全体常委多次视察交通工作，为交通人加油点赞。

一是五大重点工程提前完成。第一，“太行一号”国家风景道(高平段)建设。高平段是全省三大板块旅游公路的其中一段，全长52公里，概算投资10.17亿元。共两条，分别是北部旅游大通道和羊头山至市区旅游公路。其中，羊头山至市区旅游公路是全省三大板块旅游公路道路最宽的，宽度达20米。工程自2018年9月开工建设以来，经过728个日日夜夜不懈努力，2020年9月18日率先在晋城市完成道路建设任务，比原定三年工期提前一年，成为截至年底晋城市“太行一号”国家风景道全线唯一完工通车的路段。工程建成，串连全市的8个旅游片区，包括开化寺、清梦观、炎帝陵、羊头山、长平之战纪念馆等18个旅游景点，10多个国保省保文物单位，形成四通八达、外畅内达、快进漫游的旅游公路网络。第二，米山至北诗快速路建设。全长7.93公里，隧道长540米，工程投资1.54亿元，2019年9月开工建设，全体人员不懈努力，克服疫情、高温和酷暑等不利环境影响，日夜奋战，加紧建设，保障项目按计划稳步推进。5月20日烧石岭隧道顺利贯通，9月20日道路建设完工，提前6个月完成建设任务，实现东部山区7万老百姓期盼20多年的交通梦。第三，高平市炎帝陵至神农互通快速通道建设。全长4.87公里，路基宽度为36米，投资约3亿元。5月27日建成通车，确保全市四月初八神农炎帝文化系列活动的正常举行，对全市神农炎帝陵旅游资源的开发具有重要的意义。第四，“四好农村路”建设。全市“四好农村路”建设完成62公里养护提质工程，投资约1051万元；完成了绿化工程101公里，投资1340万元。2018年至2020年全市“四好农村路”共完成建设里程377公里，为开展百乡千村万里美丽农村路奠定良好基础。第五，坪曲线市区至米山段绿道建设，工程长度1.7公里，估算约900余万元，6月底完成建设任务，为东部乡镇群众出行提供安全方便的绿色通道。二是二项大重点项目启动实施。首先，国道208神农互通口至北环路拓宽改造工程，全长约7.3公里，路基宽度36～40米，估算投资5.2亿元。截至年底，正在开展桥梁、涵洞、路基等建设，累计完成投资6500余万元。其次，坪曲线米山至陈区段绿道建设工程。工程长度8.3公里，估算投资约8200万元。截至年底，正在建设路基、桥涵等工程，完成投资约1800万元。三是二项重点工程前期手续顺利推进。首先，国道208长治司马至高平刘庄段改扩建工程。该工程主要由晋城公路分局组织实施，市交通运输局负责协调服务拆迁等工作。省发改委已对工可报告进行评估，于2020年12月14日完成批复。其次，长晋高速公路神农互通工程。晋城市发改委已将工可报告于2020年12月4日报请省发改委审查批复，等待组织评审。

【不怕牺牲、勇往直前，疫情防控取得阶段胜利】 一是以“快”制胜，坚决打赢交通阻击战。疫情就是命令，防控就是责任。市交通运输局深入贯彻习近平总书记关于新冠肺炎疫情防控工作的重要指示精神，认真落实中央、省委、晋城市委及市委的决策部署，广大党员干部勇往直前、挺身而出、不怕牺牲，第一时间出动56人到全市8个重要交通卡点开展疫情防控阻击战，短短26天共检查车辆64460辆、检查人员102790人，阻止新冠肺炎通过交通工具传播的途径。切实做到"交通不中断、客流不中断、货流不中断"，为积极推进复工复产奠定良好的基础。二是以"早"当先，稳步推进复工复产。市交通运输局及时督促指导各施工单位制订复工复产预案，帮助解决口罩、消毒液、防护服等疫情防护物资，扎实抓好疫情防控工作。"太行一号"国家风景道（高平段）建设在晋城市第一家率先复工复产，其他重点工程也在第一时间复工复产。为完成全年任务创造良好开局。三是以"准"施策，积极服务"点对点"。市客运中心主动服务复工复学，前往河北省巨鹿县为市委党校建设工地农民工返岗复工"点对点"包车发车；把高平一中高三学生从家门口接到校门口。在省、市各大媒体宣传报道，受到一致好评。

【认真履职、创新工作，行业管理成绩显著】 2020年，全市交通运输行业管理工作转变思路、创新方法，两项工作走在晋城市同行业前列，一是农村公路"路长制"公示工作，率先在晋城市完成任务。二是国三及以下中重型老旧柴油货车淘汰工作。第一家在晋城市完成淘汰任务，省督查组在高平市检查工作时，对市交通运输局工作给予充分肯定，经验值得在全省推广。扎实开展农村公路管养，保障道路安全畅通。首先，开展以"防疫情、守安全、保畅通、优服务"为主题的路政宣传月活动，人民群众爱路护路的意识得到进一步提高。其次，开展"六道一河"环境卫生整治工作，对县道建筑控制区、排水沟、路肩等环境卫生进行排查整治；再次，开展农村公路"路长制"公示工作，在晋城市率先完成任务，共设置路长公示牌367块。最后，加强公路养护，巩固农村公路建设成果。全年共投入养护资金600余万元，全市县道好路率达83%。确保县道安全畅通。加大交通运输监管力度，确保客货运输规范、安全运营。客运管理：圆满完成春运、"十一"期间旅客运输任务。公共交通：实行高平至晋城城际公交全程1元票价；实行人民教师免费乘坐高平市域范围内公交的优惠政策；新增20台新能源公交车，开通高平火车站到郑太高铁高平东站的6路公交车，对1路至5路公交车线路进行调整优化，老百姓出行更加便捷舒适。货运管理：在晋城市第一家完成国三及以下中重型老旧柴油货车淘汰工作，经省督查组检查，工作经验在全省推广；深入开展治超工作，维护良好交通运输环境。首先，落实源头治超责任。对全市100家货运源头企业进行公示，与各乡（镇、办事处）、规模运输企业签订《2020年度"无双超"承诺书》。其次，加强联合执法。联合交警、治超检测站开展严厉打击超限超载违法行为。全年累计出动执法人员19183人次，检测车辆1335303辆，共查处各类治超案件39起，非法超限超载率始终控制在0.2%以内；加强城市客运管理，净化客运环境。一方面开展质量信誉考核。顺祥出租汽车公司和新长平出租汽车公司同时被评为省级AAA企业；开展打击"黑车"非法营运专项行动，共查处受理投诉案件200余起，净化全市出租车运营市场；强化交通安全监管，保障行业安全稳定。首先，健全安全责任体系。形成一把手负总责，分管领导具体抓，其他领导配合抓的安全生产管理格局。其次，注重压力传导。与下属各单位签订安全生产责任状，形成纵向到底、横向到边、上下联动、左右协调的安全管理网络。最后，扎实开展专项行动。开展"安全生产月"活动、安全隐患大排查大整治专项行动。全年共出动检查车辆200余车次、检查人员400余人次，检查道路运输相关企业48家200余次，检查客货运输车辆2000余辆，确保全年安全生产无事故，有力保障全市交通运输行业安全生产稳定运行。

【提高站位、高举旗帜，党的建设工作成效明显】 一是坚持加强党的政治建设。始终把党的政治建设抓在日常，严在经常，坚持以习近平新时代中国特色社会主义思想为指导，经常性组织党员干部学习中国特色社会主义理论，学习中共十九大及十九届三中、四中、五中全会精神，加强党员干部政治教育,夯实深化“不忘初心、牢记使命”主题教育成果,不断增强“四个意识”、坚定“四个自信”、坚决做到“两个维护”。二是全面推进从严治党,严抓党风廉政建设。以永远在路上的执着把全面从严治党引向深入,定期召开党风廉政警示教育会,认真组织开展廉政约谈;积极贯彻落实意识形态工作责任制,局党组定期专题研究意识形态工作。三是全面增强政治组织力。严格落实《中国共产党党组工作条例》《中国共产党机关工作条例(试行)》及新形势下党内政治生活的若干准则、重大事项请示报告等制度规定,狠抓党支部规范化、标准化建设。严格按照民主集中制原则办事,正确集中集体智慧、提高决策水平,坚持底线思维,不断增强党内政治生活的政治性、时代性、原则性、战斗型。为交通运输事业科学发展提供坚强的政治保障。

【强化教育、警钟长鸣,党风廉政建设扎实有效】 2020年,市交通运输局以党风廉政建设开展一体推进“三不”体制机制建设为载体的试点单位,工作开展得有声有色。

一是强化主体责任。始终把党风廉政建设工作纳入全局重点工作,与其他工作同规划、同部署、同推进。党组书记认真履行第一责任人责任,带头遵纪守法,做到党风廉政建设工作亲自部署、重大问题亲自过问、重点环节亲自协调;班子其他成员严格按照“一岗双责”要求,在抓好分管工作的同时,着力抓好党风廉政建设工作,局领导班子以坚强的政治定力全面压紧压实从严治党政治责任。制订《党风廉政建设工作安排》,层层签订党风廉政责任书,确保责任压力层层传导。机关坚持每周研究“三不”体制机制建设工作,提出“每周一主题”,科室“每周一总结”,周周有新内容。提出树立“刻苦学习、攻坚克难、勤奋工作、团结友爱、清正廉洁”“五好”机关形象,对违反纪律、破坏机关形象,造成不良影响的,实行“一票否决”。二是加强四大教育。第一,加强理想信念和思想道德教育。通过学党章、学先进事迹,以党章为镜,以先进人物为榜样,坚定理想信念,树立正确的人生观和价值观。第二,加强党纪国法教育。坚持每周五集中学习,将党纪国法、廉政法规、从政道德和社会公德教育作为学习的重要内容,增强党性意识、纪律意识和规矩意识。第三,加强警示教育。观看警示教育片《悔恨》《浮沉》《迷失的初心》等,坚持廉政纪律作为“高压线”,把依法履职作为“生命线”。第四,加强廉政文化教育。通过交通微信学习群,每周推送三条廉政警示语,共推送廉政警示语48条;倡导家风教育,局领导干部带头写《廉政家书》17份;加强“孝”文化建设,国庆节前,市交通运输局组织“感恩有您、一路同行”亲情回报活动,向父母汇报工作;开展廉政谈话,在重要节点,对机关人员开展集中廉政谈话,对重点工程相关人员开展个别谈话。三是完善管理制度。废止2项制度,修订完善13项制度,新建5项制度。党风廉政建设制度。新建《议事规则》,做到局里大事小情公开,科室权利公开。招投标管理制度。按照“公开进、最低价、随机抽、中标退”的原则,完善《小型服务类单位入库备案管理办法》《服务项目招标办法》《最高限价确定办法》。其中,中标单位退出办法,避免一家单位重复中标现象发生;最高限价打折法,起到节约资金、缩小利润空间、防止利益输送的作用。工程建设管理制度,新建《工程建设“三不一必须”制度》《重点工程建设廉政评价制度》两项制度。“三不一必须”即:不准介绍亲属承揽工程;不准介绍与自己有关的材料供应商;不准吃、拿、卡、要;必须为施工单位搞好全程服务。财务管理制度。新建《财政资金审计和监督检查制度》和《政府采购管理内部控制制度》,以便更好地管好财权,使财政资金发挥最大效能。四是做好全过程监督。事前监督,局机关中层以上干部全部签订“三不一必须”承诺书,进行廉政宣誓;事中监督,开展工程建设督查检查,成立项目建设督查领导小组,不定期对工程安全、进度、廉政进行检查;事后监督,每一项重点工程建设结束后,组织施工单位对项目参与人员在廉政及服务方面进行评价;扩大监督面,在重大事项、重点工作、招投标等方面,邀请派驻纪检组参加。

(高平市交通运输局)

临汾市

临汾市交通运输局

2020年，在临汾市委、市政府坚强领导和省交通运输厅大力支持下，全系统上下凝心聚力、迎难而上，担当作为、真抓实干，项目建设任务超额完成，运输服务水平明显提升，三大攻坚战成效显著，行业治理迈上新台阶，完成各项目标任务，年度考核位列全省第二，向市委、市政府和全市人民交出一份优秀的“交通答卷”。

【全力打好疫情防控阻击战】 自1月新冠肺炎疫情发生后，全市交通运输系统发扬连续作战、敢打硬仗的作风，3000余名干部职工坚守在疫情防控一线，“白加黑”“5+2”，严格检测，全面排查，全市没有一例病例通过交通运输环节进行传播，坚决守好“临汾阵地”。一是全方位部署防控工作。疫情发生后，第一时间成立由局主要领导任组长的疫情防控领导组，先后召开会议36次，下发文件54份，及时分析研判形势，针对性做好部署。在全市境内的机场、火车站、高速公路出入口、出市出省口布设69个交通防疫检测点，联合卫健部门做好体温监测、信息登记、留观查验、转运隔离等工作，坚决守好“第一道关口”。二是全力保障应急运输。成立了由151名应急人员、447辆各类保障车辆组成的应急保障队伍。调遣3辆大巴车转运医护人员到太原机场，组织15辆大型货车运送生活物资到湖北，组织6辆大巴车开展定制化服务转运118名富士康工人到太原复工。根据群众需要，启动“公交移动爱心超市”，通过公交车把超市的蔬菜、生活必需品运送到小区方便群众购买。成立108人组成的党员志愿消杀队，对市区主要交通站场、农贸批发市场全面开展隔日消毒作业。三是扎实做好常态化疫情防控工作。在全市32个交通场站全面推广使用“健康码”“行程码”，严格落实闭环管理措施，全面部署冷链物流疫情防控工作，坚决防止疫情通过交通运输环节进行传播。

【重点项目建设加快推进】 全年完成交通固定资产投资60.36亿元，其中高速公路及连接线34.04亿元、农村公路15.53亿元、沿黄旅游公路10.59亿元、公里标识文化驿站0.2亿元。新改建“四好农村路”3239.36公里，占全年目标任务3064公里的105.72%。“黄河一号”旅游公路续建44.92公里，新开工171.33公里，完成73.75公里。隰吉高速公路进行路基和桥隧施工，黎霍高速公路进行征地拆迁和桥隧施工。长临高速临汾民航机场连接线、东贾互通项目正在办理立项手续。临汾至沁水高速公路临汾至浮山段（一期工程）项目已纳入全省高速路网规划。洪大高速、安沁高速已纳入山西省省道网规划（2021—2035年），工可报告已修编完成，积极争取用地指标。国道341线李子坪至梗壁公路改建工程已正式开工建设。国道108线襄汾、曲沃、侯马等县城过境公路改线工程项目已完成“两评一案”工作。

【决战决胜交通脱贫攻坚】 一是“双通”目标全面完成。成立8个核查组对全市建制村通硬化路、通客车情况进行逐一核查，全面“回头看”，对13个尚未彻底解决通客车问题的行政村进行重点督导，确保全市2112个建制村通硬化路率、通客车率达到100%。完成农村公路窄路基路面改造460公里，实施生命安全防护工程1023公里，完成危桥改造3座。二是推动“四好农村路”高质量发展。深入实施“百乡千村万里美丽农村路”和“四好农村路”示范创建活动，完成示范乡（镇）20个、示范村151个、美丽农村路2000公里的创建任务，乡宁县、古县、翼城县3个县获得“四好农村路”市级示范县称号。三是全面提升农村公路管养水平。全面推行农村公路“路长制”，建立路政员、乡村道路监管员、农村公路护路员“三员”保障体系。全市农村公路列养率达到100%，县乡公路优良中路率达到82.36%。蒲县被交通运输部、财政部确定为深化农村公路管理养护体制改革试点县。2020年，临汾市交通运输局被省人社厅、省扶贫办授予“山西省驻村帮扶工作模范单位”称号。

【城市客运服务水平持续优化】 围绕国家“公交都市”创建工作，积极构建“以公交为主体，以出租车为补充，以公共自行车为延伸”的绿色公共交通体系。一是深入推进公交优先发展战略。市区423辆公交车全部实现纯电动化；优化29条公交线路，新开通801、802路旅游公交专线。出台公交手机e卡通，安装128个电子站牌，实现微信、支付宝等10种支付方式乘坐公交。二是深入开展出租车行业文明创建活动。审核许可网约车平台13家，其中市区6家。积极推进出租汽车电动化，全市共更新2311辆纯电动出租车，其中市区1862辆出租车全部更新为纯电动汽车。率先在全省实现市区公交车、出租车纯电动化全覆盖。三是全面推进公共自行车升级改造。对市区183个公共自行车点、5055辆公共自行车进行“升级”改造，推出“二维码”租车、预授权租车及免押金租车等模式，解决市民出行“最后一公里”问题。四是大力发展城际公交。巩固提升临汾至长治城际公交，开通临汾至晋城城际公交，为黄河、太行旅游板块互联互通提供有力支撑。市交通运输局被交通运输部授予“‘我的公交我的城’突出贡献单位”称号。

【行业治理能力不断提升】 一是大力推进交通环境整治。牵头开展全市国三及以下排放标准营运中、重型柴油货车淘汰工作，淘汰柴油货车8810辆，完成年度任务6560辆的134%。大力推进“公转铁”，成立工作专班，坚持每周调度，全面落实“一企一策”，完成铁路货运量2327.87万吨。二是深入开展四类专项行动。开展全市干线公路、县乡主干道路广告设施清理及农村公路路域环境整治专项行动，拆除非公路标志1938处，清理垃圾及“五堆”现象126处、75112立方米，路域环境明显改善；开展全市柴油货车和散装物料运输车污染治理联合执法专项行动，有效开展绿色示范区管控，整治车辆抛洒污染696起；开展全市客运市场秩序专项整治，严厉打击黑车、拼车、非法网约车，查处28起，有效维护全市客运市场良好秩序；开展治理非法超限超载车辆专项行动，查处非法超限超载车辆190辆，卸载货物2379.52吨，全市超限超载率控制在0.2%以内。三是深入开展扫黑除恶专项斗争。严厉打击非法阻挠拆迁、强揽工程等违法行为，维护交通运输发展的良好环境。

【安全生产保持稳定局面】 始终坚持把安全生产工作作为“底板”工作来抓，全面贯彻落实安全生产专项整治三年行动，扎实开展“平安交通”“减量控大”工作，牢牢守住底线红线。一是严格落实安全生产责任。按照“三管三必须”的原则，狠抓责任落实，不断提升本质安全水平。二是深入推进重点领域专项治理。全面加强“两客一危”监管，强化源头隐患治理，严格市场准入、严格从业人员资格管理、严把车辆技术状况关。全市“两客一危”重点营运车辆智能视频监控报警系统安装率达到100%。三是全面加强应急保障工作。健全完善安全生产制度，全市交通运输安全生产培训16500人次，进一步增强安全生产意识，提升安全生产能力。2020年，全市交通运输领域没有发生重特大安全责任事故，安全生产形势持续稳定向好。

【全面推进从严治党】 一是坚持把政治建设摆在首位。坚持党建引领，教育引导广大干部职工不断增强“四个意识”，坚定“四个自信”，坚决做到“两个维护”。全年局党组中心组集中学习23次，组织“党员进党校”集中轮训200余人次，开展十九届四中全会专题研讨1次，五中全会专题学习2次，意识形态专题辅导1次，开展77个主题的百日大调研活动。二是全面履行从严治党主体责任。深入开展全市交通运输系统纪律作风集中整治活动，坚持刀刃向内，真学真信，立查立改，共排查208项问题并建立问题清单，整改完成200项，还有8项在长期整改中；全系统共有756人上缴红包礼金433314元，进一步净化干部队伍。三是持续抓好干部队伍建设。坚持担当作为、真抓实干的选人用人导向，推荐提拔2名副县级领导干部，完成1名副县级领导干部晋升二级调研员、5名一级科员晋升四级主任科员、3名正科级干部晋升一级主任科员，进一步优化配强干部队伍。四是持之以恒正风肃纪。严格落实中央八项规定精神，驰而不息整治“四风”，精准应用“四种形态”查处一批违纪违规案件，起到很好地警示教育作用，全系统风清气正的政治生态得到进一步巩固。五是着力加强精神文明建设。弘扬交通精神，讲好交通故事，狠抓意识形态建设，先后组织“庆‘五一’、惠民生、悦生活”消费观摩活动、端午节经典朗诵活动、“‘七一’交通战‘疫’党旗红”抗疫故事会等活动，以党建带动精神文明建设高质量发展。2020年，市交通运输局被交通运输部授予“全国交通运输行业文明单位”称号。

（临汾市交通运输局）

尧都区交通运输局

2020年，在尧都区委、区政府坚强领导下，在上级交通部门正确指导下，尧都区交通运输局坚持把“四好农村路”建设作为脱贫攻坚和乡村振兴的重要抓手，坚决做好疫情防控的同时，推进各项工作，完成年度目标任务。

【全力推进“四好农村路”建设】 围绕加快构建“外通内联、通村畅乡、班车到村、安全便捷”的总思路，全力推进“四好农村路”建设及各项工程，农村公路固定资产统计月报（年）报及各类报表均准确及时上报。一是全年共完成农村公路建设203公里，完成投资5309万元，完成率100%，其中：窄路基路面改造工程20公里，养护提质工程183公里，县乡村道安防工程28公里。二是全力开展“百乡千村万里美丽农村路”创建活动，围绕“建设好、管理好、养护好、运营好”等方面，完成美丽农村路210公里。

【积极推进农村公路“路长制”工作】 全区初步建立农村公路三级“路长制”，健全农村公路管理养护提质，形成路联管、路全管、路共管、路常管的农村公路发展新格局，大幅度提升人民群众幸福感和满意度，经技术状况评定，年末农村公路养护好路率达85.45%。

【预算执行科学规范】 2019年中央车购税预算总金额260万元，执行金额260万元。省成品油税预算总金额1636万元，执行金额1636万元；2020年中央车购税预算总金额388万元，执行金额388万元。省成品油税预算总金额521.44万元，执行金额521.44万元。截至年底，中央车购税及成品油税预算资金已全部支付完毕。预算执行率100%。

【强化公路路域环境治理】 扎实开展路域环境整治，全年共出动宣传车18次，发放宣传单500余份，按照“一灯一带”要求，共安装减速带101处，同时拆除各类广告设施和非公路标志162处，拆除国省道非公路标志200余处，整改10个限高设施、拆除3个，路域环境得到明显改善。

【道路运输行业管理规范有序】 一是客运管理。深入开展“平安车站”创建活动，围绕“平安车站”创建主题，通过广播、横幅、电子显示屏等多种方式，进行广泛宣传，继续推进“安全带——生命带”工程，全面落实“外防输入、内防反弹”的总体防控策略，抓实抓细常态化疫情防控措施，落实疫情防控要求。二是货运管理。加强基础建设，充分利用GPS监控平台，加大监管力度。不断加强危货运输安全管理和隐患排查，开展易制爆危险化学品和寄递物流专项整治工作。认真落实“6·13”事故专题会议精神，加大辖区危货企业检查，制订自查自纠方案，吸取教训，引以为戒。三是驾培管理。定期不定期对各个驾培机构的教学环境、教学车辆进行日常安全检查，对于不符合标准的，要求其立即整改。机动车驾驶员培训机构100%安装计时培训系统；每年市道路运输管理局驾培中心都能在年末发布一次机动车驾驶员培训市场供需状况。四是源头治超。尧都区政府公示源头企业115家，其中维修企业6家，货运源头企业109家。区交通运输局依法对这些企业进行巡查监管，严厉打击取缔非法经营，源头治超监控安装到位，建立健全源头治超台账，每月按时向市局及治超办报送有关信息。

【国三及以下排放标准中型和重型柴油货车淘汰工作扎实推进】 尧都区2020年度国三及以下排放标准营运中型和重型柴油货车淘汰任务1749辆，截至年底完成淘汰任务1997辆，超额完成全年任务。财政补贴资金全部到账，对符合补贴政策且按时、按规办理国三车淘汰的车主提供由交通、交警、环保、运管、商务、财政部门设立的"一站式"服务流程，确保政府补贴政策落实到位。

【安全生产常抓不懈】 一是安全生产专项整治三年行动。根据市局、区安委办文件及会议精神，印发《尧都区交通运输系统安全专项整治三年行动方案》，成立以局班子成员为主要领导的工作专班，各小组将检查对象列入台账，安全排查检查工作有序开展。二是安全生产宣传教育。开展全面宣传工作，启动安全月仪式；学习习近平总书记关于安全生产重要论述和视察山西重要讲话；参与防汛抗洪应急救援综合演练；开展"安康杯"答题、消防安全知识培训等多项活动。三是交通运输应急值守。每逢节假日及重要时段档口安排工作人员值班，坚持领导带班制度和24小时值班制度，做好值班情况登记。全年无生产安全事故发生。四是严格重点关注特殊地段和重点区域。如桥隧、长下坡、急弯陡坡等，尤其是对汛期、秋冬季雨雪冰冻天气对路面安全造成的影响，做好信息预警，发现隐患及时上报、有效处理。五是坚持安全管理。"管行业必须管安全、管业务必须管安全、管生产经营必须管安全"的原则，继续深入贯彻落实安全生产责任，重点对汽车站、客运(含旅游)等企业进行检查。围绕安全月活动主题，组织一系列安全宣传教育活动。牵头在尧庙汽车站、畅通达、惠通等公司开展联合消防应急救援演练。"两客一危"车辆安装智能视频监控报警系统。

【交通脱贫攻坚成效显著】 2020年，对贫困人口较多的河底乡东安村、十亩村通村道路进行硬化，惠及154户396人，项目全长8.93公里，其中沥青混凝土路面2.93公里、水泥混凝土路面6公里，工程投资总额662万元，7月上旬全部完工。

【交通战备工作落实到位】 扎实开展《国防交通法》宣传活动，全力推进交通战略正规化建设，着力加强专业保障队伍建设，完成2020年度国防动员潜力调查工作并按时保质完成潜力统计，及时上报武装部，10月11日至13日，参加2020年度武装部课题训练，11月11日，参加市交战办组织开展的年度培训。

（尧都区交通运输局）

曲沃县交通运输局

2020年，在曲沃县委、县政府正确领导下，在上级交通运输部门大力支持下，曲沃县交通运输局以习近平新时代中国特色社会主义思想为指导，认真贯彻省内交通运输工作会议精神纪律，全力以赴，拼搏奋进，完成全年工作任务。

【党建工作】 深入开展"学讲话、赶先进、蹚新路"主题实践活动和交通运输行政执法队伍纪律作风集中整治活动，充分履行主体责任，把纪律和规矩挺在前面，教育和引导广大党员干部转变作风、真抓实干、廉洁从政，为更好开展各项工作奠定基础。

【工程项目建设】 一是完成曲沃县2019年"四好农村路"建制村通硬化路"畅返不畅"改造工程续建工程，全长47公里，总投资3100万元；二是曲沃县2020年"四好农村路"养护提质改造工程，全长149公里，总投资约1100万元，完成23公里建设任务，完成投资170万元，计划2021年6月底前全部完工；三是国道108襄汾—曲沃—侯马(曲沃段)过境改线工程，已配合完成立项前的全部手续，并取得国土资源部土地预审批复和省发改委立项批复。2020年完成了中央车购税、省成品油下达资金231.38万元，完成率达100%。

【交通脱贫攻坚】 全县分别于1996年、2008年实现"村村通"硬化路和"村村通"客车，2020年硬化改造乡村公路70公里，为打造乡村振兴贡献交通力量。

【道路养护提升】 公路养护工作是确保道路安全畅通的基础性工作，以"有路必养、养必优良"为目标，从完善养护工作机制，加大养护资金投入力度，推进农村公路养护市场化改革等方面着手，努力推动养护工作朝着制度化、规范化、科学化和专业化的方向迈进。全年共完善和整修标志、标牌15处，施划公路标线4800平方米，修补坑槽380余平方米，整修路肩92立方米，完成“一灯一带”建设任务，共安装减速带40处，处理道路安全隐患19处，处理公路水毁1处，清洗县道波形护栏18000米，确保全县农村公路安全畅通，全县农村公路平均优良率达87%，位于全市前列。深入推进“路长制”建设，出台了《曲沃县全面推行“路长制”实施方案》，明确职责分工，构建县、乡、村三级农村公路职责明确、齐抓共管、高效运转的工作机制。进一步推动农村公路养护体制市场化改革，建立健全全县农村公路养护体制，编制养护体制改革草案，并上报县政府审核。

【行政执法监督】 结合全市交通运输系统开展的为期三个月的行政执法队伍纪律作风集中整治活动，县交通运输局主动作为、直面问题，进一步拓宽解决交通执法存在的突出问题的思路、办法和举措。从四个方面、三个网格化管理、监督入手，监督全系统执法人员在政治上讲规矩、行为上讲规范、工作上讲规则，坚决打造一支政治合格、业务精通、作风过硬、纪律严明、执行有力的交通铁军。一年来，共拆除限高限宽设施6处；查处抛洒滴漏车辆64辆，处罚12.2万元；查处非法超限超载车辆13辆，处罚5.85万元，移交交警部门处理15辆；公路赔补偿案件10件，收缴公路赔补偿费9.904万元，发现案件率达到95%，案件查处率达到100%，索赔率达到100%，全县超限超载率始终控制在0.01%以内，行政执法力度得以加强，执法行为得以进一步规范。

【交通环保治理】 根据县委、县政府和市局对交通环保工作的部署要求，在道路扬尘治理、柴油货车管控、汽修企业VOCs治理、运输结构调整等工作中，始终保持高压态势，把握重点、攻坚克难，以“扫、查、治、洒、运”五方面为抓手，做到了清扫不留死角、执法不留漏洞、营运规范有序，高标准的完成各项工作任务。全年共淘汰国三以下排放标准地中、重型柴油货车477辆，超额完成市定目标任务。立恒公司铁路运量比2017年同期增加22.274万吨，闽光公司铁路运量占全部运量的100%，四大重点企业通才、立恒、闽光、中条山新能源车辆置换率分别达到96.93%。同时，建成I/M站一座，实现了检测维修互联共享，为全县打胜打赢环境治理攻坚战做出交通人应有贡献。

【安全生产监管】 坚持安全发展理念，进一步压实安全生产责任，以“安全生产专项整治三年行动”和“零事故”单位创建为主线，以落实安全生产“党政同责、一岗双责”和企业主体责任为抓手，强化行业责任，以预防和杜绝事故为核心，加大安全生产宣传教育培训，深入开展安全生产专项行动，细化安全生产工作措施，严格落实安全生产隐患排查治理常态化。全年全系统累计检查企业130家(次)，发现安全隐患和问题33条，整改隐患已完成33条，整改率达100%，继续保持安全生产“零事故”，为全县交通事业健康发展提供良好的安全生产环境。

(曲沃县交通运输局)

翼城县交通运输局

2020年，在翼城县委、县政府正确领导下，全县交通运输系统干部职工认真学习贯彻中共十九大及十九届历次全会精神，围绕全县经济社会发展战略，牢记使命，不忘初心，齐心协力，当好先行，为全县人民交出一份合格的交通答卷。

【基础设施建设取得新进展】 2020年，全县交通基础设施投资累计完成2.43亿元，完成农村公路改造174.5公里。重点项目高效推进。全长4.011公里、总投资8338万元的国道241线翼城县城过境公路改线工程完成投资1600万元；全长20.045公里、总投资1.87亿元的翼城县桥上王良纪念馆—西阎四圣宫旅游公路工程完成投资1236万元；全长34.99公里、总投资9800万元的翼城县2018年“四好农村路”县道改造工程完成投资2959万元；全长200公里、总投资2.2亿元的翼城县2018年“四好农村路”乡、村公路改造项目完成投资1.7亿元；涉及11条农村公路、总投资700万元的2018年安全生命防护工程完成投资285万元；全长219.171公里、总投资879.2万元的2018年、2019年翼城县农村公路养护提质改造工程已完成投资610万元；全长7.977公里、总投资617.1万元的革命老区道路工程已全部完成。

【综合运输服务有了新提升】 针对“黑车”和私家车非法参与客运经营的现象开展专项整治。通过微信群、群众举报、明察暗访等方式摸清“黑车”通行路线，建立“黑车”档案。采取灵活多样的稽查方式，不定时进行突击检查，掌握违法确凿证据，对查扣的违法车辆予以严查重处，全年共查处“黑车”和私家车从事客运经营行为的车辆9辆，对3家无证机动车驾驶员培训点进行查处并予以取缔，对5辆无证擅自从事机动车驾驶培训业务的车辆予以查扣。

【脱贫攻坚工作实现新突破】 全县“四好农村路”共59个项目216.4公里，总投资3.14亿元，已累计完成52个项目，完成投资2.85亿元。在全县范围内创建1个美丽农村路示范乡镇、10个美丽农村路示范村和100公里美丽农村示范路创建工程正有序推进。全县21个贫困村共完成公路建设60公里，为全县1905户贫困户、5543名贫困人口早日实现脱贫致富提供良好交通通行环境。定点帮扶的里砦镇北石村已于2019年实现出列，在帮扶过程中，局党组、三名驻村帮扶队员和22名副股级以上人员多次深入贫困户家中宣传党和国家的扶贫政策，督促落实贫困户扶持政策，所有贫困户全部脱贫摘帽，为决胜脱贫攻坚打下坚实基础。

【行业文明创建显现新气象】 全县六家客运企业持续组织开展“温馨交通、微笑服务”品牌建设，推进关键区域环境整治和交通秩序整治。开展“道德讲堂”“最美交通人”评选，行业好人好事不断涌现，连续八届获省级文明单位殊荣。局妇联被授予“巾帼志愿爱心组织”。年初，新冠肺炎疫情发生后，全面启动交通运输疫情防控工作。先后在高速路口、国省干线、重点县道出境路口设置交通疫情防控检查站9个。累计出动车辆273台次，出动人员1123人次，检查车辆60823台次，检测人员107847人次，检测移送发烧人员6名，发放检疫登记表646份、收回203份，登记返翼车辆180辆、人员615人。根据县委组织部要求，抽调79名党员分别进驻桐封社区和文昌社区开展志愿服务，制订党员进社区任务清单。

【交通运输发展迸发新活力】 环兴公交公司所有车辆全部实现全国公交一卡通，荣辉运业所有公交线路全部实现“电子扫码乘车”，智慧交通创新发展动能日益显现。完成纯电动出租车更新58辆，126辆公交车全部为纯电动公交车。深化放管服改革，倡导马上就办、办就办好，简化服务流程，除特殊情况外，审批环节不超过3个，办理时限按下限执行，90%的办理项目实现“最多跑一次”。推进“互联网+交通服务”，全年交通运输窗口行政审批和公共服务事项全部按时办结。

【行业治理能力得到新加强】 在日常安全生产检查工作中，将行业乱象列入扫黑除恶重要内容，对6起擅自非法从事道路旅客运输的网约车按相关规定从重进行严厉处罚。认真组织“三零”单位创建。印发创建方案，召开动员会，落实创建工作网格化管理清单。认真落实“一岗双责”，推进铸安行动常态化，对所监管的81家企业(其中：货运企业26家，客运企业6家，维修企业47家，驾校2家，工程建设企业2家)多次组织安全检查，排查整改隐患195处，全部整改完成。

【系统自身建设呈现新风气】 深入学习习近平新时代中国特色社会主义思想和中共十九大及十九届历次全会精神，推进“两学一做”常态化制度化。全年局党组中心组学习27次，《道德讲堂》10次，强化“学习强国”和“三晋先锋”学习平台推广运用，多措并举推动学用工作往深里走、实里走、心里走。管党治党全面从严。强化“一岗双责”和党风廉政建设主体责任，坚定不移推进党风廉政建设和反腐败斗争。全力支持驻局纪检监察组履行职责，接受省委第十四巡视组巡视和县委第二巡察组专项巡察，配合市局审计科对工程建设领域进行审计，对发现的问题认真抓好整改落实。支部建设得到加强。根据《中国共产党支部工作条例(试行)》，六个党支部和局总支完成换届，党支部标准化、规范化建设得到有效提升。作风建设态势良好。根据省委巡视反馈《临汾市交通运输局关于在全市交通运输系统行政执法队伍中开展纪律作风集中整治实施方案》《翼城县纪律作风集中教育整顿活动方案》要求，在全局组织开展为期三个月的纪律作风集中整治，纪律作风建设有了明显提升。

（翼城县交通运输局）

襄汾县交通运输局

2020年，在襄汾县委、县政府正确领导下，在市交通运输局大力支持下，襄汾县交通运输局以习近平新时代中国特色社会主义思想为指导，县情实际出发，一手做好，一手抓紧，复工复产，奋力为交通运输事业做贡献。

【新冠肺炎疫情防控工作】 2020年正月初二开始，县交通运输局启动一级响应机制，在全县所有交界处设立交通管控检查站12个，投入5639人次，检查车辆78827辆，测体温155390人，发出《车辆检测登记表》2020张。同时采取3项防控措施，即：对办公地附近5个住宅小区3772户居民进行摸排登记；对家属楼驻扎防控；对监管运输企业严格检查防控；安排专车赴四川接回复工复产技工人员，安排公交超市为居民提供生活必需品；对公交、出租、客运等车辆严格管理并实名乘车，对火车站、高铁站、汽车站旅客扫码登记，确保有迹可循，排除隐患，把全县疫情防控第一道关口。

【重点工程建设】 一是“四好农村路”养护提质工程200公里，已完成财政评审，并进行招标，2021年进行提质工程施工；安全生命防护工程20公里已全部完工。二是国道108线襄汾至曲沃至侯马改线工程，路线全长67.54公里（襄汾18.7公里，曲沃30公里，侯马18.84公里），其中襄汾县新建13.585公里，提升改造段5.147公里。截至年底已完成土地预审、可行性报告评审，成立协调工作领导组，制订《工程协调工作方案》，市政府召开“土地征用前期工作推进会”，和临汾公路分局对接，并始勘测定界和测量放线等土地征用前的准备工作。三是物流工作，已做好物流协会前期准备工作，制订全县物流业发展的意见初稿，待临汾市物流业发展意见出台后再参照修改，尽快成立物流协会。四是“公转铁”工作，截至2020年12月25日，全县完成铁路运输量2428248吨，在全市排第七名，下一步将协调工信局、能源局分解压实各企业任务。

【公路养护管理】 完成县道、乡道150余公里日常养护清扫、巡查修复工作，投资19624元完成滨河东路维修工程，投资26323元完成令土线路容路貌整治工程，投资43020元增设完善各类安保设施修复工程，完成坑槽修补工程36504元，完成襄侯线限高标志牌工程13500元，完成8座桥梁每月排查工作，道路优良率达到81.5%以上，确保全县列养公路完好无损、安全畅通。

【运输市场监管】 认真履行“三关一监督”职责，全年共新增普货业户129户，注销275户；审验普货车辆5235辆，新增普货车2921辆，转出515辆，注销398辆。诚信考核道路运输从业人员6253人。加强客运市场监管，不定期深入各条客运班线及高速公路服务区进行监督检查。推进机动车维修M站申报建设，已有3家汽修企业建成M站并投入使用。开展驾培市场清理整顿，发放宣传材料1300余份，出动执法人员120余人次，执法车30辆次，清理非法培训场（点）5家，取得阶段性成效。

【路产路权维护】 深化综合行政执法队伍改革，开展执法专业培训，规范执法行为，立案查处各类案件299件，结案299件。加强路域环境整治，下发《责令整改通知书》64份，拆除非公路标志277块，取缔占道经营行为74起，清理建筑垃圾和打场晒粮250余处，取缔洗车点15处，拆除违章建筑5处，配合邓庄、景毛、永固等乡镇拆除私搭乱建84余处，最大限度保障公路安全畅通。

【公共交通运输】 大力发展公共交通事业，逐步推进城乡公交一体化，新建候车亭14个，新开通至古城镇侯村44公里和延伸至汾城镇尉村49公里两条公交线路，严格监督指导公交公司按时、按线路、按站点规范运营，极大方便群众出行需求。

【行业安全监管】 按照“安全第一、预防为主、综合治理”的工作方针，在道路运输、城市客运、公路工程、公路运营和路面执法五个方面开展安全生产大排查大整治专项行动。认真落实交通运输安全"五进"工作,开展多种方式安全宣传,悬挂宣传标语200余条,发放资料5000余份。组织安全生产专题培训,进行安全警示约谈,开展消防安全自查自纠和应急疏散演练,提高企业从业人员的消防安全意识和自防自救能力。"8·29"陶寺饭店坍塌事故后,县交通运输局对房屋建筑和人员聚集场所进行安全专项检查,开展安全生产大宣传大教育大排查大整治专项行动,出动执法人员1000余人次、检查建筑场所299处、检查企业265家次、检查客运车辆48辆、危货车辆15辆,排查公交、出租车辆420余车次、私家车156辆;排查公路隐患46处,修复令土线路面沉陷1处,设置爆闪灯2套,清理树木遮挡标识牌15处,补栽和完善标识牌19块,安装防撞护栏36米,清理县乡公路堆放建筑材料、摆摊设点、晒玉米隐患45处,查处涉及安全方面的交通运输行政案件3起,超限超载"一超四罚"案件2起。及时消除安全隐患,保障全县交通运输领域安全无事故。

【环保治理工作】 积极推进国三及以下排放标准营运中型和重型柴油货车淘汰工作,完成全年淘汰任务;查处35辆公路抛洒污染违法行为。开展机动车维修企业路域环境卫生清理整顿行动,对未办理备案手续、经营场所环境卫生恶劣、且对路域环境污染治理有抵触情绪的企业,暂扣维修机具,责令停业整顿。

【全面从严治党和廉政建设】 局领导班子和成员都列出《全面从严治党主体责任清单》并严格执行。开展廉政警示教育活动15次,开展廉政约谈5次,召开廉政专题会议3次。先后组织开展9次习近平总书记重要讲话以及省、市、县有关会议精神和党规党纪、法律法规的集体学习。强化监督检查力度,监督电话24小时畅通,开展各类工作纪律督查6次,查处迟到早退行为7人,按时办结投诉信访件6起。积极开展"严明纪律、敬畏法规、转变作风、建好队伍"纪律作风集中整治活动,全系统171人都签订承诺书、列出岗位风险清单、写出剖析材料,共有94人次上缴廉政款项31920元。通过强力廉政举措,做到防患于未然,促进和保障各项工作任务顺利完成。

【扶贫攻坚】 帮扶赵康镇东汾阳、西汾阳、李村、南史威4个村20个贫困户,已按要求全部脱贫,贫困村实现双通目标。

【扫黑除恶】 采取多种方式深入摸排车霸、路霸、暴力交易、经营黑车、非法营运"顺风车"、非法垄断经营物流运输等黑恶势力犯罪线索。截至年底,共收到涉黑涉恶线索12条,其中客货运输行业10条、维修行业1条、驾培行业1条。全部移交县扫黑办处理。

(襄汾县交通运输局)

洪洞县交通运输局

2020年,洪洞县交通运输局以习近平新时代中国特色社会主义思想为指导,县委"抓好党建、守好底线、树好形象、谋好发展、惠好民生"的工作思路,紧紧围绕年度目标任务,进一步创新工作机制,狠抓工作落实,按照各项业务指标任务,全力抓好各项工作落实,取得显著业绩。

【重点项目建设】 一是中南铁路洪洞恒富煤焦集运站铁路专用线工程。总投资11.5亿元,2019年主体工程已完工,2020年1月16日正式开通运营。二是农村公路村道改造工程。涉及村道29条,总长79.637公里,总投资8475万元,正在实施当中。三是中南铁路龙马集运站(洪洞境)公路连接线工程。项目全长8.55公里,总投资2.59亿元,11月底建成通车。四是广胜寺至洪洞公路改造工程。全长12公里,总投资6159万元,12月底完工。五是滨河东路北延公路工程,全长16.794公里,总投资1.44亿元,12月开工建设。六是店西线(古县洪洞界至淹底段)公路改造工程;全长14.5公里,总投资3859万元,11月底完成已开工的8.4公里。七是危桥改造工程。涉及危桥29座,总长501.8米,总投资2402万元,12月开工建设。八是圣王至孙堡公路改造工程,全长5.8公里,总投资1805万元,11月底完工。九是中南铁路龙马集运站(洪洞境)公路连接线二期工程。全长6公里,总投资1.6亿元,已完成地面附着物登记，截至年底，正在与尧都区协调土地手续。十是窄路基路面工程，全长54公里（包括2019年续建15公里），已全部纳入村道改造工程，采用PPP模式实施，已开工建设。十一是养护提质工程。市局下达养护提质工程，62公里，总投资306万元。截至年底，已完成47.2公里，剩余项目正在施工当中。十二是安全生命防护工程。全年第一批计划县乡、村道农村公路安全生命防护工程，涉及5条线路，隐患里程43公里，总投资310万元，11月底完工。

【农村公路养护工程】 不断完善农村公路管理养护机构机制，对所辖路段的桥梁、涵洞、边沟、截水沟进行排查和疏通清理，对公路病害和损坏的设施及时修复，共完成洪乔线、马双线、万塾线等线路坑槽修补和旅游路的水毁修复，共计修复路面11700平方米；片石砌体270立方米；清理塌方6500余立方米；石三线新建排水渠553米；对洪乔线、南赵线、洪淹线、旅游路、滨河东路、古苏线边沟进行清理；针对全县农村公路危险路段，增设标志标牌495块。根据上级部门下达的国省道交叉路口安装减速带任务20处，已全部完成。

【推进落实"路长制"】 根据洪洞县政府办公室关于印发《洪洞县全面推行农村公路"路长制"工作实施方案》的通知（洪政办发〔2020〕60号）文件和副县长徐玉组织的16个乡镇、14个"路长制"成员单位负责人召开的全县推行农村公路"路长制"工作专题会议，对全县全面推行农村公路"路长制"工作进行安排部署，按照政府主导、交通牵头、各乡镇和相关单位配合的工作原则，扎实开展"路长制"各项工作。截至年底，各相关单位和乡镇成立专项工作办公室。15条县道、57条乡道的路长、监管员、路政员、965条村道的监管员、护路员已责任到人，各项管理制度已建立完善，"路长制"标志标牌正在安装。

【双超治理和路政管理】 2020年，按照县委、县政府要求，继续抓好治理货运车辆超限超载工作，货运车辆非法超限超载率在0.1%以内，针对货运源头企业，制订源头治超工作方案，并与源头治超人员和源头企业层层鉴定目标责任书，对货运源头单位的监管覆盖率达到100%。进一步夯实工作基础，深化职能效应，规范权力运行，强化监督问责，紧紧围绕农村公路"畅、安、舒、美、洁"的工作目标，扎实开展"路政宣传月"活动和"农村公路路域环境专项整治行动"，全面提升县乡公路路政管理水平和农村公路的路域环境。累计出动执法人员9800余人次，出动巡查车辆2455辆次，到洪乔公路、赵关公路、洪淹线、石三线、广胜路、公景线、万塾路等路段，清理各类公路堆放3462立方米，取缔非公路标志62块，私搭乱建、摆摊设点39处，下发各类违法、违规整改通知书87份，对沿线洗车、加水点下发责令改正通知书41份，依法立案查处非法超限运输车辆2辆，抛洒污染公路车辆17辆，行政处罚25000元，有效维护县乡公路的路产路权和公路路域环境的整洁美观。

【运输市场监管】 2020年，县交通运输局继续加强对运输市场监管力度。驾校监管方面，取缔违规驾驶员培训点6处；根据驾校申请，开展驾校学员开班报备和结业考试，共报备429人；继续开展道路运输驾驶员诚信考核工作，共审核7682人；继续开展驾驶员教育培训工作，并不断完成再教育信息录入和档案整理工作，培训人员6477人。维修监管方面，全县共有二类维修企业21家，三类维修企业238家，涉及喷漆作业42家，同时，对全县维修企业进行质量信誉考核，AA级5家，A级192家，B级6家，免考核企业56家，共检查维修企业2849次，查出问题713处，已全部整改完成。根据上级安排要求，截至年底，全县共淘汰国三及以下排放标准营运中型和重型柴油货车609辆。

【安全生产】 严格落实"党政同责、一岗双责、尽职履责、失职追责"要求，坚持"管行业必须管安全，管业务必须管安全，管生产经营必须管安全"，将安全生产目标责任逐级分解，严格落实企业主体责任，切实做到安全责任、管理、投入、培训和应急救援"五到位"。扎实开展"安全生产月"活动、襄汾"8·29"事故安全生产风险隐患大排查大整治行动、"两节"期间安全生产检查、交通运输安全生产专项整治三年行动、交通运输领域安全生产风险隐患大排查大整治百日专项行动、消防安全隐患大排查大整治工作、秋冬季节安全生产等工作，坚持“四不两直”突查检查和“双随机”检查方式，严格落实安全生产挂牌责任制，加大安全生产考核权重，严格落实“一票否决”，确保全县安全生产形势持续稳定好转。截至年底，共对辖区监管企业、在建工程开展安全生产监督检查369次，查处各类安全隐患58条，已全部整改，整改率达100%。

【城市客运发展】 继续按照“安全、经济、适用”的原则，搞好衔接，合理分工，因地制宜发展客运运力。一是精心组织实施“2020年春运”工作，为确保春运工作安全运行，对全部营运出租车、公交车辆进行安全检查；二是在“安全月”活动中，组织城市客运行业的公交、出租企业及从业人员开展“综合应急演练”，切实提高企业安全主体责任意识，提高从业人员的安全防范、应急处置技能；三是完成对450余人次从业人员安全、服务、应急处置科目的继续教育培训工作；四是精心组织开展“2020年绿色出行宣传月和公交出行宣传周”活动，活动突出主题“践行绿色出行、建设美丽中国”，让“公交优先、绿色出行”成为生活新风尚；五是将“打非治违”作为工作重点，强化巡查稽查力度，制订集中整治方案，细化职责分工，依法严惩“黑车”，加大铲除非法营运生存空间。

【交通环境整治】 根据大气污染防治和生态攻坚行动的精神和要求，制订出台《网格化环境监管体系实施方案》《农村公路路域环境综合整治实施方案》《公路扬尘治理、VOCs管控工作实施方案》《柴油货车污染治理攻坚行动实施方案》，扎实开展交通运输系统污染防治工作。全年，新增新能源运输车辆675辆，退出运输市场车辆1225辆。首先，加强农村公路保洁和养护工作。根据《农村公路养护管理办法》分级管理原则，按照“加强养护、科学管理、提高质量、保障畅通”的公路养护方针，实施公路养护公司化管理模式，对县道广岔线、石三线、马双线、南赵线、公景线、滨河东路、洪淹线、万塾线、古苏线、前南线10条县道实行日常维护和保洁，有效改善路容路貌。其次，强化公路施工工地污染治理。严格落实建筑工地“6个百分百”标准，对工程运料车辆派出专人严格管控，严禁非法超限运输、严禁抛洒污染二次扬尘，施工用料堆放采取遮盖措施，施工作业时采取湿化作业，最大限度减少公路施工造成的环境污染。最后，加大货运源头企业和车辆维修企业的污染防治。对全县132家公示货运源头企业分别采用进驻监管和巡查监管方式严格督促企业落实环境治理主体责任，对22家具有烤漆作业资质的维修企业，采取24小时不间断巡查，全面遏制污染排放。

【扫黑除恶专项斗争】 进一步加强扫黑除恶专项斗争工作，制订《2020年扫黑除恶专项斗争工作重点》，进一步压实直接责任人责任，层层传导压力，层层压实责任，坚持问题导向、目标导向，找差距补短板，研究解决突出问题，切实推动扫黑除恶专项斗争深入开展。同时，牢牢掌握舆论宣传主动权，深入施工工地、各监管企业、各出租车、货运车司机等一线人员进行深入细致的宣传，进一步扩大影响、鼓舞群众，切实提升人民群众参与扫黑除恶专项斗争积极性、主动性。

（洪洞县交通运输局）

古县交通运输局

2020年，在古县县委、县政府正确领导下，在临汾市交通运输局大力支持下，古县交通运输局紧紧围绕全县“1234”工作中心，强力推进“修路打通瓶颈”实事，完成各项工作指标。

【突出重点，积极推进三项工程项目】 国道341公路改建工程，全长54.52公里，预算投资38.61亿元，2020年12月16日举行开工奠基，各项工作有序推进；“四好农村路”建设任务349.34公里，投资1.4556亿元，11月底全部完工；长临高速古县连接线工程完工正式投入运营。

【创新机制，农村公路养护管理出成效】 累计投入日常中小修养护资金460万元，将全县农村公路859.856公里，全部列入管养范围，列养率100%，大大提升路面通行能力。“路长制”顺利推进。

【强化措施，交通运输行业趋于规范】 合理整合资源、优化路线、组合运力，客货运输行业趋于稳定；双超治理力度不减，效果显著，双超率接近于“零”；强化日常监管，安全环保工作常抓不懈，全年交通运输行业无事故发生；持续推进“公转铁”工作；强力推进国三柴油货车淘汰任务，上级下达62辆淘汰指标，实际完成67辆，完成率108%，名列全市第二。

【从严治党，全面加强党风廉政建设】 局党组严格落实党风廉政建设主体责任，将党风廉政建设同业务工作同步部署研究、同步落实推进、同步检查考核，强化“一岗双责”，认真抓好上级巡视反馈意见的整改落实，建立廉洁高效、务实创新的党员干部队伍。

【转变作风，深入开展纪律作风整治活动】 全市交通运输系统“严明纪律、敬畏法规、转变作风、建好队伍”纪律作风整顿活动以来，古县交通运输局组织专题学习16次、专题讲座5次、观看警示教育片6次，组织党员干部参观古县廉政基地1次。通过此次活动，检视发现问题，抓好整改落实，建立长效机制，全局干部职工整体风貌、工作作风焕然一新。

【持续发力，巩固提升脱贫成效】 全面完成贫困县退出“双通”指标，针对包联村对症下药、拓宽渠道调产增收，巩固脱贫成效。

【服务大局，全力配合全县创文工作】 全力以赴落实创建精神文明单位工作任务，承担的考核指标全部达标；全年爱心捐助及助力做好新冠肺炎疫情防控捐款14400元；办理人大议案7件、政协提案7件，全部落实到位，办结率100%，满意率100%；深入开展“三零”单位创建工作，全年无群体上访事件，无超计划生育者，无违法乱纪现象，全局上下安定团结，整体工作发展势头良好，连续30年获得市级文明单位荣誉。

（古县交通运输局）

安泽县交通运输局

2020年，在安泽县委、安泽县政府正确领导下，在省市交通运输部门大力支持下，县交通运输局以习近平新时代中国特色社会主义思想为指导，认真贯彻落实，全市交通运输工作会议情况，与时俱进，不懈努力，为全县发展做出应有贡献。

【重点工程加快建设】 一是长临高速安泽连接线景观道路工程。全长2400米，2018年11月20日签订施工合同，总价8762.32万元，工期300天，截至2020年底，完成道路、给排水、电气、绿化、交通等主要工程。二是长临高速附属工程（长临高速公路安泽互通被交路改一级公路工程）。路线全长1.513公里，合同价3381.8527万元，2020年6月17日签订合同，工期150天，2020年度完成产值3042.48万元，占总产值89.96%。三是安泽县北外环公路工程。路线全长3.821公里，合同价16516.8227万元，2020年7月17日签订合同，8月份开工建设，工期24个月。累计完成投资3304万元。四是安泽县北外环与长临高速连接线交叉工程。合同价：4031.266万元，2020年11月24日签订合同，工期6个月。五是良马客运站。建设主要内容包括：新建候车楼、锅炉房、旱厕、检修台、垃圾池、围墙、场地硬化、绿化工程等。合同价为110万元，截至年底完成招标程序。

【党建工作扎实推进】 始终把党建工作作为全年工作首要任务来抓，局党组、党支部多次召开党组会议和党员会议、支部会研究党组织建设与机关建设的新思路、新方法和新举措，充分发挥党员先锋模范作用、党组织战斗堡垒作用，坚持解放思想、实事求是、与时俱进，通过“四个加强”实现党建工作和交通业务有机融合。一是突出党员干部思想政治工作。在当今新形势、新情况下，局党支部及时发现问题苗头、制订整改方案、采取座谈交流、观看警示教育片等形式予以纠正，加强思想政治工作的针对性和时效性，树立思想统一、廉洁公正、爱岗敬业的良好氛围。二是突出党组织建设，规范党员活动室。按照县委组织部工作要求，把党员活动作为重要工作去抓，责成专职人员对党员活动室进行规范，固定场所、修订版面、落实经费，完善设备，促进党员活动的正常有序开展。三是突出学习制度创新。每周一召开党组会议、每周二组织集体学习，创新开展“6+N”主题党日活动，同时修订完善党内七项制度，依制度办事，用制度固本。领导班子成员带头参加支部组织生活，带头讲党课，“三会一课”制度得到有效落实，进一步增强基层党组织的战斗堡垒作用。为确保“三会一课”的成效和日常工作有机结合，支部加大外勤人员学习，通过线上教育和线下教育相结合，在全系统内广泛开展学习教育。全年组织党课学习38次，专题研讨4次，邀请法律专家开展专题讲座3次，邀请党校老师开展专题讲座2次，开展警示教育4次，红色教育基地参观学习1次，开展主题党日活动14次。

【科学应对疫情防控】 2020年1月，在疫情防控阻击战中，县交通运输局尽锐出战，取消休假，奋斗在联防联控第一线，班子成员靠前指挥，90余名干部职工坚守在疫情防控一线，党员先锋岗树立在联防联控的6个检测点，科学应对、合理配置，严格按照“内防输出、外防输入”的防控原则，联合卫健部门“白加黑”“5+2”，严格检测，全面排查，做好体温监测、信息登记、留观查验、转运隔离等工作，全县没有一例病例通过交通运输环节进行传播，坚决守好“安泽阵地”。成立25人组成消杀队，对县区主要交通站场、第八战区全面开展隔日消毒、人员排查作业。扎实做好常态化疫情防控工作。在全县交通场站全面推广使用“健康码”“行程码”，严格落实闭环管理措施。同时，按照“疫情防控不松劲、复工复产不停歇、高质量发展不减速”要求，加大对冷链、非冷链运输疫情防控，全力保障物资运输，打通物流通道，积极解决人员返岗、原料供应等问题。

【“路长制”实施和公路养护】 2019年7月，县委办公室、县政府办公室印发《安泽县公路管理全面实行“路长制”实施方案（试行）》的通知，对组织体系、部门职责、治理标准都作出明确要求，“路长制”办公室也制订相应会议制度、信息报送及工作通报制度、工作督查等十项制度。县委书记和县长担任总路长，县委、县政府县级领导担任副总路长，“路长制”办公室设在县交通运输局，办公室主任由局长兼任；全县共有路管员238名，所有人员信息已于2020年6月上报省交通运输厅。按照省市对“路长制”工作要求，投入14.11万元安装153个“路长制”牌。长期以来，全县在创建美丽乡村战略部署投入大量人力、物力、财力，交通部门加大农村道路养护力度，特别在公路两侧绿化上，坚持“绿水青山就是金山银山”发展理念。2020年，冰雪天气处理弯道、陡坡积雪90公里；清理塌方落石100余立方米；冰冻溶化后，对全县道路险情进行排查，共排查隐患7处，截至年底，处理高壁坡、湾子站险情2处，剩余5处正在实施中；清理排水沟11万余米；清扫路面70余万平方米；修补第安线坑槽7000余平方米；粉刷沿路设施6000余平方米，喷划标线1万余平方米。

【路政管理和治超】 一是坚持依法行政，规范运输市场秩序。治理车辆非法超限超载、柴油货车专项治理等保卫蓝天碧水的各项工作。重点治理农村公路违法搭建、违法堆放、违法采挖、违法占道施工、违法占道经营等行为，整治占道经营17处。清理小广告10处500余份；查处私设平交道口、车辆敞篷运输造成的滴漏抛洒污染路面、损害公路标志及公路附属设施的行为，保障公路产权。同时，路警联合执法，检查渣土车辆140余辆，查处不按规定加盖篷布车辆2辆，由交警处罚200元。“路政宣传月”期间，出动宣传车30余辆，路面发放宣传材料1500余份，深入企业发放宣传材料1000余份，覆盖人数达7000余人。查处公共设施违法行为1起，依法收取补偿费2.646万元。依法对6个道路施工工地，共计19台非道路移动机械进行尾气检测。二是开展农村公路路域环境综合整治活动。清理路旁垃圾，整治路容路貌，美化公路环境，完善公路设施。有效改善全县空气质量，县交通运输局配合县环保局、交警队开展“禁煤区”“禁燃区”运煤车辆整治行动，共出动执法人数500余人次，检查运煤车辆280余辆。三是开展柴油货车联合稽查。路政大队共出动执法人员400余人次，出动执法车辆80余辆，对过境柴油货车检查300余辆，尾气检测180余辆。四是严打短途双超。一方面建立短途双超治理长效机制，实施源头企业人员派驻、重大项目提前报备、重点工程便道通行、严格路面稽查巡查、双超车辆严罚重处“五项制度”，用制度制约，重源头防范；另一方面深入开展短途双超治理专项整治，全年实现路警联合执法活动，加大执法力度，搞好路面控制，对违法双超车辆进行围追堵截，集中攻势，严厉打击，超限超载率控制在0.1%以下。五是国三及以下排放标准营运中型和中型柴油货车淘汰工作。按照市、县工作部署，2020年任务圆满完成，共淘汰115辆，达到淘汰任务的143%。

【安全生产】 一是强化安全生产责任监督检查。全面落实企业的主体责任和行业主管部门监管责任，重点抓好道路运输、公路工程等重点领域安全生产工作。深入"两客一危"重点领域检查指导疫情防控、安全生产和防火消防工作，强化运营车辆安全"十检"工作，长途客运"点对点、站对站"运营要求。全年召开安全生产会议13次，局党组会议研究部署安全生产工作12次，组织专项检查232次，局领导带队督查检查142次，排查企业257家（次）。二是强化部门协调配合。综合运用信息化监管等措施，强化客运站场等重点区域客运班车、旅游包车和危险货物运输车辆动态监控和驾驶员不安全行为监管，从严查处非法营运、"三超一疲劳"、违法异地经营等违法违规行为。积极推行交通运输安全生产监管信息系统上线运行。截至年底"两客一危"车辆已全部安装符合国家要求的卫星定位装置并接入县级联网联控平台，入网率为100%，上线率为98%。三是强化监管执法关键。重点强化关键部位、关键时段、关键人员的安全管理。突出对客运站售票、报班、安检、发车和出站等重点环节检查，加强营运车辆技术状况、动态监控、驾驶员应急处置能力、节假日期间应值守等方面的安全生产管理工作。对安全生产不达标或不符合要求的企业限期整改。开展安全生产大检查多次，做到防患于未然。特别是每年汛期对全县道路分北、中、南三个片区开展隐患排查工作，每个片区由一名副局长带队开展排查工作并及时处置道路险情。"8·29"坍塌事故发生后开展交通运输系统安全隐患排查。全县交通运输领域排查安全隐患客、货运、施工企业19家，全县县道99.64公里的安全隐患排查，共排查安全隐患106处，处理104处。全力做好公路、桥梁、隧道的巡检养护工作，确保公路畅通和安全稳定。四是强化应急保障体系建设。及时修订完善各类应急预案，运管所、各运输企业和客运站均制订春运期间道路运输应急预案。针对暴风雪、冰冻和雾霾等灾害性天气修订完善应急抢险预案，防止客运班车行车事故和旅客滞留事件的发生，完善各项安全生产工作措施，强化运输服务和应急准备，保障人民群众安全出行、便捷舒适。五是强化工程建设安全监管。道路股、重点办、项目专班针对工程施工逐步健全各类预案，保障工程建设安全施工，认真开展工程施工现场等重点领域安全生产专项整治活动，取得明显效果。

（安泽县交通运输局）

浮山县城乡建设和交通运输局

2020年，在浮山县委、县政府和市交通运输局正确领导下，浮山县交通运输系统广大干部职工奋勇拼搏，积极克服因新冠肺炎疫情带来的不利影响，完成上级下达的工作目标任务。

【聚焦项目建设，重点工程项目达到预定目标】 浮山县全年重点办好"园、路、桥、水"四件大事，其中，县城乡建设和交通运输局承担着其"路、桥"两件大事。一是长临高速公路浮山县城联络线项目。路线全长19.7公里，总投资估算17.9亿元。截至年底，已编制完成土地预审报告、基本农田补划方案、土地占补平衡方案，正在联系省自然资源厅进行实地勘察。二是国道241线浮山县北王乡至县城段改线工程项目。路线全长5.443公里，总投资4.81亿元。2020年3月复工，截至年底，大桥以下工程完成90%，桥面以上完成挂蓝施工90米，到年底可完成120米。累计完成2.5922万元。三是农村公路建设。全年共开工建设农村公路完善提质工程178公里，窄变宽40公里，已全部完工。针对年内汛期时间长、雨量大等情况，开工抢修水毁工程29处，年底前已全部完工。

【认真推行"路长制"管理办法，农村公路养护质量稳重有升】 在农村公路养护中，坚持公路建、养、管并重的原则，认真贯彻"预防为主、防治结合"的方针，强调日常养护，坚持预防性养护与路面病害及时修复相结合，养护质量稳中有升。东张、北王、天坛3个养护总站，坚持不间断上路巡查，做到农村公路养护人员到位，目标明确。为进一步提升全县农村公路管理水平，在全县范围内推行农村公路“路长制”，政府县长为全县总路长，乡长为乡镇级路长，村委主任为村级路长，明确部门职责、工作标准和管理流程，落实经费保障。通过推行“路长制”，提升全县公路服务能力，为全县经济社会发展提供安全、高效交通运输支撑。

【认真贯彻落实国家、省、市、县新冠肺炎疫情防控要求，做好交通领域联防联控工作】 2020年，根据县防控新冠肺炎疫情工作安排，局防控新冠肺炎疫情防控工作主要是：协助开展乘坐公共交通工具人员的交通检疫查验工作、组织协调公路的交通管控工作、确保突发公共卫生事件应急处置人员、物品、器械运送工作。按照这一要求，根据全县新冠肺炎疫情形势，1月26日发布《通告》，浮山县城市公交车、出租车、班线客运车辆一律暂停运营。根据新冠防控需求，县交通运输局对拉运民生物资的车辆一律采取发放通行证办法，同时参与全县6个主要出入境口的防控检查，保证应急运输通道不断，确保公路网有序运行。恢复运营后，出行班线客车等企业认真制订防控预案，全面整治环境卫生，对返浮人员进行分类造册登记，在客运站设立由交通、交警、防疫部门组成检查小组，在“三不进站、六不出站”基础上，增加“乘客体温监测异常不进站、客车不消毒不进站、司乘人员及乘客不戴口罩不出站”，严厉打击违规站外上客，避免未经测温人员乘车。

【抓紧交通环境整治工作，继续推进道路环境和路域环境治理】 根据《县委县政府2020年生态环境治理决战行动实施方案》要求，认真开展汽修行业治理、老旧车淘汰置换、机动车环保排放监管、城乡环境和降尘整治等工作。一是对全县所有汽修行业企业等进行全面摸底。对证照不全的、危废暂存间建设不规范的、废机油桶露天堆放的一律责令整改。二是加快老旧车淘汰置换。加强新能源车辆更新，自2020年2月起，凡到期报废，新增加的客运、出租、公交车全部使用新能源，逐步淘汰老旧燃油车辆。三是按时完成国三及以下排放标准营运中型和重型柴油货车淘汰任务。按照县政府国三及以下柴油货车淘汰任务分解方案，负责组织协调工作，建立各成员单位“信息共享、各负其责、协调配合”的工作机制。截至年底，市政府下达浮山县的107辆国三及以下货运车辆淘汰工作已全部完成。四是加强农村公路降尘整治。公路养护中心定期对全县县乡公路进行监督检查，及时清扫路面扬尘、车辆抛洒物，确保道路干净整洁。全年共出动养护人员330人次，出动执法人员337人次，出动机械50台次，清扫路面290公里，清理流沙落石135立方米，清理边沟1520米，清扫垃圾155吨，全面完成下达的“五堆”整治任务。

【以“三零”单位创建工作为切入点，全方位推进安全幸福、发展有序、和谐稳定的交通发展环境】 根据县委、县政府关于开展“三零”单位创建工作要求，认真开展“三零”创建工作，以化解各类不稳定因素和风险隐患为着力点。首先，制订《开展“零上访、零事故、零案件”单位创建工作的实施方案》，召开动员会议，进行安排部署，为开展“三零”单位创建工作提供保障。其次，强化隐患排查整治，突出排查重点，重点关注县交通运输局改革人员稳定、容易引发群体性事件的苗头性问题，关注出租汽车行业改革等交通运输领域敏感、热点、负面舆情，力争将矛盾化解在萌芽状态。最后，强化社会治安防控，整合群防群治力量，联合开展日常防范，深入摸排黑恶势力、危害国家安全、非法宗教、侵害群众生命财产等违法犯罪线索，严格落实治安防范制度。

【开展纪律作风集中整治，大力推进全局依法行政执法工作】 在全系统行政执法队伍中，开展为期两个月的“严明纪律、敬畏法律、转变作风、建好队伍”纪律作风集中整治活动。活动中，严格按照坚持把学习教育、问题导向、从严从实、即查即改、统筹兼顾贯穿始终的原则，开展专项学习和专题培训、警示教育等，反思剖析环节，全体执法人员对照方案要求，认真查找自己存在的问题，如实填写个人集中整治自查自纠申报表和保证承诺书。截至年底，共上交廉政专户各类违规资金42人12159元。

（浮山县城乡建设和交通运输局）

吉县交通运输局

2020年，在临汾市交通运输局有力指导下，吉县交通运输局凝心聚力，锐意进取，真抓实本，攻坚克难，全面提升全县交通运输服务质量。

【加快手续办理】 推进完成大宁界至姚家畔段可行性研究批复、PPP项目社会资本合同签署等工作；完成吉县县道591人祖山路口至壶口段旅游公路改造工程可行性报告批复、初步设计编制工作。

【推进项目建设】 完成青兰高速公路壶口路口至乡宁界段投资7011.77万元；完成吉县县道591县城至人祖山路口段改造投资1255.96万元。

【完善农村路网】 全年投资4000余万元，完成村道咀头至高圪塔等5条撤并建制村硬化工程、吉县月庄至官庄至柏山寺线窄路基路面拓宽改造工程、吉县县道永狮线（东石泉至狮子河段）等13条路养护提质改造工程的手续办理，以及路基、路面工程。

【谋划重点项目】 组织编制《吉县“十四五”农村公路路网规划》，积极谋划实施吉县外环路（国道209、国道309吉县过境段改线）建设工程、国道309吉县南沟至曹井段改线工程、吉县通用机场建设项目、吉县沿黄旅游公路城景通景景通建设项目、壶口景观大道建设等项目，联系设计单位，先后多次进行摸底和勘察。

【交通基础设施】 开展公交站点、农村客运停靠站、吉县汽车客运站及游客集散中心等建设项目，联系设计单位对城区公交、农村客运进行摸排，完成并提交初步设计方案。同时，投资200余万元，完成吉美大道的修建。

【规范行政执法】 开展行政执法队伍纪律整治工作，规范执法行为，提高执法队伍形象。全年出动执法人员950人次，出动车辆700多次，巡查源头企业60余次，教育放行10起，悬挂宣传横幅15条，张贴宣传标语10条，发放宣传单4000余份，行政处罚多起，共处罚款25万余元，进一步加强路面管控力度。

【注重道路养护】 制订出台《关于印发吉县全面推行农村公路“路长制”工作实施方案的通知》，制订“路长制”工作考核办法、流程图、路政人员巡查等制度，吸收贫困户230余人，为全面开展“路长制”工作打好基础。开展桥梁技术评定，对全县大中小33座桥梁进行技术鉴定，为桥梁的日常养护管理提供依据。组织养护人员500余人次，出动三轮车、机械设备80余辆次，对全县县道做好日常养护工作。全年清理落石65余处，塌方220立方米，清理杂草120公里，清理排水50公里，修补边沟450余米。

【治理大气污染】 在生态环境、公安交警部门的配合下，继续实施绿色运输示范区优化通行措施。对过境国道209、国道309驶入县城绿色运输示范区的柴油货车、散装物料运输车实施优化通行措施，日均优化通行车辆200余辆，日均劝返柴油货车30余辆，有效缓解全县交通压力。积极推进国三及以下排放标准营运中型和重型柴油货车淘汰工作，改善环境质量，共注销69辆，完成年度任务的140.81%。

【整治路域环境】 整治清理“五堆”300余处；清除非公路标志标牌、广告设施174块；整治路面病害，完善交通安全设施78处；整治车辆抛洒污染25起，公路通行环境得到明显改善。

【加强安全监管】 组织学习，加强对“两客一危”运输企业的监督检查力度，确保道路运输市场安全。完善安全生产事故应急救援预案，组建应急救援队伍，落实救援车辆、救援物资，定时组织应急演练，做到安全生产防患于未然。全年共出动检查人员240人次，出动执法检查车辆90辆次，排查出各类隐患35起，已整改35起，整改率100%；查处非法从事客运车辆6辆；查处非法货运车3辆；非法从事危险品运输车1辆。

【加强思想教育】 全面推进“两学一做”学习教育制度化常态化，组织学习习近平总书记三篇光辉文献、《习近平谈治国理政》（第三卷）、中共十九届五中全会公报等内容，持续推动全体党员坚定理想信念，坚守使命担当。扎实“三会一课”、“主题党日”等活动，聚焦学习贯彻中共十九大精神和习近平新时代中国特色社会主义思想，结合自身工作实际，把自己的职责和工作摆进去，找原因、查漏洞、定措施，达到统一思想、共同提高的目的。

（吉县交通运输局）

乡宁县交通运输局

2020年，在乡宁县委、县政府正确领导下，在临汾市交通运输局精心指导下，乡宁县交通运输局深入贯彻落实习近平新时代中国特色社会主义思想和中共十九大精神，统筹推进疫情防控和经济社会发展等工作，高质量地完成各项工作任务，乡宁县被命名为2020年“四好农村路”市级示范县称号。截至2020年年底，全县通车里程1724.2公里，其中高速公路87.2公里、国道82.8公里、省道145.7公里、县道132公里、乡道427.5公里、村道394.6公里、组道454.4公里，公路密度为85公里/百平方公里。行业领域管理农村公路1368公里、船舶20艘（抽沙船）、驾培机构2家、维修企业57家、客运企业6家、货运企业68个、物流企业2个。

【党建基础得到夯实】 始终把抓好党建作为首要职责，以党建统领全局各项工作。一是坚持周一组织学习党的最新理论成果、习近平总书记系列讲话等；二是将党小组建在疫情防控、行政执法、脱贫攻坚等基层一线，扬党旗、亮党徽，让每一名党员成为一面鲜红旗帜；三是开展警示教育，堵塞业务工作各个环节出现的漏洞，遇到的问题。

【疫情防控措施得力】 新冠肺炎疫情发生后，及时停运公共客运车辆，抽调执法人员在出境路口设立的检查点进行疫情检测，在交通站场设立体温监测点和留观室，组织志愿者宣讲疫情防控知识，储备应急车辆，新续建项目延迟开复工，对群众返岗就业和企业复工复产提供“点对点”“一站式”安全直达运输服务，全系统干部职工、交通运输从业人员对阻断疫情传播发挥重要作用。

【基础设施扎实推进】 沿黄旅游公路主线（乡宁段）顺利开工建设，完成上级下达的28915万元年度投资任务；“四好农村路”368公里（窄路基路面拓宽改造124公里、“畅返不畅”27公里、养护提质改造165公里、生命安全防护工程52公里）建成投入运营，极大改善人车通行环境；胡村至安汾云丘山旅游公路绿化及生态修复工程顺利完工，提升“一号公路”整体通行环境；国道209改线岭上隧道机电设施完善工程投入使用，消除道路安全隐患；戎子酒庄至峰岭景区旅游公路完成可研编制。

【公路管养确保质量】 全县1367公里农村公路管养资金全额列入财政预算，实现“有路必养、养必到位”目标；投资970万元的38处水毁路段得到全面恢复；路政执法常态化，县域农村公路“畅洁舒美安”路域环境得到大幅改善，公路超限率低于0.2%，源头企业实现技防监控全覆盖。

【安全生产形势良好】 落实“一岗双责”制度，重点对“两客一危”、交通站场、地质灾害、施工现场等领域进行隐患排查和整治，多措并举开展“消除事故隐患、筑牢安全防线”安全生产月活动，开展两次综合应急演练，全系统行业安全形势整体良好，全年未发生安全生产事故。

【惠民答卷温暖人心】 继续推进城市全民公交免费项目，优化运行线路，年内新增营运线路10公里，公交免费福利惠及更多群众。出租车乘车环境大幅改善，服务品质得到全面提升。全县10个乡镇、130个行政村全部实现通硬化路和通客运班车，双通指标达“双百”。综合运输与脱贫摘帽、乡村振兴等工作紧密结合，行政村通客运班车运营补贴列入财政预算。规划建设9座乡镇纯电动车辆充电桩，城市公交全部实现纯电动化，行政村新增10部纯电动车辆，出租车累计更换纯电动车40余台，公共客运纯电动率达80%。

【执法改革日益推进】 在交通运输综合行政执法改革方面探索出“乡宁方案”，全县共设立2个固定执法检测站、3个综合执法巡查队、7个区域综合执法流动队，形成条块结合、上下互动的执法体系，对运输市场非法营运、路产维护、源头治超、维修驾培管理等领域从严执法，长效机制逐步建立完善。在承办的全市交通运输系统综合行政执法现场交流会上，好经验、好举措受到各级领导高度赞扬和一致好评，权责统一、权威高效、监管有力、服务优质的交通运输综合行政执法体制基本形成。

【扫黑和“三零”创建成效显著】 常态化对行业领域重点打击的九个方面进行“黑恶乱”线索摸排，县交通运输局领导班子成员坚持带队深入行业领域调研，排查存在的黑恶势力隐患和行业情况，系统内全年无涉黑涉恶涉乱线索，行业形势稳定。“三零”创建高站位认识、高起点部署、高标准要求、高效率推进，行业治理能力不断提升。

【环境治理成绩喜人】 柴油货车和散装物料运输车专项行动常态化开展，道路二次扬尘得到有效遏制，道路运输车辆实现密闭运输，公路路面病害得到及时处置，施工现场扬尘治理责任明确、措施明显。国三及以下排放标准营运中型和重型柴油货车淘汰完成410辆，完成下达指标的140%，输入型交通污染得到控制。

与此同时，中央车购税、省成品油税和各类补助资金执行到位，平安公路、平安车站、平安码头创建有力推进，交通战备、政务信息、应急值守等精准报送，为乡宁经济社会发展做出积极贡献。

（乡宁县交通运输局）

大宁县交通运输局

2020年，在大宁县委、县政府坚强领导下，大宁县交通运输局紧盯目标，狠抓落实，各项工作任务圆满完成，交通运输事业呈良好态势。

【“四好农村路”建设】 全年实施农村公路建设项目50项，建设规模294.283公里。其中：撤并建制村建设项目10项，建设规模24.017公里；实施窄路基路面拓宽改造工程16项，建设规模70.13公里；实施养护提质工程24项，建设规模200.136公里；实施县乡道安全生命防护工程7项，隐患里程55.143公里。实施村道安全生命防护工程28项，隐患里程98.857公里（备案里程33.676公里）。

【沿黄旅游公路建设】 主线工程全长41.85公里，预算总投资4.14亿元。该项目于2018年11月20日以大发信审批发〔2018〕45号文件批复立项。2019年5月30日完成PPP项目社会资本方招投标工作，9月29日签订PPP项目合同，项目公司已成立。2018年10月25日市交通运输局对主线施工图设计进行评审，并于12月11日对主线工程设计图进行批复。该工程财政评审、监理招投标工作已完成。2020年5月开工建设，截至年底，已完成路基工程32公里，完成路面铺装工程20公里；昕水河特大桥完成桩基44根，墩柱6个，桥台2个，预制T梁12片，承台完成1883.74立方米/4个，现浇0号块3个；西山隧道已贯通，二衬及附属已完成。完成总投资约21874万元。2020年完成投资2.2亿元。计划2021年12月底前完成该项目。支线工程完成情况为：2020年实施的葛口至榆村、榆村至金疙瘩两条支线工程建设规模共计21.85公里，总投资1.112亿元。两条支线工程已于2019年12月全部开工建设，截至年底，主体工程已完成，由于天气原因计划于2021年3月前全面完成以上两项工程。

【全面提升农村公路管养质量】 县交通运输局全面加强农村公路养护管理。针对农村公路养护责任主体、责任单位、养护内容、养护标准、检查标准、扣分标准、资金补贴标准等相关内容进一步统一规定，明确各乡镇、村委在农村公路养护管理中应尽的职责和义务。日常养护工作开展顺利，取得良好成效。一是完成路基整修260公里，开挖疏通边沟230公里，整修边坡1620平方米，疏通涵洞62道，清运垃圾4140立方米，恢复沿线设施410处，混料填补坑槽4800平方米。二是完成路面油补坑槽5250平方米，水稳处理翻浆1641平方米，处理沉陷、车辙4470平方米。三是沿线设施：里程碑、百米桩、桥栏、护墩、标志、警示桩、隔离设施等全部修复、完善，公路养护质量优良路率达85%，为全县经济社会发展和新农村建设提供强有力交通运输保障。同时，结合脱贫攻坚工作，实行了农村公路养护购买式服务，日常养护工作全部由精准扶贫户购买养护，为助力全县脱贫攻坚工作发挥积极作用。

【“村村通”客车运营】 2019年，大宁县委、县政府统筹整合资金170万元，购买“村村通”客车13辆，新增农村客运线路12条，覆盖全县所有的建制村，由大宁县顺迪城乡客运公交有限公司运营，采取定线班、赶集班、隔日班、周末班、预约包车班等多样化的运营模式,实现"村村通"客车目标。为确保"村村通"客车开得通、留得住,县交通运输局组织专人到兄弟县实地考察学习,结合大宁县自身情况,对"村村通"客车工作进一步细化。一是落实企业安全生产主体责任,组织驾驶员定期开展安全培训,对营运车辆定期进行安全检查,以保证车辆性能良好,实行动态监控。二是行业管理部门进一步严格农村客运道路条件安全通行标准、农村客运车辆安全技术规定、驾驶员资格证以及营运车辆资质的审核等,加强农村客运市场的监管,维护农村客运市场良好秩序。三是在运营期间,根据实际情况,县政府出台村通客车补助政策,将"村村通"客车补助资金列入财政预算,每年约93万元,确保"村村通"客车开得通、留得住。

(大宁县交通运输局)

隰县交通运输局

2020年,在隰县县委、县政府正确领导下,在上级交通运输主管部门大力支持下,隰县交通运输局与时俱进、开拓创新、自力更生、艰苦奋斗、农村公路建设继续加大农村公路提档升级改造力度,争取中央车购税乡村旅游公路资金5692万元,结合县级配套资金实施完成3个农村公路建设项目。一是川口至龙化公路改造工程。属续建项目,总投资3541.7278万元,其中上级投资2177万元(中央车购税160万元/公里),县配套1364.7278万元。路基工程已完成,进行铺筑水稳碎石底基层,完成投资1100万元,8月全部完工。二是瓦窑坡至庞村至太平公路唐户至太平段改造工程。属续建项目,总投资1520.7277万元,全部由上级投资。路基工程已完成80%,进行砂砾垫层铺筑、铺设管8月全部完工。三是刘家庄至桃坡公路改造工程。属新建项目,总投资1805.3129万元,其中上级投资1143万元,县配套662.3129万元。项目征地拆迁工作已完成,进行路基施工,10月全部完工。

【干线公路建设】 积极沟通对接,加快前期手续办理确保国省道过境及升级改造项目尽快立项实施。一是国道209线隰县过境改线工程项目。全长11.847公里,估算总投资10.8亿元。可研报告送审稿已编制完成,县政府已分别给市政府、市交通运输局、临汾公路分局报送申请立项报告,等待评审,市政府于4月13日给省交通运输厅报送《关于授权隰县人民政府作为国道209线隰县过境改线工程项目建设主体的函》,等待回复。二是国道341线木瓜沟至上庄公路(隰县段)改造工程。估算总投资1亿元。上级每公里投资700万元,预计投资8432万元,其余资金县政府自筹解决。可研报告送审稿已编制完成,等待省交通运输厅组织评审。

【公路养护管理】 针对已列入省交通运输厅项目库的6个农村改造项目和1个公路安全生命防护工程项目可行性研究报告已批复,用地预审、环评等前期手续已办理完成,一阶段施工图设计文件已报送县行政审批局,正在批复。与此同时,全面推行农村公路"路长制"管理体系,完善农村公路客运和物流基础设施,统筹管护和运营好农村公路。

【交通环境治理】 一是按照省交通运输厅、市交通运输局要求、努力完成国三及以下营运类柴油货车淘汰任务。二是根据《临汾市环境污染防治暨高铁高速沿线环境综合整治专项行动实施方案》《隰县环境污染防治暨铁路国省道路沿线环境综合整治专项行动实施方案》,县交通运输局认真组织实施。三是按照临交政法字〔2021〕77号文件要求召开专题会议,制订《隰县打击非法营运净化客运市场百日专项行动实施方案》,确保专项行动有序开展,取得实效。

(隰县交通运输局)

永和县交通运输局

2020年,永和县交通运输局紧紧围绕全县"1243"经济奋斗目标和全市交通规划,在临汾市交通运输局业务指导下,结合实际,统筹疫情防控和交通工作,找准方向定位,科学谋划,制订以党建引领全局一切工作,打好项目为王一张牌,抓好交通六大工作"116"交通建设目标,全力做到"两手抓、两手硬”，较好地完成交通运输各项工作任务，为全县脱贫攻坚和经济建设提供强有力的交通支撑。

【认真落实工作任务，全力推进重点工程建设】 一是“四好农村路”建设项目。2020年市局下达“四好农村路”建设规模240.1公里，总投资13151万元。其中：农村公路资源路、旅游路、产业路（县道525南楼至闫家坡段路面改造工程）长6.3公里，投资1449万元，2020年5月8日进场开工，10月完工；窄路基路面拓宽改造工程11项长33.8公里，投资4543万元，2020年5月8日进场开工，10月完工；养护提质工程30项，长200公里，投资3000万元，2020年5月初开工，10月完工；县乡道安全生命防护工程4项，隐患里程为114.3公里，投资2860万元，2020年5月20日开工，10月完工；村道安全生命防护工程17项，隐患里程为59公里，投资1179万元，2020年5月8日开工，10月完工；县乡道危桥改造1座（郭家村桥），总投资120万元，2020年8月24日开工，9月底完工。二是三大板块旅游公路临汾市沿黄旅游公路（永和段）工程建设项目。路线全长60.338公里，投资78532万元，其中主线51.513公里，投资69780万元，连接线8.825公里，投资8752万元。其中：黄河板块旅游公路临汾市永和县沿黄主线项目（永和石楼界—咀头段）工程，路线全长6.43公里，投资5324万元，2020年8份开工建设，预计2021年8月底完工；黄河板块旅游公路临汾市永和县沿黄主线（二期）项目（阁底—永和大宁界段）工程，路线全长45.083公里，投资64456万元，2019年10月开工，2020年3月初复工，预计2021年8月底完工；临汾市沿黄旅游公路（永和段）连接线打石腰至白家山（蔚家洼至靳家山）公路工程，路线全长8.825公里，投资8752万元，项目工可、项目两阶段施工图初步设计的已批复，施工图设计已完成，2020年11月中旬开始征地拆迁工作，预计2021年8月底完工。

【创新机制，狠抓管理，全面提升公路管养水平】 一是养护体制建设，建立三级“路长制”体系。根据《永和县农村公路“路长制”实施方案的通知》，建立以县长范洋平为总路长，分管副县长马健为县级路长，乡（镇）党委书记、乡长为乡级路长，村委支部书记为村级路长的三级路长体系，实现农村公路管理养护的正常化和规范化。汽车是建立路产路权保护队伍。县级设路政员、乡（镇）设监管员、村设护路员并明确各自职责，按照省《农村公路“路长制”实施方案》的要求设立路长公示牌。二是日常养护管理。县道养护，采取资源整合，成立7个养护道班进行精细化养护（养护里程为5公里/人），道班班长按周规划养护任务，3日小查抓进度，7日大查验成效，确保养护工作能落到实处；乡村道路养护采取家庭承包模式，由乡（镇）管理；养护道班兼任抢险救援队，履行抢险救灾职责，定期进行养护业务知识和安全作业培训，并参加意外伤害保险。养护中心对全县农村公路路域环境进行全面整治，对交坡线路容路貌进行整修；东阴线全线进行景天种植；交于线全线路肩、护坡进行花草种植，绿化、美化道路环境。截至年底，共疏通边沟260000延米，补坑槽1800平方米，清理落叶、杂物、淤泥、塌方5300立方米，洒水车清洗路面100公里，路肩两侧绿化带花草种植87公里，清理涵洞10道，修复路肩34km，标线施划35600余平方米，做到道路环境整洁美观。三是养护中小修保养。2020年，交于线水毁修复6处，坡桑线水毁修复5处，大郭线水毁修复7处，龙葛线水毁修复2处，西奇线水毁修复3处，东阴线水毁修复3处。四是信息云平台建设。利用路网数据采集平台，对全县新建、改建农村公路进行路况采集，及时更新路网数据，提高农村公路管理效能；建立农村公路“路长制”网站，将全县“四好农村路”建设情况、“双通”情况、“路长制”建设、路网地图等内容进行布展，并将二维码设置于路长公示牌进行广泛宣传，便于群众及时了解全县交通情况。

【加强交通运输依法行政，深入推进交通运输法治建设】 一是认真落实《党政主要负责人履行推进法治建设第一责任人职责规定》。按照市、县法治部门要求，年初制订领导班子和领导干部学法、用法、述法制度，并制订领导班子及股室法治工作任务清单，进一步落实“谁执法、谁普法”普法责任制。上半年共组织执法人员和干部职工培训学习3次，认真学习习近平总书记全面依法治国新理念、新思想、新战略,《中华人民共和国宪法》《中华人民共和国监察法》《中华人民共和国行政复议法》《中华人民共和国行政诉讼法》《中华人民共和国行政处罚法》、“双随机、一公开”等法律法规知识,并于5月20日组织交通运输系统工作人员进行普法考试。二是继续深入推进交通执法规范化建设。加强交通综合执法队伍建设,年初制订相关制度,健全综合行政执法人员岗位培训和从业资格制度,组织执法人员开展交通运输行政执法程序规定等专项培训;继续落实“四基四化”建设和交通运输行政执法公示、行政执法全过程记录、重大行政执法决定法制审核“三项制度”工作,持续推进执法机构与执法行为规范化。三是进一步落实以“数字政府”建设为牵引。全面加强“互联网+监管”各项工作。按照市、县关于推进“互联网+监管”的要求,成立“互联网+监管”领导小组,对涉及交通运输48项监管事项目录清单进行规范录入,并进一步细化责任分工。通过“数字化”政府建设,优化营商环境,推动“双随机、一公开”监督管理,实现“一个平台监管”目标。

【加强运输市场监督管理,积极推进交通运输建设】 着力规范行业管理,道路运输业继续保持良好发展态势。客运市场方面,加强源头监管,对营运车辆加强管控,加强应急值守,做好疫情防控下安全运输生产工作。货运市场方面,加强柴油货车污染治理工作,加大路检路查力度。建立完善生态环境、公安交警、交通运输等部门联合执法常态化路检路查工作机制,严厉打击超标排放等违法行为,大力开展排放监督抽测,重点检查柴油货车污染控制装置、OBD、尾气排放达标情况,具备条件的要抽查柴油和车用尿素质量及使用情况;在岔口、永和关、交口三个路口对过往的柴油车开展常态化的路检路查,严把柴油货车进入禁限行区域关,严禁尾气排放不达标车辆进入禁限行区域。同时按照市、县大气污染防治行动指挥部办公室关于国三及以下排放标准营运中型和重型柴油货车淘汰任务工作方案的要求,2020年,全县淘汰总任务96辆,已完成84辆。全年共出动执法人员3120人次,出动执法车辆630辆次,检查车辆428辆,尾气检测(含遥感检测)376辆,排气管口冒黑烟现象基本消除,散装物料有效密闭运输达到100%。维修管理方面,积极开展维修行业环保整治工作,对县城城区维修、洗车行业进行情况摸底和政策法规宣传,要求规范作业。杜绝污染,对维修经营者废机油随意倾倒、噪声污染、喷涂、露天电焊作业等行为进行查处和要求及错时作业,做好三类以上维修企业质量信誉考核工作。城乡交通运输一体化方面,统筹城乡需要,科学规划,积极向上级申报,建设农村客运站点和沿途停靠点,构建以县城为中心,乡镇为节点,建制村全覆盖的城乡客运服务网络;按照“县级中转、镇级分拨、村级配送”的布局,联合物流速递公司推进物流速递在农村地区的发展,加快推进县、乡、村三级农村物流服务网络建设;继续加大“公交都市”创建工作。大力提倡绿色低碳出行,积极推进公交智能化建设,不断提升管理服务水平。

【坚守红线,筑牢底线,始终保持行业安全稳定】 县交通运输局始终把安全生产工作放在首要位置来抓。严格按照“党政同责、一岗双责、齐抓共管、失职追责”要求,局党组将安全生产工作与中心工作同步规划、同步安排、同步落实。年初与局属单位和各股室签订安全工作目标责任书,层层压实责任,分级分口把守。组织全体干部职工专题学习习近平总书记关于安全生产重要指示批示精神和安全生产法律法规,坚持每月一次的安全生产例会,总结、分析研判安全隐患,及时对重点项目施工现场、公路运营领域、道路运输领域,水上交通领域进行安全检查。坚持做到“管行业必须管安全、管业务必须管安全、管生产经营必须管安全”和谁检查、谁签字、谁负责的原则,建立监督管理权责清单,健全管理制度和考核机制,强化行业监督责任和企业主体责任,督促企业做到安全责任、投入、培训、管理、应急救援“五到位”,构建全员抓安全生产的责任体系。一是打造安全春运。县交通运输局及下属各单位、各企业制订《2020年春运工作实施方案》和《2020年道路水路春运安全应急预案》。围绕“安全第一、保障有力、方便快捷、服务至上”的原则,运管执法人员驻站管理,严把参运车辆、人员的经营资质关和技术状况关，切实抓好客运站安全监督管理。按照县疫情防控总调度室安排，1月24日至2月18日全县客运班车全部停运。1月10日至1月24日春运期间，共始发过往车辆20辆674座，共发270个班次，运送旅客3240人。开展安全检查12次，出动检查车辆8辆（次），参加检查人员36人（次），严禁易燃易爆物品进站上车，严禁卖超员票等。针对客流陡增情况，客运站及时调整部分线路发班密度，并抽调运力进行增援，针对春运期间大雪大雾等恶劣天气及时启动应急预案，确保旅客出行安全便捷，圆满完成了春运运输任务。二是全力做好疫情防控。复工复产、安全生产专项整治、“零事故”单位创建和安全生产专项整治三年行动等工作。制订《永和县道路客运班线、公交、出租车恢复运营工作方案》《关于下达2020年工程建设领域复开工要求的通知》《2020年安全生产工作实施方案》《全县交通运输安全生产专项检查实施方案》《关于开展“零事故”单位创建工作的实施方案》《2020年平安建设工作要点》《永和县交通运输安全生产专项整治三年行动方案》等方案，牢固树立安全发展理念，强化底线思维和红线意识，以“三深化”和“三推进”深入抓好疫情防控、安全生产专项整治，做到“两手抓、两不误”。按照“四铁”要求和创建“零事故”单位总体要求，全力推进安全生产专项整治三年行动工作的开展，抓好道路运输安全整治、水上交通安全整治、公路水路工程建设安全整治、农村公路运营安全整治。深化源头治理、系统治理和综合治理，坚决做到从根本上消除事故隐患，不断深化完善交通运输安全体系，形成良好交通安全生产环境。三是认真做好安全生产工作。做好清明、“五一”、端午、国庆、中秋和汛期安全生产工作。第一，高度重视，加强领导。节日和汛期，严格落实“一把手”负责制，成立领导机构，强化各项措施，狠抓各项制度的落实。第二，加强运输组织管理，科学组织运力做好节日期间旅客运输工作，及时掌握节日期间客流量，流向的调查和分析预测，制订周密的组织和应急运输方案，做好应对各种突发事件的准备工作，确保节日期间运输工作顺利开。第三，加强市场监督，确保节日安全。认真组织开展节前安全生产大检查，加大“三品”检查力度，加强车辆安全例检，同时抓好机关、库房、票房、机要室等部位的安全保卫工作。第四，加强农村公路安全管理。对桥梁、边沟堵塞、水毁路段、道路塌方及落石等进行及时清理，确保道路安全畅通。组织人员对辖区内所有桥梁进行了普查，并建立桥梁档案。6月进入汛期后，制订《2020年县、乡公路防汛抢险工作方案》《2020年县、乡公路防汛抢险应急预案》，组建80余人防汛队伍，防汛抢险运输车辆共8辆，积极备足备齐防汛物资，完善各类物资储备，全面提高防汛能力，做到汛期有备无患，确保了道路安全畅通。第五，严格值班制度。做好节假日和汛期信息报送工作。实行主要领导带班制，坚持24小时值班、设立值班电话，严格交接班手续，按规定及时、准确报送各项报表和信息，确保上下信息畅通。四是深刻汲取襄汾县“8·29”坍塌事故教训。立即开展安全风险隐患大排查大整治、交通运输系统安全生产大检查、交通运输安全生产风险隐患排查治理专项行动。共排查各类安全隐患63处，整改63处，整改率达到100%。与此同时，积极开展“安全生产月”活动。6月1日组织交通运输系统各企业安全生产管理人员进行安全生产培训，同时邀请临汾市宣安应急消防科教中心王峰教官进行消防安全培训和安全警示教育。6月8日至12日开展“排查整治进行时”专题活动。6月12日组织全体执法人员开展以“安全生产执法”为主题的培训活动，通过培训进一步推动安全生产执法更加规范、更加有效、更加有力。组织全县养护道班员工进行安全生产培训。6月18日在文庙广场开展“安全生产月”宣传咨询日活动。6月22日组织全县养护道班员工进行安全生产培训和警示教育。积极开展安全宣传进企业、进农村、进社区、进学校、进家庭活动。做到人人一本安全生产宣传手册，引导社会大众树立“关注安全、关注健康、关爱生命”的思想。安全生产月期间，共展出安全警示宣传板12块、发放安全宣传资料8000余份、宣传画册200余份，通过宣传活动，强化责任意识，普及安全法治，传播安全知识，厚植安全文化，突出强基固本，激发安全发展内生动力，让广大人民群众更多了解交通安全、关心交通安全、支持交通安全。

【狠抓党风廉政建设，着力提升行业文明水平】 认真贯彻学习习近平总书记全面依法治国新理念、新思想、新战略，中共十九大精神、习近平总书记三篇光辉文献、《习近平谈治国理政》（第三卷）、习近平总书记视察山西重要讲话精神、全国“两会”精神。牢牢抓住全面从严治党，进一步加强党的建设和党风廉政建设，突出“抓班子、带队伍、理思路、破难题”的工作思路，打造高素质的交通运输干部队伍。一是加强党的建设工作。按照上级要求，认真落实“三会一课”制度，定期开展“主题党日”“党建共建日”“永和扶贫日”主题活动。在疫情防控中，局党支部充分发挥党委统揽全局、协调各方的领导核心作用，2月2日，申报县委组织部批准，成立永和县高速口疫情卫生检疫站等7个站点临时党支部，党员干部在疫情防控各站点充分发挥不畏艰险、无私奉献的先锋模范作用，为打赢疫情防控阻击战提供坚实的保障。同时，广泛开展“爱党爱国、爱岗敬业、共建共享文明交通”“走在前列，做在实处”、进基层进社区志愿服务等活动。通过“学习强国”“三晋先锋”“山西干部在线教育”等平台，持续兴起“大学习”热潮。扎实推进党支部标准化、规范化建设。二是加强党风廉政建设。进一步加强党风廉政建设“两个责任”和单位内部各项制度的管理和落实，制订职责清单。局与局班子及股室签订党风廉政建设目标责任书，厘清责任边线，明确部门职能和岗位职责，划出纪律底线，提高依法行政能力，树立用权红线，规范权力运行。坚持“三重一大”事项制度化，邀请县纪委派驻组参加会议，履行监督执纪问责职能。局班子成员严格执行中央八项规定、六大纪律，以身作则、严以律己，无违反有关纪律规定，没有责任追究情况。同时，抓好纪律与廉政教育，4月13日组织干部职工观看“捉鼠惩贪”兰维成违纪违法案件警示教育片；6月18日传达学习《中共临汾市纪律检查委员会关于翼城县政府采购中心违法干预招投标案件的通报》的通知，并对干部职工进行廉政教育和约谈提醒。按照市交通运输局关于“严明纪律、敬畏法规、转变作风、建好队伍”纪律作风集中整治活动要求，局成立领导组，10月9日召开动员会，制订实施方案和学习计划。完成专题学习、法律讲座、先进典型和廉政警示教育，局班子成员和全体执法人员开展反思剖析，局党支部充分发挥战斗堡垒作用，组织党员干部职工深刻认识到这次活动是一次治病救人，惩前毖后的活动，是组织给的一次挽救干部挽救改过自新的机会，要求大家立即开展自查自纠，广泛征求意见，建立个人问题清单、整改清单、廉政风险点和整改台账。局按照征求意见和建议制订了规章制度，完善相关长效机制。通过严格的集中整治，高标准制订整改措施，使大家真正做到思想受教育，灵魂受洗礼，行为受约束，进一步树牢规矩意识，切实做到严明纪律、敬畏法规、转变作风、文明执法。三是加强精神文明建设。组织开展“文明交通、文明出行”“爱在交通”等主题活动。引导广大干部职工自觉践行“爱岗敬业、诚实守信、服务群众、奉献社会”的职业道德规范，营造“争先进、创一流”的良好竞赛氛围。四是积极开展“三零”单位创建和平安建设工作。坚持目标导向、问题导向、结果导向，努力做到矛盾不上交、平安不出事、服务不缺位，使人民群众的获得感、幸福感和安全感不断增强。

【加大环保整治力度，打好交通污染防治攻坚战】 按照“管行业就要管环保”要求，紧紧围绕交通环保职责，强力推进交通环保生态文明建设。一是继续开展全县、乡主干道路广告设施清理及农村公路路域环境整治行动。一年来，共整治清理县、乡主干道路广告牌12块，国省道路广告牌5块；对道路边沟外路域垃圾和“五堆”现象整治100处，对边沟内路域垃圾和“五堆”现象整治9处，完成率100%。二是设立检测站点，持续开展全县柴油货车和散装物料运输车污染治理联合执法专项行动。同时，加强运输企业源头监管，确保车辆出厂时加盖篷布不抛洒，加大治超力度，对敞篷运输造成道路抛洒和扬尘污染的货运车辆进行严格处罚。三是加强汽修行业专项整治。执法监管人员深入辖区内各汽修企业，认真排查，开展专项整治工作，严厉打击清理无证经营的维修站点。对有烤漆房未安装VOCs治污设施的汽修企业进行查封，全面强化行业监管力度。四是加强工程建设领域的监督管理。严防扬尘和工程机械污染，打造畅、安、舒、美的交通运输环境。五是清理淘汰柴油货车。按照省、市、县国三及以下柴油货车淘汰文件和会议要求，县交通运输局联合交警、环保、商务、市场监管局、工信局等对国三及以下柴油货车进行清理淘汰，共清理淘汰82辆。

【脱贫攻坚工作】 根据县委县政府关于脱贫攻坚工作的一系列安排部署和巩固提升工作要求，县交通运输局严格按照“十个清零”行动，开展“回头看”整治工作。结合交通工作实际，认真履行帮扶职责，扎实做好驻村扶贫工作，完成永和关至咀头9公里养护提质工程任务。同时，继续做好帮扶巩固提升工作，巩固“两不愁、三保障”成效，确保脱贫“四不摘”保障工作到位，落实做好乡村振兴发展规划。

（永和县交通运输局）

汾西县交通运输局

2020年，在汾西县委、县政府及市交通运输局正确领导下，汾西县交通运输局紧紧围绕年初下达的目标任务，以党建为龙头，以农村公路建设为中心，以补齐交通基础设施服务短板为抓手，以增强人民群众的满足感、获得感为目的，在做好疫情防控的同时，带领全局干部职工团结一致、迎难而上，实现各项工作的健康、规范、高效推进。

【公路建设】 精心实施和完成8项交通扶贫工程，极大地提升全县农村公路基础设施发展水平。一是完成市局下达的养护提质改造工程。建设里程100公里，完成投资1236万元。二是完成市局下达的安全生命防护工程。建设里程154公里，完成投资4620万元，覆盖5个乡镇、54条农村公路。三是完成什佃线路面修复改造工程。全长11.631公里，完成投资1936万元。四是完成什林至太阳山路面改造工程。全长4.466公里，完成投资1175.8034万元。五是完成勍香至佃坪自然通村道路硬化工程。全长5.33公里，完成投资141.79万元。六是推进店头至申家庄农村公路工程建设。全长2.985公里，总投资2063万元，路基工程已全部完成。七是推进要家庄至郝家沟产业路工程建设。全长20.145公里，3月1日开工建设，工程进展顺利。八是推进佃坪至姑射山旅游公路建设。全长14.429公里，总投资4220万元。5月开工建设，工程进展顺利。

【安全生产】 认真执行市局决策部署，重点做好四方面的工作。一是抓责任落实。认真开展“安全生产月”活动，落实以“一岗双责”为核心的安全生产责任体系，不断强化道路运输、在建工地企业安全生产主体责任和交通运输部门的安全监管责任。二是抓安全重点。进一步巩固交通运输领域安全生产成果，把安全生产隐患消除在萌芽状态。三是抓客运安全源头监管。严把“三关一监督”，积极探索新形势下农村运输安全管理模式。四是抓预案和值班守护。全年来共进行安全生产检查132次，出动执法人员580余人次，实现安全生产持续向好。

【环境整治】 一是加强柴油货车管控。联合公安、交警、环保、公路等部门，以城东、城西、城南三个固定执法站点为依托开展固定站点执法和流动执法；二是加强路域环境治理。实现农村公路规范化、制度化、常态化管理。列养农村公路238公里，聘用43名建档立卡贫困户，由养护中心统一领导，做到日日出勤，保持路面整洁、畅通，确保广大人民群众出行安全。完成市局下达的全县干线公路、县乡公路广告牌及非公路标志整治任务。其中：县交通运输局完成5块、公路段完成5块、沿线乡镇完成9块。三是加强超限超载治理。超限超载率控制在0.1%以内。

【纪律作风整治】 按照市局安排部署，从9月28日开始行政执法人员纪律作风集中整治活动，县交通运输局严格按照4个阶段，11个环节扎实推进，努力开创新时代行政执法工作新局面。

（汾西县交通运输局）

侯马市交通运输局

2020年，按照侯马市委、市政府提出工作任务，侯马市交通运输局提升政治站位，狠抓从严治党，围绕部门年度工作目标，重点推进重点项目和"四好农村路"建设，全力抓安全生产、春运管理、疫情防控、基础设施建设、行业监管、纪律作风集中整治等工作，各项工作都完成预期目标。

【重点项目积极推进】 一是"四好农村路"工程项目。2020年，全市"四好农村路"建设任务为24.031公里。其中："畅返不畅"整治工程建设完成里程为9.704公里；"养护提质"建设完成里程为14.327公里，完成总投资约800万元。二是侯马公路枢纽货运中心项目。公路枢纽项目是全市重点项目，已有德邦、顺心快递、天地华宇等多家物流企业入驻。按照年初制订的项目推进计划，积极想方设法帮助筹措资金。由于资金困难，没有解决排水问题。对此，市交通运输局做了详细了解和多次专题研究，将其纳入大西高铁侯马西站广场及交通组织建设工程。截至年底，设计单位正在编制工程可行性研究报告。三是国道108改线项目。3月，自然资源部批复三县市（侯马、曲沃、襄汾）用地预审。市自然资源局完成工程占用耕地费用测算，向临汾市交通运输局上报国道108线襄汾至曲沃至侯马过境改线工程（侯马段）初步方案相关意见的复函。4月，省交通运输厅召开可研方案研讨会。5月下旬，设计单位对侯马境内路线方案进行调研，维持原方案，部分需要调整的线性将在施工图阶段予以考虑。6月上旬，临汾公路分局将该项目立项批复申请上报省发改委。9月上旬，国道108改线工程经省发改委批复立项，进行初步设计。根据临汾市政府安排，成立侯马市国道108改线工程工作领导组，负责征地拆迁及建设期协调工作。设计方案确定后，组织相关部门做好征地拆迁前的调查摸底工作，配合建设单位完成征地拆迁，确保工程2021年第一季度具备开工条件、顺利开工建设。四是高铁侯马西站站房扩建项目。为彻底解决现有站房面积过小、容量不足、拥挤的突出问题，经报太原铁路局和大西客专公司同意，对现有高铁站房扩建，扩建后面积接近临汾西站规模（11380平方米）。过渡工程招标控制价评审为345.0166万元，已完成政府采购备案。4月下旬开标，确定中铁十四局为中标单位。高铁站国防光缆迁改工程设计和主体工程施工图设计财政评审已完成，过渡工程11月底前完工。各项前期准备工作已完成，正在进行施工和监理招投标程序，12月初完成主体工程招投标工作，争取2021年第一季度完成基础工程。五是迪亚通充电站项目建设。为建设"高效、安全、绿色、便捷"的智慧交通，4月9日，完成初步勘察选址，拟定在侯马公路枢纽货运中心和晋南电商物流园建设"光—储—充一体化"绿色充电站。该工作正在按照项目建设计划有序推进。六是美丽农村路和"一灯一带"。根据省交通运输厅《百乡千村万里农村路实施方案》制订的工作目标，出台"百乡千村万里美丽农村路"实施方案，确定凤城乡为示范乡，城小村、东庄村、下平村为示范村，实施里程40公里。按照上级"一灯一带"任务要求，及时对全市20处农村公路交路口铺设减速带，安装标志标牌（国省道40处）。

【基层党建夯实基础】 一是强化中心组学习。侯马市交通运输局领导班子把全面贯彻落实中共十九大和十九届二中、三中、四中、五中全会精神，纳入领导班子学习掌握的重点内容、必学篇目和理论要点，全年组织开展集中学习40余次。特别是围绕习近平新时代中国特色社会主义思想和视察山西重要讲话精神，进行精读、深学和细研，并结合交通运输实际工作，开展专题讨论，坚决做到用新思想武装头脑、把新精神落到实处，用新思想、新作为引领新时代交通运输行业发展。中共十九届五中全会期间，组织全局党员干部以"谋划交通运输工作布局，开启发展新征程"为主题，系统学习中共十九届五中全会精神，突出学深悟透，学以致用。局党组坚持以中共十九届五中全会精神为指引，把交通运输"十四五"转型发展作为大方向，聚焦研究侯马市交通运输现状，抓住关键短板实施重点突破，切实以会议精神引领全市交通运输全面发展。二是狠抓主体责任落实。全面落实党建工作主体责任，加强工作组织领导，推行“定查评”工作方法，在基层党组织推进思想、政治、组织、制度、作风建设，大力开展“学、帮、带”活动，强化党员队伍教育管理，丰富党内民主活动，严肃党内政治生活，使交通运输党建工作不断迈上新台阶，组织战斗堡垒、党员先锋模范作用得到全面发挥。三是全面夯实廉政基础。认真落实党风廉政建设“两个责任”，严挺党的纪律和政治规矩，严实各项工作目标责任，深入开展“三会一课”和警示教育，使基层党员干部“四个意识”全面增强，都能严格执行中央八项规定和深入纠正“四风”问题，在扎实推进廉政建设“两个责任”的落实上，着力解决群众反映的“难点”问题的能力全面提高，党风廉政建设和反腐败工作取得新成效，树立廉洁勤政、风清气正良好形象。四是狠抓问题整改落实。围绕临汾市纪委《关于翼城县政府采购中心违法干预招投标案件的通报》，结合交通运输行政审批项目和权力清单，全面梳理问题，形成整改责任台账，逐一细化分解。在整改落实上，自己坚持统筹兼顾、区分轻重缓急，采取相应整改方法。对属于制度漏洞方面的，要求半个月内进行健全、完善或重新修订；对属于管理缺失方面的，责令立即进行纠正、规范和加强；对属于违规问题的，认真进行调查核实，并限期予以整改；对属于常态化执行方面的，要求建立长效工作和监督机制，毫不懈怠地抓好坚持和巩固。党员干部在思想认识、政治觉悟、宗旨意识、规矩意识上有了更进一步提升，对全面推进依法治国、党风廉政建设和发腐败斗争都有了更深层次理解和深化。五是开展红色传统教育。为庆祝党的生日，局党总支组织全体党员干部集中开展庆“七一”革命传统教育活动。全体党员干部佩戴党徽，集体到曲沃县石桥堡红色爱国主义教育基地参观中共曲沃老县委旧址、革命纪念馆、窑洞宾馆和会议厅等革命遗迹，深入了解革命先烈伟大的理想信念、用意志和鲜血铸就的革命精神，深刻认识所肩负的责任和使命。通过开展红色传统教育，激发大家以更加饱满热情、更加昂扬斗志投入交通运输各项工作中，激励党员干部用实际行动为党旗增光添彩。

【中心工作常抓不懈】 一是强化春运安全管理。坚持“以人为本，安全第一”的原则，积极准备，认真部署，提前制订《应急预案》，责任到人，措施到位。同时，狠抓落实，层层签订安全生产责任书和文明服务承诺书，强化一线检查与管理，狠抓“三不进站、六不出站”，年前公路客运安全无事故。由于新冠肺炎疫情暴发，1月26日起公交车和公路客运全部停运保疫情防控，确保公路客运行业安全生产。二是狠抓疫情防控与复工复产。自疫情发生以来，市交通运输局按照中央、省、市交通运输局疫情防控工作精神和“五严五防”及“七个突出、七个狠抓”要求，强化疫情阻击作战意识，建立加强疫情联防联控机制，建立统一高效的应对和指挥体系，有效发挥联防联控体制机制优势，实行最严格的科学防控措施，做好交通运输领域联防联控各项工作，切实做好疫情防输入、防输出、防扩散工作，做到“一断三不断”，坚决阻断病毒传播渠道，保障公路交通网络不断、应急运输绿色通道不断、必要的群众生活生产物资的运输通道不断。高铁站、火车站和东、西汽车站疫情防控工作要求，继续按照抓严抓细抓实的防控措施，常态化防控新冠肺炎疫情，进一步加强北京等高风险区入晋人员健康管理，在高铁站、火车站和东、西汽车站开展风险排查，完善邮件和快件消杀制度和流程，全力助力企业复工复产，做到疫情防控和促进经济发展“两不误”。三是行业监管能力不断加强。加强道路运输行业监管，根据临汾市交通运输局《关于规范客运市场秩序打击非法客运经营行为的通知》，围绕客货运输、公交出租（网约车）、汽车维修和驾培学校，组织交通运输综合执法人员依法进行严查严管。运管和城市客运部门，集中对高铁站停车秩序进行全面整治，严厉打击扰乱客运市场违法行为20余起，进一步规范道路旅客运输市场秩序，提升客运服务满意度。四是生态环境治理全面加强。履行交通环保工作职责，持续抓好道路二次扬尘、抛洒污染专项治理。有效应对重污染天气预警，及时启动响应措施，认真做好道路清扫保洁、大型车辆管控、维修企业限停、公共交通提供免费乘坐等应对工作。为有效控制全市重污染天气，侯马市重污染天气应急指挥部在2019年12月23日下午14时至25日和2020年1月4日至1月21日，发布重污染天气橙色预警、红色预警，全市启动机动车限行。按照市政府安排部署，侯马市公共交通有限公司严格落实政府指令性免费乘坐公交任务，市内东站至西站、东站至高铁站、惠泽苑至高铁站、文明路环线、火车站至新区、火车站至北站6条线路公交车全部实行免费乘坐，广大市民免费乘坐公交车共19.5天，70辆新能源公交车运行452趟次，运营里程7794.2公里，运送乘客93.72万人次，通过各种有效措施使全市环境空气质量全面改善。五是安全生产形势趋于稳定。始终牢记安全责任重于泰山，增强交通安全预警和防范意识，确保行业监管和企业管理"两个责任"落实到位。2020年，先后对道路客运、危货运输、城际公交、道路施工等事故易发的关键领域，组织开展安全大检查、隐患大排查146家次，发现问题隐患23处，各类事故隐患得到全面消除，确保未发生一起责任事故。同时，以"消除事故隐患，筑牢安全防线"为主题，狠抓安全生产月宣传活动，通过教育培训、隐患曝光、问题整改、案例警示等有声势有实效的宣传，进一步增强交通运输行业安全意识。组织开展道路危险化学品运输车辆交通事故应急救援演练1次，积极参与全市2020年地震应急综合演练1次，进一步提高交通运输部门应对和快速处置突发事件能力。为深刻汲取襄汾"8·29"特大坍塌事故和太原迎泽区台骀山景区火灾事故教训，组织全局干部职工召开安全专题会议，结合"三零"单位创建工作，认真对道路运输、城市客运、公路工程建设、公路桥梁等各个领域进行全覆盖安全隐患排查，安全隐患得到及时消除，杜绝责任安全事故的发生，确保安全生产形势持续稳定。六是持续抓好扫黑除恶专项斗争。发挥行业职能，落实工作要求。坚持深入交通一线排查重点部位和领域涉黑涉恶事件，加强客运站、高铁广场、物流市场和货运站场涉黑涉恶排查力度，严厉打击非法营运、违章营运行为，及时掌握信访信息，把问题解决在基层和萌芽状态。七是加大交通扶贫落实力度。根据《2020年交通扶贫工作要点》，在全力实施"四好农村路"工程。同时，完成扶贫建档立卡App注册登记工作，按照侯马市委组织部督察组要求，对隘口村贫困户杨世昌、董四清家房屋进行装修，并通过验收。充分发挥交通部门优势，利用实际行动高质量推进扶贫，为全市决战脱贫攻坚提供利有力支撑。八是集中开展纪律作风整顿。按照侯马市委、市交通运输局党组关于在全市交通运输系统行政执法队伍中开展纪律作风集中整治的精神和要求，制订纪律作风整治方案，在全局加强执法队伍纪律作风建设，强化执法人员教育管理，重塑造行业良好交通形象。侯马市交通运输局按照纪律作风集中整治的指导思想和原则，对照整治重点"十二种突出问题"的具体表现，认真对照检查剖析，在法规学习、执法监管、纪律作风等方面全面整改。通过完善规章制度，强化监督考核，扎紧交通运输综合执法腐败的"笼子"，使全局上下综合执法人员都有敬畏感，营造有法必依、执法必严的文明执法生态。

（侯马市交通运输局）

霍州市交通运输局

2020年，在霍州市委、市政府正确领导下，在上级主管部门全力支持下，全市交通运输系统广大干部职工一手抓疫情防控工作，一手抓企业复工复产，充分发挥党组织的攻坚堡垒作用和党员的模范作用，对标一流，奋力赶超。形成以城市为中心、国省道为主线、县乡道为支线、乡村道路为辅线，辐射全市四通八达的公路交通网络。截至2020年底，全市公路通车里程1108.495公里，公路密度144.9公里/百平方公里。

【固定资产投资】 2020年计划任务：建设里程203.02公里，投资6055万元。分别是：窄路基路面拓宽改造30.02公里，投资3006万元；农村公路安全生命防护工程20公里，投资447万元；农村公路养护提质工程173公里，投资2602万元。2020年底完成：建设里程230.318公里，投资14056万元。分别是：2018年续建5.377公里，投资468万元；畅返不畅整治工程5.7公里，投资514万元；窄路基路面拓宽改造30.02公里，投资3006万元；农村公路安全生命防护工程20公里，投资447万元；农村公路养护提质工程173公里，投资2602万元；隧道提质19万元；上霍线七里峪至尉候改造工程16.221公里，投资7000万元。农村公路固定资产统计月（年）报及平时各类报表都准确及时上报。

【交通扶贫】 2019年底霍州市建制村189个，通硬化路村189个。2020年合并后实有建制村139个，通硬化路村139个。建制村通硬化路率100%。2019年底霍州市建制村189个，通客车村151个。2020年合并后实有建制村139个，通客车村139个。建制村通客车率100%。

【预算执行情况】 2019年、2020年预算均按规范要求执行。2019年车购税到位596万元，成品油税到位322万元，已全部支出。2020年车购税到位440万元，成品油税到位495万元，已全部支出。

【“四好农村路”】 2018年计划任务：建设里程107.82公里，投资11394万元；2018年底完成：建设里程85.989公里，投资9244万元；2019年计划任务：建设里程125.272公里，投资5686万元。2019年底完成：建设里程147.322公里，投资9359.5万元；2020年计划任务：建设里程203.02公里，投资6055万元。2020年底完成：建设里程230.318公里，投资14056万元。

【安全生产和应急管理】 一是制订《安全生产专项整治三年行动方案》。建立安全隐患排查台账，确定整改措施、整改责任人、整改计划，做到排查一处，整改一处，确保县乡公路安全畅通和工程建设的顺利实施。全年出动检查组72个，300余人次，排查一般安全隐患16处，并已全部整改完成。二是开展道路运输行业和城市客运安全生产检查。全年共出动检查组209个，出动排查人员1000余人次，检查企业357家，共排查出一般隐患94项，已全部整改完成。三是安全生产培训监督。对全市129家道路运输企业的从业人员开展安全教育培训工作，企业日常安全教育每月不少于2个学时，每个学时不少于45分钟，并制订培训计划，建立培训档案。截至2020年年底，全市“两客一危”车辆智能视频监控报警系统已实现全部安装，安装率达到100%。四是局机关应急值守。实行分组轮流值守，每个值班组由1名带班领导，3名工作人员分白班、夜班值守，坚持24小时值班，要求值班人员做好安全、保卫和值班记录，遇有重大突发事件，要按规定及时报告并妥善处置。全年没有发生任何安全责任事故，保持安全生产良好局面。

【平安交通建设工作】 一是对公路工程、客货运输企业GPS监控平台、车辆道路运输证和驾驶员从业资格证、车辆管理档案以及客运站“三不进站”“六不出站”等进行监督检查。发现隐患及时督促整改，督促各行业企业负责人强化对平安交通建设的安全生产主体责任。深入推进平安交通创建工作，有效防范化解各类安全风险。二是运管局加大宣传物流专业人才的培训力度。强化物流企业安全基础设施、设备巡查，严格做到实名登记及疫情防控消杀工作。

【养护体制改革】 一是积极探索农村公路养护新途径。推行农村公路“路长制”，市政府出台《霍州市农村公路“路长制”实施方案》（霍政办发〔2020〕28号）。二是建立完善农村公路“路长制”建档立卡。安排专人对全市农村公路进行摸排，按照乡镇、村界对全市农村公路进行路段责任划分。全市农村公路“路长制”相关责任人员、路段的划分已全部完成，并已上传到山西省农村公路综合信息服务云平台。经技术状况评定，年末农村公路优良中等路率达到82.5%。

【城市客运】 霍州市共有2家出租车公司，共计314辆纯电动出租车，2020年新增34辆纯电动出租车。霍州市共有2家公交公司，共有54辆公交车，其中50辆新能源纯电动公交车，2020年新增3辆新能源纯电动公交车。6月“安全生产月”活动期间组织全市公交、出租企业进行应急演练。对现役军人、残疾军人、70周岁以上老年人提供免费乘坐公交车服务。公共交通领域“一卡通”互联互通、手机支付等非现金支付服务全面应用。

【柴油货车淘汰任务】 霍州市政府出台《霍州市国三及以下排放标准营运中型和重型柴油货车淘汰任务方案》(霍政办发〔2020〕36号),2020年度临汾市下达全市国三及以下排放标准柴油货车淘汰任务497辆,截至年底,全市淘汰655辆,任务完成率为131%。

【交通战备】 完善更新2020年度交通战备潜力调查数据库。结合油料保障工作的要求,组织全体队员进行相关法律和业务培训,并抽调部分队员参加霍州市人武部组织的封闭式军事训练。按要求参加全市战备干部业务培训会。

【道路运输监管】 霍州市运管局开展打击"黑车"专项行动,对"黑出租"以及"滴滴打车"违反《网络预约出租汽车经营服务管理规定》的行为进行有效治理。对"12328"交通监督投诉巡游出租车违规经营行为,城市客运出租管理办公室,均已落实处理,并及时上报临汾客运处,确保群众出行安全。同时建立完善打击"黑车"非法营运长效机制、运政稽查台账等,严格落实"黑车"非法营运治理月报制度。霍州市运管局继续认真履行源头治超工作职责,对全市40家货运源头单位的日常巡查重点查处,坚决纠正超限超载、不按规定采取措施防止货物脱落、扬撒的违法行为等。同时严格落实源头治超月通报制度,对源头企业建立"一户一档"备案册,大力指导推进科技治超平台的安装,截至年底,电厂、力拓两家企业科技治超平台正在安装中。通过深入驾培企业细化风险预警,建立健全驾培市场安全生产应急预案及驾培市场疫情防控应急预案等,在驾培教育从线下转为线上时,陆续开放驾驶证学员报名及小众学习,每年公布一次驾培供需状况。同时,按照《驾驶员培训教学大纲》要求,加大对驾校培训的监督力度,确保学员按照规定的学时、规定的标准完成驾驶学习,维护学员合法利益。通过开展驾培市场整顿、取缔黑培训点3家,有力规范驾培市场。通过大力推进驾驶员培训服务模式改革,全市驾培机构已全部安装使用计时培训系统。

【信息报送】 要求各单位认真做好政务信息的编报工作,按要求上报临汾市交通运输局、霍州市委组织部等部门,全年共编辑各类信息、简报84期,各类信息及总结都按时准确报送。

【路政治超】 一是农村路域环境整治。规范农村公路沿线居民及商户随意倾倒垃圾行为;加强平交道口设置管理;强化对穿村路段"脏乱差"环境的整治;引导群众养成爱路、护路的良好习惯,增强爱路意识,提高农村公路使用效率,减少交通事故发生,提升农村公路整体形象。二是路政宣传月活动。共出动宣传车辆40余辆次,出动执法人员150余人次,发放宣传资料1500余份,悬挂宣传横幅标语4条,制作宣传板5块。进一步宣传普及路政法律法规,加强路政人员和人民群众的沟通,强化广大群众的爱路护路意识。三是农村公路限高限宽设施整改。什退线限高、限宽各一处,已按规范要求完成整改。玉霍线限高一处已按规范要求完成整改。四是治超工作。坚持"政府主导,路警联合"原则,在政府统一领导下,部门协作与区域联动相结合,路面治理与源头管控相结合,对超载运输的各个环节进行全面的排查。以规范源头企业装载行为,查处监管不力和短途超载治理为重点,全面治理各种形式的非法超限超载运输,确保全市所有公路无非法超限超载车辆,所有货运源头不放行超限超载车辆,消除非法改装车辆上路行驶。

(霍州市交通运输局)

运城市

运城市交通运输局

2020年,在运城市委、市政府坚强领导和省交通运输厅大力支持下,全市交通运输部门坚持以习近平新时代中国特色社会主义思想和中共十九大精神为指引,深入学习贯彻中共中央、国务院《交通强国建设纲要》精神,全面落实省委、省政府"四为四高两同步"总体要求和市委、市政府"五抓一优一促"经济工作主抓手,完成省市目标任务,全市交通运输取得令人瞩目成就。市局先后获"全省公路管理养护先进单位"、省级"文明单位"、市级"文明单位标兵"等多项称号,连年被运城市委、市政府评为"完成目标任务优秀单位"。

【坚持不懈抓好党的建设,切实发挥引领作用】 坚持以党建为引领,不断增强"四个意识",坚定"四个自信",做到"两个维护"。坚定不移履行党组主体责任和领导干部"一岗双责",坚持党建与交通业务同谋划、同部署、同落实。市局坚持每周二集体学习雷打不动,"三会一课"等组织生活制度落实有力。加强"三基建设",筑牢基层组织、夯实基础工作、提升基本能力。市局制订《2020年党风廉政建设和反腐败工作任务分解》等文件,教育引导干部职工做到管住嘴、管住手、管住腿、管住人、管住事、管住权,确保依法履职、廉洁自律。严格党内政治生活,抓实抓细"三会一课"等党内组织生活制度落实。2020年,市局开展党组中心组(扩大)学习16次、主题党日活动12次、专题党课讲座8次、支部集中学习96次、警示教育活动7次。

【坚持不懈抓好疫情防控,切实维护群众健康】 2020年,全系统干部职工充分发扬敢打硬仗、勇于奉献的优良作风,长期奋战在疫情防控一线,为严防疫情传播做出了交通贡献。一是抓严密部署。市局第一时间成立疫情防控领导组,全力部署疫情防控工作,印发《运城市公路水路做好新型冠状病毒感染的肺炎疫情防控工作的应急预案》(运交综运〔2020〕5号)等文件,各县(市、区)交通部门紧急行动,严密管控,推动防控工作落到实处。二是抓督导检查。由班子成员带队,组成专项督查组,分片包联,深入一线开展督查,全面排查问题,严格闭环整改。三是抓运输管理。严格落实消毒、通风、乘客佩戴口罩、测体温等防控措施,推广应用"健康码""行程码"等实名认证,保障群众安全出行。印发《关于加强冷链运输疫情防控和安全管理工作的通知》(运交综运〔2020〕33号)等文件,确保冷链运输安全。四是抓复工复产。落实落细工程建设防控要求,促进干线公路和"四好农村路"工程建设安全实施。五是抓应急保障。强化运力储备,配备应急公交车254辆、出租车576辆、客货车辆430辆,优化调配5000辆公共自行车,保障疫情防控应急需求。

【坚持不懈抓好项目建设,切实服务发展大局】 全市交通部门坚持"项目为王"导向,推动公路项目建设深入实施。一是高速和国省干线项目建设超时序推进。闻垣高速古城联络线项目全年完成投资3亿元,占年度任务3亿元的100%,已建成。临猗黄河大桥及引线、运三高速三门峡公铁黄河大桥连接线项目均超过时序进度,分别完成投资9.9亿元、8.2亿元,占年度投资任务8亿元、4亿元的124%、205%。国道108禹门口黄河大桥连接线2.4公里全面完工;国道108寺庄至龙门段8公里改建项目已完成路基工程。二是河东东街延长线一期项目前期积极推进。根据2020年11月16日市委书记丁小强在《河东东街（裴介西路至临夏线）道路选线方案》上的批示要求和常务副市长陈杰安排，市公路建设领导组办公室及时专题研究部署，印发《关于加快实施河东东街延长线道路一期项目的通知》，要求夏县政府和运城经济开发区列入2021年重点工程项目，明确建设标准，抓紧做好项目前期，截至年底，夏县正在牵头开展工可编制，设计单位已拿出优化线路方案。

【坚持不懈抓好“四好农村路”，切实推进公路建设】 “四好农村路”建设任务超额完成。市政府办公室出台《运城市深化农村公路管理养护体制改革实施方案》（运政办发〔2020〕49号）指导性文件，对推动“四好农村路”高质量发展提供重要保障。先后3次在平陆、芮城、万荣等6县市召开现场观摩推进会，推进公路建设提质升级。全年共完成“四好农村路”新改建工程2466.5公里，占年度任务2039公里的121%；完成投资13.6亿元，占年度任务7.5亿元的181%；完成安保工程454公里，完成率100%。开展“百乡千村万里美丽农村路”创建，完成创建示范乡镇16个、示范村151个、美丽农村路1390公里，完成率达100%。2020年末全市农村公路优良中等路率为85.26%，超省交通运输厅指标75%十多个百分点。13县（市、区）政府均出台《推行农村公路“路长制”实施方案》，完成“路长制”建档立卡。万荣县、夏县在全省先行试用“路长制”App，应用效果好，受到省厅充分肯定，已调阅经验材料。12月份省交通运输厅向交通部推荐全省8个县（市）农村公路项目参加2020年度全国“十大最美农村路”评选，河津市位列其中。

【坚持不懈抓好“黄河一号”旅游公路，切实推进交旅融合】 “黄河一号”旅游公路建设走在全省前列。坚持“黄河一号”旅游公路与产业发展、全域旅游、乡村振兴、生态环保、历史文化紧密结合，统筹推进旅游公路主体、景观、慢行、服务、信息“五大系统”建设。2020年，全市开工建设35个项目383公里，开工率100%；完成投资17.81亿元，占年度任务12.7亿元的140.2%。“黄河一号”旅游公路项目开工建设总里程和固定资产投资完成率均在全省排名第一。同时，建成中条片区永济、芮城、平陆114公里“城景通、景景通”示范段，占年度任务100公里的114%。河津市规划理念超前，设计起点高，投资2135万元建成5个美观大气、极具地域特色的观景平台。平陆县注重旅游公路与产业融合发展，投资1100万元高标准建成占地18亩、建筑面积1860平方米的农产品集散地。芮城县坚持高起点规划，着力将周青至永乐宫6.5公里“景景通”连接线打造为一级公路。

【坚持不懈抓好运输管理，切实提高保障能力】 一是公共交通实现跨越发展。2020年，市政府投资1.248亿元，全力支持中心城区公交事业发展。认真落实“运品运用”，中心城区新增更新大运新能源公交208辆。中心城区城市每万人拥有公共交通车辆达18标台，占年度指标14标台的129%。中心城区公交西停保场建成运营，东停保场一期工程顺利开工。抓实抓细公交线网优化工作，按照12月17日市委书记丁小强指示要求，研究制订《运城市城区公交线网优化方案》，拟新开调整8条线路，已新开调整4条。二是出租汽车科学有序发展。全市更新新能源出租车1975辆，其中中心城区完成更新1639辆，市财政补贴4200万元。鼓励网约车平台公司优先选用大运新能源汽车，由北京飞嘀等4家公司购置69辆大运新能源汽车。三是道路客运转型发展。积极推进定制客运，协调运汽公司购置100辆大运新能源商务车，开通运城至芮城、永济等县市定制客运线路，在全省率先蹚出道路客运转型发展的新路子。四是水路运输保持平稳发展。推进水运基础设施建设，垣曲县东寨码头已完成主体工程。加强渡口船舶管理，确保规范安全运营。

【坚持不懈抓好“三大攻坚战”，切实改善服务民生】 一是持续推进脱贫攻坚。聚焦交通领域脱贫攻坚通路、通车两大任务，持续抓好巩固提升工作，进一步优化了群众出行环境。二是深入推进污染防治。中心城区620辆公交、100辆城际公交实现100%新能源，巡游出租车实现100%纯电动，全市公交车、出租车更新工作走在全省前列，也是全省唯一当年完成两项更新任务的地市。三是牵头抓好国三柴油货车淘汰工作。2020年，完成淘汰11964辆，占省定任务8615辆的138.87%。抓好“公转铁”运输,完成铁路货运量2291.72万吨,较2017年(1538万吨)增加49%,超目标任务(增加率25%)24个百分点。协同抓好中重型柴油货车管控,柴油货车污染占比明显下降。

【坚持不懈抓好法治建设,切实推动依法治交】 认真履行法治建设党组主体责任,严格落实班子学法用法述法制度,推动“七五”普法取得明显成效。市局出台《2020年全市交通运输法治工作要点》《关于加强交通运输信用体系建设工作的通知》(运交法安〔2020〕23号)等指导性文件。全面落实行政执法公示、执法全过程记录、重大执法决定法制审核“三项制度”,促进依法行政、规范执法。加强事中事后监管,推进“双随机、一公开”有效落实。2020年完成43家驾校、1062家维修企业、14家班线和旅游客运企业、20家危货企业等质量信誉考核。

【坚持不懈抓好科技强交,切实提升管理水平】 2020年,深入贯彻市委、市政府建设智慧城市的总体部署,聚焦“66111”计划,加快推进智慧交通建设,市局完成投资888万元,建成运城市智慧交通平台,8月份正式投入运行。持续推进“全国交通一卡通”,发行交通一卡通80231张,截至年底,已与全国303个地级以上城市公共交通实现了互联互通。

【坚持不懈抓好机构改革,切实优化体制机制】 积极推进交通系统行政、事业、企业改革,加快政事分开、事企分开。市局完成机关行政科室改革,完成综合行政执法队人员整合和职能划转,正在抓紧做好事业单位深化机构改革。市公交总公司转企改制工作正在按政策按程序加快推进中。县级交通部门机构改革工作正在逐步推进。

【坚持不懈抓好安全生产,切实保持交通平稳】 市局印发《关于落实安全生产专项整治三年行动任务的通知》(运交法安〔2020〕27号)等文件,全面抓实抓细安全生产工作。深入开展安全督查检查,全年出动检查组1057个、检查人员5245人次,检查运输企业1197家次,抽查施工企业21家次,排查隐患623个,全部整改到位。抓好“两客一危”重点营运车辆监管,安装智能视频监控系统100%,运营监管入网率100%。完成公交驾驶区防护隔离设施安装100%。严抓物流安全管理,市局出台《运城市物流安全管理专项整治工作方案》(运交综运〔2020〕24号)等文件,严格落实身份查验100%、开箱验视100%制度。抓好道路运输企业负责人和安全生产管理人员“两类关键人员”安全考核,共组织考核71批次1041人次,经审验考核共有2265名“两类关键人员”录入安全管理平台。

【坚持不懈抓好“十四五”规划制订,切实助推长远发展】 2020年以来,市委、市政府主要领导高度重视“十四五”综合交通规划工作,多次召开专题会议研究部署,多次赴省政府、省交通运输厅协调对接高速公路、国省干线等重点交通项目。市政府协调省厅将国道108新绛至河津改扩建工程、国道342临汾界至运城改扩建工程2个收费公路项目,授权运城市作为建设主体组织实施。市局坚持“专业化、精细化、规范化、项目化”总要求,统筹做好“十四五”综合交通规划。全市“十四五”共规划重点交通项目179项,预计总投资1152.8亿元。市本级推动实施的2个高速公路(夏县泗交至渑池高速、永济至芮城太安高速)和2个拟收费一级公路(国道108新绛至河津改扩建、国道342临汾界至运城段改扩建)项目已完成工可报告编制单位招标,正在开展工可编制。夏县泗交至渑池高速、国道108新绛至河津段改扩建、国道342临汾界至运城段改扩建3个项目,已与省发改委对接,初步同意纳入省政府2021年重点工程前期项目。

2020年,全市交通运输系统财务管理、人事管理、计划统计、审计监督、交通战备、信息网络、新闻宣传等各项工作都取得明显成效,完成年度各项目标任务。

(运城市交通运输局)

盐湖区交通运输局

2020年,在盐湖区委、区政府正确领导下,在省交通运输厅、运城市交通运输局大力支持下,盐湖区交通运输厅坚持以习近平新时代中国特色社会主义思想指导，与时俱进，改革创新，牢记“两个责任”，抓好疫情防控，带领全系统干部职工争创交通强国建设新篇章。

【农村公路建设】 一是“四好农村路”建设。2020年目标任务计划：窄路基路面拓宽工程20公里，撤并建制村通硬化路工程7.44公里，养护提质工程102公里；县乡公路安全生命防护工程11公里，村道安全生命防护工程33公里。实施运泓路、安上路提质改造。截至年底全部完工。二是“百乡千村百里美丽农村路”创建。年初以来，区交通运输局，积极创建东郭、三路里2个示范乡镇，以及三路村、东郭、中阳、东阳、郭店、苏村、西张耿、雷家坡、王过、常平、牛庄等13个村，美丽乡村道路130公里。截至年底全部完工。三是“一灯一带”工程建设。重点对国道521、国道342、国道209、省道237国省干道和水解线、运文线、墩曹线等部分县道平交路口完善标志标牌、安装爆闪和减速振荡标线，总投资45万元。与此同时，建立健全“路长制”，即全面建立农村公路区、乡、村三级“路长制”，健全农村公路管理养护体制，完善组织体系，构建职责明确、齐抓共管、高效运转的工作机制，形成路联管、路全管、路共管、路常管的农村公路发展格局。截至年底，全区成立区级“路长制”办公室，明确总路长、区级路长、区级路长办公室及职责。四是东郭至柏口窑道路改造工程。道路全长10公里，工程施工期正处于疫情防控紧张时期，工程实行全封闭施工，一方面确保防控，另一方面加快复工，2020年4月完工通车。五是农村道路改造工程。全年实现投资580万元，完成陶村至张金、累德通村路、西古通村路、北陈至郭北线等共计5.9公里农村道路改造工程。六是国道521线盐湖段改建工程项目建设。路线全长30.99公里，总投资约12.27亿元，建设工期两年。2020年，在完成项目可行性研究报告并经省发改委立项批复的基础上，完成项目初步设计、环评、土地、设计图等批复，截至年底解州段在建，年内完成投资0.9亿元。七是完成东郭伯乐大道建设1.2公里。项目全长1.2公里，项目估算总金额3743.97万元。工程9月份开工，截至年底，建成通车。

【重点工程项目建设】 一是积极推进东郭至柏口窑道路改造工程路线全长14.082公里，总投资329万元。二是盐湖区董家营至运风高速连接线道路改造工程，全长0.922公里，总投资318万元。三是国道521线（原省道运永线）盐湖段改建工程，路线全长30.138公里，项目估算为117460万元。

【农村公路养护】 为进一步改善人居环境和整治路域环境，服务好农民丰收节、梨花节等，完善了部分线路的安防设施，对部分道路进行了养护修复和硬化。一是投资95万元。完善农民丰收节、桃花节、梨花节、复旦大道、南风大道、东郭古盐道、泓临线、上东线、郭北线等150公里标志标线；二是投资100万元。对王东线、墩曹线、运风路、泓临线、上东线、郭北线、运文线以及乡道柳西线进行养护修复；三是投资230万元。对运风高速西出口交路口和运三高速东出口两侧进行硬化。

【行业管理】 一是客运管理。首先，与客运企业、客运停车场、经营户层层签订安全责任书和安全承诺书，落实企业安全生产主体责任。其次，在清明节、“五一”、端午节小长假期间，特别是国庆期间汲取“10·1”台骀山景区重特大事故教训，对客运企业、客运停车场进行严格的安全排查和综合性能检测，确保车辆技术性能良好。对客运站场加大监管力度，全面落实《汽车客运站安全生产规范》和“三不进站”“六不出站”等要求，严查“三品”，严查超员，保障站场乘车安全。最后，采取站内严管，站外稽查的方式，对所有车辆进行全面细致的检查，确保旅客走得了、走得好、走得安全、走得满意。二是货运管理。首先，督促运输企业明确监控人员岗位职责，建立动态监控台账，轮流值班，24小时实时在线监控，做好查违纠错记录，及时提醒驾驶员遵规守法，杜绝超速超载疲劳驾驶，确保运输安全。其次，加强“两客一危”重点营运车辆监管，对进入道路运输市场的“两客一危”车辆按规定安装智能视频监控报警。三是维修市场管理。首先，坚持空气质量管控常态化工作、违法排污大整治“百日清零”行动、“散乱污”小修理部专项整治行动，督促相关企业安装符合国标的治理设备。积极推进机动车排放污染维修治理站建设，推动全区环境空气质量持续改善。其次，辖区169家维修企业进行2019年度质量信誉考核考核，免考4家（新增），停业21家，实考144家，共评出AAA企业3家，AA企业40家，A企业101家。区交通运输局与49家源头公示企业签订《源头治理超限超载道路运输企业治超工作目标责任书》《道路货物运输企业"无双超"承诺书》，从源头上杜绝超载行为。同时督促企业同驾驶人员签订《驾驶员治超承诺保证书》，保证做到不超标准装载、证件齐全有效。与此同时，严格落实"一超四罚"制度。将抄告的违法超限运输车辆记入所属企业治超工作管理档案，作为企业年度诚信考核重要依据。

【交通综合执法】 一是维护春运秩序春运期间。根据省交通运输厅、市交通运输局春运工作的部署要求，结合全区实际，制订工作方案，明确责任。区综合执法大队共出动执法车辆92辆，执法人员560人次，检查客运车辆201辆次，货运车辆582辆次，坚持每周巡查全区县乡公路2次。检查中发现1起非法营运案件，1起抛洒污染案件。二是严厉打击黑加油站工作。配合盐湖区"双打办"开展联合"打击黑加油站、点、车"行动，共查扣载置油罐车辆2辆，多起其他加油设备，有力净化车用油品市场。三是打赢疫情防控阻击战。为做好疫情防护工作，全区共设立城市出入口疫情防控检查卡点9个，抽调60名交通执法人员，严守城市出入口，确保全城疫情防控稳定。共检查外地车辆（非晋牌）1379辆，劝返561辆。检查本地车辆111631辆次。检查人员共计226451人次，共发现发热人员9名。四是大力开展了扬尘污染治理专项行动。自10月20日开始，在开展大气污染治理工作中，盐湖区加大柴油货车和散装物料运输车污染治理联合执法力度，在运城市中心城区周边共设立10处联合执法检查点，截至12月23日，共出动5007名联合执法人员，出动执法车辆1383辆次，劝返中重型柴油货车60144辆，发放鲜活农产品，危化车辆运行单4676辆，审批特需车辆93辆。五是全面落实行政执法"三项制度"，营造良好营商环境。首先，行政执法公示制度。建立健全行政执法的事前、事中、事后公开机制，依法及时向社会公开有关行政执法信息。其次，执法全过程记录制度。通过文字、音像等方式，对立案、调查、取证、审查、决定、送达、执行等行政执法活动进行记录并归档，实现行政执法行为的全过程留痕和可回溯管理。最后，重大执法决定法制审核制度。作出重大执法决定前，须进行法制审核，未经法制审核或审核未通过的，不得作出决定，确保重大执法决定合法、适当。六是加强路政管理工作。首先，创新思路所长制开展路政宣传月活动。通过入户走访沿路各企业、法人、住户及田间地头，宣传路政法规，通知清理"四违"等方式达到保护路域环境的路政宣传，使人民群众增强保护公路的意识。其间散发路政宣传传单3800份，宣传手册500余份。其次，坚持县道巡查不低于每周2次的要求，巡查中纠正林业局在东郭至柏口窑新修路段绿化工作中的行政审批许可工作。制止纠正太原康培绿化公司的涉路施工行为。依法处理山西天然气有限公司在公路建筑控制区违法违规埋设天然气管道的行为。纠正海铁路桥有限公司擅自增设上东线公路平面交叉道口的许可行为。查处、制止在公路、公路用地范围内乱挖乱建、乱堆乱放12起、拆除非公路标志117起、清理路占用公路摆摊117处，清理打场晒粮102处。

【安全生产】 根据交通运输职责，以"零事故"创建为抓手，吸取各地运输车辆事故案件教训，特别是汲取"8·29"襄汾餐厅垮塌事故和"10·1"太原景区冰灯馆火灾事故教训，重点对汽车站、两客一危企业、旅游包车等场所、企业和车辆开展消防安全生产大检查，按管辖区域和监管范围，将安全监管职责划分到相关站室和人员，层层签订《安全目标责任书》。坚持召开安全生产监管工作例会，每季度召开安全工作会议。全年共检查各类企业335家（次），发现安全隐患100多处，截至年底全部整改完毕，确保全区全年道路交通运输良好发展，无一起安全责任事故。

【党建工作】 狠抓党的建设，从严落实"两个责任"。一是加强政治教育。通过集中学习、三会一课等形式，加强党员干部理论学习，并依托“学习强国”“三晋先锋”“山西干部在线”“微信公众号”等平台，坚持“日学一小时”，进一步夯实理论素养。全年共组织学习50次，领导干部讲党课8人次。二是加强党组织规范化建设。4月底前完成总支和下属5个支部的换届选举，进一步选优配强各党组织，增强党组织创造力、凝聚力和战斗力。三是加强党风廉政建设。建立健全局党组及班子成员履行从严治党主体责任“三个清单”，完善局廉政电子档案，制订廉政风险点及防控措施，搞好监督执纪工作，推进全面从严治党任务落实到全局的各项具体工作中。全年共开展廉政警示教育8次，提示谈话30余次，监督工程招投标11次。一是牢固树立党建主责主业意识。扛起管党治党主体责任，特别是结合全局实际，制订《2020年党建工作要点》，做到党建工作与中心工作同谋划、同部署、同检查、同考核，努力推动党建工作上台阶、增实效。二是落实管党治党责任。首先，抓好安排部署。年初，及时分析研究全系统党风廉政建设暨全面从严治党工作，主持召开工作会议，做出具体部署，将党风廉政建设融入各项业务工作，细化分解具体工作任务，逐一明确责任领导、责任部门（单位），坚持跟踪督办落实。与下属各单位和内设股室负责人签订《党风廉政建设责任书》，压实各级领导班子和成员的主体责任，形成一级抓一级、层层抓落实的良好工作格局，切实把党风廉政建设与业务工作同步考虑、同步部署、同步实施。其次，抓好推动落实。为扎实推进“两个责任”和“一岗双责”任务落实，对“局党组履行全面从严治党主体责任清单党、问题清单和整改清单”“党组书记第一责任清单、问题清单和整改清单”“班子成员一岗双责清单、问题清单和整改清单”进行细化完善。通过不定期召开局务会，在听取业务工作汇报和安排部署工作任务的同时，把党风廉政建设作为一项重要内容进行研究谋划，分析情况，提出要求。三是抓好教育监管。充分把握运用监督执纪“四种形态”，健全抓早抓小机制，对工作中暴露的不严格、不规范等问题，力求早发现、早提醒、早纠正。强化警示教育，始终把反腐倡廉教育放在首位，突出抓好领导班子成员和重点岗位人员的教育。坚持学习教育常态化，积极利用各种会议组织干部职工学习贯彻中央、省、市、区委关于党风廉政建设方面的政策，对党风廉政建设和反腐败工作进行重申和强调，建立起了党风廉政建设和反腐败工作的长效机制，使党风廉政建设和反腐败工作全方位融入交通运输工作各个环节，形成良好工作机制。四是建立健全全面从严治党工作机制。制订《2020年党风廉政建设和反腐败工作重点任务分解》，与班子成员、机关各股室负责人及下属单位负责人签订党风廉政建设责任书，建立健全下属支部及书记向局党组书面报告履行党建责任制度，形成全系统齐抓共管的党建工作格局。

【干部队伍建设】 充分把握运用监督执纪“四种形态”，健全抓早抓小机制，对工作中暴露的不严格、不规范等问题，力求早发现、早提醒、早纠正。强化警示教育，始终把反腐倡廉教育放在首位，突出抓好领导班子成员和重点岗位人员的教育。坚持学习教育常态化，积极利用各种会议组织干部职工学习贯彻中央、省、市、区委关于党风廉政建设方面的政策，对党风廉政建设和反腐败工作进行重申和强调，建立起党风廉政建设和反腐败工作长效机制，使党风廉政建设和反腐败工作全方位融入交通运输工作各个环节，形成良好工作机制。

（盐湖区交通运输局）

临猗县交通运输局

2020年，在临猗县委、县政府正确领导下，在运城市交通运输局大力支持下，全体干部职工坚持以习近平新时代中国特色社会主义思想为指引，紧扣运城市局下达目标任务，围绕政府交办的重点工作任务清单和任务分解，凝心聚力，担当作为，强力推进交通运输工作高质量发展，较好地完成各项目标任务。

【抓项目谋发展，重点工程稳步推进】 一是临猗黄河大桥及引线工程。项目总投资46.45亿元，完成投资9.91亿元，占年度计划8亿元的123.9%。全线完成桥梁桩基613根，地系梁45个，柱式墩25个，施工栈桥468米，控制性工程黄河大桥0～40号墩引桥桩基全部完成。二是沿黄旅游公路建设项目。完成主线西张家营至西敬庄15公里、支线西里至闻合高速孙吉互通连接线7公里，截至年底，主体全面建成通车，临猗县沿黄旅游公路实现全线贯通；同时，在沿途建设西里小游园、黄河古道、黄河湿地公园、傅作义故居观景台、临猗和万荣交界小憩园等配套设施。三是卓于线改造（临卓路至张家营）段。总投资1800万元，建设里程11.8公里，已建成并投入使用。四是运临连接线（临猗段）13.5公里道路拓宽改造项目。临猗县与盐湖区交接北孙坞村处。全线采用一级公路技术标准修建，设计时速80公里/小时，双向8车道，路基宽度60米，总投资4.2亿元。截至年底已完成前期手续，进入放线拆迁工作。

【抓建设重管养，道路建设持续发力】 2020年，全局共完成乡村道路提质改造29.12公里，道路养护提质工程108公里，安全生命防护工程37公里，农村公路平交路口"一灯一带"完成159个；全年共监督检查道路建设97次，建立农村公路县、乡、村三级"路长制"，加强组织领导，完善组织体系，推动"路长制"工作落实。

【抓管理提服务，客货运输协调发展】 一是坚持绿色发展。投资500余万元，更新新能源纯电动出租车42辆，清洁能源和新能源车达到95%。二是优化线网布局。投资200余万元购置新能源纯电动公交车，开通12路（临猗至耽子）公交线路，解决10个行政村1.8万余农民坐车难、出行难的问题。三是推进物流降本增效。联合税务局将物流企业增值税税赋下降到1.2%，取消运输行业发票限制，减少物流企业检查频次，新增货车1150余辆。四是优化服务审批效能。共审验货运车辆2345辆、新增货车728辆、转籍过户387辆、出租车注册（变更）185辆、驾驶员资格证审验7050人，机动车维修备案30家。

【抓治理优环境，交通执法成效显著】 一是强化道路运输、公路路政、海事执法检查。排查路政安全隐患10处，检查道路运输企业45家，查处货运、客运、水运等各类违法案件23起。二是开展公路扬尘污染及路域环境整治。共出动巡查318余次，查处车辆抛洒案件31起，取缔广告牌56处，查处制止公路晒粮39起，乱挖乱建24起，清理摊点86处，拆除建筑控制区违法建筑3起。三是推进国三车辆淘汰工作。截至年底淘汰487辆，完成市局下达的目标任务。四是加强中重型柴油货车和散装物料运输车污染治理。划定绿色运输示范区，出动人员3780人次，检测柴油货车4193辆，劝返549辆，处罚185辆。10月至12月期间出动执法人员1316人次，检测柴油货车1584辆，劝返260辆，处罚11辆。五是VOCs治理常抓不懈。签订汽修行业污染管控责任书33家，出动检查人员120人次，联合环保部门突击检查3次，处理案件2起。

【抓扶贫促发展，脱贫攻坚取得实效】 狠抓脱贫攻坚目标任务落实，投资13余万元帮助屈村修复涵洞，解决村排水以及群众出行的安全问题；为9个脱贫户申请到雨露计划扶贫项目；帮助贫困户享受教育、健康、医疗、危房改造、低保等方面的政策。同时，积极开展消费扶贫，购买贫困户苹果900余千克，帮助贫困户销售苹果15万千克，通过"以买代帮"的方式助力脱贫攻坚。

【抓法治促规范，夯实新农村建设基础】 一是强化行政执法人员管理。制订和完善《行政执法人员业务培训制度》和《2020年度学法计划》，组织开展年度交通运输厅组织的执法证申领和换发考试。二是坚持依法行政履职。严格落实"双随机、一公开"，建立事中、事后监管机制，推进交通运输行业信用体系建设。三是加大法治宣传。积极开展"七五"普法宣传、"国家安全教育"、"路政宣传月"等普法宣传活动，营造良好的法治氛围。

【抓安全夯基础，安全形势稳中向好】 牢固树立安全"红线"意识，以防范化解重大风险、及时消除安全隐患、有效遏制生产安全事故为目标，定期开展"重点领域安全生产专项整治""'两客一危'车辆专项治理"，配合公安部门做好"两毒"检测，与运输企业签订安全生产责任书和禁毒责任书，确保全县交通运输安全形势持续稳中向好。全年未发生交通运输重特大事故。

【抓疫情防输入，复产复工交通先行】 疫情防控期间，成立工作领导小组，形成全面联防联控机制。一是加强摸底排查。检查车辆3870余辆，检测体温4100人次，劝返100余辆，排查货运物流企业、维修企业、旅游公司、驾校等流动人员2300人次，旅游公司全年报班1063趟次，运送3万人次，形成常态化防控机制。二是做好复工复产。疫情防控期间减轻出租车经济负担，积极稳妥、分批有序恢复客运企业复工，发放身份认证码450张，为所有出租车减免管理费11万元。

【特色亮点工作】 一是"黄河一号"旅游公路主体系统全面完工，路面宽敞、平整，极大改善沿黄人民群众的出行环境，真正成为沿黄群众的脱贫路、致富路、小康路，推动黄河流域生态保护高质量发展，得到人民群众认可和好评。二是全年更新纯电动出租车42辆，已全部投入运营，清洁能源和新能源车占比达到95%；投资200余万元购置4辆新能源纯电动公交车，真正实现低耗能、零排放，为市民营造了安全、舒适的交通出行环境，城乡客运一体化成效显著。

（临猗县交通运输局）

万荣县交通运输局

2020年，万荣县交通运输局认真学习贯彻落实中共十九届五中全会精神和习近平总书记视察山西的重要讲话重要指示，始终坚持以习近平新时代中国特色社会主义思想为指导，以政治统领高质量发展为主线，以市委"五抓一优一促"和县委"三个五"总体思路为主抓手，以实践发挥"交通作用"为己任，紧紧围绕年度目标任务，压实责任，攻坚克难，积极担当，奋发卓行，按期完成各项工作目标任务。

【加强组织领导，严格新冠肺炎疫情防控，确保责任区无感染、按期复工复产】 一是第一时间成立新冠肺炎疫情防控领导小组。认真宣传有关规定和防疫知识，让干部职工安心居家，杜绝交叉感染。二是组织党员积极参加社区组织的设卡值班宣传摸排工作，减少人员聚集。三是及时检查和解决责任小区防控工作问题。调查落实重灾区及省外人员回归隔离情况，降低感染风险。四是督促各企业坚持做好车辆站场消毒、司乘人员和乘客测温登记、同车密切接触者排查、卫生管理、服务引导、梳理汇总上报等工作。做到严防勤查，源控细排。五是严格落实复工复产防疫管理工作。确保道路运输市场正常运营、道路工程届时启动。六是压紧压实机关、工地、站场、设施等疫情防控责任。各司其职，齐抓共管，保证各环节工作顺利开展。

【加强党的建设，引领交通事业发展，确保各支部尽职责、规范教育管理】 一是强化支部政治能力作用。第一认真组织学习落实《中国共产党党章》《中国共产党纪律处分条例》规定要求，严格流程程序，实际调研督导，进一步强化支部工作标准化、规范化建设；第二党支部书记、委员带头讲党课，组织党员集中学习，辅导领会，把正方向，切实让理论转化为实践动力；第三积极探索党建与业务工作融合模式，细化党员责任区，明确目标要求，充分发挥各支部战斗堡垒和党员先锋模范作用，表率示范，带动全局；第四不定期组织理想信念、政绩观、传统文化教育，树立全员正确"三观"，凝聚干部职工思想向心力、工作执行力；第五重点培养青年骨干和储备后备人才，支部工作更具活力，管理人才梯队逐步形成。二是抓好班子党员队伍建设。第一持续加强班子党员政治理论学习，不断提高政治站位、业务素质和管理能力，严格落实"三会一课"制度、主题党日活动，使每个领导干部、党员都能主动增强"四种意识"，坚定"四个自信"，自觉做到"两个维护"；第二时刻注重加强政治思想和意识形态工作，通过班子调研，及时了解掌握解决群众反映的突出问题和负面问题，积极营造良好的政治生态；第三组织开展廉政警示和典型案例专题教育，组织领导干部、党员到廉政警示教育基地接受教育洗礼，利用"王国平违纪违法案件"身边事教育身边人，以案为鉴，警钟长鸣；第四认真开展"一岗双责"落实推进自查检查工作，查找问题，制订措施，建立问题清单，即知即改，深入推进；第五组织开展专题培训，进一步提高中层人员管理能力和全员整体素质，强力打造“作风过硬、工作称职、责任奉献”的交通队伍。

【立足建养目标，严把工程项目质量，确保各计划深推进、服务管理到位】 一是有序推进工程建设项目。道路工作站始终坚持“完善路网结构、改善路容路况、提升通达能力、增强服务动能”工作要求，认真组织实施公路基本建设项目，全年共完成沿黄旅游路西师桥至孙石桥、李家大院至羊道至孤峰山、小风线至寺后至旅游路至朝圣路、小风线至秦村共计22.879公里，投资11966万元；完成“四好农村路”新庄、典咀、杨蓬、庙后、属里、东杜、寨子、姚家、聚村至乌停、裴运线至王家西、东陈至东孝原、永利至县境、北吴至南吴山、高村、皇甫工业园北环路、王显至贾村至李后路、西埝线至皇甫工业园、王正至偏店至国道209，运稷路至南坡至东文桥、南景至梁家庄、前小淮通村路、南阳至毋村至长乐等村窄路基路面拓宽和养护提质工程170.029公里，投资6833万元；完成县乡道生命防护工程43公里，投资281万元，为全市“四好农村路”和“黄河一号”旅游公路建设提供特有的万荣经验，为全国农民丰收节——万荣现场会胜利召开奠定良好农村公路基础。二是坚决维护公路路产路权。交通运输综合行政执法队按照道路网格责任片区，认真组织开展日常公路巡查和违法案件查处工作，确保农村道路安全畅通、路产路权维护到位。全年共排除各类道路安全隐患52处，拆除非公路标志、违章建筑154处，整治摆摊设点、乱堆乱放、打场晒粮、乱挖乱建等违规行为127起，发放张贴宣传资料6000余份，查处办结各类违法违规案件53起，下达责令整改55起，下达违法行为通知书30起，累计罚款69800元。三是积极落实App“路长制”。首先，积极构建职责明确、齐抓共管、高效运转的农村公路管理养护工作机制，压紧压实县政府农村公路主体责任。其次，组织各级道路路长、路政管理员、护路员进行专题培训，深刻领会“路长制”实质内涵和重要意义，了解掌握App平台信息、快速反应、处置上报等作用，坚决树牢“尽职履责、确保畅通、惠及三农、助力发展”的思想基础。再次，按要求及时录入“路长制”组织人员相关信息、路长公示牌、公路路况等，督促和指导公路管理员利用手机App及时上传日常巡查情况，利用信息化手段采集农村公路路基、路面、交通基础设施等数据，保证各级路长掌握公路路况，精准施策。复次，建立农村公路维护网络，利用微信群及时掌握各级公路毁路事件，予以查处和上传信息，形成“人人爱路、人人护路”的良好格局，最大限度保证农村公路管理效能。最后，充分发挥云平台作用，及时统计农村公路基础数据，统筹制订“十四五”农村公路建设规划，提档升级农村公路基础设施，促进农业全面升级、农村全面进步、农民全面发展。

【加大管理力度，提升道路客货运力，确保县乡村全覆盖、监管落实落地】 一是极力改善营运市场环境。进一步加大交通运输市场监管力度，持续开展“道路运输扬尘污染治理”“强化春运市场监管打击非法违法道路水路运输经营行为专项整治”，牵头开展“柴油货车和散装物料运输车污染治理联合执法专项行动”、国三及以下排放标准营运柴油货车淘汰工作，组织路查+宣传+服务，查处货运扬尘车辆19辆，劝停河道私载游客游玩和漂流电鱼船舶5只，如期淘汰国三车463辆。二是提升县域道路客货运力。全县5家客运公司92辆客运及旅游车辆，完成客运旅客总量90.7万人，旅客周转量8344万人次。18家货运公司大中小型运输车辆1070辆，完成货物运输量176.7万吨，货物周转量54070万吨公里。三是保证群众出行方便环保。大众公交公司14辆公交车全部更新为纯电动车，中天出租公司更新11辆纯电动出租车、190辆清洁能源汽车，全部达到运营标准，环保安全，满足需求。

【夯实安全基础，强化排查整改力度，确保各环节无漏洞、工作顺利开展】 一是建立完善安全管理组织保障。成立交通运输安全管理委员会，主要由安全股对接落实市县两级政府及主管单位安全管理工作部署要求，制订方案，细分责任，检查督导，统筹管理。各下属单位、机关股室对照执行，认真抓好落实。二是不断提升全员安全防范意识。认真落实安全教育培训和安全管理工作制度，坚持每月组织一次消防安全知识培训或安全专题讲座，每季度开展一次驾驶员、司乘人员培训，每年进行一次安全防火演练或安全救援应急演练。设立安全宣传栏，组织工作人员到工地、客运货运站场散发宣传单，向机械操作工、农民工、司乘人员、货车司机宣传《中华人民共和国道路交通安全法》及安全生产知识。组织安全会议，传达安全会议精神，多种途径、多元化灌输传导安全知识，提升安全意识，树牢安全第一思想。三是检查考核安全管理工作成效。采取月、季、年检查综合考评机制，检查各部门、各环节安全管理责任落实情况，检查安全隐患排查密度、深度及问题整改推进情况，检查相关制度、痕迹化资料、日常管理等情况，综合评定，查漏补缺，为各项工作顺利开展提供可靠的组织保障和制度保证。

（万荣县交通运输局）

闻喜县交通运输局

2020年，闻喜县交通运输局以习近平新时代中国特色社会主义思想为指导，按照省委“四为四高两同步”和市委“五抓一优一促”总体思路和要求，围绕县委“1146”发展战略、《闻喜县政府工作报告》提出的目标任务，努力工作，狠抓落实，向全县人民交出一份合格答卷。

【疫情防控和复工复产】 自新冠肺炎疫情发生以来，局党组于1月22日上午专门召开疫情防控工作紧急会议，就应对疫情防控做出安排部署，成立以局长为组长，班子成员为副组长，相关股室负责人为成员的重大疫情防控工作领导小组，制订应对方案和措施，设置14个疫情防控检测点，对离闻、来闻人员与车辆进行信息登记、推送和上报工作。一是按照“属地管理，协调配合。部门联动，联防联控：优势互补，资源共享；快速反应，高效处置”的原则，在客运场站、长途客车上做好新型冠状病毒感染的肺炎宣传、防控工作，配合做好疑似病例紧急处置工作，做到早发现、早报告、早隔离、早治疗和集中救治；对运输车辆和运输过程加强监管，及早安排部署防控工作，确保责任明确协调有力、运转高效。2月5日至2月26日晚8点，各检测点累计共检测登记到闻喜人员32839人，车辆23930辆；劝返人员4953人，劝返车辆4271辆；分类筛选推送到乡镇、社区共4284人。二是做好企业复工复产通行工作。按照“精准施策、科学施策、分类施策”的原则，严防死守，从严把关，来闻人员必须持用工单位经主管局同意盖章的证明，检测合格后放行；企业复工复产的货物运输、生产生活保障的各类运输车辆，必须持首交通运输厅或各市、县防控指挥部审核后出具的通行证通行。疫情防控常态化以来，要求复工复产企业一手抓防控，一手抓生产，坚决遏制疫情通过交通运输传播。严抓秋冬季疫情防控“外防输入、内防反弹”的防控策略，对青岛、新疆等高风险地区来闻返闻人员认真排查，确保守住闻喜一方净土。

【国道342线闻喜县城过境改造工程（北环）】 该工程是市委、市政府“1311”项目重点工程和县委县政府确定的重点工程，工程分两期实施。一期工程总长13.02公里（桐城镇李家庄村西侧至郭家庄镇辛庄村），总投资6.02亿元，用地总规模78.3819公顷，涉及2个乡镇13个行政村。在县交通运输局的努力下于2020年6月24日通过国家自然资源部会审，7月2日自然资源部通过工程建设用地预审意见，8月中旬完成环评和水保及土地批复，10月下旬在省发改委完成立项。根据县上要求，随后启动测量、地面清表、拆迁等工作。

【闻喜互通连接线景观绿化和电缆隧道工程】 工程是县委、县政府确定的重点工程，也是全县人民群众期盼已久的惠民工程，主要内容包括路面拓宽改造、下穿桥涵、景观绿化、电缆隧道等工程。其中路面拓宽改造工程全长1.2公里。景观绿化工程全长1180米，绿化总面积43526平方米，投资2291万元。电缆隧道工程建设隧道总长1072.3米，宽2米，高2米，投资736万元。截至年底，上述工程已全部完成，展现在人们面前的是一道亮丽风景线，为提高全县城市品味和经济发展起到极大推动作用。

【“四好农村路”建设】 2020年，投资1120余万元完成窄路面拓宽工程14公里；投资350余万元完成生命防护工程14公里；投资368万元完成撤并建制村通硬化路4.6公里；投资2415万元完成农村公路养护提质工程180公里。

【新能源推广应用和客运车辆监管工作】 为深入贯彻落实习近平总书记生态文明思想和中共十九大关于开展绿色出行行动的决策部署，进一步提高绿色出行水平，2020年全县91辆运营公交车全部更新为新能源电动公交，并完成更新96辆新能源出租车。为进一步全县提高城市整体形象，使城市客运规范化、标准化运营，2020年为全县91辆城市公交车，264辆出租车全部安装高清视频监控系统。为严厉打击非法经营，严厉整治不规范行为，加强企业、从业人员和车辆的管理力度，对服务不文明的车辆司机进行培训教育，利用新媒体，加强宣传，及时发布信息，同时对失信经营者纳入信用“黑名单”，确保全县客货运市场平稳向好。

【道路管理养护】 全县实施“路长制”农村公路养护管理体制，建立健全县乡村农村公路养护管理机构，采用县道县管、乡道乡管、村道村管的三级养护管理模式，做到条条道路有人养有人管。坚持日常养护和预防性养护相结合，按照“路面平整无坑槽、路肩整洁无堆积、边坡稳定无沉陷、边沟畅通无积水、标志齐全无短缺、桥梁完好无破损、绿化到位无空白”的七无标准严格落实。2020年，县交通运输局完成整修县、乡、村路肩边沟1000余公里；清理塌方等小型堆积物5600余立方米；路面补坑6000余平方米；恢复水毁路基路面15公里；完成“一灯一带”135个。同时大力实施安保工程，新安装县乡公路标志牌200余套，安全防护桩1800个，并对县乡公路标线、里程碑、护柱等公路附属设施进行全部刷新，县级公路养护优良率80%以上，保障县乡道路安全畅通。

【公路“三乱”治理和路产路权保护工作】 做好养护的同时，不断加大路政管理执法力度，做到养管并举，综合治理。一是加大宣传力度。通过利用闻喜电视台、宣传车、张贴公告、发放传单等方式广泛宣传《中华人民共和国公路法》和《公路安全保护条例》等有关公路养管的法律法规，增强群众爱路护路意识，形成全民爱路护路的良好氛围。二是加强路政巡查力度。交通综合执法人员分段包片，对主要县乡公路实行无缝隙巡查。对各种侵占公路、在公路控制区内的乱堆、乱放、乱挖、乱建等违法行为做到早发现、早制止、早纠正、早处理。2020年，制止新建违法建筑8处，收缴非公路标牌38块，现场处理路政轻微违法30起。三是强化治超力度。坚持源头治理和路面巡查相结合，建立科技治超监控平台“天网工程”，严厉打击非法超限超载，确保公路安全畅通。案件发现率、查处率、结案率均在95%以上。

【污染防治攻坚】 在货运车辆抛洒扬尘治理方面，一是强化货运源头监管。局执法队对相关企业加大巡查力度，督促和监督源头单位采取密闭或者其他措施防止出场（厂）车辆发生撒落，严禁未采取有效密闭措施车辆出场（厂），督促采取车辆清洗等方式防止带泥上路。二是实施路面联合执法。积极与公安交警、生态环境，公路等有关部门开展路面联合执法，及时掌握辖区内运输渣土，石料、水泥、煤炭、垃圾等物料车辆的运行路线和运行时间，严格运输车辆管理。严查未有效遮盖，违法装载、扬尘抛洒等行为，并对源头装载单位实施责任倒查，截至年底共查处未采取必要措施防止货物脱落、扬撒75起。三是加强重点路段流动性执法检查。严查入境车辆，有效减少输入性扬尘污染。在路域环境整治方面，一是养管站、环境整治办。根据职责分级，排查摸底污染程度，区分重污染路段和一般路段，并制订不同的清扫措施。二是加强农村公路巡查和日常养护力度。采取新技术、新材料、新工艺加大公路路面病害处治理力度，保持路面平整，路况良好，有效减少车辆因颠簸造成的抛撒遗撒行为。三是综合行政执法队对农村公里用地范围内沙堆、煤堆、渣堆、土堆、垃圾堆等“五堆问题”进行查处，并及时清理。确保路肩两侧干净整洁，排水畅通。在节能减排方面，积极推进国三及以下排放标准营运中型和重型柴油货车淘汰和闻喜县推进运输结构调整工作，2020年，市政府下达全县国三淘汰任务686辆，铁路运输货运量410万吨，全部完成。

【交通领域脱贫攻坚】 “十三五”期间，认真贯彻落实习近平在决战决胜脱贫攻坚座谈会上的讲话精神，按照交通运输行业扶贫工作要求，交通运输部门职责主要有两项，一是针对贫困村。通村公路实现硬化，具备条件的行政村开通班车。二是针对贫困县。行政村道路公路硬化率、开通客运班车率达到或接近全省平均水平(95%)。2020年，全县67个贫困村通村公路全部实现硬化，硬化率达100%；全县184个行政村全部通客车，通车率为100%。建立建制村通客车台账。

【整治行业乱点，扫黑除恶工作】 为净化全县客运市场秩序，坚决打击非法违规客运经营行为，切实解决人民群众反映强烈的客运市场违法违规经营行为，对欺行霸市、垄断市场、强迫交易，带有黑社会性质的非法经营团伙和“黑车、乱停乱放、哄抬票价、倒客甩客、拒载或者是故意绕道”等违法行为和手续不全的客运车辆以及高铁站、城门楼、北垣路口、火车站、侯运汽车站、西湖停车场、南关、学校、医院等人员集散地进行整治。通过整治，共处理群众举报投诉25起出租车不打表乱收费问题，并通过“12328”交通运输服务平台及时回复给举报投诉者，努力做到让人民群众满意。对县公安局扫黑除恶专项斗争办公室的风险提示函和县法院司法建议书，县交通运输局及时回复整改。并加强行政执法人员管理和业务培训，狠抓行政执法人员政治思想教育，依法履行行政执法职责。

【党建工作】 一是不断提高政治站位，坚定践行“两个维护”。首先，坚定践行“两个维护”。深刻把握“两个维护”内涵要求，坚决维护习近平总书记党中央的核心、全党核心地位，坚决维护党中央权威和集中统一领导。教育引导全局党员干部把政治建设摆在首位，树牢“四个意识”、坚定“四个自信”，坚决把党中央和省委、市委、县委决策部署落到实处。突出抓好思想政治理论武装，把学习贯彻习近平新时代中国特色社会主义思想作为主要内容，依托“学习强国”平台、党小组会等，做到“日学月议”，着力推动往心里走、往深里悟、往实里做。其次，认真贯彻落实习近平总书记在“不忘初心、牢记使命”主题教育总结大会上的重要讲话精神。按照中央和省委、市委、县委部署要求，巩固拓展成效，把“不忘初心、牢记使命”作为永恒课题和党员干部的终身课题，把主题教育与加强基层组织建设结合起来，切实将主题教育活动抓在经常、融入日常。最后，深入学习习近平新时代中国特色社会主义思想和习近平总书记视察山西重要讲话重要指示，重温习近平总书记三篇光辉文献，学习党史发展历程，自觉做党的光荣传统和红色基因的传承者。全方位展示交通在全面落实中共十九大和中共十九届二中、三中、四中、五中全会精神、全面加强党的建设、精准脱贫、乡村振兴、服务地方经济社会发展等取得的巨大成就，坚定理想信念，忠诚履责，勇于担当。二是提升党支部组织力，保证主体责任落实。首先，强化书记抓党建工作责任落实。严格落实党委负总责，书记带头抓，分管领导具体抓的党建工作“一岗双责”工作机制，突出党委抓机关党建主责、主业意识，2020年，局党委研究基层党建工作不少于2次。建立支部书记年度工作计划报告和年终述职制度，局属支部书记每半年向局党委报告履行党建主体责任情况。其次，推进党支部标准化规范化建设。学习贯彻落实《中国共产党支部工作条例(试行)》，推进支部建设标准化、组织生活正常化、党员教育经常化、管理服务精细化、工作制度体系化和阵地建设规范化，按照上级部署要求，开展党支部“创六化、争五星”工作。实行党支部月度工作“提示制”，全面落实“三会一课”、组织生活会、民主评议党员等制度，增强党内生活的原则性和实效性。

（闻喜县交通运输局）

稷山县交通运输局

2020年，稷山县交通运输局认真贯彻落实运城市交通运输局工作会议精神和决策部署，主动发挥交通运输对经济社会发展的关键作用，紧紧围绕目标任务，克难攻坚、勇于担当、开拓创新，完成全年工作任务。

【主要工作业绩】 一是固定资产投资全年累计完成固定资产投资9918万元。二是“四好农村路”新改建。其中，窄路面拓宽改造30公里工程：涉及17个项目30公里，5月开工建设，11月全面完成建设任务；农村公路养护提质95公里工程；涉及47个项目155公里，7月开始施工，9月完成建设任务；实施县乡公路安全生命防护工程30公里；涉及44个项目30公里，9月开始施工，11月完成建设任务，实现县乡道路安全隐患治理率达100%；下费汾河大桥改造工程；该项目在完成立项、施工图设计批复、财政预算评审、招投标等前期工作后，5月开始施工，截至年底，完成建设任务。三是预算执行情况市局总下达金额1460.13万元，全部完成。四是“百乡千村万里美丽农村路”创建。4月23日召开动员会，制订《实施方案》，7月2日和10月20日分别召开推进会，11月9日上传到省云平台。创建1个示范乡镇（翟店镇），创建10个示范村，分别是：南阳、加庄、清水庄、西段、坑东、薛家堡、东小翟、南梁、太阳、清河，创建美丽农村路103.876公里，通过市级验收和省级抽查，按要求完成市里下达的任务。五是平安文明路、“一灯一带”、“路长制”推进落实。平安文明路4月份制订实施方案，确定实施路段（闻苍线下王尹至运稷一级路10公里），9月份完成创建任务。“一灯一带”30处建设任务已完成；“路长制”方面县政府已出台《稷山县推行农村“路长制”实施方案》，6月16日召开相关单位及各乡镇专题会议，明确“路长制”机构人员及“路长制”责任路线情况，完成云平台上传有关数据工作及审核。共实施“路长制”公示牌242块，其中，县道33块、乡道54块、村道155块。六是出租车安装视频进展。巡游出租车221辆、公交车18辆，全部安装动态视频监控，完成率100%。七是新能源公交车和巡游出租车更新。公交车18辆，全部为新能源，完成率为100%；新能源出租车更新32辆，完成率为103.23%。截至年底，稷山全县有出租车221辆，新能源车52辆，清洁能源车169辆。八是国三及以下排放标准营运柴油货车淘汰。截至12月28日，完成淘汰610辆，占年度任务507辆的120%，其中完成报废回收92辆，灭失注销503辆，转出外省15辆。九是“公转铁”进展情况。截至12月28日，全县完成 136.5429万吨，占年计划210万吨的65.02 %。十是农村客运候车亭建设。全县目标任务数47个，全部完成。

【公路养护】 加强农村公路养管工作，强化日常养护、预防性养护，稳步提高路况水平，确保农村公路安全畅通。全年县道草被整理450余公里；清扫路面2644余公里、出动铲车56辆、三轮车98辆、清理垃圾850余立方车、拉运树枝89车，清理边沟8.2公里，整修路肩30余公里；抢修宁徐线汾西大桥引线急流槽、拦水带损坏修复，宁徐线坑东坡水毁修复，宁徐线西堡沟沉陷修复，云丘山旅游路边沟损坏修复、闻苍线石佛沟段水毁修复、稷仁线柳沟坡边沟等水毁12处；全县农村公路优良路率达80.5%。

【道路运输、城市客运工作】 一是“两客一危”车辆监管。加强对客运企业GPS动态监控采取不定时对企业进行监督检查。“两客一危”营运车辆全年入网率达到100%，上线率达到95%以上，有县际以上班车25辆，农村班车38辆，共计63辆班车，入网率达100%，在线率达95%。二是紧抓质量信誉考核。全年完成3家客运企业（新万通AA级、通运A级、定制客运AAA级）、40家货运企业（5家AA、35家A级）、41家维修企业（2家AA类，39家A类）、2家驾校（两家均为AA级）的质量信誉考核工作，并向市级单位报送。三是推进城乡一体化。持续推进城乡一体化发展建制村通车任务：5月底前城市12辆电车延伸3个乡镇（太阳乡、蔡村乡、清河镇），6条线路（稷山至段壁、三交、兴隆、阳城、底史、东蒲），覆着58个建制村，定制客运服务公司本年度新增班线3条，8座商务车17辆，覆盖50个行政村，电话预约村21个，全县144个建制村全部完成通车。四是源头治超。1—12月，对政府公示的27家源头企业进行日常巡查监管，共巡查560车次，1120人次，监管率达到100%。处理一超四罚案例86起，完结率达100%。为了最大限度抑制道路扬尘，将企业出厂车辆采取密闭措施、加盖篷布纳入巡查范围。制作政府公示源头企业治超公示牌27块。非法超限超载率控制在0.2%以内。五是完善和巩固一、二类维修企业电子健康档案系统建设。鼓励在三类维修企业中推广应用汽车维修电子健康档案系统。全面建立机动车排放检测与强制维护（I/M）制度。四家二类维修企业(健康汽修、振兴汽修、捷潍特汽修、飞腾汽修)已建立电子健康档案系统,数据正常上传。三家M站建立健全7条(I/M)制度,并全部上墙。六是鼓励企业开展统一配送。集中配送、共同配送、夜间配送等集约化运输组织模式。组织物流企业召开会议,宣传国家有关政策。加大对物流园区(货运枢纽)、物流企业支持力度,鼓励企业开展统一配送、集中配送、共同配送、夜间配送等集约化运输组织模式,以推进物流业发展为核心,明确完善交通运输物流基础设施,研究完善货运枢纽型物流园区集疏运体系政策,积极推进物流园区建设。七是统筹农村地区交通、邮政、商务、供销等资源。推进"多站合一"农村物流节点建设,推广农村"货运班线"服务方式。在"多站合一"网络节点建设工作方面,统筹农村地区交通、邮政、商务、供销等资源,推进"多站合一"农村物流节点建设,推广农村"货运班线"服务方式。支持网络货运新业态创新发展,优化冷链运输、道路危险货物运输管理。县交通运输局对全县七个乡镇的美丽农村示范点,指定出其中的26个行政村为物流服务点,悬挂"物流服务点"制度78块,完善工作率100%。新增冷链货物运输企业25家、冷链车辆53余辆,有力支持稷山农副产品外运。

【安全生产】 一是层层签订目标责任书。通过对全系统安全生产目标任务落实情况严格考核和责任追究,进一步落实安全生产主体责任。建立健全、完善交通运输系统各类应急预案,提高应急响应能力。签订安全生产目标责任书,层层落实安全生产目标责任制;完成2020年安全生产工作方案、消防安全专项整治三年行动实施方案、道路运输安全生产专项整治三年行动方案、"零事故"创建工作实施等方案的制订,细化工作措施,为全面深入推进平安交通建设提供了坚强保障。二是积极组织各类安全宣传活动。"4·15"开展全民国家安全教育日宣传教育活动,做好第5个全民国家安全教育日宣传教育活动;5月12日开展防灾日宣传活动;2020年"安全生产月"活动,为广大群众进行宣传散发传单,安排组织全系统"安全生产月"网络知识竞赛活动。

【行政执法】 一是加强执法人员管理、强化执法人员培训。对新出台的法律法规积极组织学习培训,教育面、参学率、培训率均达到98%,提高执法人员依法执法能力和水平。二是加强路政管理,营造护路氛围。以"路政宣传月"为契机,采取悬挂标语,张贴通告,录制车载U盘等方式进行宣传,使公路法律法规家喻户晓,提高广大群众爱路护路意识。1至12月,共出车230余次、1200余人次,制止清理乱堆乱放、摆摊设点、乱挤乱占70起,消除安全隐患28处。大力开展拆违治乱,出动执法车辆15余辆次,执法人员115余人次,对运稷一级路、国道108、台运线等40余处违法建筑进行强制拆除。路政案件发现率达95%、查处率、赔偿率、结案率达98%。三是以"两客一危"监管为重点。持续开展道路运输、城市客运、交通工程质量安全监督等专项治理,严厉打击"黑车"和非法网约车等各类违法、违规经营行为,深化"打非治违",严厉打击非法营运,净化运输市场环境。共出动执法车辆110余车次,出动执法人员700余人次,在各类整治中,大力宣传相关法律法规,制作并散发法律、法规宣传材料60余份,非法营运宣传悬挂横幅标语10处,截至年底,共查处"黑车"、非法网约车及客运违法行为26起,有力维护运输市场秩序。

【扫黑除恶工作】 持续加强扫黑除恶专项斗争宣传工作,按照2020年扫黑除恶专项斗争重点推进扫黑工作,对扫黑除恶专项斗争工作中行业乱点整治开展调研,完善扫黑除恶专项斗争宣传报道工作实施方案,实时制订交通系统整治突出毒品问题的工作方案;出台《2020年交通运输系统"扫黄打非"工作实施方案》,认真做好自查自纠工作及问题查找清单,迎接反恐督导检查。制订《对全县交通行业扫黑除恶专项斗争突出问题开展专项整治的实施方案》,11月份开展治理驾培市场乱点乱象专项整治。

【环境整治】 2020年,县交通运输局把环境整治工作作为重中之重来抓,多次进行研究部署,明确责任,加强监管,结合部门实际,积极推进环保整治工作,认真落实运城市打赢蓝天保卫战三年行动计划及目标任务。截至年底淘汰国三车辆610辆;积极落实营运车辆及运输企业黑名单制度，建立企业柴油货车总数，国三、国四车辆台账。开展柴油货车和散装物料运输车辆污染治理联合执法行动，严厉打击超标排放等违法行为，全县开展柴油货车管控以来，组织交通，交警，环保三部门执法人员在两个柴油货车管控点联合执法。截至年底，共出动执法人员2340人次，执法车辆390辆次，劝返柴油货车3260余辆次；全面实施机动车检测/维护制（I/M）制度，三家M站各项制度完善，监管人员定期监督检查；对政府公示的27家货运源头企业严加监管，共检查560次，出动车辆560车次，人员1120人次，巡查监管覆盖率100%；对涉及全局的136家"散乱污"企业整治进行回头看，整治和监管率达100%。

【法治建设】 持续推进全县交通运输法治政府部门建设，推动建设完备的综合交通运输法规体系、高效的交通运输法治实施体系、严密的交通运输法治监督体系、有力的交通运输法治保障体系，更好发挥法治固根本、稳预期、利长远的保障作用；开展行政执法"三项制度"自查抽查工作，落实自查测评工作；确定2020年普法责任清单，推行行政执法"三项制订"自查报告及"七五"普法工作报告；加强行政执法人员资格管理，全年有9人参加执法资格考试，换发证件17人。积极组织交通系统全体人员学习《中华人民共和国民法典》知识，参加"中国普法""山西普法"测试。

【信用交通】 加强交通运输行业信用体系建设，确定专人做好信用信息归集和应用，组织开展交通运输信用交通工作，加强在道路运输、工程建设等重点领域信用评价及结果运用，公布处罚信息75条、签订企业信用承诺信息百余条，完善"双公示"信息目录，建立信息台账。

【优化营商环境】 深化"放管服效"改革优化营商环境工作，建立健全各部门行政审批事项事中事后监管方案，衔接审批局审批事项46个，完善优化营商环境推进台账，落实纪检组督查发现问题整改清单，制订任务清单，问题清单和整改清单。

【"双随机、一公开"】 加快推进"双随机、一公开"监管及"互联网+监管"数据录入，完善"双随机、一公开"监管工作，截至年底，共系统录入数据库新增企业18项，抽查检查事项1200项，制订2020年抽查检查计划10项。

【"三零"创建】 深入开展交通运输系统"零上访、零事故、零案件"企业、单位创建工作和"三零"创建中开展矛盾隐患大排查大整治的工作，形成阶段性情况汇报和隐患排查整治统计表，实行三年工作目标计划，开展矛盾纠纷化解，定期安全隐患排查，强化信访问题处理，持续推进综治维稳工作。

【财务工作】 一是做好年度内部审计工作。有效履行内部审计的监督职能，按照《运城市交通运输局关于下达2020年度内部审计工作计划的通知》（运交审计函〔2020〕42号）的要求，结合全局实际，制订2020年内部审计项目计划。积极参加省审计厅举办的行政事业单位内部控制及信息化运用视频培训班，提高内审人员的理论水平和工作潜力。二是按照内审工作计划。对稷山县环城北路道路建设工程、稷山至薛家庄农村公路改造、2020年养护提质、安全生命防护工程等项目进行跟踪审计与重点审计。在内审过程中，遵循客观、公正、诚信的原则，通过查看工程结算书、招标预算、施工合同、施工图纸、招投标备案资料、施工资料、签证变更单等资料，现场踏勘、计量计价审核，工程核对等必要的审核程序，对上述项目进行结算审核，共核减509841.23元。三是加强会计的核算工作。认真按照会计准则和会计制度严格审核会计原始凭证及记账凭证，杜绝一切不合理的开支。四是严格按照"专款专用"原则。对各个项目资金使用进行监督和管理，配合审计部门做好资金的审计工作。

【交通战备】 一是加强国防交通基础设施建设。启动稷山县国防交通基础建设"十四五"规划，顺利申请下费战备桥拆除批复。二是扎实做好国防潜力资料调查工作。实时更新全县县域内公路线路、桥梁、可征用运力、维修企业、交通专业队伍基本情况，为务实有效地打好交通战备提供坚实基础。三是做好民兵整组和国防动员演练工作。4月参加稷山县国防动员会组织的国防演练，进一步增强国防观念和安全防范意识。

【疫情防控、复工复产】 在贯彻落实省市县疫情防控、复工复产工作中，迅速安排部署，主动靠前服务，对市县政府安排的工作，不折不扣，克服各种困难，按期完成任务，受到各级领导好评。在火车站卡点值守中，班子成员深入一线，尽职尽责，无私奉献，从1月25日到4月26日结束，共检查进出站人数4098人次，劝返去北京743人次，既保证乘客安全出行，疫情防控工作又得到保障。在社区卡点值守中，县交通运输局包联14个社区，党员干部群众参与78名，排查居民1927户，人口5903人，认真做好进出口人员登记、体温监测、车辆消毒，严控传染源，切断传播途径。在落实好市县防疫工作的同时，及早抓好复工复产，城市客运领域、道路运输领域2月26日复运，3月18日全部运营，保证广大人民群众出行。道路建设工程领域，2月25日复工，“四好农村路”建设、固定资产投资、“一灯一带”建设、出租车更新、美丽农村路创建等工作在市交通运输局总排队中名列前茅。

【党建工作】 坚持以党的建设为统领，深入贯彻习近平总书记三篇光辉文献精神，增强“四个意识”、坚定“四个自信”，做到“两个维护”，巩固深化“不忘初心、牢记使命”主题教育成果。持之以恒抓好党风廉政建设，严明党的政治纪律和政治规矩，全系统人人签订党风廉政责任书，推动“一岗双责”落到实处，确保党中央、省、市、县的决策部署落地见效。坚持党对交通运输工作的领导，落实意识形态工作责任制。坚持星期一集体学习雷打不动，认真抓好“三基建设”“党员结对帮扶”“党员进社区”和庆“七一”等工作。科学规范设置基层党组织，有序理顺组织关系。抓常抓细基层党支部组织生活机制，构建科学完善的党建制度体系，充分利用“学习强国”（11月稷山县委宣传部表彰交通系统5名学习标兵）、“三晋先锋”（交通局总支名列县第一，在前30名中交通系统占15名）、“好干部在线”等学习平台进行自学，认真开展主题党日活动，踊跃参与疫情防控，坚持党员靠前，尽职尽责。全年完成市局报道21篇，《运城日报》（7月10日7版、9月10日2版）2篇，《山西交通报》（7月16日1版），《山西农民报》（7月28日2版）各报道1篇。

（稷山县交通运输局）

新绛县交通运输局

2020年、在新绛县委、县政府正确领导下，在上级交通主管部门大力支持下，全县交通运输系统广大本部职工坚持以习近平新时代中国特色社会主义思想为指导，尽职尽责，用辛勤汗水在河东大地绘出建设改革最美丽图。2020年底，全县共有农村公路761.273公里。

【党建和党风廉政建设】 一是通过主题党日活动和每周一学习。深入学习习近平总书记视察山西重要讲话、中共十九大精神及中共十九届历次全会精神，切实推动习近平新时代中国特色社会主义思想落地生根。二是严肃党内生活。认真执行“三会一课”制度，通过“学习强国”和“三晋先锋”的学习，进一步增强党内政治生活的政治性、时代性、原则性。三是严格管理教育，不断筑牢预防贪腐的堤坝。通过专题会议、主题党日和警示教育等，大力优化营商环境，切实把中央和省市县关于反腐败工作的要求落到实处。四是印发《关于贯彻落实习近平总书记视察山西重要讲话重要指示奋力蹚出新绛转型发展新路的实施方案》（新交运发〔2020〕40号）。按照任务清单和责任分工，严格落实，全面有效地推进了各项重点任务完成。2020年，全局先后进行6次中心组集体学习、24次党员集中学习、11次主题党日、书记讲党课3次、开展警示教育6次。

【重点工程项目建设】 一是省道临夏线新绛县城过境段改线项目。实施看守所西至国道108终点段2.26公里，实现国道108与正平西街互联互通。该项目可研报告已通过省发改委批复立项，初步设计和施工图设计已通过省交通运输厅批复，施工、监理招投标工作已完成，后续相关工作正在有序推进。二是“四好农村路”建设。2020年省市下达全县“四好农村路”建设任务112公里，实际完成123.8公里。三是全面推行农村公路“路长制”。2020年5月20日，以县政府办公室名义印发《新绛县人民政府办公室关于成立农村公路路长办公室的通知》，并召开相关单位及各乡镇专题会议，已明确"路长制"机构人员及"路长制"责任路线情况，各级路长、路政员、监管员、护路员已上传省交通运输厅"路长制"云平台，截至年底，正在制作县乡道路长公示牌。四是全面加强道路养护管理。按照养护管理工作"七无"标准的要求，牢固树立"消除隐患、珍视生命"的意识，全年共处理县道罩面165000平方米，修补坑槽3500余平方米，完成"一灯一带"整治共89处，安装减速带650余米，翻新道路标线150公里，县道急弯陡坡路段储备防滑料120余立方米。在道路通行安全上，强化道路安全巡查，建立道路巡查记录，共巡查53次，排查各类安全隐患48起，已全部整改完成。五是扎实开展"百乡千村万里美丽农村路"建设。以"路美、景美、环境美"三美为要求，以"洁化、绿化、美化"三化为抓手，以"畅、安、绿、美、实"为重点，围绕建设、管理、养护、运营、综合等五个方面，创建示范乡镇1个，示范村10个，美创建美丽农村公路101公里。

【规范行业监管】 客运管理方面，对1家道路客运企业进行年度质量信誉考核工作，对20辆班线客车进行年度审验。对全县153个行政村通客车情况进行核查；完成安装20个农村客运候车亭。同时，联合县司法局聘请心理健康辅导教师对全县公交车驾驶员进行心理健康辅导培训。货运管理方面，完成普货运输公司年度质量信誉考核，对货运公司进行日常监管；与44家货运企业负责人签订禁毒承诺书，对营运车辆粘贴禁毒标语2000余份；在货运企业发放张贴环保宣传单40张，悬挂宣传条幅20余条。维修管理方面，对全县已许可、备案的4家二类维修企业、37家三类维修企业的质量信誉考核工作，对备案材料递交齐全的7家维修企业进行备案；有2家二类维修企业申报M站建设，正等待市局审核验收。驾培方面，对全县3所驾校进行年度质量信誉考核，全部为A级，对2427名驾驶员进行资格证诚信考核。源头治超方面，对政府公示22家企业进行巡查。全年共出动源头治超巡查车辆246辆次，执法人员428人次，巡查源头企业392家次，检查车辆总数3124辆，完成装载货物总量156497.76吨；严格落实"黑名单"制度和"一超四罚"联合惩戒规定，巩固源头治超成果。截至年底，记入黑名单中的有：货运车辆10辆，4名驾驶人；6家运输企业，3家源头企业。

【安全生产工作】 认真组织学习贯彻习近平总书记关于安全生产工作的重要指示批示精神，坚持"生命至上，安全第一"的理念，从严落实责任，健全防控体系，强化依法治理，防范化解重大安全风险，围绕"平安交通"在节假日等重要运输时段，制订一系列方案和预案。开展安全生产集中整治、安全生产专项检查及"安全生产月"活动，汲取"8·29"坍塌事故、"10·1"火灾事故教训，立即开展交通运输领域"大排查、大整治、大督查"专项整治活动。加强应急能力建设，组织开展"5·12"防灾减灾日宣传活动、"路政宣传月"活动，印发宣传材料4000余份、宣传画册1500余份。加强对县道、客运企业、汽车站安全监管，督促各企业安排好生产经营活动，切实做好疫情防控常态化条件下的交通运输安全生产工作，认真组织开展自查自纠，及时整改事故隐患，加强在岗职工的安全教育。深入开展安全风险隐患排查治理，狠抓安全责任和措施落实，强化源头管理，及时消除安全隐患，坚决杜绝重特大事故发生，促进全县交通运输安全生产形势持续稳定向好。

【维护路产路权】 2020年，按照属地管理的原则，分阶段对辖区客（货）运输企业、车辆检测站、客运站场、客运班车及公交出租车、货运车辆，进行日常监管排查。对黑车出租经营者进行打击，净化全县客运出租市场。不间断实施货运车辆扬尘污染治理及打击非法营运、维修等专项行动。网上处理案卷23起，处罚金额85300元。结合"清拆改种建"工作要求，强化路政监督巡查，规范执法、依法行政，树立只有严格的执法才是最好的宣传理念，公路沿线、村庄路段悬挂宣传横幅标语6条，制作宣传版面2块，张贴宣传画报200张，发放宣传单600份，宣传册300册，查处未采取有效措施防止货物脱落扬撒5起。拆除非公路标志51块，乱堆乱放2处，拆除违法建筑2处，摆摊设点9处，拆除电线杆17处。

【环境保护和污染治理】 一是国三车辆淘汰。根据新绛县推进国三及以下排放标准营运中型和重型柴油货车淘汰工作领导小组安排，协调县交警大队、各乡镇进行国三及以下排放标准营运中型和重型柴油货车摸底调查，新绛县国三车淘汰任务总数658辆，2020年任务为399辆，已注销429辆(其中：报废回收101辆，灭失注销328辆)。商务、交警、审批局完善淘汰资料50辆，核定补助及奖励资金1083940元。二是严格落实“黑名单”制度和“一超四罚”联合惩戒规定，巩固源头治超成果。截至年底记入黑名单中的有：货运车辆10辆，4名驾驶人、6家运输企业，3家源头企业。三是全力推进运输结构调整工作。截至年底，全县完成铁路运输总量90.133万吨比2019年增长16.98193万吨，增长率为23.22%。四是强化维修企业VOCs污染管控治理工作。对中央环保督查的9家汽修厂VOCs环保治理进行“回头看”，其中新绛县南关艺通汽修厂、新绛县凯磊汽贸有限公司2家取得“排污许可证”，其余7家维修企业烤漆房已拆除。同时，结合中央环保督查对汽修厂VOCs环保治理进行“回头看”工作，举一反三，对新绛县永信汽修厂、新绛县恒泽汽修部、新绛县志强钣金维修部、新绛县诚信汽修厂烤漆房进行了拆除，新绛县刘臣汽车修理有限责任公司取得“排污许可证”。新绛县斌斌汽修部取得排污许可手续。五是大力推广新能源车应用。全县共有公交车辆93辆，其中新能源纯电动公交车82辆，占全县公交车总数的88%；共有出租车123辆，其中1辆为纯电动，122辆为油气两用，县交通运输局严格按照新绛县公共交通专项规划，今后新增或更新的公交、出租车辆一律为新能源纯电动公交车、出租车。2020年，对11辆传统燃油公交车、2辆天然气公交车进行淘汰，开展一次“公交出行免费乘坐体验活动”。

【强化审批与监管衔接】 2020年，全局通过审管衔接系统共认领许可信息567条(其中：车辆运营证核发518条，个人道路货运经营许可28条，企业道路货物运输经营许可20条，驾驶员培训许可1条)纳入监管范围；完成“四级四同”核对两次；通过“互联网+监管”平台录入监管目录53条，检查实施清单58条，同时录入目录清单分管领导和检查实施清单责任人信息，通过系统录入检查行为信息287条；进行部门内部“双随机、一公开”抽查4家企业，部门联合“双随机”抽查检查一次2家企业；把全年所有行政处罚信息全部录入信用运城平台。

【精神文明创建】 一是根据县委、县政府要求，县交通运输局积极参加“五城同创”文明创建活动。在搞好执勤同时，在全县公交、出租汽车行业开展“五城同创、公交出租争先”活动。二是创建节约型机关。通过“精打细算，节约开支；节能降耗，减少浪费；转变作风，提高效率”几项措施的有效实施，全局节约型机关创建活动取得明显成效。三是继续开展“两考”期间免费接送考生活动。全年免费接送考生2600余人次。四是为65周岁以上老年人和残疾人免费办理乘车证4810份。

【政务信息公开】 2020年，县交通运输局结合深化改革工作进程，进一步加强对政务公开工作的领导，确保政务公开工作质量，不断提升政务公开工作水平，将应公开的及时、准确、全面的公开，通过新绛县人民政府网，依法公开工作信息34条(其中政策法规11条；通知公告公示4条；工作动态12条；财政信息7条)，在山西新闻网发布短讯4条。通过政府网站、“12328”和“12345”等平台推进政务公开工作，接受群众来电来访事项，全年共接待群众来访40余人次，受理政府网信箱留言1件，信访转办1件，“12328”和“12345”咨询投诉48件，已全部办结，办结率100%。

(新绛县交通运输局)

绛县交通运输局

2020年，在绛县县委、县政府正确领导下，绛县交通运输局认真贯彻落实习近平视察山西精神，围绕全市交通运输工作先进精神，立足县情，坚持不懈抓党建，全力以赴干工程，全心全意为人民服务基础，推动全县交通运输工作更上一层楼。

【疫情防控】 1月25日，绛县启动重大突发公共卫生事件一级响应，按照县新冠肺炎疫情防控指挥部要求，县交通运输局加强备战，筹备物资，积极做好本系统疫情防控工作。一是对机关单位、汽车站、公交公司、包联小区交通苑小区，安排工作人员24小时值班轮守。全部设立党员先锋岗，插党旗、出措施、严要求，确保封闭期间群众必需的“菜篮子”、“米袋子”等生活物资畅通，做好每日消毒、体温测量、检查防护措施、出入人员登记等工作，以战时状态抓好疫情防控。二是号召出租公司减免停运期间出租汽车的服务费和管理费。减轻司乘人员经济压力、搞好疫情防控期间的客运工作。三是按照县疫情防控指挥部“一断三不断”的要求。由县交通运输局牵头，公安、交警、医疗三部门配合，分别在大交镇、南樊镇、横水镇出入境路口设立三处疫情联防联控检查点，出动交通执法人员18名、公安6名、交警6名、医护人员6名，全部吃住在前线，24小时昼夜轮班值守，保障一线工作人员防疫后勤服务，凝心聚力、共战疫情，确保防疫物资和生产生活物资畅通先行，严防输入性疫情。疫情防控期间，共计检查车辆1081辆，检查人数1539人，守住全县疫情防控第一道防线。

【公路建设】 绛县交通运输局积极抓好疫情防控后的复工复产。2月16日，绛县十大重点工程之一的公交场站建设项目开工，是绛县复工复产后第一个开工工程。截至2020年年底，已完成土地平整、地下夯土、管道槽建设和线缆铺装，完成投资1046万元；北册桥、南义线全面完工。扎实推进“四好农村路”建设，完成窄路拓宽工程51公里，总投资4080万元；完成养护提质工程56公里，完成投资273万元；完成生命安防工程32公里，完成投资340.52万元；完成卫东一级路路线标志、中央分隔带安全设施建设11公里，总投资780万元；国道241线绛县县城过境段改线工程的立项工作，工程可行性研究报告已通过省交通运输厅、省公路局的专家评审，土地预审正在办理中。全县基本形成以国、省道为骨架、以县、乡道为支线、以村道为脉络的农村公路网络体系。农村公路网结构进一步优化，通畅水平提高，安全条件改善，道路质量提升。路产路权得到有效保护，路域环境优美整洁，农村客运和物流服务体系健全完善，城乡交通一体化格局初具规模，基本适应全县全面建成小康社会和新型城镇化要求。

【农村道路养护管理】 全县农村公路日常养护完成率达到100%；搞好农村人居环境大整治活动，结合“爱国卫生运动季”，全面整治机关卫生，清理整治国道、省道、县乡公路视野范围内“有色垃圾”和“四堆”现象。组织专业养护队伍和机械、出动80人次对卫东一级路16公里和县道大槐线的环境卫生进行集中整治；对县道卫横线和大槐线两条道路两侧新建花池，种植金盏菊，16公里卫横线道路路肩建成花池180个，大槐线槐泉至孙王建成花池87个，实现道路两侧视野范围内的净化、绿化、美化；对高速引道1.4公里的两侧绿化林与农田衔接处进行栽种隔离网措施，栽种水泥桩400多颗，“路田分家”使高速引道的安全通行得到保障；全面搞好道路养护工作，对县道108.2公里进行日常养护，修补坑槽1238平方米，完成标志线4950平方米，完成东刘家路面及排水工程，修排水400米，路面硬化410平方米，落实“一灯一带”安装减速带50处276.5米。

【公共交通管理】 持续加强交通运输执法力度，县交通运输局与沿线乡镇、公安、交警、生态环境等有关部门协调联动，共同加强公路路域环境综合整治力度，开展道路环境卫生联合治理专项行动，对过村镇路段和沿线公司、饭店、停车场、维修点等经营场所进行综合治理，坚决杜绝公路桥梁下河床等部位倾倒垃圾的现象。出动执法人员30余人次，拆除违章建筑3间，拆除非法增设平面道路交叉口2500余平方米，清除垃圾1500余立方米；开展路政宣传月活动，共出动宣传车辆20台次，人员100人次，发放宣传册3000册，宣传单10000份，通告张贴100张，张贴宣传标语15条，墙面宣传5面，进入村庄、乡镇、企业宣传共175家；对重点区域、路段、重点时间段的执法检查，依法重处抛洒、扬尘等违法行为，共出动执法车辆43辆次、执法人员215余人次、联合执法3次、查处损坏公路案件2起、发放宣传单20500张、条幅标语35条、路政巡查总里程2500公里、清理路障1500余平方米；开展经常性隐患排查治理，确保安全生产责任制落实，召开10余次安全生产工作会，发放宣传资料3000多份，制作宣传展板5块，安全生产常规检查17次，专项巡查督查2次，共指出安全隐患16处，整改率100%；11月7日，组织全县100多家交通运输企业、个体参加安全生产集中培训。狠抓城市客运企业安全生产标准化建设，组织开展公交客运安全生产隐患排查治理，完成18座候车亭的防护栏和97辆公交车驾驶室防护栏的工作，完成93辆公交车一键报警和实施监控系统；在133个有条件的建制村安装83个招呼站牌，使建制村通车率达100%；加快城乡公交一体化和“一卡通”工作，积极推进出租车、网约车使用新能源车辆，提升出租车、网约车管理水平。

【党建工作】 全面落实从严治党主体责任，抓好“两个责任”落实，层层传导政治压力。深入学习习近平新时代中国特色社会主义思想和中共十九大及中共十九届历次全会精神，党组书记专题安排部署全面从严治党工作3次，带头讲党课3次，组织召开党组学习会6次，组织机关党员干部集中学习8场次，树牢“四个意识”、践行“两个维护”；落实党风廉政建设部署和要求，全面落实主体责任，召开廉政建设专题会，成立以党组书记任组长，党组成员任副组长，各股长为成员的党风廉政建设领导组，党组书记与班子成员、党组成员与分管股室层层签署廉政建设责任书，传导压力、落实责任；严肃党内政治生活，坚持把政治建设摆在首位，落实民主生活会、组织生活会和“三会一课”等制度；先后开展“走基层、转作风、树新风”“为绛山披绿、为发展助力”“我是组织形象代言人”“绷紧思想之弦，决战脱贫攻坚”“高举伟大旗帜，争当实干先锋”“践行领袖嘱托，率先蹚出新路”“躬身入局促转型，实干担当蹚新路”“厉行勤俭节约、倡导健康生活”“弘扬爱国精神，凝聚奋进伟力”等主题内容的党日活动，通过“6+”模式开展主题党日活动，持续巩固深化“不忘初心、牢记使命”主题教育成果，进一步坚定理想信念，激励广大党员干部学劳模、争先进，不忘初心、牢记使命的工作热情；落实中央八项规定精神，防范和纠正形式主义、官僚主义等“四风”问题；认真履行“一岗双责”，组织开展廉政教育，巩固提升巡察工作成果，驰而不息正风肃纪，把落实中央八项规定精神和反对“四风”常态化、长效化。

【定点扶贫】 响应“坚决打赢脱贫攻坚战”号召，不断夯实工作举措，推进精准扶贫，确保脱贫攻坚战收官。推进交通扶贫项目，“十三五”期间五年累计投入贫困村工程资金1100余万元，实现全县32个贫困村至少有一条通往主干道路的通道；对全县所有贫困村道路全部实施道路养护整修，确保路况良好、安全畅通；承担扶贫任务共有4个村，其中帮扶村3个分别是横水镇东刘家村、居太村和古绛镇崔壁村、1个贫困村是横水镇加堡村；驻村工作队深入贯彻落实上级脱贫攻坚精神，多次深入帮扶村宣讲党的扶贫政策，扎实开展“查问题、找不足、补短板”和扶贫领域作风问题专项治理活动，全面做好整改工作“回头看”，聚焦产业先行，增加贫困户收入；全面开展问题排查整改“十个清零行动”，完善好“一户一策”“一户一案”帮扶措施，动态追踪，双月评议，狠抓落实，围绕扶贫村“五个增力”，以户为基，精准到人，补短强弱，发起总攻；组织村民完成1.4公里村道路肩养护工作，极大改善村容村貌；投资3万元，解决横水镇加堡村新打深井道路通行难题，动土1500立方米，动用机械台班20个，铺装砂砾路面600米。截至2020年年底，帮扶各贫困村、帮扶村全部实现脱贫。

（绛县交通运输局）

垣曲县交通运输局

2020年，在垣曲县委、县政府正确领导下，在市交通运输局大力支持下，县交通运输局紧扣年初确定的各项目标任务，坚持以习近平新时代中国特色社会主义思想为指导，全面贯彻落实中共十九届五中全会及习近平总书记视察山西重要讲话精神，深入贯彻省委“四为四高两同步”总体思路要求和市委“五抓一优一促”经济工作主抓手，按照县委“六三”战略部署，以“实、快、敢、公、韧”五个字为总要求，聚焦重点交通工程项目建设，以党的建设为统领,贯彻新发展理念,加快完善交通基础设施网络,加强综合运输规范管理,全面推动交通运输高质量发展。

【重点工程建设】 一是沿黄旅游公路工程。建设总里程114公里,分五段进行施工。其中西哄哄至同善段33.1公里,项目已于11月份交工验收,正在进行工程结算。店头至硖口至同善段15.9公里,主体工程和慢行系统已全部完工,实施景观系统。2020年,开工建设剩余路段65公里,其中清水河至下亳段53.7公里,总投资3.3亿元,截至年底进行路基施工,预计2021年5月开始路面工程施工,2021年底全面完成沿黄旅游公路主体工程。下亳至店头段为原横济线利用11.3公里,路面工程已完成6公里,5.3公里路基正在加宽,预计2021年5月全面完成。二是北赵线改造工程。全长12.4公里,项目投资1441.3万元,主体工程完工,截至年底,进行附属设施施工。三是"四好农村路"建设。全年完成畅返不畅工程55公里、窄路基路面拓宽改造工程26.9公里、养护提质工程130公里、安全生命防护工程23公里,创建美丽农村路7条136公里,示范乡镇2个,示范村17个村。四是东寨码头工程。总投资444万元,截至年底,主体工程完工。五是王横线垣曲段改线工程。截至年底,工程可行性研究报告编制完成,路线坐标纳入国土空间规划。六是林南线工程。全长10公里,项目投资2341.9万元,全部完工。七是谭王线华峰街道工程。全长2.1公里,项目投资723.5万元,全部完工。八是毛石线工程。全长5公里,项目投资814万元,全部完工。九是全年共完成固定资产投资2.9亿元。

【稳步推进改革】 一是加快推进局行政事业改革。3月印发《关于成立内设机构及事业单位的通知》、股室负责人任命、领导班子成员分工等文件,制订完善农村公路工程建设管理办法,使局机关各股室职责更明确,项目建设管理更高效,人员责任更细化。4月份出台《关于交通运输体制改革后明确职能定位有效推进工作的通知》《关于进一步明确交通运输综合行政执法队内设机构及职责的通知》两个文件,进一步明确改革后局机关内设行政股室、交通运输综合行政执法队、其他事业单位的职能定位,建立权责一致、分工合理、协调顺畅、运转高效的工作机制,强化事前事中事后监管,提高工作质量和效率,确保各项工作运转有序。二是建立健全县、乡、村三级"路长制"。认真贯彻执行《山西省人民政府办公厅关于在全省全面推行农村公路"路长制"的通知》(晋政办〔2020〕20号)文件精神,结合全县农村公路实际,制订《垣曲县农村公路"路长制"实施方案》,并经县政府颁布实施。按照"职责明确、齐抓共管、高效运转"的工作机制,根据"县道县管、乡村道乡村管",在全县范围全面推行"路长制"。截至年底,全县农村公路养护管理正向畅、洁、绿、美、安发展,全县农村公路列养的农村公路养护正常进行,县、乡、村公路优良率达80%以上。

【交通运输监管】 垣曲县交通运输局交通运输监管工作主要包括道路运输、城市客运、水路运输、质量技术监督、综合执法、安全生产等方面,各相关部门均能按照职责分工认真履职,及时完成上级各部门交办的工作任务。一是全面落实从严治党。首先,全面落实从严治党责任。建立主体责任清单,局党组书记牢固树立主责主业意识,严格履行第一责任人责任,领导班子成员认真履行"一岗双责",认真抓好各自领域内的党风廉政工作。认真执行定期谈心谈话制度,建立"六大纪律"日常谈话台账724份。其次,坚持每月主题党日制度。年初制订计划,按照活动要求认真组织开展各项活动。再次,对春节、清明节、"五一"、中秋节、国庆节前预防党员干部违反"六大纪律"集体提醒谈话4次,严格监督婚丧嫁娶申报3起,严格落实各节假日期间公车封存制度,及时向县委党风室上报。复次,充分发挥党组织的战斗堡垒作用,由局党办牵头,各支部配合,成立临时党支部,组成2支先锋突击队共计70余人,进驻16个包联小区,扎实做好包联社区疫情摸排工作。最后,扎实做好优化营商环境和"三零"单位创建各项工作,认真对照自查,深刻查找问题,转变作风,加强纪律,推行"双随机、一公开"监管,加强动态监管,加快推进重点工程建设,大力营造全县良好交通运输环境。二是统筹推进疫情防控各项工作。为切实做好全县交通运输行业新冠肺炎疫情防控工作，助力企业复工复产，确保农村公路“一断三不断”，根据省委、市委、县委有关部署要求，局党组高度重视，多次召开专题会议安排部署，积极应对，制订各种方案预案，成立领导小组和保障小组，切实做好“外防输入、内防扩散”和疫情防控常态化各项工作，确保交通运输行业安全稳定，全体干部职工无疫情。三是科学编制“十四五”规划。为认真贯彻落实《交通强国建设纲要》精神和乡村振兴战略，有力支持全市“一区五带”建设大运城需求，围绕建设“美丽舜乡、生态垣曲”总体目标，结合《山西省交通运输厅农村公路“十四五”发展规划编制指导意见》精神，县交通运输局组织编制垣曲县综合交通运输“十四五”发展规划，为全县今后5年甚至更长一段时期农村交通基础设施建设、构建便捷顺畅的交通网提供遵循。四是规范实施道路养护。紧紧围绕省市交通运输部门建设“四好农村路”的总要求，坚持建、管、养、运协调发展理念，建立健全政府主导、部门协作、社会参与的工作机制，认真落实“六定一保”责任制，使全县道路建设、养护、管理、运营呈现出规范化、精细化、可持续发展的良好局面，确保农村公路安全畅通。截至年底，全县养护总里程829.475公里，其中县道10条248.531里，乡道55条377.838公里，村道116条203.106公里，好路率达81%。五是加强综合执法力度。综合执法大队深入开展企业日常监管和安全监管等综合执法，严厉打击交通运输行业各类违法违规行为，维护市场健康秩序，促进行业市场健康发展。全年共安全监督检查道路运输企业141家，出动2400余人次，600余车次，共检查出一般隐患89起，现已全部整改到位；发现1家货运企业伪造、篡改、删除车辆动态监控数据，罚款2000元，发现4家货运企业使用卫星定位装置出现故障不能保持在线的运输车辆从事经营活动，罚款3200元。六是决战决胜脱贫攻坚。对全县建制“村村通”硬化路、村通客车情况进行摸底统计，并建立“两通”台账，全县建制村通硬化路率达100%、建制村通客车率100%；积极督促、组织帮扶责任人入户走访，完成各项脱贫任务，巩固脱贫成果，并顺利通过省脱贫攻坚督查和市际脱贫攻坚交叉检查。七是持续环境污染防治。为打赢蓝天保卫战，完成决战决胜污染防治攻坚战阶段性目标任务，不断深化巩固“清零”成果，县交通运输局积极履行部门职责，配合环保、公安交警联合执法，以降尘污染整治、机动车污染管控为重点，着力解决当前影响全县空气质量的突出问题，精准治污、科学治污、依法治污。自攻坚行动开展以来，共查处未采取必要措施防止货物脱落扬撒的车辆29起、立案29起，处罚5.1万元；查处6辆柴油货车闯进“绿色示范区”，移交给交警部门处理；交通、环保、交警联合执法，共检测柴油货车269辆，查出34辆尾气不达标车辆，已移交交警部门处罚；出动养路工300余人次，进行路面清扫、路肩除草及排水沟清淤；清理公路“五堆”问题50余起；对15家汽修钣金喷漆企业，以每月不低于2次的频次突击检查VOCs超标排放和设备运行情况，限期整改和现场整改16次；2020年市下达全县国三淘汰任务239台，截至年底淘汰249台，超额完成任务；更新新能源纯电动出租车33台。八是夯实安全生产责任。建立“党政同责、一岗双责、齐抓共管”工作机制，强化企业主体责任和行业监管责任，积极开展“安全生产宣传”“路政宣传月”“安全生产月”“国三柴油货车淘汰宣传”，共出动宣传车50车次，印发宣传材料4800余份，在主要路口粉刷宣传标语10条，悬挂横幅147条，全面推进“知责、履责、尽责”，认真组织实施“平安交通”创建活动，开展安全生产大检查、安全大排查大整治、安全生产月、百日生产执法检查行动、安全生产专项整治、危化品运输环节专项整治等专项行动，促使安全管理规范化、长效化、常态化。全年共组织检查180余次，出动执法人员600余人次，检查企业7120余次，发现一般隐患34起，已全部整改到位。查处安全违法行为4起，下达行政执法文书4份，实施行政处罚罚款5100元。组织安全生产知识讲座知识问答，进企业进校园等活动18次，危化品事故应急演练6次，受教育人数达1000余人。通过安全生产大检查各项专项行动，消除一批安全隐患，确保全年无安全生产事故发生。

（垣曲县交通运输局）

夏县交通运输局

2020年，面对突如其来的新冠肺炎疫情，夏县交通运输局坚持一手稳疫情防控，一手抓复工复产、保运输畅通，以“黄河一号”旅游公路“四好农村路”“绿色交通”“交通扶贫”等项目建设为重点，扎实推进交通运输各项工作，平稳有序，亮点纷呈，为夏县经济社会发展创造良好交通环境。

【交通投资和建设】 新建和续建公路项目11个，总投资约7.47亿元，完成投资4.48亿元，公路开工总里程315余公里，农村公路完工投运235公里，创夏县历史之最。其中，西南环城路市政配套工程、武警山西总队运城支队机动大队进出道路工程（战备路）、窄路基路面拓宽改造工程（其中堆云洞红色革命圣地旅游公路在无资金、无计划的情况下，克服重重困难，争得市局补助资金100万元，于2020年7月1日顺利完工）、农村公路养护提质工程、农村安全生命防护工程5个建设项目全面完工，沿黄旅游公路主线七泉至佛峪段、主线佛峪至清水河段、支线县城（瑶台山）至上坪段、支线涧底河至泗交段4个建设项目按计划顺利推进，夏县城市公交客运总站和智慧交通2个建设项目成功启动。

【交通脱贫工作】 在实现“两通”基础上，坚持“窄路面拓宽”“生命安全防护”等脱贫工程持续向自然村延伸；全县客运班车运行正常，交通脱贫成果得到有效巩固。

【“绿色交通”】 不断加大柴油货车和散装物料运输车污染治理力度，依法治理实现常态化，绿色运输示范区通行管控体系得到进一步完善。完成淘汰国三及以下排放标准营运中型和重型柴油货车250辆，占年度总任务117%，成绩斐然。

【“路长制”实施】 2020年，运城市交通运输局确定夏县为推行“路长制”示范县。为了更好地落实好这项工作，对照测评标准，补齐短板弱项，坚持一手抓疫情防控，一手抓“路长制”创建，做到疫情防控和“路长制”创建两不误，建立健全县“路长制”办公室工作机制，制订出台《夏县推进“路长制”实施方案》，对县、乡（镇）、村三级管养人员基本信息、各类道路技术状况、责任路段划分等信息上传至省交通运输厅“山西农路云平台”。全年累计建成并安装“路长制”宣传栏10个、“路长制”公示牌179个，设立公路里程碑1088个、百米桩9792个、界桩及建筑控制区桩10880个，各项工作运行正常、成效显著。

【疫情防控】 第一时间成立疫情防控常态化工作专班，定期召开专题会议，形成职责明晰、分工明确、各司其职、密切配合的全面联控机制，做到精准防控、科学防控。设置客运场站、包联小区和机关单位联防联控卡点8个，高效完成49名同乘人员排查工作，在全县停运城市公交和农村客运。全面清理违规断道，车辆和人员实行“三不一优先”“亮码+测温+戴口罩”，保障人民生产生活平稳有序。坚持“一断三不断”原则，高效顺畅、安全有序地保障各项交通运输任务。统筹做好疫情防控和恢复生产工作，及时恢复市际、县际班线客运和省内包车及农村客运，交通项目复工复产有序推进。

【安全生产】 始终坚持把安全生产作为第一要务来抓。组织开展道路交通安全专项整治、机动车维修市场专项整治、道路工程安全施工专项整治、“平安交通百日行动”“安全生产月”、“三零”单位创建以及春运、“五一”、“十一”等安全生产活动，牢固树立安全发展理念，强化安全红线意识、安全责任意识、科学防范安全风险意识，全县交通运输安全生产形势得到进一步巩固，持续走向平稳。

【综合行政执法】 综合行政执法队机构、人员、岗位、职责、制度等改革任务，各项工作合理部署、稳步推进，执法能力和效果明显增强。在路域环境整治、柴油货车和散装物料运输车污染治理专项行动、推进国三及以下排放标准柴油货车淘汰以及打好新冠肺炎疫情防控阻击战、打赢“蓝天保卫战”的主战场上发挥主力军作用。

【党风廉政建设】 全面贯彻落实县委、县纪委关于党风廉政建设的指示精神，紧紧围绕交通运输中心工作，坚持“标本兼治，预防为主”原则，加强领导、落实责任、完善体系，不断加大党风廉政建设工作力度，全力打造廉政交通新形象。

（夏县交通运输局）

平陆县交通运输局

“十三五”以来，在运城市交通运输局和县委、县政府正确领导下，平陆县交通运输局一班人坚持以中共十九大及中共十九届历次全会精神和习近平新时代中国特色社会主义思想为指导，紧紧围绕市局下达的指标任务和县委、县政府“12345”经济社会发展总体思路，立足“交通运输，服务人民”这一宗旨，克服疫情干扰，克难攻坚，完成下达的各项指标任务，实现高标准道路建设项目、交通企业生产总值增速等重点任务，为全县脱贫攻坚、同步实现小康提供良好的交通运输服务保障。

【道路工程建设】 全年完成道路建设19条总计96.36公里，总投资17659.56万元。一是完成了“黄河一号”公路（三湾至北岭段）道路改造工程10.285公里。完成投资2611万元。二是完成侯南线晴岚至南村段路面改善工程12公里。完成投资1269万元。三是完成常乐镇前沟至沿黄旅游公路连线工程0.81公里。完成投资124.5万元。四是完成常乐镇车村至沿黄旅游公路连线工程0.475公里。完成投资75.48万元。五是完成常乐镇洪阳村至沿黄旅游公路连线工程0.35公里。完成投资55.26万元。六是完成张村镇东张裕至沿黄旅游公路连线工程1.005公里。完成投资140.3万元。七是完成张村镇窑头村至沿黄旅游公路连线工程1.06公里。完成投资129.98万元。八是完成张村镇太阳渡至沿黄旅游公路连线工程0.24公里。完成投资77.86万元。九是完成部官乡西祁至东祁道路改造工程0.828公里。完成投资215.8万元。十是完成平洪线西侯至洪池段4.478公里的路面改善工程。完成投资568万元。十一是完成国道522前沟至张家滑道路两侧绿化工程6.8公里。完成投资293万元。十二是完成常乐镇新马至西侯段道路修复改造工程5.06公里。完成投资2051万元。十三是完成张村镇西张裕至常乐镇留史全家坡段道路修复改造工程5.72公里。完成投资1003万元。十四是完成常乐镇圪塔至沿黄旅游公路连线工程0.515公里。完成投资281.62万元。十五是完成黄河旅游公路曹河至石家改造工程13.6公里。完成投资3433万元。十六是完成常乐镇西侯至王峙沟道路修复改造工程3.5公里。完成投资379万元。十七是完成下平线西延至黄堆段道路改造工程4.244公里。，完成投资837万元。十八是完成新马至苏家沟路面改造工程7.1公里。完成投资748.4万元。十九是计划完成柏树岭至平陆路面改造及绿化工程18.29公里。总投资3366万元。

【重点工程建设】 一是西沿黄旅游公路前沟至三湾段改造工程。全长30公里，已于2019年底全面完成路面改造和附属设施安装工程，2020年完成全线绿化亮化任务。二是黄河板块旅游公路三湾至北岭段改造工程。全长10公里，总计投资2500万元，已于2020年10月份全面完成路面改造和附属设施安装工程。三是黄河板块旅游公路曹河至石家改造工程。全长13.6公里，投资3433万元，11月15日完成主体工程，截至到年底，全面完成附属设施安装工程。四是国道522线常乐至三湾段升级改造工程。全长22.703公里，已组建6室1部项目管理机构，明确职责分工，与施工单位山西路桥第八公司施工管理机构完成对接，山西路桥第八公司已完成项目部建设。五是航道及码头建设项目。2020年已完成项目码头勘测、钻探、航道测绘、水位资料收集、项目可研编制等相关前期工作，项目各项资料已上报省交通运输厅。等到黄河湿地手续上级批准后，项目后期工作才可顺利完成。六是交通企业生产总值增速目标任务。根据《平陆县发展和改革局关于2020年地区生产总值相关支撑指标目标任务分解的函》（平发改函〔2020〕10号）文件要求，2020年下达任务为完成道路运输规上服务业2家各2000万元、储备企业1家。截至年底，县交通运输局完成道路运输规上服务业入网2家，各2000万元工作任务，分别为骄隆物流有限公司、鸿达运输有限公司；犇腾物流有限公司按照工作安排和要求作为2021年储备工程推进中。

【国三柴油货车淘汰及公转铁工作】 一是国三柴油货车淘汰工作。为全面落实国三及以下排放标准营运中型和重型柴油货车淘汰工作，按照市、县《实施方案》和国三车淘汰领导组办公室多次会议及紧急部署安排工作要求，平陆县委、县政府高度重视，扎实安排部署，细化目标任务，强力推进落实。全县共有国三及以下排放标准营运中型和重型柴油货车382辆，2020年淘汰任务第一次222辆，第二次调整增加36辆达到258辆。截至12月21日，注销291辆（平陆交警网数据，包含2014年国三车50辆）；未注销91辆（其中：13辆送报废公司还未完成注销；抵押7辆；查封3辆；23辆车主写出申请准备报废注销；45辆正在加快进度落实），完成率达到93.4%。二是公转铁工作。根据运城市运输结构调整攻坚行动指挥部办公室下达的《关于进一步加强运输结构调整督导工作的通知》文件要求，全县2020年下达"公转铁"任务为35万吨，截至12月20日，山西复晟铝业有限公司通过陇海铁路运输达55.13万吨，超额完成任务达到157.5%。该企业无铁路专用线，主要产品是氧化铝，全年实际产量1月至12月累计出厂95.3万吨，通过铁路运输达到55.13万吨，其中发往新疆方向39.18万吨，发往甘肃方向15.62万吨，发往青海方向0.33万吨。

【脱贫攻坚再上台阶】 一是道路基础建设方面。立足行业实际，开展贫困村和非贫困村道路建设工作。5年来，全县共实施130个村级道路新建改建工程，总里程259.833公里，完成投资16939.91万元。截至年底，全县所有行政建制村都有一条通村硬化路。二是建制村通客车。2016年至2020年，全县共建农村客运候车亭78个；安装农村客运招呼站牌100个；全县228个行政村，客运班车直达行政村174个，电话预约行政村41个，城市公交覆盖行政村13个，村通客车覆盖率达100%，超过95%的全省平均水平。三是定点帮扶。按照县委、县政府关于定点帮扶工作的安排部署要求，县交通运输局对定点帮扶村杜马乡东车村114户建档立卡贫困户397口人，结合交通运输工作实际，采取多种措施，实行政策扶贫、宣教扶贫、项目扶贫、结对扶贫和救助扶贫。重点实施道路改造、文化广场硬化、光伏发电、敬老院设立、便民超市、村级舞台及进村门楼搭建等14个扶贫项目，累计投资500余万元。特别是为彻底解决定点帮扶的东车村人居吃水和全体村民经济效益普遍提高，从2019年年底交通帮扶工作就早谋划，早设计，早筹备，早实施，年初新冠肺炎疫情突然来临之后，县交通运输局积极配合村委与村组干部一起并肩战斗，战胜疫情。为了把项目做实做细，把东车村人居吃水工程放在重要议事日程上，跑项目、要资金，6月份完成总投资45万元，实现么岭村提水工程送达东车村，不仅彻底解决群众生活饮水，重要的是扩大东车村农田灌溉500余亩，使困扰村"两委"多年的"心头病"彻底得到解决。同时配合完成县乡两级党委政府安排部署的"对标检点"和"十大清零"和高标准农田建设工作。确保脱贫攻坚工作政策落实、措施落实，不断巩固脱贫攻坚工作成果。

【农村公路养管提质保畅】 严格按照"四好农村路"创建工作要求，不断提高全县县乡公路路况标准和管理水平，全面加强公路养护管理工作，着力构建辖区公路"畅、洁、绿、美、安"的良好通行环境。一是落实养管责任主体。明确县道县养、乡村道路乡村养，县级指导的养护责任体制。同时，根据《农村公路养护实施方案》的计划安排，结合大气污染治理工作要求，建立公路日常养护常态化、季节化和科学化。加强路肩边坡整修，维修疏通涵洞，及时清理塌方，对县乡道路实施标准化整修，全县所有的县乡村三级道路全部列入养护，列养率达100%。二是依法维护路产路权。抽调专门执法人员不间断对管辖范围内的道路进行巡查，及时清理路面堆放物、垃圾；对破坏道路行为进行有效制止，对公路沿线市场、加水站、广告牌等现象进行规范化管理。全县农村公路的路产路权得到有效的维护。三是完成上级下达的养护提质道路建设任务。

【道路运输管理持续发展】 紧紧抓住交通运输管理过程中群众的热点、难点问题，加强管理，优质服务，促进运输市场健康有序发展。一是加强农村客运班车监管力度。紧紧抓住“切实加强客运车辆道路交通管理，严防重特大交通事故”这一主题，精心组织，周密部署，多措并举，全面加强客运车辆监管力度。二是加大客运服务市场整治。坚持一手抓新能源车辆更新普及，全县101辆出租车其中77辆为清洁能源车、24辆为纯电动能源车；45辆公交车全部为纯电动能源车，一手抓驾驶员素质提高和服务的改善，不断提升全县公共交通基础设施建设和服务保障能力。三是推进出租行业规范运行。联合公安交警部门重点对出租车乱停乱放乱掉头、不正确使用计价器或不打表乱涨价等违规行为进行纠正和查处。开展出租企业和驾驶员服务质量信誉考核工作，规范出租车驾驶员经营行为。四是加大力度整顿道路水路运输市场秩序。

【安全管理一抓到底】 深入推进“平安交通”建设，企业主体责任和行业监管责任得到有效落实，始终坚持安全第一、预防为主的原则，积极开展“安全生产年”“责任落实年”“安全生产大检查”“安全隐患大排查”“安全专项整治三年行动”等活动。一是不断建立健全交通运输安全工作“一岗双责”制度。落实安全监管与属地管理职责。二是进一步强化安全生产责任意识。层层落实安全生产责任制，层层建立安全隐患排查治理清单和治理台账，实行安全隐患排查治理责任和重大安全隐患治理挂牌督办、整改销号制度。三是不断加强对“两危一客”重点营运车辆监管。督促客运企业对营运车辆进行全程GPS监控管理，确保了班线客车GPS在线率达95%以上。四是开展经常性安全检查。春运、“五一”、“十一”等重要节假日期间和敏感期安全督导检查，深入车站、码头进行隐患排查，把不安全苗头消灭在萌芽状态。对全县运营车辆、船舶进行安全、技术状况检查，坚决杜绝不符合安全和技术要求的车辆和船舶参加营运，并严把车辆进站、出站和“三品”关，有效杜绝“三品”上车上船。同时进一步加强对司乘人员的安全教育和培训，不断完善道路、水路旅客运输、货物运输和维修救援应急保障体系建设，制订了突发事件应急预案和应急演练方案，建立了战备物资运输保障车队、旅客运输保障车队和汽车维修救援队，组织了客运、货运、水运及维修行业突发事件应急演练活动，提高了交通运输行业应急保障能力，杜绝交通安全责任事故的发生。

【认真抓好党风廉政建设】 一是抓好理论学习。认真学习，中共十九大及十九届历次全会精神、习近平总书记视察山西时的重要讲话精神、党章党规等一系列专题学习。二是抓主体责任落实。严格落实“两个责任”和领导干部“一岗双责”，抓好班子、带好队伍、履好职责。三是强化党的建设。推进“三基建设”，认真落实好“三会一课”制度；如期开展主题党日系列活动，全面加强党员干部的思想建设、组织建设、制度建设、作风建设和廉政建设。四是全面从严治党。始终把落实党风廉政建设责任制作为反腐倡廉工作的“龙头工程”不断加强党风廉政建设和行业作风整治，完成巡察整改“回头看”、民生领域不正之风等问题整改。

【自觉履行行业职责】 围绕县委、县政府安排部署县交通运输局结合实际，认真履行行业职责。一是全力打好疫情防控阻击战。面对疫情，县交通运输局一班人顾全大局，勇于担当，全面贯彻落实各级各部门的决策部署，带领交通运输系统广大干部职工保安全、保畅通、控疫情、强服务，以超前的思维和果断的决策，细致慎密地制订交通行业各项应急方案。在工作中，坚决坚持“宁可备而不用、不能用时无备，宁可十防九空、确保万无一失，宁可小题大做、不能举措不到位”的三个宁可要求，超前发布停车停航令、防止疫情全面蔓延；制订详细复工复查细则，促进企业全面复工复产；进入常态化管理后，严格执行上级部门疫情防控措施，扎实做好常态化管理和秋冬季交通运输疫情防控工作。二是扎实推进“三零”单位创建。按照县委、县政府关于开展“三零”创建工作部署要求，局领导高度重视，通过召开会议传达学习、制作宣传标语、深入一线进行矛盾纠纷排查治理、开展安全生产大检查等方式积极开展“三零”创建隐患排查化解治理工作，为建设“平安平陆”和全县经济社会发展创造良好的交通运输安全环境。三是打好“蓝天保卫战”。按照环保督察工作要求,以发展绿色运输为工作理念,制订实施方案,加大宣传力度,深入开展交通运输领域各项环境保护和治理活动,积极推进道路、水路运输等环境污染专项整治工作,持续开展了机动车维修市场整治,道路水路施工工地污染治理,源头治超环境整治,县乡道路、水路路域环境整治等活动,为广大人民群众营造良好交通出行环境。四是开展"扫黑除恶专项斗争"。严格按照中央和省、市、县关于"有黑扫黑,无黑除恶,无恶治乱"的工作要求,采取明确任务,压实责任;多措并举,扩大宣传;认真走访,深入排查;严明纪律,强化追责等措施,加强交通运输系统内部监管,坚决打击系统内部可能存在的"关系网""保护伞"等现象,挤压黑恶势力滋生的空间,营造风清气正的交通运输行业形象。五是扎实开展柴油货车和散装物料车辆污染治理工作。严格按照县委、县政府安排部署,与公交、环保、住建、公路段等部门密切配合,强化联合执法,找准堵点、乱点,强化散装物料运输车辆准入管理、源头管控和途中监管力度;强化建设工地扬尘污染治理;强化道路洒水除尘控制和强化扬尘污染综合治理;确保专项行动健康有序、扎实有效开展。

(平陆县交通运输局)

芮城县交通运输局

2020年,在芮城县委县政府正确领导下,全县交通运输系统认真贯彻落实中共十九大及中共十九届历次全会精神,全心全意防止疫情肆虐,持续不懈投标公路工程建设,按期完成全年目标任务。

【"黄河一号"旅游公路建设】 2020年,"黄河一号"旅游公路彩霞至新村20.718公里建设项目,在新冠肺炎疫情防控特殊时期,2月16日率先在全省三大板块旅游公路建设项目中开工,7月底道路主体工程完工。"黄河一号"旅游公路新村至大禹渡项目建设,道路全长6.8公里。其中,新村至大禹渡景区入口为慢行系统,全长5.8公里。项目于8月底开工建设,10月中旬全部完工。"黄河一号"旅游公路周青至永乐宫"景景通"一级公路,道路全长5.294公里,按照一级公路标准建设。项目于12月中旬动工,预计2021年8月底,道路主体工程完工。

【"四好农村路"建设】 一是撤并建制村通硬化路项目和窄路基路面拓宽建设项目共计40公里建设任务。总投资3600万元,截至12月底,该项目年度建设任务全部完成。二是农村公路安全生命防护工程共计26公里的建设任务。总投资780万元,截至12月底,年度建设任务全部完成。三是养护提质改造工程完成189公里建设任务。项目总投资2835万元,11月完成建设任务。

【客运中心站项目建设】 芮城县客运中心站占地26666.67平方米。其中,客运站综合楼3170平方米,辅助用房275平方米、维修用房320平方米、安检车间180平方米、门房35平方米,硬化面积18816.67平方米,绿化面积2050平方米,广场铺装面积3550平方米及相关配套设施建设,项目总投资3293.18万元。项目9月上旬开工建设,12月底,场站主体楼完工。

【交通运输监管】 县交通运输局以抓好疫情防控和行业安全生产监管为重点,深入开展安全生产专项整治行动,推动交通运输行业健康发展。一是道路运输市场管理服务水平不断提升。1—2月,严格按照县疫情防控指挥部的要求,对全县的客运、货运、城市公交、巡游出租等运输车辆全部实施停运防疫管控。2月26日,复工复运后,一手抓防控、一手抓安全,组织人员深入道路运输各相关企业加强督导检查,确保道路运输市场安全生产形势稳定向好。结合"百日安全生产大检查""安全生产月"等专项行动对全县货运企业,开展安全生产大检查,同时对符合条件的车辆安装车辆动态监控设备并接入全国道路货运车辆监管与服务平台。完成许可证到期更新和31家维修企业质量信誉考核,考核结果17家企业达AA级,24家企业达A级。完成全县4所驾校机动车驾驶员培训及驾驶员从业资格证诚信考核。源头治超共出动执法车辆595辆次,出动执法人员1765人次,登记货运车辆3356辆次,移送报告相关部门三次。

二是加强执法确保市场健康有序发展。在疫

情防控一级响应阶段，交通运输综合行政执法部门抽调精兵强将，重点做好全县境内6个检查点的防疫管控工作，保障全县“一断三不断”防控措施有效落实。全年共检查1610辆次，累计查处非法营运“黑出租”26起，罚款130000元；查处违法违规网约车13起，罚款14800元；其他类运政案件39起，罚款60200元。路政执法检查共拆除非公路标志70余块、拆除公路建筑控制区违章建筑物2处；清理路障23处；取缔摆摊设点153处；现场清理抛撒物17处、清理打场晒粮156余处；制止私挖乱建4起、制止电信公司在公路上架设电缆1起。截至12月底，共处理涉路案件11起，罚款33800元，收取公路赔（补）偿费25938.5元。加强路警联合，治理路面恶意超限超载行为。截至12月底，共检查货运车辆2620辆；查处超限超载运输车辆38辆，卸载货物781.18余吨。查处各类抛撒（抛洒）案件17起，罚款13600元；处罚货运源头企业未按规定计重、开票2起，罚款3000元。

三是城市公共交通服务能力不断提升。主要包括六个方面：完成城市客运VPN、交通运输系统一套表联网直报系统、新能源车辆信息申报工作；完成105辆公交车的高清视频监控系统升级调试工作；完成对盛景出租公司、顺安出租公司的年度企业质量信誉考核；高考期间出动出租车、高考专用公交车免费接送考生600人次，公交车安全接送考生2000余人次；老年人免费乘车证办理有序开展；为提高城市公共汽电车驾驶员的职业技能，组织所属各客运、城市出租企业负责人开展职业技能、安全文明驾驶考试（闭卷方式），并将试卷存档。

四是强化农村公路养护管理。首先，认真贯彻落实《运城市深化农村公路管理养护体制改革实施方案》，按照“政府主导，部门负责，群众参与，综合治理”的原则，推行“路长制”。制订出台《芮城县关于在全县推行农村公路“路长制”的通知》，成立“路长制”工作机构，落实县、乡（镇）、村三级路长职责任务。其次，县政府制订《芮城县关于印发农村公路养护管理实施办法》。县财政将农村公路管理机构运行经费、人员基本支出以及建设养护资金纳入财政一般公共预算，路段管理人员在路长统一领导下，对责任路段的公路（包括桥梁、隧道）、附属设施、路容路貌、交通秩序、绿化及环境卫生等实施全面综合管理。同时，以公路养护质量保证体系为主要内容，以“畅、洁、绿、美、安”为养护管理基本标准，开展“平安文明路”创建活动。最后，实施养管分离，通过政府购买服务方式，对农村公路实行公司专业养护。各乡镇均设立道路管理站站长，具体负责乡村道路养护管理工作。道路管理站坚持每周不少于两次的县道养护巡查，全年分两次对全县10个乡镇的农村公路养护管理工作进行考核排名，全面提高农村公路的养护质量。

五是水路运输安全有序。以全县各渡口安全、船舶安全以及船员规范操作监督检查为重点，确保水路运输安全；在深入开展“安全生产大检查”活动基础上，相继开展“水上交通安全隐患排查治理”等专项行动；加强对节假日等重点时段的安全巡查力度，对监管企业进行定期、地毯式隐患排查。在“安全生产月”活动中，组织开展水上安全知识进校园、进企业、水上救援应急演练等宣传活动，为全县水上交通运输安全营造良好舆论氛围。

六是深入推进交通运输系统党风廉政建设。5月上旬，交通运输系统召开党风廉政建设会议，局长李轩与各单位负责人签订《2020年党风廉政建设目标责任书》，明确2020年的党风廉政建设工作目标和任务。8月12日，局组织全体党员干部，在警示教育基地参观学习，开展廉政教育活动。透过正反面典型案例，进一步敲响零容忍反腐败警钟。同时，在交通工程设计、变更、招投标、材料采购等重点环节，不断巩固和完善监督制约机制，大力推行公路建设阳光操作，打造优质安全廉政工程。在交通重点工程和局重大问题上，坚持民主集中制，集体讨论，集体研究，自觉接受纪检委和干部职工监督。在工程项目上，与项目部签订质量合同、安全合同和廉政合同，确保重大事项在阳光下运行。

七是脱贫攻坚成效得到进一步巩固。其一，加快以贫困村为重点的乡村道路硬化工程建设。全县151个建制村通硬化公路达到100%。其二，按照国家大力发展城乡客运一体化发展战略和国家对纯电动车大力支持及优惠补助政策，鼓励企业大力推广纯电动公交运用。2020年，全市首条定制式运营线路运城至芮城已正式运营，运营车辆20辆。其三，按照交通脱贫攻坚考核目标要求，全县151个建制村已完成136个建制村通客车目标，剩余的28个不具备通客车条件的建制村，已经完成“电话预约”服务，并在这28个行政村悬挂含服务联系人、车及联系电话的标志牌，确保全县所有具备通客车条件的建制村通客车率100%。

（芮城县交通运输局）

永济市交通运输局

2020年，在永济市委、市政府正确领导下，在上级干部主管大力支持下，全市交通运输系统广大干部职工以习近平新时代中国特色社会主义思想为指导，认真贯彻实施全市交通基础设施项目建设，努力做到基层党建与工程建设有机结合，与复工复产工作并重，强本固基，正本清源，较好完成全年目标任务。

【“黄河一号”旅游公路(永济段)工程】 以把“黄河一号”旅游公路(永济段)建成精品工程、民生工程、民心工程为目标，集中时间集中精力，倒排工期挂图作战，确保项目快速推进。该项目总投资4.6亿元，全长80公里。工程分三期，其中2018年至2019年完成一期工程33公里，2019年至2020年11月份完成二期工程32公里，三期工程15公里已全面开工，确保2021年底前全面完工。项目建成后将与“黄河经济带”和“中条山经济带”连线成片，打通两大经济带的道路瓶颈，进一步完善城乡功能，强力拉动沿线特色农业、文化旅游融合发展，实现资源共享、产业互通，形成一条旅游+交通的“黄金大道”。

【“黄河一号”旅游公路“五大系统”建设项目】 以“城景通、景景通”示范段创建为抓手，因地制宜，规划设计更贴近自然、贴近生态，高质量推进“五大系统”建设。主体系统完成万固寺至雪花山段16公里、杨马至万固寺段10公里建设任务；景观系统杨马至万固寺段10公里，已完成绿化工程量3万平方米，万固寺至水峪口段7公里，已完成绿化工程量21万平方米；慢行系统完成万固寺至水峪口段7公里，水峪口至雪花山段9公里已开工建设；服务系统完成4个驿站和6个游园建设，正在建设的有2个游园、1个驿站；信息系统已完成杨马至万固寺段10公里、万固寺至水峪口段7公里的指路标志和旅游标志，剩余水峪口至雪花山段9公里待主体工程完工后，完善指路标志和旅游标志等信息系统。

【农村候车亭项目】 在城乡一体化和创建全域旅游城市进程中，市交通运输局承担2020年运输场站建设投资计划(农村客运候车亭)永济市内42个候车亭的建设监督任务。经过实地调查摸底，对候车亭位置进行确定，按照全域旅游要求，普救寺、鹳雀楼、铁牛馆3个景区的候车亭已于7月份高标准建成投入使用，其余候车亭于12月底全部完工。农村候车亭的建成不但方便群众和游客乘车，而且提升永济市对外旅游形象。

【“四好农村路”创建】 一是建立“路长制”。以市政府名义出台县、乡、村三级“路长制”管理模式，完善了“路长制”机构人员、责任路线登记表，建立市、镇(街道)、村公路管理基本信息数据库。制作公示牌26块，其中县道8条共16块，每个镇(街道)1块共10块，明确管理责任；在市养护中心配备专业养护人员73名，各镇村聘用养护人员317名，建立起市有路政员、镇有监管员、村有护路员的三级养护工作体系。二是农村公路建养项目。以习近平总书记关于“四好农村路”的重要指示精神为指导，坚持为群众办好事、办实事，为广大农民脱贫致富奔小康提供更好的交通保障。完成于黄路、杜张线等169公里县道补坑罩面养护提质工程建设任务；完成6镇(街道)12个村15公里的农村公路畅返不畅工程建设任务；完成张风线、大韩线18公里安装波形护栏、警示标志等县乡道安全生命防护工程建设任务。三是创建“百乡千村万里美丽农村路”。对照工作目标、创建标准、评价内容和评价程序，积极组织申报，从每个镇(街道)挑选一个示范村美丽农村路典型，从“建设好、管理好、养护好、运营好”四方面收集相关资料，同时简要介绍每条道路工程质量情况，串联景点、产业、乡村情况，管护机制建立情况以及绿色生态和乡土特色等内容，按要求将相关印证资料形成初评报告上传到云平台。全年创建示范乡镇1个、示范村10个、建设美丽农村路100公里。

【交通运输行业监管】 一是农村公路路政管理。开展对南同蒲铁路外部环境安全治理工作进行隐患清理；路域环境整治中，集中对国道521、万鹳线等非公路标志及乱搭乱建进行专项清理，排查县乡道农村公路限高限宽设施；在公路沿线及各乡镇、沿线企业对《中华人民共和国公路法》《中华人民共和国路政管理规定》等法律法规进行广泛宣传，同时利用新闻媒体、墙体广告、横幅强化舆论宣传，进一步扩大路政工作的影响力和辐射面，使人民群众都参与到路政管理中来，加强广大群众的爱路护路意识，维护公路路产路权。全年共计巡查8条县道14800余公里，680余次，出动执法车辆1360余次，执法人员9520人次，共清理非公路标志及广告横幅520处，公路三堆63立方米，打场晒粮340处，公路摆摊设点280处，限高限宽13处，路政宣传26次，发放宣传单共计6260余份，出动广告宣传车辆210余次，巡查中发现查处侵占路产路权违法违规行为18起。

二是开展运政管理专项整治。开展春运期间打击非法载客车辆专项行动、寄递物流安全领域风险隐患排查大整治活动、水上交通安全三年整治行动、旅游包车客运市场安全生产专项整治、“两客一危”专项整治、机动车驾驶员培训市场联合整治、打击取缔黑加油站点执法行动、液化石油气瓶和散装液化石油气运输安全整治等8项专项行动。通过日常管理与重点监管相结合，加大执法力度，全年共出动执法车次646车次，出动执法人员2284人次，取缔非法驾校报名点3处，拆除非法驾校广告牌10块，查扣非法教练车3辆，处理驾校投诉5起，客运投诉11起、物流投诉2起，从业人员资格证继续教育培训开班35期，培训人员2000余人次，查处运政违法案件51起，维护道路运输市场正常秩序。

三是超限超载治理。与公示的13家货运源头企业签订了2020年目标责任书、承诺保证书及无双超承诺书。并对源头企业负责人进行治超业务知识培训。开展以“打击短途非法超限超载运输行为”的重点行动，全年共检测货运车辆92531辆，其中槮栳检测站检测84914辆，流动治超中队检查7617辆，查扣超限车辆48辆并移交给交警队处理48辆、卸货1852吨，查处未采取必要的防护措施案件127起，报告违规行为2起、抄告2起，处理督办案件3起，确保超限率控制在0.2%以下。

四是“两客一危”企业及车辆安全监管。组织开展“安全生产三年专项整治”“安全隐患排查整治”“零事故创建工作”等专项活动，进一步增强安全责任意识和危机意识，把规范管理、加强监管和压事故、保稳定、促发展作为交通运输安全生产工作重点，为了确保交通安全生产工作顺利开展。督查检查企业1000余家次，发现一般安全隐患30余起。针对查出的问题，责成监管单位负责监督整改，并已全部整改到位。通过安全督查，进一步健全完善安全隐患排查治理体系，推动企业安全生产主体责任和部门监管责任的落实，及时发现消除了一批安全生产隐患，全面提升了交通运输行业整体安全生产水平。

五是柴油货车和散装物料运输污染治理。以市政府名义印发了《关于大气污染防治绿色运输示范管控范围的通告》，划定全市“大气污染防治绿色运输示范区”区域范围，坚持在主要道路设立柴油货车管控巡查点，加大对过境柴油货车和散装物料运输车辆的管理。多次召开专题会议，部署落实国三及以下柴油货车淘汰工作，转变工作方式，由“坐着等办公”变为“走出去服务”。全年共出动联合执法队共出动执法车辆499车次、执法人员2315余人次，检查货运车4315余辆，劝导绕行货运车辆1767台次，尾气排放检测1232辆，查处冒黑烟等尾气不合格柴油货车6辆，查处货运车辆抛洒污染公路路面及未采取有效措施扬尘污染公路路面行为90起，国三及以下柴油货车淘汰325辆。通过一系列措施，柴油货车尾气排放得到有效管控，散装物料运输车抛洒扬尘污染明显降低，全市环境空气质量明显改善。六是“公转铁”方面。按照运城市运输结构调整攻坚指挥部办公室的工作部署，市交通运输局和工信、能源等部门加强对接、强化协调，将“公转铁”落在实处。年初，市交通运输局下达的工作任务是6万吨，已于8月超额完成。10月，永济任务从6万吨调整为17万吨。面对工作任务，继续加大同工信、能源等部门的协调沟通，“讲”字当先，深入企业讲政策，搞宣传，完成工作任务，截至年底，共完成14.3428万吨，运城市排名第三。工作成绩得到运城市、永济市各级领导一致好评。

（永济市交通运输局）

河津市交通运输局

2020年，在河津市委、市政府和运城市交通运输局坚强领导下，市交通运输局认真贯彻中共十九届二中、三中、四中、五中全会精神，坚持“五先协同、三动融合”和高质量发展思路，以项目建设为中心，全面推进全市交通运输事业转型发展，圆满完成各项工作任务。

【全力推进重点项目建设】 一是国道108河津市过境改线（寺庄至龙门）工程，全长8.585公里，总投资4.2亿元。8月开工建设，已完成15座（道）桥涵，路基填方40万立方米，完成投资1.5亿元。二是“黄河一号”旅游公路。项目总体规划为一主三支，串联鱼跃龙门、大禹治水、梯子崖景区、黄河湿地公园、抗日英雄纪念碑、卜子夏墓祠、高媒庙景区等自然人文景观，沿路规划5个观景台、2个小游园、2个驿站。工程主线分两期实施，一期全长19.5公里，主体工程、慢行系统、信息系统、绿化工程已全部完工。二期乡宁至龙门段工程，全长10.732公里，总投资9000万元。项目7月开工建设，2021年上半年可开放交通，投入使用。三是张清线铝厂段公路大修工程，全长2.2公里，总投资3326万元。2020年7月开工建设，9月30日完成路面主体工程，全面开放交通，11月完成附属工程设施，12月交工验收。四是养护提质工程，完成“四好农村路”养护提质改造82公里。7月10日开工，11月30日交工验收。五是窄路基路面拓宽改造。全年完成西磑、西坡、东坡、西梁、南原、武家堡、西光德、辛庄、黄村、西樊村、伏伯、小张、吴村、夏村、苍头、义唐、北张、太阳、永安19村窄路基路面拓宽改造26公里，超额完成任务。

【扎实开展道路养护】 紧紧围绕“有路必养，养必到位”的目标，立足实际，全面提升公路养护水平。一是对张柴路南段9.2公里路段进行微表处，对农村公路坑槽进行两次修补。二是开展路肩整修工作，对高于路面的路肩进行降低整修；公路两侧排水渠未设置到位的，在路肩两侧1米外开挖排水沟，及时清理排水沟杂物，确保排水沟畅通保证公路两侧无积水。三是完成193个农村公路平交路口“一灯一带”减速带安装任务。四是对全市道路通行隐患排查27处，均整治到位；对所辖县道上的24座桥梁进行安全检测，做到安全隐患早发现、早治理，确保道路安全畅通。五是积极推进农村公路“路长制”暨“四好农村路”建设管理工作，出台“路长制”实施方案，成立“路长制”办公室，建立智能路长监管平台，所有县乡村道设置路长公示牌。六是对全市9条县道的警示标志、标牌进行清洗、更换和刷新；对遮挡标志牌周围的树木进行了修剪，及时对标线不清路段进行划线。2020年，农村公路养护共整修路肩75公里，新增排水渠30米，清理排水渠51000米，微表处7.82万平方米，路面补坑1.43万平方米，刷油9374平方米，安装标志牌129块，安装减速带1122米，划道路标线103公里，维护黄闪灯32盏，维修波形护栏374米。

【全面提升行业监管服务水平】 一是严查客运企业“三品”检查和“三不进站五不出站”制度落实情况，通过巡查发现整改安全隐患38起；对关公旅游有限公司长期不落实主体责任，存在重大安全隐患等问题，责令其停产停业整改。对264家货运企业和物流企业进行日常巡查，共发现整改安全隐患128起；对新增的28家运输公司进行了验收，并与232家运输企业签订《责令限期整改治安隐患通知书》。对338家维修企业和4家驾校进行多维监管，累计下达责令整改通知书333家/次，并督促限时整改。对2家客运企业、122家普货企业、3家危货企业、192家维修企业、4家驾校进行质量信誉考核，保证运输行业安全、规范、健康发展。二是城市客运。为保证城市客运服务规范、有序开展，积极推进客运车辆新能源化及安全设施配备，全年共更新出租车辆125台，公交车、出租车全部实行北斗定位智能视频监控和一键报警，公交车全部安装了防护隔离设施和安全员配备。加强客运从业资格管理，全年办理从业资格证注册255人，资格证变更483人，资格证注销64人。三是努力提升服务水平，办结各类投诉47起，排查整改隐患56起，处理违规违章车辆187台，完成1、3、8公交线路调整，新开通10路、11路公交车，为市民提供安全、稳定、便捷的城市客运服务。三是海事管理。积极推进龙门、船窝、梯子崖三个码头及船窝至龙门绿色航运建设，已完成三码头水下水上地形图测绘和工可编制，该项目被省人民政府列为(2021—2022年)交通强国建设行动计划。定期开展旅游船舶、采砂船舶规范经营宣传教育，严厉打击“三无”船舶，保证汛期安全，全年共开展海事巡查52次，张贴宣传标语30余幅，发放宣传材料2000余份，纠正违规采砂行为8次，查处违法行为4起，提升海事监管能力，实现航运业安全、规范、健康发展。四是执法监管。对黑车、违规营运车辆进行打击，共查处违法客货车辆2108辆，抛洒车辆917辆，未采取必要防护措施374辆，黑油车14辆，其他违法行为车辆432辆；查处违规班线车20辆，黑出租41辆，违规出租车310辆。对平交道口及道路两侧红线控制区违规建筑全面进行模排和登记造册，共排查365处，红线控制区254处。依托樊村超限检测站对超限运输车辆进行打击，全年共检测车辆52.2万余辆，查处超限车辆151辆，超限率0.028%；对29家(停产3家)公示企业每月至少4次的治超巡查，处罚违法企业55家，进一步优化运输市场环境。五是疫情防控。成立河津服务区卫生检疫站临时党支部；组织机关党员参加疫情防控包联三个小区的执勤值守；按规定要求所有监管企业制定相适应的疫情防控方案、应急预案，全面做好人员防控、消毒消杀、体温检测、实名登记等工作，特别是车站卡口工作人员，还要对双返人员进行全面登记排查，并将排查结果每日上报，共上报排查情况200余次，排查境外返津人员37名，第一时间上报并隔离。复工复产期间，对发往河北三河、江苏昆山和浙江杭州三地4趟农民工返岗包车进行检查，按要求所有营运车辆粘贴出行码，所有乘车人员出示健康码和14日内出行情况。要求辖区内维修企业，提交复工申请并制定于企业相适应的疫情方案、疫情应急预案、复工人员名单、疫情期间维修流程等相关资料进行备案并验收，同时做好人员消毒、体温测量的登记及车辆、场地和工具的消杀工作。

【持续紧抓行业环保工作】 按照全市打赢蓝天保卫战环保工作部署，河津市交通运输局负责县道道路扬尘、路面抛洒治理和路域环境整治。一是加大道路清扫保洁力度。按照“一扫、二保、三定”的原则，采取机械为主、人工辅助方式，定时清扫、定时洒水，落实路面清扫保洁工作，坚持每日上路巡查，共巡查1万余公里，出动养护工22594余人次，道路清扫里程2.2万公里，洒水5200公里，冲洗重污染路段152.2万平方米，清理路面、路肩杂物1542立方米，清洗波形护栏5.32万延米、标识牌280块、警示桩870根。二是保持柴油货车治理高压态势。配合交警部门开展“联合执法行动”，划定“绿色运输示范区”，明确优化路线；重污染天气调度令期间严格落实运城市国三柴油货车淘汰政策及大气污染防治绿色运输示范区柴油货车禁行要求，在国道209高速东设立劝返点，累计劝返柴油货车绕城通行4500余辆；全年共查处抛洒车辆917辆，未采取必要防护措施374辆，检查源头企业冲洗设备运行情况1660余次，有效控制车辆扬尘、抛洒造成环境污染。三是加大路域整治力度。制订关于全市主干道路环境集中整治的实施方案，重点对国道108、国道209两侧摆摊设点、占道经营、店前硬化未达标以及脏乱差、未经许可擅自设置非公路标志等妨碍、影响公路交通安全畅通的违法行为进行了全面治理。累计巡查419次，清理非公路标志448处，清理摊点85处，下达责令整改通知书101份。四是强化行业环保整治。对市区两个监测点2公里范围内的汽修喷漆行业进行专项集中整治，取缔未安装VOCs设施喷漆房17家；督促汽修喷漆企业VOCs废气收集处理设施正常运行，发现有违法喷涂行为的，坚决按“两断三清”进行取缔。五是积极开展国三车辆淘汰工作。作为牵头单位，市交通运输局多次组织环保、工信、交警、车管所及各乡镇（街道办）召开专题会议，督促淘汰工作，注销国三车辆1496辆，在运城排名名列前茅，圆满完成年度淘汰任务。六是“公转铁”快速推进。作为全市运输结构调整攻坚行动指挥部办公室，市交通运输局积极协调能源、工信等部门，认真对接、精准施策，多次参加运城市交通运输局组织的双周例会、局长会议，并按要求严格落实，全年完成铁路发运量1582.27吨，是全运城“公转铁”完成量最大的县（市）。

【积极开展“三零”单位创建】 制定“三零”企业、单位创建工作实施方案，认真开展综治维稳、信访和安全生产隐患排查整治工作。综治维稳方面，一是全面落实“七五”普法规划，充分利用“4·15”全民国家安全教育日、“12·4”国家宪法日系列宣传教育活动，深入基层、群众开展法制宣传和法律服务，累计组织普法宣传活动40场次、横幅76条、宣传展板58个，发放普法材料两万余份、现场为1000余人答疑解惑，公交出租电子屏幕上滚动飘字5万条次，让学法、懂法、守法、用法观念进一步深入人心；二是开展重点行业扫黑除恶专项整治，充分利用信访举报、服务监督电话等渠道，加大线索收集、反馈和排查力度，以道路运输、交通工程建设和交通运输执法等重点领域开展专项整治，保证交通运输重点领域“五个确保”工作目标的顺利实现；三是加大禁毒宣传教育力度和对运输环节涉毒物品的查堵，组织公职人员尿检408人，参检率99%，准确掌握270家运输企业和8832名从业驾驶员底数，完成了298名吸毒人员信息比对工作，排查出40名交通运输从业者；四是加大对客运站、码头（渡口）等人员密集场所反恐防范力度，做好重大活动、敏感时期交通运输反恐防范工作。信访方面，认真落实矛盾纠纷排查调处相关制度，建立健全矛盾纠纷多元化解体系和预警体系，及时化解公路水路、工程建设、企业纠纷、拖欠农民工工资等一系列矛盾纠纷。安全生产方面，积极建立安全生产“党政同责、一岗双责、齐抓共管、失职追责”责任制。一是开展安全生产宣传教育活动，发放宣传材料1000余份，出动宣传车20余次，开展警示教育20余次；二是开展行业应急演练20余次（其中龙门景区水路运输应急救援演练是河津市首次举办），行业安全员培训1万余人；三是检查企业1500余家/次，重点对“两客一危”企业进行监督检查，发现整改隐患146余处；四是按时召开安全生产工作月例会，节假日对应急值班情况进行督促检查，五是开展安全生产“大排查、大整治、大督查”专项活动，特别是襄汾“8·29”房屋坍塌事故和太原台骀山“10·1”火灾事故发生以来，深刻汲取事故教训，举一反三，对不履行主体责任的15家企业进行了移交处罚，共罚款40000元，有效促进企业主体责任的落实和行业的安全稳定。

【深层次优化营商环境】 一是按照《河津市2020年优化营商环境100条》（河办发〔2020〕4号）和《关于加强监督检查优化营商环境的实施方案》（河监优办发〔2020〕1号）文件，制订印发《河津市交通运输局2020年优化营商环境21条》，全年共开展优化营商环境检查50余次。二是政务服务方面，坚决执行一次性告知制度和首问责任制度，共制作1800余份办事指南，一次性性告知书3000余份，执行材料短缺容错制度，继续简化工作审核流程，尽量一次办结，让群众少跑腿。全年共年审车辆10089辆，新增车辆3454辆，从业资格证年审6850件，道路运输证配发5149件，注销1310件，机动车维修备案16件，完成优化环境省级考核录入。三是事中事后监管方面，按照“谁审批、谁负责”“谁主管、谁监管”原则，采取日常监管、“双随机、一公开”、“互联网+监管”等方式，加大监管力度，通过“13710”政务系统累计录入“互联网+监管”事项信息28242条，监管行为覆盖率达到67.92%；完成检查实施清单52项比对认领，认领完成率100%。四是信用建设方面，按照河津市交通运输局和河津市社会信用体系建设联席办公室文件要求，有序推进全局开展承诺公开公示和信息归集“八月风暴”专项行动工作，累计通过“信用中国”信用共享平台信息归集13478条、推送承诺公开公示信息40条，全面提升了全系统服务群众、服务企业的能力，为推动高质量发展创造优良的营商环境。

【严格履行党建主体责任】 认真贯彻落实中央八项规定和省市相关文件精神，完善机制，强化监督，持续推进党建和党风廉政建设。一是加强党的组织建设。制订印发《2020年党风廉政建设主体责任实施方案》《2020年党风廉政建设工作计划》《关于统筹推进“不想腐”的实施方案》《中共河津市交通运输局党组关于思想纪律作风整顿实施方案》等文件；局总支和各支部严格落实“三会一课”，定时召开民主生活会、组织生活会；完成换届选举；每月扎实开展党日活动，督促党员干部认真完成“学习强国”及“三晋先锋”学习任务；完善党费收缴系统，向市直工委报送2020年四本台账及“特殊党费”11225元，党内政治生活规范有序。二是持续狠抓党风廉政建设。制定和完善局领导班子成员和中层干部党风廉政建设主体责任清单并在工作中认真落实；每季度定期召开全系统“党风廉政建设分析汇报会”，做到会前发通知、会中书面汇报、会后发纪要督促落实，加强关键节点“四风”问题检查，严格管控婚丧喜庆事宜的操办和“三公经费”的支出，全年共申报11宗婚丧嫁娶事宜并进行现场督查，对违反规定的工作人员进行严肃处理，真正使中央“八项规定”精神落实落细；及时向市纪委派驻第六纪检监察组报送“三重一大”事项、优化营商环境“一报告、三清单”、《党政领导干部违规入股企业问题专项清理工作》情况报告、《河津市公职人员违规参与借贷问题自查自纠情况报告表》及承诺书。全年共开展日常监督检查50余次，发放监督检查问题督办卡10余份，进一步坚定党员干部理想信念，营造风清气正环境。三是全面打赢脱贫攻坚收官之战。2020年，对贺家庄4家贫困户实行“一户一策”，有针对性地进行帮扶。投入13万余元为贫困户王彩红建造房屋4间，并对其院落、厕所、照明进行了改造；为贫困户刘乱娃购买了打饼子设备，为其找到了致富门路，并积极与检察院联系，为其争取到“因案致贫”帮扶款2万元；为聋哑人周建廷购买三轮电摩一辆、奶羊一只，使其不但找到了务工门路，而且有了稳定收入；为贫困户王吉红新建了门楼、耳房，并对院墙进行加固，告别住危房历史。

（河津市交通运输局）

山西交通运输

2021 年鉴

统计资料

山西省道路运输统计资料

说 明

一、本资料汇编根据各市运管局、处报送的2020年道路运输统计年报和交通运输综合统计年报汇编而成,有关数据指标解释请参阅交通运输部2020年新修订的《交通运输综合统计调查制度》和《道路运输统计调查制度》。本资料汇编中时期指标的调查时间为2020年1月 1日至12月31日,时点指标的调查时间截止到2020年12月31日。

二、本资料汇编系内部资料,仅供全省各级道路运输管理相关单位以及省交通运输厅有关处室参阅,请妥善保管。

三、本资料道路运输部分的主要统计范围为全省所有从事道路旅客运输(不含城市客运)、道路货物运输以及道路运输相关业务(包括站场经营、机动车维修经营、汽车综合性能检测、机动车驾驶员培训、汽车租赁等)的经营业户。

四、为了适应新的道路运输市场体制,进一步理顺统计数据的来源渠道,从2004年底开始,省汽运集团公司按其所在行政区域向基层道路运输管理单位报送统计资料,不再对其进行单独统计。

五、为了全面反映各市、县客运班线的开通情况,从2007年年报开始,全省对线路的统计实行由线路始发地填报统计的方法。

六、根据《交通运输综合统计调查制度》,公路旅客营运车辆是在公路运输管理部门注册登记的处于营运状态的公路客运车辆(最近年审日期在两年内,未办理报废、注销、转出手续)。不包括:①租赁客车;②公共汽电车和出租汽车;③公路养护、卫生救护、公安消防等工作专用车辆;④在机场、港口作业区、车站为内部换乘而进行旅客运输的各种车辆。公路货物营运车辆是在公路运输管理部门注册登记的处于营运状态的公路货运车辆(最近年审日期在两年内,未办理报废、注销、转出手续)。不包括:①公路养护、车辆维修、城市环卫、公安消防、地质勘探、输配电线路建设和维护等专用车辆;②在机场、港口作业区、车站内部为装卸而进行搬运的各种运输车辆;③在驾校、试验场内供教学或实验使用的各种车辆。

七、载客汽车、载货汽车按燃料类型分为汽油车、柴油车、液化石油汽车、天然气车、双燃料车、纯电动车、混合动力车和其他燃料车。双燃料车指既可以使用汽油或柴油,也可以使用CNG、LPG等作为发动机燃料的汽车。

八、载客汽车按车辆经营范围分为班车客运客车、旅游客车、包车客车和其他客车;其他客车指除班车客运客车、旅游客车、包车客车以外从事其他旅客运输经营的客车。

九、营运载客汽车按标记客位、车长进行分组统计。按标记客位划分,大型客车是指标记客位为31座及以上的客车,中型客车是指标记客位为15~30座的客车,小型客车是指标记客位为15座及以下的 客车(包括轿车);按车长划分,特大型客车为车身长度小于等于13.7米 且大于12米的客车,大型客车为车身长度小于等于12米且大于9米的客车,中型客车为车身长度小于等于9米且大于6米的客车,小型客车为车身长度小于等于6米且大于3.5米的客车。

十、货车按车型结构、经营范围和燃料类型进行分组统计,不包括牵引车和挂车。牵引车按燃料类型分组统计。挂车按车型结构、经营范围进行分组统计。按标记吨位的大小划分:大型为4吨以上;重型为8吨及以上;中型为2吨以上且4吨及以下;小型为2吨及以下。

十一、"道路运输经营业户""道路运输相关业务经营业户"表按经营业户的经营许可证中核定的经营范围分类统计并汇总。由于存在一个经营户具有多项经营范围的情况,因此,不能将从事某几项经营范围的经营业户数进行相加,得到从事这几项经营范围的经营业户数。

十二、通客运乡镇是指本行政区域内乡镇政府所在地已开通公共汽电车和班车的乡镇。其中班车包括定线班车、区域经营、预约响应。区域经营是指经道路运输许可,可在划定片区以内的建制村或乡镇范围内运行的农村客运经营形式;预约响应是指通过电话或网络等方式预约服务的农村客运经营形式。同时通公共汽电车、班车的乡镇仅计入通公共汽电车的乡镇;同时通定线班车和区域经营、预约响应式农村客运的乡镇仅计入通定线班车的乡镇。通客运建制村是指距离村委会、公众活动或服务场所2公里范围内设有公共汽电车、班车停靠站点或开通区域经营、预约响应服务的建制村。同时开通公共汽电车、班车的建制村仅计入通公共汽电车的建制村;同时开通定线班车和区域经营、预约响应式农村客运的建制村仅计入通定线班车的建制村数。

十三、农村客运站是指主要为农民出行服务,设置在乡镇、建制村的客运站数量,包括三级及以上客运站、便捷车站、招呼站等。

十四、农村客运线路是指县内或者毗邻县间至少有一端在乡村、主要服务于农村居民的班车客运线路和起讫地一端在乡村的公共汽电车线路。

十五、农村客运车辆是指在农村地区运行的公共汽电车和持有道路运输证、从事农村客运经营的客运车辆。乘用车是指座位数小于等于9个。

十六、农村旅客运输量是指在农村地区运行的公共汽电车和持有道路运输证,从事农村客运经营的客运车辆完成的旅客运输量。

十七、客运站数量是指经交通运输管理机构核定并取得经营许可的客运站数量。站级划分按部颁标准《汽车客运站级别划分和建设要求》(JT / T200—2004)及(JT / T200—2020)执行。其中,便捷车站数量包括按照《汽车客运站级别划分和建设要求》(JT/T200—2004)核定的四级站、五级站和简易站数量,以及按照《汽车客运站级别划分和建设要求》(JT / T200—2020)核定的便捷车站数量。等级车站是指具有一定规模,可按规定分级的车站;便捷车站是指以停车场为依托,具有集散旅客、停发客运车辆功能的车站;招呼站是指在公路与城市道路沿线,为客运车辆设立的旅客上落点。

十八、一类客运班线是指跨省级行政区域(毗邻县之间除外)的客运班线。二类客运班线是指在省级行政区域内,跨设区的市级行政区域(毗邻县之间除外)的客运班线。三类客运班线是指在设区的市级行政区域内,跨县级行政区域(毗邻县之间除外)的客运班线。四类客运班线是指县级行政区域内的客运班线或者毗邻县之间的客运班线或者县境内的客运班线。

十九、定制客运电子商务平台是指依照国家有关法规办理市场主体登记、互联网信息服务许可或备案等有关手续,经备案为道路班线客运经营者发布道路客运班线起讫地等信息,开展线上售票等定制客运相关服务的电子商务平台。

二十、定制客运是指已经取得道路客运班线经营许可的经营者依托电子商务平台发布道路客运班线起讫地等信息、开展线上售票,按照旅客需求灵活确定发车时间、上下旅客地点并提供运输服务的班车客运运营方式。

2011—2020年全省公路客货运输量完成情况统计表

表 1

年 份	客运量（万人）	旅客周转量（万人公里）	货运量（万吨）	货物周转量（万吨公里）
2011 年	32865	2199109	65201	10471190
2012 年	33662	2306121	73150	12022480
2013 年	28487	1966203	82834	12785747
2014 年	27091	1819920	88491	13631956
2015 年	22085	1645324	91240	13747614
2016 年	18702	1411424	102200	14520591
2017 年	17333	1503565	114880	17586569
2018 年	15717	1596434	126213	19077478
2019 年	14009	1588193	100847	26915973
2020 年	7460	905652	98206	27849561

2020年全省道路运输经营业户情况统计表

表2　　数据日期：2020年12月　　计量单位：个(户)

指标名称	序号	合计	100辆及以上的企业	50～99辆的企业	10～49辆的企业	5～9辆的企业	5辆以下的企业	个体运输户
甲	乙	1	2	3	4	5	6	7
一、道路旅客运输经营业户数	1	359	13	35	207	57	47	
其中：班车客运	2	238	11	20	129	36	42	
旅游客运	3	131	2	14	86	24	5	
包车客运	4							
其中：国际道路旅客运输	5							
二、道路货物运输业户数	6	101362	627	908	3429	1627	3784	90987
其中：普通货运	7	100148	586	868	3101	1485	3658	90450
专用运输	8	604	1	5	161	51	93	293
其中：集装箱运输	9	45			17	5	5	18
大型物件运输	10	637		2	82	49	101	403
危险货物运输	11	368	40	38	193	89	8	
其中：国际道路货物运输	12							
三、道路客货运输兼营业户数	13	5	3	1	1			
其中：国际道路客货运输兼营	14							

补充资料：道路运输经营许可证在册数106532张

2020年全省道路运输相关业务经营业户情况统计表

表3

指标名称	计量单位	序号	数量
甲	乙	丙	1
道路运输相关业务经营业户数	户	1	8293
其中：站（场）	户	2	124
客运站	户	3	122
货运站（场）	户	4	2
机动车维修	户	5	6493
其中：汽车维修	户	6	6482
一类汽车维修	户	7	300
其中：危险货物运输车辆维修	户	8	27
二类汽车维修	户	9	1657
三类汽车维修	户	10	4525
摩托车维修	户	11	11
汽车综合性能检测	户	12	175
机动车驾驶员培训	户	13	481
其中：普通机动车驾驶员培训	户	14	481
一级	户	15	54
二级	户	16	122
三级	户	17	305
道路运输驾驶员从业资格培训	户	18	71
道路客货运输驾驶员从业资格培训	户	19	71
危险货物运输驾驶员从业资格培训	户	20	19
机动车驾驶员培训教练场经营	户	21	
其中：残疾人驾驶员培训	户	22	9
汽车租赁	户	23	291
10辆以下	户	24	23
10～49辆	户	25	257
50～100辆	户	26	7
101～300辆	户	27	4
301～999辆	户	28	
1000辆及以上	户	29	
定制客运电子商务平台	户	30	1
货运代理（代办）	户	31	86

2020年全省道路运输及相关行业从业人员情况统计表

表4

指标名称	序号	人数（人）	持证上岗
甲	乙	1	2
道路运输及相关行业从业人员数合计	1	701949	547938
1.道路旅客运输（不含城市客运）	2	25083	15186
其中：客运驾驶员	3	13728	13728
乘务员	4	6883	967
其中：国际道路旅客运输	5		
2.道路货物运输	6	577242	520726
其中：道路货物运输驾驶员	7	508035	508035
其中：危险货物运输驾驶员	8	12328	12328
危险货物运输押运员	9	11229	11229
危险货物运输装卸管理员	10	993	993
其中：国际道路货物运输	11		
3.站（场）经营	12	4474	181
客运站	13	4379	181
货运站（场）	14	95	
4.机动车维修	15	59262	2777
其中：技术负责人	16	5595	194
质量检验员	17	4444	893
其他维修技术人员	18	24588	1188
5.汽车综合性能检测站	19	3651	353
6.机动车驾驶员培训	20	27916	8680
其中：教练员	21	22469	7849
其中：理论教练员	22	1982	573
驾驶操作教练员	23	20056	6845
道路客货运输驾驶员从业资格培训教练员	24	390	390
危险货物运输驾驶员从业资格培训教练员	25	41	41
其中：管理人员人数	26	5353	831
其中：理论教学负责人	27	561	109
驾驶操作训练负责人	28	676	133
教学车辆管理人员	29	597	57
结业考核人员	30	1182	225
计算机管理人员	31	690	201
7.汽车租赁从业人员	32	2254	35
8.其他相关业务	33	2067	

2020年全省道路客货运站情况统计表

表5

指标名称	计量单位	序 号	数 量
甲	乙	丙	1
一、三级及以上客运站数量合计	个	1	103
其中:配备危险品安全检测仪的客运站	个	2	100
一级站	个	3	21
二级站	个	4	69
其中:配备危险品安全检测仪的二级站	个	5	69
三级站	个	6	13
其中:配备危险品安全检测仪的三级站	个	7	10
二、其他客运站数量合计	个	8	22976
便捷车站	个	9	275
招呼站	个	10	22701
三、客运站平均日发班次	班次/日	11	13025
其中:一级站	班次/日	12	3938
二级站	班次/日	13	5306
四、货运站数量合计	个	14	2

2020年全省道路客运班线情况统计表

表6

指标名称	计量单位	序号	合计	<200公里	≥200且<400公里	≥400且<800公里	≥800公里
甲	乙	丙	1	2	3	4	5
一、客运班线条数合计	条	1	3181	2571	446	132	32
其中：定制客运班线	条	2	37	30	7		
一类客运班线	条	3	407	89	169	117	32
其中：定制客运班线	条	4	3	1	2		
二类客运班线	条	5	703	416	272	15	
其中：定制客运班线	条	6	10	5	5		
三类客运班线	条	7	382	378	4		
其中：定制客运班线	条	8	22	22			
四类客运班线	条	9	1689	1688	1		
其中：县内班线	条	10	1488	1488			
其中：定制客运班线	条	11	2	2			
毗邻县间班线	条	12	201	200	1		
其中：定制客运班线	条	13					
二、客运班线平均日发班次	班次/日	14	10019.6	9362	566.9	78	12.7
一类客运班线	班次/日	15	511.8	242.5	189.6	67	12.7
二类客运班线	班次/日	16	1490.4	1115.1	364.3	11	
三类客运班线	班次/日	17	1547.4	1535.4	12		
四类客运班线	班次/日	18	6470	6469	1		
其中：县内班线	班次/日	19	6033	6033			
毗邻县间班线	班次/日	20	437	436	1		

2020年全省农村客运情况统计表

表7

指标名称	计量单位	序号	数量
甲	乙	丙	1
一、客车通达情况	—	—	—
乡镇总数	个	1	1189
其中:通客运的乡镇数	个	2	1189
其中:通公共汽电车的乡镇	个	3	827
通班车的乡镇	个	4	362
其中:通定线班车的乡镇	个	5	342
通预约响应客运的乡镇	个	6	15
通区域经营客运的乡镇	个	7	5
建制村总数	个	8	19884
其中:通客运的建制村数	个	9	19883
其中:通公共汽电车的建制村	个	10	13488
通班车的建制村	个	11	6395
其中:通定线班车的建制村	个	12	5594
通预约响应客运的建制村	个	13	472
通区域经营客运的建制村	个	14	329
二、农村客运站数量	个	15	22946
其中:三级及以上客运站	个	16	7
三、农村客运线路数量	条	17	2487
其中:农村公共汽电车线路	条	18	974
农村客运班线	条	19	1513
农村客运线路平均日发班次	班次/日	20	18096
其中:农村公共汽电车线路	班次/日	21	12948
农村客运班线	班次/日	22	5148
四、农村客运车辆合计	辆	23	6025
其中:农村公共汽电车	辆	24	3395
	标台	25	3845
农村班线客车	辆	26	2630
(一)按类型分	—	—	—
客车	辆	27	2474
其中:特大型	辆	28	
大　型	辆	29	181
中　型	辆	30	1455
小　型	辆	31	838
乘用车	辆	32	156
(二)按等级分	—	—	—
高　级	辆	33	59
中　级	辆	34	754
普　通	辆	35	1817
五、农村旅客运输量	—	—	—
客运量	万人	36	12227.86
旅客周转量	万人公里	37	235416.82

2020年全省道路危险货物运输情况统计表

表8

指标名称	计量单位	序 号	合 计	经营性	非经营性
甲	乙	丙	1	2	3
道路危险货物运输业户数	户	1	376	368	8
其中:1类——运输爆炸品	户	2	40	38	2
2类——运输气体	户	3	202	201	1
3类——运输易燃液体	户	4	190	187	3
4类——运输易燃固体、易于自燃的物质和遇水放出易燃气体的物质	户	5	28	28	
5类——运输氧化性物质和有机过氧化物	户	6	26	26	
6类——运输毒性物质和感染性物质	户	7	13	13	
7类——运输放射性物质	户	8			
8类——运输腐蚀性物质	户	9	60	60	
9类——运输杂类危险物质和物品	户	10	28	26	2
其中:运输剧毒化学品	户	11	2	2	

2020年全省机动车维修业及汽车综合性能检测站情况统计表

表9

指标名称	计量单位	序 号	数 量
甲	乙	丙	1
一、机动车维修业完成主要工作量合计	辆(台)次	1	2837696
其中:整车修理	辆次	2	7993
总成修理	台次	3	48248
二级维护	辆次	4	143586
专项修理	辆次	5	2634968
维修救援	辆次	6	30759
二、汽车综合性能检测站	—	—	
检测站合计	个	7	175
完成检测量合计	辆次	8	213334
其中:维修竣工检测	辆次	9	
等级评定检测	辆次	10	213334
维修质量监督检测	辆次	11	
其他检测	辆次	12	
其中:质量仲裁检测	辆次	13	

2020年全省机动车驾驶员培训情况统计表

表10

指标名称	计量单位	序号	数量
甲	乙	丙	1
一、培训人次	人次	1	443899
其中：培训合格人次	人次	2	347783
其中：从业资格培训人次	人次	3	32860
其中：残疾人驾驶员培训人次	人次	4	77
其中：培训合格人次	人次	5	60
二、教学车辆合计	辆	6	17546
其中：残疾人教学车辆	辆	7	22
（一）大型客车	辆	8	141
（二）通用货车半挂车（牵引车）	辆	9	463
（三）城市公交车	辆	10	44
（四）中型客车	辆	11	34
（五）大型货车	辆	12	852
（六）小型汽车	辆	13	15711
（七）低速汽车	辆	14	5
（八）摩托车	辆	15	296
（九）其他车型	辆	16	
三、机动车驾驶模拟器	台	17	3637
其中：被动式模拟器	台	18	
四、教学场地（含租赁场地）面积	平方米	19	24482072

2020年全省汽车租赁车辆情况统计表

表11

指标名称	计量单位	序号	数量
甲	乙	丙	1
租赁车辆数量合计	辆	1	4344
客车	辆	2	4344
5座及以下的客车	辆	3	3551
6～9座的客车	辆	4	755
10座及以上的客车	辆	5	38
货车	辆	6	

2020年全省道路运输车辆、业户及从业人员市场退出情况统计表

表12

指标名称	计量单位	序号	数量
甲	乙	丙	1
一、报废车辆合计	辆	1	42081
1.客运车辆	辆	2	1177
客车	辆	3	1177
其中:特大型客车	辆	4	5
大型客车	辆	5	221
中型客车	辆	6	324
小型客车	辆	7	627
乘用车	辆	8	
2.货运车辆	辆	9	40904
重型	辆	10	28077
中型	辆	11	2486
轻型	辆	12	10341
二、检验不合格退出车辆合计	辆	13	16064
1.客运车辆	辆	14	120
客车	辆	15	120
其中:特大型客车	辆	16	
大型客车	辆	17	34
中型客车	辆	18	38
小型客车	辆	19	48
乘用车	辆	20	
2.货运车辆	辆	21	15944
重型	辆	22	15126
中型	辆	23	621
轻型	辆	24	197
三、吊销(注销)经营许可证业户数	户	25	16442
其中:吊销经营许可证业户数	户	26	
其中:道路旅客运输	户	27	
道路货物运输	户	28	
道路运输相关业务	户	29	
其中:站(场)经营	户	30	
机动车维修	户	31	
汽车综合性能检测	户	32	
机动车驾驶员培训	户	33	
其他	户	34	
四、吊销(注销)从业资格证人员数	人	35	30
其中:吊销从业资格证人员数	人	36	
其中:道路旅客运输	人	37	
道路货物运输	人	38	
道路运输相关业务	人	39	
其中:站(场)经营	人	40	
其他	人	41	

2020年全省公路旅客营运车辆拥有量情况统计表

表13

指标	计算单位	序号	总计		按标记客位分						按车长分				按等级分		
				个体	大型	个体	中型	个体	小型	个体	特大型	大型	中型	小型	高级	中级	普通
甲	乙	丙	1	2	3	4	5	6	7	8	9	10	11	12	13	14	15
客运车辆总计	辆	1	10676	0	—	—	—	—	—	—	—	—	—	—	—	—	—
	客位	2	333323	0	—	—	—	—	—	—	—	—	—	—	—	—	—
一、载客汽车	辆	3	10676	0	5304	0	4341	0	1031	0	1024	2811	4673	2168	4069	3805	2802
	客位	4	333323	0	219775	0	102225	0	11323	0	48891	117334	134225	32873	168488	98995	65840
其中:卧铺客车	辆	5	0	0	0	0	0	0	0	0	0	0	0	0	0	0	0
	客位	6	0	0	0	0	0	0	0	0	0	0	0	0	0	0	0
1.按经营范围分																	
班车客运客车	辆	7	6981	0	2821	0	3582	0	578	0	196	1599	3676	1510	1631	2548	2802
	客位	8	197156	0	107334	0	84708	0	5114	0	8829	62265	103183	22879	64798	66518	65840
旅游客车	辆	9	3695	0	2483	0	759	0	453	0	828	1212	997	658	2438	1257	0
	客位	10	136167	0	112441	0	17517	0	6209	0	40062	55069	31042	9994	103690	32477	0
包车客车	辆	11	0	0	0	0	0	0	0	0	0	0	0	0	0	0	0
	客位	12	0	0	0	0	0	0	0	0	0	0	0	0	0	0	0
其他客车	辆	13	0	0	0	0	0	0	0	0	0	0	0	0	0	0	0
	客位	14	0	0	0	0	0	0	0	0	0	0	0	0	0	0	0
2.按燃料类型分																	
汽油车	辆	15	342	0	—	—	—	—	—	—	—	—	—	—	—	—	—
柴油车	辆	16	9332	0	—	—	—	—	—	—	—	—	—	—	—	—	—
液化石油汽车	辆	17	0	0	—	—	—	—	—	—	—	—	—	—	—	—	—
天然气车	辆	18	481	0	—	—	—	—	—	—	—	—	—	—	—	—	—
双燃料车	辆	19	0	0	—	—	—	—	—	—	—	—	—	—	—	—	—
纯电动车	辆	20	362	0	—	—	—	—	—	—	—	—	—	—	—	—	—
混合动力车	辆	21	7	0	—	—	—	—	—	—	—	—	—	—	—	—	—
其他燃料车	辆	22	152	0	—	—	—	—	—	—	—	—	—	—	—	—	—
二、其他载客机动车	辆	23	0	0	—	—	—	—	—	—	—	—	—	—	—	—	—
	客位	24	0	0	—	—	—	—	—	—	—	—	—	—	—	—	—

2020年全省公路货物营运车辆拥有量(按标记吨位分)情况统计表

表14

指标	计量单位	序号	总计		按标记吨位分							
				个体	大型				中型		小型	
						重型		个体		个体		个体
							个体					
甲	乙	丙	1	2	3	4	5	6	7	8	9	10
总计	辆	1	536688	181615	—	—	—	—	—	—	—	—
	吨位	2	8801235	3103623	—	—	—	—	—	—	—	—
一、载客汽车	辆	3	536688	181615	320127	311988	114109	118333	1233	497	2771	1168
	吨位	4	8801235	3103623	8792949	8740944	3075586	3099917	4229	1649	4057	2057
1.货车	辆	5	97248	43316	93372	86017	37461	41654	1117	494	2759	1168
	吨位	6	1310483	568452	1302599	1256045	540663	564756	3840	1639	4044	2057
(1)按车型结构分												
普通货车	辆	7	25838	12528	24151	20058	9474	11862	419	170	1268	496
	吨位	8	307899	136414	304569	278472	122140	135003	1499	560	1831	851
平板货车	辆	9	603	272	587	298	199	260	4	0	12	12
	吨位	10	5115	2590	5080	3299	2184	2570	15	0	20	20
仓栅式货车	辆	11	17946	6998	17780	16684	6086	6864	45	42	121	92
	吨位	12	219172	79915	218818	212169	74965	79614	150	139	204	162
厢式货车	辆	13	4126	1063	3173	2627	634	884	194	56	759	123
	吨位	14	36009	9198	34439	30919	7238	8822	644	201	926	175
其中：冷藏保温车	辆	15	108	13	55	52	4	5	2	1	51	7
	吨位	16	868	61	808	789	44	51	7	3	53	7
封闭货车	辆	17	76	35	7	7	1	1	10	8	59	26
	吨位	18	180	69	87	87	12	12	34	28	59	29
罐式货车	辆	19	2068	187	1760	1390	172	185	209	2	99	0
	吨位	20	22623	2252	21744	19385	2152	2245	730	7	149	0
特殊结构货车	辆	21	6189	808	6175	6012	764	808	7	0	7	0
	吨位	22	91111	10859	91083	89934	10556	10859	19	0	9	0
自卸货车	辆	23	40402	21425	39739	38941	20131	20790	229	216	434	419
	吨位	24	628374	327155	626779	621780	321416	325631	749	704	846	820
车辆运输车	辆	25	0	0	0	0	0	0	0	0	0	0
	吨位	26	0	0	0	0	0	0	0	0	0	0
集装箱车	辆	27	0	0	0	0	0	0	0	0	0	0
	吨位	28	0	0	0	0	0	0	0	0	0	0
	TEU	29	0	0	0	0	0	0	0	0	0	0

续表

指标	计量单位	序号	总计	个体	按标记吨位分								
					大型				中型		小型	
						重型		个体		个体		个体
							个体					
甲	乙	丙	1	2	3	4	5	6	7	8	9	10
（2）按经营范围分												
普通载货汽车	辆	30	89788	42864	87565	80766	37055	41222	787	488	1436	1154
	吨位	31	1227552	562715	1222384	1179350	535140	559053	2736	1619	2432	2043
专用载货汽车	辆	32	7460	452	5807	5251	406	432	330	6	1323	14
	吨位	33	82931	5737	80215	76695	5523	5703	1104	20	1612	14
其中:商品汽车运输车	辆	34	108	0	108	81	0	0	0	0	0	0
	吨位	35	1140	0	1140	964	0	0	0	0	0	0
大型物件运输车	辆	36	68	7	68	68	7	7	0	0	0	0
	吨位	37	1054	96	1054	1054	96	96	0	0	0	0
危险货物运输车	辆	38	3242	0	1680	1227	0	0	323	0	1239	0
	吨位	39	21774	0	19166	16379	0	0	1080	0	1528	0
（3）按燃料类型分												
汽油车	辆	40	645	83	—	—	—	—	—	—	—	—
柴油车	辆	41	91258	42265	—	—	—	—	—	—	—	—
液化石油汽车	辆	42	0	0	—	—	—	—	—	—	—	—
天然气车	辆	43	5345	968	—	—	—	—	—	—	—	—
双燃料车	辆	44	0	0	—	—	—	—	—	—	—	—
纯电动车	辆	45	0	0	—	—	—	—	—	—	—	—
混合动力车	辆	46	0	0	—	—	—	—	—	—	—	—
其他燃料车	辆	47	0	0	—	—	—	—	—	—	—	—
2.牵引车	辆	48	212557	61617	—	—	—	—	—	—	—	—
（1）按燃料类型分												
汽油车	辆	49	0	0	—	—	—	—	—	—	—	—
柴油车	辆	50	97397	43033	—	—	—	—	—	—	—	—
液化石油汽车	辆	51	51	2	—	—	—	—	—	—	—	—

续 表

指标	计量单位	序号	总计	个体	按标记吨位分：大型	重型	个体	个体	中型	个体	小型	个体
甲	乙	丙	1	2	3	4	5	6	7	8	9	10
天然气车	辆	52	115097	18580	—	—	—	—	—	—	—	—
双燃料车	辆	53	6	2	—	—	—	—	—	—	—	—
纯电动车	辆	54	0	0	—	—	—	—	—	—	—	—
混合动力车	辆	55	3	0	—	—	—	—	—	—	—	—
其他燃料车	辆	56	3	0	—	—	—	—	—	—	—	—
3.挂车	辆	57	226883	76682	226755	225971	76648	76679	116	3	12	0
	吨位	58	7490752	2535171	7490350	7484899	2534923	2535161	389	10	13	0
（1）按车型结构分												
普通挂车	辆	59	59214	18891	59177	58499	18868	18891	37	0	0	0
	吨位	60	1944625	621312	1944503	1939657	621129	621312	122	0	0	0
平板挂车	辆	61	11267	3049	11267	11267	3049	3049	0	0	0	0
	吨位	62	362742	97057	362742	362742	97057	97057	0	0	0	0
仓栅式挂车	辆	63	112106	37104	112096	112066	37101	37101	4	3	6	0
	吨位	64	3765861	1247337	3765839	3765609	1247327	1247327	13	10	9	0
厢式挂车	辆	65	15870	9522	15864	15829	9514	9522	0	0	6	0
	吨位	66	507746	305335	507742	507552	305280	305335	0	0	4	0
其中：冷藏保温式挂车	辆	67	0	0	0	0	0	0	0	0	0	0
	吨位	68	0	0	0	0	0	0	0	0	0	0
罐式挂车	辆	69	10951	1491	10881	10842	1491	1491	70	0	0	0
	吨位	70	341633	47105	341396	341226	47105	47105	237	0	0	0
特殊结构挂车	辆	71	694	284	690	688	284	284	4	0	0	0
	吨位	72	20080	8396	20066	20051	8396	8396	14	0	0	0

续表

指标	计量单位	序号	总计		按标记吨位分							
				个体	大型				中型		小型	
						重型		个体		个体		个体
							个体					
甲	乙	丙	1	2	3	4	5	6	7	8	9	10
自卸挂车	辆	73	16328	6268	16327	16327	6268	6268	1	0	0	0
	吨位	74	532569	206279	532566	532566	206279	206279	3	0	0	0
车辆运输挂车	辆	75	0	0	0	0	0	0	0	0	0	0
	吨位	76	0	0	0	0	0	0	0	0	0	0
集装箱挂车	辆	77	453	73	453	453	73	73	0	0	0	0
	吨位	78	15496	2350	15496	15496	2350	2350	0	0	0	0
	TEU	79	554	76	554	554	76	76	0	0	0	0
（2）按经营范围分												
普通货物运输	辆	80	212050	74842	212040	211352	74808	74839	10	3	0	0
	吨位	81	7025495	2478351	7025460	7020434	2478103	2478341	35	10	0	0
专用货物运输	辆	82	14833	1840	14715	14619	1840	1840	106	0	12	0
	吨位	83	465257	56820	464890	464465	56820	56820	354	0	13	0
其中：商品汽车运输	辆	84	0	0	0	0	0	0	0	0	0	0
	吨位	85	0	0	0	0	0	0	0	0	0	0
大型物件运输	辆	86	3635	923	3635	3635	923	923	0	0	0	0
	吨位	87	115071	27601	115071	115071	27601	27601	0	0	0	0
危险货物运输	辆	88	7686	0	7568	7472	0	0	106	0	12	0
	吨位	89	236973	0	236606	236181	0	0	354	0	13	0
二、其他载货机动车	辆	90	0	0	—	—	—	—	—	—	—	—
	吨位	91	0	0	—	—	—	—	—	—	—	—
三、轮胎式拖拉机	辆	92	0	0	—	—	—	—	—	—	—	—
	吨位	93	0	0	—	—	—	—	—	—	—	—

2020年全省城市(县城)客运交通管理信息统计表

表15

指标名称	计量单位	序号	数量
甲	乙	丙	1
一、基础设施	—	—	—
公交专用车道长度	公里	1	554.6
轨道交通车站数	个	2	22
其中:换乘站数	个	3	0
城市客运轮渡在用码头数	个	4	0
城市综合客运枢纽	个	5	3
其中:对外交通综合客运枢纽	个	6	3
公共汽电车停保场面积	平方米	7	2368222.6
二、经营业户	—	—	—
公共汽电车经营业户数	户	8	146
其中:国有企业	户	9	40
国有控股企业	户	10	6
私营企业	户	11	97
个体经营业户数	户	12	0
巡游出租汽车经营业户数	户	13	275
车辆301辆以上的企业数	户	14	27
车辆101~300辆(含)的企业	户	15	106
车辆51~100辆(含)的企业	户	16	85
车辆50辆(含)以下的企业	户	17	57
个体经营业户数	户	18	0
轨道交通经营业户数	户	19	1
城市客运轮渡经营业户数	户	20	0
三、轨道交通最高日进站量	万人次	21	210156.0
轨道交通最高日客运量	万人次	22	210156.0

单位负责人:	统计负责人:	填表人:	联系电话:	报出日期:

2020年全省城市(县城)公共汽电车基层情况统计表

表16

指标名称	计量单位	代码	数 量	指标名称	计量单位	代码	数 量
甲	乙	丙	1	甲	乙	丙	1
一、运营车辆				二、运营线路			
运营车数	辆	101	16420	运营线路条数	条	201	2003
其中:空调车	辆	102	10141	运营线路总长度	公里	202	44970.8
其中:安装卫星定位车载终端的车辆	辆	103	15207	其中:BRT线路长度	公里	203	0
其中:BRT运营车辆	辆	104	0	无轨电车线路长度	公里	204	45.3
按车长分:				三、运营服务			
≤5米	辆	105	67	客运量	万人次	301	105148.4
>5米且≤7米	辆	106	1147	其中:BRT客运量	万人次	302	0
>7米且≤10米	辆	107	6179	运营里程	万车公里	303	57854.9
>10米且≤13米	辆	108	8975	汽油车	万车公里	304	508.7
>13米且≤16米	辆	109	20	柴油车	万车公里	305	1799.0
>16米且≤18米	辆	110	29	压缩天然气车	万车公里	306	7821.3
>18米	辆	111	3	液化天然气车	万车公里	307	770.7
双层车	辆	112	0	纯电动车	万车公里	308	45057.1
按能源类型分:				混合动力车	万车公里	309	1567.8
汽油车	辆	113	122	其他	万车公里	310	330.3
柴油车	辆	114	430	四、能源消费情况			
天然气车	辆	115	2242	能源消耗总量	千克标准煤	401	98899667.4
双燃料车	辆	116	176	汽油车	升	402	767.881.6
无轨电车	辆	117	78	柴油车	升	403	3977790.1
纯电动车	辆	118	12841	压缩天然气车	立方米	404	32269906.7
混合动力车	辆	119	431	液化天然气车	千克	405	2044121.9
其他	辆	120	100	纯电动车	千瓦时	406	317828674.6
按排放标准分:				混合动力车	千克标准煤	407	7206557.5
国Ⅲ及以下	辆	121	474	其他	千克标准煤	408	311667.6
国Ⅳ	辆	122	2245				
国Ⅴ及以上	辆	123	679				

续 表

指标名称	计量单位	代码	数 量	指标名称	计量单位	代码	数 量
零排放	辆	124	13022				
标准运营车数	标台	125	18782.4				
额定载客量	人	126	1101538				

补充资料：能源消耗量填写“混合动力车”项时，请注明具体能源类型名称		[可填写多种组合，如插电式混合动力、非插电式混合动力（柴油）、非插电混合动力（天然气）等]
能源消耗量填写“其他”项时，请注明具体燃料类型名称		（可填写多个）

单位负责人：　　统计负责人：　　填表人：　　联系电话：　　报出日期：

单车日均载客量（人次）	17231	单车日均运营里程（公里）	14067.77	平均线路长度（公里）	3242.11
百公里单耗（千克标准煤/百公里）	1783.61	万人次单耗（吨标准煤/万人次）	265.73	汽油车单耗（升/百公里）	83.55
柴油车单耗（升/百公里）	760.38	压缩天然气车百公里单耗（立方米/百公里）	863.71	液化天然气车单耗（千克/百公里）	146.30
纯电动车单耗（千瓦时/百公里）	9430.29	混合动力车百公里单耗（千克标准煤/百公里）	213.40	其他单耗（千克标准煤/百公里）	19.72

2020年全省城市(县城)出租汽车基层情况统计表

表17

指标名称	计量单位	序 号	数 量
甲	乙	丙	1
一、运营车辆			
运营车数	辆	1	42761
其中:个体车辆	辆	2	0
其中:安装卫星定位车载终端的车辆	辆	3	41835
按燃料类型分:			
汽油车	辆	4	2891
乙醇汽油车	辆	5	0
天然气车	辆	6	53
双燃料车	辆	7	19981
纯电动车	辆	8	19576
混合动力车	辆	9	0
其他	辆	10	260
二、运营服务			
载客车次总数	万车次	11	38843.5
载客人数系数	人/车次	12	0
客运量	万车次	13	68273.8
运营里程	万车公里	14	319614.8
(一)其中:载客里程	万车公里	15	207995.9
(二)按燃料类型分			
汽油车	万车公里	16	16440.5
乙醇汽油车	万车公里	17	0.0
压缩天然气车	万车公里	18	14.0
液化天然气车	万车公里	19	0.0
双燃料车	万车公里	20	150943.0

续表

指标名称	计量单位	序号	数量
纯电动车	万车公里	21	150437.5
混合动力车	万车公里	22	0.0
其他	万车公里	23	1779.8
三、能源消费情况			
能源消耗总量	千克标准煤	24	207144788
汽油车	升	25	12806467
乙醇汽油车	升	26	0
压缩天然气车	立方米	27	8171
液化天然气车	千克	28	0
双燃料车	千克标准煤	29	146919906
纯电动车	千瓦时	30	363983730
混合动力车	千克标准煤	31	0
其他	千克标准煤	32	1724707

补充资料：1. 能源消耗量填写“混合动力车”项时，请注明具体燃料类型名称[可填写多种组合，如插电式混合动力、非插电式混合动力(柴油)、非插电式混合动力(天然气)等]；2. 能源消耗量填写“其他”项时，请注明具体燃料类型名称(可填写多个)

单位负责人：	统计负责人：	填表人：	联系电话：	报出日期：

单次运营里程(运营里程/载客车次总数)		单次载客里程(载客里程/载客车次总数)	
单车日均运营里程(运营里程×10000/运营车数/报告期天数)		里程利用率(载客里程/运营里程×100%)	
单车日均客运量(客运量×10000/车量数/报告天数)		单车日载客车次(载客车次总数×10000/运营车数/报告期天数)	
百公里单耗(千克标准煤/百公里)		汽油单耗(升/百公里)	
乙醇汽油单耗(升/百公里)		压缩天然气单耗(立方米/百公里)	
液化天然气单耗(千克/百公里)		双燃料车百公里单耗(千克标准煤/百公里)	
纯电动单耗(千瓦时/百公里)		混合动力单耗(千克标准煤/百公里)	
其他单耗(千克标准煤/百公里)			

表18

2020年全省水路运输工具拥有量统计表

指 标	计量单位	总 计	内 河
一、机动船艘数	艘	205	205
总吨	吨位	0	0
总载重量	吨位	7586	7586
净载重量	吨位	7241	7241
载客量	客位	3858	3858
标准箱位	TEU	0	0
功率	千瓦	15648	15648
1.客船艘数	艘	195	195
总吨	吨位	0	0
总载重量	吨位	0	0
净载重量	吨位	0	0
载客量	客位	3858	3858
2.客货船艘数	艘		
总吨	吨位		
总载重量	吨位		
净载重量	吨位		
载客量	客位		
标准箱位	TEU		
功率	千瓦		
3.货船艘数	艘	10	10
总吨	吨位	0	0
总载重量	吨位	7586	7586
净载重量	吨位	7241	7241
标准箱位	TEU	0	0
功率	千瓦	2843	2843

2020年全省水路客货运输量统计表

表19

指 标	计量单位	总 计	内 河
一、客运量	万人	108.5	108.5
1.机动船	万人	108.5	108.5
2.驳船	万人	0.0	0.0
二、旅客周转量	万人公里	403.2	403.2
1.机动船	万人公里	403.2	403.2
2.驳船	万人公里	0.0	0.0
三、货运量	万吨	24.4	24.4
1.机动船	万吨	24.4	24.4
2.驳船	万吨	0.0	0.0
四、货物周转量	万吨公里	580.0	580.0
1.机动船	万吨公里	580.0	580.0
2.驳船	万吨公里	0. 0000	0. 0000

山西省公路统计

说　明

2020年，全省全年共完成公路建养投资626.07亿元(其中：新增固定资产投资624.29亿元)。高速公路建设完成投资206.11亿元，干线公路建、养完成投资194.42亿元，农村公路建设完成投资225.55亿元。干线公路完成新改建(路面改造)工程2337.772公里(其中新改建工程完成123.624公里，PPP路面改造及提质改造工程完成2214.148公里)，完成中修工程375.975公里，完成危桥改造18座，隧道改造1处，生命安全防护工程完成1637公里，灾害防治完成16处23.669公里。

截至2020年底，全省公路通车里程达到144323公里，当年新增公路通车里程40公里。公路密度：按国土面积为92.09公里/百平方公里；按人口为38.7公里/万人。

在公路通车里程中，按行政等级分，有国道11399公里，省道6898公里，县道20383公里，乡道47620公里，专用公路362公里，村道57661公里。

在公路通车里程中，按技术等级分，有高速公路5745公里，一级公路2877公里，二级公路16011公里，三级公路20625公里，四级公路97968公里，等外公路1097公里。其中：二级及以上高等级公路里程为占总里程的 17.07%。

在公路通车里程中，按路面铺装类型分，有铺装路面124572公里，简易铺装路面11579公里，未铺装路面8172公里，铺装率达到94.34%。

高速公路网通车里程为5746.257公里。其中按行政等级分，有国道3507.883公里，省道2238.374公里；按技术等级分，有高速公路5744.602公里(本年新增33.459公里)，一级公路1.655公里。全部为有铺装路面。

普通干线公路网通车里程为12551.222公里、按行政等级分，有国道7891.549公里，省道4659.673公里；按技术等级分，有一级公路1915.467公里，二级公路9078.643公里，三级公路1264.475公里，四级公路289.554公里；等外路3.083公里；按路面铺装类型分，有铺装路面12217.3公里，简易铺装路面327.497公里，未铺装路面6.425公里，铺装率达到99.95%。二级及以上高等级公路占总里程的比例为87.59%，其中国道二级及以上高等级公路占国道总里程的比例为89.35%。

2020年，全省干线公路优良路率年末达到85.43%，农村公路优良路率年末达到78.51%。

2020年全省“三网公路”建养完成情况统计表

表20

单位	全省“三网”完成投资（万元）	高速公路		干线公路				农村公路		备注
		完成投资（万元）	完成工程量（公里）	完成投资小计（万元）	路网改造		养护工程完成投资（万元）	完成投资（万元）	完成工程量（公里）	
					完成投资（万元）	完成工程量（公里）				
合计	6260749.923	2061060.9	33.459	1944201.282	1851820.487	2337.772	92380.7952	2255487.741	19702.077	
大同	194181.249			74763.489	72644.06	201.68	2119.429	119417.76	1193.219	
朔州	129503.16			45148.68	41597.28	146.07	3551.4	84354.48	1159.161	
忻州	385334.052			100303.262	92758.45	296.845	7544.812	285030.79	2949.497	
太原	197436.65			61198.33	57798.35	142.137	3399.98	136238.32	806.297	
阳泉	387095.059			270664.859	266649.7	49.353	4015.159	116430.2	506.7	
晋中	472474			327213	313777	321.718	13436	145261	1837.9	
吕梁	656175.1232			390453.7122	376223.657	319.72	14230.0552	265721.411	2211.674	
临汾	346091.5			85604.1	64963	177.63	20641.1	260487.4	3312.745	
运城	425422.24			111327.86	106294	197.351	5033.86	314094.38	2710.805	
长治	614128.99			295999.99	283817.99	329.817	12182	318129	2202.069	
晋城	391847			181524	175297	155.451	6227	210323	812.01	
高速公路	2061060.9	2061060.9	33.459							

2020年全省公路密度一览表

表21

市名称	公路通车里程（公里）	土地面积（百平方公里）	人口（万人）	公路密度	
				平均每百平方公里有公路（公里）	平均每万人有公路（公里）
合 计	144322.877	1567.12	3729.23	92.09	38.70
大 同	12714.643	141.02	346.3	90.16	36.72
朔 州	10254.684	106.24	178.45	96.52	57.47
忻 州	17447.791	251.51	317.29	69.37	54.99
太 原	7243.075	69.1	446.19	104.82	16.23
阳 泉	5716.768	45.7	141.75	125.09	40.33
晋 中	16141.187	163.86	338.95	98.51	47.62
吕 梁	17561.598	211.33	389.09	83.10	45.14
临 汾	19326.063	202.75	450.84	95.32	42.87
运 城	16095.597	141.82	537.26	113.49	29.96
长 治	12169.437	139.58	347.81	87.19	34.99
晋 城	9652.034	94.21	235.3	102.45	41.02

2020年全省分县(市、区)公路密度一览表

表22

辖区名称	里程（公里）	国土面积（百平方公里）	公路密度（公里/百平方公里）	备 注
大同市	12714.643	141.02	90.16	
新荣区	1182.444	11.02	107.30	
平城区	243.341	2.46	98.92	
云冈区	784.577	6.50	120.70	
云州区	1643.132	14.97	109.76	
阳高县	1652.554	15.94	103.67	
天镇县	1514.636	17.18	88.16	
广灵县	929.473	12.83	72.45	
灵丘县	1618.571	27.32	59.24	
浑源县	1799.451	19.66	91.53	
左云县	1346.464	13.14	102.47	
朔州市	10254.684	106.24	96.52	

续表

辖区名称	里程（公里）	国土面积（百平方公里）	公路密度（公里/百平方公里）	备注
朔城区	1784.233	17.89	99.75	
平鲁区	1943.828	23.05	84.34	
山阴县	1601.375	16.51	96.97	
应　县	1757.312	17.00	103.39	
右玉县	1558.565	19.68	79.20	
怀仁市	1609.371	12.11	132.84	
忻州市	17447.791	251.51	69.37	
忻府区	1750.515	19.75	88.63	
原平市	1510.471	25.56	59.10	
定襄县	894.604	8.60	104.04	
五台县	1550.981	28.71	54.03	
代　县	1279.959	17.22	74.35	
繁峙县	1451.303	23.67	61.31	
宁武县	1217.859	19.36	62.89	
静乐县	1152.183	20.41	56.46	
神池县	1036.515	14.58	71.11	
五寨县	926.133	13.79	67.17	
岢岚县	947.055	19.85	47.72	
河曲县	1272.849	13.29	95.75	
保德县	1219.965	9.94	122.75	
偏关县	1237.399	16.80	73.68	
太原市	7243.075	69.10	104.82	
小店区	696.387	2.92	238.31	
迎泽区	168.222	1.03	163.87	
杏花岭	256.461	1.46	176.23	
尖草坪	667.554	2.98	223.69	
万柏林	510.365	2.86	178.25	
晋源区	562.865	2.91	193.61	
清徐县	1288.155	6.08	211.86	

续表

辖区名称	里 程（公里）	国土面积（百平方公里）	公路密度（公里/百平方公里）	备 注
阳曲县	1258.405	20.71	60.77	
娄烦县	809.827	12.89	62.83	
古交市	1024.834	15.27	67.13	
阳泉市	5716.768	45.70	125.09	
郊 区	1111.319	6.52	170.45	
平定县	2253.708	13.95	161.54	
盂 县	2351.741	25.23	93.22	
晋中市	16141.187	163.86	98.51	
榆次区	1480.348	13.12	112.85	
介休市	1173.738	7.43	157.92	
榆社县	1136.937	16.94	67.13	
左权县	1545.846	20.20	76.54	
和顺县	1205.269	21.95	54.91	
昔阳县	1792.517	19.48	92.01	
寿阳县	1633.112	21.08	77.47	
太谷县	1827.494	10.50	174.06	
祁 县	1365.625	8.53	160.10	
平遥县	1457.014	12.62	115.41	
灵石县	1523.287	12.01	126.83	
吕梁市	17561.598	211.33	83.10	
离石区	1135.079	13.23	85.77	
孝义市	1724.777	9.37	184.15	
汾阳市	1212.577	11.76	103.15	
文水县	1368.05	10.64	128.53	
交城县	930.939	18.22	51.09	
兴 县	2156.745	31.66	68.12	
临 县	2812.629	29.80	94.39	
柳林县	1595.584	12.88	123.92	

续表

辖区名称	里程（公里）	国土面积（百平方公里）	公路密度（公里/百平方公里）	备注
石楼县	935.864	17.36	53.90	
岚　县	1073.104	15.09	71.14	
方山县	823.618	14.33	57.46	
中阳县	1010.529	14.41	70.11	
交口县	782.103	12.58	62.18	
临汾市	19326.063	202.76	95.32	
尧都区	1840.449	13.16	139.84	
侯马市	435.642	2.21	197.40	
霍州市	1108.495	7.64	145.03	
曲沃县	611.287	4.37	139.78	
翼城县	1396.421	11.49	121.52	
襄汾县	1430.294	10.28	139.10	
洪洞县	2181.659	14.94	146.07	
古　县	1029.256	11.91	86.39	
安泽县	913.523	19.59	46.63	
浮山县	878.244	9.38	93.66	
吉　县	1527.378	17.80	85.83	
乡宁县	1269.863	20.25	62.71	
蒲　县	1033.702	15.09	68.48	
大宁县	850.516	9.63	88.30	
永和县	1084.253	12.13	89.39	
隰　县	1031.67	14.13	73.01	
汾西县	703.411	8.75	80.39	
运城市	16095.597	141.82	113.49	
盐湖区	1722.124	12.03	143.14	
永济市	1551.443	12.17	127.44	
芮城县	1360.684	11.80	115.27	
临猗县	1502.27	13.64	110.14	
万荣县	1202.158	10.48	114.68	

续表

辖区名称	里程 （公里）	国土面积 （百平方公里）	公路密度 （公里/百平方公里）	备注
新绛县	834.165	5.93	140.67	
稷山县	873.501	6.86	127.26	
河津市	997.027	5.80	171.87	
闻喜县	1489.556	11.71	127.17	
夏　县	1209.42	13.49	89.67	
绛　县	1021.415	9.96	102.52	
平陆县	1306.642	11.80	110.69	
垣曲县	1025.192	16.12	63.58	
长治市	12169.437	139.58	87.19	
潞州区	430.535	3.44	125.16	
上党区	718.862	4.82	149.14	
屯留区	1040.621	11.91	87.37	
潞城区	763.953	6.15	124.22	
襄垣县	1326.912	11.78	112.64	
平顺县	1369.195	15.11	90.62	
黎城县	1166.211	11.14	104.69	
壶关县	1189.121	10.08	117.97	
长子县	908.591	10.31	88.13	
武乡县	1220.547	16.15	75.58	
沁　县	1055.141	13.20	79.93	
沁源县	979.748	25.49	38.44	
晋城市	9652.034	94.21	102.45	
城　区	230.907	1.44	160.07	
泽州县	2495.174	20.33	122.76	
沁水县	1543.218	26.57	58.08	
阳城县	2368.976	19.21	123.31	
高平县	1359.938	9.80	138.83	
陵川县	1653.821	16.86	98.10	

2020年全省公路通车里程统计表

表23

单位:公里

市名称	合计	国道	省道	县道	乡道	专用公路	村道
合计	144322.877	11399.432	6898.047	20382.681	47620.064	361.966	57660.687
大同	12714.643	754.937	764.213	2188.091	5273.746	0.242	3733.414
朔州	10254.684	858.301	410.127	1373.004	3828.719	17.344	3767.189
忻州	17447.791	1793.115	855.452	2285.666	6221.052	74.281	6218.225
太原	7243.075	624.719	258.734	991.295	1697.529	94.083	3576.715
阳泉	5716.768	418.038	320.868	764.266	885.463		3328.133
晋中	16141.187	1278.959	708.62	2312.511	6226.732	16.587	5597.778
吕梁	17561.598	1284.89	841.549	2468.766	4389.813		8576.58
临汾	19326.063	1653.345	718.303	2420.159	5549.395	26.998	8957.863
运城	16095.597	1235.686	707.734	2720.597	6135.102	65.041	5231.437
长治	12169.437	992.174	691.971	1731.928	3853.496	47.74	4852.128
晋城	9652.034	505.268	620.476	1126.398	3559.017	19.65	3821.225

2020年全省公路等级里程统计表

表24

单位:公里

市名称	公路通车里程	等级里程						等外路	等级里程占总里程的百分比（%）
		合计	高速	一级	二级	三级	四级		
合计	144322.877	143225.931	5744.602	2877.328	16011.402	20624.43	97968.169	1096.946	99.24
大同	12714.643	12694.324	562.135	140.004	1224.251	2482.494	8285.44	20.319	99.84
朔州	10254.684	10201.871	453.139	217.071	1063.156	1575.792	6892.713	52.813	99.48
忻州	17447.791	17331.253	890.653	54.882	1835.579	2073.003	12477.136	116.538	99.33
太原	7243.075	7217.195	292.749	245.751	940.507	1307.867	4430.321	25.88	99.64
阳泉	5716.768	5716.768	282.216	148.188	457.156	617.309	4211.899		100.00
晋中	16141.187	16114.925	652.605	560.249	2288.125	1486.736	11127.21	26.262	99.84
吕梁	17561.598	17098.321	534.404	367.722	2128.829	2161.812	11905.554	463.277	97.36
临汾	19326.063	19081.985	663.053	472.762	1956.488	3265.375	12724.307	244.078	98.74
运城	16095.597	16095.597	602.632	373.696	1940.516	2140.447	11038.306		100.00
长治	12169.437	12156.004	382.172	139.443	1438.486	1903.752	8292.151	13.433	99.89
晋城	9652.034	9517.688	428.844	157.56	738.309	1609.843	6583.132	134.346	98.61

2020年全省公路路面里程统计表

表25

单位:公里

市名称	有铺装路面里程		简易铺装路面里程		未铺装路面里程	
	合 计	占总里程的百分比(%)	合 计	占总里程的百分比(%)	合 计	占总里程的百分比(%)
合 计	124572.212	86.31	11579.258	8.02	8171.407	5.66
大 同	11833.106	93.07	143.187	1.13	738.35	5.81
朔 州	8387.573	81.79	768.675	7.50	1098.436	10.71
忻 州	15724.757	90.12	851.627	4.88	871.407	4.99
太 原	6720.923	92.79	320.984	4.43	201.168	2.78
阳 泉	5628.374	98.45	52.687	0.92	35.707	0.62
晋 中	12785.972	79.21	1363.642	8.45	1991.573	12.34
吕 梁	14923.177	84.98	1591.306	9.06	1047.115	5.96
临 汾	15041.312	77.83	2318.807	12.00	1965.944	10.17
运 城	13069.689	81.20	2959.631	18.39	66.277	0.41
长 治	11283.843	92.72	858.289	7.05	27.305	0.22
晋 城	9173.486	95.04	350.423	3.63	128.125	1.33

2020年全省公路有铺装路面、简易铺装路面里程统计表

表26

单位:公里

市名称	合 计	国 道	省 道	县 道	乡 道	专用公路	村 道
合 计	136151.47	11393.007	6898.047	20125.868	44422.767	359.134	52952.647
大 同	11976.293	754.937	764.213	2170.224	4802.487	0.242	3484.19
朔 州	9156.248	858.301	410.127	1334.472	3285.074	17.344	3250.93
忻 州	16576.384	1793.115	855.452	2163.909	5726.65	71.449	5965.809
太 原	7041.907	624.719	258.734	991.295	1619.866	94.083	3453.21
阳 泉	5681.061	418.038	320.868	764.266	879.099		3298.79
晋 中	14149.614	1278.959	708.62	2306.799	5328.799	16.587	4509.85
吕 梁	16514.483	1284.89	841.549	2416.021	4176.918		7795.105
临 汾	17360.119	1650.262	718.303	2418.333	5132.877	26.998	7413.346
运 城	16029.32	1235.466	707.734	2720.597	6089.034	65.041	5211.448
长 治	12142.132	989.052	691.971	1731.928	3853.496	47.74	4827.945
晋 城	9523.909	505.268	620.476	1108.024	3528.467	19.65	3742.024

2020年全省公路晴雨通车里程统计表

表27　　单位:公里

市名称	合 计	国 道	省 道	县 道	乡 道	专用公路	村 道	晴雨通车里程占总里程的百分比（%）
合 计	143624.884	11399.432	6898.047	20377.645	47421.577	361.966	57166.217	99.5
大 同	12694.324	754.937	764.213	2188.091	5268.089	0.242	3718.752	99.8
朔 州	10201.871	858.301	410.127	1367.968	3806.603	17.344	3741.528	99.5
忻 州	17384.262	1793.115	855.452	2285.666	6194.421	74.281	6181.327	99.6
太 原	7224.634	624.719	258.734	991.295	1687.261	94.083	3568.542	99.7
阳 泉	5716.768	418.038	320.868	764.266	885.463		3328.133	100.0
晋 中	16141.187	1278.959	708.62	2312.511	6226.732	16.587	5597.778	100.0
吕 梁	17289.447	1284.89	841.549	2468.766	4359.884		8334.358	98.5
临 汾	19095.418	1653.345	718.303	2420.159	5445.509	26.998	8831.104	98.8
运 城	16095.597	1235.686	707.734	2720.597	6135.102	65.041	5231.437	100.0
长 治	12169.437	992.174	691.971	1731.928	3853.496	47.74	4852.128	100.0
晋 城	9611.939	505.268	620.476	1126.398	3559.017	19.65	3781.13	99.6

2020年全省公路绿化里程统计表

表28　　单位:公里

市名称	合 计	国 道	省 道	县 道	乡 道	专用公路	村 道	绿化里程占总里程的百分比（%）
合 计	66543.606	8575.373	4943.346	14988.241	21923.989	228.689	15883.968	46.1
大 同	4403.802	485.658	591.598	1360.234	1493.972		472.34	34.6
朔 州	4251.716	671.457	295.124	932.708	1451.245	7.791	893.391	41.5
忻 州	4712.275	1354.991	523.923	1334.561	1347.059	30.41	121.331	27.0
太 原	2910.808	412.609	173.144	977.387	843.847	81.914	421.907	40.2
阳 泉	3971.557	312.664	192.365	720.592	822.632		1923.304	69.5
晋 中	9393.005	1042.487	547.04	2000.426	3536.463	13.186	2253.403	58.2
吕 梁	4345.165	999.713	513.456	1248.131	928.511		655.354	24.7
临 汾	7972.267	1178.356	505.911	2313.844	2551.812	16.187	1406.157	41.3
运 城	15023.668	1036.212	610.111	2520.971	5903.765	20.822	4931.787	93.3
长 治	6635.049	728.719	539.01	1087.345	2136.505	46.307	2097.163	54.5
晋 城	2924.294	352.507	451.664	492.042	908.178	12.072	707.831	30.3

2020年全省公路里程增减变化情况统计表

表29

单位:公里

市名称	通车里程	国道	省道	县道	乡道	专用公路	村道	等级里程	有铺装、简易铺装路面里程	晴雨通车里程	绿化里程
合计	40.376	5.719	32.297	438.259	—711.006	—36.831	311.938	565.688	4231.914	420.643	4928.728
大同	—35.959	5.719	—7.881	126.017	—80.882		—78.932	—32.092	245.818	—32.092	—66.378
朔州	—32.737			12.163	—111.441	—1.683	68.224	—0.587	497.439	—0.587	—88.962
忻州	—68.167		3.518	163.413	—120.438		—114.66	12.958	296.238	—41.58	91.647
太原	—377.437		5.86	—4.359	—3.61	—0.951	—374.377	—301.522	117.297	—340.335	624.656
阳泉	3.32			7.175	6.065	—3.543	—6.377	3.32	170.497	3.32	2211.244
晋中	53.731		27.599	38.33	—230.129	—33.265	251.196	62.685	1105.158	53.731	1015.053
吕梁	108.61		2.488	—7.049	—84.557		197.728	285.686	864.416	268.381	—12.357
临汾	159.497	—0.081	0.154	—1.861	—16.924	—0.66	178.869	216.206	443.764	215.816	259.552
运城	136.947		0.559	107.335	—84.235	2.969	110.319	136.947	137.548	136.947	718.172
长治	91.494	0.081		29.851	64.844	0.302	—3.584	134.588	267.386	112.673	196.224
晋城	1.077			—32.756	—49.699		83.532	47.499	86.353	44.369	—20.123

2020年全省国省干线公路线路及里程一览表

表30

编号	路线名称	起讫地点	里程	主要控制点
第一部分 国道22条789.549公里（其中包含高速管养6.538公里、交通局管养473.208公里、市政管养124.843公里）				
G108	北京—昆明	灵丘下北泉—河津禹门口	761.209	灵丘、繁峙、代县、原平、忻州、阳曲、太原、榆次、太谷、祁县、平遥、介休、灵石、霍州、洪洞、临汾、襄汾、曲沃、侯马、新绛、稷山、河津
G109	北京—拉萨	阳高孙启庄—平鲁窑子上	227.027	阳高、大同、左云、右玉、平鲁
G207	乌兰浩特—海安	盂线十八盘—陵川	415.666	阳泉、平定、昔阳、和顺、左权、黎城、潞城、长治、壶关、陵川
G208	二连浩特—淅川	大同得胜堡—泽州道宝河	581.467	大同、怀仁、山阴、原平、忻州、阳曲、太原、沁县、襄垣、长治、高平、晋城、泽州
G209	苏尼特左旗—北海	偏关水泉—平陆三门峡大桥（含高速1.873公里）	750.966	偏关、五寨、岢岚、岚县、方山、吕梁、中阳、交口、隰县、大宁、吉县、乡宁、河津、临猗、运城、平陆
G239	正蓝旗—阳泉	广灵殷家庄—阳泉郊区李家庄	386.472	广灵、浑源、繁峙、代县、五台、定襄、盂县、郊区
G241	呼和浩特—北海	右玉杀虎口—垣曲新城镇西滩村	870.025	右玉、朔州、宁武、静乐、古交、文水、平遥、沁源、安泽、浮山、翼城、绛县、垣曲
G307	黄骅—山丹	平定旧关—柳林军渡	383.691	平定、阳泉、寿阳、太原、清徐、交城、文水、汾阳、吕梁、柳林
G309	青岛—兰州	黎城下湾—吉县七郎窝	316.061	黎城、潞城、屯留、安泽、临汾、吉县
G327	连云港—固原	垣曲蒲掌—侯马礼元	64.894	垣曲、绛县、闻喜、侯马、新绛、稷山、河津
G336	天津—神木	灵丘马头关—河曲	299.671	灵丘、浑源、应县、朔州、偏关、河曲
G337	黄骅—榆林	五台长城岭—兴县黑峪口	330.334	五台、定襄、忻州、静乐、兴县
G338	海兴—天峻	盂县闫家庄—保德黄河大桥	303.996	盂县、定襄、五台、原平、宁武、神池、保德
G339	滨州港—榆林	昔阳九龙关—临县高家湾	431.667	昔阳、晋中、清徐、古交、娄烦、临县
G340	东营港—子长	左权粟城—石楼清涧	348.224	左权、榆社、太谷、祁县、平遥、介休、孝义、交口、石楼
G341	胶南—海晏	平顺石板岩—永和县永和关	386.361	平顺、潞城、屯留、沁源、古县、霍州、汾西、隰县、永和
G342	日照—凤县	陵川坪上—临猗吴王村	358.604	陵川、晋城、阳城、沁水、绛县、闻喜、运城、临猗
G512	万全—达拉特旗	天镇积儿岭—阳高二十六村	79.228	天镇、阳高
G519	榆社—潞城	榆社幸福桥—潞城郭家堡	112.169	榆社、武乡、潞城
G520	临汾—延安	临汾市尧都区—大宁县	131.093	临汾、蒲县、大宁
G521	运城—潼关	运城盐湖区—芮城风陵渡（含高速4.665公里）	96.425	运城、永济、芮城
G522	垣曲—潼关	垣曲下寺村—芮城风陵渡	256.299	垣曲、平陆、芮城

续表

编号	路线名称	起讫地点	里程	主要控制点
第二部分　省道77条4659.673公里（其中包含高速公路管养2.285公里）				
102	太原—长治	榆次鸣礼—长治郊区大辛庄	100.59	榆次、太谷、榆社、武乡、襄垣、潞城
103	太原—小店	北张村—小店大村	10.724	小店
104	太原—临县高家湾	太原万柏林西铭—古交西曲村	44.348	古交
106	太原—太谷	太原太谷界—太谷城	9.279	太谷
201	马市口—走马驿	天镇平远头—灵丘南水芦	112.588	天镇、广灵、灵丘
202	长城—神泉堡	阳高县城—神泉堡	38.583	阳高、古长城
203	大同—灵丘	大同东王村—浑源下韩村	42.947	固定桥、浑源
204	拒墙堡—云岗	拒墙堡—云岗	32.55	新荣
205	大同—砂河	大同五一桥—繁峙砂河	116.492	怀仁、应县、砂河
206	大同—忻州	大同西花园—朔州元子河	89.716	西韩岭、朔州
210	宁鲁—应县	左云八台子—应县城	88.969	左云、马道头、吴家窑
211	杀虎口—山阴城	右玉元煤村—山阴古城镇	57.738	右玉、山阴城
212	平鲁城镇—朔州	平鲁郑家营—朔州铺上	36.78	平鲁
215	宁武—白家滩	娄烦庙湾—白家滩	42.937	白家滩
216	盂县—榆次	盂县南关—榆次小王湖	85.517	白家庄、太安驿、什贴
217	岚县—马家庄	岚县东村—娄烦马家庄	44.066	静游、娄烦
218	岢岚—大武	岢岚岚漪河—方山大武	194.23	魏家滩、蔡家崖、临县
219	古交—吴城	交城西社—吴城九里湾	62.643	西社镇、苍儿会
220	沁县—长治	沁县—长治崔漳	50.691	襄垣、屯留、长治
221	东观—厦门	东观—灵石厦门	102.801	平遥、介休、灵石
222	汾阳—屯留	汾阳城—平遥高林	36.163	汾阳、平遥
223	汾阳—张兰	汾阳—张兰	39.609	孝义、义棠
224	桃红坡—临汾	交口桃红坡—临汾市马务村	103.864	双池、汾西、辛置、洪洞
225	长治—平城	长治石岩头村—陵川平城	57.11	壶关、店上、树掌
226	长治—陵川	长治南关—壶关赵屋	36.227	苏店、长治县、平城

续表

编 号	路线名称	起 讫 地 点	里程	主要控制点
227	长治—晋城	长治米家庄—泽洲七岭店	86.689	东田良、高平
228	黄碾—龙泉	郊区黄碾—长子龙泉	65.199	郊区、屯留、长子
229	阳城—济源	阳城—省界	42.86	东冶、三窑
230	临汾—么里	临汾解放路立交—浮山寨上	30.431	浮山
231	台头—襄汾	乡宁台头—襄汾	43.005	古城
232	临汾—夏县	临汾汾河桥—夏县庙前	142.745	古城、新绛、闻喜、夏县
233	营里—万荣	乡宁营里—万荣七庄村	88.777	营里、稷山、万荣
234	曲沃—绛县	绛县南樊—绛县卫庄镇	28.46	南樊
235	侯马—风陵渡	侯马凤城—闻喜东镇	27.533	闻喜
236	侯马—闻喜	侯马上马村—闻喜桐城镇	24.228	侯马、闻喜
237	裴庄—运城	裴庄乡—运城北城办事处	66.199	南张、万荣、皇甫、北相
238	小梁—风陵渡	河津马家村—永济县城	81.922	裴庄、荣河、孙吉、临晋、永济
239	临晋—陌南	临猗猗氏镇—芮城陌南	59.704	嵋阳、临猗、解州
242	陵沁线连接线	泽州道头—牛匠	7.397	
243	汾阳—介休（一级）	汾阳城—孝义东董屯	25.461	西阳城
248	三交—大宁	临县三交—大宁	197.915	柳林、石楼、永和
249	万家寨—瓦塘	万家寨—保德界	149.187	偏关、河曲、保德
251	七里铺—牛村	七里铺—牛村	13.75	下砂河
252	岚县—古交	岚县普明—娄烦老马沟	26.68	普明、静游、镇城底
301	积儿岭—大同	阳高龙泉镇—大同县二十里铺	38.919	阳高
302	西坪—大同	大同县西坪镇—大同沙岭	25.275	倍加皂、樊庄
303	洗马庄—朔州	广灵洗马庄—朔州张家河	26.131	广灵、浑源、应县、山阴
305	马圈—五寨	原平马圈—五寨	52.089	原平、宁武、神池
306	神池—保德	保德黄河大桥	0.662	保德
308	韩家楼—禹庙	五寨韩家楼—禹庙	50.6	旧县
311	豆村—忻州	定襄开发区—大运路	5	定襄

续表

编号	路线名称	起讫地点	里程	主要控制点
312	忻州—五寨	忻州奇村—五寨县城	135.278	后河堡、杜家村、东寨
313	忻州—黑峪口	忻州解原村—新路	2.713	忻府区
314	双山—阳曲	盂县双山—阳曲北郑村	122.408	盂县、双山、东梁、陵井店
315	娘子关—阳泉	娘子关—阳泉白泉	49.424	娘子关、巨城
316	榆次—古交	榆次近城—郝村	3.05	榆次
318	董坪沟—榆次	和顺董坪沟—榆次源涡	156.719	松烟、和顺、阳光占
320	祁县—方山	交城野则河—方山麻地会	121.083	祁县、文水、交城、方山
322	南岭—沁源	左权清泉—沁源交口	134.179	桐峪、洪水、武乡、沁县
323	沁源—洪洞	洪洞梗陛—洪洞马牧	8.285	洪洞
324	河口—潞城	平顺河口—潞城微子镇	68.76	王家庄、北耽车
325	李庄—东长井	潞城李庄村—长治市东环立交	52.113	平顺、南庄
326	长治—安泽	长治西环路—安泽县城	102.903	长子、安泽
327	北行头—荫城村	壶关北行头—荫城村	17.31	北行头、荫城村
328	洪洞—永和关	洪洞堤村—隰县上庄	58.793	洪洞、蒲县
330	襄汾—乡宁	襄汾—乡宁樊家坪	73.813	关王庙、下善
331	坪上—曲沃	陵川杨寨—曲沃苏村	203.767	杨寨、高平、沁水、翼城
332	陵川—沁水	沁水杨河桥	0.138	杨河桥
333	碗城—周村	泽州碗城—泽州周村	49.7	晋庙铺、梨川
339	田村—吴官屯	南郊田村—吴官屯	24.669	西河河
340	汾阳—柳林	汾阳河北村—柳林王家会	74.341	西辛壁、枝柯、中阳
342	台头—乡宁寺院	台头—寺院	41.835	台头
348	古巍—风陵渡	芮城古巍镇—风陵渡	45.983	郭原、蔡村、永乐、古垛
349	冯家会—碛口	冯家会—碛口	6.78	樊家沟
350	大营—西梁	原平大营—段家堡乡西梁	26.646	土屯寨、马家庄、段家堡
352	杨树庄—河底	平定杨树庄—郊区河底	32.718	神水泉、苇泊
S901	G209连接线		2.285	

2020年全省公路桥梁实有数统计表

表31

市名称	全省普通国省干线公路																					
	总计		其中：										合计		其中：							
			危桥		特大桥		大桥		中桥		小桥				危桥		特大桥		大桥		中桥		小桥
	延米	座	延米	座	延米	座	延米	座	延米	座	延米	座	延米	座	延米	座	延米	座	延米	座	延米	座	延米	座
合计	1414569.41	15450	19074.9	442	156880.44	104	872355.85	3284	226298.36	3652	159034.76	8410	186441.4	3538	6635.65	57	1409.64	1	85020.78	421	57416.99	900	42593.99	2216
大同	102934.12	1343	1592.4	37	10494.17	8	54541.25	224	23465.64	372	14433.06	739	20219.06	321	672.3	6			11143.53	50	5366.09	86	3709.44	185
朔州	55522.62	617	1033.9	11	3230	3	34323.41	149	12622.76	188	5346.45	277	10426.74	217	629.2	4			4293.14	24	3540.5	53	2593.1	140
忻州	216650.48	2208	704.4	30	18176	10	148217.02	577	30363.41	466	19894.05	1155	27754.08	546	165.2	2			13067.67	68	8639.45	137	6046.96	341
太原	73802.43	1057	1796.8	45	13789.29	7	32923.26	142	15053.63	243	12036.25	665	7137.44	137	380	1			2498.06	12	3241.57	49	1397.81	76
阳泉	110334.68	1073	290.2	2	15791.82	11	66420.35	217	15858.47	248	12264.04	597	11925.36	201	278.2	1			5104.1	23	4227.44	68	2593.82	110
晋中	164218.87	1759	1982.22	21	14044.5	10	109001.16	388	22187.81	347	18985.4	1014	21726.87	416	1197.72	7			11342.43	56	5569.07	89	4815.37	271
吕梁	189981.27	2039	4092.44	95	23450.27	18	115494.75	452	31475.27	545	19560.98	1024	24311.5	536	1323.94	7			9721.34	46	8179.13	135	6411.03	355
临汾	198994.66	1725	2622.9	93	25831.16	15	129305.01	450	24807.53	397	19050.96	863	21737.7	405	391.5	11			8762.22	43	6934.1	106	6041.38	256
运城	91543.34	873	1948.6	32	16747.22	10	52263.6	195	14552.95	241	7979.57	427	13612.82	152	521.6	6	1409.64	1	8465.86	36	2340.28	35	1397.04	80
长治	98030.15	1645	2627.29	62	7032	5	51367.06	236	21310.77	363	18320.32	1041	16537.57	353	1075.99	12			7077.56	41	5011.16	76	4448.85	236
晋城	112556.79	1111	383.75	14	8294.01	7	78498.98	254	14600.12	242	11163.68	608	11052.26	254					3544.87	22	4368.2	66	3139.19	166

2020年全省公路隧道实有数统计表

表32

市名称	全省普通国省干线公路																			
	总计		其中：								合计		其中：							
			特长隧道		长隧道		中隧道		短隧道				特长隧道		长隧道		中隧道		短隧道	
	延米	道	延米	道	延米	道	延米	道	延米	道	延米	道	延米	道	延米	道	延米	道	延米	道
合计	1151041.57	1040	516650.42	98	328049.17	191	180810.58	252	125531.4	499	49865.45	112			14970	10	17051.9	23	17843.55	79
大同	85109	44	42219	8	35442	17	5068	7	2380	12	5607	7			3480	2	1524	2	603	3
朔州	35490.4	22	20419	4	7013	5	7207.4	10	851	3	1664.4	3					1523.4	2	141	1
忻州	157501.01	114	78549.3	16	52373.4	28	13863	21	12715.31	49	1786.3	5			1045	1			741.3	4
太原	66601	23	49730	6	12667	8	3389	4	815	5	861	3					578	1	283	2
阳泉	95389	55	55596	11	28627	16	6807	10	4359	18	6369	11			2730	2	2868	4	771	5
晋中	143182.39	96	92829.17	15	23357.12	15	13957.6	21	13038.5	45	3838	7			1665	1			2173	6
吕梁	160834.04	245	33411	8	42976	28	41116	55	43331.04	154	8902	20					4013	5	4889	15
临汾	108232.99	108	31612	8	38208.59	22	25487.29	35	12925.11	43	3510.8	10					1435	2	2075.8	8
运城	31941.3	14	25811	4	2933	2	1215	2	1982.3	6	154.3	1							154.3	1
长治	92562.54	105	41728	6	21108.5	13	19779.35	29	9946.69	57	5364.1	9			1526	1	2259	3	1579.1	5
晋城	174197.9	214	44745.9	12	63343.56	37	42920.94	58	23187.45	107	11808.55	36			4524	3	2851.5	4	4433.05	29

2020年全省高速公路明细表

表33　　　　单位:公里

编号	路线名称	管养单位	通车时间	起止点名称		起止点桩号		公路里程				备注
				起点	止点	起点	止点	合计	四车道	六车道	八车道及以上	
	合计							5744.602	4753.214	978.464	12.924	
G18	荣城—乌海高速公路（灵山）	交控大同南高速公路分公司（灵山） 交控朔州高速公路分公司（山平）	2012年12月	落水河乡	平鲁二道梁	1012	1273.618	261.618	261.618			
G1812	沧州—榆林高速公路（忻阜）	交投忻阜高速公司（忻阜段）	2010年10月	五台县卢家庄村	忻府区部落村	268	392.754	124.754	121.752	3.002		
G1812	沧州—榆林高速公路（忻保）	交控忻州南高速公路分公司（忻保）	2011年11月	忻府区部落村	保德县	392.754	584.24	191.486	191.486			
G20	青岛—银川高速公路（太旧）	交控太旧高速公路分公司（太旧段）	2002年10月	娘子关镇	小店	685	828.178	143.178	143.178			
G20	青岛—银川高速公路（南过境）	交控太原高速公路分公司（太原段）	2002年10月	夏家营	阳渠村	875.364	878.81	3.446		3.446		
G20	青岛—银川高速公路（夏汾）	交控吕梁南高速公路分公司	2001年11月	阳渠村	河北村	878.81	932.739	53.929	53.929			
G20	青岛—银川高速公路（汾离）	交控吕梁南高速公路分公司	2005年11月	汾阳河北村	离石乔家塔	932.739	1010.51	77.771	77.771			
G20	青岛—银川高速公路（离军）	交控吕梁南高速公路分公司	2007年11月	离石乔家塔	军渡乡	1010.51	1049.107	38.597	38.597			
G2003	太原绕城高速公路	交控太原高速公路分公司（太原段）	2002年10月	阳曲镇	阳曲县青龙镇	4.459	87.095	80.731	59.256	19.812	1.663	
G22	青岛—兰州高速公路（长邯）	交控长治高速公路分公司（长邯段） 太长高速公路有限责任公司	2017年11月	下湾	崔邵村	733	798.568	65.568	12.042	43.926	9.6	
G22	青岛—兰州高速公路（长临）	交控临汾南高速公路分公司（长临）	2018年12月	崔邵村	襄汾县南辛店乡	798.568	962.832	164.264	164.264			
G22	青岛—兰州高速公路（临吉）	交控临汾北高速公路分公司（临吉）	2012年8月	襄汾县南辛店乡	吉县壶口镇	962.832	1063.87	101.038	101.038			
G2211	长治—延安高速公路（霍永东）	交控临汾北高速分公司（霍永东段）	2014年12月	辛庄	下桑峨	151.44	232.921	81.481	81.481			
G2211	长治—延安高速公路（雷永西）	交控临汾北高速分公司（霍永西段）	2015年12月 2018年12月	下桑峨	直地里村	232.921	304.255	71.334	71.334			
G2516	东营—吕梁高速公路（和榆）	路桥集团榆和高速公路有限公司	2015年12月	和顺大发沟村	榆社县赵道峪	497	573.692	76.692	76.692			
G2516	东营—吕梁高速公路（榆平）	山西平榆高速公路有限责任公司	2011年11月	榆社县赵道峪	介休市	573.692	656.758	83.066	83.066			
G2516	东营—吕梁高速公路（汾平）	山西汾平高速公路有限公司	2010年11月	介休市	义丰北	656.758	698.458	41.7	41.7			

续表

编号	路线名称	管养单位	通车时间	起止点名称		起止点桩号		公路里程				备注
				起点	止点	起点	止点	合计	四车道	六车道	八车道及以上	
G3511	荷泽—宝鸡高速公路（闻垣）	交控运城北高速公路分公司（闻垣）	2010年12月	垣曲县蒲掌乡	闻喜县礼元镇	351	434.904	83.904	83.904			
G3511	荷泽—宝鸡高速公路（闻合）	交控运城北高速公路分公司（闻合）	2010年12月	闻喜县礼元镇	范家庄村	434.904	510.885	75.981	75.981			
G5	北京—昆明高速公路（太阳）	交控太旧高速公路分公司（平阳段）	2011年12月	岔口乡	尖草坪区	335	458.361	123.361		123.361		
G5	北京—昆明高速公路（太原绕城）	交控太原高速公路分公司（太原段）	2002年10月	尖草坪区	清徐西高白	458.361	531.521	31.886		31.886		
G5	北京—昆明高速公路（太祁）	交控太原高速公路分公司（太原段）	2002年10月	清徐西高白	祁县	531.521	557.154	25.633		25.633		
G5	北京—昆明高速公路（祁临）	交控晋中高速公路分公司（祁临段）	2002年10月	祁县	刘村镇泊庄	557.154	732.548	175.394	37.365	138.029		
G5	北京—昆明高速公路（临侯）	交控临汾北高速分公司（临侯段）	2002年12月	刘村镇泊庄	史威村	732.548	780.568	48.02	1.47	45.81	0.74	
G5	北京—昆明高速公路（侯禹段）	交控运城北高速（侯禹侯平段）	2006年11月	史威村	韩城市大前村	780.568	846.129	65.561	65.561			
G55	二连浩特—广州高速公路（得大）	交控大同北高速公路分公司（大同）	2005年10月	拒墙堡	莱庄村	425	472.368	47.368	47.368			
G55	二连浩特—广州高速公路（京大）	悦达京大高速公路有限公司	2000年10月	莱庄村	西河河	472.368	484.421	12.053		12.053		
G55	二连浩特—广州高速公路（大新）	交控朔州高速公路分公司	2002年10月	西河河	新广武	484.421	581.43	97.009		97.009		
G55	二连浩特—广州高速公路（新原）	交控忻州南高速公路分公司（忻州）	1996年12月	新广武	原平	581.43	616.83	35.4	35.4			
G55	二连浩特—广州高速公路（原太）	交控忻州南高速公路分公司（忻州）	1996年12月	原平	阳曲县青龙镇	616.83	733.098	116.268		116.268		
G55	二连浩特—广州高速公路（太长）	山西太长高速公路有限责任公司	2005年10月	小店互通	长治下秦村	765.02	964.555	199.535	199.535			
G55	二连浩特—广州高速公路（长晋）	长晋高速公路有限责任公司	2004年11月	长治下秦村	寺底村	964.555	1053.997	89.442	89.442			
G55	二连浩特—广州高速公路（晋济）	交控晋城高速公路分公司（晋济段）	2008年11月	寺底村	省界	1053.997	1084.221	30.224	30.224			
G5512	晋城—新乡高速公路（晋焦）	晋焦高速公路有限公司	2001年10月	钟家庄乡东上庄	晋豫省界	0	32.052	32.052	32.052			
G59	呼和浩特—北海（大呼）	交控大同北高速公路分公司（大呼）	2010年12月	右玉杀虎口	高墙框	91	111.62	20.62	20.62			
G59	呼和浩特—北海（右平段）	交控朔州高速公路分公司（右平）	2019年6月	高墙框	西影寺（西纵0起点）	111.62	176.068	64.448	64.448			
G59	呼和浩特—北海（朔州西南段）	交控朔州高速公路分公司（环城）	2011年11月	西影寺	前村（西纵终点）	176.068	214.448	38.38	38.38			

续表

编号	路线名称	管养单位	通车时间	起止点名称		起止点桩号		公路里程				备注
				起点	止点	起点	止点	合计	四车道	六车道	八车道及以上	
G59	呼和浩特—北海（神岢）	交控忻州南高速公路分公司	2018年12月	神池县东湖枢纽	岢岚县岢岚枢纽	244.848	308.755	63.907	63.907			
G59	呼和浩特—北海（岢临）	交控吕梁北高速公路分公司（岢临）	2014年10月	岢岚县岢岚枢纽	临县化林	308.755	432.826	124.071	124.071			
G59	呼和浩特—北海（临离）	交控吕梁北高速公路分公司（临离）	2012年12月	临县化林	柳林郭家山村	432.826	505.746	72.92	72.92			
G59	呼和浩特—北海（吉河）	交控临汾南高速公路分公司（吉河）	2016年9月	吉县窑科	河津贺家庄	694.485	747.763	53.278	53.278			
G59	呼和浩特—北海（河运）	交控运城南高速公路分公司（河运）	2012年12月	河津贺家庄	运城市盐湖区	747.763	828.082	80.319	80.319			
G59	呼和浩特—北海（运城绕城）	交控运城南高速公路分公司	2008年11月	运城市盐湖区	运城市盐湖区	828.082	828.172	0.09	0.09			
G59	呼和浩特—北海（运宝）	交控运城南高速公路分公司（运宝）	2015年12月	解州镇	刘堡村	840.067	869.598	29.531	29.531			
G59	呼和浩特—北海（运宝黄河桥）	交控运城南高速公路分公司（运宝）	2019年8月	刘堡村	灵宝县老城村	869.598	871.288	1.69		1.69		
G7	京乌高速山西段	交控大同北高速公路分公司（京乌）	2018年12月	大同市晋冀省交界处	内蒙古兴和县省交界处	255	263.885	8.885		8.885		
S2002	太原二环（东二环）	路桥集团太佳高速东段有限公司	2020年12月	凌井店枢纽	榆次区什贴镇龙白村	0	33.199	33.199		33.199		
S2002	太原二环	晋中龙城高速公路有限责任公司	2011年12月	什贴镇龙白村	什贴镇龙白村	33.199	104.787	71.588		71.588		
S2002	太原二环（东二环）	路桥集团太佳高速东段有限公司	2020年12月	凌井店枢纽	凌井店枢纽	288.501	288.761	0.26		0.26		
S2003	阳泉绕城高速公路	交控太旧高速公路分公司（太旧段）	2012年12月	旧街	盂县	64.158	87.761	23.603	23.603			
S2005	吕梁环城高速公路	吕梁环城高速公路有限责任公司	2015年11月	大武枢纽	田家会枢纽	0	82.125	38.188	38.188			
S2011	青银高速联络线	交控太原高速公路分公司（太原段）	2002年10月	罗城	罗城互通	0	0.692	0.692		0.692		
S2201	长治绕城高速公路	交控长治高速公路分公司（长平段）	2010年12月	潞城市西贾村	长治县官道村	0	115.099	58.485	58.485			
S2202	临汾绕城高速公路	交控临汾北高速分公司（环城段）	2012年8月	龙马枢纽	曲亭镇	0	19.255	19.255	19.255			
S2211	明曲高速（临汾环城联络线）	交控临汾北高速分公司（环城段）	2012年8月	洪洞南枢纽	明姜枢纽	0	16.74	16.74	16.74			
S30	阳高孙启庄—右玉右卫高速公路（京大）	悦达京大高速公路有限公司	2000年10月	孙启庄	马连庄	0	47.492	47.492		47.492		
S30	阳高孙启庄—右玉右卫高速公路（大呼）	交控大同北高速公路分公司（大呼）	2010年12月	莱庄村	高墙框村	78.486	160.731	82.245	82.245			

续表

编号	路线名称	管养单位	通车时间	起止点名称		起止点桩号		公路里程				备注
				起点	止点	起点	止点	合计	四车道	六车道	八车道及以上	
S36	广灵—浑源高速公路（广源）	交控大同南高速公路分公司（广浑）	2013年11月	杜家庄	南榆林	0	77.268	77.268	77.268			
S40	灵丘—河曲高速公路（王繁）	山西王城高速公路有限公司	2013年11月	浑源县	繁峙县	0	58.657	58.657		58.657		
S40	灵丘—河曲高速公路（繁大）	山西交院大成高速公路有限公司	2014年11月	繁峙县	大营	58.657	118.414	59.757	59.757			
S40	灵丘—河曲高速公路（原神）	交控忻州北高速公路分公司（原神）	2016年12月	大营	神池东湖乡	118.414	183.087	64.673	64.673			
S40	灵丘—河曲高速公路（神河）	交控忻州北高速公路分公司（神河）	2014年9月	神池东湖乡	晋蒙黄河大桥	183.087	282.327	99.24	99.24			
S40	灵丘—河曲高速公路（晋蒙黄河桥）	交控忻州北高速公路分公司（神河）	2018年12月	晋蒙黄河大桥	省界	282.327	287.192	4.865		4.865		
S45	天镇—黎城高速公路（京乌）	交控大同北高速公路分公司（京乌）	2018年12月	平远堡村	新平堡收费站	0	1.79	1.79	1.79			
S45	天镇—黎城高速公路（天大）	交控大同北高速公路分公司（天大）	2011年12月	辛庄子村	官堡村	1.79	98.78	96.99	96.99			
S45	天镇—黎城高速公路（同源）	交控大同南高速公路分公司（大浑）	2012年6月	官堡村	水磨町东南	98.78	144.489	45.709	37.788	7.921		
S45	天镇—黎城高速公路（五盂）	交控太旧高速公路分公司（五盂段）	2016年6月	五台陈家庄	盂县牛村镇	311.889	387.094	75.205	75.205			
S45	天镇—黎城高速公路	阳泉市阳五高速投资管理有限公司	2010年12月	盂县牛村镇	维社	387.094	428.994	41.9	41.9			
S45	天镇—黎城高速公路（阳左）	交控晋中高速公路分公司（阳黎段）	2014年7月	维社	突堤村	428.994	520.246	91.252	91.252			
S45	天镇—黎城高速公路（和榆）	路桥集团榆和高速公路有限公司	2015年12月	突堤村	突堤村	520.246	522.742	2.496	2.496			
S45	天镇—黎城高速公路（阳左）	交控晋中高速公路分公司（阳黎段）	2014年7月	突堤村	停河铺乡元村	522.742	600.745	78.003	78.003			
S50	太原—佳县高速公路（太原段）	路桥集团太佳高速东段有限公司	2010年12月	西　乡	赤土华	0	94.878	94.878	94.878			
S50	太原—佳县高速公路（吕梁段）	交控吕梁北高速分公司（太佳） 交控吕梁北高速分公司（太佳黄河）	2010年12月	赤土华	高家湾村	94.878	215.673	120.795	120.795			
S5501	大同市绕城高速公路（大同环城）	交控大同北高速公路分公司（大同）	2007年12月	上甘沟	大同古店	0	33.145	33.145	33.145			
S5502	忻州环城高速公路	交投忻阜高速公司（绕城段）	2014年11月	豆罗镇	定襄县杨芳	0	31.704	31.704	31.704			
S5503	晋城环城高速公路	交控晋城高速公路分公司（环城段）	2010年10月	北义城镇	南村镇	32.108	61.583	29.475	29.475			

续表

编号	路线名称	管养单位	通车时间	起止点名称		起止点桩号		公路里程				备注
				起点	止点	起点	止点	合计	四车道	六车道	八车道及以上	
S5511	京大高速大同市连接线	悦达京大高速公路有限公司	2000年10月	田村	西河河	0	2.303	2.303		2.303		
S5512	朔州绕城高速公路（朔州支线）	交控朔州高速公路分公司	2002年10月	朔州支线起点	山阴朔城区分界	0	31.818	31.818	31.818			
S56	太原—古交高速公路	交控太原高速公路分公司（大古段）	2011年12月	东社互通枢纽	古交市河口镇	0	23.104	23.104	23.104			
S5901	朔州绕城高速公路	交控朔州高速公路分公司（环城）	2011年12月	西影寺	前村	0	27.681	27.681	27.681			
S5902	运城绕城高速公路	交控运城南高速公路分公司 交控运城北高速（侯禹侯平段）	2008年11月	东郭	燕家卓村	0	79.55	79.55	74.732	4.818		
S65	安阳高速公路	交控晋城高速公路分公司（阳翼段）	2010年10月	中心庄	西河	73.07	89.876	16.806	16.806			
S65	安阳高速公路	路桥集团阳蟒高速公路有限公司	2019年12月	西河	河南交界	89.876	129.969	40.093	40.093			
S75	侯马—平陆高速公路（侯运段）	临汾北高速分公司（临侯段） 交控运城北高速（侯禹侯平段）	2002年12月	侯马	燕家卓村	0	75.826	75.826		74.905	0.921	
S75	侯马—平陆高速公路（运三）	交控运城南高速公路分公司	2002年12月	东郭	西韩窑村	93.257	122	28.743	28.743			
S76	长治—平顺高速公路	交控长治高速公路分公司（长平段）	2011年11月	平顺县	壶关县	0	42.4	42.4	42.4			
S80	陵川—侯马高速公路（高陵）	交投高新高速管理有限公司	2012年8月	陵川县营盘村	高平市常乐村	0	63.165	63.165	63.165			
S80	陵川—侯马高速公路（高沁）	交控晋城高速公路分公司（高沁段）	2017年8月	高平市常乐村	中心庄	63.165	133.131	69.966	69.966			
S80	陵川—侯马高速公路（阳翼）	交控晋城高速公路分公司（阳翼段）	2010年10月	中心庄	桥上镇	133.131	161.817	28.686	28.686			
S80	陵川—侯马高速公路（翼侯）	山西中交翼侯高速公路有限公司 临汾北高速分公司（临侯段）	2007年10月	桥上镇	新绛县乐义村	161.817	229.562	67.745	66.791	0.954		
S86	晋城—阳城高速公路	长晋高速公路有限责任公司 交控晋城高速公路分公司（晋阳段） 交控晋城高速公路分公司（阳翼段）	2010年10月	南镇	汉上村	0	48.838	48.838	48.838			
S8611	润城—阳城高速公路	交控晋城高速公路分公司（晋阳段）	2010年10月	润城镇北音村	润城镇东关村	0	10.683	10.683	10.683			
S87	运城—风陵渡高速公路	交控运城南高速公路分公司	1999年9月	盐湖区董家营	风陵渡	0	83.7	79.763	79.763			

2020年全省国道里程及其技术状况统计表

表34

市名称	通车里程	等级公路（公里）						有铺装、简易铺装路面里程（公里）			晴雨通车里程	绿化里程	合计		危桥		按使用年限分						按跨径分							
		小计	高速	一级	二级	三级	四级	小计	有铺装	简易铺装							永久性		半永久性		临时性		特大桥		大桥		中桥		小桥	
	公里	公里	公里	公里	公里	公里	公里	公里	公里	公里	公里	公里	延米	座	延米	座	延米	座	延米	座	延米	座	延米	座	延米	座	延米	座	延米	座
合计	11399.432	11396.349	3507.883	1333.418	5718.058	709.299	127.691	11393.007	11224.659	168.348	11399.432	8575.373	712072.74	5545	3442.66	34	712072.74	5545					99639.8	65	483535.72	1792	81440.95	1226	47456.27	2462
大同	754.937	754.937	185.671	69.951	499.315			754.937	754.937		754.937	485.658	40434.28	340	175	3	40434.28	340					8131.2	6	22582.05	88	6974.27	104	2746.76	142
朔州	858.301	858.301	370.21	64.64	406.082	17.369		858.301	857.642	0.659	858.301	671.457	38075.18	317	125	1	38075.18	317					3230	3	25751.06	109	7082.4	103	2011.72	102
忻州	1793.115	1793.115	526.916	13.51	1179.481	73.208		1793.115	1781.071	12.044	1793.115	1354.991	121892.53	1048	60.2	1	121892.53	1048					10348	6	88272.75	354	14179.2	211	9092.58	477
太原	624.719	624.719	207.009	168.793	235.315	6.251	7.351	624.719	624.719		624.719	412.609	36540.98	350	380	1	36540.98	350					11407.29	6	15185.26	63	6217.06	92	3731.37	189
阳泉	418.038	418.038	147.932	44.299	223.597	2.21		418.038	418.038		418.038	312.664	38140.05	263			38140.05	263					8015.21	5	23607.69	82	4155.26	63	2361.89	113
晋中	1278.959	1278.959	433.493	240.467	521.612	83.387		1278.959	1270.874	8.085	1278.959	1042.487	74252.35	643	669.32	3	74252.35	643					4964	4	55941.02	190	7133.76	108	6213.57	341
吕梁	1284.89	1284.89	375.421	135.729	756.807	16.933		1284.89	1263.814	21.076	1284.89	999.713	96065.55	700	255.8	2	96065.55	700					12036.47	9	70288.38	249	7954.15	122	5786.55	320
临汾	1653.345	1650.262	551.483	259.333	675.225	161.622	2.599	1650.262	1646.499	3.763	1653.345	1178.356	140916.21	790	308.1	9	140916.21	790					18657.41	11	105896.14	365	10512.86	154	5849.8	260
运城	1235.686	1235.686	346.58	195.234	462.68	121.057	110.135	1235.466	1161.74	73.726	1235.686	1036.212	66409.9	340	487.2	5	66409.9	340					16747.22	10	41494.08	135	6335.22	100	1833.38	95
长治	992.174	992.174	242.036	78.259	551.285	112.988	7.606	989.052	940.057	48.995	992.174	728.719	39865.52	497	982.04	9	39865.52	497					4754	3	22783.7	106	7422.6	113	4905.22	275
晋城	505.268	505.268	121.132	63.203	206.659	114.274		505.268	505.268		505.268	352.507	19480.19	257			19480.19	257					1349	2	11733.59	51	3474.17	56	2923.43	148

2020 年全省省道里程及其技术状况统计表

表 35

市名称	通车里程	等级公路（公里）						有铺装、简易铺装路面里程（公里）			晴雨通车里程	绿化里程	合计				按使用年限分						按跨径分							
		小计	高速	一级	二级	三级	四级	小计	有铺装	简易铺装					危桥		永久性		半永久性		临时性		特大桥		大桥		中桥		小桥	
	公里	公里	公里	公里	公里	公里	公里	公里	公里	公里	公里	公里	延米	座	延米	座	延米	座	延米	座	延米	座	延米	座	延米	座	延米	座	延米	座
合计	6898.047	6898.047	2236.719	583.704	3360.585	555.176	161.863	6898.047	6738.898	159.149	6898.047	4943.346	450121.15	2994	3192.99	23	450121.15	2994					57240.64	39	318588.48	1066	51194.97	744	23097.06	1145
大同	764.213	764.213	376.464	27.234	349.915		10.6	764.213	764.03	0.183	764.213	591.598	43574.11	476	497.3	3	43574.11	476					2362.97	2	26859.78	107	9426.23	133	4925.13	234
朔州	410.127	410.127	82.929	30.164	295.14	1.894		410.127	403.004	7.123	410.127	295.124	8824.65	133	504.2	3	8824.65	133							4803.31	18	2558.54	38	1462.8	77
忻州	855.452	855.452	363.737	16.014	366.354	80.175	29.172	855.452	838.209	17.243	855.452	523.923	73327.16	416	105	1	73327.16	416					7828	4	55280.72	198	8316.28	113	1902.16	101
太原	258.734	258.734	85.74	23.405	112.906	16.714	19.969	258.734	258.734		258.734	173.144	17205.19	101			17205.19	101					2382	1	12715.7	50	1357.05	19	750.44	31
阳泉	320.868	320.868	134.284	40.603	138.613	3.55	3.818	320.868	320.868		320.868	192.365	51889.14	220	278.2	1	51889.14	220					7776.61	6	39119.36	111	3670.92	52	1322.25	51
晋中	708.62	708.62	219.112	97.864	356.624	35.02		708.62	708.62		708.62	547.04	58434.73	291	528.4	4	58434.73	291					9080.5	6	43729.06	141	3773.85	53	1851.32	91
吕梁	841.549	841.549	158.983	126.949	398.647	136.889	20.081	841.549	841.549		841.549	513.456	55957.27	385	1068.14	5	55957.27	385					11413.8	9	35956.99	139	5864.86	93	2721.62	144
临汾	718.303	718.303	111.57	29.193	491.404	65.417	20.719	718.303	669.818	48.485	718.303	505.911	25747.01	214	83.4	2	25747.01	214					7173.75	4	11798.93	35	4375.73	67	2398.6	108
运城	707.734	707.734	256.052	114.09	244.408	72.297	20.887	707.734	675.955	31.779	707.734	610.111	11601.68	224	34.4	1	11601.68	224							5477.72	27	3488.97	53	2634.99	144
长治	691.971	691.971	140.136	23.214	398.484	93.52	36.617	691.971	657.483	34.488	691.971	539.01	26866.93	204	93.95	3	26866.93	204					2278	2	19832.52	73	2924.42	43	1831.99	86
晋城	620.476	620.476	307.712	54.974	208.09	49.7		620.476	600.628	19.848	620.476	451.664	76693.28	330			76693.28	330					6945.01	5	63014.39	167	5438.12	80	1295.76	78

2020年全省县公路里程及其技术状况统计表

表36

市名称	通车里程	等级公路（公里）						有铺装、简易铺装路面里程（公里）			晴雨通车里程	绿化里程	合计				按使用年限分						按跨径分							
		小计	高速	一级	二级	三级	四级	小计	有铺装	简易铺装					危桥		永久性		半永久性		临时性		特大桥		大桥		中桥		小桥	
	公里	公里	公里	公里	公里	公里	公里	公里	公里	公里	公里	公里	延米	座	延米	座	延米	座	延米	座	延米	座	延米	座	延米	座	延米	座	延米	座
合计	20382.681	20360.104		396.466	4564.09	10643.515	4756.033	20125.868	16974.702	3151.166	20377.645	14988.241	119622.18	2964	5354.1	151	119228.78	2947	393.4	17					40007.81	227	43172.61	768	36441.76	1969
大同	2188.091	2188.091		18.088	243.974	1749.688	176.341	2170.224	2109.864	60.36	2188.091	1360.234	12300.9	322	304.7	17	12300.9	322							3931.54	21	4351	82	4018.36	219
朔州	1373.004	1367.968		4.312	194.001	934.758	234.897	1334.472	1041.116	293.356	1367.968	932.708	5221.91	98	404.7	7	5221.91	98							2017.08	10	2040.2	30	1164.63	58
忻州	2285.666	2285.666		5.727	184.482	1407.841	687.616	2163.909	1741.435	422.474	2285.666	1334.561	10872.61	373	213.7	9	10872.61	373							2943.35	15	3589.3	69	4339.96	289
太原	991.295	991.295		20.578	390.028	479.952	100.737	991.295	966.803	24.492	991.295	977.387	.8334.41	228	562.7	10	8334.41	228							2671.7	13	2702.68	47	2960.03	168
阳泉	764.266	764.266		26.813	48.868	416.866	271.719	764.266	764.266		764.266	720.592	6787.53	150	12	1	6787.53	150							1958.3	12	2868.23	45	1961	93
晋中	2312.511	2312.511		79.732	1068.841	628.271	535.667	2306.799	2062.267	244.532	2312.511	2000.426	17208.27	420	181.5	4	17014.87	407	193.4	13					5426.6	34	6294.56	99	5487.11	287
吕梁	2468.766	2468.766		55.993	635.983	965.457	811.333	2416.021	1633.807	782.214	2468.766	1248.131	18577.53	446	1465.5	44	18504.53	444	73	2					5374.88	37	8156.14	158	5046.51	251
临汾	2420.159	2420.159		105.774	495.825	1207.349	611.211	2418.333	1920.483	497.85	2420.159	2313.844	15056.7	275	628	25	15037.7	274	19	1					6317	26	4873	81	3866.7	168
运城	2720.597	2720.597		32.736	886.903	1203.796	597.162	2720.597	2274.984	445.613	2720.597	2520.971	7650.74	172	1080	14	7542.74	171	108	1					2907.8	17	2762.82	53	1980.12	102
长治	1731.928	1731.928		22.104	266.337	984.836	458.651	1731.928	1428.923	303.005	1731.928	1087.345	11689.22	307	430.3	18	11689.22	307							4693.86	28	3601.56	67	3393.8	212
晋城	1126.398	1108.857		24.609	148.848	664.701	270.699	1108.024	1030.754	77.27	1126.398	492.042	5922.36	173	71	2	5922.36	173							1765.7	14	1933.12	37	2223.54	122

2020年全省乡公路里程及其技术状况统计表

表37

市名称	通车里程	等级公路（公里）						有铺装、简易铺装路面里程（公里）			晴雨通车里程	绿化里程	合计				按使用年限分						按跨径分							
		小计	高速	一级	二级	三级	四级	小计	有铺装	简易铺装					危桥		永久性		半永久性		临时性		特大桥		大桥		中桥		小桥	
	公里	公里	公里	公里	公里	公里	公里	公里	公里	公里	公里	公里	延米	座	延米	座	延米	座	延米	座	延米	座	延米	座	延米	座	延米	座	延米	座
合计	47620.064	47405.985		369.546	1437.639	5719.693	39879.107	44422.767	39818.788	4603.979	47421.577	21923.989	66693.72	2038	3215	113	66032.22	2012	630.5	25	31	1			17497.06	106	22239.06	408	26957.6	1524
大同	5273.746	5268.089		21.801	96.141	564.266	4585.881	4802.487	4771.547	30.94	5268.089	1493.972	4645.67	146	420.4	9	4645.67	146							1044.88	7	1621.62	32	1979.17	107
朔州	3828.719	3806.603		66.534	126.411	431.21	3182.448	3285.074	3007.456	277.618	3806.603	1451.245	2600.38	50			2600.38	50							1361.96	9	829.62	15	408.8	26
忻州	6221.052	6188.331		9.643	89.825	406.874	5681.989	5726.65	5468.203	258.447	6194.421	1347.059	4991.46	217	192	10	4991.46	217							473	3	1751.21	32	2767.25	182
太原	1697.529	1687.261		16.941	100.179	259.016	1311.125	1619.866	1541.794	78.072	1687.261	843.847	5276.28	184	612.4	21	5276.28	184							839	5	1957.9	38	2479.38	141
阳泉	885.463	885.463		0.942	18.155	112.374	753.992	879.099	858.811	20.288	885.463	822.632	2955.76	102			2955.76	102							150	1	1147.06	19	1658.7	82
晋中	6226.732	6226.732		105.711	236.424	540.338	5344.259	5328.799	4780.821	547.978	6226.732	3536.463	8595.77	267	46	3	8348.27	252	247.5	15					2710.48	17	2364.57	42	3520.72	208
吕梁	4389.813	4359.884		38.251	229.487	717.193	3374.953	4176.918	3763.118	413.8	4359.884	928.511	8555.12	241	426	18	8188.12	232	367	9					2127.5	14	3297.02	57	3130.6	170
临汾	5549.395	5443.178		54.252	135.559	1223.183	4030.184	5132.877	4196.689	936.188	5445.509	2551.812	10951.39	246	645.1	19	10935.39	245	16	1					4746.94	20	2378.08	44	3826.37	182
运城	6135.102	6135.102		31.636	195.518	467.362	5440.586	6089.034	4457.854	1631.18	6135.102	5903.765	3496.52	388	166	9	3465.52	87			31	1			1087	7	1377.94	24	1031.58	57
长治	3853.496	3853.496		11.245	90.119	574.728	3177.404	3853.496	3596.377	257.119	3853.496	2136.505	8556.26	287	550.2	17	8556.26	287							2060	13	3152.33	62	3343.93	212
晋城	3559.017	3551.846		12.59	119.821	423.149	2996.286	3528.467	3376.118	152.349	3559.017	908.178	6069.11	210	156.9	7	6069.111	210							896.3	10	2361.71	43	2811.1	157

2020年全省专用公路里程及其技术状况统计表

表38

市名称	通车里程	等级公路（公里）						有铺装、简易铺装路面里程（公里）			晴雨通车里程	绿化里程	合计		危桥		按使用年限分						按跨径分							
		小计	高速	一级	二级	三级	四级	小计	有铺装	简易铺装							永久性		半永久性		临时性		特大桥		大桥		中桥		小桥	
	公里	公里	公里	公里	公里	公里	公里	公里	公里	公里	公里	公里	延米	座	延米	座	延米	座	延米	座	延米	座	延米	座	延米	座	延米	座	延米	座
合计	361.966	361.966		7.457	37.292	215.331	101.886	359.134	283.067	76.067	361.966	228.689	2795.2	60	37.5	2	2795.2	60							875	7	916.5	14	1003.7	39
大同	0.242	0.242				0.047	0.195	0.242	0.242		0.242																			
朔州	17.344	17.344				17.344		17.344	5.991	11.353	17.344	7.791	162	3			162	3							110	1			52	2
忻州	74.281	74.281		6.284	4.849	2.482	60.666	71.449	58.295	13.154	74.281	30.41	285	13	37.5	2	285	13									105	2	180	11
太原	94.083	94.083			9.052	83.975	1.056	94.083	77.939	16.144	94.083	81.914	770.2	8			770.2	8							587	4	141.5	2	41.7	2
阳泉																														
晋中	16.587	16.587				6.554	10.033	16.587	5.865	10.722	16.587	13.186	30	2			30	2											30	2
吕梁																														
临汾	26.998	26.998		1.173	5.998	19.827		26.998	15.676	11.322	26.998	16.187	102.4	5			102.4	5									36.5	1	65.9	4
运城	65.041	65.041			0.539	42.042	22.46	65.041	51.669	13.372	65.041	20.822	118	3			118	3									72	1	46	2
长治	47.74	47.74			16.854	30.886		47.74	47.74		47.74	46.307	1121.6	23			1121.6	23							116	1	417.5	6	588.1	16
晋城	19.65	19.65				12.174	7.476	19.65	19.65		19.65	12.072	206	3			206	3							62	1	144	2		

2020 年全省村公路里程及其技术状况统计表

表 39

市名称	通车里程	等级公路（公里）						有铺装、简易铺装路面里程（公里）			晴雨通车里程	绿化里程	合计		按使用年限分								按跨径分							
		小计	高速	一级	二级	三级	四级	小计	有铺装	简易铺装					危桥		永久性		半永久性		临时性		特大桥		大桥		中桥		小桥	
	公里	公里	公里	公里	公里	公里	公里	公里	公里	公里	公里	公里	延米	座	延米	座	延米	座	延米	座	延米	座	延米	座	延米	座	延米	座	延米	座
合计	57660.687	56803.48		186.737	893.738	2781.416	52941.589	52952.647	49532.098	3420.549	57166.217	15883.968	63264.42	1849	3832.65	119	61647.92	1811	1585.5	37	31	1			11851.78	86	27334.27	492	24078.37	1271
大同	3733.414	3718.752		2.93	34.906	168.493	3512.423	3484.19	3432.486	51.704	3718.752	472.34	1979.16	59	195	5	1979.16	59							123	1	1092.52	21	763.64	37
朔州	3767.189	3741.528		51.421	41.522	173.217	3475.368	3250.93	3072.364	178.566	3741.528	893.391	638.5	16			631.5	15	7	1					280	2	112	2	246.5	12
忻州	6218.225	6134.408		3.704	10.588	102.423	6017.693	5965.809	5837.544	128.265	6181.327	121.331	5281.72	141	96	7	5281.72	141							1247.2	7	2422.42	39	1612.1	95
太原	3576.715	3561.103		16.034	93.027	461.959	2990.083	3453.21	3250.934	202.276	3568.542	421.907	5675.37	186	241.7	13	5675.37	186							924.6	7	2677.44	45	2073.33	134
阳泉	3328.133	3328.133		35.531	27.923	82.309	3182.37	3298.79	3266.391	32.399	3328.133	1923.304	10562.2	338			10562.2	338							1585	11	4017	69	4960.2	258
晋中	5597.778	5571.516		36.475	104.624	193.166	5237.251	4509.85	3957.525	552.325	5597.778	2253.403	5697.75	136	557	7	5500.75	127	197	9					1194	6	2621.07	45	1882.68	85
吕梁	8576.58	8143.232		10.8	107.905	325.34	7699.187	7795.105	7420.889	374.216	8334.358	655.354	10825.8	267	877	26	9524.3	242	1301.5	25					1747	13	6203.1	115	2875.7	139
临汾	8957.863	8823.085		23.037	152.477	587.977	8059.594	7413.346	6592.147	821.199	8831.104	1406.157	6220.95	195	958.3	38	6220.95	195							546	4	2631.36	50	3043.59	141
运城	5231.437	5231.437			150.468	233.893	4847.076	5211.448	4447.487	763.961	5231.437	4931.787	2266.5	46	181	3	2155.5	43	80	2	31	1			1297	9	516	10	453.5	27
长治	4852.128	4838.695		4.621	115.407	106.794	4611.873	4827.945	4613.263	214.682	4852.128	2097.163	9930.62	327	570.8	15	9930.62	327							1880.98	15	3792.36	72	4257.28	240
晋城	3821.225	3711.591		2.184	54.891	345.845	3308.671	3742.024	3641.068	100.956	3781.13	707.831	4185.85	138	155.85	5	4185.85	138							1027	11	1249	24	1909.85	103

2020 年全省各县(市、区)公路基本情况一览表

表 40

单位:公里

县名称	行政等级	里程	等级公路						等外路	有铺装路面里程			简易铺装路面	未铺装路面	养护里程	晴雨通车里程	绿化里程
			合计	高速	一级	二级	三级	四级		合计	沥青混凝土	水泥混凝土					
大同市	合计	12714.643	12694.324	562.135	140.004	1224.251	2482.494	8285.44	20.319	11833.106	3955.783	7877.323	143.187	738.35	12714.643	12694.324	4403.802
	国道	754.937	754.937	185.671	69.951	499.315				754.937	674.183	80.754			754.937	754.937	485.658
	省道	764.213	764.213	376.464	27.234	349.915		10.6		764.03	665.877	98.153	0.183		764.213	764.213	591.598
	县道	2188.091	2188.091		18.088	243.974	1749.688	176.341		2109.864	1148.214	961.65	60.36	17.867	2188.091	2188.091	1360.234
	乡道	5273.746	5268.089		21.801	96.141	564.266	4585.881	5.657	4771.547	907.616	3863.931	30.94	471.259	5273.746	5268.089	1493.972
	专用公路	0.242	0.242				0.047	0.195		0.242	0.047	0.195			0.242	0.242	
	村道	3733.414	3718.752		2.93	34.906	168.493	3512.423	14.662	3432.486	559.846	2872.64	51.704	249.224	3733.414	3718.752	472.34
新荣区	小计	1182.444	1170.661	61.183	15.005	97.759	312.668	684.046	11.783	863.296	245.345	617.951	26.188	292.96	1182.444	1170.661	534.335
	国道	85.591	85.591	29.987	1.447	54.157				85.591	38.123	47.468			85.591	85.591	47.856
	省道	62.196	62.196	31.196		31				62.196	58.026	4.17			62.196	62.196	52.857
	县道	218.767	218.767			4.109	214.658			216.957	85.445	131.512	1.81		218.767	218.767	145.728
	乡道	517.515	517.515		13.558	3.469	69.681	430.807		342.504	53.799	288.705	6.763	168.248	517.515	517.515	241.823
	专用公路																
	村道	298.375	286.592			5.024	28.329	253.239	11.783	156.048	9.952	146.096	17.615	124.712	298.375	286.592	46.071
平城区	小计	243.341	243.341	29.946	27.454	12.949	38.722	134.27		222.877	59.792	163.085	11.69	8.774	243.341	243.341	82.737
	国道	37.061	37.061	16.717	20.344					37.061	20.344	16.717			37.061	37.061	34.717
	省道	32.628	32.628	13.229	7.11	12.289				32.628	9.59	23.038			32.628	32.628	26.46
	县道	20.627	20.627				20.627			14.934	7.414	7.52	5.693		20.627	20.627	14.094
	乡道	43.353	43.353				9.98	33.373		41.069	13.85	27.219	1.267	1.017	43.353	43.353	4.293
	专用公路																
	村道	109.672	109.672			0.66	8.115	100.897		97.185	8.594	88.591	4.73	7.757	109.672	109.672	3.173
云冈区	小计	784.577	784.577	26.168	32.309	137.653	116.774	471.673		665.305	115.876	549.429	21.047	98.225	784.577	784.577	279.863
	国道	40.406	40.406	6.459	13.239	20.708				40.406	36.554	3.852			40.406	40.406	36.454
	省道	47.277	47.277	19.709	4.126	23.442				47.277	26.018	21.259			47.277	47.277	32.29
	县道	187.901	187.901		14.944	81.169	59.03	32.758		167.099	25.566	141.533	6.814	13.988	187.901	187.901	106.313
	乡道	293.764	293.764			10.896	42.837	240.031		217.909	17.718	200.191	6.521	69.334	293.764	293.764	99.307
	专用公路																
	村道	215.229	215.229			1.438	14.907	198.884		192.614	10.02	182.594	7.712	14.903	215.229	215.229	5.499

续表

县名称	行政等级	里程	等级公路						等外路	有铺装路面里程			简易铺装路面	未铺装路面	养护里程	晴雨通车里程	绿化里程
			合计	高速	一级	二级	三级	四级		合计	沥青混凝土	水泥混凝土					
云州区	小计	1643.132	1643.132	88.631	28.488	102.3	398.272	1025.441		1593.356	436.58	1156.776	21.712	28.064	1643.132	1643.132	493.962
	国道	63.497	63.497	12.717	15.04	35.74				63.497	50.78	12.717			63.497	63.497	46.749
	省道	144.03	144.03	75.914	13.448	54.668				144.03	105.681	38.349			144.03	144.03	122.849
	县道	319.734	319.734			4.545	278.226	36.963		309.591	192.897	116.694	10.143		319.734	319.734	181.06
	乡道	740.466	740.466			4.818	108.38	627.268		727.603	62.451	665.152	2.472	10.391	740.466	740.466	128.644
	专用公路	0.242	0.242				0.047	0.195		0.242	0.047	0.195			0.242	0.242	
	村道	375.163	375.163			2.529	11.619	361.015		348.393	24.724	323.669	9.097	17.673	375.163	375.163	14.66
阳高县	小计	1652.554	1652.554	58.104	13.944	158.516	286.242	1135.748		1633.789	329.536	1304.253	0.183	18.582	1652.554	1652.554	780.158
	国道	54.92	54.92		4.785	50.135				54.92	54.92				54.92	54.92	23.569
	省道	116.593	116.593	58.104		58.489				116.41	105.723	10.687	0.183		116.593	116.593	101.723
	县道	275.507	275.507		3.144	10.58	252.159	9.624		275.507	112.347	163.16			275.507	275.507	249.698
	乡道	910.908	910.908		6.015	35.101	34.083	835.709		892.326	53.827	838.499		18.582	910.908	910.908	345.825
	专用公路																
	村道	294.626	294.626			4.211		290.415		294.626	2.719	291.907			294.626	294.626	59.343
天镇县	小计	1514.636	1510.645	43.607	7.106	98.247	288.458	1073.227	3.991	1378.297	307.694	1070.603	1.491	134.848	1514.636	1510.645	352.057
	国道	43.812	43.812	8.885	6.837	28.09				43.812	43.812				43.812	43.812	35.333
	省道	103.513	103.513	34.722	0.269	68.522				103.513	103.513				103.513	103.513	50.372
	县道	232.32	232.32				232.32			232.32	129.76	102.56			232.32	232.32	137.285
	乡道	699.705	695.988				49.968	646.02	3.717	571.541	25.63	545.911	1.491	126.673	699.705	695.988	109.654
	专用公路																
	村道	435.286	435.012			1.635	6.17	427.207	0.274	427.111	4.979	422.132		8.175	435.286	435.012	19.413
广灵县	小计	929.473	929.473	46.301		93.341	213.801	576.03		872.663	417.196	455.467	24.13	32.68	929.473	929.473	260.575
	国道	53.405	53.405			53.405				53.405	53.405				53.405	53.405	38.347
	省道	68.415	68.415	46.301		22.114				68.415	68.415				68.415	68.415	45.489
	县道	159.544	159.544			17.822	103.625	38.097		133.986	103.503	30.483	22.636	2.922	159.544	159.544	96.801
	乡道	444.454	444.454				97.158	347.296		424.489	148.331	276.158		19.965	444.454	444.454	74.762
	专用公路																
	村道	203.655	203.655				13.018	190.637		192.368	43.542	148.826	1.494	9.793	203.655	203.655	5.176

续表

县名称	行政等级	里程	等级公路						等外路	有铺装路面里程			简易铺装路面	未铺装路面	养护里程	晴雨通车里程	绿化里程
			合计	高速	一级	二级	三级	四级		合计	沥青混凝土	水泥混凝土					
灵丘县	小计	1618.571	1616.631	50.238	5.076	153.333	317.544	1090.44	1.94	1604.598	691.893	912.705	2.008	11.965	1618.571	1616.631	374.074
	国道	161.623	161.623	50.238	2.795	108.59				161.623	161.623				161.623	161.623	128.784
	省道	25.839	25.839		2.281	23.558				25.839	25.839				25.839	25.839	25.175
	县道	274.776	274.776			16.024	251.668	7.084		273.016	219.862	53.154	1.76		274.776	274.776	80.287
	乡道	632.815	630.875				37.607	593.268	1.94	622.931	157.973	464.958	0.248	9.636	632.815	630.875	88.27
	专用公路																
	村道	523.518	523.518			5.161	28.269	490.088		521.189	126.596	394.593		2.329	523.518	523.518	51.558
浑源县	小计	1799.451	1799.451	127.828	8.394	175.211	225.401	1262.617		1736.979	794.61	942.369	31.156	31.316	1799.451	1799.451	699.677
	国道	180.87	180.87	60.668	5.464	114.738				180.87	180.87				180.87	180.87	60.097
	省道	81.479	81.479	67.16		14.319				81.479	81.479				81.479	81.479	65.129
	县道	205.58	205.58			33.822	149.281	22.477		194.076	149.306	44.77	11.504		205.58	205.58	116.017
	乡道	613.31	613.31			4.199	49.1	560.011		586.687	261.938	324.749	8.596	18.027	613.31	613.31	208.643
	专用公路																
	村道	718.212	718.212		2.93	8.133	27.02	680.129		693.867	121.017	572.85	11.056	13.289	718.212	718.212	249.791
左云县	小计	1346.464	1343.859	30.129	2.228	194.942	284.612	831.948	2.605	1261.946	557.261	704.685	3.582	80.936	1346.464	1343.859	546.364
	国道	33.752	33.752			33.752				33.752	33.752				33.752	33.752	33.752
	省道	82.243	82.243	30.129		41.514		10.6		82.243	81.593	0.65			82.243	82.243	69.254
	县道	293.335	293.335			75.903	188.094	29.338		292.378	122.114	170.264		0.957	293.335	293.335	232.951
	乡道	377.456	377.456		2.228	37.658	65.472	272.098		344.488	112.099	232.389	3.582	29.386	377.456	377.456	192.751
	专用公路																
	村道	559.678	557.073			6.115	31.046	519.912	2.605	509.085	207.703	301.382		50.593	559.678	557.073	17.656
朔州市	合计	10254.684	10201.871	453.139	217.071	1063.156	1575.792	6892.713	52.813	8387.573	2780.086	5607.487	768.675	1098.436	10254.684	10201.871	4251.716
	国道	858.301	858.301	370.21	64.64	406.082	17.369			857.642	815.51	42.132	0.659		858.301	858.301	671.457
	省道	410.127	410.127	82.929	30.164	295.14	1.894			403.004	392.977	10.027	7.123		410.127	410.127	295.124
	县道	1373.004	1367.968		4.312	194.001	934.758	234.897	5.036	1041.116	707.395	333.721	293.356	38.532	1373.004	1367.968	932.708
	乡道	3828.719	3806.603		66.534	126.411	431.21	3182.448	22.116	3007.456	561.875	2445.581	277.618	543.645	3828.719	3806.603	1451.245
	专用公路	17.344	17.344				17.344			5.991		5.991	11.353		17.344	17.344	7.791
	村道	3767.189	3741.528		51.421	41.522	173.217	3475.368	25.661	3072.364	302.329	2770.035	178.566	516.259	3767.189	3741.528	893.391

续表

县名称	行政等级	里程	等级公路						等外路	有铺装路面里程			简易铺装路面	未铺装路面	养护里程	晴雨通车里程	绿化里程
			合计	高速	一级	二级	三级	四级		合计	沥青混凝土	水泥混凝土					
朔城区	小计	1784.233	1764.314	69.793	156.77	106.349	359.875	1071.527	19.919	1191.651	508.837	682.814	293.572	299.01	1784.233	1764.314	632.108
	国道	91.746	91.746	15.208	29.061	30.108	17.369			91.746	91.426	0.32			91.746	91.746	75.346
	省道	94.341	94.341	54.585	16.084	23.672				94.341	94.119	0.222			94.341	94.341	83.516
	县道	192.636	192.636			24.376	154.839	13.421		107.693	97.011	10.682	84.943		192.636	192.636	104.977
	乡道	774.866	756.957		62.799	17.606	144.72	531.832	17.909	466.119	152.643	313.476	122.659	186.088	774.866	756.957	272.894
	专用公路	6.73	6.73				6.73						6.73		6.73	6.73	1
	村道	623.914	621.904		48.826	10.587	36.217	526.274	2.01	431.752	73.638	358.114	79.24	112.922	623.914	621.904	94.375
平鲁区	小计	1943.828	1943.828	108.035	24.066	191.485	267.628	1352.614		1616.876	388.913	1227.963	221.435	105.517	1943.828	1943.828	499.698
	国道	215.391	215.391	108.035	12.567	94.789				215.391	209.5	5.891			215.391	215.391	164.492
	省道	36.78	36.78		7.601	29.179				29.657	29.657		7.123		36.78	36.78	19.592
	县道	240.849	240.849		3.898	28.869	168.664	39.418		102.606	62.973	39.633	131.611	6.632	240.849	240.849	132.307
	乡道	964.125	964.125			37.002	71.128	855.995		826.622	72.3	754.322	59.902	77.601	964.125	964.125	175.524
	专用公路	6.824	6.824				6.824			2.201		2.201	4.623		6.824	6.824	3.001
	村道	479.859	479.859			1.646	21.012	457.201		440.399	14.483	425.916	18.176	21.284	479.859	479.859	4.782
山阴县	小计	1601.375	1595.134	91.884	12.093	188.701	248.923	1053.533	6.241	1416.393	526.755	889.638	95.771	89.211	1601.375	1595.134	637.384
	国道	192.146	192.146	86.97	4.048	101.128				191.487	191.487		0.659		192.146	192.146	149.414
	省道	91.236	91.236	4.914	5.45	80.872				91.236	84.7	6.536			91.236	91.236	68.525
	县道	192.16	192.16			3.015	151.219	37.926		167.52	108.655	58.865	24.64		192.16	192.16	132.229
	乡道	397.047	392.84				67.762	325.078	4.207	309.364	73.724	235.64	32.037	55.646	397.047	392.84	141.704
	专用公路	3.79	3.79				3.79			3.79		3.79			3.79	3.79	3.79
	村道	724.996	722.962		2.595	3.686	26.152	690.529	2.034	652.996	68.189	584.807	38.435	33.565	724.996	722.962	141.722
应县	小计	1757.312	1752.276	57.127		175.324	150.915	1368.91	5.036	1539.825	434.589	1105.236	64.192	153.295	1757.312	1752.276	562.586
	国道	98.507	98.507	57.127		41.38				98.507	90.39	8.117			98.507	98.507	85.847
	省道	72.464	72.464			72.464				72.464	72.081	0.383			72.464	72.464	32.545
	县道	271.223	266.187			31.447	130.494	104.246	5.036	209.277	104.566	104.711	40.866	21.08	271.223	266.187	192.442
	乡道	485.4	485.4			24.259		461.141		440.64	101.314	339.326	10.859	33.901	485.4	485.4	173.986
	专用公路																
	村道	829.718	829.718			5.774	20.421	803.523		718.937	66.238	652.699	12.467	98.314	829.718	829.718	77.766

续表

县名称	行政等级	里程	等级公路						等外路	有铺装路面里程			简易铺装路面	未铺装路面	养护里程	晴雨通车里程	绿化里程
			合计	高速	一级	二级	三级	四级		合计	沥青混凝土	水泥混凝土					
右玉县	小计	1558.565	1536.948	89.876	7.506	157.136	195.321	1087.109	21.617	1422.177	431.524	990.653	9.391	126.997	1558.565	1536.948	832.36
	国道	179.731	179.731	66.446	3.357	109.928				179.731	179.731				179.731	179.731	148.334
	省道	27.136	27.136	23.43		3.706				27.136	27.136				27.136	27.136	25.29
	县道	237.5	237.5		0.414	42.97	157.647	36.469		225.373	165.338	60.035	1.307	10.82	237.5	237.5	210.934
	乡道	485.972	485.972		3.735		15.738	466.499		475.178	39.038	436.14	2.117	8.677	485.972	485.972	231.073
	专用公路																
	村道	628.226	606.609			0.532	21.936	584.141	21.617	514.759	20.281	494.478	5.967	107.5	628.226	606.609	216.729
怀仁市	小计	1609.371	1609.371	36.424	16.636	244.161	353.13	959.02		1200.651	489.468	711.183	84.314	324.406	1609.371	1609.371	1087.58
	国道	80.78	80.78	36.424	15.607	28.749				80.78	52.976	27.804			80.78	80.78	48.024
	省道	88.17	88.17		1.029	85.247	1.894			88.17	85.284	2.886			88.17	88.17	65.656
	县道	238.636	238.636			63.324	171.895	3.417		228.647	168.852	59.795	9.989		238.636	238.636	159.819
	乡道	721.309	721.309			47.544	131.862	541.903		489.533	122.856	366.677	50.044	181.732	721.309	721.309	456.064
	专用公路																
	村道	480.476	480.476			19.297	47.479	413.7		313.521	59.5	254.021	24.281	142.674	480.476	480.476	358.017
忻州市	合计	17447.791	17331.253	890.653	54.882	1835.579	2073.003	12477.136	116.538	15724.757	5638.955	10085.802	851.627	871.407	17447.791	17384.262	4712.275
	国道	1793.115	1793.115	526.916	13.51	1179.481	73.208			1781.071	1678.131	102.94	12.044		1793.115	1793.115	1354.991
	省道	855.452	855.452	363.737	16.014	366.354	80.175	29.172		838.209	822.631	15.578	17.243		855.452	855.452	523.923
	县道	2285.666	2285.666		5.727	184.482	1407.841	687.616		1741.435	1431.476	309.959	422.474	121.757	2285.666	2285.666	1334.561
	乡道	6230.313	6197.592		9.643	83.159	401.906	5702.884	32.721	5477.464	1058.804	4418.66	258.447	494.402	6230.313	6203.682	1355.258
	专用公路	74.281	74.281		6.284	4.849	2.482	60.666		58.295	29.217	29.078	13.154	2.832	74.281	74.281	30.41
	村道	6208.964	6125.147		3.704	17.254	107.391	5996.798	83.817	5828.283	618.696	5209.587	128.265	252.416	6208.964	6172.066	113.132
忻府区	小计	1750.515	1739.019	131.266		237.017	135.638	1235.098	11.496	1507.638	587.651	919.987	94.729	148.148	1750.515	1744.387	736.71
	国道	230.55	230.55	104.803		125.747				230.55	230.55				230.55	230.55	199.223
	省道	82.176	82.176	26.463		55.713				82.176	78.213	3.963			82.176	82.176	66.9
	县道	249.887	249.887			51.265	117.288	81.334		212.748	197.712	15.036	22.855	14.284	249.887	249.887	165.305
	乡道	454.998	449.201			0.828	5.233	443.14	5.797	356.641	46.144	310.497	37.901	60.456	454.998	450.483	300.762
	专用公路	5.674	5.674					5.674					5.674		5.674	5.674	3.4
	村道	727.23	721.531			3.464	13.117	704.95	5.699	625.523	35.032	590.491	28.299	73.408	727.23	725.617	1.12

续表

县名称	行政等级	里程	等级公路						等外路	有铺装路面里程			简易铺装路面	未铺装路面	养护里程	晴雨通车里程	绿化里程
			合计	高速	一级	二级	三级	四级		合计	沥青混凝土	水泥混凝土					
定襄县	小计	894.604	894.604	35.317	23.565	85.614	136.116	613.992		867.21	364.432	502.778	2.199	25.195	894.604	894.604	351.609
	国道	86.428	86.428	30.076	5.221	51.131				86.428	86.428				86.428	86.428	65.739
	省道	5.241	5.241	5.241						5.241	5.241				5.241	5.241	4.734
	县道	169.99	169.99		5.727	26.497	102.383	35.383		169.99	144.262	25.728			169.99	169.99	155.062
	乡道	290.708	290.708		9.643	7.236	16.898	256.931		264.457	74.672	189.785	1.056	25.195	290.708	290.708	126.074
	专用公路																
	村道	342.237	342.237		2.974	0.75	16.835	321.678		341.094	53.829	287.265	1.143		342.237	342.237	
五台县	小计	1550.981	1550.981	99.699		194.689	162.955	1093.638		1496.109	473.856	1022.253	54.181	0.691	1550.981	1550.981	295.271
	国道	270.779	270.779	80.7		187.281	2.798			270.779	258.111	12.668			270.779	270.779	202.748
	省道	18.999	18.999	18.999						18.999	17.707	1.292			18.999	18.999	5.46
	县道	177.295	177.295			7.408	122.4	47.487		122.423	82.12	40.303	54.181	0.691	177.295	177.295	67.6
	乡道	565.519	565.519				31.402	534.117		565.519	86.139	479.38			565.519	565.519	19.463
	专用公路																
	村道	518.389	518.389				6.355	512.034		518.389	29.779	488.61			518.389	518.389	
代县	小计	1279.959	1276.559	57.05		84.951	168.004	966.554	3.4	1130.816	458.737	672.079	95.949	53.194	1279.959	1279.959	229.892
	国道	94.513	94.513	16		64.914	13.599			94.513	94.513				94.513	94.513	61.748
	省道	54.8	54.8	41.05		13.75				54.8	54.8				54.8	54.8	49.723
	县道	99.612	99.612			2.333	55.052	42.227		99.612	71.223	28.389			99.612	99.612	37.25
	乡道	556.448	556.448			3.594	91.915	460.939		463.693	107.395	356.298	72.174	20.581	556.448	556.448	72.393
	专用公路	4.245	4.245					4.245					4.245		4.245	4.245	
	村道	470.341	466.941			0.36	7.438	459.143	3.4	418.198	130.806	287.392	19.53	32.613	470.341	470.341	8.778
繁峙县	小计	1451.303	1436.355	58.155	3.606	151.034	201.491	1022.069	14.948	1313.913	609.815	704.098	21.504	115.886	1451.303	1436.355	300.012
	国道	120.492	120.492		3.606	116.886				120.492	91.415	29.077			120.492	120.492	59.111
	省道	74.565	74.565	58.155		16.41				74.565	68.168	6.397			74.565	74.565	50.58
	县道	125.48	125.48			2.829	101.479	21.172		101.315	81.542	19.773	9.579	14.586	125.48	125.48	87.581
	乡道	569.954	555.006			13.75	74.285	466.971	14.948	508.753	195.277	313.476	5.189	56.012	569.954	555.006	91.226
	专用公路	6.136	6.136				2.482	3.654		3.654	3.654		2.482		6.136	6.136	
	村道	554.676	554.676			1.159	23.245	530.272		505.134	169.759	335.375	4.254	45.288	554.676	554.676	11.514

续表

县名称	行政等级	里程	等级公路						等外路	有铺装路面里程			简易铺装路面	未铺装路面	养护里程	晴雨通车里程	绿化里程
			合计	高速	一级	二级	三级	四级		合计	沥青混凝土	水泥混凝土					
宁武县	小计	1217.859	1217.859	37.994	2.698	161.324	104.982	910.861		1132.718	337.843	794.875	37.876	47.265	1217.859	1217.859	244.28
	国道	124.829	124.829	19.4	2.698	102.731				124.829	116.436	8.393			124.829	124.829	108.62
	省道	87.708	87.708	18.594		42.958	13.284	12.872		87.708	84.218	3.49			87.708	87.708	57.912
	县道	155.007	155.007			15.635	84.677	54.695		92.767	71.215	21.552	34.074	28.166	155.007	155.007	68.359
	乡道	394.194	394.194				7.021	387.173		379.149	25.91	353.239		15.045	394.194	394.194	2.94
	专用公路	14.484	14.484					14.484		14.484	7.252	7.232			14.484	14.484	6.449
	村道	441.637	441.637					441.637		433.781	32.812	400.969	3.802	4.054	441.637	441.637	
静乐县	小计	1152.183	1141.143	61.244		120.163	104.399	855.337	11.04	1019.397	412.12	607.277	107.089	25.697	1152.183	1141.143	144.048
	国道	108.077	108.077	22.45		85.627				108.077	104.454	3.623			108.077	108.077	60.203
	省道	38.794	38.794	38.794						38.794	38.794				38.794	38.794	30.624
	县道	138.975	138.975			34.536	81.477	22.962		104.855	104.855		28.491	5.629	138.975	138.975	47.784
	乡道	496.369	492.979				22.142	470.837	3.39	442.577	122.958	319.619	49.968	3.824	496.369	492.979	4
	专用公路																
	村道	369.968	362.318				0.78	361.538	7.65	325.094	41.059	284.035	28.63	16.244	369.968	362.318	1.437
神池县	小计	1036.515	1034.031	72.224		92.1	128.161	741.546	2.484	897.689	349.3	548.389	44.533	94.293	1036.515	1034.031	477.997
	国道	70.582	70.582	18.031		52.551				70.582	52.928	17.654			70.582	70.582	61.29
	省道	64.065	64.065	54.193		9.872				64.065	64.065				64.065	64.065	49.577
	县道	221.403	221.403			26.677	110.44	84.286		169.986	153.203	16.783	36.02	15.397	221.403	221.403	202.131
	乡道	369.371	369.371			3	10.79	355.581		297.836	59.197	238.639	5.251	66.284	369.371	369.371	142.276
	专用公路	16.771	16.771					16.771		16.771	7.178	9.593			16.771	16.771	2.5
	村道	294.323	291.839				6.931	284.908	2.484	278.449	12.729	265.72	3.262	12.612	294.323	291.839	20.223
五寨县	小计	926.133	926.133	40.166		115.867	163.53	606.57		858.41	243.709	614.701	67.723		926.133	926.133	392.695
	国道	112.718	112.718	28.466		84.252				112.718	98.771	13.947			112.718	112.718	109.892
	省道	52.377	52.377	11.7		21.846	2.531	16.3		52.377	52.377				52.377	52.377	45.449
	县道	116.545	116.545				113.432	3.113		56.728	46.652	10.076	59.817		116.545	116.545	58.909
	乡道	357.991	357.991			9.769	35.388	312.834		355.639	37.048	318.591	2.352		357.991	357.991	146.849
	专用公路																
	村道	286.502	286.502				12.179	274.323		280.948	8.861	272.087	5.554		286.502	286.502	31.596

续表

县名称	行政等级	里程	等级公路							等外路	有铺装路面里程			简易铺装路面	未铺装路面	养护里程	晴雨通车里程	绿化里程
			合计	高速	一级	二级	三级	四级		合计	沥青混凝土	水泥混凝土						
岢岚县	小 计	947.055	924.75	127.658	8.105	81.398	150.174	557.415	22.305	807.162	443.643	363.519	36.571	103.322	947.055	923.093	172.374
	国 道	172.292	172.292	127.658	1.985	42.649				172.292	172.292				172.292	172.292	128.64
	省 道	39.38	39.38		5.39	16.747	17.243			22.137	22.137		17.243		39.38	39.38	6.39
	县 道	89.947	89.947			6.846	83.101			89.947	89.947				89.947	89.947	25.195
	乡 道	462.725	461.104			8.857	45.999	406.248	1.621	376.159	127.542	248.617	3.428	83.138	462.725	458.947	9.119
	专用公路	4.849	4.849			4.849				4.849	4.849				4.849	4.849	2.3
	村 道	177.862	157.178		0.73	1.45	3.831	151.167	20.684	141.778	26.876	114.902	15.9	20.184	177.862	157.678	0.73
河曲县	小 计	1272.849	1258.7	28.132		141.702	50.35	1038.516	14.149	1152.582	207.477	945.105	96.258	24.009	1272.849	1270.223	306.052
	国 道	44.496	44.496			44.496				44.496	37.814	6.682			44.496	44.496	10.54
	省 道	115.267	115.267	28.132		87.135				115.267	115.267				115.267	115.267	98.791
	县 道	168.175	168.175				32.848	135.327		75.052	38.852	36.2	79.792	13.331	168.175	168.175	115.604
	乡 道	401.765	394.8				15.802	378.998	6.965	382.223	11.901	370.322	16.011	3.531	401.765	401.765	72.086
	专用公路																
	村 道	543.146	535.962			10.071	1.7	524.191	7.184	535.544	3.643	531.901	0.455	7.147	543.146	540.52	9.031
保德县	小 计	1219.965	1214.005	30.083	10.624	132.322	79.364	961.612	5.96	1131.674	192.8	938.874	21.375	66.916	1219.965	1219.965	125.014
	国 道	68.531	68.531	30.083		38.448				68.531	57.635	10.896			68.531	68.531	53.377
	省 道	78.965	78.965		10.624	68.341				78.965	78.965				78.965	78.965	0.662
	县 道	122.317	122.317			4.006	69.822	48.489		71.269	36.058	35.211	21.375	29.673	122.317	122.317	21.731
	乡 道	377.056	377.056			21.527	5.554	349.975		341.217	16.154	325.063		35.839	377.056	377.056	38.299
	专用公路																
	村 道	573.096	567.136				3.988	563.148	5.96	571.692	3.988	567.704		1.404	573.096	573.096	10.945
偏关县	小 计	1237.399	1225.717	27.473		92.991	288.768	816.485	11.682	1136.011	447.268	688.743	83.014	18.374	1237.399	1235.595	381.775
	国 道	111.04	111.04			83.048	27.992			111.04	111.04				111.04	111.04	74.456
	省 道	61.822	61.822	27.473		6.936	27.413			61.822	61.822				61.822	61.822	21.363
	县 道	288.063	288.063			2.744	196.835	88.484		230.906	210.328	20.578	57.157		288.063	288.063	163.162
	乡 道	355.893	355.893			0.263	36.528	319.102		321.331	56.418	264.913	20.5	14.062	355.893	355.893	108.314
	专用公路																
	村 道	420.581	408.899					408.899	11.682	410.912	7.66	403.252	5.357	4.312	420.581	418.777	14.48

续表

县名称	行政等级	里程	等级公路						等外路	有铺装路面里程			简易铺装路面	未铺装路面	养护里程	晴雨通车里程	绿化里程
			合计	高速	一级	二级	三级	四级		合计	沥青混凝土	水泥混凝土					
原平县	小计	1510.471	1491.397	84.192	6.284	144.407	199.071	1057.443	19.074	1273.428	510.304	763.124	88.626	148.417	1510.471	1509.934	554.546
	国道	177.788	177.788	49.249		99.72	28.819			165.744	165.744		12.044		177.788	177.788	159.404
	省道	81.293	81.293	34.943		26.646	19.704			81.293	80.857	0.436			81.293	81.293	35.758
	县道	162.97	162.97			3.706	136.607	22.657		143.837	103.507	40.33	19.133		162.97	162.97	118.888
	乡道	577.322	577.322			14.335	2.949	560.038		422.27	92.049	330.221	44.617	110.435	577.322	577.322	221.457
	专用公路	22.122	22.122		6.284			15.838		18.537	6.284	12.253	0.753	2.832	22.122	22.122	15.761
	村道	488.976	469.902				10.992	458.91	19.074	441.747	61.863	379.884	12.079	35.15	488.976	488.439	3.278
太原市	合计	7243.075	7217.195	292.749	245.751	940.507	1307.867	4430.321	25.88	6720.923	3668.798	3052.125	320.984	201.168	7153.286	7224.634	2910.808
	国道	624.719	624.719	207.009	168.793	235.315	6.251	7.351		624.719	609.402	15.317			534.93	624.719	412.609
	省道	258.734	258.734	85.74	23.405	112.906	16.714	19.969		258.734	232.646	26.088			258.734	258.734	173.144
	县道	991.295	991.295		20.578	390.028	479.952	100.737		966.803	886.766	80.037	24.492		991.295	991.295	977.387
	乡道	1697.529	1687.261		16.941	100.179	259.016	1311.125	10.268	1541.794	798.319	743.475	78.072	77.663	1697.529	1687.261	843.847
	专用公路	94.083	94.083			9.052	83.975	1.056		77.939	76.515	1.424	16.144		94.083	94.083	81.914
	村道	3576.715	3561.103		16.034	93.027	461.959	2990.083	15.612	3250.934	1065.15	2185.784	202.276	123.505	3576.715	3568.542	421.907
小店区	小计	696.387	696.387	30.737	49.879	88.419	40.942	486.41		546.114	408.975	137.139	150.273		679.047	696.387	257.162
	国道	71.602	71.602	30.737	34.396	6.469				71.602	71.602				54.262	71.602	47.592
	省道	10.724	10.724		10.724					10.724	10.724				10.724	10.724	10.432
	县道	106.342	106.342		4.759	67.7	23.495	10.388		104.3	99.638	4.662	2.042		106.342	106.342	105.628
	乡道	134.274	134.274			10.557	16.786	106.931		123.008	117.328	5.68	11.266		134.274	134.274	93.357
	专用公路																
	村道	373.445	373.445			3.693	0.661	369.091		236.48	109.683	126.797	136.965		373.445	373.445	0.153
迎泽区	小计	168.222	168.222	5.538	12.198	10.518	106.394	33.574		168.222	138.95	29.272			158.686	168.222	92.914
	国道	25.592	25.592	5.538	9.536	10.518				25.592	25.592				16.056	25.592	14.561
	省道																
	县道	32.687	32.687		1.478		31.209			32.687	32.687				32.687	32.687	32.687
	乡道	43.602	43.602				37.178	6.424		43.602	43.602				43.602	43.602	31.753
	专用公路	4.003	4.003				3.2	0.803		4.003	3.2	0.803			4.003	4.003	4.003
	村道	62.338	62.338		1.184		34.807	26.347		62.338	33.869	28.469			62.338	62.338	9.91

续表

县名称	行政等级	里程	等级公路						等外路	有铺装路面里程			简易铺装路面	未铺装路面	养护里程	晴雨通车里程	绿化里程
			合计	高速	一级	二级	三级	四级		合计	沥青混凝土	水泥混凝土					
杏花岭区	小计	256.461	256.461	11.552	19.855	16.039	70.865	138.15		238.972	206.851	32.121	9.28	8.209	239.798	256.461	150.343
	国道	33.294	33.294	11.552	16.663	5.079				33.294	33.294				16.631	33.294	22.539
	省道																
	县道	42.023	42.023		1.192	7.339	31.875	1.617		42.023	42.023				42.023	42.023	41.894
	乡道	61.588	61.588		1.059	1.78	16.064	42.685		53.114	47.334	5.78	8.474		61.588	61.588	61.576
	专用公路																
	村道	119.556	119.556		0.941	1.841	22.926	93.848		110.541	84.2	26.341	0.806	8.209	119.556	119.556	24.334
尖草坪区	小计	667.554	663.544	30.766	38.341	52.131	213.739	328.567	4.01	628.706	506.43	122.276	11.967	26.881	645.218	664.691	251.646
	国道	55.774	55.774	28.468	27.306					55.774	55.774				33.438	55.774	23.556
	省道	2.298	2.298	2.298						2.298	2.298				2.298	2.298	1.996
	县道	69.444	69.444			16.359	49.619	3.466		69.444	69.444				69.444	69.444	68.767
	乡道	82.763	82.763			3.531	30.748	48.484		78.225	72.666	5.559	2.849	1.689	82.763	82.763	58.245
	专用公路	25.041	25.041			9.052	15.736	0.253		16.234	15.613	0.621	8.807		25.041	25.041	12.872
	村道	432.234	428.224		11.035	23.189	117.636	276.364	4.01	406.731	290.635	116.096	0.311	25.192	432.234	429.371	86.21
万柏林区	小计	510.365	510.365	30.73	7.571	52.582	245.565	173.917		494.026	299.854	194.172		16.339	502.794	510.365	325.249
	国道	19.65	19.65	12.079	7.571					19.65	19.65				12.079	19.65	8.911
	省道	43.351	43.351	18.651		24.7				43.351	26.257	17.094			43.351	43.351	25.306
	县道	59.146	59.146			7.67	51.476			59.146	59.146				59.146	59.146	58.662
	乡道	75.983	75.983				38.782	37.201		69.254	54.331	14.923		6.729	75.983	75.983	61.602
	专用公路	10.545	10.545				10.545			10.545	10.545				10.545	10.545	10.545
	村道	301.69	301.69			20.212	144.762	136.716		292.08	129.925	162.155		9.61	301.69	301.69	160.223
晋源区	小计	562.865	562.865	28.663	31.513	37.898	106.179	358.612		530.825	358.053	172.772	15.151	16.889	547.635	562.865	258.798
	国道	53.581	53.581	27.971	25.61					53.581	53.581				38.351	53.581	31.917
	省道	0.692	0.692	0.692						0.692	0.692				0.692	0.692	0.572
	县道	51.224	51.224		4.903	34.115	12.206			51.224	48.302	2.922			51.224	51.224	50.858
	乡道	81.432	81.432		1	2.753	15.064	62.615		67.346	52.339	15.007	7.519	6.567	81.432	81.432	40.294
	专用公路	54.494	54.494				54.494			47.157	47.157		7.337		54.494	54.494	54.494
	村道	321.442	321.442			1.03	24.415	295.997		310.825	155.982	154.843	0.295	10.322	321.442	321.442	80.663

续表

县名称	行政等级	里程	等级公路						等外路	有铺装路面里程			简易铺装路面	未铺装路面	养护里程	晴雨通车里程	绿化里程
			合计	高速	一级	二级	三级	四级		合计	沥青混凝土	水泥混凝土					
清徐区	小计	1288.155	1288.155	16.036	51.513	241.406	110.153	869.047		1242.282	368.803	873.479	8.818	37.055	1288.155	1288.155	520.546
	国道	86.11	86.11	16.036	30.517	39.557				86.11	78.657	7.453			86.11	86.11	73.259
	省道																
	县道	140.876	140.876		6.114	131.661	3.101			140.876	126.694	14.182			140.876	140.876	139.246
	乡道	319.279	319.279		14.882	47.866	35.883	220.648		300.285	92.25	208.035	6.203	12.791	319.279	319.279	277.088
	专用公路																
	村道	741.89	741.89			22.322	71.169	648.399		715.011	71.202	643.809	2.615	24.264	741.89	741.89	30.953
阳曲县	小计	1258.405	1252.964	119.112	23.792	133.471	120.316	856.273	5.441	1128.479	732.72	395.759	85.867	44.059	1258.405	1252.964	459.079
	国道	104.967	104.967	74.628	17.194	13.145				104.967	104.967				104.967	104.967	87.149
	省道	80.468	80.468	44.484	4.529	31.455				80.468	80.254	0.214			80.468	80.468	56.459
	县道	227.264	227.264			77.534	115.117	34.613		227.264	217.218	10.046			227.264	227.264	222.564
	乡道	337.899	332.458			5.951	1.225	325.282	5.441	286.85	189.627	97.223	27.234	23.815	337.899	332.458	82.373
	专用公路																
	村道	507.807	507.807		2.069	5.386	3.974	496.378		428.93	140.654	288.276	58.633	20.244	507.807	507.807	10.534
娄烦县	小计	809.827	809.827	15.162	6.357	152.777	138.489	497.042		801.991	335.337	466.654	1.78	6.056	809.827	809.827	222.091
	国道	96.508	96.508			89.157		7.351		96.508	96.372	0.136			96.508	96.508	55.316
	省道	97.1	97.1	15.162	5.552	39.703	16.714	19.969		97.1	93.183	3.917			97.1	97.1	61.018
	县道	101.803	101.803			4.993	79.807	17.003		101.803	93.067	8.736			101.803	101.803	98.532
	乡道	125.217	125.217			7.36	28.473	89.384		117.381	23.617	93.764	1.78	6.056	125.217	125.217	3
	专用公路																
	村道	389.199	389.199		0.805	11.564	13.495	363.335		389.199	29.098	360.101			389.199	389.199	4.225
古交市	小计	1024.834	1008.405	4.453	4.732	155.266	155.225	688.729	16.429	941.306	312.825	628.481	37.848	45.68	1023.721	1014.697	372.98
	国道	77.641	77.641			71.39	6.251			77.641	69.913	7.728			76.528	77.641	47.809
	省道	24.101	24.101	4.453	2.6	17.048				24.101	19.238	4.863			24.101	24.101	17.361
	县道	160.486	160.486		2.132	42.657	82.047	33.65		138.036	98.547	39.489	22.45		160.486	160.486	158.549
	乡道	435.492	430.665			20.381	38.813	371.471	4.827	402.729	105.225	297.504	12.747	20.016	435.492	430.665	134.559
	专用公路																
	村道	327.114	315.512			3.79	28.114	283.608	11.602	298.799	19.902	278.897	2.651	25.664	327.114	321.804	14.702

续表

县名称	行政等级	里程	等级公路						等外路	有铺装路面里程			简易铺装路面	未铺装路面	养护里程	晴雨通车里程	绿化里程
			合计	高速	一级	二级	三级	四级		合计	沥青混凝土	水泥混凝土					
阳泉市	合计	5716.768	5716.768	282.216	148.188	457.156	617.309	4211.899		5628.374	1154.936	4473.438	52.687	35.707	5706.051	5716.768	3971.557
	国道	418.038	418.038	147.932	44.299	223.597	2.21			418.038	406.131	11.907			407.321	418.038	312.664
	省道	320.868	320.868	134.284	40.603	138.613	3.55	3.818		320.868	288.488	32.38			320.868	320.868	192.365
	县道	764.266	764.266		26.813	48.868	416.866	271.719		764.266	278.875	485.391			764.266	764.266	720.592
	乡道	885.463	885.463		0.942	18.155	112.374	753.992		858.811	39.348	819.463	20.288	6.364	885.463	885.463	822.632
	专用公路																
	村道	3328.133	3328.133		35.531	27.923	82.309	3182.37		3266.391	142.094	3124.297	32.399	29.343	3328.133	3328.133	1923.304
郊区	小计	1111.319	1111.319	71.547	87.58	82.395	107.968	761.829		1100.83	267.748	833.082	4.125	6.364	1100.602	1111.319	635.384
	国道	110.773	110.773	30.747	32.196	45.62	2.21			110.773	110.773				100.056	110.773	82.098
	省道	74.275	74.275	40.8	22.167	11.308				74.275	73.159	1.116			74.275	74.275	52.173
	县道	84.887	84.887			17.742	34.473	32.672		84.887	12.416	72.471			84.887	84.887	54.294
	乡道	136.559	136.559		0.942	4.186	41.578	89.853		126.07	14.251	111.819	4.125	6.364	136.559	136.559	85.128
	专用公路																
	村道	704.825	704.825		32.275	3.539	29.707	639.304		704.825	57.149	647.676			704.825	704.825	361.691
平定县	小计	2253.708	2253.708	89.762	27.229	119.688	296.08	1720.949		2253.708	309.653	1944.055			2253.708	2253.708	1398.27
	国道	124.601	124.601	69.501	10.407	44.693				124.601	119.277	5.324			124.601	124.601	91.885
	省道	68.928	68.928	20.261	3.046	45.621				68.928	58.107	10.821			68.928	68.928	28.631
	县道	342.895	342.895		11.993	19.322	221.661	89.919		342.895	106.31	236.585			342.895	342.895	332.737
	乡道	379.793	379.793			2.865	31.949	344.979		379.793	2.354	377.439			379.793	379.793	376.123
	专用公路																
	村道	1337.491	1337.491		1.783	7.187	42.47	1286.051		1337.491	23.605	1313.886			1337.491	1337.491	568.894
盂县	小计	2351.741	2351.741	120.907	33.379	255.073	213.261	1729.121		2273.836	577.535	1696.301	48.562	29.343	2351.741	2351.741	1937.903
	国道	182.664	182.664	47.684	1.696	133.284				182.664	176.081	6.583			182.664	182.664	138.681
	省道	177.665	177.665	73.223	15.39	81.684	3.55	3.818		177.665	157.222	20.443			177.665	177.665	111.561
	县道	336.484	336.484		14.82	11.804	160.732	149.128		336.484	160.149	176.335			336.484	336.484	333.561
	乡道	369.111	369.111			11.104	38.847	319.16		352.948	22.743	330.205	16.163		369.111	369.111	361.381
	专用公路																
	村道	1285.817	1285.817		1.473	17.197	10.132	1257.015		1224.075	61.34	1162.735	32.399	29.343	1285.817	1285.817	992.719

续表

县名称	行政等级	里程	等级公路							等外路	有铺装路面里程			简易铺装路面	未铺装路面	养护里程	晴雨通车里程	绿化里程
			合计	高速	一级	二级	三级	四级			合计	沥青混凝土	水泥混凝土					
晋中市	合计	16141.187	16114.925	652.605	560.249	2288.125	1486.736	11127.21	26.262	12785.972	5419.446	7366.526	1363.642	1991.573	16141.187	16141.187	9393.005
	国道	1278.959	1278.959	433.493	240.467	521.612	83.387			1270.874	1213.732	57.142	8.085		1278.959	1278.959	1042.487
	省道	708.62	708.62	219.112	97.864	356.624	35.02			708.62	667.862	40.758			708.62	708.62	547.04
	县道	2312.511	2312.511		79.732	1068.841	628.271	535.667		2062.267	1742.326	319.941	244.532	5.712	2312.511	2312.511	2000.426
	乡道	6226.732	6226.732		105.711	236.424	540.338	5344.259		4780.821	1175.09	3605.731	547.978	897.933	6226.732	6226.732	3536.463
	专用公路	16.587	16.587				6.554	10.033		5.865	2.501	3.364	10.722		16.587	16.587	13.186
	村道	5597.778	5571.516		36.475	104.624	193.166	5237.251	26.262	3957.525	617.935	3339.59	552.325	1087.928	5597.778	5597.778	2253.403
榆次区	小计	1480.348	1480.348	86.19	136.319	270.418	104.856	882.565		1169.867	793.851	376.016	272.827	37.654	1480.348	1480.348	941.177
	国道	107.857	107.857	44.856	41.704	21.297				107.857	107.857				107.857	107.857	96.302
	省道	139.658	139.658	41.334	4.982	93.342				139.658	127.373	12.285			139.658	139.658	112.127
	县道	148.284	148.284		26.574	74.346	47.364			148.284	148.284				148.284	148.284	136.338
	乡道	449.616	449.616		36.781	54.032	26.509	332.294		364.934	213.94	150.994	84.682		449.616	449.616	347.024
	专用公路	3.291	3.291					3.291					3.291		3.291	3.291	
	村道	631.642	631.642		26.278	27.401	30.983	546.98		409.134	196.397	212.737	184.854	37.654	631.642	631.642	249.386
太谷区	小计	1827.494	1813.564	49.232	65.837	140.392	279.542	1278.561	13.93	1012.279	569.009	443.27	172.168	643.047	1827.494	1827.494	960.888
	国道	92.679	92.679	30.044	23.994	13.074	25.567			92.679	92.679				92.679	92.679	70.315
	省道	60.273	60.273	19.188	9.279	13.604	18.202			60.273	54.273	6			60.273	60.273	46.372
	县道	200.404	200.404		8.389	80.049	91.307	20.659		174.711	153.417	21.294	25.365	0.328	200.404	200.404	189.146
	乡道	486.185	486.185		22.329	22.93	89.215	351.711		291.243	151.872	139.371	59.361	135.581	486.185	486.185	337.997
	专用公路	6.742	6.742					6.742		4.677	1.313	3.364	2.065		6.742	6.742	6.742
	村道	981.211	967.281		1.846	10.735	55.251	899.449	13.93	388.696	115.455	273.241	85.377	507.138	981.211	981.211	310.316
榆社县	小计	1136.937	1124.605	94.211	15.747	111.326	166.649	736.672	12.332	996.736	564.35	432.386	4.483	135.718	1136.937	1136.937	138.566
	国道	170.728	170.728	94.211	9.462	17.472	49.583			170.728	170.728				170.728	170.728	112.948
	省道	26.938	26.938			10.12	16.818			26.938	10.12	16.818			26.938	26.938	25.618
	县道	168.852	168.852			69.805	53.409	45.638		168.852	159.308	9.544			168.852	168.852	
	乡道	458.207	458.207		6.285	4.17	34.525	413.227		394.44	144.998	249.442	4.483	59.284	458.207	458.207	
	专用公路																
	村道	312.212	299.88			9.759	12.314	277.807	12.332	235.778	79.196	156.582		76.434	312.212	312.212	

续表

县名称	行政等级	里程	等级公路						等外路	有铺装路面里程			简易铺装路面	未铺装路面	养护里程	晴雨通车里程	绿化里程
			合计	高速	一级	二级	三级	四级		合计	沥青混凝土	水泥混凝土					
左权县	小计	1545.846	1545.846	106.244	7.258	282.805	10.897	1138.642		1379.618	542.478	837.14		166.228	1545.846	1545.846	595.383
	国道	193.109	193.109	50.26	7.258	135.591				193.109	165.146	27.963			193.109	193.109	126.108
	省道	77.229	77.229	55.984		21.245				77.229	77.229				77.229	77.229	37.644
	县道	253.273	253.273			110.244	8.386	134.643		253.273	199.05	54.223			253.273	253.273	176.231
	乡道	661.907	661.907			11.56	2.511	647.836		508.242	89.272	418.97		153.665	661.907	661.907	192.206
	专用公路																
	村道	360.328	360.328			4.165		356.163		347.765	11.781	335.984		12.563	360.328	360.328	63.194
和顺县	小计	1205.269	1205.269	40.116	59.191	234.668	157.615	713.679		1114.716	416.105	698.611	23.22	67.333	1205.269	1205.269	579.288
	国道	44.002	44.002	9		35.002				44.002	37.471	6.531			44.002	44.002	37.002
	省道	141.016	141.016	31.116	50.114	59.786				141.016	141.016				141.016	141.016	93.912
	县道	248.141	248.141		9.077	113.302	60.187	65.575		248.141	190.811	57.33			248.141	248.141	233.389
	乡道	472.788	472.788			26.578	91.701	354.509		408.408	43.033	365.375	19.113	45.267	472.788	472.788	170.521
	专用公路																
	村道	299.322	299.322				5.727	293.595		273.149	3.774	269.375	4.107	22.066	299.322	299.322	44.464
昔阳县	小计	1792.517	1792.517	32.825	12.805	245.838	199.616	1301.433		1426.82	358.844	1067.976	85.033	280.664	1792.517	1792.517	1760.095
	国道	124.225	124.225		6.569	117.656				124.225	118.095	6.13			124.225	124.225	110.811
	省道	32.825	32.825	32.825						32.825	27.17	5.655			32.825	32.825	22.825
	县道	332.772	332.772			112.938	138.555	81.279		281.053	167.401	113.652	46.335	5.384	332.772	332.772	331.27
	乡道	701.257	701.257		6.236	13.618	38.084	643.319		569.362	41.595	527.767	18.839	113.056	701.257	701.257	701.257
	专用公路																
	村道	601.438	601.438			1.626	22.977	576.835		419.355	4.583	414.772	19.859	162.224	601.438	601.438	593.932
寿阳县	小计	1633.112	1633.112	63.46		299.254	31.144	1239.254		1613.168	555.733	1057.435	7.247	12.697	1633.112	1633.112	624.761
	国道	167.193	167.193	45.86		121.333				167.193	167.193				167.193	167.193	137.543
	省道	60.127	60.127	17.6		42.527				60.127	60.127				60.127	60.127	41.042
	县道	226.631	226.631			117.469	10.417	98.745		226.631	226.631				226.631	226.631	226.631
	乡道	587.658	587.658			10.775	9.365	567.518		583.673	76.396	507.277	3.985		587.658	587.658	170.043
	专用公路																
	村道	591.503	591.503			7.15	11.362	572.991		575.544	25.386	550.158	3.262	12.697	591.503	591.503	49.502

续表

县名称	行政等级	里程	等级公路						等外路	有铺装路面里程			简易铺装路面	未铺装路面	养护里程	晴雨通车里程	绿化里程
			合计	高速	一级	二级	三级	四级		合计	沥青混凝土	水泥混凝土					
祁县	小计	1365.625	1365.625	43.015	61.233	97.138	84.14	1080.099		849.104	335.499	513.605	76.223	440.298	1365.625	1365.625	598.367
	国道	90.135	90.135	21.95	43.936	24.249				90.135	90.135				90.135	90.135	84.975
	省道	46.396	46.396	21.065	8.398	16.933				46.396	46.396				46.396	46.396	45.482
	县道	144.462	144.462		4.348	50.49	54.313	35.311		91.385	60.793	30.592	53.077		144.462	144.462	127.171
	乡道	644.339	644.339		3.847	2.982	29.827	607.683		389.385	86.698	302.687	11.398	243.556	644.339	644.339	274.652
	专用公路																
	村道	440.293	440.293		0.704	2.484		437.105		231.803	51.477	180.326	11.748	196.742	440.293	440.293	66.087
平遥县	小计	1457.014	1457.014	67.982	23.347	230.319	152.992	982.374		1256.532	427.239	829.293	125.997	74.485	1457.014	1457.014	1196.279
	国道	131.22	131.22	67.982	22.469	32.532	8.237			123.135	109.513	13.622	8.085		131.22	131.22	113.393
	省道	41.612	41.612			41.612				41.612	41.612				41.612	41.612	39.472
	县道	199.183	199.183			133.173	41.249	24.761		164.033	156.144	7.889	35.15		199.183	199.183	199.183
	乡道	575.9	575.9		0.878	12.994	92.268	469.76		485.895	98.048	387.847	50.199	39.806	575.9	575.9	481.574
	专用公路																
	村道	509.099	509.099			10.008	11.238	487.853		441.857	21.922	419.935	32.563	34.679	509.099	509.099	362.657
灵石县	小计	1523.287	1523.287	25.22	81.771	143.372	206.693	1066.231		1220.849	525.537	695.312	211.01	91.428	1523.287	1523.287	1282.168
	国道	70.756	70.756	25.22	45.536					70.756	67.86	2.896			70.756	70.756	67.035
	省道	24.899	24.899		17.598	7.301				24.899	24.899				24.899	24.899	24.899
	县道	233.038	233.038		18.637	83.096	108.051	23.254		224.493	208.172	16.321	8.545		233.038	233.038	228.931
	乡道	742.478	742.478			36.531	72.396	633.551		548.509	159.682	388.827	114.789	79.18	742.478	742.478	611.172
	专用公路																
	村道	452.116	452.116			16.444	26.246	409.426		352.192	64.924	287.268	87.676	12.248	452.116	452.116	350.131
介休市	小计	1173.738	1173.738	44.11	96.741	232.595	92.592	707.7		746.283	330.801	415.482	385.434	42.021	1173.738	1173.738	716.033
	国道	87.055	87.055	44.11	39.539	3.406				87.055	87.055				87.055	87.055	86.055
	省道	57.647	57.647		7.493	50.154				57.647	57.647				57.647	57.647	57.647
	县道	157.471	157.471		12.707	123.929	15.033	5.802		81.411	72.315	9.096	76.06		157.471	157.471	152.136
	乡道	446.397	446.397		29.355	40.254	53.937	322.851		236.73	69.556	167.174	181.129	28.538	446.397	446.397	250.017
	专用公路	6.554	6.554				6.554			1.188	1.188		5.366		6.554	6.554	6.444
	村道	418.614	418.614		7.647	14.852	17.068	379.047		282.252	43.04	239.212	122.879	13.483	418.614	418.614	163.734

续表

县名称	行政等级	里程	等级公路						等外路	有铺装路面里程			简易铺装路面	未铺装路面	养护里程	晴雨通车里程	绿化里程
			合计	高速	一级	二级	三级	四级		合计	沥青混凝土	水泥混凝土					
吕梁市	合计	17561.598	17098.321	534.404	367.722	2128.829	2161.812	11905.554	463.277	14923.177	5895.861	9027.316	1591.306	1047.115	17561.598	17289.447	4345.165
	国道	1284.89	1284.89	375.421	135.729	756.807	16.933			1263.814	1262.112	1.702	21.076		1284.89	1284.89	999.713
	省道	841.549	841.549	158.983	126.949	398.647	136.889	20.081		841.549	828.68	12.869			841.549	841.549	513.456
	县道	2468.766	2468.766		55.993	635.983	965.457	811.333		1633.807	1467.639	166.168	782.214	52.745	2468.766	2468.766	1248.131
	乡道	4389.813	4359.884		38.251	229.487	717.193	3374.953	29.929	3763.118	1231.008	2532.11	413.8	212.895	4389.813	4359.884	928.511
	专用公路																
	村道	8576.58	8143.232		10.8	107.905	325.34	7699.187	433.348	7420.889	1106.422	6314.467	374.216	781.475	8576.58	8334.358	655.354
离石区	小计	1135.079	1106.551	89.031	46.6	96.585	149.104	725.231	28.528	968.62	318.775	649.845	150.401	16.058	1135.079	1130.949	227.468
	国道	140.792	140.792	69.343	25.489	40.182	5.778			140.792	140.792				140.792	140.792	104.012
	省道	33.179	33.179	19.688	0.332	0.949	12.21			33.179	33.179				33.179	33.179	19.7
	县道	126.847	126.847		8.57	43.765	69.325	5.187		56.722	53	3.722	70.125		126.847	126.847	62.233
	乡道	166.057	161.927		6.485		37.39	118.052	4.13	113.489	33.373	80.116	48.438	4.13	166.057	161.927	38.621
	专用公路																
	村道	668.204	643.806		5.724	11.689	24.401	601.992	24.398	624.438	58.431	566.007	31.838	11.928	668.204	668.204	2.902
文水县	小计	1368.05	1368.05	32.328		155.449	362.616	817.657		1161.784	556.142	605.642	38.236	168.03	1368.05	1368.05	210.756
	国道	101.767	101.767	32.328		69.439				81.504	79.802	1.702	20.263		101.767	101.767	71.419
	省道	62.953	62.953			20.827	42.126			62.953	62.953				62.953	62.953	61.325
	县道	135.116	135.116			54.896	65.399	14.821		135.116	102.789	32.327			135.116	135.116	30.338
	乡道	279.858	279.858			5.885	199.817	74.156		272.515	142.243	130.272	1.581	5.762	279.858	279.858	37.041
	专用公路																
	村道	788.356	788.356			4.402	55.274	728.68		609.696	168.355	441.341	16.392	162.268	788.356	788.356	10.633
交城县	小计	930.939	925.641	18.712	24.21	123.08	165.593	594.046	5.298	631.287	426.776	204.511	113.099	186.553	930.939	925.641	196.235
	国道	72.516	72.516	18.712	16.151	32.381	5.272			72.516	72.516				72.516	72.516	55.176
	省道	79.325	79.325			42.151	24.108	13.066		79.325	73.471	5.854			79.325	79.325	31.913
	县道	146.194	146.194			35.838	34.694	75.662		102.923	102.923		43.271		146.194	146.194	92.212
	乡道	312.876	312.876		4.842	8.682	69.669	229.683		196.04	97.574	98.466	20.693	96.143	312.876	312.876	11.787
	专用公路																
	村道	320.028	314.73		3.217	4.028	31.85	275.635	5.298	180.483	80.292	100.191	49.135	90.41	320.028	314.73	5.147

续表

县名称	行政等级	里程	等级公路						等外路	有铺装路面里程			简易铺装路面	未铺装路面	养护里程	晴雨通车里程	绿化里程
			合计	高速	一级	二级	三级	四级		合计	沥青混凝土	水泥混凝土					
兴县	小计	2156.745	2156.745	61.917	4.948	228.592	143.295	1717.993		1905.201	490.477	1414.724	251.544		2156.745	2156.745	935.035
	国道	112.339	112.339	61.917	4.948	45.474				112.339	112.339				112.339	112.339	63.54
	省道	79.743	79.743			34.403	45.34			79.743	79.743				79.743	79.743	40.8
	县道	395.616	395.616			120.015	53.82	221.781		256.926	200.951	55.975	138.69		395.616	395.616	354.562
	乡道	623.785	623.785			28.7	43.122	551.963		561.013	89.489	471.524	62.772		623.785	623.785	319.966
	专用公路																
	村道	945.262	945.262				1.013	944.249		895.18	7.955	887.225	50.082		945.262	945.262	156.167
临县	小计	2812.629	2628.42	139.472	7.637	208.693	202.864	2069.754	184.209	2333.048	454.566	1878.482	292.814	186.767	2812.629	2631.06	276.651
	国道	153.071	153.071	69.273	7.637	76.161				153.071	153.071				153.071	153.071	99.151
	省道	170.874	170.874	70.199		100.675				170.874	170.874				170.874	170.874	128.267
	县道	330.803	330.803			21.92	195.7	113.183		72.268	66.457	5.811	258.535		330.803	330.803	18.324
	乡道	649.842	645.168			9.007	0.135	636.026	4.674	627.657	39.798	587.859	17.511	4.674	649.842	645.168	26.626
	专用公路																
	村道	1508.039	1328.504			0.93	7.029	1320.545	179.535	1309.178	24.366	1284.812	16.768	182.093	1508.039	1331.144	4.283
柳林县	小计	1595.584	1590.197	41.694	15.138	198.676	186.896	1147.793	5.387	1556.339	547.905	1008.434	36.735	2.51	1595.584	1593.074	257.197
	国道	83.297	83.297	41.694	1.476	35.057	5.07			83.297	83.297				83.297	83.297	41.089
	省道	69.968	69.968		3.421	66.547				69.968	69.968				69.968	69.968	3.339
	县道	246.006	246.006		10.241	64.444	93.089	78.232		238.211	216.683	21.528	7.795		246.006	246.006	128.806
	乡道	338.223	338.223			21.216	43.597	273.41		323.018	95.555	227.463	15.205		338.223	338.223	15.507
	专用公路																
	村道	858.09	852.703			11.412	45.14	796.151	5.387	841.845	82.402	759.443	13.735	2.51	858.09	855.58	68.456
石楼县	小计	935.864	935.864			127.858	11.843	796.163		804.548	191.939	612.609	131.316		935.864	935.864	127.881
	国道	76.856	76.856			76.856				76.856	76.856				76.856	76.856	73.51
	省道	40.684	40.684			40.684				40.684	40.684				40.684	40.684	
	县道	139.356	139.356			7.829	3.52	128.007		48.491	48.491		90.865		139.356	139.356	33.847
	乡道	355.48	355.48			2.489	5.826	347.165		323.71	9.553	314.157	31.77		355.48	355.48	20.524
	专用公路																
	村道	323.488	323.488				2.497	320.991		314.807	16.355	298.452	8.681		323.488	323.488	

续表

县名称	行政等级	里程	等级公路							等外路	有铺装路面里程			简易铺装路面	未铺装路面	养护里程	晴雨通车里程	绿化里程
			合计	高速	一级	二级	三级	四级		合计	沥青混凝土	水泥混凝土					
岚县	小计	1073.104	1051.379	18.362	13.518	209.3	143.999	666.2	21.725	908.849	469.402	439.447	151.25	13.005	1073.104	1059.459	204.677
	国道	138.806	138.806			138.806				138.806	138.806				138.806	138.806	135.194
	省道	50.107	50.107	18.362	7.6	24.145				50.107	50.107				50.107	50.107	20.814
	县道	168.462	168.462			28.269	77.323	62.87		110.279	110.279		50.333	7.85	168.462	168.462	39.605
	乡道	252.753	252.753		5.918	11.581	59.271	175.983		203.767	106.093	97.674	48.986		252.753	252.753	5.829
	专用公路																
	村道	462.976	441.251			6.499	7.405	427.347	21.725	405.89	64.117	341.773	51.931	5.155	462.976	449.331	3.235
方山县	小计	823.618	823.618	59.512	24.632	102.989	92.783	543.702		714.001	317.074	396.927	54.349	55.268	823.618	823.618	187.927
	国道	98.531	98.531	8.778	17.408	71.532	0.813			97.718	97.718		0.813		98.531	98.531	78.717
	省道	79.286	79.286	50.734		8.432	13.105	7.015		79.286	72.271	7.015			79.286	79.286	52.705
	县道	121.144	121.144		7.224	9.48	58.96	45.48		62.226	53.945	8.281	33.191	25.727	121.144	121.144	44.556
	乡道	186.775	186.775			13.545	9.641	163.589		136.889	39.166	97.723	20.345	29.541	186.775	186.775	11.949
	专用公路																
	村道	337.882	337.882				10.264	327.618		337.882	53.974	283.908			337.882	337.882	
中阳县	小计	1010.529	856.46		44.812	84.343	175.135	552.17	154.069	655.251	284.037	371.214	122.433	232.845	1010.529	1010.529	414.78
	国道	55.537	55.537		17.46	38.077				55.537	55.537				55.537	55.537	51.448
	省道	23.688	23.688		23.688					23.688	23.688				23.688	23.688	23.253
	县道	190.075	190.075		1.805	46.266	137.013	4.991		139.459	139.459		31.448	19.168	190.075	190.075	147.308
	乡道	223.174	223.174				25.503	197.671		130.056	37.255	92.801	58.599	34.519	223.174	223.174	122.92
	专用公路																
	村道	518.055	363.986		1.859		12.619	349.508	154.069	306.511	28.098	278.413	32.386	179.158	518.055	518.055	69.851
交口县	小计	782.103	731.297		3.129	140.478	109.673	478.017	50.806	658.688	363.454	295.234	71.118	52.297	782.103	729.806	160.074
	国道	77.487	77.487			77.487				77.487	77.487				77.487	77.487	75.537
	省道	43.074	43.074			43.074				43.074	43.074				43.074	43.074	39.526
	县道	94.065	94.065		3.129	17.957	65.46	7.519		94.065	86.546	7.519			94.065	94.065	45.011
	乡道	254.789	233.664				27.953	205.711	21.125	188.034	121.353	66.681	45.63	21.125	254.789	233.664	
	专用公路																
	村道	312.688	283.007			1.96	16.26	264.787	29.681	256.028	34.994	221.034	25.488	31.172	312.688	281.516	

续表

县名称	行政等级	里程	等级公路						等外路	有铺装路面里程			简易铺装路面	未铺装路面	养护里程	晴雨通车里程	绿化里程
			合计	高速	一级	二级	三级	四级		合计	沥青混凝土	水泥混凝土					
孝义市	小计	1724.777	1724.777		120.054	304.656	273.141	1026.926		1676.083	992.305	683.778	44.905	3.789	1724.777	1724.777	735.635
	国道	44.744	44.744		28.158	16.586				44.744	44.744				44.744	44.744	44.381
	省道	61.963	61.963		61.173	0.79				61.963	61.963				61.963	61.963	58.53
	县道	205.747	205.747		9.717	112.925	69.677	13.428		205.747	196.328	9.419			205.747	205.747	145.008
	乡道	382.468	382.468		21.006	118.377	125.515	117.57		382.468	312.708	69.76			382.468	382.468	235.951
	专用公路																
	村道	1029.855	1029.855			55.978	77.949	895.928		981.161	376.562	604.599	44.905	3.789	1029.855	1029.855	251.765
汾阳市	小计	1212.577	1199.322	73.376	63.044	148.13	144.87	769.902	13.255	949.478	483.009	466.469	133.106	129.993	1212.577	1199.875	410.849
	国道	129.147	129.147	73.376	17.002	38.769				129.147	129.147				129.147	129.147	106.539
	省道	46.705	46.705		30.735	15.97				46.705	46.705				46.705	46.705	33.284
	县道	169.335	169.335		15.307	72.379	41.477	40.172		111.374	89.788	21.586	57.961		169.335	169.335	106.321
	乡道	363.733	363.733			10.005	69.754	283.974		304.462	106.848	197.614	42.27	17.001	363.733	363.733	81.79
	专用公路																
	村道	503.657	490.402			11.007	33.639	445.756	13.255	357.79	110.521	247.269	32.875	112.992	503.657	490.955	82.915
临汾市	合计	19326.063	19081.985	663.053	472.762	1956.488	3265.375	12724.307	244.078	15041.312	7018.249	8023.063	2318.807	1965.944	19326.063	19095.418	7972.267
	国道	1653.345	1650.262	551.483	259.333	675.225	161.622	2.599	3.083	1646.499	1620.314	26.185	3.763	3.083	1653.345	1653.345	1178.356
	省道	718.303	718.303	111.57	29.193	491.404	65.417	20.719		669.818	651.621	18.197	48.485		718.303	718.303	505.911
	县道	2425.267	2425.267		105.774	495.825	1212.457	611.211		1925.591	1599.468	326.123	497.85	1.826	2425.267	2425.267	2318.936
	乡道	5544.287	5438.07		54.252	135.559	1218.075	4030.184	106.217	4191.581	1781.89	2409.691	936.188	416.518	5544.287	5440.401	2546.72
	专用公路	26.998	26.998		1.173	5.998	19.827			15.676	3.235	12.441	11.322		26.998	26.998	16.187
	村道	8957.863	8823.085		23.037	152.477	587.977	8059.594	134.778	6592.147	1361.721	5230.426	821.199	1544.517	8957.863	8831.104	1406.157
尧都区	小计	1840.449	1840.449	40.314	162.841	156.19	600.713	880.391		1444.08	957.593	486.487	187.411	208.958	1840.449	1840.449	721.295
	国道	143.865	143.865	40.314	79.538	24.013				143.865	143.865				143.865	143.865	103.869
	省道	46.518	46.518		19.708	26.81				42.698	42.698		3.82		46.518	46.518	40.742
	县道	211.575	211.575		28.34	41.884	141.351			206.92	164.985	41.935	4.655		211.575	211.575	210.992
	乡道	601.502	601.502		28.384	18.201	240.056	314.861		430.841	329.731	101.11	65.566	105.095	601.502	601.502	249.612
	专用公路																
	村道	836.989	836.989		6.871	45.282	219.306	563.53		619.756	276.314	343.442	113.37	103.863	836.989	836.989	116.08

续表

县名称	行政等级	里程	等级公路						等外路	有铺装路面里程			简易铺装路面	未铺装路面	养护里程	晴雨通车里程	绿化里程
			合计	高速	一级	二级	三级	四级		合计	沥青混凝土	水泥混凝土					
曲沃县	小计	611.287	611.287	18.206	21.267	157.556	235.598	178.66		485.625	258.851	226.774	80.899	44.763	611.287	611.287	472.245
	国道	21.267	21.267		21.267					21.267	21.267				21.267	21.267	21.267
	省道	43.051	43.051	18.206		24.845				43.051	43.051				43.051	43.051	42.636
	县道	96.885	96.885			80.577	16.308			96.885	96.885				96.885	96.885	96.644
	乡道	188.587	188.587			15.289	146.847	26.451		132.898	44.942	87.956	50.548	5.141	188.587	188.587	188.587
	专用公路																
	村道	261.497	261.497			36.845	72.443	152.209		191.524	52.706	138.818	30.351	39.622	261.497	261.497	123.111
翼城县	小计	1396.421	1391.948	37.698	12.097	110.303	249.35	982.5	4.473	1204.095	298.556	905.539	145.001	47.325	1396.421	1391.948	398.012
	国道	36.092	36.092		5.78	19.515	8.547	2.25		32.826	30.576	2.25	3.266		36.092	36.092	27.619
	省道	82.272	82.272	37.698		44.574				82.272	82.272				82.272	82.272	63.108
	县道	174.471	174.471			37.777	135.285	1.409		154.068	80.667	73.401	20.403		174.471	174.471	173.963
	乡道	344.653	344.653		6.317	7.043	88.605	242.688		342.889	80.015	262.874		1.764	344.653	344.653	128.981
	专用公路																
	村道	758.933	754.46			1.394	16.913	736.153	4.473	592.04	25.026	567.014	121.332	45.561	758.933	754.46	4.341
襄汾县	小计	1430.294	1430.294	69.245	41.661	186.435	185.377	947.576		1250.091	883.409	366.682	69.484	110.719	1430.294	1430.294	1097.728
	国道	91.719	91.719	65.664	26.055					91.719	91.719				91.719	91.719	85.79
	省道	91.147	91.147	3.581		84.384		3.182		91.147	91.147				91.147	91.147	62.734
	县道	140.19	140.19		15.606	79.51	27.212	17.862		110.605	84.401	26.204	29.585		140.19	140.19	139.625
	乡道	296.95	296.95			15.615	116.467	164.868		284.087	192.179	91.908	12.167	0.696	296.95	296.95	252.056
	专用公路																
	村道	810.288	810.288			6.926	41.698	761.664		672.533	423.963	248.57	27.732	110.023	810.288	810.288	557.523
洪洞县	小计	2181.659	2174.501	101.202	102.398	123.461	413.696	1433.744	7.158	1841.612	423.745	1417.867	285.868	54.179	2181.659	2181.659	786.78
	国道	157.046	157.046	65.207	50.275	26.146	15.418			157.046	157.046				157.046	157.046	111.469
	省道	113.525	113.525	35.995	8.285	26.299	36.925	6.021		105.622	87.817	17.805	7.903		113.525	113.525	73.865
	县道	253.904	253.904		25.943	20.7	142.653	64.608		224.092	117.153	106.939	29.812		253.904	253.904	231.795
	乡道	480.391	480.391		8.967	23.333	142.267	305.824		325.872	24.906	300.966	144.567	9.952	480.391	480.391	315.549
	专用公路																
	村道	1176.793	1169.635		8.9287	26.983	76.433	1057.291	7.158	1028.98	36.823	992.157	103.586	44.227	1176.793	1176.793	54.102

续表

县名称	行政等级	里程	等级公路						等外路	有铺装路面里程			简易铺装路面	未铺装路面	养护里程	晴雨通车里程	绿化里程
			合计	高速	一级	二级	三级	四级		合计	沥青混凝土	水泥混凝土					
古县	小计	1029.256	1029.256	24.272	15.864	109.965	127.888	751.267		974.472	265.059	709.413	35.231	19.553	1029.256	1029.256	325.815
	国道	121.582	121.582	24.272		73.299	24.011			121.582	118.23	3.352			121.582	121.582	72.156
	省道																
	县道	73.268	73.268		15.864	25.268	32.136			61.826	61.401	0.425	11.442		73.268	73.268	68.313
	乡道	273.089	273.089			5.464	45.356	222.269		264.3	73.151	191.149	8.789		273.089	273.089	151.013
	专用公路																
	村道	561.317	561.317			5.934	26.385	528.998		526.764	12.277	514.487	15	19.553	561.317	561.317	34.333
安泽县	小计	913.523	824.636	43.298		107.694	135.897	537.747	88.887	582.937	294.404	288.533	101.056	229.53	913.523	825.497	488.121
	国道	124.629	124.629	43.298		48.683	32.299	0.349		124.629	122.063	2.566			124.629	124.629	93.427
	省道	52.983	52.983			52.983				52.983	52.983				52.983	52.983	26.785
	县道	99.608	99.608				84.808	14.8		16.498	14.8	1.698	83.11		99.608	99.608	99.283
	乡道	352.451	352.451			4.579	11.345	336.527		300.352	69.62	230.732	9.537	42.562	352.451	352.451	259.336
	专用公路	8.894	8.894			1.449	7.445			1.449	1.449		7.445		8.894	8.894	
	村道	274.958	186.071					186.071	88.887	87.026	33.489	53.537	0.964	186.968	274.958	186.932	9.29
浮山县	小计	878.244	872.201			90.645	140.082	641.474	6.043	683.93	388.491	295.439	77.202	117.112	878.244	874.532	269.826
	国道	45.321	45.321			33.806	11.515			45.321	45.321				45.321	45.321	35.007
	省道	8.713	8.713			8.713				8.713	8.713				8.713	8.713	8.532
	县道	101.053	101.053			46.362	54.691			95.787	95.787		5.266		101.053	101.053	100.546
	乡道	208.644	206.313				70.683	135.63	2.331	182.932	127.88	55.052	16.1	9.612	208.644	208.644	93.037
	专用公路																
	村道	514.513	510.801			1.764	3.193	505.844	3.712	351.177	110.79	240.387	55.836	107.5	514.513	510.801	32.704
吉县	小计	1527.378	1503.321	43.81		114.853	173.885	1170.773	24.057	883.104	377.364	505.74	217.277	426.997	1527.378	1503.321	448.643
	国道	158.663	158.663	43.81		114.853				158.663	151.574	7.089			158.663	158.663	111.388
	省道																
	县道	204.83	204.83				141.291	63.539		118.828	110.477	8.351	86.002		204.83	204.83	185.763
	乡道	368.39	358.139				31.879	326.26	10.251	256.666	101.212	155.454	78.102	33.622	368.39	358.139	47.412
	专用公路																
	村道	795.495	781.689				0.715	780.974	13.806	348.947	14.101	334.846	53.173	393.375	795.495	781.689	104.08

续表

县名称	行政等级	里程	等级公路						等外路	有铺装路面里程			简易铺装路面	未铺装路面	养护里程	晴雨通车里程	绿化里程
			合计	高速	一级	二级	三级	四级		合计	沥青混凝土	水泥混凝土					
乡宁县	小计	1269.863	1269.863	87.212		197.693	257.935	727.023		1110.504	712.894	397.61	159.359		1269.863	1269.863	391.559
	国道	170.011	170.011	87.212		82.799				170.011	159.083	10.928			170.011	170.011	112.291
	省道	145.74	145.74			108.575	25.649	11.516		121.631	121.631		24.109		145.74	145.74	91.629
	县道	132.013	132.013				96.144	35.869		91.788	91.788		40.225		132.013	132.013	101.257
	乡道	427.51	427.51			6.319	120.04	301.151		358.256	278.958	79.298	69.254		427.51	427.51	82.751
	专用公路																
	村道	394.589	394.589				16.102	378.487		368.818	61.434	307.384	25.771		394.589	394.589	3.631
大宁县	小计	850.516	850.516			48.606	79.911	721.999		747.561	228.884	518.677	46.899	56.056	850.516	850.516	183.6
	国道	68.097	68.097			30.771	37.326			68.097	68.097				68.097	68.097	55.771
	省道	17.835	17.835			17.835				17.835	17.835				17.835	17.835	15.012
	县道	120.275	120.275				42.585	77.69		74.351	74.351		45.924		120.275	120.275	97.326
	乡道	328.923	328.923					328.923		328.923	67.989	260.934			328.923	328.923	14.193
	专用公路																
	村道	315.386	315.386					315.386		258.355	0.612	257.743	0.975	56.056	315.386	315.386	1.298
隰县	小计	1031.67	1023.211	58.182		113.953	69.056	782.02	8.459	592.25	337.647	254.603	414.431	24.989	1031.67	1023.211	391.678
	国道	178.876	178.876	58.182		108.79	11.904			178.876	178.876				178.876	178.876	122.696
	省道	5.163	5.163			5.163				5.163	5.163				5.163	5.163	4.253
	县道	148.398	148.398				57.152	91.246		102.888	97.583	5.305	45.51		148.398	148.398	148.052
	乡道	275.107	266.648					266.648	8.459	47.285	17.918	29.367	219.363	8.459	275.107	266.648	93.902
	专用公路																
	村道	424.126	424.126					424.126		258.038	38.107	219.931	149.558	16.53	424.126	424.126	22.775
永和县	小计	1084.253	1065.286	37.556		101.293	63.017	863.42	18.967	820.713	403.788	416.925	116.892	146.648	1084.253	1065.286	443.401
	国道	92.274	92.274	37.556		54.718				91.777	91.777		0.497		92.274	92.274	56.724
	省道	46.575	46.575			46.575				46.575	46.575				46.575	46.575	39.129
	县道	199.54	199.54				44.963	154.577		124.37	124.37		75.17		199.54	199.54	198.508
	乡道	356.781	337.814				17.138	320.676	18.967	259.754	120.417	139.337	19.167	77.86	356.781	337.814	145.707
	专用公路																
	村道	389.083	389.083				0.916	388.167		298.237	20.649	277.588	22.058	68.788	389.083	389.083	3.333

续表

县名称	行政等级	里程	等级公路						等外路	有铺装路面里程			简易铺装路面	未铺装路面	养护里程	晴雨通车里程	绿化里程
			合计	高速	一级	二级	三级	四级		合计	沥青混凝土	水泥混凝土					
蒲县	小计	1033.702	980.879		34.192	191.923	123.257	631.507	52.823	554.685	505.511	49.174	316.698	162.319	1033.702	980.879	332.233
	国道	51.772	51.772		32.208	19.564				51.772	51.772				51.772	51.772	35.652
	省道	16.705	16.705			16.705				16.705	16.705				16.705	16.705	11.9
	县道	138.627	138.627			116.044	22.583			121.067	113.708	7.359	17.56		138.627	138.627	138.237
	乡道	389.953	342.052		1.984	28.889	77.324	233.855	47.901	130.603	124.11	6.493	208.058	51.292	389.953	342.052	74.05
	专用公路																
	村道	436.645	431.723			10.721	23.35	397.652	4.922	234.538	199.216	35.322	91.08	111.027	436.645	431.723	72.394
汾西县	小计	703.411	690.759	40.005	5.969	43.441	104.246	497.098	12.652	646.651	317.263	329.388	0.744	56.016	703.411	693.842	579.163
	国道	93.294	90.211	40.005	5.969	36.962	7.275		3.083	90.211	90.211			3.083	93.294	93.294	53.167
	省道	1.818	1.818			1.818				1.818	1.818				1.818	1.818	
	县道	160.77	160.77			4.661	89.107	67.002		160.77	143.846	16.924			160.77	160.77	160.188
	乡道	225.054	216.761				6.811	209.95	8.293	208.22	73.659	134.561		16.834	225.054	216.761	200.897
	专用公路																
	村道	222.475	221.199				1.053	220.146	1.276	185.632	7.729	177.903	0.744	36.099	222.475	221.199	164.911
侯马市	小计	435.642	435.642	16.09	53.072	51.103	195.834	119.543		364.303	147.953	216.35	21.516	49.823	435.642	435.642	210.739
	国道	28.705	28.705		19.171		9.534			28.705	28.705				28.705	28.705	22.444
	省道	34.678	34.678	16.09	1.2	14.545	2.843			32.678	32.678		2		34.678	34.678	17.727
	县道	58.416	58.416		20.021	18.377	20.018			55.23	31.048	24.182	3.186		58.416	58.416	57.92
	乡道	80.209	80.209		8.6	1.941	69.668			43.355	22.541	20.814	11.979	24.875	80.209	80.209	71.609
	专用公路	18.104	18.104		1.173	4.549	12.382			14.227	1.786	12.441	3.877		18.104	18.104	16.187
	村道	215.53	215.53		2.907	11.691	81.389	119.543		190.108	31.195	158.913	0.474	24.948	215.53	215.53	24.852
霍州市	小计	1108.495	1087.936	45.963	23.401	51.374	109.633	857.565	20.559	854.699	216.837	637.862	42.839	210.957	1108.495	1087.936	431.429
	国道	70.132	70.132	45.963	19.07	1.306	3.793			70.132	70.132				70.132	70.132	57.619
	省道	11.58	11.58			11.58				0.927	0.535	0.392	10.653		11.58	11.58	7.859
	县道	111.444	111.444			24.665	64.17	22.609		109.618	96.218	13.4		1.826	111.444	111.444	110.524
	乡道	346.093	336.078			8.886	33.589	293.603	10.015	294.348	32.662	261.686	22.991	28.754	346.093	336.078	178.028
	专用公路																
	村道	569.246	558.702		4.331	4.937	8.081	541.353	10.544	379.674	17.29	362.384	9.195	180.377	569.246	558.702	77.399

续表

县名称	行政等级	里程	等级公路						等外路	有铺装路面里程			简易铺装路面	未铺装路面	养护里程	晴雨通车里程	绿化里程
			合计	高速	一级	二级	三级	四级		合计	沥青混凝土	水泥混凝土					
运城市	合计	16095.597	16095.597	602.632	373.696	1940.516	2140.447	11038.306		13069.689	4287.845	8781.844	2959.631	66.277	16093.156	16095.597	15023.668
	国道	1235.686	1235.686	346.58	195.234	462.68	121.057	110.135		1161.74	1040.085	121.655	73.726	0.22	1233.245	1235.686	1036.212
	省道	707.734	707.734	256.052	114.09	244.408	72.297	20.887		675.955	673.255	2.7	31.779		707.734	707.734	610.111
	县道	2720.597	2720.597		32.736	886.903	1203.796	597.162		2274.984	1676.683	598.301	445.613		2720.597	2720.597	2520.971
	乡道	6135.102	6135.102		31.636	195.518	467.362	5440.586		4457.854	608.754	3849.1	1631.18	46.068	6135.102	6135.102	5903.765
	专用公路	65.041	65.041			0.539	42.042	22.46		51.669	6.488	45.181	13.372		65.041	65.041	20.822
	村道	5231.437	5231.437			150.468	233.893	4847.076		4447.487	282.58	4164.907	763.961	19.989	5231.437	5231.437	4931.787
盐湖区	小计	1722.124	1722.124	118.306	72.579	155.461	195.377	1180.401		1608.518	457.341	1151.177	113.606		1722.124	1722.124	1392.875
	国道	86.022	86.022	13.123	24.174	43.302		5.423		78.892	67.651	11.241	7.13		86.022	86.022	72.651
	省道	167.913	167.913	105.183	27.638	3.187	31.905			156.954	156.954		10.959		167.913	167.913	135.17
	县道	239.115	239.115		8.712	74.111	112.458	43.834		184.252	139.534	44.718	54.863		239.115	239.115	238.99
	乡道	485.564	485.564		12.055	16.001	16.615	440.893		456.886	49.698	407.188	28.678		485.564	485.564	382.578
	专用公路																
	村道	743.51	743.51			18.86	34.399	690.251		731.534	43.504	688.03	11.976		743.51	743.51	563.486
临猗县	小计	1502.27	1502.27	33.075	44.772	96.093	234.171	1094.159		902.506	360.967	541.539	599.764		1499.829	1502.27	1489.826
	国道	109.192	109.192	33.075	37.96	25.417		12.74		96.452	96.452		12.74		106.751	109.192	106.125
	省道	43.475	43.475		3.442	40.033				43.475	43.475				43.475	43.475	43.475
	县道	241.189	241.189			30.643	197.331	13.215		182.37	162.073	20.297	58.819		241.189	241.189	240.967
	乡道	839.656	839.656		3.37		32.704	803.582		413.039	48.474	364.565	426.617		839.656	839.656	835.386
	专用公路																
	村道	268.758	268.758				4.136	264.622		167.17	10.493	156.677	101.588		268.758	268.758	263.873
万荣县	小计	1202.158	1202.158	72.734	52.506	161.228	235.224	680.466		1091.323	473.009	618.314	110.835		1202.158	1202.158	1191.279
	国道	96.393	96.393	72.734	23.659					96.393	96.393				96.393	96.393	92.198
	省道	69.389	69.389		28.847	40.542				69.389	69.389				69.389	69.389	69.389
	县道	280.18	280.18			101.624	155.128	23.428		280.18	210.458	69.722			280.18	280.18	279.92
	乡道	405.736	405.736			9.152	64.551	332.033		322.813	67.735	255.078	82.923		405.736	405.736	405.599
	专用公路																
	村道	350.46	350.46			9.91	15.545	325.005		322.548	29.034	293.514	27.912		350.46	350.46	344.173

续表

县名称	行政等级	里程	等级公路						等外路	有铺装路面里程			简易铺装路面	未铺装路面	养护里程	晴雨通车里程	绿化里程
			合计	高速	一级	二级	三级	四级		合计	沥青混凝土	水泥混凝土					
闻喜县	小计	1489.556	1489.556	76.396	16.093	260.857	51.479	1084.731		1398.224	434.293	963.931	91.332		1489.556	1489.556	1453.179
	国道	85.129	85.129	40.768	15.418	17.587	8.507	2.849		83.48	79.746	3.734	1.649		85.129	85.129	70.122
	省道	101.672	101.672	35.628	0.675	44.157	5.309	15.903		96.16	93.46	2.7	5.512		101.672	101.672	84.127
	县道	200.798	200.798			171.809	28.989			200.798	165.429	35.369			200.798	200.798	198.498
	乡道	665.151	665.151			27.304	8.674	629.173		607.256	76.157	531.099	57.895		665.151	665.151	665.151
	专用公路	6.83	6.83					6.83					6.83		6.83	6.83	6.83
	村道	429.976	429.976					429.976		410.53	19.501	391.029	19.446		429.976	429.976	428.451
稷山县	小计	873.501	873.501	35.025	35.379	182.958	112.464	507.675		850.274	306.612	543.662	23.227		873.501	873.501	836.9
	国道	59.027	59.027	35.025	4.168	19.834				59.027	59.027				59.027	59.027	54.012
	省道	54.244	54.244		25.45	5.349	23.445			54.244	54.244				54.244	54.244	32.684
	县道	151.083	151.083		5.761	122.387	22.935			151.083	141.917	9.166			151.083	151.083	150.232
	乡道	292.656	292.656			19.705	40.937	232.014		276.719	26.167	250.552	15.937		292.656	292.656	285.996
	专用公路	3.282	3.282					3.282		3.282		3.282			3.282	3.282	3.282
	村道	313.209	313.209			15.683	25.147	272.379		305.919	25.257	280.662	7.29		313.209	313.209	310.694
新绛县	小计	834.165	834.165	28.001	8.623	85.561	84.422	627.558		692.579	217.239	475.34	141.586		834.165	834.165	823.388
	国道	34.693	34.693	17.3	4.977	12.416				34.693	34.693				34.693	34.693	33.133
	省道	38.199	38.199	10.701	3.646	23.852				38.199	38.199				38.199	38.199	36.054
	县道	115.973	115.973			45.949	67.735	2.289		85.655	85.655		30.318		115.973	115.973	115.883
	乡道	419.474	419.474			3.344	16.687	399.443		349.52	44.86	304.66	69.954		419.474	419.474	419.426
	专用公路																
	村道	225.826	225.826					225.826		184.512	13.832	170.68	41.314		225.826	225.826	218.892
绛县	小计	1021.415	1021.415	23.339	28.208	87.682	124.806	757.38		787.435	270.519	516.916	233.98		1021.415	1021.415	981.042
	国道	133.299	133.299	23.339	20.208	26.698	63.054			115.016	115.016		18.283		133.299	133.299	96.927
	省道	13.62	13.62			13.62				13.62	13.62				13.62	13.62	10.7
	县道	155.334	155.334		7.436	43.605	55.582	48.711		115.258	85.597	29.661	40.076		155.334	155.334	154.762
	乡道	396.384	396.384		0.564	1.025	6.17	388.625		276.472	21.064	255.408	119.912		396.384	396.384	396.188
	专用公路	4.95	4.95					4.95					4.95		4.95	4.95	4.904
	村道	317.828	317.828			2.734		315.094		267.069	35.222	231.847	50.759		317.828	317.828	317.561

续表

县名称	行政等级	里程	等级公路						等外路	有铺装路面里程			简易铺装路面	未铺装路面	养护里程	晴雨通车里程	绿化里程
			合计	高速	一级	二级	三级	四级		合计	沥青混凝土	水泥混凝土					
垣曲县	小计	1025.192	1025.192	47.641		112.16	187.672	677.719		1025.192	392.374	632.818			1025.192	1025.192	840.186
	国道	177.815	177.815	47.641		52.638	22.077	55.459		177.815	113.492	64.323			177.815	177.815	134.166
	省道																
	县道	257.631	257.631			26.21	126.56	104.861		257.631	187.607	70.024			257.631	257.631	134.985
	乡道	377.722	377.722			22.151	38.165	317.406		377.722	75.728	301.994			377.722	377.722	369.092
	专用公路																
	村道	212.024	212.024			11.161	0.87	199.993		212.024	15.547	196.477			212.024	212.024	201.943
夏县	小计	1209.42	1209.42	15.315	23.498	141.481	158.085	871.041		966.302	253.397	712.905	243.118		1209.42	1209.42	982.411
	国道	60.875	60.875		2.27	30.989		27.616		55.026	33.259	21.767	5.849		60.875	60.875	24.695
	省道	44.26	44.26	15.315	6.28	17.681		4.984		43.511	43.511		0.749		44.26	44.26	30.929
	县道	205.998	205.998		7.827	58.578	87.731	51.862		162.487	130.996	31.491	43.511		205.998	205.998	161.768
	乡道	490.564	490.564		7.121	27.539	51.243	404.661		352.621	32.302	320.319	137.943		490.564	490.564	392.196
	专用公路																
	村道	407.723	407.723			6.694	19.111	381.918		352.657	13.329	339.328	55.066		407.723	407.723	372.823
平陆县	小计	1306.642	1306.642	22.33	5.753	128.464	225.869	924.226		799.583	245.13	554.453	440.782	66.277	1306.642	1306.642	1290.553
	国道	139.106	139.106		1.873	103.766	27.419	6.048		110.811	105.639	5.172	28.075	0.22	139.106	139.106	133.495
	省道	23.21	23.21	22.33	0.88					23.21	23.21				23.21	23.21	20.896
	县道	227.471	227.471		3	17.915	122.653	83.903		159.99	91.543	68.447	67.481		227.471	227.471	226.796
	乡道	503.024	503.024			0.348	65.758	436.918		196.866	9.27	187.596	260.09	46.068	503.024	503.024	503.024
	专用公路																
	村道	413.831	413.831			6.435	10.039	397.357		308.706	15.468	293.238	85.136	19.989	413.831	413.831	406.342
芮城县	小计	1360.684	1360.684	26.029	27.877	142.913	115.736	1048.129		939.194	318.786	620.408	421.49		1360.684	1360.684	1329.401
	国道	96.418	96.418	21.03	27.102	48.286				96.418	91.413	5.005			96.418	96.418	86.393
	省道	66.912	66.912	4.999	0.775	49.5	11.638			52.353	52.353		14.559		66.912	66.912	62.42
	县道	234.335	234.335			18.291	65.407	150.637		100.16	76.691	23.469	134.175		234.335	234.335	230.299
	乡道	505.539	505.539			19.289	30.867	455.383		371.83	75.166	296.664	133.709		505.539	505.539	496.178
	专用公路	5.806	5.806					5.806		5.806	5.806				5.806	5.806	5.806
	村道	451.674	451.674			7.547	7.824	436.303		312.627	17.357	295.27	139.047		451.674	451.674	448.305

续表

县名称	行政等级	里程	等级公路						等外路	有铺装路面里程			简易铺装路面	未铺装路面	养护里程	晴雨通车里程	绿化里程
			合计	高速	一级	二级	三级	四级		合计	沥青混凝土	水泥混凝土					
永济市	小计	1551.443	1551.443	61.896	16.457	141.501	118.958	1212.631		1078.065	262.231	815.834	473.378		1551.443	1551.443	1526.235
	国道	56.296	56.296			56.296				56.296	56.296				56.296	56.296	56.005
	省道	81.831	81.831	61.896	16.457	3.478				81.831	81.831				81.831	81.831	81.258
	县道	226.397	226.397			70.001	86.391	70.005		210.027	99.915	110.112	16.37		226.397	226.397	209.54
	乡道	538.485	538.485			9.593	31.194	497.698		286.013	21.365	264.648	252.472		538.485	538.485	538.079
	专用公路																
	村道	648.434	648.434			2.133	1.373	644.928		443.898	2.824	441.074	204.536		648.434	648.434	641.353
河津市	小计	997.027	997.027	42.545	41.951	244.157	296.184	372.19		930.494	295.947	634.547	66.533		997.027	997.027	886.393
	国道	101.421	101.421	42.545	33.425	25.451				101.421	91.008	10.413			101.421	101.421	76.29
	省道	3.009	3.009			3.009				3.009	3.009				3.009	3.009	3.009
	县道	185.093	185.093			105.78	74.896	4.417		185.093	99.268	85.825			185.093	185.093	178.331
	乡道	215.147	215.147		8.526	40.067	63.797	102.757		170.097	60.768	109.329	45.05		215.147	215.147	214.872
	专用公路	44.173	44.173			0.539	42.042	1.592		42.581	0.682	41.899	1.592		44.173	44.173	
	村道	448.184	448.184			69.311	115.449	263.424		428.293	41.212	387.081	19.891		448.184	448.184	413.891
长治市	合计	12169.437	12156.004	382.172	139.443	1438.486	1903.752	8292.151	13.433	11283.843	5811.361	5472.482	858.289	27.305	12163.362	12169.437	6635.049
	国道	992.174	992.174	242.036	78.259	551.285	112.988	7.606		940.057	928.371	11.686	48.995	3.122	986.099	992.174	728.719
	省道	691.971	691.971	140.136	23.214	398.484	93.52	36.617		657.483	649.844	7.639	34.488		691.971	691.971	539.01
	县道	1731.928	1731.928		22.104	266.337	984.836	458.651		1428.923	1308.669	120.254	303.005		1731.928	1731.928	1087.345
	乡道	3854.76	3854.76		11.245	90.119	574.728	3178.668		3597.641	1571.034	2026.607	257.119		3854.76	3854.76	2136.505
	专用公路	47.74	47.74			16.854	30.886			47.74	47.74				47.74	47.74	46.307
	村道	4850.864	4837.431		4.621	115.407	106.794	4610.609	13.433	4611.999	1305.703	3306.296	214.682	24.183	4850.864	4850.864	2097.163
潞州区	小计	430.535	430.535	13.727	35.463	58.444	110.851	212.05		385.863	239.155	146.708	43.572	1.1	424.46	430.535	273.414
	国道	59.538	59.538	13.727	26.806	19.005				59.538	59.538				53.463	59.538	38.616
	省道	41.971	41.971		8.657	13.47	19.844			41.971	35.436	6.535			41.971	41.971	29.049
	县道	57.33	57.33				47.557	9.773		55.827	50.184	5.643	1.503		57.33	57.33	43.357
	乡道	93.84	93.84			8.559	20.795	64.486		82.233	41.189	41.044	11.607		93.84	93.84	85.179
	专用公路																
	村道	177.856	177.856			17.41	22.655	137.791		146.294	52.808	93.486	30.462	1.1	177.856	177.856	77.213

续表

县名称	行政等级	里程	等级公路						等外路	有铺装路面里程			简易铺装路面	未铺装路面	养护里程	晴雨通车里程	绿化里程
			合计	高速	一级	二级	三级	四级		合计	沥青混凝土	水泥混凝土					
上党区	小计	718.862	718.862	38.179	12.349	115.429	173.783	379.122		715.461	410.082	305.379	3.401		718.862	718.862	360.117
	国道	57.01	57.01	29.32		27.69				57.01	57.01				57.01	57.01	31.29
	省道	60.588	60.588	8.859	12.349	24.027	15.353			60.588	60.588				60.588	60.588	57.044
	县道	123.105	123.105			40.261	73.835	9.009		123.105	118.312	4.793			123.105	123.105	107.187
	乡道	137.96	137.96			5.294	79.826	52.84		134.836	73.822	61.014	3.124		137.96	137.96	125.137
	专用公路																
	村道	340.199	340.199			18.157	4.769	317.273		339.922	100.35	239.572	0.277		340.199	340.199	39.459
屯留区	小计	1040.621	1040.621	63.628	20.366	143.62	123.037	689.97		1036.093	518.135	517.958	4.528		1040.621	1040.621	850.467
	国道	156.876	156.876	63.628	9.451	78.233	5.564			156.876	153.044	3.832			156.876	156.876	126.297
	省道	32.652	32.652			16.453	6.82	9.379		28.124	28.124		4.528		32.652	32.652	32.652
	县道	111.278	111.278		10.915	28.498	46.157	25.708		111.278	111.278				111.278	111.278	108.848
	乡道	327.917	327.917			3.528	62.669	261.72		327.917	141.181	186.736			327.917	327.917	259.44
	专用公路																
	村道	411.898	411.898			16.908	1.827	393.163		411.898	84.508	327.39			411.898	411.898	323.23
潞城区	小计	763.953	763.953	40.562	19.632	108.154	99.626	495.979		733.417	335.947	397.47	30.536		763.953	763.953	466.604
	国道	88.308	88.308	23.729	19.632	44.947				88.308	88.308				88.308	88.308	67.509
	省道	43.045	43.045	16.833		26.212				43.045	43.045				43.045	43.045	38.919
	县道	101.489	101.489			15.821	61.358	24.31		88.43	79.097	9.333	13.059		101.489	101.489	84.538
	乡道	279.614	279.614			15.194	29.493	234.927		266.441	89.984	176.457	13.173		279.614	279.614	162.576
	专用公路																
	村道	251.497	251.497			5.98	8.775	236.742		247.193	35.513	211.68	4.304		251.497	251.497	113.062
襄垣县	小计	1326.912	1326.912	40.895	30.098	174.297	205.783	875.839		1317.557	870.344	447.213	9.355		1326.912	1326.912	955.735
	国道	115.646	115.646	40.895	9.362	65.389				115.646	115.646				115.646	115.646	99.762
	省道	26.28	26.28			0.515		25.765		26.28	26.28				26.28	26.28	23.993
	县道	202.805	202.805		9.639	55.47	103.896	33.8		199.578	199.578		3.227		202.805	202.805	159.051
	乡道	404.616	404.616		11.097	34.233	93.388	265.898		401.599	343.823	57.776	3.017		404.616	404.616	302.37
	专用公路																
	村道	577.565	577.565			18.69	8.499	550.376		574.454	185.017	389.437	3.111		577.565	577.565	370.559

续表

县名称	行政等级	里程	等级公路						等外路	有铺装路面里程			简易铺装路面	未铺装路面	养护里程	晴雨通车里程	绿化里程
			合计	高速	一级	二级	三级	四级		合计	沥青混凝土	水泥混凝土					
平顺县	小计	1369.195	1369.195	48.452		104.427	226.254	990.062		1283.94	455.868	828.072	78.416	6.839	1369.195	1369.195	136.715
	国道	67.354	67.354			29.66	30.088	7.606		34.144	29.66	4.484	30.088	3.122	67.354	67.354	5.75
	省道	127.644	127.644	48.452		57.348	21.844			106.635	106.014	0.621	21.009		127.644	127.644	65.723
	县道	230.519	230.519			13.517	136.041	80.961		211.734	164.872	46.862	18.785		230.519	230.519	46.49
	乡道	541.627	541.627				35.238	506.389		535.623	81.089	454.534	6.004		541.627	541.627	17.753
	专用公路																
	村道	402.051	402.051			3.902	3.043	395.106		395.804	74.233	321.571	2.53	3.717	402.051	402.051	0.999
黎城县	小计	1166.211	1166.211	65.532		95.219	125.305	880.155		1131.229	371.263	759.966	34.982		1166.211	1166.211	536.12
	国道	103.617	103.617	26.281		77.336				90.396	87.026	3.37	13.221		103.617	103.617	65.595
	省道	39.251	39.251	39.251						39.251	39.251				39.251	39.251	5.226
	县道	108.813	108.813				50.904	57.909		94.047	80.08	13.967	14.766		108.813	108.813	56.06
	乡道	409.524	409.524			5.975	63.041	340.508		404.205	77.586	326.619	5.319		409.524	409.524	278.04
	专用公路																
	村道	505.006	505.006			11.908	11.36	481.738		503.33	87.32	416.01	1.676		505.006	505.006	131.199
壶关县	小计	1189.121	1189.121	26.741	13.281	98.893	238.397	811.809		1180.509	573.435	607.074	8.612		1189.121	1189.121	656.438
	国道	37.168	37.168		11.731	3.643	21.794			37.168	37.168				37.168	37.168	34.494
	省道	102.757	102.757	26.741		61.553	14.463			102.757	102.274	0.483			102.757	102.757	90.961
	县道	189.282	189.282		1.55	7.233	124.094	56.405		189.282	159.799	29.483			189.282	189.282	80.864
	乡道	282.202	282.202				34.472	247.73		282.202	82.516	199.686			282.202	282.202	234.617
	专用公路	47.74	47.74			16.854	30.886			47.74	47.74				47.74	47.74	46.307
	村道	529.972	529.972			9.61	12.688	507.674		521.36	143.938	377.422	8.612		529.972	529.972	169.195
长子县	小计	908.591	908.591	6.92	2.208	86.626	133.906	678.931		587.671	495.015	92.656	320.92		908.591	908.591	572.071
	国道	6.92	6.92	6.92						6.92	6.92				6.92	6.92	6.802
	省道	92.617	92.617		2.208	75.213	15.196			92.617	92.617				92.617	92.617	80.349
	县道	145.828	145.828			9.989	87.936	47.903		76.211	76.211		69.617		145.828	145.828	115.92
	乡道	283.689	283.689				24.66	259.029		148.086	123.909	24.177	135.603		283.689	283.689	225.08
	专用公路																
	村道	379.537	379.537			1.424	6.114	371.999		263.837	195.358	68.479	115.7		379.537	379.537	143.92

续表

县名称	行政等级	里程	等级公路						等外路	有铺装路面里程			简易铺装路面	未铺装路面	养护里程	晴雨通车里程	绿化里程
			合计	高速	一级	二级	三级	四级		合计	沥青混凝土	水泥混凝土					
武乡县	小计	1220.547	1220.547	37.536		163.03	106.545	913.436		1102.409	500.914	601.495	110.486	7.652	1220.547	1220.547	541.91
	国道	96.095	96.095	37.536		58.559				96.095	96.095				96.095	96.095	71.713
	省道	63.289	63.289			63.289				63.289	63.289				63.289	63.289	57.045
	县道	169.581	169.581			37.816	91.218	40.547		99.286	90.952	8.334	70.295		169.581	169.581	80.133
	乡道	383.404	383.404				12.034	371.37		351.82	138.231	213.589	31.584		383.404	383.404	143.08
	专用公路																
	村道	508.178	508.178		6.046	3.366	3.293	501.519		491.919	112.347	379.572	8.607	7.652	508.178	508.178	189.939
沁县	小计	1055.141	1041.708		1.277	131.593	116.454	787.615	13.433	893.209	390.77	502.439	155.194	6.738	1055.141	1055.141	768.695
	国道	44.427	44.427			43.15				44.427	44.427				44.427	44.427	44.427
	省道	49.205	49.205		0.148	47.732		1.473		40.254	40.254		8.951		49.205	49.205	46.226
	县道	156.746	156.746			38.636	73.702	44.408		85.881	85.881		70.865		156.746	156.746	110.757
	乡道	322.136	322.136		4.621		33.949	288.039		274.448	85.761	188.687	47.688		322.136	322.136	114.94
	专用公路																
	村道	482.627	469.194			2.075	8.803	453.695	13.433	448.199	134.447	313.752	27.69	6.738	482.627	482.627	452.345
沁源县	小计	979.748	979.748			158.754	243.811	577.183		916.485	650.433	266.052	58.287	4.976	979.748	979.748	516.763
	国道	159.215	159.215			103.673	55.542			153.529	153.529		5.686		159.215	159.215	136.464
	省道	12.672	12.672			12.672				12.672	12.672				12.672	12.672	11.823
	县道	135.152	135.152			19.096	88.138	27.918		94.264	92.425	1.839	40.888		135.152	135.152	94.14
	乡道	388.231	388.231			17.336	85.163	285.732		388.231	291.943	96.288			388.231	388.231	188.293
	专用公路				157.56												
	村道	284.478	284.478		63.203	5.977	14.968	263.533		267.789	99.864	167.925	11.713	4.976	284.478	284.478	86.043
晋城市	合计	9652.034	9517.688	428.844	54.974	738.309	1609.843	6583.132	134.346	9173.486	3095.751	6077.735	350.423	128.125	9645.431	9611.939	2924.294
	国道	505.268	505.268	121.132	24.609	206.659	114.274			505.268	496.383	8.885			498.665	505.268	352.507
	省道	620.476	620.476	307.712	12.59	208.09	49.7			600.628	586.233	14.395	19.848		620.476	620.476	451.664
	县道	1126.398	1108.857			148.848	664.701	270.699	17.541	1030.754	792.626	238.128	77.27	18.374	1126.398	1126.398	492.042
	乡道	3556.835	3549.664		2.184	119.821	423.149	2994.104	7.171	3373.936	706.049	2667.887	152.349	30.55	3556.835	3556.835	908.178
	专用公路	19.65	19.65				12.174	7.476		19.65	4.9	14.75			19.65	19.65	12.072
	村道	3823.407	3713.773			54.891	345.845	3310.853	109.634	3643.25	509.56	3133.69	100.956	79.201	3823.407	3783.312	707.831

续表

县名称	行政等级	里程	等级公路						等外路	有铺装路面里程			简易铺装路面	未铺装路面	养护里程	晴雨通车里程	绿化里程
			合计	高速	一级	二级	三级	四级		合计	沥青混凝土	水泥混凝土					
城区	小计	230.907	230.907	10.393	34.832	9.961	100.02	75.701		218.368	83.264	135.104	12.539		230.907	230.907	124.154
	国道	30.578	30.578	7.401	16.493	1.195	5.489			30.578	23.219	7.359			30.578	30.578	20.418
	省道	16.778	16.778	2.992	13.786					16.778	16.778				16.778	16.778	14.47
	县道	25.852	25.852		4.553		21.299			25.852	16.818	9.034			25.852	25.852	25.067
	乡道	46.424	46.424			6.232	38.555	1.637		42.268	2.426	39.842	4.156		46.424	46.424	33.597
	专用公路																
	村道	111.275	111.275			2.534	34.677	74.064		102.892	24.023	78.869	8.383		111.275	111.275	30.602
沁水县	小计	1543.218	1543.218	77.302	27.396	149.722	199.054	1089.744		1514.983	524.543	990.44	17.105	11.13	1537.342	1543.218	338.035
	国道	40.871	40.871		4.162	32.762	3.947			40.871	40.871				34.995	40.871	22.897
	省道	163.096	163.096	77.302	3.178	82.616				163.096	159.166	3.93			163.096	163.096	121.1
	县道	250.451	250.451		20.056	5.953	159.84	64.602		242.577	142.718	99.859		7.874	250.451	250.451	61.162
	乡道	567.535	567.535			26.891	18.68	521.964		555.494	152.137	403.357	12.041		567.535	567.535	101.498
	专用公路																
	村道	521.265	521.265			1.5	16.587	503.178		512.945	29.651	483.294	5.064	3.256	521.265	521.265	31.378
阳城县	小计	2368.976	2368.976	93.287	27.994	176.592	233.12	1837.983		2315.13	646.769	1668.361	42.392	11.454	2368.976	2368.976	531.462
	国道	48.416	48.416		7.22	5.196	36			48.416	48.416				48.416	48.416	37.207
	省道	136.147	136.147	93.287	6	36.86				136.147	128.625	7.522			136.147	136.147	80.732
	县道	234.901	234.901			78.128	73.77	83.003		222.617	160.837	61.78	12.284		234.901	234.901	78.453
	乡道	914.793	914.793		12.59	32.233	72.902	797.068		887.383	189.99	697.393	23.021	4.389	914.793	914.793	174.658
	专用公路																
	村道	1034.719	1034.719		2.184	24.175	50.448	957.912		1020.567	118.901	901.666	7.087	7.065	1034.719	1034.719	160.412
陵川县	小计	1653.821	1592.48	44.845	9.54	116.653	192.273	1229.169	61.341	1562.221	395.873	1166.348	28.892	62.708	1653.094	1613.726	418.717
	国道	135.287	135.287		9.54	79.987	45.76			135.287	135.287				134.56	135.287	75.409
	省道	75.06	75.06	44.845		30.215				55.212	53.144	2.068	19.848		75.06	75.06	55.585
	县道	199.813	182.272			2.833	95.639	83.8	17.541	197.796	172.455	25.341	2.017		199.813	199.813	67.652
	乡道	638.416	638.416				37.312	601.104		628.481	11.49	616.991	3.972	5.963	638.416	638.416	135.803
	专用公路																
	村道	605.245	561.445			3.618	13.562	544.265	43.8	545.445	23.497	521.948	3.055	56.745	605.245	565.15	84.268

续表

县名称	行政等级	里程	等级公路 合计	高速	一级	二级	三级	四级	等外路	有铺装路面里程 合计	沥青混凝土	水泥混凝土	简易铺装路面	未铺装路面	养护里程	晴雨通车里程	绿化里程
泽州县	小计	2495.174	2422.169	133.917	34.887	111.974	472.611	1668.78	73.005	2326.149	651.052	1675.097	127.885	41.14	2495.174	2495.174	845.316
	国道	190.146	190.146	84.301	20.137	62.63	23.078			190.146	188.62	1.526			190.146	190.146	140.416
	省道	114.066	114.066	49.616	14.75		49.7			114.066	113.191	0.875			114.066	114.066	71.379
	县道	202.434	202.434			30.667	155.208	16.559		191.214	173.553	17.661	2.413	8.807	202.434	202.434	132.165
	乡道	975.492	968.321			15.253	122.795	830.273	7.171	900.268	116.021	784.247	55.026	20.198	975.492	975.492	273.71
	专用公路	19.65	19.65				12.174	7.476		19.65	4.9	14.75			19.65	19.65	12.072
	村道	993.386	927.552			3.424	109.656	814.472	65.834	910.805	54.767	856.038	70.446	12.135	993.386	993.386	215.574
高平市	小计	1359.938	1359.938	69.1	22.911	173.407	412.765	681.755		1236.635	794.25	442.385	121.61	1.693	1359.938	1359.938	666.61
	国道	59.97	59.97	29.43	5.651	24.889				59.97	59.97				59.97	59.97	56.16
	省道	115.329	115.329	39.67	17.26	58.399				115.329	115.329				115.329	115.329	108.398
	县道	212.947	212.947			31.267	158.945	22.735		150.698	126.245	24.453	60.556	1.693	212.947	212.947	127.543
	乡道	414.175	414.175			39.212	132.905	242.058		360.042	233.985	126.057	54.133		414.175	414.175	188.912
	专用公路																
	村道	557.517	557.517			19.64	120.915	416.962		550.596	258.721	291.875	6.921		557.517	557.517	185.597

2020年全省乡（镇）村通公路、通油路情况汇总表

表41

市名称	乡镇总数		乡		镇		建制村									备注
	总数（个）	已通畅个数	总数（个）	已通畅个数	总数（个）	已通畅个数	总数（个）	已通达		本年通达的村	通油路所占比重（%）	已通畅		本年通畅的村	通油路所占比重（%）	
								个数	其中：通其他硬化路面 个数	个数		个数	其中：通其他硬化路面 个数	个数		
合计	1189	1189	615	615	574	574	19884	19883			99.99	19883			99.99	
大同市	99	99	66	66	33	33	1608	1608			100.00	1608			100.00	
朔州市	69	69	50	50	19	19	1219	1219			100.00	1219			100.00	
忻州市	180	180	115	115	65	65	2702	2702			100.00	2702			100.00	
太原市	52	52	31	31	21	21	636	636			100.00	636			100.00	
阳泉市	32	32	12	12	20	20	676	676			100.00	676			100.00	
晋中市	118	118	59	59	59	59	1929	1929			100.00	1929			100.00	
吕梁市	148	148	67	67	81	81	2582	2582			100.00	2582			100.00	
临汾市	151	151	76	76	75	75	2369	2369			100.00	2369			100.00	
运城市	136	136	53	53	83	83	2172	2172			100.00	2172			100.00	
长治市	130	130	60	60	70	70	2439	2439			100.00	2439			100.00	
晋城市	74	74	26	26	48	48	1552	1551			99.94	1551			99.94	

2020年全省普通国省干线公路管养机构人员设置情况统计表

表42　　　　单位：人

市名称	人员合计	分局机关							县级公路管理段								通班						
		在岗职工					劳务派遣人员	其他人员	个数	在岗职工					劳务派遣人员	其他人员	个数	在岗职工				劳务派遣人员	其他人员
			工程技术人员	事业身份人员	合同制人员	临时聘用人员					工程技术人员	事业身份人员	合同制人员	临时聘用人员					事业身份人员	合同制人员	临时聘用人员		
合计	13132	977	298	865	108	4	23		112	5688	896	4014	1546	127	163	9	667	5494	429	3019	2046	133	645
大同市	1744	80	64	70	10				9	684	83	336	348		66	3	26	843		14	829	68	
朔州市	737	60	28	60					6	176	39	176					56	501		349	152		
忻州市	1276	114	25	114					15	616	77	403	180	33			101	546	47	383	116		
太原市	1151	169		103	66		10		6	388		237	151		96		32						488
阳泉市	515	72	19	49	23				4	178	31	57	121				24	265	14	251			
晋中市	1915	85	63	85			13		11	855	157	855					70	962	191	660	111		
吕梁市	1669	95	34	95					13	945	198	689	200	56			92	472	42	160	270	2	155
临汾市	1499	76	19	63	9	4			17	479	99	388	86	5	1		100	941	81	516	344		2
运城市	817	69	25	69					13	415	53	293	108	14		6	66	266	26	85	155	61	
长治市	1269	77		77					12	702	116	369	314	19			82	490	28	447	15		
晋城市	540	80	21	80					6	250	43	211	38				18	208		154	54	2	

2020年全省农村公路管养机构人员设置情况统计表

表43

单位：人

市名称	人员合计	市交通局路管人员							县级交通局								管理所							
		在岗职工					劳务派遣人员	其他人员	个数	在岗职工					劳务派遣人员	其他人员	个数	在岗职工				劳务派遣人员	其他人员
			工程技术人员	事业身份人员	合同制人员	临时聘用人员					工程技术人员	事业身份人员	合同制人员	临时聘用人员					事业身份人员	合同制人员	临时聘用人员		
合 计	22804	10	6	10					115	5533	939	3257	1063	1213	156	228	1478	11606	1061	2038	8507	323	4948
大同市	1997								10	806	158	572	76	158		93	204	941	54	25	862		157
朔州市	1015	10	6	10					6	240	61	118	4	118		47	97	673	80		593		45
忻州市	1566								14	531	194	506	2	23			179	263		48	215		772
太原市	1030								10	163	26	49	44	70		14	52	135	33	32	70	31	687
阳泉市	1493								3	71	17	64		7			51	795	30	491	274		627
晋中市	2782									174	33	45	103	26			184	2276	63	223	1990		332
吕梁市	1757								13	1127	99	404	250	473			191	156	53	54	49		474
临汾市	2734								17	1420	140	840	419	161	127	1	141	1105	398	169	538	32	49
运城市	4255								13	384	108	218	92	74		48	171	2099	240	437	1422	260	1464
长治市	1724								12	340	65	266	3	71	29		159	1022	60	6	956		333
晋城市	2451								6	277	38	175	70	32		25	49	2141	50	553	1538		8

2020年农村公路技术状况统计表

表44

单位名称	实际评定里程（公里）						优良率（%）	评定结果（分）
	合计	优等路	良等路	中等路	次等路	差等路		
合计	124510.968	26653.569	71097.518	14236.977	10399.313	2123.591	78.51	82.90
大同交通局	11238.07	2761.306	6596.97	523.11	799.601	557.083	83.27	83.97
朔州交通局	9055.71	494.09	6597.229	931.756	785.53	247.105	78.31	81.19
忻州交通局	14589.753	936.516	10118.136	1263.144	2118.964	152.993	75.77	81.02
太原交通局	6403.038	1389.268	3964.723	739.516	212.272	97.259	83.62	82.85
阳泉交通局	5036.687	660.451	3485.947	125	765.289		82.32	82.27
晋中交通局	14147.834	4041.494	5993.471	2278.115	1033.146	801.608	70.93	80.68
吕梁交通局	14493.088	4215.168	8317.844	1816.309	143.767		86.48	85.6
临汾交通局	16473.743	4244.536	7623.269	2944.162	1657.201	4.575	72.04	83.28
运城交通局	14075.769	4871.806	6469.368	2238.768	458.685	37.142	80.57	85.63
长治交通局	10475.522	1038.192	7022.834	596.282	1694.469	123.745	76.95	81.28
晋城交通局	8521.754	2000.742	4907.727	780.815	730.389	102.081	81.07	82.76

2020年全省县乡公路改造工程完成情况统计表

表45

市名称	建设规模（公里）				投资（万元）					本年完成工程量		备注
	合计	二级	三级	四级	本年计划				本年完成	路基（公里）	路面（公里）	
					合计	中央投资车购税	成品油消费税	地方自筹				
合计									25102.1	24.092	40.592	
大同市												
朔州市												
忻州市												
太原市												
阳泉市												
晋中市												
吕梁市												
临汾市									24516.1	21.092	37.592	
运城市												
长治市												
晋城市									586	3	3	

2020年全省公路养护道班(房)基本情况统计表

表46

市名称	干线公路								农村公路	
	县公路段(个)	养护道班(个)			道班房(个)				县交通局(个)	养护所(个)
		计	集中食宿	分散食宿	不通电	不通水	租用民房	危房需改造		
合 计	112	667	285	382	44	151	35	151	115	1478
大同市	9	26	2	24	5	9		13	10	204
朔州市	6	56		56	18	28	1	18	6	97
忻州市	15	101	1	100	11	34	2	42	14	179
太原市	6	32	20	12		11		7	10	52
阳泉市	4	24	24			4		3	3	51
晋中市	11	70	19	51			3	13	11	184
吕梁市	13	92	65	27	3	19	10	3	13	191
临汾市	17	100	36	64	3	32	7	23	17	141
运城市	13	66	18	48	4	4	10	22	13	171
长治市	12	82	82			10	2	7	12	159
晋城市	6	18	18						6	49

2020年国家扶贫开发重点县及集中连片特困地区县名一览表

表47

市名称	个 数	县 名
全 省	36	
大同市	6	阳高 天镇 广灵 灵丘 浑源 大同
朔州市	1	右玉
忻州市	11	五台 代县 繁峙 宁武 静乐 神池 五寨 岢岚 河曲 保德 偏关
太原市	1	娄烦
晋中市	2	左权 和顺
吕梁市	6	兴县 临县 石楼 岚县 方山 中阳
临汾市	5	吉县 大宁 隰县 永和 汾西
运城市	1	平陆
长治市	3	平顺 壶关 武乡

2020年省级贫困地区县名一览表

表48

市名称	个 数	县 名
全 省	22	
朔州市	2	平鲁 山阴
太原市	1	阳曲
晋中市	2	榆社 昔阳
吕梁市	4	离石 柳林 交口 交城
临汾市	5	古县 安泽 浮山 乡宁 蒲县
运城市	4	万荣 闻喜 垣曲 夏县
长治市	2	沁县 沁源
晋城市	2	沁水 陵川

2020年全省58个贫困地区公路通车里程统计表

表49

单位:公里

市名	合计	国道	省道	县道	乡道	专用公路	村道
合计	74124.356	6430.769	3635.053	11013.466	25688.766	120.805	27235.497
大同市	9157.817	558.127	539.869	1467.461	4041.658	0.242	2550.46
朔州市	5103.768	587.268	155.152	670.509	1847.144	10.614	1833.081
忻州市	13292.201	1298.349	686.742	1702.819	4907.285	46.485	4650.521
太原市	2068.232	201.475	177.568	329.067	463.116		897.006
晋中市	5680.569	532.064	278.008	1003.038	2294.159		1573.3
吕梁市	13256.194	1009.232	669.928	1958.568	3363.754		6254.712
临汾市	10321.816	1104.519	295.532	1378.382	3205.902	8.894	4328.587
运城市	6232.968	559.318	238.531	1172.078	2442.197	6.83	1814.014
长治市	5813.752	404.259	355.567	881.28	1917.6	47.74	2207.306
晋城市	3197.039	176.158	238.156	450.264	1205.951		1126.51

2020年全省58个贫困地区公路等级里程统计表

表50

单位:公里

市名	公路通车里程	等级里程						等外路	等级里程占总里程的百分比(%)
		合计	高速	一级	二级	三级	四级		
合计	74124.356	73250.142	2984.379	651.618	8215.618	9674.826	51723.701	874.214	98.82
大同市	9157.817	9151.886	414.709	63.008	780.948	1729.718	6163.503	5.931	99.94
朔州市	5103.768	5075.91	289.795	43.665	537.322	711.872	3493.256	27.858	99.45
忻州市	13292.201	13206.233	639.878	25.033	1368.541	1602.178	9570.603	85.968	99.35
太原市	2068.232	2062.791	134.274	30.149	286.248	258.805	1353.315	5.441	99.74
晋中市	5680.569	5668.237	273.396	95.001	874.637	534.777	3890.426	12.332	99.78
吕梁市	13256.194	12806.172	428.7	184.624	1520.594	1381.185	9291.069	450.022	96.61
临汾市	10321.816	10109.928	334.335	56.025	1120.066	1275.174	7324.328	211.888	97.95
运城市	6232.968	6232.968	234.416	97.85	804.19	858.329	4238.183		100.00
长治市	5813.752	5800.319	112.729	19.327	656.697	931.461	4080.105	13.433	99.77
晋城市	3197.039	3135.698	122.147	36.936	266.375	391.327	2318.913	61.341	98.08

2020年全省58个贫困地区公路路面里程统计表

表51

单位:公里

市 名	有铺装路面里程		简易铺装路面里程		未铺装路面里程
	合 计	占总里程的百分比(%)	合 计	占总里程的百分比(%)	
合 计	64666.988	87.2	5477.64	7.4	3979.728
大同市	8819.682	96.3	80.68	0.9	257.455
朔州市	4455.446	87.3	326.597	6.4	321.725
忻州市	12076.481	90.9	666.073	5.0	549.647
太原市	1930.47	93.3	87.647	4.2	50.115
晋中市	4917.89	86.6	112.736	2.0	649.943
吕梁市	11135.832	84.0	1375.059	10.4	745.303
临汾市	7596.807	73.6	1485.789	14.4	1239.22
运城市	5280.624	84.7	886.067	14.2	66.277
长治市	5376.552	92.5	410.995	7.1	26.205
晋城市	3077.204	96.3	45.997	1.4	73.838

2020年全省58个贫困地区公路建设完成情况统计表

表52

市名称	“三网”合计		高速公路		普通国省干线公路		农村公路	
	完成投资(万元)	完成规模(公里)	完成投资(万元)	完成规模(公里)	完成投资(万元)	完成规模(公里)	完成投资(万元)	完成规模(公里)
合 计	3819721.4	13758.363	1373281	6	1110922	1427	1335518.4	12325.363
大同市	133917	1193			63352	153	70565	1040
朔州市	66548	679			14974	51	51574	628
忻州市	356277	2937	71721		65949	214	218607	2723
太原市	220727	303	171424	6	35968	64	13335	233
晋中市	400252	687.9	120482		242862	186	36908	501.9
吕梁市	1048265	2340	439868		359430	264	248967	2076
临汾市	600068.4	2370.963	326921		55012	104	218135.4	2266.963
运城市	350882	1342	136529		47917	115	166436	1227
长治市	546765	1428.5	106336		204650	211	235779	1217.5
晋城市	96020	477			20808	65	75212	412

1978—2020年全省公路建设情况统计表

表53

单位：里程（公里）投资（万元）

年度	通车里程	当年新增通车里程	二级以上高等级公路里程	新增二级以上高等级公路里程				当年完成公路建设投资	备注
				计	高速	一级	二级		
1978	31868	83						6450	
1979	31868							4120	
1980	27261	-4607	188	188			188	4929	
“六五”期间小计		1501		315			315	81199	
1981	27261		188					7939	
1982	27505	244	197	9			9	7689	
1983	27887	382	301	104			104	10554	
1984	28602	715	398	97			97	24877	
1985	28762	160	503	105			105	30140	
“七五”期间小计		2022		1095		21	1074	204759	
1986	29263	501	616	113			113	33218	
1987	29428	165	693	77			77	41695	
1988	29875	447	855	162		21	141	36004	
1989	30193	318	1106	251			251	41901	
1990	30784	591	1598	492			492	51941	
“八五”期间小计		2860		2705	94	109	2502	905203	
1991	31040	256	1831	233			233	47377	
1992	31554	514	2234	403			403	80764	
1993	32210	656	2913	679		45	634	160411	
1994	32693	483	3512	599		33	566	265578	
1995	33644	951	4303	791	94	31	666	351073	
“九五”期间小计		21764		5018	424	484	4110	3460676	
1996	35911	2267	5295	992	76	67	849	557950	
1997	44043	8132	6886	1591	36	170	1385	760935	
1998	48560	4517	8418	1532	92	50	1390	887549	
1999	52807	4247	8918	500	105	166	229	630488	
2000	55408	2601	9321	403	115	31	257	623754	

续表

年度	通车里程	当年新增通车里程	二级以上高等级公路里程	新增二级以上高等级公路里程				当年完成公路建设投资	备注
				计	高速	一级	二级		
"十五"期间小计		14155		4963	1169	397	3397	6919343	
2001	56993	1585	9723	402	66	81	255	1034965	
2002	59611	2618	10655	932	486	39	407	1098143	
2003	63121	3510	11398	743	141	48	554	1307147	
2004	65813	2692	12758	1360	136	90	1134	1693296	
2005	69563	3750	14284	1526	340	139	1047	1785792	
"十一五"期间小计		62081		4821	1316	928	2576	17444781	
2006	112930	43367	14755	471	66	104	302	1671299	
2007	119868	6938	15786	1032	141	151	740	1932821	
2008	124773	4905	16774	987	72	142	774	1990599	
2009	127330	2557	17618	844		122	722	5630971	
2010	131644	4314	19104	1486	1037	410	39	6219091	
"十二五"期间小计		9542		3616	2026	595	995	21562747	
2011	134808	3164	20497	1393	1003	131	259	6618603	
2012	137771	2963	21947	1450	1006	66	378	5866430	
2013	139434	1663	22350	402		95	307	3780537	
2014	140436	1002	22647	297		240	57	2559635	
2015	140960	750	22721	74	17	63	-6	2737542	
"十三五"期间小计		3362		1912	716	342	854	21351574	
2016	142066	1106	23239	518	237	41	240	2282141	
2017	142855	789	23665	426	70	62	294	2895339	
2018	143326.15	471	24072	408	270	93	45	4566374	
2019	144282.501	956	24354	281	106	37	138	5346970	
2020	144322.877	40	24633	279	33	109	137	6260750	

1978—2020年全省国、省道里程统计表

表54

单位:公里

年份	总里程	等级公路						等外	高次级路面
		小计	高速	一级	二级	三级	四级		
1978	6227								
1980	9250								
1985	9420	9056			461	3231	5364	364	5560
1990	10180	9896		21	1495	4204	4176	284	6894
1991	10189	9905		21	1691	4155	4038	284	7018
1992	10350	10074		21	2017	4257	3779	276	7356
1993	10478	10225		66	2484	4230	3445	253	7712
1994	10537	10301		99	2887	4052	3263	236	8054
1995	10762	10527	94	130	3401	3906	2996	235	8537
1996	11649	11226	206	197	4143	3974	2706	423	9464
1997	11759	11378	206	345	4962	3586	2279	381	10198
1998	12011	11636	298	364	5665	3287	2022	375	10608
1999	12085	11735	403	525	5754	3147	1906	350	10805
2000	12247	11849	518	496	5874	3095	1866	398	10993
2001	12294	11988	584	612	6015	3067	1710	306	11136
2002	12778	12508	1070	626	6186	3080	1546	270	11651
2003	12940	12683	1211	637	6562	2845	1429	257	11910
2004	13137	12912	1347	711	7396	2569	890	225	12433
2005	13477	13477	1686	780	8166	2281	563		13477
2006	13621	13621	1752	806	8316	2263	484		13621
2007	13692	13692	1893	873	8340	2104	483		13692
2008	13845	13845	1965	944	8529	1970	436		13845
2009	14252	14252	1965	1077	8996	1855	359		14252
2010	15071	15071	3003	1417	8826	1577	249		15071
2011	16096	16096	4005	1452	8857	1545	237		16096
2012	17103	17103	5011	1475	8849	1532	236		17103
2013	17066	17066	5011	1553	8807	1471	224		17066
2014	17086	17086	5011	1726	8665	1461	223		17086
2015	16996	16996	5028	1756	8578	1414	220		16996
2016	17797	17794	5265	1796	8847	1595	290	3	17791
2017	17884	17881	5335	1850	8986	1419	290	3	17877
2018	18137	18134	5605	1868	9014	1357	290	3	18131
2019	18259	18256	5711	1891	9078	1287	290	3	18253
2020	18297	18294	5745	1917	9079	1264	290	3	18291

2020年山西邮政行业发展统计公报

2020年，是新中国历史上极不平凡的一年。面对严峻复杂形势，特别是新冠肺炎疫情的严重冲击，全省邮政系统高举习近平新时代中国特色社会主义思想伟大旗帜，认真贯彻国家局党组和省委、省政府决策部署，保持极大战略定力，准确判断形势，精心谋划部署，果断采取行动，付出艰苦努力，交出一份经得起历史检验的“行业答卷”，扛起一份让人民群众满意的“行业担当”。

一、业务发展情况

2020年，全省邮政行业业务总量完成150.72亿元，同比增长29.54%；邮政行业业务收入(不包括邮政储蓄银行直接营业收入)完成107.76亿元，同比增长21.37%。

(一)邮政寄递服务业务

2020年邮政寄递服务业务量完成64686万件，同比下降0.76%；邮政寄递服务业务收入完成5.4亿元，同比增长6.67%。

全年函件业务量完成839.32万件，同比下降30.31%；包裹业务量完成10.88万件，同比下降36.71%；订销报纸业务完成56869.99万份，同比下降2.12%；订销杂志业务完成1727.54万份，同比下降7.96%；全年汇兑业务完成19.41万笔，同比下降26.84%。

(二)快递业务

快递业务快速增长。全年快递服务企业业务量完成53583.56万件，同比增长47.15%；快递业务收入完成67.09亿元，同比增长35.76%。

快递业务收入在行业中占比继续提升。快递业务收入占行业总收入的比重为62.25%，比上年提高6.6个百分点。

同城快递业务持续增长。全年同城快递业务量完成5721.24万件，同比增长20.85%；实现业务收入4.51亿元，同比增长18.61%。

异地快递业务快速增长。全年异地快递业务量完成47702.71万件，同比增长51.85%；实现业务收入36.5亿元，同比增长34.4%。

国际及港澳台快递业务有所下降。全年国际及港澳台快递业务量完成159.62万件，同比下降39.89%；实现业务收入1.07亿元，同比下降6.49%。

异地快递业务占比上升。异地快递业务量占全部快递业务量的89.02%；业务收入占全部快递收入的54.41%。与上年同期相比，异地快递业务量的比重上升2.75个百分点。

民营快递企业市场份额占比提升。全年国有快递企业业务量完成6366.85万件，实现业务收入64654.30万元；民营快递企业业务量完成52387.28万件，实现业务收入629336.06万元；外资快递企业业务量完成6.24万件，实现业务收入3190.89万元。国有、民营、外资快递企业业务量市场份额分别为10.84%、89.15%和0.01%，业务收入市场份额分别为9.27%、90.27%和0.46%。

快递业务量排名前三位的地市依次是太原、运城、大同，三家快递业务量合计占全省快递业务量的比重达到65.66%。快递业务收入排名前三位的地市依次是太原、运城、大同，三家快递业务收入合计占全省快递业务收入的比重达到60.87%。

全年快递与包裹服务品牌集中度指数CR8

为93.35。

二、通信能力和服务水平

(一)机构设备

全行业拥有各类营业网点8185处,其中设在农村的3058处。快递服务营业网点5626处,其中设在农村的1862处。全省拥有邮政信筒信箱1720个,比上年末减少6个。全省邮政报刊亭总数204处,比上年末增加22处。

全行业拥有各类汽车5951辆,比上年末增长2.83%,其中快递服务汽车3381辆,比上年末增长6.62%。

(二)通信网路

全省邮政邮路总条数922条,比上年末增加86条。邮路总长度(单程)139456公里,比上年末增加24382公里。全省邮政农村投递路线2056条,比上年末增加9条;农村投递路线长度(单程)101563公里,比上年末减少6362公里。全省邮政城市投递路线2834条,比上年末减少143条;城市投递路线长度(单程)52301公里,比上年末减少3201公里。全省快递服务网路条数5318条,快递服务网路长度(单程)570271.1公里。

(三)服务能力

全行业平均每一营业网点服务面积为19.14平方公里;平均每一营业网点服务人口0.43万人。邮政城区每日平均投递2次,农村每周平均投递6次。全省年人均函件量为0.2件,每百人订有报刊量为9份,年人均快递使用量为15件。年人均用邮支出308.6元,年人均快递支出192元。

备注:

1.本公报中邮政寄递服务业务、通信能力和服务水平有关数据来自年报,其他数据为月报统计数据。

2.部分数据因四舍五入的原因,存在着与分项合计不等的情况。

3.邮政行业业务总量按2010年不变价格计算。

4.全省人口数据来自山西省统计局《山西省第七次全国人口普查公报(第六号)》。

(原载山西省邮政管理局门户网站政务公开)

山西交通控股集团有限公司
2020年度财务等重大信息公开内容

一、年度报告

(一)企业基本情况

中文名称:山西交通控股集团有限公司

中文简称:山西交控集团

英文名称:ShanxiTransportationHoldingsGroup-Co.,Ltd.

英文缩写:STHGC

法定代表人:袁清茂

股东名称:山西省国有资本运营有限公司

注册地址:山西省示范区太原学府园区南中环街529号B座24~25层

办公地址及邮政编码:山西省示范区太原学府园区南中环街529号B座24~25层,030006

网址:www.sxjkjt.com.cn

电子邮箱:sxjkjt@yeah.net

经营范围:高速公路等重大交通基础设施的投资、建设、经营和管理;交通沿线土地及相关资源的开发经营;高新技术、高端产业的投资经营;综合运输,国内水路运输、道路旅客运输、道路货物运输;物流服务;建设工程:施工、勘察、设计、监理;建筑施工;工程咨询;房地产开发经营。(依法须经批准的项目,经相关部门批准后方可开展经营活动)

公司简介:山西交通控股集团有限公司(以下简称“集团公司”)于2017年11月24日挂牌运营,是山西省委、省政府立足深化国企国资改革、优化国有资本布局、培育新的强劲市场主体而成立的国有企业,承担全省交通运输基础设施的投融资、建设、运营和管理。集团公司注册资本人民币500亿元,资产总额逾人民币5500亿元,是一家集设计、施工、监理、投资、运营、管理于一体的全产业链现代交通企业集团,拥有10个全资子公司、2个控股公司和16个高速公路管理公司。目前,管理运营高速公路5400余公里,占全省高速公路总里程95%以上。

集团公司成立以来,认真贯彻落实山西省委、省政府和省国资委、省国资运营公司决策部署,确立“以路为基、产融结合、创新驱动、多元发展”的发展思路,着力打造“交通基础设施产业、金融产业、信息产业、交通关联产业”四大产业板块,构建“集团总部决策中心、二级公司利润中心、三级公司成本中心”三级管控模式,致力于打造国内一流的科技型实力型智能型现代化交通企业。

(二)主要会计数据和财务指标

1.报告期收入利润情况(单位:万元)

报表项目	2020年度
营业收入	4251126.82
销售费用	9226.06
管理费用	211471.98
财务费用	1976790.04
利润总额	-402452.08
净利润	-428048.78

按照《交通运输部关于新冠肺炎疫情防控期间免收收费公路车辆通行费的通知》(交公路明电〔2020〕62号),本年度高速公路通行费收入直接减免455600万元。如剔除疫情影响,集团公司2020年利润总额约53148万元,净利润约27551万元。

2.报告期资产负债情况(单位:万元)

主要报表项目	2020年度期末余额
资产总额	55521678.03
负债总额	43614492.57
所有者权益	11907185.46
存货	804058.90
应收账款	784815.27
应付账款	1530933.18
固定资产	31980300.07
应交税费	64525.483

3.年度审计报告意见重要部分摘要

集团公司2020年度财务报表在所有重大方面按照企业会计准则的规定编制,公允反映了2020年12月31日的财务状况以及年度经营成果和现金流量。

(三)出资人认缴和实缴的出资额、出资时间、出资方式

集团公司是由山西省人民政府以晋政函〔2017〕100号文批准成立的国有独资公司,授权山西省人民政府国有资产监督管理委员会(以下简称“省国资委”)履行出资人职责,行使出资人权利;省国资委授权山西省国有资本运营有限公司履行出资人职责。2020年末注册资本500亿元。

(四)董事、监事、高级管理人员的任职

董事、高级管理人员的任职情况

袁清茂,男,1969年11月出生,2017年11月起任集团公司党委书记、董事长。

武艺,男,1969年5月出生,2020年10月起任集团公司党委副书记、副董事长、总经理,2017年12月至2020年10月任集团公司党委委员、副总经理。

刘宏武,男,1967年11月出生,2017年11月起任集团公司专职党委副书记、副董事长、副总经理。

赵石岗,男,1962年8月出生,2019年1月起任集团公司外部董事,2016年6月至2019年1月任山西能源交通投资有限公司党委委员、山西地方铁路集团有限责任公司党委书记、董事长。

韩文军,男,1963年7月出生,2017年11月起任集团公司党委委员、副总经理。

孙建秀,女,1968年8月出生,2019年9月起任集团公司党委委员、总会计师,2017年11月至2019年9月任山西能源交通投资有限公司党委委员、总会计师。

焦军,男,1962年10月出生,2019年8月起任集团公司党委委员、纪委书记、监察专员,2017年12月至2019年8月任集团公司党委委员、纪委书记。

贾勇,男,1968年2月出生,2017年12月起任集团公司党委委员、副总经理。

杨志贵,男,1966年2月出生,2020年11月起任集团公司副总经理兼山西路桥建设集团有限公司党委书记、董事长,2018年1月至2020年11月任山西路桥建设集团有限公司党委书记、董事长。

谢鹏远,男,1973年7月出生,2020年11月起任集团公司副总经理,2018年1月至2020年3月任山西交控集团大同南高速公路分公司党委副书记、总经理,2020年3月至2020年11月任大同南高速管理公司党委书记、董事长兼山西交控集团大同南高速公路分公司总经理。

冯志强,男,1966年3月出生,2019年2月起任集团公司总法律顾问,2015年11月至2019年2月任山西德谦律师事务所主任。

(五)企业控股股东及实际控制人发生的变化

2020年,集团公司控股股东及实际控制人未发生变化。

(六)董事会报告摘要

2020年度,集团公司董事会严格遵照公司法和公司章程等相关规定,认真履行出资人赋予的职责,规范运作、科学决策,推动集团公司各项工作健康有序发展。

一是积极应对疫情和免收通行费影响,全力防范化解风险。认真贯彻落实习近平总书记关于坚决打赢疫情防控阻击战的一系列重要指示和重要讲话精神,统筹推进疫情防控和改革发展工作。全力做好联防联控,服务保障地方政府疫情防控和经济平稳运行。严格执行疫情期间免收通行费政策,确保防疫物资、关键原辅料、重要生产生活物资运输车辆优先通行,为全省打赢疫情防控阻击战作出积极贡献。积极应对免收通行费政策影响,主动与金融机构沟通对接,最大程度降低疫情影响。加大投资、融资、负债等管控力度,防范经营管理风险。

二是加强法治建设,推动法治国企建设向纵深发展。坚持依法治企,加强法治体系、法治能力及法治文化一体化建设,全面提升防控法律风险能力。健全法律风险防控体系,完善法律风险防控机制,制定《企业法律风险管理工作指南(试行)》《企业负责人履行法治建设第一责任人职责实施办法》等制度,积极组织开展法律法规宣贯和法务知识培训,强化企业法治能力建设。严格落实法律审核工作要求,加大对企业投融资等重大决策事项、重要规章制度、重要经济合同的法律审核力度;对各级企业股权划转、资产重组等国有资产监督管理事项,提出专项法律意见,提高法律风险防控能力,推进法律风险防范全覆盖,促进法务工作与企业经营的深度融合。加强法律纠纷案件管理,妥善处置历史遗留问题,全力维护企业合法权益。

三是强化改革攻坚,持续激发企业活力。资产资本化、资本证券化取得新进展:参股的山西华翔集团股份有限公司实现IPO,成为省自2015年6月之后首家成功登陆A股市场的企业;增资控股在"新三板"挂牌的柯立沃特公司,成立了山西交控生态环境股份有限公司,所属环保公司通过混改和资产证券化,实现从单一环保咨询服务向生态环保全产业链的转型。深入推进土地资产、金融资产、智慧交通等资源和业务整合,基础设施产业、金融产业、信息产业、交通关联产业"四大产业板块"战略布局全面形成。

四是深化"六大增效"工程,提升高速公路经营服务水平。以最优化服务、最大化通行费收入和最小化成本控制为目标,不断深化改革、管理、服务、挖潜、技术、安全"六大增效"工程,积极打造"畅通、智能、美丽、安全"的高速公路。改革高速公路公司管理模式,在不改变现行产权关系、债务结构属性的前提下,成立16个高速公路管理公司,变运营为经营,增强高速公路管理公司的内生动力和发展活力。持续推进取消高速公路省界收费站后的收费制度改革,收费方式由人工收费为主转变为ETC系统收费为主,路网运行效率和收费站通行效率明显提升。制定《打造高速公路原生态绿色走廊的实施意见》,补植适宜本地生长的乔灌木4.6万余株,原生态绿色走廊建设初见成效。

五是全力推进项目建设,提升工程总承包竞争力。坚持项目为王,把项目建设作为高质量发展和转型发展的重要抓手。疫情发生以来,通过精准实施一线工作法、点对点运输农民工等举措,交通基础设施建设项目迅速复工复产,助推"六稳""六保"落实落地。强化市场意识和竞争意识,加大对全国重点区域市场的开拓力度,进一步提高市场占有率。加大项目建设管控力度,加强精细化管理,扎实开展绿色工程建设,隰吉、离隰高速成功入选"黄河流域交通运输生态环境保护与高质量发展"交通强国建设山西试点项目;扎实开展品质工程创建,全面推行建设项目施工标准化,隰吉高速成为四新应用和标准化建设亮点项目。建成山西省公路建设智慧监管指挥调度平台,对工程进度、变更管理等24项关键指标实时统计、监管、调度,提升资源配置效率、降低管理成本,增加管理透明度。联合科研院校和固废源头企业,建立"山西路桥固废综合利用研发中心",深入推进固废资源的规模化应用。

六是延伸产业链条,多元产业发展成效显著。建成集团公司土地资产运营管理平台,拟定《土地资产盘活利用实施方案》,先行完成9对服务区100余亩经营性用地的受让,增加资产总量,提升资产价值。推进加油站合作运营和加气站建设,持续促进服务区提档升级和产业发展。将资本管理、融资租赁、商业保理、基金管理等金融业务纳入新成立的金资公司统一管理,推动集团公司金融产业发展。

七是坚持创新驱动,提升科技对高质量发展的贡献率。综合利用重点研发、应用研究、软科学、标准制定等方式开展研发,完成"岩土与地下工程山西省重点实验室""黄土力学与工程山西省科技创新团队"等4个省部级科技创新平台建设任务,获批建设山西省智慧交通工程研究中心部级平台,有效提高28个国家、省部级创新平台科研实力。"重交通

CRC+AC刚柔复合式路面关键技术”获得中国交通运输协会一等奖、“聚合物—粉煤灰陶粒环保型道路声屏障研究与应用”获得中国公路建设行业协会一等奖、“RAP高掺量温再生沥青路面关键技术及工程示范”项目获得山西省科技进步一等奖。大力推进科技成果转化应用,加强科技创新平台建设,依托“黄土地区公路建设与养护技术交通行业重点试验室”,积极申建国家重点试验室。大力推进智慧交通建设,在天黎高速五台至盂县段开展全国首个“智能网联重载货运车路协同”交通强国试点项目建设,并实现重载车辆编组运行。深化与华为公司合作,成立山西交科—华为联合创新实验室,打造智慧交通科研创新高地。高起点、高质量开展“数字交通”建设研究,太原东二环高速成功应用全寿命周期BIM技术,成为全省首条数字公路。

(七)年度内重大事件及其对企业的影响

1.重大经营决策

(1)董事会2020年第2次会议审议通过集团公司《2020年投资计划》;

(2)董事会2020年第3次会议审议通过集团公司《2020年用人计划》以及关于集团公司总部2019年度绩效考核情况的议案;

(3)董事会2020年第4次会议审议通过集团公司《2019年工作报告及2020年工作安排》;

(4)董事会2020年第6次会议审议通过集团公司《2019年度财务决算方案》《2019年度利润分配及弥补亏损方案》;

(5)董事会2020年第7次会议审议通过关于集团公司所属子分公司2019年度绩效考核情况的议案;

(6)董事会2020年第8次会议审议通过集团公司《2020年全面预算报告》;

(7)董事会2020年第9次会议审议通过集团公司《总部职能部门和共享事务中心职责设置方案》;

(8)董事会2020年第10次会议审议通过集团公司《2020年资金计划》、关于以股权多元化方式组建山西交控数字交通科技有限公司的议案以及关于组建山西交控金资管理有限公司的议案。

2.重要人事任免

2020年10月,武艺担任集团公司党委副书记、副董事长、总经理。

2020年11月,杨志贵、谢鹏远担任集团公司副总经理。

2020年9月,郝玉柱不再担任集团公司党委委员、党委副书记、董事、副董事长、总经理。

3.重大产权变动,重大改组改制情况

2020年6月,山西交控置地有限公司股东由山西交通物流集团有限公司变更为山西交通控股集团有限公司。

4.重大突发事件和热点事件

2020年1月1日0时,集团公司顺利完成取消高速公路省界收费站工程并网切换工作,所辖22个省界收费站完成历史使命,退出历史舞台。

2020年3月26日,集团公司召开高速公路管理公司干部大会,全面实施高速公路分公司管理体制改革,成立16个高速公路管理公司,扩大自主经营权,变运营为经营,充分激发高速公路管理公司的内生动力和发展活力。

2020年4月15日,省首家高速公路“中化石油和高速能源”双品牌加油站在晋城服务区正式营业。

2020年6月28日,山西省交通运输安全应急保障技术中心在集团公司所属交科集团揭牌运营。该中心的成立标志着集团公司安全生产工作迈上新台阶,也将有力提升全省交通运输领域安全生产和应急管理水平。

2020年9月9日,集团公司党委书记、董事长袁清茂在总部与云南省西双版纳州中国老挝磨憨—磨丁经济合作区管理委员会党工委书记、管委会主任赵刚举行工作会谈。双方就进一步加强跨省域合作,实现互利共赢进行深入友好交流。

2020年11月1日,集团公司与华为公司深入推进战略合作,共同在太原举行“山西交科—华为联合创新实验室”揭牌仪式。该实验室将着力推动科技研发、信息技术与实体产业深度融合,促进交控集团数据资源的资产化、产业化和商业化发展。

5.重大不良资产处置、核销。

无。

6.重大未决诉讼

①原告:中铁港航局集团第二工程有限公司

被告:阳翼高速公路建设管理处

案由:建设工程合同纠纷2673.60万元

基本案情:被告阳翼高速公路建设管理处与原告中铁港航局集团第二工程有限公司签订施工合同,将阳翼高速公路L12A标段的工程交由原告实施,在施工过程中,由于设计和方案调整,导致工程量增加,同时材料价格发生大幅变动,原告要求支付材料差价2673.5978万元,并起诉至广州市花都区人民法院。

起诉时间:2018年3月

进展情况(截至2020年12月31日):2020年10月10日,晋城市中级人民法院下达判决书,驳回原告诉讼请求。后中铁港航局集团第二工程有限公司上诉,请求撤销山西省中级人民法院下达的民事判决书,要求被告支付2673.5978元材料差价款。

②原告:闻垣高速公路建设管理处

被告:山西煤炭运销集团运城有限公司

案由:建设工程合同纠纷

涉案金额:1584.59万元及利息

基本案情:2010年,山西煤炭运销集团运城有限公司为便于出省煤炭车辆管理与检查工作,与建管处协商在蒲掌收费站处设置煤焦检查站。由建管处负责施工,费用由山西煤炭运销集团运城有限公司负担。

起诉时间:2016年9月

进展情况(截至2020年12月31日):对山西煤炭运销集团运城有限公司房产进行拍卖前的评估工作。

7.利润分配

2020年,集团公司上缴2019年国有资本收益0元。

8.金融衍生业务

无。

(八)本年度财务预算主要指标和财务预算执行情况(单位:万元)

指标名称	2020年 预算指标	本期金额	完成比率 (%)
营业收入	4000000.004	251126.82	106.28
利润总额	50000.00	-402452.08	-804.90

按照《交通运输部关于新冠肺炎疫情防控期间免收收费公路车辆通行费的通知》(交公路明电〔2020〕62号),本年度高速公路通行费收入直接减免455600万元。如剔除疫情影响,集团公司2020年利润总额约53148万元。

(九)企业履行社会责任情况

1.安全责任

集团公司紧紧围绕高质量发展总体布局,牢固树立"安全为天、预防为主、科技领先、综合治理"的理念,扎实推进安全文化建设示范企业创建,所属12个企业被省安委办命名为"省级安全文化建设示范企业",4个基层站点被中国安全生产协会授予"安全管理标准化示范班组"荣誉称号,2个企业分别荣获全国交通运输行业"企业类十佳文化品牌"、中国交通企业管理协会"全国交通运输安全文化建设优秀单位"称号。

强化集团公司安全生产管理"五大体系"建设,着力提升本质安全水平。一是强化安全生产责任体系建设。建立"纵向到底、横向到边"覆盖全员的安全生产责任制,强化安全生产目标责任考核,严格落实安全生产奖惩办法,全面落实安全生产主体责任。二是强化安全风险管控体系建设。安装"雾区引导防撞系统""能见度检测仪",实现对高速公路团雾多发路段监测预警覆盖,大力实施工程建设领域高陡边坡、高墩大跨径桥梁、隧道等危险性较大工程安全风险评估,有效提升安全风险管控能力。三是强化隐患排查治理体系建设。深入开展安全生产专项整治三年行动和“零事故”单位创建活动，扎实推进打通“生命通道”集中治理、安全生产风险隐患排查治理等专项行动，持续深化安全隐患排查治理。四是强化应急救援处置体系建设。健全完善“1+N”式应急预案体系，强化应急物资储备，加强应急演练动态管理，有效提升应急救援处置能力水平。五是强化安全生产保障体系建设。足额提取安全费用，投保安全生产责任保险，严格落实安全防范措施，扎实开展“安全生产月”系列活动，举办以“安康杯”竞赛为载体的群众性安全生产和职业健康活动，强化安全培训和宣传教育，配备必要劳动防护用品，保障从业人员职业健康安全。

2020年全集团未发生生产安全事故，安全形势持续稳定向好。

2. 创新责任

扎实推进创新驱动发展战略，全力打造一流创新生态，努力提升自主创新水平，聚焦“六新”技术推进集团高质量发展。印发集团公司《科技成果转化管理办法》《2020年度科技创新成果推广目录》。2020年度新增“山西省智慧交通工程研究中心”省级创新平台1个，省部级创新平台达到33个。全年获得省部级科学技术奖29项，其中《深水多跨混合腹板桥梁施工关键技术研究》荣获“工程建设科学技术进步一等奖”，《加筋土结构性能提升关键技术研究与应用》获山西科技进步一等奖。全年获专利授权175项。编制的10项地方标准已经省市场监督管理局发布，编制的混凝土抗车辙剂、公路采空区处理效果检测、装配式T型梁加固共3项标准获得山西省第一届专利奖。通过项目研发、合作交流、技术培训等方式加强人才培养，1人入选“2020年度交通运输青年科技英才”，1人入选“山西省新兴产业领军人才，为集团公司高质量发展奠定了坚实基础。

3. 环境责任

深入学习贯彻习近平生态文明思想，按照省委省政府环境保护工作决策部署，严格落实党政领导干部环境保护“一岗双责、党政同责”，切实履行企业生态环境保护主体责任。深入开展环境保护宣传教育，有效提升全员节能环保意识，制定下发集团公司《生态环境保护2020年行动方案》，始终将绿色发展理念贯穿于交通基础设施规划、设计、建设、运营管理全过程。重点加强高速公路路域环境综合整治，推动建设原生态绿色走廊，持续推进服务区、收费站污水处理设施升级改造。严格落实交通建设项目前期环境保护管理程序，加强公路工程施工期扬尘污染管控以及非道路移动机械环保合规性管理。积极推进大宗工业固体废物在公路工程建设和养护过程中的循环利用，深入开展交通基础设施生态保护与修复、污染综合防治、资源循环利用等领域多项关键技术研究。

4. 企业责任

(1)员工情况、劳动保障、培训与成长、薪酬福利

员工情况：截至2020年底，集团公司共有从业人员44950人，在岗人员40690人。

劳动保障：集团公司及所属企业在岗员工均签订劳动合同，各企业按时足额缴纳五险一金，无拖欠薪酬情况。按照国家和地方相关规定，制定《总部员工请休假管理办法(试行)》《劳动合同管理办法(试行)》《员工薪酬管理办法》等一系列制度，切实有效地保障员工的合法权益。

培训与成长：深入贯彻落实中央、省委干部教育培训规划要求，充分发挥干部教育培训工作在培养造就忠诚干净担当的高素质专业化干部队伍的重要作用，结合集团公司实际，印发实施《干部教育培训三年工作规划》。

薪酬福利：进一步完善薪酬体系，建立与劳动力市场基本适应、与企业经济效益和劳动生产率挂钩的工资决定和正常增长机制。科学编制工资总额预算，严格执行相关薪酬制度；按照国家和省政府相关规定，积极落实冬季取暖补贴等各项福利制度。

(2)纳税情况

2020年度依法依规缴纳税费182192.43万元。

(3)扶贫救灾

2020年，集团公司坚决落实派驻力量、帮扶投入、驻村时间、管理力度“四个不减”要求，努力克服疫情影响，保持决战完胜工作态势，压实帮扶责任，

集中力量完成到户到人问题整改清零任务，切实增强村级组织办事服务能力，实现脱贫攻坚决战完胜，21个贫困村（12个省级、9个地市级）1378户3493人全部如期脱贫，获得“山西省干部驻村帮扶工作模范单位”和“全省消费扶贫示范单位”两项集体殊荣。

（4）党风廉政建设

2020年，集团公司党委坚持以习近平新时代中国特色社会主义思想为指导，全面贯彻党的十九大和十九届二中、三中、四中、五中全会精神，全面贯彻新时代党的建设总要求和党的组织路线，认真落实省委“四为四高两同步”的总体思路和要求，坚持以党建引领改革发展，牢牢把握正确发展方向，持续强化理论武装，党的政治建设得到新加强；充分发挥党委领导作用，研究讨论企业重大经营管理事项，经常性研判形势任务，扎实推进党组织规范化、标准化建设，基层组织建设得到新提升；加强班子建设，注重年轻干部培养选拔，强化人才引导培育工作，干部队伍建设取得新进展；强化政治监督和日常监督，开展明察暗访，保持惩治腐败高压态势，党风廉政建设取得新进展。

集团公司纪委、监察专员办公室在省纪委监委和集团公司党委的坚强领导下，忠实履行党章和宪法赋予的职责，一体推进不敢腐、不能腐、不想腐，持续深化党风廉政建设和反腐败工作，各项工作取得新的成效。一是强化政治监督，践行“两个维护”的自觉性和坚定性不断增强。二是坚持协同发展，纪检监察体制改革工作不断深入。三是做实日常监督，对权力运行的制约和监督不断强化。四是推进标本兼治，惩治腐败高压态势不断巩固。五是加强自身建设，干部队伍的能力和本领不断提升。

5.未来展望

2021年，集团公司将坚持稳中求进工作总基调，坚持高质量发展，以党建为保障，以效益为中心，以改革为动力，提站位、降成本、增效益、强管理、抓创新、防风险，努力实现高质量高速度发展。

（1）突出提升政治站位，牢牢把握正确发展方向。要坚持把深入学习贯彻习近平总书记关于国有企业改革发展和党的建设的重要论述作为首要任务，在学懂弄通做实上下功夫，进一步领会核心要义，掌握实践要求，推动改革发展。

（2）突出降低成本，进一步提升资产和资本经营水平。要围绕降低财务、养护、人工成本，全方位开展行业对标，找差距，找原因，明确成本压控重点、改进目标、改善措施，强化全员、全要素、全过程成本管控，打好降本增效攻坚战。

（3）突出提升效益，不断提升综合实力。要始终坚持以效益为中心，把思维方式、工作重点切实转到效益提升上来，扎实开展交通关联产业发展行动、高速公路沿线闲置资源开发行动及止损挽损行动等，不断提升企业经营管理能力和水平。

（4）突出精细化管理，全面提升企业管理能力和水平。要扎实开展企业质量管理年活动和对标一流提升行动，健全工作制度，完善运行机制，优化管理流程，推进企业发展方式、运营机制、盈利模式向高质量迈进。

（5）突出科技创新，培育差异化竞争优势。坚持把创新摆在发展的核心位置，不断提升科技对主业发展的贡献率，积极打造数字化发展亮点，建设一流平台，加强技术研发、平台吸引、人才教育，通过提高创新能力来培育核心竞争力。

（6）突出风险防控，牢牢守住不发生重大风险的底线。坚持底线思维，增强忧患意识，提高防控能力，认真落实疫情防控主体责任，加强依法治企，严防经营风险，严防安全生产风险，保持和谐稳定的良好发展局面。

二、生产经营管理

（一）经营目标完成情况

2020年，考虑疫情影响，集团公司营业收入470.67亿元，利润总额5.31亿元。

（二）工程项目完成情况

2020年累计投资建设项目45项，项目总投资1640亿元。2020年累计完成工程项目投资317亿元（其中公路工程投资完成260亿元），同比增长

69%。2020年投资项目建成通车12个，在高速公路方面，阳蟒、东二环高速分别于9月23日和10月26日通车试运营；一级公路方面，全省首个BOT模式一级公路G108线神堂堡至砂河段于5月10日通车试运营；国省道干线路面改造方面，大同、朔州、忻州等6地市国省干线路面改造工程于9月底按期建成通车；三大板块旅游公路方面，晋城“太行一号”风景道旅游公路沁水、高平、陵川等5个子项目共计110.9公里已建成通车，偏关老牛湾旅游公路沿长城段主体工程建成通车，永和沿黄旅游公路支线段共计59.6公里建成通车。

三、大额度资金运作情况

（一）重大投资、境外投资等

2020年度共开展投资项目57个，完成投资额268.67亿元。其中，固定资产投资项目47个，实际完成263.28亿元；股权投资项目10个，实际完成5.39亿元。

（二）重大融资、资产抵押、质押及对外担保、对外提供借款等非日常经营性资金运作情况

1.重大融资2020年，集团公司向金融机构融资751.74亿元。

2.质押及对外担保2020年，集团公司无新增对外担保。

3.无资产抵押、对外提供借款、境外投资等情况。

（三）年度大额对外捐赠、赞助

无。

四、职工权益维护

（一）全年劳动合同签订数

2020年，集团公司劳动合同签订数为5294单。

（二）维护职工权益典型案例

无。

（三）职称评定办法及程序

交通运输工程系列初级技术职务评定办法及程序：根据国家、山西省专业技术职务任职资格评审有关规定，印发《关于初级专业技术职务任职资格评审工作的通知》；各拟参评员工向所属部门提出申请，并由所属部门根据《通知》要求审核推荐上报相关评审资料；各企业组织人事部门审核、公示、汇总后将通过人员相关信息提交所属初级评委会；经初评委审核通过、公示后下发任职文件，并根据职称管理办法进行聘任。

其他系列各层级技术职务及交通运输工程系列中、高级技术职务评定程序：根据相关部门职称评审通知，对集团公司符合职称申报条件的人员进行审核推荐，经相关部门评审通过后，由集团公司按照职称聘任管理办法进行聘任。

（四）职工培训计划及落实情况

按照《2020年山西交通控股集团有限公司推进职业技能提升培训工作方案》，积极组织开展岗位技能提升培训、通用职业素质培训、安全培训及职业资格（技能等级）培训，大力弘扬“劳模精神、劳动精神、工匠精神”，着力营造尊重劳动、崇尚技能的浓厚氛围。2020年累计培训2.4万人次，超额完成省人社厅下达的2.1万人次年度目标任务。

（五）全年工会工作情况概述

在集团公司党委和上级工会的正确领导下，围绕“维护核心、服务中心、凝聚人心”履职理念，提出“建好‘一个家’，建设‘三个室’，落实‘一个维护’，开好‘两个会议’，做好‘六项工作’”的“13126”工作思路，扎实开展各项工作。

一是加强职工思想政治引领，充分利用职工培训中心、职工书屋、职工文教室、党员活动室等现有职工文化阵地，建设党的创新理论宣讲站（点）224个，储备政治理论宣讲人才642人，广泛开展党的创新理论和山西转型发展、企业改革的有关精神宣讲活动。二是加强工会组织和自身队伍建设，组织召开工会一届二次会员代表大会，推进新成立单位工会组织建设、会员入会，开展工会干部履职能力提升培训，选派业务能力强的工会干部参加省总工会和产业工会举办的各类培训。三是充分发挥工人阶级主力军作用，大力弘扬劳模精神、劳动精神、工匠精神，开展服务区提质、工程项目建设劳动竞赛，

营造劳动光荣、精益求精的良好风尚，调动广大职工参与集团发展建设的积极性、主动性、创造性。四是积极维护职工合法权益，组织召开一届三次职代会，签订三项集体合同，建立健全困难职工家庭常态化帮扶机制，积极落实职工福利，全面开展职工健康体检，推进送温暖常态化，持续推进"妈咪小屋"建设，共10个"妈咪小屋"荣获省总工会、省公路运输工会表彰。五是广泛开展文体活动，组织开展职工演讲比赛、"书香三八"征文、家书、书画、阅读分享系列活动、微视频大赛、"抗疫复工·交控先锋"人物摄影评比活动并印发《抗疫复工·交控先锋优秀作品集》，持续打造山西交控"书香路远"文化品牌，多层次、多领域满足职工生活文化需求。

2020年，集团公司工会被评为山西省"模范职工之家"；所属企业工会荣获山西省"工人先锋号"、山西省"五一劳动奖章"、"三晋工匠"年度人物提名奖等荣誉称号。

五、履职待遇、业务支出情况

（一）集团公司领导人员公务用车配备情况及本部业务保障用车配备情况

集团公司领导人员公务用车10台，本部业务保障用车7台。

（二）集团公司领导人员公务用车使用、维修费用及本部业务保障用车使用、维修费用

集团公司领导人员公务用车使用、维修费用24.49万元，本部业务保障用车使用、维修费用23.64万元。

（三）集团公司领导人员及本部中层管理人员车贴发放情况

根据《山西交控集团公务用车制度改革总体方案》，集团公司领导班子成员按标准配备公务用车；本部中层管理人员不配备公务用车，按照标准计发公务交通补贴。

（四）集团公司领导人员及本部业务人员通信费、业务招待、差旅、国（境）外考察培训等费用情况

集团公司领导人员通信费5.4万元，差旅费4.76万元，因公出国（境）费用0万元；本部业务人员通信费55.45万元，差旅费59.98万元，因公出国（境）费用0万元；集团公司业务招待费用12.03万元。

（原载山西交通控股集团门户网站）

山西航空产业集团有限公司
2020年度财务等重大信息公开内容

一、企业基本情况

中文名称：山西航空产业集团有限公司

股东名称：山西省人民政府

注册地址：山西示范区龙城街16号1幢一层108室

经营范围：（同营业执照）

办公地址：山西示范区龙城街16号1幢一层108室

邮编：030031

网址：http://www. sxairport.org.cn

公司简介：山西航空产业集团有限公司（以下简称"航产集团"）前身为山西省民航机场管理局（山西省民航机场集团公司），2003年12月16日由山西省人民政府投资成立，并在山西省工商行政管理局登记注册为全民所有制企业，实行"一套机构两块牌子"属地化管理。2017年，根据《山西省人民政府办公厅关于山西省民航机场管理局（山西省民航机场集团公司）改革事宜的通知》（晋政办发

〔2017〕153号)精神,改制为有限责任公司(国有独资),同年12月26日领取企业法人营业执照,统一社会信用代码为9114000075725677X0,注册资本为人民币贰拾亿元整,实收资本为人民币贰拾肆亿贰仟零叁拾叁万陆仟壹佰壹拾叁元壹角伍分,法定代表人为郝孝义,住所为山西示范区龙城街16号1幢一层108室,营业期限自2010年11月03日至2030年11月03日。

航产集团属航空运输业,提供航空运输辅助活动。经营范围为航空运输,民用航空器维修,提供航空器起降、停放、过夜、维护、修理服务;提供航空器通信导航、航空气象、航行指挥、平衡配载、警卫监护服务;提供航空器牵引、供电、供气、除冰、吹雪、清水污水特种车辆服务;提供乘机旅客、航空货物的始发、到达、过站、经停、中转服务;提供旅客候机、值机、引导、行李查询和摆渡运输服务;对进入机场隔离区的人员、货物、邮件、行李进行安全检查;委托代理航空公司客货运输销售业务;提供机场内停车、地面运输、广告服务;食品经营,提供航空配餐、餐饮;食品生产,生产、加工、销售航空配餐、餐饮食品;提供柜台、商铺、自有房屋出租;提供与民航相关的企业管理咨询服务、商务咨询服务、信息咨询服务;航空综合配套服务及经营管理;对机场、航空运输、通用航空、酒店、旅游、物流的投资、运营。

航产集团最终实际控制人为山西省人民政府国有资产监督管理委员会。

二、主要财务指标

(一)2020年财务主要数据

2020年主要财务数据表(单位:元)

序号	项目	金额
1	资产总额	358019.73
2	负债总额	95219.14
3	所有者权益总额	262800.59
4	存货	3790.70
5	应收账款	15752.70
6	应付账款	22589.40
7	固定资产	157437.63
8	应交税费	239.71
9	营业收入	114181.76
10	销售费用	791.57
11	管理费用	11796.57
12	财务费用	-1074.79
13	利润总额	-21538.53
14	净利润	-21563.64

(二)审计报告摘要

山西航空产业集团有限公司2020年度审计事务所为山西国元会计师事务所,其审计意见为:我们审计了山西航空产业集团有限公司(以下简称“航产集团”)财务报表,包括2020年12月31日的合并及母公司资产负债表,2020年度的合并及母公司利润表、合并及母公司现金流量表、合并及母公司所有者权益变动表以及相关财务报表附注。

我们认为,后附的财务报表在所有重大方面按照企业会计准则的规定编制,公允反映航产集团2020年12月31日的合并及母公司财务状况以及2020年度的合并及母公司经营成果和现金流量。

三、工作报告摘要

航产集团2020年工作，主要呈现六大亮点。

一是在坚持党的领导和加强党的建设方面，体现把党的政治优势和组织优势转化为制胜优势。聚焦习近平新时代中国特色社会主义思想引领，把学习习近平总书记关于加强和改进国有企业党的建设、推进国资国企改革、促进民航安全发展等重要指示批示精神以及视察山西重要讲话重要指示精神紧密结合起来，把学习成果转化为推动航产集团高质量发展的强大动力。航产集团荣获"全省'学习强国'模范学习组织""山西省党的创新理论实践基地培育单位"称号。

二是在贯彻落实党中央、国务院、省委、省政府决策部署方面，体现国有企业应有的政治站位和政治责任，勇当保卫首都坚强前哨。坚决贯彻落实习总书记关于疫情防控重要指示批示精神，和省委省政府"外防输入、内防输出"的决策部署，上下同心打响疫情防控的人民战争、总体战、阻击战。在本次疫情防控工作中，太原机场公司党委荣获"全国抗击新冠肺炎疫情先进集体"和"全国先进基层党组织"两项全国最高集体荣誉。

三是在统筹推进疫情防控和经济社会发展方面，体现精准施策和积极担当。精准实施疫情防控，牢牢守住山西空中门户，畅通人员物资运输的生命通道，筑起保障员工安全的牢固屏障；积极助力复工复产，开拓北京、天津、上海航线市场，开通"并沪公交快线"，最大限度恢复航线航班；协调多家航空公司提供包机定制服务，共保障4架复工复产客运包机；积极落实帮扶政策，支持成员企业以及相关联的中小企业共渡难关，共减免房租、特许经营费、停场起降费等共计2897万元。

四是在促进强基固本和提质增效方面，体现坚守底线和主动作为。坚守安全红线底线，深入开展行业安全整顿、"安全生产月""平安民航""民航服务质量品牌建设"等活动，强化各项安全保障措施，提升安全管理能力和水平。

进一步健全现代企业制度。完善党委会、董事会、总办会议事规则，全面落实议事程序，加强顶层设计；完成"六定"改革，基本完成厂办大集体改革、企业办社会职能分离移交、"三供一业"改造移交以及市政职能移交，平稳有序推进"处僵治困"工作，推动航产集团提质增效。

五是在谋划发展和提升产业格局方面，体现新发展理念和高质量要求。同朔州市政府签订一体化管理战略协议；与大同、忻州、吕梁、临汾、运城五市政府签署机场一体化委托运营管理三方协议、补充协议；以机务工程技术分公司为试点，基本实现全省机场机务人员和资产的统一管理及调配。实现省内机场一体化运营。

加快通航示范平台建设。进一步整合省内通航机场，托管太原尧城机场、成立山西通用机场管理有限公司，合资成立无人机公司；启动山西通航运控中心二期规划建设，推进左云、右玉、沁源等地通用机场建设，与河曲县政府签订通用机场规划建设运营一体化协议；升级改造太原尧城机场等。

六是在推进重大项目建设和破解重点问题方面，体现高标准、高效率。不遗余力、逐项攻关、压缩工作周期，太原机场总规已获民航局批复，总规从上报到获批只用半年时间，工程预可研报告已取得民航局行业意见；航站区规划及航站楼设计方案已确定，方案深化设计正在推进；太原机场飞行区西区滑行道改扩建工程于12月25日正式开工；长治机场改扩建工程、大同机场机坪扩建工程，以及朔州机场、晋城机场前期工作等基础建设都在稳步推进中。

四、年度内重大事件及其对企业的影响

(一)重大经营决策

1. 立足长远发展，组织开展航产集团战略规划研究及"十四五"发展系列规划工作。为确保规划编制的科学性、可行性和前瞻性，在规划编制之初，邀请省发改委、交通运输厅、国资委、国运公司及民航山西监管局等多家单位组织召开航产集团战略

及“十四五”规划编制启动大会，做到充分吸收和采纳省级及民航行业主管部门的思路和意见，做到航产集团的规划与民航行业规划以及省、市、区域等交通专项规划的深度融合。后按照“站位高、思路清、接地气、可操作”的规划编制原则，在航产集团范围内多次组织召开规划编制研讨会，各相关部门积极参与，献言献策。到年底已全部完成航产集团的战略及“十四五”系列规划编制工作。

2.实现省内机场一体化运营。完成同朔州市政府签订《朔州机场战略合作框架协议》，对朔州机场建设、运营、管理开展全方位托管；同大同、忻州、吕梁、运城、临汾五市和省交通运输厅签订《机场委托管理协议》（框架）和《机场委托管理补充协议》，正式托管运城、临汾机场，全省机场的一体化管理正式进入新的阶段。

3.积极推动成员企业开展混合所有制改革。物流、配餐和科技公司，同相关行业内优质企业广东薛航、六味斋、中航信、云时代等商洽混合所有制改革事宜，稳步推进机场物流公司的混改工作。

4.谋划临空产业实施路径。依托太原机场三期改扩建规划，谋划太原机场商业体系的布局和完善。

（二）重要人事任免

1. 2020年4月，省委组织部免去赵庆斌的山西航空产业集团有限公司党委委员职务（晋组干字〔2020〕78号）；

2. 2020年4月，省人民政府免去赵庆斌的山西航空产业集团有限公司副总经理职务（晋政任〔2020〕14号）；

3. 2020年8月，省人民政府任命陈阳为山西航空产业集团有限公司副董事长，总经理提名人选（晋政任〔2020〕30号）；

4. 2020年8月，山西航空产业集团有限公司董事会任命陈阳为山西航空产业集团有限公司总经理（晋航产董发〔2020〕3号）；

5.2020年12月，省委组织部任命员佩刚为山西航空产业集团有限公司党委委员（晋组干字〔2020〕308号）；

6. 2020年12月，省人民政府提名员佩刚为山西航空产业集团有限公司副总经理人选（晋政任〔2020〕59号）；

7.2020年12月，山西航空产业集团有限公司董事会任命员佩刚为山西航空产业集团有限公司副总经理（晋航产董发〔2020〕5号）。

（三）重大未决诉讼

2020年航产集团无重大未决诉讼。

五、财务预算执行情况

2020年财务预算执行情况表

单位：山西航空产业集团有限公司

序号	项 目	年度任务	完成情况	完成比率
1	营业收入（万元）	85800	114182	133.08%
2	实现利润（万元）	-21600	-21539	100.28%

2019年财务预算执行情况表

单位：山西航空产业集团有限公司

序号	项 目	年度任务	完成情况	完成比率
1	营业收入（万元）	77800	80484	103.4%
2	实现利润（万元）	1800	3667	203.7%

六、社会责任履行情况

（一）经济责任

1.经营责任

航产集团作为山西省第一空中门户，一直致力于为旅客提供安全可靠、舒适便捷的航空运输服务。2020年，进一步深化企业改革，厘清公司发展战略定位，业务范围由传统的机场保障和运营延伸到机场、通航、临空经济三大板块。航产集团通过安全运营、科学管理和差异化服务，提升经营效益和管理水平，实现国有资本保值增值。

2.产业发展

立足新发展阶段、贯彻新发展理念、构建新发展格局，坚持一体化统筹、板块化经营、市场化运作、法治化管理，以改革赋能助转型为主题，以精益管理增效益为主线，以科技创新促发展为抓手，推动山西航空产业在转型发展上蹚出一条新路。

（二）安全责任

航产集团对飞行安全、服务安全、空防安全、地面安全、信息安全、食品安全等领域开展安全生产管理工作，杜绝重特大安全生产责任事故。督促各单位将安全生产纳入中长期发展规划，保障职工健康与安全，切实履行社会责任。

（三）环境责任

1.航产集团始终把环境保护作为企业长远发展的重要环节，积极树立抓好环保为生产、发展生产促环保的大局观，不断完善航产集团环境保护体制机制，着力对公司各项活动和服务中产生的污染物废气、废水、噪声、固体废物、放射性污染以及电磁环境污染进行合理控制，预防和降低其产生的有害环境影响。

2.2020年航产集团负责的太原机场辖区内绿化养护面积22.54万平方米，2019年8月移交小店区园林绿化管理局3.46万平方米。

3.太原机场污水处理厂位于太原机场飞行控制区西北角，于2008年底改扩建后，设计处理能力每日4500吨，目前日实际处理水量2000吨，现污水来源主要为生活污水，污水处理采用序批式间歇式活性污泥法SBP工艺的变形工艺CAST工艺和BAF工艺，处理后的污水达标后，回用于航站楼卫生间、绿化等地方，故对水质要求较高，水质监测采用日常运行在线监测、定时化验及定期送外检检测方式。目前升级改造后，自动化程度较高，从CAST池的进水、搅拌、曝气、沉淀到生物滤池的深加工等采用自动控制，达到国家城镇污水处理厂污染物排放标准。

（四）企业责任

1.员工情况：截至2020年底，共有在册员工2724人。

2.劳动保障：按照国家以及山西省等有关规定为员工缴纳社会保险。

3.薪酬福利：2020年发放职工薪酬总额40318.83万元（含工资、福利、社会保险、住房公积金等）。

4.纳税情况：2020年全年实际上缴税费总额3042.62万元。

5.扶贫救灾：2020年航产集团向临汾市吉县慈善协会捐赠款项用于吉县社堤村有机苹果种植项目配套工程、吉县真村灌溉用水工程项目、大田窝村前德组提水工程、朔里组清水河过水桥加高加固工程；向民航定点帮扶地新疆维吾尔自治区和田地区于田县捐赠款项，用于科克亚乡巴什艾日克村修建14间门面房。

6.党风廉政建设

一是提高政治站位，狠抓疫情防控监督。始终站在讲政治的高度开展疫情防控监督工作，以多督促，慎问责，抓典型，快问责的疫情监督要求快速跟进，确保疫情防控工作按照省委、省政府的统一部署科学推进。

二是坚持聚焦聚力，推进政治监督具体化常态化。督促各单位结合企业发展实际，制定贯彻的具体措施和具体方法，准确识变、科学应变、主动求变，稳步探索推进产业转型发展之路，全力开创“航产新局”，全力保障习近平总书记视察山西重要讲话重要指示以及省委、省政府决策部署在航产集团落实落地。

三是紧盯“三重一大”，强化权力运行监督制约。紧紧围绕服务中心工作，充分发挥监督保障执行、促进完善发展作用，切实加强“三重一大”事项的监督。

高度重视航产集团选人用人等情况的监督，重点对航产集团二级副职干部选拔以及航产集团公开招聘工作进行监督，全程参与选聘方案制定、面试、考核等各项重要环节，严把选人用人政治关、廉洁关、形象关，为营造航产集团公开、公平、公正的良好用人环境提供坚强纪律保证。

四是担当作为不懈怠，不断提升日常监督水平，加强政治生态研判。做好党风廉政意见回复；注重对干部的日常了解和平时积累，依据信访举报、线索处置、谈话函询、民主生活会批评意见掌握的情况，结合现实表现、群众口碑和担当作为情况，严把干部廉政审核意见关；积极探索高效管理运行机制；不断强化制度建设，完善制度机制；坚持抓好廉政教育警示教育。

五是坚持严字当头，保持正风反腐高压态势。加强线索处置，提升办案质量，盯住关键领域、关键环节、关键事项、关键对象，强化执纪问责，不断增强查办案件震慑力度。

（五）未来展望

2021年航产集团重点工作以“6个强化、6个着力”为目标，坚持同心同向，依靠党建引领切实增强政治自觉；坚持安全发展，依靠改革创新为“十四五”谋篇布局；坚持精管细控，依靠产业优化践行企业担当。

1.持续强化党建引领，着力巩固良好政治生态。加强政治建设，提升引领力；加强思想建设，提升向心力；加强组织建设，提升战斗力；加强作风建设，提升感召力；加强群团建设，提升凝聚力。

2.持续强化风险防范，着力守牢安全底线。狠抓疫情防控不厌战；常抓体系建设不松劲；稳抓应急管理不侥幸；实抓“三零”创建不疏漏。

3.持续强化市场开拓，着力优化产品结构。坚守国内市场阵地；把握国际市场旋律；拓展货运市场渠道。

4.持续强化资本运营，着力深化管控改革。组建财务共享中心，逐步打造“1”个体系、“1”个中心、“3”大平台为基础的“113”财务管理体系；提升经营效能。全力做好航产集团“十四五”发展规划与国家、省部上位规划的衔接，进一步提升编制质量，明确发展目标，细化责任分解，确保规划的系统性、可行性、前瞻性；明晰责权划分。加强授权放权管理，合理确定事权，明确分子公司权责边界，形成清晰的管理边界和差异化的管控模式，激发企业活力。

5.持续强化板块布局，着力激发产业潜能。发挥优势，做大通航三大平台；深挖潜力，做强通航四个示范；寻求突破，积极培育临空经济增长点。

6.持续强化基础建设，着力提升保障能力。项目提速，壮大干线机场实力；统筹推进，提升支线机场潜力；科技增效，激发创新发展活力。

七、省市重点项目投资额及进度

1.太原机场三期改扩建工程，截至2020年底具体进度：《太原武宿国际机场总体规划（2020年版）》已获民航局批准；预可研报告已通过民航局行业审查，并正式上报国家发改委；航站区规划与航站楼方案已确定，正开展方案深化、优化工作；项目用地征拆及预审、净空拆降、管线迁改等工作正在有序推进。

2.航产集团投资建设山西航空产业综合馆项目，该项目为太原市重点项目，项目建设地点位于清徐县孟封镇尧城机场西南侧，建设内容包含航空馆、迎宾广场、停车场及相关室外工程。本项目建设总投资约2亿元，建设期2年。建成后在保障通用航空大会会展的同时，兼顾省通航产业发展情况，宣传航空相关知识，完善尧城机场及清徐通航产业园发展设施环境，促进省通航产业发展。

3.批准建设太原机场飞行区西区滑行道工程，总投资约1亿元。为积极支持山西转型综合改革示范区飞机维修、拆解业务发展，山西航空产业集团有限公司积极协调民航局，将“拆解基地联络滑行道”纳入《太原武宿国际机场总体规划》（2020年版），并于2020年8月24日取得民航局批复，2020年10月26日完成“太原武宿国际机场飞行区西区滑行道工程”项目立项，历时2个月先后完成初步设计编制、行业意见批复、民航专业工程总承包试点批复、设计施工总承包备案及招投标等工作，2020年12月25日顺利举行开工仪式。

八、大额资金运作

（一）重大融资情况

2020年底航产集团带息负债总额4800万元，主要为银行贷款。

（二）质押及对外担保

山西航空产业集团有限公司2020年无质押及

对外担保情况。

(三)年度对外捐赠情况

2020年,航产集团共发生对外捐赠支出102.12万元,其中:公益性捐赠支出82.27万元,全部用于扶贫捐赠项目;非公益性捐赠支出19.85万元,全部用于抗疫捐赠项目。

九、职工权益维护

(一)全年劳动合同签订数

全年签订劳动合同430人(含新签102人、续签328人)。

(二)维护职工权益典型案例

本年度无维护职工权益典型案例。

(三)职称评定办法及程序

2020年度为进一步完善员工职业发展通道,充分发挥高技能人才在航产集团生产经营中的骨干作用,草拟了《航产集团操作技能岗位评聘管理办法》和《航产集团专业技术岗位评聘管理办法》。

(四)人才培训计划及落实情况

全年继续深入推进落实人才培训"五大工程"。航产集团党政领导干部履职能力培训共进行42次,培训人次316人次;各类干部专业能力提升培训进行10次,培训人次189人次;基层干部能力提升培训进行9次,培训12人次;企业管理人员创新思维培训5次,培训7人次;专业技术人员知识更新培训进行若干次,培训3651人次。合计4175人次。

(五)企业安全生产措施

贯彻落实航产集团"100-1=0"安全理念,统筹管理安全生产和疫情防控工作,以"四型机场"建设为主线,推进安全管理体系建设,深入开展安全专项活动,强化安全作风建设,有效管控风险和排查隐患,强化和落实安全主体责任,建立和完善安全管理的长效机制,预防和减少事故发生,保障安全工作有序进行,保障员工生命财产安全。

(六)全年工会工作情况概述

2020年,在航产集团党委和上级工会的坚强领导下,航产集团工会以习近平新时代中国特色社会主义思想为指导,忠诚履职、担当作为,切实落实航产集团党委和上级工会工作部署,团结动员广大职工以高度的主人翁责任感和使命感,为航产集团高质量发展作出积极贡献。

1.坚定政治方向,凝聚工会正能量。航产集团工会始终坚持党对工会的领导,认真履行工会政治责任,牢牢把握工会工作的正确政治方向,在服务航产集团改革发展大局中体现自身价值地位。坚持强化理论学习,始终保持工会工作正确政治方向;坚持思想引领与文化体育活动相融合,不断提升职工思想工作效果;着力加强评先选模工作,大力弘扬劳模精神、劳动精神、工匠精神和当代民航精神。

航产集团工会积极推荐申报省市级先进集体和个人。全年共申报地市级以上各类先进集体25个、先进个人21人。其中,成功申报航产集团第一个全国劳动模范、第一个全国先进集体,受到党中央、国务院、中央军委表彰,为航产集团争得荣誉。

同时,为弘扬劳模精神、劳动精神、工匠精神和当代民航精神,集团工会组织开展全国劳动模范和先进工作者表彰大会精神宣贯。这些工作的开展,在航产集团唱响劳动最光荣、劳动最伟大、劳动最崇高、劳动最美丽的时代主旋律,营造崇尚劳动、尊重劳模的浓厚氛围。

2.围绕中心工作,创造工会新业绩。集团工会围绕中心工作,积极为广大职工彰显作为、体现价值搭建平台,努力打造高素质职工队伍。广泛开展劳动和技能竞赛,着力提升职工职业素质;深入开展"安康杯"竞赛,着力突出竞赛实际效果;持续加强班组建设,着力夯实班组基础管理;继续开展"五小"竞赛"六化"提质行动,着力激发职工创新活力。

3.立足维权服务,体现工会新作为。集团工会坚持以职工为中心的工作导向,以完善职代会制度为重点,推动建立健全相关制度和长效机制,不断加强企业民主管理,切实提高工会维权服务水平。充分发挥职代会作用,保证职工参与民主管理和民主监督;不断拓宽服务职工渠道,全方位开展职工关爱帮扶工作。全程参与航产集团职工活动中心建设,2020年12月31日,航产集团职工活动中心正式启用，成为航产集团太原地区职工文体娱乐和健身活动的重要阵地，推动航产集团职工文化活动阵地建设迈上一个大台阶。

4.加强自身建设，增强工会新活力。集团工会注重以加强工会“三基”建设为抓手，着力推进自身组织建设、制度建设、改革创新，使工会组织真正建起来、转起来、活起来。加强组织建设，建立健全工会工作平台。加强制度建设，持续提升工会工作规范化水平；加强培训指导，不断提高工会工作者的业务能力；加强调研活动，助力增强工会工作的针对性；加强改革创新，探索进行工会经费管控模式改革。

5.参与疫情防控，体现工会新担当。在全国抗击新冠肺炎疫情形势下，积极投入航产集团抗击新冠肺炎疫情工作中去，发挥引领职工、疏导情绪、稳定队伍的积极作用，充分体现了工会担当。突出重点，始终把职工生命安全放在第一位；多措并举，切实做好疫情期间特殊群体关爱工作；履行社会责任，助力经济社会发展。

（原载山西交通控股集团门户网站）

山西交通运输

2021

年鉴

先进典型

先进集体、先进人物

中华全国总工会　应急管理部 国家卫生健康委员会

2010年10月，中华全国总工会、应急管理部、国家卫生健康委员会联合发文总工发〔2020〕7号《关于表彰2018—2019年度全国“安康杯”竞赛优胜集体、优胜班组和优秀个人的决定》。其中：

2018—2019年度全国“安康杯”竞赛优胜单位

山西省公路局晋中分局

2018—2019年度全国“安康杯”竞赛优胜班组

山西交通控股集团有限公司

忻州北高速公路分公司长梁山隧道管理站

中华全国总工会

2021年1月，中华全国总工会总工发〔2020〕11号文印发《中华全国总工会关于表彰全国模范职工之家全国模范职工小家 全国优秀工会工作者的决定》。其中：全国模范职工之家

山西省交通运输厅机关工会

交通运输部　人力资源社会保障部

2020年5月，交通运输部、人力资源社会保障部授予山西省运输事业发展中心谢育斌“全国交通运输系统先进工作者称号”。

交通运输部

2020年9月，交通运输部授予大同南高速公路管理有限公司“交通运输企业安全生产标准化建设二级”证书。

2020年11月，交通运输部评大同南高速公路管理有限公司编制的《安全生产管理“五大体系”标准化方案》为“交通运输部2020年“平安交通”安全创新优秀推荐案例”。

2020年，交通运输部授予山西省运输事业发展中心“全国运输行业精神文明建设先进集体”。

2020年，交通运输部授予临汾市交通运输局“全国交通运输行业文明单位”。

中共交通运输部海事局党组 交通运输部海事局

2020年12月，中共交通运输部海事局党组、交通运输部海事局授予山西省运输事业发展中心冯建祥“三化”好形象好品牌先进个人。

交通运输部办公厅

2020年12月，交通运输部办公厅授予山西省运

输事业发展中心武洁“2019年度成绩突出的‘12328’电话服务工作者”(此项工作2019年度在山西省道路运输管理局)。

2020年12月,交通运输部办公厅授予省“12328”交通运输服务监督电话平台(此项工作2019年度在山西省道路运输管理局)“2019年度成绩突出的‘12328’电话服务中心”。

中共山西省委山西省人民政府

2020年10月,中共山西省委、山西省人民政府表彰山西省运输事业发展中心樊素伟抗击新冠肺炎疫情工作中成绩突出。

山西省委宣传部

2020年12月,山西省委宣传部授予山西省运输事业发展中心第三届山西省社会主义核心价值观主题微电影征集展示活动“优秀奖”。

山西省总工会　山西省应急管理厅 山西省卫生健康委员会

2020年12月,山西省总工会、山西省应急管理厅、山西省卫生健康委员会联合发文晋工发〔2020〕28号《关于2019—2010年度全省“安康杯”竞赛活动结果的通报》。其中:

山西省2019—2020年度“安康杯”竞赛“安全明星企业”

山西静兴高速公路有限公司

山西省2019—2020年度“安康杯”竞赛“优胜单位”

阳泉市公共交通有限责任公司

长治公交集团有限责任公司第三分公司

山西省公路局阳泉分局

山西省2019—2020年度“安康杯”竞赛“安全示范班组”

临汾民航机场有限公司动力能源保障部“创优班组”

山西省2019—2020年度“安康杯”竞赛“优胜班组”

临汾南高速公路管理有限公司乡宁西收费站

2019—2020年度山西省“安康杯”竞赛“安全标兵”

任大为　山西省交通运输厅安全监督处处长

山西省总工会

2020年11月,山西省总工会发文《关于“时代新人说——决胜小康、奋斗有我,山西职工在行动”全省职工演讲比赛获奖情况的通报》。其中:

个人三等奖

邢田甜　山西交控集团忻州南高速公路管理有限公司

优秀奖

杨　宁　山西省公路局运城分局

团体铜奖

省公路运输工会

山西省总工会女职工委员会

2020年4月,山西省总工会女职工委员会晋工发〔2020〕女职字3号文《关于开展2020年女职工维权行动月活动情况的通报》。其中:

2020年女职工维权行动月活动优秀组织奖

省公路运输工会女职工委员会

山西省人力资源和社会保障厅 山西省财政厅

2021年1月,山西省人力资源和社会保障厅、山西省财政厅授予山西省运输事业发展中心张安领“山西省先进会计工作者”。

山西省人力资源和社会保障厅

2020年10月，山西省人力资源和社会保障厅授予山西省交通运输厅综合规划处“山西省脱贫攻坚奖组织创新奖”。

2020年11月，山西省人社厅授予山西省交通运输厅综合规划处“山西省工人先锋号”。

2021年2月，山西省人力资源和社会保障厅授予山西省运输事业发展中心全省脱贫攻坚专项奖励集体嘉奖。

2021年2月，山西省人力资源和社会保障厅授予山西省运输事业发展中心谢育斌在全省脱贫攻坚工作中做出杰出贡献，记大功奖励。

山西省统计局

2020年5月，山西省统计局授予山西省运输事业发展中心董艳平“山西省第四次全国经济普查先进个人”。

山西省统计局

2021年1月，山西省统计局授予山西省运输事业发展中心吕娜、刘荣生“2020年度山西省运输邮电电力部门统计工作先进个人”。

山西交通运输 2021 年鉴

领导名录

山西省交通运输厅机关

闫晨曦　党组书记、厅长
秦红保　党组成员、副厅长，山西省邮政管理局局长、党组书记
王　晋　党组成员、副厅长
段新源　党组成员、副厅长，省民航机场管理局局长
王四小　党组成员、副厅长
郭丙福　党组成员、副厅长（2020年9月—　）
王建业　党组成员、驻厅纪检监察组组长
郭贵堂　副厅长级干部（　—2020年12月）
雷天才　一级巡视员
李贵顺　一级巡视员（2020年10月—　）
刘玉柱　二级巡视员（　—2020年4月）
郭全英　二级巡视员（　—2020年9月）
杨增梅　二级巡视员
柴洪江　二级巡视员
王大为　二级巡视员
高新文　总工程师

王亚虎　办公室主任
武安瑜　办公室二级调研员
范彦军　办公室副主任、三级调研员
王惠权　办公室副主任
赵军刚　办公室四级调研员

杨　斌　人事处处长
侯一方　人事处二级调研员
李宏义　人事处副处长
米　娟　人事处副处长

郭富平　政策法规处（执法监督处）处长
杨继勇　政策法规处（执法监督处）二级调研员
郝振清　政策法规处（执法监督处）二级调研员
张瀚鑫　政策法规处（执法监督处）副处长
赵　丹　政策法规处（执法监督处）副处长

张　翼　财务收费管理处处长
赵忠清　财务处收费管理处一级调研员
刘平朝　财务收费管理处二级调研员
卢奋卿　财务收费管理处副处长

武建勇　建设管理处处长
李安渠　建设管理处二级调研员
赵景彭　建设管理处副处长
祝天晴　建设管理处四级调研员

许有志　综合规划处（招商引资处）处长
车雄伟　综合规划处（招商引资处）二级调研员

吴秀武　公路运输管理处处长
靳茂林　公路运输管理处二级调研
王跃东　公路运输管理处副处长
常卫平　公路运输管理处副处长

任大为　安全监督处（应急办公室）处长
梁晓明　安全监督处（应急办公室）二级调研员
裴增武　安全监督处（应急办公室）副处长
田建胜　安全监督处（应急办公室）副处长
刘　佳　安全监督处（应急办公室）四级调研员
冯晓刚　安全监督处（应急办公室）四级调研员

张立承　公安处(路政管理处)处长
要前进　公安处(路政管理处)二级调研员
杜　峰　公安处(路政管理处)副处长

张俊生　科技处处长
郭炳华　科技处二级调研员

宋　蔚　审计处副处长

赵振伟　治超处处长
贠岩龙　治超处二级调研员
鲍　立　治超处副处长
梁　斌　治超处四级调研员

苏　敏　行政审批管理处处长
王积顺　行政审批管理处二级调研员
张永辉　行政审批处四级调研员

王旭青　民航综合协调处处长
刘树伟　民航综合协调处二级调研员
陈　星　民航综合协调处副处长

董占文　民航建设运行处处长
李宇洵　民航建设运行处二级调研员
杜志平　民航建设运行处副处长

高保全　路网运行管理处处长
樊真德　路网运行管理处二级调研员
石利强　路网运行管理处副处长

姬　鸽　农村公路管理处处长
郭建波　农村公路管理处四级调研员

赵晓宙　水运管理处处长
王春清　水运管理处副处长

解宝平　城市客运管理处处长
杨　亮　城市客运管理处副处长
贾　波　城市客运管理处四级调研员

武安瑜　厅直机关党委专职副书记
陈尧仲　厅直机关党委副书记、纪委书记
孟　辉　厅直机关党委四级调研员

高海青　离退休人员工作处处长、一级调研员
王春清　离退休人员工作处副处长
胡海艳　离退休人员工作处四级调研员

山西省公路运输工会

刘贵良　主席
王海锦　副主席、经费审查委员会主任
李丽英　副主席、女职工委员会主任
李寅杰　四级调研员

山西省国防动员委员会交通战备办公室(挂靠单位)

吴松怀　省交通战备办二级调研员
吴海云　省交通战备办三级调研员

中共山西省纪委驻交通运输厅纪律检查组(派驻单位)

山西省监察厅驻交通运输厅监察室(派驻单位)

任玉胜　纪检监察组副组长、一级调研员
聂　洪　纪检监察组副组长
李栋然　综合室主任、三级调研员
李　宇　二级调研员
侯一兵　二级调研员
冯　御　二级调研员

(时间截至2020年12月31日)

厅直属单位

山西省公路局

尹新平　党委书记
胡钢成　党委副书记、局长
许秀銮　党委委员、副局长
马德文　总工程师
杨转科　党委委员、副局长
郭晓军　党委委员、副局长
惠高峰　副厅级干部

山西省交通运输综合行政执法局
山西省高速公路综合行政执法总队

曹居月　党委书记、局长（　—2020年9月）
刘清平　党委书记、总队长(局长）
　　　　（2020年12月—　）
雷天才　暂时负责党政工作(2020年9月—12月）
史晓华　党委副书记、副局长
刘宝东　党委委员、副局长
郜建刚　党委委员、副局长(　—2020年9月）
段志伟　党委委员、副局长

山西省运输事业发展中心

史晓华　党委书记、主任
时晋杰　党委委员、副主任
肖为民　党委委员、副主任
王建民　党委委员、副主任
郝如恒　正处级干部
张海珠　正处级干部
朱　虹　正处级干部
王翠莲　副处级干部
张国民　副处级干部
黄　驰　副处级干部
高晓华　副处级干部
吕双龙　副处级干部
张宇宾　副处级干部

山西省交通运输运行监测与应急处置中心
山西省交通运输厅新闻中心

董化金　党委书记、主任
倪　津　党委委员副主任
赵小鹏　党委委员副主任
李　兴　正处级干部
曹世勋　正处级干部
杨春兰　副处级干部
崔鸣原　副处级干部
赵文洁　副处级干部

山西省交通建设中心

陈　俊　党委书记、主任
王润民　党委委员、副主任
郝瑞军　党委委员、副主任
张于良　党委委员
任　鹏　党委委员
雷英夏　正处级干部
毛世伟　副处级干部
虞翠云　副处级干部

山西省交通运输厅发展研究中心

胡旭东　党支部书记、主任
白彦萍　党支部委员、副主任
侯金铃　党支部委员、副主任
安小平　正处级干部

山西省交通运输厅联网收费结算与会计核算中心

杨　毅　党支部书记、主任
李亚东　党支部委员、副主任
魏晓菁　党支部委员、副主任

山西省交通运输厅后勤服务中心

杨建平　党支部委员、主任
杨开奇　党总支书记
杜建武　党支部委员、副主任

山西省交通干部学校

辛泉生　党委书记、校长(2020年4月—　)
梁锦华　党委委员、副校长(2020年4月—　)
孟万银　党委委员、副校长(2020年4月—　)
范向英　党委委员、副校长(2020年7月—　)
白贵生　副处级干部(2020年4月—　)

（时间截至2020年12月31日）

公路系统

山西省公路局机关

杨帅奇　办公室主任
马　勇　办公室副主任
段晓燕　党工部部长
艾　鹏　党工部副部长
王焕斌　人事处处长
王昌盛　人事处副处长
刘保平　计划统计处副处长(主持工作)
刘艳花　计划统计处副处长
王文俊　养路处处长
霍翠兰　养路处副处长
张育斌　养路处副处长
刘　军　建设处副处长（主持工作）
李永东　技术处副处长（主持工作）
翟卫东　技术处副处长
李兴昌　财务征费处副处长(主持工作)
张晓飞　财务征费处副处长
许韵才　政策法规处处长
赵永红　政策法规处副处长
李永佑　公安路政处副处长(主持工作)
董亚波　公安路政处副处长
刘中海　公安路政处副处长
卫跃文　地方公路处处长
郭转英　地方公路处副处长
张彦飞　地方公路处　副处长
段铁鹰　审计处副处长（主持工作）
常丽珍　工会副主席(主持工作)
刘青竹　离退休人员管理处处长
徐　敏　离退休人员管理处副处长
解凤林　机关纪委书记
申水旺　原厅重点办农村路网管理处处长
曹军英　原雁门关桥隧管理处处长
李康吉　原省高管局总工
徐媛丽　技术处正处级干部
袁海鸿　正处级干部
吴正杰　技术处副处级干部
赵高峰　副处级干部
吕金玲　财务征费处副处级调研员
丁鹤军　副处级干部
李书亮　副处级干部
耿　军　原安全生产管理处科员（保留副处待遇）
刘保科　原安全生产管理处处长(保留副处待遇)
麻　琳　养护管理处科员(保留副处待遇)

山西省公路局太原分局

闫志雄　党委委员、局长

赵涌文　党委书记
曹力群　党委委员、副局长
蒋映东　党委委员
张晋龙　党委委员、副局长
卫　生　正处级

山西省公路局大同分局

王进满　党委委员、局长
张守信　党委书记
左世娟　党委委员、副局长、工会主席
王德启　党委副书记、纪委书记
张文化　党委委员、副局长
王来平　党委委员、副局长

山西省公路局朔州分局

任　永　党委委员、局长
张金顺　党委委员、副局长
樊伟恩　副局长、总工程师
张翠梅　党委委员、副局长
郭养财　党委委员、副局长、工会主席
陈占强　副书记、纪委书记

山西省公路局忻州分局

袁海鸿　党委委员、局长
王斌俊　党委书记
刘庆珍　党委副书记、纪委书记
李晋勇　党委委员、副局长
崔　毅　党委委员、副局长
王继平　党委委员、副局长、总工
柴秉德　党委委员、副局长、工会主席

山西省公路局阳泉分局

闫献忠　党委委员、局长
李传书　党委书记
宋振宏　党委委员、副局长、工会主席
吕彦明　党委委员、副局长
冯仁科　党委委员、副局长、总工
王卫华　党委委员、纪委书记

山西省公路局吕梁分局

薛根平　党委委员、局长
刘庆爱　党委书记
郭兵兵　党委委员、副局长
刘介平　党委委员、副局长、工会主席
刘秀全　党委委员、副局长
白彦丞　党委委员、纪委书记
马　荣　党委委员、副局长
张跃飞　调研员(副职待遇)

山西省公路局晋中分局

张惠民　党委委员、局长
杨　桦　党委副书记、纪委书记
游新宇　党委委员、副局长、工会主席
赵小兵　党委委员、副局长
于长生　党委委员
李跃强　党委委员、副局长
史军强　党委委员、副局长

山西省公路局长治分局

韩洪泽　党委委员、局长
杨　勇　党委书记
崔建忠　党委委员、副局长
姚建波　党委委员、副局长
杜立新　党委委员、副局长总工
徐湧涛　党委委员、纪委书记

山西省公路局晋城分局

马　远　党委委员、局长
张根法　党委书记
王振明　党委委员、副局长
陈建国　党委委员、副局长总工程师
申济众　党委委员、工会主席
徐　斌　党委委员、副局长
赵锁金　党委委员、纪委书记
张遇春　副处级干部

山西省公路局临汾分局

刘晓明 党委委员、局长
李 红 党委书记
张碧玉 副局长
杨英俊 副局长
张小军 党委委员、纪委书记
郝卫国 原霍侯路副处长
李玉民 原霍侯路副书记、纪委书记(负责日常工作)
孟晋涛 原霍侯路副处长、工会主席

山西省公路局运城分局

平 华 党委副书记(负责党政工作)
张兆阳 党委委员、副局长
黄 立 党委委员、纪委书记
郭立新 原三门峡党总支书记、处长
王 颖 原三门峡副处长
丁惠民 正处级干部
李晓阳 原三门峡副处级

山西省公路局物资供应站
山西省公路物资供应总公司

杨立梅 党委副书记、副主任(主持工作)、党委书记、总经理
杨海义 副经理
张 宏 党委委员、副经理
吴 翼 副经理

山西省公路工程质量检测中心
山西省公路工程监理技术咨询公司

宋青会 党委书记(副职)、副主任(主持党政全面工作)、党委书记、经理

山西晋路投资开发有限公司

郝增民 党委委员、执行董事
石建高 党委书记
孙明方 党委委员、总经理
张亦兵 党委副书记、纪委书记
贺金明 党委副书记

山西诚达公路勘察设计有限公司

韩 彦 党委委员、董事长
刘卫平 党委书记、副董事长
周 鑫 党委委员、总经理
许新勇 党委委员、纪委书记

山西省公路构件厂

刘永生 党委书记、厂长
冀俊如 党委委员、纪委书记、副厂长、工会主席

山西省筑路机械厂

贺金明 党委书记、厂长
徐志杰 党委副书记、纪委书记、副厂长
李爱民 党委委员、副厂长

山西省公路局生活服务中心

徐碧河 党总支书记
孟胡勋 党总支委员、主任
李庆春 党总支委员、纪检委员、副主任

山西省公路局多种经营管理中心

蒋映东 副主任
赵 峰 副主任

(时间截至2020年12月31日)

交通运输执法系统

山西省太原交通运输执法局

赵有恭　党委书记、局长
武晋熙　党委副书记、纪委书记
刘初平　副局长、工会主席
杨志诚　副局长
李军民　副局长
张　军　副局长

山西省大同交通运输执法局

曲晓东　局　长
车红兵　党委书记
张　军　副局长
田占峰　副局长、工会主席
李　彬　副局长
胡　让　党委副书记、纪委书记

山西省朔州交通运输执法局

徐　斌　局　长
郜伟刚　党委书记
张子军　副局长
刘　勇　纪委书记

山西省忻州交通运输执法局

曲恒卯　党委书记
王占军　党委副书记、纪委书记
李红光　副局长、工会主席
杨定国　副局长

山西省吕梁交通运输执法局

张联信　局长
任晓军　党委书记
孙权平　副局长、工会主席
刘玉平　党委副书记、纪委书记
贾志刚　副处待遇

山西省晋中交通运输执法局

杜士平　党委书记
王玉寿　副局长、工会主席
赵　强　副局长
张宏兴　副局长

山西省阳泉交通运输执法局

范文生　局　长
张晓阳　副局长、工会主席
冯晋泉　党委副书记、纪委书记

山西省长治交通运输执法局

王京会　局　长
赵庆新　党委书记
郭建军　党委副书记、纪委书记
王保川　副局长
李　斌　副局长

山西省晋城交通运输执法局

张慧锋　局　长
王卫华　党委书记
王黎平　副局长、工会主席
谢小兵　党委副书记、纪委书记

山西省临汾交通运输执法局
李建勋　局长
刘　耀　党委书记
申俊平　副局长
李安文　副局长
宋志安　副局长

山西省运城交通运输执法局
杨宏伟　党委书记
文志坚　副局长、工会主席
李亚昌　党委副书记、纪委书记
景永忠　副局长

山西省高速公路路政总队
渠　刚　总队长
贾继承　支队长
辛日尚　支队长
张秀琴　支队长

山西省运政稽查总队
郭　锋　总队长
孙　印　政　委

山西省道路运输管理局治超办公室
梁文亮　主任（　—2020年8月）
高晓华　副主任（　—2020年8月）
吴晓群　副主任
王丽川　正处级调研员

山西省交通运输执法职工教育培训中心
贾中华　副主任

山西省交通执法资讯中心
史晓华　省交通运输执法局党委副书记、副局长，负责日常工作

山西省交通执法督查总队
杨国泉　队长（　—2020年12月）
梁宏飞　政　委

山西省交通运输执法执法网络监控中心
孙明江　主任、党支部书记

（时间截至2020年12月31日）

邮政管理系统

山西省邮政管理局
秦红保　党组书记、局长
高日勇　党组成员、副局长、纪检书记
赵　光　党组成员、副局长
李建斌　党组成员
胡福海　普遍服务处（机要通信处）处长
李玉峰　三级调研员
和全忠　市场监管处处长
芦军强　副处长
张　莹　四级调研员
田　笃　人事处处长
李　亮　机关党委副巡视员、专职副书记

太原市邮政管理局
董　刚　党组书记、局长、一级调研员
　　　　太原市交通运输局党组成员、副局长

薛伟民　党组成员、副局长、纪检组长、四级调研员

李　伟　党组成员、副局长

大同市邮政管理局

孙　俊　党组书记、局长，大同市交通运输局党组成员、副局长

文小强　党组成员、副局长、纪检组组长

吕梁市邮政管理局

淮电宁　党组书记、局长

王　峰　党组成员、纪检组组长、副局长

运城市邮政管理局

胡福海　党组书记、局长

李晓燕　党组成员、纪检组组长、副局长、新闻发言人

马卫国　党组成员、副局长

临汾市邮政管理局

董向阳　党组书记、局长

董枫林　党组成员、副局长、纪检组组长

张　伟　党组成员、副局长

晋中市邮政管理局

陈志刚　党组书记、局 长

李淑燕　党组成员、副局长、纪检组组长

忻州市邮政管理局

芦军强　党组书记、局长

葛宏林　党组成员、副局长、纪检组组长

晋城市邮政管理局

靳小东　党组书记、局长、二级调研员

郭宏发　党组成员、副局长、纪检组组长、四级调研员

长治市邮政管理局

任　辉　党组书记、局长

李玉红　党组成员、副局长、纪检组组长

李　林　党组成员、办公室主任

阳泉市邮政管理局

曹　阳　党组书记、局长，阳泉市交通运输局党组成员、副局长

李姝慧　党组成员、纪检组组长、副局长

朔州市邮政管理局

蔚　玺　党组书记、局长，朔州市交通运输局党组成员、副局长

薛　城　党组成员、副局长、纪检组组长、行业管理(机要通信)科科长

晋城市邮政管理局

靳小东　党组书记、局长、三级调研员

郭宏发　党组成员、纪检组组长、副局长、四级调研员

吕梁市邮政管理局

淮电宁　党组书记、局长

运城市邮政管理局

尹　杰　党组书记、局长、三级调研员

李晓燕　党组成员、副局长、纪检组组长、四级调研员

山西省邮政业安全中心

郭天文　筹备组组长、党支部书记

李　宏　筹备组副组长、支委委员、工会主席

（时间截至2020年12月31日）

交通控股集团

山西交通控股集团有限公司

袁清茂　党委书记、董事长
武　艺　党委副书记、副董事长、总经理（2020年10月—　）
刘宏武　专职党委副书记、副董事长、副总经理
韩文军　党委委员、副总经理
孙建秀　党委委员、总会计师
焦　军　党委委员、纪委书记
贾　勇　党委委员、副总经理
杨志贵　副总经理、路桥集团党委书记、董事长（2020年11月—　）
谢鹏远　副总经理（2020年11月—　）
赵石岗　外部董事
冯志强　总法律顾问
郝玉柱　党委委员、党委副书记（　—2020年9月）

山西路桥建设集团有限公司

杨志贵　党委书记、董事长
杨建红　党委副书记、副董事长、总经理
杨海龙　党委委员、副总经理
崔君毅　专职党委副书记、副董事长
刘伟威　党委委员、纪委书记
李　军　党委委员、总会计师
郭聪林　党委委员、副总经理
李殿勤　副总经理
荆冰寅　总工程师
杨利军　副总经理

山西省交通开发投资集团有限公司

闫长学　党委书记、董事长
史云海　党委副书记、副董事长、总经理
贾振卜　外部董事（2020年3月—　）
王强锁　外部董事（2020年3月—　）
武建新　党委委员、纪委书记
田卫川　党委委员、副总经理（2020年3月—　）
韩晓文　副总经理
李效广　副总经理（2020年3月—　）
刘雁阳　副总经理（2020年3月—　）
杨文军　党委委员、总会计师
张　铮　副总经理（2020年3月—　）
付　宏　总工程师（2020年3月—　）
李志刚　集团专职党委副书记、副董事长、副总经理（2020年1月—12月）路桥集团外部董事（2020年12月—　）
徐利民　集团党委委员、副总经理（2020年1月—3月）任省交通环境保护中心站外部董事（2020年3月—　）
李润喜　集团工会主席（2020年1月—5月）享受集团副职待遇（2020年5月—　）
尚照民　集团副总经理（2020年1月—2月）享受集团副职待遇（2020年2月—　）
郝　钧　集团副职待遇

山西省高速公路集团有限责任公司

刘　胜　党委书记、董事长
王　敏　党委副书记、副董事长、总经理
刘子兴　专职党委副书记、副董事长、副总经理
李晋文　外部董事（2020年3月—　）
高进才　党委委员、纪委书记
李文胜　党委委员、总会计师
张补才　党委委员、副总经理

温智勇　党委委员、副总经理、总工程师
吕静伟　总经济师
刘珍平　副总经理
邓卫明　副总经理（2020年3月—　）
赵善义　副职待遇（2020年2月—　）
赵国珠　副职待遇

山西交通科学研究集团有限公司

魏鹏举　党委委员、党委书记、董事、董事长
樊英华　党委委员、党委副书记、董事、副董事长、总经理（2020年11月—　）
牛　铮　党委委员、专职党委副书记、董事、副董事长
潘　铁　副总经理（2020年3月—　）
多文英　副总经理
刘　悦　党委委员、总会计师
温　军　党委委员、纪检组组长
梅拥军　副总经理（2020年11月—　）
申俊敏　副总经理（2020年8月—　）
聂　强　总经理助理（2020年12月—　）
张　军　资深专员
刘　晓　资深专员
姚伟华　副职待遇
刘秀武　副职待遇
王新生　副职待遇
郝振平　副职待遇
李晋文　副总经理（　—2020年3月）
黄仰收　副总经理（　—2020年11月）
刘耀龙　正职待遇（　—2020年12月）

山西交通养护集团有限公司

高耀华　党委书记、董事长
杨峰斌　党委委员、专职党委副书记、董事、副董事长（　—2020年8月）
任靖峰　党委副书记、副董事长、总经理
栗志威　党委副书记、副董事长（2020年8月—　）
秦林清　党委委员、纪检组组长
郝　剑　党委委员、总会计师
裴恒亮　党委委员、副总经理
曹军生　党委委员、副总经理
赵　军　副总经理（2020年11月—　）
闫志毅　副总经理（2020年3月—　）

山西交通物流集团有限公司

张庆华　党委书记、董事长
李文平　专职党委副书记、董事、副董事长
荆劲峰　党委委员、副总经理
陈　琳　党委委员、副总经理
秦华国　党委委员、纪委书记
刘光飞　副总经理
褚跃峰　副总经理
吕　祺　副总经理
刘少文　资深专员
韩建国　副总工程师
张占斌　副总会计师
陈宏伟　总经理助理

山西交通实业发展集团有限公司

秦　阳　党委书记、董事长
曹志刚　党委副书记、总经理（2020年12月—　）
唐耀祥　党委副书记（2020年1月—2020年11月）、总经理（2020年1月—2020年12月）
李鹏飞　党委委员、董事
杨优喜　专职党委副书记、副董事长
王彩荣　党委委员、纪委书记
彭梁柱　党委委员、副总经理
郭亚彬　党委委员、工会主席
赵红义　总会计师
蒋　勇　运营总监
郑　宏　副总经理
李兔照　副总经理
杨天平　正职待遇

山西交通建设监理咨询集团有限公司

何晓明　党委书记、董事长
周留刚　专职党委副书记、副董事长

杨　军　党委委员、副总经理
马昕宇　党委委员、副总经理
郭　佳　党委委员、纪委书记
张晶尧　党委委员、副总经理
刘安民　资深专家
跃　波　外部董事
曹世军　副职待遇

山西省交通环境保护中心站（有限公司）

姚　凯　党委书记、董事长
赵　兵　副董事长、副总经理（主持经理层工作）
庞军艺　党委委员、专职党委副书记、副董事长
王玉喜　党委委员、副总经理
冯丽琦　党委委员、纪检组组长
孙　虎　党委委员、副总经理
罗霄霞　副总经理
魏文慧　副总经理
王建辉　总工程师
王东卫　董事
周　鹏　副总经理（　—2020年9月）

山西交控置地有限公司

贾建国　党委书记、董事长（2020年9月—　）
杨峰斌　党委副书记、副董事长、总经理（2020年9月—　）
霍金相　专职党委副书记、副董事长、副总经理（2020年9月—　）
温开亮　党委委员、副总经理（2020年9月—　）
门高鹏　党委委员、纪委书记（2020年12月—　）
孙忠明　总经理助理（2020年12月—　）

山西交控金资管理有限公司

高鸿斋　党委书记、董事长
张羽中　专职党委副书记、副董事长
高洪生　纪委书记
张志峰　党委委员、副总经理
李　莉　副总经理

山西交控数字交通科技有限公司

侯兴杰　党委书记、董事长
韩　昱　党委副书记、副董事长、副总经理
王晓宙　专职党委副书记、副总经理
毛振宇　副总经理
张宇欢　副总经理
康俊德　副总经理

大同北高速公路管理有限公司

苏建中　党委书记、董事长（2020年3月—　）
郭　强　党委副书记、副董事长、总经理（2020年3月—　）
张海宁　专职党委副书记、副董事长（2020年3月—　）
王志远　党委委员、副总经理（2020年3月—　）
赵福君　党委委员、副总经理（2020年3月—　）
王东平　党委委员、副总经理（2020年3月—　）
郭　强　副总经理（2020年3月—　）
尚海波　党委委员、纪委书记（2020年3月—　）

大同南高速公路管理有限公司

张　俊　党委副书记、总经理
蔚　宏　专职党委副书记
赵东宏　党委委员、副总经理
刘　斌　党委委员、副总经理
李果来　党委委员、副总经理
王进宙　党委委员、纪委书记
谢鹏远　原党委书记、董事长

朔州高速公路管理有限公司

赵寿基　党委书记、董事长
李明军　党委副书记、副董事长、总经理
焦全民　总监
王卫青　专职党委副书记、副董事长
尉恩廷　党委委员、副总经理
王　尚　党委委员、纪委书记
闫红伟　副总经理

忻州北高速公路管理有限公司

李子东　党委书记、董事长
胡慧恩　党委副书记、副董事长、总经理
薛秀文　专职党委副书记、副董事长
宋志芬　党委委员、纪委书记
王　霆　党委委员、副总经理
杨吉旺　总监
武志杰　外部董事

忻州南高速公路管理有限公司

潘　东　党委书记、董事长
张彦斌　党委副书记、副董事长、总经理
陶　瑜　党委副书记
杨世清　党委委员、副总经理
申晓飞　党委委员、纪委书记
孙　强　副总经理
徐艳生　总监
闫保平　外部董事

吕梁北高速公路管理有限公司

李耀峰　党委书记、董事长
薛海军　党委副书记、副董事长、总经理
董万森　专职党委副书记、副董事长
刘元元　党委委员、纪委书记
茹　冰　外部董事
米慧杰　正职待遇
李春和　副职待遇
李月兆　副职待遇
李兴柱　副职待遇

吕梁南高速公路管理有限公司

王占军　党委书记、董事长
孟仁贵　党委书记、副总经理
张金锁　党委副书记、副董事长、副总经理
刘泽林　专职党委副书记、副董事长
米　源　党委委员、纪委书记
李建东　外部董事

太原高速公路管理有限公司

李　强　党委书记、董事长
马东强　党委副书记、副董事长、总经理
闫柏青　专职党委副书记、副董事长
何广龙　总监（2020年4月—　）
张　宇　纪委书记
李　强　副总经理
丁秀春　副总经理
杨海滨　副总经理
戎斌生　副总经理
付建光　副总经理
郭慧敏　高级专员（2020年12月—　）
孙斌科　外部董事
宋亚玲　外部董事

晋中高速公路管理有限公司

张　俊　党委书记、董事长
王　刚　党委副书记、副董事长、总经理
李　保　专职党委副书记、副董事长
宋文继　党委委员、纪委书记
张　鹏　党委委员、副总经理
梁晨光　党委委员、副总经理
贾中越　党委委员、副总经理
刘银柱　外部董事

太旧高速公路管理（太原）有限公司

张　显　党委书记、董事长
卢永旺　党委副书记、副董事长、总经理
李　羚　总监
张耀红　专职党委副书记、副董事长
刘江涛　党委委员、副总经理
赵国荣　党委委员、副总经理
邓建中　党委委员、副总经理
杨玉龙　党委委员、纪委书记
夏　磊　副总经理
马冬青　副总经理
郑瑞红　外部董事

临汾北高速公路管理有限公司

卫小红　党委书记、董事长
王继弘　党委副书记、副董事长、总经理
段纪辰　专职党委副书记、副董事长
贾瑞萍　党委委员、副总经理
刘会清　党委委员、副总经理
李　明　党委委员、副总经理
李红英　党委委员、纪委书记
郭俊杰　外部董事
陈建华　副职待遇

临汾南高速公路管理有限公司

杨国华　党委书记、董事长
李克军　党委副书记、副董事长、总经理
刘晓明　党委副书记、副董事长
曹学卫　纪委书记
梁勇旗　外部董事
高保旺　外部董事

长治高速公路管理有限公司

郭长庆　党委书记、董事长
王战兵　党委副书记、副董事长、总经理
郭秀斌　专职党委书记、副董事长
郑宇彤　党委委员、副总经理
王　军　党委委员、副总经理
魏晓勇　纪委书记
常张杰　外部董事

晋城高速公路管理有限公司

赵升琪　党委书记、董事长
赵　功　党委副书记、副董事长、总经理
和　亮　专职党委副书记、副董事长
张小莉　党委委员、副总经理
董玲霞　党委委员、纪委书记
范黎卿　外部董事

运城北高速公路管理有限公司

侯毅力　党委书记、董事长
戴　波　党委副书记、副董事长
孙永安　专职党委副书记、副董事长
卫培孝　党委委员、副总经理
晋小刚　党委委员、副总经理
任振华　党委委员、副总经理
王　直　副总经理
解　荣　副总经理
王　萍　副总经理
温晓强　党委委员、纪委书记

运城南高速公路管理有限公司

李　震　党委书记、董事长
姚文勇　党委副书记、副董事长
黄河龙　专职党委副书记、副董事长
薛炎龙　党委委员、副总经理
孙　琳　党委委员、副总经理
李　卓　党委委员、副总经理
赵东阳　党委委员、纪委书记
许中义　外部董事

（时间截至2020年12月31日）

航空产业集团

山西航空产业集团有限公司

陈　阳　党委副书记、副董事长、总经理（2020年8月—　）
邓保平　党委专职副书记、副董事长、工会主席
赵庆斌　党委委员、副总经理（　—2020年3月）
张希亮　党委委员、副总经理
吴建庭　党委委员、纪委书记
高天光　党委委员、副总经理
员佩刚　党委委员、副总经理(2020年12月—　)

集团本部

曹晓东　纪委副书记、第一纪检监察室主任
吕治水　纪委副书记、纪委综合室主任
陈继红　纪委部长（2020年9月卸任至党委办公室（董事会办公室、党委巡察办公室）
杨世龙　直属党委党委书记
王　逢　直属党委纪委书记
李晋阳　党委办公室董事会办公室、党委巡察办公室）主任
贾晓勇　组织人事部（团委）部长
郑亚海　宣传统战部（新闻中心）宣传部部长
员佩刚　总经理办公室主任（2020年12月任集团党委委员、副总经理）
石　磊　战略规划部部长
李曙昕　资本运营部部长
孟海燕　健康安全环保部（机务航务部、调度指挥中心）部长
李建宏　市场营销部部长
张建红　工会副主席
樊志峰　女工部部长
贾卓英　总经理办公室副主任
王亚南　组织人事部（团委）副部长
陈　琦　组织人事部副部长、团委书记
李　杨　党委办公室（董事会办公室、党委巡察办公室）副主任
陈　芸　宣传统战部（新闻中心）宣传部副部长、精神文明建设委员会办公室主任
赵群杰　工会办公室副主任
马　强　资本运营部副部长
李志强　法律事务部（审计部）副部长
杨宝山　健康安全环保部（调度指挥中心、机务航务部）副部长
白文静　健康安全环保部（调度指挥中心、机务航务部）副部长
赵　论　战略规划部副部长
李云瑛　市场营销部副部长

山西通用航空集团有限公司

郭学军　董事长、党总支书记（2020年3月—）
任立章　总经理、党总支委员
邢志斌　副总经理、党总支委员
赵　亮　副总经理、党总支委员
苏　丽　副总经理、党总支委员
石　磊　董事长、党总支书记（—2020年3月）
乔建军　副总经理、党总支委员（2020年3月—2020年9月）

山西空港贵宾服务有限公司

贾敏彦　党委书记、董事长
张彦峰　党委副书记、总经理
赵鸿霖　纪检委员、工会主席、副总经理

杨　冬　党委委员、办公室主任
王　旭　党委委员、嘉宾服务部经理

山西龙腾中天科技有限公司

史永忠　总经理（　—2020年10月）
李永志　副总经理（2020年10月—　）
王雪梅　副总经理

山西民航机场空港联合传媒有限公司

戴鑫磊　董事长、法人兼党支部书记（2020年12月—）
陆　京　总经理
任毅君　副总经理
李佳慧　财务总监

太原空港配餐有限公司

任邵峰　总经理
郝慧琴　副总经理
张亚东　副总经理（　—2020年4月）

太原空港停车场管理有限公司

陈亚峰　支部书记（正处）
戴鑫磊　总经理（　—2020年10月）
史永忠　总经理（　—2020年1月）

太原武宿国际机场三期改扩建工程现场指挥部

赵庆斌　总指挥（兼）（2020年3月—4月）党委副书记（兼）
陈　阳　总指挥（兼）（2020年4月—　）党委副书记（兼）
邓保平　党委书记（兼）
乔学政　副总指挥（兼）、党委副书记（兼）综合办公室主任（兼）（2020年3月—　）
刘学新　党委委员、纪委书记
姚晓刚　党委委员、副总指挥、飞行区工程部部长（兼）（2020年3月—　）
刘成同　党委委员、总工程师、总工程师办公室主任（兼）（2020年3月—　）
张宏伟　党委委员（兼）副总指挥（兼）、招标管理部部长（兼）（2020年3月—　）
王向东　党委委员（兼）副总指挥（兼）（2020年3月—　）

大同机场有限责任公司

牛向荣　党委书记、董事长
高中元　总经理
石　虎　党委委员、纪委书记
屈文忠　党委委员、副总经理（　—2020年10月）
吴显伟　党委委员、副总经理
马雁良　党委委员、公安分局局长

吕梁机场有限责任公司

温治纲　总经理
段建国　党委书记
尹喜前　副总经理
李俊生　纪委书记
王　斐　副总经理（　—2020年10月）
屈文忠　副总经理、工会主席（2020年10月—　）
李　江　公司党委委员（2020年10月—　）、公安分局局长（2020年5月—　）

忻州五台山机场有限责任公司

杨　涛　党委书记、董市长
周永康　党委副书记、总经理
李喜全　副总经理
秦晓军　纪委书记
郭　钰　公安分局局长

长治机场有限责任公司

王计虎　总经理、党委副书记
梁文平　党委书记、副总经理
郭小兵　纪委书记
郭旭庆　工会主席、副总经理
王　兵　公安分局局长
李旭东　副总经理

太原国际机场有限责任公司

王向东　党委书记、董事长
赖朝晖　党委副书记、董事、总经理
徐　锋　党委委员、纪委书记
张炳福　党委委员、副总经理
粟忠于　党委委员、董事、副总经理
李　栩　党委委员、职工董事、副总经理、工会主席
李军志　党委委员、太原国际机场有限责任公司党委委员（2020年10月—　）
王敬斌　党委委员、副总经理（　—2020年9月）
周　勇　办公室主任
牛　军　计划财务部经理
胡敬东　党委工作部部长
姚学勤　纪委办公室主任
边旭兴　工会副主席
张海春　飞行区管理经理
赵小波　飞行区管理部党总支书记
杨星明　现场指挥中心经理、党总支书记
王　斐　旅客服务部经理、党总支书记
燕振航　地面保障部经理、党总支书记
贾跃宏　候机楼管理部经理
李晓邠　候机楼管理部党总支书记
张凤丽　安全检查站经理
张占民　安全护卫部经理
韩　勇　安全护卫部党总支书记
葛　春　山西龙腾顺达航空物流有限公司经理、党总支书记
苏永霞　飞行区管理部党总支书记（　—2020年11月）
田　剑　机务保障部副经理（　—2020年10月）
刘　莉　机务保障部副经理（　—2020年10月）
王艳梅　人力资源部经理（　—2020年4月）
李海滨　飞行区管理部经理、兼现场指挥中心经理、党总支书记（　—2021年2月）
李本胜　安全质量部经理（　—2020年11月）
高保平　安全检查站党总支书记（　—2020年10月）

（时间截至2020年12月31日）

各市交通运输局

太原市交通运输局

张晓军　局党组书记、局长
张则福　局党组成员、副局长
高海林　局党组成员、副局长
梅玉光　局党组成员、市交通战备办公室主任
任晓艳　市纪委监委驻局纪检监察组组长
张智弘　局党组成员、副局长
董　刚　局党组成员、副局长兼市邮政管理局局长
姜原祯　局党组成员、二级调研员（　—2020年9月）
孟永红　局党组成员、三级调研员
任选平　局党组成员
张海萍　局党组成员、二级调研员（　—2020年10月）
王　剑　二级调研员
尚跃峰　二级调研员（　—2020年12月）
董　菁　三级调研员

小店区交通运输局

刘先福　党组书记、局长

迎泽区交通运输局

叶　涛　党组书记、局长

杏花岭区交通运输局

杨根武　党组书记、局长

尖草坪区交通运输局

孙晋成　党组书记、局长

万柏林区交通运输局

芦志强　党组书记、局长

晋源区交通运输局

郝志会　党组书记、局长

古交市交通运输局

张宏印　党组书记、局长

清徐县交通运输局

郭　彬　党组书记、局长

阳曲县交通运输局

牛增泉　党组书记、局长

娄烦县交通运输局

胡俊强　党组书记、局长

大同市交通运输局

卫　君　党组书记、局长(2020年9月—　)

赵永生　党组成员、总会计师

王　伟　党组成员、副局长

张日斌　党组成员、市纪委监委驻局纪检监察组组长

李东生　党组成员、总工程师

赵志刚　党组成员、副局长

李清泉　党组成员、调研员

云州区交通运输局

张建中　党组书记、局长

阳高县交通运输局

李建新　党组书记、局长

天镇县交通运输局

薛志远　党组书记、局长

灵丘县交通运输局

曹全先　党组书记、局长

广灵县交通运输局

薛凯旋　党组书记、局长

浑源县交通运输局

郭忠贵　党组书记、局长

左云县交通运输局

冀文富　党组书记、局长

云冈区交通运输局

白　彪　党组书记、局长

新荣区交通运输局

张　进　党组书记、局长

平城区交通运输局

刘翰龙　党组书记、局长

朔州市交通运输局

贺旭峰　党组书记、局长

杨三雄　党组成员、副局长

杨亚非　党组成员、副局长

霍智生　党组成员、副局长

李玉峰　党组成员、副局长

刘爱平　党组成员、驻局纪检监察组组长

张仁英　调研员

二级调研员

耿有文　交战办专职副主任、副处级干部

周建平　四级调研员

朔城区交通运输局

郭向东　党组书记、局长

平鲁区交通运输局

马金瑞　党组书记、局长

怀仁市交通运输局

连文忠　党组书记、局长

右玉县交通运输局

王　建　党组书记、局长

应县交通运输局

杨永忠　党组书记、局长

山阴县交通运输局

赵　凯　党组书记、局长

忻州市交通运输局

靳　泽　党组书记　局　长

张刚邡　党组成员　副局长

张祥生　党组成员　副局长

张　磊　党组成员 副局长（　—2020年6月）
李金堂　党组成员
焦建民　党组成员
韩新生　党组成员、市交战办专职副主任
李玉牛　党组成员、驻市局纪检监察组组长
智利敏　三级调研员
陈　利　三级调研员
王开瑞　四级调研员

忻府区交通运输局

宗　德　党组书记、局长

定襄县交通运输局

梁建义　党组书记、局长

原平市交通运输局

郑国梁　党组书记、局长

五台县交通运输局

张文荣　党组书记、局长

代县交通运输局

张虎旺　党组书记、局长

繁峙县交通运输局

刘国兵　党组书记、局长

宁武县交通运输局

白云龙　党组书记、局长

静乐县交通运输局

刘惠波　党组书记、局长

神池县交通运输局

周俊保　党组书记、局长

五寨县交通运输局

郝　伟　党组书记、局长（2020年2月—　）

岢岚县交通运输局

周在田　党组书记、局长

河曲县交通运输局

柳晋文　党组书记、局长

保德县交通运输局

王雁兵　党组书记、局长

偏关县交通运输局

梁晓光　党组书记、局长

五台山风景名胜区旅发局交通服务中心

周作仁　主任

阳泉市交通运输局

梁　庆　党组书记、局长
李　涵　党组成员（保留原职级待遇）
曹慧晟　党组成员、副局长
史连海　党组成员、副局长
陈　峰　党组成员、市纪检监委驻市交通运输局纪检监察组组长
曹　阳　党组成员（2020年3月—　）
　　　　副局长（兼）（2020年3月—　）
陈志刚　党组成员（　—2020年3月）
　　　　副局长（兼）（　—2020年3月）
张运贤　副县级
张俊秀　二级调研员（2020年12月—　）
李宝福　三级调研员（2020年12月—　）
严江虹　三级调研员（2020年12月—　）

平定县交通运输局

郗雁军　党组书记、局长

盂县交通运输局

胡俊卿　党组书记、局长

郊区交通运输局

武永庆　党组书记、局长

吕梁交通运输局

王　吉　党组书记、局长
薛春平　党组成员、副局长（　—2020年3月）
杨志峰　党组成员、副局长
肖近三　党组成员、市纪委监委派驻市交通运输局纪检监察组组长
高树峰　党组成员、副局长
淮电宁　党组成员、副局长、市邮政管理局局长（2020年1月—　）
张耀东　党组成员、副局长（2020年9月—　）
刘康斌　二级调研员（　—2020年4月）
梁春祥　市运输事业发展中心主任
罗爱顺　市交通运输综合行政执法队队长

离石区交通运输局

王候明　党组书记、局长

文水县交通运输局
霍永贵　党组书记、局长
交城县交通运输局
田秀云　党组书记、局长
兴县交通运输局
史怀勇　党组书记、局长
临县交通运输局
张恩富　党组书记、局长
柳林县交通运输局
贾四勇　党组书记、局长
石楼县交通运输局
宁候保　党组书记、局长
岚县交通运输局
任海燕　党组书记、局长
方山县交通运输局
李玉春　党组书记、局长
中阳县交通运输局
李小平　党组书记、局长
交口县交通运输局
杜晓刚　党组书记、局长
孝义市交通运输局
冀小强　党组书记、局长
汾阳市交通运输局
吕佩锋　党组书记、局长

晋中市交通运输局
赵俊生　党组书记、局长
郭福生　党组成员、副局长
孟建琼　党组成员、纪检组组长
陈志刚　党组成员、邮管局局长
郝振清　挂职副局长
李宇建　市交战办副主任
杨兴龙　二级调研员
胡开明　二级调研员
范志向　四级调研员
荣建光　交通运输综合行政执法队队长
李素成　交通运输服务中心主任

榆次区交通运输局
朱　晨　党组书记、局长
太谷县交通运输局
王　刚　党组书记、局长
祁县交通运输局
李　冉　副县长主持工作
平遥县交通运输局
安晓严　党组书记、局长
介休市交通运输局
董耀宙　党组书记、局长
灵石县交通运输局
温向阳　党组书记、局长
榆社县交通运输局
贾晋虎　党组书记、局长
左权县交通运输局
赵治宏　党组书记、局长
和顺县交通运输局
师秀文　党组书记、局长
昔阳县交通运输局
乔新军　党组书记、局长
寿阳县交通运输局
付晓柱　党组书记、局长

长治市交通运输局
连树斌　党组书记、局长
张建刚　党组成员、驻局纪检监察组组长
王喜富　党组成员、二级调研员
胡福海　党组成员、副局长、市邮政管理局局长
（　—2020年3月）
吴志刚　党组成员、副局长
王维斌　党组成员、副局长
王德强　党组成员、副处级干部
石秀成　副处级干部
任贵平　交通战备办专职副主任
潞州区交通运输局
张　龙　党组书记、局长
上党区交通运输局
李小军　党组书记、局长

屯留区交通运输局
王金红　党组书记、局长
潞城区交通运输局
李新锋　党组书记、局长
襄垣县交通运输局
赵永红　党组书记、局长
平顺县交通运输局
杨　光　党组书记、局长
黎城县交通运输局
魏晓伟　党组书记、局长
壶关县交通运输局
仇建斌　党组书记、局长
长子县交通运输局
王鹏飞　党组书记、局长
武乡县交通运输局
连树国　党组书记、局长
沁县交通运输局
曹二伟　党组书记、局长
沁源县交通运输局
张慧斌　党组书记、局长

晋城市交通运输局
张海芳　党组书记、局长
李红梅　党组成员、驻局纪检组组长
乔宪民　党组成员、副局长
靳小东　党组成员、邮政管理局局长
王卫军　党组成员、副局长
李明建　党组成员、副局长
城区交通运输局
杨爱国　党组书记、局　长
沁水县交通运输局
燕建雷　党组书记、局　长
阳城县交通运输局
原怀庆　党组书记、局　长
陵川县交通运输局
苏红岗　党组书记、局　长
泽州县交通运输局
董效义　党组书记、局　长
高平市交通运输局
姬国强　党组书记、局　长

临汾市交通运输局
冯小宁　党组书记　、局长
令狐文选　党组成员、副局长、二级调研员（　—2020年8月）
许学民　党组成员、副局长
陈贵林　党组成员、纪检监察组组长
董向阳　党组成员、副局长兼市邮政局局长
苏兰记　党组成员、副局长
景俊青　党组成员、二级调研员
张雷志　党组成员、二级调研员
李春香　四级调研员
贺文喜　副处级领导干部
冯建荣　副处级领导干部
尧都区交通运输局
师天增　局长兼党组书记
曲沃县交通运输局
李建晋　局长兼党组书记
翼城县交通运输局
张国华　局长兼党组书记
襄汾县交通运输局
梁培奇　局长兼党组书记
洪洞县交通运输局
郭双平　局长兼党组书记
古县交通运输局
贾　辉　局长兼党组书记
安泽县交通运输局
郭洪江　局长兼党组书记
浮山县城乡建设和交通运输局
吴光学　局长兼党组书记
吉县交通运输局
陈　鹏　局长兼党组书记
乡宁县交通运输局
刘玉杰　局长兼党组书记
大宁县交通运输局
高广旭　局长兼党组书记

隰县交通运输局

韩继锋　局长兼党组书记

永和县交通运输局

任清平　局长兼党组书记

蒲县交通运输局

张晋峰　局长兼党组书记

汾西县交通运输局

李文红　局长兼党组书记

侯马市交通运输局

乔新刚　局长兼党组书记

霍州市交通运输局

荀彦龙　局长兼党组书记

运城市交通运输局

李晋学　党组书记、局长

令狐东华 党组成员、副局长

权志学　党组成员、一级调研员

段建杰　副局长

臧水江　党组成员、驻局纪检监察组组长（　—2020年12月）

杨铁宁　党组成员、驻局纪检监察组组长（2020年12月—　）

王小成　党组成员、综合行政执法队队长

王全民　副调研员

孙正民　副调研员

盐湖区交通运输局

景俊才　党组书记、局长

临猗县交通运输局

王鹏君　党组书记、局长

万荣县交通运输局

李东坡　党组书记、局长

闻喜县交通运输局

邱俊青　党组书记、局长

稷山县交通运输局

付红安　党组书记、局长

新绛县交通运输局

尚青虎　党组书记、局长

绛县交通运输局

赵军强　党组书记、局长

垣曲县交通运输局

王　杰　党组书记、局长

夏县交通运输局

刘红庆　党组书记、局长

平陆县交通运输局

薛江勇　党组书记、局长

芮城县交通运输局

李　轩　党组书记、局长

永济市交通运输局

聂学政 党组书记、局长

河津市交通运输局

解好科　党组书记、局长

（时间截至2020年12月31日）